CURSO DE **DIREITO INTERNACIONAL PÚBLICO**

O GEN | Grupo Editorial Nacional – maior plataforma editorial brasileira no segmento científico, técnico e profissional – publica conteúdos nas áreas de concursos, ciências jurídicas, humanas, exatas, da saúde e sociais aplicadas, além de prover serviços direcionados à educação continuada.

As editoras que integram o GEN, das mais respeitadas no mercado editorial, construíram catálogos inigualáveis, com obras decisivas para a formação acadêmica e o aperfeiçoamento de várias gerações de profissionais e estudantes, tendo se tornado sinônimo de qualidade e seriedade.

A missão do GEN e dos núcleos de conteúdo que o compõem é prover a melhor informação científica e distribuí-la de maneira flexível e conveniente, a preços justos, gerando benefícios e servindo a autores, docentes, livreiros, funcionários, colaboradores e acionistas.

Nosso comportamento ético incondicional e nossa responsabilidade social e ambiental são reforçados pela natureza educacional de nossa atividade e dão sustentabilidade ao crescimento contínuo e à rentabilidade do grupo.

VALERIO DE OLIVEIRA MAZZUOLI

Professor Titular de Direito Internacional da Faculdade de Direito da UFMT. Pós-Doutor em Ciências Jurídico-Políticas pela Universidade Clássica de Lisboa. Doutor *summa cum laude* em Direito Internacional pela UFRGS. Mestre em Direito pela Unesp, *campus* de Franca. Membro efetivo da Sociedade Brasileira de Direito Internacional (SBDI). Advogado e Consultor Jurídico.

CURSO DE DIREITO INTERNACIONAL PÚBLICO

16ª edição
revista, atualizada e ampliada

■ O autor deste livro e a editora empenharam seus melhores esforços para assegurar que as informações e os procedimentos apresentados no texto estejam em acordo com os padrões aceitos à época da publicação, e todos os dados foram atualizados pelo autor até a data de fechamento do livro. Entretanto, tendo em conta a evolução das ciências, as atualizações legislativas, as mudanças regulamentares governamentais e o constante fluxo de novas informações sobre os temas que constam do livro, recomendamos enfaticamente que os leitores consultem sempre outras fontes fidedignas, de modo a se certificarem de que as informações contidas no texto estão corretas e de que não houve alterações nas recomendações ou na legislação regulamentadora.

■ Fechamento desta edição: *11.04.2025*

■ O autor e a editora se empenharam para citar adequadamente e dar o devido crédito a todos os detentores de direitos autorais de qualquer material utilizado neste livro, dispondo-se a possíveis acertos posteriores caso, inadvertida e involuntariamente, a identificação de algum deles tenha sido omitida.

■ **Atendimento ao cliente: (11) 5080-0751 | faleconosco@grupogen.com.br**

■ Direitos exclusivos para a língua portuguesa
Copyright © 2025 by
Editora Forense Ltda.
Uma editora integrante do GEN | Grupo Editorial Nacional
Travessa do Ouvidor, 11 – Térreo e 6º andar
Rio de Janeiro – RJ – 20040-040
www.grupogen.com.br

■ Reservados todos os direitos. É proibida a duplicação ou reprodução deste volume, no todo ou em parte, em quaisquer formas ou por quaisquer meios (eletrônico, mecânico, gravação, fotocópia, distribuição pela Internet ou outros), sem permissão, por escrito, da Editora Forense Ltda.

■ Capa: Fabricio Vale

■ **CIP-BRASIL. CATALOGAÇÃO NA PUBLICAÇÃO**
SINDICATO NACIONAL DOS EDITORES DE LIVROS, RJ

M429c
16. ed.

    Mazzuoli, Valerio de Oliveira 1977-
    Curso de direito internacional público / Valerio de Oliveira Mazzuoli. - 16. ed., rev., atual. e ampl. - Rio de Janeiro : Forense, 2025.
    1.216 p. ; 24 cm.

    Inclui bibliografia
    ISBN 978-85-3099-654-3

    1. Direito internacional público. I. Título.

25-96829.0   CDU: 341.1/.8

Meri Gleice Rodrigues de Souza - Bibliotecária - CRB-7/6439

Para meus pais, ZITA e ITALO, exemplos mais puros
de entrega e amor incondicionais a um filho,
com toda a minha gratidão,
sempre...

In memoriam, ao saudoso mestre e amigo
Prof. Dr. GUIDO FERNANDO SILVA SOARES (1937-2005),
pelo apoio e incentivo constantes,
com imensa saudade.

*Quel que soit le milieu social où il s'applique,
le droit a le même fondement, parce qu'il a
toujours la même fin: il vise partout
l'homme, et rien que l'homme.*

(Nicolas Politis. *Les nouvelles tendances
du droit international*. Paris: Hachette, 1927, p. 77)

Nota do Autor à 16.ª Edição

Esta 16ª edição do *Curso de Direito Internacional Público* chega aos leitores, mais uma vez, com todas as atualizações pertinentes. Ademais, como nas estampas anteriores, revisamos minuciosamente o texto para torná-lo sempre mais claro e didático aos estudantes, sem prejuízo da profundidade teórico-científica dos assuntos investigados.

Como se tem pretendido desde a primeira edição, a finalidade deste *Curso* é ressignificar o estudo do Direito Internacional Público no Brasil, atribuindo-lhe um contorno verdadeiramente renovado e contemporâneo, tanto no que tange ao método quanto sob o aspecto da linguagem. Para atingir esse desiderato, passamos vários anos ajustando a obra ao que de mais atual existe sobre a matéria, para que os interessados nela encontrem respostas seguras aos problemas que a pós-modernidade apresenta.

Frise-se que as alterações realizadas em todo o livro ultrapassam em muito as meras incorporações legislativas, sendo, por isso, impossível listá-las neste momento (tratou-se, *v.g.*, de incorporar novos elementos ao texto, desenvolver assuntos recentemente em voga, atualizar a posição jurisprudencial sobre vários temas e acrescentar novas referências bibliográficas). Com isso, a obra se mantém fiel ao espírito de servir ao leitor sempre da melhor forma.

Para nós, é motivo de júbilo constatar que o estudo do Direito Internacional Público tem evoluído cada vez mais no Brasil, bem assim que estão os estudantes mais preparados no enfrentamento da matéria. De fato, várias universidades brasileiras contam hoje com professores especialistas (diferentemente de um passado próximo) e engajados em grupos de estudo e de pesquisa em diversos âmbitos da disciplina, refinando ainda mais a temática e abrindo campo a discussões importantes, muitas das quais temos a honra de participar como interlocutor à distância.

É, portanto, gratificante notar como a nossa disciplina tem sido levada a sério em nosso País, por influência direta de muitas das discussões presentes neste livro, lançadas à luz desde a sua primeira edição. Por isso, há vários anos, seguimos ampliando e atualizando o nosso *Curso*, no intuito de oferecer o que há de melhor aos professores e estudantes que sempre nos honram com a sua leitura.

Imperioso dizer que estes anos de trabalho levaram a obra a lograr reconhecimento internacional, estando, desde 2019, traduzida e publicada na Espanha pelo prestigioso selo J. M. Bosch Editor, completamente atualizada e adaptada ao universo hispanofalante, sob o título *Derecho Internacional Público Contemporáneo*.

Desejamos, enfim, que esta nova edição seja bem acolhida pelos estimados leitores e que possa continuar atendendo às suas necessidades.

Bons estudos!

No IHEI – Institut des Hautes Études Internationales,
Paris, março de 2025.

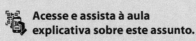

Acesse e assista à aula explicativa sobre este assunto.
> http://uqr.to/1zv45

Nota do Autor à I.ª Edição

O Direito Internacional Público é o direito da concórdia, eis que visa compor as tensões pelas quais passa a sociedade internacional, trazendo estabilidade e segurança para as relações recíprocas entre os seus membros. Sua função precípua consiste em trazer ao mundo contemporâneo a certeza da convivência pacífica (ou seja, da paz) entre as nações. E, uma vez que tais nações são compostas por *homens*, pode-se dizer que a missão do Direito Internacional Público é, em última análise, a proteção da espécie humana como um todo.

Sem dúvida, a paz e sua manutenção (por meio da concórdia entre as nações) continuam sendo os ideais mais altos da humanidade, notadamente do mundo democrático, único cenário possível de convivência pacífica entre os povos. Mas é certo que para alcançar esses propósitos deve-se estar conectado aos fatos contemporâneos e seus desdobramentos. Como se sabe, a sociedade internacional atual (descentralizada por natureza) em nada mais se assemelha à existente até a segunda metade do século XX, estando agora integrada por novos atores, de que são exemplos as organizações internacionais intergovernamentais e os próprios indivíduos. O Direito Internacional Público ganha também novas fontes, dentre as quais se incluem as decisões (*lato sensu*) das citadas organizações internacionais e as manifestações unilaterais de vontade dos Estados. Todos esses fatores somados levam a uma necessidade premente: estudar o Direito Internacional Público a partir de um enfoque renovado, capaz de acompanhar a tônica desses novos e crescentes acontecimentos.

Curiosamente, matérias das mais importantes e atuais, como a proteção internacional dos direitos humanos, o direito internacional do meio ambiente, o direito internacional do trabalho e o direito internacional penal, não têm sido devidamente estudadas nos cursos e manuais de Direito Internacional Público no Brasil. Da mesma forma, questões também atuais, como o moderno tratamento jurídico das controvérsias – notadamente depois da ocorrência de fatos recentíssimos que a sociedade internacional vem experimentando, em especial o chamado *terrorismo* –, não têm sido objeto de análise por parte da doutrina internacionalista em geral, que ainda continua cuidando do assunto como se os fatos, os atos e os meios de agressão (e, consequentemente, os métodos de solução de conflitos) fossem absolutamente os mesmos que os vigentes ao tempo da Idade Média. Portanto, não se pode deixar que tais assuntos – que são próprios do Direito Internacional Público – continuem a passar ao largo dos internacionalistas e não sejam sequer suscitados nos compêndios doutrinários.

Dessa forma, torna-se necessário que se reestruture o estudo do Direito Internacional Público, a fim de atribuir-lhe um contorno *contemporâneo*, tanto sob o ponto de vista material, quanto sob o aspecto da linguagem (que, dentro do contexto de uma exposição *didática*, deve chegar cada vez mais perto daqueles que estão a dar os primeiros passos no estudo da disciplina). Com a união desses dois elementos, o estudo atual do Direito Internacional Público passa a agregar, além das questões já sedimentadas, tanto em doutrina quanto na prática internacional, outras matérias de extrema importância para o correto entendimento dessa avalanche de novos fatos que vêm ocorrendo, desde bem pouco tempo até os dias de hoje, no cenário internacional.

Este livro pretende ser, acima de tudo, didático e acessível para os alunos. Por isso, sabendo-se que na América Latina faltam textos com clareza e critério pedagógico direcionados aos estudantes dos cursos de Direito e Relações Internacionais, tivemos a intenção de inserir na obra aquelas novas temáticas (já citadas) da pauta internacional contemporânea, mas sem desprender-nos do roteiro tradicional da disciplina e dos seus assuntos fundamentais, necessários à formação mínima e global de qualquer internacionalista. A nossa intenção foi a de condensar, em um só volume, o programa básico atual do Direito Internacional Público, seguindo-se uma divisão metodológica que, a nosso ver, é mais precisa e atende as expectativas de professores e alunos dos cursos de graduação e pós-graduação em que a matéria é estudada. Seguimos, para tanto, com pouca variação, o programa da disciplina das principais universidades brasileiras e estrangeiras, bem como aquele seguido pela maioria dos autores contemporâneos (na sua maioria, estrangeiros), mas com ênfase às matérias da *ordem do dia* da cena internacional.

Sabemos das dificuldades que os professores de Direito Internacional Público têm para concluir o programa da disciplina no escasso período de tempo que as faculdades de Direito e Relações Internacionais, no Brasil, colocam à sua disposição. Em muitas delas a nossa disciplina é estudada em apenas um semestre, sendo poucos os estabelecimentos de ensino superior cujos programas da matéria são anuais, como (no mínimo) deveria ser. Por tal motivo, uma condição essencial para que este *Curso* atenda às suas finalidades é a de ser ele de fácil compreensão e aprendizado. Esta condição nos levou a tornar o texto do livro o mais claro possível, visando facilitar o seu estudo àqueles alunos que, pela primeira vez, tomam contato com a disciplina, normalmente ministrada nos quinto e sexto semestres escolares. Por isso, deliberadamente evitamos excessivas citações textuais ou muitas referências ao pensamento de outrem. As referências em notas de rodapé são, normalmente, confrontações ou referências cruzadas à doutrina conexa ou correlata ao pensamento exposto. Ademais, o leitor ocasional ou o profissional poderão aprofundar seu estudo na bibliografia citada ao final de cada Capítulo ou Seção da obra (esta bibliografia está organizada pela *data de publicação* das obras e não pela ordem alfabética dos autores).* Nela indicamos os estudos clássicos da disciplina (muitos deles publicados no *Recueil des Cours* da Academia de Direito Internacional da Haia) e os trabalhos mais recentes e modernos sobre os temas específicos versados nos respectivos Capítulos e Seções do livro.

Uma observação final, no entanto, faz-se necessária: a quase totalidade das normas internacionais citadas no decorrer do texto encontra-se na nossa *Coletânea de Direito Internacional*, que integra a coleção dos *RT Mini Códigos*.** Essa *Coletânea* deve servir imprescindivelmente (para alunos e professores) como material de consulta e de apoio ao livro, bem como para o acompanhamento das aulas em classe.

Registrem-se os nossos sinceros agradecimentos à comunidade acadêmica brasileira, que sempre acolhe os nossos trabalhos nos cursos de graduação e pós-graduação em Direito e Relações Internacionais, e em especial àqueles professores que nos honram ao adotar nossos livros em seus respectivos cursos. Este autor se coloca à total disposição dos estimados leitores, esperando deles receber críticas e sugestões. Por fim, se uma percepção global do funcionamento e dos problemas da sociedade internacional puder ser extraída da leitura deste livro, já damos por alcançada a missão principal desta obra.

Paris, julho de 2006.

---

* Nota de atualização: a partir da 6ª edição concentrou-se toda a bibliografia ao final do volume.

** Nota de atualização: a obra referida (hoje intitulada *Vade Mecum Internacional*) é atualmente publicada pela Editora Método.

Sumário

Abreviaturas e Siglas Usadas XXXVII

PARTE I
TEORIA GERAL DO DIREITO INTERNACIONAL PÚBLICO

Capítulo I
INTRODUÇÃO AO DIREITO INTERNACIONAL PÚBLICO

Seção I – A Sociedade Internacional 3
1. O que é o Direito Internacional Público? 3
2. Sociedade e comunidade 4
3. Ordem jurídica da sociedade internacional 8

Seção II – Gênese e Estado Atual do Direito Internacional Público 10
1. Introdução 10
2. Origens históricas do Direito Internacional Público 10
3. Tendências evolutivas do Direito Internacional 15
4. O Direito Internacional Público nos dias atuais 18
5. O ensino do Direito Internacional Público 19

Seção III – Conceito, Denominações e Divisões 21
1. Conceito 21
   a) Critério dos sujeitos intervenientes 23
   b) Critério das matérias reguladas 23
   c) Critério das fontes normativas 23
2. Denominações 25
3. Divisões 27
4. Aplicação internacional e interna 28

Capítulo II
RELAÇÕES ENTRE O DIREITO INTERNACIONAL PÚBLICO E O DIREITO INTERNO ESTATAL

1. Propositura do problema 31
2. Dualismo 33
3. Críticas à doutrina dualista 37
4. Monismo 38
   a) Monismo nacionalista 40
   b) Monismo internacionalista 41
   c) Monismo internacionalista dialógico 46
5. Doutrinas conciliatórias 49

6. As relações entre o Direito Internacional e o Direito interno no direito constitucional comparado 49

   a) Cláusulas de adoção das regras do Direito Internacional pelo Direito interno sem disposição de primazia 50

   b) Cláusulas de adoção das regras do Direito Internacional pelo Direito interno com a primazia do primeiro 52

   c) Cartas Constitucionais que não contêm disciplinamento acerca das relações entre o Direito Internacional e o Direito interno 55

7. Princípios que regem as relações internacionais do Brasil 56

   a) Independência nacional 59

   b) Prevalência dos direitos humanos 59

   c) Autodeterminação dos povos 60

   d) Não intervenção 61

   e) Igualdade entre os Estados 61

   f) Defesa da paz 62

   g) Solução pacífica dos conflitos 62

   h) Repúdio ao terrorismo e ao racismo 63

   i) Cooperação entre os povos para o progresso da humanidade 64

   j) Concessão de asilo político 65

   k) Integração latino-americana e formação de uma comunidade latino-americana de nações 65

Capítulo III
FUNDAMENTO DO DIREITO INTERNACIONAL PÚBLICO

1. Introdução 67

2. Doutrinas 68

   a) Doutrina voluntarista 68

   b) Doutrina objetivista 70

3. Fundamento do Direito Internacional na norma *pacta sunt servanda* 70

Capítulo IV
FONTES DO DIREITO INTERNACIONAL PÚBLICO

Seção I – Fontes Primárias 75

1. Introdução 75

2. Fontes materiais e formais 76

3. Rol originário das fontes do Direito Internacional Público 78

4. Os tratados internacionais 80

5. O costume internacional 82

   a) Conceito de costume internacional 83

   b) Elementos formadores do costume 84

      b.1) Elemento material ou objetivo 84

      b.2) Elemento psicológico ou subjetivo 85

   c) Processos (clássico e contemporâneo) de formação do costume 87

d)	*Extensão geográfica do costume*	87
e)	*Hierarquia entre costumes e tratados internacionais*	88
f)	*Prova do costume*	89
g)	*Interpretação do costume*	90
h)	*O problema dos novos Estados*	92
i)	*A (im)possibilidade jurídica da teoria do "objetor persistente"*	92
j)	*Aplicação direta do costume internacional na ordem interna*	94
6.	Os princípios gerais de direito	95

Seção II – Meios Auxiliares e Novas Fontes ... 99

1.	Introdução	99
2.	Jurisprudência	99
3.	Doutrina dos publicistas	102
4.	Analogia e equidade	103
5.	Atos unilaterais dos Estados	106
	a) Atos autonormativos	109
	b) Atos heteronormativos	111
6.	Decisões das organizações internacionais	111
7.	Atos unilaterais transnacionais	118
8.	Obrigações *erga omnes, jus cogens* e *soft law*	119
	a) As obrigações erga omnes	120
	b) O jus cogens *internacional*	123
	c) O fenômeno da soft law *na atualidade*	128

Capítulo V
DIREITO DOS TRATADOS

Seção I – O Direito dos Tratados na Convenção de Viena de 1969 ... 133

1.	Introdução	133
2.	Antecedentes históricos	134
3.	A Convenção de Viena sobre o Direito dos Tratados	136
4.	Desmembrando o conceito de tratado internacional	139
	a) Acordo internacional	140
	b) Celebrado por escrito	141
	c) Concluído entre Estados ou organizações internacionais	142
	d) Regido pelo Direito Internacional	145
	e) Celebrado em instrumento único ou em dois ou mais instrumentos conexos	146
	f) Ausência de denominação específica	147
5.	Terminologia dos tratados	147
	a) Tratado	148
	b) Convenção	148
	c) Pacto	149
	d) Acordo	149
	e) Acordo por troca de notas	149

f)	Acordo em forma simplificada ou acordo do executivo	150
g)	"Gentlemen's agreements"	151
h)	Carta	152
i)	Protocolo	152
j)	Ato ou ata	152
k)	Declaração	152
l)	"Modus vivendi"	153
m)	Arranjo	153
n)	Concordata	153
o)	Reversais ou notas reversais	154
p)	Ajuste ou acordo complementar	154
q)	Convênio	154
r)	Compromisso	154
s)	Estatuto	154
t)	Regulamento	154
u)	Código	155
v)	Constituição	155
w)	Contrato	155

6. Estrutura dos tratados 155
   - *a)* O título 156
   - *b)* O preâmbulo ou exórdio 156
   - *c)* O articulado (ou dispositivo) 156
   - *d)* O fecho 156
   - *e)* A assinatura 156
   - *f)* O selo de lacre 157

7. Classificação dos tratados 157
   - *a)* Quanto ao número de partes 157
   - *b)* Quanto ao tipo de procedimento utilizado para a sua conclusão 159
   - *c)* Quanto à possibilidade de adesão 162
   - *d)* Quanto à natureza jurídica 162
   - *e)* Quanto à execução no tempo 166
   - *f)* Quanto à execução no espaço 166
   - *g)* Quanto à estrutura da execução 167

8. Processo de formação dos tratados 167

9. Desmembrando as fases internacionais da formação dos tratados 172
   - *a)* As negociações preliminares 172
   - *b)* A adoção do texto 175
   - *c)* A autenticação 177
   - *d)* A assinatura 179
   - *e)* A ratificação 183
   - *f)* A adesão 197

10. Reservas aos tratados multilaterais 200

a)	Conceito e formulação das reservas	200
b)	Limites às reservas	202
c)	Procedimento das reservas	204
d)	Distinção entre reservas e outros atos não reservativos	205
e)	Aceitação e objeção das reservas	206
f)	Efeitos das reservas	207
g)	O problema das reservas e das emendas no âmbito interno	208

11. Emendas e modificações aos tratados 211

12. Entrada em vigor e aplicação provisória dos tratados 214

    a) Entrada em vigor dos tratados 214

    b) Aplicação provisória dos tratados 215

13. Registro e publicidade dos tratados 215

14. Observância e aplicação dos tratados 218

    a) Observância (ou cumprimento) dos tratados 218

    b) Aplicação dos tratados (no tempo e no espaço) 223

15. Interpretação dos tratados 225

    a) Regra geral de interpretação 226

    b) Meios suplementares de interpretação 228

    c) Interpretação de tratados autenticados em duas ou mais línguas 229

    d) Sistemas de interpretação 230

        d.1) Interpretação internacional 231

        d.2) Interpretação interna 232

        d.3) Interpretação doutrinária 232

    e) A interpretação dos tratados de direitos humanos 233

16. Os tratados e os terceiros Estados 233

    a) Efeito difuso de reconhecimento de uma situação jurídica objetiva 234

    b) Efeito de fato de repercussão sobre terceiro Estado das consequências de um tratado 234

    c) Efeito jurídico na atribuição de obrigações e na concessão de direitos a terceiros Estados 235

        c.1) Tratados que criam obrigações para terceiros Estados 236

        c.2) Tratados que criam direitos para terceiros Estados 237

17. Vícios do consentimento e nulidade dos tratados 238

    a) Anulabilidade do consentimento 239

    b) Nulidade do consentimento 241

    c) Nulidade dos tratados 241

18. O *jus cogens* e o tema da nulidade dos tratados 244

    a) Conflito entre tratado e norma de jus cogens *anterior* 245

    b) Conflito entre tratado e norma de jus cogens *posterior* 246

    c) Conflito entre tratado e norma de jus cogens *existente antes da entrada em vigor da Convenção de Viena* 248

    d) Procedimento relativo à nulidade ou extinção de tratado em conflito com norma de jus cogens 249

19. A inconstitucionalidade dos tratados 250
  a) Concepção constitucionalista 251
  b) Concepção internacionalista 252
  c) Concepção conciliatória 253
  d) A solução adotada pela Convenção de Viena de 1969 254
20. O conflito entre tratados sucessivos 259
21. Extinção dos tratados 262
  a) Expiração do termo pactuado 264
  b) Condição resolutiva 264
  c) Execução integral do objeto do tratado 265
  d) O tratado posterior 266
  e) Violação grave do tratado 266
  f) Impossibilidade superveniente e mudança fundamental das circunstâncias 268
    f.1) Impossibilidade superveniente de cumprimento do tratado 268
    f.2) Mudança fundamental das circunstâncias 269
  g) Rompimento das relações diplomáticas e consulares 270
  h) O estado de guerra 270
  i) Suspensão da execução de um tratado em virtude de suas disposições ou pelo consentimento das partes 271
22. A denúncia dos tratados 271
  a) A denúncia na Convenção de Viena de 1969 272
  b) O problema da denúncia no Direito interno brasileiro 275
23. Consequências do consentimento viciado, da nulidade, extinção e suspensão da execução de um tratado 281
24. A questão dos memorandos de entendimento (MOUs) 282
  a) A redação dos memorandos 284
  b) Inexistência de aprovação parlamentar 284
  c) Falta de registro nas Nações Unidas 285
  d) Confidencialidade 285
  e) Conclusão sobre a sua natureza jurídica 285

Seção II – O Direito dos Tratados na Convenção de Viena de 1986 286
  1. Introdução 286
  2. Histórico e situação atual da Convenção de 1986 287
  3. Similitude entre as convenções de 1969 e de 1986 288
  4. Capacidade das organizações internacionais para concluir tratados 288
  5. Alguns tratados abrangidos pela Convenção de 1986 289
  a) Acordos de sede 289
  b) Acordos sobre privilégios e imunidades 290
  c) Acordos para a instalação de órgãos vinculados à organização em Estados 290
  d) Acordos para a realização de encontros e promoção de cooperação entre organizações internacionais 290

e) Acordos para a realização de conferências de organizações internacionais em Estados	290

Seção III – Processualística Constitucional de Celebração de Tratados no Brasil 291

1. Introdução 291
2. A Constituição brasileira de 1988 e o poder de celebrar tratados 293
3. O relacionamento entre os poderes Executivo e Legislativo no processo de conclusão de tratados 301
4. O papel do Congresso Nacional no processo de celebração de tratados 307
5. Procedimento interno nas casas do Congresso Nacional 312
6. Prática brasileira para a entrada em vigor dos tratados 314
7. Efeitos da internalização dos tratados na ordem jurídica nacional 322
8. Autoridades públicas responsáveis pela execução dos tratados 323

Seção IV – O Conflito entre Tratado e Norma de Direito Interno 324

1. O caso brasileiro 324
2. Paridade normativa dos tratados comuns declarada pelo STF 326
3. Nosso posicionamento frente à posição do STF 331
4. Controle jurisdicional da convencionalidade das leis 336
    a) Doutrina do controle de convencionalidade no sistema interamericano 337
    b) Controle de convencionalidade no Direito brasileiro 343
        b.1) Controle concentrado de convencionalidade 344
        b.2) Controle difuso de convencionalidade 346
        b.3) Controle de supralegalidade 348

Seção V – Dos Tratados em Matéria Tributária 350

1. Propositura do problema 350
2. O art. 98 do Código Tributário Nacional 351
3. A questão das isenções de tributos estaduais e municipais por meio de tratados 355

Capítulo VI
Codificação do Direito Internacional Público

1. Introdução 361
2. Propósito da codificação 361
3. A regra da Carta da ONU 362
4. Tentativas de codificação do Direito Internacional Público 364
5. Estado atual da codificação do Direito Internacional Público 365

Plano da Parte II 366

PARTE II
PERSONALIDADE JURÍDICA INTERNACIONAL

Capítulo I
Os Sujeitos do Direito Internacional Público

1. Introdução 369

2. Classificação dos sujeitos	371
3. Os Estados	371
4. Coletividades interestatais	372
5. Coletividades não estatais	373
a) Beligerantes	373
b) Insurgentes	374
c) Os movimentos de libertação nacional	374
d) A Soberana Ordem Militar de Malta	375
6. A Santa Sé e o Estado da Cidade do Vaticano	376
a) A Santa Sé	376
b) O Estado da Cidade do Vaticano	381
c) A questão das concordatas	383
7. Comitê Internacional da Cruz Vermelha	385
a) Gênese	385
b) Funcionamento	385
c) Natureza jurídica	386
8. Os indivíduos	387
9. Sujeitos não formais do Direito Internacional	392
a) Empresas transnacionais	392
b) A mídia global	394
10. Plano dos capítulos seguintes	394

Capítulo II
O Estado no Direito Internacional Público

Seção I – Formação e Extinção do Estado	395
1. Introdução	395
2. Conceito e elementos constitutivos do Estado	396
a) Comunidade de indivíduos	397
b) Território fixo e determinado	399
c) Governo autônomo e independente	402
d) Finalidade	404
3. Formação do Estado	404
a) Fundação direta	405
b) Emancipação	405
c) Separação ou desmembramento	406
d) Fusão	407
4. Reconhecimento de Estado e de governo	407
a) Individual ou coletivo	413
b) De direito (de jure) ou de fato (de facto)	414
c) Expresso ou tácito	414
d) Incondicionado ou condicionado	415
e) Reconhecimentos especiais	415

	e.1)	Reconhecimento de beligerância	415
	e.2)	Reconhecimento de insurgência	416
	e.3)	Reconhecimento como Nação	417
	e.4)	Reconhecimento de governo	417
		e.4.1) Doutrina Tobar	420
		e.4.2) Doutrina Estrada	420

5. Classificação dos Estados 421
    5.1) Estados simples ou unitários 422
    5.2) Estados compostos 423
        5.2.1) Estados compostos por coordenação 423
            a) União Pessoal 423
            b) União Real 424
            c) União Incorporada 425
            d) Confederação de Estados 425
            e) Estado Federal 427
            f) Associações "sui generis" 429
        5.2.2) Estados compostos por subordinação 430
            a) Estados vassalos 430
            b) Estados protegidos ou protetorados 431
            c) Estados clientes 432
            d) Territórios não autônomos 433
            e) Territórios sob tutela 434
            f) Estados permanentemente neutros 436

6. Extinção dos Estados 436
    a) Anexação total 437
    b) Anexação parcial 437
    c) Fusão 438
    d) Divisão ou desmembramento 438

7. Sucessão de Estados 438
    a) Efeitos da sucessão quanto aos tratados 440
    b) Efeitos da sucessão quanto à nacionalidade 441
    c) Efeitos da sucessão quanto às obrigações financeiras 442
    d) Efeitos da sucessão quanto à legislação interna 443
    e) Efeitos da sucessão quanto ao domínio do Estado 443
    f) Efeitos da sucessão quanto à participação em organizações internacionais 444

8. Sucessão de organizações internacionais 444

Seção II – Domínio Terrestre do Estado 445

1. Introdução 445
2. Conceito e natureza 446
3. Fronteiras e limites 447
4. Modos de aquisição de território 451

a)	Ocupação	451
b)	Acessão	453
c)	Cessão	454
d)	Prescrição aquisitiva	455
e)	Conquista e anexação	457

Seção III – Direitos e Deveres dos Estados 458

1. Introdução 458
2. Direitos básicos dos Estados 459
   - a) Direito de conservação e defesa 460
   - b) Direito à liberdade e à soberania 461
   - c) Direito à igualdade 465
   - d) Direito ao comércio internacional 467
3. Restrições aos direitos fundamentais dos Estados 468
   - a) Capitulações 468
   - b) Garantias internacionais 469
   - c) Servidões internacionais 469
   - d) Concessões 470
   - e) Arrendamento de território 470
   - f) Condomínio 471
   - g) Neutralidade permanente 473
   - h) Neutralização de territórios 473
4. Deveres dos Estados 474
   - a) Deveres morais 474
   - b) Deveres jurídicos 475
5. O dever de não intervenção 475
6. A doutrina Monroe 477
7. A doutrina Drago 478

Seção IV – Imunidade à Jurisdição e à Execução Estatal 480

1. Introdução 480
2. Diplomacia e serviço consular 481
3. Prerrogativas e imunidades diplomáticas 482
   - a) Prerrogativas e imunidades da missão 482
   - b) Privilégios e imunidades dos agentes diplomáticos 483
     - b.1) Inviolabilidade pessoal e domiciliar 484
     - b.2) Imunidade jurisdicional 484
     - b.3) Isenção fiscal 486
4. Imunidade penal do pessoal da missão diplomática 488
5. Privilégios e imunidades consulares 492
6. Imunidade de jurisdição do Estado 494
7. O abuso da imunidade diplomática 503
8. Imunidade de jurisdição do Estado em matéria trabalhista 504

9.	Imunidade de execução	510
	a) Dos agentes do Estado	511
	b) Dos organismos internacionais	511
	c) Do próprio Estado	511

Seção V – Responsabilidade Internacional dos Estados 513

1.	Introdução	513
2.	Projeto de convenção internacional da ONU	514
3.	Conceito de responsabilidade internacional	515
4.	Características da responsabilidade internacional	517
5.	Proteção diplomática	518
6.	Elementos constitutivos da responsabilidade	520
	a) O ato internacionalmente ilícito	520
	b) A imputabilidade ou nexo causal	521
	c) O prejuízo ou dano	522
7.	Formas de responsabilidade internacional	523
8.	Natureza jurídica da responsabilidade internacional	524
9.	Órgãos internos e responsabilidade internacional	525
	a) Atos do Executivo	526
	b) Atos do Legislativo	527
	c) Atos do Judiciário	529
	d) Atos dos indivíduos	531
10.	Prévio esgotamento dos recursos internos	532
11.	Apresentação de reclamações	534
12.	Excludentes da responsabilidade	535
	a) Consentimento do Estado	535
	b) Legítima defesa	536
	c) Contramedidas	536
	d) Força maior	537
	e) Perigo extremo	537
	f) Estado de necessidade	537
	g) Renúncia do indivíduo lesado	538
13.	Meios de reparação pela violação de uma obrigação internacional	539

Seção VI – Órgãos dos Estados nas Relações Internacionais 540

1.	Introdução	540
2.	Chefes de Estado	540
	a) Privilégios pessoais	542
	b) Imunidade em matéria penal	542
	c) Imunidade em matéria civil	542
	d) Imunidade de polícia e tributos	543
3.	Ministro das Relações Exteriores	543

4. Agentes diplomáticos	544
5. Os cônsules e funcionários consulares	548
6. Delegações junto às organizações internacionais	551

Capítulo III
As Organizações Internacionais Intergovernamentais

Seção I – Teoria Geral das Organizações Internacionais	553
1. Introdução	553
2. Definição	555
3. Características	557
4. Classificação	559
5. Personalidade jurídica internacional	561
6. Processo decisório	563
a) Sistema da unanimidade	564
b) Sistema da dissidência	564
c) Sistema do voto ponderado	564
d) Sistema da maioria simples e da maioria qualificada	564
7. Diferenças de fundo	565
8. Sede da organização	566
9. Admissão de novos membros	566
10. Representação dos Estados-membros	568
11. Sanções aos Estados-membros	569
12. Retirada voluntária dos Estados-membros	571
13. Ordem jurídica das organizações internacionais	572
14. A questão das imunidades	573
15. O pessoal paradiplomático	576
Seção II – A Organização das Nações Unidas	577
1. Origem histórica	577
2. Propósitos e finalidades específicas das Nações Unidas	578
3. Membros das Nações Unidas	578
4. Segurança coletiva e supremacia da Carta da ONU	579
5. Os órgãos das Nações Unidas	580
a) Assembleia Geral	581
b) Conselho de Segurança	581
c) Corte Internacional de Justiça	585
d) Conselho Econômico e Social	586
e) Conselho de Tutela	587
f) Secretariado	588
6. Organismos especializados	589
a) Organismos internacionais de cooperação econômica	590
a.1) Banco Internacional para a Reconstrução e Desenvolvimento (BIRD ou Banco Mundial) e o Fundo Monetário Internacional (FMI)	590

a.2)	*Organização das Nações Unidas para a Alimentação e a Agricultura (FAO)*	590
a.3)	*Organização das Nações Unidas para o Desenvolvimento Industrial (ONUDI)*	591
a.4)	*Organização Mundial da Propriedade Intelectual (OMPI)*	591
a.5)	*Organização Mundial do Comércio (OMC)*	591
b)	*Organismos internacionais de cooperação social*	592
b.1)	*Organização Internacional do Trabalho (OIT)*	592
b.2)	*Organização das Nações Unidas para a Educação, a Ciência e a Cultura (UNESCO)*	593
b.3)	*Organização Mundial de Saúde (OMS)*	593
c)	*Organismos internacionais de cooperação em comunicações*	593
c.1)	*União Internacional de Telecomunicações (UIT)*	593
c.2)	*Organização da Aviação Civil Internacional (OACI)*	594
c.3)	*União Postal Universal (UPU)*	594
c.4)	*Organização Marítima Internacional (OMI)*	594
d)	*Organismos internacionais de finalidade específica*	595
d.1)	*Organização Meteorológica Mundial (OMM)*	595
d.2)	*Agência Internacional de Energia Atômica (AIEA)*	595
d.3)	*Organização Mundial do Turismo (OMT)*	596
d.4)	*Organização para a Proibição de Armas Químicas (OPAQ)*	596

7. Revisão da Carta da ONU 597

Seção III – Organizações Regionais e Supranacionais 597

1. Organizações regionais 597
2. Organizações supranacionais 598
3. A União Europeia 600
4. Mercado Comum do Sul (Mercosul) 602
   - *a)* *Conselho do Mercado Comum (CMC)* 603
   - *b)* *Grupo Mercado Comum (GMC)* 603
   - *c)* *Comissão de Comércio do Mercosul (CCM)* 604
   - *d)* *Parlamento do Mercosul (Parlasul)* 605
   - *e)* *Foro Consultivo Econômico-Social (FCES)* 605
   - *f)* *Secretaria Administrativa do Mercosul (SAM)* 605
5. União das Nações Sul-Americanas (Unasul) 608

Seção IV – Organização dos Estados Americanos 611

1. Introdução 611
2. Estrutura da Carta da OEA 612
3. Natureza, propósitos e princípios 612
4. Membros da OEA 613
5. Direitos e deveres fundamentais dos Estados-partes da OEA 614
6. Solução pacífica de controvérsias 615

7. Órgãos da OEA	616
a) Assembleia Geral	616
b) Reunião de Consulta dos Ministros das Relações Exteriores	617
c) Os Conselhos	617
d) Comissão Jurídica Interamericana	619
e) Comissão Interamericana de Direitos Humanos	619
f) Secretaria-Geral	620
8. Conferências especializadas	621
9. Organismos especializados	621

Capítulo IV
Os Indivíduos e o Direito Internacional

Seção I – Nacionalidade do Indivíduo	623
1. Jurisdição do Estado	623
2. Conceito de nacionalidade	623
3. Nacionalidade e cidadania	628
4. Nacionalidade originária e adquirida	631
5. A nacionalidade de origem	638
a) Jus sanguinis	638
b) Jus soli	639
c) Sistema misto	639
6. Aquisição da nacionalidade	640
a) Aquisição pelo casamento	640
b) Aquisição pela naturalização	641
7. A nacionalidade brasileira	644
a) Brasileiros natos	644
b) Brasileiros naturalizados	654
8. Perda da nacionalidade brasileira	658
a) Causas de perda da nacionalidade brasileira	659
b) Perda da nacionalidade do brasileiro nato	660
c) Perda da nacionalidade do brasileiro naturalizado	662
9. Reaquisição da nacionalidade brasileira	665
10. Estatuto da igualdade entre brasileiros e portugueses	668
Seção II – Condição Jurídica do Estrangeiro	671
1. Conceito de estrangeiro	671
2. Admissão do estrangeiro no território nacional	672
3. Títulos de ingresso dos estrangeiros	673
4. Direitos dos estrangeiros	677
5. Exclusão do estrangeiro por iniciativa estatal	681
a) Repatriação	681
b) Deportação	682
c) Expulsão	684

6. Extradição	690
a) Conceito e entendimento	690
b) Fontes do direito extradicional	692
c) Natureza jurídica	693
d) Condições gerais para a concessão	694
e) Modalidades de extradição	694
f) Extradição sem tratado	696
g) Procedimento extradicional no Brasil	699
h) Extradição monocrática	705
i) Entrega do extraditando ao Estado requerente	705
j) Casos de vedação da extradição	706
k) O problema da prisão perpétua e da pena de morte	710
l) Transferência de execução da pena	712
7. Asilo territorial e asilo diplomático	716
a) Asilo territorial	716
b) Asilo diplomático	719
8. Refúgio	723
a) Regulamentação internacional	725
b) Regulamentação interna	727
Plano da Parte III	731

PARTE III
DOMÍNIO PÚBLICO INTERNACIONAL

Capítulo I
ZONAS POLARES

1. Introdução	735
2. O Polo Norte	736
3. A Antártica	738

Capítulo II
O MAR

Seção I – Águas Interiores, Mar Territorial e Zona Contígua	741
1. Introdução	741
2. Águas interiores	743
3. Mar territorial	746
a) Conceito	747
b) Passagem inocente	748
c) Delimitação	749
4. Zona contígua	750
5. Estreitos	751
6. Canais internacionais	753
7. Estados Arquipélagos	754

8.	Situação jurídica dos navios	754
	a) Embarcações públicas brasileiras (ou a serviço oficial do Brasil)	756
	b) Embarcações privadas brasileiras (ou públicas quando utilizadas para fins comerciais)	756
	c) Embarcações públicas estrangeiras (ou a serviço oficial do governo estrangeiro)	756
	d) Embarcações privadas estrangeiras	757

Seção II – Zona Econômica Exclusiva ... 757

1.	Entendimento	757
2.	Regulamentação internacional e interna	758
3.	Direitos, deveres e jurisdição do Estado costeiro	758
4.	Direitos de terceiros Estados	759

Seção III – Plataforma Continental e Fundos Marinhos ... 760

1.	Plataforma continental	760
2.	Fundos marinhos	762

Seção IV – Rios Internacionais ... 764

1.	Conceito	764
2.	Exercício da jurisdição estatal	766
3.	Rio Amazonas e o Tratado da Bacia do Prata	766
4.	Outros regimes internacionais	767

Seção V – O Alto-Mar ... 767

1.	Importância da matéria	767
2.	Conceito de alto-mar	767
3.	O regime jurídico do alto-mar	768
	a) Liberdade de navegação e sobrevoo	768
	b) Liberdade de pesca	769
	c) Direito de efetuar instalações de cabos submarinos e oleodutos	769
	d) Direito (limitado) de aproveitamento dos recursos existentes no fundo do mar e no subsolo correspondente	769
4.	Limites à liberdade do alto-mar	769
5.	Acesso ao alto-mar pelos Estados sem litoral	770
6.	Deveres dos Estados no alto-mar	771

Capítulo III
O Espaço Aéreo e Extra-Atmosférico

Seção I – O Espaço Aéreo ... 775

1.	Introdução	775
2.	Normativa internacional	775
3.	Princípios elementares	777
4.	As cinco liberdades do ar	777

SUMÁRIO | **XXIX**

5. Situação jurídica das aeronaves 778

    a) Aeronaves públicas brasileiras (ou a serviço oficial do Brasil) 779

    b) Aeronaves privadas brasileiras (ou estatais que se destinam à atividade privada) 780

    c) Aeronaves públicas estrangeiras (ou a serviço oficial do governo estrangeiro) .. 780

    d) Aeronaves privadas estrangeiras 780

6. Segurança no ar 780

Seção II – O Espaço Extra-Atmosférico 780

1. Origens da regulamentação internacional 780

2. Natureza jurídica do espaço extra-atmosférico 781

3. Normativa internacional 782

Plano da Parte IV 783

PARTE IV
PROTEÇÃO INTERNACIONAL DOS DIREITOS HUMANOS E DO MEIO AMBIENTE

Capítulo I
PROTEÇÃO INTERNACIONAL DOS DIREITOS HUMANOS

Seção I – O Direito Internacional dos Direitos Humanos 787

1. Generalidades 787

2. Direitos do homem, direitos fundamentais e direitos humanos 788

    a) Direitos do homem 788

    b) Direitos fundamentais 789

    c) Direitos humanos 789

3. Características dos direitos humanos 791

    a) Historicidade 791

    b) Universalidade 791

    c) Transnacionalidade 791

    d) Essencialidade 792

    e) Irrenunciabilidade 792

    f) Inalienabilidade 792

    g) Inexauribilidade 792

    h) Imprescritibilidade 792

    i) Vedação de retrocesso 792

4. A questão das "gerações" (ou dimensões) de direitos 793

5. Críticas ao sistema geracional de direitos 794

6. Gênese do direito internacional dos direitos humanos 796

7. O Direito Internacional dos Direitos Humanos 798

8. Tratados internacionais de direitos humanos no direito brasileiro 801

    a) As incongruências do § 3º do art. 5º da Constituição 807

b) *Em que momento do processo de celebração de tratados tem lugar o § 3º do art. 5º da Constituição?* 811

c) *Hierarquia constitucional dos tratados de direitos humanos independentemente da entrada em vigor da Emenda nº 45/2004* 817

d) *Hierarquia constitucional dos tratados de direitos humanos independentemente da data de sua ratificação (se anterior ou posterior à entrada em vigor da Emenda nº 45/2004)* 827

e) *Aplicação imediata dos tratados de direitos humanos independentemente da regra do § 3º do art. 5º da Constituição* 829

9. Os tratados internacionais de direitos humanos nas Constituições latino-americanas 830

Seção II – O Direito da Carta da ONU 834

1. A regra das Nações Unidas 834
2. Ausência de definição da expressão "direitos humanos" 835
3. Um passo rumo à Declaração Universal dos Direitos Humanos 836

Seção III – Declaração Universal dos Direitos Humanos 837

1. Introdução 837
2. Estrutura da Declaração Universal 838
3. Natureza jurídica da Declaração Universal de 1948 840
4. Relativismo *versus* universalismo cultural 842
5. Impacto (internacional e interno) da Declaração Universal de 1948 845

Seção IV – Os Pactos de Nova York de 1966 846

1. A criação dos mecanismos de proteção 846
2. Pacto Internacional sobre Direitos Civis e Políticos 848
3. Protocolo Facultativo ao Pacto sobre Direitos Civis e Políticos 851
4. Pacto Internacional dos Direitos Econômicos, Sociais e Culturais 853
5. Protocolo Facultativo ao Pacto dos Direitos Econômicos, Sociais e Culturais 858
6. Plano das seções seguintes 858

Seção V – Sistema Regional Interamericano 859

1. Introdução 859
2. Convenção Americana sobre Direitos Humanos 860
3. Comissão Interamericana de Direitos Humanos 864
4. Corte Interamericana de Direitos Humanos 869
5. Processamento do Estado perante a Corte 873
6. Eficácia interna das sentenças proferidas pela CIDH 876
7. O problema da execução das sentenças da CIDH no Brasil 878
8. Eficácia da sentença para terceiros Estados 883

Seção VI – Sistema Regional Europeu 885

1. Introdução 885
2. A Convenção Europeia de Direitos Humanos 887

3. A Corte Europeia de Direitos Humanos	891
4. Aperfeiçoamento institucional do sistema europeu	900
5. Simetrias e assimetrias entre os sistemas europeu e interamericano de direitos humanos	903
6. Conclusão	905

Seção VII – Sistema Regional Africano 905

1. Introdução	905
2. A Carta Africana dos Direitos Humanos e dos Povos	907
3. A Comissão Africana dos Direitos Humanos e dos Povos	911
4. A Corte Africana dos Direitos Humanos e dos Povos	914
5. Conclusão	917

Seção VIII – Direitos Humanos no Mundo Árabe 917

1. Introdução	917
2. Desenvolvimento	918
3. Instrumentos	919
4. Órgãos de proteção	919
5. Conclusão	919

Seção IX – Direitos Humanos na Ásia 920

1. Introdução	920
2. Declaração de Direitos Humanos da ASEAN	920
3. Inefetividade da proteção	921

Seção X – Estatuto de Roma do Tribunal Penal Internacional 921

1. Introdução	921
2. Precedentes históricos da criação do TPI	922
3. Criação e características do TPI	928
4. Estrutura e funcionamento do TPI	932
5. Competência material do TPI	935
a) Crime de genocídio	936
b) Crimes contra a humanidade	937
c) Crimes de guerra	938
d) Crime de agressão	940
6. A regra da responsabilidade penal individual	942
7. As aparentes antinomias entre o Estatuto de Roma e a Constituição brasileira	945
a) A entrega de nacionais ao TPI	945
b) A pena de prisão perpétua	948
c) A questão das imunidades e o foro por prerrogativa de função	950
d) A questão da reserva legal	950
e) A questão do respeito à coisa julgada	951
8. Conclusão	952

Capítulo II
Proteção Internacional do Meio Ambiente

Seção I – O Fenômeno da Proteção Internacional do Meio Ambiente 955

    1. Introdução 955

    2. Emergência e maturidade do Direito Internacional do Meio Ambiente 957

    3. Instrumentos internacionais de proteção 961

    4. Recurso às regras do Direito Internacional clássico 963

Seção II – Fontes do Direito Internacional do Meio Ambiente 963

    1. Introdução 963

    2. Rol das fontes formais 964

        a) Tratados internacionais 964

        b) Costume internacional 966

        c) Princípios gerais de direito 966

        d) Doutrina e jurisprudência internacionais 967

        e) Decisões e resoluções das organizações internacionais 967

    3. Reavaliação das fontes 968

Seção III – Meio Ambiente e Direitos Humanos 968

    1. O direito ao meio ambiente como um direito humano fundamental 968

    2. A proteção do meio ambiente no Direito brasileiro 972

    3. A positivação do direito ao meio ambiente sadio no sistema interamericano 974

    4. A proteção do meio ambiente nas instâncias regionais de direitos humanos 974

        a) Sistema regional interamericano 975

        b) Sistema regional europeu 976

    5. Inter-relação dos direitos humanos com o meio ambiente em outros instrumentos internacionais 978

    6. Conclusão 980

    Plano da Parte V 981

PARTE V
DIREITO INTERNACIONAL DO TRABALHO

Capítulo I
Noções Gerais de Direito Internacional do Trabalho

Seção I – Fundamentos, Objetivos e Dimensão Atual do Direito Internacional do Trabalho 985

    1. Introdução 985

    2. Fundamentos 987

    3. Objetivos 988

    4. A dimensão atual do Direito Internacional do Trabalho 989

    5. Padrões trabalhistas mínimos e *dumping* social 989

        a) Posição dos países desenvolvidos 990

SUMÁRIO | XXXIII

b) Posição dos países subdesenvolvidos e em desenvolvimento 993
c) A alternativa do "selo social" 993

Seção II – A Organização Internacional do Trabalho (OIT) 994
1. Introdução 994
2. Finalidades 995
3. Competência 996
4. Natureza jurídica 997
5. Membros 998
6. Estrutura orgânica 999

Capítulo II
CONVENÇÕES E RECOMENDAÇÕES DA OIT

Seção I – As Convenções da OIT 1003
1. Considerações gerais 1003
2. Conceito de convenção 1004
3. Natureza jurídica 1005
4. Método negocial 1006
5. Vigência internacional 1006
6. Integração ao Direito brasileiro 1007
7. Incorporação material e formal 1012
8. Primazia da norma mais favorável 1013
9. Interpretação das convenções 1015

Seção II – As Recomendações da OIT 1016
1. Conceito de recomendação 1016
2. Natureza jurídica 1017
3. Integração ao Direito brasileiro 1018
Plano da Parte VI 1019

PARTE VI
CONFLITOS INTERNACIONAIS

Capítulo I
SOLUÇÕES PACÍFICAS DE CONTROVÉRSIAS INTERNACIONAIS

Seção I – Regras Gerais sobre Soluções de Controvérsias 1023
1. Introdução 1023
2. Conceito de controvérsias internacionais 1023
3. Finalidade da matéria 1024
4. Regra das Nações Unidas 1025
5. Tratado Interamericano de Assistência Recíproca 1026
6. Hierarquia dos meios de solução de controvérsias 1027

Seção II – Meios Diplomáticos 1028

1. Características da solução diplomática	1028
2. Negociação direta	1028
3. Bons ofícios	1029
4. Sistema de consultas	1030
5. Mediação	1030
6. Conciliação	1031
7. Inquérito	1032

Seção III – Meios políticos 1033

1. Entendimento	1033
2. Mecanismos de controle	1033
3. A regra da não ingerência em assuntos internos	1034

Seção IV – Meio Semijudicial (Arbitragem) 1038

1. Diferenças conceituais	1038
2. A arbitragem internacional	1039
3. Os árbitros	1040
4. Cláusula arbitral	1041
5. O processo arbitral	1041
6. Laudo arbitral	1042
7. Formas de arbitragem	1043

Seção V – Meios Judiciais 1043

1. Introdução	1043
2. A Corte Internacional de Justiça	1045
a) Regras sobre os juízes	1045
b) Competência contenciosa e consultiva	1046
c) Competência em razão da matéria	1049
d) Aceite à jurisdição contenciosa	1049
e) Sentença da Corte	1050
f) Idiomas oficiais	1051
3. Tribunais regionais e especializados	1051
4. Consentimento estatal	1052

Seção VI – Sanções ou Meios Coercitivos 1052

1. Finalidade dos meios coercitivos	1052
2. Retorsão	1053
3. Represálias	1054
4. Embargo	1055
5. Boicotagem	1056
6. Bloqueio pacífico	1057
7. Rompimento das relações diplomáticas	1057
8. Sanções coletivas internacionais	1057

Capítulo II
GUERRA E NEUTRALIDADE

Seção I – A Guerra 1059

1. Introdução 1059
2. Guerra e tecnologia 1059
3. Brevíssima gênese da guerra 1060
4. Definição de guerra 1061
5. Proibição jurídica da guerra 1061
6. As leis da guerra 1064
7. A declaração de guerra 1064
8. Efeitos da declaração de guerra 1066
9. As hostilidades 1066
10. Término da guerra 1067
11. A legítima defesa 1068
12. Crimes de guerra 1072
13. O terrorismo em Direito Internacional 1072

Seção II – A Neutralidade 1077

1. Conceito de neutralidade 1077
2. Críticas ao sistema da neutralidade 1078
3. Neutralidade e neutralização 1078
4. Formas de manifestação 1079
5. Neutralidade nas organizações internacionais 1079
6. O futuro do sistema de neutralidade 1080

PARTE VII
FUTURO DO DIREITO INTERNACIONAL PÚBLICO

Capítulo I
SURPRESAS E INCERTEZAS

1. Ainda o interestatismo 1083
2. Globalização das crises 1084
3. Vontade e razão 1086
4. Reconfiguração da ordem internacional 1088

Capítulo II
NOVA ORDEM INTERNACIONAL

1. Qual nova ordem? 1091
2. Cessão de soberania 1092
3. Cooperação multilateral 1094

4. Solidariedade internacional 1095
5. Conclusão 1096

Referências Bibliográficas 1099

Obras do Autor 1169

Abreviaturas e Siglas Usadas

Ac	–	Acórdão
ACO	–	Ação Cível Originária
Add	–	*Addendum*
AgR	–	Agravo Regimental
AI	–	Agravo de Instrumento
AIEA	–	Agência Internacional de Energia Atômica
ALADI	–	Associação Latino-Americana de Integração
ampl.	–	ampliada (edição)
ARE	–	Agravo em Recurso Extraordinário
art.	–	artigo
arts.	–	artigos
ASEAN	–	Association of Southeast Asian Nations (Associação de Nações do Sudeste Asiático)
atual.	–	atualizada (edição)
BIRD	–	Banco Internacional para a Reconstrução e Desenvolvimento (Banco Mundial)
CDI	–	Comissão de Direito Internacional (da ONU)
CDPD	–	Convenção sobre os Direitos das Pessoas com Deficiência
CEE	–	Comunidade Econômica Europeia
CF	–	Constituição Federal
Cf.	–	Confronte/confrontar
CICV	–	Comitê Internacional da Cruz Vermelha
CIDH	–	Corte Interamericana de Direitos Humanos
CIJ	–	Corte Internacional de Justiça
cit.	–	já citado(a)
CLT	–	Consolidação das Leis do Trabalho
CONARE	–	Comitê Nacional para os Refugiados
coord.	–	coordenador
CPJI	–	Corte Permanente de Justiça Internacional
CTN	–	Código Tributário Nacional
DAI	–	Divisão de Atos Internacionais (do MRE)
DJ	–	*Diário da Justiça*
Doc.	–	Documento
EC	–	Emenda Constitucional
ECIJ	–	Estatuto da Corte Internacional de Justiça
ECOSOC	–	United Nations Economic and Social Council (Conselho Econômico e Social da ONU)
Ed.	–	Editora
ed.	–	edição/editor

eds.	–	editores
et al.	–	e outros
etc.	–	*et cetera*
EUA	–	Estados Unidos da América
Ext.	–	Extradição
FAO	–	Food and Agriculture Organization (Organização das Nações Unidas para a Alimentação e a Agricultura)
fasc.	–	fascículo
FIFA	–	Fédération Internationale de Football Association (Federação Internacional de Futebol)
FMI	–	Fundo Monetário Internacional
GATT	–	General Agreement on Tariffs and Trade (Acordo Geral sobre Tarifas e Comércio)
HC	–	*Habeas Corpus*
IATA	–	International Air Transport Association (Associação Internacional de Transporte Aéreo)
ibidem	–	mesma(s) página(s)
ICJ Reports	–	Relatório dos Acórdãos, Opiniões Consultivas e Ordens da Corte Internacional de Justiça
idem	–	mesma obra
infra	–	abaixo/à frente
julg.	–	julgado em
LINDB	–	Lei de Introdução às Normas do Direito Brasileiro
MOUs	–	Memorandum of Understanding (Memorando de Entendimentos)
MRE	–	Ministério das Relações Exteriores
NAFTA	–	North American Free Trade Agreement (Tratado Norte-Americano de Livre Comércio)
OACI	–	Organização da Aviação Civil Internacional
OEA	–	Organização dos Estados Americanos
OIT	–	Organização Internacional do Trabalho
OMC	–	Organização Mundial do Comércio
OMS	–	Organização Mundial da Saúde
ONG	–	Organização não Governamental
ONU	–	Organização das Nações Unidas
op. cit.	–	*opus citatum* (obra citada)
OPEPE	–	Organização dos Países Exportadores de Petróleo
org.	–	organizador
orgs.	–	organizadores
OSCE	–	Organization for Security and Co-operation in Europe (Organização para a Segurança e Cooperação na Europa)
OTAN	–	Organização do Tratado do Atlântico Norte
p.	–	página
pp.	–	páginas
RE	–	Recurso Extraordinário

rel.	–	relator
RE	–	Recurso Extraordinário
REsp	–	Recurso Especial
rev.	–	revista (edição)
RMS	–	Recurso Ordinário em Mandado de Segurança
RT	–	Revista dos Tribunais/Thomson Reuters (Editora)
RTJ	–	Revista Trimestral de Jurisprudência
SDI	–	Seção de Dissídios Individuais (do TST)
SdN	–	Sociedade das Nações (Liga das Nações)
ss	–	seguintes
STF	–	Supremo Tribunal Federal
STJ	–	Superior Tribunal de Justiça
supra	–	acima
t.	–	tomo
tir.	–	tiragem
TPI	–	Tribunal Penal Internacional
TPR	–	Tribunal Permanente de Revisão (Mercosul)
trad.	–	tradução
TST	–	Tribunal Superior do Trabalho
UN	–	United Nations (Organização das Nações Unidas)
UNESCO	–	United Nation Educational, Scientific and Cultural Organization (Organização das Nações Unidas para a Educação, a Ciência e a Cultura)
UNICEF	–	United Nations International Children's Emergency Fund (ao vincular-se à ONU, a instituição foi rebatizada de "United Nations Children's Fund" – em português, "Fundo das Nações Unidas para a Infância" – sem alteração da sigla original UNICEF)
URSS	–	União das Repúblicas Socialistas Soviéticas
v.	–	*vide*/ver
v.g.	–	*verbi gratia* (por exemplo)
vol.	–	volume
vols.	–	volumes
Vs.	–	*Versus*

Parte I

Teoria Geral do Direito Internacional Público

Capítulo I

Introdução ao Direito Internacional Público

 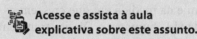

Acesse e assista à aula explicativa sobre este assunto.

> http://uqr.to/1zv46

SEÇÃO I – A SOCIEDADE INTERNACIONAL

1. O que é o Direito Internacional Público? Desde os primórdios da Humanidade o homem já se apresentava como ser perfeitamente constituído, com características fundamentais e na posse de qualidades comuns que transcendiam as divisões que o mundo viria a sofrer após a chamada *era das descobertas*, impulsionada pela navegação marítima dos portugueses e, mais tarde, dos espanhóis.[1]

O agrupamento de seres humanos pelas várias regiões do planeta fomentou a criação de *blocos* de indivíduos com características (sociais, culturais, religiosas, políticas etc.) em quase tudo comuns. Desse agrupamento humano (cuja origem primitiva é a *família*) nasce sempre uma *comunidade* ligada por um laço espontâneo e subjetivo de identidade. Na medida em que essa dada comunidade humana (assim como tudo o que caracterizava a vida na *polis*, no sentido aristotélico) passa a ultrapassar os impedimentos físicos que o planeta lhe impõe (montanhas, florestas, desertos, mares etc.) e a descobrir que existem outras comunidades espalhadas pelos quatro cantos da Terra, surge a necessidade de *coexistência* entre elas. Em consequência, a civilização passa a ter por meta a luta constante contra as dificuldades dessa coexistência. Entre povos com características tão diferentes não se vislumbra um vínculo espontâneo e subjetivo de identidade capaz de unir ou conjugar (como nas relações comunitárias) os sujeitos que os compõem. O que passa a existir é uma relação de *suportabilidade* entre eles, como que numa relação contratual, em que se desprezam as características sociais, culturais, econômicas e políticas de cada uma das partes, para dar lugar a uma relação negocial entre elas.

Por isso, desde o momento em que o homem passou a conviver em sociedade, com todas as implicações que esta lhe impõe, tornou-se necessária a criação de determinadas normas

---

[1] Considera-se "era das descobertas" (ou "das grandes navegações") o período compreendido entre os séculos XV e XVI, em que os reinos europeus – pioneiramente, Portugal e Espanha – conseguiram explorar maritimamente todo o globo terrestre, estabelecendo relações com a África, América e Ásia. V. David Arnold. *The age of discovery, 1400-1600*, 2nd ed. London: Routledge, 2002, p. 11.

de conduta, a fim de reger a vida em grupo – lembre-se da afirmativa de Aristóteles de que o homem é um *ser social* –, harmonizando e regulamentando os interesses mútuos. Tais normas foram constituídas à base de lutas e concessões recíprocas, em que cada grupo cedia parcela de sua vontade (assim tem sido até hoje) aos interesses do outro, para o fim de lograr, ao fim e ao cabo, uma composição em que presente a correspondência dos interesses de ambos.

O Direito, no entanto, em decorrência de sua evolução, passa a não mais se contentar em reger situações limitadas às fronteiras territoriais da sociedade, que, modernamente, é representada pela figura do Estado. Assim como as comunidades de indivíduos não são iguais, o mesmo acontece com os Estados, cujas características variam segundo diversos fatores (econômicos, sociais, políticos, culturais, comerciais, religiosos, geográficos etc.). À medida que estes se multiplicam e na medida em que crescem os intercâmbios internacionais, nos mais variados setores da vida humana, o Direito transcende os limites territoriais da sobe-rania estatal rumo à criação de um sistema de normas jurídicas capaz de coordenar vários interesses estatais simultâneos, de forma a poderem os Estados, em seu conjunto, alcançar suas finalidades e interesses recíprocos.

Verifica-se, com esse fenômeno, que o Direito vai deixando de *somente* regular questões internas para *também* disciplinar atividades que transcendem os limites físicos dos Estados, criando um conjunto de normas com aptidão para realizar tal mister. Esse *sistema* de nor-mas jurídicas (dinâmico por excelência) que visa disciplinar e regulamentar as atividades exteriores da sociedade dos Estados (e também, atualmente, das organizações interestatais e dos próprios indivíduos) é o que se chama de *Direito Internacional Público* ou *Direito das Gentes*.[2] Mas, como se verá no decorrer deste *Curso*, o estudo do Direito Internacional Pú-blico apresenta questões por demais embaraçosas, que somente podem ser resolvidas com uma parcela de boa vontade dos Estados, aos quais, prioritariamente, esse *sistema de normas jurídicas* é destinado.

Nesta breve introdução acabamos de entender *o que é* o Direito Internacional Público, sem propriamente ter formulado o seu *conceito* (o que será feito na Seção III deste Capítulo). Antes, porém, de se chegar a esse conceito, parece imprescindível entender o funcionamento da sociedade internacional e, posteriormente (o que faremos na Seção II deste mesmo Capítulo), descrever a formação histórica e as tendências evolutivas do Direito Internacional Público.

2. Sociedade e comunidade. O Direito Internacional Público disciplina e rege prio-ritariamente a *sociedade internacional*, formada por Estados e organizações internacionais interestatais, com reflexos voltados também para a atuação dos indivíduos no plano inter-nacional.[3] Entretanto, a noção de sociedade internacional não é de todo clara.[4] A realidade

---

[2]   Cf. Hildebrando Accioly. *Tratado de direito internacional público*, vol. I, 2ª ed. Rio de Janeiro: MRE, 1956, pp. 1-2; Nguyen Quoc Dinh, Patrick Daillier & Alain Pellet, *Direito internacional público*, 2ª ed., trad. Vítor Marques Coelho, Lisboa: Fundação Calouste Gulbenkian, 2003, pp. 37-38; e James Crawford, *Brownlie's principles of public international law*, 8th ed., Oxford: Oxford University Press, 2012, pp. 15-16.

[3]   V. Antonio Truyol y Serra. *La sociedad internacional*, 2ª ed. Madrid: Alianza, 1998, pp. 101-171.

[4]   Cf. Rolando Quadri. Cours général de droit international public, in *Recueil des Cours*, vol. 113 (1964-III), pp. 245-246. Para um estudo atual dos diferentes significados da expressão "sociedade internacional", v. Fred Halliday, *Repensando as relações internacionais*, 2ª ed., trad. Cristina Soreanu Pecequilo, Porto Alegre: Editora da UFRGS, 2007, pp. 107-116.

Parte I · Cap. I · INTRODUÇÃO AO DIREITO INTERNACIONAL PÚBLICO | 5

atual do Direito Internacional Público, com a multiplicação das organizações internacionais e de outras coletividades chamadas não estatais (como os beligerantes, os insurgentes, os movimentos de libertação nacional etc.), passa ao largo daquela realidade até então presente no cenário internacional do entreguerras, que entendia essa mesma sociedade internacional como o conjunto de *nações civilizadas* (para falar como o art. 38, § 1º, alínea *c*, do Estatuto da CIJ).[5] O conceito de *sociedade internacional* é, assim, um conceito em mutação, que poderá ser modificado no futuro com a presença de novos atores nas relações internacionais. De qualquer sorte, ainda é correto afirmar que, dentre os atores que atualmente a compõem, os Estados são aqueles que detêm a maior importância, dado que somente com o seu assentimento outras entidades podem ser criadas (*v.g.*, as organizações interestatais) ou certos direitos podem ser reconhecidos (*v.g.*, o direito de acesso aos indivíduos às instâncias internacionais de direitos humanos, somente possível quando um Estado *ratifica* o tratado em que esse direito é assegurado).

O conjunto dos atores internacionais poderá constituir uma *comunidade* internacional? Para responder à indagação é necessário entender a diferença entre *comunidade* e *sociedade*, tal como pioneiramente versado (no plano da sociologia) por Ferdinand Tönnies, na obra *Gemeinschaft und Gesellschaft*, publicada em 1887. Para Tönnies, a *comunidade* seria uma forma de união baseada no afeto e na emoção (*Wesenwille*) dos seus membros, capaz de criar um vínculo natural e espontâneo ("essencial") entre eles; a *sociedade*, por sua vez, corresponderia ao produto da vontade "racional" ou "instrumental" (*Kürwille*) dos associados, nascida de uma decisão voluntária dos mesmos. Assim, enquanto na comunidade não se permite aos membros decidir entre pertencer-lhe ou não, na sociedade essa escolha é livre e não depende senão da vontade das partes.[6] Em suma, a formação de uma comunidade (*Gemeinschaft*) estaria a pressupor um laço espontâneo e subjetivo de identidade (familiar, social, cultural, religioso etc.) entre os seus partícipes, em que não exista dominação de uns em detrimento de outros, em tudo diferindo da existência de uma sociedade (*Gesellschaft*). Para usar a fórmula clássica de Tönnies, enquanto na comunidade os seus membros "permanecem unidos apesar de todos os fatores que tendem a separá-los", na sociedade eles "permanecem essencialmente separados apesar de todos os fatores tendentes à sua unificação".[7] Por isso, não acreditamos, pelo menos por enquanto, na existência de uma *comunidade* internacional.[8] Pensar diferentemente, no momento atual, é pretender algo senão *pro futuro*, ainda verdadeiramente irreal e sem chances efetivas de concretização. De fato, se a formação da ordem internacional se baseia na ideia de *vontade* dos seus partícipes (ainda que não espontânea), visando determinados objetivos e finalidades comuns, o que aí se caracteriza é um agrupamento nitidamente

---

5 Cf. Jean-Marie Lambert. *Curso de direito internacional público*, vol. II (*Fontes e sujeitos*), 3ª ed. Goiânia: Kelps, 2003, pp. 31-32. Para críticas à expressão "nações civilizadas" constante do Estatuto da CIJ, *v.* Capítulo IV, Seção I, item nº 6, *infra*.

6 *V.* Ferdinand Tönnies. *Gemeinschaft und Gesellschaft*: *Abhandlung des Communismus und des Socialismus als empirischer Culturformen*. Leipzig: Verlag Fues, 1887, 294p.

7 No mesmo sentido, cf. Marcello Caetano. *Manual de ciência política e direito constitucional*, t. I, 6ª ed. rev. e ampl. por Miguel Galvão Teles. Coimbra: Almedina, 1996, p. 2; e Antonio Poch G. de Caviedes, Comunidad internacional y sociedad internacional, *Revista de Estudios Políticos*, vol. VI, Madrid, 1943, pp. 349-358.

8 Daí a precisa observação de Antonio Poch G. de Caviedes, que entende que defender a existência de uma comunidade internacional seria aceitar "uma família tão estranha (…) que seus membros não se comportam como irmãos, sequer como parentes ou amigos" (Comunidad internacional y sociedad internacional, cit., p. 345).

societário, não *comunitário*. Nesse caso, se tais vínculos ou finalidades comuns não lograrem êxito, é mais fácil para os seus componentes desligarem-se do grupo (ou seja, dessa *sociedade*) para buscar outras alternativas que atendam aos seus interesses no cenário internacional. Tal desligamento seria certamente mais dificultoso de existir num campo em que os laços que unem uma *comunidade* se apresentam. Em suma, os vínculos que ligam os indivíduos numa *sociedade* ou numa *comunidade* são em tudo diversos: enquanto nessa última os que ali estão *pertencem* a ela, naquela outra (na sociedade) os que dela fazem parte apenas *participam* dela. E mais: enquanto a comunidade transmite a ideia de *convergência* e de *coesão moral* entre os seus membros (com nítidos valores éticos comuns), a sociedade demonstra a ideia de *divergência* entre eles, fazendo primar – nesse último caso – a normatização (legislação, tratados etc.) reguladora de conflitos.[9]

Em uma passagem do *Leviatã* (Cap. 13), Hobbes assim descreveu as relações entre os Estados, sob sua ótica: "Por causa da sua independência, os reis e as pessoas detentoras da autoridade suprema invejam-se perpetuamente e mantêm-se na posição e atitude de gladiadores: com os seus fortes, guarnições e armas apostadas nas fronteiras dos seus reinos, espias contínuos dos seus vizinhos, numa postura de guerra". Esse trecho bem descreve uma realidade que ainda permanece nos dias de hoje, e que, provavelmente, durará por largo tempo. O que dele se extrai com nitidez é que as atitudes humanas (e também as dos Estados dos quais nós, seres humanos, fazemos parte) têm-se voltado de forma generalizada à perseguição daqueles que, diferentemente da maioria, se desigualam pela raça, língua, costumes, religião etc. Tal demonstra que vivemos num mundo de *diferentes*, não de *iguais*. Daí não se acreditar na existência de uma *comunidade* de Estados, mas, sim, na de uma *sociedade* desses mesmos sujeitos, que mutuamente (diga-se, contratualmente) se suportam na tentativa de minimizar as tensões advindas dessas desigualdades.[10]

O que existe, portanto, no âmbito internacional, é uma *sociedade* de Estados (e/ou organizações internacionais) que mantêm entre si relações mútuas enquanto isso lhes convém e lhes interessa. Trata-se de uma relação de suportabilidade entre esses sujeitos nada mais que isso. O que se percebe com clareza, notadamente nos dias atuais, é que grande número de Estados se une a outros para a satisfação de interesses estritamente particulares, sem qualquer ligação ética ou moral entre eles, firmando *acordos* que não comportam qualquer leitura mais caridosa, no sentido de haver ali um mínimo de identidade cultural, social, ética, axiológica etc. Não se vislumbra, nesse panorama, uma comunidade estatal unida por laços espontâneos e subjetivos de identidade, sem dominação de uns em relação aos outros ou sem demais interesses próprios envolvidos em cada caso. Daí o entendimento, seguido por grande parte da doutrina,[11] de que

---

[9]   V. Odete Maria de Oliveira. *Relações internacionais: estudos de introdução*. Curitiba: Juruá, 2003, p. 136; e Fred Halliday, *Repensando as relações internacionais*, cit., pp. 112-113.

[10]   V. J. L. Brierly. *Direito internacional*, 2ª ed. Trad. M. R. Crucho de Almeida. Lisboa: Fundação Calouste Gulbenkian, 1968, pp. 41-45.

[11]   Cf. Antonio Poch G. de Caviedes. Comunidad internacional y sociedad internacional, cit., pp. 358-400; J. Silva Cunha, *Direito internacional público*, vol. I, 3ª ed., Lisboa: Centro do Livro Brasileiro, 1981, pp. 9-10; Celso D. de Albuquerque Mello, *Curso de direito internacional público*, vol. I, 15ª ed. rev. e aum., Rio de Janeiro: Renovar, 2004, pp. 55-56; Florisbal de Souza Del'Olmo, *Curso de direito internacional público*, Rio de Janeiro: Forense, 2002, pp. 2-3; e Oliveiros Litrento, *Curso de direito internacional público*, 5ª ed., Rio de Janeiro: Forense, 2003, pp. 36-39.

Parte I • Cap. I • INTRODUÇÃO AO DIREITO INTERNACIONAL PÚBLICO | 7

não existe (pelo menos por enquanto) uma *comunidade* internacional,[12] apesar de a expressão "comunidade" ser ainda bastante utilizada em diversos tratados e documentos internacionais (*v.g.*, em algumas resoluções da Organização das Nações Unidas) e, também, na jurisprudência nacional e internacional. Veja-se, por exemplo, o que diz o art. 53 da Convenção de Viena sobre o Direito dos Tratados, de 1969, quando se refere às normas de *jus cogens*: "Para os fins da presente Convenção, uma norma imperativa de Direito Internacional geral é uma norma aceita e reconhecida pela *comunidade internacional* dos Estados como um todo…". Da mesma forma, a Convenção das Nações Unidas sobre o Direito do Mar, de 1982, refere-se, no seu art. 59, *in fine*, à "importância respectiva dos interesses em causa para as partes e para o conjunto da *comunidade internacional*". Por sua vez, a Declaração e Programa de Ação de Viena, de 1993, logo no seu primeiro considerando, diz serem a promoção e proteção dos direitos humanos "questões prioritárias para a *comunidade internacional*…". Vários outros documentos internacionais encontram-se redigidos nesse mesmo sentido.

Os exemplos acima bem ilustram o fato de que, apesar de a expressão *comunidade internacional* não ser aceita pela maioria da doutrina, a mesma ainda continua a ser utilizada em vários documentos internacionais. De qualquer forma, o que existe entre os Estados, em tese, é uma simples *convivência*, com uma ação de esforços comuns entre os associados, estruturada na ideia de coordenação, sem qualquer espécie de subordinação (contrariamente ao que ocorre no plano do Direito interno). Assim, o que existe, de concreto, sem embargo dos avanços nos campos científico e tecnológico, de que é exemplo a rapidez dos meios de comunicação, é a existência de uma *sociedade internacional* em franco desenvolvimento, integrada por Estados, organizações internacionais intergovernamentais e, também (ainda que de forma mais limitada), pelos próprios indivíduos.

Aliás, em verdade, da sociedade internacional também fazem parte as coletividades não estatais, o que não significa que muitos dos atores que as compõem sejam efetivamente *sujeitos* do Direito Internacional Público,[13] a exemplo das organizações não governamentais (ONGs) e das empresas transnacionais. Trata-se de coisas distintas. Pertencer à *sociedade internacional* é uma coisa; ser sujeito de direito das gentes é outra bem diferente. Assim, falar em *atores internacionais* tem sentido mais amplo do que falar em *sujeitos do Direito Internacional*, conotando essa última expressão, prioritariamente, os *Estados*, as *organizações internacionais intergovernamentais* e os *indivíduos*; por *atores* internacionais, por sua vez, já se entendem outras entidades (como as já referidas ONGs) que *participam* da sociedade internacional, mas sem deter personalidade jurídica de Direito Internacional Público. Em suma, não se pode perder de vista que a sociedade internacional é formada por um complexo muito mais amplo de *atores* relativamente aos que integram o Direito Internacional na sua categoria de *sujeitos*.

---

[12] Em sentido contrário, *v.* André Gonçalves Pereira & Fausto de Quadros, *Manual de direito internacional público*, 3ª ed., rev. e aum. (8ª reimpressão), Coimbra: Almedina, 2009, pp. 32-37, que, apesar de aceitarem os argumentos dos que defendem a existência de uma "*sociedade* internacional", em vez de uma "*comunidade* internacional", acabam por defender esta última, por dois motivos: *a*) pelo fato dela ser "largamente dominante na doutrina"; e *b*) pela razão de se assistir "a uma progressiva comunitarização de vários domínios da velha e clássica Sociedade Internacional, em termos tais que, atendendo designadamente à evolução mais recente do Direito Internacional, nos permitem admitir a hipótese de um dia, mesmo vista a Comunidade Internacional em globo, os seus traços comunitários vierem a sobrepor-se às suas características societárias" (Idem, p. 37).

[13] Cf. Anthony Aust. *Handbook of international law*, 2nd ed. Cambridge: Cambridge University Press, 2010, pp. 12-14.

Neste livro, utilizaremos sempre a expressão "sociedade internacional" para designar o conjunto de atores que operam no Direito Internacional Público. Eventual referência à "comunidade internacional" terá seguramente um sentido próprio, além de quando a expressão se encontrar em textos ou documentos internacionais ou em citações de outros autores.

3. Ordem jurídica da sociedade internacional. Uma das primeiras questões que se colocam ao estudar o Direito Internacional Público é a seguinte: como é possível falar em *ordem jurídica* num sistema de normas incapaz de centralizar o poder? Ou se poderia formular a questão de outra maneira: quais seriam as condições necessárias para se afirmar existir uma *ordem jurídica*? A resposta é, possivelmente, simples: um conjunto de *princípios* e *regras* destinados a reger as *situações* que envolvem determinados *sujeitos*. Como se vê, não pertence ao conceito de "ordem jurídica" a ideia de centralização de poder, não obstante tal centralização existir (e ser nitidamente visualizada) no plano do Direito interno dos Estados. Portanto, a inexistência de um poder centralizador, no Direito Internacional, faz nascer a ideia de que a ordem jurídica da sociedade internacional é *descentralizada*, uma vez que em tal âmbito jurídico (bem ao contrário do sistema jurídico interno) não existe centralização de poder, bem como uma autoridade com poder de impor aos Estados as suas decisões.[14] Em outras palavras, não existe ainda, na órbita internacional, nenhum órgão com jurisdição geral capaz de *obrigar* os Estados a decidirem ali suas contendas (lembre-se que a participação de Estados em tribunais internacionais requer o consentimento expresso destes, sem o qual o tribunal respectivo não poderá exercer a sua jurisdição). Dessa forma, pode-se afirmar que as relações jurídicas internacionais se desenvolvem quase que inteiramente em nível *horizontal*, o que evidencia o caráter *embrionário* das normas de organização da sociedade internacional, como destaca a melhor doutrina.[15]

Se uma norma de Direito Internacional é *superior* às outras – como é o caso da Carta das Nações Unidas, em virtude do seu art. 103[16] – é porque os Estados *aceitaram* que assim deva ser. Além do mais, inexistem no plano internacional os poderes Legislativo, Executivo e, para alguns, também o Judiciário (uma vez que o "Judiciário" internacional depende do *aceite* dos Estados para que possa atuar, ao contrário do que ocorre no âmbito interno, em que o poder jurisdicional advém de um órgão autônomo e independente), o que faz que o direito das gentes desconheça, sob o aspecto formal, o princípio da *hierarquia das leis*, apenas compreensível sob o aspecto material e, mesmo assim, com um núcleo de regras advindas do

---

[14] Cf. Hans Kelsen. *Teoria pura do direito*, 7ª ed. Trad. João Baptista Machado. São Paulo: Martins Fontes, 2006, pp. 358-359; Peter Malanczuk, *Akehurst's modern introduction to international law*, 7th ed. rev., New York: Routledge, 1997, p. 3; José Francisco Rezek, *Direito internacional público: curso elementar*, 9ª ed. rev., São Paulo: Saraiva, 2002, pp. 1-3; Pierre-Marie Dupuy, *Droit international public*, 7ª ed., Paris: Dalloz, 2004, pp. 2-4; Sean D. Murphy, *Principles of international law*, St. Paul, MN: Thomson/West, 2006, pp. 3-6; Malcolm N. Shaw, *Direito internacional*, trad. Marcelo Brandão Cipolla (*et al.*), São Paulo: Martins Fontes, 2010, pp. 5-10; e Dominique Carreau & Jahyr-Philippe Bichara, *Direito internacional*, Rio de Janeiro: Lumen Juris, 2015, pp. 33-36.

[15] *V.* Antonio Cassese. *Diritto internazionale* (a cura di Paola Gaeta). Bologna: Il Mulino, 2006, p. 18; Antonio Remiro Brotons (*et al.*), *Derecho internacional*, Valencia: Tirant lo Blanch, 2007, p. 48; e Marc Perrin de Brichambaut, Jean-François Dobelle & Frédérique Coulée, *Leçons de droit international public*, 2e éd., Paris: Dalloz, 2011, p. 20.

[16] "Art. 103. No caso de conflito entre as obrigações dos membros das Nações Unidas, em virtude da presente Carta e as obrigações resultantes de qualquer outro acordo internacional, prevalecerão as obrigações assumidas em virtude da presente Carta".

costume (de que são exemplos as normas de *jus cogens*). A *subordinação* – clássica na ordem interna – dá lugar à *coordenação* na ordem internacional, motivo pelo qual a *vontade* (ou *consentimento*) dos Estados ainda é o motor da sociedade internacional contemporânea.[17] Salvo no que tange ao fundamento do Direito Internacional – que não pode ficar à mercê da vontade isolada dos Estados –, o regime de consentimento estatal (*consensus*) é bastante claro na ordem jurídica externa, podendo ser bem visualizado na hipótese em que um Estado rechaça a jurisdição de um tribunal internacional ou quando não se submete à eventual decisão proferida. A vontade do Estado apenas sucumbe caso tenha anteriormente reconhecido a possibilidade de a vontade coletiva de outros Estados ser vinculante em relação a si, tal como ocorre em relação à votação nas assembleias de organizações internacionais, quando se trata de assuntos de menor interesse.

Portanto, a ordem jurídica da sociedade internacional difere da ordem interna estatal por estar estruturada de forma horizontal, sem conhecer poder central autônomo com capacidade de criação originária de normas e com poder de impor aos sujeitos do Direito Internacional Público o cumprimento de suas decisões. Tal não significa, contudo, que não exista no plano do Direito Internacional um sistema de sanções, notadamente no âmbito das Nações Unidas, em que a sua visualização é mais nítida. O que ocorre é que tais sanções são seguramente mais imperfeitas que as geralmente adotadas nos regimes de Direito interno em Estados que contam com um sistema jurídico de qualidade.

Tudo o que não se pode entender é que a constatação de ser a ordem jurídica internacional descentralizada está a impedir a existência de normas de conduta entre os sujeitos do Direito Internacional Público. Ainda que de caráter embrionário, tais normas compõem uma *ordem* jurídica (internacional, nesse caso), não uma *desordem*. Nada na cena internacional – notadamente depois do advento da Organização das Nações Unidas, em 1945 – pode levar a crer ser incompatível com o conceito de descentralização do poder a existência de um sistema ordenado de normas capaz de gerenciar as atividades da sociedade internacional.

A sociedade internacional diferencia-se da ordem jurídica interna tanto sob o aspecto *formal* quanto sob a ótica *material*. Sob o ponto de vista *formal*, a diferença da sociedade internacional para a ordem interna baseia-se na sua estrutura, pelo fato de ali não existir um território determinado, dentro do qual vive certa população, coordenada por um poder soberano. Se comparada a população de um Estado com os Estados pertencentes à sociedade internacional, ver-se-á que enquanto aquela deve submeter-se aos ditames provenientes do poder central existente no Direito interno (a Constituição estatal e as leis que o Estado adote), estes últimos não se submetem senão à própria coordenação de seus interesses recíprocos, sem qualquer relação de verticalidade entre eles, o que não significa que não haja qualquer sanção para os Estados faltosos no cumprimento de suas obrigações. Tanto é assim que o art.

---

[17] V. Malcolm N. Shaw. *Direito internacional*, cit., p. 5, quando diz: "Nos sistemas internos, a lei está acima dos indivíduos, ao passo que o direito internacional só existe entre os Estados, no mesmo nível deles. A única opção que os indivíduos têm é a de obedecer às leis ou não. Não são eles que criam as leis; isso é feito por instituições específicas. No direito internacional, por outro lado, são os próprios Estados que criam as leis e depois decidem obedecê-las ou não. Como é evidente, esse fato tem profundas repercussões no que diz respeito às fontes do direito e aos meios de imposição das normas jurídicas aceitas". Em nota de rodapé, arremata: "Isso levou Rosenne a considerar o direito internacional um direito de coordenação e não de subordinação, sendo este último o caso dos direitos nacionais" (p. 5, nota nº 23).

41 da Carta das Nações Unidas prevê que o Conselho de Segurança poderá adotar medidas destinadas a tornar efetivas suas decisões, nelas podendo incluir-se "a interrupção completa ou parcial das relações econômicas, dos meios de comunicação ferroviários, marítimos, aéreos, postais, telegráficos, radiofônicos, ou de outra qualquer espécie, e o rompimento das relações diplomáticas", complementando o art. 42 da mesma Carta que, caso tais medidas sejam inadequadas, o Conselho de Segurança "poderá levar a efeito, por meio de forças aéreas, navais ou terrestres, a ação que julgar necessária para manter ou restabelecer a paz e a segurança internacionais", podendo tais medidas compreender "demonstrações, bloqueios e outras operações, por parte das forças aéreas, navais ou terrestres dos membros das Nações Unidas".

Do ponto de vista *material*, a sociedade internacional jamais se igualará à sociedade de pessoas (ou, até, à *comunidade* destas) existente no Direito interno, uma vez que as matérias que disciplina provêm de um *conjunto* de Estados com poderes soberanos limitados (em razão da própria ideia de descentralização), e não de uma vontade única eleita pelos seus sujeitos para reger-lhes a conduta (ou, até mesmo, a eles imposta, como no caso dos governos ditatoriais).

A ordem jurídica da sociedade internacional é descentralizada, mas ao mesmo tempo organizada pela lógica da coordenação (ou cooperação), que gradativamente vai tomando o espaço do antigo sistema de justaposição, em virtude da cada vez mais em voga doutrina da interdependência, segundo a qual os Estados, nas suas relações recíprocas, dependem menos de si próprios e mais da grande aldeia global que está à sua volta. Essa aldeia detém *teias* capazes de prender os sujeitos do Direito Internacional e determinar-lhes o caminho a seguir, sob pena de sanções que vão desde a simples advertência até bloqueios e intervenções e, em última análise, isolamento completo pelo rompimento de relações diplomáticas junto a eventual uso da força.

SEÇÃO II – GÊNESE E ESTADO ATUAL
DO DIREITO INTERNACIONAL PÚBLICO

1. Introdução. Não é nosso propósito desenvolver aqui um estudo histórico aprofundado da formação do Direito Internacional Público e da emergência da sociedade internacional. A nossa intenção é somente mostrar que o Direito Internacional Público vem, ao longo do tempo, desde a época provável de seu nascimento, ganhando novos contornos e evoluindo *pari passu* ao avanço da sociedade internacional.

Assim, nas linhas que seguem pretendeu-se tratar, de forma sucinta, da gênese do Direito Internacional Público, de suas tendências evolutivas e do atual estágio pelo qual ele atravessa. Foram propositadamente deixados de lado os acontecimentos e percalços históricos pelos quais passou esse Direito até chegar à sua maturidade, bem como as *escolas* do Direito Internacional e cada um dos seus respectivos defensores.[18] Por fim, algumas palavras serão ditas sobre o ensino do Direito Internacional Público, sobretudo no Brasil.

2. Origens históricas do Direito Internacional Público. O Direito Internacional Público, contrariamente do que pensa boa parte da doutrina, não é uma criação recente.

---

[18] Para uma boa visão histórica do Direito Internacional Público, *v.* Arthur Nussbaum, *A concise history of the law of nations*, 2ª ed. rev., New York: Macmillan, 1954. Cf., ainda, os clássicos Georg Stadtmüller, *Historia del derecho internacional público*, Madrid: Aguilar, 1961; e Antonio Truyol y Serra, *Historia del derecho internacional público*, Madrid: Tecnos, 1998.

Mas também não é tão antigo como pretendem alguns autores. Ainda que não seja possível determinar uma data precisa para o seu nascimento, tem-se como certo que o Direito Internacional Público é fruto de inúmeros fatores sociais, políticos, econômicos e religiosos que transformaram a ordem política da Europa na passagem da Idade Média para a Idade Moderna.[19] Não obstante os ensinamentos do Barão Serge A. Korff, no sentido de que o Direito Internacional é tão antigo como a civilização em geral e consequência necessária e inevitável de toda a civilização,[20] temos como correta a assertiva de que na Antiguidade Clássica não existia um Direito Internacional propriamente dito, como o concebemos hoje, mas apenas um Direito que se aplicava às relações entre cidades vizinhas, de língua comum, da mesma raça e com a mesma religião, como se dava com as anfictionias gregas (que eram ligas pacíficas de caráter religioso, cuja finalidade era evitar as guerras e julgar as infrações à santidade dos templos) e com as confederações etruscas. Mas, afora esses casos, não existia um Direito propriamente *internacional* entre nações estrangeiras, porque não existia lei comum entre tais nações, nem sequer igualdade jurídica entre elas.[21]

A evolução do Direito Internacional durou vários séculos e se desenvolveu de forma quase que desordenada. Suas primeiras e mais singelas manifestações apareceram em razão dos intercâmbios existentes entre os vários feudos da Idade Média – lembre-se do grande poder de relacionamento e do enorme prestígio que detinham os senhores feudais nessa época – e das alianças que celebravam entre si, muitas delas relacionadas a questões de segurança externa. Durante esse período (situado entre os anos 200 depois de Cristo e a queda de Constantinopla, em 1453) todos os tratados passaram a ser celebrados sob a égide da Igreja e do Papado, e as decisões do Papa passaram a ser respeitadas em todo o Continente, principalmente naquilo que dizia respeito à esfera espiritual de homens e mulheres. Nesse mesmo momento histórico formam-se as Cidades-Estados italianas, já no quadro da transição para a Idade Moderna, as quais passaram a manter frequentes intercâmbios políticos e econômicos entre si, dando início ao esboço dos contornos normativos de um Direito menos doméstico e mais *internacional* já nesse período.

Foi o holandês nascido em Delft, chamado Hugo Grotius (1585-1645), quem deu importante ênfase ao direito das gentes como *ciência*, despertando o interesse dos principais círculos cultos europeus com suas obras: *Mare Liberum* (parte da *De Jure Praedae*), publicada em Leyde em 1609, e *De Jure Belli ac Pacis*,[22] inspirada na Guerra dos Trinta Anos, publicada

---

[19]   Cf. Dionisio Anzilotti. *Cours de droit international.* Trad. Gilbert Gidel. Paris: Editions Panthéon-Assas, 1999, p. 2; e Peter Malanczuk, *Akehurst's modern introduction to international law*, cit., pp. 10-12.

[20]   Cf. Serge A. Korff. Introduction à l'histoire du droit international, in *Recueil des Cours*, vol. I (1923-I), p. 21. Sobre o tema, cf. ainda a incursão histórica que faz Paulo Borba Casella, *Direito internacional no tempo antigo*, São Paulo: Atlas, 2012, pp. 165-464.

[21]   V. Pedro Baptista Martins. *Da unidade do direito e da supremacia do direito internacional.* Rio de Janeiro: Forense, 1998, p. 7.

[22]   Existe tradução para o espanhol dessa obra de Grotius, *Del derecho de la guerra y de la paz*, 4 Tomos, trad. Jaime Torrubiano Ripoll, Madrid: Editorial Reus, 1925. O Tomo I contém o *Livro primeiro* e os capítulos I-III do *Livro segundo*; o Tomo II contém os capítulos IV-XVI do *Livro segundo*; o Tomo III contém os capítulos XVII-XXVI do *Livro segundo* e os capítulos I-III do *Livro terceiro*; e o Tomo IV contém os capítulos IV-XXV do *Livro terceiro*, todos da referida obra. Nesta obra de Hugo Grotius é que foram lançadas as bases do *direito das gentes*, dando-lhe um fundamento científico, o que lhe valeu a fama de precursor do positivismo jurídico e de fundador do Direito Internacional.

em 1625.[23] Sua contribuição foi de tal importância que o tornou mundialmente conhecido como o pai do Direito Internacional e do Direito Natural, não obstante os primeiros passos da disciplina terem sido dados pelo dominicano espanhol Francisco de Vitoria (1486-1546, que escreveu *Relectio de Jure Belli*) e pelo jesuíta (também espanhol) Francisco Suárez (1548-1617, com a obra *De Legibus ac de Deo Legislatore*).[24]

Sem embargo, nem toda a doutrina é unânime quanto à paternidade de Grotius sobre o Direito Internacional, o que deu lugar à polêmica sobre *a autoria do direito das gentes*. Werner Goldschmidt expõe suas razões dessa polêmica, afirmando terem sido os juristas espanhóis que, em verdade, influenciaram Grotius em sua doutrina. Eis sua lição: "(...) sendo assim, como explicar que mesmo amplos círculos da opinião científica celebram a obra de Hugo Grotius, *De Jure Belli ac Pacis* (1625) como a gênese do Direito Internacional Público? Para resolver tal problema de autoria, convém distinguir três aspectos distintos: 1) os teólogos e juristas espanhóis influenciaram Grotius, segundo a sua própria confissão; 2) o conteúdo das doutrinas de Grotius já constava, no essencial, nos escritos de Vitoria, Suárez e dos demais membros da Escola Espanhola de Direito Internacional Público, ainda que, sem dúvida alguma, se deva a Grotius a sistematização do Direito Internacional Público; 3) não obstante, em que pese a dependência psicológica de Grotius àqueles autores, e levando em conta a coincidência dos ensinamentos do célebre holandês com os dos grandes espanhóis do século XVI, a obra grotiana chegou a cumprir uma função política indisponível às obras admiráveis dos espanhóis. O mundo medieval formava uma unidade religiosa e política. A unidade religiosa se apoiava sobre a Igreja Católica; a unidade política descansava no Sacro Império Romano. O problema da Idade Moderna consistia, portanto, em encontrar uma base comum a todos os povos com independência da religião católica e do Império, princípios ambos que acabavam com a sua força coagulante. Agora se compreende que Grotius, protestante e holandês, encarnava a situação moderna, enquanto que o dominicano e súdito do Império, Vitoria, e o jesuíta Suárez arraigavam-se existencialmente na Idade Média. Grotius desempenhava o papel social do homem moderno; Vitoria e Suárez desempenhavam o papel social de homens medievais. A essa razão de que Grotius era o homem do momento, à diferença de Vitoria e Suárez, que eram homens do passado, há de acrescentar, como segunda causa da proeminência de Grotius à custa dos autores espanhóis, que nos séculos seguintes a Espanha decaiu, enquanto os países antiespanhóis seguiram de triunfo em triunfo. Bem se compreende que o saldo dessa situação não podia ser favorável nem à justiça nem aos internacionalistas espanhóis".[25]

Por outro lado, foi tão somente a partir do final do século XVI e início do século XVII que o Direito Internacional Público aparece como ciência autônoma e sistematizada, principalmente a partir dos tratados de Westfália (de cuja elaboração Hugo Grotius participou na qualidade de Embaixador do Rei da Suécia), concluídos em 24 de outubro de 1648, que

---

[23] Cf. Hildebrando Accioly & Nascimento e Silva. *Manual de direito internacional público*, 13ª ed. São Paulo: Saraiva, 1998, p. 9.

[24] Cf. Guido Fernando Silva Soares. *Curso de direito internacional público*, vol. 1. São Paulo: Atlas, 2002, pp. 27-29; César Sepúlveda, *Derecho internacional*, 26ª ed., México, D.F.: Porrúa, 2009, pp. 13-23; e Jorge Miranda, *Curso de direito internacional público*, 5ª ed. rev. e atual., Cascais: Princípia, 2012, p. 10.

[25] Werner Goldschmidt. *Introducción filosófica al derecho: teoria trialista del mundo jurídico y sus horizontes*, 6ª ed., 4ª reimp. Buenos Aires: Depalma, 1987, pp. 506-507.

colocaram fim à sanguinária Guerra dos Trinta Anos (1618-1648), conflito religioso entre católicos e protestantes que teve como bloco vitorioso esse último, fortalecido pela França. Foi a *reforma protestante* a motivadora da insurgência que mais tarde acabaria na Guerra dos Trinta Anos, quando desmontou a unidade católica na Europa medieval, fomentando o início do conflito. O que a *reforma* pugnou foi derrotar definitivamente o poder católico, a fim de atribuir à autoridade civil o poder supremo dentro do território. E sua missão foi tão bem-sucedida que, como explica Brierly, "mesmo naqueles países que rejeitaram o protestantismo como religião, a Igreja ficou tão profundamente abalada que não pôde competir mais com o Estado como força política", fato esse responsável por dar "um golpe mortal à ideia, já moribunda, de que o mundo cristão, apesar de todas as suas lutas, constituía ainda em certo sentido uma unidade".[26]

Com os dois tratados de Westfália (*Tratado de Münster*, assinado por Estados católicos,[27] e *Tratado de Osnabrück*, assinado pelos protestantes[28] envolvidos no litígio) demarcou-se, então, a *nova era* do Direito Internacional Público, que, a partir daí, passaria a ser conhecido como ramo *autônomo* do Direito moderno.[29] Mas, por qual motivo? Pelo fato de, pela primeira vez, se ter reconhecido, no plano internacional, o princípio da igualdade formal dos Estados europeus e a exclusão de qualquer outro poder a eles superior.[30] Então, mais do que colocar fim à Guerra dos Trinta Anos, os tratados de Westfália criaram um "sistema pluralista e secular de uma sociedade de Estados independentes, substituindo, desde então, a ordem providencial e hierarquizada da Idade Média".[31] Assim é que muitos autores consideram que antes da Paz de Westfália não existia um Direito Internacional propriamente dito, como se conhece nos dias atuais (não obstante já se conhecer, desde o século XVI, a codificação das leis marítimas, a instalação de embaixadas, a formação de exércitos permanentes, bem como as navegações e as conquistas). De fato, antes dos tratados de Westfália não existia uma sociedade internacional já constituída e solidificada. Portanto, a Paz de Westfália pode ser considerada verdadeiro "divisor de águas" na história do Direito Internacional Público,

---

[26] J. L. Brierly. *Direito internacional*, cit., p. 5.

[27] Ou seja, o Império Romano-Germânico e a França, com seus aliados (entre os quais a rainha da Suécia) e confederados.

[28] Ou seja, o Império Romano-Germânico e a Suécia, com seus aliados (entre os quais a França) e confederados.

[29] Cf. Oliveiros Litrento. *Curso de direito internacional público*, cit., p. 24.

[30] Cf. Jorge Miranda. *Curso de direito internacional público*, cit., p. 10. Daí poder-se dizer que o direito das gentes foi um direito Europeu na origem, embora a Europa em questão fosse bastante ampla, estendendo-se por todo o Mediterrâneo, Rússia e Oriente Médio (chegando, também, por obra dos colonizadores, à América, Ásia, África e, eventualmente, à Oceania). *V.* assim, James Crawford, *Brownlie's principles of public international law*, cit., p. 4.

[31] Charles de Visscher. *Théories et réalités en droit international public*. Paris: A. Pedone, 1953, p. 19. Como leciona Guido Soares, a paz de Westfália "nada mais quer significar do que: na região (leia-se: no território) sob o império de um príncipe, esteja vigente unicamente uma ordem jurídica, sua ordem jurídica (claro está, subentendendo-se que *religio*, segundo as discussões da época, queria significar muito mais a imposição de um ordenamento leigo e altamente operante, e menos uma visão religiosa das maneiras de alguém salvar a própria alma!). Na verdade, trata-se da definitiva consagração do princípio que passaria a dominar toda a concepção moderna sobre eficácia (existência e aplicabilidade) das normas dos sistemas jurídicos nacionais: a territorialidade do direito" (*Curso de direito internacional público*, cit., p. 29).

14 | CURSO DE DIREITO INTERNACIONAL PÚBLICO – *Valerio de Oliveira Mazzuoli*

momento em que se desprenderam as regras fundamentais que passaram a presidir as relações entre os Estados europeus, reconhecendo-se ao princípio da *igualdade absoluta dos Estados* o caráter de regra internacional fundamental.

Além disso, esse fato histórico teve grande importância internacional por marcar o surgimento do que hoje conhecemos por *Estado moderno*, que, a partir desse momento, passou a se tornar o sujeito mais importante do Direito Internacional (é certo que com os temperamentos introduzidos pelas normas mais modernas de *limitação* da autoridade estatal). O Estado nasceria, então, com a característica fundamental de possuir, como elemento essencial de sua existência, uma *base territorial* sobre a qual se assenta a sua massa demográfica de indivíduos. Posteriormente, passaria a ter por elementos caracterizadores uma *unidade política* estabelecida no tempo e no espaço, a existência de *instituições permanentes impessoais*, a condução dos seus negócios por uma *autoridade* e a aceitação da ideia de que essa autoridade conta com a *lealdade substancial* dos seus súditos.[32] Esse tipo de Estado, desenvolvido a partir da reforma protestante e dos tratados de Westfália, deu origem à chamada *doutrina da soberania* (que já contava com sua formulação teórica desde 1576, no *De Republica* de Jean Bodin), segundo a qual a força capaz de agregar seres humanos em um dado território é a unidade do poder (*summa potestas*), sem a qual o Estado seria – na expressão de Bodin – como um "barco sem quilha".[33]

O Congresso de Viena (1815) foi, depois dos tratados de Westfália, o segundo grande marco do Direito Internacional e das relações internacionais.[34] O Congresso marcou o fim das guerras napoleônicas e estabeleceu um novo sistema multilateral de cooperação política e econômica na Europa, além de ter agregado novos princípios de Direito Internacional, como a proibição do tráfico negreiro, a liberdade irrestrita de navegação nos rios internacionais da região e as primeiras regras do protocolo diplomático. Os aspectos principais desse sistema perduraram até quase o início da Primeira Guerra Mundial.[35] E, de maneira ainda mais nítida, essas novas características do Direito Internacional vieram a intensificar-se finda a Segunda Guerra, que ensanguentou a Europa entre 1939 e 1945. Destaque-se, por fim, que a partir desse momento o contexto internacional passa a conviver com particularidades até então

---

[32] Cf. Antonio Cassese. *Diritto internazionale*, cit., p. 30, nota nº 1, citando J. R. Strayer.

[33] Cf. J. L. Brierly. *Direito internacional*, cit., pp. 7-8. Na defesa da teoria de Bodin, assim leciona Brierly: "A doutrina da soberania estatal tal como Bodin a defendeu não levantou problemas especiais para o direito internacional. Para ele, a soberania era um princípio essencial da ordem política interna. E ficaria certamente surpreendido se pudesse prever que, mais tarde, ela viria a ser falsamente transformada num princípio de desordem internacional e invocada para demonstrar que os Estados estavam, por natureza, acima da lei. É evidente que Bodin não pensava assim, pois incluiu na *República* normas relativas à conduta dos Estados, a partir das quais outros autores contemporâneos principiaram a construir a nova ciência do direito internacional. Nunca lhe terá ocorrido que a sua doutrina da soberania pudesse implicar a destruição de tais normas. No entanto, é esta a acusação que se lhe faz" (Idem, p. 10). Para detalhes, *v.* Jean Bodin, *Les six libres de la république*, Paris, 1576. Cf., tamb̀em, Marcel David, *La souverainité et les limites juridiques du pouvoir monarchique du IXème au XVème siécles*, Paris: Dalloz, 1954.

[34] *V.*, por todos, O. Nippold, Le développement historique du droit international depuis le congrès de Vienne, in *Recueil des Cours*, vol. 2 (1924-I), pp. 1-121.

[35] Cf. Thomas Buergenthal (*et al.*). *Manual de derecho internacional público*. México, D.F.: Fondo de Cultura Económica, 1994, p. 23; e César Sepúlveda, *Derecho internacional*, cit., pp. 9-10.

desconhecidas, como os avanços científico e tecnológico em escala global e o nascimento cada vez mais crescente de organismos internacionais especializados.

Em conclusão, pode-se dizer que a afirmação histórica do direito das gentes e, consequentemente, a prova de sua existência, decorreu da convicção e do reconhecimento por parte dos Estados-membros da sociedade internacional de que os preceitos do Direito Internacional obrigam tanto interna como internacionalmente, devendo os Estados, de boa-fé, respeitar (e exigir que se respeite) aquilo que contrataram no cenário exterior.

3. Tendências evolutivas do Direito Internacional. O Direito Internacional Público atual (contemporâneo) é fruto de um desencadear de tendências que se podem chamar de *evolutivas*. Tais tendências podem ser agrupadas, segundo Jorge Miranda (em quem iremos nos fundamentar, com alguns acréscimos), em oito momentos distintos: a *universalização*; a *regionalização*; a *institucionalização*; a *funcionalização*; a *humanização*; a *objetivação*; a *codificação*; e, finalmente, a *jurisdicionalização*.[36]

A primeira dessas tendências, chamada de *universalização*, tem o seu foco voltado para a autodeterminação dos povos, decorrente, segundo Jorge Miranda, da desagregação, primeiramente dos impérios marítimos europeus, depois do império continental soviético e, mais recentemente, de alguns movimentos de independência, como foi o caso de Timor Leste. Mais especificamente, pode-se afirmar que a universalização do Direito Internacional deu-se a partir do rompimento dos paradigmas civilizatórios europeu e americano, momento a partir do qual reconheceu-se que têm soberania (e que, portanto, devem ser tratados como *iguais*) outros povos não europeus e não americanos situados em distintas regiões do planeta.[37] A universalização, então, significa que o Direito Internacional não é mais (nem poderia continuar sendo) um Direito euro-americano, mas um Direito Internacional *universal*.

À universalização segue-se a *regionalização*, com a consequente criação de espaços regionais por razões econômicas, políticas, estratégicas, sociais ou culturais, dentro dos quais as várias comunidades políticas e os vários Estados encontram formas de solidariedade e de cooperação bem mais qualificadas, de cujo exemplo mais avançado (hoje) é a União Europeia. *Regionalizar* o Direito Internacional significa *particularizar* suas regras jurídicas a certo espaço físico (dividido politicamente em *Estados*) que apresenta ou uma homogeneidade geopolítica, ou econômica, ou social ou cultural etc. Contudo, o sucesso desse espaço regional (em que se contém a particularização das normas gerais ou universais) está a depender "de uma distribuição de poder equilibrada (compatível com a liderança de um ou mais Estados, porém não com sua *hegemonia*) e de um desejo comum de gerar e

---

[36] V. Jorge Miranda. A incorporação ao direito interno de instrumentos jurídicos de direito internacional humanitário e direito internacional dos direitos humanos, in *Revista CEJ*, nº 11, Brasília, maio/ago./2000, pp. 23-26.

[37] Frise-se que a Resolução 2.625 (XXV) da Assembleia Geral da ONU (1970), que aprovou a *Declaração sobre os Princípios de Direito Internacional Referentes à Amizade e Cooperação entre os Estados em Conformidade com a Carta das Nações Unidas*, deixou bem assentado que: "Todos os Estados gozam de igualdade soberana. Têm iguais direitos e iguais deveres e são igualmente membros da comunidade internacional, apesar das diferenças de ordem econômica, social, política ou de outra índole".

aplicar uma ordem normativa e institucional autônoma (que não independente das normas gerais ou universais)".[38]

Em terceiro lugar aparece a *institucionalização*, segundo a qual o Direito Internacional deixa de ser um direito das relações bilaterais ou multilaterais entre os Estados para se tornar um direito cada vez mais presente nos organismos internacionais, na Organização das Nações Unidas, bem como em suas agências especializadas, podendo até mesmo chegar à criação de um órgão supranacional com poderes decisórios, como é o caso da União Europeia. Assim, falar em institucionalização do Direito Internacional é reconhecer a existência de entidades *a se* distintas dos Estados no plano internacional, cujo grau pode ser aferido pelo número de órgãos criados e respeitados pela maioria dos Estados que se motivam pelo interesse em sedimentar a existência de polos decisórios das relações internacionais.[39] Como destaca a melhor doutrina, a experiência tem demonstrado que a aceitação generalizada das instituições internacionais por parte dos Estados tem gerado uma maior capacidade de *previsão* no comportamento de seus atores, o que leva a sociedade internacional a um grau efetivamente maior de segurança e estabilidade.[40]

A *funcionalização*, em quarto lugar, aparece, segundo Jorge Miranda, relacionada com a institucionalização, num duplo sentido. Primeiro, porque o Direito Internacional passa a extravasar, cada vez mais, o âmbito das meras relações externas entre os Estados, penetrando, com frequência, em matérias relativas tanto ao Direito interno (especialmente no que tange aos indivíduos) como ao próprio contexto das relações internacionais. No plano do Direito interno, assume tarefas de regulamentação e de solução de problemas, como a saúde humana, o trabalho, o meio ambiente, a condição dos apátridas etc. A partir desse momento, fica ultrapassada qualquer doutrina que venha a entender (como outrora) que o Direito Internacional cria normas de regulação das relações de Estados entre si, não interferindo na obrigatoriedade das normas internas.[41] Em segundo lugar, essa funcionalização acompanha a criação de organismos internacionais capazes de permitir essa solução, uma espécie de ministérios internacionais que fazem o complemento dos ministérios nacionais.

Em quinto lugar, aparece a *humanização*. O Direito Internacional ganha uma face humanizadora com o nascimento do Direito Internacional dos Direitos Humanos, notadamente com a arquitetura normativa de proteção de direitos nascida no pós-Segunda Guerra, desde a

---

[38] Antonio Remiro Brotons (*et al.*). *Derecho internacional*, cit., p. 63. Ainda segundo essa doutrina: "O *regionalismo* não há de ser concebido como uma forma de autoexclusão de uma sociedade mais ampla. O *regionalismo*, obviamente, assume os problemas próprios da região; porém, é compatível, ainda mais se atua como plataforma para expressar mais eficazmente uma posição sobre problemas universais, imprimindo força às próprias doutrinas. A *região* defende sua identidade e interesses comuns num *meio universal* cujo cosmopolitismo reforça" (Idem, p. 64).

[39] Cf. Jorge Miranda. *Curso de direito internacional público*, cit., pp. 29-30.

[40] Cf., por tudo, Odete Maria de Oliveira, *Relações internacionais...*, cit., pp. 165-166. A recíproca é também verdadeira. Como leciona essa mesma internacionalista: "A crise do sistema institucional aumenta a desconfiança e a insegurança entre os atores internacionais, trazendo dificuldades às relações de cooperação, conduzindo aos conflitos. A intensificação desse quadro poderá levar a uma crise geral junto à ordem internacional e ao desaparecimento da sociedade internacional, motivando a emergência de uma nova sociedade internacional" (Idem, ibidem).

[41] Nesse sentido, *v.* Dionisio Anzilotti, *Cours de droit international*, cit., p. 56.

Carta das Nações Unidas (1945), desenvolvendo-se com a Declaração Universal dos Direitos Humanos (1948) e com os inúmeros tratados internacionais de proteção desses mesmos direitos surgidos no cenário internacional após esse período.[42] Essa tendência de humanização do Direito Internacional provém, como destaca Jorge Miranda, de três momentos históricos conexos. O primeiro nasce com a definição internacional ou a consagração internacional dos direitos humanos. A Declaração Universal dos Direitos Humanos, de 1948, passa a ser considerada um código de ética universal de direitos humanos, que fomenta a criação de grandes pactos e convenções internacionais, de documentos e de textos especializados das Nações Unidas e de suas agências especializadas. O segundo, que tem o seu início com a Convenção Europeia de Direitos Humanos (1950), passando para a Convenção Americana sobre Direitos Humanos (1969), é a consagração de um direito de queixa, ou de um direito de recurso, ou de comunicação (petição) dos cidadãos contra o seu próprio Estado perante as instâncias internacionais; trata-se da necessária sujeição dos órgãos do Estado às decisões provenientes de órgãos jurisdicionais internacionais ainda crescentes, criados por tratados também ratificados pelos mesmos Estados de que são cidadãos as pessoas queixosas. Por fim, o terceiro momento é a criação da Justiça Penal Internacional, com origem nos Tribunais de Nuremberg e de Tóquio e, mais recentemente, nos Tribunais para crimes cometidos nos territórios da ex-Iugoslávia e de Ruanda. Com a criação do Tribunal Penal Internacional, o Direito Internacional dos Direitos Humanos se desenvolve, se concretiza e se enriquece, alargando-se cada vez mais o seu âmbito de proteção.[43]

Uma sexta tendência do Direito Internacional, colocada por Jorge Miranda, é a *objetivação*, ou seja, a superação definitiva do dogma "voluntarista", segundo o qual a *vontade* dos atores internacionais é o fundamento *único* da existência do Direito Internacional Público. Neste momento histórico pelo qual passa a humanidade, presencia-se, cada vez mais, a formação de regras internacionais livres e independentes da vontade dos Estados – desde a positivação da norma *pacta sunt servanda* pela Convenção de Viena sobre o Direito dos Tratados de 1969 –, justificando e fortalecendo a existência e validade de inúmeros tratados internacionais de proteção dos direitos humanos presentes na atualidade. Para Jorge Miranda, o papel crescente dos tratados multilaterais passa a dar suporte ao desenvolvimento de um verdadeiro *regime de tratados*, principalmente no que tange às reservas, em que a vontade dos Estados tem cada vez menos importância perante a função objetiva das normas do moderno Direito Internacional Público.

Uma sétima característica desse desenvolvimento histórico é a *codificação* do Direito Internacional, merecendo destaque o que prescreve o art. 13, § 1º, alínea *a*, da Carta das Nações Unidas de 1945, segundo o qual um dos propósitos da Assembleia Geral da ONU é o de "incentivar o desenvolvimento progressivo do direito internacional e a sua codificação". Para a realização de tais finalidades a ONU tem impulsionado os trabalhos da sua Comissão de Direito Internacional (CDI) e de seu Conselho de Direitos Humanos (CDH). São vários

---

[42] Cf. Henry J. Steiner & Philip Alston. *International human rights in context: law, politics, morals*, 2nd ed. Oxford: Oxford University Press, 2000, pp. 137-141. Para detalhes, *v.* Antônio Augusto Cançado Trindade, International law for humankind: towards a new *jus gentium* (I): general course on public international law, in *Recueil des Cours*, vol. 316 (2005), pp. 9-439; e também o seu *A humanização do direito internacional*, Belo Horizonte: Del Rey, 2006, 423p.

[43] Sobre o tema, *v.* Valerio de Oliveira Mazzuoli, *Tribunal Penal Internacional e o direito brasileiro*, 2ª ed. rev. e atual., São Paulo: RT, 2009, 142p. Neste *Curso*, estudaremos o TPI na Parte IV, Capítulo I, Seção X, *infra*.

os textos internacionais contemporâneos já concluídos sob os auspícios desses órgãos, como as grandes convenções de Direito Internacional Público, de Direito Internacional Privado e de Direito Internacional dos Direitos Humanos.

Por último, como oitava tendência evolutiva do Direito Internacional colocada pelo jurista português, tem-se a *jurisdicionalização*,[44] que passa a ser a consequência lógica da acumulação de todas essas tendências vistas anteriormente. O fenômeno da jurisdicionalização decorre do desenvolvimento progressivo do Direito Internacional Público, fato que veio a ocorrer com maior ênfase principalmente depois da segunda metade do século XX. Não obstante existirem tribunais internacionais de toda sorte, o certo é que mais da metade da atividade dessas cortes está hoje ligada a questões de direitos humanos. O que atualmente se tem procurado, principalmente na seara da proteção internacional dos direitos humanos, é superar o regime das chamadas "cláusulas facultativas", rumo à concretização e imposição da jurisdição internacional obrigatória. A fase da jurisdicionalização do Direito Internacional já passou por três momentos bem nítidos na história das relações internacionais até hoje: *a*) o da criação de tribunais internacionais de vencedores contra vencidos, mostra de uma Justiça Internacional primitiva e arcaica, de que foram exemplos os tribunais militares do pós-guerra;[45] *b*) o da criação de tribunais internacionais *ad hoc* pelo Conselho de Segurança da ONU (por meio de *resoluções*, e não por meio de *tratados*), de que são exemplos os tribunais penais para crimes cometidos na antiga Iugoslávia e em Ruanda; e *c*) o da institucionalização de tribunais internacionais de caráter permanente e universal (criados no modelo mais condizente de *tratado*), de que é exemplo mais atual o Tribunal Penal Internacional.

4. O Direito Internacional Público nos dias atuais. O Direito Internacional Público, dentre todos os ramos das Ciências Jurídicas, é o que atualmente mais tem se desenvolvido, principalmente depois da mudança do cenário internacional pós-Segunda Guerra, quando começam a aparecer, com mais vigor, as organizações internacionais intergovernamentais, seguidas de uma avalanche de tratados a versar matérias das mais diversas como a terra, o mar, os fundos marinhos, o espaço ultraterrestre etc. Ademais, matérias novíssimas como a proteção internacional dos direitos humanos, o direito internacional do meio ambiente e o direito internacional penal, que estão na pauta do dia da agenda internacional, também vêm trazendo grandes mudanças para o Direito Internacional Público contemporâneo.

O atual direito das gentes (ou Direito Internacional Público Pós-Moderno) encontra-se ainda em construção.[46] E a dificuldade de compreendê-lo aumenta cada vez que os interesses (sempre díspares) dos Estados se chocam com os ideais mais nobres da humanidade, o que o coloca sempre em meio a um fogo cruzado, entre a ordem e a desordem, notadamente em face dos particularismos culturais que atualmente competem como que num duelo de "culturas".[47]

---

[44] Para um estudo do assunto, *v*. Délber Andrade Lage, *A jurisdicionalização do direito internacional*, Belo Horizonte: Del Rey, 2009, 194p.

[45] Cf. Danilo Zolo. *La justicia de los vencedores: de Nuremberg a Bagdad*. Trad. Elena Bossi. Madrid: Trotta, 2007, pp. 157-183.

[46] Sobre o tema, *v*. Paulo Borba Casella, *Fundamentos do direito internacional pós-moderno*, São Paulo: Quartier Latin, 2008, 1523p.

[47] *V*. Alberto do Amaral Júnior. Entre ordem e desordem: o direito internacional em face da multiplicidade de culturas, in *Revista de Direito Constitucional e Internacional*, ano 8, nº 31, São Paulo: RT, abr./jun./2000, pp. 27-38.

Por isso, o tema da multiplicidade cultural no Direito Internacional Público, cujos reflexos mais marcantes se fazem sentir no campo da proteção internacional dos direitos humanos, é um dos mais complexos de se estudar, dado que apresenta visões distintas que dificultam um diálogo profícuo para a salvaguarda de interesses comuns da humanidade. Sobre ele falaremos oportunamente (*v.* Parte IV, Capítulo I, Seção III, item nº 4).

Por outro lado, questões de ordem econômica, política, científica e técnica também repercutem no Direito Internacional Público. A formação e desenvolvimento de blocos regionais, ao lado das políticas mundiais de expansão de mercados, têm trazido consequências nem sempre felizes para a ordem internacional do nosso tempo, a começar pelos problemas que têm gerado nos países em desenvolvimento relativamente às dificuldades de negociação com países economicamente mais fortes, sem falar nos percalços para os pagamentos de dívidas avalizadas pelo sistema financeiro internacional, e assim por diante.

Outras questões atuais – como, *v.g.,* a pandemia da Covid-19 (Sars-CoV-2) que assaltou o mundo a partir do início de 2020 – mostraram a fragilidade do Direito Internacional Público tradicional em lidar com problemas sanitários transnacionais, notadamente quando os governos nacionais (e seus sistemas internos de controle) não atuam uniformemente para a contenção do alastramento de doenças, gerando colapso nos sistemas de saúde de vários países e milhares de mortes ao redor do mundo.[48] No caso da pandemia da Covid-19, as medidas tomadas pela Organização Mundial de Saúde – baseadas tanto na Constituição da OMS (1946) quanto no *Regulamento Sanitário Internacional* (2005) – não conseguiram impactar nas decisões internas de diversos Estados (dentre eles, o Brasil) e, portanto, impedir o avanço do novo coronavírus em países de governos ou negacionistas ou cujas normas de competência territorial dificultam medidas de amplo contingenciamento.

O Direito Internacional Público passa, assim, por um duplo problema, visto sob esse ângulo: é atingido por regulamentos (nem sempre jurídicos) alheios ao seu âmbito próprio de atuação e, ao mesmo tempo, passa a ter de interagir com eles e tentar (quando isso é possível) regulamentá-los. Trata-se de consequência do fenômeno conhecido como *globalização.* Não é aqui, entretanto, o lugar de estudá-lo.

5. O ensino do Direito Internacional Público. Parece relevante encerrar esta Seção II com uma breve nota sobre o estado atual do ensino do Direito Internacional Público, sobretudo no Brasil.

Sobre este tema algumas observações podem ser feitas, bem assim algumas críticas. A primeira delas diz respeito ao tratamento curricular que ainda tem o Direito Internacional Público entre nós. Pois bem, é comum nos programas universitários encontrar um roteiro de Direito Internacional Público que não mais condiz com a realidade das relações jurídico--internacionais, notadamente na pós-modernidade, em que matérias estão a surgir quase que dia a dia, demandando do internacionalista perene atualização.[49] Tal tem sido assim no

---

[48] A propósito, cf. Valerio de Oliveira Mazzuoli, Responsabilidade internacional dos Estados por epidemias e pandemias transnacionais: o caso da Covid-19 provinda da República Popular da China, in *Revista de Direito Civil Contemporâneo*, nº 7, vol. 23, São Paulo, abr./jun./2020, pp. 289-324.

[49] *V.* Luiz Flávio Gomes & Valerio de Oliveira Mazzuoli. Características gerais do direito (especialmente do direito internacional) na pós-modernidade, in *Revista Forense*, ano 106, vol. 412, Rio de Janeiro, nov./dez./2010, pp. 467-485.

Brasil como também em outros países, a exemplo de Portugal.[50] O programa ultrapassado que ainda se tem é reflexo do largo período de tempo que o Direito Internacional Público permaneceu como disciplina apenas *optativa* nas Faculdades de Direito no Brasil, tendo voltado a ser matéria obrigatória aos programas universitários somente a partir de 1997, por ordem da Portaria do Ministério da Educação nº 1.886, de 30 de dezembro de 1994, que fixou as *Diretrizes Curriculares do Curso de Direito*.[51] A partir daí o estudo do Direito Internacional Público passou a ser retomado com maior fôlego. Mesmo assim, muitos desses programas (ainda hoje) não se ocupam de temas considerados *principais* na arena internacional contemporânea, tais como a proteção internacional dos direitos humanos, o direito internacional do meio ambiente, o direito internacional do trabalho, o direito internacional penal, dentre outros.[52] Da mesma forma, o moderno tratamento jurídico das questões humanitárias, bem assim das controvérsias (em especial, o caso do *terrorismo*) tem passado ao largo dessas mesmas grades e da doutrina em geral.[53] Ora, são poucas as disciplinas jurídico-científicas que possibilitam uma abertura tão grande de análise como o Direito Internacional Público, cujo desenvolvimento (mais do que acelerado) tem sido observado ao redor de todo o mundo. Proporcionalmente a esse crescimento desenfreado (e também, de certa maneira, desordenado) tem ocorrido aquilo que se chamou de sua "expansão programática",[54] quando então certos temas do programa ganharam mais autonomia e profundidade (como é o caso, *v.g.*, do relativo à *proteção internacional dos direitos humanos*).

Esse, portanto, é o primeiro ponto que deve ser mudado no ensino do Direito Internacional Público em nosso país: faz-se necessário alargar os horizontes da matéria, a fim de compreender também outros temas, que hoje têm sido até mais relevantes que os constantes do programa tradicional. Somente com a ampliação desse programa (para que atenda às novas exigências da disciplina num contexto global) é que se poderá ter estudantes e profissionais atualizados com esses novos problemas e capazes de enfrentá-los. Frise-se que o roteiro de Direito Internacional Público que elaboramos especialmente para este *Curso* pretendeu contemplar, além de todos os tópicos tradicionais da disciplina, também os temas atuais e pertencentes à *ordem do dia*

---

[50] V. Jorge Bacelar Gouveia. *Ensinar direito internacional público*. Coimbra: Almedina, 2006, p. 27, que demonstra "a importância de trazer para o ensino do Direito Internacional Público em Portugal novos conteúdos, sendo certo que este é um dos domínios jurídicos que mais mutação tem sofrido no estrangeiro e ao nível das mais relevantes universidades". E arremata: "É que tenho o propósito de introduzir no plano de estudos da Faculdade de Direito da Universidade Nova de Lisboa novos temas que insistentemente não têm sido versados nos planos de estudos de outras Faculdades, ainda que o panorama português esteja em acelerada transformação e no bom sentido. Há muito que a concepção clássica do Direito Internacional Público, mercê do alargamento de matérias que tem sofrido, não se apresenta suficiente, justificando-se multiplicar algumas dessas disciplinas e abrindo-as a novos conteúdos" (Idem, pp. 27-28).

[51] A Portaria refere-se apenas a "Direito Internacional", sem discriminar entre o Público e o Privado (art. 6º, inc. II). Em seu art. 16 (depois revogado pela Portaria nº 1.252, de 21.06.2001) ordenava-se que "as diretrizes curriculares desta Portaria são obrigatórias aos novos alunos matriculados a partir de 1997 nos cursos jurídicos, que, no exercício de sua autonomia, poderão aplicá-las imediatamente".

[52] V. a crítica que fizemos na *Nota do Autor à 1ª Edição* (*supra*).

[53] Cf. Jorge Bacelar Gouveia. *Ensinar direito internacional público*, cit., pp. 144-148 (especificamente sobre o ensino do Direito Internacional Público no Brasil).

[54] V. Jorge Bacelar Gouveia. Idem, p. 49.

Parte I • Cap. I • INTRODUÇÃO AO DIREITO INTERNACIONAL PÚBLICO | 21

das relações jurídico-internacionais.[55] Nossa intenção também foi a de dispensar tratamento aprofundado a cada ponto desse novo programa, permitindo ao leitor encontrar respostas (tanto teóricas como práticas) para as questões jurídicas que o desafiam.

Não é aqui o lugar de revisitar o ensino do Direito Internacional Público no Brasil desde a instituição dos cursos jurídicos no País, e tampouco é a nossa intenção fazê-lo.[56] Contudo, se é possível tecer uma segunda crítica ao ensino da nossa disciplina no Brasil, esta está ligada à cultura que ainda se tem de que o Direito Internacional Público não impacta diretamente na vida dos nossos compatriotas (bem assim dos estrangeiros e apátridas que aqui se encontram) e não se liga diretamente à nossa brasilidade. De qualquer sorte, tem sido alentador perceber que o quadro do ensino do Direito Internacional em nosso país tem se modificado positivamente ao longo dos anos. Um dos motivos para tanto é a percepção que vem tendo o Supremo Tribunal Federal da importância prática do Direito Internacional Público para a vida dos cidadãos. Ao longo deste *Curso* o leitor perceberá esse avanço da jurisprudência do STF sobre o tema.[57] De fato, à medida que a jurisprudência nacional (notadamente a do STF) lida com temas afetos ao Direito Internacional Público, também as universidades complementam seus currículos escolares com os assuntos próprios dessa disciplina, auxiliando na melhor compreensão da matéria no Brasil.

SEÇÃO III – CONCEITO, DENOMINAÇÕES E DIVISÕES

1. Conceito. Sinteticamente, o Direito Internacional Público pode ser definido como a disciplina jurídica da sociedade internacional. Esta fórmula reconhece a existência de uma *sociedade* internacional (distinta da sociedade nacional, interna ou estatal) e delimita os campos de aplicação respectivos do Direito Internacional e do Direito interno.[58] Em uma definição mais abrangente (e mais técnica), o Direito Internacional Público pode ser conceituado como o conjunto de princípios e regras jurídicas (costumeiras e convencionais) que disciplinam e regem a atuação e a conduta da sociedade internacional (formada pelos Estados, pelas organizações internacionais intergovernamentais e também pelos indivíduos), visando alcançar as metas comuns da humanidade e, em última análise, a paz, a segurança e a estabilidade das relações internacionais.

O critério utilizado para a formulação desse conceito não se prende exclusivamente aos *sujeitos intervenientes* da disciplina, pois conceituar o Direito Internacional Público a partir dos seus sujeitos implica petição de princípio. De fato, definir o direito das gentes a partir dos *sujeitos* que intervêm na disciplina tem o grave defeito de não escapar à

---

[55] V. o *Sumário* deste livro, *supra*.

[56] Para um histórico completo do ensino do Direito Internacional Público em Portugal, *v.* Jorge Bacelar Gouveia, *Ensinar direito internacional público*, cit., pp. 59-123.

[57] Apenas a título exemplificativo, *v.* nesta Parte I o Capítulo V, Seção IV, itens 2 e 3 (ainda que com críticas a respeito).

[58] Cf. Dinh, Daillier & Pellet. *Direito internacional público*, cit., p. 37. *V.* também, Antonio Remiro Brotons (*et al.*), *Derecho internacional*, cit., p. 47, nestes termos: "(...) porém, respondendo às características da sociedade internacional, trata-se de um Direito *distinto* dos Direitos estatais e até, por comparação, mais *imperfeito*, tanto pela sua menor institucionalização, consequência da estrutura social, como pela inadequação de seus meios em relação aos seus objetivos e às necessidades presentes de dita sociedade".

objeção do círculo vicioso.[59] É evidente que para conceituar o Direito Internacional os seus sujeitos devem *já estar* previamente definidos, sem o que cairia no vazio a compreensão do conceito. Ora, não são os sujeitos que definem o conceito do direito das gentes, pois *o que* são sujeitos e *quais* sejam esses sujeitos o próprio Direito Internacional Público é que vai estabelecer.[60]

O conceito proposto também não se liga, unicamente, à *matéria regulada* pelo Direito Internacional (ou seja, ao seu *objeto*). Não podemos concordar com a afirmação de que o Direito Internacional Público regula matérias da alçada *externa* do Estado, em contraposição ao Direito interno, que regula matérias exclusivamente *domésticas*. Essa concepção, como facilmente se percebe, está impregnada de um preconceito dualista (doutrina hoje rejeitada), vez que entende o Direito Internacional como *separado* da ordem jurídica interna.[61] Portanto, o critério da *matéria regulada* (ou do *objeto*) funda-se numa visão ultrapassada e que não encontra qualquer eco na sistemática contemporânea das normas internacionais, que estão a regular, cada vez mais, assuntos que até então eram considerados de domínio doméstico do Estado, como os direitos humanos, o meio ambiente etc.[62] Esse engano – bastante comum entre os autores – surge em decorrência de uma leitura simplória do adjetivo *internacional* integrante da denominação da disciplina. A expressão "internacional" é, às vezes, bastante enganadora, não sugerindo, no caso em tela, que o Direito *Internacional* Público deva reger tão somente aspectos *externos* das relações entre Estados. A expressão refere-se às normas de regência, não às matérias por elas reguladas, que podem ser perfeitamente matérias da alçada *interna*.[63]

Também não se relaciona o conceito proposto à função das *fontes normativas* do Direito Internacional Público, das quais têm maior destaque os tratados internacionais (principalmente os multilaterais abertos). Segundo essa concepção formalista – que não se liga nem aos sujeitos, nem à matéria da disciplina –, é Direito Internacional Público tudo o que provém de uma *fonte* internacional.[64] A falha mais grave desse critério formal é levar em consideração apenas o conjunto de normas jurídicas *criadas* pelo Direito Internacional Público, fazendo tabula rasa das outras fontes dessa disciplina que não lhe são privativas, como os costumes e os princípios gerais de direito. Também veremos em momento próprio (*v.* Capítulo IV, Seção II, item nº 5, *infra*) que até mesmo *atos domésticos* podem ser fontes do Direito Internacional Público, como é o caso dos *atos unilaterais dos Estados*.

---

[59] V. André Gonçalves Pereira & Fausto de Quadros. *Manual de direito internacional público*, cit., p. 27.

[60] V. Jorge Miranda. *Curso de direito internacional público*, cit., p. 21.

[61] Cf. André Gonçalves Pereira & Fausto de Quadros. *Manual de direito internacional público*, cit., p. 28.

[62] Cf. James Crawford. *Brownlie's principles of public international law*, cit., pp. 16-17. Perceba-se o que já profetizava Kelsen, em 1960: "Na medida em que o Direito Internacional se intromete, com a sua regulamentação, em matérias que até aqui apenas eram normadas pela ordem jurídica estadual, a sua tendência para a imediata atribuição de direitos e imposição de deveres aos indivíduos tem necessariamente de fortalecer-se" (*Teoria pura do direito*, cit., pp. 363-364).

[63] Cf. Benedetto Conforti. *Diritto internazionale*, 6ª ed. Napoli: Editoriale Scientifica, 2002, pp. 3-4; e Brichambaut, Dobelle & Coulée, *Leçons de droit international public*, cit., p. 18.

[64] Nesse sentido, *v.* André Gonçalves Pereira & Fausto de Quadros, *Manual de direito internacional público*, cit., pp. 30-31, que conceituam Direito Internacional Público como "o conjunto de normas jurídicas criadas pelos processos de produção jurídica próprios da Comunidade Internacional, e que transcendem o âmbito estadual".

Parte I • Cap. I • INTRODUÇÃO AO DIREITO INTERNACIONAL PÚBLICO | 23

Como se percebe, os três critérios de definição vistos acima, quando utilizados isoladamente, são insuficientes para conceituar com precisão o Direito Internacional Público. Portanto, a nossa definição pretendeu abranger tais critérios conjuntamente:

a) Critério dos sujeitos intervenientes – o Direito Internacional Público disciplina e rege a atuação e a conduta da sociedade internacional (formada pelos Estados, pelas organizações internacionais intergovernamentais e também pelos indivíduos);

b) Critério das matérias reguladas – o Direito Internacional Público visa alcançar as metas comuns da humanidade e, em última análise, a paz, a segurança e a estabilidade das relações internacionais; e

c) Critério das fontes normativas – o Direito Internacional Público consubstancia-se num conjunto de princípios e regras jurídicas, costumeiras e convencionais.

Estatisticamente, o critério dos sujeitos intervenientes – que sequer pode ser considerado verdadeiro *critério* – é ainda o mais utilizado doutrinariamente na conceituação do Direito Internacional Público. Não é de hoje que essa disciplina vem sendo conceituada como o conjunto de regras e princípios que regem *apenas* as relações interestatais, ou como o complexo de normas que regulam tão somente a conduta recíproca dos Estados.[65] Tome-se, como exemplo, a definição de Charles Rousseau, para quem o Direito Internacional "é o ramo do direito que rege os Estados nas suas relações respectivas".[66] Trata-se do conceito clássico (positivista e restritivo) de Direito Internacional Público, baseado na chamada *corrente estatal*, segundo a qual somente os Estados podem ser sujeitos do Direito Internacional, de modo que apenas eles são capazes de contrair direitos e obrigações estabelecidos pela ordem jurídica internacional.[67] Esta doutrina, baseando-se nas premissas teóricas do dualismo de Carl Heinrich Triepel, nega que os indivíduos possam ser sujeitos do Direito Internacional,[68] sob o fundamento de que o direito das gentes somente regula as relações entre os Estados, jamais podendo chegar até os indivíduos, sem que haja uma

---

[65] Cf. Paul Heilborn. Les sources du droit international, in *Recueil des Cours*, vol. 11 (1926-I), p. 5; Hans Kelsen, *Princípios do direito internacional*, trad. Gilmar Antonio Bedin e Ulrich Dressel, Ijuí: Editora Unijuí, 2010, p. 29; Thomas Buergenthal (*et al.*), *Manual de derecho internacional público*, cit., p. 11; e René-Jean Dupuy, *O direito internacional*, trad. Clotilde Cruz, Coimbra: Almedina, 1993, pp. 5-8.

[66] Charles Rousseau. *Principes généraux du droit international public*, t. I (Introduction, Sources). Paris: A. Pedone, 1944, p. 1. Nesse exato sentido, *v.* D. W. Greig, *International law*, London: Butterworths, 1970, p. 1; e ainda J. L. Brierly, *Direito internacional*, cit., p. 1, para quem: "O Direito das Nações ou Direito Internacional pode ser definido como o conjunto de regras e princípios de ação que vinculam os Estados civilizados nas suas relações uns com os outros". Perceba-se, no conceito de Brierly, restrição ainda maior à definição do Direito Internacional, que somente estaria a vincular os "Estados *civilizados...*". Tal é reflexo da redação do art. 38, § 1º, alínea *c*, do Estatuto da CIJ, onde se lê a expressão "nações civilizadas" no ponto relativo aos princípios gerais de direito. *V.* as críticas a essa expressão no Capítulo IV, Seção I, item nº 6, *infra*.

[67] Cf. Henry Bonfils. *Manuel de droit international public (droit des gens)*, 5ª ed., rev. et mise au courant par Paul Fauchille. Paris: A. Rousseau, 1908, p. 2.

[68] *V.* Carl Heinrich Triepel. Les rapports entre le droit interne et le droit international, in *Recueil des Cours*, vol. 1 (1923-I), p. 81, nestes termos: "(...) os indivíduos não são, como se costuma dizer, *sujeitos* do direito internacional".

prévia *transformação* de suas normas em Direito interno. Assim, dentro dessa definição tradicional, os benefícios ou obrigações porventura reconhecidos ou impostos a outras instituições, que não o Estado, são considerados meramente *derivativos*, visto terem sido adquiridos em virtude da relação ou dependência que tiveram com o Estado respectivo, este sim único sujeito internacionalmente válido.

Tal concepção tradicional do Direito Internacional Público deve ser hodiernamente afastada, por não mais corresponder à realidade atual das relações internacionais. Na atualidade, o Direito Internacional não mais se circunscreve às relações entre os Estados, exclusivamente, e tampouco regula matérias da alçada unicamente exterior dos Estados. Tem ele, hoje, alcance notadamente mais amplo, visto que se ocupa da conduta dos Estados e dos organismos internacionais e de suas relações entre si, assim como de algumas de suas relações com as pessoas naturais (veja-se, por exemplo, os aspectos ligados à "proteção internacional da pessoa humana") ou jurídicas, regulando matérias externas e internas de interesse da sociedade internacional. É dizer, figura o Direito Internacional Público, num primeiro momento, como um conjunto de regras e princípios que disciplinam tanto as relações jurídicas dos Estados entre si, bem como destes e outras entidades internacionais, como também em relação aos indivíduos.[69] Assim, também podem ser considerados sujeitos atuais do Direito Internacional Público, além dos Estados soberanos, as organizações internacionais interestatais (*v.g.*, as Nações Unidas, que têm capacidade jurídica para celebrar tratados de caráter obrigatório, regidos pelo Direito Internacional, com os Estados e com outros organismos internacionais) e os próprios indivíduos, embora o campo de atuação destes últimos seja mais limitado, sem, contudo, perder ou restar diminuída a sua importância. Num segundo momento, o Direito Internacional Público (composto por tais sujeitos) disciplina e regulamenta assuntos que não se circunscrevem ao âmbito propriamente *exterior* dos Estados, versando, atualmente, matérias que outrora eram tidas como de competência estritamente doméstica (como as ligadas aos direitos humanos e ao meio ambiente).

Ainda que o conceito contemporâneo de Direito Internacional Público não se prenda *exclusivamente* aos seus sujeitos intervenientes, o certo é que tais sujeitos são importantes para se entender o funcionamento da sociedade internacional. Abstraindo-se as organizações internacionais de caráter intergovernamental, a posição dos *indivíduos* perante o Direito Internacional Público – na sua condição de integrantes do conceito contemporâneo dessa disciplina – merece especial destaque. Esta nova concepção teve início logo depois da segunda grande guerra, quando a sociedade internacional passou, de modo sistemático e não mais esporadicamente, a considerar o indivíduo como "sujeito de Direito Internacional", ou melhor, a considerar o fenômeno da inserção do indivíduo em uma mais vasta comunidade mundial, dentro da qual os sujeitos passaram a ser *também* os indivíduos.[70]

---

[69] Cf. Cesar Diaz Cisneros. *Derecho internacional público*, vol. I. Buenos Aires: Tipográfica Editora Argentina, 1955, pp. 33-36; Rosalyn Higgins, *Problems & process: international law and how we use it*, Oxford: Oxford University Press, 1994, pp. 12-13; Clive Parry, *Manual de derecho internacional público*, 1ª ed. em espanhol, 7ª reimpr., Max Sørensen [Editor], trad. Dotación Carnegie para la Paz Internacional, México, D.F.: Fondo de Cultura Económica, 2000, p. 53; e Rebecca M.M. Wallace, *International law*, 4th ed., London: Sweet & Maxwell, 2002, pp. 1-2.

[70] Cf. Paolo Barile. *Diritti dell'uomo e libertà fondamentali*. Bologna: Società Editrice il Mulino, 1984, pp. 443-444.

Parte I • Cap. I • INTRODUÇÃO AO DIREITO INTERNACIONAL PÚBLICO | **25**

É certo que a personalidade jurídica dos indivíduos, no plano internacional, é ainda limitada. Contudo, em certas ocasiões, principalmente no que diz respeito aos crimes de guerra, aos crimes contra a humanidade e ao genocídio, têm os indivíduos, assim como os Estados, *responsabilidades* no plano internacional. Nesses casos, os indivíduos passam a ser punidos como tais, e não em nome do Estado do qual fazem parte. Como veremos no momento próprio (*infra*, Parte IV, Capítulo I, Seção X, item nº 6), nesse novo cenário passam os indivíduos a ter *direitos* e *obrigações*, de modo que não mais se pode afirmar que somente os Estados é que são praticantes de ilícitos internacionais. Daí porque alguns autores, como Georges Scelle, chegaram a sustentar que somente o homem, o indivíduo, possui a qualidade de sujeito de direito das gentes.[71]

De qualquer sorte – sem, contudo, ir tão longe quanto Georges Scelle –, pode-se afirmar que o rol dos sujeitos do Direito Internacional Público encontra-se atualmente ampliado. Os Estados deixaram de ser os únicos protagonistas da cena internacional e passaram a compartilhar esta condição com as organizações interestatais e também (ainda que com certas restrições) com os próprios indivíduos. As *pessoas físicas*, nesse contexto, passam também a ser um dos *sujeitos diretos* do Direito Internacional Público, detendo inclusive capacidade processual para fazer valer seus direitos na órbita internacional, podendo mesmo atuar de forma direta perante organismos ou tribunais internacionais.[72] Isto não significa, contudo, que os Estados deixaram de ter personalidade internacional; o que se entende é que, agora, eles somente não são mais os *únicos* a deterem esta característica.[73] Daí o entendimento atual (sob o prisma dos sujeitos) de ser o Direito Internacional Público aquela ordem jurídica capaz de regular as relações interestatais, bem como as relações que envolvem as organizações internacionais e também os indivíduos, ainda que a atuação destes últimos seja mais limitada no cenário internacional.[74]

2. Denominações. São variadas as denominações que a nossa disciplina vem recebendo através dos tempos, tendo sido a primeira delas a expressão *jus gentium*, utilizada no século VII, por Isidoro de Sevilha, nas suas *Etimologias*. O *jus gentium* era formado por normas privadas do Direito Romano, relacionadas aos estrangeiros e às facilidades comerciais que os romanos lhes concediam.[75] A expressão era também empregada, no Direito público, para designar as relações recíprocas entre as Cidades-Estados.

A terminologia moderna *Direito Internacional Público*, ainda utilizada indistintamente com a expressão *direito das gentes* (*law of nations*, nos países anglo-americanos; *droit des gens*,

---

71 *V.* Georges Scelle. *Précis de droit des gens*, t. I. Paris: Sirey, 1932, p. 42.
72 *V.* René Cassin. L'homme, sujet de droit international, et la protection des droits de l'homme dans la société universelle, in *La technique et les principes du droit public: etude en l'honneur de Georges Scelle*, vol. 1, Paris: LGDJ, 1950, pp. 67-91; e também Julio A. Barberis, *Los sujetos de derecho internacional actual*, Madrid: Tecnos, 1984, 204p.
73 Cf. Hildebrando Accioly. *Tratado de direito internacional público*, vol. I, cit., p. 2.
74 *V.* American Law Institute, *Restatement of the Law* (Third), *Foreign Relations Law of the United States* [Restatement (*Revised*)], art. 101 (1987), doravante apenas *Restatement of the Law*, Third (1987). Falando também em capacidade limitada dos indivíduos no plano internacional, *v.* Jorge Miranda, *Curso de direito internacional público*, cit., p. 28.
75 Cf. Gilda Maciel Corrêa Meyer Russomano. *Direito internacional público*, 1º vol. Rio de Janeiro: Forense, 1989, p. 7.

em francês; *diritto internazionale*, em italiano; ou *Völkerrecht*, no alemão), sedimentou-se na prática internacional e é utilizada em todo o planeta.[76] O adjetivo *internacional* surge, em 1789, com o jurista inglês Jeremias Bentham (1748-1832), no seu livro *An Introduction to the Principles of Morals and Legislation*, para diferenciar o Direito que cuida das relações entre Estados (*international law*) do Direito nacional (*national law*) e do Direito municipal (*municipal law*).[77] Com essa nova denominação, o Direito Internacional passa a desenvolver-se a partir do início do século XIX, segundo os novos cânones do positivismo jurídico.[78] Posteriormente, adicionou-se o qualificativo "público" à expressão "direito internacional", no intuito de diferenciá-lo do Direito Internacional Privado (conhecido, nos países anglo-americanos, pela terminologia mais adequada *conflict of laws*),[79] cujas normas visam resolver conflitos de leis no espaço em relação a casos concretos *sub judice* com conexão internacional.[80] Direito verdadeiramente *internacional* é o Direito Internacional Público, uma vez que o Direito Internacional Privado é "internacional" apenas pelo fato de resolver conflitos de normas (nacionais) no espaço com conexão internacional (ou seja, conflitos "internacionais" de leis internas).[81] Ademais, o Direito Internacional Privado também deixa de ser propriamente internacional à medida que se encontra prioritariamente regido por normas domésticas estatais sobre conflitos de leis no espaço com conexão internacional.[82]

Na prática internacional e nos livros de doutrina não é de rigor a utilização do qualificativo "público" na designação do Direito Internacional Público (pois quando se fala em

---

[76] Cf. Rolando Quadri. *Cours général de droit international public*, cit., pp. 246-253; Celso D. de Albuquerque Mello, *Curso de direito internacional público*, vol. I, cit., pp. 78-80; e César Sepúlveda, *Derecho internacional*, cit., p. 3.

[77] V. Mark Weston Janis. *The american tradition of international law 1789-1914*. New York: Oxford University Press, 2004, pp. 11-12.

[78] Cf. Piero Ziccardi. *Enciclopedia del diritto*, vol. XII [*verb*. Diritto internazionale pubblico]. Milano: Giuffrè, 1964, p. 993.

[79] Nesses países também se utiliza, porém com menos frequência, a expressão *Private International Law*, que foi empregada pela primeira vez por Joseph Story, na obra *Commentaries on the Conflict of Laws* (Boston: Hilliard, Gray & Company, 1834).

[80] Frise-se que o grande jurisconsulto brasileiro Clóvis Bevilaqua intitulou sua obra de *Direito público internacional* (colocando o qualificativo "público" *antes* da expressão "internacional"), justamente com o propósito de não fazer supor que existem dois ramos do Direito Internacional (o *público* e o *privado*), uma vez que as duas disciplinas são, por seu objeto, pelo sujeito das relações jurídicas, pelas suas fontes e por seus processos, totalmente diferentes. Cf. o seu *Direito público internacional: a synthese dos princípios e a contribuição do Brasil*, t. I, Rio de Janeiro: Francisco Alves, 1910, especialmente pp. 18-20 (nas quais o autor explica o significado dessas terminologias). Uma observação importante a fazer, não obstante fugir ao que aqui se está estudando, é a de que Clóvis Bevilaqua, bastante conhecido como *grande civilista*, eis que redigiu o Código Civil brasileiro de 1916, era, na verdade, exímio internacionalista, tendo inclusive se aposentado no cargo de Consultor Jurídico do Itamaraty.

[81] V. Valerio de Oliveira Mazzuoli. *Curso de direito internacional privado*, 2ª ed. ref., atual. e ampl. Rio de Janeiro: Forense, 2017, pp. 45-46.

[82] Nesse exato sentido, assim leciona Jorge Miranda: "O Direito Internacional Privado é ainda hoje, essencialmente, um Direito interno e um Direito privado e, como tal, não é de admirar que, no caso português, o essencial do Direito Internacional Privado se encontre reunido no Código Civil (arts. 15º e ss.). Só é internacional – ou transnacional – pelas implicações na circulação internacional de pessoas, dos negócios jurídicos e dos bens (e só por aí pode ter algo de comum com o Direito Internacional Público)" (*Curso de direito internacional público*, cit., p. 35).

"Direito Internacional", já se subentende o Direito Internacional *Público*).[83] Em contrapartida, a palavra qualificadora "privado" – apesar de grandemente enganadora – não está dispensada da designação do Direito Internacional Privado (devendo aparecer a fim de distingui-lo do Direito Internacional Público).

Entre o Direito Internacional Público e o Privado existem pontos de aproximação importantes, a exemplo da proteção jurídica do estrangeiro, que lhe garante a liberdade, a propriedade e o exercício dos direitos civis. Curiosamente, um desses direitos também pode derivar do outro, como é o caso de as situações regidas pelo Direito Internacional Privado terem sido criadas por *tratados* (os quais, por sua vez, são disciplinados pelo Direito Internacional Público), podendo-se dizer, nesse caso, ter havido a criação da norma de um pelo direito do outro.

Não obstante a expressão Direito Internacional Público ser a mais empregada, tanto na doutrina como na prática das relações internacionais, não se descarta chamá-lo de *direito das gentes* (terminologia advinda do direito francês *droit des gens*).[84] A justificativa para a utilização da expressão "gentes" (na concepção, entre outros, de Georges Scelle) está em ser o Direito Internacional Público não somente um direito vinculado a entes específicos, mas um direito de todo o mundo, a englobar não somente Estados, mas também povos e pessoas.[85]

Outras denominações foram propostas, como a de Philip Jessup, que chamou a disciplina de *direito transnacional*, por regular "atos ou fatos que transcendem fronteiras nacionais", compreendendo "tanto o direito público quanto o direito privado", assim como "outras normas que não se enquadram inteiramente nessas categorias clássicas".[86] As mesmas, contudo, não vingaram, e a disciplina continua a ser largamente chamada de Direito Internacional Público ou Direito das Gentes.

3. Divisões. Muitas divisões, desde a época de Hugo Grotius, têm sido adotadas para o Direito Internacional Público. Muitos autores já o dividiram sob dois aspectos distintos: um teórico (ou doutrinário) e outro prático (ou positivo). Este último dividir-se-ia em *Direito Internacional Público convencional* (consubstanciado em tratados celebrados pelos Estados entre si) e *Direito Internacional Público costumeiro* (decorrente da prática internacional, uniforme e constante, respeitada pelos Estados como se fosse lei).[87]

Esta divisão encontra-se atualmente superada. Hoje, o Direito Internacional Público deve ser entendido como uma unidade harmônica de normas (escritas ou costumeiras) reguladoras das atividades dos Estados, das organizações internacionais e dos próprios indivíduos, no plano internacional.

Outras divisões foram apresentadas. Mas todas são muito antigas e sem relevância para o estudo do Direito Internacional Público contemporâneo. Por isso, iremos aqui apenas referi-las, sem maiores desdobramentos.[88]

---

[83]   Cf. Dinh, Daillier & Pellet. *Direito internacional público*, cit., pp. 39-40.

[84]   Cf. Cesar Diaz Cisneros. *Derecho internacional público*, vol. I, cit., pp. 69-70.

[85]   *V.* Hubert Thierry. L'évolution du droit international: cours général de droit international public, in *Recueil des Cours*, vol. 222 (1990-III), p. 26.

[86]   *V.* Philip C. Jessup. *Direito transnacional*. Trad. Carlos Ramires Pinheiro da Silva. Rio de Janeiro: Fundo de Cultura, 1965, pp. 11-12.

[87]   Cf. Gilda Maciel Corrêa Meyer Russomano. *Direito internacional público*, cit., pp. 11-12.

[88]   Sobre as outras várias divisões possíveis do Direito Internacional, *v.* Jorge Bacelar Gouveia, *Manual de direito internacional público*, Rio de Janeiro: Renovar, 2005, pp. 18-27.

28 | CURSO DE DIREITO INTERNACIONAL PÚBLICO – *Valerio de Oliveira Mazzuoli*

Uma de tais classificações divide o Direito Internacional Público em *comum* (geral ou universal) e *particular* (continental ou regional). A esse propósito, surge o problema de saber se pode o Direito Internacional deixar de ser *universal*, ou mesmo se pode, ao lado deste, ter existência um Direito Internacional *continental* ou *regional*. A questão já foi muito debatida, principalmente quando, há algum tempo, se pretendeu justificar o nascimento de um *Direito Internacional Americano*, que teve no jurista chileno Alejandro Álvarez (que foi Juiz da CIJ) o seu maior expoente.[89] Para Álvares, o Direito Internacional Americano teria características próprias, distintas do Direito Internacional universal, e consistiria no "conjunto de instituições, de princípios, de regras, de doutrinas, de convenções, de costumes e práticas que, no domínio das relações internacionais, são próprias às repúblicas do Novo Mundo".[90] A ideia de que, ao lado do Direito Internacional universal, "comum a todos os povos civilizados", há também "direitos [internacionais] particulares aplicáveis exclusivamente a certas regiões do mundo", que "derrogam em parte o direito universal", também foi reafirmada por J. M. Yepes, em curso proferido na Academia de Direito Internacional da Haia, em 1947.[91] Atualmente, não se discute mais a existência ou não de direitos regionais, talvez por já se saber que os princípios de justiça – contemporaneamente – são os mesmos em todo o mundo, o que não faz supor que, em certos contextos geográficos, não possa haver um Direito mais *particular*, proveniente de uma consciência jurídica diferenciada.[92]

Dividiu-se, também, o Direito Internacional em *constitucional* e *administrativo*, dispondo o primeiro sobre a competência dos órgãos internos com capacidade para agir internacionalmente, e o segundo sobre a organização das comissões e repartições internacionais, bem como dos serviços públicos internacionais. Outros, ainda, buscaram particularizar o Direito Internacional, criando os seus ramos específicos: *Direito Internacional Civil, Direito Internacional Processual, Direito Internacional Penal, Direito Internacional Econômico, Direito Internacional Tributário, Direito Internacional da Cooperação, Direito Internacional das Comunicações, Direito Internacional do Mar, Direito Internacional dos Direitos Humanos, Direito Internacional do Meio Ambiente, Direito Internacional do Trabalho* etc.

Alguns autores ainda costumam citar, como vertente especializada do Direito Internacional Público, o chamado *Direito Internacional Diplomático*.

4. Aplicação internacional e interna. A aplicação interna do Direito Internacional não significa, em todos os casos, deixar de aplicar as normas do ordenamento jurídico de determinado Estado. É certo que em várias ocasiões o Direito Internacional vem regular assunto *também* versado pelo Direito interno. A resolução desse problema será objeto do Capítulo II seguinte. Aqui, apenas importa dizer que existem importantes diferenças na

---

[89] V., por tudo, o seu *Le droit international américain: son fondement, sa nature – d'après l'histoire diplomatique des états du nouveau monde et leur vie politique et économique*, Paris: A. Pedone, 1910, 386p. De fato, considera-se o direito *interamericano* como o Direito Internacional *regional* mais antigo. Cf. Jorge Miranda. *Curso de direito internacional público*, cit., p. 24.

[90] V. Hildebrando Accioly. *Tratado de direito internacional público*, vol. I, cit., p. 4; e Cesar Diaz Cisneros, *Derecho internacional público*, vol. I, cit., pp. 153-172.

[91] J. M. Yepes. Les accords régionaux et le droit international, in *Recueil des Cours*, vol. 71 (1947-II), p. 235.

[92] Cf. Hildebrando Accioly. *Tratado de direito internacional público*, vol. I, cit., p. 5.

Parte I · Cap. I · INTRODUÇÃO AO DIREITO INTERNACIONAL PÚBLICO | 29

aplicação do Direito Internacional nas relações envolvendo *o Direito interno* e naquelas a envolver *as próprias relações internacionais*.

Em primeiro lugar, convém deixar clara a diferença entre o Direito Internacional e o Direito interno. Enquanto este último se consubstancia no conjunto de normas em vigor em um dado Estado, aquele (o Direito Internacional) é o conjunto das normas jurídicas não pertencentes a uma ordem interna.[93] Assim, no plano externo, o Direito Internacional é aquele que regula e rege as relações dos Estados entre si, bem como o complexo das atividades envolvendo as organizações internacionais em suas relações mútuas, e também os indivíduos. No plano do Direito interno, entretanto, esse panorama muda na medida em que as Constituições estatais preveem regras específicas de aplicação interna do Direito Internacional, como a necessidade de *referendum* parlamentar dos tratados ou a sua promulgação e publicação internas, o que pode variar (e normalmente varia) de país para país.

Da mesma forma, variado é o tipo de aplicação do Direito Internacional pelos tribunais estatais. A tendência do constitucionalismo moderno, entretanto, é permitir a aplicação *imediata* do Direito Internacional pelos juízes e tribunais nacionais, sem a necessidade de edição de norma interna que os materialize e lhes dê aplicabilidade.[94] Trata-se da consagração da doutrina *monista internacionalista* no que tange às relações do Direito Internacional com o Direito interno dos Estados.

Em muitos países, no entanto, há enorme dificuldade (esse tem sido o caso do Brasil) de compreender tais âmbitos de aplicação do Direito interno e do Direito Internacional, pois há jurisprudência vacilante e incapaz de fixar parâmetros definidos para a efetivação doméstica das normas do direito das gentes. Certo é que o monismo internacionalista encontra-se no plano do *ideal* para a eficácia interna das normas internacionais, e o monismo internacionalista dialógico (veremos no Capítulo II) para a efetividade das normas de direitos humanos no plano do Direito interno. Contudo, os tribunais nacionais têm muito a evoluir, notadamente no Brasil, no que tange à compreensão exata da importância do Direito Internacional na órbita interna.

Um exemplo trazido pela doutrina (baseado no caso *Mavrommatis*, julgado pela CPJI em 1924) ajuda a compreender melhor a questão da aplicação internacional e interna do Direito Internacional Público. Suponha-se que o Direito Internacional exija dos Estados que estes garantam, em tempo de paz, a livre navegação de barcos mercantes estrangeiros pelas suas águas territoriais. Suponha-se, ainda, que uma pequena embarcação de pesca do Estado X, de propriedade de um particular, nacional do Estado X, é capturada pela guarda costeira do Estado Y dentro de suas águas territoriais, em flagrante violação à disposição do direito das gentes acima assinalada. No plano internacional, o litígio decorrente deste fato seria entre o Estado X e o Estado Y, uma vez que o direito de livre navegação de embarcações mercantes e a obrigação de observar esse direito somente afeta os Estados em questão. A captura da embarcação de propriedade particular seria considerada uma violação da obrigação do Estado Y para com o Estado X, que é o Estado de nacionalidade do barco. Em virtude desse vínculo de nacionalidade, de acordo com o Direito Internacional, o Estado

---

[93]   Cf. Jean-Marie Lambert. *Curso de direito internacional público*, vol. II (*Fontes e sujeitos*), cit., p. 31.

[94]   V., nesse sentido, José Carlos Vieira de Andrade, *Os direitos fundamentais na Constituição portuguesa de 1976*, Coimbra: Almedina, 1987, pp. 33-35.

X tem fundamentos jurídicos para invocar a responsabilidade internacional do Estado Y.[95] Imagine-se, agora, que o particular, proprietário da embarcação, em vez de atuar por meio do Estado X, da forma anteriormente assinalada, resolva ingressar com uma ação judicial perante os tribunais locais do Estado Y, para vindicar o seu direito violado, reclamando perdas e danos e a devolução de seu barco. Se o Direito Internacional vige internamente no Estado Y, como ocorre com a maioria dos Estados que integram a sociedade internacional, esse particular teria o direito de invocar a disposição pertinente do direito das gentes a fim de sustentar a ilegalidade da captura de sua embarcação. Nesse caso, denunciaria a violação de um direito que lhe assiste segundo o Direito Internacional, atuando de forma bastante semelhante à maneira que recorreria a uma disposição do Direito Civil interno caso alguém lhe houvesse privado do uso de sua propriedade em uma transação comercial celebrada no território do Estado Y. No plano internacional, o sistema jurídico internacional é o contexto no qual se aplica a norma específica de Direito Internacional relativa à livre navegação em águas territoriais em tempo de paz. É dizer, todos os fatores pertinentes do caso são determinados pelo direito das gentes, sem importar se a norma tem ou não precedentes sobre as demais normas. No plano interno, por outro lado, o contexto para a aplicação dessa norma é o sistema jurídico interno, sob o comando constitucional que ali opera. E assim, uma mesma aplicação do Direito Internacional, feita em planos e contextos distintos, poderá levar tanto os tribunais internos como os tribunais internacionais a julgamentos opostos.[96]

Daí a importância de se aclarar qual o contexto (interno ou internacional) em que uma demanda é deflagrada, e qual norma é hierarquicamente superior (a interna ou a internacional) na aplicação de um caso concreto, sendo de se recordar aqui o art. 27 da Convenção de Viena sobre o Direito dos Tratados de 1969, que consagra expressamente a *supremacia do direito internacional* sobre o Direito interno estatal, na medida em que proíbe um Estado de invocar disposição do seu Direito interno como justificativa para o descumprimento de uma norma internacional. Assim, havendo conflito entre o Direito Internacional e o Direito interno estatal perante a jurisdição de um tribunal interno, o problema se resolve sob a base da supremacia do Direito Internacional. Nesse contexto, a falta de cumprimento dos preceitos do direito das gentes acarreta a responsabilidade internacional do Estado infrator.[97]

Essas são as premissas que devem ser seguidas pelos tribunais locais quando em jogo a aplicação interna das normas do Direito Internacional Público, salvo (veremos no momento oportuno) o caso próprio das normas internacionais de proteção dos direitos humanos, que garantem, por disposições próprias previstas nos tratados respectivos, a aplicação da norma mais favorável ao ser humano, seja ela internacional ou interna. Tirante esse caso específico, o problema se resolve pela primazia do Direito Internacional sobre o Direito interno, pois somente assim se logra dar coerência ao sistema de normas que organiza a sociedade internacional de Estados na atualidade.

---

[95]   Veja-se o caso *Mavrommatis Palestine Concessions*, da então CPJI (1924), Série A, n⁰ˢ 2 a 13.

[96]   V. Thomas Buergenthal (*et al.*). *Manual de derecho internacional público*, cit., pp. 14-16, de onde o exemplo foi extraído.

[97]   Cf. Michel Virally. *Manual de derecho internacional público*. Max Sorensen [Editor], cit., p. 196; e Brichambaut, Dobelle & Coulée, *Leçons de droit international public*, cit., pp. 335-336.

Capítulo II

Relações entre o Direito Internacional Público e o Direito Interno Estatal

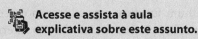

Acesse e assista à aula explicativa sobre este assunto.

> http://uqr.to/1zv47

1. Propositura do problema. Uma questão antiga, mas particularmente importante no campo da nossa disciplina, diz respeito à situação (eficácia e aplicabilidade) do Direito Internacional na ordem jurídica interna dos Estados. Ainda tergiversa a doutrina sobre como resolver o problema das relações entre o Direito Internacional Público e o Direito interno estatal. Esse problema apresenta dois aspectos: um *teórico*, consistente no estudo da hierarquia do Direito Internacional ante o Direito interno; e outro *prático*, relativo à efetiva solução dos conflitos porventura existentes entre a normativa internacional e as regras do Direito doméstico. A questão vem se desenvolvendo através dos tempos, tendo surgido várias teorias que buscaram equacionar o problema, dentre as quais se destacam duas, com seus temperamentos: a *dualista* e a *monista*. Nelas se discute se o Direito Internacional e o Direito interno são duas ordens jurídicas distintas e independentes (*teoria dualista*) ou, ao contrário, se são dois sistemas que derivam um do outro (*teoria monista*).

Como já se falou, o Direito Internacional Público pode regular qualquer matéria, muitas delas semelhantes (ou até idênticas) às do Direito interno. *Quid juris*, então, se um mesmo tema é regulado de uma maneira pelo Direito Internacional Público e de outra pelo Direito interno?

Um exemplo trazido à colação por Ian Brownlie – em tudo semelhante àquele colocado no item 4 da Seção III do Capítulo anterior – ajudará a compreender bem o fenômeno. Uma embarcação estrangeira pode ser apreendida por desrespeitar as leis alfandegárias, e a sua tripulação julgada num tribunal interno da autoridade que procedeu à apreensão. O Direito interno determina uma zona de imposição de direitos alfandegários de x milhas. Os réus argumentam que o Direito Internacional autoriza uma zona aduaneira de x menos 4 milhas, e que a embarcação, quando foi apreendida, ainda não tinha entrado na zona em que a imposição se justificava nos termos do Direito Internacional.[1] Nasce o problema do con-

---

[1] Ian Brownlie. *Princípios de direito internacional público*. Trad. Maria Manuela Farrajota (*et al.*). Lisboa: Fundação Calouste Gulbenkian, 1997, p. 44. *Nota*: esta obra de Brownlie – cuja tradução portuguesa corresponde à 4ª edição inglesa, publicada em 1990, e que alcançou sete edições na versão original (a

flito entre normas internacionais e normas internas, que poderá ser resolvido estudando-se a colisão entre *dualismo* (ou pluralismo) e *monismo*, quando então se poderá responder às indagações: se as relações entre o Direito Internacional e o Direito interno são reguladas por normas *jurídicas*, tais normas são internacionais ou internas? Caso ambos os ordenamentos disciplinem de maneira diferente a mesma situação jurídica, qual deles deve prevalecer? Um tratado internacional já ratificado se aplica imediatamente no âmbito interno ou depende de outras condições colocadas pelo Direito interno para essa aplicação?

É claro que a questão pode ser colocada sob dois pontos de vista: o do Direito Internacional, que enxerga o problema *de fora para dentro*; e o do Direito interno, que o visualiza *de dentro para fora*. Evidentemente que cada Estado, levando em conta variados fatores (tradição legislativa, cultura jurídica, aspectos econômicos etc.), disciplina como melhor lhe parece a questão da aplicação interna do Direito Internacional. Mas isso não impede o Direito Internacional, que é superior aos ordenamentos dos Estados, de dar a última palavra relativamente ao tema.

Este Capítulo tem o objetivo de apresentar as doutrinas dualista e monista, tidas como as mais relevantes para o entendimento do fenômeno atinente às relações do Direito Internacional Público com o Direito interno e, ao mesmo tempo, estudar (e tentar resolver) os problemas jurídicos que elas suscitam. Frise-se, porém, que a tendência atual (que também entendemos como correta) é mais no sentido de procurar respostas concretas para os conflitos entre as ordens internacional e interna, que propriamente continuar o debate teórico (já ultrapassado) entre os defensores de uma ou outra concepção. Tal não significa, contudo, que o problema das relações entre o Direito Internacional e o Direito interno tenha perdido interesse jurídico ou não tenha relevância prática, notadamente no que respeita à hierarquia (ou à ausência de hierarquia) entre as normas relevantes dos dois sistemas.[2] O que ocorre é que, especialmente na *era dos direitos humanos* que agora se atravessa, é possível agregar às doutrinas tradicionais (notadamente ao *monismo*) métodos mais aptos a resolver os problemas que a pós-modernidade apresenta (*v.* item nº 4, *c*, *infra*, sobre o que chamamos de "monismo internacionalista dialógico").

Certo é que tudo nesta seara representa uma evolução na doutrina jurídica desde o início do século XX até os tempos atuais, na medida em que as questões contemporâneas agregam ao Direito Internacional temas antes inexistentes ou pouco conhecidos, razão pela qual não foram adequadamente pensados. Cada passo na evolução do presente tema foi importante, é certo, para o seu entendimento atual, não obstante as propositoras e ideias ao longo dos tempos terem trazido ao estudo da matéria mais confusão que propriamente esclarecimento. Daí a importância em sistematizar as doutrinas sobre solução de antinomias entre o Direito Internacional e o Direito interno em termos límpidos, somando-se a elas novos elementos para os dias atuais, sobretudo sob a ótica do dialogismo.

última, em 2008) – foi totalmente reescrita e atualizada (após o falecimento do autor, em janeiro de 2010) pelo professor James Crawford, ganhando também novo título: *Brownlie's principles of public international law* (8ª edição, publicada pela Oxford University Press, 2012). Este último livro (por conta de todas as modificações realizadas por Crawford) é uma obra *nova* e totalmente diferente da anterior, motivo pelo qual citaremos ambas (com independência uma da outra) no decorrer do texto.

[2]   *V.* Dinh, Daillier & Pellet. *Direito internacional público*, cit., p. 97.

2. Dualismo. Foi Alfred von Verdross quem, em 1914, cunhou a expressão "dualismo", a qual foi aceita por Carl Heinrich Triepel, em 1923, seguido por Strupp, Walz, Listz, Anzilotti, Balladore Pallieri e Alf Ross.

Para os adeptos dessa corrente, o Direito interno de cada Estado e o Direito Internacional são dois sistemas independentes e distintos, ou seja, constituem círculos que não se interceptam (meramente contíguos), embora sejam igualmente válidos. As fontes e normas do Direito Internacional (notadamente os tratados) não têm, para os dualistas, qualquer influência sobre questões relativas ao âmbito do Direito interno e vice-versa, de sorte que entre ambos os ordenamentos jamais poderia haver conflitos. Segundo essa construção, sendo o Direito Internacional e o Direito interno dois sistemas de normas diferentes, independentes um do outro, que não se tocam por nenhum meio, impossível seria a existência de qualquer antinomia entre eles. Portanto, de acordo com os dualistas, quando um Estado assume um compromisso exterior, o está aceitando tão somente como fonte do Direito Internacional, sem qualquer impacto ou repercussão no seu cenário normativo interno. Para que isto ocorra, ou seja, para que um compromisso internacionalmente assumido passe a ter valor jurídico no âmbito do Direito interno, é necessário que o Direito Internacional seja "transformado" em norma interna, o que se dá pelo processo conhecido como *adoção* ou *transformação*.[3] Assim, o primado normativo, para os dualistas, é da *lei interna* de cada Estado, e, não, do Direito Internacional.[4]

Segundo a corrente dualista, ao Direito Internacional caberia, de forma precípua, a tarefa de regular as relações entre os Estados ou entre estes e as organizações internacionais, enquanto ao Direito interno caberia a regulação da conduta do Estado com os seus indivíduos. Triepel propõe essa fórmula quando diz que "o direito internacional rege as relações entre os Estados, e o direito interno as relações entre indivíduos".[5] Assim, por ser diferente a identidade de fontes (pois as fontes do Direito Internacional são os tratados e costumes internacionais, e as do Direito interno são as leis e costumes internos) e por regularem tais sistemas matérias diferentes, entre eles (Direito interno e Direito Internacional) não poderia haver conflito, ou seja, uma norma internacional não poderia, em nenhuma hipótese, regular questão interna sem antes ter sido incorporada a esse ordenamento por procedimento receptivo que a "transforme" em lei nacional (tal equivaleria ao chamado *act of parliament*, do direito inglês). Da mesma forma, por se tratar de sistemas distintos, em que cada qual regula relações jurídicas diversas, não haveria que se falar na supremacia de um sobre o outro.[6]

Nesse raciocínio, o Estado, para os dualistas, seria um antecedente lógico do Direito Internacional, ou seja, não seria o Estado que está para o Direito Internacional, mas sim este que está para aquele. Em outras palavras, para que o Direito Internacional seja *integrado*

---

3 Nesse sentido, *v.* Martin Wolff, *Derecho internacional privado*, trad. José Rovira Y Ermengol, Barcelona: Labor, 1936, pp. 23-23; e Dionisio Anzilotti, *Cours de droit international*, cit., pp. 62-63.

4 Cf. Jacob Dolinger. As soluções da Suprema Corte Brasileira para os conflitos entre o direito interno e o direito internacional: um exercício de ecletismo, in *Revista Forense*, vol. 334, Rio de Janeiro, abr./maio/jun./1996, p. 73; e Mirtô Fraga, *O conflito entre tratado internacional e norma de direito interno: estudo analítico da situação do tratado na ordem jurídica brasileira*, Rio de Janeiro: Forense, 1998, pp. 4-6.

5 *V.* Carl Heinrich Triepel. Les rapports entre le droit interne et le droit international, cit., p. 95.

6 Cf. Carl Heinrich Triepel. Idem, p. 83.

à ordem jurídica interna, faz-se necessário também entendê-lo como *parte integrante* do Direito estatal, este sim a única ordem verdadeiramente *soberana*. Seria o Direito do Estado (ou seja, o Direito criado exclusivamente pelo Estado, sem a participação de qualquer outro ente) o responsável único a *autorizar* o ingresso de uma norma internacional no plano do Direito interno. Nessa concepção, o Estado recusa aplicação imediata ao Direito Internacional, só alcançável por meio de procedimento incorporativo próprio do Direito interno. Daí o motivo pelo qual alguns autores (como Laband) chamarem a teoria da incorporação ou da transformação de *mediatização*, cujo fundamento deriva da autonomia das duas ordens jurídicas (interna e internacional).

Essa concepção dualista de que o Direito Internacional e o Direito interno são ordens jurídicas distintas e independentes umas das outras, e que entre elas não poderia haver conflitos, emana do entendimento de que os tratados internacionais (os dualistas não se referem, nesse ponto, aos *costumes*) representam apenas compromissos exteriores do Estado, assumidos por Governos na sua representação, sem que isso possa influir no ordenamento interno desse Estado. Em um caso, trata-se de relações entre Estados, ou, em outras palavras, na *Vereinbarung* (isto é, na fusão de vontades diferentes com um mesmo conteúdo), enquanto no outro (no caso do Direito interno), trata-se da regulamentação das relações entre pessoas (naturais e jurídicas). Ou seja, os dois sistemas (internacional e interno), para os dualistas, são mutuamente excludentes, não podendo um interferir no outro por qualquer motivo, não havendo qualquer espécie de contato entre eles. Sendo assim, a separação entre um sistema (o Direito interno) e o outro (o Direito Internacional) acarretaria conflitos insolúveis entre ambos.

Por tais motivos é que, para os dualistas, os compromissos internacionalmente assumidos pelo Estado não têm a potencialidade de gerar efeitos automáticos na ordem jurídica interna se todo o pactuado não se materializar na forma de uma espécie normativa típica do Direito interno: uma emenda constitucional, uma lei, um decreto, um regulamento etc. É dizer, a norma internacional só vale quando "recebida" pelo Direito interno, não operando, a simples ratificação, essa transformação. Seria necessária uma derradeira manifestação dos poderes constituídos (*v.g.*, do Poder Legislativo), a fim de *transformar* a norma internacional em norma interna. Nesse caso, havendo conflito de normas, já não mais se trataria de contrariedade entre o tratado e a norma interna, mas entre duas disposições nacionais, uma das quais é a materialização da norma convencional transformada.[7]

Para essa doutrina, as normas de Direito Internacional têm eficácia somente no âmbito internacional, ao passo que as normas de Direito interno só têm eficácia na ordem jurídica interna, de forma que para o ingresso das normas internacionais provenientes de tratados no ordenamento jurídico pátrio, após a ratificação, far-se-ia necessário *incorporar* legislativamente o conteúdo desses instrumentos ao ordenamento interno (técnica da "incorporação legislativa"). A sanção, no caso de omissão, seria tão somente internacional. Ou seja, se os Estados não adaptarem o seu Direito interno àquilo que a norma internacional ratificada recomenda, a norma interna continua (equivocadamente) válida, sendo a única consequência

---

[7] Nesse exato sentido, *v.* César Sepúlveda, *Derecho internacional*, cit., p. 75, para quem "se o tratado, em virtude do ato legislativo interno, se converte em lei doméstica, referido conflito já não será entre o pacto e uma lei, senão entre uma lei interna e outra lei também local".

a responsabilidade internacional do Estado (frise-se que soa como um acinte, hoje em dia, chamar o instituto da responsabilidade internacional de "única consequência", em vista do descumprimento de um tratado ratificado pelo Estado). É esse o sistema adotado na Itália, em que, além da ratificação, se exige, para a aplicação interna dos tratados, leis de aprovação. Na Islândia, em situação análoga, o tratado somente passa a ser aplicável internamente após um ato especial do Parlamento.

Essa teoria teve em Carl Heinrich Triepel, na Alemanha, um de seus maiores defensores (dualismo radical). Foi de Triepel o primeiro estudo sistemático sobre a matéria, na obra *Völkerrecht und Landesrecht*, de 1899, considerada por Gustav Walz "a mais importante para o problema em questão".[8] Nas palavras de Triepel, "quando se fala das relações entre o direito internacional e o direito interno, supõe-se como estabelecido que o direito internacional é diferente do direito interno. Na nossa opinião, o direito internacional e o direito interno são noções diferentes".[9] Por isso é que, segundo Triepel, os juízes nacionais "são obrigados a aplicar o direito interno, mesmo contrário ao Direito Internacional",[10] afirmação que atualmente soa como absurda, especialmente na seara da proteção internacional dos direitos humanos e à luz da teoria da responsabilidade internacional do Estado (sobre o assunto, *v.* Parte II, Capítulo II, Seção V).

A concepção dualista fora aprovada, na Itália, por Dionisio Anzilotti, que a adotou, em 1905, em trabalho intitulado *Il Diritto Internazionale nel Giudizio Interno*, porém, com algumas variações (ao que se chamou de "dualismo moderado"), pois permitia que, em certos casos, o Direito Internacional fosse aplicado internamente pelos tribunais sem que houvesse uma recepção *formal* do tratado na ordem interna.[11] O dualismo foi aplaudido, também, por Oppenheim, que o instituiu na Inglaterra.[12]

A corrente dualista estabelece também diferenças de *conteúdo* e de *fontes* entre o Direito Internacional Público e o Direito interno, dentre elas a de que as regras internas de um Estado soberano são emanadas de um poder ilimitado, em relação ao qual existe forte subordinação de seus dependentes, o que não acontece no âmbito internacional, em que não existe um direito *sobre* os Estados, mas sim *entre* os Estados. As diferenças de conteúdo e de fontes entre o Direito Internacional e o Direito interno foram nominadas por Triepel de *rapports sociaux*, tendo em vista que o Direito Internacional seria regido por outras relações se comparado ao Direito interno.[13] A fonte do Direito interno, para Triepel, consubstancia-se na vontade exclusiva do Estado soberano, que reside em seu Poder Legislativo, ao passo que a fonte do Direito Internacional nasce da vontade coletiva de vários Estados, consistente no encontro convergente de seus interesses recíprocos.[14]

---

[8] Gustav Adolf Walz. Les rapports du droit international et du droit interne, in *Recueil des Cours*, vol. 61 (1937-III), p. 379.

[9] Carl Heinrich Triepel. Les rapports entre le droit interne et le droit international, cit., p. 79.

[10] Carl Heinrich Triepel. Idem, p. 104.

[11] *V.* também, Dionisio Anzilotti, *Cours de droit international*, cit., pp. 50-65.

[12] *V.* Lassa Oppenheim. *International law: a treatise*, vol. I (Peace). London: Longman, Green & Co., 1905, pp. 25-26.

[13] Cf. Carl Heinrich Triepel. Les rapports entre le droit interne et le droit international, cit., p. 80.

[14] Cf. Carl Heinrich Triepel. Idem, p. 83.

Dessa forma, esses dois ordenamentos jurídicos – o do Estado e o internacional – podem andar pareados sem, entretanto, haver primazia de um sobre o outro, pois distintas são as esferas de suas atuações. Assim, não pode um preceito de direito das gentes revogar outro que lhe seja diverso no ordenamento interno. O Estado pactuante obriga-se a incorporar tais preceitos no seu ordenamento doméstico, assumindo somente uma obrigação moral; mas, se não o fizer, deverá ser responsabilizado no plano internacional. Tal responsabilização – decorrente do princípio *pacta sunt servanda* – deriva de um ilícito internacional, consistente na prática de um ato interno, mesmo que negativo, como a não incorporação ao ordenamento nacional dos preceitos insculpidos nos tratados (e aqui poderíamos adiantar mais uma crítica ao dualismo, relativa à incoerência em se aceitar a aplicação da norma interna, em detrimento da internacional, sabendo-se da possibilidade de responsabilização internacional do Estado...).

Assim, para os dualistas, as normas de Direito Internacional não têm aplicabilidade e cogência no interior de um Estado, senão por meio da *recepção*, isto é, em virtude de um ato do Poder Legislativo que transforme o tratado em norma de Direito interno. Em consequência disso, a norma do Direito Internacional internalizada passaria a ter o mesmo *status* normativo que outra norma do Direito interno, o que, segundo esta concepção, permitiria que um tratado internacional fosse "revogado" por uma lei ordinária posterior. Ocorre que nenhuma Constituição brasileira jamais exigiu dupla manifestação do Congresso Nacional como condição de validade dos tratados internacionais no nosso ordenamento interno. Além da aprovação do tratado – por meio de Decreto Legislativo –, nunca se exigiu a edição de um *segundo* diploma legal (uma norma *específica*) que reproduzisse as regras convencionais, a fim de materializá--las internamente. Os defensores do chamado *dualismo moderado*, por sua vez, não chegam ao extremo de adotar a fórmula legislativa para que, só assim, o tratado entre em vigor no país, mas admitem a necessidade de um ato formal de internalização, como um decreto ou um regulamento executivo. A Suprema Corte brasileira tem exigido, após a aprovação do tratado pelo Congresso Nacional e a troca dos respectivos instrumentos de ratificação – o que, de resto, a prática brasileira já segue há vários anos –, que seja o tratado internacional *promulgado* internamente, por meio de um *decreto de execução presidencial* (não se exigindo seja o tratado "transformado" em lei interna). Para o Supremo Tribunal Federal, tal *decreto executivo*, como momento culminante do processo de incorporação dos tratados ao sistema jurídico brasileiro, é manifestação *essencial e insuprimível*, considerando-se seus três efeitos básicos: *a*) a *promulgação* do tratado internacional; *b*) a *publicação oficial* de seu texto; e *c*) a *executoriedade* do ato internacional.[15] Nesse sentido, poder-se-ia dizer que o STF tem assumido a posição dualista moderada. Mas deve-se esclarecer que a Suprema Corte jamais conseguiu demonstrar o dispositivo constitucional no qual se fundamentou para dizer da obrigatoriedade da promulgação executiva do tratado entre nós. Em nenhum de seus artigos a Constituição de 1988 diz caber ao Presidente da República promulgar e fazer publicar *tratados*; o texto constitucional (art. 84, inc. IV) somente se refere à promulgação e publicação das *leis* (e sabe-se já que quando a Constituição quer se referir a *tratados* ela o faz expressamente, como no art. 5º, §§ 2º e 3º etc.).

A doutrina dualista fora defendida no Brasil, isoladamente, por Amilcar de Castro, para quem a ordem internacional "se distingue das estatais porque suas normas se caracterizam como inconfundíveis pelos sujeitos a que dirigem, pelo processo de formação, pelo

---

[15] V. ADIn 1.480-DF, rel. Min. Celso de Mello, in *Informativo do STF*, nº 109, *DJU* 13.05.1998.

Parte I • Cap. II • RELAÇÕES ENTRE O DIREITO INTERNACIONAL PÚBLICO E O DIREITO INTERNO ESTATAL | 37

conteúdo e pelos meios por que sua observância é assegurada", além do que, "por não ser a convivência de Estados estruturada em subordinação a um governo, não há jurisdição internacional, e sem esta o direito das gentes só pode ser visto como único, ímpar, dessemelhante do estatal".[16]

Enfim, o que propugna a doutrina dualista é a distinção dos sistemas jurídicos interno e internacional, levando-se em conta a aparente diversidade de suas fontes, de seus sujeitos e dos seus objetos.

3. Críticas à doutrina dualista. A doutrina dualista é bastante frágil em sua construção e não pode passar imune a críticas.[17] Em primeiro lugar, reconhecer diversidade de fontes entre o Direito interno e o Direito Internacional é aceitar um absurdo terminológico de consequências fatais para a concepção geral do Direito. Se ambos os sistemas – o interno e o internacional – são contrapostos, um deles inevitavelmente será não jurídico. Restaria saber qual deles assim o seria. Ao Direito interno jamais se negou o seu caráter jurídico. Logo, para os dualistas, por coerência, deverá ser não jurídico o Direito Internacional, pois não é possível entender como *jurídicos* dois sistemas antagônicos e divergentes. Se o Direito é uno e anterior à vontade dos Estados, não se pode entender de outra maneira senão como estando o Direito interno inserido no Direito Internacional, do qual retira o seu fundamento de validade.[18] Pensar de outra forma significa entender o Estado como algo estranho à sociedade internacional e à margem do mundo exterior, fechado, assim, a qualquer tipo de integração jurídica ou social, o que não pode ser admissível a qualquer título, notadamente no cenário contemporâneo. Em segundo lugar, a construção dualista despreza o princípio da identidade, admitindo igual validade de duas normas aparentemente antinômicas. O Direito, que não tolera antinomias,[19] rechaça a existência simultânea de duas normas contrárias a reger as mesmas matérias e os mesmos assuntos, como se as fórmulas "X corresponde a Y" e "X não corresponde a Y" pudessem valer simultaneamente. Em terceiro lugar, a doutrina dualista, guardando todos os inconvenientes do voluntarismo, só faz referência aos tratados e não aos costumes internacionais e aos princípios gerais de direito, sendo, no entanto, os costumes internacionais e os princípios gerais de direito normalmente aplicados pelos tribunais internos (até mesmo por serem *fontes formais* do Direito Internacional Público, expressamente reconhecidas pelo art. 38, § 1º, *b* e *c*, do Estatuto da CIJ) sem qualquer necessidade de "transformação" ou "incorporação".[20] Portanto, é claro que dentro da expressão "Direito Internacional e Direito interno" se incluem o costume internacional e os princípios gerais de direito, que são fontes formais do direito das gentes. Por último, o fato de existir

---

[16] Amilcar de Castro. *Direito internacional privado*, 5ª ed. aum. e atual. por Osiris Rocha. Rio de Janeiro: Forense, 2001, p. 249.

[17] *V.*, por tudo, Charles Rousseau, *Droit international public approfondi*, Paris: Dalloz, 1958, pp. 3-16; e Hans Kelsen, *Teoria pura do direito*, cit., pp. 364-383.

[18] Cf. Pedro Baptista Martins. *Da unidade do direito e da supremacia do direito internacional*, cit., p. 29.

[19] *V.* Norberto Bobbio. *Teoria do ordenamento jurídico*, 8ª ed. Trad. Maria Celeste Cordeiro Leite dos Santos. Brasília: Editora UnB, 1996, pp. 86-88.

[20] Sobre as relações entre o direito internacional costumeiro e o direito interno, *v.* Luzius Wildhaber & Stephan Breitenmoser, The relationship between customary international law and municipal law in western european countries, in *Zeitschrift für ausländisches öffentliches Recht und Völkerrecht*, vol. 48 (1988), pp. 163-207.

CURSO DE DIREITO INTERNACIONAL PÚBLICO – *Valerio de Oliveira Mazzuoli*

uma norma interna contrária a um tratado internacional não justifica o dualismo, já que o mesmo pode suceder na ordem interna com as várias espécies normativas conhecidas (leis, decretos, regulamentos etc.).[21]

O dualismo é corolário dogmático-apológico da teoria da soberania absoluta do Estado. Ora, se o Direito não é produto exclusivo da vontade do Estado, mas, antes, lhe é anterior, o que o Estado faz é apenas reconhecer a sua obrigatoriedade, por meio de normas jurídicas, tanto no plano interno, como no plano internacional. Se o Estado reconhece tal obrigatoriedade é porque, além de consagrar que o Direito é *uno*, também admite que por meio de um princípio geral anterior é que lhe foi concedido o poder de criar normas jurídicas de cunho obrigatório. Se este princípio emanado da ordem jurídica internacional – consubstanciado na norma *pacta sunt servanda* – lhe é anterior, não se pode olvidar que do sistema internacional é que advém a obrigatoriedade do Direito interno.

4. Monismo. Os autores monistas (que têm em Kelsen o seu maior expoente) partem de uma inteligência diametralmente oposta à concepção dualista, vez que têm como ponto de partida não a dualidade, mas a unidade (ou unicidade) do conjunto das normas jurídicas, internas e internacionais.[22] Para a corrente monista, então, o Direito Internacional e o Direito interno são *dois ramos* do Direito dentro de *um só sistema* jurídico. Trata-se da teoria segundo a qual o Direito Internacional se aplica diretamente na ordem jurídica dos Estados, independentemente de qualquer "transformação", uma vez que esses mesmos Estados, nas suas relações com outros sujeitos do direito das gentes, mantêm compromissos que se interpenetram e que somente se sustentam juridicamente por pertencerem a um sistema jurídico *uno*, baseado na identidade de sujeitos (os indivíduos que os compõem) e de fontes (sempre objetivas e não dependentes – como no voluntarismo – da vontade dos Estados). Sendo assim, tanto o Direito interno como o Direito Internacional estariam aptos para reger as relações jurídicas dos indivíduos, sendo inútil qualquer processo de transformação das normas internacionais no ordenamento jurídico interno.[23] Em outras palavras, uma norma internacional, quando aceita por um Estado (*v.g.*, quando este *ratifica* um tratado), já tem aptidão para ser aplicada no plano do seu Direito interno, sem a necessidade de ser "transformada" em norma interna (por ato posterior de um dos poderes constituídos, *v.g.*, o Poder Legislativo). A norma do direito das gentes (o tratado ratificado ou até mesmo o costume) continua sendo norma *internacional*, que será então *aplicada* internamente, não sendo norma internacional *transformada* em Direito interno.

Ainda segundo esta concepção, o Direito Internacional e o Direito interno convergem para um mesmo todo harmônico, em uma situação de superposição em que o Direito interno *integra* o Direito Internacional, retirando deste a sua validade lógica.[24] É dizer, não há dois círculos contíguos que não se interceptam, mas, ao contrário, dois círculos superpostos

---

21   Cf. Oliveiros Litrento. *Curso de direito internacional público*, cit., p. 100.

22   *V.*, por tudo, Hans Kelsen, *Les rapports de système entre le droit interne et le droit international public*, in *Recueil des Cours*, vol. 4 (1926-IV), pp. 227-331; Hans Kelsen, *Teoria pura do direito*, cit., pp. 368-377; Charles Rousseau, *Principes généraux du droit international public*, t. I, cit., p. 62; e Mirtô Fraga, *O conflito entre tratado internacional e norma de direito interno...*, cit., pp. 6-7.

23   Cf. Dinh, Daillier & Pellet. *Direito internacional público*, cit., p. 96.

24   Cf. Hans Kelsen. *Les rapports de système entre le droit interne et le droit international public*, cit., pp. 249-262.

(concêntricos) em que o maior representa o Direito Internacional que abarca, por sua vez, o menor, representado pelo Direito interno. Assim, é possível haver certos assuntos que estejam sob a jurisdição *exclusiva* do Direito Internacional (representado pelo espaço existente entre a orla do círculo menor – Direito interno – e a borda exterior do círculo maior – Direito Internacional), o mesmo não ocorrendo com o Direito interno, que não tem jurisdição exclusiva, vez que tudo o que por ele pode ser regulado também pode ser pelo Direito Internacional, sistema do qual retira o seu fundamento último de validade.

Para a doutrina monista, a assinatura e ratificação de um tratado por um Estado significa a assunção de um compromisso *jurídico*; e se tal compromisso envolve direitos e obrigações que podem ser exigidos no âmbito do Direito interno do Estado, claro está que não se faz necessária, só por isso, a edição de um novo diploma normativo, "materializando" internamente (pela via da transformação) o compromisso internacionalmente assumido.

O Direito Internacional e o Direito interno formam, em conjunto, uma unidade jurídica, que não pode ser afastada em detrimento dos compromissos assumidos pelo Estado no âmbito internacional. Não há, para os monistas, duas ordens jurídicas estanques, como querem os dualistas, cada uma com âmbito de validade dentro de sua órbita, mas um só universo jurídico, coordenado, regendo o conjunto das atividades sociais dos Estados, das organizações internacionais e dos indivíduos. Os compromissos exteriores assumidos pelo Estado, dessa forma, passam a ter aplicação *imediata* no ordenamento interno do país pactuante, o que reflete a sistemática da "incorporação automática".

O monismo foi a teoria também seguida por Verdross, Mirkine-Guetzévitch, Lauterpacht, Jiménez de Aréchaga, dentre outros. No Brasil, trata-se da posição da maioria da doutrina internacionalista, dentre cujas vozes mais autorizadas estão Haroldo Valladão, Oscar Tenório, Hildebrando Accioly, Geraldo Eulálio do Nascimento e Silva, Celso D. de Albuquerque Mello, Vicente Marotta Rangel e Mirtô Fraga.

Aceita a tese monista, surge, porém, um problema hierárquico a ser resolvido, qual seja, o de saber qual ordem jurídica deve prevalecer em caso de conflito, se a interna ou a internacional. Em outras palavras, aceitando a tese da unidade das duas ordens jurídicas, nasce a questão da hierarquia entre as normas internas e internacionais, o que não acontece quando se aceita a doutrina dualista, que vê as duas ordens jurídicas como esferas separadas e sem interpenetração entre elas (a menos que o Direito Internacional seja *transformado* em Direito interno, como já se falou). Assim, no que tange à hierarquia entre as ordens jurídicas interna e internacional, a doutrina monista se bifurca: uns entendem que em caso de conflito deve dar-se primazia de escolha (sobre a hierarquia entre as normas internacionais e internas) à ordem jurídica *nacional* de cada Estado (monismo nacionalista); e outros lecionam no sentido de que deve sempre prevalecer o Direito Internacional em detrimento do Direito interno (monismo internacionalista). Para além dessas duas bifurcações do monismo, entendemos ser ainda possível uma terceira divisão, quando em jogo o tema dos "direitos humanos", o que nominamos de *monismo internacionalista dialógico*. Como o próprio nome está a indicar, esta terceira doutrina (de nossa autoria) é uma subdivisão do monismo internacionalista, a ser utilizada quando o conflito entre o Direito Internacional e o Direito interno diz respeito a uma questão de direitos humanos (*v. infra*).

Em suma, segundo o nosso entendimento, são três as correntes em que se divide a teoria monista quanto à hierarquia entre o Direito Internacional e o Direito interno. Vejamos cada uma delas:

a) Monismo nacionalista. A escola monista nacionalista apregoa o primado do Direito nacional de cada Estado soberano, sob cuja ótica a adoção dos preceitos do Direito Internacional reponta como uma faculdade discricionária. Segundo essa concepção, o Direito Internacional não seria mais que uma consequência do Direito interno. Trata-se da doutrina constitucionalista nacionalista, cujas bases filosóficas encontram guarida no sistema de Hegel (1770-1831), que via no Estado um ente cuja soberania (correspondente ao *imperium* do direito romano) seria irrestrita e absoluta (a *lei suprema* sobre a Terra). Os monistas nacionalistas aceitam a integração do direito das gentes ao Direito interno, mas sob o ponto de vista do primado da ordem jurídica *estatal*, valendo tal integração somente na medida em que o Estado reconhece como vinculante em relação a si a obrigação contraída. Esse reconhecimento, segundo Kelsen, "pode operar-se expressamente por um ato de legislação ou do governo, ou tacitamente, pela efetiva aplicação das normas do Direito internacional, pela conclusão de convênios internacionais, pelo respeito das imunidades estatuídas pelo Direito internacional etc.".[25] É dizer, o Direito Internacional só tem valor internamente sob o ponto de vista do ordenamento *interno* do Estado, pois é a ordem jurídica estatal (a Constituição do Estado) que prevê quais são os órgãos competentes para a celebração de tratados e como esses órgãos podem obrigar, internacionalmente, em seu nome, a Nação soberana. Nos países que adotam esse sistema é comum aparecer nas Constituições a fórmula seguinte: "As regras do Direito Internacional geral fazem parte integrante do Direito estatal".

Os monistas defensores do predomínio interno dão, assim, especial atenção à soberania de cada Estado, levando em consideração o princípio da supremacia da Constituição. Para eles, é no Texto Constitucional que devem ser encontradas as regras relativas à integração e ao exato grau hierárquico das normas internacionais (escritas e costumeiras) na órbita interna. Trata-se, como se vê, da doutrina da *delegação*, que apregoa a obrigatoriedade do Direito Internacional como decorrência das regras do Direito interno. Sob esse ponto de vista, o Direito Internacional só é internamente obrigatório porque o Direito interno – no exercício de sua competência soberana – o reconhece como vinculante em relação a si.[26] Segundo esse entendimento, o arbítrio do Estado só encontra limitação no arbítrio de outro Estado, jamais nas regras do Direito Internacional Público. Ou seja, da mesma forma que os indivíduos devem respeitar uns aos outros no exercício de sua atividade autônoma, também os Estados devem respeitar-se mutuamente no exercício de sua soberania. Se cada Estado, sem invadir a esfera de competência do outro, por meio das suas regras constitucionais de competência, determina e condiciona a existência das normas do Direito Internacional, é porque o fundamento de validade do direito das gentes não encontra guarida em sua própria existência, no seu próprio arbítrio, mas na vontade declarada do Direito interno.

Em suma, dois são os argumentos principais dos defensores do monismo com predomínio do Direito interno: *a*) a ausência, no cenário internacional, de uma autoridade supraestatal capaz de obrigar o Estado ao cumprimento dos seus mandamentos, sendo cada Estado o competente

---

[25]   Hans Kelsen. *Teoria pura do direito*, cit., p. 370.

[26]   V. Hans Kelsen. Idem, pp. 372-373.

Parte I • Cap. II • RELAÇÕES ENTRE O DIREITO INTERNACIONAL PÚBLICO E O DIREITO INTERNO ESTATAL | **41**

para determinar livremente suas obrigações internacionais, pois é ele, em princípio, juiz único da forma de executá-las, e; *b*) o fundamento puramente constitucional dos órgãos competentes para concluir tratados em nome do Estado, obrigando-o no plano internacional.[27]

Esses dois argumentos não passam imunes às críticas da doutrina, pois: *a*) se explicam o fundamento do tratado, não explicam satisfatoriamente o fundamento do costume; e *b*) se as Constituições estatais fundamentam o Direito Internacional, não se explica como este continua a vigorar, mesmo com as modificações nelas introduzidas.[28] Registre-se, ainda, outra crítica, feita por Jorge Miranda, para quem o monismo nacionalista "acaba por reverter numa forma de negação do Direito Internacional, por se aproximar muito da orientação doutrinal (hoje completamente ultrapassada) que vê o Direito Internacional como uma espécie de Direito estatal externo. Reconhece-se a existência de um só universo jurídico, mas quem comanda esse universo jurídico é o Direito interno e, em último termo, a vontade dos Estados. O fundamento de unidade do Direito Internacional encontrar-se-ia numa norma de Direito Interno".[29]

Portanto, também para nós, admitir tal doutrina equivale a negar o fundamento de validade do Direito Internacional e, consequentemente, a sua própria existência como ramo da ciência jurídica, o que já é suficiente para qualificá-la como desprovida de fundamento. Ora, não existe Estado isolado, flutuando no espaço ou no vácuo. Todos eles se encontram dentro de uma sociedade internacional. Se é dessa sociedade que florescem as normas que estruturam o sistema internacional e regulam a conduta dos Estados em suas relações recíprocas, também é dessa mesma sociedade que nascem os limites às regras do Direito interno. O Direito é uma superestrutura que depende de uma infraestrutura. Se esta é alterada, aquela será abalada, causando desequilíbrios de diversas ordens. Para que tal não ocorra, basta admitir a supremacia do Direito Internacional diante dos ordenamentos internos (*v. infra*). Se é a ordem internacional que define as competências que o Estado possui, não se pode entender de outra maneira senão que este sobrevive tão somente em função dela. Toda a normatividade interna extrai, pois, o seu fundamento de validade do ordenamento jurídico internacional. Consequentemente, deve conformação e respeito para com este último. E como isto sucede? Adequando-se as normas do Direito interno aos mandamentos do Direito Internacional, do qual retira a razão de sua existência. Essa concepção integra a doutrina monista *internacionalista* que se passa a estudar agora.

b) *Monismo internacionalista.* A segunda corrente em que se divide o monismo é a corrente monista internacionalista. Esta doutrina (que é resultado do antivoluntarismo) fora

---

[27] Cf. J. Silva Cunha. *Direito internacional público*, vol. I, cit., pp. 26-27; e Mirtô Fraga, *O conflito entre tratado internacional e norma de direito interno*..., cit., p. 7. Como destaca esta autora: "Rousseau refuta tais argumentos, afirmando que o primeiro só é válido em relação aos tratados, não se aplicando às demais fontes do Direito Internacional Público (DIP). Quanto ao segundo, ele o declara em contradição com o Direito Internacional Positivo, porque, se as obrigações internacionais do Estado se fundassem na Constituição Estatal, sua validade se subordinaria à da Constituição que lhes deu origem e se tornariam caducas cada vez que se fizesse nova Carta, uma nova ordem constitucional. Ocorre, na prática internacional, a observância dos tratados, ainda quando haja modificações internas, em razão do princípio da continuidade ou da identidade do Estado" (Idem, ibidem).

[28] *V.* J. Silva Cunha. *Direito internacional público*, vol. I, cit., p. 27; e André Gonçalves Pereira & Fausto de Quadros, *Manual de direito internacional público*, cit., pp. 85-86.

[29] Jorge Miranda. *Curso de direito internacional público*, cit., p. 136.

desenvolvida principalmente pela Escola de Viena, cujos maiores representantes foram Kelsen, Verdross e Josef Kunz, tendo se firmado no cenário mundial a partir do século XX, notadamente após a Segunda Guerra Mundial.[30] O monismo com primazia do Direito Internacional sustenta a unicidade da ordem jurídica sob o primado do direito externo, a que se ajustariam todas as ordens internas (posição que teve em Kelsen o seu maior expoente). Segundo essa concepção, o Direito interno *deriva* do Direito Internacional, que representa uma ordem jurídica hierarquicamente superior.[31] No ápice da pirâmide das normas encontra-se, pois, o Direito Internacional (norma fundamental: *pacta sunt servanda*), do qual provém o Direito interno, que lhe é subordinado. Ambos os ordenamentos, o interno e o internacional, sob o comando deste último, marcham *pari passu* rumo ao progresso ascensional da cultura e das relações humanas. Em outras palavras, o Direito Internacional passa a ser hierarquicamente superior a *todo* o Direito interno do Estado, da mesma forma que as normas constitucionais o são sobre as leis ordinárias, e assim por diante. E isto porque o seu fundamento de validade repousa sobre o princípio *pacta sunt servanda*, que é a norma mais elevada (norma máxima) da ordem jurídica mundial e da qual todas as demais normas derivam, representando o dever dos Estados em cumprir as suas obrigações. Ademais, se as normas do Direito Internacional regem a conduta da sociedade internacional, não podem elas ser revogadas unilateralmente por nenhum dos seus atores, sejam eles Estados ou organizações internacionais.

Como se vê, a solução monista internacionalista para o problema da hierarquia entre o Direito Internacional e o Direito interno é relativamente simples: um ato internacional *sempre prevalece* sobre uma disposição normativa interna que lhe contradiz. Ou seja, a ordem jurídica interna deve sempre ceder, em caso de conflito, em favor da ordem internacional, que traça e regula os limites da competência da jurisdição doméstica estatal.[32] Nesse caso, é o Direito Internacional que determina tanto o fundamento de validade, como o domínio territorial, pessoal e temporal de validade das ordens jurídicas internas de cada Estado. É dizer, não há duas ordens jurídicas coordenadas, como na concepção dualista, mas duas ordens jurídicas, uma das quais (o Direito interno) é subordinada à outra (o Direito Internacional) que lhe é superior. Georges Scelle advogou essa tese ao criar a teoria do "desdobramento funcional"

---

[30] Acerca dos aspectos históricos que levaram à afirmação do monismo internacionalista, assim leciona Mariângela Ariosi: "Foi no período pós-II Guerra Mundial que o monismo encontrou sua majoritária aceitação pelos teóricos de todo o mundo. (...) De fato, a tendência à *globalização* das relações internacionais e o próprio élan do DI à égide das Nações Unidas, assim como alguns desdobramentos do cenário internacional, são fatores que contribuíram para o fortalecimento da ordem jurídica internacional. No sentido mais *helegiano*, a Ordem do pós-II Guerra Mundial parece se direcionar a uma democratização das relações internacionais, tendo o DI como organizador dessas relações. (...) Nesta Ordem Internacional, malgrado a macroestrutura bipolar, as relações internacionais passam a ser empreendidas num contexto mais integrado, no qual a responsabilidade internacional aumenta e o tratado internacional passa a se consolidar como um elemento preponderante para a tendência *globalizante* das relações internacionais. Os processos hodiernos das relações internacionais, na passagem do século e do milênio, demonstram que o monismo com primazia do DI é uma das vias para se garantir a unidade e o equilíbrio do sistema internacional, visto que pode evitar contradições e conflitos jurídicos internacionais" (*Conflitos entre tratados internacionais e leis internas: o judiciário brasileiro e a nova ordem internacional*. Rio de Janeiro: Renovar, 2000, pp. 77-78).

[31] V. Hans Kelsen. Les rapports de système entre le droit interne et le droit international public, cit., pp. 299-320.

[32] V. Charles Rousseau. *Droit international public approfondi*, cit., p. 13, para quem a prática internacional já confirmou "a subordinação do direito interno ao direito das gentes".

Parte I · Cap. II · RELAÇÕES ENTRE O DIREITO INTERNACIONAL PÚBLICO E O DIREITO INTERNO ESTATAL | **43**

(*dédoublement fonctionnel*), segundo a qual os órgãos do Estado atuam juridicamente como agentes internacionais em decorrência da competência que lhes é atribuída pelo Direito Internacional. Assim, segundo a tese de Scelle, o Direito Internacional é formado em grande parte em virtude das atividades dos órgãos dos Estados, que atuam dentro de suas respectivas competências, a fim de realizar os propósitos almejados pelo Direito Internacional.[33]

A consequência lógica da existência de normas internas contrárias ao Direito Internacional é a configuração da responsabilidade internacional do Estado. É dizer, o instituto da responsabilidade internacional do Estado (*v.* Parte II, Capítulo II, Seção V) passa a ser a sanção eleita pelo sistema jurídico internacional como forma de manter o predomínio do Direito Internacional sobre o Direito interno. Daí não se admitir que uma norma de Direito interno vá de encontro a um preceito internacional, sob pena de nulidade, pois a norma internacional é a fonte e o fundamento da norma de Direito interno, sendo a norma máxima da qual derivam todas as demais. Esta é a posição originária de Kelsen,[34] que, por esse motivo, não admitia pudesse haver conflito entre as ordens interna e internacional, sob esse estrito ponto de vista. Mas frise-se que esse primado absoluto do Direito Internacional – que independe de qualquer reconhecimento interno e é superior à vontade dos Estados (*civitas maxima*) – foi sendo gradativamente abrandado por alguns outros juristas, dentre os quais figura Alfred von Verdross. Tais internacionalistas, chamados de *monistas moderados*, negam que a norma interna deixe de ter validade caso contrarie um preceito de Direito Internacional, embora afirmem que tal norma constitui uma infração que o Estado lesado pode impugnar, exigindo ou a sua derrogação ou a sua inaplicabilidade, responsabilizando o Estado infrator a indenizar os prejuízos decursivos. Na visão "monista moderada", o juiz nacional deve aplicar tanto o Direito Internacional como o Direito interno do seu Estado, porém, o fazendo de acordo com aquilo que está expressamente previsto no seu ordenamento doméstico, especialmente na Constituição, aplicando-se, em caso de conflito, a máxima *lex posterior derogat priori* (critério cronológico), conhecida pelo direito norte-americano como regra *later in time*.[35] Em outras

---

[33] *V.* Georges Scelle. Le phénomène juridique du dédoublement fonctionnel, in *Rechtsfragen der internationalen Organisation: Festschrift für H. Wehberg*, Frankfurt am Main: Vittorio Klostermann, 1956, pp. 324-342. Para críticas, *v.* Antonio Remiro Brotons (*et al.*), *Derecho internacional*, cit., p. 49, para quem a tese de Scelle "é tão atraente como perigosa. Ao defender seus interesses legítimos os Estados defendem também os societários; isso é atraente. Porém, também é perigoso. Quando em 1983 o presidente dos Estados Unidos decidiu por desembarcar seus célebres *marines* na ilha de Grenada ou, em 1989, pelo bombardeio e ocupação da cidade do Panamá, melhor era alegar o interesse da humanidade no respeito aos direitos fundamentais violados pelos governantes locais que reconhecer a intolerância estadunidense a quaisquer governos hostis na área centro-americana. (...) O melhor a fazer para proteger os interesses gerais da sociedade internacional e, com eles, os dos membros mais fracos, é favorecer sua institucionalização com um sentido pluralista, participativo e não discriminatório. A não ser assim, os interesses gerais acabam sendo vagos, ao alcance de qualquer um com o poder necessário para satisfazer seus propósitos, legítimos ou não, escamoteados por trás de aparências respeitáveis".

[34] Cf. sua obra *Das problem der souveränität und die theorie des völkerrechtes*, de 1920.

[35] Registre-se, porém, que Verdross acaba influenciando Kelsen a admitir a possibilidade de conflito entre as duas ordens jurídicas. Kelsen, entretanto, chega à conclusão de que, mesmo havendo conflito entre as ordens interna e internacional, o sistema, em seu todo, continua *uno*, pois "assim como um conflito entre a lei e a Constituição não pode quebrar a unidade do Direito estadual, um conflito entre o Direito Internacional e o Direito interno não quebra a unidade do sistema jurídico". *V.* Mariângela Ariosi. *Conflitos entre tratados internacionais e leis internas...*, cit., p. 83.

palavras, o monismo moderado não prega nem a prevalência do Direito Internacional sobre o Direito interno, nem a do Direito interno sobre o Direito Internacional, mas a concorrência entre ambas as ordens jurídicas, determinando-se a prevalência de uma em relação à outra pelo critério cronológico de solução de conflitos de leis.

Já em 1930, contudo, a superioridade do Direito Internacional perante o Direito interno dos Estados foi expressamente declarada pela CPJI, nestes termos: "É princípio geral reconhecido, do Direito Internacional, que, nas relações entre potências contratantes de um tratado, as disposições de uma lei não podem prevalecer sobre as do tratado". E a mesma Corte, em 1932, estatuiu que: "Um Estado não pode invocar contra outro Estado sua própria Constituição para se esquivar a obrigações que lhe incumbem em virtude do Direito Internacional ou de tratados vigentes". A Organização das Nações Unidas, da mesma forma, deixou firmado, em documento de 5 de novembro de 1948, por meio de seu Secretário-Geral, que "os tratados validamente concluídos pelo Estado e regras geralmente reconhecidas de Direito Internacional formam parte da lei interna do Estado" e "não podem ser unilateralmente revogados puramente por ação nacional".

Historicamente, aliás, a regra pela qual os tratados pactuados pelos Estados passam a fazer parte de seu ordenamento interno deriva do axioma firmado por Blackstone no século XVIII, segundo o qual *the Law of Nations is held to be a part of the law of the land* (ou *International Law is part of the law of the land*),[36] que já de há muito dava prevalência ao primado do Direito Internacional, reforçando a corrente monista internacionalista. Verdross, ao comentar esta regra, lecionou no sentido de que o seu significado é afeto à aplicação interna do Direito Internacional, querendo dizer que uma regra de Direito Internacional comum não vale somente *entre* Estados, mas também *dentro* dos Estados, devendo, por isso, ser aplicada pelos Tribunais e autoridades do mesmo, como qualquer outra norma do direito positivo nacional, sem a necessidade de que seja, antes, recolhida por uma lei interna.[37]

O monismo internacionalista, a nosso ver, configura a posição mais acertada e consentânea com os novos ditames do Direito Internacional contemporâneo.[38] Além de permitir o solucionamento de controvérsias internacionais, dando operacionalidade e coerência ao sistema jurídico, fomenta o desenvolvimento do Direito Internacional e a evolução da sociedade das nações rumo à concretização de uma comunidade internacional universal, ou seja, a *civitas maxima*. É a única doutrina, hoje, que se compadece com o aumento das relações jurídicas, coincidente com a situação internacional moderna. Sem embargo da lição de Rousseau, para quem o estudo das relações entre as concepções monista e dualista não passa de uma *discussion d'école*,[39] estamos convictos de que a primazia do Direito Internacional sobre o

---

[36]   Registra-se como a primeira declaração judicial desse axioma a decisão do *Lord Chancellor Talbot* no *Caso Barbuit*, em 1735, onde se lê que "o Direito Internacional constitui, no seu sentido mais amplo, parte do direito da Inglaterra". V. J. L. Brierly, *Direito internacional*, cit., p. 86. Mas, como destaca Brierly: "Não há nada na decisão que sugira estar o *Lord Chancellor* a introduzir um princípio novo; pelo contrário, parece reafirmar apenas aquilo que o direito já consagrava" (Idem, ibidem).

[37]   Alfred von Verdross. *Derecho internacional público*. Trad. Antonio Truyol y Serra. Madrid: Aguilar, 1956, p. 73.

[38]   V. André Gonçalves Pereira & Fausto de Quadros. *Manual de direito internacional público*, cit., pp. 92-93.

[39]   Cf. Charles Rousseau. *Droit international public approfondi*, cit., pp. 3-16.

Direito interno afigura-se como uma solução necessária ao progresso e ao desenvolvimento do direito das gentes, o que está a nos provar a nova tendência constitucional contemporânea, bem como a prática internacional.

Como já se falou, não existe Estado isolado ou flutuando no espaço. Os Estados encontram-se compreendidos dentro de uma *sociedade*, que é internacional por natureza. E, se para existir o Estado deve existir uma Constituição, estruturando sua forma e organização e protegendo os direitos fundamentais, é mais do que lógico que esta Constituição também dependa daquela sociedade maior em que está inserido o Estado da qual faz parte e que regula, ou seja, a *sociedade internacional*. À luz do rigor científico, no mundo jurídico só o Direito Internacional tem primazia. Se *primar* significa *prevalecer*, parece impossível conceder ao ordenamento interno este atributo, a menos que ali existam regras capazes de ab-rogar normas internacionais, o que não passa de fantasiosa projeção tecnicamente impossível de se realizar. Portanto, a soberania do poder constituinte originário (que cria nova Constituição e, consequentemente, um novo Estado) só pode ser *relativa*, o que significa que, não obstante tal poder não se encontrar subordinado a qualquer outro "internamente", está subordinado aos princípios e regras do Direito Internacional Público, dos quais decorre a própria noção de soberania estatal.[40] Se o Direito é uma superestrutura que depende de uma infraestrutura, ao passo que esta é alterada aquela também será modificada, sendo certo que, para evitar desequilíbrios dessa ordem, a tendência é no sentido de admitir cada vez mais o primado do Direito Internacional perante os ordenamentos internos. Se é a ordem internacional que define as competências que o Estado possui, não se pode entender de outra maneira senão que este sobrevive tão somente em função dela. A Constituição e todo o arcabouço jurídico estatal extraem o seu próprio significado do ordenamento internacional; ambos devem conformação para com este último, o que se faz adequando suas normas às do Direito Internacional, que se sobrepõem a elas.[41]

A Convenção de Viena sobre o Direito dos Tratados (1969) consagrou expressamente a posição monista internacionalista no seu art. 27 (*Direito interno e observância de tratados*), segundo o qual um Estado "não pode invocar as disposições de seu direito interno para justificar o inadimplemento de um tratado" (*v.* Capítulo V, Seção I, item n° 14, *a*, *infra*). Tal significa que quando "uma obrigação internacional é violada, a defesa não pode consistir na alegação de que o Estado agiu dessa maneira por estar seguindo os ditames de suas próprias leis internas".[42] Isso quer dizer, em outras palavras, que as normas internas que compõem o ordenamento jurídico estatal (incluindo-se aí a Constituição do Estado) são um *simples fato* para o Direito Internacional Público.[43] Portanto, se havia dúvidas quanto à posição do

---

[40] Sobre os limites ao Poder Constituinte Originário, *v.* especialmente Néstor Pedro Sagüés, *Teoría de la Constitución*, Buenos Aires: Astrea, 2004, pp. 280-284; Luís Roberto Barroso, *Curso de direito constitucional contemporâneo: os conceitos fundamentais e a construção do novo modelo*, 2ª ed., São Paulo: Saraiva, 2010, pp. 110-117; e Ingo Wolfgang Sarlet, *Curso de direito constitucional*, São Paulo: RT, 2012, pp. 102-104.

[41] *V.*, por tudo, Celso D. de Albuquerque Mello, O § 2° do art. 5° da Constituição Federal, in *Teoria dos Direitos Fundamentais*, 2ª ed. rev. e atual., Ricardo Lobo Torres (org.), Rio de Janeiro: Renovar, 2001, pp. 20-24.

[42] Malcolm N. Shaw. *Direito internacional*, cit., p. 104.

[43] *V.* Acórdão n° 7, de 25.05.1926, da CPJI, relativo ao caso *Certos Interesses Alemães na Alta-Silésia Polonesa*, p. 19. Para detalhes, *v.* James Crawford, *Brownlie's principles of public international law*, cit., pp. 52-54.

Brasil em meio à divergência de doutrinas que estão a reger o tema das relações do Direito Internacional com o Direito interno, o certo é que após a ratificação pelo governo brasileiro da Convenção de Viena de 1969 (em 25.09.2009, promulgada pelo Decreto nº 7.030, de 14.12.2009), tais dúvidas devem obrigatoriamente cessar.[44]

Ademais, a Constituição brasileira de 1988, como instrumento organizador do Estado, ao conferir-lhe o poder que lhe delega o povo, diretamente ou por meio de representantes, não fez nenhuma distinção entre a jurisdição interna e a internacional, limitando-se a dizer que compete privativamente ao Presidente da República celebrar tratados *ad referendum* do Congresso Nacional (art. 84, inc. VIII), e a este último a tarefa de resolver definitivamente sobre tratados, acordos ou atos internacionais que acarretem encargos ou compromissos gravosos ao patrimônio nacional (art. 49, inc. I). Disso tudo resulta o primado do Direito Internacional sobre o Direito interno, que procede ainda mais quando certas matérias da legislação interna violam tratados ou normas imperativas de Direito Internacional geral, a exemplo das normas de *jus cogens*. Portanto, como enfaticamente leciona Pedro Baptista Martins, nessa luta "em que se acham empenhadas várias concepções filosóficas, se não vencerem os que se batem pelo reconhecimento da primazia do direito das gentes, as nações terão de voltar ao estado originário de isolamento e de barbárie, a que as arrastará fatalmente a doutrina anarquista dos defensores da supremacia da ordem jurídica nacional".[45]

c) Monismo internacionalista dialógico. Não há dúvida de que a solução monista internacionalista "clássica" que se acabou de estudar tem bem servido (até o presente momento) ao Direito Internacional Público e conta com o apoio da melhor doutrina (tanto no Brasil, como no exterior). Ela, porém, encara todas as normas internacionais sob a mesma ótica e não as diferencia pelo seu conteúdo, é dizer, pelo seu núcleo material ou substancial.[46] Ou seja, a primazia da norma internacional sobre a norma interna, para o monismo internacionalista clássico, é de caráter intransigente (não admitindo qualquer concessão por parte da norma internacional) e, até mesmo, prepotente. Para temas não afetos à proteção de direitos o monismo internacionalista ainda se impõe, pois – já se disse – permite o solucionamento de controvérsias internacionais e operacionaliza o sistema jurídico, uniformizando as soluções internacionais sobretudo em razão do aumento exponencial das relações jurídicas.

Ocorre que, quando em jogo o tema "direitos humanos", uma solução mais democrática (e, portanto, *transigente*) pode ser adotada, posição essa que não deixa de ser *monista*, tampouco *internacionalista*, mas refinada com *dialogismo* (que é a possibilidade de um "diálogo" entre as fontes de proteção internacional e interna, a fim de escolher qual a "melhor norma" a ser aplicada no caso concreto).[47] Essa "melhor norma" há de ser encontrada à luz da

---

[44] Sobre as dificuldades, porém, do controle interno da aplicação do Direito Internacional, especialmente por parte dos tribunais superiores pátrios, *v.* Valerio de Oliveira Mazzuoli & Jahyr-Philippe Bichara, *O judiciário brasileiro e o direito internacional: análise crítica da jurisprudência nacional*, Belo Horizonte: Arraes, 2017, pp. 60-91.

[45] Pedro Baptista Martins. *Da unidade do direito e da supremacia do direito internacional*, cit., p. 2.

[46] Para essa diferenciação, *v.* Luigi Ferrajoli, *Por uma teoria dos direitos e dos bens fundamentais*, trad. Alexandre Salim (*et al.*), Porto Alegre: Livraria do Advogado, 2011, pp. 108-113.

[47] *V.*, por tudo, Valerio de Oliveira Mazzuoli, *Tratados internacionais de direitos humanos e direito interno*, São Paulo: Saraiva, 2010, pp. 129-177. Para o conceito de dialogismo jurídico, cf. Idem, pp. 131-132.

dimensão *material* ou *substancial* das fontes de proteção em jogo, prevalecendo a que maior *peso protetivo* tiver em determinado caso concreto.

Assim, no que tange ao tema dos "direitos humanos", é possível falar na existência de um *monismo internacionalista dialógico*. Ou seja, se é certo que à luz da ordem jurídica internacional os tratados internacionais *sempre prevalecem* à ordem jurídica interna (concepção monista internacionalista *clássica*), não é menos certo que em se tratando dos instrumentos que versam direitos humanos pode haver *coexistência* e *diálogo* entre eles e as normas de Direito interno. Em outros termos, no que tange às relações entre os tratados internacionais de direitos humanos e as normas domésticas de determinado Estado, é correto falar num "diálogo das fontes" a título de método de resolução de antinomias, sobretudo na pós-modernidade.[48] Os próprios tratados de direitos humanos (bem assim a prática dos organismos regionais de direitos humanos, *v.g.*, da Comissão e da Corte Interamericana de Direitos Humanos) têm contemplado esse "diálogo" internormativo textualmente, quando exigem seja aplicada a norma "mais favorável" ao ser humano. Na Convenção Americana sobre Direitos Humanos de 1969, *v.g.*, essa "cláusula de diálogo" se encontra no art. 29, alínea *b*, segundo a qual nenhuma das disposições da Convenção pode ser interpretada no sentido de "limitar o gozo e exercício de qualquer direito ou liberdade que possam ser reconhecidos em virtude de leis de qualquer dos Estados-partes ou em virtude de Convenções em que seja parte um dos referidos Estados".

Ao passo que no monismo internacionalista clássico não há preocupação com a dimensão substancial (e humana) das normas em conflito, fazendo prevalecer sempre a norma internacional sobre a interna, independentemente do seu teor ou de sua substância, no monismo internacionalista dialógico o centro das atenções está voltado ao *ser humano* sujeito de direitos, é dizer, à vítima da violação de direitos humanos, razão pela qual a norma mais favorável há de ser aplicada ao caso concreto, seja ela prevista no tratado ou na norma interna. É indiferente, nesse sistema, que se aplique um tratado ou a norma de direito interno (distintamente do sistema clássico, em que o tratado deverá ser aplicado imperativamente). Necessário, nessa lógica, será perquirir qual a norma mais benéfica ao ser humano quando do exercício do controle de convencionalidade das leis, cedendo o tratado à norma interna caso seja esta a *mais favorável* à proteção dos direitos da pessoa.

Perceba-se que, no monismo internacionalista dialógico, a prevalência da norma internacional sobre a interna continua a existir mesmo quando os instrumentos internacionais de direitos humanos autorizam a aplicação da norma interna mais benéfica, visto que, nesse caso, a aplicação da norma interna no caso concreto é concessão da própria norma internacional que lhe é superior, o que estaria a demonstrar, sim, a existência de uma hierarquia normativa, típica do monismo internacionalista, contudo muito mais fluida (transigente) e totalmente diferenciada da existente no Direito Internacional tradicional (*v.g.*, como está a prever o art. 27 da Convenção de Viena de 1969).[49] Em outras palavras, a aplicação de uma lei doméstica (quando mais benéfica) em detrimento de um tratado de direitos humanos

---

[48] V. Erik Jayme. Identité culturelle et intégration: le droit international privé postmoderne, in *Recueil des Cours*, vol. 251 (1995), p. 259.

[49] Cf. Valerio de Oliveira Mazzuoli. *Tratados internacionais de direitos humanos e direito interno*, cit., pp. 166-167.

não deixa de respeitar ao princípio da hierarquia, pois proveio justamente de uma norma de interpretação do tratado (que consagra o "princípio da primazia da norma mais favorável ao ser humano", ou "princípio internacional *pro homine*") que lhe é hierarquicamente superior.[50] Aqui se trata de uma hierarquia de valores, ou seja, *substancial* ou *material*, em contraposição à ultrapassada hierarquia meramente *formal*, de cunho intransigente.[51] Em suma, o monismo internacionalista ainda continua a prevalecer nessa hipótese, mas com dialogismo. Daí a nossa proposta de um monismo internacionalista *dialógico*, quando o conflito entre as normas internacionais e internas diz respeito ao tema dos "direitos humanos".

Frise-se que essa "autorização" presente nas normas internacionais de direitos humanos para que se aplique a norma *mais favorável* (que pode ser a norma interna ou a própria norma internacional, em homenagem ao "princípio internacional *pro homine*") encontra-se em certos dispositivos desses tratados que nominamos de *vasos comunicantes* (ou "cláusulas de diálogo", "cláusulas dialógicas" ou, ainda, "cláusulas de retroalimentação"),[52] responsáveis por interligar a ordem jurídica internacional com a ordem interna, retirando a possibilidade de antinomias entre um ordenamento e outro em quaisquer casos, e fazendo com que tais ordenamentos (o internacional e o interno) "dialoguem" e intentem resolver qual norma deve prevalecer no caso concreto (ou, até mesmo, se *as duas* prevalecerão concomitantemente no caso concreto) quando presente uma situação de conflito normativo. Essa "via de mão dupla" que interliga o sistema internacional de proteção dos direitos humanos com a ordem interna (e que juridicamente se consubstancia em ditos *vasos comunicantes*) faz nascer o que também se pode chamar de *transdialogismo*. Essa, nos parece, é a tendência do direito pós-moderno no que tange às relações do Direito Internacional (dos Direitos Humanos) com o Direito interno.

A razão de ser da aplicação da norma mais favorável ao ser humano no conflito entre normas internacionais e internas é a particularidade dos sistemas internacionais de proteção dos direitos humanos, cuja ótica está voltada à proteção *das pessoas* (seres humanos) e não às prerrogativas dos Estados, diferentemente do Direito Internacional tradicional. A tônica dos tratados internacionais de proteção dos direitos humanos é impor *obediência* aos Estados relativamente às garantias de proteção de direitos neles consagrados, alçando os seres humanos à posição central e prioritária em seu escopo protetivo. É por essa razão que o controle de convencionalidade não se equipara à *mera aplicação* de tratados, pois, enquanto esta ainda se baseia no monismo internacionalista tradicional, com primazia (intransigente) da norma internacional sobre a interna, tal como previsto no art. 27 da Convenção de Viena sobre o Direito dos Tratados, aquele, por sua vez, visa alcançar um resultado sempre *pro homine* ou *pro persona*. Ademais, no controle de convencionalidade – exatamente para se chegar à norma mais favorável ao ser humano – exige-se um exercício intelectivo e cognitivo mais refinado que a compreensão da mera prevalência da norma internacional sobre a interna,

---

[50] Nem é preciso utilizar, aqui, o argumento de que todos os tratados de direitos humanos incorporados ao direito brasileiro têm índole e nível de normas constitucionais, como se verá em detalhes na Parte IV, Capítulo I, Seção I, item nº 8, *infra*.

[51] *V.* Valerio de Oliveira Mazzuoli. *Tratados internacionais de direitos humanos e direito interno*, cit., pp. 109-110.

[52] Para um estudo completo dessas cláusulas, *v.* Valerio de Oliveira Mazzuoli, Idem, pp. 116-128. A título exemplificativo, cite-se ainda a cláusula do art. 19, § 8º, da Constituição da OIT, que é uma norma inclusive *mais ampla* que o já citado art. 29, alínea *b*, da Convenção Americana sobre Direitos Humanos, como se verá na Parte V, Capítulo II, Seção I, item nº 8, *infra*.

Parte I • Cap. II • RELAÇÕES ENTRE O DIREITO INTERNACIONAL PÚBLICO E O DIREITO INTERNO ESTATAL | **49**

consubstanciando-se, justamente, no encontro de *qual norma* (a internacional ou a interna) será mais favorável e mais benéfica ao ser humano. Somente o monismo internacionalista dialógico resolve, como se nota, o problema da aplicação da norma mais favorável no caso concreto, pois admite a aplicação de norma interna (mais benéfica) em detrimento da norma internacional em vigor, não obstante a autorização para que a norma interna se aplique provenha da própria norma internacional de proteção (transigente e não prepotente). Essa lógica do sistema internacional de proteção dos direitos humanos, que é monista e também internacionalista, se sustenta no pilar coerente do dialogismo, não presente na lógica clássica de prevalência (sem diálogo e transigência) do Direito Internacional sobre o Direito interno.

Enfim, como observação derradeira a este item nº 4, deve-se dizer que a questão envolvendo as doutrinas dualista e monista (esta última, com suas divisões em *nacionalista*, *internacionalista* e *internacionalista dialógica*) é relevante, na prática, a fim de saber se um Estado pode ou não invocar o seu ordenamento jurídico interno para se esquivar do cumprimento daquilo que fora acordado internacionalmente. A resposta – negativa – foi dada pela Convenção de Viena sobre o Direito dos Tratados (art. 27), bem como por reiterados pronunciamentos da CIJ.[53] E no que tange ao tema dos "direitos humanos", o dialogismo jurídico recomenda sempre a aplicação da norma *mais benéfica* ou *mais favorável* (seja a interna ou a internacional, indistintamente) ao ser humano sujeito de direitos.

5. Doutrinas conciliatórias. Registre-se, por fim, apenas a título informativo, que atualmente soma-se à contraposição dualismo-monismo uma terceira corrente (basicamente monista) integrada pelas denominadas *correntes coordenadoras* ou *conciliatórias*, que sustenta a coordenação de ambos os sistemas a partir de normas a eles superiores, a exemplo das regras do Direito Natural. Esta posição conciliatória não encontrou guarida nem nas normas e tampouco na jurisprudência internacionais.[54]

Enfim, a controvérsia acerca das duas grandes correntes da aplicação das normas internacionais (dualismo *versus* monismo) ainda persiste na doutrina. Este, entretanto, é um problema de Direito interno de que o Direito Internacional não se ocupa. Para o direito das gentes, basta o reconhecimento da obrigatoriedade de suas normas em caso de conflito. A decisão de como e mediante quais procedimentos o Direito Internacional Público é recepcionado no âmbito do Direito interno dos Estados é matéria que fica a cargo do ordenamento jurídico estatal. O Direito Internacional Público positivo sempre consagrou a primazia das suas normas em relação a todas as demais do ordenamento interno. Basta-lhe, pois, o reconhecimento de vigência e eficácia imediatas de seus princípios e regras no âmbito dos direitos domésticos.

6. As relações entre o Direito Internacional e o Direito interno no direito constitucional comparado. Modernamente, vários são os Estados em cujas Constituições existem regras expressas e bem delineadas sobre as relações entre o Direito Internacional Público e o

---

[53] Cf., por exemplo, *ICJ Reports* (1988), p. 34.

[54] Sobre tais teorias conciliatórias, *v.* Celso D. de Albuquerque Mello, *Curso de direito internacional público*, vol. I, cit., pp. 125-127. Sobre a redução da contraposição entre monistas e dualistas, *v.* Giuseppe Sperduti, Le principe de souveraineté et le problème des rapports entre le droit international et le droit interne, in *Recueil des Cours*, vol. 153 (1976-V), pp. 319-411.

Direito interno. Alguns deles, em suas Constituições, trazem cláusulas de *adoção global* das regras do Direito Internacional pelo Direito interno, sem, contudo, dar primazia de uma pela outra. Outros, aceitando também a cláusula de adoção global, trazem regras expressas no sentido de dar *primazia* às normas emanadas do Direito Internacional. E ainda há Estados cujas Constituições nada dispõem sobre as relações entre o Direito Internacional e o Direito interno. Essas três hipóteses serão analisadas neste tópico. Esclareça-se que a enumeração normativa que se fará abaixo é meramente *exemplificativa*, sem pretensão de tecer um estudo aprofundado de Direito Comparado no que atine à matéria.[55]

Vejamos, então, cada uma das três hipóteses referidas:

a) Cláusulas de adoção das regras do Direito Internacional pelo Direito interno sem disposição de primazia. Como exemplo de Lei Fundamental que adota a cláusula de *adoção global* das regras do Direito Internacional pelo Direito interno, sem, contudo, dar primazia de uma pela outra, estava a Constituição austríaca, de 1º de outubro de 1920, que, em seu art. 9º, determinava: "As regras geralmente reconhecidas do direito internacional são consideradas parte integrante da lei federal". Como se vê, ao estatuir a Carta austríaca que as regras do Direito Internacional geralmente reconhecidas consideram-se parte integrante da lei federal, além de colocar tais regras no mesmo patamar que as leis, portanto, em nível infraconstitucional, não atribuía primazia de uma pela outra. De sorte que, em caso de conflito, seria de aplicar-se a regra *lex posterior derogat priori*. No mesmo sentido, a Carta da Estônia dispõe: "As regras gerais do direito internacional, universalmente reconhecidas, são aplicadas na Estônia como formando parte integrante do direito estoniano" (§ 4º). Ainda aqui, em caso de conflito entre as regras gerais do Direito Internacional, universalmente reconhecidas, e o Direito interno estoniano, é de ser aplicada a regra de que a "lei posterior revoga a anterior que com ela conflita".

A Constituição Espanhola de 1978, por seu turno, em seu art. 96, nº 1, dita a regra de que "os tratados internacionais, logo que publicados oficialmente na Espanha farão parte da ordem interna espanhola". A solução é a mesma das anteriores, não obstante referir-se apenas aos *tratados*. Vale frisar que a Constituição Espanhola, no que se refere aos tratados internacionais de direitos humanos, excepciona esse princípio ao estatuir, no seu art. 10, nº 2, que: "As normas relativas aos direitos fundamentais e às liberdades que a Constituição reconhece se interpretarão de conformidade com a Declaração Universal dos Direitos Humanos e os tratados e acordos internacionais sobre as mesmas matérias ratificados pela Espanha".

Da mesma forma, a Constituição Política do Peru, de 1993, estabelece no seu art. 55 que: "Os tratados celebrados pelo Estado e em vigor formam parte do direito nacional". No que se refere aos tratados de proteção dos direitos humanos, a Carta peruana dispõe, na seção quarta das suas "Disposições Finais e Transitórias", que: "As normas relativas aos direitos e às liberdades que a Constituição reconhece se interpretam de conformidade com a Declaração Universal dos Direitos Humanos e com os tratados e acordos internacionais sobre as mesmas matérias ratificados pelo Peru".

---

[55] *V.*, por tudo, Antonio Cassese, Modern Constitutions and international law, in *Recueil des Cours*, vol. 192 (1985-III), especialmente pp. 394-412; e Mirtô Fraga, *O conflito entre tratado internacional e norma de direito interno...*, cit., pp. 15-29.

Parte I • Cap. II • RELAÇÕES ENTRE O DIREITO INTERNACIONAL PÚBLICO E O DIREITO INTERNO ESTATAL | **51**

A Constituição portuguesa de 1976, no seu art. 8º, também aceita as regras do Direito Internacional geral (costumeiro etc.) e convencional, sem, contudo, disciplinar o grau hierárquico que detêm tais normas no Direito interno português. Assim dispõe o referido dispositivo:

> "Art. 8º (Direito Internacional)
>
> 1. As normas e os princípios de Direito Internacional geral ou comum fazem parte integrante do Direito português.
>
> 2. As normas constantes de convenções internacionais regularmente ratificadas ou aprovadas vigoram na ordem interna após a sua publicação oficial e enquanto vincularem internacionalmente o Estado português.
>
> 3. As normas emanadas dos órgãos competentes das organizações internacionais de que Portugal seja parte vigoram diretamente na ordem interna, desde que tal se encontre estabelecido nos respectivos tratados constitutivos.
>
> 4. As disposições dos tratados que regem a União Europeia e as normas emanadas das suas instituições, no exercício das respectivas competências, são aplicáveis na ordem interna, nos termos definidos pelo direito da União, com respeito pelos princípios fundamentais do Estado de direito democrático".

A dúvida que surge da leitura deste dispositivo consiste em saber o que abrange a expressão "normas e princípios de Direito Internacional geral ou comum", referida pelo nº 1, do art. 8º. Para André Gonçalves Pereira e Fausto de Quadros, cabe na expressão "tudo o que se engloba no conceito hodierno de 'Direito Constitucional Internacional', como acervo de normas e princípios básicos do Direito Internacional, de aceitação generalizada pela Comunidade Internacional", a exemplo do "costume internacional do âmbito geral; os princípios gerais de Direito; os princípios gerais do Direito Internacional; a Declaração Universal dos Direitos do Homem; e os tratados internacionais universais ou parauniversais, aceites pela Comunidade Internacional como Direito Internacional geral, como é o caso da Carta das Nações Unidas e dos já citados Pactos Internacionais sobre Direitos do Homem, aprovados pelas Nações Unidas, em 1966".[56] Para a doutrina dominante em Portugal, todas essas normas e princípios fazem parte do *jus cogens* internacional, que são normas imperativas de Direito Internacional geral, que não podem ser derrogadas por tratados internacionais, por deterem uma força obrigatória *anterior* a todo o direito positivo.[57] Quanto à falta de previsão hierárquica, aponta a doutrina portuguesa (com alguma divergência, é certo) para a solução que coloca tais normas (de Direito Internacional geral ou convencional) *abaixo* da Constituição, mas *acima* da legislação ordinária.[58] A Constituição portuguesa de 1976, entretanto, tem regra

---

[56] André Gonçalves Pereira & Fausto de Quadros. *Manual de direito internacional público*, cit., p. 109.

[57] Cf. André Gonçalves Pereira & Fausto de Quadros. Idem, pp. 109-110.

[58] Cf. José Carlos Vieira de Andrade. *Os direitos fundamentais na Constituição portuguesa de 1976*, cit., pp. 35-36; e Jorge Miranda, *Curso de direito internacional público*, cit., p. 171, que assim leciona: "Sempre temos defendido e continuamos a defender que todas as normas internacionais vinculativas de Portugal prevalecem sobre as normas legais, sejam anteriores ou posteriores". Outros autores, como André Gonçalves Pereira e Fausto de Quadros, vão além e entendem que tais normas (tanto de Direito Internacional geral, como de Direito Internacional convencional) têm hierarquia *supraconstitucional*. Quanto às primeiras (normas de Direito Internacional *geral*), o argumento utilizado é serem tais normas *jus cogens* internacional. Os autores dizem não entender "como é que uma norma internacional

expressa a consagrar o primado do Direito Internacional sobre o Direito interno, mas *somente no que tange aos tratados de direitos humanos*: "Os direitos fundamentais consagrados na Constituição *não excluem* quaisquer outros constantes (...) das leis e *das regras aplicáveis de direito internacional*" (art. 16, nº 1). Segundo José Carlos Vieira de Andrade, o conjunto de tais disposições (art. 8º, especialmente os itens 1, 2 e 3; e art. 16, nº 1) estabelece "um sistema de *recepção plena* do direito internacional geral e convencional, de modo que as normas internacionais vigoram automaticamente na ordem interna [portuguesa] sem perderem o seu caráter internacional, isto é, sem se *transformarem* em normas de direitonacional".[59]

b) Cláusulas de adoção das regras do Direito Internacional pelo Direito interno com a primazia do primeiro. É crescente o número de Estados que, na atualidade, têm atribuído em suas Constituições, ao Direito Internacional em geral, hierarquia normativa superior à das leis internas. Nesse caso, tais normas seriam, na ordem interna estatal, infraconstitucionais, mas *supralegais*.[60] Como exemplo de Constituição que aceita a cláusula de adoção global do Direito Internacional pelo Direito interno, trazendo regra que atribui primazia supralegal às normas emanadas do Direito Internacional, encontra-se a Carta da República Federal da Alemanha (*Grundgesetz*), que, em seu art. 25, expressamente dispõe: "As normas gerais do Direito Internacional Público constituem parte integrante do direito federal. Sobrepõem-se às leis e constituem fonte direta para os habitantes do território federal". Também acerca da supralegalidade do Direito Internacional diante do Direito interno, o art. 55 da Constituição francesa, submetida pelo governo do General Charles de Gaulle ao plebiscito popular de 1958, no mesmo sentido da Lei Fundamental alemã, estabelece: "Les traités ou accords régulièrement ratifiés ou approuvés ont, dès leur publication, une autorité supérieure à celle des lois, sous réserve, pour chaque accord ou traité, de son application par l'autre partie" ("Os tratados ou acordos regularmente ratificados ou aprovados têm, desde a sua publicação, uma autoridade superior à das leis, sob reserva, para cada acordo ou tratado, de sua aplicação pela outra parte"). Embora, porém, a redação do artigo tenha deixado claro que os tratados internacionais celebrados pela França prevalecem, em caso de conflito de normas, sobre sua legislação interna infraconstitucional, anterior ou posterior, ainda hoje o Conselho Constitucional francês reluta em reconhecer a plena supremacia dos tratados sobre a legislação interna, bem como o poder dos tribunais nacionais em recusar aplicação à legislação posterior conflitante.[61]

---

poder ser imperativa para um Estado se não prevalecer sobre *todas* as suas fontes de Direito interno, inclusive sobre a sua Constituição" (p. 118) [o grifo é original]. Quanto às segundas (normas de Direito Internacional *convencional*), utilizam eles o argumento de que o art. 27 da Convenção de Viena sobre o Direito dos Tratados de 1969 (que estudaremos no Capítulo V, Seção I, item nº 14, *a*, *infra*) expressamente prevê essa supraconstitucionalidade (pp. 119-121). Apenas quanto ao Direito Internacional convencional *particular* é que os autores entendem ceder perante a Constituição, mas detendo valor *supralegal* (p. 121). Cf., por tudo, seu *Manual de direito internacional público*, cit., pp. 116-124.

[59] José Carlos Vieira de Andrade. *Os direitos fundamentais na Constituição portuguesa de 1976*, cit., p. 34.

[60] V. Néstor Pedro Sagüés. *Teoría de la Constitución*, cit., pp. 384-387.

[61] Cf. Paul Reuter. *Direito internacional público*. Trad. Maria Helena Capêto Guimarães. Lisboa: Presença, 1981, p. 42; e Thomas Buergenthal, Modern constitutions and human rights treaties, in *Columbia Journal of Transnational Law*, nº 36, 1997, p. 216. Ainda para o caso francês, *v.* Dinh, Daillier & Pellet, *Direito internacional público*, cit., pp. 292-297; Brichambaut, Dobelle & Coulée, *Leçons de droit international public*, cit., pp. 338-352; James Crawford, *Brownlie's principles of public international law*, cit., pp. 94-96; e Dominique Carreau & Jahyr-Philippe Bichara, *Direito internacional*, cit., pp. 78-81.

Parte I • Cap. II • RELAÇÕES ENTRE O DIREITO INTERNACIONAL PÚBLICO E O DIREITO INTERNO ESTATAL | **53**

No mesmo sentido da Carta francesa, encontra-se o art. 15, nº 4, da nova Constituição russa, aprovada por referendo popular em 12 de dezembro de 1993.[62] A Constituição da República de Honduras, de 1982, em uma disposição bastante simples, dispõe no seu art. 18, a esse propósito, que: "Em caso de conflito entre o tratado ou convenção e a Lei prevalecerá o primeiro". A Constituição da Bielorrússia, no seu art. 8º, reconhece os princípios de Direito Internacional universalmente consagrados, mas afasta os tratados concluídos em confronto com o seu texto. Pela leitura do citado dispositivo, conclui-se que os tratados internacionais celebrados pela Bielorrússia têm, igualmente, autoridade superior à de suas leis internas: "A República da Bielorrússia reconhecerá a prioridade dos princípios de direito internacional universalmente adquiridos e assegurará que sua legislação se conformará. A conclusão de acordos internacionais que contrariem a Constituição não será admitida".

A Constituição da Bulgária, de 12 de julho de 1991, deixa bem assentado, no seu art. 5º (4), que os tratados internacionais regularmente ratificados pelo Estado búlgaro têm força superior às leis, e o faz nestes termos:

> "Art. 5 (*Lei Suprema*).
>
> (...)
>
> 4. Quaisquer instrumentos que tenham sido ratificados pelo procedimento estabelecido constitucionalmente, promulgados ou postos em vigor pela República da Bulgária, serão considerados parte da legislação doméstica do país. Em caso contrário, eles substituirão toda a legislação doméstica que estipula de outra maneira".

A Constituição Política da Costa Rica, de 7 de novembro de 1949, passou a dispor, no seu art. 7º, na redação que lhe deu a Reforma Constitucional nº 4.123 de 31 de maio de 1968, que:

> "Art. 7. Os tratados públicos, os acordos internacionais e as concordatas, devidamente aprovados pela Assembleia Legislativa, terão desde a sua promulgação ou desde o dia que eles designem, autoridade superior à das leis.
>
> Os tratados públicos e os acordos internacionais referentes à integridade territorial ou à organização política do país, necessitarão de aprovação da Assembleia Legislativa, por votação não inferior às três quartas partes da totalidade de seus membros, e à de dois terços dos membros de uma Assembleia Constituinte, convocada para esse efeito".

A Magna Carta italiana, em vigor desde 1.º de janeiro de 1948, postula em seu art. 10, parágrafo primeiro, que: "L'ordinamento giuridico italiano *si conforma* alle norme del diritto internazionale *generalmente riconosciute*" ("O ordenamento jurídico italiano se conforma às normas do direito internacional geralmente reconhecidas"). Trata-se da norma de adequação automática do Direito interno italiano ao Direito Internacional (costumeiro ou convencional). O art. 6º, II, da Constituição dos EUA, seguindo a mesma linha de raciocínio, por sua vez, dispõe: "Esta Constituição, as leis dos Estados Unidos ditadas em virtude dela e todos os tratados celebrados ou que se celebrarem sob a autoridade dos Estados Unidos constituirão a lei suprema

---

[62] Cf. Gennady M. Danilenko. The new Russian Constitution and international law, in *American Journal of International Law*, vol. 88 (1994), p. 464.

do País, e os juízes em cada Estado serão sujeitos a ela, ficando sem efeito qualquer disposição em contrário na Constituição e nas leis de qualquer dos Estados".[63] A Constituição Grega de 1975, em seu art. 28, § 1º, a seu turno, enfaticamente, enuncia: "As regras de direito internacional geralmente aceitas, bem como os tratados internacionais após sua ratificação (...), têm valor superior a qualquer disposição contrária das leis". A Constituição política do Peru de 1979, bem clara a esse respeito, celebrava em seu art. 101, que: "Os tratados internacionais, celebrados pelo Peru com outros Estados, formam parte do direito nacional. Em caso de conflito entre o tratado e a lei, prevalece o primeiro". A atual Constituição peruana de 1993, entretanto, como já se viu acima, não mais traz disposição de primazia do Direito Internacional perante seu Direito interno.

A Constituição do Principado de Andorra, no seu art. 3º (itens 3 e 4), formulou preceito idêntico ao da Carta peruana de 1979, nestes termos:

> "Art. 3.
>
> (...)
>
> 3. Andorra incorpora em seu ordenamento os princípios de direito internacional público universalmente reconhecidos.
>
> 4. Os tratados e acordos internacionais se integram no ordenamento jurídico a partir de sua publicação no Boletim Oficial do Principado de Andorra, e não podem ser modificados ou derrogados pelas leis".

Na mesma esteira, está a Constituição Paraguaia de 1992, que determina no art. 137: "A Lei Suprema da República é a Constituição. Esta, os tratados, convênios e acordos internacionais aprovados e ratificados, as leis editadas pelo Congresso e outras disposições jurídicas de hierarquia inferior, sancionadas em consequência, integram o direito positivo nacional, *na ordem de preferência anunciada*". E acrescenta o art. 141, que: "Os tratados internacionais validamente celebrados, aprovados por lei do Congresso, e cujos instrumentos de ratificação foram trocados ou depositados, fazem parte do ordenamento legal interno com a hierarquia que determina o art. 137". Como os tratados, convênios e acordos internacionais, na hierarquia das leis paraguaias, vêm antes – dentro da *ordem de preferência* enunciada pela Constituição – das normas infraconstitucionais aprovadas pelo Congresso, de inferir-se que estão eles em posição de superioridade hierárquica no ordenamento interno daquele País, disso decorrendo que todas as demais normas existentes no ordenamento paraguaio, à exceção das normas constitucionais, devem necessária adequação ao conteúdo dos tratados. Além disso, a superioridade destes em relação às leis nacionais implica, ainda, que, em caso de conflito entre tratados e leis internas, os Tribunais nacionais têm o dever de dirimir o conflito dando primazia às normas convencionais. Esclareça-se que, tratando-se de direitos humanos, a Constituição paraguaia de 1992, assim como a brasileira de 1988, equiparou os tratados respectivos à sua própria hierarquia, dando-lhes *status* de norma constitucional, tendo em vista que esses tratados "não poderão ser denunciados senão pelos procedimentos que vigem para a emenda à Constituição" (art. 142).

---

[63] Para detalhes, *v.* Covey T. Oliver, The enforcement of treaties by a Federal State, in *Recueil des Cours*, vol. 141 (1974-I), pp. 376-389; Sean D. Murphy, *Principles of international law*, cit., pp. 221-234; e Barry E. Carter, Phillip R. Trimble & Allen S. Weiner, *International law*, 5th ed., New York: Wolters Kluwer, 2007, pp. 159-189.

A Constituição da República do Equador, de 5 de junho de 1998, dispõe no seu art. 163 que: "As normas contidas nos tratados e convênios internacionais, uma vez promulgadas no Registro Oficial, serão parte do ordenamento jurídico da República e prevalecerão sobre as leis e demais normas de hierarquia inferior". Na mesma linha, a Constituição da República de El Salvador, de 1982, dispõe: "A lei não poderá modificar ou derrogar o acordado em um tratado vigente para El Salvador. No caso de conflito entre tratado e a lei, prevalecerá o tratado" (art. 144, nº 2).

Por fim, a Constituição da Guatemala, de 1985, estabelece, no seu art. 46, a prevalência *específica* do Direito Internacional dos Direitos Humanos sobre o seu Direito interno: "Fica estabelecido o princípio geral de que em matéria de direitos humanos, os tratados e convenções aceitos e ratificados pela Guatemala têm prevalência sobre o direito interno".

Como se viu, várias são as Cartas que trazem disposição de superioridade dos tratados sobre a lei interna. Entretanto, leis fundamentais existem que vão ainda mais além. É o caso da Constituição holandesa de 1953, que, após a revisão de 1956, passou a trazer disposição no sentido de que, sendo necessário para o desenvolvimento do Direito Internacional, é permissível a conclusão de um tratado contrário a ela, que, entretanto, deverá ser aprovado pela maioria de 2/3 dos Estados-Gerais (art. 63). É dizer, a Carta Constitucional da Holanda permitia, em certas circunstâncias, que tratados internacionais *derrogassem* o seu próprio texto, estabelecendo ainda que "os tribunais não podem examinar a constitucionalidade dos tratados" (art. 60, seção 3). Em outro dispositivo, a Constituição holandesa de 1983 assevera: "As disposições legais em vigor no Reino deixarão de se aplicar quando colidirem com disposições de tratados obrigatórias para todas as pessoas ou com decisões de organizações internacionais" (art. 94). A doutrina discute, porém, se ao falar em *disposições legais* a Carta da Holanda inclui ou não a Constituição entre as normas que devem ceder ante ao tratado.[64]

c) Cartas Constitucionais que não contêm disciplinamento acerca das relações entre o Direito Internacional e o Direito interno. Da mesma forma que muitos Estados existem cujas Constituições estabelecem regras bem definidas sobre a problemática das relações do Direito Internacional com o Direito interno, há muitos deles também cujas Cartas Magnas não fazem referência alguma a esse tipo de relação, seja porque não possuem Constituição escrita, a exemplo da Inglaterra e Israel, seja porque a Carta é omissa a respeito etc. Citam-se, dentre as Cartas que nada dispõem sobre o relacionamento do Direito Internacional público com o Direito interno, as Constituições suíça de 1874, francesa de 1875, belga de 1831 e a do Império alemão de 1871.

Em todos esses textos, as dificuldades que surgem ao julgador quando presente uma questão regulada por normas internas e internacionais são patentes, ficando a jurisprudência das Cortes superiores encarregada de dar solução aos problemas apresentados. Dadas todas essas complicações é que os textos constitucionais posteriores pretenderam, de alguma forma, disciplinar as interfaces possíveis das relações entre as normas internas e internacionais em conflito.

Na Constituição brasileira de 1988 também não existe sequer uma cláusula de reconhecimento ou aceitação do Direito Internacional pelo nosso Direito interno, diferentemente do que faz, *v.g.*, a Lei Fundamental alemã, que dispõe que as normas gerais do Direito Internacional

---

[64]   Cf. Antonio Cassese. Modern Constitutions and international law, cit., pp. 409-411; e Néstor Pedro Sagüés, *Teoría de la Constitución*, cit., pp. 390-391.

56 | CURSO DE DIREITO INTERNACIONAL PÚBLICO – *Valerio de Oliveira Mazzuoli*

Público constituem parte integrante do direito federal e sobrepõem-se às leis nacionais (art. 25). A única exceção, na Carta Magna de 1988, diz respeito aos tratados internacionais de proteção dos direitos humanos, que, por disposição expressa (art. 5º, § 2º), ingressam no ordenamento brasileiro com o *status* de norma materialmente constitucional, podendo ser ainda formalmente (além de materialmente) constitucionais (art. 5º, § 3º).[65] No que tange aos tratados internacionais comuns, não há na Constituição brasileira de 1988 referência à sua hierarquia em nossa ordem jurídica, restando à jurisprudência dos tribunais pátrios o papel de definir os contornos exatos de sua aplicação, o que tem sido dificultoso ao longo dos anos, especialmente à luz da jurisprudência do Supremo Tribunal Federal.

Contudo, a falta de previsão expressa na Constituição de 1988 sobre o reconhecimento ou a aceitação do Direito Internacional pelo Direito interno não pode jamais induzir ao entendimento de ser inoperante a aplicação do direito das gentes na ordem doméstica brasileira, pois a integração das normas internacionais no plano interno dá-se em razão, *inter alia*, das normas sobre competência dos poderes constituídos para a celebração de tratados (arts. 49, inc. I, e 84, inc. VIII) e das regras atinentes a julgamentos pelo Poder Judiciário fundados em normas convencionais (arts. 102, inc. III, alínea *b*, 105, inc. III, alínea *a*, e 109, incs. III e V e § 5º). Todas essas normas formam um plexo jurídico a demonstrar como se governa o texto constitucional brasileiro relativamente à aplicação de normas internacionais, reforçando o entendimento de que o Direito Internacional opera plenamente na ordem jurídica brasileira, não obstante ter a Carta de 1988 deixado de afirmar expressamente o reconhecimento ou a aceitação do Direito Internacional pelo Direito interno, como fizeram vários outros textos constitucionais já referidos.

A tendência atual das reformas constitucionais, sobretudo nos países da América Latina, tem sido de abertura cada vez maior da ordem jurídica interna ao Direito Internacional Público, seja no âmbito da aplicação de tratados, da solução de controvérsias ou em matéria de proteção dos direitos humanos e do meio ambiente. Independentemente, porém, de aceitação ou reconhecimento expresso do Direito Internacional pelo Direito interno, certo é que a ordem jurídica internacional se impõe nos Estados à medida que estes cedem parcela de sua soberania para, com outros sujeitos participantes da sociedade internacional, regular temas de interesse recíproco à luz do princípio da cooperação. A aplicação do Direito Internacional Público nas ordens jurídicas internas é impositiva, não pelo desejo das normas domésticas, mas pela própria razão de ser da ordem internacional que disciplina e rege as atividades dos Estados na órbita exterior.

7. Princípios que regem as relações internacionais do Brasil. Compreendidas as doutrinas que estudam as relações entre o Direito Internacional Público e o Direito interno estatal, cabe agora investigar os princípios que regem as relações internacionais do Brasil, previstos no art. 4º da Constituição Federal de 1988. Tais princípios têm por missão conduzir a política externa brasileira, assim como orientar a aplicação das normas internacionais em vigor no Brasil.

A origem desses princípios advém da Constituição Política do Império, de 25 de março de 1824, e a partir dela foram gradativamente ampliados e desenvolvidos até chegarem ao que hoje se estampa na Constituição Federal de 1988. Na Constituição do Império – que era

---

[65]   Desse assunto trataremos na Parte IV, Capítulo I, Seção I, item nº 8.

Parte I · Cap. II · RELAÇÕES ENTRE O DIREITO INTERNACIONAL PÚBLICO E O DIREITO INTERNO ESTATAL | **57**

marcada pela fixação da independência nacional –, disciplinava-se, desde seu primeiro dispositivo, o princípio da independência como norteador das relações internacionais do Brasil, ao prever que os cidadãos brasileiros "formam uma Nação livre, e independente, que não admite com qualquer outra laço de união, ou federação, que se oponha à sua independência" (art. 1º). A não admissão de união ou federação "com qualquer outra [nação]" que fosse contrária à independência do Brasil configurava, nitidamente, princípio regente das relações exteriores do Império, a fim de sustentar o Estado brasileiro como ente internacionalmente soberano. Para a defesa da independência e da integridade do Império, dizia a Constituição imperial, ainda, que "todos os brasileiros são obrigados a pegar em armas" contra atos "dos seus inimigos externos, ou internos" (art. 145).

A Constituição seguinte, de 1891, adotou como forma de governo, sob o regime representativo, a República Federativa, proclamada em 15 de novembro de 1889. Nela, fazia-se nítida a influência do constitucionalismo norte-americano, quer no plano da organização do Estado como no da regência da política externa, em especial pela prevenção contra o imperialismo europeu.[66] No que tange à regência das relações internacionais, a Constituição de 1891 dizia competir privativamente ao Presidente da República "declarar a guerra e fazer a paz" e "declarar imediatamente a guerra nos casos de invasão ou agressão estrangeira" (art. 48, incs. 7º e 8º), além de "manter relações com os Estados estrangeiros" (art. 48, inc. 14º) e "entabular negociações internacionais, celebrar ajustes, convenções e tratados, sempre *ad referendum* do Congresso, e aprovar os que os Estados celebrarem na conformidade do art. 65, submetendo-os, quando cumprir, à autoridade do Congresso" (art. 48, inc. 16º). Em outro dispositivo, sobremaneira significativo, dizia o texto que "os Estados Unidos do Brasil, em caso algum, se empenharão em guerra de conquista, direta ou indiretamente, por si ou em aliança com outra nação" (art. 88). Não obstante a disposição topográfica do artigo no seio da Carta de 1891 – que integrava o Título V, das Disposições Gerais –, certo é que ali havia um *princípio* atinente à política exterior do Brasil, qual seja o da proibição de participação em guerra de conquista em quaisquer âmbitos. Também, uma homenagem à arbitragem já aparecia na Constituição de 1891, no art. 34, inc. 11º, que dizia competir privativamente ao Congresso Nacional "autorizar o Governo a declarar guerra, se não tiver lugar ou malograr--se o recurso do arbitramento, e a fazer a paz", antevendo a tendência – hoje plenamente pujante e não regressiva – de arbitrabilidade nas relações internacionais, como meio pacífico de solução de controvérsias.

As posteriores Constituições brasileiras até a Carta de 1988, à exceção do Texto de 1937, repetiram os avanços anteriormente conquistados – as Cartas de 1934 e 1946 mantiveram, ambas no art. 4º, o recurso à arbitragem e a proibição da guerra de conquista, tendo a Carta de 1946, ainda, ampliado a disposição para referir-se aos "meios pacíficos de solução do conflito" – com pouquíssimas alterações ou acréscimos, nada comparado à ampla disposição do art. 4º da Constituição Federal de 1988.

A Constituição de 1967, no art. 7º, estabelecia, *v.g.*, que "os conflitos internacionais deverão ser resolvidos por negociações diretas, arbitragem e outros meios pacíficos, com a cooperação dos organismos internacionais de que o Brasil participe"; e fazia constar, entre as competências da União, ao menos duas atinentes às relações internacionais: a) manter

---

[66]   Amado Luiz Cervo & Clodoaldo Bueno. *A política externa brasileira (1822-1985)*. São Paulo: Ática, 1986, pp. 44-45.

relações com Estados estrangeiros e com eles celebrar tratados e convenções [observe-se o equívoco daquele Texto Constitucional, dado não ser a *União* que celebra tratados e convenções internacionais com outras potências, senão a *República Federativa do Brasil*, da qual a União é apenas parte] e participar de organizações internacionais (art. 8º, inc. I); e *b*) declarar a guerra e fazer a paz (art. 8.º, inc. II). A Emenda nº 1, de 1969, igualmente, no art. 7º, manteve a tradição brasileira de resolução pacífica de conflitos, especificando sua realização "por negociações diretas, arbitragem e outros meios pacíficos, com a cooperação dos organismos internacionais de que o Brasil participe", vedando também, no parágrafo único, a "guerra de conquista".

Nos trabalhos constituintes de 1987-1988, houve várias discussões a respeito da alocação dos princípios regentes das relações internacionais do Brasil no texto da novel Constituição, os quais foram sobremaneira ampliados em comparação aos textos anteriores. A questão passou por várias subcomissões, tendo cada qual apontado ajustes, acréscimos e supressões ao texto, seguindo, depois, à Comissão de Sistematização, que teve como relator o deputado Bernardo Cabral, do Amazonas, para análise das emendas e dos substitutivos primeiro e segundo, este último tendo feito vingar o Projeto de Constituição (A). Em Plenário, houve alteração do Projeto de Constituição (A) para o Projeto de Constituição (B), a partir de quando os dispositivos atinentes às relações exteriores passaram a figurar no art. 4º, certo de que, desde o Projeto de Constituição (C), agregou-se ao dispositivo o parágrafo único atinente à participação do Brasil na integração latino-americana. Para a redação final do dispositivo, nomeou-se uma Comissão de Redação presidida pelo Presidente da Constituinte, o deputado Ulysses Guimarães, e o texto foi transformado em Projeto de Constituição (D), levado a Plenário e aprovado como definitivo, promulgado em 5 de outubro de 1988.[67] Assim, vinha à luz a vigente Constituição da República Federativa do Brasil, com os princípios das relações internacionais do Estado brasileiro inscritos no art. 4º.

O texto final da Constituição de 1988 consagrou como princípios regentes das relações internacionais do Brasil os da independência nacional, prevalência dos direitos humanos, autodeterminação dos povos, não intervenção, igualdade entre os Estados, defesa da paz, solução pacífica dos conflitos, do repúdio ao terrorismo e ao racismo, da cooperação entre os povos para o progresso da humanidade e da concessão de asilo político. No parágrafo único do art. 4º do Texto Maior, ficou, ademais, consagrado o ideal de integração latino-americana, ali estabelecendo-se que "a República Federativa do Brasil buscará a integração econômica, política, social e cultural dos povos da América Latina, visando à formação de uma comunidade latino-americana de nações".

A maioria dos princípios elencados no art. 4º da Constituição é inédita em comparação aos textos anteriores do Brasil, que não falavam, *v.g.*, em prevalência dos direitos humanos, em repúdio ao terrorismo nem ao racismo, em cooperação entre os povos para o progresso da humanidade ou em concessão de asilo político. Além disso, o Texto de 1988 atribui imperatividade ao seu comando ao dizer que "a República Federativa do Brasil *rege-se* nas suas relações internacionais" pelo rol de princípios ali elencados. Como destaca José Afonso da Silva, "reger-se" é um signo de subordinação, que vale dizer que seu sujeito – "República Federativa do Brasil" – se submete aos elementos componentes do agente – "pelos seguintes

---

[67] Para detalhes dessas etapas, *v.* Pedro Dallari, *Constituição e relações exteriores*, São Paulo: Saraiva, 1994, pp. 57-147.

Parte I • Cap. II • RELAÇÕES ENTRE O DIREITO INTERNACIONAL PÚBLICO E O DIREITO INTERNO ESTATAL | 59

princípios" – nas circunstâncias indicadas – "nas relações internacionais"; por essa razão, tais princípios são de observância obrigatória, ainda que alguns deles se apresentem como enunciados constitucionalmente abertos.[68] Dessa forma, vincula-se a política externa brasileira e os atos do Ministério das Relações Exteriores (que é *longa manus* do Presidente da República na condução da política externa) à determinação imperativa constitucional, o que, sem dúvida, também representa outro avanço da Constituição em vigor se comparado à previsão do tema nas Constituições anteriores.

Os princípios constantes do art. 4º da Constituição foram os constitucionalmente escolhidos pelo constituinte para nortear as relações exteriores brasileiras, tanto com outros Estados, bem assim com organizações internacionais intergovernamentais e diversos outros atores operantes na ordem internacional (*v.g.*, organizações não governamentais, empresas e pessoas privadas). Trata-se de princípios norteadores da política externa brasileira e dos atos do Itamaraty, voltados a emoldurar a administração das políticas empregadas pelo Brasil nas relações com outros sujeitos ou atores internacionais, isto é, destinados a balizar as ações exteriores do Estado em todas as suas relações *extramuros*.

Vejamos cada qual desses princípios emoldurados no art. 4º da Constituição e em seu parágrafo único, que são de observância obrigatória na condução da política externa brasileira:

a) Independência nacional. Tema previsto no constitucionalismo brasileiro desde a Constituição Imperial de 1824, a "independência nacional" conota a separação jurídico-política do Estado brasileiro de qualquer outro ente, soberano ou não, que o pretenda de qualquer modo controlar ou conduzir. Como também referia a Constituição do Império, o valor "independência" não admite laço de união ou de federação com qualquer outra nação que a ele se oponha, pois é corolário lógico da soberania dos Estados.

A independência nacional, em suma, é fator libertário à atividade de qualquer Estado e deve ser mantida como princípio constitucional pétreo, sem possibilidade de revisão ou reversão. De fato, sem independência não há falar-se em autonomia verdadeira, substancial, em agir do Estado alheio a preocupações de ingerências de qualquer natureza. Por isso, a independência é pilar fundante da organização do Estado, no plano interno, além de vestimenta (roupagem) da soberania no âmbito das relações exteriores, disso decorrendo que o Estado independente não há de seguir regras (internas ou externas) que não lhe sejam convenientes. Sem independência, não há Estado verdadeiramente soberano e, por consequência, estrutura de poder capaz de reger os rumos da vida do povo que assenta o seu território.

b) Prevalência dos direitos humanos. A prevalência dos direitos humanos é, talvez, o princípio das relações internacionais da Constituição de 1988 que mais destaque obteve nos últimos tempos, notadamente diante da participação cada vez mais ativa do Brasil no plano internacional e em razão do engajamento em tratados e organismos internacionais de proteção dos direitos humanos, somada à crescente aplicação dos instrumentos internacionais de direitos humanos pelos órgãos internos do Estado brasileiro (em especial, o Poder Judiciário e o Ministério Público) na salvaguarda de direitos de comunidades e pessoas menos favorecidas.

Os instrumentos internacionais de proteção dos direitos humanos são produto do Direito Internacional Público e contribuem, em nível global, para a uniformização da proteção

---

[68] José Afonso da Silva. *Comentário contextual à Constituição*, 2ª ed. São Paulo: Malheiros, 2006, p. 50.

dos direitos humanos ao redor do mundo, não obstante demandem a participação formal (ratificação) dos Estados e seu compromisso em bem e fielmente executar os seus comandos no plano do Direito interno.

Certo, no entanto, é que a abertura constitucional ao tema "direitos humanos" representou a passagem do Estado (autoritário) fundado na regra *ex parte principis* para aquele calcado na democracia *ex parte populi*, deixando antever a aceitação pelo Brasil da abertura à ordem internacional pairante sobre o Estado.[69] Relembre-se de que, na arena internacional, essa abertura já se fazia sentir desde o final da Segunda Guerra Mundial, momento a partir do qual, sob os auspícios das Nações Unidas, concluíram-se as mais importantes declarações e os mais significativos tratados de direitos humanos atualmente em vigor, todos eles formando o *corpus juris* internacional de proteção desses mesmos direitos.

Ademais, a prevalência dos direitos humanos, para além de princípio norteador da política externa brasileira, tornou-se baliza interpretativa de decisões propriamente *internas*, notadamente as relativas aos conflitos entre leis internas ou entre tratados e normas domésticas. Nesse sentido, nada de diverso há na aplicação do princípio em apreço relativamente ao conhecido princípio *pro homine*, podendo-se, até mesmo, inferir tratar-se de uma só realidade.

O princípio da prevalência dos direitos humanos – inaugurado no direito brasileiro pelo Texto de 1988 e sem similar nos textos constitucionais santeriores – extrapola, portanto, o plano da regência das relações internacionais do Estado para, atualmente, e com o apoio da jurisprudência dos tribunais regionais de direitos humanos, ganhar aplicação cada vez maior no Brasil para auxiliar na resolução de assuntos estritamente domésticos.

c) Autodeterminação dos povos. Esse princípio conota a liberdade que todos os *povos* (para além de Estados) têm de autodeterminar-se, isto é, de se conduzir por si próprios e estabelecer, *per se*, os rumos do seu destino (político, econômico, social e cultural) e as condições de exploração de suas riquezas e recursos naturais.

Sua positivação tem origem no princípio das nacionalidades (defendido por Mancini) e encontra, no Direito Internacional contemporâneo, consagração no Pacto Internacional sobre Direitos Civis e Políticos, que estabelece, logo em seu art. 1º, § 1º, que "todos os povos têm direito à autodeterminação", e que, "em virtude desse direito, determinam livremente seu estatuto político e asseguram livremente seu desenvolvimento econômico, social e cultural".

Como se percebe, o princípio não conota propriamente a não ingerência, dita não intervenção em assuntos internos, que é princípio autônomo (estabelecido pela Constituição de 1988 no inciso subsequente) e demonstrativo da impossibilidade de os Estados intervirem em assuntos domésticos de outros. A autodeterminação dos povos é a *outra face* da mesma moeda, de característica comissiva para o povo em questão, é dizer, *ativa* para o Estado em causa, que reconhece aos Estados o direito de autoaconselhar.

Não há dúvida de que a positivação do princípio da autodeterminação dos povos na Constituição de 1988 demonstra a preocupação do Brasil em respeitar essa *atividade* alheia, é dizer, de os demais Estados decidirem os seus próprios destinos, os rumos do seu futuro e o

---

[69] Cf. Norberto Bobbio. *A era dos direitos*. Trad. Carlos Nelson Coutinho. Rio de Janeiro: Campus, 1992, p. 117; e Celso Lafer, *A internacionalização dos direitos humanos: Constituição, racismo e relações internacionais*, Barueri: Manole, 2005, p. 14.

Parte I · Cap. II · RELAÇÕES ENTRE O DIREITO INTERNACIONAL PÚBLICO E O DIREITO INTERNO ESTATAL | **61**

trilhar de sua trajetória. Somado, porém, às obrigações internacionais de qualquer Estado em promover e proteger os direitos humanos, o reconhecimento pelo Brasil da autodeterminação dos povos também exige do Estado atitudes que contribuam para essa autodeterminação contra todo tipo de (neo)colonialismo (*v.g.*, votando em assembleias internacionais contra qualquer tipo de abuso ou jugo de um Estado sobre outro). Daí a necessidade de compatibilização do princípio em apreço (autodeterminação dos povos) com o da prevalência dos direitos humanos, também consagrado (em ordem topográfica anterior, inclusive) pela Constituição brasileira de 1988.

d) Não intervenção. A não intervenção é, para além de princípio das relações internacionais que *o Brasil* expressou no Texto Constitucional, norma internacional de salvaguarda consagrada no art. 2º, § 7º, da Carta da ONU de 1945, segundo o qual "nenhum dispositivo da presente Carta autorizará as Nações Unidas *a intervirem em assuntos que dependam essencialmente da jurisdição de qualquer Estado* ou obrigará os membros a submeterem tais assuntos a uma solução, nos termos da presente Carta", à exceção da "aplicação das medidas coercitivas constantes do Capítulo VII [da Carta da ONU]".

Assim, nem as Nações Unidas (em seu conjunto), nem os demais Estados (isoladamente, membros ou não da ONU) podem intervir em assuntos domésticos de outros quando, para tanto, não convidados ou fora das hipóteses dos assuntos de legítimo interesse internacional, pois aqueles são igualmente soberanos e detentores de poder autogerencial. No entanto, questões como a proteção dos direitos humanos e liberdades fundamentais, as relativas à imigração, à nacionalidade, ao trabalho, a armamentos e à não discriminação racial são atualmente temas que extrapolam o âmbito propriamente doméstico dos assuntos dos Estados, a justificar, portanto, a intervenção das Nações Unidas. Tais matérias, dito de outro modo, não são temas que dependem "essencialmente" da jurisdição interna dos Estados. Fora esses casos excepcionais, a não intervenção é *regra* que há de ser seguida para a salvaguarda da estabilidade das relações internacionais.

O princípio, como se nota, representa a outra face (e complemento) da autodeterminação dos povos, a impedir que Estados se insurjam contra atos ou fatos eminentemente internos de outros, neles intervenha ou dite comandos, independentemente da índole de que se trate. À evidência, o princípio da autodeterminação seria totalmente ineficaz caso se admitisse a ingerência de um Estado em assuntos internos de outros.[70] Portanto, o que pretendeu a Constituição de 1988 disciplinar na disposição em comento é que está vedada a ingerência do Brasil em assuntos domésticos de outros Estados, sendo a recíproca também verdadeira.

e) Igualdade entre os Estados. O princípio da igualdade entre Estados conota que os Estados devem ser iguais *entre si* (daí a nomenclatura "igualdade *entre* os Estados"), ao menos do ponto de vista de seus direitos e deveres e da política exterior. Seja um Estado de economia frágil ou uma grande e rica potência, certo é que todos são titulares de direitos e obrigações na órbita jurídica e também no plano da política exterior.

Assim, vê-se que o princípio não pretende (nem poderia) dizer que os Estados devam ser *econômica*, *social* ou *culturalmente* iguais, senão que todos os Estados hão de ter a mesma *voz* (jurídica e política) no âmbito das relações internacionais. Por isso, a Carta da ONU

---

[70]   Cf. José Afonso da Silva. *Comentário contextual à Constituição*, cit., p. 51.

estabelece que um de seus propósitos é "desenvolver relações amistosas entre as nações, baseadas no respeito ao princípio de igualdade *de direitos* e de autodeterminação dos povos" (art. 1º, § 2º), estando a própria Organização "baseada no princípio da igualdade de todos os seus membros" (art. 2º, § 1º).

Essa igualdade formal, no entanto, vai gradativamente sendo deixada de lado em apoio à perspectiva de que também substancialmente (ainda que com todas as dificuldades daí decorrentes) devem os Estados ser, na medida do possível, *iguais*, notadamente nos planos social e econômico.[71] Daí ter a ONU, em 1972, proclamado a *Carta dos Direitos e Deveres Econômicos dos Estados*, no intuito de diminuir as diferenças econômicas entre países industrializados e países em desenvolvimento.[72]

Seja como for, verdade é que o bom propósito do princípio da igualdade entre os Estados, teoricamente rico e de grande valor, não vem, contudo, confirmado no dia a dia das relações internacionais, com a possibilidade sempre iminente do uso da força (inclusive a econômica) e a ameaça da guerra entre as nações.

f) Defesa da paz. Defender a paz significa, no âmbito das relações internacionais, o comprometimento em não adotar ou tolerar que se adote qualquer medida tendente a desestabilizar a harmonia das relações entre os Estados, principalmente o uso da força armada. Trata-se de um direito de "vocação comunitária" que doa racionalidade ao Direito Internacional contemporâneo, por isso mesmo positivado em nossa Constituição.[73]

À evidência que enorme similaridade existe entre a defesa da paz e princípio subsequente, referente à solução pacífica dos conflitos, pois a defesa da paz é *gênero* do qual a solução pacífica dos conflitos é *espécie*.

A imposição da Constituição de 1988 para que o Brasil adote, como princípio regente de suas relações internacionais, a defesa da paz, obriga o Estado brasileiro a *intervir* nas relações internacionais para *defender* as medidas pacíficas de solução de controvérsias, notadamente no âmbito das negociações internacionais, dos órgãos de controle de proteção dos direitos humanos e das agências especializadas das Nações Unidas.

O Texto de 1988 diz, ainda, competir à União declarar a guerra e celebrar a paz (art. 21, inc. II), bem assim ser da competência do Congresso Nacional autorizar o Presidente da República a declarar guerra e a celebrar a paz (art. 49, inc. II).

Frise-se, por fim, que o valor *paz*, na ordem constitucional brasileira, deve espraiar significado *para fora* (âmbito das relações internacionais) e também *para dentro* (sobretudo na aplicação das leis pelo Poder Judiciário) na ressignificação da atuação do Estado no plano da proteção dos direitos humanos *lato sensu*.

g) Solução pacífica dos conflitos. A solução pacífica dos conflitos é princípio tradicional no constitucionalismo brasileiro, presente desde a Constituição republicana de 1891, que dizia competir privativamente ao Congresso Nacional "autorizar o Governo a declarar guerra, se não tiver lugar ou malograr-se o recurso do arbitramento, e a fazer a paz" (art. 34, inc. 11).

---

[71] Cf. Pedro Dallari. *Constituição e relações exteriores*, cit., pp. 169-170.

[72] Cf. Antônio Augusto Cançado Trindade. As Nações Unidas e a nova ordem econômica internacional. *Revista de Informação Legislativa*, ano 21, nº 81, Brasília: Senado Federal, jan./mar./1984, pp. 213-232.

[73] Cf. Celso D. de Albuquerque Mello. *Direito constitucional internacional: uma introdução*, 2ª ed. rev. Rio de Janeiro: Renovar, 2000, p. 147.

Parte I • Cap. II • RELAÇÕES ENTRE O DIREITO INTERNACIONAL PÚBLICO E O DIREITO INTERNO ESTATAL | **63**

O princípio em apreço também vem previsto (sob a rubrica do impedimento de recurso à força armada) no preâmbulo da Carta da ONU de 1945, que diz ser um dos objetivos das Nações Unidas a união de forças "para manter a paz e a segurança internacionais, e a garantir, pela aceitação de princípios e a instituição dos métodos, que a força armada não será usada a não ser no interesse comum". No art. 2º da mesma Carta, estabelece-se como princípio da ONU que "todos os membros deverão evitar em suas relações internacionais a ameaça ou o uso da força contra a integridade territorial ou a dependência política de qualquer Estado, ou qualquer outra ação incompatível com os Propósitos das Nações Unidas" (art. 2º, § 4º).

A solução *pacífica* dos conflitos, assim, *abre mão* por completo do uso da força nas relações internacionais, podendo ter lugar pela via diplomática (*v.g.*, negociações diretas, bons ofícios, conciliação etc.) ou contenciosa *lato sensu*, esta última se subdividindo em *quase judicial* (recurso à arbitragem) e *judicial* (ante os tribunais internacionais de jurisdição permanente, como, *v.g.*, a Corte Internacional de Justiça, no âmbito onusiano, e a Corte Interamericana de Direitos Humanos, na órbita interamericana).

Em suma, a solução pacífica dos conflitos propugnada pela Constituição Federal de 1988 no art. 4º, inc. VII, obriga o Brasil, na condução de sua política externa, a resolver todas as controvérsias internacionais que apareçam sem o implemento de atos violentos *lato sensu*.

h) Repúdio ao terrorismo e ao racismo. O Texto Constitucional de 1988 *repudia* o terrorismo e o racismo, é dizer, os *repele* e *rejeita* veementemente. O "repúdio" é medida comissiva dotada de extremo significado na arena internacional, pois, a um só tempo, põe à mesa *o lado* em que se apresenta o Estado no cenário internacional e demonstra a sua *atitude* de combater o ato inquinado como terrorista ou racista.

Tanto o *terrorismo* (ato bárbaro de causar "terror" em variadas formas, com destinação própria ou fins políticos) quanto o *racismo* (discriminação de raça que pretende impor superioridade de uma à outra) são práticas ainda atualmente presentes no mundo, que desestabilizam as relações de cordialidade entre as nações e põem em xeque o sistema onusiano de proteção da paz, razão pela qual demandam medidas enérgicas de combate por meio da união de esforços de todos os Estados.

No que tange ao terrorismo, o STF já reafirmou a tese de que tais atos não podem receber o mesmo tratamento benigno dispensado aos autores de crimes políticos ou de opinião, dado que a vontade da Constituição foi impedir "que se venha a estabelecer, em torno do terrorista, um inadmissível círculo de proteção que o faça imune ao poder extradicional do Estado brasileiro, notadamente se se tiver em consideração a relevantíssima circunstância de que a Assembleia Nacional Constituinte formulou um claro e inequívoco juízo de desvalor em relação a quaisquer atos delituosos revestidos de índole terrorista, a estes não reconhecendo a dignidade de que muitas vezes se acha impregnada a prática da criminalidade política".[74]

No âmbito da ONU, há mais de uma dezena de instrumentos internacionais sobre o tema, concluídos desde a década de 1970, e, no plano interamericano, está em vigor a Convenção Interamericana contra o Terrorismo, de 3 de junho de 2002 (ratificada pelo Brasil em 2005).

No que toca ao racismo, lembre haver dispositivo constitucional no Brasil (art. 5º, inc. XLII) a prever que a sua prática "constitui crime inafiançável e imprescritível, sujeito à pena

---

[74] STF, Ext 855, rel. Min. Celso de Mello, julg. 26.08.2004, P, *DJ* 1.º.07.2005.

de reclusão, nos termos da lei". Tal dispositivo guarda absoluta simetria com o disposto no art. 4º, inc. VIII, da Constituição, à medida que o repúdio do Estado brasileiro ao racismo torna este crime também inafiançável e imprescritível.

Internacionalmente, a seu turno, está em vigor a Convenção Internacional sobre a Eliminação de Todas as Formas de Discriminação Racial, adotada pela ONU em 21 de dezembro de 1965 (e ratificada pelo Brasil em 1968). No contexto interamericano, destaque-se a Convenção Interamericana contra o Racismo, a Discriminação Racial e Formas Correlatas de Intolerância, de 2013, aprovada no Brasil por maioria qualificada no Congresso Nacional, nos termos do art. 5º, § 3º, da Constituição, incorporada ao Direito interno, portanto, com equivalência de emenda constitucional (promulgada pelo Decreto nº 10.932/2022). Conforme já decidiu o STF, a adesão do Brasil a tratados e acordos multilaterais sobre o tema reforça o repúdio do Estado brasileiro a "quaisquer discriminações raciais, aí compreendidas as distinções entre os homens por restrições ou preferências oriundas de raça, cor, credo, descendência ou origem nacional ou étnica, inspiradas na pretensa superioridade de um povo sobre outro, de que são exemplos a xenofobia, 'negrofobia', 'islamafobia' e o antissemitismo".[75]

Destaque-se que o princípio do repúdio ao racismo, associado ao da prevalência dos direitos humanos, norteou, *v.g.*, a conduta do Brasil na Conferência de Durban de 2001, na África do Sul, sobre racismo.[76]

i) Cooperação entre os povos para o progresso da humanidade. Também inédito relativamente às Cartas anteriores do Brasil, o princípio da cooperação entre os povos para o progresso da humanidade sintetiza a vontade do constituinte brasileiro em superar os obstáculos das diferenças entre as nações – amenizados, em certa medida, pelos princípios anteriores da prevalência dos direitos humanos, autodeterminação dos povos, não intervenção, igualdade entre os Estados, defesa da paz e solução pacífica dos conflitos – e *ir além* na ideia de progresso de toda a humanidade, pelo que impõe a necessária *cooperação* dos Estados no alcance desse desiderato.

Lembra a doutrina que o dever de cooperação tem suas raízes na moral internacional que sempre consagrou o princípio da solidariedade, ou, ainda, do auxílio mútuo, não obstante ser obrigação difícil de ser exigida no plano jurídico internacional, em que ainda predomina a ideia de soberania e egoísmo dos Estados.[77] A par disso, faltou à disposição constitucional referir-se às organizações internacionais no âmbito cooperativo, vez que é por meio delas que se tem logrado auxílio mútuo nas relações internacionais.[78]

No âmbito onusiano, frise-se ter sido proclamada a *Declaração sobre os Princípios do Direito Internacional Concernentes às Relações Amigáveis e à Cooperação entre os Estados,* adotada por consenso pela Assembleia Geral em 1970, representando, também, a vontade da sociedade internacional numa cooperação cada vez mais eficaz. No que tange ao Brasil, certo é que a disposição do art. 4º, inc. IX, da Constituição de 1988 contribui para direcionar

---

[75] STF, *HC* 82.424, rel. p/ Ac. Min. Maurício Corrêa, julg. 17.09.2003, *DJ* 19.03.2004.

[76] Cf. Celso Lafer. *A internacionalização dos direitos humanos...*, cit., pp. 26-27.

[77] Celso D. de Albuquerque Mello. *Direito constitucional internacional*, cit., p. 160.

[78] Cf. Pedro Dallari. *Constituição e relações exteriores*, cit., p. 179.

Parte I • Cap. II • RELAÇÕES ENTRE O DIREITO INTERNACIONAL PÚBLICO E O DIREITO INTERNO ESTATAL | 65

a nossa política externa à efetiva cooperação internacional, sem o que não se lograrão avanços significativos em termos de progresso da humanidade.

j) Concessão de asilo político. A referência à concessão de "asilo *político*", no art. 4º, inc. X, da Constituição de 1988, pretendeu abranger, na expressão-gênero, as duas espécies de asilo, quais sejam, o *diplomático* e o *territorial*. Estudaremos o assunto, em detalhes, na Parte II, Capítulo IV, Seção II, item nº 7. Aqui, basta referir que a previsão constitucional em apreço é imperativa, ao dizer que a República Federativa do Brasil "rege-se" pelo princípio da "*concessão* de asilo político". Tem-se aí a determinação da *regência* e da *concessão*, em razão de ser o asilo (diplomático ou territorial) qualificado como um direito humano fundamental, à luz do que prevê o art. 14, § 1º, da Declaração Universal dos Direitos Humanos de 1948, segundo o qual "todo ser humano, vítima de perseguição, tem o direito de procurar e de gozar asilo em outros países", complementando o texto que tal direito não pode "ser invocado no caso de perseguição legitimamente motivada por crimes de direito comum ou por atos contrários aos objetivos e princípios das Nações Unidas" (art. 14, § 2º).

k) Integração latino-americana e formação de uma comunidade latino-americana de nações. Compreendidos os princípios regentes das relações exteriores do Estado brasileiro, cabe agora analisar a disposição do parágrafo único do art. 4º da Constituição de 1988, segundo o qual "a República Federativa do Brasil buscará a integração econômica, política, social e cultural dos povos da América Latina, visando à formação de uma comunidade latino-americana de nações".

Destaque-se, no entanto, que a ideia de integração latino-americana, presente desde os primeiros trabalhos da Assembleia Nacional Constituinte, é de teor mais *programático* que propriamente *imediato*, uma vez que, para a sua concretização, está a demandar um plano de ação conjunto dos países latino-americanos direcionado a tal desiderato, sem contar que, para lograr o êxito esperado, o fator tempo e as mudanças políticas no seu decorrer são completamente determinantes.

O propósito da integração latino-americana funda-se em norma *constitucional* que tem por consequência *autorizar* o Brasil a se embrenhar na integração da América Latina, dela participar ativamente, propor soluções visando ao seu pleno êxito, bem como transigir em prol do bem comum dos países latino-americanos, desde que, evidentemente, a política externa brasileira esteja de acordo com as respectivas normas internacionais de regência, que a todos os Estados se sobrepõem. Daí o acerto da tese de que a regra do art. 4º, parágrafo único, da Constituição viabiliza a incorporação ao nosso sistema jurídico de regras que assegurem tratamento diferenciado às pessoas físicas e jurídicas e aos produtos originários dos Estados latino-americanos.[79]

Para os fins a que se refere o parágrafo único do art. 4º da Constituição (não obstante com deficiências estruturais que se espera sejam no futuro superadas), instituiu-se, em 2008, a União das Nações Sul-Americanas – Unasul, com vigência a partir de 11 de março de 2011. A crítica mais severa, contudo, que se faz à estrutura da Unasul é a de não contar com um sistema sólido de solução de controvérsias, senão com mero procedimento diplomático sem poder terminativo, para o que se faz premente instituir no bloco verdadeiro órgão *judicial* – é

---

[79] Pedro Dallari. Idem, p. 184.

CURSO DE DIREITO INTERNACIONAL PÚBLICO – *Valerio de Oliveira Mazzuoli*

dizer, um *Tribunal de Justiça,* com competências próprias estabelecidas em tratado – capaz de levar a cabo esse necessário mister.[80]

---

[80]   A propósito, *v.* Valerio de Oliveira Mazzuoli. *Por um Tribunal de Justiça para a Unasul: a necessidade de uma corte de justiça para a América do Sul sob os paradigmas do Tribunal de Justiça da União Europeia e da Corte Centro-Americana de Justiça.* Brasília: Senado Federal, 2014.

Capítulo III

Fundamento do Direito Internacional Público

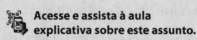

Acesse e assista à aula explicativa sobre este assunto.

> http://uqr.to/1zv48

1. Introdução. Saber qual o *fundamento* do Direito Internacional Público significa desvendar de onde vêm a sua legitimidade e sua obrigatoriedade, ou os motivos que justificam e dão causa a essa legitimidade e obrigatoriedade. Significa perquirir de onde (de quais fatos ou valores) emana a imposição de respeito de suas normas e princípios. O que se busca saber aqui não são os motivos de fato, filosóficos, políticos, sociais, econômicos, históricos ou religiosos de sua observância, mas sim as *razões jurídicas* capazes de explicar o porquê da aceitação e obrigatoriedade do Direito Internacional por parte de toda a sociedade internacional. Como se percebe, não se visa aqui saber *se é* obrigatório o Direito Internacional Público, *vexata questio* largamente ultrapassada e que sequer há de ser rediscutida nos dias atuais, mas sim *em que (juridicamente) se fundam* sua legitimidade e obrigatoriedade reconhecidas.

O fundamento do Direito Internacional não se confunde, entretanto, com as suas *fontes* (que estudaremos no Capítulo IV, *infra*). Estas buscam determinar *de qual meio* provêm ou podem vir a provir as regras jurídicas internacionais (determinando *do que se compõe* o Direito Internacional Público), enquanto aquele estabelece *os fatos* que atribuem ao Direito Internacional obrigatoriedade no mundo jurídico. Sendo assim, a investigação dos fundamentos do Direito Internacional Público é matéria prévia ao estudo das fontes da disciplina, pois determinante à certeza de sua obrigatoriedade jurídica.

Enfim, que razão existe para que os Estados (e também as organizações internacionais) tenham que submeter a sua vontade e limitar a sua liberdade a um imperativo jurídico internacional, que lhes ordena e preceitua uma determinada conduta? Que faculdades perdem os Estados (e as organizações internacionais) ao aceitar que há regras superiores à sua normativa interna que comandam obrigações e direcionam comportamentos?

Esta matéria passou a ter importância com a chamada *Escola Espanhola do Direito Internacional*, notadamente com os ensinamentos dos teólogos Francisco de Vitoria e de Francisco Suárez, hoje reconhecidos como os maiores precursores do Direito Internacional, dos quais emanaram as doutrinas que pretendem responder a questão sobre o fundamento desse Direito, com seus desdobramentos e consequências.[1]

2. Doutrinas. A questão do fundamento do Direito Internacional Público tem sido, desde longo tempo, objeto de inúmeros estudos, existindo várias doutrinas que buscam demonstrar o fundamento jurídico de sua obrigatoriedade e eficácia (*v.g.*, as doutrinas do *direito estatal externo*, da *autolimitação*, dos *direitos fundamentais dos Estados*, da *vontade coletiva dos Estados*, do *consentimento das nações*, da *norma fundamental*, da *solidariedade social*, da *opinião dominante*, as *jusnaturalistas* etc.).[2]

Todas elas, entretanto, podem ser agrupadas em duas principais correntes: a *voluntarista* (as cinco primeiras) e a *objetivista* (as quatro últimas).

a) Doutrina voluntarista. Para a *corrente voluntarista*, de base notadamente positivista, a obrigatoriedade do Direito Internacional decorre sempre do *consentimento* (vontade) comum dos Estados, da mesma maneira que o Direito interno funda-se no assentimento dos cidadãos.[3] Trata-se de *positivismo* (cujas bases teóricas encontram guarida em Bynkershoek, posteriormente desenvolvida por Moser e Martens) pelo fato de serem as regras adotadas pelos Estados (*v.g.*, os tratados internacionais) produto exclusivo de seu *consentimento*. Daí também nominar-se tal doutrina de *consensualista*. Frise-se que esse consentimento estatal pode ainda provir, além dos tratados, de uma vontade tácita, pela aceitação do costume internacional, ou ainda das normas do ordenamento jurídico interno. Em suma, de acordo com a concepção voluntarista o Direito Internacional Público é obrigatório porque os Estados, expressa ou tacitamente, assim o desejam e querem; o seu fundamento encontra suporte na *vontade coletiva* dos Estados ou no consentimento mútuo destes, sem qualquer predomínio da vontade individual de qualquer Estado sobre os outros.

Essa doutrina não é nova e, segundo Verdross, encontra suas raízes históricas no Direito Romano, no qual todo acordo internacional se tornava irrevogável pela vontade dos contratantes.[4]

Existem também algumas variantes da doutrina voluntarista. Para alguns autores, o Direito Internacional Público se fundamenta na vontade metafísica dos Estados, que impõe limitações ao seu poder absoluto, obrigando o Estado para consigo próprio. Trata-se da *teoria*

---

[1]   Sobre a contribuição desses dois mestres, veja-se os dois belos cursos ministrados na Academia de Direito Internacional da Haia pelo Prof. Camilo Barcia Trelles: Francisco de Vitoria et l'école moderne du droit international, in *Recueil des Cours*, vol. 17 (1927-II), pp. 109-342; e Francisco Suarez (1548-1617): les théologiens espagnols du XVIe siècle et l'école moderne du droit international, in *Recueil des Cours*, vol. 43 (1933-I), pp. 385-553.

[2]   Para uma análise em separado de cada uma delas, *v.* Hildebrando Accioly, *Tratado de direito internacional público*, vol. I, cit., pp. 15-32; J. L. Brierly, *Direito internacional*, cit., pp. 49-55; Celso D. de Albuquerque Mello, *Curso de direito internacional público*, vol. I, cit., pp. 147-158; e André Gonçalves Pereira & Fausto de Quadros, *Manual de direito internacional público*, cit., pp. 58-80.

[3]   Cf. Charles Rousseau. *Principes généraux du droit international public*, t. I, cit., p. 44; Dinh, Daillier & Pellet, *Direito internacional público*, cit., pp. 100-103; Brichambaut, Dobelle & Coulée, *Leçons de droit international public*, cit., pp. 23-25; e Dominique Carreau & Jahyr-Philippe Bichara, *Direito internacional*, cit., pp. 48-49.

[4]   *V.* Alfred von Verdross. Le fondement du droit international, in *Recueil des Cours*, vol. 16 (1927-I), p. 262.

da autolimitação, defendida pelos adeptos da doutrina dos freios e contrapesos (*checks and balances*). O Estado reconhece a existência de uma ordem internacional, sem, contudo, reconhecer que essa ordem advém de um poder (ou de uma força) superior. O Estado, ao aceitar a existência do ordenamento jurídico internacional, não se submete a outra coisa senão à sua própria vontade. Portanto, segundo esta concepção, sendo o Estado "o senhor absoluto do seu poder, a vinculação internacional assumida perante outros interlocutores só é viável se e na medida em que tenha sido aceite pelo próprio Estado".[5]

Tal teoria, entretanto, não é imune a críticas.[6] A primeira delas é a de que não explica como um novo Estado, que surge no cenário internacional, pode estar obrigado por tratado internacional, norma costumeira ou princípio geral do direito de cuja formação ele não participou com o produto da sua vontade. De igual forma, não soluciona a questão do aparecimento de novos sujeitos de Direito Internacional (como as organizações internacionais) num mundo já politicamente organizado e obediente a regras anteriores, muitas vezes incompatíveis com os propósitos de sua vinda à luz e cuja força normativa coloca nos trilhos a sua atuação futura.

Em segundo lugar – talvez esta seja a crítica mais concreta e relevante contra a doutrina voluntarista –, se o Direito Internacional encontra o seu fundamento de obrigatoriedade na *vontade coletiva* dos Estados, basta que um deles, de um momento para o outro, se retire da coletividade ou modifique a sua vontade original para que a validade do Direito Internacional fique comprometida, o que ocasionaria grave insegurança às relações internacionais.[7] É um completo contrassenso admitir uma obrigatoriedade *condicionada à vontade* dos Estados. Como pode algo obrigatório ser resultado de uma vontade livre? Admitir a validade desse entendimento seria admitir o desaparecimento do Direito Internacional pela vontade dos Estados, o que não é justificável e admissível, sendo um erro "basear o direito sobre a mera vontade do Estado".[8] Ora, nenhum Estado pode, unilateralmente, modificar o Direito Internacional, submetido que está a princípios superiores à sua vontade, integrantes da ordem jurídica internacional. Defender o voluntarismo é, pois, permitir que os Estados possam a qualquer momento desligar-se unilateralmente das normas jurídicas internacionais, sem que se possa falar em responsabilidade, nem, tampouco, em violação do Direito Internacional.

A doutrina voluntarista, de índole subjetivista, não explica o fundamento do Direito Internacional, cujas normas existem independentemente da vontade dos Estados e, em vários casos, contra essa própria vontade. Hodiernamente, por exemplo, o voluntarismo encontra um grande obstáculo nos tratados internacionais de proteção dos direitos humanos, nascidos em decorrência do terror e da barbárie advindos da Segunda Guerra Mundial, que impõem limites à atuação do Estado nos cenários interno e internacional, com vistas a salvaguardar os seres humanos protegidos por suas normas. O reconhecimento do indivíduo como sujeito do Direito Internacional já impõe o abandono dos dogmas positivistas, ultrapassados e

---

[5]   Jorge Bacelar Gouveia. *Manual de direito internacional público*, cit., p. 79.

[6]   Para uma crítica à concepção voluntarista positivista do Direito Internacional Público, *v.* Antônio Augusto Cançado Trindade, The voluntarist conception of international law: a re-assessment, in *Revue de Droit International de Sciences Diplomatiques et Politiques*, vol. 59, Genéve, 1981, pp. 201-240.

[7]   Cf. Gilda Maciel Corrêa Meyer Russomano. *Direito internacional público*, cit., p. 101.

[8]   Hildebrando Accioly. *Tratado de direito internacional público*, vol. I, cit., p. 16.

juridicamente infundados, do dualismo de sujeitos nos planos interno e internacional e da vontade dos Estados como fundamento último de existência da ordem jurídica internacional.[9]

b) Doutrina objetivista. Do fato evidente de ser o voluntarismo incapaz de resolver o problema do fundamento do Direito Internacional Público, houve a necessidade de se encontrar um princípio transcendente e objetivo que viesse pôr termo à questão. Nascida nos últimos anos do século XIX, como reação dos filósofos, sociólogos e internacionalistas às ideias voluntaristas, a *corrente objetivista* apregoa que a obrigatoriedade do Direito Internacional advém da existência de princípios e normas *superiores* aos do ordenamento jurídico estatal, uma vez que a sobrevivência da sociedade internacional depende de valores superiores que devem ter prevalência sobre as vontades e os interesses domésticos dos Estados.

Tal doutrina baseia-se em razões de ordem *objetiva* e tem como suporte e fundamento o Direito Natural, as teorias sociológicas do direito e o normativismo jurídico. Contudo, a compreensão desses elementos quando somados (direito natural, teorias sociológicas e normativismo jurídico) não é fácil, havendo quem entenda que o fundamento último de obrigatoriedade do Direito Internacional é apenas o *direito natural*, único capaz de explicar (à exceção dos tratados) a obrigatoriedade dos costumes e dos princípios gerais de direito.[10]

Para a doutrina objetivista, a legitimidade e obrigatoriedade do Direito Internacional devem ser procuradas fora do âmbito de vontade dos Estados, ou seja, na realidade da vida internacional e nas normas que disciplinam e regem as relações internacionais, que são autônomas e independentes de qualquer decisão estatal. Dentre os autores mais conhecidos, representantes dessa concepção, merecem destaque Maurice Bourquin, Georges Scelle e H. Lauterpacht, segundo os quais o Direito não é um produto da vontade humana, mas uma necessidade advinda de fatores sociais.[11]

Essa doutrina, contudo, também é passível de críticas, na medida em que minimiza (e, às vezes, até aniquila) a vontade soberana dos Estados, que também tem o seu papel contributivo na criação das regras do Direito Internacional. De fato, se se pensa em temas como o Direito Internacional do Meio Ambiente, o Direito do Comércio Internacional e o Direito Internacional Penal, vê-se claramente que há boa dose de positivismo destinada à consecução dos misteres a que se propõe cada qual desses braços do direito das gentes.

3. Fundamento do Direito Internacional na norma *pacta sunt servanda*. Uma terceira corrente, mais moderna (e, a nosso ver, mais coerente) e consagrada por instrumentos internacionais, acredita que o fundamento mais concreto da aceitação generalizada do Direito Internacional Público, dentre as inúmeras doutrinas que procuram explicar a razão de ser desse Direito, emana do entendimento de que o Direito Internacional se baseia em

---

[9]   Cf. Antônio Augusto Cançado Trindade. *Tratado de direito internacional dos direitos humanos*, vol. III. Porto Alegre: Sergio Antonio Fabris, 2003, p. 468.

[10]   Cf. Marco Gerardo Monroy Cabra. *Derecho internacional público*, 5ª ed., atual. Bogotá: Temis, 2002, pp. 45-48.

[11]   Cf., por tudo, Maurice Bourquin, Règles générales du droit de la paix, in *Recueil des Cours*, vol. 35 (1931-I), pp. 1-232; Georges Scelle, Règles générales du droit de la paix, in *Recueil des Cours*, vol. 46 (1933-IV), pp. 327-703; e Hersch Lauterpacht, Règles générales du droit de la paix, in *Recueil des Cours*, vol. 62 (1937-IV), pp. 95-422.

Parte I · Cap. III · FUNDAMENTO DO DIREITO INTERNACIONAL PÚBLICO | 71

princípios jurídicos alçados a um patamar *superior* ao da vontade dos Estados, mas sem que se deixe totalmente de lado a *vontade* desses mesmos Estados. Em verdade, trata-se aqui de uma teoria objetivista temperada, por também levar em consideração a manifestação de vontade dos Estados, ao menos em sede convencional. Afinal de contas, um Estado ratifica um tratado internacional pela sua própria vontade, mas tem que cumprir o tratado ratifica-do de boa-fé, sem se desviar desse propósito, a menos que o denuncie (e então, novamente, aparece a *vontade* do Estado, hábil a retirá-lo do compromisso que anteriormente assumira).

A vontade de pactuar, é dizer, de se comprometer por norma internacional a um dado padrão de comportamento resta embutida – após a pactuação, por força da vontade do Estado – na obrigatoriedade do compromisso ajustado, quando, então, será o próprio compromisso (autonomamente) que terá a necessária força de exigir o cumprimento daquilo que estabele-ce. Há, aqui, simbiose de ajuste moral (pretensão de observância do que foi pactuado) com obrigação de cunho jurídico (os termos do acordo que se concluiu) capaz de dar suporte de validade ao próprio Direito Internacional Público.

Esse tipo de consentimento é chamado de *perceptivo* (em contraposição ao consen-timento *criativo*, que cria normatividade jurídica concreta), pois nasce e ganha forma em virtude da pura razão humana, ou se apoia, em menor ou maior medida, num imperativo ético, em que o sistema estatal passa a não mais ter a prerrogativa de manipulação.[12] Isso explica, a contento, a razão de ser da obrigatoriedade do Direito Internacional Público e seu suporte de validade, sem o que a desordem e a anarquia internacional imperariam em des-favor de uma ordem minimamente estável, ainda que com todos os percalços que o sistema internacional atual apresenta.

Essa teoria abandona o esquema piramidal kelseniano do ordenamento jurídico, reti-rando o caráter de mera *hipótese* da norma fundamental que justifica a existência e a validade do Direito Internacional, para atribuir-lhe caráter de regra objetiva e demonstrada – *pacta sunt servanda* –, que impõe aos Estados o dever de respeitar a sua palavra e de cumprir com a obrigação aceita no livre e pleno exercício de sua soberania.[13] Qual a razão de ser assim? A razão é, primordialmente, a conservação da própria sociedade internacional, uma vez que, para a existência desta, é necessária a existência *anterior* de um Direito. Em última análise, pode-se dizer que a sua finalidade é salvaguardar o bem comum da sociedade internacional, por meio da manutenção da harmonia e das boas relações entre todos os povos.[14]

Ainda que com todas as dificuldades inerentes ao próprio convívio humano, certo é que uma ordem internacional minimamente estável – em que soberanias empenham livremente a sua palavra, pautando-se pelo imperativo ético de não manipulação – é fator de progresso tanto da ordem internacional quanto das próprias ordens internas dos sujeitos de Direito Internacional Público que a compõem, dado que a validade de muitas normas domésticas depende da validade anterior de normas internacionais de conduta que direcionam e co-mandam a ação dos Estados (e das organizações internacionais) nos mais diversos campos.

---

[12]   Cf. José Francisco Rezek. *Direito internacional público...*, cit., p. 3. Do mesmo autor, *v.* Sur le fondement du droit des gens, in *Theory of international law at the threshold of the 21st century: essays in honour of Krzysztof Skubiszewski*, Jerzy Makarczyk (ed.), The Hague: Kluwer Law International, 1996, p. 269.

[13]   *V.* John B. Whitton. La règle 'Pacta sunt servanda', in *Recueil des Cours*, vol. 49 (1934-III), pp. 147-276.

[14]   *V.* Hildebrando Accioly. *Tratado de direito internacional público*, vol. I, cit., p. 2.

Esse aceite dos Estados (e das organizações internacionais) representa o "pacto" pelo qual se vinculam, ética e juridicamente, à luz do qual devem pautar sua conduta e seus interesses no plano internacional, adaptando, se necessário, o seu Direito interno.

Tal doutrina tem merecido o crédito e o respeito de grande parte dos autores contemporâneos, notadamente os da escola italiana do Direito Internacional, cujas bases teóricas encontram supedâneo também nas regras do Direito Natural. Nesse sentido está a lição clássica de Dionisio Anzilotti, que demonstrou conter na norma *pacta sunt servanda* – segundo a qual as partes têm o dever de cumprir e respeitar aquilo que foi acordado no plano internacional – o fundamento jurídico único e absoluto do Direito Internacional Público, que deve servir de critério para diferençar as normas internacionais de todas as demais normas.[15] Na mesma trilha, o grande expoente da escola vienense, Alfred von Verdross, assim lecionou: "Não é a vontade como tal, quer a de um Estado, quer a comum de todos ou de vários Estados, que faz nascer o direito internacional; a força obrigatória deste decorre da regra objetiva *pacta sunt servanda* que impõe aos Estados o respeito da palavra dada".[16]

Outras escolas (mesmo as de autores positivistas) também destacaram a importância da norma *pacta sunt servanda*, ainda que de modo diverso. Para Kelsen, por exemplo, o *pacta sunt servanda* é a regra costumeira eminente (resultante da norma fundamental, a *Grundnorm*) da qual deriva a obrigatoriedade dos tratados.[17] Frise-se que, ao advogar a tese monista internacionalista, Kelsen viu-se obrigado a também encontrar na norma *pacta sunt servanda* o fundamento do Direito Internacional Público (que seria desnecessário adotando- -se o posicionamento monista nacionalista, segundo o qual a *vontade* dos Estados – e aqui, mais uma vez, repetir-se-ia o fracasso do voluntarismo – justificaria a obrigatoriedade do direito das gentes).

O certo é que a norma *pacta sunt servanda* foi definitivamente consagrada, em 1969, quando da adoção da Convenção de Viena sobre o Direito dos Tratados, que a positivou (inclusive com o próprio nome de *pacta sunt servanda*) no seu art. 26, nos seguintes termos: "Todo tratado em vigor obriga as partes e deve ser cumprido por elas de boa-fé". Mas a mesma ideia já havia sido anteriormente expressa, por exemplo, no Protocolo de 17 de janeiro de 1871, da Conferência de Londres, no qual se declarou "que é princípio essencial do direito das gentes que nenhuma potência possa livrar-se dos compromissos de um tratado, nem modificar as estipulações, senão como resultado do assentimento das partes contratantes, por meio de entendimento amigável".

A Convenção de Viena sobre o Direito dos Tratados, ademais, consagrou nos seus arts. 53 e 64 a noção de *jus cogens* como normas imperativas de *Direito Internacional geral*, reconhecidas pela sociedade internacional no seu conjunto, em relação às quais nenhuma derrogação, em regra, é permitida. Normas de Direito Internacional *geral* são normas, em princípio, costumeiras (nada impedindo que, posteriormente, venham ser positivadas em tratados). São costumeiras pelo fato de ser praticamente impossível existir norma internacional da qual sejam partes todos os Estados do mundo. Esse conjunto de normas imperativas, capaz de eivar de nulidade todo e qualquer tratado que com elas conflite, demonstra a aceitação

---

[15] Cf. Dionisio Anzilotti. *Cours de droit international*, cit., pp. 44-45.

[16] Alfred von Verdross. Le fondement du droit international, in *Recueil des Cours*, vol. 16 (1927-I), p. 288.

[17] Hans Kelsen. Théorie du droit international public, in *Recueil des Cours*, vol. 84 (1953-III), p. 29.

geral, pela Convenção de Viena de 1969, de alguns dos princípios do Direito Natural. Tais regras de *jus cogens* impõem, pois, limitações à autonomia da vontade dos Estados, o que se justifica na medida em que visam a proteção dos interesses individuais dos Estados, bem como a proteção destes contra suas próprias fraquezas ou contra as desigualdades do *bargaining power*.[18]

A vontade coletiva dos Estados, como simples ato jurídico, não pode constituir o fundamento do Direito Internacional Público. Se o Estado externa a sua vontade, manifestando o seu consentimento, assim o faz em virtude da existência de um princípio *anterior* que lhe concede esse poder. Como o Direito não é produto exclusivo da vontade do Estado, mas antes, lhe é anterior, o que o Estado faz é apenas *reconhecer*, por meio de normas jurídicas, a sua obrigatoriedade, tanto no plano interno, como no plano internacional. E se o Estado apenas reconhece essa obrigatoriedade é porque consagra que o Direito é uno, e também que, por meio de um princípio geral *anterior*, lhe concedeu o poder de gerar normas jurídicas de cunho obrigatório. Se esse princípio emanado da ordem jurídica internacional – *pacta sunt servanda* –, representado pela norma última, da qual derivam todas as normas jurídicas, lhe é anterior, não se pode olvidar que do sistema internacional é que advém a obrigatoriedade do Direito interno. É desta norma última, ou suprema – *norma fundamental suprema* –, que derivam todas as demais normas jurídicas e da qual estas retiram o seu fundamento de validade. A norma fundamental ou suprema é, por conseguinte, superior a todo o Direito positivo, ou seja, aquela cuja validade não pertence a nenhuma outra ordem, a nenhum outro sistema de regras positivas, porque não foi "criada" de acordo com as prescrições de qualquer outra norma jurídica. Por consequência, não se vislumbra *dualidade* de sistemas, mas sim uma *unicidade* advinda da supremacia do Direito Internacional. O ato jurídico estatal, assim, nada mais é do que a aplicação permitida de um Direito preexistente e superior à sua vontade.[19]

Parece não assistir razão ao jurista grego Jean Spiropoulos, citado por Accioly, na crítica que fez à norma *pacta sunt servanda*. Nas suas palavras: "(...) da mesma forma que quando se fala da vontade comum ou da auto-obrigação do Estado, é preciso procurar uma norma superior, que estabeleça o caráter obrigatório dessa vontade comum ou dessa auto-obrigação do Estado, assim também, quando se fala da norma *pacta sunt servanda*, é preciso procurar ainda uma norma mais alta, que confira à regra *pacta sunt servanda* o caráter obrigatório. Porque, ainda que se estabeleça, invocando-se a prática, a validade da norma *pacta sunt servanda*, deverá provar-se ainda por que essa norma é válida".[20] Para nós, a objeção formulada não abala a existência e a validade da regra no plano internacional, uma vez que os princípios de justiça já demonstraram ser o Direito Natural o fundamento último da regra *pacta sunt servanda*, o mesmo também a justificar as normas imperativas de Direito Internacional geral (*jus cogens*), universalmente reconhecidas.

O Direito Natural, sendo emanação da própria natureza humana, entende o homem como ser racional e social, dotado daquilo que se chama *consciência*; esta pode assumir várias

---

18 V. João Grandino Rodas. *Jus cogens* em direito internacional, in *Revista da Faculdade de Direito da Universidade de São Paulo*, vol. LXIX, fasc. II, São Paulo, 1974, pp. 127-128.

19 Cf. Pedro Baptista Martins. *Da unidade do direito e da supremacia do direito internacional*, cit., pp. 28-29.

20 V. Hildebrando Accioly. *Tratado de direito internacional público*, vol. I, cit., p. 18.

formas, inclusive ser *coletiva* e *anterior* à individualidade (homem individualmente considerado). O *sentimento de justiça* é um tipo de consciência humana (coletiva) que, como observa Accioly, "não depende de uma maioria e é anterior e superior à vontade do homem, que só o adquire graças à sua razão".[21] Esse sentimento, que pode se dizer pertencer à humanidade, é a melhor e mais racional justificativa para a existência de um conjunto de normas (na sua gênese, costumeiras) superiores à vontade dos Estados. Por isso, pode-se concluir com Brierly que a "explicação última da obrigatoriedade de todo o direito está em que o homem, quer tomado individualmente quer associado com outros num Estado, é forçado a admitir, como ser racional, que é a ordem, e não o caos, o princípio que governa o mundo em que tem de viver".[22] Eis aqui, então, o fundamento último (e mais verdadeiro) a justificar a obrigatoriedade do Direito Internacional Público.

---

[21] Hildebrando Accioly. Idem, p. 20.

[22] J. L. Brierly. *Direito internacional*, cit., p. 55. Nesse exato sentido, assim leciona Jorge Miranda: "Por que motivo se obedece a qualquer norma jurídica? Para além da reciprocidade de interesses, para além do temor ou não de sanções, o que determina a obediência é o sentido racional e ético, mais ou menos conscientemente assumido, da pertença a um grupo, a uma comunidade, a um sistema de relações. O destinatário da norma é livre de cumprir ou não cumprir, mas a norma que se lhe dirige não tem por base a sua vontade; funda-se em princípios objetivos de ordem que o transcendem ou num sentido de bem comum; e isto vale tanto para o Direito interno quanto para o Direito Internacional" (*Curso de direito internacional público*, cit., p. 33).

Capítulo IV

Fontes do Direito Internacional Público

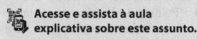

Acesse e assista à aula explicativa sobre este assunto.

> http://uqr.to/1zv49

SEÇÃO I – FONTES PRIMÁRIAS

1. Introdução. O problema das *fontes* do Direito Internacional Público não é novo e continua a despertar a atenção dos internacionalistas, principalmente após o aparecimento de novos atores na sociedade internacional, que passaram a ampliar os meios tradicionais pelos quais o Direito Internacional opera.[1] A questão que aqui se coloca, agora que já se tem uma visão aproximada das situações por tal direito regidas, pode ser formulada nos seguintes termos: do que é composto (ou formado) o Direito Internacional Público? A resposta encontra-se no estudo de suas fontes. Tais fontes constituem (ao lado do Direito dos Tratados) o objeto fundamental de estudo do Direito Internacional Público, na medida em que representam os elementos básicos do regime jurídico internacional.[2]

Muita coisa mudou relativamente às fontes do Direito Internacional Público, desde o aparecimento das primeiras organizações internacionais intergovernamentais no nosso planeta. O fenômeno atual, portanto, é o da descentralização das fontes do direito das gentes. É dizer, atualmente se verifica uma reavaliação das fontes do Direito Internacional Público com o consequente *aggiornamento* dessas mesmas fontes (que estão em processo de constante interação) na doutrina e jurisprudência internacionais.[3] Tal se deu notadamente após as grandes mudanças ocorridas no cenário mundial desde o final da Segunda Guerra, as quais se estendem até os dias atuais. Assim, deve-se já ter bem fixada a ideia de que as fontes do Direito Internacional não se apresentam de maneira homogênea. Um ato comissivo (como a ocupação de um território ou uma manifestação unilateral de vontade) ou omissivo (que aceita pacificamente a ação de outro Estado) e, obviamente, a conclusão de atos formalmente internacionais (como a celebração de um tratado internacional, sua denúncia etc.), têm igual aptidão para criar e ser fontes do Direito Internacional Público.

---

[1] *V.* Paul Heilborn. *Les sources du droit international*, cit., pp. 14-56.
[2] Cf. Ian Brownlie. *Princípios de direito internacional público*, cit., p. 13.
[3] Cf., a propósito, Antônio Augusto Cançado Trindade, *O direito internacional em um mundo em transformação*, Rio de Janeiro: Renovar, 2002, pp. 19-25.

76 | CURSO DE DIREITO INTERNACIONAL PÚBLICO – *Valerio de Oliveira Mazzuoli*

Por esse motivo dividiu-se este Capítulo em duas seções: uma ligada às *fontes primárias* do Direito Internacional, e outra relativa aos chamados *meios auxiliares* e às ditas *novas fontes* da disciplina. Estas últimas serão estudadas à luz das transformações ocorridas no plano internacional relativas ao aparecimento de novos atores do direito das gentes e de novos meios de produção das normas jurídicas internacionais. É preciso sempre não perder de vista que tais transformações pelas quais vem passando o mundo (com inúmeros progressos, é certo, mas igualmente com imensas desigualdades sociais) são determinantes para uma reavaliação do estudo das fontes do Direito Internacional Público atualmente.

2. Fontes materiais e formais. Dividem-se as fontes do Direito Internacional Público em *materiais e formais*.[4] As *fontes materiais* não pertencem ao universo da Ciência do Direito propriamente, mas sim à Política do Direito, porquanto – como leciona Miguel Reale – se referem ao exame do conjunto de fatores sociológicos, econômicos, ecológicos, psicológicos e culturais, que condiciona a decisão do *poder* no ato de *edição* e *formalização* das diversas fontes do Direito.[5] São as fontes que determinam a elaboração de certa norma jurídica, bem assim o seu sentido ou alcance, fazendo prova da existência dessa norma. No plano do Direito interno têm-se as *necessidades sociais* de elaboração de determinada regra de conduta, ao passo que, no plano do Direito Internacional, têm-se as necessidades que decorrem das relações dos Estados e das organizações internacionais de regulamentarem suas relações recíprocas.[6] Tais fontes determinam, então, o *conteúdo* (a matéria, a substância) da norma jurídica, podendo ter origens em necessidades sociais, econômicas, políticas, morais, culturais, religiosas etc. Para alguns autores, a grande fonte material (ou de produção) das normas internacionais é o *substrato econômico*. Assim entende Jean-Marie Lambert, para quem o gerenciamento da opinião pública mundial aponta claramente "para o motor econômico e político da atividade normativa internacional".[7] Por outro lado, consideram-se *fontes formais* do Direito os *métodos* ou *processos* de criação das normas jurídicas, as diversas técnicas que permitem considerar uma norma como pertencente ao mundo jurídico, vinculando os atores para os quais se destinam.[8] No plano do Direito interno

---

[4]   V. Dionisio Anzilotti. *Cours de droit international*, cit., p. 67.

[5]   Miguel Reale. *Fontes e modelos do direito: para um novo paradigma hermenêutico*. São Paulo: Saraiva, 1994, p. 2. Este jurista critica, entretanto, o desdobramento normalmente feito em fonte *formal* e fonte *material* do Direito. No seu entender, "uma fonte de direito só pode ser *formal*, no sentido de que ela representa sempre uma *estrutura normativa que processa e formaliza, conferindo-lhes validade objetiva, determinadas diretrizes de conduta* (em se tratando de relações privadas) *ou determinadas esferas de competência*, em se tratando sobretudo de Direito Público. (...) Para o jurista o problema essencial que se lhe põe é o estudo daquilo que foi *processado* e *formalizado*, isto é, positivado numa *lei*, num *costume*, numa *sentença* ou num *contrato*, que são as quatro fontes por excelência do Direito" [grifos do original] (*Op. cit.*, p. 2). Para críticas à distinção entre fontes formais e materiais no plano do direito das gentes, v. James Crawford, *Brownlie's principles of public international law*, cit., pp. 20-21.

[6]   Cf. Hubert Thierry. L'évolution du droit international: cours général de droit international public, cit., p. 30.

[7]   Cf. Jean-Marie Lambert. *Curso de direito internacional público*, vol. I (*O mundo global*), 5ª ed. Goiânia: Kelps, 2004, p. 69. Ainda segundo Lambert: "Visto sob esse prisma, o Direito Internacional é – e sempre foi – a lei do mais forte: reflete, basicamente, os valores dos países que, em determinada hora, conseguem impor seus pontos de vista. (...) Assim gira o mundo do Direito Internacional. Cínico, relativiza e até desconhece as noções de certo e errado, de bem e de mal... ou faz delas uso oportunístico, convencido, até a medula, de que a razão do mais forte é sempre a melhor. Reveste a roupagem dos grandes princípios se lhe convém, mas os esquece quando precisa e inventa outros sempre que achar necessário impressionar os ingênuos" (Idem, p. 73 e pp. 74-75).

[8]   Cf. Dinh, Daillier & Pellet. *Direito internacional público*, cit., pp. 113-114.

Parte I • Cap. IV • FONTES DO DIREITO INTERNACIONAL PÚBLICO | 77

têm-se a Constituição, as leis do Estado devidamente elaboradas por processo legislativo, os costumes, os princípios gerais de direito, bem como as reiteradas decisões dos tribunais (jurisprudência) naqueles países em que prevalece a doutrina do *stare decisis* (precedente judicial de caráter obrigatório).[9] Denominam-se *formais* pelo fato de indicarem as formas pelas quais o Direito (especialmente o Direito positivo) pode desenvolver-se para *atuar* e se *impor*, disciplinando as relações jurídicas. Emanam sempre de uma *autoridade* que subordina a vontade dos súditos às suas deliberações ou seus comandos. Tais fontes podem ser *primárias* (substanciais ou de produção), como a Constituição do Estado, e *secundárias* (formais ou de conhecimento), como a lei (fonte formal ou de conhecimento imediata), os costumes e os princípios gerais de direito (fontes formais ou de conhecimento mediatas).

No plano internacional, contudo, a situação torna-se bem mais complexa. Tal complexidade nasce do fato de não existir, no âmbito externo, ao contrário do que sucede com o Direito interno, nenhum tipo de autoridade superior (*v.g.*, uma Constituição) que subordine os Estados à sua vontade, de modo a tornar efetivas suas decisões. No plano internacional, tudo o que se faz ou se deixa de fazer é consequência da vontade organizada dos Estados para que isso aconteça. Por isso, qualquer comparação que se pretenda fazer com a dinâmica de produção normativa do Direito interno só pode levar ao fracasso do estudo das fontes do Direito Internacional Público. Em última análise, a validade de uma determinada norma como fonte de Direito Internacional está a depender da forma por meio da qual referida norma é elaborada (por Estados ou organismos internacionais) e de como a mesma se converte em obrigatória no plano jurídico externo. Daí a afirmação de Ian Brownlie de que, no contexto das relações internacionais, "a utilização da expressão 'fonte formal' é inadequada e enganadora, uma vez que o leitor é levado a pensar no mecanismo constitucional de elaboração das leis existente a nível interno", o qual "não existe para a criação de normas de Direito Internacional".[10] A maioria dos autores, entretanto, aceita a distinção entre fontes "materiais" e "formais" no Direito Internacional Público.[11]

Num estudo clássico sobre o tema, Max Sørensen também não deixou de distinguir as fontes formais do Direito Internacional das suas fontes materiais, que compreendem, nas suas palavras, "os elementos e as influências que determinam o conteúdo da regulamentação jurídica, que são os interesses e necessidades práticas dos Estados ou as exigências ideais que decorrem, em um certo momento, da consciência social e das ideologias prevalentes na comunidade internacional".[12] Contudo, interessa-nos mais o estudo das fontes *formais* (ou, se preferir, como entende Brownlie, o estudo dos meios como "o consentimento geral dos Estados cria normas de aplicação geral"[13]) do Direito Internacional que a análise das necessidades sociais, econômicas, políticas, morais ou religiosas que fomentam a elaboração de determinada regra de conduta.

---

9   Cf. Thomas Buergenthal (*et al.*). *Manual de derecho internacional público*, cit., p. 25.

10   Ian Brownlie. *Princípios de direito internacional público*, cit., p. 13. Assim também, Malcolm N. Shaw, *Direito internacional*, cit., p. 57: "Esta classificação foi criticada por causa da peculiar configuração constitucional do direito internacional; na tentativa de estabelecer uma clara distinção entre elementos adjetivos e substantivos – no direito internacional, uma distinção difícil de manter –, ela tende a distrair nossa atenção de alguns problemas mais importantes".

11   V. Dinh, Daillier & Pellet. *Direito internacional público*, cit., pp. 113-116.

12   Max Sørensen. *Les sources du droit international: étude sur la jurisprudence de la Cour Permanente de Justice International*. Copenhague: Munksgaard, 1946, pp. 13-14.

13   V. Ian Brownlie. *Princípios de direito internacional público*, cit., p. 14.

3. Rol originário das fontes do Direito Internacional Público.

A Convenção da Haia, de 18 de outubro de 1907, que criou o Tribunal Internacional de Presas, foi o primeiro texto internacional a estabelecer um rol de fontes do Direito Internacional Público, tendo sido estabelecido, no seu art. 7º, o seguinte:

> "Se a questão de direito a resolver estiver prevista por uma convenção em vigor entre o beligerante captor e a Potência que for parte do litígio, ou cujo nacional for parte dele, o Tribunal decidirá conforme as estipulações da mencionada convenção. Na falta dessas estipulações, o Tribunal aplicará as regras do Direito Internacional. Se não existirem regras internacionalmente reconhecidas, o Tribunal decidirá de acordo com os princípios gerais do direito e da equidade".

Anos mais tarde, entretanto, apareceria aquele que viria a ser considerado o rol mais autorizado das fontes do Direito Internacional Público (o qual, atualmente, é considerado apenas *parte* do rol das fontes formais do direito das gentes, como se verá adiante). Trata-se do art. 38 do Estatuto da CIJ, que assim estabelece:

> "1. A Corte, cuja função é decidir de acordo com o direito internacional as controvérsias que lhe forem submetidas, aplicará:
>
> a) as convenções internacionais, quer gerais, quer especiais, que estabeleçam regras expressamente reconhecidas pelos Estados litigantes;
>
> b) o costume internacional, como prova de uma prática geral aceita como sendo o direito;
>
> c) os princípios gerais de direito, reconhecidos pelas nações civilizadas;
>
> d) sob ressalva da disposição do art. 59 [*verbis*: 'A decisão da Corte só será obrigatória para as partes litigantes e a respeito do caso em questão'], as decisões judiciárias e a doutrina dos juristas mais qualificados das diferentes nações, como meio auxiliar para a determinação das regras de direito.
>
> 2. A presente disposição não prejudicará a faculdade da Corte de decidir uma questão *ex aequo et bono*, se as partes com isto concordarem".

O art. 38 do ECIJ, como se vê, não diz em nenhum momento ser um elenco de "fontes" do Direito Internacional, disciplinando tão somente quais os *instrumentos* e *meios* que a Corte deverá aplicar numa controvérsia concreta entre Estados à sua jurisdição submetida. Mas a doutrina tradicional tem apontado que as fontes do Direito Internacional correspondem perfeitamente àquilo que se estipulou no citado dispositivo, sendo elas os tratados internacionais, o costume internacional e os princípios gerais de direito. Há, entretanto, que se ter como certo que o art. 38 do referido Estatuto jamais pretendeu ser um rol taxativo das fontes do Direito Internacional Público, mas apenas um roteiro para a própria Corte relativamente à aplicação do Direito Internacional num caso concreto.[14]

---

[14] V. Max Sørensen. *Les sources du droit international...*, cit., pp. 28-33; Antônio Augusto Cançado Trindade, Reavaliação das fontes do direito internacional público ao início da década de oitenta, in *Revista de Informação Legislativa*, ano 18, nº 69, Brasília: Senado Federal, jan./mar./1981, p. 92; e Jorge Miranda, *Curso de direito internacional público*, cit., pp. 40-41. Este último autor, assim leciona: "Não há uma enumeração exaustiva, taxativa. O art. 38º não esgota os modos de produção ou de revelação existentes, nem pode impedir futuras mutações de Direito Internacional" (*Op. cit.*, p. 41).

Parte I · Cap. IV · FONTES DO DIREITO INTERNACIONAL PÚBLICO | **79**

Tratados, costumes e princípios gerais de direito são as *fontes primárias* do Direito Internacional, de sorte que qualquer regra que pretenda ser considerada norma de direito das gentes não pode derivar de outro lugar senão de uma delas. Mas o Estatuto também faz referência às decisões judiciárias e à doutrina dos juristas mais qualificados das diferentes nações, consideradas *meios auxiliares* na busca da comprovação da existência de determinada regra de direito. Assim, as "decisões judiciárias" e a "doutrina dos juristas", a que o artigo faz referência, esclareça-se, não são fontes de direito como tal, constituindo-se validamente, entretanto, como meios de auxílio a definir o direito aplicável (*v. infra*).

O art. 38 do ECIJ não se pronuncia se existe algum tipo de grau hierárquico entre as disposições que enumera, particularmente entre os tratados e os costumes internacionais. A doutrina soviética, nesse sentido, opõe-se a qualquer critério rigidamente hierárquico entre as normas do Direito Internacional, não obstante considere ser algumas regras ou princípios mais importantes que outros. Segundo esta concepção, não há hierarquia entre os tratados e as demais fontes do Direito Internacional Público, mesmo porque a validade das normas convencionais depende da regra consuetudinária *pacta sunt servanda*.[15] Poder-se-ia pensar, com esta última afirmação, que dependendo a validade das normas convencionais da norma – hoje costumeira, mas nascida de princípios – *pacta sunt servanda*, os costumes seriam hierarquicamente superiores aos tratados (caso em que não poderiam estes últimos revogar costumes). Tal não pode ser verdade. Ora, se os Estados concluíram um tratado e ali deliberaram algo diferente do que costumeiramente praticam, é porque pretenderam modificar o costume até então vigente. Daí porque, na prática, os tribunais internacionais dão preferência às disposições específicas, de caráter obrigatório, dos tratados internacionais vigentes entre as partes, sobre as normas internacionais costumeiras e sobre os princípios gerais de direito. Mas essa prática só pode ser aceita (obviamente) se a norma costumeira não for uma norma imperativa de Direito Internacional geral, chamada de *jus cogens*,[16] que não pode ser derrogada por nenhum tratado entre Estados.[17] A maior utilização *prática* dos tratados em detrimento dos costumes, porém, não é reveladora de diferença hierárquica (formal) entre essas mesmas fontes.[18] Assim, frise-se: a regra é a de que *não há* hierarquia entre as fontes formais do Direito Internacional Público, à exceção do art. 103 da Carta das Nações Unidas (que atribui primazia à Carta sobre todos os demais compromissos internacionais concluídos por quaisquer de seus membros) e das normas de *jus cogens* (que prevalecem sobre todas as demais regras ou obrigações internacionais).[19]

Além dessas expressões do Direito Internacional vigente podem vir a existir outras, a exemplo dos atos unilaterais estatais e das decisões das organizações internacionais, além de

---

[15] V. Paul Reuter. *Direito internacional público, cit., pp. 51-52;* Michel Virally, *Manual de derecho internacional público.* Max Sørensen [Editor], cit., p. 192; e Dinh, Daillier & Pellet, *Direito internacional público,* cit., pp. 116-117.

[16] Sobre as normas de *jus cogens, v.* a Seção II, item nº 7, *b*, deste Capítulo (*infra*).

[17] Cf. Thomas Buergenthal (*et al.*). *Manual de derecho internacional público,* cit., pp. 26-27.

[18] Cf. Dionisio Anzilotti. *Cours de droit international,* cit., p. 103; Dinh, Daillier & Pellet, *Direito internacional público,* cit., pp. 116-118; Éric Canal-Forgues & Patrick Rambaud, *Droit international public,* Paris: Flammarion, 2007, pp. 108-111; Jorge Miranda, *Curso de direito internacional público,* cit., p. 41; e James Crawford, *Brownlie's principles of public international law,* cit., pp. 22-23. V. também, Mark Eugen Villiger, *Customary international law and treaties: a study of their interactions and interrelations with special consideration of the 1969 Vienna Convention on the Law of Treaties,* Dordrecht: Martinus Nijhoff, 1985, pp. 34-36.

[19] V. Antonio Remiro Brotons (*et al.*). *Derecho internacional,* cit., p. 82.

certas regras de conteúdo bastante recente, como é o caso, para alguns autores, da chamada *soft law*.[20] Portanto, antes de se começar a estudar as fontes primárias e os meios auxiliares de interpretação do Direito Internacional, é mister apontar o caráter relativo e não taxativo do art. 38 do ECIJ, o qual elenca um rol mínimo de normas aplicáveis em direito das gentes, mas sem pretensão de esgotamento. Daí o motivo pelo qual *novas fontes* e novos *meios auxiliares* de interpretação poderão surgir com o passar do tempo, ampliando o núcleo mínimo (tão somente declaratório) do art. 38 e permitindo à Corte utilizar-se dessas novas regras independentemente de previsão expressa em tratado ou outra norma internacional.

Destaque-se que andou melhor que o art. 38 do ECIJ o art. 21 do Estatuto de Roma do Tribunal Penal Internacional, pois, não obstante se basear nas mesmas premissas de enumeração das fontes que o tribunal deverá utilizar no julgamento de casos concretos, sanou inconsistências da normativa anterior, ao assim estabelecer:

> "1. O Tribunal aplicará:
>
> a) Em primeiro lugar, o presente Estatuto, os Elementos Constitutivos do Crime e o Regulamento Processual;
>
> b) Em segundo lugar, se for o caso, os tratados e os princípios e normas de direito internacional aplicáveis, incluindo os princípios estabelecidos no direito internacional dos conflitos armados;
>
> c) Na falta destes, os princípios gerais do direito que o Tribunal retire do direito interno dos diferentes sistemas jurídicos existentes, incluindo, se for o caso, o direito interno dos Estados que exerceriam normalmente a sua jurisdição relativamente ao crime, sempre que esses princípios não sejam incompatíveis com o presente Estatuto, com o direito internacional, nem com as normas e padrões internacionalmente reconhecidos.
>
> 2. O Tribunal poderá aplicar princípios e normas de direito tal como já tenham sido por si interpretados em decisões anteriores.
>
> 3. A aplicação e interpretação do direito, nos termos do presente artigo, deverá ser compatível com os direitos humanos internacionalmente reconhecidos, sem discriminação alguma baseada em motivos tais como o gênero, definido no parágrafo 3º do artigo 7º, a idade, a raça, a cor, a religião ou o credo, a opinião política ou outra, a origem nacional, étnica ou social, a situação econômica, o nascimento ou outra condição".

O dispositivo, como se nota, traça um parâmetro e uma escala de aplicação do direito *em etapas*, sem o que não poderá o tribunal levar a cabo qualquer julgamento. Deliberadamente, foram deixados de lado os métodos de auxílio na determinação das regras de direito, tais como a jurisprudência e a doutrina. Verdade, porém, é que a disposição somente se aplica aos julgamentos perante o TPI, não espraiando efeitos para além do plano estritamente *criminal*. Daí volver-se o estudo das fontes primárias novamente para a regra que *resta* na regulação do problema, qual seja o art. 38 do ECIJ.

4. Os tratados internacionais. Os tratados internacionais são, incontestavelmente, a principal e mais concreta fonte do Direito Internacional Público na atualidade, não apenas em relação à segurança e estabilidade que trazem nas relações internacionais, mas também porque

---

[20] Sobre a *soft law* e o seu potencial caráter de fonte do Direito Internacional, *v.* a Seção II, item nº 7, *c*, deste Capítulo (*infra*).

tornam o direito das gentes mais representativo e autêntico, na medida em que se consubstanciam na vontade livre e conjugada dos Estados e das organizações internacionais, sem a qual não subsistiriam. Além de serem elaborados com a participação direta dos Estados, de forma democrática, os tratados internacionais trazem consigo a especial força normativa de regularem matérias das mais variadas e das mais importantes. Além disso, os tratados internacionais dão maior segurança aos Estados no que respeita à existência e interpretação da norma jurídica internacional; ou seja, são a fonte do Direito Internacional mais direta, clara e fácil de comprovar.[21] Daí a afirmação de Charles Calvo, nos idos de 1884, de que os tratados "são incontestavelmente a fonte mais importante e mais irrecusável do direito internacional",[22] tendo sido seguido por Joseph Nisot, que atestou serem os tratados "a fonte mais certa do direito internacional".[23] O assombroso crescimento apenas da *United Nations Treaty Series* já demonstra esse fato, atestando o relevante papel que têm os tratados na prática internacional contemporânea.[24]

Como fontes do Direito Internacional *geral* merecem destaque os tratados *multilaterais*, concluídos por grande número de Estados para (1) declarar o seu entendimento sobre determinado Direito vigente, (2) regulamentar *pro futuro* e de maneira nova sua conduta, ou ainda (3) com o fim de criar uma organização internacional.[25]

Os tratados internacionais são superiores às leis internas: eles revogam as normas domésticas anteriores que lhes sejam contrárias e devem ser observados pelas que lhes sobrevenham. Todas as leis posteriores – diz claramente Accioly – não devem estar em contradição com as regras ou princípios estabelecidos pelos tratados; e, finalmente, qualquer lei interna que com eles se relacionem deve ser interpretada, tanto quanto possível, de acordo com o direito convencional anterior.[26] Tal reconhecimento da primazia do direito convencional sobre o Direito interno já foi consagrado – como se viu Capítulo II, item nº 6 desta Parte I – por inúmeras Constituições contemporâneas e pela prática internacional.

Alguns tratados podem constituir-se em normas de Direito Internacional geral ou ser uma fonte desse direito. O *Restatement of the Law*, Third (1987), § 102(3), abre essa possibilidade ao estabelecer que os "acordos internacionais criam direito internacional geral quando estão abertos à adesão dos Estados em geral e, de fato, quando contam com uma ampla aceitação".[27] Nesse caso, os tratados passam a desempenhar função semelhante àquela que tem a legislação nos ordenamentos internos dos Estados. Cuida-se do que o Direito dos Tratados classifica como *tratados-leis* ou *tratados-normativos*, que criam normatividade geral de Direito Internacional Público (*v.g.*, a Convenção de Viena sobre o Direito dos Tratados, de 1969; a Convenção de

---

21 Cf. Cesar Diaz Cisneros. *Derecho internacional público*, vol. I, cit., p. 77.

22 Charles Calvo. *Manuel de droit international*. Paris: Librarie Nouvelle de Droit et de Jurisprudence, 1884, p. 75.

23 Joseph Nisot. A propos du projet de la Commission du Droit International des Nations Unies relatif au droit des traités, in *Revue Générale de Droit International Public*, nº 2, t. 38, Paris, avril./juin, 1967, p. 312.

24 Cf. Antônio Augusto Cançado Trindade. Reavaliação das fontes do direito internacional público ao início da década de oitenta, cit., p. 103.

25 Cf. J. L. Brierly. *Direito internacional*, cit., pp. 57-58.

26 Hildebrando Accioly. *Tratado de direito internacional público*, vol. I, cit., p. 547.

27 *V.* § 102(3): "International agreements create law for the states parties thereto and may lead to the creation of customary international law when such agreements are intended for adherence by states generally and are in fact widely accepted".

Viena sobre Relações Diplomáticas, de 1961; a Convenção de Viena sobre Relações Consulares, de 1963; além de vários outros tratados concluídos sob os auspícios das Nações Unidas). Isto se dá por conta da lentidão do direito costumeiro de fazer frente às necessidades prementes da sociedade internacional relativamente à adoção de novas normas jurídicas.[28]

Ao estudo da teoria dos tratados dá-se o nome de Direito dos Tratados, que, em linhas gerais, regula: *a*) a forma como negociam os Estados ou as organizações internacionais; *b*) quais os órgãos encarregados de tal negociação; *c*) como se adota o texto convencional; *d*) qual a forma de assegurar a autenticidade do texto; *e*) como os contratantes expressam seu consentimento em obrigar-se pelo acordo; *f*) como se dá a entrada em vigor (ou aplicação provisória) de um tratado; *g*) como se incorpora ao direito local o tratado; *h*) quais os vícios capazes de anular o consentimento ou nulificar um tratado; *i*) quais os efeitos que o compromisso produz sobre as partes ou sobre terceiros; e *j*) como se extinguem os atos internacionais.

O Direito dos Tratados será detalhadamente estudado durante todo o Capítulo V desta Parte I.

5. O costume internacional. A segunda grande fonte formal (historicamente, porém, a mais antiga) do Direito Internacional Público é o costume internacional.[29] Sua importância advém do fato de não existir, ainda, no campo do Direito Internacional, um centro integrado de produção de normas jurídicas, não obstante a atual tendência de codificação das normas internacionais de origem consuetudinária. A *codificação* do costume em documentos escritos demonstra nitidamente o seu caráter de fonte formal do Direito Internacional, eis que uma série de institutos – relativos, *v.g.*, aos espaços marítimos, ao comércio, à guerra e às relações diplomáticas – nasceram temporalmente muito antes que qualquer tratado sobre a matéria, e inclusive antes da formação dos próprios Estados. De fato, é o costume internacional, enquanto modo de elaboração do direito, uma fonte *formal* por se tratar de um processo regido pelo Direito Internacional e autônomo em relação a outros modos, como confirma o próprio art. 38 do ECIJ ao falar de "prova" de uma prática geral aceita "como sendo o direito".[30]

O costume internacional – não obstante a proliferação dos tratados, especialmente dos que codificam costumes precedentes – tem ainda um papel de grande relevância na formação e desenvolvimento do Direito Internacional Público; primeiro, por estabelecer um corpo de regras universalmente aplicáveis em vários domínios do direito das gentes e, segundo, por permitir a criação de regras gerais, que são as regras-fundamentos da constituição da sociedade internacional. Assim, diferentemente dos tratados, que têm o seu âmbito de aplicação reduzido aos Estados que os ratificaram, os costumes proliferam-se para a generalidade dos sujeitos internacionais, mesmo para os reticentes. Daí continuar sendo o costume – mesmo com a ascensão numérica dos tratados internacionais – um valioso elemento de determinação das regras do Direito Internacional Público.[31] Exemplifique-se com o tema da responsabilidade

---

[28]   Cf. Thomas Buergenthal (*et al.*). *Manual de derecho internacional público*, cit., pp. 29-30.

[29]   V. Valerio de Oliveira Mazzuoli. Algumas questões jurídicas sobre a formação e aplicação do costume internacional, in *Revista dos Tribunais*, ano 101, vol. 921, São Paulo, jul./2012, pp. 259-278.

[30]   V. Dinh, Daillier & Pellet. *Direito internacional público*, cit., p. 328.

[31]   V. Luis Cezar Ramos Pereira. *Costume internacional: gênese do direito internacional*. Rio de Janeiro: Renovar, 2002, pp. 5-7; e André Gonçalves Pereira & Fausto de Quadros, *Manual de direito internacional público*, cit., pp. 155-168.

Parte I · Cap. IV · FONTES DO DIREITO INTERNACIONAL PÚBLICO | 83

internacional por atos ilícitos, que não contava com qualquer projeto da CDI antes de 2001 (até o momento ainda não aprovado pela ONU) e exigia, portanto, continuassem os costumes relativos ao tema sendo aplicados à generalidade dos Estados.

Historicamente, o costume internacional (*consuetudo est servanda*) foi a primeira fonte do Direito Internacional a aparecer e a ganhar vida, tendo reinado incontrastável até o século XVII, a partir de quando (após os Tratados de Westfália, que puseram termo à Guerra dos Trinta Anos) as convenções internacionais passaram a ganhar especial relevo no cenário internacional, notadamente por consolidarem a igualdade entre os Estados e visarem a segurança e a estabilidade das relações internacionais. À exceção dos princípios gerais do direito internacional, não se conhecia regra alguma de Direito Internacional aplicável à sociedade internacional que não fosse costumeira. E ainda hoje o fato é que nenhum tratado multilateral logrou a ratificação da totalidade dos Estados componentes da sociedade internacional,[32] o que faz sobrar aos costumes a regulação de várias matérias no âmbito do direito das gentes.[33] Assim, a necessidade da sociedade internacional em buscar novos meios de regulação de suas atividades, como pelos tratados e pelas regras das organizações internacionais, não retirou dos costumes a condição de fonte-base e anterior de todo o Direito Internacional Público, mesmo porque se sabe que a positivação dos costumes em normas convencionais não os extingue.[34] Pelo contrário: o costume, mesmo positivado em tratado, continua a existir para aqueles Estados que desse tratado não são partes ou, ainda, para aqueles Estados que se retiraram desse mesmo instrumento pela denúncia unilateral.

a) Conceito de costume internacional. Segundo o art. 38, § 1º, alínea *b*, do ECIJ, os costumes constituem-se numa "prática geral aceita como sendo o direito". O *Restatement of the Law*, Third (1987), § 102(2), traz uma definição mais sólida ao assinalar que o "direito internacional costumeiro resulta de uma prática geral e consistente por parte dos Estados, seguida por eles como consequência de entendê-la como uma obrigação legal".[35] É dizer, o costume internacional *resulta* da prática geral e consistente (para além de *uniforme*) dos atores da sociedade internacional em reconhecer como *válida* e *juridicamente exigível* determinada obrigação. Ou, nas palavras de Virally, surge "quando os Estados adquirem o hábito de adotar, no que tange a uma certa situação, e sempre que a mesma se repita, uma atividade determinada, à qual se atribui significado jurídico".[36] Aí está a diferença do *costume* para o *uso*, uma vez que nesse último – ao contrário do que sucede com o primeiro – não existe a crença (por parte dos atores da sociedade internacional) de obrigatoriedade daquilo que se está a praticar; não há, pois, no *uso* mais do que mera liberalidade dos Estados, que agem de forma repetitiva por simples solicitude. São exemplos de *usos*, dentre outros, as saudações de cortesia no mar (salva de canhões entre navios) e o hábito de isentar veículos diplomáticos de proibições de estacionamentos,[37] práticas que jamais se entendeu serem dotadas da crença de obrigatoriedade.

---

[32]   Cf. Michel Virally. *Manual de derecho internacional público*. Max Sørensen [Editor], cit., p. 159.

[33]   Cf. Maurice H. Mendelson. The formation of customary international law, in *Recueil des Cours*, vol. 272 (1998), p. 169.

[34]   Cf. Luis Cezar Ramos Pereira. *Costume internacional...*, cit., pp. 102-103.

[35]   *V.* § 102(2): "Customary international law results from a general and consistent practice of states followed by them from a sense of legal obligation".

[36]   Michel Virally. *Manual de derecho internacional público*. Max Sørensen [Editor], cit., p. 160.

[37]   Cf. Ian Brownlie. *Princípios de direito internacional público*, cit., p. 17.

84 CURSO DE DIREITO INTERNACIONAL PÚBLICO – *Valerio de Oliveira Mazzuoli*

Diz ainda o ECIJ ser o costume a *"prova* de uma prática geral". A expressão em destaque deve ser em parte criticada, por não ser o costume a *prova* de uma prática, mas a *própria prática* internacional colocada em movimento. Ou seja, o costume não é só a prova de uma prática, como quer o ECIJ, senão também o seu *resultado*.[38] É dizer, o costume *resulta* da prática geral, consistente, contínua e uniforme dos Estados que reconhecem como válida e juridicamente exigível determinada obrigação. Denominam-se, por isso, as regras costumeiras geralmente aceitas entre os países de *Direito Internacional universal*. Do oposto, a parte dessas regras obrigatórias somente para dois ou mais Estados é o que se denomina *Direito Internacional particular*, não obstante alguns autores não considerarem o direito internacional particular como sendo propriamente Direito Internacional.

b) Elementos formadores do costume. Dois são os elementos necessários à formação do costume internacional, sem os quais não se pode determinar e provar a sua existência: o *material* e o *psicológico* (também chamados, respectivamente, de elementos *objetivo* e *subjetivo*). Nenhuma outra condição de existência, além desses dois elementos de integração, é necessária para que a norma costumeira se constitua enquanto tal. O importante a ser frisado é que tanto o elemento material (ou objetivo) como o elemento psicológico (ou subjetivo) podem ser vislumbrados da própria redação do § 1º, alínea *b*, do art. 38 do ECIJ, segundo o qual o costume internacional consiste na "prova de uma prática geral" (*elemento material ou objetivo*) "aceita como sendo o direito" (*elemento psicológico ou subjetivo*). Em suma, o que esse dispositivo do ECIJ fez foi consagrar a fórmula seguinte: elemento material + elemento psicológico = norma costumeira.[39] Vejamos, separadamente, cada um desses elementos:

b.1) Elemento material ou objetivo. A repetição generalizada, reiterada e uniforme de certos atos praticados pelos sujeitos do Direito Internacional (exceto os particulares) ante a um quadro fático é o *elemento material* do costume (*inveterata consuetudo*).[40] Consiste, para falar como o ECIJ, na "prova de uma *prática geral*". Essa *prática* é sempre adotada em virtude da multiplicação dos "precedentes" costumeiros seguidos pelos atores da sociedade internacional. Por "precedentes" se entendem os casos aplicados pelos Estados ou organizações internacionais, de forma reiterada e uniforme, quando da repetição de fatos semelhantes. Daí se entender que a formação do costume opera pela imitação ou repetição (progressiva e espontânea) de fatos de variada natureza, que ocorrem na ordem jurídica interna ou internacional, objetivando a afirmação de um princípio de Direito Internacional Público. Tais precedentes – normalmente realizados pelos órgãos dos Estados nas relações internacionais – devem demonstrar não a

---

[38]   Cf. Antonio Remiro Brotons (*et al.*). *Derecho internacional*, cit., pp. 502-503.

[39]   Cf. Brigitte Stern. La coutume au cœur du droit international: quelques réflexions, in *Le droit internatio-nal: unité et diversité* (Mélanges offerts a Paul Reuter), Paris: A. Pedone, 1981, p. 482; Antônio Augusto Cançado Trindade, Reavaliação das fontes do direito internacional público ao início da década de oitenta, cit., p. 96; e Luzius Wildhaber & Stephan Breitenmoser, The relationship between customary international law and municipal law in western European countries, cit., p. 173.

[40]   Sobre o elemento material do costume, *v.* Mark Eugen Villiger, *Customary international law and treaties...*, cit., pp. 4-25; Yoram Dinstein, The interaction between customary international law and treaties, in *Recueil des Cours*, vol. 322 (2006), pp. 265-292; Rebecca M.M. Wallace, *International law*, cit., pp. 9-15; Benedetto Conforti, *Diritto internazionale*, cit., pp. 39-40; Dinh, Daillier & Pellet, *Direito internacional público*, cit., pp. 331-337; Maurice H. Mendelson, The formation of customary international law cit., pp. 197-244; Antonio Remiro Brotons (*et al.*), *Derecho internacional*, cit., pp. 504-508; Malcolm N. Shaw, *Direito internacional*, cit., pp. 60-67; e Brichambaut, Dobelle & Coulée, *Leçons de droit international public*, cit., pp. 290-291.

existência de uma prática passageira ou fugaz, mas uma prática reiterada (constante e uniforme) desses mesmos atos.[41] Em razão disso, para uma regra ser considerada norma de Direito Internacional, deve ser ela *geralmente aceita*, tácita ou expressamente, pelos Estados ou organizações internacionais (sendo certo que estas últimas, ao contrário do que se pensava há algumas décadas, também participam do processo de formação do costume[42]). Essa *repetição* de atos estatais ou organizacionais (que é condição da *consolidação* da prática) dá origem a um *hábito* por parte de seus atores, que não necessita ser obrigatoriamente imemorial e tampouco comissivo, podendo perfeitamente constituir-se em uma abstenção ou num não fazer perante determinado quadro de fato. Não se exige, ademais, uma repetição de atos obrigatoriamente *idênticos*, devendo apenas estar relacionados a uma mesma matéria ou a uma mesma questão de fato.

Tanto os atos dos Estados (praticados, normalmente, por meio dos seus órgãos nas relações internacionais, como os chefes de Estado, os Ministros de Relações Exteriores ou os Agentes Diplomáticos) quanto os das organizações internacionais (manifestados em *decisões, diretrizes, declarações, recomendações, resoluções* ou outras espécies congêneres) são aptos para criar a repetição necessária à formação da chamada *inveterata consuetudo*, que se traduz no *elemento material* do costume. Mas frise-se que a prática convencional, levada a efeito pelos Estados ou organizações internacionais, também serve para criar norma costumeira, à medida que vão se repetindo em tratados diversos certas cláusulas-tipo, a exemplo da cláusula *standard* da não ofensa à ordem pública e aos bons costumes, entre outras.[43]

Em suma, o elemento material do costume consubstancia-se na repetição generalizada e habitual de certos atos praticados pelos Estados ou organizações internacionais, capaz de criar uma *prática* entre eles. Mas frise-se, porém, ser impossível estabelecer *critérios exaustivos* para prever as condutas que, pela sua repetição, podem ser capazes de criar uma *prática* nas relações entre Estados ou organizações internacionais, não obstante já ter havido alguma tentativa nesse sentido.[44] Nesse campo, tudo estará a depender das circunstâncias do caso e da natureza da prática em questão.

b.2) Elemento psicológico ou subjetivo. O elemento material, entretanto, não estaria apto para formar a norma costumeira se a repetição de determinada prática fosse determinada apenas por mero hábito, destituído de qualquer obrigatoriedade jurídica. Por esse motivo é que, para a formação concreta do costume, além da *prática geral* é também necessária a *convicção* de que aquilo que se pratica deve ser realmente (juridicamente) cumprido. Daí ter estabelecido o ECIJ que essa prática geral deve ser "aceita como sendo o direito". Assim, para que o costume sobreviva como tal, é necessário que a prática reiterada de atos estatais ou organizacionais seja comandada pela chamada *opinio juris*, que é o *elemento psicológico, subjetivo* ou *espiritual* da formação do costume (*opinio juris sive necessitatis*).[45] A *opinio juris*

---

[41] A CIJ tem decidido nesse sentido desde o julgamento do caso *Haya de la Torre Vs. Peru*, de 20 de novembro de 1950, quando entendeu ser o costume internacional "um uso constante e uniforme" dos Estados (*v. ICJ Reports*, 1950, pp. 276-277).

[42] Cf., a propósito, Gérard Cahin, *La coutume internationale et les organisations internationales: l'incidence de la dimension institutionnelle sur le processus coutumier*, Paris: A. Pedone, 2001, 782p.

[43] Cf. Luis Cezar Ramos Pereira. *Costume internacional...*, cit., pp. 194-195.

[44] *V.* Luigi Ferrari Bravo. Méthodes de recherche de la coutume internationale dans la pratique des États, in *Recueil des Cours*, vol. 192 (1985-III), pp. 233-330.

[45] Sobre a *opinio juris* na formação do costume, *v.* Mark Eugen Villiger, *Customary international law and treaties...*, cit., pp. 25-32; Yoram Dinstein, The interaction between customary international law

86 | CURSO DE DIREITO INTERNACIONAL PÚBLICO – *Valerio de Oliveira Mazzuoli*

(convicção do direito) não é apenas um acordo tácito ou abstrato de vontades (como pretendem os voluntaristas), mas sim a crença prematura dos atores da sociedade internacional (criadores daqueles "precedentes" já referidos) de que aquilo que se pratica reiteradamente se estima obrigatório, pelo fato de ser justo e pertencente ao universo do Direito. Mas conota também uma convicção (*positiva*) comum dos atores internacionais em *agir* levando em conta aquilo que os fatores históricos e sociais do contexto internacional impuseram. Tem- -se, então, a convicção de que a prática que se segue é obrigatória por ser regra *jurídica*. Essa *crença* que os atores da sociedade internacional têm em relação à obrigatoriedade de certa prática pode ser verificada com base em inúmeros indícios, como a ratificação de tratados, atos diplomáticos estatais expressos ou tácitos, manifestações unilaterais constantes dos sucessivos governos num mesmo sentido, decisões reiteradas de organizações internacionais etc. Sem embargo de muitos autores não aceitarem o elemento psicológico como requisito para a formação do costume,[46] cremos – junto a Ian Brownlie – que *opinio juris* é, de fato, "um ingrediente necessário", uma vez que a "convicção de obrigatoriedade – que se contrapõe às normas de cortesia, justiça ou moralidade – é suficientemente palpável, reconhecendo a prática dos Estados a diferença entre obrigação e uso".[47]

Em suma, para a caracterização do costume internacional deve haver, para além dos citados "precedentes", elementos de conscientização capazes de transformar a prática generalizada de um ato internacional em regra jurídica vinculante, sem os quais o hábito estatal ou organizacional relativo à determinada questão de fato não passará de mera *cortesia* ou simples *uso*, sem qualquer obrigatoriedade dentro do universo do Direito.[48] Em outras palavras, os Estados ou as organizações internacionais em causa devem estar persuadidos (por meio da expressão da *opinio juris*) de que estão aplicando uma norma cujo conteúdo é jurídico e, portanto, passível de sanção em caso de descumprimento.

---

and treaties, cit., pp. 292-312; Rebecca M.M. Wallace, *International law*, cit., pp. 16-19; Benedetto Conforti, *Diritto internazionale*, cit., pp. 36-38; Dinh, Daillier & Pellet, *Direito internacional público*, cit., pp. 337-339; Maurice H. Mendelson, The formation of customary international law cit., pp. 245-293; Antonio Remiro Brotons (*et al.*), *Derecho internacional*, cit., pp. 508-511; Malcolm N. Shaw, *Direito internacional*, cit., pp. 67-70; e Brichambaut, Dobelle & Coulée, *Leçons de droit international public*, cit., pp. 291-292.

[46] *V.*, entre outros, Lazare Kopelmanas, Custom as a means of the creation of international law, in *British Yearbook of International Law*, vol. 18 (1937), pp. 127-151.

[47] Ian Brownlie. *Princípios de direito internacional público*, cit., p. 19. Sobre a imprescindibilidade da *opinio juris*, *v.* ainda André Gonçalves Pereira & Fausto de Quadros, *Manual de direito internacional público*, cit., pp. 167-168.

[48] Nesse sentido, *v.* Paul Guggenheim, Contribution à l'histoire des sources du droit des gens, in *Recueil des Cours*, vol. 94 (1958-II), pp. 52-53; Luis Cezar Ramos Pereira, *Costume internacional...*, cit., p. 215; James Crawford, *Brownlie's principles of public international law*, cit., pp. 23-24; e Alberto do Amaral Júnior, *Curso de direito internacional público*, 3ª ed., São Paulo: Atlas, 2012, p. 133. Assim também entendeu a CIJ no *Caso da Plataforma Continental do Mar do Norte*, in *ICJ Reports* (1969), § 77, ao reconhecer que "há numerosos atos internacionais no domínio do protocolo, por exemplo, que são cumpridos quase que invariavelmente, sendo, porém, motivados por simples considerações de cortesia, de oportunidade ou de tradição e não por um sentimento de obrigatoriedade jurídica". Antonio Cassese defende, entretanto, que o *uso* pode ter grande importância na formação de uma norma consuetudinária, quando subsistem fortes divergências de interesses econômicos ou políticos, admitindo, porém, a sua menor importância nos outros casos (cf. seu *Diritto internazionale*, cit., p. 218).

Parte I · Cap. IV · FONTES DO DIREITO INTERNACIONAL PÚBLICO | **87**

c) Processos (clássico e contemporâneo) de formação do costume. Segundo Clóvis Bevilaqua, o processo (clássico) de formação do costume opera em quatro momentos distintos: 1) num primeiro momento, surge uma relação nova ou ainda não disciplinada entre os Estados; 2) esta relação passa, então, a ser regulada segundo os princípios gerais de direito ou de acordo com o sentimento de justiça vigente; 3) tal solução, consistente na aplicação de princípios gerais de direito àquela nova situação até então não disciplinada internacionalmente, repercute satisfatoriamente no ordenamento jurídico internacional ou na consciência dos indivíduos, adquirindo a tendência evolutiva à repetição; 4) com o passar do tempo, casos idênticos se apresentam e o mesmo disciplinamento lhes é aplicado, passando tal prática a ser aceita pela sociedade internacional como se fosse Direito. Findo esse *iter* procedimental, tem-se a formação de um novo costume no seio da sociedade internacional.[49]

Frise-se, porém, que para além desse modo *clássico* de formação do costume, há também métodos *contemporâneos* de sua formação. Estes se verificam, atualmente, na prática das organizações internacionais, quando adotam certas diretrizes e resoluções, fruto de longas discussões e consensos obtidos nas votações de suas assembleias gerais. Tais normativas não são (e não materializam) o costume propriamente dito; elas são o início do processo de formação (contemporâneo) de um novo costume no seio da organização e, consequentemente, no dos Estados que dela participam. A característica que tem essa nova maneira de formação da norma costumeira é a de ser mais consciente que aquela que vê na sua formação o requisito da espontaneidade. Segundo entendemos, o costume internacional é formado por atos de consenso (entre Estados ou organizações internacionais) e não propriamente de maneira espontânea.[50] E a vantagem desse elemento mais atual na formação do costume é o de adaptá-lo à prática cada vez mais inconstante da sociedade internacional atual. De qualquer forma, pode-se dizer que ambos os processos de formação (o clássico e o contemporâneo) do costume ainda coexistem, e não está à vista a substituição total do segundo pelo primeiro.

d) Extensão geográfica do costume. A extensão geográfica do costume, dentro do quadro da chamada *prática generalizada de atos*, pode dar-se em contexto *universal, regional* ou, até mesmo, *local.* Tal demonstra que para existir um *costume* internacional não se exige que *todos* os Estados (ou organizações internacionais) do mundo aceitem certa prática como sendo juridicamente obrigatória (*v. infra*, item *i*). Ou seja, a expressão "prática *geral*" não requer o aceite *universal* de uma regra por todos os sujeitos do Direito Internacional Público, para só então caracterizar-se verdadeiro *costume*.[51]

Assim, pode-se desdobrar o costume em: 1) *costume internacional universal* e 2) *costume internacional particular.* Este último, por sua vez, se subdivide em: *a) costume internacional regional* e *b) costume internacional local.* O *costume internacional universal* é aquele que atinge todos os sujeitos da sociedade internacional, independentemente de terem ou não participado de sua formação; o *costume internacional particular* é o que atinge apenas certo número de sujeitos, podendo dizer respeito a um grupo determinado de Estados ou organizações internacionais num contexto regional (*costume internacional regional*) ou apenas a dois únicos Estados ou organizações internacionais (*costume internacional*

---

49   V. Clóvis Bevilaqua. *Direito público internacional...*, t. I, cit., pp. 30-31.

50   Cf., nesse sentido, Luis Cezar Ramos Pereira, *Costume internacional...*, cit., p. 320.

51   Cf. Malcolm N. Shaw. *Direito internacional*, cit., pp. 73-74; James Crawford, *Brownlie's principles of public international law*, cit., p. 28; e Dominique Carreau & Jahyr-Philippe Bichara, *Direito internacional*, cit., pp. 321-322.

local).[52] Isto porque não são todos os sujeitos do direito das gentes que participam (ou têm a possibilidade de participar) da formação de um costume internacional, devendo então ser possível a *particularização* de sua formação. Por exemplo: não são todos os Estados que dispõem de mar territorial, sendo ainda em menor número aqueles que desempenham um papel ativo na formação do costume relativo ao espaço extra-atmosférico.[53] Tal fato demonstra que a formação de um costume não depende obrigatoriamente da vontade de *todos* os Estados, a exemplo do que ficou estabelecido pela CIJ no caso Haya de la Tor-re.[54] O caso do *asilo diplomático* bem ilustra esse exemplo, por ser prática eminentemente latino-americana, e que, sem embargo disso, tornou-se costume entre os países da região.[55]

e) Hierarquia entre costumes e tratados internacionais. Não há diferença hierárquica entre os costumes e os tratados internacionais. O tratado em vigor é apto para derrogar, entre as partes que o concluem, certa norma costumeira anterior, na mesma proporção que o costume superveniente pode derrogar norma proveniente de tratado (caso em que normalmente se fala que o tratado caiu em *desuso*, por não ser mais observado ou por não mais satisfazer às necessidades correntes). Assim, se é certo que tanto os tratados como os costumes têm uma posição proeminente sobre as demais fontes do Direito Internacional Público, não é menos certo que ambos (tratados e costumes) desfrutam de idêntica autoridade nas ordens interna e internacional.[56] Podem aqui ser aplicados, igualmente, os métodos tradicionais de solução de conflitos de normas sucessivas sobre a mesma matéria: o critério da especialidade (*lex specialis derogat legi generali*) e o critério cronológico (*lex posterior derogat priori*). Tais critérios de resolução de antinomias podem também ser utilizados no caso dos conflitos *entre costumes*, capazes de ocorrer entre dois *costumes gerais*, dois *costumes regionais* ou entre um *costume geral* e um *costume regional*.[57] Nos dois primeiros casos o costume posterior (*lex posterior*)

---

[52] *V.*, assim, Luis Cezar Ramos Pereira, *Costume internacional...*, cit., p. 3. Admitindo também a existência de costumes regionais e locais, *v.* Brichambaut, Dobelle & Coulée, *Leçons de droit international public*, cit., p. 291; e Alberto do Amaral Júnior, *Curso de direito internacional público*, cit., p. 134.

[53] Cf. Jean-Marie Lambert. *Curso de direito internacional público*, vol. II (*Fontes e sujeitos*), cit., pp. 49-50.

[54] Sobre este julgamento, *v.* a Parte II, Capítulo IV, Seção II, item nº 7, *b*.

[55] *V. ICJ Reports* (1950), p. 276.

[56] *V.* Michael Akehurst. The hierarchy of the sources of international law, in *British Year Book of International Law*, vol. 47 (1974-75), pp. 273-285; Celso D. de Albuquerque Mello, *Curso de direito internacional público*, vol. I, cit., p. 298; Antônio Augusto Cançado Trindade, *O direito internacional em um mundo em transformação*, cit., pp. 22-24; Dominique Carreau & Jahyr-Philippe Bichara, *Direito internacional*, cit., p. 313; e Luis Cezar Ramos Pereira, *Costume internacional...*, cit., pp. 113-116. Este último autor vai ainda mais além, entendendo "que não existe qualquer hierarquia até mesmo entre fontes oriundas dos Estados, em contrapartida da oriunda de *Organizações Internacionais* ou de outras Pessoas de Direito Internacional, como também, não existe um privilégio entre fontes tidas como primárias em razão das secundárias, pois, na maioria dos casos onde tais fontes são chamadas para serem ouvidas, como os Princípios Gerais de Direito, estes passam a ser primordiais não importando o seu 'grau' secundário" (Idem, p. 116).

[57] Dissemos no texto que os critérios clássicos de solução de antinomias *podem* ser utilizados tanto no caso do conflito entre tratados e costumes quanto no caso do conflito apenas entre costumes; mas é bom fique nítido que quando a antinomia entre tratados e costumes (ou entre dois costumes) está a envolver o tema *direitos humanos*, a solução melhor é aquela que afasta os critérios clássicos (que apenas fazem operar uma *única* resposta para cada caso) para dar lugar a uma solução mais fluida e aberta a novas possibilidades, dentro do âmbito daquilo que Erik Jayme chamou, no seu Curso de Haia de 1995, de "diálogo das fontes" (*v.* um breve estudo desse tema na Parte IV, Capítulo I, Seção I, item nº 8, *c*). Cf. Erik Jayme. Identité culturelle et

prevalece sobre o anterior e, no terceiro, o costume regional (*lex specialis*) prevalece sobre o geral. Mas, de volta ao caso da hierarquia entre tratados e costumes, como já se noticiou, na prática, os tribunais internacionais têm dado preferência às disposições específicas, de caráter obrigatório, dos tratados internacionais vigentes entre as partes, sobre as normas costumeiras internacionais, pelo fato de oferecer o tratado mais segurança e estabilidade às relações internacionais (propriedades dificilmente encontradas no direito costumeiro). Esse o motivo, talvez, pelo qual "as convenções internacionais, quer gerais, quer especiais, que estabeleçam regras expressamente reconhecidas pelos Estados litigantes" precedem "o costume internacional" no ECIJ, o que não significa existir qualquer hierarquia técnica entre tais normas. O caso da prevalência do costume sobre a norma convencional, que se poderia citar a título de exceção, diz respeito à hipótese em que o costume é verdadeira norma de *jus cogens*, caso em que prevalece (hierarquicamente) sobre quaisquer normas internacionais (sejam tratados ou mesmo costumes de outra natureza), tal como estabelecem os arts. 53 e 64 da Convenção de Viena sobre o Direito dos Tratados de 1969.[58]

f) Prova do costume. Outra questão relevante atinente ao costume diz respeito à sua *prova.* Nos termos do art. 38, § 1º, alínea *b*, do ECIJ, a parte que alega um costume geral *tem que provar* que o mesmo é oponível à parte contrária, o que é certamente muito mais oneroso que provar a existência de norma convencional em vigor, uma vez que esta última tem data certa no calendário de quando foi celebrada e quando começou a vigorar, ao passo que a existência e a validade daquele têm de ser auferidas levando-se em conta outras circunstâncias, normalmente atos diplomáticos estatais. Por outro lado, também não se pode entender *impossível* a prova do costume. Os vários *precedentes* sobre determinado assunto, a troca de correspondência diplomática, as declarações conjuntas, os atos unilaterais dos Estados (como a sua legislação interna, os comunicados de imprensa etc.), as atividades diárias de milhares de funcionários em departamentos governamentais, bem assim as decisões de tribunais internacionais e as resoluções de organizações internacionais são sempre fortes indícios de uma determinada *opinio juris.*[59] Como observa Malcolm Shaw, o "caminho óbvio para descobrir como os países se comportam consiste em ler os jornais, consultar os registros históricos, ouvir o que as autoridades do governo dizem e folhear as muitas publicações oficiais", além de resgatar "as memórias escritas por líderes do passado, manuais oficiais sobre questões de direito, comunicações diplomáticas e os pareceres dos consultores jurídicos do país".[60] Seja como for, no contencioso internacional a parte requerente que alega em sua defesa um costume internacional (quer universal, regional ou local) tem a obrigação de prová-lo.[61] Não é por outra razão que em muitas sentenças de tribunais internacionais (judiciários ou arbitrais) os costumes já vêm expressamente declarados e são confirmados pela doutrina internacio-

---

intégration: le droit international privé postmoderne, cit., p. 259. Para um estudo aprofundado do tema, *v.* Valerio de Oliveira Mazzuoli, *Tratados internacionais de direitos humanos e direito interno*, cit., pp. 129-226.

[58] Sobre o tema do *jus cogens, v. infra*, Seção II, item nº 7, *b*.

[59] Cf. Celso D. de Albuquerque Mello. *Curso de direito internacional público*, vol. I, cit., p. 103; Antonio Remiro Brotons (*et al.*), *Derecho internacional*, cit., p. 510; Peter Malanczuk, *Akehurst's modern introduction to international law*, cit., pp. 39-41; Anthony Aust, *Handbook of international law*, cit., p. 6; e Brichambaut, Dobelle & Coulée, *Leçons de droit international public*, cit., pp. 293-294.

[60] Malcolm N. Shaw. *Direito internacional*, cit., p. 65.

[61] Cf. Dinh, Daillier & Pellet. *Direito internacional público*, cit., p. 341.

nalista.[62] Mas não são as meras *pretensões* dos Estados ou das organizações internacionais capazes de provar um costume internacional, sendo necessário verificar qual a verdadeira *prática* (inclusive, logicamente, a *omissiva*) desses mesmos atores relativamente à questão que se pretende inconteste.[63] No caso dos costumes regionais, sua alegação deve ser feita de modo a provar que o mesmo está estabelecido de tal maneira que se tornou vinculativo para a outra parte, como já decidiu a CIJ no *Caso Lotus*.[64]

O lapso temporal de formação e solidificação do costume influencia sobremaneira em sua prova. Se, porém, em outros tempos, a formação do costume durava séculos, atualmente já se reconhece possa tal processo abreviar-se; com os avanços tecnológicos e o desenvolvimento acelerado da ciência, é fato que o costume internacional pode formar-se em tempo notadamente menor. Assim, o entendimento atual – veja-se o que decidiu a CIJ no caso *Plataforma Continental do Mar do Norte*, de 1969 – é no sentido de que a brevidade de tempo não constitui necessariamente impedimento à formação de nova regra costumeira internacional.[65] Nesse sentido, pode-se dizer ter havido certa facilitação, nos dias presentes, para a prova de determinados costumes.

Destaque-se, por fim, que atualmente também se tem admitido a flexibilização da prova do costume em determinados casos, como, *v.g.*, no que tange aos novos Estados (que não dispõem, como não poderia deixar de ser, de bagagem diplomática substanciosa a comprovar a sua prática relativamente à questão debatida).

g) Interpretação do costume. Constatar a existência de um costume, com a coligação dos seus dois elementos constitutivos, implica também *interpretar* a conduta dos sujeitos envolvidos (Estados ou organizações internacionais) no que tange à valoração que seu comportamento – generalizado e aceito como sendo o Direito – tem relativamente a esses mesmos sujeitos. É dizer, cada sujeito do Direito Internacional que aceita um mesmo costume (como prática constante, uniforme e vinculativa), o aceita de maneira diferente, com valorações e pesos diferentes, cada qual ao seu modo. Por ser a aceitação de um princípio não escrito, a interpretação do costume se torna mais onerosa que a interpretação de um tratado, por depender justamente da determinação do *grau de aceitação* da norma no seio da sociedade internacional, o que pode variar no tempo e de Estado para Estado. Quais são os atores dessa interpretação? São eles, os próprios Estados, as organizações internacionais, os tribunais

---

[62]   Cf. Guido Fernando Silva Soares. *Curso de direito internacional público*, cit., p. 81.

[63]   Destaque-se, aqui, a importância de que os Estados disponham de diplomatas e juristas com conhecimento especializado das fontes do Direito Internacional. A propósito, *v.* a crítica de Cançado Trindade, nestes termos: "Estados que não disponham de diplomatas e juristas com conhecimento especializado das 'fontes' do direito internacional e com total acesso e disponibilidade para um exame cuidadoso das evidências – por vezes conflitantes – do direito costumeiro, terão que se contentar com a citação de documentos mais facilmente acessíveis, como tratados bilaterais e multilaterais, resoluções da Assembleia Geral da ONU, resoluções de associações científicas como o *Institut de Droit International* e a *International Law Association*. É inegável que Estados constantemente atentos aos seus interesses em diversas partes do mundo e que publiquem periodicamente os dados de sua prática internacional (e.g., em forma de digestos) exerçam maior influência no desenvolvimento do direito costumeiro do que outros, não por ser sua prática 'intrinsecamente mais importante' do que a dos demais, mas pela publicidade e divulgação que lhe são dadas" (Reavaliação das fontes do direito internacional público ao início da década de oitenta, cit., pp. 101-102).

[64]   Cf. Ian Brownlie. *Princípios de direito internacional público*, cit., p. 23.

[65]   *V.* Dominique Carreau & Jahyr-Philippe Bichara. *Direito internacional*, cit., pp. 317-318.

(internos e internacionais) e a doutrina *lato sensu* (obras dos autores mais consagrados, bem assim os trabalhos preparatórios de tratados, os relatórios e os pareceres emitidos no seio de organizações internacionais etc.).

Modernamente, a interpretação do costume tem se tornado relativamente mais fácil, à medida que o direito internacional costumeiro vem sendo, ao longo dos anos, cristalizado em inúmeros tratados internacionais.[66] A Convenção de Viena sobre o Direito dos Tratados é exemplo concreto desse fenômeno, tendo nela sido codificadas várias regras costumeiras relativas à prática dos Estados no que tange aos tratados, além de outras regras tidas como universais, das quais são exemplos o *jus cogens* e o princípio *pacta sunt servanda*. A vantagem desse processo é deixar assente o real significado do costume, impedindo uma imediata negação de sua existência. O que se poderia objetar é que os tratados (que cristalizam certos costumes) dependem da ratificação dos Estados para que, no seio destes, possam ter aplicação jurídica. Ocorre que a positivação de um costume em um tratado não faz que o costume desapareça do cenário internacional enquanto costume mesmo. A positivação é tão somente um *facilitador* da verificação da concretude do costume, em nada modificando sua existência e validade enquanto norma costumeira *per se*, que continuará a aplicar-se independentemente de sua escritura em documento convencional. E, assim, mesmo não tendo ratificado o tratado positivador, o Estado em causa ainda está comprometido com a regra costumeira em vigor. De fato, a CIJ reiteradamente já entendeu (*v.g.*, nos casos da Plataforma Continental do Mar do Norte, de 1969; das Atividades Militares e Paramilitares na Nicarágua, de 1986; das Consequências Jurídicas da Construção de um Muro no Território Palestino Ocupado, de 2004, dentre outros) que uma norma convencional pode ter efeito *declaratório, cristalizador* ou até mesmo *gerador* de normas costumeiras; e que produzindo um desses efeitos o tratado obriga – como costume – independentemente de sua entrada em vigor e em relação a Estados não partes. Atualmente, porém, parece cada vez menos produtivo verificar a existência de costumes já consolidados e transcritos em tratados internacionais, e muito mais importante identificar o nascimento de *novos* costumes à medida que estes vão sendo criados.

O fato de os costumes internacionais estarem cada vez mais impregnados nos tratados internacionais modernos nunca impediu (e talvez nunca impeça) o seu andar lado a lado com as normas convencionais, uma vez que estas (apesar de serem escritas e trazerem mais segurança e estabilidade para as relações internacionais) nem sempre conseguem esgotar o leque de possibilidades que o assunto nelas próprio versado apresenta. Daí o motivo de alguns tratados internacionais, como as Convenções de Viena sobre Relações Diplomáticas e Consulares, de 1961 e 1963, respectivamente, disporem nos seus preâmbulos que "as normas de Direito Internacional consuetudinário devem continuar regendo *as questões que não tenham sido expressamente reguladas* nas disposições da presente Convenção" [grifo nosso]. Os costumes internacionais, esclareça-se, têm sido reconhecidos por diversos tribunais internacionais, dentre os quais a CIJ. Foi, ademais, com base no costume internacional que o Tribunal de Nuremberg, instituído para processar e julgar os crimes cometidos na Segunda Guerra, pelos nazistas, responsabilizou a Alemanha, no âmbito internacional, pelo que ocorrera dentro de seu território. O Tribunal alegou a violação do direito costumeiro internacional

---

[66] Sobre a contribuição dos tratados para a formação e determinação das regras do direito costumeiro, *v.* Maurice H. Mendelson, The formation of customary international law, cit., pp. 294-346.

que proíbe os "crimes contra a humanidade". Foi a primeira vez na história que um Estado se viu responsabilizado por atos cometidos dentro do seu próprio território.

h) O problema dos novos Estados. Uma dificuldade clássica relativa à aplicação do costume surge em relação aos chamados *novos Estados,* ou seja, aqueles que adquiriram sua independência em momento posterior ao costume já formado e, por isso, não puderam participar do seu processo de formação.[67] A pergunta que se coloca é: estão os novos Estados obrigados juridicamente para com as regras costumeiras preexistentes ao seu nascimento? Inicialmente, esclareça-se que os novos Estados certamente encontrarão resistência por parte dos demais atores da sociedade internacional, caso pretendam deter a prerrogativa de aceitar ou não o costume já anteriormente reconhecido (ou seja, *já formado*) e em vigor no plano internacional. Certa parte da doutrina chega até mesmo a negar-lhes essa faculdade de escolha.[68] Segundo esse entendimento, quando um novo Estado adquire sua independência, passa ele a ingressar na sociedade internacional com todos os direitos e obrigações que o Direito Internacional geral já anteriormente estabelecera. O *comentário "d"* do *Restatement of the Law,* Third (1987), § 102, entende dessa maneira ("A state that enters the international system after a practice has ripened into a rule of international law is bound by that rule") e é aplaudido pela doutrina.[69] Contudo, não é menos certo que, juridicamente, tais novos Estados têm o *direito* de afastar, em relação a si, expressa ou tacitamente, a aplicação de determinado costume internacional incompatível com as suas convicções ou interesses, não obstante estar cada vez mais em voga a ideia de um Direito Internacional geral aplicável até mesmo àqueles Estados que jamais participaram de sua formação, quer pela falta da prática reiterada de atos exigida para a formação do costume (*elemento material*), quer pela falta de convicção de sua juridicidade (*elemento psicológico*). De qualquer sorte, o assunto ainda é polêmico e pouco pacífico. Para nós, parece viável (e também justo) atribuir aos novos Estados o direito de escolha sobre o cumprimento de um costume já formado quando este atenta contra os seus ideais mais caros ou quando o costume em causa não se encontra totalmente nítido, a não ser (obviamente) em relação àquelas normas imperativas de Direito Internacional geral que compõem o universo do chamado *jus cogens.*[70]

i) A (im)possibilidade jurídica da teoria do "objetor persistente". Por fim, cumpre noticiar a existência da chamada teoria do *objetor persistente (persistent objector),* segundo a qual um Estado poderia se subtrair à aplicação de um costume internacional em vigor caso prove que persistentemente e inequivocamente se opôs ao seu conteúdo desde a sua formação.[71] Nesse

---

[67] Para uma abordagem do problema, *v.* Charles Chaumont, Cours général de droit international public, in *Recueil des Cours,* vol. 129 (1970-I), pp. 438-444. Cf. também, Hans Kelsen, *Princípios do direito internacional,* cit., pp. 386-387.

[68] *V.,* nesse sentido, Paul Guggenheim, *Les deux éléments de la coutume en droit international public,* vol. 1, Paris: Études Scelle, 1950, pp. 275-280; e Rolando Quadri, Le fondement du caractère obligatoire du droit international public, in *Recueil des Cours,* vol. 80 (1952-I), pp. 579-633.

[69] Assim, Thomas Buergenthal (*et al.*), *Manual de derecho internacional público,* cit., p. 29.

[70] Cf. Michel Virally. *Manual de derecho internacional público.* Max Sørensen [Editor], cit., p. 167.

[71] A esse respeito, *v.* Jonathan I. Charney, The persistent objector rule and the development of customary international law, in *British Yearbook of International Law,* vol. 56 (1985), pp. 1-24. Cf. também, Christian Tomuschat, Obligations arising for States without or against their will, in *Recueil des Cours,* vol. 241 (1993-IV), pp. 284-290; Yoram Dinstein, The interaction between customary international law and

sentido, no *Caso da Pesca* entre Grã-Bretanha e Noruega, a CIJ afirmou que a "regra das dez milhas não seria oponível à Noruega dada sua sistemática oposição contra toda tentativa de aplicá-la nas costas norueguesas".[72] Como se vê, essa doutrina, de cunho voluntarista, pretende fundamentar-se no princípio de que o Direito Internacional depende essencialmente do *consenso* dos Estados.[73] Atualmente, porém, é evidentemente que tal doutrina – que se baseia numa ideia equivocada e já superada sobre a formação do costume – não tem mais qualquer razão de ser, uma vez que o entendimento atual é no sentido de não necessitar o costume, para a sua formação, do consentimento *unânime* dos Estados-membros da sociedade internacional; o que se requer é que um certo comportamento esteja difuso entre a ampla maioria dos sujeitos internacionais, entendendo estes últimos que tal comportamento os obriga juridicamente.[74] Seria, até mesmo, impossível atualmente lograr o aceite de *todos* os Estados para que determinado costume internacional fosse consolidado, notadamente em razão de diferenças (culturais, econômicas, sociais etc.) em tudo díspares entre eles, capazes de impossibilitar, *de facto*, qualquer margem de aceite universal de determinada prática. Daí a CIJ ter estabelecido, no caso *Plataforma Continental do Mar do Norte*, que uma prática estatal com "participação muito ampla e representativa" seria suficiente para a formação de um costume internacional, desde que entre os Estados participantes de tal prática estejam aqueles cujos interesses foram afetados.[75] Além do mais, a teoria do objetor persistente desaguaria na injustiça de não exigir dos velhos Estados o acatamento do costume objetado persistentemente, ao mesmo tempo que obriga os novos Estados a respeitar *in totum* esse mesmo costume, de cuja formação não participaram; nesse sentido, não seria coerente "admitir que um Estado velho se subtraia à aplicação da norma consuetudinária estabelecida com a sua oposição e sustentar sua obrigatoriedade para os novos Estados que, precisamente por serem novos, não puderam participar de sua elaboração, nem opor-se a ela".[76] Ora, se para haver a *objeção persistente* deve ela (a objeção) operar-se *desde a formação* do costume em causa, claro está que não se aplica aos *novos Estados*, que nasceram *depois* do costume já formado. O que podem fazer os novos Estados (e somente eles) é, em casos excepcionais, exercer o direito de *escolha* sobre o cumprimento de um costume já formado, quando este atenta contra os seus ideais ou quando o costume não se encontra totalmente nítido (*v. supra*). Salvo tais únicas exceções, o certo é que o costume já formado há de valer por igual para *todos* os sujeitos do Direito Internacional Público, inclusive para aqueles que se opuseram ao seu conteúdo ou que de sua formação não participaram com o seu próprio comportamento.[77]

---

treaties, cit., pp. 285-287; Maurice Kamto, La volonté de l'État en droit international, in *Recueil des Cours*, vol. 310 (2004), pp. 147-150; Sean D. Murphy, *Principles of international law*, cit., p. 81; Antonio Remiro Brotons (*et al.*), *Derecho internacional*, cit., pp. 512-513; Anthony Aust, *Handbook of international law*, cit., p. 6; e James Crawford, *Brownlie's principles of public international law*, cit., p. 28.

[72] *V. ICJ Reports* (1951), p. 131. O único outro caso em que a CIJ manifestou-se nesse sentido foi o relativo ao *Direito de Asilo*, in *ICJ Reports* (1951), pp. 277-278.

[73] Aceitando tal doutrina sem contestação, cf. Dominique Carreau & Jahyr-Philippe Bichara, *Direito internacional*, cit., pp. 325-326.

[74] Cf. Antonio Cassese. *Diritto internazionale*, cit., p. 222.

[75] *V. ICJ Reports* (1969), p. 42.

[76] Antonio Remiro Brotons (*et al.*). *Derecho internacional*, cit., p. 512.

[77] Nesse exato sentido, *v.* Antonio Cassese, *Diritto internazionale*, cit., pp. 222-223. A questão, contudo, ainda não é pacífica e tem sido versada (especialmente pela política governamental) com oportunismo.

j) Aplicação direta do costume internacional na ordem interna. O costume internacional, já se viu, resulta de uma prática geral e consistente dos atores da sociedade internacional em reconhecer como válida e juridicamente exigível determinada obrigação, sendo inconteste a sua aplicação direta no âmbito do direito internacional (*v.g.*, pelos tribunais internacionais). Sendo, porém, o costume internacional, uma prática aceita e reconhecida como norma jurídica pela sociedade internacional, é certo que os Estados que desta participam devem também reconhecê-lo como diretamente aplicável em suas ordens internas, por coerência ao reconhecimento exterior de sua força jurídica. Tal significa que o costume internacional é, assim como na órbita externa, diretamente aplicável *também* na ordem doméstica, não necessitando de qualquer *ato* de internalização para que ali produza efeitos.[78] Em outras palavras, o costume internacional há de ser reconhecido e aplicado pelo Poder Judiciário de um determinado Estado sem que seja "transformado" em direito interno por qualquer meio.

É evidente que há maior dificuldade em se aplicar um costume internacional diretamente na ordem interna quando se compara à aplicação de um *tratado*. De fato, é mais cômodo para o Poder Judiciário aplicar uma norma escrita e formalmente internalizada, cujo conteúdo vem estampado na imprensa oficial, que uma norma cujo núcleo obrigacional há de ser colhido mediante exercício investigativo sobejamente mais complexo. Tal não há de obstar, contudo, que os juízes e tribunais nacionais apliquem, na falta de norma escrita, o costume internacional de maneira *direta*, até mesmo em respeito à norma geral segundo a qual "quando a lei for omissa, o juiz decidirá o caso de acordo com a analogia, *os costumes* e os princípios gerais de direito" (LINDB, art. 4º).

Exemplo interessante de aplicação direta do costume internacional (no caso, o costume internacional relativo à imprescritibilidade dos crimes contra a humanidade) na ordem jurídica brasileira, foi a aceitação, pela Justiça Federal, em 13 de maio de 2014, da denúncia do Ministério Público Federal no Rio de Janeiro contra seis pessoas por envolvimento no atentado a bomba no *Riocentro*, em Jacarepaguá, em 30 de abril de 1981, durante a realização de um espetáculo para comemorar o Dia do Trabalhador. Nesse caso, a Justiça considerou que os crimes denunciados configuram, em tese, crimes contra a humanidade e, por isso, são imprescritíveis para todos os Estados nos termos do Direito Internacional Público. Na decisão de recebimento da denúncia ficou assente, entre outros, que "a imprescritibilidade dos crimes contra a humanidade é um princípio geral de Direito Internacional amplamente aceito pelos Estados e, portanto, incorporado aos costumes internacionais", para além de configurar "verdadeiro *jus cogens*, que não pode ser ignorado pelos Estados".[79]

Assim, enquanto os Estados desenvolvidos defendem a objeção persistente e lhe atribuem validade jurídica, os novos Estados advogam a oponibilidade do costume para *todos* os sujeitos do Direito Internacional, sem exceção. *V*. Antonio Remiro Brotons (*et al.*), *Derecho internacional*, cit., p. 513. Quando a norma costumeira em causa é formadora de *jus cogens*, não há o que se discutir; à evidência que não é possível *objetar persistentemente* uma norma da qual "nenhuma derrogação é permitida" (art. 53 da Convenção de Viena de 1969).

[78] Cf. Luzius Wildhaber & Stephan Breitenmoser. The relationship between customary international law and municipal law in western European countries, cit., pp. 176-178.

[79] Decisão da Juíza Federal Ana Paula Vieira de Carvalho, de 13.05.2014 (Processo nº 0017766-09.2014.4.02.5101), in *Revista da Seção Judiciária do Rio de Janeiro*, vol. 21, nº 41, dez./2014, pp. 277-284.

6. Os princípios gerais de direito. Outra fonte que emana diretamente do ECIJ são "os princípios gerais de direito, reconhecidos pelas nações civilizadas".[80] A locução derradeira ("nações civilizadas") inserida no texto da alínea *c* do art. 38, § 1º, do ECIJ, tem sido criticada pela doutrina por revelar uma potencial discriminação dos então redatores do Estatuto, vinda do século XIX, em relação aos Estados não pertencentes ao eixo Europeu (não obstante nunca ter sido pacífico esse entendimento). Ademais, o termo ali utilizado é anacrônico, por refletir uma tendência (anterior à Primeira Guerra Mundial) que não mais pode ser aceita no Direito Internacional contemporâneo, estando ainda em total desacordo com a jurisprudência atual da CIJ.[81] Como bem leciona Jean-Marie Lambert, a expressão "nações civilizadas" esbarra lamentavelmente em uma ideologia "que o espírito anticolonialista do imediato pós-Guerra não conseguiu afastar", ecoando "uma época imperialista em que algumas poucas nações, imbuídas de um profundo complexo de superioridade, achavam-se incumbidas de uma missão civilizadora sobre os povos da terra". E continua: "A fórmula está marcada de arrogância e, para adquirir verdadeira operacionalidade, seria necessário uma faxina. Essa embaraçosa locução continua intacta e é, no mínimo, deplorável. Soa como insulto para os que não faziam parte do pequeno círculo de eleitos, e provoca desconfiança na imparcialidade da Corte. Admitindo-se que todo mundo é civilizado, não se entende o que a expressão está fazendo no meio de uma redação, por outros aspectos, tão nobre".[82]

Hoje se deve entender que a expressão "princípios gerais de direito", empregada pelo Estatuto da Corte, diz respeito ao reconhecimento de tais princípios por parte da sociedade dos Estados, em seu conjunto, como formas legítimas de expressão do Direito Internacional Público. Daí não se poder apoiar as ideias de alguns juristas, como a do soviético Grigory Tunkin, baseadas em questões ideológicas, segundo as quais não podem coexistir princípios idênticos em sistemas normativos opostos, como o capitalista e o socialista.[83] O que a prática internacional demonstra é que esses princípios são frequentemente empregados, em diversos contextos e sob as mais variadas formas, quando se trata de identificar uma regra de Direito Internacional não expressa em tratado e não reconhecida pelo costume. Vários sistemas normativos, opostos ou não, podem utilizar-se (e, efetivamente, utilizam-se) desses princípios, notadamente sob a forma de resoluções ou declarações, quer comuns ou individuais.

Tais princípios – apesar de ainda dificilmente identificáveis *a priori*, e não obstante as vivas controvérsias que sobre eles ainda recaem – são fontes autônomas do Direito Internacional Público e têm um papel fundamental em toda a sua evolução. Dentro dessa categoria também se incluem, como já dissemos, algumas regras universais de justiça diretamente derivadas do Direito Natural. O Direito Internacional moderno, entretanto, passa a depender cada vez menos de tais princípios, tendo em vista que o grande número de normas deles

---

[80] Sobre o assunto, *v.* Rino Magnani, *Nuove prospettive sui principi generali nel sistema delle fonti del diritto internazionale*, Milano: Mursia, 1997, 256p.

[81] Daí afirmar Jorge Miranda que a locução "nações civilizadas" do art. 38, § 1º, *c*, do ECIJ "pressupõe uma distinção ou uma qualificação inadmissível na fase atual do Direito Internacional" (*Curso de direito internacional público*, cit., p. 41).

[82] Jean-Marie Lambert. *Curso de direito internacional público*, vol. II (*Fontes e sujeitos*), cit., p. 126. *V.*, ainda, Christian Tomuschat, Obligations arising for States without or against their will, cit., p. 318; Rebecca M.M. Wallace, *International law*, cit., p. 22; e Benedetto Conforti, *Diritto internazionale*, cit., pp. 43-48.

[83] Cf. Grigory I. Tunkin. *Droit international public: problèmes théoriques*. Paris: A. Pedone, 1965, p. 126.

derivadas já se encontram codificadas em tratados internacionais ou fazendo parte do direito internacional costumeiro. Daí tais princípios – que já foram considerados por juristas do porte de Accioly como *fonte real* do Direito Internacional Público, "por ser a verdadeira, ou fundamental, e a que pode fornecer elementos para a interpretação do direito positivo"[84] – serem modernamente entendidos como não mais do que "fontes secundárias do direito das gentes".[85] De qualquer forma, ainda prevalece a posição de que os princípios gerais de direito são aqueles aceitos por todos os ordenamentos jurídicos, a exemplo dos princípios da boa-fé,[86] da proteção da confiança, do respeito à coisa julgada, do direito adquirido, da responsabilidade do Estado por ações ou omissões que infrinjam os direitos fundamentais, do *ex injuria jus non oritur*,[87] além do *pacta sunt servanda*.[88]

Perceba-se que o Estatuto faz referência aos "princípios gerais *de* direito" e não aos "princípios gerais *do* direito". Aqueles nascem de uma convicção jurídica generalizada (quase universal) contida nos principais sistemas jurídicos das diversas nações, ao passo que estes últimos provêm, direta e originariamente, da própria prática internacional (*v.g.*, dos tratados, dos costumes etc.), pertencendo com exclusividade à ordem jurídica internacional.[89] Como costumamos dizer, os princípios gerais *de* direito provêm de baixo (da ordem estatal) e ascendem à ordem superior (internacional) quando de sua aplicação pela CIJ num caso concreto, ao passo que os segundos – os princípios gerais *do* direito – já nascem da ordem de cima (da ordem internacional) e são diretamente aplicados por ela. Relativamente aos primeiros, é necessário atentar para o testemunho de Phillimore à época, que já indicava ser a ideia da expressão "princípios gerais *de* direito" caracterizar aqueles princípios "aceitos por todas as nações *in foro domestico*", ou seja, nos seus respectivos

---

[84] Hildebrando Accioly. *Tratado de direito internacional público*, vol. I, cit., p. 33.

[85] *V. Restatement of the Law*, Third (1987), § 102(4), nestes termos: "General principles common to the major legal systems, even if not incorporated or reflected in customary law or international agreement, may be invoked as supplementary rules of international law where appropriate". No mesmo *Restatement* § 102, o início do segundo parágrafo do *comentário nº 1*, assim estabelece: "General principles *are a secondary source of international law*, resorted to for developing international law interstitially in special circumstances" [grifo nosso].

[86] Segundo Malcolm Shaw, o princípio da boa-fé é talvez "o princípio geral mais importante, que está por de trás de muitas normas de direito internacional. (...) O princípio da boa-fé, portanto, é um princípio de base que informa e molda a observância das normas do direito internacional, e, além disso, limita as maneiras pelas quais essas normas podem ser legitimamente cumpridas" (*Direito internacional*, cit., p. 82). Para um estudo exaustivo do princípio da boa-fé no Direito Internacional Público, *v.* Robert Kolb, *La bonne foi en droit international public: contribution à l'étude des principes généraux de droit*, Paris: PUF, 2000, 756p.

[87] Pelo qual "o direito não pode nascer de um ilícito".

[88] Este último ora se coloca como costume, ora como princípio geral de direito. Acreditamos que o *pacta sunt servanda* nasceu como princípio geral de direito e evoluiu à condição de costume internacional (para, depois, galgar a condição de norma convencional inscrita no art. 26 da Convenção de Viena sobre o Direito dos Tratados).

[89] Cf. Pierre-Marie Dupuy. *Droit international public*, cit., pp. 331-339. No mesmo sentido, *v.* Michel Virally, *Manual de derecho internacional público*, Max Sørensen [Editor], cit., p. 173; Éric Canal-Forgues & Patrick Rambaud, *Droit international public*, cit, pp. 125-130; e André Gonçalves Pereira & Fausto de Quadros, *Manual de direito internacional público*, cit., p. 261. Parece não terem percebido essa distinção Dominique Carreau e Jahyr-Philippe Bichara, ao utilizarem indistintamente ambas as expressões (cf. *Direito internacional*, cit., pp. 339-363).

direitos internos, a exemplo dos princípios da boa-fé, do respeito à coisa julgada, do *non bis in idem* etc.[90] O próprio ECIJ já sugere essa interpretação – no sentido de serem tais princípios gerais *de* direito os princípios presentes no âmbito *interno* dos Estados – quando diz serem eles aqueles "reconhecidos pelas *nações...*". Assim, o fenômeno que aqui se constata é o da "transposição" do princípio reconhecido *in foro domestico* que, com o tempo, ascende ao plano internacional e desse plano vai-se tornando parte, a fim de preencher as lacunas que ali eventualmente se façam presentes.[91] Nem todos os princípios comuns às ordens domésticas, portanto, são aplicáveis à ordem internacional, impondo-se, para tanto, a citada "transposição".[92] Em todos os ramos do Direito (civil, penal, processual, comercial, constitucional etc.) podem ser encontrados princípios que, pouco a pouco, vão transpondo-se para o plano internacional, até a sua efetiva aplicação dentro do quadro das fontes do Direito Internacional Público. Daqueles últimos (princípios gerais *do* direito) são exemplos os princípios da não intervenção, da não ingerência em assuntos particulares dos Estados, da obrigação de cooperação dos Estados entre si, primazia dos tratados sobre as leis internas, prévio esgotamento dos recursos internos, proibição do uso da força contra a integridade territorial ou a independência política de qualquer Estado, solução pacífica de controvérsias, igualdade soberana entre os Estados, o direito de passagem inocente para navios mercantes em tempo de paz, a liberdade dos mares, a autodeterminação dos povos, a boa-fé, o respeito universal e efetivo dos direitos humanos, as normas de *jus cogens*, entre outros, todos os quais não teriam sentido existir no ordenamento jurídico *interno* de determinado Estado, concebido como um sistema fechado.[93]

A não referência, pelo art. 38 do ECIJ, aos princípios gerais *do* direito nos parece óbvia: como tais princípios nascem *diretamente* da ordem internacional, sua aplicação pela CIJ deve ser *imediata*, não havendo que se discutir sobre sua juridicidade e sobre o seu caráter de *fonte* do Direito Internacional Público. Daí a preocupação do ECIJ em esclarecer esse caráter de *fonte* do direito das gentes apenas àqueles outros (os princípios gerais *de* direito).

Existindo dúvida sobre ser determinado *princípio* um "princípio geral *de* direito", deve o intérprete verificar se o mesmo está positivado na generalidade dos ordenamentos internos estatais ou se é comum aos grandes sistemas de Direito contemporâneos (é dizer, o sistema romano-germânico, o sistema da *common law*, o sistema dos países socialistas, os sistemas de raiz religiosa, como dos países islâmicos e budistas etc.) e, por fim, se é ele aplicável à

---

[90] Cf. Manley O. Hudson. *The Permanent Court of International Justice*. New York: Macmillan, 1943, p. 610; Hubert Thierry, L'évolution du droit international: cours général de droit international public, cit., pp. 39-40; Ian Brownlie, *Princípios de direito internacional público*, cit., p. 28; Dinh, Daillier & Pellet, *Direito internacional público*, cit., pp. 358-359; e Antonio Remiro Brotons (*et al.*), *Derecho internacional*, cit., pp. 515-516.

[91] Cf. Antonio Cassese. *Diritto internazionale*, cit., pp. 272-273. Com pouca variação, cf. ainda James Crawford, *Brownlie's principles of public international law*, cit., pp. 34-35.

[92] Sobre as dificuldades de se proceder a um levantamento o mais completo possível dos princípios pertencentes às ordens internas aplicáveis à ordem internacional, *v.* Antônio Augusto Cançado Trindade, Reavaliação das fontes do direito internacional público ao início da década de oitenta, cit., pp. 114-116.

[93] Cf. Guido Fernando Silva Soares. *Curso de direito internacional público*, cit., p. 76; Julio D. González Campos (*et al.*), *Curso de derecho internacional publico*, Madrid: Civitas, 1998, pp. 86-88; Ian Brownlie, *Princípios de direito internacional público*, cit., p. 31; e Éric Canal-Forgues & Patrick Rambaud, *Droit international public*, cit., pp. 128-129.

ordem internacional, isto é, transponível para a sociedade internacional.[94] Parece claro que se a *generalidade* dos Estados ou dos sistemas de Direito atuais – não necessariamente *todos* eles – contempla um tal princípio em sua ordenação, é porque deve ele ser tido como possível de ser aplicado ao plano do Direito Internacional Público. Ora, se é o Direito Internacional Público que rege a conduta dos Estados no plano internacional, na medida em que tais Estados (em sua grande maioria) reconhecem determinados princípios em seus respectivos direitos internos ou, na medida em que os mesmos são reconhecidos pelos sistemas de Direito que esses mesmos Estados criaram, é evidente que eles passam a ser também aplicados ao âmbito do direito das gentes.

Portanto, os "princípios gerais *de* direito" (que a CIJ também deve aplicar, segundo o comando do art. 38, § 1º, alínea *c,* do seu Estatuto) são os princípios consagrados nos sistemas jurídicos dos Estados, ainda que não sejam aceitos por *todos* os sistemas jurídicos estatais, bastando que um número suficiente de Estados os consagrem. Daí a opinião de Guido Soares no sentido de que a leitura correta do disposto no art. 38, § 1º, alínea *c,* do Estatuto da Corte deve ser "princípios gerais de direito reconhecidos pelos Estados no seu ordenamento interno".[95] Entretanto, não obstante poder-se deduzir os princípios gerais de Direito de sua consagração pelos ordenamentos jurídicos internos estatais, não se pode confundi-los com os princípios gerais de Direito interno *stricto sensu*, que podem variar de um sistema jurídico a outro e, assim, não encontrarem a generalidade necessária a transformá-los em princípios aplicáveis ao âmbito internacional. Isto não impede, porém, que se *abstraiam* os princípios gerais de direito (internacional) dos ordenamentos jurídicos internos, na falta de clareza do Direito Internacional Público para determiná-los em face de um caso concreto.

Enfim, o art. 38, § 1º, alínea *c,* do ECIJ atribui à Corte o dever de também aplicar esses princípios gerais *de* direito reconhecidos pelas diversas nações nas controvérsias que lhe forem submetidas, para além (evidentemente) daqueles princípios gerais *do* direito provenientes diretamente da prática internacional, dos tratados e dos costumes internacionais. Também não é menos certo que tais princípios gerais de direito têm um papel supletivo no Direito Internacional Público, devendo o juiz a eles recorrer para suprir as lacunas encontradas nas regras convencionais ou costumeiras ou, ainda, a fim de interpretá-las segundo as mudanças que o ritmo histórico exigir.

Os princípios jurídicos da boa-fé, do respeito à coisa julgada, do *non bis in idem*, do direito adquirido e o de que a ninguém é lícito alegar o seu próprio erro (*v.g.,* CIJ, caso *Fábrica de Chorzow*, 1927, p. 31), são alguns daqueles princípios gerais *de* direito que podem ser citados a título de exemplo.

Além dessas fontes primárias do Direito Internacional, estudadas nos tópicos anteriores, o ECIJ também acrescenta as decisões judiciárias e as doutrinas dos publicistas de maior competência entre as distintas nações, como meios *auxiliares* na determinação das regras de direito e, num parágrafo conclusivo, autoriza a Corte decidir "uma questão *ex aequo et bono*, se as partes com isto concordarem". Trata-se dos chamados instrumentos de interpretação e compreensão do Direito Internacional, que serão estudados na Seção seguinte.

---

[94]   Nesse exato sentido, *v.* André Gonçalves Pereira & Fausto de Quadros, *Manual de direito internacional público,* cit., p. 261.

[95]   Guido Fernando Silva Soares. *Curso de direito internacional público,* cit., p. 92.

Tendo ficado o art. 38 do ECIJ com sua redação incompleta (uma vez que, como já dissemos, não contempla sequer os atos de organizações internacionais), faz-se necessária a análise, na Seção II seguinte, dos chamados "meios auxiliares" e das "novas fontes" do Direito Internacional Público.

SEÇÃO II – MEIOS AUXILIARES E NOVAS FONTES

1. Introdução. O art. 38, § 1º, do ECIJ, como já se noticiou, termina o elenco de suas alíneas dizendo tratar-se de meios auxiliares para a determinação das regras de direito as decisões judiciárias e a doutrina dos juristas de maior competência das distintas nações. Frise-se que andou bem o Estatuto da Corte ao chamar de *meios auxiliares* para a determinação das regras de direito a jurisprudência internacional e a doutrina, haja vista que tanto a jurisprudência quanto a doutrina não são tecnicamente *fontes* do direito, pois delas não *nasce* e não ganha forma nenhum direito; são apenas meios *auxiliares* para que se determine corretamente o direito alegado em questão.[96] O que o Estatuto pretendeu demonstrar, em verdade, é que o rol por ele estabelecido serve apenas para dizer *à Corte* quais os meios colocados à sua disposição para a resolução de um conflito de interesses entre Estados em relação a um feito que nela tramita, e não que se positivaram hermeticamente as fontes do Direito Internacional, as quais poderão ampliar e ultrapassar o rol ali estabelecido.[97]

Embora o art. 38 do ECIJ tenha colocado, na mesma alínea, a *jurisprudência* e a *doutrina*, afigura-nos necessário estudá-las separadamente, uma vez que a própria norma as distingue com clareza. E mais: como o referido dispositivo não contempla a totalidade das fontes do Direito Internacional Público, faz-se necessário analisar (numa sequência lógica e seguindo-se uma metodologia própria) a possibilidade de outros institutos jurídicos pertencerem a essa condição de *fonte* do direito das gentes.

2. Jurisprudência. As "decisões judiciárias" a que se refere o art. 38 do ECIJ são, em primeiro lugar, as da própria Corte, o que se evidencia da leitura do art. 94, § 1º, da Carta da ONU, segundo o qual cada membro das Nações Unidas "se compromete a conformar-se com a decisão da Corte Internacional de Justiça em qualquer caso em que for parte", bem assim do art. 59 do próprio Estatuto da Corte, que dispõe que as decisões da Corte só serão obrigatórias "para as partes litigantes e a respeito do caso em questão". Este último dispositivo, segundo alguns autores, tem por finalidade "conferir às decisões da Corte a autoridade de *res judicata*".[98] Ocorre que, como explica Virally, não somente as decisões da Corte são capazes de criar regras particulares de Direito Internacional, pois o mesmo ocorre com "as decisões de qualquer tribunal internacional, sem importar sua formação, sendo irrelevante se dito fenômeno foi ou não expressamente estipulado em tratados pelos

---

[96] Nesse sentido, *v.* Clóvis Bevilaqua, *Direito público internacional...*, t. I, cit., pp. 28-29.

[97] Cf. *The Paquete Habana*, 175 U.S. 677 (1900). *V.* também o *Restatement of the Law*, Third (1987), § 103 (*Evidence of International Law*).

[98] *V.* Michel Virally. *Manual de derecho internacional público*. Max Sørensen [Editor], cit., p. 177. Cf. também, Hersch Lauterpacht, *The development of international law by the International Court*, London: Stevens & Sons, 1958, pp. 20-22. Sobre a autoridade da coisa julgada no Direito Internacional, *v.* Leonardo Nemer Caldeira Brant, *L'autorité de la chose jugée en droit international public*, Paris: LGDJ, 2003, 396p.

quais os tribunais foram estabelecidos".[99] Contudo, como destaca Ian Brownlie, o debate no Comitê de Juristas responsável pela elaboração do Estatuto da Corte "indica claramente que o art. 59 não se destina meramente a exprimir o princípio da *res judicata*, mas a afastar a hipótese de um sistema de precedente obrigatório", tendo a própria Corte afirmado, em um caso concreto, que o objetivo do art. 59 "é simplesmente o de evitar que princípios jurídicos reconhecidos pelo tribunal num caso concreto sejam vinculativos para outros Estados ou em outros litígios".[100]

Por *jurisprudência* se entendem as constantes e reiteradas manifestações do Judiciário (as "decisões judiciárias", como diz o art. 38 do ECIJ) acerca de um mesmo assunto, dando sempre a mesma solução; ou seja, representa "uma sequência de decisões ou julgamentos, sempre no mesmo sentido, dando a cada caso semelhante a mesma solução".[101] Para os fins do citado art. 38 do ECIJ, tais "decisões judiciárias" abrangem tanto a jurisprudência dos tribunais internacionais permanentes, quanto a dos tribunais *ad hoc* e arbitrais, podendo também acrescentar-se a tal elenco as decisões dos tribunais de determinadas organizações internacionais (*v. infra*).

Andou bem, repita-se mais uma vez, o art. 38 do ECIJ, em qualificar a jurisprudência como *meio auxiliar* para a determinação das regras de direito. Ora, se se trata de "meio auxiliar" para que se determine eventual regra de direito, é evidente que não se lhe pode conferir o caráter de *fonte jurídica*. De fato, a jurisprudência dos tribunais não é *fonte* do direito, pois dela não *nasce* o direito, mas tão somente a sua *interpretação*. Trata-se, para falar como o ECIJ, apenas de meio *de determinação* do direito, não de *fonte*.[102]

A jurisprudência, na verdade, não é fonte do direito porque ela não *cria* o direito, mas sim *o interpreta* mediante a reiteração de decisões no mesmo sentido. Sendo ela uma sequência de julgamentos no mesmo sentido, nada mais é do que a afirmação de um direito preexistente, ou seja, sua expressão. Além do mais, as decisões dos tribunais não criam normas propriamente *jurídicas*, o que demanda abstração e generalidade, requisitos sem os quais não se pode falar na existência de uma regra de direito *stricto sensu*. Tanto os tratados, como os costumes e os princípios gerais de direito, bem assim certos atos estatais unilaterais e decisões de organizações internacionais, preenchem os requisitos da abstração e generalidade, mas de forma alguma a jurisprudência (ainda que, no plano internacional, tenha ela um papel mais significativo que no Direito interno de qualquer Estado). Portanto, o fenômeno que ocorre é o seguinte: a jurisprudência é que nasce das reiteradas e constantes manifestações do Poder Judiciário sobre determinadas questões concretas, sendo equivocado dizer que o direito é que nasce dela.

Embora a jurisprudência não crie propriamente o direito, isso não retira a sua validade como *meio auxiliar* para a determinação das regras de direito, como na dicção do art. 38 do ECIJ, favorecendo a criação de novos direitos com o passar do tempo, bem como a criação de novas regras costumeiras internacionais. Além do mais, a jurisprudência também constitui

---

99   Michel Virally. *Manual de derecho internacional público*. Max Sørensen [Editor], cit., p. 178.

100   Ian Brownlie. *Princípios de direito internacional público*, cit., pp. 32-33.

101   Gelson Amaro de Souza. *Processo e jurisprudência no estudo do direito*. Rio de Janeiro: Forense, 1989, pp. 57-58.

102   Cf. Dinh, Daillier & Pellet. *Direito internacional público*, cit., pp. 407-408.

Parte I · Cap. IV · FONTES DO DIREITO INTERNACIONAL PÚBLICO | **101**

importante fator de fomento na criação do direito objetivo, seja escrito ou costumeiro, sendo várias as normas internacionais originadas de precedentes jurisprudenciais.

Sua maior importância decorre do fato de, ainda hoje, ser enorme o número de normas que subsistem a título estritamente costumeiro, necessitando ser interpretadas a fim de não se tornarem inconsistentes, obscuras ou ambíguas. O mesmo se diga em relação aos princípios gerais de direito, que estão sempre a reclamar uma correta determinação, lançando o intérprete na obrigação de reconhecer o valor dos posicionamentos jurisprudenciais.[103]

A leitura desavisada do art. 38, § 1º, alínea *d*, do Estatuto da Corte, pode levar à falsa impressão de que as "decisões judiciárias" ali referidas seriam as proferidas *in foro domestico*. De fato, a norma diz serem aplicáveis pela Corte, como método auxiliar para a determinação das regras de direito, "as *decisões judiciárias* e a doutrina dos juristas mais qualificados *das diferentes nações...*". Assim, a junção da expressão derradeira ("das diferentes nações") à expressão anterior ("decisões judiciárias") poderia levar a crer tratar-se de jurisprudência *nacional* a estabelecida pelo art. 38 do ECIJ. Essa leitura do texto é equivocada. A expressão "das diferentes nações" usada no texto diz respeito apenas à "doutrina dos juristas mais qualificados". Seria até mesmo absurdo entender que *apenas* a jurisprudência *interna* deveria ser utilizada por um tribunal da magnitude da CIJ. Assim, ao contrário do que pode sugerir a leitura fugaz do Estatuto, as "decisões judiciárias" ali referidas não são, de forma alguma, as proferidas pelos *tribunais internos* de determinado Estado.[104] Por "decisões judiciárias" deve ser entendida a jurisprudência *internacional*, que é o conjunto de decisões dos tribunais internacionais sobre determinado assunto e no mesmo sentido, incluindo-se aí as sentenças proferidas pelos tribunais internacionais permanentes ou até mesmo *ad hoc* (destas últimas são exemplo as proferidas pelas cortes penais internacionais para a ex- -Iugoslávia e Ruanda), bem como as provenientes das cortes arbitrais internacionais desde longa data (muito antes, aliás, de começarem a aparecer no plano internacional os primeiros tribunais de caráter permanente) e, ainda, as provindas dos tribunais de determinadas organizações internacionais.

As decisões da CIJ, como meio de auxílio na determinação das regras de direito, são as que estão investidas da mais alta autoridade no plano internacional.[105] Se a Corte, *v.g.*, resolve dizer que uma determinada formulação se converteu em norma de Direito Internacional consuetudinário, esta opinião, sem embargo de constituir na teoria um precedente obrigatório, na prática é vista como verdadeira "lei".[106] Também não ficam descartados do

---

[103] Cf. José Francisco Rezek. *Direito internacional público...*, cit., pp. 137-138.

[104] Nesse exato sentido, *v.* José Francisco Rezek, Idem, pp. 138-139, para quem: "As decisões judiciárias a que se refere o art. 38 do Estatuto da Corte da Haia não são as proferidas no foro cível de Marselha ou nas instâncias trabalhistas de São Paulo, mas as componentes da *jurisprudência internacional*. (...) As decisões judiciárias nacionais, como foi dito, não se aproveitam no plano internacional a título de *jurisprudência*". Em sentido contrário, entendendo que o art. 38, § 1º, alínea *d*, do ECIJ não se limita às decisões internacionais, *v.* Antônio Augusto Cançado Trindade, Reavaliação das fontes do direito internacional público ao início da década de oitenta, cit., pp. 116-118; Malcolm N. Shaw, *Direito internacional*, cit., p. 88; e James Crawford, *Brownlie's principles of public international law*, cit., p. 41.

[105] Sobre a estrutura e competência da CIJ, *v.* a Parte II, Capítulo III, Seção II, item nº 5, *c*.

[106] *V.* exemplos em Ian Brownlie, *Princípios de direito internacional público*, cit., pp. 33-34.

conceito de decisão judiciária os *pareceres* emitidos pela Corte proferidos dentro do quadro da sua competência consultiva. Além dessa Corte, pode-se também destacar outros quatro tribunais permanentes de grande importância para a evolução do Direito Internacional: a Corte Europeia de Direitos Humanos e a Corte Interamericana de Direitos Humanos (nos sistemas regionais europeu e interamericano, respectivamente); o Tribunal Penal Internacional e o Tribunal Internacional do Direito do Mar (pertencentes ao sistema das Nações Unidas).

Por último, frise-se que o ECIJ admite a utilização da jurisprudência como meio auxiliar para a determinação das regras de direito, mas sob ressalva da disposição do art. 59, segundo o qual "a decisão da Corte só será obrigatória para *as partes* litigantes e a respeito *do caso* em questão", o que expressamente retira dela qualquer *efeito normativo*, sem impedir, contudo, que tal jurisprudência possa ser utilizada como alegação de *precedentes* da Corte em relação a casos futuros semelhantes.[107] Em outras palavras, ainda que uma decisão Corte só atinja *as partes* litigantes e no que diz respeito a um caso *concreto*, nada impede que o tribunal utilize da sua jurisprudência como *reafirmação* de um determinado posicionamento seu. O referido art. 59 também não negou, e nem poderia fazê-lo, que decisões de outros tribunais internacionais revistam-se de efeitos normativos.

3. Doutrina dos publicistas. Ao lado da jurisprudência dos tribunais, o art. 38, § 1º, alínea *d* do ECIJ coloca a "doutrina dos juristas mais qualificados das diferentes nações" (ou, de acordo com o texto em francês, *la doctrine*) como uma segunda categoria de auxílio na determinação das regras de direito.[108] Assim como a jurisprudência, a doutrina – ao contrário do que sustentam alguns autores – também não é fonte do Direito, uma vez que, como explica Miguel Reale, "as proposições teóricas, por maior que seja a força cultural de seus expositores, não dispõem de per si do *poder de obrigar*", razão pela qual "a doutrina não gera *modelos jurídicos*, propriamente ditos, que são sempre prescritivos, mas sim *modelos dogmáticos ou hermenêuticos*, o que em nada lhe diminui a relevância, pois ela desempenha frequentemente uma posição de vanguarda esclarecendo a significação dos modelos jurídicos através do tempo, ou exigindo novas formas de realização do Direito graças à edição de modelos jurídicos correspondente aos fatos e valores supervenientes".[109] Em outras palavras, não se vislumbra na doutrina qualquer carga de normatividade capaz de obrigar os Estados ao cumprimento daquilo que ela estabelece, ainda que seja inegável que a opinião de certos jurisconsultos é tão respeitável que passa a ser capaz de mudar os rumos de um julgamento internacional. Mas apesar de não ser tecnicamente *fonte* do Direito Internacional, é certo que a doutrina tem o mérito "de ser o repositório dos costumes jurídicos internacionais, e de apresentar o corpo do direito internacional em sua forma contemporânea".[110]

O Estatuto faz referência à "doutrina *dos juristas* mais qualificados das diferentes nações". Ainda que a intenção inicial dos redatores do Estatuto tivesse sido a de prestigiar a doutrina acadêmica, ou seja, aquela proveniente das obras doutrinárias dos grandes publicistas ou

---

[107] Cf. Gilda Maciel Corrêa Meyer Russomano. *Direito internacional público*, cit., p. 146.
[108] Cf. Hersch Lauterpacht. *The development of international law by the International Court*, cit., pp. 23-25.
[109] Miguel Reale. *Fontes e modelos do direito...*, cit., pp. 11-12.
[110] Clóvis Bevilaqua. *Direito público internacional...*, t. I, cit., p. 34.

autores individuais de renome internacional, a expressão "doutrina dos juristas mais qualificados" deve ser modernamente entendida como abrangendo outras entidades que também "doutrinam", a exemplo das várias "sociedades eruditas" existentes ou das associações científicas que contribuem em grande escala para o progresso do Direito Internacional.[111] Exemplo delas é a Comissão de Direito Internacional da ONU, criada pelas Nações Unidas (em 1947) para "incentivar o desenvolvimento progressivo do Direito Internacional e a sua codificação", segundo o art. 13, § 1º, alínea *a*, de sua Carta constitutiva. Podem ser também citados os projetos da *Harvard Research*, os estudos preliminares da Conferência de Codificação de Haia de 1930, e os relatórios do *Institut de Droit International* e outros organismos especializados.[112] Portanto, também se consideram materiais doutrinários de grande repercussão os trabalhos dos institutos especializados na pesquisa do Direito Internacional, bem como os trabalhos preparatórios ou os relatórios explicativos que vez ou outra acompanham as convenções internacionais, elaborados, geralmente, por juristas de grande expressão na seara do Direito Internacional, tanto público como privado. Deve-se mencionar, igualmente, a produção doutrinária das secretarias de organizações internacionais, que contribuem para o avanço do Direito Internacional no desempenho de suas funções.[113]

Não se pode esquecer o relevante e enriquecedor papel, em termos doutrinários, da Academia de Direito Internacional da Haia, que desde 1923, com o auxílio financeiro da Dotação Carnegie para a Paz Internacional dos EUA, vem promovendo seus famosos *Cursos* de Direito Internacional, com renomados internacionalistas, os quais terminam por ser publicados no *Recueil des Cours* da Academia. Tais estudos são tanto de Direito Internacional Público como de Direito Internacional Privado e publicados somente em francês e inglês.

Observe-se que o art. 38, § 1º, alínea *d*, do Estatuto, assinala apropriadamente que a Corte deve examinar a doutrina daqueles juristas mais qualificados "das diferentes nações", o que vem ao encontro das demais disposições do mesmo art. 38, que coligam o processo de formação do Direito Internacional com a noção de *interesse geral*.[114] É, contudo, raríssimo que um autor particular seja citado nas decisões da CIJ, a não ser nas opiniões individuais dos juízes ou nas manifestações das partes.[115]

Em suma, tal "doutrina" – que não pode ser tida propriamente como *fonte* do Direito Internacional, por ser incapaz de criar direito concreto – passa a ser meio indispensável de consulta tanto para a própria CIJ como para quaisquer outros tribunais encarregados de decidir de acordo com o Direito Internacional as controvérsias que lhes são submetidas.

4. Analogia e equidade. A doutrina também tem colocado a analogia e a equidade dentro do contexto das fontes do Direito Internacional Público. Aqui, contudo, deve-se fazer a observação de que não se trata de encontrar métodos auxiliares para a exata determinação

---

[111] Cf. Dinh, Daillier & Pellet. *Direito internacional público*, cit., p. 405.

[112] Cf. Ian Brownlie. *Princípios de direito internacional público*, cit., p. 37.

[113] *V.* Oscar Schachter. The development of international law through the legal opinion of the United Nations Secretariat, in *British Yearbook of International Law*, vol. 25 (1948), pp. 91-132.

[114] Cf. Michel Virally. *Manual de derecho internacional público*. Max Sørensen [Editor], cit., p. 181.

[115] Cf. Hersch Lauterpacht. *The development of international law by the International Court*, cit., p. 25; e Dominique Carreau & Jahyr-Philippe Bichara, *Direito internacional*, cit., pp. 369-370.

das regras de direito, mas sim soluções eficientes para enfrentar o problema da *falta* de norma jurídica regulamentadora a determinado caso concreto, ou mesmo para suprir a inutilidade da norma existente, a fim de se poder solucionar, com um mínimo de justiça, o conflito de interesses. Em ambos os casos – quer na analogia ou na equidade – tanto mais se justifica considerá-las formas ou meios de completude do sistema jurídico do que como fontes (sequer *pseudo-fontes*) do Direito Internacional Público, relativamente às quais nenhuma de suas características lhe são compatíveis. Ainda assim se deve estudá-las aqui, no capítulo dedicado às fontes, devido exatamente a essa função complementar que tanto uma como outra exercem em relação às fontes.[116]

Mas, o que significam a analogia e a equidade no contexto do Direito Internacional Público?

A *analogia* consiste na aplicação, a determinada situação de fato, de uma norma jurídica feita para servir a um caso parecido ou semelhante.[117] O art. 38 do ECIJ, porém, não faz qualquer referência à analogia (somente à equidade). Por isso, conforme apontado por boa parte da doutrina, existe certo perigo em relação à sua aplicação nos casos que envolvam questões de soberania dos Estados (como exigir que determinado Estado se submeta a um meio exterior de solução de controvérsias, arbitral ou do Judiciário) e também em outros em que fica prejudicada a liberdade ou alguns direitos básicos do ser humano. Daí por que a analogia, se frequentemente utilizada no plano do Direito interno, é dificilmente empregada na prática das relações internacionais, sendo poucas as referências a ela nas instâncias judiciárias internacionais em geral.

A *equidade*, por sua vez, ocorre nos casos em que a norma jurídica não existe ou nos casos em que ela existe, mas é ineficaz para solucionar coerentemente (com justiça e razoabilidade) o caso concreto *sub judice*.[118] Trata-se de decidir com base em outras regras ou princípios que suprem a falta de previsão legal existente, ou que preencham a norma jurídica obsoleta ou ineficaz. Assim, a equidade nada mais é do que a aplicação a um caso concreto das ideias e princípios de justiça, a fim de preencher as lacunas das normas vigentes. Daí ser também chamada de *justiça do caso concreto*, uma vez que resolve o caso por meio da aplicação de critérios criados pelo próprio aplicador "num ajustamento da pauta de decisão às características de cada situação em análise".[119]

Frise-se que a expressão *ex aequo et bono* utilizada pelo ECIJ quer se referir exatamente ao conceito de equidade acima exposto, tal como empregado desde suas origens no Direito Romano e definida por Ulpiano: *suum cuique tribuere*. Porém, essa noção de equidade é

---

[116] V. André Gonçalves Pereira & Fausto de Quadros. *Manual de direito internacional público*, cit., p. 275.

[117] V. Norberto Bobbio. *Teoria do ordenamento jurídico*, cit., pp. 150-156.

[118] Sobre a importância da equidade no Direito Internacional Público, *v.* Karl Strupp, Le droit du juge international de statuer selon l'équité, in *Recueil des Cours*, vol. 33 (1930-III), pp. 351-481. Em menor proporção, cf. Peter Malanczuk, *Akehurst's modern introduction to international law*, cit., pp. 55-56; Éric Canal-Forgues & Patrick Rambaud, *Droit international public*, cit, pp. 152-155; Malcolm N. Shaw, *Direito internacional*, cit., pp. 83-86; e Alberto do Amaral Júnior, *Curso de direito internacional público*, cit., pp. 166-168 (este último destaca três funções distintas da equidade, a saber: a de *moderar*, *completar* e a de *afastar* a aplicação do direito, situações em que ela se manifesta *infra legem*, *praeter legem* e *contra legem*).

[119] Jorge Bacelar Gouveia. *Manual de direito internacional público*, cit., p. 132.

Parte I • Cap. IV • FONTES DO DIREITO INTERNACIONAL PÚBLICO | **105**

distinta da *equity* do direito inglês, no qual a mesma é aplicada em decorrência da função judicial normal.[120] Contudo, não é propriamente a equidade que vai preencher a falta de previsão legal num determinado caso concreto, pois ela é *método* e não a norma substantiva propriamente dita. Daí não se poder tê-la como fonte forma do Direito Internacional Público, senão como forma de *aplicação* desse Direito pelas cortes e instâncias internacionais.[121] Mas o art. 38, § 2º, do ECIJ é claro em dizer que a aplicação da equidade em julgamento internacional depende da expressa anuência das partes envolvidas, quando acrescenta que "a presente disposição não prejudicará a faculdade da Corte de decidir uma questão *ex aequo et bono*, se as partes com isto concordarem". Portanto, a Corte não pode decidir puramente por equidade, a seu alvedrio e a seu talante, se assim não consentirem as partes litigantes, quer esteja diante de flagrante impropriedade, quer de insuficiência das normas jurídicas aplicáveis ao caso.[122] Mas, caso as partes expressem o seu desejo de ver resolvido o caso pela aplicação da regra *ex aequo et bono*, a conclusão é a de que a Corte está impedida de julgar com fulcro no direito formal. Não seria razoável que as partes escolhessem a forma de aplicação da justiça ao seu caso concreto (como autorizadas pelo próprio ECIJ) e a Corte se afastasse desse comando.

Por exemplo, aqueles (grupos de juízes) que decidem por arbitragem – para falar como na França – atuam *en amiable compositeur*, ou seja, como agentes de uma solução amigável entre os litigantes que chegam a um resultado prático aplicando princípios de justiça baseados em critérios muito mais amplos que os utilizados nas decisões baseadas no *jus scriptum*.

A equidade parece ter sido reafirmada internacionalmente pela Convenção das Nações Unidas sobre o Direito do Mar (*Convenção de Montego Bay*), de 10 de dezembro de 1982. Seu art. 83, § 1º, dispondo sobre a delimitação da plataforma continental entre Estados ribeirinhos (com costas adjacentes ou situadas frente a frente), disciplina que a mesma "deve ser feita por acordo, de conformidade com o direito internacional a que se faz referência no art. 38 do Estatuto do Tribunal Internacional de Justiça, a fim de se chegar a uma *solução equitativa*" [grifo nosso]. Mas a Corte, no caso da delimitação da plataforma continental entre a Líbia e a Tunísia, em 1982, fez distinção entre a *equidade* e a *solução equitativa* referida pelo citado dispositivo, o que levou Charles Rousseau a considerar extremamente difícil, na prática, uma tal distinção, que estaria a demandar uma "grande sagacidade" por parte dos juízes ou dos árbitros internacionais.[123]

Relativamente à prática da equidade, deve-se dizer que os tribunais internacionais *quase nunca* têm sido expressamente convidados a decidir com base nela. Apesar da importância que se sabe ter a equidade, como forma de solução amigável de controvérsias, é necessário frisar que a CIJ (feliz ou infelizmente) não a tem aplicado no exercício regular de suas funções,[124] talvez por certo desinteresse das partes em soluções desse gênero.

---

[120]   Cf. Ian Brownlie. *Princípios de direito internacional público*, cit., p. 39. Para um maior desenvolvimento, v. Hersch Lauterpacht, *The development of international law by the International Court*, cit., pp. 213-223.

[121]   Cf. Paul Reuter. *Direito internacional público*, cit., p. 52.

[122]   Cf. José Francisco Rezek. *Direito internacional público...*, cit., p. 141.

[123]   V. Charles Rousseau. *Droit international public*, 10ª ed. Paris: Dalloz, 1984, p. 92.

[124]   Cf. Hildebrando Accioly. *Tratado de direito internacional público*, vol. I, cit., p. 43.

5. Atos unilaterais dos Estados. Diferentemente do que ocorre com as demais fontes e meios auxiliares acima estudados, o art. 38 do ECIJ não faz qualquer menção aos atos unilaterais autônomos dos Estados (bem assim das organizações internacionais) como fontes prováveis do Direito Internacional Público.[125] Nem por isso, contudo, podem tais atos jurídicos ser considerados como não pertencentes ao contexto das *fontes* do direito das gentes, principalmente quando se sabe que a assunção de obrigações internacionais é uma das mais importantes preocupações dessa disciplina. Tanto os *atos unilaterais dos Estados* (cujo estudo ora nos ocupa) como as *decisões das organizações internacionais* (que estudaremos no item nº 6, *infra*) são modos de formação voluntários do Direito Internacional Público, por se tratar de *expressões de vontade* dos sujeitos do direito das gentes, tendentes a criar efeitos jurídicos.[126]

Entende-se por ato unilateral autônomo a manifestação de vontade pública e inequívoca de um Estado, desvinculada de qualquer tratado ou costume internacional, formulada por autoridade com competência para validamente engajá-lo, com a intenção de produzir efeitos jurídicos nas suas relações com outros Estados ou organizações internacionais, com o conhecimento expresso destes ou destas.[127] Portanto, tais atos unilaterais são aqueles emanados de um *único* sujeito de Direito Internacional, sem a participação (mas com o conhecimento) de outra contraparte, com a finalidade de produção de efeitos jurídicos (às vezes *erga omnes*, às vezes *inter partes*) capazes de criar direitos e obrigações no plano internacional.[128] Em outras palavras, são tais atos "uma clara intenção em aceitar obrigações *vis-à-vis* de outros Estados por meio de uma declaração pública a qual não se traduz numa proposta contratual nem depende, de outro modo, de compromissos recíprocos assumidos pelos Estados em causa".[129] Tais atos têm de ser, obrigatoriamente, *internacionais*, o que significa que a regência do seu valor obrigacional deve ser determinada pela ordem internacional, e não pela ordem jurídica interna do Estado que o manifesta. A *produção de efeitos jurídicos* é outro dado importante na constatação do ato unilateral válido, único a ensejar a responsabilização internacional do Estado e a ser fonte autônoma do Direito Internacional Público. Assim, nessa categoria não se enquadram aqueles atos unilaterais estatais destituídos da vontade de produção de efeitos jurídicos, tais como as *cartas de intenções* (*lettres d'intentions/letters of intentions*) que os Estados remetem ao Fundo Monetário Internacional para fins de análise pela Diretoria Executiva do Fundo e posterior autorização de levantamento do numerário em dinheiro pretendido num

---

[125] V., por tudo, Paul Guggenheim, La validité et la nullité des actes juridiques internationaux, in *Recueil des Cours*, vol. 74 (1949-I), pp. 191-268; Giuseppe Biscottini, *Contributo alla teoria degli atti unilaterali nel diritto internazionale*, Milano: Giuffrè, 1951, 184p; Erik Suy, *Les actes juridiques unilatéraux en droit international public*, Paris: LGDJ, 1962, 290p; G. Venturini, La portée et les effets juridiques des attitudes et des actes unilatéraux des états, in *Recueil des Cours*, vol. 112 (1964-II), pp. 363-467; Jean-Paul Jacque, Acte et norme en droit international public, in *Recueil des Cours*, vol. 227 (1991-II), pp. 357-417; e V. Degan, Unilateral acts as source of particular international law, in *Finnish Yearbook of International Law*, vol. 5 (1994), pp. 149-266.

[126] Cf. Dinh, Daillier & Pellet. *Direito internacional público*, cit., p. 367; e Brichambaut, Dobelle & Coulée, *Leçons de droit international public*, cit., p. 296.

[127] V. os *Princípios Orientadores Aplicáveis às Declarações Unilaterais dos Estados Capazes de Gerar Obrigações Jurídicas*, adotados pela Comissão de Direito Internacional da ONU na sua 58ª Sessão, em 2006.

[128] Cf. Erik Suy. *Les actes juridiques unilatéraux en droit international public*, cit., p. 44.

[129] Ian Brownlie. *Princípios de direito internacional público*, cit., p. 661.

arranjo *stand-by*.[130] Ademais, para que os *efeitos jurídicos* citados se produzam é necessário (como para qualquer outro ato jurídico) demonstrar a *imputabilidade* do ato ao Estado, isto é, que o *ato* em causa é *produto* da manifestação do Estado.[131] Por fim, o ato unilateral para ser válido há de ser *público* e *notório*, pois somente assim gerará a necessária *expectativa de direitos* aos seus destinatários e eventuais beneficiários.

Em suma, havendo a intenção de produzir *efeitos jurídicos* independentemente de outras fontes, imputando-se ao Estado a sua manifestação, sendo esta pública e notória e realizada com precisão e clareza, pode-se já dizer estar diante de um ato unilateral *válido*. O que não se pode confundir é a falta de produção de efeitos jurídicos (caso em que não se estará diante de um ato unilateral) com a falta de normatividade, que é coisa bem diferente. Não é difícil visualizar que os atos unilaterais dos Estados, pela sua própria forma de expressão, são destituídos de característica *normativa* (uma vez que não têm qualquer abstração e generalidade), o que não significa, em absoluto, que não produzam consequências *jurídicas*, uma vez que criam *obrigações* internacionais para aqueles Estados que os proclamam, tanto quanto a ratificação de um tratado ou a sua denúncia.[132] Assim, desde que autorizado pelo Direito Internacional, um ato unilateral deve ser analisado sob a ótica dos direitos e obrigações que atingem outros Estados, bem como dos direitos e deveres do Estado que o realiza. Mas, uma vez que, pelo princípio da igualdade soberana dos Estados, não se permite que um Estado, unilateralmente, imponha *obrigações* a outro, só resta então a possibilidade de um ato unilateral criar *direitos* para outros Estados, ficando o Estado que o realizou com a obrigação jurídico-internacional de garanti-lo, mesmo no caso de o Estado beneficiário dele não necessitar.[133]

É preciso ainda distinguir – como fazem André Gonçalves Pereira e Fausto de Quadros – os atos unilaterais que são fontes *autônomas* do Direito Internacional Público, ou seja, verdadeiras fontes, que produzem efeitos jurídicos independentemente de outras, daqueles cuja existência e validade dependem de outra fonte, como é o caso da *adesão* (e também da *denúncia*) aos tratados, cuja validade depende do próprio tratado.[134] Evidentemente, apenas os primeiros apresentam interesse ao estudo das fontes do direito das gentes, por serem *independentes* de quaisquer outras fontes. Aqueles atos unilaterais como a prática dos Estados que dá causa à formação de um costume ou empreendidos no decorrer do *iter* de celebração de

---

[130] Para um estudo exaustivo da natureza jurídica das operações de crédito junto ao FMI, *v.* Valerio de Oliveira Mazzuoli, *Natureza jurídica e eficácia dos acordos* stand-by *com o FMI*, São Paulo: RT, 2005, 352p. Nesta obra, assim lecionamos: "Na medida em que nas Cartas de Intenções nada existe que faça supor estarem os Estados decididos a obrigarem-se em relação ao conteúdo das declarações nelas constantes, não havendo, portanto, manifestação de vontade expressa visando à criação de uma regra de direito, é lícito concluir que as mesmas encontram-se à margem do qualificativo jurídico das declarações unilaterais de caráter obrigatório" (Idem, p. 193).

[131] Cf. Dinh, Daillier & Pellet. *Direito internacional público*, cit., p. 369.

[132] Cf. José Francisco Rezek. *Direito internacional público...*, cit., pp. 130-131. Ainda sobre a distinção entre *normas* e *obrigações* no contexto dos atos unilaterais, *v.* Antonio Remiro Brotons (*et al.*), *Derecho internacional*, cit., p. 293.

[133] Cf., por tudo, Michel Virally, *Manual de derecho internacional público*, Max Sørensen [Editor], cit., p. 182. Nesse exato sentido, *v.* também os *Princípios Orientadores Aplicáveis às Declarações Unilaterais dos Estados Capazes de Gerar Obrigações Jurídicas*, cit., item nº 9: "Uma declaração unilateral de um Estado não pode gerar obrigações para outros Estados".

[134] *V.* André Gonçalves Pereira & Fausto de Quadros. *Manual de direito internacional público*, cit., p. 266.

108 | CURSO DE DIREITO INTERNACIONAL PÚBLICO – *Valerio de Oliveira Mazzuoli*

um tratado, por não serem autônomos, ou seja, por estarem na dependência de outra fonte, restam à margem da condição de fontes formais do Direito Internacional Público.

A *forma* dos atos unilaterais carece de importância, sendo apenas necessário que as manifestações que neles se contêm sejam claras e específicas, com objeto preciso e determinado, além de externadas publicamente por autoridade competente. Sendo assim realizadas, passa então a vigorar a norma *acta sunt servanda* (idêntica à norma *pacta sunt servanda* aplicada aos tratados), segundo a qual todo ato unilateral em vigor obriga o Estado que o formulou e deve por ele ser cumprido de boa-fé. Havendo, porém, dúvida quanto ao alcance das obrigações decorrentes da declaração unilateral, em razão de sua formulação pouco clara ou imprecisa, a interpretação a ser realizada deve ser *restritiva*, permitindo-se, então, desonerar o Estado em causa de seu cumprimento.[135] Por fim, destaque-se que a afirmação de que a forma dos atos unilaterais carece de importância não quer dizer que eles serão válidos mesmo havendo *vício formal em sua conclusão;* havendo nesta vício de forma, à evidência, o ato estará eivado de nulidade absoluta.[136]

Classificam-se os atos unilaterais em *tácitos* e *expressos*. Os primeiros têm origem no *silêncio* da parte naquelas ocasiões em que esta teria o dever jurídico de se manifestar e não o fez, ou quando a sua inércia demonstra proposital vontade de gerar consequências jurídicas. Provêm da norma do Direito Canônico *qui tacet consentire videtur* ("quem cala, consente"),[137] que, no Direito Internacional, muitas vezes se assemelha ao que se nomina "silêncio eloquente".[138] Os segundos (atos unilaterais expressos) têm lugar com a manifestação formal dos Estados relativamente a uma determinada pretensão sua, podendo ser formulados *oralmente* ou *por escrito*.[139] São bastante conhecidos alguns exemplos de atos unilaterais expressos tidos pela doutrina como obrigatórios, a exemplo da *notificação*, do *reconhecimento* de uma obrigação internacional, do *protesto*,[140] da *renúncia* ou *abstenção* expressa à prática de determinado ato,

---

[135] V. *Princípios Orientadores Aplicáveis às Declarações Unilaterais dos Estados Capazes de Gerar Obrigações Jurídicas*, cit., item nº 7.

[136] Cf. Paul Guggenheim. La validité et la nullité des actes juridiques internationaux, cit., pp. 215-216.

[137] A CIJ aplicou a regra *qui tacet consentire videtur* no julgamento do caso *Templo de Preah-Vihear* (Camboja *Vs.* Tailândia) de 15.06.1962, por ter a Tailândia permanecido em total silêncio quando o Camboja enviou um mapa contendo o resultado dos trabalhos de delimitação em que inseria o referido *Templo* em seu território; por esse motivo, a Corte entendeu que a Tailândia havia aceitado o mapa referido, concedendo ao Camboja a soberania sobre o *Templo*.

[138] Para um estudo do valor do silêncio no Direito Internacional Público, *v.* especialmente Antonio Martínez Puñal, *Actos unilaterales, promesa, silencio y nomogénesis en el derecho internacional*, Santiago de Compostela: Andavira, 2011, 211p.

[139] V. *Princípios Orientadores Aplicáveis às Declarações Unilaterais dos Estados Capazes de Gerar Obrigações Jurídicas*, cit., item nº 5: "As declarações unilaterais podem ser formuladas oralmente ou por escrito".

[140] Veja-se o protesto brasileiro à ocupação inglesa da Ilha da Trindade, comunicado em nota da legação brasileira em Londres ao governo britânico, em 27 de julho de 1895, nestes termos: "A recente ocupação da Ilha da Trindade em nome do Governo de Sua Majestade surpreendeu dolorosamente o Governo da República e causou uma justa inquietação no Brasil. É certo que em 1700 o Dr. Halley abordou esta ilha, da qual tomou posse em nome de Sua Majestade Britânica, e que uma tentativa de colonização inglesa chegou a ser lá feita em 1781; mas tendo Portugal reivindicado seus direitos sobre esta dependência da coroa, o fundamento de sua reclamação foi reconhecido e uma ordem do Almirante Inglês datada de 22 de agosto de 1782 decidiu por sua evacuação e restituição a Portugal, que ali manteve uma guarnição militar de 400 homens até outubro de 1795. Nada ocorreu depois desta época que tornasse duvidosa esta posse de Portugal, cujos direitos passaram integralmente ao Brasil quando de sua independência. (...) O Brasil sempre manteve, portanto, os direitos

da *promessa* etc.[141] Contudo, a qualidade de *fonte* do Direito Internacional de muitos desses atos deve ser aferida levando-se em consideração o contexto do caso concreto em que está envolvido o Estado que os tenha praticado, caso em que será verificada a potencialidade do ato em produzir consequências jurídicas às partes envolvidas no litígio. Parece correta a opinião doutrinária de que uma declaração unilateral com efeitos jurídicos terá sentido sempre que o rol dos seus destinatários for *aberto* e *plural* (como ocorreu no *Caso dos Testes Nucleares*, julgado pela CIJ na década de 1970 – *v. infra*); mas pode não fazer sentido quando as partes se movem no quadro de uma relação apenas *bilateral*, especialmente quando afeta a um elemento tão essencial da personalidade estatal, como, *v.g.*, o seu território.[142]

Quanto aos seus *efeitos* jurídicos pode-se distinguir os atos unilaterais que criam deveres e obrigações *para os Estados* que o manifestam ("autonormativos"), daqueles que atribuem direitos e prerrogativas *a outros sujeitos do Direito Internacional* ("heteronormativos").[143] Vejamos cada um deles separadamente:

a) Atos autonormativos. A CIJ, nos §§ 43 a 46 da sentença do *Nuclear Tests Case* entre Austrália e Nova Zelândia contra a França, julgado em 20 de dezembro de 1974, confirmou a existência desses atos autonormativos, capazes de impor ao próprio Estado que o manifesta certas obrigações jurídicas. Estava em pauta, naquela ocasião, a obrigação unilateral assumida pela França de cessar os testes nucleares na atmosfera, que tinha iniciado numa região do Pacífico com consequências danosas à Austrália e à Nova Zelândia, tendo em vista a proximidade entre o local dos testes e os dois países. No citado julgamento ficou expresso que quando o Estado que efetua a declaração tiver a intenção de que a obrigação declarada se torne obrigatória, fica o mesmo legalmente obrigado, desde então, a seguir uma linha de conduta compatível com aquilo que foi declarado. A Corte concluiu que as várias declarações das autoridades francesas (provenientes da Presidência da República e dos Ministérios de Relações Exteriores e Defesa) vinculavam juridicamente a França e que era indubitável a capacidade dessas manifestações (ou promessas) em comprometer internacionalmente o Estado.[144]

---

que herdara de Portugal, e o auto de posse da Ilha da Trindade por uma nação estrangeira constitui uma violação do território nacional. (...) Não tenho dúvida de que o Governo da Rainha, zeloso, como o vejo, de manter as relações de amizade e de boa harmonia de nossos dois países, leve em consideração os fatos acima enunciados para acolher com justiça a reivindicação dos direitos do Brasil sobre a Ilha da Trindade". V. Antônio Augusto Cançado Trindade (org.). *Repertório da prática brasileira do direito internacional público (período 1889-1898)*, 2ª ed. Brasília: Fundação Alexandre de Gusmão, 2012, pp. 50-51.

[141] V. Jean-Didier Sicault. Du caractère obligatoire des engagements unilatéraux en droit international public, in *Revue Générale de Droit International Public*, vol. 83, Paris, 1979, pp. 633-688; e Antonio Martínez Puñal, *Actos unilaterales, promesa, silencio y nomogénesis en el derecho internacional*, cit., pp. 133-195. Sobre esses diferentes atos, cf. ainda Dionisio Anzilotti, *Cours de droit international*, cit., pp. 346-351; Jorge Miranda, *Curso de direito internacional público*, cit., p. 51; Brichambaut, Dobelle & Coulée, *Leçons de droit international public*, cit., pp. 296-297; e Dominique Carreau & Jahyr-Philippe Bichara, *Direito internacional*, cit., pp. 263-265.

[142] Cf. Antonio Remiro Brotons (*et al.*). *Derecho internacional*, cit., p. 298.

[143] V., por tudo, Dinh, Daillier & Pellet, *Direito internacional público*, cit., pp. 373-376. Alguns autores (como Brichambaut, Dobelle & Coulée, *Leçons de droit international public*, cit., p. 298) colocam tais categorias de atos no plano da classificação relativa *ao destinatário do ato*. Tal, contudo, não modifica o entendimento da matéria.

[144] Cf., por tudo, *International Court of Justice*, Nuclear Tests Case, "Australia *v.* France", judgment of 20 december 1974, *ICJ Reports* (1974), pp. 267-269. *V.*, também, o caso relativo às atividades militares e

Trata-se, em parte, da doutrina do *estoppel by representation* (ou da *preclusão*), ainda que aqui não se tenha como objetivo preciso a criação de uma obrigação jurídica, posto não ser traço característico do *estoppel* a vontade do Estado, senão a expectativa que um Estado causa em outro. Segundo esse entendimento, os Estados ou organizações internacionais não podem voltar atrás em suas declarações ou manifestações formuladas expressa e inequivocamente, ficando vinculados ao conteúdo daquilo que formalmente expressaram, seguindo-se a regra *venire contra factum proprium non valet*.[145] O princípio do *estoppel* tem sido reconhecido e aplicado tanto no Direito Internacional geral como no Direito Internacional dos Direitos Humanos.[146] Assim, quando assumido publicamente, mesmo quando não efetuado no contexto das negociações internacionais, um tal compromisso manifestado unilateralmente será obrigatório para o Estado ou organização internacional em causa, devendo ser cumprido de boa-fé. Quando se trata de atos unilaterais, não é necessário o aceite da declaração por parte de outros Estados para que a mesma possa ter valor, bastando a declaração unilateral do Estado que juridicamente se obriga, em respeito à assim chamada e já referida norma *acta sunt servanda*.

Esse precedente judiciário citado, contudo, não pode levar o intérprete ao equívoco de pensar que ali se concluiu um *tratado oral*. Nem a CIJ nem os Estados jamais insinuaram um tal absurdo, mesmo porque é impossível a conclusão de um tratado sem contraparte. Como destaca Rezek, as declarações unilaterais não são tratados (e nem pretendem sê-lo), mas atos

---

paramilitares na Nicarágua (Nicarágua *Vs.* Estados Unidos da América), in *ICJ Reports* (1986), p. 14; e o caso relativo à controvérsia fronteiriça (Burkina Fasso *Vs.* Mali), in *ICJ Reports* (1986), p. 554. Neste último caso, porém, depois de advertir que para saber a intenção do sujeito faz-se necessário levar em consideração todas as circunstâncias do caso concreto, entendeu a CIJ que carecia de fundamento considerar que uma declaração feita pelo Chefe de Estado de Mali em um veículo de imprensa (manifestando sua vontade de seguir as conclusões de uma Comissão de Mediação da OUA sobre a faixa de fronteira com Burkina Fasso) teria consequências jurídicas, especialmente a de impor ao Estado que seguisse a declaração manifestada. E isso porque – explicam Remiro Brotons (*et al.*) – "no caso em questão – diferentemente do que ocorrera no caso dos *Ensaios Nucleares*, em que as condutas denunciadas (os testes atômicos atmosféricos em alto mar) não afetavam só os Estados demandantes – 'não há nada que impeça às Partes manifestar sua intenção de aceitar com caráter obrigatório as conclusões da comissão... pela via *normal*: um *acordo formal* baseado na reciprocidade' (ênfase acrescentada)" (*Derecho internacional*, cit., p. 298).

[145] Cf. Mario Castillo Freyre & Rita Sabroso Minaya. *La teoría de los actos proprios: doctrina y jurisprudencia*, 2ª ed. Breña: Instituto Pacífico, 2017, pp. 41-53.

[146] A Corte Interamericana de Direitos Humanos tem aplicado o princípio do *estoppel* tanto a respeito das objeções que não foram opostas no trâmite perante a Comissão Interamericana, como quando o Estado pretende opô-las posteriormente perante a Corte, desconhecendo o que ele mesmo aceitou em etapas anteriores do processo. Como destacou a Corte Interamericana num caso envolvendo o Peru: "No presente caso, cada ato de reconhecimento realizado pelo Peru ante a Comissão criou um *estoppel*. Por ele, ao haver admitido como legítima, por meio de um ato jurídico unilateral de reconhecimento, a pretensão apresentada no procedimento ante a Comissão, o Peru fica impedido de contradizer-se posteriormente. Tanto as possíveis vítimas, seus representantes como a Comissão Interamericana atuaram no procedimento ante tal órgão com base nessa posição de reconhecimento adotada pelo Estado" (*Caso Acevedo Jaramillo e outros Vs. Peru*, sentença de 7 de fevereiro de 2006, parágrafos 176-177). Ainda sobre o *estoppel* no direito das gentes, *v.* James Crawford, *Brownlie's principles of public international law*, cit., pp. 420-421.

Parte I • Cap. IV • FONTES DO DIREITO INTERNACIONAL PÚBLICO | **111**

internacionais do gênero da *promessa*, tornada irretratável "em face de sua pronta aceitação pelo destinatário e das medidas desde então tomadas por este".[147]

b) Atos heteronormativos. Tais atos – que atribuem direitos e prerrogativas a outros sujeitos do Direito Internacional – são normalmente auferíveis nas legislações internas dos Estados, como por exemplo quando um Estado edita lei atribuindo certos benefícios às demais potências estrangeiras. Assim, uma lei que autorize embarcações estrangeiras navegarem em determinado rio pertencente ao domínio do Estado, poderá ser alegada em sua qualidade de *ato unilateral* (heteronormativo) a fim de permitir certa nau estrangeira navegar por aquele leito. Tal se deu com o Decreto Imperial nº 3.749, de 7 de dezembro de 1866, por meio do qual o Brasil franqueou as águas dos rios Amazonas, Tocantins, Tapajós, Madeira, Negro e São Francisco à navegação dos navios mercantes de todas as nações, inaugurando um regime que ainda subsistente na atualidade.[148]

Acima se falou que os atos heteronormativos atribuem *direitos* e *prerrogativas* a outros sujeitos do direito das gentes. Algumas vezes, porém, os Estados pretendem, por meio de ato unilateral seu, impor também *obrigações* a outros sujeitos de direito, o que está a violar o princípio geral de que os atos unilaterais dos Estados não são oponíveis a terceiros sem o consentimento destes, pois não pode existir entre entidades soberanas qualquer relação de subordinação. Mas a doutrina coloca dois limites a esta regra legal: *a)* um Estado pode, por ato unilateral seu, impor obrigações a terceiros desde que, ao fazê-lo, se limite a exercer competências estabelecidas em tratados ou costumes internacionais; e *b)* o Estado pode, por ato unilateral seu, impor obrigações a terceiros quando age como representante ou "mandatário" da sociedade internacional, *v.g.*, quando tem a gerência da navegação em um canal internacional (Suez, Panamá) ou em certos estreitos (Bósforo).[149]

6. Decisões das organizações internacionais. As *decisões* proferidas por organizações internacionais intergovernamentais – que igualmente são fontes modernas do Direito

---

[147] José Francisco Rezek. *Direito internacional público...*, cit., p. 131.

[148] Para detalhes, *v.* Paulo Roberto Palm, *A abertura do rio amazonas à navegação internacional e o parlamento brasileiro*, Brasília: Fundação Alexandre de Gusmão, 2009, 97p. Sobre a navegação de navios de guerra pelo rio Amazonas e seus afluentes, *v.* MRE, *Relatório Apresentado ao Presidente da República dos Estados Unidos do Brasil pelo Ministro de Estado das Relações Exteriores – 1899*, Rio de Janeiro, Imprensa Nacional, 1899, p. 17, nestes termos: "O Decreto de 7 de dezembro de 1866 abriu aos navios mercantes estrangeiros a navegação do Amazonas até Tabatinga e a do Madeira até Borba. Um decreto posterior ampliou a concessão quanto ao Madeira, permitindo a sua navegação até ao porto de Santo Antônio. Nenhum dos dois decretos se refere aos navios de guerra. Estes só podem subir aqueles rios por concessão especial em cada caso. Nessa conformidade se tem procedido. Em 1878 a Legação americana pediu de ordem do seu Governo permissão para que um navio de guerra subisse o Amazonas até a foz do Madeira e ela lhe foi concedida (...). Em 1882 perguntou a Legação britânica (...) se havia no Brasil portos inteiramente fechados aos navios de guerra estrangeiros. Respondeu-se que os navios de guerra das nações amigas podiam entrar sem restrições em todos os portos marítimos e que, quanto aos fluviais, dependia a sua entrada de concessão especial para cada caso, não havendo convenção em contrário. Ainda de conformidade com essa regra há pouco se concedeu à canhoneira americana Wilmington licença para subir o Amazonas, em demanda de Iquitos no Peru. (...)". *V.* Antônio Augusto Cançado Trindade. *Repertório da prática brasileira do direito internacional público (período 1899-1918)*, 2ª ed. Brasília: Fundação Alexandre de Gusmão, 2012, p. 367.

[149] *V.* Dinh, Daillier & Pellet. *Direito internacional público*, cit., pp. 375-376.

Internacional Público – também não constam do rol do art. 38 do ECIJ. Isto está intimamente ligado ao fato (provável) de que o Estatuto da Corte foi redigido em 1920, quando estavam apenas *começando* aparecer no cenário internacional tais organizações, vindo seu aparecimento a intensificar-se a partir do final da Segunda Guerra Mundial, em 1945.[150] Seria realmente difícil imaginar, à época, que as organizações internacionais apareceriam nessa avalanche como hoje está a acontecer, tornando-se uma fonte importante de produção do direito das gentes, ainda que algumas organizações internacionais (hoje chamadas de *agências especializadas*) já existissem, a exemplo da Organização Internacional do Trabalho, que passou a ser agência especializada da ONU em 1946, quando se anexou ao convênio constitutivo da OIT a *Declaração de Filadélfia*, de 1944.

Primeiramente, é necessário deixar claro que as decisões (*lato sensu*) das organizações internacionais são atos *institucionais*, dos quais os Estados não participam senão indiretamente, à medida que *votam* nas assembleias gerais ou nos órgãos decisórios congêneres dessas organizações. São atos emanados da organização na sua condição de sujeito do Direito Internacional Público, ou seja, na sua qualidade de pessoa jurídica de direito das gentes. Assim, da mesma forma que os atos unilaterais dos Estados, também é necessário que aqueles provindos de tais organizações sejam *internacionais*. Os *atos internos* das organizações têm força obrigatória apenas no seu âmbito interno, não na órbita internacional. E mesmo que eventualmente tenham essa força de comprometimento externo, não poderão ser tidos como *fontes* do Direito Internacional se continuarem a ser atos *internos*, e não *internacionais*. Pensamos que as decisões vinculantes das organizações devem manifestar-se obrigatoriamente com efeitos *externa corporis* para serem consideradas fontes do Direito Internacional, o que absolutamente não significa que uma decisão de caráter eminentemente *interno* não tenha o seu valor e não deva ser respeitada. Evidentemente que um remanejamento de pessoal, uma modificação orçamentária ou uma alteração de Estatuto dentro da organização são atos que merecem cumprimento, contudo não com o caráter de *fonte* do Direito Internacional com aptidão de gerar obrigações *para fora* da organização. O certo, em última análise, é que cada ato deve ser analisado caso a caso. Quando se fala em atos unilaterais com efeitos *para fora* da organização, logo se pensa num ato *normativo* (*v.g.*, os adotados pela Assembleia Geral, ou pelo Conselho de Segurança da ONU). Não se descarta, porém, a existência de atos fundados no Estatuto interno, mas de *efeitos internacionais*, o que deverá ser analisado à luz do caso concreto, principalmente levando-se em conta se houve *votação* dos Estados em assembleia, ou se foi decisão estatutária levada a efeito em *petit comité*, do qual os demais Estados-membros não participaram.

As decisões das organizações intergovernamentais – assim como as decisões dos Estados – são também *unilaterais*, eis que emanadas de um único órgão, ao qual se atribui (por meio do tratado-fundação da organização) o poder de emitir decisões com poderes vinculantes para os Estados-partes. Não há, aqui, troca de manifestações de vontade, como ocorre nos acordos (tratados internacionais) concluídos entre Estados, ou entre Estados e organizações internacionais ou entre apenas organizações internacionais. Tais decisões não exprimem a vontade *dos Estados* diretamente, mas a *da própria organização*, não sendo assinados e

---

[150] V. A. J. P. Tammes. Decisions of international organs as a source of international law, in *Recueil des Cours*, vol. 94 (1958-II), pp. 261-364; e Pitman B. Potter, Treaties and international legislation, in *American Journal of International Law*, vol. 61, nº 4 (October 1967), pp. 1005-1007.

Parte I · Cap. IV · FONTES DO DIREITO INTERNACIONAL PÚBLICO | **113**

tampouco ratificados (como ocorre com os tratados), mas sim *votados*. No Direito Internacional do Meio Ambiente tem emergido uma variedade de órgãos internacionais, instituídos por tratados, com poderes decisórios, dos quais é exemplo a chamada *Conferência das Partes* (presente na Convenção-Quadro das Nações Unidas sobre Mudança do Clima, de 1992), que recebe do tratado respectivo poderes normativos explícitos para "complementar, reformar ou mesmo adicionar novas normas aos tratados e convenções multilaterais, os quais são demasiadamente vagos e imprecisos para que possam ser aplicados diretamente, sem a regulamentação dos órgãos instituídos".[151]

Uma diferença importante dessas decisões organizacionais para os *atos unilaterais* (estatais) anteriormente estudados está no fato de que tais "decisões" impõem aos Estados (que da organização fazem parte) deveres e obrigações no plano internacional, e não somente deveres e obrigações para a organização em causa. Outras duas diferenças são que as decisões das organizações internacionais fundam-se no tratado constitutivo da respectiva organização (por isso são designadas pelo termo *direito derivado*) e apresentam uma maior diversidade de conteúdo e de forma.[152]

As decisões das organizações intergovernamentais podem aparecer sob as mais diversas nomenclaturas. Mas frise-se ser difícil encontrar em tais decisões uma denominação que apresente o sentido preciso daquilo que regulamenta. Normalmente as terminologias utilizadas são: *a) resoluções* e *declarações* (como as da Assembleia Geral da ONU, a exemplo da Resolução 217-A [III] que instituiu a Declaração Universal dos Direitos Humanos, em 1948); *b) decisões* (como as da Diretoria-Executiva do FMI relativas aos chamados "acordos *stand-by*"; perceba-se que se trata de *decisões...* pois este acordo, em si, parece enquadrar-se na categoria dos instrumentos de *soft law*); *c) diretrizes* ou *diretivas* (empreendidas no âmbito da União Europeia – UE); e *d) recomendações* (como as da Organização Internacional do Trabalho, ou aquelas votadas na então Comunidade Europeia do Carvão e do Aço – CECA),[153] e ainda algumas medidas legislativas (de efeitos internacionais) promulgadas pela Organização da Aviação Civil Internacional (OACI),[154] além de várias outras. Podem causar dúvidas ao intérprete as *declarações* e as *recomendações* internacionais,[155] às quais normalmente se atribuem efeitos *não vinculantes* e sanções apenas *morais*, como é o caso das recomendações da OIT (o mesmo, porém, não ocorre em relação à *Declaração Universal dos Direitos Humanos* de 1948, que integra as normas de *jus cogens*[156]). O certo é que todos esses atos acima citados integram

---

[151] Guido Fernando Silva Soares. *Curso de direito internacional público*, cit., p. 56. Embora as decisões da *Conferência das Partes* não sejam tecnicamente decisões *de organizações intergovernamentais* (posto que tais conferências não passam de uma reunião de Estados, feita em forma de rodízio, sem personalidade jurídica), a estas se assemelham, podendo sua discussão ser perfeitamente colocada dentro do quadro das fontes do Direito Internacional Público.

[152] Cf. André Gonçalves Pereira & Fausto de Quadros. *Manual de direito internacional público*, cit., p. 269.

[153] Cf., a propósito, Michel Virally, La valeur juridique des recommandations des organisations internationales, in *Annuaire Français de Droit International*, vol. 2, Paris, 1956, pp. 66-96.

[154] Sobre as decisões desse último organismo internacional, *v.* Thomas Buergenthal, *Law-making in the international civil aviation organization*, Syracuse, NY: Syracuse University Press, 1969, 247p.

[155] Sobre os efeitos indiretos de tais recomendações, *v.* Theo van Boven, General course on human rights, in *Collected Courses of the Academy of European Law*, vol. IV, book 2, Netherlands: Kluwer Law International, 1995, p. 65.

[156] Sobre a questão, *v.* Parte IV, Capítulo I, Seção III, item nº 3.

as *decisões* (em sentido *lato*) de tais organizações internacionais, podendo variar segundo o assunto que versam ou segundo a organização internacional de que se trate, variando ainda segundo o seu grau de importância e segundo sua obrigatoriedade para *todos* ou para *certa parte* dos membros da organização.

No que toca ao seu conteúdo, os atos das organizações internacionais podem ser: *a) atos de pura administração interna* (como, *v.g.*, os atos de caráter procedimental ou de gestão interna de pessoal); *b) atos jurisdicionais* (quando provêm de sentenças de tribunais pertencentes a uma organização, como é o caso, *v.g.*, da CIJ); e *c) atos decisórios de efeitos internacionais* (como os que afetam as relações da organização com um Estado-membro ou deles entre si, da organização com outra organização internacional ou, até mesmo, da organização com os indivíduos).[157] O primeiro tipo de ato (de pura administração interna) tem caráter "autonormativo", pois obriga *a própria* organização em causa; os dois últimos são "heteronormativos", pois afetam os direitos de terceiros (Estados e/ou outras organizações).

A terceira categoria referida (atos decisórios de efeitos internacionais) é a que interessa ao estudo das fontes do Direito Internacional Público, não somente por serem múltiplas as espécies existentes, como também pelas questões jurídicas que suscita. A primeira delas é a de saber de onde vem o fundamento de obrigatoriedade de tais decisões, ou seja, por que os Estados-membros de tais organizações (ou as próprias organizações) estão vinculados a esses atos internacionais. Por sua vez, descoberto o seu fundamento de obrigatoriedade, surge o problema de saber qual a eficácia dessas decisões no plano do Direito interno. Teriam os Estados-partes em uma organização internacional instrumentos jurídicos suficientes para fielmente fazer executar tais decisões na órbita doméstica?

Se a doutrina brasileira ainda é bastante divergente no que tange à recepção e ao ingresso das normas convencionais no nosso Direito interno, em relação às decisões das organizações internacionais o debate sequer ganhou corpo.[158] No Brasil, na revisão do texto constitucional de 1994, houve proposta (que, entretanto, não vingou) no sentido de disciplinar a matéria por meio do acréscimo de um parágrafo único ao art. 4º da Constituição, com a seguinte redação:

> "As normas emanadas dos órgãos competentes das organizações internacionais de que a República Federativa do Brasil seja parte vigoram na ordem interna, desde que expressamente estabelecidos nos respectivos tratados constitutivos".

---

[157] Em sentido aproximado, *v.* André Gonçalves Pereira & Fausto de Quadros, *Manual de direito internacional público*, cit., p. 270. Estes autores, porém, colocam como última categoria desses atos os *atos de funcionamento da organização*, que são os "atos quanto às relações internas da Organização, quanto às relações entre a Organização e os Estados membros ou entre estes entre si, e também os relativos aos indivíduos, quando a Organização em questão tiver competência para tanto" (Idem, p. 270). Parece-nos que esta última categoria de atos organizacionais deveria nominar-se (como fizemos) *atos decisórios de efeitos internacionais*, pois somente os atos com essa característica (*v. supra*) podem ser considerados *fontes* do Direito Internacional Público.

[158] A situação não é diferente em outros países. São poucos os trabalhos de fôlego relativamente à eficácia interna das decisões de organizações internacionais publicados pela doutrina estrangeira. Sobre a autoridade de tais decisões no Direito Internacional Público, veja-se o trabalho de Hervé Ascensio, *L'autorité de chose décidée en droit international public*, Thesis Doctoral, Paris: Université de Paris X, 1997, 695p.

Frustrada a alteração constitucional em 1994, restou aos poucos que se ocupam do tema – como, de resto, não tem sido diferente em outros âmbitos regulados pelo Direito Internacional, principalmente no Brasil, em que esses temas passam ao largo de qualquer discussão jurídica – estabelecer critérios para a execução de tais medidas no plano do Direito interno. Na prática, porém, algumas resoluções de organizações internacionais têm sido promulgadas (*v.g.*, as da ONU e da OEA) com fundamento no art. 84, IV, da CF/1988, segundo o qual compete privativamente ao Presidente da República "sancionar, promulgar e fazer publicar as leis, bem como expedir decretos e regulamentos para sua fiel execução". Raciocina-se, equivocadamente, que tendo o tratado-constitutivo da organização internacional em causa sido aprovado pelo Parlamento e promulgado pelo Poder Executivo, estaria a valer *como lei* em território nacional, razão pela qual as decisões que emanam da organização não seriam mais do que "decorrência" do seu tratado-constitutivo (ou seja, da *lei*) em vigor. A verdade, contudo, é que não há qualquer norma constitucional a prever a execução das decisões de organizações internacionais no Brasil, o que não significa que não se tenha que encontrar uma maneira de operacionalizar o comando de tais decisões no país.

O primeiro passo para a caracterização das decisões de organizações internacionais como fontes do Direito Internacional Público é compreender o fenômeno tanto no conjunto das demais fontes dessa disciplina, como no contexto evolutivo dessas organizações, cujo desenvolvimento foi produto praticamente exclusivo do século XX. O fato desses atos não estarem arrolados entre as fontes do art. 38 do Estatuto da atual CIJ já representava, à época em que fora adotado, uma contradição, tendo em vista que a então CPJI já era uma organização intergovernamental, responsável pelo costume internacional, este sim considerado uma fonte formal do Direito Internacional.[159] Atualmente, negar o caráter de fonte do Direito Internacional às decisões *externa corporis* das organizações internacionais equivaleria em não reconhecer o franco progresso da sociedade internacional. O eventual âmbito restrito de tais decisões não lhes retira a característica de serem *normas de conduta*, ou seja, de direito em sua essência, e cujas violações podem ser passíveis de sanção.[160] Aliás, segundo alguns autores, muitos desses atos decisórios, a exemplo de algumas resoluções da Assembleia Geral da ONU, podem até mesmo deter o valor jurídico de *jus cogens*.[161]

A eficácia jurídica das decisões de determinada organização internacional se mede à luz das atribuições que lhes são conferidas pelo seu instrumento constitutivo, que é o local em que se encontram disciplinados os poderes decisórios da organização, em relação aos quais os Estados têm o dever (ou não) de respeitar. Somente com uma análise do convênio constitutivo de cada organismo internacional se poderá distinguir claramente o *regime* dos atos emanados da organização em causa. Não obstante a grande variedade de atos unilaterais existentes – a regularem interesses diversos e diametralmente opostos – o certo é que existem inúmeros pontos comuns entre eles, seja no plano formal ou no plano material. Se é no seu tratado-fundação que se encontram os mecanismos de formação da vontade organizacional, constando do bojo de suas normas regras de caráter mandamental, a outro

---

[159] Cf., com certa variação, Guido Fernando Silva Soares, *Curso de direito internacional público*, cit., pp. 117-118.

[160] Cf. Celso D. de Albuquerque Mello. *Curso de direito internacional público*, vol. I, cit., p. 314.

[161] Cf. Jorge Castañeda. Valeur juridique des résolutions des Nations Unies, in *Recueil des Cours*, vol. 129 (1970-I), pp. 205-331.

entendimento não se pode chegar senão o de que a obrigatoriedade que os Estados têm de cumprir tais mandamentos emana de uma vontade sua anterior, manifestada quando da assunção das regras organizacionais naquele momento em que o acordo constitutivo da organização foi formalmente ratificado. O fenômeno é interessante. Os Estados, quando criam a organização, o fazem com o produto da sua vontade, e ela, uma vez criada, passa a ter vontade própria e emite normas e decisões que se voltam aos próprios Estados criadores da organização.

Para saber os limites dos poderes decisórios de certa organização internacional também não há outra maneira senão analisar o seu tratado-fundação.[162] Às vezes, no convênio constitutivo de certas organizações, como o FMI, existe cláusula aberta, no sentido de que a organização respectiva *tomará medidas* ou *emitirá decisões* acerca de determinada matéria regulada pela sua carta instituidora. Na medida em que o Estado ratifica tal convenção internacional, na qual consta cláusula desse tipo, ele se compromete para com o tratado no *presente* e no *futuro*. Alguns observadores poderiam considerar tal atitude estatal como um passo no escuro, tendo em vista não saber o Estado qual será a "medida adotada" ou a "decisão tomada" pela organização, em relação a determinada matéria regulada pelo seu convênio constitutivo. Mas isso não pode induzir a pensar numa eventual exclusão de responsabilidade do Estado em caso de falta de cumprimento das decisões emanadas de organizações internacionais, pois na medida em que o Estado ratifica a carta orgânica da organização ele já está *ciente* de que a organização poderá adotar certas medidas ou emitir determinadas decisões que estão em desacordo com os seus interesses particulares. Ademais, como na teoria das organizações internacionais o que prevalece é a *vontade coletiva* dos Estados, manifestada pela maioria de votos nas Assembleias Gerais ou conselhos deliberativos, pensamos que as normas originadas de tais organizações são obrigatórias para os seus Estados-membros independentemente de qualquer ratificação por sua parte.[163]

Portanto, o fundamento de obrigatoriedade de tais decisões advém da própria vontade dos Estados que, ao ratificarem o tratado instituidor de certo organismo internacional, já aceitam desde já as regras do jogo organizacional, inclusive aquelas relativas à eventual *maioria de votos* nas reuniões de assembleias gerais ou outras congêneres, capazes de obrigar a *todos* os Estados (contra a vontade dos Estados dissidentes, mas que consentiram com esta regra ao ratificarem a carta constitutiva da organização).[164] Assim, pode-se dizer que o valor jurídico de tais decisões tem fundamento convencional, constituindo-se numa espécie de lei derivada de um tratado, não se lhes podendo negar então o caráter de fontes do direito.[165] Daí não se poder jamais negar que alguns atos de organizações internacionais (fundados em autorização do tratado constitutivo) criam direitos e obrigações para os seus Estados-membros, a exemplo do art. 17, § 2º, da Carta da ONU, que determina a distribuição dos gastos das Nações Unidas entre os seus membros (*verbis*: "As despesas da Organização serão custeadas pelos membros, segundo cotas fixadas pela Assembleia Geral").[166]

---

[162] Cf. Michel Virally. *Manual de derecho internacional público*. Max Sørensen [Editor], cit., p. 184.

[163] Cf., nesse exato sentido, Celso D. de Albuquerque Mello, *Curso de direito internacional público*, vol. I, cit., p. 313.

[164] *V.* José Francisco Rezek. *Direito internacional público...*, cit., p. 135.

[165] Cf. Thomas Buergenthal (*et al.*). *Manual de derecho internacional público*, cit., p. 34.

[166] Cf. Michel Virally. *Manual de derecho internacional público*. Max Sørensen [Editor], cit., p. 185.

Parte I • Cap. IV • FONTES DO DIREITO INTERNACIONAL PÚBLICO | **117**

O Conselho de Segurança da ONU é o único órgão com poder de tomar decisões efetivamente *mandatórias*, as quais os membros das Nações Unidas têm que acatar e fielmente executar, nos termos do art. 25 da Carta da ONU ("Os membros das Nações Unidas concordam em aceitar e executar as decisões do Conselho de Segurança, de acordo com a presente Carta"). O governo brasileiro tem seguido esse entendimento, ordenando (por meio de Decreto) que as autoridades nacionais executem, no âmbito de suas respectivas atribuições, as resoluções do Conselho. Tome-se como exemplo o Decreto nº 7.259, de 10 de agosto de 2010, que impôs a observância em todo o território nacional da Resolução nº 1.929, de 09 de junho de 2010, do Conselho de Segurança, que versava sobre a desobediência do Irã às decisões da Junta de Governadores da Agência Internacional de Energia Atômica – AIEA e a várias resoluções da ONU.[167] A outra única exceção dentro da estrutura das Nações Unidas diz respeito às resoluções relativas a questões *internas* da ONU (que também têm caráter obrigatório).[168] Os demais órgãos das Nações Unidas (como, por exemplo, a Assembleia Geral, a teor dos art. 10 e seguintes da mesma Carta) formulam *recomendações*, estas de cunho não vinculante. O art. 25 da Carta da ONU é expresso no sentido de que os membros das Nações Unidas concordam em aceitar e executar as *decisões* do Conselho de Segurança, de acordo com os termos da Carta.[169]

Frise-se, por fim, que os atos unilaterais de organizações internacionais também têm servido como *fonte indireta* do Direito Internacional Público, notadamente quando facilitam a demonstração de um costume em seu nascedouro ou já existente, ou ainda quando

---

[167]   Considerando a adoção pelo Conselho de Segurança da ONU, em 20 de julho de 2015, da Resolução nº 2231, que endossou o Plano de Ação Conjunto Abrangente sobre o programa nuclear iraniano, negociado pela República Islâmica do Irã, pelos países do P5+1 (República Federal da Alemanha, República Popular da China, República Francesa, Estados Unidos da América, Reino Unido da Grã-Bretanha e Irlanda do Norte e Federação da Rússia) e pela União Europeia, bem assim a apresentação, em 16 de janeiro de 2016, pelo Diretor-Geral da Agência Internacional de Energia Atômica, ao Conselho de Segurança da ONU, do relatório referido no parágrafo operativo 7º da Resolução nº 2231, e o disposto nas alíneas *a* e *b* do mesmo parágrafo, o governo brasileiro revogou o Decreto nº 7.259/2010 no ano de 2016 (Decreto nº 8.669, de 11.02.2016, art. 1º, inc. IV).

[168]   Cf. Antônio Augusto Cançado Trindade. *O direito internacional em um mundo em transformação*, cit., p. 69.

[169]   A propósito, *v.* Antônio Augusto Cançado Trindade, Reavaliação das fontes do direito internacional público ao início da década de oitenta, cit., p. 128, que leciona: "Dadas as modalidades distintas de resoluções adotadas por organismos internacionais, é natural que seus efeitos jurídicos também sejam variados. Um exemplo claro seria o do contraste marcante entre as *recomendações da Assembleia Geral* (arts. 10 a 14 da Carta da ONU) e as *decisões do Conselho de Segurança* (art. 25), uma vez que estas últimas, a contrário das primeiras, têm efeito mandatório" [grifos do original]. *V.* também a lição de Guido Soares, nestes termos: "Quanto aos atos emitidos pelo Conselho de Segurança, na forma de Resoluções, têm eles o poder de criar obrigações diretas aos Estados em virtude do art. 25 da Carta ('*Os membros das Nações Unidas concordam em aceitar e executar as decisões do Conselho de Segurança, de acordo com a presente Carta*'). Tendo a CIJ no Despacho de 1992, no pedido de medidas cautelares, no *Caso do Incidente Aéreo de Lockerbie* (Líbia *Vs.* Reino Unido), decidido que tal obrigação constante do art. 25 deve ser entendida juntamente com o art. 103 da Carta ('*No caso de conflito entre as obrigações dos membros das Nações Unidas, em virtude da presente Carta e obrigações resultantes de qualquer outro acordo internacional, prevalecerão as obrigações assumidas em virtude da presente Carta*'), fica ainda mais claro que os atos unilaterais da ONU, adotados pelo Conselho de Segurança, são fontes privilegiadas do Direito Internacional" [grifos do original] (*Curso de direito internacional público*, cit., p. 121).

fomentam a criação de normas convencionais a respeito do assunto neles versado, como é o caso do princípio da *autodeterminação dos povos* e da regra da *zona econômica exclusiva*, que são institutos nascidos de resoluções internacionais e posteriormente positivados em tratados multilaterais. Em última análise, tais decisões internacionais podem servir ainda como *normas programáticas*, dentro do quadro das normas de *soft law* que veremos abaixo (item nº 8, *c*).

7. Atos unilaterais transnacionais. Ao lado dos atos unilaterais dos Estados e das organizações internacionais, outros existem – não obstante, ao que pensamos, sem ainda o caráter de fontes formais do Direito Internacional Público – que emanam de importantes atores transnacionais (*v.g.*, de organizações profissionais, entidades desportivas etc.).[170] Exemplo dessas regras encontra-se na chamada *lex sportiva* transnacional, responsável por regular o desporto ao redor do mundo e da qual faz parte um complexo mosaico de normas elaboradas no seio de federações desportivas internacionais e do Comitê Olímpico Internacional.[171]

Diversos atos unilaterais transnacionais, não há dúvidas, aparecem constantemente na arena internacional, notadamente na seara profissional, sendo exemplos – além dos vinculados à *lex sportiva* – os praticados nos domínios aéreo, marítimo e bancário. O certo é, porém, que manifestações dessa índole não escapam ao respeito às normas do direito das gentes, tanto convencionais como costumeiras e também advindas de princípios gerais. De fato, nada justificaria a validade de regulamentação profissional emanada de certa organização internacional desportiva, aérea, marítima ou bancária que violasse normas de direitos humanos, como, *v.g.*, a que proíbe qualquer tipo de discriminação racial (para ficar apenas com esse exemplo).[172] Tal demonstra, como se nota, a fragilidade e a pouca independência que têm os regulamentos ("normas") provenientes desses atores ou agentes transnacionais, o que não lhes retira, é certo, a missão de melhor esquadrinhar as relações profissionais que pretendem regulamentar.

A falta de independência da *lex sportiva* (e retire-se daí o precedente para quaisquer atividades profissionais) foi afirmada pelo Tribunal de Justiça das Comunidades Europeias no conhecido caso *Bosman*, quando entendeu que as normas emanadas de organizações profissionais desportivas – ali estavam em jogo os regulamentos da Federação Belga de Futebol (FBF) e da União das Federações Europeias de Futebol (UEFA) – cedem perante os regulamentos do Direito Comunitário Europeu, especialmente no que tange à livre concorrência e à livre circulação de trabalhadores. Naquela ocasião, decidiu o Tribunal que as "[r]egras que regulam as relações econômicas entre as entidades patronais de um setor de atividade são abrangidas pelo âmbito de aplicação das disposições comunitárias relativas à livre circulação dos trabalhadores, desde que a sua aplicação afete as respectivas condições de emprego", considerando ser esse exatamente "o caso de regras relativas às transferências de jogadores entre clubes de futebol que, embora rejam mais especialmente as relações econômicas entre os clubes do que as relações de trabalho entre clubes e jogadores, afetam, através da obrigação imposta aos clubes de pagarem indenizações pelo recrutamento de

---

[170]   Cf. Dominique Carreau. Mondialisation et transnationalisation du droit international, in *Anuário Brasileiro de Direito Internacional*, vol. 1, nº 7, Belo Horizonte, jan./2012, pp. 172-174.

[171]   *V.* Franck Latty. *La lex sportiva: recherche sur le droit transnational*. Leiden: Martinus Nijhoff, 2007, 850p.

[172]   Cf. Dominique Carreau. Mondialisation et transnationalisation du droit international, cit., p. 177.

Parte I • Cap. IV • FONTES DO DIREITO INTERNACIONAL PÚBLICO | **119**

um jogador que provenha de outro clube, as possibilidades de os jogadores encontrarem emprego, bem como as condições em que esse emprego é oferecido".[173] Na decisão, portanto, ficou claro que não se pode entender como *fonte* do direito das gentes normativas entre empresas (clubes de futebol), as quais dependem, para a sua validade, de compatibilização hierárquica para com os comandos maiores advindos das relações interestatais (no caso, os regulamentos comunitários).

Ademais, os atos unilaterais transnacionais atingem tão somente (quando tal é possível e não vai de encontro às normas do Direito Internacional Público) os sujeitos específicos para os quais são destinados, é dizer, os pertencentes às categorias profissionais que regulamentam (como, *v.g.*, os jogadores de futebol). Nada há, também sob esse aspecto, que os compare às demais fontes formais do direito das gentes, capazes que são de atingir inclusive *terceiros* (exemplifique-se com o tratado bilateral que acorda o fechamento de fronteira entre dois Estados, impedindo que Estados terceiros escoem, *v.g.*, mercadorias para além da fronteira fechada). Os Estados, portanto, quando respeitam decisões de atores transnacionais – como, *v.g.*, as tomadas no seio do Comitê Olímpico Internacional – o fazem por mera liberalidade ou cortesia, não por imposição do Direito Internacional; agem pela contingência de certo momento, como, *v.g.*, interesse em sediar determinado jogo ou competição.

Não há dúvidas – essa é a opinião de Dominique Carreau – de que, atualmente, as relações transnacionais pretendem, cada vez mais, a "estandardização" das regras internas dos Estados sobre determinado assunto, para o fim de uniformizar tais normas em escala global.[174] Tal não significa, contudo, que tenham os preceitos delas emanados o poder de *impor* aos Estados e às organizações internacionais intergovernamentais o seu comando de maneira *imediata*. É possível dizer, sim, que as pessoas jurídicas de direito privado *contribuem* para a formação das normas jurídicas no plano interno; exemplo disso, no Brasil, foi a promulgação da Lei Geral da Copa (Lei nº 12.663/12) em atenção às determinações da FIFA. Mas tal não significa, a nosso sentir, pelo menos por enquanto, ter vindo à luz *nova* fonte do Direito Internacional Público com todos os seus consectários.

Frise-se, por fim, que os atos unilaterais transnacionais aqui definidos não se confundem com as normas de *soft law* (*v. infra*, item nº 8, *c*). Enquanto estas emanam de Estados, aqueles provêm de organizações profissionais não estatais (pessoas jurídicas de direito privado). Ambos, porém, não comportam execução forçada aos Estados pelos meios jurídicos tradicionais, notadamente os atos unilaterais transnacionais, que emanam de agentes não estatais e se subordinam aos regulamentos provenientes do direito das gentes. Apenas *entre* os atores transnacionais (empresas, pessoas morais) é que poderá haver sanção jurídica (*v.g.*, multa contratual, indenizações etc.) acionável ante o Poder Judiciário, pois não deixam de ser normas contratuais entre pessoas privadas que elegem, a seu critério, o direito aplicável e o foro competente para a resolução de controvérsias.

8. Obrigações *erga omnes, jus cogens* e *soft law*. A evolução da sociedade internacional fez emergir, no século XX, três novos modelos de obrigações jurídicas (para além dos já estudados) diretamente ligados à reformulação das fontes do Direito Internacional

---

[173]   TJCE, *Affaire* C-415/93, de 15.12.1995, in *Recueil*, vol. I (1995), p. 4.921.

[174]   Dominique Carreau. Mondialisation et transnationalisation du droit international, cit., p. 198-200.

Público: as obrigações *erga omnes*, as normas de *jus cogens* e a chamada *soft law*. As obrigações *erga omnes* compõem o conjunto de deveres a todos destinados, independentemente de aceitação e sem a possibilidade de objeção. O *jus cogens*, por sua vez, representa uma categoria de normas *imperativas* de Direito Internacional geral da qual nenhuma derrogação é possível, a não ser por outra posterior da mesma natureza (sendo, por isso, *mais amplo* – até pelo fato de ser *hierarquicamente superior* – que as obrigações *erga omnes*, como se verá). Por fim, as chamadas normas de *soft law* são produto recente no direito das gentes, tendo como característica principal a *flexibilidade* de que são dotadas (à diferença das obrigações *erga omnes* e das normas de *jus cogens*, cujos comandos são em tudo *rígidos*). O certo é que tanto as obrigações *erga omnes*, quanto as normas de *jus cogens* e a *soft law* têm modificado sobremaneira o panorama tradicional das *fontes* do Direito Internacional Público, atingindo os Estados (cada qual ao seu modo) de forma distinta das conhecidas fontes formais clássicas.

Assim, a questão que atualmente deve ser colocada diz respeito à necessidade de se proceder a uma "reavaliação" das fontes tradicionais do Direito Internacional Público, a fim de verificar se estas não estariam integradas por novas obrigações e normas jurídicas provenientes das mudanças pelas quais está a passar o Direito pós-moderno.[175]

a) As obrigações erga omnes. São *erga omnes* as obrigações a *todos* impostas, independentemente de *aceitação* e, por consequência, sem que seja possível *objetá-las*. Trata-se de normas cuja aplicação atinge todos os sujeitos do direito das gentes, sem exceção.[176] Frise-se, porém, que o caráter *erga omnes* de uma obrigação está relacionado ao seu âmbito de aplicação universal (eis que atinge *todos* os sujeitos do Direito Internacional Público) e não à sua hierarquia.[177] Hierarquicamente superior (a todas as demais normas no plano internacional) são as normas de *jus cogens*, cuja noção contemporânea é mais ampla (por se tratar de normas *imperativas* e *inderrogáveis*) que a noção de obrigações *erga omnes*. Isso porque nem toda obrigação desta última categoria é incondicional ou infensa a qualquer tipo de derrogação, como são as normas de *jus cogens*. Assim, todas as normas de *jus cogens* comportam obrigações *erga omnes*, mas nem todas as obrigações desta categoria podem ser tidas como *jus cogens*.[178]

---

[175] Sobre as fontes normativas do direito pós-moderno, *v.* Luiz Flávio Gomes & Valerio de Oliveira Mazzuoli, Características gerais do direito (especialmente do direito internacional) na pós-modernidade, cit., pp. 470-474.

[176] Sobre o tema, *v.* especialmente Bruno Simma, From bilateralism to community interest in international law, in *Recueil des Cours*, vol. 250 (1994-VI), pp. 293-321; André de Hoogh, *Obligations* erga omnes *and international crimes: a theoretical inquiry into the implementation and enforcement of the international responsibility of States*, The Hague: Kluwer Law International, 1996, 465p; Maurizio Ragazzi, *The concept of international obligations* erga omnes, Oxford: Clarendon Press, 2000, 304p; e Christian J. Tams, *Enforcing obligations* erga omnes *in international law*, Cambridge: Cambridge University Press, 2005, 359p.

[177] *V.* Antonio Remiro Brotons (*et al.*). *Derecho internacional*, cit., p. 67. Cf. também o estudo da CDI das Nações Unidas, aprovado em 2002 no 54º período de sessões, intitulado "A hierarquia normativa no Direito Internacional: o *jus cogens*, as obrigações *erga omnes* e o artigo 103 da Carta das Nações Unidas".

[178] *V.* Alain Pellet. Can a State commit a crime? Definitely yes!, in *European Journal of International Law*, vol. 10 (1999), p. 429; e também o *Report of the Study Group of the International Law Commission* (finalized by Martti Koskenniemi), "Fragmentation of international law: difficulties arising from the

Parte I • Cap. IV • FONTES DO DIREITO INTERNACIONAL PÚBLICO | 121

Todas as normas do Direito Internacional geral, de conteúdo costumeiro, integram o núcleo das obrigações *erga omnes*. Mas não podem ser tidas como tais, *a priori*, as decorrentes de tratados, eis que circunscritas aos sujeitos que os celebram (são, portanto, *inter partes*). A invocação de uma regra convencional para ilustrar uma obrigação *erga omnes* – explica Remiro Brotons – só se justifica "quando um tratado imiscuiu-se na formação de uma norma consuetudinária, codificando-a ou facilitando um processo logo consumado", caso em que "não seria o tratado, senão o costume que o tratado declara, cristaliza ou impulsiona, a que originaria tais efeitos".[179] Exemplifique-se com o direito de *passagem inocente* de barcos mercantes estrangeiros pelo mar territorial de determinado Estado: tal é uma obrigação que o Estado ribeirinho há de respeitar *erga omnes*, em decorrência de uma norma costumeira codificada na Convenção de Genebra sobre o Mar Territorial e a Zona Contígua (de 1958) e na Convenção das Nações Unidas sobre o Direito do Mar (de 1982).[180]

O *Institut de Droit International*, na sua sessão de Cracóvia de 27 de outubro de 2005, da qual foi relator Giorgio Gaja, considerou que as obrigações *erga omnes* têm por finalidade "preservar os valores fundamentais da comunidade internacional" (*primeiro considerando*), bem assim que há consenso em "admitir que a proibição dos atos de agressão, a proibição do genocídio, as obrigações concernentes aos direitos fundamentais da pessoa humana, as obrigações relativas ao direito à autodeterminação e as obrigações relativas ao meio ambiente dos espaços comuns, constituem exemplos de obrigações que refletem os citados valores fundamentais" (*segundo considerando*).[181] O *Institut* propôs ainda que qualquer sujeito do Direito Internacional (tratando-se de uma norma de Direito Internacional geral) ou qualquer parte (em um tratado multilateral) pode reclamar o descumprimento de qualquer dessas obrigações contra um Estado infrator. Para nós, poderia o *Institut* ter avançado na qualificação de tais "valores fundamentais", qualificando alguns deles como *jus cogens*, para além de obrigações *erga omnes*, eis que atualmente (*v. infra*) não se tem dúvida que uma norma que proíbe, *v.g.*, os atos de agressão ou o genocídio (que no entender do *Institut* pertence somente às obrigações *erga omnes*) está a compor o conceito de *jus cogens*, tal qual previsto pelo art. 53 da Convenção de Viena sobre o Direito dos Tratados de 1969.

É fácil perceber que há estreita vinculação entre as obrigações *erga omnes* e as normas de *jus cogens*, pelo fato de ambas buscarem a preservação dos referidos "valores fundamentais" da sociedade internacional.[182] Essa relação fica ainda mais estreita quando se cuida da proteção

---

diversification and expansion of international law", 58th Session, Geneva, 1 May-9 June and 3 July-11 August 2006, § 404. No mesmo sentido, *v.* Karl Zemanek, New trends in the enforcement of *erga omnes* obligations, in *Max Planck Yearbook of United Nations Law*, vol. 4 (2000), p. 6; e Alberto do Amaral Júnior, *Curso de direito internacional público*, cit., p. 129.

[179] Cf. Antonio Remiro Brotons (*et al.*). *Derecho internacional*, cit., pp. 67-68.

[180] *V.* Antonio Remiro Brotons (*et al.*). Idem, p. 68. Cf. também, Alain Pellet, Can a State commit a crime?..., cit., p. 429; e Anthony Aust, *Handbook of international law*, cit., p. 10.

[181] *V.* "Les obligations *erga omnes* en droit international", in *Annuaire de l'Institut de Droit International* (2005).

[182] Cf. Bruno Simma. From bilateralism to community interest in international law, cit., pp. 300-301. Ainda sobre o tema, *v.* Andreas L. Paulus, *Jus cogens* in a time of hegemony and fragmentation: an attempt at a re-appraisal, in *Nordic Journal of International Law*, vol. 74 (2005), pp. 312-317; e Cláudia Perrone-Moisés, *Direito internacional penal: imunidades e anistias*, Barueri: Manole, 2012, pp. 9-13.

dos direitos humanos, eis que a obrigação que os Estados têm de *proteger* as pessoas sob sua jurisdição (obrigação esta que pode não enquadrar-se no conceito de *jus cogens* em todos os casos) tem, no mínimo, caráter *erga omnes*. Também se enquadram nessa categoria várias regras do direito internacional humanitário (*jus in bello*) e sobre proteção internacional do meio ambiente.[183] Porém, ainda que as obrigações *erga omnes* abranjam o mesmo plano espacial que as normas de *jus cogens*, destas diferem, *v.g.*, por não serem *imperativas* e *inderrogáveis*.

Também a CIJ reluta em qualificar como *jus cogens* certas obrigações internacionais, atribuindo-lhes o caráter (menor) de obrigação *erga omnes*. Por exemplo, no caso *Barcelona Traction* de 1970, entendeu a Corte que o contemporâneo direito das gentes impõe aos Estados certas obrigações *erga omnes* derivadas especialmente da ilegalidade dos atos de agressão, do genocídio, dos princípios e normas relativos aos direitos básicos da pessoa humana, inclusive a proteção contra a escravidão e a discriminação racial.[184] Para nós, tais valores (como a proibição da agressão, do genocídio e a proteção contra a escravidão e a discriminação racial) seriam verdadeiros *jus cogens*, para além de obrigações *erga omnes*. No caso do *Timor Leste* (Portugal *v.* Austrália, 1995) a Corte considerou irrepreensível o caráter *erga omnes* do direito à livre determinação dos povos,[185] reiterando a mesma doutrina nas exceções preliminares do caso *Aplicação da Convenção para a Prevenção e a Repressão do Crime de Genocídio* (em 1996).[186] Em ambos os casos, perdeu a Corte a oportunidade de definir claramente o regime jurídico das normas de *jus cogens*. Porém, apesar de *nunca* ter a CIJ expressamente referido ao caráter *imperativo* das normas relativas a tais obrigações, o certo é que *todos* os exemplos citados – como observou a CDI no informe que acompanha o *projeto de artigos* sobre a responsabilidade internacional dos Estados por fatos internacionalmente ilícitos (2001) – dizem respeito a "obrigações que, segundo geralmente se aceita, provêm de normas imperativas de Direito Internacional geral".[187] Uma referência implícita a essas normas já se encontrava, entretanto, no conhecido caso sobre as *Atividades Militares e Paramilitares na Nicarágua*,[188]

---

[183] Frise-se, porém, que o domínio da proteção internacional do meio ambiente é farto em apresentar qualificações jurídicas *distintas* para fenômenos assemelhados. Assim, enquanto determinadas regras ambientais podem ser tidas como de caráter *erga omnes* e, portanto, de imposição geral para todos, outras não passam de diretrizes ou programas de ação enquadráveis apenas no conceito de *soft law* (*v. infra*, letra *c*).

[184] Cf. *ICJ Reports* (1970), pp. 30-32 (foi nesta ocasião a primeira vez que a CIJ referiu-se às obrigações *erga omnes* em Direito Internacional). Para detalhes, *v.* Bruno Simma, From bilateralism to community interest in international law, cit., pp. 293-297.

[185] *V.* Caso do *Timor Leste* (Portugal Vs. Austrália), in *ICJ Reports* (1995), p. 102 (§ 29); e Edward McWhinney, Self-determination of peoples and plural-ethnic States: secession and State succession and the alternative, federal option, in *Recueil des Cours*, vol. 294 (2002), p. 184. Cf. também o Caso *Consequências da Construção do Muro no Território Palestino Ocupado*, Opinião Consultiva, in *ICJ Reports* (2004), §§ 155 a 159 (em que se incluiu na categoria das obrigações *erga omnes* "determinadas obrigações do direito internacional humanitário", assim como o "direito à livre determinação").

[186] Para uma análise deste último caso, *v.* Jomara de Carvalho Ribeiro, *A responsabilidade do Estado perante a Corte Internacional de Justiça*, Porto Alegre: Sergio Antonio Fabris, 2012, pp. 191-214.

[187] A explicação é de Antonio Remiro Brotons (*et al.*), in *Derecho internacional*, cit., p. 69. No mesmo sentido, cf. Dominique Carreau & Jahyr-Philippe Bichara, *Direito internacional*, cit., pp. 104-106. Sobre o *projeto de artigos* sobre a responsabilidade internacional dos Estados por fatos internacionalmente ilícitos, *v. Nações Unidas*, Doc. A/56/10-AG, Suplemento nº 10.

[188] Iniciado em 1984 e findo em 1991 (com julgamento de mérito em 1986). Sobre o caso, *v.* Jomara de Carvalho Ribeiro, *A responsabilidade do Estado perante a Corte Internacional de Justiça*, cit., pp. 147-158.

Parte I • Cap. IV • FONTES DO DIREITO INTERNACIONAL PÚBLICO | **123**

em que a Corte considerou que uma norma peremptória (como a que proíbe a agressão) tem mais relevância que uma norma de Direito Internacional geral ou que um costume. Mesmo assim, não tem ficado clara (à luz da jurisprudência da CIJ) a diferença entre obrigações *erga omnes* e normas de *jus cogens*.

Em suma, as obrigações *erga omnes* são obrigações a todos impostas, eis que visam assegurar os valores fundamentais da sociedade internacional; são obrigações de respeito para com o direito dos demais Estados (como, *v.g.*, o caso do direito de passagem inocente, em que o Estado ribeirinho deve abster-se *erga omnes* de impedir o trânsito de navios mercantes estrangeiros em seu mar territorial) e também dos particulares (no que tange, *v.g.*, ao dever de proteção aos direitos das pessoas). Diferem das normas de *jus cogens* por não terem a superioridade hierárquica que estas detêm no plano do Direito Internacional, bem assim por não serem incondicionais ou infensas a qualquer tipo de derrogação, como são as normas de *jus cogens* (que só podem ser revogadas por outras normas de Direito Internacional geral da mesma natureza).[189]

As obrigações *erga omnes* foram expressamente admitidas no *draft* da CDI sobre responsabilidade internacional do Estado, nos seguintes termos: "Qualquer Estado, exceto o Estado que sofreu o dano, tem o direito de invocar a responsabilidade de outro Estado (…) se a obrigação violada for devida à comunidade internacional como um todo" (art. 48, § 1º, alínea *b*).

b) O jus cogens *internacional*. Para além das normas de *direito internacional geral* – formadas por regras de conteúdo consuetudinário, aceitas e reconhecidas pela sociedade internacional como um todo, a exemplo da norma *pacta sunt servanda* – e das de *direito internacional convencional* – assim entendidas as estabelecidas por meio de tratados ou convenções internacionais –, a Convenção de Viena sobre o Direito dos Tratados menciona ainda um terceiro conjunto de regras não convencionais imperativas, chamadas de *jus cogens*, que se sobrepõem à autonomia da vontade dos Estados e não podem ser derrogadas quer por tratados, quer por costumes ou por princípios gerais de Direito Internacional.[190]

---

[189] *V.* arts. 53 e 64 da Convenção de Viena sobre o Direito dos Tratados.

[190] Para o estudo do *jus cogens* no Direito dos Tratados, *v.* o Capítulo V, Seção I, item nº 18, *infra*. Portanto, neste tópico estudaremos o *jus cogens* internacional sob a ótica das *fontes* do Direito Internacional Público. Sobre essa temática, *v.* ainda Hubert Thierry, L'évolution du droit international: cours général de droit international public, cit., pp. 58-70; João Grandino Rodas, *Jus cogens* em direito internacional, cit., pp. 125-136; Antonio Gómez Robledo, Le *ius cogens* international: sa genèse, sa nature, ses functions, in *Recueil des Cours*, vol. 172 (1981-III), pp. 9-218; Giorgio Gaja, *Jus cogens* beyond the Vienna convention, in *Recueil des Cours*, vol. 172 (1981-III), pp. 271-316; Lauri Hannikainen, *Peremptory norms (jus cogens) in international law: historical development, criteria, present status*, Helsinque: Finnish Lawyers' Publishing, 1988, 781p; Vera Lúcia Viegas, *Ius cogens* e o tema da nulidade dos tratados, in *Revista de Informação Legislativa*, ano 36, nº 144, Brasília: Senado Federal, out./dez./1999, pp. 181-196; Jete Jane Fiorati, *Jus cogens: as normas imperativas de direito internacional público como modalidade extintiva dos tratados internacionais*, Franca: Ed. Unesp, 2002, 155p; Tatyana Scheila Friedrich, *As normas imperativas de direito internacional público jus cogens*, Belo Horizonte: Fórum, 2004, 310p; Salem Hikmat Nasser, *Jus cogens*: ainda esse desconhecido, in *Revista Direito GV*, vol. 1, nº 2, São Paulo, jun./dez./2005, pp. 161-178; e Dinah Shelton, Normative hierarchy in international law, in *American Journal of International Law*, vol. 100, nº 2 (April 2006), pp. 291-323.

A emergência da noção de *jus cogens*, conforme explica Cassese, vem do final dos anos 60, em decorrência da pressão dos países socialistas em via de desenvolvimento de firmar a ideia de que algumas normas fundamentais, formadas pelo costume, deveriam estar situadas em uma posição hierarquicamente superior às normas convencionais, tornando nulos os tratados com elas contrastantes. Dentre essas normas, tais países destacavam aquelas sobre a autodeterminação dos povos, sobre a proibição da agressão, sobre a proibição do genocídio, da escravidão, da discriminação racial e, em particular, da agressão racial (o *apartheid*).[191] Segundo André Gonçalves Pereira e Fausto de Quadros, porém, as normas de *jus cogens* têm origem mais antiga, comprovada por ter Hugo Grotius a elas referido por quinze vezes, sob a designação de *jus strictum*, no Livro I de *De Jure Belli ac Pacis*, atribuindo-lhes fundamento no *jus divinum*.[192]

A doutrina, em geral, cuida do *jus cogens* separadamente das *fontes* do Direito Internacional, o que não é correto. No estudo das fontes do direito das gentes as normas de *jus cogens* deveriam vir destacadas em primeiro lugar, antes do estudo dos tratados e do costume internacional. Isto se deve em virtude de sua prevalência hierárquica sobre *todas* as outras fontes do Direito Internacional Público. Apenas por questão metodológica (inclusive nós assim o fizemos) se poderia deixar o seu estudo para um momento posterior, em seção apartada da que cuida das fontes expressamente consagradas no art. 38 do ECIJ. Muitos autores que justificam o seu estudo em separado do estudo das fontes assim o fazem por entender que o *jus cogens* não é propriamente uma nova *fonte* do Direito Internacional, mas uma "qualidade" particular (imperativa) de certas *normas*, que podem ser de origem costumeira ou convencional.[193]

Importa agora estudar as normas de *jus cogens* tal como reguladas pela Convenção de Viena sobre o Direito dos Tratados de 1969.

Como se sabe, tais normas de *jus cogens*, por serem absolutamente imperativas e inderrogáveis, opõem-se ao antigo *jus dispositivum* romano – composto de regras emanadas da livre manifestação de vontade das partes – que planificou a estrutura do Direito Internacional durante muitos anos. Porém, desde os romanos já se alude à existência de normas que não podem ser alteradas pela vontade das partes: *Jus publicum privatorum pactis mutari non potest* (D. 2.14.38). Os romanos faziam alusão ao termo *jus publicum* no mesmo sentido hoje empregado de direito cogente, é dizer, aquele inderrogável pelo exercício da autonomia privada,[194] gênese das chamadas normas de *ordem pública*. O *jus publicum* seria, assim, o oposto ou a antítese do *direito dispositivo*, ou seja, as normas cuja força cogente impediria qualquer disposição em contrário das demais regras jurídicas. Modernamente, a tendência é abandonar o velho dogma da doutrina voluntarista, que via na vontade dos Estados o fundamento único de validade das normas do Direito Internacional, para dar lugar à moderna

---

[191]   V. Antonio Cassese. *Diritto internazionale*, cit., p. 199.

[192]   André Gonçalves Pereira & Fausto de Quadros. *Manual de direito internacional público*, cit., p. 278.

[193]   Nesse exato sentido, *v.* Dinh, Daillier & Pellet, *Direito internacional público*, cit., p. 208.

[194]   Cf. Vera Lúcia Viegas. Ius cogens *e o tema da nulidade dos tratados*, cit., p. 182.

Parte I · Cap. IV · FONTES DO DIREITO INTERNACIONAL PÚBLICO | **125**

tendência em se considerar como obrigatórias certas normas internacionais não emanadas diretamente de uma manifestação formal do Estado. Em outras palavras, a planificação do antigo direito das gentes deve dar lugar à hierarquia e à verticalização das normas do Direito Internacional Público, em cujo topo se encontram as normas de *jus cogens*.

O chamado *jus cogens* trata, pois, de outro grupo de nulidades previsto pela Convenção de Viena de 1969, que regula o assunto em dois pontos distintos (arts. 53 e 64):

> "Art. 53. Tratado em conflito com uma norma imperativa de direito internacional geral (*jus cogens*). É nulo um tratado que, no momento de sua conclusão, conflite com uma norma imperativa de Direito Internacional geral. Para os fins da presente Convenção, uma norma imperativa de Direito Internacional geral é uma norma aceita e reconhecida pela comunidade internacional dos Estados como um todo, como norma da qual nenhuma derrogação é permitida e que só pode ser modificada por norma ulterior de Direito Internacional geral da mesma natureza".
>
> "Art. 64. Superveniência de uma nova norma imperativa de direito internacional geral (*jus cogens*). Se sobrevier uma nova norma imperativa de Direito Internacional geral, qualquer tratado existente que estiver em conflito com essa norma torna-se nulo e extingue-se".

Muitas são as críticas que se fazem a tais disposições, sendo certo que a primeira delas diz respeito à falta de precisão com que a Convenção de Viena tratou do assunto, uma vez que apenas se limitou a: *a*) descrever o que vem a ser tal "norma imperativa" (sem ter explicado o seu conteúdo jurídico e sem sequer ter dado pistas para se verificar sua abrangência[195]); *b*) exigir que seja ela "aceita e reconhecida pela comunidade internacional dos Estados como um todo"; e *c*) fulminar com a sanção de *nulidade* ou da *extinção* todos os tratados (anteriores ou posteriores) que contrariem qualquer de seus preceitos.[196]

Dizer que o *jus cogens* é "norma imperativa de Direito Internacional geral" não significa dizer que os seus preceitos são somente *obrigatórios*, uma vez que mesmo aqueles derivados do *jus dispositivum* também o são, mas quer significar que são *insusceptíveis de derrogação pela vontade das partes*. Em princípio, toda norma jurídica é *obrigatória*, mas nem todas são *imperativas*, como é o caso do *jus cogens*. Portanto, o que diferencia a norma de *jus cogens* das demais normas jurídicas é exatamente esse aspecto: a impossibilidade de derrogação pela vontade das partes. Assim, a imperatividade das normas de *jus cogens* passa a encontrar o seu fundamento de validade em sua inderrogabilidade. Segundo a Convenção de Viena de

---

[195] Tal se deu pela dificuldade encontrada no seio da CDI (quando dos trabalhos preparatórios à Conferência de Viena de 1968/1969) de definir e *dar exemplos* das normas imperativas de Direito Internacional geral. Por tal motivo – explica Remiro Brotons *et al.* – que no texto articulado da Convenção nenhum exemplo apareceu (frise-se que dois terços dos membros à Conferência opuseram-se a todas as formulações propostas), não obstante muitos exemplos terem sido dados nos comentários da Comissão ao *draft* do texto de Viena, quando se entendeu que seriam contrários ao *jus cogens* os tratados que tivessem por objeto o uso ilícito da força em violação aos princípios da Carta da ONU, o tráfico de escravos, a pirataria, o genocídio, a violação dos direitos humanos, a execução de atos criminosos perante o Direito Internacional etc. *V.* Antonio Remiro Brotons (*et al.*). *Derecho internacional*, cit., pp. 69-70.

[196] Cf. André Gonçalves Pereira & Fausto de Quadros. *Manual de direito internacional público*, cit., p. 281.

1969, a norma de *jus cogens* é também norma "da qual nenhuma derrogação é permitida" ("...*as a norm from which no derogation is permitted*", na versão em inglês).[197] Por *derrogação*, entende-se a conclusão de um acordo (tratado) afastando a aplicação da norma imperativa de Direito Internacional geral. Isto significa que não se admite "acordo em contrário" em relação às normas de *jus cogens*, o que é corolário lógico de sua imperatividade. Por fim, ainda segundo a Convenção de 1969, trata-se de norma "que só pode ser modificada por norma ulterior de Direito Internacional geral da mesma natureza"; é dizer, somente uma norma de *jus cogens* posterior revoga outra de *jus cogens* anterior, não havendo a possibilidade de norma sem esse *status* revogá-la por qualquer meio.[198]

Da forma como colocado na Convenção de Viena, o *jus cogens* passa a estar na mais alta posição hierárquica da escala normativa. Em outros termos, ao dizer a Convenção de 1969 deva prevalecer o *jus cogens* sobre os tratados tanto posteriores (art. 53) como anteriores (art. 64), acabou por estabelecer uma regra imperativa que impossibilita a utilização dos critérios da *especialidade* e *cronológico* de solução de antinomias nos conflitos entre o *jus cogens* e quaisquer tratados, dando lugar apenas à solução *hierárquica* em favor das normas de *jus cogens*. Assim, como exemplifica Ian Brownlie, "um acordo concluído por um Estado que permita a outro Estado deter e revistar os seus navios no alto-mar é válido; porém, é nulo o acordo celebrado com um Estado vizinho para realizar uma operação conjunta contra um grupo racial que se encontra na zona de fronteira entre os dois Estados, e que, se executado, constituiria um genocídio, uma vez que a proibição com a qual o tratado é incompatível é uma regra de *jus cogens*".[199] Dentro desse quadro, as normas de *jus cogens* passam a ser universais e superiores a quaisquer tratados ou costumes internacionais, e superiores inclusive ao próprio Direito Internacional Público, estando no ápice da hierarquia das normas da sociedade internacional. Configura-se, pois, um *minimum legal* de asseguramento da ordem mundial, além de manifestar a crescente institucionalização da sociedade internacional. Para falar como Celso de Albuquerque Mello, as normas de *jus cogens* configuram "a ordem pública para a satisfação do interesse comum dos que integram a sociedade internacional".[200] A consequência prática disso é que, ao contrário das normas simplesmente obrigatórias (cujo descumprimento não acarreta mais do que a responsabilidade internacional do Estado), a violação de uma norma de *jus cogens* tem por efeito *nulificar* as normas que o contrariam.[201]

Portanto, o que veio fazer a teoria do *jus cogens* foi *limitar* a autonomia da vontade dos entes soberanos (*jus dispositivum*) na esfera internacional, assim o fazendo com vistas a assegurar a ordem pública (*ordre public*) no cenário mundial. A ordem pública, conhecida, enfim, como sinônimo de *jus cogens*, configura então o limite mais complexo à soberania e ao livre consentimento dos Estados, conforme se constata nos arts. 53 e 64 da Convenção de Viena de 1969. Tem sido ela a chave mestra para o grande progresso do Direito Internacional

---

[197] Cf. Dinah Shelton. Normative hierarchy in international law, cit., p. 300.

[198] Cf. Antonio Gómez Robledo. Le *ius cogens* international: sa genèse, sa nature, ses functions, cit., pp. 92-110; e Giorgio Gaja, *Jus cogens* beyond the Vienna convention, cit., pp. 283-284.

[199] Ian Brownlie. *Princípios de direito internacional público*, cit., p. 538.

[200] Celso D. de Albuquerque Mello. *Curso de direito internacional público*, vol. I, cit., p. 87.

[201] V. J. Silva Cunha. *Direito internacional público*, vol. I, cit., pp. 229-230; Dinh, Daillier & Pellet, *Direito internacional público*, cit., pp. 206-207; e Dominique Carreau & Jahyr-Philippe Bichara, *Direito internacional*, cit., pp. 94-95.

Público, justamente por trazer em seu bojo disposições que proíbem os Estados de concluir tratados que privilegiem interesses particulares em detrimento de interesses comuns de toda a sociedade internacional, o que certamente ameaça o firme desenvolvimento das relações pacíficas entre os Estados. Em suma, o *jus cogens* não só impõe um limite à liberdade dos Estados na assunção de suas obrigações jurídicas, senão impede que esses mesmos Estados, de forma unilateral, qualifiquem uma norma como imperativa de acordo com a sua vontade e os seus interesses.[202]

Não há exemplos de normas de *jus cogens* na Convenção de Viena, como se disse. O que fez a Convenção foi reconhecer a "existência" do *jus cogens*, mas sem especificar o seu conteúdo, sugerindo apenas que suas normas fossem análogas às de *ordem pública* em Direito Internacional. Entretanto, parece haver consenso que uma norma que permita o genocídio, o tráfico de escravos, o uso da força nas relações entre potências, a guerra de agressão, a tortura ou a pirataria, como proíbe a Carta das Nações Unidas, por exemplo, deva ser considerada nula por contrariar o *jus cogens*. Da mesma forma, integrariam também o *jus cogens* internacional as normas proibitivas da discriminação, as que asseguram a autodeterminação dos povos, bem assim os princípios de Direito Internacional Humanitário.[203] O exemplo mais claro que se tem de norma de *jus cogens*, que não se pode contestar, é a *Declaração Universal dos Direitos Humanos* de 1948, cuja formação e conteúdo têm enquadramento perfeito no conceito do art. 53 da Convenção de Viena de 1969.[204]

A pergunta que tem sido feita por certa parte da doutrina diz respeito à questão de saber qual ou quais das fontes do Direito Internacional Público são capazes de criar normas de *jus cogens*. Segundo o que modernamente se tem entendido, as normas de *jus cogens* provêm ou podem vir a provir tanto do costume internacional quanto do direito convencional e, ainda, dos princípios gerais de direito, indistintamente.[205]

Para nós, pode-se dizer que integram o *jus cogens* ou a ordem pública internacional, *grosso modo*: a) o costume internacional geral ou comum, a exemplo das normas protetoras dos próprios fundamentos da ordem internacional, como a proibição do uso da força fora do quadro da legítima defesa; as normas sobre cooperação pacífica na proteção de interesses comuns, como a da liberdade dos mares; as normas que proíbem a escravatura, a pirataria, o genocídio, a tortura e a discriminação racial; as regras protetoras da liberdade religiosa; as normas de direito humanitário, que se aplicam aos casos de conflitos armados protegendo os civis em tempo de guerra, militares postos fora de combate, feridos, prisioneiros, doentes e náufragos, bem como as normas proibitivas da guerra de agressão; as normas protetoras dos direitos dos Estados e dos povos (como as relativas à igualdade, integridade territorial, livre determinação dos povos, dentre outras) etc.[206]; b) as normas convencionais pertencentes ao Direito Internacional geral, a exemplo dos princípios constantes da Carta das Nações

---

[202] Cf. Antonio Remiro Brotons (*et al.*). *Derecho internacional*, cit., p. 71.

[203] Cf. Antonio Cassese. *Diritto internazionale*, cit., pp. 205-206; e James Crawford, *Brownlie's principles of public international law*, cit., pp. 595-596.

[204] Para detalhes, *v.* Parte IV, Capítulo I, Seção III, item nº 3.

[205] Nesse sentido, *v.* J. Silva Cunha, *Direito internacional público*, vol. I, cit., pp. 230-231; e Antonio Gómez Robledo, *El ius cogens internacional: estudio histórico-crítico*, México, D.F.: UNAM, 2003, pp. 79-89.

[206] Cf. "*Jus Cogens*", na *Encyclopedia of Public International Law*, t. 7, Bernhardt, Ed., 1984, p. 327.

Unidas, como os da solução pacífica dos conflitos, da preservação da paz, da segurança e da justiça internacionais; as relativas à liberdade contratual e à inviolabilidade dos tratados (como o *pacta sunt servanda* e a boa-fé) etc.; e *c*) o Direito Internacional especial, de fonte unilateral ou convencional sobre direitos e garantias fundamentais do homem, como a Declaração Universal dos Direitos Humanos de 1948, os dois Pactos de Nova York de 1966 (Pacto Internacional dos Direitos Civis e Políticos e Pacto Internacional dos Direitos Econômicos, Sociais e Culturais) e, no sistema regional interamericano, a Convenção Americana sobre Direitos Humanos (*Pacto de San José da Costa Rica*) de 1969.[207]

É importante perceber que os três grupos de normas citados, de uma forma ou de outra, mantêm certa ligação com o tema dos "direitos humanos" (quer ao proscrever a escravatura, a pirataria, o genocídio e a discriminação racial; quer ao salvaguardar a paz, a segurança e a justiça internacionais; quer ao normatizar, em caráter de *hard law*, a proteção dos direitos civis e políticos e dos direitos econômicos, sociais e culturais). Disso resulta a percepção, hoje bastante clara, da intrínseca relação entre o *jus cogens* e as normas de proteção dos direitos humanos, consideradas o exemplo mais corrente desse tipo de norma imperativa de Direito Internacional Público.[208]

Em suma, o procedimento normativo do *jus cogens* está a indicar a existência de uma nova e soberana fonte do Direito Internacional Público, formada por normas imperativas e reconhecidas pela sociedade internacional como um todo, e que não constam no rol das fontes clássicas do Direito Internacional estabelecido pelo art. 38 do ECIJ. O seu reconhecimento pela Convenção de Viena sobre o Direito dos Tratados de 1969 representou mais um fator de crise do voluntarismo, além de um fortalecimento da fundamentação do Direito Internacional Público.[209] Assim, pode-se afirmar que, no que tange às normas de *jus cogens*, a teoria tradicional das fontes no direito das gentes mudou, porquanto em nível hierárquico existem normas superiores aos tratados e aos costumes que devem ser aplicadas com prelazia sobre quaisquer outras.

c) *O fenômeno da* soft law *na atualidade*. Em 1983, o *Institut de Droit International*, sob a relatoria de Michel Virally, dedicou expressiva parte de sua sessão de Cambridge à análise da distinção entre "textos internacionais de caráter jurídico nas relações mútuas entre seus autores" e "textos internacionais desprovidos desse caráter". Os membros do *Institut* constataram que os sujeitos internacionais adotam frequentemente, sob diversas denominações, textos dos mais variados, que, apesar de gerarem obrigações em suas relações mútuas, são desprovidos, pela vontade expressa ou tácita das partes, de caráter jurídico. Naquela ocasião também se constatou que, apesar da utilização pelas partes de tais textos, seria muito difícil determinar o seu caráter jurídico ou não, por apresentarem todos uma certa *zona cinzenta* entre o universo do direito e do não direito.[210]

---

[207] Cf. Dinah Shelton. Normative hierarchy in international law, cit., pp. 302-304; e André Gonçalves Pereira & Fausto de Quadros, *Manual de direito internacional público*, cit., p. 283.

[208] V. Andrea Bianchi. Human rights and the magic of *jus cogens*, in *The European Journal of International Law*, vol. 19, nº 3 (2008), pp. 491-508.

[209] Cf. André Gonçalves Pereira & Fausto de Quadros. *Manual de direito internacional público*, cit., p. 285.

[210] V. *Annuaire de l'Institut de Droit International*, Paris: A. Pedone, 1984, vol. 60, t. I, pp. 166-374; vol. 60, t II, pp. 116-153 e 284-291. Cf. ainda, Pierre-Marie Dupuy, *Soft law* and the international law of the environment, in *Michigan Journal of International Law*, vol. 12 (Winter 1991), pp. 420-435; e Sean D. Murphy, *Principles of international law*, cit., pp. 96-107. Questão semelhante sobre o universo do "direito" e do "não direito" é também colocada por Jean Carbonnier no livro *Flexible droit: pour une sociologie du droit sans rigueur*,

Tal constatação implica a existência de normas (arranjos, ajustes, declarações, diretrizes, programas de ação etc.) de Direito Internacional não obrigatórias e de diretivas que deixam aos seus destinatários uma *margem de apreciação* no que toca ao cumprimento de seu conteúdo.[211]

Um dos fatores da proliferação de tais arranjos, segundo Virally, certamente encontra raízes na flutuação da atual conjuntura econômica internacional, que demanda flexibilidade na aplicação de seus acordos, e no progresso técnico galopante, cujos efeitos se fazem sentir de forma imediata nas relações internacionais.[212] Além do mais, as transformações da sociedade internacional nos últimos tempos foram tantas, que se tornou difícil saber apropriadamente a natureza e o caráter jurídico desses vários novos instrumentos que aparecem dia a dia no contexto das relações internacionais, notadamente os citados acima, relativos à conjuntura econômica internacional, e também a alguns diretamente ligados à proteção internacional dos direitos humanos e do meio ambiente.[213]

A necessidade de adaptação da ordem internacional contemporânea a essas novas temáticas emergentes no Direito Internacional, ligada à flexibilidade que a regulação e a acomodação dos interesses ali presentes demandam, faz que surjam inúmeras dúvidas e perplexidades em relação ao caráter jurídico desses aludidos textos, emergidos da prática da diplomacia multilateral no século XX, que integram o que se convencionou chamar de *soft law* ou *droit doux* (direito flexível), em contraponto ao conhecido sistema da *hard law* ou *droit dur* (direito rígido). Também se utiliza (embora com menor frequência) o termo *soft norm*, uma vez que, segundo alguns autores, a expressão *law* não seria técnica por ter conotação obrigacional no direito saxão.[214]

10e éd., Paris: LGDJ, 2001, pp. 25-47 (que reproduz o seu estudo originalmente publicado em 1963), e por Berthold Goldman no texto "Frontières du droit et *lex mercatoria*", in *Archives de Philosophie du Droit*, n° 9, Paris: Sirey, 1964, pp. 185-186. Para um comentário detalhado desse trabalho de Goldman, *v.* Valerio de Oliveira Mazzuoli, A nova *lex mercatoria* como fonte do direito do comércio internacional: um paralelo entre as concepções de Berthold Goldman e Paul Lagarde, in *Novas vertentes do direito do comércio internacional*, Jete Jane Fiorati & Valerio de Oliveira Mazzuoli (coords.), Barueri: Manole, 2003, pp. 185-223.

[211] *V.* Hubert Thierry. L'évolution du droit international: cours général de droit international public, cit., pp. 70-71; e Dinah Shelton, Normative hierarchy in international law, cit., p. 319. No que toca à proteção dos direitos humanos, a doutrina da *margem de apreciação* tem merecido críticas por dar espaço a um relativismo que afronta a universalidade dos direitos humanos. Sobre o tema, *v.* Mireille Delmas-Marty, *Le relatif et l'universel: les forces imaginantes du droit*, Paris: Seuil, 2004, pp. 64-74.

[212] Cf. *Annuaire de l'Institut de Droit International*, vol. 60, t. I, cit., p. 191.

[213] Cf. Pierre-Marie Dupuy. *Soft law* and the international law of the environment, cit., pp. 420-422. Não se pense, porém, que o fenômeno da *soft law* é atributo exclusivo do Direito Internacional. Como explica Dupuy, vários Estados têm adotado, também em suas legislações domésticas, regras sobre pesquisa genética e reprodução assistida na forma de *diretrizes éticas* ("soft") dirigidas a cientistas e físicos, sem os contornos de *leis* ou outros instrumentos "hard" congêneres (*Op. cit.*, p. 422).

[214] *V.* Richard B. Bilder. Beyond compliance: helping nations to cooperate, in *Commitment and compliance: the role of non-binding norms in the international legal system*, Dinah Shelton (ed.), Oxford: Oxford University Press, 2000, pp. 71-72.

130 CURSO DE DIREITO INTERNACIONAL PÚBLICO – *Valerio de Oliveira Mazzuoli*

A resposta a essas dúvidas e perplexidades responderá à questão de ser ou não a *soft law* uma nova "fonte" do Direito Internacional na atualidade, ou seja, se é capaz de criar normas de direito das gentes.[215]

Apesar de não se ter ainda, na doutrina internacionalista, uma conceituação adequada do que seja *soft law* – que, em português, pode ser traduzida por *direito plástico, direito flexível* ou *direito maleável* –, pode-se afirmar que na sua moderna acepção ela compreende todas aquelas regras cujo valor normativo é menos constringente que o das normas jurídicas tradicionais, seja porque os instrumentos que as abrigam não detêm o *status* de "normas jurídicas", seja porque os seus dispositivos, ainda que insertos no quadro de instrumentos vinculantes, não criam obrigações de direito positivo aos Estados, ou não criam senão obrigações pouco constringentes.[216] Portanto, um dos maiores problemas desse tipo de norma se encontra na falta de elementos que garantam a sua efetiva aplicação.[217]

Contudo, não se poderá jamais dizer que os instrumentos de *soft law* conhecidos não têm qualquer relevância para a criação e para o desenvolvimento do Direito Internacional Público. A relevância desses instrumentos encontra-se já bem assinalada pela prática internacional, ainda que eles não criem autonomamente normas internacionais, em razão de preverem valores caros ao desenvolvimento e aplicação do Direito Internacional Público. De fato, as normas de *soft law* podem servir até mesmo como prova da *opinio juris* dos Estados relativamente a determinado tema do Direito Internacional, a exemplo do que se deu com a Declaração do Rio de Janeiro sobre Meio Ambiente e Desenvolvimento de 1992 na cristalização (ainda em curso) do princípio do desenvolvimento sustentável.[218] Mas essa conclusão não nos permite, *a priori*, qualificar de pronto a *soft law* como verdadeira fonte do Direito Internacional, o que seria somente possível com uma análise mais acurada de sua natureza jurídica.

Muitas dessas regras de *soft law* visam regulamentar futuros comportamentos dos Estados, norteando sua conduta e dos seus agentes nos foros internacionais multilaterais, estabelecendo um programa de ação conjunta, mas sem pretender enquadrar-se no universo

---

[215] Cf., para pormenores, Salem Hikmat Nasser, *Fontes e normas do direito internacional: um estudo sobre a* soft law, São Paulo: Atlas, 2005, pp. 143-157.

[216] V. Jean Salmon (coord.). *Dictionnaire de droit international public*. Bruxelles: Bruylant, 2001, p. 1.039, nota nº 6. Cf. ainda, Christine M. Chinkin, The challenge of *soft law*: development and change in international law, in *The International and Comparative Law Quarterly*, vol. 38, nº 4, oct./1989, pp. 850-866.

[217] É importante, neste ponto, não confundir as normas de *soft law* (cujo estudo ora nos ocupa) com aquilo que Erik Jayme chamou de "normas narrativas" no âmbito do Direito Internacional Privado – que são normas que não obrigam juridicamente, mas que descrevem *valores* e têm poder de *persuasão* –, a cujo entendimento se chega dando um passo além das normas de *soft law*. Trata-se de normas que auxiliam nas soluções dos "conflitos de leis" (típicos, repita-se, do Direito Internacional *Privado*) e influenciam os Estados quanto à ação a ser tomada em uma codificação legislativa, podendo constituir-se em recomendações, leis-modelos, códigos de conduta e até mesmo em tratados não ratificados. Erik Jayme também se fundamenta nos "considerandos" das normas internacionais sobre conflitos de leis, para afirmar que devem ser observados pelos juízes quando da interpretação do direito derivado. Para detalhes, *v.* Erik Jayme, *Narrative Normen im Internationalen Privat- und Verfahrensrecht*, Tübingen: Eberhard-Karls-Universität, 1993, p. 16; e também Erik Jayme, Identité culturelle et intégration: le droit international privé postmoderne, cit., pp. 259-261.

[218] V. Malgosia Fitzmaurice & Olufemi Elias. *Contemporary issues in the law of treaties*. Utrecht: Eleven, 2005, p. 43.

das normas convencionais, cujo traço principal é a obrigatoriedade de cumprimento do que ali ficou acordado. Isso não significa que o seu sistema de "sanções" também não exista, sendo certo que o seu conteúdo será moral ou extrajurídico, em caso de descumprimento ou inobservância das suas diretrizes.

Assim, não obstante a consideração corrente de ser a *soft law* um conjunto de normas sem valor propriamente "jurídico", ou com valor normativo menor que o das normas tradicionais (ou ainda, segundo alguns, com *conteúdo variável*), nem por isso deixa ela de ter a sua significância em Direito Internacional. O que difere a *soft law* das demais normas jurídicas são dois motivos: *a*) o fato de ser ela um produto jurídico ainda inacabado no tempo, pois voltada para a assunção de compromissos futuros (tratando-se, então, de um compromisso *programático*); e *b*) o fato de estar governada por um sistema de sanções distinto daquele aplicável às normas tradicionais, sendo o seu cumprimento mais uma *recomendação* que propriamente uma *obrigação* dirigida aos Estados.

Têm-se como exemplos de normas de *soft law* as regras colocadas nos foros diplomáticos em relação às negociações que ali se empreendem e à "agenda" a ser seguida pelos Estados nos futuros encontros para a discussão da matéria objeto das negociações. Aparece também a *sotf law* em certas "regras" ou "programas de ação" nascidos no seio de organizações intergovernamentais relativamente às decisões ou atos unilaterais por ela adotados (dentre os quais os exemplos mais expressivos encontram-se no campo do Direito Internacional do Meio Ambiente e do Direito Internacional Sanitário). Por exemplo, desde o início da pandemia do novo coronavírus (iniciada no ano de 2020, com foco inicial na China) a Organização Mundial de Saúde editou recomendações aos Estados sobre higiene e distanciamento social, como forma de conter a contaminação pela Covid-19 em todo o mundo, certo de que muitas delas foram solenemente desconsideradas por vários países.

São inúmeras as denominações que integram a *soft law*, podendo ser citadas as expressões *non-binding agreements*, *gentlemen's agreements*, códigos de conduta, memorandos de entendimento, declarações conjuntas, declarações de princípios, atas finais (recordando-se, aqui, o exemplo clássico da *Ata Final de Helsinque*, de 1975, que finalizou a conferência sobre segurança e cooperação na Europa), agendas (de que é exemplo a *Agenda 21*, adotada ao final da Conferência das Nações Unidas sobre Meio Ambiente e Desenvolvimento, concluída no Rio de Janeiro em 1992), programas de ação, recomendações e, inclusive, termos comumente reservados aos tratados internacionais, como *acordos* e *protocolos*.[219]

Algumas dessas denominações, entretanto, devem ser entendidas *cum granum salis*, como é o caso da expressão *declaração* que, em Direito Internacional Público, tem inúmeros significados, podendo inclusive designar um tratado internacional *stricto sensu*, uma vez que a denominação utilizada na criação de instrumentos internacionais é irrelevante segundo a Convenção de Viena sobre o Direito dos Tratados de 1969. Nesse terreno, entretanto, é necessário ter cuidado, para não se atribuir caráter de *soft law* a instrumentos internacionais de importância infinitamente superior. Dentre as várias "declarações" conhecidas em Direito Internacional, a mais famosa é seguramente a Declaração Universal dos Direitos Humanos, de 1948. Esta, como se sabe, não está revestida da natureza de *tratado*, mas tampouco se pode falar que ela integra os instrumentos de *soft law*. A Declaração Universal de 1948, por

---

[219] Cf. Guido Fernando Silva Soares. *Curso de direito internacional público*, cit., p. 138.

estabelecer um código de ética universal relativamente à proteção internacional dos direitos humanos, integra o *jus cogens* internacional, e prevalece à vontade dos Estados e aos seus respectivos direitos internos.

A expressão *soft* não diz respeito à flexibilidade do *direito* propriamente dito, mas à plasticidade ou maleabilidade de *suas normas*. O *direito* existe na *soft law*, mas com conteúdo jurídico mais fácil de ser trabalhado, seja nos foros internacionais, seja no seio de organizações internacionais, sem um comprometimento estrito a regras rígidas previamente estabelecidas pelas partes. Mas não se pode negar que a incerteza jurídica nessa seara ainda é grande e a pretendida coerência desse sistema ainda não está à vista. Trata-se de um domínio entre a política internacional (em que prevalece a falta de preocupação com legalidades por parte dos Estados e de seus negociadores) e o Direito Internacional Público (que nem sempre tem condições de impor seus métodos para adequar certo fenômeno às suas rubricas já conhecidas).[220]

Dentre os vários documentos de conteúdo jurídico flexível que a prática internacional tem nitidamente mostrado, pode-se destacar os chamados *arrangements*, considerados "acordos informais" que versam sobre os mais variados temas, notadamente os ligados às relações políticas, financeiras e monetárias. Trata-se de compromissos que os Estados têm a intenção de cumprir, mas sem atribuir-lhes um caráter vinculante em termos propriamente *jurídicos*. Dentro dessa categoria encontram-se, por exemplo, os *stand-by arrangements* (chamados no Brasil de "acordos de crédito contingente"), concluídos pelos Estados com o Fundo Monetário Internacional, a fim de levantar numerário em dinheiro para suprir dificuldades financeiras internas. A prática dos *arrangements*, de caráter informal, generalizou-se no sistema econômico contemporâneo, notadamente no âmbito do FMI e do GATT, versando, dentre outras, sobre operações monetárias, financeiras e comerciais. Nesse contexto, a fuga do enquadramento jurídico provém da vontade de se preservar ao máximo a flexibilidade da aplicação do acordo e a possibilidade de modificá-lo, em caso de necessidade, sem constrangimento a procedimentos muito formais.[221]

De qualquer forma, o que se pode concluir em relação à *soft law* é que o seu conteúdo jurídico não se encontra ainda totalmente formalizado e sua natureza jurídica não está ainda perfeitamente delineada, o que retira boa parte da segurança científica necessária em se considerar o fenômeno como nova fonte do Direito Internacional Público. Seja como for, não se pode descartar a importância dessas normas na atualidade, por cristalizarem valores caros à ordem internacional e ao desenvolvimento do direito das gentes.

---

[220] Cf. Guido Fernando Silva Soares. Idem, p. 140.

[221] Para detalhes, *v.* Valerio de Oliveira Mazzuoli, *Natureza jurídica e eficácia dos acordos* stand-by *com o FMI*, cit., pp. 241-243.

Capítulo V
Direito dos Tratados

 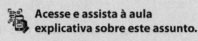

Acesse e assista à aula explicativa sobre este assunto.
> http://uqr.to/1zv4a

SEÇÃO I – O DIREITO DOS TRATADOS NA CONVENÇÃO DE VIENA DE 1969

1. Introdução. O desenvolvimento da sociedade internacional e a intensificação das relações internacionais fizeram despontar o interesse pelo estudo dos tratados internacionais, atualmente considerados a fonte mais segura e concreta das relações entre os sujeitos do Direito Internacional Público.[1] Gradativamente pretendeu-se deixar de lado o estudo do direito costumeiro – que notadamente coloca os Estados à margem da certeza e da segurança jurídica – para valorizar a pesquisa e o entendimento dos atos internacionais celebrados entre Estados ou certas organizações internacionais. Atualmente, os tratados regulam matérias das mais variadas e importantes, tornando o Direito Internacional mais dinâmico, representativo e autêntico. Este fato constatado – que se pode chamar de codificação do Direito Internacional Público – tem feito com que inúmeros assuntos, antes regulamentados quase que exclusivamente por normas costumeiras, passem agora a ser regulados por normas convencionais formais. Aliás, a transformação das normas costumeiras em regramento escrito tem feito com que os tratados se multipliquem a cada dia na sociedade internacional, o que se constata facilmente verificando-se a *United Nations*

---

[1] V., por tudo, Valerio de Oliveira Mazzuoli, *Direito dos tratados*, 2ª ed. rev., atual. e ampl., Rio de Janeiro: Forense, 2014 (em que todo este Capítulo está baseado). Em geral, cf. Samuel B. Crandall, *Treaties: their making and enforcement*, 2nd ed., Washington, D.C.: John Byrne & Company, 1916, 663p; Jean Huber, *Le droit de conclure des traités internationaux*, Montreux: Ganguin & Laubsher, 1951, pp. 21-24; Arnold Duncan McNair, *The law of treaties*, Oxford: Clarendon Press, 1961, 789p; Adolfo Maresca, *Il diritto dei trattati: la convenzione codificatrice di Vienna del 23 maggio 1969*, Milano: Giuffrè, 1971, 895p; Roberto Ago, Droit des traités à la lumière de la Convention de Vienne, in *Recueil des Cours*, vol. 134 (1971-III), pp. 297-331; José Francisco Rezek, *Direito dos tratados*, Rio de Janeiro: Forense, 1984, 628p; Antonio Remiro Brotons, *Derecho internacional público*, vol. 2 (*Derecho de los tratados*), Madrid: Tecnos, 1987, 552p; Marco Gerardo Monroy Cabra, *Derecho de los tratados*, 2ª ed., Bogotá: Leyer, 1995, 326p; Ernesto De La Guardia, *Derecho de los tratados internacionales*, Buenos Aires: Ábaco, 1997, 565p; Anthony Aust, *Modern treaty law and practice*, 4th printing, Cambridge: Cambridge University Press, 2004, 443p; Scott Davidson (ed.), *The law of treaties*, Trowbridge: Ashgate/Dartmouth, 2004, 583p; e Mark Eugen Villiger, *Commentary on the 1969 Vienna Convention on the Law of Treaties*, Leiden: Martinus Nijhoff, 2009, 1057p.

Treaty Series, que é a coleção das Nações Unidas sobre tratados internacionais, atualmente composta por centenas de volumes.[2]

Pode-se então dizer que, nos dias de hoje, a *vida internacional* funciona quase que primordialmente com base em tratados, os quais exercem, no plano do Direito Internacional, funções semelhantes às que têm no Direito interno as leis (caso em que se fala estar diante dos tratados normativos) e os contratos (dizendo-se, nesse caso, tratar-se dos assim chamados tratados-contrato), regulamentando uma gama imensa de situações jurídicas nos mais variados campos do conhecimento humano, o que já justifica o seu estudo mais aprofundado.

São os tratados internacionais, enfim, o meio que têm os Estados e as organizações intergovernamentais de, a um só tempo, acomodar seus interesses contrastantes e cooperar entre si para a satisfação de suas necessidades comuns.

2. Antecedentes históricos. Os tratados têm origem histórica remotíssima, tendo sido os seus primeiros contornos delineados há mais de doze séculos antes de Cristo. A disciplina jurídica do *jus tractuum* foi sendo gradativamente edificada ao longo de mais de três mil anos, e ainda hoje o seu processo de conclusão guarda grandes semelhanças com o seu modo primitivo de celebração. Essa regulamentação jurídica do Direito dos Tratados teve origem basicamente costumeira, desde a antiguidade até meados do século XX, não se conhecendo antes desse período sequer vestígios de quando efetivamente começou a nascer na história das civilizações o costume convencional.

O primeiro marco seguro da celebração de um tratado internacional, de natureza bilateral, diz respeito àquele instrumento firmado entre o Rei dos Hititas, Hattusil III, e o Faraó egípcio da XIX dinastia, Ramsés II, por volta de 1.280 e 1.272 a.C.,[3] e que pôs fim à guerra nas terras sírias (conhecida como batalha de Kadesh).[4]

Registrou K. A. Kitchen um trecho do acordo de paz entre os dois povos, nestes termos:

> "No ano 21, primeiro mês do inverno, dia 21, sob a Majestade de Ramsés II. Neste dia, eis que Sua Majestade estava na cidade de Pi-Ramesse, satisfazendo (os deuses...). Chegaram os (três Enviados Reais do Egito...) juntos com o primeiro e segundo enviados Reais dos Hititas, Tili-Teshub e Ramose, e o Enviado de Carchemish, Yapusili, carregando uma barra de prata a qual o Grande Soberano dos Hititas, Hattusil III envia ao Faraó, para pedir paz à Majestade de Ramsés".[5]

---

[2]   *V.* a página *web* da coleção de tratados das Nações Unidas em: [https://treaties.un.org].

[3]   Para alguns autores, segundo pesquisas do início do século passado, existe um precedente ainda mais antigo: o tratado concluído entre Eannatum, senhor da cidade-estado de Lagash e os homens da vizinha cidade de Umma, ambas da Mesopotâmia, em aproximadamente 2.100 a.C. *V.* assim, Celso D. de Albuquerque Mello, *Ratificação de tratados: estudo de direito internacional e constitucional*, Rio de Janeiro: Freitas Bastos, 1966, pp. 33-34; Antonio Remiro Brotons, *Derecho internacional público*, vol. 2, cit., p. 27; e Malcolm N. Shaw, *Direito internacional*, cit., p. 12.

[4]   Para uma visão histórica das lutas entre o Egito e o império Hitita, *v.* George Steindorff, Historia de Egipto, in *Historia Universal*, t. I, Walter Goetz (coord.), trad. Manuel García Morente, Madrid: Espasa-Calpe, 1945, pp. 420-422.

[5]   K. A. Kitchen. *Pharaoh Triumphant: the life and times of Ramesses II*, 2ª ed. Cairo, Egypt: American University in Cairo Press (*et al.*), 1997, p. 75.

Parte I · Cap. V · DIREITO DOS TRATADOS | **135**

Segundo o texto do tratado, cunhado em escrita cuneiforme babilônica, os dois reinos consideravam-se iguais, e entre eles, seus reis e sucessores, estabeleciam-se regras de igualdade eternas. Fixou-se ali normas claras sobre os interesses particulares de cada uma das soberanias, como a posse de certas terras e demais domínios. Encontravam-se ainda no tratado regras relativas às alianças contra inimigos comuns, normas de comércio, de migrações e também de extradição. Em tudo, pode-se dizer que o tratado egipto-hitita já trazia presentes as características dos tratados contemporâneos (por exemplo, o fundamento na norma *pacta sunt servanda*). Ademais, pelo fato de registrar a história um longo período de paz e de efetiva cooperação entre os dois povos, parece ter sido o tratado fielmente cumprido. Parece ainda que as duas grandes civilizações teriam entrado em decadência sem que houvesse a quebra do referido acordo.[6] O texto desse instrumento, bem como dos inúmeros documentos diplomáticos da Antiguidade Oriental, foi encontrado no Egito, nas ruínas de Tell el-Amarna, antiga residência do Faraó Amenophis IV, às margens do rio Nilo.

Desde a antiguidade, historicamente, foram os princípios do *livre consentimento*, da *boa-fé* dos contraentes e a norma *pacta sunt servanda*, universalmente reconhecidos, que regeram os tratados internacionais. Contudo, a partir de 1815, por força da intensificação da solidariedade internacional, começou a operar-se uma fundamental modificação no cenário externo, consubstanciada, primeiramente, no aparecimento dos chamados tratados multilaterais e, a partir do início do século XX, no surgimento das organizações internacionais de caráter permanente, as quais passaram a também deter a capacidade de celebrar tratados, ao lado dos Estados. A causa fundamental desse desenvolvimento – explica Paul Reuter – está calcada "na crescente solidariedade que se estabeleceu entre os diversos elementos da sociedade internacional: a solidariedade mecânica que existe entre os Estados é de tal natureza que toda mudança dos elementos altera o equilíbrio do poder dentro da totalidade do sistema; por sua vez, a solidariedade dos interesses gerais da humanidade requer que os problemas sejam atacados de forma comunitária e simultânea; e, por último, também se deve levar em conta a solidariedade dos indivíduos no desenvolvimento da cultura e da opinião pública".[7]

A soma de todos esses fatores, junto ao reconhecimento cada vez maior da importância dos tratados como fonte do Direito Internacional Público, levou então à necessidade de criação de uma genuína *codificação*, declaratória de Direito Internacional geral, em que ficasse bem assentado tudo quanto fosse pertinente ao Direito dos Tratados, entendendo-se como tal o direito que "permeia todo o conjunto do ordenamento jurídico internacional e sedimenta as bases da estrutura na qual operam as normas internacionais".[8] É dizer, surgiu a necessidade de *codificar* o Direito dos Tratados, desenvolvendo-o e contribuindo para a consecução dos propósitos das Nações Unidas, consistentes, essencialmente, na manutenção

---

[6] V., assim, José Francisco Rezek, *Direito dos tratados*, cit., pp. 13-14. Talvez, um dos motivos da paz duradoura entre os dois reinos seja também o fato do casamento de Hamsés com a filha do rei Hitita, ocasião em que a ela foi concedido o *status* de "grande esposa rainha", como comenta George Steindorff, in Historia de Egipto, cit., p. 422.

[7] Paul Reuter. *Introducción al derecho de los tratados*, 1ª ed. (em espanhol). Trad. Eduardo L. Suárez. México, D.F.: Fondo de Cultura Económica, 1999, p. 13.

[8] Antônio Paulo Cachapuz de Medeiros. *O poder de celebrar tratados: competência dos poderes constituídos para a celebração de tratados, à luz do direito internacional, do direito comparado e do direito constitucional brasileiro*. Porto Alegre: Sergio Antonio Fabris, 1995, p. 260.

da paz e da segurança internacionais.[9] Para isso, entretanto, era necessário não perder de vista os princípios de Direito Internacional incorporados na Carta da ONU, tais como o da igualdade de direitos, o da livre determinação dos povos, o da igualdade soberana e da independência de todos os Estados, o da não intervenção nos assuntos internos dos Estados, o da proibição da ameaça ou uso da força, o do respeito universal aos direitos humanos e às liberdades fundamentais de todos e o da efetividade de tais direitos e liberdades, insculpidos no seu art. 1º, itens 1, 2, 3 e 4.

3. A Convenção de Viena sobre o Direito dos Tratados. A Comissão de Direito Internacional das Nações Unidas, desde o início de seus trabalhos (em 1949) já fez inserir o Direito dos Tratados dentre os temas prioritários a serem regulados pelo Direito Internacional do pós-guerra. Foi designado relator especial o jurista britânico James Leslie Brierly, tendo sido sucedido por Hersch Lauterpacht (em 1952), Gerald Gray Fitzmaurice (em 1954) e Sir Humphrey Waldock (em 1961). O papel desses relatores foi levar a cabo a difícil tarefa de *codificar* o costume dos Estados relativo a tratados, tendo os estudos e discussões respectivos durado vinte anos,[10] com o envolvimento de 110 Estados, dos quais apenas 31 (entre eles o Brasil) firmaram o texto final da convenção sobre tratados adotado na Conferência de Viena (presidida pelo internacionalista italiano Roberto Ago), em 23 de maio de 1969.[11] Depois de mais de dez anos de sua conclusão, mais precisamente em 27 de janeiro de 1980, é que a Convenção de Viena sobre o Direito dos Tratados começou a vigorar internacionalmente, quando se atingiu, nos termos de seu art. 84,[12] o *quorum* mínimo de trinta e cinco Estados ratificantes.[13]

Chamada *Lei dos Tratados, Código dos Tratados* ou ainda *Tratado dos Tratados*, a Convenção de Viena de 1969 é um dos mais importantes documentos já concluídos na história do Direito Internacional Público. Ela não se limitou apenas à codificação do conjunto de regras gerais referentes aos tratados concluídos entre Estados, mas também se preocupou em regular todo tipo de desenvolvimento progressivo daquelas matérias ainda não consolidadas na arena internacional. A Convenção regula desde questões pré-negociais (capacidade para concluir tratados e plenos poderes), até o processo de formação dos tratados (adoção,

---

[9] Cf. Adolfo Maresca. *Il diritto dei trattati...*, cit., pp. 12-15; e João Grandino Rodas, *Tratados internacionais*, São Paulo: RT, 1991, p. 9.

[10] Para detalhes sobre os trabalhos preparatórios à Conferência de Viena e suas diversas etapas, *v.* Geraldo Eulálio do Nascimento e Silva, *Conferência de Viena sobre o Direito dos Tratados*, Brasília: MRE, 1971, pp. 11-56; Roberto Ago, Droit des traités à la lumière de la Convention de Vienne, cit., pp. 303-311; e Mark Eugen Villiger, *Commentary on the 1969 Vienna Convention on the Law of Treaties*, cit., pp. 28-38.

[11] O primeiro país a ratificar a Convenção de Viena de 1969 foi a Nigéria, em 31 de julho de 1969, e o fez sem reservas. Seguiu-se a Jamaica, em 28 de julho de 1970; Barbados em 24 de junho de 1971; Reino Unido e Nova Zelândia, respectivamente, em 25 de junho e 4 de agosto do mesmo ano; Marrocos, Filipinas e Argentina, respectivamente, em 26 de setembro, 15 de novembro e 5 de dezembro de 1972 etc.

[12] O art. 84 da Convenção de Viena de 1969 foi resultado de proposta do Brasil e do Reino Unido à Conferência de Viena sobre o Direito dos Tratados e tem a seguinte redação: "1. A presente Convenção entrará em vigor no trigésimo dia que se seguir à data do depósito do trigésimo quinto instrumento de ratificação ou adesão. 2. Para cada Estado que ratificar a Convenção ou a ela aderir após o depósito do trigésimo quinto instrumento de ratificação ou adesão, a Convenção entrará em vigor no trigésimo dia após o depósito, por esse Estado, de seu instrumento de ratificação ou adesão".

[13] Cf. José Francisco Rezek. *Direito dos tratados*, cit., pp. 17-18.

assinatura, ratificação, adesão, reservas etc.), sua entrada em vigor, aplicação provisória, observância e interpretação, bem assim a nulidade, extinção e suspensão de sua execução. Entre as regras basilares de direito das gentes reconhecidas pela Convenção, pode ser citada a norma *pacta sunt servanda* (art. 26) e o seu corolário segundo o qual o Direito interno não pode legitimar a inexecução de um tratado (art. 27); recorda-se, ainda, o reconhecimento da cláusula *rebus sic stantibus*, que permite a extinção ou retirada de um tratado quando passa a existir uma mudança fundamental nas circunstâncias relativamente àquelas existentes ao tempo da estipulação do acordo (art. 62), entre outras.

A Convenção de 1969 não cuidou, contudo, dos efeitos dos tratados na *sucessão de Estados* e no *estado de guerra*. Relativamente ao primeiro tema, concluiu-se, também na capital austríaca, a Convenção de Viena sobre Sucessão de Estados em Matéria de Tratados, em 23 de agosto de 1978 (promulgada no Brasil pelo Decreto nº 10.214, de 30 de janeiro de 2020).[14] Também não versou a Convenção de 1969 – talvez por não prever a existência de uma ordem internacional em que os Estados são prescindíveis – sobre os tratados concluídos entre Estados e organizações internacionais ou entre organizações internacionais, objeto de outra convenção específica, concluída mais tarde (em 1986) e intitulada *Convenção de Viena sobre Direito dos Tratados entre Estados e Organizações Internacionais ou entre Organizações Internacionais*.[15]

É curioso observar que a Convenção de Viena de 1969 reveste-se de autoridade jurídica mesmo para aqueles Estados que dela não são signatários, em virtude de ser ela geralmente aceita como norma "declaratória de Direito Internacional geral", expressando direito consuetudinário vigente, consubstanciado na prática reiterada dos Estados no que diz respeito à matéria nela contida.[16] Assim também entende o *Restatement of the Law* (*Third*): *the Foreign Relations Law of the United States*, que afirma ser a Convenção de Viena sobre o Direito dos Tratados uma codificação geral do *direito costumeiro internacional* sobre os tratados.[17] Tal não significa, contudo, que a Convenção de 1969 seja hierarquicamente superior aos demais tratados concluídos à luz das suas disposições. A própria Convenção deixa bem consignada, em diversas passagens do seu texto, a fórmula "a menos que o tratado disponha de outra forma", sempre antes de iniciar a exposição de uma regra. Tal significa que as suas disposições (naquilo que é por ela tido como facultativo) somente serão aplicadas caso o tratado em causa não tenha encontrado outra solução para o problema em questão ou, ainda, se o instrumento silencia a respeito. Daí se entender ser quase sempre "supletiva" a aplicação da Convenção de 1969. Mas, à exceção de tais observações, a constatação que se apresenta é que a Convenção de Viena sobre o Direito dos Tratados, que codifica e traz para o plano do direito escrito as regras costumeiras relativas ao Direito dos Tratados, contém um minucioso corpo de regras de fundo – pacientemente pensadas e estudadas durante vinte anos – sobre a prática e a técnica dos tratados internacionais, o que explica a frequência das referências que, tanto em doutrina como em jurisprudência, a ela são destinadas.[18]

---

[14]   Sobre essa Convenção, *v.* Anthony Aust, *Modern treaty law and practice*, cit., pp. 305-331.

[15]   A Convenção de Viena de 1986 será estudada na Seção II deste Capítulo.

[16]   Cf. Thomas Buergenthal (*et al.*). *Manual de derecho internacional público*, cit., p. 79.

[17]   *Restatement of the Law* (*Third*), vol. 1 (1987), p. 145.

[18]   Cf. Denis Alland (coord.). *Droit international public*. Paris: PUF, 2000, p. 218.

No Brasil, somente em 22 de abril de 1992 foi que o Poder Executivo, com a Mensagem nº 116, encaminhou o texto da Convenção de 1969 à apreciação do Congresso Nacional. A Mensagem presidencial foi aprovada na Comissão de Relações Exteriores da Câmara dos Deputados em 2 de dezembro do mesmo ano, tendo sido transformada no Projeto de Decreto Legislativo nº 214/92, após aprovação unânime do parecer do Relator, Deputado Antônio Carlos Mendes Thame, que recomendava a aprovação da Convenção, mas com reservas aos artigos 25 e 66.[19]

Desde outubro de 1995 a matéria, objeto do Projeto de Decreto Legislativo nº 214-C/92, aprovado pela Comissão de Relações Exteriores da Câmara dos Deputados, encontrava-se pronta para a *Ordem do Dia*,[20] tendo nessa situação permanecido até 19 de junho de 2007, quando então foi reaberta em turno único, mas sem apreciação naquela data. A matéria foi novamente reaberta (e encerrada) em várias outras oportunidades durante os anos de 2007 (nos meses de julho, agosto e setembro) e 2008 (no mês de novembro), tendo voltado à pauta da Câmara dos Deputados em 14 de maio de 2009, ocasião em que foi finalmente aprovada e encaminhada ao Senado Federal. Na Câmara Alta, a Convenção foi aprovada em 15 de julho de 2009, tendo sido ao final promulgado o Decreto Legislativo nº 496, de 17 de julho do mesmo ano.[21] Nesse mesmo dia, pelo Ofício nº 1.401, a Secretaria de Expediente do Senado encaminhou a Mensagem nº 160/09 ao Presidente da República, dando-lhe notícia da promulgação da Convenção. Finalmente, em 25 de setembro de 2009 foi a Convenção *ratificada* pelo governo brasileiro, tendo sido promulgada internamente (com reservas aos artigos 25 e 66) pelo Decreto nº 7.030, de 14 de dezembro de 2009.

Como se percebe, mais de quarenta anos se passaram (de maio de 1969 a setembro de 2009) até que a Convenção de Viena sobre o Direito dos Tratados fosse formalmente ratificada pelo governo brasileiro. No entanto, mesmo antes de tal ratificação, o Itamaraty (de forma oficial) sempre pautou sua atividade na negociação de tratados pelas regras da Convenção de 1969 (e também pelas da Convenção de 1986). É o que se concluía da leitura do *Manual de Procedimentos, Atos Internacionais e Prática Diplomática Brasileira*, divulgado pelo Departamento Consular e Jurídico do Ministério das Relações Exteriores, desde 1984.[22] Qual o motivo para a utilização oficial (e correta) de uma Convenção ainda não ratificada?

---

[19] O art. 25 estabelece que um tratado ou uma parte do tratado pode aplicar-se provisoriamente enquanto não entrar em vigor, se o próprio tratado assim dispuser, ou os Estados negociadores assim acordarem por outra forma. A consideração de incompatibilidade com a Constituição brasileira de 1988 deu-se em virtude da obrigatoriedade da prévia manifestação do Poder Legislativo (*referendum*) em sede de aprovação de tratados internacionais (*v.* item nº 12, *b*, *infra*). O art. 66, por seu turno, deixa assente que (*a*) qualquer parte na controvérsia sobre a aplicação ou a interpretação dos arts. 53 ou 64 (que dizem respeito às normas de *jus cogens*) poderá, mediante pedido escrito, submetê-la à decisão da Corte Internacional de Justiça, caso não tenham optado pela via arbitral, e que (*b*) no caso das controvérsias envolvendo qualquer um dos outros artigos da Parte V, poderá submetê-la à Comissão de Conciliação prévia prevista no *Anexo* à Convenção, mediante pedido nesse sentido ao Secretário-Geral das Nações Unidas. Também não agradou ao Brasil esta disposição, que prevê procedimentos de solução de controvérsia que o país entende deva aceitar caso a caso (*v.* item nº 18, *d*, *infra*).

[20] Cf. *Diário do Congresso Nacional*, Seção I, edição de 28.10.95, p. 3.386.

[21] Publicado no *Diário do Senado Federal*, nº 109, edição de 18.07.2009, pp. 33.326-33.327 (texto da Convenção publicado no mesmo *Diário*, de 28.05.2009).

[22] Cf. Antônio Paulo Cachapuz de Medeiros. *O poder de celebrar tratados...*, cit., p. 276.

Aqui, a questão a ser lembrada é a que muitos tratados, enquanto não ratificados, mantêm o valor de *costume* positivado. Ou seja, a norma não vale propriamente *como tratado*, mas vale *como costume*. É exatamente esse o caso (atualmente no Brasil) da Convenção de Viena sobre Direito dos Tratados entre Estados e Organizações Internacionais ou entre Organizações Internacionais, de 1986. Ainda que não esteja tecnicamente em vigor, seu valor jurídico subsiste, se não como *tratado*, mas como norma *costumeira* internacional.

Destaque-se que segundo a jurisprudência constante do STF os tratados internacionais que não sejam de direitos humanos (como é o caso da Convenção de 1969) guardam o mesmo nível das leis ordinárias federais no plano do nosso Direito interno.[23] Dessa maneira, e independentemente de qualquer discussão sobre a hierarquia dos tratados internacionais comuns neste momento, o certo é que *todas* as regras da Convenção de Viena de 1969 aceitas pelo Estado brasileiro devem ser integralmente cumpridas, tal como se cumpre qualquer lei federal em vigor no país.

É importante frisar que mesmo com a entrada em vigor da Convenção de Viena de 1969 no Brasil, ainda continua vigente entre nós (naquilo que não a contrariar) a Convenção de Havana sobre Tratados, de 20 de fevereiro de 1928, celebrada por ocasião da Sexta Conferência Internacional Americana, realizada em Cuba, e em vigor desde 29 de agosto de 1929. Tal Convenção, que conta com 21 artigos, foi sancionada pelo Estado brasileiro em 8 de janeiro de 1929, pelo Decreto nº 5.647, ratificada em 30 de julho e promulgada, aos 22 de outubro do mesmo ano, pelo Decreto nº 18.956. Também a ratificaram, juntamente com o Brasil, os Estados do Equador, Haiti, Honduras, Nicarágua, Panamá, Peru e República Dominicana.[24]

4. Desmembrando o conceito de tratado internacional. A Convenção de Viena sobre o Direito dos Tratados teve como uma de suas primeiras preocupações a de definir precisamente o que se entende por *tratado internacional*, tendo isto decorrido da falta de precisão com que os autores representativos do denominado Direito Internacional Clássico vinham caracterizando esse instrumento.[25] A definição de tratado na Convenção de 1969 aparece logo no seu art. 2º, § 1º, alínea *a*, que assim estabelece:

> "1. Para os fins da presente Convenção:
>
> *a*) 'tratado' significa um acordo internacional concluído por escrito entre Estados e regido pelo Direito Internacional, quer conste de um instrumento único, quer de dois ou mais instrumentos conexos, qualquer que seja sua denominação específica".[26]

---

[23] Esse entendimento originou-se no STF desde o julgamento do *RE* 80.004/SE, julg. 01.06.1977 (*v. RTJ* 83/809).

[24] V. Doc. OEA, Serie sobre Derecho y Tratados, nº 23 (informação geral do tratado: A-28).

[25] Arnold Duncan McNair, o conhecido *Lord McNair*, em sua obra clássica sobre o Direito dos Tratados, com base nos primeiros relatórios de Lauterpacht para a CDI, chegou a definir tratado como "um acordo escrito por meio do qual dois ou mais Estados ou organizações internacionais criam ou pretendem criar uma relação entre eles para produzir efeito na esfera do direito internacional" (*The law of treaties*, cit., p. 4).

[26] Da mesma forma, a Convenção de Viena sobre Direito dos Tratados entre Estados e Organizações Internacionais ou entre Organizações Internacionais (1986) define "tratado" (também no art. 2º, § 1º, alínea *a*) como "um acordo internacional regido pelo Direito Internacional e celebrado por escrito; i) entre um ou mais Estados e uma ou mais organizações internacionais; ou ii) entre organizações inter-

140 | CURSO DE DIREITO INTERNACIONAL PÚBLICO – *Valerio de Oliveira Mazzuoli*

Essa definição de tratado na Convenção de 1969 está colocada, como não poderia deixar de ser, em termos eminentemente *formais*, sem levar em consideração o *conteúdo* ou a *natureza* das disposições convencionais.[27] Assim, à luz do Direito Internacional Público o tratado nada mais é do que um *instrumento* de veiculação de regras jurídicas. Estas últimas têm conteúdo variável, podendo versar assuntos de qualquer natureza. Portanto, sob o aspecto que ora nos ocupa, entende-se por tratado todo acordo formal, concluído entre sujeitos do Direito Internacional Público, regido pelo direito das gentes e que visa à produção de *efeitos de direito* para as partes-contratantes. Ou, na definição de Paul Reuter, tratado "é uma manifestação de vontades concordantes, imputável a dois ou mais sujeitos de direito internacional, e destinada a produzir efeitos jurídicos de conformidade com as normas do direito internacional".[28] Essa concepção formalista de tratado, contudo, faz nascer alguma dificuldade em saber se determinados textos internacionais têm realmente natureza convencional e são capazes de obrigar os seus atores ou não. Não foram poucas as vezes que a CIJ teve dúvidas sobre ter certo documento internacional natureza *materialmente* convencional, podendo ser citada, dentre outras, a sentença de 1º de julho de 1952 (exceções preliminares) relativa ao caso *Ambatielos* (Grécia *v.* Reino Unido), em que se discutiu o valor convencional de uma declaração anexa a certo tratado concluído entre a Grécia e o Reino Unido em 1926.[29]

Da definição trazida pela Convenção de Viena de 1969, no seu art. 2º, § 1º, alínea *a*, pode-se extrair cinco *elementos essenciais* configurativos do conceito de tratado internacional, acrescido de mais um (conquanto *não essencial*) relativo à denominação, quais sejam:

a) Acordo internacional. O Direito Internacional Público tem por princípio ainda vigente o do livre consentimento. Tal princípio, nascido com o advento da revolução francesa e posteriormente do positivismo jurídico, passou a ser um dos mais importantes elementos da vida societária internacional. Por esse motivo, sendo os tratados a principal fonte do Direito Internacional Público, não podem eles expressar senão aquilo que os negociadores *acordaram* livremente. Sem a convergência de vontades dos Estados, por conseguinte, não há acordo internacionalmente válido. O elemento volitivo, com repercussão jurídico-internacional,[30] é assim fundamental para a configuração desse primeiro elemento do conceito de tratado.[31] Mas não basta a mera convergência de vontades – tomando-se agora o termo *acordo* em seu sentido leigo – para que um compromisso entre atores internacionais se configure como verdadeiro *tratado*. Para ser tido como tratado, esse *acordo* internacional que se conclui deve ser compreendido em seu sentido *jurídico*. Ou seja, não basta que um dado documento internacional contenha uma convergência de vontades

---

nacionais, quer este acordo conste de um único instrumento ou de dois ou mais instrumentos conexos e qualquer que seja sua denominação específica".

[27] *V.* Jan Klabbers. *The concept of treaty in international law.* The Hague: Kluwer Law International, 1996, pp. 37-64.

[28] Paul Reuter. *Introducción al derecho de los tratados*, cit., p. 45.

[29] Cf. Denis Alland (coord.). *Droit international public*, cit., pp. 215-216.

[30] *V.* Anthony Aust. *Modern treaty law and practice*, cit., pp. 14-15.

[31] Cf. João Hermes Pereira de Araújo. *A processualística dos atos internacionais*. Rio de Janeiro: MRE, 1958, pp. 7-8; e Mark Eugen Villiger, *Commentary on the 1969 Vienna Convention on the Law of Treaties*, cit., pp. 77-78.

Os *acordos de cavalheiros* (*gentlemen's agreements*), os *memorandos de entendimento*, as *declarações*, os *comunicados comuns*, os *arranjos* e vários outros documentos destituídos de *animus contrahendi*, não podem ser tidos como *tratados* na acepção jurídica do termo, não obstante sua eventual importância na órbita das relações internacionais, inclusive sob o ponto de vista econômico (tomem-se como exemplos os chamados "acordos *stand-by*", negociados junto ao FMI para resolver problemas de balança de pagamentos, de déficits temporários ou de natureza cíclica).[33] Todos eles são atos concertados *não convencionais*, que se pode definir como "instrumentos procedentes de uma negociação entre pessoas habilitadas a vincular o Estado e chamadas a enquadrar as relações destes, sem para tal ter um efeito obrigatório".[34]

Enfim, para ser *tratado* deve haver um *acordo* internacional das partes em sentido *jurídico*, possibilitando uma *sanção* também jurídica em caso de descumprimento.

b) Celebrado por escrito. Os tratados internacionais são, diferentemente dos costumes, acordos essencialmente *formais*. E tal formalidade implica (obrigatoriamente) a sua *escritura*. Somente por meio da escritura é que se pode deixar bem consignado o propósito a que os contratantes chegaram após a negociação. Aliás, essa regra já se fazia presente na Convenção de Havana sobre Tratados de 1928, que estabeleceu no seu art. 2º ser "condição essencial nos

---

[32] Sobre a distinção do tratado como *ato jurídico* e como *norma*, v. Paul Reuter, *Introducción al derecho de los tratados*, cit., pp. 38-41; e José Francisco Rezek, *Direito dos tratados*, cit., pp. 71-72.

[33] V., sobre o tema, Valerio de Oliveira Mazzuoli, *Natureza jurídica e eficácia dos acordos* stand-by *com o FMI*, cit., pp. 106-173. Já falamos acima (*v*. Capítulo IV, Seção II, item nº 5) sobre a natureza jurídica das cartas de intenções dirigidas ao FMI, as quais não convém confundir com o agora referido "acordo *stand-by*". As cartas de intenções são documentos que *integram* o acordo (ou arranjo) *stand-by* e, portanto, são menos amplas que este. Assim, os dois documentos têm natureza jurídica distinta: as cartas de intenções podem ser qualificadas como "acordos de cavalheiros" ou *gentlemen's agreements* (com sanções "extrajurídicas" em caso de descumprimento), enquanto os acordos *stand-by* propriamente ditos devem ser tidos como "decisões unilaterais do Fundo" de facilitar seus recursos como respaldo aos objetivos e políticas declarados na carta pelo país-membro.

[34] Dinh, Daillier & Pellet. *Direito internacional público*, cit., p. 395.

tratados a forma escrita", complementando que a "confirmação, a prorrogação, a renovação ou a recondução serão igualmente feitas por escrito, salvo estipulação em contrário".[35]

A forma de celebração *oral* não satisfaz, pois, o requisito da formalidade. Nela não há a clareza e a estabilidade de um acordo escrito, não sujeitando o tratado, também, ao controle democrático pelo Poder Legislativo. Somente a escritura torna imemorial o tratado nas relações entre os povos.[36] Não é, ademais, democrático que poucas pessoas concluam um acordo envolvendo todos os habitantes de um Estado, sem que estes não tenham conhecimento daquilo que foi acordado.[37] A forma de celebração *oral* é, inclusive, incompatível com a própria formação histórica dos tratados, tendo em vista que o primeiro tratado celebrado no mundo, de que se tem notícia, foi gravado em escrita cuneiforme em uma barra de prata, entre o Rei dos Hititas, Hattusil III, e o Faraó egípcio da XIX dinastia, Ramsés II, por volta de 1280 e 1272 a.C., como já se falou. Daí ter a Convenção de 1969 excluído do âmbito de sua aplicação os acordos concluídos em forma não escrita. De fato, diz o art. 3º da Convenção não se aplicarem aos acordos em forma não escrita as regras estabelecidas pela Convenção. Mas acrescenta o mesmo dispositivo que esse fato não prejudicará "a eficácia jurídica desses acordos", bem como "a aplicação a esses acordos de quaisquer regras enunciadas na presente Convenção às quais estariam sujeitos em virtude do Direito Internacional, independentemente da Convenção" (art. 3º, alíneas *a* e *b*). Como se percebe, a Convenção de Viena de 1969 *admite* existirem outros atos jurídicos internacionais (não escritos) que assim se exprimam de maneira válida, ou seja, com *valor jurídico* no cenário internacional.[38] Daí a observação da doutrina de que "nenhuma razão parece haver para que o Direito Internacional não aceite a validade dos tratados verbais e até dos tratados tácitos e implícitos", tal como decidiu a CPJI nos casos da *Zona Franca da Alta Saboia e dos Distritos de Gex* e do *Estatuto do Território de Dantzig*, julgados, respectivamente, em 1924 e 1932.[39] Porém, a tais compromissos celebrados verbalmente (ou, até mesmo, tácita ou implicitamente) não serão aplicadas as regras sobre a formação, entrada em vigor, aplicação e extinção dos tratados abrigados pela Convenção de 1969, que trazem muito mais certeza e segurança às relações internacionais, além de maior transparência (democrática) em todas as fases da celebração.

c) Concluído entre Estados ou organizações internacionais. Como atos jurídicos internacionais, os tratados só podem ser concluídos por entes capazes de assumir *direitos* e *obrigações* no âmbito externo. Mas nem só os Estados detêm, hoje, essa prerrogativa. As organizações internacionais intergovernamentais, a exemplo da ONU e da OEA, a partir de 1986, com o

---

[35] V. Jan Klabbers. *The concept of treaty in international law*, cit., pp. 49-50.

[36] Cf. José Sette Câmara. *The ratification of international treaties.* Toronto: The Ontario Publishing Company Limited, 1949, p. 48.

[37] Cf. Celso D. de Albuquerque Mello. *Direito constitucional internacional: uma introdução*, 2ª ed., rev., Rio de Janeiro: Renovar, 2000, pp. 271-272.

[38] Cf. Antonio Remiro Brotons. *Derecho internacional público*, vol. 2, cit., pp. 29-30; Anthony Aust, *Modern treaty law and practice*, cit., p. 7; e Mark Eugen Villiger, *Commentary on the 1969 Vienna Convention on the Law of Treaties*, cit., p. 80. Sobre alguns tipos de acordos em forma não escrita, *v.* Arnold Duncan McNair, *The law of treaties*, cit., pp. 7-15.

[39] André Gonçalves Pereira & Fausto de Quadros. *Manual de direito internacional público*, cit., p. 174. Sobre o tema, cf. ainda Jean d'Aspremont, The International Court of Justice and tacit conventionality, in *Questions of International Law*, Zoom-in vol. 18 (2015), pp. 3-17.

Parte I · Cap. V · DIREITO DOS TRATADOS | **143**

advento da Convenção de Viena sobre Direito dos Tratados entre Estados e Organizações Internacionais ou entre Organizações Internacionais, passaram a também ter capacidade internacional para a celebração de tratados (como se estudará na Seção II deste Capítulo). A única diferença é que enquanto os Estados têm capacidade para celebrar tratados sobre *quaisquer* matérias, as organizações internacionais somente dispõem de tal poder para a celebração de tratados relacionados às suas finalidades precípuas e aos seus misteres, tendo, portanto, um âmbito mais *restrito* de atuação.

Estados não independentes carecem de capacidade para a celebração de tratados. Assim é que as colônias, bem como os territórios dependentes, protetorados, Estados vassalos e outros, não podem figurar internacionalmente como partes em tratados internacionais. Esse poder apenas detêm as soberanias coloniais, ou mesmo as próprias colônias, com o consentimento expresso daquelas. Assim, um Estado vassalo, por exemplo, somente terá o direito de celebrar tratados quando autorizado pelo suserano, jamais em outra hipótese.[40] O Direito Internacional reconhece, porém, validade jurídica: *a*) àqueles acordos que, posteriores à instituição da dependência, *modifiquem* os termos da relação de vassalagem, pela vontade livre das partes; e *b*) àqueles que visam justamente *pôr fim* à relação de subordinação ou dependência colonial.[41]

Quanto aos Estados-federados,[42] temos duas situações: aquela em que a União Federal reconhece a esses Estados o poder para celebrar tratados, e aquela outra em que a Constituição nada diz a respeito ou mesmo nega a existência de tal possibilidade.[43] No primeiro caso, como somente os Estados (pois têm *soberania*) é que podem celebrar tratados, seguido das organizações internacionais, tem-se como certo que a União Federal (que tem apenas *autonomia*) deve responsabilizar-se pelos compromissos assumidos, em nome dela, por seus Estados-federados. Como estes não podem ser cobrados por eventual descumprimento do acordo, mas tão somente o Estado soberano de que fazem parte, deve a responsabilidade pelo ilícito internacional recair sobre este último, que autorizou o Estado-federado a comprometer internacionalmente a Nação. De qualquer forma, nada há no direito das gentes que impeça um Estado-federado assumir obrigações internacionais, se autorizado pela Constituição Federal.[44] No segundo caso, quando a Constituição do Estado nada diz a respeito, e a União Federal autoriza o Estado-federado a celebrar o tratado, deve-se entender da maneira acima exposta, responsabilizando-se o governo federal pelo eventual ato danoso. Quando a Constituição nega expressamente aos Estados-federados o poder de celebrar tratados, nesse caso somente o Estado-federal (ou seja, a República) pode figurar como parte no tratado internacional, não

---

[40] Cf. Maria de Assis Calsing. *O tratado internacional e sua aplicação no Brasil*. Dissertação de Mestrado em Direito. Brasília: Universidade de Brasília/Faculdade de Estudos Sociais Aplicados, 1984, p. 10.

[41] Para detalhes, *v*. José Francisco Rezek, *Direito dos tratados*, cit., pp. 45-46.

[42] Estes (os Estados-*federados*) representam as partes em que se divide o Estado *Federal*.

[43] Sobre o problema da aplicação do direito internacional em Estados Federais, *v*. Herbert Krüger, Völkerrecht im Bundesstaat, in *Um Recht und Gerechtigkeit*: Festgabe für Erich Kaufmann zu seinem 70, Geburtstage, 21 September 1950; überreicht von Freunden, Verehrern und Schülern, Stuttgart und Köln: W. Kohlhammer Verlag, 1950, pp. 239-248; e Covey T. Oliver, The enforcement of treaties by a Federal State, cit., pp. 331-412.

[44] Cf. José Francisco Rezek. *Direito dos tratados*, cit., p. 34. Cf. também, Néstor Pedro Sagüés, *Teoría de la Constitución*, cit., pp. 396-397; e James Crawford, *Brownlie's principles of public international law*, cit., p. 117.

obstante a proposta do acordo ter partido de um dos componentes da federação interessados na sua conclusão. A CDI, à vista disso, sugeriu, na Conferência de Viena sobre o Direito dos Tratados, dispositivo assim redigido: "Estados-membros de uma União Federal podem possuir capacidade para concluir tratados se tal capacidade for admitida pela Constituição Federal, e dentro dos limites nela indicados". Este dispositivo seria o § 2º do art. 5º da Convenção de Viena sobre o Direito dos Tratados de 1969, mas foi rechaçado logo em seguida por não ter conquistado a simpatia de vários Estados ali presentes.

O art. 52, inc. V, da Constituição de 1988, permite que a União, os Estados, o Distrito Federal, os Territórios e os Municípios, realizem operações externas de natureza financeira, desde que autorizados pelo Senado Federal. Muitas dessas operações são negociadas com organismos internacionais, como o FMI e o Banco Mundial, que têm personalidade jurídica de Direito Internacional. Mas o mesmo texto constitucional diz competir à União, e tão somente a ela, "manter relações com Estados estrangeiros e participar de organizações internacionais" (art. 21, inc. I), de forma que não se pode entender ser possível a conclusão de *tratados* em que não seja parte *o Estado brasileiro mesmo*.[45]

Acordos concluídos entre Estados e populações sem governo próprio ou tribos (que são raríssimos de ocorrer atualmente), assim como as convenções entre Estados e indivíduos estrangeiros (notadamente as de empréstimos internacionais), carecem da qualificação jurídica e da roupagem de *tratados*, e a esses últimos em nada se assemelham. Não têm também capacidade para celebrar tratados as empresas, sejam públicas ou privadas, independentemente de seu patrimônio, tamanho ou multinacionalidade.[46]

O conceito da Convenção de Viena refere-se ainda a um acordo *concluído* ("*concluído por escrito…*"). Mas a essa expressão não se deve dar um alcance superior ao seu efetivo e real significado. Nas línguas originárias do Latim, tais como o português, o espanhol e o francês, o verbo "concluir" significa algo já *pronto* ou *terminado*. A utilização desse verbo por tais idiomas de tronco latino pode causar confusão na aplicação do Direito Internacional Público, por querer significar o conjunto de operações pelas quais um acordo internacional ganha forma jurídica *acabada* (consumando-se com a *ratificação* e a posterior troca dos seus instrumentos constitutivos, momento a partir do qual, em regra, o acordo já pode potencialmente *entrar em vigor*). Daí entenderem alguns internacionalistas (como Paul Fauchille e Dionisio Anzilotti, na doutrina alienígena, e Hildebrando Accioly e Francisco Rezek, no Brasil) que o tratado apenas *assinado* é tão somente um "projeto de tratado", se ainda não entrou em vigor internacional.[47] Essa doutrina é, entretanto, contestada (com razão) por Pontes de Miranda, para quem o tratado assinado *já é tratado*, muito embora ainda dependa da *ratificação* e da efetiva *entrada em vigor* no plano internacional; ou seja, o tratado internacional assinado *já existe*, mas antes de entrar em vigor não pertence ao

---

[45] Para detalhes, *v.* Valerio de Oliveira Mazzuoli, *Natureza jurídica e eficácia dos acordos* stand-by *com o FMI*, cit., pp. 231-305.

[46] Cf. José Francisco Rezek. *Direito dos tratados*, cit., pp. 29-30; e Anthony Aust, *Modern treaty law and practice*, cit., p. 15.

[47] V., assim, José Francisco Rezek, *Direito dos tratados*, cit., p. 24, para quem antes da entrada em vigor "não existe um *tratado internacional*, senão um *projeto* concluído, e sujeito a uma variedade de incidentes que o poderão lançar, dentro do arquivo histórico das relações internacionais, na vasta galeria dos projetos que não vingaram".

Parte I • Cap. V • DIREITO DOS TRATADOS | 145

mundo jurídico na qualidade de *negócio jurídico perfeito*.[48] Ademais, o posicionamento dos que defendem que o tratado assinado é tão somente um *projeto* de tratado não consegue explicar, *v.g.*, como se justificaria a regra do art. 18, alínea *a*, da Convenção de Viena de 1969, segundo a qual um Estado "é obrigado a *abster-se da prática* de atos que frustrariam o objeto e a finalidade de um tratado, *quando tiver assinado* ou trocado instrumentos constitutivos do tratado, sob reserva de ratificação, aceitação ou aprovação, *enquanto não tiver manifestado sua intenção de não se tornar parte no tratado*"; também não consegue justificar a regra do art. 24, § 4º, segundo a qual: "Aplicam-se *desde o momento da adoção do texto de um tratado* as disposições relativas à autenticação do seu texto, à manifestação do consentimento dos Estados em obrigarem-se pelo tratado, à maneira ou a data de sua entrada em vigor, às reservas, às funções de depositário e aos outros assuntos que surjam necessariamente antes da entrada em vigor do tratado". Em suma, tudo isso somado só faz concluir que a expressão "concluído", presente no conceito de tratado da Convenção, não quer significar outra coisa senão um acordo *negociado* e *assinado*, ou seja, *celebrado*, não compreendendo a confirmação internacional do ato (a menos que se trate de um acordo em forma simplificada) e a sua entrada em vigor.[49]

Jamais se cogitou que entre 23 de maio de 1969 e 27 de janeiro de 1980 – durante, portanto, esses quase onze anos – a Convenção de Viena sobre o Direito dos Tratados não era propriamente um *tratado*, por não ter ainda *entrado em vigor* no plano internacional. Ela já *era tratado*, que aguardava (apenas) sua entrada em vigor. Se já *adotado* o texto convencional, com a consequente *autenticação*, e posterior *assinatura*, não há dúvida *já existir* um tratado "concluído" pelos contratantes, para usar a expressão da Convenção.

d) Regido pelo Direito Internacional. Para um ato internacional ser considerado tratado deve ele operar dentro do âmbito do Direito Internacional Público, ou seja, ser exigível internacionalmente. Dois Estados podem formalmente (por escrito) celebrar um acordo internacional e esse acordo (que não deixou de ter *animus contrahendi*) não ser tratado por faltar-lhe a regência do direito das gentes, caso seja governado pelo *direito interno* de um dos Estados contratantes. Assim, a frase "regido pelo Direito Internacional" significa que os pactuantes têm a intenção de criar entre si uma *obrigação jurídica* sob a autoridade do Direito Internacional Público. Tal concepção vem desde os primeiros trabalhos da CDI, refletidos na Conferência de Viena sobre Tratados, nos quais se estimou óbvio que seria *tratado* o acordo capaz de ser internacionalmente exigido.[50]

O certo é que muitos autores renomados sequer suscitaram a importância prática desse aspecto do conceito de tratado, tendo se limitado a tratar da *vontade* e da *qualidade* dos sujeitos

---

[48] Cf. Pontes de Miranda. *Comentários à Constituição de 1967 com a Emenda nº 1 de 1969*, t. III, 3ª ed. Rio de Janeiro: Forense, 1987, p. 336.

[49] Nesse exato sentido, *v.* Ernesto De La Guardia, *Derecho de los tratados internacionales*, cit., pp. 141-142. Frise-se que durante os trabalhos da CDI, assim também havia se manifestado o relator Gerald Gray Fitzmaurice, nestes termos: "A solução consiste em considerar a *conclusão* como o ato mediante o qual os Estados interessados dão o seu consentimento definitivo *ao texto*, mesmo que não o reconheçam forçosamente como obrigatório" [grifo nosso]. *V. Yearbook of the International Law Commission* (1956), vol. II, p. 121.

[50] Cf. Antonio Remiro Brotons. *Derecho internacional público*, vol. 2, cit., p. 32; e Anthony Aust, *Modern treaty law and practice*, cit., p. 17.

contratantes, desprezando a *regência* do compromisso que eles concluem.[51] Mas a importância do fenômeno existe, principalmente para diferenciar o *tratado* do *contrato internacional*. Este último detém, igualmente, os três primeiros elementos do conceito de tratado, mas falta-lhe a *regência* completa pelo Direito Internacional. Se é certo que nenhum acordo entre Estados – justamente por ser concluído *entre sujeitos do Direito Internacional* – pode afastar a invocação completa do direito das gentes, não é menos certo que muitos dos compromissos internacionais que esses mesmos Estados concluem carecem (propositadamente) de uma regulação *total* do Direito Internacional, ficando à margem do Direito dos Tratados. Não se poderá dizer ser um *tratado* o acordo entre Estados em que se elege o foro interno de um deles para resolver os conflitos de interesses porventura existentes.[52] A diferença marcante entre os tratados internacionais e os contratos internacionais está na *regência* de um e de outro, uma vez que os contratos regem-se prioritariamente pelas normas do ordenamento jurídico interno de determinado Estado, enquanto os tratados são completamente regidos pelos princípios e regras do Direito Internacional Público.[53]

e) Celebrado em instrumento único ou em dois ou mais instrumentos conexos. Além do texto principal do tratado, podem existir outros instrumentos que o acompanham, a exemplo dos protocolos adicionais e dos anexos, produzidos concomitantemente à produção do texto principal. Até aqui nenhum problema aparece. O problema surge quando os instrumentos que compõem o tratado como um todo são produzidos em momentos distintos uns dos outros, cada um deles firmado apenas no nome de *uma das partes*, tal como se dá na celebração de um acordo por *troca de notas*.[54] É evidente que a Convenção de Viena de 1969 também pretendeu referir-se a esse último tipo de acordo internacional, o qual se compreende dentro do quadro do Direito dos Tratados, sendo perfeitamente idôneo a produzir efeitos jurídicos entre as partes.[55] Em outras palavras, a inserção desse elemento (pluralidade) no conceito de tratado passou a consagrar a troca de notas como um meio hábil para a celebração de tratados. A permissão dada pela Convenção de Viena de se concluir tratados quer constantes "de um instrumento único, quer de dois ou mais instrumentos conexos", veio ampliar o universo formal dos compromissos internacionais *lato sensu*, os quais passam a poder ser entendidos pela seguinte fórmula, já anteriormente colocada por Rousseau: compromissos internacionais = tratados (acordos, convenções, pactos, protocolos, *modus vivendi* etc.) + acordos em forma simplificada (troca de notas, de cartas, de declarações etc.).[56]

---

[51] V., assim, Charles Rousseau, *Principes généraux du droit international public*, t. I, cit., p. 143.

[52] Cf. Paul Reuter. *Introducción al derecho de los tratados*, cit., p. 50. Para uma opinião em sentido contrário, *v*. José Francisco Rezek, para quem "nenhum acordo entre Estados pode escapar à regência do direito internacional, ainda que, no uso do poder soberano que essa ordem jurídica lhes reconhece, os Estados pactuantes entendam de fazer remissão a um sistema de direito interno", mesmo no caso de uma das partes "confiar *à justiça de uma delas* a eventual controvérsia resultante da aplicação do tratado" [grifos do original] (*Direito dos tratados*, cit., pp. 80-81). V., ainda, Hersch Lauterpacht, First report on the law of treaties (UN, Doc. A/CN.4/63), in *Yearbook of the International Law Commission* (1953-II), pp. 90-162.

[53] V. Brichambaut, Dobelle & Coulée. *Leçons de droit international public*, cit., p. 268.

[54] Cf. Anthony Aust. *Modern treaty law and practice*, cit., pp. 18-19.

[55] Cf. José Francisco Rezek. *Direito dos tratados*, cit., pp. 115-116.

[56] Cf. Charles Rousseau. *Principes généraux du droit international public*, t. I, cit., p. 158.

f) Ausência de denominação específica. A Convenção de 1969 deixa bem claro que a palavra *tratado* se refere a um acordo regido pelo Direito Internacional, "qualquer que seja sua denominação específica". É dizer, *tratado* é expressão genérica, variando as denominações utilizadas conforme a sua forma, seu conteúdo, o seu objeto ou o seu fim. O que importa saber para a configuração da existência de um tratado, assim, é se estão presentes os requisitos ou elementos essenciais acima estudados, e não essa ou aquela denominação que se lhe atribui.

Esses são, pois, os elementos essenciais configurativos do conceito de tratado na Convenção de Viena de 1969. Tal definição, contudo, é limitada ao âmbito de aplicação da própria Convenção, é dizer, àqueles acordos concluídos sob as suas regras, não tendo a Convenção de Viena ampliado a definição para outros tipos de acordos, a exemplo daqueles celebrados em forma não escrita (que, aliás, tiveram a sua juridicidade reconhecida pelo art. 3º, alínea *a*, também da Convenção). Daí a necessidade de um conceito mais amplo, aplicável também aos acordos concluídos fora do quadro por ela regulado. Por esse motivo é que definimos "tratado internacional" como sendo um acordo formal de vontades, concluído entre Estados ou organizações interestatais entre si, regido pelo direito das gentes e destinado a produzir, imprescindivelmente, efeitos jurídicos para as partes contratantes.

5. Terminologia dos tratados. A Convenção de Viena de 1969, como se acabou de dizer, não faz acepção às diferentes denominações que porventura possam ter os tratados internacionais. E como também já se estudou, a definição de tratado na Convenção está posta em termos estritamente *formais*, sem levar em consideração o *conteúdo* ou a *natureza* de suas disposições, uma vez que ele (o tratado) não é mais que um *instrumento* de veiculação de regras jurídicas. Essas regras jurídicas veiculadas por esse instrumento formal chamado de *tratado* podem versar assuntos de variada índole, sendo natural então que a prática internacional atribua a cada acordo (que veicula cada tipo de matéria diferente) a nomenclatura que a vontade dos negociadores julga mais apropriada. Mas a verdade é que, independentemente do nome que se lhe atribua, o ato internacional celebrado será *tratado* se constituir um acordo formal de vontades (entre Estados ou organizações interestatais) regido pelo Direito Internacional Público e com a finalidade de produzir efeitos jurídicos entre as partes.

A expressão *tratado* é uma expressão-gênero, que alberga dentro de si diferentes nomenclaturas. Assim, na prática convencional geral pode-se identificar um sem-número de denominações que recebem os tratados, dependendo do assunto por eles versado, de sua finalidade, da qualidade das partes, do número de contratantes etc.[57] A doutrina, por sua vez, vem se esforçando para delinear os contornos de cada um desses tipos de instrumentos, levando em conta a denominação que recebem. Alguns deles, como já dito, não são tecnicamente *tratados* (como os *gentlemen's agreements* e outros que veremos adiante).

---

[57] V., por tudo, acerca da multiplicidade de denominações dos tratados, Charles Rousseau, *Principes généraux du droit international public*, t. I, cit., pp. 149-154; Hildebrando Accioly, *Tratado de direito internacional público*, vol. I, cit., pp. 543-551; João Hermes Pereira de Araújo, *A processualística dos atos internacionais*, cit., pp. 9-17; Arnold Duncan McNair, *The law of treaties*, cit., pp. 22-30; José Francisco Rezek, *Direito dos tratados*, cit., pp. 83-115; Agenor Pereira de Andrade, *Manual de direito internacional público*, 2ª ed., São Paulo: Sugestões Literárias, 1980, pp. 95-97; e Celso D. de Albuquerque Mello, *Curso de direito internacional público*, vol. I, cit., pp. 212-214.

148 CURSO DE DIREITO INTERNACIONAL PÚBLICO – *Valerio de Oliveira Mazzuoli*

Eis os tipos de termos e acepções (nem todos, porém, indicativos de verdadeiros *tratados*) usualmente empregados na prática das relações internacionais:

a) Tratado. Trata-se da expressão genérica por natureza, eleita pela Convenção de Viena de 1969 para designar todo acordo internacional, bilateral ou multilateral, de especial relevo político, qualquer que seja sua denominação específica (art. 2º, § 1º, alínea *a*). O termo designa normalmente (mas não exclusivamente) os ajustes solenes concluídos entre Estados e/ou organizações internacionais, cujo objeto, finalidade, número e poderes das partes têm maior importância. São exemplos os tratados de paz, de amizade, de arbitragem, de cooperação, de navegação etc. Apesar de, etimologicamente, a expressão *tratado* (*tractatus*) sugerir o debate, a transação e as negociações árduas, diferindo assim da *convenção*, que evoca a formalização de um acordo já pré-ajustado entre as partes e criador de normativa geral de direito das gentes, o certo é que a Convenção de Viena acabou por igualar as expressões com valor sinonímico. Assim, sem embargo de as Constituições brasileiras sempre terem colocado o termo "tratado" ao lado de outras expressões, como "acordo" e "convenção", dando a impressão de que *tratados, acordos* e *convenções* designam coisas diversas, a verdade é que atualmente tal opção redacional é tecnicamente redundante e sem qualquer valor prático. Mas em contrapartida, vista a questão por outro ângulo, parece compreensível que alguns países (como é o caso do Brasil) detalhem em seus textos constitucionais a terminologia dos atos internacionais que devem estar dentro do quadro das atribuições do Chefe do Executivo e do Parlamento, a fim de que esses mesmos Poderes não se escusem ao cumprimento daquilo que foi acordado internacionalmente, ou a fim de que um deles (o Poder Executivo) não faça do outro (o Poder Legislativo) tábula rasa e subtraia deste último o poder de se manifestar sobre o conteúdo daquilo que foi internacionalmente pactuado. Apesar de a expressão *tratado* ser genérica, a terminologia redundante utilizada pela Constituição brasileira de 1988 – que diz, no art. 84, inc. VIII, competir privativamente ao Presidente da República "celebrar *tratados, convenções* e *atos internacionais*, sujeitos a referendo do Congresso Nacional", e no art. 49, inc. I, competir exclusivamente ao Congresso Nacional "resolver definitivamente sobre *tratados, acordos* ou *atos internacionais* que acarretem encargos ou compromissos gravosos ao patrimônio nacional" – teve por finalidade impedir que o órgão brasileiro competente para celebrar tratados conclua atos internacionais gravosos sem submeter-lhes ao crivo do Poder Legislativo, sob a falaciosa alegação de que não se celebrou ali um *tratado*, mas um simples *ato* internacional, ou algo do gênero, que dispensaria o *referendum* congressual, dependendo, única e exclusivamente, da vontade do Presidente da República. Seguramente foi esse tipo de burla ou engodo ao texto constitucional que a atual Constituição pretendeu evitar. De qualquer forma, porém, *tratado* ainda é expressão genérica e bastante utilizada na prática.

b) Convenção. Essa expressão começou a ser empregada no sentido atual a partir da proliferação dos congressos e conferências internacionais, nos quais matérias da maior relevância para a sociedade internacional passaram a ser frequentemente debatidas, gerando atos internacionais criadores de normas gerais de Direito Internacional Público, demonstrativos da vontade uniforme das partes em assuntos de interesse geral. A expressão *convenção* conota então aquele tipo de tratado solene (e multilateral) em que a vontade das partes não é propriamente divergente, como ocorre nos chamados *tratados-contrato*, mas paralela e uniforme, ao que se atribui o nome de *tratados-lei* ou *tratados-normativos*, dos quais são exemplos as convenções de Viena sobre relações diplomáticas e consulares, as de Genebra

Parte I • Cap. V • DIREITO DOS TRATADOS | 149

sobre direito humanitário etc. Ocorre que o termo também tem sido indiscriminadamente utilizado – principalmente pelas Constituições brasileiras – ao lado da expressão genérica *tratado*. Mas não se tem dúvida de que é mais apropriado reservar-se o termo *convenção* para os atos multilaterais oriundos de conferências internacionais, que versem sobre assuntos de interesse geral. Por esse motivo, a prática internacional manda evitar o uso da expressão em tela para designar atos *bilaterais*, qualquer que seja a sua importância, ainda mais se estes formalizam um acordo de vontades com fins diferentes.[58] Exemplo bastante significativo da expressão em comento, e que bem demonstra as características que se acabou de expor, é a própria Convenção de Viena sobre o Direito dos Tratados, um dos mais importantes tratados multilaterais já celebrados na história das relações internacionais. A distinção entre tratado e convenção, todavia, não subsiste a uma análise detalhada dos textos normativos internacionais, o que demonstra que ambos os significados ainda se confundem na atualidade.

c) Pacto. Trata-se de terminologia utilizada no acordo constitutivo do Pacto da SdN de 1919. Na atualidade, a expressão tem sido utilizada para restringir o objeto político de um tratado, do qual é exemplo o *Pacto de Aço*, celebrado em Berlim em 1939. Às vezes o termo é empregado como sinônimo de tratado, a exemplo do Pacto de Renúncia à Guerra, de 1928, e do Pacto de Varsóvia, de 1955. As Nações Unidas também escolheram o termo *pacto* para designar os dois dos mais importantes tratados internacionais de direitos humanos já concluídos sob os seus auspícios: o Pacto Internacional dos Direitos Civis e Políticos e o Pacto Internacional dos Direitos Econômicos, Sociais e Culturais, celebrados em Nova York (e também por isso, chamados *Pactos de Nova York*) em 1966. Outro fenômeno curioso é a troca de denominações entre o nome técnico do tratado e o seu cognome, também no domínio da proteção internacional dos direitos humanos, tal como ocorre com a Convenção Americana sobre Direitos Humanos (1969), que é *Convenção* apelidada de *Pacto* (*de San José da Costa Rica*).

d) Acordo. Comumente emprega-se a expressão para designar tratados de natureza econômica, financeira, comercial ou cultural, podendo, contudo, dispor sobre segurança recíproca, projetos de desarmamento, questões sobre fronteiras, arbitragem, questões de ordem política etc. Entende-se por acordo, assim, os atos bilaterais ou multilaterais – muitas vezes com reduzido número de participantes e de relativa importância – cuja natureza pode ser política, econômica, comercial, cultural ou científica. A origem do vocábulo é o *agreement* do direito norte-americano, concluído pelo chefe de Estado sem consulta ao Senado. Contudo, esse fato não pode levar ao entendimento de ser o *acordo* documento internacional de menor importância, citando-se, como exemplo do grau de especialidade que esse termo pode alcançar, o *GATT – General Agreement on Tariffs and Trade* (*Acordo Geral sobre Tarifas e Comércio*).

e) Acordo por troca de notas. Emprega-se a troca de notas diplomáticas para assuntos de natureza geralmente administrativa, bem como para alterar ou interpretar cláusulas de atos já concluídos. São acordos firmados em *momentos distintos* e no nome de apenas *uma das partes*. Os acordos por troca de notas não diferem, em sua estrutura, dos acordos em forma simplificada (ou "acordos do executivo") analisados no parágrafo seguinte. Sua entrada em vigor geralmente ocorre no momento imediatamente subsequente à troca, quando se entende

---

[58] Cf. João Hermes Pereira de Araújo. *A processualística dos atos internacionais*, cit., pp. 13-14.

que as suas negociações chegaram a termo. Após a troca das notas, publica-se o seu texto no *Diário Oficial da União*, sem quaisquer outras formalidades.

f) Acordo em forma simplificada ou *acordo do executivo*. São também conhecidos pela expressão americana *executive agreements*.[59] A expressão designa aqueles tratados concluídos pelo Poder Executivo sem o assentimento do Poder Legislativo. São concluídos, na maioria dos casos, por troca de notas diplomáticas, troca de correspondências, ou outro procedimento similar, sendo sua assinatura, em regra, suficiente para obrigar o Estado. Caracterizam-se, pois, pela sua conclusão imediata (negociação e assinatura) e pela dispensa de ratificação do chefe de Estado. A ausência de ratificação é a regra nos acordos em forma simplificada, mas nem sempre isso é critério válido para distinguir tais acordos dos chamados *tratados em devida forma*, os quais, por sua vez, nos termos do art. 12 da Convenção de 1969, também podem entrar em vigor somente pela assinatura. Daí se entender, então, que a natureza dos acordos do executivo não pode ser atualmente aferida independentemente do seu conteúdo e de sua forma.

São vários os motivos que levam o Executivo a adotar acordos em forma simplificada, dentre eles a rapidez na sua conclusão, o seu caráter técnico, a necessidade em se conservar certo sigilo, a multiplicidade do fenômeno contratual etc. A intervenção do Parlamento, para o Executivo, representa um *freio* à sua atuação internacional, tornando-se mais um fator de morosidade a entravar as relações internacionais. O desenvolvimento desses acordos deu-se, principalmente, nos Estados Unidos da América, onde se deseja cada vez mais fugir ao controle do Senado (sistema do *fast track*).[60] Seu fundamento é encontrado na própria Constituição americana, que não define com precisão o que seja "tratado" nem determina quando o acordo deve ter essa roupagem. Nos Estados Unidos, pois, a expressão "agreement" significa aqueles acordos que prescindem de aprovação pelo Senado, enquanto "treaty" designa aqueles tratados cuja aprovação pelo Senado é imprescindível.[61] A Suprema Corte americana, em 1937, no caso "United States *Vs.* Belmont", afirmou a obrigatoriedade desses acordos semelhante à dos tratados aprovados pelo Senado. É bom fique nítido que os acordos do executivo *são tratados* (em forma simplificada) e têm, portanto, caráter jurídico, com autoridade similar à de qualquer outro tratado internacional. Outra observação a ser feita é que nem sempre os acordos do executivo tratam de matéria secundária ou de menor interesse, podendo versar também assuntos complexos, que acarretam ônus ao patrimônio nacional etc. Daí entenderem alguns juristas que a prática dos acordos do executivo, bastante

---

[59] Sobre o assunto, *v.* João Grandino Rodas, Os acordos em forma simplificada, in *Revista da Faculdade de Direito da Universidade de São Paulo*, vol. LXVIII, fasc. I, São Paulo, 1973, pp. 319-340.

[60] Sobre o procedimento americano para a celebração desses tratados, *v.* Samuel B. Crandall, *Treaties: their making and enforcement*, cit., pp. 102-120.

[61] Cf. Guido Fernando Silva Soares. "Agreements" – "Executive Agreements" – "Gentlemen's Agreements", in *Enciclopédia Saraiva do Direito*, vol. 5, R. Limongi França (coord.), São Paulo: Saraiva, 1977, pp. 247-248. Frise-se que, pelo sistema do *fast track*, o Legislativo norte-americano aprova "em bloco" os acordos comerciais concluídos com os Estados Unidos, ou seja, os aprova como um todo, com prazos evidentemente mais estreitos. Hoje, tal sistema denomina-se TPA (*Trade Promotion Authority*), em que o Parlamento norte-americano participa, *conjuntamente* com o Executivo, do processo de celebração de acordos comerciais. Tal não se aplica ao Brasil, em que *todos os tratados* (inclusive os comerciais) são celebrados pelo Poder Executivo sem a participação paralela (concomitante) do Congresso Nacional (pois o Parlamento Federal, em nosso país, tem um momento próprio e bem definido de atuação no processo de celebração de tratados).

utilizada nos Estados Unidos em virtude das peculiaridades do regime constitucional norte--americano, não se pode justificar perante as normas da nossa organização constitucional. Contudo, não obstante muitas Constituições exigirem a aprovação congressual para *todos* os atos internacionais, nenhuma delas proíbe expressamente a conclusão de acordos do executivo. É ainda de fundamental importância notar que, apesar das diferenças formais entre a conclusão dos acordos em forma simplificada e dos tratados internacionais em sentido estrito, não há qualquer diferença hierárquica entre ambos. Tanto os primeiros como os segundos valem igualmente como *tratados* e seu descumprimento acarreta a responsabilidade internacional do Estado infrator.

   g) "Gentlemen's agreements". Trata-se de expressão designada para expressar aqueles "acordos de cavalheiros" regulados por normas de conteúdo moral e cujo respeito repousa sobre a *honra*. São concluídos entre chefes de Estado ou de Governo estabelecendo uma linha política a ser adotada entre as partes, estando condicionados, no tempo, à permanência de seus atores no poder.[62] *Cavalheiros*, no caso, quer dizer: pessoas que se comportam com retidão e nobreza, o que pressupõe um conjunto de valores morais, comuns entre eles. Por faltar-lhes caráter jurídico, pelo fato de não produzirem efeitos de direito, não são considerados *tratados*.[63] Mas, frise-se bem: os *gentlemen's agreements* estão destituídos da roupagem de tratados não em virtude da qualidade dos seus atores, que são pessoas humanas investidas em cargos de mando e que assumem o compromisso "moral" em seu próprio nome (e não no do Estado que representam); tais acordos não são tratados em virtude do *teor do compromisso* que as partes assumem, pois ali se detecta a falta de *animus contrahendi* necessária à produção de *efeitos jurídicos*.[64] Ademais, o prazo pelo qual um acordo de cavalheiros vigora não ultrapassa o tempo em que um dos seus atores permanece no poder. O caráter normativo que se *poderia* atribuir a esses acordos diz respeito tão somente à *intenção* das partes, e não aos seus *efeitos*. Também, por não estarem revestidos de caráter jurídico, os *gentlemen's agreements* não são submetidos ao controle democrático do Poder Legislativo.[65] Tal não significa, contudo, que não haja qualquer *vantagem* na conclusão de tais acordos, como a maior facilidade de negociação e de celebração, além da enorme celeridade em sua conclusão.

   Tais acordos têm por objetivo enunciar a política que os seus signatários pretendem seguir, tornando-se, para eles, um compromisso de honra. Como exemplo, pode ser citado o acordo Root Takahira de 1907, por meio do qual "o Japão se obrigou a prosseguir na sua política de desencorajamento da imigração dos seus nacionais para os Estados Unidos", bem como o Acordo Lansings-Ishii de 1917, entre as mesmas partes.[66] Frise-se que os *gentlemen's agreements* diferenciam-se dos "memorandos de entendimento" (*Memorandum of Understanding – MOUs*) entre Estados, que são acordos com um grau a mais de formalidade.[67]

---

[62]   *V.* José Francisco Rezek. *Direito dos tratados*, cit., p. 73.

[63]   *V.* Herbert Kraus. Système et fonctions des traités internationaux, in *Recueil des Cours*, vol. 50 (1934-IV), pp. 325-329.

[64]   Cf. José Francisco Rezek. *Direito dos tratados*, cit., pp. 74-75.

[65]   Cf. Celso D. de Albuquerque Mello. *Direito constitucional internacional...*, cit., pp. 273-274.

[66]   Os exemplos são de Guido Fernando Silva Soares, in "Agreements" – "Executive Agreements" – "Gentlemen's Agreements", cit., p. 276.

[67]   Sobre os MOUs, *v.* item nº 24, *infra*.

152 | CURSO DE DIREITO INTERNACIONAL PÚBLICO – *Valerio de Oliveira Mazzuoli*

h) Carta. Comumente empregada para estabelecer os instrumentos constitutivos de organizações internacionais, podendo também ser empregada para tratados solenes que estabeleçam direitos e deveres para os Estados-partes. Como exemplo da primeira modalidade, cita-se Carta das Nações Unidas, de 1945, e a Carta da Organização dos Estados Americanos, de 1948; da segunda modalidade, pode ser citada Carta Social Europeia. Frise-se que a utilização da expressão em comento ao acordo de cavalheiros (que não é tratado) intitulado *Carta do Atlântico*, em 1941, reforçou a tese da flexibilidade com a qual as designações dos atos internacionais têm sido empregadas na prática internacional.[68]

i) Protocolo. Além da sua utilização designativa dos resultados de uma conferência diplomática ou de um acordo menos formal que o tratado, o termo *protocolo* também tem sido empregado para nomear acordos subsidiários ou que mantêm ligação lógica (*v.g.*, de complementação) com um tratado anterior. Mas nada impede que o protocolo seja um acordo desvinculado de qualquer outro tratado, uma vez que a terminologia dos atos internacionais não tem qualquer interesse, a não ser sob o ponto de vista prático. De modo geral, a expressão "protocolo" pode aparecer designando acordos menos formais que os tratados, acordos complementares, suplementos a acordos preexistentes ou já estabelecidos (ex.: Protocolo de Ouro Preto de 1994, suplementar ao Tratado de Assunção de 1990), acordos interpretativos de tratados ou convenções anteriores ou acordos de prolongamento de uma situação jurídica em trâmite (ex.: protocolo concernente ao prolongamento do tratado de aliança de 31 de agosto de 1922 entre a Tchecoslováquia e a Iugoslávia, assinado em Genebra em 19 de setembro de 1928) ou, ainda, acordos modificativos de tratados anteriores (ex.: protocolo de Paris de 25 de julho de 1928, relativo à revisão da convenção de 18 de dezembro de 1923 sobre a organização do estatuto da zona de Tanger). Quando encerram uma conferência internacional são frequentemente designados como *protocolos finais* ou *protocolos de encerramento*. Na prática diplomática brasileira o termo tem sido usado, preferentemente, sob a forma de "protocolo de intenções", que não encerra propriamente um acordo de vontades, mas apenas o *começo* de um compromisso internacional.

j) Ato ou *ata.* Terminologia utilizada há alguns anos para designar a resolução sobre assistência mútua e solidariedade americana, conhecida por *Ato de Chapultepec*, firmado em 1945, na Conferência Interamericana do México. Também se emprega a terminologia quando se estabelecem regras que incorporam o resultado de uma conferência ou de um acordo entre as partes (ex.: *Ato Geral de Berlim*, de 1885). Entretanto, *atos* existem que não são tratados (a exemplo da *Ata Final de Helsinque* de 1975), uma vez que o seu caráter vinculante é apenas moral, e não jurídico. Da mesma forma são aqueles *atos* que cobrem um dado *evento diplomático* sem índole convencional (quando normalmente se utiliza a expressão *ata final* para designar o final de uma conferência internacional etc.). Perceba-se, aqui, o uso indiscriminado da expressão *ata final* e daquela estudada no parágrafo anterior, relativa aos *protocolos finais* ou de *encerramento*.

k) Declaração. É expressão utilizada para aqueles atos que estabelecem certas regras ou princípios jurídicos, ou ainda para as normas de Direito Internacional indicativas de uma posição política comum de interesse coletivo. Podem ser citadas a Declaração de Paris (de 1856) sobre

---

[68] Cf. José Francisco Rezek. *Direito dos tratados*, cit., p. 95.

Parte I • Cap. V • DIREITO DOS TRATADOS | **153**

princípios de direito marítimo em caso de guerra; a Declaração da Haia (de 1907) que proibiu a utilização de balões para bombardeios; e a Declaração do México (de 1945) que proclamou os princípios americanos. Algumas dessas declarações comuns, não obstante o seu conteúdo substancioso, não são tecnicamente tratados internacionais, a exemplo da Declaração Universal dos Direitos Humanos de 1948, o que não significa que essa última não seja detentora de *força cogente*, pois integra aquilo que se chama de *jus cogens* em direito das gentes. Não há nada a impedir, enfim, que o termo *declaração* seja utilizado como sinônimo de tratado, podendo também ser usado para esclarecer ou interpretar um ato internacional já estabelecido ou para proclamar o modo de ver ou de agir de um ou mais Estados sobre determinado assunto.

l) "Modus vivendi". Utiliza-se na designação de acordos temporários ou provisórios, normalmente de ordem econômica e de importância relativa. Essa provisoriedade referida é o seu traço característico mais nítido. A Santa Sé já se utilizou, por várias vezes, desse tipo de acordo internacional para resolver pendências diplomáticas com certos Estados. Mas o *modus vivendi* já foi utilizado também em outros domínios, como o relativo ao tratamento de estrangeiros (ex.: *modus vivendi* de 6 a 27 de dezembro de 1934, sobre o tratamento de Sírios e Libaneses na França) e o atinente à regulamentação fluvial internacional (ex.: *modus vivendi* de 13 de março de 1932, sobre a competência da Comissão Europeia do Danúbio). Atualmente, pode-se considerar o *modus vivendi* como sendo o acordo celebrado pelas partes tendente a manter a situação atual das coisas até que a constituição definitiva de um estado de fato venha a se configurar, seja por meio de tratado ou por qualquer outra circunstância. Geralmente, tais acordos são estabelecidos por meio de simples *troca de notas*.

m) Arranjo. Empregado para os acordos concluídos provisoriamente ou destituídos de caráter jurídico, a exemplo dos empreendidos junto ao Fundo Monetário Internacional (chamados de *stand-by arrangements* ou "arranjos *stand-by*"), os quais, entretanto, não podem ser tecnicamente considerados *tratados*, por faltar-lhes o *animus contrahendi* necessário à conclusão de um acordo no sentido jurídico.[69]

n) Concordata. Designação empregada nos acordos bilaterais de caráter religioso firmados pela Santa Sé com Estados que têm cidadãos católicos, versando, em geral, questões sobre a organização de cultos religiosos, exercício da administração eclesiástica etc. As concordatas, do ponto de vista formal, não diferem em nada dos tratados *stricto sensu* concluídos por sujeitos do Direito Internacional Público (sendo uma das partes a Santa Sé), motivo pelo qual se lhes aplicam todos os princípios gerais do Direito dos Tratados; mas, do ponto de vista material, as concordatas diferem-se dos tratados em devida forma por veicularem matéria estritamente *religiosa*. A Santa Sé, no entanto, como pessoa jurídica de Direito Internacional que é, não está impedida de negociar e concluir com os Estados outros tipos de acordos alheios à questão religiosa, os quais serão designados por quaisquer das nomenclaturas estudadas neste tópico, à exceção da expressão *concordata*. Frise-se que nunca foi da tradição diplomática brasileira concluir concordatas com a Santa Sé. Aliás, estas devem ser tidas por *inconstitucionais* no Brasil, dada a laicidade do Estado brasileiro (sobre o tema, *v.* Parte II, Capítulo I, item n° 6, *c*).

---

[69] V. Valerio de Oliveira Mazzuoli. *Natureza jurídica e eficácia dos acordos* stand-by *com o FMI*, cit., pp. 157-161.

o) Reversais ou *notas reversais*. Empregam-se para a finalidade específica de estabelecer concessões recíprocas entre Estados ou de declarar que a concessão ou benefício especial que um Estado faz a outro, não derroga direitos ou privilégios de cada um deles já anteriormente reconhecidos. Utilizam-se, assim, para completar o sentido de certas disposições de um tratado, no momento de sua conclusão, a fim de ressalvar usos, direitos ou compromissos anteriormente assumidos. Por tal motivo, devem elas ser trocadas no exato instante da conclusão do acordo. As notas reversais têm sido cada vez menos empregadas na prática das relações internacionais.

p) Ajuste ou *acordo complementar*. Expressões empregadas para designar compromissos de importância relativa ou secundária, sem, contudo, perderem a característica de tratados. Tanto o ajuste como o acordo complementar são atos que dão execução a outros atos, anteriores, devidamente concluídos, geralmente colocados ao abrigo de um *acordoquadro* ou *acordo-básico*. Ex.: Ajuste Brasil-Itália de 6 de agosto de 1980, complementar ao Acordo Básico de Cooperação Técnica, de 1972; Ajuste Brasil-Uruguai, de 11 de setembro de 1980, firmado para a aplicação do Acordo Brasil-Uruguai de Previdência social etc.[70]

q) Convênio. Bastante utilizado na prática brasileira, designa normalmente acordos de interesse político, embora também seja empregado para designar ajustes de menor importância, bem como matérias culturais e de transporte. Às vezes, a expressão confunde-se com instrumentos contratuais de viés *interno*, os quais obviamente não poderão ser tidos como *tratados*. Afora esses casos mais raros, a expressão *convênio* é largamente utilizada na prática convencional brasileira, podendo colher-se exemplos desde a época do Império.

r) Compromisso. Terminologia normalmente empregada na fixação de um acordo (quase sempre bilateral) pelo qual dois ou mais Estados comprometem-se a recorrer à *arbitragem* para resolver os litígios existentes entre eles, ou quaisquer outras lides que venham aparecer no futuro. Daí a designação conhecida por *compromisso arbitral*, normalmente quando já existe tratado de arbitragem anterior prevendo essa cláusula geral de resolução de conflitos.

s) Estatuto. Geralmente empregado para os tratados que estabelecem normas para os tribunais de jurisdição internacional (ex.: Estatuto da CIJ, de 1920; Estatuto de Roma do TPI, de 1998 etc.). O termo ganhou expressão mundial a partir de 1919, quando começou a ser empregado nos acordos internacionais de caráter constitutivo. Modernamente, a expressão é comumente empregada para dar forma regimental e delimitar a competência dos tribunais internacionais (temporários ou permanentes) criados sob os auspícios das Nações Unidas ou de organismos regionais (como a OEA etc.).

t) Regulamento. Um tanto quanto rara, essa terminologia não apresenta uma definição muito nítida. Foi a denominação utilizada, *v.g.*, no Congresso de Viena de 1815 (*Règlement de Vienne*) para estabelecer a ordem de precedência no serviço diplomático. É também usada (mas sem a roupagem de tratados) para designar as normas gestoras de alguns organismos ou tribunais internacionais (*v.g.*, os *Regulamentos* da Comissão e da Corte Interamericana de Direitos Humanos etc.).

---

[70] Cf. José Francisco Rezek. *Direito dos tratados*, cit., p. 91.

u) Código. A expressão não tem sido formalmente utilizada no cenário internacional, sendo o único texto de que se tem notícia sob essa denominação o Código Sanitário Pan-Americano de Havana, de 1924. Sob o cognome *Código*, entretanto, convencionou-se chamar algumas importantes convenções internacionais, como o "Código de Bustamante" de 1928, cujo título oficial é Convenção Interamericana de Direito Internacional Privado. A Convenção de Viena sobre o Direito dos Tratados, da mesma forma, tem sido nominada por vários internacionalistas de "Código dos Tratados" etc.

v) Constituição. É raríssimo o emprego do termo *Constituição* para designar tratados internacionais, sendo um dos motivos óbvios para tanto a confusão que se pode fazer com as Constituições estatais. O exemplo que se conhece de tratado chamado de Constituição é o instrumento constitutivo da OIT, chamado de *Constituição da Organização Internacional do Trabalho*, adotado originalmente em 1919 e substituído em 1946.[71] Mais recentemente, tem-se como exemplo do emprego da expressão a tentativa de realização de uma "Constituição Europeia", que chegou a ser assinada em Roma, em 29 de outubro de 2004, mas não entrou em vigor por ter sido rechaçada pela França e pela Holanda.

w) Contrato. Sua utilização tem sido evitada na prática internacional, por ser um termo intimamente ligado ao Direito interno, apropriado para designar aqueles acordos celebrados entre um sujeito do Direito Internacional Público e uma entidade privada, em oposição a um tratado internacional. Nesse caso, a expressão designa aqueles acordos internacionalmente assumidos – ainda que por dois ou mais Estados – que não se sujeitam às regras do Direito Internacional Público. Daí, e com razão, ser raro o aparecimento da expressão *contrato* num instrumento jurídico revestido da roupagem formal de *tratado*.

Enfim, para encerrar este tópico cabe dizer que a despeito de sua diversidade *formal* (de que são exemplos os vários tratados, em suas diferentes terminologias aqui citadas), todos os instrumentos convencionais têm a mesma identidade *jurídica*, posto deterem idêntica força obrigatória, sejam eles chamados de tratados, de pactos, de acordos, de convenções etc.

6. Estrutura dos tratados. Os tratados internacionais, já se sabe, são acordos *formais* celebrados pelos Estados ou por organizações internacionais. E essa *forma* dos instrumentos internacionais pressupõe sempre uma *estrutura*, ainda que esta não seja hermética e possa variar de instrumento para instrumento.[72] Ou seja, os instrumentos internacionais têm uma estrutura *mínima* (e não um *standard* único) que merece ser estudada, sabendo-se desde já que serão as contingências da prática internacional as responsáveis pela modificação de cada tratado, também naquilo que respeita à forma.

Tradicionalmente, sem levar em conta as variações de forma que cada instrumento pode apresentar em particular, pode-se dizer que os tratados internacionais em geral são formados pelas seguintes partes:

---

[71] Sobre a OIT e seu funcionamento, *v.* toda a Parte V deste livro.

[72] Sobre a estrutura dos tratados, *v.* Hildebrando Accioly, *Tratado de direito internacional público*, vol. I, cit., pp. 556; João Hermes Pereira de Araújo. *A processualística dos atos internacionais*, cit., pp. 61-100 (este autor faz, inclusive, uma análise minuciosa de cada uma dessas partes do instrumento e cita vários exemplos que se colhem com proveito); Adolfo Maresca, *Il diritto dei trattati...*, cit., pp. 103-108; José Francisco Rezek, *Direito dos tratados*, cit., pp. 239-253; e Dinh, Daillier & Pellet, *Direito internacional público*, cit., pp. 133-136.

a) O *título*, que indica a matéria tratada pelo acordo ou, mais amplamente, o *assunto* nele versado;

b) O *preâmbulo* ou *exórdio*, que é composto por duas categorias de enunciados: (1) a enumeração dos contratantes e (2) os motivos que levaram os Estados à negociação do acordo. Em Direito Internacional o preâmbulo dos tratados não tem força obrigatória, a não ser como elemento de interpretação do acordo. O preâmbulo, como falamos, se inicia com a enumeração dos contratantes, é dizer, dos Estados ou organizações internacionais que concluíram o tratado, com a menção das credenciais dos representantes dos Estados. Em regra, os contratantes são indicados pelo título abreviado do chefe de Estado, ficando assim comprovada sua competência para a mantença de relações internacionais. Já houve época, como na Antiguidade e no período medieval, que se invocavam os deuses no preâmbulo do instrumento, ou num passado menos distante, em que era comum a invocação da *Santíssima Trindade* ou de *Deus Onipotente* ou *Todo Poderoso* (também muito comum na época do Brasil Império). Nos tratados com grande número de partes é comum vir no preâmbulo apenas a designação: "As Altas Partes Contratantes". O segundo elemento do preâmbulo são os *motivos* que levaram os Estados à negociação do acordo. Trata-se da especificação das *intenções* dos negociadores para com o tratado em causa, ao que se denomina de *considerandos*. Estes (redigidos normalmente em gerúndio) indicam as intenções dos negociadores em relação à celebração do tratado (trata-se, às vezes, de verdadeiro programa político) e também a eventual vinculação de tais negociadores com o acordado, sua compatibilidade com o regime convencional anterior etc. Por meio deles, se enunciam os motivos e as finalidades do acordo, fazendo-se conhecer toda a filosofia da diplomacia que na sua conclusão esteve empenhada. Eles não integram, porém, a parte *jurídica* do tratado (que tem início a partir do *articulado*). Os considerandos podem variar de tratado para tratado, não existindo um número mínimo deles em cada instrumento, tudo dependendo da complexidade e da importância do tema versado no acordo;

c) O *articulado* (ou *dispositivo*), considerado a principal parte do instrumento convencional, composto por uma sequência de artigos numerados, em que se estabelecem (em *linguagem jurídica*) todas as cláusulas de operatividade do acordo, variando sua extensão de tratado para tratado. Todos os elementos do articulado são providos de obrigatoriedade jurídica. Após o corpo do tratado e de suas disposições de direito subjetivo, seguem-se as *cláusulas finais* (de natureza *adjetiva*) relativas à ratificação e à troca dos seus instrumentos, à sua entrada em vigor, à possibilidade de denúncia ou prorrogação, eventual prazo de vigência, possibilidade de adesão, de revisão etc. Depois do articulado é ainda de regra a menção do testemunho ("em fé do que...") dos plenipotenciários relativamente ao acordado;

d) O *fecho*, que especifica o local e a data da celebração do tratado, o idioma em que se encontra redigido e o número de exemplares originais. Com a referência ao *local* e à *data* de celebração, o instrumento está apto a receber a assinatura do representante do Estado e o selo de lacre;

e) A *assinatura* do chefe de Estado, do Ministro das Relações Exteriores, ou de outra autoridade que tenha representado o Presidente da República na celebração do instrumento. Nos atos bilaterais, a assinatura obedece ao *sistema de alternância* ou de *inversão*, que consiste em cada negociador apor sua assinatura em primeiro lugar no exemplar que ficará em seu poder, o que evita o problema da precedência de assinaturas de um Estado em relação ao outro, como existia antigamente em relação aos príncipes e ao Sumo Pontífice (cujas assinaturas sempre precediam às dos demais plenipotenciários). Para os tratados multilaterais, têm-se utilizado a aposição das assinaturas em *ordem alfabética* dos nomes dos negociadores, o que poderá variar em função da língua em que se encontra redigido o instrumento. Durante muito tempo o sistema das assinaturas em ordem alfabética seguiu a nomenclatura *francesa* dos respectivos países. Não se descarta, também, a possibilidade de *sorteio* relativamente à ordem das assinaturas, efetuado geralmente no início da conferência destinada às negociações do tratado; e, finalmente,

f) O *selo de lacre*, em que se apõem as armas das altas partes-contratantes, selando então o compromisso entre elas.

O texto do tratado também pode, eventualmente, conter *anexos* ou *apêndices*, dependendo da necessidade de alguma outra explicação pós-textual, bem como de algum outro complemento que se faça necessário. Os anexos e apêndices, contrariamente do preâmbulo, integram o tratado e os seus dispositivos têm natureza de *norma jurídica* convencional.

7. Classificação dos tratados. Inúmeras classificações têm sido utilizadas ao longo do tempo para os tratados internacionais. Já se os classificou quanto ao seu objeto, quanto ao momento histórico de sua conclusão, quanto à sua aplicação espacial etc. A Convenção de Viena de 1969 foi cautelosa ao não se utilizar de nenhuma classificação sistemática dos tratados, tendo se limitado a fazer algumas poucas distinções de alcance restrito.[73] Sem embargo da multiplicidade de classificações existentes – muitas delas sem qualquer valor científico –, utilizaremos as que mais vêm ao encontro dos propósitos deste *Curso*. Os tratados serão aqui classificados por dois métodos: o *formal* e o *material*. Do primeiro, fazem parte as classificações que levam em conta o *número de partes*, o *tipo de procedimento utilizado para a sua conclusão* e a *possibilidade de adesão*. Do segundo, cuidam as classificações relativas à *natureza jurídica*, *execução no tempo*, *execução no espaço* e *estrutura da execução*.

Além dessas classificações, não se pode deixar de mencionar a categoria dos *tratados institucionais* ou *constitutivos*, que diferem dos demais tratados por criarem organizações internacionais, dando vida, forma e personalidade jurídica internacional a essas instituições, concedendo-lhes o poder de contrair direitos e assumir deveres no plano internacional, a exemplo da Carta da ONU de 1945 (e suas agências especializadas) e da Carta da OEA de 1948.

Em suma, levando-se em conta os propósitos didáticos deste livro, pode-se apresentar as seguintes classificações dos tratados (sendo as três primeiras, *formais*, e as quatro últimas, *materiais*):

a) Quanto ao número de partes. Em relação ao número de partes, podem os tratados ser classificados em *bilaterais* (ou *particulares*) ou *multilaterais* (também chamados de *coletivos, gerais* ou *plurilaterais*).

Bilaterais são aqueles celebrados apenas entre duas partes-contratantes ou entre vencedores e vencidos. Podem ser celebrados entre dois Estados ou entre um Estado e uma organização internacional ou, ainda, entre duas organizações internacionais. Nesses dois últimos casos – tratados concluídos entre Estado e organização internacional ou entre duas organizações internacionais – não há que se pensar em multilateralidade pelo fato de serem tais organizações *compostas de vários Estados*. A bilateralidade do ato se exprime sempre entre

---

[73] Cf. Paul Reuter. *Introducción al derecho de los tratados*, cit., p. 51.

as suas *duas partes*, sendo *uma delas* a organização internacional, que figura como sujeito *único* e *indivisível* à luz do direito das gentes, ainda que dela façam parte uma multiplicidade de Estados.[74] Bom exemplo desse tipo de tratado *bilateral*, embora multipartite, foi o Tratado de Versalhes de 1919, entre os vencedores e o vencido na Primeira Guerra.[75]

Os tratados bilaterais reinaram absolutos até o século XVII e se caracterizavam por disciplinar quaisquer assuntos referentes à Coroa, fossem eles de interesse exclusivo do Estado ou particulares do soberano.

O idioma utilizado para a redação dos tratados bilaterais é, normalmente, o das próprias partes. A rigor, se os Estados não têm o mesmo idioma, adotam-se duas versões originais, cada qual escrita em uma das línguas. Assim, um tratado bilateral entre o Brasil e a França tem o seu texto redigido em português e em francês, valendo igualmente as duas versões. Mas é também comum adotar-se o tratado em apenas um idioma (normalmente o inglês) cômodo a ambas as partes, no caso de os signatários entenderem ser possível haver futuras divergências sobre a interpretação das respectivas versões em línguas diferentes.

Multilaterais são os tratados celebrados por mais de duas partes, ou seja, entre três ou mais partes, com base nas suas estipulações recíprocas. São normalmente abertos à participação de qualquer Estado ou organização internacional, sem restrição, ou de considerável número de Estados ou organizações, tendo por objeto a produção de normas gerais de Direito Internacional Público ou o tratamento de questões de interesse comum.[76] Caracterizam-se pela representação de uma convergência de vontades comuns, com vistas a regulamentar aspectos essenciais da sociedade internacional, bem assim uniformizar as normas internacionais. A Santa Aliança, criada em 1815 com a finalidade de estruturar a sociedade internacional da época, foi o primeiro tratado multilateral aberto. Atualmente, os tratados multilaterais têm servido para regulamentar questões comuns da humanidade, como saúde pública, comunicações, proteção dos direitos humanos e do meio ambiente, proteção da propriedade literária, artística e científica, segurança aérea, terrorismo e, inclusive, a corrupção política. Nessa função de defesa dos interesses comuns da humanidade tais tratados, para falar como Paul Reuter, correspondem menos à figura de uma justaposição de compromissos estatais sobre interesses divergentes que a de uma combinação simétrica de esforços para alcançar um objetivo idêntico.[77]

Críticas foram feitas à utilização do prefixo *multi* aos tratados que têm como número de partes apenas três, quatro ou cinco Estados, por se entender que o referido termo daria a ideia de um número excessivamente maior de contratantes. Não obstante algumas vozes que pretendiam substituir a expressão multilaterais por *plurilaterais*, a verdade é que a mesma já se encontra consagrada pela prática internacional, tendo sido mantida até os dias atuais, sem qualquer

---

[74]   V., nesse sentido, Jules Basdevant, La conclusion et la rédaction des traités et des instruments diplomatiques autres que les traités, in *Recueil des Cours*, vol. 15 (1926-V), p. 555.

[75]   Alguns autores, como Rezek, entendem devam ser tais tratados apontados como *multilaterais*, à luz do critério "que leva em conta o exato número de personalidades jurídicas pactuantes", argumentando que "o discernimento dos *lados* em que porventura se agrupem os signatários de um tratado internacional, além de ser um exercício extrajurídico, reclamará, muitas vezes, prévia e completa análise da substância do compromisso" (*Direito dos tratados*, cit., pp. 125-156).

[76]   Cf. *Yearbook of the International Law Commission*, vol. II (1962), p. 36.

[77]   V. Paul Reuter. *Introducción al derecho de los tratados*, cit., pp. 14-15.

Parte I · Cap. V · DIREITO DOS TRATADOS | 159

alteração. De qualquer forma, como lembra Rezek, é sempre possível optar pela utilização da antiga e melhor expressão *tratados coletivos* para a designação dos tratados multilaterais.[78]

Atualmente, duas novas modalidades de tratados multilaterais passaram a ter destaque na arena internacional, demandando breve análise. A primeira delas, ainda não positivada em norma escrita de Direito Internacional, cuida do chamado de *umbrella treaty* (tratado guarda-chuva), que é um tratado amplo que não se prende em regular completamente determinada questão jurídica, mas apenas instituir as grandes linhas mestras da matéria que lhe deu origem, demandando complementação por meio de outros tratados internacionais concluídos sob a sua sombra. Por exemplo, sob a sombra do Tratado da Antártica, concluído em Washington, em 1º de dezembro de 1959, foram concluídas duas convenções internacionais (uma sobre a proteção das focas antárticas, assinada em Londres em 1972, e outra sobre a conservação dos recursos vivos marinhos antárticos, assinada em Camberra em 1980) e um protocolo relativo à proteção do meio ambiente (adotado em Madri, em 1991), que formam o chamado "sistema da Antártica". A integração desses instrumentos em um tal *sistema* de normas, forma um conjunto regulador das atividades relativas à Antártica, com base nas diretrizes normativas do seu *umbrella treaty*.

Uma segunda modalidade de tratado multilateral moderno, que já encontra positivação em textos normativos internacionais, cuida do que se denomina *tratado-quadro* ou *convenção-quadro*, expressão nascida com a adoção da Convenção-Quadro das Nações Unidas sobre Mudança do Clima, adotada em Nova York, em 9 de maio de 1992. A terminologia *quadro*, em língua portuguesa, pode causar confusão, tendo em vista não ter sido respeitada a tradução correta das línguas oficiais em que a convenção foi adotada. Em língua inglesa, a Convenção foi chamada de *United Nations Framework Convention on Climate Change*; em francês, o título é *Convention-Cadre des Nations Unies sur la Changement Climatique*; e em espanhol, *Convención Marco de las Naciones Unidas sobre Modificaciones del Clima*. As expressões *framework* (em inglês), *cadre* (em francês) e *marco* (em espanhol) têm a conotação de *moldura* (e não de *quadro*, como em língua portuguesa; se assim fosse, seriam chamadas de *picture*, *tableau* e *cuadro* naquelas línguas, respectivamente). Portanto, esse tipo de "convenção-quadro" (que deve ser entendida, corretamente, como "convenção-moldura") estabelece (emoldura) as grandes bases jurídicas do acordo, bem como os direitos e deveres das partes, deixando para um momento posterior sua regulamentação pormenorizada, o que é feito por meio de *anexos* e *apêndices*. Esse novo tipo de expediente internacional tem reflexos, inclusive, na questão das *emendas* aos tratados multilaterais, eis que os anexos e apêndices do acordo podem ser muito mais facilmente modificados e adaptados às novas circunstâncias da vida internacional, sem que para isso seja necessário recorrer às *emendas*, o que demanda um procedimento bem mais moroso e, às vezes, não muito prático.[79]

b) Quanto ao tipo de procedimento utilizado para a sua conclusão. Nessa classificação importa saber se para a conclusão do acordo internacional é preciso *duas fases* de expressão do consentimento, quais sejam, a *assinatura* e a *ratificação* (nesse caso, se está diante dos tratados *bifásicos*), ou se basta apenas *uma só* fase para que o consentimento definitivo do

---

[78] V. José Francisco Rezek. *Direito dos tratados*, cit., pp. 122-123.

[79] V., por tudo, sobre os *tratados guarda-chuva* e os *tratados-quadro*, a obra clássica de Guido Fernando Silva Soares, *Direito internacional do meio ambiente: emergência, obrigações e responsabilidades*, 2ª ed., São Paulo: Atlas, 2003, pp. 175-178.

160 | CURSO DE DIREITO INTERNACIONAL PÚBLICO – *Valerio de Oliveira Mazzuoli*

Estado se exprima, criando, desde já, condições para a vigência e validade do pactuado (seriam esses os tratados *unifásicos*). Assim, classificam-se os tratados internacionais, no que diz respeito ao procedimento utilizado para a sua conclusão, em *stricto sensu* (bifásicos) e *em forma simplificada* (unifásicos).

Os tratados em sentido estrito (*stricto sensu*) são aqueles em que se nota, para a sua conclusão, um procedimento complexo composto de duas fases internacionalmente distintas: a primeira, que se inicia com as negociações e culmina com a assinatura; e a segunda, que vai da assinatura à ratificação. Além desses dois momentos internacionalmente distintos, outros existem e que dizem respeito ao Direito interno dos Estados participantes do acordo, como a aprovação pelo Legislativo e a promulgação interna do tratado ratificado. Ou seja, das *quatro* fases pelas quais passam os tratados até alcançarem a sua conclusão definitiva (assinatura, aprovação parlamentar, ratificação e promulgação), duas são fases internacionais (assinatura e ratificação). Daí serem os tratados em sentido estrito denominados de *bifásicos*.

Por seu turno, os tratados em forma simplificada são aqueles em que, para a sua conclusão, existe apenas uma única fase, consistente na *assinatura* do acordo, momento em que as partes já apõem o seu consentimento definitivo em obrigar-se pelo pactuado. Daí serem também chamados de acordos de procedimento abreviado (ou breve). Prescindem, em sua generalidade, de ratificação e, consequentemente, da intervenção formal do Parlamento. Muitos deles, pela sua simplicidade, sequer contam com a participação direta do chefe de Estado, ficando a cargo de funcionários do governo ou, mais frequentemente, do Ministro das Relações Exteriores.[80]

Os tratados em forma simplificada são geralmente bilaterais. Sua conclusão dá-se, na maioria das vezes, por meio de troca de notas, troca de correspondências, notas reversais, protocolos ou declarações conjuntas. A lavratura é feita em instrumento único, sem muitas formalidades ou delongas. Como exemplos de acordos em forma simplificada podem ser citados o Acordo para a Aprovação de um Convênio Especial entre a Comissão Nacional de Energia Nuclear (CNEN) e o Centro de Pesquisas Nucleares de Jülich Ltda., de 23 de abril de 1971, concluído por troca de notas em Brasília, e o Acordo para a Aprovação de um Adendo ao mesmo, de 3 de outubro de 1973; tais acordos são decorrência do Acordo Geral de Cooperação nos Setores de Pesquisa Científica e de Desenvolvimento Tecnológico, de 09 de junho de 1969, anteriormente aprovado pelo Decreto-lei nº 681, de 15 de julho de 1969 e promulgado pelo Decreto nº 65.160, de 15 de setembro do mesmo ano.[81]

Os acordos em forma simplificada advêm da prática norte-americana em não submeter determinados atos internacionais ao crivo do Senado (sistema do *fast track*), levando-se em consideração a morosidade das câmaras legislativas e a crescente intensificação das relações internacionais, que demanda resposta rápida na solução de problemas de interesse imediato que não podem depender de um referendo que pode vir a destempo, o que

---

[80] V. Charles Rousseau. *Principes généraux du droit international public*, t. I, cit., pp. 157-158; Antônio Paulo Cachapuz de Medeiros, *O poder de celebrar tratados...*, cit., pp. 202-240; e Jules Basdevant, La conclusion et la rédaction des traités et des instruments diplomatiques autres que les traités, cit., p. 601, nota nº 221.

[81] Os exemplos são de Guido Fernando Silva Soares, "Agreements" – "Executive Agreements" – "Gentlemen's Agreements", cit., p. 273.

Parte I · Cap. V · DIREITO DOS TRATADOS | **161**

implicaria entrave às relações exteriores. Como já se falou, nos Estados Unidos, a expressão "agreement" conota aqueles acordos que prescindem de aprovação pelo Senado, enquanto "treaty" designa os tratados cuja aprovação pelo Senado é imprescindível. Em 1937, a Suprema Corte americana, no caso "United States *Vs.* Belmont", afirmou a obrigatoriedade desses acordos semelhante à dos tratados aprovados pelo Senado. A prática reiterada de tais acordos tem levado alguns autores a sequer contestar sua constitucionalidade.[82] A intervenção do Parlamento, para o Poder Executivo, principalmente nos Estados Unidos, tem representado um *freio* à sua atuação internacional, tornando-se mais um fator de morosidade a entravar as relações internacionais.[83]

Pode-se considerar como fenômenos que impulsionaram o crescimento dos acordos em forma simplificada, como anota Guido Soares, o aperfeiçoamento das telecomunicações e a instituição de organismos internacionais com representação estatal permanente (diplomacia parlamentar), bem assim a reiterada prática de contatos diretos entre chefes de Estado (diplomacia de cúpula) revelada pelos progressos nos meios de transporte, que tornaram obsoletos os princípios de entrada em vigência dos tratados internacionais.[84]

Na Convenção de Viena sobre o Direito dos Tratados, os acordos internacionais concluídos somente pela assinatura foram regulamentados pelo art. 12, enquanto os celebrados por meio de troca de instrumentos o foram pelo artigo subsequente (art. 13), que dispõe que o consentimento dos Estados em obrigarem-se por um tratado, constituído por instrumentos trocados entre eles, manifesta-se por essa troca: *a*) quando os instrumentos estabeleçam que a troca produzirá esse efeito; ou *b*) quando fique estabelecido, por outra forma, que esses Estados acordaram em que a troca dos instrumentos produziria esse efeito.[85]

Sem embargo da reação de grande parte da doutrina contra a prática de se concluir acordos sem o referendo do Poder Legislativo, o fato é que as inúmeras críticas a ela lançadas não surtiram efeito e a mesma sedimentou-se no cenário internacional, sendo aceita e utilizada por grande número de Estados na atualidade. No Brasil, desde os primórdios da República tal prática vem sendo observada pelo Executivo, sem modificar sua orientação. O Itamaraty também mantém o entendimento de que o Brasil pode ser parte em acordos internacionais que prescindam da aprovação individualizada do Congresso Nacional.[86]

Como se vê, a falta de solenidade nem sempre é critério válido para determinar a natureza dos acordos em forma simplificada. Tais acordos podem estar sujeitos até mesmo à ratificação, podendo existir, ao revés, tratados em devida forma que entram em vigor somente pela assinatura, disso decorrendo a dificuldade de caracterização desses chamados acordos em forma simplificada. Quer nos parecer que tais acordos, além de não estarem sujeitos à ratificação, também são concluídos por um órgão investido do *treaty-making power*, mas

---

[82] Cf. Roger Pinto. La réforme du Congrés, in *Revue du Droit Public et de la Science Politique*, t. 66, Paris: LGDJ, 1950, p. 378.

[83] *V.* João Grandino Rodas. Os acordos em forma simplificada, cit., pp. 319-321.

[84] Guido Fernando Silva Soares. "Agreements" – "Executive Agreements" – "Gentlemen's Agreements", cit., p. 255.

[85] *V.* Adolfo Maresca. *Il diritto dei trattati...*, cit., pp. 167-176; e Mark Eugen Villiger, *Commentary on the 1969 Vienna Convention on the Law of Treaties*, cit., pp. 197-202.

[86] Cf. João Grandino Rodas. A constituinte e os tratados internacionais, in *Revista dos Tribunais*, vol. 624, São Paulo, out./1987, p. 46.

por procedimento não previsto expressamente pelo texto constitucional ou, ainda, com abandono das regras constitucionais sobre competência dos poderes constituídos para a celebração de tratados.

c) *Quanto à possibilidade de adesão*. No que toca à possibilidade de os tratados admitirem posterior *adesão* de outros Estados (ou organizações internacionais), há os tratados *abertos* e os *fechados*. Os primeiros (tratados *abertos*) são os que dão aos outros Estados que não participaram das suas negociações preliminares (ou não o ratificaram ou, se ratificaram, o denunciaram e posteriormente arrependeram-se etc.) a possibilidade de a eles aderir. A Declaração de Paris de 1856 foi o primeiro tratado multilateral nesse sentido. Ao revés, serão *fechados* aqueles tratados que proíbem a posterior adesão de outros Estados (ou organizações) que deles não são partes originárias, a menos que um novo acordo seja concluído entre tais partes e aquela aspirante à aquisição da qualidade de membro.[87]

Os *tratados abertos*, por sua vez, podem ser de adesão *limitada* ou *ilimitada*. No primeiro caso, a adesão posterior ao tratado é permitida somente a um grupo restrito de Estados, normalmente levando-se em conta contextos *regionais* ou *geográficos*. É o caso, por exemplo, do Tratado de Assunção, criador do Mercosul, que permitiu a sua adesão tão somente àqueles países integrantes da ALADI (art. 20); e também da Convenção Interamericana para Prevenir e Punir a Tortura, de 1985, cujo art. 20 estabelece que a Convenção "ficará aberta à adesão de *qualquer outro Estado Americano*". Os tratados abertos de *adesão ilimitada*, por seu turno, permitem a adesão posterior irrestrita de qualquer Estado. São tratados de adesão ilimitada, entre outros, a Convenção sobre a Eliminação de Todas as Formas de Discriminação Contra a Mulher, de 1979, que estabeleceu estar "aberta à adesão de *todos os Estados*" (art. 25, nº 4); e também a Convenção Contra a Tortura e Outros Tratamentos ou Penas Cruéis, Desumanos ou Degradantes, de 1984 (art. 26); a Convenção sobre os Direitos da Criança, de 1989 (art. 48); a Convenção Interamericana para Prevenir, Punir e Erradicar a Violência contra a Mulher – "Convenção de Belém do Pará", de 1994 (art. 17), dentre outros.

Os tratados internacionais abertos, sejam eles de adesão limitada ou ilimitada, podem ainda ser *condicionados* ou *incondicionados*. No primeiro caso, o tratado aberto (seja ele limitado ou ilimitado, repita-se) impõe ao novo Estado que dele pretende tornar-se parte alguma condição de ingresso. É o caso, por exemplo, da Carta das Nações Unidas, aberta tão somente, nos termos de seu art. 4º, § 1º, aos Estados "amantes da paz que aceitarem as obrigações contidas na presente Carta e que, a juízo da Organização, estiverem aptos e dispostos a cumprir tais obrigações". Incondicionados, por sua vez, são aqueles tratados abertos (limitados ou ilimitados) que nenhuma condição estabelecem para o ingresso posterior de outros Estados, como é o caso da maioria dos tratados internacionais de proteção dos direitos humanos.

d) *Quanto à natureza jurídica*. Conforme a sua natureza jurídica, ou seja, quanto ao seu objeto, classificam-se os tratados em *tratados-lei* (também chamados de *tratadosnormativos*) e *tratados-contrato*.[88]

---

[87] V. Adolfo Maresca. *Il diritto dei trattati...*, cit., p. 101.

[88] A origem da distinção parece estar em Carl Bergbohm, *Staatsverträge und Gesetze als Quellen des Völkerrechts* [Tratados e leis como fontes do direito internacional], Dorpat: C. Mattiesen, 1876, 110p.

Os *tratados-lei* ou *tratados-normativos* (*law-making treaties*, em inglês) são geralmente celebrados por grande número de Estados e têm por objetivo fixar normas gerais e abstratas de Direito Internacional Público, objetivamente válidas para as partes-contratantes, podendo, por isso, ser comparados a verdadeiras *leis* (porquanto suas normas são gerais e abstratas).[89] Neles, dá-se a criação de uma regra *objetiva* de Direito Internacional, pela vontade conforme (*paralela*) das partes, de aplicação geral aos casos pelo acordo estipulados, não havendo uma exata correspondência entre as prestações exigíveis e devidas. Ou seja, tais tratados impõem às partes uma obrigação de conteúdo idêntico, fruto do acordo de vontades concordantes dos Estados, sendo, por tal motivo, considerados "o elemento medular da teoria do direito dos tratados".[90] Dessa forma, as partes assumem o compromisso de cumprir todo o acordado, de forma simultânea, o fazendo em homenagem à norma *pacta sunt servanda*. Tais tratados dirigem-se, pois, a uma finalidade *comum* dos copactuantes, a ser alcançada pela igual conduta de todas as partes. É dizer, a vontade das partes nos tratados-lei é convergente, com conteúdo idêntico, voltada para determinada finalidade comum.

Tais tratados não são obrigatórios senão para os Estados que os celebraram. São, via de regra, tratados multilaterais, com possibilidade de ingresso de outros Estados que não participaram do seu processo de conclusão (possuem cláusula de adesão, ainda que muitas vezes na modalidade *limitada*). Em verdade, é nesse tipo de tratado que se codifica o Direito Internacional Público, pertencendo a essa classe de atos internacionais as grandes convenções coletivas como as da Haia e de Genebra sobre o direito da guerra, a própria Convenção de Viena sobre o Direito dos Tratados, bem como todos os demais tratados internacionais cujo intuito seja estabelecer regras jurídicas uniformes de conduta. Ex.: o tratado que criou a Organização dos Países Exportadores de Petróleo – OPEP, no qual todos os países signatários colimavam o mesmo fim, qual seja, controlar o comércio internacional de petróleo.

Em virtude de sua natureza normativa, criadora de regras de Direito Internacional geral, alguns autores chegam mesmo a afirmar que só os *tratados-lei* constituem *fonte formal* do Direito Internacional Público, posto serem a forma mais evoluída de determinação das normas jurídicas internacionais.

Nos *tratados-contrato*, ao revés, as vontades das partes são *divergentes*, não surgindo, assim, a criação de uma regra geral e abstrata de Direito Internacional Público, mas a estipulação recíproca e concreta das respectivas prestações e contraprestações individuais com fim comum (ou seja, atinente aos interesses *particulares* de dois ou mais Estados).[91] Assemelham-se, pois, aos *contratos* do Direito interno. Cada uma das partes, aqui, tem em mira justamente aquilo que de bom pode lhe dar a outra. Consubstanciam-se, assim, na realização de uma operação jurídica concreta, um verdadeiro contrato internacional em aparência, que se exaure com o cumprimento da respectiva obrigação. Têm eles por finalidade regular interesses específicos e de maneira concreta. Resultam de concessões mútuas dos Estados, de troca de vontades com fins diversos e têm a aparência de contratos. A diferença entre tais obrigações contratuais e aquelas de Direito interno residem tão somente no fato de que, nas primeiras, os contratantes são Estados soberanos ou organizações internacionais. São, por isso, do ponto de vista formal,

---

[89] Cf. Charles Rousseau. *Principes généraux du droit international public*, t. I, cit., p. 136.

[90] V. Paul Reuter. *Introducción al derecho de los tratados*, cit., p. 15, citando a lição de Triepel.

[91] Cf. Ernesto De La Guardia. *Derecho de los tratados internacionales*, cit., pp. 64-65.

acordos normalmente bilaterais; do ponto de vista material, apresentam efeitos essencialmente subjetivos (que variam de acordo com a vontade dos Estados-contratantes) ou com poucos intervenientes, dada a dificuldade de conciliação entre interesses distintos de muitos Estados.[92]

Os tratados-contrato subdividem-se em *executados* e *executórios*. Os primeiros correspondem àqueles já estudados tratados *transitórios*, os quais são executados imediatamente e criam situação jurídica estática. Os segundos correspondem aos também já estudados chamados de *permanentes*, assim considerados os que demandam atos executórios regulares e que se prolongam no tempo.[93] São exemplos de tratados-contrato dessa última categoria os tratados de comércio, os de cooperação científica, os de transferência de tecnologia ou de material militar sob condição de determinadas ações militares, os que instituem mecanismos de compensações no balanço de pagamentos etc.[94]

Os tribunais devem ter cuidado ao julgar questões envolvendo os tratados-contrato, especialmente para que não confundam tais instrumentos (que *são* tratados internacionais, apenas levando o nome de tratados-*contrato* por questão didática) com os contratos típicos do Direito interno ou com os contratos internacionais, eis que a decisão, evidentemente, pode restar completamente incorreta, prejudicando a parte que tem *no tratado* a garantia do seu direito. Uma confusão dessa ordem foi feita pela Suprema Corte dos Estados Unidos no julgamento relativo à causa "BG Group plc *vs.* República Argentina", de 5 de março de 2014, quando comparou (e julgou com base nessa comparação!) um tratado bilateral de investimentos entre o Reino Unido e a Argentina com um contrato típico do Direito interno,[95] o que mereceu corretas críticas, ainda que parciais, do voto dissidente do Juiz Roberts (acompanhado pelo Juiz Kennedy).[96]

Não se confundem os *tratados-contrato* com os chamados contratos administrativos internacionais (*State contracts/contrats d'État*), regidos pelo Direito interno de uma das partes e celebrados pelo Estado com particulares, fixando normas individuais e concretas a serem respeitadas pelas partes, reciprocamente. A diferença está em que os *tratados-contrato* são

---

[92]   Cf. Charles Rousseau. *Principes généraux du droit international public*, t. I, cit., p. 135.

[93]   *V.* Hildebrando Accioly. *Tratado de direito internacional público*, vol. I, cit., pp. 552-553.

[94]   Cf. Guido Fernando Silva Soares. Os acordos administrativos e sua validade no Brasil, in *Revista Forense*, vol. 272, Rio de Janeiro, 1980, pp. 60-61.

[95]   *V.* "BG Group plc *vs.* Republic of Argentina" nº 12-138, 572 U.S., March 5, 2014 (Voto da maioria), p. 6: "A fim de responder à questão colocada, este tribunal, em princípio, tratará o documento que tem diante de si como se fosse um contrato entre particulares. Assim sendo, então, chegamos à conclusão de que a questão deve ser dirimida pelos árbitros. Ato contínuo, a se considerar o fato de que o documento em questão seja um tratado, há de supor-se uma mudança fundamental na presente análise. Sem embargo, a conclusão a que chegamos é que tal não exige qualquer alteração". Para um comentário crítico dessa decisão, *v.* Valerio de Oliveira Mazzuoli & Diego Luis Alonso Massa, Analysis of the decision rendered by the U.S. Supreme Court in *Re BG Group plc v. Republic of Argentina*: do all roads lead to Rome? *Journal of International Arbitration*, vol. 32, nº 2 (2015), pp. 215-236.

[96]   *Verbis*: "O que esta Corte 'tem diante de si', naturalmente, não é um instrumento que possa ser caracterizado, em absoluto, dessa maneira [como um contrato entre particulares]. Pelo contrário, não se trata senão de um tratado concluído entre duas nações soberanas: o Reino Unido e a Argentina. Nenhum investidor é parte no acordo. (...) Não é de estranhar que, por ter começado por um caminho equivocado, a maioria termine em lugar equivocado" ("BG Group plc *vs.* Republic of Argentina", cit.; voto dissidente do Juiz Roberts, p. 1).

regidos pelo Direito Internacional Público e celebrados pelo Estado com outros sujeitos do direito das gentes, ao passo que os contratos administrativos internacionais (que não são *tratados*) são regidos pelo Direito interno de uma das partes (ou de um Estado escolhido de comum acordo pelas partes) e são celebrados por um Estado tendo no outro polo da relação contratual um *particular* (pessoa física ou jurídica). Contudo, como anota Guido Soares, mesmo a interveniência de um particular (*v.g.*, uma pessoa privada estrangeira) em uma relação contratual com um Estado, ou *a fortiori* entre Estados, não afasta por completo a necessidade da invocação virtual das normas do Direito Internacional Público, "exatamente porque uma das partes é um Estado, conforme precedentes fixados em arbitragens internacionais ou da elaboração de normas que não se despregam totalmente daquelas".[97] Tais acordos são utilizáveis, por exemplo, em caso de venda de mercadorias, de armamentos ou empréstimo de propriedades, quando terceiros não submetidos às regras do Direito Internacional Público estão intimamente ligados com a transação; podem servir também para a contratação de prestação de serviços (estudos, assistência técnica, financeira etc.), obras públicas (construção de pontes e portos, aeroportos, estradas etc.), exploração de recursos naturais (*v.g.*, petróleo), gestão de serviço público (contratos de concessão ou exploração) etc.[98] Não têm eles uma denominação uniforme, podendo ser chamados de contratos internacionais, acordos econômicos de desenvolvimento, *State contracts*, contratos com o Estado, acordos de financiamento, acordos de investimento etc.[99]

Muitos autores apresentam objeções a essa classificação da *natureza jurídica* dos acordos internacionais, que ora nos ocupa, sob a alegação de que todo tratado, por mais contratual que seja, tem sempre elementos normativos.[100] De fato, mesmo nos *tratadoscontrato* existem vários elementos *normatizadores*, a exemplo das suas cláusulas finais sobre ratificação, entrada em vigor ou possibilidade de denúncia; ou ainda uma cláusula de nação mais favorecida ou algum dispositivo de salvaguarda etc.[101] Outros internacionalistas ainda entendem que essa classificação deve ser abandonada, não somente pela razão acima apontada, como também porque ela não tem "alcance jurídico", uma vez que inexiste no Direito Internacional Público hierarquia entre os *tratados-lei* e os *tratados-contrato*. Em verdade, todo e qualquer tratado

---

[97] Guido Fernando Silva Soares. Os acordos administrativos e sua validade no Brasil, cit, p. 61. Celso D. de Albuquerque Mello assim caracteriza os contratos internacionais: "a) muitas vezes intervém a mais alta autoridade do Estado; b) o elemento internacional, que é dado pela nacionalidade do investidor; c) a natureza pública e privada no mesmo tempo da relação contratual; d) cláusulas que limitam a soberania do Estado, por exemplo, a cláusula de estabilização que coloca o investidor ao abrigo de mudanças legislativas; e) a presença de cláusulas arbitrais para a solução dos litígios; f) geralmente são redigidos de forma imprecisa; g) diversidade de sistemas jurídicos etc." (*Direito constitucional internacional: uma introdução*, cit., p. 320).

[98] V., por tudo, André Gonçalves Pereira & Fausto de Quadros, *Manual de direito internacional público*, cit., pp. 176-181.

[99] Cf. Guido Fernando Silva Soares. Os acordos administrativos e sua validade no Brasil, cit., p. 61.

[100] Para críticas, *v.* Kaye Holloway, *Modern trends in treaty law: constitutional law, reservations and the three modes of legislation*, London: Stevens & Sons, 1967, p. 7; Alfred Verdross & Bruno Simma, *Universelles Völkerrecht: Theorie und Praxis*, 3ª ed., Berlin: Duncker & Humblot, 1984, p. 339; Paul Reuter, *Introducción al derecho de los tratados*, cit., pp. 42-43; e Celso D. de Albuquerque Mello, *Curso de direito internacional público*, vol. I, cit., p. 220.

[101] Cf. José Francisco Rezek. *Direito dos tratados*, cit., p. 131.

internacional prevalece sobre a lei interna e não pode por esta ser revogado, sob pena de responsabilização do Estado no âmbito internacional. No direito convencional positivo, tanto os tratados-lei como os tratados-contrato têm o mesmo valor jurídico, sem diferença hierárquica entre eles.

e) Quanto à execução no tempo. Quanto à sua execução no tempo os tratados internacionais podem ser classificados em *transitórios* e *permanentes*.[102]

Transitórios são aqueles tratados que, embora criem situações que perdurem no tempo, têm sua execução exaurida de forma instantânea e imediata, muitas vezes pela simples publicidade do ato ali concluído. Trata-se de acordos concluídos de um só golpe, em ato único, não havendo neles cláusula de execução posterior e sucessiva.[103] São também chamados de tratados *dispositivos, reais, territoriais* ou *executados*, todos criadores de situações jurídicas *estáticas* (objetivas e definitivas), a exemplo dos tratados que dispõem sobre venda ou cessão de territórios,[104] que estabelecem fronteiras ou limites entre Estados, ou ainda, que transmitem de forma definitiva determinados bens. Apesar de as relações jurídicas por eles criadas permanecerem no tempo, a execução desses acordos dá-se de forma quase imediata, não se protraindo no tempo e no dia a dia dos Estados-partes.

Permanentes, por sua vez, são os tratados cuja execução se prolonga por tempo indeterminado, incluindo-se nessa categoria os tratados de comércio, de aliança, de extradição, de cooperação científica e tecnológica, de arbitragem, os de proteção dos direitos humanos etc. São compromissos internacionais cuja execução não se consuma num *exato* momento, mas, ao contrário, se protrai no tempo enquanto estiverem em vigor, podendo ter vigência longa ou mesmo curta. Mas frise-se que é sempre possível encontrar combinadas as duas características (*transitoriedade* e *permanência*) num mesmo tratado, a exemplo daquele "que traça a linha limítrofe entre dois Estados e ao mesmo tempo institui comissão mista para preservar os recursos naturais da zona de fronteira".[105]

Essa classificação, como se vê, diz respeito à *execução* dos tratados no tempo e não aos seus *efeitos*. Tais efeitos, ainda que possam perdurar no tempo, por prazo indeterminado, como nos casos de tratados de cessão de territórios ou de demarcação de fronteiras, não tiram do instrumento o seu caráter de *transitoriedade*, pelo fato de sua execução ser consumada no instante exato de sua conclusão.

f) Quanto à execução no espaço. Há tratados concluídos para valer sobre *todo* o território do Estado, e aqueles celebrados no intento de valer sobre apenas *parte* desse território. A Convenção de Viena de 1969 disciplina o tema no seu art. 29, que dispõe que "salvo se uma intenção diferente resulte do tratado, ou seja de outro modo estabelecida, um tratado obriga cada uma das partes em relação a todo o seu território". Essa *intenção diferente* referida pelo texto – explica Rezek – "esteve consubstanciada, inúmeras vezes, na chamada 'cláusula

---

[102] V. José Francisco Rezek. Idem, pp. 132-135.
[103] V. Antônio Augusto Cançado Trindade (org.). *Repertório da prática brasileira do direito internacional público (período 1899-1918)*, 2ª ed., cit., p. 131, citando parecer do Conselheiro Lafayette Rodrigues Pereira.
[104] Sobre tais tratados, *v.* Samuel B. Crandall, *Treaties: their making and enforcement*, cit., pp. 200-229.
[105] José Francisco Rezek. *Direito dos tratados*, cit., p. 134.

Parte I • Cap. V • DIREITO DOS TRATADOS | 167

colonial", com que potências do hemisfério norte deixaram expressa a inaplicabilidade, aos seus territórios de ultramar, de tratados geralmente afetos ao progresso social, a benefícios de ordem econômica, à garantia de direitos individuais".[106]

Não tem sido frequente, na atualidade, a conclusão de tratados que não sejam concluídos para valer, efetivamente, sobre a totalidade territorial de um Estado.

g) Quanto à estrutura da execução. Nessa classificação – que compreende apenas os tratados multilaterais – os tratados classificam-se em *mutalizáveis* e *não mutalizáveis*.[107]

Tratados *mutalizáveis* são aqueles tratados multilaterais cujo descumprimento por alguma ou algumas das partes entre si não tem o condão de comprometer a execução do acordo como um todo. Nesse caso, a inexecução do tratado por algumas das partes não impede que o mesmo continue sendo aplicado em relação às demais que o estão executando fielmente. Um bom exemplo é o caso do *GATT*. Ainda que, por exemplo, Brasil e Itália deixassem de cumprir o acordo entre si, pelo motivo que seja, nada impediria que o acordo continuasse a ser regularmente aplicado em relação aos outros Estados-partes. Ou seja, o tratado continua plenamente eficaz e pode ser executado normalmente pelos demais cocontratantes.

Tratados *não mutalizáveis*, por sua vez, são aqueles tratados multilaterais que não concebem divisão em sua execução, de sorte que se alguma ou algumas das partes, pelo motivo que seja, não puder cumprir o pactuado, umas em relação às outras, todas as demais sofreriam com a sua violação, não havendo como deixar de aplicar o tratado somente às partes que o violaram. Tem-se como exemplo de tratado não mutalizável o Tratado da Antártica.

8. Processo de formação dos tratados. Depois de estudados o conceito, a terminologia, a estrutura e a classificação dos tratados, mister compreender a processualística (ou seja, o *iter* procedimental) de sua celebração.[108] O estudo da processualística de celebração de tratados tem início com a análise do seu processo de formação, conclusão e entrada em vigor no âmbito internacional, de acordo com a Convenção de Viena sobre o Direito dos Tratados de 1969. Trata-se de estudar os tratados sob o ponto de vista *formal*, examinando-se detalhadamente todas as fases de sua celebração e as implicações que tais fases têm na ordem jurídica interna dos Estados-partes. Não importa aqui perquirir qual o conteúdo (ou *matéria*) que versa o acordo, mas sim o procedimento pelo qual passa o instrumento celebrado, desde a sua conclusão até a sua entrada em vigor. O problema relativo à matéria (ou conteúdo) de que versa o acordo leva à *inconstitucionalidade intrínseca* do tratado, sendo a sua solução problema do Direito Constitucional de cada Estado (cabendo frisar, porém, que nos termos do art. 27 da Convenção de Viena de 1969 *sempre* há de prevalecer a norma internacional sobre a interna); a questão relativa à forma (ou processualística) pode, por sua vez, levar à *inconstitucionalidade extrínseca* do acordo – e é problema do Direito Internacional Público – com várias consequências práticas, como a questão da habilitação para a celebração de

---

[106] José Francisco Rezek. Idem, p. 136.
[107] *V.* José Francisco Rezek. Idem, pp. 136-137.
[108] *V.*, por tudo, Adolfo Maresca, *Il diritto dei trattati...*, cit., pp. 125-206. Cf. em paralelo, G. Balladore Pallieri, La formation des traités dans la pratique internationale contemporaine, in *Recueil des Cours*, vol. 74 (1949-I), pp. 469-542.

tratados e eventual responsabilidade do Presidente da República por ter ratificado o acordo sem a anuência do Congresso Nacional, como se verá no momento oportuno.

Pois bem, a primeira ideia a fixar-se é a de que os tratados e convenções internacionais são atos solenes, cuja conclusão requer a observância de uma série de formalidades rigorosamente distintas e sucessivas. Eles somente se completam após a realização de sucessivos atos jurídicos que vão se encadeando e se entrelaçando desde a sua celebração até a sua entrada em vigor. São genericamente *quatro* as fases pelas quais têm de passar os tratados solenes até sua conclusão: *a*) a da formação do texto (negociações, adoção, autenticação) e assinatura; *b*) a da aprovação parlamentar (*referendum*) por parte de cada Estado interessado em se tornar parte no tratado; *c*) a da ratificação ou adesão do texto convencional, concluída com a troca ou depósito dos instrumentos que a consubstanciam; e *d*) a da promulgação e publicação do texto convencional na imprensa oficial do Estado. Essa última fase é apenas complementar às demais e visa dar aplicabilidade interna ao compromisso internacionalmente firmado; sua ausência não exime, em absoluto, o Estado de responder pelos termos do tratado já ratificado e em vigor.

Frise-se que a Convenção de Viena de 1969 não se ocupou das chamadas *fases internas* de celebração de tratados, é dizer, se o texto convencional respeitou as regras constitucionais sobre competência para concluir tratados, a menos que nesse *iter* de celebração tenha sido desrespeitada disposição de Direito interno de *fundamental importância* sobre competência para concluir tratados, hipótese constante do art. 46, § 1º, da Convenção, que será estudado com detalhes mais adiante.

Inserindo-se as medidas complementares da promulgação e publicação dos atos internacionais no seu *iter* procedimental de celebração, tem-se que as fases de conclusão dos tratados (divididas em internacionais e internas) são, *grosso modo*, as seguintes:

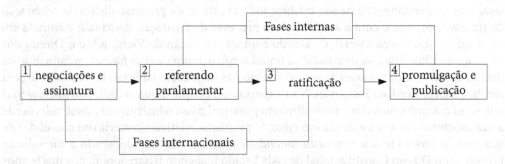

A conjugação das fases internacionais com as fases internas de celebração de atos internacionais faz nascer um procedimento complexo dos poderes da União, em que se agregam as vontades do Poder Executivo (quadros 1, 3 e 4) e do Poder Legislativo (quadro 2) para a perfeita formalização do acordo, o que dá um viés seguramente mais democrático ao processo de celebração de tratados. Trata-se de tendência característica dos textos constitucionais contemporâneos, em que a participação desses dois órgãos federais é indispensável para formar a vontade da nação em relação ao que foi acordado internacionalmente.

Quando regularmente concluídos, os tratados ingressam no ordenamento jurídico interno com vida própria e com sua roupagem original de *tratados*, e nessa qualidade revogam a

Parte I • Cap. V • DIREITO DOS TRATADOS | **169**

legislação anterior incompatível, tal como faria uma lei superveniente.[109] E além de revogarem a legislação interna incompatível, tal como faria a norma posterior relativamente à anterior, devem também os tratados ser observados pelas demais leis que lhe sobrevenham. Mas frise-se que os tratados incorporados ao direito nacional não são *leis* (como se costuma geralmente dizer) e a estas não podem ser equiparados; são atos internacionais *aplicados* internamente *como se fossem leis*. A roupagem própria de *tratados* que têm os atos internacionais não se desfaz com a sua aplicação interna, que é em tudo semelhante à aplicação das leis nacionais. Com a promulgação do texto convencional, os instrumentos internacionais *comuns* ratificados pelo Estado brasileiro passam a ter *força de norma interna*, com hierarquia superior à lei, pelo simples motivo de não poderem ser revogados por lei posterior (eles são imunes a qualquer normatividade futura), como estão a demonstrar a legislação brasileira (cite-se, *v.g.*, o art. 98 do Código Tributário Nacional, que estudaremos na Seção V deste Capítulo) e a prática internacional contemporânea. Os tratados internacionais de proteção dos direitos humanos, que consideramos tratados *especiais*, por sua vez, ingressam no nosso ordenamento jurídico com índole e nível de normas constitucionais, em virtude da regra insculpida no art. 5º, § 2º, da Constituição de 1988, como veremos em momento próprio deste livro (*v.* Parte IV, Capítulo I, Seção I, item nº 8).

Há certas *condições* ou *elementos essenciais* para que um tratado seja considerado válido. Assim, requer-se que os contratantes (Estados ou organizações internacionais) tenham (1) *capacidade* para tal; que os seus agentes signatários estejam (2) *legalmente habilitados* (por meio de carta de plenos-poderes, assinada pelo Chefe do Executivo e referendada pelo Ministro das Relações Exteriores); que haja (3) *mútuo consentimento* (que se revela no livre e inequívoco direito de opção do Estado, manifestado em documentação expressa); e que o seu objeto seja (4) *lícito* e *materialmente possível* (porque a promessa de uma prestação ilícita, amoral ou fisicamente irrealizável é incapaz de formar um vínculo jurídico válido).[110] Os autores, em geral, concordam que faltando uma ou algumas dessas condições o tratado se torna inválido, podendo assim ser declarado pelos tribunais internacionais competentes (em especial, no âmbito da ONU, a CIJ).

Segundo a Convenção de 1969, todos os Estados têm capacidade para concluir tratados (art. 6º). Devem eles, porém, na realização de negociações junto ao governo de país estrangeiro, atuar por meio de seus representantes, devidamente habilitados a praticar atos internacionais em seu nome (plenipotenciários – detentores dos *plenos poderes*),[111] à exceção daquelas pessoas que, em virtude do cargo que ocupam no Estado e a depender do caso, estão dispensadas de qualquer autorização (*v. infra*). O citado art. 6º da Convenção de Viena – explica Reuter – não estabelece uma norma, mas apenas descreve *um dos atributos* essenciais da qualidade de Estado, que é a capacidade para celebrar tratados. Mesmo não sendo os Estados os únicos sujeitos do Direito Internacional Público, são eles os sujeitos *originários* do direito das gentes, desfrutando então de uma personalidade jurídica plena, cuja manifestação essencial no

---

[109] Cf. José Francisco Rezek. *Direito dos tratados*, cit., p. 383.

[110] *V.*, por tudo, Hildebrando Accioly, *Tratado de direito internacional público*, vol. I, cit., pp. 559-573; e Dinh, Daillier & Pellet, *Direito internacional público*, cit., pp. 191-211.

[111] Sobre o instituto dos plenos poderes, *v.* João Hermes Pereira de Araújo, *A processualística dos atos internacionais*, cit., pp. 101-124; Anthony Aust, *Modern treaty law and practice*, cit., pp. 57-65; e Mark Eugen Villiger, *Commentary on the 1969 Vienna Convention on the Law of Treaties*, cit., pp. 135-146.

Direito Internacional é a capacidade para celebrar tratados.[112] Por isso, nenhum domínio de regulamentação ou matéria lhe estão, *a priori*, vedados; quando muito pode surgir o problema de alguns Estados negarem a uma entidade a qualidade de Estado.[113] Também as organizações internacionais, como se sabe, têm capacidade para celebrar tratados, mas dispõem de regras próprias para tanto, como veremos no momento próprio (*v.* Seção II, item nº 4, *infra*).

A determinação da autoridade competente para negociar depende do Direito Constitucional de cada Estado, sendo essa mesma autoridade (designada pela Constituição) a competente para *delegar* essa competência negocial a outrem (aos plenipotenciários).[114]

Os chefes de Estado (ou de Governo, dependendo do sistema adotado em cada país) têm, em razão do cargo que exercem, *competência originária* (ou *de primeiro grau*) para a celebração de tratados. No plano do Direito interno cabe às Constituições, no quadro da repartição geral de competências, designá-los como os responsáveis primários para a celebração de tratados em nome do Estado. Os Ministros das Relações Exteriores (ou dos negócios estrangeiros, como denominados em alguns Estados, ou ainda os *Foreign Secretary* ou *Secretary of State*) têm, por sua vez, *competência derivada* (ou *secundária*) para a celebração de tratados, com os mesmos poderes dos chefes de Estado ou de Governo, uma vez investidos em seus respectivos cargos; são plenipotenciários ou mandatários que, *em virtude de suas funções e a depender do caso*, estão dispensados de apresentar – e ninguém os pode reclamar – a "carta de plenos poderes" (*litera fidei*).[115] A Convenção de Viena de 1969 estabelece três regras sobre o tema, assim dispondo: *a*) os chefes de Estado, os chefes de Governo e os Ministros de Relações Exteriores estão dispensados da apresentação dos plenos poderes para *todos* os atos relativos à *conclusão* de um tratado; *b*) os Chefes de Missão Diplomática (os embaixadores ou os encarregados de negócios) estão dispensados da apresentação dos plenos poderes *apenas* para a *adoção* do texto de um tratado (subentendendo-se também as *negociações* anteriores) entre o Estado acreditante e o Estado junto ao qual estão acreditados; e *c*) os representantes acreditados pelos Estados perante uma conferência ou organização internacional ou em um de seus órgãos, para a *adoção* do texto de um tratado em tal conferência, organização ou órgão (art. 7º, § 2º).[116] No tópico nº 9, item *b*, *infra*, criticaremos essa disposição da Convenção de Viena. Por ora, basta dizer que, em princípio, para outros plenipotenciários que não esses referidos e para o exercício de outros atos que não os ali previstos, a carta de plenos poderes, expedida pela autoridade competente do Estado, deve ser exigida. Em caso de a representação do Estado dar-se por uma delegação ou por um grupo de pessoas, é importante frisar que só será detentor dos plenos poderes o *chefe* da delegação ou comissão, incumbindo somente a ele, e a mais ninguém, a prática de atos que manifestem a vontade do Estado que representa, no cenário internacional.

O Presidente da República, na prática brasileira atual, quando expede uma *carta de plenos poderes* já faz saber ao governo estrangeiro ou à organização internacional sede da

---

[112]   *V.* Paul Reuter. *Introducción al derecho de los tratados*, cit., p. 94. Ainda sobre o tema, cf. Mark Eugen Villiger, *Commentary on the 1969 Vienna Convention on the Law of Treaties*, cit., pp. 127-131.

[113]   Cf. Dinh, Daillier & Pellet. *Direito internacional público*, cit., p. 193.

[114]   Cf. Dinh, Daillier & Pellet. Idem, p. 130.

[115]   Para detalhes, *v.* Antonio Remiro Brotons, *Derecho internacional público*, vol. 2, cit., pp. 148-149.

[116]   Cf., a propósito, Charles Rousseau, *Principes généraux du droit international public*, t. I, cit., p. 164.

celebração do tratado, que aquele seu plenipotenciário, que ali está na condição de *representante do governo brasileiro*, terá plenos poderes para *adotar* e *assinar* o tratado internacional em questão, condicionada a sua validade ao posterior *referendum* do Congresso Nacional e à ratificação do próprio Presidente da República.

A teoria dos *plenos poderes*, influenciada pelo *Corpus Juris Civilis*, desenvolveu-se no período renascentista e consistia em uma procuração dada pelo Chefe do Estado ao seu representante, fixando a extensão dos poderes a ele atribuídos.[117] Nasceu em virtude da intensificação das relações internacionais e, em consequência, da impossibilidade de os chefes de Estado estarem ao mesmo tempo em vários lugares, a fim de negociar mais de um tratado. Depois do século XIX, a carta de plenos poderes passou a ser um instrumento mais de *comunicação* entre o plenipotenciário e o seu governo do que propriamente de *validade* do ato internacional. Por isso é que, nos dias atuais, uma vez ultrapassada a era dos monarcas absolutos e das comunicações lentas, a carta de plenos poderes perdeu consideravelmente sua importância prática.[118] Atualmente se entende que, pela rapidez das comunicações entre o governo e o seu plenipotenciário, é praticamente impossível a existências de fraudes relativamente à representação do Estado no exterior.[119] Ademais, a simples assinatura do acordo, salvo a exceção do art. 12 da Convenção de Viena de 1969, não tem o condão de gerar um vínculo jurídico válido a obrigar (definitivamente) o Estado no cenário internacional, o que somente ocorrerá com a posterior *ratificação* do respectivo tratado. Esse é outro motivo que fez com que o instituto dos *plenos poderes* perdesse a sua importância na atualidade. Mas apesar disso, e não obstante a sociedade internacional encontrar-se hoje num contexto totalmente transformado, o instituto dos plenos poderes ainda continua a existir enquanto "símbolo" da soberania.[120]

No caso brasileiro, a competência do Chefe do Executivo para celebrar tratados é *privativa*, o que permite haja delegação, por sinal, muito comum na processualística dos atos internacionais, uma vez que o Presidente da República tem outras funções a cumprir além da de celebrar tratados. Atualmente, é cada vez mais raro ver um chefe de Estado participar pessoalmente das negociações de um tratado, e isto por várias razões (internas e internacionais), tanto de ordem política como prática.[121] Daí dizer a Constituição brasileira de 1988 competir *privativamente* ao Presidente da República "manter relações com Estados estrangeiros e acreditar seus representantes diplomáticos" (art. 84, inc. VII), bem assim "celebrar tratados, convenções e atos internacionais, sujeitos a referendo do Congresso Nacional" (art. 84, inc. VIII).[122] Essa competência é normalmente delegada ao Ministro das

---

[117] V. José Sette Câmara. *The ratification of international treaties*, cit., pp. 19-24.

[118] Cf. Ian Brownlie. *Princípios de direito internacional público*, cit., p. 630.

[119] Cf. Maria de Assis Calsing. *O tratado internacional e sua aplicação no Brasil*, cit., p. 26.

[120] Cf. Dinh, Daillier & Pellet. *Direito internacional público*, cit., p. 129.

[121] Cf. João Hermes Pereira de Araújo. *A processualística dos atos internacionais*, cit., p. 23.

[122] Frise-se que o parágrafo único do art. 84 leva à falsa impressão de que a delegação presidencial é somente possível nas hipóteses dos *três incisos* ali citados, quando diz: "O Presidente da República poderá delegar as atribuições mencionadas nos incisos VI, XII e XXV, primeira parte, aos Ministros de Estado, ao Procurador--Geral da República ou ao Advogado-Geral da União, que observarão os limites traçados nas respectivas delegações". A interpretação, porém, que se deve dar a tal parágrafo é a de que nos três incisos referidos apenas para os entes ali citados (Ministros de Estado, Procurador-Geral da República e Advogado-Geral

Relações Exteriores, que exerce a função de auxiliar do Presidente da República na condução dos negócios internacionais e da política exterior do Brasil. Tal competência pode também ser delegada aos Agentes Diplomáticos acreditados em país estrangeiro (quando o acordo é concluído no Estado estrangeiro onde tais agentes se encontram) ou aos Chefes de Missão Diplomática. Esses últimos, quando de caráter permanente, têm sua designação aprovada previamente pelo Senado Federal, que os sabatina em sessão secreta (CF, art. 52, inc. IV). É raríssima a hipótese de o Chefe de Missão Diplomática não ser funcionário da ativa do governo, tal como ocorrera com o culto Professor Haroldo Valladão, antigo Consultor Jurídico do Itamaraty e Procurador-Geral da República, que foi por várias ocasiões, na só qualidade de professor universitário e advogado, chefe de missões diplomáticas a convite do governo brasileiro.[123] Todo funcionário de carreira, entretanto, acreditado ou credenciado pelo país estrangeiro, pode ser agente plenipotenciário e ter representatividade para celebrar tratados. A razão da permissibilidade constitucional de delegação da competência presidencial para celebrar tratados é bem explicada por Basdevant, para quem "a participação direta dos chefes de Estado na negociação e na assinatura dá por vezes a esta um caráter definitivo, que se considera, ordinariamente, mais oportuno evitar".[124]

Em verdade, não obstante a fórmula literal de certos textos constitucionais, a exemplo do brasileiro, no sentido de fazer caber ao Presidente da República "celebrar tratados, convenções e atos internacionais", o que se percebe, já há algum tempo, é a excepcionalidade dos chefes de Estado celebrarem, eles mesmos, os tratados que o país tem em vista concluir. Por isso, a regulamentação dessa competência presidencial deve ser no sentido de permitir ao *órgão executivo* a celebração de tratados (ou seja, ao *governo* e aos seus auxiliares, para matérias atinentes às relações internacionais do país).

9. Desmembrando as fases internacionais da formação dos tratados. Vamos estudar agora as *fases internacionais* de celebração de tratados, levadas a cabo pelo Poder Executivo dos Estados, as quais se desdobram nas *negociações preliminares*, na *adoção do texto*, na *autenticação*, na *assinatura*, na *ratificação* e na eventual *adesão*.[125] Vejamos cada uma dessas fases separadamente:

a) As negociações preliminares. O processo de formação dos tratados tem início com os atos de *negociação*, que são da competência geralmente do Poder Executivo (*v.g.*, o Presidente da República ou o Ministro das Relações Exteriores), podendo tal prerrogativa variar de país para país. A competência do Executivo para participar das relações internacionais em nome do Estado – ainda que com variações de um país para outro – é histórica, sendo sua atuação externa (desde as negociações preliminares de um tratado até sua ratificação)

---

da União) pode o Presidente da República exercer a delegação, estando impedido de delegar as matérias ali constantes a terceiras pessoas. Isso não significa, contudo, que não possa o Presidente da República, nos demais incisos do art. 84, delegar sua atuação para outras pessoas à sua livre escolha, como ao Ministro das Relações Exteriores no caso da celebração de tratados internacionais (inciso VIII) etc.

[123] O exemplo é de José Francisco Rezek, in *Direito dos tratados*, cit., p. 213, nota nº 369.

[124] Jules Basdevant. La conclusion et la rédaction des traités et des instruments diplomatiques autres que les traités, cit., p. 546.

[125] As fases internas e a processualística constitucional de conclusão de atos internacionais serão estudadas separadamente, na Seção III deste Capítulo.

preponderante sobre a dos demais Poderes.[126] Daí o motivo de o Executivo *participar mais* das relações internacionais que o Legislativo, o qual só se manifesta no processo de celebração de tratados *uma vez*, quando decide sobre a viabilidade de o Estado engajar-se no respectivo compromisso internacional (fase que tem lugar *depois* da assinatura e *antes* da ratificação).

A importância do Executivo na condução das relações exteriores de um Estado, quando o tema diz respeito à celebração de tratados, encontra-se justamente nessa fase das *negociações preliminares*. As negociações de um tratado têm lugar quando os representantes dos Estados se reúnem em certo local e em uma época preestabelecida, a fim de estudar conjuntamente as possibilidades de se chegar a um entendimento relativo à conclusão de determinado instrumento internacional. O vocábulo *negociação* tem uma acepção ampla, abrangendo atualmente "toda ação anterior a um pacto de qualquer natureza, o momento da discussão e do acordo de vontades que será ou não traduzido em ato jurídico".[127] A troca de manifestações de vontades, as propostas e contrapropostas, as concessões feitas por uns Estados em relação a outros, bem assim a fixação final de posições, são os traços característicos das negociações de um tratado. As delegações das potências estrangeiras presentes à reunião ou à conferência diplomática têm a faculdade de aceitar as propostas colocadas à mesa, rechaçá-las ou ainda emendá-las, segundo o que julgarem mais conveniente em relação aos seus próprios interesses. A redação do texto fica normalmente a cargo de *peritos* que acompanham os negociadores.[128]

As negociações de um tratado podem apresentar diferenças conforme o tipo de acordo que se deseja firmar.[129] As negociações envolvendo tratados bilaterais iniciam-se (comumente) por meio do envio de uma *nota diplomática*, de caráter informal, de um país para outro, de chancelaria para chancelaria, desenvolvendo-se depois no território de um dos dois Estados-contratantes, embora não se descarte a possibilidade de tal negociação ocorrer no território de um terceiro Estado escolhido de comum acordo pelas partes. No caso dos tratados celebrados entre Estado e organização internacional, as negociações normalmente têm lugar na sede da organização. A *iniciativa* de uma negociação parte sempre do Estado que mais interesse apresenta na conclusão do tratado. Os *plenos poderes* não têm sido mais exigidos nesse tipo de negociação, uma vez que se supõe que os agentes do Ministério das Relações Exteriores estão plenamente habilitados, pelo Chefe do Estado, para levar adiante as tratativas com a outra potência estrangeira. No que tange ao idioma utilizado para a negociação de tratados bilaterais, a prática tem demonstrado que se os Estados contratantes não têm o mesmo idioma, é comum a escolha de uma terceira língua (normalmente o inglês) cômoda a ambos, visando facilitar o entendimento das negociações entre as partes.[130] A negociação dos tratados bilaterais é usualmente estabelecida entre a chancelaria e a missão diplomática acreditada no país e, na falta de representação diplomática, é normalmente enviada uma delegação ou missão

---

[126] Sobre a predominância do Executivo nas relações internacionais, *v.* Antônio Paulo Cachapuz de Medeiros, *O poder de celebrar tratados...*, cit., pp. 163-185.

[127] João Hermes Pereira de Araújo. *A processualística dos atos internacionais*, cit., p. 21.

[128] Cf. Dinh, Daillier & Pellet. *Direito internacional público*, cit., p. 133.

[129] *V.*, por tudo, João Hermes Pereira de Araújo, *A processualística dos atos internacionais*, cit., pp. 27-37; e Paul Reuter, *Introducción al derecho de los tratados*, cit., pp. 79-84.

[130] Para um estudo da questão do idioma dos tratados, *v.* João Hermes Pereira de Araújo, *A processualística dos atos internacionais*, cit., pp. 54-60.

especial *ad hoc* incumbida de negociar.[131] Não fica descartada a possibilidade de participarem comissões técnicas do órgão diretamente interessado (respectivo Ministério) na conclusão do tratado, quando esse versar sobre matéria de sua competência, como agricultura, ciência e tecnologia, finanças públicas, saúde, educação, transportes, turismo etc.

As negociações dos tratados multilaterais têm normalmente lugar no seio de uma organização internacional ou em uma conferência internacional *ad hoc* (especialmente convocada para a discussão e elaboração de um ou mais tratados) sediada no território de um dos Estados negociadores.[132] Quando a negociação multilateral tem lugar no primeiro caso (no seio de uma organização internacional), não há conferência *ad hoc*, ficando todas as discussões centradas na assembleia plenária da Organização. A única limitação existente para a negociação de tratados no seio de uma organização internacional diz respeito ao princípio da especialidade: as convenções concluídas numa organização devem conformar--se às finalidades e aos objetivos desta. No caso de a negociação ter lugar em conferências *ad hoc* especializadas, a situação é outra. Tais conferências são subdivididas em comissões especiais, encarregadas de preparar o projeto de tratado a ser discutido e votado pelos Estados presentes, regulamentar o prazo para que se terminem os trabalhos, estabelecer as regras a serem observadas pelas partes durante as negociações, e acompanhar do transcurso final dos debates. As conferências são dotadas de vontade própria: têm início de acordo com as regras da conferência e terminam com uma ata em que são registrados os textos adotados, os quais se converterão em futuros tratados a partir de sua adoção e autenticação. Os Estados são nelas representados por *delegados* investidos dos poderes necessários para negociar e concluir o texto convencional. O procedimento das negociações, nesse caso, reveste-se da mais alta complexidade e rigidez, obedecendo a um regulamento interno já previamente estabelecido e utilizando-se, normalmente, de um ou mais dos seis idiomas oficiais da ONU (quais sejam, o inglês, o francês, o espanhol, o árabe, o russo e o chinês).[133]

As negociações – na organização internacional ou na sede da conferência internacional *ad hoc* respectiva – terão início com base num texto de tratado previamente preparado, em forma de *projeto*, que servirá de base às conversações, nada impedindo que o texto final do tratado aprovado em nada se assemelhe ao texto do projeto utilizado como termo *a quo* das discussões. Esse o sistema que tem prevalecido na ordem internacional atual. Quanto ao local das negociações dos tratados multilaterais, variará de acordo com aquele que convoca a conferência: se um Estado, normalmente a conferência dá-se em seu território; se vários os Estados ou se uma organização internacional, a sede da conferência será no território do Estado que se oferecer como anfitrião.

Os negociadores de um tratado são, geralmente, acompanhados por especialistas (*experts*) naquela determinada matéria objeto do acordo, e isto tem por finalidade fornecer os subsídios necessários a uma boa negociação e tomada de posição. No Brasil, toda

---

[131] Cf. José Francisco Rezek. *Direito dos tratados*, cit., pp. 186-200; e Maria de Assis Calsing, *O tratado internacional e sua aplicação no Brasil*, cit., p. 29.

[132] Para detalhes, *v*. Dinh, Daillier & Pellet, *Direito internacional público*, cit., pp. 170-177.

[133] Cf. João Grandino Rodas. *Tratados internacionais*, cit., p. 15. Sobre o assunto, à égide da SdN, *v*. Marcel Sibert, Quelques aspects de l'organisation et de la technique des conférences internationales, in *Recueil des Cours*, vol. 48 (1934-II), pp. 387-457; e Charles Rousseau, *Principes généraux du droit international public*, t. I, cit., pp. 159-162.

Parte I • Cap. V • DIREITO DOS TRATADOS | 175

negociação de ato internacional deve ser acompanhada por funcionário diplomático, devendo ainda o texto final do acordo ser aprovado, sob o aspecto jurídico, pela Consultoria Jurídica (CJ) do Itamaraty e, sob o aspecto processual, pela Divisão de Atos Internacionais (DAI). Também conforme a prática brasileira, as minutas dos atos internacionais "em estado adiantado de negociação, mas com anterioridade razoável em relação à data da assinatura, devem ser encaminhadas à DAI para apreciação da técnica de redação e da forma jurídica apropriada, segundo as prescrições do Direito interno e as práticas e normas do Direito Internacional".[134]

Findas as negociações, tem-se o tratado como *concluído* (emprestando-se a essa última expressão o sentido que lhe dá a Convenção de Viena de 1969, ou seja, o de tratado apto a prosseguir nas demais fases de sua celebração). Nesse ponto já existe um *projeto de tratado* composto por: *a*) um *preâmbulo*, que elenca os nomes das partes-contratantes e expõe os motivos a que se destina a consecução do acordo; *b*) uma parte *dispositiva*, que representa o corpo do texto do tratado, na qual são expostos os princípios e regras do compromisso que as partes passam a assumir, contando também com algumas *cláusulas* ou *disposições finais*, que têm por finalidade dar aplicabilidade a regras técnicas do próprio acordo, a exemplo das regras sobre sua entrada em vigor, duração, possibilidade de adesão, permissibilidade de emendas ou reservas etc.; e *c*) eventualmente alguns *anexos*, que contêm elementos técnicos complementares ao texto do tratado, funcionando como meios de auxílio às partes no que tange ao cumprimento regular do acordo.

b) *A adoção do texto*. Sabe-se que o texto final de um tratado deve resultar de um *acordo de vontades* das partes presentes às negociações. Tal *acordo* deve obrigatoriamente ser chancelado por um *ato jurídico*, para que somente assim seja tido por *válido*. Esse ato jurídico que chancela o acordo das partes que pôs fim às negociações, é o ato da *adoção* do texto convencional, regulado pelo art. 9º, §§ 1º e 2º, da Convenção de Viena de 1969.

A *adoção* é o procedimento jurídico-diplomático por meio do qual os órgãos do Estado encarregados de negociar o tratado entendem ter havido *consenso* sobre o texto que se acabou de negociar (quando então se diz ter um *projeto adotado*).[135] Trata-se de um ato de vontade com o qual os Estados partícipes do procedimento de elaboração do tratado aceitam *o texto* final como conveniente, isso nada significando que os Estados já aceitam o tratado *enquanto norma jurídica* vinculante em relação a si. Em outras palavras, a adoção chancela *a redação* definitiva do tratado internacional, nada mais.[136]

Alguns *efeitos* jurídicos podem nascer, contudo, do tratado adotado, ainda que o instrumento não se imponha como *norma* jurídica aos Estados signatários.[137] Um desses efeitos

---

[134] Cf. MRE. *Atos internacionais – Prática diplomática brasileira – Manual de procedimentos*. Brasília: DAI/MRE, 2008, p. 14.

[135] Cf. Adolfo Maresca. *Il diritto dei trattati...*, cit., p. 139; Ernesto De La Guardia, *Derecho de los tratados internacionales*, cit., pp. 145-146; e Mark Eugen Villiger, *Commentary on the 1969 Vienna Convention on the Law of Treaties*, cit., pp. 156-164.

[136] Cf. Antonio Remiro Brotons. *Derecho internacional público*, vol. 2, cit., p. 82.

[137] Cf. Dinh, Daillier & Pellet. *Direito internacional público*, cit., p. 138. Lembre-se dos dizeres de Reuter, para quem a palavra "tratado" inclui "tanto o *ato* como seu resultado, a saber: a *norma*" (*Introducción al derecho de los tratados*, cit., p. 38).

diz respeito à aplicabilidade imediata das *cláusulas finais* do tratado, tal como estabelece o art. 24, § 4º, da Convenção de Viena de 1969, segundo o qual: "Aplicam-se desde o momento da adoção do texto de um tratado as disposições relativas à autenticação do seu texto, à manifestação do consentimento dos Estados em obrigarem-se pelo tratado, à maneira ou a data de sua entrada em vigor, às reservas, às funções de depositário e aos outros assuntos que surjam necessariamente antes da entrada em vigor do tratado". Como se percebe, essas cláusulas finais não dizem respeito a qualquer questão *normativa* do tratado, senão apenas à sua condição de *ato jurídico*.

Quais as regras para a *adoção* de um tratado? Nos termos do citado art. 9º, §§ 1º e 2º, da Convenção de 1969, são duas as regras para a adoção do texto convencional, quais sejam:

a) ou tal adoção efetua-se pelo consentimento de *todos* os Estados que participam da sua elaboração, ou;

b) quando a adoção tiver lugar em uma conferência internacional, efetua-se pela maioria de *dois terços* dos Estados presentes e votantes, salvo se esses Estados, pela mesma maioria, decidirem aplicar uma regra diversa.

Assim, tendo sido o instrumento negociado por Estados *fora* de uma conferência internacional, necessário se faz a vontade de *todos eles* para que seja adotado o texto (art. 9º, § 1º). Claro que em relação aos tratados *bilaterais* não há outra regra a aplicar-se, senão essa da *unanimidade*. Frise-se que a regra em tela tem caráter imperativo e não admite flexibilizações. Por sua vez, tendo sido negociado em uma conferência internacional, a adoção efetua-se pela maioria de dois terços dos Estados presentes e votantes, salvo disposição em contrário pela vontade dessa mesma maioria (art. 9º, § 2º). Nessa segunda hipótese, serão as *regras da conferência* (acordadas pelos participantes) que determinarão o procedimento de adoção do texto convencional. A vontade da maioria (presente à conferência) pode até mesmo decidir pela regra da unanimidade, ou ainda adotar o texto por consenso.[138] Quando a adoção tem lugar no seio de uma organização internacional, ocorre normalmente de o Presidente da Assembleia ou de um alto funcionário da organização autenticar, em nome de todas as partes ali presentes, o texto do tratado ao término das negociações.[139]

Impõe-se, contudo, não confundir a *adoção* do texto do tratado com a sua *autenticação*, bem assim com a *assinatura*. A adoção do texto efetua-se – como se falou – pelo consentimento de *todos* os Estados que participam da sua elaboração, salvo quando se dá em uma conferência internacional, caso em que se considera efetuada pela maioria de *dois terços* dos Estados presentes e votantes (podendo também esses Estados, pela mesma maioria, decidirem de forma diversa). Trata-se, portanto, de um ato jurídico em sentido estrito: a vontade dos Estados, que participaram da elaboração do tratado, de assumirem certo *texto* como conveniente; ou a vontade de assumirem esse texto como um documento sobre o qual deverá formar-se, ao seu tempo, o consenso conclusivo.[140] A *autenticação*, por sua vez, nada mais é do que uma formalidade protocolar, própria dos documentos diplomáticos, que confere

---

138   Cf. Dinh, Daillier & Pellet. *Direito internacional público*, cit., p. 174.

139   Cf. Paul Reuter. *Introducción al derecho de los tratados*, cit., p. 84.

140   V. Adolfo Maresca. *Il diritto dei trattati...*, cit., pp. 139-140; e Anthony Aust, *Modern treaty law and practice*, cit., pp. 66-71.

autenticidade e *definitividade* ao texto convencional adotado (*v. infra*).[141] Ou seja, primeiro se *adota* o texto (que agrada a vontade da maioria, em consenso) e depois se lhe atribui *legitimidade* (autenticidade + definitividade). Somente *após* adotado e autenticado o texto convencional é que os representantes dos Estados irão apor suas assinaturas e prosseguir no *iter* da celebração do tratado em suas demais fases. O Estado pode, até mesmo, discordar do texto do tratado elaborado em uma conferência internacional e adotado pela maioria de dois terços dos Estados presentes e votantes e, ainda assim, futuramente, assiná-lo, se o desejar.

Como já vimos, os Ministros de Relações Exteriores – além, obviamente, dos chefes de Estado e dos chefes de Governo – estão dispensados de apresentar *plenos poderes* para a realização de *todos* os atos relativos à conclusão de um tratado. Mas, no que tange aos Chefes de Missão Diplomática, diz textualmente o art. 7º, § 2º, alínea *b*, da Convenção de 1969, que essa isenção vai até *a adoção* do texto convencional, não se estendendo ao ato da *assinatura*. Assim, *a priori*, estariam tais plenipotenciários (*v.g.*, um embaixador) impedidos de ultrapassar a fase da *adoção* do texto do tratado, sem poder efetivamente *assiná-lo* em nome do Estado (a não ser com os ditos *plenos poderes*). Entretanto, é de se ter como certo que essa regra não pode ser entendida na sua literalidade estrita, devendo-se concordar com Rezek, que assim leciona: "Não é de crer que tenha havido [por parte da Convenção de Viena] o intento de estabelecer que o embaixador [ou outro plenipotenciário habilitado] só tem virtude nata para levar a negociação até o consenso em torno do texto convencional, precisando, contudo, de uma carta de plenos poderes para autenticá-lo mediante assinatura. Isso contradiria a prática corrente, demonstrativa de que esses diplomatas negociam e assinam tratados bilaterais entre o Estado de origem e o Estado de exercício funcional, à base única do credenciamento permanente de que gozam. Isto, porém, na exata medida em que a assinatura signifique desfecho do processo negocial e autenticação do texto avençado, sem implicar consentimento definitivo".[142] Em outras palavras, é de se permitir aos plenipotenciários legalmente habilitados (como os Chefes de Missão Diplomática) ultrapassar a fase da *adoção* do texto, para também *assiná-lo* em nome do governo, quando a assinatura não importar (em seus efeitos) em consentimento definitivo.

Frise-se que caso o poder conferido a um representante, para adotar ou autenticar o texto de um tratado, tiver sido objeto de *restrição específica* da autoridade competente, o fato de o representante não respeitar a restrição não pode ser invocado como meio para invalidar o consentimento expresso, a menos que tal restrição tenha sido notificada aos outros Estados negociadores antes da manifestação do consentimento, segundo a regra expressa do art. 47 da Convenção de Viena de 1969.[143]

c) A autenticação. Outro procedimento concernente à formação dos tratados (que segue cronologicamente à adoção) é a sua *autenticação*, ato pelo qual o texto do tratado é considerado "autêntico e definitivo", nos termos do art. 10 da Convenção de Viena de 1969. Frise-se que a autenticação transforma *o texto* adotado em autêntico e definitivo, em nada significando que o *próprio tratado* já se faz obrigatório a partir de tal ato.

---

[141] Cf. Adolfo Maresca. *Il diritto dei trattati…*, cit., p. 146.

[142] José Francisco Rezek. *Direito dos tratados*, cit., pp. 207-208.

[143] Sobre esse dispositivo, *v.* Mark Eugen Villiger, *Commentary on the 1969 Vienna Convention on the Law of Treaties*, cit., pp. 597-602.

Como já se falou, a autenticação do texto convencional não é propriamente um ato jurídico *stricto sensu*, como é a adoção, mas uma formalidade diplomática de caráter meramente *protocolar* (ou *notarial*). Esses dois momentos (adoção e autenticação) estão, porém, intimamente conectados: primeiro se *adota* o texto do tratado (trata-se do *consenso* que já se têm sobre ele) e subsequentemente se lhe atribui *autenticidade*, quando então passa a existir um texto *definitivo*. O que o procedimento autenticatório faz é *documentar* que a adoção (que lhe foi anterior) realizou-se com sucesso. Daí Adolfo Maresca referir-se à autenticação como a "manifestação documental" da adoção.[144]

A regra sobre a autenticação convencional encontra-se no art. 10 da Convenção de Viena de 1969, que assim dispõe:

> "Art. 10. *Autenticação do texto*. O texto de um tratado é considerado autêntico e definitivo: *a*) mediante o processo previsto no texto ou acordado pelos Estados que participam da sua elaboração; ou *b*) na ausência de tal processo, pela assinatura, assinatura *ad referendum* ou rubrica, pelos representantes desses Estados, do texto do tratado ou da Ata Final da Conferência que incorporar o referido texto".

Tal regra deve ser bem compreendida para que não se confunda a autenticação com a assinatura. Como se percebe, o que diz a Convenção é que a autenticação do texto de um tratado (ato que o torna "autêntico e definitivo") deve ser feita, *a priori*, "mediante o processo previsto no texto ou acordado pelos Estados que participam da sua elaboração" (art. 10, alínea *a*). Aí está a verdadeira praxe protocolar diplomática, acima referida, que "documenta" a adoção do texto. Ou seja, os negociadores têm absoluta liberdade para escolher o procedimento de autenticação do texto que lhes aprouver.[145] Mas caso o texto do instrumento nada disponha sobre sua autenticação, ou os Estados ali presentes nada acordem sobre ela, passa a valer então a regra supletiva da alínea *b*, do mesmo art. 10, segundo a qual a assinatura, a assinatura *ad referendum* ou a rubrica, pelos representantes desses Estados, do texto do tratado ou da Ata Final da Conferência que incorporar esse texto, valerão também como atos autenticatórios. Tal é até mesmo óbvio, pois se os representantes dos Estados *assinaram* (ou *rubricaram*) o tratado é porque também *aceitaram* que aquele texto é autêntico e definitivo.

Em suma, a autenticação é a operação diplomático-processual por meio da qual os Estados, presentes às negociações do tratado, declaram que o texto convencional adotado é exatamente aquele por eles pretendido, assumindo, a partir daí, caráter definitivo, podendo também ser manifestada, na ausência dessa operação diplomática, pela assinatura, assinatura *ad referendum* ou rubrica, pelos representantes desses Estados, do texto do tratado ou da Ata Final da Conferência que incorporar esse mesmo texto. Essa segunda hipótese (da autenticação levada a efeito pela assinatura, rubrica etc.) tem lugar certo, *v.g.*, nos tratados bilaterais.[146]

---

[144] Adolfo Maresca. *Il diritto dei trattati...*, cit., p. 146. V. ainda, Ernesto De La Guardia, *Derecho de los tratados internacionales*, cit., pp. 146-150; Anthony Aust, *Modern treaty law and practice*, cit., pp. 71-74; e Mark Eugen Villiger, *Commentary on the 1969 Vienna Convention on the Law of Treaties*, cit., pp. 167-171.

[145] Cf. Antonio Remiro Brotons. *Derecho internacional público*, vol. 2, cit., p. 86.

[146] V. Adolfo Maresca. *Il diritto dei trattati...*, cit., pp. 146-147.

A diferença da "assinatura" para a "assinatura *ad referendum*", referidas pelo art. 10, alínea *b*, da Convenção, está ligada aos *efeitos jurídicos* do ato, pois, em regra, a assinatura é sempre manifestada *ad referendum* dos órgãos internos do Estado, competentes para autorizar a ratificação do tratado. Portanto, a referência à simples "assinatura" pelo art. 10, alínea *b*, está ligada à hipótese excepcional do art. 12 da Convenção (estudado *infra*), em que a assinatura do tratado *já vale* como comprometimento definitivo (daí por que também ser chamada em doutrina de *assinatura plena* ou *definitiva*); trata-se do caso em que o procedimento é abreviado (está-se diante, então, dos tratados de *procedimento breve*) em seu *iter* de celebração. Na prática diplomática brasileira o que ocorre é o seguinte: o plenipotenciário presente à negociação apõe sua "assinatura *ad referendum*" no tratado, autenticando-o. Por se tratar de assinatura *ad referendum*, o instrumento é trazido ao país a fim de ser *referendado* pelo Congresso Nacional e, futuramente, *ratificado* pelo Presidente da República. Não é, portanto, da prática diplomática brasileira a aposição de *assinatura plena* em tratados internacionais, até mesmo pelo proibitivo constitucional existente (CF, art. 49, inc. I).

O art. 10, alínea *b*, em exame, faz também referência à "rubrica", que não chega a ser uma assinatura propriamente dita, mas a aposição de brevíssimo *signo* gráfico por parte do plenipotenciário. Trata-se de prática antiga que vem sendo seguida pela diplomacia em geral. Por meio dela permite-se aos representantes dos Estados consultar seus governos sobre questões que, porventura, ainda surjam relativamente ao tratado que ali se conclui.[147] O fato é que, como explica João Hermes Pereira de Araújo, "apesar das instruções e dos poderes de que são investidos, os plenipotenciários raramente assinam um ato internacional sem o submeter, antes, a várias autoridades administrativas [e] ao próprio Chefe do Governo ou do Estado", sendo isto "o que se dá no Brasil, onde os tratados são examinados pela Consultoria Jurídica do Ministério das Relações Exteriores, pela Divisão de Atos Internacionais, pelo Ministro das Relações Exteriores e pelo Presidente da República", salvo, evidentemente, se for o tratado adotado num congresso ou conferência internacional, quando então a responsabilidade dos delegados deverá ser notadamente maior.[148]

d) *A assinatura*. Depois do ato jurídico da *adoção* do texto convencional, o ato jurídico subsequente é o da *assinatura* do tratado.[149] A assinatura põe termo a essa fase inicial do processo de formação dos tratados (principiada com as negociações e seguida da adoção) e arremata o ato protocolar da autenticação (quando esta não se deu nos termos do art. 10, alínea *a*, da Convenção de Viena de 1969, "mediante o processo previsto no texto ou acordado pelos Estados que participam da sua elaboração").

---

[147] V. exemplos em José Sette Câmara, *The ratification of international treaties*, cit., pp. 57-58.

[148] Cf. João Hermes Pereira de Araújo. *A processualística dos atos internacionais*, cit., p. 42. Frise-se que quando a Consultoria Jurídica do MRE não puder se manifestar *antes* da assinatura do tratado, como ocorre geralmente nos casos dos tratados multilaterais concluídos em congressos ou conferências internacionais, deverá dar o seu *parecer* antes da apreciação do Poder Legislativo (cf. João Hermes Pereira de Araújo. Idem, p. 43).

[149] V., por tudo, Arnold Duncan McNair, *The law of treaties*, cit., pp. 120-128; João Hermes Pereira de Araújo, *A processualística dos atos internacionais*, cit., pp. 125-145; Adolfo Maresca, *Il diritto dei trattati...*, cit., pp. 159-166; e Anthony Aust, *Modern treaty law and practice*, cit., pp. 75-81.

180 | CURSO DE DIREITO INTERNACIONAL PÚBLICO – *Valerio de Oliveira Mazzuoli*

Por "assinatura" se entende o sinal aposto por uma pessoa, grafado de próprio punho,[150] ao final de um documento ou título, a fim de patentear que tal documento ou título foi elaborado com o seu conhecimento e que concorda com os termos dos dispositivos que ali se contêm.[151] No que tange à assinatura *de tratados* não há diferença, a não ser pela qualidade do sujeito que a manifesta, posto que ali está como *representante* de um dado Estado soberano.

Qual a natureza jurídica da assinatura de um tratado internacional? Presentemente, a assinatura de um tratado tem natureza jurídica dúplice: trata-se de um aceite *precário* e *formal*, que não acarreta (salvo a exceção do art. 12 da Convenção de 1969) efeitos jurídicos vinculantes. Trata-se de aceite (*a*) *precário*, por ser provisório, uma vez que o tratado poderá jamais vir a ser ratificado e nunca entrar em vigor, visto que só a ratificação (troca ou depósito dos seus instrumentos) pode exprimir o *consensus* efetivo das partes relativamente ao acordado; e (*b*) *formal*, porque atesta tão somente que o texto ali produzido não apresenta vícios de forma, dispondo de todas as condições para prosseguir no seu processo de conclusão.

A obrigação formal que as partes assumem na assinatura é, primeiramente, a de continuar no procedimento *sobre a base* do texto adotado, sem ulteriores alterações em sua estrutura (salvo, é claro, a possibilidade de reserva unilateral). Em outras palavras, a assinatura *vincula juridicamente* os Estados ao texto final do tratado (notadamente na hipótese em que ela também o autentica, nos termos do art. 10, alínea *b*, da Convenção de Viena).[152] Daí por que qualquer modificação no instrumento, posterior a ela, anula o acordo celebrado e abre, se assim quiserem as partes, nova rodada de negociações. Mas para além disso, uma segunda (e mais importante) obrigação que decorre da assinatura é a de os Estados não praticarem qualquer ato capaz de frustrar o *objeto* e a *finalidade* do tratado antes da sua ratificação, tal como disciplina o art. 18, alínea *a*, da Convenção de 1969, nestes termos: "Um Estado é obrigado a abster-se da prática de atos que frustrariam o objeto e a finalidade de um tratado, quando tiver assinado ou trocado instrumentos constitutivos do tratado, sob reserva de ratificação, aceitação ou aprovação, enquanto não tiver manifestado sua intenção de não se tornar parte no tratado". Tal demonstra que da assinatura *já decorrem* obrigações práticas aos Estados signatários, enquanto não sobrevém a ratificação.[153] Em outros termos, pretendeu a Convenção deixar claro que no ínterim entre a assinatura e a ratificação o Estado signatário não é livre para se conduzir como pretender, devendo abster-se (em todo esse período) de praticar atos capazes de frustrar o objeto e a finalidade do tratado.[154] Essa preocupação da Convenção proveio do fato de que o lapso de tempo entre a assinatura e a ratificação pode estender-se demasiadamente (lembre-se que a própria Convenção de 1969 demorou *quarenta anos* para ser ratificada pelo Brasil) e prejudicar, assim, a expectativa que outros sujeitos do Direito das Gentes depositaram em um determinado Estado. Dessa forma, verifica-se que

---

[150] Ou por qualquer meio de expressão corporal, em casos de impossibilidade de utilização das mãos.

[151] Frise-se existir também a *assinatura eletrônica* em documentos jurídicos (mas ainda incomum na prática das relações internacionais).

[152] V. Brichambaut, Dobelle & Coulée. *Leçons de droit international public*, cit., p. 270.

[153] Cf. Antônio Augusto Cançado Trindade. Reavaliação das fontes do direito internacional público ao início da década de oitenta, cit., p. 106.

[154] A Rússia, nesse sentido, em sua *Lei Federal sobre Tratados* de 1995, estabeleceu expressamente que o Estado se compromete a não frustrar o objeto e a finalidade do tratado assinado enquanto este não entrar em vigor (*v. International Legal Materials*, vol. 34, nº 5, September 1995, p. 1370 e ss.).

Parte I • Cap. V • DIREITO DOS TRATADOS | 181

a assinatura de um tratado não é um ato destituído de quaisquer efeitos, eis que impõe aos Estados signatários deveres de segurança ligados à boa-fé.[155]

O valor da assinatura é quase sempre *ad referendum*, necessitando do aval posterior do Estado, que se expressa por meio da ratificação. Trata-se, pois, da expressão do consenso do Estado de estar juridicamente vinculado ao texto adotado até sua ulterior confirmação pela ratificação, não conotando outra coisa que não o *anúncio* de um futuro (e eventual) engajamento das partes.[156] É dizer, a assinatura que põe fim às negociações não vincula o Estado; apenas determina o conteúdo de sua vontade, não passando de uma manifestação meramente formal de sua parte. Por ela, o Estado aceita a forma e o conteúdo do tratado negociado (sem manifestar o seu aceite de modo definitivo) e consente em prosseguir (sobre a base do texto adotado) no seu procedimento de conclusão.[157]

A assinatura é, sem dúvida, uma fase *necessária* da processualística dos atos internacionais, pois é com ela que se encerram as negociações gerais e se expressa um *minimum* de vontade do Estado em proceder ao exame da questão, a fim de (futuramente, com a ratificação) aceitar definitivamente todo o pactuado. Em outras palavras, a assinatura expressa uma intenção *pro futuro* de o Estado-parte em causa engajar-se definitivamente no tratado.[158] Em resumo, sua importância aparece por relacionar-se "ao encerramento das negociações e à redação de seus resultados num instrumento a ser apresentado aos governos para a aprovação final", como leciona José Sette Câmara.[159] Do momento da assinatura em diante (mais precisamente, desde a *autenticação*) ficam proibidas quaisquer alterações no texto do acordo, como já se falou. Fica aberta, contudo, a partir deste instante, a possibilidade das partes apresentarem reservas ao texto adotado, se for o caso (as quais, porém, nos termos do art. 23, § 2º, da Convenção, devem ser *formalmente confirmadas* quando da ratificação).

---

[155] Sobre o assunto, *v.* Elizabeth Zoller, *La bonne foi en droit international public*, Paris: A. Pedone, 1977, p. 69-71; Martin A. Rogoff, The international legal obligations of signatories to an ungratified treaty, in *Maine Law Review*, vol. 32, nº 12 (1980), pp. 263-299; Mark Eugen Villiger, *Commentary on the 1969 Vienna Convention on the Law of Treaties*, cit., pp. 245-253; Paolo Palchetti, Article 18 of the 1969 Vienna Convention: a vague and ineffective obligation or a useful means for strengthening legal cooperation?, in *The law of treaties beyond the Vienna Convention*, Enzo Cannizzaro (ed.), Oxford: Oxford University Press, 2011, pp. 25-36; e Curtis A. Bradley, Unratified treaties, domestic politics, and the U.S. Constitution, in *Harvard International Law Journal*, vol. 48, nº 2 (2007), pp. 307-336. Tendo em vista essas obrigações surgidas da assinatura do tratado ainda não ratificado é que este último autor sugere que os Estados (que estejam preocupados em não contrair quaisquer obrigações desde já) tornem clara, na assinatura do acordo, a sua intenção de não se considerar vinculado pelos compromissos nele constantes, a menos e até concluir o processo final de ratificação (cf. *Op. cit.*, p. 334). Frise-se que o sentido do texto do autor citado está ligado ao fato de os Estados Unidos, no ano de 2002, terem decidido retirar a assinatura do Estatuto de Roma do Tribunal Penal Internacional para, a partir daí, concluírem acordos bilaterais com vários Estados a fim de impedir que as normas do TPI fossem aplicadas a cidadãos estadunidenses. Esse tipo de declaração interpretativa, entretanto, poderia ser entendida como excessivamente restritiva à luz de uma análise do art. 18, realizada pelo ângulo da boa-fé.

[156] Cf. José Sette Câmara. *The ratification of international treaties*, cit., pp. 61-62; Adolfo Maresca, *Il diritto dei trattati...*, cit., pp. 159-160; e João Grandino Rodas, *Tratados internacionais*, cit., p. 15.

[157] Cf. José Francisco Rezek. *Direito dos tratados*, cit., p. 201.

[158] Cf. Antonio Remiro Brotons. *Derecho internacional público*, vol. 2, cit., p. 87.

[159] José Sette Câmara. *The ratification of international treaties*, cit., pp. 67-68.

182 | CURSO DE DIREITO INTERNACIONAL PÚBLICO – *Valerio de Oliveira Mazzuoli*

De acordo com o que dispõe o art. 7º, § 1º, da Convenção de Viena de 1969, para que uma pessoa possa representar o Estado nos atos relativos ao processo de formação de um tratado (*v.g.*, adoção, autenticação ou assinatura) ou para expressar o consentimento definitivo do Estado em obrigar-se por um tratado, deve ser detentora de *plenos poderes*. Tais plenos poderes devem provir, como já se estudou, de uma "carta de plenos poderes", instrumento por meio do qual se atribui aos plenipotenciários escolhidos o poder de negociar e concluir tratados em nome do Estado. A carta é firmada pelo chefe de Estado e referendada pelo Ministro das Relações Exteriores. Nos termos da Constituição Federal de 1988, é competente para celebrar tratados internacionais em nome do Estado brasileiro o Presidente da República (art. 84, inc. VIII). Ao Ministro de Estado das Relações Exteriores, por sua vez, cabe auxiliar o Presidente na formulação da política exterior do Brasil, assegurar sua execução e manter relações com Estados estrangeiros, organismos e organizações internacionais. Assim, salvo o caso de o tratado ser assinado diretamente pelo Presidente da República ou pelo Ministro das Relações Exteriores (bem assim pelos Chefes de Missão Diplomática, pela interpretação ampliativa já estudada do art. 7º, § 2º, alínea *b*, da Convenção de Viena de 1969), todas as demais autoridades, para que possam assinar o tratado internacional, devem estar munidas da *carta de plenos poderes*. A elaboração da referida carta cabe à Divisão de Atos Internacionais do Itamaraty, que age mediante pedido formal da presidência da República.

A Convenção de Viena de 1969 considera, em seu art. 8º, sem efeito qualquer ato relativo à conclusão de um tratado praticado por quem, nos termos do seu art. 7º, não detém a representação do Estado, a não ser que esse Estado confirme posteriormente o ato praticado, validando-o.

O art. 12 da Convenção (já tantas vezes referido) trata da hipótese – não muito bem vista pela legislação interna de vários países – em que a assinatura do tratado pode ter valor de comprometimento definitivo, merecendo assim breve análise. Trata-se do que chamamos de "assinatura com efeito de ratificação", estando assim disciplinada:

"Artigo 12. Consentimento em obrigar-se por um tratado manifestado pela assinatura.

1. O consentimento de um Estado em obrigar-se por um tratado manifesta-se pela assinatura do representante desse Estado:

a) quando o tratado dispõe que assinatura terá esse efeito;

b) quando se estabeleça, de outra forma, que os Estados negociadores acordaram em dar à assinatura esse efeito; ou

c) quando a intenção do Estado interessado em dar esse efeito à assinatura decorra dos plenos poderes de seu representante ou tenha sido manifestada durante a negociação.

2. Para os efeitos do parágrafo 1:

a) a rubrica de um texto tem o valor de assinatura de tratado, quando ficar estabelecido que os Estados negociadores nisso concordaram;

b) a assinatura *ad referendum* de um tratado pelo representante de um Estado, quando confirmada por esse Estado, vale como assinatura definitiva do tratado".

O referido artigo traz hipótese de acordo internacional que, em razão do Direito interno das partes ou da matéria nele versada, obriga (definitivamente) o Estado a partir de sua assinatura.[160]

---

[160] *V. Yearbook of the International Law Commission*, vol. II (1966), p. 196. Para detalhes, *v.* Mark Eugen Villiger, *Commentary on the 1969 Vienna Convention on the Law of Treaties*, cit., pp. 184-194.

Durante as negociações da Convenção de 1969, muitas vozes em contrário se levantaram em Viena acerca do teor desse dispositivo, sob a alegação de que a participação do Poder Legislativo no processo de conclusão de tratados, de acordo com o que pretende o referido art. 12, ficaria totalmente prejudicada, em face ao comprometimento do Estado pela simples aposição da assinatura.[161] Mas sem embargo dos calorosos debates e das muitas vozes que se levantaram em contrário, a tese consagrada pelo art. 12 – que equipara em mesmo plano de igualdade, nos casos em que estabelece, a assinatura à ratificação – saiu vitoriosa. Por meio desse dispositivo, podem então os Estados consentir em prescindir da aprovação de outro poder interno para efeito de fazer com que o tratado por eles concluído entre em vigor no plano internacional, fazendo da assinatura o termo *a quo* do seu início de vigência. Daí por que também se nomina esse procedimento de *assinatura plena*. Mas, por certo, a ratificação encontra sempre melhor fundamento, vez que permite a participação do Poder Legislativo no processo de celebração e conclusão dos atos internacionais.

Por fim, cumpre mencionar o que em linguagem diplomática se convencionou chamar de *assinatura diferida*, que permite aos Estados um tempo maior para a assinatura dos tratados. Esse expediente teve início com plenipotenciários que não dispunham de instruções completas acerca daquilo que se acordava e que desejavam ganhar tempo. Para isso, o artifício utilizado era assinar, no texto do tratado, apenas suas iniciais, abrindo assim a possibilidade de consultarem previamente seus governos. Tal é o que na prática diplomática se denominou de *assinatura diferida*, cujas desvantagens são assim colocadas por João Hermes Pereira de Araújo: "Uma delas se refere à possibilidade das reservas. Se o signatário que deseja assinar com reservas não está em presença dos demais plenipotenciários, estes não terão conhecimento das mesmas senão muito posteriormente". Outra dificuldade relaciona-se à ratificação: "Com efeito, os Estados signatários não podem ratificar uma convenção antes que termine o prazo previsto para a possibilidade de novas assinaturas. Isto veio atrasar de muito a entrada em vigor de muitas convenções, motivando mesmo uma Resolução da Liga das Nações a respeito".[162] Daí a maioria dos autores entenderem que, em vez da utilização do sistema da assinatura diferida, muito melhor e mais prático seria deixar expresso no texto convencional a possibilidade de adesão, uma vez que esta possibilita aos Estados que não participaram das negociações do tratado idêntica oportunidade de nele tornarem-se partes, sem o inconveniente de deixar o texto aberto à assinatura e sem a necessidade de ratificação (uma vez que a adesão tem a mesma natureza jurídica desta), possibilitando também o maior estudo do assunto pelo tempo que o governo respectivo entender necessário.[163] Seja como for, o certo é que a prática da assinatura diferida, conquanto criticada, tem sido favorecida por considerações políticas.[164]

e) A ratificação. Regra geral, a participação de um Estado num tratado é realizada sob reserva de ratificação, o que significa que a assinatura do instrumento, por si só, não tem o poder de engajar definitivamente o Estado naquele dado tratado. Para que o engajamento de-

---

[161] Sobre esses debates na Conferência de Viena, *v.* Geraldo Eulálio do Nascimento e Silva, *Conferência de Viena sobre o Direito dos Tratados*, cit., p. 154.

[162] João Hermes Pereira de Araújo. *A processualística dos atos internacionais*, cit., p. 134.

[163] *V.* José Sette Câmara. *The ratification of international treaties*, cit., p. 60.

[164] Cf. Dinh, Daillier & Pellet. *Direito internacional público*, cit., p. 180.

finitivo ocorra, é necessário que depois de assinado pelos plenipotenciários seja o tratado (em princípio)[165] submetido à apreciação e aprovação do Poder Legislativo, antes da formalidade derradeira da *ratificação*, que é sempre levada a efeito pelo Chefe do Poder Executivo, a quem compete a representação externa do Estado.[166] No Brasil, a formalidade do referendo parlamentar é *necessária* antes da ratificação do tratado pelo poder competente (*v.* detalhes na Seção III, *infra*, na qual será estudada esta fase *interna* do processo de celebração de tratados, consistente no *referendum* do Congresso Nacional). Sabe-se que depois de assinado o tratado, o governo não está obrigado a submetê-lo à apreciação do Parlamento, podendo deixar de prosseguir nas formalidades tendentes a fazer vigorar o acordo, caso não mais pretenda um dia ratificá-lo.[167] Ou seja, a assinatura do tratado não obriga sua submissão ao Parlamento, podendo perfeitamente o Presidente da República interromper o processo de celebração do acordo mesmo depois de tê-lo assinado, levando em consideração motivos de ordem interna ou internacional relativos ao futuro engajamento do Estado em relação ao tratado. Imagine-se, contudo, que o Chefe do Executivo o submeta à apreciação do Congresso Nacional e este o aprove, como é de regra ocorrer na processualística dos atos internacionais. Então, uma vez *aprovado* o tratado pelo Parlamento, retorna ele ao Poder Executivo para a sua *ratificação*, quando então o Estado, por meio do seu representante, tem a faculdade (veremos abaixo que a ratificação é discricionária) de expressar *em definitivo* o seu consentimento *de engajar-se* pelo compromisso internacional.[168] É esse momento internacional – a *ratificação* – que se irá estudar nas linhas que seguem.

A ratificação do tratado representa o segundo momento em que o Poder Executivo se manifesta na processualística dos atos internacionais. Se a assinatura vincula juridicamente o Estado *ao texto* adotado, a ratificação vincula o Estado *ao tratado mesmo* com todas as cláusulas obrigacionais que nele se contêm. Essa nova participação executiva se justifica pelo fato de poder terem sido alteradas as circunstâncias de sua celebração ou ser outro o momento político por que passa o Estado, a eventualmente não recomendarem seu engajamento definitivo. Assim, na história das relações internacionais, o momento do *consensus* dos Estados sobre o seu engajamento ao tratado passou da assinatura para a ratificação, tendo esta última se tornado o momento mais importante da processualística contemporânea de celebração de tratados.[169] É dessa fase internacional (a *ratificação*) que agora iremos nos ocupar.

---

[165] A prática dos Estados tem dispensado de alguns tipos de tratados (*v.g.*, dos acordos em forma simplificada) o referendo parlamentar, como se verá na Seção III, item nº 2, deste Capítulo, *infra*.

[166] *V.*, sobre o tema, Francis O. Wilcox, *The ratification of international conventions: a study of the relationship of the ratification process to the development of international legislation*, London: George Allen & Unwin Ltd., 1935, 349p; Arnold Duncan McNair, *The law of treaties*, cit., pp. 129-147; Adolfo Maresca, *Il diritto dei trattati...*, cit., pp. 177-194, além da obra clássica de José Sette Câmara, *The ratification of international treaties*, já citada. Cf., também, Ender Ethem Atay, La conclusion des traités internationaux et les systèmes constitutionnels, in *Journal of the Faculty of Law of Gazi University*, vol. 1 nº 1, Ankara, jun./1997, pp. 166-191, no qual é feito interessante estudo sobre a classificação dos órgãos competentes para ratificar.

[167] Nesse sentido, *v.* João Hermes Pereira de Araújo, *A processualística dos atos internacionais*, cit., pp. 173-174. Este princípio encontra exceções nas convenções concluídas sob os auspícios da Organização Internacional do Trabalho, como se verá na Parte V, Capítulo II, Seção I, item nº 6.

[168] Para uma análise do processo *político* da ratificação, *v.* Jeffrey S. Lantis, *The life and death of international treaties: double-edged diplomacy and the politics of ratification in comparative perspective*, New York: Oxford University Press, 2009, 255p.

[169] Cf. João Hermes Pereira de Araújo. *A processualística dos atos internacionais*, cit., p. 211.

Parte I • Cap. V • DIREITO DOS TRATADOS | **185**

A Convenção de Viena, em seu art. 11, estabelece que o consentimento de um Estado em obrigar-se por um tratado "pode manifestar-se pela *assinatura, troca dos instrumentos constitutivos do tratado, ratificação, aceitação, aprovação* ou *adesão*, ou por *quaisquer outros meios*, se assim acordado". Embora pareça ter a Convenção aberto um leque de hipóteses em que o consentimento de um Estado em obrigar-se pelo tratado se convalida, na realidade tais hipóteses estão reduzidas a somente três: a *assinatura*, a *ratificação* e a *adesão*. A assinatura expressa o consentimento definitivo do Estado em obrigar-se pelo acordo, nos casos de tratados concluídos à luz do art. 12 da Convenção de Viena, já acima estudado. A troca de notas e sua efetiva transmissão, também característica dos tratados em forma simplificada ou de procedimento breve, implica, da mesma forma, comprometimento definitivo do Estado, equiparando-se à assinatura. A *aceitação* e a *aprovação*, por sua vez, são termos tecnicamente estranhos à expressão do consentimento (a prática dos Estados os utiliza, nesse caso corretamente, quando pretende referir-se ao *referendum* parlamentar dos tratados) e, por isso, devem ser entendidos – para os fins do art. 11 da Convenção – como equivalentes à ratificação (quando o tratado foi previamente assinado) ou à adesão (quando não se firmou previamente o tratado). Portanto, para além da assinatura, nos casos estritamente definidos pela Convenção em que ela tem o poder de engajamento categórico, pode-se concluir que a *ratificação* e a *adesão* são as maneiras únicas de comprometimento definitivo do Estado.[170]

Etimologicamente, a expressão *ratificação* advém do latim vulgar *ratificare*, correspondente do latim clássico *ratum facere, ratum esse*, que significa "tornar válido", ou *ratum efficere, ratum habere, ratum ducere, ratum alicui esse*, que traduzem o significado de "aprovação". Com exceção das expressões *ratum facere* e *ratum esse*, cujo significado corresponde ao que hoje se concebe por ratificação no Direito Internacional Público, ou seja, a *confirmação* de um ato anterior, todas as demais terminologias induzem à ideia de criação de uma situação jurídica nova, o que corresponde ao significado atribuído ao termo pelo Direito Civil, no sentido de *aprovação*.[171]

Importa, assim, conceituar a ratificação no sentido que lhe deve ser atribuído de acordo com o Direito Internacional Público, e não à base do Direito Privado (especialmente do Direito Civil) de qualquer Estado. Para tal fim, a ratificação deve ser entendida como o ato por meio do qual a mais alta autoridade do Estado, com competência constitucional para concluir tratados, confirma a assinatura do acordo elaborado pelos seus plenipotenciários e exprime, definitivamente, no plano internacional, a vontade do Estado em obrigar-se pelo tratado, com o compromisso de fielmente executá-lo.[172] Trata-se da expressão *definitiva* do consentimento em obrigar-se pelo tratado, a qual se traduz na informação *formal* que a autoridade nacional dá às autoridades dos outros Estados de que o tratado, concluído pelos seus plenipotenciários,

---

[170]   Cf., nesse sentido, José Francisco Rezek, *Direito dos tratados*, cit., p. 256; e Maria de Assis Calsing, *O tratado internacional e sua aplicação no Brasil*, cit., p. 38.

[171]   Cf. Celso D. de Albuquerque Mello. *Ratificação de tratados...*, cit., pp. 32-33; do mesmo autor, *Direito constitucional internacional: uma introdução*, cit., p. 278; e João Hermes Pereira de Araújo, *A processualística dos atos internacionais*, cit., pp. 207-208.

[172]   V. Hildebrando Accioly. *Tratado de direito internacional público*, vol. I, cit., p. 574; José Francisco Rezek, *Direito dos tratados*, cit., p. 267; Dinh, Daillier & Pellet, *Direito internacional público*, cit., p. 140; e Francisco de Assis Maciel Tavares, *Ratificação de tratados internacionais*, Rio de Janeiro: Lumen Juris, 2003, pp. 35-37.

é doravante *obrigatório* para o Estado que esta autoridade representa no cenário internacional. Essa conceituação não destoa da definição clássica de José Sette Câmara, segundo a qual:

> "Ratificação é o ato pelo qual a autoridade nacional competente informa às autoridades correspondentes dos Estados cujos plenipotenciários concluíram, com os seus, um projeto de tratado, a aprovação que dá a este projeto e que o faz doravante um tratado obrigatório para o Estado que esta autoridade encarna nas relações internacionais".[173]

A ratificação é o último ato jurídico que se produz, na processualística internacional de celebração de tratados, antes da praxe da promulgação e publicação do texto convencional no *Diário Oficial da União*, correspondendo, assim, à *sanção* da lei no processo legislativo interno, a qual também é imediatamente anterior à sua promulgação e publicação na imprensa oficial (à diferença que, nesse último caso, a Constituição brasileira – art. 84, inc. IV – determina expressamente tal promulgação e publicação legislativa, o que não ocorre com os tratados, em que o texto constitucional *nenhuma palavra* diz a respeito).

Muito já se debateu acerca da *natureza jurídica* da ratificação. Três são as correntes principais de pensamento a esse respeito: *a)* para uns a ratificação é o ato que exclusivamente dá validade ao tratado; *b)* outros entendem que a vontade dos negociadores é a única que vale para a conclusão do acordo, sendo a ratificação um mero "ato de aprovação" do tratado que diz respeito apenas à sua executoriedade, sendo desnecessária para a sua efetiva validade; e *c)* por fim, uma terceira posição defende que a vontade do órgão competente para a ratificação do compromisso internacional concorre com a dos plenipotenciários que o firmaram, dando origem a um ato complexo.[174]

A primeira corrente, que foi defendida por Anzilotti, não pode ser aceita, por excluir completamente os efeitos da assinatura, sabidamente existentes dentro da processualística dos atos internacionais. Não raras vezes os tratados contêm disposições sobre prazo para a ratificação, que é contado a partir da assinatura. Tal cláusula seria nula caso a assinatura não produzisse nenhum efeito. Ademais, a partir da assinatura o texto convencional *já é tratado*, muito embora ainda careça da ratificação para se configurar como ato jurídico perfeito. Outra prova de sua importância é o fato de os tratados serem sempre mencionados pela data de sua assinatura e não pela data da ratificação, que pode variar de país para país. Segundo a Convenção de Viena de 1969, aliás, o tratado pode até mesmo entrar em vigor na data da sua assinatura, nos termos do art. 12, que, sem embargo de ser uma norma passível de inúmeras críticas, consagra expressamente tal possibilidade. Por fim, a assinatura autentica o texto convencional, que passa a partir daí a ter existência perante o Direito Internacional Público.

A segunda posição, defendida por Alphonse Rivier, tampouco pode ser acatada. Ratificação para o direito das gentes exprime *confirmação* (confirmação da assinatura anteriormente aposta), o que difere do significado empregado pelo Direito Civil, que a coloca no sentido de *aprovação*. Daí o motivo de ter a Convenção de Viena estabelecido, no seu art. 2º, § 2º, que as disposições relativas às expressões nela empregadas "não prejudicam o emprego dessas

---

[173] José Sette Câmara. *The ratification of international treaties*, cit., p. 15.

[174] Cf., por tudo, Celso D. de Albuquerque Mello, *Ratificação de tratados...*, cit., p. 64, e os autores ali citados.

expressões, nem os significados que lhes possam ser dados na legislação interna de qualquer Estado".[175] Sem a vontade do Chefe do Estado, a assinatura do acordo levada a efeito pelos plenipotenciários não se materializa por completo. O ato da assinatura só se considerará acabado quando for *confirmado* pela ratificação. Seria impossível, por exemplo, pensar em uma *reserva* aposta quando da ratificação se se entendesse que esta exprime um simples ato de aprovação.

A terceira corrente é a que mais se aproxima da realidade, tendo sido defendida, na Itália, por Balladore Pallieri. Segundo essa concepção, a assinatura e a ratificação concorrem internacionalmente para a formação do tratado, tanto assim que o compromisso internacional não pode ser modificado na ratificação, a menos que o seu texto estipule de maneira diversa.[176] Apesar dessa posição não ter se esquecido da importância da assinatura, fato comprovado no Direito Internacional por inúmeros motivos, parece-nos, entretanto, que a ratificação tem um *peso* maior que o daquela, primeiro porque a confirma, e segundo porque manifesta de forma definitiva a vontade do Estado em comprometer-se juridicamente pelo compromisso internacionalmente firmado.

A ratificação, em verdade, tem natureza *sui generis*, não se enquadrando perfeitamente em nenhuma das classificações propostas pelas doutrinas citadas. A ratificação é a fase *mais relevante* do processo de conclusão dos acordos internacionais, que confirma a assinatura sem retirar desta a sua importância internacional. Não poderia ser diferente, uma vez que é a assinatura que permite ao Estado proceder à ratificação.[177] Além disso, a ratificação obriga o Estado a cumprir, de boa-fé, todo o pactuado, sob pena de responsabilidade internacional por descumprimento voluntário do acordo.[178]

Pelo fato de a ratificação expressar a confirmação da vontade do Estado em obrigar-se internacionalmente, daí decorrendo o seu apego a todas as obrigações e responsabilidades impostas no respectivo instrumento, é que se diz tratar-se da fase mais relevante do processo de conclusão de tratados. Essa afirmação, entretanto, não retira da *assinatura* a sua importância, uma vez que a partir dela o Estado já é obrigado a não praticar, em virtude do princípio da boa-fé, atos contrários aos interesses estabelecidos no tratado que assinou (art. 18, alínea *a*). Além disso, nos termos do art. 12 da Convenção de 1969, o tratado pode entrar em vigor na data da assinatura se nele contiver cláusula expressa dispondo nesse sentido, ou quando se estabeleça, de outra forma, que os Estados negociadores acordaram em dar à assinatura esse efeito, ou ainda quando a intenção do Estado interessado em dar esse efeito à assinatura decorra dos plenos poderes de seu representante ou tenha sido manifestada durante a negociação.

Os fundamentos que justificam a ratificação, segundo Angelo Piero Sereni, advêm de vários fatores: *a*) as matérias objeto do tratado são de importância e devem ser apreciadas pelo Chefe do Estado; *b*) por meio dela o Chefe do Estado fiscaliza se houve ou não abusos por parte dos seus plenipotenciários em relação à conclusão do acordo internacional; *c*) os parlamentos começaram a intervir nos assuntos do Executivo, democratizando as relações internacionais; *d*) a possibilidade do texto do tratado passar anteriormente à sua

---

[175] Sobre as dificuldades terminológicas dos tratados em confronto com o Direito interno, *v.* Paul Reuter, *Introducción al derecho de los tratados*, cit., pp. 76-78.

[176] *V.* G. Balladore Pallieri. *Diritto internazionale pubblico*, 6ª ed. rifatta. Milano: Giuffrè, 1952, p. 263.

[177] Cf. Ian Brownlie. *Princípios de direito internacional público*, cit., p. 630.

[178] *V.*, por tudo, Celso D. de Albuquerque Mello, *Ratificação de tratados...*, cit., pp. 64-67.

aceitação definitiva, pelo crivo popular manifestado por meio dos referendos parlamentares, fase necessária, segundo a maioria dos direitos internos estatais, para a validade do compromisso internacional, antes de declarada definitivamente a vontade do Estado em obrigar-se pelo acordo no plano internacional; *e*) dar aos órgãos internos a oportunidade de decidirem com calma e com ponderação acerca do acordado internacionalmente; e *f*) a necessidade dos órgãos internos encarregados de formar e declarar a vontade do Estado no plano internacional de conhecer e avaliar as reações suscitadas pelo texto do tratado na opinião pública nacional.[179]

A ratificação é, assim, a fase por meio da qual os atos internacionais assinados pelo governo se convertem em obrigatórios para o Estado, após a troca ou depósito dos seus instrumentos em Estado ou órgão que assuma a sua custódia. Devido à sua importância, passou então a ratificação a ser subentendida nos tratados internacionais em devida forma, caso sejam silentes a respeito dela. A Convenção de Havana sobre Tratados, de 1928, diz expressamente, no seu art. 5º, que os tratados "não são obrigatórios *senão depois de ratificados* pelos Estados contratantes, *ainda que esta cláusula não conste* nos plenos poderes dos negociadores, nem figure no próprio tratado".[180]

A multiplicação dos acordos executivos, no cenário internacional, é que tem trazido sérios prejuízos para o instituto da ratificação, fato esse que levou a CDI a não mais estabelecer a obrigatoriedade da ratificação para todos os casos, declarando que ela seria necessária apenas em princípio, podendo o texto convencional excepcionar tal regra, notadamente em se tratando dos acordos em forma simplificada.

A Convenção de Viena sobre o Direito dos Tratados regula a ratificação, de forma específica, nos §§ 1º e 2º do art. 14, que assim dispõem:

> "Artigo 14. Consentimento em obrigar-se por um tratado manifestado pela ratificação, aceitação ou aprovação.
>
> 1. O consentimento de um Estado em obrigar-se por um tratado manifesta-se pela ratificação:
>
> *a*) quando o tratado disponha que esse consentimento se manifeste pela ratificação;
>
> *b*) quando, por outra forma, se estabeleça que os Estados negociadores acordaram em que a ratificação seja exigida;
>
> *c*) quando o representante do Estado tenha assinado o tratado sujeito a ratificação; ou
>
> *d*) quando a intenção do Estado de assinar o tratado sob reserva de ratificação decorra dos plenos poderes de seu representante ou tenha sido manifestada durante a negociação.

---

[179] V. Angelo Piero Sereni. *Diritto internazionale*, vol. III, 1962, pp. 1403-1404, citado por Celso D. de Albuquerque Mello, in *Ratificação de tratados...*, cit., pp. 61-62.

[180] V., nesse exato sentido, Clóvis Bevilaqua, *Direito público internacional...*, t. II. Rio de Janeiro: Francisco Alves, 1911, p. 21. Disposição idêntica à do art. 5º da Convenção de Havana (e na qual nitidamente esta se baseou) já constava do *Projeto de Código de Direito Internacional Público* (1911) de Epitácio Pessoa, nestes termos: "Art. 203. O tratado não é obrigatório e exequível senão depois de ratificado pelos poderes competentes dos Estados contratantes, ainda que esta cláusula não conste dos plenos poderes dos negociadores nem figure no próprio tratado". Sobre este dispositivo, *v.* Valerio de Oliveira Mazzuoli, Apontamentos sobre o direito dos tratados no Projeto de Código de Direito Internacional Público de Epitácio Pessoa, in *Epitácio Pessoa e a codificação do direito internacional*, Marcílio Toscano Franca Filho, Jorge Luís Mialhe & Ulisses da Silveira Job (orgs.), Porto Alegre: Sergio Antonio Fabris, 2013, p. 521.

2. O consentimento de um Estado em obrigar-se por um tratado manifestar-se pela aceitação ou aprovação em condições análogas às aplicáveis à ratificação".

Como se percebe, em 1928, ao tempo da Convenção de Havana sobre Tratados (que dispõe que os "tratados não são obrigatórios *senão depois de ratificados* pelos Estados contratantes..."), a presunção era em favor da ratificação, ao passo que em 1969, com a Convenção de Viena sobre o Direito dos Tratados (segundo a qual o "consentimento de um Estado em obrigar-se por um tratado manifesta-se pela ratificação *quando o tratado disponha que esse consentimento se manifeste pela ratificação...*"), a presunção passa a ser em favor da assinatura.[181] Não obstante essa disposição da Convenção de Viena de 1969, o que atualmente tem sido aceito (*v.g.*, pela CDI, desde 1962) é que o silêncio do tratado a respeito da ratificação não desonera o governo dessa formalidade, uma vez que, segundo a melhor doutrina, há em todo tratado internacional silente uma *cláusula tácita* de ratificação.[182]

A ratificação efetivamente se consuma com a *comunicação formal* que uma parte faz à outra de que aceitou obrigar-se definitivamente. Tal comunicação se materializa mediante a expedição de um documento chamado *carta de ratificação*, assinada pelo Chefe do Estado e referendada pelo Ministro das Relações Exteriores. É por meio dessa *carta* que o governo de um Estado *comunica* ao governo do outro (ou outros, via Secretariado das Nações Unidas, ou da OEA etc.) e a quem mais possa interessar que o texto do tratado foi definitivamente *aceito* e que será inviolavelmente *cumprido*.[183] Os instrumentos de ratificação usualmente emitidos pelo governo brasileiro seguem basicamente o seguinte modelo:

> "(Nome do Presidente)
>
> Presidente da República Federativa do Brasil.
>
> Faço saber aos que virem a presente Carta de Ratificação, que entre a República Federativa do Brasil e (...), pelos respectivos plenipotenciários, foi concluído e assinado em (...), no dia (...) de (...) de (...), um tratado do teor seguinte (segue-se o teor do instrumento).
>
> E havendo o Congresso Nacional aprovado o mesmo tratado, acima transcrito, o confirmo e ratifico e, pela presente, o dou por firme e valioso para produzir seus devidos efeitos, prometendo que será cumprido inviolavelmente.
>
> Em fé do que mandei redigir esta Carta, que firmo e é selada com o Selo das Armas da República e subscrita pelo Ministro das Relações Exteriores.
>
> Dada no Palácio do Planalto, em Brasília, aos (...) dias do mês de (...) de (...), aos (...) da Independência e (...) da República".

Mas a simples ratificação do tratado não é suficiente para que ele entre *em vigor*. A assinatura da carta de ratificação é um ato interno que não tem o condão de dar vigência ao acordo. A entrada em vigor dos tratados dá-se por meio da *troca* ou do *depósito* dos instrumentos de ratificação em Estado ou órgão que assuma a sua custódia (*v.g.*, a ONU e a OEA); nesse último

---

[181] Cf. Celso D. de Albuquerque Mello. *Direito constitucional internacional: uma introdução*, cit., p. 281.

[182] Cf. João Hermes Pereira de Araújo. *A processualística dos atos internacionais*, cit., p. 213. Ainda sobre o tema, cf. Antonio Remiro Brotons, *Derecho internacional público*, vol. 2, cit., pp. 106-107; e Mark Eugen Villiger, *Commentary on the 1969 Vienna Convention on the Law of Treaties*, cit., pp. 206-213.

[183] Cf. Hildebrando Accioly. *Tratado de direito internacional público*, vol. I, cit., p. 579.

caso, cabe ao depositário dar aos demais pactuantes a notícia de que o Estado já ratificou o tratado e que este já pode ser potencialmente aplicado (quando não há no texto previsão de *vacatio legis*). Só a partir da troca ou do depósito dos instrumentos de ratificação que os contratantes efetivamente manifestam, uns aos outros, sua vontade firme de cumprir com o pactuado. A *troca* dos instrumentos de ratificação tem lugar nos tratados *bilaterais* e sua cerimônia é análoga à assinatura do acordo. O *depósito*, por sua vez, ocorre nos tratados *multilaterais*, quando cada governo prepara apenas um instrumento de ratificação, que é enviado ao depositário do tratado previamente escolhido para tal finalidade.[184] Somente a partir daí (no caso dos tratados multilaterais) é que as outras partes-contratantes manifestam, umas às outras, sua vontade de, efetivamente, aderir ao pactuado. Antes desse ato complementar, não se pode exigir vigência aos tratados internacionais. Essa é a última fase do processo de ratificação dos tratados, se a entendermos em sentido lato. Existem, como se vê, duas operações: a *ratificação propriamente dita* e a sua *troca* ou *depósito*.[185] É o que sugere a leitura do art. 16, alíneas *a* e *b*, da Convenção de Viena de 1969, que regulamenta a matéria, nestes termos:

> "Artigo 16. *Troca ou depósito dos instrumentos de ratificação, aceitação, aprovação ou adesão*.
> A não ser que o tratado disponha diversamente, os instrumentos de ratificação, aceitação, aprovação ou adesão estabelecem o consentimento de um Estado em obrigar-se por um tratado por ocasião:
> *a*) da sua troca entre os Estados contratantes;
> *b*) do seu depósito junto ao depositário; ou
> *c*) da sua notificação aos Estados contratantes ou ao depositário, se assim for convencionado".

É importante salientar que, em relação ao Brasil, o modelo de instrumento de *troca de ratificações* (empregado nos tratados bilaterais) tem sido o seguinte:

> "Os abaixo assinados (…), Ministro de Estado das Relações Exteriores do Brasil e (…), enviado extraordinário e ministro plenipotenciário de (…), devidamente autorizados, se reuniram na cidade de (…), no Palácio (…), no dia (…) de (…) de (…), para proceder à troca de ratificações do tratado de (…) entre os dois países, concluído e firmado na mesma cidade no dia (…) de (…) de (…). E, havendo achado conformes e em boa e devida forma os dois respectivos instrumentos de ratificação, realizaram a sua troca. Em fé do que, firmaram a presente ata, em dois exemplares, nos idiomas (…) e (…), pondo neles os respectivos selos".

Afora a ratificação propriamente dita e a sua troca ou depósito, a Convenção de 1969 alude ainda a uma *terceira modalidade* de aperfeiçoamento do tratado, prevista na alínea *c*, do art. 16: a *notificação* da prestação do consentimento aos demais contratantes ou ao depositário.[186] Quais as regras para a *notificação* na Convenção de Viena de 1969? Segundo a Convenção, uma notificação deverá será transmitida, se não houver depositários, diretamente aos Estados a que se destina ou, se houver depositário, a este último (art. 78, alínea *a*); será

---

[184] Cf. Hildebrando Accioly. Idem, pp. 594-595; Antonio Remiro Brotons, *Derecho internacional público*, vol. 2, cit., p. 109; e Arnold Duncan McNair, *The law of treaties*, cit., p. 136.

[185] Cf. Celso D. de Albuquerque Mello. *Ratificação de tratados…*, cit., pp. 151-154.

[186] V. Antonio Remiro Brotons. *Derecho internacional público*, vol. 2, cit., pp. 111-112; e Mark Eugen Villiger, *Commentary on the 1969 Vienna Convention on the Law of Treaties*, cit., p. 233.

considerada como tendo sido feita pelo Estado em causa somente a partir do seu recebimento pelo Estado ao qual é transmitida ou, se for o caso, pelo depositário (art. 78, alínea *b*); se tiver sido transmitida a um depositário, será considerada como tendo sido recebida pelo Estado ao qual é destinada somente a partir do momento em que esse Estado tenha recebido do depositário a informação prevista no § 1º, alínea *e*, do art. 77 da Convenção, que exige do depositário que informe as partes e os Estados que tenham direito a ser partes no tratado de quaisquer atos, notificações ou comunicações relativos ao instrumento internacional ratificado (art. 78, alínea *c*).[187]

Em suma, uma vez ratificado o acordo (com o cumprimento da formalidade da troca ou do depósito dos instrumentos de ratificação) o Estado passa a vincular-se ao tratado de modo definitivo, dele podendo se desvincular apenas pelo ato da *denúncia*, que é a maneira costumeira, codificada na Convenção de Viena, de deixar de ser parte em um compromisso internacionalmente válido.[188] Levada a efeito a ratificação, não se exige, no âmbito internacional, outro procedimento tendente a dar validade e aplicação ao compromisso então firmado pelo governo.

Ao ratificar um tratado o Estado assume as obrigações de respeitar, fazer respeitar e garantir os direitos reconhecidos pelo texto convencional a toda pessoa sujeita à sua jurisdição; adaptar sua legislação interna ao estabelecido no tratado (o que, via de regra, é desrespeitado pela maioria dos Estados); assegurar que as suas autoridades não tomem medidas ou ações que sejam contrárias ao disposto no tratado; e colocar à disposição de toda pessoa que se sinta violada em seus direitos, recursos jurídicos efetivos para corrigir tal situação.

A ratificação também tem características próprias que devem ser analisadas separadamente, quais sejam:

Ato externo e de governo. A ratificação é ato jurídico *externo* e *de governo*, levado a efeito pelas estritas regras do Direito Internacional Público e não pelas disposições constitucionais internas de cada país. De fato, não há nos sistemas constitucionais dos Estados regras sobre ratificação de tratados, havendo apenas certa prática estatal – às vezes bem estabelecida, às vezes incipiente – relativamente ao tema.[189] Assim sendo, não há que se falar – por absoluta impropriedade técnica – em "ratificação constitucional" ou em "ratificação de Direito interno", como querendo significar a aprovação dada pelo Poder Legislativo ao tratado internacional ou a sua promulgação interna.[190] Qualquer referência à *ratificação do Congresso* ou à *ratificação interna*

---

[187] Cf. Paul Reuter. *Introducción al derecho de los tratados*, cit., pp. 89-90; e Mark Eugen Villiger, *Commentary on the 1969 Vienna Convention on the Law of Treaties*, cit., pp. 949-954.

[188] Cf. José Carlos de Magalhães. *O Supremo Tribunal Federal e o direito internacional: uma análise crítica.* Porto Alegre: Livraria do Advogado, 2000, p. 67.

[189] Cf. César Sepúlveda. *Derecho internacional*, cit., p. 131.

[190] V., nesse exato sentido, Arnold Duncan McNair, *The law of treaties*, cit., p. 130. Não se pode concordar, nesse aspecto, com Ian Brownlie, para quem a ratificação "implica dois atos processuais distintos: primeiro, o ato do órgão competente do Estado, que no Reino Unido é a Coroa, e que pode ser chamado *ratificação em sentido constitucional*; segundo, o processo internacional que possibilita a entrada em vigor de um tratado através de uma troca formal ou depósito dos instrumentos de ratificação" [grifo nosso]. O autor admite, contudo, que neste último sentido "a ratificação é um ato importante que implica o consentimento em se vincular" (*Princípios de direito internacional público*, cit., p. 631; o mesmo posicionamento foi mantido em James Crawford, *Brownlie's principles of public international law*, cit.,

do tratado é incorreta e não deve ser assim entendida. Daí ter sido criticado por Bevilaqua o art. 9º da Lei de 29 de outubro de 1891, que apelidava de *ratificação* o ato pelo qual o Congresso aprova um tratado.[191] A própria Convenção de Viena de 1969, no seu art. 2º, § 1º, alínea *b*, abraça a tese de ser a ratificação ato jurídico de natureza *externa*. Lê-se, no citado dispositivo, que por "ratificação" entende-se o ato "pelo qual um Estado estabelece *no plano internacional* o seu consentimento em obrigar-se por um tratado". A Convenção foi bastante clara na assertiva de que tais termos se referem a atos jurídicos *internacionais*. O que existe internamente, assim, é tão somente o *referendum* do Parlamento, o que não significa ratificação no sentido que lhe dá o Direito Internacional Público, que é ato próprio (exclusivo) do governo. Aliás, a competência para ratificar é sempre do Poder em nome do qual foram assinados os tratados.[192] Portanto, não dizem respeito à ratificação em sentido técnico o referendo parlamentar ou quaisquer outros procedimentos similares estabelecidos pelo Direito interno.[193] Assim, a validade de um tratado internacional, bem como as disposições sobre sua vigência, devem ser buscadas nas regras do direito das gentes e não nas normas constitucionais internas sobre competência para concluir tratados ou quaisquer outras de índole doméstica.

Mas, quem estabelece qual poder do Estado é o competente para manifestar o seu consentimento em obrigar-se por um tratado no plano internacional? Numa resposta apressada, se poderia pensar ser o Direito interno que, por ato próprio, fixa e estabelece esse poder do Estado e, consequentemente, por meio de quem ele se manifesta. Mas quando se coloca o problema dentro do contexto da teoria monista com primazia do Direito Internacional, chega-se à conclusão de que a competência dos órgãos encarregados de aprovar o tratado é fixada pelo Direito interno, mas por *delegação* do Direito Internacional Público. Este, que é a fonte da qual emana o Direito interno estatal, é que delega aos Estados o poder para celebrar tratados. E tais Estados devem respeitar os limites impostos pelo Direito Internacional em relação à ratificação do acordo, que segundo a Convenção de Viena de 1969 é o ato "pelo qual um Estado estabelece no plano internacional o seu consentimento em obrigar-se por um tratado". Ainda que exista a participação do Poder Legislativo no processo de conclusão de tratados, a prerrogativa discricionária da ratificação, segundo o Direito Internacional, é

---

pp. 372-373). A única possibilidade de se entender a ratificação como um ato *interno* diz respeito à sua *forma*, uma vez que ela não obedece a formas prescritas pelo Direito Internacional, ficando a cargo de cada país estabelecer como será (formalmente) o instrumento de ratificação. Isso não significa, também, que possa existir ratificação verbal ou mesmo tácita. *V.*, nesse sentido, João Hermes Pereira de Araújo, *A processualística dos atos internacionais*, cit., pp. 223-224.

[191] V. Clóvis Bevilaqua. *Direito público internacional...*, t. II, cit., p. 22.

[192] Cf. João Hermes Pereira de Araújo. *A processualística dos atos internacionais*, cit., p. 217.

[193] Merece aqui ser transcrita, por ser bastante apropriada, a lição de Rezek: "O erro conceitual jacente neste derradeiro entendimento da ratificação [segundo o qual a expressão também conota 'a aprovação do tratado pela legislatura, ou outro órgão estatal cujo consentimento possa ser necessário'] é ainda mais grave do que aparenta ser. Faz-se, no caso, uso de termo consagrado em direito internacional para cobrir fato jurídico que, onde previsto pelo direito interno, neste encontra sua exclusiva regência. Parece, ademais, que a ideia da 'ratificação' do tratado como ato constitucional doméstico, a cargo do parlamento ou de órgão outro, repousa sobre o nebuloso e rude esquecimento de que o pacto internacional envolve *diversos* Estados soberanos, não cabendo supor que uma ou mais soberanias copactuantes, já acertadas com o governo do Estado de referência, tenham ficado na expectativa do abono final do parlamento deste. Por isso não se pode entender a ratificação senão como *ato internacional* e como *ato de governo*" (*Direito dos tratados*, cit., p. 264).

Parte I • Cap. V • DIREITO DOS TRATADOS | **193**

do chefe de Estado, a quem compete decidir sobre a sua oportunidade e conveniência. Trata-se de ato *externo* e *de governo* regulado pelo direito das gentes em todos os seus aspectos, não podendo, enfim, ser modificado pela vontade unilateral dos Estados. Portanto, só há uma ratificação juridicamente válida: aquela levada a efeito pelas regras expressas do Direito Internacional Público, não havendo que se falar em ratificação de Direito interno ou em qualquer ato interno com efeito de ratificação.

A ratificação, ademais, não deixa de ser ato internacional por ser precedida de aprovação do Legislativo. Equivoca-se gravemente quem julga desnecessária a ratificação, pelo fato de o Parlamento *já ter se manifestado anteriormente* no processo de celebração de tratados. Sem a ratificação, a vontade definitiva do Estado não se exprime e sem ela não se há como exigir o cumprimento do tratado relativamente aos outros Estados que dele são partes, a não ser na hipótese excepcional de o tratado já ter valor jurídico vinculante a partir da assinatura (nos termos do art. 12 da Convenção).

Ato expresso. A ratificação deve ser sempre manifestada de forma *expressa*, não se admitindo que ato de tamanha importância possa ser revelado tacitamente. Para a Convenção de Havana sobre Tratados (1928), a ratificação deve ser "feita *por escrito*, de conformidade com a legislação do Estado" (art. 6º). A *escritura* da ratificação já foi também defendida por vários autores, no sentido de ser mais probatório aquilo que vem expresso *por escrito*. Modernamente, entretanto, já se aceitou como ato ratificatório manifestação oral de chefe de Estado que, publicamente, declarou como firme o compromisso assumido.[194] Para nós, a escritura da ratificação não deve ser facilmente dispensada, especialmente pelo fato de expressar maior certeza e trazer maior segurança para as relações internacionais no que tange à verdadeira vontade do Estado em obrigar-se pelo tratado.

Ato político e circunstancial. Caracteriza-se ainda a ratificação por ser um ato eminentemente *político* e *circunstancial*, posto não estar o Chefe do Executivo – a quem, quase sem exceção, o Direito Constitucional concede o poder para manter relações com potências estrangeiras – obrigado a proceder à confirmação, perante as outras partes, da vontade do Estado em obrigar-se. As Constituições determinam que a ratificação de tratados deve dar-se *após* o referendo do Poder Legislativo. Tal referendo insere-se no processo de formação dos tratados como uma fase *intermediária* entre a assinatura e a ratificação. Entretanto, a aprovação do Parlamento em relação ao tratado não obriga o Chefe do Executivo à sua ratificação, podendo este decidir discricionariamente. É dizer, após a aprovação do tratado pelo Parlamento, pode ou não o governo ratificá-lo, segundo o que julgar mais conveniente (característica política) ou, ainda, segundo as circunstâncias do momento (característica circunstancial). A não ratificação do tratado é ato *lícito* (internamente e internacionalmente) e incapaz de gerar qualquer tipo de responsabilização do Presidente da República. Do seu caráter dúplice decorre a *falta de prazo* para que seja levada a efeito no cenário internacional, a menos que o tratado expressamente fixe um prazo determinado para ela. Nesse ponto, a doutrina mais moderna e a prática internacional têm sido unânimes. O Presidente da República, quando deixa de ratificar um acordo internacional, aliás, exerce um direito inerente à própria soberania do Estado que lidera, decorrente da *definitividade* de sua decisão político-discricionária.

---

[194] Cf. Maria de Assis Calsing. *O tratado internacional e sua aplicação no Brasil*, cit., p. 40.

Ato discricionário. Como corolário lógico da característica anterior, a ratificação é ainda *discricionária*, dependendo exclusivamente da vontade do governo, que atentará para os critérios da conveniência e oportunidade. Se o Chefe do Executivo pode inclusive "desistir" de prosseguir na conclusão do acordo, mandando arquivá-lo antes mesmo da apreciação pelo Poder Legislativo, pode ele também deixar de ratificar o tratado depois deste ter sido aprovado pelo Parlamento.[195] A não ratificação do tratado, ademais, é ato legítimo e permitido pelo Direito Internacional Público, não acarretando a responsabilidade internacional do Estado, sem embargo de poder dar ensejo a retaliações de caráter político. Parece lógico que o Poder Executivo – que poderia sequer ter dado início às negociações do tratado ou dela não ter feito parte, bem como sequer ter enviado o texto convencional à aprovação parlamentar – deva ter também a faculdade de decidir se ratifica ou não (segundo os critérios da oportunidade e conveniência) o acordo que anteriormente firmou. Trata-se da consagração do princípio da liberdade de recusa da ratificação, que é aceito por todos os internacionalistas.[196] E os motivos da recusa da ratificação são variados: mudanças de orientação política, o conhecimento de que os outros Estados não estão dispostos a ratificar o acordo, a ocorrência de fatos supervenientes etc.

Imagine-se, *v.g.*, o tratado celebrado a fim de permitir a construção de um aqueduto ligando dois Estados, e que esperou anos a fio até sua aprovação pelo Parlamento. No momento da ratificação percebe-se ter secado a nascente da água que seria pelo aqueduto transportada. Diante dessa situação, perguntar-se-ia o Presidente da República: que conveniência teria ao país a ratificação de um tratado impossível de ser realizado pela perda completa do objeto? Não fosse a ratificação ato discricionário do Chefe do Executivo, o país teria certamente que assumir acordos já obsoletos ou (como no exemplo) impossíveis de realizar-se.

Essa tese da ratificação como ato discricionário está expressamente consagrada no art. 7º da Convenção de Havana sobre Tratados, que assim dispõe:

> "Artigo 7. A falta de ratificação ou a reserva são atos inerentes à soberania nacional e, como tais, constituem o exercício de um direito, que não viola nenhuma disposição ou norma internacional. Em caso de negativa, esta será comunicada aos outros contratantes".

Mas essa regra da facultatividade (discricionariedade) da ratificação não é absoluta para *todos* os tratados, havendo exceção no que toca exclusivamente às convenções da OIT (como se verá com detalhes na Parte V, Capítulo II, Seção I, item nº 5).

Ato irretroativo. A ratificação, a menos que o tratado expressamente disponha de outra forma, não tem efeitos retroativos.[197] A doutrina consagrada em todo o século XIX e início do século XX, na jurisprudência norte-americana, sobre a retroatividade da ratificação, não tem mais razão de ser. Se é a ratificação ou, antes, a troca ou o depósito dos seus instrumentos, que confere força obrigatória ao tratado, parece claro não se poder pretender sua retroação à data da assinatura. Não importa seja o tratado *conhecido* ou *indicado* pela data da assinatura.

---

[195] Cf. Dinh, Daillier & Pellet. *Direito internacional público*, cit., p. 143; Francisco de Assis Maciel Tavares, *Ratificação de tratados internacionais*, cit., pp. 44-47; e Brichambaut, Dobelle & Coulée, *Leçons de droit international public*, cit., p. 272.

[196] *V.*, por todos, João Hermes Pereira de Araújo, *A processualística dos atos internacionais*, cit., pp. 218-220.

[197] *V.* Geraldo Eulálio do Nascimento e Silva. Le facteur temps et les traités, in *Recueil des Cours*, vol. 154 (1977-I), pp. 277-279.

Isto serve para que se possa mais facilmente identificá-lo, pois nem sempre é fácil conhecer a data precisa da ratificação de cada Estado.[198] Aliás, a data da assinatura do acordo é muito mais conhecida que a própria data de sua entrada em vigor. Mas isto não significa que a ratificação deva retroagir à assinatura. De sorte que um tratado só passa a ser considerado efetivo para os Estados-partes *a partir* da ratificação, entendendo-se como tal a troca ou depósito dos seus instrumentos constitutivos em Estado ou organismo para esse fim designado. A Convenção de Havana sobre Tratados, a esse propósito, determina no seu art. 8º:

> "Os tratados vigorarão *desde* a troca ou depósito das ratificações, salvo se, por cláusula expressa, outra data tiver sido convencionada".

Enfim, se o Estado só se encontra juridicamente obrigado pelo texto do tratado por meio da ratificação, parece óbvio que é tão somente a partir dela (*ex nunc*, portanto) que o tratado produzirá seus efeitos, opinião já consagrada pela doutrina, prática e jurisprudência internacionais.[199]

Ato irretratável. Não obstante seja ato discricionário, uma vez levada a efeito passa a ser a ratificação *irretratável*.[200] Tal irretratabilidade opera mesmo antes do compromisso ter entrado em vigor internacional, tendo como termo *a quo* a sua manifestação mesma. Nada mais correto. Ora, os governos têm a faculdade de sequer participar das negociações internacionais e, uma vez tendo dela participado, jamais enviar o texto convencional ao referendo parlamentar, e ainda, após manifestação positiva do Parlamento, deixar de ratificar o acordo, segundo o que entender conveniente.[201] Não seria então razoável que, depois de todas essas oportunidades de *desistência*, pudesse o chefe de Estado simplesmente *voltar atrás* no seu ato de vontade. Tal irretratabilidade também opera em dois períodos de tempo imediatamente anteriores à vigência do tratado na ordem internacional: 1) nos casos em que se aguarda alcançar o *quorum* de ratificações nos tratados condicionais, em homenagem aos princípios da boa-fé e da segurança jurídica; e 2) no eventual período de acomodação (*vacatio legis*) constante do próprio tratado para a sua entrada em vigor, posto já se encontrar o acordo perfeitamente consumado.[202]

A ratificação consumada pode, contudo, ser desfeita: 1) nos casos de denúncia unilateral, quando esta é permitida; ou 2) quando a entrada em vigor do tratado seja indevidamente retardada, como se lê no art. 18, alíneas *a* e *b*, da Convenção de Viena de 1969.[203] Apesar de não ter sido clara a respeito da possibilidade de retratação da ratificação, previu a Convenção a prática de atos frustratórios do objeto e da finalidade do tratado ratificado, ainda não em vigor, caso exista indevida demora provocada por uma das partes, impedindo que o acordo se consume.

Inexistência de prazos gerais. Não existe norma (sequer costumeira) que estabeleça *prazo* para que seja apresentada a ratificação, a partir do momento em que se terminam as

---

[198] Cf. Hildebrando Accioly. *Tratado de direito internacional público*, vol. I, cit., p. 597.

[199] Cf. Celso D. de Albuquerque Mello. *Ratificação de tratados...*, cit., pp. 70-71; e Francisco de Assis Maciel Tavares, *Ratificação de tratados internacionais*, cit., pp. 51-52.

[200] V. César Sepúlveda. *Derecho internacional*, cit., p. 133.

[201] Cf. Hildebrando Accioly. *Tratado de direito internacional público*, vol. I, cit., p. 578.

[202] V. José Francisco Rezek. *Direito dos tratados*, cit., p. 275-276.

[203] Para um comentário das discussões dessa regra na Conferência de Viena de 1969, *v.* Geraldo Eulálio do Nascimento e Silva, *Conferência de Viena sobre o direito dos tratados*, cit., pp. 67-68.

negociações, ou a partir da assinatura – caso postergada – ou ainda do momento em que o Estado obteve o *referendum* parlamentar aprobatório do texto convencional. O tratamento da matéria é, portanto, casuístico. Às vezes, os tratados silenciam a respeito do prazo de ratificação, autorizando então os governos respectivos a ratificá-lo quando bem entenderem. Na prática, os governos ratificam os tratados no momento que entendem o engajamento definitivo do Estado como oportuno e conveniente aos interesses nacionais. Em outros casos, tratados existem que estabelecem a obrigação das partes em ratificá-lo "o mais breve possível", situação que, na prática, em nada se distingue da anterior.[204]

O que não se pode, nesse domínio, é pretender estabelecer para a ratificação, por analogia à regra do art. 66, §§ 1º e 3º, da Constituição de 1988, um prazo determinado (para a sanção das leis esse prazo é de *quinze dias*, após o qual o silêncio do Presidente da República importa em sanção tácita) para que o governo manifeste a vontade definitiva do Estado em obrigar-se pelo tratado. Mesmo os autores que entendem plausível essa solução em outros países – como Jorge Miranda, em Portugal – entendem que "talvez se justifique um prazo mais alargado, por a conclusão de um tratado exigir maior ponderação do que a aprovação de uma lei (que o Estado pode sempre livremente revogar)".[205]

Estabelecendo, porém, o próprio tratado *prazo certo* para o engajamento definitivo, fica impedida qualquer manifestação ratificatória fora desse limite temporal. Ocorre que muitos desses tratados são *abertos à adesão*, dando então segunda chance àqueles Estados faltosos de manifestarem em definitivo o seu consentimento. Assim, caso o Estado que participou da elaboração do tratado perca o prazo estipulado para a sua ratificação, poderá a ele *aderir* se se tratar de instrumento aberto. A adesão, nesse caso, se transforma em verdadeira *ponte* ou *chave de ouro* para aquele Estado que deixou de observar o prazo para ratificar. Foi o que ocorreu com o Brasil a respeito da Convenção de Genebra para a adoção de uma Lei Uniforme sobre letras de câmbio e notas promissórias, que mandava (no seu art. 4º) fossem os instrumentos de ratificação depositados *antes de 1º de setembro de 1932*. Não tendo o Brasil observado tal prazo, veio ele aderir à convenção (nos termos do seu art. 5º) em 26 de agosto de 1942.[206]

(Im)possibilidade de ratificação condicional. A Convenção de Havana sobre Tratados rechaça a possibilidade de ratificação *condicional*, quando estabelece, no seu art. 6º, que a mesma "deve ser dada *sem condições* e abranger *todo o tratado*".[207] Aqui temos duas situações: a obrigação de a ratificação ser realizada *sem condições*; e a exigência de que ela abranja *todo o tratado*. No que tange à primeira situação (impossibilidade de ratificação condicional) nenhum problema aparece. Mas no que se refere à segunda, há conflito do art. 6º da Convenção de Havana com o art. 2º, § 1º, alínea *d*, da Convenção de Viena de 1969, que permite que se ratifique um tratado com *reservas*. Assim, a segunda situação colocada pelo art. 6º da Convenção de Havana (que diz abranger a ratificação "todo o tratado") deve ser interpretada

---

[204]   Cf. José Francisco Rezek. *Direito dos tratados*, cit., p. 271.

[205]   Jorge Miranda. *Curso de direito internacional público*, cit., pp. 111-112.

[206]   V. José Francisco Rezek. *Direito dos tratados*, cit., p. 273.

[207]   Tal regra proveio do art. 204, primeira parte, do *Projeto de Código de Direito Internacional Público* (1911) de Epitácio Pessoa. A propósito, cf. Valerio de Oliveira Mazzuoli, Apontamentos sobre o direito dos tratados no Projeto de Código de Direito Internacional Público de Epitácio Pessoa, cit., pp. 521-522.

com as limitações impostas pela Convenção de Viena de 1969, vigorando apenas no que diz respeito à impossibilidade de ser a ratificação manifestada condicionalmente.

Analisadas as regras sobre a ratificação de tratados internacionais, cabe agora verificar o instituto da *adesão*.

f) A adesão. Caso o Estado tenha a intenção de ingressar num tratado *ex post facto*, poderá fazê-lo (a depender das circunstâncias) mediante *adesão*.[208] Seja porque o Estado não participou das negociações do tratado, tampouco o assinou, seja porque perdeu o prazo para ratificar, ou porque o denunciou e arrependeu-se, poderá, mesmo assim, dele se tornar parte caso o instrumento seja *aberto* à adesão. Em outras palavras, a adesão consiste na manifestação unilateral de vontade do Estado, que exprime o seu propósito em se tornar parte de determinado tratado que não negociou nem assinou, ou, se o assinou, não o ratificou por qualquer circunstância ou o denunciou etc. Os motivos que levam um Estado a aderir a certo tratado são variados, podendo-se destacar nitidamente ao menos quatro situações: interesse em ser parte de um ato internacional de cujas negociações não participou; arrependimento por não ter assinado o tratado no momento oportuno; perda do prazo para a sua ratificação; e arrependimento por ter denunciado o tratado (hipótese em que pretende novamente dele voltar a ser parte). A natureza jurídica da adesão é idêntica à da ratificação: conota a vontade firme e consistente do Estado de engajar-se no compromisso internacional em causa.[209] A mesma prática também se aplica às organizações internacionais.

A adesão vem regulada pelo art. 15 da Convenção de Viena de 1969, nos seguintes termos:

"Artigo 15. *Consentimento em obrigar-se por um tratado manifestado pela adesão.*

O consentimento de um Estado em obrigar-se por um tratado manifesta-se pela adesão:

a) quando esse tratado disponha que tal consentimento pode ser manifestado, por esse Estado, pela adesão;

b) quando, por outra forma, se estabeleça que os Estados negociadores acordaram em que tal consentimento pode ser manifestado, por esse Estado, pela adesão; ou

c) quando todas as partes acordarem posteriormente em que tal consentimento pode ser manifestado, por esse Estado, pela adesão".

Com a adesão, permite-se a qualquer Estado que galgue a condição de *parte* em um tratado multilateral aberto, com extensas vantagens, como a facilidade de ingresso nesses tratados, sem a necessidade do desgaste das negociações, a espera reduzida para que o instrumento entre em vigor (caso tenha sido realizada *antes* da entrada em vigor do tratado no plano externo) e, ainda, a vantagem da aplicação imediata do acordo na ordem jurídica estatal (quando manifestada *depois* da entrada em vigor internacional do instrumento).

---

[208] Cf., sobre o tema, G. Balladore Pallieri, *Diritto internazionale pubblico*, cit., pp. 266-269; Hildebrando Accioly, *Tratado de direito internacional público*, vol. I, cit., pp. 615-621; João Hermes Pereira de Araújo, *A processualística dos atos internacionais*, cit., pp. 261-273; Arnold Duncan McNair, *The law of treaties*, cit., pp. 148-157; Adolfo Maresca, *Il diritto dei trattati...*, cit., pp. 195-206; José Francisco Rezek, *Direito dos tratados*, cit., pp. 417-429; e Mark Eugen Villiger, *Commentary on the 1969 Vienna Convention on the Law of Treaties*, cit., pp. 216-223.

[209] Cf. Brichambaut, Dobelle & Coulée. *Leçons de droit international public*, cit., p. 270.

Eventualmente, a adesão pode ser a forma *única* de participação de um Estado em determinado tratado, a depender do que está previsto no instrumento internacional. Há exemplos (não muitos) de tratados cuja forma de aceite do Estado é somente a adesão, como as Convenções sobre Privilégios e Imunidades da ONU e dos Institutos Especializados, de 13 de janeiro de 1945 e 25 de novembro de 1947, respectivamente. Também nos casos em que o texto convencional é adotado por uma Organização Internacional e autenticado por seus agentes, é possível escolher a adesão como forma única de participação dos Estados naquele tratado.[210]

A adesão só tem lugar nos acordos multilaterais. Não se pode vislumbrar a sua existência nos pactos bilaterais, que são naturalmente fechados às duas únicas partes que deles são signatárias. Contudo, poderia se objetar existir acordos "bilaterais" abertos à adesão futura de terceiros Estados. Nesse caso, não se está diante, evidentemente, de um tratado propriamente *bilateral*, como à primeira vista aparenta ser. O fato de o *início de vigência* dar-se com apenas *duas partes* não leva à conclusão de ser tecnicamente bilateral o instrumento. Trata-se de acordo verdadeiramente *coletivo*, uma vez presente a autorização de ingresso de *outras partes* pela via da adesão.

Não é necessário se encontrar *em vigor* o tratado para que possa o Estado a ele aderir.[211] A prática internacional tem, inclusive, admitido a adesão naqueles casos em que se aguarda certo *quorum* de ratificações para a entrada em vigor de um tratado. Esse *quorum* tem sido atingido pelas ratificações dos Estados *e também* pelas adesões daqueles que não participaram das negociações, mas do acordo desejam se tornar partes. Em suma, não são poucos os tratados, na atualidade, que trazem consigo disposições semelhantes à do art. 84, § 1º, da própria Convenção de Viena de 1969, segundo o qual: "A presente Convenção entrara em vigor no trigésimo dia que se seguir à data do depósito do trigésimo quinto instrumento de ratificação *ou adesão*".

Questão interessante é a de saber se é necessária a ratificação naqueles tratados firmados por adesão, uma vez que aquela poderia ser tida como desnecessária. Foi no período da SdN que a prática da adesão sujeita à ratificação teve o seu maior desenvolvimento. A doutrina, de um modo geral, tem declarado que a ratificação é estranha à adesão. A mesma resposta, entretanto, não se encontra na prática internacional, que tem consagrado a possibilidade de ratificação na adesão, talvez por reconhecer que o Executivo muitas vezes não aguarda o *referendum* do Poder Legislativo e se apressa em aderir ao texto do tratado anteriormente firmado por outros Estados. A Convenção de Havana de 1928, no seu art. 19, a esse respeito assim dispõe:

> "Um Estado que não haja tomado parte na celebração de um tratado poderá aderir ao mesmo se a isso não se opuser alguma das partes contratantes, a todas as quais deve o fato ser comunicado. A adesão será considerada como definitiva *a menos que seja feita com reserva expressa de ratificação*".

---

[210] V. Antonio Remiro Brotons. *Derecho internacional público*, vol. 2, cit., p. 103.

[211] Em sentido contrário, mas sem demais explicações, v. João Hermes Pereira de Araújo, para quem: "Para que haja adesão, será necessário que o permitam as partes contratantes, *e que o tratado a que se refira já esteja em vigor*" [grifo nosso] (*A processualística dos atos internacionais*, cit., p. 263). Rezek também entende lógico "que a adesão pressuponha um tratado em vigor", mas destaca que esta ideia já se encontra "proscrita pela prática internacional, faz já algumas décadas, à força de argumentos de conveniência" (*Direito dos tratados*, cit., p. 418).

A mesma orientação tem sido adotada pela CDI, que considera a adesão sujeita à ratificação como "anômala", porém frequente. O Brasil, por sua vez, tem seguido os dois processos de adesão: *a*) ora dá-se a adesão definitiva, autorizado o Executivo pelo Congresso Nacional; *b*) ora faz-se a adesão *ad referendum*, subordinando-a à posterior manifestação do Poder Legislativo. Assim, a conclusão que se chega é que a ratificação não tem sido estranha à adesão, sem embargo de constituir um fato "anômalo" e, por vezes, bastante condenado pela doutrina.[212]

Frise-se que nem todos os tratados internacionais permitem a adesão. Somente quando se cuida dos chamados *tratados abertos* é que tal será possível. É dizer, a adesão do tratado por parte de determinado Estado (ou organização internacional) que não participou de sua elaboração, ou que o havia anteriormente denunciado, ou, ainda, perdido o prazo para a sua ratificação, somente será possível quando o próprio texto do tratado, expressa ou tacitamente, assim o permitir.

Destaque-se ser condição fundamental (no Brasil) para que o Estado adira ou aceite o tratado a existência de prévia autorização do Congresso Nacional, tal como ocorre com o tratado assinado, que somente pode ser ratificado *depois* de aprovado pelo Parlamento. Se o Presidente da República necessita da autorização do Congresso para ratificar um tratado, parece evidente que também necessitará da mesma aprovação congressual caso pretenda a ele aderir. Portanto, o mesmo procedimento interno utilizado para aprovação de um tratado assinado, vale para a adesão. O Congresso Nacional, nesse caso, quando permite a adesão ao tratado, não age *ad referendum*, como quando aprova um acordo internacional anteriormente assinado pelo Chefe do Executivo e permite sua ratificação por esse mesmo órgão, mas concede tecnicamente uma "autorização", que é sempre *prévia* a qualquer manifestação de vontade do Poder Executivo. Nada impede, porém, que a adesão ao tratado seja anterior à manifestação congressual e manifestada sob *reserva de ratificação*, como se falou acima, quando então o Parlamento voltará a decidir *ad referendum*. A prática brasileira (repita-se) tem seguido os dois processos: ora adere definitivamente ao tratado, com autorização prévia do Congresso Nacional ao Poder Executivo; ora adere *ad referendum*, subordinando a adesão à futura aceitação pelo Parlamento.[213]

Depois de autorizada pelo Congresso deve o Presidente da República, tal como na ratificação, proceder ao *depósito* da carta ou instrumento de adesão no organismo depositário ou no Estado designado para esse encargo. O depositário dará então conhecimento às demais partes no acordo da adesão ali efetivada. A única diferença da ratificação que aqui se apresenta diz respeito à impossibilidade de *troca* dos instrumentos de adesão, uma vez que a troca se dá nos acordos bilaterais, os quais, como já se falou, são infensos à adesão, por serem tratados *fechados* a duas partes apenas. Assim, em se tratando de adesão nenhuma carta ou instrumento se troca, mas sim se *deposita* na organização ou Estado designados depositários.

Uma vez depositado o instrumento de adesão – ainda à semelhança do que se dá com o tratado ratificado – deve o Chefe do Executivo expedir *decreto* de promulgação e publicá-lo no *Diário Oficial da União* com o texto do tratado em apenso.

---

[212] V., por tudo, Celso D. de Albuquerque Mello, *Ratificação de tratados...*, cit., pp. 74-77.
[213] V. João Hermes Pereira de Araújo. *A processualística dos atos internacionais*, cit., p. 268.

10. Reservas aos tratados multilaterais. A prática de se aderir com reservas começou a popularizar-se a partir da segunda metade do século XIX, quando as convenções multilaterais começaram a abranger número cada vez maior de Estados. Foi, no entanto, tão somente a partir das convenções da Haia de 1899 e 1907 que as reservas passaram a ter o *status* de "instituição".[214] Chegou-se à conclusão de que é melhor para o mundo jurídico internacional ter apenas parte de um tratado em vigor entre os Estados, ou mesmo ter as suas cláusulas reduzidas em seus efeitos, do que não existir entre esses mesmos Estados qualquer regulamentação jurídica. Ademais, se se pensar que dada a regra da unanimidade poderia eventualmente um tratado não obter o consenso necessário para a sua aprovação, é mais do que justo possam os Estados ter a possibilidade de reservar certos dispositivos do tratado, a fim de eliminar tal inconveniente, sem impor às demais partes um sacrifício demasiado grave e sem renunciar à sua participação no acordo.[215]

No início, era exigido o consentimento expresso ou implícito de todos os signatários para que uma reserva pudesse ser aceita; mas, nas últimas décadas, os próprios tratados multilaterais, em sua maioria, já passaram a trazer artigos regulamentando a possibilidade ou não de reservas e seu respectivo alcance, o que se deve, em parte, à Resolução nº 598 (VI) da Assembleia Geral da ONU, aprovada, nesse sentido, em 12 de janeiro de 1952.

A prática das reservas nos tratados multilaterais, apesar de apresentar certas vantagens, pode também conter sérios inconvenientes, à medida que introduz no tratado uma diversidade de regimes às vezes incompatível com a função unificadora da regulamentação convencional, devendo, por isso, ser estudada em detalhes dentro da teoria dos tratados.

a) Conceito e formulação das reservas. O art. 2º, § 1º, alínea *d*, da Convenção de Viena de 1969, define a *reserva* como sendo "uma declaração unilateral, qualquer que seja o seu enunciado ou denominação, feita por um Estado ao assinar, ratificar, aceitar ou aprovar um tratado, ou a ele aderir, com o objetivo de excluir ou modificar os efeitos jurídicos de certas disposições do tratado em sua aplicação a esse Estado". A Convenção de Viena sobre Direito dos Tratados entre Estados e Organizações Internacionais ou entre Organizações Internacionais, de 1986, em disposição em tudo semelhante, da mesma forma autoriza a aposição de reservas pelas organizações interestatais (art. 2º, § 1º, alínea *d*).[216]

Como se nota da definição exposta, qualquer denominação que o Estado dê carece de importância, quando é perceptível o seu intuito de *excluir* ou *modificar* os efeitos jurídicos

---

[214]   *V.*, por tudo, William W. Bishop Jr., Reservations to treaties, in *Recueil des Cours*, vol. 103 (1961-II), pp. 245-341; Adolfo Maresca, *Il diritto dei trattati...*, cit., pp. 279-305; Arnold Duncan McNair, *The law of treaties*, cit., pp. 158-177; J. M. Ruda, Reservations to treaties, in *Recueil des Cours*, vol. 146 (1975-III), pp. 95-218; John King Gamble Jr., Reservations to multilateral treaties: a macroscopic view of State practice, in *American Journal of International Law*, vol. 74, nº 2 (April 1980), pp. 272-394; Jean Kyongun Koh, Reservations to multilateral treaties: how international legal doctrine reflects world vision, in *Harvard International Law Journal*, vol. 23, nº 1 (1982), pp. 71-116; Paul Reuter, *Introducción al derecho de los tratados*, cit., pp. 98-105; Anthony Aust, *Modern treaty law and practice*, cit., pp. 100-130; e Mark Eugen Villiger, *Commentary on the 1969 Vienna Convention on the Law of Treaties*, cit., pp. 262-319. No ano de 2011 a CDI (que teve como relator especial o Prof. Alain Pellet) editou um *Guia* sobre a prática das reservas, aprovado no seu 63º período de sessões. *V. Report on the work of its sixty-third session* (26 April to 3 June and 4 July to 12 August 2011), General Assembly, Official Records, Supplement nº 10 (A/66/10 and Add.1).

[215]   *V.* Dionisio Anzilotti. *Cours de droit international*, cit., p. 401.

[216]   Tudo o que se falará sobre as reservas há de servir, portanto, a tais organizações.

Parte I • Cap. V • DIREITO DOS TRATADOS | **201**

de certas disposições do tratado por ele firmado. Pouco importa também a *forma* (desde que por *escrito*) do ato reservativo estatal, devendo-se apenas levar em conta o seu *conteúdo*. É necessário não perder de vista que as reservas são *atos unilaterais* estatais, devendo como tais ser compreendidas, principalmente no que pertine à necessidade de ser *manifesta* a intenção do Estado em se eximir da obrigação ou de modificá-la internamente. Nesse sentido é que se entende que uma reserva nada mais é do que a vontade do Estado reservante de *emendar* o tratado (negativamente, ou seja, com *subtração* de dispositivos) em suas relações com as demais partes.[217] Em outras palavras, a reserva aparece na Convenção de Viena como uma *condição*: a do Estado em causa aceitar o tratado, mas sem sofrer os efeitos jurídicos de alguns de seus dispositivos. É dizer, o intento do Estado contratante quando faz reservas ao tratado, constitui-se em uma proposta de modificação das relações desse Estado com os outros Estados-partes, no que toca ao conteúdo objeto da reserva, de maneira que, nas relações entre o Estado reservante e os demais, as disposições objeto das reservas são como se não existissem.[218]

As reservas, portanto, excluem ou modificam os termos do compromisso assumido, podendo dar-se ao final das negociações, momento em que o Estado procede à assinatura do tratado, ou mesmo no momento da ratificação (ou, ainda, da adesão), quando a sua manifestação se torna, então, definitiva.

A Convenção de Viena de 1969, como se percebe, admite as reservas em vários momentos do processo de celebração de tratados: quando o Estado *assina, ratifica, aceita* ou *aprova* um tratado (e, nesse último caso, se está a permitir a formulação de reservas quando da aprovação parlamentar do texto, ou seja, autorizando a aposição de reservas pelo Poder Legislativo), ou ainda quando o Estado *adere* a um tratado de cujas negociações ele não participou. As reservas apresentadas quando da *assinatura* do acordo evitam o chamado *fator surpresa* presente quando a sua aposição se dá no momento do consentimento definitivo (ratificação).[219] O único detalhe a observar-se aqui (*v. infra*) é que as reservas apostas quando da assinatura devem ser *formalmente confirmadas* quando da ratificação, para que tenham valor jurídico; nesse caso, a reserva considera-se realizada na data de sua confirmação (art. 23, § 2°). Frise-se, ainda, que a Convenção de Viena não permite a formulação de reservas *tardias*, como se nota da redação do art. 2°, § 1°, alínea *d*. Assim, o termo limite que os Estados têm para formular reservas é o momento do engajamento definitivo; a Convenção é clara ao não permitir que se reserve determinado dispositivo convencional *depois* que o Estado manifestou definitivamente o seu consentimento em obrigar-se pelo tratado.[220]

---

[217] Cf. Thomas Buergenthal (*et al.*). *Manual de derecho internacional público*, cit., p. 83.

[218] Cf. Dionisio Anzilotti. *Cours de droit international*, cit., p. 400; e Paul Reuter, *Introducción al derecho de los tratados*, cit., p. 98.

[219] Cf. José Francisco Rezek. *Direito dos tratados*, cit., p. 337.

[220] Não obstante, o *Guia* sobre a prática das reservas da CDI (A/66/10 and Add.1) estabeleceu, na diretriz 2.3.1, o seguinte: "Salvo se o tratado dispuser outra coisa ou a prática bem estabelecida seguida pelo depositário for diferente, só se considerará que a formulação tardia de uma reserva tenha sido aceita se nenhum Estado contratante ou organização contratante se opuser a essa formulação dentro dos doze meses seguintes à data em que houver recebido a notificação da reserva". Para nós, tal disposição (que não tem efeito vinculante aos Estados) é uma proposição *contra legem*, que vai de encontro à regra do art. 2°, § 1°, alínea *d*, e art. 19, da Convenção de Viena; nesse exato sentido, *v.* Brichambaut, Dobelle & Coulée, *Leçons de droit international public*, cit., p. 325 (contestando veementemente a atuação da CDI

Não há que se falar em reservas no caso dos tratados bilaterais, uma vez que nesses acordos a vontade das partes têm de estar em perfeita harmonia, entendendo-se qualquer manifestação no sentido de reserva como sendo uma *nova proposta* a ser discutida e renegociada pelas partes.[221] Assim, o instituto jurídico das reservas só pode ter lugar (com sentido prático) nos tratados *multilaterais*. O *Projeto de Artigos* da Comissão de Direito Internacional da ONU (1966) intitulava o que hoje é a Seção 2, da Parte II, da Convenção de 1969 de *Reservas aos Tratados Multilaterais*. Mas na redação final aprovada da Convenção, a mesma Seção 2 foi nominada apenas de *Reservas*, gerando então alguma confusão. À época, o Presidente da Conferência, Prof. Roberto Ago, já havia dito constituírem as reservas aos tratados bilaterais uma *contradictio in terminis* não permitida pelo regime previsto na Convenção.[222]

b) Limites às reservas. É no próprio texto do tratado que a possibilidade e as condições de formulação de reservas já vêm normalmente expressas. Se o mesmo silencia a respeito é porque, obviamente, as admite, não se podendo entender de maneira contrária. Entretanto, o direito que os Estados têm de formular reservas não é ilimitado. Ou seja, existem *limites* à possibilidade de aposição de reservas, os quais podem ser de três ordens: 1) quando o próprio tratado expressamente veda a aposição de reservas ao seu texto, tal como faz o art. 120 Estatuto de Roma do Tribunal Penal Internacional; 2) quando o tratado prevê que somente *determinadas* reservas podem ser formuladas, entre as quais não figure a reserva em questão; ou quando 3) nos casos não previstos nos números *1* e *2*, a reserva seja incompatível com o objeto e a finalidade do tratado. Tais hipóteses constam do art. 19 da Convenção de Viena de 1969. No caso da primeira possibilidade não surgem dúvidas, uma vez que o próprio texto convencional veda a possibilidade de aposição de reservas, como faz o citado art. 120 do Estatuto do TPI, nestes termos: "Não são admitidas reservas a este Estatuto". No segundo caso, o tratado admite a possibilidade de reservas, mas somente em determinadas hipóteses, prevendo ficar sem efeito quaisquer outras formuladas fora das ali previstas. E, no terceiro caso, as reservas formuladas são nulas por serem incompatíveis com o *objeto* e a *finalidade* do tratado.

Essa última hipótese prevista pelo art. 19 da Convenção versa o limite mais importante relativo às reservas, merecendo assim análise mais detida.[223] Ela ocorre no caso de o tratado *silenciar* a respeito da possibilidade de reservas ao texto; nesse caso, as reservas são *possíveis*, mas com os *limites* estabelecidos pela norma. Assim, nos termos do citado art. 19 fica expressamente vedada a formulação de reservas incompatíveis com o *objeto* e a *finalidade* do tratado, consagrando-se então a obrigação de ser sempre observada a *compatibilidade* da reserva com o objeto e a meta do tratado internacional, como aliás já decidiu a CIJ, em célebre parecer de 1951, relativo à admissibilidade de reservas à Convenção para a Prevenção

---

nesse aspecto, em especial por não caber a ela "codificar os comportamentos criticáveis dos Estados", como é o caso da estipulação de reservas tardias).

[221] Cf. Ernesto De La Guardia. *Derecho de los tratados internacionales*, cit., p. 172; Denis Alland (coord.), *Droit international public*, cit., p. 228; e Brichambaut, Dobelle & Coulée, *Leçons de droit international public*, cit., p. 274.

[222] V. Antonio Remiro Brotons. *Derecho internacional público*, vol. 2, cit., p. 207.

[223] Sobre o tema, cf. Jan Klabbers, Some problems regarding the object and purpose of treaties, in *The Finnish Yearbook of International Law*, vol. VIII (1997), pp. 138-160.

e a Repressão do Crime de Genocídio de 1948.[224] Nesse caso, a Corte aceitou a possibilidade de reservas nos tratados amplamente abertos, mas limitou sua aposição à condição de não violarem o objeto e a finalidade do instrumento. Do parecer de 1951 foi possível abstrair que a proibição do genocídio configurava norma de *jus cogens* internacional, o que impossibilitava reservas à Convenção. Essa doutrina da *compatibilidade* tem, aliás, especial relevo quando se cuida de tratados relativos a direitos humanos, os quais passam a ter um regime *diferenciado* de reservas, eis que contam com o monitoramento de órgãos jurisdicionais permanentes no controle da prática reservativa.[225] Em outras palavras, no caso dos tratados de direitos humanos a aceitação de reservas incompatíveis com o seu objeto e finalidade pode ficar a cargo dos próprios órgãos de monitoramento por eles criados, diferentemente do que ocorreria no caso dos tratados internacionais comuns (que não contam com órgãos de monitoramento internacional). É normal os próprios tratados de direitos humanos autorizarem (até implicitamente) os órgãos judiciais por eles criados (*v.g.*, a Corte Interamericana de Direitos Humanos, no caso da Convenção Americana sobre Direitos Humanos de 1969), ou seus órgãos de monitoramento (*v.g.*, o Comitê de Direitos Humanos do Pacto Internacional dos Direitos Civis e Políticos de 1966), a declararem a invalidade de uma aceitação de reservas nitidamente incompatíveis com o seu regime de proteção, obrigando então o Estado reservante a cumprir o tratado em sua inteireza.[226]

Para nós, é lícito afirmar que o sistema de reservas da Convenção de Viena de 1969 (e também da Convenção de Viena de 1986) não se mostra adequado para os tratados internacionais de direitos humanos, que têm uma lógica totalmente distinta da dos tratados tradicionais (*v.* Parte IV, Capítulo I, Seção I, item nº 8, *infra*).

A Corte Interamericana de Direitos Humanos, desde a sua *Opinião Consultiva nº 3*, de 1983, também tem se manifestado no sentido de que ao interpretar certa reserva deve-se levar em conta a sua compatibilidade com o objeto e a finalidade do tratado. Naquela ocasião, aduziu a Corte que toda reserva destinada a permitir ao Estado a suspensão de um dos direitos fundamentais consagrados em tratados de direitos humanos, cuja derrogação está em toda hipótese proibida, deve ser considerada incompatível com o objeto e a finalidade destes e, em consequência, não autorizada. Outra seria a situação, disse ainda a Corte, se a reserva tivesse por finalidade simplesmente restringir alguns aspectos de um direito não derrogável sem privar ao direito em conjunto de seu propósito básico.[227]

A crítica que se faz a esse sistema, entretanto, não obstante o seu bom propósito, é a de que não é realmente fácil dizer em quais casos uma reserva está de acordo com os objetivos e a finalidade do tratado, fato esse que levou a Assembleia Geral da ONU, em janeiro de 1952, baseada

---

[224] *V. ICJ Reports* (1951), p. 15. Ainda sobre esse parecer da CIJ, *v.* Hersch Lauterpacht, *The development of international law by the International Court*, cit., pp. 186-190; Jean Kyongun Koh, Reservations to multilateral treaties…, cit., pp. 84-88; Paul Reuter, *Introducción al derecho de los tratados*, cit., pp. 99-101; Antonio Cassese, *Diritto internazionale*, cit., pp. 247-248; e Jete Jane Fiorati, *Jus cogens: as normas imperativas de direito internacional público como modalidade extintiva dos tratados internacionais*, cit., p. 120.

[225] *V.* Denis Alland (coord.). *Droit international public*, cit., p. 229.

[226] *V.* Gabriel Pithan Daudt. *Reservas aos tratados internacionais de direitos humanos: o conflito entre a eficácia e a promoção dos direitos humanos.* Porto Alegre: Sergio Antonio Fabris, 2006, pp. 171-209.

[227] CIDH, *Opinião Consultiva* nº 3, de 08.09.1983 (*Restrições à pena de morte*), Série A, parágrafo 61.

em manifestação da CIJ, a recomendar aos órgãos das Nações Unidas, aos seus organismos especializados e aos próprios Estados, para que no curso dos preparativos de uma convenção multilateral já se fixe a possibilidade de admissão ou não das reservas e quais os dispositivos que podem ou não ser reservados. Desde então têm sido poucos os tratados que nada dizem sobre as reservas, figurando entre eles justamente aquela que deveria servir de exemplo aos demais acordos internacionais: a Convenção de Viena sobre o Direito dos Tratados.[228]

Outra dificuldade que surge em relação às reservas é saber a quem (ou a qual órgão) compete apreciar a sua validade (se ela está de acordo com o objeto e a finalidade do tratado).[229] Evidentemente que se o tratado dispuser sobre o assunto, nenhum problema existirá. Como falamos acima, é comum que os tratados de direitos humanos autorizem os órgãos *judiciais* por eles criados, ou seus órgãos de *monitoramento*, a declararem a invalidade de uma aceitação de reservas nitidamente incompatíveis com o seu regime de proteção. Outras formas de controle também podem ser estabelecidas, tal como fez a Convenção Internacional sobre a Eliminação de Todas as Formas de Discriminação Racial de 1965, cujo art. 20, § 2º, assim dispõe: "Não será permitido reserva incompatível com o objeto e o propósito desta Convenção, nem reserva cujo efeito seja o de impedir o funcionamento de qualquer dos órgãos previstos nesta Convenção. Uma reserva será considerada incompatível ou impeditiva *se a ela objetarem ao menos dois terços dos Estados-partes* nesta Convenção". Mas, e quando o tratado nada diz a respeito? Nesse caso, entende a melhor doutrina que "a apreciação da validade das reservas não pode ser da competência do juiz, a menos que os Estados nisso consintam. Por conseguinte, à exceção do caso particular das reservas ao ato constitutivo de uma organização internacional, para o qual pode encarar-se uma solução 'institucional' (art. 20, § 3º da Convenção de Viena...), só existe uma via possível, a que consiste em abandonar a cada Estado cocontratante o direito de apreciar a validade de uma reserva e, em especial, a sua conformidade com a finalidade e o objeto do tratado".[230]

Por fim, cumpre lembrar que mesmo quando o tratado disciplina quais reservas podem ser formuladas, em nenhum caso tal permissão autoriza que se reserve uma norma de *jus cogens*. Serão também inválidas as reservas formuladas sobre dispositivo convencional comum quando os seus *efeitos* importem em violação de uma norma de *jus cogens*. Nesse último caso, ainda que a reserva não viole propriamente (e diretamente) a norma de *jus cogens*, se os seus efeitos puderem ofender ao *jus cogens* internacional, a mesma deverá ser tida como inválida.

c) *Procedimento das reservas.* A Convenção de Viena de 1969 trata do procedimento relativo às reservas no art. 23. De acordo com esse dispositivo, tanto a formulação de uma reserva, bem como sua aceitação ou objeção, devem ser feitas *por escrito*, comunicando-se tal fato aos demais Estados contratantes e aos outros Estados que tenham o direito de se tornar partes no tratado (§ 1º). Da mesma forma, a retirada de uma reserva ou de uma objeção, também deve ser feita por escrito (§ 4º). Aliás, no que tange à retirada de reservas e de suas objeções, a não ser que o tratado disponha de outra forma, aduz a Convenção que a mesma pode ser realizada a *qualquer momento* (art. 22).

---

[228] V., por tudo, José Francisco Rezek, *Direito dos tratados*, cit., pp. 342-343; Arnold Duncan McNair, *The law of treaties*, cit., p. 166; e Ian Brownlie, *Princípios de direito internacional público*, cit., p. 633.

[229] Cf. Jean Kyongun Koh. Reservations to multilateral treaties..., cit., pp. 98-99.

[230] Dinh, Daillier & Pellet. *Direito internacional público*, cit., pp. 186-187.

Questão relevante é a de saber se a ratificação *pura e simples* do tratado (aquela feita sem quaisquer observações) faz desaparecer eventuais reservas formuladas no momento da assinatura. Teria a ratificação pura e simples esse poder? Alguns internacionalistas (como Fauchille) já lecionaram afirmativamente. Segundo esse entendimento, se um Estado quiser manter a sua reserva aposta quando da assinatura, deve manifestar essa sua vontade por ocasião da ratificação. Essa não nos parece a posição mais acertada. Ora, ratificação quer dizer *confirmação*. Se no momento que o Estado ratifica o tratado nada diz sobre as reservas formuladas na assinatura, deve-se entender que a sua vontade foi a de confirmá-la *in totum*, é dizer, com as reservas formuladas. O silêncio do Estado quando da ratificação quer parecer indicar que o mesmo não pretendeu alterar o que fizera por ocasião da assinatura. A Convenção de Viena de 1969, entretanto, não seguiu essa orientação, vez que, no § 2º do citado art. 23, deixou bem consignado que "uma reserva formulada quando da assinatura do tratado sob reserva de ratificação, aceitação ou aprovação, deve ser formalmente *confirmada* pelo Estado que a formulou no momento em que manifestar o seu consentimento em obrigar-se pelo tratado". A Convenção complementou ainda, que, nesse caso, "a reserva considerar-se-á feita na data de sua confirmação".[231]

d) Distinção entre reservas e outros atos não reservativos. Para que uma reserva seja considerada como tal, é preciso que ela se encaixe no conceito apresentado pela Convenção de Viena, demonstrando o seu intuito de excluir ou modificar certas disposições do tratado em relação a um dado Estado.[232] Por isso, as chamadas *reservas de ratificação* e as *declarações interpretativas* (estas últimas, normalmente admitidas naqueles tratados em que se proíbe a formulação de reservas, ou quando o governo entende politicamente inviável a aposição de uma reserva) não são propriamente *reservas* à luz da Convenção de Viena de 1969, eis que não enquadráveis no conceito ali formulado, não obstante serem aceitas pela prática internacional (e já utilizadas pelo Brasil). As primeiras (*reservas de ratificação*) não são reservas porque expressam que a assinatura não tem o condão de tornar definitivo o tratado, o que somente ocorrerá com a ratificação; as segundas (*declarações interpretativas*) porque, sendo tão somente interpretativas, constituindo apenas uma afirmação teórica de princípios ou sublinhando o significado especial que o Estado deduz de certos dispositivos do acordo, não modificam o conteúdo substancial do texto do tratado em relação ao Estado.[233]

No ato de adesão à Convenção Americana sobre Direitos Humanos (1969) o Brasil teceu a seguinte declaração interpretativa: "O Governo do Brasil entende que os artigos 43 e 48 (*d*) não incluem o direito automático de visitas e inspeções pela Comissão Interamericana de Direitos Humanos, que dependerão do consentimento expresso do Estado".

Observe-se que uma declaração interpretativa pode ser tida como *reserva* propriamente dita (esse não é o caso da realizada pelo Brasil à Convenção Americana) caso pretenda efetivamente excluir ou modificar alguns dos termos do acordo firmado, quando então perde o seu caráter interpretativo para ganhar caráter verdadeiramente reservativo.[234]

---

[231] V. Hildebrando Accioly. *Tratado de direito internacional público*, vol. I, cit., pp. 592-593.

[232] Cf. Maria de Assis Calsing. *O tratado internacional e sua aplicação no Brasil*, cit., p. 44.

[233] V. José Francisco Rezek. *Direito dos tratados*, cit., pp. 338-341; Hildebrando Accioly, *Tratado de direito internacional público*, vol. I, cit., p. 591; e Ernesto De La Guardia, *Derecho de los tratados internacionales*, cit., pp. 187-189.

[234] V. *United Nations*, General Assembly/International Law Commission (Sixty-second session), Geneva, 4 May-5 June and 6 July-7 August 2010, "Fifteenth report on reservations to treaties" (relator especial Alain Pellet), Addendum, p. 7.

206 CURSO DE DIREITO INTERNACIONAL PÚBLICO – *Valerio de Oliveira Mazzuoli*

É muito comum a apresentação dessas "declarações" pelos Estados, constituindose em "reservas" referentes à compatibilização do tratado com leis nacionais ou tratados anteriores, ou atinentes à solução de litígios que porventura decorram da aplicação do tratado ou, ainda, ao seu não reconhecimento por parte de outro Estado pactuante etc.

e) Aceitação e objeção das reservas. A Convenção de 1969 deixou aos Estados o poder de apreciar se uma reserva formulada por outro é ou não *compatível* com o objeto e finalidade do tratado, nascendo daí o problema da *aceitação* e da *objeção* das reservas.

Regra geral é que nos *textos silentes* as reservas devem ser *aceitas* pelos demais Estados-partes no acordo. Quanto ao problema da aceitação das reservas pelos demais Estados, não surgem maiores problemas, uma vez que, sendo aceitas, passa o tratado a vigorar normalmente entre as partes com as reservas como parte integrante do seu texto. Mas, afora a aceitação expressa, presume-se aceita (tacitamente) uma reserva formulada se nenhuma das partes apresentar objeção nos 12 meses que seguem à sua notificação, ou se a ratificação (ou adesão) for posterior à reserva e não apresentar, quanto a ela, nenhuma objeção (art. 20, § 5º).[235]

Cuida do problema da aceitação e objeção às reservas o art. 20 da Convenção de Viena de 1969, que dispõe, em primeiro lugar, que uma reserva *expressamente autorizada* pelo tratado *não exige qualquer aceitação ulterior* dos demais Estados contratantes, a menos que o tratado disponha diversamente (§ 1º); nesse caso, tais reservas não se sujeitam ao exame de compatibilidade com o objeto e a finalidade do tratado. Tal não significa, porém, que uma reserva expressamente autorizada não possa ser *objetada* pelos demais Estados (pois, nesse caso, não se trata de *aceitação*, como se refere o art. 20, § 1º).[236] Diz ainda a Convenção que quando se infere do número *limitado* dos Estados negociadores, assim como do *objeto* e da *finalidade* do tratado, que a sua aplicação *na íntegra* entre todas as partes é *condição essencial* para o consentimento de cada uma delas em obrigar-se pelo tratado, a reserva deve obter a aceitação de *todas as partes* para ter valor (art. 20, § 2º). Quando o tratado é um ato constitutivo de uma organização internacional, a reserva deve contar com a aceitação do "órgão competente" da organização respectiva (art. 20, § 3º).

Problema jurídico mais sério surge quando parte dos Estados são *favoráveis* à reserva feita pelo outro e parte deles *não o são*. Tal ocorre quando há *aceitação* de uma determinada reserva por parte de alguns Estados e sua *não aceitação* por parte dos outros. Para Thomas Buergenthal, nos casos em que, de acordo com o descrito nos parágrafos anteriores, uma reserva seja válida, o Estado que a formulou passa a ser parte do tratado e suas obrigações com as demais partes no mesmo se modificam na medida em que a reserva o determine. Por outro lado, naquelas situações em que as reservas não estão nem expressamente proibidas nem expressamente autorizadas, os demais Estados-partes têm a liberdade de aceitá-las ou rechaçá-las. Se um Estado aceita uma reserva, o tratado passa a entrar em vigor nas suas relações com o Estado autor da mesma (art. 20, § 4º, alínea *a*). No que se refere às relações entre um Estado-parte que rechaça (objeta) uma reserva e o Estado que a formula, existem, segundo Buergenthal, duas alternativas: 1) pode ocorrer de o Estado-parte declarar que objeta a reserva feita, assinalando que *não deseja* estabelecer uma relação convencional com o

---

[235] Cf. Maria de Assis Calsing. *O tratado internacional e sua aplicação no Brasil*, cit., pp. 45-46.

[236] Cf. Antonio Remiro Brotons. *Derecho internacional público*, vol. 2, cit., p. 218.

Estado autor da mesma, caso em que *não existirá* relação convencional entre os dois Estados; ou 2) pode ocorrer de o Estado-parte recusar aceitar a reserva feita pelo outro *sem impedir* o estabelecimento de relações convencionais com esse último, caso em que se considera que entre ambos estabeleceu-se uma relação convencional válida (tal como autoriza o art. 20, § 4º, alínea *b*, da Convenção).[237]

Quando um Estado que formulou objeção a uma reserva não se opõe à entrada em vigor do tratado entre ele próprio e o Estado autor da reserva, somente as disposições a que se refere a reserva é que não se aplicarão, obviamente, entre as duas partes, e tudo na medida por ela determinada (art. 21, § 3º). Consagrou a Convenção, em sede de objeção, a regra que permite a *divisibilidade* do tratado nesse caso, eis que somente o dispositivo objeto da reserva não aceita é que deixará de vigorar entre as partes (reservante e objetante), desde que a natureza do tratado permita essa divisibilidade. Ademais, as reservas formuladas por determinado Estado não afetam as relações existentes entre os outros que aderiram, entre si, sem reservas (art. 21, § 1º, alínea *a*).

Todas essas hipóteses de aceitação ou objeção de reservas só têm lugar, evidentemente, quando o tratado internacional em causa for *mutalizável*, os quais, como já se estudou (*v.* item nº 7, *c*, *supra*), não se terminam pelo fato de sua execução restar prejudicada por ato de uma das partes.

f) Efeitos das reservas. O principal efeito de uma reserva é o de fazer com que o Estado reservante se desonere de cumprir a disposição reservada, sem que isso lhe traga maiores consequências em termos de responsabilidade internacional. Assim, uma disposição reservada passa a ser entendida como *não existente* em relação ao Estado autor da reserva nas suas relações com as demais partes.

Uma vez efetuadas, as reservas passam a vigorar entre o Estado reservante e o Estado aceitante, de acordo com o que dispõem as modificações previstas em seu texto. Isso não significa que a relação dos outros Estados entre si, que não formularam reservas ao texto do tratado, serão afetadas em decorrência desse fato. Uma reserva entre dois Estados não tem o poder de modificar o texto do tratado no que tange às relações dos demais Estados entre si, os quais não foram os autores da reserva. A reserva aceita vincula tão somente o Estado autor e o aceitante no seu relacionamento recíproco.[238]

Como se percebe, as reservas *dividem* os tratados em uma série de tratados distintos, quantas forem as formulações efetuadas. Assim, como explica Reuter, tem-se que: o tratado é obrigatório em sua totalidade entre os Estados que não formularam nenhuma reserva; as porções do tratado não afetadas pela reserva *A* aplicam-se entre os Estados ou organizações internacionais que a formularam e as demais partes; o mesmo se aplica às porções do tratado não afetadas pela reserva *B* etc.[239]

Também no caso de um Estado *objetar* uma reserva feita por outro, mas *não se opor* à entrada em vigor do tratado entre ambos, a mesma solução se impõe: somente as disposições a que se refere a reserva é que não se aplicarão entre os dois, devendo o restante do tratado não afetado pela reserva ser integralmente observado.

---

[237] *V.* Thomas Buergenthal (*et al.*). *Manual de derecho internacional público*, cit., pp. 85-86.

[238] *V.* Maria de Assis Calsing. *O tratado internacional e sua aplicação no Brasil*, cit., p. 46.

[239] Paul Reuter. *Introducción al derecho de los tratados*, cit., p. 105.

Por fim, cabe destacar (como lembra Accioly) que da mesma forma que o Estado autor da reserva, aceita pelas demais partes-contratantes, fica desobrigado da disposição ressalvada, é natural que as outras partes, em reciprocidade, possam também invocar em seu favor, nas relações com o referido Estado, o mesmo benefício (salvo na hipótese excepcional de reserva extinta).[240]

g) O problema das reservas e das emendas no âmbito interno. Assinado o acordo internacional, é ele submetido, internamente, à aprovação pelo Poder Legislativo. Muito discutida, nesse tema, é a questão de saber se, uma vez encaminhado ao Parlamento o texto do tratado assinado, pode esse órgão recusar-se à aprovação de determinados preceitos contidos no acordo, ou se somente lhe cabe aceitá-lo ou rejeitá-lo *in totum.*

Cremos ser possível a aposição de *reservas* ao tratado pelo Congresso Nacional. O próprio conceito de reserva inscrito no art. 2º, § 1º, alínea *d*, da Convenção de 1969, a define como "uma declaração unilateral, qualquer que seja a sua redação ou denominação, feita por um Estado ao assinar, ratificar, aceitar *ou aprovar um tratado*, ou a ele aderir, com o objetivo de excluir ou modificar os efeitos jurídicos de certas disposições do tratado em sua aplicação a esse Estado" [grifo nosso]. Como se lê na disposição transcrita, as reservas podem ser apostas quando da *aprovação* do tratado, o que é feito pelo Congresso Nacional após a assinatura do acordo, podendo-se concluir que a própria Convenção de 1969 autoriza as reservas apresentadas pelo Poder Legislativo.

O que não pode o Congresso Nacional fazer é *emendar* o tratado submetido à sua apreciação, uma vez que é pacífico no Direito Internacional geral que a assinatura (que encerra a fase das negociações) torna o tratado insuscetível de alterações, a não ser que as partes celebrem *outro tratado* sobre a mesma matéria.[241] De outro lado, vista a questão sob a ótica do Direito interno, tem-se que uma emenda aposta pelo Congresso ao texto de um tratado é uma ingerência indevida do Parlamento em assuntos do Executivo, ingerência essa que viola a harmonia e independência dos Poderes (garantida pela Constituição). E tal parece lógico, pois como poderia um Estado sozinho emendar um tratado negociado com vários outros sujeitos do Direito Internacional Público? Em outras palavras, como se explicaria, do ponto de vista diplomático, possa o Legislativo (unilateralmente) reformar cláusulas de um tratado celebrado pelo Executivo com outras potências estrangeiras? É óbvio que ao Poder Legislativo não foi dada a faculdade de *mutilar* o texto convencional submetido à sua apreciação, o que equivaleria dar ao Congresso o poder de negociar tratados, derrubando desse posto quem realmente é competente para tal (ou seja, o Presidente da República). Ora, um tratado internacional é produto do resultado de várias negociações em que os governos transigem e chegam a um resultado final sobre todos os seus termos e cláusulas. Depois de longas conferências, discussões e concessões recíprocas, por parte dos vários Estados que ali pactuam, ponderadas e amadurecidas as propostas de cada uma das partes, tem-se por firmado o compromisso internacional, produto da vontade conjunta de *todos* os pactuantes. E o Poder Legislativo, chamado a se manifestar, não pode pretender interferir indevidamente nos assuntos do Executivo, aprovando com emendas o acordo celebrado internacionalmente.[242] Assim,

---

[240] V. Hildebrando Accioly. *Tratado de direito internacional público*, vol. I, cit., p. 559.

[241] Cf. João Hermes Pereira de Araújo. *A processualística dos atos internacionais*, cit., p. 190.

[242] Cf. Francisco Campos. *Direito constitucional*, vol. II. Rio de Janeiro: Freitas Bastos, 1956, p. 308.

Parte I · Cap. V · DIREITO DOS TRATADOS | **209**

a modificação de artigos, com a substituição de palavras no texto ou o simples deslocamento de uma vírgula, interfere no labor que foi concertado pelo *consensus omnium* e que passou a constituir o todo homogêneo e inalterável do tratado.[243] A expressão "resolver definitivamente", que se encontra no art. 49, inc. I, da Constituição de 1988, não tem essa inteligência. Sequer a natureza dos tratados pode permitir a uma só das partes-contratantes sua modificação unilateral. O valor jurídico que tem uma aprovação parlamentar com emendas é, pois, o de rejeição tácita ou indireta do tratado. Em outras palavras, tendo a Constituição reservado ao Parlamento a resolução sobre os tratados, a aprovação convencional com emendas (ou seja, com cláusulas que não figuram no texto original negociado pelas partes) deixou de ser conclusiva, o que passa a ser entendido como rejeição do acordo, deixando ao Presidente da República a possibilidade de, a seu juízo, entabular novas negociações (o que é, por óbvio, bem difícil de ocorrer em se tratando de atos multilaterais).[244]

Em suma, competindo ao Poder Executivo a dinâmica das relações internacionais, e tendo sido, pelo seu chefe ou pelos seus plenipotenciários, negociado o tratado no âmbito externo, resultado do acordo pleno de vontades dos países participantes, uma vez submetido o seu texto à aprovação do Parlamento, fica afastada a possibilidade de qualquer *emenda* em seu conteúdo, uma vez que a um dos Estados-partes não é dada a possibilidade de, posterior e unilateralmente, modificar o acordado internacionalmente, o que implicaria a renegociação do tratado pelos demais Estados, somente possível, constitucionalmente, por ato do Presidente da República, a quem compete "celebrar tratados, convenções e atos internacionais" (CF, art. 84, inc. VIII). Nos Estados Unidos, a Suprema Corte, em 1936, no caso "United States *Vs*. Curtiss Wright Corp.", decidiu que o Senado – órgão competente para a aprovação de tratados nesse país – não tem competência para ingressar na esfera de atuação do Poder Executivo, a quem compete entabular negociações internacionais, isso não impedindo que o Executivo solicite um "parecer" do Senado se assim o desejar, sem embargo de não ter a obrigação constitucional de fazê-lo.[245]

Contudo, no que tange às *reservas* o panorama muda. Como estas últimas consistem na exclusão ou modificação dos *efeitos jurídicos* de certas disposições do tratado relativamente ao Estado que a realiza, nenhum problema ocorre caso sejam apostas pelo Legislativo, desde que cabíveis, ficando então a critério do Presidente da República ratificar ou não o tratado aprovado *a menor*. Outra hipótese que pode ser colocada diz respeito ao caso em que o próprio tratado permite explicitamente a aposição de reservas quando da ratificação (como, de resto, permite a Convenção de Viena de 1969). Poderia, nesse caso, o Congresso Nacional aprovar *sub conditione* o tratado internacional, sujeitando o Presidente da República à aposição de determinada reserva quando do engajamento definitivo? O Congresso não está impedido de proceder assim, mas caberá ao Chefe do Executivo ratificar ou não o tratado nesse caso, principalmente se entender que o Parlamento ofendeu a sua discricionariedade na condução da política exterior do Estado.

---

[243] Cf. João Hermes Pereira de Araújo. *A processualística dos atos internacionais*, cit., pp. 196-197.

[244] Desde a primeira Constituição republicana é que se tem esse entendimento no Brasil. Cf., a propósito, João Barbalho, *Constituição Federal Brasileira: comentários*, 2ª ed. corrigida e aum., Rio de Janeiro: F. Briguiet Editores, 1924, p. 150. V. também, Celso D. de Albuquerque Mello, Os tratados na Constituição, in *Tendências atuais do direito público: estudos em homenagem ao Professor Afonso Arinos de Melo Franco*, Rio de Janeiro: Forense, 1976, pp. 158-159.

[245] Cf. Celso D. de Albuquerque Mello. *Direito constitucional internacional: uma introdução*, cit., p. 307.

Além de formular reservas, poderia também o Congresso Nacional *afastar* ou *suprimir* determinada reserva formulada pelo chefe de Estado quando da assinatura do acordo? Para João Hermes Pereira de Araújo, se as reservas foram apresentadas pelo governo no ato da assinatura, "não cabe ao Congresso abrir mão das mesmas".[246] Contudo, a prática brasileira atual tem demonstrado que nem o Congresso Nacional se vê obrigado a aprovar pura e simplesmente o tratado, nem o Presidente da República coloca em dúvida a possibilidade de o Parlamento formular reservas ou abandoná-las, segundo julgar mais conveniente. Nesse caso, o Presidente da República, concordando com o afastamento ou supressão da reserva pelo Congresso, não as confirmará quando do ato da ratificação (como deveria fazer, nos termos do art. 23, § 2º, da Convenção de Viena de 1969, caso o Congresso não a suprimisse e o Presidente entendesse por bem mantê-la em vigor). Daí entender Rezek que não há o que fundamente, com poder jurídico de convencimento, a tese de que a aprovação congressual só se conceba em termos integrais.[247]

Em *Parecer* proferido na condição de Consultor Jurídico do Ministério das Relações Exteriores, e já sob a égide da Constituição de 1988, Vicente Marotta Rangel – lembra-nos Cachapuz de Medeiros – também frisou a importância em se distinguir as emendas das reservas aos tratados internacionais: enquanto aquelas pretendem a revisão ou reforma de determinadas cláusulas, estas visam suspender-lhes a aplicação. Para Marotta Rangel, a interposição de emendas nos decretos legislativos, pelo Congresso Nacional, dependendo da situação, pode ou não representar recusa ao tratado. Implicará recusa quando: 1) a outra parte contratante de tratado bilateral ou multilateral, não aceitar a modificação, ou; 2) embora o tratado contenha cláusula admitindo emenda ou revisão de seu próprio texto, a emenda sugerida pelo Congresso não se harmonizar com as hipóteses aceitas. Por outro lado, não implicará recusa do tratado, que poderá ter seguimento, quando: 1) sendo o tratado bilateral, houver concordância da outra parte contratante com a emenda proposta; 2) em sendo o tratado multilateral, houver concordância das demais partes-contratantes, ou; 3) em sendo o tratado multilateral e havendo discrepância da parte contratante, existirem cláusulas a propósito de emenda e modificação do tratado e a emenda proposta se harmonizar com as mesmas.[248]

Caso a reserva tenha sido apresentada por outra parte contratante, nessa hipótese, parece lícito ao Poder Executivo, sem o abono do Congresso Nacional, aceitá-la ou entendê-la válida, pois quando o Poder Legislativo aprova um compromisso internacional o faz por inteiro, inclusive em relação às cláusulas permissivas de reservas. Seria mesmo bastante difícil a apreciação pelo Congresso de todas as reservas formuladas pelos demais Estados-partes, principalmente naqueles tratados que contam com mais de uma centena de contratantes. Um Estado que reserva determinado dispositivo do acordo, ademais, pode posteriormente retirá-la, se assim entender necessário, voltando o texto convencional a ter sua completude original. Isto porque a reserva é uma restrição ao acordo e sua retirada restabelece a plenitude inicial do tratado. Enfim, seria incongruente provocar a manifestação do Parlamento em casos de aplicação limitada do tratado pelo *outro* Estado-parte.[249]

---

[246] João Hermes Pereira de Araújo. *A processualística dos atos internacionais*, cit., p. 198.

[247] *V.* José Francisco Rezek. *Direito dos tratados*, cit., pp. 347-348.

[248] *V.* Antônio Paulo Cachapuz de Medeiros. *O poder de celebrar tratados...*, cit., p. 442.

[249] Cf. Celso D. de Albuquerque Mello. *Direito constitucional internacional: uma introdução*, cit., pp. 296-297.

Parte I • Cap. V • DIREITO DOS TRATADOS | 211

11. Emendas e modificações aos tratados. Assim querendo as partes, todo tratado pode ter seu texto emendado. Tais emendas dependem única e exclusivamente da vontade das partes, segundo dispõe o art. 39 da Convenção.[250] Essa regra é comum aos tratados bilaterais e multilaterais. Contudo, trata-se de regra *supletiva* de vontade, uma vez que as partes "são livres de a rejeitar, de limitar as suas possibilidades de utilização, ou de esclarecer as suas modalidades pela inclusão, no tratado, de disposições especiais ditas 'cláusulas de revisão' que têm por objeto fixar por antecipação o processo da sua própria modificação".[251] Podem também ditas "cláusulas" querer assegurar um mínimo de estabilidade ao tratado, prevendo, *v.g.*, que só ficará autorizada proposta de revisão do acordo após o transcurso de certo período de tempo, como fez o art. 312, § 1º, da Convenção das Nações Unidas sobre o Direito do Mar (*Convenção de Montego Bay*) de 1982, que determinou que apenas depois de 10 anos de sua entrada em vigor poderão os Estados propor emendas ao texto, exceto as referentes a atividades nos fundos marinhos.

No que tange às emendas aos tratados *bilaterais*, nenhum problema de maior vulto apresentam. Não ocorre o mesmo com as emendas pretendidas aos tratados *multilaterais*, motivo pelo qual a Convenção de Viena de 1969 dedicou um artigo específico (que codificou as regras gerais de origem costumeira relativas à matéria) para disciplinar o problema. Eis o que dispõe:

> "Artigo 40. *Emenda de tratados multilaterais.*
>
> 1. A não ser que o tratado disponha diversamente, a emenda de tratados multilaterais reger-se-á pelos parágrafos seguintes.
>
> 2. Qualquer proposta para emendar um tratado multilateral entre todas as partes deverá ser notificada a todos os Estados contratantes, cada um dos quais terá o direito de participar:
>
> *a*) na decisão quanto à ação a ser tomada sobre essa proposta;
>
> *b*) na negociação e conclusão de qualquer acordo para a emenda do tratado.
>
> 3. Todo Estado que possa ser parte no tratado poderá igualmente ser parte no tratado emendado.
>
> 4. O acordo de emenda não vincula os Estados que já são partes no tratado e que não se tornaram partes no acordo de emenda; em relação e esses Estados, aplicar-se-á o artigo 30, parágrafo 4 (*b*).
>
> 5. Qualquer Estado que se torne parte no tratado após a entrada em vigor do acordo de emenda será considerado, a menos que manifeste intenção diferente:
>
> *a*) parte no tratado emendado; e
>
> *b*) parte no tratado não emendado em relação às partes no tratado não vinculadas pelo acordo de emenda".

A par da claridade e objetividade do texto, no que tange às emendas de tratados multilaterais, convém ressaltar que a Convenção de Viena, no citado art. 40 e seus parágrafos,

---

[250] V. Adolfo Maresca. *Il diritto dei trattati...*, cit., pp. 461-478; Ernesto De La Guardia, *Derecho de los tratados internacionales*, cit., pp. 247-255; Anthony Aust, *Modern treaty law and practice*, cit., pp. 212-223; e Mark Eugen Villiger, *Commentary on the 1969 Vienna Convention on the Law of Treaties*, cit., pp. 509-516.

[251] Dinh, Daillier & Pellet. *Direito internacional público*, cit., p. 302.

212 | CURSO DE DIREITO INTERNACIONAL PÚBLICO – *Valerio de Oliveira Mazzuoli*

consagrou a regra da *duplicidade de regimes jurídicos*, ao permitir a vigência concomitante do tratado original e do tratado emendado.[252] Nos termos do § 3º do art. 40, todo Estado "que *possa ser* parte no tratado *poderá igualmente* ser parte no tratado emendado". Tal disposição diz somente respeito àqueles Estados que se tornaram partes no tratado *após o acordo de emenda*. Nesse caso, consoante a regra do § 5º do art. 40, quando um Estado ingressa no tratado depois de ter entrado em vigor o acordo de emenda, será ele considerado, a menos que manifeste intenção diferente: *a*) parte no tratado emendado; e *b*) parte no tratado não emendado em relação às partes no tratado não vinculadas pelo acordo de emenda (caso em que alguns dos Estados originários *não aderiram* ao acordo de emenda). Aqui, mais uma vez, aparece a duplicidade de regimes jurídicos, a permitir que um Estado futuramente ingressante seja parte de *um único* tratado com *duas versões* e, portanto, com *duplo regime*, ou seja: *a*) em relação aos Estados-partes no acordo de emenda e o Estado ingressante, vale o tratado já emendado; e *b*) em relação aos Estados-partes originários (que não aceitaram o acordo de emenda) e o Estado ingressante, vale o tratado original sem emendas.[253] Tudo isso porque, conforme o § 4º do referido artigo, o acordo de emenda "não vincula os Estados que já são partes no tratado e que não se tornaram partes no acordo de emenda", complementando que "em relação e esses Estados, aplicar-se-á o artigo 30, parágrafo 4 (*b*)". Nos termos dessa última disposição, quando as partes no tratado posterior não incluem todas as partes no tratado anterior, "nas relações entre um Estado-parte nos dois tratados e um Estado-parte apenas em um desses tratados, o tratado em que os dois Estados são partes rege os seus direitos e obrigações recíprocos". Portanto, a *duplicidade de regimes jurídicos* é a possibilidade de o tratado original estar vigendo *ao mesmo tempo* entre as partes que não concordaram com a emenda, e entre estas e o grupo que com elas concordou, sem prejuízo de o tratado emendado estar em vigor na sua integralidade para esse último grupo.[254]

Frise-se que se um Estado manifesta definitivamente o seu consentimento em obrigar-se por um tratado que foi objeto de emenda sem se manifestar a respeito do seu teor, presume-se que aderiu ao texto do tratado já emendado. O silêncio do Estado, nesse caso, faz presumir a aceitação da emenda. Nada obsta, porém, que o Estado ingressante *não queira* aderir ao tratado emendado e adira tão somente ao seu texto originário, valendo então o tratado (para esse determinado Estado) como se emendado não fosse. Mas, repita-se, quando um Estado ingressa – normalmente por adesão – num instrumento já emendado, sem fazer qualquer ressalva, será considerado parte nesse acordo *com as emendas em vigor* relativamente aos demais Estados-partes do acordo emendado, sendo, porém, considerado parte *no tratado não emendado* (ou seja, no tratado *original*) em relação àqueles Estados não vinculados pelo acordo de emenda, tudo nos termos do art. 40, § 5º, alíneas *a* e *b*, da Convenção de 1969.

Nada obsta que a revisão a um tratado multilateral seja estipulada em *outro tratado* celebrado posteriormente. Nesse caso, entretanto, é necessário que *as mesmas partes* que participaram do tratado original, manifestem *todas* elas o seu consentimento em emendá-lo

---

[252] V. José Francisco Rezek. *Direito dos tratados*, cit., pp. 430-434; Paul Reuter, *Introducción al derecho de los tratados*, cit., pp. 159-164; e Mark Eugen Villiger, *Commentary on the 1969 Vienna Convention on the Law of Treaties*, cit., pp. 520-527.

[253] Cf. Ernesto De La Guardia. *Derecho de los tratados internacionales*, cit., p. 251.

[254] Cf. Maria de Assis Calsing. *O tratado internacional e sua aplicação no Brasil*, cit., p. 48.

Parte I · Cap. V · DIREITO DOS TRATADOS | **213**

por meio de outro instrumento internacional, celebrado com essa exata finalidade, sem o que não se pode falar em emenda válida. Em nada importa existir no tratado superveniente *mais partes* que no tratado anterior, sendo necessário apenas que todas as partes desse último também estejam no acordo posterior.[255] Como explica Rezek, se assim não fosse – ou seja, se as partes no tratado posterior forem numericamente *inferiores* às partes do tratado original – o tratado precedente não estaria sendo *objetivamente emendado*. O caso seria, então, de mero *acordo modificativo restrito*, cuja situação encontra-se prevista no art. 41, § 1º, da Convenção.[256] Nesse último caso, não se fala em *emenda* ao tratado, mas em *modificação* específica do tratado (caso em que a alteração realizada valerá apenas para as partes que anuíram ao *acordo modificativo*).

De fato, a Convenção de Viena regula, na sua Parte IV ("Emenda e Modificação de Tratados"), o problema dos acordos concluídos entre duas ou mais partes num tratado para *modificar*, entre si, os seus efeitos jurídicos. É a regra do citado art. 41, § 1º, segundo a qual duas ou mais partes num tratado multilateral podem concluir um acordo com a finalidade de modificar, somente entre si, o respectivo instrumento internacional, mas desde que (*a*) a possibilidade de tal modificação seja previamente prevista ou (*b*) não expressamente proibida pelo tratado. Nesse último caso – em que o tratado não proíbe expressamente a possibilidade de uma ou mais partes concluírem um acordo futuro com a finalidade de alterá-lo –, a modificação do tratado somente poderá ser levada a efeito caso (*i*) não prejudique o gozo, pelas outras partes, dos direitos dele provenientes, nem o cumprimento de suas obrigações, e também (*ii*) não diga respeito a uma disposição cuja derrogação seja incompatível com a execução efetiva do objeto e da finalidade do tratado em seu conjunto. O art. 41, § 2º, ainda acrescenta que, a menos que o tratado disponha de outra forma, no caso da alínea *a* do seu § 1º (caso em que o próprio tratado multilateral já prevê a possibilidade de sua modificação, levada a efeito por outro instrumento concluído entre dois ou mais Estados, com efeitos entre si) as partes em questão deverão notificar as outras de sua intenção de concluir o acordo e as modificações que esse novo acordo introduz no tratado anterior.

Por fim, cabe dizer que no caso brasileiro quaisquer alterações formuladas aos tratados multilaterais em que o país é parte têm, necessariamente, de passar pelo *referendum* do Poder Legislativo, de maneira idêntica ao que ocorre com a ratificação e a adesão, salvo se alguma destas não importou em consulta ao Parlamento. Assim, se para a ratificação ou adesão o Estado necessitou da aprovação congressual, esta também será necessária para a aceitação do acordo de emenda ou de modificação. A aprovação parlamentar desse acordo de emenda ou de modificação é que então *autoriza* o Presidente da República a depositar (normalmente no próprio organismo ou Estado depositário do tratado) a aceitação brasileira à alteração ocorrida no acordo. Atualmente, sob a influência da Constituição Federal de 1988, é bastante comum já constar dos Decretos Legislativos que aprovam os tratados assinados pelo Poder Executivo disposição segundo a qual "ficam sujeitos à aprovação do Congresso Nacional *quaisquer atos que possam resultar em revisão da referida Convenção*, bem como quaisquer *ajustes complementares* que, nos termos do art. 49, inc. I da Constituição Federal, acarretem

---

[255] Cf. José Francisco Rezek. *Direito dos tratados*, cit., pp. 434-435.

[256] V. José Francisco Rezek. Idem, p. 435, nota nº 719. Cf. também, Mark Eugen Villiger, *Commentary on the 1969 Vienna Convention on the Law of Treaties*, cit., pp. 533-538.

encargos ou compromissos gravosos ao patrimônio nacional". Tome-se, como exemplo, o Decreto Legislativo nº 1, de 1999, que aprovou o texto da Convenção Relativa à Proteção das Crianças e à Cooperação em Matéria de Adoção Internacional, concluída na Haia, em 29 de maio de 1993, dentre tantos outros. Uma vez aprovada pelo Parlamento, deve o Presidente da República *promulgar* o acordo de emenda por meio de *decreto* (tal como quando ratifica ou adere a um tratado), fazendo-o publicar no *Diário Oficial da União*.

12. Entrada em vigor e aplicação provisória dos tratados. A entrada em vigor (ou vigência) dos tratados ocorre nos planos espacial e temporal. No plano *espacial*, o princípio estabelecido pela Convenção de Viena (art. 34) é o de que "um tratado não cria obrigações nem direitos para um terceiro Estado sem o seu consentimento", comportando essa regra algumas exceções que serão estudadas mais à frente (*v.* item nº 16, *infra*). Neste item interessa-nos o estudo da entrada em vigor dos tratados no plano *temporal* e sua disciplina jurídica.[257] Posteriormente, também estudaremos a *aplicação provisória* dos tratados. Vejamos cada um desses temas:

a) Entrada em vigor dos tratados. A matéria é regulada pelo art. 24, § 1º, da Convenção de Viena de 1969, segundo o qual "um tratado entra em vigor na forma e na data previstas no tratado ou acordadas pelos Estados negociadores". Na ausência de tal previsão ou acordo, dispõe a Convenção que o tratado somente entrará em vigor assim que o consentimento em se obrigar pelo mesmo for manifestado por todos os Estados negociadores (art. 24, § 2º). Quando o consentimento de um Estado em obrigar-se por um tratado for manifestado após sua entrada em vigor, nesse caso o tratado entrará em vigor em relação a esse Estado nessa data, a não ser que o tratado disponha de outra forma (art. 24, § 3º). Esse último dispositivo consagra, como se vê, o sistema de entrada em vigor escalonada, apenas possível nos tratados multilaterais.

Alguns tratados preveem um *quorum* mínimo de ratificações para que entrem em vigor, tal como fez a própria Convenção de Viena sobre o Direito dos Tratados, que deixou expresso em seu art. 84, § 1º, que a sua entrada em vigor somente ocorreria a partir do trigésimo dia em que fosse depositado o trigésimo quinto instrumento de ratificação ou de adesão. A *condição*, nesse caso, foi a ratificação ou adesão de pelo menos trinta e cinco Estados-partes. Pode o tratado estipular, ainda, o transcurso de certo período de tempo para que, após sua ratificação, passe a ter vigência internacional. Nesse caso, o tratado não terá vigência imediata, mas diferida, isto significando que mesmo que promulgado e publicado internamente, o compromisso internacional *não obriga* ainda o Estado-parte, antes de realizada a condição ou transcorrido o lapso temporal nele previsto.

Não há que se confundir, porém, a entrada em vigor do tratado com a sua aplicação efetiva, uma vez que os Estados podem prever um prazo entre a realização de todas as condições para a entrada em vigor e a data na qual suas disposições (ou algumas delas) tornar-se-ão aplicáveis.[258]

Por fim, dispõe a Convenção que se aplicam desde o momento da adoção do texto de um tratado as disposições relativas à autenticação do seu texto, à manifestação do consentimento

---

[257] Cf. Adolfo Maresca. *Il diritto dei trattati...*, cit., pp. 229-237; e Mark Eugen Villiger, *Commentary on the 1969 Vienna Convention on the Law of Treaties*, cit., pp. 342-358.

[258] Cf. Dinh, Daillier & Pellet. *Direito internacional público*, cit., pp. 162-163.

Parte I • Cap. V • DIREITO DOS TRATADOS | **215**

dos Estados em se obrigarem pelo tratado, à maneira ou à data de sua entrada em vigor, às reservas, às funções de depositário e aos outros assuntos que surjam necessariamente antes da entrada em vigor do tratado (art. 24, § 4º).[259]

A vigência dos tratados internacionais tem, em regra, efeitos *ex nunc* (ou *pro futuro*). Tal vigência pode ser: (*a*) contemporânea ao consentimento, tal como se dá nos acordos por troca de notas ou nos *executive agreements*; ou (*b*) diferida ou postergada, quando (i) certo prazo de acomodação é exigido antes da entrada em vigor do tratado (*vacatio legis*), ou (ii) se tem de aguardar completar determinado *quorum* de Estados ratificantes para que o mesmo entre em vigor.[260]

b) *Aplicação provisória dos tratados.* Se o próprio tratado dispuser, ou se os Estados negociadores assim acordarem por outra forma, o tratado, ou parte dele, poderá ser aplicado *provisoriamente* enquanto não entra formalmente em vigor (art. 25, § 1º, alíneas *a* e *b*).[261] Essa permissão para a aplicação provisória de um tratado não o transforma, contudo, num acordo em forma simplificada; como explica a melhor doutrina, tal aplicação provisória "torna-se necessária em virtude da urgência discricionariamente apreciada pelos negociadores, mas o processo continua a ser o processo longo, com expressão após a assinatura do consentimento estatal em vincular-se posteriormente à assinatura".[262]

Existe, porém, um limite à aplicação provisória dos tratados colocado pelo art. 25, § 2º, da Convenção de Viena: a menos que o tratado disponha ou os Estados negociadores acordem de outra forma, a aplicação provisória de um tratado ou parte de um tratado, em relação a um Estado, termina se esse Estado *notificar* aos outros Estados, entre os quais o tratado é aplicado provisoriamente, sua intenção de *não se tornar parte* no acordo.

Perceba-se que tais regras da Convenção de Viena (art. 25, §§ 1º e 2º) não cuidam de um possível *vigor* provisório do tratado, mas de sua *aplicação* provisória (exatamente enquanto não entra em *vigor*).

No Brasil, a aplicação provisória de tratados tal qual regulada pela Convenção de 1969 esbarra na letra do texto constitucional, que impõe a submissão ao Congresso Nacional de *todos* os tratados celebrados pelo Presidente da República (CF, arts. 49, inc. I e 84, inc. VIII), motivo pelo qual o Parlamento brasileiro reservou o art. 25 da Convenção de Viena no Decreto Legislativo (nº 496/2009) que aprovou a Convenção no país; quando da *ratificação* da Convenção, a mesma reserva foi reafirmada (e notificada à ONU) pelo Presidente da República.

13. Registro e publicidade dos tratados. Todos os tratados internacionais, concluídos por quaisquer membros das Nações Unidas, devem ser *registrados* e *publicados* pelo Secretariado da ONU.[263] É o que dispõe o art. 102, § 1º, da Carta da ONU de 1945, segundo o qual "todo

---

[259] Para detalhes sobre a interpretação do art. 24 da Convenção de Viena de 1969, *v.* Geraldo Eulálio do Nascimento e Silva, Le facteur temps et les traités, cit., pp. 226-229.

[260] Cf. José Francisco Rezek. *Direito dos tratados*, cit., p. 363.

[261] *V.* Adolfo Maresca. *Il diritto dei trattati…*, cit., pp. 239-243; Geraldo Eulálio do Nascimento e Silva, Le facteur temps et les traités, cit., pp. 229-235; e Ernesto De La Guardia, *Derecho de los tratados internacionales*, cit., pp. 168-169.

[262] Dinh, Daillier & Pellet. *Direito internacional público*, cit., p. 166.

[263] Sobre o assunto, *v.* Arnold Duncan McNair, *The law of treaties*, cit., pp. 178-190; Adolfo Maresca, *Il diritto dei trattati…*, cit., pp. 259-266; Horacio Daniel Piombo, *Teoría general de la publicidad y trata-*

tratado e todo acordo internacional, concluídos por qualquer Membro das Nações Unidas, depois da entrada em vigor da presente Carta [ou seja, depois de 24 de outubro de 1945], deverão, dentro do mais breve prazo possível, ser registrados e publicados pelo Secretariado", acrescentando que nenhuma parte em um tratado não registrado "poderá invocar tal tratado ou acordo perante qualquer órgão das Nações Unidas" (§ 2º). Essa regra tem a finalidade nítida de desencorajar (e depois proscrever) a antiga prática diplomática dos chamados *acordos secretos*, ou ainda daqueles acordos que, não sendo propriamente secretos em sua inteireza, pretendem conter certas *cláusulas secretas*, visando dar transparência aos atos internacionais e facilitando o acesso a essas fontes.[264] O constitucionalismo republicano brasileiro parece ter seguido esse entendimento, uma vez que não tem feito constar das nossas Constituições (inclusive da atual) normas que excepcionem da apreciação do Poder Legislativo os tratados que versem sobre "o interesse e a segurança do Estado", como fez a Constituição do Império (de 1824) no art. 102, nº 8.

A norma insculpida no art. 102 da Carta da ONU já vinha expressa no art. 18 do Pacto da SdN, de 1919, que assim estabelecia:

> "Todo tratado ou compromisso internacional concluído no futuro por um membro da Sociedade deverá ser imediatamente registrado pelo Secretariado e publicado por ele, logo que possível. Nenhum desses tratados ou compromissos internacionais será obrigatório antes de ter sido registrado".

A frase derradeira inscrita no art. 18 acima transcrito (que retira a obrigatoriedade dos tratados não registrados pelo Secretariado da Liga) não mais subsiste no atual sistema das Nações Unidas, que diz apenas que nenhuma parte num tratado não registrado "poderá invocar tal tratado ou acordo perante qualquer órgão das Nações Unidas", sem qualquer referência à *não obrigatoriedade* desse tratado ou acordo. Isso significa que, no sistema atual da processualística dos atos internacionais, os tratados não registrados *não perdem* sua obrigatoriedade (como era ao tempo da Liga das Nações), apenas não podendo ser invocados perante qualquer órgão das Nações Unidas. Em outras palavras, não significa que o tratado não registrado pelo Secretariado possa ser descumprido pelas partes ou que é inválido, mas sim que, se tal tratado for descumprido ou violado, essas mesmas partes não podem recorrer ao sistema das Nações Unidas (como, *v.g.*, o ingresso na CIJ) para executar a obrigação convencional avençada e não cumprida, não se excluindo a possibilidade das partes resolverem a lide em outros foros, a exemplo da arbitragem.

A questão da obrigatoriedade dos tratados não registrados perante a CIJ, já foi debatida por esse tribunal mais de uma vez, sem nunca ter chegado a soluções definitivas.[265] Como observa Rezek, a Corte já entendeu (no caso das *Ilhas Minquiers e Ecréhous*, de 1953) que o pacto não registrado poderia ser *citado* por uma das partes, como meio de auxiliar na compreensão do tema jurídico *sub judice*, e não *invocado* por essas mesmas partes, uma vez que a *invocação* do tratado em um julgamento na Corte levaria à ideia de se pretender fazer nele

---

    dos internacionales: análisis normativo, fáctico y dikelógico, Buenos Aires: Depalma, 1977, p. 134; João Grandino Rodas, *A publicidade dos tratados internacionais*, São Paulo: RT, 1980, pp. 83-139; e Anthony Aust, *Modern treaty law and practice*, cit., pp. 275-284.

[264]   Cf. Ian Brownlie. *Princípios de direito internacional público*, cit., p. 636.

[265]   Cf. Paul Reuter. *Introducción al derecho de los tratados*, cit., p. 90.

repousar suas razões. Ocorre que, anos depois, no caso do *Sudoeste Africano* de 1962, fazendo referência ao sistema de registro da SdN, os juízes Bustamante e Jessup (contrariamente aos juízes Spender e Fitzmautice) sustentaram que um tratado não registrado poderia sim ser *invocado* pelas partes num processo perante a Corte, desde que, por qualquer meio idôneo, as partes lhe tivessem dado publicidade.[266] O certo, segundo nos parece, é que a Corte não poderá *aplicar* efetivamente um tratado não registrado, por ter a Carta da ONU (que tem superioridade hierárquica relativamente aos demais tratados, nos termos do seu art. 103) previsto essa *sanção* aos Estados faltosos em registrar seus tratados perante o Secretariado.

O registro dos tratados no Secretariado da ONU, além de informar o número de série e a data de inscrição do tratado na Coleção de Tratados (*Recueil des Traités*) das Nações Unidas, informa às demais partes no acordo o seu modo de entrada em vigor. Sob o aspecto processualístico, é importante frisar que tal registro é redigido nos idiomas oficiais das Nações Unidas, com referências detalhadas ao tratado, sendo os textos ainda rubricados com o *ne variatur* do Secretariado.[267]

A referência a *tratado* e a *acordo* feita pelo art. 102 do tratado-fundação da ONU teve por objetivo, como destaca Guido Soares, colocar um fim nas práticas diplomáticas que tinham conduzido o mundo a flagelos totais: por tais razões, ao colocar *treaty* juntamente com *international agreement*, pretendeu-se de deixar bem claro (no texto original em inglês) que estão sujeitos a registro no Secretariado da ONU quaisquer atos normativos entre os Estados, dos mais solenes, segundo o Direito Constitucional dos países, até os menos solenes, sob as penas de não poderem ser invocados perante qualquer órgão das Nações Unidas (Carta, art. 102, § 2º).[268]

A regra do art. 102, § 1º, da Carta da ONU foi reafirmada pela Convenção de Viena sobre o Direito dos Tratados (art. 80, § 1º) nos seguintes termos:

> "Após sua entrada em vigor, os tratados serão remetidos ao Secretariado das Nações Unidas para fins de registro ou de classificação e catalogação, conforme o caso, bem como de publicação".

Da mesma forma que a regra expressa na Carta da ONU, a insculpida na Convenção de Viena também tem por objetivo dar notícia às demais partes-contratantes de que determinado Estado já inseriu em seu ordenamento interno o texto do tratado ratificado.[269] A fim de evitar o registro de tratados que não venham entrar em vigor é que a Convenção de Viena de 1969 prescreveu que somente após a entrada em vigor do tratado (entre duas ou mais partes) é que poderá ele ser remetido ao Secretariado das Nações Unidas para fins de registro, classificação, catalogação ou publicação. A designação de um *depositário* constitui autorização para que este pratique atos de registro, classificação etc. (art. 80, § 2º). O dispositivo da Convenção de Viena também não faz referência a "Membro das Nações Unidas", como se lê na Carta da

---

[266] V. José Francisco Rezek. *Direito dos tratados*, cit., p. 378 e nota nº 621; e Arnold Duncan McNair, *The law of treaties*, cit., pp. 186-187.

[267] Cf. João Hermes Pereira de Araújo. *A processualística dos atos internacionais*, cit., p. 283.

[268] Cf. Guido Fernando Silva Soares. "Agreements" – "Executive Agreements" – "Gentlemen's Agreements", cit., p. 249.

[269] Cf. Mark Eugen Villiger. *Commentary on the 1969 Vienna Convention on the Law of Treaties*, cit., pp. 972-976.

ONU, uma vez que a obrigatoriedade do registro no Secretariado também incumbe a qualquer organização intergovernamental que eventualmente ratifique um acordo internacional. De resto, o mesmo entendimento também foi seguido pela Convenção de Viena de 1986 (art. 81).

Ao sistema de registro das Nações Unidas coexistem também outros menores, o que normalmente ocorre dentro de organismos internacionais especializados (como a OIT), tendo em vista sua competência *ratione materiae*. Na OIT, as convenções internacionais do trabalho (*v.* Parte V, Capítulo II, Seção I) são produzidas pela Conferência Internacional do Trabalho e não em outros foros, sendo competente para proceder seu registro, tanto no seio da organização como no Secretariado das Nações Unidas, o Escritório (*Bureau*) Internacional do Trabalho. Não são então os Estados-membros da OIT, nesse caso, que devem solicitar à ONU tal registro, uma vez que as convenções internacionais do trabalho são produzidas *dentro* da organização e não fora dela.[270]

Frise-se, por fim, que o eventual registro de um documento internacional que não seja propriamente *tratado* – a exemplo de um memorando de entendimento (*Memorandum of Understanding – MOUs*) entre Estados – não lhe confere o *status* de norma convencional formal.[271] Nesse caso, o registro valerá apenas como meio de publicidade ao ato.

14. Observância e aplicação dos tratados. Dos artigos 26 a 30, cuida a Convenção de Viena de 1969 da *observância* e da *aplicação* dos tratados. Ambos os temas têm significativa importância para o Direito Internacional Público, pois deles depende, *de facto*, o sucesso da realização do acordo, que não deve ficar a mercê da vontade das partes para as quais está a vigorar e a surtir efeitos. Vejamos, separadamente, os temas da *observância* e *aplicação* dos tratados internacionais:

a) Observância (ou cumprimento) dos tratados. Entre as normas de Direito Internacional geral – geral porque impõem deveres e atribuem direitos a *todos* os Estados –, está aquela usualmente designada pela fórmula *pacta sunt servanda*, que fundamenta a obrigatoriedade dos tratados. A Convenção de Viena de 1969, no seu art. 26, dispõe justamente sobre essa regra, deixando expresso que "todo tratado em vigor obriga as partes e deve ser cumprido por elas de boa-fé". Essa norma, descrita pela CDI como "o princípio fundamental do Direito dos Tratados" é, aliás, considerada por muitos como sendo também o princípio mais importante do Direito Internacional Público.[272]

Em suma, o que se extrai do enunciado do art. 26 da Convenção é que a obrigação de respeitar os tratados é um princípio necessário do Direito Internacional; necessário porque sem ele a segurança das relações entre os povos e a paz internacional seriam impossíveis. Além do mais, a referência à *boa-fé* bem demonstra a necessidade de uma convivência harmoniosa entre os Estados, o que não seria possível sem o cumprimento das normas nascidas do seio da sociedade internacional. Cumprir o tratado de *boa-fé* significa que os sujeitos devem agir

---

[270] Cf. José Francisco Rezek. *Direito dos tratados*, cit., p. 380.

[271] *V.* Anthony Aust. *Modern treaty law and practice*, cit., p. 29.

[272] Cf. *Corte Internacional de Justiça Recueil* (1966), reproduzido no *American Journal of International Law*, vol. 61 (1967), p. 334. *V.*, ainda, John B. Whitton, La règle *Pacta sunt servanda*, in *Recueil des Cours*, vol. 49 (1934-III), pp. 147-276; e Mark Eugen Villiger, *Commentary on the 1969 Vienna Convention on the Law of Treaties*, cit., pp. 363-368.

de modo a que os objetivos perseguidos pelo tratado possam ser satisfeitos, como também já referiu a CIJ no caso *Projeto Gabcíkovo-Nagymaros* (Hungria *Vs*. Eslováquia) de 1997.[273] Em suma, o que fez o art. 26 da Convenção de 1969 foi consagrar, de maneira expressa, o próprio *fundamento jurídico* dos tratados internacionais, segundo o qual a obrigação de respeitá--los repousa na consciência e nos sentimentos de justiça internacionais. Sendo os tratados a fonte mais importante do Direito Internacional contemporâneo, o seu respeito por parte dos Estados configura a base necessária para a pacificação mundial e para a consequente organização política e internacional do planeta.

Na medida em que "todo tratado em vigor *obriga* as partes e *deve* ser cumprido por elas de boa-fé", seu eventual descumprimento acarreta a responsabilidade do Estado no âmbito internacional. Talvez por isso é que até mesmo em países de regime totalitário há regras constitucionais a disciplinar o princípio em apreço. Assim é que o art. 29 da Lei Fundamental da ex-União das Repúblicas Socialistas Soviéticas, determinava fossem "as relações da URSS com outros Estados" apoiadas "na observância (...) do honesto cumprimento dos compromissos provenientes dos princípios e normas universalmente reconhecidas do Direito Internacional e dos tratados internacionais concluídos pela URSS".

Para além do art. 26 da Convenção, há ainda a disposição do art. 27, segundo o qual "uma parte não pode invocar as disposições de seu Direito interno para justificar o inadimplemento de um tratado", ressalvando que "esta regra não prejudica o artigo 46". É dizer, no que tange ao Direito Internacional Público positivo, a obrigação de cumprir os tratados de boa-fé vige apesar de qualquer disposição a *contrario sensu* do Direito interno, qualquer que seja ela, direito constitucional ou infraconstitucional.[274] Isso se depreende da própria história do art. 27 da Convenção, cuja redação, proposta na Conferência das Nações Unidas sobre o Direito dos Tratados, teve a "intenção declarada de impedir que os Estados invocassem a respectiva Constituição, a fim de se subtraírem ao cumprimento dos tratados por eles livremente concluídos".[275]

O art. 27 da Convenção ressalva, entretanto, a disposição do art. 46, segundo a qual "um Estado não pode invocar o fato de que seu consentimento em obrigar-se por um tratado foi expresso em violação de uma *disposição de seu direito interno sobre competência para concluir tratados*, a não ser que essa violação fosse manifesta e dissesse respeito a uma *norma de seu Direito interno de importância fundamental*" (§ 1º). Como se percebe, a Convenção de Viena de 1969 (e o próprio Direito Internacional Público) não é insensível às normas do Direito interno relativas à conclusão de tratados; basta bem compreender quais são essas *normas internas* capazes de invalidar o consentimento relativo a determinado tratado.[276] Norma do Direito interno de importância *fundamental* é a Constituição do Estado, na qual se encontram as regras jurídicas sobre a competência dos poderes constituídos para a celebração de

---

[273] Para uma análise do caso, *v.* Jomara de Carvalho Ribeiro, *A responsabilidade do Estado perante a Corte Internacional de Justiça*, cit., pp. 159-172.

[274] *V.* Thomas Buergenthal (*et al.*). *Manual de derecho internacional público*, cit., p. 87. Cf. ainda Mark Eugen Villiger, *Commentary on the 1969 Vienna Convention on the Law of Treaties*, cit., pp. 370-375.

[275] Cf. *Official Records, First Session*, 29th meeting (Sir Humphrey Waldock). *V.* também o documento A/Conf. 39/C.1/L. 181, in *Yearbook of the United Nations*, 1968, p. 843 e ss.

[276] Cf. Antonio Remiro Brotons. *Derecho internacional público*, vol. 2, cit., pp. 138-139.

tratados. A única disposição do Direito interno brasileiro, de importância fundamental, sobre *competência* para concluir tratados, é aquela que diz competir exclusivamente ao Congresso Nacional "resolver definitivamente sobre tratados, acordos ou atos internacionais que acarretem encargos ou compromissos gravosos ao patrimônio nacional" (CF, art. 49, inc. I). Portanto, a única e exclusiva hipótese em que o Estado brasileiro pode invocar o fato de que seu consentimento em se obrigar por um tratado foi expresso em violação de uma disposição constitucional sua sobre competência para concluir tratados, visando, com isto, nulificar os efeitos desse acordo internacional em relação ao Brasil, é aquela ligada ao fato de o tratado ter sido ratificado sem o abono do Poder Legislativo (caso de *inconstitucionalidade extrínseca* ou *ratificação imperfeita*).

Afora esse caso especialíssimo previsto no art. 46, que diz respeito à *forma* de celebração de tratados, o conflito entre tratados e normas do Direito interno (quando *material*) resolve-se sempre pela *prevalência* da norma internacional sobre a interna, nos termos precisos do art. 27 da Convenção. Ou seja, salvo a hipótese de violação formal manifesta de norma interna (constitucional) de fundamental importância para concluir tratados, uma parte não poderá jamais invocar disposições (materiais) de seu Direito interno (quaisquer delas, inclusive as da própria Constituição) como justificativa para descumprir o acordo internacional (art. 27). A Convenção de Viena de 1969 não cogita, como se vê, de invalidade dos tratados em razão de atrito com as Constituições nacionais em se tratando de questões de fundo. Tal é assim, à luz do Direito Internacional Público, por não ser factível que o direito das gentes se submeta ao Direito interno estatal fazendo ceder os seus preceitos perante ele, ainda mais quando se tem em mira que o Estado (que normalmente utiliza-se do argumento da "violação da Constituição" para descumprir o tratado) manifestou o seu consentimento em obrigar-se pelo acordo quando o *ratificou* ou a ele *aderiu* e, internamente, o fez *publicar* na imprensa oficial.

Não é outra a lição de André Gonçalves Pereira e Fausto de Quadros, para quem o art. 27 da Convenção de Viena, ao dispor que "uma parte não pode invocar as disposições de seu *direito interno* para justificar o inadimplemento de um tratado", teve a intenção de subordinar *todo o direito interno* estatal à observância dos tratados internacionais, inclusive as suas Constituições, dando "a todo o Direito Internacional convencional grau supraconstitucional na ordem interna dos Estados onde ela viesse a vigorar ou por ratificação ou como costume internacional".[277] A esse respeito, muito antes de existir a Convenção de Viena sobre o Direito dos Tratados, Pontes de Miranda já enfatizava: "O próprio Direito constitucional dos Estados não poderia subtrair o Estado, que o fez, às obrigações que lhe impõem o Direito das gentes e os tratados. (...) Não se pode, portanto, cogitar de afastamento de efeitos de regras de Direito das gentes: as leis do Estado, ou dos Estados

---

[277] André Gonçalves Pereira & Fausto de Quadros. *Manual de direito internacional público*, cit., p. 120. No mesmo sentido, a lição de Oyama Cesar Ituassú, para quem "o fato de filiar-se um Estado à ONU implica necessariamente em reconhecer a supremacia dos princípios internacionais *sobre suas regras comuns e constitucionais internas* e, mais ainda, na cessão de uma parcela de sua autonomia exterior em favor da instituição mundial", sem o que "não se conceberia o funcionamento do sistema coletivo, cuja força vai até à aplicação de medidas coercitivas contra aqueles que infringirem as normas fundamentais do Estatuto ou desobedecerem às suas decisões" [grifo nosso] (*Curso de direito internacional público*. Rio de Janeiro: Forense, 1986, p. 530).

Parte I · Cap. V · DIREITO DOS TRATADOS | **221**

(tratados), contrárias ao Direito das gentes, foram atos de poder incompetente, e a justiça internacional trata-os como tais".[278]

Assim, a diferença entre os arts. 27 e 46 da Convenção de Viena de 1969 reside no fato de ser o art. 27 norma afeta ao conflito *material* entre os tratados internacionais e as disposições do Direito interno, ao passo que o art. 46 versa questão de *procedimento* para celebrar tratados, impedindo alegar-se violação do texto constitucional como justificativa para o inadimplemento de um tratado, a não ser em caso de violação manifesta de norma de fundamental importância. Sendo regra relativa a conflito de normas, o art. 27 não coloca exceção alguma ao impedimento de alegar-se disposição do Direito interno como pretexto para descumprir os tratados, o que não ocorre no caso do art. 46 que, versando questão procedimental, coloca uma exceção (e apenas *uma*) à impossibilidade do Estado invocar o fato de que seu consentimento em obrigar-se por um tratado foi expresso em violação de uma disposição de seu Direito interno sobre competência para concluir tratados, que é a de ser essa violação *manifesta* e relativa à norma (sobre *competência* para concluir tratados) de Direito interno de *importância fundamental*.

Frise-se que o art. 27 da Convenção de Viena, resultado de emenda do Paquistão, não encontrou oposição por parte dos países defensores da soberania estatal. Sem embargo de algumas abstenções, nenhum país, entretanto, votou contra a regra enunciada.

Poder-se-ia também justificar a primazia do Direito Internacional sobre o Direito interno no art. 11 da Convenção de Havana sobre Tratados, de 1928, que assim dispõe:

> "Art. 11. Os tratados continuarão a produzir os seus efeitos, *ainda quando se modifique a constituição interna dos Estados contratantes*. Se a organização do Estado mudar, de maneira que a execução seja impossível, por divisão de território ou por outros motivos análogos, os tratados serão adaptados às novas condições" [grifo nosso].[279]

Ocorre que a *constituição* (em letra minúscula) referida pela Convenção de Havana não é a *Carta Magna* do Estado, e sim sua *organização* enquanto *forma de Estado*, como se dessume da leitura do próprio art. 11 em sua segunda parte. De qualquer forma, mesmo nesse caso não é irrazoável supor ter a Convenção de Havana adotado uma solução de primazia do Direito Internacional em face à ordem estatal interna, ao não fazer cessar os efeitos dos tratados mesmo quando modificada a organização interna do Estado.

A solução a ser adotada em caso de descumprimento do texto convencional há de ser encontrada no próprio corpo do tratado, que deve prever instrumentos para a solução das controvérsias que possam eventualmente surgir entre as partes. Sem embargo disso, há uma forte tendência atual em o Estado vítima do não cumprimento do acordo recorrer a certas *represálias* ou *contramedidas* em relação ao suposto Estado infrator do tratado, prática que não se coaduna com a sistemática do atual Direito Internacional Público. São bastante tênues, entretanto, as linhas divisórias que separam uma resposta justa e equilibrada por

---

[278] Pontes de Miranda. *Tratado de direito internacional privado*, vol. I. Rio de Janeiro: José Olympio, 1935, pp. 391-392.

[279] Destaque-se que esta norma foi baseada no art. 211 do *Projeto de Código de Direito Internacional Público* de Epitácio Pessoa. Sobre o tema, *v.* Valerio de Oliveira Mazzuoli, Apontamentos sobre o direito dos tratados no Projeto de Código de Direito Internacional Público de Epitácio Pessoa, cit., pp. 522-523.

parte do Estado vítima da violação do tratado de uma visível hostilidade ilícita no plano internacional.

No presente domínio do Direito Internacional Público, os Estados contraem, no livre e pleno exercício de sua soberania, várias obrigações internacionais, e uma vez que o tenham feito não podem (à luz da Convenção de Viena de 1969) invocar disposições do seu Direito interno, até mesmo do seu Direito Constitucional, como justificativa para o não cumprimento dessas obrigações. Seria de todo estranho pudessem os Estados invocar violação de sua soberania depois de submetido o tratado, por eles mesmos e com plena liberdade, ao referendo do Poder Legislativo, representativo que é da vontade popular. A norma *pacta sunt servanda*, corolário do princípio da boa-fé, ademais, estaria sendo maculada caso fosse tida como válida a alegação do Estado de violação do seu Direito interno pelo compromisso internacional por ele mesmo firmado, o que parece querer demonstrar que a Convenção de Viena de 1969 pretendeu, efetivamente, consagrar a regra da *supremacia* do Direito Internacional frente ao Direito interno.[280] Apesar de não ter obrigado os Estados a adequarem suas normas internas às obrigações internacionalmente assumidas, o certo é que, para executá-las de boa-fé, como manda o art. 26 da Convenção, deve o Estado-parte dar primazia aos tratados sobre as suas disposições domésticas.

A Constituição brasileira de 1988 aceita essa construção, ainda que por fundamentos diferentes, no que tange ao Direito Internacional convencional relativo aos direitos humanos (art. 5º, §§ 2º e 3º). Quanto aos demais tratados, pensamos que eles cedem perante a Constituição, por força do preceito constitucional que sujeita os tratados à fiscalização de constitucionalidade (art. 102, inc. III, alínea *b*). Somente na falta desse comando constitucional é que a norma *pacta sunt servanda*, bem como o art. 27 da Convenção de Viena, imporiam a prevalência de *todos* os tratados internacionais sobre a nossa Constituição.[281] Pelo fato de a Constituição brasileira consagrar a declaração de inconstitucionalidade de tratados, e dado que não há no nosso texto constitucional menção expressa sobre o grau hierárquico a ser atribuído aos tratados internacionais comuns, parece não restar outra saída senão atribuir valor infraconstitucional a tais tratados, ainda que *supralegal*.[282] Frise-se, no entanto, que os preceitos constitucionais que sujeitam os tratados ao controle de constitucionalidade não o nulificam de qualquer maneira, pelo fato de não poder decisão judicial interna *anular* um compromisso nascido de outro sistema normativo, especialmente do sistema normativo internacional.

Todos os poderes do Estado – não somente o Executivo e o Legislativo, mas também o Judiciário – devem respeito e obediência ao Direito Internacional Público. A sua não observância acarreta a responsabilidade internacional do Estado, quase sempre esquecida pelos juízes e tribunais nacionais.[283] Exemplo corriqueiro disso, que materializa a prática de ilícito internacional, traduz-se naquela situação em que por meio de medidas legislativas internas se pretende derrogar tratados internacionais, prática corrente nos países que igualam

---

[280] Cf. André Gonçalves Pereira & Fausto de Quadros. *Manual de direito internacional público*, cit., pp. 121-122.

[281] V. André Gonçalves Pereira & Fausto de Quadros. Idem, p. 122.

[282] Sobre a hierarquia entre tratados internacionais (comuns) e leis internas, *v.* a Seção IV deste Capítulo.

[283] Sobre o papel (e as dificuldades) dos tribunais internos na aplicação do Direito Internacional, *v.* Gabriela Frazão Gribel, *As cortes domésticas e a garantia do cumprimento do direito internacional*, Curitiba: Juruá, 2011, pp. 53-120.

Parte I • Cap. V • DIREITO DOS TRATADOS | 223

hierarquicamente o tratado à lei.[284] E não raro se veem decisões de tribunais superiores induzindo a pensar que, no âmbito interno, legislar contrariamente ao conteúdo de um tratado anteriormente assumido, deixando de fazer fé à palavra externamente exarada, seria legítimo desde que se tenha recursos suficientes e esteja o país disposto a indenizar os prejuízos causados pelo Estado no âmbito externo. O raciocínio expressa um paralogismo que se apoia em uma falsa e errônea ideia. A ordem internacional *sempre* prima sobre a interna, e tanto isso é verdade que, quando o legislador nacional produz normas que contradizem disposições de um compromisso internacional já assumido e, após isso, o Poder Judiciário não é capaz de superar a contradição, harmonizando aqueles preceitos, essa atitude final encontra reparo na ordem jurídica internacional, mediante a responsabilização e consequente condenação do Estado infrator por uma corte internacional. Se por erro ou por falta de afinidade com as normas internacionais os juízes internos não restabelecem a antiga ordem jurídica, aquele que dará a última palavra sobre o assunto será sempre o Direito Internacional, que, por meio do instituto da responsabilidade, condenará o Estado infrator, reconstituindo o direito violado.[285] Trata-se de preceito que fora mencionado na decisão de 8 de maio de 1902 do Tribunal Arbitral El Salvador *x* Estados Unidos, e que vem sendo, desde então, reiterado pela jurisprudência das instâncias internacionais.

Pelas regras atuais do Direito Internacional Público (frise-se: *do Direito Internacional Público*, e não do *Direito doméstico*) não se admite, pois, salvo a exceção referida, que *qualquer* norma do Direito interno dos Estados coloque fim a um tratado internacional, o que expressa, em termos claros, a opção de primazia do Direito Internacional perante o Direito interno.[286]

b) Aplicação dos tratados (no tempo e no espaço). A aplicação dos tratados pode dar-se no *tempo* e no *espaço*, matéria versada pelos arts. 28 a 30 da Convenção de Viena de 1969. Esse estudo tem especial relevo quando se trata daqueles acordos (já estudados no ponto relativo à classificação dos tratados) chamados de *normativos*, tais como os de proteção dos direitos humanos, os de comércio, de aliança, de cooperação, de arbitragem etc.[287] Vejamos cada uma das duas modalidades:

Aplicação no tempo. A regra geral trazida pela Convenção de 1969 relativamente à aplicação temporal dos tratados diz respeito à sua *irretroatividade*. Trata-se da aplicação do princípio geral de direito segundo o qual as normas jurídicas são normalmente feitas para reger situações *futuras*. Segundo o art. 28 da Convenção, "a não ser que uma intenção diferente se evidencie do tratado, ou seja estabelecida de outra forma, suas disposições não obrigam uma parte em relação

---

[284] No Brasil, o entendimento de que o tratado equivale hierarquicamente à lei ordinária federal é ainda mantido pelo STF (salvo no que tange aos tratados de direitos humanos, que segundo o STF têm nível *supralegal* – v. RE 466.343/SP). Sobre o tema, v. o criticado Acórdão nº 80.004-SE, do STF, de 01.06.1977, rel. do Ac. Min. Cunha Peixoto, publicado na *RTJ* 83/809-848, ainda seguido pela atual jurisprudência da Suprema Corte.

[285] Cf., por tudo, Heber Arbuet Vignali & Jean Michel Arrighi, Os vínculos entre o direito internacional público e os sistemas internos, in *Revista de Informação Legislativa*, ano 29, nº 115, Brasília: Senado Federal, jul./set./1992, p. 417.

[286] V. Celso D. de Albuquerque Mello. O direito internacional público no direito brasileiro, in *Dimensão internacional do direito: estudos em homenagem a G. E. do Nascimento e Silva*, Paulo Borba Casella (coord.), São Paulo: LTr, 2000, p. 301.

[287] Cf. José Francisco Rezek. *Direito dos tratados*, cit., p. 411.

a um ato ou fato anterior ou a uma situação que deixou de existir antes da entrada em vigor do tratado, em relação a essa parte".[288] Nada mais lógico que assim seja, pois os tratados, bem como as leis, são criados para produzir efeitos *a partir* da sua entrada em vigor (*ex nunc*), salvo se uma intenção diversa se evidencie do tratado ou por outra maneira seja estabelecida. Essa afirmação derradeira quer dizer que nada impede os Estados de elaborarem, *v.g.*, um tratado ou uma cláusula que derrogue o princípio da irretroatividade, expressa ou implicitamente.[289] Salvo esse caso excepcional (bem assim quando se estabelece por "outra maneira" a retroatividade do acordo), a regra da não retroatividade há de ser aplicada em sua inteireza.

Perceba-se que o princípio da não retroatividade dos tratados (nos claros termos do art. 28 da Convenção) existe para impedir que um tratado seja aplicado em relação "a um *ato ou fato anterior* ou a uma situação que *deixou de existir* antes da entrada em vigor do tratado, em relação a essa parte". Não impede o princípio que uma situação nascida anteriormente à entrada em vigor do tratado, mas cujos efeitos se *prolongaram* ou se produziram *depois* da sua entrada em vigor, seja regulada pelo tratado. Os tribunais regionais de direitos humanos têm se declarado incompetentes para apreciar casos ocorridos antes da entrada em vigor dos tratados regionais respectivos (como, *v.g.*, a Convenção Americana sobre Direitos Humanos, no sistema interamericano) ou do aceite pelos Estados da jurisdição contenciosa desses tribunais, mas não excluem a admissibilidade das petições quando as violações de direitos humanos *prosseguem* após essa data e produzem efeitos que constituam eles próprios uma *violação* do tratado.[290] Assim, um *ato* estatal violador de direitos humanos (*v.g.*, um assassinato ou o desaparecimento de pessoas etc.) ocorrido *antes* do reconhecimento da competência contenciosa da Corte Interamericana de Direitos Humanos, não poderá ser julgado por ela, mas a *omissão* estatal que se prolongou *para além da data desse reconhecimento* poderá perfeitamente ser objeto de uma demanda perante a Corte (*v.g.*, no caso de os corpos das vítimas, no exemplo dado do desaparecimento de pessoas, continuarem sem paradeiro etc.).[291]

Por fim, cumpre dizer que nada diz a Convenção de Viena de 1969 (e também a de 1986) sobre a *duração* dos tratados, o que é natural, tendo em vista que cada instrumento internacional tem duração que o seu próprio texto determinar. Se o tratado silencia a respeito do seu prazo de duração é porque se pretende eterno, podendo ser somente alterado quando as partes, pela convicção geral, entenderem por bem modificar os seus termos e redefinir a situação convencionada. A previsão expressa de termo final (como, *v.g.*, o Tratado do Canal do Panamá de 1977, que previu no seu art. 2º, § 2º, que o mesmo "terminará ao meio-dia, hora do Panamá, em 31 de dezembro de 1999") normalmente impede a denúncia do instrumento até essa data.[292]

Aplicação no espaço. Feitas as mesmas ressalvas de não existir intenção diferente evidenciada no tratado, ou de não ser esta estabelecida por outra forma, um tratado internacional

---

[288]   *V.* Geraldo Eulálio do Nascimento e Silva. *Le facteur temps et les traités*, cit., pp. 273-277; e Mark Eugen Villiger, *Commentary on the 1969 Vienna Convention on the Law of Treaties*, cit., pp. 381-386.

[289]   Cf. Dinh, Daillier & Pellet. *Direito internacional público*, cit., p. 225.

[290]   Cf. Dinh, Daillier & Pellet. Idem, p. 226.

[291]   Para detalhes, *v.* Valerio de Oliveira Mazzuoli, *Comentários à Convenção Americana sobre Direitos Humanos (Pacto de San José da Costa Rica)*, 4ª ed. rev., atual. e ampl., São Paulo: RT, 2013, pp. 385-387.

[292]   Cf. José Francisco Rezek. *Direito dos tratados*, cit., pp. 411-413.

Parte I · Cap. V · DIREITO DOS TRATADOS | **225**

obriga cada um dos Estados-partes em relação a *todo o seu território*. Trata-se da regra da *aplicação espacial* (ou da *execução territorial*) dos tratados, que se encontra insculpida no art. 29 da Convenção.[293]

A regra de que um tratado obriga as partes em relação a *todo* o seu território (assim como a regra da aplicação no tempo) é *supletiva*, devendo ser aplicada no caso de silêncio do tratado. Havendo determinada previsão *expressa* no texto ou que se possa evidenciar por outra maneira, valerá o que os negociadores acordaram. Por exemplo, o Tratado sobre a Proibição da Colocação de Armas Nucleares e outras Armas de Destruição em Massa no Leito do Mar e no Fundo do Oceano e em seu Subsolo, de 1971,[294] expressamente exclui o território das partes do seu âmbito de aplicação, ao determinar que os Estados-partes "comprometem-se a não implantar ou colocar no leito do mar e no fundo do oceano e em seu subsolo, *além do limite exterior de uma zona do leito do mar definida no Artigo II*, quaisquer armas nucleares ou quaisquer tipos de armas de destruição em massa..." (Art. I, 1).[295] Por outro lado, sendo *silente* o tratado suas cláusulas serão aplicadas em todo o território.do Estado, aí compreendidos o seu espaço aéreo e o seu mar territorial. Deve-se, aqui, interpretar a expressão "território" no sentido de abranger todo o espaço em que o Estado exerce *soberania*.

Alguns tratados contêm cláusulas aplicáveis aos Estados-federados relativamente a questões que se encontrem dentro do âmbito de sua exclusiva competência, o que é permitido segundo o citado art. 29, por estar evidenciada no tratado a existência de intenção diferente no que toca ao âmbito de sua aplicação territorial. Sem embargo, não estando evidenciada no tratado essa intenção, nenhum Estado, ainda que se trate de Estado-federal, pode desconhecer o âmbito de aplicação territorial de um compromisso internacional. É possível, contudo, que se formule uma reserva nesse sentido, faltando uma disposição expressa sobre a limitação de obrigações em dado âmbito territorial.[296]

A última regra de aplicação de tratados consta do art. 30 da Convenção de Viena, que diz respeito à aplicação de tratados sucessivos sobre a mesma matéria. Por se tratar de assunto mais complexo, será versado em tópico separado, mais à frente (*v.* item nº 20, *infra*).

Fora esses três artigos (28, 29 e 30) da Convenção de 1969, não há outras regras em Direito Internacional positivo sobre a aplicação temporal e espacial dos tratados internacionais.

15. Interpretação dos tratados. Não é sempre que as disposições de um tratado são elaboradas de forma clara e precisa, de modo a permitir a sua imediata aplicação. Na grande maioria das vezes, um tratado para ser corretamente aplicado necessita, antes, ser *interpretado*.[297]

---

[293] V. Mark Eugen Villiger. *Commentary on the 1969 Vienna Convention on the Law of Treaties*, cit., pp. 389-394.

[294] Ratificado pelo Brasil em 10.05.1988, promulgado pelo Decreto 97.211, de 12.12.1988.

[295] O Art. II referido, por sua vez, estabelece: "Para os fins do presente Tratado, o limite exterior da zona do leito do mar mencionada no Artigo I coincidirá com o limite exterior de doze milhas da zona mencionada na parte II da Convenção sobre o Mar Territorial e Zona Contígua, assinada em Genebra, em 29 de abril de 1958, e será medido em conformidade com as disposições da parte I, seção II, da referida Convenção e em conformidade com o Direito internacional".

[296] Cf. Thomas Buergenthal (*et al.*). *Manual de derecho internacional público*, cit., pp. 87-88.

[297] Sobre o tema, *v.* Samuel B. Crandall, *Treaties: their making and enforcement*, cit., pp. 371-403; Ludwik Ehrlich, L'interprétation des traités, in *Recueil des Cours*, vol. 24 (1928-IV), pp. 1-145; Hildebrando Accioly,

A interpretação, por conseguinte, é um procedimento necessário à correta aplicação ou execução dos tratados.

No sentido jurídico, interpretar significa determinar racionalmente o exato sentido da norma, dando claridade e compreensão ao seu texto ou a qualquer um de seus comandos, a fim de deixar as partes seguras sobre o alcance e significado que se pretendeu estabelecer em seu contexto, afastando de vez as dúvidas, obscuridades, contradições ou ambiguidades porventura existentes.

O problema da interpretação dos tratados ficou, durante a Conferência de Viena, basicamente dividido entre duas correntes de opiniões: uma, que entendia que a interpretação de um tratado tem como finalidade a busca da real e comum intenção das partes; e outra, que via na determinação do significado de seu texto o verdadeiro objeto da interpretação de um tratado. É dizer, a primeira corrente dava primazia à intenção das partes, ao passo que a segunda levava em conta o estudo e a análise do texto. Na prática, a divergência consistia na importância que cada uma das duas correntes emprestava aos trabalhos preparatórios (*travaux préparatoires*) para a interpretação dos tratados.[298] A tese que saiu ao final vencedora foi a segunda, tendo a Convenção de Viena de 1969 dado mais importância ao *texto* do tratado (por ser a fiel intenção das partes) que aos seus trabalhos preparatórios (que devem servir apenas como *meio suplementar* de interpretação).

O assunto foi regulado nos arts. 31 a 33 da Convenção de 1969, que passamos a estudar agora:

a) Regra geral de interpretação. O art. 31, § 1º, da Convenção de 1969, traz uma "regra geral de interpretação" dos tratados, ao dispor que todo acordo internacional "deve ser interpretado de boa-fé segundo o sentido comum atribuível aos termos do tratado em seu contexto e à luz de seu objetivo e finalidade".[299] Ou seja, segundo a Convenção, o "ponto de partida" para a interpretação de todo acordo internacional é o seu *texto*, enquanto esse constitui a expressão autêntica das intenções das partes.

O primeiro princípio de interpretação, como se vê, que se destaca no art. 31, § 1º, é o da *boa-fé*, parte integrante da norma *pacta sunt servanda*, que se consubstancia no compromisso

---

Tratado de direito internacional público, vol. I, cit., pp. 623-638; G. Berlia, Contribution à l'interprétation des traités, in *Recueil des Cours*, vol. 114 (1965-I), pp. 283-333; Adolfo Maresca, *Il diritto dei trattati...*, cit., pp. 333-348; Mustafa Kamil Yasseen, L'interprétation des traités d'après la Convention de Vienne sur le Droit des Traités, in *Recueil des Cours*, vol. 151 (1976-III), pp. 1-114; J. Silva Cunha, *Direito internacional público*, vol. I, cit., pp. 155-169; José Francisco Rezek, *Direito dos tratados*, cit., pp. 445-456; Ernesto De La Guardia, *Derecho de los tratados internacionales*, cit., pp. 216-230; Paul Reuter, *Introducción al derecho de los tratados*, cit., pp. 117-121; Ian Brownlie, *Princípios de direito internacional público*, cit., pp. 650-656; Luís Barbosa Rodrigues, *A interpretação dos tratados internacionais*, 2ª ed. rev., Lisboa: Associação Acadêmica da Faculdade de Direito, 2002, 165p; Anthony Aust, *Modern treaty law and practice*, cit., pp. 184-206; e Richard K. Gardiner, *Treaty interpretation*, New York: Oxford University Press, 2008, 407p.

[298] V. Maria de Assis Calsing. *O tratado internacional e sua aplicação no Brasil*, p. 54. Para uma visão anterior aos debates da Convenção, *v.* Hersch Lauterpacht, *The development of international law by the International Court*, cit., pp. 116-141.

[299] Cf., por todos, Richard K. Gardiner, *Treaty interpretation*, cit., pp. 141-202; Adolfo Maresca, *Il diritto dei trattati...*, cit., pp. 349-360; e Mark Eugen Villiger, *Commentary on the 1969 Vienna Convention on the Law of Treaties*, cit., pp. 421-441.

Parte I • Cap. V • DIREITO DOS TRATADOS | **227**

de respeito e fidelidade por parte daquele em que determinada ação é questionada, pressupondo sempre a abstenção de dissimulação, fraude ou dolo nas relações para com outrem. Diz ainda o mesmo dispositivo que todo tratado internacional deve ser interpretado segundo o *sentido comum* atribuível aos seus termos, querendo isso significar que as palavras do texto devem ser observadas em seu sentido próprio e usual, ou seja, o sentido mais *corrente* com que determinada expressão ou termo é utilizado. O sentido comum só não poderá ser utilizado quando incompatível com as disposições do tratado ou quando expressamente empregado com outro significado. O sentido comum, ou corrente, que se atribui a um termo, e que deve servir de guia para a compreensão do exato sentido atribuível ao tratado, é aquele aferível *à época* da conclusão do acordo, salvo se de seu conteúdo puder depreender-se ter sido outra a intenção das partes.

Exceção a essa regra do sentido comum está prevista no § 4º do mesmo art. 31, quando a Convenção também reconhece que a determinado termo poderá ser atribuído um *sentido especial*, se ficar estabelecido que essa foi a real intenção das partes naquele momento (art. 31, § 4º).[300]

A Convenção ainda estabelece que os tratados devem ser interpretados em seu *contexto*. Para fins interpretativos, o *contexto* de um tratado também compreende, além do texto, seu preâmbulo e seus anexos, (*a*) qualquer acordo relativo ao tratado feito entre todas as partes em conexão com a conclusão do mesmo, e (*b*) qualquer instrumento estabelecido por uma ou várias partes em conexão com a conclusão do tratado e aceito pelas outras partes como instrumento relativo ao tratado (art. 31, § 2º, alíneas *a* e *b*). Abstrai-se daí, como se vê, a intenção manifestada pela Convenção de Viena de serem os tratados interpretados *em seu conjunto*, contextualmente, dando vasto material de pesquisa para o intérprete na delimitação do sentido comum das palavras.[301] Foi importante a introdução na Convenção de 1969 dessa interpretação (ou hermenêutica) chamada *contextual*, que se refere às ligações que as várias partes do texto têm entre si ("em seu conjunto"). O "contexto" propriamente dito, por sua vez, pode ser *intrínseco* ou *extrínseco*, caso indique, respectivamente, o significado de uma norma *dentro* do texto normativo ou mostre ao intérprete as relações dessa mesma norma com o mundo *extratexto*.[302] Pela leitura do art. 31, § 2º, alíneas *a* e *b*, da Convenção, quer parecer que ali só se admitiu, para fins interpretativos, a utilização do contexto *intrínseco*, pois (*a*) a Convenção se refere ao texto, ao preâmbulo e aos anexos *do tratado*; depois (*b*) fala em qualquer acordo relativo *ao tratado* feito entre todas as partes em conexão *com a conclusão do mesmo*; e, por último, (*c*) refere-se a qualquer instrumento estabelecido por uma ou várias partes *em conexão com a conclusão do tratado* e aceito pelas outras partes *como instrumento relativo ao tratado*.

Além do preâmbulo e das demais partes componentes do mesmo tratado, os *anexos* de cada convenção dela também são partes integrantes e inseparáveis, não sendo possível

---

[300] Para críticas ao art. 31, § 4º, *v.* Luís Barbosa Rodrigues, *A interpretação dos tratados internacionais*, cit., p. 82, ao sustentar "revestir este preceito relevância muito limitada, considerando o seu caráter basicamente reforçativo ou mesmo pleonástico".

[301] *V.* Richard K. Gardiner. *Treaty interpretation*, cit., pp. 203-216. Ainda sobre o tema, *v.* Luís Barbosa Rodrigues, *A interpretação dos tratados internacionais*, cit., pp. 88-95.

[302] Cf. José Afonso da Silva. *Comentário contextual à Constituição*, 2ª ed. São Paulo: Malheiros, 2006, pp. 16-17.

228 | CURSO DE DIREITO INTERNACIONAL PÚBLICO – *Valerio de Oliveira Mazzuoli*

subtraí-los do exame, análise e controle dos poderes governamentais. Quando se ratifica um tratado, esse ato atinge também (obviamente) os seus anexos. De sorte que a conclusão e entrada em vigor de um tratado significa a conclusão e entrada em vigor – tanto em face do Direito das Gentes quanto do Direito interno – dos respectivos anexos.[303]

Ainda segundo a Convenção, serão levados em consideração, juntamente com o contexto: (*a*) qualquer *acordo posterior* entre as partes relativo à interpretação do tratado ou à aplicação de suas disposições; (*b*) qualquer *prática* seguida posteriormente na aplicação do tratado, pela qual se estabeleça o acordo das partes relativo à sua interpretação; e (*c*) quaisquer *regras* pertinentes de Direito Internacional aplicáveis às relações entre as partes (art. 31, § 3º).[304] Esse último elemento, referente a qualquer regra de Direito Internacional aplicável às relações entre as partes, como leciona Maria de Assis Calsing, é o que pode suscitar alguma dúvida, "uma vez que os acordos posteriores concluídos pelas partes sobre a interpretação do tratado tornam-se obrigatórios tão só pela observância da norma *pacta sunt servanda*; e as práticas posteriores seguidas pelas partes sobre a aplicação do tratado devem ser levadas em consideração porque refletem a intenção e a compreensão das partes no que diz respeito àquilo que foi acordado; a dúvida, no entanto, é só aparente na medida em que se raciocina que o texto de um tratado não pode existir em separado, independentemente, no vazio", tendo ele "de ser considerado dentro do meio jurídico onde foi elaborado e do qual ele depende – daí por que o tratado é sempre regido pelo Direito Internacional e suas normas serão sempre fontes às quais recorrerão os intérpretes quando necessário".[305]

Por fim, devem os tratados, segundo a parte final do art. 31, § 1º, ser interpretados à luz de seu *objetivo* e *finalidade*. Por *objetivo* do tratado entendem-se as metas às quais suas normas almejam alcançar, por meio dos direitos e obrigações delas decorrentes, segundo o que os negociadores livremente estabeleceram; já a *finalidade* é o propósito que essas mesmas partes almejaram alcançar, seu ideal comum etc. Assim, o *objetivo* e a *finalidade* do tratado não se confundem, não obstante estarem intimamente conectados. Então, dizer que o intérprete deve levar em consideração na interpretação dos tratados o seu objetivo e finalidade, significa que deve buscar a *ratio legis* do compromisso internacional na busca da verdadeira intenção das partes quanto ao significado do texto ou quanto a algumas de suas disposições.

b) Meios suplementares de interpretação. Estabelece ainda a Convenção de 1969 (no art. 32) que é permitido recorrer a certos "meios suplementares de interpretação", inclusive aos trabalhos preparatórios do tratado[306] e às circunstâncias de sua conclusão, a fim de *confirmar*

---

[303] Cf. Vicente Marotta Rangel. Integração das convenções de Genebra no direito brasileiro, in *Revista do Instituto de Pesquisas e Estudos Jurídico-Econômico-Sociais*, ano II, nº 3, Bauru: ITE, jan./mar./1967, pp. 203-204.

[304] Para uma análise exaustiva desse dispositivo, *v.* Richard K. Gardiner, *Treaty interpretation*, cit., pp. 216-298.

[305] Maria de Assis Calsing. *O tratado internacional e sua aplicação no Brasil*, cit., p. 54.

[306] V. Hersch Lauterpacht. Les travaux préparatoires et l'interprétation des traités, in *Recueil des Cours*, vol. 48 (1934-II), pp. 709-817. Para críticas ao aparente *exagero* de Lauterpacht no tocante à defesa dos trabalhos preparatórios como método de interpretação dos tratados, *v.* Hildebrando Accioly, *Tratado de direito internacional público*, vol. I, cit., pp. 634-635, para quem "o recurso aos trabalhos preparatórios muita vez não produz resultados satisfatórios e, em certos casos, conforme declarou a Corte Internacional de Justiça, não é admissível".

Parte I • Cap. V • DIREITO DOS TRATADOS | **229**

o sentido resultante da aplicação do art. 31, ou de *determiná-lo*, quando a interpretação, de conformidade com esse mesmo artigo, (*a*) deixa o sentido ambíguo ou obscuro, ou (*b*) o conduz a um resultado manifestamente absurdo ou desarrazoado.[307]

A Convenção não especifica o que vêm a ser tais "meios suplementares", mas diz que os *trabalhos preparatórios* do tratado e as *circunstâncias de sua conclusão* são dois desses meios, "inclusive" (como afirma a Convenção).[308] Os trabalhos preparatórios têm início com as negociações preliminares e vão até a fase da assinatura. São úteis ao intérprete no sentido de que, por meio deles, poderá se esclarecer a *origem* da ambiguidade ou obscuridade de um determinado dispositivo constante do instrumento. Sua utilização como meio de interpretação, no entanto, deve dar-se de forma moderada, com prudência, tendo em vista refletirem não a vontade *concordante* das partes, mas sim a vontade *divergente* delas. Não há trabalho preparatório de tratado que não documente a dificuldade para se chegar a um consenso sobre o objetivo do acordo que se está a concluir. Por sua vez, as circunstâncias que cercaram a conclusão e a assinatura do tratado também podem ser úteis na busca da real intenção das partes, no que se refere à determinada disposição ambígua ou divergente do instrumento, uma vez que, tais circunstâncias, correntemente têm influência na elaboração do texto final do tratado. A CIJ, *v.g.*, na sentença relativa ao caso da *Plataforma Continental do Mar Egeu*, fez referência às "circunstâncias enquadrantes da reunião",[309] nessa exata linha do que dispõe o art. 32 da Convenção de 1969.

Sem embargo de a Convenção só ter nominado expressamente esses dois meios suplementares de interpretação, outros também poderão ser utilizados, a exemplo da *regra do efeito útil* – pela qual as cláusulas obscuras ou ambíguas de um tratado devem ser sempre interpretadas de modo a que produzam o maior sentido e eficácia possíveis relativamente ao seu objetivo[310] –, da *interpretação funcional* – por meio da qual os tratados devem ser interpretados em harmonia com o seu desiderato, na medida do possível para a plenitude dos efeitos do acordo –, bem como a *analogia*, os *costumes*, os *princípios gerais de direito* e a regra *contra proferentem*, aplicada especialmente aos tratados-contrato e segundo a qual toda disposição obscura ou ambígua do tratado deve ser interpretada em desfavor da parte que a propôs ou redigiu, restando à outra parte o benefício da dúvida.[311]

c) Interpretação de tratados autenticados em duas ou mais línguas. Não geram tantos problemas de interpretação os tratados concluídos com o emprego de uma mesma língua, caso em que somente esta (à exceção de qualquer outra) é que será utilizada pelas partes em caso de dúvidas ou incertezas relativas ao texto convencional. Problema mais grave surge quando um tratado é autenticado em duas ou mais línguas, pois é mais do que sabido que

---

[307] Para detalhes, *v.* Richard K. Gardiner, *Treaty interpretation*, cit., pp. 301-350; Adolfo Maresca, *Il diritto dei trattati…*, cit., pp. 361-365; e Mark Eugen Villiger, *Commentary on the 1969 Vienna Convention on the Law of Treaties*, cit., pp. 444-449.

[308] Sobre o tema, *v.* Luís Barbosa Rodrigues, *A interpretação dos tratados internacionais*, cit., pp. 120-125.

[309] *V. ICJ Reports* (1978), p. 41.

[310] Sobre o tema, *v.* Hersch Lauterpacht, Restrictive interpretation and the principle of effectiveness in the interpretation of treaties, in *British Yearbook of International Law*, vol. 26 (1949), pp. 48-85; e Luís Barbosa Rodrigues, *A interpretação dos tratados internacionais*, cit., pp. 126-128.

[311] *V.* José Francisco Rezek. *Direito dos tratados*, cit., p. 456.

uma mesma expressão pode ter conotações diametralmente opostas dependendo do idioma em que for empregada. Nesse caso, segundo a Convenção de 1969, o texto do tratado "faz igualmente fé em cada uma delas, a não ser que o tratado disponha ou as partes concordem que, em caso de divergência, prevaleça um texto determinado" (art. 33, § 1º).[312]

Nos tratados bilaterais, a fórmula utilizada consiste em concluir o texto convencional nas línguas oficiais dos Estados-contratantes. Mas esse expediente tem o inconveniente de não solucionar determinados problemas interpretativos advindos do emprego de terminologias com significados dúbios, caso as duas versões do texto façam igualmente fé em ambas as línguas. Por exemplo, a expressão *poderá* contida em certo tratado pode ser, na versão oficial do outro Estado, entendida como *deverá* e vice-versa. Da mesma forma, a expressão "em consideração" (*in consideration*), de fortíssima conotação contratual nos países da *Common Law*, também é comumente mal interpretada nos compromissos internacionais, gerando vários problemas de interpretação (especialmente no âmbito do comércio internacional). Uma solução viável para a resolução de tais problemas é concluir o tratado bilateral nas línguas dos Estados-partes, anexando-se uma terceira versão em outra língua (normalmente o inglês ou o francês) para fins de divergência interpretativa.

No que tange aos tratados multilaterais os problemas de interpretação se multiplicam, dada a variedade de significados que podem ser atribuídos a certas expressões do texto em variadas línguas. Daí ser ideal – quando a redação do tratado é realizada em diversos idiomas – deixar expressamente fixado no instrumento a predominância de apenas *uma língua* para fins de sua interpretação, o que faz com que vários problemas envolvendo disparidades terminológicas desapareçam (ou, pelo menos, diminuam). O Fundo Monetário Internacional, por exemplo, segundo a Regra C-13 (*Language*) dos seus Estatutos e Regulamentos, instituiu o *inglês* como o seu idioma oficial de trabalho, devendo todos os documentos, deliberações e atas, serem redigidos nessa língua ou para esta traduzidos quando chegarem ao Fundo em qualquer outro idioma.

Nos termos da Convenção de Viena de 1969, somente quando autorizado pelo tratado ou pelas partes é que uma versão do tratado em língua estrangeira diversa daquelas em que o texto foi autenticado será considerada como texto autêntico (art. 33, § 2º). Presume-se, ademais, que os termos do tratado têm o mesmo sentido nos diversos textos autênticos (art. 33, § 3º). Salvo o caso em que um determinado texto prevalece, para fins interpretativos, em caso de divergência (§ 1º), quando a comparação dos textos autênticos revela uma diferença de sentido que a aplicação dos artigos 31 e 32 não elimina, é que se irá adotar o sentido que, tendo em conta o objeto e a finalidade do tratado, melhor conciliar os seus textos (art. 33, § 4º).

d) Sistemas de interpretação. A interpretação de um dado tratado pode ocorrer tanto no âmbito *internacional* quanto no âmbito *interno* dos Estados contratantes.[313] Pode, igualmente,

---

[312] Cf., por todos, Richard K. Gardiner, *Treaty interpretation*, cit., pp. 353-385; Adolfo Maresca, *Il diritto dei trattati...*, cit., pp. 367-371; Luís Barbosa Rodrigues, *A interpretação dos tratados internacionais*, cit., pp. 136-138; Mark Eugen Villiger, *Commentary on the 1969 Vienna Convention on the Law of Treaties*, cit., pp. 454-462; e Leonardo Pasquali, *Multilinguismo negli atti normativi internazionali e necessità di soluzioni interpretative differenziate*, Torino: G. Giappichelli, 2016.

[313] V., por tudo, José Francisco Rezek, *Direito dos tratados*, cit., pp. 446-452.

Parte I · Cap. V · DIREITO DOS TRATADOS | **231**

ser versada apenas pela *doutrina*. Vejamos, então, cada um desses sistemas interpretativos em separado:

d.1) Interpretação internacional. Internacionalmente, há basicamente quatro meios de interpretação aplicáveis aos tratados internacionais:

1) Num primeiro plano tem-se a interpretação feita, conjuntamente, por *todas as partes* que aderiram ao tratado, o que pode dar-se por meio de uma declaração interpretativa, como é bastante comum, ou por meio de um novo tratado especificamente destinado a essa finalidade.[314] Trata-se daquilo que se conhece na Teoria Geral do Direito por *interpretação autêntica*, tendo em vista originar-se da *mesma fonte* que elaborou o texto convencional, motivo pelo qual compromete todas as partes no tratado.[315] A esse tipo de interpretação também se atribui o nome, em Direito dos Tratados, de *interpretação coletiva*. A mesma pode ocorrer (*a*) simultaneamente à conclusão do acordo internacional, ou (*b*) posteriormente à sua conclusão (quando normalmente se conclui um tratado *específico* para tanto).

2) Pode a interpretação de um tratado ser levada a efeito, também, por duas ou mais partes-contratantes, conjuntamente. Aqui, portanto, não são *todos* os Estados que interpretam o texto, mas somente *alguns* deles, o fazendo mediante acordo formal entre si. Sua materialização, nesse caso, pode dar-se pela conclusão de um tratado interpretativo específico sobre os pontos a serem aclarados ou, até mesmo, pela realização de uma *declaração conjunta* entre tais partes. Quer num caso como no outro, sempre há de haver um acordo *formal* entre as partes. É evidente que essa interpretação levada a efeito por somente algumas das partes no tratado (dois ou mais contratantes) só tem valor *para essas partes* que acordaram em dar ao texto convencional um tal sentido, não vigorando, evidentemente, para as demais.

3) Pode, ainda, um tratado internacional ser interpretado por um órgão judicial externo, ou por outro órgão não judicial indicado pelas partes. Dentre os órgãos judiciais internacionais, tem certamente mais peso a interpretação daqueles de natureza permanente, em detrimento dos órgãos de jurisdição temporária, como os tribunais *ad hoc*. A CIJ, sendo o órgão judiciário da ONU, tem claramente maior autoridade moral sobre os tribunais internacionais de menor porte, quando se cuida da interpretação de um dado tratado. Daí a regra do art. 36, § 2º, alínea *a*, do seu Estatuto, que declara competente o aludido tribunal para julgar, entre outras, "as controvérsias de ordem jurídica que tenham por objeto a interpretação de um tratado".[316] Destaca-se, também, a interpretação que faz a Corte Interamericana de Direitos Humanos

---

[314] Este último caso, como leciona Rezek, é uma das poucas hipóteses "em que um sistema constitucional como o do Brasil pode tolerar o acordo executivo, não sujeito à aprovação do Congresso Nacional" (*Direito dos tratados*, cit., p. 446).

[315] Sobre a interpretação autêntica dos tratados, *v.* Luís Barbosa Rodrigues, *A interpretação dos tratados internacionais*, cit., pp. 38-41.

[316] Sobre o papel da CIJ na interpretação de tratados, *v.* Hersch Lauterpacht, *The development of international law by the International Court*, cit., pp. 26-31; e Louis B. Sohn, Settlement of disputes relating to the interpretation and application of treaties, in *Recueil des Cours*, vol. 150 (1976-II), pp. 195-294 (este autor, porém, não obstante o título amplo do estudo, analisa a questão em tela – "solução de controvérsias relativas à interpretação e aplicação dos tratados" – apenas no que tange à sistemática normativa do Direito do Mar de 1958).

no que tange aos tratados internacionais de proteção dos direitos humanos do sistema da OEA, em especial a Convenção Americana sobre Direitos Humanos de 1969.[317] Como órgãos internacionais não judiciais, de qualidade técnica ou política, capazes de interpretar tratados, podem ser citados o Conselho de Segurança da ONU, o Conselho Permanente da OEA ou qualquer organização internacional (mesmo não parte no tratado) encarregada de aplicar o tratado ou controlar sua aplicação.[318] Também se considera *não jurisdicional* a interpretação de tratados advinda das chamadas *competências consultivas* dos tribunais internacionais (da CIJ, da CIDH etc.), quando se emite uma *opinião consultiva* de caráter não vinculante (fora, portanto, do exercício da competência *contenciosa* do respectivo tribunal). A autoridade de tais órgãos é outorgada sempre pelas partes, que desejam ver o conflito exegético decorrente da interpretação do acordo solucionado. E, uma vez concordando as partes em submeter-se à decisão desses organismos, esta se torna obrigatória entre elas.

4) Por fim, a interpretação de um tratado no plano internacional pode ainda ser feita por somente *uma* das partes no acordo, quando esta comunica às outras qual a sua interpretação em relação ao pactuado. A isto dá-se o nome de *interpretação unilateral*. Mas, como é óbvio, esse tipo de interpretação não vincula as outras partes. Trata-se apenas das chamadas *declarações interpretativas*, muito comuns naqueles tratados em que se proíbe a formulação de reservas.

d.2) Interpretação interna. No plano do Direito interno, a interpretação dos tratados deve obedecer às regras positivadas na Convenção de Viena sobre o Direito dos Tratados (eis que esta *compõe* o acervo normativo nacional e *regula* o Direito dos Tratados) e, subsidiariamente, as normas jurídicas dos Estados em causa. Seria antijurídico pensar que um Estado que *ratificou* a Convenção de Viena de 1969 e a *internalizou* à ordem jurídica, não estivesse obrigado a cumpri-la. Ora, se é na Convenção que se fazem presentes as *regras de interpretação* dos tratados, é nela que os Estados (e os seus órgãos internos) devem basear-se precipuamente para interpretá-los. As regras sobre interpretação de tratados (ou das leis em geral) porventura existentes na legislação interna do Estado hão de ser utilizadas apenas em caráter *subsidiário*. Geralmente, a interpretação *interna* de um tratado é levada a efeito pelo Poder Executivo (*interpretação governamental*), que o regulamenta, e pelo Poder Judiciário (*interpretação judiciária*), que resolve os conflitos de interesses advindos da aplicação do tratado em um caso concreto. Pode-se então dizer que a interpretação interna dos tratados varia, na prática, entre uma vertente (*a*) *política* (no âmbito do Poder Executivo) e outra (*b*) *jurídica* (no plano do Poder Judiciário).

d.3) Interpretação doutrinária. Registre-se, por último, a possibilidade de se interpretar tratados em sede doutrinária.[319] Para tanto, não se faz necessário qualquer caso *in concreto* de litígio entre partes, ou que envolva, de alguma maneira, um determinado tratado. A doutrina interpreta tratados à maneira de como interpreta qualquer disposição do Direito interno; mas, no caso dos tratados, a interpretação doutrinária ganha especial relevo dada a previsão do Estatuto da CIJ que reconhece ser a doutrina um "meio auxiliar para a determinação das regras de direito" (art. 38, § 1º, alínea *d*). Tem-se como exemplo de interpretação doutrinária

---

[317] No sistema regional europeu, destaque-se a interpretação que faz da Convenção Europeia de Direitos Humanos de 1950 a Corte Europeia de Direitos Humanos (sediada em Estrasburgo, França).

[318] Cf. Paul Reuter. *Introducción al derecho de los tratados*, cit., p. 117.

[319] Cf. Luís Barbosa Rodrigues. *A interpretação dos tratados internacionais*, cit., pp. 46-47.

a realizada sobre o Tratado de Paz de Trianon de 1920, entre a Hungria e a Romênia. Em comparação, porém, com os dois meios anteriores de interpretação, aquela realizada pela doutrina fica aquém no que tange à imediatidade de aplicação.

e) A interpretação dos tratados de direitos humanos. No que tange especificamente aos tratados de proteção dos direitos humanos, cabe destacar a necessidade de interpretação que leve em conta sempre a norma *mais favorável* ao ser humano.[320] Ou seja, os tratados de direitos humanos devem ser interpretados tendo sempre como paradigma o princípio *pro homine*; por meio desse princípio, deve o intérprete (e o aplicador do direito) optar pela norma que, no caso concreto, *mais projeta* o ser humano sujeito de direitos. Observe-se que os tratados contemporâneos sobre direitos humanos já contêm "cláusulas de diálogo" ou "cláusulas dialógicas" (*v.g.*, art. 29, alínea *b*, da Convenção Americana sobre Direitos Humanos) que fazem operar entre a ordem internacional e a interna um "diálogo" tendente a proteger *sempre mais* o indivíduo. Já estudamos esse tema sob a rubrica de "monismo internacionalista dialógico" (*v.* Capítulo II, item nº 4, *c*, *supra*). Nesse ponto, cabe apenas referir que o princípio *pro homine* (ou da "primazia da norma mais favorável") é princípio de interpretação *obrigatório* para todos os tratados de direitos humanos, sem o qual o resultado da aplicação de uma norma internacional de proteção (em detrimento de outra, internacional ou interna) pode restar indesejável, por ser *menos protetora*. Aqui também tem lugar (por guardar íntima conexão com o princípio *pro homine*) o princípio da *vedação do retrocesso*, segundo o qual as normas (internacionais ou internas) de proteção devem assegurar *sempre mais* direitos às pessoas, não podendo retroceder na meta da máxima efetividade dos direitos humanos.[321]

16. Os tratados e os terceiros Estados. É princípio universal de Direito que um compromisso entre partes-contratantes não pode afetar terceiros.[322] Sendo um princípio *universal*, aplica-se também à teoria geral dos tratados. É dizer, os tratados somente produzem efeitos para as partes que manifestaram o seu consentimento em estar vinculadas ao compromisso internacional, sem atingir terceiros. Da mesma forma, um Estado não membro é de todo estranho ao compromisso concluído entre os membros e, por isso, não pode exigir desses últimos a fiel execução da norma convencional, dado que esta é, para esse terceiro Estado, *res inter alios acta*.[323] Essa é a regra relativa à entrada em vigor *espacial* dos tratados, desde muito tempo consagrada pela jurisprudência e pela prática dos Estados.

---

[320] Sobre o tema, *v.* Valerio de Oliveira Mazzuoli, *Direitos humanos, Constituição e os tratados internacionais: estudo analítico da situação e aplicação do tratado na ordem jurídica brasileira*, São Paulo: Juarez de Oliveira, 2002, pp. 272-286; e Valerio de Oliveira Mazzuoli, *Tratados internacionais de direitos humanos e direito interno*, cit., pp. 105-128. Cf. também, Claudia Lima Marques & Valerio de Oliveira Mazzuoli, O consumidor-depositário infiel, os tratados de direitos humanos e o necessário diálogo das fontes nacionais e internacionais: a primazia da norma mais favorável ao consumidor, in *Revista de Direito do Consumidor*, ano 18, vol. 70, São Paulo: RT, abr./jun./2009, pp. 93-138. Ainda sobre o tema, *v.* Parte IV, Capítulo I, Seção I, item nº 8, *c*.

[321] Sobre o princípio da vedação do retrocesso, *v.* Parte IV, Capítulo I, Seção I, item nº 3, *h*.

[322] No que tange aos tratados internacionais, *terceiros* são todas as pessoas jurídicas de Direito Internacional Público que deles não sejam *partes*.

[323] Cf. José Francisco Rezek. *Direito dos tratados*, cit., p. 399. Sobre o tema, *v.* ainda Adolfo Maresca, *Il diritto dei trattati...*, cit., pp. 409-427; e James Crawford, *Brownlie's principles of public international law*, cit., pp. 384-386.

No acórdão nº 7, de 25 de maio de 1926, relativo ao caso *Certos interesses alemães na Alta-Silésia polonesa*, a antiga CPJI já havia confirmado esse entendimento ao declarar que "um tratado só faz lei entre os Estados que nele são partes".[324] Aplicou-se, ali, a máxima *pacta tertiis nec nocent nec prosunt*: os tratados não podem impor *obrigações* nem conferir *direitos* a terceiros.

A Convenção de Viena sobre o Direito dos Tratados, codificando a máxima referida, seguiu idêntico caminho e estabeleceu, sem dificuldade, que "um tratado não cria obrigações nem direitos para um terceiro Estado sem o seu consentimento" (art. 34).

Ocorre que apesar da existência de comandos dessa índole, na prática, tratados há que, por estabelecerem ou modificarem situações jurídicas entre as partes acabam, de alguma maneira, afetando terceiros alheios às suas disposições normativas. Os efeitos que tais tratados produzem em terceiros Estados, portanto, precisam ser estudados.

Seguindo a lição e os exemplos de Rezek, é possível visualizar três tipos de efeitos convencionais capazes de repercutir sobre Estados terceiros,[325] os quais podem assim ser colocados:

a) Efeito difuso de reconhecimento de uma situação jurídica objetiva. Trata-se do caso em que um tratado entre duas ou algumas partes, por criar situação jurídica objetiva, produz sobre toda a sociedade internacional o mero efeito da exortação ao reconhecimento. Em outras palavras, produz sobre terceiros Estados a observância daquela situação jurídica nova entre as partes. Assim, um tratado que modifica o curso da linha limítrofe entre dois Estados cria situação jurídica objetiva nova, cuja observância por parte de terceiros se impõe, ainda que para o simples efeito de se inteirarem do que virá a ser, doravante, a nova cartografia da região. Da mesma forma, repercute sobre terceiros um tratado entre A e B, Estados condôminos de águas interiores fluviais ou lacustres, que franqueia tais águas à livre navegação civil de todas as bandeiras. Mas é bom fique nítido que, diferentemente do que ocorre no Direito Privado, em que as situações jurídicas objetivas são oponíveis a terceiros porque garantidas pela autoridade estatal, no Direito Internacional Público não há uma *obrigatoriedade de reconhecimento* dessas mesmas situações, uma vez que a sociedade internacional é descentralizada e não conhece autoridade supranacional que lhe imponha a observância de regras rígidas, tal como faz a Constituição do Estado relativamente ao Direito interno estatal.

b) Efeito de fato de repercussão sobre terceiro Estado das consequências de um tratado. Cuida-se da hipótese em que um terceiro Estado sofre as consequências diretas de um tratado – normalmente bilateral – em decorrência de um tratado anterior que o vincule a uma das partes. Um dos exemplos sempre lembrados nesse domínio (mas que não é o único) é o da

---

[324] Cf. Hildebrando Accioly. *Tratado de direito internacional público*, vol. I, cit., p. 603; Dinh, Daillier & Pellet, *Direito internacional público*, cit., p. 246; e Mark Eugen Villiger, *Commentary on the 1969 Vienna Convention on the Law of Treaties*, cit., pp. 467-468.

[325] V., por tudo, José Francisco Rezek, *Direito dos tratados*, cit., pp. 402-410 (em quem iremos nos fundamentar em todo este tópico). *V*. também, Hildebrando Accioly, *Tratado de direito internacional público*, vol. I, cit., pp. 603-611; Philippe Cahier, Le problème des effets des traités à l'égard des états tiers, in *Recueil des Cours*, vol. 143 (1974-III), pp. 589-736; e Paul Reuter, *Introducción al derecho de los tratados*, cit., pp. 123-154.

chamada *cláusula da nação mais favorecida*.[326] Por meio de tal *cláusula* (geralmente presente em acordos bilaterais de ordem comercial) as partes se comprometem (umas em relação às outras) a dar o mesmo tratamento mais benéfico que, porventura, possa ser atribuído a qualquer outro Estado no futuro. A sua intenção – como já destacou a CIJ, em sentença de 27 de agosto de 1952, relativa ao caso dos nacionais americanos no Marrocos – é "estabelecer e manter em todo o tempo, entre os países interessados, uma igualdade fundamental, sem discriminação".[327] Assim, se A e B celebraram um tratado estabelecendo cada um deles uma alíquota menor em relação aos produtos de importação originários do outro, caso no futuro um deles vier a atribuir alíquota menor aos produtos de qualquer outro país, o copactuante (pela previsão expressa da referida *cláusula*) terá o direito imediato a igual benefício.[328] Portanto, na cláusula da nação mais favorecida os signatários se comprometem a estender a todas as demais partes no acordo o tratamento que for mais favorável a um terceiro Estado (uma exceção aceita é a participação em zonas de livre comércio), devendo o mesmo ser aplicado às empresas e serviços nacionais, que não podem, contudo, ser subvencionadas pelos Estados, a fim de que não haja prejuízos à livre concorrência.

Fica nítido, então, que o tratado posterior não atinge terceiros como norma *jurídica*, mas como simples *fato*. A concessão de favor maior a outro Estado já é o fato-condição anteriormente previsto no acordo (no qual consta a *cláusula*) concluído entre as partes originárias, sendo a *cláusula* a norma jurídica que efetivamente garante ao terceiro Estado (frise-se: *terceiro Estado* em relação ao tratado-fato, mas *Estado-parte* em relação ao tratado-norma) o benefício do favorecimento.

c) Efeito jurídico na atribuição de obrigações e na concessão de direitos a terceiros Estados. Desse terceiro efeito, por ser *jurídico*, cuida expressamente a Convenção de Viena, nos seus arts. 35 a 38. Trata-se do caso em que terceiros Estados – em exceção à regra já citada do art. 34 da Convenção, segundo a qual "um tratado não cria obrigações nem direitos para um terceiro Estado sem o seu consentimento" – passam a ser titulares de *obrigações* ou de

---

[326] V. Samuel B. Crandall. *Treaties: their making and enforcement*, cit., pp. 404-422; Guy de Lachariére, Aspects récents de la clause de la nation la plus favorisée, in *Annuaire Français de Droit International*, vol. 7, Paris, 1961, pp. 107-117; e Adolfo Maresca, *Il diritto dei trattati...*, cit., pp. 429-448.

[327] V. *ICJ Reports* (1952), p. 192. Frise-se, contudo, que o *Institut de Droit International*, na sua sessão de Bruxelas de 1936, deixou claro que a *cláusula da nação mais favorecida* "não dá direito: nem ao tratamento concedido ou que possa ser concedido por qualquer dos países contratantes a um terceiro Estado limítrofe para facilitar o tráfico de fronteira; nem ao tratamento de uma união aduaneira concluída ou a ser concluída; (...) nem ao tratamento resultante de acordos mútuos e exclusivos entre Estados e que impliquem a organização de regimes econômicos de caráter regional ou continental".

[328] No Brasil, a cláusula da nação mais favorecida já se encontrava no tratado de paz e aliança, de 29 de agosto de 1825, por meio do qual Portugal reconheceu a independência do Brasil. Lia-se no art. 5º do referido acordo que "os súditos de ambas as nações, brasileira, e portuguesa, serão considerados e tratados nos respectivos Estados como os da nação mais favorecida e amiga". Modernamente, a *cláusula* tornou-se também um dos princípios que norteiam acordos como o *GATT*, tendo o seu art. 1º estabelecido que: "No comércio mundial não deve haver discriminação. Todas as partes contratantes têm que conceder a todas as demais partes o tratamento que concedem a um país em especial. Portanto, nenhum país pode conceder a outro vantagens comerciais especiais, nem discriminar um país em especial".

direitos no plano internacional, em virtude da conclusão de um tratado entre outras partes.[329] Vejamos cada qual das duas hipóteses:

c.1) Tratados que criam obrigações para terceiros Estados. Uma *obrigação* nasce para um terceiro Estado quando as partes no tratado internacional, por meio de disposição convencional, deixam assente o seu propósito de criar uma obrigação ao terceiro Estado por meio dessa disposição, aceitando esse Estado, expressamente e por escrito, tal obrigação. Tal é o que dispõe o art. 35 da Convenção de 1969.[330] Como se denota, a Convenção não se contenta com a manifestação *expressa* do terceiro Estado em aceitar a obrigação a ele conferida em virtude de um tratado celebrado por outros Estados. Além de *expressa*, sua aceitação deve ser *escrita*, de modo a deixar clara sua vontade em obrigar-se por aquilo que foi convencionado por outrem. Não há nada de estranhar-se aqui. É a Teoria Geral do Direito, não o Direito dos Tratados, que impõe como medida de validade de um negócio entre partes que resulta obrigações a terceiros, o consentimento induvidoso destes. Esse *acordo* em que o Estado terceiro aceita as obrigações a ele impostas pelo tratado celebrado entre os demais Estados designa-se *acordo colateral*.[331]

Parece difícil visualizar-se a exata condição de *terceiro* a que se refere o art. 35 da Convenção de 1969. O chamado *sistema de garantia* ilustra bem a situação em que se espelha o citado dispositivo, não sendo, porém, o único exemplo da serventia do art. 35. O *sistema de garantia* não aparece na Convenção de Viena de 1969, vindo expresso na Convenção de Havana sobre Tratados, cujo art. 13 dispõe:

> "A execução do tratado pode, por cláusula expressa ou em virtude de convênio especial, ser posta, no todo ou em parte, sob a garantia de um ou mais Estados.
>
> O Estado garante não poderá intervir na execução do tratado, senão em virtude de requerimento de uma das partes interessadas e quando se realizarem as condições sob as quais foi estipulada a intervenção, e ao fazê-lo, só lhe será lícito empregar meios autorizados pelo direito internacional e sem outras exigências de maior alcance do que as do próprio Estado garantido".

Como se percebe, essa qualidade de *garante* que um Estado assume (*aceita*) nos termos do dispositivo acima, se encaixa perfeitamente na hipótese do art. 35 da Convenção de Viena de 1969, ficando nítido que uma *obrigação* aceita por terceiro Estado pode ser distinta do *objeto mesmo* do tratado concluído entre os seus Estados-partes.

Frise-se que as obrigações nascidas aos terceiros Estados, nos termos do art. 35, só poderão ser revogadas ou modificadas com o consentimento tanto das partes no tratado, como do terceiro Estado, a menos que conste que haviam convencionado outra coisa a respeito (art. 37, § 1º); em tal caso, esse acordo colateral será consolidado num tratado em separado.

---

[329] Sobre o assunto, *v.* José Francisco Rezek, Efeitos do tratado internacional sobre terceiros: o artigo 35 da Convenção de Viena, in *O direito internacional contemporâneo: estudos em homenagem ao Professor Jacob Dolinger*, Carmen Tibúrcio & Luís Roberto Barroso (orgs.), Rio de Janeiro: Renovar, 2006, pp. 491-504.

[330] Cf. Mark Eugen Villiger. *Commentary on the 1969 Vienna Convention on the Law of Treaties*, cit., pp. 476-480.

[331] Cf. Dinh, Daillier & Pellet. *Direito internacional público*, cit., p. 249.

c.2) Tratados que criam direitos para terceiros Estados. Nada impede que as partes--contratantes, por expressa manifestação de vontade, atribuam a um terceiro não parte no tratado algum *direito* ou *privilégio*. É o que dispõe o art. 36, § 1º, da Convenção de Viena, segundo o qual: "Um direito nasce para um terceiro Estado de uma disposição de um tratado se as partes no tratado tiverem a intenção de conferir, por meio dessa disposição, esse direito quer a um terceiro Estado, quer a um grupo de Estados a que pertença, quer a todos os Estados, e o terceiro Estado nisso consentir". É certo que a amplitude desse enunciado torna difícil elencar um rol corriqueiro de exemplos, sendo possível compreender que *é direito* atribuído a um terceiro Estado desde a *estipulação em favor de outrem* até a permissibilidade de *adesão* nos tratados multilaterais. Esse consentimento de que trata o art. 36, até indicação em contrário, é considerado *presumido* (§ 1º). Isto significa que o terceiro Estado, grupo de Estados ou todos os Estados beneficiários do direito advindo de uma das disposições do tratado, não necessitam manifestar expressamente e por escrito a sua vontade em aceitar tal direito, sendo suficiente para tanto o seu silêncio, ao contrário do que ocorre com a aceitação de *obrigações* por parte de terceiro Estado (que há de ser sempre *expressa* e *por escrito*). O terceiro Estado, ao exercer o direito a ele conferido pelo tratado do qual não foi parte, deverá respeitar as condições previstas no tratado ou estabelecidas de acordo com o mesmo (§ 2º).[332]

Os Estados podem, portanto, por meio de um tratado, obrigar-se a conceder direitos a um ou mais terceiros Estados, sem que estes necessitem manifestar expressamente e por escrito a sua vontade em aceitar tal direito, sendo suficiente o seu silêncio. Mas o Estado beneficiário da estipulação, como destaca Accioly, não adquire *ipso facto* o direito de exigir a sua execução, conservando as partes-contratantes a liberdade de modificar esse tratado ou de lhe pôr termo, pela forma que tiverem acordado.[333]

Qualquer direito que tiver nascido para um terceiro Estado, nos termos do art. 36, não poderá ser revogado ou modificado pelas partes, se ficar estabelecido ter havido a intenção de que o mesmo não fosse revogável ou sujeito a modificação sem o consentimento do terceiro Estado (art. 37, § 2º).

Por fim, esclareça-se que não é só por força da vontade dos Estados-partes que uma regra contida em tratado pode gerar direitos ou obrigações a um terceiro Estado. Nada impede que uma regra contida em um tratado internacional se torne obrigatória para um terceiro Estado, em virtude de sua transformação em uma *regra consuetudinária* de Direito Internacional, reconhecida exatamente como tal. É o que dispõe o art. 38 da Convenção de Viena de 1969. Essa regra permite nitidamente que um ato internacional seja criador de um *costume* internacional, o que demonstra que não é somente a *prática* dos Estados ou organizações internacionais que tem a potencialidade de criar norma costumeira internacional, podendo também a regra costumeira nascer das disposições de um tratado firmado por outros Estados. E isto é lógico. Sendo a execução do tratado uma *prática*, nada de estranho existe em dizer que essa prática poderá criar *precedentes* formadores de certa norma costumeira internacional.[334]

---

[332] Cf., por tudo, Mark Eugen Villiger, *Commentary on the 1969 Vienna Convention on the Law of Treaties*, cit., pp. 483-488.

[333] Hildebrando Accioly. *Tratado de direito internacional público*, vol. I, cit., p. 610.

[334] Cf. Paul Reuter. *Introducción al derecho de los tratados*, cit., p. 131.

17. Vícios do consentimento e nulidade dos tratados. Provém da Teoria Geral do Direito Civil o estudo dos vícios capazes de invalidar o negócio jurídico, a que o Direito dos Tratados tomou de empréstimo. Nesse último campo, é possível falar em vícios que invalidam *o consentimento* do Estado em obrigar-se por um tratado, bem como em fatos que invalidam *o tratado mesmo*.[335]

A Convenção de Viena de 1969 (e também a de 1986) intitula toda a Seção 2 da Parte V (que vai do art. 46 ao art. 53) de *Nulidade dos Tratados*. Tal denominação, contudo, é imprópria, uma vez que de *nulidade convencional* propriamente dita a Convenção não cuida senão em dois dispositivos daquela Seção: são eles os arts. 52 e 53, que versam os casos de "coação a um Estado pela ameaça ou emprego da força" e de "tratado em conflito com uma norma imperativa de Direito Internacional geral (*jus cogens*)", respectivamente.[336] No que tange ao conflito do tratado com norma de *jus cogens*, há também o caso da extinção *superveniente* do tratado, regulado pelo art. 64 (que está fora da Seção 2 citada). Nos dois primeiros casos (arts. 52 e 53) a nulidade é *ab initio*, ou seja, tem efeito *ex tunc*; no segundo caso (art. 64) a extinção é superveniente (de efeito *ex nunc*).[337] Afora isso, todas as demais disposições da Convenção (arts. 46 a 51) versam casos de vícios relativos *ao consentimento* do Estado em obrigar-se pelo tratado (e não de nulidade *do tratado* propriamente dito). A Convenção permite seja o consentimento *anulável* (a depender da vontade do Estado-vítima) nas hipóteses dos arts. 46 a 50; e versa apenas *um único caso* de *nulidade (propriamente dita) do consentimento*, disciplinado pelo art. 51: quando há *coação sobre o representante de um Estado (ou de uma organização internacional)*.

Não é, pois, tecnicamente correto nominar o tema de *Nulidade de Tratados*,[338] como faz a Convenção de 1969 (e também a de 1986) e grande parte dos autores.[339] Tampouco é exato nominá-lo, como faz outra parte da doutrina, apenas de *vícios do consentimento* (especialmente quando a nulidade decorre do conflito do tratado com norma de *jus cogens*).[340] Talvez à custa dessa impropriedade terminológica da Convenção que a doutrina se confunde tanto (há vários anos) sobre o tema. A Convenção – não obstante em uma rubrica imprópria – regula, porém, as duas coisas: (1) os vícios que podem influir *no consentimento* do Estado

---

[335] *V.* Valerio de Oliveira Mazzuoli. Vícios do consentimento e nulidade dos tratados à luz da Convenção de Viena sobre o Direito dos Tratados de 1969, in *Revista dos Tribunais*, ano 100, vol. 914, São Paulo, dez./2011, pp. 185-197.

[336] Nos artigos 69 e 71 a Convenção deixa explicitada as consequências (ou *efeitos*) da nulidade de um tratado (tema que será estudado no item nº 23, *infra*).

[337] No presente item interessa-nos apenas a nulidade *ab initio* dos tratados. A nulidade *superveniente* será estudada oportunamente (*v.* item nº 18, *b, infra*).

[338] Ou de *Invalidade dos Tratados*, como se preferir (tal como consta da versão original em inglês).

[339] Tais como, *v.g.*, Antonio Remiro Brotons, *Derecho internacional público*, vol. 2, cit., p. 428 e ss; Ernesto De La Guardia, *Derecho de los tratados internacionales*, cit., p. 257 e ss; Hildebrando Accioly & Nascimento e Silva, *Manual de direito internacional público*, cit., p. 36 e ss; Adherbal Meira Mattos, *Direito internacional público*, 2ª ed. atual. e ampl., Rio de Janeiro: Renovar, 2002, p. 126 e ss; Celso D. de Albuquerque Mello, *Curso de direito internacional público*, vol. I, cit., p. 263 e ss; e Malcolm N. Shaw, *Direito internacional*, cit., p. 699 e ss.

[340] Entre os autores que nominam apenas de "vícios do consentimento" o estudo que ora nos ocupa, *v.* José Francisco Rezek, *Direito dos tratados*, cit., p. 350 e ss; e Alberto do Amaral Júnior, *Curso de direito internacional público*, cit., p. 62 e ss.

em obrigar-se pelo tratado, dividindo-os em *anuláveis* (arts. 46 a 50) e *nulo* (hipótese única do art. 51[341]); e (2) os casos de *nulidade do tratado* propriamente dito (arts. 52 e 53).

Pode-se, então, seguindo o estabelecido em toda a Seção 2 da Parte V da Convenção de 1969 (impropriamente – repita-se – nominada *Nulidade de Tratados*), dividir o estudo que ora nos ocupa em três partes: *a) anulabilidade do consentimento; b) nulidade do consentimento;* e *c) nulidade dos tratados.* A primeira hipótese é de *nulidade relativa* do consentimento; as duas outras são de *nulidade absoluta (pleno jure)* do consentimento e do tratado, respectivamente. É curioso observar que a Convenção de 1969 (e também a de 1986) não versou um único caso sequer de *anulabilidade* dos tratados. No que tange ao *consentimento*, este pode ser *anulável* (quando há possibilidade de convalidação) ou *nulo* (quando não convalidável); mas, no que tange ao *tratado mesmo*, apenas hipóteses de *nulidade* (nenhuma hipótese de *anulabilidade*) são colocadas pela Convenção (arts. 52, 53 e 64).

Vejamos então cada uma das hipóteses dos vícios do consentimento (casos de *anulabilidade* e *nulidade* do consentimento) e de nulidade dos tratados:

a) Anulabilidade do consentimento. A *anulabilidade* do consentimento de um Estado em obrigar-se por um tratado, segundo a Convenção, pode dar-se em quatro hipóteses: quando o governo manifesta sua aquiescência ao tratado sem o devido respaldo do Direito interno (art. 46); por erro (art. 48); por dolo (art. 49); ou pela corrupção do representante de um Estado (art. 50), restringindo (em ambos os casos) a invocação do vício ao Estado-vítima.[342] A primeira causa de anulabilidade (irregular consentimento da parte) ocorre quando o Executivo ratifica o compromisso internacional em desrespeito à norma constitucional sobre competência para concluir tratados, ao que também se nomina *ratificação imperfeita*; esse tema será estudado detalhadamente adiante (item nº 19, *infra*). Além desse caso, é também *anulável* o consentimento que nasceu viciado por *erro*, por *dolo* ou pela *corrupção do representante de um Estado (ou de uma organização internacional)*. Estas outras causas de anulabilidade serão estudadas agora.

O *erro* – considerado "o caso mais claro de vício do consentimento em seu sentido mais clássico"[343] – pode ser invocado por um Estado (ou organização internacional) como tendo invalidado o seu consentimento em obrigar-se pelo tratado, desde que ele se refira a um fato ou situação que esse Estado (ou organização internacional) tivesse suposto existir no momento em que o tratado foi concluído e que constituía a base essencial do seu consentimento em obrigar-se pelo mesmo (art. 48, § 1º). É dizer, para se anular o consentimento por erro, deve ele (erro) ser

---

[341] Adherbal Meira Mattos, *v.g.*, coloca o art. 51 da Convenção (que disciplina o *único* caso de nulidade *do consentimento*) entre as hipóteses de nulidade absoluta *do tratado*. Equivocadamente, diz que: "O *tratado* resultante de coação exercida sobre o representante de um Estado, por meio de atos ou ameaças, será *nulo de pleno direito*" [grifo nosso] (*Direito internacional público*, cit., p. 127).

[342] V. Giuseppe Barile. La structure de l'ordre juridique international: règles générales et règles conventionnelles, in *Recueil des Cours*, vol. 161 (1978-III), pp. 87-90; Paul Reuter, *Introducción al derecho de los tratados*, cit., pp. 201-208; e Anthony Aust, *Modern treaty law and practice*, cit., pp. 252-257.

[343] Paul Reuter. *Introducción al derecho de los tratados*, cit., p. 204. V. também, Louis Duboius, L'erreur en droit international public, in *Annuaire Français de Droit International*, vol. 9, Paris, 1963, pp. 191-227; Taslim Olawale Elias, Problems concerning the validity of treaties, in *Recueil des Cours*, vol. 134 (1971-III), pp. 362-372; e Mark Eugen Villiger, *Commentary on the 1969 Vienna Convention on the Law of Treaties*, cit., pp. 605-612.

essencial, por dizer respeito à natureza do ato. Pode o erro ser cometido por uma das partes ou por várias delas.[344] Porém, a regra da Convenção não se aplica se o Estado (ou a organização internacional) concorreu para o erro em virtude de sua conduta ou se as circunstâncias forem tais que o Estado (ou a organização) deveria ter se apercebido de tal possibilidade (§ 2º). Os exemplos mais notórios de *erro* que se tem notícia aparecem em tratados sobre limites, envolvendo questões cartográficas (mapas etc.) ou de demarcação de fronteiras.[345]

O *dolo*, para a Convenção, ocorre quando um Estado (ou organização internacional) é levado a concluir um tratado pela *conduta fraudulenta* de outro Estado negociador ou organização negociadora (art. 49). O dolo implica necessariamente uma conduta ilícita de *engodo* ou *engano*. Diferentemente do erro, o dolo implica punição mais severa à luz do Direito Internacional Público, por constituir-se num *delito*. Daí entender Reuter que um tratado eivado de dolo é, com efeito, um ato ilícito, com todas as consequências jurídicas que isso implica.[346] São praticamente inexistentes exemplos de *dolo* na conclusão de tratados. Um exemplo muito remoto foi documentado à época colonial, no contexto especial das relações entre potências europeias e chefes tribais da África Central, a quem se mostravam mapas voluntariamente falsificados.[347]

Por fim, é também passível de anulação o consentimento obtido por meio de *corrupção* do representante de um Estado ou de uma organização internacional, pela ação direta ou indireta de outro Estado negociador ou organização negociadora (art. 50).[348] A corrupção (que não deixa de ser um dolo de caráter *especial*) vicia por completo o aceite do representante desleal mesmo se recair sobre uma ou poucas cláusulas do tratado, ainda que estas não sejam *essenciais* ao acordo.[349]

Frise-se que somente o Estado (ou organização internacional) que foi vítima de alguma dessas causas de anulabilidade do consentimento é que pode invocá-las em seu favor, e mais nenhum outro, posto terem sido estabelecidas no âmbito de seu interesse particular. Daí não poder o Estado (ou a organização internacional em causa) alegá-las se, após ter tomado conhecimento de sua ocorrência, aquiesceu, expressa ou tacitamente, com a validade do consentimento anteriormente manifestado.

A anulabilidade do consentimento (por erro, dolo ou corrupção do representante do Estado) produz no Estado-vítima efeitos *ex nunc*, ou seja, a declaração de anulabilidade só começa a produzir efeitos a partir de sua prolação, sem modificar os efeitos passados que o ato internacional já produziu em relação à parte.

Por se tratar de causas de *anulabilidade* do consentimento, sua não alegação faz com que o Estado-vítima *continue* plenamente vinculado ao tratado respectivo.

---

[344] Cf. Paul Reuter. *Introducción al derecho de los tratados*, cit., p. 205.

[345] Cf. Arnold Duncan McNair. *The law of treaties*, cit., pp. 211-213.

[346] Paul Reuter. *Introducción al derecho de los tratados*, cit., p. 206. Cf. também, Mark Eugen Villiger, *Commentary on the 1969 Vienna Convention on the Law of Treaties*, cit., pp. 615-620.

[347] V. Dinh, Daillier & Pellet. *Direito internacional público*, cit., p. 200. Para detalhes desse precedente, *v.* Marcel Paisant, Les droits de la France au Niger (avec trois cartes), in *Revue Générale du Droit International Public*, vol. 5 (1898), pp. 31-33.

[348] Cf. Taslim Olawale Elias. Problems concerning the validity of treaties, cit., pp. 375-378; e Mark Eugen Villiger, *Commentary on the 1969 Vienna Convention on the Law of Treaties*, cit., pp. 623-628.

[349] Cf. Paul Reuter. *Introducción al derecho de los tratados*, cit., p. 207.

b) Nulidade do consentimento. Em uma única hipótese (a do art. 51) prevê a Convenção de Viena a *nulidade (absoluta) do consentimento* do Estado em obrigar-se pelo tratado. Trata-se do caso do consentimento obtido por *coação* do representante do Estado, nestes termos:

> "Não produzirá qualquer efeito jurídico a manifestação do consentimento de um Estado em obrigar-se por um tratado que tenha sido obtido pela coação de seu representante, por meio de atos ou ameaças dirigidas contra ele".

A Comissão de Direito Internacional da ONU e a Conferência de Viena de 19681969 consideraram tal *coação* mais grave que a *corrupção* do representante do Estado, a ponto de *nulificar* o consentimento *ab initio* (dizendo que a sua manifestação não produzirá "qualquer efeito jurídico").[350] Assim, diferentemente dos casos de anulabilidade já analisados (especialmente o de corrupção do representante do Estado), a coação exercida sobre o representante de um Estado anula *ex tunc* o consentimento, que passa a ser tido como se nunca houvesse existido.[351]

Como exemplo de consentimento viciado pelo emprego da coação sobre o representante de um Estado tem-se o ocorrido em 1526, quando Francisco I, enquanto prisioneiro de Carlos V, foi obrigado a assinar o Tratado de Madrid, cedendo-lhe toda a Borgonha; mas, após sua libertação, recusou-se a executá-lo sob a invocação de coação contra a sua pessoa.[352]

c) Nulidade dos tratados. Para além do caso relativo à nulidade *do consentimento* do Estado em obrigar-se pelo tratado, versado pelo art. 51, prevê ainda a Convenção de Viena duas hipóteses de nulidade absoluta *do próprio tratado*, com efeitos também *ex tunc*. São elas: a coação sobre um Estado soberano pela ameaça ou emprego da força (art. 52) e o conflito de tratado posterior com uma norma de *jus cogens* (art. 53).[353]

A coação sobre o próprio Estado e o desrespeito ao *jus cogens* preexistente são considerados pela Convenção causas de nulidade absoluta do tratado *ab initio* (o desrespeito ao *jus cogens* superveniente, diferentemente, tem efeitos *ex nunc* e não *ab initio*).[354] Nesses dois casos o tratado, para todas as partes contratantes, há de ser considerado como se não existisse.[355] Tais causas de nulidade convencional decorrem, ainda, diretamente do art. 45 da Convenção, que as afasta do campo de aplicação da "regra de confirmação" (tanto expressa como tácita).[356] De fato, o art. 45 da Convenção de 1969[357] – ao dizer que um Estado "não pode

---

[350] *V.* Roberto Ago. Droit des traités à la lumière de la Convention de Vienne, cit., pp. 319-320; e Taslim Olawale Elias, Problems concerning the validity of treaties, cit., pp. 378-380.

[351] Cf. Paul Reuter. *Introducción al derecho de los tratados*, cit., p. 209.

[352] *V.* Dinh, Daillier & Pellet. *Direito internacional público*, cit., p. 201.

[353] *V.* Taslim Olawale Elias. Problems concerning the validity of treaties, cit., pp. 380-404; Giuseppe Barile, La structure de l'ordre juridique international: règles générales et règles conventionnelles, cit., pp. 88-92; e José Francisco Rezek, *Direito dos tratados*, cit., pp. 355-358.

[354] *V. Yearbook of the International Law Commission*, vol. II (1966), pp. 268-269.

[355] Cf. Giuseppe Barile. La structure de l'ordre juridique international: règles générales et règles conventionnelles, cit., p. 87.

[356] *V.* Dinh, Daillier & Pellet. *Direito internacional público*, cit., p. 214. Cf. também, Mark Eugen Villiger, *Commentary on the 1969 Vienna Convention on the Law of Treaties*, cit., pp. 574-579.

[357] Cuida este dispositivo do princípio da preclusão (*estoppel*) no Direito dos Tratados. Sobre o assunto, *v. Yearbook of the International Law Commission* (1963), vol. II, p. 45; e Ernesto De La Guardia, *Derecho de los tratados internacionales*, cit., pp. 262-265.

mais invocar uma causa de nulidade, de extinção, de retirada ou de suspensão da execução de um tratado, *com base nos artigos 46 a 50 ou nos artigos 60 e 62*, se, depois de haver tomado conhecimento dos fatos", tiver (*a*) aceito expressamente a validade (o vigor ou a execução) do tratado, ou (*b*) aceito tacitamente (em virtude de sua conduta) essa mesma validade (seu vigor ou sua execução) – excluiu do campo de aplicação da regra os artigos 52 e 53, relativos à nulidade absoluta do tratado *ab initio*.

Cabe agora verificar apenas o caso de *coação sobre um Estado* estabelecido pela Convenção, pois a nulidade dos tratados por desrespeito ao *jus cogens* (tanto preexistente como superveniente) será estudada no tópico seguinte (*v.* item n° 18, *infra*).

Primeiramente é necessário fixar a diferença (notadamente no que tange aos *efeitos da nulidade*) entre a coação prevista no art. 51 da Convenção, daquela regulada pelo art. 52 ora em análise.

Pois bem, diz a Convenção de Viena não produzir "qualquer efeito jurídico a manifestação *do consentimento* de um Estado em obrigar-se por um tratado que tenha sido obtida pela coação de seu representante, por meio de atos ou ameaças dirigidas contra ele" (art. 51); e diz ser "nulo *um tratado* cuja conclusão foi obtida pela ameaça ou o emprego da força em violação dos princípios de Direito Internacional incorporados na Carta das Nações Unidas" (art. 52). Qual a diferença entre essas duas normas, no que tange à extensão dos efeitos da nulidade? A diferença (repita-se) está no seguinte: no primeiro caso (coação exercida sobre o representante de um Estado), a nulidade atinge não o tratado em si, mas o *consentimento* do Estado em obrigar-se por ele, estendendo efeitos apenas *às partes* envolvidas, ou seja, coator e coagido, ao passo que na segunda hipótese (coação de um Estado pela ameaça ou emprego da força) ela recai sobre o *próprio tratado*, sendo então oponível *erga omnes*, por tratar-se de um ilícito cometido contra todos os membros da sociedade internacional, entendida em seu conjunto.[358]

Tanto na hipótese do art. 51, como na do art. 52 da Convenção, bem assim do seu art. 53 (que versa a hipótese de conflito entre tratado e norma de *jus cogens* preexistente, cujo estudo será realizado à frente),[359] a *divisão* das disposições do tratado *não é permitida* (44, § 5°). Ou seja, nesses três casos a nulidade contamina o ato internacional *por inteiro*.

Cabe agora bem compreender o art. 52 da Convenção de Viena de 1969. Sem dúvida, a regra que ocasiona a nulidade *pleno jure* do tratado concluído sob coação ao próprio Estado (art. 52) é mais difícil de interpretar do que a regra que nulifica o consentimento por coação sobre o representante do Estado (art. 51).

Primeiramente, não é fácil saber até onde chega o alcance dos termos "ameaça" e "emprego da força", utilizados pelo art. 52 da Convenção. Calorosos foram os debates durante a Conferência de Viena acerca da exata compreensão desses significados.[360] Vários países (especialmente os do Terceiro Mundo, como o Afeganistão) queriam que a

---

[358] Cf. Giuseppe Barile. La structure de l'ordre juridique international: règles générales et règles conventionnelles, cit., p. 88.

[359] *V. infra*, item n° 18, *a*.

[360] Cf. Geraldo Eulálio do Nascimento e Silva. *Conferência de Viena sobre o Direito dos Tratados*, cit., pp. 78-79; e Mark Eugen Villiger, *Commentary on the 1969 Vienna Convention on the Law of Treaties*, cit., pp. 641-642.

Parte I • Cap. V • DIREITO DOS TRATADOS | 243

expressão abrangesse pressões econômicas e políticas. Outras delegações eram da opinião que a expressão era demasiado vaga, cujo significado poderia abranger quaisquer tipos de pressões exercidas por um País sobre o outro, fato esse que comprometeria a estabilidade das relações internacionais em matéria de tratados.[361] Ocorre que tais propostas não vingaram e o artigo ficou da maneira como se encontra, sem embargo de alguns autores entenderem que a adoção da frase final "Direito Internacional incorporados na Carta das Nações Unidas" permitiu a extensão do dispositivo às pressões econômicas e políticas, como queriam algumas delegações.[362] De concreto, ao final da Conferência foram incorporados em sua ata final dois textos a esse propósito: uma *Declaração* condenando "solenemente" qualquer "coação militar, política ou econômica quando da conclusão dos tratados" e uma *Resolução* pedindo ao Secretário-Geral da ONU que dirigisse aquela Declaração a todos os Estados-membros, aos Estados participantes, bem como aos órgãos principais das Nações Unidas.[363]

A regra consagrada pelo art. 52 é corolário "do princípio fundamental, hoje universalmente aceito, que condena as guerras de agressão. Até bem pouco tempo a guerra não era considerada um ilícito internacional, como é hoje. Mudado o panorama a esse respeito nas regras de Direito Internacional, nada mais justo e conveniente que a Conferência de Viena acompanhasse tal desenvolvimento, condenando os tratados concluídos pelo emprego da ameaça ou da força".[364]

A expressão "força", por ter ficado sem uma delimitação precisa, requer seja interpretada segundo os ditames das regras geralmente aceitas de hermenêutica internacional. Evidentemente que nem toda "força" é capaz de invalidar um compromisso internacional: fosse assim (diz Reuter) "todos os tratados de paz seriam nulos".[365] Aliás, essa última situação (a dos *tratados de paz*) é sempre questionada pela doutrina: se tais tratados seriam ou não *nulos* por terem sido concluídos pelo uso da força (do vencedor contra o vencido). Toda a doutrina alemã, *v.g.*, considerou nulo o Tratado de Versalhes de 1919, imposto à Alemanha pelos vencedores da Primeira Guerra. Mas, levado a ferro e fogo tal entendimento, seriam também nulos os "tratados desiguais", assim chamados os celebrados por Estados em tudo dessemelhantes no que toca à hierarquia de poder, em que se presume que um (o Estado *fraco*) é totalmente dependente em relação ao outro (o Estado *forte*) etc.[366] Em suma, apenas o uso *ilícito* da força é capaz de invalidar um tratado.[367] Como exemplo de ato internacional

---

[361] Cf. Maria de Assis Calsing. *O tratado internacional e sua aplicação no Brasil*, cit., p. 52.

[362] Cf. Hildebrando Accioly & Nascimento e Silva. *Manual de direito internacional público*, cit., p. 37.

[363] V. Roberto Ago. Droit des traités à la lumière de la Convention de Vienne, cit., pp. 319-320; Dinh, Daillier & Pellet, *Direito internacional público*, cit., p. 203; e Mark Eugen Villiger, *Commentary on the 1969 Vienna Convention on the Law of Treaties*, cit., pp. 653-660.

[364] Maria de Assis Calsing. *O tratado internacional e sua aplicação no Brasil*, cit., p. 52.

[365] Paul Reuter. *Introducción al derecho de los tratados*, cit., p. 209.

[366] V. José Francisco Rezek. *Direito dos tratados*, cit., pp. 357-358. Como destaca Rezek: "Nas relações internacionais – como, de resto, nas relações humanas – todo interesse conducente ao ato convencional é fruto de uma necessidade, e, em última análise, de alguma forma de pressão. O penoso quadro característico da negociação dos tratados de paz é uma consequência inevitável da guerra, e se a ordenação jurídica da sociedade internacional não logrou evitar esta, não terá como profligar os agravos que faz aquele ao ideal do livre consentimento" (Idem, p. 358).

[367] Cf. Paul Reuter. *Introducción al derecho de los tratados*, cit., p. 209.

celebrado sob coação ao Estado tem-se o Tratado Alemanha-Tchecoslováquia, de 1938, concluído sob ameaça de bombardeio à Praga, tornando patente a coação exercida sobre a então Tchecoslováquia.

Por fim, cabe indagar quais os *efeitos* da declaração de nulidade de um tratado concluído mediante coação ao Estado pela ameaça ou emprego da força. Falaremos aqui brevemente sobre o tema, pois a ele voltaremos no item nº 23, *infra*. Tais consequências vêm reguladas pelo art. 69 da Convenção de Viena. Cabe, neste ponto, apenas dizer que as disposições de um tratado nulo *não têm eficácia jurídica*. Tal nulidade é *ab initio* e não a partir de sua invocação por alguma das partes; ou seja, o tratado firmado sob ameaça ou emprego da força é nulo desde a sua conclusão, e não só a partir do momento da descoberta da causa de nulidade.[368] Assim, a declaração de nulidade de um tratado extingue o ato internacional inválido com efeitos *ex tunc*. É dizer, a declaração de nulidade retroage à data da conclusão do acordo, suprimindo todos os efeitos que o mesmo já produziu desde então.

18. O *jus cogens* e o tema da nulidade dos tratados. Como se acabou de ver, a nulidade *ab initio* de um tratado pode ocorrer em duas hipóteses: *a*) no caso de coação sobre um Estado pela ameaça ou emprego da força; ou *b*) se no momento de sua conclusão estava em conflito com uma norma imperativa de Direito Internacional geral (caso de conflito entre tratado e norma de *jus cogens* preexistente). Também pode ser extinto o tratado (não se trata aqui de nulidade *ab initio*) quando conflita com norma de *jus cogens* superveniente (art. 64). O conflito do tratado com norma de *jus cogens* preexistente difere do caso de coação sobre o Estado, por não se tratar de nulidade absoluta cuja causa tenha sido um *vício do ato*, mas sim de nulidade absoluta que tem como causa o *objeto ilícito do tratado*. Já o conflito do tratado com norma de *jus cogens* superveniente é causa de *extinção* do ato internacional. Assim, diversas serão as consequências que podem ocorrer, em se tratando de um ou outro caso.

As consequências da nulidade envolvendo coação sobre um Estado vêm reguladas pelo art. 69 da Convenção de Viena; já as consequências da nulidade (art. 53) e extinção (art. 64) de um tratado por violação de norma de *jus cogens* encontram-se reguladas pelo art. 71, §§ 1º e 2º. No caso de um tratado tornado nulo em virtude do art. 53 (conflito com norma de *jus cogens* preexistente), as partes são obrigadas: *a*) a eliminar, na medida do possível, as consequências de qualquer ato praticado com base em uma disposição que esteja em conflito com a norma imperativa de Direito Internacional geral; e *b*) a adaptar suas relações mútuas à norma imperativa de Direito Internacional geral (art. 71, § 1º). Assim, quando o caso diz respeito a um tratado tornado nulo em virtude de conflito com norma de *jus cogens* preexistente, não basta apenas o retorno ao *status quo ante*, mas mais que isso, é necessário que os Estados *se ajustem* à anterior norma de *jus cogens*.[369] No caso de o conflito dar-se nos termos do art. 64 (conflito com norma de *jus cogens* superveniente), a extinção do tratado: *a*) libera as partes de qualquer obrigação de continuar a cumpri-lo; e *b*) não prejudica qualquer direito, obrigação ou situação jurídica das partes, criados pela execução do tratado, antes de sua extinção. Entretanto, nesse último caso, tais direitos, obrigações ou situações só podem

---

[368]   Cf. Dinh, Daillier & Pellet. *Direito internacional público*, cit., p. 217.

[369]   *V.* Vera Lúcia Viegas. *Ius cogens* e o tema da nulidade dos tratados, in *Revista de Informação Legislativa*, ano 36, nº 144, Brasília: Senado Federal, out./dez./1999, p. 188.

Parte I · Cap. V · DIREITO DOS TRATADOS | **245**

ser mantidos posteriormente na medida em que sua manutenção não entre em conflito com a nova norma de *jus cogens* (art. 71, § 2º).

Em suma, o conflito entre tratados e normas de *jus cogens* pode ocorrer de duas formas: (*a*) a norma de *jus cogens* pode ser *anterior* à entrada em vigor do tratado (caso de nulidade *ab initio*, acima referida), ou (*b*) pode ser *superveniente* à vigência deste (caso em que o tratado perderá efeitos *ex nunc*). Essas duas hipóteses serão estudadas nos tópicos que seguem (itens *a* e *b*). Versaremos também um terceiro caso, relativo ao conflito entre tratado e norma de *jus cogens* existente antes da entrada em vigor da Convenção de Viena (item *c*). Por fim, será analisado o procedimento relativo à nulidade ou extinção de tratado em conflito com norma de *jus cogens* (idem *d*).

a) Conflito entre tratado e norma de jus cogens *anterior*. Pela letra do supracitado art. 53, é totalmente *nulo* um tratado que, no momento de sua conclusão, conflite com uma norma imperativa de Direito Internacional geral.[370] Um tratado *nulo* por disposição da Convenção não tem eficácia jurídica no âmbito internacional (art. 69, § 1º).

Para arguir a nulidade de um tratado, tem-se que obedecer ao procedimento estabelecido no art. 65 do Código de Viena (*v. infra*). Segundo essa norma, a *parte* que impugnou a validade do tratado com base na regra de *jus cogens* anterior, deve *notificar* de sua pretensão, por escrito, os demais Estados, indicando na notificação a medida que pretende tomar em relação ao tratado considerado nulo, bem como suas razões para tanto.[371] A notificação prevista no § 1º do art. 65 deve ser feita por escrito. Qualquer ato que declare a nulidade, a extinção, a retirada ou a suspensão da execução de um tratado, nos termos das disposições do tratado ou dos §§ 2º e 3º do art. 65, será levado a efeito por meio de um instrumento comunicado às outras partes. Se o instrumento não for assinado pelo chefe de Estado, chefe de Governo ou Ministro das Relações Exteriores, o representante do Estado que fez a comunicação poderá ser convidado a exibir plenos poderes (art. 67, §§ 1º e 2º). A notificação e o instrumento previstos nos arts. 65 ou 67, respectivamente, podem ser revogados a qualquer momento antes que produzam seus efeitos (art. 68).

Somente os Estados que sejam *partes* no tratado internacional é que têm legitimidade para alegar a invalidade do tratado conflitante com a norma de *jus cogens* anterior. É dizer, a titularidade para a alegação (perante a CIJ) de violação à norma de *jus cogens* é restrita aos Estados participantes do acordo, não se estendendo a outros atores da sociedade internacional que dele não participam, não obstante as normas de *jus cogens* visarem a proteção de *toda* a sociedade internacional. Enfatize-se que o caso é também diverso da hipótese de vícios do consentimento (arts. 48 a 52), em que somente o Estado que teve seu consentimento lesado, e mais nenhum outro, é que pode impugnar o ato internacional.

As partes têm a obrigação, nesse caso, de (*a*) eliminar, na medida do possível, as consequências de qualquer ato praticado com base em uma disposição que esteja em conflito com a norma imperativa de Direito Internacional geral, além de (*b*) adaptar suas relações mútuas à norma de *jus cogens* violada (art. 71, § 1º).

---

[370] Cf. Mark Eugen Villiger. *Commentary on the 1969 Vienna Convention on the Law of Treaties*, cit., pp. 665-678.

[371] Cf. Anthony Aust. *Modern treaty law and practice*, cit., p. 259.

A invalidade do tratado conflitante com a norma de *jus cogens* tem efeito *ex tunc*. Mas, durante o prazo mínimo da notificação (3 meses), a parte está obrigada a continuar cumprindo o respectivo tratado, salvo em casos de extremada urgência, se nenhuma das outras partes formulou objeções. A Convenção, nesse passo, como destaca Vera Lúcia Viegas, deu "mais peso à estabilidade dos tratados internacionais".[372] Melhor seria, entretanto, considerar desde logo o tratado como ineficaz, buscando-se posteriormente a verificação da procedência da declaração da parte, o que teria a vantagem de evitar que um Estado continuasse no cumprimento de um tratado que julga, por convicção, nulo de pleno direito; e se, ao final, fosse julgada improcedente a pretensão da parte, responderia ela pela inexecução do tratado.

O que pode fazer a parte é requerer, junto à CIJ, uma *medida cautelar* visando suspender a execução do tratado que julga nulo.

Não se pode esquecer que a vontade das partes é inoponível frente à norma de *jus cogens*, isto significando que um tratado conflitante com norma imperativa de Direito Internacional geral não se convalida em virtude de convenções particulares.

Em face da regra expressa no art. 44, § 5º, da Convenção, que prevê a *indivisibilidade* das disposições de um tratado nesses casos, tem-se que *todo* o tratado, e não parte dele, é que será invalidado *ab initio* e deixará de ter força jurídica perante a sociedade internacional, não se permitindo a validade de algumas de suas cláusulas e a invalidade de outras.[373] Em outras palavras, sendo os tratados *indivisíveis*, a nulidade deve afetar todo o conjunto do tratado, e não apenas parte dele. Mas frise-se que essa solução é apenas para o caso específico que se está a tratar: conflito entre tratado e norma de *jus cogens* preexistente. Porém, como adverte Vera Lúcia Viegas, fazendo-se uma interpretação sistemática da Convenção de Viena, deve-se "considerar eventuais *efeitos causados por atos executados com base em 'cláusulas não eivadas de vício' de nulidade por contraste com norma de jus cogens*. Nesse caso, incide a alínea 'b' do § 2º do art. 69 da Convenção: *os atos praticados de boa-fé, antes de a nulidade de um tratado haver sido invocada, não serão afetados pela nulidade do tratado*" [grifos do original].[374]

b) Conflito entre tratado e norma de jus cogens *posterior*. Segundo o que dispõe o art. 64 da Convenção de Viena, qualquer tratado conflitante com uma *nova norma* imperativa de Direito Internacional geral (*jus cogens*) torna-se nulo e extingue-se. Trata-se de um *causa de extinção de tratados*, e não de *nulidade* (esta última, versada na já estudada Seção 2, da Parte V, da Convenção).[375] E isto por dois motivos: primeiro, porque o § 2º do art. 71 da Convenção de Viena (que determina as consequências da nulidade e extinção dos tratados) faz referência justamente ao mencionado art. 64; segundo, porque as alíneas *a* e *b* do citado art. 71, § 2º, repetem, em linhas gerais, o contido no art. 70 da Convenção, que regula as consequências da *extinção dos tratados*, e não o contido no art. 69, que se refere à *nulidade*.

---

[372] Vera Lúcia Viegas. *Ius cogens* e o tema da nulidade dos tratados, cit., p. 189.

[373] *V.* Paul Reuter. *Introducción al derecho de los tratados*, cit., p. 53; e Mark Eugen Villiger, *Commentary on the 1969 Vienna Convention on the Law of Treaties*, cit., pp. 568-569.

[374] Vera Lúcia Viegas. *Ius cogens* e o tema da nulidade dos tratados, cit., p. 189.

[375] Cf. Antonio Gómez Robledo. *El ius cogens internacional: estudio histórico-crítico*, cit., pp. 99-100; e Mark Eugen Villiger, *Commentary on the 1969 Vienna Convention on the Law of Treaties*, cit., pp. 792-795.

Ao contrário do caso anterior, um tratado contrastante com uma norma de *jus cogens* superveniente tem seus efeitos cessados *ex nunc*, é dizer, a partir do momento do surgimento da nova regra imperativa de Direito Internacional geral, e não do início da celebração do acordo. É o que dispõe o art. 71, § 2º, alínea *b*, da Convenção de Viena:

> "2. Quando um tratado se torne nulo e seja extinto, nos termos do artigo 64, a extinção do tratado:
>
> (...)
>
> *b*) não prejudica qualquer direito, obrigação ou situação jurídica das partes, criados pela execução do tratado, antes de sua extinção; entretanto, esses direitos, obrigações ou situações só podem ser mantidos posteriormente, na medida em que sua manutenção não entre em conflito com a nova norma imperativa de Direito Internacional geral".

Como leciona Vera Lúcia Viegas, não se prejudicam "os direitos e obrigações havidos na execução do tratado anteriores ao surgimento da nova norma de *jus cogens* justamente por terem por base a boa-fé das partes no momento da celebração e início da execução do tratado (o vício é apenas posterior, só surge quando do nascimento da nova norma imperativa, admite-se retroagir, fazendo cessar os efeitos da execução do tratado apenas ao momento do aparecimento dessa nova norma imperativa superveniente)".[376]

O procedimento de extinção, nesse caso, como permite a Convenção de 1969, pode vir descrito pelo próprio tratado, ou por ela mesma. Só se utilizará do procedimento estabelecido nos arts. 65 e seguintes da Convenção, nesse último caso. Quando é o próprio tratado que estabelece as causas de sua extinção à custa do conflito com norma de *jus cogens*, o rito a ser seguido é aquele por ele estabelecido.

Aqui também, as partes não perdem o direito de reclamar a extinção do tratado com base na violação da norma de *jus cogens*, sendo inoperante qualquer aquiescência das mesmas em sentido contrário (regra da inoponibilidade da vontade das partes em face à norma de *jus cogens*).

Diferentemente do que ocorre com o caso de conflito entre tratado internacional e norma de *jus cogens* anterior, quando a antinomia é entre tratado e norma de *jus cogens* superveniente, a Convenção de Viena abre a possibilidade de *divisibilidade* do tratado. É o que se dessume da interpretação a *contrario sensu* do já citado art. 44, § 5º, que dispõe:

> "5. Nos casos previstos nos artigos 51, 52 e 53 a divisão das disposições de um tratado não é permitida".

Dizer que um tratado pode ser *divisível* significa autorizar que apenas as cláusulas nulas do tratado sejam extirpadas. Segundo o comando acima transcrito, apenas nos casos previstos nos arts. 51 (coação de representante de um Estado), 52 (coação de um Estado pela ameaça ou pelo emprego da força) e 53 (tratado em conflito com norma de *jus cogens* preexistente) a divisão das disposições de um tratado *não é permitida*. Portanto, como tal disposição não fez referência ao art. 64 da Convenção (que versa sobre os conflitos entre tratados e norma de *jus cogens* posterior), é porque o excepciona, trazendo a possibilidade de *divisão* de tais tratados.

---

[376] Vera Lúcia Viegas. *Ius cogens* e o tema da nulidade dos tratados, cit., p. 189.

248 | CURSO DE DIREITO INTERNACIONAL PÚBLICO – *Valerio de Oliveira Mazzuoli*

Assim, havendo conflito entre o tratado internacional e a norma de *jus cogens* superveniente, somente as disposições conflitantes com a norma imperativa de Direito Internacional geral é que serão extintas (e não todo o tratado, como seria no caso de conflito com norma de *jus cogens* já existente ao tempo da conclusão do acordo).

c) Conflito entre tratado e norma de jus cogens *existente antes da entrada em vigor da Convenção de Viena.* A Convenção de Viena não foi criada para regular situações pretéritas. Porém, a Convenção ressalva aquelas regras enunciadas em seu próprio texto *a que os tratados estariam sujeitos em virtude do Direito Internacional geral preexistente*. É esta a regra estabelecida na Convenção, fruto de proposta do Brasil e da Suécia, que acabou sendo acolhida como art. 4º (regra da irretroatividade da Convenção).[377] Portanto, "considerando-se que o *jus cogens* internacional não é criação da Convenção de Viena – esta apenas expõe os critérios identificadores –, suas disposições relativas ao Direito cogente internacional aplicam-se também a tratados anteriores à Convenção".[378]

Para saber se uma determinada disposição da Convenção pode ser aplicada a um tratado a ela anterior, deve o intérprete verificar se tal disposição é fruto do direito convencional (pactício) ou se provém do direito consuetudinário, anterior à Convenção. Disso se tira que, por terem sido os arts. 53 e 64 da Convenção, bem como o art. 71, frutos não do direito pactício, mas do Direito Internacional geral, aplicam-se eles também aos tratados concluídos *antes da entrada em vigor* da Convenção de Viena. Isto porque tais normas não foram criação da Convenção de Viena (que apenas as codificou), mas sim do Direito Internacional geral.

Não obstante o art. 44, § 5º (que dispõe sobre a indivisibilidade dos tratados), referir-se ao art. 53 da Convenção, que é norma codificada de Direito Internacional geral, tem-se que esta regra, por ser fruto do direito convencional (pactício) tão somente, não se aplica aos tratados celebrados anteriormente à entrada em vigor da Convenção de 1969. Da mesma forma, não se aplica aos tratados anteriores à Convenção o procedimento por ela regulado para a declaração de invalidade ou extinção de tratados, por se entender que são normas também provenientes do direito pactício, e não do Direito Internacional geral.[379]

Os arts. 53 e 64 da Convenção deixaram em aberto qual deve ser o *núcleo* da incompatibilidade entre o tratado internacional e a norma de *jus cogens*. De forma que apenas o *conteúdo* do tratado deve ser considerado para a verificação da sua incompatibilidade com uma norma imperativa de Direito Internacional geral. Assim, "se o tratado não tem um conteúdo incompatível com o *jus cogens*, mas é executado por uma forma violadora de norma imperativa internacional, é válido; porém, as partes, ao executá-lo desse modo contrastante com o Direito cogente, cometem um ilícito internacional".[380]

---

[377] Assim dispõe o art. 4º da Convenção de Viena de 1969: "*Irretroatividade da Presente Convenção.* Sem prejuízo da aplicação de quaisquer regras enunciadas na presente Convenção a que os tratados estariam sujeitos em virtude do Direito Internacional, independentemente da Convenção, esta somente se aplicará aos tratados concluídos por Estados após sua entrada em vigor em relação a esses Estados".

[378] Vera Lúcia Viegas. *Ius cogens* e o tema da nulidade dos tratados, cit., p. 191.

[379] Cf. Vera Lúcia Viegas. Idem, ibidem.

[380] Vera Lúcia Viegas. Idem, p. 190.

Parte I · Cap. V · DIREITO DOS TRATADOS | **249**

Deve ser levado em conta também, na aferição da incompatibilidade do tratado com a norma de *jus cogens*, além do seu objeto, o seu *escopo*, é dizer, o fim que persegue o tratado, inferido pelo conteúdo de suas cláusulas.

d) Procedimento relativo à nulidade ou extinção de tratado em conflito com norma de jus cogens. Trata do procedimento relativo à nulidade, extinção, retirada ou suspensão da execução de um tratado, o já citado art. 65 da Convenção de Viena. Como se falou, sempre que uma parte invocar quer um vício no seu consentimento em obrigar-se por um tratado, quer uma causa para impugnar a sua validade, extingui-lo, dele retirar-se ou suspender sua aplicação, deve *notificar* de sua pretensão as demais partes, indicando na notificação a medida que se propõe tomar em relação ao tratado e suas razões para tanto. Esse Estado notificante poderá declarar o tratado inválido ou extinto se, decorridos pelo menos *três meses* da notificação referida, nenhuma outra parte tiver formulado objeções, ressalvados os casos de extrema urgência (art. 65, § 2º). Caso as objeções existam, diz o § 3º do art. 65 que as partes *deverão* procurar uma solução pelos meios previstos no art. 33 da Carta da ONU, cuja redação é a seguinte:

> "Artigo 33 (Capítulo VI – *Solução pacífica de controvérsias*):
>
> 1. As partes em uma controvérsia, que possa vir a constituir uma ameaça à paz e à segurança internacionais, procurarão, antes de tudo, chegar a uma solução por negociação, inquérito, mediação, conciliação, arbitragem, solução judicial, recurso a entidades ou acordos regionais, ou a qualquer outro meio pacífico à sua escolha.
>
> 2. O Conselho de Segurança convidará, quando julgar necessário, as referidas partes a resolver, por tais meios, suas controvérsias".

A controvérsia entre as partes deverá ser resolvida em até doze meses da data da objeção apresentada. Caso nenhuma solução seja alcançada dentro desses doze meses, dispõe a Convenção (art. 66) que o seguinte procedimento deve ser adotado:

a) qualquer parte na controvérsia sobre a aplicação ou a interpretação dos arts. 53 ou 64 poderá, mediante pedido escrito, submetê-la à decisão da CIJ, salvo se as partes decidirem, de comum acordo, submeter a controvérsia à arbitragem;

b) qualquer parte na controvérsia sobre a aplicação ou a interpretação de qualquer um dos outros artigos da Parte V da Convenção [arts. 42 a 72, à exceção dos arts. 53 e 64, citados acima] poderá iniciar o processo previsto no *Anexo* à Convenção, mediante pedido nesse sentido ao Secretário-Geral das Nações Unidas [no *Anexo* referido está previsto um procedimento de *conciliação* das partes, levado a efeito por uma comissão de conciliação].

Consequência importante desse procedimento é a atribuição da competência *obrigatória* da CIJ nas controvérsias envolvendo normas de *jus cogens*, quando as partes não optaram por resolver a questão pela via arbitral. Para provocar a manifestação da Corte quanto à aplicação ou interpretação dos arts. 53 e 64 da Convenção, não é exigida a anuência da outra parte; apenas uma das partes, mediante recurso unilateral, pode iniciar o procedimento.[381] Uma vez

---

[381] *V.* Vera Lúcia Viegas. Idem, p. 191. Ainda segundo a autora: "A Tunísia fez reserva ao art. 66, alínea *a*, justamente por este determinar obrigatória a competência da Corte Internacional de Justiça. Ela se opôs, mesmo se tratando apenas de competência obrigatória quanto à matéria de *jus cogens*" (Idem,

provocada, mediante recurso unilateral de uma das partes no tratado, o que deve a CIJ fazer é *determinar* se uma certa norma tem natureza *cogente* e se o tratado atacado em questão está em contradição com essa norma.[382] Perceba-se que o que faz a Corte é tão somente *determinar* se a norma em causa pertence ou não ao *jus cogens*, sem invalidar o tratado. Ou seja, as *consequências* da invalidade e extinção de um tratado contrário à norma de *jus cogens* não estão compreendidas na jurisdição obrigatória da Corte; por tal motivo, a Corte não poderá declarar *inválido* ou *extinto* o tratado.[383]

Embora a jurisdição da CIJ não seja obrigatória quando existir acordo entre as partes quanto à submissão da causa à arbitragem, em não havendo tal acordo a jurisdição da Corte passa a ser obrigatória *ipso jure*, dando a uma das partes o direito de levar a questão à sua apreciação. O sistema adotado pela Convenção de 1969 (que se nomina "obrigatoriedade subsidiária de jurisdição") representa uma evolução frente a outras convenções como a Convenção de Viena sobre Relações Diplomáticas (1961), que não prescreveu sequer a obrigatoriedade subsidiária da Corte, apenas um protocolo de intenções no que tange à solução pacífica de conflitos.[384]

O que se pode notar, depois de entendido o fenômeno do *jus cogens* internacional, é que se está presente de uma nova e soberana fonte do Direito Internacional, formada por normas imperativas e reconhecidas pela sociedade internacional como um todo, e que não constam no rol das fontes clássicas do direito das gentes estabelecido pelo art. 38 do Estatuto da CIJ. Portanto, pode-se afirmar que, nesse aspecto, a teoria tradicional das fontes no Direito Internacional Público mudou, porquanto em nível hierárquico existem normas superiores aos tratados e aos costumes que devem ser aplicadas com prelazia a quaisquer outras.

19. A inconstitucionalidade dos tratados. Quando o poder de celebrar tratados passou de prerrogativa do Soberano para atribuição do Chefe do Executivo, advinda da transição do *Ancien Régime* para o regime democrático e representativo, começou a ser cogitado o problema da inconstitucionalidade *extrínseca* ou *formal* dos tratados (em verdade, do *consentimento* do Estado em obrigar-se por eles) frente às Constituições dos Estados-partes.[385] Ao passo que as Constituições atribuíam a competência para celebrar tratados ao Chefe do Executivo, com a consequente aprovação pelo Poder Legislativo, para formar a vontade da Nação em obrigar-se por tratados, surgia o problema (inexistente à época do Soberano)

---

ibidem). O Brasil, frise-se, também reservou o mesmo dispositivo quando do depósito da ratificação da Convenção de 1969 em 25.09.2009. Sobre a competência obrigatória da CIJ nesse caso, *v.* João Grandino Rodas, *Jus cogens* em direito internacional, cit., p. 131.

[382] *V.* Vera Lúcia Viegas. *Ius cogens* e o tema da nulidade dos tratados, cit., p. 191.

[383] *V.* Natalino Ronzitti. La disciplina dello *jus cogens* nella Convenzione di Vienna sul Diritto dei Trattati, in *Comunicazioni e Studi*, vol. 15, Milano: Giuffrè, 1978, pp. 285-286; Vera Lúcia Viegas, *Ius cogens* e o tema da nulidade dos tratados, cit., p. 191; e Tatyana Scheila Friedrich, *As normas imperativas de direito internacional público jus cogens*, cit., p. 41.

[384] *V.* Jete Jane Fiorati. *Jus cogens: as normas imperativas de direito internacional público como modalidade extintiva dos tratados internacionais*, cit., p. 68.

[385] *V.*, por todos, Antônio Paulo Cachapuz de Medeiros, *O poder de celebrar tratados...*, cit., pp. 243-281. Cf. também, João Hermes Pereira de Araújo, *A processualística dos atos internacionais*, cit., pp. 200-206; J. Silva Cunha, *Direito internacional público*, vol. I, cit., pp. 145-148; Antonio Remiro Brotons, *Derecho internacional público*, vol. 2, cit., pp. 136-138; e Francisco de Assis Maciel Tavares, *Ratificação de tratados internacionais*, cit., pp. 47-51.

de ocorrer a inconstitucionalidade formal de tais tratados, à luz do Direito interno, se o Chefe do Executivo manifestasse internacionalmente a vontade do Estado em violação às regras constitucionais sobre competência para celebrar tratados (a exemplo da que exige a manifestação do Parlamento *antes* do engajamento definitivo do Estado). Assim, pode ocorrer de o Chefe do Executivo ratificar um tratado sem o assentimento do Legislativo, ou mesmo firmar acordos em forma simplificada, sem que isso permita a Constituição. Enfim, pode acontecer de o governo ratificar um tratado sem obediência aos trâmites jurídicos (constitucionais) que o seu próprio Direito interno coloca. Quando isto ocorre, se está diante do problema da *inconstitucionalidade extrínseca ou formal* dos tratados internacionais à luz do Direito interno, também chamada de *ratificação imperfeita* ou *irregular*. Este estudo avulta em importância na medida em que o Direito interno, nesse caso especial, passa a ter relevância para o Direito Internacional Público. Já à luz deste último, porém, a questão não é evidentemente de "inconstitucionalidade" (expressão que só se pode utilizar no plano doméstico), mas de *vício do consentimento* do Estado (nesse caso, apenas *anulável*) em obrigar-se pelo tratado.

A questão que aqui se coloca é se as limitações constitucionais ao *treaty-making power* têm influência no âmbito internacional. É dizer, o Direito Internacional se preocupa em saber se a vontade internacionalmente externada por quem aparentemente tem competência para tal, foi dada com violação de norma constitucional sobre competência para celebrar tratados? Para a Convenção de Viena sobre o Direito dos Tratados, vale mais a forma externa de manifestação de vontade do representante do Estado, ou valem mais as disposições constitucionais desse Estado sobre competência para concluir tratados? Em outras palavras, as limitações constitucionais ao *treaty-making power* são ou não importantes à luz das regras do Direito dos Tratados?

Para responder a tais indagações, duas grandes teorias a respeito surgiram: a concepção constitucionalista e a corrente internacionalista. Vejamos:

a) Concepção constitucionalista. A concepção constitucionalista argumenta que se o chefe de Estado pudesse ignorar o procedimento constitucional para a celebração de tratados, não submetendo, *v.g.*, o acordo à aprovação do Parlamento, e o Direito Internacional considerasse irrelevante essa violação ocorrida no Direito interno, ficaria totalmente esvaziado o princípio democrático. Para os defensores dessa tese, a autoridade investida do poder de celebrar tratados não declara *validamente* a vontade da Nação em obrigar-se no acordo se desobedeceu às regras constitucionais sobre competência para tal celebração, pois é a Constituição que diz quais os órgãos e os procedimentos pelos quais a vontade do Estado em obrigar-se por tratados será formada e declarada.[386]

Entendem muitos juristas que é dever das Nações contratantes conhecer os procedimentos constitucionais de celebração de tratados umas das outras. Assim, deveria existir uma preocupação no sentido dos textos constitucionais dos diversos Estados estarem de acordo com as regras do Direito Internacional Público. Para Lafayette, é dever da Nação que quer contratar com outra "certificar-se de qual é, segundo a Constituição dessa outra, o poder ou poderes competentes para fazer tratados e de quais são os limites e restrições constitucionais impostos", sendo que a "falta de competência ou a transgressão dos limites e restrições declarados tornam o tratado nulo ou

---

[386] Cf. Antônio Paulo Cachapuz de Medeiros. *O poder de celebrar tratados...*, cit., pp. 245-246.

em sua integridade, ou nas cláusulas, em relação às quais dá-se a transgressão".[387] Segundo essa tese, portanto, é dever dos Estados contratantes, antes de firmar qualquer acordo, consultar as Constituições dos outros Estados a fim de saber quais as restrições impostas por cada ordenamento ao *treaty-making power*, tendo em vista que o descumprimento das disposições internas de cada parte é capaz de nulificar o consentimento do Estado em obrigar-se pelo tratado. Para a doutrina constitucionalista não existe, ademais, norma internacional que declare a validade do consentimento em detrimento do mandamento constitucional. A corrente constitucionalista considera essencial que se cumpram as normas constitucionais dos Estados-contratantes para que seja *válido* o consentimento externado, pois é o Direito Constitucional de cada contratante que estabelece os órgãos competentes (isto é, os Poderes competentes) e os procedimentos que permitem seja validamente manifestada a vontade do Estado em obrigar-se internacionalmente. Ou seja, nesse campo o Direito interno teria *primazia* sobre o Direito Internacional, uma vez que o compromisso só irá efetivar-se caso fielmente se cumpram as disposições *internas*. Assim, se o texto constitucional prevê a participação do Parlamento no procedimento de formação da vontade do Estado, sua falta pode acarretar a nulidade da ratificação.[388]

Em suma, para a concepção constitucionalista a competência para celebrar tratados é determinada pelo Direito interno dos Estados, e, havendo violação de tais normas, o consentimento fica passível de anulação, desonerando (com efeito *ex nunc*) o Estado de continuar a cumprir o tratado.

b) Concepção internacionalista. A tese internacionalista parte da inteligência oposta. Inspira-se na antiga regra de que o chefe de Estado, no âmbito internacional, é o órgão competente para concluir validamente tratados com as demais potências soberanas, uma vez que tem o *jus representationis omnimodae* conferido pelo Direito Internacional. Para essa corrente, a não submissão de um tratado ao Legislativo é um problema de Direito interno que o Direito Internacional não se ocupa. A presunção de que o chefe de Estado é o órgão autorizado para concluir tratados se oporia, então, a que um Estado fiscalizasse o outro relativamente ao preenchimento das formalidades internas para a sua conclusão. Além disso, outro argumento dos defensores da concepção internacionalista é o de que não seria razoável exigir de todos os Estados-partes num tratado que conheçam com profundidade o Direito Constitucional de cada um dos demais contratantes; e assim sendo, a solução que resta é fazer com que tais Estados aceitem, de boa-fé, a declaração da contraparte, sob pena de não se conseguir chegar jamais a um mínimo de segurança para as relações convencionais.[389] Conforme destaca Cachapuz de Medeiros, os defensores da tese internacionalista argumentam no sentido de que "um Estado, ao negociar tratado com outro, não pode se preocupar com o processo interno de formação da vontade deste, mas somente com o órgão competente para declarar a sua vontade no plano internacional, que é o Chefe do Estado, segundo regra universalmente aceita".[390] Dessa forma, o consentimento

---

[387] Lafayette Rodrigues Pereira. *Princípios de direito internacional*, t 1. Rio de Janeiro: Jacintho Ribeiro dos Santos, 1903, p. 271. Em verdade (já se viu) não é *o tratado* que há de ser considerado nulo em sua integridade (como leciona Lafayette); aqui se trata de anulabilidade *do consentimento* do Estado em obrigar-se pelo tratado.

[388] Cf. Mirtô Fraga. *O conflito entre tratado internacional e norma de direito interno...*, cit., pp. 34-35.

[389] Cf. Paul Reuter. *Introducción al derecho de los tratados*, cit., p. 33.

[390] Antônio Paulo Cachapuz de Medeiros. *O poder de celebrar tratados...*, cit., p. 251.

exarado pelo Chefe do Estado, a quem o Direito Internacional confere competência para agir em nome do Estado no plano internacional, deve ser tido como válido e obrigatório, mesmo quando as normas constitucionais sobre celebração de tratados não forem cumpridas.

Como se percebe, a tese internacionalista busca minimizar ao máximo a influência das disposições constitucionais sobre a validade do consentimento. Argumentam que sendo normalmente os chefes de Estado (ou seus plenipotenciários) aqueles que normalmente detêm a competência para representar internacionalmente o Estado, não importaria aos outros atores da sociedade internacional se tal chefe de Estado (ou um plenipotenciário seu) tenha usurpado ou violado regra interna sobre competência para concluir tratados.[391] Em suma, segundo esse raciocínio, os Estados-contratantes não podem ser afetados pelo fato de um deles não ter obedecido as limitações constitucionais ao *treaty-making power* de seu país. De outra banda, admitir que um Estado possa invocar a invalidade da ratificação por não terem sido obedecidas suas regras constitucionais sobre competência para concluir tratados, equivaleria dizer que o Direito Constitucional tem *influência* no plano do Direito Internacional, o que seria a negação da autonomia deste último.

Nessa ordem de ideias, para a corrente internacionalista basta a simples declaração do chefe de Estado, atestando que foram seguidos todos os procedimentos internos para a celebração do tratado, para que, internacionalmente, seu consentimento seja considerado válido, não interessando ao Direito Internacional as disposições constitucionais de cada Estado-parte no acordo, mas tão somente que a manifestação de vontade externada tenha sido levada a efeito por quem tem competência para tal externamente. É dizer, basta a declaração de vontade do chefe de Estado para que, internacionalmente, o tratado celebrado se repute válido, ainda que o procedimento interno adotado pelo Estado não tenha sido corretamente observado. Em outras palavras, se o chefe de Estado empenha a vontade deste de comprometer a Nação no âmbito internacional, é porque se *presume* que foram cumpridas todas as formalidades internas estabelecidas pela Constituição para a celebração do acordo, sendo de todo inconveniente atribuir à outra contraparte o direito de indagar se foram ou não obedecidas tais formalidades.[392]

c) Concepção conciliatória. Em face da grande divergência da doutrina causada pelas concepções constitucionalista e internacionalista, certos autores, a fim de conciliar os dois propósitos, passaram a adotar soluções intermediárias, baseando-se num constitucionalismo (ou internacionalismo) de caráter *moderado*.[393] Essa corrente leciona que a alegação do Estado de que o consentimento é inválido por ter sido concluído com violação de suas regras constitucionais de competência, só será legítima se tal violação for *manifesta*, isto é, suficientemente *notória*. Assim, se a violação pelo Executivo dos limites constitucionais ao *treaty-making power* for notória, facilmente comprovada pelas outras partes, nada impede o Estado de alegar, como vício do consentimento, essa violação.[394]

Dessa forma, para não colocar em perigo as relações internacionais, somente as limitações *notórias* ao poder de celebrar tratados, a respeito das quais os outros Estados teriam

---

[391] Cf. Mirtô Fraga. *O conflito entre tratado internacional e norma de direito interno...*, cit., p. 39.

[392] Cf. Hildebrando Accioly. *Tratado de direito internacional público*, vol. I, cit., p. 600.

[393] V., entre outros, João Hermes Pereira de Araújo, *A processualística dos atos internacionais,* cit., pp. 205-206.

[394] V. Antônio Paulo Cachapuz de Medeiros. *O poder de celebrar tratados...*, cit., pp. 256-260.

de estar razoavelmente informados, devem ser levadas em conta a fim de desonerar uma das partes no acordo internacionalmente assumido.[395]

d) *A solução adotada pela Convenção de Viena de 1969.* A Convenção de Viena sobre o Direito dos Tratados adotou a solução conciliatória, segundo a qual a alegação de determinado Estado, no sentido de que seu consentimento em se obrigar pelo tratado foi inválido por violar disposição de seu Direito interno, carecerá de valor no âmbito internacional, a menos que tal disposição (do Direito interno) seja sobre competência para celebrar tratados e, ainda, de importância fundamental. Trata-se da contemplação da teoria da *inconstitucionalidade extrínseca* ou *formal* dos tratados em face às Constituições dos Estados, pois refere-se apenas às normas *internas* (constitucionais) sobre *competência para concluir tratados*, capazes de viciar o consentimento do Estado, caso sejam descumpridas. É o que se convencionou chamar de *ratificação imperfeita* (ou *irregular*), em virtude de ter sido o acordo concluído com violação *manifesta* de norma de *fundamental importância* de Direito interno sobre *competência* para concluir tratados.[396] Ou seja, trata-se do caso em que o governo ratifica o tratado sem submetê-lo à aprovação do Parlamento, deixando de cumprir preceito interno de fundamental importância, é dizer, a norma constitucional que exige o referendo congressual dos tratados (no Direito brasileiro, trata-se do art. 49, inc. I, da Constituição de 1988). Assim, para a Convenção de Viena de 1969 (abaixo estudaremos o art. 46, que trata desse assunto) o consentimento em obrigar-se pelo tratado manifestado pelo governo é, em princípio, válido internacionalmente, mesmo que exarado sem a observância de alguma disposição do seu Direito interno sobre competência para concluir tratados. Porém, se a violação da norma interna for *manifesta* e disser respeito a uma norma de *importância fundamental* (como são as normas constitucionais) sobre *competência* para concluir tratados, nesse caso a ratificação do acordo poderá ser declarada *nula*. Entende-se que se não foi observado o procedimento (jurídico) de celebração do tratado, não há consentimento válido a obrigar a Nação no plano internacional.[397]

Contudo, essa declaração de nulidade (da ratificação) não leva o Estado a ser responsabilizado no plano internacional. Em outras palavras, a ratificação imperfeita não é um *ilícito internacional*, podendo ser ilícito apenas no plano interno (*v.g.*, no Brasil configuraria crime de responsabilidade do Presidente da República por ato atentatório ao "livre exercício do Poder Legislativo", nos termos do art. 85, inc. II, da Constituição). É dizer, havendo violação *formal* da Constituição (desrespeito ao procedimento de celebração de tratados) não fica o Estado *responsável* internacionalmente pela violação ocorrida; o que irá ocorrer é a declaração de *nulidade* do consentimento, mas não a *responsabilização* do Estado na órbita internacional.

O dispositivo da Convenção de Viena de 1969 que cuidou do assunto foi o art. 46, que tem a seguinte redação:

---

[395] V. Antônio Paulo Cachapuz de Medeiros. Idem, p. 257.

[396] V. Philippe Cahier. La violation du droit interne relatif à la competence pour conclure des traités comme cause de nullité des traités, in *Rivista di Diritto Internazionale*, vol. 54, fasc. 2 (1971), pp. 226-245; e Theodor Meron, Article 46 of the Vienna Convention on the Law of Treaties (*ultra vires* treaties): some recent cases, in *British Yearbook of International Law*, vol. 49 (1978), pp. 175-199.

[397] Cf. Paul Reuter. *Introducción al derecho de los tratados*, cit., p. 203.

"Artigo 46. Disposições do direito interno sobre competência para concluir tratados.

1. Um Estado não pode invocar o fato de que seu consentimento em obrigar-se por um tratado foi expresso em violação de uma disposição de seu direito interno sobre competência para concluir tratados, a não ser que essa violação fosse manifesta e dissesse respeito a uma norma de seu direito interno de importância fundamental.[398]

2. Uma violação é manifesta se for objetivamente evidente para qualquer Estado que proceda, na matéria, de conformidade com a prática normal e de boa-fé".

O art. 46 da Convenção de Viena passou a estabelecer, então, um *meio-termo* entre as teorias constitucionalista e internacionalista acima estudadas, impedindo a invocação da norma de Direito interno para justificar o não cumprimento do tratado (concepção internacionalista), salvo o caso de se tratar de *violação manifesta* de norma constitucional de *fundamental importância* (concepção constitucionalista), entendendo-se por *manifesta* a violação objetivamente evidente para qualquer Estado que proceda, na matéria, de conformidade com a prática normal e de boa-fé.[399] Ou seja, o art. 46 da Convenção procurou manter um equilíbrio entre a segurança jurídica, necessária ao bom funcionamento da sociedade internacional, e o respeito à democracia, no sentido de não mais reconhecer o *jus representationis omnimodae* quando há violação de norma interna dessa envergadura.[400] Tanto a doutrina como a prática internacional têm aceitado sem reservas essa solução.[401]

A nulidade da ratificação (consentimento) de um tratado, segundo a Convenção de 1969, assim, somente irá ocorrer quando for manifestamente violada norma do ordenamento interno de *importância fundamental*. Parece claro que a Convenção pretendeu referir-se às *normas constitucionais* do país, não sendo nada provável que a intenção do legislador de Viena fosse atribuir importância *fundamental* também às demais normas do ordenamento interno, tais como as leis ordinárias, os decretos, as resoluções etc.[402] Dessa forma, não será possível apresentar como motivos possíveis de nulidade da ratificação de um tratado a não observância de preceitos de caráter *secundário* porventura presentes, por exemplo, nos regimentos internos das Casas do Congresso Nacional, como a não submissão do texto convencional a uma comissão especializada na matéria sobre a qual versa o acordo, ou eventual desrespeito ao prazo para a apresentação de um parecer técnico etc. Em tais casos, inexiste a notoriedade necessária que deve haver para que uma ratificação, levada a efeito pelo Presidente da República, seja considerada nula no plano internacional.[403]

---

[398] Observe-se que a tradução oficial brasileira desse § 1º do art. 46 emprega as expressões "*fosse* manifesta" e "*dissesse* respeito" para dar a entender que a violação alegada *já ocorrera* e só então se a invoca a fim obter a declaração de nulidade do tratado relativamente a esse Estado.

[399] *V.* Taslim Olawale Elias. Problems concerning the validity of treaties, cit., pp. 350-361; e Mark Eugen Villiger, *Commentary on the 1969 Vienna Convention on the Law of Treaties*, cit., pp. 585-594.

[400] Cf. J. Silva Cunha. *Direito internacional público*, vol. I, cit., p. 147; e Celso D. de Albuquerque Mello, *Direito constitucional internacional: uma introdução*, cit., p. 343.

[401] Cf. André Gonçalves Pereira & Fausto de Quadros. *Manual de direito internacional público*, cit., p. 212.

[402] Em sentido contrário, *v.* Antônio Paulo Cachapuz de Medeiros, *O poder de celebrar tratados...*, cit., p. 265, para quem: "A legislação infraconstitucional pode também ser considerada de *importância fundamental*, especialmente se houver alguma lei especial sobre competência dos poderes do Estado para a celebração de tratados".

[403] Cf. João Hermes Pereira de Araújo. *A processualística dos atos internacionais*, cit., p. 206.

A Convenção também tomou a providência de conceituar o que deve ser entendido por *violação manifesta*. Como explica Cachapuz de Medeiros, o art. 46 se esforçou para conceituar essa violação "como aquela que fica evidente para qualquer Estado que proceda na matéria de conformidade com a prática normal e de boa-fé, quer dizer, obedecendo a um padrão de razoabilidade. Não há como deixar de reconhecer que a aplicação prática do critério da *violação manifesta* pode ser muito difícil. (...) A prática diplomática segue um caminho que nem sempre é o estabelecido pela letra da Constituição. Entretanto, para que seja aceita a invocação de nulidade de um tratado [*rectius*: do consentimento do Estado em obrigar-se pelo tratado], por descumprimento de norma do Direito interno, é preciso que a violação seja manifesta para qualquer Estado que proceda na matéria de *boa-fé*. A alusão que o inciso 2 do art. 46 faz à *boa-fé*, serve como fator de restrição para que o Estado argumente com a violação do seu próprio Direito interno. Há ainda um segundo aspecto que restringe a alegação de violação manifesta, nos termos da Convenção de Viena: é o transcurso do tempo, pois o Estado perde o direito de invocar causa de nulidade se, conhecidos os fatos, concorda – ou do seu comportamento pode-se deduzir que concorda – com a validade do tratado [*rectius*: do consentimento]".[404]

Ocorreu que, depois de conhecido o texto final do art. 46 da Convenção, alguns juristas, partidários fiéis do internacionalismo radical, passaram a sustentar que as manifestações de consentimento efetuadas pelos chefes de Estado, chefes de Governo, Ministros das Relações Exteriores ou Embaixadores, seriam válidas em qualquer caso, porque o art. 7º, § 2º, da mesma Convenção, haveria de *prevalecer* sobre o referido art. 46.[405]

O art. 7º da Convenção dispõe que:

> "Artigo 7. *Plenos poderes.*
>
> (...)
>
> 2. Em virtude de suas funções e independentemente da apresentação de plenos poderes, são considerados representantes do seu Estado:
>
> *a*) os Chefes de Estado, os Chefes de Governo e os Ministros das Relações Exteriores, para os atos relativos à conclusão de um tratado;
>
> *b*) os Chefes de Missão diplomática, para a adoção do texto de um tratado entre o Estado acreditante e o Estado junto ao qual estão acreditados;
>
> *c*) os representantes acreditados pelos Estados perante uma conferência ou organização internacional ou um de seus órgãos, para a adoção do texto de um tratado em tal conferência, organização ou órgão".

Entretanto, a melhor doutrina tem entendido que a interpretação mais correta para essa aparente antinomia é a de que o art. 46 impõe um limite à aplicação do art. 7º da Convenção. É dizer, o art. 46 da Convenção é *mais amplo* que o art. 7º e sobre ele prevalece, de

---

[404] Antônio Paulo Cachapuz de Medeiros. *O poder de celebrar tratados...*, cit., pp. 265-266. O autor parece também confundir-se sobre as causas de anulabilidade *do consentimento* das que nulificam o *próprio tratado*. O art. 46 da Convenção de Viena de 1969 (já se viu no item 17, *supra*) não versa hipótese de invalidade (ou nulidade) *do tratado*, mas de anulabilidade *do consentimento* do Estado (manifestado pelo seu representante) em obrigar-se pelo tratado.

[405] V. Antônio Paulo Cachapuz de Medeiros. Idem, p. 263.

forma a tornar inválido o consentimento manifestado pelo governo, se tal ato foi externado em manifesta violação do Direito interno.[406]

Como já se viu, a Convenção de Viena não admite, como regra geral, que o Estado invoque seu Direito interno (material) para eximir-se das responsabilidades decorrentes do compromisso assumido (regra prevista no art. 27). Para essa norma ampla, prevê, entretanto, uma exceção: se o consentimento em obrigar-se (a questão aqui é de *forma*, como se percebe) foi expresso em violação a uma disposição interna sobre a *competência* para concluir tratado, e desde que a violação seja *manifesta* e se refira a uma regra de *importância fundamental*, o Estado pode eximir-se de cumprir o pactuado (regra do art. 46).[407]

Com a finalidade de evitar problemas em face das ratificações imperfeitas é que algumas Constituições passaram a estipular condições para a validade dos tratados ratificados com violação de norma interna de fundamental importância sobre competência para celebrar tratados.

Problema mais recorrente que o acima estudado se dá quando a inconstitucionalidade dos tratados internacionais é *intrínseca*, ou seja, quando o tratado, apesar de *formalmente* ter respeitado todo o procedimento constitucional de conclusão estabelecido pelo Direito interno, contém normas violadoras de dispositivos constitucionais (ou seja, viola *materialmente* a Constituição). Não se trata aqui, como se vê, de violação de norma sobre *competência* estabelecida pelo Direito interno para a conclusão de tratados, mas sim de conflito entre tratado (formalmente válido) e a Constituição, que lhe é anterior (caso de incompatibilidade *material* entre o tratado e o Direito interno constitucional). Nesse caso, não se pode valer do art. 46 da Convenção de Viena, em virtude de não ter sido o acordo concluído com violação *manifesta* de norma de *fundamental importância* de Direito interno sobre *competência* para concluir tratados, não tendo ocorrido então a chamada *ratificação imperfeita* (ou inconstitucionalidade *extrínseca*). Entretanto, malgrado ter respeitado as regras constitucionais de competência para sua celebração, traz consigo o tratado dispositivos (materialmente) conflitantes com o texto constitucional do Estado.

A análise do problema – *conflito entre o tratado e a Constituição* – deve levar em conta as disposições constitucionais de cada país. Assim, se Lei Fundamental do Estado trouxer disposição de primazia aos tratados internacionais em face do seu próprio texto, todo e qualquer conflito surgido entre alguma de suas disposições e um compromisso internacionalmente assumido deve ser resolvido em favor desse último. Caso contrário, não havendo na Constituição referência expressa a essa possibilidade, a solução é preferir a letra da Lei Maior em detrimento da disposição convencional comum, não ficando afastada, porém, a possibilidade de responsabilização internacional do Estado. No caso da Constituição brasileira de 1988, essa regra encontra amparo no art. 102, inc. III, alínea *b*, que diz competir ao Supremo Tribunal Federal, guardião da Constituição, julgar, mediante recurso extraordinário, as causas decididas em única ou última instância, quando a decisão recorrida "declarar a inconstitucionalidade de tratado ou lei federal". O que pretendeu a Constituição, nesse dispositivo, foi afirmar a possibilidade de fiscalização de constitucionalidade dos tratados. De maneira estrita, porém,

---

[406] V. Antônio Paulo Cachapuz de Medeiros. Idem, p. 264; e Antonio Remiro Brotons, *Derecho internacional público*, vol. 2, cit., pp. 158-159.

[407] V. Mirtô Fraga. *O conflito entre tratado internacional e norma de direito interno...*, cit., p. 36.

não poderia um tratado internacional sujeitar-se a qualquer *controle* de constitucionalidade, por não ser possível a uma decisão judicial (interna) fiscalizar a constitucionalidade de norma proveniente de outro sistema normativo (o sistema normativo internacional); nem se diga quanto aos tratados de direitos humanos, que têm garantia de privilégio hierárquico (*status* de norma constitucional) na ordem jurídica brasileira.[408] O controle ou fiscalização de constitucionalidade aqui existente há de versar (tecnicamente) sobre os *atos internos* de aprovação do tratado (*v.g.*, o decreto legislativo que o referenda), e não propriamente sobre *o instrumento* internacional.[409]

Em certos países, a ratificação de tratados que violem dispositivos da Constituição deve vir inclusive acompanhada de prévia reforma constitucional. No caso brasileiro, especificamente, como não se tem dispositivo constitucional regulando a matéria, deve-se entender que só prevalecem à Constituição os tratados a ela anteriores. O fundamento dessa prevalência da norma convencional anterior sobre a Constituição superveniente baseia-se no *princípio da identidade*, segundo o qual os compromissos internacionalmente assumidos representam um limite à liberdade do poder constituinte originário, que, entretanto, poderá ser restaurada com a denúncia do tratado. Em outras palavras, se a existência do Estado depende da existência de uma Constituição, que regule a sua forma e organização, bem como assegure direitos mínimos aos cidadãos, claro está que essa mesma Constituição deve obediência às regras daquela sociedade maior em que está inserido o Estado da qual faz parte, que é a *sociedade internacional*. O poder constituinte originário, que cria nova Constituição e, consequentemente, um novo Estado, só é soberano em relação às normas do Direito interno, jamais no que tange às regras do Direito Natural (à maneira que observou Emmanuel-Joseph Sieyès, no seu *Qu'est-ce que le Tiers-État?*) e do Direito Internacional Público, de onde emanam a própria noção de sua existência.[410] Por outro lado, se o tratado é *posterior* e contraria preceito da Lei Fundamental, nesse caso, mesmo que internacionalmente válido, não deve, internamente, prevalecer. A tese, porém, é discutível à luz do art. 27 da Convenção de Viena sobre o Direito

---

[408] *V.* o art. 5º, §§ 2º e 3º, da Constituição [§ 3º acrescentado pela Emenda Constitucional 45/2004]. Sobre o *status* constitucional dos tratados de direitos humanos, *v.* Parte IV, Capítulo I, Seção I, item nº 8.

[409] *V.* Clèmerson Merlin Clève. *A fiscalização abstrata de constitucionalidade no direito brasileiro*. São Paulo: RT, 1995, p. 142, que assim leciona: "Parece evidente que, constituindo o Tratado ato bilateral ou multilateral de direito internacional, a declaração de inconstitucionalidade não implicará a sua nulidade; não pode decisão judicial interna atingir atos integrantes de outro sistema normativo, seja ele internacional ou interno estrangeiro. (…) Não há dúvida, todavia, que decretada a inconstitucionalidade de um tratado (*rectius*, dos atos de aprovação, ratificação e promulgação), a sua não aplicação no direito interno pode implicar a responsabilidade internacional do país. Caberá, neste caso, à União denunciá-lo, sujeitando-se eventualmente às sanções impostas pelo direito internacional". Cf. ainda, Gilmar Ferreira Mendes, *Jurisdição constitucional: o controle abstrato de normas no Brasil e na Alemanha*, 5ª ed., São Paulo: Saraiva, 2005, pp. 210-211.

[410] Nesse sentido, *v.* Néstor Pedro Sagüés, *Teoría de la Constitución*, cit., pp. 280-281, para quem o direito internacional sujeita "o comportamento desse Estado, inclusive em seu poder constituinte". E continua: "Desde logo, um poder constituinte originário poderia declarar-se isento do cumprimento das normas internacionais em vigor. Mas, neste caso, estaria atuando em transgressão ao direito positivo internacional, gerando, por sua vez, sérias responsabilidades ao Estado em causa" (Idem, p. 281). Em sentido contrário, *v.* as críticas de Kemal Gözler, La question de la supériorité des normes de droit international sur la Constitution, in *Ankara Üniversitesi Hukuk Fakültesi Dergisi*, vol. 45, nº 1-4, 1996, pp. 195-211, para quem "esses argumentos são refutáveis".

Parte I · Cap. V · DIREITO DOS TRATADOS | 259

dos Tratados. No Brasil, o entendimento atual é o de que – à exceção dos tratados sobre direitos humanos, que têm *índole* e *nível* constitucionais – não se admite a um compromisso internacional ratificado posteriormente à edição da Constituição que sobre ela prevaleça, o que equivaleria admitir uma reforma constitucional por via outra que não a estabelecida pela própria Carta. Mas, para que não se incorra em responsabilidade internacional, por descumprimento do tratado, mister seja *denunciado* o acordo. É induvidoso que os Estados, apesar de consagrarem o primado da Constituição como emanação de sua soberania, devem bem conhecer, na prática, as consequências da violação de uma norma internacional.[411]

Frise-se, porém, existirem opiniões convincentes, de internacionalistas de primeira linha, atestando a superioridade dos tratados sobre *todas* as normas do Direito interno e em quaisquer circunstâncias. Accioly, fundamentado em Georges Scelle, afirma claramente que as normas internacionais de um tratado, regularmente concluído, jamais poderão ser consideradas como não obrigatórias em um dado Estado, pelo fato de estarem em contradição com os preceitos constitucionais deste, porquanto o tratado os terá modificado ou revogado, *ipso facto*. Perceba-se que Accioly acredita na superioridade hierárquica do tratado em relação à Constituição mesmo na hipótese de o tratado ser *posterior*, quando leciona que "um governo não se poderá prevalecer de seu estatuto constitucional para se recusar a executar as obrigações de um tratado, *posterior ao dito estatuto*" [grifo nosso].[412]

20. O conflito entre tratados sucessivos. Assunto dos mais complexos no Direito dos Tratados, quiçá o mais confuso, os conflitos entre normas internacionais têm lugar quando dois tratados sucessivos versam a mesma matéria.[413] A matéria tem sido pouco estudada pelos internacionalistas em geral, sendo que vários deles, quando o fazem, cuidam do problema, geralmente, dentre os modos de extinção dos tratados (o que não é correto). O problema foi intensamente debatido pela CDI de 1953 a 1966, sob cinco ângulos distintos, acabando por ser adotado o art. 30 da Convenção de Viena de 1969 (regra repetida no também art. 30 da Convenção de 1986).

O art. 30 e seus parágrafos, da Convenção de Viena de 1969, tratam das antinomias entre tratados nos seguintes termos:

> "Artigo 30. Aplicação de tratados sucessivos sobre o mesmo assunto.
> 1. Sem prejuízo das disposições do artigo 103 da Carta das Nações Unidas [*verbis*: "No caso de conflito entre as obrigações contraídas pelos Membros das Nações Unidas em virtude da presente Carta e suas obrigações contraídas em virtude de qualquer outro acordo internacional, prevalecerão as obrigações assumidas pela presente Carta"], os direitos e obrigações dos Estados-partes em tratados sucessivos sobre o mesmo assunto serão determinados de conformidade com os parágrafos seguintes.

---

[411] V., por tudo, Mirtô Fraga, *O conflito entre tratado internacional e norma de direito interno...*, cit., pp. 115-126.

[412] Hildebrando Accioly. *Tratado de direito internacional público*, vol. I, cit., pp. 547-548.

[413] Sobre o tema, *v*. Jean Salmon, Les antinomies en droit international public, in *Les antinomies en droit* (Chaïm Perelman, Ed.), Bruxelles: Bruylant, 1965, pp. 285-314; Geraldo Eulálio do Nascimento e Silva, Le facteur temps et les traités, cit., pp. 242-264; Ernesto De La Guardia, *Derecho de los tratados internacionales*, cit., pp. 206-216; Paul Reuter, *Introducción al derecho de los tratados*, cit., pp. 157-159; Joost Pauwelyn, *Conflict of norms in public international law: how WTO law relates to other rules of international law*, Cambridge: Cambridge University Press, 2003, pp. 5-23; Anthony Aust, *Modern treaty law and practice*, cit., pp. 173-183; e Mark Eugen Villiger, *Commentary on the 1969 Vienna Convention on the Law of Treaties*, cit., pp. 399-411.

2. Quando um tratado estipular que está subordinado a um tratado anterior ou posterior ou que não deve ser considerado incompatível com esse outro tratado, as disposições deste último prevalecerão.

3. Quando todas as partes no tratado anterior são igualmente partes no tratado posterior, sem que o tratado anterior tenha cessado de vigorar ou sem que a sua aplicação tenha sido suspensa nos termos do artigo 59, o tratado anterior só se aplica na medida em que as suas disposições sejam compatíveis com as do tratado posterior.

4. Quando as partes no tratado posterior não incluem todas as partes no tratado anterior:

a) nas relações entre os Estados-partes nos dois tratados, aplica-se o disposto no parágrafo 3;

b) nas relações entre um Estado-parte nos dois tratados e um Estado-parte apenas em um desses tratados, o tratado em que os dois Estados são partes rege os seus direitos e obrigações recíprocos.

5. O parágrafo 4 aplica-se sem prejuízo do artigo 41, ou de qualquer questão relativa à extinção ou suspensão da execução de um tratado nos termos do artigo 60 ou de qualquer questão de responsabilidade que possa surgir para um Estado da conclusão ou da aplicação de um tratado cujas disposições sejam incompatíveis com suas obrigações em relação a outro Estado nos termos de outro tratado".

A primeira regra a analisar-se diz respeito ao art. 103 da Carta da ONU referido pelo *caput* do art. 30 da Convenção de 1969. Esse último dispositivo, como se percebe, ao dizer que os direitos e obrigações dos Estados-partes em tratados sucessivos sobre o mesmo assunto serão determinados de conformidade com os parágrafos seguintes, faz, antes, uma *ressalva* ao art. 103 da Carta da ONU, cuja regra estabelece que em caso de conflito entre as obrigações contraídas por qualquer Membro das Nações Unidas em virtude da Carta e suas obrigações contraídas por qualquer outro acordo internacional, prevalecerão as obrigações impostas pela Carta da ONU. Com a formulação de tal ressalva, a Convenção de Viena sobre o Direito dos Tratados passou a reconhecer, nitidamente, a *superioridade hierárquica* da Carta das Nações Unidas em relação a outros compromissos internacionais, alçando-a à categoria de *higher law* ou "lei suprema" no plano internacional.[414] Assim o fazendo, ratificou a Convenção a regra segundo a qual *todos* os conflitos entre tratados e a Carta da ONU (quando as partes no tratado ulterior forem também partes na Carta) devem ser resolvidos sempre em favor da Carta.[415]

Ao lado da Carta das Nações Unidas, a Convenção de Viena de 1969 também erigiu as normas de *jus cogens* a um patamar superior ao dos demais tratados internacionais, estabelecendo, no seu art. 53 já estudado, ser nulo o tratado que conflite com uma norma imperativa de Direito Internacional geral, e, no art. 64, que há se ser extinto o tratado em conflito com norma de *jus cogens* superveniente.

Assim, salvo os casos de conflito temporal envolvendo tratados internacionais e preceitos da Carta das Nações Unidas, bem como aqueles envolvendo normas imperativas de Direito Internacional geral (*jus cogens*), todos os demais problemas deverão encontrar

---

[414] Cf. Geraldo Eulálio do Nascimento e Silva. Le facteur temps et les traités, cit., pp. 244 e 259-260; Ignaz Seidl-Hoenveldern, Hierarchy of treaties, in *Essays on the law of treaties: a collection of essays in honour of Bert Vierdag*, Jan Klabbers & René Lefeber (eds.), Dordrecht: Martinus Nijhoff, 1998, pp. 16-18; e Brichambaut, Dobelle & Coulée, *Leçons de droit international public*, cit., p. 267.

[415] Cf. José Francisco Rezek. *Direito dos tratados*, cit., p. 460.

Parte I • Cap. V • DIREITO DOS TRATADOS | 261

solução na norma do art. 30 da Convenção de Viena de 1969. É bom fique nítido, antes de se comentar as regras de aplicação de tratados sucessivos sobre a mesma matéria, que tais conflitos só terão existência quando em jogo um tratado *multilateral*. A rigor, não há conflito temporal envolvendo tratados bilaterais, mesmo quando os seus dispositivos parecem ser incompatíveis.

Várias regras têm sido utilizadas ao longo do tempo na resolução de conflitos temporais de leis ou mesmo naqueles que envolvam tratados internacionais. Assim é que algumas teses como as da *lex specialis derogat legi generali* ou da *lex posterior derogat priori*, já vêm se mantendo há bastante tempo na Teoria Geral do Direito, influenciando a interpretação relativa aos conflitos de leis no tempo. A Convenção de Viena de 1969 não se prendeu, percebe-se, de modo muito firme a essas regras, tendo estabelecido métodos próprios para o problema da aplicação de tratados sucessivos sobre a mesma matéria.

A primeira delas, constante do § 2º do seu art. 30, diz respeito à vinculação expressa de um tratado internacional a outro anterior ou posterior. Segundo o dispositivo, quando um tratado estipular que está subordinado a outro tratado anterior ou posterior ou que não deve ser considerado incompatível com esse outro tratado, as disposições desse último tratado é que irão prevalecer.

A regra seguinte, constante do § 3º, resolve o problema de tratados sucessivos sobre a mesma matéria e com *partes idênticas* às do compromisso anterior com a aplicação da regra *lex posterior derogat priori*. Trata-se do caso de tratados sucessivos sobre o mesmo tema com *identidade da fonte de produção normativa*, caso em que não haverá propriamente conflito *entre* os tratados. Ocorrendo a sucessão convencional, aplicam-se as regras clássicas de hermenêutica para dar prevalência ao tratado anterior ou posterior, caso um ou outro seja *geral* ou *especial*.[416] Sendo ambos os tratados *gerais* a prevalência é do último, por materializar a vontade comum (e mais recente) das partes, a qual ab-roga ou derroga o instrumento convencional anterior. Segundo o referido § 3º, quando todas as partes no tratado anterior são igualmente partes no tratado posterior, sem que o tratado anterior tenha cessado de vigorar ou sem que a sua aplicação tenha sido suspensa nos termos do art. 59, o tratado anterior *só se aplica* na medida em que as suas disposições sejam *compatíveis* com as do tratado posterior. Perceba-se que, nesse caso, podem também ser signatários do tratado posterior outros Estados, desde que *todos os signatários do primeiro* apareçam como partes no segundo acordo. Em ambos os casos, dá-se prevalência ao segundo tratado. Caso o segundo tratado tenha por finalidade apenas interpretar ou aclarar determinadas normas do primeiro, tal tratado somente prevalecerá sobre o anterior na medida e nos limites das relações restritas que regulamenta, aplicando-se o princípio *lex posterior specialis derogat lex priori generalis*.[417]

É bastante semelhante a disposição do § 3º do art. 30 com a do art. 59, § 1º, alínea *b*, da Convenção de Viena, segundo a qual considera-se extinto um tratado se todas as suas partes concluírem um tratado posterior sobre o mesmo assunto e "as disposições do tratado posterior forem de tal modo incompatíveis com as do anterior, que os dois tratados não possam ser aplicados ao mesmo tempo". A diferença entre um e outro dispositivo está

---

[416] Cf. Paul Reuter. *Introducción al derecho de los tratados*, cit., p. 157; e Denis Alland (coord.), *Droit international public*, cit., p. 242.

[417] Cf. Hildebrando Accioly. *Tratado de direito internacional público*, vol. I, cit., p. 572.

na extensão da incompatibilidade entre os tratados posterior e anterior. O art. 59, § 1º, alínea *b*, cuida da hipótese em que a incompatibilidade entre os dois tratados é *total* (para somente assim se operar a extinção do tratado anterior), ao passo que o art. 30, § 3º, versa o caso em que a incompatibilidade entre os tratados é apenas *parcial*, à medida que admite a aplicação do tratado anterior naquilo que não for incompatível com as disposições do tratado posterior. Assim, no caso do art. 59, § 1º, alínea *b*, o tratado anterior é *extinto*, enquanto na hipótese do art. 30, § 3º, ele *continua aplicável* naquilo que não conflitar com o novo tratado.

Quando as partes no tratado posterior não incluem todas as partes no tratado anterior, isto é, quando há *diversidade da fonte de produção normativa* entre o tratado anterior e o superveniente, a regra a ser aplicada será a seguinte: *a*) nas relações entre os Estados-partes nos dois tratados, aplica-se o disposto no § 3º (já analisado acima); *b*) nas relações entre um Estado-parte nos dois tratados e um Estado-parte apenas em um desses tratados, seja no anterior ou no posterior, o tratado em que os dois Estados são partes rege os seus direitos e obrigações recíprocos (§ 4º).

Quando o conflito existente é entre tratado multilateral (direito comum) e tratado bilateral (direito particular) que versam sobre o mesmo assunto, dando-lhes soluções jurídicas distintas, deve-se aplicar a solução apontada por Anzilotti com base na regra *in toto jure genus per speciem derogatur*, segundo a qual a norma particular deve prevalecer sobre a norma geral. Nesse caso, deverá a convenção entre dois Estados (tratado bilateral) prevalecer sobre o tratado coletivo (multilateral) e este, por sua vez, sobre o direito costumeiro.[418] Tal solução, contudo, não é absoluta, podendo ocorrer que a própria norma geral impeça a aplicação da regra particular, como fazia o art. 20, § 1º, do Pacto da Liga das Nações, segundo o qual os "membros da Sociedade reconhecem, cada qual no que lhe diz respeito, que o presente Pacto revoga todas as obrigações ou acordos entre si, incompatíveis com os seus termos, e se comprometem, solenemente, a não contrair, no futuro, outros semelhantes".

21. Extinção dos tratados. São vários os meios pelos quais cessam de vigorar os tratados, seja pela *vontade comum* das partes (como na expiração do termo pactuado, na condição resolutiva ou no caso de tratado posterior), seja por *causas extrínsecas* à vontade das partes (como na impossibilidade superveniente de cumprimento do tratado ou na mudança fundamental de circunstâncias), seja ainda pela *vontade unilateral* de uma parte (como na denúncia).[419] Este tópico não faz alusão àqueles tratados chamados *reais* ou *dispositivos*, que valem entre as partes como *título jurídico*. Tais instrumentos são infensos à denúncia unilateral e não comportam extinção pelos meios habituais de terminação de tratados que estudaremos a seguir, à exceção de quando presente a vontade de *todas* as partes. Eventualmente, podem

---

[418] V. Dionisio Anzilotti. *Cours de droit international*, cit., p. 103.

[419] V., por tudo, Samuel B. Crandall, *Treaties: their making and enforcement*, cit., pp. 423-465; Arnold Duncan McNair, La terminaison et la dissolution des traités, in *Recueil des Cours*, vol. 22 (1928-II), pp. 459-538; e Arrigo Cavaglieri, Règles générales du droit de la paix, in *Recueil des Cours*, vol. 26 (1929-I), pp. 531-534. Sobre o tema, *v.* ainda Hildebrando Accioly, *Tratado de direito internacional público*, vol. I, cit., pp. 638-657; Adolfo Maresca, *Il diritto dei tratatti*, cit., 683-723; Ian Brownlie, *Princípios de direito internacional público*, cit., pp. 640-645; e José Francisco Rezek, *Direito dos tratados*, cit., pp. 477-523.

Parte I · Cap. V · DIREITO DOS TRATADOS | **263**

os tratados ser apenas *suspensos* em seus efeitos entre as partes, também devendo ser versado o problema neste item. No que tange à *denúncia* dos tratados, dada a sua especialidade, será versada em tópico apartado (*v.* item nº 22, *infra*).

A regra geral sobre a extinção (*ab-rogação*) dos tratados vem prevista no art. 54 da Convenção de Viena de 1969.[420] Cabe, desde já, esclarecer que a *ab-rogação* é, ao lado da *derrogação*, espécie do gênero *revogação*, consistente a diferença entre ambas (ab-rogação e derrogação) na *totalidade* e *parcialidade* da revogação de determinada norma. Na ab-rogação tem-se a revogação *total* de certa norma jurídica, o que não ocorre na hipótese de derrogação, em que a revogação é *parcial*.

Nos termos do citado art. 54 da Convenção, a extinção (*ab-rogação*) de um tratado ou a retirada de uma das partes pode ter lugar: *a*) de conformidade com as disposições do tratado ou; *b*) a qualquer momento, pelo consentimento de todas as partes, após consulta com os outros Estados (ou organizações internacionais) contratantes.

No primeiro caso (art. 54, alínea *a*) é o próprio texto do tratado que dispõe sobre a possibilidade de sua ab-rogação ou suspensão pelo voto de *certo número* de partes (que pode sequer ser a *maioria*). Aqui é desnecessária a vontade de todas as partes para que o tratado seja extinto ou suspenso, pois, ao aderirem ao tratado cujo texto dispõe sobre a possibilidade de extinção, as demais partes discordantes já aceitaram a possibilidade de ser o instrumento extinto pelo número de partes nele previsto (de rigor, a *maioria*, mas nem sempre). Ou seja, quando da assinatura (e posterior ratificação) do tratado *todas* as partes concordaram em vê-lo, um dia, no futuro, extinto por ato de *algumas* das partes. A vontade dessa *parcela* de Estados (ou organizações internacionais), capaz de aniquilar a opinião dos dissidentes, é inferida da interpretação *a contrario* da alínea *b*, do mesmo art. 54, da Convenção de 1969, que trata do caso de extinção do tratado pelo consentimento de *todas* as partes.

A segunda hipótese (exatamente a que acabamos de nos referir, prevista no art. 54, alínea *b*) cuida da possibilidade de extinção ou suspensão do tratado pelo consentimento unânime de todas as partes, também conhecido por *acordo mútuo* ou *consentimento comum*. Trata-se da regra nascida ao tempo de Gregório IX, segundo a qual *Omnis res per quascunque causas nascitur, per easdem dissolvitur* ("Aquilo que as partes convencionaram pode ser por elas desfeito"). Assim, da mesma forma que a vontade das partes é necessária para que um tratado tenha existência, é ela também necessária para que o mesmo se extinga ou se suspenda. É requisito fundamental para essa modalidade de extinção ou suspensão a vontade de *todas* as partes no tratado, sem a qual não há que se falar em ab-rogação ou suspensão.

A ab-rogação de um tratado pode ser *predeterminada* ou *superveniente*. A primeira caracteriza-se pelo estabelecimento de (*a*) *termo certo* para o fim do tratado (quando o mesmo é concluído com prazo de vigor determinado) ou de (*b*) *condição resolutiva* de vigência. Também é predeterminada a ab-rogação (*c*) decorrente da *execução integral do objeto do tratado* (pois prevista *implicitamente* pelas partes já quando de sua conclusão). Trataremos desses temas nos itens *a*, *b* e *c*, seguintes. A *ab-rogação superveniente*, por sua vez, é assim chamada por não haver previsão no tratado de qualquer meio predeterminado de extinção, ocorrendo

---

[420] Cf. Mark Eugen Villiger. *Commentary on the 1969 Vienna Convention on the Law of Treaties*, cit., pp. 683-689.

posteriormente à elaboração de suas cláusulas.[421] Nesse caso, deverá existir a manifestação de vontade *unânime* (*total*) por parte dos cocontratantes em ab-rogar o tratado. É vedada a extinção dos tratados, nessa hipótese, pelo voto de *parte* dos Estados, a menos que exista previsão expressa no próprio tratado, como já dito. Caso a maioria dos Estados denuncie o tratado, como forma de se desobrigar, isso não prejudica a vigência do acordo entre o grupo minoritário, ainda que restem não mais que *dois Estados* no tratado. Frise-se que qualquer tipo de tratado pode ser ab-rogado ou suspenso pela vontade de *todas* as partes, até mesmo aqueles de vigência estática ou de execução instantânea, pois a vontade unânime das partes, no Direito Internacional Público, é sempre soberana.

Versaremos, a seguir, os casos de *ab-rogação predeterminada* (itens *a*, *b* e *c*) e de *ab-rogação superveniente* (item *d*), bem assim as *causas extrínsecas* de extinção dos tratados (itens *e*, *f*, *g* e *h*). Por fim, será também referida a suspensão da execução de um tratado em virtude de suas disposições ou pelo consentimento das partes (item *i*).

a) Expiração do termo pactuado. Pode o tratado estipular um prazo (um lapso temporal) determinado para a sua vigência. Existindo termo final estabelecido, será nesse momento que o tratado automaticamente terminará. Não importa que o prazo de vigência do acordo seja de cinco, dez, vinte ou quantos anos forem. Muitas vezes o próprio tratado, ao indicar o seu termo final, já abre a possibilidade de prorrogação, por vontade das partes, por outro ou outros lapsos de tempo iguais ao do período de vigência original. Havendo manifestação das partes nesse sentido, o tratado se prorroga; em caso contrário, estará terminado tão logo termine o prazo pactuado.[422] Exemplo clássico de tratado a termo certo foi o Tratado de Devolução, celebrado entre Reino Unido e China em 19 de dezembro de 1984, que previu a devolução de Hong Kong à soberania chinesa na data de 1º de julho de 1997. O instrumento foi firmado, após demoradas negociações, pelos então primeiros-ministros da China, Zhao Ziyang, e do Reino Unido, Margaret Thatcher, colocando termo à longa espera chinesa – desde a Guerra do Ópio de 1842 – em ter de volta a ilha de Hong Kong, entregue "para sempre" à rainha Vitória.

b) Condição resolutiva. O texto do tratado pode prever sua extinção ou o desaparecimento das obrigações dele decorrentes caso, no futuro, certo fato se produza (condição *afirmativa*) ou deixe de se produzir (condição *negativa*).[423] É dizer, pode constar do instrumento internacional certa *condição resolutiva* (afirmativa ou negativa) como causa de sua terminação. Foi o que aconteceu com o Tratado de Varsóvia, cujo art. 11 previa sua extinção quando entrasse em vigor o Tratado Geral sobre Segurança Coletiva da Europa (condição resolutiva afirmativa). Outro tipo de condição resolutiva, não raramente formulada, ocorre quando, nos tratados multilaterais, há redução considerável do número de partes que o integram. É o que se encontra, por exemplo, no art. 8º, § 2º, da Convenção sobre os Direitos Políticos da Mulher, segundo o qual a Convenção "deixará de vigorar a partir da data em que surtir efeito a denúncia que reduza a menos de seis o número de partes".

---

[421] V. Jete Jane Fiorati. *Jus cogens: as normas imperativas de direito internacional público como modalidade extintiva dos tratados internacionais*, cit., p. 38.

[422] Cf. Maria de Assis Calsing. *O tratado internacional e sua aplicação no Brasil*, cit., p. 64.

[423] Cf. Hildebrando Accioly. *Tratado de direito internacional público*, vol. I, cit., p. 639.

A condição resolutiva, registre-se, deve sempre dizer respeito a um evento futuro *e incerto*. A *cláusula* de resolução deve também vir *expressa* no instrumento internacional. A redução do número de Estados-partes aquém do necessário para sua entrada em vigor não é capaz de extinguir o tratado, caso tal hipótese (condição) não se encontre expressa no acordo. Daí ter a Convenção de Viena disciplinado que, salvo disposição em contrário, "um tratado multilateral não se extingue pelo simples fato de que o número de partes ficou aquém do número necessário para sua entrada em vigor" (art. 55).[424]

c) Execução integral do objeto do tratado. O tratado pode ainda ser extinto tão logo seja o seu objeto integralmente executado, uma vez que, nessa hipótese, carece de sentido dar continuidade à sua existência. Dessa forma, se as partes, em acordo mútuo, houveram por bem alcançar a determinado objetivo e tal objetivo foi plenamente realizado, o objeto do tratado se perdeu, e, em consequência, o tratado é naturalmente extinto. Assim, por exemplo, é o tratado que tem em vista o pagamento de certa quantia ou o que tem por finalidade o cumprimento de dada obrigação. Paga a quantia estipulada ou cumprida a obrigação respectiva, tem-se que o objeto do tratado foi integralmente executado, extinguindo-se então as obrigações nele estipuladas.[425] Tal hipótese não se confunde com o caso dos tratados *transitórios*, que têm vigência estática, os quais *continuam em vigor* depois de concluídos, não obstante sua execução consumar-se em momento determinado. Na hipótese aqui estudada, cuida-se daqueles tratados *permanentes* que, por algum motivo, alcançaram o objetivo para o qual foram celebrados, extinguindo-se unicamente por conta desse fato.

Rezek assim exemplifica o fenômeno da extinção de tratados por execução integral do objeto: "Firmou-se no Rio de Janeiro, em 27 de agosto de 1927, o Ajuste Brasil-França para a submissão à Corte Permanente de Justiça Internacional, na Haia, do litígio tocante ao modo de pagamento dos empréstimos federais brasileiros. Cumpriram as partes suas obrigações mútuas, e em 1929 a Corte veio a julgar a demanda. O tratado estava extinto, não por caso fortuito, mas porque esgotado o programa operacional que lhe preestabeleceram as partes. Igual forma de extinção colheu o Acordo Brasil-Colômbia de 1930, relativo às instruções para a demarcação da fronteira entre os dois países – e que a Coleção do Itamaraty apontava como caduco 'em virtude da terminação dos trabalhos de demarcação' –; bem como dois tratados, de igual espécie, com a Grã-Bretanha e com os Países Baixos, ambos de 1931. A construção da ponte sobre o rio Uruguai deu origem, entre 1935 e 1943, a três acordos entre Argentina e Brasil, todos extintos por término da execução prevista, ao final das obras".[426]

Assim, tratando-se de *execução*, os tratados se extinguem quando os atos executórios são integralmente realizados; mas, em se tratando de *título jurídico*, estes, embora possam comportar eventuais medidas de execução, consideram-se permanentes, a exemplo de um tratado que contemple uma cessão territorial onerosa.[427] Tais tratados, normalmente bilaterais, são, por sua própria natureza, imunes até mesmo à denúncia unilateral, não se podendo

---

[424] Sobre esse dispositivo, *v.* Mark Eugen Villiger, *Commentary on the 1969 Vienna Convention on the Law of Treaties*, cit., pp. 692-694.

[425] Cf. Hildebrando Accioly. *Tratado de direito internacional público*, vol. I, cit., p. 638.

[426] José Francisco Rezek. *Direito dos tratados*, cit., p. 480.

[427] João Grandino Rodas. *Tratados internacionais*, cit., p. 22.

compreender que a vontade singular de uma das partes possa, *v.g.*, colocar termo a um pacto de cessão territorial onerosa ou de definição de fronteira comum.[428]

d) O tratado posterior. Trata-se do caso acima citado de *ab-rogação superveniente* do tratado, que tem lugar quando as partes de um determinado acordo decidem elaborar um *novo* instrumento, extinguindo o anterior. Mas, para que isso aconteça, é imprescindível que as partes do novo tratado sejam *as mesmas* do tratado original (art. 54, alínea *b*). Há também a regra insculpida no art. 59, § 1º, da Convenção de Viena de 1969, que versa o caso de o tratado posterior não extinguir expressamente o tratado anterior, o fazendo ou *implícita* ou *tacitamente*. Segundo o dispositivo, considera-se extinto um tratado "se todas as suas partes concluírem um tratado posterior sobre o mesmo assunto e: *a*) resultar do tratado posterior, ou ficar estabelecido, por outra forma, que a intenção das partes foi regular o assunto por este tratado; ou *b*) as disposições do tratado posterior forem de tal modo incompatíveis com as do anterior, que os dois tratados não possam ser aplicados ao mesmo tempo".

Como se percebe, há três situações distintas previstas pela Convenção de 1969 nesse domínio: *a*) quando a revogação do tratado anterior dá-se pela vontade superveniente de todas as partes (caso de revogação *expressa* – art. 54, alínea *b*); *b*) quando resulta do tratado (ou fica estabelecido por outra forma) que a intenção das partes foi regular o assunto pelo novo tratado (caso de revogação *implícita* – art. 59, § 1º, alínea *a*); e *c*) quando há incompatibilidade manifesta entre o tratado posterior e o tratado anterior (caso de revogação *tácita* – art. 59, § 1º, alínea *b*).[429] Porém, na prática convencional atual, normalmente o novo tratado já contém cláusula expressa referente à terminação do tratado anterior.

e) Violação grave do tratado. Um tratado pode extinguir-se quando um dos Estados-partes deixa de cumprir, em violação substancial (injustificada, grave) ao seu texto, uma ou mais de suas disposições. Tal violação não extingue imediatamente (isto é, *ipso jure*) o tratado, apenas conferindo às partes *inocentes* afetadas pela violação, dentre outros, o direito de rescindir o compromisso em vigor com o Estado faltoso ou até mesmo extinguir o tratado entre todas as partes (*v. infra*). Não fosse assim, a parte responsável pela violação facilmente burlaria o compromisso acordado, como meio eficaz de se desligar das obrigações por meio dele assumidas.

A Convenção de Viena de 1969 disciplina a matéria no seu art. 60, que versa sobre o *princípio da reciprocidade* nos tratados internacionais.[430] Trata-se da aplicação da doutrina da *exceptio non adimpleti contractus* (exceção do contrato não cumprido) à teoria dos tratados, que autoriza uma parte no acordo a invocar tal inadimplemento como causa de extinção ou suspensão de sua execução, no todo ou em parte. O art. 60 da Convenção faz distinção entre os tratados *bilaterais* (§ 1º) e os *multilaterais* (§ 2º), explicando também o que se entende por *violação substancial* (ou *grave*) do tratado (§ 3º), a *única* a ensejar sua terminação ou a suspensão de sua execução. E tal nem poderia ser de outra maneira, pois se uma disposição trivial qualquer de um tratado pudesse ocasionar a sua terminação ou suspensão, a estabilidade das relações convencionais estaria seriamente comprometida.[431]

---

[428] Cf. José Francisco Rezek. *Direito dos tratados*, cit., p. 486.

[429] V. Antonio Remiro Brotons. *Derecho internacional público*, vol. 2, cit., pp. 470-473.

[430] V. Paul Reuter. *Introducción al derecho de los tratados*, cit., pp. 225-231; e Mark Eugen Villiger, *Commentary on the 1969 Vienna Convention on the Law of Treaties*, cit., pp. 735-751.

[431] Cf. Maria de Assis Calsing. *O tratado internacional e sua aplicação no Brasil*, cit., p. 69.

A violação substancial de um tratado *bilateral* por uma das partes, segundo a Convenção, autoriza a outra parte invocar a violação como causa de extinção ou suspensão da execução do tratado, no todo ou em parte (art. 60, § 1º). Por seu turno, uma violação substancial de um tratado *multilateral* por uma das partes autoriza: *a*) as outras partes, por consentimento unânime, a *suspenderem* a execução do tratado, *no todo ou em parte*, ou a *extinguirem* o tratado (nesse caso, sempre *no todo*), quer nas relações entre elas e o Estado faltoso, quer entre todas as partes; *b*) uma parte especialmente prejudicada pela violação a invocá-la como causa para *suspender* a execução do tratado, *no todo ou em parte*, nas relações entre ela e o Estado faltoso; e, finalmente *c*) qualquer parte que não seja o Estado faltoso a invocar a violação como causa para suspender a execução do tratado, no todo ou em parte, no que lhe diga respeito, se o tratado for de tal natureza que uma violação substancial de suas disposições por uma parte modifique radicalmente a situação de cada uma das partes quanto ao cumprimento posterior de suas obrigações decorrentes do tratado (§ 2º).

O art. 60, § 3º, da Convenção considera como sendo *violação substancial* do tratado aquela consistente: numa *rejeição* do tratado não permitida pelo Código de Viena (alínea *a*); ou relativa à violação de uma disposição *essencial* para a consecução do objeto ou da finalidade do tratado (alínea *b*).

Essas consequências, registre-se, não impedem que a(s) parte(s) prejudicada(s) pela violação do compromisso requeira(m) o ressarcimento dos danos causados pela má conduta do Estado autor da violação, ou que este cumpra com a obrigação devida.[432]

Uma exceção ao princípio da reciprocidade é colocada no art. 60, § 5º, da Convenção de Viena, segundo o qual as regras atinentes à extinção ou suspensão da execução dos tratados "não se aplicam às disposições sobre proteção da pessoa humana contidas em tratados de caráter humanitário, especialmente, e às disposições que proíbem qualquer forma de represália contra pessoas protegidas pelos referidos tratados". É dizer, os tratados internacionais de caráter humanitário e as disposições que proíbem represálias excluem-se das regras de extinção ou suspensão da execução de tratados, sendo imunes, por exemplo, aos efeitos de uma guerra. Assim, na hipótese colocada pelo art. 60, § 5º, sequer uma violação *grave* do tratado por uma das partes autoriza as outras a dar o acordo por terminado (ou suspenso) entre elas; tal é claramente lógico à luz dos tratados desse gênero, que são tratados que em geral não dependem (para a sua observância) de cumprimento pelas demais partes. Frise-se que não obstante a Convenção ter feito expressa menção aos tratados de *caráter humanitário* (aqueles aplicáveis nos casos de conflitos armados), a interpretação atual mais condizente dessa expressão deve ser no sentido de ser extensiva a todos os tratados de *direitos humanos* (e não somente aos de caráter propriamente *humanitário*), uma vez que a Convenção de Viena disse menos do que pretendia: *lex minus dixit quam voluit*.[433] Assim, não ficariam de fora dessa cláusula as convenções sobre direitos civis e políticos, sobre direitos econômicos, sociais e culturais, e ainda as de proteção do meio ambiente (regionais ou globais).

---

[432]   Cf. Maria de Assis Calsing. Idem, p. 70.

[433]   V. Giuseppe Barile. The protection of human rights in article 60, paragraph 5 of the Vienna Convention on the Law of Treaties, in *International law at the time of its codification: essays in honour of Roberto Ago*, vol. II, Milano: Giuffré, 1987, pp. 3-14. No mesmo sentido, *v.* Antonio Remiro Brotons, *Derecho internacional público*, vol. 2, cit., p. 482.

268 | CURSO DE DIREITO INTERNACIONAL PÚBLICO – *Valerio de Oliveira Mazzuoli*

Também constituem exceção ao princípio da reciprocidade os tratados equivalentes a *título jurídico* (como os de demarcação de fronteiras ou cessão territorial).

f) Impossibilidade superveniente e mudança fundamental das circunstâncias. Duas outras formas de extinção dos tratados, versadas pela Convenção de Viena de 1969, são a *impossibilidade superveniente de cumprimento do tratado* e a *mudança fundamental das circunstâncias.* Vejamos, separadamente, à luz do que disciplina a Convenção, cada uma dessas duas modalidades extintivas de tratados:

f.1) Impossibilidade superveniente de cumprimento do tratado. Regula o assunto o art. 61 da Convenção de 1969, segundo o qual a terminação do tratado terá lugar caso uma parte fique impossibilitada de cumpri-lo, quando essa impossibilidade resulte da destruição ou do desaparecimento definitivo de um objeto indispensável ao cumprimento do tratado. Tal impossibilidade pode ser: *a) física,* quando se verifica a inexistência corpórea tanto do objeto do tratado[434] como de uma das partes-contratantes (*v.g.*, nesse último caso, o desaparecimento de um Estado pela perda de um dos seus elementos constitutivos); ou *b) jurídica,* quando (*b1*) advinda da incompatibilidade da execução de um tratado em relação ao outro Estado ou (*b2*) em virtude do antagonismo das estipulações da norma convencional com outras regras internacionais vigentes. Tem-se exemplo do primeiro caso (*b1*) quando um Estado (*A*) celebra tratado de aliança com dois outros Estados (*B* e *C*) e se vê impossibilitado de cumprir juridicamente o acordo pelo fato de ter sobrevindo uma guerra entre esses últimos. Exemplo de antagonismo das estipulações da norma convencional com outras regras internacionais vigentes (*b2*) ocorre quando dois Estados (*A* e *B*) celebram determinado tratado para regulamentar certa questão jurídica entre eles e um desses Estados (*A*) conclui com outro (*C*) acordo de idêntica natureza, ainda na vigência do tratado anteriormente concluído com o primeiro (*B*), regulamentando a questão de modo contrário. Nesse caso, o tratado *A-C* não prevalece sobre o tratado anterior *A-B* por ser juridicamente impossível de executar-se.[435]

Note-se que para que a parte invoque a impossibilidade de cumprimento do pactuado, é necessário que essa impossibilidade seja *definitiva,* pois, se for temporária ou provisória, o que se permite é tão somente a *suspensão* da execução do tratado (art. 61, § 1º, *in fine*). A impossibilidade de cumprimento, porém, não pode ser invocada por uma das partes como causa para extinguir um tratado, dele retirar-se, ou suspender a sua execução, se tal impossibilidade for resultante de uma violação, por essa mesma parte, quer de uma obrigação decorrente do tratado, quer de qualquer outra obrigação internacional em relação a qualquer outra parte no tratado (art. 61, § 2º).

---

[434] Veja-se o bom exemplo de Accioly sobre a impossibilidade *física* de cumprimento de um tratado: "(...) o tratado entre o Brasil e a Bolívia, assinado em Petrópolis a 17 de novembro de 1903, estipulou em seu artigo 1º, § 6º, que a fronteira entre os dois países devia seguir, da nascente principal do rio Rapirrán, pelo paralelo da mesma nascente, para oeste, até encontrar o rio Iquiri. Verificou-se, porém, mais tarde, que o Iquiri corre, em toda a sua extensão, ao norte do mencionado paralelo, de sorte que este não o poderia encontrar. Foi necessário, assim, modificar posteriormente, noutro tratado, essa disposição que, em consequência de uma impossibilidade física, não podia ser executada" (*Tratado de direito internacional público,* vol. I, cit., p. 640).

[435] Os exemplos são de Hildebrando Accioly, in *Tratado de direito internacional público,* vol. I, cit., pp. 640-641. Ainda sobre o tema, cf. Mark Eugen Villiger, *Commentary on the 1969 Vienna Convention on the Law of Treaties,* cit., pp. 754-761.

f.2) Mudança fundamental das circunstâncias. A Convenção prevê também, no seu art. 62, a hipótese de extinção do tratado no caso de *mudança fundamental* das circunstâncias. Para o Código de Viena, uma mudança fundamental de circunstâncias, ocorrida em relação às existentes no momento da conclusão de um tratado e não prevista pelas partes, não pode ser invocada como causa para extinguir um tratado ou dele retirar-se, salvo se: *a*) a existência dessas circunstâncias tiver constituído uma condição essencial do consentimento das partes em obrigarem-se pelo tratado, e; *b*) essa mudança tiver por efeito a modificação radical do alcance das obrigações ainda pendentes de cumprimento em virtude do tratado (§ 1º). Nos termos do § 2º do mesmo art. 62, uma mudança fundamental de circunstâncias *não pode ser invocada* pela parte como causa para extinguir um tratado ou dele retirar-se: *a*) se o tratado estabelecer limites (ou seja, se se tratar de acordo sobre *limites territoriais*, a fim de se manter a estabilidade destes); ou *b*) se a mudança fundamental resultar de violação, pela parte que a invoca, seja de uma obrigação decorrente do tratado, seja de qualquer outra obrigação internacional em relação a qualquer outra parte no tratado (em homenagem à aplicação da regra *Nemo auditur propriam turpitudinem allegans*, segundo a qual a nenhuma das partes é lícito alegar sua própria torpeza).[436]

O citado art. 62 do Código de Viena trata, como se vê, da aplicação da cláusula *rebus sic stantibus* aos tratados internacionais, admitida restritivamente, como se faz perceber da sua leitura. A referida cláusula, corolário inevitável do direito de conservação, encontra inspiração no regime contratual canônico, que condicionava o contrato à prevalência das circunstâncias que o teriam determinado: *Contractus qui habent tractum successivum de futuris rebus sic stantibus intelligitur.* Uma vez modificadas as circunstâncias que teriam condicionado a lavratura do acordo, o contraente, cujas obrigações tivessem sido modificadas pelo evento, podia pleitear a rescisão do contrato. De maneira análoga, se as circunstâncias que determinaram a conclusão do tratado experimentaram uma tal modificação impeditiva dos fins colimados pelos pactuantes ou mesmo tenham acarretado (imprevisivelmente) o desaparecimento da confiança mútua que no início animou as partes, a solução é operar-se, por força da cláusula *rebus sic stantibus*, a extinção ou suspensão da execução do tratado ou a retirada da parte prejudicada.[437]

O cuidado com que foi inserida a teoria *rebus sic stantibus* na Convenção de Viena de 1969 justifica-se, tendo em vista a facilidade com que se modificam as circunstâncias da vida internacional, o que poderia gerar certos abusos por parte de alguns Estados em verem-se desobrigados internacionalmente pelos compromissos assumidos, com base na alegação de mudanças fundamentais naquelas circunstâncias. Ademais, os Estados com maior força política e representação internacional poderiam se utilizar, discricionariamente, do conceito de "mudança fundamental das circunstâncias" para absterem-se do cumprimento de obrigações internacionais contrárias à sua vontade etc.

---

[436] Cf., por tudo, Mark Eugen Villiger, *Commentary on the 1969 Vienna Convention on the Law of Treaties*, cit., pp. 769-781.

[437] Cf. Pedro Baptista Martins. *Da unidade do direito e da supremacia do direito internacional*, cit., pp. 41-42; e André Gonçalves Pereira & Fausto de Quadros, *Manual de direito internacional público*, cit., pp. 253-255. *V.*, também, Antonio Poch G. de Caviedes, De la clause *rebus sic stantibus* à la clause de révision dans les conventions internationales, in *Recueil des Cours*, vol. 118 (1966-II), pp. 105-208; e György Haraszti, Treaties and the fundamental change of circumstances, in *Recueil des Cours*, vol. 146 (1975-III), pp. 1-94.

Para se invocar a mudança fundamental de circunstâncias, como motivo para a terminação do tratado, como explica Maria de Assis Calsing, é necessário: *a*) que a circunstância existente ao tempo da conclusão do tratado tenha sido de caráter fundamental e não simplesmente um detalhe sem maior importância para a conclusão do acordo; *b*) que a mudança ocorrida nas circunstâncias não tenha sido prevista pelas partes; *c*) que as circunstâncias tenham constituído a base essencial para o consentimento das partes em se obrigarem pelo tratado; *d*) que as mudanças ocorridas nas circunstâncias transformem radicalmente a obrigação da(s) parte(s), onerando-a(s) excessivamente; e, finalmente, *e*) que a mudança fundamental de circunstâncias se refira a obrigações ainda a serem executadas de conformidade com o tratado e não a obrigações já realizadas.[438]

g) Rompimento das relações diplomáticas e consulares. A Convenção de Viena de 1969, em uma regra bastante simples, dispõe que o rompimento das relações diplomáticas ou consulares entre partes num tratado não afeta as relações jurídicas estabelecidas entre elas pelo tratado, salvo na medida em que a existência de relações diplomáticas ou consulares for *indispensável* à correta aplicação do tratado internacional (art. 63).[439] Assim, não há falar-se que o rompimento de relações diplomáticas ou consulares entre *A* e *B* é capaz de afetar as relações em matéria, *v.g.*, de direitos humanos estabelecidas entre elas por um dado tratado protetivo. Mas, no caso de um tratado de *cooperação* em matéria militar, claro está que a mantença de relações diplomáticas ou consulares é *indispensável* à sua correta aplicação.

O rompimento ou a ausência de relações diplomáticas ou consulares entre dois ou mais Estados também não impede a conclusão de tratados entre tais Estados, conforme se lê no art. 74 da mesma Convenção. Segundo esse dispositivo, aliás, a conclusão de um tratado, por si, "não produz efeitos sobre as relações diplomáticas ou consulares".[440]

h) O estado de guerra. Alguns tratados celebrados entre Estados são imunes à guerra, a exemplo dos tratados de vigência estática, daqueles equivalentes a *título jurídico*, os de empréstimo, além, é claro, dos elaborados exatamente para vigorar durante o período de beligerância, como as Convenções da Haia de 1899 e 1907. Mas outros tratados existem que durante o período de guerra podem extinguir-se entre os Estados beligerantes inimigos.[441] Frise-se, porém, que o tema dos efeitos da guerra sobre os tratados tem ligação mais estreita com a *suspensão* da execução dos tratados que propriamente com a sua *extinção* (*v. infra*, letra *i*).

Regra geral é que a guerra, hoje considerada pela Carta da ONU um ilícito internacional, provoca a extinção dos tratados bilaterais (que normalmente são *tratados-contrato*) entre os Estados em conflito, tais como os tratados de protetorado, de aliança, de garantias,

---

[438]   Maria de Assis Calsing. *O tratado internacional e sua aplicação no Brasil*, cit., pp. 68-69. Cf., também, G. Balladore Pallieri, *Diritto internazionale pubblico*, cit., pp. 282-287.

[439]   Cf. Mark Eugen Villiger. *Commentary on the 1969 Vienna Convention on the Law of Treaties*, cit., pp. 784-789.

[440]   Cf. Mark Eugen Villiger. Idem, pp. 909.

[441]   *V.*, a propósito, Arnold Duncan McNair, Les effets de la guerre sur les traités, in *Recueil des Cours*, vol. 59 (1937-I), pp. 523-585. Para uma visão do impacto da guerra no Direito Internacional em geral, *v.* Giorgio Del Vecchio, *El derecho internacional y el problema de la paz*, Barcelona: BOSCH, 1959, pp. 68-151.

de subsídios e, em geral, os de natureza política. A mesma regra se aplica aos tratados que tenham por objeto ou finalidade a manutenção ou a consolidação de relações pacíficas entre dois Estados. Por sua vez, os tratados multilaterais (em geral, *tratados-lei*) são *suspensos* entre os Estados beligerantes inimigos enquanto perdurar o conflito, continuando a operar normalmente (*a*) para os Estados beligerantes nas suas relações com os Estados neutros, ou (*b*) para os Estados neutros nas suas relações entre si. Observe-se, porém, que tal suspensão somente será possível se for *mutalizável* o tratado em causa, ou seja, se se tratar daqueles acordos que não se invalidam em decorrência de sua inexecução por parte de um ou alguns dos Estados.[442]

Problema que surge na prática diz respeito às guerras *não declaradas*. Na prática contemporânea essa situação produz um efeito suspensivo nos tratados bilaterais, ocasionando sua posterior ab-rogação ou denúncia, o que comprova que só o fato da guerra não é o bastante para a extinção do tratado. Foi o que ocorreu com um tratado de 1965 celebrado pela Argentina, sobre voos aéreos regulares, em que se operou a denúncia, bem como com a Convenção Cultural de 1961, ambos adotados com o Reino Unido, tudo em virtude da guerra das Ilhas Malvinas.[443]

i) *Suspensão da execução de um tratado em virtude de suas disposições ou pelo consentimento das partes*. A suspensão da execução de um tratado pode dar-se em virtude de suas disposições ou em razão do consentimento das partes. É o que dispõe o art. 57 da Convenção de Viena, segundo o qual a execução de um tratado em relação a todas as partes ou a uma parte determinada pode ser suspensa: *a*) de conformidade com as disposições do tratado (seguramente essa é a melhor opção); ou *b*) a qualquer momento, pelo consentimento de todas as partes, após consulta com os outros Estados contratantes.[444] Também o consentimento das partes em um tratado posterior pode ser *implícito* (art. 59, § 2º), caso em que se deve "depreender do tratado posterior" ou de "outra forma" que a vontade de suspender o tratado anterior era a real intenção das partes.

Nada impede, contudo, que apenas *algumas* das partes concluam um acordo específico para, entre si, suspender temporariamente a execução das disposições de um tratado multilateral. Mas isto apenas será possível (nos termos do art. 58 da Convenção de 1969) se: *a*) a permissão de tal suspensão vier prevista no próprio tratado; ou *b*) essa suspensão não for proibida pelo tratado e (i) não prejudicar o gozo, pelas outras partes, dos seus direitos decorrentes do tratado, nem o cumprimento de suas obrigações; e (ii) não for incompatível com o objeto e a finalidade do tratado. Caso o tratado não obste a sua suspensão, as partes em questão, se pretenderem levar a efeito a suspensão do acordo entre si, deverão notificar as demais partes de sua intenção em concluir o acordo, especificando as disposições do tratado cuja execução pretendem suspender (art. 58, § 2º).[445]

22. A denúncia dos tratados. Os autores normalmente cuidam da denúncia dentre os meios de extinção dos tratados internacionais que acabamos de estudar. Em verdade,

---

[442] Cf. José Francisco Rezek. *Direito dos tratados*, cit., pp. 511-512.

[443] *V*. José Francisco Rezek. Idem, pp. 514-515.

[444] Cf. Mark Eugen Villiger. *Commentary on the 1969 Vienna Convention on the Law of Treaties*, cit., pp. 709-711.

[445] Cf. Mark Eugen Villiger. Idem, pp. 715-719.

é mais próprio dizer que a denúncia é modo de terminação do tratado *para o Estado* em causa, por tratar-se de um *ato unilateral* seu (que é inofensivo às demais partes no acordo coletivo mutalizável). Daí a nossa opção em cuidar desse tema neste tópico em separado. Outro motivo de se estudar a denúncia separadamente diz respeito à sua complexidade. Frise-se que neste tópico estudaremos a *teoria geral* da denúncia dos tratados internacionais, sem analisar a questão específica da impossibilidade de denúncia dos tratados de direitos humanos, o que fizemos na Parte IV, Capítulo I, Seção I, item nº 8, *c*, para onde remetemos o leitor.

Para a melhor compreensão da teoria geral da denúncia, dividiremos o seu estudo em duas partes: na primeira, versaremos a denúncia na Convenção de Viena de 1969; e na segunda, o problema da denúncia no Direito interno brasileiro.

a) *A denúncia na Convenção de Viena de 1969.* Entende-se por *denúncia* o ato unilateral pelo qual um partícipe em dado tratado exprime firmemente sua vontade de deixar de ser parte do compromisso internacional. A mesma difere da *ab-rogação* justamente pelo fato de ser levada a efeito *unilateralmente* por uma determinada parte no tratado, e não pela totalidade delas.

A denúncia por uma das partes no tratado bilateral extingue o acordo, evidentemente que por uma questão *de fato*, ao passo que nos tratados multilaterais os termos do pactuado deixam de surtir efeito tão somente *para a parte* que o denuncia, continuando a vigorar para as outras (quando o tratado é do tipo *mutalizável*).

Frise-se, de antemão, não ser possível a denúncia de *parte* do tratado, mas somente do seu texto por inteiro (regra da *indivisibilidade* ou da *integridade* convencional). Nesse sentido, o art. 44, § 1º, da Convenção de 1969 dispõe que: "O direito de uma parte, previsto num tratado ou decorrente do artigo 56, de denunciar, retirar-se ou suspender a execução do tratado, só pode ser exercido em relação à totalidade do tratado, a menos que este disponha ou as partes acordem diversamente".

A materialização da denúncia não difere em muito do procedimento adotado para a ratificação de tratados, consubstanciando-se, no caso dos tratados multilaterais, em instrumento entregue às outras partes, ou ao depositário para esse fim designado, que comunicará as demais partes da intenção do Estado denunciante em afastar-se do compromisso em causa. No caso dos tratados bilaterais, basta uma das partes fazer chegar à outra o seu propósito de não mais fazer parte do acordo, para que desde já se configure a denúncia.

Os tratados que determinam situação jurídica permanente (tratados chamados *reais* ou *dispositivos*) são infensos à denúncia. Entretanto, nem todos os tratados em que ela seria admissível, preveem a possibilidade de denúncia unilateral.[446]

Há que se distinguir duas hipóteses no que tange à possibilidade de denúncia dos tratados internacionais: aquela em que o tratado expressamente disciplina a possibilidade de denúncia em seu texto; e aquela em que o texto do tratado nada diz a respeito. No primeiro caso, a denúncia não apresenta grandes dificuldades, porque *já prevista* no próprio tratado. É comum alguns tratados estipularem certo prazo, a partir do seu início de vigência, para que seja possível a denúncia, antes do qual o tratado não é de forma alguma denunciável; outros

---

[446] João Grandino Rodas. *Tratados internacionais*, cit., pp. 22-23.

Parte I • Cap. V • DIREITO DOS TRATADOS | **273**

tratados permitem a denúncia desde já, mas preveem um prazo para que esta opere em seus efeitos (esse prazo geralmente varia entre seis meses a um ano, e só ao seu final é que o Estado denunciante pode considerar o tratado extinto no que lhe diz respeito).[447] Já no segundo caso, o tratado nada prevê sobre a possibilidade de denúncia, surgindo o problema de saber se, nessa hipótese, é ou não possível materializá-la. Na Conferência de Viena adotou-se a posição de que seria *possível* a denúncia nos tratados silentes, desde que (*a*) se infira da *intenção das partes* a possibilidade de denúncia ou (*b*) esta se deduza da *natureza* do tratado. Assim foi que a Convenção, no § 1º do art. 56, estabeleceu regra supletiva que busca na intenção das partes e na natureza do tratado a possibilidade de se admitir a denúncia *não motivada* nos tratados omissos. Com efeito, assim dispõe a norma citada:

> "Artigo 56. Denúncia ou retirada de um tratado que não contém disposições sobre extinção, denúncia ou retirada.[448]
>
> 1. Um tratado que não contém disposição relativa à sua extinção, e que não prevê denúncia ou retirada, não é suscetível de denúncia ou retirada, a não ser que:
>
> *a*) se estabeleça terem as partes tencionado admitir a possibilidade da denúncia ou retirada; ou
>
> *b*) um direito de denúncia ou retirada possa ser deduzido da natureza do tratado".

O primeiro caso, explica Rezek, refere-se à hipótese pouco comum "em que se logra encontrar, fora do texto convencional, ideia segura da intenção das partes. A segunda alínea chama à consideração a *natureza* do tratado silente, para que se alvitre se denunciável ou não. As dúvidas maiores propendem a surgir na área dos pactos coletivos: é certamente mais simples, entre os tratados bilaterais, distinguir *pela natureza* os imunes à denúncia de todos os demais, compreendidos, por óbvio, na segunda classe os acordos de comércio e pagamentos; de cooperação cultural, científica e técnica; de extradição; as avenças sobre pesca, correios, tributos, navegação marítima e aérea, migrações, passaportes, malas diplomáticas, telecomunicações, turismo, e muitos outros temas. (...) Quando a força do contexto político faz com que se submeta certo Estado à aceitação perpétua de um compromisso que, *por sua natureza*, haveria de ser denunciável, o próprio jogo político tende a dar corretivo, um dia, a semelhante distorção".[449]

Em suma, nessas hipóteses em que o tratado *silencia* a respeito da possibilidade de denúncia, há a necessidade de se perquirir a *natureza* da norma convencional, a fim de se investigar sua denunciabilidade (não seriam denunciáveis, em razão de sua natureza, *v.g.*, os tratados de paz, de desarmamento, de demarcação de fronteiras etc.). Tais hipóteses, entretanto, não são as que ocorrem no mais das vezes. Comumente, os tratados internacionais já encerram a previsão e a disciplina de sua própria denúncia. Muitos compromissos internacionais, explica Rezek, "facultam a retirada unilateral *a todo momento* – o que significa que, em tese, pode uma das partes assumir essa postura logo após a entrada em

---

[447] V. Maria de Assis Calsing. *O tratado internacional e sua aplicação no Brasil*, cit., p. 66.

[448] Alguns autores (como Remiro Brotons) entendem que os termos *denúncia* e *retirada* afetam tratados distintos: a *denúncia* seria para os tratados em geral, enquanto a *retirada* seria para os tratados constitutivos de organizações internacionais (cf. *Derecho internacional público*, vol. 2, cit., p. 466). A prática internacional, contudo, tem utilizado ambos os termos como sinônimos a quaisquer tipos de tratados.

[449] José Francisco Rezek. *Direito dos tratados*, cit., pp. 487-488.

vigor –, e tudo quanto exigem é o decurso de um prazo de acomodação, no interesse dos copactuantes. Dá-se-lhe correntemente o nome de *pré-aviso*, embora ele tenha, com mais frequência, o feitio de um prazo de dilação dos efeitos da denúncia. (...) Doze meses vêm a ser, provavelmente, o mais comum dentre os prazos de acomodação à denúncia adotados na prática convencional. Mas também é frequente o prazo de seis meses, e há exemplos de prazos acentuadamente menores ou maiores. (...) Tratados com termo de vigência – cinco anos, dez anos, ou algo parecido – costumam estabelecer ora a prorrogação automática, caso as partes não manifestem, com alguma antecedência, o intento da retirada; ora a extinção automática, quando as partes não optem expressamente pela prorrogação. Há, porém, tratados de vigência prevista por tempo indeterminado, e que se dão por denunciáveis, porém não a qualquer momento, mas só a partir de certa data; e, de todo modo, com a observância do prazo de acomodação".[450]

Para que a denúncia possa operar-se nos termos do art. 56, § 1º, da Convenção (ou seja, quando o tratado *não prevê* a possibilidade de denúncia), deve o Estado formalizar por escrito em uma *notificação* ou *carta* a sua vontade de denunciar o acordo, devendo transmitir a notificação ao governo da parte copactuante, se bilateral o tratado, ou ao depositário do instrumento, se multilateral, com antecedência mínima de *doze meses* à data em que pretenda efetivá-la. É o que diz o art. 56, § 2º, da Convenção: "Uma parte deverá notificar, com pelo menos doze meses de antecedência, a sua intenção de denunciar ou de se retirar de um tratado, nos termos do parágrafo 1". No caso dos tratados multilaterais, o depositário fará saber às demais partes que o Estado em causa manifestou sua vontade formal de desengajar-se do respectivo acordo; nos tratados constitutivos de organizações internacionais o depositário, para fins de denúncia, é sempre a *secretaria* da organização, mesmo que para a ratificação do instrumento tenha sido um dos Estados fundadores o depositário; pode ainda ocorrer a situação incomum de o depositário de um tratado multilateral ser um Estado não parte, por não ter ratificado o acordo depois de aceito o encargo de depositário ao tempo das negociações.[451]

A pergunta que se faz é se após os doze meses referidos (que é chamado "prazo de acomodação") o Estado em causa *já se desengaja* automaticamente do tratado ou não. Por que a indagação? A questão se coloca tendo em vista que na Seção 4 (da mesma Parte V em que se encontram as regras sobre a denúncia) a Convenção estabelece um *procedimento* relativo "à nulidade, extinção, retirada ou suspensão da execução de um tratado" (arts. 65 a 68), sem o qual o tratado não termina pela vontade unilateral das partes. Ali se prevê que a parte notificante (e o prazo estabelecido para tal notificação é de *três meses*, e não de *doze* como na denúncia – em mais três linhas o leitor entenderá o *imbróglio*) somente poderá tomar a medida proposta (no caso, a *denúncia* do acordo) se não houver *objeção* de qualquer das partes, pois, havendo, deverá ser buscada uma solução pelos meios previstos no art. 33 da Carta da ONU (art. 65, § 3º). Por ter a Convenção estabelecido, para o caso da denúncia, um prazo de *doze meses* e não de *três*, como fez na Seção 4, relativa ao procedimento de invalidação ou extinção dos tratados, poderia o intérprete desavisado entender que o Código de Viena excepcionou, para a denúncia, o procedimento extintivo

---

[450] José Francisco Rezek. Idem, pp. 489-492.

[451] *V.* José Francisco Rezek. Idem, p. 493.

previsto nos arts. 65 a 68, dando à parte denunciante o poder de, *sozinha*, desengajar-se do tratado após o prazo de pré-aviso.[452] Tal, contudo, não é verdade. Fazendo-se uma interpretação sistemática e teleológica dos arts. 65, § 2º, e 56, § 2º, a conclusão que se chega é que, no caso específico da denúncia, o prazo de *três meses* previsto pelo art. 65, § 2º, foi *ampliado* para o previsto no art. 56, § 2º, que fala em *doze meses* de antecedência para que o Estado notifique os demais da sua vontade de denunciar o tratado... Após esses doze meses, se não houver objeções, aí sim poderá o Estado tomar a medida que propôs, ou seja, desengajar-se do tratado pela denúncia.[453] Porém, se houver objeções, deve-se seguir o procedimento previsto nos arts. 65 e seguintes, da Convenção, buscando-se uma solução pelos meios previstos no art. 33 da Carta da ONU etc.

Por fim, cabe esclarecer que o Estado denunciante, dentro do prazo de acomodação, poderá, ainda, *retratar-se* da denúncia, mantendo firme o seu propósito de continuar comprometido no acordo, não se concebendo, em favor das outras partes-contratantes – as quais também poderiam denunciar o tratado se assim o pretendessem – o direito de objeção a esse gesto do Estado arrependido. É certo, porém, que "se a denúncia já viu seus efeitos consumados – vale dizer, se já se encontra extinto o pacto bilateral, ou se o Estado retirante já se pôs fora do domínio jurídico do pacto coletivo – não há retratação possível. Nesse último caso, caberá cogitar do retorno por adesão".[454]

b) O problema da denúncia no Direito interno brasileiro. No estudo da denúncia dos tratados surge ainda um problema processualístico de Direito interno ensejador de debate, e que merece nossa atenção. A questão consiste em saber se o Chefe do Executivo pode, por ato próprio, denunciar tratados, acordos ou convenções internacionais para cuja ratificação tenha ele dependido de aprovação do Congresso Nacional. Em outras palavras, o problema visa responder à questão de saber se necessita o Poder Executivo de autorização do Poder Legislativo para denunciar tratados.

Essa questão veio à tona, pela primeira vez entre nós, em 1926, quando, nos últimos meses do governo Artur Bernardes, ficou decidido que o país se desligaria da SdN. Clóvis Bevilaqua, à época, Consultor Jurídico do Itamaraty, chamado a se pronunciar, respondeu afirmativamente, em parecer de 5 de julho de 1926, mas sem razão, segundo Pontes de Miranda.[455] Mas o certo é que desde então, sem qualquer dúvida, o poder de denunciar tratados passou a pertencer com exclusividade ao Poder Executivo, tendo sido essa (desde 1926) a interpretação oficial do governo brasileiro.

---

[452] Nesse exato sentido, *v.* Antonio Remiro Brotons, *Derecho internacional público*, vol. 2, cit., p. 496, para quem "seria notável desatino chegar à conclusão, tomando como premissas a dicção literal do artigo 65.1 e o acréscimo processual do artigo 56, que no caso da denúncia não motivada uma parte conta com o poder de fazer efetivo unilateralmente o seu propósito, submetendo-o exclusivamente a um prazo de pré-aviso".

[453] Cf. Antonio Remiro Brotons. Idem, pp. 496-497.

[454] José Francisco Rezek. *Direito dos tratados*, cit., p. 494.

[455] Cf. Pontes de Miranda. *Comentários à Constituição de 1967 com a Emenda nº 1 de 1969*, t. III, cit., p. 109 e ss. Sobre esse episódio da retirada do Brasil da Liga das Nações, *v.* Eugênio Vargas Garcia, *O Brasil e a Liga das Nações (1919-1926)*, 2ª ed., Porto Alegre: Editora da UFRGS, 2005, pp. 117-135; e também José Honório Rodrigues & Ricardo Seitenfus, *Uma história diplomática do Brasil (1531-1945)*, Rio de Janeiro: Civilização Brasileira, 1995, pp. 268-346.

Entendia Clóvis que a regra jurídica constitucional que exige a manifestação do Congresso não se referiu à *denúncia*, só tendo feito menção de que necessita aprovação congressual a ratificação. E se a Constituição silenciou a respeito, é porque a intervenção do Congresso no processo de denúncia seria dispensável. Ademais, segundo Bevilaqua: "Se há no tratado uma cláusula, prevendo e regulando a renúncia, quando o Congresso aprova o tratado, aprova o modo de ser o mesmo denunciado; portanto, pondo em prática essa cláusula, o Poder Executivo apenas exerce um direito que se acha declarado no texto aprovado pelo Congresso. O ato da denúncia é meramente administrativo. A denúncia do tratado é modo de executá-lo, portanto, numa de suas cláusulas, se acha consignado o direito de o dar por extinto. (...) Se prevalecesse o princípio da necessidade de deliberação prévia do Congresso para ser declarada a retirada do Brasil da Sociedade das Nações, logicamente, deveria ser exigida a mesma formalidade para o cumprimento das outras cláusulas do Pacto, e então seria o Congresso o executor do tratado e não o Poder a quem a Constituição confia essa função. (...) O que se quer saber é se compete ao Poder Executivo denunciar tratados, que preveem e condicionam a denúncia. A faculdade de denunciar está reconhecida; a lei não diz, de modo expresso, qual o Poder competente para esse ato; mas das suas prescrições resulta, irretorquivelmente, que o Poder competente é o Executivo. Ou isso, ou nenhum Poder teria essa competência, porque a Constituição não diz, com todas as letras, que a atribuição de denunciar tratados é deste ou daquele Poder".[456]

Ainda segundo Bevilaqua, não obstante os dispositivos constitucionais terem silenciado a respeito da denúncia, só se referindo ao procedimento de *formação* dos atos jurídicos internacionais, a faculdade do Poder Executivo em denunciar os tratados que o próprio governo celebrou dar-se-ia em virtude da combinação dos preceitos constitucionais que conferem as atribuições dos Poderes em que se divide a soberania nacional. Da combinação desses preceitos, junto ao espírito que os domina, é que resultaria a competência do Poder Executivo de denunciar os tratados que ele celebrou, com a aprovação do Congresso. Para Clóvis: "Cabe-lhe essa atribuição, porque o poder Executivo é o órgão a que a Constituição confere o direito de representar a nação em suas relações com as outras. E ele exerce essa função representativa, pondo-se em comunicação com os Estados estrangeiros; celebrando tratados, ajustes e convenções; nomeando os membros do corpo diplomático e consular; declarando a guerra diretamente, por si, nos casos de invasão ou agressão estrangeira; enfim dirigindo a vida internacional do país, com a colaboração do Congresso, porém, é excepcional; somente se faz indispensável nos casos prescritos; quando a Constituição guarda silêncio, deve entender-se que a atribuição do Poder Executivo, no que se refere às relações internacionais, é privativa dele".[457]

---

[456] Clóvis Bevilaqua. Denúncia de tratado e saída do Brasil da Sociedade das Nações (*Parecer* de 5 de julho de 1926), in *Pareceres dos consultores jurídicos do Itamaraty*, vol. II (1913-1934), Antônio Paulo Cachapuz de Medeiros (org.), Brasília: Senado Federal, Conselho Editorial, 2000, pp. 347-348. Nesse mesmo sentido, *v.* João Hermes Pereira de Araújo, *A processualística dos atos internacionais*, cit., pp. 295-297.

[457] Clóvis Bevilaqua. Denúncia de tratado e saída do Brasil da Sociedade das Nações (*Parecer* de 5 de julho de 1926), cit., pp. 349-350. Ainda, segundo a lição de Bevilaqua: "Objeta-se, entretanto, que os tratados, depois de aprovados pelo Poder Legislativo, assumem a categoria de leis do país, e as leis não podem ser revogadas senão por outras. Em geral, assim é de fato; mas, se a lei estabelece um prazo para a sua duração, não necessita de ser revogada para perder a sua eficácia. Da mesma forma o tratado; se estabelecer

O professor Rezek, embora também tenha como certo que o Presidente da República pode, pela sua singular autoridade, denunciar tratados sem a anuência do Congresso, discorda, entretanto, do fundamento jurídico do parecer de Bevilaqua. Segundo a sua lição: "A tese de Clóvis Bevilaqua, sem embargo do engenho com que a desenvolveu o grande jurisconsulto, é inconsistente. Repousa ela sobre a previsão convencional da denúncia, onde se vislumbra uma cláusula que 'não difere das outras'. Isto vale dizer que denunciar um tratado, quedando ao largo de seu domínio jurídico, e transformando, pois, o compromisso em não compromisso, é algo que não difere de exercitar uma qualquer dentre as cláusulas de execução propriamente ditas. A quem tal proposição não pareça elementarmente inaceitável – pelo abismo que separa a cláusula de denúncia das cláusulas pertinentes à execução do avençado –, convirá lembrar que a tese em exame obriga a admitir, *a fortiori*, que o governo não depende do parlamento para levar a termo a *emenda* ou *reforma* de tratados vigentes, sempre que prevista no texto primitivo. E semelhante pretensão, ao que se saiba, não foi jamais exteriorizada pelo governo brasileiro, ou por outro que se encontre sujeito a uma disciplina constitucional parecida. Afinal, não costuma haver limite quantitativo ou qualitativo para o que a reforma pode, em tese, importar a um tratado: mediante emendas é possível converter-se um acordo de intercâmbio desportivo num pacto de aliança militar ou num compromisso de cessão gratuita de parte do território nacional". E conclui: "Não é exato, além disso, que a reconhecida titularidade da dinâmica das relações exteriores, por parte do Executivo – a quem incumbe 'manter relações com os Estados estrangeiros' –, implique por si mesma o poder exclusivo de denunciar tratados. Estes últimos, por quanto significam, lançou-os o constituinte em inciso apartado daquele que tange à generalidade das relações internacionais, e deixou clara, a propósito, a imperatividade do controle do Congresso. De outro lado, não há explicação para que, entendida a denúncia como uma condição resolutiva prevista no pacto, nisto se pretenda encontrar resposta à questão de saber qual dentre os poderes do Estado é competente para denunciar".[458]

Para Pontes de Miranda, que negava também validade à tese de Bevilaqua, "aprovar tratado, convenção ou acordo, permitindo que o Poder Executivo o denuncie, sem consulta, nem aprovação [do Parlamento], é subversivo dos princípios constitucionais", de forma que o Presidente da República, do mesmo modo que faz na ratificação, deve "apresentar projeto de denúncia, ou denunciar o tratado, convenção ou acordo *ad referendum* do Poder Legislativo".[459]

---

prazo para a sua duração, extingue-se com o advento do termo, independentemente de denúncia. O que se diz do prazo deve dizer-se da condição. Se o tratado estabelece uma condição resolutiva, perderá a sua eficácia, desde que se realize a condição. No caso do Pacto, art. 1º, cláusula final há uma condição, [que] resolve, para qualquer Membro da Sociedade das Nações, a sua situação de associado: se declarar a sua vontade, com aviso prévio, achando-se cumpridas as suas obrigações internacionais, inclusive as do Pacto. Se numa lei se encontrasse cláusula semelhante, não era necessário que a revogasse o mesmo Poder que a decretara. Do seu próprio edito se desprenderia a força instintiva da sua eficácia. Pois bem, se o tratado é lei, porque o Congresso aprovou, e dessa aprovação resulta a sua aplicação aos casos a que se refere, e se no tratado há uma cláusula, declarando em que condição deixará de ser aplicável a qualquer das partes contratantes, essa lei não necessita de ser revogada pelo Poder que a aprovou, pois esse mesmo Poder deu força de lei ao modo de fazer cessar a sua obrigatoriedade" (Idem, p. 350).

[458] José Francisco Rezek. *Direito dos tratados*, cit., pp. 500-501.

[459] Pontes de Miranda. *Comentários à Constituição de 1967 com a Emenda nº 1 de 1969*, t. III, cit., p. 109. Nesse mesmo sentido, *v.* o caso *Cafés La Virginia*, julgado pela Suprema Corte argentina em 1994; cf., especialmente, o voto do Juiz Boggiano, in *CSJN, LL*, 1995-D-277.

A Constituição peruana, de 1993, aliás, é expressa a esse respeito, quando estabelece no seu art. 57 (3), que: "A denúncia dos tratados é de competência do Presidente da República, com a obrigação de dar ciência ao Congresso", complementando que no caso "dos tratados sujeitos à aprovação do Congresso, a denúncia requer *aprovação prévia* deste". A Carta peruana, frise-se, assim estabelece, pois, salvo os casos de tratados que disponham sobre as matérias contidas no seu art. 56 (direitos humanos; soberania, domínio ou integridade do Estado; defesa nacional; e obrigações financeiras do Estado), o Presidente da República não necessita da aprovação do Congresso para ratificar tratados, devendo apenas "dar ciência ao Congresso" da referida ratificação por ele efetuada (art. 57). Na mesma esteira, assim dispõe o art. 64, nº 3, da Constituição do Principado de Andorra: "Para a denúncia dos tratados internacionais que afetem as matérias enumeradas no parágrafo 1º, também será necessária a aprovação previa da maioria absoluta da Câmara". Na Constituição espanhola de 1978, por sua vez, regra similar aparece dizendo que "para a denúncia dos tratados e convênios internacionais se utilizará o mesmo procedimento previsto para a sua aprovação no artigo 94" (art. 96, § 2º). Assim também fazia a Constituição francesa de 1946, cujo art. 28 estabelecia que a denúncia devia ser autorizada pela Assembleia Nacional naqueles casos em que o tratado, para sua ratificação, necessitou da aprovação parlamentar.

A necessidade de referendo legislativo para a (autorização da) denúncia de tratados não é ainda pacificamente aceita. Alguns autores de nomeada, como Rezek – já se viu –, lecionam em sentido contrário. Eis sua lição: "Tenho como certo que o chefe do governo pode, por sua singular autoridade, denunciar tratados internacionais – como de resto vem fazendo, com franco desembaraço, desde 1926. (…) Parece bastante lógico que, onde a comunhão de vontades entre governo e parlamento seja necessária para *obrigar* o Estado, lançando-o numa relação contratual internacional, repute-se suficiente a vontade de um daqueles poderes para *desobrigá-lo* por meio da denúncia. Não há falar, assim, à luz impertinente do princípio do ato contrário, que se as duas vontades tiveram de somar-se para a conclusão do pacto, é preciso vê-las de novo somadas para seu desfazimento. Antes, cumpre entender que as vontades reunidas do governo e do parlamento se presumem firmes e inalteradas, desde o instante da celebração do tratado, e ao longo de sua vigência pelo tempo afora, como dois pilares de sustentação da vontade nacional. Isso levará à conclusão de que nenhum tratado – dentre os que se mostrem rejeitáveis por meio de denúncia – deve continuar vigendo *contra a vontade* quer do governo, quer do Congresso. O ânimo negativo de um dos dois poderes políticos em relação ao tratado há de poder determinar sua denúncia, visto que significa o desaparecimento de uma das bases em que se apoiava o consentimento do Estado".[460]

Rezek admite, como se percebe, a tese de que a vontade *do Congresso* também é hábil para provocar a denúncia de um pacto internacional, mesmo quando não coincidente com as intenções do Poder Executivo. Nessa esteira, conclui: "Neste passo, é imperioso reconhecer o desequilíbrio reinante entre os instrumentos de ação do governo e os do Congresso. Se o intento de denunciar é do primeiro, o ato internacional pertinente dará sequência imediata à decisão do Presidente da República – a quem se subordinam todos os mecanismos do relacionamento exterior e todos os condutos da comunicação oficial com nações estrangeiras e demais pessoas jurídicas de Direito das Gentes. Tendo origem no Congresso o propósito da denúncia, não deixará de recair sobre o Executivo a responsabilidade por

---

[460] José Francisco Rezek. *Direito dos tratados*, cit., pp. 501-502.

sua formulação no plano internacional. De par com isso, o meio com que o Congresso exteriorize sua vontade ante o governo não pode ser um decreto legislativo de 'rejeição' do acordo vigente – à falta de previsão de semelhante ato na faixa de competência exclusiva do parlamento. Por exclusão, cabe entender que a *lei ordinária* é o instrumento próprio a que o legislativo determine ao governo a denúncia de tratados, tal como fez em 1911, no domínio extradicional. (…) A lei ordinária, entretanto, não é produto exclusivo do parlamento, visto que depende de sanção do chefe do governo. Este vetará o projeto caso discorde da ideia da denúncia; e só o verá promulgado, contra sua vontade, caso para tanto convirjam dois terços do total de membros de cada uma das casas do Congresso.[461] Aqui se encontra a evidência maior do desequilíbrio entre a manifestação de vontade do governo e a expressão da vontade do Congresso, no sentido de desvincular o país de um pacto internacional. A segunda não apenas percorre, na forma, caminhos oblíquos: ela deve, antes de tudo, encontrar-se escorada no mais amplo *quorum* que nossa ordem constitucional reclama, qual seja o necessário à rejeição do veto presidencial".[462]

Segundo nos parece, o Congresso Nacional pode, por meio de lei, denunciar tratados internacionais, tendo eventualmente que *derrubar o veto* do Presidente da República que poderá existir, caso o Poder Executivo não aceite a denúncia proposta pelo Parlamento. Nesse ponto estamos de acordo com a tese esposada por Rezek. O que não nos afigura razoável é atribuir ao Presidente da República a faculdade de denunciar, sozinho, tratados internacionais para cuja ratificação necessitou de autorização do Congresso Nacional. Perceba-se que no caso da denúncia por ato do Parlamento (por meio de *lei ordinária*) o Presidente da República *participa* da formação da vontade da Nação, sancionando ou vetando o projeto de lei em causa; o Congresso Nacional, no caso oposto (denúncia do tratado por ato exclusivo do Presidente), pela tese defendida por Rezek, permanece em absoluto silêncio, sequer tendo ciência da vontade presidencial de denunciar o tratado, estando aí o nosso ponto de discordância com a tese exposta. Assim é que, para nós, da mesma forma que o Presidente da República necessita da aprovação do Congresso Nacional, dando a ele "carta branca" para ratificar o tratado, mais consentâneo com as normas da Constituição de 1988 em vigor seria que o mesmo procedimento fosse aplicado em relação à denúncia, donde não se poderia falar, por tal motivo, em denúncia de tratado por ato próprio do Chefe do Poder Executivo. Com isto se respeita o paralelismo que deve existir entre os atos jurídicos de assunção dos compromissos internacionais com aqueles relativos à sua denúncia. Trata-se de observar o comando constitucional (art. 1º, parágrafo único) segundo o qual *todo o poder emana do povo*, incluindo-se nessa categoria também o poder de denunciar tratados. Assim se modifica, para a consagração efetiva da democracia, uma prática internacional que até então era considerada uniforme e pacífica em diversos países, entre os quais o Brasil. Daí entendermos correta a posição de Pontes de Miranda, segundo a

---

[461] A lição refere-se à Constituição brasileira anterior, que assim disciplinava: "Comunicado o veto ao Presidente do Senado Federal, este convocará as duas Câmaras para, em sessão conjunta, dele conhecerem, considerando-se aprovado o projeto que obtiver o voto de dois terços dos Deputados e Senadores presentes, em escrutínio secreto. Neste caso, será o projeto enviado, para promulgação, ao Presidente da República" (art. 62, § 3º, da CF/1967 com a EC 1/1969). Na atual Constituição (de 1988) a derrubada do veto presidencial dar-se-á pela *maioria absoluta* do Congresso nacional, também em sessão conjunta (art. 66, § 4º, CF/1988).

[462] José Francisco Rezek. *Direito dos tratados*, cit., pp. 502-504.

qual – como já vimos – a denúncia de tratados sem o assentimento do Congresso é subversiva dos princípios constitucionais.[463] Mas frise-se que, para nós, tanto uma quanto outra tese não vigora no que diz respeito à denúncia de tratados de proteção dos direitos humanos, que, por ingressarem no ordenamento brasileiro com *índole* e *nível* constitucionais, petrificam-se como cláusulas eternas no nosso Direito interno, passando a ser, portanto, infensos à denúncia por parte do governo brasileiro (*v.* art. 5º, §§ 1º, 2º e 3º, da CF).

A questão jurídica aqui discutida chegou ao Supremo Tribunal Federal em 16 de junho de 1997, quando a Confederação Nacional dos Trabalhadores na Agricultura (CONTAG) e a Central Única dos Trabalhadores (CUT) ali ingressaram com uma Ação Direta de Inconstitucionalidade visando obter a declaração de inconstitucionalidade do Decreto nº 2.100, de 20 de dezembro de 1996,[464] que tornou pública a denúncia da Convenção 158 da OIT, devidamente aprovada e promulgada pelo Decreto Legislativo nº 68/92 e pelo Decreto nº 1.855/96, respectivamente.[465] Na petição inicial também se defendeu a impossibilidade da denúncia de tratados internacionais sem o assentimento prévio do Congresso Nacional, tendo os peticionários argumentado que o art. 49, inc. I, da Constituição "obrigou o governo brasileiro a que toda e qualquer denúncia por ele intencionada, seja devidamente aprovada pelo Congresso Nacional, sem o que, estar-se-á violando o referido dispositivo constitucional".[466] Referida ADIn, de número 1625/DF, foi distribuída em 19.06.1997 e teve como relator originário o Min. Maurício Corrêa.[467] O STF, como se nota, aguardou nada menos do que vinte e seis anos para julgar definitivamente a ação, o que se deu em Plenário na Sessão Virtual ocorrida entre 19 e 26 de maio de 2023. Naquela assentada, decidiu o STF – na linha do que já defendíamos há vários anos – que a denúncia, pelo Presidente da República, de tratados internacionais

---

[463] Cf. Pontes de Miranda. *Comentários à Constituição de 1967 com a Emenda nº 1 de 1969*, t. III, cit., p. 109. No mesmo sentido, *v.* Giuliana Zicardi Capaldo, *La competenza a denunciare i trattati internazionali: contributo allo studio del treaty power*, Napoli: Edizioni Scientifiche Italiane, 1983, p. 97; Celso D. de Albuquerque Mello, Constituição e relações internacionais, in *A nova Constituição e o direito internacional*, Jacob Dolinger (org.), Rio de Janeiro: Freitas Bastos, 1987, p. 28; e Márcio Pereira Pinto Garcia, *A terminação de tratado e o Poder Legislativo à vista do direito internacional, do direito comparado e do direito constitucional internacional brasileiro*, Rio de Janeiro: Renovar, 2011, pp. 405 e 420 (o autor, porém, entende "que a Constituição deveria conter dispositivo específico a indicar as hipóteses em que o parlamento deveria obrigatoriamente se pronunciar" – p. 423).

[464] Neste Decreto se lê: "O Presidente da República torna público que deixará de vigorar para o Brasil, a partir de 20 de novembro de 1997, a Convenção da OIT 158, relativa ao Término da Relação de Trabalho por Iniciativa do Empregador, adotada em Genebra, em 22 de junho de 1982, visto haver sido denunciada por Nota do Governo brasileiro à Organização Internacional do Trabalho, tendo sido a denúncia registrada, por esta última, a 20 de novembro de 1996".

[465] A Convenção 158 da OIT é relativa ao término da relação de trabalho por iniciativa do empregador, fixando regras de proteção ao trabalhador em casos de demissão arbitrária ou sem justa causa. Entre as suas normas, destaca-se o art. 4º, que assim dispõe: "Não se dará término à relação de trabalho de um trabalhador a menos que exista para isso uma causa justificada relacionada com sua capacidade ou seu comportamento ou baseada nas necessidades de funcionamento da empresa, estabelecimento ou serviço".

[466] Cf. *Petição Inicial*, p. 14, *in fine*, assinada pelos advogados Marthius Sávio Cavalcante Lobato, José Eymard Loguercio e Ericson Crivelli.

[467] Para o primeiro comentário do caso à época, *v.* Valerio de Oliveira Mazzuoli, STF, Poder Legislativo e denúncia de tratados internacionais, in *Jornal Correio Braziliense*, suplemento "Direito & Justiça", de 30.10.2006, p. 3.

aprovados pelo Congresso Nacional exige deste mesmo órgão legislativo a devida chancela para a produção de efeitos no ordenamento jurídico interno. Contudo, naquele caso concreto, o STF preservou a eficácia das denúncias realizadas em período anterior à publicação da ata de julgamento da ação, modulando os efeitos da decisão com eficácia *ex nunc*. Em especial, a Corte preservou a validade da denúncia da Convenção 158 da OIT, ao argumento de que o exercício da faculdade de denunciar "foi efetuado de maneira regular, por quem detinha competência para tanto, surtindo plenos efeitos no âmbito internacional".[468] Assim, repita-se, a decisão do STF na ADIn 1625/DF – segundo a qual é imprescindível a chancela congressual para a denúncia de tratados internacionais aprovados pelo Parlamento – só tem valor *a partir* da publicação da ata de julgamento da ação, em homenagem ao princípio da segurança jurídica.

A ata de julgamento da ADIn 1625/DF foi publicada em 2 de setembro de 2024, momento a partir do qual todos os tratados internacionais em vigor no Brasil passam a necessitar de prévia autorização do Congresso Nacional para que sejam denunciados pelo Presidente da República.

Destaque-se, por fim, que a decisão do STF na ADIn 1625/DF tem efeitos para quaisquer espécies de tratados, sejam tratados comuns ou de direitos humanos. Relativamente a estes últimos, porém, entendemos que, mesmo com autorização congressual, não podem ser denunciados pelo Presidente da República, especialmente aqueles aprovados por maioria qualificada no Congresso Nacional, por serem cláusulas pétreas integrantes do bloco de convencionalidade, como se estudará em detalhes em tópico próprio (*v.* Parte IV, Capítulo I, item nº 8, *c*, *infra*).

23. Consequências do consentimento viciado, da nulidade, extinção e suspensão da execução de um tratado. A Convenção de Viena trata das consequências do *consentimento viciado*, da *nulidade*, da *extinção* e da *suspensão da execução* de um tratado nos arts. 69, 70 e 72, respectivamente.[469] No art. 71, a Convenção disciplina as consequências da nulidade de um tratado (posterior ou anterior) em conflito com uma norma imperativa de Direito Internacional geral (*jus cogens*), tema já anteriormente estudado (*v.* item nº 18, *supra*). Salvo esse último caso, que não admite disposição em contrário, as demais regras da Convenção são *supletivas* e não resistem à vontade das partes expressa no próprio tratado ou acordada por outra forma (arts. 70, § 1º, e 72, § 1º).

Segundo dispõe o § 1º do art. 69, é nulo um tratado "cuja nulidade resulta das disposições da presente Convenção", acrescentando que as "disposições de um tratado nulo não têm eficácia jurídica". Tal nulidade é *ab initio* (ou seja, *ex tunc*) e não a partir de sua invocação por alguma das partes. Isto quer dizer que o tratado é nulo desde a sua adoção, e não só desde o momento em que se descobriu a causa de nulidade. Mas se, todavia, tiverem sido praticados *atos* em virtude desse tratado, dispõe o § 2º do mesmo art. 69 que: *a*) cada

---

[468] STF, ADIn 1625, rel. Min. Maurício Corrêa, voto-vista do Min. Dias Toffoli, julg. 19.05.2023 a 26.05.2023 em Plenário Virtual, *DJe* 06.06.2023. Veja-se também a ADC 39/DF, rel. Min. Dias Toffoli, julg. 09.06.2023 a 16.06.2023 em Plenário Virtual, *DJe* 23.06.2023.

[469] *V.* Taslim Olawale Elias. Problems concerning the validity of treaties, cit., pp. 405-411; e Mark Eugen Villiger, *Commentary on the 1969 Vienna Convention on the Law of Treaties*, cit., pp. 856-875 (arts. 69 e 70) e pp. 886-891 (art. 72).

parte pode exigir de qualquer outra o estabelecimento, na medida do possível, em suas relações mútuas, do *status quo ante*, ou seja, exigir que se retroceda à situação que teria existido se esses atos não tivessem sido praticados; e que *b*) os atos praticados de boa-fé, antes da invocação da nulidade, devem ser mantidos (ou seja, não serão tornados ilegais pelo simples motivo da nulidade do tratado). Nos casos previstos pelos arts. 49, 50, 51 ou 52, esse § 2º do art. 69 não se aplica com relação à parte a que é imputado o dolo, o ato de corrupção ou a coação (art. 69, § 3º).

Diz ainda, por fim, a Convenção que o vício do consentimento de um determinado Estado em obrigar-se por um tratado *multilateral* afeta tão somente as relações jurídicas entre esse Estado com o consentimento viciado e as demais partes no acordo, e não as relações entre estas partes (art. 69, § 4º). É esse, aliás, um dos motivos (já falamos *supra*) pelos quais *erra* a Convenção de Viena ao nominar a Seção 2 da sua Parte V (em que o tema dos *vícios do consentimento* se encontra) de *Nulidade de Tratados*, visto que de nulidade dos atos internacionais não se cuida, tanto que continuarão a ser normalmente aplicados entre as demais partes.

Em relação às consequências da *extinção* de um tratado, dispõe a Convenção que a menos que o tratado disponha ou as partes acordem de outra forma, a extinção de um tratado, nos termos das disposições deste ou da Convenção: *a*) libera as partes de qualquer obrigação de continuar a cumprir o tratado; e *b*) não prejudica qualquer direito, obrigação ou situação jurídica das partes, criados pela execução do tratado antes de sua extinção (art. 70, § 1º). E a Convenção ainda completa que, se um Estado denunciar um tratado multilateral ou dele se retirar, o § 1º do mesmo artigo se aplica às relações entre esse Estado e cada uma das partes no tratado, a partir da data em que produza efeito essa denúncia ou retirada (art. 70, § 2º).

Por derradeiro, dispõe o art. 72 da Convenção sobre as consequências da *suspensão da execução* de um tratado. Para o referido dispositivo, a não ser que o tratado disponha ou as partes acordem de outra forma, a suspensão da execução de um tratado, nos termos das disposições deste ou da própria Convenção: *a*) libera as partes, entre as quais a execução do tratado seja suspensa, da obrigação de cumprir o tratado nas suas relações mútuas durante o período da suspensão; e *b*) não tem outro efeito sobre as relações jurídicas entre as partes, estabelecidas pelo tratado (§ 1º). Durante o período de suspensão (diz ainda o art. 72) as partes devem abster-se de praticar atos capazes de obstruir o reinício da execução do tratado (§ 2º).

24. A questão dos memorandos de entendimento (MOUs). Depois de estudado todo o Direito dos Tratados tal como regulado pela Convenção de Viena sobre o Direito dos Tratados de 1969, cabe agora um breve estudo sobre a questão sempre atual dos chamados "memorandos de entendimento", conhecidos pela sigla inglesa "MOUs" (*Memorandum of Understanding*), que são acordos mais formais que os conhecidos *gentlemen's agreements*.[470] Tais ajustes apareceram na prática diplomática no início do século XX, após o fim da Primei-

---

[470] Cf. Arnold Duncan McNair. *The law of treaties*, cit., p. 15; John H. McNeill, International agreements: recent U.S.-UK practice concerning the Memorandum of Understanding, in *American Journal of International Law*, vol. 88, nº 4 (October 1994), pp. 821-826; Jan Klabbers, *The concept of treaty in international law*, cit., pp. 15-25; e Anthony Aust, *Modern treaty law and practice*, cit., pp. 26-46.

Parte I • Cap. V • DIREITO DOS TRATADOS | **283**

ra Guerra Mundial, quando então se percebeu que muitos assuntos da pauta internacional (vários deles não jurídicos) seriam demasiado prejudicados se versados por tratados, dado o longo processo de celebração dos instrumentos internacionais formais. Em decorrência disso, a diplomacia multilateral fomentou gradativamente a prática desses "entendimentos" entre as potências, os quais têm sido, hoje, largamente utilizados.

Frise-se, de antemão, que os MOUs podem ser utilizados tanto por Estados como por empresas ou organizações não governamentais. Mas evidentemente que os MOUs que agora serão estudados são aqueles concluídos apenas *por Estados* soberanos. Não interessa ao Direito dos Tratados estudar os MOUs celebrados por entidades que não detêm a qualidade de *sujeitos* do Direito Internacional Público. Portanto, tudo o que abaixo se falará sobre os MOUs diz respeito à sua celebração por Estados (também não se descarta, logicamente, a sua celebração por organizações interestatais).

O estudo deste tema caberia bem no item relativo ao conceito de tratado internacional (item nº 4, *supra*) ou no da terminologia dos tratados (item nº 5, *supra*). Em um ou outro lugar seria possível analisar os MOUs e concluir que tais documentos não se revestem da roupagem própria de *tratados*, da mesma forma que quando se estudou os atos unilaterais dos Estados concluiu-se que alguns documentos que os agentes do Estado assinam em nome deste – a exemplo das *cartas de intenções* (*lettres d'intentions/letters of intentions*) enviadas ao Fundo Monetário Internacional para um possível levantamento de dinheiro junto ao Fundo[471] – também não pertencem a tal categoria jurídica e, portanto, não compõem o rol das *fontes* do Direito Internacional Público (*v*. Capítulo IV, Seção II, item nº 5, *supra*). A diferença dos memorandos de entendimento (MOUs) para as cartas de intenções dirigidas ao FMI (estamos citando as cartas de intenções apenas como *um* exemplo, entre tantos outros, de documentos que não podem ser tidos como *fontes* do direito das gentes) está apenas no número de partes: nas segundas apenas há a assinatura de *um* Estado (por isso a discussão de se tratar ou não de um ato *unilateral* seu – e já vimos que de ato unilateral não se trata), enquanto nos primeiros *dois ou mais* Estados os concluem.[472] Também não se confundem os MOUs com os "acordos de cavalheiros" (*gentlemen's agreements*), não obstante alguns governos os colocarem dentro da mesma qualificação jurídica.[473] Para nós, é equivocado equiparar os MOUs aos *gentlemen's agreements*, uma vez que estes últimos são concluídos em nome *pessoal* do chefe de Estado e sua obrigatoriedade repousa sobre a *honra* pessoal deste, o que não acontece no caso dos MOUs, que são celebrados *em nome do Estado mesmo*. De qualquer forma, o que importa demonstrar aqui é que em termos técnico-jurídicos a resposta para todos esses casos é a mesma: não se trata de *acordos* internacionais e, por isso, não há falar-se que são *fontes* do Direito Internacional Público.

---

[471] Para detalhes sobre a natureza jurídica das cartas de intenções ao FMI, *v*. Valerio de Oliveira Mazzuoli, *Natureza jurídica e eficácia dos acordos* stand-by *com o FMI*, cit., pp. 191-194.

[472] Frise-se que no Direito Privado dos EUA a expressão "carta de intenção" (*letter of intent*) pode ser sinônima de "memorando de entendimentos", caso seja assinada pelas duas partes. Não é técnico, porém, nominar de *carta de intenção* um documento bilateral (a "intenção" deve ser de *uma parte* para com a outra, como ocorre com aquelas dirigidas ao FMI, e não das duas partes concomitantemente). Em documentos bilaterais a expressão mais adequada é sempre "memorando de entendimento".

[473] Cf. John H. McNeill. International agreements: recent U.S.-UK practice concerning the Memorandum of Understanding, cit., p. 822.

Dados os problemas jurídicos que suscitam, preferiu-se versar a questão desses "memorandos de entendimento" neste tópico em apartado, depois de estudado o Direito dos Tratados na Convenção de Viena de 1969. A nossa intenção aqui será demonstrar o porquê de não serem os MOUs tratados internacionais e, portanto, fontes do direito das gentes. Alguns motivos nos levam à confirmação dessa assertiva, quais sejam:

a) A redação dos memorandos. A prática atual dos Estados na redação dos MOUs está a indicar sua intenção de não concluir um acordo formal. Tal pode ser visto no texto desses memorandos, que evitam o uso de linguagem contratual. Assim, em vez de expressões como "os Estados *aceitam*" ou "os Estados *firmam*", utilizam-se nos MOUs termos como "os Estados *entendem possível*" ou "os Estados *têm a intenção de*" etc. Em língua inglesa, quando se pretende escapar ao qualificativo de uma *obrigação* troca-se o verbo auxiliar modal *shall* (que implica obrigatoriedade) pelo verbo auxiliar modal mais adequado *may* (cuja conotação é de mera observância). Também em vez de *shall* utiliza-se o termo menos imperativo *will*. De qualquer forma, o que fica claro da leitura de um MOU é que nele se pretende evitar o uso de linguagem com conotação contratual.[474]

O mesmo se dá nas operações junto ao Fundo Monetário Internacional, nos já referidos arranjos *stand-by*. Em sua primeira manifestação sobre a natureza jurídica desses arranjos, o Fundo pretendeu deixar claro que qualquer "linguagem de conotação contratual" deve ser evitada em sua redação.[475] Apesar de o comando dessa normativa dizer respeito à *redação* dos documentos que integram a operação *stand-by*, a instrução que ele fornece baseia-se no *caráter* desses instrumentos, o que demonstra que o desejo do Fundo é o de não celebrar acordo (tratado) internacional com o país-membro quando aprova um *stand-by arrangement*.

Em suma, há que se ter atenção na *linguagem* de determinados acordos, que muitas vezes podem não ser tratados internacionais (como no caso dos MOUs) quando se afere a vontade das partes de *não criar obrigações jurídicas* no documento firmado.

b) Inexistência de aprovação parlamentar. Diferentemente do que ocorre com os tratados internacionais, no caso dos MOUs não há qualquer aprovação (*referendum*) parlamentar antes de sua conclusão pelo governo. Esta é considerada uma grande vantagem da celebração de um MOU, uma vez que os parlamentos têm demorado um tempo considerável para a análise e aprovação dos atos internacionais em geral. Essa falta de submissão dos MOUs aos parlamentos é também indicativa da vontade do governo de não assumir uma obrigação formal. Como se sabe, a falta de referendo parlamentar em um ato internacional não é capaz de modificar a sua natureza jurídica. Por isso é que há *tratados* que não são (apesar de que deveriam ser) submetidos ao crivo do Poder Legislativo. Porém, no caso dos MOUs a falta de manifestação congressual dá-se em virtude de sua matéria (objeto do "entendimento" entre os Estados) estar sob a alçada das atribuições privativas do Poder Executivo. Frise-se, porém, nada impedir ser um MOU aprovado pelo Parlamento, tal como foi o firmado em 2003 entre Brasil e Peru sobre cooperação em matéria de proteção e vigilância da Amazônia (*v. infra*). Não presentes os requisitos do art. 2º, § 1º, alínea *a*, da Convenção de Viena de 1969, não será *tratado*.

---

[474] Cf. John H. McNeill. Idem, ibidem; e Anthony Aust, *Modern treaty law and practice*, cit., p. 27.
[475] *V.* Decisão do FMI nº 2603-(68/132), aprovada em 20.09.1968, parágrafo 7º.

Parte I · Cap. V · DIREITO DOS TRATADOS | **285**

c) Falta de registro nas Nações Unidas. Os MOUs podem ter ainda a vantagem da confidencialidade, não existente (a rigor) nos tratados internacionais (à exceção dos acordos bélicos). Nos tratados internacionais em geral, após sua conclusão é de rigor que sejam *registrados* e *publicados* pelo Secretariado das Nações Unidas, nos termos do que dispõe o art. 102, §§ 1º e 2º, da Carta da ONU, sob pena de não se poder "invocar tal tratado ou acordo perante qualquer órgão das Nações Unidas" (*v.* item nº 13, *supra*). Na prática das relações internacionais os MOUs não têm sido registrados no Secretariado da ONU, salvo raríssimas exceções,[476] que ocorrem mais por falta de conhecimento do Estado (que não entendem muito bem o que é e o que não é propriamente um *tratado*) que por vontade de concluir um acordo jurídico vinculante. Mas aqui duas observações devem ser feitas: *a*) o *registro* de algo que *não seja* propriamente um *tratado* (como um MOU) não confere ao documento esse qualificativo jurídico (caso em que tal registro valerá apenas como meio de *publicidade* do ato, ao que se presume que o governo que o registrou não almeja confidencialidade); e *b*) a *falta de registro* de um *tratado* propriamente dito não lhe retira a validade (apenas o impede de ser reclamado perante qualquer órgão das Nações Unidas, em especial a CIJ). Ninguém duvida, contudo, que a falta de registro no Secretariado da ONU é um enorme indício da intenção das partes de não concluírem entre si um tratado.

d) Confidencialidade. Os governos preferem muitas vezes concluir MOUs em vez de tratados, exatamente pelo fato de os MOUs serem *confidenciais*. Como atos informais, eles não necessitam ser publicados. Os Estados *poderão* fazê-lo, caso pretendam veicular ao grande público o objeto do memorando, mas não estão obrigados a isso.[477] Como se sabe, quando se conclui um *tratado* esse instrumento deve ser publicado no *Diário do Congresso Nacional* (depois do referendo parlamentar) e no *Diário Oficial da União* (após sua ratificação). Não há qualquer exigência de publicação, em qualquer órgão de publicidade oficial, em relação aos MOUs. Assim, enquanto no que tange aos *tratados* a regra é a da publicidade, no que diz respeito aos *MOUs* a regra é a da confidencialidade. Sem dúvida que muitos MOUs são publicados, como já ocorreu no Brasil. Mas, ainda assim, a depender de certas cláusulas, fica impraticável ao público em geral conhecer as obrigações *de fundo* neles contidas, quando há previsão do tipo: "As Partes acordam em observar o princípio da confidencialidade, que garanta que os dados decorrentes do presente Memorando de Entendimento sejam de uso exclusivo das autoridades do Brasil e do Peru".[478]

e) Conclusão sobre a sua natureza jurídica. Em suma, tais memorandos de entendimento (MOUs) não passam de estipulações do gênero "non-binding agreements".[479] Ou

---

[476] *V.* alguns casos em Anthony Aust, *Modern treaty law and practice*, cit., p. 29, nota nº 15 (o autor cita *quatro* casos apenas). Por sua vez, John H. McNeill diz que "vários desses [memorandos de entendimentos] foram registrados pelos Estados Unidos nos termos do art. 102 da Carta", mas sem especificar quais, citando apenas um exemplo concreto (cf. International agreements: recent U.S.-UK practice concerning the Memorandum of Understanding, cit., p. 822, nota nº 2).

[477] Cf. Anthony Aust. *Modern treaty law and practice*, cit., pp. 35-37.

[478] Art. 7º do *Memorando de Entendimento entre os Governos da República Federativa do Brasil e da República do Peru sobre Cooperação em Matéria de Proteção e Vigilância da Amazônia*, celebrado em 2003 (aprovado pelo Decreto Legislativo nº 26, de 15.02.2006, e promulgado pelo Decreto nº 5.752, de 12.04.2006).

[479] Cf. James Crawford. *Brownlie's principles of public international law*, cit., p. 371.

seja, são intenções (de entendimentos) não vinculantes juridicamente. Evidentemente, sua realização é muito mais prática para os governos (em suas entabulações internacionais, especialmente bilaterais) que a de outra figura jurídica revestida de maior formalidade (como, *v.g.*, um tratado internacional). Seu caráter informal não lhe traz capacidade para vincular (juridicamente) o Estado à obrigação de cumprir o que ali se programou. Mas dizer que os MOUs não são *juridicamente* vinculantes não significa dizer que não exista qualquer sanção caso sejam descumpridos. Sanção haverá, mas não será *jurídica* (será *extrajurídica*, quase sempre *econômica* ou *política*, para além de *moral*).[480] Só não se pode dizer serem os MOUs tratados internacionais. Não sendo tratados – e, portanto, não sendo *fontes* convencionais do Direito Internacional Público –, a eles não se aplica a Convenção de Viena sobre o Direito dos Tratados de 1969.

SEÇÃO II – O DIREITO DOS TRATADOS NA CONVENÇÃO DE VIENA DE 1986

1. Introdução. A Convenção de Viena de 1969, como anteriormente já se deu notícia, versou apenas sobre o direito dos tratados *entre Estados*, nada dizendo a respeito dos tratados celebrados entre Estados e organizações internacionais ou entre organizações internacionais. Para regulamentar essa última matéria, ou seja, para disciplinar os tratados de que são partes as organizações internacionais, a Assembleia Geral da ONU, em 1969, sugeriu à CDI que empreendesse esforços no sentido de elaborar estudos sobre a questão. Decorridos 13 anos, a CDI aprovou o primeiro *draft* da Convenção sobre Direito dos Tratados entre Estados e Organizações Internacionais ou entre Organizações Internacionais, tendo sido designado relator especial dos trabalhos o Prof. Paul Reuter, da Universidade de Paris II.[481]

A Convenção de Viena sobre Direito dos Tratados entre Estados e Organizações Internacionais ou entre Organizações Internacionais, depois de longos debates, veio finalmente ser concluída em Viena, em 21 de março de 1986, por 67 votos a 1 e 23 abstenções. A mesma ainda não entrou em vigor internacional, por não ter atingido o *quorum* mínimo de 35 ratificações de Estados (nos termos do seu art. 85).

Muito já se estudou sobre a Convenção de Viena sobre o Direito dos Tratados de 1969, sendo grande a quantidade de trabalhos a ela dedicados, notadamente após a sua entrada em vigor internacional, em 1980. A Convenção de Viena de 1986, contudo, não tem gozado do mesmo prestígio entre os juristas, sendo poucos os estudos que sobre ela são versados. A importância de tal Convenção não é, porém, em nada menor que a de sua antecessora, de 1969. O número cada vez mais crescente de organizações internacionais que surgem no cenário internacional, principalmente depois da Segunda Guerra e da Guerra Fria, tem levado o Direito Internacional a dedicar-se ao estudo dos tratados internacionais de que tais organizações são partes, tratados esses que não se enquadram nas regras jurídicas da Convenção de 1969.

---

[480] V. Anthony Aust. *Modern treaty law and practice*, cit., pp. 45-46 (especialmente sobre as sanções *políticas* ao descumprimento dos MOUs).

[481] V. Geraldo Eulálio do Nascimento e Silva. The 1986 Vienna Convention and the treaty-making power of international organizations, in *German Yearbook of International Law*, vol. 29, Berlin, 1987, pp. 68-85; e Antônio Augusto Cançado Trindade, *Direito das organizações internacionais*, 2ª ed. rev. e atual., Belo Horizonte: Del Rey, 2002, pp. 199-251.

Esta Seção apresentará sumariamente alguns aspectos da Convenção de Viena de 1986 que merecem ser destacados, lembrando o leitor que o estudo que se fez da Convenção de 1969 há de ser todo aproveitado quando se deseja entender a celebração de tratados envolvendo organizações internacionais.

2. Histórico e situação atual da Convenção de 1986. A origem histórica da codificação do Direito dos Tratados envolvendo organizações internacionais confunde-se com o próprio aparecimento de tais organizações no cenário internacional, quando então se percebeu que a capacidade internacional dessas entidades as levava inexoravelmente à condição de titulares do poder de celebrar tratados (*treaty-making power*). Desde a época da Liga das Nações o assunto é debatido, tendo as suas discussões se intensificado após o aparecimento da ONU, em 1945.[482]

Nos trabalhos preparatórios da Convenção de 1986 a ideia básica dos seus redatores era estabelecer não um *standard* universal para todas as organizações internacionais, que têm peculiaridades das mais diversas, mas "identificar e formular as regras necessárias à consolidação e desenvolvimento de uma prática com bases sólidas reconhecendo o valor jurídico dos tratados das organizações internacionais, independentemente dos traços especiais que possam caracterizar cada organização".[483]

Nas discussões para a elaboração da Convenção de 1986 deve-se destacar a participação do Brasil, que foi representado pelo Embaixador Geraldo Eulálio do Nascimento e Silva, que já havia chefiado a delegação brasileira à 2ª Sessão da Conferência de Viena de 1969, e pelo Prof. Antônio Augusto Cançado Trindade, então Consultor Jurídico do Itamaraty.[484]

Após a conclusão da Convenção houve um número significativo de assinaturas, principalmente entre 1986 e 1987, as quais foram seguidas de ratificações ao longo dos anos. Tem sido grande o esforço das Nações Unidas para implementar o *quorum* mínimo de 35 ratificações estatais necessárias para que a Convenção entre em vigor no plano internacional (nos termos do seu art. 85). Atualmente (dezembro de 2022), faltam apenas duas ratificações de Estados para que a Convenção entre em vigor internacionalmente. A ratificação da Convenção por organizações internacionais não conta para fins de *quorum* para a sua entrada em vigor. Das organizações internacionais que já ratificaram a Convenção, além das Nações Unidas (que a ratificou em 21 de dezembro de 1998), podem ser citadas: a Agência Internacional de Energia Atômica (AIEA), a Organização da Aviação Civil Internacional (OACI), a Organização da Polícia Criminal Internacional (INTERPOL), a Organização Internacional do Trabalho (OIT), a Organização Marítima Internacional (OMI), a União Internacional de Telecomunicações (UIT), a Organização para a Proibição de Armas Químicas (OPAQ), a Comissão Preparatória para a Organização do Tratado de Interdição Completa de Ensaios Nucleares (CTBTO), a Organização das Nações Unidas para a Educação, a Ciência e a Cultura (UNESCO), a Organização das Nações Unidas para o Desenvolvimento Industrial (ONUDI), a União Postal Universal (UPU), a Organização Mundial da Saúde (OMS), a

---

[482] *V.* Maurício da Costa Carvalho Bernardes (*et al.*). A Convenção de Viena de 1986 sobre direito dos tratados entre Estados e organizações internacionais e entre organizações internacionais: estado atual da matéria no direito internacional público, in *A nova dimensão do direito internacional*, Antônio Augusto Cançado Trindade (org.), Brasília: Instituto Rio Branco, 2003, pp. 175-176.

[483] *V. Yearbook of the International Law Commission*, vol. II (1974), Part One, p. 143.

[484] O parecer desse Consultor Jurídico, sobre a posição do Brasil relativamente à Convenção de Viena de 1986, encontra-se estampado nos *Pareceres dos Consultores Jurídicos do Itamaraty*, vol. VIII (1985-1990), Antônio Paulo Cachapuz de Medeiros (org.), Brasília: Senado Federal, 2004, pp. 210-236.

Organização Internacional para a Propriedade Intelectual (OMPI) e a Organização Meteorológica Mundial (OMM). Nos termos do art. 85, § 3º, da Convenção, "para cada organização internacional que depositar um instrumento relativo a um ato de confirmação formal ou um instrumento de adesão, a Convenção entrará em vigor no trigésimo dia depois desse depósito ou na data em que a Convenção entrar em vigor de acordo com o parágrafo 1º, se esta for posterior".

No Brasil, a Convenção de Viena de 1986 foi aprovada pelo Congresso Nacional pelo Decreto Legislativo nº 155, de 8 de dezembro de 2022, estando pendente de ratificação até o presente momento (dezembro de 2022).

3. Similitude entre as convenções de 1969 e de 1986. Nas discussões para a elaboração da Convenção de 1986 chegou-se ao consenso de estruturá-la nos moldes da Convenção de 1969, o que é facilmente perceptível para quem manuseia ambas as convenções, que têm a mesma ordem de dispositivos, na sua maior parte idênticos (vejam-se os 72 primeiros artigos das duas convenções). O que a Convenção de 1986 fez em tais dispositivos foi apenas acrescentar a referência às "organizações internacionais" quando a Convenção de 1969 se refere a "Estados". A diferença entre as disposições de uma e outra Convenção aparece somente (no texto de 1986) no ponto relativo à capacidade das organizações internacionais para concluir tratados.[485]

Nos termos do art. 3º da Convenção de 1986, "o fato de a presente Convenção não se aplicar: i) a acordos internacionais nos quais são partes um ou mais Estados, uma ou mais organizações internacionais e um ou mais sujeitos de Direito Internacional que não são Estados ou organizações; ii) a acordos internacionais nos quais são partes uma ou mais organizações internacionais e um ou mais sujeitos de Direito Internacional que não são Estados ou organizações; iii) a acordos internacionais em forma não escrita entre um ou mais Estados e uma ou mais organizações internacionais, ou entre organizações internacionais; ou iv) a acordos internacionais entre sujeitos de Direito Internacional que não são Estados ou organizações internacionais; não prejudicará: *a*) o valor jurídico desses acordos; *b*) a aplicação a esses acordos de quaisquer regras enunciadas na presente Convenção às quais estariam submetidos em virtude do Direito Internacional, independentemente da referida Convenção; e *c*) a aplicação da Convenção às relações entre Estados e organizações internacionais ou às relações entre as organizações entre si, reguladas em acordos internacionais em que sejam igualmente partes outros sujeitos de Direito Internacional".

Esses "outros sujeitos de Direito Internacional" são novidade na Convenção de 1986, que acabou por incorporar as modernas tendências do direito das gentes na regulação do Direito dos Tratados a envolver organizações interestatais, fazendo com que os acordos internacionais concluídos pelos *novos sujeitos* do Direito Internacional encontrem suporte jurídico quando entrar em vigor a Convenção.[486]

4. Capacidade das organizações internacionais para concluir tratados. A capacidade das organizações internacionais para concluir tratados vem expressa no art. 6º da Convenção de 1986, que regulou a matéria, mas sem atribuir às organizações internacionais o caráter absoluto

---

[485] Cf. Maurício da Costa Carvalho Bernardes (*et al.*). A Convenção de Viena de 1986 sobre direito dos tratados entre Estados e organizações internacionais e entre organizações internacionais: estado atual da matéria no direito internacional público, cit., pp. 178-179.

[486] Cf. Maurício da Costa Carvalho Bernardes (*et al.*). Idem, pp. 179-181.

(na celebração de tratados) que a Convenção de Viena de 1969 atribuiu aos Estados.[487] Mas é certo que mesmo antes do advento dessa normativa internacional a melhor doutrina (tal como Lord McNair) já admitia a capacidade das organizações internacionais para concluir tratados.[488]

O art. 6º da Convenção de 1986 – segundo o qual "a capacidade de uma organização internacional para concluir tratados é regida *pelas regras da organização*" – relativizou o poder dessas organizações para celebrar tratados, dando-lhes uma *capacidade mínima* para tanto. Em outras palavras, a capacidade das organizações internacionais para celebrar tratados ficou *limitada* pelas próprias regras organizacionais previstas em seus estatutos constitutivos. Ou seja, é a vontade *dos Estados* criadores da organização que *determina* o alcance da sua *competência* para celebrar tratados, quando da elaboração das *regras* da organização.[489] São tais *regras* que atribuem, então, à respectiva organização internacional a capacidade para concluir tratados. A própria Convenção de 1986, no art. 2º, § 1º, alínea *j*, define o que deve ser entendido por "regras da organização": tais regras significam, especialmente, os *atos constitutivos*, as *decisões* e *resoluções* adotadas de acordo com eles e o *procedimento* vigente da organização. Assim, entendeu a Convenção que a capacidade das organizações internacionais para celebrar tratados deriva dos seus próprios estatutos, do direito peculiar à organização, não havendo uma regra uniforme para todas as organizações no que tange à matéria.

A não padronização do direito relativo à capacidade das organizações internacionais para celebrar tratados decorreu da impossibilidade de dar-se tratamento jurídico idêntico a organizações internacionais absolutamente diferentes, tanto em sua estrutura quanto em seu âmbito de atuação. Daí a solução do relator especial Paul Reuter em se buscar uma fórmula suficientemente flexível, relativa à capacidade das organizações internacionais, que pudesse "cobrir todas as soluções possíveis e respeitar a grande diversidade" entre elas.[490]

5. Alguns tratados abrangidos pela Convenção de 1986. São várias as possibilidades de aplicação da Convenção de Viena de 1986. Nosso objetivo, aqui, é listar alguns exemplos práticos dessa aplicação. De acordo com um estudo atual a respeito do tema,[491] é possível destacar alguns tipos de acordos aos quais se aplica a Convenção de 1986, quais sejam:

a) Acordos de sede. Os chamados *acordos de sede* são tratados internacionais concluídos entre a organização internacional em causa e um Estado que se dispõe em abrigar a *sede da organização*.[492] Por meio deles se estabelecem os *locais* das sedes das organizações, que não ficarão impedidas de instalar fora daí suas agências especializadas, em relação às quais novo acordo é exigido com as outras potências estrangeiras que as abrigarão. Tome-se o exemplo

---

[487] V., para pormenores, José H. Fischel de Andrade, O *treaty-making power* das organizações internacionais, in *Revista de Informação Legislativa*, ano 32, nº 128, Brasília: Senado Federal, out./dez./1995, pp. 95-105.

[488] V. Arnold Duncan McNair. *The law of treaties*, cit., pp. 50-52.

[489] Cf. Antonio Remiro Brotons. *Derecho internacional público*, vol. 2, cit., p. 57.

[490] V. *Yearbook of the International Law Commission*, vol. II (1974), Part One, pp. 149-150.

[491] V., por tudo, Maurício da Costa Carvalho Bernardes (*et al.*), A Convenção de Viena de 1986 sobre direito dos tratados entre Estados e organizações internacionais e entre organizações internacionais, cit., pp. 188-195, em quem nos fundamentamos.

[492] Sobre o tema, *v.* Philippe Cahier, *Étude des accords de siège conclus entre les organisations internationales et les États où elles résident*, Milano: Giuffrè, 1959, 449p.

seguinte: a sede principal da ONU é em Nova York, mas a mesma mantém o seu escritório em Genebra (Suíça) e a sua Corte Internacional de Justiça na Haia (Países Baixos).

b) Acordos sobre privilégios e imunidades. Nos acordos de sede normalmente já vêm inseridas regras sobre os privilégios e imunidades das organizações internacionais no território do Estado anfitrião. Os acordos sobre privilégios e imunidades das organizações internacionais são acordos normalmente complementares aos acordos de sede, nada impedindo, porém, que os mesmos sejam concluídos autonomamente quando da participação de funcionários da organização em missões temporárias ou em localidades em que a organização não tenha uma sede permanente. São vários os privilégios e imunidades concedidos às organizações interestatais por meio de tais acordos, a exemplo dos relativos à inviolabilidade do local da sede da missão, inclusive seus bens, dos ligados à imunidade de jurisdição e execução, privilégios fiscais e tributários, que isentam a organização do pagamento de determinadas taxas ou impostos no território do Estado onde se encontra etc.

c) Acordos para a instalação de órgãos vinculados à organização em Estados. São também exemplos de tratados concluídos entre organizações internacionais e Estados os relativos à instalação de órgãos vinculados à organização em Estados. Por meio de acordos dessa natureza é que na década de 1990 foram criados, por deliberação do Conselho de Segurança da ONU, com a participação e voto favorável do Brasil, dois tribunais de direito internacional humanitário de caráter não permanente: um instituído para julgar as atrocidades praticadas no território da antiga Iugoslávia desde 1991, e outro para julgar as violações de direitos humanos de idêntica gravidade perpetrados em Ruanda, tendo sido sediados, respectivamente, na Holanda e na Tanzânia.[493]

d) Acordos para a realização de encontros e promoção de cooperação entre organizações internacionais. Os acordos para a realização de encontros e promoção de cooperação entre organizações internacionais são tratados firmados pelas organizações interessadas (às quais têm, normalmente, finalidades e objetivos complementares) a fim de promover encontros com outros organismos internacionais para tratar de assuntos de seu interesse, normalmente envolvendo cooperação entre elas. Destaque-se, aqui, os acordos concluídos pela OIT com outros organismos internacionais, a exemplo da Organização da Aviação Civil Internacional (OACI), com o fim de promover encontros em que funcionários ligados ao ramo de atividade da organização em causa (no caso, trabalhadores da aviação civil) buscam alternativas para problemas comuns.

e) Acordos para a realização de conferências de organizações internacionais em Estados. Um derradeiro exemplo de tratado possível de ser concluído por uma organização internacional é o firmado para a realização de *conferências* das organizações internacionais em Estados. Tanto a ONU como seus organismos especializados (de que são exemplos o FMI, o BIRD, a OIT e a OMC) têm firmado tratados dessa espécie com Estados que servem de anfitrião para a realização das conferências de tais organismos. Em matéria ambiental, colhem-se exemplos no mundo todo de conferências de organizações internacionais realizadas em diversos Esta-

---

[493] Sobre esses tribunais, *v.* Valerio de Oliveira Mazzuoli, *Tribunal Penal Internacional e o direito brasileiro,* cit., pp. 29-30.

Parte I • Cap. V • DIREITO DOS TRATADOS | 291

dos. Tais acordos têm caráter precário (não obstante sua enorme complexidade material) e só vigoram enquanto a conferência se prolongar no território do Estado.

Estudadas as Convenções de Viena de 1969 e 1986, cabe agora investigar a processualística constitucional de celebração de tratados no Brasil.

SEÇÃO III – PROCESSUALÍSTICA CONSTITUCIONAL DE CELEBRAÇÃO DE TRATADOS NO BRASIL

1. Introdução. Para além de um procedimento *internacional* de celebração de tratados (regulado pelas convenções de Viena de 1969 e 1986), existe ainda uma processualística *interna* de conclusão dos atos internacionais.[494] Os Estados são responsáveis em manter, dentro de seu Direito interno, um sistema de integração das normas internacionais por eles mesmos subscritas. Essa processualística ou vem disciplinada em lei ou regulada pelo texto constitucional, sendo esse último o caso do Brasil. Trata-se então de estudar a competência dos poderes constituídos para a celebração de tratados – conhecida na expressão inglesa por *treaty-making power*[495] – e a sistemática de incorporação desses mesmos instrumentos na ordem jurídica brasileira.[496]

Historicamente, dentro da doutrina absolutista, o Poder Executivo (então chamado de *Soberano*) sempre foi considerado o órgão supremo das relações internacionais. O Monarca, que encarnava em si a figura do Estado, possuía o chamado *jus representationis omnimodae*, ou seja, a personificação do poder estatal absoluto. Contudo, com o passar dos tempos, variações de ordem política (nascidas com a vitória da revolução burguesa em França) passaram a *limitar* a competência do Executivo no que tange ao poder de celebrar tratados. À sua vontade passou-se a conjugar o assentimento do Poder Legislativo, surgindo então a divisão interna dos poderes do Estado no intuito de democratizar o processo de conclusão de tratados.[497] Assim, passou a ser próprio das democracias a consulta dos tratados aos Parlamentos, mesmo nos países de sistema de governo presidencialista, firmando-se a tese de que a conjugação de vontades do Executivo e do Legislativo é sempre necessária para que o tratado passe a valer como ato jurídico perfeito. Por esse motivo é que, embora a participação do Legislativo

---

494 V., a propósito, Arnold Duncan McNair, *The law of treaties*, cit., pp. 58-77.

495 A expressão *treaty-making power* foi utilizada textualmente, pela primeira vez, por Henry Wheaton, na obra *Elements of International Law* (em 2 vols.), publicada originalmente em 1836. Sobre o assunto, *v.* ainda Hans Blix, *Treaty-making power*, London: Stevens & Sons, 1960, 414p.

496 V., por tudo, Antônio Paulo Cachapuz de Medeiros, *O poder de celebrar tratados...*, cit., pp. 339-473. Cf. também, Guido Fernando Silva Soares, The treaty-making process under the 1988 Federal Constitution of Brazil, in *Chicago-Kent Law Review*, vol. 67, nº 2 (1991), pp. 495-513; Valerio de Oliveira Mazzuoli, O poder legislativo e os tratados internacionais: o *treaty-making power* na Constituição brasileira de 1988, in *Revista Forense*, vol. 355, Rio de Janeiro, mai./jun./2001, pp. 119-142; e Rodrigo d'Araujo Gabsch, *Aprovação de tratados internacionais pelo Brasil: possíveis opções para acelerar o seu processo*, Brasília: Fundação Alexandre de Gusmão, 2010, pp. 43-122.

497 V. João Hermes Pereira de Araújo. *A processualística dos atos internacionais*, cit., p. 147. Como destaca esse mesmo internacionalista: "Grande preocupação dos novos legisladores foi, sem dúvida, a política internacional, ante os espectros das guerras dinásticas, dos acordos secretos e de todo o aparato da diplomacia absolutista. Esta preocupação dever-se-ia refletir logicamente na processualística de tratados e convenções a fim de se limitarem os poderes até então incontestados do soberano" (Idem, ibidem).

no processo de conclusão de tratados democratize as relações internacionais, impedindo o arbítrio do Executivo na condução da política externa, não há Estados em que o poder de celebrar tratados seja exercido com exclusividade pelo Parlamento.[498]

A disciplina da participação do Poder Legislativo nos negócios exteriores do Estado encontrou o seu reinício, modernamente, nas Constituições americana de 1787 e francesa de 1791. De fato, a primeira estabeleceu, em seu art. II, seção 2, cláusula 2ª, que o Presidente "terá o poder, após consulta e consentimento do Senado, de concluir tratados, na condição de haver maioria de dois terços dos senadores presentes". Trata-se do primeiro texto constitucional a estabelecer o controle das relações exteriores pelo Poder Legislativo, não obstante ele mesmo ser seguidamente interpretado no sentido de permitir a conclusão de outros atos internacionais (que não se enquadram na expressão inglesa *treaties*, correspondente à nossa expressão *tratados*) pela vontade unilateral do Executivo, independentemente de qualquer manifestação parlamentar, quando o ajuste concluído for um mero *agreement* (ou seja, mero *acordo*, cujo significado, na prática norte-americana – que, nesse ponto, faz tábula rasa do conceito de tratado positivado na Convenção de Viena de 1969 –, é oposto àquilo que se entende por *tratado*, único instrumento a demandar ali o assentimento do Senado). Foi, todavia, com os ideais constitucionais e democráticos da Revolução Francesa que o controle pelo Legislativo dos atos internacionais se desenvolveu. Por proposta de Mirabeau, a Constituição francesa de 1791 agasalhou a ideia de que à manifestação do Executivo deveria somar-se o assentimento do Legislativo. De fato, a Carta francesa de 1791, por meio do seu art. 3°, Seção 1ª, Capítulo III, dizia ser "da competência do Corpo Legislativo ratificar os tratados de paz, de aliança e de comércio; e nenhum tratado terá efeito senão por meio desta ratificação"; lia-se, por sua vez, no seu art. 3°, Seção 3ª, Capítulo IV, competir "ao Rei decretar e assinar com quaisquer potências estrangeiras todos os tratados de paz, de aliança e de comércio, e outras convenções que julgar necessárias ao bem do Estado, por meio de ratificação do Corpo Legislativo".[499] A intervenção do Parlamento nos assuntos de política externa também se firmou nas sucessivas constituições francesas: a girondina, a de 1793, a do ano III e a do ano VIII.

Como se denota, a partir desses dois textos constitucionais, o americano e o francês, o controle legislativo das relações exteriores passa a ter grande influência na condução da política externa por parte do Poder Executivo, modificando sobremaneira a prática de conclusão de tratados no cenário mundial. Rompe-se com o período anterior em que predominava o absolutismo e no qual a prerrogativa para a celebração de tratados era de competência exclusiva do Monarca. Pelo fato deste último personalizar o Estado, não havia motivo para que os seus atos fossem aprovados por qualquer poder. A partir das revoluções americana e francesa passaram a ser introduzidos nas Constituições certos "dispositivos internacionais", que se desenvolveram e findaram por formar o que Mirkine-Guetzévitch denominou de *Direito Constitucional Internacional*, consistente num conjunto de regras constitucionais cujo

---

[498] Cf. João Grandino Rodas. A constituinte e os tratados internacionais, cit., pp. 43-44; e José Francisco Rezek, Parlamento e tratados: o modelo constitucional do Brasil, in *Revista de Informação Legislativa*, ano 41, n° 162, Brasília: Senado Federal, abr./jun./2004, pp. 121-122.

[499] Apenas frise-se uma impropriedade técnica nos dispositivos acima citados, no sentido de que o Corpo Legislativo *ratifica* tratados. Como veremos mais à frente, os Parlamentos *não ratificam* tratados internacionais, pois a ratificação é ato próprio (exclusivo) do governo, não sendo poucos os autores que ainda se confundem na utilização dessa expressão.

conteúdo tem significado e eficácia internacionais.[500] Entre várias fases processuais, inseriu-se então a chamada *fase legislativa*, que passou a ter lugar *depois* da assinatura e precisamente *antes* da ratificação, condicionando esta última ao aceite do tratado pelo Parlamento.[501] Esse fato, por sua vez, contribuiu para impulsionar o processo de democratização das relações internacionais, que se afirmou no decorrer do século XIX.[502]

Os textos constitucionais que sobrevieram à Carta francesa, e em decorrência dela, passaram a ser de duas modalidades: *a)* aqueles que submetem ao crivo do Parlamento todo e qualquer acordo internacional, como é (em princípio) o caso do texto constitucional brasileiro de 1988; e *b)* aqueles outros que dispõem expressamente quais tratados necessitam do referendo parlamentar e quais dispensam tal aprovação (sistema da *lista positiva* ou da *enumeração limitada*). Esse último sistema, chamado de *sistema belga*, pois nascido com a Constituição belga de 1831, também foi posteriormente adotado na França e exemplos se encontram até os dias atuais.[503] No sistema francês em vigor (art. 53 da Constituição de 4 de outubro de 1958), são apenas alguns os tratados que devem ser submetidos à aprovação parlamentar, sendo eles os tratados de paz, os de comércio, os relativos à organização interna, os que afetem as finanças do Estado, os que modifiquem disposições de natureza legislativa, os relativos ao estado das pessoas e os que impliquem em cessão, permuta ou anexação de território, os quais, segundo a Constituição francesa, "não poderão ser ratificados ou aprovados a não ser em virtude de uma lei". Na mesma linha encontrava-se a Constituição brasileira de 1824 (à época do Império), a venezuelana (de 1961) e a peruana (de 1979).

O certo é que, até os dias atuais, a disciplina da matéria relativa ao referendo legislativo dos tratados internacionais não tem apresentado grandes variações formais, tendo se estabilizado também no constitucionalismo brasileiro, não obstante alguns complicadores do nosso sistema constitucional relativos ao conteúdo material de alguns tratados, que, segundo parte da doutrina, dispensam aprovação parlamentar, como se verá a seguir.

2. A Constituição brasileira de 1988 e o poder de celebrar tratados. Os documentos internacionais que o governo assina em nome da República são, no plano do Direito interno brasileiro, objeto de um tratamento complexo, que, no âmbito dos Poderes da União, dá-se por atos do Executivo e do Legislativo, em colaboração de um com o outro.[504] O exame das Constituições brasileiras republicanas, sob a ótica da dinâmica dos tratados no âmbito do nosso Direito interno, demonstra a existência de um escasso número de dispositivos sobre o assunto, bem como uma grande semelhança, tanto formal como substancial, entre dispositivos das várias Constituições do Brasil. Desde a Primeira República, até os dias atuais, o sistema adotado pelo Brasil no que tange à matéria, consagra a participação do Poder Legislativo no

---

[500]   V. Boris Mirkine-Guetzévitch. Droit international et droit constitutionnel, in *Recueil des Cours*, vol. 38 (1931-IV), pp. 307-465.

[501]   Cf. João Hermes Pereira de Araújo. *A processualística dos atos internacionais*, cit., p. 148.

[502]   Cf. Celso D. de Albuquerque Mello. *Ratificação de tratados...*, cit., pp. 81-85.

[503]   Sobre o chamado sistema belga, *v.* Antônio Paulo Cachapuz de Medeiros, *O poder de celebrar tratados...*, cit., pp. 101-112.

[504]   Cf. Estevão Rezende Martins. A apreciação de tratados e acordos internacionais pelo Congresso Nacional, in *A incorporação das normas internacionais de proteção dos direitos humanos no direito brasileiro*, 2ª ed., Antônio Augusto Cançado Trindade (ed.), San José, Costa Rica/Brasília: IIDH (*et al.*), 1996, p. 263.

processo de conclusão de tratados, não tendo havido, de lá para cá, profundas modificações nos textos constitucionais brasileiros.

A competência para celebrar tratados foi intensamente discutida na Assembleia Constituinte de 1987 a 1988. Por um imperdoável lapso do legislador, no encerramento dos trabalhos, a Comissão de Redação não foi fiel à vontade do Plenário e provocou o surgimento de dois dispositivos aparentemente antinômicos: os arts. 84, inc. VIII, e 49, inc. I.[505] Tais dispositivos assim dispõem, respectivamente:

"Art. 84. Compete privativamente ao Presidente da República:

(...)

VIII – celebrar tratados, convenções e atos internacionais, sujeitos a referendo do Congresso Nacional;"

"Art. 49. É da competência exclusiva do Congresso Nacional:

I – resolver definitivamente sobre tratados, acordos ou atos internacionais que acarretem encargos ou compromissos gravosos ao patrimônio nacional;"

Da leitura dos artigos transcritos é possível perceber que a vontade do Executivo, manifestada pelo Presidente da República, não se aperfeiçoará enquanto a decisão do Congresso Nacional sobre a viabilidade de se aderir àquelas normas não for manifestada, no que se consagra, assim, a colaboração entre o Executivo e o Legislativo na conclusão de tratados internacionais.

Todas as Constituições brasileiras, à exceção da Constituição do Império de 1824, deixaram de listar, em qualquer de seus dispositivos, as matérias sujeitas à aprovação parlamentar. Em outros sistemas, como geralmente ocorre nos países parlamentaristas, ao contrário, a aprovação do tratado está afeta a matérias específicas estabelecidas pela Constituição (sistema da *lista positiva* ou da *enumeração limitada*). É o que ocorre com a Constituição francesa de 1958, que, não obstante preceituar em seu art. 52, que ao Presidente da República incumbe negociar e ratificar os tratados internacionais, também dispõe, no art. 53 já anteriormente referido, que os tratados de paz, os de comércio, os relativos à organização interna, aqueles que obrigam as finanças do Estado, aqueles que alteram disposições de índole legislativa, os relativos ao estado das pessoas e os que implicam cessão, troca ou acréscimo de território, só podem por lei ser aprovados, podendo os demais serem, simplesmente, ratificados pelo Presidente da República, independentemente de aprovação parlamentar.

Durante muito tempo, notadamente a partir da entrada em vigor da Constituição de 1946, a doutrina brasileira discutiu o assunto relativo à necessidade de serem *todos* os atos internacionais firmados pelo Brasil submetidos à apreciação do Congresso Nacional. Essa discussão, que não é apenas brasileira, evidencia a necessidade que vêm tendo os textos constitucionais contemporâneos de amenizar a participação dos parlamentos no processo de celebração de tratados, notadamente em face do progresso das relações internacionais e da vulgarização de acordos internacionais de importância reduzida.[506] Parte da doutrina, encabeçada pelo Prof. Haroldo Valladão, entendia que ao Congresso Nacional caberia aprovar todo e qualquer ato

---

[505] Para detalhes, *v.* Antônio Paulo Cachapuz de Medeiros, *O poder de celebrar tratados...*, cit., pp. 339-382.
[506] Cf. João Hermes Pereira de Araújo. *A processualística dos atos internacionais*, cit., p. 149.

internacional concluído pelo Poder Executivo, uma vez que a expressão *tratado* é genérica e não fizeram as Constituições brasileiras distinção entre as suas possíveis espécies.[507] Outros internacionalistas já reconheciam como válidos alguns acordos internacionais produzidos tão somente pelo Executivo, levando em conta a prática interna e internacional a respeito, notadamente aquela norte-americana.[508] Dessa última corrente era filiado o Embaixador Hildebrando Accioly, para quem existia a possibilidade de se concluir acordos internacionais sem a aprovação do Congresso Nacional. Para Accioly, a *pedra de toque* para a resolução do assunto não era a *forma* do ato, mas sim a *matéria* versada no tratado. Dizia ele: "Se a matéria sobre que versa o tratado é da competência exclusiva do Poder Legislativo, está claro que o aludido ato não se pode tornar válido sem a aprovação legislativa; e, se depende de tal aprovação, deve ser submetido à ratificação".[509] Segundo o referido publicista, independeriam de aceitação formal do Poder Legislativo os seguintes atos:

a) os acordos sobre assuntos que sejam de competência privativa do Poder Executivo;

b) os concluídos por agentes ou funcionários que tenham competência para tanto, sobre assuntos de interesse local ou de importância restrita;

c) os que simplesmente consignam a interpretação de cláusulas de um tratado já vigente;

d) os que decorrem, lógica e necessariamente, de algum tratado vigente e são como que o seu complemento;

e) os de *modus vivendi*, na medida em que objetivam apenas deixar as coisas no estado em que se encontram, ou estabelecer simples bases para futuras negociações;

f) os de ajuste para a prorrogação de um tratado, antes que este expire; e

g) as chamadas *declarações de extradição*, isto é, as promessas de reciprocidade, em matéria de extradição.

---

[507] V. Haroldo Valladão. Aprovação de ajustes internacionais pelo Congresso Nacional, in *Boletim da Sociedade Brasileira de Direito Internacional*, Rio de Janeiro, jan./dez./1950, p. 95 e ss.; Vicente Marotta Rangel, A Constituição brasileira e o problema da conclusão dos tratados internacionais, in *Problemas Brasileiros*, nº 31, São Paulo: Conselho Regional do Serviço Social do Comércio, out./1965, p. 11 e ss.; Afonso Arinos de Melo Franco, Poder legislativo e política internacional, in *Estudos de direito constitucional*, Rio de Janeiro: Forense, 1957, p. 257 e ss.; Pontes de Miranda, *Comentários à Constituição de 1946*, 2ª ed., vol. II, São Paulo: Max Limonad, 1946, p. 404; Themistocles Brandão Cavalcanti, *A Constituição federal comentada*, vol. II, Rio de Janeiro: José Konfino, 1952, p. 127 e ss.; e Carlos Maximiliano, *Comentários à Constituição brasileira*, 5ª ed., Rio de Janeiro: Freitas Bastos, 1954, p. 242 e ss.

[508] Cf., nesse sentido, Hildebrando Accioly, A ratificação e a promulgação dos tratados em face da Constituição Federal brasileira, in *Boletim da Sociedade Brasileira de Direito Internacional*, nº 7, Rio de Janeiro, jan./jun. 1948, pp. 5-11; Levi Carneiro, Acordo por troca de notas e aprovação pelo Congresso Nacional, in *Boletim da Sociedade Brasileira de Direito Internacional*, nºs 13/14, Rio de Janeiro, jan./dez./1951, p. 129 e ss; e João Hermes Pereira de Araújo, *A processualística dos atos internacionais*, cit., pp. 160-173. V. também, a esse respeito, João Grandino Rodas, *Tratados internacionais*, cit., p. 29; e Celso D. de Albuquerque Mello, *Direito constitucional internacional: uma introdução*, cit., p. 288.

[509] Hildebrando Accioly. A ratificação e a promulgação dos tratados em face da Constituição Federal brasileira, cit., pp. 6-8.

Accioly fundamentava o seu posicionamento fazendo referência à prática norte-americana dos "acordos do executivo", que cobrem assuntos dos mais importantes e cuja validade não se subordina à aprovação do Senado americano. Defendia ainda que a Constituição de 1934 e a de 1946, ao eliminarem a palavra "ajustes", que figurava na Carta de 1891, restringiram a área de atuação do Poder Legislativo. A análise do problema deveria, então, levar em conta a matéria versada no acordo: se o "ato" for de competência do Poder Executivo, segundo a Constituição, ele como tal pode ser objeto exclusivo de um acordo do executivo.[510]

Combatendo a tese firmada por Accioly, o Prof. Haroldo Valladão, na condição de Consultor Jurídico do Itamaraty, em *Parecer* à consulta formulada pelo então Ministro das Relações Exteriores Raul Fernandes, sobre a necessidade de aprovação legislativa de um acordo de pagamentos concluído com a França, lecionou no sentido de que é inaceitável que tratados que não dependem de ratificação sejam imunes à aprovação congressual, visto que isso importaria em pedir ao Direito Internacional a solução de um problema de exegese constitucional. Para ele, o maior ou menor poder que o governo de um Estado tem para negociar e assinar atos internacionais é assunto típico do Direito interno, que escapa da alçada do Direito Internacional. Asseverava, ainda, que o Brasil é signatário da Convenção de Havana sobre Tratados, de 1928, que impõe a absoluta necessidade de ratificação para *todos* os tratados internacionais, sem exceção [*v.* art. 5º da Convenção de Havana]. Finalizou dizendo que a regra norte-americana (citada por Accioly) seria inaplicável no Brasil, uma vez que a nossa Constituição [referia-se ele à Carta de 1891, art. 48, nº 16] não distinguiu, como fez o constituinte americano, entre *tratados* e *ajustes de menor importância*, dizendo apenas "ajustes, convenções e tratados", sujeitando-lhes todos ao crivo do Poder Legislativo, condição *sine qua non* para a sua validade e consequente eficácia no âmbito da soberania interna. A única exceção admitida pelo Prof. Haroldo Valladão seria a relativa aos "pactos estipulados por chefes militares, nos limites de suas atribuições".[511]

Em face dessas ponderações, Accioly replicou argumentando principalmente que já na vigência da Carta de 1891 concluíram-se acordos internacionais sem a aprovação do Congresso, consoante evidenciava o *Código das Relações Exteriores*, publicado em 1900. Considerou injustificado o argumento de que os constituintes brasileiros tiveram por vontade subordinar o Executivo ao Legislativo, visto que mesmo em países de regime parlamentar é ao Chefe da Nação ou do Governo que cabe a condução da política exterior. Asseverava que não há na doutrina e jurisprudência internacionais princípio tendente à absoluta necessidade de serem ratificados, sem exceção, todos os tratados. Seriam exemplos de exceção ao princípio da absoluta necessidade de ratificação os chamados *acordos em forma simplificada*, que passam a vigorar a partir da assinatura. Segundo ele, até mesmo a Convenção de Havana de

---

[510] *V.* Hildebrando Accioly. Ainda o problema da ratificação dos tratados, em face da Constituição Federal Brasileira, in *Boletim da Sociedade Brasileira de Direito Internacional*, nº 11/12, Rio de Janeiro, jan./dez./1950, pp. 95-108.

[511] *V.* Haroldo Valladão. Aprovação de ajustes internacionais pelo Congresso Nacional, cit., pp. 95-108. Corroboraram a tese de Valladão, escrevendo sob a égide do texto constitucional de 1946: Afonso Arinos de Melo Franco, Poder legislativo e política internacional, cit., p. 257 e ss.; Pontes de Miranda, *Comentários à Constituição de 1946*, vol. II, 2ª ed., cit., p. 404; Vicente Marotta Rangel, A Constituição brasileira e o problema da conclusão dos tratados internacionais, cit., p. 11 e ss.; e Themistocles Brandão Cavalcanti, *Constituição Federal comentada*, vol. II, cit., p. 127 e ss. Ambos os autores sustentaram a necessidade de todo e qualquer acordo internacional ser aprovado pelo Poder Legislativo, sem qualquer exceção.

Parte I • Cap. V • DIREITO DOS TRATADOS | 297

1928 admite o princípio contrário, pois estipula que "os tratados vigorarão desde a troca ou depósito das ratificações, salvo se, por cláusula expressa, outra data tiver sido convencionada" [v. art. 8º]. Finalmente, insistia Accioly na tese da *razoabilidade* da competência privativa: sendo a matéria de competência específica do Poder Executivo, não haveria porque, depois de aprovado o acordo, devesse o mesmo passar pelo crivo do Poder Legislativo, a fim de colocá-lo em vigor. Para ele, o costume já de muitos anos – ainda que se pretenda estabelecido *extra legem* – sempre foi o de não ser exigível a aprovação do Parlamento para certos atos internacionais, como demonstram a corrente moderna e a melhor doutrina.[512]

Apesar de todas essas divergências doutrinárias, o certo é que a prática do Ministério das Relações Exteriores brasileiro, assim como a opinião de vários dos seus consultores jurídicos, sempre seguiu a tendência apontada por Accioly. João Hermes Pereira de Araújo, por exemplo, entendia que o fato de inexistir nas Constituições brasileiras posteriores à de 1891 as palavras "sempre" e "ajustes", que dela constavam, criou condições para a superveniência de uma norma consuetudinária *extra legem* capaz de dar lugar a uma interpretação larga, no sentido de que os atos internacionais de menor importância estariam dispensados de aprovação pelo Poder Legislativo. Não lhe pareceu que o texto constitucional fosse de uma rigidez tal que impedisse qualquer exceção, estando a evidenciar tal fato o grande número de atos internacionais concluídos pelo Brasil sem a participação do Parlamento. Estar-se-ia, então, diante de um dos casos comuns no Direito Internacional, e raros em nosso Direito Público, de uma norma de origem *costumeira*.[513] Esse posicionamento encontra, inclusive, defensores europeus do porte de Paul Reuter, o qual, fazendo alusão às Constituições latino--americanas, diz conterem estas últimas regras constitucionais tão rígidas – como parece ser o caso dos seguidos textos constitucionais brasileiros – que tornam a celebração de tratados impraticável.[514]

A controvérsia ainda mais se intensificou com a redação do texto constitucional de 1967, cuja Carta referia-se a "tratados, convenções e atos internacionais", servindo de base para que Haroldo Valladão reafirmasse sua opinião acerca da impossibilidade de aprovação de qualquer tipo de ato internacional sem a aprovação do Congresso Nacional.[515] Rezek, nesse sentido, já asseverava que defender a convalidação de atos internacionais desprovidos de toda forma de consentimento parlamentar com base na existência de um costume internacional, como fizeram Accioly e Pereira Araújo, passa a ser um exercício *contra legem* e não mais *extra legem*, como era no Brasil republicano anterior a 1967. Segundo Rezek, não se pode compreender a formação de um "costume constitucional *contra a letra da Constituição*", o que é incompreensível por contrariar a lógica jurídica. Nem mesmo é indubitável ter

---

[512]   *V.* Hildebrando Accioly. Ainda o problema da ratificação dos tratados, em face da Constituição Federal Brasileira, cit., pp. 20-23.

[513]   *V.* João Hermes Pereira de Araújo. *A processualística dos atos internacionais*, cit., pp. 168-169. E este mesmo internacionalista assim conclui: "Em vista destes argumentos, parece-me perfeitamente defensável não só a possibilidade constitucional, como a existência, entre nós, de uma regra consuetudinária, segundo a qual, dentro do critério da competência privativa dos poderes do Estado, os atos internacionais que versam matéria da atribuição do Poder Executivo prescindem do *referendum* do Congresso Nacional" (Idem, pp. 172-172).

[514]   Paul Reuter. *Introducción al derecho de los tratados*, cit., p. 33.

[515]   Cf. Haroldo Valladão. Necessidade de aprovação pelo Congresso Nacional de acordo internacional, in *Boletim da Sociedade Brasileira de Direito Internacional*, nºs 49/50, Rio de Janeiro, jan./dez./1969, p. 111 e ss. *V.*, ainda, João Grandino Rodas, *Tratados internacionais*, cit., pp. 39-40.

existido o elemento psicológico do costume, muito discutível, aliás, pois o simples silêncio frente às publicações oficiais não perfaz a *opinio juris*, além do que, vez por outra, ocorreram manifestações contrárias à prática. Criticou também a opinião daqueles que argumentam a prática dos acordos executivos em vista da necessidade de decisões rápidas, concluindo que a eventual demora na aprovação por parte do Legislativo decorre ou da pouca importância do objeto do acordo ou da indiferença do próprio Poder Executivo. Assim, abstraindo a obscura referência aos "acordos sobre assuntos que sejam de competência privativa do Poder Executivo", e àqueles "concluídos por agentes ou funcionários que tenham competência para tanto, sobre assuntos de interesse local ou de importância restrita" (primeira e segunda categorias arroladas por Accioly[516]), entende Rezek – nos termos do atual texto constitucional brasileiro – que tais compromissos concluídos sem o abono congressual podem convalidar-se somente nas outras três hipóteses colocadas por Accioly, ou seja: 1) nos casos em que tais acordos "simplesmente consignam a interpretação de cláusulas de um tratado já vigente"; 2) quando "decorrem, lógica e necessariamente, de algum tratado vigente e são como que o seu complemento", e finalmente; 3) quando são *modus vivendi*, entendendo-se como tais aqueles "que têm em vista apenas deixar as coisas no estado em que se encontram ou estabelecer simples bases para futuras negociações". Nesses casos, o fundamento de validade de tais ajustes seria encontrado no próprio texto constitucional. Na primeira e na terceira hipóteses, tais tratados não seriam mais que o desempenho do dever diplomático de entender adequadamente um tratado concluído mediante endosso do Parlamento; trata-se, aqui, dos acordos executivos como expressão da diplomacia ordinária (ou seja, que estão "circunscritos na rotina diplomática"), cuja permissão para sua conclusão encontra fundamento no inc. VII do art. 84 da Constituição de 1988, segundo o qual compete privativamente ao Presidente da República "manter relações com Estados estrangeiros...", a exemplo do que ocorre nos *acordos de trégua* e assemelhados, no *cessar fogo*, no acordo para *preservação de certas áreas*, ou para *troca de prisioneiros*, além de outras tratativas a cargo de comandos militares (que, entretanto, não se confundem com os acordos de *celebração da paz*, os quais a Constituição faz depender

---

[516] A segunda categoria (da qual não se extraem mais do que exemplos avulsos) é tão obscura que sequer tem importância discuti-la em abstrato. Nesse sentido, *v.* José Francisco Rezek, *Direito dos tratados*, cit., p. 310. Em relação à primeira ("acordos sobre assuntos que sejam de competência privativa do Poder Executivo"), um breve comentário merece ser tecido. Não é pelo fato de o Executivo ter competência para baixar decretos regulamentares, com exclusividade, no plano do Direito interno, que poderia agir na órbita internacional com poderes idênticos, ainda que em assuntos em tudo similares. No plano interno, o direito que tem o Executivo de tomar certas decisões *sponte sua* encontra arrimo em lei. E tal lei, que é elaborada pelo Poder Legislativo, poderá mudar de um momento a outro, caso em que os decretos anteriormente editados pelo Presidente da República perderão por completo o seu valor. Daí já se vê ser perigoso levar o mesmo raciocínio aplicado no âmbito interno, em paralelo, para o plano do Direito Internacional, pois mesmo que a competência executiva sobre as matérias possíveis de serem negociadas por meio de tratados estivesse prevista em lei, restaria ainda a possibilidade de o Congresso mudar (ou revogar etc.) essa mesma lei. De sorte que não é pelo fato de poder o Presidente editar decretos sobre matérias de sua competência que poderá celebrar tratados internacionais relativos à mesma matéria, sem o abono do Congresso Nacional. A título conclusivo, o exemplo formulado por Rezek é bastante interessante: "O Presidente da República, por sua singular autoridade constitucional, nomeia e destitui livremente os ministros de Estado, bem como exerce o comando supremo das forças armadas. Ninguém, contudo, o estimará por isso autorizado a celebrar acordos executivos, por hipótese, com o Equador e com a Santa Sé, partilhando temporariamente aquele comando supremo, e condicionando a escolha e a dispensa de ministros ao parecer da Cúria Romana" (*Direito dos tratados*, cit., pp. 311-313).

Parte I • Cap. V • DIREITO DOS TRATADOS | 299

o Presidente da República de aprovação ou referendo do Congresso, nos termos do art. 84, inc. XX). Mas Rezek alerta para o fato de que esses acordos somente serão legitimáveis, à luz do inc. VII do art. 84 da Constituição, se presentes dois caracteres indispensáveis: a *reversibilidade* (pelo qual tais acordos devem ser desconstituíveis por vontade unilateral, expressa em comunicação à outra parte, sem delongas – ao contrário do que seria normal em caso de denúncia) e a *preexistência de cobertura orçamentária* (ou seja, tais acordos devem depender, única e exclusivamente, dos recursos orçamentários *alocados às relações exteriores*, e nunca de outros). Na segunda hipótese do rol de Accioly (tratados que "decorrem, lógica e necessariamente, de algum tratado vigente e são como que o seu complemento"), a justificativa de Rezek é no sentido de que haveria uma antecipação do consentimento do Congresso, que já está ciente, no momento da aprovação do acordo principal, de que poderá haver novos tratados (acordos executivos) como subproduto do tratado anterior (nada impedindo que essa fórmula seja rejeitada expressamente no decreto legislativo aprobatório, como ocorreu no Acordo básico de cooperação Brasil-Líbia, onde se estabeleceu que "todas as emendas ou alterações introduzidas no texto referido no artigo anterior só se tornarão eficazes e obrigatórias para o País após a respectiva aprovação pelo Congresso Nacional").[517]

Contudo, a prática brasileira dos acordos em forma simplificada, concluídos sem a autorização expressa e específica do Poder Legislativo em suas várias modalidades, é bastante intensa no Brasil, como demonstram os inúmeros acordos concluídos pelo nosso país dessa maneira. Houve proposta da Subcomissão da Nacionalidade, da Soberania e das Relações Internacionais, à égide de elaboração da Constituição de 1988, no sentido de regulamentar o problema em sede constitucional. Os incisos VI e VIII do art. 26 do articulado proposto diziam competir privativamente ao Presidente da República "negociar e celebrar tratados e outros compromissos internacionais quando autorizados por lei ou por tratado anterior, submetendo-os, nos demais casos, à aprovação do Congresso Nacional, antes de ratificá-los"; e também "comunicar ao Congresso Nacional o teor de todos os tratados e compromissos negociados sem necessidade de autorização prévia do Poder Legislativo", o que se faria em consonância com o art. 28, no prazo de até *três meses* a partir da conclusão do tratado.

A Constituição brasileira de 1988, inovando em relação às Cartas anteriores, coloca dentro da esfera de competência exclusiva do Congresso Nacional o poder de também decidir definitivamente (além dos *tratados*) sobre os *acordos* e os *atos* internacionais (art. 49, inc. I). Como quer parecer, a discussão relativa à aprovação pelo Parlamento dos acordos em forma simplificada, parece ter encontrado seu termo com o advento do atual texto constitucional brasileiro. Entretanto, mesmo com a mudança de redação dos dispositivos da Constituição de 1988, diversos juristas brasileiros ainda mantêm a opinião de que os acordos executivos são plenamente admissíveis no Brasil e dispensam o referendo do Congresso Nacional.[518] E, além disso, mesmo com a atual redação da Constituição de 1988, é de se reconhecer que já existe uma prática diplomática formada, à margem da letra do texto constitucional, pela

---

[517] V., por tudo, José Francisco Rezek, Parlamento e tratados: o modelo constitucional do Brasil, cit., pp. 130-138; a mesma lição já era defendida, por esse mesmo internacionalista, à égide da Constituição anterior, no seu *Direito dos tratados*, cit., pp. 306-325.

[518] Cf., nesse sentido, Guido Fernando Silva Soares, The treaty-making process under the 1988 Federal Constitution of Brazil, cit., pp. 506-507; e José Francisco Rezek, *Direito internacional público...*, cit., pp. 62-64.

qual o Executivo conclui vários tipos de acordos, sem o assentimento do Poder Legislativo, com a consequente subtração do poder popular.[519] O problema, como se percebe, é bastante dificultoso. Ao passo que existe norma constitucional fechada para tais tipos de acordos, existe também a preocupação em determinar qual a orientação que melhor atenderá aos interesses do Brasil no cenário internacional. Tal prática costumeira *extra legem*, ademais, é empregada – para além de países como os Estados Unidos da América – em vários países latino-americanos, como Argentina, Chile, Bolívia, Colômbia, México, Paraguai, Uruguai e Venezuela.[520] O certo é que, sem ignorar o comando constitucional, deve-se buscar fundamento melhor aos acordos em forma simplificada, que a singela pseudopreocupação com os interesses do Brasil no exterior. A doutrina que defende a plena possibilidade de tais acordos entre nós certamente melhor se fundamenta na atual tendência de atenuar o rigor da regra constitucional (que manda submeter ao crivo do Parlamento *todos* os tratados internacionais celebrados pelo Estado brasileiro) em prol de uma menor avalanche de tratados que, excessivamente, onera o Poder Legislativo, dando causa a um verdadeiro *backlog* de tratados à espera de aprovação.[521] Daí se admitir tenha a Constituição brasileira atual (de 1988) aceitado exceções ao princípio da obrigatoriedade do *referendum* legislativo para todos os tratados, exceções estas baseadas naquele costume *extra legem* (que, contudo, não pode tornar-se *contra legem*) já anteriormente citado.

Enfim, essa flexibilização constitucional, permissiva da conclusão dos acordos em forma simplificada, vem ao encontro dos princípios contemporâneos do Direito Internacional Público (em especial, o da *solidariedade internacional*). Hoje em dia, como destaca Reuter, a vida internacional (baseada na solidariedade) requer que, em determinadas circunstâncias, sejam certos acordos celebrados e aplicados rapidamente, tornando impraticáveis as normas constitucionais rígidas de submissão de *todos* os atos internacionais à referenda legislativa.[522]

A solução para o problema talvez esteja em a Constituição determinar as hipóteses de cabimento dos acordos em forma simplificada, bem como os casos em que ficaria dispensada a manifestação do nosso Parlamento Federal em relação a determinados acordos empreendidos pelo Executivo (utilizando-se, assim, do chamado *sistema belga*, já anteriormente comentado). Mas enquanto isso não acontece, ou seja, enquanto não se modifica o texto constitucional, sem embargo de não mais se poder obstar a proliferação de tais acordos, deve-se ponderar em (*a*) preferir a letra do texto constitucional, que submete *todos* os tratados, acordos ou atos internacionais ao crivo do Congresso Nacional, ou (*b*) valorizar a prática dos atos internacionais que vem sendo seguida (há muito tempo) pela diplomacia brasileira nessa seara. Percebe-se bem a abrangência proposital da atual Constituição brasileira (que afeta todo e qualquer tipo de ato internacional celebrado pelo governo) quando se leem os dispositivos que disciplinam caber ao Presidente da República e ao Congresso Nacional a soma de esforços relativa, respectivamente, à celebração de "tratados, convenções e atos internacionais"

---

[519] Cf. Antônio Paulo Cachapuz de Medeiros. *O poder de celebrar tratados...*, cit., p. 199.

[520] Para detalhes, *v.* João Hermes Pereira de Araújo, *A processualística dos atos internacionais*, cit., pp. 158-160.

[521] Cf. Geraldo Eulálio do Nascimento e Silva. Direito internacional no projeto de reforma da Constituição, in *Boletim da Sociedade Brasileira de Direito Internacional*, nos 43/44, Rio de Janeiro, jan./1966, pp. 13-14.

[522] Cf. Paul Reuter. *Introducción al derecho de los tratados*, cit., p. 33.

(art. 84, inc. VIII) e ao referendo dos "tratados, acordos ou atos internacionais" que tragam encargos ou compromissos gravosos ao patrimônio nacional (art. 49, inc. I), o que torna realmente difícil a posição do intérprete na ponderação de valores entre o texto constitucional e o referido costume *extra legem* já formado entre nós.

3. O relacionamento entre os poderes Executivo e Legislativo no processo de conclusão de tratados. De acordo com a Constituição de 1988, "compete à União manter relações com Estados estrangeiros e participar de organizações internacionais" (art. 21, inc. I). Mas apesar da clareza dessa disposição constitucional, não pode o exegeta confundir-se relativamente ao seu real significado, visto não ser a *União* mais que pessoa jurídica de Direito *interno*, jamais de Direito Internacional; pessoa jurídica de Direito Internacional é a *República Federativa do Brasil* e não a União, que é apenas um de seus componentes. Ao Presidente da República, por sua vez, é dada competência privativa para "celebrar tratados, convenções e atos internacionais, sujeitos a referendo do Congresso Nacional" (art. 84, inc. VIII). A expressão "*celebrar* tratados" conota desde as *negociações* até a *assinatura* do acordo, não querendo (e nem podendo) dizer respeito à sua *ratificação*, matéria de que a Constituição não trata. O Congresso, por sua vez, tem competência exclusiva para "resolver definitivamente sobre tratados, acordos ou atos internacionais que acarretem encargos ou compromissos gravosos ao patrimônio nacional" (art. 49, inc. I).

O certo é que, enquanto cabe ao Poder Executivo presidir a política externa do país, ao Legislativo cumpre exercer o controle dos atos executivos, uma vez que àquele incumbe a defesa da Nação no cenário internacional.[523] Por importar no comprometimento da soberania nacional, não pode o tratado produzir efeitos se não for seguido de aprovação pelo Congresso, que representa a vontade nacional. O Presidente da República, com a competência privativa que lhe dá a Carta Magna, age por direito próprio e não por delegação do Congresso Nacional.

Terminada a fase de negociação de um tratado, "o Presidente da República – que, como responsável pela dinâmica das relações exteriores, poderia não tê-la jamais iniciado, ou dela não ter feito parte, se coletiva, ou haver ainda, em qualquer caso, interrompido a participação negocial brasileira – está livre para dar curso, ou não, ao processo determinante do consentimento".[524] Estando satisfeito com o acordo celebrado, o Chefe do Poder Executivo *poderá* submetê-lo, quando melhor lhe pareça, ao crivo do Parlamento (por ser este representativo da vontade da Nação) para fins de referendo. Pode também determinar estudos mais aprofundados no âmbito do Executivo antes do envio do texto convencional ao Legislativo. Em caso de insatisfação com o produto de uma negociação bilateral ou coletiva – à exceção das convenções internacionais do trabalho,

---

[523] O Poder Executivo, por vezes, tenta subtrair do Poder Legislativo o controle interno dos atos internacionais, utilizando-se de alguns expedientes já bem conhecidos, como os acordos do executivo e as cláusulas de aceitação ou aprovação de tratados, aparecidas notadamente depois da Segunda Guerra, como destaca Celso de Albuquerque Mello: "Pode-se dizer que o Poder Executivo se utilizou de dois instrumentos para esvaziar o Poder Legislativo do controle das relações internacionais: a) os acordos do executivo que são aqueles que não necessitam de aprovação do Legislativo. É preciso salientar que não significa estarem eles sempre isentos de uma ratificação pelo Presidente. (…); b) a cláusula de aceitação ou de aprovação que surgiu em vários tratados institutivos de organizações internacionais após a 2ª Guerra Mundial. Os EUA introduziram a palavra 'aceitação' para evitar a aprovação do tratado pelo Senado. Assim ele não ratifica o tratado, ele o aceita. No Brasil, aceitação, aprovação ou ratificação não exime de aprovação pelo Legislativo" (*Direito constitucional internacional: uma introdução*, cit., p. 281).

[524] José Francisco Rezek. *Direito dos tratados*, cit., p. 325.

concluídas no âmbito da OIT, cujo tratado constitutivo (art. 19, nº 5, *b*) *obriga* a sua submissão à aprovação parlamentar[525] –, poderá ainda o Presidente da República mandar arquivá-lo.

O expediente de envio do tratado ao Congresso Nacional é preparado pelo Ministério das Relações Exteriores. São as comissões *ratione materiae*, ou os negociadores, que preparam o texto da *exposição de motivos* em que o Ministro das Relações Exteriores, depois de apresentar as razões que levaram o governo a assinar o tratado, justifica a necessidade de ratificação do mesmo, quando então solicita ao Presidente da República a sua submissão ao Poder Legislativo, na forma prevista pela Constituição. O Itamaraty, concomitantemente, prepara o texto da *mensagem presidencial* que submete o tratado ao Congresso, bem como um aviso ao Secretário da Câmara dos Deputados, encaminhando todo o expediente.[526]

O Congresso Nacional, por sua vez, quando chamado a se manifestar, materializa o que ficou resolvido sobre os tratados, acordos ou atos internacionais, por meio da elaboração de um *decreto legislativo* (CF, art. 59, inc. VI). Por meio desse instrumento o Congresso aprova o tratado no plano interno e, ato contínuo, autoriza o Presidente da República a ratificá-lo. Não há a edição de tal espécie normativa em caso de *rejeição* do tratado, caso em que apenas se comunica a decisão, mediante *mensagem*, ao Chefe do Poder Executivo. Entre os casos de desaprovação de tratados, não muito comuns, pode-se destacar, *v.g.*, o tratado argentino--brasileiro de 25 de janeiro de 1890, sobre a fronteira das Missões, rejeitado pelo Plenário do Congresso Nacional em 18 de agosto de 1891, por cento e quarenta e dois votos contra cinco.[527]

A partir da Constituição de 1946, abolindo a grande imprecisão existente no emprego do termo *decreto legislativo*, fixou-se, nos Regimentos Internos das Casas do Congresso, o uso da expressão para denominar aqueles atos da "competência exclusiva" do Poder Legislativo, ou seja, aqueles atos não sujeitos à sanção presidencial. O decreto legislativo, assim, é espécie normativa aprovada pelo Legislativo sobre matéria de sua exclusiva competência (CF, art. 49), como a aprovação de tratados internacionais e o julgamento das contas do Presidente da República. Um único decreto pode, inclusive, aprovar mais de um tratado; mas, se o tratado anteriormente aprovado e devidamente ratificado, for posteriormente denunciado, *novo* decreto legislativo se fará necessário em caso de nova aprovação do mesmo tratado.[528] No Brasil, os decretos legislativos de *referendum* de tratados não fazem menção *expressis verbis* à posterior ratificação, ao contrário do que ocorre em França, em que o decreto correspondente diz estar o Presidente da República "autorizado a ratificar o tratado" depois de sua edição.[529]

Sendo o decreto legislativo da competência exclusiva do Congresso Nacional, não está sujeito, repita-se, à sanção presidencial, sujeitando-se apenas à promulgação pelo Presidente do Senado. Aliás, são óbvios – no dizer de Francisco Campos – os motivos pelos quais a Constituição não faz depender da sanção do Presidente da República as resoluções votadas pelo Poder Legislativo. A inutilidade da sanção presidencial ou a sua inconveniência pode decorrer do fato de já haver o chefe de Estado manifestado sobre determinada matéria sua concordância, ou por constituir a mesma apenas uma aprovação a atos já praticados pelo

---

[525]   Sobre a obrigatoriedade de ratificação das convenções da OIT aprovadas pelo Congresso, *v.* com detalhes a Parte V, Capítulo II, Seção I, item nº 6.

[526]   *V.* João Hermes Pereira de Araújo. *A processualística dos atos internacionais*, cit., p. 182.

[527]   *V.* José Francisco Rezek. *Direito dos tratados*, cit., p. 333, de onde o exemplo foi extraído.

[528]   Cf. José Francisco Rezek. Idem, p. 334.

[529]   Cf. João Hermes Pereira de Araújo. *A processualística dos atos internacionais*, cit., pp. 181-182.

Presidente, ou, então, por se tratar de resoluções que se limitam a conceder ao Presidente uma autorização por ele próprio solicitada ao Poder Legislativo.[530]

Enfim, no que diz respeito ao Estado brasileiro, os tratados, acordos e convenções internacionais, para que sejam incorporados ao ordenamento interno, isto é, para que sejam ratificados e posteriormente promulgados, *necessitam* de prévia aprovação do Poder Legislativo, que exerce a função de controle e fiscalização dos atos do Executivo. Assim, visa-se atender à consideração de que os tratados têm, no mínimo, um *status* de lei interna, devendo, por isso, ser respeitados da mesma forma com que se respeita a legislação vigente no ordenamento doméstico. Por outro lado, o referendo do Parlamento aos tratados internacionais também atende ao disposto no art. 2º da Constituição, que diz serem independentes e harmônicos entre si, os Poderes Legislativo, Executivo e Judiciário. O Congresso Nacional, portanto, referenda o texto do tratado e *autoriza* (não obriga) o Chefe do Executivo a ratificá-lo, o que somente irá ocorrer (ou não, dependendo da vontade discricionária do Presidente) num momento posterior. Seria inteiramente ociosa a formalidade da ratificação se esta fosse um ato obrigatório (irrecusável) e não discricionário como tem que ser.[531] Tal significa que o Presidente, quando negocia e adota um tratado na cena internacional, engaja o país apenas potencialmente, eis que o instrumento ainda depende do *referendo* legislativo e de ulterior *ratificação*. São inúmeros os exemplos colhidos nos arquivos diplomáticos de tratados não ratificados, ou por perda do objeto jurídico, ou por falta de interesse da Nação no momento de sua ratificação, ou ainda por não ser oportuna a ratificação do acordo depois de anos de tramitação no Congresso Nacional, quando o mesmo já se tornou obsoleto.

O nosso Parlamento Federal, como se nota, também participa da política externa sem abalar a atuação do Executivo no cenário internacional. Também, nunca é demais recordar que a Constituição brasileira contém o seguinte dispositivo:

> "Art. 49. É da competência exclusiva do Congresso Nacional:
>
> XI – zelar pela preservação de sua competência legislativa em face da atribuição normativa dos outros Poderes".

A constatação de que o Poder Executivo é o responsável maior pela dinâmica das relações internacionais (mesmo em países de democracia parlamentar) não impede, em absoluto, que o Legislativo também exerça o seu papel, ainda que de caráter passivo, mas igualmente importante, nas relações exteriores. Daí se entender que o equilíbrio entre os dois Poderes da União que participam do processo de celebração de tratados (Executivo e Legislativo) é mais aparente que concreto, bastando visualizar o fato de que historicamente (notadamente nos regimes federativos) o Chefe do Executivo sempre foi o principal responsável pela condução dos negócios exteriores do Estado. Certamente, a atuação *direta* do Legislativo nos negócios internacionais causaria grandes inconvenientes ao dinamismo que demanda a política externa e outras ações diplomáticas, mas é impossível negar o direito do Congresso Nacional de *não referendar* os atos internacionais que entenda como *prejudiciais* ao interesse nacional.

A competência *ad referendum* do Congresso, esclareça-se, limita-se à *aprovação* ou *rejeição* do texto convencional tão somente, não sendo admissível qualquer interferência no

---

[530] Francisco Campos. *Direito constitucional*, vol. II, cit., p. 308.
[531] Cf. Clóvis Bevilaqua. *Direito público internacional...*, t. II, cit., pp. 22-23.

seu conteúdo. Não comporta, pois, emendas. O que poderá o Congresso fazer (já se viu na Seção I, item n° 9, letra *g*, deste Capítulo) é apresentar reservas. Concordando o Congresso com a assinatura do tratado internacional, por meio do decreto legislativo, dá-se carta branca ao Presidente da República para ratificar a assinatura já depositada, ou mesmo aderir se já não o tenha feito.

Esse sistema de aprovação congressual aos tratados internacionais, de que estamos tratando, foi adotado em inúmeros países do continente americano. Em outros Estados, certos tratados requerem aprovação congressual mediante a edição de *lei*, como é o caso da Alemanha, que disciplina a matéria no art. 59, § 2°, de sua Lei Fundamental, segundo o qual os "tratados que regulem as relações políticas da Federação ou se referem a matérias da legislação federal requerem a aprovação ou a participação, sob a forma de uma lei federal, dos órgãos competentes na respectiva matéria da legislação federal". Nesses casos, em que também se incluem, segundo o entendimento da doutrina alemã, os tratados de direitos humanos (por estarem eles relacionados às matérias sujeitas à legislação federal), somente com a edição da referida lei é que pode o Presidente da República ratificar o instrumento convencional e mandar publicar o seu texto sob a forma também de uma lei federal.

A aprovação parlamentar pode ser *retratada*, mas desde que o tratado não tenha sido ratificado. Se o tratado ainda não foi ratificado, é dizer, se ainda não houve o comprometimento definitivo do Estado no cenário internacional (não importando saber se o tratado já entrou em vigor internacionalmente ou não), o Congresso, por decreto legislativo mesmo, pode revogar igual diploma que tenha anteriormente aprovado o acordo.[532] O mesmo não poderá ocorrer (por violar todo o Direito Internacional Público) caso o consentimento do Estado tenha já se manifestado de forma definitiva.

Apesar de estar o *decreto legislativo* dentre as espécies normativas do art. 59 da Constituição, ou seja, sem embargo de estar compreendido no "processo legislativo", não tem ele o poder "de transformar o acordo *assinado* pelo Executivo em norma a ser observada, quer na órbita interna, quer na internacional".[533] Tal fato somente irá ocorrer com a posterior ratificação e promulgação (por meio de um decreto de execução) do texto do tratado pelo Chefe do Executivo. O que ocorre é que, dando a Carta Magna ao Presidente da República a competência privativa para celebrar tratados, e sendo ele (Presidente) o representante do Estado na órbita internacional, sua também deverá ser a última palavra em matéria de ratificação, quando somente então o Estado poderá ser considerado *definitivamente* engajado no compromisso em causa. A manifestação (*referendum*) do Congresso Nacional só ganha

---

[532] Cf. José Francisco Rezek. *Direito dos tratados*, cit., p. 335. Segundo informa Rezek, há um precedente a esse respeito: trata-se do Decreto Legislativo n° 20, de 1962, que revogou o anterior Decreto Legislativo n° 13, de 06 de outubro de 1959, que aprovou o Acordo de Resgate, assinado em 1956 entre os Governos do Brasil e da França (Idem, pp. 335-336).

[533] Mirtô Fraga. *O conflito entre tratado internacional e norma de direito interno...*, cit., p. 56. Precisa é a lição desta mesma autora, em relação ao decreto legislativo, *in litteris*: "Embora siga quase o mesmo processo destinado a gerar a lei, o decreto legislativo, que aprova o tratado, não pode ser a ela equiparado. A lei, em sentido estrito, é ato conjunto do Legislativo e do Executivo, isto é, exige a participação de ambos os Poderes, para converter-se em norma obrigatória depois de publicada. O decreto legislativo se distingue da lei pela matéria; por concluir-se com a aprovação, não sendo suscetível nem de sanção, nem de veto; por ser promulgado pelo Presidente do Senado (...)" (*Op. cit.*, pp. 57-58).

Parte I • Cap. V • DIREITO DOS TRATADOS | **305**

foros de definitividade quando *desaprova* o texto do tratado a ele submetido, caso em que o Presidente da República ficará impedido de prosseguir na conclusão do acordo, ratificando-o. De sorte que não é da edição do decreto legislativo que os tratados internacionais passam a ter vigência no ordenamento interno brasileiro, mas sim em face de sua posterior *ratificação* (e consequente *promulgação*) pelo Presidente da República, a quem compete, privativamente, celebrar tratados, convenções e atos internacionais (CF, art. 84, inc. VIII).[534] A ratificação é imprescindível para que um tratado possa ser aplicado internamente, mesmo porque a vigência interna de um compromisso exterior depende da *anterior* vigência internacional do ato, só alcançada por meio dela. Não se concebe, pois, que um ato internacional comece a obrigar internamente antes de obrigar internacionalmente, mesmo que o Estado ratifique e promulgue o tratado antes dessa data.[535]

A Constituição brasileira de 1988, quando disciplinou a competência dos poderes constituídos para a celebração de tratados, nos seus arts. 49, inc. I ("É da competência exclusiva do Congresso Nacional: I – resolver definitivamente sobre tratados, acordos ou atos internacionais que acarretem encargos ou compromissos gravosos ao patrimônio nacional") e 84, inc. VIII ("Compete privativamente ao Presidente da República: VIII – celebrar tratados, convenções e atos internacionais, sujeitos a referendo do Congresso Nacional"), o fez em vista apenas das duas primeiras etapas do processo comum de conclusão de acordos internacionais, quais sejam, a *assinatura* (subentendida na expressão "*celebrar* tratados...") e a *aprovação congressual*, não tendo disciplinado as demais fases subsequentes (*ratificação* e *troca* ou *depósito* de seus instrumentos), no que andou bem o nosso legislador constitucional em não se imiscuir em assuntos de interesse externo. Assim, não é por que a Constituição não tratou da *ratificação* – que, como já visto, é ato de interesse eminentemente *externo* – que se deve entender que com a aprovação congressual do tratado, o mesmo já está apto a gerar efeitos internamente. Para que isto ocorra, deve o instrumento internacional começar a vigorar internacionalmente primeiro.

---

[534] V. João Hermes Pereira de Araújo. *A processualística dos atos internacionais*, cit., p. 251, para quem: "O fato de ter sido o tratado aprovado por decreto legislativo não o exime da promulgação, uma vez que um ato aprovado poderá nunca entrar em vigor, pois, se a aprovação legislativa condiciona a ratificação, não a torna obrigatória e, muito menos, pode ter efeito junto à outra parte contratante que, até o momento da troca de ratificações, é livre de o fazer".

[535] Cf. André Gonçalves Pereira & Fausto de Quadros. *Manual de direito internacional público*, cit., p. 111. Veja-se, a propósito, a precisa lição de Francisco Campos, nestes termos: "(...) não se poderia conceber que um ato internacional começasse a obrigar internamente, antes de obrigar internacionalmente. Um tratado, com efeito, só pode obrigar a um dos Estados, quando obriga, igualmente, ao outro, e como a obrigatoriedade ou a vigência dos tratados só começa pela troca de ratificações, claro é que a publicação interna do ato de ratificação do mesmo por uma das partes contratantes não pode gerar para ela ou dentro dos limites do seu território a vigência ou obrigatoriedade de um tratado, que só passará a obrigar depois de trocados entre as partes contratantes os respectivos instrumentos de ratificação. Seria inconcebível, com efeito, que um contrato, antes de concluído ou aperfeiçoado em todos os seus elementos, já valesse ou obrigasse como contrato. O tratado internacional só se torna perfeito no instante e no lugar em que se realiza a troca ou o depósito das ratificações. Antes de perfeito ou de completo, um contrato não obriga, nem é ainda contrato. E, a admitir-se a esdrúxula teoria, ter-se-ia de aceitar que, ocorrendo em momentos diferentes e, às vezes, separados por largo lapso de tempo, as ratificações feitas pelos Estados contratantes, no país em que fosse publicada em primeiro lugar a ratificação, o tratado, que ainda não é um tratado para ou outro Estado, vigoraria, entretanto, para a parte mais diligente, só, entretanto, no que fosse relativa às suas obrigações, e para a negligente ou retardatária haveria tão somente vantagens e nenhuma obrigação" (*Direito constitucional*, vol. II, cit., pp. 318-319).

Em suma, ao Legislativo é atribuída a incumbência de examinar a viabilidade de se aderir àquilo que o Presidente da República (ou plenipotenciário seu) assinou com outros entes soberanos. Não importa perquirir o porquê dessa escolha constitucional, se para impedir que um chefe de Estado vulnerável se entregue facilmente às tensões ou ameaças de uma fonte estrangeira, ou se para tão só respeitar o princípio democrático de participação do Parlamento nos atos do Poder Executivo. O certo é que se está diante de um procedimento complexo dos poderes da União, no qual, para a formalização dos tratados, participam sempre o Legislativo e o Executivo. Sem a participação desses dois Poderes a realização do ato não se completa, no que se pode dizer que foi adotada pela Constituição de 1988 a *teoria dos atos complexos*, mais adequada aos princípios de direito público e ao regime democrático.

O Judiciário, nesse processo, só atua depois de devidamente incorporado em nosso ordenamento o tratado internacional, cabendo ao Supremo Tribunal Federal, na qualidade de guardião da Constituição, julgar, mediante *recurso extraordinário*, as causas decididas em única ou última instância, "quando a decisão recorrida declarar a inconstitucionalidade de tratado ou lei federal" (CF, art. 102, inc. III, alínea *b*). Ao Superior Tribunal de Justiça, a Carta de 1988, por sua vez, atribui competência para julgar, mediante *recurso especial*, as causas decididas, em única ou última instância, pelos Tribunais Regionais Federais ou pelos Tribunais dos Estados, quando a decisão recorrida "contrariar tratado ou lei federal, ou negar-lhes vigência" (CF, art. 105, inc. III, alínea *a*). Por fim, diz o art. 109 da Constituição competir aos juízes federais processar e julgar "as causas fundadas em tratado ou contrato da União com Estado estrangeiro ou organismo internacional" (inc. III),[536] bem como "os crimes previstos em tratado ou convenção internacional, quando, iniciada a execução no País, o resultado tenha ou devesse ter ocorrido no estrangeiro, ou reciprocamente" (inc. V).

O que não pode o Presidente da República fazer é manifestar definitivamente o consentimento do Estado em obrigar-se pelo tratado sem a aprovação do Congresso Nacional. Embora seja o Presidente o titular da dinâmica das relações internacionais, cabendo-lhe decidir tanto sobre a conveniência de iniciar negociações, como a de ratificar o ato internacional já concluído,[537] o abono do Poder Legislativo, sob a forma de aprovação congressual é necessário.[538] A concordância do Congresso relativamente ao texto convencional completa apenas *uma etapa* do processo inteiro de celebração do tratado. O decreto legislativo do Congresso nenhum valor terá se o tratado não for ratificado e promulgado pelo Presidente da República.[539]

---

[536] Sobre esse dispositivo, *v.* Carmen Tiburcio, A competência da justiça federal em matéria de direito internacional: notas sobre o art. 109, III, da Constituição Federal, in *Revista de Direito do Estado*, ano 6, nº 21, Rio de Janeiro: Renovar, jan./dez./2011, pp. 669-680. Destaque-se a conclusão da autora: "Como se viu, é bem mais complexa do que se imagina a definição da competência federal nos termos do art. 109, III, da Constituição. A solução mais adequada ao tema parece ser aquela fundada na distinção entre tratados-lei e tratados-contrato, de modo que a Justiça Federal é competente apenas para esse último caso, à semelhança do que ocorre em relação aos contratos internacionais de que a República Federativa do Brasil seja parte. Não fosse assim, quase qualquer questão deveria ser submetida ao juízo federal, fazendo recair sobre ela (*sic*) um número assombroso de causas" (p. 680).

[537] Cf. Samuel B. Crandall. *Treaties: their making and enforcement*, cit., pp. 93-101.

[538] *V.*, por tudo, José Francisco Rezek, *Direito dos tratados*, cit., pp. 326-331.

[539] Cf. Mirtô Fraga. *O conflito entre tratado internacional e norma de direito interno...*, cit., pp. 68-69.

Parte I • Cap. V • DIREITO DOS TRATADOS | **307**

4. O papel do Congresso Nacional no processo de celebração de tratados.
Há muita confusão, por parte da doutrina em geral, relativamente ao verdadeiro papel do Congresso Nacional no procedimento de celebração de tratados, certamente causada pela interpretação equivocada do texto constitucional.

Diz a Carta de 1988 competir exclusivamente ao Congresso Nacional "resolver definitivamente sobre tratados, acordos ou atos internacionais que acarretem encargos ou compromissos gravosos ao patrimônio nacional" (art. 49, inc. I). A partir desse dispositivo, grande parte da doutrina leciona, primeiro, no sentido de que o Congresso *ratifica* tratados internacionais e, segundo, no de que somente os tratados "que acarretem encargos ou compromissos gravosos *ao patrimônio* nacional" devem passar pelo crivo do Parlamento. O equívoco, entretanto, é grosseiro. A interpretação do que vem a ser "resolver definitivamente" e do que se consideram "encargos ou compromissos gravosos ao patrimônio nacional", no que diz respeito ao papel do Congresso no processo de celebração de tratados, deve ser cotejada com a competência do Chefe do Executivo para "celebrar tratados, convenções e atos internacionais", estabelecida pelo art. 84, inc. VIII, da Carta de 1988.

Habilitado a *ratificar* tratados internacionais está somente o Chefe do Executivo e mais ninguém. É sua, nessa sede, a última palavra. Ao Parlamento incumbe *aprovar* ou *rejeitar* o tratado assinado pelo Executivo, mais nada. A expressão "resolver definitivamente sobre tratados", assim, deve ser entendida em termos, não se podendo dar a ela significado superior e que extrapola o seu verdadeiro alcance. É errôneo e impróprio aludir à ratificação do tratado *pelo Congresso Nacional*, como fez Levi Carneiro, então Consultor Jurídico do Itamaraty, em *Parecer* datado de 7 de fevereiro de 1947, intitulado *"Acordos sobre compra de tecidos. Necessidade de ratificação pelo Congresso Nacional"*, e em outro, de 9 de setembro do mesmo ano, nominado *"Acordo mediante notas reversais para assegurar o cumprimento de tratado: necessidade de ratificação pelo Congresso Nacional".*[540] A confusão tem lugar por causa da interpretação equivocada da expressão "resolver definitivamente", constante da Constituição brasileira de 1988 e de outras já citadas, de que é exemplo a Constituição de 1946, em vigência à época do citado *Parecer*. A expressão "resolver definitivamente", legada por infelicidade da primeira Constituição republicana, não conota no sistema brasileiro a *ratificação* do tratado, que é ato próprio do Chefe do Executivo, responsável pela dinâmica das relações internacionais, a quem cabe decidir tanto sobre a conveniência de iniciar as negociações, como a de ratificar o ato internacional já concluído; significa, tão somente, que está o Parlamento autorizado a (1) aceitar o tratado assinado pelo Executivo e (2) a rejeitá-lo, se assim entender conveniente, não sendo outro o significado da expressão *referendo*, como qualquer dicionário pode bem elucidar. Por conseguinte, incumbe ao Parlamento *aprovar ou não* os tratados submetidos à sua apreciação, e ao Chefe do Executivo (discricionariamente) *ratificá-los*, se aprovados pelo Congresso.

A expressão *definitivamente* empregada pela Constituição deve ser interpretada segundo a teoria do *efeito útil*, pela qual as regras jurídicas obscuras ou ambíguas devem ser sempre

---

[540] Ambos publicados nos *Pareceres dos consultores jurídicos do Itamaraty*, vol. IV (1946-1951), Antônio Paulo Cachapuz de Medeiros (org.), Brasília: Senado Federal, Conselho Editorial, 2000, pp. 49-50 e pp. 117-118, respectivamente. O mesmo Consultor Jurídico, alguns anos depois, em *Parecer* de 20 de setembro de 1949, passou a chamar a manifestação parlamentar de *"homologação* pelo Congresso Nacional" (*op. cit.*, pp. 318-322), e também de *"aprovação* pelo Congresso Nacional" (*op. cit.*, pp. 323-326 e pp. 401-414).

308 | CURSO DE DIREITO INTERNACIONAL PÚBLICO – *Valerio de Oliveira Mazzuoli*

interpretadas de modo a que produzam o maior sentido e eficácia possíveis relativamente ao seu objetivo. Assim, sabendo-se que é o Presidente da República quem verdadeiramente resolve *definitivamente* sobre um tratado, uma vez aprovado o acordo pelo Congresso, é de se perguntar: qual o *efeito útil* que se pode extrair da expressão, então? Não resta outra saída senão atribuir utilidade à expressão "definitivamente" em caso de *rejeição* do tratado pelo Parlamento. Assim, deve-se entender que o Congresso Nacional só resolve *definitivamente* sobre um tratado quando *rejeita* o acordo, ficando o Executivo, nesse caso, impedido de ratificá-lo.[541] Em caso de aprovação, quem resolve de modo *definitivo* é o Chefe do Executivo, ao ratificar ou não o tratado. Em caso de não ratificação, aliás, exerce o Presidente da República um direito inerente e próprio à soberania do Estado, que não configura ou acarreta nenhum tipo de ilícito ou sanção internacional, o que bem demonstra a *definitividade* de sua decisão político-discricionária. Por esse motivo é que a expressão *resolver definitivamente*, a qual, de resto, vem se mantendo até hoje nas Constituições brasileiras, tem sido considerada das mais impróprias dentre as que respeitam à matéria. Cachapuz de Medeiros, por exemplo, julgou-a como "a mais inadequada, posto que a decisão efetivamente definitiva incumbe ao Presidente da República, que pode ou não ratificar os tratados internacionais, depois destes terem sido aprovados pelo Congresso".[542] A manifestação do Congresso Nacional, assim, seguindose a regra do efeito útil, só ganha foros de definitividade quando *desaprova* o texto do tratado anteriormente assinado, quando então o Presidente da República estará impedido de levar a cabo a ratificação.[543] Mas, se o Congresso aprovou o tratado submetido à sua apreciação, a última palavra é do Chefe do Executivo, que tem a discricionariedade de ratificá-lo ou não, segundo o que julgar mais conveniente e oportuno. Tais critérios da *conveniência* e *oportunidade* – clássicos no Direito Administrativo – é que devem pautar a conduta e atuação do Executivo no que diz respeito à conclusão definitiva (*ratificação*) de um tratado já aprovado pelo Parlamento, principalmente naqueles casos em que a aprovação parlamentar só veio ocorrer depois de vários anos da assinatura do acordo, não importando o porquê dos motivos dessa delonga.

Por isso, é bom que se esclareça, em definitivo, que o Congresso Nacional *não ratifica* nenhum tipo de ato internacional, sem embargo de seu *referendo* representar a vontade de todo o povo da Nação, consagrando a realização plena do ideal democrático. E não ratifica porque não tem o Congresso voz exterior, tampouco o poder de se relacionar internacionalmente com outros Estados. Em verdade, por meio de decreto legislativo o nosso Parlamento Federal *autoriza* a ratificação do acordo, que é ato próprio (discricionário) do Chefe do Poder Executivo.[544] O decreto legislativo, pois, quando aprova um tratado internacional, não "cria" o direito, não inova a ordem jurídica. O tratado internacional continua sendo tratado, não se "transformando", *ipso facto*, em Direito interno mediante a intervenção do Congresso. O Parlamento, nessa esteira, apenas aprova ou não o texto convencional, de forma que a

---

[541] Cf. Antônio Paulo Cachapuz de Medeiros. *O Poder de celebrar tratados...*, cit., p. 118. No mesmo sentido, *v.* José Francisco Rezek, As relações internacionais na Constituição da primeira República, in *Arquivos do Ministério da Justiça*, nº 126, jun./1973, pp. 110-111.

[542] Antônio Paulo Cachapuz de Medeiros. *O poder de celebrar tratados...*, cit., p. 117.

[543] Cf. Mirtô Fraga. *O conflito entre tratado internacional e norma de direito interno...*, cit., p. 57; e Celso D. de Albuquerque Mello, *Direito constitucional internacional: uma introdução*, cit., p. 292.

[544] A aprovação legislativa do tratado é requisito de validade e autorização para que o Executivo ratifique o instrumento internacional, mas não tem o poder de *obrigar* o Presidente da República à sua ratificação, o que significaria uma ingerência indevida do Legislativo nos assuntos de competência do Executivo.

aprovação dada pelo Poder Legislativo, em relação ao tratado, não o torna obrigatório, pois o Presidente da República, após isso, pode ou não, a depender da sua vontade, ratificá-lo.

Grande parte da doutrina nacional parece ainda não ter compreendido bem o assunto. Muitos autores ainda insistem no equívoco de dizer que o Congresso Nacional *ratifica* tratados.[545] Mister é deixar claro que *aprovação* congressual é uma coisa, e *ratificação* pelo Presidente da República é outra bem diferente. O Congresso Nacional – repita-se – *não ratifica* tratados. Quem os ratifica é o Chefe do Poder Executivo, é dizer, o Presidente da República. Sem este ato presidencial não existe tratado *válido* a obrigar a Nação, tanto internacionalmente como internamente.

Não se deve entender, entretanto, que a ratificação expressa tão somente um *vínculo formal* entre os Estados, pois ratificação não é o mesmo que assinatura. Se esta última é apenas uma expressão formal da vontade do Estado em aderir ao pactuado, aquela (a ratificação) já é a sua manifestação definitiva, obrigando o Estado no âmbito internacional. Como já estudado, a ratificação em Direito Internacional Público, ao contrário do Direito Civil, não tem efeitos retroativos, valendo sempre *ex nunc*. E assim sendo, é claro que *a partir dela* o tratado já começa a vigorar entre as partes se já está em vigor no plano internacional. A *promulgação* (e *publicação*) interna do tratado é problema de cada país, com o qual o Direito Internacional não se preocupa.

Por fim, resta a análise da parte final do inc. I do art. 49 da Constituição de 1988. Sem embargo de alguns constitucionalistas – como José Afonso da Silva – não verem "dificuldade alguma na compreensão do texto em análise",[546] pensamos que o art. 49, inc. I, *in fine*, da Constituição, é um dos dispositivos mais trabalhosos de ser compreendidos dentro da sistemática de aprovação e conclusão de tratados no Brasil, como passaremos a expor agora.

A Constituição, na parte final do art. 49, inc. I, complementa que os tratados, acordos ou atos internacionais, devem acarretar "encargos ou compromissos gravosos ao patrimônio nacional" para serem levados a referendo no Congresso Nacional. Tal redação, como se nota, não foi das mais felizes, e da sua falta de clareza nascem problemas jurídicos dos mais relevantes, como a potencial permissão para que *outros atos jurídicos internacionais*

---

[545] Tal equívoco parece ser ainda mais forte entre os tributaristas. Alguns deles, como Ives Gandra da Silva Martins, chegam mesmo a afirmar que não é o tratado ou convenção que produz efeitos internos, mas sim o *decreto legislativo* que os aprova, pois é da competência do Congresso "resolver definitivamente" sobre tratados (cf. *Temas de direito público*. São Paulo: Juarez de Oliveira, 2000, p. 89). Não é outra a lição de Sacha Calmon Navarro Coêlho, segundo o qual "os tratados e convenções internacionais – que são atos celebrados pelo executivo através do Presidente ou ministros plenipotenciários – só revogam ou modificam a legislação tributária, após aprovados pelo Congresso Nacional, através de decretos legislativos, transfundindo-lhes material e formalmente o conceito de lei" (*Comentários à Constituição de 1988: sistema tributário*, 6ª ed. Rio de Janeiro: Forense, 1997, p. 288). Veja-se ainda o que diz Paulo de Barros Carvalho, para quem "não são os tratados e as convenções internacionais que têm idoneidade jurídica para revogar ou modificar a legislação interna, e sim os decretos legislativos que os ratificam, incorporando-os à ordem jurídica brasileira" (*Curso de direito tributário*, 18ª ed. rev. e atual. São Paulo: Saraiva, 2007, p. 79). Este último tributarista, como se percebe, além de não atribuir "idoneidade jurídica" aos tratados, como se estes nada fossem e nada valessem dentro da nossa ordem jurídica, também entende terem os decretos legislativos do Congresso Nacional estatura jurídica *superior* aos tratados (além do equívoco de também dizer que decretos parlamentares *ratificam* tratados)!

[546] V. José Afonso da Silva. *Comentário contextual à Constituição*, cit., p. 403.

escapem ao controle parlamentar. Frise-se, primeiramente, que as expressões "encargos", "compromissos gravosos" e "patrimônio nacional", utilizadas pelo inciso em comento, pertencem à classe dos chamados *conceitos jurídicos indeterminados*, de difícil interpretação no caso concreto e que podem ser modificados à luz do momento político e das circunstâncias pelas quais passa o Estado. São, pois, expressões *mutáveis* que não alcançam um grau razoável de segurança e estabilidade necessárias ao bom funcionamento dos negócios exteriores do Estado.

Frise-se que se está a tratar aqui dos atos internacionais *stricto sensu* (ou seja, dos tratados de *procedimento longo*) e não dos acordos *em forma simplificada*, os quais podem dispensar (excepcionalmente, nas hipóteses já estudadas) aprovação parlamentar, decorrente da formação daquele costume *extra legem* ao qual já se referiu. Aqui se trata de estudar a necessidade de todos os tratados *stricto sensu* serem aprovados pelo Poder Legislativo para que possam ter validade no Brasil.

À primeira vista, a disposição final do art. 49, inc. I, da Carta de 1988, leva à falsa impressão de que nem todos os tratados internacionais (*stricto sensu*) celebrados pelo Executivo estão sujeitos ao crivo da aprovação parlamentar, mas tão somente os que acarretem "encargos ou compromissos gravosos ao patrimônio nacional". E a dificuldade aumenta quando se sabe que a própria Carta, em outro dispositivo, diz competir ao Presidente da República celebrar tratados, convenções e atos internacionais, sujeitos (todos) ao referendo do Congresso Nacional (art. 84, inc. VIII). Assim, qual seria a interpretação correta desses dois preceitos? Estariam aqueles tratados que não acarretem tais compromissos ou encargos gravosos ao patrimônio nacional isentos de aprovação parlamentar?

Não é essa a melhor exegese. A antinomia entre os arts. 49, inc. I e 84, inc. VIII da Carta de 1988, é apenas aparente. O art. 84, inc. VIII, como já se disse, impõe que *todos* os tratados, convenções e atos internacionais celebrados pelo Chefe do Executivo, sejam submetidos ao referendo do Congresso Nacional. E, com base nesse dispositivo, deve-se interpretar extensivamente o art. 49, inc. I, da Constituição, tendo em vista ter o legislador constituinte – segundo Cachapuz de Medeiros – dito menos do que pretendia: *lex minus dixit quam voluit*.[547] Segundo esse entendimento, o desejo da Assembleia Constituinte, evidentemente, foi o de submeter *todos* os tratados, acordos ou atos internacionais ao referendo do Poder Legislativo, e não somente aqueles que acarretem encargos ou compromissos gravosos ao patrimônio nacional. Prevalece, pois, a disposição do art. 84, inc. VIII, da Constituição, mais adequada à tradição nacional, que submete *todos* os tratados assinados em nome da Nação ao referendo do Congresso Nacional.[548]

---

[547] Antônio Paulo Cachapuz de Medeiros. *O Poder de celebrar tratados...*, cit., p. 395.

[548] Cf. nesse sentido, Celso D. de Albuquerque Mello, *Direito constitucional internacional: uma introdução*, cit., pp. 293-294. Cachapuz de Medeiros utiliza-se, para a resolução da aparente antinomia entre os referidos dispositivos constitucionais, dos métodos histórico-teleológico e lógico-sistemático, e chega à seguinte conclusão: "Do ponto de vista histórico-teleológico, a conclusão só pode ser que o legislador constituinte desejou estabelecer a obrigatoriedade do assentimento do Congresso para [todos] os tratados internacionais, *dando ênfase* para aqueles que acarretem encargos, gravames, [ou] ônus financeiros, para o patrimônio nacional. Do ponto de vista lógico-sistemático, há que considerar que os dispositivos em questão fazem parte do mesmo título da Constituição (Da Organização dos Poderes) e são como que as duas faces de uma mesma moeda: o art. 84, VIII, confere ao Presidente da República o poder de

Parte I • Cap. V • DIREITO DOS TRATADOS | 311

A essa conclusão exposta acima se chega analisando a *finalidade* da conjugação das regras dos arts. 49, inc. I e 84, inc. VIII, da Constituição, fazendo-se uma interpretação sistemática e teleológica do sistema constitucional de celebração de tratados. Mas a essa mesma conclusão se poderia chegar com uma interpretação literal detida da regra do art. 49, inc. I da Carta de 1988. Atentando-se bem para a redação do dispositivo, percebe--se que o mesmo diz competir ao Congresso Nacional, com exclusividade, "resolver definitivamente sobre tratados, acordos ou *atos internacionais que acarretem encargos ou compromissos gravosos ao patrimônio nacional*". Não são, pois, os tratados ou acordos internacionais que devem acarretar encargos ou compromissos gravosos ao patrimônio nacional, para que sejam, só assim, submetidos ao referendo do Poder Legislativo. Os "encargos ou compromissos gravosos ao patrimônio nacional", de que faz referência a Constituição, têm como destinatários os *atos internacionais*, não os *tratados* e *acordos* referidos pelo texto constitucional. Sugere-o, desde logo, a falta pontuação: depois da expressão *atos internacionais* a Constituição não coloca nenhuma pontuação divisora, ou seja, nenhuma *vírgula*, com o que se ligaria a frase derradeira ("encargos ou compromissos gravosos ao patrimônio nacional") aos tratados e acordos internacionais referidos pelo texto. E se assim o fez, é porque a sua vontade foi a de submeter *todos* os tratados e acordos internacionais, e também os *atos internacionais que acarretem encargos ou compromissos gravosos ao patrimônio nacional*, ao referendo do Parlamento Federal. A expressão genérica "atos internacionais", acrescentada aos *tratados* e *acordos*, primeiramente, pelo texto da Constituição de 1967, e mantida pelas Cartas posteriores, é dirigida a todos aqueles instrumentos que, por qualquer razão, não receberam a denominação própria de *tratados*. A Constituição a emprega, portanto, como verdadeiro sinônimo de acordo internacional, não tendo sido jamais suscitada a hipótese de que tal acréscimo representaria a obrigatorie-dade da submissão ao Congresso de quaisquer atos que não fossem verdadeiros tratados.[549] Mas, se depois da expressão "atos internacionais" e antes da frase derradeira referente aos "encargos ou compromissos gravosos ao patrimônio nacional", o legislador constituinte tivesse aposto uma vírgula, a situação seria diversa. Nessa hipótese, os "encargos ou com-promissos gravosos ao patrimônio nacional" ligar-se-iam, tanto aos tratados, como aos acordos ou atos internacionais. Mas a Constituição – no que andou bem – não quis assim, tendo preferido submeter *todos* os tratados e acordos internacionais, *bem como* os atos internacionais que acarretem os tais encargos ou compromissos gravosos ao patrimônio nacional, ao referendo do Poder Legislativo.

A conclusão que se chega é que o art. 49, inc. I, *in fine*, da Carta de 1988, distingue três institutos: *a)* os tratados internacionais, quaisquer que sejam; *b)* os acordos internacionais, quaisquer que sejam (aí inclusos os acordos em forma simplificada); e *c)* os atos internacionais capazes de acarretar encargos ou compromissos gravosos ao patrimônio nacional. E, para a Constituição, *todos eles* demandam aprovação congressual.

---

celebrar tratados, convenções e atos internacionais, mas especifica que estão *todos* sujeitos a referendo do Congresso Nacional; o art. 49, I, destaca que os tratados, acordos ou atos que acarretem encargos ou compromissos gravosos ao patrimônio nacional, precisam ser aprovados pelo Congresso" [grifos nossos] (*O Poder de celebrar tratados...*, cit., p. 397).

[549] V., por tudo, Antônio Paulo Cachapuz de Medeiros, *O Poder de celebrar tratados...*, cit., p. 398.

5. Procedimento interno nas casas do Congresso Nacional. O Congresso Nacional, para a apreciação da viabilidade de se aderir aos tratados assinados pelo Executivo, segue algumas etapas internas que merecem análise.[550]

No Legislativo, em primeiro lugar, ocorrerá a recepção da *mensagem* do Presidente da República, acompanhada da Exposição de Motivos (EM) do Ministro das Relações Exteriores, a ele endereçada, juntamente com o texto de inteiro teor do tratado submetido à apreciação. Referida *mensagem*, capeada por aviso do Ministro Chefe do Gabinete Civil, é enviada ao Primeiro Secretário da Câmara dos Deputados, nesta Casa se iniciando a sua tramitação, pois por expressa determinação constitucional "a discussão e votação dos projetos de lei de iniciativa do Presidente da República (...) terão início na Câmara dos Deputados" (art. 64).[551]

A matéria é discutida e votada separadamente, a começar, como se disse, pela Câmara dos Deputados. A aprovação, tanto na Câmara como no Senado, deve dar-se mediante decisão da maioria (simples, relativa) dos membros presentes nas duas Casas, presente a maioria absoluta de seus membros, segundo a regra do art. 47 da Constituição. Somente considerar-se-á aprovada pelo Congresso com a deliberação positiva das *duas* Casas, de forma que uma "eventual desaprovação no âmbito da Câmara dos Deputados põe termo ao processo, não havendo por que levar a questão ao Senado em tais circunstâncias".[552]

Em Plenário ser-lhe-á dada a leitura, de modo que, em obediência ao princípio da publicidade, tomem dela os Deputados conhecimento. Forma-se, então, um *processo* (que recebe a designação de "Mensagem"), com número próprio, e que, por força do art. 32, inc. XV, alínea *c*, do Regimento Interno da Câmara dos Deputados, será remetido à Comissão de Relações Exteriores. Essa Comissão, após o exame do texto do tratado por um relator designado dentre seus integrantes, aprecia o relatório dando um *parecer*. Deve esse parecer apresentar um *projeto de decreto legislativo*, que será, ainda, submetido ao crivo da Comissão de Constituição, Justiça e Cidadania (art. 32, inc. IV, do Regimento Interno), à qual compete examinar os "aspectos constitucional, legal, jurídico, regimental e de técnica legislativa de projetos, emendas ou substitutivos sujeitos à apreciação da Câmara ou de suas comissões". Aprovado o projeto pelas Comissões, será ele submetido à votação em Plenário. Aprovado o projeto, em turno único, terá ele sua redação final apresentada pela Comissão de Constituição e Justiça (art. 32, inc. IV, alínea *q*). Aprovada a redação final, passa o projeto, nos termos do art. 65 da Constituição,[553] à apreciação do Senado Federal. Após lido e publicado o projeto, será ele despachado à Comissão de Relações Exteriores e Defesa Nacional, que é, de acordo com o que dispõe o Regimento Interno do Senado Federal, a Comissão competente para examinar as "proposições referentes aos atos e relações internacionais" (art. 103, inc. I) e aos "assuntos referentes à Organização das Nações Unidas e entidades internacionais de qualquer natureza" (art. 103, inc. VI).[554]

---

[550] V., por tudo, João Hermes Pereira de Araújo, *A processualística dos atos internacionais*, cit., pp. 180-188.

[551] V. Estevão Rezende Martins. A apreciação de tratados e acordos internacionais pelo Congresso Nacional, cit., p. 264.

[552] José Francisco Rezek. *Direito dos tratados*, cit. p. 331.

[553] *In litteris*: "O projeto de lei aprovado por uma Casa será revisto pela outra, em um só turno de discussão e votação, e enviado à sanção ou promulgação, se a Casa revisora o aprovar, ou arquivado, se o rejeitar. Parágrafo único. Sendo o projeto emendado, voltará à Casa iniciadora".

[554] V., por tudo, Estevão Rezende Martins, A apreciação de tratados e acordos internacionais pelo Congresso Nacional, cit., pp. 264-271.

Questão interessante – e que merece melhor reflexão – diz respeito à possibilidade de o projeto ser aprovado em caráter *terminativo* pelas Comissões temáticas tanto da Câmara dos Deputados quanto do Senado Federal. De fato, possibilita a Constituição de 1988 às Comissões da Câmara e do Senado, em razão da matéria de sua competência, "discutir e votar projeto de lei que dispensar, na forma do regimento, a competência do Plenário, salvo se houver recurso de um décimo dos membros da Casa" (art. 58, § 2º, inc. I). Os tratados internacionais, por sua vez, têm sua aprovação no Parlamento materializada por meio de *decreto legislativo*, e não de *lei*. Caberia, mesmo assim, a indagação se não estaria a Constituição a referir-se à *lei* em sentido *amplo*, caso em que também a aprovação dos decretos legislativos referendatórios de tratados poderia restar dispensada da apreciação do Plenário. Nesse sentido, assim se posiciona Márcio Garcia: "A nosso sentir, todavia, estamos diante de hipótese que permite interpretação ampla, ressalvadas as emendas à Constituição. Do contrário, o legislador constituinte teria excluído do poder terminativo das Comissões do Congresso os decretos legislativos. Em sentido lato, a expressão englobaria também projetos de decreto legislativo. Com isso, não haveria afronta ao texto constitucional dispor o regimento sobre dispensa de apreciação pelo Plenário de tratados e acordos internacionais. (...) Assim, a palavra 'lei' no dispositivo constitucional em comento contempla, a nosso ver, todas as manifestações legislativas com exceção da emenda à Constituição".[555] Frise-se que segundo esse entendimento (e também do autor citado) não ficam excluídas de apreciação pelo Plenário as *emendas* constitucionais; assim, os tratados de direitos humanos internalizados nos termos do art. 5º, § 3º, da Carta de 1988, não poderão jamais ser aprovados em caráter terminativo pelas Comissões do Congresso, devendo sua deliberação ir *sempre* a Plenário. Por derradeiro, convém destacar que a dispensa do Plenário nos projetos de decretos legislativos que referendam tratados não tem sido utilizada no Brasil.

Em cada uma das Casas do Congresso é possível a apresentação de *emendas* aos projetos submetidos à apreciação. Essas emendas, frise-se, dizem respeito estritamente ao projeto de decreto legislativo, jamais ao texto dos tratados submetidos à apreciação, insuscetíveis de qualquer mudança. Entende-se, entretanto, que simples correções de forma, como algum ajuste redacional no texto, que não atinge o conteúdo do projeto, dispensa o retorno à Câmara para o reexame. Somente em se tratando de mudança *de mérito* é que o reexame fica obrigatório (CF, art. 65, parágrafo único).

Estando concluído, no Senado, o exame na Comissão de Relações Exteriores e Defesa Nacional, o projeto (quando aprovado *sem* caráter terminativo) já se encontra pronto para ser incluído na ordem do dia de votação em Plenário. A aprovação em Plenário dá-se em turno único e sem emendas, quando então o texto do projeto de decreto legislativo (cuja redação final fica dispensada) é dado como definitivamente aprovado. À sua aprovação segue-se a *promulgação*, cuja prerrogativa é do Presidente do Senado Federal, que é o Presidente do Congresso Nacional, conforme estabelece o art. 57, § 5º, da Constituição.[556] Promulgado o decreto, será o mesmo numerado (pela Secretaria Geral da Mesa do Senado) e publicado no *Diário do Congresso Nacional* e no *Diário Oficial da União*. Entretanto, anexo ao decreto

---

[555] Márcio Pereira Pinto Garcia. Tratados e poder terminativo na Constituição de 1988, in *Revista de Informação Legislativa*, ano 45, nº 179, Brasília: Senado Federal, jul./set./2008, p. 238. Cf. também, Rodrigo d'Araujo Gabsch, *Aprovação de tratados internacionais pelo Brasil...*, cit., pp. 111-114.

[556] Cf. Estevão Rezende Martins. A apreciação de tratados e acordos internacionais pelo Congresso Nacional, cit., p. 269.

legislativo, vem sendo publicado nesses dois veículos de imprensa oficial o texto do tratado internacional aprovado, o que tem ocasionado sérias confusões por parte dos que desconhecem a processualística dos atos internacionais, por acabarem entendendo que é esse decreto que põe o tratado em vigor no país. Assim, o correto é que o texto do tratado ainda não ratificado seja publicado somente no *Diário do Congresso Nacional*, deixando para publicar-se no *Diário Oficial da União* apenas aqueles atos internacionais cuja vigência imediata ou futura seja inquestionável, a fim de se evitar confusões dessa índole.[557]

6. Prática brasileira para a entrada em vigor dos tratados. Promulgado e publicado o *decreto legislativo* pelo Presidente do Senado Federal, está o Presidente da República autorizado a ratificar o tratado internacional em causa. Iniciam-se, então, a partir desse momento, os procedimentos cabíveis para a entrada em vigor, no ordenamento jurídico pátrio, dos tratados internacionais sujeitos à ratificação.

A entrada em vigor dos *atos bilaterais* pode dar-se tanto pela *troca de informações* quanto pela *troca de cartas de ratificação*. Quando a entrada em vigor é feita pela primeira modalidade (troca de informações), pode-se passar, de imediato, nota à Embaixada da outra parte acreditada junto ao governo brasileiro. Não existindo em território nacional Embaixada da outra parte, a nota é passada pela Embaixada do Brasil acreditada junto à outra parte. Em último caso, a notificação é passada pela Missão brasileira junto à ONU à Missão da outra parte contratante. Caso a entrada em vigor se dê por *troca de instrumentos de ratificação*, aguarda-se a conclusão dos trâmites internos de aprovação por ambas as partes, para somente então realizar-se a cerimônia da troca dos respectivos instrumentos. Uma ata (ou protocolo) consignando a troca dos instrumentos é lavrada em dois exemplares, nos idiomas respectivos de ambos os contratantes ou num terceiro (geralmente o francês) e assinada pelos plenipotenciários especialmente designados para a troca.[558]

A entrada em vigor dos *atos multilaterais*, por sua vez, exige um procedimento um pouco mais complexo. Nesse caso, publicado o decreto legislativo, para que o ato multilateral entre em vigor é necessário seja ele *ratificado*. Ou seja, após a assinatura do tratado e posterior aprovação pelo Congresso Nacional, deve ser *depositado* o instrumento de ratificação da parte brasileira junto ao governo ou organismo internacional responsável pelas funções de depositário.[559] A Convenção de Viena de 1969 estabelece que a designação do depositário de um tratado pode ser feita pelos Estados negociadores no próprio tratado ou de alguma outra forma, podendo ser um ou mais Estados (normalmente aquele onde foi assinado o tratado), uma organização internacional ou o principal funcionário administrativo dessa organização

---

[557] V. João Hermes Pereira de Araújo. *A processualística dos atos internacionais*, cit., pp. 187-188.

[558] Cf. Hildebrando Accioly. *Tratado de direito internacional público*, vol. I, cit., p. 594. V. ainda, G. Balladore Pallieri, *Diritto internazionale pubblico*, cit., pp. 256-257; e Adolfo Maresca, *Il diritto dei trattati...*, cit., pp. 167-176.

[559] O Brasil é o depositário de diversos tratados internacionais relevantes, a exemplo do Tratado da Bacia do Prata (de 1969) e do Tratado de Cooperação Amazônica (de 1978). Sobre o depositário de tratados internacionais, *v*. Adolfo Maresca, *Il diritto dei trattati...*, cit., pp. 215-223; João Grandino Rodas, *A publicidade dos tratados internacionais*, cit., pp. 141-198; Antonio Remiro Brotons, *Derecho internacional público*, vol. 2, cit., pp. 109-111; Anthony Aust, *Modern treaty law and practice*, cit., pp. 261-274; e Mark Eugen Villiger, *Commentary on the 1969 Vienna Convention on the Law of Treaties*, cit., pp. 924-946.

Parte I · Cap. V · DIREITO DOS TRATADOS | 315

(art. 76, § 1º). E a Convenção também deixa claro que as funções do depositário *têm caráter internacional* e que o depositário é obrigado a agir *imparcialmente* no seu desempenho (art. 76, § 2º). No caso dos tratados concluídos sob os auspícios das organizações internacionais, o depositário será a própria organização.

Ao depositário de tratados, segundo a Convenção de Viena, são impostas as seguintes obrigações: *a*) guardar o texto original do tratado e quaisquer plenos poderes que lhe tenham sido entregues; *b*) preparar cópias autenticadas do texto original e quaisquer textos do tratado em outros idiomas que possam ser exigidos pelo tratado e remetê-los às partes e aos Estados que tenham direito a ser partes no tratado; *c*) receber quaisquer assinaturas ao tratado, receber e guardar quaisquer instrumentos, notificações e comunicações pertinentes ao mesmo; *d*) examinar se a assinatura ou qualquer instrumento, notificação ou comunicação relativa ao tratado, está em boa e devida forma e, se necessário, chamar a atenção do Estado em causa sobre a questão; *e*) informar as partes e os Estados que tenham direito a ser partes no tratado de quaisquer atos, notificações ou comunicações relativos ao tratado; *f*) informar os Estados que tenham direito a ser partes no tratado sobre quando tiver sido recebido ou depositado o número de assinaturas ou de instrumentos de ratificação, de aceitação, de aprovação ou de adesão exigidos para a entrada em vigor do tratado; *g*) registrar o tratado junto ao Secretariado das Nações Unidas; e *h*) exercer as funções previstas em outras disposições da Convenção. Se surgir uma divergência entre um Estado e o depositário a respeito do exercício das funções deste último, o depositário levará a questão ao conhecimento dos Estados signatários e dos Estados contratantes ou, se for o caso, do órgão competente da organização internacional em causa (art. 77, §§ 1º e 2º).[560]

Em suma, não é propriamente a ratificação que dá efeito ao tratado, mas sim a *troca* (tratados bilaterais) ou o *depósito* (tratados multilaterais) da carta ou dos instrumentos de ratificação no lugar (*v.g.*, o Estado) indicado pelo próprio tratado ou no organismo internacional respectivo. Às vezes, o depósito sequer é suficiente, quando o tratado prevê certo número de depósitos (ou até mesmo o depósito de todas as partes) para entrar em vigor na órbita internacional.[561]

Depositado o instrumento de ratificação junto ao organismo ou governo responsável pelas funções de depositário, a prática brasileira, seguindo a tradição lusitana, tem exigido deva o Presidente da República – a quem a Constituição dá competência privativa para celebrar tratados, convenções e atos internacionais (art. 84, inc. VIII) – expedir um *decreto de execução*, promulgando e publicando no *Diário Oficial da União* o conteúdo do tratado. Não há regra na Constituição de 1988, entretanto, que estabeleça esse procedimento, sendo produto de uma *praxe* nascida com o primeiro tratado concluído pelo Império brasileiro. Com efeito, o Tratado do Reconhecimento da Independência e do Império, assinado com Portugal aos 29 de agosto de 1825, foi internamente promulgado, depois de trocados os instrumentos de ratificação, por um decreto de 10 de abril de 1826.

No sistema brasileiro, a promulgação executiva (que é apenas *praxe* entre nós) e a publicação compõem a *fase integratória* da eficácia da lei, vez que atestam a sua adoção pelo Poder Legislativo, certificam a existência de seu texto, e afirmam, finalmente, seu valor imperativo

---

560 Sobre o assunto, *v.* Paul Reuter, *Introducción al derecho de los tratados*, cit., pp. 88-89.
561 Cf. Hildebrando Accioly. *Tratado de direito internacional público*, vol. I, cit., p. 594.

e executório na ordem interna.[562] No Brasil, *promulgam-se* executivamente (por *decreto* presidencial) todos os tratados aprovados pelo Congresso Nacional, valendo como ato atestatório da existência do tratado. *Publicam-se* apenas, no *Diário Oficial da União*, os atos internacionais que prescindiram do referendo parlamentar e da ratificação do Presidente da República, a exemplo dos "acordos executivos", cuja publicação no *Diário Oficial* é autorizada pelo Ministro das Relações Exteriores e efetivada pela Divisão de Atos Internacionais do Itamaraty.[563]

O STF tem entendido ser a promulgação do tratado *necessária* à sua aplicabilidade interna. Nesse sentido foi que o STF recusou o cumprimento de *carta rogatória* expedida pela República Argentina, na qual se pretendia que o Brasil concedesse o *exequatur* à sentença proferida em medida cautelar, sob a alegação de que a Convenção sobre Cumprimento de Medidas Cautelares, celebrada pelo Brasil com os demais países do Mercosul, embora tenha sido ratificada, não estava ainda em vigor no Brasil por faltar-lhe a promulgação executiva.[564] Porém, o que fica marcado dessa decisão é o pouco caso que fez o STF com os outros signatários da referida Convenção, uma vez que, ratificado um acordo internacional, todos os demais Estados-partes que também o ratificaram passam a acreditar, com convicção, desde tal momento, que já podem se valer das disposições dele constantes, caso delas necessitem. Mas o Ministro-Presidente do STF preferiu deixar de dar cumprimento interno à referida Convenção, invocando a tese – que saiu ao final vencedora – de que todo compromisso internacional, para que tenha vigência internamente, deve ser *promulgado* pelo Chefe do Poder Executivo, pela via do decreto de execução.[565] Basta saber em qual dos dispositivos da Constituição está disciplinado que, para haver aplicabilidade interna dos tratados internacionais ratificados, deve existir a promulgação executiva…

O pretenso dispositivo não é encontrado, simplesmente porque não existe. Nenhuma Constituição brasileira jamais trouxe dispositivo expresso e taxativo determinando esse procedimento de promulgação interna de tratados. Nunca houve regra expressa, na história do constitucionalismo brasileiro, a determinar que os tratados internacionais ratificados pelo Presidente da República devessem ser promulgados internamente, via decreto executivo, para que somente assim pudessem ter vigência e aplicabilidade internas.[566] O Direito

---

[562] João Grandino Rodas. *A publicidade dos tratados internacionais*, cit., p. 200.

[563] V., por tudo, José Francisco Rezek, *Direito dos tratados*, cit., pp. 385-387.

[564] V. Carta Rogatória nº 8.279, da República Argentina, de 04 de maio de 1998, *DJ* 14.05.95, p. 34.

[565] Cf. José Carlos de Magalhães. *O Supremo Tribunal Federal e o direito internacional…*, cit., pp. 70-72. Na crítica desse mesmo autor: "(…) segundo essa decisão, embora o Executivo tenha firmado o tratado, e o Congresso tenha-o ratificado [*rectius*: aprovado, referendado], completando-se, dessa forma, a intervenção dos dois Poderes da República para tornar obrigatória qualquer norma jurídica, a Constituição preveria uma terceira providência interna, qual seja a de nova e redundante manifestação do Executivo, mediante a edição de um Decreto destinado a dar-lhe vigência no plano interno, não obstante tenha o Executivo já depositado o instrumento de ratificação, validando o tratado no plano internacional". E continua: "Foi esse também o entendimento manifestado na decisão da Ação Direta de Inconstitucionalidade nº 1490-3, requerida pela Confederação Nacional do Transporte e outros, contra o Presidente da República, sobre a inconstitucionalidade do Decreto Legislativo 66/92, que aprovou a Convenção 158 da Organização Internacional do Trabalho e do Decreto 1655/96, que promulgou esse ato normativo" (Idem, p. 72).

[566] Ainda na lição de José Carlos de Magalhães: "Essa *promulgação executiva* do texto convencional, insista-se, não está prevista na Constituição Federal, e o STF não foi capaz de apontar em qual dispositivo se fundamentou para essa interpretação" (Idem, p. 74).

Internacional só necessita ser *transformado* em Direito interno quando o texto constitucional do país assim estabelece. Se a Constituição silencia a respeito, os tribunais nacionais estão aptos a aplicar, imediatamente, os tratados celebrados, se eles forem autoaplicáveis, a partir da ratificação. Nesse caso, seria supérflua a promulgação, em virtude da inexistência de mandamento constitucional regulador da matéria.[567] Ademais, não é correto dizer que a falta de promulgação executiva viola o princípio da publicidade, pois uma vez ratificado o tratado deve o mesmo considerar-se público desde a data em que o Congresso Nacional o referendou, por meio de *decreto legislativo*, este sim previsto no rol das espécies normativas do art. 59 da Constituição. Nem se diga, ademais, que a publicação de qualquer norma é de competência exclusiva do Presidente da República. Como lembra José Carlos de Magalhães, tal "prerrogativa foi também conferida ao Presidente do Congresso, como se verifica, por exemplo, no procedimento de rejeição a veto a projeto de lei, quando o Presidente não a sanciona no prazo estabelecido pela Constituição. Nesse caso, volta o projeto aprovado ao legislativo, cabendo ao Presidente do Congresso emitir Decreto Legislativo, pondo a lei em vigor no país [CF, art. 66, § 7º: 'Se a lei não for promulgada dentro de quarenta e oito horas pelo Presidente da República, nos casos dos §§ 3º e 5º, o Presidente do Senado a promulgará e, se este não fizer em igual prazo, caberá ao Vice Presidente do Senado fazê-lo']. (...) Assim, não é verdade que a publicidade da norma legal compete exclusivamente ao Presidente da República, pois, em certas hipóteses, tal competência é também atribuída ao Presidente ou ao Vice-Presidente do Senado".[568]

Entendemos que os juízes e tribunais, tendo conhecimento do tratado *já ratificado* e *já em vigor* no plano internacional, podem, desde logo, aplicar o tratado no caso concreto, ainda que tal instrumento não tenha sido promulgado internamente; se o foi, melhor, mas caso ainda não tenha sido e o juiz, por qualquer meio, já *tiver conhecimento* da vigência internacional do ato e da *entrada em vigor* no Brasil, poderá, desde já, aplicá-lo, independentemente dessa última formalidade, que serve mais para o público em geral (para cujo conhecimento do acervo normativo pátrio a *publicação* é demandada) que para o Poder Judiciário, que é *longa manus* do Estado e tem mais acesso àquilo que a República firmou com outros Estados no plano internacional. Não encontra suporte constitucional, assim, pretender que depois de assinado, aprovado pelo Parlamento e ratificado pelo Chefe do Executivo, deva o tratado internacional passar, ainda mais uma vez, por procedimento específico de Direito interno que o "materialize" e lhe dê "aplicabilidade" doméstica.[569] A prática brasileira sobre tratados, porém, tem seguido orientação diversa, no sentido de exigir a promulgação executiva dos tratados.[570]

Para alguns autores, como Rezek, o decreto de promulgação é produto da *praxe*, tão antiga quanto a independência e os primeiros exercícios convencionais do Império; cuida-se

---

[567] Cf. Hans Kelsen. *Teoria geral do direito e do Estado*. Trad. Luís Carlos Borges. São Paulo: Martins Fontes, 1990, p. 367.

[568] José Carlos de Magalhães. *O Supremo Tribunal Federal e o direito internacional...*, cit., p. 80.

[569] Para uma crítica desse sistema, relativamente à aplicação dos tratados pelos tribunais, *v.* Paul Reuter, *Introducción al derecho de los tratados*, cit., pp. 34-38.

[570] No que tange aos tratados de *direitos humanos* em especial, entendemos dispensável a promulgação e *publicação* do texto, por terem eles "aplicação imediata" em nossa ordem jurídica (nos termos do art. 5º, § 1º, da Constituição) desde a sua ratificação, como se verá na Parte IV, Capítulo I, Seção I, item nº 8, *e*.

318 | CURSO DE DIREITO INTERNACIONAL PÚBLICO – *Valerio de Oliveira Mazzuoli*

de um *decreto*, tão somente porque os atos do chefe de Estado costumam ter esse nome, e por mais nenhum outro motivo.[571] Outros entendem, entretanto, que a promulgação de tratados internacionais decorre do comando constitucional do art. 84, que diz competir privativamente ao Presidente da República sancionar, promulgar e fazer publicar as leis, bem como expedir decretos e regulamentos para sua fiel execução (inc. IV), emprestando-se ao vocábulo *lei* sentido mais amplo, de forma a entendê-lo como *fonte positiva do direito*. Para essa corrente, a promulgação de tratados não é, ao contrário do que se pensa, apenas prática que se estabeleceu, mas uma exigência constitucional implícita. É a posição de Mirtô Fraga, para quem as Constituições brasileiras, quando se referem à promulgação de *lei*, fazem-no dando ao vocábulo *sentido amplo*, que, em alguns casos, não se completa com a sanção presidencial. Cita a autora o art. 59, § 6º, da Carta revogada, onde se estabelecia que "nos casos do artigo 44, após a aprovação final, a *lei* será promulgada pelo Presidente do Senado Federal", concluindo que, referindo-se o art. 44 à matéria de competência *exclusiva* do Congresso Nacional e não comportando sanção ou veto, é porque, em consequência, não se trata de lei em sentido estrito.[572] A regra correspondente, na Constituição de 1988, é a do já citado art. 66, § 7º: "Se a lei não for promulgada dentro de quarenta e oito horas pelo Presidente da República, nos casos dos § 3º e § 5º, o Presidente do Senado a promulgará, e, se este não fizer em igual prazo, caberá ao Vice-Presidente do Senado fazê-lo".

Data maxima venia, não entendemos dessa forma. Para nós, a vigência de um tratado no plano interno prescinde do decreto presidencial de promulgação. Ora, a Constituição de 1988 diz competir privativamente ao Presidente da República sancionar, promulgar e fazer publicar as *leis*, não se referindo aos *tratados* celebrados pelo Brasil. E se a Carta silenciou a respeito, é porque achou desnecessária a promulgação interna do compromisso internacional que, tecnicamente, já começou a vigorar no País – desde que já em vigor no plano internacional – a partir da troca ou depósito de seus instrumentos de ratificação (se outra data não tiver sido prevista pelo tratado). Seria um contrassenso admitir que um Estado seja obrigado a executar um tratado no plano internacional, desde a sua ratificação, e que esse mesmo tratado não possa ser aplicado internamente por faltar-lhe a promulgação executiva. Frise-se que o próprio governo brasileiro tem entendido dessa forma, quando, nos *considerandos* que têm precedido os decretos de promulgação de tratados, já faz constar a data em que o instrumento internacional entrou em vigência no Brasil, entendendo-se como tal a data da troca ou do depósito dos instrumentos de ratificação. O governo brasileiro, assim fazendo, está admitindo que também entende que os tratados por ele promulgados passam a vigorar no Brasil *antes* da expedição do decreto de promulgação, sendo este último mera formalidade interna, inexpressiva à luz do Direito Internacional contemporâneo. Veja-se, a esse propósito, os seguintes exemplos:

a) Decreto nº 2.095, de 17 de dezembro de 1996, que promulgou o Protocolo de Buenos Aires sobre Jurisdição Internacional em Matéria Contratual, concluído em Buenos Aires, aos 05 de agosto de 1994:

---

[571] Cf. José Francisco Rezek. *Direito dos tratados*, cit., pp. 385-386.

[572] Cf. Mirtô Fraga. *O conflito entre tratado internacional e norma de direito interno...*, cit., p. 63. Da mesma autora, em trabalho mais recente sobre o tema, reafirmando esse seu ponto de vista, *v.* A obrigatoriedade do tratado na ordem interna, in *Revista de Informação Legislativa*, ano 41, nº 162, Brasília: Senado Federal, abr./jun./2004, pp. 316-317.

Parte I • Cap. V • DIREITO DOS TRATADOS | **319**

"Considerando que o Governo brasileiro depositou a Carta de Ratificação do instrumento em epígrafe em 7 de maio de 1996, *passando o mesmo a vigorar para o Brasil em 6 de junho de 1996,* na forma de seu artigo 16" (*DOU,* de 28.12.96, p. 27.299).

b) Decreto nº 1.925, de 10 de junho de 1996, que promulgou a Convenção Interamericana sobre Prova e Informação acerca do Direito Estrangeiro, concluída em Montevidéu, Uruguai, aos 08 de maio de 1979:

> "Considerando que o Governo brasileiro depositou a carta de ratificação do instrumento multilateral em epígrafe, em 27 de novembro de 1995, *passando o mesmo a vigorar, para o Brasil, em 26 de dezembro de 1995,* na forma de seu artigo 15" (*DOU,* de 11.06.96, p. 10.235).

c) Decreto nº 1.899, de 09 de maio de 1996, que promulgou a Convenção Interamericana sobre Cartas Rogatórias, de 30 de janeiro de 1975:

> "Considerando que a convenção ora promulgada foi oportunamente submetida ao Congresso Nacional, que a aprovou por meio do Decreto legislativo nº 61, de 19 de abril de 1995;
>
> Considerando que a Convenção em tela entrou em vigor internacional em 16 de janeiro de 1976;
>
> Considerando que o Governo brasileiro depositou a Carta de Ratificação do instrumento multilateral em epígrafe, em 27 de novembro de 1995, *passando o mesmo a vigorar, para o Brasil, em 27 de dezembro de 1995,* na forma de seu artigo 22" (*DOU,* de 10.05.96, p. 8.007).[573]

Isso tudo somado demonstra que até mesmo o governo brasileiro considera que o tratado internacional entra em vigor *antes* da sua promulgação, exatamente na data da troca ou do depósito dos instrumentos de ratificação.

Não se diga, ademais, que seria difícil saber quando o tratado se torna vigente no plano internacional, sob o argumento de que apenas o depositário do texto possui condições de aferir se o *quorum* mínimo de países ratificantes ou aderentes foi atingido, ou, ainda, se a *vacatio* estipulada no tratado já transcorreu. Nos dias de hoje, notadamente em face da rapidez dos meios de comunicação, não se conhece fato internacional dessa natureza que não seja revelado ao público quase que instantaneamente.

Em suma, e abstraindo-se as várias críticas quanto à sua desnecessidade, nada mais é o *decreto de execução* do que "o ato jurídico, de natureza interna, pelo qual o governo de um Estado afirma ou atesta a existência de um tratado por ele celebrado e o preenchimento das formalidades exigidas para sua conclusão, e, além disto, ordena sua execução dentro dos limites aos quais se estende a competência estatal".[574] Ou seja, a edição do decreto de execução tem a finalidade de atestar e dar ciência a todos que o ato internacional *já existe* e que foram cumpridas as formalidades constitucionais exigidas para a sua celebração.[575] Indica, ainda, que o compromisso internacional já é juridicamente exigível, obrigando a todos sua

---

[573] Os exemplos são de José Carlos de Magalhães, in *O Supremo Tribunal Federal e o direito internacional...,* cit., pp. 77-78.

[574] Hildebrando Accioly. *Tratado de direito internacional público,* vol. I, cit., p. 602.

[575] Cf. José Afonso da Silva. *Processo constitucional de formação das leis,* 2ª ed. São Paulo: Malheiros, 2006, p. 233.

observância. A partir daí, passam os tratados a integrar o produto normativo doméstico do Estado e a ter aplicabilidade interna. Essa aplicabilidade, porém, só terá lugar se o compromisso firmado *já estiver em vigor* no plano internacional. Essa última observação reveste-se de notória importância jurídica, tendo em vista que o tratado poderá jamais obrigar a Nação em relação ao seu cumprimento, e isso pelo fato de faltar-lhe vigência no âmbito internacional. Um tratado internacional que faz depender sua vigência externa de certa condição, como um número mínimo de ratificações,[576] poderá nunca entrar em vigor e, por conseguinte, não gerar nenhum efeito interno em relação aos Estados que o ratificaram, ainda que promulgados e publicados internamente, com ordem de fiel cumprimento.

A promulgação não integra o processo legislativo. Ao contrário: o que se promulga *já é* norma jurídica, tal como induz a redação do art. 66, § 7º, da Constituição de 1988, onde se lê: "Se a *lei* não for promulgada...". Daí se ver nitidamente que a promulgação recai não sobre o *projeto*, mas sobre a própria *norma* já pronta e acabada.[577] Nada de diferente ocorre com a promulgação de tratados, os quais também *já existem* antes dela, sendo assim incorreto afirmar que o tratado promulgado *se transforma* em norma de Direito interno e deixa de ser norma de Direito Internacional. O que acontece – explica Mirtô Fraga – é o seguinte: "assinado o tratado, aprovado pelo legislativo, ratificado pelo Executivo, ele passa, conforme o que se estabeleceu no seu próprio texto, a vigorar na órbita internacional. Os indivíduos, porém, para acatá-lo e os Tribunais para aplicá-lo precisam ter conhecimento de que ele existe. Pela promulgação, o Chefe do Poder Executivo apenas declara, atesta, solenemente, que foram cumpridas as formalidades exigidas para que o ato normativo se completasse".[578] O decreto executivo de promulgação, assinado pelo Presidente da República, é referendado pelo Ministro das Relações Exteriores e acompanhado de cópia do texto integral do tratado.

Porém, para que a norma jurídica se considere efetivamente promulgada é indispensável a *publicação* do ato promulgatório em veículo oficial, dando conhecimento à população em geral da existência do tratado.[579] De sorte que, como só é obrigatória a norma que se conhece (e a publicação faz presumir esse conhecimento), o tratado ratificado somente será eficaz no âmbito do Direito interno a partir da inserção da norma promulgada no *Diário Oficial da União*, contendo em apenso o texto do tratado.[580] Ora, se o ato de promulgação tem por conteúdo uma presunção de que o tratado concluído é válido, executório e potencialmente obrigatório, por ter sido regularmente concluído em obediência ao processo específico instituído na Constituição, e se é por meio dele que o Poder Executivo *faz saber* a todos que a norma internacional *já existe* enquanto ato capaz de vincular os seus destinatários, seria de todo inútil não levá-lo ao conhecimento daqueles aos quais o ato se dirige, o que somente a

---

[576] A Convenção de Viena sobre o Direito dos Tratados, por exemplo, deixou estatuído, no seu art. 84, § 1º, que ela só entraria em vigor no trigésimo dia que se seguir à data do depósito do trigésimo-quinto instrumento de ratificação ou de adesão.

[577] V. José Afonso da Silva. *Processo constitucional de formação das leis*, cit., p. 233.

[578] Mirtô Fraga. *O conflito entre tratado internacional e norma de direito interno...*, cit., p. 64.

[579] Sobre a publicação de leis no Brasil, *v.* José Afonso da Silva, *Processo constitucional de formação das leis*, cit., pp. 248-259.

[580] Cf. Mirtô Fraga. *O conflito entre tratado internacional e norma de direito interno...*, cit., p. 64.

publicação tem o condão de fazer.[581] Mas frise-se que o que se publica não é *o tratado* propriamente, mas o seu *ato promulgatório*, que leva o texto do tratado em apenso.[582]

Assim como a promulgação, no que tange à publicação também não há dispositivo doméstico expresso. Contudo, existe regramento internacional a respeito. A Convenção de Havana sobre Tratados (1928), ainda em vigor no Brasil, estabelece no seu art. 4º que os tratados "serão publicados *imediatamente* depois da troca das ratificações", mas acrescenta que "a omissão no cumprimento desta obrigação internacional, *não prejudicará* a vigência dos tratados, nem a exigibilidade das obrigações nele contidas".

A tradição jurídica brasileira não tem concebido norma alguma (seja interna, seja internacional – e, nesse último caso, se está a referir aos tratados que demandam aprovação congressual) sem publicação oficial, seja ela proveniente de tratados ou de produção doméstica.[583] Vige, de resto, o *princípio da publicidade* também aqui, quando estão em jogo normas convencionais ratificadas pelo Estado.

Enfim, a partir da publicação passam os tratados a integrar o acervo normativo nacional, "habilitando-se ao cumprimento por particulares e governantes, e à garantia de vigência pelo Judiciário".[584] Ou seja, com a publicação do ato promulgatório busca-se transmitir o conteúdo do tratado a todos aqueles a quem se destina, fixando ainda o seu início de vigência. Quando silentes a esse último propósito, fazem operar o comando do art. 1º da Lei de Introdução às Normas do Direito Brasileiro – LINDB, que dá quarenta e cinco dias de prazo para o início dessa vigência. Essa última regra aplica-se não só às leis, mas também a todos os atos internacionais que contiverem normas destinadas aos particulares, quando outra data para sua entrada em vigor não vier disciplinada em seu texto. Fica dispensada a *vacatio* para aqueles atos administrativos que interessam tão somente à Administração em seus assuntos eminentemente internos (que não atingem diretamente os particulares).

Como já afirmou Charles Rousseau, numa lição de apurada clareza, os tratados "são *obrigatórios* em virtude da ratificação, *executáveis* em virtude da promulgação e *aplicáveis* em decorrência da publicação".[585] Mas esclareça-se que todas essas providências não têm o condão de transformar o Direito Internacional em Direito interno, como já se disse. Um tratado devidamente promulgado e publicado continua sendo norma de Direito Internacional, segundo regra universalmente aceita. Daí por que não passa de equívoco dizer que o tratado se *transforma* em lei interna, com o ato da promulgação. O que acontece é o seguinte: o tratado promulgado passa a ter *força* de lei, ou se se preferir, força superior à lei, tendo em vista não poder ser revogado por norma interna posterior, isso não significando que ele se *transforme* em lei com a promulgação. Não há, pois, absoluta identidade entre o tratado e a normatividade interna do Estado, a não ser quanto à sua obrigatoriedade, durante o seu período de vigência. Quando se diz que os tratados valem *como lei* interna, se está apenas querendo dizer que eles têm, *no mínimo*, a mesma força que uma disposição legislativa interna. Mas isso

---

[581] V., por tudo, José Afonso da Silva, *Processo constitucional de formação das leis*, cit., pp. 248-249; e Mirtô Fraga, *O conflito entre tratado internacional e norma de direito interno…*, cit., pp. 63-64.

[582] Cf. José Afonso da Silva. *Processo constitucional de formação das leis*, cit., p. 249.

[583] Cf. José Francisco Rezek. *Direito dos tratados*, cit., p. 384.

[584] José Francisco Rezek. Idem, p. 385.

[585] Charles Rousseau. *Principes généraux du droit international public*, t. I, cit., p. 403.

também é equivocado, pois os tratados (quaisquer tratados)[586] devidamente ratificados têm valor supralegal, pois revogam a legislação infraconstitucional em contrário e não podem ser revogados por esta. Sendo então os tratados *semelhantes* às leis, para efeito de sua entrada em vigor, tem-se como certo que, na falta de outras, a eles se aplicam as disposições normativas relativas à entrada em vigor dos atos legislativos no Brasil, constantes da LINDB, máxime aquelas relativas à vigência e à *vacatio legis*.

No Brasil, os atos internacionais promulgados e publicados passam a integrar a nossa *Coleção das Leis*. O Ministério das Relações Exteriores publica ainda os atos internacionais dos quais o Brasil é parte na *Coleção de Atos Internacionais*, que também é um repositório oficial de tratados em nosso país.

7. Efeitos da internalização dos tratados na ordem jurídica nacional. Desde que em vigor no plano internacional, os tratados ratificados pelo Estado, promulgados e publicados, passam a integrar o arcabouço normativo interno e, consequentemente, a produzir efeitos na ordem doméstica. Tais instrumentos, uma vez insertos no Direito brasileiro, passam a obedecer, com pouquíssima variação, às mesmas regras sobre vigência e eficácia aplicáveis às demais leis do País.

O primeiro e mais imediato dos efeitos gerados por um tratado na ordem jurídica interna é o de *revogar* todas as disposições em contrário ou incompatíveis da legislação infraconstitucional (aí compreendidas, à exceção das emendas constitucionais, todas as demais espécies normativas que compõem o arcabouço normativo doméstico). Tudo quanto está abaixo da Constituição os tratados comuns (e não os que dispõem sobre direitos humanos, que têm índole e nível constitucionais) revogam ou modificam, se com eles incompatível ou expressamente em contrário. Havendo incompatibilidade entre as disposições convencionais e as normas de Direito interno, uma vez que aquelas obedecem, em regra, aos mesmos parâmetros de vigência e eficácia das disposições legislativas domésticas, resolve-se eventual antinomia sempre em favor do tratado, que é hierarquicamente superior a qualquer disposição interna infraconstitucional (têm valor supralegal).

A norma revogadora pode ser manifesta (*expressa*) ou implícita (*tácita e global*). Será manifesta quando expressamente indicar a norma a ser revogada; será implícita, quando a norma posterior for incompatível com a anterior (*tácita*) ou quando regular inteiramente a matéria de que tratava a lei anterior (*global*). Essas regras valem para os tratados posteriores da mesma forma que para uma disposição legislativa interna.

O que não pode ocorrer é o contrário: um tratado ser revogado por lei posterior. Seria um contrassenso admitir que um compromisso internacional possa ser revogado por legislação ulterior; tal seria o mesmo que permitir que um Estado, unilateralmente, pudesse revogar um compromisso internacional, quando se sabe que para isso é necessário um ato formal de *denúncia*. Ademais, a tese que pretende permitir a revogação do tratado por lei interna posterior parece não levar em conta que o descumprimento de uma obrigação internacional acarreta a responsabilidade internacional do Estado. A crítica que se faz diz respeito à

---

[586] Veremos adiante (Seção IV, *infra*) que todos os tratados em vigor no Brasil têm *status*, no mínimo, supralegal (não obstante ainda ter o STF entendimento diverso). Os tratados *de direitos humanos*, por sua vez, têm índole e nível de *norma constitucional*, como também se verá com detalhes oportunamente (*v.* Parte IV, Capítulo I, Seção I, item nº 8).

Parte I · Cap. V · DIREITO DOS TRATADOS | **323**

indiferença que muitos têm tido com o problema sério da *responsabilidade* do Estado no âmbito internacional.

Outro efeito dos tratados, internamente, é o de autorizar que os particulares reclamem, perante as instâncias judiciais ordinárias, a satisfação dos direitos neles estabelecidos e o cumprimento das obrigações deles decorrentes. Isto, entretanto, só será possível caso se verifique, pelo conteúdo do instrumento, que o mesmo tem como destinatário certo o cidadão. Um tratado de proteção dos direitos humanos, que, por sua natureza, cria direito subjetivo ao cidadão, poderá ter o seu fiel cumprimento exigido perante uma instância judicial interna, ao passo que um tratado dirigido única e exclusivamente ao governo, para que cumpra uma determinada providência ou para que mantenha certo relacionamento com determinado Estado, certamente não pode ter sua vigência reclamada, judicialmente, por um particular. Só os demais Estados é que teriam, nesse caso, o direito de reclamar o cumprimento do tratado violado.[587]

8. Autoridades públicas responsáveis pela execução dos tratados. Ao cabo desta Seção relativa à processualística constitucional de celebração de tratados algumas palavras merecem ser ditas sobre as autoridades públicas responsáveis pela execução dos tratados.

O que cabe dizer aqui, muito brevemente, é que *todas* as autoridades públicas (todos os órgãos do Estado) são responsáveis pela execução dos tratados no plano interno, porque a obrigação de cumprir os tratados em todos os seus termos incumbe *ao Estado* no seu conjunto, na sua qualidade de *sujeito* do Direito Internacional Público.[588] Tanto o Poder Executivo, como o Legislativo e o Judiciário, no quadro das respectivas competências, têm o dever de garantir a plena execução do ato internacional na órbita interna, sob pena de responsabilização internacional do Estado.

A execução de um tratado no âmbito do Estado não é, porém, matéria essencialmente jurídica, senão também (e especialmente) política. Frequentemente se exige que as autoridades públicas tomem medidas de diversa natureza para que o ato internacional seja plenamente satisfeito. Até mesmo mudanças na legislação podem ser exigidas, como determinam muitos tratados (*v.g.*, os de direitos humanos). A essa determinação convencional dá-se o nome de *adaptação (ou adequação) legislativa*.[589] Tome-se como exemplo o art. 2º da Convenção Americana sobre Direitos Humanos: "Se o exercício dos direitos e liberdades mencionados no artigo 1 ainda não estiver garantido por disposições legislativas ou de outra natureza, os Estados-partes comprometem-se a adotar, de acordo com as suas normas constitucionais e com as disposições desta Convenção, as *medidas legislativas* ou de outra natureza *que forem necessárias para tornar efetivos tais direitos e liberdades*" [grifos nossos].[590]

A fiscalização do respeito às obrigações convencionais de adaptação ou adequação efetua-se, em geral, por recurso à responsabilidade internacional do Estado.[591] Quando o prejuízo

---

[587]   Cf. José Francisco Rezek. *Direito dos tratados*, cit., pp. 394-395.

[588]   Cf. Dinh, Daillier & Pellet. *Direito internacional público*, cit., p. 233.

[589]   Sobre o tema, *v.* Rolando Quadri, Cours général de droit international public, cit., pp. 297-302.

[590]   *V.* Valerio de Oliveira Mazzuoli. *Comentários à Convenção Americana sobre Direitos Humanos (Pacto de San José da Costa Rica)*, cit., pp. 32-37.

[591]   Cf. Dinh, Daillier & Pellet. *Direito internacional público*, cit., p. 233.

pela inexecução do tratado – como no caso acima citado da falta de adequação legislativa que garanta a aplicação do acordo na ordem interna – recai diretamente sobre os cidadãos, cabe, em primeiro lugar, ao Poder Judiciário interno resolver a questão e condenar o Estado às reparações, para, posteriormente (quando esgotados os recursos internos), socorrer-se a vítima de um tribunal internacional (princípio da subsidiariedade da justiça internacional).

SEÇÃO IV – O CONFLITO ENTRE TRATADO E NORMA DE DIREITO INTERNO

1. O caso brasileiro. A Constituição brasileira de 1988, em nenhum de seus dispositivos estatuiu com clareza a posição hierárquica dos tratados *comuns* perante o nosso Direito interno. Deixou essa incumbência para a opinião, necessariamente falível, da doutrina e da jurisprudência pátrias, legando a estas um problema que competia ao legislador constituinte evitar. Assim, nesta Seção IV será versada a questão da hierarquia entre os tratados internacionais *comuns* (ou *tradicionais*) e as leis internas brasileiras.[592] Para tanto, importante será verificar o posicionamento do Supremo Tribunal Federal nesse tema e quais as discussões que até hoje se travam na doutrina pátria, no que tange à questão da hierarquia entre tais tratados e as leis internas. Em um ou outro ponto do texto, porém, serão feitas referências também aos tratados de direitos humanos, especialmente quando do estudo do controle da convencionalidade das leis (*v.* item n° 4, *infra*).

A primeira observação que deve ser feita ao se estudar a questão do conflito entre tratados internacionais (comuns) e leis internas (infraconstitucionais) é a de que o problema da concorrência entre ambas as normas pode ser resolvido, *a priori*, de duas maneiras: numa, dando prevalência aos tratados sobre o direito interno infraconstitucional, a exemplo das Constituições francesa de 1958 (art. 55), grega de 1975 (art. 28, § 1°) e peruana de 1979 (art. 101), garantindo ao compromisso internacional plena vigência, sem embargo de leis posteriores que o contradigam; noutra, garantindo-se aos tratados apenas tratamento *paritário*, tomando como paradigma leis nacionais e outros diplomas de grau equivalente.[593] Ou seja, havendo conflito entre tratado e lei interna, a solução é encontrada aplicando-se o critério da *lex posterior derogat priori*. Desde 1977 vigora na jurisprudência do STF esse último sistema, em que o tratado, uma vez formalizado, passa a ter força de lei *ordinária*, podendo, por isso, revogar as disposições em contrário, ou ser revogado (perder eficácia) diante de lei posterior.[594] Em outras palavras, tratando-se de instrumentos internacionais *comuns* (à exceção dos tratados de *direitos humanos*), a jurisprudência do STF tem adotado a possibilidade de *treaty override* no Direito brasileiro, entendendo ser possível a superação de um tratado em virtude da edição de lei posterior. O chamado *treaty override* – revogação do tratado (expressa ou tacitamente) pela lei posterior incompatível – ainda hoje encontra amparo na jurisprudência da nossa Suprema Corte. Apenas quando norma constitucional autoriza (*v.g.*,

---

[592] A hierarquia dos tratados internacionais de direitos humanos no Direito brasileiro será detalhadamente estudada na já citada Parte IV, Capítulo I, Seção I, item n° 8. Ali veremos que os critérios clássicos de solução de antinomias (hierárquico, cronológico e da especialidade) não podem mais valer quando o conflito de normas envolve matéria ligada aos *direitos humanos*. Daí a explicação de que as referências feitas doravante a tais métodos de solução de conflitos dizem respeito apenas aos tratados *comuns*.

[593] Cf. José Francisco Rezek. *Direito internacional público...*, cit., p. 97.

[594] *V.* o Acórdão do STF, no *RE* 80.004/SE, julg. 01.06.1977, in *RTJ* 83/809.

no caso do art. 178, relativo às ordenações dos transportes aéreo, aquático e terrestre) é que tem o STF entendido deva haver prevalência do tratado sobre as leis internas (*v. infra*, item nº 2).

Sem embargo da referida omissão constitucional, relativamente ao problema do conflito entre tratados internacionais e leis internas, a jurisprudência brasileira, durante algumas décadas, mostrou-se firme na consagração da primazia do Direito Internacional sobre o Direito interno, posicionamento que somente veio a ser modificado a partir de 1977, no julgamento do *RE* 80.004/SE, quando se assentou que ante o conflito entre o tratado e a lei interna deveria prevalecer a *mais recente* das normas, aplicando-se a máxima *lex posterior derogat priori*. A discussão, em sede recursal, versava sobre o conflito entre o Decreto-lei nº 427, de 22 de janeiro de 1969, que instituiu o registro obrigatório da nota promissória na repartição fiscal, sob pena de nulidade, e a Lei Uniforme sobre Letras de Câmbio e Notas Promissórias, aprovada pela Convenção de Genebra, anteriormente ratificada pelo Estado brasileiro e com vigência reconhecida pelo próprio STF. O cerne de toda a controvérsia residia na pretensão de nulidade do Decreto-lei nº 427/69, que exigia o registro da nota promissória na repartição fiscal não previsto na Lei Uniforme de Genebra.

Embora decidido por maioria, contra apenas um voto vencido, o do relator Min. Xavier de Albuquerque, substituído pelo relator designado, Min. Cunha Peixoto, os votos vencedores no citado Recurso Extraordinário apresentaram fundamentos tão diversos que tornou difícil saber qual deles, perante a Suprema Corte, efetivamente prevaleceu. Deixando de lado antigos precedentes de que leis internas não podem revogar tratados anteriormente concluídos, o STF preferiu ater-se à noção de que não há prevalência hierárquica entre tratados internacionais e leis internas e, sendo assim, um compromisso internacional poderia ver-se revogado, sem maiores consequências no plano do Direito interno, por legislação ordinária posterior. Os Ministros Cordeiro Guerra, Rodrigues Alckmin, Thompson Flores e Cunha Peixoto, votaram todos no sentido de que o tratado revoga a lei interna anterior *da mesma forma* que a lei posterior revoga o tratado concluído primeiro, segundo a fórmula *lex posterior derogat priori*. Não se ateve o Tribunal ao fato de que os tratados internacionais têm sua forma própria de revogação, que é a denúncia, nem mesmo de que o descumprimento interno de um compromisso assumido externamente acarreta a responsabilidade internacional do Estado, além de outras graves consequências no plano da política externa.[595]

Por esse motivo é que não pode ser acatada a observação de Amilcar de Castro, em que se fundamentou o Min. Cunha Peixoto, em seu voto como relator designado do *RE* 80.004, acima referido, de que "tratado não é lei; é ato internacional, que obriga o povo considerado em bloco; que obriga o governo na ordem externa e não o povo na ordem interna".[596] Ora, tal entendimento enseja um aspecto crítico que é a indiferença com que separa a vontade do governo da vontade da Nação, ou do poder que emana do povo, segundo a regra do art. 1º, parágrafo único, da Constituição de 1988, que segue as Cartas anteriores. Se é do povo que o poder emana e se é esse mesmo povo que constitui o governo, é porque a autoridade que tem o Estado de comprometer a Nação no cenário internacional é sempre *delegada* e não originária. Em outras palavras, quando

---

595 V., por tudo, José Carlos de Magalhães, *O Supremo Tribunal Federal e o direito internacional...*, cit., pp. 58-60.

596 Amilcar de Castro. *Direito internacional privado*, 5ª ed. aum. e atual. por Osiris Rocha. Rio de Janeiro: Forense, 2001, pp. 123-124.

a Constituição diz que "todo o poder emana do povo, que o exerce por meio de representantes eleitos ou diretamente", está ela querendo atribuir ao povo brasileiro a *jurisdição originária*, e ao governo, a *jurisdição derivada* em matéria de poder. Dizer então que o tratado *obriga o povo considerado em bloco* não se justifica de maneira alguma, por não conseguir explicar porque tal obrigação tomada *em bloco* não vale para o ordenamento jurídico interno. Assim, quando o Chefe do Poder Executivo compromete a Nação no cenário internacional, o faz com o poder que recebeu do povo, não havendo que se falar que esse mesmo povo compromete-se, por meio do governo, tão somente na ordem internacional e não na ordem interna.[597]

O posicionamento do STF no julgamento do *RE 80.004*, frise-se, veio modificar o seu anterior ponto de vista que apregoava o primado do Direito Internacional frente ao ordenamento doméstico brasileiro. De forma que se está diante de um verdadeiro retrocesso no que diz respeito à matéria. De lembrar-se que Philadelpho Azevedo já publicara, em 1945, quando ainda Ministro do STF, comentário em que demonstrava a convicção *unânime* da Suprema Corte, àquela época, quanto à prevalência dos tratados internacionais sobre o Direito interno infraconstitucional.[598]

2. Paridade normativa dos tratados comuns declarada pelo STF. A conclusão que chegou o STF no julgamento citado (*RE* nº 80.004) foi a de que dentro do sistema jurídico brasileiro, em que tratados e convenções guardam estrita relação de *paridade normativa* com as leis ordinárias editadas pelo Estado, a normatividade dos tratados internacionais, permite, no que concerne à hierarquia das fontes, situá-los no mesmo plano e no mesmo grau de eficácia em que se posicionam as nossas leis internas.[599] Entendeu o STF que a Constituição brasileira da época, ao tratar de sua exclusiva competência, teria colocado os tratados internacionais ratificados pelo Brasil no mesmo plano hierárquico das normas infraconstitucionais, o que reflete a concepção *monista moderada*. Trazendo o raciocínio para o texto constitucional de 1988, poderia se entender que quando a Carta diz competir ao STF julgar, mediante recurso extraordinário, as causas decididas em única ou última instância, "quando a decisão recorrida declarar a inconstitucionalidade de tratado *ou* lei federal", estaria ela igualando (em mesmo nível hierárquico) os dois diplomas legalmente vigentes. Desta feita, em caso de conflito entre a norma internacional e a lei interna haveria de ser aplicado o princípio geral relativo às normas de idêntico valor, isto é, o critério cronológico, segundo o qual a norma mais recente revoga a anterior que com ela conflita. Dessa forma, qualquer tratado internacional, ratificado pelo Brasil e devidamente promulgado, passaria a fazer parte do nosso Direito interno com *status* de lei ordinária federal.

Essa conclusão da Excelsa Corte, porém, peca pela imprecisão. Ora, admitir que um compromisso internacional perca vigência em virtude da edição de lei posterior que com ele conflite (*treaty override*) é permitir que um tratado possa, unilateralmente, ser revogado por um dos seus Estados-partes, o que não é jurídico e tampouco compreensível. Seria fácil burlar

---

[597] V., por tudo, José Carlos de Magalhães, *O Supremo Tribunal Federal e o direito internacional...*, cit., pp. 33-36 e 61.

[598] V. José Francisco Rezek. *Direito dos tratados*, cit., pp. 465-466. Cf., ainda Philadelpho Azevedo, Os tratados e os interesses privados em face do direito brasileiro, in *Boletim da Sociedade Brasileira de Direito Internacional*, vol. 1, Rio de Janeiro, 1945, pp. 12-29.

[599] Cf. Acórdão nº 662-2, do processo de Extradição julgado pelo Tribunal Pleno do STF, em decisão majoritária, aos 28.11.96, rel. Min. Celso de Mello (*DJ* 30.05.97, p. 23.176).

Parte I • Cap. V • DIREITO DOS TRATADOS | **327**

todo o pactuado internacionalmente se, por disposições legislativas internas, fosse possível modificar tais normas. Se um Estado se obriga livremente a cumprir um acordo internacional, como explicar possa ele (Estado) editar leis contrárias a todo o pactuado? Qual o valor de um tratado se, por meio de lei interna, pudessem os Estados simplesmente não o aplicar? Seria muito simples admitir que o não cumprimento de um tratado, internamente, pudesse acarretar a prática de um ilícito internacional, pelo qual, externamente, devesse o Estado responder. Nos fundamentos do despacho monocrático proferido pelo Min. Celso de Mello, no *HC* 77.631-5/ SC, diz-se que uma lei posterior pode (e, portanto, seria legítimo fazê-lo) derrogar as normas de um tratado internacional, pois, do contrário, estar-se-ia inviabilizando, "com manifesta ofensa à supremacia da Constituição (...), o próprio exercício, pelo Congresso Nacional, de sua típica atividade político-jurídica consistente no desempenho da função de legislar".

No raciocínio do ilustre Ministro, expresso acima, introduziu-se um paralogismo fino e de difícil percepção, que merece ser explicado. Pois bem, quando um Estado assume um compromisso internacional é *toda* a Nação que se compromete juridicamente, toda a comunidade que integra o Estado, aí compreendidas sua população e suas autoridades (poder estatal) assentadas em seu território. Apenas por razões de ordem prática é que, tanto a população como as autoridades estatais não atuam em conjunto, e a representação exterior do Estado recai primordialmente sobre o Chefe do Poder Executivo. De acordo com o nosso Direito Constitucional, compete privativamente ao Presidente da República o poder de declarar internacionalmente a vontade do Estado, e ao Poder Legislativo resolver definitivamente sobre tratados, aprovando-os ou não (segundo o que julgar mais adequado) antes da ratificação do acordo ou do depósito dos instrumentos de ratificação no órgão competente. Ficaram excluídos desse trâmite o Poder Judiciário, que só atua posteriormente em caso de resolução de conflitos, e os cidadãos, individualmente considerados. Entretanto, embora não fosse prático, poder-se-ia ter estabelecido o contrário, prevendo a Constituição a participação do Judiciário e também dos indivíduos no processo de celebração de atos internacionais. De qualquer forma, seria sempre *o Estado*, como ente único e indiviso, que se obrigaria no cenário internacional, pouco importando se pela letra da Constituição esse ou aquele ente fosse o competente para celebrar internacionalmente o acordo. Não é, pois, possível desdobrar os diversos poderes que integram o Estado e introduzir o sofisma que leve a pensar que uns atuam em detrimento da liberdade dos poderes dos outros, pois, se dessa maneira atuam para obrigar no plano internacional o Estado, é porque a Constituição assim o quis. Quando o Presidente da República ratifica um tratado, não o faz de maneira pessoal, mas sim *em nome* do Estado de que é titular; quem atua, ou seja, quem tem *titularidade* para comprometer a Nação no cenário internacional, é o Chefe do Poder Executivo, mas *juridicamente* quem está ali não é o Presidente da República, mas o *Estado Brasileiro* por ele (Presidente) representado.[600] Cai, então, por terra a alegação da Suprema Corte, realizada no julgamento

---

[600] Cf., por tudo, Heber Arbuet Vignali & Jean Michel Arrighi, Os vínculos entre o direito internacional público e os sistemas internos, cit., p. 416-417. Nas palavras de Vignali e Arrighi: "Constitui, portanto, um paralogismo introduzir a ideia de que viola a Constituição porque, ao aprovar o tratado, uns órgãos (os do Poder Executivo) obrigam outros (os do Poder Legislativo), cerceando as suas atribuições [segundo o Min. Celso de Mello, inviabilizando "o próprio exercício, pelo Congresso Nacional, de sua típica atividade político-jurídica consistente no desempenho da função de legislar"]. Na realidade, a Nação soberana, ao aprovar a sua Constituição, estabeleceu uma forma de assumir compromissos internacionais, e estes, uma

do *HC* 77.631-5/SC, no sentido de que lei interna poderia derrogar tratado, sob pena de se inviabilizar o exercício, pelo Congresso Nacional, de sua "típica atividade político-jurídica consistente no desempenho da função de legislar".

Ora, não raras vezes o objetivo de um tratado internacional é o de justamente incidir sobre situações que deverão ser observadas no plano do ordenamento jurídico interno dos Estados signatários. Aprovando um tratado internacional, o Poder Legislativo se compromete implicitamente a não editar leis a ele contrárias, a menos que se proponha a sua denúncia. Pensar de outra forma seria admitir o absurdo. E Mirtô Fraga exemplifica dessa maneira: "Se o Brasil, por exemplo, firmou convenção com Portugal, obrigandose a reconhecer a portugueses, aqui residentes, os mesmos direitos do nacional, a não edição do regulamento, por si só, já constituiria um ilícito internacional, que teria maior gravidade se, posteriormente ao convencionado, se editasse norma jurídica excluindo os portugueses, beneficiários da igualdade, do direito, por exemplo, de prestar concurso, para determinado cargo não privativo de brasileiro nato". E continua: "É um contrassenso afirmar-se que o Tribunal deve aplicar a lei posterior contrária ao tratado e admitir-se, ao mesmo tempo, a responsabilidade do Estado. Este é livre para contratar ou deixar de contratar. Afirmar, como muitos, que o Poder Executivo não pode, pela celebração do tratado, limitar a competência e a liberdade do Poder Legislativo seria válido, se ocorresse no século XVIII. O monarca, então, personalizava o Estado, a soberania residia na pessoa do governante. Com o advento da Revolução Francesa e das ideias liberais, a soberania foi transladada para a nação, representada nas Assembleias. O pacto, o ajuste, era, então, um ato do governante, em oposição à lei, ato da soberania nacional. E como o poder pertencia ao povo, o compromisso firmado pelo soberano não podia obrigar a nação, à qual era permitido dispor de forma contrária ao pactuado, em seu nome e sem sua audiência. A manifestação obrigatória do Poder Legislativo sobre os tratados assinados pelo chefe de Estado surgiu, justamente, como resultado da democratização do poder. Na época atual, admitir-se possa o Legislativo, por lei, contrariar o tratado, que aprovou, é, em suma, reconhecer o predomínio das Assembleias, em franca oposição a dispositivo constitucional que declara harmônicos e independentes os Poderes do Estado, se não há, para tanto, expressa autorização da Lei Maior".[601]

Aprovado o tratado pelo Congresso, e sendo ratificado pelo Presidente da República, suas disposições normativas, com a publicação do texto, passam a ter plena vigência e eficácia internas. E de tal fato decorre a vinculação do Estado no que atine à aplicação de suas normas, devendo cada um dos seus Poderes cumprir a parte que lhes cabe nesse processo: ao Legislativo cabe aprovar as leis necessárias, abstendo-se de votar as que lhes sejam contrárias; ao Executivo fica a tarefa de bem e fielmente regulamentá-las, fazendo todo o possível para o cumprimento de sua fiel execução; e ao Judiciário incumbe o papel preponderante de aplicar os tratados internamente, bem como as leis que o regulamentam, afastando a aplicação de leis nacionais que lhes sejam contrárias.[602]

---

vez assumidos de acordo com as regras do regime constitucional vigente, obrigam todos os habitantes e Poderes do Estado, no nosso entendimento diretamente, sem necessidade de 'transformação', mas, nesta hipótese, ou caso se entenda que é preciso 'transformá-los', sempre sem possibilidade de serem ignorados por qualquer órgão, salvo quando abertamente se viole a norma constitucional" (Idem, ibidem).

[601] Mirtô Fraga. *O conflito entre tratado internacional e norma de direito interno...*, cit., pp. 83-84.

[602] Cf. Mirtô Fraga. Idem, p. 84.

Se o Congresso Nacional dá sua aquiescência ao conteúdo do compromisso firmado, é porque implicitamente reconhece que, se ratificado o acordo, está *impedido* de editar normas posteriores que o contradigam. Assume o Congresso, por conseguinte, verdadeira *obrigação negativa*, qual seja, a de se abster de legislar em sentido contrário às obrigações assumidas internacionalmente. Admitir, pois, que o Legislativo possa editar lei, revogando o tratado anteriormente firmado, é reconhecer "o predomínio das Assembleias, em oposição a comando superior que declara harmônicos e independentes os Poderes do Estado", como assevera Mirtô Fraga.[603] E caso tais leis sejam porventura editadas, elas jamais terão força para afastar a aplicação interna do tratado antes concluído, uma vez que estes têm a sua forma própria de revogação, que é a denúncia, regida pelas regras próprias do Direito Internacional Público. Tais leis, portanto, serão inválidas.

Embora possua o Estado jurisdição para dizer o Direito aplicável a determinada situação de fato, deve ele respeitar os princípios e regras acolhidos pela sociedade internacional, que em relação a ele se sobrepõem, limitando-lhe o poder de legislar, sob pena de ver-se sujeito a medidas coercitivas que lhe venham a ser impostas pela sociedade internacional organizada. O exame da constitucionalidade das leis, pois, além de levar em conta os dispositivos constitucionais respeitantes ao caso específico, deve também ater-se aos compromissos internacionalmente assumidos pelo Estado, bem como aos princípios de Direito Internacional geralmente aceitos pela sociedade internacional como um todo.[604]

Por outro lado, admitir que o Estado-juiz possa declarar a revogação de um compromisso internacional, é o mesmo que admitir que outros entes estatais, que não a figura constitucionalmente prevista do Presidente da República, possam indiretamente denunciar o compromisso internacionalmente firmado, deixando-o sem eficácia e aplicabilidade na ordem interna. O juiz, ao deixar de aplicar um tratado internacional em razão da existência de "lei posterior", está implicitamente criando uma falsa e incongruente hierarquia entre leis internas e tratados internacionais, que a Constituição expressamente não declara. Também, por tal motivo, está impedido o juiz de aplicar a lei interna em detrimento do tratado internacional em vigor.

A infração ao dever de respeito aos princípios e normas do Direito Internacional, por meio dos poderes do Estado, acarreta sua responsabilidade no plano internacional, que certamente não pode ficar esquecida ou relegada a segundo plano quando de qualquer julgamento pelo Poder Judiciário a envolver tais normas. Vige aqui a norma a *pacta sunt servanda*, universalmente reconhecida como norteadora dos compromissos exteriores do Estado, e expressamente estabelecida pelo art. 26 da Convenção de Viena sobre o Direito dos Tratados de 1969, segundo a qual todo tratado em vigor "obriga as partes e deve ser cumprido por elas de boa-fé".

Em suma, em razão de todos os argumentos expostos, não se tem dúvida de que os tratados internacionais *comuns* em vigor no Brasil guardam nível *supralegal* na nossa ordem jurídica. Conquanto cedam perante a Constituição – inclusive por força do preceito constitucional que sujeita os tratados à fiscalização de sua constitucionalidade (art. 102, inc. III, alínea *b*) –, os tratados comuns não podem ser revogados por lei interna posterior, sob pena de responsabilidade internacional do Estado. Já os tratados de direitos humanos

---

[603] Mirtô Fraga. Idem, p. 132.
[604] Cf. José Carlos de Magalhães. *O Supremo Tribunal Federal e o direito internacional...*, cit., pp. 32-33 e 62.

330 | CURSO DE DIREITO INTERNACIONAL PÚBLICO – *Valerio de Oliveira Mazzuoli*

(independentemente de aprovação qualificada) guardam nível *constitucional* no plano do nosso Direito interno, como se estudará oportunamente (*v.* Parte IV, Capítulo I, Seção I, item nº 8).

Certo avanço do Supremo Tribunal Federal, relativamente ao tema do conflito entre tratados e leis internas, deu-se com o voto do Min. Sepúlveda Pertence, de 29 de março de 2000, no *RHC* 79.785/RJ, em que entendeu ser possível considerar os tratados *de direitos humanos* como documentos de caráter *supralegal* (repita-se que, para nós, quaisquer tratados comuns já têm esse nível *supralegal*, tendo os tratados de direitos humanos índole e nível *constitucionais*). Essa tese ficou ainda mais clara no STF com o voto-vista do Min. Gilmar Mendes, na sessão plenária do dia 22 de novembro de 2006, no julgamento do *RE* 466.343-1/SP, em que se discutia a questão da prisão civil por dívida nos contratos de alienação fiduciária em garantia.[605] Apesar de continuar entendendo que os tratados internacionais *comuns* ainda guardam relação de paridade normativa (nível de lei ordinária, portanto) com o ordenamento jurídico doméstico, defendeu o Min. Gilmar Mendes a tese de que os tratados de *direitos humanos* estariam num nível hierárquico intermediário: abaixo da Constituição, mas acima de toda a legislação infraconstitucional. Segundo o seu entendimento, "parece mais consistente a interpretação que atribui a característica de *supralegalidade* aos tratados e convenções de direitos humanos", segundo a qual "os tratados sobre direitos humanos seriam infraconstitucionais, porém, diante de seu caráter especial em relação aos demais atos normativos internacionais, também seriam dotados de um atributo de *supralegalidade*". E finalizou: "Em outros termos, os tratados sobre direitos humanos não poderiam afrontar a supremacia da Constituição, mas teriam lugar especial reservado no ordenamento jurídico. Equipará-los à legislação ordinária seria subestimar o seu valor especial no contexto do sistema de proteção da pessoa humana".[606]

---

[605] O Tribunal, neste caso de que foi relator o Min. Cezar Peluso (julgado definitivamente em 03.12.2008), rechaçou expressamente esse tipo de coerção pessoal na alienação fiduciária em garantia, à maneira do que sempre defendemos desde a publicação de nosso livro *Prisão civil por dívida e o Pacto de San José da Costa Rica*: especial enfoque para os contratos de alienação fiduciária em garantia (Rio de Janeiro: Forense, 2002, 228p.). A sessão plenária do dia 3 de dezembro de 2008 foi considerada (inclusive pelos Ministros ali presentes) como uma sessão histórica, haja vista que o Tribunal, a partir dali, modificara seu anterior entendimento que era no sentido da plena *constitucionalidade* da prisão civil por dívida nos casos de alienação fiduciária em garantia. Posteriormente, com a edição da Súmula Vinculante nº 25 (de 16.12.2009, *DOU* de 23.12.2009, p. 1), o STF passou a abolir definitivamente no Brasil a prisão civil de depositário infiel, qualquer que seja a modalidade do depósito, nestes termos: "É ilícita a prisão civil de depositário infiel, qualquer que seja a modalidade do depósito".

[606] *V.* voto-vista do Min. Gilmar Mendes, no *RE* 466.343-1/SP, p. 21. Cf. também, Gilmar Ferreira Mendes, A supralegalidade dos tratados internacionais de direitos humanos e a prisão civil do depositário infiel no Brasil, in *Systemas: revista de ciências jurídicas e econômicas*, vol. 2, nº 1 (2010), pp. 64-100. Frise-se que em 12 de março de 2008 o Min. Celso de Mello, no *HC* 87.585-8/TO, em que também se discutia a impossibilidade de prisão civil por dívida pela aplicação do Pacto de San José da Costa Rica, modificou radicalmente a sua opinião anterior (tal como expressa no despacho monocrático do *HC* 77.631-5/SC, publicado no *DJU* 158-E, de 19.08.1998, Seção I, p. 35) para aceitar a nossa tese segundo a qual os tratados de direitos humanos têm índole e nível de normas constitucionais no Brasil. O único ponto de discordância com aquilo que defendemos reside no fato de ter o Min. Celso de Mello aceito a tese da hierarquia constitucional dos tratados de direitos humanos *somente* para os instrumentos ratificados até a EC nº 45/2004 (emenda que acrescentou o § 3º no art. 5º da Constituição). Para nós, os tratados de direitos humanos ratificados pelo Brasil têm índole e nível constitucionais quer sejam anteriores ou posteriores à EC nº 45/2004 (*v.*, com detalhes, a Parte IV, Capítulo I, Seção I, item nº 8). Quanto aos tratados *comuns*, nosso objeto de análise neste tópico, continuou o Ministro a seguir a doutrina clássica do STF, que os situa no mesmo plano hierárquico da legislação ordinária.

Frise-se, porém, que em maio de 2017 o Plenário do STF entendeu que as Convenções de Varsóvia e de Montreal sobre transporte aéreo *prevalecem* sobre o Código de Defesa do Consumidor, uma vez que a própria Constituição assim autoriza (art. 178, *caput*).[607] De fato, o dispositivo constitucional aduz que "a lei disporá sobre a ordenação dos transportes aéreo, aquático e terrestre, devendo, quanto à ordenação do transporte internacional, *observar os acordos firmados pela União*, atendido o princípio da reciprocidade" (redação dada pela Emenda Constitucional nº 7, de 1995). Nesse caso, como se vê, o STF passou a entender que um tratado *comum* prevalece sobre uma lei interna posterior, não pela sua própria força, senão apenas porque a autorização para que assim seja *provém expressamente da Constituição*. Esse entendimento não aluna a jurisprudência corrente do STF no sentido de estarem os tratados comuns *no mesmo plano* hierárquico das leis ordinárias, pois, neste caso específico relativo ao transporte aéreo, há um *plus* constitucional, que é a própria previsibilidade constitucional de prevalência do tratado sobre as leis internas. Daí, no julgamento referido, ter a maioria dos ministros entendido que o CDC não é o único mandamento a ser observado e que a Constituição *expressamente garante primazia* aos tratados internacionais relativos a transporte aéreo sobre as normas internas. Ficaram vencidos os Ministros Marco Aurélio e Celso de Mello, que entendiam que os casos em análise envolviam empresas de transporte aéreo de passageiros, que realizam atividades qualificadas como prestação de serviços, é dizer, atividades ligadas à relação jurídica de *consumo*, às quais haveria de se aplicar o CDC, que é lei *posterior* aos mencionados tratados. Esta última posição, como se nota, entende que mesmo havendo autorização constitucional para a prevalência de um tratado sobre o nosso direito interno, *ainda assim* haveria de prevalecer a norma interna *posterior*, à luz da regra *lex posterior derogar priori*. Ao final do julgamento, o STF fixou a seguinte tese: "Nos termos do art. 178 da Constituição da República, as normas e os tratados internacionais limitadores da responsabilidade das transportadoras aéreas de passageiros, especialmente as Convenções de Varsóvia e Montreal, têm prevalência em relação ao Código de Defesa do Consumidor". Salvo esse caso específico, ainda tem entendido o STF que *apenas* os tratados internacionais de direitos humanos guardam prevalência hierárquica sobre as normas do direito interno.

3. Nosso posicionamento frente à posição do STF. A tese da supralegalidade dos tratados de direitos humanos não aprovados por maioria qualificada (defendida, *v.g.*, pelo Min. Gilmar Mendes, no *RE* 466.343-1/SP) peca por desigualar tais instrumentos em detrimento daqueles internalizados pela dita maioria, criando uma "duplicidade de regimes jurídicos" imprópria para o atual sistema (interno e internacional) de proteção de direitos, uma vez que estabelece "categorias" de tratados que têm o mesmo fundamento ético. E esse fundamento ético lhes é atribuído não pelo Direito interno ou por qualquer poder do âmbito interno (*v.g.*, o Poder Legislativo), mas pela própria ordem internacional da qual tais tratados provêm. Ao criar as "categorias" dos tratados de nível *constitucional* e *supralegal* (caso sejam ou não aprovados pela dita maioria qualificada), a tese da supralegalidade acabou por regular instrumentos *iguais* de maneira totalmente *diferente* (ou seja, desigualou os "iguais"), em franca oposição ao princípio constitucional da *isonomia*. Daí ser equivocado alocar certos tratados de direitos humanos *abaixo* da Constituição e

---

[607] STF, *RE* 636.331/RJ, rel. Min. Gilmar Mendes, julg. 25.05.2017, *DJe* nº 111, de 25.05.2017; e ARE 766.618/SP, rel. Min. Roberto Barroso, julg. 25.05.2017, *DJe* nº 117, de 02.06.2017.

outros (também de direitos humanos) no *mesmo nível* dela, sob pena de se subverter toda a lógica convencional de proteção de tais direitos, a exemplo daquela situação em que um instrumento acessório teria equivalência de uma emenda constitucional, enquanto o principal estaria em nível hierárquico inferior.

Portanto, mesmo a posição de vanguarda do STF, expressa no voto-vista do Min. Gilmar Mendes acima referido, ainda é, a nosso ver, insuficiente. No nosso entender, os tratados internacionais *comuns* ratificados pelo Estado brasileiro é que se situam num nível hierárquico *intermediário*, estando abaixo da Constituição, mas acima da legislação infraconstitucional, não podendo ser revogados por lei posterior (posto não se encontrarem em situação de paridade normativa com as demais leis nacionais).[608] Quanto aos tratados de direitos humanos, como se observará no momento oportuno, entendemos que os mesmos ostentam o *status* de norma constitucional, independentemente do seu eventual *quorum* qualificado de aprovação. A um resultado similar pode-se chegar aplicando o princípio – hoje cada vez mais difundido na jurisprudência interna de outros países, e consagrado em sua plenitude pelas instâncias internacionais – da supremacia do Direito Internacional e da prevalência de suas normas em relação a toda normatividade interna, seja ela anterior ou posterior.[609]

Sob esse ponto de vista – de que, em geral, os tratados internacionais têm superioridade hierárquica em relação às demais normas de estatura infraconstitucional, quer seja tal superioridade *constitucional*, como no caso dos tratados de direitos humanos, quer *supralegal*, como no caso dos demais tratados, chamados de *comuns* – é lícito concluir que a produção normativa estatal deve contar não somente com limites *formais* (ou *procedimentais*), senão também com dois limites verticais *materiais*, quais sejam: *a*) a Constituição e os tratados de direitos humanos (pois alçados ao nível constitucional); e *b*) os tratados internacionais comuns de estatura supralegal. Assim, a compatibilidade (formal) da produção normativa

---

[608] V., nesse exato sentido, Hildebrando Accioly, *Tratado de direito internacional público*, vol. I, cit., p. 547: "Como compromissos assumidos pelo Estado em suas relações com outros Estados, eles [os tratados] devem ser colocados em plano superior ao das leis internas dos que os celebram. Assim, (...) eles revogam as leis anteriores, que lhes sejam contrárias; as leis posteriores não devem estar em contradição com as regras ou princípios por eles estabelecidos; e, finalmente, qualquer lei interna com eles relacionada deve ser interpretada, tanto quanto possível, de acordo com o direito convencional anterior". Na doutrina portuguesa, *v.* André Gonçalves Pereira & Fausto de Quadros, *Manual de direito internacional público*, cit., pp. 121-124.

[609] Cf. Heber Arbuet Vignali & Jean Michel Arrighi. Os vínculos entre o direito internacional público e os sistemas internos, cit., p. 420. Na Alemanha, esse também é o critério adotado para a generalidade dos tratados ratificados por este país (art. 59, da Lei Fundamental: "Os tratados que regulem as relações políticas da Federação ou se referem a matérias da legislação federal requerem a aprovação ou a participação, sob a forma de uma lei federal, dos órgãos competentes na respectiva matéria da legislação federal"), que passam a prevalecer (inclusive com aplicação imediata, se eles contêm direitos individuais) sobre toda a normatividade inferior ao direito federal, a exemplo das normas provenientes dos Estados Federados e dos decretos expedidos pelo governo. Esse entendimento vale, na Alemanha, inclusive para os tratados de direitos humanos, o que é criticável, por permitir a aplicação do brocardo *lex posterior derogat legi priori* ao caso de conflito entre tratado e lei federal posterior; mas é bom fique nítido que naquele país também se encontram correntes doutrinárias tendentes a atribuir nível constitucional pelo menos à Convenção Europeia de Direitos Humanos. *V.*, por tudo, Roland Bank, Tratados internacionales de derechos humanos bajo el ordenamiento jurídico alemán, in *Anuario de Derecho Constitucional Latinoamericano*, 10º año, t. II, Montevideo: Konrad-Adenauer-Stiftung, 2004, pp. 721-734.

Parte I • Cap. V • DIREITO DOS TRATADOS | **333**

doméstica com o texto constitucional não mais garante à lei *validade* no plano do Direito interno. Para que a validade (e consequente *eficácia*) de uma lei seja garantida, deve ser ela materialmente compatível com a Constituição *e com* os tratados internacionais (de direitos humanos ou comuns) ratificados pelo Estado. Em outras palavras, uma determinada lei interna poderá ser até considerada *vigente* (*existente*), por ter sido elaborada com respeito às normas do processo legislativo estabelecidas pela Constituição (e continuará perambulando nos compêndios legislativos publicados), mas não será *válida* se estiver em desacordo ou com os tratados de direitos humanos (que têm estatura constitucional) ou com os demais tratados dos quais a República Federativa do Brasil é parte (que têm *status* supralegal).[610] Para que haja a *vigência* e concomitante *validade* das leis, deverá ser respeitada uma dupla compatibilidade vertical material, ou seja, a compatibilidade da lei (1) com a Constituição e os tratados de direitos humanos em vigor no país e (2) com os demais instrumentos internacionais ratificados pelo Estado brasileiro.[611] Esse *duplo controle* da produção e aplicação da normatividade interna é obrigatório e não facultativo, e somente por meio dele será possível garantir a vigência e a validade de uma norma doméstica no atual contexto do direito brasileiro.

Não se pode mais confundir *vigência* com *validade* (e a consequente *eficácia*) das normas jurídicas, como fazia o modelo positivista kelseniano do ensino jurídico, devendo-se agora seguir a lição de Ferrajoli, que bem diferencia ambas as situações: uma lei *vigente* não é obrigatoriamente *válida* e, em última análise, *eficaz*. Doravante, para que uma norma seja *eficaz* e possa ser aplicada pelo juiz no caso concreto, deverá ela ser anteriormente *válida*, sendo certo que para ser válida deverá ainda ser anteriormente *vigente*. Em outras palavras, a *vigência* (*existência*) não depende da *validade*, mas esta depende daquela, assim como a *eficácia* depende da validade (trata-se de uma escala de valores na qual, em primeiro lugar, encontra-se a *vigência*, depois a *validade* e, por último, a *eficácia*).[612] Por isso, não aceitamos os conceitos de *validade* e *vigência* de Tercio Sampaio Ferraz Jr., para quem norma *válida* é aquela que cumpriu o processo de formação ou de produção normativa (que, para nós, é a lei *vigente*), e *vigente* a que já foi *publicada*. O autor conceitua vigência como "um termo com o qual se demarca o tempo de validade de uma norma" ou, em outros termos, como "a norma válida (pertencente ao ordenamento) cuja autoridade *já* pode ser considerada imunizada, sendo exigíveis os comportamentos prescritos", arrematando que uma norma

---

[610]   *V.* Valerio de Oliveira Mazzuoli. *Tratados internacionais de direitos humanos e direito interno*, cit., pp. 186-187.

[611]   Todos esses instrumentos jurídicos (tratados internacionais e Constituição) integram aquilo que a doutrina italiana chama de "normas sobre a produção jurídica", que conferem ao ato "bruto" de formulação da norma o caráter "institucional" de legislação. Analisada a questão sob esse aspecto, entende-se que uma norma jurídica não será *válida* (ainda que seja *vigente*) caso não tenha sido criada de conformidade com (pelo menos) *algumas* de tais normas sobre a produção jurídica (há várias espécies delas, sendo a que nos interessa, precisamente, a relativa ao "conteúdo mesmo da normatização futura", como, por exemplo, "as disposições constitucionais [ou convencionais, pode-se acrescentar] que conferem direitos de liberdade aos cidadãos"). *V.*, por tudo, Riccardo Guastini, *Estudios de teoría constitucional*, México, D.F.: UNAM, 2001, pp. 85-97.

[612]   *V.* Luigi Ferrajoli. *Derechos y garantias: la ley del más débil*. Trad. Perfecto Andrés Ibáñez e Andrea Greppi. Madrid: Trotta, 1999, pp. 20-22. Cf. também, Luigi Ferrajoli, *Direito e razão: teoria do garantismo penal*, 2ª ed. rev. e ampl., trad. Ana Paula Zomer Sica (*et al.*), São Paulo: RT, 2006, pp. 329-331.

"pode ser válida sem ser vigente, embora a norma vigente seja sempre válida".[613] Não concordamos (também com base em Ferrajoli) com essa construção segundo a qual uma norma "pode ser válida sem ser vigente", e de que "a norma vigente seja sempre válida". Para nós, lei formalmente *vigente* (vigência e *existência formal* são coisas idênticas[614]) é aquela elaborada pelo Parlamento de acordo com as regras do processo legislativo estabelecidas pela Constituição; lei *válida* é a lei *vigente* materialmente compatível com o texto constitucional e com os tratados (de direitos humanos ou não) ratificados pelo governo, ou seja, é a lei que tem sua autoridade respeitada e protegida contra qualquer ataque (porque compatível com a Constituição e com os tratados em vigor no país).[615] Apenas havendo compatibilidade vertical (material) com ambas as normas – a Constituição e os tratados – é que a lei infraconstitucional em questão será *vigente* e *válida* (e, possivelmente, *eficaz*). Caso contrário, não passando a lei pelo exame da compatibilidade material vertical com os tratados, não terá qualquer validade (e, tampouco, eficácia) no plano do Direito interno, devendo ser rechaçada (inaplicada) pelo juiz no caso concreto, não obstante estar vigente.[616] Trata-se da materialização daquilo que Luiz Flávio Gomes chamou de "nova pirâmide jurídica".[617] Portanto, a inexistência de decisão definitiva do Supremo Tribunal Federal em controle tanto concentrado quanto difuso de constitucionalidade (nesse último caso, com a possibilidade de comunicação ao Senado Federal para que este – nos termos do art. 52, inc. X da Constituição – suspenda, no todo ou em parte, os efeitos da lei declarada inconstitucional pelo STF) mantém a *vigência* das leis no país, as quais, contudo, não permanecerão *válidas* se materialmente incompatíveis com os tratados internacionais (de direitos humanos ou comuns) dos quais o Brasil é parte.[618]

---

[613] Tercio Sampaio Ferraz Jr. *Introdução ao estudo do direito: técnica, decisão, dominação*, 4ª ed., rev. e ampl. São Paulo: Atlas, 2003, p. 198.

[614] Nesse exato sentido, *v.* Luigi Ferrajoli, *Derechos y garantías: la ley del más débil*, cit., p. 21; e também Luigi Ferrajoli, *Direito e razão: teoria do garantismo penal*, cit., p. 330.

[615] Ainda sobre a diferença entre *vigência* e *validade* das normas jurídicas, *v.* Riccardo Guastini, *Estudios de teoría constitucional*, cit., pp. 90-92.

[616] Para detalhes, *v.* Valerio de Oliveira Mazzuoli, *Tratados internacionais de direitos humanos e direito interno*, cit., pp. 187-193.

[617] *V.* Luiz Flávio Gomes. *Estado constitucional de direito e a nova pirâmide jurídica*. São Paulo: Premier Máxima, 2008, pp. 25-28. Cf. ainda, Luiz Flávio Gomes & Rodolfo Luis Vigo, *Do Estado de direito constitucional e transnacional: riscos e precauções (navegando pelas ondas evolutivas do Estado, do direito e da justiça)*, São Paulo: Premier Máxima, 2008, pp. 45-143. Para uma atualização dessa "nova pirâmide jurídica", *v.* Luiz Flávio Gomes & Valerio de Oliveira Mazzuoli, Características gerais do direito (especialmente do direito internacional) na pós-modernidade, cit., pp. 474-477.

[618] Frise-se existir uma situação excepcional, em que a declaração de inconstitucionalidade de uma lei afeta o seu plano de *vigência*, fulminando desde logo sua *validade* e consequente *eficácia*. Trata-se, como lembra Luiz Flávio Gomes, do caso em que a lei é declarada inconstitucional em seu aspecto *formal*. Neste caso, "não há como negar que essa declaração de inconstitucionalidade afeta (desde logo) o plano da validade da norma, mas, além disso, também o da vigência. Uma lei que não tenha seguido o procedimento legislativo correto, após a declaração da sua inconstitucionalidade formal (embora publicada no *Diário Oficial*), deixa de possuir vigência. Se é certo que a declaração de inconstitucionalidade material não toca nesse aspecto formal (vigência), não se pode dizer a mesma coisa em relação à inconstitucionalidade formal" (*Estado constitucional de direito e a nova pirâmide jurídica*, cit., p. 77). Nesse exato sentido a lição de Riccardo Guastini, para quem a invalidade *formal*

Dúvidas poderiam surgir quanto à consideração de serem os tratados *comuns* instrumentos de nível supralegal no Brasil. Poderia se objetar não ter a Constituição disciplinado em todos os casos a hierarquia desses tratados em confronto com as demais leis da República (exceção encontra-se no art. 178, já referido, relativo à prevalência dos tratados sobre transporte aéreo, aquático ou terrestre). Mas basta verificar, num estudo comparativo, alguns dispositivos legais brasileiros para concluir que o nosso sistema jurídico privilegia a superioridade de *quaisquer tratados* na ordem jurídica interna. Um desses dispositivos é o art. 5º do Código Penal Brasileiro, que desde 1940 acolhe essa tese, assim estatuindo: "Aplica-se a lei brasileira, *sem prejuízo de convenções, tratados e regras de direito internacional*, ao crime cometido no território nacional". Essa orientação da lei penal brasileira, de superioridade dos tratados internacionais em relação à legislação infraconstitucional, foi seguida e reafirmada, em 1941, também pelo Código de Processo Penal, que deixou assente, no seu art. 1º, inc. I, que o "processo penal reger-se-á, em todo o território brasileiro, por este Código, *ressalvados os tratados, as convenções e regras de direito internacional*". Assim o fazendo, tal disposição quis dar claramente aos tratados internacionais, em matéria processual penal, um *status* normativo superior à sua própria hierarquia. Ou seja, se o direito processual penal, no Brasil, rege-se pelo Código de Processo Penal, *ressalvados os tratados, as convenções e regras de Direito Internacional*, é porque tais instrumentos e regras de direito das gentes prevalecem sobre a legislação infraconstitucional, em relação a tais matérias. E se *prevalecem* às regras do Código, é porque, evidentemente, estão acima delas.

Portanto, quiseram tais normas (art. 5º do CP e art. 1º, inc. I, do CPP) atribuir expressamente aos tratados internacionais firmados pelo Estado brasileiro um *status* de supralegalidade, eis que prevalecem sobre as legislações penal e processual penal ordinárias, respectivamente.

Há, entretanto, outro dispositivo na legislação brasileira a respeito do *status* supralegal dos tratados comuns, que merece ser lembrado. Trata-se do art. 7º, *caput*, da Lei nº 8.078, de 11 de setembro de 1990, que instituiu o Código de Proteção e Defesa do Consumidor, que assim dispõe:

> "Os direitos previstos neste Código *não excluem outros decorrentes de tratados ou convenções internacionais de que o Brasil seja signatário*, da legislação interna ordinária, de regulamentos expedidos pelas autoridades administrativas competentes, bem como dos que derivem dos princípios gerais do direito, analogia, costumes e equidade".

Como se pode notar facilmente, o referido dispositivo *separa* os tratados internacionais de que o Brasil seja parte da legislação interna ordinária, o que reflete claramente a vontade do legislador pátrio em ver os compromissos internacionalmente assumidos alçados a um grau *superior* ao da legislação ordinária infraconstitucional. Se a intenção do nosso legislador fosse a de equiparar os tratados internacionais à legislação interna ordinária, não teria ele, certamente, feito a distinção que fez. Bastava ter feito referência apenas à legislação ordinária, em que já se incluiriam os tratados internacionais, se essa fosse a sua vontade. O dispositivo, assim, no que separou os tratados internacionais da legislação

---

"é uma invalidade do tipo 'forte', que, por regra, comporta nada menos que a inexistência da lei" (*Estudios de teoría constitucional*, cit., p. 93).

interna ordinária, além de ter deixado claro que os tratados comuns encontram-se numa posição hierárquica superior a toda legislação infraconstitucional, também reforçou a ideia de que os tratados internacionais de proteção dos direitos humanos têm *status* de norma constitucional, como que num reforço à ideia esposada pelo § 2º do art. 5º da Constituição, que atribuiu a tais tratados essa natureza especial; e isto porque os direitos do consumidor também pertencem ao rol dos direitos humanos fundamentais consagrados pela Carta brasileira de 1988 (art. 5º, inc. XXXII).

Entretanto, o único dispositivo da legislação infraconstitucional brasileira que atribui *expressamente* hierarquia superior aos tratados internacionais em confronto com as demais normas de Direito interno é o art. 98 do Código Tributário Nacional, segundo o qual "os tratados e as convenções internacionais revogam ou modificam a legislação tributária interna, e serão observados pela que lhes sobrevenha". Por se tratar de caso excepcional e de especial relevância, preferimos dedicar a Seção V seguinte ao estudo específico desse tema.

Em suma, a conclusão que se chega é a de que, na falta de norma constitucional expressa a regular a questão, *quaisquer* tratados internacionais em vigor no Brasil têm, no mínimo, nível *supralegal* na nossa ordem jurídica, estando abaixo da Constituição e acima de todas as leis nacionais (ordinárias, complementares etc.). Já os tratados de *direitos humanos* guardam nível *constitucional* no Direito brasileiro, independentemente da aprovação qualificada do art. 5º, § 3º, da Constituição, resolvendo-se eventual conflito entre tais tratados e as normas constitucionais pelo princípio *pro homine*, que preza pela aplicação da norma sempre *mais favorável* ao ser humano (*v. infra*). É por tal motivo que não se autoriza compreender o controle de convencionalidade como *mera aplicação* de tratados, porque a aplicação pura e simples de tratados internacionais – nos moldes da Convenção de Viena sobre o Direitos dos Tratados de 1969 – desconhece o princípio *pro homine* ou *pro persona*, que é princípio fundamental no controle de convencionalidade das leis.

4. Controle jurisdicional da convencionalidade das leis.[619] Como se acabou de falar e se estudará em detalhes na Parte IV, Capítulo I, Seção I, item nº 8,[620] a Constituição brasileira de 1988 acolhe os tratados de direitos humanos com índole e nível de normas

---

[619] Este tema não havia sido sistematizado no Brasil (embora já referido, *en passant*, por alguns autores) antes de vir à luz a nossa Tese de Doutorado em Direito Internacional, defendida na UFRGS em 4.11.2008, publicada sob o título *Tratados internacionais de direitos humanos e direito interno*, São Paulo: Saraiva, 2010 (já cit.). Contudo, o tema do *controle de convencionalidade* não era o objeto principal da Tese (cujo objetivo central foi estudar a teoria do "diálogo das fontes" no Direito Internacional Público), tendo ali sido suscitado em apenas uma de suas seções (Seção II do Capítulo II). Ocorre que o interesse despertado pelo assunto no Brasil foi tão grande, que nos fez desenvolver em obra autônoma o que ali havíamos originalmente estudado. *V.*, assim, Valerio de Oliveira Mazzuoli, *O controle jurisdicional da convencionalidade das leis*, São Paulo: RT, 2009, 144p. (Coleção "Direito e Ciências Afins", vol. 4). Para um estudo comparado dos modelos de controle no Brasil, Argentina, Chile, México, Peru e Uruguai, *v.* Luiz Guilherme Marinoni & Valerio de Oliveira Mazzuoli (coords.), *Controle de convencionalidade: um panorama latino-americano*, Brasília: Gazeta Jurídica, 2013, 711p.

[620] Recomendamos ao leitor o estudo atento deste ponto antes da compreensão da tese que agora se irá expor.

Parte I • Cap. V • DIREITO DOS TRATADOS | 337

constitucionais, independentemente de aprovação legislativa por maioria qualificada. Esse nível constitucional dos tratados de direitos humanos se retira da interpretação *a contrario* do art. 5º, § 2º, da Constituição, que assim dispõe:

> "Os direitos e garantias expressos nesta Constituição *não excluem* outros decorrentes do regime e dos princípios por ela adotados, ou dos *tratados internacionais em que a República Federativa do Brasil seja parte*".

Mas, se aprovados por maioria qualificada, tais tratados passarão a ter (após ratificados e em vigor no país) *equivalência* de emendas constitucionais, tal como estabelece o art. 5º, § 3º, da Constituição, acrescentado pela Emenda Constitucional nº 45/2004:

> "Os tratados e convenções internacionais sobre direitos humanos que forem aprovados, em cada Casa do Congresso Nacional, em dois turnos, por três quintos dos votos dos respectivos membros, *serão equivalentes às emendas constitucionais*".

Dessa inovação advinda da EC 45 veio à tona (e passou a ter visibilidade entre nós) um novo tipo de controle das normas de Direito interno: o controle *de convencionalidade* das leis, que nada mais é que o processo de compatibilização vertical (sobretudo *material*) das normas domésticas com os comandos encontrados nas convenções internacionais de direitos humanos. À medida que os tratados de direitos humanos ou são *materialmente* constitucionais (art. 5º, § 2º) ou *material e formalmente* constitucionais (art. 5º, § 3º), é lícito entender que o clássico "controle de constitucionalidade" deve agora dividir espaço com esse novo tipo de controle ("de convencionalidade") da produção e aplicação da normatividade interna.

Poderia se objetar ser verdadeiro controle *de constitucionalidade* aquele exercido em razão dos tratados de direitos humanos internalizados pela sistemática do art. 5º, § 3º, por ostentarem equivalência *de emenda* constitucional. Para nós, apenas quando existe afronta *à Constituição* mesma é que pode haver controle *de constitucionalidade* propriamente dito. Ainda que os tratados de direitos humanos (material *e formalmente* constitucionais) sejam *equivalentes às emendas* constitucionais, tal não autoriza a chamar de controle "de constitucionalidade" o exercício de compatibilidade vertical que se exerce em razão deles, notadamente no caso de o texto constitucional permanecer incólume de qualquer violação legislativa (ou seja, no caso de a lei *não violar* a Constituição propriamente, mas apenas *o tratado* de direitos humanos em causa). Em suma, deve-se chamar de controle de constitucionalidade apenas o estrito caso de (in)compatibilidade vertical das leis com a Constituição, e de controle de convencionalidade os casos de (in)compatibilidade legislativa com os tratados de direitos humanos (formalmente constitucionais ou não) em vigor no país.

Vejamos, nos itens *a* e *b* seguintes, o desenvolvimento da teoria do controle de convencionalidade perante o sistema interamericano de direitos humanos, bem assim a maneira pela qual dito controle deve realizar-se no Brasil (em suas modalidades *concentrada* e *difusa*).

a) Doutrina do controle de convencionalidade no sistema interamericano. No sistema interamericano de direitos humanos a teoria do controle de convencionalidade apareceu, pela primeira vez, em 26 de setembro de 2006, quando a Corte Interamericana de Direitos

Humanos julgou o *Caso Almonacid Arellano e outros Vs. Chile*, e assim estabeleceu no parágrafo 124 da sentença:

> "A Corte tem consciência de que os juízes e tribunais internos estão sujeitos ao ímpeto da lei e, por isso, estão obrigados a aplicar as disposições vigentes no ordenamento jurídico. Porém, quando um Estado ratifica um tratado internacional como a Convenção Americana, seus juízes, como parte do aparato do Estado, também estão submetidos a ela, o que os obriga a velar para que os efeitos das disposições da Convenção não se vejam prejudicados pela aplicação de leis contrárias ao seu objeto e fim, e que desde o seu início carecem de efeitos jurídicos. Em outras palavras, o Poder Judiciário *deve exercer uma espécie de 'controle de convencionalidade'* entre as normas jurídicas internas que aplicam nos casos concretos e a Convenção Americana sobre Direitos Humanos. Nesta tarefa, o Poder Judiciário deve ter em conta não somente o tratado, senão também a interpretação que do mesmo tem feito a Corte Interamericana, intérprete última da Convenção Americana" [grifo nosso].

Esse julgamento foi, portanto, o caso que inaugurou formalmente a doutrina do controle (interno) de convencionalidade no âmbito do Continente Americano. Foi também o caso a partir do qual verificou-se ser intenção da Corte Interamericana que o controle de convencionalidade por parte dos tribunais locais seja tido como verdadeira questão de *ordem pública* internacional. Esclareça-se, porém, que desde o início de suas atividades (em 18 de julho de 1978) a Corte tem *controlado* a convencionalidade das leis dos Estados-partes à Convenção Americana, pois essa é exatamente a função de um tribunal internacional de direitos humanos em caso de a Justiça interna falhar no exercício desse controle. O que aqui se coloca é que a nomenclatura "controle de convencionalidade" – já referida, antes de 2006, no voto separado do Juiz Sérgio García Ramirez, no *Caso Myrna Mack Chang* Vs. *Guatemala*, j. 25.11.2003 – veio formalmente aparecer no sistema interamericano passados mais de vinte anos do início de funcionamento da Corte, quando então as atenções sobre o tema tornaram-se intensas. E mais: a partir de 2006 a Corte Interamericana transportou essa obrigatoriedade de controle, de forma prioritária, para o Judiciário *interno* dos Estados-partes (o que não havia feito expressamente até então).

Pouco tempo depois, voltou a Corte a referir-se ao controle de convencionalidade, no *Caso dos Trabalhadores Demitidos do Congresso Vs. Peru*, julgado em 24 de novembro de 2006, reforçando o seu entendimento anterior e destacando algumas especificidades desse controle. No parágrafo 128 da sentença, assim estabeleceu a Corte:

> "Quando um Estado ratifica um tratado internacional como a Convenção Americana, seus juízes também estão submetidos a ela, o que os obriga a velar para que o efeito útil da Convenção não se veja diminuído ou anulado pela aplicação de leis contrárias às suas disposições, objeto e fim. Em outras palavras, os órgãos do Poder Judiciário devem exercer não somente um controle de constitucionalidade, senão também 'de convencionalidade' *ex officio* entre as normas internas e a Convenção Americana, evidentemente no âmbito de suas respectivas competências e dos regulamentos processuais correspondentes. Esta função não deve se limitar exclusivamente às manifestações ou atos dos postulantes em cada caso concreto...".

Perceba-se, agora, a redação imperativa da Corte no sentido de ser um *dever* do Poder Judiciário interno o de controlar a convencionalidade de suas leis em face dos tratados de direitos humanos em vigor no país.[621] Na frase derradeira do primeiro trecho citado (*Caso Almonacid Arellano e outros Vs. Chile*), segundo a qual o Poder Judiciário "deve ter em conta não somente o tratado, *senão também a interpretação que do mesmo tem feito a Corte Interamericana*, intérprete última da Convenção Americana", fica claro também que o controle de convencionalidade exercido pelos juízes e tribunais nacionais deverá pautar-se pelos padrões estabelecidos pela "intérprete última" da Convenção (ou seja, a Corte Interamericana). Isso tem reflexos no chamado controle *difuso* de convencionalidade, pois se a Corte (repita-se: a "intérprete última" da Convenção) não limita o dito controle a um *pedido expresso* das partes em um caso concreto, e se, ao seu turno, os juízes e tribunais locais "devem" levar em conta a interpretação que do tratado faz aquele Tribunal, tal significa que o Poder Judiciário interno não deve se prender à exclusiva solicitação das partes, mas controlar a convencionalidade das leis *ex officio* sempre que estiver diante de um caso concreto cuja solução possa ser encontrada em tratado internacional de direitos humanos em que o Estado seja parte: *iura novit curia*.

Destaque-se que *todo e qualquer* tratado de direitos humanos é paradigma para o controle de convencionalidade, e não somente a Convenção Americana (veja-se que a Corte refere-se a "um tratado internacional *como a* Convenção Americana").[622] Assim, é equivocado dizer – como vem fazendo parte da doutrina que tem estudado recentemente o tema – que apenas a Convenção Americana é paradigma do controle de convencionalidade das normas domésticas; reforça esse entendimento a redação do art. 64, § 1º, da própria Convenção Americana, segundo o qual os Estados-membros da OEA "poderão consultar a Corte sobre a interpretação desta Convenção *ou de outros tratados concernentes à proteção dos direitos humanos* nos Estados americanos..." [grifo nosso]. Os direitos previstos em todos esses instrumentos, assim, formam aquilo que se pode chamar de "bloco de convencionalidade", à semelhança do conhecido "bloco de constitucionalidade"; ou seja, formam um *corpus juris* de direitos humanos de observância obrigatória aos Estados-partes.[623]

Enfim, a negativa do Poder Judiciário estatal em controlar a convencionalidade pela via difusa, sob o argumento de que não solicitado pelas partes ou de que não é possível exercê-lo *ex officio*, é motivo suficiente para acarretar a responsabilidade internacional do Estado por violação de direitos humanos, para além de atribuir à Corte Interamericana a competência última (complementar) para o exercício desse controle. Frise-se, ademais, que essa obrigação dos juízes internos em controlar a convencionalidade das leis passa a existir mesmo naqueles países em que os juízes singulares não têm competência para

---

[621] Frise-se, porém, que a aplicação dos tratados de direitos humanos pelo Judiciário nacional deve atender ao princípio *pro homine*; ou seja, o Judiciário nacional tem o dever de aplicar o tratado em detrimento até mesmo da Constituição do Estado, sempre que a norma em causa for *mais benéfica* ao ser humano sujeito de direitos (*v. infra*).

[622] A Corte Interamericana, no *Caso Gómez Palomino Vs. Peru*, de 22 de novembro de 2005, pela primeira vez controlou a convencionalidade tendo como paradigma outro tratado além da Convenção Americana; no caso em tela, utilizou-se para fins de controle a *Convenção Interamericana sobre Desaparecimento Forçado de Pessoas*, aprovada em Belém do Pará (Brasil) em 1994.

[623] Esse "bloco de convencionalidade" pode apresentar-se relativamente a cada uma das espécies de direitos protegidos, podendo ser, *v.g.*, um "bloco de convencionalidade penal" (*v.g.*, o TPI), um "bloco de convencionalidade ambiental", um "bloco de convencionalidade trabalhista", um "bloco de convencionalidade cultural" etc.

realizar o controle de constitucionalidade (países que reservam tal controle apenas à Corte Suprema ou a uma Sala Constitucional da Corte Suprema, a exemplo do Uruguai, México e Costa Rica).[624]

Foi, porém, no *Caso Cabrera García e Montiel Flores Vs. México*, julgado em 26 de novembro de 2010, que a Corte Interamericana (por unanimidade de votos) afirmou em definitivo a sua doutrina jurisprudencial sobre o "controle de convencionalidade". É também importante lembrar que a partir desse caso a Corte interamericana *amplia* os órgãos de controle da convencionalidade "aos juízes e órgãos vinculados à administração da justiça em todos os níveis". Dos parágrafos 225 a 233 da sentença, a Corte reafirmou sua jurisprudência consolidada sobre o tema, citando (como reforço à sua fundamentação) decisões de várias Cortes Supremas de países latino-americanos que atribuem obrigatoriedade interna às interpretações que tem feito a CIDH dos dispositivos da Convenção Americana. A partir desse julgamento, passou então a ser *dever* do Poder Judiciário dos Estados controlar a convencionalidade das normas de Direito interno, sendo certo que a negativa em assim proceder acarreta a responsabilidade internacional do Estado.

Assim, no julgamento do *Caso Cabrera García e Montiel Flores Vs. México* a Corte Interamericana, além de afirmar em definitivo a sua doutrina sobre o controle de convencionalidade, também *ampliou* a competência de controle para todos os órgãos do Estado vinculados à administração da justiça. Não obstante esse avanço, certo é que faltava um reforço jurisprudencial à tese da ampliação do exercício de controle de convencionalidade para outros órgãos do Estado, o que veio a ocorrer quando do julgamento do *Caso Gelman Vs. Uruguai*, em 24 de fevereiro de 2011, quando a Corte Interamericana repisou a tese de que todos os órgãos do Estado, "incluídos" os juízes, estão submetidos à autoridade da Convenção Americana, cabendo aos juízes e órgãos vinculados à administração da Justiça em todos os níveis exercer *ex officio* o controle de convencionalidade das normas internas relativamente à Convenção Americana, no âmbito de suas respectivas competências e das regras processuais pertinentes. Nas palavras da Corte Interamericana: "Quando um Estado é parte em um tratado internacional como a Convenção Americana, todos os seus órgãos, incluídos seus juízes, estão a ele submetidos, o qual os obriga a velar a que os efeitos das disposições da Convenção não se vejam diminuídos pela aplicação de normas contrárias a seu objeto e fim, pelo que os juízes e órgãos vinculados à administração da Justiça em todos os níveis têm a obrigação de exercer *ex officio* um 'controle de convencionalidade' entre as normas internas e a Convenção Americana, evidentemente no âmbito de suas respectivas competências e das regras processuais correspondentes, e nesta tarefa devem levar em conta não somente o tratado, senão também a interpretação que do mesmo tem feito a Corte Interamericana, intérprete

---

[624] Nestes casos, mesmo não tendo os juízes internos competência para controlar a constitucionalidade das leis, deverão eles (ainda assim) encontrar o meio adequado ("...no âmbito de suas respectivas competências e dos regulamentos processuais correspondentes", como destaca a Corte Interamericana) de se proceder a esse controle, eles próprios, ou por meio de encaminhamento do processo ao Tribunal (ou órgão do Tribunal) competente. Tudo o que não pode o Judiciário interno fazer é *deixar de controlar* a convencionalidade das leis, em desrespeito às decisões da Corte Interamericana nesse sentido, eis que a exigência de controle interno da convencionalidade estende-se a *todos* os órgãos do Poder Judiciário. Para esses países, a melhor saída seria reformar a Constituição, adaptando-a aos ditames da Corte Interamericana.

última da Convenção Americana".[625] Ainda que este tópico estude precipuamente o controle *jurisdicional* da convencionalidade das leis, é necessário ter nítido que a partir do julgamento dos casos *Cabrera García e Montiel Flores Vs. México* (2010) e *Gelman Vs. Uruguai* (2011), a Corte Interamericana *amplia* essa obrigação a *todos* os órgãos vinculados à administração da Justiça, no âmbito de suas respectivas competências e das regras processuais pertinentes. Seria o caso, no Brasil, *v.g.*, de se exigir cada vez mais do Conselho Nacional de Justiça (CNJ) e do Ministério Público (em todos os níveis) a obrigação de controlar a convencionalidade das leis que aplica nos casos concretos.[626]

Um detalhe significativo na evolução jurisprudencial do sistema interamericano deu-se no *Caso Comunidade Garífuna de Punta Piedra e seus Membros Vs. Honduras*, julgado em 8 de outubro de 2015, em que a Corte Interamericana advertiu ao Estado que devesse controlar a convencionalidade das leis à luz da jurisprudência interamericana e dos "padrões internacionais aplicáveis [à matéria respectiva]" (ali se tratava de matéria indígena).[627] Esse detalhe, em tudo significativo, reforça a tese de que o controle de convencionalidade a ser efetivado pelo juiz doméstico tem como paradigma todo o *corpus juris* internacional de proteção, isto é, todo o mosaico protetivo dos sistemas global (onusiano) e regional (interamericano). Assim, num caso envolvendo, *v.g.*, uma *mulher*, que seja *criança*, que tenha uma *deficiência*, que seja *indígena* e, além de tudo, também *refugiada*, deverá o Poder Judiciário controlar a convencionalidade das leis internas aplicando *todos* os padrões internacionais relativos a *cada um* desses temas (direitos das mulheres, das crianças, das pessoas com deficiência, dos povos indígenas e dos refugiados) na resolução desse único caso concreto. Trata-se de avanço notável na jurisprudência da Corte Interamericana, que refina a tarefa de controlar a convencionalidade das leis junto aos "padrões internacionais aplicáveis" a cada uma das questões que o caso *sub judice* apresenta.

Outro julgamento que merece referência é o relativo ao *Caso Trabalhadores da Fazenda Brasil Verde Vs. Brasil*, julgado pela Corte Interamericana em 20 de outubro de 2016, no qual o tribunal avançou jurisprudencialmente (mais uma vez) para entender "que os Estados têm uma obrigação que vincula *todos os poderes e órgãos estatais em seu conjunto*, os quais se encontram obrigados a exercer um controle de convencionalidade *ex officio* entre suas normas internas e a Convenção Americana, no âmbito de suas respectivas competências e das regras processuais correspondentes".[628] Perceba-se que, agora, a Corte não mais se refere, como nos casos anteriores, à competência controlatória limitada aos "juízes e órgãos vinculados à administração da justiça", mas, sim, à capacidade de controle de "todos *os poderes e órgãos estatais* em seu conjunto", o que denota claramente – segundo essa ampliação axiológica de entendimento – que não só os órgãos vinculados à administração da justiça devem exercer

---

[625] CIDH, *Caso Gelman Vs. Uruguai*, Mérito e Reparações, sentença de 24 de fevereiro de 2011, Série C, nº 221, parágrafo 193.

[626] Para um estudo completo do controle de convencionalidade pelo Ministério Público, *v.* Valerio de Oliveira Mazzuoli, Marcelle Rodrigues da Costa e Faria & Kledson Dionysio de Oliveira, *Controle de convencionalidade pelo Ministério Público*, Rio de Janeiro: Forense, 2021, 202p.

[627] CIDH, *Caso Comunidade Garífuna de Punta Piedra e seus Membros Vs. Honduras*, Exceções Preliminares, Mérito, Reparações e Custas, sentença de 8 de outubro de 2015, Série C, nº 304, parágrafos 221 e 225.

[628] Corte IDH, *Caso Trabalhadores da Fazenda Brasil Verde Vs. Brasil*, Exceções Preliminares, Mérito, Reparações e Custas, sentença de 20 de outubro de 2016, Série C, nº 318, parágrafo 408.

a compatibilidade vertical material das normas internas com os tratados internacionais de direitos humanos, senão também *todos* os poderes e órgãos estatais (quaisquer que sejam) em seu conjunto. Não obstante este tópico versar, prioritariamente, o controle *jurisdicional* da convencionalidade das leis, é importante ter presente essa evolução (ampliativa) da jurisprudência da Corte Interamericana para os demais casos de controle a serem exercidos por outros órgãos do Estado, como, *v.g.*, o Ministério Público.

Em suma, tais decisões da Corte Interamericana somadas demonstram claramente que o controle *nacional* da convencionalidade das leis há de ser tido como o *principal* e *mais importante*, sendo que apenas no caso da falta de sua realização interna (ou de seu exercício insuficiente) é que deverá a Justiça Internacional atuar, trazendo para si a competência de controle em último grau (decisão da qual tem o Estado o *dever* de cumprir). Assim, à luz da jurisprudência da Corte Interamericana, o controle nacional da convencionalidade das normas domésticas (versaremos, aqui, o controle exercido pelo Poder Judiciário interno) é o que por primeiro deve ser realizado, antes de qualquer manifestação de um tribunal internacional a respeito.[629] Dessa forma, as cortes internacionais somente controlarão a convencionalidade de uma norma interna caso o Poder Judiciário de origem não tenha controlado essa mesma convencionalidade, ou a tenha realizado de maneira insuficiente. Portanto, é incorreto pensar que apenas o controle *internacional* da convencionalidade das leis (realizado pelas instâncias internacionais de direitos humanos) seria o *verdadeiro* controle de convencionalidade, uma vez que tal raciocínio guarda a insuperável incongruência de não reconhecer que é dos próprios tribunais internacionais (*v.g.*, da Corte Interamericana) que decorre a *exigência* de os juízes e tribunais internos controlarem (em primeira mão, antes de qualquer manifestação internacional sobre o tema) a convencionalidade de suas normas domésticas. O controle de convencionalidade internacional é apenas *coadjuvante* ou *complementar* do controle oferecido pelo Direito interno, como destaca, inclusive, o *segundo considerando* da Convenção Americana, que dispõe ser a proteção internacional convencional "coadjuvante ou complementar da que oferece o direito interno dos Estados americanos".

Para a Corte Interamericana, até mesmo as normas constitucionais dos Estados-partes devem ceder ao exame de convencionalidade, quando menos benéficas que os comandos dos tratados de direitos humanos incorporados ao direito interno. Nas decisões dos casos *A Última Tentação de Cristo Vs. Chile* (2001) e *García Rodríguez e Outros Vs. México* (2023), a Corte Interamericana declarou inconvencionais dispositivos constitucionais do Chile e do México, respectivamente, contrários a direitos e garantias proclamados pela Convenção Americana.

Cabe, então, aos operadores do Direito compreender como se realiza tal controle de convencionalidade no plano do ordenamento doméstico. No Brasil, como já se falou, a Constituição Federal de 1988 acolhe os tratados de direitos humanos com índole e nível de normas constitucionais, independentemente de aprovação legislativa por maioria qualificada

---

[629] Cf. CIDH, *Caso Almonacid Arellano e outros Vs. Chile*, Exceções Preliminares, Mérito, Reparações e Custas, sentença de 26 de setembro de 2006, Série C, nº 154, parágrafo 124; *Caso Trabalhadores Demitidos do Congresso (Aguado Alfaro e outros) Vs. Peru*, Exceções Preliminares, Mérito, Reparações e Custas, sentença de 24 de novembro de 2006, Série C, nº 158, parágrafo 128; e *Caso Cabrera García e Montiel Flores Vs. México*, Exceção Preliminar, Mérito, Reparações e Custas, sentença de 26 de novembro de 2010, Série C, nº 220, parágrafos 225-233.

(cf. art. 5º, §§ 2º e 3º). Tal faz com que o sistema brasileiro aceite as vias *concentrada* e *difusa* de controle da convencionalidade das leis, como se verá a seguir.

b) Controle de convencionalidade no Direito brasileiro. Analisados o desenvolvimento do tema no sistema interamericano e a exigência da Corte Interamericana em que os juízes e tribunais locais controlem a convencionalidade das leis, cabe agora compreender *como se realiza* tal controle perante o Direito brasileiro. Comecemos por compreendê-lo em sua modalidade *concentrada* e, posteriormente, passemos ao estudo do controle *difuso*.[630] Antes, porém, dessa investigação, é mister referir que o Conselho Nacional de Justiça (CNJ) editou, em janeiro de 2022, ato normativo recomendando a todos os órgãos do Poder Judiciário "a observância dos tratados e convenções internacionais de direitos humanos em vigor no Brasil e a utilização da jurisprudência da Corte Interamericana de Direitos Humanos (Corte IDH), bem como a necessidade de controle de convencionalidade das leis internas" (art. 1º, I), para além da urgente "priorização do julgamento dos processos em tramitação relativos à reparação material e imaterial das vítimas de violações a direitos humanos determinadas pela Corte Interamericana de Direitos Humanos em condenações envolvendo o Estado brasileiro e que estejam pendentes de cumprimento integral" (art. 1º, II).[631] À luz dessa Recomendação, devem, portanto, os juízes e tribunais brasileiros guardar ciência da responsabilidade que lhes compete no exercício escorreito do controle de convencionalidade das leis, segundo os modelos (concentrado e difuso) que doravante se irá analisar.

---

[630] Na doutrina brasileira fomos nós que empregamos pela primeira vez (após a EC 45/04) as expressões "controle concentrado de convencionalidade" e "controle difuso de convencionalidade" no plano da mecânica (processualística) de incorporação dos tratados de direitos humanos ao direito interno, neste sentido: se incorporados com *nível* constitucional, são paradigma do controle *difuso* de convencionalidade; e se incorporados com *equivalência* de emenda constitucional, são paradigma do controle *concentrado* de convencionalidade (para além do controle *difuso*). Para detalhes, *v.* Valerio de Oliveira Mazzuoli, *O controle jurisdicional da convencionalidade das leis*, cit., pp. 71-73. Depois desse nosso trabalho, e de maneira muito próxima daquilo que desenvolvemos (especialmente sobre o controle *difuso* de convencionalidade), apareceu um artigo do professor mexicano Eduardo Ferrer Mac-Gregor, intitulado "El control difuso de convencionalidad en el Estado constitucional" (publicado na obra *Formación y perspectiva del Estado mexicano*, coordenada por Héctor Fix-Zamudio e Diego Valadés, México, D.F.: El Colegio Nacional-UNAM, 2010, pp. 151-188). Ali entendeu o autor – que foi Juiz *Ad Hoc* do México no citado *Caso Cabrera García e Montiel Flores Vs. México*, de 26.11.2010 – que o controle difuso de convencionalidade deve ser exercido por todos os juízes nacionais dos Estados-partes na Convenção Americana (exatamente como já defendíamos, sem qualquer outra novidade). Quanto ao controle "concentrado" de convencionalidade, disse o mesmo autor que somente a Corte Interamericana o realiza (pp. 173-175). Não conseguiu ele visualizar que as Cortes Supremas internas *também* realizam o dito controle concentrado, quando invalidam as normas internas *erga omnes* em processo de arguição de inconstitucionalidade iniciado por uma das ações constitucionais do controle abstrato (*v.g.*, no caso do Brasil, uma ADIn). A nossa tese, assim, propõe a existência dos controles *concentrado* e *difuso* de convencionalidade exercidos pelo Poder Judiciário *interno*. Que a Corte Interamericana realiza o controle de convencionalidade de forma *concentrada* não se tem qualquer dúvida (aliás, o controle exercido por qualquer tribunal internacional é *sempre* concentrado, dado não haver no direito das gentes juízes internacionais espalhados pelo Planeta e sem vinculação a uma determinada Corte, cujo modo de julgamento é tão só o *colegiado*). Portanto, a novidade está (e esse é o objeto deste tópico) em demonstrar a maneira pela qual o Poder Judiciário *interno* deve controlar essa mesma convencionalidade, em suas modalidades *concentrada* e *difusa*.

[631] Recomendação CNJ nº 123, de 07.01.2022 (decorrente do Processo nº 0008759-45.2021.2.00.0000, 61ª Sessão Extraordinária, Órgão Pleno, rel. Cons. Flávia Pessoa, v.u., julg. 14.12.2021).

b.1) Controle concentrado de convencionalidade. A modalidade concentrada de controle de convencionalidade é aquela exercida no âmbito do STF, à luz das ações do controle abstrato de normas propostas pelos legitimados constitucionais elencados no art. 103 da Constituição. No que tange a essa modalidade de controle, a pergunta a ser respondida é *como operacionalizá-lo* perante o STF e qual a *base jurídica* para se exercê-lo perante o Supremo.

Ora, se a Constituição possibilita sejam os tratados de direitos humanos alçados ao patamar constitucional, com *equivalência de emenda,* por questão de lógica deve também garantir-lhes os meios que prevê a qualquer norma constitucional ou emenda de se protegerem contra investidas não autorizadas do direito infraconstitucional. Nesse sentido, o que defendemos é ser plenamente possível utilizar-se das ações do controle concentrado, como a ADIn (que invalidaria a norma infraconstitucional por *inconvencionalidade*), a ADECON (que garantiria à norma infraconstitucional a compatibilidade vertical com um tratado de direitos humanos formalmente constitucional), ou até mesmo a ADPF (que possibilitaria exigir o cumprimento de um "preceito fundamental" encontrado em tratado de direitos humanos formalmente constitucional), não mais fundamentadas apenas no texto constitucional, senão também nos tratados de direitos humanos aprovados pela sistemática do art. 5º, § 3º, da Constituição e em vigor no país. Assim, os legitimados para o controle concentrado (constantes do art. 103 da Constituição) passam a ter a seu favor um arsenal muito maior do que anteriormente tinham para invalidar lei interna incompatível com os tratados de direitos humanos internalizados com *quorum* qualificado. Daí então poder-se dizer que os tratados de direitos humanos internalizados por essa maioria qualificada servem de meio de controle concentrado (de *convencionalidade*) das normas de Direito interno, para além de servirem como paradigma para o controle *difuso.*

Dessa forma, a conhecida Ação Direta de Inconstitucionalidade (ADIn) transformar-se-ia em verdadeira Ação Direta *de Inconvencionalidade.* De igual maneira, a Ação Declaratória de Constitucionalidade (ADECON) assumiria o papel de Ação Declaratória *de Convencionalidade* (seria o caso de propô-la quando a norma infraconstitucional não atinge a Constituição de qualquer maneira, mas se pretende desde já garantir sua *compatibilidade* com determinado comando de tratado de direitos humanos formalmente incorporado com equivalência de emenda constitucional). Em idêntico sentido, a Arguição de Descumprimento de Preceito Fundamental (ADPF) poderia ser utilizada para proteger "preceito fundamental" de um tratado de direitos humanos violado por normas infraconstitucionais, inclusive leis *municipais* e normas *anteriores* à data que o dito tratado foi aprovado (e entrou em vigor) com equivalência de emenda constitucional no Brasil.[632] Não se pode também esquecer da Ação Direta de Inconstitucionalidade por

---

[632] Registre-se que a primeira ação do controle abstrato, proposta no Brasil, a fim de controlar a convencionalidade com paradigma em tratado de direitos humanos (a *Convenção sobre os Direitos das Pessoas com Deficiência*, de 2007) internalizado pelo rito do art. 5º, § 3º, da Constituição, foi justamente uma ADPF (nº 182), de 09.07.2009. Com ela visou-se declarar, com eficácia *erga omnes* e efeito vinculante, a invalidade, por não recepção, do art. 20, § 2º, da Lei nº 8.742/93, em face da citada Convenção, que emprega o conceito de "pessoa com deficiência" de modo mais abrangente e, portanto, mais protetivo que o conceito expresso na Lei. De fato, na redação original do art. 20, § 2º, da Lei nº 8.742/93, lia-se o seguinte: "Para efeito de concessão deste benefício, a pessoa portadora de deficiência é aquela incapacitada para a vida independente e para o trabalho". Por sua vez, o art. 1º da Convenção estabelece, num conceito superiormente mais amplo, que pessoas com deficiência "são aquelas que têm impedimentos de longo prazo de natureza física, mental, intelectual ou sensorial, os quais, em interação com diversas barreiras, podem obstruir sua participação plena e efetiva na sociedade em

Omissão (ADO), prevista no art. 103, § 2º, da Constituição, que poderá ser proposta sempre que *faltar lei interna* que se faria necessária a dar efetividade a uma norma convencional. Nesse caso, pode o STF declarar a *inconvencionalidade por omissão* de medida para tornar efetiva norma internacional de direitos humanos em vigor no Brasil e anteriormente aprovada por maioria qualificada, dando ciência ao Poder competente para a adoção das providências necessárias e, em se tratando de órgão administrativo, para fazê-lo em trinta dias.

Ainda no que tange às omissões legislativas, passa (doravante) a ser perfeitamente cabível o remédio constitucional do mandado de injunção para colmatar omissões normativas que impossibilitem o exercício de um direito ou liberdade presente em tratado de direitos humanos internalizado com *quorum* qualificado, uma vez que o comando constitucional garante a utilização de tal remédio "sempre que a falta de norma regulamentadora torne inviável o exercício dos direitos e liberdades *constitucionais* [inclusive das normas constitucionais por equiparação, como é o caso dos tratados *equivalentes* às emendas constitucionais] e das prerrogativas inerentes à nacionalidade, à soberania e à cidadania" (art. 5º, inc. LXXI).

Em suma, o que se está a defender é o seguinte: quando o texto constitucional (no art. 102, inc. I, alínea *a*) diz competir precipuamente ao Supremo Tribunal Federal a "guarda da Constituição", cabendo-lhe julgar originariamente as ações diretas de inconstitucionalidade (ADIn) de lei ou ato normativo federal ou estadual ou a ação declaratória de constitucionalidade (ADECON) de lei ou ato normativo federal, está autorizando que os legitimados próprios para a propositura de tais ações (constantes do art. 103 da Constituição) ingressem com tais medidas sempre que *a Constituição* ou *quaisquer normas a ela equivalentes* (como, *v.g.*, os tratados de direitos humanos internalizados com *quorum* qualificado) estiverem sendo violadas por normas infraconstitucionais. A partir da Emenda Constitucional 45/04, é necessário entender que a expressão "guarda da Constituição", utilizada pelo art. 102, inc. I, alínea *a*, alberga, além do texto da Constituição propriamente dito, também as normas constitucionais por equiparação, como é o caso dos tratados de direitos humanos citados. Assim, ainda que a Constituição silencie a respeito de um determinado direito, mas estando esse mesmo direito previsto em tratado de direitos humanos *constitucionalizado* pelo rito do art. 5º, § 3º, passa a caber, no STF, o controle concentrado de constitucionalidade/

---

igualdades de condições com as demais pessoas". Frise-se que o proponente (Procurador Geral da República) não se utilizou, na ADPF em causa, da expressão "controle de convencionalidade", como seria recomendável, dizendo apenas que a Convenção, após sua internalização com equivalência de emenda constitucional, integra "o bloco de constitucionalidade brasileiro" (petição fls. 1). Frise-se que a referida ADPF perdeu depois o seu objeto, tendo em vista que a Lei nº 12.470/11, alterando o art. 20, § 2º, da Lei nº 8.742/93, atribuiu às pessoas com deficiência o *exato* conceito previsto pela Convenção de Nova York (no que se pode falar ter havido um controle *legislativo* de convencionalidade da referida Lei, fruto da ameaça de a ADPF proposta ser julgada procedente pelo STF). Posteriormente, a Lei nº 13.146/2015 (Estatuto da Pessoa com Deficiência) manteve o mesmo entendimento e a conformidade conceitual de "pessoa com deficiência" com o que previsto pela Convenção internacional, o que levou o STF a arquivar a ADPF por perda superveniente do objeto (decisão do Min. Celso de Mello de 24.04.2020). Para um estudo do controle de convencionalidade da CDPD em outros aspectos, *v.* Filipe Venade de Sousa, O controle de convencionalidade da Convenção das Nações Unidas sobre os Direitos das Pessoas com Deficiência: uma visão portuguesa, in *Revista dos Tribunais*, ano 102, vol. 938, São Paulo, dez./2013, pp. 183-210.

convencionalidade (*v.g.*, uma ADIn) para compatibilizar a norma infraconstitucional com os preceitos do tratado constitucionalizado.

O motivo pelo qual apenas os tratados "equivalentes" às emendas constitucionais podem ser paradigma ao controle concentrado de convencionalidade liga-se à importância que atribuiu a Constituição Federal de 1988 ao controle abstrato de normas, invertendo a lógica dos textos constitucionais anteriores, nos quais a preponderância era para a fiscalização *difusa* (concreta) de constitucionalidade. Prova disso é que a Carta de 1988 destinou legitimados *específicos* para o exercício do controle abstrato, constantes do seu art. 103.[633] Tal fato, segundo Gilmar Ferreira Mendes, "fortalece a impressão de que, com a introdução desse sistema de controle abstrato de normas, com ampla legitimação e, particularmente, a outorga do direito de propositura a diferentes órgãos da sociedade, pretendeu o constituinte reforçar o controle abstrato de normas no ordenamento jurídico brasileiro como peculiar instrumento *de coerção* do sistema geral incidente".[634] Isso significa, em outras palavras, que a Constituição de 1988 deu particular ênfase à fiscalização abstrata de normas, em detrimento do controle de constitucionalidade *difuso*. Daí se entender, em suma, que apenas os instrumentos de direitos humanos "equivalentes" às emendas constitucionais (aprovados por três quintos dos votos dos membros de cada Casa do Congresso Nacional, em dois turnos) podem ser paradigma ao controle abstrato de convencionalidade perante o STF, por se tratar de normas internacionais de direitos humanos que, igualmente, guardam maior importância na nossa ordem constitucional (*equivalentes* que são às próprias normas *formalmente constitucionais*).[635]

b.2) Controle difuso de convencionalidade. Diferentemente do controle concentrado (abstrato) de convencionalidade, a modalidade *difusa* de controle deve ser exercida por todos os órgãos do Poder Judiciário brasileiro. Como já visto, o Conselho Nacional de Justiça (CNJ) tem ato normativo editado (Recomendação nº 123, de 7 de janeiro de 2022) recomendando a todos os juízes e tribunais "a observância dos tratados e convenções internacionais de direitos humanos em vigor no Brasil e a utilização da jurisprudência da Corte Interamericana de Direitos Humanos (Corte IDH), bem como a necessidade de controle de convencionalidade das leis internas" (art. 1º, I). Por meio dessa Recomendação, os juízes e tribunais brasileiros estão cientes da necessidade do devido exame da convencionalidade das leis nos processos sob sua responsabilidade, sem o que a devida prestação jurisdicional resta imperfeita e insuficiente segundo os padrões definidos pela Corte Interamericana de Direitos Humanos.

Também há diferença no que tange ao tratado-paradigma do exercício desse controle, à distinção dos tratados aprovados por maioria qualificada (art. 5º, § 3º) e paradigmas do controle abstrato de normas. Os tratados de direitos humanos não internalizados pela

---

[633] São eles: Presidente da República; Mesa do Senado Federal; Mesa da Câmara dos Deputados; Assembleia Legislativa dos Estados ou do Distrito Federal; Governador do Estado ou do Distrito Federal; Procurador-Geral da República; Conselho Federal da OAB; partido político com representação no Congresso Nacional; confederação sindical ou entidade de classe de âmbito nacional.

[634] Gilmar Ferreira Mendes. *Direitos fundamentais e controle de constitucionalidade*, 3ª ed. São Paulo: Saraiva, 2004, p. 208.

[635] Para detalhes, *v.* Valerio de Oliveira Mazzuoli, *Podem* os tratados de direitos humanos não "equivalentes" às emendas constitucionais servir de paradigma ao controle concentrado de convencionalidade?, in *Direito Público*, vol. 12, nº 64, Porto Alegre, jul./ago./2015, pp. 222-229.

maioria qualificada acima estudada serão paradigma (apenas) do controle *difuso* de convencionalidade (pois, no nosso entendimento, os tratados de direitos humanos não aprovados pela maioria qualificada referida são somente *materialmente constitucionais*, diferentemente dos tratados aprovados por aquela maioria, que têm *status* material *e formal* de normas constitucionais). Assim, para que haja o controle pela via de ação (controle *concentrado*) devem os tratados de direitos humanos ser aprovados pela sistemática do art. 5º, § 3º, da Constituição (ou seja, devem ser *equivalentes* às emendas constitucionais); e para que haja o controle pela via de exceção (controle *difuso*) basta sejam esses tratados ratificados e estarem em vigor no plano interno, pois, por força do art. 5º, § 2º, da mesma Carta, já têm eles *status* de norma constitucional.[636]

Assim, o controle *difuso* de convencionalidade é aquele a ser exercido por todos os juízes e tribunais do país, a requerimento das partes ou *ex officio*. Uma vez que *todos* os tratados de direitos humanos em vigor no Brasil guardam nível materialmente constitucional, constitui *obrigação* dos juízes e tribunais locais (inclusive do STF, *v.g.*, quando decide um Recurso Extraordinário, um *Habeas Corpus* etc.) invalidar as leis internas – sempre quando *menos benéficas* que o tratado de direitos humanos em causa, em atenção ao princípio *pro homine* – que afrontam as normas internacionais de direitos humanos que o Brasil aceitou (por meio de *ratificação* formal) na órbita internacional. Nesse caso, também a exemplo do que ocorre no controle difuso de constitucionalidade, a decisão judicial que invalida uma lei interna em razão do comando de um tratado só produz efeitos *inter partes*, isto é, somente entre os atores participantes do caso concreto.

Observe-se que o controle de convencionalidade *difuso* existe entre nós desde a promulgação da Constituição, em 5 de outubro de 1988, e desde a entrada em vigor dos tratados de direitos humanos ratificados pelo Brasil após essa data, não obstante nenhuma doutrina pátria (até agora) ter feito referência a essa terminologia. Tanto é certo que o controle de convencionalidade difuso existe desde a promulgação da Constituição, que o texto do art. 105, inc. III, alínea *a*, da Carta de 1988 – tomando-se como exemplo o controle no Superior Tribunal de Justiça – diz expressamente que a esse tribunal compete "julgar, em recurso especial, as causas decididas, em única ou última instância, pelos Tribunais Regionais Federais ou pelos tribunais dos Estados, do Distrito Federal e Territórios, quando a decisão recorrida *contrariar tratado* ou lei federal, ou negar-lhes vigência" [grifo nosso].[637] Já o controle de convencionalidade *concentrado*, esse sim, nascera apenas em 8 de dezembro de 2004, com a promulgação da Emenda Constitucional nº 45.

Como já se falou, a Corte Interamericana tem entendido (desde 2006, quando julgou o *Caso Almonacid Arellano e outros Vs. Chile*) que o controle de convencionalidade por parte

---

[636] Na Parte IV, Capítulo I, Seção I, item nº 8 (várias vezes já referido), o leitor encontra a explicação minuciosa do por que os tratados de direitos humanos não internalizados pela sistemática do art. 5º, § 3º, da Constituição têm *status* de norma (materialmente) constitucional, e quais as diferenças entre "*status* de norma constitucional" e "*equivalência* de emenda constitucional".

[637] O art. 105, inc. III, alínea *a*, da Constituição também serve para que o STJ realize o *controle de supralegalidade* das leis internas em relação aos tratados internacionais *comuns* que estão acima delas. No exemplo que acabamos de dar, chamamos o controle realizado no STJ de controle difuso *de convencionalidade* (expressão reservada aos tratados com hierarquia constitucional) por supor-se tratar da compatibilidade das leis com um tratado *de direitos humanos*. Porém, caso a análise pelo STJ diga respeito a um tratado *comum*, neste caso o controle ali realizado é *de supralegalidade*, como falaremos a seguir.

dos juízes e tribunais locais é um *dever* que decorre da *ordre public* internacional, não podendo ser afastado por qualquer pretexto, sob pena de responsabilidade internacional do Estado.

Nesse exato sentido, *v.g.*, a 7ª Turma do Tribunal Superior do Trabalho, no julgamento do processo RR-1072-72.2011.5.02.0384, em 24 de setembro de 2014, ao adotar expressamente o nosso entendimento sobre o controle difuso de convencionalidade declarou, por unanimidade, que a previsão contida no art. 193, § 2.º, da CLT (*verbis*: "O empregado poderá optar pelo adicional de insalubridade que porventura lhe seja devido"), além de incompatível com a Constituição de 1988 (que garante de forma plena o direito ao recebimento dos adicionais de penosidade, insalubridade e periculosidade, sem qualquer ressalva no que tange à cumulação) é também *inconvencional*, por violar dois tratados de direitos humanos (Convenções 148 e 155 da OIT) que admitem a hipótese de cumulação dos adicionais e estabelecem critérios e limites dos riscos profissionais em face da exposição simultânea a vários fatores nocivos.[638]

Em suma, no Direito brasileiro atual todos os tratados que formam o *corpus juris* convencional dos direitos humanos de que o Estado é parte servem como paradigma ao controle de convencionalidade das normas internas, com as especificações que se fez acima: *a*) tratados de direitos humanos internalizados com *quorum* qualificado (*equivalentes* às emendas constitucionais) são paradigma do controle concentrado (para além, obviamente, do controle *difuso*), cabendo, *v.g.*, uma ADIn no STF a fim de invalidar norma infraconstitucional incompatível com eles; *b*) tratados de direitos humanos que têm somente "*status* de norma constitucional" (não sendo "*equivalentes*" às emendas constitucionais", posto que não aprovados pela maioria qualificada do art. 5º, § 3º) são paradigma somente do controle *difuso* de convencionalidade, podendo qualquer juiz ou tribunal neles se fundamentar para declarar *inválida* uma lei que os afronte. No âmbito dos tratados não incorporados por maioria qualificada, a reserva de plenário (art. 97 da Constituição) será incabível, pois obrigatória apenas para os tratados "equivalentes" às emendas constitucionais (aprovados na forma do art. 5º, § 3º, da Constituição). Assim, enquanto o controle difuso de constitucionalidade obriga à reserva de plenário, no caso do controle difuso de convencionalidade – em relação aos tratados não aprovados por maioria qualificada –, não há impedimento de seu exercício pelos órgãos fracionários dos tribunais, que poderão declarar uma dada lei inconvencional e, por consequência, *inválida*.[639]

b.3) Controle de supralegalidade. Em relação ao tema do controle de convencionalidade, existe ainda um último aspecto a ser ressaltado, que diz respeito aos tratados internacionais

---

[638] TST-RR-1072-72.2011.5.02.0384, 7ª Turma, rel. Min. Cláudio Brandão, julg. 24.09.2014. Nas palavras do Relator: "(...) a partir de então, se as Convenções mencionadas situam-se acima da legislação consolidada, as suas disposições hão de prevalecer, tal como ocorreu com a autorização da prisão civil decorrente da condição de depositário infiel, afastada do ordenamento jurídico pátrio por decisão do STF. (...) Exceção haveria se as convenções mencionadas consagrassem normas menos favoráveis ao trabalhador, o que autorizaria o seu afastamento (...). Finalmente, embora despiciendo, incumbe salientar a imposição ao Judiciário para, em sua atuação, tornar efetivas as aludidas normas, mais do que apenas reconhecer a sua existência e efetividade, diante da obrigatoriedade também a ele imposta, em face da vinculação de todo Estado brasileiro, e não apenas do Poder Executivo que a subscreveu. (...) Cabe, portanto, a este Tribunal proclamar a superação da norma interna em face de outra, de origem internacional, mais benéfica, papel, aliás, próprio do Judiciário (...)".

[639] Nesse sentido, v. STJ, REsp. nº 1.640.084/SP, 5ª Turma, voto do Min. Ribeiro Dantas, julg. 15.12.2016, *DJe* 01.02.2017, p. 12.

comuns. Seriam eles também paradigma para o controle de convencionalidade das leis? Primeiramente, sabe-se (contrariamente ao que ainda pensa o STF) que os tratados internacionais comuns (aqueles que versam temas alheios aos direitos humanos) também têm *status* superior ao das leis internas. Se bem que não equiparados às normas constitucionais, os instrumentos convencionais comuns (como sempre defendemos, com base no art. 27 da Convenção de Viena sobre o Direito dos Tratados, de 1969, ratificada pelo Brasil em setembro de 2009) têm hierarquia *supralegal* em nosso país, posto não poderem ser revogados por lei interna posterior, como também estão a demonstrar vários dispositivos da própria legislação brasileira, dentre eles o art. 98 do CTN (*verbis*: "Os tratados e as convenções internacionais revogam ou modificam a legislação tributária interna, e serão observados pela que lhes sobrevenha"). Nesse último caso, tais tratados (comuns) também servem de paradigma ao controle das normas infraconstitucionais, posto estarem situados acima delas, com a única diferença (em relação aos tratados de direitos humanos) que não servirão de paradigma do controle *de convencionalidade* (expressão reservada aos tratados com nível constitucional), mas do controle *de supralegalidade* das normas infraconstitucionais.[640] Assim, as leis contrárias aos tratados comuns são *inválidas* por violação ao princípio da hierarquia, uma vez que tais tratados (sendo supralegais) acima delas se encontram.[641]

Frise-se que tal controle de supralegalidade é sempre exercido pela via de exceção, ou seja, é sempre *difuso*; já o controle de *convencionalidade* poderá ser *difuso* ou *concentrado*, nesse último caso quando o tratado de direitos humanos for aprovado pela sistemática do art. 5º, § 3º, da Constituição e entrar em vigor no Brasil (entenda-se, após *ratificado*...) com equivalência de emenda constitucional.

---

[640] É evidente que se poderia pensar que qualquer controle a envolver a compatibilização de uma norma doméstica com um *tratado* internacional (qualquer que seja este, de direitos humanos, ou não) seria um controle *de convencionalidade*. De fato, toda convenção internacional (utilizando-se a nomenclatura "convenção" apenas genericamente, podendo ser um "tratado", "acordo" etc.) é paradigma do controle *lato sensu* das normas de direito interno. Apenas preferimos nominar de controle *de convencionalidade* o exercido exclusivamente em relação aos tratados de direitos humanos (que, no Brasil, podem ter *status* ou "equivalência" de emenda constitucional), tendo em vista que à luz da jurisprudência das cortes internacionais não se utiliza esta expressão quando se trata de compatibilizar as obrigações do Estado relativamente aos tratados *comuns*. Outro motivo pelo qual preferimos reservar a expressão "controle de convencionalidade" para a compatibilização das normas internas com os tratados (apenas) de direitos humanos é o de não perder de vista que esses tratados igualam-se em hierarquia às normas constitucionais (daí a proximidade do neologismo "convencionalidade" com "constitucionalidade"); nesse sentido, a expressão "controle de convencionalidade" andaria lado a lado à expressão "controle de constitucionalidade". Um derradeiro aspecto a ser ressaltado é que, no que tange à aplicação interna de tratados comuns, segue-se friamente os comandos estabelecidos pela Convenção de Viena sobre o Direito dos Tratados de 1969, especialmente o seu art. 27, que faz prevalecer a norma internacional sobre a interna, sem exceções, desconhecendo, assim, a aplicação do princípio *pro homine* ou *pro persona*. Daí não ser o controle de convencionalidade (já se disse) uma *mera aplicação* de tratados, como é o caso da incidência dos tratados internacionais comuns, mas um exercício cognitivo-intelectivo de compatibilização das normas internas tendo como paradigmas os tratados internacionais de direitos humanos em vigor no Estado, à luz da norma mais favorável à pessoa. Por tais motivos, pareceu-nos melhor diferenciar a nomenclatura do controle que tem como paradigma os tratados comuns ("controle de supralegalidade") daquela relativa aos tratados de direitos humanos ("controle de convencionalidade").

[641] V., por tudo, Valerio de Oliveira Mazzuoli, *O controle jurisdicional da convencionalidade das leis*, cit., pp. 129-134.

Em conclusão, o que se pode (doravante) verificar é que existem no Direito brasileiro atual *seis tipos* de controle das normas internas, quais sejam: 1 – o controle de legalidade (*v.g.*, a compatibilização de um decreto com uma lei ordinária); 2 – o controle de supralegalidade (exercido em relação aos tratados *comuns*); 3 – o controle de constitucionalidade concentrado; 4 – o controle de constitucionalidade difuso; 5 – o controle de convencionalidade concentrado (para os tratados de direitos humanos *equivalentes* às emendas constitucionais); e 6 – o controle de convencionalidade difuso (para todos os tratados de direitos humanos em vigor no país). Tal faz com que as justificativas que se costumam dar para o descumprimento das obrigações convencionais assumidas pelo Estado sejam absolutamente *ineficazes* à luz do Direito Internacional Público (especialmente do Direito Internacional dos Direitos Humanos) e, agora, também da própria ordem constitucional brasileira, que passa a estar integrada com esses novos (e até então pouco conhecidos) meios de controle das normas do Direito interno.

SEÇÃO V – DOS TRATADOS EM MATÉRIA TRIBUTÁRIA

1. Propositura do problema. Como já se estudou, de acordo com a doutrina monista internacionalista – que adotamos e sustentamos como correta – o Direito Internacional Público encontra-se em posição de absoluta primazia sobre o Direito interno estatal. Tal primazia atribui aos tratados ratificados pelo Brasil (quaisquer que sejam) um *status* hierárquico superior a toda a legislação doméstica do país. Assim, depois de publicados, os tratados passam a ter *força normativa* no nosso ordenamento interno, revogando as disposições ordinárias em contrário e devendo ser observados pelas leis que sobrevenham. Mas frise-se que a lei geral não sucumbe diante do tratado por ser esse posterior ou especial em relação a ela. A prevalência dos tratados internacionais sobre as leis nacionais dá-se não em razão de sua posterioridade ou eventual especialidade, mas sim em decorrência de seu caráter supralegal, que impede sejam eles revogados por lei posterior ou especial. A lei interna posterior, assim, é inválida e ineficaz em relação ao tratado anteriormente firmado, devendo os tribunais absterem-se de aplicar tal lei enquanto o respectivo tratado vincular o Estado. A recusa do Poder Judiciário em aplicar os tratados ratificados pelo governo leva inclusive à responsabilização do Estado no plano internacional (*v.* Parte II, Capítulo II, Seção V, item nº 9). Ademais, os tratados internacionais têm sua forma própria de revogação, que é a *denúncia*, só podendo ser alterados por outras normas de natureza idêntica ou de categoria superior, internacionais ou supranacionais, jamais por leis internas (caso de *treaty override*). Para o Direito Internacional Público, os compromissos exteriores assumidos pelo Estado são superiores às obrigações assumidas pelo mesmo no plano interno, não sendo possível a alegação de que o eventual não cumprimento de um tratado dar-se-ia em virtude de decisões judiciais sustentando a sua inconstitucionalidade ou da existência de norma superveniente substancialmente contrária ao conteúdo do acordo. Pretender que, por meio de legislação interna superveniente, se possa revogar tratados internacionais, significa admitir que um Estado, por si só, tem o poder de modificar o conteúdo de compromissos internacionalmente assumidos, sem o consentimento das demais partes-contratantes, o que não é lógico e tampouco jurídico.

No Brasil, essa doutrina que se acaba de expor foi expressamente reconhecida, em matéria tributária, pelo art. 98 do CTN, que passaremos a estudar em seguida. Mas frise-se que a análise desse dispositivo cingir-se-á essencialmente aos aspectos que interessam à teoria dos tratados, não sendo aqui – e tampouco esse é o nosso propósito – o lugar de se estudar questões de índole propriamente *tributária*, dentre as quais talvez as mais importantes sejam as ligadas à eliminação da dupla ou múltipla tributação no plano internacional.[642]

2. O art. 98 do Código Tributário Nacional. Dentro do seu Livro Segundo, Título I, Capítulo I, Seção II, o CTN (Lei 5.172, de 25 de outubro de 1966) versou sobre os tratados em matéria tributária no seu art. 98, que assim dispõe:

> "Os tratados e as convenções internacionais revogam ou modificam a legislação tributária interna, e serão observados pela que lhes sobrevenha".

Tal dispositivo, como se percebe nitidamente, atribui primazia aos tratados internacionais em matéria tributária sobre toda a legislação tributária interna, apontando para o fato de os tratados revogarem ou modificarem as normas domésticas sem, contudo, poderem ser revogados por estas, o que evidentemente lhes atribui um *status* de supralegalidade absoluto dentro do sistema jurídico-tributário nacional, em respeito à norma *pacta sunt servanda* inscrita no art. 26 da Convenção de Viena sobre o Direito dos Tratados. Aliás, verdade seja dita: o art. 98 do CTN é o *único* dispositivo existente, em toda a legislação brasileira, a atribuir *expressa* primazia do tratado sobre a nossa legislação doméstica.

O comando do dispositivo se dirige aos três poderes tributantes: União, Estados-federados e Municípios. E uma vez incorporado o tratado ao ordenamento jurídico pátrio, a revogação ou modificação da legislação tributária das unidades federadas e das municipalidades se opera automaticamente, não sendo necessária qualquer ação legislativa desses mesmos entes para tanto. Daí se entender então que o tratado, concluído pela República Federativa do Brasil, salvo disposição convencional em contrário, atinge internamente a União e os demais componentes da República (Estados e Municípios) de forma imediata, produzindo efeitos *erga omnes* e *ex tunc*.[643]

A expressão "legislação tributária" referida pelo art. 98 do CTN tem o seu alcance determinado pelo art. 96 do mesmo Código, compreendendo "as leis, os tratados e as convenções, os decretos e as normas complementares que versem, no todo ou em parte, sobre tributos ou relações jurídicas a eles pertinentes". É sobre tais normas (leis, decretos e normas complementares) que os tratados em matéria tributária se sobrepõem, segundo o comando do art. 98. Note-se que o art. 96 do CTN também se refere aos tratados e às convenções internacionais, inserindo-os no bojo do que entende por "legislação tributária". O art. 98 do mesmo Código, por sua vez, diz que os tratados e as convenções internacionais "revogam ou modificam a legislação tributária interna, e serão observados pela que lhes sobrevenha". Se, portanto, os tratados internacionais compõem a "legislação tributária", e se esta, por sua vez, é revogada ou modificada também por tratados, de quais categorias de tratados estaria a se referir o art. 98 do CTN? Em verdade, quando o art. 98 do CTN diz que os tratados ou as

---

[642] Sobre a questão dos tratados internacionais para eliminação de dupla tributação, *v.* Arnaldo Sampaio de Moraes Godoy, *Direito tributário comparado e tratados internacionais fiscais*, Porto Alegre: Sergio Antonio Fabris, 2005, pp. 165-188.

[643] Cf. Francisco de Paula Souza Brasil. Legislação tributária e tratados internacionais, in *Revista Forense*, ano 85, vol. 308, Rio de Janeiro, out./nov./dez./1989, p. 39.

convenções internacionais "revogam ou modificam a legislação tributária interna", não está levando em consideração os próprios tratados ou convenções internacionais, senão apenas as outras espécies normativas referidas pelo art. 96 do Código, quais sejam, as leis, os decretos e as normas complementares. Seja como for, certo é que os tratados e convenções em matéria tributária têm superioridade hierárquica sobre as espécies de legislação tributária definidas pelo CTN (leis, decretos e normas complementares, à exceção dos próprios tratados também componentes do conceito de "legislação tributária") e sob esse aspecto devem ser considerados havendo conflito de comandos normativos internacionais e internos.

A compatibilização do art. 98 do CTN com o sistema jurídico-tributário brasileiro, contudo, nunca ocorreu de forma tranquila, não tendo ele passado imune às críticas de praticamente toda a doutrina tributarista nacional. A primeira delas diz respeito à sua redação, uma vez que – segundo a doutrina especializada – tais tratados não *revogam* propriamente a legislação tributária interna, mas sim sobre ela *prevalecem* no caso concreto. Entendem os autores tributaristas que a expressão *revogação* foi mal utilizada pelo Código, que deveria ter se referido à *derrogação* da legislação tributária interna pelos tratados.[644] Em verdade, o que ocorreu foi que o CTN preferiu se valer de uma expressão que é *gênero*, e não da *espécie* correta, que realmente seria o termo "derrogam". Como se sabe, "revogação" é gênero do qual fazem parte duas espécies: a *ab-rogação* (revogação total de uma lei) e a *derrogação* (revogação parcial dessa mesma lei). Assim, quando o CTN se utiliza da expressão-gênero *revogação*, deve o intérprete ler aí que a referência diz respeito à sua espécie *derrogação*, em homenagem à precisão técnica.

A segunda crítica formulada pela doutrina ao art. 98 do CTN – esta sim com interesse ao Direito Internacional – diz respeito à sua aparente inconstitucionalidade. Objeta-se ser inconstitucional tal dispositivo, pelo fato de ter ele atribuído a certa categoria de normas um grau hierárquico (superior) que somente o texto constitucional poderia atribuir.[645] Nesse sentido, não

---

[644] V., nesse sentido, Alberto Xavier, *Direito tributário internacional do Brasil*, 6ª ed. reform. e atual., Rio de Janeiro: Forense, 2005, p. 131, que assim leciona: "Observe-se, em homenagem à exatidão, que é incorreta a redação deste preceito quando se refere à 'revogação' da lei interna pelos tratados. Com efeito, não se está aqui perante um fenômeno ab-rogativo, já que a lei interna mantém a sua eficácia plena fora dos casos subtraídos à sua aplicação pelo tratado. Trata-se, isso sim, de limitação da eficácia da lei que se torna *relativamente inaplicável* a certo círculo de pessoas e situações, limitação esta que caracteriza precisamente o instituto da *derrogação* e decorre da relação de especialidade entre tratados e leis". Nesse mesmo sentido, *v.* ainda, Alberto Xavier & Helena de Araújo Lopes Xavier, Tratados: superioridade hierárquica em relação à lei face à Constituição Federal de 1988, in *Revista de Direito Tributário*, nº 66, São Paulo, jan./1996, p. 43; e Hugo de Brito Machado, *Comentários ao Código Tributário Nacional*, vol. II (arts. 96 a 138), São Paulo: Atlas, 2004, pp. 70-71. Como se percebe, para esta tese, a prevalência dos tratados em matéria tributária sobre as leis internas dar-se-ia em razão da *especialidade* dos tratados em relação às normas internas, que teriam apenas caráter *geral*. Para Betina Treiger Grupenmacher, não se trata "de revogação da legislação interna, que continua válida e eficaz para as demais hipóteses que não forem disciplinadas pelo tratado", mas sim "de uma 'paralisação' da eficácia da norma interna nas situações específicas e absolutamente delimitadas, disciplinadas pela norma convencional" (*Tratados internacionais em matéria tributária e ordem interna*. São Paulo: Dialética, 1999, p. 113). Com esse mesmo enfoque, *v.* ainda Sacha Calmon Navarro Coêlho, *Curso de direito tributário*, 8ª ed. rev. e atual., Rio de Janeiro: Forense, 2005, p. 658; e Eduardo Sabbag, *Manual de direito tributário*, São Paulo: Saraiva, 2009, p. 538.

[645] V., nesse sentido, José Alfredo Borges, Tratado internacional em matéria tributária como fonte de direito, in *Revista de Direito Tributário*, nºs 27/28, São Paulo, jan./jul./1984, p. 172; e Sergio André Rocha, *Treaty override no ordenamento jurídico brasileiro: o caso das convenções para evitar a dupla tributação da ren-*

caberia à legislação complementar (como é o caso do CTN, que, como é sabido, foi recepcionado pela Carta Magna de 1988 com *status* de "lei complementar") disciplinar qualquer hierarquia de normas sem autorização da Constituição. Para nós, equivocados estão aqueles que assim entendem. E tal equívoco provém da falta de observância de que tal norma (o art. 98 do CTN) faz *exatamente* o papel que cabe às leis complementares, que é o de *complementar as normas constitucionais*, direcionando seu comando à lei ordinária, a fim de que esta *observe* (na dicção do art. 98 em comento) o comando estabelecido pelos tratados. As leis complementares – como é o caso do CTN – são expressamente recebidas pelo texto constitucional (art. 59, inc. II) como espécies normativas capazes de disciplinar, de forma detalhada e uniforme, o sistema tributário nacional, aí inclusa a deliberação sobre a hierarquia normativa das normas convencionais em matéria tributária no Direito brasileiro.[646] O que ocorre, em verdade, é o seguinte: o CTN, que é uma lei de 1966, foi *recepcionado* pela Constituição de 1967, com a Emenda nº 1 de 1969, que previa no seu art. 18, § 1º, que a lei complementar estabeleceria normas gerais de direito tributário, disporia sobre os conflitos de competência nessa matéria entre a União, os Estados, o Distrito Federal e os Municípios e regularia as limitações constitucionais do poder de tributar. Assim, seguindo autorização do próprio texto constitucional, podia a lei complementar estabelecer o primado do tratado sobre a legislação tributária interna, uma vez que essa matéria constitui norma geral de direito tributário, devendo-se então concluir que a consagração, pelo CTN, do primado do tratado sobre as demais normas da legislação tributária interna, resguardou-se de expressa autorização constitucional, sendo ainda de se acrescentar que a regra do art. 98 do CTN foi bem recepcionada pela Constituição de 1988 (art. 146, inc. III), quando disciplinou caber à lei complementar o estabelecimento de normas gerais em matéria tributária. Assim sendo, a lei interna que violar tratado em matéria tributária será inconstitucional, não por atacar diretamente o texto constitucional, mas por violar a competência que a Constituição atribuiu às leis complementares para estabelecer normas gerais de direito tributário.[647]

De qualquer forma, o que o CTN pretendeu dizer no art. 98 é que os tratados e convenções internacionais sobrepairam por toda a legislação tributária interna, seja esta anterior ou posterior a eles. Em outras palavras, o tratado em matéria tributária *derroga* a legislação tributária anterior incompatível e sobrepaira à legislação posterior. Nesse último caso,

---

da, São Paulo: Quartier Latin, 2007, pp. 82-83, para quem: "É possível concluir, portanto, que o artigo 98 do Código Tributário Nacional, ao pretender estabelecer a supremacia dos tratados internacionais tributários sobre a legislação interna, usurpou competência da Constituição Federal de impor limites ao legislador ordinário sobre esta matéria, não podendo ser considerado compatível com a Carta Política". Para um panorama geral da doutrina tributarista nesse ponto, *v.* Maria de Fátima Ribeiro, Considerações sobre a prevalência dos tratados internacionais sobre a legislação tributária brasileira: o caso Mercosul, in *Scientia Iuris: revista do curso de mestrado em direito negocial da UEL*, vol. 1, nº 1, Londrina, jul./dez./1997, pp. 112-114; e Arnaldo Sampaio de Moraes Godoy, *Direito tributário comparado e tratados internacionais fiscais*, cit., pp. 157-159.

[646] Cf. Carlos Alberto Bronzatto & Márcia Noll Barboza. *Os efeitos do artigo 98 do Código Tributário Nacional e o processo de integração do Mercosul*. Brasília: Senado Federal/Associação Brasileira de Estudos de Integração, 1996, p. 34.

[647] V., por tudo, Carlos Mário da Silva Velloso, Os tratados na jurisprudência do Supremo Tribunal Federal, in *Revista de Informação Legislativa*, ano 41, nº 162, Brasília: Senado Federal, abr./jun./2004, pp. 37-38. Cf., também, Marcos Aurélio Pereira Valadão, *Limitações constitucionais ao poder de tributar e tratados internacionais*, Belo Horizonte: Del Rey, 2000, pp. 291-295.

entende-se que a lei posterior *existe*, mas não tem *eficácia* e *aplicabilidade*, pois barrada pelo tratado que lhe é superior. E tal disposição está perfeitamente de acordo com a teoria segundo a qual quando o Congresso Nacional aprova um compromisso internacional, assume a responsabilidade (ou a *obrigação negativa*) de não legislar de maneira contrária ao conteúdo do acordo.[648] Ou seja, se o Congresso Nacional concorda com a ratificação do tratado é porque – como já falamos na Seção anterior – reconhece que, se ratificado o acordo, estará impedido de editar normas posteriores que o contradigam, o que significa que uma lei ordinária que pretenda contradizer tratado anterior passa a ser igualmente *ineficaz* sob o ponto de vista da Constituição. Esta, ao atribuir ao Poder Legislativo a competência para referendar os acordos internacionais assinados pelo Presidente da República, assim o fez excluindo qualquer possibilidade de ab-rogação ou modificação do tratado por meio de lei ordinária posterior. Por esse motivo é que nos países em que o texto constitucional reconhece o Direito Internacional como parte integrante do Direito nacional, uma lei que viole tratado internacional anteriormente ratificado, além de *ineficaz* e *inaplicável*, é também – de modo indireto – *inconstitucional*.

A conclusão que se chega é a de que o art. 98 do CTN apenas confirma a doutrina da superioridade do Direito Internacional relativamente à legislação interna estatal, não destoando do que ocorre com os demais tipos de tratados ratificados pelo Estado brasileiro, o qual tem a obrigação de cumprir e fielmente executar aquilo que pactuou no cenário internacional. A vantagem do referido art. 98 é ter deixado claro que nenhuma legislação contrária ao tratado anteriormente firmado e em vigor no Brasil poderá ser aplicada sem antes se proceder à denúncia do instrumento convencional, caso esse já não mais satisfaça os interesses nacionais.[649]

Infelizmente, a jurisprudência do Supremo Tribunal Federal tem adotado uma interpretação restritiva do citado dispositivo, entendendo ser o mesmo somente aplicável aos chamados *tratados-contrato* (que são normalmente bilaterais e não dão causa à criação de uma regra geral e abstrata de Direito Internacional, mas à estipulação recíproca e concreta das respectivas prestações e contraprestações individuais com fins comuns) e não aos *tratados- -normativos* (os quais, por sua vez, criam normatividade geral de Direito Internacional, constituindo-se normalmente em grandes convenções multilaterais).[650] Tal posicionamento do STF, manifestado inicialmente no julgamento do *RE* 80.004/SE, carece de fundamento jurídico, uma vez que o art. 98 não faz qualquer referência a um ou outro tipo de tratado, devendo ser interpretado como aplicável a ambos. Trata-se de aceitar o conhecido brocardo jurídico segundo o qual *Ubi lex non distinguit, nec nos distinguere debemus* (onde a lei não distingue, não devemos distinguir). Assim, pode-se concluir com Paulo Caliendo que "o uso da classificação dos tratados em duas espécies, normativa e contratual, é claramente

---

[648] Nesse sentido, *v.* Maria de Fátima Ribeiro, *Comentários ao Código Tributário Nacional: Lei nº 5.172, de 25.10.1966*, Carlos Valder do Nascimento (coord.), Rio de Janeiro: Forense, 1997, p. 204.

[649] Cf. Carlos Alberto Bronzatto & Márcia Noll Barboza. *Os efeitos do artigo 98 do Código Tributário Nacional e o processo de integração do Mercosul*, cit., p. 66.

[650] O Superior Tribunal de Justiça, na esteira da jurisprudência do STF, assim também já decidiu: "O artigo 98 do CTN, ao preceituar que tratado ou convenção não são revogados por lei tributária interna, refere-se aos acordos firmados pelo Brasil a propósito de assuntos específicos e só é aplicável aos tratados de natureza contratual" (REsp. 196.560/RJ, rel. Min. Demócrito Reinaldo, julg. 18.03.1999, *DJ* 10.05.1999, p. 118).

descabido como fundamentação para a interpretação restritiva do art. 98 do Código Tributário Nacional".[651] De qualquer forma, mesmo a interpretação constritiva do STF confirma a primazia dos tratados sobre dupla tributação em relação à legislação tributária interna, na medida em que tais tratados são tratados-contrato, que versam sobre assuntos específicos nas relações bilaterais entre dois Estados.[652]

Gilberto de Ulhôa Canto, que foi um dos redatores do anteprojeto do CTN, bem demonstra a guinada de posição que teve o STF relativamente ao tema, uma vez que a sua jurisprudência, ao tempo da edição do CTN, aceitava tranquilamente o princípio da prevalência dos tratados em matéria tributária sobre a legislação tributária interna, anterior ou posterior, tendo a Suprema Corte mudado de direção no julgamento do citado *RE* 80.004/SE, o qual, apesar de dizer respeito a matéria não tributária, fez referência ao art. 98 do CTN como regra de exceção, havendo inclusive quem o considerasse de "duvidosa constitucionalidade".[653]

À luz do texto constitucional em vigor, nenhum conflito apresenta o art. 98 relativamente a qualquer dispositivo inscrito na Lei Maior. Pelo contrário: a constitucionalidade dessa disposição legal é reafirmada pelo seu *status* de lei complementar, em consonância com o disposto no art. 146, inc. III, da Constituição de 1988, segundo o qual cabe à lei complementar "estabelecer normas gerais em matéria de legislação tributária". Nesse caso, a lei complementar (art. 98 do CTN), disciplinando o que a Constituição reservou para o seu âmbito de competência, passa a vincular o legislador ordinário ao cumprimento daqueles tratados celebrados pela República Federativa do Brasil e em vigor na nossa ordem jurídica interna. Em outras palavras, a lei *posterior* que pretenda violar o art. 98 do CTN e *revogar* (em verdade, *tornar ineficaz*) o tratado em matéria tributária preexistente, passa a ser *inconstitucional*, não por atacar diretamente o texto da Lei Maior, mas por pretender violar o campo de competência que a Constituição atribuiu, com exclusividade, à legislação complementar (caso de inconstitucionalidade *reflexa* ou *indireta*).[654]

3. A questão das isenções de tributos estaduais e municipais por meio de tratados. Uma questão que surge da superioridade hierárquica dos tratados internacionais em geral, e dos tratados em matéria tributária, em especial, diz respeito à possibilidade de se isentar, por meio da celebração de tratados, tributos de competência dos Estados, do Distrito Federal e dos Municípios. Quando é firmado tratado de isenção de tributos federais não surgem maiores questionamentos. Porém, quando se trata de tributos estaduais, distritais ou municipais a situação se modifica. O problema nasce do fato de ser o Brasil um Estado

---

[651] Paulo Caliendo. *Estabelecimentos permanentes em direito tributário internacional*. São Paulo: RT, 2005, p. 94.

[652] Cf. Alberto Xavier. *Direito tributário internacional do Brasil*, cit., p. 137.

[653] Gilberto de Ulhôa Canto. Legislação tributária, sua vigência, sua eficácia, sua aplicação, interpretação e integração, in *Revista Forense*, ano 75, vol. 267, Rio de Janeiro, jul./ago./set./1979, p. 27.

[654] Nesse sentido, *v.* a lição de José Francisco Rezek: "Já uma lei complementar à Constituição, disciplinando quanto por esta tenha sido entregue ao seu domínio, pode, sem dúvida, vincular a produção legislativa ordinária ao respeito pelos tratados em vigor. (...) Em tal quadro, a lei ordinária conflitante com tratado preexistente há de sucumbir, mas em razão de outro conflito: o que a contrapõe à lei complementar. Esta não se confunde com a própria carta constitucional, mas subjuga a lei ordinária inscrita em seu âmbito temático" (*Direito dos tratados*, cit., p. 475).

356 | CURSO DE DIREITO INTERNACIONAL PÚBLICO – *Valerio de Oliveira Mazzuoli*

Federal, em que existe divisão de competências tributárias entre a União Federal, os seus Estados-membros, Distrito Federal e Municípios.

Ademais, com o desenvolvimento e expansão dos blocos regionais e dos acordos que as partes mantêm entre si, passa a ser cada vez mais frequente a conclusão de tratados isentivos, permitindo uma melhor fluência das relações econômicas e comerciais no respectivo bloco com o respeito mútuo das isenções tributárias no território de cada uma das partes. Daí a importância de se compreender devidamente o tema e de o Brasil fixar-se na posição de garante do cumprimento dos tratados sobre isenções firmados com outros Estados, à luz de interesses recíprocos em matéria cooperativa e tributária.

Nos termos do art. 18 da Constituição de 1988, os Estados e Municípios brasileiros são entes dotados de autonomia, podendo, assim, legislar em matéria tributária em assuntos de sua competência, levando em consideração os seus interesses particulares caso a caso. Daí, então, a regra do art. 151, inc. III, do texto constitucional, segundo a qual é vedado à União "instituir isenções de tributos da competência dos Estados, do Distrito Federal ou dos Municípios". Com base nesse dispositivo, fica a questão de saber se a vedação da União de isentar tributos estaduais, distritais ou municipais se estende aos tratados internacionais firmados pela República Federativa do Brasil com outros países. A questão não é nova e tomou parte da jurisprudência nacional de um passado recente, com idas e vindas até firmar-se a posição do Supremo Tribunal Federal sobre o tema.

De início, a jurisprudência pátria posicionou-se no sentido de negar a possibilidade de se instituir isenções pela via dos tratados, como se pode verificar da seguinte decisão do Superior Tribunal de Justiça:

> "Tributário. Isenção. ICMS. Tratado internacional.
>
> 1. O sistema tributário instituído pela CF/1988 vedou a União Federal de conceder isenção a tributos de competência dos Estados, do Distrito Federal e Municípios (art. 151, III).
>
> 2. Em consequência, não pode a União firmar tratados internacionais isentando o ICMS de determinados fatos geradores, se inexiste lei Estadual em tal sentido.
>
> 3. A amplitude da competência outorgada à União para celebrar tratados sofre os limites impostos pela própria Carta Magna.
>
> 4. O art. 98, do CTN, há de ser interpretado com base no panorama jurídico imposto pelo novo sistema tributário nacional".[655]

De nossa parte, sempre entendemos equivocado esse posicionamento jurisprudencial (hoje já alterado pelo STF – *v. infra*).[656] E o fundamento para tanto está no seguinte: não é a

---

[655] STJ, REsp. 90.871/PE, rel. Min. José Delgado, julg. 17.06.1997, *DJ* 20.10.1997, p. 52.977. Posteriormente, contudo, mas sob outro fundamento, parece ter o STJ seguido orientação diversa, nestes termos: "A exegese do tratado, considerado lei interna, à luz do art. 98, do CTN, ao estabelecer que a isenção deve ser obedecida quanto aos gravames internos, confirma a jurisprudência do E. STJ, no sentido de que 'Embora o ICMS seja tributo de competência dos Estados e do Distrito Federal, é lícito à União, por tratado ou convenção internacional, garantir que o produto estrangeiro tenha a mesma tributação do similar nacional'. Como os tratados internacionais têm força de lei federal, nem os regulamentos do ICMS nem os convênios interestaduais têm poder para revogá-los" (REsp. 480.563/RS, rel. Min. Luiz Fux, julg. 06.09.2005, *DJ* 03.10.2005, p. 121).

[656] Cf. Valerio de Oliveira Mazzuoli. Eficácia e aplicabilidade dos tratados em matéria tributária no direito brasileiro, in *Revista Forense*, ano 103, vol. 390, Rio de Janeiro, mar./abr./2007, pp. 588-589.

União que celebra tratados, mas sim a *República Federativa do Brasil*, da qual a União é apenas parte. A União é ente menor e a República Federativa do Brasil é ente maior, razão pela qual apenas esta última pode celebrar tratados internacionais com outras potências estrangeiras, engajando o Estado brasileiro na órbita internacional. Ora, o comando do legislador constituinte que proíbe a concessão de isenções heterônomas (aquelas concedidas por normas emanadas de pessoa pública que não é titular da competência para instituir o tributo) está direcionado tão somente à *União* (que é pessoa jurídica de Direito interno), e não ao *Estado brasileiro* personalizado na *República Federativa do Brasil* (que é pessoa jurídica de Direito Internacional, à qual o texto constitucional dá competência para assumir compromissos exteriores). É a República Federativa do Brasil, ou seja, o Estado brasileiro, e não a União (que é, assim como os Estados Federados e Municípios, apenas um dos componentes da República), que tem personalidade jurídica de direito das gentes e, portanto, pode celebrar tratados internacionais com outras potências soberanas. É clara a regra constitucional do art. 1º da Carta Magna de 1988, segundo a qual a República Federativa do Brasil é "formada pela união indissolúvel dos Estados e Municípios e do Distrito Federal". Assim, quando se celebra um tratado internacional, ainda que prevendo determinada isenção que, internamente, seria da competência tributária dos Estados ou Municípios, o ente que o está celebrando é a *República Federativa do Brasil*, da qual a União, os Estados e os Municípios apenas fazem parte. Portanto, a representação externa da nação é *una* e não fracionada, razão pela qual a Constituição não atribuiu aos componentes da Federação personalidade jurídica de Direito Internacional Público. Quando o Presidente da República celebra um tratado internacional (à luz do art. 84, inc. VIII, da Constituição) o faz não como chefe de Governo (figura de Direito interno), mas como chefe de Estado (figura de Direito Internacional), com competência para disciplinar quaisquer dos seus interesses, sejam eles do conjunto federativo (interesses da União) ou de cada um dos componentes da Federação (interesses dos Estados e dos Municípios).[657]

Por tais motivos é que, a rigor, sequer pode-se dizer serem propriamente *heterônomas* as isenções de tributos estaduais ou municipais concedidas por tratados, vez que não existe qualquer invasão de competência de um ente da Federação em outro, nesse caso; em verdade, o que se tem aqui são isenções *autônomas*, nada mais.[658] Sendo assim, as isenções de tributos estaduais, distritais ou municipais pela via dos tratados é meio lícito (e, sobretudo, constitucional) de cooperação entre Estados em matéria tributária, para o atendimento de seus interesses recíprocos, sem o que não se logra – especialmente no plano dos blocos regionais – avançar em temas cooperativos que são caros a mais de um Estado.

Assim, com base no que se acaba de expor, fica nítido que a proibição constitucional para concessão de isenções do art. 151, inc. III, da Constituição de 1988, não tem por destinatário o *Estado brasileiro*, mas tão somente a União relativamente aos demais componentes

---

[657] Nesse exato sentido, *v.* Valdir de Oliveira Rocha, Tratados internacionais e vigência das isenções por eles concedidas, em face da Constituição de 1988, in *Repertório IOB de Jurisprudência*, São Paulo, nº 5/91, Cad. 1, mar./1991, pp. 83-84; Alberto Xavier, *Direito tributário internacional do Brasil*, cit., pp. 152-153; Betina Treiger Grupenmacher, *Tratados internacionais em matéria tributária e ordem interna*, cit., pp. 124-129; Marcos Aurélio Pereira Valadão, *Limitações constitucionais ao poder de tributar e tratados internacionais*, cit., pp. 262-272; e Hugo de Brito Machado, *Curso de direito constitucional tributário*, São Paulo: Malheiros, 2012, pp. 303-308.

[658] Cf. Alberto Xavier. *Direito tributário internacional do Brasil*, cit., p. 153, citando Souto Maior Borges.

da República Federativa do Brasil (ou seja, os Estados e Municípios). Em outras palavras, a relação jurídica proibitiva se estabelece entre a União e os Estados-membros e Municípios e não entre estes e o Estado Federal (o *Estado brasileiro*), representado internacionalmente pela República Federativa do Brasil. Esta – a *República* – é ente maior, que se sobrepõe a todas as entidades que constitucionalmente a integram.

Em 16 de agosto de 2007, o Plenário do STF, por unanimidade, finalmente decidiu pelo acerto da tese que se acaba de defender, dando provimento ao *RE* 229.096/RS, em que a Central Riograndense de Agroinsumos Ltda. questionava acórdão do Tribunal de Justiça do Rio Grande do Sul que considerou que a Constituição de 1988 não previu a isenção de ICMS para mercadorias importadas de países que compõem o Acordo Geral sobre Tarifas e Comércio (GATT). O Ministro Sepúlveda Pertence, acompanhado por todos os demais Ministros presentes à sessão, votou no mesmo sentido do relator originário Ministro Ilmar Galvão, defendendo a tese de que o *Estado Federal* não deve ser confundido com a ordem parcial do que se denomina *União*. Para ele, é o Estado Federal total (ou seja, a República Federativa do Brasil) que mantém relações internacionais, e por isso pode estabelecer isenções de tributos não apenas federais, mas também estaduais, distritais e municipais.[659]

Doravante, o tema das isenções de tributos estaduais, distritais e municipais pela via dos tratados está devidamente compreendido no Brasil, o que permite ao nosso país avançar nos acordos de isenções que são internacionalmente importantes para um intercâmbio cada vez maior entre Estados próximos, bem assim atingir uma meta cooperativa solene presente no contexto das integrações regionais. Em matéria tributária, ademais, as medidas cooperativas entre Estados são importantes para o fomento ao produto interno e por abrir portas ao intercâmbio de mercadorias e serviços nos diversos Estados, aquecendo o desempenho de cada setor econômico.

Frise-se, por fim, que já houve Proposta de Emenda Constitucional (PEC nº 175/1995) visando pôr termo à discussão, mas que não vingou.[660] Apesar disso, vale citá-la como exemplo viável de alteração do art. 151, inc. III, da Constituição, que passaria a ter a seguinte redação:

> "Art. 151. É vedado à União:
>
> (...)
>
> III – instituir isenção de tributo da competência dos Estados, do Distrito Federal ou dos Municípios, salvo quando prevista em tratado, convenção ou ato internacional do qual o Brasil seja signatário".[661]

Seguindo, porém, o rigor técnico, sugere-se que eventual nova PEC sobre o tema refira-se à "República Federativa do Brasil" e substitua a expressão "signatário" (que conota a assinatura de um acordo internacional, manifestada *antes* do engajamento definitivo do Estado) pela nomenclatura "parte", que é a expressão utilizada para contextos tais pela Convenção

---

[659] V. STF, *RE* 229.096/RS, rel. originário Min. Ilmar Galvão, julg. em 16.08.2007.

[660] Proposta deflagrada pela Mensagem Presidencial nº 888/95, por meio da qual visou o Poder Executivo modificar o sistema tributário nacional.

[661] V. *Diário do Congresso Nacional*, Seção I, edição de 18 de agosto de 1995, p. 18.857.

de Viena sobre o Direito dos Tratados de 1969. De fato, não é a União que celebra tratados internacionais, mas a República Federativa do Brasil, que é o ente jurídico que guarda para si a representatividade exterior do Estado, sendo, portanto, imprópria qualquer referência à União como ente capaz de celebrar tratados. Seja como for, certo é que, mesmo com a decisão do STF sobre o tema, poderia ser aprovada proposta de emenda à Constituição determinando ser vedado à União "instituir isenção de tributo da competência dos Estados, do Distrito Federal ou dos Municípios, salvo quando prevista em tratado, convenção ou ato internacional do qual a República Federativa do Brasil seja parte". Com isso se evitariam futuros titubeios jurisprudenciais, que se espera não ocorram à luz do que já decidiu o STF. Uma futura emenda constitucional nestes termos, quiçá sem a impropriedade técnica acima apontada, seria bem-vinda no Brasil para que dúvidas não existam sobre a possibilidade de tratados internacionais em matéria tributária isentarem tributos da competência dos Estados, do Distrito Federal ou dos Municípios.

Enfim, não se discute que a Constituição atribuiu *autonomia* aos Estados e Municípios para instituir determinados tributos. Contudo, autonomia não significa *soberania*. Esta é atributo da República Federativa do Brasil e não das entidades componentes da Federação, que não têm personalidade jurídica de Direito Internacional Público. Daí a nossa conclusão, na esteira da doutrina mais abalizada e dos princípios regentes do Direito Internacional Público, no sentido de que as limitações ao poder de tributar só se aplicam às relações jurídicas internas da União, jamais às relações internacionais (estabelecidas por meio de tratados) das quais a República Federativa do Brasil é parte. Desta sorte, o Estado brasileiro não está impedido de concluir tratados com outros países versando tributos de competência de quaisquer dos seus componentes, seja a União, sejam os Estados, o Distrito Federal ou os Municípios.

Capítulo VI

Codificação do Direito Internacional Público

 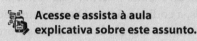

Acesse e assista à aula explicativa sobre este assunto.
> http://uqr.to/1zv4b

1. Introdução. O Direito Internacional Público, como se sabe, evolui a cada dia. Disso resulta a necessidade de se fixar, por escrito e com clareza suficiente, suas normas jurídicas. Tal visa tornar a aplicação do Direito mais prática e uniforme, acabando com as controvérsias que porventura venham a surgir. Não só no âmbito do direito das gentes, porém, essa "vontade" codificadora se apresenta, mas também no plano do ordenamento jurídico em geral. Em suma, todo sistema jurídico aspira, de uma forma ou de outra, que sejam as normas costumeiras *substituídas* pelas regras escritas, tudo para o fim de evitar ao máximo os problemas de interpretação. Esse é o papel da *codificação*.

No que tange ao Direito Internacional Público, em especial, a fixação de normas jurídicas em documento escrito (*jus scriptum*) justifica-se ainda com o desejo de fornecer às instâncias competentes (cortes e tribunais internacionais, bem assim aos juízes e tribunais internos) normas sólidas e concretas, de melhor aplicação prática. A norma escrita, além de mais nítida e de mais fácil aplicação que a regra costumeira, tem também a vantagem de estimular o recurso aos métodos jurídicos na solução de controvérsias.[1] Além disso, pela codificação o conhecimento da norma fica mais claro para a opinião pública em geral, especialmente nos tempos atuais em que a comunicação alcança todo o planeta em espaço curtíssimo de tempo. Disso tudo resulta, enfim, a necessidade de "codificar" o Direito Internacional Público, apesar dos problemas e desafios que tal codificação apresenta, como se verá nos itens que seguem.[2]

2. Propósito da codificação. Codificar significa *escrever* e *sistematizar* um grupo de normas num instrumento único e obrigatório, seguindo-se determinado método preesta-

---

[1] V. Hildebrando Accioly. *Tratado de direito internacional público*, vol. I, cit., p. 93.
[2] Sobre o tema, v. H. W. A. Thirlway, *International customary law and codification: an examination of the continuing role of custom in the present period of codification of international law*, Leiden: Sijthoff, 1972, 158p; e Yves Daudet, Actualités de la codification du droit international, in *Recueil des Cours*, vol. 303 (2003), pp. 9-118. Para a prática brasileira em matéria de codificação, v. Antônio Augusto Cançado Trindade (org.), *Repertório da prática brasileira do direito internacional público (período 1899-1918)*, 2ª ed., cit., pp. 87-122.

belecido, no intuito de trazer mais facilidade ao operador do direito quando defronte a um caso concreto. Tem-se em mira também evitar os antagonismos potencialmente existentes na aplicação das normas esparsas existentes a respeito de determinado assunto. Por esse motivo é que a codificação reduz tal grupo de normas a um *código*, entendendo-se como tal a articulação e sistematização de diversas disposições legais num corpo único e harmônico de normas.

No caso do Direito Internacional, essa tarefa de sistematização não é simples e apresenta vários problemas decorrentes da própria natureza desse ramo do Direito, cujas relações não se ligam a um ou alguns poucos Estados, mas com toda a sociedade internacional que os envolve. Diferentemente do Direito interno, cuja aplicação não ultrapassa os limites físicos (fronteiras) dos Estados, a codificação do Direito Internacional enfrenta o problema de lidar não somente com Estados, mas ainda com outros atores da vida internacional, como as organizações internacionais intergovernamentais.

Como observa Adherbal Meira Mattos, alguns autores têm optado pela *consolidação* do Direito Internacional, em vez de sua codificação propriamente dita.[3] E isto se dá pelo fato de ser a consolidação um método menos dificultoso de agrupamento de normas internacionais, sem pretensão de sistematização. A consolidação seria o agrupamento ou a compilação de normas já existentes e *da mesma natureza* (como, por exemplo, normas sobre Direito dos Tratados, Direito do Mar, Direito Internacional do Meio Ambiente, Direito Diplomático e das Relações Consulares etc.) em um mesmo corpo normativo, sem que, para isso, seja necessário sistematizá-las ou alterar seu sentido jurídico.[4] Nesse caso, diferentemente do que ocorreria com a codificação, teríamos uma compilação diferente para cada grupo de normas da mesma natureza.

As tentativas de consolidação das normas internacionais não excluem, contudo, a possibilidade de codificação (ainda que parcial) do Direito Internacional Público. Esta, segundo boa parte da doutrina, traz mais segurança e estabilidade às relações internacionais, na medida em que dá aos operadores do direito uma maior *certeza* do direito positivo aplicável a determinado caso concreto.

3. A regra da Carta da ONU. A Carta das Nações Unidas, de 1945, no seu art. 13, § 1.º, alínea *a*, diz caber à Assembleia Geral iniciar estudos e fazer recomendações destinados a "incentivar o desenvolvimento progressivo do direito internacional e a sua codificação".[5]

A regra da Carta da ONU se refere ao "desenvolvimento progressivo" e à "codificação" do Direito Internacional. Essas expressões, conforme o art. 15 do Estatuto da CDI, têm significados diversos.[6] A primeira (*desenvolvimento progressivo*) indica os "projetos de convenções

---

[3] Adherbal Meira Mattos. *Direito internacional público*, cit., p. 55.

[4] Cf. Jorge Bacelar Gouveia. *Manual de direito internacional público*, cit., pp. 151-152.

[5] *V.*, por tudo, Adolfo Maresca, *Il diritto dei trattati...*, cit., pp. 9-21; Carlos Calero Rodrigues, O trabalho de codificação do direito internacional nas Nações Unidas, in *Boletim da Sociedade Brasileira de Direito Internacional*, nᵒˢ 101/103, Brasília, jan./jun./1996, pp. 23-31; e Yves Daudet, Actualités de la codification du droit international, cit., pp. 38-41.

[6] Sobre o tema, cf. o voto vencido do Juiz *Ad Hoc* Max Sørensen no caso da *Plataforma Continental do Mar do Norte*, in *ICJ Reports* (1969), pp. 242-243.

Parte I • Cap. VI • CODIFICAÇÃO DO DIREITO INTERNACIONAL PÚBLICO | **363**

sobre assuntos que não estão ainda regulamentados pelo direito internacional ou para os quais o direito não está ainda suficientemente desenvolvido na prática estatal"; e a segunda (*codificação*) representa "a formulação mais exata e a sistematização das regras de direito internacional nos domínios em que existe já uma prática estatal consequente, precedentes e opiniões doutrinárias".[7] Em consequência dessa distinção, o Estatuto da CDI estabeleceu dois procedimentos para os trabalhos da Comissão, conforme se tratasse de proceder ao desenvolvimento progressivo do Direito Internacional (arts. 16-17) ou à sua codificação (arts. 18-23). Essa distinção, todavia, não tem sido seguida nos trabalhos da Comissão, que tem atuado à base de um procedimento único.[8]

Como se percebe, o desenvolvimento do Direito Internacional é *conditio sine qua non* de sua codificação, e quase que com esta se confunde. Na verdade, um princípio que já havia sido reconhecido pela Assembleia Geral da ONU, há vários anos, é o de que o *desenvolvimento progressivo* e a *codificação* não são mutuamente excludentes, tendo essa interpretação prevalecido até a aprovação do Estatuto da CDI, cujo art. 15 dispõe que "a expressão *desenvolvimento progressivo do direito internacional* é empregada por comodidade, para cobrir os casos em que se trata de redigir convenções sobre assuntos que não são ainda regulados pelo Direito Internacional ou relativamente aos quais o Direito ainda não se acha suficientemente desenvolvido na prática dos Estados", acrescentando que a expressão *codificação* – também usada por comodidade – serve para indicar "os casos em que se trata de formular com mais precisão e sistematizar as regras do Direito Internacional nos domínios onde já existam considerável prática de Estados, precedentes e opiniões doutrinárias".[9]

A Comissão de Direito Internacional (CDI) das Nações Unidas, com sede em Genebra, foi criada exatamente para esses propósitos, tendo o seu Estatuto sido aprovado em 1947 (res. 174-II) e a Comissão constituída no ano seguinte. Trata-se do principal órgão codificador das Nações Unidas, cujos trabalhos ficam a cargo de 34 *experts* em Direito Internacional, escolhidos pela Assembleia Geral de uma lista de candidatos proposta por governos dos Estados-membros. À CDI – que deve ser constituída de "pessoas de reconhecida competência em Direito Internacional e cujo conjunto assegure a representação das formas principais de civilização e dos principais sistemas jurídicos do mundo" – compete preparar os *projetos de convenções* em assuntos ainda não regulados pelo Direito Internacional ou em relação aos quais não se tem ainda suficiente desenvolvimento na prática dos Estados, bem assim sistematizar as normas do Direito Internacional em campos em que já existe ampla prática estatal, precedente ou doutrina a respeito (art. 15 do seu Estatuto).[10] Nesse sentido, foi a CDI responsável pelos projetos de inúmeras convenções internacionais relevantes, a exemplo das Convenções de Genebra sobre o Direito do Mar (de 1958), das Convenções de Viena sobre Relações Diplomáticas (de 1961) e Relações Consulares (de 1963), das magníficas Convenções de Viena sobre o Direito dos Tratados (de 1969) e sobre o Direito dos Tratados entre Estados

---

[7]   *V.* Guido Fernando Silva Soares. *Curso de direito internacional público*, cit., p. 86, nota nº 49.

[8]   Cf. Julio D. González Campos (*et al.*). *Curso de derecho internacional publico*, cit., pp. 111-112.

[9]   *V.* Hildebrando Accioly. *Tratado de direito internacional público*, vol. I, cit., p. 97.

[10]   Para detalhes sobre a CDI, *v.* Yves Daudet, Actualités de la codification du droit international, cit., pp. 73-79.

e Organizações Internacionais ou entre Organizações Internacionais (1986), da Convenção das Nações Unidas sobre o Direito do Mar (1982) etc.

A norma do art. 13, § 1º, alínea *a*, da Carta da ONU, deixa também entrever o propósito das Nações Unidas na conversão sistemática das normas costumeiras em um corpo de regras escritas (*jus scriptum*), acompanhando a evolução do Direito Internacional no sentido de *codificar o costume*, ou seja, transformá-lo em norma convencional (tratado). O efeito da codificação, nos termos desse entendimento, é duplo, pois (1) declara a existência anterior de um costume e (2) traduz esse costume em norma escrita, contribuindo para o "desenvolvimento progressivo do direito internacional", para usar a expressão utilizada pela Carta.

Além de ser fator de desenvolvimento, a codificação do Direito Internacional, segundo Rousseau, apresenta também a vantagem de ser instrumento de difusão do Direito Internacional na opinião pública, além de constituir um estimulante da atividade científica e ser um fator de certeza do direito positivo, servindo, nesse último caso, de instrumento de extensão da Justiça Internacional.[11]

4. Tentativas de codificação do Direito Internacional Público. Várias foram as tentativas já tomadas em relação à codificação do Direito Internacional. O primeiro projeto de codificação doutrinária (portanto, sem caráter oficial) de que se tem notícia foi o de Jeremias Bentham, em 1789. Mais de cem anos depois desse projeto inicial de Bentham, já dentro de um quadro mais largo de codificação das normas de Direito Internacional Público, aparecem outros importantes projetos, dentre os quais podem ser citados os projetos de Códigos de Direito Internacional elaborados por J. C. Bluntschli, em 1868 (intitulado, no francês, de *Le droit international codifié*), por Pasquale Fiore, em 1889 (chamado de *Direito internacional codificado e a sua sanção jurídica*, com 1.340 artigos), por Dudley Field, em 1872 (intitulada *Esboço de planejamento de um Código internacional*), e pelo internacionalista brasileiro Epitácio Pessoa, em 1911 (com o seu *Projeto de Código de Direito Internacional Público*,[12] este já com caráter semioficial), aprovado pela Comissão Internacional de Jurisconsultos Americanos em 1912 (ano em que também fora apresentado o projeto de Alexandre Álvares).

A dificuldade prática que encontra o Direito Internacional rumo à sua codificação, além do fato de se tratar de tarefa mais do que imensa, está também intimamente ligada à existência de assuntos em relação aos quais os Estados têm veementes discordâncias, como os de natureza política ou os que possam, de alguma forma, seja por causa de suas tradições históricas, culturais ou religiosas, abranger a atitude política de determinados Estados. Assim, tem-se como certo que seria muito difícil, senão impossível, que se possa levar a cabo uma codificação completa do conjunto de normas consuetudinárias gerais em vigor no ordenamento internacional.[13]

Parece, portanto, dificultosa a ideia de codificação de *todo* o Direito Internacional, como acalentado pelas primeiras Conferências Pan-Americanas. Seja para codificar, seja

---

[11] Cf. Charles Rousseau. *Principes généraux du droit international public*, t. I, cit., pp. 868-870.

[12] Para um olhar contemporâneo do *Projeto* de Pessoa, *v.* a obra organizada por Marcílio Toscano Franca Filho, Jorge Luís Mialhe e Ulisses da Silveira Job, *Epitácio Pessoa e a codificação do direito internacional*, Porto Alegre: Sergio Antonio Fabris, 2013, 662p.

[13] Cf. Julio D. González Campos (*et al.*). *Curso de derecho internacional publico*, cit., p. 110.

Para consolidar as normas internacionais, tal propósito deve se limitar à constatação da normatividade internacional existente. Num mundo com tamanha diversidade, parece melhor e mais eficaz apenas *constatar* a existência das normas internacionais a fim de sistematizá-las. Dessa forma, tal tarefa passa a ser mais *declarativa* que *inovadora*, o que tem a grande vantagem de facilitar o acompanhamento do progresso das normas do Direito Internacional que se pretende codificar ou consolidar.

Não obstante as dificuldades de sua implementação, a codificação do Direito Internacional apresenta grandes vantagens. Além de ser um fator de desenvolvimento do Direito Internacional, a codificação serve também como meio de difusão desse mesmo direito (sendo certo que tudo o que se escreve é mais bem propagado do que aquilo que é costumeiro), tornando-se um fator de certeza do direito positivo internacional.

Entretanto, o inconveniente que poderia ser colocado diz respeito à codificação poder ser utilizada para exprimir a vontade de poucos (Estados mais poderosos) em detrimento da vontade de muitos (Estados mais fracos).

5. Estado atual da codificação do Direito Internacional Público. A tendência de codificação do Direito Internacional Público se mostra presente, nos dias atuais, por meio do grande número de tratados internacionais concluídos, nos últimos anos, versando matérias das mais complexas, tratando minuciosamente de cada um dos assuntos neles versados, e também, em virtude da avalanche de tratados multilaterais abertos colocados à disposição da generalidade dos Estados, que aumentaram sobremaneira a área de atuação e o campo de domínio do Direito Internacional Público moderno.

Entretanto, apesar dos avanços já obtidos nesse campo, é de se consignar que a codificação do Direito Internacional ainda tem sido bastante morosa, visto que este ramo do Direito público nem sempre conta com a vontade convergente e uniforme dos Estados, que vivem, muitas vezes, em busca da satisfação de interesses particulares, não raro incompatíveis com os propósitos de codificação e com os próprios objetivos perseguidos pelo Direito Internacional.

Mas enquanto para alguns, como Charles de Visscher, a codificação deve ser considerada uma iniciativa "perigosa para o progresso do direito internacional",[14] para outros, como Adherbal Meira Mattos, tal desenvolvimento progressivo "é um fato necessário e tecnicamente concebível e viável", pois normatiza assuntos vitais, ligados à natureza do Direito Internacional Público, e, também, porque "tende a transformar o Direito consuetudinário em Direito convencional, o qual suplanta aquele cada vez mais, no seio da sociedade internacional, pelo fato de ser um Direito escrito e o outro não, embora sejam, ambos, espécies do gênero Direito Positivo".[15]

Cremos que ainda demorará certo tempo até que se chegue a um patamar mínimo de codificação do Direito Internacional. Para nós, é mais salutar a *consolidação* das regras internacionais em detrimento de uma propriamente dita *codificação*, mas desde que pautada em critérios isonômicos e coerentes.

---

14   Charles de Visscher. *Théories et réalités en droit international public*, cit., p. 181.
15   Adherbal Meira Mattos. *Direito internacional público*, cit., p. 60.

Plano da Parte II

Depois de estudada a *Parte Geral* do Direito Internacional Público – na qual se verificou sua gênese, seu conceito, suas relações com o Direito interno, o seu fundamento, suas fontes e sua codificação – importa agora analisar a personalidade jurídica internacional, estudando os *sujeitos* do Direito Internacional Público em todas as suas vertentes. Uma vez verificados quais são esses sujeitos, estudaremos em detalhes aqueles considerados sujeitos efetivos dessa disciplina: os *Estados*, as *organizações internacionais intergovernamentais* e os *indivíduos*.

A Parte II que segue – que é a parte mais extensa dessa obra – analisará cada um desses temas e os vários problemas jurídicos deles decorrentes. Todos eles são *conditio sine qua non* para se entender (numa visão de conjunto) o funcionamento da sociedade internacional contemporânea.

Parte II

Personalidade Jurídica Internacional

Capítulo I

Os Sujeitos do Direito Internacional Público

 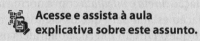

Acesse e assista à aula explicativa sobre este assunto.

> http://uqr.to/1zv4c

1. Introdução. O Direito Internacional Público, como já se deu notícia, é a disciplina jurídica da sociedade internacional. Essa sociedade é formada por *sujeitos* (ou *pessoas*) a quem normalmente – mas não necessariamente – tal Direito é destinado, e isso vem se processando há séculos, atribuindo-se a cada participante da sociedade internacional uma soma de deveres internacionais, a par de inúmeras vantagens que lhes são reconhecidas.[1] A qualificação jurídica de um certo ente como *sujeito* de direito das gentes guarda, assim, duas conotações: uma *passiva* – a quem tal Direito é destinado – e outra *ativa* – que se traduz na capacidade de atuação no plano internacional (*v.g.*, quando um Estado mantém relações com outras potências estrangeiras, ou quando um indivíduo peticiona a uma corte internacional de direitos humanos vindicando os seus direitos violados).

São, portanto, sujeitos do Direito Internacional Público todos aqueles entes ou entidades cujas condutas estão diretamente previstas pelo direito das gentes (ou, pelo menos, contidas no âmbito de certos direitos ou obrigações internacionais) e que têm a possibilidade de atuar (direta ou indiretamente) no plano internacional.[2] Nasce, dessa maneira, em primeiro lugar, a noção de *pessoas de Direito Internacional* como sendo aqueles seres ou organismos cuja conduta é regulada pelo Direito Internacional Público e em relação aos quais quaisquer concessões de direitos e imposições de obrigações são por ele determinados.[3] Sob esse primeiro ponto de vista, são sujeitos do Direito Internacional as entidades ou pessoas às quais as normas internacionais, direta e imediatamente, atribuem direitos ou impõem obrigações.[4] Dessa primeira

---

[1] V. Oyama Cesar Ituassú. *Curso de direito internacional público*. Rio de Janeiro: Forense, 1986, p. 107; e Valerio de Oliveira Mazzuoli, Sujeitos do direito internacional público, in *Enciclopédia de direito internacional*, Manuel de Almeida Ribeiro, Francisco Pereira Coutinho & Isabel Cabrita (coords.), Coimbra: Almedina, 2011, pp. 438-439.

[2] Cf. Julio A. Barberis. *Los sujetos de derecho internacional actual*, cit., pp. 26-27.

[3] Cf. Hildebrando Accioly. *Tratado de direito internacional público*, vol. I, cit., p. 99.

[4] Cf. Dionisio Anzilotti. *Cours de droit international*, cit., pp. 121-122; Celso D. de Albuquerque Mello. *Curso de direito internacional público*, vol. I, cit., pp. 345-346; André Gonçalves Pereira & Fausto de Quadros, *Manual de direito internacional público*, cit., p. 299; e James Crawford, *Brownlie's principles of public international law*, cit., p. 115.

noção de *sujeito* nasce – em segundo lugar – uma outra: a noção de *personalidade jurídica* no plano internacional, entendendo-se como tal a capacidade para agir internacionalmente. Não é necessário, contudo, para deter a qualidade de "sujeito" de direito das gentes, que se tenha capacidade para *participar* do processo de formação das normas jurídicas internacionais (ou seja, que o sujeito tenha capacidade *plena* no plano internacional). Os que não detêm tal capacidade (a exemplo dos *indivíduos*) não deixam de ser sujeitos do Direito Internacional Público, uma vez que a sua capacidade *para agir* se faz presente; ou seja, eles *são sujeitos*, mas com uma *atuação* internacional mais limitada, pois dependentes das normas criadas pelos Estados ou pelas organizações internacionais.

Do que se acabou de afirmar, resulta que: *a*) só são sujeitos do Direito Internacional aqueles que estão em relação *direta* e *imediata* com a norma internacional e que não necessitam de qualquer intermediação estatal para que os efeitos da norma se projetem em sua esfera jurídica (pois é evidente que o Direito Internacional afeta os sujeitos do Direito interno – *v.g.*, uma empresa, ou uma pessoa jurídica de direito público interno, como um município etc. –, mas só por meio das medidas tomadas pelo respectivo Estado); *b*) a personalidade jurídica internacional pode ter vários graus de capacidade (que pode ser mais ampla, como no caso do Estado, ou menos ampla, como no caso dos indivíduos); e *c*) a personalidade jurídica de Direito Internacional nem sempre coincide com a de Direito interno, podendo uma pessoa jurídica de Direito interno não ter (ou não poder ter) personalidade jurídica internacional, ou, pelo menos, a capacidade que o Direito interno atribui a uma pessoa pode ser diferente da que o Direito Internacional lhe reconhece (como é o caso dos indivíduos, como veremos adiante).[5]

Depois da Segunda Guerra Mundial a fisionomia da sociedade internacional mudou drasticamente, fazendo aparecer uma *nova* ordem internacional a partir de então instaurada. Entre os séculos XVII e XIX os Estados (principalmente os europeus) detinham, de maneira *exclusiva*, a qualidade de sujeitos do Direito Internacional Público. Depois do século XX essa situação se transforma, passando tais Estados a ter que dividir esse seu antigo *status* com outros atores da sociedade internacional, que também passaram a participar da cena exterior de variadas formas e sob diversos contextos. Trata-se do momento em que as organizações internacionais começam a ganhar enorme relevo na cena internacional.[6] Na verdade, são muito poucos os autores que, na atualidade, ainda defendem ser os Estados os únicos sujeitos do Direito Internacional, querendo parecer que só os juristas soviéticos mantiveram-se fiéis a essa doutrina.[7] Os sujeitos de Direito, no sistema jurídico internacional, como já destacou a CIJ (*Anais*, 1949, p. 177) em relação às Nações Unidas, "não são necessariamente idênticos quanto à sua natureza ou à extensão dos seus direitos".[8]

Sendo o Direito Internacional aquele que disciplina e rege a sociedade de *pessoas* internacionais, faz-se mister estudar cada uma delas em separado, quais sejam: os Estados (que têm personalidade jurídica *originária*), as organizações internacionais intergovernamentais (que detêm personalidade *derivada*) e os indivíduos.

---

5   A explicação é de André Gonçalves Pereira & Fausto de Quadros, *Manual de direito internacional público*, cit., p. 300.

6   Cf. Antonio Cassese. *Diritto internazionale*, cit., pp. 49-50; Antonio Remiro Brotons (*et al.*), *Derecho internacional*, cit., pp. 93-94; e James Crawford, *Brownlie's principles of public international law*, cit., p. 166.

7   Cf. Henri Rolin. Les principes de droit international public, in *Recueil des Cours*, vol. 77 (1950-II), p. 311.

8   *V.* Jean-Marie Lambert. *Curso de direito internacional público*, vol. II (*Fontes e sujeitos*), cit., p. 141.

2. Classificação dos sujeitos. É possível classificar os sujeitos do Direito Internacional, de forma mais didática, em quatro grupos: *a*) os Estados; *b*) as coletividades interestatais; *c*) as coletividades não estatais; e *d*) os indivíduos (ou particulares).

Essa classificação nos possibilita examinar, para os propósitos que interessam a este Capítulo, as diferentes categorias de pessoas internacionais que dela fazem parte. Dentro desta classificação alguns casos especiais serão também debatidos, como a questão jurídica da Santa Sé (e do Estado da Cidade do Vaticano) e do Comitê Internacional da Cruz Vermelha (CICV).

Nos Capítulos seguintes, que compõem esta Parte II da obra, estudaremos com detalhes os Estados, as organizações internacionais intergovernamentais e os indivíduos no Direito Internacional Público (nacionalidade e condição jurídica do estrangeiro).

3. Os Estados. Na formação da sociedade internacional o primeiro elemento (e mais importante) que nasce é o *Estado*, cujo poder absoluto se desenvolveu e se sedimentou até o início do século XX. Até esse momento histórico os Estados eram os únicos sujeitos do Direito Internacional existentes, excluindo a participação de quaisquer outros seres (individuais ou coletivos) com pretensa capacidade de participação na cena internacional.

Cabe, neste momento, apenas enfatizar a condição do Estado como sujeito do Direito Internacional Público, sem se ocupar de sua disciplina jurídica no contexto internacional, o que se fará a partir dos Capítulos seguintes.

São os Estados os *sujeitos clássicos* (*originários* ou *tradicionais*) do Direito Internacional Público, além dos mais importantes dentro do contexto das relações internacionais. São eles as pessoas jurídicas de Direito Internacional por excelência, encontrando-se, ainda hoje, em uma posição absolutamente dominante nas escalas de valor e importância dos sujeitos que operam no Direito Internacional Público. São os Estados, em suma, os sujeitos *fundadores*, *primários* e *plenos* do direito das gentes, já que só eles possuem uma subjetividade internacional *per se* sem quaisquer condições.[9]

Depois da formação dos primeiros Estados modernos (Inglaterra, França e Espanha) no decorrer do século XV, os vários agrupamentos humanos existentes nas várias regiões do planeta acabaram também por consolidar-se em comunidades do tipo *estatal*, as quais ganharam força e prestígio dentro do cenário internacional desde então; a "proteção" de um Estado a indivíduos tornou-se, a partir daí, questão de alta relevância internacional.[10] Atualmente, a primazia dos Estados como sujeitos do direito das gentes funda-se no fato de estar o mundo organizado com base na coexistência entre Estados, somente vindo (tal primazia) a desaparecer caso as entidades nacionais viessem a ser substituídas por um *Estado-mundial*.[11]

Contudo, como já se disse, os Estados não são os únicos sujeitos atuais da disciplina. Se assim foi até o início do século XX, após esse período viram-se os Estados obrigados a dividir sua condição de sujeitos do Direito Internacional Público com os chamados "novos sujeitos" desse mesmo Direito: as organizações internacionais intergovernamentais e os

---

[9]   Cf. Celso D. de Albuquerque Mello. *Curso de direito internacional público*, vol. I, cit., p. 355; Antonio Remiro Brotons (*et al.*), *Derecho internacional*, cit., pp. 95-96; Brichambaut, Dobelle & Coulée, *Leçons de droit international public*, cit., pp. 17-18; e Dominique Carreau & Jahyr-Philippe Bichara, *Direito internacional*, cit., pp. 390-391.

[10]   Cf. Antonio Cassese. *Diritto internazionale*, cit., p. 16.

[11]   Cf. Ian Brownlie. *Princípios de direito internacional público*, cit., p. 72, citando lição do Prof. Friedmann.

indivíduos (que, como veremos, detêm todas as características necessárias a essa qualificação jurídica). Tais *novos sujeitos* são, às vezes, entendidos como sendo meramente *derivativos* do Estado, o qual continuaria a guardar a condição de titular primário das normas internacionais. Tomando-se o exemplo das organizações internacionais, tem-se que esta afirmação precedente é verdadeira, uma vez que elas são *criadas por Estados*; tomando-se como exemplo os indivíduos, pode-se dizer que eles *pertencem à condição jurídica* de algum Estado (e quando não pertencem *a priori*, o Direito Internacional lhes atribui a nacionalidade de um Estado – ou o do nascimento, ou o de onde se encontra etc.). Mas deve-se frisar que essa constatação – que não raro é feita pela doutrina – não explica como um ente jurídico não derivado do Estado (como uma ordem religiosa ou um movimento de libertação nacional) poderá, eventualmente, deter a condição de *sujeito* (ainda que temporário) do direito das gentes.

O Estado não se confunde com a *Nação*, com o *povo* ou com demais *grupos de pessoas*. Para o direito das gentes a pessoa internacional é o *Estado*, ainda que em alguns países (e em alguns sistemas jurídicos) se lhe atribua outras denominações não técnicas. Em verdade, o Estado é a organização jurídico-política da Nação, e que lhe dá validade e legitimação para atuar, no plano externo, como sujeito do Direito Internacional Público.

Além de *direitos*, os Estados também têm *obrigações* no plano internacional nas suas relações com os demais sujeitos componentes da sociedade internacional, podendo ser responsabilizados em caso de descumprimento dos comandos do Direito Internacional em relação aos quais prometeram efetivo cumprimento.

Não importa ao Direito Internacional o tamanho territorial do Estado, o maior ou menor número de sua população, bem como sua capacidade econômica. Seja uma grande potência ou um pequeno país, ambos são identicamente sujeitos do Direito Internacional, estando (juridicamente) em pé de igualdade nas suas relações recíprocas.

4. Coletividades interestatais. As coletividades interestatais são as entidades formadas por Estados para determinados fins e conhecidas pelo nome de *Organizações Internacionais*. Trata-se de entidades criadas por acordos constitutivos entre Estados com personalidade jurídica distinta da dos seus membros. São elas produto da associação de vários Estados, estabelecida em tratado internacional, para gerir as finalidades às quais foram criadas. Esse tratado que cria a organização, pelo fato de ter sido elaborado por *vários* Estados, passa então a ter valor muito maior que as Constituições desses mesmos Estados quando vistas sob uma ótica individualizada, exatamente pelo fato de ter sido formado pela vontade de certo número de Estados.

Cabe, aqui, apenas referir às organizações internacionais na sua condição de sujeitos do Direito Internacional Público, devendo o estudo de sua teoria geral ser realizado em momento posterior deste livro.[12]

Diferentemente dos Estados, que podem sobreviver sem estar condicionados à existência de uma Constituição, por ser um aglomerado humano a viver em certa base territorial, sob determinada forma de regramento, as organizações internacionais não passam de uma realidade eminentemente *jurídica*, uma vez que, como destaca Rezek, "sua existência não encontra apoio senão no tratado constitutivo, cuja principal virtude não consiste, assim, em disciplinar-lhe o funcionamento, mas em haver-lhe dado vida, sem que nenhum elemento material preexistisse ao

---

[12]   *V.* Capítulo III, desta Parte II.

Parte II · Cap. I · OS SUJEITOS DO DIREITO INTERNACIONAL PÚBLICO | **373**

ato jurídico criador".[13] Portanto, as organizações internacionais não dispõem de todas as competências atribuídas aos Estados, não podendo ter existência sem a materialização de uma vontade cooperativa desses mesmos Estados, o que levou Ricardo Seitenfus a concluir que as mesmas "são sujeitos *mediatos* ou *secundários*" do Direito Internacional, porque dependem da vontade dos seus membros "para a sua existência e para a concretude e eficácia dos objetivos por ela perseguidos".[14]

Um aumento volumoso das organizações internacionais ocorreu no período imediatamente subsequente à Segunda Guerra Mundial, principalmente após o advento da *Organização das Nações Unidas*, em 1945. Assim como a ONU (que é atualmente o tipo mais importante dessa forma de organização), as demais organizações internacionais também podem ter capacidade jurídica para celebrar tratados de caráter obrigatório, regidos pelo Direito Internacional, com os Estados e com outros organismos internacionais.

Tais organizações variam segundo suas *finalidades* (econômicas, políticas, militares, científicas, financeiras etc.), ou seu *âmbito de atuação* (universais ou regionais) ou mesmo quanto à *natureza dos poderes exercidos* (intergovernamentais e supranacionais). Todas elas serão estudadas em Capítulo próprio mais à frente.

5. Coletividades não estatais. Dentre as chamadas *coletividades não estatais*, as mais importantes, que trataremos de analisar, são: *a*) os beligerantes; *b*) os insurgentes; *c*) os movimentos de libertação nacional; e *d*) a Soberana Ordem Militar de Malta.

a) *Beligerantes.* A beligerância ocorre quando, dentro do Estado, verifica-se uma sublevação da população, por meio de movimento armado politicamente organizado, para fins de desmembramento ou de mudança do governo ou do regime vigente, constituindo-se em verdadeira guerra civil. O que se destaca, no movimento beligerante, é o fato de o grupo armado revolucionário deter, sob o seu domínio, parte do território do Estado.[15] A característica marcante do movimento de beligerância é, assim, a *luta armada* de grande proporção, naturalmente em violação das normas constitucionais vigentes no país. A *finalidade* dessa luta é normalmente a modificação do sistema político no qual se encontra o Estado em causa. Contudo, seja quando se reconhece a beligerância, dentro de determinado Estado, quando sua população se inflama, desencadeando uma guerra civil com finalidade de desmembramento, seja quando um ou mais de um partido político promove luta civil para mudar o governo ou o regime vigente, em ambos os casos o reconhecimento da beligerância somente poderá ter lugar quando as facções sublevadas se mostrem suficientemente fortes para possuir e exercer, *de facto*, poderes similares aos exercidos pelo Estado contra o qual se rebelam.[16]

Quando isso acontece, os governos dos demais membros da sociedade internacional podem conferir ao grupo rebelado a qualidade de *beligerante*, atribuindo-lhe um *status* de igualdade jurídica com a ordem estatal (ou seja, com o próprio Estado). Tem-se como exemplo os Sandinistas da Nicarágua, que foram reconhecidos como beligerantes pelo Pacto Andino de 1979. Dentre os direitos que os beligerantes passam a deter encontram-se os relativos ao bloqueio, à captura, à conclusão de tratados etc. De qualquer forma, a situação

---

13 José Francisco Rezek. *Direito internacional público...*, cit., pp. 145-146.
14 Ricardo Seitenfus. *Manual das organizações internacionais*, 4ª ed., rev., atual. e ampl. Porto Alegre: Livraria do Advogado, 2005, p. 62.
15 Cf. Celso D. de Albuquerque Mello. *Curso de direito internacional público*, vol. I, cit., p. 557.
16 Cf. Gilda Maciel Corrêa Meyer Russomano. *Direito internacional público*, cit., p. 178.

dos beligerantes tem um caráter incipiente, pelo qual os outros Estados reconhecem-lhes de modo apenas interino (ou seja, temporário) alguns dos direitos e prerrogativas inerentes à condição de Estado (*v.* Parte II, Capítulo II, Seção I, item nº 4, *e.1*).

Os beligerantes, quando realizam atos relativos ao conflito em que estão envolvidos, ficam submetidos ao art. 3º comum das quatro Convenções de Genebra de 1949, ao Protocolo II adicional das Convenções de Genebra de 1977, e às demais normas de direito internacional em matéria de conflito bélico.

b) Insurgentes. A situação de insurgência ocorre nos casos de conflitos dentro do Estado – com a finalidade de modificação do sistema político vigente e reestruturação da ordem constitucional em vigor – em que a sublevação atinge certo grau de importância (ou seja, de efetividade) sem assumir grandes proporções, não chegando a constituir uma guerra civil, diferentemente do que ocorre com a situação de beligerância. A pretensão do grupo insurgente também é a ascensão ao poder, com vistas à tomada do governo, momento a partir do qual nova personalidade jurídica de Direito Internacional seria constituída. Ocorre que seus efeitos são bem mais brandos que os da beligerância.

A insurgência normalmente ocorre em guerras internas, com lutas contra um regime colonialista ou lutas de libertação nacional, sem que ocorra o controle político de determinada área do território do Estado, tal como se dá nos casos de beligerância. A insurgência pode ter ainda motivos sociais, como o fim do racismo e da discriminação em dado território etc. Os direitos e deveres dos insurgentes dependem, em último caso, daquilo que lhes atribuem os Estados que assim os reconhecem. Contudo, mesmo o seu reconhecimento não cria automaticamente direitos e deveres em favor dos revoltosos, ficando sempre na dependência de uma manifestação formal do Estado (contrariamente ao que se dá com o movimento de beligerância). Por esse motivo é que muitos autores não reconhecem a personalidade jurídica dos insurgentes. Mas é certo que essa é uma realidade que não pode ficar à margem do Direito Internacional, principalmente quando as negociações a ela relativas findam com a conclusão de um tratado internacional (que é a fonte, por excelência, do direito das gentes).

O eventual reconhecimento, por parte de terceiros Estados, da situação de insurgência é, assim, bem mais restrito e pontual, não se garantindo aos insurretos direitos especiais, senão apenas *certos direitos*; porém, esse reconhecimento tem a consequência de fazer com que os atos dos insurgentes deixem de ser qualificados como criminosos, de banditismo, terroristas ou de pura violência (*v.* Parte II, Capítulo II, Seção I, item nº 4, *e.2*).

c) Os movimentos de libertação nacional. A figura dos movimentos de libertação nacional começou a aparecer, dentro da ordem internacional, a partir de meados do século XX, quando do início do processo de descolonização da África, Ásia, Oceania e da região do Caribe. Foi o que ocorreu no caso da luta pela independência da Argélia. Esse processo teve o seu reconhecimento por meio de várias resoluções da Assembleia Geral da ONU, desde 1960 a 1970, em que as guerras de libertação nacional foram equiparadas aos conflitos internacionais. A diferença dos movimentos de libertação nacional para outros sujeitos do Direito Internacional reside no fato de que aqueles que o integram não fazem parte do regime governamental contra o qual estão lutando. As pessoas que os integram são, na maioria das vezes, populações indígenas que lutam contra governos geralmente racistas ou contra ocupações estrangeiras ilegais. A personalidade jurídica internacional de tais movimentos dá-se em três âmbitos: no direito humanitário, no direito dos tratados

Parte II • Cap. I • OS SUJEITOS DO DIREITO INTERNACIONAL PÚBLICO | 375

e nas relações internacionais.[17] Contudo, essa personalidade e a eventual capacidade para participar da vida internacional (*v.g.*, para celebrar tratados) é limitada ao âmbito estritamente funcional e, em razão da matéria, aos temas correspondentes à sua vocação (como a libertação do povo que representam etc.).[18]

Cita-se como exemplo de movimento de libertação nacional de grande expressão internacional a Organização para a Libertação da Palestina (OLP), que, ao longo do tempo, tem celebrado tratados internacionais de diversas índoles, com diversos países, em especial os relativos às forças armadas, celebrados com o Líbano e com a Jordânia. A OLP mantém escritórios e representações inclusive perante as Nações Unidas (em Nova York, Viena e Genebra), a UNESCO e a FAO. A Assembleia Geral da ONU a reconheceu como representante do povo palestino perante quaisquer órgãos da organização ou outros organismos internacionais ligados às Nações Unidas (na qualidade de *observadores*), com direito de voz (não de *voto*) em quaisquer sessões nas quais se deliberem questões relativas a essa região do Oriente Médio.[19]

d) *A Soberana Ordem Militar de Malta*. Segundo relata a história, a *Soberana Ordem Militar e Hospitalar de São João de Jerusalém, de Rodes e de Malta*, seu nome verdadeiro, nasceu no ano 1048, quando alguns mercadores da antiga república de Amalfi obtiveram do Califa egípcio a permissão para construir, em Jerusalém, uma igreja, um convento e um hospital, a fim de assistir os peregrinos de qualquer raça ou religião. A Ordem – comunidade monástica dedicada à gestão do hospital para assistência dos peregrinos na Terra Santa – tornou-se independente sob a direção do Beato Gerardo Tenque. Com a bula de 15 de fevereiro de 1113, o Papa Pascoal II aprovou a fundação do Hospital e o colocou sob a autoridade da Santa Sé, garantindo-lhe o direito de escolher livremente os seus superiores, sem a interferência de outras autoridades laicas ou religiosas. Depois de ser transferida temporariamente para Messina, Catania e Ferrara, em 1834 a *Ordem* fixou-se em Roma, onde possui o *Palazzo Magistrale*, na Rua Condotti nº 68, e a *Villa Magistrale* na colina do Aventino.[20] Desde então, a missão original de assistência hospitalar tem sido a sua principal atividade.

A partir dos anos cinquenta começou-se a discutir sua própria existência, como ente dotado de personalidade jurídica internacional, perante os Tribunais da Cúria Romana que, com a sentença de 24 de maio de 1953, estabeleceu que a *Ordem* tem natureza de organização religiosa e, como tal, subordina-se à vontade da Santa Sé, que, por sua vez, está regulada pelo ordenamento canônico. Entendeu-se também que a *Ordem*, embora dependente em certos aspectos da Santa Sé, detinha a qualidade de sujeito do Direito Internacional.[21]

A *Ordem*, que é chefiada por um Grão-Mestre, pretende conservar as prerrogativas de um ente independente e soberano, por deter, inclusive, "ordenamento jurídico" próprio. Essa

---

[17] Cf. Loretta Ortiz Ahlf. *Derecho internacional público*, 2ª ed. México, D.F.: Oxford University Press, 1993, p. 71.

[18] Cf. Dinh, Daillier & Pellet. *Direito internacional público*, cit., p. 195; e César Sepúlveda, *Derecho internacional*, cit., p. 498.

[19] Cf. Guido Fernando Silva Soares. *Curso de direito internacional público*, cit., pp. 161-162.

[20] V., por tudo, Ettore Rossi, *Il Sovrano Militare Ordine di Malta*, Roma: Libreria Romana, [199-], 101p; Cosimo Damiano Fonseca & Cosimo D'Angela, *Gli archivi per la storia del Sovrano Militare Ordine di Malta: atti del III Convegno Internazionale di Studi Melitensi (Taranto, 18-21 ottobre 2001)*, Taranto: Centro Studi Melitensi, 2005, 539p; e Marcello Maria Marrocco Trischitta, *Cavalieri di Malta: una leggenda verso il futuro*, Roma: Associazione dei Cavalieri Italiani del Sovrano Militare Ordine di Malta, 2010, pp. 4-37. V. a página *web* da Ordem de Malta em: [http://www.orderofmalta.int].

[21] Cf. André Gonçalves Pereira & Fausto de Quadros. *Manual de direito internacional público*, cit., p. 377.

pretensão é reforçada pela mantença de relações aparentemente *diplomáticas* com mais de 90 Estados em todo o mundo, inclusive o Brasil. Para regular a sua estrutura e finalidades, a *Ordem* também ostenta aquilo que chama de "Constituição", promulgada em 27 de junho de 1961 (com reformas introduzidas em 1997), que dispõe expressamente, no seu art. 3º (intitulado *Soberania*), que "a Ordem é sujeito de direito internacional e exercita as funções soberanas". Não bastasse tudo isso, o governo italiano ainda reconheceu ao seu Grão-Mestre o privilégio da imunidade de jurisdição.

Contudo, a doutrina tem entendido que não se justifica reconhecer personalidade jurídica internacional à referida *Ordem*.[22] Na verdade, o que a *Ordem* mantém com alguns países (inclusive com o Brasil) são "pseudorrelações diplomáticas", fundadas na pura *courtoisie*, por tudo injustificáveis. Além do mais, ela funciona em estreita dependência da Santa Sé, não guardando qualquer semelhança com um Estado soberano.[23] Por fim, a imunidade de jurisdição que a Itália reconhece ao seu Grão-Mestre não deriva de obrigação internacional, mas sim de ato meramente interno do Estado italiano.[24]

6. A Santa Sé e o Estado da Cidade do Vaticano.

Desde muito tempo discute-se a que categoria jurídica pertencem a chamada *Santa Sé* (cúpula do governo da Igreja Católica) e o *Estado da Cidade do Vaticano* (o menor de todos os Estados do mundo em extensão territorial). Além da indagação sobre a natureza jurídica de ambos, também se questiona quais as diferenças entre uma e outro, é dizer, entre a Santa Sé (também chamada de *Sé Apostólica*) e o Estado da Cidade do Vaticano. Embora a Santa Sé esteja intimamente ligada ao Estado do Vaticano (este último resultante dos Tratados de Latrão de 1929) e o Papa seja tanto o chefe de uma como do outro, a personalidade jurídica internacional da Igreja não é precisamente a mesma do Estado da Cidade do Vaticano.[25]

Dessa forma, cabe aqui estudar em separado a Santa Sé[26] e o Estado da Cidade do Vaticano,[27] analisando suas principais diferenças à luz do Direito Internacional Público.

a) A Santa Sé. Como se sabe, o início do Direito Internacional coincide, não por acaso, como fim da ideia da *república cristã* chefiada pela Igreja Católica, quando se passa (desde os

---

[22] Em 1935, contudo, a Corte de Cassação italiana reconheceu à *Ordem* personalidade jurídica internacional, destacando que "a moderna teoria dos sujeitos de direito internacional reconhece diversas entidades coletivas cuja composição independe da nacionalidade dos seus membros constitutivos e cuja função, pelo seu caráter universal, transcende os limites territoriais de qualquer Estado isolado" (*v.* "Nanni *Vs.* Pace and the Sovereign Order of Malta", in *International Law Reports*, nº 8, p. 2; e "Scarfo *Vs.* Sovereign Order of Malta", in *International Law Reports*, nº 24, p. 1).

[23] Cf., nesse exato sentido, Hildebrando Accioly, *Tratado de direito internacional público*, vol. I, cit., pp. 107-108; Rolando Quadri, *Cours général de droit international public*, cit., pp. 421-422; Alfred von Verdross, *Derecho internacional público*, trad. Antonio Truyol y Serra, Madrid: Aguilar, 1969, pp. 154-155; José Francisco Rezek, *Direito internacional público...*, cit., pp. 234-235; e Luis Ivani de Amorim Araújo, *Curso de direito internacional público*, 10ª ed., 4ª tir., Rio de Janeiro: Forense, 2003, p. 106. Em sentido contrário, inserindo a *Ordem de Malta* entre os sujeitos do fenômeno jurídico internacional, *v.* Oliveiros Litrento, *Curso de direito internacional público*, cit., pp. 38-39.

[24] Cf. André Gonçalves Pereira & Fausto de Quadros. *Manual de direito internacional público*, cit., p. 377.

[25] Cf. Hildebrando Accioly. *Tratado de direito internacional público*, vol. I, cit., p. 106. Sobre as relações entre a Igreja Católica e o Direito Internacional, *v.* Georges Goyau, L'église catholique et le droit des gens, in *Recueil des Cours*, vol. 6 (1925-I), pp. 123-239.

[26] *V.* a página *web* da Santa Sé em: [http://www.vatican.va].

[27] *V.* a página *web* do Estado da Cidade do Vaticano em: [http://www.vaticanstate.va].

Parte II · Cap. I · OS SUJEITOS DO DIREITO INTERNACIONAL PÚBLICO | **377**

tratados de Westfália de 1648) da *Respublica sub Deo* para sociedade de Estados soberanos e independentes. Em outras palavras, os *Estados* nasceram (a partir desse momento histórico) de forma autônoma e independente, com características soberanas e sem qualquer subordinação (*superiorem non recognoscentes*) a um poder do tipo religioso (ao que se chamou de "sistema estatal europeu", também caracterizado pela diversidade religiosa, fruto da reforma protestante).[28]

Ocorre que mesmo essa nova estruturação da sociedade internacional (formada agora por Estados soberanos e independentes, desvinculados do poder religioso da Igreja) manteve o reconhecimento da figura do Papa com a qualidade de *Soberano* perante as relações internacionais, à semelhança de qualquer chefe de Estado. Como consequência, a expressão de sua autoridade (chamada de *Santa Sé*) foi reconhecida como sujeito do Direito Internacional, mesmo não sendo tecnicamente um *Estado*.[29] Tal se deu porque o Direito Internacional aceita a subjetividade internacional de certos entes que não são Estados, desde que presentes certos requisitos, como a manutenção de relações internacionais com os demais sujeitos do direito das gentes, seu reconhecimento por parte de tais sujeitos etc. Sob a ótica do Direito Internacional, é relevante o fato de que nunca se negou à Santa Sé a capacidade jurídica de agir (isto é, de participar das relações internacionais) em pé de igualdade com as demais potências soberanas, ao que se denomina *princípio da efetividade* nas relações internacionais. É relevante também o fato de que sua personalidade internacional nunca foi posta em dúvida, mesmo por Estados de população predominantemente não católica.[30] Posteriormente, com a criação da Cidade Estado do Vaticano (a partir de 1929) o Papado passou então a abranger "duas pessoas internacionais distintas, uma das quais, a própria Igreja, é a condição básica da existência da outra".[31] Daí alguns autores terem equiparado essa situação à de uma *União Real*.[32]

A definição de *Santa Sé* é feita pelo art. 361 do Código de Direito Canônico de 1983, nos seguintes termos: "Sob a denominação de Sé Apostólica ou Santa Sé, neste Código, vêm não só o Romano Pontífice, mas também, a não ser que pela natureza da coisa ou pelo contexto das palavras se depreenda o contrário, a Secretaria de Estado, o Conselho para os negócios públicos da Igreja e os demais organismos da Cúria Romana".[33]

Não obstante ter a Santa Sé o seu governo *sediado* na Cidade Estado do Vaticano, ela não se acha limitada ao território deste; aliás, ela não se limita a território algum. De fato, os seus membros encontram-se espalhados por todas as partes do planeta e suas normas não encontram limitação de outra ordem que não as da própria Igreja. De fato, muito antes da criação da Cidade Estado do Vaticano (o que ocorreu somente em 1929) a Santa Sé já firmava tratados e acordos internacionais e participava das relações internacionais, de sorte que a sua

---

28 V. Vicente Prieto. *Diritto dei rapporti tra Chiesa e società civile*. Roma: Edizioni Università della Santa Croce, 2008, pp. 133-134.

29 Cf. Manfredi Siotto Pintor. Les sujets du droit international autres que les États, in *Recueil des Cours*, vol. 41 (1932-III), pp. 319-323.

30 Cf. André Gonçalves Pereira & Fausto de Quadros. *Manual de direito internacional público*, cit., p. 370.

31 Hildebrando Accioly. *Tratado de direito internacional público*, vol. I, cit., p. 106.

32 V. Giuseppe Maria Casoria. *Concordati e ordinamento giuridico internazionale*. Roma: Officium Libri Catholici, 1953, p. 74, nota nº 43. Sobre o conceito de União Real, *v.* Parte II, Capítulo II, Seção I, item nº 5.2.1, *b*).

33 V. *Código de direito canônico – promulgado pela Constituição Apostólica*. Vaticano: Libreria Editrice Vaticana, 1998, p. 29.

personalidade jurídica (e isso não se nega) é bem anterior aos Tratados de Latrão.[34] Assim, o fato do reconhecimento da personalidade internacional da Santa Sé – sem dúvida, *sui generis* – é histórico, não tendo sido jamais contestado à luz do direito das gentes. Como observou Le Fur, não é porque constitui um Estado que a Santa Sé é soberana; "é, ao contrário, a criação do Estado pontifício que constitui uma consequência da soberania inerente à natureza da Igreja".[35]

É preciso compreender a história para se ter a exata noção da personalidade jurídica internacional da Santa Sé, que representa, repita-se, a cúpula do governo da Igreja Católica e tem como autoridade máxima o Papa.

A primeira parte dessa história diz respeito ao período anterior a 1870, quando o Papa englobava em sua pessoa o *poder espiritual*, de chefe da Igreja Católica, e o *poder temporal*, de chefe dos Estados pontifícios.[36] Havia, assim, duas pessoas de Direito Internacional: a Santa Sé e os Estados pontifícios, ambas tendo como chefe a figura do Papa. No que tange ao seu poder temporal, o Papa tinha autoridade similar à de qualquer chefe de Estado: mantinha relações com potências estrangeiras e participava das relações internacionais. No entanto, como destaca Accioly, esse poder temporal do Papa "nunca foi senão um acessório de seu poder espiritual. O primeiro era, sem dúvida, uma garantia para a independência do segundo. Mas, o certo é que, acima de sua qualidade de soberano temporal, sempre esteve a de soberano espiritual, cuja autoridade ultrapassava os limites dos Estados pontifícios, tornando-se mundial. E essa qualidade primacial é o que constitui a verdadeira razão de ser do Papado". E conclui: "Em todo caso, a soberania temporal do *Vigário de Cristo* bastava para que se não discutisse a situação internacional da Santa Sé".[37]

A segunda parte da história ocorre depois de 1870, quando Vittorio Emanuele II se apodera violentamente de Roma (sede do Papado) e dá surgimento à chamada "questão romana". O que ocorreu foi o seguinte: a partir da referida anexação de Roma ao reino da Itália sob a dinastia da Casa de Savoia, em 20 de setembro de 1870, o poder temporal do Papa (de chefe dos Estados pontifícios) desapareceu, pois até então (internacionalmente e juridicamente) só se considerava ao Papa o caráter de chefe de um Estado. Desaparecendo o Estado (pela anexação de Roma à Itália) o Papa perderia, *ipso facto*, a sua personalidade internacional. Certamente, esse despojo territorial geraria um inconformismo em todo o mundo e aos milhares de católicos espalhados pelas diversas potências, os quais obviamente exigiriam uma satisfação do governo italiano por conta da nova situação instaurada. Em vista desse fato, os estadistas italianos procuraram não constranger o exercício do poder espiritual do Papa na sua condição de chefe da Igreja Católica e, para tanto, promulgaram (em 13 de maio de 1871) a chamada *Lei das Garantias*, segundo a qual o "Sumo Pontífice conserva a dignidade, a inviolabilidade, e todas as prerrogativas pessoais de soberano, garantindo-se-lhe, com a franquia territorial, a independência e o livre exercício da autoridade especial da Santa Sé". Com isso, além de a Itália ter deixado claro que o Papa não é súdito de ninguém, também atribuiu personalidade jurídica (em princípio, interna) à Santa Sé. É dizer, atribuiu-se *ao Papa* soberania internacional, por não depender de nenhum dos poderes conhecíveis do sistema tripartite moderno (Legislativo, Executivo e Judiciário), além de inviolabilidade e imunidade à jurisdição penal e civil (sem a

---

[34] Cf. André Gonçalves Pereira & Fausto de Quadros. *Manual de direito internacional público*, cit., p. 373.

[35] Louis Le Fur. *Le Saint-Siège et le droit des gens*. Paris: Sirey, 1930, p. 21.

[36] *V.* Dionisio Anzilotti. *Cours de droit international*, cit., pp. 143-144; e Hildebrando Accioly, *Tratado de direito internacional público*, vol. II, 2ª ed. Rio de Janeiro: MRE, 1956, p. 97.

[37] Hildebrando Accioly. *Tratado de direito internacional público*, vol. II, cit., p. 97.

Parte II · Cap. I · OS SUJEITOS DO DIREITO INTERNACIONAL PÚBLICO | **379**

possibilidade de ser demandado judicialmente). Apesar das divergências doutrinárias sobre a juridicidade de tais prerrogativas papais, uma coisa foi certa: a *soberania espiritual (honorífica, religiosa, moral)* da Igreja Católica tornou-se inconteste pela *Lei das Garantias*.

Como leciona Accioly, a *Lei das Garantias* (ato unilateral do parlamento italiano) nunca foi reconhecida pela Santa Sé, mas por ter recebido a aprovação ou a aquiescência tácita dos Estados estrangeiros, passou a adquirir importância internacional.[38] A verdade, porém, é a seguinte: a soberania internacional do Papado não podia decorrer unicamente da *Lei das Garantias*, uma vez que historicamente (e costumeiramente) já se entrevia a personalidade jurídica e a capacidade internacional do Papado, isso desde os primórdios da atuação da Igreja Católica no mundo. A personalidade internacional da Santa Sé sempre foi reconhecida pela sociedade internacional, não tendo sido o reconhecimento unilateral por parte da Itália que lhe atribuiu o *status* de sujeito do Direito Internacional Público. Ademais, o Papa, "apesar de desaparecido o poder temporal que lhe era próprio, não passara a ser súdito de nenhum Estado e tratava, de igual para igual, com os soberanos ou chefes de Estado dos diferentes países da Cristandade. Nunca se lhe contestou a autoridade suprema em matéria religiosa. Forçoso era, pois, que se lhe reconhecessem a qualidade de poder soberano e personalidade jurídica própria".[39] Daí a conclusão de Accioly de que o Papa, "com ou sem a lei das garantias, possuía personalidade internacional", ainda que esta fosse "de caráter diferente da dos Estados".[40]

Passa-se agora à terceira parte da história a qual acima nos referimos. Seria necessário, depois de reafirmada a personalidade jurídica internacional da Santa Sé, resolver em definitivo a *quaestio romana* (ou seja, o conflito aberto em 1870 com a anexação de Roma ao reino da Itália), que ainda permanecia sem um desfecho definitivo. Como se viu, a partir de 1871 (quando a *Lei das Garantias* foi promulgada) o Papa ficou sem o seu poder temporal (poder de chefiar o Estado pontifício), conservando apenas o poder espiritual (de chefe da Igreja). Assim, tornava-se então premente regular a questão de ser o Papa, a um só tempo, Chefe da Igreja Católica (Santa Sé) e chefe de Estado (do Vaticano), o que finalmente ocorreu com a conclusão de dois documentos internacionais conhecidos por *Tratados de Latrão*, celebrados entre a Santa Sé e a Itália em 11 de fevereiro de 1929, considerados um grande êxito diplomático do regime fascista. Os acordos foram assinados no Palácio de Latrão, em Roma, pelo Cardeal Pietro Gasparri, por parte da Santa Sé, e pelo Primeiro Ministro italiano, Benito Mussolini, em nome da Itália.[41] Os instrumentos que compunham tais atos eram: (*a*) um tratado político

---

[38] Hildebrando Accioly. Idem, p. 98.

[39] Hildebrando Accioly. Idem, p. 99. Se é possível fazer um reparo à lição da Accioly, diríamos não ser propriamente exata a afirmação de que a personalidade jurídica internacional da Santa Sé é consequência de ser ela "autoridade suprema em matéria religiosa". Tal não é verdade: há Estados, como por exemplo Israel, e tantos outros, que não reconhecem tal autoridade religiosa, mas reconhecem a *personalidade jurídica* internacional da Santa Sé.

[40] Hildebrando Accioly. *Tratado de direito internacional público*, vol. II, cit., p. 100.

[41] Perceba-se este fato: foi a *Santa Sé* que assinou com a Itália os Tratados de Latrão, o que demonstra que ela *já detinha* (antes da criação do Estado da Cidade do Vaticano) personalidade jurídica de Direito Internacional Público, pois caso contrário não poderia concluir tratados internacionais e os próprios Tratados de Latrão seriam nulos por carecer uma das partes da capacidade para celebrar tratados. Como explica Accioly, o Papa Pio XI conhecia bem o verdadeiro sentido dessa soberania da Santa Sé, quando, em carta de 30 de maio de 1929 ao então Secretário de Estado, Cardeal Gasparri, e referindo-se aos acordos celebrados com a Itália, disse: "...estão em presença, se não dois Estados, certamente duas soberanias, no sentido amplo do termo, isto é, plenamente perfeitas, cada uma em sua esfera, esfera necessariamente determinada pelos respectivos fins, – ao que é bastante acrescentar que a dignidade

e (*b*) uma concordada (esta última, considerada um complemento necessário do primeiro). Com os tratados, resolveu-se de maneira definitiva e irrevogável a *questão romana*, uma vez que a Itália declarou reconhecer "a soberania da Santa Sé, no domínio internacional, com os atributos inerentes à sua natureza, de conformidade com a sua tradição e as exigências da sua missão no mundo" (art. 2°). Outorgou-se à Santa Sé soberania interna e autonomia externa (não obstante ter deixado às autoridades italianas a competência para a persecução em matéria penal). A partir daí, com o reconhecimento expresso da soberania internacional da Santa Sé, o Vaticano passou a pertencer à categoria jurídica de *Estado*. A Itália ainda declarou, no art. 3° do tratado, reconhecer à Santa Sé o direito à "plena propriedade, o poder exclusivo e absoluto e a jurisdição soberana sobre o Vaticano (…), com todas as suas dependências e dotações", criando-se daí a *Cidade do Vaticano* para os fins próprios e específicos previstos no tratado.

Com os Tratados de Latrão, o poder temporal do Papa (suspenso entre 1871 e 1929) volta a existir com todo o fôlego, ao lado do seu poder (sempre mantido) de cunho espiritual.

Outras disposições importantes do acordo político podem ser destacadas. Uma delas, constante do seu art. 8°, reconhece que a pessoa ao Sumo Pontífice é "sagrada e inviolável". O art. 9° estabelece a submissão à jurisdição da Santa Sé de todas as pessoas que mantêm residência fixa na Cidade do Vaticano (como os cardeais ou o pessoal de serviço fixo). No seu art. 12 fica expresso o reconhecimento à Santa Sé do *direito de legação*, ou seja, de representação diplomática, facultando-se-lhe enviar representantes diplomáticos a outros Estados (direito de legação *ativo*), bem como receber representantes diplomáticos de outras potências estrangeiras (direito de legação *passivo*). Estabelece ainda o art. 12 que os representantes diplomáticos estrangeiros acreditados junto à Santa Sé continuam a manter, na Itália, todas as prerrogativas e imunidades concedidas aos agentes diplomáticos de acordo com a normativa internacional, "ainda quando os respectivos Estados não mantenham relações diplomáticas com a Itália".

Como se percebe, as relações entre a Santa Sé e o Vaticano têm natureza absolutamente *sui generis*. Foi precisamente nos Tratados de Latrão que esses dois atores – a Santa Sé e a Itália – com suas estipulações recíprocas, deram origem a esse novo sujeito: o *Estado da Cidade do Vaticano*, que pode ser considerado um Estado instrumental a serviço da Santa Sé.[42] Assim, tem-se que a soberania do Estado da Cidade do Vaticano é *originária*, porque decorre da própria existência do Estado, mas com sua representação e seu poder de governo submetidos à autoridade da Santa Sé, suprema instituição governativa da Igreja Católica. A Santa Sé, portanto, não é um elemento *acima* e *fora* do Estado, mas dele integrante, sendo o seu poder (ou *chefia*) espiritual, formando com o Estado um único ente jurídico.[43]

Além do referido acordo político, como se falou, foi também celebrada (no âmbito dos tratados de Latrão de 1929) uma *concordata* entre a Santa Sé e a Itália. Esta, contudo, foi de menor interesse para o Direito Internacional Público (não obstante ter sido de grande interesse para a Santa Sé). Entre outras coisas, por meio dela reconheceu-se ao catolicismo a qualidade de *religião oficial* do Estado italiano. Ali também se previu o respeito às festas

---

objetiva dos fins determina não menos objetiva e necessariamente a absoluta superioridade da Igreja" (*Tratado de direito internacional público*, vol. II, cit., p. 101).

42 *V.* Yves de la Brière. La condition juridique de la Cité du Vatican, in *Recueil des Cours*, vol. 33 (1930-III), pp. 113-165.

43 Cf. Orlando M. Carvalho. O Estado da Cidade do Vaticano, in *Revista Forense*, ano XLI, vol. 100, fasc. 497, Rio de Janeiro, nov./1944, p. 232.

Parte II · Cap. I · OS SUJEITOS DO DIREITO INTERNACIONAL PÚBLICO | **381**

religiosas católicas (tidas a partir daí como feriados nacionais), a validade civil do casamento religioso e a proibição da instituição do divórcio.

Em suma, nenhuma outra comunidade religiosa agrupa, no mundo, todas as características que tem a Igreja Católica (universalidade, unidade, autoridade moral etc.) e uma organização semelhante à sua, o que transforma a Santa Sé num caso verdadeiramente *unicum* na arena internacional.[44] Mas se não se quiser atribuir ao Papa, individualmente, a qualidade de *sujeito* do Direito Internacional Público – qualidade, ao que parece do estudo ora realizado, incontestе –, não se poderá negar ao *Estado da Cidade do Vaticano* tal prerrogativa, como se verá a seguir.

b) O Estado da Cidade do Vaticano. Diga-se, desde já, que o Estado da Cidade do Vaticano (criado pelos Tratados de Latrão de 1929) é de fato um *Estado*, e, como tal, pertence à sociedade internacional e intervém no seu funcionamento.[45] Mas as discussões em torno da sua personalidade jurídica nunca cessaram, principalmente no que tange à maneira de seu aparecimento, fato que o transformou num ente irredutivelmente singular na vida política dos demais atores da sociedade internacional.[46]

Antes de 20 de setembro de 1870 (data da invasão das tropas italianas em Roma) o *Estado pontifício* era a entidade estatal existente. Em 2 de outubro de 1870, por meio de plebiscito, declarou-se a anexação de Roma ao reino da Itália, quando então o Estado pontifício deixa de existir e o Papa perde o seu poder temporal (*v. supra*). A criação do *Estado da Cidade do Vaticano* serviu para devolver ao Papa o poder temporal que havia perdido e para dar *base territorial* à administração da Igreja Católica (Santa Sé). A origem histórica do Estado da Cidade do Vaticano foi exatamente essa chamada "questão romana", surgida da referida anexação de Roma ao reino da Itália sob a dinastia da Casa de Savoia. Sua criação (em 7 de junho de 1929) serviu para garantir à Santa Sé a independência necessária ao exercício da sua função de governo da Igreja Católica.

Atualmente não mais se discute que a Cidade do Vaticano (que alberga a sede da Igreja Católica Romana, personificada na *Santa Sé*) figura entre os sujeitos do Direito Internacional Público na sua condição de *Estado*. O Estado da Cidade do Vaticano – que geograficamente já se localizava no *mons vaticanus*, a "oitava colina" de Roma, tendo como fronteiras as Muralhas Leoninas e o círculo de mármore, no solo, onde confluem os dois braços da colunata de Bernini, na Praça São Pedro – detém todos os elementos constitutivos do Estado, ainda que a sua *finalidade* seja religiosa.[47] Assim, assenta-se numa extensão territorial que atualmente está encravada em Roma (o que, na técnica do Direito Internacional se chama de *enclave*), à direita do rio Tibre, com uma superfície de 440.000 metros quadrados (260.000 dos quais estão edificados), com uma longitude máxima de 1.045 metros e 850 metros de largura.[48] A extensão territorial do Vaticano, correspondente a 0,44 km², é praticamente a mesma (com

---

44 Cf. Hildebrando Accioly. *Tratado de direito internacional público*, cit., p. 99.

45 V. Vicente Prieto. *Diritto dei rapporti tra Chiesa e società civile*, cit., pp. 253-264.

46 Cf. Orlando M. Carvalho. O Estado da Cidade do Vaticano, cit., p. 230.

47 A finalidade do Estado da Cidade do Vaticano vem expressa no art. 3º do Tratado de Latrão, segundo o qual o mesmo se criou para assegurar à Santa Sé uma condição de fato e de direito capaz de lhe garantir absoluta independência para a realização de sua missão espiritual no mundo.

48 A afirmação de Ian Brownlie de que é difícil resolver "a questão da personalidade jurídica da Santa Sé enquanto órgão religioso distinto da sua base territorial na Cidade do Vaticano" (*Princípios de direito internacional público*, cit., p. 78), parece confundir a capacidade da *Cidade do Vaticano* com a Igreja Católica Romana, esta sim personificada na Santa Sé.

poucos metros quadrados de diferença) do famoso cemitério *Père Lachaise* de Paris, o que já é suficiente para se ter ideia de quão pequena é a sua dimensão territorial, não obstante o enorme prestígio de que ainda goza a *Santa Sé* no mundo, o que demonstra que *soberania* e *dimensão territorial* são conceitos que não guardam qualquer relação direta de proporcionalidade. O Vaticano tem também sua Carta Magna, oficialmente chamada de *Lei Fundamental do Estado da Cidade do Vaticano*, com vinte e quatro artigos.[49] Falta-lhe, entretanto, uma *dimensão pessoal* capaz de atribuir-lhe os caracteres de uma *nação* (uma vez que inexistem *nacionais* do Vaticano), o que não significa que ali não exista *população*, estimada em pouco mais de oitocentas pessoas espalhadas pelos seus pequenos e descontínuos 44 hectares (o Papa, os Cardeais, o pessoal diplomático, vários religiosos, guardas etc.). Embora sejam, na sua maioria, italianos, os habitantes do Estado da Cidade do Vaticano procedem de muitos países, sendo que pelo menos quatrocentos e cinquenta deles detêm a cidadania vaticana, entre eles os chamados prelados (que são chefes de organismos da Cúria Romana). Pelo fato de todos exercerem um ofício destinado (direta ou indiretamente) à Santa Sé é que se chama de *funcional* a população do Vaticano. Por isso, todos os Cardeais residentes em Roma (atualmente em número de 73) obtêm automaticamente cidadania vaticana, mas conservam a *nacionalidade* original (mesmo porque a Constituição do Vaticano não menciona os *nacionais* do Vaticano, mas apenas os seus *cidadãos*). Assim, aqueles que pertencem à população do Vaticano não perdem seu vínculo com o Estado patrial, não deixando de ser italianos, franceses, suíços, alemães, poloneses etc. O Vaticano, além do mais, emprega atualmente por volta de 1500 pessoas, incluindo 86 guardas suíços e 123 policiais. Daí a inexistência de uma dimensão pessoal propriamente dita, que o torna um caso tipicamente *sui generis* naquilo que tange aos sujeitos do direito das gentes.[50]

O Estado da Cidade do Vaticano tem como forma de governo a monarquia absoluta, cujo chefe de Estado é o Sumo Pontífice, que detém a plenitude dos poderes Legislativo, Executivo e Judiciário. Quanto ao Poder Legislativo, além do Papa, também o exerce (em nome dele) uma Comissão composta por um Cardeal Presidente e de outros Cardeais, nomeados por um quinquênio. O Poder Executivo é dirigido por um Presidente com o auxílio de um Secretário Geral e do Vice-Secretário Geral. Por fim, o Poder Judiciário é exercido, também em nome do Papa, pelos órgãos para tal fim criados pela legislação do Estado Vaticano.

O Estado da Cidade do Vaticano tem capacidade para celebrar tratados com outros Estados (*v.g.*, já era parte das convenções sobre o Direito do Mar de 1958) e figurar nas relações

---

[49] A atual Lei Fundamental do Estado da Cidade do Vaticano é de 13 de maio de 2023, e entrou em vigor em 7 de junho do mesmo ano, à égide do pontificado do Papa Francisco. Esta substitui integralmente a Lei Fundamental precedente, de 26 de novembro de 2000 (editada pelo Papa João Paulo II, que, por sua vez, substituía a emanada em 1929 pelo Papa Pio XI). Entre os dispositivos de maior relevância para o Direito Internacional, podem ser citados o seu art. 1º ("O Sumo Pontífice, Soberano do Estado da Cidade do Vaticano, tem a plenitude dos poderes legislativo, executivo e judiciário"), art. 2º, § 1º ("O Estado da Cidade do Vaticano assegura a independência absoluta e visível da Santa Sé para o cumprimento da sua alta missão no mundo e garante a sua indiscutível soberania também no campo internacional"), art. 4º, § 2º ("Os seus órgãos exercerão também as competências que lhes são atribuídas, não só no território do Estado, mas também nos edifícios e áreas onde funcionem as instituições do Estado ou da Santa Sé, nos quais estejam em vigor as garantias e imunidades previstas pelo direito internacional") e art. 6º, § 1º ("A representação do Estado da Cidade do Vaticano nas relações com os Estados e com os outros sujeitos do direito internacional, nas relações diplomáticas e para a conclusão de tratados, é reservada ao Sumo Pontífice, que a exerce mediante a Secretaria de Estado").

[50] V. Cesar Diaz Cisneros. *Derecho internacional público*, vol. I, cit., pp. 368-369.

Parte II • Cap. I • OS SUJEITOS DO DIREITO INTERNACIONAL PÚBLICO | **383**

internacionais, por meio do seu chefe de Estado, personificado na figura do Papa. Essa subjetividade internacional remonta ao tempo de Constantino, que deu liberdade aos cristãos por volta do ano 313 de nossa era, e de Teodósio I, que, por meio de um edito do ano 380, converteu o cristianismo na religião oficial do Império, com a seguinte ordem: "É vontade expressa do Imperador que todos os povos sigam a fé da Igreja Romana Cristã". À exceção dos sistemas constitucionais modernos, a Lei Fundamental do Vaticano, de 7 de junho de 1929, estabeleceu, no seu art. 3º, estar reservada "ao Soberano Pontífice a representação do Estado do Vaticano, por meio do Secretário de Estado, no que concerne à conclusão de tratados e às relações diplomáticas com os Estados estrangeiros", não havendo assim menção à participação parlamentar nesse processo. Na sua condição de Estado, tem a Cidade do Vaticano participado de inúmeros organismos internacionais, como a União Postal Universal (UPU), a União Internacional de Telecomunicações (UIT), a União Internacional para a Proteção da Propriedade Literária e Artística (UIPLA) e a União Mundial da Proteção da Propriedade Intelectual (OMPI). Participou ainda da Conferência da Montego Bay de 1982, sobre o direito do mar, e é signatária dos acordos do Conselho Internacional de Trigo.[51]

Pela sua própria finalidade espiritual, o Estado do Vaticano não tem participação ativa nas chamadas grandes organizações internacionais, não tendo compartilhado da Liga das Nações e, atualmente, da ONU (a situação atual perante a ONU, *v.g.*, é apenas de "observador permanente"). A figura do Papa – principalmente a do Papa João Paulo II, falecido em 2 de abril de 2005 – tem servido de exemplo de diplomacia na resolução de questões mundiais graves, sem o emprego do uso da força e calcada no diálogo franco com os governantes de Estados em crise.[52]

c) A questão das concordatas. Os tratados concluídos com a Santa Sé, sobre matéria religiosa e que preveem aspectos da situação jurídica da Igreja Católica em cada país, são chamados de *concordatas*. Tais tratados reconhecem aos católicos situações ligadas à sua vida e atividade. A Igreja entende que dar o mesmo tratamento (é dizer, regular situações da vida e da atividade dos crentes) àqueles não católicos não é missão das concordatas, mas do Estado, por meio de leis ou acordos com outras confissões.[53]

Para o direito das gentes interessa saber que sob o aspecto formal as concordatas são tratados internacionais *stricto sensu*, aos quais se aplicam os princípios gerais do Direito dos Tratados.[54] É certo que já se pensou (*v.g.*, Marnoco e Sousa e Machado Vilela) que as concordatas não seriam propriamente *tratados*, porque não regeriam relações propriamente internacionais (interestatais), antes relações eclesiásticas, relevantes sobretudo no plano do Direito interno. Tal entendimento, em voga durante o século XIX e início do século XX, não tem mais qualquer razão de ser. Ora, se fosse necessário para se ter um *tratado* que sua regência ficasse circunscrita às relações *interestatais*, qualquer instrumento de proteção dos direitos humanos também não o seria, vez que também regem situações que têm lugar prioritariamente no plano *interno*.[55] As concordatas são, portanto, tratados internacionais como

---

[51]   Cf. Jean-Marie Lambert. *Curso de direito internacional público*, vol. II (*Fontes e sujeitos*), cit., p. 183.

[52]   V. Ugo Colombo Sacco. *Giovanni Paolo II e la nuova proiezione internazionale della Santa Sede, 1978-1996: una guida introduttiva*. Milano: Giuffrè, 1997, 234p.

[53]   V. Vicente Prieto. *Diritto dei rapporti tra Chiesa e società civile*, cit., pp. 173-224.

[54]   Cf. Jorge Miranda. A concordata e a ordem constitucional portuguesa, in *Direito e Justiça*, vol. V, Lisboa, 1991, p. 156; e Jorge Miranda, Estado, liberdade religiosa e laicidade, *Revista da Faculdade de Direito da Universidade de Lisboa*, vol. 52, nº 1/2, Coimbra: Coimbra Editora, 2011, p. 60.

[55]   Nesse sentido, *v*. Jorge Miranda, A concordata e a ordem constitucional portuguesa, cit., pp. 156-157.

quaisquer outros. Ultrapassada essa questão, é bom fique nítido que a Santa Sé, como pessoa jurídica de Direito Internacional que é, não está impedida de celebrar com os Estados outros tipos de tratados ou acordos internacionais, para além das concordatas. É dizer, não está impedida de celebrar tratados internacionais comuns, tendo em vista que ela, como sujeito de direito das gentes, não trata única e exclusivamente com o restante da sociedade internacional sobre questões propriamente *religiosas*. A Santa Sé é, inclusive, parte na Convenção de Viena sobre o Direito dos Tratados de 1969 (assim como nas convenções de Viena sobre relações diplomáticas e consulares, de 1961 e 1963).

O termo "concordata" só deve ser utilizado quando o tratado versar sobre as relações entre a Igreja Católica e o Estado-parte (em verdade, sobre o *estatuto completo* da Igreja em determinado Estado). Outros acordos internacionais, sobre assuntos diferentes, terão a denominação normalmente empregada em Direito Internacional Público (tratado, convenção, acordo, pacto etc.). Mas não se descarta a existência de acordos mais particularizados com a Santa Sé, que recebem essa nomenclatura comum: tratado, convenção, acordo etc. Têm-se como exemplos os instrumentos que versam questões fiscais, ou ainda os relativos à assistência espiritual aos militares.

Desde o Decreto nº 119-A, de 7 de janeiro de 1890, a celebração das concordatas, no Brasil, deve ser considerada inconstitucional, ante a separação entre a Igreja e o Estado.[56] Por dispensarem aos cidadãos católicos um tratamento especial e mais vantajoso em relação aos demais membros da sociedade (não católicos), violam as concordatas os princípios constitucionais da liberdade de consciência e de crença.[57] É certo, porém, que o instrumento celebrado com a Santa Sé deve ser detidamente analisado, para ver se se trata ou não de uma *concordata* propriamente dita, já que a nomenclatura que se atribui a um tratado não importa ao Direito Internacional Público (tal como estabelece o art. 2º, § 1º, alínea *a*, da Convenção de Viena sobre o Direito dos Tratados de 1969). Em Portugal (país que aceita as concordatas em seu Direito interno) já se discutiu, *v.g.*, a questão da inconstitucionalidade da previsão concordatária do ensino religioso católico nas escolas públicas, tendo o Tribunal Constitucional (no Acórdão nº 423/87) decidido pela *constitucionalidade* desse tipo de ensino. Tão só considerou inconstitucional a imposição do ensino religioso àqueles que não o quisessem, bem assim o fato de não ter ficado previsto analogamente ensino e assistência das demais religiões. O que fez o Tribunal Constitucional, em Portugal, foi harmonizar a regra da liberdade (em que entra a liberdade de ensino religioso) com a da não confessionalidade do Estado.[58]

Na Constituição brasileira de 1946, seguindo o que já vinha expresso na de 1934 (art. 176), havia norma que dizia estar mantida "a representação diplomática [do Brasil] junto à Santa Sé" (art. 196), não obstante as arguições de inconstitucionalidade que já eram manifestadas

---

[56] Para detalhes, *v.* Valerio de Oliveira Mazzuoli, O direito internacional concordatário na ordem jurídica brasileira, in *Direito à liberdade religiosa: desafios e perspectivas para o século XXI*, Valerio de Oliveira Mazzuoli & Aldir Guedes Soriano (coords.), Belo Horizonte: Fórum, 2009, pp. 251-260.

[57] Assim dispõe o art. 5º, VI, da CF/1988: "é inviolável a liberdade de consciência e de crença, sendo assegurado o livre exercício dos cultos religiosos e garantida, na forma da lei, a proteção aos locais de culto e a suas liturgias".

[58] *V.* Jorge Miranda. A concordata e a ordem constitucional portuguesa, cit., p. 171. Sobre o tema em Portugal, *v.* ainda o estudo de Rui Medeiros, Uma leitura constitucionalmente comprometida da concordata, *Estudos de homenagem ao Prof. Doutor Jorge Miranda*, vol. 3 (*Direito constitucional e justiça constitucional*), Marcelo Rebelo de Sousa, Fausto de Quadros, Paulo Otero e Eduardo Vera-Cruz Pinto (coords.), Coimbra: Coimbra Editora, 2012. pp. 635-663.

Parte II • Cap. I • OS SUJEITOS DO DIREITO INTERNACIONAL PÚBLICO | **385**

desde a Constituição de 1891. Tratava-se de relações do Brasil com o Núncio, e não com os Cardeais, Bispos e Arcebispos da Igreja Católica. O importante a se frisar, em relação ao dispositivo do art. 196 da Constituição de 1946, é o fato de ter o Brasil, em sede constitucional, *reconhecido* a qualidade da Santa Sé como sujeito de direito das gentes.[59]

7. Comitê Internacional da Cruz Vermelha. O Comitê Internacional da Cruz Vermelha (CICV) é uma organização de direito privado, independente e neutra, dotada de estatuto próprio, cuja finalidade é proporcionar proteção e assistência humanitária às vítimas da guerra e da violência armada. Sua sede é em Genebra (Suíça). Trata-se da instituição responsável pela implementação da ação internacional humanitária, cujo reconhecimento se faz perceber ao redor de todo o mundo.[60]

a) Gênese. A história internacional e nacional do CICV nasceu em 24 de junho de 1859, no norte de Itália, no espírito do jovem genebrino Henry Dunant, que ao presenciar a Batalha de Solferino resolveu intervir com ajuda humanitária imediata, à vista da quantidade de feridos que os serviços de saúde militar não conseguiam cuidar. A região de Solferino – povoado da Lombardia, ao norte da Itália – pertencia desde 1815 à monarquia dos Habsburgos. A batalha de 24 de junho de 1859 (que durou 16 horas) opôs os exércitos aliados da Sardenha e da França (exércitos franco-sardos) contra o exército Austro-Húngaro, no decurso da Segunda Guerra da Independência italiana, da qual resultaram 40 mil vítimas mortais. A tragédia vivida por Dunant naquela data foi colocada em livro por ele escrito em 1862, intitulado *Uma Lembrança de Solferino*, em que narra o sofrimento por ele vivenciado na ocasião e, particularmente, a falta de assistência médica e humanitária aos feridos.[61] A obra de Dunant teve o mérito de cristalizar a convicção já existente "de que a guerra só permite, no tocante ao ser humano, comportamentos compatíveis com a sua dignidade, sobretudo quando já não participa ativamente do conflito; ou seja, quando já não é considerado combatente".[62] O lançamento dessa obra veio ser a base da hoje conhecida *Cruz Vermelha*, oficialmente instituída em 17 de fevereiro de 1863.[63]

b) Funcionamento. O Comitê Internacional da Cruz Vermelha é governado por uma Assembleia (instância suprema), pelo Conselho da Assembleia (um corpo subsidiário da Assembleia) e por uma Diretoria (corpo executivo). Ele opera em todo o mundo numa base estritamente neutral e imparcial para proteger e assistir as pessoas afetadas por conflitos armados ou por perturbações internas. Trata-se de uma organização *humanitária* com um mandato da sociedade internacional para servir de guardião ao Direito Internacional Humanitário, sendo

---

[59] Cf. Pontes de Miranda. *Comentários à Constituição de 1946*, vol. V, 2ª ed., rev. e aum. São Paulo: Max Limonad, 1953, pp. 270-272.

[60] *V.* Christophe Swinarski. *Competências e funções do Comitê Internacional da Cruz Vermelha (CICV) como órgão da ação internacional humanitária.* Brasília: CICV, 1996, pp. 1-3; e César Amorim Krieger, *Direito internacional humanitário: o precedente do Comitê Internacional da Cruz Vermelha e o Tribunal Penal Internacional*, Curitiba: Juruá, 2004, pp. 100-113. *V.* a página *web* do Comitê Internacional da Cruz Vermelha em: [http://www.cicr.org].

[61] *V.* Jean Henry Dunant. *Un souvenir de Solferino*. Genève: J. Cherbuliez, 1862, 124p.

[62] Christophe Swinarski. *Introdução ao direito internacional humanitário*. Brasília: Escopo, 1988, p. 15.

[63] Dunant trabalhou com Gustav Moynier, então presidente da Sociedade de Utilidade Pública de Guerra. Em 1863, ambos reuniram-se com mais três integrantes (General Dufour, Dr. Maunour e Dr. Appia) e formaram o Comitê Permanente para a Proteção dos Militares Feridos em Tempos de Guerra, que foi a base da posteriormente criada *Cruz Vermelha*.

também o órgão fundador do *Movimento Internacional da Cruz Vermelha e Crescente Vermelho*, cujos Estatutos foram adotados pela XXV Conferência Internacional em Genebra, em outubro de 1986. Para além dessas atribuições, o CICV também é gestor das atividades humanitárias mediante encargo ou por delegação da sociedade internacional. O sinal distintivo da Cruz Vermelha é uma cruz desta cor em fundo branco, que é o inverso da bandeira suíça.[64]

c) Natureza jurídica. O CICV tem natureza jurídica controversa. Primeiramente, cabe salientar que a instituição é uma associação de *direito privado* regida pelos arts. 60 e seguintes do Código Civil Suíço. Ou seja, trata-se de uma organização *não governamental* sujeita às leis da Suíça, que por esse exato motivo não se enquadra na roupagem das organizações internacionais intergovernamentais.[65] Assim também não deixam de ser, *v.g.*, a Anistia Internacional (AI) e a União Internacional para a Conservação da Natureza e seus Recursos (UICN). Porém, à diferença destas instituições e tendo em vista a aceitação generalizada do papel do CICV como guardião do Direito Internacional Humanitário (reconhecido pelas Convenções de Genebra e seus Protocolos Adicionais) é que tanto a Suíça – pelo acordo celebrado entre a própria Cruz Vermelha e o Conselho Federal Helvético – como outros países têm atribuído à entidade *personalidade jurídica* internacional (ainda que para funções determinadas). Daí parte da doutrina atribuir ao CICV a condição de "sujeito de Direito Internacional de caráter especial que pode relacionar-se diretamente com os Estados nas matérias abrangidas no seu campo específico de atividades".[66]

Segundo Malcolm Shaw, a personalidade jurídica internacional do CICV dá-se "por uma combinação de normas de tratados, reconhecimento e aquiescência por parte de outras pessoas internacionais", bem assim porque "foi dotado de funções especiais pelas Convenções de Genebra de 1949 e obteve o reconhecimento de sua capacidade de entrar em acordos internacionais – regidos pelo direito internacional – com outras pessoas internacionais, tais como a Comunidade Econômica Europeia no contexto do Programa Mundial de Alimentação".[67]

---

[64] V. J. Silva Cunha. *Direito internacional público*, vol. II. Lisboa: Centro do Livro Brasileiro, 1984, p. 59, nota nº 35.

[65] Cf. Jean-Marie Lambert. *Curso de direito internacional público*, vol. II (*Fontes e sujeitos*), cit., p. 256; e Jean-Claude Zarka, *Institutions internationales*, 5e éd., Paris: Ellipses, 2011, p. 125.

[66] J. Silva Cunha. *Direito internacional público*, vol. II, cit., pp. 58-59. Assim também Jorge Miranda, *Curso de direito internacional público*, cit., p. 212, que o qualifica como "sujeito com capacidade limitada". Admitindo haver autores que atribuem à instituição personalidade jurídica limitada, mas sem se posicionar, *v.* Antonio Remiro Brotons (*et al.*), *Derecho internacional*, cit., p. 568. Também sem posicionamento firme, *v.* César Amorim Krieger, *Direito internacional humanitário...*, cit., p. 104, que diz ser a Cruz Vermelha "pessoa jurídica de direito suíço, exercendo atividades internacionais, tendo acordos firmados com diversos Estados, que lhe outorgaram certas imunidades", complementando que por meio do acordo entre a Suíça e o CICV reconheceu-se "o *status* de pessoa jurídica internacional, a capacidade legal do Comitê Internacional da Cruz Vermelha na Suíça, e, as garantias de independência e liberdade à organização". No mesmo sentido, *v.* Alberto do Amaral Júnior, *Curso de direito internacional público*, cit., p. 181, que diz apenas: "Constituída originariamente sob a forma de pessoa jurídica de direito suíço, o CICR (*sic*) tem personalidade jurídica internacional, ainda que não seja essencialmente uma organização internacional".

[67] Malcolm N. Shaw. *Direito internacional*, cit., pp. 201-202. Nesse exato sentido, *v.* o *Yearbook of the International Law Commission*, vol. II (Part Two), 1981, p. 125, nos comentários da CDI ao então *projeto de Convenção de Viena sobre o Direito dos Tratados entre Estados e Organizações Internacionais ou entre Organizações Internacionais*, nestes termos: "Da mesma forma, não pode haver dúvida de que os acordos celebrados entre o Comitê Internacional da Cruz Vermelha e uma organização internacional (tais como aqueles concluídos com a CEE no âmbito do Programa Mundial de Alimentação) são, na verdade, regidos pelo Direito Internacional".

Parte II • Cap. I • OS SUJEITOS DO DIREITO INTERNACIONAL PÚBLICO | **387**

De fato, as Convenções de Genebra números I, II, III e IV (de 1949) e os seus Protocolos Adicionais números I e II (de 1977) referem-se ao papel da Cruz Vermelha em inúmeros dos seus dispositivos. O art. 3º, comum às quatro Convenções de Genebra de 1949, coloca, *v.g.*, os serviços do CICV (chamado nesses tratados de "organismo humanitário imparcial") à disposição das partes em um conflito. Também o art. 9º, comum às Convenções I, II e III, diz não constituírem as disposições de tais Convenções "obstáculo às atividades humanitárias que o Comitê Internacional da Cruz Vermelha, bem assim qualquer outro organismo humanitário imparcial, possa empreender para a proteção dos feridos, doentes e náufragos, assim como dos membros do pessoal do serviço de saúde e religioso, e para os socorros a prestar-lhes, mediante a concordância das Partes no conflito interessadas".

Esses fatores somados demonstram ter a Cruz Vermelha uma *projeção internacional* plenamente reconhecida, mesmo não se tratando de uma organização internacional intergovernamental. Talvez seria esse um caso *sui generis* de reconhecimento,[68] pela sociedade internacional e expresso em normas convencionais, de personalidade jurídica internacional (ainda que limitada) a uma organização não governamental, levado a efeito seguramente pela grandeza do trabalho que desempenha ao redor do mundo.

8. Os indivíduos. Como já se falou (*v.* Parte I, Capítulo I, Seção III, item nº 1), os indivíduos compõem o conceito contemporâneo de Direito Internacional Público, ao lado dos Estados e das organizações internacionais intergovernamentais.[69] A condição dos indivíduos como detentores de personalidade jurídica internacional é uma das mais notáveis conquistas do Direito Internacional Público do século XX, lograda em decorrência do processo de desenvolvimento e solidificação do Direito Internacional dos Direitos Humanos.[70] Como se sabe, não há regra alguma em Direito Internacional Público proclamando *não ser* o indivíduo um sujeito do direito das gentes. Não vemos como possa ser negada a personalidade jurídica internacional dos indivíduos atualmente, principalmente levando-se em conta o ocorrido após o fim da Segunda Guerra, quando as pessoas passaram a ter direitos próprios, estranhos às normas endereçadas aos Estados, tendo sido dotadas, inclusive, de instrumentos processuais para vindicar e fazer valer seus direitos no plano internacional. Tal se deu, principalmente, pela multiplicação dos tratados internacionais de proteção dos direitos humanos concluídos nos últimos tempos, que estão a permitir expressamente, além do *ingresso direto* dos indivíduos às instâncias internacionais,[71] que também sejam *demandados* perante cortes internacionais de direitos humanos, como é o caso do Tribunal Penal Internacional.[72]

---

[68] Ou "quase reconhecimento", como preferem Éric Canal-Forgues e Patrick Rambaud, *Droit international public*, cit, p. 257.

[69] Nesse sentido, *v.* Jean Devaux, *Quelques réflexions sur les problèmes essentiels de la qualité de sujet de droit international (Extrait des Mélanges Patxot)*, Barcelone, 1931, p. 99; e Wolfgang Friedmann, *Mudança da estrutura do direito internacional*, trad. A. S. Araújo, Rio de Janeiro: Freitas Bastos, 1971, pp. 117-127.

[70] Sobre o assunto, *v.* em especial Antônio Augusto Cançado Trindade, *Evolution du droit international au droit des gens: l'accès des individus à la justice internationale – le regard d'un juge*, Paris: A. Pedone, 2008, 188p. *V.* também, Cesar Diaz Cisneros, *Derecho internacional público*, vol. I, cit., pp. 231-290; e André Gonçalves Pereira & Fausto de Quadros, *Manual de direito internacional público*, cit., pp. 378-398.

[71] No que tange ao acesso dos indivíduos no sistema interamericano, *v.* Antônio Augusto Cançado Trindade, *Evolution du droit international au droit des gens...*, cit., pp. 81-119; e Valerio de Oliveira Mazzuoli, Processo civil internacional no sistema interamericano de direitos humanos, in *Revista dos Tribunais*, ano 99, vol. 895, São Paulo, maio/2010, pp. 87-110. Sobre esse tema, *v.* Parte IV, Capítulo I, Seção V, itens 3-7, *infra*.

[72] *V.* Valerio de Oliveira Mazzuoli. *Tribunal Penal Internacional e o direito brasileiro*, cit., pp. 69-74.

Não obstante esse fato constatado, ainda existem autores – poucos, bem se diga – que negam aos indivíduos o *status* de sujeitos do Direito Internacional, como é o caso de José Francisco Rezek, no Brasil, sob o argumento de que os indivíduos "não se envolvem, a título próprio, na *produção* do acervo normativo internacional, nem guardam qualquer relação direta e imediata com esse corpo de normas".[73]

É certo que a *capacidade* dos indivíduos, no plano internacional, é limitada, o que não lhes retira a *personalidade* jurídica. O fato de os indivíduos não participarem a título próprio na produção do acervo normativo internacional (ou seja, o fato de haver restrição de acesso aos indivíduos aos meios do Direito internacional) é um problema de capacidade internacional, não de personalidade internacional.[74] Como se sabe, não são poucas as situações em que se presencia a *responsabilidade* dos indivíduos no plano internacional, principalmente no contexto dos crimes de guerra, crimes contra a paz e contra a humanidade. Nesses casos, os indivíduos passam a ser punidos como tais, ou seja, como *pessoas* mesmo, e não em nome do Estado ao qual pertencem. Nesse cenário, passam eles a ter *direitos* e *obrigações* que decorrem diretamente das normas internacionais. Desse modo, não se pode mais afirmar (atualmente) serem os Estados os únicos capazes de praticar ilícitos internacionais. Ora, se os indivíduos, como tais, podem ser responsabilizados no cenário externo em virtude de atos violadores do Direito Internacional Público, é porque também têm eles personalidade jurídica internacional. E se têm essa personalidade é porque, consequentemente, também são considerados *sujeitos* do Direito Internacional.

O que não se pode confundir é a *personalidade* jurídica de um ente com a *capacidade* que lhe assiste de *ter* (capacidade de gozo) ou de *exercer* direitos (capacidade de exercício).[75] Dizer que os indivíduos têm *personalidade* jurídica internacional não significa atribuir-lhes *capacidade* equiparada a de um Estado (em primeiro plano) ou de uma organização internacional (em segundo plano). Da mesma forma, dizer que os sujeitos do Direito Internacional têm diferentes graus de capacidade, não significa absolutamente dizer que têm eles personalidade jurídica que varia exatamente nesses graus. A *capacidade* de ter ou de exercer direitos na órbita do direito das gentes está ligada à *responsabilidade* do ente em causa, e não à sua *personalidade*. É, portanto, a responsabilidade (e não a personalidade, repita-se) que acompanha os graus de capacidade (que é *máxima* no Estado e *mínima* aos indivíduos).[76]

O certo é que os indivíduos podem participar das relações internacionais tanto no polo *ativo* (por exemplo, peticionando para tribunais internacionais ou recebendo proteção diplomática[77] do seu Estado) quanto no polo *passivo* (sendo internacionalmente responsabilizados por atos cometidos contra o Direito Internacional), o que reforça o entendimento atual de que também são sujeitos dotados de personalidade e capacidade jurídica internacional. Por exemplo, os indivíduos são destinatários de inúmeros direitos no plano internacional (atribuídos por vários tratados internacionais de direitos humanos, tanto do sistema das Nações Unidas, quanto dos sistemas regionais interamericano, europeu, africano etc.), podendo reclamar tais direitos (atuação *ativa*) diretamente nas respectivas instâncias e cortes de cada

---

[73] José Francisco Rezek. *Direito internacional público...*, cit., p. 146. Para outros argumentos, *v.* Manfredi Siotto Pintor, Les sujets du droit international autres que les États, cit., pp. 355-357.

[74] Cf. André Gonçalves Pereira & Fausto de Quadros. *Manual de direito internacional público*, cit., p. 407.

[75] Cf. Jorge Miranda. *Curso de direito internacional público*, cit., p. 188.

[76] *V.* Jorge Miranda. Idem, ibidem.

[77] Sobre a proteção diplomática, *v.* o Capítulo II, Seção V, item nº 5, *infra*.

Parte II · Cap. I · OS SUJEITOS DO DIREITO INTERNACIONAL PÚBLICO | 389

um desses sistemas, o que demonstra sua capacidade processual. Assim, o direito de recurso dos indivíduos ante os tribunais internacionais já bastaria para demonstrar a existência de personalidade jurídica perante o direito das gentes.[78] Mas como se tal não bastasse, podem ainda esses mesmos indivíduos ser *reclamados* (atuação *passiva*) no plano internacional por violação de normas jurídicas penais que a eles impõem obrigações ditadas pelo Estatuto de Roma do Tribunal Penal Internacional de 1998. No que tange aos crimes internacionais cometidos por indivíduos, merecem destaque os vários tratados internacionais celebrados pós-Segunda Guerra, que tipificaram as condutas consideradas violadoras do Direito Internacional Público.[79]

O Tribunal de Nuremberg, instituído para julgar as atrocidades cometidas durante a Segunda Guerra Mundial pelos nazistas, contribuiu para a formação dessa concepção quando deixou assente que: "Crimes contra o Direito Internacional são cometidos por indivíduos, não por entidades abstratas, e os preceitos de Direito Internacional fazem-se efetivos apenas com a condenação dos indivíduos que cometeram esses crimes". Este tribunal, nascido de um acordo celebrado aos 8 de agosto de 1945 ("Acordo de Londres") pelos Governos do Reino Unido, dos Estados Unidos, Provisório da República Francesa e da ex-União das Repúblicas Socialistas Soviéticas, foi investido do poder de "processar e punir os maiores criminosos de guerra do Eixo europeu", responsáveis pela prática das infrações fixadas no art. 6º do Estatuto do Tribunal, que estabeleceu três categorias de crimes, ensejadores de responsabilidade individual: *crimes contra a paz, crimes de guerra* e *crimes contra a humanidade*. E o mesmo artigo definiu as três categorias, nestes termos:

a) crimes contra a paz (planejar, preparar, incitar ou contribuir para a guerra de agressão ou para a guerra, em violação aos tratados e acordos internacionais, ou participar de um plano comum ou conspiração para a realização das referidas ações);

b) crimes de guerra (violações ao direito e ao direito costumeiro de guerra, incluindo o assassinato, o tratamento cruel, a deportação de populações civis que estejam ou não em territórios ocupados, para trabalho escravo ou para qualquer outro propósito, assassinato ou tratamento cruel de prisioneiros de guerra ou de pessoas em alto-mar, assassinato de reféns, saques à propriedade pública ou privada, destruição de vilas ou cidades e devastação injustificada por ordem militar, exemplificativamente);

c) crimes contra a humanidade (assassinato, extermínio, escravidão, deportação ou outro ato desumano cometido contra a população civil, antes ou durante a guerra, ou perseguições baseadas em critérios raciais, políticos e religiosos, para a execução de crime ou em conexão com crime de jurisdição do Tribunal, independentemente se em violação ou não do direito doméstico de determinado país em que foi perpetrado).[80]

No seu art. 7º, o Estatuto deixou assente que a posição oficial dos acusados, como os Chefes de Estado ou funcionários responsáveis em departamentos governamentais, não os livraria e nem os mitigaria de responsabilidade. O art. 8º do mesmo Estatuto, por seu turno, procurou deixar claro que o fato de "um acusado ter agido por ordem de seu governo ou de um

---

[78] Cf. Cesar Diaz Cisneros. *Derecho internacional público*, vol. I, cit., pp. 239-243.

[79] Para uma crítica em sentido contrário, *v.* Claude Lombois, *Droit pénal international*, Paris: Dalloz, 1971, p. 146 e ss.

[80] *V.* os comentários de Ian Brownlie, *Princípios de direito internacional público*, cit., pp. 585-587.

390 CURSO DE DIREITO INTERNACIONAL PÚBLICO – *Valerio de Oliveira Mazzuoli*

superior" não o livraria de responsabilidade, o que reforça a concepção de que os indivíduos também são passíveis de responsabilização no âmbito internacional. Foi assim que, aos 20 de novembro de 1945, vinte e um acusados nazistas sentaram-se no banco dos réus, no Palácio da Justiça, em Nuremberg, para o julgamento dos crimes de guerra por eles cometidos.[81]

Os dois tribunais internacionais *ad hoc* criados pelas Nações Unidas em 1993 e 1994, respectivamente o instituído para julgar as atrocidades praticadas no território da antiga Iugoslávia desde 1991,[82] e o criado para julgar as inúmeras violações de direitos humanos de idêntica gravidade perpetrados em Ruanda,[83] também confirmam a qualidade do indivíduo como sujeito do Direito Internacional. Ainda que existam dúvidas acerca do alcance da Carta das Nações Unidas em relação à legitimação do Conselho de Segurança da ONU para a criação de instâncias judiciárias internacionais *ad hoc*, as atrocidades e os horrores cometidos no território da ex-Iugoslávia e em Ruanda foram de tal ordem e de tal dimensão que parecia justificável chegar-se a esse tipo de exercício, ainda mais quando se têm como certas algumas contribuições desses tribunais para a teoria da responsabilidade penal internacional dos indivíduos, a exemplo do não reconhecimento das imunidades de jurisdição para crimes

---

[81] Foram julgados pessoalmente naquela ocasião os seguintes indivíduos: Karl Doenitz (Supremo Comandante da Marinha; na última vontade de Hitler e no testamento ele era tido como Presidente e Supremo Comandante das Forças Armadas do Terceiro Reino. Sentenciado a 10 anos de prisão, libertado em 1956, com o final de sua pena); Hans Frank (Governador-Geral da Polônia ocupada. Sentenciado ao enforcamento); Wilhelm Frick (Ministro do Interior, general das SS. Sentenciado ao enforcamento); Hans Fritzsche (diretor Ministerial e cabeça da divisão de rádio do Ministério da Propaganda. Absolvido); Walther Funk (Ministro da economia do *Reich* e presidente do Banco do Reino a partir de 1939. Sentenciado a viver na prisão); Hermann Goering (Marechal do *Reich*, chefe da Força Aérea e alto oficial na administração nazista. Sentenciado ao enforcamento, suicidou-se na véspera da execução da pena); Rudolf Hess (deputado de Hitler. Sentenciado a viver na prisão); Alfred Jodl (Chefe de Operações do Exército. Sentenciado ao enforcamento, suicidou-se na prisão); Ernst Kaltenbrunner (Chefe do *Reichsicherheitshauptamt* ou Escritório de Segurança Principal do Reino, cujos departamentos incluía a *Gestapo* e o *SS*. Sentenciado ao enforcamento); Wilhelm Keitel (Marechal de Campo, chefe do Alto Comando das Forças Armadas. Sentenciado ao enforcamento); Erich Raeder (Grande Almirante da Marinha. Sentenciado a viver na prisão, foi libertado em 1955 por motivo de saúde); Alfred Rosenberg (Ministro dos Territórios Orientais Ocupados. Sentenciado ao enforcamento); Fritz Sauckel (Líder Trabalhista. Sentenciado ao enforcamento); Hjalmar Horace Greeley Schacht (antigo Ministro da Economia e presidente do Banco do *Reich*. Absolvido); Arthur Seyss-Inquart (Comissário do *Reich* na Holanda. Sentenciado ao enforcamento); Albert Speer (Ministro dos Armamentos e Produção de Guerra. Sentenciado a 20 anos de prisão, foi libertado em 1966); Julius Streicher (Editor do jornal *Der Stürmer* e diretor do Comitê Central para a Defesa contra Atrocidade dos Judeus e Boicote de Propaganda. Sentenciado ao enforcamento); Konstantin von Neurath (Diplomata, protetor da Boêmia e Moravia. Sentenciado a 15 anos de prisão); Franz von Papen (antigo Chanceler da Alemanha e embaixador na Turquia e na Áustria. Absolvido); Joachim von Ribbentrop (Ministro dos Assuntos Estrangeiros de 1938 a 1945. Sentenciado ao enforcamento); e, Baldur von Schirach (Líder da Juventude do Reino. Sentenciado a 20 anos na prisão, foi libertado em 1966 ao final de sua pena). Um outro acusado, Martin Bormann, apesar de condenado *in absencia* ao enforcamento, foi acreditado como morto. Cf., por tudo, *The Charter and Judgment of the Nurenberg Tribunal* [U.N.], doc. A/CN, 4/5, de 03.03.1949, pp. 87-88; e também, Bradley F. Smith, *O Tribunal de Nuremberg*, Rio de Janeiro: Francisco Alves, 1979, pp. 78-130; e Pablo A. Ramella, *Crimes contra a humanidade*, trad. Fernando Pinto, Rio de Janeiro: Forense, 1987, pp. 6-8. Sobre a questão da seleção dos indiciados, *v.* Richard Overy, The Nuremberg trials: international law in the making, in *From Nuremberg to the Hague: the future of international criminal justice*, Philippe Sands (ed.), Cambridge: Cambridge University Press, 2003, pp. 1-29.

[82] *V.* Resolução 827 (1993) do Conselho de Segurança da ONU, NU-Doc. S/25704, de 03.05.93.

[83] *V.* Resolução 955 (1994) do Conselho de Segurança da ONU, NU-Doc. S/Res/955, de 08.11.94.

Parte II · Cap. I · OS SUJEITOS DO DIREITO INTERNACIONAL PÚBLICO | 391

definidos pelo Direito Internacional e do não reconhecimento de ordens superiores como excludentes de responsabilidade internacional.

O Estatuto de Roma do Tribunal Penal Internacional, de 1998, que veio acabar de vez com as discussões relativas à legalidade dos tribunais *ad hoc* da ONU, é bastante claro a esse respeito, quando dispõe no seu art. 25 (*Responsabilidade criminal individual*) que: "1. De acordo com o presente Estatuto, o Tribunal será competente para julgar as pessoas físicas. 2. Quem cometer um crime da competência do Tribunal *será considerado individualmente responsável* e poderá ser punido de acordo com o presente Estatuto". A competência do TPI para julgar pessoas físicas deve ser considerada a maior prova de *responsabilidade individual internacional* moderna, reforçando a ideia de que também são sujeitos do Direito Internacional os indivíduos.[84]

A própria praxe internacional já afirmava a condição dos indivíduos como sujeitos do Direito Internacional, cujos exemplos podem ser encontrados em costumes e tratados internacionais. Assim é o caso da *pirataria*, proibida pela norma internacional (de origem costumeira) que condena os atos de violência em alto-mar contra pessoas ou propriedades, somente podendo ser efetuada pela *tripulação* de um navio com intento de pilhagem.[85] Quem a pratica são *indivíduos* (tripulantes do navio) e não os Estados, e mesmo assim o Direito Internacional autoriza a todos os Estados a capturar e punir os piratas, qualquer que seja a sua nacionalidade, em consagração ao princípio da jurisdição universal.[86] Outro exemplo é a *violação do bloqueio*, que proíbe que um cidadão de Estado neutro contrabandeie, em caso de guerra, material bélico. Caso assim proceda, tal cidadão não viola o Direito interno do Estado a que pertence, que não proíbe a violação do bloqueio ou o contrabando de guerra aos seus súditos. Logo, ocorrendo a violação do bloqueio não há crime do Estado, mas dos próprios indivíduos que violaram o Direito Internacional. Em ambos os casos (pirataria ou violação do bloqueio) o direito das gentes atribui aos indivíduos a condição de *sujeitos* da sua ordem jurídica.[87] A esses exemplos, Accioly acrescenta o caso das pessoas sem nacionalidade (apátridas), lecionando no sentido de que "é geralmente admitido que tais pessoas, que não gozam da proteção de nenhum Estado determinado, porque não pertencem a nenhum, não deixam de gozar de certa proteção internacional, na qualidade de seres humanos".[88]

---

[84]   Sobre o assunto, *v.* Parte IV, Capítulo I, Seção X.

[85]   A *pirataria* encontra-se atualmente prevista no art. 101 da Convenção das Nações Unidas sobre o Direito do Mar (1982), que assim dispõe: "*Definição de pirataria.* Constituem pirataria quaisquer dos seguintes atos: *a)* todo ato ilícito de violência ou de detenção ou todo ato de depredação cometidos, para fins privados, pela tripulação ou pelos passageiros de um navio ou de uma aeronave privados, e dirigidos contra: i) um navio ou uma aeronave em alto-mar ou pessoas ou bens a bordo dos mesmos; ii) um navio ou uma aeronave, pessoas ou bens em lugar não submetido à jurisdição de algum Estado; *b)* todo ato de participação voluntária na utilização de um navio ou de uma aeronave, quando aquele que o pratica tenha conhecimento de fatos que deem a esse navio ou a essa aeronave o caráter de navio ou aeronave pirata; *c)* toda a ação que tenha por fim incitar ou ajudar intencionalmente a cometer um dos atos enunciados nas alíneas *a* ou *b*".

[86]   Sobre esse princípio, *v.* Hans Kelsen, *Princípios do direito internacional*, cit., pp. 173-175; Brichambaut, Dobelle & Coulée, *Leçons de droit international public*, cit., pp. 74-77; e James Crawford, *Brownlie's principles of public international law*, cit., pp. 467-471. O princípio da jurisdição universal não se aplica, entretanto, no caso dos indivíduos dotados de imunidade penal, como os membros de missão diplomática etc. (*v.* Capítulo II, Seção IV, item nº 4, *infra*).

[87]   Cf. Oliveiros Litrento. *Curso de direito internacional público*, cit., pp. 273-275.

[88]   Hildebrando Accioly. *Tratado de direito internacional público*, vol. I, cit., p. 103.

Um dos mais significativos avanços produzidos pela Convenção Europeia de Direitos Humanos, aprovada em 1950, foi o de justamente elevar o indivíduo à condição de "sujeito de Direito Internacional", quando previu a possibilidade de qualquer cidadão, nacional ou estrangeiro, individual ou coletivamente, ajuizar *petições* junto à então Comissão Europeia de Direitos Humanos (posteriormente abolida pelo *Protocolo nº 11* à Convenção), denunciando violações dos direitos e liberdades nela enunciados. Não foi outro o caminho seguido pela anterior Declaração Universal dos Direitos Humanos (1948), que colocou a pessoa humana no ápice do sistema internacional de proteção dos direitos humanos, bem como pelos inúmeros tratados internacionais concluídos modernamente nesse sentido. Em suma, no caso da *pessoa humana*, o Direito Internacional destina-lhe normas diretamente aplicáveis, incluindo o direito de petição e, em situações *ad hoc*, a responsabilidade penal. Daí advém a personalidade jurídica das *pessoas humanas* no âmbito internacional.

Sob o ponto de vista filosófico a situação não muda: o homem é sujeito do Direito Internacional Público pelo simples motivo de que ele é sujeito essencial de *todo o Direito*. Foi o homem quem criou o Estado, e é certo que este só existe para realizar os fins daquele. Esse *homem* que criou o *Estado* e o aperfeiçoou não pode ser senão sujeito de *todos os ramos* do Direito e, por conseguinte, do Direito Internacional Público.[89] Daí a precisa afirmação de Politis: "Qualquer que seja o meio social em que se aplique, o direito tem o mesmo fundamento, porque tem sempre o mesmo fim: ele visa em toda parte ao homem, e nada mais que o homem".[90]

Enfim, os argumentos ainda presentes em contrário, segundo os quais os indivíduos não são sujeitos do Direito Internacional, ou de que os indivíduos são apenas *objetos* desse Direito, devem ser atualmente rechaçados, mesmo porque, em última análise, todo direito – e o direito das gentes não foge à regra – nasce para regular uma conduta humana, sendo o homem "o destinatário final de todo o ordenamento jurídico".[91]

9. Sujeitos não formais do Direito Internacional. Para além dos sujeitos (formais) de Direito Internacional Público acima estudados, poder-se-ia indagar atualmente da existência de *sujeitos não formais* dessa mesma disciplina. Poderiam ser considerados sujeitos não formais aqueles que, apesar de se situarem à margem do Direito Internacional formal, participam de modo não regulamentado da cena internacional, exercendo certa influência (positiva ou negativa) nas decisões da sociedade internacional relativamente à ação e tomada de posição em assuntos de interesse global. O certo é que nada se falou sobre esse tema até o momento, não obstante ser relativamente fácil perceber quão grande é a influência exercida por algumas entidades de expressão mundial nos caminhos a serem trilhados pelo direito das gentes atualmente.

Podemos destacar dois desses pretensos sujeitos não formais de Direito Internacional Público: as empresas transnacionais e a mídia global. Mas reitera-se que até o presente estágio de desenvolvimento do Direito Internacional não se tem ainda uma sólida certeza científica sobre essas hipóteses. Vejamos cada uma delas:

a) Empresas transnacionais. O impacto do fator econômico na vida da sociedade internacional tem, cada vez mais, feito aumentar as incertezas que rondam o conceito de soberania

---

[89]   V. Cesar Diaz Cisneros. *Derecho internacional público*, vol. I, cit., p. 235.

[90]   Nicolas Politis. *Les nouvelles tendances du droit international*. Paris: Hachette, 1927, p. 77.

[91]   Luis Ivani de Amorim Araújo. *Curso de direito internacional público*, cit., p. 53. Cf., também, Georges Scelle, *Précis de droit des gens*, t. I, cit., p. 42.

estatal, notadamente naquilo que se liga às grandes empresas transnacionais.[92] Entende-se por *transnacionais* as empresas constituídas sob as leis de determinado Estado e que têm representações ou filiais em dois ou mais países, neles exercendo seu controle, acionário ou contratual, ainda que o seu capital provenha de um único Estado ou de uma única pessoa. *Multinacionais*, por sua vez, são as empresas cujo capital provém de mais de um Estado, podendo ser *bilaterais* (com capital proveniente de dois países) ou *multilaterais* (com capital proveniente de três ou mais Estados).[93] Contudo, não são raras as vezes em que ambos os termos (transnacionais e multinacionais) são utilizados como sinônimos.

As empresas transnacionais têm finalidades lucrativas próprias e suas manifestações não se voltam para o bem-estar da sociedade internacional, senão para os seus exclusivos interesses particulares. Não se pode equiparar as empresas transnacionais às organizações internacionais intergovernamentais para o fim de atribuir-lhes os mesmos direitos que o Direito Internacional Público dispensa a estas últimas. Mas não se descarta que tais empresas, de alguma forma, participam da sociedade internacional na qualidade de *atores* (não de *sujeitos* formais) das relações internacionais.[94]

Por exemplo, o Capítulo XI do NAFTA (o *North American Free Trade Agreement*, celebrado entre Canadá, Estados Unidos e México, em janeiro de 1994), ao tratar das relações entre as empresas multinacionais e os Estados, introduziu no seu art. 1.110 o conceito de *expropriações indiretas* ou de medidas *equivalentes às expropriações*, pretendendo fazer com que tais empresas passem à condição de sujeitos do direito das gentes, outorgando-lhes *de facto* os direitos inerentes à condição de Estado nacional. Dessa forma, apoiadas nas figuras das expropriações indiretas ou equivalentes, tais empresas poderiam acionar diretamente o Estado, na medida em que surja algum conflito entre ambos, tal como ocorreu com a empresa norte-americana *Metalclad Corporation*, que demandou o México em 1997, obrigando-o a pagar 18,68 bilhões de dólares por "violar as normas sobre investimento" estabelecidas no Capítulo XI do NAFTA.

O que ocorre é que, na técnica do Direito Internacional Público, não obstante a sua eventual multinacionalidade e prestígio, as empresas privadas transnacionais (de que são exemplos a *Microsoft*, a *General Motors* e a *Coca-Cola*) carecem de capacidade jurídica para concluir tratados e demais atos internacionais com os outros sujeitos conhecidos de direito das gentes (notadamente os Estados e as organizações internacionais). Dessa forma, mesmo que se lhes atribua capacidade postulatória, continuarão a ser vedados a tais transnacionais os benefícios e privilégios inerentes à condição de sujeito (formal) de Direito Internacional Público, como a celebração de tratados internacionais, as imunidades de jurisdição, o acesso aos tribunais internacionais etc. Contudo, não se pode negar que tais empresas exercem influência direta sobre os Estados (principalmente os menos favorecidos economicamente) e, portanto, sobre o próprio Direito Internacional em alguns campos. De fato, não são poucos os "acordos" que tais empresas concluem com governos estrangeiros (principalmente os de

---

[92]   Sobre o tema, *v.* José Cretella Neto, *Empresa transnacional e direito internacional: exame do tema à luz da globalização*, Rio de Janeiro: Forense, 2006, 521p; e Larissa Ramina, *Direito internacional dos investimentos: solução de controvérsias entre Estados e empresas transnacionais*, Curitiba: Juruá, 2009, 607p. Sobre a condição das empresas transnacionais no quadro da sociedade civil internacional, *v.* Antonio Remiro Brotons (*et al.*), *Derecho internacional*, cit., pp. 279-282.

[93]   Cf. Florisbal de Souza Del'Olmo. *Curso de direito internacional público*, cit., p. 122.

[94]   Para a diferença entre *atores* e *sujeitos* do Direito Internacional Público, *v.* Parte I, Capítulo I, Seção I, item nº 2.

concessão).[95] Tais acordos, apesar de não serem regulados pelo Direito dos Tratados, abrem espaço para que tais empresas sejam reconhecidas, para além da sua qualidade de *atores* das relações internacionais, ao menos como sujeitos não formais do direito das gentes.

b) A mídia global. Não é de hoje que se vem percebendo a influência da *mídia* na cena internacional e nas tomadas de decisão da sociedade internacional no que tange a diversos assuntos de interesse global apoiados pela opinião pública mundial. A mídia é, atualmente, totalmente onipresente e, como destaca Jean-Marie Lambert, o mundo inteiro "está sendo ensinado a pensar de maneira uniforme por redes planetárias, e um cidadão do Malaui, na África Oriental, consome a mesma mensagem que um baiano ou um aborígine da Austrália", e assim, com a velocidade da luz, "a fábrica de imaginário espalha representações homogêneas dos esquimós da Groenlândia aos papuas da Nova Guiné".[96] Contudo, diferentemente das empresas transnacionais – que são *empresas* e têm um estatuto próprio –, a *mídia* (assim como a opinião pública) é algo ainda abstrato e despersonalizado. Se, eventualmente, se pode considerar as empresas transnacionais como sujeitos não formais de Direito Internacional Público (e diz-se *eventualmente* por ainda não se ter certeza dessa possibilidade), essa hipótese passa longe da mídia global, ainda que sua influência na opinião pública mundial seja imensa e ainda que tal influência acabe determinando os rumos do novo Direito Internacional nesse início de século XXI.

De qualquer forma, a conclusão que se chega é que o Direito Internacional contemporâneo deve estar aberto a esses novos fenômenos que, pouco a pouco, vêm aparecendo na arena internacional, capazes de influenciar (não formalmente) na condução dos negócios exteriores dos Estados e na construção futura do novo Direito Internacional Público.

10. Plano dos capítulos seguintes. Depois de verificados quais são os sujeitos do Direito Internacional Público, importa agora detalhar o estudo dos principais sujeitos dessa disciplina vistos acima. Assim, nos Capítulos seguintes dessa Parte II serão estudados com detalhes os *Estados*, as *organizações internacionais intergovernamentais*, bem como os *indivíduos* e sua atuação no Direito Internacional atual.[97]

---

[95]   Cf. Ian Brownlie. *Princípios de direito internacional público*, cit., p. 80; César Sepúlveda, *Derecho internacional*, cit., p. 501; e Dominique Carreau & Jahyr-Philippe Bichara, *Direito internacional*, cit., pp. 28-29.

[96]   Jean-Marie Lambert. *Curso de direito internacional público*, vol. I (*O mundo global*), cit., p. 50.

[97]   A *proteção* dos indivíduos no plano internacional será estudada no Capítulo I da Parte IV deste livro.

Capítulo II
O Estado no Direito Internacional Público

 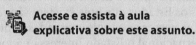

Acesse e assista à aula explicativa sobre este assunto.

> http://uqr.to/1zv4d

SEÇÃO I – FORMAÇÃO E EXTINÇÃO DO ESTADO

1. Introdução. A organização da sociedade internacional – como já se estudou – pressupõe a existência de *pessoas* internacionais às quais as jurídicas se destinam. O aparecimento de tais pessoas no cenário internacional é lento e gradual, levando às vezes séculos até surgir um ente dotado de personalidade jurídica internacional, com capacidade para exercer direitos e contrair obrigações.

Na formação da sociedade internacional, o primeiro elemento a tomar assento na condição de sujeito de Direito Internacional foi o *Estado*,[1] sendo que até o início do século XX ele era tido como o único sujeito absoluto do direito das gentes, concepção que foi ficando de lado desde a eclosão da Primeira Guerra Mundial, quando começam a surgir no cenário internacional as chamadas Organizações Internacionais Intergovernamentais, e também quando os próprios indivíduos começam a participar diretamente de alguns domínios internacionais até então reservados exclusivamente aos Estados. De qualquer sorte, os Estados ainda são os sujeitos clássicos (originários) do ordenamento jurídico internacional,[2] da mesma forma que as pessoas físicas são os sujeitos primários das ordens jurídicas internas. Todavia, como adverte Cassese, enquanto "dentro das comunidades estatais as pessoas físicas são normalmente numerosas, na sociedade internacional os Estados são relativamente poucos e entre eles profundamente diferentes".[3] Pode-se ainda dizer que os Estados são sujeitos "privilegiados" do direito das gentes, na medida em que têm a seu favor o poder de decidir em *aceitar ou não* certa norma jurídica internacional (*v.g.*, quando *ratificam* ou *denunciam* um tratado) e a competência contenciosa da maioria dos tribunais internacionais existentes.

A entidade política conhecida como Estado aparece, com seus contornos modernos, semelhantes aos atuais, entre os séculos XV e XVI. Isso não significa, entretanto, que antes desse período não existiam sociedades politicamente organizadas, com acentuado grau de desenvolvimento e autonomia, de que eram exemplos as cidades italianas de

---

[1] V., a propósito, o ensaio de Horacio Rosatti, *El origen del Estado*, Buenos Aires: Rubinzal-Culzoni, 2002, 93p.
[2] Cf. Brichambaut, Dobelle & Coulée. *Leçons de droit international public*, cit., pp. 53-54.
[3] Antonio Cassese. *Diritto internazionale*, cit., p. 57.

CURSO DE DIREITO INTERNACIONAL PÚBLICO – *Valerio de Oliveira Mazzuoli*

Veneza, Pisa, Modena, Milão e Bolonha, que se destacaram por quebrar o isolamento característico do período medieval, a partir de quando começaram a intensificar suas atividades de intercâmbio recíproco (principalmente de mercadorias), inclusive com outros países.[4] Já a partir do final do século XVIII, o Estado moderno e a Nação moderna fundem-se para formar o chamado *Estado-nação*, que tem mostrado sua superioridade em relação tanto às cidades-Estado (ou às suas federações) quanto aos herdeiros modernos dos antigos impérios (sendo que o último deles, a China, tem passado por um processo de profunda transformação).

O certo é que Estado é uma *instituição* criada pelos homens com a finalidade de *organizar* as diversas atividades humanas dentro de um dado território. Daí a importância da observação de Brierly de que todos os Estados que hoje existem são *territoriais*, quer dizer, fazem valer a sua autoridade sobre as pessoas e as coisas situadas dentro das respectivas fronteiras.[5] Por sua vez, ao Direito Internacional o Estado interessa na medida em que integra a sociedade internacional, que é regida por aquele ramo da ciência jurídica.

2. Conceito e elementos constitutivos do Estado. Na tradição alemã, *Estado* é um termo jurídico que se refere, ao mesmo tempo, à *Staatsgewalt* (um ramo do Poder Executivo que garante soberania interna e externa), à *Staatsgebiet* (um território com limites claramente definidos), e à *Staatsvolk* (o conjunto total dos cidadãos que o compõem, coordenados sob sua jurisdição). Do ponto de vista sociológico, como esclarece Habermas, "pode-se ainda acrescentar que o núcleo institucional desse Estado moderno é formado por um aparato administrativo legalmente constituído e altamente diferenciado, que monopoliza os meios legítimos de violência e obedece a uma peculiar divisão de trabalho com uma sociedade de mercado, emancipada para o desempenho de funções econômicas".[6]

O conceito de *Estado* em Direito Internacional Público não é o mesmo que lhe atribui a Teoria Geral do Estado, sendo mais restrito e com particularidades diversas.[7] Em ambas as disciplinas, porém, se tem a certeza de que os critérios da qualidade de Estado devem ser enunciados pelo Direito. Se assim não fosse, um Estado poderia, *v.g.*, pretender não saldar eventual dívida para com outro pelo simples fato arbitrário de não reconhecer o outro como um Estado.[8]

Pode-se definir o Estado (do latim *status* = estar firme), em sua concepção jurídica moderna, como um ente jurídico, dotado de personalidade internacional, formado de uma reunião (comunidade) de indivíduos estabelecidos de maneira permanente em um território determinado, sob a autoridade de um governo independente e com a finalidade precípua de zelar pelo bem comum daqueles que o habitam. Assim, pode-se dizer que os Estados nascem a partir do momento em que ele reúne os elementos essenciais à sua constituição. Trata-se de uma questão *de fato*, ou, como disse o Prof. Erich, de "um fato histórico, que não depende de condições jurídicas".[9]

---

4   Cf. Gilda Maciel Corrêa Meyer Russomano. *Direito internacional público*, cit., p. 191.

5   J. L. Brierly. *Direito internacional*, cit., p. 123.

6   Jürgen Habermas. O Estado-nação europeu frente aos desafios da globalização, in *Novos Estudos*, nº 43, São Paulo, nov./1995, pp. 87-88.

7   Cf., a propósito, Maurice Kamto, La volonté de l'État en droit international, cit., pp. 24-27.

8   Cf. Ian Brownlie. *Princípios de direito internacional público*, cit., p. 83.

9   R. Erich. La naissance et la reconnaissance des États, in *Recueil des Cours*, vol. 13 (1926-III), p. 442.

De acordo com a definição de Estado que acabamos de colocar, ficam postos em evidência os *quatro* elementos constitutivos do Estado: *povo, território, governo* e *finalidade*.[10] Além destes elementos, pode-se também incluir a *capacidade* para manter relações com os demais Estados, conforme se depreende do art. 1º da Convenção Pan-americana sobre Direitos e Deveres dos Estados, celebrada em Montevidéu, em 1933 (e promulgada no Brasil pelo Decreto nº 1.570, de 13 de abril de 1937), segundo o qual: "O Estado como pessoa de Direito Internacional deve reunir os seguintes requisitos: I – População permanente; II – Território determinado; III – Governo; IV – Capacidade de entrar em relações com os demais Estados". Como se vê, não se incluiu nessa definição a *finalidade*, que é requisito atualmente indispensável à sua constituição.

Assim, podemos desmembrar o conceito de Estado nos seguintes elementos:

a) Comunidade de indivíduos. Sem que existam *pessoas humanas* dentro de determinada porção de terra, regidas por um governo independente, não há que se falar em Estado. Não existe Estado juridicamente estabelecido sem a necessária e imprescindível associação de indivíduos em seu território, ainda que seja pequeno o número de pessoas que dele façam parte. Daí ser necessária a existência desse *elemento humano* do conceito de Estado: a *civitas perfecta*. Aliás, ainda que em circunstâncias excepcionais falte algum dos outros elementos do Estado conhecidos (tal como a falta do *governo* nos períodos de anarquia, ou do próprio *território* quando dele não se tem total disponibilidade), esse elemento humano é o único que permanece imune a quaisquer fatos que possam vir a ocorrer dentro do Estado. Daí falar-se que a comunidade de indivíduos que o compõe é a verdadeira responsável pela sua *continuidade* (princípio da continuidade do Estado) enquanto pessoa jurídica de direito externo. Nesse caso, em virtude da falta de continuidade, o Estado deixa de ser uma ordem jurídica válida e eficaz, o que é bem raro de ocorrer por óbvio.

Dentro do Estado existe o *povo* (formado pelo conjunto dos seus nacionais, natos e naturalizados) e a sua *população* (que é expressão demográfica, aritmética ou quantitativa, formada do povo *mais* os estrangeiros e apátridas radicados no território nacional, podendo não haver qualquer relação ética, política ou jurídica entre eles). Enquanto o *povo* corresponde a um conceito jurídico e político, a *população* pertence à esfera demográfica ou econômica.[11] Assim, o *povo* de um Estado são somente os seus *nacionais* (pois não existe "povo estrangeiro" dentro de um Estado); os *estrangeiros* domiciliados no Estado ou que aí possuam a sua principal residência fazem parte apenas da *população* desse Estado, jamais ao *povo* deste.[12] Quer num caso como no outro, porém, o Estado sobre eles (nacionais e estrangeiros) exerce todas as suas competências, com as eventuais limitações, no último

---

[10] V. Alexandre Groppali. *Doutrina do Estado*, 2ª ed. Trad. Paulo Edmur de Souza Queiroz. São Paulo: Saraiva, 1962, pp. 109-146.

[11] V. Jorge Miranda. *Teoria do Estado e da Constituição*, 2ª ed. rev. e atual. Rio de Janeiro: Forense, 2009, p. 84, que leciona: "O povo corresponde a um conceito jurídico e político, a população a um conceito demográfico e econômico. O primeiro é uma unidade de ordem, a segunda a simples soma de uma multiplicidade de homens atomisticamente considerados. A população é o conjunto de residentes em certo território, sejam cidadãos ou estrangeiros; o povo é o conjunto de cidadãos, residentes ou não no território do Estado (como resulta do art. 14º da Constituição [portuguesa] de 1976 e expressamente dizia o art. 3º da Constituição [portuguesa] de 1933".

[12] Parte da doutrina brasileira parece ainda confundir-se sobre esses dois conceitos.

caso, previstas por lei ou por normas internacionais (*v.g.*, decorrentes da proteção diplomática etc.).[13]

Para a configuração desse elemento constitutivo do Estado cujo estudo ora se realiza ("comunidade de indivíduos"), não importa se mais ou menos numeroso ou se mais ou menos homogêneo é o Estado; importa que a massa de pessoas que o integra habite permanentemente a sua porção de terra chamada de território, com ânimo definitivo, independentemente da eventual união por laços comuns – como tradições, costumes, hábitos, língua, religião, origem etc.

A noção de ser o Estado o conjunto de indivíduos unidos por laços comuns (que nós refutamos) criou o chamado *princípio das nacionalidades* – que influenciou grandemente os anos que se seguiram à Primeira Guerra Mundial –, segundo o qual toda massa humana com características semelhantes de raça, língua, religião, história e cultura, tem direito à criação de um Estado próprio, em que possa exercer as suas atividades particulares. Foi com base nesse princípio que os nazistas justificaram a anexação da Áustria e parte da Tchecoslováquia à Alemanha, a fim de, aparentemente, desenvolver e expandir as suas atividades, mas que na realidade não passou de artifício falso para uma expansão territorial desmedida. Por isso é que se entende que a comunidade de indivíduos que integra o Estado deve ser auferida em relação à *habitual permanência* no seu território, e não em relação a outras características suas não alcançáveis por ela. Ou seja, afasta-se a concepção sociológica da nacionalidade, para aplicar a sua acepção jurídico-política.

Aqui é necessário distinguir a *Nação* do *Estado*. Pasquale Mancini, na aula inaugural da cadeira de Direito Internacional proferida na Real Universidade de Torino, no dia 22 de janeiro de 1851, intitulada *La nazionalità come fondamento del diritto delle genti*, defendeu o já referido *princípio das nacionalidades* (cuja origem remonta à Revolução Francesa) afirmando que a Nação é "uma sociedade natural de homens com unidade de território, de origem, de costumes e de língua, configurados numa vida em comum e numa consciência social".[14] Em outras palavras, a Nação é uma comunidade que tem por base uma mesma densidade cultural *lato sensu*. Da Nação, assim, decorrem os requisitos de origem, língua, religião, costumes, tradições e ideologias, ligados por uma *consciência* nacional, que liga espiritualmente a união. Em sua gênese, tratava-se de uma comunidade moldada por uma origem, uma cultura, uma história e uma ideologia comuns, e que era constituída de pessoas com a mesma ascendência, ainda não integradas na forma política de um Estado.[15] Na Itália, esta tese teve aceitação imediata, mas por motivos eminentemente políticos, uma

---

[13] Cf. Antonio Remiro Brotons (*et al.*). *Derecho internacional*, cit., p. 100.

[14] Pasquale Stanislao Mancini. *Direito internacional*. Trad. Ciro Mioranza. Ijuí: Editora Unijuí, 2003, pp. 62-63. Depois de Mancini – que defendeu o princípio das nacionalidades como o próprio "fundamento do direito das gentes" – pode-se destacar o posicionamento (mais reservado) do jurista alemão Von Bulmerinq (em 1874), segundo o qual tal princípio não pode jamais ultrapassar as fronteiras da política, devendo então ser colocado fora do universo jurídico. O princípio foi aceito em França pelo Imperador Napoleão III, que pretendeu nele fundar sua política externa.

[15] Perceba-se a diferenciação que faz Clóvis Bevilaqua: "Quando se tem mais particularmente em vista o povo distribuído em classes sociais, o agrupamento denomina-se *nação*. Quando se considera esse agrupamento pelos funcionários, que o exercem, tem-se o *Estado*" (*Direito público internacional...*, t. I, cit., p. 37).

Parte II · Cap. II · O ESTADO NO DIREITOINTERNACIONAL PÚBLICO | **399**

vez que Mancini visava à unificação italiana. Daí ter sido esta ideia perigosamente utilizada com o movimento nacionalista desencadeado ao longo do século XIX, tendo servido para menosprezar as demais nações e para discriminar ou excluir minorias nacionais, éticas ou religiosas, especialmente os judeus. No *Estado*, por sua vez, tais elementos encontram-se superados por uma vinculação política independente, estabelecida de forma permanente, num território determinado e sob a autoridade de um governo capaz de manter relações com outra coletividade da mesma natureza, sem que se fale em fatores psicológicos de ligação entre os indivíduos que o compõem. O Estado é, assim, um órgão controlador (que converge nele próprio todas as funções em sentido técnico-jurídico) criado pela Nação para gerir e administrar os interesses da massa humana que a compõe. Apesar de difícil a determinação precisa do momento histórico em que dada comunidade nacional proveu-se de órgãos para o exercício do poder e converteu-se em Estado, é incontestável que este é a personificação daquela. Tal personificação, no entanto, não coincide com a Nação homogênea, vez que várias nações (como é o caso da Suíça, e como foi a Itália antes da unificação, e também o antigo império austro-húngaro) podem dar suporte firme a um único Estado.[16]

b) Território fixo e determinado. Trata-se do *elemento material* do conceito de Estado, que se consubstancia na fração delimitada do planeta em que este se assenta com sua população e seus demais elementos. O território, propriamente dito, é a *base física* ou o *âmbito espacial* do Estado, onde ele se impõe para exercer, com exclusividade, a sua soberania. Claro que esse conceito de "território" se encontra atualmente ampliado para também abranger certa faixa de *mar* e *espaço aéreo* (*v. infra*); mas ainda é a *terra* do Estado a que mais importa à análise que ora nos ocupa. Se é certo que não existe Estado sem indivíduos, é também verdade que não há Estado sem território, pois é este elemento que fornece a base em que o Estado exerce suas competências. Portanto, é imprescindível para a existência do Estado que haja uma porção de terra delimitada por faixas de *fronteiras* estendidas às linhas (retas ou curvas) formadoras dos *limites*, onde viva a sua população e onde esta desenvolva as suas atividades. É sobre este território que o Estado irá exercer a sua soberania, em duplo aspecto: com *imperium* (exercendo jurisdição sobre a grande massa daqueles que nele se encontram) e com *dominium* (regendo-o, segundo sua própria e exclusiva vontade). Sob a ótica do Direito Internacional, o direito que o Estado tem sobre o seu território exclui que outros entes ali exerçam qualquer tipo de poder (*jus escludendi alios*) e, de outro lado, lhe atribui amplíssimo direito de uso, gozo e disposição (*jus utendi, fruendi atque abutendi*) desse espaço físico em que exerce o seu poder soberano.

Para Jorge Miranda, o território é o espaço jurídico próprio do Estado, o que significa que: *a*) só existe poder do Estado quando ele consegue impor a sua autoridade, em nome próprio, sobre certo território; *b*) a atribuição de personalidade jurídica internacional ao Estado ou o seu reconhecimento por outros Estados depende da efetividade desse poder; *c*) os órgãos do Estado encontram-se sempre sediados, salvo em situação de necessidade, no

---

[16] *V.*, por todos, Lourival Vilanova, *Causalidade e relação no direito*, 4ª ed. rev., atual. e ampl., São Paulo: RT, 2000, pp. 248-281. Como destaca Vilanova: "Seja como for, a nação, por si mesma, não é sujeito de direito. Começa a ser quando num ponto do tempo histórico, um indivíduo, ou uma minoria, se converte em poder de cominação. Verifica-se a politização do poder (outros poderes são apolíticos ou pré-políticos), com apoio em fatores extrapolíticos" (Idem, pp. 260-261).

seu território; *d*) no seu território cada Estado tem o direito de excluir poderes concorrentes de outros Estados (ou de preferir a eles); *e*) no seu território, cada Estado só pode admitir o exercício de poderes de outro Estado sobre quaisquer pessoas com a sua autorização; e que *f*) os cidadãos só podem beneficiar da plenitude de proteção dos seus direitos pelo respectivo Estado no território deste.[17] Em relação a esta última observação, cabe esclarecer que fora do território do Estado a sua ordem jurídica *também se aplica* aos cidadãos, e isto sucede com a norma constitucional, civil, tributária ou penal (e há regras jurídicas estatais editadas justamente para valer *fora* do domínio físico do Estado),[18] mas eventualmente não será uma aplicação em *plenitude*.

Frise-se que o conceito de território que interessa ao Direito Internacional não é absolutamente *geográfico*. Cuida-se, aqui, do seu conceito *jurídico*, que compreende: *a*) o solo ocupado pela massa demográfica de indivíduos que compõem o Estado, com seus limites reconhecidos; *b*) o subsolo e as regiões separadas do solo; *c*) os rios, lagos e mares interiores; *d*) os golfos, as baías e os portos; *e*) a faixa de mar territorial e a plataforma submarina (para os Estados que têm litoral) e; *f*) também – graças ao brasileiro Alberto Santos Dumont, inventor do avião – o espaço aéreo correspondente ao solo.[19]

Também não importa ao direito das gentes quão maior ou menor é o território do Estado, e tampouco se esse território irá expandir-se ou diminuir com o passar do tempo. O Direito Internacional trata de maneira igualitária sejam aqueles Estados com grande porção de território (de que são exemplos o Brasil, a China, a Rússia, a Austrália, a Índia, a Argentina, o Canadá e os Estados Unidos, que ocupam juntos a metade das terras do planeta), sejam aqueles outros com território bastante exíguo (por isso chamados doutrinariamente de *Estados exíguos*). Destes últimos são exemplos os Microestados de Mônaco (ao sul da França, com apenas 1,95 km²), Andorra (nos Pirineus), Liechtenstein (encravado na Suíça, com 160 km²), San Marino (encravado em território italiano, com 61 km²), Nauru (a menor *República* do mundo, situada no Pacífico Sul, com apenas 21 km²) e o Vaticano (dentro da cidade de Roma, na Itália, com 0,44 km²), em nada influindo essa característica específica para a caracterização jurídica dos Estados como sujeitos do Direito Internacional Público. A qualidade de membro das Nações Unidas também não está condicionada pelo tamanho geográfico do Estado em causa. Vários Microestados são exemplos disso, como Luxemburgo, Ilhas Maldivas, Butão, Cabo Verde, Samoa, Granada e São Tomé e Príncipe.[20]

Quando se diz que o Estado compreende um território *determinado*, não se está querendo dizer que devam ser os seus limites territoriais perfeitamente demarcados.[21] O que se exige é um mínimo de *estabilidade territorial* e sua delimitação. Nada impede, no que tange à qualificação jurídica dos Estados como entes soberanos, que algumas de suas fronteiras

---

[17] Jorge Miranda. *Teoria do Estado e da Constituição*, cit., p. 129.

[18] Cf. Jorge Miranda. Idem, pp. 130-131.

[19] Cf. Clóvis Bevilaqua. *Direito público internacional...*, t. I, cit., p. 277. Nesse sentido, *v.* ainda Celso D. de Albuquerque Mello, *Curso de direito internacional público*, vol. I, cit., p. 367; Antonio Remiro Brotons (*et al.*), *Derecho internacional*, cit., p. 98; e James Crawford, *Brownlie's principles of public international law*, cit., p. 203.

[20] Cf. Ian Brownlie. *Princípios de direito internacional público*, cit., p. 97.

[21] Cf. Marcel Sibert. *Traité de droit international public: le droit de la paix*, vol. I. Paris: Dalloz, 1951, p. 99.

Parte II • Cap. II • O ESTADO NO DIREITOINTERNACIONAL PÚBLICO | **401**

não estejam ainda *perfeitamente* estabelecidas, como ocorreu com o Brasil até o começo do século XX e com vários outros países ibero-americanos, antigas colônias da coroa espanhola.[22] Lembre-se que a Albânia foi reconhecida por vários Estados, não obstante suas fronteiras não estarem estabelecidas. Lembre-se, ainda, que o Estado de Israel nasceu, em 1948, quando suas fronteiras ainda não estavam nitidamente definidas, o que não foi empecilho para a criação e posterior existência do Estado Hebreu. Portanto, falar em território *determinado* não significa outra coisa senão que existem limites suficientemente estabelecidos, em relação aos quais se pode dizer que é *conhecida* a delimitação territorial (e o campo de aplicação *ratione loci* do sistema jurídico) de determinado Estado.[23]

Não é incomum, em doutrina, mencionar as embaixadas (assim também os navios e aeronaves militares) como *extensão do território* dos seus respectivos Estados. Tais afirmações, que normalmente aparecem em certa doutrina, estão inteiramente equivocadas. O Direito Internacional há tempos abandonou a ficção da extraterritorialidade, por desnecessária e contestada pelos juristas mais proeminentes. O caso talvez mais antigo relativamente ao tema tenha sido o decidido em 13 de outubro de 1965 pela Corte de Cassação da França, num caso em que um cidadão russo (chamado Nikitschenkoff) tentara assassinar um secretário da embaixada da Rússia em Paris, tendo sido preso (dentro da embaixada e a pedido desta) pelas autoridades francesas. A solicitação de extradição do indivíduo feita pelo governo russo ao governo francês foi recusada pela Corte, por entender que a embaixada não era extensão do território russo em Paris, tendo o processo seguido normalmente o seu curso em Paris, findando com a condenação do criminoso de acordo com as leis locais. Na sentença respectiva – comenta Accioly – o tribunal parisiense entendeu que a regra da imunidade de jurisdição somente cobria diplomatas estrangeiros, e não um estrangeiro sem esse caráter, o qual residia na França e, portanto, sujeitava-se às leis francesas; e acrescentou o mesmo tribunal que o lugar do crime não poderia ser considerado como fora dos limites do território francês.[24] Portanto, o que as embaixadas têm (assim como os navios e as aeronaves castrenses) é uma *inviolabilidade* garantida tanto pelo costume como por normas convencionais, em especial a Convenção de Viena sobre Relações Diplomáticas de 1961. A sede da embaixada ou da missão está sujeita às leis e regulamentos locais (do Estado acreditado), regendo-se por essa lei os atos e fatos ali ocorridos.[25] A inviolabilidade das embaixadas impede que autoridades do Estado acreditado nela ingressem sem prévia autorização (*v.g.*, uma liberação de ingresso expedida pelo embaixador). Ademais, o Estado estrangeiro – do qual a embaixada é apenas uma *sede* – tem imunidade à jurisdição local, bem como os membros e pessoal da missão; tal não ocorre com o *imóvel* da embaixada, que é território do país local. Daí o equívoco de dizer-se que este imóvel (que serve como sede da embaixada e da missão diplomática) é território estrangeiro por extensão. Trata-se de imóvel situado em território do próprio país onde se localiza (*v.g.*, a embaixada da Itália em Brasília situa-se em território *brasileiro*). Assim, por exemplo, se um navio

---

[22]   Cf. Gilda Maciel Corrêa Meyer Russomano. *Direito internacional público*, cit., p. 194.

[23]   É claro, contudo, que dentro dessa porção conhecida de terra deve haver a *permanência* de certo grupo de pessoas, não se podendo formar um Estado com povos nômades, como são, por exemplo, os Tuaregues do Saara. *V.* Hildebrando Accioly. *Tratado de direito internacional público*, vol. I, cit., p. 112.

[24]   Hildebrando Accioly. *Tratado de direito internacional público*, vol. I, cit., pp. 466-467.

[25]   *V.* Haroldo Valladão. *Direito internacional privado*, 4ª ed. Rio de Janeiro: Freitas Bastos, 1974, p. 270.

militar fosse realmente território do Estado a que sua bandeira representa, as leis sanitárias e os regulamentos portuários não poderiam jamais ser-lhe aplicados, coisa que jamais se pretendeu até hoje.[26]

c) *Governo autônomo e independente*. Trata-se, agora, do *elemento político* do conceito de Estado, representado, primeiramente, pela sua capacidade de eleger a forma de governo que pretende adotar, sem a ingerência ou a intromissão de terceiros Estados (ou quaisquer outras entidades exteriores) nos seus respectivos assuntos internos. Da mesma forma, em segundo lugar, é necessária a liberdade de condução de suas políticas interna e externa sem que haja qualquer tipo de subordinação jurídica *vis-à-vis* de um poder externo. Em suma, não há *Estado* sem um poder *governante* capaz de organizar e manter a ordem política interna (incluindo todo o conjunto dos poderes públicos) e de participar das relações internacionais com total independência. É indiferente a forma de governo que ali se adote, desde que a *ordem política* do Estado esteja regularmente constituída, podendo ele impor a sua autoridade à sociedade. Tal exercício de poder deve ser, ademais, *efetivo* (concreto) e *legítimo* (ou seja, aceito pela sociedade internacional como um governo que não chegou ao poder em violação dos princípios básicos do Direito Internacional), requisitos sem os quais não se pode falar em verdadeira autonomia e independência.

O governo do Estado pode então ser definido como aquele *capaz* de decidir de modo definitivo dentro do território estatal, não admitindo a ingerência de nenhuma outra autoridade exterior, bem como de participar da arena internacional e de conduzir sua política externa sem a intromissão de terceiros Estados. A *capacidade* referida é corolário da *efetividade* que deve ter o governo, permitindo-lhe exercer todas as suas funções, "inclusive a manutenção da ordem e da segurança internas, e a execução dos compromissos externos".[27] Assim, tem-se que o governo do Estado tem dupla função: *a*) internamente ele administra o país; e *b*) por outro lado, internacionalmente, é ele que participa das relações internacionais do Estado, conduzindo a sua política externa. No primeiro caso, fala-se em *soberania interna* e, no segundo, em *soberania externa*. Muitos autores chegam mesmo a afirmar que apenas esta última função (direção das relações internacionais do Estado) é que dá ao governo o *status* de autônomo e independente. Assim leciona Brierly, para quem ao Direito Internacional "não interessam todas as instituições a que na linguagem corrente se chama Estados, mas apenas aquelas cujo governo tem poderes para dirigir as suas relações exteriores".[28] Contudo, nem sempre os elementos citados acima se fazem presentes quando da formação de um Estado. Alguns Estados (como Burundi e Ruanda) já foram admitidos como membros das Nações Unidas, na 17ª Reunião da Assembleia Geral, sem que estivessem seus governos totalmente organizados.[29]

O conceito de governo autônomo e independente induz à ideia de *Estado soberano*, que é aquele que, em última análise, não reconhece nenhum poder superior capaz de ordenar o exercício de suas competências internas, cedendo apenas a essa intangibilidade para se pôr ao lado de seus homólogos na realização do ideal comum de construção da

---

[26] V. Luis Ivani de Amorim Araújo. *Curso de direito internacional público*, cit., pp. 116-117; e ainda Thomas Joseph Lawrence, *Les principes de droit international*, Oxford: Imprimerie de l'Université, 1920, p. 232.

[27] Dinh, Daillier & Pellet. *Direito internacional público*, cit., p. 426.

[28] J. L. Brierly. *Direito internacional*, cit., p. 124.

[29] Cf. Ian Brownlie. *Princípios de direito internacional público*, cit., p. 85.

Parte II · Cap. II · O ESTADO NO DIREITOINTERNACIONAL PÚBLICO | **403**

ordem internacional, e na medida necessária para que tal ordem se desenvolva e se torne a gestora dos interesses comuns das várias nações do planeta. A ideia de gerência independente dos assuntos internos (*v.g.*, dos meios de atuação política, das definições das suas competências etc.) é corolário do princípio da *Kompetenz-Kompetenz* ("competência da competência") desenvolvido pelo jurista alemão Jellinek ao final do século XIX. Para além de ser apenas uma ideia doutrinária, a *soberania* (que, entretanto, não se confunde com o *governo* propriamente dito) encontra-se atualmente dentro do quadro dos textos de Direito Internacional Público positivo, dentre os quais merece destaque o disposto no art. 2º, § 1º, da Carta das Nações Unidas de 1945, segundo o qual a ONU se baseia "no princípio da igualdade soberana de todos os seus membros". Perceba-se que a Carta da ONU faz referência à soberania com igualdade (*igualdade soberana...*), o que já leva ao entendimento de que a soberania moderna tem limites, encontrados nas próprias normas internacionais gerenciadoras das atividades dos Estados (não mais se podendo falar, portanto, em soberania como poder ilimitado e ilimitável do Estado, tal como formulado por Jean Bodin).[30] Se assim é, tem-se que o requisito do "governo autônomo e independente" (terceiro elemento constitutivo do conceito de Estado) não necessita de ter por esteio ou por plataforma uma noção de soberania *absoluta* que já não mais existe. O governo será autônomo e independente se tiver condições de conduzir a sua política (interna e externa) sem qualquer tipo de subordinação jurídica *vis-à-vis* de um poder externo. Por isso, o terceiro elemento constitutivo do conceito de Estado (cujo estudo ora nos ocupa) não é a "soberania" e sim o "governo autônomo e independente", assim entendido aquele capaz de decidir de modo definitivo dentro do seu território, sem a intromissão de qualquer outra autoridade exterior, bem como de participar da arena internacional e de conduzir a sua política externa sem a intromissão de terceiros Estados.

Frise-se que a existência do Estado como ente soberano (no sentido de soberania aqui empregado) depende, em grande parte, de sua *organização política*. Daí o motivo pelo qual deva existir, em sentido *lato*, governo e poder político autônomos, sendo essa *autonomia* o elemento basilar de coordenação de toda a associação de pessoas componentes do Estado. Ou seja, é necessária a existência de um poder político organizado, com competências e finalidades bem estabelecidas, que possa gerir os interesses nacionais por meio de órgãos competentes, os quais também devem ser responsáveis pela autonomia interna e pela independência internacional do Estado. Tal *independência* é representada, na Convenção de Montevidéu de 1933, como a capacidade de manter relações internacionais com outros Estados. Mas sabemos que isso é pouco. O Estado deve ser também independente quanto à sua política *interna*, podendo conduzi-la sem a interferência de outras potências. Essa *autocapacidade* da qual deve ser dotado o Estado, permitindo-o atuar com liberdade quer interna quer internacionalmente, se exprime nas várias formas de sua atuação política e deve estar coordenada com os interesses dos seus indivíduos e os do próprio Estado, quando atua, por exemplo, ao lado de outros entes soberanos no cenário internacional.

Mas frise-se que o conceito de "independência", que está à base do de "autocapacidade", não conota propriamente *coesão* estatal, tampouco a impossibilidade de um Estado constituído sob esse título vir a se desintegrar, transformando-se em outros Estados, cada qual também dotado de independência. Também não significa que os poderes que tem um determinado

---

30 Ao tema da *soberania* voltaremos na Seção III, item nº 2, *b*, *infra*.

Estado sejam *ilimitados* e não encontrem qualquer ordem de impedimentos. Assim, a *autocapacidade* (e, consequentemente, a *independência*) significa apenas que os Estados são *livres* para se autoconduzirem, tanto interna como internacionalmente, sem interferências de outros Estados em seus negócios próprios.

Os Estados dotados de governo autônomo e independente, e detentores de autocapacidade, têm então o que se chama de *capacidade internacional plena*, possuindo o poder de celebrar tratados com as demais potências estrangeiras (*jus tractuum*), o de participar das relações internacionais, enviando e recebendo acreditados diplomáticos (*jus legationis*) e o de deflagrar a guerra, quando esta estiver autorizada pelo Direito Internacional Público (*jus belli*). Frise-se que não se retira dos Microestados já citados, como Mônaco, Andorra, Liechtenstein, San Marino, Nauru e o Vaticano, a autocapacidade requerida pelo Direito Internacional, devendo-se lembrar que esses Estados citados foram inclusive admitidos na Organização das Nações Unidas e em outras organizações universais desde o início dos anos noventa.

d) Finalidade. Este último elemento constitutivo do conceito de Estado – que talvez possa ser chamado de *elemento social* do Estado – traduz-se na ideia de que o Estado deve sempre perseguir uma *finalidade*. Objetivamente, tal finalidade pode exprimir-se no papel que o Estado tem no desenvolvimento de sua própria história e da humanidade; subjetivamente, pode-se considerar que o Estado se constitui em um *meio* para que os indivíduos alcancem os seus fins particulares. Nessa ordem de ideias, o desenvolvimento da personalidade dos seus integrantes (do seu povo) é que deve ser o *fim* perseguido pelo Estado, que deve sempre buscar o bem comum de cada um dos indivíduos que o compõem.

Não se pode mais entender, como outrora já se entendeu, que o Estado tem por única e exclusiva finalidade extrair de sua coletividade humana o máximo de proveito em prol de si mesmo, de seus exclusivos interesses particulares, sem se preocupar com o bem-estar dos seus cidadãos. Portanto, não são os indivíduos que existem *para* o Estado, mas este que se forma em relação àqueles, e por isto tem o dever de proteger-lhes e garantir-lhes os meios necessários para a sua plena realização pessoal.

3. Formação do Estado. Assim como todos os organismos e os próprios seres humanos, os Estados também têm o seu processo de desenvolvimento, que começa com o seu nascimento, passa por sua transformação e pode terminar com a sua extinção. Já houve entendimento por parte de alguns juristas no sentido de que o nascimento ou a formação do Estado é um *fenômeno* que, em princípio, foge ao universo das regras jurídicas, estando mais intrinsecamente ligado à história e à sociologia.[31] Ter-se-ia, nessa ordem de ideias, um processo *primário* e um processo *secundário* de formação dos Estados: por meio do primeiro, estariam as primitivas formas do *estabelecimento* e da *conquista*, e pelo segundo, as formas mais recentes da *emancipação*, da *secessão* e da *fusão*. Mas esta opinião foi contestada pela Escola de Viena (que teve em Hans Kelsen o seu maior expoente), que entendia que o nascimento e a extinção do Estado dependem, em grande escala, do ordenamento jurídico internacional, e não somente de fatores e eventos sócio-históricos.

---

[31] V. Hildebrando Accioly & Nascimento e Silva. *Manual de direito internacional público*, cit., p. 76.

Parte II · Cap. II · O ESTADO NO DIREITOINTERNACIONAL PÚBLICO | **405**

Em verdade, o Direito Internacional não tem suas preocupações exclusivamente voltadas para o fenômeno do nascimento e da extinção de Estados, senão em relação às consequências que advêm do seu aparecimento no cenário internacional.[32] Por tal motivo é que *também* interessa à nossa disciplina alguns aspectos relativos à formação dos Estados, que ocorre quando os seus elementos constitutivos (*povo, território, governo e finalidade*) mutuamente se integram. Esta integração converge para o que se chama de *soberania* que, modernamente, deve ser entendida como: *a*) o poder que o Estado tem de impor e resguardar, dentro das fronteiras de seu território e em último grau, as suas decisões (*soberania interna*); e *b*) a faculdade que ele detém de manter relações com Estados estrangeiros e de participar das relações internacionais, em pé de igualdade com os outros atores da sociedade internacional (*soberania externa*). Esta última expressão é, às vezes, contestada por certa parte da doutrina, que leciona não existir uma soberania propriamente *externa*, sem embargo de a própria Carta das Nações Unidas se referir, no já citado art. 2º, § 1º, à "igualdade soberana de todos os seus membros". O certo é que as duas maneiras (acima descritas) de se entender o conceito contemporâneo de soberania ajudam a minimizar os efeitos da aparente (e clássica) contradição entre ela e o Direito Internacional Público, uma vez que se passa a entender que os efeitos da manifestação soberana do Estado encontram-se condicionados ao princípio jurídico da igualdade.

Historicamente, pode-se verificar diversos modos de formação dos Estados, tendo sido mais comuns os seguintes meios de expressão de sua formação:

a) *Fundação direta* – consistente no estabelecimento permanente de uma população em um dado território sem dono (*res nullius*), com a instituição de um governo organizado e permanente. Esta foi a forma de nascimento dos Estados na Antiguidade clássica e também na Idade Média. A legitimidade da posse sobre essas terras era normalmente confirmada por uma manifestação pontifícia, a exemplo da bula *Inter Coetera* do Papa Alexandre VI, de 4 de maio de 1493, que atribuiu a Portugal e à Espanha a posse das terras da América, que um ano antes haviam sido "descobertas" por esses dois países. Atualmente, com a dominação completa de todo o globo terrestre (onde não existe mais lugar desconhecido e desabitado no planeta), essa maneira de formação do Estado se tornou obsoleta (devendo-se recordar, contudo, que a existência de uma ocupação, no passado, dá ainda lugar a litígios internacionais no presente). Como exemplos desse tipo de formação, tem-se, em primeiro lugar, o caso da República do Transvaal (1837), ocupada por holandeses que deixaram a Colônia do Cabo em 1836, dirigindo-se para o *hinterland* sul-africano, localizando-se além do Rio Vaal. Tem-se também o caso da Libéria, criada depois que entidades norte-americanas conseguiram dos chefes nativos locais concessões territoriais na Costa da Guiné em 1821, enviando para lá escravos libertos.[33]

b) *Emancipação* – por meio do qual um Estado se liberta de seu dominante (como no caso das colônias) ou do jugo estrangeiro, seja de forma pacífica, seja em virtude de uma rebelião. Dentre os vários exemplos da primeira modalidade de emancipação podem ser citados os casos da independência dos Estados Unidos (1776), do Brasil (1822) e das repúblicas hispano-americanas (entre 1810 e 1825). Também a Bélgica, em 1830, sublevou-se contra a Holanda, emancipando-se. Casos típicos da segunda forma de emancipação encontram-se

---

32   Cf. Marcel Sibert. *Traité de droit international public: le droit de la paix*, vol. I., cit., pp. 189-190.

33   Cf. Hildebrando Accioly & Nascimento e Silva. *Manual de direito internacional público*, cit., p. 77.

na Grécia (1830), em Montenegro, Romênia e Sérvia (1878), que se libertaram da suserania da Turquia, e no Panamá (1903).

c) Separação ou *desmembramento* – que tem lugar quando um Estado se separa ou se desmembra, para dar lugar à formação de outros. Num mundo como o atual, já totalmente ocupado e onde não resta mais um metro quadrado sequer a ser descoberto, parece lógico que a criação de novos Estados não pode ter lugar senão por meio da separação ou do desmembramento (e também da *fusão*, que será vista em seguida) de Estados já existentes. Podem ser citados os exemplos clássicos da Áustria, da Hungria e da Tchecoslováquia, que se desmembraram em consequência da extinção, em 1918, do Império Austro-Húngaro, e também da Finlândia, da Estônia, da Lituânia, da Letônia e da Polônia, na mesma época, em decorrência da dissolução do Império Russo.[34] Na América Latina, tem-se o exemplo da Grã-Colômbia, dissolvida em 1830 para dar lugar ao nascimento das Repúblicas de Nova Granada (hoje a Colômbia), Venezuela e Equador. Há também o caso do desmembramento de uma colônia de sua metrópole, como foi o caso dos Estados Unidos da América que, em 1776, sublevou-se das colônias inglesas da América do Norte contra a Grã-Bretanha, e também do Brasil, que proclamou sua independência de Portugal em 1822 (frisando-se que o Brasil nunca foi propriamente *colônia* de Portugal, uma vez que o nosso território era, à época, considerado não somente como explorado pela coroa portuguesa, mas sim como *território português* mesmo, localizado além- mar).[35] Mais recentemente, cite-se o caso do desmembramento do Sudão, em 9 de julho de 2011, dividido a partir dessa data em *Sudão* e *Sudão do Sul* (este último passando a ser o 54º Estado africano oficial). Por sua vez, emprega-se o termo *secessão* quando se quer designar desmembramentos estranhos a um processo de *descolonização*, tal o que ocorreu em 1838, quando a Federação Centro-Americana se dividiu em cinco outros Estados (Costa Rica, El Salvador, Guatemala, Honduras e Nicarágua); quando a União Soviética se dissolveu em 1991; e ainda quando a Tche-

---

[34] Cf. Gilda Maciel Corrêa Meyer Russomano. *Direito internacional público*, cit., p. 198.

[35] *V.*, a esse respeito, a lição precisa de Pontes de Miranda: "A primeira estrutura do Brasil não foi a da colônia, como Angola e o Oriente, – foi a das ilhas portuguesas do Atlântico. Verdadeiramente, com o regime das capitanias, entregues a homens de valor aqui e fora daqui, o Brasil não fôra colônia. O momento em que o pretenderam colonizar foi exatamente depois de 1808. A finalidade política consistia em estender pelas três dimensões geográficas a dimensão populacional, a de religião, ou de moral, a de direito e a de economia. O povo português serviu à primeira, mais o negro escravizado; à segunda, o jesuíta, o que significa o maior proveito de cristianização e aldeamento, com o mínimo de internacionalismo religioso. (...) O gênio político português criou a técnica do 'domínio', no sentido que depois se adotou no Império britânico. O poder do Rei, com as doações, quase sempre hereditárias, era fragmentado, para se investirem de poderes soberanos os donatários. Quem quer que leia a carta concedida a Bartolomeu Perestrelo, a 1 de novembro de 1446, quanto à ilha de Porto Santo, e as outras cartas, para as demais ilhas do Atlântico, percebe que havia duas categorias jurídicas de direito público: a doação de domínio e jurisdição e a de 'carrego e capitania'. Pedaços de Portugal, frisa Oliveira Martins, destacados do continente. (...) A personalidade de Martim Afonso de Sousa, e a gente que veio com ele, os atos que praticou, mostram que o Brasil – ainda nesse tempo – não foi colônia. (...) O português que se implantou no Brasil moveu-se de um pedaço de terra portuguesa para outra, tão sua e tão idêntica ao pequenino Portugal quanto as terras que além do Minho e do Tejo tomaram aos Muçulmanos e aos reinos espanhóis. (...) Não julguemos sem justiça os reis da península, portugueses e espanhóis: eles iam, vencedores de Roma, pedir perdão ao Papa; permitiam ao povo usar da espada para se defenderem dos nobres; mas, em vez de passarem do feudalismo para a democracia, trocaram a oligocracia pela monocracia" (*Comentários à Constituição de 1946*, vol. I, 2ª ed. rev. e aum., São Paulo: Max Limonad, 1953, pp. 234-235).

Parte II · Cap. II · O ESTADO NO DIREITOINTERNACIONAL PÚBLICO | **407**

coslováquia se dividiu em duas soberanias, em 1º de janeiro de 1993. Na Iugoslávia, quando se tentou unir países de etnia e religiões diferentes, operou-se também o desmembramento, à custa inclusive de um sangrento conflito interno. O nascimento do Estado por secessão assemelha-se ao resultante de emancipação, mas não provém propriamente de atos de sublevação popular ou de libertação de um governo estrangeiro, mas sim do desmembramento de um império, ou da separação de um país que se achava incorporado a outro, ou da dissolução dos laços de uma União Real, ou dos de uma espécie de Federação, em que as partes federadas reclamam independência etc.[36]

d) Fusão – por meio da qual um Estado-núcleo absorve dois ou mais Estados, reunindo--os (1) num só ente para a formação de um só Estado, ou ainda (2) pela junção de territórios formando um Estado novo. Tem-se como exemplo da primeira modalidade de fusão o Reino da Itália, que nasceu no século XIX, da unificação dos ducados de Modena, Parma e Toscana e o Reino de Nápoles, incorporados ao Piemonte para formar uma só potência estrangeira em 1860. Da mesma forma foi a formação do Império da Alemanha, em 1870. Posteriormente à Segunda Guerra, pode-se destacar a fusão bem-sucedida de Zanzibar e Tanganica, em 1964, que acabou por formar a Tanzânia; e do Iêmen do Norte com o Iêmem do Sul (pelo acordo de Saana, de 22 de abril de 1990), que findou com a formação do Iêmem. As então assim chamadas Tchecoslováquia e Iugoslávia são, por sua vez, exemplos da segunda forma de fusão, pela junção do que sobrou do antigo império austro-húngaro, extinto em 1919.

Os casos acima estudados referem-se àquelas situações em que os Estados nascem de situações *fáticas*, mas nada impede que um Estado venha a se formar em decorrência de *atos jurídicos*, seja de Estados preexistentes, seja de um organismo internacional. Tal se dá em decorrência de três fatores distintos: 1) por meio de *lei interna*, a exemplo dos sucessivos *Acts* do Parlamento britânico criando os *Domínios*, assim como o plebiscito ratificado pelo Parlamento que culminou com a separação de Sérvia e Montenegro (Estado Federal com aproximadamente três anos de duração – de 2003 a 2006 – situado nos Balcãs, último resquício da antiga Iugoslávia); 2) por meio de *tratado internacional*, como ocorreu em 1921, entre a Inglaterra e a Irlanda, quando, por meio de tratado criou-se o Estado Livre da Irlanda; e 3) por *decisão de um organismo internacional*, como se verificou na formação do Estado de Israel, mediante Resolução da Assembleia Geral das Nações Unidas, de 29 de novembro de 1947.

4. Reconhecimento de Estado e de governo. A partir do momento em que, *de facto*, se forma o Estado, pela integração de uma sociedade humana em um dado território e sob a autoridade de um governo independente, surge o problema do seu reconhecimento pelos demais Estados participantes da sociedade internacional. Assim, surgindo o Estado, pleno em sua soberania, o exercício dos direitos e prerrogativas inerentes à sua condição de sujeito do Direito Internacional está condicionado à sua *admissão* no seio da sociedade internacional, a fim de que possa ele manter relações com os seus demais componentes. Essa admissão do Estado pelos demais membros da sociedade internacional é o que se chama de *reconhecimento de Estado*. Por outro lado, quando o Estado *já existe* como tal, mas sobrevém uma mudança em seu governo, em desacordo com as normas constitucionais em vigor, passa a ter existência o problema do reconhecimento do governo *de fato*, como veremos à frente.

---

[36]   Cf. Hildebrando Accioly. *Tratado de direito internacional público*, vol. I, cit., p. 153.

Não se tem uma definição precisa para o reconhecimento de Estado. Para os fins do Direito Internacional, o reconhecimento do Estado é um "ato livre pelo qual um ou mais Estados reconhecem a existência, em um território determinado, de uma sociedade humana politicamente organizada, independente de qualquer outro Estado existente e capaz de observar as prescrições do Direito Internacional", tal como definido pelo *Institut de Droit International* na sua reunião de Bruxelas de 1936, de que foi relator Philip Marshall Brown.[37]

O reconhecimento constitui a constatação formal – que normalmente se faz por meio de atos diplomáticos – de que novo ente soberano internacional passou a ter existência, de forma concreta e independente, e já está apto para manter relações com os demais componentes da sociedade internacional. Portanto, significa uma decisão do governo de um Estado de aceitar como membro componente da sociedade internacional outra entidade que acaba de se formar. Mas frise-se que tal reconhecimento nem sempre é simples, podendo demorar anos e envolver uma gama imensa de negociações e tratativas internacionais. Foi o que ocorreu com o Brasil, que proclamou sua independência em 7 de setembro de 1822, mas só obteve o seu reconhecimento pelo Rei de Portugal em 29 de agosto de 1825, por meio do Tratado de Paz e Aliança,[38] mediante bons ofícios da Grã-Bretanha, no qual se encontravam enumeradas as *condições de reconhecimento*, inclusive as financeiras. O primeiro país a reconhecer o Brasil, contudo, foram os Estados Unidos da América, em 26 de maio de 1824.[39]

Os Estados passam a ter existência, com os seus atributos de soberania e independência, a partir do momento em que aparecem no cenário internacional, com seus quatro elementos constitutivos próprios. Mas eles somente têm o seu *reconhecimento* efetivado a partir do instante em que começam a participar da vida da sociedade internacional e do momento em que os demais Estados dela integrantes reconhecem a sua existência.[40] Pelas regras do direito positivo, o reconhecimento do Estado é um *direito* deste, quando se apresenta revestido dos caracteres inerentes à sua condição de ente estatal. Em contrapartida, consiste num *dever* dos demais componentes da sociedade internacional reconhecer o novo Estado dotado de tais características, levando-se em consideração o princípio da coexistência pacífica e harmônica da sociedade internacional.

O não reconhecimento apenas terá lugar caso o novo Estado tenha sido criado em total desacordo com as regras do direito das gentes, resultando de um ato ilícito internacional. Em 1931, essa doutrina ganhou especial destaque em virtude de nota enviada pelo então Secretário de Estado norte-americano Henri Stimson, aos governos da China e do Japão, por ocasião do conflito surgido entre ambos, ocasionando o não reconhecimento, por parte dos Estados Unidos da América, do então criado Estado da Manchúria, à época fração do território chinês.[41] Esta tese, contudo, já tinha sido defendida, em 1921, pelo brasileiro Cincinato Braga, delegado brasileiro junto à Segunda Assembleia da Liga das Nações, que formulou,

---

[37] V. Art. 1º da Resolução sobre o reconhecimento de novos Estados e de novos governos.

[38] Trata-se do primeiro tratado internacional celebrado na história diplomática brasileira. Registre-se a curiosidade de ter sido ele "redigido em um caderno comum de papel almaço" (João Hermes Pereira de Araújo. *A processualística dos atos internacionais*, cit., p. 49).

[39] V. Hildebrando Accioly. *Tratado de direito internacional público*, vol. I, cit., p. 165-166.

[40] Cf. Clóvis Bevilaqua. *Direito público internacional...*, t. I, cit., pp. 44-45.

[41] Cf. Luis Ivani de Amorim Araújo. *Curso de direito internacional público*, cit., pp. 139-140.

Parte II • Cap. II • O ESTADO NO DIREITOINTERNACIONAL PÚBLICO | **409**

naquela ocasião, "uma proposta de emenda ao pacto, na qual, de certo modo, se encontrava contida a doutrina do não reconhecimento, sob a forma de um *bloqueio jurídico universal*".[42]

O reconhecimento do Estado possui uma dupla característica: *a*) primeiro, demonstra a existência do Estado como sujeito do Direito Internacional, e *b*) segundo, constata que possui as condições necessárias para participar das relações internacionais e que a sua existência não contrasta com os interesses dos Estados que o reconhecem. Ademais, a vantagem para uma coletividade em ser reconhecida como Estado está em ver a sua soberania formalmente respeitada, o que não se dá com as coletividades que ainda não atingiram o reconhecimento.[43]

São duas as principais doutrinas que, ainda hoje, buscam explicar a natureza jurídica do reconhecimento dos Estados: a teoria *constitutiva* e a *declaratória*.

Para a teoria *constitutiva* – defendida, entre outros, por Jellinek, Triepel, Kelsen, Anzilotti e H. Lauterpacht –, também chamada de *teoria do efeito atributivo*, a personalidade jurídica internacional do Estado *lhe é atribuída* pelo ato político do reconhecimento. Em outras palavras, o reconhecimento é que *cria* o Estado na sua condição de sujeito do Direito Internacional Público. Portanto, segundo esta concepção, antes de ser reconhecido como Estado, este ainda não detém personalidade jurídica internacional, não podendo então participar (contraindo direitos e obrigações) da sociedade internacional.[44] Tal teoria não passou incólume às críticas da doutrina, dentre as quais a de que eventual não reconhecimento não poderia confirmar a assertiva "de que um Estado não reconhecido não tem direitos nem deveres ante o direito internacional".[45] Já para a teoria *declaratória*, seguida pela grande maioria dos internacionalistas (entre os quais se destacam Fauchille, Antokoletz, Delbez, George Scelle, Brierly, Marcel Sibert, Rivier, Cassese e, entre nós, Bevilaqua e Accioly), o reconhecimento do Estado decorre da simples *admissão* pelos demais atores (estatais) da sociedade internacional de que o Estado em causa tem personalidade jurídica própria. Nos termos dessa concepção, o reconhecimento não *confere* ao Estado personalidade jurídica internacional, mas apenas *declara* que ele faz jus a esta qualificação jurídica quando reúne os requisitos essenciais para sua existência (comunidade de indivíduos, território determinado, governo independente, finalidade etc.).[46] Ou seja, um novo organismo, possuidor dos elementos constitutivos do

---

[42] V. Hildebrando Accioly. *Tratado de direito internacional público*, vol. I, cit., p. 159, nota nº 2.

[43] Cf. Celso D. de Albuquerque Mello. *Curso de direito internacional público*, vol. I, cit., p. 400.

[44] Veja-se, a propósito, a crítica de Ian Brownlie, nestes termos: "Como questão de princípio, este resultado é impossível de aceitar: está claramente estabelecido que os Estados não podem, através do seu juízo independente, conferir a outros Estados competências que são estabelecidas pelo Direito Internacional e que não dependem de acordo ou concessão" (*Princípios de direito internacional público*, cit., p. 102).

[45] J. L. Brierly. *Direito internacional*, cit., p. 136.

[46] Como informa Malcolm Shaw, o Reino Unido, *v.g.*, "tende a oferecer seu reconhecimento uma vez esteja convicto de que as autoridades do Estado em questão satisfizeram as exigências mínimas do direito internacional e detêm um controle efetivo, e tendente à continuidade, sobre o território do país". O autor, apesar de entender que esse reconhecimento "é constitutivo *num sentido político*, pois dá à nova entidade o caráter de um Estado na comunidade internacional e evidencia a aceitação de seu novo *status* político pela sociedade das nações", esclarece, porém, que tal "não significa que o ato de reconhecimento seja *legalmente* constitutivo, uma vez que não é por ele que a nova entidade adquire direitos e deveres". E arremata: "No decorrer dos últimos cem anos, mais ou menos, a prática internacional não tem sido uniforme; mas, de modo geral, demonstra que a abordagem declaratória é a melhor das duas" [grifos nossos] (*Direito internacional*, cit., p. 304).

Estado, não deixa de ser Estado por não ter sido reconhecido. O reconhecimento, nesse caso, não *constitui* e não *cria* a personalidade internacional do Estado (que já foi previamente conferida *ope legis*), mas apenas *declara* a sua existência no plano externo.[47] Daí se entender infundada a teoria constitutiva, que além de não respeitar o princípio da efetividade, faz ainda tábula rasa do princípio da igualdade soberana dos Estados.

Em verdade, o Estado como tal já *existe* antes do seu reconhecimento por parte dos demais atores estatais da sociedade internacional, de modo que a sua existência (ou seja, a sua personalidade jurídica) não decorre do seu reconhecimento (ou seja, aquela não existe em função deste, que nada mais é do que a constatação de um *fato*), mas, pelo contrário, o seu reconhecimento é que se dá em virtude de sua anterior existência. Ou seja, a existência política do Estado é independente do seu reconhecimento por parte dos demais componentes da sociedade internacional, ainda que se saiba que a personalidade internacional não é senão um construído da convivência coletiva. O reconhecimento é apenas um anúncio (ou um sinal) positivo, por parte dos demais Estados, no sentido de poderem ser iniciadas relações diplomáticas amigáveis com ele. Eventual não reconhecimento do novel Estado por parte de outros Estados já existentes significa apenas que estes últimos não desejam manter relações diplomáticas com aquele, e não que a existência desse novel Estado seja duvidosa.[48] Segundo a tese que esposamos, o Estado, mesmo antes de ser reconhecido, tem o direito de defender a sua integridade e independência, de promover a sua conservação e prosperidade – e, por conseguinte, de se organizar como melhor entender –, de legislar sobre os seus interesses, de administrar os seus serviços e de determinar a jurisdição e a competência dos seus tribunais.

A teoria declaratória do reconhecimento parece justificar-se plenamente, à medida em que parte do pressuposto de que tal reconhecimento é *retroativo*, produzindo efeitos que *alcançam* o Estado desde o seu nascimento, o que supõe a conclusão de que o Estado *já existe como tal* antes de ser reconhecido. Portanto, não obstante a importância integradora do reconhecimento de Estado, que faz com que o mesmo *ingresse* permanentemente na confraria dos demais sujeitos da sociedade internacional, a existência política do Estado é independente de seu reconhecimento por parte dos outros Estados. Essa tese anticolonialista e – segundo pensamos nós – em todos os seus termos *correta*, foi adotada pelo *Institut de Droit International*, no art. 1º, segunda parte, da Resolução já citada sobre o reconhecimento de novos Estados e de novos governos, adotada em Bruxelas de 1936, na qual ficou expresso que: "O reconhecimento tem um efeito declaratório". A tese também foi posteriormente alçada à categoria de norma internacional positiva pela Carta da Organização dos Estados Americanos (OEA) de 1948. Segundo o art. 13 da Carta da OEA, a "existência política do Estado *é independente do seu reconhecimento pelos outros Estados*", complementando que

---

[47] Cf. Marcel Sibert. *Traité de droit international public: le droit de la paix*, vol. I., cit., p. 192; Loretta Ortiz Ahlf, *Derecho internacional público*, cit., p. 80; Ian Brownlie, *Princípios de direito internacional público*, cit., p. 101; Gerson de Britto Mello Boson, *Direito internacional público: o Estado em direito das gentes*, 3ª ed., Belo Horizonte: Del Rey, 2000, p. 241; André Gonçalves Pereira & Fausto de Quadros, *Manual de direito internacional público*, cit., pp. 308-309; Jorge Miranda, *Curso de direito internacional público*, cit., p. 232; e James Crawford, *Brownlie's principles of public international law*, cit., pp. 144-145. Uma aplicação moderada de ambas as teorias é encontrada em Peter James Nkambo Mugerwa, in *Manual de derecho internacional público*, Max Sørensen [Editor], cit., pp. 283-285.

[48] Cf. J. L. Brierly. *Direito internacional*, cit., p. 137.

mesmo antes de ser reconhecido, "o Estado tem o direito de defender a sua integridade e independência, de promover a sua conservação e prosperidade, e, por conseguinte, de se organizar como melhor entender, de legislar sobre os seus interesses, de administrar os seus serviços e de determinar a jurisdição e a competência dos seus tribunais". Na sua parte final, o mesmo dispositivo estabelece que o "exercício desses direitos não tem outros limites senão o do exercício dos direitos de outros Estados, conforme o direito internacional". Nos termos do art. 14 da Carta da OEA, o "reconhecimento significa que o Estado que o outorga *aceita a personalidade do novo Estado* com todos os direitos e deveres que, para um e outro, determina o direito internacional".

Uma divergência teórica que se coloca em relação ao tema diz respeito à possível existência de um *direito ao reconhecimento* por parte do novo Estado ou, ainda, à existência de um *dever de reconhecer* para os Estados já integrantes da sociedade internacional. A verdade é que se não há um *dever jurídico* de reconhecimento, este deve ser tratado com uma questão mais política do que jurídica. A Rússia, por exemplo, não foi reconhecida pela Bélgica, Argentina e Suíça, apesar de pertencer à Liga das Nações de 1924 a 1934. Por outro lado, se não existe o dever jurídico de reconhecimento, existe a faculdade do *não reconhecimento* em determinadas circunstâncias, tais como aquelas em que o Estado é oriundo do uso da força (*v.g.*, da violência e da conquista), segundo o reconhecido pelos princípios do Tratado de Renúncia à Guerra (*Pacto Briand-Kellog*), de 1928.

Segundo boa parte da doutrina, o reconhecimento do novo Estado por parte dos demais sujeitos da cena internacional é ato *voluntário* e *unilateral*, destituído de força cogente que obrigue a um reconhecimento forçado, cabendo à sociedade internacional dos Estados resolver o momento que melhor lhe aprouver ou a melhor oportunidade para levar a efeito esse reconhecimento. Trata-se de ato livre dos Estados, por meio do qual eles decidem (politicamente) determinar se aquele ente que se pretende reconhecer preenche ou não as condições necessárias para o seu reconhecimento internacional.[49] De outro lado, outra parte da doutrina também tem entendido que, a partir do momento em que o Estado existe e está apto para relacionar-se com os demais dentro do seio da sociedade internacional, e se ele já apresenta garantias de estabilidade, os outros Estados *não devem recusar-se* ao seu reconhecimento na condição de novo membro dessa mesma sociedade.[50] Se o Estado se mostra suficientemente consolidado e demonstra agir de *boa-fé*, o reconhecimento deve ser automático, ainda que não goze internamente de uma total tranquilidade institucional, mesmo porque esse Estado normalmente está numa fase de *organização* de sua estrutura definitiva, tornando praticamente impossível visualizar-se um quadro interno já totalmente organizado. Como exemplifica Ian Brownlie, poucos defenderiam "o ponto de vista segundo o qual os vizinhos árabes de Israel se podem dar ao luxo de o tratar como uma não entidade". E continua: "Nesse contexto da *conduta* dos Estados, existe um dever

---

[49] Nesse sentido, *v*. Celso D. de Albuquerque Mello, *Curso de direito internacional público*, vol. I, cit., pp. 403-404; e André Gonçalves Pereira & Fausto de Quadros, *Manual de direito internacional público*, cit., pp. 309-310.

[50] Cf. Hildebrando Accioly. *Tratado de direito internacional público*, vol. I, cit., p. 158; e Gilda Maciel Corrêa Meyer Russomano, *Direito internacional público*, cit., p. 201. Nesse sentido é também a lição de Clóvis Bevilaqua, para quem (citando Fiore) a recusa injustificada "é contrária ao direito internacional" (*Direito público internacional...*, t. I, cit., p. 48).

de aceitar e de aplicar certas regras fundamentais do Direito Internacional: pelo menos para certos fins, existe um dever jurídico de 'reconhecer', mas não existe um dever de fazer uma declaração expressa, pública e política, sobre a questão ou de declarar estar-se pronto a estabelecer relações diplomáticas por meio do reconhecimento".[51] Mas é bom fique nítido que o *reconhecimento prematuro* de um Estado pode ser perigoso, devendo ser sopesado com extrema cautela, uma vez que a sua prática poderá ser tida como ingerência indevida em assuntos de interesse doméstico do Estado. Por exemplo, segundo alguns autores, o reconhecimento da Croácia por parte de alguns membros da Comunidade Europeia, Áustria e Suíça (ocorrido em 15 de janeiro de 1992), foi prematuro, uma vez que a Croácia, à época, controlava apenas um terço do seu próprio território.[52]

Em apenas um caso, modernamente raro de ocorrer, uma exceção poderia ser admitida em relação à regra acima colocada, no sentido de *impedir* que os Estados reconheçam a personalidade jurídica do novo Estado: quando este Estado tenha nascido por meio de flagrante violação das normas do direito convencional vigente (entenda-se: em decorrência da prática de um ato ilícito). Trata-se da consagração do princípio segundo o qual *ex injuria jus non oritur*. O exemplo clássico nessa matéria, citado pela maioria da doutrina, diz respeito ao Estado da Manchúria, criado pelo Japão com território tomado à força da China. Esta teoria – também chamada de "doutrina Stimson", porque formulada, em 1932, pelo então Secretário de Estado dos Estados Unidos, Henry Stimson, a propósito da guerra sino-japonesa, deflagrada em 1931 – obteve sua consagração ao tempo da Liga das Nações, com o Tratado Antibélico do Rio de Janeiro e com a Convenção sobre Direitos e Deveres dos Estados, de Montevidéu, ambos de 1933. A nota enviada por Stimson aos governos da China e do Japão, em 7 de janeiro de 1932, a respeito da Manchúria, dizia que: "Os Estados Unidos não têm a intenção de reconhecer situação alguma, tratado ou acordo que possa resultar de medidas contrárias aos compromissos e obrigações do Pacto de Paris [trata-se do *Tratado de Renúncia à Guerra*, de 1928, também chamado de *Pacto Briand-Kellog*]". Contudo, tal doutrina deixou de ser reconhecida no curso e após a Segunda Guerra Mundial, quando muitos Estados viram-se criados, artificialmente, por meio de manobras militares, políticas ou diplomáticas, à custa de outros Estados, ou desapareceram, pelas mesmas razões, em virtude do uso e emprego da força.[53] O Conselho de Segurança da ONU pode também "convidar" os demais membros da sociedade internacional a *não reconhecerem* determinado Estado enquanto nele perdurar uma certa situação de fato (como, *v.g.*, um regime racista etc.). Mais recentemente, como decorrência de uma nova praxe internacional, alguns Estados (sobretudo da Europa Ocidental) têm exigido do Estado que pretende ver-se reconhecido certas *condições ulteriores de reconhecimento*, normalmente baseadas no respeito aos direitos humanos e no direito das minorias.[54]

O termo "reconhecimento" não é um termo técnico, sendo assim dispensável sua presença nos atos diplomáticos ou nas comunicações oficiais dos governos. Ele pode adotar a

---

[51] Ian Brownlie. *Princípios de direito internacional público*, cit., pp. 104-105.

[52] V. Antonio Cassese. *Diritto internazionale*, cit., p. 61.

[53] V. Hildebrando Accioly. *Tratado de direito internacional público*, vol. I, cit., pp. 159-160; Gilda Maciel Corrêa Meyer Russomano, *Direito internacional público*, cit., pp. 201-202; e Oliveiros Litrento, *Curso de direito internacional público*, cit., p. 169.

[54] Cf. Antonio Cassese. *Diritto internazionale*, cit., pp. 61-62.

Parte II • Cap. II • O ESTADO NO DIREITOINTERNACIONAL PÚBLICO | **413**

forma de um acordo, de uma declaração, de uma carta de intenções etc., desde que nesses instrumentos seja demonstrada a vontade de se reconhecer certo Estado.[55]

São várias essas *formas* ou *modalidades* de reconhecimento existentes. A doutrina tem elencado os meios mais comuns de reconhecimento, quais sejam:

a) Individual ou coletivo – conforme seja feito por um Estado ou por vários deles (em conjunto) em um único instrumento diplomático. Relativamente a este último caso, a Comunidade Europeia adotou duas declarações em Bruxelas, em 16 de dezembro de 1991, a fim de reconhecer coletivamente os Estados egressos da antiga URSS e da ex-Iugoslávia (não obstante as dificuldades relativas ao reconhecimento da Eslovênia e da Croácia por parte da Alemanha). Normalmente o reconhecimento coletivo assume essa forma de *declaração conjunta* levada a efeito por um grupo de Estados. O reconhecimento coletivo é um meio político de suma importância para o avanço das relações entre Estados, com muito mais vantagens (e menores riscos) que o reconhecimento individualizado, desde que haja – é certo – um entrosamento amistoso entre os Estados que se propõem a, coletivamente, proceder a certo reconhecimento. Atualmente, explica Ian Brownlie, tem-se entendido que a admissão como membro das Nações Unidas representa, *ope legis*, o reconhecimento "por parte de todos os outros membros, que tivessem ou não votado contra a adesão", tendo os órgãos das Nações Unidas "agido consistentemente na presunção de que Israel se encontra protegido pelos princípios da Carta sobre o uso da força *vis-à-vis* dos seus vizinhos árabes".[56]

Existe ainda o *não reconhecimento coletivo*, que se dá atualmente no seio da ONU quando esta organização se manifesta no sentido de ter ocorrido determinado ato ilegal. No sistema atual de segurança coletiva, é cediço que os Estados-membros das Nações Unidas não devem apoiar práticas ilegais de terceiros Estados, violadoras de tratados internacionais concluídos entre eles. Tal pode dar-se por meio de Resolução do Conselho de Segurança da ONU no contexto da aplicação de uma sanção internacional a determinado Estado.

Não se exclui, também, a possibilidade de o reconhecimento dar-se por tratado bilateral, tal como ocorreu no tratado de paz entre o Império do Brasil e a Argentina (então chamada de *Províncias Unidas do Rio da Prata*) reconhecendo a independência da Cisplatina, que hoje é a República do Uruguai. Um novo Estado pode também ser reconhecido, dentro do quadro do reconhecimento coletivo e mútuo, quando é admitido no seio de uma organização internacional de caráter universal, como é o caso das Nações Unidas. No caso específico da ONU, seu art. 4º, § 1º, condiciona o ingresso a determinadas condições, quando dispõe: "A admissão como membro das Nações Unidas fica aberta a todos os Estados amantes da paz que aceitarem as obrigações contidas na presente Carta e que, a juízo da Organização, estiverem aptos e dispostos a cumprir tais obrigações". São três, portanto, as condições de ingresso dos Estados na Organização das Nações Unidas: serem Estados "amantes da paz", "aceitarem as obrigações" contidas na Carta, e estarem "aptos e dispostos a cumprir tais obrigações". Vale lembrar ainda que o reconhecimento pela ONU depende do voto afirmativo dos cinco membros permanentes do seu Conselho de Segurança, para somente depois ser levado à votação na Assembleia Geral, que geralmente aprova o novo Estado por consenso, o que significa estar o novo Estado diante de um reconhecimento *coletivo* e *voluntário*.

---

55 Cf. Ian Brownlie. *Princípios de direito internacional público*, cit., p. 103.
56 Ian Brownlie. Idem, p. 109.

414 | CURSO DE DIREITO INTERNACIONAL PÚBLICO – *Valerio de Oliveira Mazzuoli*

b) De direito (de jure) *ou de fato* (de facto) – sendo a primeira modalidade resultante quer de uma declaração expressa, quer de um ato positivo que indique com clareza a intenção de conceder esse reconhecimento, a exemplo do estabelecimento de relações diplomáticas. O reconhecimento, nessa primeira modalidade, seria feito de forma *definitiva* e *irrevogável*. A segunda modalidade, decorre de um fato que implique essa intenção, tal como um acordo ou *modus vivendi* com fim limitado e de caráter provisório. Assim é que a Inglaterra não reconhecia publicamente o Império do Brasil, mas lhe recebia plenipotenciários e o cônsul britânico exercia funções diplomáticas no Rio de Janeiro.[57] Característica do reconhecimento *de fato* seria, portanto, a sua forma *provisória* e *revogável*. Alguns autores (como Delbez) se insurgem contra esta última modalidade, que não corresponde à realidade das normas jurídicas, pois o reconhecimento é sempre um *ato jurídico*. Cremos também equivocada esta classificação do reconhecimento em *de jure* e *de facto*, uma vez que ambas produzem efeitos *jurídicos*. Ademais, seja numa seja noutra fórmula, tudo está a depender das reais intenções dos Estados que reconhecem e do contexto geral em que se insere tal reconhecimento. A alusão à definitividade (e irrevogabilidade) do reconhecimento de direito e à provisoriedade (e revogabilidade) do reconhecimento de fato também não convence muito, uma vez que em ambas as modalidades o reconhecimento poderá ser retirado, a menos que exista uma situação muito especial que indique o contrário.

c) Expresso ou tácito – ocorrendo a primeira modalidade quando consta o reconhecimento de documento *escrito*, proveniente do Estado que o realiza, podendo ser um tratado, uma declaração formal, uma nota diplomática, um decreto, um regulamento etc.[58] Não importa aqui a forma do instrumento, mas sua substância ou conteúdo. Tal reconhecimento pode dar-se por meio de tratado internacional multilateral, que é a forma de documento solene mais utilizada no Direito Internacional.

Será *tácito* o reconhecimento do Estado quando se puder inferir, pela prática e pela atitude implícita dos demais membros estatais da sociedade internacional, a vontade de reconhecer como ente soberano o novo Estado. Os comunicados comuns divulgando o estabelecimento de relações diplomáticas entre os países, o envio de agentes diplomáticos ao novo Estado, as reuniões diplomáticas para a celebração de tratados de que participa o novo Estado, e outras práticas congêneres, ainda que sem qualquer menção expressa ao reconhecimento, já configuram tacitamente o reconhecimento de Estado, por serem incompatíveis com a vontade de não reconhecimento. Esse reconhecimento inferido por presunções, porém, pode causar dúvidas, sendo importante aclarar alguns pontos controvertidos da matéria. Assim, a doutrina tem apontado que a simples participação de um Estado num tratado multilateral do qual também participa o Estado não reconhecido não é sinal indicativo de reconhecimento. Da mesma forma, tem-se entendido que a mera presença ou votação de um Estado em reuniões conjuntas em assembleias de organizações internacionais não representa qualquer reconhecimento implícito por parte dos outros Estados ali presentes.[59]

---

[57] Cf. Clóvis Bevilaqua. *Direito público internacional...*, t. I, cit., p. 46.

[58] Cf. Oyama Cesar Ituassú. *Curso de direito internacional público*, cit., p. 169.

[59] *V.* Guido Fernando Silva Soares. *Curso de direito internacional público*, cit., p. 249; e Ian Brownlie, *Princípios de direito internacional público*, cit., p. 108.

Parte II • Cap. II • O ESTADO NO DIREITOINTERNACIONAL PÚBLICO | **415**

d) Incondicionado ou condicionado – conforme dependa ou não de condições impostas ao reconhecimento. Normalmente o reconhecimento do Estado é incondicionado, caso em que será considerado irrevogável. Contudo, não obstante a lição de Clóvis Bevilaqua, para quem o reconhecimento "não pode ser condicional nem revogável",[60] atualmente nada impede a imposição de condições ao novel Estado para o efeito de sua afirmação jurídica no plano internacional. Uma das condições poderá ser a de o novo Estado respeitar as normas internacionais já vigentes até aquele momento, ou ainda a de assegurar certos direitos a determinadas pessoas (*v.g.*, dispensando proteção a certas minorias, como os refugiados etc.). O reconhecimento condicionado poderá ser suspenso ou anulado em definitivo, caso o novo Estado não cumpra ou desrespeite as condições estabelecidas no ato do reconhecimento. A crítica que se faz ao reconhecimento condicionado (salvo quando a condição imposta for *mais benéfica* ao ser humano, como no caso do exemplo citado relativo à proteção das minorias, ou ainda quando a condição é no sentido da manutenção de uma base democrática no Estado etc.) é no sentido de fazer tábula rasa da teoria declaratória, não permitindo a existência do Estado pelo simples fato de seu surgimento no contexto internacional.

A maneira mais comum de se processar as formas de reconhecimento de Estado acima estudadas é por ato do órgão das relações exteriores do Estado (Ministério das Relações Exteriores), geralmente por meio de nota diplomática ou decreto do chefe de Estado (em atuação conjunta com aquele Ministério). O Brasil proclamou sua independência em 7 de setembro de 1822, tendo sido a então União Norte-Americana o primeiro país a reconhecer a sua soberania e independência. Em 26 de maio de 1824, o encarregado de negócios do Brasil, Sr. José Silvestre Rebello, já era recebido em Washington. Mas Portugal, o antigo proprietário das terras brasileiras, somente aceitou a nossa independência em 1825, por meio do Tratado de Paz e Aliança, assinado no Rio de Janeiro em 29 de agosto desse ano, ratificado pelo Brasil no dia seguinte e por Portugal em 15 de novembro do mesmo ano. Nenhum país da Europa reconheceu o Brasil antes que Portugal considerasse quebrado o vínculo de propriedade que a ele nos ligava. A própria Santa Sé, à essa época, olhava o Brasil com indiferença e desprezo, não tendo sido fácil para a diplomacia brasileira captar-lhe a simpatia.[61]

e) Reconhecimentos especiais – podem também ter existência certas situações que comportam *reconhecimentos especiais* por parte dos Estados. Tais são os casos do reconhecimento de beligerância, reconhecimento de insurgência, reconhecimento como Nação e reconhecimento de governo. Vejamos cada uma dessas modalidades de reconhecimento especial separadamente:

e.1) Reconhecimento de beligerância. A beligerância ocorre quando, no quadro do desenvolvimento de um processo armado revolucionário, parte considerável da população de um Estado se levanta contra o governo, a fim de criar um novo Estado ou modificar a forma de governo existente. Esse fato, por si só, já é capaz de acarretar medidas de ordem internacional, quer quando se objetiva o desmembramento do Estado, quer quando se pretende a modificação do poder central. Contudo, quando se reconhece determinada beligerância, persistente dentro do contexto de luta armada entre forças inimigas, está-se praticando um

---

60   Clóvis Bevilaqua. *Direito público internacional...*, t. I, cit., p. 49.
61   *V.*, por tudo, Clóvis Bevilaqua, Idem, pp. 52-54.

reconhecimento atenuado, que visa fazer com que o beligerante passe a beneficiar-se das regras do direito das gentes aplicáveis em situações de neutralidade, não se tratando de reconhecer como sendo um *Estado* uma coletividade que dessa forma ainda não se formou.

Pode-se reconhecer a beligerância quando uma revolução no seio do Estado, levada a efeito pela sua população civil, assume proporções de guerra civil, envolvendo parte sensível de sua população que pretende criar um novo Estado a partir do desmembramento do Estado de origem. Se os componentes do grupo sublevado obedecem a uma disciplina militar, com força armada regularmente organizada, comandada por um chefe responsável, que exerce o seu poder sobre o território ocupado e com a intenção de cumprir as obrigações para com os territórios neutros, os governos estrangeiros podem reconhecer o seu caráter de *beligerante*, o que os coloca em situação de absoluta igualdade jurídica com o poder instituído. Assim, desde que os rebeldes estejam politicamente organizados sob a autoridade de um governo responsável e exerçam o controle de fato sobre parte do território nacional, contando, ainda, com exército próprio, regular e disciplinado, capaz de conduzir-se dentro dos limites estabelecidos pelo direito costumeiro de guerra, a eles pode ser atribuído o *status* de beligerantes.

O reconhecimento da beligerância produz efeitos jurídicos imediatos. O mais importante deles é a atribuição, *de fato*, ao grupo insurreto, de todos os direitos dos Estados em guerra (*v.g.*, direito de bloqueio, presas, visita etc.), assim como de todos os deveres estatais, no que tange à conduta de guerra, dispensando-se ainda tratamento idêntico ao dispensado às forças fiéis ao governo anterior. Se os revoltosos são reconhecidos como insurgentes pelo próprio governo local (mãe-pátria), esta não poderá mais tratá-los como rebeldes, até o final das hostilidades, mas, em contrapartida, se desonera de quaisquer responsabilidades em relação ao grupo pelos seus atos ou pelos danos porventura sofridos pelas demais potências estrangeiras ou seus nacionais.[62] O mesmo ocorre quando os atos de revolta são destinados à *separação* do território, caso em que o Estado preexistente também fica isento de responsabilidade em relação aos atos praticados pelos insurretos ou pelos prejuízos que os mesmos venham a causar a outros Estados.

A beligerância é um estado jurídico *precário* (interino, temporário) em que ou o governo preexistente tomará o poder de volta, ou os rebeldes tomarão o poder e instituirão novo governo, com base em seus ideais revolucionários. Caso a insurreição se prolongue por tempo maior do que o previsto, pode ocorrer que o movimento rebelde tome o caminho *separatista*, provocando a cisão do território do Estado em duas partes, uma das quais será governada pelo novo regime, ficando também sujeita às regras sobre reconhecimento de Estado acima estudadas.[63]

O reconhecimento da beligerância exige prudência dos terceiros Estados, que podem ver-se envolvidos em certas complicações de ordem diplomática. O reconhecimento prematuro de beligerância, por parte da Inglaterra, quanto aos sulistas, na guerra da secessão americana, em 1863, provocou incidentes diplomáticos graves com os Estados Unidos, importando, anos mais tarde, em responsabilidade internacional do Reino Unido.[64]

e.2) Reconhecimento de insurgência. A insurgência (*insurgency*, em inglês, ou *insurgence*, em francês) é uma revolta de proporções consideráveis, mas sem a amplitude jurídica de uma

---

62 Cf. Hildebrando Accioly. *Tratado de direito internacional público*, vol. I, cit., pp. 168-169.
63 Cf. Gilda Maciel Corrêa Meyer Russomano. *Direito internacional público*, cit., pp. 204-205.
64 Cf. Oyama Cesar Ituassú. *Curso de direito internacional público*, cit., p. 176.

Parte II · Cap. II · O ESTADO NO DIREITOINTERNACIONAL PÚBLICO | **417**

guerra civil, com finalidade puramente política, comandada por um movimento armado e sob a chefia de um responsável, a fim de impedir o curso normal da soberania e das relações exteriores do Estado. O reconhecimento da insurgência, portanto, tem lugar quando, dentro de um Estado, se verifica uma sublevação de caráter eminentemente político, não comparada a atos de guerra civil, ainda que com estes guarde proporções semelhantes. Esse reconhecimento faz com que os insurretos deixem de ser vistos como simples criminosos, tratando-se de situação jurídica que fica no *meio-termo* entre os atos de beligerância e o banditismo, razão pela qual os insurgentes não podem vindicar direitos, nem ser impingidos ao cumprimento das mesmas obrigações impostas aos revoltosos nos casos de beligerância.[65] Os direitos e deveres dos insurgentes dependem, em último caso, daquilo que lhes atribuem os Estados que assim os reconhecem.

O reconhecimento, por parte de terceiros Estados, da situação de insurgência é feito de modo mais restrito, não se garantindo aos insurretos quaisquer *direitos especiais*. O que a eles se garante são apenas *certos direitos*, com a consequente imposição de determinadas obrigações dentro do quadro de uma hostilidade, o que faz com que os atos dos insurgentes deixem de ser qualificados como atos criminosos, de banditismo, terroristas ou de pura violência. Assim, não poderão eles ser tratados como piratas ou bandidos pelos Estados que os reconheçam; deverão ter do governo local o mesmo tratamento que o direito das gentes garante aos prisioneiros de guerra (no caso de alguém do grupo cair em poder do Estado) etc.

Em última análise, amenizar a luta e evitar aos insurgentes os malefícios e os rigores de uma repressão, são as principais finalidades do reconhecimento da insurgência. O exemplo que se pode dar de insurgência no Brasil foi a Revolta da Armada Brasileira, na Baía da Guanabara, em setembro de 1893.

e.3) Reconhecimento como Nação. Foi a primeira Guerra Mundial (1914 a 1918) que deu ensejo a este tipo de reconhecimento, por meio do qual se atribui a um determinado *povo* a qualidade de *Nação* politicamente organizada antes desta se tornar tecnicamente um Estado. Assim, o reconhecimento como Nação ocorre quando um ou mais Estados reconhecem que um determinado *grupo* tem todos os requisitos necessários para ser considerado verdadeira *Nação* (entendida esta, no seu sentido técnico, como um conjunto de pessoas que possuem *consciência* de sua origem e nacionalidade), potencialmente capaz de se tornar, no futuro, um Estado propriamente dito.

Em verdade, esse "reconhecimento" tem efeitos mais políticos que jurídicos, visto tratar-se realmente de *promessa* de reconhecimento, quando a Nação em causa se tornar propriamente um Estado soberano, uma vez preenchidos os requisitos que lhe são inerentes.

e.4) Reconhecimento de governo. Em princípio, as modificações políticas que um Estado possa vir a experimentar, a exemplo das eventuais mudanças de governo, não afetam o seu suporte físico (demográfico e territorial) e sequer a sua personalidade jurídica, uma vez que, no plano do direito das gentes, o reconhecimento de sua autonomia continua inabalado.[66] Em outras palavras, a personalidade internacional do Estado (pelo princípio da *continuidade*) não é afetada pelas mutações governamentais pelas quais esse mesmo Estado eventualmente

---

65   Cf. Hildebrando Accioly. *Tratado de direito internacional público*, vol. I, cit., p. 172.
66   Cf. Clóvis Bevilaqua. *Direito público internacional...*, t. I, cit., p. 61.

passa.[67] O Direito Internacional, nesse caso, faz mais o papel de observador do que de ingerente nos assuntos internos do Estado. Contudo, quando tais modificações internas ocorrem dentro de um quadro claramente inconstitucional, a exemplo das deflagradas no contexto de uma guerra civil, de usurpação de poder ou outros atos semelhantes, torna-se necessário que os governos que ascenderam ao poder por meio de golpe de Estado sejam *reconhecidos* pelos demais componentes da sociedade internacional, à semelhança do que ocorre com aqueles novos Estados que demandam o mesmo reconhecimento. Nesse caso, quando está em jogo o reconhecimento de governos, o papel do Direito Internacional se inverte e, de espectador, passa a ser o regente dessa nova orquestração jurídica deflagrada no Estado dentro de um quadro patentemente inconstitucional.

Como se sabe, cada Estado pode escolher a forma e o regime de governo que melhor se adapte às suas expectativas políticas, desde que não pretenda influenciar os outros Estados participantes da sociedade internacional. Portanto, não há que se cogitar do reconhecimento de governo com uma simples troca de Presidente e, tampouco, quando um determinado partido chega ao poder, sucedendo à administração de um rival num ambiente de normalidade. O reconhecimento de governo não tem lugar nesses casos, obviamente. O problema de tal reconhecimento vem à tona com as grandes rupturas políticas e sociais, a exemplo da revolução russa de 1917 ou da confessionalização do Estado iraniano em 1979, bem como com a quebra da continuidade política, tal como se deu no Brasil em 1930 e 1964, na Argentina em 1966, no Peru em 1968, no Chile em 1973 e no Haiti em 1991.[68] Nesses casos em que, por um golpe de Estado ou por uma revolução, em franca violação das normas constitucionais vigentes, um chefe de Estado é substituído por outro, as demais potências internacionais podem recusar-se ou demorar em reconhecer a nova situação jurídica se não existem ainda elementos demonstrativos de uma mínima estabilidade institucional e de garantia de cumprimento das obrigações internacionais do Estado em causa. Daí a necessidade de o novo governo ser reconhecido pelos demais Estados, a fim de que, junto a eles, possa manter contatos em situação de continuidade, sob pena de o Estado respectivo sofrer sérios prejuízos morais, políticos e econômicos, decorrentes de uma eventual antipatia internacional do governo instituído relativamente aos demais Estados.[69]

Frise-se que o reconhecimento de governo não importa no reconhecimento de sua *legitimidade*, significando apenas que o governo que ali está tem condições, de fato, de comandar o país (também não importando se bem ou mal) e de representá-lo nas suas relações internacionais. Como observa Accioly, o que se tem em vista "é proclamar o órgão que, exercendo de fato a função governamental, se considera como competente para falar em nome do Estado; ou, melhor, é a *efetividade* do novo governo".[70] Daí se entender que para o reconhecimento de governos se faz mister haja *estabilidade* do mesmo, além da necessidade de apresentar características de *permanência*. Nesse caso, o reconhecimento se fará até

---

[67]   Cf. Hildebrando Accioly. *Tratado de direito internacional público*, vol. I, cit., p. 176; Anthony Aust, *Handbook of international law*, cit., p. 25; Jorge Miranda, *Curso de direito internacional público*, cit., p. 234; e Brichambaut, Dobelle & Coulée, *Leçons de droit international public*, cit., pp. 56-57.

[68]   Cf. José Francisco Rezek. *Direito internacional público...*, cit., p. 220.

[69]   Cf. Gilda Maciel Corrêa Meyer Russomano. *Direito internacional público*, cit., p. 206.

[70]   Hildebrando Accioly. *Tratado de direito internacional público*, vol. I, cit., p. 178.

Parte II • Cap. II • O ESTADO NO DIREITOINTERNACIONAL PÚBLICO | **419**

mesmo de forma implícita, com os festejos de posse do novo governo e com a continuidade da manutenção de relações diplomáticas e consulares.[71] Este reconhecimento só não terá lugar no caso de o novo governo ter assumido o poder de maneira *anormal* ou *irregular*. Eventual não reconhecimento, por sua vez, também não implica necessariamente declaração de que o Estado em causa não reúne as condições necessárias ao seu enquadramento como Estado.

É importante observar que o reconhecimento de governo quase sempre implica considerações de ordem *política* (discricionária), que atendem tão somente àquilo que cada Estado interessado receberá a título de vantagem, levando em conta os seus interesses particulares. Daí não se tratar de uma *obrigação* dos demais Estados. Aliás, não é pouca a doutrina que diz ser o reconhecimento de governo um ato *mais político* que o reconhecimento de Estado, pois – como leciona Ian Brownlie – "a relutância em estabelecer relações normais é, com maior frequência, expressa pelo não reconhecimento dos órgãos do governo".[72]

Da mesma forma que ocorre com o reconhecimento de Estados, o reconhecimento de governo também pode ser *de jure* ou *de facto*. Na primeira hipótese, o reconhecimento do governo por parte dos demais Estados é formal, reconhecido em documento escrito, sendo *definitivo* e *irretratável*. Será *de facto*, por sua vez, quando o reconhecimento for *provisório* e *limitado* a certas relações jurídicas apenas. Cremos equivocada – da mesma maneira que já nos expressamos relativamente ao reconhecimento de Estados – esta classificação do reconhecimento em *de jure* e *de facto*, uma vez que ambas produzem efeitos *jurídicos*, sendo mais técnico chamar tal reconhecimento de *provisório* e *definitivo*. O *Institut de Droit International*, na já citada Resolução sobre o reconhecimento de novos Estados e de novos governos, adotada na reunião de Bruxelas de 1936 (de que foi relator o Sr. Philip Marshall Brown), declarou no art. 11 que: "O reconhecimento é, ou definitivo e completo (*de jure*), ou provisório ou limitado a certas relações jurídicas (*de facto*)". Diz, ainda, o seu art. 12 que o "reconhecimento *de jure* de um novo governo resulta, ou de uma declaração expressa, ou de um fato positivo que indique claramente a intenção de proceder esse reconhecimento".

Tal reconhecimento pode ser, ainda, *expresso* ou *tácito*, ocorrendo o primeiro quando feito de forma inequívoca, normalmente manifestado por meio de troca de nota diplomática, e o segundo quando importar em atos positivos dos outros Estados que reconheçam implicitamente o governo instituído, o que se infere pela prática de atos não compatíveis com a vontade de não reconhecer o novo governo. Contudo, é importante deixar claro que o fato de um Estado continuar mantendo seus cônsules no território de um governo *de facto* não significa aceitação desse governo por parte daquele Estado, o que é diferente de quando o Estado local concede *exequatur* (que, ademais, é sempre necessário) a novos cônsules nomeados por aquele Estado. Da mesma forma, também não se presume o reconhecimento no caso de um Estado manter em seu território os cônsules de outro Estado (administrado por um governo de fato) que já possuíam *exequatur* desde a época do governo anterior.[73] No caso

---

[71] Cf. Loretta Ortiz Ahlf. *Derecho internacional público*, cit., p. 81.

[72] Ian Brownlie. *Princípios de direito internacional público*, cit., p. 105.

[73] Nesse sentido, a lição de Hildebrando Accioly: "Não se deve, porém, presumir a existência do reconhecimento de um governo *de facto* quando um Estado permite que continuem a funcionar normalmente em seu território cônsules desse governo, que já possuíam *exequatur*, ou deixa que os seus próprios

420 | CURSO DE DIREITO INTERNACIONAL PÚBLICO – *Valerio de Oliveira Mazzuoli*

do Brasil, que adota o princípio das situações de fato (ou o critério dos fatos consumados), tem-se entendido que o reconhecimento do novo governo depende da existência de alguns fatores, como, por exemplo, ser o novo governo considerado estável e aceito e reconhecido pela população, estando apto para assumir compromissos internacionais com outros Estados soberanos, além de assumir as obrigações internacionais do Estado em questão.[74]

Sobre esse tema (reconhecimento de governo), duas grandes doutrinas emergiram na América Latina na primeira metade do século XX, merecendo aqui serem colocadas:

e.4.1) Doutrina Tobar – criada em 1907, pelo então Ministro das Relações Exteriores do Equador, Carlos Tobar, sustentava que a América deveria negar-se a reconhecer governos que alcançaram o poder inspirados pela ambição, em virtude de golpes de Estado ou de revoluções internas, em flagrante violação às normas constitucionais e ao poder constituído. Para Tobar, governos que alçaram ao poder com base nessas circunstâncias, só poderiam ser reconhecidos no momento em que demonstrassem ter galgado a aprovação popular. Para esta doutrina, os Estados têm o dever de negar reconhecimento a governos oriundos de golpe ou de revoluções internas, que tantas vezes têm perturbado o progresso e o desenvolvimento das nações latino-americanas, em flagrante violação à ordem constitucional. Esse pensamento de Tobar foi prestigiado e incorporado aos tratados centro-americanos de paz e de amizade, concluídos em 1907 e 1923, bem como por declarações comuns, como a de 17 de agosto de 1959. Essa doutrina foi utilizada pelos Estados Unidos da América, pela voz de seu então Presidente Woodrow Wilson, quando este país se negou a reconhecer o governo do general Huerta, no México (1913).[75]

e.4.2) Doutrina Estrada – formulada em 1930, pelo então Secretário de Estado das Relações Exteriores do México, o chanceler Genaro Estrada, tal doutrina pregava que o reconhecimento de governos constitui ingerência indevida em assuntos particulares dos Estados, implicando ofensa à soberania da nação interessada. Em consequência, declarava Estrada que o México deveria limitar-se a manter, ou não, quando cresse necessário, seus agentes diplomáticos no território do Estado atingido pelas crises políticas advindas da mudança de governo, sem pretender julgar a sua legitimidade. Ainda segundo ele, o México deveria "continuar acolhendo, também quando entender necessário, os agentes diplomáticos que essas nações mantêm junto a si, sem qualificar, nem precipitadamente nem *a posteriori*, o direito que teriam as nações estrangeiras de acreditar, manter ou substituir seus governos ou suas autoridades".[76] Perceba-se que o que pretendeu a doutrina Estrada (também chamada de

---

cônsules continuem a funcionar no país sob a autoridade de tal governo" (*Tratado de direito internacional público*, vol. I, cit., p. 179).

[74] Cf. Gilda Maciel Corrêa Meyer Russomano. *Direito internacional público*, cit., p. 207.

[75] Mais recentemente, foi também nesse sentido que muitos países latino-americanos (como Argentina, Cuba, Bolívia, Equador, Peru e Venezuela) declararam não reconhecer o governo do presidente paraguaio Federico Franco, que chegou ao poder em virtude do *impeachment* sumaríssimo do ex-presidente Fernando Lugo, votado em menos de 24 horas pelo Congresso do Paraguai (em 22 de junho de 2012) e entendido como golpe de Estado. À época, preocupou os países latino-americanos a deposição sumária de um chefe de Estado, bem assim o cerceamento de defesa ocorrido (o ex-presidente paraguaio teve menos de 24 horas para se defender, em violação ao princípio constitucional da ampla defesa).

[76] Tal circular foi divulgada a 27 de setembro de 1930, tendo sido publicada em inúmeros jornais, inclusive, no Brasil, no *Jornal do Comércio*, de 30 de setembro de 1930. O trecho citado foi colhido na obra de Loretta Ortiz Ahlf, *Derecho internacional público*, cit., p. 84.

doutrina da efetividade) foi repudiar as ingerências indevidas e os juízos críticos dos Estados sobre o governo estrangeiro, baseada no princípio da não intervenção em assuntos internos estatais. Portanto, segundo essa doutrina, substituído um governo por outro, as obrigações internacionais anteriormente contraídas (como, por exemplo, os tratados ratificados à égide do antigo governo) não desaparecem e continuam a ter vigência e validade, pois toda obrigação internacional é contraída *em nome do Estado*, não sendo afetada por transformações ou mudanças internas de governo.[77]

Marcel Sibert bem sintetiza aquilo que a doutrina Estrada rechaçou como ingerência indevida e como juízo crítico sobre governo estrangeiro. Trata-se da declaração de representante diplomático dos Estados Unidos em Quito, em 1928, quando do reconhecimento do novo regime a partir de então estabelecido no Equador: "Meu governo observou com a maior satisfação os progressos realizados pela República do Equador durante os três anos passados, desde o golpe de 9 de julho de 1925, e a tranquilidade que reina no país desde então. A confiança que o regime do Dr. Ayora inspira na maioria dos equatorianos, sua habilidade e seu desejo de manter a ordem na administração do país, assim como o respeito por suas obrigações internacionais, fazem com que o governo dos Estados Unidos sinta-se feliz em conceder-lhe a partir de hoje o seu completo reconhecimento como governo legal do Equador".[78]

Atualmente, pode-se dizer que ambas as doutrinas acima estudadas (Tobar e Estrada) devem ser harmonizadas. Os Estados devem valorizar, simultaneamente, a legitimidade do governo agora instituído, deixando de se relacionar com governos golpistas até que o povo escolha nas urnas os seus legítimos representantes, bem como abster-se de emitir juízos de valor sobre o governo estrangeiro. Contudo, como leciona Rezek, o que nas últimas décadas se tem feito é perquirir "apenas a *efetividade* do regime instaurado à revelia dos moldes constitucionais". Assim, se o novo governo mantém o controle sobre o território, se mantém a ordem nas ruas, se honra os tratados e demais normas de Direito Internacional, recolhe os tributos regularmente e consegue razoável índice de obediência civil, segundo Rezek, ele "é *efetivo* e deve ser dessarte reconhecido, num mundo em que a busca da legitimidade ortodoxa talvez importasse bom número de decepções".[79]

5. Classificação dos Estados. Os Estados surgem no cenário internacional em diferentes momentos e sob diferentes formas, sendo necessário classificá-los a fim de que as suas características próprias sejam destacadas em suas variadas modalidades.

São várias as classificações que podem ser colocadas em relação aos Estados, sendo a mais antiga delas a que levava em conta a sua *estrutura* (podendo ser os Estados *simples* ou *unitários* e *compostos*) e o seu *grau de soberania* (na qual seriam classificados em *soberanos* e *semissoberanos*). Modernamente, a classificação que melhor atende aos interesses da nossa

---

[77] Cf. Oyama Cesar Ituassú. *Curso de direito internacional público*, cit., p. 174. Ainda sobre o tema, cf. César Sepúlveda, *Derecho internacional*, cit., pp. 269-271; e James Crawford, *Brownlie's principles of public international law*, cit., pp. 153-154.

[78] V. Marcel Sibert. *Traité de droit international public: le droit de la paix*, vol. I., cit., p. 199.

[79] José Francisco Rezek. *Direito internacional público...*, cit., p. 224.

disciplina é a primeira delas, que se refere à *estrutura* (ou composição) dos Estados, pois liga-se aos aspectos políticos e à personalidade dos Estados, que estão intimamente relacionados com a sua atuação no cenário internacional.

São os seguintes os tipos de Estados em relação à sua estrutura ou composição:

5.1) Estados simples ou unitários. Tradicionalmente, os Estados simples ou unitários são definidos como aqueles plenamente soberanos no tocante aos seus negócios externos, compostos de um todo territorial indivisível e uniforme (integral) e sem repartição de competências. Neles existe um mesmo governo central e um único Poder Legislativo, de âmbito nacional. Ou seja, nos Estados unitários existe um *único* poder político para toda a sua extensão territorial. Existe uma concentração de autoridade, que assim a exerce no país inteiro, em que o governo absorve todos os poderes estatais sem discriminações interiores. Daí dizer-se que os Estados simples são Estados *completos*.[80] As autoridades administrativas e judiciárias exercitam sempre competências delegadas do poder central. Normalmente, tais Estados apresentam uma população homogênea no seu conjunto e uma disciplina das suas diversas regiões que aceitam submeter-se à supremacia do poder central. Os Estados simples ou unitários, com alguns temperamentos mais modernos, são ainda a regra no mundo moderno, compondo a grande maioria dos Estados na atualidade (*v.g.*, Portugal, Itália, França e Polônia, na Europa; Japão e Filipinas, na Ásia; e Uruguai, Chile, Paraguai, Bolívia e Peru, na América Latina).

No que tange ao exercício do poder central, os Estados unitários podem ser (*a*) *centralizados*, (*b*) *descentralizados* ou (*c*) *desconcentrados*. Caso o poder central seja exercido com exclusividade, em todo o território nacional, abrangendo a totalidade das funções administrativas e judiciais do país, fala-se na existência de um *Estado unitário centralizado*. No caso de o mesmo poder ser distribuído ou repartido pela Constituição do Estado entre os seus municípios ou províncias, fala-se num *Estado unitário descentralizado* (o que não retira a sua qualidade de Estado simples ou unitário).[81] Por fim, há também os *Estados unitários desconcentrados*, em que existem divisões territoriais dotadas de um *representante* do poder central (representante este que *depende* das ordens desse poder central, diferentemente do que ocorre nos *Estados unitários descentralizados*, em que tais entes territoriais têm personalidade jurídica própria); esta última modalidade é característica dos países de índole autoritária.[82]

Dentro do quadro dos Estados unitários, pode-se ainda inserir os *Estados regionais*, que guardam estreita semelhança com os Estados unitários descentralizados, mas com ampliação das competências destinadas às *regiões*, as quais ultrapassam as questões administrativas para abranger também matérias legislativas ordinárias. Dessa forma, cada *região* passa a ter autonomia político-administrativa estabelecida por regulamento (ou estatuto) próprio de cada uma. Tem-se como exemplo de Estado regional atual a Itália, que comporta competências administrativas (em quatro graus: o *Estado nacional*, a *região*, a *província* e a *comuna*) e competências legislativas ordinárias (nos níveis *nacional* e *regional*).

---

[80]   Cf. Hildebrando Accioly. *Tratado de direito internacional público*, vol. I, cit., p. 114.

[81]   Cf. Gilda Maciel Corrêa Meyer Russomano. *Direito internacional público*, cit., p. 210; e Gerson de Britto Mello Boson, *Direito internacional público...*, cit., p. 230.

[82]   *V.* José Luis Quadros de Magalhães. Administração territorial comparada, in *Revista de Direito Comparado*, vol. 3, Belo Horizonte: UFMG, mai./1999, pp. 10-12.

Parte II · Cap. II · O ESTADO NO DIREITOINTERNACIONAL PÚBLICO | **423**

5.2) Estados compostos. São aqueles que reúnem dentro de si vários Estados independentes ou províncias autônomas, sob o manto de um mesmo governo e um só soberano, que tem poderes de representação internacional. São duas as categorias de Estados compostos: a dos *Estados compostos por coordenação* (quando os países que formam o Estado se encontram, dentro dele, em condição de igualdade) e a dos *Estados compostos por subordinação* (onde uma ou várias de suas unidades constitutivas estão submetidas ao poder de outra).[83]

Devemos analisar cada uma dessas categorias separadamente, uma vez que cada uma delas é capaz de formar diferentes modalidades de Estados.

5.2.1) Estados compostos por coordenação. Constituem-se pelo agrupamento de outros Estados soberanos ou entidades estatais que, em plano de igualdade, gozam de plena autonomia interna, mas sob o comando externo de um poder central. São exemplos desse tipo de Estado a *União Pessoal*, a *União Real*, a *União Incorporada*, as *Confederações* e as *Federações* (*Estado Federal*). Vejamos cada um deles separadamente:

a) União Pessoal. É a união acidental e temporária de dois ou mais Estados independentes, que conservam legislação distinta, governo próprio e autonomia externa, sob a autoridade de um soberano comum.[84] Trata-se de uma união essencialmente temporária, resultante de uma coincidência na indicação da *pessoa* do Chefe de Estado (daí o nome "União *Pessoal*") pelas legislações de dois ou mais países. Nela, os países que a compõem continuam em tudo distintos, sem qualquer órgão ou entidade política comum entre eles, estando ligados apenas pelo fato de terem um mesmo soberano que os governa simultaneamente. A União Pessoal se caracteriza por nascer normalmente (mas não exclusivamente) de uma lei de sucessão dinástica, com a união de um laço de sangue derivado do direito sucessório, sem, contudo, ligar os Estados às mesmas normas jurídicas e às mesmas contingências. Somente é possível falar nesse tipo de Estado nas monarquias, cuja origem normalmente se liga à coincidência de leis sucessoras em vigor nos Estados que a compõem. Nessa modalidade de Estado, cada uma das partes componentes da União Pessoal conserva sua autonomia e independência (inclusive externa), sendo o chefe de Estado – que ocupa o trono de ambas – o único vínculo entre elas, com todos os consectários naturais que daí decorrem na prática.[85]

No que tange à autonomia e à independência externa, tem-se como certo que ambos os Estados formadores da União Pessoal podem manter relações internacionais, cada qual à sua maneira, com outros Estados, distintamente, sem que um interfira na política exterior do outro. Ou seja, os Estados componentes da União Pessoal continuam com sua personalidade jurídica internacional individualizada, podendo também haver formas de governo distintas no interior do mesmo sistema monárquico, por ser ela apenas um acidente dinástico. Cada Estado conserva, ainda, os seus tratados (bem como a plena capacidade para celebrá-los), suas alianças e, se também o quiser, representação diplomática distinta de sua nacionalidade particular, tendo em vista que a União Pessoal não atribui caráter nacional aos cidadãos.[86]

---

[83] V. Louis Le Fur. *Précis de droit international public*, 4ª ed. Paris: Dalloz, 1939, p. 74.

[84] Cf. Hildebrando Accioly. *Tratado de direito internacional público*, vol. I, cit., p. 115.

[85] V. Gilda Maciel Corrêa Meyer Russomano. *Direito internacional público*, cit., p. 211.

[86] Cf. Oyama Cesar Ituassú. *Curso de direito internacional público*, cit., p. 120.

424 | CURSO DE DIREITO INTERNACIONAL PÚBLICO – *Valerio de Oliveira Mazzuoli*

Daí se vê que o governante da União Pessoal ali está a título *pessoal*; ele é comum aos dois Estados como *pessoa*, pois *o órgão* do Poder é distinto em cada Estado em separado. Por tal motivo é que na União Pessoal os Estados componentes conservam, cada qual, sua autonomia e independência, tanto interna como externa.

Lembre-se que Simon Bolívar foi, simultaneamente, presidente da Colômbia (de 1819 a 1830), ditador do Peru (de 1823 a 1826) e presidente da recém-criada Bolívia (em 1825), região que recebera o nome de Alto Peru na época colonial.

Extinguindo a sucessão fica restaurada a vida anterior dos Estados em toda a sua plenitude.

Inexistem exemplos de União Pessoal na atualidade, mas abundam os exemplos históricos dessa modalidade de Estado, podendo ser citados os seguintes: 1) Grã-Bretanha e Hanover (de 1714 a 1837), com a ascensão do eleitor de Hanover (George I) ao trono inglês, por direito de sucessão, até a coroação da Rainha Vitória (pois a lei hanoveriana não permitia a sucessão feminina); 2) Países-Baixos e Luxemburgo (de 1815 a 1890), pela decisão adotada no Congresso de Viena de 1815, com o objetivo de controlar a França, finda com o início do governo da Holanda pela Rainha Guilhermina, após a morte de seu pai Guilherme III; 3) Portugal e Brasil em 1826 (D. Pedro IV) 4) Bélgica e Congo (de 1885 a 1908), pelo ato do parlamento belga que autorizou o rei Leopoldo II a tornar-se soberano do Estado independente do Congo, fundado pela Associação Internacional do Congo; 5) Polônia e Lituânia, em decorrência do casamento do Grão-Duque Ladislau II, da Lituânia, com a Rainha Edwige, da Polônia; e 6) Portugal e Espanha (de 1580 a 1640), em consequência da ascensão ao trono português do Rei da Espanha, Filipe II, em virtude da morte de Dom Sebastião, Rei de Portugal.[87]

b) União Real. Resulta da junção de dois Estados, que guardam integralmente sua autonomia interna, mas que integram *uma só* personalidade internacional, sob a autoridade de um mesmo monarca ou chefe de Estado. Diferentemente da União Pessoal, na União Real a identidade do monarca ou chefe de Estado não é *acidental*, isto é, decorrente de uma coincidência de previsão nas legislações de dois ou mais países, mas *desejada* pelos Estados em causa, tendo por base um ato jurídico interno ou internacional.[88] Trata-se, por isso, de uma união mais estável e duradoura que a União Pessoal. Na União Real, os Estados componentes conservam sua autonomia interna, delegando a um órgão central único apenas sua representação na esfera internacional, inclusive com a mesma representação diplomática e consular. No plano do Direito interno, os Estados não deixam de ter suas Constituições, suas leis, suas instituições e seus governos próprios; porém, diferentemente do que ocorre com a União Pessoal, aqui os Estados componentes aparecem como *entidade única* para efeito das relações externas (especialmente no que tange aos temas da defesa e política exterior). Como no plano internacional a União Real é vista como uma *unidade*, fica vedada a qualquer um dos seus integrantes a prática de quaisquer atos relativos às relações internacionais, como a declaração de guerra e celebração da paz, a conclusão de tratados internacionais (ainda quando se trate de interesse particular de apenas um dos membros da União) etc. O exemplo atual desse tipo de Estado é o Reino Unido da Grã-Bretanha e

---

[87] V. Hildebrando Accioly. *Tratado de direito internacional público*, vol. I, cit., pp. 115-116; J. Silva Cunha, *Direito internacional público*, vol. II, cit., pp. 30-31; e Gilda Maciel Corrêa Meyer Russomano, *Direito internacional público*, cit., pp. 211-212.

[88] Cf. Celso D. de Albuquerque Mello. *Curso de direito internacional público*, vol. I, cit., p. 378.

Parte II • Cap. II • O ESTADO NO DIREITOINTERNACIONAL PÚBLICO | **425**

Irlanda do Norte (não a *Commonwealth*, que se constitui em categoria *sui generis*, como veremos mais à frente).

Em resumo, sob o ponto de vista interno, existem *dois ou mais* Estados, mas internacionalmente o que aparece é *apenas um* ente soberano. Daí o nome "União *Real*", tendo em vista a *realidade* da união de dois ou mais Estados para fins de representação externa. É também nisso que a União Real se diferencia da União Pessoal, uma vez que nessa última, a "união" existente recai sobre a *pessoa* do Chefe de Estado, que governa *dois órgãos de poder* distintos. Na União Real, ao contrário, os órgãos de poder dos dois ou mais Estados *se unem mesmo*, transformando-se em um só ente soberano sob a ótica externa.

Os exemplos de União Real também são históricos, tendo sido o mais recente (citado por Accioly) o estabelecido pelo tratado firmado na Haia, em 22 de novembro de 1949, relativo à transferência da soberania sobre a Indonésia, da qual resultou uma União entre a Holanda e a República dos Estados Unidos da Indonésia, tendo a Rainha da Holanda como representante dessa União no plano internacional (foi este o último caso de União Real de que se tem notícia). Como exemplos mais antigos de União Real podem ser citados a união da Polônia e Lituânia (de 1569 até a divisão da Polônia no final do século XVIII); da Rússia e Finlândia (de 1809 a 1917); da Suécia e Noruega (de 1814 a 1905); de Portugal e Brasil (de 1815 a 1822); da Áustria e Hungria (de 1867 a 1918), ocorrida em razão de um compromisso assumido à base da sanção pragmática do Imperador Carlos VI e que terminou em virtude de sua abdicação ao trono; e da Dinamarca e Islândia (de 1918 a 1944), extinta pelo fato de a Islândia ter decidido, por meio de plebiscito, separar-se da Dinamarca e adotar o regime republicano.[89]

Apesar de a União Real ocorrer mais comumente no regime monárquico, a este não se restringe. Cite-se, novamente, o exemplo da União Real entre a Holanda e a Indonésia (constituída em 1949 e depois dissolvida), na qual se associaram a *monarquia* holandesa e a *República* da Indonésia. Nada impede, também, a junção de duas repúblicas formando uma União Real.

c) União Incorporada. A chamada União Incorporada resulta da união de vários Estados independentes para o fim de se formar um novo Estado, tal como ocorreu com os antigos reinos da Inglaterra, da Escócia e da Irlanda, para formar o *Reino Unido da Grã-Bretanha e Irlanda do Norte*. Aqueles (os Estados originários) apenas virtualmente continuam a guardar a qualificação de *Estados* ou *reinos*.[90] *De jure*, a partir da incorporação os Estados originários perdem a sua independência e desaparecem, a fim de dar lugar ao novo Estado.

d) Confederação de Estados. Trata-se, em princípio, da associação internacional de vários Estados independentes e autônomos para fins determinados (*v.g.*, a manutenção da paz, a defesa de interesses comuns, ações contra inimigos comuns etc.), em que os mesmos detêm a sua autonomia interna, mas também conservam integralmente sua soberania e sua personalidade internacionais. Esta associação resulta sempre de um pacto e repousa sobre um acordo concluído por vários Estados, que criam um *órgão central* especialmente para

---

[89] V. Hildebrando Accioly. *Tratado de direito internacional público*, vol. I, cit., pp. 117-118; e J. Silva Cunha, *Direito internacional público*, vol. II, cit., pp. 31-32.

[90] Cf. Cesar Diaz Cisneros. *Derecho internacional público*, vol. I, cit., p. 378.

gerir os seus interesses e finalidades comuns, mas sem caracterizar propriamente um *Estado*. Também esse órgão central não forma qualquer *organização internacional* entre os confederados. Em suma, na Confederação, embora o governo central detenha vários poderes, ele não conclama a si todos os poderes exteriores dos membros, os quais à luz da cena internacional aparecem como Estados separados.[91] Assim, o que existe nesse tipo de união de Estados é uma associação mais política do que propriamente jurídica, em que os Estados confederados concedem a um órgão central, quase sempre chamado de *Dieta* (ou de *Congresso*), de forma permanente, parte de sua liberdade de ação, para o alcance de finalidades sempre especiais. Tais finalidades estão normalmente ligadas à proteção da independência do Estado contra-ataques ou agressões externas, ou são relativas a questões de interesse econômico ou político etc. A *Dieta* não é, em verdade, um órgão decisório com poderes coercitivos e supremos, mas uma assembleia (constituída de forma colegiada) formada pelos plenipotenciários dos Estados confederados, cujas decisões são tomadas pela maioria absoluta ou qualificada de votos. Pelo pacto confederativo, a *Dieta* goza inclusive do direito de legação ativo e passivo, podendo enviar ou acreditar representantes diplomáticos. Suas decisões não podem ser por ela executadas, mas sim pelos governos diretamente interessados, exatamente pelo fato deles conservarem plenamente sua soberania interna e externa.[92]

Outro dado importante é a inexistência de um Poder Legislativo central na Confederação. Nessa, as decisões são tomadas *por unanimidade* em assembleia dos Estados-partes, e não por um Parlamento central. Também não possuem as confederações um Poder Executivo, sendo as decisões da *Dieta* executadas pelos próprios Estados-membros, de acordo com a sua vontade e interesse. Ou seja, suas decisões são aplicadas pela ação dos governos dos próprios Estados, que têm soberania plena em seus territórios.[93]

Como se percebe, os laços que unem os Estados confederados são extremamente frágeis e simplórios, o que fortalece a tendência de se criar mecanismos para o fortalecimento do poder dos seus órgãos centrais. Para isso, e para que eles não se dissolvam definitivamente, quase sempre as confederações se transformam em *federações*. Foi o que ocorreu com os Estados Unidos da América do Norte. Após a independência de 1776, suas 13 colônias transformadas em Estados se uniram sob a forma de Confederação, cada qual conservando sua autonomia política, sua liberdade e independência, tendo sido transformadas depois em Estado Federal. Assim também ocorreu (explica Accioly) com a Suíça (ou confederação Helvética), cujo reconhecimento como Estado independente se deu em 1648, quando 13 cantões já se encontravam confederados, tendo sido posteriormente (em 1798) transformada em *república helvética*. Por intervenção de Bonaparte, voltou a ser confederação em 1803, agora com 19 cantões. Depois do *pacto federal* de 1815, reuniram-se 22 cantões confederados, sob a autoridade de uma *Dieta*, que se reunia alternadamente em Zurique, Berna e Lucerna, em que cada cantão tinha direito a um voto, regime que perdurou até 1848, quando a Suíça finalmente se transformou em *Estado Federal* (atualmente com 26 cantões).[94]

---

[91]   Cf. J. L. Brierly. *Direito internacional*, cit., p. 125.
[92]   Cf. Hildebrando Accioly. *Tratado de direito internacional público*, vol. I, cit., pp. 118-119.
[93]   Cf. Louis Le Fur. *Précis de droit international public*, cit., p. 78.
[94]   Cf. Hildebrando Accioly. *Tratado de direito internacional público*, vol. I, cit., pp. 119.

e) Estado Federal. Também chamado de *Federação* ou *União Federal*, entende-se por Estado Federal aquele que se constituiu por uma associação permanente de Estados (ou entidades estatais) que guardam apenas autonomia interna, abdicando de sua soberania externa em favor de um órgão central, chamado de *governo federal*, dotado principalmente de capacidade para reger as relações internacionais da Federação e assegurar a sua defesa externa. Na Federação, os Estados *federados* – que são divisões do Estado nacional e não se confundem com o Estado *Federal* – cedem parcela de suas competências em favor da autoridade de uma Constituição Federal, que será a única soberana sob o ponto de vista internacional. Nesse caso, somente ao *superestado* (isto é, ao Estado Federal) competem as matérias afetas às relações internacionais (*v.g.*, declarar guerras, celebrar a paz, celebrar tratados, nomear ou receber representantes diplomáticos etc.). Mas frise-se que os Estados federados, diferentemente do que ocorre na Confederação, têm autonomia apenas *relativa*, que pode se dar em maior ou menor grau, dependendo da estrutura da Federação e do que dispõe a Constituição (na qual devem estar claramente delimitados os seus direitos e obrigações). Assim, além de ser competente para os assuntos exteriores do Estado, a União Federal também é competente, no âmbito interno – repita-se, de acordo com o que estabelece o texto constitucional –, para tratar de assuntos de interesse *geral*. A nacionalidade, nos Estados Federais, não pode ser distinta em cada uma das unidades componentes da Federação, sendo uma só em todo o território nacional.

No plano interno da Federação, há cessão de prerrogativas e sujeição a uma autoridade superior, podendo cada Estado Federal vestir os seus membros com as competências e os poderes que entender necessários. Cada cidadão fica sujeito a duas autoridades ao mesmo tempo: o governo estadual e o governo federal. Importa é que, no âmbito externo, os Estados Federais se apresentem como uma *unidade* dotada de soberania e com personalidade jurídica internacional. Essa unidade – a União Federal – é que responde pela província no plano do direito das gentes por eventual deslize seu. No Estado Federal, somente o poder central tem personalidade jurídica internacional, não tendo as suas subdivisões territoriais capacidade internacional para o exercício de direitos ou para a assunção de obrigações.[95] É certo que algumas Constituições atribuem determinadas *competências internacionais* para os seus Estados-membros, normalmente de forma bem limitada; porém, quando isso ocorre, "os compromissos contarão com o aval do Estado Federal, que assumirá a *responsabilidade internacional* e a quem os atos das entidades federadas serão imputáveis em última instância".[96] Assim, a soberania externa, na Federação, é exercida pelo *governo federal*, ao qual compete participar diretamente das relações e dos negócios exteriores do Estado, manter relações com Estados estrangeiros, concluir tratados e convenções internacionais, manter a integridade territorial ou política, a defesa do país contra ataques externos etc.

No sistema federativo, os Estados federados mantêm sua representação no seio do aparelho estatal central por meio de uma assembleia composta de representantes de cada um deles. No Brasil, essa assembleia é o *Senado Federal*, que conta com três integrantes (senadores) de cada Estado federado e do Distrito Federal, os quais representam os interesses de seus

---

[95] Cf. Clóvis Bevilaqua. *Direito público internacional...*, t. I, cit., p. 39.

[96] Jean-Marie Lambert. *Curso de direito internacional público*, vol. II (*Fontes e sujeitos*), cit., p. 143, nota nº 171.

respectivos Estados (e do Distrito Federal) no Congresso Nacional.[97] Daí ser característica de todos os Estados Federais a existência de um Parlamento bicameral, com uma Câmara que representa os Estados (no Brasil, o *Senado* ou *Câmara Alta*) e outra que representa o povo (no Brasil, a *Câmara dos Deputados*).

Destaque-se que a Federação (*Bundesstaat*) não é composta, a rigor, de uma *união de Estados*, como ocorre na Confederação (*Staatenbund*), pois as entidades que a compõem não são tecnicamente *Estados*, no sentido próprio da expressão (com autonomia política interna e soberania externa). Somente o Estado Federal é propriamente o *Estado*, na acepção técnica que lhe empresta o Direito Internacional Público. Daí então os vínculos que ligam os Estados federados entre si serem muito mais fortes e mais sólidos que aqueles que unem os Estados confederados.[98]

Há diferenças substanciais entre o Estado Federal e a Confederação, entre elas a de que no Estado Federal existe um Parlamento com representantes do povo, enquanto naquela há representantes dos Estados; a federação tem poder de império sobre os particulares dos Estados-membros, o que não ocorre na Confederação, em que a vontade local é que tem o poder de executar as decisões da *Dieta*. Ademais, enquanto a Confederação tem sua regência regulada pela base de um *tratado*, o Estado Federal tem sua disciplina jurídica estabelecida numa *Constituição Federal*.[99]

O Brasil é exemplo típico de Estado Federal, mas que nasceu de um Estado unitário (Império), ao contrário dos Estados Unidos da América do Norte (que também são um Estado Federal), que nasceram sob a forma de Confederação, sendo transformado depois em regime federativo, quando entrou em vigor a Constituição de 1787. O fato de o Brasil derivar de um Estado unitário e os Estados Unidos de um Estado confederado traz algumas implicações práticas, dentre elas a de que a autonomia interna dos Estados federados nos Estados Unidos (nos campos político, tributário, legislativo, econômico etc.) é mais ampla que a dos Estados federados brasileiros.[100] Lembre-se da possibilidade que alguns Estados federados norte-americanos têm de legislar sobre *pena de morte*, o que não é possível no sistema da Federação brasileira.

O que pode variar na Federação é apenas o *nome* que se atribui a cada um dos entes que a compõem: o que se chamam no Brasil de *Estados*, na Argentina se denominam de *províncias* e na Alemanha de *Länders*. Outros exemplos de Estados Federados são: o México, a Venezuela e o Canadá (na América); a Áustria, a Alemanha, a Rússia, a Bélgica e a Bósnia-Herzegovina (na Europa); a Nigéria, os Camarões, a Etiópia e as Comores (na África); a Índia, a Malásia e os Emirados Árabes Unidos (na Ásia); e a Austrália (na Oceania).[101]

Os Estados-membros da federação, dependendo do que dispuser a Constituição Federal, podem ter determinada competência internacional para matérias específicas (ou seja, atribuída de forma mais limitada, como já falamos). É o caso, na Constituição brasileira de

---

[97] Constituição, art. 46: "O Senado Federal compõe-se de representantes dos Estados e do Distrito Federal, eleitos segundo o princípio majoritário. § 1º. Cada Estado e o Distrito Federal elegerão três Senadores, com mandato de oito anos".

[98] Cf. Gilda Maciel Corrêa Meyer Russomano. *Direito internacional público*, cit., p. 215.

[99] *V.* Oyama Cesar Ituassú. *Curso de direito internacional público*, cit., p. 125.

[100] Cf. Gilda Maciel Corrêa Meyer Russomano. *Direito internacional público*, cit., p. 215.

[101] Cf. Jorge Miranda. *Teoria do Estado e da Constituição*, cit., p. 144.

Parte II · Cap. II · O ESTADO NO DIREITOINTERNACIONAL PÚBLICO | **429**

1988, da autorização dada aos Estados federados (e também aos Municípios e Territórios) para concluir empréstimos financeiros com organismos internacionais ou multilaterais (CF, art. 52, inc. V).[102] Também existe o exemplo da Bélgica, que passou de Estado Unitário para Estado Federal em 1993, tendo, a sua Constituição reformada, concedido às comunidades e regiões do país o poder de celebrar tratados para além de suas respectivas competências, mas mediante certas condições (como a de informar o rei, tendo este a possibilidade de suspender o procedimento nos casos de objeção séria do Conselho de Ministros). Mas frise-se que essa eventual autonomia para assuntos determinados não se confunde com *soberania*, atributo que os Estados-membros da federação não têm.

Por derradeiro, cumpre lembrar que uma nova forma de Estado que muito se assemelha ao Estado Federal é o chamado *Estado Autonômico*, criado pela Constituição espanhola de 1978, que aceitou a ideia de uma nação espanhola com "nacionalidades" e "regiões" em tudo diversas dentro de um mesmo Estado, mas internacionalmente voltada para a união de um sentimento comum que abstrai as diferenças internas em busca de um ideal nacional maior (não obstante as conhecidas tentativas de separação, como o movimento basco etc.).[103] A característica desse modelo de Estado autonômico é sua descentralização maior, em que as províncias têm poderes para formar *regiões autônomas*, as quais serão regidas por um "estatuto de autonomia" aprovado pelo Parlamento. Assim, as 17 comunidades em que está atualmente organizada a Espanha têm uma enorme atribuição de competências, à exceção das matérias de defesa e de política externa.

f) Associações "sui generis". São uniões de natureza especial, sem tipologia definida e que não se enquadram muito bem nas categorias acima estudadas. Tais associações apresentam características bastante peculiares, como foi o caso da União Soviética, a partir de 1936, e da Comunidade Britânica de Nações (*British Commonwealth of Nations*), a partir de 1926, constituindo ambas casos isolados.

Em relação à Comunidade Britânica de Nações, alguns autores pensam tratar-se de uma União Pessoal, no que tange ao sistema político adotado, e outros veem ali uma forma federativa evoluída. Mas, em verdade, a estrutura do conjunto não se encaixa em nenhum dos tipos conhecidos de Estado composto, aparecendo a *Commonwealth* como uma entidade *sui generis*. Além do Reino Unido da Grã-Bretanha e Irlanda do Norte, a Comunidade Britânica ainda é formada por mais de sessenta unidades diferentes (a exemplo do Canadá e da Austrália), domínios e colônias, cada qual com seu próprio sistema legislativo e administrativo.

No caso da antiga União Soviética, na sua primeira fase, de 1923 a 1936, o que existia era uma *federação* constituída por várias repúblicas, todas elas consideradas em igualdade de condições. Em 1944, foi aprovada emenda à Constituição, por proposta de Molotov, dando direito de legação às repúblicas coparticipantes da federação.[104] Cada uma delas poderia ter,

---

[102] Sobre o assunto, *v.* Valerio de Oliveira Mazzuoli, Os acordos *stand-by* com o FMI e a competência internacional do Ministério da Fazenda, in *Revista Forense*, ano 99, vol. 370, Rio de Janeiro, nov./dez./2003, pp. 197-220.

[103] Cf., por tudo, Juan Fernando Badía, *El Estado unitário, el federal y el Estado autonômico*, 2ª ed., Madrid: Tecnos, 1986, 391p.

[104] Cf. Oyama Cesar Ituassú. *Curso de direito internacional público*, cit., p. 128; e Cesar Diaz Cisneros, *Derecho internacional público*, vol. I, cit., pp. 381-382.

inclusive, seu próprio Ministro das Relações Exteriores, bem como fazer parte individualmente da Organização das Nações Unidas. É difícil compreender esta estrutura jurídica, em que os participantes têm, até mesmo, o poder de legação (podendo enviar e receber representantes diplomáticos), mas se submetem à orientação compulsória da União. Por isso é também considerada forma *sui generis* de associação de Estados, embora sem os traços característicos da *Commonwealth*, que é constituída por Estados soberanos (interna e externamente), mas que estão reunidos, também em situação de igualdade entre eles, em torno da Coroa Britânica.

5.2.2) Estados compostos por subordinação. Incluem-se nessa categoria aqueles Estados que compreendem, de um lado, um ente plenamente soberano e, de outro, uma ou mais coletividades estatais ou semiestatais que dependem do primeiro, e cujo governo só exerce competências restritas.[105] Tais Estados são considerados, doutrinariamente, como sendo *semissoberanos*, tendo em vista não deterem a soberania (interna e internacional) plena, que lhe é tolhida pela ação de outro Estado. Trata-se de matéria que o Direito Internacional sempre estudou, mas que, atualmente, perdeu muito de seu objeto, cuja análise somente nos serve a título de curiosidade histórica. O desenvolvimento do direito das gentes tem mostrado à sociedade internacional que os Estados cujos integrantes não se encontram em plano de igualdade, ou não possuem autonomia plena, não podem continuar na eterna dependência de outros Estados mais fortalecidos. Daí a ONU ter criado, dentre os seus órgãos próprios, o chamado *Conselho de Tutela*, regido pelos arts. 86 a 91, da Carta da ONU, cujo objetivo é justamente fomentar o desenvolvimento progressivo dos territórios tutelados com vistas a estimular sua independência, o que autoriza concluir que só pode existir um verdadeiro Estado quando ele é integralmente soberano. A expressão *territórios tutelados* é, portanto, mais correta que *Estados tutelados*. Contudo, para os fins desta classificação, continuaremos empregando esta última expressão.

Os Estados compostos por subordinação são classificados dependendo da natureza e do grau de subordinação que apresentam. São estes os exemplos que se têm dessa modalidade de Estado tutelado, de que ora nos ocupa a título histórico:

a) Estados vassalos. São aqueles que gozam de direitos muito reduzidos no plano interno, estando, no plano externo, totalmente subordinados a outro Estado, ao qual devem vassalagem. Aqui existe uma subordinação (*suserania*) exercida por um Estado (o *suserano*) em relação ao Estado que sofre a imposição do regime (chamado de *vassalo*). Porém, como a absorção de sua personalidade não é integral, o Estado vassalo pode concluir certos atos internacionais e manter determinadas relações diplomáticas submetidas ao veto do suserano.[106] A vassalagem constitui relação jurídica – geralmente transitória – de Direito interno (constitucional) que une dois Estados, colocando um sob o jugo do outro, respeitados certos limites impostos pelo Direito Internacional.[107] Portanto, o traço característico do Estado vassalo é a limitação de sua soberania externa, além da privação de várias de suas liberdades internas, como a intervenção do Estado suserano na sua administração e legislação internas, a sujeição ao pagamento de tributos periódicos, o impedimento de cunhar moedas etc. O Estado suserano tem, entretanto, a obrigação de dispensar proteção militar ao vassalo.

---

105 Hildebrando Accioly. *Tratado de direito internacional público*, vol. I, cit., pp. 131-132.
106 Cf. Clóvis Bevilaqua. *Direito público internacional...*, t. I, cit., p. 109.
107 Cf. Gerson de Britto Mello Boson. *Direito internacional público...*, cit., p. 306.

Os Estados vassalos sofrem restrições de variada índole, não podendo também entabular negociações internacionais, assumir dívidas por empréstimos, ceder (gratuita ou onerosamente) seu território, declarar guerra sem autorização expressa do suserano etc. Atualmente, não se conhecem casos de Estados vassalos. No geral, tais Estados, que hoje não passam de exemplos históricos, eram antigas províncias do Estado suserano, tal como o caso do Egito, submetido ao jugo do Império Otomano de 1878 a 1908, e da Bulgária, unida por vassalagem à Turquia, de 1878 a 1908.

O Egito, durante muito tempo, permaneceu como vassalo, tendo se tornado protetorado da Inglaterra em 1914, consolidando-se uma situação que já existia de fato. Somente em 1922, em virtude do grande movimento nacionalista iniciado no país, foi que o governo de Londres admitiu a independência egípcia, embora com algumas restrições, principalmente em relação ao Canal de Suez, em benefício da segurança do comércio inglês. Em 1936, o tratado de aliança anglo-egípcio encerrou a ocupação militar britânica na região.

Da mesma forma, Andorra sempre dependeu do chefe de Estado francês e do Bispo espanhol de Urgel, por força de vínculos jurídicos que remontam ao século XIII, assim como Liechtenstein, Mônaco e San Marino dependem, respectivamente, da Suíça, França e Itália.[108]

b) Estados protegidos ou protetorados. Trata-se de associações de Estados instituídas por um tratado em que um ou mais Estados soberanos (os *protetores*) assumem a obrigação de proteger outro (o *protegido* ou *sob protetorado*) e recebem o direito de gerir a sua política externa (e, em alguns casos, também a sua política interna).[109] Esse tratado é normalmente celebrado por tempo indeterminado. De um modo geral, a extensão dos poderes do Estado protetor depende do que foi estabelecido pelo tratado, bem como do reconhecimento dessa situação por parte de terceiras potências interessadas. Em qualquer caso, porém, o Estado protetor assume a representação internacional do protegido, nas condições fixadas pelo tratado que instituiu o protetorado.[110]

O certo é que muitos dos tratados que criaram protetorados foram fruto mais da coação de Estados com poderes mais elevados, do que da livre e paralela manifestação de vontade das partes, o que demonstra que a *capitis diminutio* criada por meio do tratado nem sempre pode ser tida como *voluntária*.[111] Não é raro ocorrer também uma *imposição unilateral* de protetorado, como aconteceu com o Egito, a partir de 1914, quando a Grã-Bretanha apenas comunicou às demais potências internacionais (sem concluir qualquer tratado a respeito) que aquele país estava sob a sua proteção.

Segundo Hildebrando Accioly, são basicamente cinco os traços fundamentais dos protetorados:

a) repousam, ordinariamente, num tratado entre o Estado protetor e o Estado protegido;

b) o exercício da soberania externa é transferido ao Estado protetor, bem como o de certas competências dependentes da soberania interna, tais como o comando militar, a administração da justiça etc.;

---

108   V. J. Silva Cunha. *Direito internacional público*, vol. II, cit., p. 18.

109   V., em geral, Paul Heilborn, *Das völkerrechtliche Protektorat*, Berlin: Berlag von Julius Springer, 1891, 187p; e Giancarlo Venturini, *Il protettorato internazionale*, Milano: Giuffrè, 1939, p. 156.

110   Cf. J. Silva Cunha. *Direito internacional público*, vol. II, cit., pp. 18-19.

111   Cf. Hildebrando Accioly. *Tratado de direito internacional público*, vol. I, cit., pp. 131-132.

432 | CURSO DE DIREITO INTERNACIONAL PÚBLICO – *Valerio de Oliveira Mazzuoli*

c) os nacionais do Estado protegido não adquirem, *ipso facto*, a nacionalidade do Estado protetor;

d) o Estado protegido não participa, necessariamente, das guerras do Estado protetor; e

e) os tratados celebrados pelo Estado protetor não são, *ipso facto*, aplicáveis ao Estado protegido.[112]

Os protetorados podem ser de três espécies: *1) internacionais*: quando os Estados protetor e protegido apresentam o mesmo nível cultural e de civilização; *2) coloniais*: quando o Estado protegido possui nível cultural e civilização inferiores ao do Estado protetor, tendo servido para a penetração massiva das grandes potências, principalmente na África Negra; e *3) quase protetorados* (*Estados clientes* ou *protetorados de fato*): nascidos como consequência da chamada *diplomacia do dólar* praticada pelos EUA, quando se entrega a outro Estado a gerência de alguns de seus interesses específicos, como veremos logo abaixo.[113]

São vários os exemplos de protetorados internacionais. Exemplificativamente, dele podem ser encontrados exemplos no: *a)* Egito, que permaneceu ocupado pela Inglaterra durante 54 anos, desde 1882, tendo sido o protetorado instituído em 1914, como se disse acima; *b)* Madagascar, que ficou protegida pelo tratado de 1855, tendo sido anexada à França, em 1896; *c)* Etiópia, quando a Itália impôs seu protetorado sobre a Abissínia, pelo tratado de Ucciali, de 3 de maio de 1889, tendo esta última conquistado sua independência em 1896, após um período de guerra; *d)* Tunísia, protegida pela França pelo Tratado de Bardo, desde 1881; e *e)* Marrocos, em situação quase semelhante à Tunísia, tendo o protetorado tido início pelo tratado de 1912, concluído em Fez.[114]

c) Estados clientes. São os Estados que confiam a outro a defesa de alguns de seus interesses específicos (*v.g.*, a administração de suas alfândegas), mantendo íntegra a sua personalidade jurídica internacional. A terminologia nasceu da intervenção financeira a que os Estados Unidos da América, de acordo com a política do *big-stick* de Theodore Roosevelt, submeteram alguns Estados do continente americano que se encontravam em situações à beira da anarquia, dando ensejo a esta classificação dos chamados "Estados clientes", denominados por alguns autores de *quase protetorados* ou *protetorados de fato*.[115]

Os Estados-clientes, em última análise, são aqueles que *apenas* confiam a outro, para tal designado, a defesa de alguns de seus assuntos internos (negócios ou interesses).[116] Sob essa ótica, a expressão indica aqueles Estados dependentes financeiramente de outros, tal como ocorreu até 1934 (quando foi revogada a emenda Platt, que autorizava o sistema) com Cuba

---

[112] Hildebrando Accioly. Idem, p. 133.

[113] Cf., por tudo, Luis Ivani de Amorim Araújo, *Curso de direito internacional público*, cit., p. 122; e Oliveiros Litrento, *Curso de direito internacional público*, cit., p. 118.

[114] Cf. J. Silva Cunha. *Direito internacional público*, vol. II, cit., p. 19; e Oyama Cesar Ituassú, *Curso de direito internacional público*, cit., p. 133. Farta exemplificação pode ser encontrada em Hildebrando Accioly, *Tratado de direito internacional público*, vol. I, cit., pp. 134-141.

[115] Preferimos não seguir aqueles que têm considerado ser a situação de clientela estatal uma situação de *quase protetorado*, para não ligar a situação de clientelismo com a de *protetorado*, que conota certa inferioridade.

[116] Cf. Hildebrando Accioly. *Tratado de direito internacional público*, vol. I, cit., p. 147.

Parte II · Cap. II · O ESTADO NO DIREITOINTERNACIONAL PÚBLICO | **433**

(1901 a 1934), Panamá (1903), República Dominicana (1907), Haiti (1915), Honduras e Nicarágua, todos em relação aos Estados Unidos, embora os mesmos tivessem como fundamento a celebração de um tratado internacional entre eles. É o que preferimos chamar de *clientela estatal* ou *clientelismo*, em que o poder econômico exercido pelas chamadas superpotências, sobre as áreas geográficas de sua influência política, afetava a autonomia externa de Estados mais pobres, que passam a consentir em tudo o que desejava a forte potência.

d) Territórios não autônomos. A Carta das Nações Unidas cuida dos territórios não autônomos (ou *sem governo próprio*) no Capítulo XI (arts. 73 e 74).[117] Tais dispositivos, introduzidos na Carta a pedido da Austrália e do Reino Unido, estabelecem as regras necessárias à administração dos territórios cujos povos não atingiram a plena capacidade de se autogovernarem, como as *colônias*, os *protetorados* e todos os outros territórios que, de alguma maneira, dependam (ainda que à margem da sociedade internacional e do *status* da igualdade de direitos) da administração de um Estado-membro das Nações Unidas. Para tal fim, nos termos do art. 73, os membros das Nações Unidas que assumirem responsabilidades pela administração de tais territórios, reconhecem o princípio de que os interesses dos habitantes desses territórios são da mais alta importância, e aceitam, como "missão sagrada", a obrigação de promover no mais alto grau, dentro do sistema de paz e segurança internacionais, o bem-estar dos habitantes desses territórios, devendo assegurar-lhes: o seu progresso político, econômico, social e educacional, o seu tratamento equitativo e a sua proteção contra todo tipo de abuso; sua capacidade de governo próprio e o desenvolvimento progressivo de suas instituições políticas livres; a promoção de medidas construtivas de desenvolvimento e cooperação, com vistas à realização prática dos propósitos de ordem social, econômica ou científica etc.

Diferentemente do que ocorre no caso dos capítulos XII e XIII da Carta da ONU, que dizem respeito aos territórios *sob tutela* (*v.* item *e*, *infra*), o capítulo XI não estabelece qualquer obrigação das Nações Unidas no que tange à "administração" ou "fiscalização" dos territórios coloniais, bem como não impõe a apresentação de qualquer relatório pela potência administrante.[118] Tudo quanto o capítulo XI exige em termos processuais encontra-se no art. 73, alínea *e*, segundo a qual é dever do Estado-administrador "transmitir regularmente ao Secretário-Geral, *para fins de informação…*, informações estatísticas ou de outro caráter técnico, relativas às condições econômicas, sociais e educacionais dos territórios pelos quais são respectivamente responsáveis e que não estejam compreendidos entre aqueles a que se referem os Capítulos XII e XIII da Carta". Chama a atenção – conforme percebido por Brierly – o fato de o art. 73, alínea *e*, da Carta não ter obrigado as potências administrantes

---

[117] Para uma interpretação exaustiva dos arts. 73 e 74 da Carta da ONU, *v.* Valerio de Oliveira Mazzuoli [arts. 73 e 74], *Comentário à Carta das Nações Unidas*, Leonardo Nemer Caldeira Brant (org.), Belo Horizonte: CEDIN, 2008, pp. 975-1001; Mohammed Bedjaoui [Art. 73], *La Charte des Nations Unies: commentaire article par article*, vol. II, 3ᵉ éd., Jean-Pierre Cot & Alain Pellet (dir.); Mathias Forteau (secrét. réd.), Paris: Economica, 2005, pp. 1752-1767; Aziz Hasbi [Art. 74], Idem, pp. 1770-1789; e Ulrich Fastenrath [Arts. 73 e 74], *The Charter of the United Nations: a commentary*, vol. II, 2ⁿᵈ ed., Bruno Simma (ed.), New York: Oxford University Press, 2002, pp. 1089-1097. Cf. também, André Gonçalves Pereira & Fausto de Quadros, *Manual de direito internacional público*, cit., pp. 537-548.

[118] V. J. L. Brierly. *Direito internacional*, cit., p. 173; e Antonio Truyol y Serra, *La sociedad internacional*, cit., p. 86.

434 | CURSO DE DIREITO INTERNACIONAL PÚBLICO – *Valerio de Oliveira Mazzuoli*

a prestar quaisquer informações *políticas* sobre tais territórios.[119] De fato, referiu-se a Carta tão somente às informações *estatísticas* ou de outro *caráter técnico*, relativas às condições econômicas, sociais e educacionais dos territórios.

A *norma mater* atual em matéria de concessão de independência aos países e povos coloniais é a *Resolução 1514 (XV) da Assembleia Geral da ONU*, de 14 de dezembro de 1960, que apregoa o fim do colonialismo em todas as suas formas e manifestações. Em 1961, pela *Resolução 1654 (XVI)*, a Assembleia Geral criou o *Comitê da Descolonização*, em substituição ao antigo Comitê *Ad-Hoc* (de 1947), incumbido de examinar as informações encaminhadas ao Secretário-Geral, com o propósito de implementar as recomendações constantes da *Resolução 1514 (XV)*. Em 1970, no décimo aniversário da *Resolução 1514 (XV)*, a Assembleia Geral da ONU proclamou dois outros documentos fundamentais em matéria de descolonização: a *Resolução 2621 (XXV)*, que estabelece um programa de ação para a aplicação integral da *Resolução 1514*, e a *Resolução 2625 (XXV)*, que codifica os *sete princípios* do Direito Internacional relativos "às relações amistosas e à cooperação entre Estados em conformidade com a Carta das Nações Unidas", entre os quais aparece o *direito à igualdade jurídica* entre as Nações e o seu *direito à autodeterminação*.[120] Atualmente, todas essas resoluções da ONU hão de ser consideradas parte integrante do *jus cogens* internacional.

Os territórios não autônomos atualmente remanescentes são em número de 16 ao todo, os quais representam menos de 1 milhão de habitantes. A lista seguinte mostra tais territórios e seus respectivos administradores *de jure*, assim espalhados pelo planeta:

1) na África: *St. Helena* e dependências (Reino Unido) e *Saara Ocidental* (inicialmente de administração espanhola, atualmente ocupado pelo Marrocos);

2) na América: *Anguilla* (Reino Unido); *Bermuda* (Reino Unido); *Ilhas Virgens Britânicas* (Reino Unido); *Ilhas Cayman* (Reino Unido); *Ilhas Falklands* (Reino Unido, reclamada pela Argentina, por ela chamada de *Ilhas Malvinas*); *Montserrat* (Reino Unido); *Ilhas Turks e Caicos* (Reino Unido) e *Ilhas Virgens Americanas* (Estados Unidos);

3) na Europa: *Gibraltar*[121] (Reino Unido, reclamado pela Espanha); e

4) na Oceania: *Samoa Americana* (Estados Unidos); *Guam* (Estados Unidos); *Nova Caledônia* (França); *Ilhas Pitcairn* (Reino Unido) e *Ilhas Tokelau* (Nova Zelândia).

A questão dos territórios não autônomos ou sem governo próprio é ainda amplamente tributária de definições mais precisas daquilo que efetivamente vêm a ser *autonomia* e *governo próprio*. Contudo, não obstante a importância do quadro em que se insere o capítulo XI da Carta, o certo é que as regras que o compõem encontram-se em plena fase de extinção.

e) Territórios sob tutela. O *sistema de tutela* foi criado pela Carta das Nações Unidas, em substituição ao *sistema de mandato* criado pela Liga das Nações, que previa a existência de comunidades submetidas a um regime especial, consistente na tutela de outro Estado, que

---

[119] Cf. J. L. Brierly. *Direito internacional*, cit., pp. 173-174.
[120] Cf. Dinh, Daillier & Pellet. *Direito internacional público*, cit., p. 532. Tais direitos (de igualdade e de autodeterminação) podem ser tidos como de observância *erga omnes* pela sociedade internacional. Cf. ainda, Anthony Aust, *Handbook of international law*, cit., p. 22; e James Crawford, *Brownlie's principles of public international law*, cit., pp. 141-142.
[121] No referendo realizado em 2002, o povo de Gibraltar rejeitou a soberania compartilhada sobre o território.

Parte II · Cap. II · O ESTADO NO DIREITOINTERNACIONAL PÚBLICO | **435**

as administrava na condição de mandatário e agia em nome da Liga. O sistema de mandato (cuja base legal encontrava-se no art. 22 do Pacto da Liga) havia sido instituído para impedir que as potências vencidas da Primeira Guerra (principalmente Alemanha e Turquia) continuassem a exercer domínio sobre os territórios que até então possuíam, submetendo-os a um regime *especial* de administração sob a responsabilidade de um Estado mandatário. A Segunda Guerra mundial e a Organização das Nações Unidas criaram, em substituição, o instituto do *trusteeship* ou "sistema internacional de tutela" (arts. 75 a 85 da Carta), que serviria para administrar e fiscalizar os territórios que poderiam ser colocados sob tal sistema em consequência de futuros acordos individuais.[122]

Os objetivos básicos do sistema de tutela, de acordo com os propósitos das Nações Unidas enumerados no art. 76 de sua Carta, são: *a*) favorecer a paz e a segurança internacionais; *b*) fomentar o progresso político, econômico, social e educacional dos habitantes dos territórios tutelados e o seu desenvolvimento progressivo para alcançar governo próprio ou independência, como mais convenha às circunstâncias particulares de cada território e de seus habitantes e aos desejos livremente expressos dos povos interessados, e como for previsto nos termos de cada acordo de tutela; *c*) estimular o respeito aos direitos humanos e às liberdades fundamentais para todos, sem distinção de raça, sexo, língua ou religião, e favorecer o reconhecimento da interdependência de todos os povos; e *d*) assegurar igualdade de tratamento nos domínios social, econômico e comercial, para todos os membros das Nações Unidas e seus nacionais e, para estes últimos, igual tratamento na administração da justiça. Para a realização de tais objetivos, o Capítulo XIII da Carta das Nações Unidas instituiu o que denominou de *Conselho de Tutela* (art. 86 a 91).

Os territórios aos quais se aplica o sistema de tutela vêm descritos pelo art. 77 da Carta, que assim dispõe:

> "Art. 77
>
> 1. O sistema de tutela será aplicado aos territórios das categorias seguintes, que venham a ser colocados sob tal sistema por meio de acordos de tutela:
>
> *a*) territórios atualmente sob mandato;
>
> *b*) territórios que possam ser separados de Estados inimigos em consequência da Segunda Guerra Mundial; e
>
> *c*) territórios voluntariamente colocados sob tal sistema por Estados responsáveis pela sua administração.
>
> 2. Será objeto de acordo ulterior a determinação dos territórios das categorias acima mencionadas a serem colocados sob o sistema de tutela e das condições em que o serão".

A ideia central não aparente do sistema de tutela era trazer maiores dificuldades para a sua implantação que as existentes ao tempo do sistema de mandato da Liga das Nações, a fim de torná-lo pouco atraente com vistas a alcançar o seu término definitivo a médio prazo. A Carta da ONU nada diz expressamente sobre o término da situação de tutela, mas pode-se inferir do art. 76, alínea *b*, que a sua extinção deverá operar quando os últimos territórios sob administração alheia alcançarem sua independência, o que parece já ter ocorrido a partir de 1994.

---

[122] Sobre o *Conselho de Tutela* da ONU, *v*. Capítulo III, Seção II, nº 5, desta Parte.

Os acordos de tutela estabeleciam quais as zonas deveriam estar submetidas ao controle. Os territórios tutelados, de acordo com a sistemática da Carta da ONU, seriam administrados de modo a alcançar a sua independência. Era ainda obrigação dos Estados tutores fomentar o desenvolvimento econômico, político e social de tais territórios tutelados, com vistas à sua independência. A ONU sempre teve poderes para fiscalizar a atuação dos Estados tutores em relação aos territórios tutelados.

f) Estados permanentemente neutros. Trata-se dos casos típicos da Suíça, Vaticano e Áustria, que têm sua independência e sua integridade territorial garantidas (e esta *garantia* é necessária ao reconhecimento da neutralidade) por outros Estados, por meio de tratados internacionais que, em troca, lhes impõe o compromisso de se abster de participar de conflitos armados, a não ser no caso excepcional de legítima defesa de seu território.[123] Isto em nada afeta sua autonomia interna e externa e sua personalidade jurídica internacional. A obrigação dos Estados neutros de não participarem de conflitos armados não é, também, causa de limitação de sua soberania, que continua em toda a sua plenitude.

6. Extinção dos Estados. Os Estados, no curso histórico de sua existência, não raramente sofrem inúmeras influências de meios internos e externos, capazes de transformá-los ou até mesmo de extingui-los, causando seu desaparecimento total. Ainda que os desmembramentos da antiga União das Repúblicas Socialistas Soviéticas (URSS), da Iugoslávia e da Tchecoslováquia, tenham chamado a atenção da sociedade internacional, fazendo voltar à tona o tema relativo à extinção dos Estados e os problemas dele decorrentes, o certo é que o direito das gentes ainda não precisou um conceito definitivo de "extinção de Estado". Mas não obstante essa assertiva, o que deve ser bem compreendido é o fato de que, ainda que os Estados sofram alterações na sua estrutura, seja pelo aumento ou diminuição de sua população, seja por mudança de suas instituições políticas, eles não perdem, por conta disso, sua personalidade jurídica internacional, que continua intacta, desde que conservados os requisitos essenciais para a sua existência como ente dotado de soberania.

O aparecimento da figura da *extinção* do Estado terá lugar quando as transformações nele ocorridas sejam tão substanciais a ponto de fazer desaparecer um desses seus elementos essenciais, ainda que os exemplos colhidos em doutrina (como o desaparecimento total de sua população ou de seu território) não sejam em nada satisfatórios. O mestre Georges Scelle chegou a afirmar, na década de 30, que um desaparecimento material do Estado "é algo que não convence, a menos que se suponha um cataclisma destruidor de um território e sua população, ou a destruição armada de um povo inteiro".[124] Contudo, mais modernamente, a ciência já mostra alguns sinais de que, em decorrência do *efeito estufa*, poderá haver o degelo de calotas polares, com o consequente aumento do nível dos oceanos, capaz de extinguir por completo um Microestado do Pacífico e do Caribe.[125]

A *extinção* dos Estados pode ser *total* ou *parcial*. A primeira se verifica quando se dá a supressão da figura estatal pela perda de um dos seus elementos constitutivos, o que ocasiona a perda de sua personalidade jurídica internacional, tornando-o *inexistente* juridicamente.

---

[123] Sobre a neutralidade permanente, *v.* Parte VI, Capítulo II, Seção II.

[124] Georges Scelle. *Précis de droit des gens*, t. I, cit., p. 110.

[125] Cf. Hildebrando Accioly & Nascimento e Silva. *Manual de direito internacional público*, cit., p. 91.

Parte II • Cap. II • O ESTADO NO DIREITOINTERNACIONAL PÚBLICO | 437

São exemplos de extinção total de Estados, dentre outros: *a*) os *fenômenos telúricos* (desaparecimento do território do Estado, como no caso lendário do continente da Atlântida[126]); *b*) a *migração total da população* (como ocorreu após a queda de Jerusalém, com a dispersão do povo judeu); *c*) a *divisão do Estado em outros* (a exemplo do ocorrido com o império austro--húngaro em 1919, com a criação da Hungria, Áustria, Tchecoslováquia e Iugoslávia).[127] A chamada extinção parcial, por sua vez, se verifica quando ocorre uma *transformação* em relação ao Estado, podendo ser mais ou menos vultosa, não afetando a sua existência como ente dotado de personalidade jurídica internacional. Ocorre na hipótese de um Estado passar da condição de soberano para a condição de semissoberano (expressão criticada pela doutrina, como já falamos acima), perdendo parcela de sua personalidade jurídica internacional. A extinção parcial não afeta a existência do Estado, mas sim a sua *fisionomia*, em virtude da perda de parte de seu território ou de sua população, reduzindo-lhe a sua estrutura em benefício de outra entidade do mesmo caráter.[128] Certos autores, contudo, não entendem a *extinção parcial* dos Estados como sendo verdadeira extinção. Segundo alguns internacionalistas, a extinção é sempre *total*, não havendo que se falar em extinção "parcial", que seria expressão imprópria. Pode ser mencionada, também, a situação do Iraque, após a vitória dos Estados Unidos, na guerra contra as armas químicas e de destruição em massa (que, contudo, não foram jamais encontradas em território iraquiano), como exemplo de *extinção* temporária de Estado por falta de governo (requisito essencial à existência do Estado), desde a tomada do Palácio do ex-ditador Saddam Hussein até a instituição de um governo provisório norte-americano.

São as seguintes as principais formas de extinção ou transformação dos Estados:

a) *Anexação total* – ocorre quando um Estado absorve completamente outro ou outros, o que pode dar-se em razão de uma invasão militar com tomada armada de território ou mesmo por uma conquista pacífica. São exemplos, entre outros, a incorporação dos ducados de Modena, Parma, Toscana e Reino de Nápoles ao Piemonte, em 1860; o da República Sul--africana (Transvaal) e Estado Livre de Orange, absorvidos pela Grã-Bretanha, em 1902; a absorção do Congo à Bélgica, em 1908 e a incorporação da Coreia ao Japão em 1910.

b) *Anexação parcial* – ocorre quando há uma alteração na estrutura do Estado, decorrente da perda de parte do seu território e de sua população. Nessa hipótese, não se verifica a extinção (também parcial) do Estado, mas a diminuição de seu poder soberano, sem que haja perda de sua personalidade jurídica internacional. Este é o típico caso que alguns juristas

---

[126] Destaque-se, porém, que num futuro talvez próximo poderão (infelizmente) aparecer exemplos concretos de desaparecimento do território de certos Microestados insulares (como Tuvalu e Kiribati), em razão da elevação do nível do mar causada por alterações climáticas; também, mesmo que não extintos totalmente, os territórios desses Microestados poderão tornar-se inabitáveis pelo ingresso de grande porção de água em seus territórios, fazendo com que a sua população seja obrigada a buscar sobrevivência em outro lugar habitável. Disso advirão consequências sérias para o Direito Internacional, especialmente relativas à continuidade do Estado e à nacionalidade dos seus antigos habitantes. Para detalhes, *v.* Valerio de Oliveira Mazzuoli & Fábio Henrique Rodrigues de Moraes Fiorenza, O desaparecimento de Microestados insulares pela elevação do nível do mar e as consequências para o direito internacional contemporâneo, in *Revista dos Tribunais*, ano 102, vol. 934, São Paulo, ago./2013, pp. 23-45.

[127] Cf. Oyama Cesar Ituassú. *Curso de direito internacional público*, cit., pp. 179-180.

[128] Cf. Oyama Cesar Ituassú. Idem, p. 180.

438 | CURSO DE DIREITO INTERNACIONAL PÚBLICO – *Valerio de Oliveira Mazzuoli*

chamariam de *extinção parcial*, e que, para nós, seria uma *transformação* do Estado. Pode ser citada como exemplo a incorporação do Texas, da Louisiana e do Alaska pelos Estados Unidos da América, em épocas diversas e por meios também distintos.[129]

c) Fusão – a fusão (que também é meio de *criação* de novos Estados, como já se viu anteriormente) tem lugar quando dois ou mais Estados se unem formando um *Estado composto*. Tal foi o que ocorreu com a União Real entre Noruega e Suécia (1814/1905) ou entre Áustria e a Hungria (1867/1919), não se podendo falar propriamente em extinção de Estado também aqui.

d) Divisão ou desmembramento – ocorre quando um Estado originário se divide ou se desmembra em duas ou mais partes, dando causa ao nascimento de dois ou mais Estados. Nesse caso, o Estado originário se extingue formando dois ou mais Estados, ambos soberanos e com personalidade jurídica internacional. Foi o caso do Império Austro-Húngaro, que, em 1919, se dividiu em três Estados diferentes, formando a Áustria, a Hungria e a Tchecoslováquia. Foi o caso também dos Países Baixos, fracionados em dois reinos: Bélgica e Holanda.[130] Os efeitos do desmembramento do Estado são os seguintes: *a)* os tratados anteriormente celebrados e em vigor no Estado se extinguem, não podendo os novos Estados continuar vinculados ao Estado ou à União Real que anteriormente pertenciam; *b)* as dívidas públicas devem ser assumidas pelos novos Estados apenas em relação à quota-parte que lhe pertencia na mãe-pátria; *c)* os bens do seu domínio público e os do domínio privado do Estado desmembrado (domínio do Estado) se transferem a cada um dos novos Estados nos quais tais bens estejam situados; *d)* as leis do antigo Estado desaparecem (salvo o caso de se manter, provisoriamente, algumas delas, enquanto não se elabora o corpo de leis do novo Estado); *e)* a nacionalidade da mãe-pátria também some, dando lugar a novas nacionalidades referentes aos novos Estados.[131]

7. Sucessão de Estados. Os problemas envolvendo a transformação e a extinção de Estados originam, necessariamente, uma série de outros problemas relacionados à *sucessão* desses mesmos Estados, com especial interesse para o Direito Internacional Público, eis que estritamente vinculados à questão da transferência de direitos e obrigações do Estado que se extingue para o novo Estado formado a partir de então.[132] Assim, a sucessão de que se trata é aquela relativa à substituição de um Estado por outro, relativamente aos seus direitos e deveres. O que se visa, com o estudo da sucessão de Estados, é saber "até que ponto um Estado se substitui a outro nos direitos e obrigações que a este competiam, ou, por outras palavras, até que ponto o domínio de validade da ordem jurídica de um Estado se transfere a outro, em virtude de uma mudança na condição jurídica ou na personalidade do primeiro".[133]

---

[129] Cf. Gilda Maciel Corrêa Meyer Russomano. *Direito internacional público*, cit., pp. 226-227.

[130] Cf. Gilda Maciel Corrêa Meyer Russomano. Idem, p. 228.

[131] V. Hildebrando Accioly. *Tratado de direito internacional público*, vol. I, cit., pp. 200-203.

[132] Cf. Erik J. S. Castrén. Aspects récents de la succession d'États, in *Recueil des Cours*, vol. 78 (1951-I), pp. 379-506.

[133] Hildebrando Accioly. *Tratado de direito internacional público*, vol. I, cit., p. 192. V. ainda, Celso D. de Albuquerque Mello, *Curso de direito internacional público*, vol. I, cit., pp. 425-436; Anthony Aust, *Handbook of international law*, cit., pp. 361-375; Brichambaut, Dobelle & Coulée, *Leçons de droit international public*, cit., pp. 77-86; e Alberto do Amaral Júnior, *Curso de direito internacional público*, cit., pp. 357-362.

Parte II · Cap. II · O ESTADO NO DIREITOINTERNACIONAL PÚBLICO | **439**

Ocorre a sucessão de Estados quando um Estado (chamado de predecessor ou sucedido) é definitivamente substituído por outro (chamado de sucessor) no que tange ao domínio de seu território e às responsabilidades pelas suas relações internacionais. Os Estados podem anexar-se a outros de maneira forçada (ficando um deles totalmente absorvido) ou voluntária (quando a união tem por finalidade o nascimento de um novo Estado), podendo ainda ceder parcela do seu território para outro Estado ou desmembrar-se em vários outros Estados. Tais situações ensejam soluções que nem sempre são uniformes na doutrina e na prática internacional. Dada a sua importância, o assunto foi incluído na primeira agenda da Comissão de Direito Internacional da ONU, que posteriormente, a convite da Assembleia Geral das Nações Unidas, decidiu estudar mais detalhadamente o assunto, tendo sido escolhidos como redatores do tema Sir Humphrey Waldock (para a sucessão em matéria de tratados, objeto da *Convenção de Viena sobre Sucessão de Estados em Matéria de Tratados*, de 23 de agosto de 1978) e o Prof. Mohammed Bedjaoui, para a questão da sucessão em matéria de bens, arquivos e dívidas (objeto da *Convenção de Viena sobre Sucessão de Estados em Matéria de Bens, Arquivos e Dívidas*, de 8 de abril de 1983, que foi tida como quase *inaceitável* desde as suas discussões iniciais). O art. 2º, § 1º, alínea *b*, comum a ambos os tratados, conceitua a sucessão de Estados como a "substituição de um Estado por outro na responsabilidade das relações internacionais de um território". Nos termos dessa definição, há sucessão de Estados não apenas quando um Estado *desaparece completamente* e em seu lugar nasce outro novo Estado, senão também quando o Estado sucedido sofre uma *mudança profunda* em qualquer dos seus elementos constitutivos.[134]

Não faltam exemplos do problema relativo à sucessão de Estados, podendo-se lembrar os casos da unificação da Alemanha (caso de *incorporação* voluntária de um Estado a outro) e da extinção da ex-URSS e da antiga Tchecoslováquia (casos de *desaparecimento total* do Estado anterior). Lembre-se do caso mais recente da *Sérvia e Montenegro*, Estado Federal que sucedeu em 2003 a Iugoslávia e que em 2006, com a secessão de Montenegro após referendo, deu origem aos Estados da *Sérvia* (capital Belgrado) e de *Montenegro* (capital Podgorica).[135]

Segundo abalizada doutrina, atualmente a "tendência mais aceita é a de rejeitar a noção de sucessão, isto é, de direitos e obrigações ligados à extinção do Estado; a questão é de soberania sobre o território: os direitos do Estado sucessor decorrem do direito internacional, segundo o qual com a extinção do Estado ocorre uma *tábula rasa*, ou, para utilizar a expressão inglesa, um *clean slate*". Mas, como observa essa mesma doutrina, tal regra "não deve ser encarada de maneira absoluta, pois admite exceções, como nos tratados de fronteiras e no reconhecimento dos direitos adquiridos e da equidade (*equity*)".[136]

O que se visa, na prática, é analisar as várias hipóteses de sucessão de Estados, levando-se em conta os seus efeitos. São seis os *efeitos* da sucessão dos Estados que podemos assinalar: *a*) os atinentes aos tratados internacionais; *b*) os relativos à nacionalidade; *c*) os relativos às obrigações financeiras; *d*) os ligados à legislação interna; *e*) os relativos ao domínio do Estado; e *f*) os relativos às organizações internacionais. Vejamos cada uma dessas hipóteses:

---

[134] V. André Gonçalves Pereira & Fausto de Quadros. *Manual de direito internacional público*, cit., p. 336.

[135] A Europa via nascer, então, o seu mais novo Estado – em verdade, um Microestado – de população não superior a 650.000 habitantes.

[136] Hildebrando Accioly & Nascimento e Silva. *Manual de direito internacional público*, cit., p. 94.

a) Efeitos da sucessão quanto aos tratados. Duas teorias jurídicas tentam explicar o fenômeno: a primeira – chamada de *teoria da sucessão automática* – entende que os tratados anteriormente concluídos pelo Estado sucedido passam a valer automaticamente no território do Estado sucessor; a segunda – chamada de *teoria da tábula rasa* – leciona no sentido de não ser o Estado sucessor obrigado a aceitar os tratados então em vigor no território do Estado sucedido.[137]

Apesar de a Convenção de Viena sobre Sucessão de Estados em Matéria de Tratados (1978) ter tentado unir ambas as teorias, esta última (defendida principalmente pelos Estados descolonizados) parece ter sido a preferida. Assim, tem-se entendido que os tratados internacionais devem ser extintos por efeito da sucessão de Estados, salvo se existirem circunstâncias suficientemente fortes a justificar o contrário.

No caso da *anexação total*, extinto o Estado, com ele também se extinguem os tratados por ele celebrados.[138] No caso da *anexação parcial*, o entendimento corrente é no sentido de que os tratados *gerais* concluídos pelo Estado anexado também se extinguem, permanecendo em vigor somente aqueles *tratados reais*, relativos à parte territorial incorporada pelo outro Estado,[139] obedecendo-se à regra *res transit cum suo onere*.[140] Essa oscilação dos tratados é chamada pelos autores alemães, como Von Liszt, de *princípio da mobilidade das fronteiras nos tratados*, significando que a autoridade dos acordos internacionais concluídos pelo Estado desanexado cede lugar ao Estado anexante.[141] Na anexação total, os tratados ratificados pelo Estado anexador estendem-se ao Estado anexado, salvo se circunstâncias muito excepcionais indicarem o contrário (não sendo a recíproca verdadeira, como se falou acima).

Deixam também de ser aplicados alguns tratados ratificados pelos Estados que, por meio da *fusão*, originaram o nascimento de um novo Estado. Contudo, nesse caso, deve-se distinguir: se era o tratado *multilateral*, com a fusão dos Estados, os mesmos devem continuar a ser respeitados; mas, se eram *bilaterais*, devem ser os mesmos novamente negociados. Tanto em um como em outro caso, existe a possibilidade de o novo Estado *revigorar* (inclusive com terceiros interessados) o conteúdo e as obrigações decorrentes daquele tratado que anteriormente vigorava entre ambos. Já nas hipóteses de *separação, divisão* ou *desmembramento*, a solução encontrada é desonerar os novos Estados relativamente ao cumprimento dos tratados ratificados pelo Estado anterior, salvo o caso de tratado que diga respeito justamente à formação desses novos Estados. Portanto, em princípio, admite-se que o novo Estado não deve

---

[137]   Sobre o tema, *v.* André Gonçalves Pereira, *La succession d'États en matière de traité*, Paris: A. Pedone, 1969, 232p. Em menor proporção, cf. James Crawford, *Brownlie's principles of public international law*, cit., pp. 438-442.

[138]   Cf. Erik J. S. Castrén. Aspects récents de la succession d'États, cit., pp. 431-441.

[139]   Cf. Gilda Maciel Corrêa Meyer Russomano. *Direito internacional público*, cit., p. 229.

[140]   Hildebrando Accioly. *Tratado de direito internacional público*, vol. I, cit., p. 193.

[141]   Cf. Oyama Cesar Ituassú. *Curso de direito internacional público*, cit., p. 187. O chamado *princípio da mobilidade das fronteiras nos tratados* sofre, porém, certas exceções, como explica Accioly: "Assim, por exemplo, os tratados do Estado cedente, de interesse local e pessoal para o território anexado e aplicáveis única e exclusivamente a este, devem permanecer de pé: tais são os de limites, navegação fluvial etc. Por outro lado, os tratados do Estado acrescido, celebrados com a intenção manifesta de serem aplicados exclusivamente ao seu antigo território, não devem ser estendidos ao território adquirido" (*Tratado de direito internacional público*, vol. I, cit., p. 197).

Parte II · Cap. II · O ESTADO NO DIREITOINTERNACIONAL PÚBLICO | **441**

ficar preso às obrigações convencionais contraídas pelo Estado anterior, por se tratar de uma *nova* personalidade jurídica internacional, em tudo distinta do antigo Estado. Trata-se da regra estabelecida pelo art. 16 da Convenção de Viena sobre Sucessão de Estados em Matéria de Tratados, segundo o qual "um Estado de independência recente não estará obrigado a manter em vigor um tratado nem a tornar-se parte dele unicamente por razão de, na data da sucessão de Estados, o tratado estar em vigor relativamente ao território a que se refere essa sucessão de Estados", o que demonstra a inclinação da Convenção pela *teoria da tábula rasa*, acima citada.

b) Efeitos da sucessão quanto à nacionalidade. Trata-se de um dos casos mais importantes envolvendo a sucessão de Estados.[142] De acordo com o entendimento tradicional, seja nos casos de anexação total ou parcial, a nacionalidade do Estado anexador se estende à população do Estado anexado (no primeiro caso) ou aos habitantes da área territorial em relação à qual se verificou a anexação parcial (na segunda hipótese). Em ambos os casos, a imposição alcança os súditos do Estado originário, a quem se *desnacionaliza* fazendo-se perder a nacionalidade que possuíam.[143] O novo Estado, assim, instala a sua nacionalidade sobre o povo do território ocupado (total ou parcialmente), dando-lhes uma nova relação nacional, restando o caminho de emigração àqueles que discordarem da nova situação jurídica vigente. Foi dessa forma que os lombardos, romanos, toscanos, vênetos e piemontenses passaram a ser *italianos* em 1870. Nos casos de separação, divisão ou desmembramento de Estado, a solução seria estender a nacionalidade dos novos Estados aos nacionais do antigo Estado que habitem, respectivamente, nos territórios dos Estados recém-criados.[144] Na fusão, por sua vez, aparece uma nacionalidade comum, extinguindo os vínculos de cada Estado, em benefício de uma nova personalidade jurídica internacional.

As regras modernas sobre nacionalidade, seguidas pela nova orientação internacional, direcionam-se no sentido de aplicar-se ao povo a nacionalidade do Estado incorporador, mas resguardando o seu *direito de opção*, isto é, a faculdade concedida aos habitantes de um território cedido de optar pela nacionalidade do Estado cessionário ou continuar com a nacionalidade originária. Tal foi o que ocorreu com os habitantes da Ucrânia subcarpática, quando essa região foi transferida da Tchecoslováquia para a União Soviética, em 1945. Nas extinções parciais, também tem sido utilizado o sistema de *plebiscito popular* como forma de decisão a respeito da nacionalidade, em contraposição à opção individualizada. O certo é que não existe, até o momento (apesar das tentativas – até agora inoperantes – de codificação da matéria), regra costumeira clara a respeito da questão. A regra do art. 15, §§ 1º e 2º, da Declaração Universal dos Direitos Humanos de 1948 (*verbis*: "1. Toda pessoa tem direito a uma nacionalidade. 2. Ninguém será arbitrariamente privado de sua nacionalidade, nem do direito de mudar de nacionalidade") infelizmente não precisa muito bem *a quem* esse direito é destinado e em *qual situação* ele se aplica.

No caso de *separação* do Estado, não há dúvida de que o novo Estado impõe sua nacionalidade, coletivamente, a todos os seus habitantes.

---

[142] V. Erik J. S. Castrén. Aspects récents de la succession d'États, cit., pp. 485-488; Daniel Patrick O'Connell, *The law of State succession*, Cambridge: Cambridge University Press, 1965, pp. 245-258; e James Crawford, *Brownlie's principles of public international law*, cit., pp. 433-437.

[143] Cf. Cesar Diaz Cisneros. *Derecho internacional público*, vol. I, cit., p. 320.

[144] Cf. Gilda Maciel Corrêa Meyer Russomano. *Direito internacional público*, cit., p. 230.

c) Efeitos da sucessão quanto às obrigações financeiras. Um dos grandes dilemas sofridos por Estados desmembrados diz respeito à situação de suas obrigações (dívidas) financeiras.[145] Sob a ótica do Direito Internacional, a regra geral, aqui, consiste em atribuir ao novo Estado, que nasceu à custa do território e do povo de outro Estado, a obrigação de responder, no plano internacional, pelos encargos financeiros contraídos por aqueles que eram legítimos representantes do Estado sucedido, pois seria profundamente injusto considerar extintas as dívidas estatais legitimamente contraídas, levando-se em conta o fato de que esse mesmo Estado desapareceu, o que violaria frontalmente os direitos adquiridos dos seus credores, além de colocar em dúvida a credibilidade e boa-fé do Estado sucessor. Alguns juristas (como Louter) entendem até mesmo que as dívidas contraídas pelo Estado anexado, em virtude da luta travada com o Estado anexador para a garantia de sua própria independência, devem ser transferidas ao Estado em favor do qual se fez a anexação. O certo é que, na prática – explica Accioly – o Estado sucessor frequentemente repele tais dívidas, qualificando-as como odiosas (*odious debts*).[146]

Em se tratando de *anexação total*, é justo que as dívidas públicas e outros encargos financeiros do Estado anexado passem a ser de responsabilidade do Estado anexador,[147] não se excluindo o fato de ver o Estado recair sobre si as dívidas anteriormente contraídas em proveito único daquilo que hoje é seu território. Em virtude do princípio da continuidade do Estado, há uma assunção de responsabilidade por parte do Estado anexador relativamente às obrigações financeiras do Estado anexado, a exemplo do que ocorreu com a Bélgica, que se responsabilizou pelas dívidas do Congo (ex-Zaire), quando de sua incorporação em 1908. Existem, entretanto, exceções práticas a esta regra. Uma delas diz respeito à natureza da dívida, pois – já falamos acima – os Estados sucessores normalmente repelem as dívidas decorrentes de empréstimos contraídos para finalidades bélicas contra o Estado anexador.[148]

Quando a anexação for *parcial*, importa verificar se se está diante de obrigações *gerais* ou apenas *locais*. No primeiro caso, em que as obrigações são comuns a todo o território do Estado sucedido, a situação é mais complexa, e a doutrina se mostra divergente. O fato que ocorre é o seguinte: havia uma obrigação financeira (dívida) contraída pelo Estado (tal dívida, portanto, era *geral*), e este Estado foi parcialmente anexado por outro. À medida que *parte* desse território é anexada a outro Estado, fica a questão de saber quais os limites da responsabilidade do Estado anexador relativamente às dívidas gerais do Estado desmembrado. Segundo a melhor doutrina, a solução mais justa "será a de se transferir ao Estado em favor do qual se faz a anexação uma parte das dívidas do Estado desmembrado, correspondente à quota-parte de impostos que era paga pela população do território anexado".[149] Contudo, apesar de algumas proposições doutrinárias, o certo é que ainda não se tem uma solução uniforme na doutrina, e a prática internacional tem resolvido o problema de várias maneiras. No segundo caso, em que as obrigações são puramente locais, relativas à exata parte do território anexado e em seu benefício, admite-se que o Estado sucessor assuma a totalidade dessas

---

[145] Cf. Erik J. S. Castrén. Aspects récents de la succession d'États, cit., pp. 458-484.

[146] *V.* Hildebrando Accioly. *Tratado de direito internacional público*, vol. I, cit., pp. 193-194.

[147] Cf. Clóvis Bevilaqua. *Direito público internacional...*, t. II, cit., p. 54.

[148] Cf. Oyama Cesar Ituassú. *Curso de direito internacional público*, cit., p. 185.

[149] Hildebrando Accioly. *Tratado de direito internacional público*, vol. I, cit., p. 198.

Parte II · Cap. II · O ESTADO NO DIREITOINTERNACIONAL PÚBLICO | **443**

obrigações, uma vez que toda aquela parcela de território passou a integrar o seu domínio. Assim, a divisão dos Países Baixos, em 1831, importou na repartição de obrigações entre a Bélgica e a Holanda, nos termos dos tratados de 1831 e 1839. Contudo, frise-se que apesar da aparente *justiça* que detêm tais critérios, ainda é forte a divergência doutrinária em torno deles. Excluem-se da responsabilidade do Estado sucessor, entretanto, as chamadas *dívidas de regime*, contraídas pelo governo anterior em seu proveito único (contraídas normalmente para sustentar campanhas coloniais). A Argélia, assim, corretamente não aceitou assumir as obrigações que a França fizera em seu território antes da independência em 1962, para a manutenção da ordem na área.[150]

No que tange à *fusão* de Estados, a regra é que o Estado dela resultante deve assumir os encargos e compromissos financeiros assumidos pelo Estado antecessor, tal como se dá com a anexação. Por outro lado, e em sentido contrário, ocorrendo o *desmembramento* de Estados o que se entende é que os novos entes sucessores respondem parcial e proporcionalmente pelas obrigações financeiras assumidas pelo Estado sucedido. Isto é, cada Estado sucessor responde pelos encargos e compromissos financeiros do Estado sucedido tão somente no que diz respeito ao quinhão territorial que lhe coube quando do desmembramento.

d) Efeitos da sucessão quanto à legislação interna. A regra aqui é a de que, ocorrendo *anexação* (seja total ou parcial), o Estado anexado passa a reger-se pelas leis que estão em vigor no território do Estado incorporador, que regula soberanamente a vigência das novas regras jurídicas em seu território. Assim, a legislação do Estado anexado desaparece em favor da legislação do Estado incorporador.[151] O Japão, por exemplo, a partir de 1910, manteve por 10 anos, na Coreia, sua legislação local sobre regime comercial e aduaneiro.[152] Contudo, devem ser respeitados os direitos adquiridos de acordo com a legislação até então vigente no Estado anexado. Quando há *separação* de Estados, a solução também é clara: cada novo Estado resultante do desmembramento reger-se-á pelo ordenamento jurídico próprio, que escolherá com liberdade. No Brasil, após a independência, ficaram em vigor regras reinóis portuguesas por vários anos, compiladas mais tarde.

As obrigações e responsabilidades do Estado sucedido contraídas em virtude de legislação até então vigente se extinguem, quer em caso de anexação ou cessão voluntária. Tais responsabilidades são "pessoais", não havendo qualquer argumento válido que suponha verificar-se a sucessão em tais responsabilidades.[153]

e) Efeitos da sucessão quanto ao domínio do Estado. Quer se trate de *anexação* (total ou parcial) ou de *fusão*, todos os bens que integram o *domínio público* do Estado são transferidos, conforme cada caso, para o Estado anexador ou para o novo Estado resultante da fusão. Quanto aos bens pertencentes ao *domínio privado*, há divergência a respeito, entendendo uns que também se opera a transferência, enquanto outros a autorizam somente mediante prévia indenização. Quanto aos bens privados, uma exceção ocorre em se tratando de *anexação parcial*, em que os bens continuaram a pertencer ao Estado parcialmente incorporado, mesmo

---

150 Cf. José Francisco Rezek. *Direito internacional público...*, cit., p. 286.
151 Cf. Hildebrando Accioly. *Tratado de direito internacional público*, vol. I, cit., p. 199.
152 Cf. Oyama Cesar Ituassú. *Curso de direito internacional público*, cit., p. 185.
153 Cf. Ian Brownlie. *Princípios de direito internacional público*, cit., p. 691.

444 | CURSO DE DIREITO INTERNACIONAL PÚBLICO – *Valerio de Oliveira Mazzuoli*

que estejam localizados em área do território que foi objeto da anexação. Havendo *separação* ou *desmembramento* do Estado, os novos Estados daí resultantes ficarão com a titularidade dos bens públicos e privados que se encontrem na parte do território sucedido que passou a integrar a porção do território de cada um deles.[154]

f) Efeitos da sucessão quanto à participação em organizações internacionais. No que tange à participação do Estado sucessor em organizações internacionais de que o Estado sucedido era parte, a regra é a da *não sucessão*. Nesse sentido, deve o Estado sucessor *requerer* à organização respectiva sua autorização de ingresso, nos termos do que dispõe o convênio constitutivo da organização. O Conselho da Europa, *v.g.*, decidiu que as Repúblicas Tcheca e Eslovaca não ocupavam automaticamente o lugar que nele cabia à antiga Tchecoslováquia.[155] Para nós, a prática das Nações Unidas deveria ser exatamente a mesma. Contudo, a sucessão da Rússia à ex-URSS e das Repúblicas Tcheca e Eslovaca à ex-Tchecoslováquia na ONU verificou-se sem autorização expressa da Carta (que regula a admissão de membros nos arts. 3º a 6º).[156]

Pode até mesmo ser impossível a sucessão na organização internacional, quando a organização em causa for do tipo fechado ou restrito, bem assim quando se tratar de organização de integração ou de aliança política.[157]

8. Sucessão de organizações internacionais. As organizações internacionais dotadas de personalidade jurídica propriamente dita somente apareceram no ano de 1919. Tais organizações, assim como acontece com os Estados, também podem ver-se dissolvidas, com as suas competências assumidas por uma nova organização com composição e objetivos semelhantes.[158] Em outras palavras, as organizações internacionais também se *sucedem* umas às outras, não obstante o tratamento do tema não ter sido ainda uniformizado pela prática internacional. Contudo, ainda que não se possa comparar o fenômeno da sucessão de organizações internacionais ao da sucessão de Estados – uma vez que aquelas podem desaparecer por simples ato convencional, a qualquer momento e sem deixar vestígios –, o certo é que o fenômeno tem ocorrido, não sendo demais comentá-lo.

Ocorre a sucessão de organizações internacionais quando uma determinada organização (a *sucessora*) substitui outra (a *sucedida*) no exercício de algumas de suas funções (*sucessão parcial*) ou na totalidade delas (*sucessão total*), operando a transposição dos direitos e obrigações da organização sucedida para a organização sucessora. Tal pode dar-se pela conclusão de tratado internacional específico ou por acordo entre elas. A sucessão de organizações internacionais é, como se vê, uma sucessão *funcional* de uma à outra, podendo ser parcial ou total.

Não há grandes problemas (e a solução do caso é relativamente simples) quando as organizações internacionais que se sucedem compõem-se dos mesmos Estados-partes. A

---

[154] Cf. Gilda Maciel Corrêa Meyer Russomano. *Direito internacional público*, cit., pp. 232-233.

[155] V. André Gonçalves Pereira & Fausto de Quadros. *Manual de direito internacional público*, cit., p. 345.

[156] Cf. André Gonçalves Pereira & Fausto de Quadros. Idem, ibidem.

[157] Cf. André Gonçalves Pereira & Fausto de Quadros. Idem, ibidem.

[158] Cf. Ian Brownlie. *Princípios de direito internacional público*, cit., p. 701. Para um estudo mais detalhado do tema, *v.* José Cretella Neto, *Teoria geral das organizações internacionais*, São Paulo: Saraiva, 2007, pp. 144-152.

Parte II · Cap. II · O ESTADO NO DIREITOINTERNACIONAL PÚBLICO | **445**

situação é mais tormentosa quando os membros da organização anterior não são os mesmos da organização sucessora. O certo é que, nos casos em que o problema tem ocorrido, a solução é encontrada firmando-se um acordo entre as duas instituições em causa.[159]

Dentre os casos de sucessão de organizações internacionais, podem ser citados alguns exemplos bastante expressivos colocados por Rezek. O primeiro é o caso da ONU, que sucedeu a SdN. A SdN, apesar de já estar extinta *de fato* desde 1939 com a eclosão da Segunda Guerra, ainda preservava sua existência *de direito* ao tempo da criação da ONU, tendo esta última extinto formalmente a SdN em 31 de julho de 1947, data em que suas contas foram fechadas. A decisão extintiva deliberou sobre a sucessão, ficando a ONU como legatária do patrimônio imobiliário e mobiliário da antiga sociedade, bem assim de suas obrigações previdenciárias e outras de menor vulto.[160]

O segundo caso, mais próximo da atualidade, foi a sucessão da Associação Latino--Americana de Livre Comércio pela Associação Latino-Americana de Integração. Nesse caso, o tratado constitutivo da nova organização determinou, simultaneamente, a extinção da primeira e o surgimento da segunda. O referido tratado, celebrado em Montevidéu em 12 de agosto de 1980, estabeleceu no seu art. 54 que a personalidade jurídica da ALALC, resultante do Tratado de 1960, "continuará, para todos os efeitos" na nova entidade, sobre esta recaindo todos os *direitos e obrigações* da outra.[161]

Outro exemplo foi a sucessão entre a Organização para a Cooperação Econômica Europeia (OCEE) e a Organização para a Cooperação e o Desenvolvimento Econômico (OCDE), ocorrida em decorrência da conclusão de tratado da década de 1960.

Não existem regras claras a respeito da sucessão automática de organizações internacionais, como já se falou. Tudo está a depender da intenção dos Estados-membros no momento da sucessão.[162]

SEÇÃO II – DOMÍNIO TERRESTRE DO ESTADO

1. Introdução. A competência territorial do Estado é exercida, em regra, sobre o seu próprio território (*in re sua*), local onde o poder estatal tem sua incidência.[163] Mas, em casos mais raros, também pode ser exercida sobre o território de outro Estado (*in re aliena*), ou também, em casos mais excepcionais ainda, em certo território submetido à dominação coletiva, ou seja, a título indiviso (*pro indiviso*).[164] As últimas duas hipóteses serão estudadas na Seção III deste Capítulo, quando tratarmos do problema da restrição dos direitos do Estado. Agora, importa verificar a questão da competência territorial do Estado *in re sua*, ou seja, aquela incidente sobre o seu próprio território.

---

[159] Cf. Peter James Nkambo Mugerwa. *Manual de derecho internacional público*. Max Sørensen [Editor], cit., p. 310.

[160] V. José Francisco Rezek. *Direito internacional público...*, cit., pp. 287-288. Sobre a sucessão da SdN pelas Nações Unidas, *v.* ainda Antonio Remiro Brotons (*et al.*), *Derecho internacional*, cit., p. 265.

[161] José Francisco Rezek. *Direito internacional público...*, cit., p. 288.

[162] Cf. Ian Brownlie. *Princípios de direito internacional público*, cit., p. 701.

[163] Sobre o tema, *v.* Donato Donati, *Stato e territorio*, Roma: Athenaeum, 1924, 333p.

[164] Cf. Gilda Maciel Corrêa Meyer Russomano. *Direito internacional público*, cit., p. 234.

446 | CURSO DE DIREITO INTERNACIONAL PÚBLICO – *Valerio de Oliveira Mazzuoli*

Já se sabe que a competência soberana estatal, na hipótese em apreço, se exerce sobre o seu *território*, qualificado como a expressão dominial de que necessita o Estado para a sua existência.[165] É irrecusável a constatação de que a soberania do Estado (*imperium*) tem como área geográfica de seu exercício o *território*. Este espaço físico é, como já estudamos, um dos elementos constitutivos do conceito de *Estado*, sem o qual este último não existe juridicamente.

Mas o que é, afinal, o território? O território, na acepção contemporânea do Direito Internacional Público, pode ser conceituado como a *superfície terrestre* (terra firme – incluídas as águas doces que nela se encontram – e as zonas marítimas) sobre a qual se assenta uma dada população, que exerce, por meio de um governo independente, a sua soberania, assim como o *espaço aéreo* que se levanta sobre tal superfície (em que têm lugar a aviação civil e militar, e em relação ao qual a utilização depende de autorização estatal) e o *subsolo* (incluindo-se a plataforma continental, que se estende para além das margens das águas superficiais estatais). A regra universalmente aceita em relação ao subsolo é a de que ele pertence ao Estado que detém soberania sobre a superfície.[166] Esses três elementos (*superfície terrestre, espaço aéreo e subsolo*) fazem do moderno conceito de território uma realidade bastante complexa, razão pela qual se prefere aludir à expressão mais técnica *domínio do Estado* (composto por esses mesmos elementos), dividindo-o em *domínio terrestre, aquático* e *aéreo*, áreas em relação às quais se costuma normalmente falar que o Estado exerce a sua *jurisdição*.

Esta Seção é dedicada, exclusivamente, ao estudo do território *stricto sensu* do Estado, assim entendida a porção de terra atinente ao seu *solo* e *subsolo*. O estudo relativo aos domínios marítimo e aéreo (mar, rios, espaço aéreo e cósmico etc.) será feito na Parte III desta obra, precedido de algumas considerações sobre as *zonas polares* (Polo Norte e Antártica).

2. Conceito e natureza. Denomina-se *domínio terrestre* a área geográfica do Estado constituída pelo seu *território* em sentido estrito, ou seja, composta pelo solo e pelo subsolo da parte da superfície, dentro dos limites de suas fronteiras, e também pelo solo e subsolo das ilhas e colônias a ele pertencentes.[167] O território passa a ser entendido como a área geográfica sobre a qual o Estado exerce o seu *domínio*, ou seja, a sua *soberania*, que se traduz no poder que ele detém de impor, dentro do seu território e em último grau, as suas regras segundo a sua vontade.

Sobre o seu território, o Estado exerce, de forma *geral* e *exclusiva*, o que se chama de *jurisdição*. Dizer que o Estado tem jurisdição *geral* significa que ele, dentro de seu território, exerce todas as competências de que dispõe (legislativa, administrativa e jurisdicional); e falar em jurisdição *exclusiva* quer dizer que, no exercício de tais competências, o Estado não se subordina ou não concorre com qualquer outra potência estrangeira, sendo o titular absoluto do uso legítimo da força pública.[168]

Esse território em sentido estrito (solo e subsolo) pode ser *contínuo* (quando formado por uma porção de terra sem solução de continuidade) ou *descontínuo* (quando apresenta prolongamentos isolados sobre os quais o Estado também exerce a sua soberania). Como

---

[165]   *V.* Oyama Cesar Ituassú. *Curso de direito internacional público*, cit., p. 343.
[166]   Cf. Ian Brownlie. *Princípios de direito internacional público*, cit., p. 132.
[167]   Cf. Hildebrando Accioly. *Tratado de direito internacional público*, vol. II, cit., p. 126.
[168]   *V.*, assim, José Francisco Rezek, *Direito internacional público...*, cit., p. 154.

Parte II · Cap. II · O ESTADO NO DIREITOINTERNACIONAL PÚBLICO | **447**

exemplo da primeira modalidade de domínio terrestre citada, tem-se o México, a Suíça e o Paraguai. Como exemplos da segunda, tem-se a Grã-Bretanha, formada pela Inglaterra, Escócia e País de Gales, como território principal, que se prolonga até a Irlanda do Norte, da qual se separa pelo Canal de Ulster e pelo Mar da Irlanda; os Estados Unidos da América do Norte, que apresentam uma situação curiosa ao ter um Estado estrangeiro (o Canadá) situado entre a maior parte de seu território e um de seus Estados (o Alasca); o Brasil, onde existe o prolongamento relativo ao então Território de Fernando de Noronha etc.[169]

As questões a serem analisadas, no que diz respeito ao domínio terrestre do Estado, são: *a*) fronteiras e limites e *b*) modos de aquisição de território. Vejamos cada uma delas separadamente.

3. Fronteiras e limites. É princípio corrente do Direito Internacional que a expansão física do Estado deve respeitar o direito dos demais Estados, compreendendo seu território uma superfície de terra que termina no território de outro Estado. Esta superfície de terra (chamada *solo*) é, portanto, determinada por um conjunto de linhas divisórias chamadas de *limites*, dentro das quais o Estado exerce as competências que lhe são próprias.

Se a dimensão geográfica dos Estados fosse única, nenhum problema haveria na sua delimitação, e seriam simples as regras sobre suas fronteiras. Ocorre que os espaços pertencentes ao domínio territorial dos Estados são plúrimos, ficando assim difícil a tarefa atinente à sua exata delimitação. Não foram poucos os conflitos armados nascidos em decorrência de problemas relativos à demarcação ou retificação de fronteiras,[170] assim como também não foram poucas as vidas humanas perdidas em virtude de problemas territoriais. Daí então o Direito Internacional Público estabelecer regras jurídicas na tentativa de resolução desses problemas, as quais devem ser estudadas pelo internacionalista. Frise-se que a Convenção de Viena sobre o Direito dos Tratados, de 1969, estabeleceu, no seu art. 62, § 2º, alínea *a*, que uma mudança fundamental de circunstâncias *não pode* ser invocada pela parte como causa para extinguir um tratado ou dele se retirar "se o tratado estabelecer *limites*".[171] O Direito interno de vários Estados acabou sendo influenciado por normas dessa natureza, fazendo inserir nas respectivas Constituições regras similares às da Convenção de Viena, no sentido de não se admitir a extinção de tratados que versem sobre limites territoriais em caso de mudança fundamental das circunstâncias (*v.g.*, uma guerra) entre os Estados-partes.

Apesar de serem os termos *fronteiras* e *limites* utilizados quase que indistintamente, inclusive na prática das relações internacionais, tecnicamente há nítida diferença entre ambos. Os *limites* são as linhas divisórias ou de separação (retas, curvas ou sinuosas) que definem geometricamente a extensão precisa do território do Estado. Eles separam o território do Estado do território dos Estados vizinhos, bem assim das áreas que diretamente pertencem à sociedade internacional (*v.g.*, quando o limite do Estado encontra o mar). As *fronteiras*, por

---

169 Cf. Gilda Maciel Corrêa Meyer Russomano. *Direito internacional público*, cit., p. 237.

170 Para exemplos, *v*. Paulo Borba Casella, *Direito internacional dos espaços*, São Paulo: Atlas, 2009, pp. 151-162.

171 Sobre o tema, *v*. Daniel Bardonnet, Frontières terrestres et frontières maritimes, in *Annuaire Français de Droit International*, vol. 35, Paris, 1989, pp. 55-56. Interessante notar que na versão francesa da Convenção de Viena a palavra que aparece é *fronteira*, e não *limites* como nos textos em inglês, alemão, português etc. ("… s'il s'agit d'un traité établissant une frontière").

sua vez, são *zonas espaciais* (ou *geográficas*) bem menos precisas que os limites, de maior ou menor extensão, que correspondem a cada lado da linha estabelecida pelos limites geográficos dos Estados.[172] Mais do que *linhas divisórias*, as fronteiras são *zonas* que cristalizam os costumes sociais, econômicos e culturais das coletividades nacionais, representando, muitas vezes, o produto da força do *meio natural* em que vive determinada coletividade. São *faixas* que contornam o território do Estado e que se estendem até a sequência de pontos formadores das linhas chamadas de limites. Sob uma ótica mais objetiva e menos metajurídica, poder-se-ia entender as fronteiras (*stricto sensu*) como sendo *naturais*, dependentes de definição métrica estabelecida por meio dos limites.[173] Perceba-se, então, o seguinte: se em toda *fronteira* existe um limite, não necessariamente em todo *limite* há uma fronteira. Para haver *fronteira* deve existir *separação* de um território a outro (estabelecida pelos ditos *limites*); mas, no caso dos Estados formados por *ilhas*, há nítidos e demarcados *limites*, sem quaisquer *fronteiras* (a exemplo do que ocorre com Cuba, Filipinas, Madagascar e Sri Lanka).[174] É evidente, porém, que maior importância tem para o Direito Internacional Público a divisão fronteiriça que se faz *entre Estados*.

As fronteiras estatais têm não só relevância interna, como também grande importância internacional, porque representam um fator de paz entre os Estados, bem como pelo fato de serem nelas que os Estados limítrofes empreendem colaboração internacional e trocam serviços administrativos. Ademais, são nas áreas de fronteiras que se encontram as autoridades alfandegárias e de polícia migratória, que garantem maior segurança entre os Estados no que tange às suas relações mútuas. Os Estados confinantes devem estabelecer, em comum, as suas fronteiras. A Constituição brasileira de 1988 diz caber ao Congresso Nacional, com a sanção do Presidente da República, dispor sobre todas as matérias de competência da União, especialmente sobre "limites do território nacional, espaço aéreo e marítimo e bens do domínio da União" (art. 48, inc. V).

Os limites estatais podem ser *naturais* (também chamados de *arcifínios*) e/ou *artificiais* (conhecidos também por *intelectuais*, *convencionais*, *matemáticos* ou *astronômicos*). Os primeiros acompanham os limites (traços) físicos do território e correspondem a determinados acidentes geográficos naturais, como rios, lagos, montanhas e vales, os quais se apresentam pertinentes a demarcar um território, tendo a enorme vantagem de torná-los visivelmente conhecíveis para quem os utiliza.[175] Tais limites podem também ser eleitos por meio de tratado celebrado entre os Estados fronteiriços. Os segundos são as linhas chamadas geodésicas (ou seja, os *paralelos* e os *meridianos*), que são sempre convencionais e correspondem àquilo que foi fixado pelos Estados fronteiriços no tratado sobre fronteira concluído entre ambos. Tal é o que ocorre no limite entre o Canadá e os Estados Unidos da América, assim como em quase toda a África. Tais limites podem ser *materiais*, quando fixados por marcos físicos, boias, postes, balizas etc.; *matemáticos*, quando delimitados normalmente por graus (são as chamadas fronteiras *invisíveis* do Estado, de que é exemplo o limite que separa a Coreia do Norte da Coreia do Sul, cortado por um paralelo de 38°); *astronômicos*, quando seguem uma

---

[172] Cf. Oyama Cesar Ituassú. *Curso de direito internacional público*, cit., pp. 345-346.

[173] Cf. Gilda Maciel Corrêa Meyer Russomano. *Direito internacional público*, cit., pp. 238-239.

[174] *V*. Antonio Remiro Brotons (*et al.*). *Derecho internacional*, cit., p. 889.

[175] Cf. Jorge Bacelar Gouveia. *Manual de direito internacional público*, cit., p. 488.

linha astronômica, como um meridiano ou paralelo, isto é, longitude ou latitude; *geométricos*, quando representado por qualquer linha geodésica, como retas, arcos de círculo etc., sem atenção a meridianos ou paralelos; ou *convencionais*, quando simplesmente seguem um traço arbitrariamente escolhido.[176] Em geral, como observa Accioly, os Estados "preferem utilizar como limites os traços físicos do solo, só recorrendo às linhas puramente artificiais quando, nos seus confins, não encontram acidentes naturais ou quando devem definir convencionalmente os limites em terreno inexplorado".[177]

Não basta descrever os limites, normalmente em tratados ou convenções. É necessário mais: além de descrevê-los, é preciso ainda executar, *in loco*, no terreno limítrofe entre os Estados, aquilo que ficara anteriormente estabelecido. A esta execução dá-se o nome de *demarcação*, assim entendida a operação *in loco* destinada a assinalar precisamente, no próprio terreno dos Estados limítrofes, a linha divisória que os delimita. Os parâmetros modernos para demarcação de fronteiras são normalmente estabelecidos por comissões técnicas (chamadas de *comissões de demarcação* ou *comissões mistas*), compostas por peritos dos países limítrofes, cujos trabalhos constam de *atas*, *relatórios* e *laudos*, e são indicados em *mapas*. Nada impede que o método também seja posto em virtude de prévio compromisso arbitral entre os dois países. Os pontos normalmente a serem considerados são de duas ordens: *a*) se já existem limites definidos entre os Estados, basta a sua restauração, se os mesmos constam de documentação confiável; *b*) mas se não existirem tais limites (ou se os mesmos desapareceram), será necessário criá-los, por meio de novas linhas de demarcação. A validade do resultado final da demarcação – quando então esta será considerada *definitiva* – depende da aprovação dos trabalhos dos peritos pelos governos dos Estados fronteiriços em causa, sendo certo que a partir desse momento passam os marcos estabelecidos a serem obrigatórios, devendo ser respeitados por esses mesmos Estados, sob pena de responsabilidade internacional.

No que tange aos limites naturais, os mesmos se fixam de acordo com os acidentes geográficos da natureza (daí serem *naturais*), variando as fórmulas utilizadas pelo Direito Internacional para a sua demarcação, conforme aqueles acidentes sejam montanhas, rios ou lagos. Algumas regras, portanto, merecem ser analisadas a seguir.

Quando os limites estatais são formados por uma cadeia de *montanhas*, uma *serra*, um *monte* ou por uma *cordilheira*, duas soluções podem ser adotadas. A primeira consiste em passar uma linha divisória imaginária pela sua crista ou pelo seu cume (critério da *linha das cristas* ou *cumeadas*), ligando os pontos mais altos, como no caso da fronteira indo-tibetana. Na segunda modalidade, o traçado da fronteira segue a linha do divisor de águas, também chamada de *partilha das águas* ou *divortium acquarum*, situado entre duas bacias hidrográficas. Nesse caso, a partilha ocorre na linha em que as águas da chuva se repartem, escorrendo por um ou outro lado da montanha ou cordilheira, tal como ocorre na fronteira ítalo-francesa estabelecida pelo Tratado de Turim de 1860.[178] Este é o método mais preciso e que oferece maior facilidade à demarcação, como atestou a questão entre Chile e Argentina sobre a cordilheira dos Andes (decidida pela arbitragem do Rei da Inglaterra em 1902), bem

---

[176] Cf. Hildebrando Accioly. *Tratado de direito internacional público*, vol. II, cit., pp. 128-129.

[177] Hildebrando Accioly. Idem, p. 129.

[178] Cf. Gilda Maciel Corrêa Meyer Russomano. Idem, p. 242; e Oyama Cesar Ituassú, *Curso de direito internacional público*, cit., pp. 348-349.

como as divisas montanhosas entre Brasil, Venezuela, Colômbia e Peru. Entre nós, só foi adotada a linha das cristas ou cumeadas no caso das fronteiras com o Paraguai, Argentina e, de certo modo, com o Uruguai. De resto, o Brasil sempre seguiu o critério do divisor de águas, que é, aliás, o mais geralmente utilizado.[179]

Quando o limite é representado por *rios* o problema é ainda mais complexo, eis que podem existir diversas situações diferentes, como: *a*) pertencer o rio, inteiramente, a um dos Estados ribeirinhos, passando a linha divisória da fronteira pela margem oposta; *b*) pertencer o rio, em condomínio, a ambos os Estados, permanecendo indiviso e, ainda; *c*) passar a linha divisória entre os Estados pelo meio do rio, dividindo-o em duas partes (critério da *equidistância*).[180] A hipótese mais comum é, certamente, esta última: passa-se a linha divisória entre os Estados pelo meio do rio, dividindo-o em duas partes, remanescendo as duas primeiras hipóteses apenas como exemplos históricos, ou, pelo menos, cada vez mais raros de ocorrer.[181] O critério da linha da *equidistância* foi o utilizado entre Brasil e Bolívia em relação à divisão dos rios Guaporé, Mamoré e Madeira.

Quando o rio for *navegável*, a linha divisória entre os Estados fronteiriços deve passar pelo seu *talweg*, isto é, pelo eixo de seu canal principal ou mais profundo. Trata-se do processo mais conhecido de determinação de fronteiras.[182] Essa expressão alemã (*talweg*) é, às vezes, traduzida como "caminho do vale"; outros entendem que *Tal*, no sentido de "vale", não pode integrar a expressão *talweg*, devendo o *Tal* ser entendido como *jusante*; outros ainda o entendem como *Tiefe* – profundidade. Assim, deveria a expressão ser entendida como *caminho* ou *linha da profundidade*.[183] O *talweg* diferencia-se da *linha mediana fluvial*, eis que designa o caminho principal seguido pelos navios de maior porte ao descer o rio, sendo a linha média da sua corrente.

Quando o rio não for navegável, o limite é encontrado na *linha da meia distância* ou *linha mediana fluvial*, isto é, pela linha imaginária que divide, geometricamente e longitudinalmente, o rio em partes equidistantes das duas margens. Nesse caso, por inexistir outra técnica, o que irá vigorar será a divisão pela metade do curso d'água. Havendo alterações (maiores ou menores) no curso do rio, seguem-se as mesmas regras comentadas acima, servindo o *talweg* do rio ou a *linha mediana fluvial* como limites fronteiriços, conforme seja o rio navegável ou não navegável. Esse método ainda merece o aplauso de vários internacionalistas, tendo sido também o adotado pelo Instituto Americano de Direito Internacional, com aplicação nos tratados que puseram fim à Primeira Guerra Mundial.[184]

Havendo uma ponte sobre um rio contíguo (aquele que separa um Estado do outro, correndo entre os seus territórios e fazendo a fronteira natural entre eles),[185] considera-se como limite divisório o *meio* da ponte, não importando o curso do seu *talweg* ou a linha mediana fluvial, os quais poderão não corresponder exatamente à linha mediana do rio.

---

[179]   Cf. Hildebrando Accioly. *Tratado de direito internacional público*, vol. II, cit., pp. 136-137.

[180]   Cf. Oyama Cesar Ituassú. *Curso de direito internacional público*, cit., p. 349.

[181]   Cf. Gilda Maciel Corrêa Meyer Russomano. *Direito internacional público*, cit., p. 243.

[182]   *V.* Ian Brownlie. *Princípios de direito internacional público*, cit., p. 138.

[183]   Cf., entre outros, *Der Neue Brockhaus*, Leipzig: F. A. Brockhaus Verlag, 1938 [verbete *Tal*].

[184]   *V.* Hildebrando Accioly. *Tratado de direito internacional público*, vol. II, cit., p. 140.

[185]   Sobre os rios contíguos, *v.* Parte III, Capítulo II, Seção IV.

Como se sabe, na configuração geográfica de qualquer rio aparecem inúmeros defeitos (como enseadas, entrâncias e ilhas), fazendo com que a opção por um dos critérios estudados acima, às vezes, não dê resultado. Daí o papel que os tratados internacionais demarcadores de fronteiras ainda têm nessa sede, não se podendo falar serem eles uma espécie em extinção.[186]

4. Modos de aquisição de território. No passado, como explica Rezek, era comum que os Estados que faziam parte das potências navais adquirissem território por *descoberta*, seguida da ocupação efetiva (com o exercício contínuo ou a demonstração efetiva de soberania) ou presumida. A descoberta tinha por objeto a *terra nullius* (ou terra de ninguém), que não era necessariamente desabitada. A "descoberta" do Brasil pela frota portuguesa de Pedro Álvares Cabral foi exemplo típico desse fenômeno, tendo a Europa, à época, entendido que aqui se tratava de *terra nullius* (mesmo que aqui tenham sido encontrados indígenas, que, contudo, não ofereceram resistência). Outro modo de aquisição de território no passado, embora não tão frequente, foi a *terra derelicta*, ou seja, a terra abandonada por seu antigo descobridor, cujo estatuto jurídico equivalia ao da *terra nullius*. Foi o que ocorreu com a ilha de Palmas, abandonada pela Espanha, bem como com as Malvinas e as Carolinas, que foram ocupadas mais tarde, respectivamente, pelos Países Baixos, pela Grã-Bretanha e pela Alemanha.[187]

Os meios atualmente conhecidos de aquisição do domínio terrestre dos Estados são a *ocupação*, a *acessão*, a *cessão*, a *prescrição aquisitiva*, a *conquista* e a *anexação*.[188] Tais modos de aquisição do domínio terrestre surgem para o Direito Internacional, sobretudo, quanto ao território propriamente dito do Estado, do qual os demais domínios (aquático e aéreo) surgem como acessórios.

Cabe aqui uma análise de cada um dos meios citados de aquisição de território. Mas, antes, deve-se fazer a observação de que esses meios de aquisição de território vêm tratados pela doutrina em geral de uma forma padronizada, refletindo a preocupação de seus autores com o período anterior à Primeira Guerra Mundial. As formas de aquisição de território não podem ser tratadas com ortodoxia, uma vez que a compreensão da situação real ocorrida somente é possível mediante a confluência de vários princípios que regem conjuntamente cada caso em separado.[189]

Vejamos, então, uma a uma das situações acima apontadas:

a) Ocupação. A ocupação – que em Direito Privado é descrita como *posse* – sempre foi a maneira mais frequente de aquisição de domínio. Na sua definição tradicional, defendida por muitos internacionalistas, a ocupação consiste na apropriação permanente, por parte de um Estado, de um dado território sem dono (*terra nullius*), ainda que habitado por tribos ou povos que ainda não tenham se organizado politicamente ou cuja organização não lhe permita reclamar direito de ocupação anterior.[190] Diz-se "definição tradicional" porque, rela-

---

[186] Cf. José Francisco Rezek. *Direito internacional público...*, cit., p. 158.

[187] V., por tudo, José Francisco Rezek, Idem, pp. 154-155. Sobre o assunto, v. também James Crawford, *Brownlie's principles of public international law*, cit., pp. 215-244.

[188] Sobre o tema, v. Paulo Borba Casella, *Direito internacional dos espaços*, cit., pp. 177-242.

[189] V. as observações de Ian Brownlie, *Princípios de direito internacional público*, cit., p. 145.

[190] Nesse exato sentido, v. Hildebrando Accioly, *Tratado de direito internacional público*, vol. II, cit., p. 285.

tivamente a este seu último aspecto, o entendimento da prática internacional sempre foi no sentido de que os territórios habitados por essas tribos ou povos eram *sem dono*, pela falta de organização política desses habitantes,[191] tendo sido assim que Portugal adquiriu o Brasil, a Índia e a África. Muitos já se insurgiram em relação a esse conceito de "propriedade", que autoriza grandes potências a ocupar terras habitadas por povos mais atrasados, mas nem por isso destituídos de um *corpo social* que vive mansa e pacificamente. A prática da ocupação, que alcançou seu auge na época das descobertas – quando o Papa, atribuindo-se o direito divino de doar terras, outorgava, pelas bulas pontifícias, territórios e áreas a descobrir –, nunca respeitou os territórios já habitados (no caso do Brasil, pelos índios) e jamais se preocupou em preservar a organização (ainda que mínima) e a cultura daqueles que ali estavam antes da chegada do "descobridor".[192]

A ocupação diz respeito àquilo que pode ser considerado *res nullius* (coisa sem dono), como por exemplo uma ilha vulcânica, e não ao que se entende por *res derelicta* (coisa abandonada), quando se verifica uma abstenção momentânea do território, mas com a vontade do antigo possuidor de voltar a exercer sobre ele sua soberania. Nesse caso, como não houve o término da posse, não há falar-se na possibilidade de ocupação. Mas não se pode descartar a possibilidade de a perda do título dar-se em virtude da falta de um mínimo liame dominial sobre o dado território. O que não se admite é a *presunção* pura e simples de perda do título, por razões ligadas à necessidade de manter a estabilidade territorial e de evitar a sua usurpação.[193]

Há algum tempo, a simples prioridade no descobrimento de novas terras já era suficiente para legitimar a aquisição do território. Uma bandeira fincada à terra, a elaboração de uma ata e o envio de correspondências ao soberano sobre a nova colônia eram os meios utilizados para a tomada de posse das terras descobertas, que formalizavam a *prioridade* daquela aquisição, prevenindo o seu direito em relação aos demais Estados. Depois de descoberto, o Estado se instalava nesse território, a fim de manter a *efetividade* da posse, conservando o seu domínio. Essa efetividade se demonstra pelo exercício dos poderes *de fato*, correspondentes ao exercício da soberania, que o Estado exerce no território *res nullius*. Deverá por isso provar o seu *animus occupandi* ou *animus possidendi* como condição essencial para a formalização do título. Assim, pode-se dizer que as condições necessárias para que a ocupação seja considerada legítima, são as seguintes: *a*) ser o território *res nullius*; *b*) ter sido a sua posse tomada para o Estado e em nome dele; *c*) ser real e efetiva a posse exercida pelo Estado sobre o território *res nullius*; e *d*) ser a ocupação formalmente notificada aos demais membros da sociedade internacional. Daí se entender que a descoberta faz nascer para o Estado-descobridor um título *condicionado*, oponível aos outros Estados enquanto não contestado pela presunção *juris tantum* de veracidade (e da *efetividade* por um período razoável) dos atos ocupatórios.

---

[191] Ian Brownlie admite que uma terra nova (*terra nullius*) pode ser aquela "que se encontra na posse de uma comunidade que não possui uma organização social e política" (Idem, p. 152). Clóvis Bevilaqua, por sua vez, já ensinava no início do século XX que ainda "que os selvagens não possuam organização política satisfatória, não é lícito considerar sem dono os territórios que eles mansa e pacificamente ocupam" (*Direito público internacional...*, t. I, cit., p. 355).

[192] Cf. Oyama Cesar Ituassú. *Curso de direito internacional público*, cit., p. 366.

[193] Cf. Ian Brownlie. *Princípios de direito internacional público*, cit., p. 158.

No caso *Groenlândia Oriental*[194] a CPJI decidiu a favor da Dinamarca contra a Noruega, que havia anunciado sua ocupação em 10 de julho de 1931. A arguição da Dinamarca, no sentido de que durante muito tempo havia existido a seu favor um título válido, baseado na manifestação efetiva de autoridade estatal sobre toda a Groenlândia, convenceu o tribunal, que levou em conta as atividades exercidas por esse país entre 1921 e 1931, incluindo "a imposição de legislação relativa a um monopólio estatal de comércio, a atribuição de concessões comerciais, de exploração mineira e outras, o exercício de funções governamentais e de administração, e a celebração de numerosos tratados em cujos termos apareciam explícitos os direitos dinamarqueses sobre a Groenlândia".[195]

Frise-se que, nos tempos atuais, o tema *ocupação de território* perdeu significativamente a sua importância, uma vez que todas as terras do nosso planeta já estão efetivamente ocupadas, não mais existindo territórios desocupados passíveis de ocupação, não obstante ter sido este o modo mais frequente de aquisição de território no passado. Num planeta já praticamente todo dominado, não mais avulta de importância o estudo da ocupação como modo de aquisição de território, a não ser pelo ponto de vista da perspectiva histórica.

b) Acessão. A chamada *acessão* consiste num acréscimo ao domínio terrestre do Estado de nova porção de território, em virtude de fatos da natureza (*acessão natural*) ou por meio de ação humana (*acessão artificial*). São exemplos desta última a construção de diques e quebra-mares, construídos ao longo da orla marítima do Estado e que aumentam o seu espaço físico territorial, como o exemplo da Holanda testifica.

A acessão natural – que segue a clássica regra jurídica segundo a qual *accessio cedit principali* (o acessório segue o principal) – é figura bastante conhecida do Direito Civil como uma das formas de aquisição da propriedade privada, sendo exemplos a *aluvião* e a *avulsão*. Constituem *aluvião* os acréscimos que sucessiva e imperceptivelmente se formam pelo depósito gradual de aterros naturais nas margens dos rios ou ao longo dos litorais, em virtude de correntes fluviais ou marítimas, aquém do ponto a que chega a preamar média, ou do ponto médio das enchentes ordinárias, bem como a parte do álveo que se descobrir pelo afastamento das águas. Tal acréscimo independe da vontade humana e se efetiva por um trabalho lento e discreto da natureza. Esta adição gradual e imperceptível de substâncias ao território estatal é válida, segundo Ian Brownlie, quando este processo der origem "a uma extensão em relação a áreas já sob ocupação efetiva com base nos princípios da contiguidade e da certeza".[196] Já a *avulsão* tem conceito diverso, pois é processo súbito e violento de acessão de território, causado por força impetuosa da natureza. A avulsão ocorre quando, em virtude de força natural violenta, uma porção de terra se destaca do território de um Estado, juntando-se ao território de outro, passando a formar parte deste.[197] Resulta de vontade alheia ao desejo particular do Estado beneficiado que, adquirindo porção a mais de território sem ter

---

[194] A Groenlândia (em gronelandês: *Kalaallit Nunaat*, que significa "A nossa terra"; em dinamarquês: *Gronland*, que se traduz por "terra verde") também é escrita no Brasil de duas outras formas: *Groenlândia* (a mais utilizada) ou *Groelândia*. Trata-se da maior ilha do mundo, descoberta por *vikings* islandeses por volta do ano 985. Sua autonomia veio em 1979, apesar de continuar a pertencer ao Reino da Dinamarca.

[195] Ian Brownlie. *Princípios de direito internacional público*, cit., p. 156.

[196] Ian Brownlie. Idem, p. 166.

[197] Cf. Gilda Maciel Corrêa Meyer Russomano. *Direito internacional público*, cit., p. 252.

contribuído para que tal ocorresse, nenhuma responsabilidade tem pelo evento. Por este motivo é que não cabe pedido de indenização por parte do Estado prejudicado, pois é princípio de direito das gentes o de não haver ressarcimento de fatos causados pela natureza.[198]

Da mesma forma, as *ilhas* ou *ilhotas* que se formarem dentro do leito dos rios dos Estados ou nas águas do mar territorial, quer por acúmulo de detritos, quer por força da natureza, passam automaticamente a pertencer ao domínio do Estado.

A mudança natural do curso de um rio que abandona o seu leito primitivo em direção ao território de outro Estado, também é causa natural de aquisição territorial. É o que ocorre, normalmente, com os cursos d'água volumosos e violentos, situados nas regiões fronteiriças entre dois países.[199]

c) Cessão. A cessão de território é o ato por meio do qual um Estado transfere a outro, voluntariamente, os seus direitos soberanos sobre parte de seu território, podendo ser celebrada a título *gratuito* ou *oneroso*. Pela cessão, um Estado (o *cedente*) renuncia, em favor de outro (o *cessionário*), aos direitos e prerrogativas que detém sobre parcela de seu território. Toda cessão deve ser formalizada por meio de um tratado internacional concluído entre os Estados-partes (cedente e cessionário), em que deverão constar todas as cláusulas de execução do acordo, suas condições e efeitos jurídicos, bem como as obrigações dos Estados em relação à parte do território cedido. São condições para que haja a cessão eficaz: o concurso de vontades entre o cedente e o cessionário e a tomada de posse efetiva pelo cessionário.[200]

A cessão pode ser concluída por meio de *venda* de território, como aconteceu com a Luisiânia, que foi vendida pela França, aos Estados Unidos, em 1803, por 60 milhões de francos; com as Ilhas Jonas, feita pela Inglaterra à Grécia, em 1863; e com o Alasca, vendido pela Rússia, também aos Estados Unidos, em 1867, por 7 milhões e 200 mil dólares. Pode também efetivar-se por meio da *permuta*, tal como ocorreu entre o Brasil e o Peru, em 1874, na região da Tabatinga, assim como as realizadas também entre o Brasil e a Bolívia, em 1903, quando, por força do *Tratado de Petrópolis*, esta última potência cedeu-nos o Acre, recebendo, em troca, certas áreas situadas no Alto Madeira e o direito de passagem para o Atlântico. De igual maneira foi o acordo germano-tcheco, de 1930, referente à zona fronteiriça, o acordo entre Suíça e Liechtenstein sobre a troca do setor do Reno e Wurznehorn, em 1948, e o acordo russo-polonês, de 1951, relativo à permuta de 480km2 de terra ao longo de sua fronteira comum.[201]

A cessão *voluntária* é rara de ocorrer, merecendo registro a cessão dessa espécie feita pelo Brasil ao Uruguai, de parte da Lagoa Mirim e do Rio Jaguarão, com algumas ilhas neles situadas, tendo ficado estabelecido que a fronteira entre estes dois países, naquela região, atravessaria suas águas longitudinalmente. Da mesma forma, o Estado do Congo incorporou-se voluntariamente à Bélgica em 1907.[202]

---

[198] Cf. Oyama Cesar Ituassú. *Curso de direito internacional público*, cit., p. 364.
[199] Cf. Gilda Maciel Corrêa Meyer Russomano. *Direito internacional público*, cit., p. 253.
[200] Cf. Clóvis Bevilaqua. *Direito público internacional...*, t. I, cit., p. 375.
[201] Cf. Oyama Cesar Ituassú. *Curso de direito internacional público*, cit., pp. 378-379.
[202] Cf. Oyama Cesar Ituassú. Idem, p. 379.

Parte II • Cap. II • O ESTADO NO DIREITOINTERNACIONAL PÚBLICO | **455**

Menos raro de ocorrer é a cessão *forçada* de território, que tem lugar quando um Estado exerce o seu poder sobre outro, exigindo deste, sem qualquer retribuição, a entrega involuntária de parcela de seu território. Frise-se que, embora tal cessão possa ser formalizada por meio de um tratado entre esses Estados, tal instrumento internacional pode ser declarado *nulo*, nos termos do art. 52 da Convenção de Viena sobre o Direito dos Tratados (1969), que assim dispõe: "É nulo um tratado cuja conclusão foi obtida pela ameaça ou o emprego da força em violação dos princípios de Direito Internacional incorporados na Carta das Nações Unidas". No nosso tempo, tem-se como exemplo de cessão forçada o ocorrido dentro do marco inicial da Segunda Guerra, quando a Alemanha exigiu da Tchecoslováquia a região dos Sudetos, em 1938, pela forte pressão política e ameaça de guerra.[203]

Tem-se, modernamente, adotado o sistema de *plebiscito*, em que a população do Estado diz se aceita ou não o tratado de cessão de território concluído por este Estado com outro. A esse sistema plebiscitário a prática internacional tem oposto o sistema da *opção*, por meio do qual a população de um território cedido pode, individualmente, escolher entre a nacionalidade do Estado cedente e a do Estado cessionário, segundo o que lhe for mais conveniente.

Segundo leciona Rezek, um caso de atribuição de território por decisão política de organização internacional ocorreu no âmbito da ONU em 1974, a propósito da partilha da Palestina, e de novo em 1950 quanto às ex-colônias italianas. A CIJ, que é o órgão judiciário da ONU, não atribui território, limitando-se a dizer a quem certa área pertence, ou como os contendores deverão proceder para a correta partilha da região controvertida, a exemplo dos casos do *Templo de Preah-Vihear*, de 1962, do *Camarões Setentrional*, de 1963; e da *Plataforma Continental do Mar do Norte*, de 1969.[204]

d) Prescrição aquisitiva. A prescrição aquisitiva – conhecida no Direito interno com o nome de *usucapião* – pode ser entendida como o modo de aquisição de território decorrente do exercício pacífico, real e prolongado, da competência interna de um Estado sobre dado território. Sua validade é indiscutível no plano internacional, tendo já sido reconhecida pela jurisprudência internacional. O que diferencia a prescrição aquisitiva da ocupação é o fato de que naquela não se exige uma *terra nullius*, bastando a permanência duradoura e efetiva, com *animus domini*, sobre um dado território.[205] A prescrição aquisitiva também não se confunde com a chamada *prescrição liberatória*, que – como se verá na Seção V, item nº 12, *infra* – é caso de exclusão da responsabilidade estatal consistente no silêncio do Estado lesado relativamente a eventual dano sofrido por ato de outro. Mais difícil é estabelecer a diferença entre a prescrição aquisitiva e a ocupação efetiva, em que duas soberanias exercem, contemporânea e concorrentemente, suas atividades em um dado território. No caso *Ilha das Palmas* (ilha situada entre as ilhas Filipinas – então sob soberania norte-americana – e as Índias Orientais Holandesas – como eram chamadas) teve a Corte Permanente de Arbitragem que decidir qual das duas soberanias – Estados Unidos ou Holanda – detinha o melhor título, tendo o árbitro Huber entendido existirem provas "que tendem a demonstrar a existência de atos incontestados de manifestação pacífica da soberania holandesa no período compreendido entre 1700 e 1906, e que [...] podem ser considerados prova suficiente da existência da

---

[203] Cf. Gilda Maciel Corrêa Meyer Russomano. *Direito internacional público*, cit., p. 255.

[204] José Francisco Rezek. *Direito internacional público...*, cit., p. 157.

[205] Cf. Loretta Ortiz Ahlf. *Derecho internacional público*, cit., p. 85.

soberania holandesa".[206] Perceba-se, então, a diferença da ocupação efetiva para a usucapião (prescrição aquisitiva), que tem lugar em espaço de terra cujo exercício *não é simultâneo* por parte das duas soberanias, constituindo um substitutivo do título.

Alguns autores, contudo, não admitem a prescrição aquisitiva no Direito Internacional. Um deles é Clóvis Bevilaqua, para quem a impossibilidade de existir usucapião no Direito Internacional decorre do fato de ser ela a posse "fundada em justo título, que, recaindo sobre bem alheio, pelo decurso do tempo, se transforma de fato, que era, em direito, porque a obscuridade em que a negligência do dono deixou o seu direito, permitiu que se formassem, enraizassem e desenvolvessem, na tranquilidade da boa-fé, interesses que a lei protege, tendo-os por mais valiosos do que os do proprietário negligente", concluindo então que na sociedade de Estados "não se encontram as condições que determinam a existência do instituto da usucapião".[207]

Sem embargo da lição do grande jurisconsulto, o certo é que a maioria da doutrina admite a prescrição aquisitiva em direito das gentes, apesar de se concordar que esta não é exatamente a mesma conhecida na literatura civilística. A doutrina elenca alguns requisitos para a existência dessa modalidade de aquisição de território. Em primeiro lugar, a posse do território deve ser *pacífica* e *ininterrupta* por parte da autoridade do Estado ali alojado, pois só assim se pode presumir o abandono dos direitos por parte do Estado que antes os detinha. Ou seja, não pode a posse ser turbada e, tampouco, intermitente. Portanto, não há falar-se em prescrição aquisitiva sem a presença de duas soberanias que se disputam: a do Estado que exerce, mansa e pacificamente, a posse de determinado território, e a do que tem o título de domínio (*justus titulus*) em relação a essa porção de terra. Um protesto deste último Estado – o qual não necessita obrigatoriamente ser seguido da utilização de um dos mecanismos de solução de controvérsias das Nações Unidas – já é suficiente para impedir que a posse seja pacífica e ininterrupta. Deve, ainda, existir um efetivo *exercício de soberania* sobre este território (*animo domini*) pelos órgãos do Estado, e não por particulares. Ou seja, a posse deve ser exercida *à titre de souverain* de forma duradoura. A posse deve ser ainda *pública* e *notória* por parte dos demais Estados integrantes da sociedade internacional. A publicidade e notoriedade são importantes, uma vez que, caso assim não seja, não existirão meios de se alegar o consentimento tácito do soberano por meio da aquiescência ou aceitação.[208]

---

[206] *V.* Ian Brownlie. *Princípios de direito internacional público*, cit., p. 155-156.

[207] Clóvis Bevilaqua. *Direito público internacional...*, t. I, cit., p. 380. No mesmo sentido, *v.* César Sepúlveda, *Derecho internacional*, cit., p. 225, para quem "a mesma imprecisão que rodeia esta matéria revela que não é um meio apto e conveniente para conferir soberania territorial".

[208] Cf. Oyama Cesar Ituassú. *Curso de direito internacional público*, cit., pp. 382-383; e Ian Brownlie, *Princípios de direito internacional público*, cit., p. 169. Frise-se que a aquiescência e a aceitação diferem do *estoppel* do direito anglo-saxão, consistente na sustentação de uma posição jurídica incompatível com atos anteriormente praticados pelo sujeito em causa (*nemo propriam turpitudinem allegans* ou *venire contra factum proprium non valet*). Trata-se de princípio fundado nos princípios da boa-fé e da consistência. Assim, se um Estado, por ato público, manifesta-se num determinado sentido (aceitando ou negando determinada situação de fato), tal manifestação constitui forma válida de se verificar sua intenção de reconhecer (positiva ou negativamente) aquela situação. Daí o *estoppel* também ser entendido como a preclusão, caducidade ou renúncia (expressa ou tácita) de um direito material. Sobre o assunto, *v.* Antoine Martin, *L'estoppel en droit international public: précédé d'un aperçu de la théorie de l'estoppel en droit anglais*, Paris: A. Pedone, 1979, 384p. Cf. ainda Jörg Paul Müller & Thomas Cottier, *Encyclopedia of Public International Law*, vol. II, Rudolf Bernhardt (ed.), Amsterdam: North-Holland: 1992, p. 116

Parte II · Cap. II · O ESTADO NO DIREITOINTERNACIONAL PÚBLICO | **457**

Disso decorre que a ocupação por uma outorga de poderes não é meio hábil para produzir a prescrição, em virtude da ação delegada, que retira a *efetividade* do exercício da soberania por parte do Estado que requer para si o território.

Não existe, no Direito Internacional, um prazo prefixado para o exercício dos direitos soberanos em certo território, findo o qual a prescrição aquisitiva se consuma.[209] Tudo, ao que parece, está a depender da solução de um caso concreto levado a um tribunal internacional. Mas, por certo, parece haver um consenso no sentido de que tal lapso temporal deve ser bem mais largo que aquele exigido pelo Direito interno dos Estados. A aquiescência do Estado detentor do título anterior produz efeitos idênticos ao reconhecimento, uma vez não tendo o protesto sido apresentado (ou esperado) dentro desse lapso de tempo largo.

Dentre os vários exemplos de prescrição aquisitiva admitidos pelo Direito Internacional, podem ser citados o caso dos Estados Unidos contra o México, em 1911, em relação ao território do Chamizal,[210] e da Inglaterra e Brasil, em 1904, a respeito do território do Pirara.[211] Este último caso é digno de nota. A chamada "Questão do Pirara" nasceu quando a Inglaterra pretendeu enviar, para a então Guiana Inglesa, o explorador alemão Robert Schomburgk, para fins de exploração das riquezas animais e vegetais da região, criando com o Brasil uma disputa de fronteira na faixa de terra a leste de onde hoje é o atual Estado de Roraima. A colocação, pelo explorador Schomburgk, de demarcadores de fronteira na área sem o aceite do governo brasileiro acabou por gerar um incidente diplomático entre os dois países. Contudo, em 1904, o Brasil acabou aceitando o laudo arbitral proferido pelo rei italiano Vittorio Emanuele II, que fez com que o Brasil perdesse para a Inglaterra 19.687 km² de seu território.

e) Conquista e *anexação.* A conquista (ou *debellatio*) e a anexação são, por fim, as duas últimas formas de aquisição de território conhecidas. São, também, formas de aquisição de território condenadas pelo moderno Direito Internacional Público, uma vez que nascem como resultado triunfante de uma guerra.[212] O famoso Tratado de Renúncia à Guerra (*Pacto Briand-Kellog*), celebrado em 1928, prevê nos arts. 1º e 2º a condenação do "recurso à guerra para a solução das controvérsias internacionais", bem como reconhece que "o regulamento ou a solução de todas as controvérsias ou conflitos, de quaisquer natureza ou origem que possam surgir entre elas, jamais deverá ser procurado senão por meios pacíficos". Não obstante o seu enunciado, várias foram as violações a esses preceitos, ocorridas ao longo da história.

[verbete *Estoppel*]; Mario Castillo Freyre & Rita Sabroso Minaya, *La teoría de los actos proprios...*, cit., pp. 41-53; e James Crawford, *Brownlie's principles of public international law*, cit., pp. 420-421.

[209] *V.* César Sepúlveda. *Derecho internacional*, cit., p. 225, para quem: "Não há, por outro lado, uma regra que permita estabelecer qual é a duração aceitável para configurar a prescrição".

[210] Sobre o tema, *v.* César Sepúlveda, Idem, pp. 232-237.

[211] Cf. Gilda Maciel Corrêa Meyer Russomano. *Direito internacional público*, cit., p. 258.

[212] *V.* Resolução 242 (1967) do Conselho de Segurança da ONU; e Resolução 2625 (1970) da Assembleia Geral da ONU. Esta última enfaticamente dispõe que "o território de um Estado não deve ser objeto de aquisição por outro Estado resultante de ameaça ou uso da força. Nenhuma aquisição territorial resultante de ameaça ou uso da força deve ser reconhecida como jurídica". Relembre-se, ainda, que a Convenção de Viena sobre o Direito dos Tratados (1969) diz ser "nulo um tratado cuja conclusão foi obtida pela ameaça ou o emprego da força em violação dos princípios de Direito Internacional incorporados na Carta das Nações Unidas" (art. 52).

458 | CURSO DE DIREITO INTERNACIONAL PÚBLICO – *Valerio de Oliveira Mazzuoli*

Ao final da Segunda Guerra, por exemplo, a União Soviética incorporou, sem qualquer dificuldade política, militar ou diplomática, a Estônia, a Lituânia e a Letônia ao seu já vasto território,[213] tendo esses países proclamado suas independências apenas em 1988/1989. O mesmo fenômeno ocorreu, em 2 de agosto de 1990, quando o Iraque invadiu o Kwait, tentando a incorporação deste território ao seu, evento que ficou conhecido como *Guerra do Golfo*, ocasião em que o Kwait se tornou, ainda que temporariamente, província iraquiana até a sua liberação em 1991.[214]

É bom fique nítido que a conquista (também chamada *debellatio*, porque aniquila os habitantes nativos de determinado território) encontra-se banida e a sua utilização acarreta a responsabilidade internacional do Estado.[215] Ainda que o título de domínio (conquistado pela força) seja eventualmente reconhecido por terceiros Estados, estará sempre o Estado perdedor autorizado a impugnar os atos do Estado agressor, a fim de reaver o domínio completo sobre o seu território.[216] Em suma, hoje em dia a conquista não é mais um modo *válido* de aquisição de território, não podendo gerar nenhum efeito jurídico, vez que se encontra repudiada pelo moderno direito das gentes, por perturbar a paz, a segurança e a estabilidade da sociedade internacional.

Quanto à *anexação*, que em teoria ocorre quando se verifica a extinção total de um Estado vencido, por ter sido seu território transformado em *res nullius*, com apropriação definitiva pelo Estado vencedor, a mesma solução da conquista se lhe aplica. Não se coadunam com a proibição do uso da força no Direito Internacional contemporâneo tais meios de aquisição territorial, os quais não têm mais qualquer razão de ser depois da grande mudança paradigmática experimentada pela sociedade internacional no período pós-Segunda Guerra,[217] notadamente com a evolução do processo de positivação dos direitos humanos em tratados internacionais, tanto do sistema global quanto dos sistemas regionais.

SEÇÃO III – DIREITOS E DEVERES DOS ESTADOS

1. Introdução. Todos os Estados, na condição de sujeitos do Direito Internacional Público, gozam de prerrogativas jurídicas (direitos) e, de forma correlata, respondem por obrigações (deveres) no plano internacional, quer em tempo de paz quer em tempo de guerra. Atualmente já não se discute a igualdade *jurídica* dos Estados no plano internacional, o que significa dizer que os mesmos direitos e deveres impostos a um Estado mais fraco devem também ser impostos àqueles mais poderosos, desde que todos eles sejam membros das Nações Unidas. Contudo, enquanto alguns direitos e deveres são exercidos nas relações *pacíficas* entre Estados, outros ficam suspensos e só têm aplicação quando ocorre o rompimento de relações diplomáticas, dentro do quadro de um conflito armado internacional.

---

[213] Cf. Gilda Maciel Corrêa Meyer Russomano. *Direito internacional público*, cit., pp. 259-260.

[214] Neste caso específico, o Conselho de Segurança da ONU (por meio da Resolução 662, de 9 de agosto de 1990) decidiu que a anexação do Kwait pelo Iraque, "quaisquer que sejam a forma e o pretexto, não tem nenhum fundamento jurídico", devendo ser considerada nula e inválida.

[215] Sobre a responsabilidade internacional dos Estados, *v.* Seção V deste Capítulo.

[216] *V.* James Crawford. *Brownlie's principles of public international law*, cit., pp. 242-243.

[217] Cf. Paulo Borba Casella. *Direito internacional dos espaços*, cit., pp. 222-223.

Parte II • Cap. II • O ESTADO NO DIREITOINTERNACIONAL PÚBLICO | **459**

Cabe aqui *definir* quais são as prerrogativas e obrigações atribuídas aos Estados, e em que medida tais direitos e deveres afetam o conjunto da sociedade internacional em suas relações mútuas.

2. Direitos básicos dos Estados. Como já se falou, os Estados são juridicamente iguais. Por isso, desfrutam de iguais direitos e de igual capacidade para exercê-los, e têm deveres idênticos. Os direitos de cada Estado "não dependem do poder de que dispõem para assegurar o seu exercício" (conforme preceitua o art. 10 da Carta da OEA), mas sim do simples fato da sua existência como *pessoas* de Direito Internacional, dotadas de capacidade e personalidade jurídica internacionais.

A primeira categoria de direitos estatais são os chamados *direitos fundamentais*. Tais direitos nascem do sentimento comum dos Estados, no sentido de que sua necessidade é imperiosa para o equilíbrio e a estabilidade das relações internacionais, sem os quais seria impossível manter vivo o Direito Internacional. Muitos juristas, contudo, criticam a utilização da expressão *direitos fundamentais*, pelo fato de, segundo eles, a mesma relacionar-se com a teoria que vigorou nos séculos XVIII e XIX, segundo a qual os Estados possuíam *direitos absolutos*, inerentes à sua própria natureza, e que hoje não tem mais qualquer razão de ser.[218] O certo é que, ainda hoje, a expressão continua a ser utilizada. Cremos não ser de todo errônea a sua utilização, mas desde que se entenda que, pela expressão *direitos fundamentais*, o que se quer referir é terem os Estados direitos *essenciais*, isto é, direitos que são pressupostos de sua existência e dos quais derivam outras prerrogativas jurídicas suas.[219]

A tese dos chamados *direitos fundamentais* dos Estados, dentro do sentido que acabamos de atribuir, foi esposada pela Carta das Nações Unidas, de 1945, e pela Carta da OEA, de 1948, que tem um capítulo próprio sobre o assunto.

Todos os direitos fundamentais dos Estados têm como verdadeira base o *direito à existência*, consistente no direito primordial que tem o Estado de *existir* e *continuar existindo* enquanto ente soberano. Assim, não se pode falar em direitos do Estado se este sequer existe. Seu conteúdo jurídico não demanda grandes explicações por ser óbvio e notório. Mas alguma pouca coisa se poderia aqui dizer sobre tal direito: *a*) ele permite ao Estado tomar todas as medidas que reputar necessárias em relação ao ingresso ou saída de estrangeiros do território nacional; *b*) faz com que o Estado organize e dê competência aos seus tribunais internos, para que estes apliquem as leis necessárias à sua existência (mas desde que não prejudique direitos de terceiros Estados); e *c*) fomenta a criação de um braço armado militar, capaz de organizar as forças do Estado contra ataques de inimigos externos. Segundo o nosso entendimento, do direito à existência é que derivam todos os demais direitos do Estado. Contudo, não é menos certo que o direito subjetivo à existência só pode ser exercido dentro dos limites das normas jurídicas internacionais.[220]

É, portanto, do direito à existência que decorrem todos os demais direitos estatais, como o *direito de conservação e defesa*, o *direito de liberdade e soberania*, o *direito à igualdade* e o *direito ao comércio internacional*, que estudaremos separadamente nos itens a seguir:

---

[218] Nesse sentido, *v.* Hildebrando Accioly, *Tratado de direito internacional público*, vol. I, cit., p. 204.

[219] Cf. Gilda Maciel Corrêa Meyer Russomano. *Direito internacional público*, cit., p. 332.

[220] Cf. Gerson de Britto Mello Boson. *Direito internacional público...*, cit., p. 245.

a) Direito de conservação e defesa. Este direito compreende todas as medidas estatais necessárias à conservação e defesa do Estado, notadamente contra os perigos que possam comprometer a integridade do Estado. O direito de conservação implica direitos necessários à garantia do Estado contra qualquer mal que este possa vir a sofrer no futuro e à manutenção dos seus elementos constitutivos, como o seu território e o seu povo, bem como a preservação de sua integridade jurídica e política, sem as quais é impossível garantir sua estabilidade como pessoa jurídica de direito das gentes. Trata-se de um *direito-dever* do Estado, mas que, como ocorre com os demais direitos subjetivos, não é absoluto. O que não se pode concordar é com a doutrina segundo a qual o direito de conservação justifica todo e qualquer ato do Estado que o preserve (*salus populi suprema lex est*), o que seria a negação do direito.[221] Pelo fato de poder trazer injustiças aos direitos de outros Estados é que alguns autores preferem abandonar a expressão *direito de conservação*, por entenderem que o seu emprego poderia trazer ao Estado prerrogativas demasiado amplas. O direito que tem o Estado de proteger e desenvolver a sua existência não o autoriza a praticar atos injustos contra outro Estado.[222]

Esse direito foi proclamado, em 1916, pelo *Instituto Americano de Direito Internacional*, quando da adoção da Declaração dos Direitos e Deveres das Nações, em que ficou expresso que "toda nação tem o direito de existir, de se proteger e conservar sua existência e sua independência, observando os preceitos do respeito e igualdade mútuos". Portanto, o direito de conservação e defesa, que inicialmente foi posto ao lado do *estado de necessidade*, deve obedecer ao velho aforisma segundo o qual a *facultas agendi* de cada pessoa termina onde começam as prerrogativas alheias. Em outras palavras, quando o direito de conservação é exercido dentro dos seus justos limites, ele se assemelha, até certo ponto, ao *direito de defesa* do Estado, que, quando legítimo, é admitido genericamente pelas normas do Direito Internacional Público.[223]

No direito de defesa se inclui a prerrogativa de tomar as medidas necessárias para a segurança nacional, tais como o levantamento de fortificações; o treinamento das Forças Armadas terrestres, marítimas e aéreas; a proibição do trânsito, pelo território nacional, de material bélico que possa vir a ser prejudicial ao Estado; a expulsão de estrangeiros perigosos ou nocivos à segurança do Estado e à ordem pública nacional; a regulamentação da imigração; a decretação de medidas relativas à polícia sanitária; a organização dos tribunais internos; a conclusão de tratados de aliança ou acordos de assistência recíproca etc.[224] É certo que a principal finalidade do direito de defesa é resguardar o Estado de agressões e conflitos armados que possam quebrar a inviolabilidade de seu território. Contudo, não se exclui a possibilidade de agressões menores, como aquelas que atingem a tranquilidade e a ordem pública estatal. O direito de defesa inclui ainda a faculdade de celebrar tratados de assistência recíproca e de aliança com outros Estados. Exemplo disso, amplamente citado, foi a proibição feita pelo Brasil, em 1902, em relação ao transporte de armamentos destinados à Bolívia, durante a *Campanha do Acre*, pelo rio Amazonas, embora essa via estivesse aberta à navegação internacional.

---

[221] V. Hildebrando Accioly. *Tratado de direito internacional público*, vol. I, cit., p. 207.

[222] Cf. Gilda Maciel Corrêa Meyer Russomano. *Direito internacional público*, cit., pp. 333-334.

[223] Cf. Gilda Maciel Corrêa Meyer Russomano. Idem, pp. 335-336.

[224] Cf. Hildebrando Accioly. *Tratado de direito internacional público*, vol. I, cit., p. 208.

Mas frise-se que o direito de defesa deve ser exercido dentro de limites *razoáveis*, utilizando-se *moderadamente* os meios *indispensáveis* para fazer cessar a *agressão injusta, atual* ou *iminente*. Por outro lado, o Direito Internacional Público admite não apenas o exercício da *legítima defesa individual*, como também o exercício da *legítima defesa coletiva* de que cuidam os arts. 51 da Carta da ONU e 29 da Carta da OEA. Nos termos da primeira parte do primeiro dispositivo, nada na Carta das Nações Unidas "prejudicará o direito inerente de legítima defesa individual ou coletiva no caso de ocorrer um ataque armado contra um membro das Nações Unidas, até que o Conselho de Segurança tenha tomado as medidas necessárias para a manutenção da paz e da segurança internacionais". O art. 29 da Carta da OEA, por sua vez, dispõe que, caso a inviolabilidade, ou a integridade do território, ou a soberania, ou a independência política de qualquer Estado americano sejam atingidas "por um ataque armado, ou por uma agressão que não seja ataque armado, ou por um conflito extracontinental, ou por um conflito entre dois ou mais Estados americanos, ou por qualquer outro fato ou situação que possa por em perigo a paz da América, os Estados americanos, em obediência aos princípios de solidariedade continental, ou de legítima defesa coletiva, aplicarão as medidas e processos estabelecidos nos tratados especiais existentes sobre a matéria".

b) Direito à liberdade e à soberania. Este segundo corolário do direito à existência significa que nenhum Estado pode ser considerado como tal sem que seja *livre* para atuar com independência no cenário internacional, afastadas quaisquer coações ou interferências externas. Trata-se de condição imanente à sobrevivência do próprio Estado. Tal direito se confunde com a própria noção de *soberania*, que tem papel relevante na configuração da personalidade jurídica internacional do Estado. A conotação, porém, que modernamente se atribui à expressão "soberania" é limitativa, estando mais ligada à sua atuação positiva, ou seja, ao direito que o Estado tem de se autogovernar, sem a ingerência indevida de qualquer outro Estado. Nesse sentido, nenhum Estado ou grupo de Estados têm o direito de intervir, direta ou indiretamente, seja qual for o motivo, nos assuntos interiores ou exteriores de qualquer outro.[225]

Assim, a soberania do Estado, empregada no sentido que acabamos de expor, manifesta-se pela sua capacidade de: (*a*) impor e resguardar, dentro das fronteiras de seu território e em último grau, as suas decisões (*soberania interna*); e de (*b*) manter relações com Estados estrangeiros e participar das relações internacionais, em pé de igualdade com os outros atores da sociedade internacional (*soberania externa*). Portanto, inexiste uma soberania absoluta (sem limites) no plano internacional, pelo fato de todos os Estados serem juridicamente iguais, e também porque a vida da sociedade internacional é regida por normas jurídicas internacionais que hão de ser respeitadas.[226] Em outras palavras, o Estado "soberano" também se sujeita ao Direito, não se podendo jamais pensar, notadamente no momento atual, que os tratados concluídos entre

---

[225] Cf. Gilda Maciel Corrêa Meyer Russomano. *Direito internacional público*, cit., pp. 337-338.

[226] Sobre o assunto, *v*. Oliveiros Litrento, *A ordem internacional contemporânea: um estudo da soberania em mudança*. Porto Alegre: Sergio Antonio Fabris, 1991. pp. 9-25; e Heber Arbuet-Vignali, El atributo de la soberanía en el origen y desarrollo del derecho internacional clásico y contemporáneo y en el actual sistema adecuado a la tecnología nuclear, in *Revista de la Facultad de Derecho*, nº 5, Montevideo, julio/diciembre, 1993, pp. 21-38; e ainda, do mesmo autor, La soberanía hacia el siglo XXI: desaparición, divisibilidad o nuevos odres para añejos vinos?, in *Revista de la Facultad de Derecho*, nº 15, Montevideo, enero/junio, 1999, pp. 93-120.

462 | CURSO DE DIREITO INTERNACIONAL PÚBLICO – *Valerio de Oliveira Mazzuoli*

Estados (no exercício do seu próprio poder soberano) fiquem reduzidos a meras intenções. A verdade é que a concepção tradicional de soberania (tal como formulada por Jean Bodin) muda o foco do seu entendimento para merecer outro, qual seja, o de que a competência internacional de um Estado exclui todo tipo de dependência em relação aos demais; ou seja, o Estado não pode se obrigar internacionalmente senão pela sua própria vontade e dentro de sua esfera de competência, sem que qualquer outro o obrigue. O Estado atual é "soberano" porque dita suas normas internas sem a ingerência de outros; mas, uma vez ingressado na sociedade internacional, deve aceitar as regras que esta e o Direito Internacional lhe impõem.[227]

Portanto, a expressão *soberania* deve ser atualmente entendida como o poder que detém o Estado de impor, *dentro do seu território*, todas as suas decisões (*v.g.*, editar suas leis e executá-las por si próprio). Trata-se do poder que, dentro do Estado, *internamente*, não encontra outro maior ou de mais alto grau. Assim, o Estado soberano é aquele que não reconhece nenhum poder superior capaz de ordenar o exercício de suas competências *internas*. Daí a definição de Goffredo Telles Junior, para quem a soberania é um "poder incontrastável de decidir, em última instância, sobre a validade jurídica das normas e dos atos, dentro do território nacional". Segundo o mesmo jurista, trata-se de um poder *incontrastável* porque "é o poder de produzir o Direito Positivo, que é o direito contra o qual não há direito; o direito que não *pode ser contrastado*"; e, é um poder de decidir *em última instância*, "porque é o poder mais alto, o poder acima do qual [internamente, repita-se] não há poder".[228] No âmbito externo, entretanto, isso não ocorre. Os Estados, nas suas relações internacionais, encontram-se pareados, em situação de igualdade (de "igualdade soberana", como diz o art. 2º, § 1º, da Carta da ONU) ou de coordenação. Todos eles, no contexto internacional, têm o mesmo *status* jurídico. De fato, como explica Goffredo, um governo só é soberano *dentro dos limites de suas competências nacionais*, jamais no que tange às suas relações externas. Diz ele: "Nenhum Estado é soberano relativamente a outro Estado. Soberania conota superioridade, supremacia, predominância (...). Logo, constituiria verdadeiro contrassenso a afirmação de que os Estados são soberanos em suas relações internacionais. (...) Na relação entre os Estados, o que existe não é soberania, mas *igualdade dos Estados*".[229]

---

[227] Como destaca Clóvis Bevilaqua: "O direito internacional não desconhece a soberania que o direito constitucional conceitua; mas, para ele, a soberania é, simplesmente, a personalidade do Estado, agindo, com a sua capacidade de exercer direitos e contrair obrigações internacionais, ao influxo da solidariedade dos interesses" (*Direito público internacional...*, t. I, cit., p. 72). Ainda no sentido do texto, *v.* a lição de Otfried Höffe, *A democracia no mundo de hoje*, trad. Tito Lívio Cruz Romão, São Paulo: Martins Fontes, 2005, p. 192, para quem: "Dentre os possíveis tipos de perda de soberania, podem-se apontar três atuais. (1) Por meio do Direito Internacional, por exemplo, através das Declarações dos Direitos Humanos tanto relativas a grandes regiões, como é o caso europeu, quanto ao âmbito internacional mais vasto, o legislador público vê-se comprometido. Além disso, os Tribunais – europeus ou internacionais – impõem vinculações à ordem judiciária de cada Estado envolvido. (2) A adesão a determinadas organizações internacionais, como as Nações Unidas, implica determinadas renúncias de soberania, que ainda se fazem sentir mais fortes quando se trata de aderir a uma Comunidade como a União Europeia. (3) Uma renúncia considerável de soberania normalmente acontece ao se aderir a alianças militares e de segurança, tais como a OTAN, o antigo Pacto de Varsóvia ou a OSCE. Tais perdas de soberania podem ser explicadas pelo fato de uma grande parte da tarefa central de soberania – a competência deliberatória em questões de segurança externa – ser transferida para a organização supraestatal".

[228] Goffredo Telles Junior. *Iniciação na ciência do direito*. São Paulo: Saraiva, 2001, p. 118.

[229] Goffredo Telles Junior. Idem, p. 121.

Parte II • Cap. II • O ESTADO NO DIREITOINTERNACIONAL PÚBLICO | 463

A noção de soberania, aliás, nem é inerente à concepção de Estado. Surgiu, pois, da luta que os Estados nacionais tiveram que travar, externamente, contra a Igreja, que os pretendia colocar ao seu serviço, e contra o Império Romano, que os considerava simples províncias; e internamente, contra os senhores feudais, que procuravam igualar-se com os Estados, atribuindo-se poder próprio, independente e autônomo.[230] Mas, curiosamente, sem embargo de desaparecidos os motivos que a determinaram, a concepção de soberania ainda subsiste, embora fragilizada pela pressão das necessidades históricas, notadamente pelo sistema internacional de proteção dos direitos humanos,[231] que, reagindo incessantemente contra o seu conceito original (definido por Bodin) acabou de fato por transformá-lo num "adorno extravagante", inteiramente vazio de sentido e de expressão.[232]

Luigi Ferrajoli, em estudo de vivo interesse, elenca três aporias (paradoxos, autocontradições) na ideia corrente de soberania, visando à construção de um *novo conceito* mais amoldável à realidade contemporânea. A primeira aporia diz respeito ao significado filosófico da ideia de soberania, que é uma construção de matriz jusnaturalista, que tem servido de base à concepção juspositivista do Estado e ao paradigma do Direito Internacional moderno; logo, trata-se de um resquício pré-moderno que está na origem da modernidade jurídica e, simultaneamente, em virtual contraste com esta. Ao mesmo tempo, a soberania sempre foi – diz Ferrajoli – uma metáfora antropomórfica de cunho absolutista, mesmo na mudança das imagens de Estado, à qual de tempos em tempos foi associada e que ela mesma gerou: desde a ideia da soberania como atributo do *princeps* (príncipe) às concepções jacobinas, organicistas e democráticas antes da soberania nacional e depois da soberania popular, até a doutrina juspublicista, vigente no século XIX, do Estado-pessoa e da soberania como atributo ou sinônimo do Estado. A segunda aporia diz respeito à história (teórica e, sobretudo, prática) da ideia de soberania como *potestas absoluta superiorem non recognoscens*, ou seja, como poder absoluto que não reconhece qualquer outro superior. Para Ferrajoli, essa história corresponde a dois eventos paralelos e divergentes: aquele da soberania interna, que é a história de sua progressiva limitação e dissolução paralelamente à formação dos Estados constitucionais e democráticos de direito; e aquele da soberania externa, que é a história de sua progressiva absolutização, que alcançou seu ápice na primeira metade do século XX com as catástrofes das duas guerras mundiais. Observa Ferrajoli que nem mesmo cronologicamente as duas histórias coincidem: a da soberania externa iniciou-se primeiro e, diferentemente daquela da soberania interna, ainda está longe de concluir-se e continua a mostrar-se como uma ameaça permanente de guerras e destruições para o futuro da humanidade. Por fim, a terceira aporia diz respeito à legitimidade conceitual da ideia de soberania do ponto de vista da teoria do direito. Aqui sustenta Ferrajoli haver uma antinomia irredutível entre *soberania* e *direito*: uma antinomia não apenas no plano do Direito interno dos ordenamentos avançados, em que a soberania está em contraste com o paradigma do Estado de Direito e da sujeição de qualquer poder à lei, mas também no plano do Direito Internacional, em que esta já é contrariada pelas cartas constitucionais internacionais hodiernas e, em particular, pela Carta da ONU de 1945

---

[230] Cf. Pedro Baptista Martins. *Da unidade do direito e da supremacia do direito internacional*, cit., p. 17.

[231] V. Valerio de Oliveira Mazzuoli. Soberania e a proteção internacional dos direitos humanos: dois fundamentos irreconciliáveis, in *Revista de Informação Legislativa*, ano 39, nº 156, Brasília: Senado Federal, out./dez./2002, pp. 169-177.

[232] V. Pedro Baptista Martins. *Da unidade do direito e da supremacia do direito internacional*, cit., p. 18.

e pela Declaração Universal dos Direitos Humanos de 1948. A proposta final de Ferrajoli é que se chegue a um *constitucionalismo de direito internacional*, notadamente baseado nos instrumentos internacionais de proteção dos direitos humanos – o que demandaria, desde uma reforma do Estatuto da CIJ, para afirmar, *v.g.*, o caráter obrigatório da sua jurisdição, hoje subordinada à aceitação preventiva dos Estados, até a melhor implementação das ações dirigidas ao desarmamento e ao tratamento de estrangeiros – e na mudança de mentalidade, sobretudo dos países europeus, rumo à aceitação da ideia de *totus orbis*, que hoje pode ser realizada por meio da elaboração de um *constitucionalismo mundial,* capaz de levar a sério as cartas internacionais de direitos humanos e de reconhecer que a falta de garantias efetivas para que tais cartas sejam cumpridas são *lacunas* cujo preenchimento é obrigação da ONU e dos Estados que a esta aderem. Seria pensar então na perspectiva de uma limitação efetiva da soberania dos Estados por meio da introdução de garantias jurisdicionais contra as violações da paz, externamente, e dos direitos humanos, internamente.[233]

Assim, pode-se afirmar que a "soberania" que os Estados ainda têm não é absoluta, tampouco desgovernada. Apesar de ter surgido como um direito de natureza total e sem fragmentações, isso não significa que, atualmente, ela não deva respeitar as normas jurídicas nem se submeter ao Direito, especialmente aos imperativos da paz e da tutela dos direitos humanos. Como explica Jean-Marie Lambert, a soberania "não tem caráter incondicional ou absoluto. Uma pessoa jurídica não pode, ao mesmo tempo, ser regida por determinado ordenamento e colocar-se acima dele. Se o conceito albergasse o poder de decidir de maneira discricionária, sem levar em conta nenhuma regra, representaria uma negação pura e simples da ordem internacional. Esbarraria, em todo caso, em pretensão igual à dos outros Estados e, na ação recíproca geral, cada um fazendo arbitrariamente o que bem entendesse, o mundo mergulharia numa desordem incontrolável. Considerando essa hipótese apocalíptica, todos admitem que a *soberania* não é absoluta, e sim, submetida ao direito".[234]

Depois de compreendido o conceito contemporâneo de soberania, pode-se desdobrar o termo e estudá-lo sob dois aspectos: *soberania interna* e *soberania externa*.

Em relação à *soberania interna* estatal, entendida como o poder supremo do Estado de impor dentro de seu território suas decisões, destacam-se os seguintes direitos: 1) direito de livremente escolher a sua organização política, ou seja, a forma de governo que considere mais adequada ou conveniente, estabelecendo os princípios constitucionais que melhor atendam às suas peculiaridades; 2) direito de legislar, ou seja, de elaborar suas próprias leis (civis, penais, processuais etc.) e aplicá-las aos nacionais e estrangeiros residentes no seu território; e 3) direito de exercer sua jurisdição, por meio dos seus órgãos competentes (juízes e tribunais), em relação às pessoas que se encontrem em seu território ou que sejam alcançadas pela lei

---

[233] *V.*, por tudo, Luigi Ferrajoli, *A soberania no mundo moderno: nascimento e crise do Estado nacional*, trad. Carlo Coccioli e Márcio Lauria Filho, São Paulo: Martins Fontes, 2007, pp. 1-63. O conteúdo integral desta obra de Ferrajoli encontra-se também no Capítulo 5 do seu livro já citado *Derechos y garantias: la ley del más débil*, trad. Perfecto Andrés Ibáñez e Andrea Greppi, Madrid: Trotta, 1999, pp. 125-175.

[234] Jean-Marie Lambert. *Curso de direito internacional público*, vol. II (*Fontes e sujeitos*), cit., pp. 159-160. *V.* ainda, Francisco Darío Lobo Lara, *Conflictos entre poderes del Estado*, 4ª ed., Managua: Corte Centroamericana de Justicia, 2012, pp. 53-54; e Antonio Remiro Brotons (*et al.*), *Derecho internacional*, cit., p. 127, para quem: "Entendida como *absoluta* – ou poder de decidir e atuar conforme se pretenda – é incompatível com o Direito...".

Parte II · Cap. II · O ESTADO NO DIREITOINTERNACIONAL PÚBLICO | **465**

nacional – mas tal princípio sofre exceções, como no caso da *imunidade de jurisdição* (ou extraterritorialidade), que subtrai ao poder estatal pessoas ou coisas que estão sob o império daquele preceito. Frise-se que ainda hoje, quando se fala em *extraterritorialidade*, não se quer dizer senão o fato de a pessoa chamada de "extraterritorial" ficar submetida à jurisdição dos tribunais de seu país de origem.[235]

No que tange à sua *soberania externa*, que nada mais é do que a projeção internacional da personalidade jurídica do Estado, podem ser relacionados os seguintes direitos: 1) direito de celebrar tratados com outros Estados ou com Organizações Internacionais; 2) direito de legação ativo e passivo, ou seja, de enviar representantes diplomáticos junto a Estados estrangeiros e organismos internacionais, bem como, por outro lado, de receber os que lhes forem enviados por tais entidades; 3) direito ao respeito mútuo entre os Estados, tanto em relação às suas prerrogativas internacionais, bem como em relação à sua integridade territorial, sua honra e sua dignidade; 4) direito à igualdade jurídica, que constitui princípio a tempos consagrado pela sociedade internacional, segundo o qual nenhum Estado pode imiscuir-se na esfera de competência de outro etc. Sejam os Estados militarmente fortes ou fracos, economicamente ricos ou pobres, seja uma grande potência ou uma pequena nação, todos eles têm os mesmos direitos e deveres à luz do direito das gentes. Não interessa ao Direito Internacional o seu grau de desenvolvimento material ou bélico, apenas importando que todos se manifestem livremente e possuam a necessária autodeterminação para fazê-lo.

Por fim, pode-se também distinguir duas outras formas de soberania, tal como faz Robert H. Jackson: a *negativa* e a *positiva*.[236] A *soberania negativa* consubstancia-se no fundamento jurídico em que se apoia o sistema de Estados independentes e formalmente iguais: liberdade sem interferência externa. Estática por natureza, a soberania negativa não depende de nenhuma atuação positiva (ou seja, de um *fazer*) por parte dos Estados, requerendo tão somente observância e respeito dos demais membros da sociedade internacional.[237] A *soberania positiva*, por seu turno, não se contenta com um simples *não fazer* por parte dos Estados, pressupondo que estes pratiquem um conjunto de atos (e estabeleçam outro conjunto de metas) tendentes a beneficiar todos os seus cidadãos; funda-se num atributo político (e não jurídico) que se resume na aptidão de estabelecer e implementar políticas públicas tanto no âmbito interno como no plano internacional, especialmente nos níveis econômico, social, cultural e tecnológico, visando à satisfação de necessidades materiais (não formais) e espirituais dos cidadãos.[238] Todos os Estados, assim, têm soberania negativa, mas nem todos têm a soberania positiva, uma vez que esta última depende mais de atos concretos do governo e da própria população do Estado que propriamente do reconhecimento da sociedade internacional.[239]

c) Direito à igualdade. Do direito à liberdade e à soberania decorre o princípio segundo o qual é vedado aos Estados submeter outro à sua exclusiva autoridade. Trata-se da consagração do

---

[235] Cf. Å. Hammarskjöld. Les immunités des personnes investies de fonctions internationales, in *Recueil des Cours*, vol. 56 (1936-II), p. 132.

[236] V. Robert H. Jackson. *Quasi-States: sovereignty, international relations, and the Third World*. Cambridge: Cambridge University Press, 1990, pp. 26-31.

[237] V. Alberto do Amaral Júnior. Entre ordem e desordem…, cit., p. 34.

[238] Cf. Robert H. Jackson. *Quasi-States…*, cit., p. 29.

[239] Cf. Alberto do Amaral Júnior. Entre ordem e desordem…, cit., pp. 34-35.

direito à igualdade entre os Estados, preconizado pela Carta das Nações Unidas de 1945 (art. 2º, § 1º): "A Organização é baseada no princípio da igualdade soberana de todos os seus membros". Em decorrência dessa regra, a Carta da ONU considera como juridicamente idênticos todos os entes dotados do atributo da soberania (é dizer, os Estados). Esta igualdade é igualdade *jurídica*, jamais de fato. Como já observou o jurista norte-americano James Garner, o princípio da igualdade "não implica ou não deveria implicar outra coisa senão a igualdade perante o direito internacional, isto é, o direito de todos os Estados, grandes ou pequenos, à mesma proteção do direito e à igualdade de tratamento quando se apresentam perante as jurisdições internacionais, como querelantes ou querelados".[240] O problema, contudo, é complexo e ainda não encontrou adequada uniformização no Direito Internacional Público. O tema parece ainda estar ligado à antiga distinção existente entre os chamados "atos de império" (*acta jure imperii*) e os "atos de gestão" (*acta jure gestionis*), praticados pelo Estado no exercício de sua competência estatal. O intuito da distinção foi o de mitigar a teoria da irresponsabilidade do monarca por prejuízos causados a terceiros, passando-se a admitir a responsabilidade civil quando o ato praticado fosse de *gestão*, e afastando-se tal responsabilidade em se tratando de ato de *império* (pois a pessoa do Rei era insuscetível de errar – *the King can do no wrong*).

Os atos de império, de acordo com o que tradicionalmente se tem entendido, apesar das dificuldades de uma definição uniforme, seriam aqueles em que o Estado atua como ente soberano (com poder de império), com todas as prerrogativas e privilégios inerentes a esta condição, impondo regras aos particulares, unilateral e coercitivamente, independentemente de autorização judicial, sendo regidos por direito especial, alheio às normas jurídicas comuns. Os atos de gestão, por sua vez, seriam os praticados pelo Estado em situação de igualdade (ou de equiparação) com os particulares, para a conservação e desenvolvimento do patrimônio público e também para a gestão dos seus serviços, aplicando-se tanto à Administração como aos particulares as normas do direito comum. Assim, se o Estado atua como entidade de direito público, praticando atos de império (*acta jure imperii*) no plano internacional, fica imune à jurisdição de qualquer tribunal de outro Estado; mas caso pratique atos de gestão (*acta jure gestionis*) poderá, eventualmente, ter que se submeter a uma jurisdição estrangeira.[241] A dúvida maior diz respeito às questões ligadas aos empréstimos financeiros internacionais e à dívida externa estatal, como veremos no momento oportuno.[242]

Na América, muito mais do que na Europa, o princípio aplicável é o da igualdade jurídica absoluta entre os Estados, proclamado por várias vezes em diversas conferências panamericanas, assim como na Declaração de Direitos e Deveres das Nações, adotada pelo *Instituto Americano de Direito Internacional*, em 1916, segundo a qual "toda nação é, em direito e perante o direito, igual a qualquer outra que faça parte da Sociedade das Nações…". E ainda, nos termos do art. 4º da Convenção Pan-americana sobre os Direitos e Deveres dos Estados, concluída em Montevidéu em 1933, todos "os Estados são juridicamente iguais", gozando dos mesmos direitos e com a mesma capacidade no seu exercício. Segundo este

---

[240] James W. Garner. Le développement et les tendances récentes du droit international, in *Recueil des Cours*, vol. 35 (1931-I), p. 704.

[241] Cf. Brichambaut, Dobelle & Coulée. *Leçons de droit international public*, cit., p. 64.

[242] *V.* Seção IV, item nº 6, deste Capítulo, sobre a questão da imunidade de jurisdição do Estado relativamente às suas operações externas (públicas ou privadas) de natureza financeira.

mesmo dispositivo, os direitos "de cada um não dependem do poder de que disponha para assegurar seu exercício, mas do simples fato de sua existência como pessoa de Direito Internacional". A Assembleia Geral da ONU, na sessão de 24 de outubro de 1970, aceitou essas premissas anteriores e promulgou a *Resolução 2625 (XXV)*, em que aprovou a *Declaração sobre os Princípios de Direito Internacional Referentes à Amizade e Cooperação entre os Estados em Conformidade com a Carta das Nações Unidas.* Nesse documento, ficou expresso que: "Todos os Estados gozam de igualdade soberana. Têm iguais direitos e iguais deveres e são igualmente membros da comunidade internacional, apesar das diferenças de ordem econômica, social, política ou de outra índole".[243] A mesma Resolução reconhece ainda seis elementos inerentes à igualdade entre os Estados, sendo eles: 1) a igualdade em direitos; 2) o gozo dos direitos inerentes à plenitude da soberania; 3) o respeito à personalidade dos outros Estados; 4) a integridade territorial e a independência política; 5) a livre escolha do Estado de seu sistema político, social, econômico e cultural; e 6) o dever dos Estados em respeitar seus compromissos e de viver em paz com os outros Estados.

Todo o problema que surge em relação ao direito de igualdade diz respeito às desigualdades *de facto*, uma vez que a *igualdade* atinente àquele Direito é estritamente *jurídica*. Se é certo que os Estados são juridicamente iguais, não é menos certo que, de fato, eles têm características diametralmente opostas, o que cria um problema de desigualdades *de facto* difícil de resolver. Este quadro de fato implica a criação de regras jurídicas destinadas à proteção de cada qual dos Estados desiguais *de facto*. Acrescente-se, ainda, que a própria Carta da ONU desiguala os Estados que são membros *permanentes* do Conselho de Segurança (Estados Unidos, França, Reino Unido, Rússia e China), detentores que são do chamado *poder de veto*. A proteção deve voltar-se aos Estados situados à margem das chamadas *Grandes Potências* (expressão que também não encontra uma conceituação científica em Direito Internacional Público até o presente momento), de que são exemplos os Estados – mais ricos do mundo – pertencentes ao chamado G7/G8.

d) Direito ao comércio internacional. Modernamente, em decorrência da intensificação das relações comerciais internacionais, sem as quais os Estados modernos não sobrevivem, pode ser acrescentado o *direito ao comércio internacional*, como um direito fundamental estatal. O direito ao comércio é uma *faculdade* do Estado, e não uma *obrigação* sua. Contudo, um Estado não pode se valer de sua melhor situação econômica para impor a sua vontade nos atos de comércio praticados em relação a outros menos favorecidos economicamente. Os Estados devem ter a liberdade de comércio internacional, desde que obedecidos os princípios de igualdade de tratamento.

---

[243] Resolução 2625, AG/ONU, de 24 de outubro de 1970, p. 132. Oportuna é a observação de Luis Ivani de Amorim Araújo, em relação à questão da *igualdade* dos Estados na Carta da das Nações Unidas: "A ONU, embora se declare baseada no princípio da igualdade soberana de todos os seus membros é, de evidência, dirigida por uma pentarquia, pelas cinco grandes potências que dispõem do abusivo direito de veto no seio do Conselho de Segurança [que são: Estados Unidos da América, França, Reino Unido, Rússia e China] e, por consequência, detêm o comando da Organização, decidindo, em última instância, da paz ou da guerra no mundo, dado que as decisões mais importantes são adotadas pelo voto afirmativo de 9 membros, incluindo os de todos os membros permanentes do Conselho de Segurança, bastando a oposição de um só deles para que nenhuma decisão possa ser aprovada nesse Conselho" (*Curso de direito internacional público*, cit., p. 128).

3. Restrições aos direitos fundamentais dos Estados. O art. 12 da Carta da OEA afirma categoricamente que "os direitos fundamentais dos Estados não podem ser restringidos de maneira alguma". Contudo, não obstante a imperatividade dessa regra convencional, é mais do que sabido que os direitos dos Estados não são absolutos. Às vezes, tanto os costumes como os tratados internacionais impõem certas *restrições* às prerrogativas básicas dos Estados, tendo em vista o bem comum da sociedade internacional. Tais restrições aos direitos dos Estados ora afetam sua *soberania interna*, ora sua *soberania externa*, e podem ser assim enumeradas: *a) capitulações; b) garantias internacionais; c) servidões internacionais; d) concessões; e) arrendamento de território; f) condomínio; g) neutralidade; e h) neutralização de territórios*. Há, ainda, uma última restrição aos direitos dos Estados, concernente à *imunidade de jurisdição*, que, pela sua importância, será estudada na Seção seguinte deste Capítulo.

Vejamos, então, separadamente, cada uma das restrições aos direitos dos Estados:

a) Capitulações. Nascidas dos países do oriente, sob a forma de tratados, consistiam, basicamente, em garantias, privilégios e isenções especiais concedidos pelos Estados aos estrangeiros em seu território. Representavam um acordo por meio do qual os estrangeiros domiciliados no território do Estado continuavam subordinados à sua lei penal e à jurisdição dos cônsules de seu país.[244] Tais cônsules (que detinham poderes muito mais amplos que os dos embaixadores modernos) eram os responsáveis pelo julgamento e pela aplicação da lei de origem a esses estrangeiros.[245] Para os príncipes muçulmanos, que anteriormente tinham expulsado os cristãos da Terra Santa, as capitulações eram concessões unilaterais graciosas, criadas com o fim de regular a situação jurídica dos cristãos, uma vez que, para estes, não se aplicava o Corão. Posteriormente, com o fortalecimento das potências europeias, e consequente enfraquecimento do islamismo, as capitulações passaram a ser concessões advindas dos países europeus. Em princípio, tais vantagens tinham natureza *comercial*, tendo sido ampliadas, com o passar do tempo, para abranger as imunidades *fiscais* e *judiciárias*. Estas últimas consistiam na permissão de um estrangeiro ser julgado de acordo com as suas leis, pelos cônsules de seu país, no Estado em que se encontrasse. A esses cônsules era atribuída autoridade completa (inclusive policial) sobre o seu conacional.[246] Nesse último sentido, em tese, o que o regime de capitulações buscava era preservar a vida e os bens dos estrangeiros em território de certos Estados cuja organização judiciária, ou por deficiência, ou por motivos de ordem costumeira ou cultural, não garantia a devida aplicação da justiça.[247]

O regime das capitulações parece ter sua origem histórica ligada às profundas diferenças de costumes e leis entre os países do Oriente e do Ocidente, uma vez que os primeiros adotavam práticas que eram consideradas bárbaras e impregnadas de fanatismo religioso, principalmente em relação à aplicação de penas cruéis contra os seus inimigos. Já para outros autores, o nome *capitulações* ligava-se ao fato de que os tratados que as instituíam eram compostos em forma de *capítulos*. Para outros, o termo provém da expressão italiana *capitolazione*, que tem conotação de tratado ou acordo. O primeiro tratado sobre capitulações,

---

[244] Cf. Luis Ivani de Amorim Araújo. *Curso de direito internacional público*, cit., p. 131.

[245] Cf. Cesar Diaz Cisneros. *Derecho internacional público*, vol. I, cit., p. 387.

[246] Cf. Gilda Maciel Corrêa Meyer Russomano. *Direito internacional público*, cit., pp. 345-346.

[247] V. Antônio Augusto Cançado Trindade (org.). *Repertório da prática brasileira do direito internacional público (período 1919-1940)*, 2ª ed. Brasília: Fundação Alexandre de Gusmão, 2012, pp. 197-198.

entretanto, concluído entre Francisco I, da França, por meio de seu embaixador Jean de La Forest e Solimão da Turquia, em 1535, foi redigido em forma capitular, querendo parecer que a primeira interpretação é a mais correta.[248]

O sistema foi utilizado, com alguma variação, na Turquia, Egito, China, Japão, Síria, Abissínia, Marrocos, Bulgária e Sião. O Brasil gozou do privilégio das capitulações na Turquia (por meio de tratado concluído em Londres, em 1858) e na China (por meio de tratado de 1881, e que encontrou o seu termo final em 1943, quando novo acordo é assinado entre Brasil e China, colocando fim ao privilégio).[249] Atualmente, ainda que se possa admitir a conveniência do regime de capitulações, o certo é que o mesmo já se encontra praticamente extinto, sequer existindo exemplos atuais (concretos e práticos) dessa forma de restrição ao direito dos Estados.

b) Garantias internacionais. Estas têm como principal finalidade garantir a fiel execução dos tratados internacionais e, de modo geral, o cumprimento de certas obrigações por parte dos Estados. As mesmas têm sido consideradas como *jura in re aliena* ("direitos reais sobre coisas alheias", por analogia com o Direito Civil), compreendendo "não só *direitos reais de garantia*, mas também – principalmente – *servidões*".[250] Tais garantias podem consistir: *a)* no penhor temporário dos rendimentos do Estado e *b)* em ocupação parcial de seu território. Em 1851, quando o Brasil concedeu empréstimos ao Uruguai, este país se comprometeu a pagar a dívida oferecendo, como garantia, a hipoteca de todas as suas rendas, contribuições diretas e indiretas e, especialmente, os direitos de alfândega.[251] Aqui também já não se encontram exemplos da existência e aplicação de tais garantias, e nada indica que elas voltem um dia a reaparecer.

c) Servidões internacionais. Em um conceito largo, as servidões internacionais podem ser definidas como as restrições que determinado Estado tem em relação ao livre exercício de sua soberania territorial, estabelecidas pela vontade expressa ou tácita daqueles que a sofrem, consistindo – como observa Accioly – ou na obrigação de permitir certo uso do território do Estado (em favor de um ou mais Estados), ou na de não exercer o poder territorial em toda a sua extensão.[252] Tais servidões podem ter lugar quando existe, por parte de um Estado, a concessão a outro Estado de um seu direito soberano, bem como naqueles casos em que um Estado se compromete a não exercer, de modo pleno, em favor de outro, sua competência em relação a parcela de seu território. Numa analogia com o direito civil, pode-se dizer que as servidões internacionais são "direitos sobre coisa alheia", criados em favor da coletividade ou de um ou mais Estados.

Tais servidões podem ser permissivas (*in faciendo* ou *positivas*) ou restritivas (*in non faciendo* ou *negativas*). No primeiro caso, são denominadas de *positivas* e, no segundo, *negativas*. As da primeira modalidade obrigam o Estado cedente a conceder o seu território

---

[248] Cf. Oyama Cesar Ituassú. *Curso de direito internacional público*, cit., p. 214.

[249] Sobre o tratado da China com o Brasil sobre esse regime, *v.* Antônio Augusto Cançado Trindade (org.), *Repertório da prática brasileira do direito internacional público (período 1919-1940)*, 2ª ed., cit., pp. 197-198.

[250] Hildebrando Accioly. *Tratado de direito internacional público*, vol. I, cit., p. 241.

[251] Cf. Gilda Maciel Corrêa Meyer Russomano. *Direito internacional público*, cit., p. 347.

[252] Hildebrando Accioly. *Tratado de direito internacional público*, vol. I, cit., pp. 241-242.

em favor de outros Estados (ou seja, concedem a utilização do território respectivo) para diversos fins, como a manutenção de guarnições militares, praticar a pesca em suas águas territoriais, utilizar suas estradas de ferro etc. As da segunda forma, por outro lado, retiram a liberdade de ação do Estado cedente, impedindo-o de exercer o poder territorial completo. Apenas estas últimas (servidões *in non faciendo*) é que têm existência válida para o direito das gentes, uma vez que não se pode obrigar um Estado a fazer algo em proveito de outros (caso em que se estaria diante de verdadeira *obrigação ordinária* e não de servidão propriamente dita). Tais obrigações negativas são quase sempre militares (*v.g.*, proibição de fortificar certas áreas do Estado, ou a permissão para que tropas estrangeiras circulem ou permaneçam em certa parte do seu território) ou econômicas (como o direito de pesca em águas territoriais estrangeiras, relativamente aos Estados sem faixa litorânea).[253]

As servidões têm base convencional e se contêm em tratados internacionais expressos. Para a sua efetivação são necessários os três seguintes requisitos, que lhes são essenciais: 1) devem ambas as partes internacionais ser Estados, passando o direito atingido de um a ser admitido em favor de outro ou outros; 2) haver uma permanência de tempo; e 3) haver incidência sobre certo território (ou seja, tal direito deve ser estritamente *real* ou *territorial*).[254] Sua extinção pode ocorrer por ato unilateral ou por tratado concluído entre as partes, pois a permanência que lhe caracteriza não induz sua perpetuidade.

No que tange às servidões negativas, podem ser mencionados dois casos relativos ao Brasil: *a*) a interdição da Ilha de Martín García, estabelecida pelos tratados de 10 de junho de 1853, que visou impedir a navegação livre no rio Paraná; e *b*) a interdição do estabelecimento de fortes ou baterias às margens da Lagoa Mirim, do Rio Jaguarão e de qualquer das ilhas situadas nas mesmas águas, convencionada em tratado celebrado entre Brasil e Uruguai (art. 2º), de 30 de outubro de 1909.[255]

d) *Concessões*. Eram chamadas de concessões as partes ou quarteirões de uma cidade que o Estado destinava à moradia de estrangeiros. Depois, as concessões passaram a ser entendidas como a faculdade que tem um Estado de renunciar a certos direitos relativos ao seu território em favor de outro Estado, passando o cessionário a exercer sobre o território cedido os direitos que eram inerentes ao cedente, durante o tempo estabelecido no tratado de concessão. As cessões poderiam ser: *a*) para fins de administração, por tempo indeterminado; ou *b*) para fins de arrendamento (*cession à bail*), com prazo certo fixado no tratado.[256] Atualmente não se colhem exemplos desse regime, que desapareceu após o fim da Segunda Guerra Mundial, passando desde então a ter apenas valor histórico.

e) *Arrendamento de território*. Tal restrição aos direitos estatais consiste na cessão de competências que, sobre parte de seu território, um Estado faz a outro, mediante certas compensações estipuladas no tratado de arrendamento. A área ou as áreas locadas continuam a integrar o território nacional, que continua conservando sua soberania em relação a elas, mas

---

[253] Cf. Luis Ivani de Amorim Araújo. *Curso de direito internacional público*, cit., p. 131.

[254] Cf. Oyama Cesar Ituassú. *Curso de direito internacional público*, cit., p. 219; e Oliveiros Litrento, *Curso de direito internacional público*, cit., p. 128.

[255] Cf. Hildebrando Accioly & Nascimento e Silva. *Manual de direito internacional público*, cit., p. 129.

[256] Cf. Luis Ivani de Amorim Araújo. *Curso de direito internacional público*, cit., p. 131.

Parte II · Cap. II · O ESTADO NO DIREITOINTERNACIONAL PÚBLICO | **471**

o direito de jurisdição sobre tais áreas ou a supremacia territorial sobre as mesmas passa a ser do Estado arrendatário. O arrendamento de território aparece, normalmente, em momentos difíceis de certos Estados, ou em virtude de sua fragilidade. Decorre sempre de um tratado entre as partes e é geralmente fixado pelo prazo de 99 anos. Os casos mais numerosos de arrendamentos certamente foram os que figuraram áreas territoriais chinesas.[257] Nos termos da convenção assinada em 6 de março de 1898, a China "cede, em arrendamento, à Alemanha, provisoriamente por um período de 99 anos, os dois lados da entrada da Baía de Kiao-Chau", tendo o art. 3º disposto que a China "abster-se-á de exercer direitos de soberania no território cedido durante o período do arrendamento (...)".[258]

O exemplo talvez mais conhecido de arrendamento de território diz respeito ao Porto de Guantánamo, em Cuba. Tal se deu em 1903, quando os Estados Unidos da América, por meio de convenção para as Estações Carvoeiras e Navais celebrada com Cuba (então presidida por Tomás Estrada Palma), arrendaram temporariamente deste último país o Porto de Guantánamo e a Baía Honda. A base naval norte-americana de Guantánamo é uma instalação localizada em uma área de 117,6 km² quilômetros quadrados do território de Cuba. A instalação decorreu de emenda aprovada pelo Congresso dos Estados Unidos e assinada pelo Presidente McKinley, em março de 1901, conhecida como *Emenda Platt*. Em maio de 1934, em novo acordo entre os dois países, celebrado em Washington, excluiu-se definitivamente a Baía Honda como possível base norte-americana, mas mantendo o arrendamento da base naval de Guantánamo. O pagamento estipulado pelo arrendamento dos 11.760 hectares, que incluem grande parte de uma das melhores baías de Cuba seria a soma de tão somente dois mil dólares anuais, que atualmente chegam a 4.085 dólares por ano (ou seja, 34,7 centavos de dólar por hectare) pagos em cheques anuais. Os governos cubanos a partir de Fidel Castro negam-se a cobrar tal valor por afrontar a dignidade do país.

Outro exemplo bastante citado de arrendamento territorial é o de Hong Kong, que deixou de ser colônia britânica em 30 de junho de 1997, passando a 1º de julho do mesmo ano a fazer novamente parte da China.

O arrendamento difere da cessão de território, em que o Estado cede sua jurisdição ao outro Estado, conservando, nominalmente, a sua soberania, transferindo a plenitude do poder ao cessionário, não exercendo qualquer autoridade sobre a área objeto do tratado. Tem-se como exemplo seguro desta modalidade o Canal do Panamá, em território cedido em 1903 por esse Estado, mediante o pagamento da quantia de dez milhões de dólares e uma prestação anual de duzentos e cinquenta mil dólares, em favor dos Estados Unidos da América.[259]

f) Condomínio. A soberania estatal é, *a priori*, una e indivisível, não podendo comportar exercício simultâneo ou divisões. Quando, porém, sobre um mesmo território ou parte dele, dois ou mais Estados exercem simultaneamente sua competência por meio de uma administração local autônoma, tem-se o que se denomina em direito das gentes de *condomínio*,

---

[257]   Sobre as áreas territoriais arrendadas da China e os problemas jurídicos delas decorrentes, *v.* Jean Escarra, *La Chine et le droit international*, Paris: A. Pedone, 1931, pp. 113-123.

[258]   *V.* Ian Brownlie. *Princípios de direito internacional público*, cit., p. 127.

[259]   Cf. Oyama Cesar Ituassú. *Curso de direito internacional público*, cit., p. 217.

coimpério, contitularidade ou *cossoberania*. Trata-se de uma porção de território (composto por terra ou por água) sob o domínio conjunto de dois ou mais Estados, que exercem sobre ele igual soberania, bem assim sobre os indivíduos que ali se encontram. Sua instituição deve ter sempre por base um tratado ou ajuste entre as partes.[260] Destaque-se que o instituto do condomínio não contraria "a regra da exclusividade do direito de cada Estado sobre o território, visto que aqueles poderes se reconduzem a quotas ideais de um direito único de todos os contitulares".[261] O antigo Sudão (hoje dividido em *Sudão* e *Sudão do Sul*, desde julho de 2011) foi administrado, entre 1898 e 1956, pela Grã-Bretanha e pelo Egito em situação condominial,[262] bem assim as Novas Hébridas (hoje Vanuatu), pela Grã-Bretanha e França, até 1981. Tal *condominium* somente pode estabelecer-se entre Estados soberanos e com base em um tratado internacional. Este tratado impede os conflitos de jurisdição entre ambos os Estados em face da porção condominial.

Na história do Brasil, sobretudo quando se estuda a atuação diplomática do Barão de Rio Branco, há quem se refira ao exemplo do "condomínio da Lagoa Mirim", cedido pelo nosso país ao Uruguai, "desinteressadamente, sem buscar compensações". O problema surgiu quando o Tratado de Badajós, entre Portugal e Espanha, anulando o Tratado de Santo Ildefonso, reconheceu o direito de Portugal a todas as suas conquistas no solo americano. Em consequência da demarcação das fronteiras entre Brasil e Uruguai nos rios Uruguai e Quaraim, Portugal tinha, no período colonial, o domínio exclusivo da Lagoa Mirim e do Rio Jaguarão. Depois da independência dos dois países, por meio de tratado subscrito por ambos, em 1851, reconheceu-se, pelo princípio do *uti possidetis*,[263] o direito do Brasil à posse exclusiva da Lagoa Mirim.[264]

O Uruguai tentou, inutilmente, rever tais atos internacionais. A situação era curiosa, pois na fronteira do Quaraim, o rio estava aberto à livre navegação, e na fronteira da Lagoa Mirim, as águas eram de exclusivo domínio brasileiro. O Barão do Rio Branco, enfrentando dificuldades internas, propôs o reexame da questão, elaborando projeto de tratado que não se limitou a conceder a livre navegação na Lagoa Mirim e no Rio Jaguarão, mas atribuiu ao Uruguai a jurisdição sobre aquelas águas em regime de condomínio. Na *Mensagem* presidencial de 3 de maio de 1909, lia-se que os elevados móveis desse ato foram simplesmente "as ideias de concórdia e confraternidade, em que nos inspiramos todos, e os sentimentos de justiça e equidade".[265]

Apesar da discordância de alguns internacionalistas, no sentido de que o que houve foi, em verdade, cessão de território, a verdade é que, antes de 1909, havia um condomínio da lagoa para fins de navegação, pesca e uso de suas águas, inclusive para irrigação e consumo

---

[260] Cf. Hildebrando Accioly. *Tratado de direito internacional público*, vol. I, cit., p. 246.

[261] Jorge Miranda. *Teoria do Estado e da Constituição*, cit., p. 137.

[262] Cf. Ian Brownlie. *Princípios de direito internacional público*, cit., p. 130.

[263] No vernáculo: "como possuis, continuai possuindo". Tal princípio, na sua verdadeira acepção, significa a posse duradoura, mansa e pacífica, independentemente de qualquer outro título. Pelo princípio do *uti possidetis* tem-se o consentimento como meio de disposição do território. Implica a existência de um acordo tácito que fundamenta o acordo territorial numa regra de posse presumida. Sobre o assunto, *v.* Ian Brownlie, *Princípios de direito internacional público*, cit., pp. 148-149.

[264] Cf. Gilda Maciel Corrêa Meyer Russomano. *Direito internacional público*, cit., pp. 351-352.

[265] *V.* Clóvis Bevilaqua. *Direito público internacional...*, t. I, cit., pp. 14-15.

doméstico, o que se traduz num *condomínio de fato* – na expressão de Gilda Russomano –, uma vez que não se baseava em nenhum instrumento internacional.[266]

g) Neutralidade permanente. Trata-se de uma grande restrição ao direito dos Estados, que tem lugar quando um Estado: (1) deseja ficar alheio do conflito entre dois ou mais Estados ou; (2) se compromete, de maneira permanente, a não empreender a nenhum outro qualquer conflito bélico, a não ser em caso de agressão territorial, em que se configura a legítima defesa.[267]

A primeira forma, chamada de neutralidade *ordinária, transitória* ou *temporária*, tem efeito limitado, valendo como simples declaração unilateral do Estado interessado, que age dentro do marco de sua liberdade de atuação internacional, sem indagar aos demais sujeitos da cena internacional, ou aos Estados em conflito, se a aceitam ou não (trata-se, portanto, de uma neutralidade *relativa* e *acidental*). A segunda forma, bem mais ampla e de efeitos mais visíveis no plano internacional, é a *neutralidade permanente*, que vale como uma restrição absoluta à soberania externa estatal, que impede determinado Estado de declarar guerra a qualquer outro. Trata-se de compromisso contraído permanentemente por um Estado, por meio de tratado ou convenção internacional, de jamais praticar agressão armada contra nenhum outro Estado.[268] Esta segunda modalidade, também chamada de *neutralidade extraordinária*, não pode ser autônoma, devendo ser *garantida* (ou, pelo menos, *reconhecida*) pelos outros Estados (chamados de *potências-garantes*), que se comprometem e se responsabilizam (por meio de tratado internacional) em defender e garantir a inviolabilidade do Estado neutro. Este último Estado, para ser considerado como permanentemente neutro, deve assumir inúmeros e rigorosos deveres, entre os quais o de não recorrer à guerra, salvo para garantir, dentro do quadro da legítima defesa, sua integridade territorial. Tal Estado também está proibido de celebrar tratados que possam, em determinadas ocasiões, levá-lo à participação em um conflito armado.

A Suíça é o exemplo clássico de Estado permanentemente neutro, estando sob a égide desse estatuto desde o Congresso de Viena de 1815. Seu caráter de neutralidade foi ainda afirmado pelo Tratado de Versalhes, de 1919, que reconheceu um compromisso internacional em favor daquele Estado, como meio para a manutenção da paz internacional. A Cidade do Vaticano, pela finalidade religiosa que lhe é essencial, também passou à condição de permanentemente neutra, em decorrência do art. 24 do Tratado de Latrão, de 1929, tendo sido garantidas a inviolabilidade e a independência indispensáveis ao exercício da missão espiritual do Papado.

h) Neutralização de territórios. Essa *neutralização* não se confunde com a *neutralidade permanente* estudada acima. A neutralização de territórios (*v. infra*, Parte VI, Capítulo II, Seção II, item n° 2) é normalmente temporária e diz respeito somente à *parte* do Estado. Ocorre quando se *suspende* o domínio de um Estado sobre uma zona que está sendo contestada por outro. Portanto, o principal motivo que leva a esta situação é a necessidade de se subtrair à jurisdição de dois ou mais Estados um território que é, simultaneamente, disputado por eles, enquanto perdurar o litígio e não se chegar a uma solução definitiva.[269]

---

[266] Gilda Maciel Corrêa Meyer Russomano. *Direito internacional público*, cit., p. 353.

[267] Esse assunto será melhor versado na Parte VI, Capítulo II, Seção II.

[268] Cf. Hildebrando Accioly. *Tratado de direito internacional público*, vol. I, cit., p. 247.

[269] Cf. Gilda Maciel Corrêa Meyer Russomano. *Direito internacional público*, cit., pp. 355-356.

A neutralização é sempre estabelecida em tratados e importa, para os Estados contratantes, na proibição de não exercer atos de beligerância na zona neutralizada ou, em certos casos, de nela estabelecer fortificações, bases militares etc. Tem-se como exemplos a neutralização da região do Amapá, entre os Rios Oiapoque e Amapá Pequeno, em 1841, por ocasião do conflito com a França, e a do território do Pirara, em 1845, no incidente com a Guiana Inglesa.[270]

4. Deveres dos Estados. Além de *direitos*, os Estados também têm *deveres* no plano externo, no que toca às suas relações com os demais sujeitos da sociedade internacional. O fundamento desses deveres reside nas regras de coexistência entre os diferentes Estados e tem por finalidade resguardar a própria existência das relações internacionais.

Tais deveres nem sempre correspondem a qualquer direito, sendo, muitas vezes, autônomos e independentes. Daí serem divididos pela doutrina em deveres *jurídicos* e *morais*. Os primeiros encontram seu fundamento de validade nos tratados concluídos pelos Estados ou nos costumes internacionais, podendo seu cumprimento ser exigido pelos meios coercitivos autorizados pelo Direito Internacional Público. Os segundos, de caráter puramente moral, baseiam-se nos princípios de cortesia, de humanidade, de equidade, da justiça natural e da *comitas gentinum* (que é uma espécie de compromisso relacionado com a moralidade). Seu cumprimento não pode ser exigido por meio de qualquer coação, senão por meio da *opinião pública* a respeito da infração ou negligência e do emprego (ou da ameaça de emprego) da reciprocidade. A violação dos deveres morais não encontra qualquer sanção jurídica, contrariamente do que sucede com os deveres jurídicos, em que a repreenda coercitiva se faz presente. Aos deveres dos Estados podem acrescentar-se as obrigações *jus cogens* bem como a chamada *soft law*, ambas as matérias já estudadas no capítulo das fontes do Direito Internacional.[271]

a) Deveres morais. Os deveres morais dos Estados encontram-se agrupados sob a denominação comum e geral de *dever de assistência mútua*. São deveres que têm por base os preceitos de cortesia internacional (*comitas gentium*), podendo ser citados, entre outros: *a)* o dever de socorro e a colaboração por ocasião de calamidades naturais (como inundações e terremotos), bem como nos momentos de inquietação política e social, que, várias vezes, repercutem na pessoa humana (como no caso dos refugiados russos em virtude da revolução comunista); *b)* os salvamentos marítimos em casos de sinistros, quer ocorridos em águas territoriais ou em alto-mar, como naufrágio, incêndio a bordo ou qualquer outro acidente do gênero; *c)* o abrigo concedido, em portos nacionais, a navios estrangeiros que aí procurem refúgio contra tempestades que lhes causem danos e prejuízos à estrutura, ou por necessitarem de reparos, em virtude de avarias por algum acidente no mar ou prejuízos físicos já sofridos; *d)* o estabelecimento de medidas sanitárias e providências para a proteção da saúde, impedindo a propagação de enfermidades; *e)* a assistência financeira aos Estados subdesenvolvidos ou aos que se encontram em situação econômica extremamente crítica; *f)* a assistência e cooperação em matéria judiciária, tanto civil como criminal, incluindo-se a adoção de medidas facilitadoras da ação social contra o crime; e *g)* o apoio em relação a questões de caráter humanitário, em tempo de paz ou em tempo de guerra etc.[272]

---

[270] Cf. Oyama Cesar Ituassú. *Curso de direito internacional público*, cit., p. 224.

[271] V. Parte I, Capítulo IV, Seção 2, item nº 7.

[272] V., por tudo, Clóvis Bevilaqua, *Direito público internacional...*, t. I, cit., pp. 113-116; Hildebrando Accioly, *Tratado de direito internacional público*, vol. I, cit., p. 253; Gilda Maciel Corrêa Meyer Russomano,

Muitos desses deveres *morais* acima citados acabaram transformando-se em deveres *jurídicos*, uma vez que passaram a ser positivados em inúmeros tratados internacionais, a exemplo do dever de auxílio aos navios em perigo, hoje constante do corpo normativo internacional. Mas, no geral, pode-se dizer que os deveres que não integram o âmbito convencional figuram no quadro das obrigações morais.

b) Deveres jurídicos. Tais deveres são sempre fruto de convenções internacionais concluídas entre os Estados. Por meio delas, criam-se deveres jurídicos para os Estados, os quais se comprometem, sob pena de responsabilização internacional, a efetivamente cumprir e respeitar aquilo que entre eles se estabeleceu. Os compromissos internacionais criadores de deveres jurídicos para os Estados podem derivar, ou de convenção entre eles, ou de convenção entre um Estado e uma organização internacional.

O dever jurídico considerado como principal pela doutrina, consiste no *dever negativo* de respeito à soberania e à personalidade jurídica dos demais Estados, devendo cada um dos componentes da sociedade internacional não se ingerir indevidamente em assuntos da exclusiva competência do Estado.

A importância do dever de não intervenção faz com que o mesmo deva ser estudado em separado.

5. O dever de não intervenção. Esse dever representa uma restrição à soberania e independência estatal e se traduz na ideia de que é obrigação de todo e qualquer Estado não se ingerir indevidamente em assuntos particulares (internos ou externos) de outros, para o fim de impor ou fazer preponderar a sua vontade.[273] O princípio segundo o qual os Estados são juridicamente obrigados "a respeitar a soberania e a integridade territorial dos outros"[274] é corolário do dever que compete a cada Estado de respeitar a liberdade soberana e a independência dos demais membros da sociedade internacional.

Tal dever foi inicialmente elaborado dentro do quadro regional latino-americano, em virtude das múltiplas intervenções norte-americanas e europeias no continente ao longo do século XIX. Daí por que a Carta da Organização dos Estados Americanos de 1948 ter expressamente estabelecido (art. 2º, alínea *b*) que um dos seus propósitos essenciais é o de "promover e consolidar a democracia representativa, respeitado o princípio da não intervenção". Mais à frente (art. 19) a Carta da OEA deixa claro que:

> "Nenhum Estado ou grupo de Estados tem o direito de intervir, direta ou indiretamente, seja qual for o motivo, nos assuntos internos ou externos de qualquer outro. Este princípio exclui não somente a força armada, mas também qualquer outra forma de interferência ou de tendência atentatória à personalidade do Estado e dos elementos políticos, econômicos e culturais que o constituem."

Direito internacional público, cit., p. 359; e Oyama Cesar Ituassú, *Curso de direito internacional público*, cit., p. 228.

[273] Sobre o tema, *v.* Liliana Lyra Jubilut, *Não intervenção e legitimidade internacional*, São Paulo: Saraiva, 2010, 223p. Em menor proporção, cf. também Antonio Remiro Brotons (*et al.*), *Derecho internacional*, cit., pp. 138-145.

[274] Clóvis Bevilaqua. *Direito público internacional...*, t. I, cit., p. 117.

Essa ideia se impregnou, posteriormente, em várias resoluções das Nações Unidas,[275] sendo hoje um princípio consagrado internacionalmente. Entende-se que a intervenção (quando indevida) afronta os direitos humanos e a integridade política e territorial dos Estados (*soberania*). Tratando-se de criação do Direito Internacional, pode-se afirmar ser o princípio da não intervenção um "princípio geral *do* Direito Internacional Público".[276]

Do conceito de intervenção é possível retirar os seus *elementos* caracterizadores, quais sejam: *a*) a imposição da vontade de determinado Estado em relação a outro, pelo uso da força manifestada por meio de violência moral ou material (no que não há falar-se em intervenção quando o ato interventivo é benéfico, como quando se oferecem bons ofícios etc.); *b*) a ingerência não solicitada pelo Estado interessado (caso em que desaparece o elemento coativo, que caracteriza a intervenção, como quando se requer uma mediação); *c*) a existência de uma vontade impositiva e abusiva, estranha à do Estado objeto da medida e sem a aceitação deste; e *d*) a presença de dois Estados soberanos em conflito (o que faz desconfigurar a intervenção nos casos de Estados protegidos ou vassalos).[277]

São várias as formas de intervenção de que já se teve notícia, podendo ser citadas: *a*) a intervenção na política interna do país para manter ou impor uma forma de governo; *b*) a intervenção em caso de guerra civil; *c*) a intervenção no exercício das funções legislativa e judiciária dos Estados etc.[278] Accioly elenca várias outras formas de intervenção, quais sejam: *diplomática* (quando praticada por meio de representações verbais ou escritas; a intervenção diplomática pode ser *oficial* ou *oficiosa*, conforme se manifesta por atos públicos, ou quando feita por observações discretas, sem publicidade); *armada* (quando apoiada ostensivamente por forças armadas); *individual* (quando parte da iniciativa de um só Estado); e *coletiva* (quando levada a efeito por várias potências, embora, às vezes, estas se ponham de acordo para delegar poderes a uma só, como agente de execução); *clara* ou *aberta* (quando feita claramente, ou expressamente); *oculta* ou *dissimulada* (quando feita sorrateiramente); *direta* ou *positiva* (quando consistente em atos de ingerência efetiva); *indireta* ou *negativa* (quando importa em impedir a intervenção de outro ou outros Estados).[279]

O dever de não intervenção, entretanto, também não é absoluto. Ele comporta algumas exceções, a exemplo da (1) intervenção estabelecida em nome do direito de defesa e conservação do Estado; (2) daquela que tem por finalidade salvaguardar a segurança coletiva; e (3) da realizada em prol da proteção e promoção dos direitos humanos.[280]

Essas três hipóteses colocadas merecem uma análise, ainda que breve. No primeiro caso, sempre que um Estado se sinta, com razão, ameaçado por um Estado inimigo, sua intervenção não será considerada ingerência indevida no Estado agressor. Trata-se, nesse caso, de

---

[275] *V.* Resoluções 2625 (XXV), 2131 (XX), 31/91 (1976) e 36/103 (1981) da Assembleia Geral da ONU. Esta última (intitulada "Declaração sobre a inadmissibilidade de intervenção e de ingerência nos assuntos interiores dos Estados") é a que traz a definição mais completa de não intervenção.

[276] A diferença entre os princípios gerais *de* Direito Internacional e os princípios gerais *do* Direito Internacional foi estudada na Parte I, Capítulo IV, Seção I, item n° 6.

[277] *V.* Oyama Cesar Ituassú. *Curso de direito internacional público*, cit., p. 231.

[278] *V.* Clóvis Bevilaqua. *Direito público internacional...*, t. I, cit., pp. 123-157.

[279] Hildebrando Accioly. *Tratado de direito internacional público*, vol. I, cit., p. 261.

[280] Sobre a intervenção para a salvaguarda dos direitos humanos, *v.* Parte VI, Capítulo I, Seção III, item n° 3.

Parte II • Cap. II • O ESTADO NO DIREITOINTERNACIONAL PÚBLICO | **477**

colocar em movimento o direito legítimo de defesa e conservação que o Estado detém, não havendo que se falar em intervenção quando um Estado age em decorrência de um direito que lhe compete.[281] No segundo caso, a intervenção também é permitida, pois visa proteger a própria civilização, combatendo determinados Estados cuja conduta extrapola a sua esfera de competência internacional, sendo contrária à ordem pública. A intervenção, nesses casos, visa acautelar ou coibir tais manifestações do arbítrio estatal, por meio da restauração do império das normas internacionais. Quando a Coreia do Norte ultrapassou o chamado *Paralelo 38* e invadiu a Coreia do Sul, violando o estabelecido pelas Nações Unidas, a esta última restou intervir no conflito, por meio do emprego da força internacional, reprimindo a perturbação à ordem pública.[282] E, por fim, no último caso, a intervenção justifica-se pelo móvel destinado a salvaguardar os direitos humanos violados, protegidos por tratados internacionais de caráter regional ou global.

6. A doutrina Monroe. Quando se estuda o problema da intervenção, sobretudo na América Latina, não se pode deixar de referir à *doutrina Monroe*, cujo autor James Monroe, então quinto Presidente da República dos Estados Unidos da América, a expôs em famosa mensagem enviada ao Congresso norte-americano, no dia 2 de dezembro de 1823.[283] A finalidade da referida mensagem presidencial era dupla: *a)* resguardar de pronto a conhecida pretensão russa (no Império Czarista) de avançar na América e ocupar o Alaska e; *b)* vedar qualquer desejo, por parte da Espanha, de recolonização ou reconquista sobre suas antigas colônias latino-americanas, que acabavam de se libertar da então metrópole. Os princípios proclamados pela doutrina do Presidente Monroe fundavam-se em basicamente três proposições, de acordo com o disposto nos parágrafos 7º, 48 e 49 de sua Mensagem de 1823: 1ª) o continente americano não poderia ser objeto de futuras ocupações (ou seja, de futuras pretensões colonialistas) por parte de nenhuma potência europeia; 2ª) os Estados Unidos da América não deveriam intervir nos assuntos de competência exclusiva dos países europeus; e 3ª) os Estados americanos não aceitariam qualquer forma de ingerência que, originando-se em qualquer país europeu, atingisse os assuntos internos daqueles Estados. Tais princípios não eram novos e já tinham sido externados pelo Presidente George Washington, na sua mensagem de despedida, de 17 de dezembro de 1796.

Esta doutrina consiste, como destaca Oyama Cesar Ituassú, na prática efetiva da não intervenção, tendo o Presidente considerado que "a Europa possuía problemas próprios, estranhos à vida americana", não lhe convindo tomar parte em tais controvérsias, e também, não lhe sendo permitida a intromissão nos negócios continentais americanos.[284]

Tais princípios, com o passar do tempo, foram perdendo um pouco do seu alicerce, principalmente após o fortalecimento dos Estados Unidos no cenário mundial. No início

---

[281] Cf. Gilda Maciel Corrêa Meyer Russomano. *Direito internacional público*, cit., p. 362.

[282] *V.* Oyama Cesar Ituassú. *Curso de direito internacional público*, cit., pp. 232-235.

[283] *V.* Camilo Barcia Trelles. La doctrine de Monroe dans son développement historique, particulièrement en ce qui concerne les relations interaméricaines, in *Recueil des Cours*, vol. 32 (1930-II), pp. 391-605. Sobre a *doutrina Monroe* e seus desdobramentos, *v.* ainda Celso D. de Albuquerque Mello, *Direito internacional americano: estudo sobre a contribuição de um direito regional para a integração econômica*, Rio de Janeiro: Renovar, 1995, pp. 41-62.

[284] Oyama Cesar Ituassú. *Curso de direito internacional público*, cit., p. 76.

do século XX, o Presidente americano Theodor Roosevelt desenvolveu o que os americanos chamaram de *Roosevelt corollary to the Monroe doctrine*, por meio da qual os Estados Unidos praticaram inúmeras intervenções em países latino-americanos, sob o pretexto de evitar ingerências indevidas de países europeus no continente americano. A sua justificativa fundava-se no *direito* que teriam os Estados Unidos de intervir na América sempre que suspeitassem que um possível colapso pudesse ameaçar a vida e a propriedade dos cidadãos americanos.[285]

Contudo, a *doutrina Monroe* teve o inegável mérito de permitir que os demais países do continente americano, sobretudo os de origem latina, mantivessem sua integridade territorial e se fortalecessem politicamente, consolidando sua independência. Entretanto, ela não impediu que os próprios Estados Unidos interviessem, posteriormente, no México, em Cuba e nos países do Caribe, em flagrante violação à soberania dos demais países americanos em contradição com seus princípios teóricos tradicionais.[286] Assim, ao mesmo tempo que ela serviu para consolidar a independência da América Latina, foi também utilizada como tese de defesa dos Estados Unidos. Daí as duas faces da doutrina Monroe: *a*) não intervencionista quando os interesses americanos estavam em jogo, ou quando a intervenção era contrária à política norte-americana; e *b*) intervencionista, ela mesma intervindo, ou não se importando com a intervenção europeia nos países latino-americanos, quando isso não interessasse à sua política ou aos seus negócios.[287]

Dentre os seus aspectos negativos, podem ser citadas as ideias de *não colonização*, de *não intervenção* e de *isolamento* do continente europeu, instituídas pela famosa doutrina – talvez sendo esses os motivos que a levaram a ter valor tão somente *político*, não se transformando em um princípio propriamente *jurídico*.[288]

7. A doutrina Drago. Outra doutrina anti-intervencionista, nascida e fomentada na América, paralelamente à concepção Monroe, foi a chamada *doutrina Drago*, que leva o nome do então Ministro das Relações Exteriores e Cultura da Argentina, Luís Maria Drago, que a sustentou em 1902.[289]

Nesse ano, foi lançado um bombardeio aos portos venezuelanos (seguido de bloqueio) por uma esquadra constituída de navios da Inglaterra, da Itália e da Alemanha. Foram bombardeados os portos de La Guayra, Maracaibo e Puerto Cabello, sob a alegação de que a Venezuela não pagara dívidas contraídas com as três potências europeias acima referidas, as quais teriam sofrido prejuízos com os movimentos revolucionários ali ocorridos.[290] Tais potências consultaram o Presidente norte-americano Theodor Roosevelt a fim de saberem como os EUA aceitariam uma tal cobrança feita militarmente. A resposta foi no sentido de que a nação americana não defenderia qualquer Estado contra os atos que sofressem em virtude de não terem sabido solver suas obrigações internacionais. Tal fato, pela sua magnitude, gerou

---

[285] Cf. Hildebrando Accioly & Nascimento e Silva. *Manual de direito internacional público*, cit., p. 120.
[286] Cf. Gilda Maciel Corrêa Meyer Russomano. *Direito internacional público*, cit., p. 366.
[287] V. Luis Ivani de Amorim Araújo. *Curso de direito internacional público*, cit., p. 154.
[288] Cf. Oyama Cesar Ituassú. *Curso de direito internacional público*, cit., p. 236.
[289] V. Cesar Diaz Cisneros. *Derecho internacional público*, vol. I, cit., pp. 481-490.
[290] Cf. Celso D. de Albuquerque Mello. *Direito internacional americano...*, cit., pp. 139-140.

inúmeros protestos em toda a América Latina e foi objeto de uma enérgica nota de protesto do Ministro argentino Luís Maria Drago.

Inspirado em pronunciamento anterior do internacionalista argentino e compatriota Carlos Calvo – que condenou francamente todo e qualquer tipo de intervenção financeira, mesmo sob a forma diplomática, quer a reclamação que a motivasse tivesse por base um contrato, quer fosse resultante de uma guerra civil ou, ainda, de uma simples sublevação popular[291] – Drago sustentou, em nota enviada ao governo americano, que embora o país devedor continuasse na obrigação de pagar suas dívidas, não se justificava o ingresso da força armada de países europeus em solo das nações americanas com a finalidade de cobrar coercitivamente tais dívidas, medidas que poderiam ter consequências ruinosas para as nações menos favorecidas economicamente (como era o caso da Venezuela), a exemplo de sua total ruína até a absorção dos respectivos governos pelas potências economicamente mais ricas. Explicava o ministro argentino que o empréstimo a um Estado tem caráter especial, não podendo estar sujeito a execuções coercitivas, com a utilização da força armada e com ocupação material do solo do país devedor.

A doutrina de Drago foi finalmente apresentada na Conferência Interamericana do Rio de Janeiro, e submetida à Segunda Conferência da Paz da Haia, realizada em 1907, com o apoio da maioria das repúblicas centro e sul-americanas.[292] Nessa última conferência, a doutrina Drago foi aprovada com alterações introduzidas, sobretudo pelo representante norte-americano Horace Porter, que lhe deu decisivo apoio, condenando também o emprego da força para a cobrança de dívidas estatais. Deste momento em diante, aquela doutrina passou a ser conhecida como *doutrina Drago-Porter*, em virtude da colaboração do delegado dos Estados Unidos.[293]

A proposta de Porter, ao final aprovada, tinha a seguinte redação: "Com o fim de evitar entre nações incidentes armados de origem pecuniária proveniente de *dívidas contratuais* reclamadas como dívidas a nacionais de outro Estado, as potências convencionam não recorrer à força armada para a cobrança de tais dívidas contratuais". Seu conteúdo doutrinário tomou finalmente corpo na Sétima Conferência de Montevidéu, em 1933, com a condenação expressa de toda e qualquer intervenção, direta ou indireta, por qualquer motivo, nos assuntos particulares dos Estados.[294]

A regra hoje corrente é a da proibição de cobrança de dívidas cujo pagamento seja reclamado ao governo de um país pelo outro, não havendo lugar para o processo de intervenção individual, seja qual for o motivo, somente admissível quando se tratar da manutenção da segurança coletiva e no interesse da sociedade internacional, por meio de procedimento próprio do organismo internacional competente. Daí ter a Carta das Nações Unidas sido impregnada com a ideia de que "a força armada não será usada a não ser no interesse comum" (como se lê em seu Preâmbulo), e também de que todos os seus membros "deverão evitar em suas relações internacionais a ameaça ou o uso da força contra a integridade territorial ou a independência política de qualquer Estado, ou qualquer outra ação incompatível com os Propósitos das Nações Unidas" (art. 2º, § 4º).

---

[291]   V. Carlos Calvo. *Le droit international: théorie et pratique*, t. I. Paris: A. Rousseau, 1880, p. 219.

[292]   Cf. Cesar Diaz Cisneros. *Derecho internacional público*, vol. I, cit., pp. 484-485.

[293]   Cf. Oyama Cesar Ituassú. *Curso de direito internacional público*, cit., p. 239.

[294]   V. Oyama Cesar Ituassú. Idem, pp. 78 e 239.

SEÇÃO IV – IMUNIDADE À JURISDIÇÃO
E À EXECUÇÃO ESTATAL

1. Introdução. É princípio corrente, no Direito Internacional, que os Estados têm autoridade para impor sua jurisdição a *todos* quantos estejam em seu território. Porém, é certo que algumas pessoas podem estar, nesse seu território, atuando com capacidade *oficial* a serviço de outro Estado, quando então vem à tona a questão da imunidade à jurisdição estatal, cuja origem remonta ao século XIX e à antiga regra do sistema feudal (esclarecida por Bartolo de Saxoferrato em 1354), segundo a qual *par in parem non habet imperium* (ou *judicium*): os senhores feudais eram responsáveis somente perante seus superiores, jamais perante os seus iguais; ou, ainda, entre iguais não há jurisdição.[295] Assim, iguais não podem julgar fatos ou questões de iguais, sob pena de violação ao postulado da igualdade soberana dos Estados, hoje consagrado pelo art. 2º, § 1º, da Carta da ONU. Portanto, no caso daquelas pessoas que estão no território de um Estado agindo em sua capacidade oficial, a cortesia e a reciprocidade internacionais, necessárias à boa convivência das nações, impõem sejam elas ser *imunes* à jurisdição estatal, por desfrutarem de prerrogativas especiais inerentes ao seu cargo ou função, sujeitando-as apenas (salvo o caso de renúncia expressa do Estado acreditante) à jurisdição de seu país de origem.[296] Como se vê, a imunidade subtrai a pessoa em causa do *imperium* do Estado acreditado, impedindo-o de julgá-la pelos atos cometidos em seu território. Em suma, a imunidade de jurisdição surge a fim de garantir a independência e a estabilidade dos representantes de um Estado estrangeiro, baseada na ficção da *extraterritorialidade*. Seria como admitir que, da mesma forma que tais representantes são tomados *por ficção* como representantes do Soberano que os envia, também *por ficção semelhante* devem ser tidos como estando *fora* do território do Estado em que atuam.[297]

Daí a questão dos privilégios e imunidades dos representantes de determinado Estado junto ao governo de outro ter sido objeto do mais antigo tratado multilateral de que se tem notícia: o *Règlement* de Viena, de 19 de março de 1815, sobre a Ordem de Precedência dos Agentes Diplomáticos, que constituiu o marco inicial de positivação das regras até então costumeiras sobre a matéria.[298] Tanto no *Règlement* como nas regulamentações ulteriores do Protocolo adotado no Congresso de Aix-la-Chapelle, em 1818, foram determinadas consensualmente as seguintes categorias de enviados diplomáticos: *a)* os Embaixadores, Legados Papais e Núncios Apostólicos; *b)* Enviados Extraordinários e Ministros Plenipotenciários;

---

[295] Recorde-se o acórdão da Suprema Corte dos Estados Unidos no caso *Escuna Exchange Vs. McFaddon*, em que o Juiz-Relator (e Presidente do Tribunal) Marshall, entendeu ser a jurisdição de um Estado dentro de seu território como "necessariamente exclusiva e absoluta". Sobre a regra *par in parem non habet imperium* em comento, *v.* ainda Hans Kelsen, *Princípios do direito internacional*, cit., pp. 299-304.

[296] *V.* Ian Sinclair. The law of sovereign immunity: recent developments, in *Recueil des Cours*, vol. 167 (1980-II), pp. 113-284; Georgenor de Sousa Franco Filho, *Imunidade de jurisdição trabalhista dos entes de direito internacional público*, São Paulo: LTr, 1986, pp. 16-18; Peter Malanczuk, *Akehurst's modern introduction to international law*, cit., pp. 118-121; e Carmen Tiburcio, *Extensão e limites da jurisdição brasileira: competência internacional e imunidade de jurisdição*, Salvador: JusPodivm, 2016, pp. 257-260.

[297] Cf. Guido Fernando Silva Soares. *Das imunidades de jurisdição e de execução*. Rio de Janeiro: Forense, 1984, p. 4, citando lição do Prof. Haroldo Valladão.

[298] Cf. José Francisco Rezek. *Direito internacional público...*, cit., p. 159.

c) Ministros residentes; *d*) encarregados de Negócios.[299] Tais privilégios e imunidades acima referidos são atualmente concedidos aos chefes de Estado e de Governo, aos Ministros das Relações Exteriores, aos agentes diplomáticos, aos navios e aeronaves públicos, às bases militares e aos imóveis da missão diplomática.

Essa imunidade, de direito público, consistente em privilégios de ordem criminal, civil e fiscal, é também chamada (como já se falou) de *extraterritorialidade*, por uma ficção jurídica de prolongamento dos efeitos das regras aplicáveis a determinadas pessoas no território nacional.

Não obstante a importância da imunidade do próprio Estado perante os tribunais de outro Estado, optou-se por estudar aqui, em primeiro lugar, as imunidades conferidas aos funcionários do Estado em serviço no exterior, o que se justifica se se leva em conta a maior clareza das regras existentes a respeito deste assunto, bem como sua precedência histórica relativamente à questão da imunidade do próprio Estado (que será estudada nos itens 6 e 7, *infra*).

2. Diplomacia e serviço consular. O tema relativo aos privilégios e imunidades concernentes às relações diplomáticas e consulares foi tratado por duas convenções celebradas nos anos sessenta: a Convenção de Viena sobre Relações Diplomáticas, de 1961, e a Convenção de Viena sobre Relações Consulares, de 1963, ambas ratificadas pelo Brasil e em vigor entre nós.[300] Segundo leciona Rezek, o motivo de se ter concluído *duas* convenções sobre esta matéria está ligado ao fato de o diplomata representar o Estado de origem sujeito à soberania local, bem como em relação ao trato bilateral dos *assuntos de Estado*, ao passo que o cônsul representa o Estado de origem para o fim de cuidar, no território onde se encontra, de *interesses privados* (interesses dos seus compatriotas que ali se encontram a qualquer título, e os de elementos locais que tencionem, por exemplo, visitar aquele país, de lá importar bens, ou para lá exportar). Frise-se que a diferença básica entre as duas convenções está na amplitude dos privilégios e imunidades: enquanto os dos membros de missões diplomáticas são amplíssimos, os dos cônsules e funcionários consulares são totalmente restritos (*v. infra*). Ainda conforme Rezek, é "indiferente ao direito internacional o fato de que inúmeros países – entre os quais o Brasil – tenham unificado as duas carreiras, e que cada profissional da diplomacia, nesses países, transite constantemente entre funções consulares e funções diplomáticas. A exata função desempenhada em certo momento e em certo país estrangeiro é o que determina a pauta de privilégios. Assim, o jovem diplomata brasileiro que atue como terceiro-secretário de nossa embaixada em Nairóbi estará coberto pela Convenção de 1961 – não pela de 1963 – e terá privilégios marcadamente mais extensos que aqueles de que goza o cônsul-geral do Brasil em Nova York, veterano titular de um dos cargos mais disputados da carreira".[301]

No Brasil, como já esboçado, as carreiras diplomática e consular são unificadas, autorizando os que nela ingressam – após o Curso Preparatório do Instituto Rio Branco – a exercerem ambas as funções, a depender da nomeação para uma ou outra.

---

[299] Cf. Guido Fernando Silva Soares. *Das imunidades de jurisdição e de execução*, cit., p. 6.

[300] A primeira, aprovada pelo Decreto Legislativo nº 103, de 18.11.1964, e promulgada pelo Decreto nº 56.435, de 08.06.1965, e a segunda, aprovada pelo Decreto Legislativo nº 6, de 05.04.1967, e promulgada pelo Decreto nº 61.078, de 26.07.1967.

[301] José Francisco Rezek. *Direito internacional público...*, cit., pp. 160-161. Cf. ainda, Anthony Aust, *Handbook of international law*, cit., pp. 109-110; e Brichambaut, Dobelle & Coulée, *Leçons de droit international public*, cit., pp. 87-97.

482 | CURSO DE DIREITO INTERNACIONAL PÚBLICO – *Valerio de Oliveira Mazzuoli*

3. Prerrogativas e imunidades diplomáticas. Com a finalidade de permitir aos agentes diplomáticos o exercício pleno e sem restrições dos deveres que lhes são inerentes, a representação dos Estados lhes outorgam certos privilégios e prerrogativas inerentes à função, sem os quais não poderiam livremente e com independência exercer os seus misteres.[302] E isto contribui para fomentar relações cada vez mais amistosas entre os Estados, na medida em que dá aos agentes diplomáticos as condições necessárias para uma atuação eficiente, propiciando o crescente progresso da sociedade internacional. Sua essência é o "exercício de funções de Estado pelo governo acreditante no território do Estado receptor mediante autorização deste último".[303] Tais prerrogativas e imunidades, que são fruto do costume internacional e da prática diplomática, além de historicamente anteriores à imunidade do próprio Estado, foram positivadas nos arts. 20 a 42 da Convenção de Viena sobre Relações Diplomáticas de 1961.

No que tange à missão diplomática, seguindo-se a lição de Rezek, tanto os diplomatas de carreira (que vão do embaixador ao terceiro-secretário) quanto o pessoal do quadro administrativo e técnico (consultores, tradutores, contabilistas etc.) – estes últimos, desde que provenham do Estado de origem, e não recrutados *in loco* – têm imunidade quase absoluta, sendo poucas as exceções a esta regra, a exemplo das questões relativas à propriedade privada imobiliária, à herança e às atividades comerciais privadas (art. 31, § 1º, alíneas *a, b* e *c*, da Convenção de 1961). Assim, o pessoal da missão goza de ampla imunidade de jurisdição *penal* e *civil*, e ainda da *tributária*, sem se perquirir até que ponto os seus atos foram ou não praticados no exercício de suas funções. Aqui também se inclui, por óbvio, o Chefe do Estado (Monarca, Rei ou Presidente da República). Tais pessoas são também fisicamente *invioláveis*, e não podem em caso algum serem obrigadas a depor como testemunhas.[304] Não há que se falar, como já dissemos anteriormente e pelos motivos ali expostos, que as embaixadas e os locais da missão diplomática são *extensão* do território de seus respectivos Estados. Cuida-se, aqui, das *prerrogativas* ou *privilégios* que tanto o pessoal da missão como os cônsules gozam relativamente à jurisdição do Estado onde se encontram.

Dentro da sistemática da Convenção de Viena de 1961, pode-se dividir as prerrogativas e imunidades diplomáticas em dois grupos: (*a*) as relativas *à missão* diplomática; e (*b*) as relativas aos *agentes diplomáticos*.[305]

a) Prerrogativas e imunidades da missão. Os locais da missão são invioláveis, não podendo os agentes do Estado acreditado[306] – como, *v.g.*, uma autoridade policial ou judiciária

---

302   V. Cecil Hurst. Les immunités diplomatiques, in *Recueil des Cours*, vol. 12 (1926-II), pp. 115-245; e ainda Mario Giuliano, Les relations et immunités diplomatiques, in *Recueil des Cours*, vol. 100 (1960-II), pp. 75-202.

303   Ian Brownlie. *Princípios de direito internacional público*, cit., p. 369.

304   Cf. José Francisco Rezek. *Direito internacional público...*, cit., p. 161.

305   Frise-se que a *missão* e os *agentes diplomáticos* são coisas distintas, não podendo ser confundidos. Como destaca Geraldo Eulálio do Nascimento e Silva, "não mais se pode dizer que o Agente Diplomático é órgão das relações entre Estados: o órgão é a missão diplomática e tal é a orientação da Lei nº 3.917, de 14 de julho de 1961 [revogada pela Lei 7.501/1986], que reorganiza o Ministério das Relações Exteriores no Brasil". E citando Sereni conclui que "órgão de um sujeito de direito internacional é aquele indivíduo, ou aquele conjunto de indivíduos, cuja atividade é juridicamente imputada pelo direito internacional a um sujeito de direito internacional" (*A missão diplomática*. Rio de Janeiro: Editora Americana, 1971, pp. 25-26).

306   Por *Estado acreditado* se entende aquele Estado que *recebe* em seu território uma missão diplomática; e por *Estado acreditante* se entende aquele Estado de *envia* uma missão diplomática para território de outro Estado.

Parte II · Cap. II · O ESTADO NO DIREITOINTERNACIONAL PÚBLICO | **483**

– neles penetrar sem o consentimento do Chefe da Missão (art. 22, § 1º). Essa é uma regra universalmente aceita desde muito tempo, justificada pelo fato desses locais serem usados como *sede* da missão (muitos até a consideram a mais importante prerrogativa diplomática existente). Assim, tal inviolabilidade – segundo a CDI das Nações Unidas – é um atributo *do Estado* acreditante e não uma consequência da inviolabilidade do Chefe da Missão.[307] Nesse sentido é que não podem policiais do Estado acreditado, sem o consentimento do Chefe da Missão, invadir a embaixada de país estrangeiro a fim de capturar certo indivíduo procurado, e lá asilado. Além de respeitar a inviolabilidade dos locais da missão, o Estado acreditado tem ainda a obrigação especial de adotar todas as medidas necessárias para proteger tais locais contra qualquer intrusão ou dano e evitar perturbações à tranquilidade da missão ou ofensas à sua dignidade (art. 22, § 2º). Os locais da missão, seu mobiliário e demais bens neles situados, assim como os meios de transporte da missão, não poderão ser objeto de busca, requisição, embargo ou medida de execução (art. 22, § 3º). São também invioláveis os arquivos e documentos da missão, em qualquer momento e onde quer que se encontrem (art. 24),[308] bem como a sua correspondência oficial (art. 27, § 2º).[309] Ademais, os direitos e emolumentos que a missão perceba em razão da prática de atos oficiais também são isentos de todos os impostos ou taxas (art. 28).

O que se disse em relação às prerrogativas e imunidades da missão diplomática também se aplica às atividades das demais repartições que o Estado mantém no exterior, na medida em que o Direito Internacional possa imputar ao próprio Estado a regência das atividades de tais repartições. Assim, tanto no caso das missões diplomáticas quanto no caso relativo às demais repartições que o Estado mantém no exterior, tem-se como certo que a responsabilidade pelos atos por estes órgãos causados deve recair sobre o Estado acreditante, sem que este possa alegar que a missão ou a repartição sua, situada no estrangeiro, ultrapassou os comandos atribuídos, uma vez que, em se tratando de órgãos seus, sobre ele deve recair eventual responsabilidade.[310]

b) Privilégios e imunidades dos agentes diplomáticos. São basicamente três os tipos de garantias conferidos aos agentes diplomáticos: a *inviolabilidade pessoal e domiciliar*, a *imunidade jurisdicional*, e a *isenção fiscal*. Tais garantias decorrem do acreditamento (*agrément*) do agente diplomático pelo Estado acreditante junto ao Ministério das Relações Exteriores

---

[307] Cf. Sérgio Eduardo Moreira Lima. *Privilégios e imunidades diplomáticas*. Brasília: Instituto Rio Branco/Fundação Alexandre de Gusmão, 2002, p. 46; e G. E. do Nascimento e Silva, Paulo Borba Casella & Olavo de Oliveira Bittencourt Neto, *Direito internacional diplomático: Convenção de Viena sobre Relações Diplomáticas na teoria e na prática*, 4ª ed. rev., atual. e ampl., São Paulo: Saraiva, 2012, p. 255.

[308] Sobre o que são "arquivos e documentos" da missão, cabe o esclarecimento de Malcolm Shaw: "Vale notar que, pelo artigo 24 da Convenção de Viena, os arquivos e documentos da missão são invioláveis em qualquer tempo e onde quer que estejam. Embora a Convenção não defina o que são 'arquivos e documentos', o artigo 1º(1)k da Convenção de Viena sobre Relações Consulares dispõe que a expressão 'arquivos consulares' abrange 'todos os documentos, papéis, correspondências, livros, filmes, fitas e registros de escrituração consular, juntamente com cifras e códigos, fichários e qualquer artigo de mobília destinado à proteção ou salvaguarda deles'. O termo empregado na Convenção sobre Relações Diplomáticas não pode significar menos que isso" (*Direito internacional*, cit., p. 561).

[309] Cf. James Crawford. *Brownlie's principles of public international law*, cit., pp. 404-405.

[310] Cf. Guido Fernando Silva Soares. *Das imunidades de jurisdição e de execução*, cit., pp. 104-105.

do Estado acreditado, condição sem a qual elas não operam juridicamente.[311] Como já se disse, tais privilégios e imunidades são-lhes concedidos sem se perquirir até que ponto os atos por eles praticados encontram-se ou não dentro do âmbito do exercício de suas funções. Vejamos, separadamente, cada uma dessas garantias:

b.1) Inviolabilidade pessoal e domiciliar. Trata-se de privilégio conferido aos agentes diplomáticos desde os tempos mais remotos. A inviolabilidade atribui a esses agentes a chamada *intangibilidade*, garantindo-lhes segurança absoluta para o desempenho de seus misteres e colocando-lhes acima de qualquer ofensa ou perseguição. Nesse sentido, não podem ser presos, detidos ou perseguidos, estando a salvo de qualquer ato de polícia contra a sua pessoa. Além do pessoal da missão, a inviolabilidade alcança obviamente os chefes de Estado, seus familiares, os chefes de governo, os ministros de relações exteriores e o pessoal que os acompanha. Ela tem início quando o agente entra no território do país para onde foi enviado, se sua missão for anunciada e, em qualquer caso, quando provar essa sua qualidade oficial por meio de seus documentos pessoais (como o seu passaporte etc.). Não obstante sua inviolabilidade pessoal, o agente poderá ser retirado do país onde serve, a pedido seu ou por expulsão, caso pratique atos ofensivos à dignidade ou à tranquilidade local. Assim, nos termos do art. 29 da Convenção de Viena de 1961, a pessoa do agente diplomático não poderá ser objeto de nenhuma forma de detenção ou prisão, devendo o Estado acreditado tratá-lo com o devido respeito e adotar todas as medidas adequadas para impedir qualquer ofensa à sua pessoa, liberdade ou dignidade.[312]

Os locais da missão (edifícios, departamentos etc.) são fisicamente invioláveis, assim como o seu mobiliário e demais bens neles situados, bem como os meios de transporte da missão. A residência particular do agente diplomático – por residência "particular", entenda-se onde *vive* o agente (podendo ser até mesmo um quarto de hotel etc.) – goza da mesma inviolabilidade e proteção que os locais da missão (o que se chama de *franchise d'hôtel*, permitindo-se a ele inclusive asilar perseguidos políticos que lhe peçam guarida), bem como os seus documentos, sua correspondência oficial (inclusive, evidentemente, os *e-mails*) e seus bens (art. 30, §§ 1º e 2º). São também invioláveis os locais residenciais utilizados pelo quadro administrativo e técnico, bem assim os seus arquivos e documentos, em qualquer momento e onde quer que se encontrem. A inviolabilidade dos edifícios diplomáticos não significa, contudo, que eles estejam à margem do direito local, exatamente por não serem *extensão* do território estrangeiro dentro do território nacional.[313] Quanto aos arquivos e documentos, deve-se ter como certo que, hoje em dia, nesse conceito também se incluem todos os suportes de dados eletrônicos ou digitais da missão, como computadores, CD-ROMs, cartões de memória etc.[314]

b.2) Imunidade jurisdicional. Têm também os agentes diplomáticos imunidade à jurisdição civil e penal nos Estados em que estão acreditados. A imunidade penal é absoluta e irrenunciável, não podendo tais agentes serem presos ou processados pelos crimes que

---

[311] V. Sérgio Eduardo Moreira Lima. *Privilégios e imunidades diplomáticos*, cit., pp. 51-52; e Brichambaut, Dobelle & Coulée, *Leçons de droit international public*, cit., pp. 89-90.

[312] V. Nascimento e Silva, Casella & Bittencourt Neto. *Direito internacional diplomático...*, cit., pp. 309-314; e James Crawford, *Brownlie's principles of public international law*, cit., pp. 405-406.

[313] Cf. J. L. Brierly. *Direito internacional*, cit., pp. 259-260.

[314] V. Anthony Aust. *Handbook of international law*, cit., p. 120.

cometerem no Estado acreditado, quaisquer que sejam os delitos, bastando a apuração de sua qualidade funcional para fazer cessar o processo; o privilégio está ligado à integral liberdade que devem ter os agentes diplomáticos no exercício de suas funções, onde quer que estejam.[315] De fato, a CIJ, no *Caso Yerodia* de 2002, entendeu que um Ministro de Relações Exteriores deve conservar plenamente sua imunidade penal e inviolabilidade, por se tratar de requisito indispensável ao bom exercício funcional.[316] Quando se diz, porém, que a imunidade penal é absoluta "quaisquer que sejam os delitos", se está referindo aos crimes tipificados *pelo direito interno* do Estado acreditado, não aos crimes *internacionais* tipificados pelo Estatuto de Roma do Tribunal Penal Internacional, de 1998. Assim, é bom fique nítido que a imunidade penal absoluta de que trata a Convenção de Viena sobre Relações Diplomáticas não alcança os crimes de competência do TPI, nos termos do art. 27, § 2º, do Estatuto de Roma, segundo o qual "as imunidades ou normas de procedimentos especiais decorrentes da qualidade oficial de uma pessoa; nos termos do Direito interno ou do Direito Internacional, não deverão obstar a que o Tribunal exerça a sua jurisdição sobre essa pessoa" (*v.* item nº 4, *infra*). Assim, salvo no que tange a esses crimes (de competência da Justiça Penal Internacional), parece ainda válida a advertência de Mancini, de que é preferível que o delinquente diplomático se salve, do que dar causa a um perigoso *incidente internacional*.[317]

Relativamente à jurisdição civil, o costume internacional já delineava há muito o princípio segundo o qual os agentes diplomáticos não podem ser demandados judicialmente no foro do Estado estrangeiro onde prestam serviços, mesmo que a demanda nada tenha a ver com o exercício diplomático. Cecil Hurst, por exemplo, diz que mesmo quando um imóvel ocupado por um agente diplomático tem por base um contrato firmado, a título particular, por uma pessoa que goza de tais imunidades, "os tribunais não são competentes para conhecer das ações que lhe digam respeito",[318] o que atualmente não é pacificamente aceito. O agente também não é obrigado a prestar depoimento como testemunha, e não está sujeito a nenhuma medida de execução, a não ser nas hipóteses excepcionadas pela própria Convenção, e desde que a execução possa realizar-se sem afetar a inviolabilidade de sua pessoa ou residência (art. 31, §§ 1º e 2º, da Convenção de 1961). A imunidade à jurisdição civil, ao contrário da penal, não é absoluta (*v. infra*).

É possível haver *renúncia* (sempre expressa) à imunidade de jurisdição civil do agente levada a efeito pelo seu Estado de origem, a fim de permitir que Estado acreditado que deflagre contra ele uma ação cível de qualquer índole. Frise-se, porém, que o art. 32, § 4º, da Convenção de Viena de 1961, estabelece que a "renúncia à imunidade de jurisdição no tocante às ações civis ou administrativas *não implica renúncia à imunidade quanto às medidas de execução da sentença*, para as quais nova renúncia é necessária", regra esta que já foi considerada *imoral* por certa doutrina.[319] Defendendo a regra em apreço, porém, assim lecionam Nascimento e Silva, Casella e Bittencourt Neto: "Embora, de um ponto de vista puramente teórico, se possa dizer que a renúncia à imunidade de jurisdição deve significar renúncia automática, no

---

[315] V. Raoul Genet. *Traité de diplomatie et de droit diplomatique*, t. I (L'Agent Diplomatique). Paris: A. Pedone, 1931, pp. 562-598.

[316] CIJ, caso *Yerodia* (República Democrática do Congo *Vs.* Bélgica), julg. 14.02.2002, §§ 54-55.

[317] V. Guido Fernando Silva Soares. *Das imunidades de jurisdição e de execução*, cit., p. 94.

[318] Cecil Hurst. Les immunités diplomatiques, cit., p. 182.

[319] V. David Ruzié. *Droit international public*, 7ᵉ éd. Paris: Dalloz, 1987, p. 59.

tocante à execução da sentença, considerações várias, inclusive algumas políticas, justificam a manutenção da distinção. Em alguns casos, o Estado acreditante poderia concordar com a sujeição de um Agente diplomático seu à justiça local, visando conseguir uma perfeita elucidação do caso, sem desejar que medidas de execução fossem adotadas com relação a ele. Além do mais, a distinção conta com a aceitação doutrinária e consuetudinária do Direito Internacional, e não haveria vantagem em abolir a citada distinção entre a imunidade de jurisdição e a imunidade de execução".[320] Assim, é possível ao Estado acreditante renunciar expressamente à imunidade de jurisdição civil garantida ao seu agente diplomático, a qual não se estenderá, porém, à eventual *execução* da sentença, para a qual nova renúncia será necessária.

Os privilégios concedidos aos agentes diplomáticos (sejam de carreira ou do quadro administrativo e técnico) estendem-se às suas respectivas *famílias*, desde que os membros destas vivam sob a sua dependência no exterior e tenham, inclusive, o seu nome incluído na lista diplomática. Frise-se, contudo, que a Convenção de Viena de 1961 é omissa relativamente ao que se considera "família", justificável pelo fato de os redatores do tratado terem sido pessoas formadas sob a égide de culturas diferentes que, por vezes, são contrárias ao conceito cristão de família.[321] O pessoal subalterno da missão diplomática (ou *pessoal de serviço*), custeado pelo Estado acreditante, só goza da imunidade naquilo que diz respeito aos seus *atos de ofício*, ou seja, à sua estrita atividade funcional, não se estendendo aos seus familiares esse (já pouco) privilégio. Os empregados domésticos ou os criados particulares que trabalham nas residências dos diplomatas, pagos por estes próprios, não têm qualquer privilégio garantido pelas Convenções de Viena citadas.[322]

b.3) Isenção fiscal. O terceiro privilégio conferido aos agentes diplomáticos (constante do art. 34 da Convenção) é a isenção fiscal, que libera o agente do pagamento de todos os impostos e taxas, pessoais ou reais, nacionais, regionais ou municipais, com as exceções seguintes: *a)* os impostos indiretos que estejam normalmente incluídos no preço das mercadorias ou dos serviços; *b)* os impostos e taxas sobre bens imóveis privados, situados no território do Estado acreditado, a não ser que o agente diplomático os possua em nome do Estado acreditante e para os fins da Missão; *c)* os direitos de sucessão percebidos pelo Estado acreditado (salvo o disposto no § 4º do art. 39); *d)* os impostos e taxas sobre rendimentos privados que tenham a sua origem no Estado acreditado e os impostos sobre o capital, referente a investimentos em empresas comerciais no Estado acreditado; *e)* os impostos e taxas cobrados por serviços específicos prestados (como água, esgoto, iluminação pública etc., nos países em que tais serviços são prestados por empresas particulares contratadas); e *f)* os direitos de registro, de hipoteca, custas judiciais e imposto de selo relativos a bens imóveis (salvo o disposto no art. 23).[323] Assim, tudo quanto importar em incidência direta não pode ser aplicado ao agente, que receberá apenas os ônus fiscais indiretos, ou seja, aqueles contidos no preço da mercadoria. Naturalmente, tudo quanto se destine ao uso oficial e pessoal da missão, bem como de seus

---

[320] Nascimento e Silva, Casella & Bittencourt Neto. *Direito internacional diplomático...*, cit., p. 354.

[321] Cf. Nascimento e Silva, Casella & Bittencourt Neto. Idem, p. 134.

[322] *V.* José Francisco Rezek. *Direito internacional público...*, cit., pp. 161-162.

[323] Para detalhes, *v.* Nascimento e Silva, Casella & Bittencourt Neto, *Direito internacional diplomático...*, cit., pp. 366-374.

Parte II • Cap. II • O ESTADO NO DIREITOINTERNACIONAL PÚBLICO | **487**

funcionários, está livre de quaisquer encargos. Além disso, o Estado acreditado permitirá, de acordo com leis e regulamentos que adote, a entrada livre do pagamento de direitos aduaneiros, taxas e gravames conexos, que não constituam despesas de armazenagem, transporte e outras relativas a serviços análogos: *a*) dos objetos destinados ao uso oficial da Missão; e *b*) dos objetos destinados ao uso pessoal do agente diplomático ou dos membros de sua família que com ele vivam, incluídos os bens destinados à sua instalação (art. 36, § 1º).

As imunidades à jurisdição civil e tributária encontram exceções. Assim, não há imunidade à jurisdição civil no caso das ações *sucessórias* em que o agente diplomático esteja envolvido a título exclusivamente privado, como executor testamentário, administrador, herdeiro ou legatário (art. 31, § 1º, alínea *b*). Da mesma forma, não há falar-se em imunidade do agente que, havendo proposto uma ação cível, enfrenta uma *reconvenção* (art. 32, § 3º). E, ainda, também não há imunidade no caso de feito relativo a uma *profissão liberal* ou *atividade comercial* exercida pelo agente fora de suas funções oficiais (art. 31, § 1º, alínea *c*). Não obstante o art. 42 da Convenção de Viena sobre Relações Diplomáticas expressamente proibir o agente diplomático de exercer, no Estado acreditado, atividades profissionais ou comerciais em proveito próprio, o certo é que em muitos casos os mesmos, ou membros de sua família, podem exercê-las, a exemplo de quando são médicos ou professores universitários, não sendo lógico, nessas hipóteses, que o agente argua a sua imunidade de jurisdição para cercear à outra parte a proteção da justiça. Outra imunidade à jurisdição civil diz respeito a eventual *actio in rem* sobre imóvel particular do agente situado no território do Estado acreditado, naqueles países que admitem que governos estrangeiros adquiram imóveis a título particular (art. 31, § 1º, alínea *a*); mas tal, *a priori*, não é o caso do Brasil, vez que a Lei de Introdução às Normas do Direito Brasileiro (art. 11, §§ 2º e 3º) diz não poderem os governos estrangeiros (bem como as organizações de qualquer natureza, que eles tenham constituído, dirijam ou hajam investido de funções públicas) adquirir no país bens imóveis ou susceptíveis de desapropriação, salvo se necessários à sede dos representantes diplomáticos ou dos agentes consulares.[324] A imunidade tributária, como já se falou acima, não incide sobre os *tributos indiretos* que o beneficiário do privilégio diplomático deve arcar, os quais já se encontram normalmente embutidos no preço dos bens ou serviços, assim como as *tarifas* correspondentes a serviços que tenha efetivamente utilizado.[325]

Não obstante os privilégios e imunidades concedidos aos agentes diplomáticos e consulares, tanto a Convenção de Viena sobre Relações Diplomáticas (art. 41) quanto à relativa às Relações Consulares (art. 55) dispõem que "todas as pessoas que gozem desses privilégios e imunidades deverão respeitar as leis e os regulamentos do Estado acreditado", tendo também "o dever de não se imiscuírem nos assuntos internos do referido Estado". Isto significa que

---

[324] Atente-se, porém, à observação de Sérgio Eduardo Moreira Lima: "O Governo brasileiro entende, no entanto, que tal [o art. 11, §§ 2º e 3º, da LINDB] se aplica apenas à sede da chancelaria, à residência do embaixador e à sede da repartição consular. Acrescente-se que, de 1º de junho de 1964 a 30 de junho de 1977, no contexto da transferência das missões diplomáticas para Brasília, o Decreto Lei nº 4.331, de 1 de junho de 1964, suspendeu aquela limitação e permitiu aos governos estrangeiros adquirissem imóveis para residência de seus funcionários na nova capital" (*Privilégios e imunidades diplomáticos*, cit., p. 57).

[325] *V.*, por tudo, José Francisco Rezek, *Direito internacional público...*, cit., p. 161; e Guido Fernando Silva Soares, *Das imunidades de jurisdição e de execução*, cit., pp. 50-52.

quaisquer dessas pessoas, em território nacional, devem respeitar o direito local no que este tem de substantivo, apesar de a ação correspondente acabar ficando frustrada por conta da imunidade que elas têm a eventuais processos. O que não se pode, como explica Rezek, é *impor* aos representantes estrangeiros o direito do Estado acreditado, não havendo "afronta ao ordenamento jurídico brasileiro se o embaixador de um país poligâmico compartilha seu leito com quatro embaixatrizes, ou se os vencimentos do pessoal diplomático de certa embaixada são pagos semestralmente – o que não seria permitido por nossa legislação trabalhista".[326] Em suma, os agentes do Estado estrangeiro têm que respeitar as leis e os regulamentos do Estado acreditado, salvo quando há isenção dessa obrigação decorrente dos privilégios e imunidades de que gozam tais agentes; ademais, segundo a CDI, o não cumprimento pelo agente diplomático das suas obrigações não absolve o Estado acreditado do seu dever de respeitar as imunidades do agente.[327]

4. Imunidade penal do pessoal da missão diplomática. Como já se falou, tanto os diplomatas quanto os demais integrantes da missão diplomática (que vão dos terceiros-secretários aos embaixadores, além do Ministro das Relações Exteriores e do próprio chefe de Estado) gozam de imunidade penal *absoluta* para os crimes tipificados pelo Direito interno do Estado acreditado, nos termos do art. 31, § 1º, da Convenção de Viena de 1961, segundo o qual: "O agente diplomático gozará de imunidade de jurisdição penal do Estado acreditado". Tal dispositivo, como se nota, não prevê qualquer ressalva ou exceção à regra da imunidade em matéria penal, o que faz com que o Estado acreditado fique impedido, em quaisquer hipóteses, de demandar perante a sua justiça penal um agente diplomático estrangeiro que esteja sob sua jurisdição. Daí se dizer que tal imunidade é *absoluta*.[328] Por esse motivo é que o Código Penal brasileiro, ao versar, no art. 5º, o princípio da territorialidade, *ressalvou* expressamente a aplicação de convenções, tratados e demais regras do Direito Internacional Público. Destaque-se, ainda, que essa imunidade abrange os membros da família do agente que com ele vivam, desde que não sejam nacionais do Estado acreditado. É o que dispõe o art. 37, § 1º, da Convenção de 1961, segundo o qual "os membros da família de um agente diplomático que com ele vivam gozarão dos privilégios e imunidades mencionados nos artigos 29 a 36, desde que não sejam nacionais do Estado acreditado".

Para gozarem de imunidade à jurisdição penal no Estado acreditado, os agentes diplomáticos devem ter residência *permanente* nesse mesmo Estado. Se assim for, os crimes por eles praticados em território brasileiro não estarão sujeitos (salvo renúncia expressa do Estado acreditante) à nossa jurisdição penal, sejam quais forem esses delitos (homicídio, latrocínio, roubo, furto, sequestro, extorsão etc.). Mesmo um atentado contra a vida do Presidente da República, praticado por membro da missão diplomática, será imune à jurisdição penal brasileira. Como se vê, os agentes diplomáticos sujeitam-se apenas à jurisdição penal do Estado acreditante (que os *envia*), e não do Estado acreditado (que

---

[326] José Francisco Rezek. *Direito internacional público…*, cit., p. 165.

[327] Cf. Nascimento e Silva, Casella & Bittencourt Neto. *Direito internacional diplomático…*, cit., p. 437.

[328] Tal é assim, segundo César Sepúlveda, pelo fato de não ser factível perseguir ou extraditar o agente, "mesmo quando o diplomata tenha se reintegrado ao seu país depois de ter delinquido naquele em que exercia suas funções, e perdeu seu caráter diplomático" (*Derecho internacional*, cit., p. 157).

Parte II · Cap. II · O ESTADO NO DIREITOINTERNACIONAL PÚBLICO | **489**

os *recebe*).[329] Em virtude disso, o agente não pode ser preso e julgado pela autoridade do Estado onde exerce suas funções, seja qual for o crime de que o acusem.[330] Nada impede, contudo, que o agente criminoso seja declarado pelo Estado acreditado *persona non grata* (o que não lhe retira a imunidade).[331]

Destaque-se que a prática de delitos pelos membros da missão diplomática, em território de outro Estado, não os livra do processo-crime que, seguramente, devem sofrer no seu país de origem, uma vez que a imunidade da jurisdição penal não significa *impunidade*.[332] Tal está previsto no art. 31, § 4º, da Convenção, segundo o qual "a imunidade de jurisdição de um agente diplomático no Estado acreditado não o isenta da jurisdição do Estado acreditante". E isso nem poderia ser diferente, uma vez que o que se espera é que aquele que praticou um crime responda pelo ilícito cometido, senão aqui, ao menos no Estado patrial. Frise-se, ainda, que nada do que se falou acima exclui a competência do Tribunal Penal Internacional para julgar o cometimento de crimes de sua competência, nos termos do Estatuto de Roma de 1998 (*v. infra*).

Quando se diz que a imunidade de jurisdição em matéria penal é *absoluta*, subentende--se sempre o caso de o agente diplomático ter praticado um crime no Estado acreditado e o seu Estado de origem *não haver expressamente renunciado* à sua imunidade.[333] Se o Estado acreditante renunciar expressamente a ela (o que é raríssimo de ocorrer), nesse caso poderá ser o agente julgado no Estado acreditado.[334] Destaque-se não ser possível haver renúncia *tácita* à imunidade, devendo a mesma (para ter valor jurídico) dar-se expressamente, nos termos do art. 32, § 2º, da Convenção de Viena de 1961.[335] Essa faculdade de renúncia (que se estende, obviamente, às imunidades civis) é concedida somente *ao Estado* e a mais nenhum

---

[329] V. Celso D. de Albuquerque Mello. *Direito penal e direito internacional*. Rio de Janeiro: Freitas Bastos, 1978, p. 20.

[330] V. Hildebrando Accioly. *Tratado de direito internacional público*, vol. I, cit., pp. 489-490; e J. L. Brierly, *Direito internacional*, cit., p. 256.

[331] Cf. James Crawford. *Brownlie's principles of public international law*, cit., p. 407; e Peter Malanczuk, *Akehurst's modern introduction to international law*, cit., p. 124.

[332] Cf. Sérgio Eduardo Moreira Lima. *Privilégios e imunidades diplomáticos*, cit., p. 53; Georgenor de Sousa Franco Filho, *Imunidade de jurisdição trabalhista dos entes de direito internacional público*, cit., p. 52; e Nascimento e Silva, Casella & Bittencourt Neto, *Direito internacional diplomático...*, cit., p. 338.

[333] V. STJ, Recurso Ordinário nº 74, rel. Min. Fernando Gonçalves, julg. 21.05.2009, nestes termos: "O Estado estrangeiro, ainda que se trate de ato de império, tem a prerrogativa de renunciar à imunidade, motivo pelo qual há de ser realizada a sua citação". Sobre o tema, *v.* ainda Malcolm N. Shaw, *Direito internacional*, cit., pp. 566-567.

[334] Malcolm Shaw cita um caso envolvendo a Zâmbia, que renunciou à imunidade de um funcionário de sua embaixada em Londres suspeito de crimes relativos a drogas, em 1985 (*Direito internacional*, cit., p. 567). Também a Espanha noticiou que levantaria a imunidade diplomática de um conselheiro de sua embaixada no Brasil, que teria assassinado a esposa brasileira em Vitória-ES, tendo o Ministro de Assuntos Exteriores espanhol, José Manuel García-Margallo, destacado que "a imunidade diplomática não pode jamais servir de álibi a fatos tão graves como a violência de gênero" (*El País*, de 13.05.2015).

[335] Não se pode concordar, neste ponto, com Ian Brownlie, para quem o Estado pode renunciar à imunidade "expressamente *ou pela sua conduta*" [grifo nosso], o que mostra admitir o autor a renúncia *tácita* à imunidade de jurisdição (cf. *Princípios de direito internacional público*, cit., p. 361). Sem razão, também, Carmen Tiburcio, para quem, sendo a imunidade um benefício, "o Estado estrangeiro pode renunciar a ele, de forma tácita ou expressa" (*Extensão e limites da jurisdição brasileira...*, cit., p. 319).

outro ente. Assim, ainda que os próprios representantes diplomáticos e consulares pretendam renunciar às suas imunidades penais e civis, não poderão pessoalmente fazê-lo. A renúncia à imunidade há de ser sempre interpretada restritivamente, por implicar submissão de uma potência estrangeira ou de seu agente à jurisdição de outra.[336] Frise-se, contudo, que tal renúncia à imunidade do agente, levada a efeito pelo seu Estado de origem, é causa que apenas *possibilita* (ou seja, que dá *condições*) a que o diplomata (ou o agente consular) estrangeiro seja julgado pelo Estado acreditado, o que não retira o caráter absoluto da imunidade penal. Na prática das relações internacionais, havendo o cometimento de crimes por agentes diplomáticos sem que o Estado acreditante tenha renunciado expressamente à imunidade, dependendo da gravidade da infração cometida (e em circunstâncias excepcionais), o que se nota é o recurso ao disposto no art. 9º, § 1º, da Convenção de Viena de 1961, segundo o qual "o Estado acreditado poderá a qualquer momento, e sem ser obrigado a justificar a sua decisão, notificar ao Estado acreditante que o Chefe da Missão ou qualquer membro do pessoal diplomático da Missão é *persona non grata* ou que outro membro do pessoal da missão não é aceitável".

O problema da imunidade penal do pessoal diplomático foi analisado pela CIJ no já citado *Caso Yerodia*, de 2002. Acusado de graves violações ao direito internacional humanitário e de crimes contra a humanidade, Yerodia – então Ministro das Relações Exteriores do Congo – teve sua prisão decretada por um juiz belga, em 11 de abril de 2000.[337] Inconformado, o Congo submeteu o caso à CIJ, que na sentença de 14 de fevereiro de 2002 destacou ser da natureza das funções de um Ministro das Relações Exteriores empreender viagens ao redor do mundo no exercício de suas funções, não podendo ser preso por autoridades de qualquer Estado estrangeiro, ainda que em decorrência da prática de crime contra os direitos humanos. Assim, entendeu a CIJ, com fundamento no Direito Internacional costumeiro, que o pessoal da missão diplomática (no caso, o Ministro das Relações Exteriores) deve conservar *plenamente* sua imunidade penal e inviolabilidade, por se tratar de requisito indispensável ao bom exercício de suas funções.[338] A única possibilidade de se condenar o agente – também segundo entendeu a CIJ – seria abrindo contra ele um processo penal *em seu próprio Estado*. Essa doutrina teve suas bases teóricas firmadas a partir do *Caso Lótus*,

---

[336] Cf. J. L. Brierly. *Direito internacional*, cit., p. 273.

[337] O judiciário belga baseou-se na Lei de 19.02.1999, sobre repressão às graves violações do direito internacional humanitário, requerendo a extradição de Yerodia à Bélgica para que ali fosse julgado por crimes de guerra e contra a humanidade.

[338] CIJ, caso *Yerodia* (República Democrática do Congo *Vs.* Bélgica), julg. 14.02.2002, §§ 54-55. Sobre esse julgamento, *v.* Antonio Cassese, Peut-on poursuivre des hauts dirigeants des États pour des crimes internationaux? A propos de l'affaire Congo c/Belgique (C.I.J.), in *Revue de Science Criminelle et de Droit Pénal Comparé*, vol. 3 (jul./set./2002), pp. 479-500; Marco Sassòli, L'arrêt Yerodia: quelques remarques sur une affaire au point de collision entre les deux couches du droit international, in *Revue Générale de Droit International Public*, vol. 106, nº 4 (2002), pp. 791-817; Marc Henzelin, La compétence pénale universelle: une question non resolue par l'arrêt Yerodia, in *Revue Générale de Droit International Public*, vol. 106, nº 4 (2002), pp. 819-854; Steffen Wirth, Immunity for core crimes? The ICJ's judgement in the Congo *v.* Belgium case, in *European Journal of International Law*, vol. 13, nº 4 (2002), pp. 877-893; Giovanni Distefano & Gionata P. Buzzini, *Bréviaire de jurisprudence internationale: les fondamentaux du droit international public*, Bruxelles: Bruylant, 2005, pp. 905-918; e Celso Lafer, *Direitos humanos: um percurso no direito no século XXI*, São Paulo: Atlas, 2015, p. 93.

Parte II · Cap. II · O ESTADO NO DIREITOINTERNACIONAL PÚBLICO | **491**

julgado pela CPJI em 1927, ocasião em que se afirmou o princípio da igualdade soberana entre os Estados e o caráter absoluto das imunidades dos chefes de Estado perante a Justiça de Estados terceiros. Tal doutrina, contudo, está hoje – depois da entrada em vigor do TPI, em 1º de julho de 2002 – soberanamente abalada, ao menos no que tange aos crimes tipificados no Estatuto de Roma de 1998 (genocídio, crimes contra a humanidade, crimes de guerra e crimes de agressão), especialmente em virtude da regra segundo a qual "as imunidades ou normas de procedimentos especiais decorrentes da qualidade oficial de uma pessoa; nos termos do Direito interno ou do direito internacional, não deverão obstar a que o Tribunal exerça a sua jurisdição sobre essa pessoa" (art. 27, § 2º, do Estatuto de Roma).[339] Em suma, pode-se dizer que a imunidade penal clássica dos membros de missões diplomáticas ainda se mantém, mas para crimes previstos nos ordenamentos *internos* dos Estados acreditados, que por estes poderiam ser julgados, não para os delitos *internacionais* assim definidos pelo Direito Internacional Penal, que integram a categoria do *jus cogens* no plano internacional.[340]

Destaque-se que a imunidade penal dos agentes diplomáticos não impede que a polícia local investigue o crime praticado e colha as informações necessárias ao seu esclarecimento, as quais deverão ser enviadas às autoridades do país de origem do agente, a fim de que a sua Justiça tome as providências necessárias para o seu processo e julgamento. Em outras palavras, caso um crime seja cometido no Brasil por um embaixador, por exemplo, nada impede que esse funcionário estrangeiro seja *capturado* a fim de que não continue no intento criminoso. Não há lavratura de auto de prisão em flagrante nesse caso, apenas o registro da ocorrência para efeitos documentais (documentos estes que serão enviados ao seu país de origem para fins de persecução penal).[341]

No que diz respeito aos cônsules, como falamos, a sua imunidade penal só alcança os atos *de ofício*. Assim, ao contrário dos diplomatas e do pessoal da missão diplomática, relativamente aos cônsules, não se tem dúvida de que os crimes comuns por eles praticados em território nacional poderão ser investigados e aqui julgados. Apenas os crimes afetos à estrita função consular – estes sim acobertados pela imunidade penal – é que não serão passíveis de punição pelo país local, a exemplo da outorga fraudulenta de passaportes, da falsidade na lavratura de guias de exportação etc.[342]

---

[339] A propósito, assim leciona Cláudia Perrone-Moisés: "Conforme demonstram as negociações do Estatuto de Roma, o conteúdo do art. 27 não foi contestado por nenhuma delegação e obteve fácil acordo em relação ao texto proposto. Sendo assim, os Estados-partes do prenunciado estatuto renunciaram à aplicação da imunidade, mesmo na hipótese em que seus mais altos representantes sejam levados ao Tribunal. (...) Decisões como a da Corte Internacional de Justiça, no *caso Yerodia*, e a opinião de alguns autores vão de encontro às tendências do direito internacional contemporâneo, que busca privilegiar os valores compartilhados da comunidade internacional" (*Direito internacional penal...*, cit., pp. 41 e 103).

[340] Frise-se, nesse sentido, que o *Institut de Droit International*, na sua sessão de Nápoles de 2009, da qual foi relatora Lady Fox, conquanto não tenha feito menção expressa ao TPI decidiu que os Estados devem suspender as imunidades dos seus agentes suspeitos ou acusados de crimes internacionais, tais como o genocídio, os crimes contra a humanidade, a tortura e os crimes de guerra (art. II, 3); decidiu ainda que a imunidade individual "não é aplicável em caso de crimes internacionais" (art. III, 1).

[341] Cf. Luiz Flávio Gomes & Antonio García-Pablos de Molina. *Direito penal: parte geral*, vol. 2. São Paulo: RT, 2007, p. 128.

[342] Cf. José Francisco Rezek. *Direito internacional público...*, cit., p. 163.

492 CURSO DE DIREITO INTERNACIONAL PÚBLICO – *Valerio de Oliveira Mazzuoli*

Questão importante é de saber qual o juízo competente, no Brasil, para julgar o agente diplomático brasileiro responsável pelo cometimento de crime no Estado acreditado. A Constituição brasileira de 1988 é expressa apenas em relação aos "*chefes* de missão diplomática *de caráter permanente*", ao dizer que os mesmos serão processados e julgados originariamente pelo STF (art. 102, inc. I, alínea *c*). O que se consideram "chefes de missão diplomática de caráter permanente"? A resposta encontra-se no art. 14 da Convenção de Viena sobre Relações Diplomáticas de 1961 (*v.* Seção VI, item nº 4, *infra*), estando dentre eles os *embaixadores*. Daí ter decidido o STF pela incompetência absoluta do Juízo Federal de primeira instância para o julgamento destes últimos nas infrações penais comuns.[343] A Constituição nada disse, porém, sobre os demais membros da missão diplomática (*v.g.*, um terceiro secretário etc.). Qual seria, nesse caso, o juízo brasileiro competente para processá-los e julgá-los? Havendo interesse da União, cabe à Justiça Federal processar e julgar o diplomata (CF, art. 109, inc. IV).

Frise-se, por fim, que o agente diplomático ou consular que tiver a nacionalidade do Estado acreditado não terá imunidade à jurisdição penal deste, sequer podendo alegá-la como meio de regresso ao Estado acreditante para que, nesse último, seja processado e julgado. Tome-se como exemplo o caso de um agente brasileiro que serve na missão do Brasil na Itália, país do qual também é nacional em razão de dupla nacionalidade. Nesse caso, cometido o crime na Itália (Estado acreditado), pode perfeitamente a Justiça deste país julgá-lo e condená-lo, pois o agente (não obstante a serviço do Brasil) é *também* nacional italiano.[344] Aqui, a regra da imunidade em razão do serviço cai em face do direito sagrado que têm os Estados de impor *aos seus nacionais* a sua jurisdição.

5. Privilégios e imunidades consulares. Relativamente aos privilégios consulares, de que cuida a Convenção de Viena de 1963, a regra é que os cônsules e funcionários consulares gozam de inviolabilidade física e de imunidade ao processo (penal ou cível) apenas no que diz respeito aos seus *atos de ofício*.[345] Portanto, as imunidades dos representantes consulares são relativas e divergem daquelas concedidas aos agentes diplomáticos em dois pontos: *a*) não existe imunidade penal absoluta para os representantes consulares (a qual, tampouco, se estende aos seus familiares); e *b*) a imunidade de jurisdição civil a eles concedida (segundo a regra *ne impediatur officium*) restringe-se tão somente aos atos realizados no exercício das funções consulares, não se estendendo aos atos praticados a título particular.[346] Fora dos *atos de ofício* não existe imunidade para os cônsules e funcionários consulares, quer na esfera civil quer na criminal. Nesse último caso, eles ficam sujeitos à jurisdição local do Estado onde exercem os seus misteres, caso tenham praticado infrações penais comuns. Assim, *v.g.*, será um Cônsul imune à jurisdição local caso tenha, no exercício de suas funções, cometido um ilícito penal (a exemplo da falsificação de um passaporte), mas não terá qualquer imunidade caso ofenda ou agrida o vizinho de sua residência, como já decidiu o STF no *HC* 50.155 de 1972. Mas quando reconhecida a imunidade em favor de Cônsul honorário – que normalmente é cidadão do Estado local e não súdito do Estado acreditante – é lítico a este último,

---

[343] *V.* STF, Rcl. 583/RJ, Tribunal Pleno, rel. Min. Maurício Corrêa, julg. 28.04.1997, *DJ* 22.06.2001, p. 24.

[344] Nesse exato sentido, *v.* Celso D. de Albuquerque Mello, *Direito penal e direito internacional*, cit., pp. 20-21.

[345] Cf. José Francisco Rezek. *Direito internacional público...*, cit., p. 162; e Brichambaut, Dobelle & Coulée, *Leçons de droit international public*, cit., p. 97.

[346] *V.* Guido Fernando Silva Soares. *Das imunidades de jurisdição e de execução*, cit., pp. 62-63.

explica Rezek, "processá-lo com base no princípio da *defesa* (visto que se trata de crime contra sua administração pública), ou simplesmente renunciar ao privilégio, para que o agente seja punido no próprio Estado territorial".[347]

Têm os cônsules *inviolabilidade pessoal* e *oficial* (como inviolabilidade da residência oficial e dos arquivos consulares, que não ficam sujeitos à busca ou penhora por parte das autoridades locais, salvo hipótese de incêndio, calamidade ou para prestar socorro), e ainda *imunidade jurisdicional* quanto aos deveres do cargo e *isenção fiscal* relativa (afeta somente aos impostos pessoais e dos que recaem sobre seus móveis). Mas frise-se que os locais consulares se mantêm invioláveis tão somente no que tange à sua estrita utilização funcional (gozando, contudo, de imunidade tributária). A única imunidade absoluta em relação ao serviço consular está afeta aos arquivos e documentos diplomáticos que desse serviço fazem parte, assim sendo em quaisquer circunstâncias e onde quer que se encontrem.[348]

À diferença dos agentes diplomáticos, a *imunidade pessoal* dos cônsules não se estende a seus familiares. A *imunidade domiciliar* dos cônsules e dos funcionários consulares abrange tão somente os serviços consulares e o arquivo, que não fica subordinado a exames ou requisições das autoridades. Sendo relativa, recusa ao cônsul o direito de conceder asilo e os que no Consulado procurarem amparo devem ser entregues mediante simples pedido às autoridades locais.[349]

No que tange à *isenção fiscal*, esta se refere ao material consular propriamente dito, impostos diretos, de renda, contribuições compulsórias, entre outras, sendo mais restrita do que a dos funcionários diplomáticos, não tendo o caráter de generalidade desfrutado por estes. O art. 49 da Convenção de 1963 enumera várias exceções em relação a tal isenção, o que acaba enfraquecendo a regra quando finalmente aplicada. Assim, nos termos dessa regra, os funcionários e empregados consulares, assim como os membros de suas famílias que com eles vivam, estarão isentos de quaisquer impostos e taxas, pessoais ou reais, nacionais, regionais ou municipais, com exceção dos: *a*) impostos indiretos normalmente incluídos no preço das mercadorias ou serviços; *b*) impostos e taxas sobre bens imóveis privados situados no território do Estado receptor; *c*) impostos de sucessão e de transmissão exigíveis pelo Estado receptor; *d*) impostos e taxas sobre rendas particulares, inclusive rendas de capital, que tenham origem no Estado receptor, e impostos sobre capital, correspondentes a investimentos realizados em empresas comerciais ou financeiras situadas no Estado receptor; *e*) impostos e taxas percebidos como remuneração de serviços específicos prestados; e *f*) direitos de registro, taxas judiciárias, hipoteca e selo.

Dentro da sistemática da Convenção de 1963, segundo Rezek, ficou "virtualmente reduzida a zero a distinção entre cônsules de carreira, ou originários, pelo menos, do Estado acreditante (chamados cônsules *missi*) e cônsules honorários, recrutados no próprio país onde vão exercer o ofício (os chamados cônsules *electi*). É que estes últimos tinham tradicionalmente aquela pauta mínima de privilégios indispensáveis ao desempenho satisfatório da função, e a igual parâmetro ficou reduzida, com o regime convencional de 1963, a situação dos primeiros".[350]

---

[347] José Francisco Rezek. *Direito internacional público...*, cit., p. 164.

[348] Cf. José Francisco Rezek. Idem, p. 163.

[349] Cf. Oyama Cesar Ituassú. *Curso de direito internacional público*, cit., p. 520.

[350] José Francisco Rezek. *Direito internacional público...*, cit., p. 162. Ainda sobre os cônsules *missi* e *electi*, v. César Sepúlveda, *Derecho internacional*, cit., pp. 169-170.

494 CURSO DE DIREITO INTERNACIONAL PÚBLICO – *Valerio de Oliveira Mazzuoli*

Relativamente aos atos particulares que cometer (civis ou comerciais), o cônsul é considerado como simples cidadão, respondendo por tais atos perante a jurisdição do Estado onde serve, distinguindo-se daí a personalidade oficial da privada.

6. Imunidade de jurisdição do Estado. Para além das imunidades diplomáticas e consulares reguladas pelas duas convenções de Viena, de 1961 e 1963, o Direito Internacional Público também confere imunidade de jurisdição dos tribunais nacionais ao *próprio Estado* estrangeiro, ou seja, ao Estado mesmo, aí incluso os seus órgãos e os seus bens.[351]

Tem-se considerado o caso "The Schooner Exchange *Vs.* McFaddon", julgado pela Suprema Corte dos Estados Unidos aos 24 de fevereiro de 1812, como o caso pioneiro de incidência da imunidade estatal, tendo ali ficado estabelecido que:

> "A jurisdição das cortes é um ramo do que a nação possui como um Poder soberano e independente. A jurisdição da nação dentro do seu próprio território é necessariamente exclusiva e absoluta. Não é susceptível de qualquer limitação, senão imposta por ela mesma. Qualquer restrição a ela, que derive sua validade de uma fonte externa, implicaria numa diminuição de sua soberania, nos limites de tal restrição e uma investidura daquela soberania, nos mesmos limites em que aquele poder que poderia impor tal restrição".[352]

O que ocorre é que ambas as Convenções de Viena (sobre relações diplomáticas e sobre relações consulares) não disciplinam, em norma alguma, essa imunidade do próprio Estado (na sua condição de pessoa jurídica de direito público externo) à jurisdição (civil) de outro, tendo deixado para o costume internacional (com o apoio da doutrina e da jurisprudência) a regulação da matéria.[353] Na verdade, o que as Convenções de 1961 e 1963 trataram (além, é claro, das imunidades dos *agentes* diplomáticos ou consulares) foi da inviolabilidade e da

---

[351] *V.*, por tudo, Sompong Sucharitkul, *Immunities of foreign States before national authorities*, in *Recueil des Cours*, vol. 149 (1976-I), pp. 87-216; Jacob Dolinger, *A imunidade jurisdicional dos Estados*, in *Revista Forense*, vol. 277, Rio de Janeiro, jan./fev./mar./1982, pp. 53-80; Guido Fernando Silva Soares, *Órgãos dos Estados nas relações internacionais: formas da diplomacia e as imunidades*, Rio de Janeiro: Forense, 2001, pp. 181-213; e Carmen Tiburcio, *Extensão e limites da jurisdição brasileira...*, cit., pp. 277-342.

[352] *V.* Guido Fernando Silva Soares. *Das imunidades de jurisdição e de execução*, cit., p. 34.

[353] Cf. José Francisco Rezek. *Direito internacional público...*, cit., pp. 165-166; e Dominique Carreau & Jahyr-Philippe Bichara, *Direito internacional*, cit., p. 442. Em sentido contrário, *v.* Eneas Bazzo Torres, *A imunidade de jurisdição do Estado estrangeiro e o problema da execução*, in *Revista do Tribunal Superior do Trabalho*, vol. 78, nº 1, Brasília, jan./mar./2012, p. 83, ao entender "que, de forma no mínimo *indireta*, teriam sido consagradas, sim, imunidades dos *Estados*; conclusão que transparece a partir da exegese sistemática dos textos convencionais, porque, conforme se explicita nos preâmbulos das duas Convenções, 'a finalidade de tais privilégios e imunidades não é beneficiar indivíduos', mas, sim, o de assegurar a atividade proveitosa das missões diplomáticas e das repartições consulares, em nome de seus respectivos Estados – ou seja, o titular primeiro dessas imunidades é o Estado acreditante". E arremata: "Além disso, acrescente-se, as Convenções garantem que estão protegidos da execução não só os bens do pessoal do serviço, mas igualmente os bens móveis e imóveis das repartições diplomáticas e consulares; quanto a este segundo alcance do privilégio – portanto, não só relativamente ao pessoal – confirma-se a observação no sentido de que as inviolabilidades são concedidas no interesse do Estado estrangeiro. Neste ponto, igualmente já resulta certo que a isenção de execução se encontra expressamente regrada, e não só em relação aos indivíduos" [grifos do original].

isenção fiscal de certos *bens* pertencentes ao Estado acreditante, e não da imunidade do Estado mesmo, o que faz concluir – na esteira de Guido Soares – que, nesse caso (imunidade *de jurisdição* do Estado), "há princípios gerais bem mais imprecisos" que no caso da imunidade *à jurisdição* estatal, podendo a interpretação dos tribunais internos levar a resultados contraditórios no direito comparado.[354] A doutrina e a jurisprudência internacional e comparada, contudo, são pacíficas em aceitar a imunidade do Estado como decorrência da norma costumeira que determina a abstenção do exercício do poder de um Estado sobre outro contra a sua vontade, à exceção das hipóteses dos *acta jure gestionis* (*v. infra*).[355]

Seja qual for o fundamento teórico encontrado, o certo é que o motivo fundante da imunidade de jurisdição do Estado perante a Justiça de outro é o desejo de se manter relações amigáveis entre as nações, por meio da aplicação dos princípios da igualdade de tratamento e da reciprocidade, na aplicação dos adágios *quod tibi non vis fieri, alteri nec faceris* ("não faças aos outros o que não queres que te façam") e *quod vis ut alii tibi faciant, ut ipsis fácies* ("trate os outros como queres que te tratem").[356] Daí a preocupação comum dos tribunais internos de todos os países em não ofender as suscetibilidades do Estado estrangeiro quando ali demandados.[357]

Em suma, a imunidade de jurisdição estatal surge quando um Estado estrangeiro (ou suas subdivisões políticas) vê-se demandado perante o tribunal de outro Estado em virtude de atos nesse praticados, ou ainda quando nesse último existe a pretensão de se adotar contra aquele certa medida coativa, como a execução de sentença contra os seus bens situados no território deste Estado estrangeiro (exatamente sobre esta situação, *v.* sentença da CIJ de 03.02.2012, *infra*). Ainda cabe a hipótese de os atos do Estado terem sido praticados no território do Estado mesmo, mas que se fizeram sentir por pessoas de direito privado que têm acesso a tribunais estrangeiros onde este Estado foi demandado. Levando em conta tais situações, pode-se definir a imunidade de jurisdição do Estado como "o atributo de todo Estado soberano, que impede que outros Estados exerçam jurisdição sobre os atos que realiza em exercício de seu poder soberano, ou ainda sobre os bens dos quais é titular ou utiliza em exercício de dito poder soberano".[358] Nada impede, contudo, de haver *renúncia expressa* à imunidade por parte do Estado, quando então este poderá ser demandado (e condenado) em território estrangeiro (*v. infra*).

---

[354]   Guido Fernando Silva Soares. *Das imunidades de jurisdição e de execução*, cit., p. 36.

[355]   *V*. Carmen Tiburcio. *Extensão e limites da jurisdição brasileira...*, cit., p. 289.

[356]   Ian Brownlie, por sua vez, distingue duas regras que fundamentam a imunidade de jurisdição dos Estados: *a)* aquela segundo a qual os Estados têm o mesmo *status* de igualdade, com fundamento na regra *par in parem non habet judisdictionem* (pessoas de mesmo nível não podem ser julgadas por tribunais de qualquer delas); e *b)* a regra segundo a qual um Estado não pode ingerir-se em assuntos internos dos outros, em homenagem ao princípio da não intervenção ou não ingerência em assuntos internos (cf. *Princípios de direito internacional público*, cit., pp. 345-346).

[357]   Cf. Guido Fernando Silva Soares. *Das imunidades de jurisdição e de execução*, cit., p. 112.

[358]   Loretta Ortiz Ahlf. *Derecho internacional público*, cit., p. 127. *V.* também o conceito de Georgenor de Sousa Franco Filho, para quem: "É a imunidade de jurisdição a isenção, a franquia dada por um Estado a outro, dispensando-o de seu poder soberano, permitindo que os atos deste último estejam fora da tutela jurisdicional de atuação do órgão competente do Estado territorial, ressalvada a renúncia expressa desse direito" (*Imunidade de jurisdição trabalhista dos entes de direito internacional público*, cit., p. 43).

496 | CURSO DE DIREITO INTERNACIONAL PÚBLICO – *Valerio de Oliveira Mazzuoli*

Destaque-se que a CIJ, em 3 de fevereiro de 2012, firmou definitivamente o seu posicionamento sobre as imunidades de um Estado à jurisdição de outro, no julgamento do caso das *Imunidades Jurisdicionais do Estado* (Alemanha *Vs.* Itália; Grécia interveniente). Naquela ocasião, entendeu a Corte que as imunidades que um Estado tem em território de outro são *absolutas* quando se trata de atos *jure imperii* por aquele praticados, não cabendo qualquer tipo de exceção à regra (ainda que sob a bandeira da proteção dos direitos humanos). No caso, o tribunal afirmou que não poderia a Itália proceder a medidas de execução forçada (*v.g.*, arresto, sequestro etc.) contra bens alemães em seu território, ainda que fosse para indenizar vítimas italianas de crimes cometidos pelo *Reich* alemão. Contra apenas um voto contrário, do juiz Cançado Trindade, a CIJ manteve a doutrina *clássica* das imunidades, que não abre exceções à proteção impermeável que uma potência estrangeira há de ter em território de outra, quando se tratar de atos *de império*. O tribunal afirmou, ainda, que mesmo supondo que as ações cometidas pelo *Reich* nazista envolveram graves violações de direitos humanos e ao *jus cogens*, a aplicação das normas internacionais costumeiras sobre imunidades haveria de permanecer intacta.[359] Como se percebe, segundo essa decisão da CIJ a teoria tradicional das imunidades permanece inalterada, continuando os Estados dotados de um "escudo" que nem mesmo as questões relativas a direitos humanos seriam capazes de ultrapassar. Daí poder-se dizer ter a CIJ seguido uma concepção *conservadora* no campo das imunidades do Estado, o que, seguramente, trará reflexos em decisões domésticas de vários Estados sobre o mesmo tema. A crítica que se faz, no entanto, é que não se poderá (contrariamente ao que decidiu a CIJ) entender propriamente como *jure imperii* os atos estatais que violem direitos humanos, pois não é, em absoluto, função do Estado cometer atentados a direitos dos cidadãos, como genocídio, crimes contra a paz ou crimes contra a humanidade, senão atuar *em função de* todas as pessoas que assentam o seu território, pelo que atos dessa natureza não poderiam, *de jure*, enquadrar-se na moldura dos atos *jure imperii* para o fim de imunizar qualquer Estado perante a ordem jurídica de outro.[360]

No Brasil, a antiga jurisprudência do STF vinha seguindo na mesma linha do que decidido pela CIJ, rejeitando qualquer exceção à regra da imunidade de jurisdição; entendia a nossa Corte Suprema que a imunidade de um Estado perante a Justiça de outro era absoluta, à luz do costume internacional relativo ao tema (salvo em matéria trabalhista – *v.* item nº 8, *infra*).[361] Também o STJ seguiu a mesma orientação, merecendo destaque, contudo, as reiteradas manifestações em sentido contrário do Min. Luis Felipe Salomão, para quem, tratando-se de atentado aos direitos humanos, ao direito humanitário e às normas de *jus cogens*, hão de ser afastadas as "regras costumeiras que garantem a imunidade de jurisdição, ante a prevalência das normas peremptórias de direito internacional, na linha do entendimento sufragado pelos julgados da Suprema Corte da Itália e da Grécia".[362] De fato, tanto Suprema Corte da Grécia (caso *Prefeitura de Voiotia Vs. Alemanha*, de 4 de maio de 2000) quanto a da Itália (caso *Ferrini Vs. Alemanha*, de 11 de março de 2004) já assentaram consistir o *jus cogens* um limite ao direito de imunidade jurisdicional dos

---

[359] CIJ, caso das *Imunidades Jurisdicionais do Estado* (Alemanha *Vs.* Itália; Grécia interveniente), julg. 03.02.2012, §§ 92-93.

[360] Cf. *Opinião Dissidente* do juiz Cançado Trindade, in *ICJ Reports* (2012), pp. 244-246.

[361] STF, *RE* 94.084, rel. Min. Aldir Passarinho, julg. 12.03.1986.

[362] STJ, Recurso Ordinário nº 74, rel. Min. Fernando Gonçalves, julg. 21.05.2009.

Estados, abrindo caminho, ainda que timidamente, para que outras Cortes Supremas também reconheçam essa limitação à imunidade de jurisdição estatal.[363] Contudo, não obstante esse posicionamento inovador, o STJ, como se disse, seguindo o entendimento (antigo) do STF, não abriu exceções à regra da imunidade, mesmo quando em jogo questões relativas a direitos humanos. Essa posição foi definitivamente confirmada no julgamento dos Recursos Ordinários nos 60 e 61, em 9 de dezembro de 2015, quando o tribunal deixou assente, por maioria, que devia ser prestigiada a sua jurisprudência consolidada, que se alinhava ao emblemático julgamento da CIJ de 2012, segundo o qual, mesmo em caso de graves violações a direitos humanos, um Estado não pode, salvo renúncia expressa, ser submetido à jurisdição de outro.[364]

No entanto, houve enorme guinada na jurisprudência brasileira relativa ao tema, a partir do julgamento do chamado "Caso Changri-lá" pelo Plenário do STF, em sessão virtual de 13 a 20 de agosto de 2021 (Tema 944 da repercussão geral).[365] Tratava-se de questão envolvendo um barco pesqueiro brasileiro que foi afundado por submarino alemão nas proximidades de Cabo Frio, no Estado do Rio de Janeiro, em 1943, assim reconhecido pelo Tribunal Marítimo da Marinha do Brasil em 2001. Os familiares das vítimas ingressaram na Justiça brasileira requerendo indenização por danos materiais e morais pelo ilícito alemão, tendo a questão chegado ao STF. Neste tribunal, a questão debatida visava saber se a imunidade de jurisdição de Estados estrangeiros deve ceder em casos de violações a direitos humanos, ou se, ao contrário, permanece absoluta mesmo nessas hipóteses. O relator, Min. Edson Fachin, entendeu em seu voto que a regra da imunidade há de ser afastada quando colide com questão de direitos humanos, pelo que foi acompanhado pelos Ministros Rosa Weber, Dias Toffoli, Cármen Lúcia, Ricardo Lewandowski e Roberto Barroso. Assim, por maioria, o Plenário do STF entendeu – com eficácia *erga omnes* e vinculante – que a imunidade de jurisdição dos Estados estrangeiros não é absoluta e deve ceder quando o ilícito praticado pelo Estado viola direitos humanos. O Relator, Min. Edson Fachin, deixou claro em seu voto que "ou não há ato de império, ou a imunidade dele decorrente deve ceder diante da preponderância dos direitos humanos (…)". O Relator, ainda, demonstrou no voto não desconhecer a decisão da Corte Internacional de Justiça de 3 de fevereiro de 2012, segundo a qual, mesmo em temas afetos a direitos humanos, a imunidade de jurisdição dos Estados continuaria absoluta. No entanto, tal decisão da CIJ – como também destacou o Relator – "não tem eficácia *erga omnes* e vinculante, conforme dispõe o artigo 59 do seu próprio Estatuto: 'A decisão da Corte só será obrigatória para as partes litigantes e a respeito do caso em questão'". Destaque-se que essa decisão do STF foi tomada em regime de repercussão geral (Tema 944) e, portanto, conta com efeito *erga omnes* e vinculante para todos os órgãos do Poder Judiciário. Ao final, o STF fixou a seguinte tese sobre o tema: "Os atos ilícitos praticados por Estados estrangeiros em violação a direitos humanos, dentro do território nacional, não gozam de imunidade de jurisdição".[366]

---

[363] Cf. Dominique Carreau & Jahyr-Philippe Bichara. *Direito internacional*, cit., p. 446.

[364] STJ, Recursos Ordinários nos 60 e 61, rel. Min. Luis Felipe Salomão, julg. 09.12.2015 (vencido o Ministro Relator e os Ministros Paulo de Tarso Sanseverino e Antonio Carlos Ferreira).

[365] STF, ARE 954.858/RJ, rel. Min. Edson Fachin, Tribunal Pleno, julg. de 13 a 20.08.2021, *DJe* 23.08.2021.

[366] Redação definitiva fixada no julgamento dos Embargos de Declaração no ARE 954.858/RJ, em sessão plenária virtual de 13.05.2022 a 20.05.2022, vencido o Min. Nunes Marques (*DJe* 27.05.2022).

A regra costumeira sempre utilizada para justificar essa imunidade de jurisdição do Estado (não encontrada nas Convenções de Viena citadas) é aquela segundo a qual *par in parem non habet judicium*, que se traduz na ideia de que nenhum Estado soberano pode ser submetido à Justiça de outro contra a sua vontade. Contudo, se é certo que durante muitos anos esse aforismo do *par in parem* serviu de base à teoria da imunidade de jurisdição estatal, não é menos certo que a tese da imunidade de jurisdição absoluta (*the King can do no wrong*) passou, desde os tempos mais atuais, notadamente a partir da década de 1970, por uma intensa relativização,[367] e porque não dizer desprestígio, momento a partir do qual deixou de ser pacificamente aceita.[368] Tal se deu notadamente devido ao aumento das relações entre Estados e particulares, especialmente na seara comercial, a partir de quando se começou a notar que os particulares que negociavam com Estados viam-se em constantes desvantagens, exatamente pela impossibilidade de demandar contra aqueles num foro doméstico, mesmo quando o Estado em causa *não agiu* na sua qualidade de ente soberano. Presenciava-se aí, para falar como Guido Soares, uma "total denegação de justiça, que qualquer sistema jurídico existente na atualidade repele de maneira mais cabal".[369] Os autores contemporâneos passaram, então, a entender que tais imunidades devem obedecer à distinção entre "atos de império" (*acta jure imperii*) e "atos de gestão" (*acta jure gestionis*).[370] Os primeiros são aqueles que o Estado pratica no exercício de seu poder soberano, e os segundos, os realizados pelo Estado em condição de igualdade com os particulares. Ou seja, enquanto aqueles são atos de soberania, estes últimos são atos de direito e de interesses privados, a exemplo de quando age o Estado na qualidade de comprador ou de vendedor (num contrato comum de compra e venda), em que não está presente qualquer questão *soberana*.

Assim, para saber se é possível processar um Estado perante a Justiça de outro, deve-se, primeiro, verificar *qual o tipo* de ato estatal que se cuida, se *de império* (*v.g.*, um ilícito cometido pelo Estado em território de outro no contexto de um conflito bélico) ou *de gestão* (*v.g.*, a contratação de um funcionário subalterno para prestar serviços a uma determinada embaixada etc.). Há consenso entre a maioria dos autores (bem assim da jurisprudência estrangeira e dos próprios Estados) no sentido de admitir que os atos de gestão são os *únicos* em relação aos quais se pode deixar de aplicar a imunidade jurisdicional dos Estados,

---

[367] Cf. José Francisco Rezek. *Direito internacional público...*, cit., p. 166; e Anthony Aust, *Handbook of international law*, cit., p. 145. No mesmo sentido, *v.* Sérgio Eduardo Moreira Lima, *Privilégios e imunidades diplomáticos*, cit., pp. 61-68, podendo-se aí colher vários exemplos dessa relativização.

[368] De fato, com a intervenção dos Estados na economia – leciona José Carlos de Magalhães – "alterou-se o quadro em que se moldou o princípio da imunidade de jurisdição. O Estado deixou de ser apenas a entidade organizada da comunidade nacional destinada a representá-la na ordem internacional e a exercer funções políticas próprias e características, para ser, também, promotor do desenvolvimento nacional, influindo no processo econômico ativamente, celebrando contratos comerciais e agindo como pessoa jurídica interessada em resultados econômicos. O princípio da imunidade de jurisdição, por isso, foi adaptando-se a essa realidade, preservando o seu fundamento: o Estado é imune à jurisdição de outro somente quando atua em sua qualidade específica e própria e no exercício de sua competência política" (Da imunidade de jurisdição do Estado estrangeiro perante a justiça brasileira, in *A nova Constituição e o direito internacional*, Jacob Dolinger [coord.], Rio de Janeiro: Freitas Bastos, 1987, p. 210).

[369] Guido Fernando Silva Soares. *Órgãos dos Estados nas relações internacionais...*, cit., p. 184.

[370] *V.* Malcolm N. Shaw. *Direito internacional*, cit., pp. 521-527. Para críticas, entendendo ser impraticável a distinção, *v.* Georgenor de Sousa Franco Filho, *Imunidade de jurisdição trabalhista dos entes de direito internacional público*, cit., pp. 33-36.

devendo esta imunidade ser somente aplicada àqueles atos que o Estado realiza no exercício do seu poder soberano (ou seja, em razão do *jure imperii*). Já se viu, no entanto, que o STF, no Brasil, passou a entender que mesmo os atos de império não garantem ao Estado imunidade, quando o ilícito perpetrado viola direitos humanos.[371] Seja como for, certo é que a prática de vários Estados tem demonstrado haver certa *opinio juris* sobre o tema, ao se entender que os atos praticados no exercício da *soberania* estatal estão imunes à jurisdição de qualquer outro Estado.[372] Até mesmo Jean-Flavien Lalive – que em prestigioso estudo sobre o tema, estampado no *Recueil des Cours*, concluiu inexistir qualquer regra convencional ou costumeira que obrigue em reconhecer imunidade de jurisdição a um Estado estrangeiro, criticando os que sustentam tal imunidade com base no costume, na independência e na igualdade jurídica entre os Estados – reconheceu haver alguns atos estatais *verdadeiramente imunes* à jurisdição de um Estado estrangeiro, como os atos da administração interna (como a expulsão de um estrangeiro do território nacional ou a recusa de permanência etc.), os atos legislativos (*v.g.*, leis sobre nacionalidade e cidadania etc.), os atos das forças armadas terrestres, navais e aéreas do Estado, os relativos à atividade diplomática e os concernentes a empréstimos públicos contratados no exterior.[373]

Por sua vez, o *Institut de Droit International*, na sua sessão de Hamburgo de 1891, em *Resolução* de que foram redatores Ludwig von Bar, John Westlake e Adolphe Hartmann, pretendeu *enumerar* os atos estatais que estariam sujeitos à jurisdição de outro Estado. Naquela ocasião, entendeu-se que as únicas ações admissíveis contra um Estado estrangeiro seriam: 1) as ações reais, inclusive as possessórias, relativas a uma coisa imóvel ou móvel, que se encontre no território; 2) as ações fundadas na qualidade do Estado estrangeiro como herdeiro ou legatário de um súdito do território ou com direito a uma sucessão aberta no território; 3) as ações relativas a um estabelecimento de comércio ou industrial ou a uma estrada de ferro explorados pelo Estado estrangeiro no território; 4) as ações para as quais o Estado estrangeiro tenha expressamente reconhecido a competência do tribunal; 5) as ações decorrentes de contratos concluídos pelo Estado estrangeiro no território, se a execução completa sobre este mesmo território possa ser requerida de acordo com uma cláusula expressa ou segundo a natureza da ação; e 6) as ações por perdas e danos originadas de um delito ou quase delito ocorrido no território. Não admitiu o *Institut*, entretanto, a abertura de processo contra Estado estrangeiro intentadas em relação: *a*) a atos de soberania (*jure imperii*); *b*) a ato decorrente de um contrato do requerente como funcionário do Estado; e *c*) às dívidas do Estado estrangeiro originadas de subscrição pública (art. 5º da *Resolução* citada).[374]

A teoria atualmente prevalente é a da imunidade *relativa* dos Estados em matéria jurisdicional. Esse é o princípio que a melhor doutrina já propugna há alguns anos.[375]

---

[371] STF, ARE 954.858/RJ, rel. Min. Edson Fachin, Tribunal Pleno, julg. de 13 a 20.08.2021, *DJe* 23.08.2021.

[372] *V.* CIJ, caso das *Imunidades Jurisdicionais do Estado* (Alemanha *Vs.* Itália; Grécia interveniente), julg. 03.02.2012, § 77.

[373] *V.* Jean-Flavien Lalive. L'immunité de juridiction des États et des organisations internationales, in *Recueil des Cours*, vol. 84 (1953-III), pp. 285-286.

[374] No original: "*Article 5*. Ne sont pas recevables les actions intentées pour des actes de souveraineté, ou découlant d'un contrat du demandeur comme fonctionnaire de l'Etat, ni les actions concernant les dettes de l'Etat étranger contractées par souscription publique".

[375] Assim já se referia Hildebrando Accioly: "Como quer que seja, o que se não pode mais aceitar é a doutrina da imunidade absoluta. Um dos poucos países que ainda a admitiam eram os Estados Unidos

A jurisprudência de vários Estados tem seguido essa mesma trilha, no sentido de somente reconhecer imunidade de jurisdição dos Estados no que atine aos seus atos *jure imperii*, e não em relação aos atos estatais *jure gestionis*, que se equiparam às atividades particulares. A CIJ, na sentença de 3 de fevereiro de 2012, também procedeu à distinção em comento, entendendo inclusive que a jurisprudência *interna* dos Estados já formou a necessária *opinio juris* sobre o tema.[376] Não obstante esse entendimento, o STF tem decidido que em matéria de execução fiscal – proveniente, portanto, de ato *jure gestionis* do Estado estrangeiro – subsiste a imunidade absoluta da potência estrangeira.[377] Em decisão monocrática de 17 de novembro de 2013, o Min. Marco Aurélio, embora reconhecesse que "doutrina e jurisprudência são no sentido, é certo, da relativização da imunidade dos Estados estrangeiros e de agentes diplomáticos e consulares quando envolvidos direitos de natureza civil, comercial e trabalhista de particular", entendeu, ao final, na linha de precedentes do STF, que apenas quando presente "a renúncia à imunidade" seria pertinente proceder à execução contra Estado estrangeiro, homenageando-se, "com isso, a soberania do Estado".[378] Assim, nesse caso, mesmo sendo *jure gestionis* o ato Estatal, entendeu o STF pela imunidade *absoluta* da potência estrangeira relativamente à execução fiscal intentada no Brasil.

No plano internacional, a primeira convenção internacional a tratar coerentemente do problema da imunidade de jurisdição dos Estados foi a Convenção Europeia sobre Imunidades do Estado e Protocolo Adicional, adotada na Basileia, em 16 de maio de 1962. A chamada *Convenção de Basileia* (que é uma convenção regional) exerceu grande influência nas Nações Unidas a fim de se adotar uma convenção internacional, sobre a mesma matéria, mas de âmbito global, o que levou a CDI, na sua 43ª Sessão, em 1991, a inscrever o tema "Imunidades Jurisdicionais dos Estados e de Seus Bens" dentre aqueles a serem discutidos nas posteriores reuniões. O projeto da CDI foi ao final aprovado, tendo sido adotada a *Convenção sobre Imunidades Jurisdicionais do Estado e de Seus Bens*, aberta à assinatura em Nova York em 17 de janeiro de 2005.[379] A convenção – que ainda não foi assinada e tampouco ratificada pelo Brasil – é dividida em cinco partes (I – Introdução; II – Princípios Gerais; III – Procedimentos nos quais a Imunidade do Estado Não Pode ser Invocada; IV – Imunidade do Estado em Relação à Execução Forçada Relacionada a um Procedimento Perante um Tribunal de Outro Estado; e V – Disposições Diversas) e composta de 22 artigos. Na sua Parte III (arts. 10 a 17),

---

da América. Mas, em maio de 1952, o Departamento de Estado fez sentir ao Ministério da Justiça que os tribunais do país deviam mudar a política seguida a esse respeito" (*Tratado de direito internacional público*, vol. I, cit., p. 227).

[376] V. CIJ, caso das *Imunidades Jurisdicionais do Estado* (Alemanha Vs. Itália; Grécia interveniente), julg. 03.02.2012, §§ 74-77.

[377] O Pleno do STF, no Agravo Regimental na Ação Cível Originária nº 543/SP, rel. Min. Sepúlveda Pertence, por maioria, assentou a imunidade absoluta de Estados estrangeiros no que tange ao processo de execução fiscal, nestes termos: "Imunidade de jurisdição. Execução fiscal movida pela União contra a República da Coreia. É da jurisprudência do Supremo Tribunal que, salvo renúncia, é absoluta a imunidade do Estado estrangeiro à jurisdição executória: orientação mantida por maioria de votos. Precedentes: ACO 524-AgR, Velloso, *DJ* 9.5.2003; ACO 522-AgR e 634-AgR, Ilmar Galvão, *DJ* 23.10.98 e 31.10.2002; ACO 527-AgR, Jobim, *DJ* 10.12.99; ACO 645, Gilmar Mendes, *DJ* 17.3.2003".

[378] STF, Ação Cível Originária nº 1.437/DF, rel. Min. Marco Aurélio, julg. 17.11.2013, *DJe* 22.11.2013.

[379] O relatório (A/46/10), assim como os comentários ao *Draft Articles*, foi publicado no *Yearbook of the International Law Commission*, vol. II (Part Two), de 1991.

Parte II · Cap. II · O ESTADO NO DIREITOINTERNACIONAL PÚBLICO | **501**

a convenção elenca os assuntos nos quais a imunidade de jurisdição do Estado não pode ser invocada perante um tribunal interno de outro Estado: *a*) transações comerciais com Estados estrangeiros; *b*) contratos individuais de trabalho, entre um Estado e pessoa física estrangeira; *c*) casos de responsabilidade civil, em processos relativos à obtenção de reparação pecuniária por morte ou danos à integridade física da pessoa; *d*) direitos relativos a bens móveis ou imóveis; *e*) casos de direitos relativos à propriedade intelectual; *f*) participação do Estado em sociedades ou outras pessoas jurídicas; *g*) causas relativas à exploração de navios de propriedade do Estado ou explorados por ele; e *h*) questões relativas a convenções de arbitragem surgidas nas transações comerciais com particulares estrangeiros, afetas à validade e interpretação do acordo de arbitragem, ao procedimento arbitral ou à anulação do laudo arbitral.[380]

Não é incomum um Estado *renunciar* à sua imunidade de jurisdição.[381] Tal é quase sempre realizado por meio de *tratado*, mas também pode dar-se em virtude da conclusão de um *contrato* entre as partes, no qual expressamente se preveja a renúncia à imunidade. Isso normalmente ocorre quando Estados concluem contratos internacionais de crédito com bancos privados estrangeiros (pois quando o contrato de empréstimo tem natureza *pública*, ou seja, quando é concluído com *outro Estado*, não se tem dúvida que há aí *imunidade de jurisdição*). Não raras vezes se veem governos com dificuldades nas suas balanças de pagamentos serem praticamente coagidos por bancos comerciais internacionais (dos quais são devedores) a inserir nos contratos de empréstimos com eles concluídos cláusulas de renúncia à sua imunidade jurisdicional, para o fim de verem-se processados no foro escolhido pelo banco credor. O Brasil, em 1983, renunciou à sua imunidade de jurisdição quando concluiu um vultoso acordo de empréstimo (chamado, à época, de "Projeto Dois") com um consórcio de bancos privados estrangeiros, liderados pelo *Citibank*, resultante de negociações inspecionadas pelo FMI.[382] O Brasil, nessa ocasião, consentiu em submeter-se à jurisdição de qualquer tribunal do Estado de Nova York ou tribunal federal norte-americano, situado na cidade de Nova York, ou do Tribunal Superior de Londres, no Reino Unido, para o julgamento de quaisquer litígios, ações ou processos decorrentes desses contratos internacionais firmados com tais bancos. De nossa parte, temos como certo que esse tipo de renúncia à nossa imunidade jurisdicional, mesmo em se tratando de atos *jure gestionis*, é inconstitucional na vigência da atual Constituição brasileira, que dispõe, no seu art. 52, incs. VII e VIII, competir privativamente ao Senado Federal, respectivamente, "dispor sobre limites globais e condições para as operações de crédito externo e interno da União, dos Estados, do Distrito Federal e dos Municípios, de suas autarquias e demais entidades controladas pelo Poder Público federal", e "dispor sobre limites e condições para a concessão de garantia da União em operações de crédito externo e interno". Tal renúncia violava, ademais, o art. 5º, § 1º, da Resolução do Senado nº 96 (revogada pela Res. 48/2007), de 15 de dezembro de 1989, que prescrevia que "os eventuais litígios entre a União ou suas autarquias e o credor ou arrendante, decorrentes

---

[380] V. Guido Fernando Silva Soares. *Órgãos dos Estados nas relações internacionais...*, cit., pp. 193-197.

[381] Apesar de a Convenção de Viena de 1961 não ter sido clara quanto ao tema, pois só versou (no art. 32) a renúncia à imunidade dos "agentes diplomáticos e das pessoas que gozam de imunidade nos termos do artigo 37".

[382] Para uma análise desse período, v. Paulo Roberto de Almeida, *Relações internacionais e política externa do Brasil: história e sociologia da diplomacia brasileira*, 2ª ed. rev., ampl. e atual., Porto Alegre: Editora UFRGS, 2004, pp. 159-160.

do contrato, serão resolvidos perante o foro brasileiro ou submetidos a arbitragem".[383] Assim, eventuais sentenças proferidas contra o Brasil em tais foros estrangeiros, sequer poderão ser homologadas pelo Superior Tribunal de Justiça, devendo este tribunal indeferir, *in limine*, o pedido de homologação.

Atos eminentemente *jus imperii* não são passíveis de renúncia espontânea, à exceção da manifestada em tratados. Negar, *per se*, pela via da renúncia, a imperialidade reconhecida em benefício próprio é subversiva dos princípios do Direito Internacional Público regentes da matéria; mesmo havendo intenção de beneficiar terceiro Estado com a renúncia à imunidade *jus imperii*, a solução do Judiciário local há de ser o não conhecimento da ação, por envolver a aplicação de questões de Estado que nem o próprio titular pode dispor. Tribunais *internacionais* podem, contudo, resolver a querela; tribunais *estrangeiros*, não. Perante estes últimos, a renúncia à imunidade para litígios a envolver operações internacionais de crédito (como no exemplo citado) é *possível* se respeitadas as normas constitucionais ou legislativas em vigor no Estado; já a realizada em razão de questões eminentemente políticas (dotadas de *jus imperii*) não será possível, pelo que o Judiciário local (nacional ou estrangeiro) deverá negar-se à análise da demanda.[384] Todo o problema existe porque a Convenção de Viena de 1961, já se disse, foi clara apenas no que tange à renúncia à imunidade *dos agentes* do Estado, não do *próprio* Estado (*v.* art. 32).

Não se pode esquecer também que, em relação ao tema da imunidade jurisdicional dos Estados, ainda está em vigor no Brasil a Convenção de Direito Internacional Privado (*Código Bustamante*) de 1928, que disciplina o assunto nos seus arts. 333 a 335. Por se tratar de norma convencional, o Código Bustamante tem primazia sobre toda a legislação interna (infraconstitucional) brasileira, quando em causa questão envolvendo os seus Estados-partes. Nos termos do seu art. 333, os juízes e tribunais de cada Estado-contratante "serão incompetentes para conhecer dos assuntos cíveis ou comerciais em que sejam parte demandada os demais Estados-contratantes ou seus chefes, se se trata de uma ação pessoal, salvo o caso de submissão expressa ou de pedido de reconvenção". E, no art. 334, diz que, "em caso idêntico e com a mesma exceção, eles serão incompetentes quando se exercitem ações reais, se o Estado contratante ou o seu chefe têm atuado no assunto como tais e no seu caráter público". Nesses dois dispositivos do Código Bustamante, pretendeu o legislador internacional atribuir aos Estados-partes na convenção imunidade de jurisdição *absoluta* para os casos neles estabelecidos (imunidade do Estado relativamente aos seus atos *jure imperii*). Dos casos relativos aos *acta jure gestionis* cuida o dispositivo seguinte (art. 335), segundo o qual: "Se o Estado estrangeiro contratante ou o seu chefe tiverem atuado como particulares ou como pessoas privadas, serão competentes os juízes ou tribunais para conhecer dos assuntos em que se exercitem ações reais ou mistas, se essa competência lhes corresponder em relação a indivíduos estrangeiros, de acordo com este Código". Nesse caso, serão competentes, no Brasil, o Supremo Tribunal Federal (CF, art. 102, inc. I, *e*) e os Juízes Federais (CF, art. 109, incs. II e III), para os casos *jure gestionis* ou de renúncia expressa do Estado estrangeiro à sua imunidade jurisdicional. Mas frise-se que, se este Estado estrangeiro for o Brasil (caso o nosso país esteja sendo acionado perante a justiça estrangeira), a situação é inversa, não

---

[383] Para detalhes, *v.* Valerio de Oliveira Mazzuoli, *Natureza jurídica e eficácia dos acordos* stand-by *com o FMI*, cit., pp. 226-230.

[384] Cf. Carmen Tiburcio. *Extensão e limites da jurisdição brasileira...*, cit., pp. 321-322.

Parte II · Cap. II · O ESTADO NO DIREITOINTERNACIONAL PÚBLICO | **503**

sendo possível a renúncia expressa à nossa imunidade de jurisdição, uma vez que tal viola a Constituição (sendo, portanto, inconstitucional esse ato do Poder Público). Os dispositivos analisados do Código Bustamante são relativos apenas aos Estados-partes em que existe permissivo constitucional da renúncia da imunidade de jurisdição. Percebe-se aqui, realmente, haver "um desequilíbrio entre a situação dos Estados estrangeiros perante nossos tribunais e a posição do Brasil (União federal, entidades autárquicas e empresas públicas) perante a jurisdição de Estados estrangeiros".[385]

Um tema que também merece discussão diz respeito à eventual imunidade dos Estados-membros de uma Federação. Alguns autores, como André Weiss, defendem que se deve conceder imunidade aos Estados-membros de uma Federação, sob o argumento de que não importa a divisão constitucional do Estado para que a imunidade seja concedida.[386] Contudo, como anota Guido Soares, a jurisprudência tem mostrado "soluções contraditórias", em que alguns tribunais concedem imunidade a Estados-membros de uma Federação ou Confederação, ou ainda outros de suas subdivisões internas, enquanto os demais tribunais a negam.[387]

Relativamente às ações de natureza trabalhista, as regras parecem ser diferentes, não fazendo muito tempo que a jurisprudência brasileira desvencilhou-se da regra *par in parem non habet judicium*, segundo a qual nenhum Estado soberano pode ser submetido à jurisdição de foro estrangeiro contra a sua vontade, não obstante a maioria das demandas existentes no Brasil fosse de ex-empregados de missões diplomáticas e consulares estrangeiras, que queriam ver garantidos os seus direitos trabalhistas, tal qual reconhecidos pela Consolidação das Leis do Trabalho (CLT). Obviamente, o constrangimento causado a esses funcionários era injustificável, até mesmo à luz da única solução existente: demandar o Estado estrangeiro no seu próprio território e perante o seu próprio Judiciário. Tal solução, seguramente, seria possível para uma grande empresa com poder aquisitivo para contratar advogados especializados na capital do país faltoso, mas não para um simples funcionário de embaixada que fora demitido arbitrariamente, ou para a vítima de um acidente de trânsito atropelada por um veículo diplomático.[388] A solução encontrada no Brasil para o problema da imunidade de jurisdição em matéria trabalhista baseou-se no costume internacional, como veremos no item nº 8, *infra*.

7. O abuso da imunidade diplomática. Ao se concluir a Convenção de Viena sobre Relações Diplomáticas, a expectativa da sociedade internacional era a de que esse instrumento internacional contribuísse para as relações amistosas entre as Nações, independentemente dos seus sistemas jurídicos ou políticos.[389] Por isso – explica Sérgio Eduardo Moreira Lima – é que a finalidade da Convenção está em garantir o eficaz desempenho das funções das missões diplomáticas, em seu caráter de representantes dos Estados.[390] Porém, para que se

---

[385] Jacob Dolinger. A imunidade jurisdicional dos Estados, cit., p. 79.

[386] Cf. André Weiss. Compétence ou incompétence des tribunaux à l'égard des états étrangers, in *Recueil des Cours*, vol. 1 (1923-I), p. 588.

[387] Cf. Guido Fernando Silva Soares. *Das imunidades de jurisdição e de execução*, cit., p. 133.

[388] Cf. José Francisco Rezek. *Direito internacional público...*, cit., pp. 167-168.

[389] Cf. Sérgio Eduardo Moreira Lima. *Privilégios e imunidades diplomáticos*, cit., p. 69.

[390] Sérgio Eduardo Moreira Lima. Idem, ibidem.

logre êxito nesse mister, o desempenho das funções diplomáticas há de ser *amistoso* e pacífico, jamais *abusivo* ou em desrespeito às leis e regulamentos locais. Daí ter a Convenção, no seu art. 41, estabelecido que "todas as pessoas que gozem desses privilégios e imunidades deverão respeitar as leis e os regulamentos do Estado acreditado", acrescido do dever "de não se imiscuírem nos assuntos internos do referido Estado".

Assim, o que ocorre se o agente diplomático e, consequentemente, o Estado que o acredita, abusam das imunidades diplomáticas que lhes foram conferidas? O que acontece se a sede da missão diplomática (*v.g.* a embaixada do país estrangeiro) passa a servir de refúgio a terroristas ou de centro de operações criminosas? Basta lembrar os incidentes registrados em 1984 como consequência da utilização pela Líbia de sua Missão em Londres para perseguir exilados líbios.[391] Nesses casos, o Estado acreditante pode servir-se do art. 9º, § 1º, da Convenção de Viena de 1961, segundo o qual "o Estado acreditado poderá a qualquer momento, e sem ser obrigado a justificar a sua decisão, notificar ao Estado acreditante que o Chefe da Missão ou qualquer membro do pessoal diplomático da Missão é *persona non grata* ou que outro membro do pessoal da missão não é aceitável". Complementa o dispositivo que "o Estado acreditante, conforme o caso, retirará a pessoa em questão ou dará por terminadas as suas funções na Missão". Nos termos do § 2º desse mesmo art. 9º: "Se o Estado acreditante se recusar a cumprir, ou não cumpre dentro de um prazo razoável, as obrigações que lhe incumbem, nos termos do parágrafo 1º deste artigo, o Estado acreditado poderá recusar-se a reconhecer tal pessoa como membro da Missão". Alternativamente, o Estado acreditado pode resolver interromper as relações diplomáticas entre os dois países.[392]

8. Imunidade de jurisdição do Estado em matéria trabalhista. Quando determinado Estado estrangeiro é acionado perante a Justiça do Trabalho, em reclamação trabalhista ajuizada no Brasil, surge o problema em saber da existência, ou não, da imunidade de jurisdição estatal em matéria trabalhista.[393] Não se trata, aqui, de examinar a questão da imunidade das organizações internacionais[394] (como a ONU, OEA, OIT, OMS etc.), uma vez que estas são regidas pelos respectivos convênios constitutivos, nos quais normalmente já estão previstas as imunidades de jurisdição e execução da organização, tanto para o processo de conhecimento (cognitivo) quanto para o de execução.[395] Nesse caso, uma vez acionada na justiça trabalhista

---

[391] Cf. Antonio Remiro Brotons (*et al.*). *Derecho internacional*, cit., p. 1028; e James Crawford, *Brownlie's principles of public international law*, cit., p. 399.

[392] Cf. Antonio Cassese. *Diritto internazionale*, cit., p. 118.

[393] V. Maria de Assis Calsing. Imunidade de jurisdição de Estado estrangeiro em matéria trabalhista, in *Síntese Trabalhista*, vol. 12, nº 137, nov./2000, pp. 8-15; da mesma autora, cf. Distinção entre a imunidade de jurisdição de Estado estrangeiro e das organizações internacionais, em matéria trabalhista, in *A imunidade de jurisdição e o judiciário brasileiro*, Márcio Garcia & Antenor Pereira Madruga Filho (coords.), Brasília: CEDI, 2002, pp. 201-214; Vicente José Malheiros da Fonseca, A imunidade de jurisdição e as ações trabalhistas, in *Revista do Tribunal Superior do Trabalho*, vol. 69, nº 1, Brasília, jan./jun./2003, pp. 106-117; Carmen Tiburcio, *Extensão e limites da jurisdição brasileira...*, cit., pp. 299-308; e Fernanda Araújo Kallás e Caetano, *As imunidades dos sujeitos de direito internacional: análise dos novos limites propostos pelo processo de relativização*, Rio de Janeiro: Lumen Juris, 2017, pp. 80-85. Para uma análise do assunto, à luz do Direito italiano, *v.* Antonio Cassese, *Diritto internazionale*, cit., pp. 104-107.

[394] Sobre o tema, *v.* nesta Parte II o Capítulo III, Seção I, item nº 14, *infra*.

[395] V. *Orientação Jurisprudencial nº 416* da Seção de Dissídios Individuais (SDI-1) do TST (*DEJT* divulgado em 14, 15 e 16.02.2012).

brasileira uma dessas organizações, deverá o magistrado, *ex officio*, determinar a juntada do seu tratado constitutivo aos autos, para que se possa averiguar a questão precedentemente a quaisquer outras.

No Brasil, nos termos do art. 114, inc. I, a Constituição de 1988, modificado pela Emenda nº 45 de 2004, compete à Justiça do Trabalho processar e julgar "as ações oriundas da relação de trabalho, abrangidos os entes de direito público externo e da administração pública direta e indireta da União, dos Estados, do Distrito Federal e dos Municípios". Perceba-se que o texto constitucional brasileiro atribui competência à Justiça do Trabalho para processar e julgar as ações decorrentes de qualquer relação de trabalho, abrangidos os entes de direito público externo. A definição do que sejam tais "entes de direito público externo" vem expressa pelo art. 42 do Código Civil de 2002, segundo o qual tais entes compreendem "os Estados estrangeiros e todas as pessoas que forem regidas pelo direito internacional público".

Contudo, a regra do art. 114, inc. I, da Constituição não significa que a imunidade de jurisdição estatal tenha terminado. A confusão pode existir quando se confunde *competência* com *jurisdição*. O que o art. 114, inc. I, da Constituição faz é atribuir *competência* à Justiça do Trabalho para conhecer das ações oriundas das relações de trabalho, não tendo versado sua *jurisdição* sobre os entes de direito público externo. Em outros termos, nada mais faz o art. 114, inc. I, que atribuir um *foro* próprio para dar resposta a esse tipo de demanda (que passou da Justiça Federal comum para a Justiça do Trabalho), sem tocar nas eventuais normas que excluem a *jurisdição* doméstica da resolução do conflito.[396] A submissão dos entes de direito público externo à jurisdição brasileira não é automática, aplicando-se apenas quando transposto o óbice da imunidade de jurisdição. Assim, não confundindo as coisas, é bom fique nítido que a regra de *competência* estabelecida pela Carta Magna pode restar inaplicada caso outras normas afastem a *jurisdição* trabalhista interna da resolução do conflito (*v.* Capítulo III, Seção I, item nº 14, *supra*).

No ponto que ora nos ocupa, a pergunta que se coloca é se existe ou não imunidade de jurisdição quando ajuizada reclamação trabalhista contra um Estado estrangeiro ou sua missão diplomática acreditada em nosso país. Frise-se que, atualmente, no Brasil, há mais de cento e trinta embaixadas estrangeiras em funcionamento, além de outra centena de repartições consulares espalhadas pelo país. Muitas dessas repartições empregam trabalhadores brasileiros em suas atividades, nos mais diversos âmbitos (que vão de trabalhos subalternos até cargos de assessoria e técnicos). Em muitos casos, há o ajuizamento de reclamações trabalhistas perante a Justiça do Trabalho brasileira, para o fim de garantir ao trabalhador brasileiro o reconhecimento de um direito que lhe é devido, ficando a questão de saber se é possível demandar o Estado estrangeiro ou a sua repartição no Brasil no âmbito trabalhista.

É bastante comum a arguição da imunidade do Estado estrangeiro com base nas convenções de Viena sobre relações diplomáticas e consulares, seguindo o entendimento de que as mesmas são a formalização das regras consuetudinárias vigentes, sendo obrigatórias não somente *inter partes*, mas também para terceiros Estados que as aceitaram.

---

[396] Cf. Antenor Pereira Madruga Filho. *A renúncia à imunidade de jurisdição pelo Estado brasileiro e o novo direito da imunidade de jurisdição*. Rio de Janeiro: Renovar, 2003, p. 78.

506 | CURSO DE DIREITO INTERNACIONAL PÚBLICO – *Valerio de Oliveira Mazzuoli*

Ocorre que, tanto na primeira como na segunda convenção, em momento algum se estabelece qualquer regra de imunidade do Estado acreditante em relação ao Estado acreditado, a não ser quando estabelecem regras sobre a inviolabilidade dos bens da Missão (arts. 22 e 31, respectivamente). Ambas cuidam apenas das imunidades e privilégios *dos agentes* diplomáticos e consulares (estes últimos, com algumas restrições) e não propriamente das imunidades *do Estado*. No Brasil, não há tratado internacional em vigor sobre imunidade de jurisdição do Estado, sequer em matéria trabalhista.

As convenções de Viena sobre relações diplomáticas e consulares, como se vê, não regularam por completo o assunto, restando aos operadores do direito apenas a análise do costume internacional (que também é fonte do Direito Internacional) relativamente à imunidade de jurisdição estatal em matéria trabalhista.

Sem dúvida, a teoria da imunidade à jurisdição estatal, notadamente em matéria trabalhista, vem sendo relativizada com o passar dos tempos. Em 1972, com a conclusão da Convenção Europeia sobre Imunidade do Estado, assinada na Basileia (Suíça) pela Áustria, Bélgica, Alemanha, Luxemburgo, Países Baixos, Suíça e Reino Unido, ficou expressa a regra segundo a qual um Estado contratante "não pode invocar a imunidade de jurisdição em um tribunal de outro Estado contratante, se a ação se relaciona a um contrato de trabalho entre o Estado e um indivíduo, quando o trabalho tiver de ser realizado no território do Estado onde está o tribunal". A posição de alguns desses países, como a Áustria, é a de submeter à jurisdição local todas as reclamações trabalhistas, "sem que se possa fazer valer qualquer tipo de imunidade", sendo também esta a prática "predominante nos países da Europa continental, Estados Unidos da América e Reino Unido".[397]

O costume internacional atual, vigente na grande maioria dos países, é no sentido da não aceitação da imunidade de jurisdição do Estado em matéria trabalhista, quando ajuizada contra ele reclamação trabalhista em outro Estado estrangeiro.[398] No Brasil, o Supremo Tribunal Federal também já assentou o entendimento de que não há mais imunidade de jurisdição contra Estado estrangeiro em matéria trabalhista.[399] O STF entendeu que a *regra*

---

[397] Trecho da resposta da embaixada do Brasil em Viena (*Telegrama 384*, de 22 de outubro de 1985) à consulta do então Consultor Jurídico do Ministério das Relações Exteriores, Prof. Antônio Augusto Cançado Trindade, publicada no seu *Parecer*, de 22 de abril de 1986, intitulado "A Questão da Imunidade de Jurisdição do Agente Diplomático em Matéria Trabalhista", in *Pareceres dos Consultores Jurídicos do Itamaraty*, vol. VIII (1985-1990), Antônio Paulo Cachapuz de Medeiros (org.), Brasília: Senado Federal, 2004, pp. 265-266.

[398] Assim também é o entendimento da doutrina, segundo a qual é ultrapassada a teoria da imunidade de jurisdição do Estado estrangeiro "para as ações trabalhistas, em que se demanda crédito de natureza alimentar, na medida em que ninguém, ainda que ente de direito público externo, pode ficar imune de julgamento relativo ao interesse de um cidadão nacional, sobretudo na reivindicação de direitos fundamentais, como são os direitos trabalhistas" (Vicente José Malheiros da Fonseca. A imunidade de jurisdição e as ações trabalhistas, cit., p. 110).

[399] Para os precedentes do STF sobre o tema, *v.* Apelação Cível nº 9.696-3/SP, rel. Min. Sydney Sanches, julg. 31.05.89, in *RTJ* 133/159. Foi a partir desse julgamento – conhecido como "Caso Genny", originário de uma reclamação trabalhista em que Genny de Oliveira promoveu em face da embaixada da República Democrática Alemã – que o STF relativizou o costume até então vigente para reconhecer a jurisdição brasileira em matéria trabalhista. Destaque-se que não estava em jogo, naquela oportunidade, a questão das imunidades das *organizações internacionais* em matéria trabalhista, para as quais não se trata

Parte II · Cap. II · O ESTADO NO DIREITOINTERNACIONAL PÚBLICO | **507**

costumeira que existia no passado, e que era o único fundamento que justificava a extinção liminar do processo, não mais subsiste atualmente (a partir de 1972), por ter sido modificada com a edição da Convenção Europeia da Basileia sobre as imunidades do Estado, reafirmada com as leis dos Estados Unidos[400] e do Reino Unido,[401] que introduziram limites à teoria da imunidade estatal absoluta.[402] Do voto proferido pelo Min. Francisco Rezek, em 31 de maio de 1989, no conhecido caso *Genny v. República Democrática Alemã*, pode-se colher o seguinte excerto: "Numa vertente, temos as imunidades pessoais resultantes das duas Convenções de Viena, de 1961 e de 1963, ambas em vigor para o Brasil e relacionadas, a primeira com o serviço diplomático, e a segunda com o serviço consular. Quando se cuide, portanto, de um processo de qualquer natureza, penal ou cível, cujo pretendido réu seja membro do serviço diplomático estrangeiro aqui creditado, ou em determinadas hipóteses bem reduzidas do serviço consular estrangeiro, operam em sua plenitude textos de Direito Internacional escrito, tratados que, num certo momento, se convencionaram lá fora e que entraram em vigor para o Brasil, sendo aqui promulgados. Ficou claro, não obstante, que nenhum dos dois textos de Viena, do romper da década de 60, dizem da imunidade daquele que, na prática corrente, é o réu preferencial, ou seja, o próprio Estado estrangeiro".[403] E, como se depreende de decisão mais recente do STF, de que foi relator o Min. Celso de Mello, o Estado estrangeiro "não dispõe de imunidade de jurisdição, perante órgãos do Poder Judiciário brasileiro, quando se tratar de causa de natureza trabalhista", sendo certo que "o privilégio resultante da imunidade de execução não inibe a justiça brasileira de exercer jurisdição nos processos de conhecimento instaurados contra Estados estrangeiros".[404]

---

de aplicar qualquer *costume*, mas *textos escritos* (tratados) sobre as imunidades desses organismos (*v.* Capítulo III, Seção I, item n° 14, *infra*).

[400] *Foreign Sovereign Immunity Act* (1976).

[401] *State Immunity Act* (1978).

[402] Sobre o assunto, cf. Guido Fernando Silva Soares, As imunidades de jurisdição na justiça trabalhista brasileira, in *Boletim da Sociedade Brasileira de Direito Internacional*, ano XLV, vols. 77/78, Brasília, jan./mar./1992, pp.101-123; e Valentin Carrion, *Comentários à Consolidação das Leis do Trabalho*, 29ª ed., atual. por Eduardo Carrion, São Paulo: Saraiva, 2004, pp. 490-492. Nesse exato sentido, *v.* a Nota Circular n° 560/DJ/CJ, de 14.02.1991, do MRE, que assim dispõe: "O Ministério das Relações Exteriores cumprimenta as Missões Diplomáticas acreditadas em Brasília e, a fim de atender às frequentes consultas sobre processos trabalhistas contra Representações Diplomáticas e Consulares, recorda que: *a*) em virtude do princípio da independência dos Poderes, consagrado em todas as Constituições brasileiras, e que figura no artigo segundo da Constituição de 1988, é vedada ao Poder Executivo qualquer iniciativa que possa ser interpretada como interferência nas atribuições de outro Poder; *b*) a Convenção de Viena sobre Relações Diplomáticas de 1961, assim como a de 1963, sobre Relações Consulares, não dispõe sobre matéria de relações trabalhistas entre Estado acreditante e pessoas contratadas no território do Estado acreditado; *c*) ante o exposto na letra 'b', os Tribunais brasileiros, em sintonia com o pensamento jurídico atual, que inspirou, aliás, a Convenção Europeia sobre Imunidade dos Estados, de 1972, o 'Foreign Sovereign Immunity Act', dos Estados Unidos da América, de 1976, e o 'State Immunity Act' do Reino Unido, de 1978, firmaram jurisprudência no sentido de que as pessoas jurídicas de direito público externo não gozam de imunidades no domínio dos 'atos de gestão', como as relações de trabalho estabelecidas localmente; *d*) a Constituição brasileira em vigor determina, em seu art. 114, ser da competência da Justiça do Trabalho o conhecimento e julgamento desses litígios".

[403] STF, Apelação Cível n° 9.696-3/SP, já cit. Cf. ainda *RTJ* 161/643-644.

[404] STF, *RE* 222.368, AgR/PE, 2ª Turma, rel. Min. Celso de Mello, julg. 30.04.2002, *DJ* 14.02.2003. Para detalhes, *v.* Arnaldo Sampaio de Moraes Godoy, As imunidades das embaixadas nas execuções traba-

Essa imunidade, vê-se, diz respeito tão somente ao processo de conhecimento, não abrangendo o processo de execução. Ou seja, somente no que diz respeito à imunidade *de execução* em matéria trabalhista é que o princípio em tela subsiste, restringindo-se, porém, aos *bens* do Estado ou da missão diplomática, pois expressamente protegidos pelas convenções de Viena sobre relações diplomáticas e consulares já citadas, às quais o Brasil se obrigou juridicamente. Portanto, ainda que o Estado estrangeiro se submeta voluntariamente à jurisdição brasileira em matéria trabalhista, isto não se estende ao processo de execução, em relação ao qual nova renúncia será necessária, exatamente pelo fato de seus bens (aqueles *afetados*) estarem salvaguardados pela cláusula de inviolabilidade. Esta decisão do Supremo Tribunal Federal pode parecer incongruente, mas foi talvez a única maneira de não deixar a parte (reclamante) totalmente insatisfeita com a demanda, uma vez que praticamente todos os bens da legação estrangeira que se encontram em território nacional (os quais poderiam garantir a execução) estão protegidos pela inviolabilidade, à luz das Convenções de Viena de 1961 e 1963.

A imunidade de execução relativamente aos bens estatais ou da missão diplomática não induz à conclusão de que, uma vez condenado o Estado na justiça trabalhista brasileira, não poderá haver a execução da sentença. Será perfeitamente possível executar a sentença (caso o Estado não salde a dívida espontaneamente) se tiver o Estado bens no país que não estejam ligados à representação diplomática ou consular (bens *desafetados*), e ainda por carta rogatória, desde que observados o que dispõem as leis e os tratados bilaterais sobre a matéria. Tal ocorreu com os bens do extinto Lloyd Brasileiro,[405] em Roma, penhorados pela Justiça italiana, e com os bens do então (também extinto) Instituto Brasileiro do Café, na Alemanha Federal, penhorados na cidade de Bonn ao final de algumas ações de natureza trabalhista. De qualquer forma, o que se deve reputar como equívoco é persistir na tese de que um julgamento (ou a vitória no processo de conhecimento) não tem qualquer valor por não ter sido seguido de execução, a qual poderá realizar-se por outros meios, especialmente por boa-fé. Por isso, não raras vezes a prática tem demonstrado que o Estado condenado em processo cognitivo cumpre *sponte sua* a sentença sem maiores transtornos ao reclamante.

Em resumo, pode-se dizer que, no que toca à imunidade de jurisdição, duas exceções se apresentam: *a*) uma, quando o Estado estrangeiro *renuncia* à sua imunidade, autorizando o prosseguimento da execução contra ele; e *b*) outra, quando existem bens desse mesmo Estado situados em território nacional que estejam *desafetados*, ou seja, não protegidos pela

---

lhistas na construção jurisprudencial do Supremo Tribunal Federal, in *Revista do Instituto do Direito Brasileiro*, ano 2, nº 7, Lisboa, 2013, pp. 7.087-7.092. Em sentido contrário, *v.* a crítica de Luis Ivani de Amorim Araújo, para quem "todos os que, embora nacionais do Estado acreditado, trabalham nas missões diplomáticas e nos consulados situados em nosso território estão ao desamparo da legislação e jurisdição local", não podendo o princípio trabalhista de proteção se sobrepor aos textos internacionais em vigor [seguindo a lição de Coqueijo Costa, *Direito judiciário do trabalho*, Rio de Janeiro, 1978, p. 28]; assim, conclui Luis Ivani que "os juízes trabalhistas, na suposição de dissídios previstos no artigo 114 [da Constituição de 1988] transcrito, somente poderão conhecê-los ocorrendo, por parte do Estado estrangeiro, renúncia às imunidades jurisdicionais de seus Agentes" (*Curso de direito internacional público*, cit., pp. 176-177).

405 Trata-se da *Companhia de Navegação Lloyd Brasileiro*, fundada em 19 de fevereiro de 1894, e extinta em outubro de 1997, durante o governo de Fernando Henrique Cardoso com o plano nacional de desestatização.

Parte II · Cap. II · O ESTADO NO DIREITOINTERNACIONAL PÚBLICO | 509

inviolabilidade das convenções de 1961 e 1963. Em nenhum desses momentos o Estado em causa tem anulada ou diminuída sua *soberania*. Pelo contrário: a submissão à jurisdição de um Estado estrangeiro é um ato soberano, livre e consciente. A relativização das imunidades de jurisdição do próprio Estado, como no caso trabalhista, não faz operar qualquer perda de soberania. Esta qualidade se mantém na sua inteireza, apenas com a diferença que para os atos *jus gestionis* não haverá mais imunidade à jurisdição doméstica.

O Tribunal Superior do Trabalho, em caso decidido em 2005, concedeu parcialmente um mandado de segurança impetrado pela Federação da Malásia contra o bloqueio de conta--correntes de sua embaixada para a quitação de débitos trabalhistas. A decisão, contudo, autorizou o prosseguimento da execução quanto aos bens "que forem comprovadamente desafetos à Missão diplomática" do País. Entenderam o juízo *a quo* e o Tribunal Regional do Trabalho que, de acordo com a Convenção de Viena sobre Relações Diplomáticas de 1961, seriam impenhoráveis "apenas e tão somente os locais da missão diplomática, seu mobiliário e demais bens ali situados, assim como seus meios de transporte". Como as conta-correntes tinham como titular o escritório comercial da embaixada, concluíram não se tratar de bem impenhorável. Analisando o recurso ordinário impetrado pela Malásia, o TST decidiu pela "ilegalidade da determinação de penhora de conta- corrente de Estado estrangeiro, salvo quando cabalmente demonstrada sua utilização para fins estritamente mercantis, porque nesse caso o dinheiro ali movimentado estaria desvinculado dos fins da Missão diplomática". Mas o relator observou que tanto a doutrina quanto a jurisprudência do STF "admitem a incidência de medidas expropriatórias contra bens não afetos à representação diplomática ou consular", e que a imunidade de execução dos Estados estrangeiros tem caráter restritivo. Daí, então, ter o tribunal concedido parte da segurança, declarando a imunidade à execução das contas bancárias penhoradas e determinando seu imediato desbloqueio, "porém autorizando o prosseguimento da execução quanto aos bens que forem comprovadamente desafetos à Missão diplomática".[406]

---

[406] *V.* "TST libera contas da Malásia mas autoriza seguimento da execução", in *Notícias do Tribunal Superior do Trabalho*, de 04.07.2005. Em outro caso, julgado em setembro de 2014, a Subseção 2 Especializada em Dissídios Individuais do TST negou provimento a recurso interposto pelo Sindicato Nacional dos Trabalhadores em Embaixadas, Consulados, Organismos Internacionais e Empregados que laboram para Estado Estrangeiro ou para Membros do Corpo Diplomático Estrangeiro no Brasil (SindNações) e liberou, em favor dos Estados Unidos da América, depósito em dinheiro feito em conta judicial, decorrente de leilão realizado pela missão diplomática. Os valores haviam sido bloqueados pelo juízo da 18ª Vara do Trabalho de Brasília, em ação trabalhista de cobrança de contribuição sindical movida pelo SindNações, na qual deferiu o arresto do dinheiro obtido em leilão de móveis feito pela missão para levantar fundos para a aquisição de novo mobiliário. Contra essa decisão, os EUA impetraram mandado de segurança alegando ter imunidade em razão da Convenção de Viena sobre Relações Diplomáticas, que prevê que os locais da missão, seu mobiliário e demais bens não podem ser objeto de busca, requisição, embargos ou execução. O TRT da 10ª Região (DF-TO) extinguiu o mandado de segurança, por entender que a impugnação deveria ser feita por recurso próprio (segundo a *Orientação Jurisprudencial 92* da SDI-2). Os EUA recorreram ao TST, que entendeu, em decisão unânime, que "não se pode presumir que o leilão de bens afetos à missão diplomática – impenhoráveis por natureza – afaste ou desvincule o produto obtido em moeda nacional das atividades vinculadas à representação do Estado estrangeiro" (cf. "TST desbloqueia dinheiro decorrente de leilão de móveis da Embaixada dos EUA", in *Notícias do Tribunal Superior do Trabalho*, de 01.09.2014).

Além da possibilidade de pagamento espontâneo da dívida trabalhista pelo Estado estrangeiro acreditado no Brasil, também não se exclui a possibilidade do envio de carta rogatória ao Judiciário de origem, observados os princípios constantes de tratados (normalmente bilaterais) entre ambos os Estados.

O problema que fica diz respeito ao ônus suportado pelo particular (*v.g.*, o *reclamante* em matéria trabalhista) vitorioso no processo de conhecimento, mas que nada recebeu a título indenizatório por não terem sido encontrados bens do Estado estrangeiro não protegidos pelas convenções de Viena de 1961 e 1963. Nesse caso, há quem defenda a responsabilidade da União pelo débito judicial do Estado estrangeiro, pela aplicação da teoria do risco integral ou da responsabilidade objetiva.[407] Nesse sentido, entende-se que foi a União a responsável, em virtude dos compromissos internacionais que acordou com outros Estados estrangeiros, pela situação de ineficácia da medida executória que deixou a parte brasileira na situação de quem *vence a demanda, mas não recebe o quanto devido.* Segundo esse entendimento, que deve ser tomado com parcimônia, o ônus sofrido pelo particular seria repartido entre toda a sociedade, pela responsabilidade da União nesse caso. A parcimônia a que se refere diz respeito ao cuidado que se deve ter em tornar a União *pagadora universal* de quaisquer atos afetos ao Estado que ela, no plano interno, representa.

9. Imunidade de execução. Em se tratando de imunidades, o fato de um juiz conhecer uma pretensão não determina a exequibilidade da sentença, uma vez que o *conhecimento* da ação difere da *execução* da sentença, especialmente quando se trata de impor medidas restritivas a bens de Estados estrangeiros. Como leciona Guido Soares, são duas as imunidades, ou dois aspectos da mesma imunidade: quando se trata "do conhecimento (presença do réu, obrigação exequível no território, presença de bens no foro etc.) e da execução, cujo elemento fundamental de conexão com o foro é a existência de bens no território do país onde ela se efetua. Por outro lado, há casos em que a declaração judicial de um direito exigível seja feita numa jurisdição e a execução pedida em outra, exatamente onde haja bens a ser penhorados".[408] Seja quando há bens no território do Estado capazes de garantir a execução, ou mesmo quando deva esta realizar-se em outra jurisdição, pelo fato de apenas lá haver bens possíveis de sofrer penhora, há que se concordar com Jean-Flavien Lalive de que é falsa a ideia de que um julgamento não seguido de execução está destituído de eficácia jurídica,[409] mesmo porque tal execução pode dar-se de boa-fé (extrajudicialmente) pelo Estado estrangeiro, em respeito à *força moral* do direito declarado pelo Judiciário, tal como se deu, no Brasil, no caso *Governo Imperial do Irã.*[410]

O problema relativo à imunidade de execução tem duas faces, que podem ser consideradas como dois grandes inconvenientes, quais sejam: *a*) relativamente às pessoas vencedoras

---

[407] Cf. Antenor Pereira Madruga Filho. *A renúncia à imunidade de jurisdição pelo Estado brasileiro e o novo direito da imunidade de jurisdição,* cit., p. 420.

[408] V. Guido Fernando Silva Soares. *Das imunidades de jurisdição e de execução,* cit., p. 199 e ss. Ainda sobre o assunto, *v.* James Crawford, *Brownlie's principles of public international law,* cit., pp. 502-504; e Fernanda Araújo Kallás e Caetano, *As imunidades dos sujeitos de direito internacional...,* cit., pp. 114-127.

[409] Cf. Jean-Flavien Lalive. L'immunité de juridiction des États et des organisations internationales, cit., p. 274.

[410] Cf. Guido Fernando Silva Soares. *Das imunidades de jurisdição e de execução,* cit., p. 199; e Carmen Tiburcio, *Extensão e limites da jurisdição brasileira...,* cit., p. 344.

Parte II · Cap. II · O ESTADO NO DIREITOINTERNACIONAL PÚBLICO | **511**

do processo de conhecimento fica o problema da falta de execução da sentença, que se traduz em denegação de justiça; e *b*) em relação aos titulares da imunidade surge a questão da *falta de credibilidade* que os mesmos passarão a ter diante das pessoas de direito privado que com os mesmos negociam, as quais provavelmente passarão a não mais realizar negócios jurídicos com eles temendo a falta de amparo judiciário na execução de eventual sentença em todos os seus termos procedente.[411]

Não obstante esses problemas, algumas soluções devem ser encontradas, a fim de que a execução de sentença condenatória prolatada contra um Estado estrangeiro, ou seus representantes, seja (com um mínimo de justiça) satisfeita. Assim, podemos dividir nossos comentários (como fez Guido Soares) em três grupos: *a*) relativamente aos *agentes do Estado*; *b*) relativamente aos *organismos internacionais*; e *c*) relativamente *ao próprio Estado*.[412] Vejamos:

a) *Dos agentes do Estado*. No que se refere aos agentes diplomáticos, os meios para se obter a satisfação da execução são: 1) a renúncia (sempre expressa) das imunidades do agente por parte do Estado acreditante; 2) a renúncia pelo próprio agente diplomático; 3) a demanda iniciada no próprio país de origem do agente diplomático, tal como estabelecido pelo *Institut de Droit International*, na sua sessão de Cambridge de 1895; e 4) o recurso a procedimentos extrajudiciais, dos quais o mais comum é a arbitragem (ainda que com os problemas do inadimplemento do laudo arbitral e de sua homologação pela Justiça estatal, em que as imunidades voltariam a aparecer, o que infelizmente não foi resolvido pela Convenção de Viena sobre Relações Diplomáticas de 1961). No que se refere à imunidade de jurisdição *criminal* dos chefes de Estado, deve-se ter como certo que a sua execução é sempre *total*, e decorre do princípio segundo o qual os representantes máximos de um Estado não podem sofrer condenação criminal em outro.

b) *Dos organismos internacionais*. Tem-se entendido que tanto a Organização das Nações Unidas como seus organismos especializados não podem renunciar à sua imunidade de jurisdição quando de suas relações com pessoas de direito privado.[413] Mas isto não exclui, para a satisfação do direito da parte, o recurso à arbitragem. Tal ocorre, normalmente, para dar executoriedade (a qual deve dar-se de boa-fé) às obrigações de tais organismos internacionais relativamente a inadimplementos contratuais. O laudo não cumprido de boa-fé pode ser levado à execução no Judiciário estatal (sem a necessidade de homologação judicial em alguns países, como nos Estados Unidos e na Suíça). Relativamente aos funcionários de organizações internacionais e aos agentes do Estado que atuam junto a elas, as mesmas regras atinentes aos agentes diplomáticos são aplicáveis.

c) *Do próprio Estado*. Não é fácil a execução de bens do *próprio Estado* estrangeiro levada a efeito por uma pessoa de direito privado, mesmo naqueles países em que se reconhece o princípio da legalidade, uma vez que tal execução – principalmente tratando-se de bens destinados a um serviço público – tem sido protegida pela regra da imunidade, o que torna o pleito executório como juridicamente impossível de ser levado a cabo. De fato, a prática internacional tem demonstrado que a pretensão em executar bens de um Estado estrangeiro situados no território

---

[411] Cf. Guido Fernando Silva Soares. *Das imunidades de jurisdição e de execução*, cit., pp. 199-200.

[412] *V*. Guido Fernando Silva Soares. Idem, pp. 200-226 (em quem vamos nos fundamentar).

[413] Cf. Jean-Flavien Lalive. L'immunité de juridiction des États et des organisations internationales, cit., p. 339 e ss.

512 | CURSO DE DIREITO INTERNACIONAL PÚBLICO – *Valerio de Oliveira Mazzuoli*

do Estado do foro tem sido causa de inúmeros protestos diplomáticos, baseados na proibição existente no Direito Internacional de se levar adiante tal execução (*v. infra*). Em alguns países, contudo, tal execução tem sido admitida mediante a presença de certos requisitos. Na Itália, por exemplo, a execução promovida por pessoas de direito privado contra bens de Estado estrangeiro situados no Estado acreditado é possível mediante prévia autorização do Ministro da Justiça (Lei de 1926). Na Alemanha, por sua vez, já se admitiu a execução de bens de Estado estrangeiro quando utilizados *jure gestionis*, salvo quanto aos bens móveis e imóveis da missão diplomática, navios de guerra e equipamentos das forças armadas estrangeiras.[414]

No Brasil, as sentenças condenatórias prolatadas por tribunais brasileiros contra Estados estrangeiros, que poderiam ser objeto de execução forçada, têm sido normalmente cumpridas amigavelmente. Tal demonstra que o problema pode escapar à órbita do Judiciário e ingressar no plano da diplomacia. Porém, há casos em que o Estado estrangeiro se recusa em cumprir amigavelmente a sentença condenatória proferida pela Justiça brasileira, quando então nasce a questão de saber se seria possível deflagrar processo de execução contra tal Estado estrangeiro perante o Judiciário local (matéria cuja competência originária é do STF – CF, art. 102, inc. I, alínea *e*). Segundo a jurisprudência do STF, diferentemente do que ocorre no caso da imunidade *de jurisdição*, que pode sofrer abrandamentos, em especial quando se tratar de controvérsia relativa a direito privado, tal como a de caráter trabalhista (*v.* item nº 8, *supra*), no que concerne à imunidade *de execução*, o entendimento é no sentido de tratar-se de imunidade *absoluta*, salvo o caso de renúncia expressa à imunidade.[415] Ressalve-se o entendimento do Min. Celso de Mello (que restou vencido) no sentido de que "além *da hipótese de renúncia* por parte do Estado estrangeiro à imunidade de execução, também se legitimará o prosseguimento do processo de execução, com a consequente prática *de atos de constrição patrimonial*, se e quando os bens atingidos pela penhora, *p. ex.*, não guardarem vinculação específica com a atividade diplomática e/ou consular desempenhada, em território brasileiro, por representantes de Estados estrangeiros"; assim, para o Min. Celso de Mello, "a imunidade de execução, à semelhança do que sucede com a imunidade de jurisdição, *também não constitui prerrogativa institucional absoluta* que os Estados estrangeiros possam opor, quando instaurado, contra eles, perante o Poder Judiciário brasileiro, processo de execução".[416] Nesse caso, a seguir esse entendimento, caberia à União demonstrar, perante o STF, que existem bens do Estado estrangeiro, em território brasileiro, passíveis de constrição judicial por não estarem afetados à atividade diplomática ou consular. Frise-se, contudo, que apesar de coerente tal posicionamento, não é esse o entendimento atual (por maioria) do Supremo Tribunal Federal, que ainda reconhece "a impossibilidade jurídica de se promover execução judicial contra representações diplomáticas e/ou consulares de Estados estrangeiros".[417]

---

[414] *V.* Ian Sinclair. The European Convention on State Immunity, in *International and Comparative Law Quarterly*, vol. 22 (1973), p. 254.

[415] STF, Ação Cível Originária nº 709/SP, rel. Min. Celso de Mello, julg. 26.08.2013, *DJe* 30.08.2013. Precedentes: ACO 542-AgR, rel. Min. Carlos Velloso, *DJ* 09.05.2003; ACO 522-AgR e 634-AgR, rel. Min. Ilmar Galvão, *DJ* 23.10.98 e 31.10.2002; ACO 527-AgR, rel. Min. Nelson Jobim, *DJ* 10.12.99; e ACO 645, rel. Min. Gilmar Mendes, *DJ* 17.03.2003.

[416] STF, Ação Cível Originária nº 709/SP, rel. Min. Celso de Mello, julg. 26.08.2013, *DJe* 30.08.2013.

[417] STF, Ação Cível Originária nº 709/SP, rel. Min. Celso de Mello, julg. 26.08.2013, *DJe* 30.08.2013; e ainda, AI 597.817/RJ, rel. Min. Dias Toffoli, *DJe* 21.03.2011; ARE 678.785/SP, rel. Min. Dias Toffoli, *DJe* 06.03.2013; e AI 743.826/RJ, rel. Min. Rosa Weber, *DJe* 31.05.2013.

Parte II · Cap. II · O ESTADO NO DIREITOINTERNACIONAL PÚBLICO | **513**

No plano internacional, a Convenção sobre Imunidades Jurisdicionais do Estado e de Seus Bens (2005) regula a matéria no seu art. 19, relativo à imunidade estatal nas medidas de execução forçada. Nos termos desse dispositivo, medidas como arresto, embargo ou outro meio executivo, não poderão ser decretadas contra bens do Estado relativamente a um processo desse Estado em trâmite num tribunal de outro Estado, a menos que o Estado contra o qual se queira executar um bem: *a)* tenha expressamente consentido em sofrer as medidas de execução tal como manifestado (i) em um tratado internacional, (ii) por acordo de arbitragem ou num contrato escrito, ou (iii) por declaração escrita e expressa perante a corte, depois do surgimento da controvérsia entre as partes; *b)* tenha reservado ou afetado tal bem para a satisfação do pedido, objeto do processo em causa; ou *c)* utilize tal bem com outra finalidade que não a dos serviços públicos sem fins comerciais, e o mesmo esteja situado no território do Estado onde se promove a execução e tenha relação com o objeto da demanda. O art. 21 da convenção especifica quais classes de bens se enquadram na categoria de bens utilizados pelo Estado "com outra finalidade que não a de serviço público sem fins comerciais" (referidos pela alínea *c* do art. 19) e que não podem ser objeto de execução forçada perante a Justiça de outro Estado. São eles: *a)* os bens, inclusive contas bancárias, utilizados pela missão diplomática ou pelas repartições consulares para o alcance das suas finalidades, assim como os utilizados pelas missões especiais perante organizações internacionais ou em conferências internacionais; *b)* os bens de caráter militar, ou destinados a sê-lo, utilizados para propósitos militares; *c)* os bens do Banco Central ou de outra autoridade monetária do Estado; *d)* os bens pertencentes ao patrimônio cultural do Estado ou que façam parte dos seus arquivos e não se encontrem ou não estejam destinados à venda; e *e)* os bens que façam parte de uma exposição de objetos de interesse científico, cultural ou histórico, e que não se encontrem destinados à venda.

SEÇÃO V – RESPONSABILIDADE INTERNACIONAL DOS ESTADOS

1. Introdução. A tradição jurídica e a doutrina da teoria do direito têm normalmente assinalado a necessidade de serem as normas jurídicas *gerais e abstratas*, emanadas de uma *autoridade* e providas de *sanção* para o caso de seu descumprimento. No Direito Internacional Público, este último aspecto (a *sanção*) é mais elemento de sua eficácia que de sua existência. Daí a afirmação de alguns autores de que, possivelmente, "dentre os assuntos relevantes do Direito Internacional Público", não há outro "de maior importância do que este",[418] para a qual esta Seção é dedicada. Dentro desse quadro, as normas internacionais detêm generalidade e abstração, emanam de uma autoridade conjunta, composta por atores internacionais juridicamente coordenados e em pé de igualdade, e ainda contêm variados meios de resposta ao descumprimento de seus comandos. Essa *resposta* que o Direito Internacional dá aos Estados que infringem as suas regras – e que é elemento de sua eficácia como ramo jurídico – é representada fundamentalmente pelo instituto da *responsabilidade internacional*.

Como se percebe, o conceito de *responsabilidade* no contexto internacional é muito mais *coletivo* que *individual*. Quando um agente ou funcionário do Estado erra e comete violação de direito de outrem, ou quando um tribunal interno deixa de aplicar um tratado vigente, negando eventual direito a um estrangeiro protegido por esse tratado, é *o Estado* para o qual

---

[418] Oliveiros Litrento. *Curso de direito internacional público*, cit., p. 131.

o agente trabalha que, em princípio, responde pelo dano na órbita internacional (ainda que os indivíduos que o compõem nada tenham a ver com o ilícito cometido). A responsabilidade *individual* (agora mais nítida com a criação do Tribunal Penal Internacional) é, por sua vez, subsidiária das jurisdições estatais e tem um relevo por enquanto menor no plano externo, não obstante estar cada vez mais em voga.[419]

O instituto da responsabilidade internacional tem, ainda, uma existência que pode ser chamada de *precária*. Isto pelo fato de a sociedade internacional ser descentralizada, em que falta poder central vinculante e mecanismos mais eficazes de coação estatal (*v.g.*, mecanismos de execução automática de sentenças internacionais etc.). Não obstante esse quadro já conhecido, o certo é que o estudo da responsabilidade internacional dos Estados é um dos pressupostos necessários à compreensão do funcionamento da sociedade internacional.

Seja como for, não se põe em dúvida que a responsabilidade internacional dos Estados constitui princípio fundamental do Direito Internacional Público,[420] sendo corolário lógico da igualdade soberana de todos os Estados na órbita internacional. A finalidade do instituto – também considerado por outros juristas "como um princípio geral de Direito Internacional"[421] – é, em última análise, *reparar* e *satisfazer*, respectivamente, os danos materiais e éticos sofridos por um Estado em decorrência de atos praticados por outro.

2. Projeto de convenção internacional da ONU. Em 1996, a Comissão de Direito Internacional das Nações Unidas aprovou, em sua 48ª Sessão, o texto do primeiro projeto (*draft*) de convenção internacional sobre responsabilidade do Estado por atos internacionalmente ilícitos, desenvolvido com base nos trabalhos de sistematização do Prof. Roberto Ago.[422] Posteriormente, atendendo às críticas de alguns países, o projeto inicial (a partir de 1997) foi revisto pela mesma Comissão – agora sob a relatoria do Prof. James Crawford – e finalmente aprovado em 9 de agosto de 2001, na sua 53ª Sessão.[423] Após sua aprovação, o projeto foi encaminhado à Assembleia Geral da ONU para que esta verifique (até o presente momento tal não ocorreu) a possibilidade de adoção do seu texto, abrindo-se a oportunidade para as assinaturas e respectivas ratificações dos Estados.[424] Frise-se que, na ONU, o *draft*

---

[419] Cf. Antonio Cassese. *Diritto internazionale*, cit., pp. 20-21.

[420] Cf. Hildebrando Accioly. *Tratado de direito internacional público*, vol. I, cit., p. 274.

[421] Ian Brownlie. *Princípios de direito internacional público*, cit., p. 458. Atualmente, pode-se dizer que esse "princípio geral de Direito Internacional", referido por Brownlie, tem sido cada vez mais transposto em *tratados* ou aceito como *costume* no plano internacional. A respeito, *v.* Jomara de Carvalho Ribeiro, *A responsabilidade do Estado perante a Corte Internacional de Justiça*, cit., pp. 42-44.

[422] Merecem ser estudados os oito relatórios do Prof. Roberto Ago, publicados no *Yearbook of the International Law Commission* de 1969 a 1980, bem como os dos professores Willen Riphagen (1980-1986) e Gaetano Arangio-Ruiz (1988-1996), que sucederam Ago nos trabalhos de redação. Frise-se que o primeiro relator especial sobre o tema foi o Prof. Garcia-Amador (nomeado em 1955), mas cujos relatórios não foram aprovados pela CDI.

[423] Cf. Report of the International Law Commission on the Work of its Fifty-third Session, in *Official Records of the General Assembly, Fifty-sixth session,* Supplement nº 10 (A/56/10), chp. IV.E.1, November 2001; e também o *Yearbook of the International Law Commission*, vol. II (Part Two), de 2001.

[424] Para um comentário do projeto aprovado, *v.* ONU, *Draft articles on Responsibility of States for Internationally Wrongful Acts with commentaries*, 2008; e James Crawford, *The International Law Commission's*

Parte II · Cap. II · O ESTADO NO DIREITOINTERNACIONAL PÚBLICO | **515**

poderá sofrer alterações por sugestão dos Estados, quando então (possivelmente) um texto *diverso* do originalmente apresentado pela CDI será adotado. Não obstante isso, a Assembleia Geral da ONU, na sua 62ª Sessão, realizada em 2007, sugeriu aos governos dos Estados que observem o projeto de *Artigos sobre Responsabilidade do Estado por Atos Internacionalmente Ilícitos*.[425] A sugestão da ONU aos Estados é importante na medida que encoraja as soberanias nacionais a reconhecerem o *draft* como norma cristalizadora de regras internacionais anteriores à sua elaboração, facilitando a compreensão do tema relativo à responsabilidade internacional dos Estados por atos ilícitos.

Dentre os assuntos tratados no projeto, podem ser citados, exemplificativamente: os elementos da responsabilidade internacional (art. 2º); a conduta dos órgãos do Estado (art. 4º); o abuso de autoridade (art. 7º); a caracterização das violações internacionais (art. 12); a responsabilidade do Estado em conexão com ato de outro (art. 16); a coerção de Estados (art. 18); as excludentes de ilicitude internacional (arts. 20 a 25); as formas de reparação do dano (arts. 34 a 39) etc.

Nos tópicos abaixo, procuramos seguir, na medida do possível, o referido projeto de convenção sobre responsabilidade dos Estados, sendo certo (como se disse) que o mesmo ainda se encontra em discussão no âmbito da ONU para futura adoção. Apesar de não passar de um *projeto* de convenção internacional, sequer ainda adotado e em vigor, o certo, contudo, é que o *draft* elaborado pela CDI já tem servido de *guia* para vários tribunais internacionais, dentre eles a própria CIJ (influenciando também a doutrina etc.). Daí o motivo em se estudar o projeto em sua fase atual. Por fim, destaque-se que todas as citações de artigos sem citação da fonte, feitas doravante nesta Seção, serão relativas ao *draft* da convenção.

3. Conceito de responsabilidade internacional. Assim como os atos ilícitos praticados pelos cidadãos, no âmbito do Direito interno dos Estados, merecem uma devida reprimenda, a prática de um ato ilícito internacional, entendido este como todo ato violador de uma norma de DIP, por parte de um Estado em relação aos direitos de outro, gera igualmente a responsabilização do causador do dano, em relação àquele Estado contra o qual o ato ilícito foi cometido. Portanto, é princípio próprio do direito das gentes que "todo ato internacionalmente ilícito de um Estado acarreta sua responsabilidade internacional" (art. 1º), sendo então necessário que nas relações entre Estados haja um critério mínimo de justiça que mantenha estável o bom entendimento entre as potências estrangeiras, impondo àquele Estado que viola ou abala esta estabilidade um ônus jurídico com o qual deverá arcar.

A responsabilidade internacional do Estado é o instituto jurídico que visa responsabilizar determinado Estado pela prática de um ato atentatório (ilícito) ao Direito Internacional perpetrado contra os direitos ou a dignidade de outro Estado, prevendo certa reparação a este último pelos prejuízos e gravames que injustamente sofreu.[426] Este conceito leva em conta

---

articles on State responsibility: introduction, text and commentaries, Cambridge: Cambridge University Press, 2002, 391p. Mais genericamente, cf. James Crawford, *Brownlie's principles of public international law*, cit., pp. 539-603.

[425] V. Res. 62/61 (8 January 2008).

[426] V. Hildebrando Accioly. Principes généraux de la responsabilité internationale d'après la doctrine et la jurisprudence, in *Recueil des Cours*, vol. 96 (1959-I), pp. 349-441.

apenas os Estados nas suas relações entre si. É evidente que nas relações do Estado com as *pessoas* sujeitas à sua jurisdição o instituto da responsabilidade internacional *também opera*, notadamente no que diz respeito às violações estatais de direitos humanos.[427]

Nesta Seção, estudaremos prioritariamente a responsabilidade internacional dos Estados quando nas suas relações com outros Estados (no item nº 5, *infra*, falaremos também da "proteção diplomática", que opera quando a vítima é uma pessoa física ou jurídica). No que tange à responsabilidade internacional dos Estados por violação de direitos humanos no sistema interamericano, *v.* especialmente a Parte IV, Capítulo I, Seção V, itens 3 a 7. Nas linhas que seguem, contudo, o tema da responsabilidade internacional por violação dos direitos humanos aparecerá em alguns pontos.

Sob a ótica que ora nos ocupa, o instituto da responsabilidade tem dupla finalidade: *a)* visa, em primeiro lugar, coagir psicologicamente os Estados a fim de que os mesmos não deixem de cumprir com os seus compromissos internacionais (finalidade preventiva); e *b)* em segundo plano, visa atribuir àquele Estado que sofreu um prejuízo, em decorrência de um ato ilícito cometido por outro, uma justa e devida reparação (finalidade repressiva). Trata-se de um corolário ou consequência lógica do princípio da igualdade jurídica, uma vez que existe única e exclusivamente em função dela. Significa, ademais, que os Estados têm *limites de atuação* no plano internacional, não podendo agir de forma leviana, a seu alvedrio e a seu talante, prejudicando terceiros e trazendo desequilíbrio para as relações pacíficas entre os Estados.

O caso célebre que deflagrou a moderna teoria da responsabilidade internacional do Estado ocorreu em 17 de setembro de 1948, quando o mediador da ONU na Palestina, o conde sueco Folke Bernadotte, foi assassinado em Jerusalém. Junto com ele morreu o coronel André Sérot, que liderava os observadores franceses. Vários outros agentes internacionais sofreram danos pessoais, em relação aos quais reclamaram indenização. A ONU então, por meio de Resolução de 3 de dezembro de 1948, solicitou um *parecer consultivo* à CIJ, a qual, em 11 de abril de 1949, manifestou-se no sentido de poder a organização internacional apresentar ao governo *de jure* ou *de facto* responsável pelo ilícito – que não se confunde com o mal diretamente sofrido pelas vítimas e seus sucessores – uma reclamação, a fim de poder reparar-se do dano sofrido. Entendeu a Corte que a ONU, como sujeito de direito das gentes que é, detentora de personalidade jurídica distinta da dos seus membros, teria legitimidade ativa para vindicar os seus direitos por via de reclamação internacional.[428]

Esse fato demonstra que o conceito de responsabilidade internacional também é extensível às organizações internacionais intergovernamentais, que podem reclamar direitos, mas também serem demandadas por eventual violação de normas internacionais que acarretem

---

[427] Sobre o procedimento para o processamento do Estado brasileiro por violação de direitos humanos, *v.* Valerio de Oliveira Mazzuoli, *Comentários à Convenção Americana sobre Direitos Humanos (Pacto de San José da Costa Rica)*, cit., pp. 306-330 (comentários aos arts. 44 a 51) e pp. 403-412 (comentários aos arts. 66-69). Cf. ainda a obra de André de Carvalho Ramos, *Responsabilidade internacional por violação de direitos humanos: seus elementos, a reparação devida e sanções possíveis*, Rio de Janeiro: Renovar, 2004, 439p.

[428] Cf. José Francisco Rezek. *Direito internacional público...*, cit., pp. 261-262; Jean-Marie Lambert, *Curso de direito internacional público*, vol. I (*O mundo global*), cit., pp. 193-196; e James Crawford, *Brownlie's principles of public international law*, cit., pp. 180-181.

Parte II • Cap. II • O ESTADO NO DIREITOINTERNACIONAL PÚBLICO | **517**

prejuízos a terceiros. Assim, apesar de este Capítulo estar voltado precipuamente para a responsabilidade internacional dos Estados, devem os leitores estar atentos para o fato de também se incluírem nesse tema as organizações internacionais.

O estudo da responsabilidade internacional do Estado – e das organizações internacionais – é hoje um dos mais importantes dentre as disciplinas do moderno Direito Internacional Público, tanto assim que a CDI o colocou em sua primeira sessão de 1949 no rol dos quatorze problemas prioritários do direito das gentes. Em 1955, o professor cubano Garcia Amador foi nomeado relator, e nesse posto, submeteu seis relatórios à CDI. A questão voltou à tona em 1962, já com novo relator (o professor italiano Roberto Ago), na qual foi salientada as inúmeras dificuldades de sistematização envolvendo a matéria.

4. Características da responsabilidade internacional. O princípio fundamental da responsabilidade internacional traduz-se numa ideia de justiça, segundo a qual os Estados estão vinculados ao cumprimento daquilo que assumiram no cenário internacional, devendo observar seus compromissos de boa-fé e sem qualquer prejuízo aos outros sujeitos do direito das gentes. Portanto, o Estado é internacionalmente responsável por toda ação ou omissão que lhe seja imputável de acordo com as regras do Direito Internacional Público, e das quais resulte violação de direito alheio ou violação abstrata de uma norma jurídica internacional por ele anteriormente aceita.

O instituto da responsabilidade internacional do Estado, diferentemente da responsabilidade atinente ao Direito interno, visa sempre à *reparação* a um prejuízo causado a determinado Estado em virtude de ato ilícito praticado por outro. A reparação (civil) é a *restitutio naturalis* ou *restitutio in integrum*, tendo por finalidade restituir as coisas, tanto quanto possível, ao estado de fato anteriormente constituído, fazendo voltar as coisas ao *status quo* como forma de satisfação.[429] Se este restabelecimento não for possível, ou caso seja possível apenas parcialmente, o prejuízo deve ser reparado (pecuniariamente) por meio de *indenização* (*dommages-intérêts*) ou *compensação*. Assim, a reparação deve ser substituída pela indenização ou compensação, sempre que não for possível, material ou juridicamente, reparar o dano causado pelo ato ilícito estatal. Aliás, a reparação em dinheiro é a prática que mais comumente se tem apresentado no quadro de uma demanda internacional envolvendo a responsabilidade do Estado. A questão que se coloca, nesse caso, é a de saber quais os critérios para se chegar a uma *reparação justa*. O que se tem pacificamente aceito é que nessa, indubitavelmente, se incluem os *juros de mora* e os *lucros cessantes* (que o Estado ou o indivíduo lesados deixaram de auferir), não se incluindo entre os *danos indiretos* sofridos pelo Estado em decorrência do ilícito internacional, como decidiu o tribunal arbitral formado em 1872 (com representante brasileiro inclusive, o Sr. Marcos Antônio de Araújo, Visconde de Itajubá) no famoso caso *Alabama* entre os EUA e a Grã-Bretanha.[430] Isto porque, em geral,

---

[429]   Sobre o assunto, *v.* Ian Brownlie, *Princípios de direito internacional público*, cit., pp. 486-487.

[430]   O caso era relativo à acusação dos Estados Unidos da América, logo após a Guerra da Secessão, que acusavam a Grã-Bretanha de ter violado o dever de neutralidade no que permitiu que navios que serviam de auxílio aos confederados do Sul se atracassem em portos seus, fazendo com que a marinha dos Estados do Norte sofresse com baixas e demais prejuízos vultosos. O principal desses navios era o *Alabama*, que acabou dando nome ao caso resolvido pelo tribunal arbitral formado por representantes da Suíça, do Brasil (o Visconde de Itajubá), da Itália e dois dos Estados em litígio. O laudo arbitral resolveu, ao final, que a Grã-Bretanha estaria obrigada a indenizar os EUA por violação do dever de neutralidade

quando se trata de *dano material*, não é difícil demonstrar a relação de causalidade entre o prejuízo sofrido pela vítima do dano e o lucro cessante.[431]

A responsabilidade internacional praticamente desconhece a responsabilidade penal, como a imposição de penas, castigos ou outras formas de repressão criminal congêneres. A responsabilidade penal, no Direito Internacional, só tem lugar excepcionalmente, como nos casos de genocídio, dos crimes de guerra e dos crimes contra a humanidade, o que já caracteriza a responsabilidade *pessoal* do indivíduo (notadamente perante o Tribunal Penal Internacional).

5. Proteção diplomática. Outra característica da responsabilidade internacional é que ela opera sempre de Estado para Estado, mesmo que o ato ilícito tenha sido praticado por um indivíduo ou ainda quando a vítima seja um particular seu. Tal significa que a pessoa (vítima da violação) não demanda *diretamente* o Estado, apenas dirigindo uma *reclamação* ao Estado de sua nacionalidade para que este a proteja internacionalmente. Quando o Estado de nacionalidade oferece proteção, ele *endossa* a reclamação da vítima e toma como *sua* a queixa alegada. Será esse *endosso* o instrumento que irá outorgar a chamada *proteção diplomática* – que nada tem a ver com os *privilégios e imunidades diplomáticos* dos quais ainda iremos tratar – de um Estado a um particular: o Estado, quando *endossa* a queixa do particular, "toma as suas dores" e passa a tratar com o outro Estado de igual para igual, a fim de ressarcir o particular do dano sofrido (daí o entendimento de que, mesmo nesse caso em que o objeto da reclamação é constituído pelo indivíduo e pelo seu patrimônio, a responsabilidade internacional opera-se de *Estado para Estado*). O Estado se substitui ao particular, tornando-se *dominus litis* e assumindo os encargos daí resultantes.

A proteção diplomática é, enfim, a atividade voltada à proteção dos direitos de um Estado em decorrência da violação desses direitos por outro sujeito, ainda que a reclamação tenha sido deflagrada por particular na defesa dos seus interesses pessoais. Como a vítima não pode agir diretamente contra o Estado causador do dano, ela se utiliza da *proteção do* Estado de que é nacional. Este último encampa seus sentimentos e deflagra, contra o Estado responsável, um pedido de indenização pelos prejuízos sofridos. Dada a importância do tema para a teoria da responsabilidade internacional é que a CDI concluiu o *Esboço de Artigos sobre Proteção Diplomática*, que foi posteriormente aprovado pela Assembleia Geral da ONU, em 2006 (onde poderá vir a sofrer alterações até a sua adoção).[432]

São condições para a concessão do endosso, desde o momento da ocorrência da lesão até a decisão final:

a) ser a vítima (pessoa física ou jurídica) *nacional* do Estado reclamante ou pessoa sob sua proteção. Frise-se ser necessário que a vítima seja nacional do Estado reclamante *desde o*

---

em quinze milhões e meio de dólares da época, dinheiro esse entendido como suficiente para que os EUA se recuperassem dos danos sofridos pelas embarcações atracadas em portos britânicos. Os árbitros negaram, entretanto, valor à tese americana de que os EUA teriam sofrido também *danos indiretos*, tais como o prolongamento da Guerra da Secessão causado pelo reforço que os barcos atracados em portos britânicos trouxeram ao exército confederado sulista, como relatado por Rezek (*Direito internacional público...*, cit., p. 280).

[431] Cf. Hildebrando Accioly. *Tratado de direito internacional público*, vol. I, cit., p. 356.

[432] V. Res. 62/67 (8 January 2008). Sobre o trabalho da CDI nesse tema, *v.* James Crawford, *Brownlie's principles of public international law*, cit., pp. 517-518.

Parte II • Cap. II • O ESTADO NO DIREITOINTERNACIONAL PÚBLICO | **519**

momento da ocorrência da lesão (e até a decisão final); por esse motivo, a *naturalização* de uma pessoa com a exclusiva finalidade de ser protegida diplomaticamente não autoriza a concessão do endosso por parte do Estado (eis que, nesse caso, o indivíduo não mantém com a nova soberania um vínculo *efetivo* ou *genuíno* capaz de autorizar o endosso, como já decidiu a CIJ no *caso Nottebohm*, de 6 de abril de 1955); caso, porém, a naturalização seja *anterior* à violação do direito reclamado, o endosso há de ser concedido. Caso o indivíduo *mude* de nacionalidade *durante* a reclamação, entende Accioly que "se o motivo da reclamação em favor de um indivíduo que mudou de nacionalidade é uma lesão contínua ou persistente, o Estado cuja nacionalidade foi adquirida pelo dito indivíduo terá o direito de manter tal reclamação, porque, em face da própria doutrina corrente, se poderá considerar também como lesado, na pessoa de seu novo nacional".[433] Em caso de polipatria, qualquer dos Estados patriais pode protegê-la contra um terceiro Estado, sendo apenas impossível o endosso caso a reclamação seja contra um dos Estados de que também é nacional o indivíduo; a razão de ser dessa regra provém do princípio segundo o qual um Estado não pode proteger diplomaticamente quem, ainda quando tenha a sua nacionalidade, também possui a do outro Estado contra o qual a reclamação se dirige (tal como decidiu o Tribunal Arbitral Itália *x* Peru no *Caso Canevaro*, de 3 de maio de 1912);[434]

b) ter a vítima *esgotado os recursos internos* (administrativos ou judiciais) disponíveis para a salvaguarda dos seus direitos violados (desde que, é claro, essas vias internas *existam* e que haja a *possibilidade concreta* de serem elas previamente esgotadas, e desde que também não haja evidente denegação de justiça).[435] Trata-se de regra pacificamente aceita pela jurisprudência internacional desde a segunda metade do século XIX;[436] e

c) ter a vítima agido corretamente e sem culpa, ou seja, não ter ela contribuído, com seu próprio comportamento, à criação do dano (instituição conhecida como *teoria das mãos limpas*).[437] Por outro lado, quando se tem em jogo um ato ilícito cometido por particular, será o seu Estado respectivo (e não o próprio particular) que sofrerá a responsabilização internacional (a menos que este ato, como se falou no parágrafo anterior, não configure a violação de um tipo penal internacional, caso em que tal responsabilidade será pessoal).

Destaque-se que a proteção diplomática deve ser requerida ao *Estado de origem (de nacionalidade)* do indivíduo e não ao seu *Estado de residência*. Assim, imagine-se que um cidadão italiano residente permanente no Brasil tenha os seus direitos violados no Paraguai; nesse caso, não deverá pedir proteção diplomática junto ao Embaixador do Brasil no Paraguai

---

[433]   Hildebrando Accioly. *Tratado de direito internacional público*, vol. I, cit., p. 345.

[434]   *V.* Hildebrando Accioly. Idem, ibidem. Cf. também, Ian Brownlie, *Princípios de direito internacional público*, cit., pp. 504-505; e Julio D. González Campos (*et al.*), *Curso de derecho internacional publico*, cit., pp. 377-380. A respeito (*a*) da mudança de nacionalidade com a finalidade exclusiva de conseguir proteção diplomática e (*b*) da reclamação intentada contra outro Estado do qual o indivíduo também é nacional, *v.* os citados casos *Nottebohm* e *Canevaro* no Capítulo IV, Seção I, item nº 4, *infra* (quando do estudo do tema da nacionalidade).

[435]   Este requisito do *prévio esgotamento dos recursos internos* será melhor estudado no item nº 10, *infra*.

[436]   *V.* Celso D. de Albuquerque Mello. *Curso de direito internacional público*, vol. I, cit., p. 533.

[437]   Cf. Marco Gerardo Monroy Cabra. *Derecho internacional público*, cit., p. 547. Frise-se, contudo, que a regra das *mãos limpas* não foi incluída no esboço de artigos da CDI sobre proteção diplomática, acima referido, o qual prevê apenas os dois primeiros requisitos do endosso (a *nacionalidade* e o *prévio esgotamento dos recursos internos*).

(levando em conta o fato de residir no Brasil, aqui ter família etc.), mas sim junto ao Embaixador da Itália em Assunção, o único com aptidão para acionar o Direito Internacional Público em favor deste seu cidadão (que pertence ao *povo* italiano – ainda que não resida na Itália – e não ao povo brasileiro, ainda que pertença à nossa *população*). Apenas em situações excepcionais pode um Estado proteger diplomaticamente indivíduos de outras nacionalidades que apenas *residem* em território nacional, notadamente quando se verificar que a falta de proteção do Estado a um estrangeiro residente é capaz de acarretar danos irreparáveis a um direito humano seu (tome-se, como exemplo, o caso de uma família estrangeira, residente no Estado protetor, que roga a este a proteção diplomática em favor de um ente seu, em virtude de atos de terceiro Estado que a ele esteja causando danos graves e irreparáveis).

Uma questão problemática diz respeito à proteção daquelas pessoas sem nacionalidade alguma, os *apátridas*. O *Institut de Droit International*, no art. 7º, nº 1, primeira parte, da Resolução sobre o estatuto jurídico dos apátridas e dos refugiados, adotada em Bruxelas de 1936, de que foi relator Arnold Raestad, assim estabeleceu: "O Estado em cujo território um apátrida, não refugiado, haja estabelecido seu domicílio ou, na falta deste, sua residência habitual, poderá exercer, no interesse do mesmo (ou seja, do apátrida), a proteção diplomática, por motivo de qualquer fato ocorrido depois de efetuado o referido estabelecimento".

A teoria da responsabilidade internacional tem sido também aplicada às organizações internacionais, como já se deu notícia no tópico anterior. Estas podem, inclusive, utilizar-se da proteção diplomática em relação aos seus funcionários, de que foi exemplo o *caso Bernadotte*. A proteção diplomática, em certos casos, também pode ser exercida pelas agências ou organismos internacionais especializados da ONU. Esses casos são variantes modernas da chamada proteção diplomática – que, repita-se, não se confunde com os privilégios e imunidades diplomáticos –, aos quais a doutrina atribui o nome de *proteção funcional*. Assim, tem-se a *proteção diplomática* para os casos relativos ao endosso do Estado na salvaguarda dos direitos dos seus nacionais, e a *proteção funcional* para aqueles atinentes à proteção que as organizações internacionais dão àqueles funcionários que se encontram a seu serviço. A proteção funcional baseia-se na ideia de que os agentes que servem a determinada organização internacional não devem precisar de outra proteção que não aquela da organização para a qual trabalha. Tais agentes não devem depender da proteção do seu Estado patrial nesses casos, sendo essencial que a sua proteção advenha da própria organização a que está servindo naquele momento.[438]

6. Elementos constitutivos da responsabilidade. A doutrina internacionalista é unânime em reconhecer que são *três* os elementos que compõem o instituto da responsabilidade internacional do Estado, quais sejam: *a*) a existência de um *ato ilícito* internacional; *b*) a presença da *imputabilidade*; e *c*) a existência de um *prejuízo* ou um *dano* a outro Estado.

a) O ato internacionalmente ilícito. O primeiro elemento constitutivo da responsabilidade (ilicitude internacional do ato) consubstancia-se na *violação* ou *lesão* de uma norma de Direito Internacional, compreendendo tanto o fato positivo (comissivo) como o fato negativo

---

[438] Foi o que decidiu a Corte Internacional de Justiça no parecer consultivo de 11 de abril de 1949, *Réparations des dommages au service des Nations Unies*, referente ao caso Bernadotte, in *ICJ Reports* (1949), pp. 183-184.

(omissivo), tal como descrito no art. 3º do projeto de convenção das Nações Unidas. Tal violação pode ser relativa a um tratado, um costume internacional ou a qualquer outra fonte do direito das gentes. Os graus de ilicitude são variados, podendo haver violações brandas, medianas ou graves (*v.g.*, quando se viola uma norma imperativa de Direito Internacional geral, *jus cogens*).[439] Perceba-se que o conceito de ilicitude aqui desenvolvido é *internacional*, não se podendo tomar como base o Direito interno como ponto de referência para a compreensão do conceito. Assim, não serve de exclusão da ilicitude internacional do ato o fato de ser ele um ato *lícito* na ordem interna do Estado que o perpetrou. Vez ou outra, porém, tem-se admitido que eventos *lícitos*, mas que causem riscos iminentes e excepcionais, como testes nucleares e poluição marítima por hidrocarburetos, também e possam acarretar a responsabilidade internacional do Estado. Trata-se da responsabilidade internacional por atos não proibidos *a priori*, cujo aparecimento na seara internacional se deu a partir da segunda metade do século XX.[440] Nesses casos, assim como nos ligados ao lançamento de engenhos espaciais ou outras formas de degradação congêneres, o elemento *dano* deixaria de estar presente entre os elementos caracterizadores da responsabilidade (que, nesse caso, passaria a contar tão somente com o *ato ilícito* e com a *imputabilidade*). Trata-se da chamada responsabilidade internacional *por risco*, ou responsabilidade *sine delicto*, admitida nesses casos extremamente danosos (*ultra hazardous*) às pessoas ou ao meio ambiente.[441] Frise-se, ainda, que a violação praticada por um Estado em relação ao direito de outro pode derivar também de uma ofensa *moral* (positiva ou negativa), mas, nesse caso, insuscetível de sanção propriamente *jurídica*, a não ser pela opinião pública internacional, tendo-se como exemplo o insulto aos símbolos nacionais de um país.

b) *A imputabilidade ou nexo causal*. O segundo elemento da responsabilidade é a *imputabilidade*, que é o nexo causal que liga o ato danoso violador do Direito Internacional (ou a omissão estatal) ao responsável causador do dano (autor direto ou indireto do fato). Ou seja, é o vínculo jurídico que se forma entre o Estado (ou organização internacional) que transgrediu a norma internacional e o Estado (ou organização internacional) que sofreu a lesão decorrente de tal violação. Em outras palavras, a imputabilidade "significa que o ato ou omissão é atribuível ao Estado".[442] Assim, não importa ao direito das gentes se o Estado é unitário ou se possui divisões internas, como é o caso dos Estados Federais; será sempre *o Estado* (entendido como um todo *único*) o responsável pela violação no plano internacional (princípio da unidade do Estado no âmbito das relações internacionais). Nem sempre, porém, o autor imediato de um ato ilícito internacional é diretamente responsável por ele, à luz do direito das gentes. Daí por que os Estados serão sempre responsáveis pelos atos praticados por seus funcionários, quando tais atos forem praticados em seu nome (do Estado). De

---

[439] Sobre os "graus" de ilicitude, *v*. Dinh, Daillier & Pellet, *Direito internacional público*, cit., pp. 783-785. Sobre a responsabilidade internacional por violação do *jus cogens*, cf. Rosalyn Higgins, *Problems & process...*, cit., pp. 165-168.

[440] É importante observar que o *draft* da CDI sobre responsabilidade dos Estados versou apenas os casos de responsabilidade por atos internacionalmente *ilícitos*; para a CDI, a responsabilidade decorrente de eventos *lícitos* (também chamada de "responsabilidade por risco") deveria ser objeto de outra convenção específica.

[441] *V*. Antonio Remiro Brotons (*et al.*). *Derecho internacional*, cit., pp. 746-748; e Jomara de Carvalho Ribeiro, *A responsabilidade do Estado perante a Corte Internacional de Justiça*, cit., pp. 65-67.

[442] Hildebrando Accioly. *Tratado de direito internacional público*, vol. I, cit., p. 276.

qualquer forma, o que caracteriza a imputabilidade é a possibilidade de o ato antijurídico ser imputável *ao Estado* na sua condição de sujeito do Direito Internacional Público, ainda que praticado por agente ou funcionário seu, quando então a imputabilidade e a autoria do fato se confundem. O Estado tem, portanto, certos deveres pelos quais responde em caso de dano ao direito de outro, devendo-lhe ser imputada a obrigação de reparar o dano, não importando se o ato foi praticado diretamente pelo governo ou por seus agentes e funcionários. Frise-se, por fim, que essa regra da *imputabilidade* tem o expresso reconhecimento da jurisprudência internacional, desde a época da CPJI (*v.g.*, caso dos *Colonos Alemães na Polônia*, de 1923), até a CIJ (*v.g.*, caso *LaGrand*, de 1999), tendo sido ainda reconhecida pela CDI no projeto de artigos (*draft*) de 2001 (art. 4º).[443]

c) O prejuízo ou dano. Por fim, tem-se a existência de um prejuízo ou um dano a outro Estado (ou organização internacional) como o terceiro elemento constitutivo da responsabilidade internacional. Tal prejuízo (resultado antijurídico do fato) pode ser material ou imaterial (moral), e pode ter decorrido de um ato ilícito cometido por um Estado (ou organização internacional) ou por um particular em nome do Estado. Somente o sujeito de direito das gentes vitimado por algum dano pode reclamar do outro faltoso a sua reparação, principalmente no que diz respeito ao cumprimento de eventual tratado celebrado entre ambos, não podendo demandar terceiros que do instrumento internacional não participam.

Mas frise-se que a existência do *dano* nem sempre será o fato gerador da responsabilidade que possibilitará ao Estado ou organização internacional lesados o direito de vindicar uma *reparação* para o mal causado. O dano deve derivar de uma conduta *ilícita* sempre, sem a qual não há falar-se em responsabilidade internacional. Contudo, esta tese não passou ao largo das discussões no contencioso internacional, tendo Jiménez de Aréchaga proposto que na análise sobre a licitude ou ilicitude do fato se devesse levar em conta o princípio geral de direito que proíbe o enriquecimento ilícito do Estado.[444] Rezek bem exemplifica o caso do Estado que proíbe o funcionamento de indústrias poluentes, e com isso causa dano a investimentos estrangeiros. Nesse caso, diz ele, não "se dirá ilícita sua atitude, se nada arrecadou para si com tal opção política: pelo contrário, perdeu em impostos e noutros valores acessórios"; o dano econômico imediato "foi generalizado, dessarte não permitindo que se impute ao Estado um ilícito contra qualquer outra soberania".[445]

Não obstante a doutrina internacionalista ainda exigir o elemento *dano* como necessário à caracterização da responsabilidade internacional, deve-se aqui observar que o *draft* da ONU sobre responsabilidade dos Estados por atos internacionalmente ilícitos excluiu a necessidade de sua ocorrência para que se constitua a responsabilidade. De fato, o art. 2º do projeto de artigos das Nações Unidas exige apenas, para a caracterização da responsabilidade, a presença de *dois* elementos, quais sejam, a *violação de uma obrigação internacional* e a *atribuição dessa violação ao Estado*, sem fazer qualquer referência à necessidade de *prejuízo* ou *dano*. Nos termos desse dispositivo, a conduta deve (a) ser atribuível ao Estado de acordo

---

[443] V. Antonio Remiro Brotons (*et al.*). *Derecho internacional*, cit., p. 749; e James Crawford, *Brownlie's principles of public international law*, cit., pp. 542-549.

[444] Cf. Eduardo Jiménez de Aréchaga. *El derecho internacional contemporáneo*. Madrid: Tecnos, 1980, p. 356.

[445] José Francisco Rezek. *Direito internacional público...*, cit., p. 267.

Parte II • Cap. II • O ESTADO NO DIREITOINTERNACIONAL PÚBLICO | **523**

com o Direito Internacional, e (b) constituir uma violação de uma obrigação internacional do Estado. Para Dinh, Daillier e Pellet, a responsabilidade sem o dano é uma responsabilidade teórica, eis que o dano é que possibilita demandar a reparação num tribunal internacional.[446] Seja como for, ao que tudo indica, o elemento *dano* está com os dias contados como elemento caracterizador da responsabilidade internacional, sendo certo que o *draft* da ONU poderá sofrer alterações na Assembleia Geral até sua adoção.[447]

7. Formas de responsabilidade internacional. São várias as formas conhecidas de responsabilidade internacional dos Estados, sendo as mais comuns as seguintes espécies: *a)* responsabilidade *direta* (*principal*) e *indireta* (*subsidiária*); *b)* responsabilidade por *comissão* e por *omissão*; e *c)* responsabilidade *convencional* e *delituosa*.

A responsabilidade do Estado será *direta* (ou *principal*) quando o ato ilícito (positivo ou negativo) for praticado pelo próprio governo estatal, por órgão governamental, por funcionários do seu governo ou por uma coletividade pública do Estado que age em nome dele. Também se enquadram nessa categoria os atos praticados por particulares, quando a prática do ato decorre da atitude do Estado em relação a este particular, ou seja, quando a atividade do particular possa ser imputada ao Estado. O art. 8º do *draft* da ONU prevê esta possibilidade, ao dizer que "considerar-se-á ato estatal de acordo com o Direito Internacional a conduta de uma pessoa ou grupo de pessoas se a pessoa ou grupo de pessoas estiver de fato agindo por instruções ou sob a direção ou controle daquele Estado ao executar a conduta". Nesse caso, o Estado será responsável se não empregar a necessária diligência para prevenir tais atos, dentre os quais podem ser citados os atentados contra chefes de Estado, os atos de pirataria, o tráfico de escravos, os insultos à bandeira ou outros símbolos nacionais do país etc.[448] Será *indireta* (ou *subsidiária*) a responsabilidade quando o ilícito for cometido por simples particulares ou por um grupo ou coletividade que o Estado representa na esfera internacional, a exemplo dos ilícitos cometidos por uma comunidade sob tutela estatal (um território sob mandato etc.) ou ainda por um Estado protegido, em que figura como responsável o governo que o administra ou o Estado que o protege. Em verdade, os atos tipicamente particulares (praticados por indivíduos que não representam formalmente o Estado) não podem *dar causa* à responsabilidade internacional do Estado, quando muito *ocasioná-la*.[449] Assim, em princípio, não será possível responsabilizar o Estado em virtude de atos de particulares não investidos em funções estatais, a menos que o Estado tenha agido com *culpa* na fiscalização de tais atos; nessa hipótese, a responsabilidade estatal é decorrência da falta de cuidado e atenção do Estado, que não advertiu ou não puniu os seus particulares

---

[446] Dinh, Daillier & Pellet. *Direito internacional público*, cit., p. 701.

[447] Para as discussões a respeito, *v.* Jomara de Carvalho Ribeiro, *A responsabilidade do Estado perante a Corte Internacional de Justiça*, cit., pp. 77-80.

[448] Relativamente a este último exemplo, tem-se como certo que insultos dessa natureza violam o dever de *respeito mútuo* que os Estados devem ter entre si. Ademais, deve-se lembrar que atos desse tipo, ofensivos à bandeira nacional ou a outros símbolos do Estado, já provocaram sérios incidentes diplomáticos e outros dissabores de difícil resolução. Para alguns exemplos, *v.* Hildebrando Accioly, *Tratado de direito internacional público*, vol. I, cit., pp. 236-237, como o caso da bandeira francesa, hasteada em barco particular, atingida por tiros de populares de nacionalidade suíça, e o de outra bandeira (também francesa) arrancada de uma estação de trem de Sion.

[449] Cf. Hildebrando Accioly. *Tratado de direito internacional público*, vol. I, cit., p. 275.

CURSO DE DIREITO INTERNACIONAL PÚBLICO – *Valerio de Oliveira Mazzuoli*

pelos atos praticados, caso em que passa ele a ser internacionalmente responsável por tais atos (*v. infra*, item nº 9, letra *d*).

A responsabilidade será por *comissão* quando o ilícito internacional for decorrente de uma ação positiva do Estado ou de seus agentes, e por *omissão* quando o Estado (ou seus agentes) se omitir ou deixar de praticar um ato requerido pelo DIP, em relação ao qual ele tinha o dever jurídico de praticar.

Por fim, a responsabilidade do Estado será *convencional* quando resultar do descumprimento ou da violação de um tratado internacional de que é parte este mesmo Estado, ou ainda em relação ao qual o mesmo está juridicamente obrigado. Será *delituosa* a responsabilidade, por sua vez, quando o ato ilícito praticado pelo Estado se der em violação de uma norma proveniente do direito costumeiro internacional.

8. Natureza jurídica da responsabilidade internacional. Há duas grandes teorias acerca da natureza jurídica da responsabilidade internacional do Estado: a corrente *subjetivista* (teoria da culpa) e a *objetivista* (teoria do risco).

A doutrina *subjetivista*, ou teoria da culpa, defendida por Hugo Grotius, apregoa que a responsabilidade internacional deve derivar de um ato culposo (*stricto sensu*) do Estado ou doloso, em termos de vontade de praticar o ato ou evento danoso. Trata-se do velho princípio do Direito Romano *qui in culpa non est, natura ad nihil tenetur*. Ou seja, não basta a prática de um ato internacional objetivamente ilícito. É necessário que o Estado que o praticou tenha agido com culpa (imprudência, negligência ou imperícia) ou dolo intencional.

A doutrina *objetivista*, ou teoria do risco, por sua vez, pretende demonstrar a existência da responsabilidade do Estado no simples fato de ter ele violado uma norma internacional que deveria respeitar, não se preocupando em saber quais foram os *motivos* ou os *fatos* que o levaram a atuar delituosamente. Esta teoria foi afirmada por Triepel, seguido por Anzilotti, que rejeitava em definitivo a teoria da culpa. Para a teoria objetivista, portanto, a responsabilidade do Estado surge em decorrência do nexo de causalidade existente entre o ato ilícito praticado pelo Estado e o prejuízo sofrido por outro, sem necessidade de se recorrer ao *elemento psicológico* para aferir a responsabilidade daquele. Aqui está em jogo apenas o "risco" (que, contudo, também integra o *dolo*, mas sem a existência de vontade específica) que o Estado assume ao praticar determinado ato (violador do Direito Internacional).

Esta teoria tem sido utilizada em casos que tratam da exploração cósmica e de energia nuclear,[450] bem como os relativos à proteção internacional do meio ambiente e dos direitos humanos. Sem pretender invocar os casos decididos nos juízos contencioso e arbitral internacionais – em que já se delineavam os contornos da responsabilidade objetiva dos Estados relativamente a certas atividades –, é importante destacar alguns instrumentos convencionais relativos à responsabilidade estatal, tais como: *a*) a Convenção sobre Responsabilidade Civil contra Terceiros no Campo da Energia Nuclear (também conhecida como *Convenção de Paris*), de 1960, adotada entre países da então Europa Ocidental, mais os EUA e Japão; *b*) a Convenção de Viena sobre Responsabilidade Civil por Danos Nucleares, de 1963; *c*) a Convenção Internacional sobre Responsabilidade Civil por Danos Causados por Poluição por Óleo, concluída em Bruxelas em 1969; *d*) a Convenção sobre Responsabilidade Internacional por Danos Causados

---

450 Sobre o assunto, *v.* Teodor Melescanu, *La responsabilité pour dommages nucléaires*, Genève: Scanu, 1973, 279p.

por Objetos Espaciais, assinada conjuntamente em Londres, Moscou e Washington, em 1972; e *e*) a Convenção sobre Responsabilidade Civil por Dano Decorrente de Poluição por Óleo, Resultante de Exploração e Exploração de Recursos Minerais do Subsolo Marinho, de 1977, dentre outras. Em relação à proteção dos direitos humanos, tem-se entendido que os Estados têm a obrigação de controlar os seus órgãos e agentes internos a fim de evitar violações sucessivas às obrigações contraídas em sede convencional, sob pena de responsabilidade internacional, o que contribui para dar mais efetividade (*effet utile*) aos tratados de proteção dos direitos humanos e aos seus propósitos.[451] Na responsabilidade objetiva, não há que se cogitar de culpa, ou seja, não se perquire a existência de qualquer elemento psíquico ou volitivo, bastando a comprovação do nexo causal entre a ocorrência do fato e a existência ulterior do dano.[452]

A jurisprudência internacional, contudo, ainda continua se utilizando em larga escala da teoria subjetivista (ou teoria da culpa), que protege mais o Estado do que a teoria objetivista ou do risco. Esta última tem sido ainda aplicada em pequena escala na jurisprudência internacional, ainda que já se tenha começado a perceber certo aumento de decisões a seu favor.

Uma terceira corrente (chamada de teoria mista), defendida por Triepel e Strupp, apregoa que a culpa só pode ser utilizada nos ilícitos internacionais que o Estado pratica por omissão. Nesse caso, estaria presente a *negligência* do Estado, o que daria margem à sua responsabilização internacional. Poderia ser tido como exemplo de uma tal negligência a morosidade ou a falta de vontade do Estado em elaborar uma lei requerida pelo Direito Internacional. Já em relação ao *risco*, para esta teoria mista este somente seria aplicado nos delitos praticados por atos positivos do Estado (praticados por comissão). Esta doutrina, entretanto, não teve maior consagração na teoria da responsabilidade internacional.

9. Órgãos internos e responsabilidade internacional. O *Institut de Droit International*, na sua sessão de Lausanne de 1927, da qual foi relator Leo Strisower, apesar de não ter tomado partido na controvérsia relativa à questão da culpa, manifestou-se expressamente no sentido de que o Estado "é responsável pelos danos causados aos estrangeiros por todas as ações ou omissões contrárias às suas obrigações internacionais, qualquer que seja a autoridade do Estado de onde elas provêm: constituinte, legislativa, governamental ou judiciária". Assim, os Poderes Executivo, Legislativo e Judiciário, quando da prática de atos atentatórios ao Direito Internacional, também geram para o Estado respectivo a responsabilidade internacional, na medida em que são Poderes que atuam *em nome* do Estado e com sua autorização.[453] Veremos cada um desses casos separadamente, discutindo-

---

[451] Cf., a propósito, Jules Basdevant, Règles générales du droit de la paix, in *Recueil des Cours*, vol. 58 (1936-IV), pp. 670-674; Paul Reuter, Principes de droit international public, in *Recueil des Cours*, vol. 103 (1961-II), pp. 592-594 e 598-603; C. Wilfred Jenks, Liability for ultra-hazardous activities in international law, in *Recueil des Cours*, vol. 117 (1966-I), pp. 105-110 e 176-196; Eduardo Jiménez de Aréchaga, *El derecho internacional contemporáneo*, cit., pp. 319-325 e pp. 328-329; e José Antonio Pastor Ridruejo, *Curso de derecho internacional público y organizaciones internacionales*, 6ª ed., Madrid: Tecnos, 1996, pp. 571-573.

[452] Sobre a responsabilidade objetiva dos Estados em Direito Internacional, *v.* Ian Brownlie, *Princípios de direito internacional público*, cit., pp. 461-464.

[453] Cf., em geral, Eduardo Jiménez de Aréchaga, *Manual de derecho internacional público*, Max Sørensen [Editor], cit., pp. 461-528; e (em menor proporção) César Sepúlveda, *Derecho internacional*, cit., pp. 241-246.

-se também, ao final, os atos praticados por *indivíduos* na sua condição de particular (não em nome do Estado).

a) Atos do Executivo. O Poder Executivo ainda é o grande vilão e maior responsável pelo cometimento de ilícitos e pela violação de normas internacionais, quer por meio da atividade governamental, quer pela ação funcional de seus servidores.[454] Todos os atos ilícitos internacionais praticados pelo Executivo diretamente ou pelos seus funcionários e agentes, tanto no âmbito interno como no âmbito internacional, são geradores de responsabilidade. São exemplos de tais práticas, levadas a efeito diretamente pelo Executivo, a conclusão de contratos ou concessões, prisões ilegais ou arbitrárias, a concessão de anistia contrária às regras do Direito Internacional,[455] a violação de tratados, o descumprimento de laudos arbitrais e decisões judiciárias internacionais, a violação da fronteira de outro Estado em tempo de paz, as injustiças cometidas contra estrangeiros etc.[456] Da mesma forma, o descumprimento de proteção às pessoas acreditadas por potências estrangeiras, como os chefes de Estados, representantes diplomáticos e chefes de delegações internacionais, também torna o Executivo responsável internacionalmente, uma vez que é seu dever proteger essas pessoas quando em seu território. Outro caso – de que os tratadistas pouco se ocupam, lembrado por Accioly – diz respeito à inexecução de decisões judiciárias de última instância favoráveis a estrangeiros. Aqui não se trata propriamente de *denegatio justitia*, por não se tratar de ato de órgão judiciário, não obstante várias decisões arbitrais e judiciárias a esta se equipararem. A inexecução, nesse caso, "representa praticamente o mesmo que a ausência da devida proteção judiciária e, portanto, deve acarretar a responsabilidade internacional do Estado".[457]

Os atos diretamente praticados pelo governo não excluem a prática de atos ilícitos cometidos por agentes ou funcionários do Executivo, tanto em território nacional quanto em território estrangeiro. O Estado responde pelo ilícito internacional, mesmo no caso de o funcionário ser incompetente para a prática do ato, pois a qualidade oficial do funcionário (que agiu na qualidade de órgão estatal) vincula sempre o Estado (que não deixa de estar ligado ao seu agente), salvo se sua incompetência era tão flagrante que deveria tê-la percebido

---

[454] Nesse exato sentido, a observação de Celso D. de Albuquerque Mello: "O Poder Executivo é o grande responsável pela maioria dos ilícitos que dão origem à responsabilidade internacional" (*Curso de direito internacional público*, vol. I, cit., p. 534).

[455] Sobre as anistias que violam o direito das gentes, *v.* Dinah Shelton, *Regional protection of human rights*, Oxford: Oxford University Press, 2008, pp. 433-474; Antônio Augusto Cançado Trindade, *Evolution du droit international au droit des gens...*, cit., pp. 123-125; Luiz Flávio Gomes & Valerio de Oliveira Mazzuoli, *Direito supraconstitucional: do absolutismo ao Estado Constitucional e Humanista de Direito*, São Paulo: RT, 2010, pp. 161-176; e Cláudia Perrone-Moisés, *Direito internacional penal...*, cit., pp. 107-132. Cf. também, Comissão IDH, *Derecho a la verdad en América*, Doc. OEA/SER.L/V/II.152, de 13.08.2014, pp. 41-46.

[456] Para uma discussão sobre a responsabilidade do Estado por danos a estrangeiros, *v.* Chittharanjan Felix Amerasinghe, *State responsibility for injuries to aliens*, Oxford: Clarendon Press, 1967; e Richard B. Lillich (ed.), *International law of State responsibility for injuries to aliens*, Charlottesville: University Press of Virginia, 1983. A regra processual relativa à proteção de estrangeiros aqui é clara. O direito relativo à responsabilidade do Estado por danos a estrangeiros só pode ser invocado na ordem internacional pelo Estado em relação ao qual a suposta vítima do dano é nacional (*v.* Thomas Buergenthal *et al.*, *Manual de derecho internacional público*, cit., p. 118).

[457] Hildebrando Accioly. *Tratado de direito internacional público*, vol. I, cit., pp. 285-286.

Parte II · Cap. II · O ESTADO NO DIREITOINTERNACIONAL PÚBLICO | 527

o estrangeiro lesado. No caso dos atos ilícitos praticados pelo Estado por meio de seus agentes (mesmo que incompetentes), o que se leva em consideração para a aferição do *quantum* de sua responsabilidade é o fato de ter o funcionário agido nos *limites aparentes* de suas funções, uma vez que não se exige de qualquer potência estrangeira (ou um particular estrangeiro) que conheça os limites estreitos da atuação funcional do agente do Estado que lhe prejudicou. A *aparência* dos atos de tais funcionários – que são geralmente agentes diplomáticos, cônsules ou oficiais militares – é suficiente para atribuir ao Estado lesado os direitos de imputar ao outro sua responsabilidade internacional (que, nesse caso, será *objetiva*).

O governo do Estado encontra-se também comprometido para com o Direito Internacional quando causa um dano (ele próprio ou por meio de seus agentes) a estrangeiro em seu território. Bom exemplo desse tipo de responsabilidade é a *Reclamação Massey*. Tratava-se de cidadão norte-americano (Sr. Massey) assassinado por autoridades mexicanas, sem que o México tivesse tomado as medidas necessárias para punir o assassino. A reclamação, apresentada em nome da viúva de Massey a título pessoal e como tutora dos dois filhos menores do casal, fez com que os Estados Unidos recebessem 15.000 dólares em 1927, tendo o comissário Nielsen afirmado, à época, que se trata "indubitavelmente de um princípio geral válido, o princípio segundo o qual sempre que uma conduta ilícita por parte de pessoas [a serviço do Estado], seja qual for o seu estatuto particular ou categoria ao abrigo do Direito interno, resultar no não cumprimento por parte de uma nação das suas obrigações em virtude do Direito Internacional, essa nação deve arcar com a responsabilidade pelos atos ilícitos dos seus funcionários".[458]

Outro exemplo, dessa vez de responsabilidade do Brasil por atos cometidos por agentes públicos a estrangeiro em nosso país, é trazido por Accioly: "O caso ocorreu em Pelotas, Estado do Rio Grande do Sul, em 1888. Ao executarem um mandado de sequestro nas mercadorias do estabelecimento comercial do cidadão francês Léon Bastide, agentes de polícia e oficiais de justiça praticaram violências, cometendo verdadeiro abuso de força. A Legação da França, no Rio de Janeiro, dirigiu uma reclamação ao Governo brasileiro, que, depois de exame cuidadoso dos fatos, resolveu, por equidade, conceder uma indenização de cinquenta contos de réis ao dito cidadão francês, o qual ficara inteiramente inválido, em consequência das violências sofridas da parte das autoridades executoras do mandado de sequestro".[459]

A doutrina, em geral, parece ser uniforme no sentido de que a responsabilidade do Estado por atos de seus agentes (*v.g.*, os praticados por policiais militares no Brasil) só ocorre quando o Estado em causa *não toma* as medidas necessárias para a punição dos culpados, devendo o mesmo princípio ser aplicado ao pessoal das forças armadas.

b) Atos do Legislativo. O Poder Legislativo viola o Direito Internacional em quatro hipóteses distintas. A primeira ocorre quando o Parlamento edita leis contrárias ao conteúdo de tratados internacionais anteriormente aprovados (por ele mesmo) e já em vigor interna-

---

[458] V. Ian Brownlie. *Princípios de direito internacional público*, cit., p. 472.

[459] Hildebrando Accioly. *Tratado de direito internacional público*, vol. I, cit., p. 288. Convém frisar, entretanto que, neste caso, o governo brasileiro não estava imediatamente obrigado a reparar tal dano (lembre- -se que o nosso governo o fez *por equidade*), uma vez que a vítima não teria ainda esgotado todos os recursos internos disponíveis, de acordo com a legislação brasileira então vigente, de que poderia se utilizar para satisfazer-se do mal injustamente causado (cf. Accioly, *Op. cit.*, p. 289).

cional, burlando aquilo que o Estado pactuou internacionalmente.[460] A segunda tem lugar quando o Legislativo revoga certa lei necessária à correta aplicação de um tratado, deixando o instrumento inoperável por ausência de base legislativa. Em sentido inverso, na terceira hipótese, o Legislativo incorre em responsabilidade internacional se deixa de aprovar determinada legislação necessária ao cumprimento do tratado ratificado e em vigor. Por fim, em quarto lugar, a responsabilidade internacional do Estado aparece quando o Legislativo deixa de revogar legislação contrária ao conteúdo de um tratado em vigor no Estado.[461] Nos dois primeiros casos, quando o Legislativo *edita* leis contrárias ao conteúdo dos tratados, ou quando *revoga* certa lei necessária à aplicação do tratado, tem-se a responsabilidade do Estado por ato *comissivo*; nos dois últimos casos, quando o Legislativo *deixa de aprovar* determinada lei necessária à plena realização do tratado, ou quando *deixa de revogar* legislação contrária aos compromissos internacionais assumidos, tem-se a responsabilidade do Estado por ato *omissivo*.[462]

Assim, é bom fique nítido que assume o Poder Legislativo obrigações de duas ordens quando aprova um compromisso internacional, cada qual dividida em mais duas obrigações: (1) uma *obrigação negativa* de (*a*) não legislar em desacordo com aquilo que anteriormente aprovou,[463] bem assim de (*b*) não revogar as leis necessárias à efetiva aplicação do tratado; e (2) uma *obrigação positiva* de (*a*) aprovar legislação indispensável à execução do tratado, bem como de (*b*) revogar as normas internas contrárias ao compromisso internacionalmente assumido. Como se vê, a atuação do Parlamento tem um papel primordial de respeito para com as normas internacionais ratificadas pelo Estado, as quais prevalecem sobre a legislação ordinária interna e têm de ser respeitadas pelo Poder Legislativo, sem que isso signifique, em absoluto, o impedimento de sua atividade político-jurídica consistente na função de legislar. Em suma, nenhum Estado pode fugir ao cumprimento de suas obrigações internacionais, sob o pretexto de violação do Direito interno. A razão para tal provém do fato de presumir--se que o Estado, antes de assumir qualquer obrigação internacional, observou as suas regras constitucionais para não levar outrem a erro.[464]

---

[460] Destaque-se que a própria Constituição não pode isentar o Estado de responsabilidade no plano internacional, como já decidiu a antiga CPJI, em 1932: "Um Estado não pode invocar contra outro Estado sua própria Constituição para se esquivar a obrigações que lhe incumbem em virtude do Direito Internacional ou de tratados vigentes".

[461] *V.*, assim, Marcílio Toscano Franca Filho, *O silêncio eloquente: omissão do legislador e responsabilidade do Estado na Comunidade Europeia e no Mercosul*, Coimbra: Almedina, 2008, p. 242. Em sentido próximo, cf. também James Crawford, *Brownlie's principles of public international law*, cit., p. 548.

[462] Para Marcílio Toscano Franca Filho, em quaisquer das quatro hipóteses citadas "a responsabilidade internacional do Estado por atos e omissões legislativas é de cariz objetivo", devendo ser demonstrado apenas "o nexo causal entre o ilícito e o prejuízo, prescindindo de quaisquer indagações a respeito de vontade ou da intencionalidade do autor do dano" (*O silêncio eloquente…*, cit., p. 242).

[463] Tal decorre da "teoria do ato próprio" (*estoppel*), segundo a qual *venire contra factum proprium non valet*. A respeito, *v.* Antoine Martin, *L'estoppel en droit international public: précédé d'un aperçu de la théorie de l'estoppel em droit anglais*, Paris: A. Pedone, 1979, 384p; Jörg Paul Müller & Thomas Cottier, *Encyclopedia of Public International Law*, vol. II, cit., p. 116 [verbete *Estoppel*]; Mario Castillo Freyre & Rita Sabroso Minaya, *La teoría de los actos proprios…*, cit., pp. 41-53; e James Crawford, *Brownlie's principles of public international law*, cit., pp. 420-421.

[464] *V.* Marcílio Toscano Franca Filho. *O silêncio eloquente…*, cit., p. 240.

Parte II · Cap. II · O ESTADO NO DIREITOINTERNACIONAL PÚBLICO | **529**

O tema da responsabilidade internacional do Estado pela criação e aplicação de leis contrárias ao conteúdo de tratados foi debatido pela Corte Interamericana de Direitos Humanos na *Opinião Consultiva* nº 14, de 9 de dezembro de 1994. Tal *Opinião* visava basicamente responder à seguinte questão, apresentada pela Comissão Interamericana de Direitos Humanos: quando um Estado-parte na Convenção Americana sobre Direitos Humanos edita uma lei (*lato sensu*) que viola manifestamente as obrigações que o Estado contraiu ao ratificar a Convenção, quais seriam, nesse caso, os efeitos jurídicos dessa lei relativamente às obrigações internacionais desse Estado? A Corte Interamericana foi clara e não deixou dúvidas. À luz das regras do Direito Internacional, não se pode invocar disposições do Direito interno estatal como justificativa para o descumprimento de obrigações internacionais (parágrafo 35), concluindo que a promulgação de uma lei manifestamente contrária às obrigações assumidas por um Estado ao ratificar ou aderir à Convenção, constitui uma violação desta capaz de gerar – quando afete direitos e liberdades protegidos de determinados indivíduos – a responsabilidade internacional para esse mesmo Estado (parágrafo 50).

Frise-se que a responsabilidade internacional do Estado por atos (comissivos ou omissivos) do Poder Legislativo não tem apenas lugar quando se trata da violação de *tratados*, podendo também decorrer da violação de *costumes internacionais* ou de *princípios gerais de direito*. Conquanto mais rara de ocorrer, a violação de um costume internacional ou de um princípio geral de direito internacionalmente aceito, por ato do Parlamento, é também capaz de responsabilizar o Estado, permitindo à parte prejudicada deflagrar uma queixa perante o organismo internacional competente.

Surge a questão de saber a partir de que momento efetivamente nasce a responsabilidade do Estado por ato do seu Poder Legislativo. Pelo menos no que tange aos atos comissivos do Parlamento, parece que a responsabilidade internacional do Estado passa a existir a partir do momento em que entra em vigor a lei (e também a Constituição) ou outro ato legislativo do Estado violador do Direito Internacional. Cremos não ser necessário perquirir quando a lei foi *aprovada*. O termo *a quo* da responsabilidade do Estado se dá com a *entrada em vigor* da lei, quando todos os cidadãos e os estrangeiros já estão potencialmente por ela atingidos. Da mesma forma, as leis dependentes de *vacatio legis* só entram em vigor quando expirado o prazo da *vacatio*, considerando-se, então, a partir daí, o momento de sua aplicabilidade e o início do comprometimento do Estado para com as regras internacionais desrespeitadas por ato do Legislativo.

Não há exclusão da responsabilidade internacional no caso de os poderes Legislativo e Executivo colaborarem para a adoção de uma lei ordinária, segundo o processo legislativo estabelecido pela Constituição, no caso de tal lei ser concluída em flagrante violação das normas internacionais às quais o país se comprometeu a cumprir. Para o Direito Internacional é também irrelevante se a violação de um dever internacional foi motivada ou não por uma lei interna do Estado. Da mesma forma, como observa Ian Brownlie, se um tratado criar a obrigação de incorporar certas regras no Direito interno, o não cumprimento dessa obrigação acarreta uma responsabilidade por violação do tratado.[465]

c) Atos do Judiciário. O Poder Judiciário, por sua vez, não obstante ser independente e ter garantida a sua atuação jurisdicional, também pratica ilícito internacional, afetando o

---

[465] Ian Brownlie. *Princípios de direito internacional público*, cit., p. 474.

Estado em matéria de responsabilidade internacional.[466] Para o direito das gentes, os atos do Poder Judiciário são, em última análise, atos *estatais* e como tais devem ser compreendidos. Tal ocorre, por exemplo, quando a justiça de um país julga em desacordo com tratado internacional ratificado pelo Estado e em vigor internacional, ou mesmo quando não julga com base em tratado internacional que deveria conhecer, denegando o direito da parte que o invoca com base em convenções internacionais.[467] Trata-se, nesse caso, da hipótese em que o Estado, por meio do seu Poder Judiciário, recusa deliberadamente a aplicação da justiça, impossibilitando, por exemplo, um estrangeiro de obter o provimento que solicita (caso em que passa a caber a este o instrumento da reclamação diplomática), ou mesmo quando a decisão judicial é contrária às obrigações internacionais assumidas pelo Estado no âmbito internacional.

É dever dos juízes e Tribunais assumir a aplicação das normas internacionais em vigor no país, que foram fruto da participação (e vontade) do Estado no plano internacional. É obrigação indeclinável do Poder Judiciário dar o primeiro exemplo na aplicação efetiva, quando nada existe a contrariar a ordem jurídica dos tratados internacionais ratificados pelo governo, notadamente os de direitos humanos, que se constituem em verdadeiras prerrogativas dos cidadãos em face da potencial (mas quase sempre existente) arbitrariedade do Estado.

Evidentemente que a hipótese em apreço não se confunde com o *erro judiciário*, em que não se procede de modo deliberado, sendo certo que os juízes, como seres humanos que são, são falíveis e sujeitos a erros. O Direito Internacional não pretende que as decisões judiciárias sejam infalíveis, mas que a Justiça *não deixe de aplicar*, quando sabe que *deve* proceder a essa aplicação, as regras internacionais assumidas pelo Estado (*v.g.*, a aplicação de um tratado de extradição, que é um compromisso internacional expresso). Assim, se um tribunal errou na aplicação da norma, mas observou as formalidades legais, não há que se falar, *a priori*, em responsabilidade internacional do Estado.[468]

A ideia até então corrente era a de que todo Estado devia assegurar aos estrangeiros em seu território o livre acesso aos tribunais locais, sob pena de ser responsabilizado internacionalmente por *denegação de justiça*, seja na sua modalidade *positiva* (quando se *nega* a um estrangeiro o seu direito) ou *negativa* (quando se decide *contrariamente* a um direito do estrangeiro em território nacional). A "denegação" dar-se-ia quando se verificasse "um atraso injustificado ou obstrução no acesso aos tribunais, grave deficiência na administração do processo judicial ou de recurso, incapacidade de assegurar as garantias que são geralmente consideradas indispensáveis para a boa administração da justiça, ou um julgamento manifestamente injusto", tal como descrito no art. 9º do projeto da *Harvard Research* (1929).[469]

---

[466] Cf. James Crawford. *Brownlie's principles of public international law*, cit., pp. 548-549.

[467] Os juízes, na sua função de distribuir justiça, são *longa manus* do Estado e, como tal, devem agir de modo a respeitar aquilo que o seu superior hierárquico (o Estado), no exercício de sua soberania, celebrou no plano internacional.

[468] V. Hildebrando Accioly. *Tratado de direito internacional público*, vol. I, cit., pp. 306-307.

[469] Cf. *American Journal of International Law*, vol. 23 (1929), Suplemento Especial, pp. 131-399, especialmente p. 173. Sobre a denegação de justiça no Direito Internacional, *v.* ainda Antônio Augusto Cançado Trindade, *Princípios de direito internacional contemporâneo*, Brasília: Editora UnB, 1981, pp. 165-186; e (em menor proporção) James Crawford, *Brownlie's principles of public international law*, cit., pp. 619-620.

Tal princípio já tinha sido antes proclamado pela comissão arbitral mista de Washington, na questão entre Costa Rica e Estados Unidos da América, sob empecilhos dessa ordem, na reclamação Medina, em dezembro de 1862.[470] O que se pretendia era poupar os estrangeiros do tratamento às vezes hostil que um bom número de Estados dispensava aos seus próprios nacionais, num momento primitivo do desenvolvimento social. Hoje, com o avanço democrático e com a ideia cada vez mais crescente de proteção dos direitos humanos, tanto no plano interno como no plano internacional, a concepção de que os Estados devem tratar os seus estrangeiros de maneira diferenciada vai perdendo cada vez mais terreno. Atualmente, o que se pretende é um tratamento equânime entre nacionais e estrangeiros, notadamente no que concerne ao âmbito dos direitos civis.[471] Esse ponto de vista é, inclusive, confirmado pela doutrina e prática norte-americanas, dispondo o § 711 do *Restatement of the Foreign Relations Law of the United States* que o Estado é responsável pelos danos causados a um nacional de outro Estado em virtude de um ato ou omissão oficiais que violem um direito pessoal reconhecido internacionalmente.[472] Tal já tinha sido anteriormente afirmado, por meio de resolução aprovada na Conferência Interamericana de Montevidéu, de 24 de dezembro de 1933, no sentido de ser "princípio de direito internacional, a igualdade civil do estrangeiro com o nacional, como limite máximo de proteção a que o primeiro possa aspirar", tendo sido também declarado no art. 9º da Convenção Interamericana sobre Direitos e Deveres do Estado, celebrada na mesma ocasião, que "os estrangeiros não poderão pretender direitos diferentes dos nacionais, nem mais extensos do que os destes".

Equivale à *denegatio justitia*, trazendo à tona a responsabilidade internacional do Estado, a decisão judiciária que despreza totalmente normas incontroversas de direito das gentes, aceitas (ou seja, ratificadas) pelo próprio Estado em questão, a exemplo das imunidades diplomáticas e da inviolabilidade dos locais da missão diplomática e consular, resguardadas pelas convenções de Viena de 1961 e 1963. O que se deve esperar, num Estado Democrático de Direito, é que a denegação de justiça não ocorra, e que o Poder Judiciário tome sempre mais conhecimento das normas internacionais das quais o Brasil é parte, para que não haja descumprimento judicial dos tratados ratificados e em pleno vigor no país.

Não se pode esquecer, aqui, que o não cumprimento de sentença proferida por tribunal com jurisdição internacional pelo judiciário estatal também é causa de responsabilidade internacional do Estado. Todo Estado que aceita a competência contenciosa de um tribunal internacional está obrigado a dar cumprimento à decisão que, porventura, vier a ser proferida. Caso não o faça, estará descumprindo obrigação de caráter internacional e, portanto, sujeito às sanções que a sociedade internacional houver por bem lhe aplicar.

d) Atos dos indivíduos. Não são estranhos ao Direito Internacional determinados atos praticados por indivíduos (na sua condição de *particular*) capazes de lhes ser diretamente imputáveis, tais como a pirataria, o tráfico de entorpecentes e drogas afins, o tráfico de escravos, e, ainda, em tempo de guerra, o transporte de produtos contrabandeados e a violação do

---

[470] V. Oyama Cesar Ituassú. *Curso de direito internacional público*, cit., p. 251.

[471] V. José Francisco Rezek. *Direito internacional público...*, cit., pp. 265-266.

[472] No original: "A state is responsible under international law for injury to a national of another state caused by an official act or omission that violates: *b*) a personal right that, under international law, a state is obligated to respect of individuals of foreign nationality". Sobre o tema na doutrina estadunidense, *v.* Sean D. Murphy, *Principles of international law*, cit., pp. 296-300.

bloqueio. Tais atos não acarretam necessariamente a responsabilidade internacional do Estado. Há, contudo, certos atos praticados por particulares, capazes de onerar o Estado respectivo de responsabilidade internacional. Nesse caso, a responsabilidade estatal não decorre propriamente do ato de um indivíduo, que vínculo nenhum mantinha com o Estado e que não atuou em nome deste, mas de uma conduta *negativa* do Estado relativamente às obrigações que lhe impõem o Direito Internacional. São vários os atos de particulares que podem dar causa, para o Estado em questão, à sua responsabilidade internacional. Os mais comuns deles são os atentados praticados por indivíduos contra chefes de Estado estrangeiro ou contra os seus representantes diplomáticos, os insultos à bandeira ou aos símbolos nacionais de determinado Estado, as publicações injuriosas contra a dignidade do outro Estado, os atos de apoio armado a uma insurreição etc. Outro caso comum de ocorrer é o dano ou a violência a estrangeiros, cometidos por particulares no território do Estado. Mas, por que um Estado deve ser responsabilizado por atos de indivíduos que não atuaram em seu nome, quando da prática do ilícito internacional? Nesse caso, a responsabilidade existe pela *culpa* do Estado (sem a qual não há que se falar em responsabilidade) que, podendo evitar o ato lesivo, não o evitou, ou ainda, que tendo tomado conhecimento do fato, subtraiu o delinquente à punição. Em suma, não é o ato do indivíduo *em si* que acarreta a responsabilidade internacional do Estado, mas a conduta deste próprio que não observou o que o Direito Internacional Público lhe impõe em relação a pessoas ou bens em seu território.[473]

Não acarretam a responsabilidade internacional do Estado as lesões aos direitos de estrangeiros praticadas por particulares. Nesse caso, a solução é responsabilizar o autor do ato nas esferas civil e criminal. Se não se puder, com um mínimo de razoabilidade, atribuir ao Estado respectivo negligência ou cumplicidade na prática do ato manifestado pelo seu súdito, aquele fica desonerado de responder internacionalmente pelo ato do particular.[474]

10. Prévio esgotamento dos recursos internos. O dano causado a determinado Estado (atingindo o seu nacional) em decorrência da violação de um compromisso internacional não é suficiente para justificar uma reclamação diplomática imediata. Sabe-se que, às vezes, os Estados indenizam, quase que imediatamente, indivíduos que tiveram seus direitos violados por atos de agentes seus, como no caso já citado do cidadão francês agredido por atos de autoridades brasileiras no Rio Grande do Sul. Nesse caso, o Brasil, apesar de não reconhecer formalmente sua responsabilidade sobre o ilícito, acabou indenizando a vítima por questão de equidade, independentemente de ela ter esgotado os meios possíveis de se satisfazer, neste país, dos prejuízos sofridos. Esta, portanto, não é a regra que o Direito Internacional Público propugna. Como já se falou (*v.* item nº 5, *supra*), para que um Estado possa exercer a proteção diplomática em favor dos seus nacionais (protegendo direitos destes, vítimas de violações do Direito Internacional) é necessário que, antes disso, o sujeito lesado esgote todos os recursos jurídicos internos dos tribunais do Estado *que* cometeu o ilícito ou do Estado *onde* este ilícito foi cometido,[475] sendo esta a segunda condição de exercício da

---

[473]   Cf. Hildebrando Accioly. *Tratado de direito internacional público*, vol. I, cit., p. 316; e Shigeru Oda, *Manual de derecho internacional público*, Max Sørensen [Editor], cit., pp. 528-534.

[474]   Cf. Clóvis Bevilaqua. *Direito público internacional...*, t. I, cit., pp. 227-228.

[475]   *V.* o caso *Interhandel* da CIJ, entre a Suíça e os Estados Unidos da América, in *CIJ Recueil* (1959), p. 6.

Parte II • Cap. II • O ESTADO NO DIREITOINTERNACIONAL PÚBLICO | **533**

proteção diplomática. Da mesma forma, a responsabilidade internacional do Estado não se achará comprometida antes de esgotados todos os meios possíveis, previstos no Direito interno. Trata-se da regra universalmente aceita do *prévio esgotamento dos recursos internos* (no francês, *épuisement préalable des recours internes*).[476]

Parece ser justa a exigência do prévio esgotamento dos recursos internos, por três motivos: *a*) porque assim se brinda o Estado com a oportunidade de reparar a questão dentro do seu ordenamento jurídico; *b*) se impede seja deflagrada uma demanda em nível internacional desprovida de qualquer motivo justificável; e *c*) se evitam os pedidos de proteção diplomática abusivos. Assim, enquanto os tribunais locais (até chegar à sua mais alta instância) não se manifestarem sobre o assunto, nenhuma reclamação diplomática poderá ser iniciada. O fundamento em ser assim a regra encontra suporte na subsidiariedade do sistema protetivo internacional relativamente ao sistema judiciário interno. Evidentemente que esta afirmação deve ser interpretada com os temperamentos que lhe impõe o Direito Internacional dos Direitos Humanos,[477] uma vez que não se pode aguardar eternamente o pronunciamento da mais alta corte de um país, principalmente naqueles Estados em que a boa vontade na resolução dos litígios parece ser resquício histórico. Apesar de nem sempre estar muito clara no Direito Internacional a função precisa dos processos nos tribunais nacionais para efeito de cumprimento da regra ou, por outro lado, se a própria regra é condição *material* (de *fundo*) ou *procedimental* de admissibilidade da reclamação internacional, cremos que os três motivos acima apontados já são o bastante para dar a ela justificação jurídica.

Mas repita-se mais uma vez: se a regra do prévio esgotamento dos recursos internos – nascida no âmbito da proteção diplomática, a exigir de um estrangeiro que esgote os recursos da jurisdição interna antes de requerer (via proteção diplomática) ao seu Estado de origem que vindique ao Direito Internacional a proteção dos seus direitos – é justificável no plano das relações entre Estados, à mesma se impõem temperamentos quando se cuida de responsabilizar o Estado (pela via dos mecanismos coletivos previstos em tratados) por violação dos direitos humanos.

Em suma, e de volta ao tema que ora nos ocupa, antes da reclamação pela via diplomática devem ser esgotados todos os recursos internos para a reparação do dano sofrido. E o esgotamento de *todos* esses recursos significa, no Brasil, chegar ao Supremo Tribunal Federal, que é a última instância judiciária da Justiça brasileira (salvo se a última instância da causa for o Superior Tribunal de Justiça, nos casos em que não estiver presente a competência do STF), e a decisão desse tribunal ter se tornado *res judicata*. Entendemos que mesmo que o recurso à última instância tenha sido *eficaz* (provido) para o reclamante, pode este último bater às portas do judiciário internacional, demonstrando interesse, a fim de vindicar seus direitos, eventualmente não concedidos integralmente no plano interno. Contudo, como se

---

[476] Sobre essa regra, veja-se a obra de referência de Antônio Augusto Cançado Trindade, *O esgotamento de recurso internos no direito internacional*, 2ª ed., Brasília: Editora UnB, 1997. *V.* ainda, Hersch Lauterpacht, *The development of international law by the International Court*, cit., pp. 100-102; e Ian Brownlie, *Princípios de direito internacional público*, cit., pp. 518-527.

[477] Sobre a mitigação da regra do prévio esgotamento dos recursos internos no sistema interamericano de direitos humanos, *v.* Valerio de Oliveira Mazzuoli, *Comentários à Convenção Americana sobre Direitos Humanos*, cit., pp. 311-314 e 316-317, respectivamente. *V.* também a Parte IV, Capítulo I, Seção V, item nº 3, deste *Curso*.

disse, o que modernamente se vem entendendo (dada a asserção das normas de proteção dos direitos humanos em nível mundial), é que esta regra pode ser mitigada (ou flexibilizada) em determinados casos,[478] como na denegação de justiça ou quando os recursos internos se mostrem flagrantemente falhos, inoperantes, ou inacessíveis ao sujeito lesado, quando então fica permitido, desde já, o ingresso com a reclamação pela via diplomática.[479]

11. Apresentação de reclamações. Nesses casos citados acima, e também naqueles em que o indivíduo não obteve no judiciário interno do Estado a satisfação do seu direito (tendo então *esgotado os recursos internos* dos tribunais desse Estado sem que o seu direito fosse reconhecido), o seu Estado patrial pode (e aqui se quer dizer: *discricionariamente*) tornar sua a reclamação do seu nacional, trazendo para si as "suas dores", passando então a atuar *como Estado* em nome daquele que teve os seus direitos violados pela outra potência soberana. Caso entenda o Estado patrial que o seu nacional realmente foi ofendido em seus direitos, a questão se torna *assunto internacional* do qual serão partes este Estado e aquele outro contra o qual se faz a reclamação. Em muitos casos, uma solução amigável resolve o problema. Mas caso esta não surta efeitos, os Estados-partes no litígio podem optar pelo estabelecimento de um tribunal arbitral internacional ou, em último caso, bater às portas da CIJ. Mas frise-se que, em caso de condenação pecuniária, tudo o que é recebido pelo Estado reclamante passa a ser propriedade exclusiva deste, ainda que o seu Direito interno exija um repasse desse montante para a pessoa física ofendida que ele representou internacionalmente. Com isto, entretanto, o Direito Internacional não se preocupa.[480]

A doutrina tem apontado que alguns Estados, por meio de sua legislação interna, têm pretendido exigir dos estrangeiros que queiram fazer negócios dentro de seu território, que renunciem ao direito de solicitar proteção diplomática a seus países de origem.[481] Tais disposições normativas baseiam-se na chamada *doutrina Calvo* (*v.* item nº 12, *g, infra*), segundo a qual os Estados estrangeiros devem recusar proteção aos seus súditos insatisfeitos com o ocorrido no território do Estado onde se encontram, uma vez que as cortes locais são as únicas competentes para a análise das demandas contra os atos da administração local. No entanto, segundo o que modernamente se tem entendido, as cláusulas Calvo impostas a tais estrangeiros não privam, em absoluto, os Estados dos quais estes são nacionais, de protegê-los pela via diplomática, fazendo suas as queixas e reclamações daqueles contra o Estado ofensor. Isto porque o direito de proteção diplomática pertence *ao Estado* e não ao reclamante.[482]

Para que um Estado apresente uma reclamação internacional contra outro, são necessários alguns requisitos, que não se confundem com as condições para a concessão do endosso, já estudadas (item nº 5, *supra*). A presença do correto endereçamento é fundamental, sob pena de o outro Estado alegar, em exceções preliminares, a incompetência do tribunal (caso a reclamação, é óbvio, tenha sido proposta perante um tribunal internacional).

---

[478] V. Paul Reuter. *Principes de droit international public*, cit., pp. 615-616.

[479] Cf. Hildebrando Accioly & Nascimento e Silva. *Manual de direito internacional público*, cit., p. 147.

[480] V. Thomas Buergenthal (*et al.*). *Manual de derecho internacional público*, cit., pp. 119-120.

[481] Cf. Thomas Buergenthal (*et al.*). Idem, p. 121.

[482] Cf. F. V. Garcia-Amador, Louis B. Sohn & R. R. Baxter. *Recent codification of the law of State responsibility for injuries to aliens*. Dobbs Ferry, N.Y.: Oceana Publications, 1974, pp. 291-294.

Parte II · Cap. II · O ESTADO NO DIREITOINTERNACIONAL PÚBLICO | **535**

O prazo é outro requisito (*ratione temporis*) ensejador de exceção impeditiva da análise do mérito. Somente em casos excepcionais os tribunais podem aceitar reclamações extemporâneas, notadamente quando o Estado peticionário prova que a perda do prazo se deu em virtude de ameaça ou uso da força por parte do Estado reclamado. Não fica também alheio à análise do tribunal o *interesse jurídico* do autor da demanda, que é coisa distinta do litígio propriamente dito.[483]

12. Excludentes da responsabilidade. Não são todos os ilícitos internacionais que acarretam a responsabilidade internacional do Estado, existindo determinadas circunstâncias capazes de excluí-la, liberando o Estado de sua obrigação de reparar os danos. Tais circunstâncias são causas de justificação que permitem a um Estado, ou outro sujeito, vinculado por uma norma internacional, praticar determinado ato que, em condições normais, seria passível de responsabilização.[484] Dentre essas circunstâncias, merecem destaque o *consentimento do Estado*, a *legítima defesa*, as *contramedidas*, a *prescrição liberatória*, o *caso fortuito e força maior*, o *estado de necessidade* e a *renúncia do indivíduo lesado*. Destaque-se que, segundo o *draft* de convenção da ONU, as normas imperativas de Direito Internacional geral (*jus cogens*) não comportam excludentes de ilicitude (art. 26); ou seja, um Estado que viola o *jus cogens* internacional não terá meios de se livrar da responsabilidade internacional decorrente de sua violação. Vejamos cada um dos meios citados de exclusão da ilicitude:

a) Consentimento do Estado. O consentimento válido dado por um Estado à realização de determinado ato por outro Estado exclui a ilicitude daquele ato em relação a este último Estado se o ato permanecer dentro dos limites do que foi consentido (art. 20). Trata-se da aplicação da regra *volenti non fit injuria* ("não há injúria quando há consentimento") à teoria da responsabilidade internacional, a qual terá lugar quando o primeiro Estado validamente consente que o outro Estado pratique determinado ato, consentimento sem o qual o ato realizado seria ilícito. Porém, a fim de que não seja o consentimento utilizado de forma *política* a favor de Estados *fortes* em detrimento de Estados *fracos*, é que a melhor doutrina elenca serem condições para o consentimento que este seja (*a*) *real*, (*b*) *válido em direito das gentes*, (*c*) *atribuível internacionalmente ao Estado lesionado* e (*d*) *anterior à prática do ato cuja ilicitude se pretende excluir*.[485] Ademais, não pode o ato praticado *extrapolar* os limites do consentimento estatal, caso em que tudo aquilo que fugir ao consentimento exarado será ilícito, merecendo a reprimenda internacional. Por fim, poder-se-ia indagar se o *silêncio* do Estado lesado valeria também como consentimento válido capaz de desonerar Estado faltoso de responder pelo ilícito internacional. Trata-se do que se nomina *prescrição liberatória* em direito das gentes, consistente no silêncio do Estado lesado relativamente ao dano sofrido,

---

[483] Ian Brownlie. *Princípios de direito internacional público*, cit., p. 474.

[484] *V.* Eduardo Correia Baptista. *O poder público bélico em direito internacional: o uso da força pelas Nações Unidas em especial.* Coimbra: Almedina, 2003, p. 103. Sobre o assunto, cf. James Crawford, *The International Law Commission's articles on State responsibility...*, cit., pp. 160-190 (e também o seu *Brownlie's principles of public international law*, cit., pp. 563-565); Antonio Remiro Brotons (*et al.*), *Derecho internacional*, cit., pp. 764-770; e Jomara de Carvalho Ribeiro, *A responsabilidade do Estado perante a Corte Internacional de Justiça*, cit., pp. 89-92 (excludentes da ilicitude) e pp. 97-101 (o caso especial das contramedidas).

[485] *V.* Antonio Remiro Brotons (*et al.*). *Derecho internacional*, cit., pp. 765-766.

após um largo período de tempo (*dormientibus non succurrit jus*). Nesse caso, o silêncio do lesado extinguiria a responsabilidade do infrator pela aceitação da situação de fato que, em outras circunstâncias, seria passível de responsabilização internacional. Não obstante alguns autores ainda negarem este modo de extinção da responsabilidade estatal, o certo é que o *Institut de Droit International* o aceitou na sua sessão da Haia, de 31 de julho de 1925, que teve como relatores Nicolas Politis e Charles de Visscher.

b) *Legítima defesa.* A ilicitude de um ato resta excluída se o mesmo resulta de legítima defesa, em conformidade com a Carta das Nações Unidas (art. 21 do *draft* de Convenção da ONU). A regra da Carta da ONU a respeito vem expressa no seu art. 51, segundo o qual nenhuma disposição da Carta "prejudicará o direito inerente de legítima defesa individual ou coletiva no caso de ocorrer um ataque armado contra um Membro das Nações Unidas, até que o Conselho de Segurança tenha tomado as medidas necessárias para a manutenção da paz e da segurança internacionais". O mesmo dispositivo ainda complementa que as medidas tomadas pelos Estados-membros no exercício desse direito "serão comunicadas imediatamente ao Conselho de Segurança e não deverão de modo algum atingir a autoridade e a responsabilidade que a presente Carta atribui ao Conselho para levar a efeito, em qualquer tempo, a ação que julgar necessária à manutenção ou ao restabelecimento da paz e da segurança internacionais". Em suma, os atos de legítima defesa *afastam* a responsabilidade internacional do Estado, mas só podem ser aplicados quando existir um dano anteriormente verificado, decorrente de *ataque armado* contra um membro das Nações Unidas. Ou seja, o exercício da legítima defesa pressupõe sempre uma agressão armada *injusta* (sem causa) e uma reação estatal *imediata*, levada a efeito pela necessidade de defesa, necessária à preservação de pessoas e da dignidade do Estado. Essa reação do Estado deve dar-se por meio de uma medida *lícita* de defesa, manifestada de maneira adequada e proporcional ao ataque ou ao perigo iminentes. Pelo fato de ter sido consagrada pelo art. 51 da Carta da ONU, é a legítima defesa tida como o fundamento mais pacífico para justificar o descumprimento da proibição do uso privado da força.[486] Ao tema da legítima defesa, voltaremos na Parte VI, Capítulo II, Seção I, item nº 11, em que se estudará também o problema da legítima defesa preventiva.

c) *Contramedidas.* As contramedidas (outrora chamadas de *represálias*) são, em verdade, atos *ilícitos*, mas que se justificam por serem a única forma de revidar outros atos igualmente ilícitos perpetrados por um Estado agressor. Como explica Crawford, trata-se da possibilidade que um Estado tem de recorrer à "justiça privada" quando as suas exigências para que o outro Estado cesse as atividades ilícitas não forem atendidas.[487] O termo "contramedidas" apareceu na sentença de 9 de dezembro de 1979, relativa à *interpretação do acordo franco-americano*, e nos trabalhos da CDI das Nações Unidas, no *draft* de artigos sobre a responsabilidade internacional dos Estados (arts. 22 e 49 a 53). Para a CDI da ONU, as contramedidas são excludentes de ilicitude cuja finalidade é fazer com que o Estado que descumpriu uma obrigação internacional possa resolver o problema em causa. Porém, tais contramedidas (da mesma forma que a legítima defesa) só podem ser admitidas quando: *a*) tiverem por fundamento um ataque prévio do outro Estado, contrário aos direitos do ofendido; e *b*) forem

---

[486]   Cf. Eduardo Correia Baptista. *O poder público bélico em direito internacional...*, cit., p. 112.

[487]   James Crawford. *Brownlie's principles of public international law*, cit., p. 585.

Parte II • Cap. II • O ESTADO NO DIREITOINTERNACIONAL PÚBLICO | **537**

proporcionais ao ataque. A essas duas condições pode ainda ser acrescentada outra: a de o Estado ofendido não ter encontrado outro meio lícito para combater a ilegalidade sofrida, restando somente o uso da contramedida. Frise-se que as contramedidas previstas pelo *draft* das Nações Unidas são *lex generalis*, cedendo perante regulamentos específicos (*lex specialis*) como os da OMC ou do NAFTA.

d) Força maior. A ilicitude de um ato estatal contrário a uma obrigação internacional não será causa de responsabilização do Estado caso o ato ilícito praticado tenha sido consequência de um evento externo irresistível ou imprevisto, fora do controle do Estado, que tornou materialmente impossível ao Estado agir de conformidade com a obrigação assumida. Não haverá excludente de responsabilidade, contudo, se a situação irresistível ou imprevista for devida, por si só ou em combinação com outros fatores, à conduta do Estado que a invoca, ou caso tenha o Estado assumido o risco da ocorrência da situação (art. 23, §§ 1º e 2º). Assim, são necessários os seguintes elementos para que um Estado exclua a sua responsabilidade internacional por motivo de força maior: (*i*) que o ato ou fato ocorra em razão de força irresistível ou absolutamente imprevisível; (*ii*) que o evento esteja completamente fora do controle do Estado; (*iii*) que o ocorrido torne "materialmente impossível" a realização da obrigação pelo Estado; e (*iv*) que o Estado não tenha sido o responsável pela situação irresistível ou imprevista ou assumido o risco de sua ocorrência. Tome-se, como exemplo, o sobrevoo de aeronave militar pelo território de outro Estado (*ato ilícito*) devido a uma alteração climática repentina (*força maior*) que tornou materialmente impossível qualquer atividade diversa.[488]

e) Perigo extremo. Nos termos do *draft* das Nações Unidas, será excluída a ilicitude de um ato estatal em desacordo com uma obrigação internacional se o autor do ato em questão não dispõe de nenhum outro modo razoável, em uma situação de perigo extremo, de salvar a vida do autor ou vidas de outras pessoas confiadas aos seus cuidados (art. 24, § 1º). Como explica a doutrina, à diferença da situação de *força maior*, no caso de *perigo extremo* o órgão estatal poderia optar por respeitar a obrigação internacional em lugar de infringi-la; porém, caso não escolhesse violar a obrigação internacional, sua sobrevivência e a das pessoas que dele dependem estaria em grave perigo (sendo certo que o Direito Internacional "não impõe atitudes heroicas").[489] A ilicitude, porém, não será excluída se (*a*) a situação de perigo extremo decorrer, unicamente ou em combinação com outros fatores, da conduta do Estado que a invoque, ou (*b*) for provável que o ato em questão crie um perigo comparável ou maior (art. 24, § 2º).

f) Estado de necessidade. Outro problema relativo às excludentes de ilicitude diz respeito ao chamado *estado de necessidade*. Já se entendeu que o estado de necessidade é uma causa de exclusão de responsabilidade reconhecida pelo Direito Internacional costumeiro. Mas também já se sustentou, contrariamente, que o estado de necessidade não desonera o Estado de sua responsabilidade internacional, uma vez que não é facultada a nenhuma potência estrangeira a proteção de seu território em detrimento dos direitos de terceiros. Nesse último sentido, o fundamento impeditivo da exclusão da responsabilidade baseia-se no seguinte

---

[488] V. ONU, *Draft articles on Responsibility of States for Internationally Wrongful Acts with commentaries*, cit., p. 76-77.

[489] V. Antonio Remiro Brotons (*et al.*). *Derecho internacional*, cit., pp. 765-766.

fato: no estado de necessidade, ao contrário do que sucede com a legítima defesa ou com as contramedidas, não se trata de uma agressão voltada a um ato anteriormente injusto, mas de um ato estatal *egoísta* dirigido contra um ou mais Estados inocentes. O *draft* de convenção da ONU sobre responsabilidade internacional dos Estados segue esta vertente doutrinária (art. 25). Para o projeto de convenção, o estado de necessidade não pode ser invocado por um Estado como causa de exclusão da ilicitude de um fato do Estado violador de uma de suas obrigações internacionais, a menos que: a) este fato constitua o único meio de salvaguardar um interesse *essencial* do Estado contra um perigo grave e iminente; e *b*) o mesmo não prejudicou gravemente um interesse essencial do Estado em razão da qual existia a obrigação. Não se descarta, também, a questão da culpa do sujeito lesado que deu causa ao dano ou contribuiu para que o mesmo tivesse lugar. Nesse caso, pode-se dizer que a responsabilidade do Estado pode diminuir, ou até mesmo desaparecer, uma vez comprovada que a conduta do lesado contribuiu ou foi o próprio fato gerador do dano, sem a qual este não teria ocorrido da forma que ocorreu ou não teria acontecido.

g) *Renúncia do indivíduo lesado.* Entre as circunstâncias que excluem a responsabilidade do Estado, encontra-se – segundo alguns autores, mas sem referência no *draft* das Nações Unidas – a *renúncia do indivíduo lesado*. Trata-se da chamada *doutrina Calvo*, exposta pelo então Ministro das Relações Exteriores da Argentina, Carlos Calvo, em 1868, segundo a qual um particular pode *renunciar* à proteção pela via diplomática, por meio de contrato prévio com um governo estrangeiro.[490] Tal doutrina pode ser sintetizada numa cláusula inserta nos contratos celebrados pelo Estado com concessionários estrangeiros, por meio da qual estes últimos se comprometem em não recorrer à proteção diplomática dos seus países de origem, caso surjam ali questões sobre a execução ou inexecução desses mesmos contratos. Sob esse aspecto, os nacionais e estrangeiros deveriam ser tratados de forma igualitária, sendo que, para esses últimos, sequer a intervenção diplomática poderia ter efeitos. Com base nessa doutrina foi que muitos contratos de concessão e acordos congêneres fizeram constar em uma de suas cláusulas que os nacionais estrangeiros (pessoas físicas ou jurídicas) ali presentes *renunciam* à proteção diplomática de seu Estado patrial em caso de litígio judicial envolvendo o objeto do contrato. Reconheceu-se que a proteção diplomática dispensada a estrangeiros pode ser *renunciada* por tais súditos, o que não passou imune a críticas, principalmente aquela segundo a qual a proteção diplomática não é direito *disponível* do particular, mas do seu Estado de origem. Contudo, não obstante essas afirmações, o certo é que a cláusula Calvo conseguiu galgar, tanto na prática como na jurisprudência internacional, um êxito cada vez mais crescente.[491] A nulidade da cláusula Calvo poderá, contudo, ser invocada se implicar prejuízo do direito à proteção diplomática do Estado aos seus cidadãos no exterior, uma vez que a proteção diplomática, à luz do Direito Internacional Público, é um direito – e, ao menos, um dever moral – *do Estado* e não do indivíduo.

---

[490] V. Carlos Calvo. *Le droit international...*, cit., p. 219. Sobre a cláusula e o seu panorama atual, *v.* ainda César Sepúlveda, *Derecho internacional*, cit., pp. 251-255.

[491] V. Eduardo Jiménez de Aréchaga. *El derecho internacional contemporáneo*, cit., pp. 367-368; José Francisco Rezek, *Direito internacional público...*, cit., pp. 276-277; e Oliveiros Litrento, *Curso de direito internacional público*, cit., pp. 165-166.

Parte II • Cap. II • O ESTADO NO DIREITOINTERNACIONAL PÚBLICO | **539**

13. Meios de reparação pela violação de uma obrigação internacional. Pela regra geral, a forma de um Estado cumprir com a responsabilidade que lhe incumbe em virtude da violação de uma obrigação internacional é reparando o dano. Esta é a tradição na prática internacional: a responsabilidade internacional do Estado se exprime pela *reparação*, conhecida como instituto predominante da responsabilidade civil. A exceção a esta regra diz respeito à responsabilidade que surge para o Estado em virtude da prática de ilícito internacional.

A expressão *reparação* é genérica, dentro da qual se encontram todas as formas que um Estado tem para cumprir uma obrigação que lhe cabe de acordo com o Direito Internacional, ou mesmo livrar-se de responsabilidade que este último também lhe impôs. O delineamento geral da reparação foi estabelecido pela CPJI no caso *Fábrica de Chorzow*, no sentido de que "é um princípio de Direito Internacional, ou seja, uma concepção geral do direito, que toda a violação de um compromisso comporta a obrigação de reparar de uma forma adequada",[492] sendo que a forma de reparação deveria "tanto quanto possível apagar todas as consequências do fato ilícito e restabelecer o estado que teria provavelmente existido se o referido ato não tivesse sido cometido".[493]

A reparação pode revestir-se de diversas formas, colocadas pelo *draft* de convenção da ONU, quais sejam: (*a*) a restituição *in natura*, (*b*) a indenização (compensação) e (*c*) a satisfação, individualmente ou em combinação (art. 34).

A *restituição* constitui a forma mais comum de reparação e se consubstancia no fato de o Estado faltoso restabelecer a ordem anterior, que deveria ter tido lugar caso ele não tivesse praticado o ato ilícito (art. 35). Na impossibilidade de restituição surge a chamada *indenização*, que já se tornou a forma mais frequente de reparação, consistente no pagamento compensatório de todos os danos que um Estado produziu em decorrência do ato ilícito, inclusos os lucros cessantes que o Estado vítima deixou de auferir (art. 36, §§ 1º e 2º). Mas nem sempre é fácil distinguir entre uma ou outra modalidade, principalmente em caso de violação de deveres que causaram a morte ou lesões pessoais a uma pessoa. Por fim, tem-se ainda a *satisfação* pelo dano causado, normalmente de cunho moral (art. 37, §§ 1º a 3º); trata-se de um componente da reparação *lato sensu* que tem lugar quando o ato ilícito praticado ofender a dignidade do Estado ou de seus funcionários. As formas de satisfação são basicamente três, normalmente cumulativas: (1) pode consistir num pedido de desculpas, (2) na punição dos funcionários culpados, ou ainda (3) num reconhecimento formal (até mesmo por via judicial) do caráter ilícito do fato.[494]

Por fim, destaque-se que o *draft* coloca, ainda, fora do capítulo sobre reparação, a garantia de não repetição, segundo a qual o Estado lesado tem o direito, se for o caso, de obter do Estado que cometeu um fato internacionalmente ilícito, a garantia de não repetição do fato (art. 30, alínea *b*).

---

[492] Cf. o caso "Factory at Chorzow", *Jurisdiction, Judgement nº 8*, 1927, PCIJ, Série A, nº 17, p. 29. *V.* ainda, *Réparations des dommages au service des Nations Unies*, Opinião Consultiva (*caso Bernadotte*), in *CIJ Recueil* (1949), p. 184.

[493] Extraído do processo *Texaco-Calasiatic*, de 19 de janeiro de 1977.

[494] Cf., por tudo, James Crawford, *Brownlie's principles of public international law*, cit., pp. 569-577.

SEÇÃO VI – ÓRGÃOS DOS ESTADOS
NAS RELAÇÕES INTERNACIONAIS

1. Introdução. A personalidade do Estado é, como se sabe, formulada em termos eminentemente jurídicos. Portanto, o Estado não tem como atuar (quer no cenário interno, quer no internacional) senão por meio de *pessoas* que agem e funcionam em seu nome. No que tange à *ação exterior* do Estado, tais pessoas agem como órgãos *externos* da potência soberana para a qual trabalham, variando sua competência de acordo com a maior (*v.g.*, o Presidente da República ou o Ministro das Relações Exteriores) ou menor (*v.g.*, os membros de missões junto a organizações internacionais) extensão de seus misteres.[495] Em suma, será por meio de tais *pessoas* (ou *órgãos*) que a ação exterior do Estado se materializa na articulação de suas políticas, interesses etc. Cabe ao Direito interno (normalmente à Constituição) de cada Estado designar cada um de tais sujeitos ou órgãos nacionais com a necessária competência representativa para agirem internacionalmente como intermediários do Estado, exprimindo no plano do direito das gentes a sua vontade.

Para o Direito Internacional Público, é o chefe de Estado – quer seja chamado de Presidente da República, de Imperador, de Rei ou, até mesmo, de chefe de Governo – o responsável central pela dinâmica das relações internacionais. No Brasil, a Constituição é clara ao afirmar que compete privativamente ao Presidente da República "manter relações com Estados estrangeiros e acreditar seus representantes diplomáticos" (art. 84, inc. VII). A competência para tais atos (que é *privativa*) pode ser delegada a outros agentes, como ao Ministro das Relações Exteriores ou aos Chefes de Missão Diplomática. Estes últimos, quando de caráter permanente, têm sua designação aprovada previamente pelo Senado Federal, que os sabatina em sessão secreta (CF, art. 52, inc. IV). Contudo, modernamente, as atribuições dos chefes de Estado não são mais tratadas de maneira absoluta, como era no passado, em que o soberano reunia em torno de si todo o poder de representação (*jus representationis omnimodae*).

Atualmente, para além dos chefes de Estado, a nova sistemática das relações internacionais exige uma sofisticação maior relativamente à sua representação exterior, que passa a contar com outros agentes (designados pelos seus respectivos direitos internos) para a satisfação desse mister, a saber, os Ministros das Relações Exteriores, os agentes diplomáticos e os agentes consulares, devendo cada um deles ser apreciado segundo a natureza de suas funções. Todos esses agentes do Estado somados representam o que se chama de *diplomacia*.

2. Chefes de Estado. Salvo declaração formal em contrário, são os chefes de Estado (também chamados de *Soberanos*) os responsáveis pela mais alta direção dos negócios públicos nacionais, assim como pela dinâmica das relações internacionais dos Estados que representam. São eles a autoridade suprema do Estado no que tange à representação geral dos negócios exteriores de seu país, sendo os seus atos internacionalmente praticados considerados atos *do próprio Estado* no cenário internacional.[496]

A atuação de um chefe de Estado na órbita externa corresponde àquilo que se chama de *jus representationis omnimodae* no Direito Internacional, consistente na direção da política

---

[495] Cf. Antonio Remiro Brotons (*et al.*). *Derecho internacional*, cit., p. 999.

[496] Cf. Dionisio Anzilotti. *Cours de droit international*, cit., pp. 357-261; e César Sepúlveda, *Derecho internacional*, cit., pp. 149-150.

Parte II · Cap. II · O ESTADO NO DIREITOINTERNACIONAL PÚBLICO | **541**

exterior do Estado, na ratificação de tratados internacionais com outras potências soberanas e na faculdade de receber e enviar representantes diplomáticos, exprimindo com maior autoridade seus pontos de vista nacionais e deixando a execução de sua política aos respectivos ministros das relações exteriores.

Destaque-se não serem os chefes de Estado necessariamente chefes do Poder Executivo. Podem eles ser *monarcas* (como os antigos imperadores do Japão e da Etiópia), *reis* (como ocorre no Cambodja, Suécia e Tailândia), *rainhas* (como no Reino Unido) ou *presidentes da república* (como é o caso do Brasil e de tantos outros países).[497] O chefe de Estado, dependendo do que dispõem as normas constitucionais do Estado, pode ou não ser o chefe de Governo.[498] No regime republicano presidencial, a autoridade externa dos chefes de Estado acaba sendo até mesmo maior que a dos Monarcas, uma vez que aqueles, além de gerir os interesses internos do seu Estado, são também os responsáveis pela sua representação exterior.

Os chefes de Estado são os coordenadores-gerais das relações internacionais do Estado, cujas competências estão fixadas exclusivamente pelo seu Direito interno (na Constituição, nas leis, nos decretos regulamentadores etc.). Os demais Estados estrangeiros não têm competência para decidir sobre a legitimidade com que o chefe de Estado exerce o seu poder de representação. O representante que a nação escolheu e colocou à frente da condução de seu governo deve ser respeitado pelos demais atores da sociedade internacional.[499] O Direito Internacional, entretanto, não descuida totalmente do assunto, atribuindo aos próprios Estados que tais governantes representam, todas as manifestações de vontade expressas por eles, mesmo que isso esteja em desacordo com o seu Direito interno. Assim, se um chefe de Estado ratifica um tratado sem a observância dos pressupostos constitucionais do consentimento (no Brasil, antes da ratificação o tratado deve ser referendado pelo Congresso Nacional, nos termos do art. 49, inc. I, da Constituição de 1988). Tal tratado, mesmo assim, é válido internacionalmente. A violação das normas de Direito interno não são óbice à validade do tratado no plano internacional, a não ser que essa violação seja manifesta e diga respeito "a uma norma de seu direito interno de importância fundamental", como se lê no art. 46, § 1º, da Convenção de Viena sobre o Direito dos Tratados de 1969.[500]

No Brasil, as atribuições do chefe de Estado (ou seja, do Presidente da República) vêm expressas em vários incisos do art. 84 da Constituição de 1988, sendo de maior interesse ao Direito Internacional, especialmente as seguintes: *a)* manter relações com Estados estrangeiros e acreditar seus representantes diplomáticos (inc. VII); *b)* celebrar tratados, convenções e atos internacionais, sujeitos a referendo do Congresso Nacional (inc. VIII); *c)* declarar guerra, no caso de agressão estrangeira, autorizado pelo Congresso Nacional ou referendado por ele, quando ocorrida no intervalo das sessões legislativas, e, nas mesmas condições, decretar, total ou parcialmente, a mobilização nacional (inc. XIX); *d)* celebrar a paz, autorizado ou com o referendo do Congresso Nacional (inc. XX); e *e)* permitir, nos casos previstos em lei complementar, que forças estrangeiras transitem pelo território nacional ou nele permaneçam

---

[497] Para uma análise da diplomacia presidencial brasileira, desde a instauração da República até os tempos atuais, *v.* Sérgio Danese, *Diplomacia presidencial: história e crítica*, Rio de Janeiro: Topbooks, 1999, 520p.

[498] Cf. Francis Deák. *Manual de derecho internacional público*. Max Sørensen [Editor], cit., pp. 377-378.

[499] Cf. Clóvis Bevilaqua. *Direito público internacional...*, t. I, cit., pp. 389-390.

[500] *V.* Parte I, Capítulo V, Seção I, item nº 19, letra *d*.

temporariamente (inc. XXII).[501] Tais atribuições do chefe de Estado como responsável pela dinâmica das relações internacionais são fruto de um constitucionalismo histórico. De fato, mesmo os textos constitucionais liberais, que, em geral, restringem a atuação absoluta do soberano na seara internacional, não lhe retiram essas competências, por reconhecerem que é ele o *chefe* da nação no plano exterior. O que tais textos constitucionais fazem – no processo de celebração de tratados, por exemplo – é limitar a atuação dos outros poderes do Estado (nesse caso, o Parlamento) a uma fase *posterior* da processualística dos atos internacionais, para que se aprove a futura ratificação do ato.[502]

Os chefes de Estado, quando no exercício de suas funções no exterior, desfrutam de prerrogativas e privilégios inerentes ao seu cargo e que se estendem à pessoa que o estiver ocupando. Esses privilégios se estendem aos chefes de Governo (e também aos Ministros de Relações Exteriores) quando se encontram no território de outro Estado. Tais prerrogativas não são deduzidas das convenções de Viena sobre relações diplomáticas ou consulares, mesmo porque tais pessoas (chefes de Estado, chefes de Governo e Ministros de Relações Exteriores) são hierarquicamente superiores a quaisquer outros representantes do Estado no exterior. Segundo leciona Guido Soares, a regra mostrada pela doutrina e esparsa jurisprudência "é no sentido de conceder-se imunidade de jurisdição absoluta aos chefes de Estado, quando em visita oficial a outros países, pois, embora em caráter temporário, sua posição no ordenamento jurídico dos Estados é sempre superior à dos chefes da missão diplomática".[503]

Os privilégios e imunidades que os chefes de Estado, chefes de Governo e Ministros de Estado ostentam são os seguintes:

a) Privilégios pessoais – isenção de medidas coercitivas, extensiva à sua família e aos seus bens. Os autores mais antigos faziam decorrer tais privilégios da *extraterritorialidade*, o que atualmente não é mais aceito (por ser ficção inútil e, inclusive, perigosa). O que se entende atualmente é que tais privilégios que os chefes de Estado e seus familiares detêm em território estrangeiro decorrem dos princípios de cortesia e de boa convivência entre as potências estrangeiras.

b) Imunidade em matéria penal – impossibilidade de demandá-lo criminalmente em qualquer tribunal estrangeiro, à exceção dos crimes relativos à jurisdição do Tribunal Penal Internacional. O fundamento dessa imunidade, que não se encontra positivada em norma convencional (diferentemente do que ocorre com o pessoal da missão diplomática e consular), assenta-se no princípio da inviolabilidade da pessoa dos chefes de Estado e seus altos funcionários, princípio esse reconhecido pela unanimidade da doutrina comparada. O que poderá fazer o Estado estrangeiro onde se encontra o chefe de Estado (ou um alto funcionário seu) é retirá-lo do país e, eventualmente, pedir reparação do dano porventura causado.[504]

c) Imunidade em matéria civil – opera nos casos de o chefe de Estado atuar na sua condição de representante do Estado, e não quando ele atua na condição de pessoa privada (na qualidade de herdeiro ou legatário, por exemplo). Será total a imunidade civil quando o

---

[501] No Brasil, este último inciso foi regulamentado pela Lei Complementar nº 90/1997.
[502] Cf. João Hermes Pereira de Araújo. *A processualística dos atos internacionais*, cit., p. 26.
[503] V. Guido Fernando Silva Soares. *Das imunidades de jurisdição e de execução*, cit., pp. 86 e 89.
[504] Cf. Guido Fernando Silva Soares. Idem, pp. 86-87.

Parte II · Cap. II · O ESTADO NO DIREITOINTERNACIONAL PÚBLICO | **543**

chefe de Estado estiver em visita ao país estrangeiro. Quando ausente de um país estrangeiro, é preciso distinguir entre a sua qualidade *oficial* (praticante de atos públicos) ou *particular* (praticante de atos privados), cabendo a imunidade civil somente no que tange aos primeiros (atos *públicos* praticados na condição de *representante do Estado*). A doutrina ainda insiste, porém, no fato de se considerar, no momento da invocação da imunidade, se está ou não o chefe de Estado presente no território onde tem jurisdição o tribunal frente ao qual a imunidade é postulada.[505]

d) Imunidade de polícia e tributos – impedimento de impor-lhes multas administrativas ou cobrar-lhes tributos pessoais, de consumo ou congêneres, a exemplo dos impostos aduaneiros, salvo impostos que recaiam sobre propriedade ou atividade comercial lucrativa exercida no país estrangeiro.[506]

À equipe presidencial que acompanha o chefe de Estado em suas missões estrangeiras também são atribuídos os mesmos privilégios e imunidades, a fim de que desempenhem, com eficácia e com total liberdade, os seus misteres internacionais, até que permaneçam atuando no respectivo cargo.

Os chefes de Estado destituídos ou depostos do poder perdem automaticamente todos os privilégios e imunidades que lhes eram reconhecidos quando do exercício das atividades soberanas.

3. Ministro das Relações Exteriores. Não obstante a importância dos chefes de Estado como responsáveis pela dinâmica das relações internacionais, o certo é que já está ultrapassada a fase da sua participação direta e ativa nos negócios exteriores do Estado. Modernamente, dada a variedade de funções que lhe incumbem, o chefe de Estado não tem mais condições de atender pessoalmente à direção de todos os serviços do país no exterior.[507] Daí a necessidade de instituir-se um *intermediário* (para falar como Oppenheim) entre o Estado e as demais potências estrangeiras, que vem a ser exatamente o Ministro das Relações Exteriores. Tal se justifica pelo fato de terem os chefes de Estado outras funções além da de participar de negociações internacionais e de concluir tratados com as demais potências estrangeiras, daí crescendo a importância dos Ministros das Relações Exteriores para a condução e desenvolvimento da política exterior do Estado.[508]

O Ministro das Relações Exteriores – também chamado, em outros países, de Ministro dos Negócios Estrangeiros (Espanha), Secretário de Estado (EUA), Foreign Office (Grã-Bretanha), Departamento Político (Suíça), Comissário do Povo para Assuntos Estrangeiros (ex-URSS) e Chanceler (América Latina) – é o responsável maior pelas funções administrativas da política exterior de um Estado. Sua principal missão, regulada pelo Direito interno de seu país, é dirigir os negócios de seu Estado nas relações deste com as demais potências estrangeiras, norteando a política exterior que melhor convier aos interesses nacionais. Trata-se de um verdadeiro *auxiliar* do chefe de Estado em matéria de política externa e de condução

---

[505] É o que leciona Guido Fernando Silva Soares (*Op., cit.*, p. 89), citando o que diz Philippe Cahier.

[506] Cf. Loretta Ortiz Ahlf. *Derecho internacional público*, cit., p. 137; e Gerson de Britto Mello Boson, *Direito internacional público...*, cit., p. 291.

[507] Cf. Hildebrando Accioly. *Tratado de direito internacional público*, vol. I, cit., p. 443.

[508] V. Raoul Genet. *Traité de diplomatie et de droit diplomatique*, t. I, cit., pp. 43-74; e Dionisio Anzilotti, *Cours de droit international*, cit., pp. 262-263.

dos negócios internacionais do Estado. Nessa função, o Ministro das Relações Exteriores exerce a chefia do seu Ministério (o Ministério das Relações Exteriores),[509] sendo o superior hierárquico (abaixo do chefe de Estado) de todo o quadro diplomático e consular do país.

As atribuições do Ministro das Relações Exteriores são de natureza interna e externa, mas é certo que as suas *principais* tarefas dizem respeito ao âmbito dos problemas *exteriores* do seu Estado, como a abertura e condução das negociações com outros Estados ou organismos internacionais; a elaboração de instruções aos seus agentes diplomáticos no exterior; a fiscalização da fiel execução dos tratados firmados; expedição de correspondência diplomática; a representação do chefe de Estado nos atos internacionais que lhe competirem; a proteção dos interesses políticos, econômicos e comerciais do Estado e de seus cidadãos no exterior etc. Mas a sua atribuição quiçá mais importante consiste na participação em todos os atos relativos à conclusão de tratados internacionais, sendo importante frisar que, nos termos do art. 7º, § 2º, alínea *a*, da Convenção de Viena sobre o Direito dos Tratados, tais Ministros estão dispensados da apresentação de carta de plenos poderes (*litterae fidei*, em latim, ou *lettre de créance*, em francês), instrumento por meio do qual o governo normalmente dá ao agente em causa procuração geral para os atos próprios de sua competência.

O primeiro brasileiro a ocupar tal cargo foi José Bonifácio de Andrada e Silva, após a Independência do Brasil, tendo assumido a então chamada *Pasta do Império e dos Negócios Estrangeiros*. O Ministério das Relações Exteriores brasileiro tem sua sede no *Palácio Itamaraty*, antigamente localizado no Rio de Janeiro e, agora, na capital federal (Brasília).[510] O nome *Itamaraty* deve-se à sua primeira sede na cidade do Rio de Janeiro, estabelecida num Palácio construído ao final do século XIX pelo filho do primeiro Barão de Itamaraty. O Palácio foi sede do governo republicano de 1889 a 1898 e sede do Ministério das Relações Exteriores de 1899 a 1970.

4. Agentes diplomáticos. Embora a gerência das relações internacionais constitua função diretiva do chefe de Estado, com a administração externa do Ministro das Relações Exteriores, é claro que o seu perfeito funcionamento, dada a sua complexidade, depende também de um corpo determinado de funcionários especialmente treinados para tal finalidade.[511] Assim, os funcionários que um Estado envia a outro, ou a uma organização internacional intergovernamental, para atuar nas relações entre ambos, defendendo os seus direitos e representando os seus interesses, é o que se chama de *agentes diplomáticos*, cujas funções e competências vêm reguladas pela Convenção de Viena sobre Relações Diplomáticas de 1961, que é o instrumento que codificou coerentemente o direito costumeiro que vinha sendo aplicado até a sua entrada em vigor.

O desenvolvimento das relações políticas por meio de agentes especializados acabou dando causa ao surgimento de uma classe de funcionários do Estado, os chamados *diplomatas*. Diplomata *stricto sensu*, como ensina Guido Soares, "é o agente do Estado, frente aos órgãos de outras pessoas de direito internacional clássico, com as funções clássicas de representá-lo,

---

[509] O Ministério das Relações Exteriores é o aparelho jurídico-político encarregado de colocar o Estado brasileiro em contato com as demais potências estrangeiras, dirigindo suas relações internacionais. Cf. Clóvis Bevilaqua. *Direito público internacional...*, t. I, cit., pp. 397-399.

[510] *V.* a página *web* do Ministério das Relações Exteriores em: [http://www.itamaraty.gov.br].

[511] Cf. Raoul Genet. *Traité de diplomatie et de droit diplomatique*, t. I, cit., pp. 75-98; e Dionisio Anzilotti, *Cours de droit international*, cit., pp. 263-270.

Parte II · Cap. II · O ESTADO NO DIREITOINTERNACIONAL PÚBLICO | **545**

negociar em seu nome e informar-se de assuntos que lhe dizem respeito".[512] Junto com eles surgem as práticas da diplomacia, obedecidas como lei, chamadas de *usos diplomáticos*, algumas delas já transformadas em verdadeiras normas de conduta, que podem, inclusive, acarretar a responsabilidade internacional do Estado caso violadas.

Os *embaixadores* são os agentes de maior importância na hierarquia diplomática, seguidos pelos *ministros plenipotenciários* (detentores dos *plenos poderes* para negociações internacionais) e, por fim, pelos *representantes diplomáticos*. Em relação aos primeiros (embaixadores), a Convenção de Viena de 1961 lhes atribui a condição de *chefes* da missão diplomática (*v.* art. 14, *infra*).

A chamada *missão diplomática* (cuja sede ordinária é chamada de *legação*) compreende o *pessoal oficial*, composto por funcionários designados (chanceleres, conselheiros, serventuá-rios, intérpretes, adidos etc.), e o *pessoal não oficial*, integrado por pessoas sem função pública, a exemplo dos familiares (esposa ou esposo, filhos etc.) e serviçais dos agentes diplomáticos (secretários particulares, criados etc.).[513] Por sua vez, o conjunto de representantes estatais credenciados – embaixadores, ministros, núncios, pessoal oficial etc. – formam o chamado *corpo diplomático*, atribuindo-se este mesmo nome aos funcionários que desempenham a atividade exterior do Estado.[514]

A Convenção de Viena sobre Relações Diplomáticas não define expressamente o que se entende por "missão diplomática" (dizendo apenas no seu art. 2º que "o estabelecimento de relações diplomáticas entre Estados e o envio de Missões diplomáticas permanentes efetua-se por consentimento mútuo"). Mas dá a entender que o envio da missão depende da existência formal de relações diplomáticas entre o Estado que envia a missão (*Estado acreditante*) e o Estado que a recebe (*Estado acreditado*).[515]

O corpo diplomático do Estado tem como porta-voz o chamado *decano*, que é o fun-cionário diplomático mais antigo da primeira categoria. Às vezes, o *núncio apostólico* (que é o representante diplomático ordinário – não, porém, o consular – da Santa Sé, cuja categoria corresponde à de embaixador) também pode exercer estas funções, o que varia de país para país. Sua primazia sobre os demais chefes de missão diplomática foi inclusive reconhecida pelo art. 16, § 3º, da Convenção de Viena sobre Relações Diplomáticas, segundo o qual a precedência dos chefes de missão, dentro de cada classe, "não afeta a prática que exista ou venha a existir no Estado acreditado com respeito à precedência do representante da Santa Sé".

No Brasil, as regras relativas à escolha e nomeação dos agentes diplomáticos encontram--se na Constituição Federal. Nos termos do art. 84, inc. VII, compete privativamente ao Presi-dente da República "manter relações com Estados estrangeiros e acreditar seus representantes diplomáticos". O art. 52, inc. IV, por sua vez, diz competir privativamente ao Senado Federal "aprovar previamente, por voto secreto, após arguição em sessão secreta, a escolha dos chefes de missão diplomática de caráter permanente". Ainda nos termos do Texto Constitucional brasileiro (art. 12, § 3º, inc. V) a carreira diplomática é cargo privativo de brasileiro nato,

---

512   Guido Fernando Silva Soares. *Das imunidades de jurisdição e de execução*, cit., p. 45.
513   Cf. Hildebrando Accioly. *Tratado de direito internacional público*, vol. I, cit., p. 453.
514   Cf. Oyama Cesar Ituassú. *Curso de direito internacional público*, cit., pp. 505-506.
515   Cf. Guido Fernando Silva Soares. *Órgãos dos Estados nas relações internacionais...*, cit., p. 63.

escalonando-se desde o cargo de Terceiro Secretário até o de Ministro Plenipotenciário de primeira classe.

Toda potência estrangeira tem o direito de manter relações diplomáticas com os demais Estados, assim como enviar missões diplomáticas baseando-se no mútuo consentimento. O envio de tais missões denomina-se *direito de legação* (*jus legationum*), que pode ser *ativo* ou *passivo*. Tem-se o direito de legação ativo quando o país em causa (Estado *acreditante*) envia representantes diplomáticos junto a Estados estrangeiros e organismos internacionais, e o direito de legação passivo quando este mesmo país (Estado *acreditado*) recebe em seu território os representantes diplomáticos que lhes foram enviados por outros Estados soberanos. Este direito é um direito condicionado, pois depende da anuência do Estado acreditado para efetivar-se. Este Estado tem o direito de negar o ingresso da missão diplomática em seu território por motivos que somente a ele cabe determinar. Assim como nenhum Estado é obrigado a aceitar estrangeiros em seu território (*v.* Capítulo IV, Seção II, item nº 2, *infra*), o mesmo também se diga quanto ao recebimento de uma missão diplomática, que pode ser considerada, total ou parcialmente, como *non grata* relativamente a esse Estado, como se verá adiante.

Dentro do quadro da missão diplomática, merece destaque a figura do *chefe da missão.* Este, nos termos do art. 13, § 1º, da Convenção de Viena sobre Relações Diplomáticas, "é considerado como tendo assumido as suas funções no Estado acreditado no momento em que tenha entregado suas credenciais ou tenha comunicado a sua chegada e apresentado as cópias figuradas de suas credenciais ao Ministério das Relações Exteriores, ou ao Ministério em que se tenha convindo, de acordo com a prática observada no Estado acreditado, a qual deverá ser aplicada de maneira uniforme". A ordem de entrega das credenciais ou de sua cópia figurada será determinada pela data e hora da chegada do Chefe da Missão (art. 13, § 2º).

O art. 14 da mesma Convenção divide os chefes da missão em três classes: *a*) os embaixadores ou núncios acreditados perante chefes de Estado, e outros chefes de missão de categoria equivalente; *b*) os enviados, ministros ou internúncios (estes últimos, substitutos legais dos núncios na qualidade de ministros plenipotenciários), acreditados perante chefes de Estado; e *c*) os encarregados de negócios, acreditados perante Ministro das Relações Exteriores. O § 2º desse mesmo dispositivo acrescenta que "salvo em questões de precedência e etiqueta [a tradução aqui não é boa, pois não se trata de *etiqueta* como regra de comportamento, mas sim de *cortesia* nas relações entre Estados], não se fará nenhuma distinção entre Chefes de Missão em razão de sua classe". Mas a Convenção de Viena reconheceu que esta regra não afeta a prática que possa existir em determinados Estados no que diz respeito ao representante da Santa Sé. Nos países em que os representantes desta não são automaticamente reconhecidos como *decanos*, a Santa Sé criou a figura do *pronuncio*, que equivale aos chefes de missão de primeira classe.[516]

Os Estados são livres para determinar a forma de escolha dos seus representantes diplomáticos. No Brasil, o corpo diplomático e o pessoal da missão são funcionários de carreira. Em geral, tais agentes são nacionais do Estado que os nomeia, mas nada impede que sejam de outra nacionalidade (sendo apenas desaconselhável que um representante diplomático seja nacional do Estado junto ao qual deverá servir). Antes de efetivar a nomeação, o governo

---

[516] *V.* Hildebrando Accioly & Nascimento e Silva. *Manual de direito internacional público*, cit., p. 168.

acreditante solicita informações ao governo acreditado (e essa consulta denomina-se geralmente de *agrément* ou *agréation*) sobre se este aceita em seu território o representante escolhido (ou seja, se este será *persona grata*). O Estado acreditado (nos termos do art. 4º, § 2º, da Convenção de Viena sobre Relações Diplomáticas) não está obrigado a dar ao Estado acreditante as razões da eventual negativa do *agrément*, podendo apenas comunicá-lo (sem maiores formalidades) que *não o aceita* em seu território. Em caso de aceite, o representante diplomático parte para o país designado, levando consigo dois documentos imprescindíveis: *a*) o seu *passaporte diplomático*, que o identifica perante o governo local; e *b*) a sua *credencial* (*lettre de créance* ou *litterae fidei*, sinônimo de *plenos poderes*), assinada pelo chefe de Estado e referendada pelo Ministro das Relações Exteriores. Nas disposições finais da credencial (também frequentemente designada no plural: *credenciais*) o governo pede ao Estado acreditado que dê crédito a tudo o que disser o agente em nome do Estado acreditante,[517] devendo esse mesmo agente ser tratado nesse Estado de conformidade com as altas funções que irá desempenhar.[518] As imunidades e privilégios começam a vigorar no momento em que a pessoa designada entra no território do Estado acreditado para assumir o seu posto, ou, se já está no território desse Estado, desde que a sua nomeação tenha sido notificada ao Ministério das Relações Exteriores ou ao Ministério em que se tenha convindo (art. 39, § 1º).

O art. 3º, § 1º, da Convenção de Viena sobre Relações Diplomáticas discrimina as funções da missão diplomática no Estado acreditado, que são, entre outras: *a*) representar o Estado acreditante perante o Estado acreditado; *b*) proteger no Estado acreditado os interesses do Estado acreditante e de seus nacionais, dentro dos limites permitidos pelo direito internacional; *c*) negociar com o Governo do Estado acreditado; *d*) inteirar-se por todos os meios lícitos das condições existentes e da evolução dos acontecimentos no Estado acreditado e informar a este respeito o Governo do Estado acreditante; e *e*) promover relações amistosas e desenvolver as relações econômicas, culturais e científicas entre o Estado acreditante e o Estado acreditado.

A missão diplomática geralmente termina por ato do próprio governo que a instituiu, podendo dar-se por expiração do prazo fixado para a sua duração, por troca ou substituição de posto, por demissão do agente diplomático, pela sua aposentadoria ou, como é óbvio, pelo seu falecimento. Termina, ainda, a missão pela mudança violenta na forma de governo de qualquer dos dois Estados, pela guerra declarada entre tais Estados, ou pela extinção de qualquer deles.[519] Pode ocorrer, também, o caso de o representante diplomático ser declarado *persona non grata*, como se depreende da leitura do art. 9º, § 1º, da Convenção de Viena de 1961, segundo o qual o Estado "acreditado poderá a qualquer momento, e sem ser obrigado a justificar a sua decisão, notificar ao Estado acreditante que o Chefe da Missão ou qualquer membro do pessoal diplomático da Missão é *persona non grata* ou que outro membro do pessoal da missão não é aceitável", complementando, ao final, que uma "pessoa poderá ser declarada *non grata* ou não aceitável mesmo antes de chegar ao território do Estado acreditado".[520] Mas é bom lembrar a

---

[517] V. Hildebrando Accioly & Nascimento e Silva. Idem, pp. 169-170.

[518] Cf. Clóvis Bevilaqua. *Direito público internacional...*, t. I, cit., p. 410.

[519] Cf. Hildebrando Accioly. *Tratado de direito internacional público*, vol. I, cit., p. 502.

[520] Sobre o tema, cf. Anthony Aust, *Handbook of international law*, cit., pp. 112-113. Noticia César Sepúlveda que o México tem sido extremamente rigoroso na exigência de os diplomatas estrangeiros absterem-se

lição de Bevilaqua, no sentido de que, não havendo razão plausível "para recusar o diplomata escolhido por seu governo, a repulsa deve ser considerada um ato pouco amistoso, podendo ser traduzido como um desejo de suspender as relações diplomáticas existentes entre os dois países".[521]

Quando terminarem as funções de uma pessoa que goze de privilégios e imunidades, tais privilégios e imunidades cessarão normalmente no momento em que a pessoa deixar o país ou quando transcorrido um prazo razoável que lhe tenha sido concedido para tal fim, perdurando até esse momento mesmo em caso de conflito armado; a imunidade, porém, subsiste no que diz respeito aos atos praticados por tal pessoal no exercício de suas funções como membro da missão (art. 39, § 2º). Em caso de falecimento de um membro da missão os membros de sua família (que não forem nacionais do Estado acreditado) continuarão no gozo dos privilégios e imunidades a que têm direito até a expiração de um prazo razoável que lhes permita deixar o território do Estado acreditado (art. 39, § 3º).

Quanto às prerrogativas e imunidades diplomáticas, estas já foram estudadas no Capítulo II, Seção IV, item nº 3, desta Parte.

5. Os cônsules e funcionários consulares. Ao contrário do que ocorre com os agentes diplomáticos, os cônsules não representam o Estado na totalidade de suas relações exteriores e não se encontram acreditados no país anfitrião.[522] Enquanto os agentes diplomáticos desempenham funções políticas de representação, os cônsules são funcionários administrativos ou agentes oficiais do Estado que os nomeia (mas sem caráter diplomático ou representativo) que trabalham em cidades de outros países, agindo como órgãos da política comercial, tendo, também, a função de proteger os interesses particulares de seus nacionais.[523] Sua função, portanto, é *apolítica* e *técnica*.

Os cônsules têm como local de trabalho os *consulados*, que são repartições públicas estabelecidas pelos Estados em portos ou cidades de outros Estados. Nos consulados (cujos territórios são os distritos ou jurisdições consulares), se legalizam documentos, se exerce a política de navegação com os portos nacionais, se fornecem informações de natureza política e econômica do país onde se encontram instalados etc.[524]

São bastante extensas as funções dos cônsules e abrangem atribuições de alta relevância. Nos termos do art. 5º da Convenção de Viena sobre Relações Consulares, de 1963, as funções consulares consistem, basicamente, em:

a) proteger, no Estado receptor, os interesses do Estado que envia e de seus nacionais, pessoas físicas ou jurídicas, dentro dos limites permitidos pelo direito internacional;

---

de se imiscuir em assuntos internos do país, relatando vários casos em que o México exerceu o direito de expulsar ou rechaçar aqueles que considerou *non gratos*. V. César Sepúlveda. *Derecho internacional*, cit., pp. 154-155.

[521] Clóvis Bevilaqua. *Direito público internacional...*, t. I, cit., p. 409.

[522] Cf. Francis Deák. *Manual de derecho internacional público*. Max Sørensen [Editor], cit., p. 405; e Ian Brownlie, *Princípios de direito internacional público*, cit., pp. 382-384.

[523] Cf. Clóvis Bevilaqua. *Direito público internacional...*, t. I, cit., p. 459; e Dionisio Anzilotti, *Cours de droit international*, cit., pp. 270-279.

[524] Cf. Hildebrando Accioly. *Tratado de direito internacional público*, vol. I, cit., p. 513.

Parte II • Cap. II • O ESTADO NO DIREITOINTERNACIONAL PÚBLICO | 549

b) fomentar o desenvolvimento das relações comerciais, econômicas, culturais e científicas entre o Estado que envia e o Estado receptor e promover ainda relações amistosas entre eles;

c) informar-se, por todos os meios lícitos, das condições e da evolução da vida comercial, econômica, cultural e científica do Estado receptor, informar a respeito o governo do Estado que envia e fornecer dados às pessoas interessadas;

d) expedir passaportes e documentos de viagem aos nacionais do Estado que envia, bem como vistos e documentos apropriados às pessoas que desejarem viajar para o referido Estado;

e) prestar ajuda e assistência aos nacionais, pessoas físicas ou jurídicas do Estado que envia;

f) agir na qualidade de notário e oficial de registro civil, exercer funções similares, assim como outras de caráter administrativo, sempre que não contrariem as leis e regulamentos do Estado receptor;

g) resguardar, de acordo com as leis e regulamentos do Estado receptor, os interesses dos nacionais do Estado que envia, pessoas físicas ou jurídicas, nos casos de sucessão por morte verificada no território do Estado receptor;

h) resguardar, nos limites fixados pelas leis e regulamentos do Estado receptor, os interesses dos menores e dos incapazes, nacionais do país que envia, particularmente quando para eles for requerida a instituição de tutela ou curatela;

i) representar os nacionais do país que envia e tomar as medidas convenientes para sua representação perante os tribunais e outras autoridades do Estado receptor, de conformidade com a prática e os procedimentos em vigor nesse último, visando conseguir, de acordo com as leis e regulamentos do mesmo, a adoção de medidas provisórias para a salvaguarda dos direitos e interesses destes nacionais, quando, por estarem ausentes ou por qualquer outra causa, não possam os mesmos defendê-los em tempo útil;

j) comunicar decisões judiciais e extrajudiciais e executar comissões rogatórias de conformidade com os acordos internacionais em vigor, ou, em sua falta, de qualquer outra maneira compatível com as leis e regulamentos do Estado receptor;

k) exercer, de conformidade com as leis e regulamentos do Estado que envia, os direitos de controle e de inspeção sobre as embarcações que tenham a nacionalidade do Estado que envia, e sobre as aeronaves nele matriculadas, bem como sobre suas tripulações;

l) prestar assistência às embarcações e aeronaves e também às tripulações; receber as declarações sobre as viagens dessas embarcações, examinar e visar os documentos de bordo e, sem prejuízo dos poderes das autoridades do Estado receptor, abrir inquéritos sobre os incidentes ocorridos durante a travessia e resolver todo tipo de litígio que possa surgir entre o capitão, os oficiais e os marinheiros, sempre que autorizado pelas leis e regulamentos do Estado que envia, e ainda;

m) exercer todas as demais funções confiadas à repartição consular pelo Estado que envia, as quais não sejam proibidas pelas leis e regulamentos do Estado receptor, ou às quais este não se oponha, ou, ainda, as que lhe sejam atribuídas pelos acordos internacionais em vigor entre o Estado que envia e o Estado receptor.[525]

A diferença existente entre os cônsules e os agentes diplomáticos está em que os primeiros não praticam atos de natureza política, como estes últimos, mas sim de natureza administrativa, de colaboração com tribunais e também coligados ao estado civil das pessoas. Nesse sentido, como destaca César Sepúlveda, a diferença "que poderia distinguir os agentes diplomáticos dos consulares é somente o caráter político daqueles, pois a chamada 'função representativa', exercida unicamente pelos chefes de missão, não é certamente um bom elemento distintivo, porque os cônsules de maior categoria possuem, entre suas funções, uma certa qualidade representativa, ainda que parcial".[526]

Nos termos da Convenção de Viena de 1963, os cônsules podem ser de quatro espécies: *a)* cônsules-gerais; *b)* cônsules; *c)* vice-cônsules; e *d)* agentes consulares. A denominação *cônsules* aplica-se atualmente a duas espécies de agentes, que diferem quanto à sua origem e prerrogativas e também quanto à extensão de suas atribuições: *a)* os cônsules de carreira ou enviados (*missi*); e *b)* os cônsules honorários ou escolhidos (*electi*). Em ambos os casos têm sua nomeação feita pelo Estado. A diferença é que os primeiros são funcionários públicos do Estado que os envia e nomeia, enquanto os segundos exercem mandato (são mandatários do Estado apenas). Ademais, enquanto os cônsules de carreira devem ser obrigatoriamente da nacionalidade do Estado nomeante, os cônsules honorários podem ser ou não da nacionalidade desse Estado, mas mantendo claramente alguns vínculos (familiares, afetivos etc.) com o Estado acreditado. No Brasil, o corpo consular de carreira é composto pelos cônsules-gerais, cônsules (de primeira e segunda classe), vice-cônsules (cônsules de terceira classe) e cônsules privativos; os cônsules honorários são cônsules, vice-cônsules e agentes consulares.[527]

Após ser nomeado, o cônsul recebe uma *carta patente* ou *provisão*, que nada mais é do que o documento com o qual ele se apresenta ao governo do Estado para cujo cargo transitório foi designado. Com a referida *carta* em mãos, e depois de lhe conceder a autorização necessária (chamada de *exequatur*), este governo o declara apto para o exercício de suas funções em seu país. O *exequatur* é o ato pelo qual o governo em que vai servir o Cônsul declara aceita a sua autoridade e lhe permite entrar na função em seu país.[528] Sem esta formalidade, por meio da qual recebe o cônsul a sua *investidura*, não pode ele desempenhar suas funções, salvo por autorização provisória especial. O pedido de *exequatur* é formulado por nota do representante diplomático, acompanhada da carta patente.[529]

As funções consulares podem terminar quer em relação à *pessoa* do Cônsul (como nos casos de demissão, de disponibilidade, remoção, aposentadoria, falecimento e a retirada do *exequatur*), quer quanto à *existência* oficial da repartição (como nos casos de declaração de guerra e de extinção do consulado). O Estado de residência do Cônsul quando cassa o seu

---

[525] Para um comentário de cada uma dessas alíneas, *v.* Guido Fernando Silva Soares, *Órgãos dos Estados nas relações internacionais...*, cit., pp. 82-85 (feito nos rodapés dessas respectivas páginas).

[526] César Sepúlveda. *Derecho internacional*, cit., p. 168.

[527] Cf. Oliveiros Litrento. *Curso de direito internacional público*, cit., p. 296.

[528] Cf. Oliveiros Litrento. Idem, ibidem.

[529] Cf. Oyama Cesar Ituassú. *Curso de direito internacional público*, cit., p. 519.

exequatur declara-o imediatamente *persona non grata*, caso em que exige do Estado acreditante que retire o funcionário de seu território. Em doutrina, se tem entendido que a decisão do Estado acreditado em negar o *exequatur* à pessoa que pareça inconveniente, não carece de qualquer fundamentação.

Quanto aos privilégios e imunidades consulares, os mesmos já foram estudados no Capítulo II, Seção IV, item nº 5, desta Parte.

6. Delegações junto às organizações internacionais. Os Estados, dentro do quadro do *direito de legação*, podem acreditar missões ou delegações permanentes junto à Organização das Nações Unidas, seus organismos especializados ou outra organização similar cuja responsabilidade e escolha dos respectivos membros seja feita em escala mundial. Aqui, também, trata-se de órgãos dos *Estados* que atuam nas relações internacionais do país, mas à diferença que não exercem seus misteres no território de outro Estado, senão apenas em organizações internacionais. O Brasil aderiu a tal prática em 1925, quando acreditou uma delegação junto à Liga das Nações. De lá para cá, o nosso país mantém missões permanentes em diversos organismos internacionais, dentre eles a ONU (Nova York), a OIT (Genebra), a AIEA (Viena), a FAO (Roma), a UNESCO (Paris), a OEA (Washington) etc.

A participação de missões dos Estados junto às organizações internacionais foi regulada pela Convenção de Viena Sobre a Representação dos Estados em suas Relações com as Organizações Internacionais de Caráter Universal, concluída em 14 de março de 1975, sob os auspícios da CDI. Segundo a Convenção, por *organizações internacionais de caráter universal* devem ser entendidas "as Nações Unidas, suas agências especializadas, a Agência Internacional de Energia Atômica e outra organização similar cuja responsabilidade e a escolha dos membros seja feita em escala mundial" (art. 1º, alínea 2).

A Convenção é composta de seis partes: *a*) uma introdutória (arts. 1º a 3); *b*) outra relativa às missões perante as organizações internacionais (arts. 5º a 41); *c*) outra sobre as delegações junto aos órgãos e conferências (arts. 42 a 70); *d*) uma sobre as delegações de observadores junto aos órgãos e conferências (art. 71 e 72); *e*) uma relativa às disposições gerais (arts. 73 a 85) e; *f*) a última com suas cláusulas finais (arts. 86 a 92).

Comparando-se esta Convenção com a Convenção de Viena sobre Relações Diplomáticas de 1961, o que se nota é que as missões acreditadas junto às organizações internacionais de caráter universal têm praticamente os mesmos direitos dispensados às missões ordinárias, ou seja, às embaixadas e delegações diplomáticas. Tal não poderia ser diferente, uma vez que os agentes que compõem tais missões muitas vezes se assemelham ao pessoal do escalão burocrático médio e alto dos Estados-partes em tais organizações, sendo inegável que devam ter as mesmas garantias que estes para o bom desempenho de suas funções junto ao organismo internacional em causa.[530]

Em matéria trabalhista, é de se notar que não existe costume internacional prevendo a imunidade de jurisdição das organizações internacionais, uma vez que as *regras da organização* são estabelecidas por meio de tratados concluídos entre elas e o Estado

---

[530] Cf. Guido Fernando Silva Soares. *Das imunidades de jurisdição e de execução*, cit., pp. 189.

que as aceita (por meio do *acordo de sede*). Como nesse caso existe *norma escrita* que (normalmente) prevê a imunidade de tais organizações junto aos Estados onde estão situadas, não pode ser aplicado o argumento da existência de um *costume internacional* com o passar do tempo modificado, que conferia imunidade ao Estado e atualmente não confere mais.[531] Sobre este tema, veja-se (nesta mesma Parte II) o Capítulo III, Seção I, item nº 14, *infra*.

---

[531] V. Maria de Assis Calsing. *Distinção entre a imunidade de jurisdição de Estado estrangeiro e das organizações internacionais, em matéria trabalhista*, cit., pp. 212-213.

Capítulo III

As Organizações Internacionais Intergovernamentais

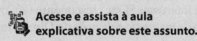

Acesse e assista à aula explicativa sobre este assunto.

> http://uqr.to/1zv4e

SEÇÃO I – TEORIA GERAL DAS ORGANIZAÇÕES INTERNACIONAIS

1. Introdução. A crescente necessidade de cooperação internacional, nos mais diversos campos de aplicação do Direito, fez levar à criação e desenvolvimento de instituições internacionais, capazes de coordenar os interesses da sociedade internacional relativos a diversas finalidades.[1] À medida que o Direito Internacional se institucionaliza, ele deixa de ser um direito das relações bilaterais ou multilaterais entre os Estados para tornar-se um direito cada vez mais presente nas chamadas organizações internacionais (ditas *intergovernamentais*, porque constituídas por tratados entre Estados e detentoras de personalidade jurídica internacional).

As organizações internacionais intergovernamentais são um fenômeno da modernidade. Tais como conhecemos atualmente, as organizações intergovernamentais são produto da lenta evolução das relações (bilaterais ou multilaterais) entre Estados, tendo os seus contornos contemporâneos sido definidos a partir do início do século XIX.[2] Seu aparecimento no cenário internacional tem por fundamento a impossibilidade que Estados têm (seja por questões de ordem estrutural, econômica, militar, política, social etc.) de conseguir realizar, sozinhos, alguns de seus objetivos comuns no âmbito de um contexto determinado, o que os induz a organizarem-se dentro de um novo quadro, criando organismos internacionais capazes de atender aos seus anseios e de realizar os seus objetivos mais prementes. Sendo os Estados os senhores absolutos do Direito Internacional Público, podem eles ceder parte de suas competências funcionais a tais entidades criadas por acordo mútuo para agir em seu

---

[1] Cf. Hildebrando Accioly. *Tratado de direito internacional público*, vol. II, cit., p. 1; William L. Tung, *International organization under the United Nations system*, New York: Thomas Y. Crowell Company, 1969, p. 3; e James Crawford, *Brownlie's principles of public international law*, cit., p. 166.

[2] Cf. José Cretella Neto. *Teoria geral das organizações internacionais*. São Paulo: Saraiva, 2007, p. 18; Antonio Remiro Brotons (*et al.*), *Derecho internacional*, cit., p. 225; Jean-Claude Zarka, *Institutions internationales*, cit., p. 33; e Ian Hurd, *International organizations: politics, law, practice*, Cambridge: Cambridge University Press, 2011, p. 1.

nome. O que os Estados não fazem é dar poderes plenos a tais organizações internacionais, reservando-lhes as atribuições necessárias para o cumprimento de suas funções.[3] Em suma, o que pretendem os Estados com a criação de organizações internacionais é cooperar institucionalmente para perseguir objetivos comuns, quaisquer que sejam eles, no plano internacional, pelo que cedem parcela de sua soberania em prol do bom funcionamento da instituição que almejam sob os seus auspícios manter.

Atualmente, em virtude da complexidade das relações internacionais, o número de organizações internacionais existentes já ultrapassa o número de Estados componentes da sociedade internacional, e isso sem se considerar as organizações internacionais não governamentais que também interagem com as organizações intergovernamentais na busca dos seus respectivos propósitos e interesses.[4] Esse crescimento (em número) dessas organizações se dá no decorrer do processo de *institucionalização* do Direito Internacional (*v.* Parte I, Capítulo I, Seção II, item nº 3), em que este deixa de ser um direito das relações bilaterais ou multilaterais entre os Estados para se tornar um direito cada vez mais presente nesses mesmos órgãos ou instituições, podendo chegar até – em sua forma mais avançada – à constituição de um órgão supranacional com poderes decisórios, como ocorre na União Europeia.

O intuito último da sociedade internacional é procurar fortalecer a existência de mecanismos e instituições internacionais capazes de conciliar os atritos e divergências entre os Estados, indo assim ao encontro da sonhada paz nas relações internacionais. Para atender parte desses anseios, cria-se, finda a Primeira Guerra Mundial, a Sociedade – ou Liga – das Nações.[5] Tratava-se de órgão representativo da sociedade internacional, cuja experiência, ainda que falha e bastante defeituosa, deu margem para a criação da Organização das Nações Unidas (ONU), a partir do final da Segunda Guerra.[6] Aliás, no continente americano, muito antes da criação dessas organizações de caráter global, já havia um órgão internacional continental, de cooperação interestatal, em pleno funcionamento: a *União Pan-Americana*, que começou a ser esboçada em 1889 (ganhando esse título em 1910), tendo sido a primeira do gênero a ser constituída.

O desenvolvimento de organizações internacionais de caráter global e regional impulsionou-se grandemente depois do final da Segunda Guerra, momento a partir do qual os Estados passaram a unir-se em grupos para defender seus interesses comuns. Mas, diferentemente dos Estados, que sempre tiveram um papel qualitativamente semelhante, qual seja, o de manter a paz, a segurança e fomentar o desenvolvimento de certo grupo de pessoas reunidas em

---

[3] Cf. Jean-Marie Lambert. *Curso de direito internacional público*, vol. I (*O mundo global*), cit., p. 168. Como destaca Lambert: "As *organizações internacionais*, desde então, não desfrutam da *personalidade plena*. Permanecem a serviço dos Estados e não mandam neles. Suas competências respondem ao chamado *princípio da especialidade* e sua capacidade jurídica é claramente balizada por cartas básicas que estabelecem e, ao mesmo tempo, limitam seus poderes" (Idem, ibidem). No mesmo sentido, *v.* Brichambaut, Dobelle & Coulée, *Leçons de droit international public*, cit., pp. 149-150.

[4] *V.* Ricardo Seitenfus. *Manual das organizações internacionais*, cit., p. 25.

[5] Frise-se que ambas as expressões *Sociedade* ou *Liga* são oficiais. Mas, como explica Ricardo Seitenfus, a primeira expressão "fornece uma ideia de relacionamento harmonioso e igualitário, enquanto a segunda acentua o aspecto contratual, objetivando lutar contra alguém ou contra algo" (*Manual das organizações internacionais*, cit., p. 103, nota nº 1).

[6] Cf. Oyama Cesar Ituassú. *Curso de direito internacional público*, cit., p. 143.

seu território, as organizações intergovernamentais têm finalidades das mais diversas. Seus objetivos variam, segundo Rezek, entre a suprema ambição de uma ONU – que pretende manter a paz mundial, trazendo estabilidade e harmonia para as relações internacionais – e o singelo desígnio de uma União Postal Universal, cujo objetivo é ordenar o trânsito postal extrafronteiras. É enorme, portanto, a heterogeneidade daqueles entes que podem ser designados estritamente de *organizações internacionais*.[7]

Esta atuação positiva das organizações internacionais, nos seus mais diversos campos, é normalmente autorizada por meio de *decisões* das suas respectivas Assembleias Gerais, traduzindo aquilo que se convencionou chamar de *poder quase legislativo* das organizações internacionais. Tais decisões podem impor obrigações aos seus Estados-partes e devem ser por eles respeitadas.[8] Tais obrigações variam caso a caso, dependendo da organização internacional de que se trata. Uma "resolução" do Conselho de Segurança das Nações Unidas que verse sobre o uso da força ou outro tema de direito internacional humanitário diverge em conteúdo de uma "decisão" da Diretoria Executiva do Fundo Monetário Internacional que cuide, por exemplo, da liberação de certo numerário em dinheiro decorrente da conclusão de um acordo *stand-by*. Mas isso não significa que tais manifestações internacionais, de cunho eminentemente obrigacional, não devam ser igualmente cumpridas pelos Estados-membros da ONU e do FMI.

Esta Seção descreve sinteticamente a estrutura jurídica, o funcionamento e os objetivos das chamadas organizações internacionais públicas (também chamadas de *intergovernamentais*), com ênfase para o estudo da Organização das Nações Unidas (ONU) e da Organização dos Estados Americanos (OEA). Neste livro – como o leitor atento já pôde perceber – utilizamos a terminologia "organização internacional *intergovernamental*", que é uma expressão já consagrada na doutrina. Mas concordamos com a parte da doutrina segundo a qual a terminologia "intergovernamental" é imprópria. E aqui reside a impropriedade: tais organizações não provêm, tecnicamente, da vontade interna dos *governos*. Em verdade, à luz do Direito Internacional Público, elas provêm da vontade dos *Estados*, sendo então *interestatais*. É o *Estado* (e não o *governo*) que tecnicamente atua no plano internacional e efetivamente conclui (com outros Estados) o convênio constitutivo da organização. Por outro lado, a Convenção de Viena de 1986, relativa à capacidade das organizações para concluir tratados, também se utiliza da expressão *intergovernamental*, como se verá logo abaixo.

2. Definição. Não existe em Direito Internacional Positivo uma definição precisa de organização internacional capaz de expor, de maneira satisfatória, toda a complexidade do fenômeno organizacional. Por exemplo, tanto a Convenção de Viena sobre o Direito dos Tratados (1969) quanto a Convenção de Viena sobre o Direito dos Tratados entre Estados e Organizações Internacionais ou entre Organizações Internacionais (1986), ambas no art. 2º, § 1º, alínea *i*, simploriamente definem organização internacional como "uma organização intergovernamental", o que evidentemente não é o suficiente para o correto entendimento do tema. Ademais, a multiplicidade de organizações hoje existentes (distintas umas das outras em estrutura e natureza) está a impedir uma conceituação tão estrita. No entanto, a prática de sua formação e funcionamento ao longo dos anos,

---

[7]   V. José Francisco Rezek. *Direito internacional público...*, cit., pp. 239-240.

[8]   Já tratamos deste assunto na Parte I, Capítulo IV, Seção II, item nº 6, para onde remetemos o leitor.

parece permitir uma definição mais completa e capaz de entender o fenômeno com mais propriedade.

Assim, para os fins do Direito Internacional Público, pode-se conceituar "organização internacional" como a associação voluntária de sujeitos do Direito Internacional, criada mediante tratado internacional (nominado de convênio constitutivo) e com finalidades predeterminadas, regida pelas normas do Direito Internacional, dotada de personalidade jurídica distinta da dos seus membros, que se realiza em um organismo próprio e estável, dotado de autonomia e especificidade, possuindo ordenamento jurídico interno e órgãos auxiliares, por meio dos quais realiza os propósitos comuns dos seus membros, mediante os poderes próprios que lhes são atribuídos por estes.

As organizações internacionais intergovernamentais, assim como os Estados, têm personalidade jurídica internacional (podendo contrair obrigações e reclamar direitos) e esfera própria de atuação no cenário internacional. São criadas por acordos (tratados) entre diversos Estados soberanos, por meio de um ato constitutivo, regidas pelo Direito Internacional, e têm personalidade jurídica distinta da dos seus membros.[9] Essa personalidade jurídica pode ser aferida da *prática* da organização, tal como reconheceu a CIJ no parecer consultivo de 11 de abril de 1949 (*v. infra*, item nº 5). O que elas não têm é *soberania*, uma vez que esta é atributo dos Estados, e como elas são *criadas por Estados* tem-se como certo que o poder que tais organizações detêm são apenas *mediatos*. Nem a mais importante delas – a Organização das Nações Unidas – é soberana no sentido técnico da palavra. Sua Assembleia Geral também não o é, ainda que se possa dizer que os Estados a ela delegam poderes excepcionais de decisão (o mesmo sucedendo relativamente ao Conselho de Segurança).

É de suma importância aqui fazer uma distinção entre tais organizações internacionais (ORGS) e aquelas organizações internacionais privadas ou não governamentais (ONGs), sendo certo que ambas não se confundem.[10] Esta última expressão apareceu pela primeira vez no art. 71, primeira parte, da Carta das Nações Unidas de 1945, segundo o qual "o Conselho Econômico e Social poderá entrar nos entendimentos convenientes para a consulta com organizações não governamentais, encarregadas de questões que estiverem dentro da sua própria competência".

Tanto as organizações intergovernamentais como as organizações não governamentais são produto de um ato de vontade que, no primeiro caso, promana dos Estados, quando elaboram um tratado multilateral constitutivo da organização e, no segundo, da vontade de particulares, com ou sem a interveniência de órgãos públicos, almejando criar uma organização não governamental para finalidades lícitas. Entretanto, tais organizações internacionais não governamentais, como a Anistia Internacional (AI), a União Internacional para a Conservação da Natureza e seus Recursos (UICN), os Médicos Sem Fronteiras (MSF) e o Fundo Mundial da Vida Selvagem (WWF), não se confundem com as organizações internacionais intergovernamentais por não deterem (pelo menos por enquanto) personalidade

---

[9]   V. Henry G. Schermers. *International institutional law*, 2nd ed. Netherlands: Sijthoff & Noordhoff, 1980, pp. 5-6.

[10]   Para um estudo do fenômeno das organizações não governamentais, *v.* Odete Maria de Oliveira, *Relações internacionais...*, cit., pp. 231-249; e Jean-Claude Zarka, *Institutions internationales*, cit., pp. 124-128.

Parte II · Cap. III · AS ORGANIZAÇÕES INTERNACIONAIS INTERGOVERNAMENTAIS | **557**

jurídica de Direito Internacional. Apenas estas últimas (as ORGS) são verdadeiros sujeitos do Direito Internacional Público e detêm o poder de celebrar tratados com os Estados e com outras organizações internacionais da mesma natureza. As organizações não governamentais, apesar de sua grande relevância para as relações internacionais contemporâneas e não obstante o seu papel cada vez mais crescente em todo o planeta, têm a característica de serem criadas por particulares e não por Estados soberanos, não havendo tratado instituidor, o que as destitui de personalidade jurídica internacional, não podendo assim celebrar tratados, manter relações diplomáticas com outros sujeitos internacionais etc. As ONGs são sempre organizações *não resultantes* de um acordo intergovernamental. São instituições criadas por normas jurídicas internas de determinado Estado e regidas por tais normas, não pelas regras do Direito Internacional Público.[11]

São inúmeras as ONGs existentes na atualidade, podendo ser citadas também, a título de exemplo, a FIFA (que atua em relação ao futebol), o *Greenpeace* (em relação à proteção do meio ambiente) e a *Human Rights Watch* (no que tange à proteção dos direitos humanos).

Apesar desta Seção não tratar das organizações internacionais não governamentais, não se deve perder de vista, porém, o papel importante que elas desempenham na promoção e fomento do Direito Internacional.[12]

As organizações internacionais intergovernamentais, como a Organização das Nações Unidas (ONU) e a Organização dos Estados Americanos (OEA), são instituições internacionais criadas por tratados e regidas pelo Direito Internacional. O seu poder para celebrar tratados vem regulado pela Convenção de Viena sobre Direito dos Tratados entre Estados e Organizações Internacionais ou entre Organizações Internacionais, de 1986.

Depois do fim da Primeira Guerra Mundial, criam-se organizações internacionais como a SdN e a OIT. Mas o Direito Internacional somente vai conhecer a avalanche crescente de tais organizações a partir da Segunda Guerra, quando então são criadas as Nações Unidas e a grande maioria das organizações internacionais globais e regionais atualmente existentes.

3. Características. As Organizações Internacionais Intergovernamentais são sujeitos de Direito Internacional Público e apresentam as seguintes características:

a) são criadas por Estados e, por isso, devem ser tidas como *interestatais* (essa "interestatalidade" é, aliás, imprescindível à noção de organização internacional), excluindo-se, assim, as organizações de natureza *privada*;

b) são instituídas por meio de tratados internacionais multilaterais, que as constituem e estabelecem suas regras e competências,[13] sendo eles a verdadeira *constituição* (ou a "certidão

---

[11]   Cf. José Cretella Neto. *Teoria geral das organizações internacionais*, cit., p. 77.

[12]   Para um estudo das ONGs no Direito Internacional, *v.* Ricardo Neiva Tavares, *As organizações não governamentais nas Nações Unidas*, Brasília: Instituto Rio Branco/Fundação Alexandre de Gusmão, 1999, 204p. Ainda sobre a posição das ONGs nas Nações Unidas, *v.* Antonio Remiro Brotons (*et al.*), *Derecho internacional*, cit., pp. 284-287.

[13]   *V.* Malcolm N. Shaw. *Direito internacional*, cit., pp. 983-985; e Ian Hurd, *International organizations...*, cit., pp. 3-5. Sobre a interpretação dos convênios constitutivos de organizações internacionais, *v.* James Crawford, *Brownlie's principles of public international law*, cit., pp. 184-188.

de nascimento") da organização;[14] são neles que se preveem as competências respectivas e os seus eventuais limites, bem como os direitos e as obrigações dos Estados-membros para com a organização. Daí se entender terem natureza dúplice os tratados instituidores dessas entidades: são *acordos multilaterais* e também a sua *constituição*;

c) são criadas à base de um acordo de vontades, pela associação *livre* dos Estados, que não podem ser coagidos a ingressar na organização se esta não lhe for de interesse;

d) têm capacidade civil e personalidade jurídica própria, ou seja, distinta da dos seus membros (*v.* item nº 5, *infra*), o que faz com que a *base voluntarista* de sua criação perca terreno para uma vontade de *status* superior à dos próprios Estados que as criaram;

e) compõem-se de órgãos de caráter permanente e de um aparato institucional próprio, que são distintos e independentes dos demais membros da organização (*v.g.*, um *Conselho*, uma *Assembleia* e um *Secretariado*);

f) seus órgãos têm vontade própria e primam pelos interesses *da organização* e não dos Estados que a compõem, o que não significa, em última análise, que não exista o objetivo de atingir o interesse *comum* desses Estados; e

g) gozam, junto aos seus órgãos e delegados governamentais acreditados, dos privilégios e imunidades necessários ao exercício de suas funções (a exemplo da isenção de impostos diretos, bem assim de direitos aduaneiros e de vedações à importação ou exportação de bens de uso oficial etc.).[15]

As organizações internacionais intergovernamentais são sujeitos *derivados* (ou *secundários*) do Direito Internacional Público, de natureza *funcional*, eis que criadas por Estados (sujeitos *primários* e *plenos* da sociedade internacional).[16] Sua criação se dá por meio de um convênio constitutivo, ou seja, por um tratado internacional multilateral. Não há organização internacional que não seja criada por meio de tratado concluído entre Estados. Normalmente dá-se o nome de *Carta, Estatuto*, ou *Constituição* ao tratado multilateral constitutivo da organização. O convênio constitutivo da organização é a sua carta orgânica, sua constituição, em relação à qual todas as demais normas inferiores devem ser subordinadas. Tais instrumentos

---

[14] Às vezes (muito raramente) criam-se organizações internacionais por instrumentos aparentemente distintos dos *tratados* internacionais. Por exemplo, a Organização dos Países Exportadores de Petróleo (OPEP) foi criada, em 1960, mediante uma *declaração* conjunta de chefes de Estado e de governo dos países exportadores de petróleo reunidos em Bagdá. Não se pode, porém, deixar enganar. Tais *declarações* são tratados concluídos *em forma simplificada*, o que já basta para dar causa à criação de uma organização internacional. A CDI, porém, no projeto de artigos sobre a responsabilidade internacional das organizações internacionais (2003), aceitou a ideia de que as mesmas podem ser criadas por tratados ou por "outro instrumento regido pelo Direito Internacional". Nesse exato sentido, *v.* Antonio Remiro Brotons (*et al.*), *Derecho internacional*, cit., p. 230.

[15] Cf., por tudo, Celso D. de Albuquerque Mello, *Curso de direito internacional público*, vol. I, cit., pp. 601-609; Ricardo Seitenfus, *Manual das organizações internacionais*, cit., pp. 34-35; José Cretella Neto, *Teoria geral das organizações internacionais*, cit., pp. 52-59; e James Crawford, *Brownlie's principles of public international law*, cit., pp. 166-199.

[16] *V.* Antonio Remiro Brotons (*et al.*). *Derecho internacional*, cit., p. 234; e Brichambaut, Dobelle & Coulée, *Leçons de droit international public*, cit., pp. 156-157.

Parte II · Cap. III · AS ORGANIZAÇÕES INTERNACIONAIS INTERGOVERNAMENTAIS | 559

não estão sujeitos a reservas e têm primazia sobre quaisquer outros tratados internacionais comuns.

Aos Estados-membros originários do tratado constitutivo da organização podem ser agregados outros que venham a ela futuramente aderir, assim como algum Estado originário pode, dependendo do caso, retirar-se da organização por ato de vontade própria (denunciando o tratado constitutivo da organização, tal como fez o Brasil em 1926, quando resolveu se desligar da Liga das Nações) ou perder o *status* de membro, ocorrido algum fato que o possa levar a esta penalidade. A composição das organizações internacionais é, portanto, bastante variável, não contando com um número certo de membros.

Toda organização internacional, assim como sucede com as sociedades privadas, possuem também um *Estatuto* interno, que regula as relações dos órgãos da sociedade. Este Estatuto, que não se confunde com o acordo constitutivo, não tem natureza jurídica convencional, isto é, não se consubstancia num tratado, sendo emanação espontânea dos órgãos de cúpula da própria organização, apesar de terem o seu fundamento de validade no convênio constitutivo da organização que autorizou a sua criação. O Estatuto é a regulamentação do *direito interno* da organização. Nele estão contidas as regras de auto-organização do organismo internacional, as relativas ao funcionamento dos principais órgãos deliberativos, dos órgãos subsidiários, as suas normas procedimentais e administrativas etc.

Ademais, as organizações internacionais têm de ser permanentes. E essa permanência é a chave para a independência e autonomia da organização frente aos seus Estados-membros. Daí serem compostas de órgãos igualmente permanentes, distintos e independentes dos demais componentes da organização.

Essas características são comuns a todas as organizações internacionais intergovernamentais, isso não impedindo que outras organizações sejam dotadas de características e peculiaridades próprias, a exemplo de eventuais diferenças no sistema de votação, de eleição de seus membros, poder decisório etc. Mas, pelo menos em dois aspectos, essas entidades têm algo em comum: a existência de uma *assembleia geral,* na qual todos os seus membros têm direito ao voto, e de uma *secretaria,* responsável pelo funcionamento operacional e administrativo da organização.

4. Classificação. As organizações internacionais podem ser classificadas, dentre outros critérios, em relação às suas finalidades, sua natureza e em relação ao âmbito territorial de sua atuação.[17]

No que tange aos fins que perseguem, as organizações podem ser classificadas em organizações internacionais de fins *gerais* e de fins *específicos.* São exemplos das primeiras a Organização das Nações Unidas (ONU), cujos objetivos principais são a manutenção da paz e da segurança internacionais, e a Organização dos Estados Americanos (OEA), que atua num âmbito territorial mais restrito e tem por finalidade a segurança continental, a solução pacífica

---

[17] Para detalhes, *v.* Ricardo Seitenfus, *Manual das organizações internacionais,* cit., pp. 44-51, que ainda as classifica quanto às suas *funções* e segundo a *estrutura do poder. V.* ainda, José Cretella Neto, *Teoria geral das organizações internacionais,* cit., pp. 59-72; Antonio Remiro Brotons (*et al.*), *Derecho internacional,* cit., pp. 237-240; e André Gonçalves Pereira & Fausto de Quadros, *Manual de direito internacional público,* cit., pp. 418-426, onde outras classificações também são apresentadas.

de controvérsias e a cooperação dos Estados Americanos. São organizações de finalidades *específicas*, por sua vez, aquelas destinadas à cooperação econômica (como a Organização de Cooperação e Desenvolvimento Econômico – OCDE, o FMI e o Banco Mundial), as de cooperação social, cultural e humanitária, como a UNESCO e a OIT, as de cooperação técnica, como a União Postal Universal (UPU), a União Internacional de Telecomunicações (UIT) e a Agência Internacional de Energia Atômica (AIEA), e as de cooperação militar, como a Organização do Tratado do Atlântico Norte – OTAN.

Tanto as organizações internacionais de *fins gerais* quanto as de *fins específicos*, podem ter alcance *universal* ou *regional*.[18] Assim, tanto a ONU como a OEA são organizações internacionais de *fins gerais*, mas a primeira é *universal* (pois admite o ingresso de qualquer Estado, sem qualquer discriminação) e a segunda *regional* (uma vez que dela só podem participar Estados americanos). Da mesma forma, a OIT, o FMI, o BIRD, a UNESCO, a FAO, a OACI e a OMS – chamadas de "agências especializadas" –, são todos organismos *universais*, mas de *fins técnicos específicos* (como veremos com detalhes em tópico específico, mais à frente). Existem também organizações de alcance *regional* com finalidade técnica *específica*, a exemplo da então Comunidade Econômica Europeia (CEE), da Associação Latino-Americana de Integração (ALADI) e o Acordo de Livre Comércio da América do Norte (NAFTA). Aqui também se incluem a Comunidade Europeia do Carvão e do Aço (CECA) e a Comunidade Europeia da Energia Atômica (CEEA).

As organizações internacionais *universais* ou *regionais* também podem ter *finalidade política*, quando atuam em situações de conflito e exercem influência sobre temas importantes para o Estado (como os ligados à soberania e independência, bem como os relativos à proteção dos direitos humanos etc.). Como organização internacional universal de finalidade política, havia a SdN; agora existe a ONU, cujo objetivo principal é manter a paz e a estabilidade das relações internacionais. Organizações regionais de finalidade política são a OEA, nascida em 1951 (que estudaremos em detalhes mais à frente), a Liga dos Estados Árabes (LEA, de 1954) e a Organização da Unidade Africana (OUA, de 1963, hoje União Africana), cuja característica comum é a manutenção da paz entre os seus membros.[19]

Quanto à sua independência, podem as organizações internacionais ser classificadas em *independentes* (caso não mantenham relação de vinculação com qualquer ordem jurídica interna, devendo respeito somente às regras do Direito Internacional Público) ou *dependentes* (quando, além de observar as prescrições do direito das gentes, devem obedecer a determinadas regras de alguma ordem jurídica estatal). Dessa segunda modalidade é a União Postal Universal (UPU), cujo convênio constitutivo (art. 20) lhe impõe a "superior fiscalização" do Governo da Confederação Suíça. Há casos também de uma organização internacional manter relação de dependência para com outra, tendo por base um instrumento convencional, como é o caso de algumas agências especializadas da ONU em relação a ela.[20]

---

[18] Cf. William L. Tung. *International organization under the United Nations system*, cit., pp. 9-11.

[19] Cf. José Francisco Rezek. *Direito internacional público...*, cit., p. 258. Sobre as organizações regionais citadas, *v.* Jean-Claude Zarka, *Institutions internationales*, cit., pp. 72-107.

[20] Cf. José Cretella Neto. *Teoria geral das organizações internacionais*, cit., pp. 60-61.

Parte II · Cap. III · AS ORGANIZAÇÕES INTERNACIONAIS INTERGOVERNAMENTAIS | **561**

Quanto à participação de Estados, as organizações internacionais podem ser *abertas ilimitadamente* (caso permitam o ingresso de qualquer Estado indiscriminadamente, como a ONU), *abertas limitadas* (caso permitam o ingresso de apenas alguns Estados, tais como a União Europeia e a OEA, normalmente levando-se em conta a situação geográfica deles, ou, menos comumente, as afinidades econômicas entre eles – como é o caso da OPEPE) ou *fechadas* (as quais não permitem o ingresso de nenhum Estado que não participou originariamente de sua criação).

Conforme a sua base territorial, as organizações internacionais classificam-se em *globais* (ou *universais*) e *regionais*. As primeiras são aquelas que admitem qualquer país do mundo como membro (ou, pelo menos, estão abertas ao maior número de Estados possível) e as segundas aquelas que somente permitem o ingresso de países pertencentes à sua base territorial, como a OEA, que só admite o ingresso de Estados pertencentes ao continente americano, assim como a Liga Árabe, que somente permite o ingresso de Estados Árabes.

5. Personalidade jurídica internacional. As organizações internacionais – como já falamos por mais de uma vez – têm personalidade jurídica internacional, da mesma forma que os Estados, podendo participar da cena internacional em seus mais variados campos de atuação.[21] Contudo, a personalidade jurídica das organizações internacionais não se confunde com a dos seus membros, o que lhes dá total autonomia e independência funcional para gerir os seus interesses e alcançar as finalidades para as quais foram criadas. Em outras palavras, essa personalidade jurídica autônoma e não vinculada à dos seus membros permite-lhe atender às expectativas do *conjunto de Estados* que dela fazem parte, independentemente da vontade individualizada de cada um deles. Tal personalidade jurídica tem início na data em que as mesmas começam a funcionar efetivamente. Pode-se então considerar que a existência jurídica de uma organização internacional depende integralmente da sua condição de poder decidir autônoma e livremente sem se vincular à vontade dos seus Estados-membros.

O fundamento histórico da personalidade jurídica das organizações internacionais repousa, em grande parte, no parecer consultivo de 11 de abril de 1949, da CIJ, que fora provocada pelas Nações Unidas a se manifestar sobre a possibilidade dessa organização internacional apresentar ao governo responsável pelo assassinato do Conde Folke Bernadotte, ocorrido na Palestina, uma reclamação a fim de reparar-se do dano sofrido. Apesar de a Carta da ONU não conter nenhum dispositivo explícito acerca da personalidade jurídica da organização, a Corte entendeu que a ONU, sendo "o tipo mais elevado de organização internacional", tem personalidade jurídica internacional e, consequentemente, possui legitimidade para vindicar a indenização pretendida.[22] Os argumentos utilizados foram os de que a posse de personalidade internacional da organização é indispensável para o atingimento dos seus objetivos, bem assim que na Carta respectiva estão claramente definidas as competências dos órgãos da organização, com a especificação da margem de atuação dos Estados e da possibilidade

---

[21] Sobre a personalidade jurídica das organizações internacionais em geral, *v.* Antônio Augusto Cançado Trindade, *Direito das organizações internacionais*, cit., pp. 9-76; Ricardo Seitenfus, *Manual das organizações internacionais*, cit., pp. 59-102; e Ian Brownlie, *Princípios de direito internacional público*, cit., pp. 708-711.

[22] *V. Opinião Consultiva* de 11 de abril de 1949, in *ICJ Reports* (1949), pp. 178-179; e Ian Brownlie, *Princípios de direito internacional público*, cit., pp. 708-709.

de conclusão de acordos entre a organização e seus Estados-membros. Em suma, a CIJ entendeu que a personalidade jurídica da organização podia ser aferida a partir dos poderes e dos objetivos da organização e de sua prática.[23]

A personalidade jurídica das organizações internacionais tem atualmente fundamento convencional, uma vez que é no instrumento constitutivo da organização que normalmente vêm expressos os seus poderes específicos (nada obstando que o reconhecimento da personalidade jurídica venha expresso num tratado sobre privilégios e imunidades). Nesse caso, entende-se que os Estados cedem parcela de sua soberania para a criação de uma organização com vontade própria, distinta da vontade dos seus criadores. Dizer que as organizações internacionais têm vontade *própria*, contudo, não significa dizer que ela poderá se desvirtuar dos propósitos (para os quais foi criada) estabelecidos no seu tratado-fundação que, em última análise, consiste em expressar a *vontade coletiva* dos seus membros. O Protocolo Adicional ao Tratado de Assunção sobre a Estrutura Institucional do Mercosul (*Protocolo de Ouro Preto*), de 1994, é exemplo claro dessa cessão de poderes soberanos, feita pelos Estados em instrumento convencional, em virtude do disposto no art. 34, segundo o qual o "Mercosul terá personalidade jurídica de Direito Internacional".

A personalidade jurídica das organizações internacionais lhes atribui a titularidade de direitos e obrigações no plano internacional com efeitos amplos e não apenas vinculados aos seus Estados criadores e/ou participantes, senão a toda a sociedade internacional dentro da qual estão inseridas, podendo, a critério de seu estatuto constitutivo, praticar atos jurídicos independentemente de aceitação ou de reconhecimento por quaisquer ordens jurídicas de Direito interno. Não obstante o atributo da soberania ser exclusivo de Estados, certo é que o poder que os Estados cedem às organizações internacionais por meio do estatuto constitutivo lhes garante autonomia funcional em seus misteres e objetivos predefinidos.

Contudo, falar em personalidade jurídica internacional não significa, *ipso jure*, o poder imediato para celebrar tratados.[24] Esta faculdade (chamada de *jus tractuum* ou *direito de convenção*) deve vir expressa no convênio constitutivo da organização. Pode-se dizer que a capacidade das organizações internacionais para firmar tratados, tanto com outras potências estrangeiras quanto com outras organizações internacionais, é essencial para "implementar as atribuições e a autoridade que lhes foram concedidas pelo seu instrumento constitutivo; e sua responsabilidade por direitos dos Estados membros".[25] Não se pode confundir, porém, os tratados em que a organização *é parte* com outros Estados ou com outras organizações internacionais (ou seja, os tratados que *ela celebra* com outros sujeitos do Direito Internacional em decorrência do *jus tractuum* ou *direito de convenção* de que dispõe nos termos do seu convênio constitutivo) com aqueles apenas *celebrados sob sua égide*, em que são partes *apenas os Estados*.[26] As organizações internacionais costumam *não ser partes* nos tratados celebrados sob sua égide (a ONU não é parte em inúmeras convenções internacionais celebradas sob os seus auspícios, sequer da Convenção de Viena sobre o Direito dos Tratados de 1969; a OIT não é, igualmente, parte nas convenções internacionais do trabalho que celebra;

---

[23]   V. Malcolm N. Shaw. *Direito internacional*, cit., p. 979.

[24]   Cf. James Crawford. *Brownlie's principles of public international law*, cit., p. 180.

[25]   Abdullah El Erian. *Manual de derecho internacional público*. Max Sørensen [Editor], cit., p. 110.

[26]   Cf. André Gonçalves Pereira & Fausto de Quadros. *Manual de direito internacional público*, cit., p. 445.

Parte II · Cap. III · AS ORGANIZAÇÕES INTERNACIONAIS INTERGOVERNAMENTAIS | **563**

nem o Conselho da Europa é parte na Convenção Europeia de Direitos Humanos de 1950).[27] Aqui, não nos ocupa este último aspecto (em que as organizações internacionais apenas servem de *local* para a celebração de um tratado), mas somente o relativo ao poder que têm tais organizações de celebrar tratados com os Estados ou outras organizações internacionais (caso em que ela *é parte* no tratado). Para nós, esse *treaty-making power* das organizações internacionais é o fator indicativo mais expressivo de sua personalidade internacional. E isto é tanto mais verdade quando se sabe que a possibilidade teórica de existência de organizações internacionais sem poder convencional é contestada pela doutrina mais abalizada. Assim, o entendimento de alguns internacionalistas, no sentido de que a falta de capacidade para celebrar tratados não desnatura a personalidade internacional das organizações internacionais, vai sendo gradativamente superado no mundo contemporâneo. O *Institut de Droit international*, na sua sessão de Roma, de 14 de setembro de 1973, sob a relatoria de René--Jean Dupuy, discutiu a aplicação das regras gerais sobre tratados aos acordos concluídos por organizações internacionais, tendo o projeto Dupuy entendido que apenas podem ser tidas como organizações internacionais "aquelas que, em virtude de seu estatuto jurídico, têm capacidade para concluir acordos internacionais no exercício de suas funções e para a realização de seu objeto".[28]

A personalidade jurídica *internacional* das organizações internacionais é raramente prevista, de forma expressa, nos respectivos convênios constitutivos. A Carta das Nações Unidas, como já se falou, também não é expressa a respeito da personalidade jurídica internacional da ONU. Contudo, existe na Carta da ONU dispositivo relativo à personalidade jurídica *interna* da organização (nos termos do seu art. 104), segundo o qual a ONU "gozará, no território de cada um de seus Membros, da capacidade jurídica necessária ao exercício de suas funções e à realização de seus propósitos".[29] Tal dispositivo, portanto, diz respeito apenas à capacidade da ONU *no Direito interno* dos seus Estados-membros, e não à sua personalidade jurídica internacional. Ainda segundo a Carta, a organização também goza, no território de cada um de seus membros, "dos privilégios e imunidades necessários à realização de seus propósitos"; os representantes dos seus Estados-membros e os funcionários da organização gozam, igualmente, "dos privilégios e imunidades necessários ao exercício independente de suas funções relacionadas com a Organização", nos termos do seu art. 105, §§ 1º e 2º, respectivamente. E é evidente que assim o seja, uma vez que, para funcionarem de forma efetiva, devem as organizações internacionais – principalmente as Nações Unidas – exercer suas funções com segurança e liberdade.[30]

6. Processo decisório. Todas as organizações internacionais têm competência para expressar, por meio de atos dos seus órgãos decisórios, sua própria vontade, que é em tudo distinta da dos seus membros (*v. supra*). Esses atos provêm sempre de um *processo decisório*

---

27 *V.* André Gonçalves Pereira & Fausto de Quadros. Idem, ibidem.

28 *V.* René-Jean Dupuy. L'application des règles du droit international general des traités aux accords internationaux conclus par les organisations internationales, in *Annuaire de l'Institut de Droit international*, vol. 55, 1973, p. 214 e ss.

29 A Carta da OEA disciplina o mesmo no art. 133.

30 Para pormenores, *v.* Ian Brownlie, *Princípios de direito internacional público*, cit., pp. 712-714. Para detalhes envolvendo a interpretação desses dispositivos citados da Carta da ONU, *v.* José Cretella Neto, *Teoria geral das organizações internacionais*, cit., pp. 91-95.

564 CURSO DE DIREITO INTERNACIONAL PÚBLICO – *Valerio de Oliveira Mazzuoli*

tomado no seio da organização, o qual pode resultar de procedimentos dos mais diversos, a depender do tipo e da finalidade da organização.[31]

Normalmente, as decisões e deliberações das organizações intergovernamentais são tomadas por votações em assembleias gerais ou órgãos congêneres. Tais votações representam a vontade *conjunta* dos Estados-membros da organização, sendo totalmente autônomas e independentes da vontade unilateral e individualizada destes. Assim, ainda que da formação da sua vontade participem ativamente os seus Estados-membros, esta vontade, quando manifestada, é independente da vontade individual daqueles e tem total autonomia. A regra quase absoluta nesse campo (salvo raras exceções que veremos a seguir) é a de valer a vontade da *maioria* dos Estados para tornar vinculativo o que ali se decide, conforme o sistema de votação eleito em cada organização. Mas, não obstante esse fato constatado, ainda é nebuloso nos textos dos respectivos tratados constitutivos essa caracterização. Talvez o primeiro exemplo de texto claro a esse respeito seja o art. 39 do Convênio Constitutivo da OIT, de 1919, segundo o qual: "A Organização Internacional do Trabalho deve ter personalidade jurídica, e, precipuamente, capacidade para: *a*) adquirir bens, móveis e imóveis, e dispor dos mesmos; *b*) contratar; *c*) intentar ações".

Às vezes, dos órgãos deliberativos de certas organizações não participam todos os Estados, podendo-se já distinguir aqueles em que todos os membros têm direito de voto e aqueles em que apenas alguns deles o têm. Tal pode dar-se, inclusive, dentro de uma mesma organização internacional, como é o caso das Nações Unidas, em que todos os Estados participam das votações da Assembleia Geral, mas apenas quinze participam das decisões do Conselho de Segurança.

Vários sistemas podem ser adotados para que a vontade dos Estados em processos decisórios de organizações internacionais se repute válida. Basicamente, são em número de quatro esses sistemas:

a) *Sistema da unanimidade* – por esse sistema, *todos* os Estados concordam em cumprir as decisões emanadas da organização, sem a possibilidade de dissidência de algum deles (tal como se dava nas decisões da Liga das Nações);[32]

b) *Sistema da dissidência* – pelo qual se deixa de aplicar determinada resolução para os Estados (chamados *dissidentes*) que não a aprovaram, continuando a resolução a valer na sua integralidade para os demais Estados não dissidentes;

c) *Sistema do voto ponderado* – pelo qual alguns países podem ter direito a mais votos que outros, separando-se do princípio de igualdade de votos entre os Estados, como é o caso do Fundo Monetário Internacional (em que têm mais poder decisório os Estados com mais quotas na organização) e do Conselho de Segurança da ONU (no qual apenas quinze Estados têm direito a voto e cinco deles – Estados Unidos, França, Reino Unido, Rússia e China – têm poder de veto);

d) *Sistema da maioria simples e da maioria qualificada* – pelo qual, no primeiro, prevalece a vontade da metade mais um dos países votantes, e, no segundo, vence a vontade

---

[31]   Cf. Antonio Remiro Brotons (*et al.*). *Derecho internacional*, cit., pp. 261-263.

[32]   Cf. James Crawford. *Brownlie's principles of public international law*, cit., p. 189.

Parte II · Cap. III · AS ORGANIZAÇÕES INTERNACIONAIS INTERGOVERNAMENTAIS | **565**

de 2/3 dos membros votantes, como disciplinado pelo art. 18, § 2º, da Carta das Nações Unidas etc.[33]

Tais sistemas decisórios vêm expressos nos convênios constitutivos de cada organização, à luz de seus objetivos e finalidades próprios, bem assim da qualidade dos Estados-membros. Eles também podem figurar como sistemas complementares uns dos outros, a depender de cada caso. Além disso, outros sistemas podem surgir em complemento àqueles comumente conhecidos, tudo dependendo da vontade dos Estados na negociação do acordo constitutivo da organização.

7. Diferenças de fundo. Às vezes, costuma-se inserir no quadro das organizações internacionais algo que, à luz do direito das gentes, nada tem que ver com tais entidades. É bastante comum a referência à expressão *organismos internacionais* (perceba-se que aqui se fala em *organismos*, e não em *organizações...*) quando não se sabe muito bem a natureza jurídica daquilo de que se trata. Como se disse, é extraordinária a heterogeneidade das organizações internacionais. Mas tal somente ocorre no domínio estrito dessas entidades, assim concei-tuáveis à luz do Direito Internacional. Por isso, como leciona Rezek, para o reconhecimento da heterogeneidade em causa não é preciso "que se resvale rumo ao domínio dos *organismos internacionais* – essa miraculosa expressão concebida para socorrer-nos quando não sabemos exatamente *de que* estamos falando: se de uma verdadeira organização internacional, como a UNESCO ou a OACI; se de um *órgão* componente de organização internacional, como o UNICEF ou a CIJ; se de uma personalidade de *direito interno*, cuja projeção internacional não tenha exato contorno jurídico, como o Comitê da Cruz Vermelha; se de um mero *tra-tado* multilateral, cujo complexo mecanismo de vigência produza a ilusão da personalidade, como o GATT; ou ainda – extrema impertinência – se de uma *associação* internacional de empresas, situadas à margem do direito das gentes, como a IATA".[34]

Da mesma maneira, não há que se confundir com as organizações internacionais in-tergovernamentais aquelas *empresas* criadas por meio de acordos entre Estados, como foi o caso da *Scandinavian Airlines System*, criada por um *consortium* de companhias de transporte aéreo, desvinculado à legislação nacional de quaisquer dos Estados-partes: as cláusulas de seu contrato constitutivo são pouco numerosas, e não se vê quase nada para completá-las senão os princípios comuns às três legislações escandinavas e, mais geralmente, o direito comum das sociedades internacionais, se se admite a existência delas.[35] Entre nós, tem-se o caso da hidrelétrica *Itaipu Binacional*, criada por meio de tratado celebrado entre Brasil e Paraguai em 1973, na engenhosa construção jurídica de Miguel Reale.[36] Sua natureza jurídica em nada se assemelha à das organizações internacionais. Como enfatiza Rezek, trata-se de *pessoa jurídica de direito privado binacional*, resultante da conjugação de duas vontades soberanas, o que faz com que a mesma recolha apreciáveis benefícios, não extensíveis às empresas comuns.[37]

---

[33] V. Loretta Ortiz Ahlf. *Derecho internacional público*, cit., pp. 198-199.

[34] José Francisco Rezek. *Direito internacional público...*, cit., p. 240.

[35] V. Berthold Goldman. Frontières du droit et *lex mercatoria*, cit., p. 183. Cf., ainda, Valerio de Oliveira Mazzuoli, A nova *lex mercatoria* como fonte do direito do comércio internacional..., cit., pp. 185-223.

[36] V. Miguel Reale. A estrutura jurídica da Itaipu, in *Revista da Faculdade de Direito da Universiade de São Paulo*, São Paulo, 1974.

[37] Cf. José Francisco Rezek. *Direito internacional público...*, cit., pp. 240-241. O texto do *Tratado de Itaipu*, com seus anexos, é encontrado em Heloisa Helena de Almeida Portugal, *Atividade empresarial e liberdade de estabelecimento no Mercosul*, Curitiba: Juruá, 2001, pp. 149-170.

8. Sede da organização. As organizações internacionais, salvo raríssimas exceções, não dispõem de uma base territorial, a exemplo do que ocorre com os Estados. Se é certo que a ONU, às vezes, pode exercer temporariamente certas competências territoriais (normalmente ligadas a complicados processos de descolonização, tal como se deu no Iran ocidental e no Cambodja), não é menos certo que, na quase totalidade dos casos, as organizações internacionais dependem exclusivamente dos Estados para que, em algum deles, possam fixar a sua sede a fim de ali exercer suas competências. Para que tenham então o seu lugar no globo, tais organizações necessitam que um Estado determinado disponibilize parcela de seu território onde ela possa se estabelecer, para ali gerir os interesses para os quais se constituiu. Tal pressupõe a existência obrigatória de um tratado bilateral entre a organização e o Estado, sob cujo território aquela estabelecerá sua *sede*. A este compromisso entre organização internacional e Estado (como já se falou no momento oportuno) dá-se o nome de *acordo de sede* (ou *acordo de instalação*).[38] Nele se estabelece o local da sede da organização, que não ficará impedida de instalar fora daí suas agências especializadas, em relação às quais novo acordo é exigido com as outras potências estrangeiras que as abrigarão. Assim, a sede principal da ONU, por exemplo, é em Nova York. Contudo, a mesma organização mantém o seu escritório em Genebra, na Suíça, e a sua Corte Internacional de Justiça na Haia, nos Países Baixos.

Os acordos de sede normalmente impõem obrigações aos Estados, tanto em relação às imunidades e privilégios da organização que ali se estabelece, como ainda obrigações relativas aos representantes de outras potências estrangeiras, *na* organização (delegados à assembleia geral, membros de um conselho etc.) e *junto* a ela.[39]

Mas não é só no lugar de sua sede que a organização goza de privilégios, sendo assim também nos territórios dos seus Estados-membros, bem como no território de Estados que dela ainda não fazem parte, mas que com a mesma mantêm relações. As garantias do direito diplomático são extensíveis aos seus representantes exteriores, assim como às suas instalações e aos seus bens móveis.

9. Admissão de novos membros. Há duas classes de membros de uma organização internacional: os *originários* e os *admitidos*. Os membros originários são os que participaram do processo de formação da organização em sua gênese, tendo subscrito *ab initio* (e, claro, ratificado) o seu tratado constitutivo. São membros admitidos aqueles que, não tendo participado da elaboração do ato constitutivo da organização, a este aderiram por meio de ratificação posterior. É quanto a estes últimos que o problema da *admissão* se coloca.

A admissão de novos membros à organização deve vir obrigatoriamente disciplinada no seu tratado constitutivo. É a *adesão* ao convênio constitutivo da organização (nos termos estabelecidos pelo próprio convênio) que atribui a um Estado o *status* de "membro". Tal ingresso, no entanto, não é sempre livre e sem qualquer restrição. Há certos *limites* de admissão de novos membros nos próprios instrumentos constitutivos que devem ser observados, ainda que alguns desses limites soem um tanto quanto *românticos* a quem os interpreta. Tais

---

[38] V., sobre o assunto, Philippe Cahier, *Étude des accords de siège conclus entre les organisations internationales et les États où elles résident*, Milano: Giuffrè, 1959, 449p.

[39] Cf. José Francisco Rezek. *Direito internacional público...*, cit., pp. 247; e Michael Hardy, *Modern diplomatic law*, Manchester: University Press, 1968, pp. 55 e 97.

condições prévias de ingresso para não membros variam de organização para organização. Assim, não é incomum impor-se aos Estados tais *condições* de ingresso na organização, as quais podem ser inclusive geográficas, como fazem as Comunidades Europeias, que limitam o ingresso no instrumento respectivo aos Estados europeus. A Carta da OEA, de 1948, diz serem "membros da Organização todos os *Estados americanos*" que a ratificarem (art. 4º). A Liga Árabe, por sua vez, estabelece que somente um "Estado árabe" pode tornar-se membro da organização (art. 1º). A Carta das Nações Unidas limita a admissão como membro da organização aos "Estados amantes da paz que aceitarem as obrigações contidas na presente Carta e que, a juízo da Organização, estiverem aptos e dispostos a cumprir tais obrigações" (art. 4º, § 1º), devendo tal admissão ser "efetuada por decisão da Assembleia Geral, mediante recomendação do Conselho de Segurança" (art. 4º, § 2º). O romantismo do qual se falou acima aparece nitidamente aqui, quando se condiciona o ingresso na organização aos Estados "amantes da paz" (conceito que hoje em dia tem se tornado difícil de compreender...).

Não se descarta, também, a possibilidade de ingresso das organizações internacionais em outras organizações internacionais, caso o convênio constitutivo (de tipo *aberto*) assim permita, a exemplo da Comunidade Europeia, que é membro originário da Organização Mundial do Comércio.[40] Um exemplo importante de organização internacional que autoriza expressamente o ingresso de outras organizações internacionais em seu seio é a FAO, dela atualmente fazendo parte, *v.g.*, a União Europeia. Em suma, nesse campo tudo está a depender das regras expressas no convênio constitutivo da organização, desde que, de fato, a organização pretendente a membro tenha alcançado certo grau de maturidade funcional e institucional, perfazendo todos os requisitos necessários (competência, órgãos próprios, responsabilidades etc.) para gozar de direitos e contrair obrigações junto à organização de destino.

Outro aspecto que merece ser ressaltado diz respeito à manifestação de vontade formal do interessado em ingressar na organização. As organizações internacionais compõem-se da associação voluntária, em regra, apenas de Estados. Excepcionalmente, algumas organizações já admitiram que "territórios" delas pudessem ser partes, como aconteceu com o Sarre, que foi membro associado do Conselho da Europa antes de sua incorporação à Alemanha. Essa característica das organizações internacionais significa que os Estados têm a discricionariedade para, voluntariamente, ingressar numa organização internacional, momento em que passam a deter o *status* de membro da organização.

Manifestada a sua vontade expressa, a adesão ao convênio constitutivo da organização se presume integral, isto é, sem *reservas*. Os tratados constitutivos de organizações internacionais são, pela sua própria natureza, contrários à ratificação ou à adesão com reservas. Entretanto, casos excepcionalíssimos podem ocorrer quando a reserva é inócua à substância do acordo. Tal foi o que ocorreu com a adesão do México ao Pacto da SdN de 1919, reservando o art. 21 do instrumento, segundo o qual os "compromissos internacionais, tais como os tratados de arbitragem, e os acordos regionais, como a *doutrina de Monroe* destinados a assegurar a

---

[40]   Cf. José Cretella Neto. *Teoria geral das organizações internacionais*, cit., pp. 119-120. Como destaca esse mesmo autor: "Frequentemente, porém, as regras para participar [da organização] desde o início são rígidas, e é comum que as organizações internacionais apenas se tornem membros de outras decorrido determinado lapso de tempo. Essa adesão pode ocorrer consoante cláusula originária do tratado constitutivo, ou então em virtude de emenda feita posteriormente" (Idem, p. 119).

manutenção da paz, não serão considerados como incompatíveis com nenhuma das disposições do presente Pacto". Esse texto, como se nota, pretendendo se referir à embrionária organização interamericana, acabou denominando-a, de maneira infeliz, de "doutrina Monroe".[41]

O aceite do órgão competente da organização faz com que o Estado solicitante se torne um novo membro. Esse *órgão competente* varia de organização para organização. A Constituição da OIT, por exemplo, tem um duplo procedimento de admissão – envolvendo dois órgãos distintos da organização – que varia caso o requerente seja ou não membro das Nações Unidas. Assim, nos termos do art. 1º, § 3º, do acordo constitutivo da OIT, todo Estado-membro das Nações Unidas, desde a sua criação, e todo Estado que for a ela admitido, na qualidade de membro, de acordo com as disposições da Carta da ONU, pode tornar-se membro da OIT, comunicando ao Diretor-Geral da Repartição (*Bureau*) Internacional do Trabalho que aceitou integralmente as obrigações decorrentes da presente Constituição. Para os Estados não membros das Nações Unidas (disposição um tanto quanto supérflua atualmente), a Constituição da OIT (art. 1º, § 4º) atribui à *Conferência Geral da Organização Internacional do Trabalho* os poderes necessários para conferir a qualidade de membro da organização, por maioria de dois terços do conjunto dos votos presentes, se a mesma maioria prevalecer entre os votos dos delegados governamentais. Ainda segundo este último dispositivo, a admissão do novo Estado-membro tornar-se-á efetiva quando ele houver comunicado ao Diretor-Geral do *Bureau* que aceita integralmente as obrigações decorrentes da Constituição da Organização. A Carta da ONU atribui a *um só órgão* a competência para decidir sobre a admissão de novos membros, devendo a mesma ser "efetuada por decisão *da Assembleia Geral*, mediante recomendação do Conselho de Segurança" (art. 4º, § 2º).

Além dos membros ordinários, as organizações internacionais também podem contar com membros "associados". As organizações internacionais especializadas da ONU admitem, por exemplo, na condição de membros associados, os territórios coloniais ou sob tutela. Como tais territórios não têm personalidade jurídica internacional, não podem ser membros ordinários. Por causa disso, também não têm poder de voto nas organizações, mas podem participar das discussões na Assembleia, fazer propostas, votar nos comitês regionais e ser eleitos (salvo para órgãos centrais e de cúpula).

Algumas organizações, como a Organização Mundial do Turismo, admitem ainda outra categoria, a dos "membros afiliados", na qual fica autorizado o ingresso de entidades governamentais e não governamentais no organismo.

10. Representação dos Estados-membros. Cada Estado-membro de uma organização internacional mantém nela uma *representação* ou uma *missão permanente*, cujos componentes estão protegidos pelas imunidades diplomáticas (*v.* Capítulo II, Seção IV, itens 3 e 4, desta Parte). O Brasil foi um dos primeiros países a manter representação permanente em organizações internacionais, desde a época da Liga das Nações. O propósito brasileiro era, contudo, galgar o posto de membro permanente no Conselho da Liga, o que não vingou e acabou dando causa à retirada do Brasil da organização.[42]

---

[41] *V.*, por tudo, José Francisco Rezek, *Direito internacional público...*, cit., pp. 250-251.

[42] Sobre esse episódio de retirada do Brasil da Liga das Nações, *v.* Eugênio Vargas Garcia, *O Brasil e a Liga das Nações (1919-1926)*, cit., pp. 117-135; e também José Honório Rodrigues & Ricardo Seitenfus, *Uma história diplomática do Brasil (1531-1945)*, cit., pp. 268-346.

Parte II · Cap. III · AS ORGANIZAÇÕES INTERNACIONAIS INTERGOVERNAMENTAIS | **569**

Frise-se, desde já, que essa *representação* ou *missão* que um Estado mantém no seio de uma organização internacional não se confunde com o pessoal a serviço *da própria* organização (ou seja, seus funcionários). Assim, quando se fala em representação de um Estado perante uma dada organização internacional, se está falando em órgãos *dos Estados* perante o organismo internacional, o que difere dos funcionários que a *própria organização* mantém a seu serviço para a consecução de suas finalidades. Estes últimos são o pessoal *paradiplomático* da organização, cujo estatuto jurídico difere daquele do pessoal da missão de um Estado junto à organização (*v.* item 15, *infra*).

Além da representação governamental em organizações internacionais, outras podem existir, dependendo do que dispõe o tratado-fundação da organização respectiva. Na Organização Internacional do Trabalho, por exemplo, existe uma representação *tripartite*, composta por 50% de representantes dos governos e de 50% de representantes de empregados (25%) e de empregadores (25%). Assim, nos termos do art. 7º, § 1º, da Constituição da OIT, o Conselho de Administração compõe-se de cinquenta e seis pessoas, sendo: *a)* 28 representantes dos Governos; *b)* 14 representantes dos empregadores; e *c)* 14 representantes dos empregados.[43]

As demais organizações internacionais podem estabelecer outros critérios relativos à representação (tanto dos seus Estados-membros como de outros entes por elas aceitos). Pode haver, inclusive, participação direta dos cidadãos, o que é bem raro de ocorrer, por óbvio. Tal ocorre no caso do Parlamento das Comunidades Europeias, em que os cidadãos dos Estados-membros têm o direito de eleger seus representantes por meio de sufrágio universal.[44]

A representação de Estados em organizações internacionais foi disciplinada pela Convenção de Viena Sobre a Representação dos Estados em suas Relações com as Organizações Internacionais de Caráter Universal, de 14 de março de 1975, já anteriormente citada (*v.* Capítulo II, Seção VI, item 6, desta Parte).

11. Sanções aos Estados-membros. O descumprimento das obrigações assumidas para com a organização internacional pode trazer ao seu Estado-membro consequências das mais diversas, a depender do que dispõe o respectivo acordo constitutivo, por voto dos outros Estados-membros num dos seus órgãos. O sistema de sanções das organizações internacionais é, porém, diverso tanto dos sistemas de Direito interno (uma vez que não conta ainda com meios típicos de coerção, à maneira do que ocorre no âmbito doméstico) como dos sistemas de Direito Internacional clássico (em que os meios sancionatórios restavam adstritos à vontade discricionária dos Estados).[45]

Normalmente, são duas as formas de punição impostas pelas organizações internacionais ao Estado faltoso: a *suspensão* de direitos e a *exclusão* do Estado dos quadros da organização.[46]

---

[43] A OIT e o seu funcionamento serão detalhadamente estudados na Parte V deste livro.

[44] Cf. Ricardo Seitenfus. *Manual das organizações internacionais*, cit., p. 99.

[45] Cf. José Cretella Neto. *Teoria geral das organizações internacionais*, cit., p. 424.

[46] Sobre o assunto, *v.* Louis Cavaré, Les sanctions dans la Charte de l'ONU, in *Recueil des Cours*, vol. 80 (1952-I), pp. 195-291.

A Carta das Nações Unidas diz, no seu art. 5º, que o Estado "contra o qual for levada a efeito ação preventiva ou coercitiva por parte do Conselho de Segurança, poderá ser *suspenso do exercício dos direitos e privilégios* de Membro pela Assembleia Geral, mediante recomendação do Conselho de Segurança", podendo esses direitos e privilégios ser restabelecidos posteriormente, também pelo Conselho de Segurança. No seu art. 19, diz a Carta da ONU que o Estado "que estiver em atraso no pagamento de sua contribuição financeira à Organização não terá voto na Assembleia Geral, se o total de suas contribuições atrasadas igualar ou exceder a soma das contribuições correspondentes aos dois anos anteriores completos", podendo a Assembleia Geral, entretanto, "permitir que o referido Membro vote, se ficar provado que a falta de pagamento é devida a condições independentes de sua vontade".

A sanção da *expulsão* vem expressa no art. 6º da mesma Carta, segundo o qual "o membro das Nações Unidas que houver violado persistentemente os Princípios contidos na presente Carta, poderá ser expulso da Organização pela Assembleia Geral mediante recomendação do Conselho de Segurança" (*v.* Seção II, item nº 3, *infra*).

O que se verifica dos arts. 5º e 6º da Carta da ONU, que cuidam, respectivamente, da suspensão do exercício de direitos e da expulsão dos Estados-membros, é que jamais um membro permanente do Conselho de Segurança da ONU (Estados Unidos da América, França, Reino Unido, Rússia e China) poderá ser suspenso ou expulso da organização, uma vez que ambos os dispositivos fazem depender tais medidas da *recomendação do Conselho de Segurança*. Como, segundo a atual sistemática das Nações Unidas, o Estado em vias de sofrer sanções, sendo um dos membros permanentes do Conselho de Segurança, *também vota* nesse mesmo Conselho,[47] é evidente que poderá ele *vetar* (e irá fazê-lo, evidentemente) sua própria suspensão ou expulsão da organização, pois cada qual deles tem ali o chamado *poder de veto*.[48] Assim, se um Estado que é membro permanente do Conselho cometer uma agressão contra qualquer outro Estado (a exemplo do que os Estados Unidos fizeram no Iraque, na "Guerra do Iraque" de 2003; e também o que a Rússia fez na Ucrânia, na "Guerra da Ucrânia" de 2022), poderá, ele próprio, *vetar* a ação do Conselho em puni-lo, criando um sistema de impunidade para o membro permanente que seja agressor.[49] Tanto os Estados Unidos como a Rússia, nos exemplos referidos, vetaram as resoluções do Conselho contrárias aos seus interesses bélicos naquelas ocasiões. Portanto, a incongruência dessa sistemática consiste em permitir que tais Estados, com cadeira permanente no Conselho de Segurança das Nações Unidas, não sejam

---

[47] Apenas em dois casos a Carta da ONU prevê a abstenção forçada do Estado em causa (art. 27, nº 3, *in fine*): nas decisões previstas no Capítulo VI (relativo à *Solução Pacífica de Controvérsias*) e no § 3º do art. 52. Este último dispositivo assim dispõe: "Conselho de Segurança estimulará o desenvolvimento da solução pacífica de controvérsias locais mediante os referidos acordos ou entidades regionais, por iniciativa dos Estados interessados ou a instância do próprio Conselho de Segurança". Em todos os demais casos, o Estado-membro do Conselho tem direito a voto, mesmo sendo parte no conflito.

[48] Frise-se que a Carta da ONU (no art. 27, nº 3) não se refere propriamente a "veto", mas a "voto afirmativo". Assim, considerar-se-á *veto* à resolução o voto *negativo* de um dos membros permanentes do Conselho. Porém, caso um desses membros não concorde com a resolução, mas não pretenda vetá-la, pode *abster-se* de votar (uma vez que a abstenção não configura veto, segundo entendimento do próprio Conselho). *V.* Seção II, item nº 5, *b*, *infra*.

[49] Cf. Hildebrando Accioly. *Tratado de direito internacional público*, vol. II, cit., p. 19.

Parte II · Cap. III · AS ORGANIZAÇÕES INTERNACIONAIS INTERGOVERNAMENTAIS | **571**

nunca penalizados por descumprimento persistente dos princípios e regras contidos na Carta. Tal *aberratio* não ocorria à égide da Liga das Nações, cujo art. 16, § 4º disciplinava que a expulsão de um dos seus membros deveria ser "pronunciada pelo voto de *todos os outros* membros da Sociedade representados no Conselho", ou seja, com exceção do Estado em causa.

Frise-se que o chamado *poder de veto* dos países detentores de cadeira permanente no Conselho de Segurança da ONU foi imensamente criticado, à época da elaboração da Carta das Nações Unidas – principalmente por parte de alguns países latino-americanos e pela Austrália –, por não convergir aos ideais de uma organização verdadeiramente democrática e representativa da vontade coletiva mundial.

12. Retirada voluntária dos Estados-membros. Como se viu acima, a retirada de Estado-membro de certa organização internacional pode dar-se, num primeiro momento, por decisão da própria organização, nos termos fixados pelo seu tratado constitutivo, a exemplo da *expulsão* de membro das Nações Unidas (art. 6º da Carta da ONU) já comentado. Tal ocorre sempre que o Estado em causa viola gravemente as regras de conduta estabelecidas no tratado constitutivo. Mas pode haver também – sendo este o caso mais comum de ocorrer – a saída *voluntária* de um Estado da organização. Ora, se não é o Estado obrigado a ingressar numa organização internacional, também não pode ser obrigado (a menos que o tratado disponha diversamente) a nela permanecer contra a sua vontade.[50]

Nos tratados constitutivos permissivos de denúncia, a saída voluntária de um Estado--membro não está condicionada a não ser a dois elementos: *a*) o *aviso prévio*, consistente no lapso temporal entre a manifestação formal do Estado de se retirar da organização e o rompimento efetivo do vínculo que decorre de sua condição de parte no tratado; e *b*) a *atualização de contas*, relativa à regularização da situação financeira do Estado para com a entidade (sendo certo que, até o seu último dia na organização deve o Estado honrar *todos os seus compromissos*, aí incluídas suas contas).[51] Como destaca Cretella Neto, relativamente a este último elemento, outra condição de retirada "é a de que o membro que deseja denunciar o tratado deve cumprir certas obrigações *vis-à-vis* a organização, tais como a de pagar as contribuições financeiras passadas e devidas, ou até o final do prazo em que permanecerá na organização, bem como as obrigações financeiras que tiver eventualmente contraído na qualidade de membro, junto a determinadas organizações de caráter econômico".[52]

Frise-se que por tratados "permissivos de denúncia" se entendem tanto os que *expressamente* a preveem quanto os que *silenciam* a respeito dela (como já vimos na Parte I, Capítulo V, Seção I, item nº 22, alínea *a*). Desta última hipótese versa o (também já estudado) art. 56, § 1º, da Convenção de Viena sobre o Direito dos Tratados de 1969, segundo o qual: "Um tratado que não contém disposição relativa à sua extinção, e que não prevê denúncia ou retirada, não é suscetível de denúncia ou retirada, a não ser que: *a*) se estabeleça terem as partes tencionado admitir a possibilidade da denúncia ou retirada; ou *b*) um direito de denúncia ou retirada possa ser deduzido da natureza do tratado".

---

[50]   Cf. Antonio Remiro Brotons (*et al.*). *Derecho internacional*, cit., p. 249; e André Gonçalves Pereira & Fausto de Quadros, *Manual de direito internacional público*, cit., p. 434.

[51]   Cf. José Francisco Rezek. *Direito internacional público...*, cit., pp. 253-254.

[52]   José Cretella Neto. *Teoria geral das organizações internacionais*, cit., p. 135.

Alguns exemplos históricos de retirada voluntária de Estados-membros são bastante relevantes: o Brasil se desligou da SdN em 1926, nos últimos meses do governo Artur Bernardes, tendo sido seguido pelo Japão e Alemanha em 1933, e pela Itália em 1937; e os Estados Unidos se retiraram da OIT em 1977 e da UNESCO de 1984 a 2003, alegando, em ambos os casos, inconformismo com a politização da entidade.[53] Frise-se que a retirada do Brasil da Liga se deu por uma atitude prepotente do Presidente Artur Bernardes, que procurava mais aplausos internos que uma efetiva participação do Brasil na organização. O propósito brasileiro, como já se falou, era alcançar o posto de membro permanente no Conselho da Liga, o que não ocorreu, momento em que o Brasil decidiu não mais participar de uma organização que já não servia aos seus interesses.[54]

13. Ordem jurídica das organizações internacionais. As organizações internacionais possuem uma *ordem jurídica* própria, distinta dos ordenamentos estatais, que dita as regras sobre o seu funcionamento e a extensão dos seus poderes. Os vínculos que essa ordem jurídica mantém com as ordens internas dos seus Estados-membros ou mesmo com o direito das gentes deve ser analisado à luz do convênio constitutivo da organização, que é conhecido como seu direito *originário*. É no seu convênio constitutivo – que é um tratado multilateral especial – que se estabelecem os meios pelos quais os órgãos da organização normatizam e gerenciam seu funcionamento. É nele também que se contêm as regras sobre a sua organização interna, bem como as relativas às relações da organização com os seus membros e com o Direito Internacional. A esse direito que *deriva* do convênio constitutivo dá-se o nome de *direito interno da organização*, que é o seu direito *derivado*.[55] Ademais, como já reconheceu a CIJ no caso *Reparação de Danos Sofridos a Serviço das Nações Unidas*, conhecido como *caso Bernadotte*, as organizações internacionais têm poderes que, mesmo se não expressamente enunciados no seu tratado constitutivo, são a elas conferidos como consequência necessária de sua existência, na medida em que são essenciais ao exercício de suas funções.[56]

O entendimento atual relativo à ordem jurídica das organizações internacionais é o de ser ela *autônoma* em confronto com as ordens interna e internacional. Essa ordem organizacional autônoma pode, inclusive, excepcionar as regras gerais do Direito Internacional Público quando incompatíveis com ela, como também já assentado pela jurisprudência internacional.

Em suma, a ordem jurídica das organizações internacionais é composta tanto pelo seu direito originário (o seu tratado constitutivo) quanto pelo seu direito derivado (proveniente dos seus órgãos internos). Este último – já se falou – é também conhecido por *direito interno da organização*, cujas normas variam de organização para outra.

---

[53] Cf. José Francisco Rezek. *Direito internacional público...*, cit., p. 254. Destaque-se que em 12 de outubro de 2017 os Estados Unidos (seguidos por Israel) declararam deixar novamente a UNESCO, efetivando sua decisão em 1º de janeiro de 2019, sob o entendimento de ter a organização um viés contrário às políticas do Estado de Israel.

[54] Cf. Jean-Marie Lambert. *Curso de direito internacional público*, vol. I (*O mundo global*), cit., p. 172 (e nota nº 83).

[55] V. André Gonçalves Pereira & Fausto de Quadros. *Manual de direito internacional público*, cit., p. 427.

[56] V. *CIJ Recueil* (1949), p. 182.

Parte II • Cap. III • AS ORGANIZAÇÕES INTERNACIONAIS INTERGOVERNAMENTAIS | **573**

14. A questão das imunidades. Diferente do que ocorre no domínio das imunidades *do Estado* à jurisdição de outro é o caso das imunidades *da própria organização internacional* à justiça de um determinado Estado, quer em matéria trabalhista, quer em outros âmbitos.[57] Como já se estudou (*v.* Capítulo II, Seção IV, item nº 6, *supra*), a tese da imunidade do próprio Estado à jurisdição de outro teve origem na regra costumeira *par in parem non habet judicium*, atualmente relativizada.[58] Nada de semelhante existe no que toca às organizações internacionais, cujas regras sobre imunidades provêm sempre de *textos escritos*, ou seja, de tratados internacionais (o tratado-fundação de certa organização da qual o Estado é parte ou um acordo bilateral próprio sobre imunidades) que determinam claramente quais as imunidades se fazem presentes em cada caso.[59] Daí dizer Georgenor de Sousa Franco Filho que ao colocar uma organização internacional "sob a tutela jurisdicional do Estado em que tem sede ou agência, estar-se-á, por via direta, interferindo na atividade mesma do órgão e, por via indireta, na vida de cada qual de seus integrantes que são, de regra e como definido, Estados soberanos".[60]

Nesse sentido, corretamente decidiu a Seção de Dissídios Individuais (SDI-1) do Tribunal Superior do Trabalho, nestes termos: "1. Diferentemente dos Estados estrangeiros, que atualmente têm a sua imunidade de jurisdição relativizada, segundo entendimento do próprio Supremo Tribunal Federal, os organismos internacionais permanecem, em regra, detentores do privilégio da imunidade absoluta. 2. Os organismos internacionais, ao contrário dos Estados, são associações disciplinadas, em suas relações, por normas escritas, consubstanciadas nos denominados tratados e/ou acordos de sede. Não têm, portanto, a sua imunidade de jurisdição pautada pela regra costumeira internacional, tradicionalmente aplicável aos Estados estrangeiros. Em relação a eles, segue-se a regra de que a imunidade de jurisdição rege-se pelo que se encontra efetivamente avençado nos referidos tratados de sede. (...) 4. Assim, porque amparada em norma de cunho internacional, não podem os organismos, à guisa do que se verificou com os Estados estrangeiros, ter a sua imunidade de jurisdição relativizada, para o fim de submeterem-se à jurisdição local e responderem, em consequência, pelas obrigações contratuais assumidas, dentre elas as de origem trabalhista. Isso representaria, em última análise, a quebra de um pacto internacional, cuja inviolabilidade encontra-se constitucionalmente assegurada (art. 5º, § 2º, da CF/1988)".[61]

---

[57] Sobre o tema, *v.* especialmente Christian Dominicé, L'immunité de juridiction et d'exécution des organisations internationales, in *Recueil des Cours*, vol. 187 (1984-IV), pp. 145-238; e August Reinisch, *International organizations before national courts*, Cambridge: Cambridge University Press, 2000, 449p. Com menor desenvolvimento, cf. também Georgenor de Sousa Franco Filho, *Imunidade de jurisdição trabalhista dos entes de direito internacional público*, cit., p. 65-71; Sean D. Murphy, *Principles of international law*, cit., p. 50-53; Malcolm N. Shaw, *Direito internacional*, cit., pp. 993-999; e Carmen Tiburcio, *Extensão e limites da jurisdição brasileira...*, cit., pp. 399-414.

[58] *V.* José Francisco Rezek. A imunidade das organizações internacionais no século XXI, in *A imunidade de jurisdição e o judiciário brasileiro*, Márcio Garcia & Antenor Pereira Madruga Filho (coords.), Brasília: CEDI, 2002, p. 15.

[59] Cf. José Francisco Rezek. Idem, p. 17. Ainda sobre o tema, cf. James Crawford, *Brownlie's principles of public international law*, cit., pp. 174-176.

[60] Georgenor de Sousa Franco Filho. *Imunidade de jurisdição trabalhista dos entes de direito internacional público*, cit., pp. 66-67.

[61] Processo TST-E-ED-RR-900/2004-019-10-00.9, julg. 03.09.2009, rel. Min. Caputo Bastos.

Para selar o seu entendimento, a mesma SDI-1 do TST editou a *Orientação Jurisprudencial nº 416*,[62] segundo a qual:

> "As organizações ou organismos internacionais gozam de imunidade absoluta de jurisdição quando amparados por norma internacional incorporada ao ordenamento jurídico brasileiro, não se lhes aplicando a regra do Direito Consuetudinário relativa à natureza dos atos praticados. Excepcionalmente, prevalecerá a jurisdição brasileira na hipótese de renúncia expressa à cláusula de imunidade jurisdicional".

Destaque-se que esse posicionamento do TST está em perfeita consonância com o que já decidiu a Corte Europeia de Direitos Humanos no caso *Waite e Kennedy Vs. Alemanha*, julgado em 18 de fevereiro de 1999, em que os litigantes reclamavam que, ao atribuir imunidade de jurisdição a uma organização internacional em matéria trabalhista, teria a Alemanha violado o direito de livre acesso a um tribunal, previsto no art. 6º, § 1º, da Convenção Europeia de Direitos Humanos.[63] A Corte Europeia, por sua vez, entendeu que os privilégios e imunidades conferidos às organizações internacionais são "um meio essencial de garantir para tais organizações o funcionamento adequado, livre da interferência unilateral por parte de governos individuais".[64]

Portanto, quando se trata de organizações internacionais, mesmo havendo conflito direto com o direito positivo nacional (repita-se, ainda que verse questão trabalhista), a sua imunidade não pode ser afastada.[65] Tal é assim porque a imunidade provém de tratado internacional ratificado e em vigor no Estado, que não pode, sob qualquer pretexto, deixar de ser levado em consideração, como corretamente tem decidido a jurisprudência pátria. Isso vale para o processo de execução *e também* para o anterior processo de conhecimento (diferentemente, *v.g.*, do que ocorre com a imunidade de jurisdição *do Estado* em matéria trabalhista, que existe no processo de execução, *mas não* no processo de conhecimento).

---

[62] *DEJT* divulgado em 14, 15 e 16.02.2012. Confirmando essa orientação, *v.* TST, Processo RR-61600-41.2003.5.23.0005, Tribunal Pleno, rel. Min. Luiz Philippe Vieira de Mello Filho, julg. 23.05.2016.

[63] *In litteris*: "Qualquer pessoa tem direito a que a sua causa seja examinada, equitativa e publicamente, num prazo razoável por um tribunal independente e imparcial, estabelecido pela lei, o qual decidirá, quer sobre a determinação dos seus direitos e obrigações de caráter civil, quer sobre o fundamento de qualquer acusação em matéria penal dirigida contra ela. O julgamento deve ser público, mas o acesso à sala de audiências pode ser proibido à imprensa ou ao público durante a totalidade ou parte do processo, quando a bem da moralidade, da ordem pública ou da segurança nacional numa sociedade democrática, quando os interesses de menores ou a proteção da vida privada das partes no processo o exigirem, ou, na medida julgada estritamente necessária pelo tribunal, quando, em circunstâncias especiais, a publicidade pudesse ser prejudicial para os interesses da justiça".

[64] *V. International Law Reports*, vol. 116, pp. 121 e 134; e Malcolm N. Shaw, *Direito internacional*, cit., p. 996.

[65] Nesse exato sentido, *v.* ainda Antonio Cassese, *Diritto internazionale*, cit., p. 149; Maria de Assis Calsing, Distinção entre a imunidade de jurisdição de Estado estrangeiro e das organizações internacionais, em matéria trabalhista, cit., pp. 212-213; e Georgenor de Sousa Franco Filho, Das imunidades de jurisdição e de execução nas questões trabalhistas, in *Revista LTr*, ano 74, nº 1, São Paulo, jan./2010, pp. 21-23. Em sentido contrário, cf. Vicente José Malheiros da Fonseca, *A imunidade de jurisdição e as ações trabalhistas*, cit., p. 116; e André Araújo Molina, Imunidade jurisdicional trabalhista das pessoas jurídicas de direito público externo: um diálogo com Georgenor de Sousa Franco Filho, in *Revista IOB Trabalhista e Previdenciária*, ano XXII, nº 253, São Paulo, jul./2010, pp. 17-30.

Justa ou injusta a solução, o certo é que, no que toca ao tema das imunidades, enquanto não se aplica às organizações internacionais o mesmo tratamento dispensado aos Estados, notadamente em face de interesses sociais tão caros como os de fundo trabalhista, deve o Brasil fielmente cumprir os tratados internacionais[66] com os quais consentiu livremente no pleno exercício de sua soberania.[67] O descumprimento desses compromissos assumidos pelo Estado acarreta a ele responsabilidade no plano internacional.

O posicionamento acima exposto – que assegura às organizações internacionais imunidade *absoluta* perante a jurisdição dos Estados-partes, ainda que em matéria trabalhista – foi definitivamente aceito pelo STF quando do julgamento dos *REs* 578.543/MT e 597.368/MT, em 15 de maio de 2013. Naquela ocasião, entendeu o tribunal – vencidos os Ministros Cármen Lúcia e Marco Aurélio – que os organismos internacionais (da forma como sempre entendemos) detêm imunidade de jurisdição e de execução, confirmando o voto da Min. Ellen Gracie (relatora) proferido em maio de 2009. Discutia-se, naquele caso concreto, se a imunidade das organizações internacionais, prevista em tratados concluídos com o Brasil, alcançaria os contratos de trabalho firmados por profissionais brasileiros com o Programa das Nações Unidas para o Desenvolvimento – PNUD/ONU. A resposta do STF foi positiva. Portanto, havendo tratado a prever a imunidade do organismo internacional, não há que se falar em flexibilização da regra relativa às imunidades (tal como ocorre no caso da imunidade jurisdicional *do Estado*, especialmente em matéria trabalhista). Em consequência, não tem a Justiça do Trabalho competência para processar e julgar demandas envolvendo organismos internacionais, eis que nos tratados sobre imunidades firmados com os respectivos Estados já se preveem meios próprios de solução de controvérsias, como a conciliação e a arbitragem.[68] Segundo o STF, em suma, não podem os organismos internacionais ser demandados em juízo no Brasil, por serem completamente imunes à jurisdição nacional (salvo, evidentemente, renúncia expressa à imunidade de jurisdição) e pelo fato de a violação dos privilégios e garantias previstos em tratados acarretar ao Brasil a responsabilidade internacional, com sanções perante as Nações Unidas.[69]

Certo é que a ONU e suas agências especializadas podem contratar profissionais (*v.* item 15, *infra*) para a execução de serviços de diversa índole nos Estados-partes que ratificaram os tratados sobre imunidades com a organização, aplicando-se às pessoas contratadas o regime próprio estabelecido pela norma internacional respectiva, afastando-se eventual regime estabelecido por normas internas, para cujo processo e julgamento seria competente a Justiça do Trabalho. Em outros termos, quando funcionários brasileiros firmam contratos de trabalho com tais organismos internacionais, passam a submeter-se às regras da organização em causa,

---

[66] Como exemplos desses tratados, no que toca às Nações Unidas, citam-se a *Convenção sobre Privilégios e Imunidades das Nações Unidas*, promulgada no Brasil pelo Decreto nº 27.784/50, e o *Acordo de Assistência Técnica com as Nações Unidas e suas Agências Especializadas*, promulgado pelo Decreto nº 59.308/66.

[67] Cf., nesse sentido, José Francisco Rezek, A imunidade das organizações internacionais no século XXI, cit., pp. 20-21.

[68] *V.* STF, *REs* 578.543/MT e 597.368/MT, rel. Min. Ellen Gracie, rel. para Ac. Min. Teori Zavaski, julg. 15.05.2013, *DJe* 27.05.2014; e também *RE* 607.211/DF, rel. Min. Luiz Fux, julg. 15.05.2014, *DJe* 19.05.2014, e *RE* 1.034.840, rel. Min. Luiz Fux, julg. 01.06.2017, *DJe* 30.06.2017 (confirmando *in totum* a jurisprudência anterior).

[69] STF, *RE* 1.034.840, rel. Min. Luiz Fux, julg. 01.06.2017, *DJe* 30.06.2017, p. 4.

as quais regem-se por determinado tratado firmado entre a organização e o Estado; em razão disso, tais funcionários afastam-se voluntariamente da esfera regulatória do direito nacional para aderir aos meios internacionalmente previstos de solução de controvérsias.

15. O pessoal paradiplomático. Toda organização internacional dispõe de um quadro de *funcionários* a seu serviço, por ela contratados para levar a cabo os seus misteres previstos no tratado-fundação. Trata-se do pessoal *paradiplomático* da organização, que atua em paralelo às formas de intercâmbio diplomático tradicional e às missões dos Estados acreditadas junto à organização. Tais pessoas, como leciona Guido Soares, ora "são funcionários que compõem o organismo admitidos em regime assimilável ao escalão burocrático médio e superior das administrações internas dos Estados, ora são empregados assimiláveis aos trabalhadores regidos pelas leis trabalhistas nas repartições públicas dos Estados, ora, ainda, técnicos de serviço eventual, na mais ampla categoria de funções, segundo as necessidades dos organismos internacionais, por vezes assimiláveis a consultores independentes das organizações públicas internas, por vezes, a pessoas contratadas para um serviço especial por tempo determinado ou por tarefa específica".[70] Em suma, pertencem ao quadro paradiplomático de uma organização internacional todas as pessoas que para ela trabalham (e para a qual devem exclusiva fidelidade) com o fim de dar suporte à consecução dos seus misteres previstos no tratado-constitutivo.

O pessoal paradiplomático de uma organização internacional atua desligado de qualquer vínculo com o seu Estado de origem. Daí não ser correto enquadrar como paradiplomático o pessoal da missão de um Estado perante uma organização internacional, eis que tais agentes atuam *em nome* do seu Estado patrial; nesse caso, trata-se de verdadeiro pessoal *diplomático* do Estado perante dada organização, nada havendo de atuação *paralela* às formas tradicionais de diplomacia.[71]

A forma de escolha dos funcionários mais graduados da organização (como, *v.g.*, o Secretário-Geral da ONU ou da OEA, os Diretores ou Secretários das agências especializadas da ONU ou da OEA etc.) vem prevista no seu próprio tratado-fundação; os demais funcionários, de escalão mais baixo, são normalmente indicados "conforme resoluções passadas no interior das organizações (na ONU, há a série *Staff Regulations*) por nomeação do chefe das Secretarias Gerais, assistidos por diretorias especiais".[72]

Destaque-se que o pessoal paradiplomático goza "dos privilégios e imunidades necessários ao exercício independente de suas funções relacionadas com a Organização", nos termos do art. 105, § 2º, da Carta da ONU. Tratados específicos também podem prever os privilégios e imunidades de um funcionário de organização internacional no território de determinado Estado, havendo especificidades que hão de ser compreendidas em cada caso concreto.

---

[70] Guido Fernando Silva Soares. *Das imunidades de jurisdição e de execução*, cit., p. 181.

[71] Parece confundir-se a esse respeito César Sepúlveda, que insere no âmbito da paradiplomacia "os delegados em conferências internacionais, os representantes dos governos ante organizações e instituições interestatais, os enviados itinerantes e as missões especiais", aos quais nomina de "parentes pobres da opulenta diplomacia, apesar de sua utilidade resultar ligeiramente superior nos tempos modernos" (*Derecho internacional*, cit., p. 167).

[72] Guido Fernando Silva Soares. *Das imunidades de jurisdição e de execução*, cit., pp. 181-182.

SEÇÃO II – A ORGANIZAÇÃO DAS NAÇÕES UNIDAS

1. Origem histórica. Antes do final do conflito que ensanguentou a Europa entre 1939 e 1945, as potências que combatiam o *Eixo*, levando em consideração o fracasso completo da Liga das Nações na tentativa de evitar as guerras,[73] tiveram a intenção de estabelecer, em período não muito longo de tempo, uma organização internacional, de caráter geral e fundada na igualdade soberana de todos os Estados pacíficos, que tivesse por propósito a manutenção da paz e da segurança internacionais, nos termos do que foi reconhecido pelo Reino Unido, Estados Unidos da América, União Soviética e China na Declaração de Moscou de 1º de novembro de 1943. Depois de várias propostas e discussões, foram elaborados, nos encontros aliados de Dumbarton Oaks[74] (Washington, D.C.), em agosto e setembro de 1944, os projetos para a reconstrução jurídico-política do mundo, bem como as "propostas para o estabelecimento de uma Organização Internacional Geral", posteriormente modificadas em Yalta, em fevereiro de 1945, que serviram de base para a elaboração da Carta da Organização das Nações Unidas e do novo Estatuto da CIJ.[75]

A referida Carta foi assinada em 26 de junho de 1945, na cidade de São Francisco (Califórnia), juntamente com o ECIJ.[76] Mas foi somente em 24 de outubro de 1945 que as Nações Unidas efetivamente se constituíram, quando entrou em vigor internacional a carta constitutiva da organização (Carta da ONU), tendo a Assembleia Geral deliberado estabelecer sua sede em Nova York.[77]

O tratado-fundação da ONU, que é a carta orgânica da instituição, foi firmado inicialmente por 51 Estados-membros.[78] Desde então, passou a abarcar de maneira crescente e progressiva inúmeros outros Estados, contando hoje com quase todos os Estados independentes do mundo. É fora de propósito, entretanto, considerar a Organização das Nações Unidas uma entidade *supranacional* – como é a União Europeia, ainda único exemplo desse tipo organizacional –, uma vez que os seus atos unilaterais (decisões, resoluções etc.) não

---

[73] Sobre esse fracasso da Liga, *v.* Peter Malanczuk, *Akehurst's modern introduction to international law*, cit., pp. 25-26.

[74] Trata-se de uma mansão do século XIX localizada em Georgetown (um dos bairros da capital americana) e famosa pelos seus quatro hectares de parques e jardins, na qual atualmente se encontra a *Dumbarton Oaks Research Library and Collection*, destinada aos estudos bizantinos, pré-colombianos e de história do paisagismo.

[75] Cf. William L. Tung. *International organization under the United Nations system*, cit., pp. 27-33; Cesar Diaz Cisneros, *Derecho internacional público*, vol. I, cit., pp. 175-176; e Abdullah El Erian, *Manual de derecho internacional público*, Max Sørensen [Editor], cit., pp. 105-106.

[76] A Carta da ONU foi aprovada no Brasil pelo Decreto-lei nº 7.935, de 4 de setembro de 1945, ratificada em 12 de setembro, e promulgada pelo Decreto nº 19.841, de 22 de outubro de 1945.

[77] *V.* a página *web* das Nações Unidas em: [http://www.un.org].

[78] Foram eles a África do Sul, Arábia Saudita, Argentina, Austrália, Bélgica, Bielo-Rússia, Bolívia, Brasil, Canadá, Chile, China, Colômbia, Costa Rica, Cuba, Dinamarca, Egito, El Salvador, Equador, Estados Unidos da América, Etiópia, Filipinas, França, Grécia, Guatemala, Haiti, Holanda, Honduras, Índia, Irã, Iraque, Iugoslávia, Líbano, Libéria, Luxemburgo, México, Nicarágua, Noruega, Nova Zelândia, Panamá, Paraguai, Peru, Polônia, Reino Unido, República Dominicana, Síria, Tchecoslováquia, Turquia, Ucrânia, URSS, Uruguai e Venezuela.

integram imediatamente os ordenamentos internos dos seus Estados-partes, não revogando, *ipso jure*, as normas domésticas com eles incompatíveis.[79]

2. Propósitos e finalidades específicas das Nações Unidas. Os propósitos da Organização das Nações Unidas vêm indicados tanto no preâmbulo de sua Carta constitutiva quanto no art. 1º desse mesmo instrumento.[80] Fazendo-se uma síntese desses propósitos, pode-se dizer que suas intenções consubstanciam-se em: *a*) preservar as gerações vindouras do flagelo da guerra, que por duas vezes trouxe sofrimentos indizíveis à humanidade; *b*) reafirmar a fé nos direitos fundamentais do homem, da dignidade e no valor do ser humano, na igualdade de direito dos homens e das mulheres, assim como das nações grandes e pequenas; *c*) estabelecer condições sob as quais a justiça e o respeito às obrigações decorrentes de tratados e de outras fontes do direito internacional possam ser mantidos; *d*) promover o progresso social e melhores condições de vida dentro de uma liberdade mais ampla; *e*) praticar a tolerância e viver em paz, uns com os outros, como bons vizinhos, e unir as nossas forças para manter a paz e a segurança internacionais, e a garantir, pela aceitação de princípios e a instituição dos métodos, que a força armada não será usada a não ser no interesse comum; *f*) empregar um mecanismo internacional para promover o progresso econômico e social de todos os povos; *g*) manter a paz e a segurança internacionais e, para esse fim, tomar coletivamente, medidas efetivas para evitar ameaças à paz e reprimir os atos de agressão ou outra qualquer ruptura da paz e chegar, por meios pacíficos e de conformidade com os princípios da justiça e do direito internacional, a um ajuste ou solução das controvérsias ou situações que possam levar a uma perturbação da paz; *h*) desenvolver relações amistosas entre as nações, baseadas no respeito ao princípio de igualdade de direito e de autodeterminação dos povos, e tomar outras medidas apropriadas ao fortalecimento da paz universal; *i*) conseguir uma cooperação internacional para resolver os problemas internacionais de caráter econômico, social, cultural ou humanitário, e para promover e estimular o respeito aos direitos humanos e às liberdades fundamentais para todos, sem distinção de raça, sexo, língua ou religião; e *j*) ser um centro destinado a harmonizar a ação das nações para a consecução desses objetivos comuns.

Para a realização desses propósitos, devem os Estados-membros da ONU proceder de acordo com os *princípios* seguintes: igualdade soberana de todos os membros; boa-fé no cumprimento das obrigações; solução pacífica das controvérsias; abstenção do uso da força contra a integridade territorial ou a independência política de qualquer Estado; não intervenção em assuntos essencialmente internos dos Estados.[81]

3. Membros das Nações Unidas. A ONU é composta por dois tipos de membros: os *originários* e os *admitidos* (ou *eleitos*).[82] A matéria vem regulada pelo Capítulo II da Carta das Nações Unidas (arts. 3º ao 6º). Os chamados membros *originários* são aqueles cinquenta e um Estados que estiveram presentes à Conferência de São Francisco e ali assinaram (e posteriormente ratificaram) a Carta. O Brasil é membro originário das Nações Unidas. Os segundos (membros *admitidos*) são os que ingressaram na instituição após a sua criação. Os últimos países a ingressar nas Nações Unidas foram a Suíça e o Timor Leste, ambos em 2002. Nos

---

[79]   Cf. José Cretella Neto. *Teoria geral das organizações internacionais*, cit., p. 95.

[80]   Cf. William L. Tung. *International organization under the United Nations system*, cit., pp. 34-38.

[81]   V. Cesar Diaz Cisneros. *Derecho internacional público*, vol. I, cit., pp. 178-179.

[82]   Cf. William L. Tung. *International organization under the United Nations system*, cit., pp. 40-54.

Parte II · Cap. III · AS ORGANIZAÇÕES INTERNACIONAIS INTERGOVERNAMENTAIS | 579

termos do art. 4º, § 1º, da Carta da ONU, a admissão como membro das Nações Unidas está aberta "a todos os Estados amantes da paz que aceitarem as obrigações" ali contidas. Nesse caso, a admissão como membro das Nações Unidas fica condicionada à obediência a três condições, quais sejam: *a*) ser um Estado amante da paz; *b*) aceitar as obrigações impostas pela Carta; e *c*) estarem aptos e dispostos a cumpri-las.

Em 1945, quando foi firmada a Carta da ONU, a organização contava com 51 membros. A partir de 2011, já são 193 o número de Estados-membros das Nações Unidas.[83]

A admissão de quaisquer Estados como membros das Nações Unidas é efetuada por decisão da Assembleia Geral, mediante recomendação do Conselho de Segurança. A exigência de estar a admissão de novos membros condicionada à *recomendação* do Conselho de Segurança tem dado causa à realização de barganhas e interdições de natureza estritamente política e ideológica. Segundo Ricardo Seitenfus, o exemplo mais claro foi o da China continental, substituída, em 1949, pela China nacionalista (Taiwan ou Formosa), em razão da vitória comunista em Pequim. Apenas em 1971 a China continental voltou à ONU e ao Conselho de Segurança, provocando a exclusão de Formosa.[84]

A *suspensão* e a *expulsão* de um membro das Nações Unidas vêm reguladas nos arts. 5º e 6º da Carta da ONU. Nos termos do art. 5º da Carta, o membro das Nações Unidas contra o qual for levada a efeito ação preventiva ou coercitiva por parte do Conselho de Segurança poderá ser *suspenso* do exercício dos direitos e privilégios de membros pela Assembleia Geral, mediante recomendação do Conselho de Segurança. O exercício desses direitos e privilégios poderá, no entanto, ser restabelecido pelo Conselho de Segurança. Segundo o seu art. 6º, por sua vez, o Estado-membro "que houver violado *persistentemente* os princípios contidos na presente Carta", poderá ser *expulso* da ONU, cabendo tal decisão à Assembleia Geral "mediante recomendação do Conselho de Segurança". Nesse último caso, por se tratar de medida de extrema gravidade, perceba-se que a expulsão somente poderá operacionalizar-se – tal como prevê a Carta – se a violação que a determinou houver sido *persistente*.[85] A decisão sobre a expulsão de Estado-membro deve dar-se pela deliberação da maioria de *dois terços* dos membros presentes e votantes à Assembleia Geral, segundo disposição expressa do art. 18, § 2º, da mesma Carta.

Todos os Estados-membros das Nações Unidas – que nela mantêm uma *representação permanente* – são representados por *delegados*. A escolha dos representantes do Estado fica a cargo de cada governo, devendo passar pelo crivo de uma comissão de verificação dos poderes, que examina as credenciais de tais representantes, faz seu relatório (art. 28 do Regulamento Interno da Assembleia Geral) e decide sobre o aceite dos agentes eleitos.[86]

4. Segurança coletiva e supremacia da Carta da ONU. Praticamente todo o sistema das Nações Unidas (também chamado de sistema "onusiano") foi estabelecido com base no princípio da *segurança coletiva mundial*, segundo o qual a paz internacional só pode ser

---

[83]   O seu 193º membro foi o Sudão do Sul, nascido da divisão do Sudão em 9 de julho de 2011, e admitido na ONU em 14 de julho do mesmo ano.

[84]   Ricardo Seitenfus. *Manual das organizações internacionais*, cit., p. 135.

[85]   Cf. Hildebrando Accioly. *Tratado de direito internacional público*, vol. II, cit., p. 7.

[86]   Cf. Jean-Marie Lambert. *Curso de direito internacional público*, vol. I (*O mundo global*), cit., p. 187.

alcançada respeitando-se certos parâmetros mínimos de convivência entre os Estados, entre elas a segurança e a proteção dos direitos humanos.

Entendeu a Carta que a proteção dos direitos humanos é *conditio sine qua non* para o bem-estar da sociedade internacional. Essa intenção da Carta de São Francisco pode ser percebida com a leitura do seu *Preâmbulo*, segundo o qual – como já se falou – os povos das Nações Unidas têm por propósitos, dentre outros, "preservar as gerações vindouras do flagelo da guerra, que por duas vezes, no espaço da nossa vida, trouxe sofrimentos indizíveis à humanidade", bem assim "reafirmar a fé nos direitos fundamentais do homem, na dignidade e no valor do ser humano, na igualdade de direito dos homens e das mulheres, assim como das nações grandes e pequenas, e a estabelecer condições sob as quais a justiça e o respeito às obrigações decorrentes de tratados e de outras fontes do direito internacional possam ser mantidos". Diz ainda o mesmo *Preâmbulo* que, para tais fins, devem os povos das Nações Unidas "praticar a tolerância e viver em paz, uns com os outros, como bons vizinhos", unindo suas forças "para manter a paz e a segurança internacionais, e a garantir, pela aceitação de princípios e a instituição dos métodos, que a força armada não será usada a não ser no interesse comum".

É interessante notar que o art. 103 da Carta das Nações Unidas contém uma cláusula de *supremacia* da própria Carta da ONU, ao estabelecer que em caso de conflito entre as obrigações contraídas pelos membros das Nações Unidas em virtude da referida Carta e suas obrigações contraídas em virtude de qualquer outro acordo internacional, deverá prevalecer as obrigações impostas pela Carta da ONU (*verbis*: "No caso de conflito entre as obrigações dos membros das Nações Unidas, em virtude da presente Carta e as obrigações resultantes de qualquer outro acordo internacional, prevalecerão as obrigações assumidas em virtude da presente Carta"). Deste dispositivo da Carta da ONU se tem inferido o caráter supraconvencional do convênio constitutivo das Nações Unidas, que deverá prevalecer sobre qualquer outro acordo internacional concluído por quaisquer de seus membros. Tal dispositivo coloca, portanto, a Carta das Nações Unidas no ápice da hierarquia das normas do Direito Internacional Público, equiparando-se à hierarquia que detêm as normas constitucionais em relação às leis e demais normas infraconstitucionais do Direito interno estatal.[87]

5. Os órgãos das Nações Unidas. Para o alcance dos objetivos contidos em sua Carta, as Nações Unidas foram organizadas em diversos órgãos, dentre os quais, nos termos do seu art. 7º, os principais são a Assembleia Geral, o Conselho de Segurança, a Corte Internacional de Justiça, o Conselho de Tutela, o Secretariado e o Conselho Econômico e Social.[88] Vejamos cada um deles separadamente:

---

[87] Cf. Thomas Buergenthal (*et al.*). *Manual de derecho internacional público*, cit., p. 40; Abdullah El Erian, *Manual de derecho internacional público*, Max Sørensen [Editor], cit., pp. 118-119; e Ian Hurd, *International organizations...*, cit., p. 101.

[88] V., por tudo, William L. Tung, *International organization under the United Nations system*, cit., pp. 56-97. Cf. também, Luis Ivani de Amorim Araújo, *Das organizações internacionais*, Rio de Janeiro: Forense, 2002, pp. 34-50; Ricardo Seitenfus, *Manual das organizações internacionais*, cit., pp. 138-158; Jean-Claude Zarka, *Institutions internationales*, cit., pp. 38-51; e Ian Hurd, *International organizations...*, cit., pp. 103-111.

Parte II · Cap. III · AS ORGANIZAÇÕES INTERNACIONAIS INTERGOVERNAMENTAIS | 581

a) Assembleia Geral. É a Assembleia Geral o órgão principal das Nações Unidas e o único composto por representantes de todos os Estados-membros, com um máximo de 5 (cinco) delegados por Estado. Ela – que representa o maior foro de discussões que se tem notícia – tem competência para discutir e fazer recomendações relativamente a qualquer matéria que for objeto da Carta ou se relacionarem com as atribuições e funções de qualquer dos órgãos nela previstos. São exemplos de atribuições da Assembleia Geral matérias como: paz e segurança internacionais, eleição dos membros não permanentes do Conselho de Segurança, eleição dos membros do Conselho Econômico e Social, eleição dos membros do Conselho de Tutela, admissão de novos membros para a organização e suspensão ou expulsão dos já existentes, aprovação de emendas à Carta etc. Daí se dizer ser a Assembleia Geral o único órgão das Nações Unidas dotado de competência totalmente genérica. Mas não obstante essa competência ampla, relativa a "quaisquer" assuntos das Nações Unidas, a Assembleia Geral às vezes fica subordinada aos assuntos de competência específica do Conselho de Segurança, devendo ceder às suas decisões, nos termos do art. 12, § 1º, da Carta da ONU (*verbis*: "Enquanto o Conselho de Segurança estiver exercendo, em relação a qualquer controvérsia ou situação, as funções que lhe são atribuídas na presente Carta, a Assembleia Geral não fará nenhuma recomendação a respeito dessa controvérsia ou situação, a menos que o Conselho de Segurança a solicite").

Em relação à proteção dos direitos humanos, a Assembleia Geral também tem um papel importante. Veja-se, em especial, o art. 13, § 1º, da Carta da ONU: "A Assembleia Geral iniciará estudos e fará recomendações destinados a: (...) *b*) promover cooperação internacional nos terrenos econômico, social, cultural, educacional e sanitário e favorecer o pleno gozo dos direitos humanos e das liberdades fundamentais, por parte de todos os povos, sem distinção de raça, língua ou religião (...)".

Cada membro da Assembleia Geral da ONU tem direito a um voto (art. 18, § 1º), sendo que as decisões importantes (fundamentais para a própria Organização e para os Estados) seguem o princípio majoritário, devendo ser tomadas pelo voto da maioria de 2/3 dos membros presentes e votantes. Incluem as questões "importantes" aquelas enunciadas no art. 18, § 2º (recomendações relativas à manutenção da paz e da segurança internacionais, a eleição dos membros não permanentes do Conselho de Segurança, a eleição dos membros do Conselho Econômico e Social, a eleição dos membros do Conselho de Tutela, a admissão de novos membros das Nações Unidas, a suspensão dos direitos e privilégios de membros, a expulsão dos membros, questões referentes ao funcionamento do sistema de tutela e questões orçamentárias), além de outras, a depender do voto da maioria dos membros presentes e votantes (art. 18, § 3º).

A Assembleia Geral da ONU se manifesta por meio de *resoluções*, *declarações* ou *recomendações*, de efeito não vinculante aos seus Estados-membros. Estas são diferentes das *decisões* do Conselho de Segurança, que têm força cogente e são de cumprimento obrigatório.

b) Conselho de Segurança. É o órgão das Nações Unidas que tem como principal atribuição a "manutenção da paz e segurança internacionais" (art. 24, § 1º),[89] sendo atualmente

---

[89] *V.* também art. 26.

considerado – ao menos teoricamente – como o órgão primordial da organização.[90] É composto por cinco membros permanentes e dez não permanentes.[91] Membros permanentes são (segundo a ordem da Carta da ONU): a China, a França, a Rússia (desde 1992, tendo sucedido à implosão da ex-URSS), o Reino Unido e os Estados Unidos da América. Os membros não permanentes são eleitos pela Assembleia Geral, com mandato de dois anos, considerando sua contribuição para os propósitos das Nações Unidas (em especial, para a manutenção da paz e da segurança internacionais) e a distribuição geográfica equitativa (art. 23, §§ 1º e 2º).

A distribuição de vagas para membros não permanentes no Conselho de Segurança foi regulamentada pela *Resolução 1991*, de 17 de dezembro de 1963, da Assembleia Geral, que dividiu geograficamente os Estados em quatro grupos: Europa Ocidental e "outras potências"; Europa Oriental; América Latina; e África e a Ásia. Com a passagem dos membros não permanentes de 6 para 10, o primeiro desses grupos passou a ter *dois* lugares, o segundo, *um*, o terceiro, *dois*, e o grupo da África e da Ásia, *cinco*.[92]

Cada membro do Conselho de Segurança tem, dentro do órgão, um representante e, portanto, o direito de um voto apenas. Nos termos do art. 32 da Carta da ONU, qualquer Membro da Organização "que não for Membro do Conselho de Segurança, ou qualquer Estado que não for Membro das Nações Unidas será convidado, desde que seja parte em uma controvérsia submetida ao Conselho de Segurança, a participar, sem voto, na discussão dessa controvérsia". O Conselho de Segurança determinará, também, "as condições que lhe parecerem justas para a participação de um Estado que não for membro das Nações Unidas". Entre as suas atribuições, podem ser destacadas as relativas à aplicação de sanções econômicas aos Estados ou outra medida capaz de evitar qualquer tipo de agressão, atinente às recomendações à Assembleia Geral de admissão de novos membros, bem como as condições sob as quais os Estados poderão tornar-se parte do Estatuto da CIJ, a relativa à suspensão ou expulsão de Estados-membros da Organização etc.

A votação no Conselho de Segurança vem regulada pelo art. 27 e seus parágrafos, da Carta das Nações Unidas. Pelas regras desse dispositivo, cada membro do Conselho terá direito a um voto (§ 1º). Suas decisões, em questões *processuais*, são tomadas pelo voto afirmativo de nove membros, permanentes ou não (§ 2º). Em todas as questões que não sejam processuais (ou seja, em relação às questões *de fundo, substantivas*), a votação será feita pelo voto afirmativo também de nove membros, mas incluídos os votos afirmativos de *todos* os membros permanentes (trata-se da regra da "unanimidade das grandes potências"). Isso significa que, havendo discordância com a decisão, pode o membro permanente exercer o seu *poder de veto* (*v. supra*, a Seção I, item nº 11, deste Capítulo) e desautorizar, sozinho, o processo decisório sobre a questão de fundo, pelo motivo que entender plausível.[93] Tal veto,

---

[90]   Sobre o desenvolvimento do papel do Conselho de Segurança, *v.* a análise minuciosa de Brichambaut, Dobelle & Coulée, *Leçons de droit international public*, cit., pp. 433-477.

[91]   No texto original da Carta da ONU, o número de membros não permanentes era seis, tendo sido ampliado para dez por uma emenda de 1963. A partir dessa data, de onze membros no total o Conselho de Segurança passou a compor-se definitivamente por quinze membros (cinco permanentes e dez não permanentes).

[92]   *V.* Resolução 1991 (XVIII), de 17.12.1963, da Assembleia Geral.

[93]   *V.* Jean-Claude Zarka. *Institutions internationales*, cit., p. 41; Malcolm N. Shaw, *Direito internacional*, cit., p. 894; e Ian Hurd, *International organizations…*, cit., p. 109. Para críticas, *v.* Alain Pellet, La formation

Parte II · Cap. III · AS ORGANIZAÇÕES INTERNACIONAIS INTERGOVERNAMENTAIS | 583

assim, é inicial e impeditivo de uma ação futura porventura proposta pela Organização. Em outras palavras, pode-se dizer que o veto é "um voto negativo no interior do processo decisório que tem como efeito inibir e impedir a adoção de uma decisão".[94] Aparece ele quando a decisão dos cinco membros permanentes das Nações Unidas não é uníssona (não se exigindo unanimidade dos chamados membros não permanentes) sobre uma determinada questão substancial ou de fundo. Isso significa, na prática, que nenhuma ação do Conselho pode ser tomada contra a vontade dos Estados Unidos, da França, do Reino Unido, da Rússia e da China juntos. Os Estados Unidos, na "Guerra do Iraque" em 2003, e a Rússia, na "Guerra da Ucrânia" em 2022, utilizaram-se do poder de veto para impedir sanções do Conselho de Segurança tomadas contra os seus interesses bélicos naqueles países. Frise-se, porém, que o *veto* deve ser utilizado apenas quando o membro permanente não concordar *integralmente* com a decisão a ser tomada pelo Conselho. Caso não discorde integralmente da decisão dos demais, deve tal membro se *abster*. Ainda que a letra do art. 27 da Carta seja clara no sentido de ser considerado veto o voto *não afirmativo* (ou seja, *não positivo*) de uma das potências com assento permanente,[95] o certo é que a prática do Conselho de Segurança tem abrandado tal regra para entender que a abstenção *não* equivale a veto (ou seja, somente o voto *negativo* equivaleria a veto nessa sistemática).[96] Trata-se, segundo alguns autores, de um costume *contra legem* levado a cabo pelo Conselho de Segurança.[97] Essa prática autoriza, então, que se aprove uma resolução do Conselho mesmo com a abstenção de *todos os cinco* membros permanentes, contanto que a decisão tenha obtido pelo menos *nove votos* dos membros não permanentes.[98]

Destaque-se que a Carta da ONU não estabelece quais questões são "processuais" e quais não são, o que tem levado tanto a doutrina como a própria ONU a sérias dificuldades. Qual a saída adotada para se definir o aspecto processual ou não de determinada questão? André Gonçalves Pereira e Fausto de Quadros explicam: "em caso de dúvida, o próprio Conselho delibera acerca da qualificação da questão; mas a qualificação da questão não é considerada como uma questão processual, e nela intervém, portanto, a possibilidade de veto. Surge, desse modo, o chamado sistema do *duplo veto*: um membro permanente opõe-se

---

du droit international dans le cadre des Nations Unies, in *European Journal of International Law*, vol. 6 (1995), pp. 419-421.

[94] Ricardo Seitenfus. *Manual das organizações internacionais*, cit., p. 144.

[95] Pois diz o § 3º do art. 27 que "as decisões do Conselho de Segurança, em todos os outros assuntos, serão tomadas pelo *voto afirmativo* de nove membros, inclusive os votos afirmativos de todos os membros permanentes", ficando também estabelecido que "nas decisões previstas no capítulo VI e no § 3º do art. 52, aquele que for parte em uma controvérsia se absterá de votar".

[96] Também a Corte Internacional de Justiça entendeu da mesma maneira, no caso das *Consequências Jurídicas para os Estados da Presença Continuada da África do Sul na Namíbia (África do Sudoeste)*, julgado em 1971. V. *ICJ Reports* (1971), p. 6 (§§ 20-22). Nesse mesmo sentido, *v.* Malcolm N. Shaw, *Direito internacional*, cit., p. 894; e Anthony Aust, *Handbook of international law*, cit., p. 194.

[97] V. André Gonçalves Pereira & Fausto de Quadros. *Manual de direito internacional público*, cit., p. 498.

[98] Nesse exato sentido, *v.* Constantin Stavropoulos, The practice of voluntary abstentions by permanent members of the Security Council under art. 27 paragraph 3 of the Charter of the United Nations, in *American Journal of International Law*, vol. 61 (1967), pp. 737-752. Em sentido contrário, *v.* Leo Gross, Voting in the Security Council: abstention in the post-1965 amendment phase and its impact on article 25 of the Chapter, in *American Journal of International Law*, vol. 62 (1968), pp. 315-334.

584 | CURSO DE DIREITO INTERNACIONAL PÚBLICO – *Valerio de Oliveira Mazzuoli*

a que uma questão seja considerada meramente processual (1º veto); e, quando o Conselho entra a discutir a questão, opõe-se a que seja tomada qualquer, ou uma determinada, resolução (2º veto)". E continuam: "O sistema vem sendo criticado há muito, dado que é duvidoso que a questão do processo de voto a seguir não seja uma questão processual. Mas ele é uma exigência da própria admissão do veto; sem o duplo veto poderia um membro permanente, através de uma manobra processual da maioria dos membros do Conselho, ver-se privado do direito de veto. Por isso, ficou célebre a frase: '*sem duplo veto não há veto*'". E concluem: "Para obviar aos inconvenientes deste sistema cedo procurou a Assembleia Geral elaborar uma lista de questões de processo. E, por Resolução de 14 de abril de 1949, indicou trinta e cinco categorias de questões processuais, recomendando ao Conselho de Segurança que agisse em conformidade. Mas o Conselho não está naturalmente vinculado por tal recomendação".[99]

A maior crítica ao sistema de veto do Conselho de Segurança está ligada à flagrante desigualdade de direitos que têm os demais Estados-membros da ONU, que ficam à mercê daquilo que for decidido por tão somente *cinco* Estados (os com cadeira permanente no Conselho) numa situação de conflito internacional, ou que envolva questões importantes para a sociedade internacional como um todo. Por outro lado, objeta-se que as funções do Conselho de Segurança com seus membros em pé de igualdade, apesar de mais justas, seriam mais lentas e menos eficazes, o que poderia levar uma grande potência a se utilizar de inúmeros subterfúgios para se eximir de uma responsabilidade, quando compelida pelo Conselho de Segurança a fazer algo contrário aos seus interesses.[100] Na realidade, o que temiam as grandes potências, à época da conclusão da Carta, era que uma deliberação do Conselho de Segurança pudesse ter consequências políticas importantes, em especial a adoção de medidas coativas, capazes de prejudicá-las sobremaneira sem que tivessem qualquer meio de defesa. Dessa forma, entenderam legítimo (e a sociedade internacional concordou...) atribuir a si mesmas o poder de *recusa* no cumprimento de tais encargos, porventura lançados por uma maioria de potências menores e menos interessadas.[101]

Há, contudo, uma maneira de remediar a polêmica questão do veto no Conselho de Segurança, que está em o próprio Conselho provocar a Assembleia Geral da ONU com base na Resolução 377(V) de 1950, conhecida por Resolução "Unidos pela Paz".[102] A decisão do Conselho de provocar a Assembleia Geral é de cunho processual e não substantiva, razão pela qual não podem os membros permanentes do Conselho vetá-la. Por essa sistemática, se o Conselho de Segurança não lograr resolver a questão em pauta devido ao voto negativo de um membro permanente, quando se tratar de uma ameaça ou violação da paz ou de ato de agressão, poderá a Assembleia Geral deliberar sobre o assunto e tecer recomendações aos demais Estados-membros para que tomem medidas coletivas para o fim de manter ou restaurar a paz e a segurança internacionais. Como se nota, não obstante seja limitado o poder da Assembleia Geral em tais casos, por não poder impor medidas ou sanções diretas

---

[99] André Gonçalves Pereira & Fausto de Quadros. *Manual de direito internacional público*, cit., pp. 497-498.

[100] Cf. Ricardo Seitenfus. *Manual das organizações internacionais*, cit., p. 149. *V.* ainda, Jean-Marie Lambert, *Curso de direito internacional público*, vol. I (*O mundo global*), cit., pp. 201-202.

[101] *V.*, por tudo, J. L. Brierly, *Direito internacional*, cit., pp. 111-112.

[102] ONU, Assembleia Geral, 5ª Sessão, *Resolução 377(V)*, de 03.11.1950.

Parte II · Cap. III · AS ORGANIZAÇÕES INTERNACIONAIS INTERGOVERNAMENTAIS | **585**

aos Estados faltosos, poderá, no entanto, emitir recomendações a todos os demais Estados-
-membros da ONU para que tomem medidas coletivas para esse desiderato. O mérito dessa
fórmula é levar a questão de fundo debatida no Conselho de Segurança e vetada pela potência interessada a todos os demais Estados participantes do sistema das Nações Unidas, por
terem direito a voto igualitário na Assembleia Geral, o que, ao menos politicamente, poderá
arrefecer a contenda internacional de ameaça ou violação da paz ou a agressão em curso.
A Resolução "Unidos pela Paz" foi utilizada poucas vezes desde a sua edição em 1950. Em
27 de fevereiro de 2022, o Conselho de Segurança aprovou resolução solicitando reunião de
emergência da Assembleia Geral para tratar da ação militar da Rússia na Ucrânia, obtendo
11 votos favoráveis, 1 voto contrário (Rússia) e 3 abstenções (China, Índia e Emirados Árabes Unidos). Três dias depois, em 2 de março do mesmo ano, a Assembleia Geral da ONU
aprovou resolução contra a invasão da Ucrânia pela Rússia, com 141 votos a favor (inclusive
do Brasil), 5 contra e 35 abstenções.

É o Conselho de Segurança da ONU (já dissemos na Parte I, Capítulo IV, Seção II,
item nº 6) o único órgão das Nações Unidas com poder para tomar decisões *mandatórias*, as
quais os demais membros da Organização têm de fielmente acatar e executar, nos termos do
art. 25 da Carta.[103] Frise-se que *todas* as decisões do Conselho de Segurança são obrigatórias
(em virtude do que dispõe o referido art. 25) e não somente aquelas tomadas em virtude do
Capítulo VII da Carta da ONU.[104] Nesse sentido, entende-se que o Conselho de Segurança
exerce uma atividade quase legislativa no âmbito das Nações Unidas, dada a reconhecida
imperatividade de suas decisões.

Por fim, cumpre dizer que o Conselho de Segurança é assessorado, em questões de
caráter militar, por uma comissão de Estado-Maior formada pelos Chefes de Estado-Maior,
dos membros permanentes do Conselho de Segurança, investida das responsabilidades de
direção das forças armadas colocadas por tais membros à disposição do Conselho.

c) Corte Internacional de Justiça. A Corte é o principal órgão judicial das Nações Unidas,
com sede na Haia (Holanda).[105] Compõe-se de quinze juízes (art. 3º, § 1º, do Estatuto da
Corte) eleitos pela Assembleia Geral em ato conjunto com o Conselho de Segurança, para
um mandato de nove anos, com possibilidade de reeleição. Tais juízes são eleitos entre as
pessoas indicadas pelos grupos nacionais da Corte Permanente de Arbitragem. A escolha não
se dá em razão de sua nacionalidade, mas sim levando-se em conta sua capacitação pessoal.
No seu conjunto, o corpo de juízes deve representar as mais altas formas de civilização e os
principais sistemas jurídicos do mundo contemporâneo. São vedados dois juízes da mesma
nacionalidade na Corte.

---

[103]   V. Antônio Augusto Cançado Trindade, Reavaliação das fontes do direito internacional público ao
início da década de oitenta, cit., p. 128.

[104]   Cf. *Parecer Consultivo* da Corte Internacional de Justiça, intitulado "Consequências Jurídicas para os
Estados da Presença Contínua da África do Sul na Namíbia (Sudoeste Africano) não obstante a Reso-
lução 276 (1970) do Conselho de Segurança", de 21 de junho de 1971, in *ICJ Reports* (1971), pp. 52-53.
V. ainda, Alain Pellet, La formation du droit international dans le cadre des Nations Unies, cit., pp.
402-403. Sobre as medidas constantes do Capítulo VII da Carta da ONU, *v.* especialmente Malcolm N.
Shaw, *Direito internacional*, cit., pp. 926-948.

[105]   O funcionamento da CIJ será estudado na Parte VI, Capítulo I, Seção V, item nº 2, para onde remetemos
o leitor.

O disciplinamento da CIJ é fixado pelo seu *Estatuto*, que foi anexado à Carta das Nações Unidas. Tem a Corte competência contenciosa e consultiva, estando somente os Estados, contudo, habilitados a serem partes em questões perante ela (art. 34, § 1º, do ECIJ). Todos os membros das Nações Unidas, nos termos do art. 93 da Carta, são, *ipso facto*, partes do ECIJ. Isto não impede que um Estado que não seja membro das Nações Unidas se torne parte no Estatuto da Corte, o que irá depender das condições que serão determinadas pela Assembleia Geral, mediante recomendação do Conselho de Segurança.

Cada Estado-membro das Nações Unidas se compromete a aceitar as decisões proferidas pela CIJ em qualquer caso em que esse Estado for parte. Se uma das partes num caso deixar de cumprir as obrigações que lhe incumbem em virtude de sentença proferida pela Corte, a outra terá direito de recorrer ao Conselho de Segurança que poderá, se julgar necessário, fazer recomendações ou decidir sobre medidas a serem tomadas para o cumprimento da sentença (art. 94, §§ 1º e 2º).

d) Conselho Econômico e Social. Quando da elaboração da Carta da ONU, um debate que ganhou corpo foi o relativo à implementação das melhorias de condições de vida, com a redução das desigualdades econômicas e sociais. O art. 55 da Carta estabelece que na busca das "condições de estabilidade e bem-estar, necessárias às relações pacíficas e amistosas entre as Nações, baseadas no respeito ao princípio da igualdade de direitos e da autodeterminação dos povos, as Nações Unidas favorecerão: *a*) níveis mais altos de vida, trabalho efetivo e condições de progresso e desenvolvimento econômico e social; *b*) a solução dos problemas internacionais econômicos, sociais, sanitários e conexos; a cooperação internacional, de caráter cultural e educacional; e *c*) o respeito universal e efetivo dos direitos humanos e das liberdades fundamentais para todos, sem distinção de raça, sexo, língua ou religião". Relativamente a este último aspecto, é importante frisar que foi no Conselho Econômico e Social que se elaborou a Declaração Universal dos Direitos Humanos, proclamada em Paris em 10 de dezembro de 1948, e foi sob os seus auspícios que se elaboraram os mais importantes tratados internacionais de proteção dos direitos humanos do sistema global. Justamente para atender a tais propósitos foi criado o Conselho Econômico e Social (conhecido por ECOSOC, na sigla em inglês), composto por 54 membros eleitos pela Assembleia Geral, mediante dois terços dos Estados presentes e votantes para um período de três anos.

Inicialmente foi composto por dezoito membros (quando das Nações Unidas faziam parte apenas 51 Estados) eleitos a cada ano para um período de três anos, com direito à reeleição. Com o aumento considerável do número de Estados-membros da organização nova proposta foi aprovada (em 1965) aumentando-se o número de dezoito para vinte e sete e, posteriormente, para cinquenta e quatro membros, como é atualmente.

O Conselho tem competência para promover a cooperação em questões econômicas, sociais e culturais, incluindo os direitos humanos. Nos termos do art. 62, § 1º: "O Conselho Econômico e Social fará ou iniciará estudos e relatórios a respeito de assuntos internacionais de caráter econômico, social, cultural, educacional, sanitário e conexos e poderá fazer recomendações a respeito de tais assuntos à Assembleia Geral, aos membros das Nações Unidas e às entidades especializadas interessadas". Pelo § 2º do mesmo artigo: "Poderá, igualmente, fazer recomendações destinadas a promover o respeito e a observância dos direitos humanos e das liberdades fundamentais para todos".

O Conselho Econômico e Social poderá, ainda, nos termos do art. 68 da Carta, criar as comissões que forem necessárias ao desempenho de suas funções. Nesse sentido é que foi criada a Comissão de Direitos Humanos da ONU, estabelecida em 1946, integrada por cinquenta e três membros governamentais eleitos, para um mandato de três anos, pelo Conselho Econômico e Social. A Declaração Universal dos Direitos Humanos, os Pactos, as Convenções e vários outros instrumentos internacionais de proteção dos direitos humanos adotados pela ONU foram, por exemplo, redigidos pela Comissão de Direitos Humanos das Nações Unidas. Em 15 de março de 2006, a Comissão de Direitos Humanos da ONU foi substituída pelo atual *Conselho de Direitos Humanos*, aprovado pela Assembleia Geral da organização por 170 votos a favor, com quatro votos contra (Israel, Ilhas Marshall, Palau e Estados Unidos) e três abstenções (Bielorússia, Irã e Venezuela).[106] Com sede em Genebra, o novo *Conselho* tem agora quarenta e sete membros (eleitos por maioria absoluta pela Assembleia Geral, para um mandato de três anos, não renovável após dois mandatos consecutivos), número menor do que tinha a antiga Comissão de Direitos Humanos. Os 47 assentos do novo *Conselho* estão distribuídos por regiões: 13 para a África, 13 para a Ásia, 6 para a Europa Ocidental, 8 para a América Latina e Caribe, e 7 para a Europa Oriental e outros.[107] A criação do *Conselho*, em substituição ao antigo órgão, decorreu da necessidade de dar melhor (e concreta) aplicabilidade aos princípios de direitos humanos universalmente reconhecidos (universalidade, indivisibilidade, interdependência e inter-relacionariedade), bem assim de reafirmar a capacidade das Nações Unidas em ser gestora eficaz da paz e da segurança internacionais.[108] Um dos mecanismos de monitoramento previstos pelo *Conselho* é a chamada revisão por pares ("peer review") em matéria de direitos humanos, pelo qual os Estados relatam periodicamente à ONU a situação dos direitos humanos em seus territórios sob o escrutínio dos demais países (*universal periodic review*).[109]

Frise-se que enquanto a antiga Comissão de Direitos Humanos era órgão vinculado ao Conselho Econômico e Social (cujo estudo ora nos ocupa), o atual *Conselho de Direitos Humanos* passa a ser órgão subsidiário da Assembleia Geral da ONU,[110] podendo ainda (dentro de 5 anos) adquirir o *status* de órgão autônomo das Nações Unidas. Ao contrário da antiga Comissão, que se reunia uma vez ao ano durante seis semanas, o *Conselho* pode se reunir quantas vezes julgar necessário, o que tem a vantagem de transformá-lo num foro de discussões e deliberações de caráter permanente. O *Conselho* poderá também fazer recomendações à Assembleia Geral, o que possibilita sejam suas decisões mais bem aplicadas aos Estados, fato que na prática não ocorria no sistema da antiga Comissão de Direitos Humanos.

As decisões do Conselho Econômico e Social são tomadas pela maioria de votos dos membros presentes à reunião deliberativa.

e) Conselho de Tutela. Sua competência se atém ao sistema internacional de tutela estabelecido pela Carta da ONU, tem por objetivo o fomento do progresso político, econô-

---

[106] A criação desse *Conselho* deu-se pela Resolução A/RES/60/251, da Assembleia Geral, de 15.03.2006.

[107] V. Resolução nº 60/251 da Assembleia Geral da ONU (art. 7º).

[108] Cf. Brichambaut, Dobelle & Coulée. *Leçons de droit international public*, cit., p. 204, que se referem ao novo *Conselho* como órgão mais ágil e menos "politizado".

[109] V. Olivier De Schutter. *International human rights law*. Cambridge: Cambridge University Press, 2010, pp. 870-871.

[110] V. Resolução nº 60/251 da Assembleia Geral da ONU (art. 1º).

mico, social e educacional dos habitantes dos territórios tutelados e o seu desenvolvimento progressivo para alcançar governo próprio ou independência (art. 76, letra *b*, da Carta). O sistema de tutela, entretanto, já se encontra superado desde 1960, ano em que as Nações Unidas concluíram a *Declaração sobre a Concessão de Independência para os Países e Povos Coloniais*. Ao Conselho de Tutela deveriam ser enviados relatórios anuais, assim como petições acerca da situação dos territórios tutelados, a fim de que pudessem ser sugeridas determinadas medidas. O sistema tenderia à extinção quando os últimos territórios sob administração alheia viessem a tornar-se independentes, o que ocorreu finalmente em 1994 (com a independência de Palau).

f) Secretariado. É o órgão administrativo das Nações Unidas, com uma sede permanente localizada em Nova York. O Secretariado é chefiado pelo Secretário-Geral, que é o principal e mais alto funcionário administrativo da ONU, indicado para um mandato de cinco anos pela Assembleia Geral, a partir de recomendações do Conselho de Segurança (art. 97). Sua nomeação, portanto, está sujeita ao veto de qualquer dos cinco membros permanentes do Conselho (Estados Unidos, França, Reino Unido, Rússia e China). O mandato de cinco anos foi assim estabelecido por resolução interna da organização, uma vez que a Carta não estabelece prazo para a sua permanência. Tal prazo pode ser renovado, não existindo limites ao número de mandatos. Contudo, na prática, nenhum Secretário-Geral até hoje ocupou o cargo por mais de dez anos.

Desde a fundação das Nações Unidas, exerceram o cargo de Secretário-Geral o norueguês Trygve Lie (1950-1953), o sueco Dag Hammarskjöld (1953-1961), o birmanês U Thant (1961-1971), o austríaco Kurt Waldheim (1972-1977), o peruano Javier Pérez de Cuellar (1982-1991), o egípcio Boutros Boutros-Ghali (1992-1996), o ganense Kofi Annan (1997-2001, e reeleito para o período 2002-2006), o sul-coreano Ban Ki-moon (2007-2011, e reeleito para o mandato 2012-2016) e o português António Guterres (eleito para o período 2017-2021, e reeleito para o mandato 2022-2026). Depois dos dois primeiros secretários--gerais, houve uma tendência de tornar o cargo rotativo entre os principais grupos regionais. A função, assim, foi ocupada por um asiático (U Thant, da Birmânia, atualmente Myanmar), por um europeu ocidental (Kurt Waldheim, da Áustria), por um latino-americano (Javier Pérez de Cuéllar, do Peru), por dois africanos (Boutros Boutros-Ghali, do Egito, que cumpriu um mandato, e por Kofi Annan, de Gana, que cumpriu dois mandatos), novamente por um asiático (Ban Ki-moon, Ministro das Relações Exteriores sul-coreano) e por outro europeu ocidental (António Guterres, antigo Primeiro-ministro de Portugal).

O Secretário-Geral exerce funções em todas as reuniões da Assembleia Geral, do Conselho de Segurança, do Conselho Econômico e Social e do Conselho de Tutela, devendo também desempenhar outras funções que lhe forem atribuídas por estes órgãos. Anualmente, apresenta relatórios à Assembleia Geral e faz recomendações ao Conselho de Segurança em relação a qualquer assunto que em sua opinião possa ameaçar a manutenção da paz e da segurança internacionais (arts. 98 e 99). Como se percebe, ao lado das atribuições administrativas e técnicas, o Secretário exerce um relevante papel político, muitas vezes para além dos limites do art. 99.[111] O art. 100, § 1º, da Carta é claro ao afirmar que, no desempenho de seus deveres, "o Secretário Geral e o pessoal do Secretariado não solicitarão nem receberão instruções de

---

[111] Cf. Jean-Marie Lambert. *Curso de direito internacional público*, vol. I (*O mundo global*), cit., p. 205.

Parte II · Cap. III · AS ORGANIZAÇÕES INTERNACIONAIS INTERGOVERNAMENTAIS | 589

qualquer Governo ou de qualquer autoridade estranha à Organização", devendo abster-se "de qualquer ação que seja incompatível com a sua posição de funcionários internacionais responsáveis somente perante a Organização". O § 2º do mesmo dispositivo estabelece ainda que cada "membro das Nações Unidas se compromete a respeitar o caráter exclusivamente internacional das atribuições do Secretário-Geral e do pessoal do Secretariado e não procurará exercer qualquer influência sobre eles, no desempenho de suas funções". Essas disposições somadas bem demonstram a preocupação da Carta das Nações Unidas em deixar o Secretário--Geral livre de qualquer ingerência externa para o bom desempenho de suas funções. Daí ter mostrado a prática internacional o importante papel do Secretário-Geral na diplomacia preventiva e na resolução pacífica de conflitos internacionais dos mais variados.

Outra função do Secretariado, bastante importante, é a de registro dos tratados internacionais ratificados pelos Estados-membros da Organização (art. 102). A Convenção de Viena sobre o Direito dos Tratados (1969) se ocupa da matéria nos arts. 76 a 80.

Além destes órgãos principais das Nações Unidas, acima estudados, outros também podem ser criados com caráter subsidiário, quando isso se mostrar necessário (art. 7º, § 2º, da Carta).

6. Organismos especializados. As Nações Unidas dispõem também, para a consecução de suas atividades, de vários *organismos especializados* de caráter técnico e administrativo, em razão da importância que detêm determinadas matérias no contexto das relações internacionais contemporâneas. Tais entidades, além de ampliar a cooperação entre Estados, fomentam e fortalecem o conceito de *atividade especializada* no âmbito da sociedade internacional, o que explica a vinculação de suas atividades – por meio de acordo específico – às Nações Unidas.

A regra da Carta da ONU relativa a tais organismos vem insculpida no seu art. 57, segundo o qual "as várias entidades especializadas, criadas por acordos intergovernamentais e com amplas responsabilidades internacionais, definidas em seus instrumentos básicos, nos campos econômico, social, cultural, educacional, sanitário e conexos, serão vinculadas às Nações Unidas, de conformidade com as disposições do art. 63". Este último, por sua vez, dispõe que "o Conselho Econômico e Social poderá estabelecer acordos com qualquer das entidades a que se refere o art. 57, a fim de determinar as condições em que a entidade interessada será vinculada às Nações Unidas. Tais acordos serão submetidos à aprovação da Assembleia Geral", complementando que também poderá "coordenar as atividades das entidades especializadas, por meio de consultas e recomendações às mesmas e de recomendações à Assembleia Geral e aos membros das Nações Unidas".

Ao tempo da criação da ONU, muitos dos organismos especializados que hoje a ela pertencem já existiam, e outros foram por ela posteriormente criados. O certo é que, todos eles, atualmente, encontram-se *vinculados* às Nações Unidas. Essa vinculação, contudo, não induz pensar que tais organismos especializados são instituições *subsidiárias* da ONU. Trata--se de vinculação institucional (ou seja, *formal*) apenas, que não retira de tais entidades sua autonomia, apesar das críticas atualmente existentes, no sentido de estarem tais organismos cada vez mais politizados.

A seguir, vamos apresentar um a um os organismos especializados das Nações Unidas. Por questão de didática, preferimos dividir em quatro grupos tais organismos, à maneira de como fez Ricardo Seitenfus: *a*) os de cooperação econômica; *b*) os de cooperação social; *c*) os de cooperação em comunicações; e *d*) os de finalidade específica.[112] Dentre os organismos de cooperação econômica a serem estudados, constantes do grupo "*a*" acima referido, versaremos também sobre a OMC e sua finalidade; mas frise-se desde já o leitor que essa organização internacional não mantém qualquer vínculo institucional com as Nações Unidas, não compondo, assim, o rol dos seus chamados "organismos especializados". O mesmo ocorre com a Agência Internacional de Energia Atômica (AIEA), que estudaremos dentre os organismos internacionais de finalidade específica (*v. infra*, item *d.2*).

Em suma, pode-se apresentar os organismos especializados da ONU (seguindo-se a cronologia de suas vinculações às Nações Unidas) na seguinte ordem:

a) Organismos internacionais de cooperação econômica:

a.1) Banco Internacional para a Reconstrução e Desenvolvimento (BIRD ou *Banco Mundial*) e o *Fundo Monetário Internacional* (FMI).[113] O FMI foi criado por força da Conferência Monetária e Financeira das Nações Unidas, de 1944, já no quadro da preparação do pós-guerra, destinada a promover a cooperação internacional nos campos monetário e comercial, garantindo a estabilidade do câmbio e minimizando o desequilíbrio das balanças internacionais de pagamento, no intuito de evitar as políticas de "empobrecimento do vizinho" surgidas durante a grande depressão de 1929 a 1933 e que, de alguma forma, estiveram na base da evolução econômica e política posterior a esse período. Sua sede é em Washington. Na mesma ocasião, juntamente com o FMI, também foi criado – por meio do *Acordo de Bretton Woods* – o BIRD, também chamado de *Banco Mundial*,[114] responsável pelo empréstimo (a juros) de recursos financeiros aos seus Estados-membros, sobretudo para o financiamento de projetos de infraestrutura de médio e longo prazos nos países periféricos.

a.2) Organização das Nações Unidas para a Alimentação e a Agricultura (FAO). Sua criação foi decorrência de uma ideia nascida durante a Segunda Guerra Mundial acerca da necessidade da criação de um organismo destinado ao exame e estudo constantes das condições mundiais de alimentação, especialmente no campo da agricultura.[115] Sua criação efetiva se deu em 16 de outubro de 1945, num ato internacional assinado em Quebec, no Canadá. O

---

[112] V., por tudo, Ricardo Seitenfus, *Manual das organizações internacionais*, cit., pp. 181-253, onde o assunto é versado com detalhes. Cf. ainda, Adherbal Meira Mattos, *Direito internacional público*, cit., pp. 351-367; Luis Ivani de Amorim Araújo, *Das organizações internacionais*, cit., pp. 55-74; Marco Gerardo Monroy Cabra, *Derecho internacional público*, cit., pp. 498-509; e José Cretella Neto, *Teoria geral das organizações internacionais*, cit., pp. 301-332.

[113] A versão brasileira (atualizada) do Acordo Constitutivo do FMI encontra-se em nosso *Vade Mecum Internacional*, publicado pela Editora Método. Para uma análise detalhada da estrutura e funcionamento do FMI, *v*. Valerio de Oliveira Mazzuoli, *Natureza jurídica e eficácia dos acordos* stand-by *com o FMI*, cit., pp. 59-87. Cf. também, Valerio de Oliveira Mazzuoli, Fundo Monetário Internacional (FMI), in *Enciclopédia de direito internacional*, cit., pp. 224-225. Para uma crítica da atuação do FMI, *v*. Jean-Marie Lambert, *Curso de direito internacional público*, vol. III (*A regência neoliberal*), 2ª ed., Goiânia: Kelps, 2002, pp. 49-124. *V.* a página *web* do BIRD e do FMI, respectivamente, em: [http://www.worldbank.org] e [http://www.imf.org].

[114] Sobre ele, *v.* Ian Hurd, *International organizations…*, cit., pp. 77-89.

[115] Cf. Hildebrando Accioly. *Tratado de direito internacional público*, vol. II, cit., p. 86. *V.* a página *web* da FAO em: [http://www.fao.org].

Parte II • Cap. III • AS ORGANIZAÇÕES INTERNACIONAIS INTERGOVERNAMENTAIS | **591**

lugar originalmente designado para a sua sede foi Washington, tendo sido transferida para Roma, em 1951. As principais metas e objetivos da FAO são: fomentar a pesquisa científica na área agrícola; aumentar o nível de alimentação e a expectativa de vida do planeta; melhorar a conservação dos recursos naturais; melhorar o sistema de distribuição de produtos agrícolas e da pesca; e como implementar melhoria das condições de vida das populações rurais. Pode-se dizer, entretanto, que a preocupação atual da FAO está mais ligada à segurança alimentar. Seus órgãos principais são a Conferência, o Conselho e o Secretariado.

a.3) Organização das Nações Unidas para o Desenvolvimento Industrial (ONUDI). Sediada em Viena, foi instituída em 1966 com a finalidade de favorecer o crescimento e estimular a industrialização dos países em desenvolvimento.[116] Contudo, sua vinculação às Nações Unidas como organismo especializado somente se deu em 1985. A ONUDI, em consonância com os propósitos da Carta das Nações Unidas, busca melhorar as condições de vida da população e promover a prosperidade no mundo por meio desenvolvimento industrial sustentável nos países em desenvolvimento, mediante colaboração com os governos, associações empresariais e com o setor industrial privado, como forma de criar a capacidade industrial necessária para enfrentar os problemas da globalização da indústria e generalizar seus benefícios.

a.4) Organização Mundial da Propriedade Intelectual (OMPI). Criada em 14 de julho de 1967, com sede em Genebra, visa precipuamente autorizar a propriedade intelectual, concedendo aos Estados que demandem seus serviços a devida proteção técnica, além de fomentar a promoção de estudos e publicações sobre a propriedade intelectual.[117] A OMPI também é responsável pelo registro de marcas, desenhos ou modelos industriais – em suma, as *invenções* – para fins de ordem de preferência em relação a terceiros.

a.5) Organização Mundial do Comércio (OMC). Como já se disse, a OMC não é uma "agência especializada" da ONU, não sendo qualquer das suas atividades coordenadas pelas Nações Unidas, como se depreende de sua política e do seu próprio acordo constitutivo.[118] Mas ela será aqui estudada (até mesmo por questão didática) levando-se em consideração o fato de também ser uma organização internacional de cooperação econômica, que mantém inclusive mecanismos de cooperação com as Nações Unidas. De início, pode-se afirmar que a primeira tentativa de se criar uma organização internacional sobre comércio se deu em 1947, na chamada *Conferência de Havana*. Ali se pretendeu criar uma Organização Internacional do Comércio (OIC) que, entretanto, jamais se concretizou com a recusa de aprovação do Congresso dos Estados Unidos. Em virtude desse fato, novo acordo levou à conclusão do GATT (*General Agreement of Tariffs and Trade*), com a finalidade de fomentar o comércio por meio da redução das tarifas alfandegárias. As reduções de tais tarifas passaram a ter lugar em negociações internacionais que levam o nome de *rodadas*. Durante oito rodadas de negociações no âmbito do GATT[119] – das quais a mais audaciosa e completa foi a última,

---

116   V. a página *web* da ONUDI em: [http://www.unido.org].
117   V. a página *web* da OMPI em: [http://www.wipo.int].
118   V. a página *web* da OMC em: [http://www.wto.org].
119   Respectivamente: 1) a de Genebra, na Suíça (1948); 2) de Annecy, na França (1949); 3) de Torquay, no Reino Unido (1950); 4) novamente de Genebra (1955); 5) a chamada negociação "XXIV & 6" (1960/61) e rodada Dillon (1961/62); 6) a rodada Kennedy (1962); 7) a de Tóquio, no Japão (1973) e; 8) a Uruguai (1986).

conhecida por *Rodada Uruguai*, iniciada em Punta del Este em 1986 e finda em 1993, da qual participaram 117 países representantes de 90% do comércio mundial – vários *princípios de comércio internacional* foram desenvolvidos na busca de melhorar as condições internacionais de comércio, abaladas pelo endividamento dos países periféricos, e na tentativa de estancar a consequente redução da produção que afeta o comércio internacional. Os acordos negociados no âmbito da Rodada Uruguai foram, ao final, assinados em Marraqueche, no Marrocos, em abril de 1994 (quando então o GATT se altera pelo *Protocolo de Marraqueche*), dando finalmente causa à criação da OMC (agora já como "sucessora" do GATT). Sua sede é em Genebra e suas atividades se iniciaram em 1º de janeiro de 1995 (tendo, a partir dessa data, as partes-contratantes do GATT se tornado, *ipso jure*, membros originários da OMC). A OMC nasce com a natureza jurídica de *organização internacional intergovernamental* (composta por Estados e também por *territórios aduaneiros*), com personalidade jurídica de Direito Internacional, ao contrário do GATT, que é simplesmente um *tratado multilateral*, sem qualquer personalidade jurídica de direito das gentes. O objetivo primordial da OMC consiste na supressão gradual das tarifas alfandegárias que tornam difíceis e discriminam as relações comerciais internacionais, servindo de foro para negociações de novas regras ou temas relativos ao comércio. Trata-se, atualmente, do único organismo internacional que se ocupa das normas que regem o comércio entre os Estados, objetivando ajudar os produtores de bens e serviços, exportadores e importadores a desenvolverem e levar adiante suas atividades.[120] A organização também está dotada de um sistema de solução de controvérsias (constante do Anexo 2 do seu convênio constitutivo, intitulado *Entendimento Relativo às Normas e Procedimentos sobre Solução de Controvérsias*) bem mais complexo que o existente no quadro organizacional do GATT.[121]

b) Organismos internacionais de cooperação social:

b.1) Organização Internacional do Trabalho (OIT). Trata-se de organização internacional criada pelo Tratado de Paz de 1919 (Tratado de Versailles), como parte da SdN (art. 6º), da qual recebia a receita necessária à satisfação de suas atividades. Nasceu como uma forma de anexo à Liga das Nações, não obstante dotada de total autonomia. Anos mais tarde, em

---

[120] Para detalhes sobre a OMC, *v.* Ligia Maura Costa, *OMC: manual prático da rodada Uruguai*, São Paulo: Saraiva, 1996, 174p; Celso Lafer, *A OMC e a regulamentação do comércio internacional: uma visão brasileira*, Porto Alegre: Livraria do Advogado, 1998, 168p; Vera Thorstensen, *Organização Mundial do Comércio: as regras do comércio internacional e a nova rodada de negociações multilaterais*, 2ª ed., rev. e ampl., São Paulo: Aduaneiras, 2001, 517p; Jean-Marie Lambert, *Curso de direito internacional público*, vol. III (*A regência neoliberal*), cit., pp. 195-376; Ian Hurd, *International organizations...*, cit., pp. 37-60; Eduardo Biacchi Gomes, *Manual de direito da integração regional*, Curitiba: Juruá, 2011, pp. 30-63; e Alberto do Amaral Júnior, *Curso de direito internacional público*, cit., pp. 428-449.

[121] O Acordo Constitutivo da OMC e seu Anexo 2 sobre solução de controvérsias encontram-se em nosso *Vade Mecum Internacional*, já citado. Para um estudo específico do sistema que regulamenta a solução de controvérsias entre os membros da OMC, *v.* José Cretella Neto, *Direito processual na Organização Mundial do Comércio – OMC: casuística de interesse para o Brasil*, Rio de Janeiro: Forense, 2003, 590p; e Alberto do Amaral Júnior, *A solução de controvérsias na OMC*, São Paulo: Atlas, 2008, 324p. Em menor proporção, *v.* Brichambaut, Dobelle & Coulée, *Leçons de droit international public*, cit., pp. 647-659; e James Crawford, *Brownlie's principles of public international law*, cit., pp. 738-741.

Parte II · Cap. III · AS ORGANIZAÇÕES INTERNACIONAIS INTERGOVERNAMENTAIS | 593

outubro de 1946, a organização incorporou a Declaração de Filadélfia, de 1944, como anexo à Constituição da OIT.[122]

b.2) Organização das Nações Unidas para a Educação, a Ciência e a Cultura (UNESCO). A conhecida UNESCO (sigla de United Nations Educational Scientific Cultural Organization) nasceu em 4 de dezembro de 1946, com sede em Paris, resultado da Conferência de Londres, dos ministros da Educação de quarenta e quatro países.[123] O seu lema é: "Se a guerra nasce na mente dos homens, é na mente dos homens que devem ser construídas as defesas da paz". Seu principal objetivo consiste em fomentar a educação, a ciência e a cultura da sociedade internacional e, ao mesmo tempo, auxiliar os Estados-partes na busca de soluções para os problemas que desafiam as sociedades interna e internacional, a exemplo do grave problema do analfabetismo e outros congêneres. Dentre as suas funções, estão a de colaborar na tarefa de difundir os conhecimentos mútuos e o entendimento entre os povos por meio de todas as comunicações possíveis; impulsionar a educação popular e a difusão da cultura; e ajudar na conservação, progresso e difusão do saber. Para o alcance desses misteres "deve ela colaborar na obra destinada a promover o conhecimento e compreensão dos povos entre si, através de todos os meios de comunicações; dar impulso à educação popular e à disseminação da cultura; desenvolver e difundir conhecimentos".[124] Seus principais órgãos são a Conferência Geral, o Conselho Executivo e o Secretariado.

b.3) Organização Mundial de Saúde (OMS). Criada em 1946, com sede em Genebra, a finalidade da OMS é alcançar o mais elevado índice de saúde para todos os povos do planeta, combatendo a mortalidade infantil, fomentando a recuperação de pessoas com deficiência etc.[125] Tal como se estabelece em sua Constituição, o objetivo da OMS é que todos os povos possam gozar do máximo grau de saúde possível. Para a Constituição da OMS, a expressão "saúde" não significa apenas a ausência de doenças ou enfermidades, mas o estado de completo bem-estar físico, mental e social dos indivíduos. Entre as suas funções, podem ser destacadas: a erradicação das epidemias, pandemias e endemias; a assistência técnica e os serviços sanitários; o auxílio aos governos; e as pesquisas sobre saúde. São órgãos da OMS a Assembleia Mundial de Saúde, o Conselho Executivo e o Secretariado. É importante frisar que a OMS nasceu de uma iniciativa do Brasil, por meio da delegação brasileira na Conferência de São Francisco, de 1945. A OMS atuou em vários casos de epidemias e pandemias internacionais, como, *v.g.*, na orientação ao controle da pandemia do novo coronavírus (Covid-19) que se disseminou pelo mundo a partir de março de 2020, responsável pela morte de milhares de pessoas em todos os continentes, especialmente idosos.

c) Organismos internacionais de cooperação em comunicações:

c.1) União Internacional de Telecomunicações (UIT). Fundada em 1865, com sede em Genebra, a UIT é a primeira organização internacional da história da Humanidade, tendo sido

---

[122] A Organização Internacional do Trabalho, sua estrutura e funcionamento, será detalhadamente estudada na Parte V, Capítulo I, Seção II, deste livro. *V.* a página *web* da OIT em: [http://www.ilo.org].

[123] *V.* a página *web* da UNESCO em: [http://www.unesco.org].

[124] Hildebrando Accioly. *Tratado de direito internacional público*, vol. II, cit., p. 87.

[125] *V.* a página *web* da OMS em: [http://www.who.int].

reconhecida em 1947 como órgão especializado das Nações Unidas.[126] Sua principal finalidade é a melhoria e o uso racional e apropriado dos serviços de telecomunicações, inclusive no que diz respeito às comunicações espaciais (via satélite), que demandam cooperação internacional dos Estados. Visa também fomentar a produtividade e a eficiência na exploração dos serviços de telecomunicações, harmonizando os esforços nacionais para a consecução dessas finalidades. A UIT tem como órgãos a Conferência de Plenipotenciários, o Conselho de Administração, as Conferências Administrativas, a Secretaria-Geral, a Junta Internacional de Registro de Frequências, o Comitê Consultivo Internacional de Radiocomunicações e o Comitê Intertelegráfico e Telefônico.

c.2) Organização da Aviação Civil Internacional (OACI). A OACI foi criada pela Convenção da Aviação Civil Internacional, concluída na Conferência de Chicago de 7 de dezembro de 1944, tendo sua sede em Montreal (Canadá).[127] Suas atividades iniciaram-se em 1947, ano em que a OACI passou a ser uma das agências especializadas da ONU. Seus objetivos principais são fomentar o desenvolvimento da aviação civil internacional; estimular o desenvolvimento de aeroportos e instalações e serviços para a navegação aérea; promover facilidades nos transportes aéreos; difundir as técnicas de desenho e de aeronavegação internacional para fins pacíficos; obter maior segurança de voos na navegação civil internacional; fazer com que todos os Estados possam, equitativamente, explorar empresas de transporte aéreo internacional etc. A consequência mais direta desta Convenção foi o reconhecimento das cinco liberdades do ar, aprovadas nos Acordos de Trânsito e sobre Transporte Aéreo. O Brasil mantém uma delegação permanente junto à OACI, composta por um delegado e um substituto. A esta delegação compete a representação do Brasil junto ao Conselho da OACI (eleito pela Assembleia para um mandato de três anos, integrado por autoridades de trinta e três Estados), bem como o acompanhamento dos trabalhos dos órgãos auxiliares e o estudo de todos os problemas da organização. A OACI tem como órgãos uma Assembleia, um Conselho e uma Secretaria. Vale destacar que, no que toca ao domínio aéreo, existe também uma organização não governamental (ONG) criada para facilitar a cooperação entre as companhias de navegação aérea: a *Associação Internacional de Transporte Aéreo* (conhecida por IATA, sigla em inglês de *International Air Transport Association*).

c.3) União Postal Universal (UPU). Criada em 1874, com sede em Berna (Suíça), é a mais antiga organização internacional depois da União Internacional de Telecomunicações.[128] A UPU tornou-se organismo especializado da ONU em 1948, com o objetivo de unificar as tarifas postais internacionais e fomentar o aperfeiçoamento dos serviços postais em todos os seus Estados-membros, favorecendo assim a colaboração internacional. Suas atividades se restringem então à organização dos correios no plano internacional. São órgãos da UPU o Congresso, o Conselho Executivo, a Comissão Consultiva de Estudos Postais e o Escritório Internacional.

c.4) Organização Marítima Internacional (OMI). Foi criada em 1948, por iniciativa do Conselho Econômico e Social da ONU, tendo iniciado suas atividades em 17 de março de 1958, com sede em Londres. Seu nome original era *Organização Consultiva Marítima*

---

[126] V. a página *web* da UIT em: [http://www.itu.int].
[127] V. a página *web* da OACI em: [http://www.icao.int].
[128] V. a página *web* da UPU em: [http://www.upu.int].

Internacional (OCMI), alterado posteriormente, por emenda de 1977, para a denominação hoje utilizada *Organização Marítima Internacional*.[129] Tal organismo é bastante conhecido pela sigla IMO, que representa as suas iniciais em inglês (*International Maritime Organization*). Sua finalidade principal é criar mecanismos adequados entre os Estados de cooperação em matéria marítima internacional, evitando as práticas discriminatórias entre eles, bem como impulsionar a adoção de normas relativas à segurança marítima e à eficácia da navegação.

d) Organismos internacionais de finalidade específica:

d.1) Organização Meteorológica Mundial (OMM). Instituída em 1947, com sede em Genebra, tem por finalidade trazer melhorias no campo meteorológico entre todos os Estados, com o estabelecimento de redes de estações capazes de proporcionar informações meteorológicas atualizadas a serem comunicadas a todos.[130] Desde a primeira conferência de Bruxelas, de 1852, sobre questões meteorológicas, é que se discute a criação de um organismo para esse fim especializado, o que veio a ocorrer no quadro da segunda reunião internacional de Utrecht (Holanda), em 1878, na qual foi criada a então *Organização Meteorológica Internacional* (OMI), que passou a ser organismo especializado da ONU em 1951, agora com o nome de *Organização Meteorológica Mundial*. Suas finalidades principais são: facilitar aos Estados a criação de redes de estações que efetuem observações meteorológicas ou outras observações geofísicas relacionadas à meteorologia; fomentar a criação e a manutenção de sistemas para o intercâmbio rápido de informações meteorológicas e conexas; intensificar a aplicação da meteorologia à aviação, à navegação marítima, aos problemas ligados à água e às questões agrícolas; fomentar as atividades em hidrologia operacional; e implementar o ensino e a pesquisa meteorológicas. A OMM tem como órgãos o Congresso Meteorológico Mundial, o Comitê Executivo, as Associações Meteorológicas Regionais, as Comissões Técnicas e a Secretaria.

d.2) Agência Internacional de Energia Atômica (AIEA). De início, esclareça-se que a AIEA – por vincular-se à Assembleia Geral e não ao Conselho Econômico e Social – não detém as características necessárias para ser propriamente uma "agência especializada" da ONU, não obstante, na prática, situar-se na mesma posição destas.[131] A *Agência* integra o quadro da "família onusiana" por meio de acordo particular com a Organização.[132] Com sede em Viena, a AIEA foi fundada em 29 de julho 1957, com o objetivo de impor o controle da energia atômica no planeta, destinando a sua utilização para fins pacíficos. Tal se deu em virtude da proliferação dos meios de destruição em massa com a utilização do átomo, de que foram exemplos as bombas atômicas lançadas sobre Hiroshima e Nagasaki, no Japão, durante a Segunda Guerra Mundial. Sua finalidade principal é "acelerar e aumentar a contribuição da energia atômica para a paz, a saúde e a prosperidade para o mundo inteiro",

---

129 Uma das raras obras escritas em língua portuguesa sobre o assunto é a de Luiz Henrique Pereira da Fonseca, *Organização Marítima Internacional (IMO): visão política de um organismo especializado das Nações Unidas*, Brasília: IPRI/MRE, 1989, 201p. (Coleção Relações Internacionais nº 5). *V.* a página *web* da OMI em: [http://www.imo.org].

130 *V.* a página *web* da OMM em: [http://www.wmo.int].

131 Cf. José Cretella Neto. *Teoria geral das organizações internacionais*, cit., p. 239. *V.* a página *web* da AIEA em: [http://www.iaea.org].

132 Cf. Jean-Claude Zarka. *Institutions internationales*, cit., pp. 53-54.

como se depreende do art. 2º do seu Estatuto. Para atender a esses propósitos, vários tratados internacionais já foram firmados, tanto no âmbito global como em contextos regionais (muitos dos quais, não obstante concluídos fora dos auspícios da AIEA, mantêm com ela íntima conexão). Dentre eles, pode-se destacar o Tratado de Proscrição das Experiências com Armas Nucleares na Atmosfera, no Espaço Cósmico e sob a Água (1963); o Tratado sobre a Não Proliferação de Armas Nucleares (1968); o Tratado para a Proscrição de Armas Nucleares na América Latina e no Caribe (1967), também chamado de *Tratado de Tlatelolco*; o Tratado de Proibição Completa dos Testes Nucleares (1996); e o Tratado de Proibição de Armas Nucleares (2017), que entrou em vigor internacional em 22 de janeiro de 2021. Este último é o primeiro tratado do mundo a coibir, do modo amplo, o desenvolvimento, posse e uso de armas nucleares no planeta.

d.3) Organização Mundial do Turismo (OMT). Sediada em Madrid, com o seu estatuto aprovado em 1974, o principal objetivo da OMT é desenvolver o turismo, contribuindo para o desenvolvimento econômico, a compreensão internacional, a paz, a prosperidade e o respeito aos direitos humanos e liberdades fundamentais para todos, sem distinção de raça, sexo, língua ou religião.[133] Em sua origem, tratava-se de uma organização *não governamental* (ou seja, uma ONG) até então regulada por normas suíças, que posteriormente se transformou em organização *intergovernamental* (isto é, uma ORG) ligada às Nações Unidas, por força de acordo firmado com a ONU aprovado pela Resolução AG nº 58/232, de 23 de dezembro de 2003. A organização dá especial atenção aos interesses dos países em desenvolvimento no que diz respeito ao turismo, atuando como organização aglutinadora para o turismo mundial. Dentre outros objetivos, a OMT tem por missão promover a observância do *Código Mundial de Ética para o Turismo*. Tem como órgãos principais a Assembleia Geral, o Conselho Executivo, as Comissões Regionais, os Comitês e um Secretariado.

d.4) Organização para a Proibição de Armas Químicas (OPAQ). A OPAQ surge em 1997 com o objetivo de eliminar completamente todas as armas químicas do planeta, por meio da verificação *in loco* da destruição daquelas que se encontram operantes, bem como impedir que novas armas químicas sejam confeccionadas por aqueles Estados menos desejosos de fazer imperar a paz no mundo.[134] Sua vinculação às Nações Unidas se deu em 2001, quando a Assembleia Geral da ONU aprovou o acordo firmado entre ela e a OPAQ, em 2000. Tais inspeções *in loco* são conhecidas no Direito Internacional Público como *inquéritos* (também chamados de *fact findings*).[135]

Todos estes organismos especializados da ONU têm por finalidade conjunta a melhoria das condições de vida em todo o planeta. Eles almejam alcançar a paz e a segurança internacionais, de acordo com os propósitos estabelecidos pela Carta das Nações Unidas. Em suma, o que se visa com a instituição de tais organismos internacionais é ao progresso da humanidade, sempre com finalidades pacíficas e contrárias a qualquer tipo de agressão e uso da força em geral.

Já a UNCTAD (*United Nations Conference on Trade and Development* ou *Conferência das Nações Unidas para o Comércio e Desenvolvimento*) – criada por Resolução da Assembleia

---

[133] V. a página *web* da OMT em: [http://www.unwto.org].

[134] V. a página *web* da OPAQ em: [http://www.opcw.org].

[135] Sobre o *inquérito* no Direito Internacional Público, *v*. Parte VI, Capítulo I, Seção II, item nº 7.

Parte II · Cap. III · AS ORGANIZAÇÕES INTERNACIONAIS INTERGOVERNAMENTAIS | **597**

Geral da ONU em 1964 – é um órgão subsidiário da Assembleia Geral, e não propriamente um organismo especializado da ONU.[136] A UNCTAD, porém, apesar de não ser uma organização internacional, é órgão intergovernamental permanente no seio da Assembleia Geral, sendo responsável pelo tratamento integrado do desenvolvimento por meio do comércio, finanças, investimento, tecnologia, desenvolvimento empresarial e desenvolvimento sustentável. Seus principais objetivos são: apoiar os países em desenvolvimento a melhor aproveitarem as oportunidades advindas do comércio e do investimento internacional, a fim de atingirem suas metas de desenvolvimento, auxiliando sua integração equitativa na economia mundial. É composta por 194 Estados-membros e tem sede em Genebra (Suíça).

7. Revisão da Carta da ONU. A Carta das Nações Unidas pode ser revista, total ou parcialmente, quer por deliberação da Assembleia Geral, quer por deliberação de uma Conferência Geral, nos termos dos arts. 108 e 109 da Carta, respectivamente. Segundo o primeiro dispositivo, as "emendas à presente Carta entrarão em vigor para todas as Nações Unidas, quando forem adotadas pelos votos de 2/3 dos membros da Assembleia Geral e ratificadas de acordo com os seus respectivos métodos constitucionais por 2/3 dos membros das Nações Unidas inclusive todos os membros permanentes do Conselho de Segurança". O art. 109 da Carta da ONU, por sua vez, estabelece três regras relativas à revisão da Carta, quais sejam: *a*) uma Conferência Geral dos membros das Nações Unidas, destinada a rever a presente Carta, poderá reunir-se em data e lugar a serem fixados pelo voto de 2/3 dos membros da Assembleia Geral e de nove membros quaisquer do Conselho de Segurança. Cada membro das Nações Unidas terá um voto nessa Conferência (§ 1º); *b*) qualquer modificação à presente Carta, que for recomendada por 2/3 dos votos da Conferência, terá efeito depois de ratificada, de acordo com os respectivos métodos constitucionais, por 2/3 dos membros das Nações Unidas, inclusive todos os membros permanentes do Conselho de Segurança (§ 2º); e *c*) se essa Conferência não for celebrada antes da décima sessão anual da Assembleia Geral que se seguir à entrada em vigor da presente Carta, a proposta de sua convocação deverá figurar na agenda da referida sessão da Assembleia Geral, e a Conferência será realizada, se assim for decidido por maioria de votos dos membros da Assembleia Geral e pelo voto de sete membros quaisquer do Conselho de Segurança (§ 3º).

SEÇÃO III – ORGANIZAÇÕES REGIONAIS E SUPRANACIONAIS

1. Organizações regionais. As organizações intergovernamentais regionais e sub-regionais compõem outro grupo importante de instituições internacionais. Tais instituições, da mesma forma que aquelas de caráter global, também são formadas por tratados constitutivos e têm atribuições especificadas pela respectiva carta instituidora. Tratam de problemas específicos das regiões a que pertencem, como política regional, integração cultural e econômica, bem como assuntos militares comuns etc. Algumas dessas organizações regionais, como veremos, gozam de poder supranacional, como é o caso da União Europeia. Outras apenas têm autoridade para formular recomendações de caráter obriga-

---

[136] *V.* a página *web* da UNCTAD em: [www.unctad.org]. Sobre a UNCTAD, *v.* Celso Lafer, *Direito internacional: um percurso no direito no século XXI*, São Paulo: Atlas, 2015, pp. 164-168.

tório, bem como projetos de tratados. Muitas têm também autoridade para criar normas de direito internacional, contudo de forma um pouco mais limitada que as organizações internacionais de caráter global.[137]

Entre as organizações regionais de maior importância estão o Conselho da Europa (CE), a Organização dos Estados Americanos (OEA) e a União Africana (UA),[138] que era a antiga Organização para a Unidade Africana (OUA). Destas organizações regionais, a mais antiga é a OEA, cuja Carta foi assinada em Bogotá (Colômbia) em 30 de abril de 1948, por ocasião da IX Conferência Interamericana, tendo entrado em vigor em 13 de dezembro de 1951. Posteriormente, a Carta da OEA foi reformada pelos Protocolos de Buenos Aires, em 1967, de Cartagena das Índias, em 1985, de Washington, em 1992, e de Manágua, em 1993.[139]

Cada uma dessas organizações acima citadas pode estabelecer regras específicas de admissão de determinado Estado como membro. O Conselho da Europa, por exemplo, coloca como condição de ingresso estarem os Estados comprometidos com a noção jurídica de Estado de Direito e que garantam o gozo dos Direitos Humanos (art. 3º do seu Estatuto). Este dispositivo impediu, por exemplo, que Portugal e Espanha ingressassem no Conselho da Europa enquanto não estabelecessem regimes democráticos.

Quanto à OEA, atualmente está aberta a todos os Estados independentes do hemisfério. E a União Africana está aberta a qualquer "Estado africano soberano e independente", nos termos do art. IV da sua Carta.

Apesar de suas diferenças institucionais, os objetivos das três instituições regionais assinaladas é o de promover a cooperação regional, em diferentes áreas, entre os Estados que as compõem. Para tanto foram concluídos inúmeros tratados internacionais sob os auspícios de tais organizações levando-se em conta estes objetivos e finalidades de tais instituições. Não se pode deixar de levar em conta que uma das preocupações de tais organizações é, também, a promoção e proteção dos direitos humanos. Nesse sentido, merece destaque, no âmbito da OEA, a Convenção Americana sobre Direitos Humanos (também chamada de Pacto de San Jose da Costa Rica), firmada pelos Estados interamericanos em 1969.

2. Organizações supranacionais. Desde 1944, a união da Bélgica com a Holanda e Luxemburgo (que formou o *Benelux*), para a criação de uma união aduaneira e uma área de livre comércio entre tais países, já prenunciava, ainda que em menor escala, o sucesso institucional de uma integração maior que viria nos anos posteriores. Porém, o conceito de *organização supranacional* ganhou contornos jurídicos e passou a ter importância prática em 1952, quando entrou em vigência o tratado constitutivo da Comunidade Europeia do Carvão e do Aço (CECA), criada pelo Tratado de Paris de 18 de abril de 1951, que fez referência expressa a essa terminologia. À Comunidade Europeia do Carvão e do Aço se seguiram os tratados que criaram a Comunidade Econômica Europeia (CEE, posteriormente só *Comunidade Europeia* – CE) e a Comunidade Europeia de Energia Atômica (Euratom), assinados em Roma, em 25 de março de 1957, juntamente com vários protocolos, declarações e a ata

---

[137]   Cf. Thomas Buergenthal (*et al.*). *Manual de derecho internacional público*, cit., p. 46.

[138]   Sobre esta última, *v.* Jean-Claude Zarka, *Institutions internationales*, cit., pp. 104-107; e Ian Hurd, *International organizations...*, cit., pp. 248-253.

[139]   A Organização dos Estados Americanos será detalhadamente estudada na Seção seguinte deste Capítulo.

final.[140] O Tratado de Roma de 1957 foi originalmente assinado pelos seis membros originais: Alemanha, Bélgica, França, Itália, Luxemburgo e Países Baixos. Em 1º de janeiro de 1973, tornaram-se membros a Dinamarca, a Irlanda e o Reino Unido. Em 1º de janeiro de 1981, entrou para o bloco a Grécia, e em 1º de janeiro de 1986, Espanha e Portugal. Em 1º de janeiro de 1995, ingressam Áustria, Finlândia e Suécia. No ano de 2004, dez novos países aderiram: República Tcheca, Estônia, Chipre, Letônia, Lituânia, Hungria, Malta, Polônia, Eslovênia e Eslováquia, o que significou um alargamento histórico à União Europeia, após vários anos de separação. Em 1º de janeiro de 2007, ingressaram no bloco a Romênia e a Bulgária. Finalmente, em 1º de julho de 2013, ingressou no bloco a Croácia, perfazendo hoje um total de 27 países-membros.

Estas comunidades foram posteriormente integradas nas Comunidades Europeias (CE), que ficaram conhecidas por *Mercado Comum Europeu*, não obstante ainda mantivessem suas personalidades jurídicas independentes, tendo em vista que as normas jurídicas dos seus respectivos tratados constitutivos ainda eram aplicadas a cada uma delas.[141] Em 17 e 28 de fevereiro de 1986, em Luxemburgo e na Haia, respectivamente, outro passo importante foi dado quando se firmou o *Ato Único Europeu*, que entrou em vigor em 1º de julho de 1987, considerado a base do Tratado de Maastricht, no qual se considerou que o estabelecimento de uma *União Europeia* deveria basear-se na totalidade das relações dos Estados europeus visando ao "aprofundamento das políticas comuns".

A União Europeia (*v.* item nº 3, *infra*) não se confunde com o *Conselho da Europa*, que tem sede em Estrasburgo (França) e é formado por *todos* os países europeus, à exceção, por enquanto, da Bielorrússia (por se tratar de uma ditadura).[142] Assim, ao passo que a União Europeia é formada por 27 membros,[143] do Conselho da Europa fazem parte 47 países. Para além desses, o *Conselho* ainda reconheceu a qualidade de "observador" a cinco outros Estados (Santa Sé, Estados Unidos da América, Canadá, Japão e México). O *Conselho* é formado pelos seguintes órgãos: *a*) Comitê de Ministros, que é o órgão decisório da organização, composto pelos 47 ministros de relações exteriores ou seus delegados sediados em Estrasburgo; *b*) Assembleia Parlamentar, composta por 636 membros (318 titulares e 318 suplentes) dos 47 parlamentos nacionais, além da delegação de convidados especiais do parlamento de um Estado candidato; *c*) Congresso dos Poderes Locais e Regionais, composto de uma Câmara dos Poderes Locais e de uma Câmara das Regiões; e *d*) Secretariado-Geral. O tribunal de direitos humanos do sistema do Conselho da Europa é a *Corte Europeia de Direitos Humanos*

---

[140] Para uma análise dessa perspectiva histórica, *v.* Victoria Abellán Honrubia, Blanca Vilà Costa (dir.) & Andreu Olesti Rayo (coord.), *Lecciones de derecho comunitario europeu*, 3ª ed. rev. e atual., Barcelona: Ariel, 1998, pp. 13-64; e Paulo Borba Casella, *União Europeia: instituições e ordenamento jurídico*, São Paulo: LTr, 2002, pp. 47-71.

[141] Cf. Thomas Buergenthal (*et al.*). *Manual de derecho internacional público*, cit., p. 49.

[142] Sobre o Conselho da Europa, *v.* Jean-Claude Zarka, *Institutions internationales*, cit., pp. 114-121.

[143] No dia 23.06.2016, os súditos do Reino Unido foram às urnas e decidiram, em referendo, que o país deveria sair da União Europeia. A retirada (conhecida como "Brexit") foi finalmente concretizada em 31 de janeiro de 2020, após 1.317 dias de espera, dois adiamentos e vários acordos rejeitados pelo Parlamento britânico. O Brexit passou a ter efeito prático a partir de 1º de janeiro de 2021, quando do encerramento do chamado "período de transição", momento a partir do qual os cidadãos britânicos deixaram de contar com várias liberdades comunitárias (*v.g.*, livre circulação de pessoas, facilidades aduaneiras, de serviços etc.). O Reino Unido permaneceu 47 anos na União Europeia.

600 | CURSO DE DIREITO INTERNACIONAL PÚBLICO – *Valerio de Oliveira Mazzuoli*

(também sediada em Estrasburgo), responsável por aplicar a Convenção Europeia de Direitos Humanos, de 1950.[144]

Perceba-se que cada qual dessas entidades europeias (o Conselho da Europa e a União Europeia) tem o seu órgão judiciário próprio, os quais não se confundem. Enquanto do Conselho da Europa faz parte a citada *Corte Europeia de Direitos Humanos*, da União Europeia o tribunal supremo é o *Tribunal de Justiça da União Europeia* (sediado em Luxemburgo).

3. A União Europeia. Daqueles predecessores descritos no tópico anterior, baseados no projeto de interdependência (mediante integração) da Europa, nasce a *União Europeia* (UE), organizada sob a ótica da delegação (para essa terceira instância) de alguns dos direitos soberanos dos Estados.[145]

As bases jurídicas de sua instituição encontram-se no Tratado de Maastricht, de 7 de fevereiro de 1992, considerado o verdadeiro "templo" da União Europeia, que entrou em vigor em 1º de novembro de 1993, e no Tratado de Amsterdã, de 2 de outubro de 1997, que entrou em vigor em 1º de maio de 1999. O Tratado de Maastricht não apenas constituiu a base jurídica da União Europeia, que depois passou a compreender não somente as Comunidades Europeias (a Comunidade Europeia e a Comunidade Europeia de Energia Atômica), como também ampliou os seus fins à cooperação intergovernamental. Aos tratados de Maastricht e Amsterdã se seguiu o Tratado de Nice (*Tratado da União Europeia*) de 2001, cujo objetivo foi adaptar o funcionamento das instituições europeias antes do ingresso de novos membros, abrindo uma via de reforma institucional necessária à ampliação da *União* aos países candidatos do Leste e Sul europeus.[146]

Depois do Tratado de Nice, um *Tratado Constitucional da União Europeia* (também chamado de "Constituição Europeia") chegou a ser assinado em Roma, em 29 de outubro de 2004, prevendo a personalidade jurídica internacional da *União* e sua representação por um Presidente, eleito por todos os Estados-membros e aprovado pelo Parlamento Europeu, com mandato (com direito a reeleição) de dois anos e meio. Seria esse *Tratado Constitucional* o culminar do processo de reforma da União Europeia e, se aprovado, o Tratado de Nice seria revogado para dar-lhe lugar. Contudo, o Tratado Constitucional da União Europeia jamais entrou em vigor, uma vez que a sua aprovação definitiva estava a depender do voto afirmativo de *todos* os Estados-membros do bloco, o que não aconteceu, por ter sido rejeitado em referendo tanto pela França como pela Holanda, respectivamente, em 29 de maio e 1º de junho de 2005.[147]

Com a "Constituição" recusada, a solução encontrada foi celebrar outro tratado, o *Tratado de Lisboa*,[148] assinado na capital portuguesa (no Mosteiro dos Jerônimos) em 13 de dezembro

---

[144] Sobre a Convenção Europeia de Direitos Humanos, *v.* Parte IV, Capítulo I, Seção IV, item nº 2, *infra*.

[145] *V.* a página *web* da UE em: [www.europa.eu].

[146] *V.* Frank R. Pfetsch. *A União Europeia: história, instituições, processos* (com a colaboração de Timm Beichelt). Trad. Estevão C. de Rezende Martins. Brasília: Editora UnB, 2001, pp. 15-67; François D'Arcy, *União Europeia: instituições, políticas e desafios*, Rio de Janeiro: Konrad Adenauer Stiftung, 2002, pp. 35-43; e Elizabeth Accioly, *Mercosul e União Europeia: estrutura jurídico-institucional*, 4ª ed. rev. e atual., Curitiba: Juruá, 2010, pp. 45-50.

[147] Na França, participaram 69,34% do eleitorado e o *não* foi dito por 54,68% dos votantes. Na Holanda, participaram 63% do eleitorado e o *não* foi dito por 61,6% deles.

[148] Sobre ele, *v.* Adriane Cláudia Melo Lorentz, *O tratado de Lisboa e as reformas nos tratados da União Europeia*, Ijuí: Editora Unijuí, 2008, 449p; Fernando Loureiro Bastos, A União Europeia após o Tratado

Parte II • Cap. III • AS ORGANIZAÇÕES INTERNACIONAIS INTERGOVERNAMENTAIS | 601

de 2007, e que entrou em vigor em 1º de dezembro de 2009, após ser finalmente ratificado pela República Tcheca. Na sua base está o mesmo Tratado que pretendia ser a "Constituição Europeia", com as modificações e adaptações tornadas prementes dadas as críticas recebidas pelo fracassado Tratado Constitucional.[149] O Tratado de Lisboa inseriu várias alterações no Tratado da União Europeia (Tratado de Maastricht de 1992) e no Tratado que instituiu a Comunidade Europeia (Tratado de Roma de 1957).[150] Este último teve ainda a sua denominação modificada para "Tratado sobre o Funcionamento da União Europeia". Ademais, a partir do Tratado de Lisboa a *União* substitui-se e sucede à "Comunidade Europeia" com personalidade jurídica própria (o que lhe permite, *v.g.*, assinar tratados internacionais ligados aos seus objetivos e funções etc.).[151] Ao Tratado de Lisboa foram ainda acrescentados trinta e sete protocolos adicionais, bem como a *Carta dos Direitos Fundamentais da União Europeia* (esta última, proclamada em Nice em 7 de dezembro de 2000, com cinquenta e quatro artigos divididos por sete capítulos).[152]

Portanto, a *União Europeia* de nossos dias tem sua regência determinada por vários instrumentos jurídicos: o Tratado de Lisboa propriamente dito e, com as alterações dele decorrentes, o Tratado da União Europeia e o Tratado sobre o Funcionamento da União Europeia, bem assim trinta e sete protocolos adicionais mais a *Carta dos Direitos Fundamentais da União Europeia*. Trata-se, como se nota, de um modelo bastante avançado de integração, superior até mesmo ao modelo confederativo. Porém, não se pode dizer tratar-se de um Estado Federal, eis que a sua regência se faz por meio dos *tratados* referidos, e não por uma *Constituição* propriamente dita.[153]

---

de Lisboa: uma reflexão sobre a fase atual da integração europeia e algumas das brechas intergovernamentais que podem ser detectadas na sua construção, in *Cadernos O Direito*, nº 5 (*O Tratado de Lisboa*), Coimbra: Almedina, 2010, pp. 65-87; e Maria Luísa Duarte, *Estudos sobre o Tratado de Lisboa*, Coimbra: Almedina, 2010, 142p.

[149] Para detalhes de todas essas críticas, *v.* Maria Luísa Duarte, *Estudos sobre o Tratado de Lisboa*, cit., pp. 7-87.

[150] Diferentemente do fracassado Tratado Constitucional, o Tratado de Lisboa não inscreveu formalmente o princípio do *primado do direito da União Europeia* em nenhum dos dois tratados que modificou, tampouco nos protocolos adicionais que lhes anexou. Tal princípio foi contemplado apenas na Declaração nº 17 anexada à Ata Final, tendo por epígrafe *Declaração sobre o Primado do Direito Comunitário*, redigida nos seguintes termos: "A Conferência lembra que, em conformidade com a jurisprudência constante do Tribunal de Justiça da União Europeia, os Tratados e o direito adotado pela União com base nos Tratados primam sobre o direito dos Estados-membros, nas condições estabelecidas pela referida jurisprudência". No Tratado Constitucional o princípio do primado vinha expresso no art. I-6º, segundo o qual "a Constituição e o direito adotado pelas instituições da União, no exercício das competências que lhe são atribuídas, primam sobre o direito dos Estados-membros". A doutrina entendeu "atípica" a solução adotada pelo Tratado de Lisboa, consistente em explicitar o princípio do primado numa Declaração anexada aos Tratados da União Europeia, que se limita a remeter para a jurisprudência do Tribunal de Justiça da União Europeia. Para detalhes, *v.* Diogo Freitas do Amaral & Nuno Piçarra, O Tratado de Lisboa e o princípio do primado do direito da União Europeia: uma "evolução na continuidade", in *Revista de Direito Público*, nº 1, Lisboa, jan./jun./2009, pp. 9-56.

[151] *V.* art. 47 do TUE c/c art. 216 do TFUE.

[152] A referida *Carta* passou a ter força *vinculante* desde 1º de dezembro de 2009, por disposição do *Tratado de Lisboa* de 2007 (modificativo do art. 6º do Tratado da União Europeia) que atribuiu à *Carta* o mesmo valor jurídico dos tratados europeus, possibilitando o Tribunal de Justiça da União Europeia controlar desde então a convencionalidade da *Carta*. A esse tema voltaremos na Parte IV, Capítulo I, Seção VI, item nº 1, *infra*.

[153] *V.* Jean-Claude Zarka. *Institutions internationales*, cit., p. 23. Sobre as relações do Direito Internacional com o direito da União Europeia, *v.* Federico Casolari, *L'incorporazione del diritto internazionale nell'ordinamento dell'Unione Europea*, Milano: Giuffrè, 2008, 513p.

A União Europeia é, atualmente, a *única* organização supranacional existente, o que é devido ao fato de estar dotada de um poder *superior* ao das autoridades estatais dos seus respectivos Estados-membros. Na supranacionalidade, os Estados transferem parte de suas competências legislativas para um órgão supranacional que, de acordo com um princípio de competência por atribuição, aprova regulamentos e diretivas que se aplicam uniformemente (e com primazia) em todo o espaço da União Europeia.[154] Pode-se dizer que a característica mais marcante das organizações supranacionais é o poder que elas têm de criar seu próprio direito (suas próprias regras jurídicas) e de aplicá-lo direta e imediatamente aos seus Estados-membros, sem a necessidade de ser implementado internamente, por meio de espécies normativas conhecidas pelo Direito interno, como uma lei, um decreto, um regulamento etc.[155] Tais características somadas dão à União Europeia uma especial força normativa e um papel de destaque no cenário mundial, na medida em que se situam como a única organização a deter o *status* de organização supranacional atualmente.

4. Mercado Comum do Sul (Mercosul). O processo de integração dos países do sul do Continente Americano teve o seu momento mais marcante com a conclusão do Tratado de Assunção, entre Brasil, Argentina, Paraguai e Uruguai, concluído em Assunção (Paraguai) em 26 de março de 1991. Depois, incorporaram-se ao bloco a Venezuela (suspensa, desde 2017, por motivos políticos) e também a Bolívia (em 2024). A estrutura formal do tratado não destoa dos demais acordos internacionais conhecidos, contendo um preâmbulo, o articulado (dispositivo) e as cláusulas finais. Referido tratado pode ser considerado o *fundamento* da estrutura do Mercosul, em que estão positivados os seus princípios elementares.

Evidentemente que um estudo detalhado dos fundamentos e da estrutura orgânica do Mercosul foge ao escopo deste *Curso*.[156] O que aqui se fará – nas linhas abaixo – é somente dar uma ideia dos objetivos e do funcionamento desse Mercado Comum.[157]

O Tratado de Assunção teve como objetivo principal instituir um *mercado comum* entre os Estados-partes, como se percebe desde a leitura de seu *Preâmbulo*. Ali se lê que relativamente aos Estados-partes no acordo "a ampliação das atuais dimensões de seus mercados nacionais, através da integração, constitui condição fundamental para acelerar seus processos

---

[154] Sobre a supranacionalidade e a questão da delegação de competências, *v.* Eduardo Biacchi Gomes, *Manual de direito da integração regional*, cit., pp. 85-89; e Brichambaut, Dobelle & Coulée, *Leçons de droit international public*, cit., pp. 43-44.

[155] Quanto às *diretivas* da União Europeia, cabe frisar o seu regime particular de produção de efeitos, que somente terá lugar: *a)* após incorporação (transposição) ao Direito interno; ou *b)* em resultado do "efeito direto", caso não tenha havido transposição pelo Estado-membro e estiverem reunidas as condições estabelecidas pela jurisprudência do Tribunal de Justiça da União Europeia.

[156] Para um estudo aprofundado do direito do Mercosul, *v.* a obra de Alejandro Daniel Perotti, *Habilitación constitucional para la integración comunitaria: estudio sobre los Estados del Mercorur*, t. I (389p.) e t. II (646p.), Montevideo: Fundación Konrad Adenauer, 2004. Sobre o papel do Mercosul e suas instituições, *v.* Paulo Roberto de Almeida, *O Mercosul no contexto regional e internacional*, São Paulo: Aduaneiras, 1993, 204p; Luiz Olavo Baptista, *O Mercosul: suas instituições e ordenamento jurídico*, São Paulo: LTr, 1998, 272p; e Jean-Marie Lambert, *Curso de direito internacional público*, vol. IV (*O Mercosul em questão*), Goiânia: Kelps, 2002, 407p. Cf. ainda Elizabeth Accioly, *Mercosul e União Europeia...*, cit., pp. 81-141; e Eduardo Biacchi Gomes, *Manual de direito da integração regional*, cit., pp. 111-146.

[157] *V.* a página *web* do Mercosul em: [http://www.mercosur.int].

Parte II · Cap. III · AS ORGANIZAÇÕES INTERNACIONAIS INTERGOVERNAMENTAIS | **603**

de desenvolvimento econômico com justiça social", sendo que esse objetivo "deve ser alcançado mediante o aproveitamento mais eficaz dos recursos disponíveis, a preservação do meio ambiente, o melhoramento das interconexões físicas, a coordenação de políticas macroeconômicas e a complementação dos diferentes setores da economia, com base nos princípios de gradualidade, flexibilidade e equilíbrio". Para a instituição do tratado, levou-se também em conta "a evolução dos acontecimentos internacionais, em especial a consolidação de grandes espaços econômicos, e a importância de lograr uma adequada inserção internacional para seus países", reafirmando-se a vontade política de tais Estados "de deixar estabelecidas as bases para uma união cada vez mais estreita entre seus povos, com a finalidade de alcançar os objetivos supramencionados".[158]

A estrutura institucional do Mercosul foi originalmente disciplinada no art. 9º do Tratado de Assunção, segundo o qual a administração e execução do tratado e dos acordos específicos e decisões que se adotem no quadro jurídico que o mesmo estabelece durante o período de transição estarão a cargo dos seguintes órgãos: *a)* Conselho do Mercado Comum; e *b)* Grupo Mercado Comum. Em 1994, com a celebração do Protocolo Adicional ao Tratado de Assunção sobre a Estrutura Institucional do Mercosul (*Protocolo de Ouro Preto*), ampliou a estrutura do Mercosul para seis órgãos. Nos termos do art. 1º do Protocolo esses órgãos são:

a) Conselho do Mercado Comum (CMC). O Conselho é o *órgão superior* do Mercosul ao qual incumbe a condução política do processo de integração e a tomada de decisões para assegurar o cumprimento dos objetivos estabelecidos pelo Tratado de Assunção e para lograr a constituição final do mercado comum (art. 3º). É integrado pelos Ministros das Relações Exteriores e pelos Ministros da Economia, ou seus equivalentes, dos Estados-partes (art. 4º). Sua presidência é exercida por rotação dos Estados-partes, em ordem alfabética, pelo período de seis meses (art. 5º). Suas reuniões, coordenadas pelos Ministros das Relações Exteriores, devem realizar-se pelo menos uma vez por semestre com a participação dos Presidentes dos Estados-partes (arts. 6º e 7º). São funções e atribuições do Conselho do Mercado Comum (art. 8º): *a)* velar pelo cumprimento do Tratado de Assunção, de seus Protocolos e dos acordos firmados em seu âmbito; *b)* formular políticas e promover as ações necessárias à conformação do mercado comum; *c)* exercer a titularidade da personalidade jurídica do Mercosul; *d)* negociar e firmar acordos em nome do Mercosul com terceiros países, grupos de países e organizações internacionais; *e)* manifestar-se sobre as propostas que lhe sejam elevadas pelo Grupo Mercado Comum; *f)* criar reuniões de ministros e pronunciar-se sobre os acordos que lhe sejam remetidos pelas mesmas; *g)* criar órgãos que estime pertinentes, assim como modificá-los ou extingui-los; *h)* esclarecer, quando estime necessário, o conteúdo e o alcance de suas Decisões; *i)* designar o Diretor da Secretaria Administrativa do Mercosul; *j)* adotar Decisões em matéria financeira e orçamentária; e *l)* homologar o Regimento Interno do Grupo Mercado Comum. O Conselho do Mercado Comum manifestar-se-á mediante Decisões, as quais serão obrigatórias para os Estados-partes (art. 9º).

b) Grupo Mercado Comum (GMC). Este é o *órgão executivo* do Mercosul (art. 10). É integrado por quatro membros titulares e quatro membros alternos por país, designados

---

[158] Para um comentário crítico ao Preâmbulo do Tratado de Assunção, *v.* Jean-Marie Lambert, *Curso de direito internacional público*, vol. IV (*O Mercosul em questão*), cit., pp. 175-196.

pelos respectivos Governos, dentre os quais devem constar necessariamente representantes dos Ministérios das Relações Exteriores, dos Ministérios da Economia (ou equivalentes) e dos Bancos Centrais, sempre com a coordenação dos Ministérios das Relações Exteriores (art. 11). São funções e atribuições do Grupo Mercado Comum (art. 14): *a*) velar, nos limites de suas competências, pelo cumprimento do Tratado de Assunção, de seus Protocolos e dos Acordos firmados em seu âmbito; *b*) propor projetos de Decisão ao Conselho do Mercado Comum; *c*) tomar as medidas necessárias ao cumprimento das Decisões adotadas pelo Conselho do Mercado Comum; *d*) fixar programas de trabalho que assegurem avanços para o estabelecimento do mercado comum; *e*) criar, modificar ou extinguir órgãos, tais como subgrupos de trabalho e reuniões especializadas, para o cumprimento de seus objetivos; *f*) manifestar-se sobre as propostas ou recomendações que lhe forem submetidas pelos demais órgãos do Mercosul no âmbito de suas competências; *g*) negociar com a participação de representantes de todos os Estados-partes, por delegação expressa do Conselho do Mercado Comum e dentro dos limites estabelecidos em mandatos específicos concedidos para este fim, acordos em nome do Mercosul com terceiros países, grupos de países e organismos internacionais; *h*) aprovar o orçamento e a prestação de contas anual apresentada pela Secretaria Administrativa do Mercosul; *i*) adotar resoluções em matéria financeira e orçamentária, com base nas orientações emanadas do Conselho do Mercado Comum; *j*) submeter ao Conselho do Mercado Comum seu Regimento Interno; *l*) organizar as reuniões do Conselho do Mercado Comum e preparar os relatórios e estudos que este lhe solicitar; *m*) eleger o Diretor da Secretaria Administrativa do Mercosul; *n*) supervisionar as atividades da Secretaria Administrativa do Mercosul; e *o*) homologar os Regimentos Internos da Comissão de Comércio e do Foro Consultivo Econômico-Social. O Grupo Mercado Comum manifesta-se mediante Resoluções, as quais serão obrigatórias para os Estados-partes (art. 15).

c) Comissão de Comércio do Mercosul (CCM). Trata-se do órgão encarregado de assistir o Grupo Mercado Comum. A ele compete velar pela aplicação dos instrumentos de política comercial comum acordados pelos Estados-partes para o funcionamento da união aduaneira, bem como acompanhar e revisar os temas e matérias relacionados com as políticas comerciais comuns, com o comércio intra-Mercosul e com terceiros países (art. 16). Integram-na quatro membros titulares e quatro membros alternos por Estado-parte, sendo coordenada pelos Ministérios das Relações Exteriores (art. 17). Suas reuniões têm lugar pelo menos uma vez por mês ou sempre que solicitado pelo Grupo Mercado Comum ou por qualquer dos Estados-partes (art. 18). São funções e atribuições da Comissão de Comércio do Mercosul (art. 19): *a*) velar pela aplicação dos instrumentos comuns de política comercial intra-Mercosul e com terceiros países, organismos internacionais e acordos de comércio; *b*) considerar e pronunciar-se sobre as solicitações apresentadas pelos Estados-partes com respeito à aplicação e ao cumprimento da tarifa externa comum e dos demais instrumentos de política comercial comum; *c*) acompanhar a aplicação dos instrumentos de política comercial comum nos Estados-partes; *d*) analisar a evolução dos instrumentos de política comercial comum para o funcionamento da união aduaneira e formular propostas a respeito do Grupo Mercado Comum; *e*) tomar as decisões vinculadas à administração e à aplicação da tarifa externa comum e dos instrumentos de política comercial comum acordados pelos Estados-partes; *f*) informar ao Grupo Mercado Comum sobre a evolução e a aplicação dos instrumentos de política comercial comum, sobre o trâmite das solicitações recebidas e sobre as decisões adotadas a respeito delas; *g*) propor ao Grupo Mercado Comum novas normas ou modificações às normas existentes referentes

Parte II · Cap. III · AS ORGANIZAÇÕES INTERNACIONAIS INTERGOVERNAMENTAIS | **605**

à matéria comercial e aduaneira do Mercosul; *h*) propor a revisão das alíquotas tarifárias de itens específicos da tarifa externa comum, inclusive para contemplar casos referentes a novas atividades produtivas no âmbito do Mercosul; *i*) estabelecer os comitês técnicos necessários ao adequado cumprimento de suas funções, bem como dirigir e supervisionar as atividades dos mesmos; *j*) desempenhar as tarefas vinculadas à política comercial comum que lhe solicite o Grupo Mercado Comum; e *l*) adotar o Regimento Interno, que submeterá ao Grupo Mercado Comum para sua homologação. Além das funções e atribuições estabelecidas nos artigos 16 e 19 do presente Protocolo, caberá à Comissão de comércio do Mercosul considerar reclamações apresentadas pelas Seções Nacionais da Comissão de Comércio do Mercosul, originadas pelos Estados-partes ou demandas de particulares – pessoas físicas ou jurídicas –, relacionadas com as situações previstas nos arts. 1º ou 25 do Protocolo de Brasília, quando estiverem em sua área de competência (art. 21).

d) Parlamento do Mercosul (Parlasul). Originariamente, nos termos do Protocolo de Ouro Preto, havia uma a *Comissão Parlamentar Conjunta* (CPC) como órgão representativo dos Parlamentos dos Estados-partes do Mercosul (art. 22). Tal *Comissão* tinha por função, entre outras, encaminhar, por intermédio do Grupo Mercado Comum, recomendações ao Conselho do Mercado Comum. Em 15 de dezembro de 2004 tomou-se, porém, a decisão de criar um *Parlamento do Mercosul*, tal como previsto no regulamento da citada Comissão.[159] Após a vigência do Protocolo que instituiu o Parlamento do Mercosul, adotado em 9 de dezembro de 2005,[160] a Comissão Parlamentar Conjunta passou a não mais integrar a estrutura institucional do bloco, dando lugar ao atual *Parlasul* (art. 1º do Protocolo). São propósitos do Parlamento: representar os povos do Mercosul, respeitando sua pluralidade ideológica e política; assumir a promoção e defesa permanente da democracia, da liberdade e da paz; promover o desenvolvimento sustentável da região com justiça social e respeito à diversidade cultural de suas populações; garantir a participação dos atores da sociedade civil no processo de integração; estimular a formação de uma consciência coletiva de valores cidadãos e comunitários para a integração; contribuir para consolidar a integração latino-americana mediante o aprofundamento e ampliação do Mercosul; e promover a solidariedade e a cooperação regional e internacional (art. 2º do Protocolo). As competências do *Parlasul* vêm definidas no art. 4º do Protocolo.

e) Foro Consultivo Econômico-Social (FCES). Este é o órgão de representação dos setores econômicos e sociais, estando integrado por igual número de representantes de cada Estado-parte (art. 28 do Protocolo de Ouro Preto). O Foro tem função consultiva e se manifesta mediante Recomendações no Grupo Mercado Comum (art. 29). Suas funções não destoam da desempenhada pelo Comitê Econômico e Social da União Europeia.

f) Secretaria Administrativa do Mercosul (SAM). Trata-se do órgão de apoio operacional do Mercosul, responsável pela prestação de serviço aos demais órgãos do Mercosul, tendo sua sede na cidade de Montevidéu, no Uruguai. A Secretaria Administrativa do Mercosul desempenha as seguintes atividades (art. 32): *a*) serve como arquivo oficial da documentação

---

[159] *V*. CMC/Dec. 49/2004.

[160] A vigência ocorreu em 14.12.2006 (CMC/Dec. 23/05). O Protocolo foi promulgado no Brasil pelo Decreto nº 6.105/2007.

do Mercosul; *b*) realiza a publicação e a difusão das decisões adotadas no âmbito do Mercosul (e nesse contexto, lhe corresponderá: *i*) realizar, em coordenação com os Estados-partes, as traduções autênticas para os idiomas espanhol e português de todas as decisões adotadas pelos órgãos da estrutura institucional do Mercosul, conforme previsto no art. 39; e *ii*) editar o Boletim Oficial do Mercosul); *c*) organiza os aspectos logísticos das reuniões do Conselho do Mercosul Comum, do Grupo Mercado Comum e da Comissão do Comércio do Mercosul e, dentro de suas possibilidades, dos demais órgãos do Mercosul, quando as mesmas forem realizadas em sua sede permanente (no que se refere às reuniões realizadas fora de sua sede permanente, a Secretaria Administrativa do Mercosul fornecerá apoio ao Estado que sediar o evento); *d*) informa regularmente os Estados-partes sobre as medidas implementadas por cada país para incorporar em seu ordenamento jurídico as normas emanadas dos órgãos do Mercosul previstos no art. 2º do Protocolo; *e*) registra as listas nacionais dos árbitros e especialistas, bem como desempenhar outras tarefas determinadas pelo Protocolo de Brasília, de 17 de dezembro de 1991; *f*) desempenha as tarefas que lhe sejam solicitadas pelo Conselho do Mercado Comum, pelo Grupo Mercado Comum e pela Comissão do Comércio do Mercosul; *g*) elabora seu projeto de orçamento e uma vez aprovado pelo Grupo Mercado Comum, pratica todos os atos necessários à sua correta execução; e *h*) apresenta anualmente ao Grupo Mercado Comum a sua prestação de contas, bem como relatório sobre suas atividades. A Secretaria Administrativa do Mercosul está a cargo de um Diretor, que deve ser nacional de um dos Estados-partes, com mandato de dois anos, vedada a reeleição (art. 33).

Além desses órgãos, poderão ser criados, nos termos do Protocolo, os órgãos auxiliares que se fizerem necessários à consecução dos objetivos do processo de integração. São órgãos com capacidade decisória, de natureza intergovernamental, o Conselho do Mercado Comum, o Grupo Mercado Comum e a Comissão de Comércio do Mercosul (art. 2º).

Como se percebe, o Tratado de Assunção descartou a possibilidade de criação de um órgão *supranacional*, na medida em que apenas criou órgãos *intergovernamentais*, fato este que marca profundamente a concepção política do processo.[161]

No que tange à solução de controvérsias no Mercosul,[162] cabe destacar que, com a assinatura do Protocolo de Olivos (de 18 de fevereiro de 2002), foi criada uma instância decisória permanente – o *Tribunal Permanente de Revisão*, cuja natureza é a de tribunal arbitral – com competência para decidir sobre a interpretação, aplicação e cumprimento das normas jurídicas do processo de integração (art. 1º do Protocolo).[163] A competência contenciosa do Tribunal pode ser *originária* ou servir como instância *recursal* sobre questões

---

[161] Cf. Jean-Marie Lambert. *Curso de direito internacional público*, vol. IV (*O Mercosul em questão*), cit., p. 220.

[162] Para um estudo inicial, *v.* Antonio Martínez Puñal, *La solución de controversias en el Mercado Común del Sur (Mercosur): estúdio de sus mecanismos*, Santiago de Compostela: Tórculo, 2000, 341p. Para detalhes do sistema atual, *v.* Elizabeth Accioly, Um olhar crítico sobre o Protocolo de Olivos para solução de controvérsias do Mercosul, in *Temas de Integração*, nº 19, Coimbra: Almedina, 2005, pp. 47-57; Alberto do Amaral Júnior, *Curso de direito internacional público*, cit., pp. 471-480; e Raphael Carvalho de Vasconcelos, O sistema de solução de controvérsias do Mercosul, as negociações diretas e a política, in *Direito da integração regional: diálogo entre jurisdições na América Latina*, Valerio de Oliveira Mazzuoli & Eduardo Biacchi Gomes (orgs.), São Paulo: Saraiva, 2015, pp. 177-199.

[163] *V.* a página *web* do TPR em: [http://tprmercosur.org].

Parte II • Cap. III • AS ORGANIZAÇÕES INTERNACIONAIS INTERGOVERNAMENTAIS | 607

decididas pelos Tribunais Arbitrais *Ad Hoc* (arts. 23 e 17); é também possível provocar o TPR no que tange à emissão de *Opiniões Consultivas* (art. 3º).[164] Na sistemática atual do TPR, não se admite a provocação por particulares, os quais apenas pela via indireta – ou seja, pela *representação diplomática* – podem se fazer presentes diante do Tribunal. O Protocolo Modificativo ao Protocolo de Olivos (de 19 de janeiro de 2007, promulgado no Brasil pelo Decreto nº 10.215, de 30 de janeiro de 2020) alterou o Protocolo de 2002 para adequá-lo às futuras variações no número de Estados-partes do Mercosul. Segundo o art. 1º do Protocolo Modificativo, o TPR será integrado por um árbitro titular designado por cada Estado-parte do Mercosul (§ 1º). Cada Estado-parte deve indicar o árbitro titular e seu suplente pelo período de dois anos, renovável por no máximo dois períodos consecutivos (§ 2º). Na eventualidade de o TPR estar integrado por um número par de árbitros titulares, serão designados um árbitro titular adicional e seu suplente, que devem ter a nacionalidade de algum dos Estados-partes do Mercosul (§ 3º), sem prejuízo de poderem os Estados-partes, de comum acordo, definir critérios diversos para tal designação (§ 4º). O árbitro titular adicional e seu suplente serão designados por um período de dois anos, renovável por no máximo dois períodos consecutivos, à exceção do primeiro período, cuja duração será igual à duração restante do período dos demais árbitros que integram o Tribunal. Quando o TPR contar com a participação de um árbitro adicional e houver a adesão de um novo Estado-parte ao Mercosul ou a denúncia de um Estado-parte, o árbitro adicional e seu suplente exercerão seus mandatos até que seja designado o árbitro do novo Estado-parte ou até que seja formalizada a denúncia do Estado-parte que se retira (§ 3º, *in fine*). Caso, porém, expire o período de atuação de um árbitro que esteja atuando em uma controvérsia, este deverá permanecer em função até sua conclusão (§ 6º).

Destaque-se que, no ano de 2010, o Parlamento do Mercosul aprovou o Projeto de Norma (Decisão CMC) nº 02/10, por meio do qual se pretendia estabelecer uma *Corte de Justiça do Mercosul*, o qual foi levado à consideração e aprovação do Conselho do Mercado Comum na sua XLV reunião, ocorrida em Foz do Iguaçu em 16 de dezembro de 2010. O Projeto visava criar um tribunal *jurisdicional* – à diferença do TPR, cuja natureza é de tribunal *arbitral* – independente e essencial à garantia da interpretação e aplicação uniformes do Direito do Mercosul, a fim de consolidar o fortalecimento jurídico e institucional do processo de integração.[165] O Projeto, contudo, foi arquivado e jamais considerado, não obstante ter sido apresentado pelo órgão com maior legitimidade democrática dentro do bloco.

---

[164] Sobre a competência consultiva do TPR, *v.* Luciane Klein Vieira, *Interpretación y aplicación uniforme del derecho de la integración: Unión Europea, Comunidad Andina y Mercosur*, Buenos Aires: B de F, 2011, pp. 79-112; Eduardo Biacchi Gomes, La democratización del acceso al Tribunal Permanente de Revisión del Mercosur a través de las opiniones consultivas, in *Revista de la Secretaría del Tribunal Permanente de Revisión*, año 2, nº 4, Asunción, mar./2014, pp. 49-63; e Jorge Chediak González & Pablo Benítez Rodríguez, Acerca de la competencia consultiva del Tribunal Permanente de Revisión del Mercosur y de la experiencia del poder judicial del Uruguay en la tramitación de opiniones consultivas, in *Revista de la Secretaría del Tribunal Permanente de Revisión*, año 2, nº 4, Asunción, mar./2014, pp. 83-91. Destaque--se que por meio da Emenda Regimental nº 48, de 3 de abril de 2012, o STF regulamentou a forma de acesso às opiniões consultivas do TPR, aduzindo ter "legitimidade para requerer o encaminhamento de solicitação de opinião consultiva ao Tribunal Permanente de Revisão do Mercosul, o juiz da causa ou alguma das partes" (art. 354-I do Regimento Interno do STF).

[165] *V.* Mercosul/PM/PN 02/2010 ("Exposição de Motivos").

608 | CURSO DE DIREITO INTERNACIONAL PÚBLICO – *Valerio de Oliveira Mazzuoli*

5. União das Nações Sul-Americanas (Unasul). A União das Nações Sul-Americanas (Unasul) nasceu em decorrência do Tratado firmado em Brasília, em 23 de maio de 2008, pelas repúblicas da Argentina, Bolívia, Brasil, Chile, Colômbia, Equador, Guiana, Paraguai, Peru, Suriname, Uruguai e Venezuela, constituindo-se em "uma organização dotada de personalidade jurídica internacional" (art. 1º).[166] Entrou em vigor em 11 de março de 2011.[167] A sede da organização está em Quito (Equador), onde funciona a Secretaria-Geral; seu Parlamento localiza-se em Cochabamba (Bolívia) e a sede de seu Banco em Caracas (Venezuela).

Destaque-se que o desenho institucional da Unasul está fortemente marcado por traços da política exterior brasileira, responsável por influenciar a formação da organização desde a origem, em especial no que tange à esperança de torná-la uma potência tanto regional como global.[168] Assim, crê-se que o Brasil há de ter um papel de liderança política dentro da Unasul, sem abandonar a cordialidade que a política externa brasileira sempre teve para com os vizinhos da América do Sul.[169]

A Unasul tem como objetivo geral construir, de maneira participativa e consensual, um espaço de integração e união no âmbito cultural, social, econômico e político entre seus povos, priorizando o diálogo político, as políticas sociais, a educação, a energia, a infraestrutura, o financiamento e o meio ambiente, entre outros, com vistas a eliminar a desigualdade

---

[166] V. *Informe Mercosul*, nº 13: 2007-2008, Buenos Aires, nov./2008, pp. 133-135. V. a página *web* da Unasul em: [http://www.unasursg.org].

[167] Para os antecedentes históricos da Unasul, v. Luciana B. Scotti, La Unión de Naciones Suramericanas: una joven expresión de integración regional en América del Sur, in *Derecho de la integración: evolución jurídico-institucional* (Parte II, América-África), Sandra Negro (dir.), Buenos Aires: B de F, 2012, pp. 106-111.

[168] Cf. Thomas Andrew O'Keefe. *Latin american and caribbean: trade agreements (keys to a prosperous Community of Americas)*. Leiden: Martinus Nijhoff, 2009, p. 448; Félix Peña, La integración del espacio sudamericano ¿La Unasur y el Mercosur pueden complementarse?, in *Revista Nueva Sociedad*, nº 219, Caracas, enero-febrero/2009, pp. 51-52; e José Antonio Sanahuja, Multilateralismo y regionalismo en clave sudamericana: el caso de Unasur, in *Pensamiento Propio: los desafíos del multilateralismo en América Latina* (edición especial), nº 33, año 16, Universidad de Guadalajara/Universidad Iberoamericana, enero-junio/2011, p. 123.

[169] Sobre as relações do Brasil com os vizinhos da América do Sul, v. Amado Luiz Cervo, *Inserção internacional: formação dos conceitos brasileiros*, São Paulo: Saraiva, 2008, pp. 195-218; sobre o paradigma da cordialidade oficial brasileira, cf. especialmente pp. 204-206. De fato, destaca Amado Cervo que a "cordialidade oficial entendida como padrão de conduta aplicado ao trato conferido pelo governo a seus vizinhos corresponde a uma invenção do pensamento diplomático brasileiro, cujas raízes foram lançadas em tempos remotos. Com efeito, quem primeiro formulou um pensamento nessa linha foi, em nosso entender, o visconde do Rio Branco. A relevância que suas ideias ostentam advém do fato de haver conduzido a política exterior do Brasil desde meados do século XIX por cerca de vinte anos. O visconde, pai do futuro barão do Rio Branco, preocupava-se em estabelecer o equilíbrio entre estadistas moderados, como o visconde de Abaeté, o marquês de Olinda e o visconde de Sinimbu, e realistas, como o visconde do Uruguai, o marquês do Paraná e o barão de Cotegipe. (...) O propósito de realizar em comum, agregando boas intenções e boa vontade a iniciativas concretas e provocando o crescimento da civilização em todos os países, em benefício de cada um, constitui o traço central da cordialidade oficial no pensamento do visconde do Rio Branco. Na passagem do século XIX para o XX, o barão do Rio Branco avançou nessa linha de pensamento. A cordialidade haveria de prevalecer no trato diplomático entre os países da América do Sul, tornando-se garantia de paz regional, em meio aos conflitos interimperialistas das grandes potências, os quais prenunciavam a primeira conflagração global" (*Op. cit.*, p. 204).

Parte II • Cap. III • AS ORGANIZAÇÕES INTERNACIONAIS INTERGOVERNAMENTAIS | **609**

socioeconômica, alcançar a inclusão social e a participação cidadã, fortalecer a democracia e reduzir as assimetrias no marco do fortalecimento da soberania e independência dos Estados (art. 2º). Os seus objetivos específicos vêm enumerados no art. 3º do Tratado, que conta com vinte e uma alíneas.

A Unasul compõe-se dos seguintes órgãos principais: *a*) o Conselho de Chefas e Chefes de Estado e de Governo; *b*) o Conselho de Ministras e Ministros das Relações Exteriores; *c*) o Conselho de Delegadas e Delegados; e *d*) a Secretaria-Geral (art. 4º). Os outros secundários da organização são: o *Conselho de Defesa Sul-Americano*; o *Conselho Energético*; o *Conselho de Saúde*; o *Conselho de Educação, Cultura, Ciência, Tecnologia e Inovação*; o *Conselho de Luta contra o Narcotráfico*; e o *Banco do Sul*.[170]

As *fontes jurídicas* da Unasul são (1) o seu *tratado constitutivo* e demais instrumentos adicionais, (2) os *acordos* que celebrem os seus Estados-membros, (3) as *decisões* do Conselho de Chefas e Chefes de Estado e de Governo, (4) as *resoluções* do Conselho de Ministras e Ministros das Relações Exteriores, e (5) as *disposições* do Conselho de Delegadas e Delegados (art. 11). As três últimas categorias são as normas de direito *derivadas* (*secundárias*) da organização, as quais são adotadas por consenso e obrigatórias aos Estados-membros quando incorporadas aos seus respectivos ordenamentos jurídicos, segundo o procedimento de Direito interno de cada um deles. Aqui, porém, se caminha por um terreno ainda cheio de dúvidas, as quais não são esclarecidas pelas normas da organização; não se sabe, *v.g.*, quais normas devem ser incorporadas, qual o prazo para tanto, se há sanção para o Estado faltoso, se basta a internalização unilateral ou se a mesma deve ser coletiva, quais efeitos têm tais normas no que tange aos particulares etc.[171]

No Tratado constitutivo da Unasul, há previsão de admissão de *Estados associados* à organização, quando assim autorizados pelo Conselho de Chefas e Chefes de Estado e de Governo (art. 19). Também, a partir do quinto ano da entrada em vigor do Tratado, e levando em conta o propósito de fortalecer a unidade da América Latina e do Caribe, o Conselho de Chefas e Chefes de Estado e de Governo poderá examinar solicitações de *adesão* como Estados-membros por parte de Estados Associados que tenham esse *status* por quatro anos, mediante recomendação por consenso do Conselho de Ministras e Ministros das Relações Exteriores. Os respectivos Protocolos de Adesão entrarão em vigor aos 30 dias da data em que se complete seu processo de ratificação por todos os Estados-membros e o Estado-aderente (art. 20).

No que tange à solução de controvérsias, dispõe o Tratado da Unasul (art. 21) que as contendas eventualmente surgidas entre Estados-partes a respeito da interpretação ou aplicação das disposições do Tratado serão resolvidas mediante *negociações diretas*. Apenas em caso de não se alcançar uma solução mediante esse meio é que os Estados-membros deverão submeter a controvérsia à consideração do Conselho de Delegadas e Delegados, o qual, dentro de 60 dias de seu recebimento, formulará as recomendações pertinentes para sua solução. No caso de também não se alcançar uma solução, essa instância elevará a controvérsia ao Conselho de Ministras e Ministros das Relações Exteriores, para consideração em sua próxima reunião. Como se percebe, tal mecanismo é ainda bastante precário e pouco

---

[170] Sobre cada um desses órgãos, *v.* Luciana B. Scotti, La Unión de Naciones Suramericanas..., cit., pp. 118-125.

[171] *V.* Luciana B. Scotti. Idem, p. 126.

eficaz, o que faz com que várias dúvidas sejam suscitadas, a exemplo de como resolver as controvérsias relativas à interpretação ou aplicação do direito derivado da organização, ou para que instância (arbitral? judicial?) se poderá recorrer em última análise.[172] Tais questionamentos permanecem ainda sem resposta. Para nós, é premente que se crie na Unasul um verdadeiro *Tribunal de Justiça* – a exemplo do que existe na União Europeia (Tribunal de Justiça da União Europeia) e na América Central (Corte Centro-Americana de Justiça) – para resolver os problemas jurídicos que enfrentará o bloco.[173] A criação de um Tribunal de Justiça para a Unasul poderá operacionalizar-se mediante a adoção de um *Protocolo* ao tratado constitutivo da organização.[174]

Por fim, destaque-se que a Unasul goza no território de cada um dos Estados-membros dos privilégios e imunidades necessários para a realização de seus propósitos. Da mesma forma, os representantes dos Estados-membros e os funcionários internacionais da Unasul gozam dos privilégios e imunidades necessários para desempenhar com independência suas funções relacionadas ao Tratado (art. 22).

O Presidente Jair Bolsonaro havia denunciado o tratado constitutivo da Unasul em 15 de abril de 2019, formalizando, a partir de então, o desligamento brasileiro da organização, com efeitos a partir de 16 de outubro de 2019, nos termos do art. 24 do Tratado.[175] No entanto, o Presidente Luiz Inácio Lula da Silva, em seu terceiro mandato, reinseriu o Brasil na Unasul,

---

[172] *V.* Luciana B. Scotti. Idem, p. 128.

[173] Nesse sentido, *v.* José Sebastião Fagundes Cunha, *Um tribunal para a Unasul: tribunal da União das Nações da América do Sul – justiça à cidadania e ao meio ambiente*, Curitiba: Juruá, 2011, 289p. *V.* também o que diz Luciana B. Scotti, assim: "Se a Unasul se desenvolver tal como prevê o tratado constitutivo e segundo o desejo dos seus Estados-partes, deveria projetar a criação de um verdadeiro sistema de solução de controvérsias que contemple as diversas possibilidades e que, sobretudo, contenha uma instância arbitral *ou judicial*" [grifo nosso] (La Unión de Naciones Suramericanas…, cit., p. 128).

[174] Propusemos a criação imediata de um Tribunal de Justiça para a Unasul em audiência pública no Senado Federal, na Comissão de Meio Ambiente, Defesa do Consumidor e Fiscalização e Controle, realizada em 22.10.2013, presidida pelo Senador Blairo Maggi (PR-MT). *V. Jornal do Senado*, ano XIX, nº 3.976, Brasília, 23.10.2013, p. 8: "A necessidade de criação de um tribunal de Justiça comum para a União das Nações da América do Sul (Unasul) foi defendida pelos participantes da audiência pública realizada ontem pela comissão de Meio Ambiente, Defesa do Consumidor e Fiscalização e Controle (CMA). As questões ambientais e criminais foram citadas como as mais importantes no contexto internacional da região. (…) Para o professor da Universidade Federal de Mato Grosso (UFMT) Valerio Mazzuoli, a Unasul precisa criar um tribunal como o que existe na União Europeia para compatibilizar as normas domésticas com as dos demais países-membros. Ele sugeriu que o tribunal tenha sede em Mato Grosso, por ser o centro do continente sul-americano". Para detalhes dessa proposta, *v.* Valerio de Oliveira Mazzuoli, *Por um tribunal de justiça para a Unasul: a necessidade de uma corte de justiça para a América do Sul sob os paradigmas do Tribunal de Justiça da União Europeia e da Corte Centro-Americana de Justiça*, Brasília: Senado Federal/Secretaria de Editoração e Publicações, 2014 (publicado em espanhol, em versão menor, na *Revista de la Secretaría del Tribunal Permanente de Revisión*, año 2, nº 4, Asunción, ago./2014, pp. 189-217). Em 31.07.2015, o Colégio Permanente de Diretores de Escolas Estaduais da Magistratura – COPEDEM, em seu 40º Encontro, realizado em Ouro Preto-MG, acatou expressamente essa proposta (após palestra que proferimos na ocasião) e deixou consignado no primeiro item da *Carta de Ouro Preto* que: "Reitera seu apoio à criação do Tribunal da Unasul, com sede no centro geodésico da América do Sul".

[175] *Verbis:* "Art. 24. *Duração e Denúncia.* (…). A denúncia surtirá efeito uma vez transcorrido o prazo de seis (6) meses da data em que a notificação tenha sido recebida pelo depositário. (…)".

promulgando novamente o tratado constitutivo da organização, com vigência a partir de 6 de maio de 2023.[176]

SEÇÃO IV – ORGANIZAÇÃO DOS ESTADOS AMERICANOS

1. Introdução. A Organização dos Estados Americanos (OEA) é uma organização internacional regional, cujo tratado institutivo foi assinado em Bogotá, Colômbia, em 30 de abril de 1948, tendo entrado em vigor internacional em 13 de dezembro de 1951, quando foi depositado o seu 14º instrumento de ratificação.[177] Juntamente com a Carta da OEA, foram assinados, naquela ocasião, o Tratado Americano de Soluções Pacíficas, a Declaração Americana dos Direitos e Deveres do Homem, o Convênio Econômico de Bogotá e a Carta Internacional Americana de Garantias Sociais, sendo que os dois últimos acabaram não vingando por falta das ratificações necessárias para a sua entrada em vigor.

A gênese da OEA parece fundar-se na carta que o então Presidente dos Estados Unidos da América, James Monroe, enviou ao Congresso norte-americano, em 2 de dezembro de 1823, combatendo a possibilidade de colonização dos Estados latino-americanos, que acabavam de se libertar de suas metrópoles colonizadoras. Depois desse fato, por iniciativa de Simon Bolívar, organizou-se um Congresso na cidade do Panamá, em 1826, destinado a aprovar um projeto de tratado constitutivo de uma confederação de todos os Estados do Novo Mundo, objetivando manter a paz e a segurança de todos os seus membros, tendo esse movimento de ideias recebido o nome de *pan-americanismo*. O texto final deste tratado, entretanto, sequer chegou a ser ratificado. Mas a iniciativa de Bolívar gerou bons frutos, tendo servido de incentivo para a realização da Primeira Conferência Internacional dos Países Americanos, realizada em Washington em 1889, na qual se formou a *União Internacional das Repúblicas Americanas*, gênese da futura União Pan-Americana. Dessa conferência nasceu a maioria dos princípios escritos e costumeiros que acabariam por nortear as relações continentais desde 1889.

Mas o processo de criação da OEA passou ainda pela Segunda Conferência Internacional das Repúblicas Americanas, realizada no México em 1902, e pela Terceira Conferência, reunida no Rio de Janeiro em 1906. Criara-se ali a Secretaria Internacional das Repúblicas Americanas que, em 1910, na Quarta Conferência das Repúblicas Americanas, levada a efeito em Buenos Aires, teve o nome alterado para *União Pan-Americana* (da qual não fez parte somente o Canadá), em que passou a ter maior desenvolvimento.[178] Com o final da Segunda Guerra Mundial, a evolução da União Pan-Americana se intensifica até ser adotada, na Nona Conferência Internacional Americana, realizada em Bogotá, a Carta da Organização dos Estados Americanos, em 30 de abril de 1948, também chamada de *Carta de Bogotá*.[179]

A Carta de Bogotá já foi reformada quatro vezes: primeiro, pelo Protocolo de Buenos Aires em 1967 (e que entrou em vigor em 1970); depois, pelo Protocolo de Cartagena das

---

[176] Decreto nº 11.475, de 6 de abril de 2023.

[177] V. a página *web* da OEA em: [http://www.oas.org].

[178] V. Hildebrando Accioly. *Tratado de direito internacional público*, vol. II, cit., pp. 68-69.

[179] V. Cesar Diaz Cisneros. *Derecho internacional público*, vol. I, cit., pp. 201-202; e Hildebrando Accioly & Nascimento e Silva, *Manual de direito internacional público*, cit., pp. 217-218.

Índias em 1985 (vigente desde 1988, quando foi ampliada a competência do Conselho Permanente e do Secretário-Geral); na terceira vez, pelo Protocolo de Washington em 1992 (em vigor desde 1997, tendo introduzido na Carta normas destinadas a proteger o regime democrático); e, por último, pelo Protocolo de Manágua em 1993 (vigente desde 1996, com normas destinadas a facilitar o desenvolvimento regional), tal como permanece até os dias atuais. Curiosamente, existem várias cartas regendo a OEA. Com exceção do texto original de 1948, as demais reformas ainda não foram ratificadas por todos os Estados-partes da organização, o que faz com que o texto da Carta da OEA seja aplicado concomitantemente (e com efeitos diferentes) para os Estados que já ratificaram as emendas e para aqueles que a elas ainda não aderiram. De conformidade com a Carta da OEA, uma reforma em vigor somente obriga os Estados ratificantes, podendo até um terço dos dissidentes ficar excluído das novas obrigações contraídas.[180] Tal fenômeno – ligado à questão das *emendas* aos tratados multilaterais – vem regulado pelo art. 40 e seus parágrafos da Convenção de Viena sobre o Direito dos Tratados, de 1969, em que se consagrou a chamada *duplicidade de regimes jurídicos*, ao permitir a vigência concomitante do tratado original e do tratado emendado.[181]

2. Estrutura da Carta da OEA. A Carta da Organização dos Estados Americanos é um tratado internacional multilateral aberto instituidor de organização internacional. Trata-se também de tratado constitutivo de uma organização regional, de conformidade com o art. 52, § 1º, da Carta da ONU, segundo o qual: "Nada na presente Carta impede a existência de acordos ou de entidades regionais, destinadas a tratar dos assuntos relativos à manutenção da paz e da segurança internacionais que forem suscetíveis de uma ação regional, desde que tais acordos ou entidades regionais e suas atividades sejam compatíveis com os Propósitos e Princípios das Nações Unidas".

A Carta da OEA está dividida em três partes: a primeira é a dogmática, ou de princípios (arts. 1º ao 52); a segunda, consistente na sua parte orgânica (arts. 53 ao 130); e a terceira, relativa às disposições finais e transitórias (arts. 131 ao 146).

3. Natureza, propósitos e princípios. O arts. 1º e 2º da Carta da OEA, consagram, respectivamente, a natureza e os propósitos da organização. Nos termos do seu art. 1º, os Estados americanos consagram na Carta "a organização internacional que vêm desenvolvendo para conseguir uma ordem de paz e de justiça, para promover sua solidariedade, intensificar sua colaboração e defender sua soberania, sua integridade territorial e sua independência. Dentro das Nações Unidas, a Organização dos Estados Americanos constitui um organismo regional". E para realizar os princípios em que se baseia e para cumprir com suas obrigações regionais, de acordo com a Carta das Nações Unidas, a OEA estabelece, de acordo com o art. 2º da Carta, como propósitos essenciais os seguintes: *a*) garantir a paz e a segurança continentais; *b*) promover e consolidar a democracia representativa, respeitado o princípio da não intervenção; *c*) prevenir as possíveis causas de dificuldades e assegurar a solução pacífica das controvérsias que surjam entre seus membros; *d*) organizar a ação solidária destes em caso de agressão; *e*) procurar a solução dos problemas políticos, jurídicos e econômicos

---

[180] Cf. Jean Michel Arrighi. *OEA: Organização dos Estados Americanos*. Trad. Sérgio Bath. Barueri: Manole, 2004, pp. 22-23.

[181] *V.* Parte I, Capítulo V, Seção I, item nº 10.

Parte II · Cap. III · AS ORGANIZAÇÕES INTERNACIONAIS INTERGOVERNAMENTAIS | **613**

que surgirem entre os Estados-membros; *f)* promover, por meio da ação cooperativa, seu desenvolvimento econômico, social e cultural; *g)* erradicar a pobreza crítica, que constitui um obstáculo ao pleno desenvolvimento democrático dos povos do Hemisfério; e *h)* alcançar uma efetiva limitação de armamentos convencionais que permita dedicar a maior soma de recursos ao desenvolvimento econômico-social dos Estados-membros.

Os princípios pelos quais devem reger-se os Estados-membros da organização vêm elencados no art. 3º da Carta de Bogotá, sendo eles os seguintes: *a)* o direito internacional é a norma de conduta dos Estados em suas relações recíprocas; *b)* a ordem internacional é constituída essencialmente pelo respeito à personalidade, soberania e independência dos Estados e pelo cumprimento fiel das obrigações emanadas dos tratados e de outras fontes do direito internacional; *c)* a boa-fé deve reger as relações dos Estados entre si; *d)* a solidariedade dos Estados americanos e os altos fins a que ela visa requerem a organização política dos mesmos, com base no exercício efetivo da democracia representativa; *e)* todo Estado tem o direito de escolher, sem ingerências externas, seu sistema político, econômico e social, bem como de organizar-se da maneira que mais lhe convenha, e tem o dever de não intervir nos assuntos de outro Estado, devendo os Estados americanos cooperarem amplamente entre si, independentemente da natureza de seus sistemas políticos, econômicos e sociais; *f)* a eliminação da pobreza crítica é parte essencial da promoção e consolidação da democracia representativa e constitui responsabilidade comum e compartilhada dos Estados americanos; *g)* os Estados americanos condenam a guerra de agressão: a vitória não dá direitos; *h)* a agressão a um Estado americano constitui uma agressão a todos os demais Estados americanos; *i)* as controvérsias de caráter internacional, que surgirem entre dois ou mais Estados americanos, deverão ser resolvidas por meio de processos pacíficos; *j)* a justiça e a segurança sociais são bases de uma paz duradoura; *k)* a cooperação econômica é essencial para o bem-estar e para a prosperidade comuns dos povos do Continente; *l)* os Estados americanos proclamam os direitos fundamentais da pessoa humana, sem fazer distinção de raça, nacionalidade, credo ou sexo; *m)* a unidade espiritual do Continente baseia-se no respeito à personalidade cultural dos países americanos e exige a sua estreita colaboração para as altas finalidades da cultura humana; e *n)* a educação dos povos deve orientar-se para a justiça, a liberdade e a paz.

4. Membros da OEA. São membros da organização todos os Estados americanos que ratificarem a Carta da OEA (art. 4º). Na Organização será admitida toda nova entidade política que nasça da união de seus Estados-membros e que, como tal, ratifique a Carta, sendo que o ingresso da nova entidade política na Organização redundará para cada um dos Estados que a constituam em perda da qualidade de membro da Organização (art. 5º). Qualquer outro Estado americano independente (frise-se que a Carta exige a *independência* estatal) que queira ser membro da Organização deverá manifestá-lo mediante nota dirigida ao Secretário-Geral, na qual seja consignado que está disposto a assinar e ratificar a Carta da Organização, bem como a aceitar todas as obrigações inerentes à condição de membro, "em especial as referentes à segurança coletiva", mencionadas expressamente nos artigos 28 e 29 da Carta (art. 6º). A Assembleia Geral, após recomendação do Conselho Permanente da Organização, determinará (pelo voto afirmativo de dois terços dos Estados-membros) se convém autorizar o Secretário-Geral a permitir que o Estado solicitante assine a Carta e deposite o respectivo instrumento de ratificação (art. 7º).

Os 21 Estados fundadores, que participaram da criação da OEA em 1948 são: Argentina, Bolívia, Brasil, Chile, Colômbia, Costa Rica, Cuba, República Dominicana, Equador, El Salvador, Estados Unidos, Guatemala, Haiti, Honduras, México, Nicarágua, Panamá, Paraguai, Peru, Uruguai e Venezuela. E os novos Estados posteriormente incorporados à Carta, entre 1967 e 1990, foram: Antígua e Barbuda, Bahamas, Barbados, Belize, Canadá, Dominica, Granada, Guiana, Jamaica, Santa Lúcia, São Vicente e Granadinas, Saint Kitts e Nevis, Suriname e Trinidad e Tobago, perfazendo atualmente 35 Estados.[182]

O art. 8º da Carta da OEA traz uma regra de "redação misteriosa" – para falar como Jean Michel Arrighi – segundo a qual: "A condição de membro da Organização estará restringida aos Estados independentes do Continente que, em 10 de dezembro de 1985, forem membros das Nações Unidas e aos territórios não autônomos mencionados no documento OEA/Ser.P, AG/doc.1939/85, de 5 de novembro de 1985, quando alcançarem a sua independência". O que ocorre é que, segundo Arrighi, existem "no continente americano territórios ainda submetidos à tutela colonial, que poderão, no futuro, ser novos Estados independentes, em condições de solicitar seu ingresso na Organização. No entanto, há uma situação muito especial, a das Ilhas Malvinas. A República Argentina considera essas ilhas parte de seu território, ocupado de forma ilegítima pelo Reino Unido. Para evitar a possibilidade de essas ilhas constituírem um Estado independente, e solicitarem o seu ingresso na OEA, a reforma de Cartagena de Índias incorporou à Carta o art. 8º, de redação misteriosa, o qual remete o leitor a um documento de difícil acesso e complexa identificação burocrática". O documento citado (documento OEA/Ser.P, AG/doc.1939/85, de 5 de novembro de 1985), elaborado pela Secretaria-Geral da OEA, é intitulado "Informação sobre a Evolução Constitucional dos Territórios Não Autônomos Situados no Continente Americano e Outros Territórios Americanos vinculados a Estados Extracontinentais", e nele – ainda segundo Arrighi – "é estudada a situação dos territórios dependentes da Grã-Bretanha (Anguilla, Bermudas, Ilhas Cayman, Ilhas Turks e Caicos, Ilhas Virgens Britânicas e Montserrat), da França (Guadalupe, Martinica, Guiana Francesa e Saint-Pierre e Miquelon) e dos vinculados à Holanda (Antilhas Holandesas, integradas por Aruba; Bonaire, Curaçao; Saba; San Eustaquio e San Martin)", não havendo "menção alguma às Ilhas Malvinas, e por isso foi utilizado como referência".[183]

Nos termos do art. 9º, um membro da Organização, cujo governo democraticamente constituído seja deposto pela força, poderá ser suspenso do exercício do direito de participação nas sessões da Assembleia Geral, da Reunião de Consulta, dos Conselhos da Organização e das Conferências Especializadas, bem como das comissões, grupos de trabalho e demais órgãos que tenham sido criados. O dispositivo ainda acrescenta que a faculdade de suspensão somente será exercida quando tenham sido infrutíferas as gestões diplomáticas que a Organização houver empreendido a fim de propiciar o restabelecimento da democracia representativa no Estado-membro afetado.

5. Direitos e deveres fundamentais dos Estados-partes da OEA. O princípio geral instituído pela Carta é o de que todos os Estados americanos são juridicamente iguais, desfrutam de iguais direitos e de igual capacidade para exercê-los, e têm deveres iguais,

---

[182] Cf. Jean Michel Arrighi. *OEA: Organização dos Estados Americanos*, cit., p. 30.
[183] V. Jean Michel Arrighi. Idem, pp. 30-31.

Parte II • Cap. III • AS ORGANIZAÇÕES INTERNACIONAIS INTERGOVERNAMENTAIS | **615**

sendo que os direitos de cada um não dependem do poder de que dispõem para assegurar o seu exercício, mas sim do simples fato da sua existência como personalidade jurídica internacional (art. 10).

Nos termos do art. 12 da Carta, os direitos fundamentais dos Estados não podem ser restringidos de maneira alguma. Segundo o art. 13, a existência política do Estado *é independente do seu reconhecimento pelos outros Estados*, e mesmo antes de ser reconhecido, o Estado tem o direito de defender a sua integridade e independência, de promover a sua conservação e prosperidade, e, ainda, de se organizar como melhor entender, de legislar sobre os seus interesses, de administrar os seus serviços e de determinar a jurisdição e a competência dos seus tribunais, não tendo o exercício desses direitos outros limites senão o do exercício dos direitos de outros Estados, conforme o Direito Internacional. O reconhecimento significa que o Estado que o outorga aceita a personalidade do novo Estado com todos os direitos e deveres que, para um e outro, determina o direito internacional (art. 14).

O direito que tem o Estado de proteger e desenvolver a sua existência não o autoriza a praticar atos injustos contra outro Estado (art. 15). Cada Estado tem o direito de desenvolver, livre e espontaneamente, a sua vida cultural, política e econômica. No seu livre desenvolvimento, o Estado respeitará os direitos da pessoa humana e os princípios da moral universal (art. 17).

Regra bastante importante consta do art. 18 da Carta, segundo o qual o respeito e a observância fiel dos tratados constituem norma para o desenvolvimento das relações pacíficas entre os Estados, devendo todos os tratados e acordos internacionais ser públicos.

Nenhum Estado ou grupo de Estados tem o direito de intervir, direta ou indiretamente, seja qual for o motivo, nos assuntos internos ou externos de qualquer outro; este princípio exclui não somente a força armada, mas também qualquer outra forma de interferência ou de tendência atentatória à personalidade do Estado e dos elementos políticos, econômicos e culturais que o constituem (art. 19). Ademais, nenhum Estado poderá aplicar ou estimular medidas coercivas de caráter econômico e político, para forçar a vontade soberana de outro Estado e obter deste vantagens de qualquer natureza (art. 20).

Nos termos do art. 21 da Carta, o território de um Estado é inviolável, não podendo ser objeto de ocupação militar, nem de outras medidas de força tomadas por outro Estado, direta ou indiretamente, qualquer que seja o motivo, embora de maneira temporária. Também não se reconhecerão as aquisições territoriais ou as vantagens especiais obtidas pela força ou por qualquer outro meio de coação.

No art. 22 vem expresso o comprometimento dos Estados americanos em não recorrer ao uso da força em suas relações internacionais, salvo em caso de legítima defesa, em conformidade com os tratados vigentes, ou em cumprimento dos mesmos tratados.

6. Solução pacífica de controvérsias. Consideram-se meios pacíficos de solução de controvérsias internacionais, nos termos do art. 25 da Carta da OEA, a negociação direta, os bons ofícios, a mediação, a investigação e conciliação, o processo judicial, a arbitragem e os que sejam especialmente combinados, em qualquer momento, pelas partes. A Carta assevera, ainda, que quando entre dois ou mais Estados americanos surgir uma controvérsia que, na opinião de um deles, não possa ser resolvida pelos meios diplomáticos comuns, as partes deverão convir em qualquer outro processo pacífico que lhes permita chegar a uma solução (art. 26).

Os Estados Americanos podem escolher o sistema de solução de controvérsias da Carta das Nações Unidas, depois de não terem obtido resultado satisfatório de acordo com o sistema adotado pela OEA.

7. Órgãos da OEA. É por meio dos seus órgãos que a OEA desempenha as funções a ela inerentes, estabelecidas pelo seu tratado constitutivo, sendo eles os seguintes: a *Assembleia Geral*; a *Reunião de Consulta dos Ministros das Relações Exteriores*; os *Conselhos*; a *Comissão Jurídica Interamericana*; a *Comissão Interamericana de Direitos Humanos*; e a *Secretaria-Geral*.[184]

a) Assembleia Geral. A Assembleia Geral (que atualmente corresponde à antiga *Conferência Interamericana*) é o órgão supremo da OEA, integrada por todos os Estados-membros da organização. Nos termos do art. 56 da Carta, todos os Estados-membros têm direito a fazer-se representar na Assembleia Geral, com direito a um voto cada. Nela os Estados se fazem representar normalmente pelos seus respectivos Ministros das Relações Exteriores. As decisões da Assembleia Geral serão adotadas pelo voto da maioria absoluta dos Estados-membros, salvo nos casos em que é exigido o voto de dois terços, de acordo com o disposto na Carta, ou naqueles que determinar a Assembleia Geral, pelos processos regulamentares (art. 59). Mas como destaca Jean Michel Arrighi, na prática, "salvo casos excepcionais, essas decisões são tomadas por consenso, ou seja, sem que haja oposição expressa por qualquer delegação, pois já foram objeto de um longo processo de negociação, antes da reunião".[185]

As principais atribuições da Assembleia Geral da OEA, além de outras que lhe confere a Carta, são as seguintes mencionadas pelo art. 54: *a*) decidir a ação e a política gerais da Organização, determinar a estrutura e funções de seus órgãos e considerar qualquer assunto relativo à convivência dos Estados americanos; *b*) estabelecer normas para a coordenação das atividades dos órgãos, organismos e entidades da Organização entre si e de tais atividades com as das outras instituições do Sistema Interamericano; *c*) fortalecer e harmonizar a cooperação com as Nações Unidas e seus organismos especializados; *d*) promover a colaboração, especialmente nos setores econômico, social e cultural, com outras organizações internacionais cujos objetivos sejam análogos aos da Organização dos Estados Americanos; *e*) aprovar o orçamento-programa da Organização e fixar as quotas dos Estados-membros; *f*) considerar os relatórios da Reunião de Consulta dos Ministros das Relações Exteriores e as observações e recomendações que, a respeito dos relatórios que devem ser apresentados pelos demais órgãos e entidades, lhe sejam submetidas pelo Conselho Permanente, conforme o disposto na alínea *f*, do artigo 91, bem como os relatórios de qualquer órgão que a própria Assembleia Geral requeira; *g*) adotar as normas gerais que devem reger o funcionamento da Secretaria-Geral; e *h*) aprovar seu regulamento e, pelo voto de dois terços, sua agenda.

As decisões tomadas pela Assembleia Geral podem ter variadas denominações, à maneira do que ocorre com aquelas tomadas pela Assembleia Geral da ONU. Normalmente, são "resoluções" ou, quando fixam políticas gerais de prazo mais largo, "declarações", cujo conteúdo e os efeitos jurídicos poderão variar. Algumas resoluções podem dirigir-se aos Estados-membros da

---

[184]   V. Jean Michel Arrighi. *OEA: Organização dos Estados Americanos*, cit., pp. 37-57; e (em menor proporção) Jean-Claude Zarka, *Institutions internationales*, cit., pp. 95-98.

[185]   Jean Michel Arrighi. *Organização dos Estados Americanos*, cit., p. 39.

Parte II · Cap. III · AS ORGANIZAÇÕES INTERNACIONAIS INTERGOVERNAMENTAIS | **617**

organização exigindo-lhes alguma providência ou a execução de determinada ação; outras são dirigidas aos próprios órgãos da OEA e podem conter simples recomendações ou obrigações, conforme o seu conteúdo (obrigatório ou não obrigatório) em cada caso.[186]

A Assembleia Geral exercerá suas atribuições de acordo com o disposto na Carta e em outros tratados interamericanos.

b) Reunião de Consulta dos Ministros das Relações Exteriores. A Reunião de Consulta dos Ministros das Relações Exteriores é convocada, em casos excepcionais, a fim de considerar problemas de *natureza urgente* e de *interesse comum* para os Estados americanos, e para servir de Órgão de Consulta (art. 61) no quadro do Tratado Interamericano de Assistência Recíproca (TIAR).[187] Qualquer Estado-membro pode solicitar a convocação de uma Reunião de Consulta. A solicitação deve ser dirigida ao Conselho Permanente da Organização, o qual decidirá, por maioria absoluta de votos, se é oportuna a reunião (art. 62). Se, em caso excepcional, o Ministro das Relações Exteriores de qualquer país não puder assistir à reunião, far-se-á representar por um delegado especial (art. 64). Foi desse órgão que saiu a decisão de excluir Cuba da Organização, em 1962.[188]

Dispõe o art. 65 da Carta que em caso de ataque armado ao território de um Estado americano ou dentro da zona de segurança demarcada pelo tratado em vigor, o Presidente do Conselho Permanente reunirá o Conselho, sem demora, a fim de determinar a convocação da Reunião de Consulta, sem prejuízo do disposto no Tratado Interamericano de Assistência Recíproca no que diz respeito aos Estados-partes no referido instrumento.[189]

c) Os Conselhos. Atualmente, a Carta da OEA contempla dois tipos de conselhos: o *Conselho Permanente* e o *Conselho Interamericano de Desenvolvimento Integral*, este último, fruto do Protocolo de Manágua. Ambos dependem diretamente da Assembleia Geral e têm a competência conferida a cada um deles pela Carta e por outros instrumentos interamericanos, bem como as funções que lhes forem confiadas pela Assembleia Geral e pela Reunião de Consulta dos Ministros das Relações Exteriores. Todos os Estados-membros têm direito a fazer-se representar em cada um dos Conselhos, sendo que cada Estado tem direito a um voto (art. 71).

Os Conselhos, em assuntos de sua respectiva competência, poderão apresentar estudos e propostas à Assembleia Geral e submeter-lhe projetos de instrumentos internacionais e proposições com referência à realização de conferências especializadas e à criação, modificação ou extinção de organismos especializados e outras entidades interamericanas,

---

[186] Cf. Jean Michel Arrighi. Idem, p. 40.

[187] O sistema instituído neste tratado prevê assistência recíproca entre os Estados americanos. Assim, se um Estado está ameaçado, os outros têm que ajudar. Os Estados Unidos nunca precisaram dessa ajuda, e não se precisa muito para entender o porquê. Mas, em contrapartida, acabaram "ajudando" vários países do Continente quando estes necessitaram de auxílio. Este ato, que pode parecer altruísta, não passou despercebido da visão crítica de Jean-Marie Lambert, para quem, no balanço geral, "a América Latina está acumulando uma dívida moral enorme [com os Estados Unidos da América]", devendo já começar a "pensar num jeito de pagar!" (*Curso de direito internacional público,* vol. IV [*O Mercosul em questão*], cit., p. 158).

[188] Cf. Jean-Claude Zarka. *Institutions internationales,* cit., p. 96.

[189] Sobre o Tratado Interamericano de Assistência Recíproca, *v.* Parte VI, Capítulo I, Seção I, item nº 5.

bem como sobre a coordenação de suas atividades. Os Conselhos poderão, também, apresentar estudos, propostas e projetos de instrumentos internacionais às Conferências Especializadas (art. 73).

O *Conselho Permanente* da organização compõe-se de um representante de cada Estado-membro, nomeado especialmente pelo respectivo governo, com a categoria de embaixador. Cada governo poderá acreditar um representante interino, bem como os suplentes e assessores que julgar conveniente (art. 80). Sua presidência é rotativa, sendo exercida sucessivamente pelos representantes, na ordem alfabética dos nomes em espanhol de seus respectivos países, e a Vice-Presidência, de modo idêntico, seguida a ordem alfabética inversa (art. 81). As funções do Presidente e do Vice-Presidente não podem ser superiores a seis meses, que será determinado pelo estatuto.

O Conselho Permanente tomará conhecimento, dentro dos limites da Carta e dos tratados e acordos interamericanos, de qualquer assunto de que o encarreguem a Assembleia Geral ou a Reunião de Consulta dos Ministros das Relações Exteriores (art. 82).

De acordo com as disposições da Carta, qualquer parte numa controvérsia, no tocante à qual não esteja em tramitação qualquer dos processos pacíficos previstos na Carta, poderá recorrer ao Conselho Permanente, para obter seus bons ofícios. O Conselho, de acordo com o disposto no art. 84, assistirá as partes e recomendará os processos que considerar adequados para a solução pacífica da controvérsia (art. 85).

Compete também ao Conselho Permanente: *a*) executar as decisões da Assembleia Geral ou da Reunião de Consulta dos Ministros das Relações Exteriores, cujo cumprimento não haja sido confiado a nenhuma outra entidade; *b*) velar pela observância das normas que regulam o funcionamento da Secretaria-Geral e, quando a Assembleia Geral não estiver reunida, adotar as disposições de natureza regulamentar que habilitem a Secretaria-Geral para o cumprimento de suas funções administrativas; *c*) atuar como Comissão Preparatória da Assembleia Geral nas condições estabelecidas pelo artigo 60 da Carta, a não ser que a Assembleia Geral decida de maneira diferente; *d*) preparar, a pedido dos Estados-membros e com a cooperação dos órgãos pertinentes da Organização, projetos de acordo destinados a promover e facilitar a colaboração entre a Organização dos Estados Americanos e as Nações Unidas, ou entre a Organização e outros organismos americanos de reconhecida autoridade internacional. Esses projetos serão submetidos à aprovação da Assembleia Geral; *e*) formular recomendações à Assembleia Geral sobre o funcionamento da Organização e sobre a coordenação dos seus órgãos subsidiários, organismos e comissões; *f*) considerar os relatórios do Conselho Interamericano de Desenvolvimento Integral, da Comissão Jurídica Interamericana, da Comissão Interamericana de Direitos Humanos, da Secretaria-Geral, dos organismos e conferências especializados e dos demais órgãos e entidades, e apresentar à Assembleia Geral as observações e recomendações que julgue pertinentes; e *g*) exercer as demais funções que lhe atribui a Carta (art. 91).

O *Conselho Interamericano de Desenvolvimento Integral*, por sua vez, compõe-se de um representante titular, no nível ministerial ou seu equivalente, de cada Estado-membro, nomeado especificamente pelo respectivo governo. Conforme previsto na Carta, o Conselho Interamericano de Desenvolvimento Integral poderá criar os órgãos subsidiários e os organismos que julgar suficientes para o melhor exercício de suas funções (art. 93). Dentre as suas finalidades, estão as de promover a cooperação entre os Estados americanos, com o propósito de obter seu desenvolvimento integral e, em particular, de contribuir para a

Parte II · Cap. III · AS ORGANIZAÇÕES INTERNACIONAIS INTERGOVERNAMENTAIS | 619

eliminação da pobreza crítica, segundo as normas da Carta, principalmente as consignadas no Capítulo VII no que se refere aos campos econômico, social, educacional, cultural, e científico e tecnológico (art. 94).

d) Comissão Jurídica Interamericana. A Comissão Jurídica Interamericana, segundo o art. 99 da Carta, tem por finalidade servir de corpo consultivo da Organização em assuntos jurídicos; promover o desenvolvimento progressivo e a codificação do direito internacional; e estudar os problemas jurídicos referentes à integração dos países em desenvolvimento do Continente, bem como a possibilidade de uniformizar suas legislações no que parecer conveniente. Além disso, a Comissão "empreenderá os estudos e trabalhos preparatórios de que for encarregada pela Assembleia Geral, pela Reunião de Consulta dos Ministros das Relações Exteriores e pelos Conselhos da Organização", podendo ainda "levar a efeito, por sua própria iniciativa, os que julgar convenientes, bem como sugerir a realização de conferências jurídicas e especializadas" (art. 100). Essas atribuições somadas (as dos arts. 99 e 100) são mais amplas que as do órgão correspondente das Nações Unidas, a Comissão de Direito Internacional (CDI).[190]

A Comissão é composta de onze juristas nacionais dos Estados-membros da OEA, eleitos de listas de três candidatos apresentadas pelos referidos Estados, para um período de quatro anos. Normalmente, a escolha dos membros da Comissão – que é feita pela Assembleia Geral da OEA – é realizada de forma a tornar a representação geográfica mais equitativa possível. As vagas que ocorrerem por razões diferentes da expiração normal dos mandatos dos membros da Comissão são preenchidas pelo Conselho Permanente da Organização, de acordo com os mesmos critérios estabelecidos acima (art. 101). Tal como ocorre com os membros da Comissão Interamericana de Direitos Humanos e com os juízes da Corte Interamericana de Direitos Humanos, os membros da Comissão Jurídica Interamericana não recebem salário mensal, mas diárias e honorários pela participação das sessões da Comissão.[191]

A sede da Comissão Jurídica Interamericana é ainda no Rio de Janeiro, cidade de sua primeira sede desde o ano de 1906, quando foi criada a sua antecessora, a então Junta Internacional de Jurisconsultos que, em 1927, passou a se chamar Comissão Internacional de Jurisconsultos Americanos e, posteriormente, Conferência Internacional de Jurisconsultos Americanos. A Comissão, em casos especiais, apesar de ter sede no Rio de Janeiro, pode realizar reuniões em qualquer outro lugar que seja oportunamente designado, após consulta ao Estado-membro correspondente.

Dentre as várias contribuições da Comissão Jurídica Interamericana para o Direito Internacional no continente, podem ser destacados os trabalhos de elaboração da Convenção de Direito Internacional Privado, de 1928 (*Código Bustamante*) e da Convenção Americana sobre Direitos Humanos, de 1969.

e) Comissão Interamericana de Direitos Humanos. A Comissão Interamericana de Direitos Humanos (com sede em Washington, D.C., nos Estados Unidos) foi criada pela 5ª Reunião de Ministros das Relações Exteriores em Santiago, Chile, em 1959, tendo o seu primeiro estatuto sido aprovado em 25 de maio de 1960 pelo Conselho da OEA, emendado em junho

---

[190] Cf. Jean Michel Arrighi. *OEA: Organização dos Estados Americanos*, cit., p. 50.
[191] Cf. Jean Michel Arrighi. Idem, p. 51.

do mesmo ano, data em que iniciou as suas atividades. Trata-se de órgão importantíssimo da OEA e um dos que têm atuação mais visível dentro da organização, notadamente quando assume as queixas individuais de cidadãos de Estadosmembros e dá início ao procedimento de responsabilização internacional do Estado por violação de direitos humanos. A Comissão é, ao mesmo tempo, órgão da OEA e órgão da Convenção Americana sobre Direitos Humanos (Pacto de San Jose da Costa Rica), servindo de instância para a promoção e proteção dos direitos humanos dos cidadãos do continente americano.[192]

f) Secretaria-Geral. A Secretaria-Geral (antigo *Escritório* da União Pan-Americana) é o órgão central e permanente da Organização dos Estados Americanos, tendo sua sede na cidade de Washington, D.C. Apesar de sua sede estar ali localizada, nada impede que a Secretaria crie escritórios em outras localidades, geralmente nas capitais dos Estados-membros. Nos termos do art. 107, *in fine*, da Carta da OEA, a Secretaria-Geral "exercerá as funções que lhe atribuam a Carta, outros tratados e acordos interamericanos e a Assembleia Geral, e cumprirá os encargos de que for incumbida pela Assembleia Geral, pela Reunião de Consulta dos Ministros das Relações Exteriores e pelos Conselhos".

A Secretaria é chefiada pelo Secretário-Geral, que é eleito pela Assembleia Geral para um período de cinco anos e não poderá ser reeleito mais de uma vez, nem poderá suceder-lhe pessoa da mesma nacionalidade. Vagando o cargo de Secretário-Geral, o Secretário-Geral Adjunto (caso que não encontra muitos correspondentes em outras organizações internacionais) assumirá as funções daquele até que a Assembleia Geral proceda à eleição de novo titular para um período completo (art. 108). O Secretário-Geral dirige a Secretaria-Geral e é o representante legal da mesma, respondendo perante a Assembleia Geral pelo cumprimento adequado das atribuições e funções da Secretaria-Geral. Tanto ele como seu representante, poderão participar, com direito à palavra, mas sem voto, de todas as reuniões da Organização, podendo também levar à atenção da Assembleia Geral ou do Conselho Permanente "qualquer assunto que, na sua opinião, possa afetar a paz e a segurança do Continente e o desenvolvimento dos Estados-membros" (art. 110, segunda parte). Esta última competência do Secretário-Geral, acrescentada pelo Protocolo de Cartagena de Índias, enfatiza o aspecto político do Secretário e, segundo Arrighi, "é mais ampla que a do Secretário-Geral das Nações Unidas, que, de acordo com o art. 99 da Carta da ONU, só a recebe do Conselho de Segurança, e exclusivamente para aqueles assuntos que possam pôr em perigo a paz e a segurança internacional".[193]

A Secretaria-Geral desempenha também as seguintes funções, segundo o art. 112 da Carta da OEA: *a)* encaminha *ex officio* aos Estados-membros a convocatória da Assembleia Geral, da Reunião de Consulta dos Ministros das Relações Exteriores, do Conselho Interamericano de Desenvolvimento Integral e das Conferências Especializadas; *b)* assessora os outros órgãos, quando cabível, na elaboração das agendas e regulamentos; *c)* prepara o projeto de orçamento-programa da Organização com base nos programas aprovados pelos Conselhos, organismos e entidades cujas despesas devam ser incluídas no orçamento-programa e, após consulta com esses Conselhos ou suas Comissões Permanentes, submetê-lo à Comissão

---

[192] A estrutura e o funcionamento da Comissão Interamericana de Direitos Humanos, bem como sua importância para a proteção dos direitos humanos no sistema interamericano, serão estudados na Parte IV, Capítulo I, Seção V, item nº 3.

[193] Jean Michel Arrighi. *OEA: Organização dos Estados Americanos*, cit., p. 47.

Preparatória da Assembleia Geral e em seguida à própria Assembleia; *d*) proporciona à Assembleia Geral e aos demais órgãos serviços de secretaria permanentes e adequados, bem como dar cumprimento a seus mandatos e encargos. Dentro de suas possibilidades, atender às outras reuniões da Organização; *e*) custodia os documentos e arquivos das Conferências Interamericanas, da Assembleia Geral, das Reuniões de Consulta dos Ministros das Relações Exteriores, dos Conselhos e das Conferências Especializadas; *f*) serve de depositária dos tratados e acordos interamericanos, bem como dos instrumentos de ratificação dos mesmos; *g*) apresenta à Assembleia Geral, em cada período ordinário de sessões, um relatório anual sobre as atividades e a situação financeira da Organização; e *h*) estabelece relações de cooperação, consoante o que for decidido pela Assembleia Geral ou pelos Conselhos, com os Organismos Especializados e com outros organismos nacionais e internacionais.

Compete ao Secretário-Geral, nos termos do art. 113 da Carta: *a*) estabelecer as dependências da Secretaria-Geral que sejam necessárias para a realização de seus fins; e *b*) determinar o número de funcionários e empregados da Secretaria-Geral, nomeá-los, regulamentar suas atribuições e deveres e fixar sua retribuição. O Secretário-Geral exercerá essas atribuições de acordo com as normas gerais e as disposições orçamentárias que forem estabelecidas pela Assembleia Geral.

A Assembleia Geral, com o voto de dois terços dos Estados-membros, pode destituir o Secretário-Geral ou o Secretário-Geral Adjunto, ou ambos, quando o exigir o bom funcionamento da Organização (art. 116).

8. Conferências especializadas. O art. 122 da Carta da OEA diz serem as *conferências especializadas* "reuniões intergovernamentais destinadas a tratar de assuntos técnicos especiais ou a desenvolver aspectos específicos da cooperação interamericana e são realizadas quando o determine a Assembleia Geral ou a Reunião de Consulta dos Ministros das Relações Exteriores, por iniciativa própria ou a pedido de algum dos Conselhos ou Organismos Especializados". A agenda e o regulamento de tais conferências são elaborados pelos conselhos competentes, ou pelos organismos especializados interessados, e submetidos à consideração dos governos dos Estados membros (art. 123).

Normalmente, tais conferências especializadas são convocadas para auxiliar na fase final das negociações e adoção do texto de determinado tratado internacional interamericano, como se deu com a Convenção Americana sobre Direitos Humanos (1969) e com a Convenção Interamericana contra a Corrupção (1996).

9. Organismos especializados. Segundo o art. 124 da Carta da OEA, consideram-se *organismos especializados interamericanos* "os organismos intergovernamentais estabelecidos por acordos multilaterais, que tenham determinadas funções em matérias técnicas de interesse comum para os Estados americanos".

Tais organismos gozam da mais ampla autonomia técnica, mas deverão levar em conta as recomendações da Assembleia Geral e dos Conselhos, de acordo com as disposições da Carta (art. 126). Além do mais, devem eles apresentar à Assembleia Geral relatórios anuais sobre o desenvolvimento de suas atividades, bem como sobre seus orçamentos e contas anuais (art. 127).

As relações desses organismos com a OEA são definidas por meio de tratados celebrados entre cada um deles e o Secretário-Geral da OEA, com a autorização da Assembleia Geral (art. 128).

Nos termos do art. 129 da Carta, os organismos especializados devem estabelecer relações de cooperação com os organismos mundiais do mesmo caráter, a fim de coordenar suas atividades. Contudo, acrescenta o mesmo dispositivo que ao entrarem em acordo com os organismos internacionais de caráter mundial, tais organismos devem manter a sua identidade e posição como parte integrante da OEA, mesmo quando desempenhem funções regionais dos organismos internacionais.

A Organização Pan-americana de Saúde (criada em 1902), o Instituto Interamericano da Criança (criado em 1924), a Comissão Interamericana de Mulheres (criada em 1928), o Instituto Pan-americano de Geografia e História (criado em 1928), a então Repartição Interamericana de Radiocomunicações (criada em 1937), o Instituto Indigenista Interamericano (criado em 1940) e o Instituto Interamericano de Cooperação para a Agricultura (criado em 1942), são exemplos de organismos especializados da OEA.[194]

---

[194] Para uma análise de cada um desses organismos, *v.* Hildebrando Accioly, *Tratado de direito internacional público*, vol. II, cit., pp. 91-93.

Capítulo IV

Os Indivíduos e o Direito Internacional

SEÇÃO I – NACIONALIDADE DO INDIVÍDUO

1. Jurisdição do Estado. O Estado possui jurisdição sobre todos aqueles que se encontram em seu território ou nos lugares em que detém soberania (*v.g.*, o seu mar territorial, o espaço aéreo etc.). Em outras palavras, o Estado dita normas às pessoas que estão sob o seu domínio, fazendo valer sobre elas todas as regras em vigor em seu território, tendo competência decisória o Poder Judiciário local. O termo, assim, vem aqui empregado no sentido da extensão espacial em que o Estado exerce sobre os indivíduos a sua autoridade, não em outro. Certo, em suma, é que o Estado tem poder (salvo o caso das imunidades, já estudadas) sobre aqueles que assentam os seus espaços, e sobre eles pode agir segundo o que entender por bem.

A autoridade que o Estado tem sobre os indivíduos presentes em seu território (ou em seus espaços) se exerce, em primeiro plano, sobre os seus próprios *nacionais*. Depois, exerce-a também relativamente aos *estrangeiros*. Nesta Seção I, cuida-se de estudar a autoridade ou competência do Estado em relação aos seus nacionais, e na Seção II seguinte, a autoridade do Estado relativamente aos estrangeiros em seu território.

2. Conceito de nacionalidade. O vínculo jurídico-político que une um indivíduo a determinado Estado é o que se chama *nacionalidade*.[1] Desse conceito podem ser extraídas duas dimensões da nacionalidade: *a*) uma *vertical*, que liga o indivíduo ao Estado a que pertence (dimensão jurídico-política); e *b*) uma *horizontal*, que faz desse indivíduo um dos elementos que compõem a dimensão pessoal do Estado, integrando-o ao elemento *povo*

---

[1] Sobre o tema, *v.* J. P. Niboyet, *Principios de derecho internacional privado*, trad. Andrés Rodríguez Ramón, Madrid: Editorial Reus, 1928, pp. 77-119; Pontes de Miranda, *Nacionalidade de origem e naturalização no direito brasileiro*, 2ª tir. aum., Rio de Janeiro: A. Coelho Branco Filho, 1936; Ilmar Penna Marinho, *Tratado sôbre a nacionalidade*, Rio de Janeiro: Imprensa Nacional, 1956-1961, 4 vols.; Paul Weiss, *Nationality and statelessness in international law*, 2nd ed. rev., Alphen aan den Rijn: Sijthoff & Noordhoff, 1979; e Valerio de Oliveira Mazzuoli, *Da nacionalidade brasileira: aquisição, perda e reaquisição*, Belo Horizonte: D'Plácido, 2024.

(dimensão sociológica).[2] Daí poder-se dizer que o objeto do direito da nacionalidade é a *determinação* dos indivíduos que pertencem ao Estado e que à sua autoridade se submetem. Enfim, a nacionalidade é o estado de dependência (originário ou derivado) de um indivíduo a uma determinada comunidade politicamente organizada.[3]

A nacionalidade *stricto sensu* é atributo da pessoa *humana*.[4] *Lato sensu*, porém, também tem aplicação às *pessoas jurídicas,* notadamente no plano do Direito Internacional Privado.[5] Contudo, para o estudo que ora nos ocupa, é dizer, aquele relativo ao Direito Internacional *Público*, a nacionalidade em causa será sempre da pessoa *física*.

Etimologicamente, a expressão nacionalidade deriva de *natio*, que indica um agrupamento de indivíduos unidos por laços mais sociológicos que jurídicos, como a mesma raça, língua, religião, história, cultura etc. A ideia remonta ao chamado *princípio das nacionalidades*, defendido por Mancini ao elaborar o conceito de *Nação*, como já se estudou no Capítulo II, Seção I, item nº 2, desta Parte II. Daí entenderem os autores franceses que esse liame entre o indivíduo e o Estado é "a tradução, na ordem das realidades concretas, da concepção da nação".[6] Para outros autores, como Ernst Isay, a nacionalidade é muito mais que simples relação jurídica: é *laço moral*.[7] Mas isso, como diz Pontes de Miranda, "nada prova, porque a relação jurídica da nacionalidade é o pressuposto *necessário* e *suficiente* para que ela exista".[8]

Em verdade, o atual direito da nacionalidade é resultado de um longo processo informado tanto por princípios filosóficos quanto por contingências demográficas, políticas e, ainda mais, históricas.[9] Assim, diz-se atualmente tratar de vínculo *jurídico-político*, uma vez que a nacionalidade, em si, não constitui mero vínculo jurídico, pois pode o indivíduo ser nacional de um Estado e estar sujeito, juridicamente, à legislação de outro, como a *lex domicilli* ou a lei do centro vital dos seus interesses. O Estado em causa pode ser a pátria de origem do indivíduo ou o local que ele adotou por meio da naturalização. Seja num ou noutro caso, diz-se que o indivíduo é *nacional* do Estado. Daí entenderem alguns autores que o que realmente informa a nacionalidade são razões de ordem *política*, como consequência da

---

[2] Cf. Paul Lagarde. *La nationalité française*. Paris: Dalloz, 1975, p. 1; e André Weiss, *Manuel de droit international privé*. 8ª ed. Paris: Sirey, 1920, p. 2. Seguindo a mesma doutrina, *v.* Jacob Dolinger, *Direito internacional privado: parte geral*, 6ª ed., ampl. e atual. Rio de Janeiro: Renovar, 2001, pp. 151-152.

[3] Cf. Marcel Sibert. *Traité de droit international public: le droit de la paix*, vol. I., cit., p. 934; e Yussef Said Cahali, *Estatuto do estrangeiro*, 2ª ed. rev., atual. e ampl., São Paulo: RT, 2010, p. 19.

[4] *V.* José Francisco Rezek. Le droit international de la nationalité, in *Recueil des Cours*, vol. 198 (1986-III), p. 345; e Gilmar Ferreira Mendes, Direito de nacionalidade e regime jurídico do estrangeiro, in *Revista Direito Público*, vol. 1, nº 14, Brasília, out./nov./dez./2006, p. 5.

[5] Para detalhes, *v.* Valerio de Oliveira Mazzuoli, *Curso de direito internacional privado*, cit., pp. 379-380.

[6] Dominique Schnapper. *La France de l'intégration: sociologie de la nation en 1990*. Paris: Gallimard, 1991, p. 51. Frise-se que a origem do conceito de nacionalidade é mesmo *francesa*, tendo depois sido impregnado nos demais ordenamentos jurídicos da Europa.

[7] *V.* Ernst Isay. De la nationalité, in *Recueil des Cours*, vol. 5 (1924-IV), p. 430.

[8] Cf. Pontes de Miranda. *Comentários à Constituição de 1967 com a Emenda nº 1 de 1969*, t. IV, 2ª ed. rev., 2ª tir. São Paulo: RT, 1974, p. 346.

[9] Cf. Anne Morillon. Naturalisation et modes d'acquisition de la nationalité française: du Code Civil de 1804 à la loi du 22 juillet 1993, in *Les Cahiers du Centre d'Étude et de Recherche sur les Relations Inter--Ethniques el les Minorités*, Université de Haute Bretagne (Rennes 2), nº 3, octobre 1998, p. 48.

organização estatal.[10] Vige, aqui, de resto, o *princípio da atribuição estatal da nacionalidade*, proclamado universalmente pela doutrina e pelas normas internacionais em geral, segundo o qual cada Estado tem competência exclusiva para legislar sobre a sua nacionalidade, da maneira que lhe aprouver.[11]

Contrapõe-se ao *nacional* a figura do *estrangeiro*. Daí serem *nacionais* do Estado aquelas pessoas às quais a norma constitucional é dirigida, quer em virtude do nascimento ou por fato a ele posterior. Em outras palavras, a nacionalidade nada mais é do que o estado de dependência em que se encontram os indivíduos perante o Estado a que pertencem. Trata-se de uma questão de *soberania* do Estado, em triplo aspecto, pois: *a*) somente o Estado soberano pode atribuir ao indivíduo, pelo simples fato do nascimento, a *sua* nacionalidade; *b*) somente o Estado pode conceder a condição de *nacional* aos estrangeiros (por meio de naturalização, pelo casamento etc.); e *c*) também, só ele pode estabelecer os casos em relação aos quais o seu nacional (seja nato ou naturalizado) *perde* a sua nacionalidade. Essas são atribuições do *Estado soberano*. Nenhum *Estado federado* tem competência para atribuir aos seus súditos nacionalidade (ainda que em alguns países isso seja costume, como na Suíça), uma vez que falta a estes personalidade jurídica internacional. Se o fazem, é tão somente para uso interno, não podendo fazer valer, no plano internacional, uma pretensa prerrogativa de proteção de seu súdito.[12] Nesse caso, somente o Estado Federal (não o *federado*...) é que pode atribuir nacionalidade aos seus cidadãos. Por exemplo, no Brasil, todos os que se ligam ao nosso Estado são brasileiros de igual forma, não havendo, à luz do Direito Internacional, *nacionais* do Estado de São Paulo, de Mato Grosso, de Minas Gerais, de Santa Catarina etc.

Ademais, esse vínculo jurídico-político que liga uma pessoa ao seu Estado recebe, dentro desse ente estatal, um tratamento normativo de Direito interno, consistente na incumbência que o Estado tem de legislar sobre a sua própria nacionalidade, desde que observados os princípios que o Direito Internacional (convencional e costumeiro) lhe impõe. Assim sendo, cada Estado é livre para *legislar* sobre a nacionalidade de seus indivíduos, sem que haja qualquer relevância a vontade pessoal ou os interesses privados destes, o que não significa que lhes sejam retirados o direito à *escolha* e ao *exercício* dessa nacionalidade.

O tema "nacionalidade" é matéria afeta ao Direito substancial (Direito material e Direito formal), como sustenta, enfaticamente, Pontes de Miranda, e não aos demais ramos do sobredireito, de que é exemplo do Direito Internacional Privado, ainda que com este guarde considerável afinidade (pois é um dos seus elementos de conexão).[13] Tratando-se de *direito público* substancial, a matéria passa a ser mais de Direito interno que de Direito Internacional Público.[14] Contudo, em relação à nossa disciplina, ou seja, em relação ao

---

[10]   *V.* Francisco Xavier da Silva Guimarães. *Nacionalidade: aquisição, perda e reaquisição*, 2ª ed. Rio de Janeiro: Forense, 2002, pp. 1-2.

[11]   Cf. A. Dardeau de Carvalho. *Nacionalidade e cidadania*. Rio de Janeiro: Freitas Bastos, 1956, p. 49.

[12]   Cf. José Francisco Rezek. A nacionalidade à luz da obra de Pontes de Miranda, in *Revista Forense*, ano 74, vol. 263, fasc. 901-903, Rio de Janeiro, jul./ago./set./1978, p. 8.

[13]   *V.* Valerio de Oliveira Mazzuoli. *Curso de direito internacional privado*, cit., p. 45.

[14]   Cf. Pontes de Miranda. *Comentários à Constituição de 1967 com a Emenda nº 1 de 1969*, t. IV, 2ª ed., cit., pp. 354-355; Shigeru Oda, *Manual de derecho internacional público*, Max Sørensen [Editor], cit., pp. 454-456; Gilmar Ferreira Mendes, Direito de nacionalidade e regime jurídico do estrangeiro, cit., p. 6; e Yussef Said Cahali, *Estatuto do estrangeiro*, cit., pp. 21-22, para quem a "doutrina é uniforme no

direito das gentes, a nacionalidade (assim como a condição jurídica do estrangeiro) também guarda vínculo estreito, uma vez que se encontra regulada tanto por convenções internacionais globais – de que é exemplo a Convenção da Haia sobre Conflitos de Nacionalidade, de 12 de abril de 1930[15] –, quanto por declarações e tratados internacionais de direitos humanos, de que são exemplos a Declaração Universal dos Direitos Humanos, de 1948, e a Convenção Americana sobre Direitos Humanos, de 1969. Ademais, o tema já foi objeto de debate nos principais foros internacionais, notadamente na CIJ.[16] Isso demonstra que, atualmente, a matéria não pode ficar adstrita ao enfoque interno (legal ou constitucional) que cada Estado lhe dá, devendo ser também estudada pela doutrina internacionalista, principalmente porque nenhum Estado pode gozar (atualmente) de liberdade ilimitada no estabelecimento das regras sobre aquisição e perda da nacionalidade, havendo parâmetros internacionais a serem seguidos para tanto.[17]

A nacionalidade é um *direito fundamental* da pessoa humana,[18] cujo único titular capaz de outorgá-la (já se disse) é o Estado soberano. O que este Estado faz é *outorgar* a nacionalidade ao indivíduo, sem afetar o direito que este tem de optar por outra nacionalidade e renunciar à nacionalidade de origem, sempre que isto lhe for conveniente e juridicamente possível.[19] Os Estados não podem se furtar em estabelecer distinção entre os seus nacionais e os estrangeiros. Não obstante esse princípio ter sido colocado em dúvida por Kelsen, para quem poderia o Estado deixar de legislar sobre os seus nacionais e até mesmo extingui-los,[20] é muito difícil entender possa uma potência estrangeira ter sua dimensão pessoal suprida por mera dimensão demográfica, composta, exclusivamente, por estrangeiros, atribuindo a estes, inclusive, os cargos que normalmente se destinam aos nacionais *natos*, como a chefia suprema da nação.

Não se pode, ademais, esquecer as regras fundamentais insculpidas no art. 15, §§ 1º e 2º, da Declaração Universal dos Direitos Humanos, que dispõem: "1. Toda pessoa tem direito a uma nacionalidade. 2. Ninguém será arbitrariamente privado de sua nacionalidade, nem do direito de mudar de nacionalidade". Assim, apesar de continuar sendo o Estado o titular do direito de legislar sobre a nacionalidade (no caso brasileiro, esse poder é conferido à União, nos termos do art. 22, inc. XIII, da Constituição de 1988), não se exclui do indivíduo o *direito*

---

sentido de reconhecer que a determinação da nacionalidade é exclusivamente de direito público interno: no estágio atual do direito internacional, as questões relativas à nacionalidade são, em princípio, compreendidas no domínio reservado à soberania de cada país. E não poderia ser de outro modo, pois a legislação sobre nacionalidade inspira-se em interesses eminentemente políticos e sociais de cada Estado soberano". Em sentido contrário, *v.* José Francisco Rezek, Le droit international de la nationalité, cit., p. 351, para quem: "A nacionalidade, em síntese, é um tema de direito internacional público".

[15]   Tal Convenção entrou em vigor internacional em 1º de julho de 1937. Sobre ela, *v.* Paul Weiss, *Nationality and statelessness in international law*, cit., pp. 26-28.

[16]   *V.* o famoso *caso Nottebohm*, in *ICJ Reports* 4, (1955), que será comentado mais adiante.

[17]   Cf. Antonio Remiro Brotons (*et al.*). *Derecho internacional*, cit., pp. 822-823; e Jorge Miranda, *Teoria do Estado e da Constituição*, cit., pp. 103-104.

[18]   Cf. David Weissbrodt & Connie de la Vega. *International human rights law: an introduction*. Philadelphia: University of Pennsylvania Press, 2007, pp. 82-85.

[19]   Cf. Ernst Isay. De la nationalité, cit., p. 467.

[20]   *V.* Hans Kelsen. Théorie générale du droit international public: problèmes choisis, in *Recueil des Cours*, vol. 42 (1932-IV), p. 244.

à sua nacionalidade, daí se abstraindo que a condição de *nacional* também se manifesta pela vontade dos indivíduos que compõem o Estado. O que o direito das gentes não obriga é que o indivíduo *tenha* uma nacionalidade, necessitando apenas ter *estatuto* pelo qual se reja nas relações de direito privado, como já salientou Pontes de Miranda.[21] O que faz o direito das gentes é dizer que todos têm direito a uma nacionalidade, devendo as normas de direito interno proporem as condições para tanto, com os requisitos necessários, com delegação eventual – como faz o direito brasileiro – à legislação infraconstitucional. No plano interno, *ter* a nacionalidade brasileira é condição fundamental apenas para o caso de requerimento de perda da nacionalidade brasileira que seja capaz de gerar situação de apatridia. Nesse caso, requerida a perda e verificada a situação geradora de apatridia, a autoridade competente deve – em razão de não ter o nacional *outra* nacionalidade que o ampare – manter obrigatoriamente a nossa nacionalidade à pessoa, ainda que contra a sua vontade (CF, art. 12, § 4º, inc. II). Assim, não há conflito entre o direito das gentes e o direito interno, pois este último pode (deve) ampliar as garantias estabelecidas pela sociedade internacional no que tange à aquisição, à perda e à reaquisição da nacionalidade.

Em suma, o vínculo jurídico-político que une aqueles indivíduos estabelecidos sobre dado território e sob a ordem de um governo independente, dando corpo ao agrupamento humano do Estado, é o que se nomina *nacionalidade*. Esta – que não se confunde com a dimensão *demográfica* estatal, compreensiva dos estrangeiros residentes no país – incorpora o indivíduo ao *elemento pessoal* do Estado, conhecido como *povo*.

Frise-se que nacionalidade também não se confunde com *naturalidade*, que é apenas o local (físico, territorial) onde a pessoa efetivamente *nasce*. O nascimento é um simples fato para o mundo jurídico, que não ultrapassa uma dimensão territorial local. De sorte que a naturalidade da pessoa é designada pela localidade do nascimento, que normalmente é o município ou a região do país onde nasceu. Nada mais é que um conceito de índole territorial, que nada tem que ver com o fato de *pertencer* o indivíduo a um determinado Estado. Assim, nascido em Presidente Prudente, município do interior do Estado de São Paulo, pode ter o indivíduo: *a*) naturalidade e nacionalidade exclusivamente brasileiras (pois nasceu nessa cidade e é brasileiro nato, tendo então naturalidade prudentina e nacionalidade brasileira); *b*) naturalidade brasileira e nacionalidade exclusivamente italiana (pois nasceu em cidade brasileira, mas é filho de pais italianos a serviço da Itália no Brasil, sendo então *natural* brasileiro – de Presidente Prudente – e *nacional* italiano), ou ainda; *c*) naturalidade e nacionalidade brasileiras e nacionalidade e cidadania italianas concomitantemente (pois nasceu em território brasileiro, sendo filho de pai italiano que não está no Brasil a serviço do seu país, caso em que será *natural* de Presidente Prudente, *nacional* brasileiro e também *nacional* italiano, pelos critérios do *jus soli* e *jus sanguinis*, respectivamente). Neste último caso, tendo em vista aceitar a Itália a regra do *jus sanguinis*, ocorre a chamada dupla nacionalidade ou polipatria, que será estudada em detalhes no item nº 4, *infra*. Indivíduos nascidos em espaços públicos internacionais, como o alto-mar, a bordo de navios, não têm naturalidade alguma, devendo ter, no entanto, ao menos uma nacionalidade, para que não resvale em situação de apatridia.

---

[21] Pontes de Miranda. *Comentários à Constituição de 1967 com a Emenda nº 1 de 1969*, t. IV, 2ª ed., cit., p. 348.

CURSO DE DIREITO INTERNACIONAL PÚBLICO – *Valerio de Oliveira Mazzuoli*

3. Nacionalidade e cidadania. A confusão entre *nacionalidade* e *cidadania* há de ser evitada antes de se continuar no estudo do direito da nacionalidade. Trata-se de duas matérias inter-relacionadas, mas que juridicamente não se confundem. A distinção nem sempre é fácil de fazer, tendo em vista que o conteúdo jurídico do conceito de *cidadania* foi ampliado sobremaneira, notadamente após a Segunda Guerra Mundial.[22]

O primeiro esboço do conceito de *cidadania* teve origem, historicamente, com o surgimento dos direitos civis, no decorrer do século XVIII (chamado *Século das Luzes*), sob a forma de direitos de liberdade, mais precisamente a liberdade de ir e vir, de pensamento, de religião, de reunião, pessoal e econômica, rompendo-se com o feudalismo medieval na busca da participação da sociedade.[23] A concepção moderna de cidadania surge, então, quando ocorre a ruptura com o *Ancien Régime* absolutista, em virtude de ser ela incompatível com os privilégios mantidos pelas classes dominantes, passando o ser humano a deter o *status* de "cidadão", tendo asseguradas, por um rol mínimo de normas jurídicas, a liberdade e a igualdade contra qualquer atuação arbitrária do então Estado-coator.

Com o aparecimento do *Estado Social* nas primeiras décadas do século XX, as fronteiras da cidadania ampliaram-se ainda mais, aumentando as dificuldades de formulação de um conceito mínimo, capaz de entender, coerentemente, esse novo fenômeno em construção.

O conceito de *cidadania*, entretanto, tem sido frequentemente apresentado de forma vaga e imprecisa. Uns a identificam com a perda ou aquisição da nacionalidade; outros, com o exercício dos direitos políticos de votar e ser votado (caso em que todos os cidadãos seriam nacionais, mas nem todos os nacionais seriam cidadãos);[24] e outros, ainda, como uma função da nacionalidade.[25] No Direito Constitucional aparece o conceito comumente relacionado à *nacionalidade* e aos *direitos políticos*. Na Teoria Geral do Estado, por sua vez, aparece ligado ao elemento *povo*, como integrante constitutivo do conceito de Estado, contrapondo o conceito de nacional face ao de estrangeiro. Dessa forma, fácil perceber que, no discurso jurídico dominante, a cidadania não apresenta um estatuto próprio, pois, na medida em que se relaciona com esses três elementos (nacionalidade, direitos políticos e povo), se apresenta como algo ainda indefinido.[26] A situação ainda mais se agrava quando se sabe que o termo "cidadão" é, também, frequentemente invocado, de forma descompromissada, no discurso e nos meios políticos do nosso tempo.

---

[22] V. Valerio de Oliveira Mazzuoli. *Direitos humanos & cidadania à luz do novo direito internacional*. Campinas: Minelli, 2002, 167p. Nessa obra – na qual se estudou um a um dos dispositivos do texto constitucional brasileiro referentes à expressão *cidadão* e *cidadania* –, defende-se a posição de que a *cidadania* não é conceito afeto tão somente ao exercício dos direitos civis e políticos (posição ultrapassada e que, atualmente, não tem mais qualquer razão de ser), tendo um conteúdo bem mais amplo, envolvendo as garantias constitucionais e internacionais de proteção dos direitos humanos, em relação à atuação do indivíduo em sua condição de *cidadão* e como agente de mudanças políticas e sociais do Estado.

[23] Cf. T. H. Marshall. *Cidadania, classe social e status*. Rio de Janeiro: Zahar, 1967, pp. 63-64.

[24] Cf. Cesar Diaz Cisneros. *Derecho internacional público*, vol. I, cit., p. 295; e Antonio Remiro Brotons (*et al.*), *Derecho internacional*, cit., pp. 821-822.

[25] Cf. José Cretella Júnior. *Comentários à Constituição Brasileira de 1988*, vol. 2. Rio de Janeiro: Forense Universitária, 1989, p. 1.073.

[26] Cf. Vera Regina Pereira de Andrade. *Cidadania: do direito aos direitos humanos*. São Paulo: Acadêmica, 1993, pp. 17-28.

Parte II • Cap. IV • OS INDIVÍDUOS E O DIREITO INTERNACIONAL | **629**

A partir do século XVIII, com o movimento iluminista, começaram a ser definidos os primeiros contornos do conceito de cidadania. Como resultado da Revolução Francesa, surge, então, a *Déclaration des Droits de l'Homme et du Citoyen*, de 1789, que, sob a influência do discurso jurídico burguês, lançou as primeiras bases da ideia de "cidadão". A revolução burguesa pretendeu deixar claro – e assim o fez no *Artigo 16* de tal *Déclaration* – que *não há Constituição* onde não se tenha assegurada a garantia dos direitos individuais nem seja determinada a separação dos poderes. Buscou-se, então, colocar em primeiro plano os direitos dos indivíduos, transformando os *súditos* em *cidadãos*, em repúdio à monarquia absolutista, sob o manto de uma "república constitucional".[27]

O que se denota da Declaração de 1789, entretanto, é a cisão que fez dos direitos do "homem" e do "cidadão", na qual a expressão *Direitos do Homem* significava o conjunto dos direitos *individuais*, levando-se em conta a sua visão extremamente individualista, ao passo que o termo *Direitos do Cidadão* expressava o conjunto dos *direitos políticos* de votar e ser votado, como institutos essenciais à democracia representativa.

A ideia central traduzida da linguagem empregada pela *Déclaration* está fixada na base do conceito de *cidadania ativa*. Por *cidadãos* deveriam ser entendidos os *homens* franceses (na acepção biológica da expressão *homem*, ou seja, aqueles seres humanos do sexo masculino) que podiam prover o seu sustento pelo seu próprio capital, isto é, que não tinham relação de *dependência* para com o capital de outrem. Em outras palavras, da condição de *cidadãos* estavam excluídas todas as mulheres, bem assim aqueles que não podiam prover o seu sustento pelo próprio capital, ou seja, todos os trabalhadores, empregados e hipossuficientes. A qualidade de pertencer ao sexo *masculino* e ser dotado de boas condições econômicas era, destarte, fator fundamental para a participação *ativa* na vida da sociedade francesa do século XVIII.

A ideia de *cidadão*, que, na Antiguidade Clássica, conotava o habitante da cidade – o *citadino* – firma-se, então, como querendo significar aquele indivíduo a quem se atribuem direitos *políticos*, é dizer, o direito de participar ativamente da vida política do Estado onde vive. Assim, por *cidadania* entendia-se "a qualidade dos que podem exercer direitos políticos", como já pontificou Eduardo Espínola.[28] Tratava-se, portanto, de uma cidadania *censitária*, porque abraçava tão somente os detentores de riquezas. Na Carta brasileira de 1824, por exemplo, falava-se, nos arts. 6º e 7º, em *cidadãos brasileiros*, como querendo significar o nacional, ao passo que, nos arts. 90 e 91, o termo *cidadão* designava aqueles que podiam votar e ser votados. Estes últimos eram chamados *cidadãos ativos*, pois gozavam de direitos

---

[27] Cf. Paolo Barile. *Diritti dell'uomo e libertà fondamentali*. Bologna: Società Editrice il Mulino, 1984, p. 12. Nesse mesmo sentido, a lição de Luigi Ferrajoli, nestes termos: "É assim que a transformação do Estado absoluto em Estado de direito ocorre simultaneamente à transformação do súdito em *cidadão*, isto é, em um sujeito titular de direitos não mais exclusivamente 'naturais' mas 'constitucionais' em relação ao Estado, que se torna, por sua vez, vinculado em relação àquele. O denominado contrato social, uma vez traduzido em pacto constitucional, não é mais uma hipótese filosófico-política, mas um conjunto de normas positivas que obrigam entre si o Estado e o cidadão, tornando-os dois sujeitos de soberania reciprocamente limitada" (*Direito e razão: teoria do garantismo penal*, 2ª ed., rev. e ampl., São Paulo: RT, 2006, p. 793). Ainda sobre a transformação dos súditos em cidadãos, *v.* Otfried Höffe, *A democracia no mundo de hoje*, cit., pp. 219-261.

[28] Eduardo Espinola. *Elementos de direito internacional privado*. Rio de Janeiro: Jacintho Ribeiro dos Santos, 1925, p. 156, nota nº 1.

políticos; aqueles pertenciam à classe dos *cidadãos inativos*, porque destituídos do direito de eleger e ser eleitos.[29]

Enfim, os termos "homem" e "cidadão" recebiam significados diversos àquela altura da história. É dizer, o *cidadão* teria um *plus* em relação ao *homem*, consistente na titularidade de direitos na ordem política, na participação da vida da sociedade e na detenção de riqueza, formando, então, uma *casta especial* e *mais favorecida* de pessoas, distinta da grande e carente massa popular, por sua vez formada de meros e simples *indivíduos*.

Essa ideia, no entanto, vai sendo gradativamente modificada quando do início do processo de internacionalização dos direitos humanos, nascido com a proclamação da Declaração Universal dos Direitos Humanos, em 1948. Passa-se a considerar *cidadãos*, a partir daí, não só aqueles detentores dos direitos civis e políticos, senão também *todos* os que habitam o âmbito da soberania de um Estado e desse Estado recebem uma carga de direitos (civis e políticos; sociais, econômicos e culturais) e deveres dos mais variados.[30] Hoje, a preocupação maior consiste em entender a *cidadania* não como mera abstração ou hipótese jurídica, mas como meio concreto de realização da soberania popular, entendida esta como o poder determinante do funcionamento estatal em seus mais diversos âmbitos. Não obstante esse anseio de mudança conceitual, os textos constitucionais de diversos países ainda induzem à confusão entre nacionalidade e cidadania, inclusive no Brasil, em que a Constituição se refere a estas expressões em diversos dispositivos, atribuindo-lhes significados dos mais variados.[31]

Para os propósitos deste *Curso*, pode-se considerar a *nacionalidade* como sendo o elo jurídico-político que liga o indivíduo a determinado Estado e a *cidadania* como a condição de exercício dos direitos constitucionalmente assegurados, que não mais se limita à mera atividade eleitoral ou ao voto, compreendendo uma gama muito mais abrangente de *direitos* – por sua vez, oponíveis à ação dos poderes públicos – e, também, *deveres* para com toda a sociedade. A cidadania, assim considerada, consiste na consciência de participação dos indivíduos na vida da sociedade e nos negócios que envolvem o âmbito de seu Estado, alcançados, em igualdade de direitos e dignidade, pela construção da convivência coletiva com base num sentimento ético comum, capaz de torná-los partícipes no processo do poder e garantir-lhes o acesso ao espaço público. São atos que comprovam o exercício da cidadania o desempenho de funções públicas, de atividades comerciais ou empresariais, o exercício do voto, a participação na vida pública ou da sociedade civil etc.

---

[29] V. José Afonso da Silva. *Poder constituinte e poder popular: estudos sobre a Constituição*. São Paulo: Malheiros, 2000, pp. 138-139.

[30] Nesse sentido, *v.* José Augusto Lindgren Alves, Cidadania, direitos humanos e globalização, in *Direitos humanos, globalização econômica e integração regional: desafios do direito constitucional internacional*, Flávia Piovesan (coord.), São Paulo: Max Limonad, 2002, p. 79, para quem: "(…) esse é o quadro em que se desenvolve a cidadania no Estado constitucional moderno. Ele se acha consagrado, desde 1948, pela Declaração Universal dos Direitos Humanos, que entroniza no mesmo nível os direitos civis, políticos, econômicos, sociais e culturais de todo ser humano. Esse é o quadro que inspira os esforços contemporâneos nacionais – não apenas brasileiros, mas de qualquer sociedade democrática consciente (embora a doutrina jurídica norte-americana ainda relute em aceitar a ideia de direitos econômicos e sociais) – para a plena observância dos direitos humanos".

[31] Para a mesma crítica na Argentina, *v.* Pablo A. Ramella, *Nacionalidad y ciudadanía*, Buenos Aires: Depalma, 1978, p. 14.

Parte II · Cap. IV · OS INDIVÍDUOS E O DIREITO INTERNACIONAL | **631**

As prerrogativas conferidas pela cidadania aos nacionais normalmente (mas nem sempre) excluem a participação dos estrangeiros, principalmente no que tange às questões políticas privativas dos cidadãos do Estado. Não obstante o texto constitucional brasileiro assegurar "aos brasileiros e aos estrangeiros residentes no País [isso não significando que os *estrangeiros não residentes* não disponham de quaisquer meios para tutelar situações subjetivas, como aponta a melhor doutrina[32]] a inviolabilidade do direito à vida, à liberdade, à igualdade, à segurança e à propriedade" (art. 5º, *caput*), a própria Constituição reserva aos brasileiros (com prevalência aos brasileiros *natos*) o exercício de certos direitos públicos e privados, excluindo a participação dos estrangeiros.[33]

Por outro lado, a nacionalidade é conceito mais ligado aos aspectos internacionais do vínculo que liga o indivíduo a um Estado, distinguindo-o do estrangeiro, enquanto a cidadania tem características mais ligadas à participação do indivíduo no cenário nacional,[34] qualificando o gozo dos direitos políticos, os participantes dos negócios do Estado e a consciência de participação social, esta última como garantia do exercício dos direitos fundamentais (CF, arts. 1º, inc. II, e 14). Sob esse aspecto, a cidadania pressupõe nacionalidade, e é conceito menos amplo que o de nacional. Aliás, se se atender a outras utilizações é fácil verificar a amplitude maior do conceito de nacionalidade relativamente ao de cidadania: não só as pessoas naturais têm nacionalidade, senão também as pessoas jurídicas e coisas (como navios e aeronaves), sendo certo que cidadania só as pessoas singulares possuem.[35]

4. Nacionalidade originária e adquirida. A nacionalidade pode ser de duas espécies: *originária* (*primária* ou *atribuída*) e *adquirida* (*secundária, derivada* ou *de eleição*). A primeira (que indivíduo se vê atribuir ao nascer) é involuntária e resulta ou (*a*) do local de nascimento (*jus soli*), ou (*b*) da nacionalidade dos pais à época do nascimento (*jus sanguinis*),[36] ou ainda (*c*) de qualquer relação tida pelo Estado como suficiente para se atribuir a alguém a nacionalidade. A segunda, que se verifica sempre após o nascimento, se obtém mediante *naturalização* – voluntária ou, em outros tempos, imposta e, em alguns países, pelo casamento.[37] Atualmente, a nacionalidade que se obtém mediante naturalização depende de um

---

[32]   V. Pinto Ferreira. *Comentários à Constituição brasileira*, 1º vol. São Paulo: Saraiva, 1989, p. 59, que assim leciona: "A garantia da inviolabilidade ainda se estende aos estrangeiros residentes no País, conforme se verifica do texto constitucional vigente. Mas tal garantia ainda se amplia aos estrangeiros não residentes no Brasil, pois a declaração de direitos possui caráter universal. O sentido da expressão 'estrangeiro *residente*' deve ser interpretado para significar que a validade e a fruição legal dos direitos fundamentais se exercem *dentro* do território brasileiro". Ainda sobre o tema, *v*. José Afonso da Silva, *Curso de direito constitucional positivo*, 26ª ed. rev. e atual., São Paulo: Malheiros, 2006, pp. 192-193; e Ingo Wolfgang Sarlet, *Curso de direito constitucional*, cit., pp. 306-308.

[33]   Cf. Francisco Xavier da Silva Guimarães. *Nacionalidade: aquisição, perda e reaquisição*, cit., p. 9.

[34]   V. José Francisco Rezek. Le droit international de la nationalité, cit., pp. 344-345.

[35]   Cf. Jorge Miranda. *Teoria do Estado e da Constituição*, cit., p. 102.

[36]   Em verdade, melhor seria denominar de "critério da filiação" o que se convencionou chamar de critério *jus sanguinis*, visto que não é o *sangue*, mas sim a nacionalidade dos pais que fixa a nacionalidade dos filhos, como veremos adiante.

[37]   Sobre a aquisição da nacionalidade pelo casamento, *v*. Eduardo Espinola, *Elementos de direito internacional privado*, cit., pp. 166-173. Como veremos no item nº 6, *infra*, não existe esta modalidade de aquisição da nacionalidade no direito brasileiro atual.

ato de vontade do indivíduo, que a adquire livremente no decorrer da vida, não podendo ser imposta pelo Estado. Este apenas a *aceita* e a *concede*, de acordo com o seu Direito interno, certo de que, no caso dos brasileiros naturalizados em Estado estrangeiro, não há perda da nacionalidade brasileira originária, salvo pedido expresso do nacional nesse sentido (CF, art. 12, § 4º, inc. II).

Não há mais no Brasil a chamada *naturalização por vontade (ou por permissão) da lei*, então prevista nos incisos IV e V do art. 69 da Constituição de 1891, segundo os quais o Estado concedia a nacionalidade ao indivíduo, por lei, cabendo a este aceitá-la ou recusá-la, valendo o seu silêncio como forma de aceite. A doutrina normalmente se refere à naturalização *por benefício da lei* para designar esse tipo de aquisição de nacionalidade. Preferimos chamá-la, contudo, de naturalização por *vontade* ou por *permissão* da lei, uma vez que nem sempre há efetivo "benefício" àqueles indivíduos alcançados por tal regra.[38] No Brasil República, assim, já se adotou a respeito dos estrangeiros aqui residentes aquilo que o Império já havia adotado quanto aos portugueses que se encontravam no ex-território tornado independente: consideraram-se brasileiros todas essas pessoas, se não preferissem conservar a nacionalidade de origem. Foi o que se chamou de *grande naturalização* ou *naturalização coletiva*.[39] Esta, segundo Clóvis Bevilaqua, "sendo apenas um meio de facilitar a aquisição da nacionalidade brasileira, e tendo uma eficácia transitória, respeitou a liberdade individual e as normas essenciais da naturalização".[40]

Frise-se que, apesar da semelhança, a hipótese acima (naturalização por vontade ou permissão da lei) não é a mesma da chamada *naturalização involuntária*, de que é exemplo a mulher que se casa com estrangeiro (*v.g.*, italiano) e adquire, automaticamente, a nacionalidade do marido.

Modernamente, em muitos países, a nacionalidade derivada pode induzir ruptura com o vínculo anterior, exatamente por depender de uma vontade determinada, do indivíduo ou do Estado (até mais deste que daquele), atendidas determinadas exigências. No direito brasileiro atual, não se cogita dessa forma de perda da nacionalidade brasileira, podendo o nacional (brasileiro nato ou naturalizado) adquirir outras nacionalidades sem que haja ruptura com o vínculo jurídico-político tido com o Brasil, salvo renúncia expressa à nacionalidade brasileira, por requerimento do interessado (CF, art. 12, § 4º, inc. II).

Excluem-se da atribuição da nacionalidade *jus soli* os filhos de agentes de Estados estrangeiros (como diplomatas, cônsules, chefes de missão diplomática etc.), por se entender que tais indivíduos estão mais intimamente ligados à nacionalidade de seus pais (*jus sanguinis*) e à sua respectiva função pública.[41] Assim, por uma presunção de índole social, os filhos de agentes de Estados estrangeiros nascidos no Brasil não terão sua nacionalidade atribuída pelo critério *jus soli*, mas sim pelo *jus sanguinis*, tendo em vista a função pública exercida pelos seus pais, representantes de determinado Estado estrangeiro no Brasil, como adiante se estudará.

---

[38] Nesse sentido, *v.* Hildebrando Accioly, *Tratado de direito internacional público*, vol. I, cit., p. 374; e Celso D. de Albuquerque Mello, *Curso de direito internacional público*, vol. II, 15ª ed. rev. e aum., Rio de Janeiro: Renovar, 2004, p. 996.

[39] *V.* Oliveiros Litrento. *Curso de direito internacional público*, cit., pp. 302-303.

[40] Clóvis Bevilaqua. *Direito público internacional...*, t. I, cit., p. 265.

[41] Cf. José Francisco Rezek. Le droit international de la nationalité, cit., pp. 355-356.

Parte II · Cap. IV · OS INDIVÍDUOS E O DIREITO INTERNACIONAL | **633**

O que se nota atualmente é que nenhum, ou quase nenhum, Estado soberano adota rigidamente uma ou outra regra (*jus soli* ou *jus sanguinis*) de atribuição de nacionalidade, optando, quase sempre, pela escolha de um desses critérios como regra geral, admitindo exceções permissivas de atribuição da nacionalidade pelo outro.

Não obstante as regras sobre a nacionalidade originária estarem bem delineadas, o antagonismo existente na aplicação de um ou outro critério – *jus soli* e *jus sanguinis* – faz que surjam inúmeros conflitos de leis, dando ensejo aos casos em que o indivíduo nasce (1) sem nacionalidade alguma ou (2) com mais de uma nacionalidade.

No primeiro caso, tem-se a figura dos *heimatlos* (expressão alemã que significa *sem pátria* ou *apátrida*), que são pessoas que, dada a circunstância em que nasceram, não dispõem de nenhum laço que as prenda ou que as vincule a determinado Estado.[42] A isto alguns autores

---

[42]   Regula a situação dos apátridas a *Convenção sobre o Estatuto dos Apátridas*, celebrada em Nova York, em 28 de setembro de 1954, com vigor internacional desde 6 de junho de 1960. Desta Convenção, cabe destacar os seguintes dispositivos: "Art. 1º (*Definição do Termo Apátrida*). 1. Para efeitos da presente Convenção, o termo apátrida designará toda a pessoa que não seja considerada por qualquer Estado, segundo a sua legislação, como seu nacional. 2. Esta Convenção não será aplicável: i) Às pessoas que atualmente beneficiam de proteção ou assistência por parte de organismos ou agências das Nações Unidas, que não seja o Alto Comissariado das Nações Unidas para os Refugiados, enquanto estiverem a receber essa proteção ou assistência; ii) às pessoas a quem as autoridades competentes do país onde tenham fixado a sua residência reconheçam os direitos e obrigações inerentes à posse da nacionalidade desse país; iii) às pessoas sobre as quais haja razões fundadas para considerar que: *a*) cometeram um crime contra a paz, um crime de guerra ou um crime contra a humanidade, como definido nos instrumentos internacionais que contêm disposições relativas a esses crimes; *b*) cometeram um grave crime de direito comum fora do país da sua residência antes da sua admissão no referido país; *c*) Praticaram atos contrários aos objetivos e princípios das Nações Unidas"; "Art. 4º (*Religião*). Os Estados-contratantes concederão aos apátridas que se encontrem nos seus territórios um tratamento pelo menos tão favorável como o concedido aos nacionais no que se refere à liberdade de praticar a sua religião e à liberdade de educação religiosa dos seus filhos"; "Art. 12 (*Estatuto Pessoal*). 1. O estatuto pessoal de todo o apátrida será regido pela lei do país do seu domicílio, ou na falta de domicílio, pela lei do país da sua residência. 2. Os direitos anteriormente adquiridos pelo apátrida que resultem do estatuto pessoal, especialmente os que resultem do casamento, serão respeitados por cada Estado-contratante, ressalvando-se, quando seja caso disso, o cumprimento das formalidades previstas pela legislação do referido Estado, entendendo-se, contudo, que o direito em causa deve ser reconhecido pela legislação do referido Estado se o interessado não se tivesse tornado apátrida"; "Art. 16 (*Acesso aos Tribunais*). 1. No território dos Estados-contratantes, todo o apátrida terá livre acesso aos tribunais (órgãos jurisdicionais). 2. No Estado-contratante onde tenha a sua residência habitual, todo o apátrida beneficiará do mesmo tratamento que os nacionais, no que diz respeito ao acesso aos tribunais, incluindo a assistência judiciária e a isenção da caução *judicatum solvi*. 3. Nos Estados-contratantes que não aqueles em que não tenha a sua residência habitual, e no que diz respeito às questões mencionadas no parágrafo 2º, todo o apátrida beneficiará do mesmo tratamento que um nacional do país da sua residência habitual"; "Art. 27 (*Documentos de Identidade*). Os Estados-contratantes emitirão documentos de identidade a todos os apátridas que se encontrem nos seus territórios e não possuam documento de viagem válido"; "Art. 28 (*Documentos de Viagem*). Os Estados-contratantes emitirão aos apátridas que residam legalmente nos seus territórios documentos com os quais possam viajar fora desses territórios, a não ser que a isso se oponham razões imperiosas de segurança nacional ou de ordem pública (...). Os Estados-contratantes poderão emitir um desses documentos de viagem a qualquer outro apátrida que se encontre nos seus territórios; e, em particular, examinarão com benevolência os casos de apátridas que se encontrem nos seus territórios e não estejam em condições de obter documento de viagem do país em que tenham a sua residência legal". Sobre a aplicação desta Convenção no Brasil, *v.* Jahyr-Philippe Bichara, A convenção

denominam *anacionalidade*,[43] e outros de *conflito negativo* de nacionalidade.[44] Tal anomalia muitas vezes nasce de medidas políticas repressivas (como ocorreu no totalitarismo alemão da segunda guerra – à exemplo do que já fizera desde 1921 o governo soviético – que arbitrariamente privou inúmeras pessoas de sua nacionalidade) ou mesmo a título jurídico de pena e sanção, representando um verdadeiro perigo para a sociedade internacional, na medida em que deixa seres humanos sem a devida proteção estatal (*v.g.*, a *proteção diplomática*), tornando-os vítimas de um sistema que, para além de imperfeito, é normalmente arbitrário e cruel.[45] Ocorre também quando o indivíduo *perde* a nacionalidade que tinha, por não ter se submetido ao processo relativo à sua conservação, de acordo com a legislação do Estado de que era nacional. De outro lado, o fenômeno da apatridia também pode ocorrer por meio do *choque de leis*, a exemplo da legislação que determina que a mulher, quando se casa com estrangeiro, perde sua nacionalidade e adquire, *ipso facto*, a do marido, enquanto a legislação particular deste não admite tal forma de aquisição de nacionalidade.[46] Outro exemplo mais comum diz respeito ao caso dos filhos de pais estrangeiros nascidos em países que adotam o *jus sanguinis*, quando o Estado de origem dos pais adota o sistema do *jus soli*, sem quaisquer temperamentos. Nesse sentido, destaque-se que está em vigor no Brasil (desde 23.01.2008) a Convenção para a Redução dos Casos de Apatridia de 1961,[47] que prevê, no seu art. 1º, que "todo Estado Contratante concederá sua nacionalidade a uma pessoa nascida em seu território e que de outro modo seria apátrida", determinando seja tal nacionalidade concedida "(*a*) de pleno direito, no momento do nascimento; ou (*b*) mediante requerimento apresentado à autoridade competente pelo interessado ou em seu nome, conforme prescrito pela legislação do Estado em questão".

No segundo caso, surge a figura da *dupla nacionalidade*.[48] Esta se dá quando há o efeito cumulativo de dois ou mais critérios de atribuição de nacionalidade (chamada dupla

---

relativa ao Estatuto dos Apátridas de 1954 e sua aplicação pelo Estado brasileiro, in *Revista de Direito Constitucional e Internacional*, vol. 21, nº 84, São Paulo, jul./set./2013, pp. 75-102.

[43] Cf. Florisbal de Souza Del'Olmo. *Curso de direito internacional público*, cit., pp. 235-237. Para Del'Olmo, seria mais correta a utilização do termo "*anacionalidade*, pelo acréscimo do prefixo grego *a*, *an*, indicativo de *negação, privação, ausência* (*sem*) à palavra *nacionalidade*. Seria mais próprio por opor-se a *nacionalidade*, termo usual designativo do instituto, em oposição a *apatridia*, que contraria, na verdade, a ideia de *patridia*, termo que não se emprega em lugar de nacionalidade" (*Op. cit.*, pp. 235-236).

[44] Cf. Moreira de Azevedo. *Ensaio sobre a nacionalidade: estudo de direito constitucional e internacional público e privado*. Ceará: Gadelha, 1917, p. 114; e Yussef Said Cahali, *Estatuto do estrangeiro*, cit., p. 62.

[45] V. Celso Lafer. *A reconstrução dos direitos humanos: um diálogo com o pensamento de Hannah Arendt*, 4ª reimp., São Paulo: Companhia das Letras, 2001, pp. 150-154; e David Weissbrodt & Connie de la Vega, *International human rights law...*, cit., p. 84.

[46] V. por tudo, Oyama Cesar Ituassú, *Curso de direito internacional público*, cit., p. 297. Uma convenção de janeiro de 1957, aprovada pela Assembleia Geral da ONU, resolveu o problema, prevendo, em particular, que nem o casamento, nem sua dissolução, nem a mudança de nacionalidade por parte do marido afetarão a nacionalidade da esposa.

[47] A Convenção foi aprovada no Brasil pelo Decreto Legislativo nº 274, de 04.10.2007, tendo sido ratificada em 25.10.2007 (entrando em vigor, nos termos do seu art. 18, em 23.01.2008). Curiosamente, o Governo brasileiro promulgou a Convenção apenas anos depois, pelo Decreto nº 8.501, de 18.08.2015.

[48] Sobre o tema, *v.* Paul Weiss, *Nationality and statelessness in international law*, cit., pp. 170-176 e 181-183; e Mario J. A. Oyarzábal, La doble nacionalidad en el derecho internacional y en la legislación argentina, in *Revista de Derecho Internacional y del Mercosur*, año 7, nº 1, Buenos Aires: La Ley, fev./2003, pp. 7-25.

Parte II · Cap. IV · OS INDIVÍDUOS E O DIREITO INTERNACIONAL | 635

nacionalidade *de fato*, decorrente do *conflito positivo* entre os critérios); mas também não se descarta a possibilidade de os Estados, mediante tratado, decidirem conceder aos seus nacionais essa possibilidade (ao que se nomina nacionalidade *convencional*).[49] Evidentemente que o primeiro caso é o mais comum de ocorrer, como na hipótese do indivíduo, filho de pais estrangeiros, que nasce em Estado que adota o critério do *jus soli*, e cujo Estado de origem dos pais obedece ao do *jus sanguinis*. Esse é o caso dos filhos de italianos nascidos no Brasil, os quais passam a ter também a nacionalidade italiana (em casos tais, o critério atributivo da nacionalidade na Itália é o do *jus sanguinis*). Nesse sentido, a Lei da Cidadania italiana (Lei de 5 de fevereiro de 1992, nº 91) considera, *inter alia*, serem cidadãos italianos os filhos de nacionais italianos, tendo o art. 11 da mesma Lei estabelecido que "o cidadão que possui, adquire ou readquire uma cidadania estrangeira *conserva a italiana*, mas pode a esta renunciar caso resida ou estabeleça residência no exterior" [grifo nosso]. Como se percebe, a norma italiana *reconhece* a nacionalidade originária (cidadão que já *possui* uma cidadania estrangeira) e também a adquirida (aquele que *adquiriu* ou *readquiriu* uma cidadania estrangeira), para o fim de não despojar a pessoa em causa da nacionalidade italiana.[50] No direito brasileiro em vigor, a aquisição por brasileiros de outra(s) nacionalidade(s) não rompe o vínculo jurídico-político existente com o Brasil, aceitando-se, portanto, a dupla (ou plúrima) nacionalidade de brasileiros sem quaisquer restrições, a menos que haja pedido expresso do nacional de renúncia à nacionalidade brasileira (CF, art. 12, § 4º, inc. II).

Questão muito debatida na prática diz respeito à prestação de *serviço militar* pelo indivíduo com dupla nacionalidade, a qual somente se soluciona levando em consideração o caso concreto e as legislações dos países envolvidos e eventuais acordos concluídos entre eles. O problema tem sido resolvido com a conclusão de tratados entre os países interessados, o que tem facilitado sobremaneira sua solução.[51] Foi nesse sentido que a Itália, país que adota o sistema do *jus sanguinis* em princípio, celebrou com o Brasil, em 6 de setembro de 1958, na cidade do Rio de Janeiro, acordo internacional isentando do serviço militar os filhos de italianos nascidos no Brasil, quando estes já prestaram o serviço neste país, nos termos do seu art. 3º, que assim dispõe: "As pessoas a quem se aplicar este Acordo serão consideradas como havendo cumprido as obrigações impostas pela lei vigente na Itália, caso hajam cumprido suas obrigações nas Forças Armadas do Brasil e apresentem, como prova deste fato, um certificado devidamente autenticado, fornecido, mediante requerimento, pelas autoridades competentes do Brasil".[52]

Ainda no que tange à polipatria, apesar de mais raro de ocorrer, pode surgir o caso de ter o indivíduo *três* nacionalidades, sendo uma correspondente à da mãe, outra em razão da nacionalidade do pai, e a terceira determinada pelo local do nascimento.

---

[49] V. Antonio Remiro Brotons (*et al.*). *Derecho internacional*, cit., p. 828.

[50] A aceitação da nacionalidade estrangeira junto à manutenção da nacionalidade de origem parece ser também tendência no direito comparado. Sobre o tema, *v.* Mario J. A. Oyarzábal, *La doble nacionalidad en el derecho internacional y en la legislación argentina*, cit., p. 9.

[51] Cf. Cesar Diaz Cisneros. *Derecho internacional público*, vol. I, cit., pp. 306-309.

[52] O referido acordo sobre serviço militar com a Itália foi aprovado, no Brasil, pelo Decreto Legislativo nº 28, de 1964, e promulgado pelo Decreto nº 56.417, de 04.06.1965, havendo sido trocados os respectivos instrumentos de ratificação, em Roma, a 15 de janeiro de 1965.

Observação que deve ser feita diz respeito à proteção diplomática de tais polipátridas. Aqui, a regra é que um Estado "não pode exercer a sua proteção diplomática em proveito de um seu nacional contra outro Estado de que o mesmo seja também nacional", nos termos do art. 4º da Convenção Concernente a Certas Questões Relativas aos Conflitos de Leis sobre a Nacionalidade, de 12 de abril de 1930.[53] Portanto, em caso de polipatria, a pessoa que esteja em território de um Estado de onde é nacional, será nesse Estado considerada como *somente* nacional seu; passando o indivíduo a ingressar no território de outro Estado do qual também é cidadão, será, nesse Estado, considerado também como seu nacional apenas (princípio da igualdade soberana dos Estados).[54] Por seu turno, em um terceiro Estado o polipátrida há de ser considerado (segundo a jurisprudência internacional) como multinacional, não podendo este terceiro Estado recusar a reclamação de quaisquer dos Estados do qual o indivíduo é nacional, sob a alegação de que apenas a outra nacionalidade da pessoa é a *dominante* ou *efetiva* (princípio da inoponibilidade da nacionalidade de um terceiro Estado em uma reclamação internacional).[55]

O famoso *Caso Canevaro*, entre Itália e Peru, bem demonstra a primeira situação acima colocada. Rafael Canevaro era peruano pelo critério do *jus soli* e italiano pelo *jus sanguinis*. Ante um processo tributário sofrido no Peru, e ante o perigo iminente de expropriação de seus bens, Canevaro solicitou a proteção diplomática da Itália. A Corte Permanente de Arbitragem, em acórdão de 1912, não deferiu o seu pedido por entender não poder um Estado de que é nacional o indivíduo agir contra o outro Estado onde esse mesmo indivíduo também é nacional, podendo, contudo, qualquer deles defender esse seu nacional contra um terceiro Estado; entendeu ainda a Corte que tendo Canevaro se apresentado por várias vezes como cidadão peruano – até mesmo como candidato a senador no país e, posteriormente, assumindo o encargo de Cônsul-Geral do Peru na Holanda –, não poderia utilizar da nacionalidade italiana (contra o próprio Peru, país com o qual mantinha vínculo mais *efetivo*) para se proteger de um processo judicial.[56] Esse critério do *vínculo efetivo ou genuíno* viria a ser, mais tarde, reafirmado pela CIJ no *caso Nottebohm* (Liechtenstein *Vs.* Guatemala) de 6 de abril de 1955 (ainda que este caso não tratasse propriamente da questão da *dupla nacionalidade*).[57]

---

[53]   Promulgada no Brasil pelo Decreto nº 21.798, de 06.09.1932, e ainda em vigor para somente quinze países (em sua maioria europeus).

[54]   Cf. Francisco Xavier da Silva Guimarães. *Nacionalidade: aquisição, perda e reaquisição*, cit., pp. 15-16. Nesse exato sentido, na Argentina, decidiu a Corte Suprema de Justiça da Nação que os cidadãos binacionais devem ser considerados naquele país como "exclusivamente argentinos" (cf. *Caso Angel María Delis v. Artemetal y otro*, in *Fallos* 293:21); sobre o tema, *v.* Mario J. A. Oyarzábal, La doble nacionalidad en el derecho internacional y en la legislación argentina, cit., pp. 18-19.

[55]   Cf. os casos *Salem*, in *A.D.*, 6 (1931-32), nº 98; e *Flegenheimer*, in *I.L.R.*, 25 (1958-I), pp. 149-150; *v.* Mario J. A. Oyarzábal, La doble nacionalidad en el derecho internacional y en la legislación argentina, cit., p. 11.

[56]   Cf. *Reports of International Arbitral Awards*, vol. 11 (1912), p. 9. Ainda segundo o tribunal, a determinação do *vínculo efetivo* pode dar-se por várias maneiras, levando em conta as circunstâncias de fato, como, *v.g.*, a conduta pessoal do indivíduo, seu domicílio ou residência habitual, seu lugar de trabalho, o idioma mais falado, o lugar em que prestou serviço militar etc.

[57]   *V. ICJ Reports* (1955), p. 4. O caso dizia respeito ao Sr. Friedrich Nottebohm, que solicitou proteção diplomática a Liechtenstein contra medidas tomadas pelo governo da Guatemala em desfavor de seus bens. Nottebohm nasceu em Hamburgo (Alemanha), mas em 1905 mudou-se para a Guatemala, onde seus negócios prosperaram, mantendo nesse país residência fixa até 1943. Ele era ainda um nacional alemão quando, em outubro de 1939, viaja para Liechtenstein e lá se naturaliza. Com esta naturalização

Parte II · Cap. IV · OS INDIVÍDUOS E O DIREITO INTERNACIONAL | **637**

O Direito Internacional Público positivo tem procurado, de maneira não muito uniforme, diminuir os problemas decorrentes da *apatridia* e da *polipatria*.[58] Para tanto, têm sido concluídos tratados internacionais sobre temas específicos ou conexos ao da nacionalidade, buscando-se uniformizar os entendimentos que os Estados têm sobre o tema.

Nesse sentido, a Convenção da Haia sobre Conflitos de Leis sobre Nacionalidade (de 1930, em vigor desde 1º de julho de 1937) atribui ao Estado liberdade para determinar, por meio de sua legislação interna, quais são os seus nacionais. Contudo, diz a mesma Convenção que tal liberdade somente será oponível aos demais Estados caso haja "um mínimo de *efetividade*, à base de fatores ditados pelo costume pertinente (lugar de nascimento, filiação, tempo razoável de residência ou outro indicativo do vínculo do indivíduo como pressuposto da naturalização)".[59] A Convenção estipula, em seu art. 4º, que o indivíduo que tenha várias nacionalidades não pode ser protegido por nenhum dos Estados a que seja súdito perante os demais com os quais possua vínculo, como já se falou. O seu art. 5º, por sua vez, estipula que diante de terceiros Estados o indivíduo somente poderá ser protegido por aquele Estado com o qual tenha uma relação efetiva mais estreita. Trata-se do chamado princípio da nacionalidade efetiva (*nationalité effective*), que visa justamente coibir aquele que pretende utilizar-se de uma nacionalidade – em relação à qual não tem nenhum vínculo "efetivo" – para se subtrair a uma obrigação a ele imposta por outro ordenamento jurídico.

A Declaração Universal dos Direitos Humanos, como já assentado, erigiu a nacionalidade à categoria de *direito fundamental da pessoa humana*, tendo como fundamento as inúmeras dificuldades resultantes da apatridia. No seu art. 15, §§ 1º e 2º, ficou expresso que "toda pessoa tem direito a uma nacionalidade", e que "ninguém será arbitrariamente privado de sua nacionalidade, nem do direito de mudar de nacionalidade". A Declaração Americana dos Direitos e Deveres do Homem, aprovada na *IX Conferência Internacional Americana*, em Bogotá, em abril de 1948, disciplina em seu art. 19, que "toda pessoa tem direito à nacionalidade que legalmente lhe corresponda, podendo mudá-la, se assim o desejar, pela de qualquer outro país que estiver disposto a concedê-la". Essas regras foram repetidas, anos mais tarde, pela Convenção Americana sobre Direitos Humanos de 1969, que agregou uma terceira: "Toda pessoa tem direito à nacionalidade do Estado em cujo território houver nascido, se não tiver direito a outra" (art. 20, § 2º).

---

ele perde a nacionalidade originária alemã. Em 1943 remove-se da Guatemala como resultado de medidas de guerra, queixando-se da recusa por parte da Guatemala em admiti-lo, pedindo proteção diplomática para Liechtenstein, que a aceita, levando o caso à Corte Internacional de Justiça. Tendo residido 34 anos na Guatemala, a Corte entendeu não haver qualquer elo dele com Liechtenstein, e uma ligação próxima e duradoura com a Guatemala, um vínculo que não foi enfraquecido pela naturalização. A Corte aplicou, no caso, a teoria do *vínculo efetivo* (ou *genuíno*), declarando inadmissível a reclamação de Liechtenstein. Afirmou a Corte que para a nacionalidade ser oponível a outros Estados no plano internacional deve existir um vínculo efetivo (genuíno) entre o Estado e o indivíduo em causa. Sobre o princípio do vínculo efetivo no *caso Nottebohm*, v. Ian Brownlie, *Princípios de direito internacional público*, cit., pp. 431-444 e pp. 579-580, respectivamente. Para uma tradução em português (não oficial) do caso, v. Leonardo Nemer Caldeira Brant, *A Corte Internacional de Justiça e a construção do direito internacional*, Belo Horizonte: CEDIN, 2005, pp. 681-684.

58 Para pormenores, cf. Michel Verwilghen, Conflits de nationalités: plurinationalité et apatridie, in *Recueil des Cours*, vol. 277 (1999), pp. 9-484.

59 José Francisco Rezek. *Direito internacional público...*, cit., p. 174.

638 | CURSO DE DIREITO INTERNACIONAL PÚBLICO – *Valerio de Oliveira Mazzuoli*

Esta norma da Convenção Americana, segundo a qual toda pessoa tem direito *à nacionalidade do Estado em cujo território houver nascido*, está dotada de extrema eficácia e, se aceita pela totalidade dos Estados americanos, poderá reduzir substancialmente as situações de apatridia, ou até mesmo eliminá-las por completo, caso tais Estados contemplem, nos seus respectivos direitos internos, regras relativas à extensão ficta do território (navios e aeronaves) e à presunção do nascimento local em favor dessas pessoas.[60]

Destaque-se, por fim, que a Lei de Migração (art. 26) dispõe expressamente sobre a proteção do apátrida e a redução da apatridia, com vistas a simplificar o processo de naturalização para os que forem reconhecidos em tal condição. A partir do reconhecimento da condição de apátrida, poderá a pessoa, se assim desejar, adquirir a nacionalidade brasileira (§ 6º); se assim não pretender, terá, contudo, autorização de residência outorgada em caráter definitivo (§ 8º) e direito reconhecido à reunião familiar (§ 11).

5. A nacionalidade de origem. Já se disse que a nacionalidade originária (ou de origem) é aquela que o indivíduo se vê atribuir ao nascer, podendo resultar ou do local de nascimento ou da nacionalidade dos pais à época do nascimento, ou ainda de qualquer relação tida pelo Estado como suficiente para se atribuir a alguém a nacionalidade. Decorre, portanto, do fato do *nascimento* e a base técnica para a sua atribuição se funda num *sentimento presumido* de que aquele recém-nascido, que não tem condições de, validamente, manifestar o seu desejo de ser um nacional do Estado, aceita esta ordem jurídica como sendo aquela sob o manto da qual viverá.[61]

São basicamente três os sistemas de atribuição da nacionalidade originária: *a*) o *jus sanguinis*; *b*) o *jus soli*; e *c*) o *misto*. Sobre os dois primeiros já se deu breve notícia no tópico anterior, merecendo aqui maior destaque. Tais sistemas surgem a partir do momento em que os Estados de emigração viram seus nacionais partindo para outras terras, em busca de uma vida melhor. Daí decorreu a necessidade de criar um novo elo, de origem familial, entre ele (Estado) e seus descendentes. A atribuição de um ou de outro critério depende do que dispõe a Constituição de cada Estado, pois estes são livres para determinar quais os critérios serão adotados e, caso sejam adotados mais que um, qual deles será o mais importante dentro de sua ordem jurídica. O certo é que a partir da intensificação do fenômeno migratório a nacionalidade de origem deixou de ser um vínculo determinado *apenas* pelo fato do nascimento, passando a ser também aceita em decorrência de um elo de cunho familial.

Os três sistemas de atribuição de nacionalidade citados, que atualmente quase se igualam nos textos constitucionais, podem assim ser entendidos:

a) Jus sanguinis. Pelo sistema do *jus sanguinis* a nacionalidade é determinada pela filiação, não importando onde tenha nascido o indivíduo. Não se trata, em verdade, de atribuir a nacionalidade pela consanguinidade, sob o aspecto biológico-racial, mas em determiná-la pela *filiação* (daí ser esse sistema mais coerentemente chamado de *critério da filiação*). Por meio desse critério, será nacional do Estado o indivíduo que seja filho de um nacional desse

---

[60]   V. José Francisco Rezek. Idem, p. 176.

[61]   Cf. Ilmar Penna Marinho. *Tratado sôbre a nacionalidade*, vol. 1. Rio de Janeiro: Imprensa Nacional, 1956, p. 132.

Estado, politicamente considerado, independentemente de onde tenha nascido, em nada importando também o fato de esse filho estar ou não ligado por critérios raciais ou de sangue com os demais membros do grupo.[62] Não importa também o fato de os pais terem mudado posteriormente de nacionalidade, uma vez que o critério se baseia na nacionalidade que tinham os pais *à época do nascimento* do filho.

Problema surge quando os pais têm nacionalidade diversa. Para resolvê-lo, vários critérios foram adotados: o que faz predominar exclusivamente a nacionalidade do pai; o que atribui ao filho a nacionalidade do pai, com direito de opção pela nacionalidade da mãe; e o que atribui ao filho a nacionalidade de ambos os pais, se qualquer deles for seu nacional e o filho tiver nascido em seu território.

O critério do *jus sanguinis* é bastante peculiar em países de *emigração*, que pretendem sempre manter um vínculo com os seus descendentes (o emigrante e sua família) na busca da proteção dos interesses nacionais. Em verdade, o que tais países temem é o êxodo como causa de despovoamento e debilitação industrial e militar.[63] São exemplos de países que adotam tal critério a Alemanha, Áustria, Romênia, Hungria e Itália, nos quais se busca dar aos filhos de seus emigrantes a condição de nacional seu.

b) Jus soli. Esse processo, particularmente adotado em países de *imigração*, impõe a nacionalidade estatal a todos quantos nascerem *em seu território*, rechaçando o critério determinado pela filiação. Por meio desse sistema (por isso chamado de *jus soli* ou *direito do solo*) é nacional do Estado aquele que efetivamente nasce em seu território, não tendo qualquer relevância a nacionalidade dos pais. Sua origem remonta ao sistema feudal, em que vigorava a regra segundo a qual pertencia a determinado feudo quem dentro dele nascesse. O motivo de a regra do *jus soli* ter galgado maior êxito em países de imigração liga-se ao fato de tais países serem países novos, nos quais impera a necessidade de formação de uma massa demográfica nacional, tendo, por isso, sido adotado com preponderância nos países do Continente Americano. A política utilizada na aplicação do critério baseava-se na necessidade "que essas nações novas sentiram, de vincular ao solo os imigrantes, que elas convidaram a vir povoar os seus vastos territórios desertos".[64] Daí tal critério ser chamado, na melhor técnica, de *critério territorial*. Trata-se da regra preponderantemente adotada no Continente Americano, mas também com exceções relativas ao *jus sanguinis*.

c) *Sistema misto*. O chamado *sistema misto* de nacionalidade procura conjugar os critérios do *jus sanguinis* e do *jus soli*, buscando evitar os choques de nacionalidade decorrentes do emprego exclusivo de um ou outro sistema, dando aplicação mais ou menos equânime aos critérios da filiação e territorial.[65] A rigor, modernamente, não há Estado que adote *exclusivamente* um ou outro sistema de atribuição de nacionalidade,[66] tendo as várias legislações contemporâneas adotado o sistema misto, como é o caso do Brasil e a maioria dos países

---

[62]   Cf. Francisco Xavier da Silva Guimarães. *Nacionalidade: aquisição, perda e reaquisição*, cit., p. 12.

[63]   Cf. Cesar Diaz Cisneros. *Derecho internacional público*, vol. I, cit., p. 298.

[64]   Clóvis Bevilaqua. *Direito público internacional...*, t. I, cit., p. 263.

[65]   *V*. James Crawford. *Brownlie's principles of public international law*, cit., p. 511.

[66]   Cf. Yussef Said Cahali. *Estatuto do estrangeiro*, cit., p. 25.

da América Latina. No que toca ao Brasil, tal se deu em virtude do fato de que este Estado deixou de ser país de imigração e passou a ser, gradativamente, país de emigração, sendo visível o contingente de brasileiros que pretende uma vida melhor no exterior. As normas constitucionais brasileiras relativas ao assunto, como se verá nos tópicos seguintes, estão muito mais brandas em relação à aquisição da nacionalidade brasileira do que no passado, quando a filosofia dos governantes era contrária a que cidadãos mantivessem vínculo patrial com outros países.

Ao que nos parece, todas as legislações deveriam abrir exceções à aplicação dos *jus sanguinis* e do *jus soli*, o que evitaria duas ordens de inconvenientes, quais sejam: *a*) negar aos indivíduos nascidos em seu território, com hábitos e costumes já incorporados e até amantes do país, a qualidade de nacionais; e; *b*) conferir tal nacionalidade a filhos de nacionais, nascidos fora do território nacional, com hábitos e costumes em tudo diversos dos nacionais do país, e sem a mínima preocupação com os problemas do Estado.[67]

A inclinação normativa que os Estados têm pela atribuição da nacionalidade com base no critério do *jus soli* decorre do fato de ser o homem produto do meio em que está vinculado, além de ser de mais fácil aplicação prática, impedindo os conflitos gerados pela utilização do *jus sanguinis*. Mas tal não significa que não se devam fazer concessões a esse último sistema, a fim de tornar mais equilibradas as relações jurídicas envolvendo a nacionalidade dos indivíduos.

6. Aquisição da nacionalidade. Sendo um direito fundamental de toda pessoa humana, a nacionalidade é de livre escolha dos indivíduos. Nascido em um Estado do qual se afastou por circunstâncias pessoais, pode o indivíduo encaminhar-se para qualquer outro e lá pleitear nova nacionalidade, trocando-a novamente quantas vezes for necessário. Cuida-se, aqui, de estudar as formas da *nacionalidade adquirida*, também chamada de *nacionalidade secundária*, *derivada* ou *de eleição*, que têm lugar sempre *após* o nascimento.[68]

De maneira bastante larga, a nacionalidade de modalidade "adquirida" pode ocorrer de dois modos: pelo casamento e pela naturalização.

a) *Aquisição pelo casamento*. Esta modalidade de aquisição da nacionalidade (*jure matrimonii*) atribui a um cônjuge (normalmente à mulher), pelo seu casamento com um estrangeiro, a nacionalidade deste. Trata-se de aquisição de nacionalidade *sem requerimento da parte*, com efeitos automáticos em virtude de disposição (autorização) de lei estrangeira. Tal era o caso das esposas de cidadãos italianos que contraíram matrimônio até 27 de abril de 1983, quando então adquiriam a nacionalidade italiana pelo *jus communicatio*; a situação, após essa data, alterou-se em razão da Lei nº 91, de 5 de fevereiro de 1992, que passou a permitir que tanto mulheres como homens estrangeiros casem-se com homens ou mulheres italianos, respectivamente, e *requeiram* a nacionalidade italiana após três anos do matrimônio. Na França, da mesma forma, tal aquisição depende, atualmente, de ato de vontade do cônjuge, nos termos do art. 21(2) do Código Civil francês (lei de 22 de julho de 1993): "O estrangeiro ou apátrida que contrai casamento com um cônjuge de nacionalidade francesa pode, após um

---

[67] Cf. Francisco Xavier da Silva Guimarães. *Nacionalidade: aquisição, perda e reaquisição*, cit., p. 13.

[68] Cf. José Francisco Rezek. Le droit international de la nationalité, cit., pp. 361-362.

Parte II • Cap. IV • OS INDIVÍDUOS E O DIREITO INTERNACIONAL | 641

prazo de dois anos a contar do casamento, adquirir a nacionalidade francesa *por declaração* sob a condição de, à data desta declaração, não ter cessado a convivência conjugal entre os cônjuges e de ter o cônjuge francês conservado a sua nacionalidade". Perceba-se, assim, que as legislações contemporâneas não mais admitem a aquisição *ipso facto* da nacionalidade do cônjuge estrangeiro, fazendo-a depender de *ato de vontade* do interessado, ainda que de forma mais facilitária que a naturalização ordinária. Segundo Ian Brownlie, um estudo "realizado em 1953 pelo Secretário-Geral das Nações Unidas mostrou que em vinte e dois Estados a esposa adquiria automaticamente a nacionalidade do seu marido; que em quarenta e quatro Estados essa aquisição era condicional; e que em quatro Estados o casamento não tinha qualquer consequência".[69]

No direito brasileiro atual, não se cogita dessa forma aquisitiva de nacionalidade,[70] o que não significa que a mesma não tenha reflexos em nosso Direito, pois qualquer cidadão brasileiro poderá casar-se com cônjuge estrangeiro proveniente de país cujo texto constitucional ou a legislação pertinente admita esse tipo de aquisição de nacionalidade, tornando-se nacional também daquele Estado. A recíproca, contudo, não é verdadeira no Brasil. Assim, não há que se falar, em hipótese alguma, que o cônjuge estrangeiro adquire, *ipso facto*, a nacionalidade brasileira pelo fato de ter se casado com pessoa de nossa nacionalidade, sendo inacolhível qualquer pretensão nesse sentido.

Frise-se, por fim, que o Brasil é parte na Convenção da ONU sobre a Nacionalidade da Mulher Casada, de 20 de fevereiro de 1957,[71] que determina que "nem a celebração nem a dissolução do casamento entre nacionais e estrangeiros, nem a mudança de nacionalidade do marido durante o casamento, poderão afetar *ipso facto* a nacionalidade da mulher" (art. 1º), e que "nem a aquisição voluntária por um de seus nacionais da nacionalidade de um outro Estado nem a renúncia à sua nacionalidade por um de seus nacionais, impedirá a mulher do referido nacional de conservar sua nacionalidade" (art. 2º).

b) Aquisição pela naturalização. Por esta modalidade de aquisição de nacionalidade um Estado concede a certo estrangeiro, que a solicita, a condição de seu nacional. Como já se disse (*v.* item nº 4, *supra*), a naturalização depende de um *ato de vontade* do indivíduo, que a adquire livremente (sem imposição do Estado) no decorrer de sua vida. Em outras palavras, a naturalização é o processo por meio do qual um estrangeiro, mediante certas formalidades exigidas pelo Estado, solicita a este seja declarada sua aceitação como membro da comunidade interna estatal, cabendo a este mesmo Estado, unilateral e discricionariamente, decidir sobre a viabilidade e conveniência do pedido a depender do caso.[72]

---

[69] Ian Brownlie. *Princípios de direito internacional público*, cit., p. 414.

[70] Já houve, porém, essa modalidade aquisitiva de nacionalidade no direito pátrio imperial, com o Decreto nº 1.096, de 10.09.1860, cujo art. 2º disciplinava: "A estrangeira que casar com brasileiro seguirá a condição do marido; e semelhantemente a brasileira que casar com estrangeiro, seguirá a condição deste. Se a brasileira enviuvar, recobrará a sua condição brasileira, uma vez que declare que quer fixar domicílio no Império".

[71] Aprovada no Brasil pelo Decreto Legislativo nº 27, de 25.06.1968, ratificada em 04.12.1968 e promulgada pelo Decreto nº 64.216, de 18.03.1969.

[72] Cf. Oyama Cesar Ituassú. *Curso de direito internacional público*, cit., p. 303.

Fala-se, aqui, em nacionalidade *adquirida* (*secundária, derivada* ou *de eleição*) por ser concedida ao indivíduo em substituição à nacionalidade de origem, com efeito *ex nunc* (ou *pro futuro*). Trata-se de um acordo de vontades entre o indivíduo que solicita a determinado Estado o direito de pertencer à nacionalidade deste, e esse mesmo Estado, que poderá conceder-lhe o benefício (pautando-se em critérios definidos pela sua legislação interna). Tais requisitos podem ser alternativos ou cumulativos, como a plena capacidade para manifestar a sua vontade, a residência no país por determinado período de tempo, o domínio do idioma nacional, a integração aos costumes locais, a inexistência de condenação criminal, dentre outros.

A concessão da naturalização – ou *nacionalização*, para falar como alguns autores – depende, em muitos países, inteiramente da discricionariedade do governo. As condições para a sua concessão variam de Estado para Estado, estando normalmente ligadas à vinculação do estrangeiro (por certo prazo mínimo) ao país em causa, sua maioridade, capacidade para o exercício dos atos da vida civil, reconhecida integridade, conhecimento dos costumes locais etc. Resulta, portanto, de um ato de soberania do Estado, segundo o qual, em muitos países, a satisfação das condições previstas em lei não assegura ao estrangeiro o direito à naturalização.

No Brasil, a Lei de Migração determina que "*será* concedida" a naturalização àqueles que preencherem as condições previstas nos arts. 65 a 67 (naturalização ordinária e extraordinária). No que tange, porém, à naturalização especial, diz a lei que "*poderá* ser concedida" ao estrangeiro que se encontre nas situações elencadas no art. 68 (ser cônjuge ou companheiro, há mais de 5 anos, de integrante do Serviço Exterior Brasileiro em atividade ou de pessoa a serviço do Estado brasileiro no exterior; ou ser ou ter sido empregado em missão diplomática ou em repartição consular do Brasil por mais de 10 anos ininterruptos). Como se nota, as hipóteses de concessão e de possibilidade de concessão variam segundo a lei, a depender do caso. No art. 71, *in fine*, a Lei de Migração diz ser "cabível recurso em caso de denegação [do pedido de naturalização]", nas hipóteses de concessão facultativa.

A naturalização, portanto, é instituto que deve ser analisado de acordo com cada ordenamento jurídico, é dizer, separadamente e levando em conta cada contexto normativo. Seus efeitos dependem do que dispõe a legislação de cada Estado, variando conforme cada qual. Em alguns países, a naturalização acarreta a perda da nacionalidade anterior, mas, em outros, tal já não ocorre (como é o caso do Brasil). Eventual perda da nacionalidade anterior, contudo, não desonera o ex-estrangeiro (agora nacional naturalizado) das obrigações contraídas para com o país de origem antes da naturalização.

Problema que se coloca diz respeito ao caso da criança ou adolescente estrangeiro *adotado* por brasileiro. Sem dúvida alguma, este adotado só poderá ser nacional brasileiro por meio da naturalização, uma vez que a adoção não produz, em nosso direito, nenhum efeito quanto à nacionalidade. Assim, por mais nobre que seja o gesto da adoção, certo é que, de acordo com o sistema jurídico brasileiro, a criança ou o adolescente estrangeiro adotado por brasileiro não poderá *optar* pela nacionalidade brasileira, restando-lhe apenas o caminho da naturalização, quando obtiver a idade necessária para tanto.[73] A equiparação em direitos e

---

[73] Nesse exato sentido, *v.* Pontes de Miranda, *Nacionalidade de origem e naturalização no direito brasileiro,* cit., p. 99; Miguel Jeronymo Ferrante, *Nacionalidade: brasileiros natos e naturalizados,* 2ª ed., São Paulo:

qualificações dos filhos, havidos ou não da relação do casamento, ou por adoção, prevista no art. 227, § 6º, da Constituição, tem efeitos unicamente civis, em nada alterando as hipóteses *taxativas* de outorga de nacionalidade previstas pelo art. 12 da Carta.[74] Ademais, pela leitura da própria redação das alíneas *b* e *c*, do art. 12, inc. I, da Constituição, percebe-se que a garantia da nacionalidade brasileira originária atinge somente "os *nascidos* no estrangeiro *de pai brasileiro ou de mãe brasileira*", o que supõe que apenas os filhos biológicos (que tenham *nascido* no estrangeiro) de pai brasileiro ou mãe brasileira estariam amparados pelo direito de serem brasileiros natos.[75] Portanto, o filho adotivo de brasileiro nascido no estrangeiro será nacional *de seu país de origem* (se assim lhe for permitido), não podendo optar pela nacionalidade brasileira. Daí o motivo de ter o Brasil reservado, no ato da assinatura da Convenção da Haia sobre Conflitos de Nacionalidade, de 1930, o seu art. XVII, segundo o qual "se a lei de um Estado admitir a perda da nacionalidade em consequência da adoção, esta perda ficará, entretanto, subordinada à *aquisição* pelo adotado da nacionalidade do adotante, de acordo com a lei do Estado, de que este for nacional, relativa aos efeitos da adoção sobre a nacionalidade".[76] Em suma, enquanto não sobrevém uma alteração constitucional que coloque termo à questão, repita-se, a única maneira de um filho estrangeiro, adotado por pais brasileiros, obter a nacionalidade brasileira, será pela via da naturalização, uma vez atingida a idade para tal.[77]

Saraiva, 1984, p. 51; Wilba Lúcia Maia Bernardes, *Da nacionalidade: brasileiros natos e naturalizados*, Belo Horizonte: Del Rey, 1996, p. 167; e Francisco Xavier da Silva Guimarães, *Nacionalidade: aquisição, perda e reaquisição*, cit., p. 16. Em sentido contrário, *v.* Florisbal de Souza Del'Olmo, A nacionalidade e sua presença no direito internacional privado, in *Cidadania e direitos humanos: tutela e efetividade internacional e nacional*, Florisbal de Souza Del'Olmo, William Smith Kaku & Liana Maria Feix Suski (orgs.), Rio de Janeiro: GZ Editora, 2011, p. 19, para quem: "Não obstante esses respeitáveis posicionamentos, entendemos convictamente que a filiação por adoção *deveria* ser fonte de nacionalidade primária, especialmente no Brasil, à luz do § 6º do art. 227 da Constituição Federal de 1988, que proíbe distinção entre filhos biológicos e adotivos" [grifo nosso].

[74] Cf. TRF-3ª Reg., AC 759974, 3ª T., rel. Juiz Batista Pereira, *DJU* 11.09.2002, p. 459.

[75] Nesse exato sentido, *v.* a decisão do TRF-2ª Reg., AC 401112, 6ª T. Esp., rel. Des. Frederico Gueiros, *DJU* 07.03.2008, nestes termos: "De fato, o art. 12, I, alínea *c* da CF/1988 estabelece que é brasileiro nato aquele que *nasce* de pai ou mãe brasileiros, o que restou comprovado que não é o caso da Requerente. (...) A doutrina e a jurisprudência são unânimes ao reconhecer que o vínculo adotivo, no Brasil, não produz efeitos sobre a nacionalidade do adotante. (...) A Constituição trata a nacionalidade de forma restritiva, tanto é que se manifesta de forma expressa quanto à qualidade de brasileiro nato que determinadas pessoas devem possuir, como por exemplo, a pessoa de seu chefe. A ser admitida a procedência do pedido da Requerente, estaríamos permitindo a fruição de direitos exclusivos de brasileiros natos, como o de jamais ser extraditado por eventuais crimes cometidos no exterior, ou de ocupar cargos como o de Presidente da República. Tal hipótese poderia provocar a existência de um Estado integrado por estrangeiros, cujo governo soberano poderia vir a se encontrar nas mãos de súditos de outros países, o que, por certo, justifica a restrição constitucional, que objetiva evitar a fragilidade de cláusulas constitucionais extremamente rígidas. (...) Ressalte-se que não se está a negar o direito à nacionalidade da Requerente, mas tão somente o caminho da aquisição da forma originária de nacionalidade, restando-lhe o caminho da naturalização, conforme sugerido pelo Juízo *a quo*".

[76] *V.* Francisco Xavier da Silva Guimarães. *Nacionalidade: aquisição, perda e reaquisição*, cit., pp. 16-18.

[77] Frise-se que o art. 52-C da Lei nº 8.069/90 (Estatuto da Criança e do Adolescente), incluído pela Lei nº 12.010/2009 (Lei de Adoção), garantiu às crianças ou adolescentes adotados por brasileiros um certificado *provisório* de naturalização, a ser providenciado pela Autoridade Central Estadual que tiver processado o pedido de habilitação dos pais adotivos. Eis o teor do dispositivo: "Nas adoções internacionais,

7. A nacionalidade brasileira. Como já se falou, os Estados soberanos são livres para legislar sobre matéria de nacionalidade (corolário do *princípio da atribuição estatal da nacionalidade*). No Brasil, assim como em diversos outros países, a nacionalidade figura como matéria constitucional, estando disciplinada nos arts. 12 e 13 da Constituição de 1988.[78] As hipóteses constitucionais de atribuição da condição de brasileiro nato são *numerus clausus*, fora das quais não existe a possibilidade de sua configuração, seja para ampliar ou restringir os casos estabelecidos pelo texto constitucional. No Brasil, a matéria é tratada especificamente em dois incisos do art. 12, que estudaremos a seguir, ao contrário do que ocorre na França, onde existe um detalhado e minucioso Código de Nacionalidade, que já foi criticado pela doutrina por tornar difícil a fixação daqueles *princípios gerais* norteadores da jurisprudência "na solução das inevitáveis obscuridades ou lacunas no texto".[79]

Devemos iniciar o estudo da nacionalidade brasileira cuidando das duas categorias de brasileiros de que trata o art. 12, incs. I e II, da Constituição: os brasileiros natos e os naturalizados, os quais perfazem o universo do *povo* brasileiro.[80]

a) Brasileiros natos. Têm-se como brasileiros *natos* (expressão que significa *nascidos*) aqueles indivíduos que, ao nascer – seja no Brasil ou, eventualmente, no exterior –, viram-se atribuir a nacionalidade brasileira ou, quando tal não se dá de maneira automática, têm a perspectiva de um dia virem a ser brasileiros mediante opção, com efeitos retroativos.[81]

Essas três hipóteses que qualificam os brasileiros natos encontram-se no art. 12, inc. I, da Constituição brasileira de 1988, segundo o qual consideram-se brasileiros natos: "*a)* os nascidos na República Federativa do Brasil, ainda que de pais estrangeiros, desde que estes não estejam a serviço de seu país" (consagração do critério do *jus soli*); "*b)* os nascidos no estrangeiro, de pai brasileiro ou mãe brasileira, desde que qualquer deles esteja a serviço da República Federativa do Brasil" (consagração do critério do *jus sanguinis* impuro ou misto, pela combinação com o serviço público exercido por pai brasileiro ou mãe brasileira no exterior); e "*c)* os nascidos no estrangeiro de pai brasileiro ou de mãe brasileira, desde que sejam registrados em repartição brasileira competente ou venham a residir na República Federativa do Brasil e optem, em qualquer tempo, depois de atingida a maioridade, pela nacionalidade brasileira" (segunda consagração do sistema do jus sanguinis impuro ou misto,

---

quando o Brasil for o país de acolhida, a decisão da autoridade competente do país de origem da criança ou do adolescente será conhecida pela Autoridade Central Estadual que tiver processado o pedido de habilitação dos pais adotivos, que comunicará o fato à Autoridade Central Federal e determinará as providências necessárias à expedição do Certificado de Naturalização Provisório". Esta regra, como se percebe, também está a demonstrar que a via correta para a atribuição da nacionalidade brasileira à criança ou adolescente estrangeiro adotado por brasileiro é mesmo a *naturalização*.

[78] Em verdade, da *nacionalidade brasileira* só cuida o art. 12 da Constituição; o art. 13 e seus dois parágrafos, apesar de estar dentro do mesmo Capítulo que o art. 12 (Capítulo III, do Título II, da Constituição, intitulado "Da Nacionalidade"), não trata especificamente do assunto, regulando apenas o *idioma* oficial do Brasil e os *símbolos* nacionais.

[79] Paul Lagarde. *La nationalité française*, cit., p. 29.

[80] Diversamente, a chamada *população* brasileira consiste na soma do nosso *povo* (brasileiros natos e naturalizados) com os estrangeiros (e, eventualmente, apátridas) residentes no país.

[81] Cf. José Francisco Rezek. *Direito internacional público...*, cit., p. 177.

Parte II • Cap. IV • OS INDIVÍDUOS E O DIREITO INTERNACIONAL | **645**

pela combinação com o registro em repartição brasileira competente ou com a residência no Brasil junto à opção).

Vejamos, então, cada uma das três hipóteses de nacionalidade originária estabelecidas, respectivamente, pelas alíneas *a, b* e *c*, do inciso I do art. 12 da Constituição:

Primeira hipótese (art. 12, inc. I, alínea a). O primeiro caso de nacionalidade originária previsto na Constituição diz respeito aos "nascidos na República Federativa do Brasil, ainda que de pais estrangeiros, desde que estes não estejam a serviço de seu país". Consagrou-se, aqui, o critério do *jus soli*, que autoriza considerar-se brasileiros *natos* os "nascidos na República Federativa do Brasil", em nada importando a nacionalidade dos pais *a priori* (*v.* explicação da exceção, *infra*). A primeira indagação que fica desta primeira hipótese aventada pela Constituição, que é, aliás, a mais comum de ocorrer, diz respeito ao que se considera *República Federativa do Brasil* para efeito de nacionalidade. Em termos técnicos, República Federativa do Brasil conota todos os espaços em que o Estado brasileiro detém domínio, ou os espaços em que o Estado exerce a sua soberania sobre pessoas e bens, aqui contemplados os Estados-federados e os Municípios. Em tais espaços, incluem-se o território nacional, os rios, mares interiores, as ilhas, baías, os golfos e estreitos brasileiros, o mar territorial (de 12 milhas marítimas) e os navios e aeronaves *militares* brasileiros, onde quer que se encontrem. Frise-se que a Constituição de 1988 se absteve de tratar, ainda que implicitamente, do problema atinente aos espaços aéreo, hídrico ou mesmo terrestre, imunes à soberania de qualquer Estado (o mar, o espaço aéreo e também o Continente Antártico). Sem embargo, apesar das dúvidas que permeiam esse tema, cremos reputar-se nascidos no Brasil (*a*) os nascidos a bordo de aeronaves e navios *mercantes* estrangeiros quando em trânsito pelo espaço aéreo ou pelo mar territorial brasileiro, (*b*) os nascidos a bordo de aeronaves e navios *militares* brasileiros onde quer que se encontrem,[82] bem como (*c*) os nascidos a bordo de aeronaves e navios mercantes de bandeira brasileira quando em trânsito por espaços *neutros*, como o Continente Antártico ou o alto-mar, não ocorrendo semelhante hipótese caso o espaço de tráfego esteja afeto à soberania de outro Estado, ainda que a embarcação ou aeronave seja de natureza pública (ou administrada pelo Poder Público).[83] Atente-se que os navios e aeronaves de natureza *pública* não são obrigatoriamente *militares*, podendo ser *civis* (como, *v.g.*, os que desempenham atividades tipicamente privadas etc.).[84] Segundo o entendimento que se acabou de expor, apenas os nascidos em navios ou aeronaves *militares* brasileiros é que seriam brasileiros natos, independentemente de onde se encontre a embarcação ou a aeronave; o mesmo já não ocorreria com os nascidos em navios ou aeronaves públicos *civis* quando atracados, em sobrevoo ou estacionados em área pertencente à outra soberania.[85]

---

[82]   Nesse sentido, a lição de Yussef Said Cahali: "Desse modo, todos estão de acordo em que os nascidos a bordo de navios de guerra brasileiros são nascidos no território do Brasil, pois os navios de guerra, em virtude da ficção de extraterritorialidade, são considerados território do Estado, onde quer que se encontrem, em alto-mar ou de passagem em mar territorial estrangeiro, ou ancorados em qualquer porto estrangeiro" (*Estatuto do estrangeiro*, cit., p. 30).

[83]   Cf. A. Dardeau de Carvalho. *Nacionalidade e cidadania*, cit., p. 57; e Haroldo Valladão, *Direito internacional privado*, cit., p. 292.

[84]   Por exemplo, as empresas aéreas *Alitalia* e *Air France* são controladas pelo Poder Público (italiano e francês, respectivamente) e exercem atividades tipicamente *privadas* relativas ao transporte de particulares.

[85]   Destaque-se, contudo, que esse problema – a envolver o tema da nacionalidade das pessoas físicas nascidas a bordo de navios ou aeronaves públicos – não guarda absoluta similitude com a questão

646 | CURSO DE DIREITO INTERNACIONAL PÚBLICO – *Valerio de Oliveira Mazzuoli*

O certo é que a falta de previsibilidade constitucional relativamente ao tema – quem são, afinal, os "nascidos na República Federativa do Brasil" para a Constituição de 1988? – pode causar sérios inconvenientes, inclusive para a identidade nacional.[86] Nesse sentido é que, segundo parte da doutrina, seria de todo inconveniente considerar brasileiro *nato* (utilizando-se o critério do *jus soli*) o filho de uma norte-americana que, a serviço de seu país na base aérea de Andrews, fosse levada até um avião da Força Aérea Brasileira (FAB) ali estacionado e desse à luz assistida por um oficial médico brasileiro. De outro lado, porém, não haveria como recusar a nacionalidade originária (*jus soli*) àqueles nascidos em águas territoriais brasileiras, ou em nosso espaço aéreo, mesmo que a bordo de embarcação ou aeronave militar estrangeira.[87]

Diz a Constituição que essa primeira regra tem valor somente quando os pais estrangeiros "não estejam a *serviço de seu país*". Nessa hipótese, abre-se exceção ao *jus soli* para se prestigiar a regra do *jus sanguinis*, no caso de indivíduos nascidos no Brasil, filhos de pais estrangeiros que aqui se encontrem a serviço de seu país. Trata-se de pessoas nascidas no Brasil, mas que não serão brasileiras a qualquer título. Este *serviço* referido pelo texto constitucional, desde que público e relativo ao Estado estrangeiro, não necessita ser exercido de forma permanente no Brasil. O mesmo também não abrange apenas funções diplomáticas ou consulares, podendo tratar-se de serviços públicos em geral, quer federal, estadual ou municipal (ainda que serviços modestos, como, por exemplo, os de datilógrafo, de técnico de inspeção de navios ou de compras do Estado).[88] Mas frise-se que para que a nacionalidade desse filho não seja brasileira é necessário que seus pais aqui estejam a serviço *do país de sua nacionalidade*. A expressão no plural utilizada pela Constituição (*pais estrangeiros*) significa que *ambos* os pais têm que ser estrangeiros, e não que os dois estejam a serviço do mesmo país, o que é bem raro de ocorrer; na hipótese, basta que apenas *um deles esteja a serviço*, podendo o outro não fazer mais que acompanhá-lo. Assim, a pergunta que se poderia formular diz respeito à situação em que apenas *um* dos cônjuges é estrangeiro, sendo o outro brasileiro. Serve de exemplo o caso do diplomata estrangeiro no Brasil a serviço de seu país, casado com brasileira, e que aqui venha a ter um filho. Parece óbvio que, diante da disposição *plural*

---

das "imunidades" das embarcações ou aeronaves públicas (militares ou civis) brasileiras quando localizadas em área pertencente a outra soberania. Sobre essa questão, respectivamente, *v.* Parte III, Capítulo II, Seção I, item n° 8, *a* (situação jurídica das *embarcações* públicas brasileiras) e Parte III, Capítulo III, Seção I, item n° 5, *a* (situação jurídica das *aeronaves* públicas brasileiras).

[86] A propósito, cf. José Manuel Sobral, Memória e identidade nacional, in *Nação e Estado: entre o local e o global*, Manuel Carlos Silva (ed.), Porto: Afrontamento, 2006, pp. 27-49; e José Luiz Fiorin, A construção da identidade nacional brasileira, in *Bakhtiniana*, vol. 1, n° 1, São Paulo, jan./jun./2009, pp. 115-126.

[87] Os exemplos são de José Francisco Rezek, in A nacionalidade à luz da obra de Pontes de Miranda, cit., p. 10. Em sentido contrário, *v.* Yussef Said Cahali, *Estatuto do estrangeiro*, cit., p. 35, que não admite sequer a condição de brasileiro nato à criança nascida a bordo de navio *mercante* estrangeiro em trânsito pelo mar territorial brasileiro, equiparando tal nascimento ao ocorrido em alto-mar. E assim conclui: "E se compreende que assim seja. O nascimento de uma criança a bordo do navio mercante quando de passagem pelas águas territoriais estrangeiras em nada diz respeito aos interesses do Estado costeiro; o fato se exaure na economia interna da embarcação, sujeito o seu regramento à soberania do Estado do pavilhão" (Idem, ibidem).

[88] Cf. Ilmar Penna Marinho. *Tratado sôbre a nacionalidade*, 3° vol. Rio de Janeiro: Imprensa Nacional, 1957, p. 206.

Parte II • Cap. IV • OS INDIVÍDUOS E O DIREITO INTERNACIONAL | **647**

adotada pela fórmula constitucional ("...desde que *estes* não estejam a serviço de seu país"), tendo nascido no Brasil filho de cônjuge estrangeiro a serviço de seu país, sendo o outro brasileiro, prevalece o critério do *jus soli*; será brasileiro nato o assim nascido, porque filho de um(a) brasileiro(a). Se assim não fosse, chegar-se-ia ao absurdo de não reputar brasileiro aquele que *aqui nasceu* de *pai ou mãe nacional*, enquanto tal qualidade se atribui a quem, em idêntica base genética, nasceu no exterior, pouco importando a qualidade funcional do cogenitor estrangeiro (CF, art. 12, inc. I, alínea *c*).[89]

A confusão se dá porque a alínea *a* do art. 12, inc. I, da Constituição, é a única que se refere a *pais* estrangeiros no plural, enquanto as alíneas *b* e *c* do mesmo dispositivo falam em "pai brasileiro ou mãe brasileira", o que poderia induzir à falsa ideia de que, no caso da alínea *a*, os dois componentes do casal (ou seja, ambos os pais) devem estar a serviço de seu país para que o filho aqui nascido não seja brasileiro. O que o texto constitucional pretendeu dizer é que *ambos têm que ser estrangeiros*, ainda que somente um deles esteja efetivamente a serviço de seu país e o outro não faça mais que acompanhá-lo, pois, se um deles for brasileiro, é evidente que o filho aqui nascido deverá ser considerado brasileiro nato.

Frise-se que deve haver coincidência entre a nacionalidade do casal e o serviço prestado por este ao *seu* Estado patrial. Assim, caso o país de origem dos pais não seja o mesmo daquele a cujo serviço se encontram, serão brasileiros os seus filhos nascidos no Brasil, aplicando-se a regra geral do *jus soli*.[90] Esta solução evita o inconveniente da apatridia de quem efetivamente nasceu no Brasil, filho de estrangeiros a serviço de outro Estado que não o seu país de origem. Assim, será brasileiro o filho de casal italiano que preste, no Brasil, serviços para a França.

O filho de pais estrangeiros a serviço de seu país, nascido no Brasil, pode perfeitamente ter seu nascimento aqui registrado (art. 50 da Lei nº 6.015/73, *Lei de Registros Públicos*). Mas esse *registro* apenas atesta o fato natural do nascimento em território nacional, sem induzir nacionalidade. Daí alguns autores corretamente sugerirem que, à margem desse registro, se deixe induvidoso que a pessoa aqui nascida não é brasileira, a teor da ressalva constante da alínea *a* do inciso I do art. 12 da Constituição Federal, por estarem seus pais a serviço de seu país.[91]

Segunda hipótese (art. 12, inc. I, alínea b). São ainda brasileiros natos, independentemente de qualquer formalidade, os nascidos no estrangeiro, de pai brasileiro ou mãe brasileira, desde que qualquer deles esteja a serviço da República Federativa do Brasil (CF, art. 12, inc. I, alínea

---

[89] *V.* José Francisco Rezek. A nacionalidade à luz da obra de Pontes de Miranda, cit., p. 10. Nesse exato sentido, *v.* Pontes de Miranda, *Comentários à Constituição de 1967 com a Emenda nº 1 de 1969*, t. IV, 2ª ed., cit., p. 528. Em sentido contrário, mas sem razão, *v.* Jacob Dolinger, *Direito internacional privado...*, cit., pp. 172-173, para quem: "Por mais lógico que possa parecer o argumento, não aceitamos esta hipótese de nacionalidade originária. Na hipótese em que um estrangeiro(a) vem ao Brasil para aqui servir seu país, o nascimento de seu filho em território brasileiro decorre de uma situação fortuita, eis que seus pais aqui se encontram tão somente em obediência a uma determinação de governo estrangeiro; daí não se aplicar à hipótese o critério do *ius soli*; quanto ao *ius sanguinis*, pesa mais forte no caso a ascendência daquele(a) genitor(a) estrangeiro que se encontra em nosso país a serviço de seu país, devendo considerar-se ainda que o próprio cônjuge brasileiro, também se encontra no Brasil, de certa forma, a serviço do governo estrangeiro, o que não ocorre na hipótese do nascimento ocorrer no exterior...".

[90] Cf. Francisco Xavier da Silva Guimarães. *Nacionalidade: aquisição, perda e reaquisição*, cit., p. 26.

[91] Cf. Francisco Xavier da Silva Guimarães. Idem, pp. 27-28.

648 CURSO DE DIREITO INTERNACIONAL PÚBLICO – *Valerio de Oliveira Mazzuoli*

b). Combinou-se, aqui, a regra do *jus sanguinis* com o serviço do Brasil. Mas o *jus sanguinis* aqui contemplado não é o puro, senão o *impuro* ou *misto*, uma vez que permite que apenas *um* dos pais (ou o pai ou a mãe, indistintamente) seja brasileiro, podendo o outro ser estrangeiro. A regra constitucional em comento acaba com a polêmica firmada outrora no Brasil sobre o que se considera brasileiro *nato*: se o efetivamente nascido na República Federativa do Brasil ou se também o *nascido brasileiro*, não importando o *local* de nascimento. A Constituição de 1988, ao entender dessa segunda maneira, considera também brasileiro *nato* aquele nascido alhures, quando ou o pai brasileiro ou a mãe brasileira esteja a serviço do nosso país. Assim, à luz art. 12, inc. I, alínea *b* da Constituição, poderia um parisiense (ou um fiorentino, ou um londrino etc.) ser Presidente da República Federativa do Brasil? Evidentemente que sim, caso seja filho de pai brasileiro ou mãe brasileira a serviço do Brasil na França (ou na Itália ou na Inglaterra etc.). Ser *parisiense* (que é a *naturalidade* do indivíduo) não significa ser obrigatoriamente *francês* (assim como ter nascido em Florença não induz ter o indivíduo nacionalidade italiana, e assim por diante). Como anteriormente se falou, os conceitos de *naturalidade* e *nacionalidade* não se confundem, nada impedindo que uma pessoa natural de cidade europeia seja um nacional brasileiro nato, podendo, assim, ascender a qualquer um dos cargos que a Constituição reserva exclusivamente a essa classe de nacionais.

O *serviço* a que se refere o texto constitucional – também já se disse – há de ser entendido em sentido largo, compreendendo qualquer função derivada dos poderes da União, dos Estados, do Distrito Federal ou dos Municípios, bem como as autarquias. Amplia-se também o conceito aos serviços que o Brasil participa nas Organizações Internacionais das quais é parte.[92] Portanto, esse serviço não é apenas o diplomático ou oficial, senão também todo trabalho ou função levada a cabo por brasileiro no exterior em missão da União, dos Estados, do Distrito Federal ou dos Municípios.

Questão que surge da leitura do art. 12, inc. I, alínea *b*, diz respeito à aparente possibilidade de serem brasileiros natos os nascidos no estrangeiro em que um dos pais é brasileiro estando o outro (o *estrangeiro*) a serviço do Brasil no exterior. Imagine-se a seguinte hipótese: uma brasileira casada com um uruguaio (estando este a serviço do Brasil nos Estados Unidos da América[93]) dá à luz seu filho em Washington. Seria, nesse caso, brasileiro nato o infante ali nascido, nos termos da regra em análise? A hipótese, como se nota nitidamente, não se enquadra na dicção do texto constitucional "qualquer deles" ("...desde que *qualquer deles* esteja a serviço da República Federativa do Brasil"). A regra constitucional em comento (que diz serem brasileiros natos os filhos de pai ou mãe brasileiros, nascidos no estrangeiro, se qualquer deles estiver a serviço da República Federativa do Brasil) teve por finalidade impedir que esses filhos fossem estrangeiros dentro do seu próprio lar, uma vez que o motivo determinante de os mesmos terem nascido no exterior foi o serviço público prestado ao Brasil pelo pai brasileiro ou pela mãe brasileira, sem o que seria lícito supor que a criança nasceria no Brasil.[94] Certo é que a dicção "qualquer deles" refere-se ao "pai brasileiro" ou à "mãe brasileira", devendo o cônjuge brasileiro (e

---

[92]   V. José Francisco Rezek. *Direito internacional público...*, cit., p. 179.

[93]   É possível que um estrangeiro esteja a serviço do Brasil no exterior, notadamente no âmbito das instituições regionais (*v.g.*, do Mercosul).

[94]   Cf. Francisco Xavier da Silva Guimarães. *Nacionalidade: aquisição, perda e reaquisição*, cit., pp. 28-29.

Parte II · Cap. IV · OS INDIVÍDUOS E O DIREITO INTERNACIONAL | **649**

não o estrangeiro) estar a serviço do nosso país para que o filho nascido no exterior seja brasileiro nato, pois, caso contrário, não terá a criança a nossa nacionalidade, à luz da hipótese em análise (podendo ser brasileira, no entanto, nos termos da alínea *c*, mediante registro ou opção, como se verá).

Frise-se que não deixa de ser brasileiro *nato* o nascido no estrangeiro, filho de pai ou mãe que sejam brasileiros *naturalizados*, estando qualquer deles a serviço do Brasil no exterior. E isto porque, além de a Constituição, ao falar em "pai *brasileiro* ou mãe *brasileira*", não distinguir entre os natos e naturalizados, sabe-se que não é requisito para estar a serviço do Brasil no exterior a qualidade de cidadão nato de qualquer dos pais, salvo a hipótese de membros da carreira diplomática (art. 12, § 3º, inc. V). A hipótese do art. 12, inc. I, alínea *c*, da Constituição, que estudaremos a seguir, também segue o mesmo entendimento, sendo indiferente que o pai ou a mãe referidos pelo texto constitucional sejam brasileiros *natos* ou *naturalizados* para que o filho, nascido no estrangeiro (e satisfeitos os requisitos constitucionais de registro ou residência no Brasil e opção pela nacionalidade brasileira), seja igualmente considerado brasileiro *nato*.

Terceira hipótese (art. 12, inc. I, alínea c). Por fim, são também brasileiros natos, nos termos do art. 12, inc. I, alínea *c*, da Constituição, na redação que lhe deu a Emenda Constitucional nº 54, de 20 de setembro de 2007, os "nascidos no estrangeiro de pai brasileiro ou de mãe brasileira, desde que sejam registrados em repartição brasileira competente ou venham a residir na República Federativa do Brasil e optem, em qualquer tempo, depois de atingida a maioridade, pela nacionalidade brasileira".

De início, é necessário esclarecer que o art. 12, inc. I, alínea *c*, da Constituição, já sofreu duas alterações desde a promulgação da Carta Magna em 1988, ocorridas nos anos de 1994 e 2007, respectivamente. Assim, antes de passarmos ao estudo desta regra, é importante que se faça um breve histórico das alterações sofridas por tal dispositivo desde a promulgação da Constituição.

A redação originária do art. 12, inc. I, alínea *c*, da Constituição, estava assim colocada:

> "Art. 12. São brasileiros:
>
> I – natos:
>
> (...)
>
> *c*) os nascidos no estrangeiro, de pai brasileiro ou mãe brasileira, desde que sejam registrados em repartição brasileira competente, ou venham a residir na República Federativa do Brasil antes da maioridade e, alcançada esta, optem, em qualquer tempo, pela nacionalidade brasileira".

Com a Emenda Constitucional de Revisão nº 3, de 1994, que reformou tal dispositivo, eliminou-se a possibilidade de registro dos filhos de brasileiros nascidos no exterior em repartição consular, bem como a necessidade de se residir no Brasil antes da maioridade como condição para a opção da nacionalidade brasileira. Seguramente, o fato mais insatisfatório da reforma constitucional de 1994 (que deu a seguinte redação para o dispositivo: "os nascidos no estrangeiro, de pai brasileiro ou mãe brasileira, desde que venham a residir na República Federativa do Brasil e optem, em qualquer tempo, pela nacionalidade brasileira") foi ter acabado, sem qualquer motivo justificável, com a possibilidade de se atribuir ao filho de brasileiro nascido no estrangeiro a condição imediata de brasileiro nato, por meio do registro de nascimento em repartição consular no exterior.[95] Assim, a partir de 1994, para que obtivesse a condição de brasileiro nato, deveria esse filho nascido no estrangeiro *vir* para o Brasil *e optar* (ambos requisitos) pela nacionalidade brasileira, figurando a cláusula constitucional ("*desde que* venham a residir na República Federativa do Brasil...) como condição suspensiva para a aquisição da nacionalidade brasileira.[96]

Tal alteração constitucional não agradou os milhares de famílias brasileiras que residem no exterior e as várias organizações não governamentais que atuam em prol de seus interesses. O fato é que muitos filhos de brasileiros nascidos em países que adotam a regra do *jus sanguinis* (como Suíça, Japão e Alemanha) acabaram ficando privados tanto da nacionalidade brasileira quanto da nacionalidade do local de nascimento, passando a permanecer em verdadeira situação de apatridia. Além do mais, outra crítica que se fazia à reforma constitucional de 1994 era no sentido de ser muito dispendiosa a *vinda* ao país e a *opção* pela nacionalidade brasileira (que demandaria ação na Justiça Federal para tanto) para fins de atribuição de nacionalidade originária ao filho de pai brasileiro ou mãe brasileira nascido no exterior. Daí, então, o aparecimento de nova proposta de alteração constitucional (PEC 272/00), que teve como relatora a deputada federal Rita Camata, dando origem à Emenda Constitucional nº 54, de 20 de setembro de 2007, que assegura a nacionalidade brasileira a todos os filhos de brasileiros que nasceram e continuam a viver fora do país, desde que sejam registrados em repartição brasileira competente (*v.g.*, em repartição consular brasileira no exterior).

Como se percebe facilmente, a nova redação do art. 12, inc. I, alínea *c*, ressuscitou, na sua primeira parte, o texto original da Constituição de 1988, com a única diferença de também não mais exigir (na segunda hipótese versada pelo dispositivo) a vinda ao país, antes da maioridade, como condição para a opção da nacionalidade. Em sua segunda parte, por sua vez, a Emenda nº 54 manteve a redação dada pela reforma de 1994 – relativa à *opção* pela nacionalidade brasileira para aqueles que aqui vierem a residir, tendo nascido no estrangeiro e sendo filho de pai brasileiro ou de mãe brasileira –, com o acréscimo (fruto da jurisprudência do STF) da condição de se atingir a *maioridade* para a realização da opção.

A situação dos que nasceram *entre* as emendas constitucionais nº 3 de revisão (de 7 de junho de 1994) e nº 54 (de 20 de setembro de 2007) ficou regulada pelo art. 95 do ADCT, também acrescentado pela Emenda nº 54, que assim dispõe: "Os nascidos no estrangeiro entre 7 de junho de 1994 e a data da promulgação desta Emenda Constitucional,[97] filhos de pai brasileiro ou mãe brasileira, poderão ser registrados em repartição diplomática ou consular brasileira competente ou em ofício de registro, se vierem a residir na República Federativa do Brasil". Assim, temos aqui duas hipóteses distintas: *a*) daqueles nascidos no estrangeiro (entre 7 de junho de 1994 e 20 de setembro de 2007) e que lá continuam a residir, caso em que poderão ser registrados em repartição diplomática ou consular brasileira competente; e *b*) daqueles nascidos no estrangeiro (dentro daquele mesmo período citado) mas que já

---

[95] Cf. Gilmar Ferreira Mendes. Direito de nacionalidade e regime jurídico do estrangeiro, cit., p. 7.

[96] Cf. Jacob Dolinger. *Direito internacional privado...*, cit., pp. 166-167.

[97] Perceba-se o erro de técnica legislativa da referência feita pelo texto à "data da promulgação desta Emenda Constitucional". Ainda que se saiba que a Emenda referida é a nº 54/07, por se tratar da redação de um artigo do ADCT já integralizado ao texto constitucional, deveria ter o legislador redigido o texto de maneira diversa, deixando clara a situação dos "nascidos no estrangeiro entre 7 de junho de 1994 *e 20 de setembro de 2007* (...)".

residem no Brasil, caso em que o registro de nacionalidade deverá ser efetivado no ofício de registro de pessoas naturais.

Pela nova redação do art. 12, inc. I, alínea c, da Constituição, há duas possibilidades para que os filhos de brasileiros, nascidos no exterior, sejam considerados brasileiros natos. Nos termos do dispositivo, são brasileiros natos "os nascidos no estrangeiro de pai brasileiro ou de mãe brasileira, desde que sejam registrados em repartição brasileira competente *ou* venham a residir na República Federativa do Brasil e optem, em qualquer tempo, depois de atingida a maioridade, pela nacionalidade brasileira". Assim, a primeira possibilidade existente é já registrar o filho nascido no exterior em repartição consular brasileira, a fim de que o mesmo passe, a partir desse momento, a já estar garantido na condição de brasileiro nato, ainda que jamais venha a residir no Brasil, não fale o nosso idioma, não conheça a nossa cultura etc. Qualquer interpretação ou disposição legal contrária a essa é, seguramente, inconstitucional; vilipendia a norma constitucional que *já garante*, independentemente de qualquer ato ulterior, a condição de brasileiros natos aos registrados em repartição brasileira competente no exterior. A segunda possibilidade diz respeito aos filhos de brasileiros nascidos no exterior que, por qualquer motivo, não tiveram seu registro consular ali efetuado. Nesse caso, exige a segunda parte do dispositivo duas condições para que a nacionalidade brasileira de origem opere: *a*) a *vinda* ao país (antes ou depois de atingida a maioridade) com o intuito de aqui *residir*; e *b*) a *opção*, em qualquer tempo (mas depois de atingida a maioridade), pela nacionalidade brasileira.[98] Assim, os filhos de brasileiros nascidos no exterior que vierem residir no Brasil e, depois disso, alcançarem a maioridade, já poderão (de imediato) ingressar em juízo (Justiça Federal) a fim de exercer o direito de opção pela nacionalidade brasileira. Nesse último caso, manifestada a opção, o Estado não lhes pode negar o reconhecimento da nacionalidade, pois aqui se está diante do que se denomina *nacionalidade potestativa*, que é aquela em que o efeito pretendido depende exclusivamente da vontade do interessado.[99] Os que vierem residir no Brasil enquanto menores terão que aguardar a maioridade para o exercício do direito de opção, ficando na condição de brasileiros natos *sub conditione* (qual seja, a condição de *opção* pela nacionalidade brasileira, em qualquer tempo, após atingida a maioridade aos 18 anos). Aqui, tem-se que a nacionalidade potestativa fica suspensa até alcançar-se a maioridade de 18 anos.[100]

No dispositivo em análise não há fixação de prazo para a vinda ao Brasil e, tampouco, pela opção da nacionalidade brasileira, situação que tem por efeito perpetuar a condição

---

[98]   V. Regulamento da Lei de Migração, art. 214.

[99]   V. José Afonso da Silva. *Curso de direito constitucional positivo*, cit., p. 328.

[100] Para nós, a maioridade se atinge aos 18 anos de idade, não em virtude da regra do Direito Civil, mas em virtude de regra constitucional, uma vez que a nacionalidade é matéria de *direito público*, não de direito privado. A regra constitucional pertinente é o art. 14, § 3º, inc. VI, alínea *d*, da Constituição de 1988, segundo a qual são condições de elegibilidade, na forma da lei, a idade mínima de "dezoito anos para Vereador". Ora, se o indivíduo, com essa idade, já pode participar da vida pública de um dos componentes da República (o Município), nada mais correto que, também a partir dessa idade, possa optar pela nacionalidade brasileira. Aliás, levando-se em conta que a Constituição permite o voto (facultativo, é certo) para maiores de dezesseis anos (art. 14, § 1º, inc. II, alínea *c*), seria mesmo de se pensar se não poderiam os cidadãos, a partir dessa idade, já exercer o direito de opção pela nacionalidade brasileira.

suspensiva imposta pelo texto constitucional. É criticável, antes de tudo, a referência ao critério residencial ("ou venham a *residir* na República Federativa do Brasil…"), uma vez que o indivíduo pode ser domiciliado no exterior (e continuar com o seu domicílio lá) e apenas vir a *residir* no Brasil, para que consiga a nacionalidade brasileira, uma vez manifestada a opção depois da maioridade. Por esse motivo é que alguns julgados têm exigido a comprovação de "residência *permanente* do requerente no Brasil", requisito sem o qual não seria homologável o pedido de opção pela nacionalidade brasileira (nada impedindo, contudo, que o requerente renove futuramente o pedido, mediante *comprovação* da residência permanente no país).[101] No que tange à expressão "em qualquer tempo", esta já havia aberto margem para várias discussões antes da reforma constitucional de 2007, principalmente referentes à situação jurídica do filho que vinha residir no Brasil antes de atingida a maioridade. Nesse caso, devem tais indivíduos (que vieram ainda menores residir no Brasil) ser considerados brasileiros natos no lapso de tempo entre o início de residência no Brasil e a maioridade exigida agora pelo texto constitucional, devendo ter eles, inclusive, o direito ao registro provisório de que trata a Lei de Registros Públicos (art. 32, § 2º, que assim dispõe: "O filho de brasileiro ou brasileira, nascido no estrangeiro, e cujos pais não estejam ali a serviço do Brasil, desde que registrado em consulado brasileiro ou não registrado, venha a residir no território nacional antes de atingir a maioridade, poderá requerer, no juízo de seu domicílio, se registre, no livro E do 1º Ofício do Registro Civil, o termo de nascimento").[102]

Nos termos da parte final do art. 12, inc. I, alínea *c*, a opção pela nacionalidade brasileira (no caso do filho de pais brasileiros nascido no exterior e não registrado na repartição brasileira competente, que posteriormente venha a residir no Brasil) somente poderá operar "depois de atingida a maioridade". Tal significa, a *contrario sensu*, que é vedada a opção pela nacionalidade brasileira por iniciativa dos pais (por meio de representação ou assistência dos menores em juízo) quando a família (que residia no exterior) volta a morar no Brasil. Nesse caso, somente a pessoa (e ninguém mais) poderá optar, quando maior, pela nacionalidade brasileira (caso em que o Estado tem o dever, como já se falou, de reconhecer essa nacionalidade, por se tratar de nacionalidade potestativa). Para nós, parece um contrassenso criado pela Emenda nº 54/07 a exigência da maioridade para a opção quando o filho de pais brasileiros nascido no exterior passa a residir no Brasil ainda menor. Imagine-se, *v.g.*, o caso de filhos gêmeos nascidos no exterior em que um deles (filho *A*) é registrado em repartição consular brasileira no país estrangeiro, enquanto o outro (filho *B*), por qualquer motivo, não teve ali o seu registro efetivado, sendo que ambos vêm (ainda menores) residir no Brasil. Nesse caso, um dos filhos (filho *A*) já ingressa no país como brasileiro *nato*, enquanto o outro (filho *B*) terá que aguardar a maioridade para sê-lo em sua inteireza (este último será apenas brasileiro nato *sub conditione*, como já vimos), uma vez não poderem os pais – com a vinda ao Brasil – procederem ao "registro" ou à "opção" da nacionalidade do filho menor. Ora, se a Constituição autoriza que os pais, mediante simples registro consular, façam operar em

---

[101] V. TRF-1ª Reg., Processo nº 0037360-45.2003.4.01.3800, 4ª T. Suplementar, rel. Juiz Federal convocado Rodrigo Navarro de Oliveira, in *e-DJF1*, de 23.08.2012.

[102] O STF já decidiu nesse sentido no *RE* nº 415.957/RS, rel. Sepúlveda Pertence (*DJ* 16.09.05), quando autorizou considerar-se o menor, filho de pai brasileiro ou mãe brasileira nascido no exterior e que veio residir no Brasil antes da maioridade, como brasileiro nato para todos os efeitos, com direito ao registro provisório de que trata a Lei de Registros Públicos.

Parte II · Cap. IV · OS INDIVÍDUOS E O DIREITO INTERNACIONAL | **653**

seus filhos menores, nascidos no exterior e lá residentes, a condição imediata de brasileiros natos, não faz sentido impedir que esses mesmos pais, de volta ao Brasil, registrem seus filhos em ofício de registro de pessoas naturais ou, em última análise, os represente ou assista em ação judicial para o fim de homologar sua opção pela nacionalidade brasileira. É, enfim, incongruente que não se possa fazer, em solo brasileiro, a opção pelos filhos menores nascidos no exterior e aqui residentes, já que é possível, no exterior, registrar tais filhos menores em repartição consular competente, garantindo-lhes, desde já, a condição de brasileiros natos.

Antes da reforma constitucional de 2007 o Supremo Tribunal Federal, em conhecido acórdão de que foi relator o Ministro Carlos Velloso, já havia decidido, por unanimidade, que a opção pela nacionalidade, prevista no art. 12, inc. I, alínea *c*, da Constituição tem caráter personalíssimo, somente podendo ser manifestada *depois de alcançada a capacidade plena*, não suprida pela representação ou assistência dos pais. O entendimento da Suprema Corte foi no sentido de que, atingida a maioridade civil aos 18 anos, enquanto não manifestada a opção, esta passa a se constituir em *condição suspensiva* da nacionalidade brasileira, sendo então "mais sensato aguardar que os menores, hoje considerados brasileiros natos, possam requerer a nacionalidade, convictos de sua escolha".[103] Ocorre que esse panorama muda após a Emenda nº 54/07, uma vez que esta garante a condição de brasileiros natos aos filhos de brasileiros nascidos no exterior quando registrados na repartição brasileira competente. Por esse motivo é que entendemos ser de todo imprudente beneficiar com esse direito os filhos de brasileiros nascidos no exterior *e lá residentes* e não o reconhecer àqueles filhos de brasileiros, também nascidos no exterior, mas que agora *residem no Brasil* e aqui pretendem permanecer. Trata-se de questão que está a merecer solução definitiva pelo Supremo Tribunal Federal, dada a falta de solução constitucional para o tema. Enquanto, porém, tal não sobrevém, parece perfeitamente cabível o remédio constitucional do mandado de injunção, que, segundo comando constitucional (art. 5º, inc. LXXI), deve ser concedido "sempre que a falta de norma regulamentadora torne inviável o exercício dos direitos e liberdades constitucionais *e das prerrogativas inerentes à nacionalidade*, à soberania e *à cidadania*" [grifo nosso].

Situação problemática de resolver é a referente à condição jurídica do indivíduo maior de idade (residente no Brasil) antes da opção pela nacionalidade brasileira. Ou seja, uma vez que inexiste prazo para a opção, como fica a situação da pessoa nascida no estrangeiro, filha de pai ou mãe brasileiros, que veio residir no Brasil após a maioridade, mas ainda *não optou* pela nacionalidade brasileira? Evidentemente que, nessa situação, não se tem ainda qualquer indivíduo de nacionalidade brasileira, pois, caso contrário, de nada adiantaria a exigência constitucional da *opção*. Parece-nos que, nesse caso, o termo de fixação de residência no Brasil é que constituirá o fato gerador da nacionalidade, sempre sujeita à confirmação *posterior*, levada a efeito pelo ato da opção. Entretanto, como não existe prazo para que esta se efetive, o indivíduo terá suspenso o seu direito de tornar-se brasileiro nato até o implemento da condição. Em suma, ele *não será brasileiro* enquanto não optar pela nacionalidade brasileira; será um *estrangeiro* (ou *apátrida*) residente no país. No caso dos menores de idade, como já se falou, deve-se entender que serão brasileiros sem restrição até atingirem a maioridade, momento a partir do qual começará a operar

---

[103] STF, *RE* nº 418.096/RS, 2ª Turma, rel. Min. Carlos Velloso, j. 22.3.2005; cf. também o *Informativo nº 382* do STF, relativo ao mesmo julgamento. Em semelhança, *v.* o julgamento do *RE* 415.957/RS com os mesmos argumentos.

654 | CURSO DE DIREITO INTERNACIONAL PÚBLICO – *Valerio de Oliveira Mazzuoli*

a condição suspensiva. Mas, uma vez atingida a maioridade, deve o indivíduo se manifestar formalmente (*em qualquer tempo...*) se deseja ou não ser considerado brasileiro nato por opção.

A *opção* pela nacionalidade brasileira, no caso do art. 12, inc. I, alínea *c*, *in fine*, da Constituição, é formal e se processa perante a Justiça Federal, por força do art. 109, inc. X, da Carta de 1988, que lhe atribui competência para processar e julgar "as causas referentes à nacionalidade, *inclusive a respectiva opção*, e à naturalização". Assim, a opção pela nacionalidade brasileira, embora potestativa, não tem forma livre, havendo de se fazer em juízo federal, em procedimento de jurisdição voluntária, que termina com a sentença que homologa a opção e lhe determina a transcrição, uma vez acertados os seus requisitos objetivos e subjetivos.[104] Trata-se de ato personalíssimo do cidadão (Regulamento da Lei de Migração, art. 213, § 2º) que, como se disse acima, não é suprido pela representação ou assistência dos pais.

A crítica que se poderia fazer à regra do art. 12, inc. I, alínea *c*, da Constituição de 1988, diz respeito à possibilidade que abriu para que pessoas nascidas no exterior, ainda que filhos de pai ou mãe brasileiros, mas que não venham jamais conhecer o Brasil e não se expressem em nossa língua e, ademais, não conheçam o nosso povo, nossos costumes e nossas tradições, sendo leais a outro Estado estrangeiro e não ao nosso, sejam brasileiros natos por meio de simples registro consular ou venham um dia a se tornar brasileiros natos pela opção, em qualquer tempo, atingida a maioridade, uma vez fixada sua residência no Brasil.[105]

b) Brasileiros naturalizados. Todos aqueles que não detêm a nacionalidade brasileira originária poderão, guardadas as regras constitucionais e legais respectivas, pretender participar da coletividade de nacionais brasileiros por meio do processo de naturalização, alcançando, em caso positivo, a qualidade de brasileiros naturalizados. Nos termos do art. 12, inc. II, da Constituição brasileira de 1988, são brasileiros naturalizados: *a)* os que, na forma da lei, adquiram a nacionalidade brasileira, exigidas aos originários de países de língua portuguesa (Portugal, Angola, Cabo Verde, Guiné-Bissau, Guiné Equatorial, Moçambique, São Tomé e Príncipe e Timor Leste) apenas residência por um ano ininterrupto e idoneidade moral; e *b)* os estrangeiros de qualquer nacionalidade, residentes na República Federativa do Brasil há mais de 15 anos ininterruptos (a Emenda Constitucional de Revisão nº 3 de 1994 reduziu o prazo de 30 para 15 anos) e sem condenação penal, desde que requeiram a nacionalidade brasileira.[106] A naturalização, contudo, não importa na aquisição e extensão dos seus benefícios aos cônjuges e filhos do naturalizado.

A naturalização mais comum *na forma da lei* a que o art. 12, inc. II, alínea *a*, da Constituição faz referência, é a chamada naturalização *ordinária*, concedida ao estrangeiro residente no Brasil há pelo menos quatro anos e que atenda às condições elencadas nos incisos I a IV do art. 65 da Lei de Migração e nos arts. 233 a 237 do Regulamento (Decreto nº 9.199, de 20.11.2017).[107] São elas: *a)* ter capacidade civil, segundo a lei brasileira; *b)* ter residência em território nacional, pelo

---

[104] Cf. STF, Questão de Ordem em Ação Cautelar, AC 70-RS, rel. Min. Sepúlveda Pertence, *DJ* 12.03.04.

[105] Cf. Francisco Xavier da Silva Guimarães. *Nacionalidade: aquisição, perda e reaquisição*, cit., p. 35.

[106] Entende Jacob Dolinger que, neste último caso (art. 12, inc. II, alínea *b*), a naturalização deixa excepcionalmente de ser discricionária, passando a não depender de critério governamental, devendo ser concedida (cf. *Direito internacional privado...*, cit., pp. 176-177).

[107] A competência para a concessão da naturalização é, no direito brasileiro atual, exclusiva do Ministro da Justiça e Segurança Pública (Regulamento, arts. 218, *caput*, e 220).

Parte II · Cap. IV · OS INDIVÍDUOS E O DIREITO INTERNACIONAL | **655**

prazo mínimo de quatro anos (esse prazo deverá ser imediatamente anterior à apresentação do pedido); *c*) comunicar-se em língua portuguesa, consideradas as condições do naturalizando; e *d*) não possuir condenação penal ou estiver reabilitado, nos termos da lei. O pedido de naturalização ordinária, nos termos do Regulamento, se efetivará por meio (1) da apresentação da Carteira de Registro Nacional Migratório do naturalizando, (2) da comprovação de residência no território nacional pelo prazo mínimo requerido, (3) da demonstração do naturalizando de que se comunica em língua portuguesa, consideradas as suas condições, (4) da apresentação de certidões de antecedentes criminais expedidas pelos Estados onde tenha residido nos últimos quatro anos e, se for o caso, de certidão de reabilitação, e (5) da apresentação de atestado de antecedentes criminais expedido pelo país de origem (Regulamento, art. 234). Note-se que a Lei de Migração diz, no art. 65, *caput*, que a naturalização ordinária *"será* concedida" àquele que preencher as condições ali elencadas, bem assim no que tange à naturalização extraordinária (art. 67); já no que toca à naturalização especial (art. 68) e à naturalização provisória (art. 70), a mesma Lei diz que *"poderá* ser concedida" ao estrangeiro que se encontre nas situações ali presentes (*v. infra*). Assim, pode-se interpretar o dispositivo no sentido de ser *obrigatória* a concessão da nacionalidade (ordinária e extraordinária) à luz do uso da expressão "será concedida".[108]

Um dos principais requisitos para a naturalização, fixados no art. 65 da Lei de Migração, é ter o naturalizando residência no território nacional, pelo *prazo mínimo de quatro anos*. Entende-se que somente após esse período mínimo de radicação no território nacional o estrangeiro estará mais integrado à nossa brasilidade, melhor conhecendo os nossos hábitos, nossos usos e costumes. A Lei de Migração, diferentemente do que fazia o revogado Estatuto do Estrangeiro, não mais se refere à "residência *contínua* no território nacional", dizendo apenas que deva ter o naturalizando "residência em território nacional". Daí se entender que a nova Lei aboliu a exigência de residência *ininterrupta* no Brasil pelo mínimo de quatro anos, entendimento esse seguido pelo Regulamento, que deixou expresso no art. 233, § 2º, que na contagem do prazo "as viagens esporádicas do naturalizando ao exterior cuja soma dos períodos de duração não ultrapassem o período de doze meses não impedirão o deferimento da naturalização ordinária". Frise-se, ainda, que nos termos do art. 66 da Lei de Migração o prazo de quatro anos de residência no país pode ser reduzido para, no mínimo, um ano se o naturalizado preencher quaisquer das seguintes condições: *a*) ter filho brasileiro; *b*) ter cônjuge ou companheiro brasileiro e não estar dele separado legalmente ou de fato no momento de concessão da naturalização; *c*) haver prestado ou poder prestar serviço relevante ao Brasil; ou *d*) recomendar-se por sua capacidade profissional, científica ou artística.

Além da modalidade *ordinária*, a Lei de Migração também prevê três outras hipóteses de naturalização: a *extraordinária*, a *especial* e a *provisória*. A naturalização *extraordinária* será concedida a pessoa de qualquer nacionalidade fixada no Brasil há mais de quinze anos ininterruptos, sem condenação penal, ou já reabilitada na forma da legislação vigente, desde que requeira a nacionalidade brasileira (art. 67 c/c art. 238, *caput*, do Regulamento). Sua efetivação se dará por meio (1) da apresentação da Carteira de Registro Nacional Migratório do naturalizando, (2) de certidões de antecedentes criminais expedidas pelos Estados onde

---

[108] Evoluímos, aqui, o nosso pensamento presente em edições anteriores, nas quais entendíamos poder o governo recusar-se a conceder a nacionalidade ordinária, em razão desta não ter assento constitucional. Pensamos, agora, que a remissão que faz a Constituição à "forma da lei" (art. 12, inc. II, alínea *a*) atribui à norma infraconstitucional reguladora competência para determinar a concessão de nacionalidade nos casos em que entender por bem.

CURSO DE DIREITO INTERNACIONAL PÚBLICO – *Valerio de Oliveira Mazzuoli*

tenha residido nos últimos quatro anos e, se for o caso, de certidão de reabilitação, e (3) de atestado de antecedentes criminais expedido pelo país de origem (Regulamento, art. 239). A seu turno, a naturalização *especial* poderá ser concedida ao estrangeiro que se encontre em uma das seguintes situações: I – seja cônjuge ou companheiro, há mais de cinco anos, de integrante do Serviço Exterior Brasileiro em atividade ou de pessoa a serviço do Estado brasileiro no exterior; ou II – seja ou tenha sido empregado em missão diplomática ou em repartição consular do Brasil por mais de dez anos ininterruptos (art. 68). Nessa última hipótese, serão computados na contagem do prazo os afastamentos do empregado por motivo de férias, licença-maternidade ou licença-paternidade, saúde ou licença nos termos da legislação trabalhista do país em que esteja instalada a missão diplomática ou repartição consular, cujo prazo de duração seja inferior a seis meses (Regulamento, art. 240, § 2º). São requisitos para a concessão da naturalização especial: I – ter a pessoa capacidade civil, segundo a lei brasileira; II – comunicar-se em língua portuguesa, consideradas as condições do naturalizando; e III – não possuir condenação penal ou estiver reabilitado, nos termos da lei (Lei de Migração, art. 68). Por derradeiro, a naturalização *provisória* poderá ser concedida ao migrante criança ou adolescente que tenha fixado residência em território nacional antes de completar dez anos de idade, a qual deverá ser requerida por intermédio do representante legal da criança ou do adolescente (art. 70). O pedido de naturalização provisória se efetivará por meio da apresentação (1) da Carteira de Registro Nacional Migratório do naturalizando, e (2) de documento de identificação civil do representante ou do assistente legal da criança ou do adolescente (Regulamento, art. 245). Tal naturalização será convertida em definitiva se o naturalizando expressamente assim o requerer no prazo de dois anos após atingir a maioridade (Lei de Migração, art. 70 e parágrafo único). Na avaliação do pedido de conversão será exigida a apresentação de certidões de antecedentes criminais expedidas pelos Estados onde o naturalizando tenha residido após completar a maioridade civil e, se for o caso, de certidão de reabilitação (Regulamento, art. 246, § 1º).

Por sua vez, nos termos do § 1º do art. 12 da Constituição, aos portugueses "com residência permanente no País, se houver reciprocidade em favor de brasileiros, serão atribuídos os direitos inerentes ao brasileiro, salvo os casos previstos nesta Constituição". Perceba-se que a Constituição não diz mais que aos portugueses serão atribuídos os direitos inerentes ao "brasileiro *nato*", como dizia antes da reforma de 1994, e que havia merecido a crítica da doutrina, no sentido de que ser "brasileiro nato não é a mesma coisa que ser *considerado* brasileiro nato".[109] Agora, a Constituição fala somente em direitos "inerentes ao brasileiro", ressalvando "os casos previstos nesta Constituição". Entende, porém, o STF que a regra atual, que contempla hipótese excepcional de quase-nacionalidade, não opera "de modo imediato, seja quanto ao seu conteúdo eficacial, seja no que se refere a todas as consequências jurídicas que dela derivam, pois, para incidir, além de supor o pronunciamento aquiescente do Estado brasileiro, fundado em sua própria soberania, depende, ainda, de requerimento do súdito português interessado, a quem se impõe, para tal efeito, a obrigação de preencher os requisitos estipulados pela Convenção sobre Igualdade de Direitos e Deveres entre brasileiros e portugueses".[110]

Por fim, a Constituição, no § 2º do art. 12, dispõe que "a lei não poderá estabelecer distinção entre brasileiros natos e naturalizados, salvo nos casos previstos nesta Constituição".

---

[109] Célio Silva Costa. *A interpretação constitucional e os direitos e garantias fundamentais na Constituição de 1988*. Rio de Janeiro: Líber Juris, 1992, p. 612.

[110] STF, Ext. 890, da República Portuguesa, rel. Min. Celso de Mello, *DJ* 28.10.04.

Estes casos excepcionais dizem respeito às hipóteses em que a Constituição privilegia os brasileiros natos, em relação a determinados cargos que somente eles podem ocupar, constantes do § 3º do mesmo dispositivo, sendo eles: o de Presidente e Vice-Presidente da República; o de Presidente da Câmara dos Deputados; o de Presidente do Senado Federal; o de Ministro do Supremo Tribunal Federal; o da carreira diplomática; o de oficial das Forças Armadas; e o de Ministro de Estado da Defesa. Outra distinção constitucional diz respeito à composição do Conselho da República (art. 89, inc. VII), que deve incluir em sua formação "seis *cidadãos brasileiros natos*, com mais de 35 anos de idade".[111]

O procedimento da naturalização vem expresso no art. 71 da Lei de Migração, segundo o qual "o pedido de naturalização será apresentado e processado na forma prevista pelo órgão competente do Poder Executivo, sendo cabível recurso em caso de denegação". Nos termos do art. 224 do Regulamento, "o interessado que desejar ingressar com pedido de naturalização ordinária, extraordinária, provisória ou de transformação da naturalização provisória em definitiva deverá apresentar requerimento em unidade da Polícia Federal, dirigido ao Ministério da Justiça e Segurança Pública". Na hipótese de naturalização especial, a petição poderá ser apresentada a autoridade consular brasileira, que a remeterá ao Ministério da Justiça (Regulamento, art. 224, parágrafo único). A Polícia Federal, ao processar o pedido de naturalização: I – coletará os dados biométricos do naturalizando; II – juntará as informações sobre os antecedentes criminais do naturalizando; III – relatará o requerimento de naturalização; e IV – poderá apresentar outras informações que instruam a decisão quanto ao pedido de naturalização (Regulamento, art. 227). No curso do processo de naturalização, o naturalizando poderá requerer a tradução ou a adaptação de seu nome à língua portuguesa; será, porém, mantido o cadastro com o nome traduzido ou adaptado associado ao nome anterior (Lei de Migração, art. 71, §§ 1º e 2º). No prazo de até um ano após a concessão da naturalização, deverá o naturalizado comparecer perante a Justiça Eleitoral para o devido cadastramento (art. 72). Por fim, nos termos do Regulamento, o procedimento de naturalização deverá peremptoriamente encerrar-se no prazo de *cento e oitenta dias*, contado da data do recebimento do pedido (art. 228, *caput*). Após concedida pelo Ministro da Justiça, o ato de naturalização é publicado no *Diário Oficial da União* e comunicado, preferencialmente por meio eletrônico, ao Ministério da Defesa, ao Ministério das Relações Exteriores e à Polícia Federal (art. 230, § 1º).

O prazo para apresentação de recurso na hipótese de indeferimento do pedido de naturalização será de dez dias, contado da data do recebimento da notificação (Regulamento, art. 232). O recurso deverá ser julgado no prazo de sessenta dias, contado da data da sua interposição (§ 1º). A manutenção da decisão não impedirá a apresentação de novo pedido de naturalização, desde que satisfeitas as condições objetivas necessárias à naturalização (§ 2º). Na hipótese de naturalização especial, o prazo de dez dias será contado da data da notificação do requerente pelo Ministério das Relações Exteriores (§ 3º).

Quanto aos seus efeitos, pode-se dizer que a naturalização visa, em primeiro lugar, transformar o estrangeiro em um nacional brasileiro, integrando-o à comunidade política

---

[111] É também privativa de brasileiro nato a "propriedade de empresa jornalística e de radiodifusão sonora e de sons e imagens"; mas aqui a Constituição estende esse direito ao brasileiro naturalizado há mais de dez anos e às pessoas jurídicas constituídas sob as leis brasileiras e que tenham sede no País (CF, art. 222).

brasileira a que passa a pertencer (com basicamente os mesmos direitos conferidos aos nossos nacionais) e, em segundo plano, desvincular *ex nunc* (para o futuro) esse estrangeiro da sua nacionalidade anterior, caso assim preveja a legislação do Estado de origem. Diz-se que a perda do vínculo com a nacionalidade de origem se dá *ex nunc* pelo fato de não se admitir que se desobrigue o naturalizado de suas obrigações contraídas *antes* da naturalização (entre elas, *v.g.*, a obrigação do serviço militar). Não foi sem propósito que a regra do art. 1º da Convenção sobre Nacionalidade (Montevidéu, 26 de dezembro de 1933), segundo a qual a naturalização "perante as autoridades competentes de qualquer dos países signatários implica a perda da nacionalidade de origem", encontrou forte resistência de vários países europeus. No caso do direito brasileiro em vigor, os nacionais naturalizados em país estrangeiro não perdem jamais a nacionalidade brasileira, a menos que requeiram expressamente (art. 12, § 4º, inc. II). Por sua vez, no que tange à prestação de serviço militar é certo que vários países já têm flexibilizado a regra, pela conclusão de acordos bilaterais, como é o caso do acordo Brasil-Itália de 6 de setembro de 1958, que, como já vimos, isenta do serviço militar os filhos de italianos nascidos no Brasil, quando estes já prestaram o serviço militar neste país (art. 3º).

A natureza jurídica da naturalização passa a ser sempre *constitutiva*, não tendo efeitos coletivos e tampouco pretéritos (retroativos).[112] Nos termos do art. 73 da Lei de Migração, a "naturalização produz efeitos *após* a publicação do *Diário Oficial* do ato de naturalização", conferindo ao naturalizado, a partir daí, o gozo de todos os direitos civis e políticos, exce-tuados os que a Constituição Federal atribui exclusivamente aos brasileiros natos. Um dos aspectos relevantes desse último caso diz respeito à extradição, admitindo-se aos países que não extraditam nacionais (como é o caso do Brasil) que abram exceção nos casos do indivíduo naturalizado após a infração cometida fora do território.[113] O texto constitucional brasileiro, nesse sentido, ressalva a possibilidade de extradição para o naturalizado, em caso de crime comum praticado antes da naturalização ou de comprovado envolvimento em tráfico ilícito de entorpecentes e drogas afins (CF, art. 5º, inc. LI).

Frise-se, por fim, que a naturalização não importa aquisição da nacionalidade brasileira pelo cônjuge e filhos do naturalizado, tampouco autoriza que estes entrem ou se radiquem no Brasil sem que satisfaçam as exigências legais.

8. Perda da nacionalidade brasileira. As legislações dos diversos Estados não são uniformes no que tange à perda da nacionalidade de seus respectivos cidadãos. No caso do Brasil, tanto o naturalizado como o próprio brasileiro nato podem perder a nacionalidade brasileira, nas hipóteses respectivas de (*a*) cancelamento da naturalização, por sentença judicial, em virtude de fraude relacionada ao processo de naturalização ou de atentado contra a ordem constitucional e o Estado Democrático, ou de (*b*) pedido expresso de perda da nacionalidade brasileira perante autoridade brasileira competente, ressalvadas as situações que acarretem apatridia (CF, art. 12, § 4º, incs. I e II). A redação atual das regras sobre perda da nacionalidade brasileira adveio da Emenda Constitucional nº 131/2023,[114] provinda de reclamos de inúmeros brasileiros (natos e naturalizados) que perdiam a nacionalidade brasileira

---

[112]   V. Francisco Xavier da Silva Guimarães. *Nacionalidade: aquisição, perda e reaquisição*, cit., pp. 82-83.
[113]   Cf. Yussef Said Cahali. *Estatuto do estrangeiro*, cit., p. 459.
[114]   Promulgada em 03.10.2023.

à luz de situações que não comportam mais qualquer razão de ser atualidade. Ademais, tal disposição está de acordo tanto com a Declaração Universal dos Direitos Humanos de 1948 (art. 15, inc. 2) quanto com a Convenção Americana sobre Direitos Humanos de 1969 (art. 20, § 3º), que dispõem que ninguém será privado arbitrariamente de sua nacionalidade ou do direito de mudar de nacionalidade.

Inicialmente, destaque-se que a perda da nacionalidade tem suas origens históricas no chamado *princípio da aligeância* (*allégeance perpétuelle, vassalagem* ou *sujeição perpétua*), segundo o qual os indivíduos de determinado Estado ligam-se a ele por um laço de sujeição perpétua, devendo *fidelidade* e *obediência* ao suserano imediato e *lealdade perpétua* ao suserano superior, que concentrava em si todo o poder militar (aligeância absoluta). Essa obrigação os impedia de adquirir outra nacionalidade sem a autorização do soberano ou do chefe de Estado, ou outras autoridades indicadas por ele.[115] Sua infração era punida com a *perda da nacionalidade*, que somente poderia ser readquirida depois de desaparecidas as causas que determinaram a punição.[116]

Atualmente, os efeitos da decretação da perda da nacionalidade na Constituição Federal são *ex tunc* no caso de fraude relacionada ao processo de naturalização (art. 12, § 4º, inc. I, primeira hipótese) e *ex nunc* em todos os demais casos (art. 12, § 4º, inc. I, segunda hipótese e inc. II). Isto é, no caso de fraude relacionada ao processo de naturalização entende-se que o cidadão não detinha os requisitos legais para naturalizar-se brasileiro, razão pela qual a decretação da perda de sua nacionalidade tem efeitos *ab initio*. Nos demais casos – atentado contra a ordem constitucional e o Estado Democrático (art. 12, § 4º, inc. I, *in fine*) e pedido expresso de perda da nacionalidade brasileira (art. 12, § 4º, inc. II) –, os efeitos da decretação serão sempre *pro futuro*.

Deve-se compreender, doravante, as hipóteses constitucionais de perda da nacionalidade brasileira, tanto originária quanto derivada, conforme os mandamentos da Emenda Constitucional nº 131/2023, que deram nova redação aos incs. I e II do § 4º do art. 12 da Constituição de 1988, acrescentando, também, um § 5º ao mesmo art. 12 do Texto Magno, relativo à reaquisição da nacionalidade brasileira após renúncia (*v. infra*). Tais regras, por serem mais benéficas àqueles que perderam a nacionalidade brasileira à luz dos comandos constitucionais anteriores, devem retroagir para alcançar as situações pretéritas, à luz do princípio internacional *pro homine* ou *pro persona*.

a) Causas de perda da nacionalidade brasileira. O direito brasileiro inseriu a nacionalidade dentre as matérias de direito público, regulando-a no seu texto constitucional e entendendo sempre *pessoais* os seus efeitos. Portanto, o brasileiro (nato ou naturalizado) só perde a sua nacionalidade por uma das causas expressamente enumeradas no § 4º do art. 12 da Constituição Federal. Segundo esse dispositivo, será declarada a perda da nacionalidade do brasileiro que (I) tiver cancelada sua naturalização, por sentença judicial, em virtude de fraude relacionada ao processo de naturalização ou de atentado contra a ordem constitucional e o Estado Democrático, ou (II) fizer pedido expresso de perda da nacionalidade brasileira perante autoridade brasileira competente, ressalvadas as situações que acarretem apatridia.

---

[115] Cf. Hildebrando Accioly. *Tratado de direito internacional público*, vol. I, cit., p. 380.

[116] Cf. Mirtô Fraga. Perda da nacionalidade brasileira: art. 146, II, Constituição Federal. Reaquisição da nacionalidade, in *Arquivos do Ministério da Justiça*, nº 156, out./dez./1980, pp. 93-95.

No primeiro caso, tem-se a chamada *perda-sanção* e, no segundo, o que nominamos de *perda-abdicação* ou *perda-renúncia*.

As hipóteses constitucionais dos incs. I e II do § 4º do art. 12 são *taxativas* e não admitem modificação, sendo vedado ao Estado ampliar ou restringir por lei o seu conteúdo eficacial. O que prevalece é sempre a intenção do Estado nas hipóteses expressamente previstas pela Constituição. É dizer, o Estado é que declara (de maneira impositiva) quem são os seus nacionais e como estes perdem a sua nacionalidade, taxativamente. A nacionalidade é um direito personalíssimo do cidadão, apesar de disponível (possibilidade de renúncia) nos termos do direito brasileiro em vigor, ressalvando-se, evidentemente, as situações que acarretem apatridia.

Devem ser estudadas em detalhes, doravante, as hipóteses de perda da nacionalidade do brasileiro *nato* e de perda da nacionalidade do brasileiro *naturalizado*, compreendendo-se cada qual das respectivas situações.

b) Perda da nacionalidade do brasileiro nato. Perderá a nacionalidade do nosso país o brasileiro que "fizer pedido expresso de perda da nacionalidade brasileira perante autoridade brasileira competente, ressalvadas situações que acarretem apatridia" (art. 12, § 4º, inc. II). Tal hipótese também se aplica ao brasileiro naturalizado, à evidência, pois este também pode requerer a perda da nacionalidade brasileira se já for detentor de outra nacionalidade (situação não acarretadora de apatridia). Seja como for, certo é que somente por meio de declaração *expressa* e *específica* em perder a nacionalidade brasileira é que será possível ao nacional se desligar do vínculo jurídico-político que o une ao Brasil. O que se leva em conta, aqui, é a *vontade* do brasileiro de dar ensejo à perda da nacionalidade brasileira, pela via da renúncia à nacionalidade. Não importam os motivos pelos quais pretende o brasileiro perder a nacionalidade brasileira, exigindo o texto constitucional apenas a expressão firme da sua vontade (com requerimento expresso, por escrito, perante a autoridade brasileira competente).

Ressalvam-se, no entanto, as situações que acarretem apatridia, ou seja, quando o brasileiro não tem uma nacionalidade reconhecida por qualquer outro Estado, caso em que o requerimento de perda da nacionalidade brasileira será indeferido. Tal é o que também dispõe o Regulamento da Lei de Migração, segundo o qual o risco de geração de situação de apatridia será considerado previamente à declaração da perda da nacionalidade (art. 253). No direito brasileiro atual, não se tolera, em nenhuma hipótese, a apatridia voluntária, isto é, a renúncia pura e simples à nacionalidade brasileira nos casos em que o requerente não detém outra nacionalidade. O silêncio dos textos constitucionais anteriores quanto ao tema chegou a termo com a entrada em vigor da Emenda Constitucional nº 131/2023, que encerrou as dúvidas relativas à matéria, ressalvando expressamente dos pedidos de perda da nacionalidade brasileira as "situações que acarretem apatridia". Assim, havendo situação acarretadora de apatridia, deverá o Ministério da Justiça indeferir o pleito de perda da nacionalidade do cidadão, restando o mesmo, forçosamente, com a nacionalidade brasileira. Adquirindo, porém, outra nacionalidade, poderá o brasileiro – agora não mais presente situação capaz de gerar apatridia – abdicar expressamente da nacionalidade brasileira, conforme a regra do art. 12, § 4º, inc. II, da Constituição Federal.

Pelas normas constitucionais atualmente em vigor, não perderá jamais a nacionalidade brasileira o nacional que adquirir outra(s) nacionalidade(s), por qualquer motivo que seja (vontade de residir em outro país, de ali trabalhar, de praticar o comércio, de contrair matrimônio etc.). A perda da nacionalidade brasileira pela aquisição de outra nacionalidade ocorria à luz das regras constitucionais revogadas, antes da entrada em vigor da Emenda Constitucional nº 131/2023. Àquele tempo, desde a Emenda Constitucional de Revisão nº 3/1994, era declarada a perda da nacionalidade do brasileiro que adquirisse "outra nacionalidade", com ressalva dos casos de reconhecimento de nacionalidade originária pela lei estrangeira (art. 12, § 4º, inc. II, alínea *a*) e de imposição de naturalização, pela norma estrangeira, ao brasileiro residente em estado estrangeiro, como condição para permanência em seu território ou para o exercício de direitos civis (art. 12, § 4º, inc. II, alínea *b*). No entanto, com a Emenda Constitucional nº 131/2023, o art. 12, § 4º, inc. II ganhou nova redação e as alíneas *a e b* do inc. II foram expressamente revogadas. Tal alteração constitucional beneficiou milhões de brasileiros naturalizados estrangeiros que, à luz do direito anterior, perdiam a nacionalidade brasileira pela mera aquisição de outra nacionalidade. Tratava-se de sanção constitucional duríssima, hoje não mais condizente com a realidade que se apresenta no mundo, notadamente pelo fato de os brasileiros naturalizados em outros países não cortarem completamente seus vínculos com o Brasil, pelo que era extremamente injusto que perdessem a nacionalidade brasileira pela simples aquisição de outra nacionalidade. De fato, a maioria dos brasileiros que adquirem outra nacionalidade o fazem, *v.g.*, para buscar trabalho no estrangeiro, fugindo à crise econômica que afeta o país há longos anos, pretendendo uma vida melhor e mais rentável no exterior. Tais brasileiros raramente desejam desvincular-se da nacionalidade brasileira e, quase sempre, acabam retornando ao Brasil após um período de trabalho fora do país. Daí o motivo de a Emenda Constitucional nº 131/2023 – coerentemente e levando em consideração critérios de justiça para com essas pessoas – não as desproteger com a perda imediata da nacionalidade brasileira pelo fato de mera aquisição de outra(s) nacionalidade(s).

Portanto, apenas havendo *pedido expresso* do nacional é que poderá ele perder a nacionalidade brasileira, caso não esteja presente nenhuma situação que acarrete apatridia. Não havendo o impeditivo da apatridia, será competente para decidir sobre a perda-abdicação da nacionalidade brasileira o Ministro da Justiça.[117] A decisão ministerial será publicada no *Diário Oficial da União*, dando conhecimento geral da situação jurídica da pessoa em causa, momento a partir do qual a renúncia à nacionalidade brasileira passa a ser efetivada. O ato executivo em questão – não obstante o § 4º do art. 12 dizer que "será *declarada* a perda da nacionalidade" – tem natureza jurídica *constitutiva* e não declaratória, pois é dele que deriva a perda da nacionalidade do brasileiro, com efeitos *ex nunc*. Uma vez decretada a perda da nacionalidade, o cidadão deixa de ser brasileiro para se tornar apenas estrangeiro, com todas as consequências que essa escolha acarreta, a exemplo da possibilidade de extradição. Assim, *v.g.*, um brasileiro que requeira a perda da nacionalidade brasileira (deferida pelo Ministro da Justiça) e que cometa crime em país estrangeiro, não poderá, no Brasil, contestar o ato constitutivo da perda para escapar à eventual processo de extradição.

A Emenda Constitucional nº 131/2023 acrescentou ao art. 12 da Constituição um § 5º, segundo o qual a renúncia da nacionalidade nos termos do inc. II do § 4º não impede

---

[117] Assim também era a prática anterior no Brasil, a teor do art. 1º do Decreto nº 3.453/2000, que dispunha: "Fica delegada competência ao Ministro de Estado da Justiça, vedada a subdelegação, para declarar a perda e a reaquisição da nacionalidade brasileira nos casos previstos nos arts. 12, § 4º, inciso II, da Constituição, e 22, incisos I e II, e 36 da Lei nº 818, de 18 de setembro de 1949".

o interessado de readquirir a nacionalidade brasileira, nos termos da lei. Ficam abertas, portanto, àqueles nacionais que abdicaram da nacionalidade brasileira, as portas de retorno ao vínculo jurídico-político que os ligava ao Brasil, porém, não em condições de absoluta igualdade com os brasileiros de nacionalidade originária, cujo vínculo com a pátria jamais foi quebrado, como se verá (v. item nº 9, *infra*).

Por fim, reafirme-se que o art. 12, § 4º, inc. II, da Constituição também se aplica aos brasileiros naturalizados, que poderão, igualmente, requerer expressamente à autoridade brasileira competente a perda da nacionalidade brasileira, ressalvando-se, igualmente, os casos em que possa acarretar apatridia. A renúncia da nacionalidade nos termos inc. II do § 4º do art. 12 não impede, também, o naturalizado de readquirir a nacionalidade brasileira nos termos do art. 12, § 5º, da Constituição.

Merece, contudo, em seguida, ser estudada a situação específica do brasileiro naturalizado que perde a nacionalidade brasileira pelo cancelamento da naturalização, por sentença judicial, em virtude de fraude relacionada ao processo de naturalização ou de atentado contra a ordem constitucional e o Estado Democrático (art. 12, § 4º, inc. I).

c) Perda da nacionalidade do brasileiro naturalizado. Perderá a nacionalidade brasileira o brasileiro naturalizado que tiver cancelada sua naturalização, por sentença judicial, em virtude de fraude relacionada ao processo de naturalização ou de atentado contra a ordem constitucional e o Estado Democrático (art. 12, § 4º, inc. I). A disposição constitucional, aqui, diz respeito exclusivamente à nacionalidade adquirida ou secundária (uma vez que atinge aquele que "tiver cancelada *sua naturalização...*"). No direito brasileiro anterior, a redação do art. 12, § 4º, inc. I, determinava a perda da nacionalidade ao naturalizado que tivesse "cancelada sua naturalização, por sentença judicial, em virtude de *atividade nociva ao interesse nacional*". Aquela redação foi constantemente criticada pela doutrina, uma vez que *atividade nociva* e *interesse nacional* são expressões abertas e de conteúdo variável, que davam margem a injustiças e a toda sorte de perseguições, ainda mais quando se sabe que, em regimes autoritários, é sempre *nocivo* ao interesse nacional exprimir ideias contrárias às daqueles que estão no poder.[118]

Em razão disso, a Emenda Constitucional nº 131/2023 deu nova redação à disposição para determinar o cancelamento da nacionalidade do brasileiro naturalizado, por sentença judicial, apenas quando houver (*a*) fraude relacionada ao processo de naturalização ou (*b*) atentado contra a ordem constitucional e o Estado Democrático. Perceba-se que, diferentemente do

---

[118] V. a crítica de Ilmar Penna Marinho, in *Tratado sôbre a nacionalidade*, 3º vol., cit., p. 828. No mesmo sentido, *v.* a precisa lição de Celso Lafer, para quem essa sanção política imposta pelo direito brasileiro anterior ao brasileiro naturalizado era inaceitável, pois "a cidadania não é uma licença que expira com a má conduta, nem se perde toda vez que um indivíduo se esquiva ao cumprimento dos deveres de cidadania. O cancelamento da nacionalidade não é, consequentemente, uma arma que o governo pode empregar para expressar o seu desagrado diante da conduta de um cidadão, por mais repreensível que ela seja. (...) Trata-se, com efeito, de uma pena inaceitável – uma punição cruel como a tortura –, ainda mais quando cominada para um comportamento como 'atividade nociva ao interesse nacional', que nos próprios termos do texto constitucional é uma noção de conteúdo variável, não oferecendo aos destinatários da norma elementos para dela inferir um comportamento adequado; por isso, pode dar margem à confusão, à ambiguidade, ao erro e, destarte, ao arbítrio, mesmo no contexto das garantias de um processo judicial" (*A reconstrução dos direitos humanos...*, cit., pp. 164-165).

que fez com relação ao art. 12, § 4º, inc. II, a Constituição não ressalvou, nos casos elencados pelo inc. I do mesmo dispositivo, as "situações que acarretem apatridia", o que demonstra o caráter efetivamente sancionador da norma em apreço. Entendeu o poder constituinte reformador que aqueles que fraudam o processo de naturalização ou que atentem contra a ordem constitucional ou o Estado Democrático não merecem a garantia da ressalva relativa à apatridia, o que poderá levar a discussões futuras sobre o tema, tendo em vista o engajamento do Brasil – pelo Decreto nº 8.501, de 18 de agosto de 2015 – à Convenção da ONU para a Redução dos Casos de Apatridia de 1961, que impede aos Estados de privar uma pessoa de sua nacionalidade se essa privação vier a convertê-la em apátrida (art. 8º, § 1º). Também a Lei de Migração tem dispositivo expresso no sentido de que "o risco de geração de situação de apatridia será levado em consideração antes da efetivação da perda da nacionalidade" (art. 75, parágrafo único).

O art. 12, § 4º, inc. I, da Constituição elenca *duas* hipóteses pelas quais o brasileiro naturalizado poderá ter cancelada, por sentença judicial, a sua naturalização, merecendo cada qual ser estudada em detalhes.

A primeira hipótese de perda da nacionalidade do brasileiro naturalizado, por sentença judicial, diz respeito à "fraude relacionada ao processo de naturalização". Tal hipótese não se encontrava expressamente prevista no direito brasileiro até então, não obstante sempre se entender que a *fraude à lei* era também motivo para o cancelamento da naturalização. No direito brasileiro atual, a hipótese vem expressa na Constituição Federal e está despida de dúvidas. Tal seria o caso, *v.g.*, de o naturalizando não avisar ao Ministério da Justiça que sobre ele recai condenação criminal sem seu país de origem, obtendo a naturalização mediante omissão de sua situação de condenado no exterior. Nesse caso, parte da doutrina (a exemplo de Rezek) entendia, à luz do direito anterior, que caberia "ao presidente da República anular, por decreto, a aquisição fraudulenta da qualidade de brasileiro".[119] Segundo pensamos, e também de acordo com o STF, não assiste melhor sorte a esse entendimento (*v. infra*). Não há dúvida de que, mesmo na hipótese de *fraude à lei,* apenas o Poder Judiciário há de decretar a perda da nacionalidade brasileira ao naturalizado, caso a mesma já tenha sido concedida pelo Ministro da Justiça. Não há que se argumentar que sendo o Ministro da Justiça a autoridade competente para conceder naturalização, também dele seria a competência para rever o seu ato de concessão, cancelando-o.

O Estatuto do Estrangeiro de 1980 (revogado) dizia, no art. 112, §§ 2º e 3º, respectivamente, que "verificada, a qualquer tempo, a falsidade ideológica ou material de qualquer dos requisitos exigidos neste artigo ou nos arts. 113 e 114 desta Lei, *será declarado nulo o ato de naturalização* sem prejuízo da ação penal cabível pela infração cometida", e que a "declaração de nulidade a que se refere o parágrafo anterior *processar-se-á administrativamente,* no Ministério da Justiça, de ofício ou mediante representação fundamentada, concedido ao naturalizado, para defesa, o prazo de quinze dias, contados da notificação". Entendia-se, à evidência, que tais disposições não haviam sido recepcionadas pela Constituição de 1988.[120]

---

[119] José Francisco Rezek. *Direito internacional público…*, cit., p. 181.

[120] V. Valerio de Oliveira Mazzuoli. Impossibilidade do Ministro da Justiça rever o ato da naturalização no Brasil: não recepção do art. 112, §§ 2º e 3º, da Lei 6.815/1980 (Estatuto do Estrangeiro) pela Constituição Federal de 1988, in *Revista dos Tribunais*, ano 102, vol. 938, São Paulo, dez./2013, pp. 394-396.

Nesse exato sentido, o Plenário do STF (em 07.02.2013) decidiu, por maioria, vencido o Min. Ricardo Lewandowski (Relator), que, tendo o estrangeiro adquirido a nacionalidade brasileira, por meio de portaria do Ministro da Justiça, e tendo posteriormente se apurado a existência de erro de fato consubstanciado na omissão pelo estrangeiro (em situação de *fraude à lei*) de sua condição de condenado em momento anterior à naturalização, não caberia ao Ministro da Justiça rever administrativamente o seu ato concessivo,[121] para o fim de anulá-lo, cabendo exclusivamente ao Poder Judiciário anular a naturalização nessa hipótese (princípio da reserva de jurisdição).[122] Como destacou o Min. Marco Aurélio no citado julgamento, "se até mesmo, considerados os atos atentatórios ao interesse nacional [no direito atual, leia-se: atos atentatórios contra a ordem constitucional e o Estado Democrático], exige-se sentença judicial, o que se dirá quanto a uma possível fraude perpetrada pelo naturalizado?".[123] Correta a posição do Ministro, pois o texto constitucional de 1988 pretendeu estabelecer verdadeira *reserva de jurisdição* para os casos de cancelamento de naturalização, não se podendo deixar ao arbítrio do Poder Executivo uma faculdade capaz de gerar consequências tão gravosas aos cidadãos, como o desligamento da pessoa à ordem protetiva que um determinado Estado oferece. Em outros termos, a possibilidade que tem um cidadão de se tornar *apátrida* é extremamente danosa, tanto à sua pessoa como à própria ordem internacional, que não envida esforços para sempre reduzir os casos de apatridia existentes. Nesse sentido, a Lei de Migração, repita-se, trouxe regra expressa a determinar que "o risco de geração de situação de apatridia será levado em consideração antes da efetivação da perda da nacionalidade" (art. 75, parágrafo único). Daí a imperiosa necessidade, em suma, de um exame *judiciário* da questão, sem o qual as garantias da pessoa podem ver-se gravemente prejudicadas.

Os efeitos da decretação da perda da nacionalidade brasileira nesta primeira hipótese são *ex tunc*, dado que o cidadão que se naturalizou brasileiro cometendo fraude no processo de naturalização não era detentor dos requisitos legais necessários à concessão do benefício, razão pela qual a decretação judicial da perda gera efeitos *ab initio*.

A segunda hipótese de perda da nacionalidade do brasileiro naturalizado (neste caso, de efeitos *ex nunc*) ocorre quando há "atentado contra a ordem constitucional e o Estado Democrático". Todo atentado à ordem constitucional e à democracia são intoleráveis, ainda

---

[121] O STF não aplicou ao caso a Súmula nº 473, segundo a qual: "A Administração pode anular seus próprios atos, quando eivados de vícios que os tornem ilegais, porque deles não se originam direitos; ou revogá-los, por motivo de conveniência ou oportunidade, respeitados os direitos adquiridos, e ressalvada, em todos os casos, a apreciação judicial".

[122] STF, RMS 27.840/DF, rel. Min. Ricardo Lewandowski, Tribunal Pleno, julg. 07.02.2013, *DJe* 27.08.2013. Destaque-se, nesse julgamento, o voto da Min. Cármen Lúcia, que – apesar de considerar recepcionados pela ordem constitucional de 1988 os §§ 2º e 3º do art. 112 do Estatuto do Estrangeiro (revogado) – trouxe à colação o fato de ter o Brasil ratificado (em 2007) a Convenção para a Redução dos Casos de Apatridia, celebrada pelas Nações Unidas em 30.08.1961, cujo art. 8º, § 4º, dispõe: "Os Estados Contratantes só exercerão o direito de privar uma pessoa de sua nacionalidade, nas condições definidas nos parágrafos 2 ou 3 do presente Artigo, de acordo com a lei, que assegurará ao interessado o direito à ampla defesa *perante um tribunal ou outro órgão independente*". Nesse sentido, entendeu a Min. Cármen Lúcia que a inaplicabilidade do revogado § 3º do art. 112 do Estatuto do Estrangeiro não resultaria "de sua não recepção em face da ordem constitucional vigente, mas da derrogação efetivada pela convenção internacional referida".

[123] STF, RMS 27.840/DF, rel. Min. Ricardo Lewandowski, Tribunal Pleno, julg. 07.02.2013, p. 22.

mais provindo de cidadãos naturalizados brasileiros, que encontraram em nosso país abrigo e proteção. Daí o texto constitucional reprimir tais atos – sem prejuízo das sanções civis e criminas cabíveis – com a decretação, por sentença judicial, da perda da nacionalidade brasileira adquirida. São exemplos de atos dessa natureza (*lato sensu* nominados de atos antidemocráticos) os conhecidos ataques cometidos em 8 de janeiro de 2023, na Capital Federal, por cerca de quatro mil manifestantes radicais que invadiram e depredaram o Congresso Nacional, o Supremo Tribunal Federal e o Palácio do Planalto, em ato por eles autodenominado "patriótico", com ações voltadas contra as instituições democráticas, por meio de vandalismo, invasões e depredação do patrimônio público. Nesse exemplo, capturado um manifestante que seja brasileiro naturalizado, haveria de perder a nacionalidade brasileira por sentença judicial, em decorrência de atentado contra a ordem constitucional e o Estado Democrático, sem prejuízo das sanções civis e criminais cabíveis. No entanto, mesmo em tais hipóteses, o risco de ocorrência de apatridia deverá ser levado em consideração pelo juiz antes da decretação da perda da nacionalidade do brasileiro naturalizado.

A competência para conhecer e decidir em processo de perda da nacionalidade, nesses casos, é da Justiça Federal de primeiro grau (CF, art. 109, inc. X) na subseção do domicílio do réu, sendo a respectiva ação de competência privativa do Ministério Público Federal (Lei Complementar nº 75/93, art. 6º, inc. IX). O trânsito em julgado da sentença faz que o estrangeiro que foi naturalizado brasileiro perca a sua condição de cidadão brasileiro, com efeitos *ex tunc* no caso de fraude relacionada ao processo de naturalização e *ex nunc* no caso de atentado à ordem constitucional e ao Estado Democrático. A natureza jurídica do ato judicial que decreta a perda da nacionalidade do brasileiro naturalizado é de *ato constitutivo negativo*.

9. Reaquisição da nacionalidade brasileira. O indivíduo cuja naturalização foi cancelada, por sentença judicial, em virtude de fraude relacionada ao processo de naturalização ou de atentado contra a ordem constitucional e o Estado Democrático (CF, art. 12, § 4º, I) jamais poderá reaver o *status* de cidadão brasileiro, a menos que o cancelamento da naturalização seja desfeito por ação rescisória. O brasileiro nato ou naturalizado, porém, que perdeu a nacionalidade brasileira por pedido expresso (CF, art. 12, § 4º, II) poderá reavê-la, na forma definida pelo órgão competente do Poder Executivo. A reaquisição, nesse caso, guarda idêntica natureza da naturalização ordinária, ainda que mais facilitária.

O texto originário da Constituição Federal de 1988 não havia disciplinado, em qualquer dispositivo, a reaquisição da nacionalidade brasileira. Cuidava, porém, do assunto o art. 36, *caput*, da Lei nº 818/49, segundo o qual o "brasileiro que, por qualquer das causas do art. 22, números I e II, desta Lei, houver perdido a nacionalidade, poderá readquiri-la por decreto, se estiver *domiciliado* no Brasil". Os incisos I e II do art. 22 da Lei, por seu turno, referiam-se às hipóteses dos que, por naturalização voluntária, adquiriam outra nacionalidade (inc. I), e dos que, sem licença do Presidente da República, aceitavam de governo estrangeiro comissão, emprego ou pensão (inc. II). Contudo, o requisito da *voluntariedade* não era mais fundamento constitucional válido para a perda da nacionalidade brasileira, depois da entrada em vigor da Emenda Constitucional de Revisão nº 3, de 1994. Também não mais persistia, há muitos anos, a perda da nacionalidade brasileira por aceitação de comissão, emprego e pensão oferecida por governo estrangeiro, sem licença do Presidente da República, como permitido à égide da Constituição de 1946, época em que a Lei nº 818/49 foi editada.

Atualmente, com as alterações realizadas no art. 12 da Constituição pela Emenda Constitucional nº 131/2023, há disposição específica segundo a qual a renúncia da nacionalidade brasileira em razão de pedido expresso "não impede o interessado de readquirir sua nacionalidade brasileira originária, nos termos da lei" (art. 12, § 5º). A lei em referência é a Lei de Migração, cujo art. 76 dispõe que "o brasileiro que, em razão do previsto no inciso II do § 4º do art. 12 da Constituição Federal, houver perdido a nacionalidade, uma vez cessada a causa, poderá readquiri-la ou ter o ato que declarou a perda revogado, na forma definida pelo órgão competente do Poder Executivo". A Lei de Migração, como se vê, não mais exige o domicílio do requerente no Brasil como condição para a reaquisição da nacionalidade brasileira, diferentemente do que previa o art. 36, caput, da Lei nº 818/49. Por sua vez, nos termos do art. 254, § 1º, do Regulamento da Lei de Migração, "cessada a causa da perda de nacionalidade, o interessado, por meio de requerimento endereçado ao Ministro da Justiça e Segurança Pública, poderá pleitear a sua reaquisição". A reaquisição da nacionalidade brasileira ficará condicionada à: I – comprovação de que possuía a nacionalidade brasileira; e II – comprovação de que a causa que deu razão à perda da nacionalidade brasileira cessou (§ 2º).

No § 7º do art. 254 do Regulamento da Lei de Migração ficou estabelecido que "o deferimento do requerimento de reaquisição ou a revogação da perda importará no *restabelecimento da nacionalidade originária brasileira*". Também a Constituição, na redação do novel art. 12, § 5º, inserido pela Emenda Constitucional nº 131/2023, igualmente faz referência à reaquisição da "nacionalidade brasileira *originária*". A redação, à primeira vista, poderia induzir ao entendimento de que, aquele brasileiro que requereu a perda da nossa nacionalidade e, posteriormente, a readquiriu, voltaria à condição de nacional com o mesmo *status* que detinha antes da perda. Assim, se era o cidadão brasileiro nato, voltaria, após a reaquisição, na mesma condição originária perante a nossa ordem jurídica, podendo, *v.g.*, candidatar-se a Presidente da República ou tomar posse no cargo de Ministro do Supremo Tribunal Federal (dentre outros cargos privativos de brasileiros *natos*, previstos no art. 12, § 3º, da Constituição de 1988). Nada mais equivocado. A referência ao restabelecimento da nacionalidade brasileira "originária" – sob pena de inconstitucionalidade por violação da regra constitucional que estabelece os cargos privativos de brasileiros natos *ab initio* (lembre-se de que os incisos I a VI do art. 12, § 3º, da Constituição provêm do poder constituinte originário) – não pode ser interpretada senão como atribuindo ao cidadão a simples qualidade de brasileiro por vez segunda, isto é, que retorna às origens nacionais pela segunda vez, sem, contudo, a ele agregar qualquer privilégio atinente aos *brasileiros natos desde sempre considerados*, é dizer, aqueles que não contaram com nenhuma interrupção voluntária de nacionalidade ao longo da vida. Quando o brasileiro, expressa e voluntariamente, requer a perda da nacionalidade brasileira, uma vez sendo esta decretada, ele *deixa* de manter com a nossa comunidade de pessoas o vínculo jurídico-político necessário à condição de nacional, para tornar-se, a partir daí, um *estrangeiro*. Nesta condição, ainda que possa *readquirir* a nacionalidade brasileira no futuro, encontrará todas as limitações constitucionais impostas aos estrangeiros para o pertencimento à comunidade de nacionais no Brasil.

Neste caso, portanto, aquele que readquiriu a condição de nacional brasileiro não volta a ter esse *status* nos mesmos termos que o detinha anteriormente (ou seja, se era brasileiro nato, voltaria a ser brasileiro também *nato*). Concordamos com Mirtô Fraga no sentido de que, quando se trata de *reaquisição* da nacionalidade, não se cogita de nacionalidade originária, senão de nacionalidade adquirida ou derivada. Se o indivíduo era brasileiro nato e requereu expressamente a perda da nacionalidade brasileira, readquirindo, depois, a nacionalidade brasileira conforme o permissivo constitucional do art. 12, § 5º, tal reaquisição configura uma *terceira* nacionalidade, que é derivada e não originária.[124] Há, contudo, posicionamentos em sentido contrário (segundo o qual o brasileiro *nato* readquire a nacionalidade brasileira com o mesmo *status* de brasileiro *nato,* e assim por diante...), mas que não convencem.[125] Como explica Rezek, quem comunga desta última tese peca "por enfocar com excessivo zelo a palavra-chave, reaquisição, pretendendo extrair de seu teor gramatical a solução do problema que se lhe deparava. Sucede que o vocábulo, em 1949, foi fruto exclusivo da mente e da lavra do legislador ordinário. A lei fundamental então nem disciplinava a reaquisição da nacionalidade, nem sequer a mencionava, para delegar seu trato ao Congresso. A este competia tão só a regência, por lei comum, da naturalização. Desse modo, o instituto da reaquisição só pode ser compreendido e aceito como forma especial e facilitária da aquisição da nacionalidade derivada. Qualquer outro enfoque levará, necessariamente, à afirmação de sua invalidade, por afronta à lei maior".[126]

Portanto, é equívoco dizer que a reaquisição da nacionalidade atribui ao cidadão o mesmo *status* que detinha antes da perda da nacionalidade, pois os seus efeitos são *ex nunc* e nunca *ex tunc* em tais casos. Ao adquirir novamente a nacionalidade brasileira, não se aplica ao indivíduo nem o *jus soli* nem o *jus sanguinis*. Este indivíduo, se era *brasileiro nato*, readquire a nacionalidade brasileira na condição de brasileiro naturalizado, de nenhum modo recuperando a condição originária de brasileiro nato.[127] Trata-se, em verdade, de uma naturalização mais *facilitada* e *privilegiada*, uma vez que, nesse caso, não são exigidas todas as burocracias de naturalização exigidas para indivíduos estrangeiros, que jamais foram nacionais do Estado, quer pelo nascimento ou pela naturalização. Essa tese guarda completo sentido lógico e jurídico, uma vez que o brasileiro, mesmo tendo perdido a nacionalidade brasileira, seguramente não esqueceu o seu idioma originário, sua pátria, os hábitos e costumes desta, bem como os laços afetivos que o unia aos seus conacionais.

É evidente que, com a reaquisição da nacionalidade, o brasileiro (que agora já não é mais nato) perde todos os direitos que a Constituição atribui aos brasileiros natos, não podendo mais ser Presidente ou Vice-Presidente da República, Presidente da Câmara dos Deputados ou do Senado Federal, Ministro do Supremo Tribunal Federal, diplomata de carreira, oficial das Forças Armadas ou Ministro de Estado da Defesa (CF, art. 12, § 3º, incs. I a VII). De fato, seria um contrassenso permitir a um indivíduo que expressamente requereu a perda da nacionalidade brasileira poder retornar ao seu país de origem e nele ascender a cargos que o texto constitucional reservou especialmente àqueles brasileiros natos que aqui estão e aqui permanecem com *animus* definitivo.

---

[124] V. Mirtô Fraga. Perda da nacionalidade brasileira..., cit., p. 104. No mesmo sentido, *v.* Francisco Xavier da Silva Guimarães, *Nacionalidade: aquisição, perda e reaquisição*, cit., p. 124; e Yussef Said Cahali, *Estatuto do estrangeiro*, cit., p. 70.

[125] Assim, *v.* Ilmar Penna Marinho, *Tratado sôbre a nacionalidade*, 3º vol., cit., p. 367; Luis Ivani de Amorim Araújo, *Curso de direito internacional público*, cit., p. 73; e José Afonso da Silva, *Curso de direito constitucional positivo*, cit., p. 334; do mesmo autor, cf. repetição, *Comentário contextual à Constituição*, São Paulo: Malheiros, 2005, p. 209.

[126] José Francisco Rezek. A nacionalidade à luz da obra de Pontes de Miranda, cit., p. 15.

[127] Cf. Yussef Said Cahali. *Estatuto do estrangeiro*, cit., p. 70.

Se, por sua vez, era o indivíduo brasileiro naturalizado e perdeu a nacionalidade brasileira em razão de pedido expresso seu, tal como autoriza o art. 12, § 4º, inc. II, da Constituição, a reaquisição da nacionalidade nesse caso dá-se por *renaturalização*, para falar como Pontes de Miranda.[128] Seja como for, certo é que, em ambos os casos (brasileiros natos ou naturalizados que perderam a nacionalidade brasileira a pedido e a readquiriram posteriormente), jamais retornarão à ordem jurídica brasileira em sua condição originária, mas sempre na condição de cidadãos naturalizados ou renaturalizados, conforme o caso.

Em apenas um único e exclusivo caso a reaquisição da nacionalidade brasileira terá o efeito de devolver à pessoa a condição de brasileiro *nato*, que é o relativo à perda da nacionalidade brasileira em razão de naturalização operada em país estrangeiro à luz do direito constitucional anterior. Ora, se a nova ordem jurídica brasileira – instaurada pós-Emenda Constitucional nº 131/2023 – aboliu a perda da nacionalidade em razão de naturalização voluntária em outro(s) país(es), certo é que o brasileiro que perdeu a nossa nacionalidade por conta desse expediente pode *readquirir* a nacionalidade brasileira conforme as normas do direito constitucional atual, com pedido expresso, nesse sentido, ao Ministro da Justiça. Neste caso, pela aplicação do princípio internacional *pro homine* as normas vigentes no Brasil retroagem para *cancelar* a perda da nacionalidade do brasileiro que, conforme o regramento anterior, perdeu a nacionalidade pátria por naturalização voluntária em país(es) estrangeiro(s). Em condições tais, seria de todo injusto com o nosso nacional não o autorizar a voltar ser brasileiro na condição de brasileiro nato, dada a aplicação retroativa das normas (mais benéficas) da Emenda Constitucional nº 131/2023. Aqui, portanto, está a única hipótese em que a requisição da nacionalidade brasileira atribui ao interessado o *status* de brasileiro nato, dado que este, em razão da novação constitucional, jamais deixou de ser um brasileiro *desde sempre considerado*.

10. Estatuto da igualdade entre brasileiros e portugueses. Em 7 de setembro de 1971, Brasil e Portugal celebraram em Brasília a Convenção sobre Igualdade de Direitos e Deveres entre Brasileiros e Portugueses.[129] Por meio desse tratado, Brasil e Portugal consentiram em estabelecer um *Estatuto da Igualdade* entre ambos os países, alterando a noção clássica de nacionalidade como *pressuposto necessário* da cidadania. Ao mesmo tempo em que o tratado deixava intocável o vínculo de nacionalidade dos indivíduos de cada um dos seus respectivos Estados, permitia que tais indivíduos exercessem no outro Estado os direitos inerentes à cidadania deste.[130]

A Convenção sobre Igualdade de Direitos e Deveres entre Brasileiros e Portugueses foi, contudo, inteiramente ab-rogada pelo Tratado de Amizade, Cooperação e Consulta entre a República Federativa do Brasil e a República Portuguesa, celebrado em Porto Seguro em 22 de abril de 2000.[131] O *estatuto da igualdade entre brasileiros e portugueses*, agora consta do Título II, item nº 2, deste novo Tratado (arts. 12 a 22), que se vai estudar abaixo.

---

[128] Pontes de Miranda. *Comentários à Constituição de 1967 com a Emenda nº 1 de 1969*, t. IV, 2ª ed., cit., p. 541.

[129] Aprovada no Brasil pelo Decreto Legislativo nº 82, de 24.11.1971, e promulgada pelo Decreto nº 70.391, de 12.04.1972 (regulamentado pelo Decreto nº 70.436, de 18.04.1972), tendo entrado em vigor em 22 de abril do mesmo ano.

[130] Cf. José Francisco Rezek. *Direito internacional público...*, cit., pp. 181-182.

[131] O instrumento foi aprovado no Brasil pelo Decreto Legislativo nº 165, de 30.05.2001, e promulgado pelo Decreto nº 3.927, de 19.09.2001.

Segundo o Tratado de Porto Seguro, os "brasileiros em Portugal e os portugueses no Brasil, beneficiários do estatuto de igualdade, gozarão dos mesmos direitos e estarão sujeitos aos mesmos deveres dos nacionais desses Estados" (art. 12), deixando claro que o exercício desses direitos e deveres pelos portugueses no Brasil e pelos brasileiros em Portugal "não implicará em perda das respectivas nacionalidades" (art. 13, § 1º). Ficam garantidos aos brasileiros e portugueses abrangidos pelo Estatuto da Igualdade todos os direitos e deveres inerentes às respectivas nacionalidades, "salvo aqueles que ofenderem a soberania nacional e a ordem pública do Estado de residência" (art. 13, § 2º).

Contudo, não pertencem ao regime de equiparação, como não poderia deixar de ser, os direitos que a Constituição de cada um dos Estados reserva aos seus indivíduos de nacionalidade originária (art. 14). Nos termos do § 1º, do art. 12, da Constituição brasileira de 1988, "aos portugueses com residência permanente no País, se houver reciprocidade em favor de brasileiros, serão atribuídos os direitos inerentes ao brasileiro, *salvo os casos previstos nesta Constituição*". Em tais hipóteses, que a própria Constituição excepciona, não vigora o Estatuto da Igualdade. A Constituição brasileira permite que um português residente no Brasil ascenda (se houver reciprocidade) aos cargos de Ministro de Estado, Senador, Deputado Federal e Estadual, Governador de Estado, Prefeito e Vereador. Entretanto, o acesso a esses cargos e funções públicos está vedado aos portugueses aqui residentes, porque a Constituição de Portugal não permite que brasileiros lá residentes ascendam a cargos e funções correspondentes. Essa regra vem insculpida no § 3º do art. 15 do texto constitucional português, revisado em 1989, segundo o qual aos "cidadãos dos países de língua portuguesa podem ser atribuídos, mediante convenção internacional e em condições de reciprocidade, direitos não conferidos a estrangeiros, *salvo o acesso à titularidade dos órgãos de soberania e dos órgãos de governo próprio das regiões autônomas, o serviço nas forças armadas e a carreira diplomática*". Como se percebe, o princípio da reciprocidade aparece, nesse caso, aplicado em sua vertente negativa, facultando o texto português apenas a atribuição de direitos (*podem ser atribuídos...*) aos brasileiros, o que dá uma larga margem de manobra para o governo português atribuir ou não tais direitos aos nossos nacionais, ao passo que a Constituição brasileira *já garante* aos portugueses, imediatamente, os direitos dela decorrentes, atendidos os seus dois pressupostos (residência permanente no Brasil e reciprocidade em favor dos brasileiros).

A igualdade de direitos e deveres será reconhecida mediante decisão (na verdade, uma *portaria*, que deverá ser publicada no *Diário Oficial da União*) do Ministério da Justiça, no Brasil, e do Ministério da Administração Interna, em Portugal, aos portugueses e brasileiros que a requeiram, desde que civilmente capazes e com residência permanente (art. 15). A importância prática em se atender o art. 15 do tratado (que corresponde ao antigo art. 5º do Estatuto da Igualdade de 1971) ficou bem caracterizada em dois pedidos de extradição de portugueses julgados pelo Supremo Tribunal Federal no Brasil, ainda à égide da Convenção de 1971.[132] No primeiro, julgado em 1996, o STF deferiu a solicitação da França, extraditando

---

[132] O Estatuto da Igualdade de 1971, assim estabelecia no seu art. 9º: "Os portugueses e brasileiros que gozem do estatuto de igualdade não estão sujeitos à extradição, salvo se requerida pelo Governo do Estado da nacionalidade". A mesma regra hoje consta do art. 18 do tratado de 2000, como se verá adiante.

670 | CURSO DE DIREITO INTERNACIONAL PÚBLICO – *Valerio de Oliveira Mazzuoli*

português que aqui se encontrava e que não demonstrara estar no gozo do benefício mediante prova de que o requerera e obtivera (Extradição nº 674, in *RTJ* 167/11). No segundo caso, o STF negou pedido extradicional requerido pela Itália, pelo fato de estar a requerente "juridicamente amparada pelo Tratado firmado entre Brasil e Portugal conforme certificado expedido pelo Ministério da Justiça, que concede nos termos dos arts. 2, 3 e 5 do Decreto nº 70.436, de 18 de abril de 1972, os direitos de cidadã brasileira à requerente" (Extradição nº 302, in *RTJ* 167/742).[133]

Concedido o benefício, os portugueses terão, no Brasil, prerrogativas que os demais estrangeiros aqui não têm, como o direito de abrir empresa jornalística (independentemente de prazo de residência no Brasil), ou de ser proprietário de terras nas faixas de fronteiras.[134] O benefício se extingue com a perda "da sua nacionalidade ou com a cessação da autorização de permanência no território do Estado de residência" (art. 16).

Em relação ao gozo dos direitos políticos por portugueses no Brasil e por brasileiros em Portugal, estabelece a Convenção que este só será reconhecido aos que tiverem três anos (ao contrário dos *cinco anos* da convenção de 1971) de residência permanente, dependendo de requerimento à autoridade competente (art. 17, § 1º). Mas a igualdade quanto aos direitos políticos não abrange as pessoas que, no Estado da nacionalidade, houverem sido privadas de direitos equivalentes (art. 17, § 2º). Por fim, a Convenção proibiu o duplo gozo dos direitos políticos, estabelecendo que o gozo destes no Estado de residência importa na suspensão do exercício dos mesmos direitos no Estado de nacionalidade (art. 17, § 3º).

É de se ressaltar ainda que, nos termos do art. 18 da Convenção, os portugueses e brasileiros amparados pelo Estatuto da Igualdade ficam sujeitos à lei penal do Estado de residência nas mesmas circunstâncias em que os respectivos nacionais, não estando sujeitos à extradição, salvo se requerida pelo governo do Estado da nacionalidade. Como se nota, o Estatuto da Igualdade baseia-se no princípio da reciprocidade de tratamento, sem discriminação entre os direitos adquiridos por brasileiros em Portugal e os auferidos pelos portugueses no Brasil, tratando de forma igual situações que seriam distintas em relação a quaisquer outros estrangeiros.

Dispõe também o tratado que "não poderão prestar serviço militar no Estado de residência os brasileiros e portugueses nas condições do art. 12", ou seja, os brasileiros que estão em Portugal e os portugueses que estiverem no Brasil, devendo a lei interna de cada Estado regular, para esse efeito, a situação dos respectivos nacionais (art. 19).

O brasileiro ou o português, beneficiário do Estatuto da Igualdade, que se ausentar do território do Estado de residência terá direito à proteção diplomática apenas do Estado da nacionalidade (art. 20). Os Governos do Brasil e de Portugal devem comunicar reciprocamente, por via diplomática, a aquisição e perda do estatuto de igualdade regulado no tratado (art. 21). Por fim, aos brasileiros em Portugal e aos portugueses no Brasil, beneficiários do Estatuto da Igualdade, serão fornecidos, para uso interno, documentos de identidade de modelos iguais aos dos respectivos nacionais, com a menção da nacionalidade do portador e referência ao tratado (art. 22).

---

[133] V. Jacob Dolinger. *Direito internacional privado...*, cit., p. 180.

[134] Cf. José Francisco Rezek. *Direito internacional público...*, cit., p. 183.

SEÇÃO II – CONDIÇÃO JURÍDICA DO ESTRANGEIRO

1. Conceito de estrangeiro. Ao escolher quem são os seus nacionais (em virtude das regras domésticas editadas no exercício de sua soberania), o Estado automaticamente classifica como estrangeiros todos os demais indivíduos que estejam em seu território, quer a título provisório ou definitivo (os quais poderão ter a nacionalidade de outro Estado ou não ter nenhuma nacionalidade, encontrando-se em situação de apatridia). Pode, até mesmo, o indivíduo ter nascido *no território* do Estado em que se encontra e não ser *nacional* desse Estado, como se viu (*v.* Seção I, itens 4, 5 e 7, *supra*). Daí a necessidade de se precisar o conceito de estrangeiro à luz do tema *nacionalidade*. Nesse sentido, para a Ciência do Direito considera-se *estrangeiro* quem, de acordo com as normas jurídicas do Estado em que se encontra, não integra o conjunto dos nacionais desse Estado.[135] Trata-se, como se vê, de um conceito a que se chega por *exclusão*. Portanto, para adquirir a condição de *estrangeiro*, basta que a pessoa se locomova da jurisdição do Estado a que pertence (ou seja, do Estado do qual é *nacional*, se essa pessoa tiver uma nacionalidade, ou de qualquer Estado, se for ela apátrida) e passe à jurisdição de outro, sem integrar, a qualquer título, a massa dos nacionais desse último.

As causas que levam ao fenômeno migratório, fazendo com que pessoas se desloquem dos seus Estados de origem para outros Estados são várias, podendo ser econômicas, sociais, políticas, filantrópicas, culturais, religiosas etc. Mais modernamente o fenômeno foi constatado com a saída de milhões de pessoas da Europa pós-guerra, com destino principalmente à América e Austrália, na busca de melhores condições de vida, fugindo da fome e de perseguições baseadas em critérios político-religiosos. Enfim, a migração é uma característica intrínseca do ser humano, que tem necessidade de movimentar-se constantemente, deslocando-se no espaço.[136]

Há os estrangeiros residentes no país e os que neste se encontram em trânsito ou simples visita (estrangeiros não residentes). Apenas aqueles interessam aqui, para o fim de estabelecer os contornos de sua situação jurídica, já que integram a população[137] do país e compõem sua demografia. Contudo, sejam residentes ou não residentes, uma coisa é certa: *quaisquer* estrangeiros devem ter uma condição jurídica respeitadora de sua dignidade, devendo ser tratados como homens e mulheres capazes de gozar todos os direitos daí decorrentes.[138]

No Brasil, a situação jurídica do estrangeiro vem regulada pela Lei nº 13.445, de 24 de maio de 2017, nominada *Lei de Migração*. A lei dispõe sobre os direitos e os deveres do

---

[135] Cf. J. P. Niboyet. *Principios de derecho internacional privado*, cit., p. 2; Rodrigo Octavio, *Direito internacional privado: parte geral*, Rio de Janeiro: Freitas Bastos, 1942, p. 75; e Carmen Tiburcio, *The human rights of aliens under international and comparative law*, Dordrecht: Martinus Nijhoff, 2001, p. 1; da mesma autora, cf. La condition de l'étranger dans la Constitution Brésilienne de 1988, in *Panorama of Brazilian Law*, Year 3, nos 3/4 (2015), p. 10. Pode-se também dizer que *estrangeiro é o não nacional*, como faz Yussef Said Cahali (cf. *Estatuto do estrangeiro*, cit., p. 26). No mesmo sentido, *v.* Anthony Aust, *Handbook of international law*, cit., p. 168, para quem: "Em relação a um Estado, estrangeiro é qualquer pessoa que não é um dos seus nacionais".

[136] Cf. A. Dardeau de Carvalho. *Situação jurídica do estrangeiro no Brasil*. São Paulo: Sugestões Literárias, 1976, p. 9.

[137] Sobre o conceito de "população", que abrange, além dos nacionais, os estrangeiros e apátridas radicados no país, *v.* Capítulo II, Seção I, item nº 2, *a*, *supra*.

[138] *V.* Jorge Miranda. *Teoria do Estado e da Constituição*, cit., pp. 108-109.

migrante e do visitante, regula a sua entrada e estada no país e estabelece princípios e diretrizes para as políticas públicas para o emigrante (art. 1º). Seu *Regulamento* foi estabelecido pelo Decreto nº 9.199, de 20 de novembro de 2017.

A Lei de Migração substituiu o antigo Estatuto do Estrangeiro (Lei nº 6.815/80) com visão garantista e protetora e voltada à compreensão do estrangeiro como ser dotado de dignidade e direitos, contrariamente do que fazia o nosso direito anterior, que encarava a imigração como questão de segurança nacional (já no art. 2º do Estatuto do Estrangeiro lia-se que na sua aplicação "atender-se-á precipuamente à segurança nacional, à organização institucional, aos interesses políticos, socioeconômicos e culturais do Brasil, bem assim à defesa do trabalhador nacional"). Ademais, no espírito do revogado Estatuto do Estrangeiro a imigração tinha por objetivo primordial "propiciar mão de obra especializada aos vários setores da economia nacional, visando à Política Nacional de Desenvolvimento em todos os aspectos e, em especial, ao aumento da produtividade, à assimilação de tecnologia e à captação de recursos para setores específicos" (art. 16, parágrafo único). Atualmente, na contramão dessa direção, ainda que a preocupação com a ordem política e social se mantenha, passou-se a compreender os fluxos migratórios sob uma ótica notadamente humanitária, de acolhimento e proteção dos que aqui aportam pelos mais variados motivos.[139] Prova disso é que, na Lei de Migração, os limites à permanência do estrangeiro em território nacional (deportação, expulsão e extradição, somadas agora à *repatriação*) se mantêm a título excepcional e sem imposição de medida prisional (à exceção única da extradição) ao estrangeiro no país, diferentemente da legislação anterior. Ademais, facilitou-se a regularização migratória para aqueles que ingressaram ou permaneceram irregularmente no país, ou que tiveram cancelada a autorização de residência (Regulamento, art. 176). Em suma, a Lei de Migração que se vai estudar doravante há de ser compreendida sob essa ótica e à luz desse espírito protetor e garantista, há tempos desejado pela ordem jurídica brasileira.

2. Admissão do estrangeiro no território nacional. É princípio correntemente aceito em Direito Internacional que um Estado não é obrigado aceitar, em seu território, o ingresso de estrangeiros, quer a título provisório ou permanente. Nesse sentido, o *Institut de Droit International*, na sua sessão de Genebra de 1892, no estabelecimento das "Regras Internacionais sobre Admissão e Expulsão dos Estrangeiros", de que foram relatores Féraud-Giraud e Ludwig von Bar, deixou claro que, "para cada Estado, o direito de admitir ou não estrangeiros em seu território, ou de admiti-lo apenas condicionalmente, ou de expulsá-lo, é uma consequência lógica e necessária da sua soberania e de sua independência". Portanto, o princípio ora em análise, ainda tradicionalmente utilizado, é o da *plena liberdade* do Estado em matéria de admissão de estrangeiros, salvo (evidentemente) se houver obrigação convencional em sentido contrário.[140]

---

[139] Cf. Paulo Henrique Faria Nunes. *Lei de Migração: novo marco jurídico relativo ao fluxo transnacional de pessoas*. Goiânia: Edição do Autor, 2017, p. 11.

[140] V. Antonio Remiro Brotons (*et al.*). *Derecho internacional*, cit., p. 832. Contudo, como destaca Carmen Tiburcio, algumas exceções a essa regra têm sido aceitas, a exemplo do caso dos residentes permanentes, que têm a legítima expectativa de serem readmitidos, ou dos casos dos diplomatas e das vítimas de calamidades naturais, para além, evidentemente, da limitação prevista pelo conhecido princípio do *non-refoulement* no que tange aos refugiados, cujos efeitos ultrapassam o núcleo convencional da

Parte II · Cap. IV · OS INDIVÍDUOS E O DIREITO INTERNACIONAL | **673**

Aqueles a quem o Estado não deseja receber em seu território, pelos motivos que achar pertinente, são normalmente qualificados como *indesejáveis*. O Estado também é livre para aceitá-los somente em determinados casos e em condições que lhe pareçam adequadas.[141] Assim, o *visto* concedido pela autoridade diplomática ou consular constitui mera *expectativa de direito* do estrangeiro, podendo sua entrada ou estada ser obstada pelo Estado (normalmente em razão da inconveniência da manutenção do estrangeiro no país). Portanto, a admissão de estrangeiros no Estado é ato *discricionário* deste. Ocorre que, na prática, não se conhece Estado que se utilize dessa prerrogativa teórica para fechar *definitivamente* suas portas aos estrangeiros, notadamente na época contemporânea (em muitos casos, à custa dos lucros com o turismo etc.). Em suma, normalmente os Estados *admitem* estrangeiros em seus territórios, momento a partir do qual esses mesmos Estados passam a ter deveres em relação a essas pessoas, variando em maior ou menor grau a depender da natureza do ingresso.[142]

As normas para a admissão de estrangeiros – explica Cisneros – não se referem somente aos imigrantes, senão a todas as pessoas que desejam ingressar no país, como os simples viajantes ou aqueles que pretendem residir sem ser propriamente imigrantes.[143]

No Brasil, em tempo de paz, desde que satisfeitas as condições previstas na Lei nº 13.445/2017, qualquer estrangeiro pode entrar e permanecer no território nacional ou dele sair. O ingresso e saída do país são permitidos, em tempo de paz, aos estrangeiros, mas não de forma absoluta, podendo cada Estado disciplinar de maneira diversa os requisitos de ingresso, permanência e retirada do território nacional, em atenção aos interesses nacionais. No Brasil, as funções de polícia marítima, aeroportuária e de fronteira são realizadas pela Polícia Federal nos pontos de entrada e de saída do território nacional (Lei de Migração, art. 38, *caput*).

O *passaporte* é o documento que permite aos Estados controlar o ingresso de estrangeiros em seu território e, ao mesmo tempo, autorizar o trânsito livre de seu portador.[144] Trata-se de documento normalmente expedido pela polícia de cada país (no Brasil, seu emitente é a Polícia Federal), com o fim de garantir aos nacionais de um Estado o ingresso em território de outro, além de servir como meio de identificação pessoal. A natureza jurídica do passaporte é de *documento policial*. Frise-se, contudo, que por meio de acordos entre países pode o passaporte ser dispensado para o ingresso de estrangeiros em território nacional, obedecidos certos requisitos, tal como ocorre entre os países do Mercosul, que permitem o embarque aéreo de estrangeiros pela apresentação simples do documento de identidade nacional, desde que expedido por instituto de segurança pública.

3. Títulos de ingresso dos estrangeiros. O ingresso de estrangeiros no Brasil pode dar-se a diversos títulos. Denomina-se *imigrante* a pessoa nacional de outro país ou apátrida

---

Convenção Relativa ao Estatuto dos Refugiados (cf. La condition de l'étranger dans la Constitution Brésilienne de 1988, cit., pp. 16-17).

[141] Cf. Ian Brownlie. *Princípios de direito internacional público*, cit., pp. 544-545; e Shigeru Oda, *Manual de derecho internacional público*, Max Sørensen [Editor], cit., p. 461.

[142] Cf. José Francisco Rezek. *Direito internacional público...*, cit., pp. 184-185; Rebecca M.M. Wallace, *International law*, cit., p. 185; e Jorge Miranda, *Teoria do Estado e da Constituição*, cit., pp. 111-112.

[143] Cesar Diaz Cisneros. *Derecho internacional público*, vol. I, cit., p. 323.

[144] Sobre o tema, *v.* Égidio Reale, Le problème des passeports, in *Recueil des Cours*, vol. 50 (1934-IV), pp. 85-188.

que trabalha ou reside e se estabelece temporária ou definitivamente no Brasil, e *visitante* aquele nacional de outro país ou apátrida que vem ao Brasil para estadas de curta duração, sem pretensão de se estabelecer temporária ou definitivamente no território nacional (*v.g.*, estudantes, missionários, empresários, turistas etc.). Ao estrangeiro que pretenda entrar no território nacional poderá ser concedido visto de visita, temporário, diplomático, oficial e de cortesia, nos termos do art. 12 da Lei de Migração.

O chamado *visto* – concedido sempre a critério da autoridade diplomática ou consular do Estado de destino – não se configura em *direito* do estrangeiro, mas somente em sua mera expectativa. Tal é o que se depreende do art. 6º da Lei de Migração, segundo o qual "o visto é documento que dá a seu titular *expectativa* de ingresso em território nacional".[145] Portanto, a concessão de visto pela autoridade diplomática ou consular, não obstante ser *condição* de ingresso em solo brasileiro, em nenhuma hipótese *garante* ao estrangeiro esse ingresso.

O *visto de visita* poderá ser concedido ao visitante que venha ao Brasil para estada de curta duração, sem intenção de aqui estabelecer residência, nos seguintes casos: I – turismo; II – negócios; III – trânsito; IV – atividades artísticas ou desportivas; e V – outras hipóteses definidas no Regulamento (art. 13). Não poderá, contudo, o beneficiário de visto de visita exercer atividade remunerada no Brasil (art. 13, § 1º). A lei, no entanto, faculta ao beneficiário de visto de visita receber pagamento do governo, de empregador brasileiro ou de entidade privada a título de diária, ajuda de custo, cachê, pró-labore ou outras despesas com a viagem, bem como concorrer a prêmios, inclusive em dinheiro, em competições desportivas ou em concursos artísticos ou culturais (art. 13, § 2º). O visto de visita não será exigido em caso de escala ou conexão em território nacional, desde que o visitante não deixe a área de trânsito internacional (art. 13, § 3º). O prazo de *validade* do visto de visita será de *um ano*, e, exceto se houver determinação em contrário do Ministério das Relações Exteriores, permitirá múltiplas entradas no país enquanto estiver válido (Regulamento, art. 15, *caput*). O prazo de um ano, contudo, poderá ser reduzido a critério do MRE (§ 1º). Nas hipóteses em que houver reciprocidade de tratamento, em termos definidos por comunicação diplomática, o visto de visita poderá ter prazo de validade de até dez anos (§ 2º). O prazo de validade do visto de visita, quando solicitado e emitido por meio eletrônico, poderá ser superior a um ano, também a critério do MRE (§ 3º). Já o prazo de *estada* do visto de visita – aquele durante o qual o seu portador poderá permanecer no território nacional – será de *até noventa dias*, prorrogáveis pela Polícia Federal por até noventa dias, desde que o prazo de estada máxima no país não ultrapasse cento e oitenta dias a cada ano migratório, ressalvado os casos previstos no Regulamento. A prorrogação do prazo de estada do visto de visita somente poderá ser feita na hipótese de nacionais de países que assegurem reciprocidade de tratamento aos nacionais brasileiros (Regulamento, art. 20, *caput* e §§ 1º e 2º). Ainda segundo o Regulamento, poderá a Polícia Federal, excepcionalmente, conceder prazo de estada *inferior* a noventa dias ou, a qualquer tempo, reduzir o prazo previsto de estada do visitante no país (art. 20, § 3º).

O *visto temporário*, por sua vez, poderá ser concedido (com validade de até *um ano*) ao imigrante que venha ao Brasil com o intuito de estabelecer residência por tempo determinado e que se enquadre em pelo menos uma das seguintes hipóteses: I – o visto temporário tenha como finalidade: *a*) pesquisa, ensino ou extensão acadêmica; *b*) tratamento de saúde; *c*) acolhida

---

[145]   *V.* Regulamento, art. 4º.

Parte II • Cap. IV • OS INDIVÍDUOS E O DIREITO INTERNACIONAL | 675

humanitária; *d*) estudo; *e*) trabalho; *f*) férias-trabalho; *g*) prática de atividade religiosa ou serviço voluntário; *h*) realização de investimento ou de atividade com relevância econômica, social, científica, tecnológica ou cultural; *i*) reunião familiar; *j*) atividades artísticas ou desportivas com contrato por prazo determinado; II – o imigrante seja beneficiário de tratado em matéria de vistos; III – outras hipóteses definidas no Regulamento (art. 14). O visto temporário para pesquisa, ensino ou extensão acadêmica poderá ser concedido ao imigrante com ou sem vínculo empregatício com a instituição de pesquisa ou de ensino brasileira, exigida, na hipótese de vínculo, a comprovação de formação superior compatível ou equivalente reconhecimento científico (art. 14, § 1º). O visto temporário para tratamento de saúde poderá ser concedido ao imigrante e a seu acompanhante, desde que o imigrante comprove possuir meios de subsistência suficientes em território brasileiro (art. 14, § 2º). O visto temporário para acolhida humanitária poderá ser concedido ao apátrida ou ao nacional de qualquer país em situação de grave ou iminente instabilidade institucional, de conflito armado, de calamidade de grande proporção, de desastre ambiental ou de grave violação de direitos humanos ou de direito internacional humanitário, ou em outras hipóteses, na forma do Regulamento (art. 14, § 3º). O visto temporário para estudo poderá ser concedido ao imigrante que pretenda vir ao Brasil para frequentar curso regular ou realizar estágio ou intercâmbio de estudo ou de pesquisa (art. 14, § 4º). Observadas as hipóteses previstas no Regulamento, o visto temporário para trabalho poderá ser concedido ao imigrante que venha exercer atividade laboral, com ou sem vínculo empregatício no Brasil, desde que comprove oferta de trabalho formalizada por pessoa jurídica em atividade no país, dispensada esta exigência se o imigrante comprovar titulação em curso de ensino superior ou equivalente (art. 14, § 5º). O visto temporário para férias-trabalho poderá ser concedido ao imigrante maior de dezesseis anos que seja nacional de país que conceda idêntico benefício ao nacional brasileiro, em termos definidos por comunicação diplomática (art. 14, § 6º). Não se exige do marítimo que ingressar no Brasil em viagem de longo curso ou em cruzeiros marítimos pela costa brasileira o visto temporário de que trata a alínea *e* do inc. I do *caput* do art. 14, bastando a apresentação da carteira internacional de marítimo, nos termos do Regulamento (art. 14, § 7º). Fica, nos termos da lei, reconhecida ao imigrante a quem se tenha concedido visto temporário para trabalho a possibilidade de modificação do local de exercício de sua atividade laboral (art. 14, § 8º). Por fim, o visto para a realização de investimento poderá ser concedido ao imigrante que aporte recursos em projeto com potencial para a geração de emprego ou renda no país (art. 14, § 9º).

Os vistos *diplomático* e *oficial* poderão ser concedidos a autoridades e funcionários estrangeiros que viajem ao Brasil em missão oficial de caráter transitório ou permanente, representando Estado estrangeiro ou organismo internacional reconhecido (art. 16, *caput*). Aos titulares dos vistos diplomático e oficial não se aplica o disposto na legislação trabalhista brasileira (art. 16, § 1º). Aos dependentes das autoridades referidas no *caput* do art. 16 poderão ser estendidos os vistos diplomático e oficial (art. 16, § 2º). O titular de visto diplomático ou oficial somente poderá ser remunerado por Estado estrangeiro ou organismo internacional, ressalvado o disposto em tratado que contenha cláusula específica sobre o assunto (art. 17, *caput*). O dependente de titular de visto diplomático ou oficial poderá exercer atividade remunerada no Brasil, sob o amparo da legislação trabalhista brasileira, desde que seja nacional de país que assegure reciprocidade de tratamento ao nacional brasileiro, por meio de comunicação diplomática (art. 17, parágrafo único). Por seu turno, o *visto de cortesia* poderá ser concedido, segundo o art. 57 do Regulamento da Lei de Migração: I – às personalidades e às autoridades estrangeiras em viagem não oficial ao País; II – aos companheiros, aos dependentes e aos familiares em linha direta que não sejam beneficiários de visto diplomático; III – aos empregados particulares de beneficiário de visto diplomático, oficial ou de cortesia; IV – aos trabalhadores domésticos de missão estrangeira sediada no país; V – aos artistas e aos desportistas estrangeiros que venham ao país para evento gratuito, de caráter eminentemente cultural, sem percepção de honorários no território brasileiro, sob requisição formal de missão diplomática estrangeira ou de organização internacional de que o Brasil seja parte; e VI – excepcionalmente, a critério do Ministério das Relações Exteriores, a outras pessoas não previstas nas hipóteses elencadas. O titular de visto diplomático, oficial ou de cortesia fica, no entanto, responsável pela saída de seu empregado do território nacional (Lei de Migração, art. 18, parágrafo único). Os vistos diplomático, oficial e de cortesia terão prazo de validade de até três anos, e permitirão múltiplas entradas no território nacional, desde que os seus portadores cumpram os requisitos de registro estabelecidos pelo Ministério das Relações Exteriores (Regulamento, art. 18).

Os Estados podem, por meio de tratado em matéria de vistos ou outro ato diplomático, dispensar dos estrangeiros a exigência de visto de entrada em seus territórios. O Brasil, *v.g.*, não exige visto de ingresso para a maioria dos países da América Latina e da Europa Ocidental, havendo também por parte de tais países reciprocidade em favor dos brasileiros. Contudo, o ingresso de estrangeiro sem visto não faz presumir que sua presença em nosso território seja definitiva – será sempre *temporária*.[146] Em quaisquer dessas modalidades o visto será sempre *individual*.

Para além dos *vistos* de ingresso, a Lei de Migração também disciplina, no art. 30, a chamada *autorização de residência* (Regulamento, arts. 123 a 163) em substituição ao antigo "visto permanente" disciplinado no nosso direito anterior (Estatuto do Estrangeiro, art. 16).[147] Segundo o art. 30 da Lei de Migração, a residência no Brasil poderá ser autorizada, mediante registro, ao *imigrante*, ao *residente fronteiriço* ou ao *visitante* que se enquadre em uma das seguintes hipóteses: I – a residência tenha como finalidade: *a*) pesquisa, ensino ou extensão acadêmica; *b*) tratamento de saúde; *c*) acolhida humanitária; *d*) estudo; *e*) trabalho; *f*) férias--trabalho; *g*) prática de atividade religiosa ou serviço voluntário; *h*) realização de investimento ou de atividade com relevância econômica, social, científica, tecnológica ou cultural; *i*) reunião familiar; II – a pessoa: *a*) seja beneficiária de tratado em matéria de residência e livre circulação; *b*) seja detentora de oferta de trabalho; *c*) já tenha possuído a nacionalidade brasileira e não deseje ou não reúna os requisitos para readquiri-la; *d*) (VETADO); *e*) seja beneficiária de refúgio, de asilo ou de proteção ao apátrida; *f*) seja menor nacional de outro país ou apátrida, desacompanhado ou abandonado, que se encontre nas fronteiras brasileiras ou em território nacional; *g*) tenha sido vítima de tráfico de pessoas, de trabalho escravo ou de violação de direito agravada por sua condição migratória; *h*) esteja em liberdade provisória ou em cumprimento de pena no Brasil; III – outras hipóteses definidas no Regulamento. Não se concederá, porém, autorização de residência a pessoa condenada criminalmente no Brasil ou no exterior por sentença transitada em julgado, desde que a conduta esteja tipificada na legislação penal brasileira, ressalvados os casos em que: I – a conduta caracterize infração de menor potencial ofensivo; II – (VETADO); ou III – a pessoa se enquadre nas hipóteses previstas nas alíneas *b*, *c* e *i* do inc. I e na alínea *a* do inc. II do *caput* do art. 30 (§ 1º). O disposto no § 1º não obsta a progressão de regime de cumprimento de pena, nos termos da Lei nº 7.210, de 11 de julho de 1984, ficando a pessoa autorizada a trabalhar quando assim

---

146   Cf. José Francisco Rezek. *Direito internacional público...*, cit., pp. 185-186.
147   Cf. Paulo Henrique Faria Nunes. *Lei de Migração...*, cit., p. 85.

exigido pelo novo regime de cumprimento de pena (§ 2º). Nos procedimentos conducentes ao cancelamento de autorização de residência e no recurso contra a negativa de concessão de autorização de residência devem ser respeitados o contraditório e a ampla defesa (§ 3º).

A Lei de Migração pretendeu dar especial enfoque ao que nominou *reunião familiar*, estabelecendo que o visto ou a autorização de residência para fins desse tipo de reunião será concedido ao imigrante: I – cônjuge ou companheiro, sem discriminação alguma; II – filho de imigrante beneficiário de autorização de residência, ou que tenha filho brasileiro ou [filho] imigrante beneficiário de autorização de residência; III – ascendente, descendente até o segundo grau ou irmão de brasileiro ou de imigrante beneficiário de autorização de residência; ou IV – que tenha brasileiro sob sua tutela ou guarda (art. 37).

Frise-se, por derradeiro, que nos termos do art. 35 do Lei de Migração "a posse ou a propriedade de bens no Brasil não confere o direito de obter visto ou autorização de residência em território nacional, sem prejuízo do disposto sobre visto para realização de investimento".[148]

4. Direitos dos estrangeiros. Como já se falou, o Estado não é obrigado admitir estrangeiros em seu território. Mas, uma vez que os tenha aceito, deve conceder-lhes um mínimo de direitos no que tange à segurança de suas pessoas e propriedades. Portanto, é dever dos Estados onde se encontrem estrangeiros – ainda que de passagem curta pelo território nacional – garantir-lhes os direitos inerentes à sua qualidade de pessoa humana, como o direito à vida, à liberdade, à segurança, à integridade física, à intimidade, à privacidade, ao acesso a justiça, à proteção judicial efetiva etc.[149] Tais direitos correspondem a um *standard* protetivo mínimo, que os assegura uma plataforma razoável de civilidade quando assentados em terras alheias. Portanto, nacionais e estrangeiros devem ter, nesse particular, os mesmos direitos, ressalvada, quanto aos estrangeiros, e no que toca à liberdade física, a possibilidade de *expulsão*.[150] O que não é possível é atribuir aos estrangeiros, mesmo que residentes e domiciliados no país, direitos mais amplos que os concedidos pela lei interna aos nacionais.[151] Essa regra, segundo a qual deve-se garantir aos estrangeiros o gozo dos direitos civis, vinha inclusive expressa no Código Civil brasileiro de 1916, que estabelecia, no seu art. 3º, que "a lei não distingue entre nacionais e estrangeiros quanto à aquisição e ao gozo dos direitos civis", dispositivo que não foi reproduzido

---

[148] Para Yussef Cahali, tal dispositivo (também presente no Estatuto do Estrangeiro revogado, art. 6º) "não é de boa técnica jurídica nem revela propósitos definidos: é uma superfetação e bem poderia ser suprimido". E continua: "Desde que a intenção do legislador era não reconhecer nenhum privilégio em favor do estrangeiro possuidor ou proprietário de bens no território nacional, bastaria que silenciasse a respeito, no pressuposto de que o reconhecimento de qualquer privilégio dependeria de norma legal expressa. O dispositivo apenas enfatiza a negação do privilégio, mas desnecessariamente, porquanto tal negação emerge da própria disciplina legal. A explicitação talvez encontre uma justificativa nas raízes históricas do nosso direito, que, em fases anteriores, sempre discriminou com liberalidades os estrangeiros proprietários de bens no Brasil. Assim, a Constituição de 1891 (art. 69, § 5º) havia assegurado a cidadania brasileira, sob condição resolutiva de opção, aos estrangeiros que possuíssem bens imóveis no Brasil, e que aqui residissem; o Dec. 1.566, de 13.10.1893 (art. 10), equiparava ao nacional, em condições de não poder ser expulso, o estrangeiro que possuísse bens imóveis no País" (*Estatuto do estrangeiro*, cit., pp. 87-88).

[149] Cf. José Francisco Rezek. *Direito internacional público...*, cit., p. 186; e Gilmar Ferreira Mendes, Direito de nacionalidade e regime jurídico do estrangeiro, cit., p. 12.

[150] Cf. Mirtô Fraga. *O novo estatuto do estrangeiro comentado*, cit., p. 382.

[151] Cf. Clóvis Bevilaqua. *Direito público internacional...*, t. I, cit., p. 197.

no Código Civil brasileiro de 2002 (Lei nº 10.406/02). Também são garantidos aos estrangeiros os direitos de família, além de outros de índole social, como a educação e a assistência social.[152]

A Convenção de Direito Internacional Privado de 1928 (*Código Bustamante*),[153] dispõe, no seu art. 1º, que "os estrangeiros que pertençam a qualquer dos Estados contratantes gozam, no território dos demais, dos mesmos direitos civis que se concedam aos nacionais", podendo cada Estado contratante, "por motivo de ordem pública, recusar ou sujeitar a condições especiais o exercício de determinados direitos civis aos nacionais dos outros, e qualquer desses Estados pode, em casos idênticos, recusar ou sujeitar a condições especiais o mesmo exercício aos nacionais do primeiro". Apenas esta última parte não é praticada no Brasil (faculdade de exercer a reciprocidade negativa, negando direitos a estrangeiros de países em que não se pratica a igualdade), por não se admitir aqui a chamada *represália*.[154] Nos termos do seu art. 2º, "os estrangeiros que pertençam a qualquer dos Estados contratantes gozarão também, no território dos demais de garantias individuais idênticas às dos nacionais, salvo as restrições que em cada um estabeleçam a Constituição e as leis".

A Lei de Migração (art. 4º) garante ao migrante no território nacional, em condição de igualdade com os nacionais, a inviolabilidade do direito à vida, à liberdade, à igualdade, à segurança e à propriedade, bem como são assegurados: I – direitos e liberdades civis, sociais, culturais e econômicos; II – direito à liberdade de circulação em território nacional; III – direito à reunião familiar com seu cônjuge ou companheiro e seus filhos, familiares e dependentes; IV – medidas de proteção a vítimas e testemunhas de crimes e de violações de direitos; V – direito de transferir recursos decorrentes de sua renda e economias pessoais a outro país, observada a legislação aplicável; VI – direito de reunião para fins pacíficos; VII – direito de associação, inclusive sindical, para fins lícitos; VIII – acesso a serviços públicos de saúde e de assistência social e à previdência social, nos termos da lei, sem discriminação em razão da nacionalidade e da condição migratória; IX – amplo acesso à justiça e à assistência jurídica integral gratuita aos que comprovarem insuficiência de recursos; X – direito à educação pública, vedada a discriminação em razão da nacionalidade e da condição migratória;

---

[152] Cite-se, *v.g.*, a decisão do STF de 20 de abril de 2017, que garantiu aos estrangeiros residentes no país o recebimento do Benefício de Prestação Continuada (BPC) pago mensalmente pelo INSS às pessoas com deficiência ou aos idosos que comprovem não possuir meios de prover à própria manutenção ou de tê-la provida por sua família, nos termos do art. 203, inc. V, da Constituição de 1988. Na ocasião, o Plenário do STF negou provimento a Recurso Extraordinário em que o INSS questionava decisão da Primeira Turma Recursal do Juizado Especial Federal da 3ª Região que condenou o Instituto a pagar o benefício social de um salário mínimo mensal a cidadã italiana residente há 57 anos no Brasil. Entendeu (corretamente) o Relator que a cláusula constitucional "a assistência social será prestada a quem dela necessitar", prevista no *caput* do art. 203 da Constituição, destina-se àqueles incapazes de garantir sua subsistência, independentemente da nacionalidade da pessoa, à luz do art. 5º, *caput*, da Constituição, que "estampa o princípio da igualdade e a necessidade de tratamento isonômico entre brasileiros e estrangeiros residentes no País". O Tribunal, por fim, reconheceu repercussão geral ao Recurso Extraordinário com a seguinte tese: "Os estrangeiros residentes no país são beneficiários da assistência social prevista no artigo 203, inciso V, da Constituição Federal, uma vez atendidos os requisitos constitucionais e legais" (STF, *RE* 587.970/SP, rel. Min. Marco Aurélio, Tribunal Pleno, julg. 20.04.2017).

[153] Assinada em Havana, Cuba, na Sexta Conferência Internacional Americana, em 20.02.1928, tendo sido aprovada no Brasil pelo Decreto 5.647, de 08.01.1929, e promulgada pelo Decreto 18.871, de 13.08.1929.

[154] *V.* Jacob Dolinger. *Direito internacional privado...*, cit., p. 214.

XI – garantia de cumprimento de obrigações legais e contratuais trabalhistas e de aplicação das normas de proteção ao trabalhador, sem discriminação em razão da nacionalidade e da condição migratória; XII – isenção das taxas de que trata a lei, mediante declaração de hipossuficiência econômica, na forma do Regulamento; XIII – direito de acesso à informação e garantia de confidencialidade quanto aos seus dados pessoais, nos termos da Lei nº 12.527, de 18 de novembro de 2011; XIV – direito a abertura de conta bancária; XV – direito de sair, de permanecer e de reingressar em território nacional, mesmo enquanto pendente pedido de autorização de residência, de prorrogação de estada ou de transformação de visto em autorização de residência; e XVI – direito de ser informado sobre as garantias que lhe são asseguradas para fins de regularização migratória.

Convém ressaltar, no entanto, que os direitos concedidos aos estrangeiros no Brasil não são absolutos. Assim, dizer que um estrangeiro tem direito à liberdade, não significa isentá-lo de eventual prisão, por motivo de crime etc. Da mesma forma, o direito de crença e ao livre exercício dos cultos religiosos encontra limites nas regras de direito de vizinhança, ordem pública e bons costumes. De qualquer forma, o entendimento corrente é no sentido de não poder o estrangeiro ser limitado em seus direitos *sem motivos razoáveis* a indicar o contrário.[155]

Destaque-se não terem os estrangeiros *direitos políticos* no Brasil, mesmo quando aqui residem com ânimo definitivo, não podendo *votar* ou *ser votados*, o que só é garantido aos nossos nacionais. Tal não impede, entretanto, que um italiano residente *all'estero* (no Brasil, *v.g.*) continue exercendo o seu direito de voto na Itália. Este país, por exemplo, envia aos italianos residentes no estrangeiro (inclusive aos filhos destes que tenham cidadania reconhecida, uma vez que a Itália adota o critério do *jus sanguinis*) cédulas eleitorais que os permitem votar por correio, a fim de que exerçam, no exterior, a sua cidadania italiana originária. Ainda no que tange aos direitos políticos, destaque-se a situação especial dos portugueses amparados, no Brasil, pelo Estatuto da Igualdade, desde que haja reciprocidade para brasileiros em Portugal (*v.* Seção I, item nº 10, *supra*).

A Constituição brasileira de 1988 garante, no *caput* do art. 5º, "aos brasileiros e aos estrangeiros residentes no País a inviolabilidade do direito à vida, à liberdade, à igualdade, à segurança e à propriedade", nos termos por ela estabelecidos. Mas deve-se fazer a observação de que a referência aos "estrangeiros *residentes* no País" é de ser interpretada de acordo com a moderna sistemática internacional de proteção dos direitos humanos, bem como com os valores constitucionais da cidadania e da dignidade da pessoa humana, que atribuem a todas as pessoas o caráter de seres humanos universalmente protegidos, independentemente de sua nacionalidade e do fato de residirem ou não em determinado Estado.[156] Dessa forma,

---

[155] Cf. Hildebrando Accioly. *Tratado de direito internacional público*, vol. I, cit., p. 415.

[156] Cf. Carmen Tiburcio. La condition de l'étranger dans la Constitution Brésilienne de 1988, cit., p. 25. Nesse exato sentido, destaque-se a lição de Guido Soares: "Se a distinção entre nacional e estrangeiro pode ter sido importante nos ordenamentos internos dos Estados, conforme já enfatizamos, por razões da política de fortalecimento do Estado autocrático, na atualidade, pela própria natureza dos Direitos Humanos, os quais passaram a ser definidos em normas internacionais, não se poderia imaginar aquela distinção, quando se encara a natureza transnacional e o escopo das normas protetoras da pessoa humana. O próprio conceito de pessoa humana repeliria quaisquer distinções entre os integrantes de tal categoria de entes, no referente a direitos protegidos. (...) Sendo assim, os vários direitos subjetivos definidos, como o direito à vida, à propriedade, a um trabalho digno, tanto podem ser referidos e

o entendimento do dispositivo deve ser no sentido de se admitir a quaisquer estrangeiros (residentes ou não no Brasil) os direitos e garantias individuais mínimos consagrados pela Constituição.[157] A Carta brasileira de 1988 garante ainda ao estrangeiro, na forma da lei, o acesso aos cargos, empregos ou funções públicas (art. 37, inc. I, modificado pela Emenda Constitucional nº 19/98, ainda pendente de regulamentação). Esta última disposição, ao que nos parece, merece a crítica de franquear aos estrangeiros, ainda que na forma da lei, o acesso à administração pública direta e indireta de qualquer dos Poderes da União, dos Estados, do Distrito Federal e dos Municípios, o que supõe – ao menos aparentemente – certo prejuízo à salvaguarda dos interesses nacionais. De qualquer forma, o art. 37, inc. I, da Constituição só terá valor "na forma da lei", por não ser autoaplicável; ou seja, sem lei específica sobre o cargo em questão, não há que se falar no acesso de qualquer estrangeiro a um determinado cargo.[158] O que muito se discutia, antes da Emenda nº 19/98, dizia respeito à contratação de professores estrangeiros por universidades públicas brasileiras, sendo que o entendimento de vários juristas era no sentido de sua admissibilidade,[159] uma vez que a ascensão daqueles a cargo público de ensino (mediante a observância dos requisitos legais) não significava sua participação na *administração do país*, como agora permite a nova redação do art. 37, inc. I, da Constituição de 1988. Ora, administração pública significa *o Estado em ação*. E assim, salvo no que diz respeito ao caso específico dos professores (por não serem gestores do serviço público e não participarem diretamente da formação da vontade do Estado), parece difícil aceitar a ideia de que alguém que não compõe o espírito nacional, por não estar integrado à nossa sociedade e aos nossos costumes, participe da administração pública praticando atos jurídicos tipicamente administrativos.[160]

---

destinados aos nacionais de um Estado, quanto aos estrangeiros domiciliados ou nele residentes, ou, ainda, simplesmente dirigidos a indivíduos presentes no seu território ou submetidos à sua jurisdição" (Os direitos humanos e a proteção dos estrangeiros, in *Revista de Informação Legislativa*, ano 41, nº 162, Brasília: Senado Federal, abr./jun./2004, p. 185).

[157] Sobre o assunto, assim já decidiu o STF: "O súdito estrangeiro, mesmo o não domiciliado no Brasil, tem plena legitimidade para impetrar o remédio constitucional do *habeas corpus*, em ordem a tornar efetivo, nas hipóteses de persecução penal, o direito subjetivo, de que também é titular, à observância e ao integral respeito, por parte do Estado, das prerrogativas que compõem e dão significado à cláusula do devido processo legal. A condição jurídica de não nacional do Brasil e a circunstância de o réu estrangeiro não possuir domicílio em nosso país não legitimam a adoção, contra tal acusado, de qualquer tratamento arbitrário ou discriminatório. Precedentes (HC 94.016/SP, rel. Min. Celso de Mello, *v.g.*). Impõe-se, ao Judiciário, o dever de assegurar, mesmo ao réu estrangeiro sem domicílio no Brasil, os direitos básicos que resultam do postulado do devido processo legal, notadamente as prerrogativas inerentes à garantia da ampla defesa, à garantia do contraditório, à igualdade entre as partes perante o juiz natural e à garantia de imparcialidade do magistrado processante" (*HC* 102.041, rel. Min. Celso de Mello, julg. 20.04.2010, *DJe* 154, p. 669).

[158] V. STF, *RE* 342.459/RS, rel. Min. Cezar Peluso, 1ª T, *DJ* 23.05.2006; *RE* 544.655-AgR, rel. Min. Eros Grau, 2ª T, *DJe* 10.10.2008; e *RE* 346.180-AgR, rel. Min. Joaquim Barbosa, 2ª T, *DJe* 29.07.2011.

[159] Nesse sentido, depois de várias discussões sobre o tema no Brasil, a Lei nº 9.515/97, alterando a Lei nº 8.112/90, dispôs que "as universidades e instituições de pesquisa científica e tecnológica federais poderão prover seus cargos com professores, técnicos e cientistas estrangeiros, de acordo com as normas e os procedimentos desta Lei" (art. 5º, § 3º).

[160] V., por tudo, Maria Garcia, Engano inominável: a EC 19/98 e os estrangeiros na administração pública, in *Revista de Direito Constitucional e Internacional*, ano 13, nº 51, São Paulo, abr./jun./2005, pp. 45-52.

Os estrangeiros também têm deveres no Brasil. Dentre eles, porém, não se inclui a prestação de serviço militar, por ser a segurança exterior do Estado assunto de natureza política. Contudo, os estrangeiros não estão isentos das obrigações atinentes aos serviços de polícia, bombeiros ou de milícia, para a proteção do local dos respectivos domicílios, contra catástrofes naturais ou perigos que não sejam provenientes de guerra.

5. Exclusão do estrangeiro por iniciativa estatal. São três os institutos que possibilitam a retirada forçada do estrangeiro do território nacional: a *repatriação*, a *deportação* e a *expulsão*. Tais medidas são de iniciativa estatal e devem ser feitas para o país de nacionalidade ou de procedência do migrante ou do visitante, ou para outro que o aceite, em observância aos tratados dos quais o Brasil é parte (Lei de Migração, art. 47). Diferem elas da *extradição*, que não se dá por iniciativa *própria* do Estado, senão por solicitação de governo estrangeiro. Por isso, nesse item estudaremos apenas a repatriação, a deportação e a expulsão, que são sanções administrativas aplicadas ao estrangeiro em decorrência de sua entrada ou estada irregular no território nacional. Quanto à extradição, por não se tratar de medida de iniciativa das autoridades locais, será ela estudada em tópico separado (*v.* item nº 6, *infra*).

a) Repatriação. Consiste a *repatriação* (ou *repatriamento*) na medida administrativa de devolução ao país de procedência ou de nacionalidade da pessoa em situação de *impedimento de ingresso* no território nacional, identificada no momento da entrada em território brasileiro. Sua operacionalização se dá por meio de imediata comunicação do ato fundamentado de repatriação à empresa transportadora e à autoridade consular do país de procedência ou de nacionalidade do migrante ou do visitante, ou a quem o representa (Lei de Migração, art. 49, § 1º). Considera-se que a pessoa nessa situação não ingressou oficialmente no país, embora esteja fisicamente em seu território.[161]

As causas do impedimento de ingresso vêm expressas no art. 45 da Lei de Migração, segundo o qual poderá ser impedida de ingressar no país, após entrevista individual e mediante ato fundamentado, a pessoa: I – anteriormente expulsa do país, enquanto os efeitos da expulsão vigorarem; II – condenada ou respondendo a processo por ato de terrorismo ou por crime de genocídio, crime contra a humanidade, crime de guerra ou crime de agressão, nos termos definidos pelo Estatuto de Roma do Tribunal Penal Internacional, de 1998; III – condenada ou respondendo a processo em outro país por crime doloso passível de extradição segundo a lei brasileira; IV – que tenha o nome incluído em lista de restrições por ordem judicial ou por compromisso assumido pelo Brasil perante organismo internacional; V – que apresente documento de viagem que: *a)* não seja válido para o Brasil; *b)* esteja com o prazo de validade vencido; ou *c)* esteja com rasura ou indício de falsificação; VI – que não apresente documento de viagem ou documento de identidade, quando admitido; VII – cuja razão da viagem não seja condizente com o visto ou com o motivo alegado para a isenção de visto; VIII – que tenha, comprovadamente, fraudado documentação ou prestado informação falsa por ocasião da solicitação de visto; ou IX – que tenha praticado ato contrário aos princípios e objetivos dispostos na Constituição Federal. Complementa, contudo, o parágrafo único do mesmo art. 45, que "ninguém será impedido de ingressar no País por motivo de raça, religião, nacionalidade, pertinência a grupo social ou opinião política".

---

[161]   *V.* Paulo Henrique Faria Nunes. *Lei de Migração...*, cit., p. 117.

682 CURSO DE DIREITO INTERNACIONAL PÚBLICO – *Valerio de Oliveira Mazzuoli*

Destaque-se, por fim, que a repatriação não se aplica à pessoa em situação de refúgio ou de apatridia, de fato ou de direito, ao menor de dezoito anos desacompanhado ou separado de sua família, exceto nos casos em que se demonstrar favorável para a garantia de seus direitos ou para a reintegração à sua família de origem, ou a quem necessite de acolhimento humanitário, nem, em qualquer caso, medida de devolução para país ou região que possa apresentar risco à vida, à integridade pessoal ou à liberdade da pessoa (art. 49, § 4º). Em tais casos, bem assim quando a repatriação imediata não seja possível, deverá a Defensoria Pública da União ser notificada, preferencialmente por via eletrônica, para acompanhar a situação do migrante em questão (art. 49, § 3º).

b) Deportação. A *deportação* consiste na retirada compulsória do estrangeiro do território nacional, fundamentada no fato de sua irregular *entrada* (geralmente clandestina) ou *permanência* no país.[162] Frise-se que a deportação só tem lugar *depois* que o estrangeiro ingressou no país, não se confundindo com o *impedimento de ingresso* acima estudado, no qual o estrangeiro não chega a efetivamente *entrar* no território nacional, não passando da barreira policial da fronteira, porto ou aeroporto. A *permanência irregular* no país quase sempre se dá por excesso de prazo, ou pelo exercício de trabalho remunerado, no caso dos turistas. No Brasil, o Departamento de Polícia Federal (por meio dos seus agentes policiais federais) tem competência para deportar estrangeiros com entrada ou permanência irregular no país (iniciativa local), sem envolvimento da cúpula do governo e independentemente de qualquer processo judicial.[163] O procedimento instaurado pela Polícia Federal deverá conter o relato do fato motivador da medida e sua fundamentação legal, e determinará: I – a juntada do comprovante da notificação pessoal do deportando prevista no art. 176 do Regulamento; e II – notificação, preferencialmente por meio eletrônico: *a)* da repartição consular do país de origem do imigrante; *b)* do defensor constituído do deportando, quando houver, para apresentação de defesa técnica no prazo de dez dias; e *c)* da Defensoria Pública da União, na ausência de defensor constituído, para apresentação de defesa técnica no prazo de vinte dias (Regulamento, art. 188, § 1º).

A causa da deportação é o não cumprimento dos requisitos necessários para o ingresso regular ou para a permanência do estrangeiro no país. Trata-se, portanto, de causa estranha à prática de *crime*. A prática de delito pode ser motivo para a expulsão ou para a extradição de estrangeiros, nunca para a sua deportação. O que existe, em caso de deportação, é a situação migratória irregular da pessoa pela não observância das regras estatais sobre ingresso de estrangeiros em seu território, em nada se assemelhando à prática de conduta ilícita.

Nos termos do art. 50, § 1º, da Lei de Migração, a deportação "será precedida de notificação pessoal ao deportando, da qual constem, expressamente, as irregularidades verificadas e prazo para a regularização não inferior a 60 (sessenta) dias, podendo ser prorrogado, por igual período, por despacho fundamentado e mediante compromisso de a pessoa manter atualizadas suas informações domiciliares". Referida notificação não impede a livre circulação da pessoa pelo território nacional, devendo o deportando

---

[162] A Lei nº 11.961, de 2 de julho de 2009, dispôs sobre a residência provisória para o estrangeiro em situação irregular no território nacional.

[163] V. José Francisco Rezek. *Direito internacional público...*, cit., p. 187; e Mirtô Fraga, *O novo estatuto do estrangeiro comentado*, cit., p. 186.

Parte II · Cap. IV · OS INDIVÍDUOS E O DIREITO INTERNACIONAL | **683**

apenas informar o seu domicílio e suas atividades (art. 50, § 2º). Vencido o prazo de 60 dias referido pelo art. 50, § 1º, sem que se regularize a situação migratória, a deportação poderá ser executada (art. 50, § 3º). Por seu turno, a saída voluntária da pessoa notificada para deixar o país equivale ao cumprimento da notificação de deportação para todos os fins (art. 50, § 5º).

No Estatuto do Estrangeiro (revogado) havia previsão de prisão do deportando por até 60 dias, enquanto não se efetivasse a deportação (art. 61). Cabia, então, à Polícia Federal representar ao Juízo Federal competente, requerendo a decretação da prisão do estrangeiro para fins de deportação. Atualmente, nos termos da Lei de Migração, não há mais a possibilidade de prisão da pessoa enquanto não efetivada a deportação. Portanto, nos termos da legislação brasileira atual, vencido o prazo de 60 dias sem que o deportando regularize sua situação migratória, a deportação poderá ser executada, sem que fique preso durante esse período (art. 50, §§ 1º e 3º).

A deportação tem efeitos imediatos (automáticos), uma vez verificada a causa que a legitimou. Entretanto, ela somente poderá ser efetivada se o estrangeiro não se retirar voluntariamente do país no prazo concedido, depois de ter sido para tanto notificado. Uma vez esgotado o prazo deve o Departamento da Polícia Federal proceder à imediata deportação do estrangeiro, para o país de sua nacionalidade (que é o Estado patrial do estrangeiro) ou de sua procedência (que é o lugar de onde veio o estrangeiro antes de chegar ao Brasil).[164] Nada impede, porém, que o deportado retorne posteriormente ao nosso país, desde que com sua documentação regularizada, uma vez que a medida não é *punitiva* (mas sim, apenas *administrativa*).

É vedada a deportação de estrangeiros se esta implicar extradição não admitida pela legislação brasileira, segundo dispõe o art. 53 da Lei de Migração. Trata-se do caso em que o estrangeiro está sendo deportado para país em que foi processado (ou já se encontra condenado) por crime que, segundo a legislação brasileira, não autoriza a extradição.[165] O estrangeiro poderá invocar essa disposição legal a seu favor dentro do prazo concedido para a sua saída do país; o pedido (assim como eventual *habeas corpus*) deve ser conhecido pelo Juízo Federal de primeira instância. Também não se descarta a utilização, pelo estrangeiro, do instrumento do *mandado de segurança* como meio de controlar o ato administrativo e garantir direito líquido e certo seu.

A deportação é sempre realizada *individualmente*, não se admitindo qualquer tipo de deportação coletiva (de pessoas ou grupos de pessoas).[166] Esta prática, que infelizmente já se viu empregar no cenário internacional (lembre-se dos primeiros anos subsequentes a 1917, à égide da Rússia comunista), deve ser hoje completamente abandonada por ser frontalmente contrária aos princípios e normas do moderno direito das gentes.

No direito brasileiro anterior, não sendo exequível a deportação ou se houvessem indícios sérios de periculosidade ou indesejabilidade do estrangeiro, procedia-se à sua expulsão

---

[164] Cf. Mirtô Fraga. *O novo estatuto do estrangeiro comentado*, cit., p. 187.

[165] Cf. Yussef Said Cahali. *Estatuto do estrangeiro*, cit., p. 184. Segundo Cahali, porém, nada impede que "seja o estrangeiro deportado para diverso país na execução da ordem de sua saída compulsória do território nacional" (Idem, p. 185).

[166] V. Lei de Migração, art. 61.

(Estatuto do Estrangeiro, art. 62). Tratava-se do caso da *conversão* da deportação em expulsão. Não era relevante a *causa jurídica* em razão da qual a deportação se revelava inexequível, pelo que podia tanto "ser representada pelo fato de que o país da nacionalidade, o país de procedência ou qualquer outro, dentre as opções do parágrafo único do art. 58, se recusarem a recebê-lo, como também pelo fato de poder a deportação, no caso, resolver-se em extradição inadmitida pela lei brasileira (art. 63)".[167] Para além da inexequibilidade da deportação, também podia haver a conversão desta em expulsão quando existissem "indícios sérios de periculosidade ou indesejabilidade do estrangeiro". Nesses casos, não havia a necessidade de *prova direta* da periculosidade ou indesejabilidade do expulsando, mas indícios *veementes* de que se tratava de *persona non grata*.[168] Cabia, enfim, ao Presidente da República – dada a sua competência para *expulsar* estrangeiros – transformar a deportação em expulsão. A nova Lei de Migração, contudo, silenciou a respeito da conversão da deportação em expulsão, pelo que se entende não mais haver a possibilidade jurídica de tal medida no direito brasileiro atual.

c) Expulsão. A *expulsão*, por sua vez, é a medida administrativa de retirada compulsória de migrante ou visitante do território nacional, conjugada com o impedimento de reingresso por prazo determinado (Lei de Migração, art. 54, *caput*). Por meio dela, o Estado retira de seu território (impedindo que a este retorne por prazo determinado) o estrangeiro que cometeu crimes graves no país, atentando, portanto, contra dignidade nacional, a segurança e a tranquilidade do Estado, ainda que neste tenha ingressado regularmente.[169] A pessoa se torna *indigna* de permanecer no Estado, em razão dos atos graves praticados contra a nossa ordem pública. Nos termos do art. 54, § 1º, da Lei de Migração, poderá dar causa à expulsão a condenação com sentença transitada em julgado relativa à prática de crime de genocídio, crime contra a humanidade, crime de guerra ou crime de agressão, nos termos definidos pelo Estatuto de Roma do Tribunal Penal Internacional (inc. I), ou de crime comum doloso passível de pena privativa de liberdade, consideradas a gravidade e as possibilidades de ressocialização em território nacional (inc. II). Esse rol é mais definido que o constante no antigo Estatuto do Estrangeiro, que previa ser passível de expulsão "o estrangeiro que, de qualquer forma, atentar contra a segurança nacional, a ordem política ou social, a tranquilidade ou moralidade pública e a economia popular, *ou cujo procedimento o torne nocivo à conveniência e aos interesses nacionais*" (art. 65). A parte final do dispositivo era criticada por dar margem a toda sorte de perseguições, dada a amplitude de interpretações que podiam ser tomadas para definir o que seria "nocivo à conveniência e aos interesses nacionais". Hoje, as causas para a expulsão são apenas as duas previstas no art. 54, § 1º, da Lei de Migração.

Frise-se que a expulsão não é *pena* no sentido criminal, uma vez que o legislador brasileiro não a incluiu no elenco dessas medidas jurídico-penais. Ou seja, a expulsão não figura entre as penas principais e acessórias previstas nos arts. 32 a 52 do Código Penal, apesar de seus pressupostos autorizadores não prescindirem da configuração de um ilícito *penal*.[170] A expulsão é medida político-administrativa (que não deixa, por isso, de ser *repressiva*) de

---

[167] Yussef Said Cahali. *Estatuto do estrangeiro*, cit., p. 189.

[168] Cf. A. Dardeau de Carvalho. *Situação jurídica do estrangeiro no Brasil*, cit., p. 165.

[169] V. Charles de Boeck. L'expulsion et les difficultés internationales qu'en soulève la pratique, in *Recueil des Cours*, vol. 18 (1927-III), pp. 443-650; e Francisco Xavier da Silva Guimarães, *Medidas compulsórias: a deportação, a expulsão e a extradição*, 2ª ed., Rio de Janeiro: Forense, 2002, p. 3.

[170] V. Yussef Said Cahali. *Estatuto do estrangeiro*, cit., p. 199.

Parte II • Cap. IV • OS INDIVÍDUOS E O DIREITO INTERNACIONAL | **685**

salvaguarda da ordem pública e do interesse social decorrente do poder de polícia do Estado, sem qualquer intervenção do Poder Judiciário no que tange ao mérito da decisão. Trata-se de medida administrativa *discricionária* e não de ato *arbitrário* do governo. A diferença é que, nesse último caso, não existem condições nem limites à atuação do Executivo, enquanto naquela (na medida discricionária) o governo está condicionado às hipóteses previstas em lei, sendo o seu ato irrestrito tão somente no que toca à conveniência e oportunidade da medida.[171] Daí, então, entender-se que, se não pode o Judiciário intervir no *mérito* da expulsão, poderá, no entanto, fiscalizar a constitucionalidade e a legalidade desse ato discricionário do governo. A discricionariedade, ademais, é *permissiva* da medida, não estando o governo *obrigado* a procedê-la, mesmo nos casos em que todos os requisitos necessários à sua realização se façam presentes.[172] Daí a redação do art. 54, § 1º, da Lei de Migração, segundo o qual "*poderá* dar causa à expulsão" a condenação relativa aos crimes que estabelece.

Cabe ao Ministro da Justiça e Segurança Pública resolver sobre a expulsão, a duração do impedimento de reingresso e a suspensão ou a revogação dos efeitos da expulsão, observado o disposto na Lei de Migração (art. 54, § 2º). O Inquérito Policial de Expulsão será instaurado pela Polícia Federal, de ofício ou por determinação do Ministro da Justiça e Segurança Pública, de requisição ou de requerimento fundamentado em sentença, e terá como objetivo produzir relatório final sobre a pertinência ou não da medida de expulsão, com o levantamento de subsídios para a decisão, realizada pelo Ministro da Justiça e Segurança Pública, acerca (*a*) da existência de condição de inexpulsabilidade, (*b*) da existência de medidas de ressocialização, se houver execução de pena, e (*c*) da gravidade do ilícito penal cometido (Regulamento, art. 195, § 1º, incs. I a III). Destaque-se que durante tal procedimento não poderá haver representação pela prisão administrativa da pessoa, não obstante o art. 211 do Regulamento dispor que o "delegado da Polícia Federal poderá representar perante o juízo federal pela prisão ou por outra medida cautelar...". Esse dispositivo é notadamente ilegal, porquanto tal modalidade de prisão cautelar não tem previsão expressa na Lei de Migração na seção relativa à expulsão (arts. 54 a 60), tendo o Regulamento extrapolado a sua competência regulamentadora nesse âmbito. O que pode ocorrer é a pessoa estar previamente presa em razão do crime cometido, situação distinta, portanto, de ver-se privada de liberdade para fins de garantia do próprio ato expulsório. Assim, estando em liberdade a pessoa, não há fundamento jurídico para que se represente pela sua prisão cautelar para fins de expulsão, devendo continuar em liberdade até a eventual execução da medida.

Iniciado o processo de expulsão, o expulsando será notificado da sua instauração, além da data e do horário fixados para o seu interrogatório (Regulamento, art. 197). Se o expulsando não for encontrado, a Polícia Federal dará publicidade à instauração do Inquérito Policial de Expulsão em seu sítio eletrônico e tal publicação será considerada como notificação para todos os atos do referido procedimento (art. 197, parágrafo único). Na hipótese de expulsando preso fora das dependências da Polícia Federal, a sua presença na repartição policial será solicitada

---

[171] *V.* o voto do Min. Moreira Alves no *HC* 58.409/DF do STF, rel. Min. Djaci Falcão, impetrado pelo Padre Vito Miracapillo.

[172] Ian Brownlie, contudo, leciona que "os tribunais e a doutrina têm por vezes defendido a existência de limitações a este poder discricionário", baseando-se na aplicação do conceito de *ordre public* e nos padrões de direitos humanos (*Princípios de direito internacional público*, cit., p. 545).

ao juízo de execuções penais, sem prejuízo da autorização para realização de qualificação e interrogatório no estabelecimento penitenciário (art. 198). O expulsando que, regularmente notificado, não se apresentar ao interrogatório será considerado revel e a sua defesa caberá à Defensoria Pública da União ou, em sua ausência, a defensor dativo (art. 199). Na hipótese de revelia e de o expulsando se encontrar em lugar incerto e não sabido, a Polícia Federal providenciará a qualificação indireta do expulsando (art. 199, parágrafo único).

A Lei de Migração destaca que o processamento da expulsão em caso de crime comum não prejudica a progressão de regime, o cumprimento da pena, a suspensão condicional do processo, a comutação da pena ou a concessão de pena alternativa, de indulto coletivo ou individual, de anistia ou de quaisquer benefícios concedidos em igualdade de condições ao nacional brasileiro (art. 54, § 3º). Aduz, também, que o prazo de vigência da medida de impedimento vinculada aos efeitos da expulsão será proporcional ao prazo total da pena aplicada e nunca será superior ao dobro de seu tempo (art. 54, § 4º).

O estrangeiro expulso é encaminhado para qualquer país que o aceite, embora somente o seu Estado patrial tenha o *dever* de recebê-lo. Sendo *apátrida* o estrangeiro, o Estado deve encaminhá-lo para o país da nacionalidade perdida, podendo também encaminhá-lo para o país de onde anteriormente proveio. O que não pode o Estado fazer é enviá-lo para terceiro Estado onde esteja o estrangeiro sendo procurado pela prática de algum crime, como forma de vingança do mesmo, o que se configuraria em flagrante arbitrariedade estatal.

Ao contrário da deportação, a expulsão não tem efeitos imediatos. Sua decretação (ou revogação) depende, no que toca à conveniência e oportunidade, de ato formal do Poder Executivo. O governo, portanto, não é obrigado a expulsar. Ele *poderá* fazê-lo, se assim entender necessário (conveniente ou oportuno), sendo certo que essa discricionariedade varia de governo a governo. É evidente, porém, que *discricionariedade* não é o mesmo que *arbitrariedade*; assim, não pode o governo expulsar sem causa definida em lei ou em violação das liberdades individuais garantidas pela Constituição ou por tratados internacionais.

Não se descarta a possibilidade de o expulsando utilizar-se do remédio heroico do *habeas corpus*, bem como do pedido administrativo da *reconsideração*, a fim de tentar reverter a situação desfavorável em que se encontra. O *habeas corpus* deve ser impetrado no Superior Tribunal de Justiça, por atacar ato do Ministro da Justiça (CF, art. 105, inc. I, alínea *c*); o STJ, sem entrar no mérito da decisão expulsória,[173] apreciará a *constitucionalidade* e a *legalidade* da medida.[174] O pedido de reconsideração, por sua vez, deve ser dirigido ao Ministro da Justiça no prazo de dez dias, contado da data da sua notificação pessoal (Lei de Migração, art. 58, § 2º c/c art. 203 do Regulamento). Encerrado o prazo para o pedido de reconsideração sem que haja formalização do pedido pelo expulsando ou no caso de seu indeferimento, a Polícia

---

[173] Destaque-se, a propósito, a lição de Dardeau de Carvalho: "A zona de intervenção do Poder Judiciário, não há dúvida, é bastante estreita, pois a verdade é que a lei autoriza a expulsão em termos muito amplos. Realmente, para que a expulsão possa ser decretada, basta que o estrangeiro seja considerado 'nocivo ou perigoso à conveniência e aos interesses nacionais'. Não se poderia, evidentemente, atribuir ao Judiciário a faculdade de censurar o ato do Executivo, no tocante ao julgamento do que convém ou não convém aos interesses nacionais, pois nesse julgamento, precisamente, é que se faz sentir o poder discricionário do Governo" (*Situação jurídica do estrangeiro no Brasil*, cit., p. 119).

[174] V. STF, *HC* 101.269/SP, rel. Min. Cármen Lúcia, julg. 03.08.2010; e STF, *HC* 92.769/RJ, rel. Min. Celso de Mello, julg. 19.05.2014, pp. 5-7.

Federal ficará autorizada a efetivar o ato expulsório (Regulamento, art. 204, § 3º). Uma vez expulso, fica o estrangeiro *impedido* de retornar ao Estado que o expulsou no prazo estabelecido pelo Ministro da Justiça. Daí ter o Código Penal brasileiro (art. 338) tipificado como *crime* o reingresso do estrangeiro expulso ao território nacional, prevendo pena de reclusão de 1 (um) a 4 (quatro) anos, sem prejuízo de nova expulsão após o cumprimento da pena. Tendo em vista esse impedimento de reingresso é que se percebe que as consequências da expulsão são bem mais gravosas que as da deportação.

No direito brasileiro atual não mais subsiste a expulsão de estrangeiro "cujo procedimento *o torne nocivo à conveniência e aos interesses nacionais*".[175] Como já se disse, mesmo à égide do direito brasileiro anterior (Estatuto do Estrangeiro) várias críticas se faziam a essa disposição, especialmente pelo fato de ser o conceito de *nocividade* um conceito complexo, a exigir interpretação ligada ao que dispõem o texto constitucional e os tratados internacionais de direitos humanos (pelo que já se dessumia não ser o direito de expulsar um direito *absoluto*). Lembre-se de exemplo ocorrido no ano de 2004, quando o jornalista americano William Larry Rohter Junior, do jornal *The New York Times*, teve o seu visto temporário de permanência cancelado pelo governo brasileiro, pelo fato de ter sido autor de matéria jornalística que atribuía ao então presidente Luís Inácio Lula da Silva problemas com o uso de bebida alcoólica. O ato expulsório, subscrito pelo Ministro da Justiça, fundamentou-se no art. 26, combinado com o art. 7º, inc. II, do Estatuto do Estrangeiro. Nos termos do primeiro dispositivo, "o visto concedido pela autoridade consular configura mera expectativa de direito, podendo a entrada, a estada ou o registro do estrangeiro ser obstado ocorrendo qualquer dos casos do art. 7º, ou a inconveniência de sua presença no território nacional, a critério do Ministério da Justiça". Por sua vez, o art. 7º, inc. II, referido pelo art. 26, disciplinava que "não se concederá visto ao estrangeiro considerado *nocivo à ordem pública ou aos interesses nacionais*". Tal fato causou grande alarde em toda a imprensa mundial, e foi considerado imoral, notadamente à luz do Estado Democrático de Direito. Assim, entendeu-se que um jornalista estrangeiro que critica o Presidente da República, em matéria veiculada na imprensa, não pode ser tratado como "inimigo" do Estado e submetido à medida expulsória, a qual deve valer para casos realmente graves e que configurem a prática de crime. O ato expulsório, nesse exemplo, foi inconstitucional por violar o disposto no art. 5º, inc. IV, da Constituição de 1988, que diz ser livre a manifestação de pensamento, e ainda no seu art. 220, que proíbe qualquer possibilidade de censura à manifestação do pensamento, à criação, à expressão e à informação, seja qual for a sua razão (política, ideológica, artística, religiosa etc.). Faltou, portanto, sensibilidade ao governo para notar que o art. 26 do Estatuto do Estrangeiro estava em total desacordo com o § 1º, do art. 220, da Constituição, que declara expressamente que "nenhuma lei conterá dispositivo que possa constituir embaraço à plena liberdade de informação jornalística em qualquer veículo de comunicação social". Assim foi que, depois de sofrer forte pressão de toda a sociedade civil, o governo brasileiro decidiu revogar o ato, permitindo a permanência do estrangeiro no território nacional.

No sistema global de proteção dos direitos humanos, o Pacto Internacional sobre Direitos Civis e Políticos, de 1966, disciplina a expulsão no seu art. 13, segundo o qual: "Um estrangeiro que se encontre legalmente no território de um Estado-parte no presente Pacto só poderá dele ser expulso em decorrência de decisão adotada em conformidade com a lei e, a menos que razões imperativas de segurança nacional a isso se oponham, terá a possibilidade

---

[175] Art. 65 da Lei nº 6.815/80, na redação que lhe deu a Lei nº 6.964/81.

de expor as razões que militem contra a sua expulsão e de ter seu caso reexaminado pelas autoridades competentes, ou por uma ou várias pessoas especialmente designadas pelas referidas autoridades, e de fazer-se representar com este objetivo". No âmbito regional interamericano, a Convenção Americana sobre Direitos Humanos determina, no seu art. 22, § 6º, que "o estrangeiro que se encontre legalmente no território de um Estado-parte na presente Convenção só poderá dele ser expulso em decorrência de decisão adotada em conformidade com a lei". Nos termos do § 8º do mesmo dispositivo: "Em nenhum caso o estrangeiro pode ser expulso ou entregue a outro país, seja ou não de origem, onde seu direito à vida ou à liberdade pessoal esteja em risco de violação em virtude de sua raça, nacionalidade, religião, condição social ou de suas opiniões políticas". Disposição semelhante se encontra no art. 3º da Convenção Contra a Tortura e Outros Tratamentos ou Penas Cruéis, Desumanos ou Degradantes, de 1984. A Convenção Americana diz ainda ser "proibida a expulsão coletiva de estrangeiros" (art. 22, § 9º).

Nos termos do art. 55, inc. II, da Lei de Migração, não se procederá à expulsão quando o expulsando: *a*) tiver filho brasileiro que esteja sob sua guarda ou dependência econômica ou socioafetiva ou tiver pessoa brasileira sob sua tutela; *b*) tiver cônjuge ou companheiro residente no Brasil, sem discriminação alguma, reconhecido judicial ou legalmente; *c*) tiver ingressado no Brasil até os 12 (doze) anos de idade, residindo desde então no país; ou *d*) for pessoa com mais de 70 (setenta) anos que resida no País há mais de 10 (dez) anos, considerados a gravidade e o fundamento da expulsão". No que tange à primeira hipótese, não tendo o expulsando provado que o filho brasileiro está *sob* sua guarda *e sob* sua dependência econômica ou socioafetiva, ou ainda que exista pessoa brasileira *sob* sua tutela, a expulsão deve ser efetivada (perceba-se: a lei exige a *guarda* + a *dependência econômica ou socioafetiva* do filho brasileiro, ou a *existência de pessoa brasileira sob a tutela do expulsando*, para que a expulsão não se efetive).[176] Perceba-se, ainda, que a Lei de Migração, ao impedir a expulsão do estrangeiro que tiver (ou seja, *já tiver*) filho brasileiro sob sua guarda ou dependência econômica ou socioafetiva, teve a intenção de referir-se aos filhos nascidos *antes* da decretação da expulsão; nesse sentido, segundo precedentes do STF, não constituiria impedimento à execução da medida o nascimento ou a adoção de filho brasileiro supervenientes à causa que a motivou.[177] Interpretando-se, porém, a norma em análise à luz da Constituição de 1988

---

[176] À luz do direito anterior, *v.* STF, *HC* 92.769/RJ, rel. Min. Celso de Mello, julg. 19.05.2014, p. 12, assim: "Impende considerar, bem por isso, a própria jurisprudência do Supremo Tribunal Federal, que, apreciando esse fator obstativo da expulsão de súditos estrangeiros, enfatiza ser imprescindível, para efeito de incidência da norma legal em referência, e no que concerne à pessoa do filho brasileiro, a cumulativa satisfação dos dois requisitos fixados pelo Estatuto do Estrangeiro: (*a*) guarda paterna e (*b*) dependência econômica".

[177] Assim, *v.* STF, Pleno, julg. 01.03.1991, in *RT* 679/430; e STF, Pleno, julg. 19.04.1995, in *RTJ* 158/547. *V.*, ainda, as seguintes ementas: "*Habeas Corpus*. Estrangeiro condenado por tráfico de drogas (art. 12, combinado com o art. 18, da Lei nº 6.368/1976). Expulsão. Reconhecimento de filho brasileiro. Pleitos de revogação do decreto e de permanência no país. Acolhimento. Impossibilidade. Ordem denegada. I – O reconhecimento de filho brasileiro após o fato que determinou a expulsão do estrangeiro não obsta a execução da medida. Precedentes. II – Ordem denegada" (*HC* 110.849/SP, rel. Min. Ricardo Lewandowski, 2ª T., unânime, *DJe* 30.5.2012); "*Habeas Corpus*. Estrangeiro condenado por tráfico de entorpecentes. Filhas brasileiras. Reconhecimento e nascimento posteriores à medida expulsória. Não ocorrência de causa impeditiva da expulsão. 'Não constituem impedimento à expulsão a adoção ou o

e do Estatuto da Criança e do Adolescente (Lei nº 8.069/90), entende-se possível ampliar a intenção originária da lei para também proibir a expulsão quando o estrangeiro tiver filhos (nascidos ou adotados) *depois* da causa expulsória, mas *desde que* comprovada a guarda e a dependência econômica ou socioafetiva do filho nacional, uma vez que a proibição de expulsar estrangeiro que tenha prole brasileira objetiva não somente proteger os interesses da criança no que se refere à assistência material, senão também resguardar os direitos à identidade, à convivência familiar e à assistência pelos pais.[178] Essa é a interpretação que melhor se coaduna com os valores que a Constituição empresta à proteção da família e das crianças, notadamente por reconhecer que é a família a "base da sociedade", a contar com a "especial proteção do Estado" (art. 226, *caput*). O STF, a partir de junho de 2020, passou a consagrar definitivamente esse entendimento (com repercussão geral anteriormente reconhecida) e garantir, em casos tais, a plena convivência afetiva entre pais e filhos, na preservação do núcleo familiar e do interesse afetivo da criança.[179]

Não há deportação nem expulsão de cidadão brasileiro (nato ou naturalizado). A expulsão é medida reconhecidamente inaplicável aos nacionais de um Estado.[180] O *banimento*, que é pena excepcional, consistente no envio compulsório de brasileiro para o exterior, foi felizmente abolido do nosso sistema jurídico pelo art. 5º, inc. XLVII, alínea *d*, da Constituição de 1988. Também não há o Brasil o *desterro*, que consiste no confinamento do nacional dentro do próprio território do Estado, o que não significa prisão, mas sim que se tem a cidade onde se está por *ménage* (é dizer, por morada obrigatória). Foi o que ocorreu com o ex-presidente Jânio Quadros, que, no ano de 1968, foi compelido pelo regime militar a restar confinado (desterrado) por 120 dias (no Hotel Santa Mônica, na cidade de Corumbá) no interior do que hoje é o Estado de Mato Grosso do Sul.[181]

Destaque-se, por fim, que no processo de expulsão são garantidos o contraditório e a ampla defesa (Lei de Migração, art. 58). Ademais, a Defensoria Pública da União será notificada da instauração do processo de expulsão, se não houver defensor constituído (§ 1º).

---

reconhecimento de filho brasileiro supervenientes ao fato que o motivar", conforme determina o § 1º do art. 75 da Lei nº 6.815/80. As causas impeditivas da expulsão se limitam àquelas previstas no art. 75 da Lei nº 6.815/80. Ordem denegada". (*HC* 99742/SP, rel. Min. Joaquim Barbosa, Pleno, unânime, *DJe* 12.5.2011).

[178] V. STJ, *HC* 102.459/DF, rel. Min. Carlos Fernando Mathias (Juiz Federal convocado do TRF), julg. 25.06.2008, 1ª Seção, *DJe* 29.09.2009. Precedentes da 1ª Seção do STJ: *HC* 31.449/DF, Min. Teori Albino Zavascki, *DJ* 31.05.04; *HC* 88.882/DF, Min. Castro Meira, *DJ* 17.03.2008; e *HC* 43.604/DF, Min. Luiz Fux, *DJ* 29.08.2005.

[179] STF, RE 608.898/SP, rel. Min. Marco Aurélio, julg. 10.03.2011, *DJe* 28.09.2011 (repercussão geral); decisão de mérito, por unanimidade, em 25.06.2020. A decisão, nesse caso concreto, foi tomada relativamente à norma anterior brasileira (Estatuto do Estrangeiro), cuja redação inicial, porém, é a mesma da atual Lei de Migração ("...*tiver* filho brasileiro..."). No julgamento do RHC 123.891/DF (1ª Turma, rel. Min. Rosa Weber, de 23.02.2021) o STF reafirmou o entendimento exarado no RE 608.898/SP, reconhecendo ter havido alteração na jurisprudência da Corte para inadmitir a expulsão de estrangeiro mesmo que o filho brasileiro tenha nascido ou sido adotado depois do fato motivador da expulsão.

[180] Cf. Charles de Boeck. L'expulsion et les difficultés internationales qu'en soulève la pratique, cit., p. 447.

[181] Não está correta a informação trazida por Jacob Dolinger (in *Direito internacional privado...*, cit., p. 242) de que Jânio Quadros teria sido desterrado "para o interior de Goiás". São interessantes as várias fotos e relatos que, no Hotel Santa Mônica, em Corumbá-MS, se encontram afixados logo em seu rol de entrada, sobre os quatro meses ali passados pelo ex-presidente Jânio Quadros.

690 CURSO DE DIREITO INTERNACIONAL PÚBLICO – *Valerio de Oliveira Mazzuoli*

Caberá, repita-se, pedido de reconsideração da decisão sobre a expulsão no prazo de 10 (dez) dias, a contar da notificação pessoal do expulsando (§ 2º).

6. Extradição. Dentre os institutos mais importantes relativos à retirada de estrangeiros do território nacional está seguramente o da *extradição*.[182] Ao contrário dos institutos anteriormente estudados (repatriação, deportação e expulsão), não há na extradição qualquer *iniciativa* das autoridades locais, posto ser sempre requerida por *outra potência* estrangeira. Além do mais, também diversamente daqueles institutos, do processo extradicional participa a cúpula do Poder Judiciário do Estado requerido (no Brasil, o Supremo Tribunal Federal). Por fim, a extradição se insere na relação jurídica entre *dois Estados* soberanos (o que está a justificar, inclusive, o seu estudo na órbita do Direito Internacional Público) que pretendem cooperar entre si para a repressão internacional de delitos. Não só a estrangeiros, mas também a brasileiros naturalizados – nas hipóteses do permissivo constitucional – o instituto tem cabimento, não se aplicando, porém, aos brasileiros natos quando requerida por Estado estrangeiro, à luz de expressa vedação constitucional (*v. infra*).

a) Conceito e entendimento. Denomina-se extradição a medida de cooperação internacional pela qual um Estado entrega à justiça repressiva de outro, a pedido deste, indivíduo nesse último processado ou condenado criminalmente e lá refugiado, para que possa aí ser julgado ou cumprir a pena que lhe foi imposta. Assim, há duas possibilidades para a extradição: ou a pessoa responde a processo penal no Estado requerente, ou nesse Estado já foi julgada (em definitivo) no âmbito criminal. O Estado que envia o extraditando é o *Estado requerido*, e o que solicita a sua entrega, o *Estado requerente*. No Brasil, a extradição e sua rotina de comunicação é realizada pelo Ministério da Justiça e Segurança Pública em coordenação com o Ministério das Relações Exteriores e outras autoridades judiciárias e policiais competentes (Lei de Migração, art. 81, § 2º; Regulamento, art. 262, *caput*).

O termo *extradição* parece provir da expressão latina *ex traditione*, conotando, assim, a *traditio extra territorium*, ou seja, a entrega de alguém de um território (Estado) a outro. De forma mais minudente, tem-se, então, que *extradição* deriva de *ex* (= fora) e *traditio-onis* (= ação de remeter).[183]

O instituto não se confunde, contudo, com o da *entrega* (inclusive de nacionais) ao Tribunal Penal Internacional, previsto pelo art. 102 do Estatuto de Roma de 1998. Assim, *extradição* e *entrega* são institutos jurídicos distintos, tendo cada um deles aplicação para casos e situações diversas.[184]

A materialização da extradição decorre ou do previsto em *tratado* (geralmente bilateral) entre os dois Estados, ou de disposição do *Direito interno* do Estado de refúgio, quando a legislação deste aceita as chamadas *promessas de reciprocidade* (*v. infra*, letra *f*).

---

[182] Sobre o tema, *v.* André Mercier, L'extradition, in *Recueil des Cours*, vol. 33 (1930-III), pp. 167-240; Gilda Maciel Corrêa Meyer Russomano, *A extradição no direito internacional e no direito brasileiro*, 3ª ed. rev. e atual., São Paulo: RT, 1981, 277p; Manuel Adolfo Vieira, L'evolution récente de l'extradition dans le continent américain, in *Recueil des Cours*, vol. 185 (1984-II), pp. 151-380; Florisbal de Souza Del'Olmo, *A extradição no alvorecer do século XXI*, Rio de Janeiro: Renovar, 2007, 328p; e Valerio de Oliveira Mazzuoli, Algumas questões sobre a extradição no direito brasileiro, in *Revista dos Tribunais*, ano 100, vol. 906, São Paulo, abr./2011, pp. 159-177.

[183] *V.* Manuel Adolfo Vieira. L'evolution récente de l'extradition dans le continent américain, cit., p. 170.

[184] Sobre as diferenças técnicas entre "extradição" e "entrega", *v.* Parte IV, Capítulo I, Seção X, item nº 7, *a.*

O instituto da extradição encontra justificativa no princípio de justiça segundo o qual a ninguém é lícito subtrair-se às consequências das infrações penais que comete. Perceba-se bem: a extradição só opera em caso da prática de infrações *penais*. Assim, não tem lugar o instituto no caso do cometimento de ilícito civil, administrativo ou fiscal.[185] Ademais, mesmo em se tratando de infrações penais, deve-se observar que a extradição é regida pelo *princípio da especialidade*, segundo o qual o indivíduo não pode ser detido, processado ou condenado em razão de crimes que, embora cometidos antes do pleito extradicional, não serviram de base para o deferimento da extradição; a extradição somente pode ser autorizada para os crimes que serviram de base ao seu deferimento, e não para outras infrações penais.[186]

A extradição é o meio mais antigo[187] e tradicional de cooperação internacional para a repressão de crimes, além de um dos mais eficazes e eficientes.[188] Sua antiguidade provém do primeiro tratado multilateral de que se tem notícia, firmado entre o Rei dos Hititas, Hattusil III, e o Faraó egípcio da XIXª dinastia, Ramsés II, por volta de 1.280 e 1.272 a.C., cujas cláusulas de extradição vêm expressas nos itens XI e XIII. Em suma, como destaca Cahali, a extradição constitui "o meio processual internacional adequado para fazer presente o infrator perante o seu juízo criminal".[189]

---

[185] Cf. Florisbal de Souza Del'Olmo. *A extradição no alvorecer do século XXI*, cit., p. 23.

[186] O STF, contudo, tem autorizado a *extensão da extradição* nos casos em que haja a concordância do Estado requerido: "A pessoa extraditada pelo Governo brasileiro não poderá ser processada, presa ou punida pelo Estado estrangeiro a quem foi entregue, desde que o fato delituoso, não obstante cometido antes do pedido de extradição, revele-se diverso daquele que motivou o deferimento da postulação extradicional originária, *salvo se o Brasil – apreciando pedido de extensão que lhe foi dirigido – com este expressamente concordar.* (...) O princípio da especialidade – que não se reveste de caráter absoluto – somente atuará como obstáculo jurídico ao atendimento do pedido de extensão extradicional, quando este, formulado com evidente desrespeito ao postulado da boa-fé que deve informar o comportamento dos Estados soberanos em suas recíprocas relações no plano da sociedade internacional, veicular pretensões estatais eventualmente destituídas de legitimidade. O postulado da especialidade, precisamente em função das razões de ordem político-jurídica que justificam a sua formulação e previsão em textos normativos, assume inegável sentido tutelar, pois destina-se a proteger, na concreção do seu alcance, o súdito estrangeiro contra a instauração de persecuções penais eventualmente arbitrárias" (STF, Ext. 444-1, da República Italiana, rel. Min. Celso de Mello, julg. 10.02.2000, *DJU* de 17.02.2000) [grifo nosso].

[187] Para um estudo da evolução histórica do instituto da extradição, *v.* Manuel Adolfo Vieira, L'evolution récente de l'extradition dans le continent américain, cit., pp. 170-176. Entre nós, *v.* Gilda Maciel Corrêa Meyer Russomano, *A extradição no direito internacional e no direito brasileiro*, cit., pp. 14-21.

[188] V. Ministério da Justiça. *Manual de extradição*. Brasília: Secretaria Nacional de Justiça/Departamento de Estrangeiros, 2012, p. 15, assim: "É nesse contexto que o instituto da extradição apresenta-se como um dos mais eficientes e eficazes meios de cooperação jurídica internacional, eis que permite a entrega à jurisdição do Estado requerente de pessoas reclamadas, seja para responder a processos-crime ou para cumprimento de pena".

[189] Yussef Said Cahali. *Estatuto do estrangeiro*, cit., p. 253. Frise-se que no sistema europeu o instituto vem sofrendo modificações, em especial após a decisão do Conselho da União Europeia, de 13 de junho de 2002 (Dec. 2002/584/JAI), pela qual foi criado o "mandado de prisão europeu", que permite que as autoridades judiciárias dos países do bloco emitam ordem de prisão contra o indivíduo procurado e a transmitam diretamente à autoridade judiciária do Estado requerido, possibilitando a entrega *direta* da pessoa independentemente de qualquer procedimento administrativo. Ou seja, entre os Estados-membros da União Europeia já opera um novo modelo de cooperação penal internacional em substituição ao sistema tradicional de extradição, impondo agora a cada autoridade judiciária nacional (autoridade de execução) o reconhecimento, *ipso facto*, e mediante controles mínimos, do pedido de entrega de uma pessoa feito por autoridade judiciária de outro Estado-membro (autoridade de emissão). Sobre o tema, cf. Brichambaut, Dobelle & Coulée, *Leçons de droit international public*, cit., pp. 113-114.

b) Fontes do direito extradicional. O direito extradicional tem como fontes atuais as seguintes: *a)* os tratados internacionais de extradição, bem como, em sua ausência, as declarações formais de reciprocidade; *b)* as leis sobre extradição; *c)* a jurisprudência; e *d)* os usos e costumes internacionais. No Brasil, as fontes mais utilizadas são os tratados, a Lei de Migração e a jurisprudência do Supremo Tribunal Federal. Não se tem notícia – quer na Lei de Migração ou na jurisprudência do STF – de alusão aos usos e costumes internacionais em matéria extradicional. Seja como for, trata-se de fonte que pode ser utilizada para a resolução de casos para os quais inexiste tratado específico ou solução jurisprudencial.

Evidentemente que os tratados internacionais (geralmente bilaterais e específicos) são a fonte do direito extradicional por excelência, por refletirem a vontade firme dos Estados de cooperar entre si para a repressão internacional de delitos. Daí ser a extradição matéria própria do Direito Internacional Público, não do Direito Internacional Privado, como ensina a melhor doutrina.[190] Mesmo quando não há tratado a disciplinar o tema, certo é que as leis internas que o regulam têm viés nitidamente internacional, dada a característica primordial do instituto, que é a cooperação jurídica entre Estados para a repressão internacional de delitos.

Destaque-se que os tratados de extradição celebrados entre os Estados não *criam* direito extradicional, que preexiste à extradição, mas apenas estabelecem as *condições* para a efetivação da medida.[191] Tais tratados enumeram os delitos suscetíveis da medida, mas tal

---

[190] V. Clóvis Bevilaqua. *Direito público internacional...*, t. II, cit., p. 128. Segundo Bevilaqua: "Afigura-se um erro de classificação colocar a extradição como, em geral, o chamado direito penal internacional entre as matérias constitutivas do direito internacional privado" (Idem, pp. 128-129). Nesse exato sentido, *v.* Celso D. de Albuquerque Mello, *Curso de direito internacional público*, vol. II, cit., pp. 1021-1022.

[191] Atualmente, o Brasil mantém tratados de extradição bilaterais em vigor com trinta países, quais sejam: Angola (assinado em 3 de maio de 2005 e promulgado pelo Decreto nº 8.316, de 24 de setembro de 2014), Argentina (assinado em 15 de novembro de 1961 e promulgado pelo Decreto nº 62.979, de 11 de julho de 1968); Austrália (assinado em 22 de agosto de 1994 e promulgado pelo Decreto nº 2.010, de 25 de setembro de 1996); Bélgica (assinado em 6 de maio de 1953 e promulgado pelo Decreto nº 41.909, de 29 de julho de 1957); Bolívia (assinado em 25 de fevereiro de 1938 e promulgado pelo Decreto nº 9.920, de 8 de julho de 1942); Canadá (assinado em 27 de janeiro de 1995 e promulgado pelo Decreto nº 6.747, de 22 de janeiro de 2009); Chile (assinado em 8 de novembro de 1935 e promulgado pelo Decreto nº 1.888, de 17 de agosto de 1937); China (assinado em 12 de novembro de 2004 e promulgado pelo Decreto nº 8.431, de 9 de abril de 2015); Colômbia (assinado em 28 de dezembro de 1938 e promulgado pelo Decreto nº 6.330, de 25 de setembro de 1940); Coreia do Sul (assinado em 1º de setembro de 1995 e promulgado pelo Decreto nº 4.152 de 7 de março de 2002); Equador (assinado em 4 de março de 1937 e promulgado pelo Decreto nº 2.950, de 8 de agosto de 1938); Espanha (assinado em 2 de fevereiro de 1988 e promulgado pelo Decreto nº 99.340, de 22 de junho de 1990); Estados Unidos da América (assinado em 13 de janeiro de 1961 e promulgado pelo Decreto nº 55.750, de 11 de fevereiro de 1965); França (assinado em 28 de maio de 1996 e promulgado pelo Decreto nº 5.258, de 27 de outubro de 2004); Israel (assinado em 11 de novembro de 2009 e promulgado pelo Decreto nº 9.728, de 15 de março de 2019); Itália (assinado em 17 de outubro de 1989 e promulgado pelo Decreto nº 863, de 9 de julho de 1993); Lituânia (assinado em 28 de setembro de 1937 e promulgado pelo Decreto nº 4.528, de 16 de agosto de 1939); México (assinado em 28 de dezembro de 1933 e promulgado pelo Decreto nº 2.535, de 22 de março de 1938); Paraguai (assinado em 24 de fevereiro de 1922 e promulgado pelo Decreto nº 16.925, de 27 de maio de 1925); Peru (assinado em 13 de fevereiro de 1919 e promulgado pelo Decreto nº 15.506, de 31 de maio de 1922); Portugal (assinado em 7 de maio de 1991 e promulgado pelo Decreto nº 1.325, de 2 de dezembro de 1994); Reino Unido e Irlanda do Norte (assinado em 18 de julho de 1995 e promulgado pelo Decreto nº 2.347, de 10 de outubro de 1997); República Dominicana (assinado em 17 de novembro de 2003 e promulgado pelo Decreto nº 6.738, de 12 de janeiro de 2009);

Parte II · Cap. IV · OS INDIVÍDUOS E O DIREITO INTERNACIONAL | **693**

não se aplica de forma ampla, senão apenas em relação a determinados tipos de delitos e às respectivas penas, constituindo um processo preventivo contra os criminosos, para o fim de que não sintam o sabor da impunidade.

Contudo, como já se disse, os pedidos de extradição não se limitam aos Estados com os quais se mantém tratados, podendo também basear-se exclusivamente no Direito interno, no caso de a legislação doméstica permitir a concessão da medida baseada em *promessa de reciprocidade*. Da mesma forma, a existência de tratado entre as partes, prevendo os delitos suscetíveis de extradição, não prejudica a faculdade que as assiste de conceder, uma à outra, com base na reciprocidade, a extradição de pessoas acusadas ou condenadas por *outros fatos criminosos*, caso a isso também não se oponha a legislação do Estado requerido.

c) Natureza jurídica. A extradição configura o ponto alto da cooperação penal entre Estados para a repressão internacional de crimes. Não se trata de *pena*, mas de medida de *cooperação internacional* na repressão ao delito, que visa à boa administração da justiça penal.[192]

A matéria é instituto do *Direito Processual Criminal Internacional* e visa à realização de assistência jurídica mútua, em matéria penal, por meio da cooperação entre os Estados (princípio do *punire aut dedere*) e da aplicação judicial internacional do princípio da territorialidade. Como as sentenças penais, em princípio, não se executam no estrangeiro – e sequer podem ser ali homologadas pelo órgão competente para a homologação de sentenças estrangeiras, salvo se o que se homologa visa apenas surtir efeitos *civis* no território alienígena (Código Penal, art. 9º) –, a solução possível é o auxílio mútuo interestatal (de fundamento inclusive moral), com a finalidade de reprimir os crimes daqueles acusados ou já condenados em um país e que buscam refúgio em território de outro, visando escapar à reprimenda penal.[193] Uma exceção ao princípio da não homologação da sentença penal estrangeira para fins propriamente penais está na Lei de Migração (art. 100) e diz respeito à transferência de execução da pena, como se verá.

Sem a extradição, tanto o *jus persequendi* como o *jus puniendi* do Estado requerente quedariam totalmente esvaziados. Daí dizer Bevilaqua que "a extradição não interessa, especialmente, à sociedade internacional dos indivíduos, mas, sim, aos Estados, por ser meio de tornar possível a eficácia de suas leis penais".[194]

Romênia (assinado em 12 de agosto de 2003 e promulgado pelo Decreto nº 6.512, de 21 de julho de 2008); Rússia (assinado em 14 de janeiro de 2002 e promulgado pelo Decreto nº 6.056, de 6 de março de 2007); Suíça (assinado em 23 de julho de 1932 e promulgado pelo Decreto nº 23.997, de 13 de março de 1934); Suriname (assinado em 21 de dezembro de 1994 e promulgado pelo Decreto nº 7.902, de 4 de fevereiro de 2013); Ucrânia (assinado em 21 de outubro de 2003 e promulgado pelo Decreto nº 5.938, de 19 de outubro de 2006); Uruguai (assinado em 27 de dezembro de 1916 e promulgado pelo Decreto nº 13.414, de 15 de janeiro de 1919); e Venezuela (assinado em 7 de dezembro de 1938 e promulgado pelo Decreto nº 5.362, de 12 de março de 1940). Além desses países, o Brasil mantém dois tratados de extradição no âmbito do Mercosul: um entre os Estados-partes do Mercosul, de 10 de dezembro de 1998, promulgado pelo Decreto nº 4.975, de 30 de janeiro de 2004, e outro entre os Estados-partes do Mercosul, Bolívia e Chile, de 10 de dezembro de 1998, promulgado pelo Decreto nº 5.867, de 3 de agosto de 2006.

[192] Cf. Marcel Sibert. *Traité de droit international public: le droit de la paix*, vol. I., cit., p. 629; e Mirtô Fraga, *O novo estatuto do estrangeiro comentado*, cit., p. 290.

[193] Cf. Gilda Maciel Corrêa Meyer Russomano. *A extradição no direito internacional e no direito brasileiro*, cit., p. 2.

[194] Clóvis Bevilaqua. *Direito público internacional…*, t. II, cit., p. 129.

d) Condições gerais para a concessão. São condições básicas para a concessão da extradição, sem prejuízo de outras previstas em tratados: 1) ter sido o crime cometido no território do Estado requerente ou serem aplicáveis ao extraditando as leis penais desse Estado; e 2) estar o extraditando respondendo a processo investigatório ou a processo penal ou ter sido condenado pelas autoridades judiciárias do Estado requerente a pena privativa de liberdade superior a dois anos (Lei de Migração, art. 83, incs. I e II; Regulamento, art. 263, incs. I e II). Sem a presença de ambas as condições nenhum pleito extradicional poderá lograr êxito.

Destaque-se que os crimes passíveis de extradição são os *crimes comuns*, não os crimes *políticos* ou de *opinião* (*v.* letra *j, infra*). É ainda necessário que tais crimes (comuns) tenham um mínimo de gravidade, que se sujeitem à jurisdição do Estado requerente e, finalmente, que não estejam com a punibilidade extinta pelo decurso do tempo (quer conforme a legislação do Estado requerente, quer de acordo com a legislação brasileira).[195] À evidência, também não terá lugar a extradição quando estiver o indivíduo *anistiado* no Estado requerente (o que significa deva o Estado requerente ter *competência* para processar e julgar o indivíduo relativamente ao crime que ensejou o pedido).

Por derradeiro, pode-se dizer ser também condição para a extradição haver no Estado requerente um sistema jurídico que respeite os direitos e liberdades fundamentais da pessoa humana (assim já decidiu, *v.g.*, o Conselho de Estado francês no caso *Lujambio Galdeano*, de 26 de setembro de 1984).[196] Dessa forma, quando for o STF analisar qualquer pleito extradicional deve verificar se o Estado requerente dispõe, em seu Direito interno, de garantias judiciais adequadas e em conformidade com os princípios de direitos humanos universalmente reconhecidos. Havendo, *v.g.*, suspeita de que o extraditando será submetido à tortura ou a tratamento desumano ou degradante no Estado requerente, a entrega não deverá ser autorizada; o mesmo deve ocorrer quando perceber a Corte que o processo no Estado estrangeiro foi conduzido (ou está a conduzir-se) sem as garantias básicas do contraditório e da ampla defesa. Sendo o Brasil parte dos principais tratados de direitos humanos, tanto do sistema global quanto do sistema regional interamericano, deve o STF pautar-se também nesses tratados para indeferir pedidos extradicionais provenientes de Estados não respeitadores das normas dessa natureza. Embora a Lei de Migração (art. 96, inc. VI; Regulamento, art. 274, inc. VI) elenque a tortura e outros tratamentos ou penas cruéis, desumanos ou degradantes como impedimentos de *entrega* do extraditando, cuja aferição caberia ao Ministro da Justiça quando da efetivação da medida, certo é que, para nós, trata-se de obrigação *anterior* a ser verificada no processo em curso perante o STF. Assim, verificando o Supremo que não há no Estado requerente garantias judiciais adequadas (conforme os padrões internacionais de direitos humanos relativos à matéria) para o recebimento do extraditando, deverá indeferir o pleito, ainda que presentes as condições estabelecidas no art. 83, incs. I e II, da Lei de Migração.

e) Modalidades de extradição. A extradição apresenta basicamente duas modalidades principais, que não se confundem: a *extradição ativa* (que tem lugar quando o nosso governo requer a outro país a extradição de criminoso foragido da justiça brasileira) e a *extradição passiva* (que ocorre quando um país estrangeiro solicita ao Brasil a extradição de indivíduo

---

[195] V. José Francisco Rezek. *Direito internacional público...*, cit., pp. 194-195.

[196] Cf. Brichambaut, Dobelle & Coulée. *Leçons de droit international public*, cit., p. 112.

de lá foragido que se encontra em nosso território).[197] Esta última deve ser sempre *requerida* (com o consequente pedido de entrega) por outro Estado estrangeiro, não havendo extradição espontânea ou *ex officio*. Da extradição ativa versa o art. 88 da Lei de Migração, com disciplina prevista nos arts. 266 a 277 do Regulamento; da extradição passiva versa o art. 98 da Lei de Migração, com disciplina constante dos arts. 278 a 280 do Regulamento. No caso da extradição ativa (a extradição passiva será estudada nos itens seguintes), a Lei de Migração dispõe que o pedido "deverá ser encaminhado ao órgão competente do Poder Executivo [Ministério da Justiça e Segurança Pública – Regulamento, art. 279, *caput*] diretamente pelo órgão do Poder Judiciário responsável pela decisão ou pelo processo penal que a fundamenta" (art. 88, *caput*).

Por outro lado, fala-se também em extradição *instrutória* (para fins de julgamento, ou seja, quando o processo está *em curso* no país de origem) e em extradição *executória* (quando a sua finalidade é fazer com que o extraditando cumpra a pena *já imposta* pelo Estado requerente).[198] Nos casos em que couber solicitação de extradição executória, dispõe a Lei de Migração que "a autoridade competente poderá solicitar ou autorizar a transferência de execução da pena, desde que observado o princípio do *non bis in idem*" (art. 100, *caput*).[199]

Não há, contudo, que se confundir a extradição com a chamada *abdução* internacional, que é o sequestro de indivíduo que se encontra em dado Estado para ser julgado no território de outro, em flagrante violação à soberania territorial dos Estados e aos princípios do Direito Internacional,[200] tal como ocorreu com o ex-oficial SS *Obersturmbahnführer* Adolf Eichmann na Argentina, em 1960, com Antoine Argoud na Alemanha Federal, em 1963, e com Humberto Alvarez-Machain no México, em 1990, que foram abduzidos e levados a julgamento em Israel, França e Estados Unidos, respectivamente.[201] Deve-se observar que, em verdade, não há propriamente *norma* de Direito Internacional proibitiva da abdução. O que o Direito Internacional sanciona é apenas a *violação de território* do Estado ofendido, não o ato de captura irregular de um indivíduo. A aquiescência do Estado ofendido, ademais, coloca termo à abdução. Assim, um pedido aceito de desculpas ou uma reparação consentida fazem desaparecer a ofensa sofrida e tudo se resolve em favor do Estado, continuando o indivíduo, arbitrariamente capturado, nas mãos do Estado que o abduziu. De qualquer forma, pode-se entender que alguns *princípios* do Direito Internacional foram aí violados, como os que estabelecem a convivência pacífica entre as nações e a cortesia internacional, o que, também sob esse prisma, pode acarretar a responsabilidade internacional do Estado. Para os abduzidos, a solução mais viável para o problema normalmente se encontra no próprio Direito interno do país de refúgio, não nos tratados de extradição concluídos entre este Estado e aquele responsável pela abdução. No caso do Brasil, a Lei de Migração cuida com objetividade do assunto, no que tange à prevenção da extradição dissimulada, nos arts. 53 e 55, inc. I, que proíbem a deportação e a expulsão se estas implicarem extradição (chamada de *dissimulada* ou *de fato*) inadmitida pela lei brasileira.[202]

---

[197] Cf. Manuel Adolfo Vieira. L'evolution récente de l'extradition dans le continent américain, cit., pp. 223-224.

[198] Cf. Florisbal de Souza Del'Olmo. *A extradição no alvorecer do século XXI*, cit., p. 48.

[199] Sobre a transferência de execução da pena, *v*. letra *l*, *infra*.

[200] *V*. Anthony Aust. *Handbook of international law*, cit., pp. 47-48.

[201] Sobre ambos os casos, na ordem das citações, *v*. Hannah Arendt, *Eichmann em Jerusalém: um relato sobre a banalidade do mal*, 1ª reimp., São Paulo: Companhia das Letras, 2000; Claude Lombois, *Droit pénal international*, cit., pp. 474-476; e Alonso Gómez-Robledo Verduzco, *Extradición en el derecho internacional: aspectos y tendencias relevantes*, 2ª ed., México, D.F.: UNAM, 2000, pp. 29-44.

[202] Cf. José Francisco Rezek. *Direito internacional público...*, cit., pp. 202-203.

f) Extradição sem tratado. A extradição se efetiva quando o governo requerente se fundamenta em tratado ou quando houver promessa de reciprocidade entre os Estados requerente e requerido. Não havendo tratado de extradição entre o Estado requerente e o Estado requerido, a concessão da extradição passa a subordinar-se, exclusivamente, às disposições da legislação interna, desde que o Estado requerente ofereça "promessa de reciprocidade" ao Estado requerido. A promessa de reciprocidade nada mais é do que um acordo diplomático (normalmente materializado em uma Nota Diplomática) estipulado entre os dois Estados para a entrega de determinado indiciado, sem as formalidades de um tratado internacional.[203] Se houver tratado de extradição entre o Brasil e outra potência estrangeira, nenhuma promessa de reciprocidade poderá superar o compromisso convencional em vigor, pois não tem força jurídica para revogar tratado aplicável entre dois Estados.

Da leitura atenta de todo o Capítulo VIII da Lei de Migração (relativo às medidas de cooperação, que abrange a Seção I – *Da Extradição*, a Seção II – *Da Transferência de Execução da Pena*, e a Seção III – *Transferência de Pessoa Condenada*) é possível verificar que não há clareza sobre a necessidade da promessa de reciprocidade para a efetivação do pleito extradicional, quando inexistente tratado de extradição entre o Estado requerente e o Brasil. De fato, a Lei se refere à necessidade de "promessa de reciprocidade recebida por via diplomática" quando, na ausência de tratado, houver pedido de *prisão cautelar* do extraditando, que se dá em hipótese de urgência e com o objetivo de assegurar a executoriedade da medida extradicional (arts. 84, *caput* e § 2º). Eis a redação do art. 84, § 2º, da Lei: "O pedido de prisão cautelar poderá ser transmitido à autoridade competente para extradição no Brasil por meio de canal estabelecido com o ponto focal da Organização Internacional de Polícia Criminal (Interpol) no País, devidamente instruído com a documentação comprobatória da existência de ordem de prisão proferida por Estado estrangeiro, e, em caso de ausência de tratado, *com a promessa de reciprocidade* recebida por via diplomática". Em outro dispositivo – na Seção *Da Transferência da Execução* da Pena – a Lei dispõe que, sem prejuízo do disposto no Código Penal, a transferência de execução da pena será possível quando, dentre outros requisitos, "houver tratado *ou promessa de reciprocidade*" (art. 100, inc. V). Da mesma forma, na Seção *Da Transferência de Pessoa Condenada* a Lei dispõe que tal medida "poderá ser concedida quando o pedido se fundamentar em tratado *ou houver promessa de reciprocidade*" (art. 103, *caput*).[204] O Regulamento da Lei de Migração, por sua vez, dispõe (art. 266, parágrafo único) que o pedido de extradição passiva "não impedirá a transferência temporária de pessoas sob custódia para fins de auxílio jurídico mútuo, nos termos de tratado *ou de promessa de reciprocidade de tratamento*"; o mesmo ocorre na hipótese de extradição ativa (art. 278, parágrafo único). No caso do pedido de prisão cautelar na extradição, dispõe o Regulamento que "na ausência de tratado, o Ministério das Relações Exteriores será provocado pelo Ministério da Justiça e Segurança Pública para obtenção, junto ao país requerente, *da promessa de reciprocidade de tratamento* necessária à instrução do pedido de prisão" (art. 275, § 2º). Nos casos

---

[203]   Cf. Hildebrando Accioly. *Tratado de direito internacional público*, vol. I, cit., p. 423; José Francisco Rezek, Reciprocity as a basis of extradition, in *British Yearbook of International Law*, vol. 52 (1981), pp. 171-204; e Mirtô Fraga, *O novo estatuto do estrangeiro comentado*, cit., p. 288.

[204]   A propósito, destaque-se que o Brasil ratificou a Convenção relativa à Transferência de Pessoas Condenadas (de 1983) em 26 de junho de 2023, tendo tal instrumento sido internamente promulgado pelo Decreto nº 12.056/2024.

de transferência (passiva e ativa) de pessoa condenada, prevê o Regulamento, da mesma forma, que esta poderá ser concedida "quando o pedido for fundamentado em tratado de que o País faça parte *ou houver promessa de reciprocidade de tratamento*" (art. 285, *caput*). Portanto, à primeira vista, quer parecer que tanto a Lei de Migração quanto o seu Regulamento exigem promessa de reciprocidade apenas para os casos de (*a*) pedido de prisão cautelar do extraditando, e nas hipóteses de (*b*) transferência de execução da pena e (*c*) transferência de pessoa condenada. Fica, portanto, a dúvida em saber se em caso de pleito extradicional sem pedido de prisão cautelar – afora também as hipóteses de transferência de execução da pena e transferência de pessoa condenada – estaria dispensada a promessa de reciprocidade quando não houvesse tratado de extradição entre o Estado requerente e o Brasil.

Para nós, a exigência de promessa de reciprocidade nas extradições sem tratado há de subsistir no direito brasileiro atual, mesmo sem previsão expressa na Lei de Migração, uma vez tratar-se de costume internacional relativo à matéria. Daí a previsão na lei anterior (Estatuto do Estrangeiro) de que se concederia a extradição "quando o governo requerente se fundamentar em tratado, *ou quando prometer ao Brasil a reciprocidade*" (art. 76). A previsão se baseava no costume internacional relativo à matéria e estava conforme a prática brasileira. Por outro lado, não há motivo de exclusão da exigência de promessa de reciprocidade quando não houver tratado entre os Estados requerente e requerido, pois a cooperação internacional é uma via de mão dupla, em que um Estado *concede* a outro determinado benefício na esperança de que lhe seja *concedido* o mesmo benefício quando dele necessitar. *Cooperação* significa co-operar, operar junto, trabalhar em parceria para o atingimento de finalidades comuns. Só por isso a promessa de reciprocidade, na hipótese de inexistência de tratado, já se verifica necessária, pois é a garantia que o Estado brasileiro tem de que o país requerente honrará com o seu compromisso de *co*-operar com o Brasil quando o nosso país demandar a extradição de determinada pessoa.

Portanto, é da prática brasileira aceitar a extradição sem tratado,[205] desde que presente *reciprocidade de tratamento* por parte do Estado requerente.[206] Por meio da promessa de reciprocidade o Estado requerente se obriga a acolher, de acordo com o seu Direito interno, idêntico pedido de extradição formulado pelo Estado ora requerido. Tal promessa de reciprocidade pode ser (*a*) *preexistente* (quando *já houve* um caso concreto de entrega de extraditando entre os dois países, baseada em reciprocidade assumida à época[207]) ou (*b*) *superveniente* (quando aparece pela *primeira vez* na relação entre os dois países). Nesse último caso, a reciprocidade serve tão somente de *base jurídica* para o processo extradicional. Já no primeiro caso, a reciprocidade (preexistente) passa a ser *fonte formal* do

---

[205]   *V.* STF, Ext. 1046, da República Federal da Alemanha, rel. Min. Carlos Ayres Britto, Tribunal Pleno, julg. 19.09.2007, *DJ* 19.10.2007.

[206]   O aceite da reciprocidade é ato de governo e não demanda, como parece óbvio à luz do Direito dos Tratados, aprovação ou referendo do Congresso Nacional (cf. José Francisco Rezek. Perspectiva do regime jurídico da extradição, in *Estudos de direito público em Homenagem a Aliomar Baleeiro*, Brasília: Editora UnB, 1976, pp. 237-238). Ao nosso Parlamento cabe, nos termos do art. 49, inc. I da Constituição de 1988, "resolver definitivamente sobre tratados, acordos ou atos internacionais que acarretem encargos ou compromissos gravosos ao patrimônio nacional", e não se manifestar sobre a promessa de reciprocidade de Estado estrangeiro, que não envolve qualquer obrigação para o Brasil (cf. Extradição 272-4, do STF, rel. Min. Victor Nunes Leal, in *RTJ* 43/193, relativa ao caso do antigo nazista Franz Paul Stangl).

[207]   Tal é raro de ocorrer no caso do Brasil, que é um país de extradição predominantemente *passiva*.

direito extradicional,[208] tal como se houvesse tratado entre as partes, à diferença que será regida exclusivamente pelo Direito interno do Estado requerido (havendo tratado, será regida *pelo próprio tratado*, que é norma *especial* em relação às normas domésticas de caráter *geral*). Nesse caso, em não havendo tratado, mas *existindo* reciprocidade preexistente (caso em que o Estado requerente já havia deferido extradição, em outros tempos, para o Estado ora requerido), o Poder Judiciário do país de refúgio decidirá sobre a legalidade e procedência do pedido, de acordo com os pressupostos previstos exclusivamente na *lei interna*. Julgada procedente a extradição pelo STF, o governo local não poderá pretender descumprir a reciprocidade (que é um acordo diplomático) já efetivada com o Estado requerente (caso contrário, o acordo não seria "recíproco" e não haveria verdadeira "cooperação" entre os Estados). Ora, os acordos diplomáticos são *acordos* que, conquanto destituídos da roupagem de tratados, devem ser respeitados à luz do direito das relações diplomáticas. O compromisso de reciprocidade (quando *já efetivado* entre os dois países, tal qual um tratado preexistente) garante ao Estado requerente que a extradição seja efetivada pelo governo, uma vez autorizada pela Suprema Corte.[209] Não obstante diferentes dos tratados, pelo seu campo de aplicação, que é mais restrito, e também pelo fato de poderem ser denunciadas a qualquer momento por um dos governos interessados, as declarações de reciprocidade preexistentes têm a mesma força obrigacional, em matéria de extradição, que os atos internacionais convencionais, devendo, portanto, ser integralmente respeitadas.[210]

Havendo, porém, apenas *proposta* (superveniente) de reciprocidade, o Brasil *pode* (a depender do juízo governamental) negar *sumariamente* o pedido extradicional, quando então os documentos sequer serão enviados ao STF.[211] Apesar de possível, contudo, essa recusa *sumária* nunca foi da tradição brasileira. Na prática, a autoridade competente do Poder Executivo, havendo proposta (nova) de reciprocidade pelo país requerente, sempre *submete* ao crivo do STF a demanda, sem recusar sumariamente o pedido. De qualquer sorte, a faculdade de recusa sumária – quando presente, quer por *não haver* a promessa, quer por haver simples *proposta*, não efetivada, de igualdade de tratamento – há de ser exercitada pelo Poder Executivo *antes* de qualquer submissão ao Poder Judiciário.[212] Porém, essa discrição governamental não se dará se *já existir* declaração de reciprocidade entre os dois países (pelo fato de o Brasil *já ter se utilizado* da extradição por reciprocidade, um dia, relativamente ao Estado ora requerente) ou *tratado internacional* de extradição entre ambos, sob pena de

---

208 Frise-se que a reciprocidade, como *fonte* do direito extradicional, é expressamente reconhecida pela doutrina internacionalista. Nesse sentido, *v.* André Mercier, L'extradition, cit., p. 185, para quem "a declaração de reciprocidade, na falta ou deficiência de tratado, é fonte reconhecida do direito de extradição". Cf. também, Mirtô Fraga, *O novo estatuto do estrangeiro comentado*, cit., p. 288; Gilda Maciel Corrêa Meyer Russomano, *A extradição no direito internacional e no direito brasileiro*, cit., p. 48; e José Francisco Rezek, *Direito internacional público...*, cit., p. 190.

209 É esta exatamente a lição de Mirtô Fraga, nestes termos: "Se porém, o Estado requerente invocar a *existência* [preexistente] de reciprocidade, o Brasil não pode se furtar à concessão, que ficará condicionada ao exame da legalidade e procedência do pedido pelo Supremo Tribunal Federal" (*O novo estatuto do estrangeiro comentado*, cit., p. 291).

210 *V.*, por tudo, Gilda Maciel Corrêa Meyer Russomano, *A extradição no direito internacional e no direito brasileiro*, cit., p. 48. Essa autora chega a igualar as promessas de reciprocidade aos tratados internacionais, dizendo terem elas "a mesma natureza jurídica dos tratados..." (Idem, ibidem).

211 Cf. Mirtô Fraga. *O novo estatuto do estrangeiro comentado*, cit., pp. 291-292.

212 Cf. José Francisco Rezek. *Direito internacional público...*, cit., p. 192.

Parte II • Cap. IV • OS INDIVÍDUOS E O DIREITO INTERNACIONAL | **699**

responsabilidade internacional do Brasil. Contudo, atente-se bem: se o pedido estiver fundamentado em promessa preexistente ou em tratado, isso significa que *o governo* não pode deixar de atender ao acordo diplomático ou à norma convencional, sendo-lhe obrigatório enviar ao STF a solicitação de extradição. Este último órgão, porém, não está obrigado a deferir o pedido extradicional, mesmo havendo tratado entre os dois países, caso não entenda presentes os requisitos de legalidade e procedência para a sua concessão. Nenhum tratado preexistente (muito menos um acordo diplomático) impede eventual indeferimento do pedido pela Suprema Corte. Mas, caso o STF o defira, estará então o governo *obrigado* a entregar o extraditando, nos termos (e nos limites) da promessa de reciprocidade preexiste ou do tratado em vigor (especialmente nesse último caso, em que se faz presente, com muito mais ênfase, o instituto da responsabilidade internacional – *v. infra*).

g) Procedimento extradicional no Brasil. Na extradição estão sempre presentes pelo menos cinco elementos perfeitamente caracterizáveis: 1) o Estado que a requer; 2) o Estado requerido; 3) o indivíduo processado ou já condenado no Estado requerente; 4) a presença física desse indivíduo no território do Estado requerido; e 5) a entrega efetiva do reclamado.[213]

O procedimento do pedido de extradição (passiva) comporta três fases no sistema jurídico brasileiro: *a)* uma *administrativa* (sob a responsabilidade do Poder Executivo), até seu envio ao Supremo Tribunal Federal; *b)* uma *judiciária* (exame no STF da legalidade e procedência do pedido), prevista no art. 102, inc. I, alínea *g*, da Constituição; e *c)* outra novamente *administrativa*, na qual o governo autoriza a entrega do extraditando ao país requerente ou o comunica de sua negativa, caso o pleito tenha sido indeferido pelo STF.[214] Perceba-se que a fase *judiciária* se encontra situada entre duas fases *governamentais*, estando a primeira ligada ao recebimento e encaminhamento do pedido ao Supremo Tribunal Federal, e a segunda, à efetivação da medida (caso julgada procedente pelo STF), ou, indeferida esta, à simples comunicação do fato ao Estado requerente.[215] Sem embargo de a fase judiciária encontrar-se entre duas fases administrativas, o sistema ainda assim é nominado *sistema judiciário* de extradição.[216]

O pedido inicial do processo extradicional, no Brasil, inicia-se com requerimento do governo estrangeiro apresentado por via diplomática ou pelas autoridades centrais designadas para esse fim. O pedido será recebido pelo Ministério da Justiça e Segurança Pública e, após exame da presença dos pressupostos formais de admissibilidade exigidos na Lei de Migração ou em tratado internacional, encaminhado ao Supremo Tribunal Federal (art. 89, *caput*; Regulamento, art. 269, *caput*). Nos termos da Constituição de 1988, compete ao Supremo Tribunal Federal processar e julgar, originariamente, a "extradição solicitada por Estado estrangeiro" (art. 102, inc. I, alínea *g*).[217] Não preenchidos, porém, os pressupostos formais de admissibilidade referidos no art. 89, *caput*, da Lei de Migração, será o pedido arquivado pelo Ministro

---

[213] Cf. Gilda Maciel Corrêa Meyer Russomano. *Aspectos da extradição no direito internacional público*. Rio de Janeiro: José Konfino Editor, 1960, p. 10.

[214] Cf. Mirtô Fraga. *O novo estatuto do estrangeiro comentado*, cit., p. 292; e Florisbal de Souza Del'Olmo, *A extradição no alvorecer do século XXI*, cit., p. 93.

[215] V. José Francisco Rezek. *Direito internacional público...*, cit., pp. 191-192.

[216] Sobre a participação do Poder Judiciário no processo extradicional, *v.* J. Puente Egido, L'extradition en droit international: problèmes choisis, in *Recueil des Cours*, vol. 231 (1991-VI), pp. 67-76.

[217] A decisão do STF em processos extradicionais cabe às Turmas, não mais ao Plenário (*v.* Emenda Regimental nº 45, de 15.06.2011).

da Justiça mediante decisão fundamentada, sem prejuízo da possibilidade de renovação do pleito, devidamente instruído, uma vez superado o óbice apontado (art. 89, parágrafo único; Regulamento, art. 269, § 2º).

O Estado interessado na extradição poderá, em caso de *urgência* e antes da formalização do pedido extradicional, ou conjuntamente com este, requerer, por via diplomática ou por meio de autoridade central do Poder Executivo, a *prisão cautelar* com o objetivo de assegurar a executoriedade da medida, devendo, após exame da presença dos pressupostos formais de admissibilidade exigidos na Lei de Migração ou em tratado, representar à autoridade judicial competente, ouvido previamente o Ministério Público Federal (art. 84, *caput*). O pedido de prisão cautelar noticiará o crime cometido e deverá ser fundamentado, podendo ser apresentado por correio, fax, mensagem eletrônica (*e-mail*) ou qualquer outro meio que assegure a comunicação por escrito (art. 84, § 1º). O pedido de prisão cautelar pode também ser transmitido à autoridade competente para extradição no Brasil por meio de canal estabelecido com o ponto focal da Organização Internacional de Polícia Criminal (Interpol) no país, devidamente instruído com a documentação comprobatória da existência de ordem de prisão proferida por Estado estrangeiro, e, em caso de ausência de tratado, com a promessa de reciprocidade recebida por via diplomática (art. 84, § 2º). Tem o Estado requerente o prazo de 60 dias, contado da data em que tiver sido cientificado da prisão do extraditando, para formalizar o pedido de extradição (art. 82, § 4º). Caso tal prazo seja ultrapassado, o extraditando deverá ser posto em liberdade, não se admitindo novo pedido de prisão cautelar pelo mesmo fato sem que a extradição haja sido devidamente requerida (art. 82, § 5º). A prisão cautelar poderá ser prorrogada até o julgamento final da autoridade judiciária competente quanto à legalidade do pedido de extradição (art. 82, § 6º).

Encaminhado o pleito ao STF, vai esse tribunal examinar os fatos e se manifestar sobre a legalidade e procedência do pedido, verificando, *v.g.*, se há dupla tipificação do crime em questão, se já estava o crime previsto na legislação estrangeira antes do seu cometimento, se houve extinção da punibilidade em qualquer dos Estados (requerente e requerido) e, ainda, se apresenta o delito natureza política ou militar.[218] Também, como já se disse, deverá o STF verificar se há no Estado requerente um sistema de garantias judiciais adequado e em conformidade com os princípios de direitos humanos universalmente reconhecidos, sob pena de improcedência do pedido.

Distribuído o processo ao Ministro relator, este designará dia e hora para o interrogatório do extraditando e, conforme o caso, nomear-lhe-á curador ou advogado, se não o tiver (art. 91, *caput*). A defesa há de ser apresentada no prazo de dez dias a partir da data do interrogatório, devendo versar sobre a *identidade* da pessoa reclamada, *defeito* de forma de documento apresentado ou *ilegalidade* da extradição (art. 91, § 1º). Não estando o processo devidamente instruído, o STF, a requerimento do órgão do Ministério Público Federal correspondente, poderá converter o julgamento em diligência para suprir a falta (art. 91, § 2º). Para suprir a falta referida pelo art. 91, § 2º, da Lei de Migração, terá o MPF prazo improrrogável de sessenta dias, contado da data de notificação à missão diplomática do Estado requerente, depois do qual será o pedido julgado pelo STF independentemente da diligência (art. 91, §§ 3º e 4º). Destaque-se que, de acordo com a Lei de Migração, diferentemente do que estabelecia o antigo Estatuto do Estrangeiro, o STF poderá autorizar, ouvido o MPF, a prisão albergue ou domiciliar do extraditando ou determinar que o mesmo responda o processo extradicional em liberdade, com

---

[218] V. Ministério da Justiça. *Manual de extradição*, cit., pp. 22-23.

Parte II · Cap. IV · OS INDIVÍDUOS E O DIREITO INTERNACIONAL | **701**

retenção do documento de viagem ou outras medidas cautelares necessárias, até o julgamento da extradição ou a entrega do extraditando, se pertinente, considerando a situação administrativa migratória, os antecedentes do extraditando e as circunstâncias do caso (art. 86).

Destaque-se que a Lei de Migração (assim como também fazia o Estatuto do Estrangeiro) prevê o não cabimento de recurso da decisão tomada pelo STF em processos extradicionais (art. 90). Evidentemente, porém, que a determinação legal deve ser interpretada *cum grano salis*, pois sempre se entendeu caber, ao menos, o recurso de embargos declaratórios nos casos de omissão, obscuridade ou contradição no *decisum*.

Ao final, uma vez *deferido* o pedido extradicional, o Ministro da Justiça e Segurança Pública toma ciência da manifestação da Corte e avalia se o estrangeiro cumpre os requisitos para ser extraditado. Essa decisão ministerial sobre a efetivação da entrega deverá basear-se (*a*) no Direito interno brasileiro e (*b*) na eventual promessa (superveniente) de reciprocidade do Estado requerente.[219] Havendo tratado em vigor entre os Estados requerente e requerido, este deverá ser observado. Se presentes, conforme avaliação do Ministro da Justiça, os requisitos para a extradição, seu cumprimento será comunicado por via diplomática ou pelas autoridades centrais ao Estado requerente, que, no prazo de sessenta dias, contado da data da ciência da comunicação, deverá retirar o extraditando do território nacional (Regulamento, art. 271, *caput* e parágrafo único). Certo é que a manifestação *final* da extradição fica, no Brasil, a cargo do Ministro da Justiça e Segurança Pública, e não do STF, até mesmo em razão de competir ao Poder Executivo "manter relações com Estados estrangeiros" (CF, art. 84, inc. VII).[220] A Lei de Migração (art. 90) é clara ao dispor que "nenhuma extradição será concedida sem prévio pronunciamento do Supremo Tribunal Federal sobre sua *legalidade* e *procedência*...". Portanto, não há que se ter como certa a (inverídica) formação de um costume *contra legem* no seio do STF, no sentido de que a Suprema Corte decide *em definitivo* sobre a concessão da extradição, deixando o Poder Executivo sem opção de escolha (se entrega ou não o extraditando) quando inexiste acordo diplomático anterior ou tratado entre os dois países.[221] A lei é bastante expressa sobre o papel do Supremo no processo extradicional: a Corte apenas se manifesta sobre a *legalidade* e *procedência* do pedido, nada mais do que isso. À mesma interpretação se chega pela leitura atenta do art. 92 da Lei de Migração, que diz, com total clareza, que depois de "julgada procedente a extradição", deve ser "autorizada a

---

[219]   V. Gilda Maciel Corrêa Meyer Russomano. *A extradição no direito internacional e no direito brasileiro*, cit., pp. 143-145.

[220]   Cf. Celso D. de Albuquerque Mello. *Curso de direito internacional público*, vol. II, cit., pp. 1037-1038. No mesmo sentido, *v.* Yussef Said Cahali, *Estatuto do estrangeiro*, cit., p. 337. Na doutrina estrangeira, *v.* J. Puente Egido, L'extradition en droit international..., cit., pp. 69-70.

[221]   Poderia se objetar que o simples *envio* do pedido extradicional, pelo governo, ao Supremo Tribunal Federal, já seria *indicativo* da vontade do Executivo em efetivar a medida, quando autorizada pela Suprema Corte. O raciocínio seria no sentido de que o envio do pedido ao STF, por parte do governo, já estaria a traduzir a aquiescência presidencial à efetivação da extradição. Ainda que aparentemente defensável, não nos parece correta a tese. Se assim fosse, o envio de tratados internacionais, pelo Presidente da República, ao Congresso Nacional, para fins de referendo, seria também indicativo da vontade do governo em *ratificar* a norma convencional, uma vez aprovada pelo Parlamento (e sabe-se já que os arquivos diplomáticos guardam inúmeros exemplos de tratados que, por um motivo ou outro, não foram ratificados). Portanto, não se pode entender que o envio do pedido de extradição ao Supremo, pelo governo, traduz-se na manifestação *prévia* de vontade do Executivo em proceder à extradição, mesmo porque o governo que envia o pedido à Corte pode não ser o mesmo que venha a efetivá-la etc.

entrega" do extraditando "pelo órgão competente do Poder Executivo". Portanto, a natureza da manifestação do STF no processo extradicional é de *ato declaratório*, uma vez que apenas *autoriza* o Ministro da Justiça a efetivar a entrega (baseada em promessa de reciprocidade superveniente). Apenas a manifestação *indeferitória* da Suprema Corte é que tem caráter de *ato constitutivo negativo*, quando então o Ministro da Justiça *não poderá* autorizar a entrega do extraditando. Portanto, julgada *procedente* a extradição pelo STF, compete ao Ministro da Justiça *decidir* em definitivo sobre a medida,[222] sendo perfeitamente possível que a decisão do Supremo *não seja efetivada* pelo Ministro quando este avalie não cumprir o estrangeiro os requisitos para ser extraditado. Tal somente não se dará – ou seja, o Ministro da Justiça somente será *obrigado* a efetivar a medida – quando existir acordo diplomático (de reciprocidade) *preexistente* entre os dois países ou *tratado de extradição* em vigor que não elenque dentre os requisitos para a extradição o(s) acolhido(s) pelo Ministro da Justiça para não extraditar, pois em tais casos se está diante de obrigações internacionais assumidas pelo Estado, impossíveis de serem descumpridas pelo governo. Ora, se existe *acordo diplomático* anterior ao pedido (caso em que o Brasil, em outros tempos, *já solicitou* extradição ao mesmo Estado ora requerente, e esta lhe foi *deferida*) ou *tratado* a obrigar a entrega do extraditando para o país requerente, não há que se falar em possibilidade de *avaliação* dos requisitos da extradição – diz o Regulamento da Lei de Migração que o Ministro da Justiça, julgada procedente a extradição pelo STF, "*avaliará* se o estrangeiro cumpre os requisitos para ser extraditado" (art. 271, *caput*) – levada a efeito por ato próprio do Poder Executivo, vez que este já concordou com a efetivação da entrega quando da assunção do acordo diplomático preexistente ou da promulgação do tratado assinado, respectivamente.

Não se descarta, repita-se, que havendo *tratado* este preveja *exceções* ao deferimento da entrega (*v.g.*, quando autoriza o chefe de Estado indeferir a extradição por fundado temor de que sofra o extraditando qualquer violação em seus direitos no país requerente). Nesse caso, eventual indeferimento da extradição tem autorização *do próprio tratado*, que atribui ao chefe de Estado uma *margem de apreciação* sobre determinada questão de fato, caso em que a efetivação da extradição passa a depender do exclusivo juízo executivo sobre a matéria. Por que se trata de um juízo *executivo* sobre a matéria? Ora, todo tratado de extradição é celebrado *entre Estados*, mas quem representa o Estado é o seu *chefe*, o Presidente da República, que delega competência ao Ministro da Justiça (no caso do Brasil). Não se pode entender que o *Estado*, aqui, é o Poder Judiciário, cuja competência em matéria extradicional é somente *autorizativa*; o *Estado* é o *governo*, personificado na figura do chefe do Poder Executivo (que, por isso mesmo, é *chefe de Estado*) ou seu delegado. Daí ser da autoridade competente do Poder Executivo – segundo o direito brasileiro atual, do Ministro da Justiça – a responsabilidade de ler e compreender o tratado em causa e se manifestar de acordo com os seus termos. Trata-se de um ônus típico da função executiva em esfera federal no exercício dos atos *jure imperii*. Evidentemente que não pode a decisão executiva ser *manifestamente* contrária aos termos do tratado, tampouco *arbitrária*. Deve, ademais, o ato executivo de recusa (baseado na interpretação que faz o governo do tratado) ser *fundamentado* quando de sua publicação no *Diário Oficial da União*.

---

[222] V. Gilda Maciel Corrêa Meyer Russomano. *A extradição no direito internacional e no direito brasileiro*, cit., p. 139, para quem: "O Supremo Tribunal Federal, a rigor, não *concede* a extradição: *autoriza* o Poder Executivo a que o faça".

Parte II · Cap. IV · OS INDIVÍDUOS E O DIREITO INTERNACIONAL | **703**

Em suma, é importante esclarecer, vez por todas, quando está e quando não está o Poder Executivo obrigado a efetivar a entrega do extraditando, quando autorizada a extradição pelo STF. Em definitivo, há duas regras sobre o tema, que podem ser assim colocadas:

1) *Quando não há tratado ou promessa de reciprocidade preexistente entre os dois países* – cabe avaliação (não arbitrária) pelo Poder Executivo de efetivação ou não da entrega do extraditando, pela análise da conveniência e oportunidade do ato, segundo (*a*) os requisitos do Direito interno brasileiro e (*b*) eventual promessa de reciprocidade superveniente apresentada pelo Estado requerente. Nesse caso, nada de injurídico existe na eventual *recusa* do governo em extraditar, uma vez que não se encontra obrigado por qualquer acordo diplomático ou norma convencional anteriores. Já se falou (*v. supra*) que havendo acordo diplomático de reciprocidade *anterior* entre os dois países, não pode o governo (assim como ocorre quando existe tratado) se furtar em proceder à entrega, uma vez julgado procedente o pedido pelo STF. Contudo, na hipótese de haver promessa *superveniente* de reciprocidade – em que se imagina que o Brasil *nunca antes* solicitou ao Estado ora requerente a extradição de nenhum de seus nacionais, baseado em reciprocidade anterior – não estará o governo obrigado a extraditar, mesmo tendo sido a extradição autorizada pelo STF;

2) *Quando há tratado ou promessa de reciprocidade preexistente entre os dois países* – não cabe qualquer avaliação do Poder Executivo sobre a efetivação da extradição, posto que se há de cumprir (fielmente) a norma convencional em vigor na República (que vale, inclusive, como norma *especial* relativamente às normas internas de caráter *geral*) ou a promessa de reciprocidade anteriormente exarada pelo Estado requerente. Ora, a existência de tratado entre o Brasil e outro Estado estrangeiro, ou de promessa de reciprocidade preexistente, por si só, já é indicativa da obrigatoriedade da extradição (pois, à evidência, não se conclui tratado de extradição ou promessa entre dois países que não seja para o fim de *obrigar* a entrega do extraditando ao Estado requerente, uma vez autorizada pelo tribunal competente). Portanto, havendo tratado entre as partes ou promessa preexistente de reciprocidade, deixa a extradição (sua *execução*, a efetiva *entrega* do extraditando ao Estado estrangeiro) de ser ato avaliativo do Poder Executivo, salvo (como já se disse) se o próprio tratado (ou a promessa preexistente) prever *exceções* e atribuir ao chefe de Estado ou seu delegado uma *margem de apreciação* sobre determinada questão de fato, o que, diga-se de passagem, não é incomum de ocorrer. Tomem-se como exemplos as exceções (à efetivação da extradição) previstas nos art. 3º, 1, alínea *f*, e art. 5º, alínea *b*, do Tratado de Extradição Brasil-Itália, de 1989.[223]

---

[223] Eis o que dizem os dispositivos: "*Artigo 3 (Casos de Recusa de Extradição)*. 1. A extradição não será concedida: (...) *f*) se a Parte requerida tiver razões ponderáveis para supor que a pessoa reclamada será submetida a atos de perseguição e discriminação por motivo de raça, religião, sexo, nacionalidade, língua, opinião política, condição social ou pessoal; ou que sua situação possa ser agravada por um dos elementos antes mencionados". "*Artigo 5 (Direitos Fundamentais)*. A extradição tampouco será concedida: (...) *b*) se houver fundado motivo para supor que a pessoa reclamada será submetida a pena ou tratamento que de qualquer forma configure uma violação dos seus direitos fundamentais". Frise-se que foi com base nestes dispositivos (especialmente no art. 3º, 1, alínea *f*) que o então Presidente da República Luiz Inácio Lula da Silva, seguindo parecer da Advocacia-Geral da União, decidiu por *não extraditar* o cidadão italiano Cesare Battisti, cuja extradição havia sido deferida pelo STF em 18.11.2009. Foi a primeira vez na história da República brasileira que um Presidente não efetivou uma extradição julgada procedente pela Suprema Corte. O ato presidencial citado, publicado na imprensa oficial (sem qualquer fundamentação, observe-se), foi do seguinte teor: "Processo nº 08000.003071/2007-51. Parecer nº AGU/AG-17/2010, adotado pelo

Enfim, se o tratado ou o acordo diplomático de promessa não preverem exceções, a entrega do extraditando ao Estado requerente é *obrigatória* e não pode ser recusada pelo governo (pois se trata de respeitar norma convencional ou acordo diplomático que *vincula* o governo).

Outra questão relativa ao fenômeno extradicional diz respeito ao julgamento *em si* do pedido, pelo STF. Cabe aqui simplesmente dizer (trata-se de assunto que não suscita qualquer dúvida doutrinária) que não pode o Supremo, no julgamento do pedido extradicional, decidir sobre o *mérito* do processo que corre contra o extraditando no exterior (sistema da contenciosidade limitada, ou *sistema belga*).[224] O que o STF analisa é somente a *legalidade* e *procedência* do pedido, ou seja, os requisitos *formais* previstos em lei ou em tratados, sendo-lhe vedado decidir sobre o acerto ou o desacerto da Justiça estrangeira ou emitir juízo de valor sobre eventuais falhas ou vícios que porventura maculem o processo em trâmite no Estado de origem (salvo, evidentemente, se a mácula for relativa à falta de garantias de direitos humanos assegurada por padrões internacionais – tratados, costumes etc. – relativos à matéria).[225]

No caso da concorrência de pedidos de extradição formulados por Estados diferentes, em relação a um mesmo indivíduo e com base no mesmo fato, a doutrina já entendeu de três maneiras distintas: *a*) extraditá-lo para o Estado patrial do extraditando (se este Estado é um dos que requereu sua extradição); *b*) extraditá-lo para o país onde a infração penal foi cometida, ou para o país que teve os seus interesses ofendidos com a infração praticada; ou *c*) deixar ao arbítrio exclusivo do Estado requerido o lugar para onde deva ir o extraditando.[226] O sistema adotado em vários países (inclusive no Brasil, desde o Decreto-Lei nº 394, de 28 de abril de 1938) é o segundo, ou seja, o da territorialidade da infração, dando-se preferência ao Estado em cujo território tenha sido o delito cometido, aplicando-se o princípio da *lex loci delicti commissi*. A atual Lei de Migração, nesse sentido, diz claramente que "quando mais de um Estado requerer a extradição da mesma pessoa, pelo mesmo fato, terá preferência o pedido daquele em cujo território a infração foi cometida" (art. 85, *caput*). Esse, ademais, é o critério previsto no § 9º da resolução do *Institut de Droit International*, adotada em Oxford em 1880, que teve como relatores Ludwig von Bar, Charles Brocher, Louis Renault e Caspar Bluntschli, com a seguinte redação: "S'il y a plusieurs demandes d'extradition pour le même fait, la préférence devrait être donnée à l'Etat sur le territoire duquel l'infraction a été commise". Ou seja, se existirem vários Estados requerendo a extradição pelo mesmo fato, a preferência deverá ser dada ao Estado no território do qual a infração foi cometida. Os tratados de extradição firmados com o Brasil seguem o mesmo entendimento. Em casos de crimes diversos, contudo, a Lei de Migração estabelece que terá preferência, sucessivamente, (*a*) o

---

Advogado-Geral da União Substituto, referente ao pedido de Extradição nº 1.085, requerido pela República Italiana. Em face dos fundamentos, aprovo o Parecer e nego a extradição. Em 31 de dezembro de 2010". O governo italiano, inconformado, propôs uma Reclamação (Rec. 11243), não conhecida pela Corte, e uma Petição Avulsa a fim de anular o ato presidencial em causa. O STF, na Sessão Plenária de 08.06.2011 entendeu, por maioria, na análise da Petição Avulsa do governo da Itália, que o ato do Presidente da República que nega a extradição é um ato de soberania nacional que não pode ser revisto pelo Supremo. *V.* STF, Ext. 1085, rel. Min. Gilmar Mendes, julg. 18.11.2009; e Petição Avulsa na Ext. 1085, julg. 08.06.2011, indeferida por maioria (contra os votos do relator, Min. Gilmar Mendes, e dos Ministros Cezar Peluso e Ellen Gracie).

[224] *V.* Gilmar Ferreira Mendes. Direito de nacionalidade e regime jurídico do estrangeiro, cit., pp. 15-16.

[225] Cf. Hildebrando Accioly. *Tratado de direito internacional público*, vol. I, cit., p. 436.

[226] Cf. Hildebrando Accioly. Idem, p. 438.

Estado requerente em cujo território tenha sido cometido o crime mais grave, segundo a lei brasileira, (*b*) o Estado que em primeiro lugar tenha pedido a entrega do extraditando, se a gravidade dos crimes for idêntica, e (*c*) o Estado de origem, ou, em sua falta, o domiciliar do extraditando, se os pedidos forem simultâneos (art. 85, § 1º). Ainda, diz a Lei de Migração que nos casos nela não previstos, "o órgão competente do Poder Executivo [Ministro da Justiça e Segurança Pública] decidirá sobre a preferência do pedido, priorizando o Estado requerente que mantiver tratado de extradição com o Brasil (art. 85, § 2º), e que "havendo tratado com algum dos Estados requerentes, prevalecerão suas normas no que diz respeito à preferência de que trata este artigo" (art. 85, § 3º).

h) *Extradição monocrática*. A partir do julgamento da *Questão de Ordem na Extradição nº 1476/DF*, de 9 de maio de 2017, o STF passou a entender que, nos processos em que houver declaração de concordância espontânea do extraditando, com base em tratado internacional autorizativo e com a assistência de advogado ou defensor, poderá o Relator julgar monocraticamente o pleito extradicional.[227] Na ocasião, a 2ª Turma do STF, ao homologar a declaração voluntária de concordância com a extradição realizada por cidadão português, entendeu devesse delegar ao Relator designado a competência de, em casos tais, decidir monocraticamente os pleitos extradicionais. Esse expediente, que se pode nominar de *extradição monocrática*, certamente facilita a extradição e melhor atende às expectativas do Estado requerente, quando voluntariamente o extraditando consente na sua efetiva entrega.

Segundo a decisão do STF, porém, a extradição monocrática somente será possível (respeitados, evidentemente os demais requisitos da extradição, como a necessidade de dupla tipicidade e de dupla punibilidade) se houver *tratado internacional* entre os Estados em causa a autorizar a imediata entrega do extraditando, por meio de procedimento simplificado, quando o nacional estrangeiro manifeste sua inequívoca intenção de entregar-se ao Estado requerente, com assistência técnica de advogado ou defensor. Tal é o que prevê, *v.g.*, o art. 19 da Convenção de Extradição entre os Estados Membros da Comunidade dos Países de Língua Portuguesa, de 2005, em vigor no Brasil desde 2013, nestes termos: "O Estado requerido pode conceder a extradição se a pessoa reclamada, com a devida assistência jurídica e perante a autoridade judicial do Estado requerido, *declarar a sua expressa anuência em ser entregue ao Estado requerente*, depois de ter sido informada de seu direito a um procedimento formal de extradição e da proteção que tal direito encerra".

A Lei de Migração, contudo, em dispositivo bastante similar ao que se acaba de transcrever, não exigiu deva haver *tratado* autorizando a entrega voluntária, senão apenas que assim declare expressamente o extraditando e que o mesmo seja assistido por advogado e seja advertido que tem direito ao processo judicial de extradição e à proteção que tal direito encerra (art. 87).

i) *Entrega do extraditando ao Estado requerente*. Nos termos do que dispõe a Lei de Migração, julgada procedente a extradição e autorizada a entrega do extraditando pelo órgão competente do Poder Executivo, será o ato comunicado por via diplomática ao Estado requerente, que, no prazo de sessenta dias da comunicação, deverá retirar o extraditando do território nacional (art. 92), sem o que será o extraditando posto em liberdade, sem prejuízo de outras medidas aplicáveis (art. 93). Negada a extradição pelo STF (caso em que não se

---

[227] STF, Questão de Ordem na Ext. 1476, de Portugal, rel. Min. Celso de Mello, 2ª Turma, julg. 09.05.2017.

admitirá novo pedido baseado no mesmo fato), liberta-se o extraditando e comunica-se o Poder Executivo para que este informe ao Estado requerente a decisão final do Supremo. Neste caso, fica a autoridade executiva impedida de extraditar, ainda que entenda ser conveniente a medida, sob pena de desrespeitar o comando constitucional que atribui ao STF a competência para o julgamento do pleito extradicional (CF, art. 102, inc. I, alínea *g*).

Para que seja *efetivada* a entrega do extraditando, a Lei de Migração (art. 96, incs. I a VI) impõe ao Estado requerente a assunção dos seguintes compromissos: *a*) não submeter o extraditando a prisão ou processo por fato anterior ao pedido de extradição (o STF, como se viu, tem mitigado esse postulado quando o Estado requerido expressamente *concordar* com o pedido de extensão da extradição); *b*) computar o tempo de prisão que, no Brasil, foi imposta por força da extradição; *c*) comutar a pena corporal, perpétua ou de morte em pena privativa de liberdade, respeitado ou limite máximo de cumprimento de trinta anos;[228] *d*) não ser o extraditando entregue, sem consentimento do Brasil, a outro Estado que o reclame; *e*) não considerar qualquer motivo político para agravar a pena; e *f*) não submeter o extraditando a tortura ou a outros tratamentos ou penas cruéis, desumanos ou degradantes. Tais compromissos são necessários, repita-se, para a *efetivação* da entrega ao Estado requerente. Quer tenha sido a extradição concedida com fundamento em *tratado* ou em *promessa de reciprocidade*, a observância ao art. 96 da Lei de Migração faz-se necessária. Não se trata, perceba-se, de requisitos para *a concessão* da extradição, mas sim para *a entrega* efetiva do extraditando.[229] Mesmo baseada em *tratado* pode a extradição não se efetivar caso (*a*) seja indeferida pelo STF, ou quando (*b*) for negada pelo governo pelo fato de não ter o Estado requerente assumido, *v.g.*, o compromisso de comutar a pena corporal, perpétua ou de morte em pena privativa de liberdade, entre outros.[230] Nesses casos, a extradição resta frustrada por motivos de ordem pública ou de proteção à dignidade humana, sob a ótica do Direito local.

A pessoa extraditada – ao contrário do que ocorre na expulsão – não está impedida de reingressar no território nacional, uma vez julgada e, caso condenada, cumprida a pena que no Estado requerente lhe foi imposta. Se, porém, o extraditando, depois de entregue ao Estado requerente, escapar à ação da Justiça e homiziar-se no Brasil, ou por ele transitar, será detido mediante pedido feito diretamente por via diplomática ou pela Interpol e novamente entregue ao Estado estrangeiro, sem demais formalidades (Lei de Migração, art. 98).

j) *Casos de vedação da extradição.* O exame judiciário da extradição deve atender a determinados pressupostos, previstos na lei interna ou em tratados internacionais. Um desses pressupostos diz respeito à *nacionalidade* do extraditando, sendo o Brasil um dos países que somente extraditam estrangeiros ou brasileiros naturalizados (nunca os brasileiros natos).[231] No

---

[228] O art. 75 do Código Penal brasileiro – que impunha o limite máximo de 30 anos para o cumprimento das penas privativas de liberdade no Brasil – foi alterado pela Lei nº 13.964/2019, que ampliou para 40 anos esse limite. Tal reforma não alterou, contudo, a redação do art. 96, inc. III, da Lei de Migração, que determina respeitar o limite máximo de 30 anos para fins de extradição (*v. infra*).

[229] Cf. STF, Ext. 744, da Bulgária, rel. Min. Celso de Mello, Tribunal Pleno, julg. 01.12.1999.

[230] Cf. José Francisco Rezek. *Direito internacional público...*, cit., p. 191.

[231] Lei de Migração, art. 82, inc. I. Tal não significa, contudo, que os brasileiros natos aqui não possam ser processados pelos crimes cometidos no exterior. Nesse sentido, assim já decidiu o Supremo Tribunal Federal: "Se a extradição não puder ser concedida, por inadmissível, em face de a pessoa reclamada ostentar a

Parte II · Cap. IV · OS INDIVÍDUOS E O DIREITO INTERNACIONAL | 707

caso dos brasileiros naturalizados, os motivos que ensejam a extradição são apenas (*a*) o crime cometido antes da naturalização e (*b*) o comprovado envolvimento no tráfico ilícito de entorpecentes e drogas afins (em ambos os casos, a extradição independerá da perda da nacionalidade brasileira – Regulamento da Lei de Migração, art. 267, § 5º). Essas regras vêm disciplinadas no art. 5º, incs. LI e LII, da Constituição de 1988, que dispõem, respectivamente, que "nenhum brasileiro será extraditado, salvo o naturalizado, em caso de crime comum, praticado antes da naturalização, ou de comprovado envolvimento em tráfico ilícito de entorpecentes e drogas afins, na forma da lei" (nesse último caso, independentemente de cronologia); e também que "não será concedida extradição de estrangeiro por crime político ou de opinião".[232] A extradição em razão de *crime político* merece algum comentário.[233] De acordo com o art. 82, § 1º, da Lei de Migração, a extradição é somente vedada no caso de serem *puramente* políticos os atos imputados ao extraditando, não se excluindo a possibilidade da extradição se se tratar de infração comum da lei penal estrangeira, ou quando o crime comum, conexo ao delito político, constituir o fato principal. Para nós, contudo, tal exceção não pode ser admitida, por ser inconstitucional à luz do que dispõe a Carta Magna de 1988. Ora, o que o texto constitucional brasileiro protege é o crime político enquanto tal, não a lei penal comum estrangeira, que sobre ele não prevalece. É dizer, o delito de caráter político tem *primazia* sobre os crimes comuns, não o contrário. Assim, havendo conexão entre um delito político e um crime comum, o problema se resolve em favor do primeiro, sob pena de violação do comando constitucional que impede a extradição em razão de crime político. Essa, inclusive, a solução apontada pela maioria dos textos constitucionais contemporâneos, que conta o nosso apoio. Por fim, os incisos LI e LII do art. 5º da Constituição, por pertencerem ao rol dos direitos fundamentais, estão cobertos pela cláusula do art. 60, § 4º, inc. IV, da mesma Carta, segundo o qual "não será objeto de deliberação proposta de emenda tendente a abolir os direitos e garantias individuais" (trata-se, portanto, de *cláusulas pétreas* constitucionais).

O fundamento da regra da proibição de extradição de nacionais pela Constituição brasileira, assim como pelas demais Constituições contemporâneas (dentre as quais citam-se a de Cuba, Guatemala, Equador e Panamá, no Continente Americano, e a da Alemanha e de Portugal, no Continente Europeu), baseia-se no fato de a justiça estrangeira poder ser *injusta* com o nacional do outro Estado, processando-o e julgando-o sem qualquer imparcialidade. Essa regra, contudo, apresenta alguns inconvenientes, como o de deixar impune indivíduo *já*

---

condição de brasileira nata, legitimar-se-á a possibilidade de o Estado brasileiro, mediante aplicação extraterritorial de sua própria lei penal (CP, art. 7º, II, b, e respectivo § 2º) – e considerando, ainda, o que dispõe o Tratado de Extradição Brasil/Portugal (Artigo IV) –, fazer instaurar, perante órgão judiciário nacional competente (CPP, art. 88), a concernente *persecutio criminis*, em ordem a impedir, por razões de caráter ético-jurídico, que práticas delituosas, supostamente cometidas, no exterior, por brasileiros (natos ou naturalizados), fiquem impunes" (*HC* 83.113-DF, Questão de Ordem, rel. Min. Celso de Mello, *DJ* 29.08.03). Nesse exato sentido, *v.* Ext. 1349, do Uruguai, rel. Min. Rosa Weber, 1ª Turma, julg. 10.02.1015, em que o STF negou a extradição de brasileiro nascido no Uruguai, observando, porém, ser possível, mediante a aplicação extraterritorial da lei penal, que o Estado brasileiro instaure processo penal contra o agente pelos fatos que motivaram o pedido de extradição, conforme autorizam os Códigos Penal e de Processo Penal.

[232] Não são também passíveis de extradição os delitos tipicamente *militares*, como a deserção, a insubordinação e o abandono de posto (veja-se, *v.g.*, o art. 6º do Acordo de Extradição entre os Estados Partes do Mercosul, além de outros tratados bilaterais firmados pelo Brasil).

[233] Sobre o tema, *v.* especialmente Manuel Adolfo Vieira, L'evolution récente de l'extradition dans le continent américain, cit., pp. 245-261.

708 | CURSO DE DIREITO INTERNACIONAL PÚBLICO – *Valerio de Oliveira Mazzuoli*

condenado em outro Estado e que se encontra refugiado em seu Estado patrial. Pelos princípios gerais do Direito Internacional este último Estado não poderia puni-lo uma segunda vez (princípio do *ne bis in idem*), além de o instituto da transferência de execução da pena não se aplicar a brasileiros natos, como se verá. Daí o surgimento de certa reação internacional contra o princípio da não extradição de nacionais que, segundo alguns autores, "se avoluma com o tempo e que se reforça pelo apoio, cada vez mais amplo, dos internacionalistas".[234] Contudo, num ponto a doutrina concorda: o princípio da não extradição de nacionais não pode servir para deixar impunes pessoas criminosas, devendo os seus Estados de origem comprometer-se a julgá-los em seus territórios nesses casos. Frise-se que a Convenção de Direito Internacional Privado de 1928 (*Código Bustamante*) estabelece, no art. 345, que os Estados contratantes "não estão obrigados a entregar os seus nacionais", complementando que a "nação que se negue a entregar um de seus cidadãos fica obrigada a julgá-lo". Alguns tratados bilaterais específicos têm previsão no mesmo sentido, como é o caso do tratado de extradição entre Brasil e Austrália de 1994, segundo o qual, nos casos de impossibilidade de extradição de nacionais, deverá o Estado requerido "submeter o caso a suas autoridades competentes a fim de que possam ser instaurados os procedimentos para julgamento da pessoa com relação a todos e quaisquer crimes pelos quais esteja sendo solicitada a extradição" (art. 5º, § 2º).

Além dos casos da vedação da extradição de nacionais[235] e de não nacionais por motivo de crime político ou de opinião,[236] a Lei de Migração elenca ainda outras hipóteses de vedação da extradição (art. 82, incs. II a IX), que ocorrerão quando: *a*) o fato que motivar o pedido não for considerado crime no Brasil ou no Estado requerente (requisito da *dupla tipicidade* ou *dupla incriminação*)[237]; *b*) o Brasil for competente, segundo suas leis, para julgar o crime

---

[234] Gilda Maciel Corrêa Meyer Russomano. *A extradição no direito internacional e no direito brasileiro*, cit., p. 104. Na defesa da tese contrária à da Constituição, Gilda Russomano assim escreveu: "Durante as *Jornadas Latino-Americanas de Derecho Procesal*, promovidas pela Faculdade de Direito de Montevidéu, em 1957, na capital uruguaia, quando se debateu o tema da *cooperação judicial internacional*, tivemos ensejo de recolocar em foco a questão, propondo a declaração formal de que a nacionalidade do réu não deve constituir óbice ao deferimento da extradição, o que foi aceito, sem discrepâncias" (Idem, p. 105). No mesmo sentido, *v.* Luis Ivani de Amorim Araújo, *Curso de direito internacional público*, cit., p. 93, para quem não se compreende "a recusa em nossa Lei Maior de se extraditar os brasileiros – natos ou naturalizados – que pratiquem atos delituosos no território de outro membro da sociedade internacional e que, após o crime praticado, venham se acoitar dentro de nossas lindes". Cf. também, Yussef Said Cahali, *Estatuto do estrangeiro*, cit., p. 274, quando informa que "os maiores defensores do princípio da extradição de nacionais têm sido exatamente os publicistas brasileiros, antigos e modernos".

[235] Lei de Migração, art. 82, inc. I.

[236] Lei de Migração, art. 82, inc. VII.

[237] Como exemplo de indeferimento da extradição pela ausência de dupla tipicidade, *v.* decisão da 2ª Turma do STF, de 16 de outubro de 2012, que indeferiu a extradição solicitada pelo governo dos Emirados Árabes Unidos para que certo indivíduo lá cumprisse pena pela condenação por crime de estelionato, por ter supostamente emitido, de má-fé, um cheque sem a devida provisão de fundos. O pedido foi indeferido por ter o STF entendido que o fato alegado não constituía crime no Brasil, uma vez que, conforme assinalou a Ministra-relatora, não havia nos autos elementos capazes de "indicar a data exata de emissão do cheque que foi devolvido". A relatora também se apoiou em precedente semelhante, a Extradição nº 372, em que o STF negou a extradição de um cidadão boliviano (acusado também em seu país da emissão de cheque sem fundo) sob o argumento de que o cheque fora emitido como garantia de dívida, não como ordem de pagamento, o que exclui o elemento *fraude* necessário para que configure o crime tipificado no art. 171 do Código Penal brasileiro (STF, Ext. 1228, dos Emirados

imputado ao extraditando; *c*) a lei brasileira impuser ao crime pena de prisão igual ou inferior a 2 (dois) anos; *d*) o extraditando estiver respondendo a processo ou já houver sido condenado ou absolvido no Brasil pelo mesmo fato em que se fundar o pedido; *e*) estiver extinta a punibilidade pela prescrição segundo a lei brasileira ou a do Estado requerente (requisito da *dupla punibilidade*)[238]; *f*) o extraditando tiver de responder pelo crime, no Estado requerente, perante tribunal ou juízo de exceção; e *g*) o extraditando for beneficiário de refúgio, nos termos da Lei nº 9.474/97, ou de asilo territorial.

Em outubro de 2020, a 2ª Turma do Supremo Tribunal Federal – seguindo o voto do Min. Celso de Mello, proferido em 2016 – indeferiu, por maioria, pedido de extradição da República Popular da China, ao argumento (correto) de que a cooperação internacional em matéria de extradição deve ser *limitada* quando se demonstrar que o processo penal condenatório do Estado requerente não observa nem se conforma com as diretrizes e postulados que, em benefício do réu, consagram as garantias fundamentais inerentes ao *due process of law*.[239] Nos termos do voto-condutor, entendeu-se que a China é "um Estado totalitário, responsável por práticas institucionais reveladoras de intolerância e de grave desrespeito aos direitos e às garantias fundamentais da pessoa humana", sendo "desprovido de legitimidade democrática". No voto-condutor demonstrou-se, também, que "já se registra, no plano da cooperação internacional em matéria penal, uma tendência contemporânea muito expressiva que consiste, especialmente em tema extradicional, em conferir precedência à tutela dos direitos e das liberdades fundamentais do indivíduo, em ordem a protegê-lo contra ações eventualmente arbitrárias que possam comprometer a observância, pelo Estado requerente da extradição, da garantia básica que outorga a qualquer réu criminal o direito a um julgamento justo e regular", razão pela qual "o Estado estrangeiro que requer a extradição ao Brasil deve ter a percepção de que, ao fazê-lo, expõe-se, no plano das atividades desenvolvidas pelo Supremo Tribunal Federal, à plena incidência das diretrizes que consagram a predominância das normas de proteção aos direitos humanos". Por fim, entendeu o STF que "essa concepção [não extradição para países que desrespeitam o devido processo legal e o direito do réu a um julgamento justo] deve constituir o novo paradigma a reger, a condicionar e a informar a própria estruturação do sistema extradicional, em

---

Árabes Unidos, rel. Min. Cármen Lúcia, v.u., julg. 16.10.2012). Para detalhes, *v.* Valerio de Oliveira Mazzuoli, O requisito da dupla tipicidade na extradição, in *Revista dos Tribunais*, ano 105, vol. 965, São Paulo, mar./2016, pp. 308-310.

[238] Como exemplo de indeferimento da extradição por ausência de dupla punibilidade, *v.* decisão da 2ª Turma do STF, de 7 de abril de 2015, que julgou improcedente extradição solicitada pela Itália – tratava-se de condenação naquele país por crime falimentar – ao reconhecer que, pela norma brasileira aplicável à espécie, já teria operado a *prescrição*. No caso, observou o Ministro-relator que o extraditando havia sido condenado pela justiça italiana por delito similar ao previsto no Decreto-lei nº 7.661/45 (antiga Lei de Falências), legislação que vigorava no Brasil à época dos fatos e que previa, para o crime falimentar, a extinção da punibilidade em dois anos; mas que, por ter sido o pleito extradicional realizado a destempo, a condenação já estava prescrita. Assim, apesar de *típico* nos dois países, faltava o requisito da *dupla punibilidade* do crime para que pudesse a extradição ser deferida (STF, Ext. 1324, da República Italiana, rel. Min. Dias Toffoli, v.u., julg. 07.04.2015). Para detalhes, *v.* Valerio de Oliveira Mazzuoli, Indeferimento da extradição pela ausência do requisito da dupla punibilidade, in *Revista dos Tribunais*, ano 104, vol. 959, São Paulo, set./2015, pp. 275-277.

[239] STF, Ext. 1424, da República Popular da China, rel. Min. Dias Toffoli (vencido), voto do Min. Celso de Mello (vencedor), 2ª Turma, julg. 20.10.2020, *DJe* 27.10.2020.

ordem a permitir ao Estado brasileiro a possibilidade de avaliar o efetivo cumprimento, por parte do Estado que requer a extradição, das garantias processuais fundadas em princípios consagrados pela prática internacional, que são igualmente atribuídas ao réu criminal pelo ordenamento positivo vigente em nosso País". Portanto, às hipóteses de vedação de extradição previstas em lei ou em tratados, acrescente-se, também, aquela em que, no Estado requerente, não há respeito ao devido processo legal ou ao direito do réu a um julgamento justo, conforme o entendimento do STF.

Ressalte-se, por fim, que o fato de o extraditando ter esposa ou filhos brasileiros não é óbice à concessão da extradição, como já decidiu o Supremo Tribunal Federal: "Não impede a extradição a circunstância de ser o extraditado casado com brasileira ou ter filho brasileiro" (Súmula 421).[240]

k) O problema da prisão perpétua e da pena de morte. Outro problema a envolver a extradição diz respeito àqueles países que impõem pena de prisão perpétua (ou, até mesmo, pena de morte) para o crime ou crimes imputados ao extraditando. O Brasil poderia extraditar um estrangeiro para país que prevê pena de prisão perpétua, ou de morte, para o crime cometido pelo extraditando? A Constituição brasileira permite a pena de morte "em caso de guerra declarada" (art. 5º, inc. XLVII, alínea *a*), mas proíbe terminantemente as *penas de caráter perpétuo* (alínea *b* do mesmo inciso). À égide do Estatuto do Estrangeiro, o STF não demonstrava preocupação em autorizar extradições para países que impunham pena de prisão perpétua para os crimes imputados aos extraditandos, mesmo quando o réu corria risco efetivo de ser preso por essa modalidade de pena. A título de exemplo, cite-se o entendimento do então Min. Francisco Rezek, no processo de Extradição nº 426, em que o STF deferiu a extradição de estrangeiro a Estado requerente que aplicaria, sem restrições, a pena de prisão perpétua. Apesar de o processo ter se desenvolvido sob a égide da Carta Política anterior, a lição serve perfeitamente, tendo em vista a similitude dos enunciados da Carta de 1967 com a atual Carta de 1988. A Carta de 1967 também previa, no § 11 do seu art. 153, a proibição da aplicação da pena de caráter perpétuo. O então Min. Francisco Rezek, em seu voto, deixou expresso, à época, que "no que concerne ao parágrafo 11 do rol constitucional de garantias ele estabelece um padrão processual no que se refere a este país, no âmbito especial da jurisdição desta República. A lei extradicional brasileira, em absoluto, não faz outra restrição salvo aquela que tange à pena de morte. (...) O que a Procuradoria Geral da República propõe é uma extensão transnacional do princípio inscrito no parágrafo 11 do rol de garantias".[241] Este tipo de medida encontrava sua justificativa no revogado Estatuto do Estrangeiro, por força do seu art. 91, que não restringia, em nenhuma das hipóteses que disciplinava, a extradição em função da pena de prisão perpétua.

---

[240] Cf., entre outras, a Ext. 744, da Bulgária, rel. Min. Celso de Mello, Tribunal Pleno, julg. 01.12.1999; e a Ext. 948, da República Italiana, rel. Min. Joaquim Barbosa, in *Revista Trimestral de Jurisprudência*, vol. 193, nº 3, jul./set./2005, p. 831, entendendo válida e recepcionada pela ordem constitucional a Súmula 421 do STF.

[241] Cf. *RTJ* 115/969. O Ministro Sidney Sanches afirmou ainda, nesse mesmo julgamento, que a referida lei constitucional, "visou impedir apenas a imposição das penas ali previstas (inclusive a perpétua) para os que aqui tenham de ser julgados. Não há de ter pretendido eficácia fora do País".

Parte II • Cap. IV • OS INDIVÍDUOS E O DIREITO INTERNACIONAL | 711

Contudo, no julgamento da Extradição nº 855 de 2004, o STF modificou a sua jurisprudência já sedimentada (que vigorava desde 1985, quando o Plenário negou a comutação da pena a um extraditando) para entender que a entrega do extraditando a países que imponham pena de prisão perpétua para o crime cometido deve estar condicionada à comutação desta em pena de prisão ao tempo máximo trinta anos (esse era o limite máximo de pena permitido no Brasil; hoje, com a reforma do art. 75 do Código Penal, pela Lei nº 13.964/2019, esse limite passou a ser de 40 anos). A decisão proferida na Extradição nº 855, julgada em 26 de agosto de 2004, concedeu a extradição de Maurício Hernández Norambuena para o Chile, com a ressalva de este país concordar em comutar as duas penas de prisão perpétua a que o extraditando foi condenado, em pena de prisão ao limite máximo de trinta anos, em atenção à vedação constitucional de penas de caráter perpétuo no Brasil.

Atualmente, não cabe mais a dúvida a respeito, uma vez que a Lei de Migração (art. 96, inc. III) dispôs expressamente que não será efetivada a entrega do extraditando sem que o Estado requerente assuma o compromisso de "comutar a pena corporal, perpétua ou de morte em pena privativa de liberdade, respeitado o limite máximo de cumprimento de 30 (trinta) anos". Destaque-se que mesmo a reforma do art. 75 do Código Penal – pela Lei nº 13.964/2019 – não alterou o limite máximo de trinta anos previsto na Lei de Migração, dado que a reforma de uma lei, nesse caso, não altera a outra, pois distintos os seus âmbitos regulatórios; mantém-se, portanto, para fins de extradição, em sua integralidade, a regra do art. 96, inc. III, da Lei de Migração, que limita em *trinta anos* o máximo de cumprimento de pena no Estado estrangeiro. Ademais, trata-se de regra *mais benéfica* ao extraditando, que tem prevalência mesmo nos casos de antinomias entre normas congêneres (e muito mais na hipótese de que se trata, dadas as distinções dos âmbitos de regulação). Assim, tanto a pena corporal, a perpétua, como a de morte devem ser comutadas em pena privativa de liberdade (no limite máximo de trinta anos) para que se efetive a entrega do extraditando ao Estado requerente. O STF, portanto, pode autorizar a extradição para países que imponham até mesmo pena de morte em relação ao crime cometido pelo extraditando, desde que, porém, o Estado requerente assuma o compromisso de comutá-la em pena privativa de liberdade no limite máximo de trinta anos.[242]

Cabe à Missão Diplomática do Estado requerente instalada no Brasil a realização do compromisso de comutação das penas corporal, perpétua ou de morte em pena privativa de liberdade. Trata-se de função prevista na Convenção de Viena sobre Relações Diplomáticas de 1961 (art. 3º, 1, alínea *a*), que dispõe caber à Missão Diplomática "representar o Estado acreditante [que é o Estado requerente da extradição] perante o Estado acreditado [no caso, o Brasil]". Para nós, tal compromisso de comutação de pena deve ser validamente prestado *antes* da efetiva entrega do extraditando ao Estado requerente. Frise-se, novamente, que o

---

[242] No Brasil republicano, esse entendimento remonta ao art. 4º da Lei nº 2.416, de 28.06.1911, que assim estabelecia: "Se for de morte ou corporal a pena em que, segundo a legislação do Estado requerente, incorrer o extraditando, a extradição só será permitida sob a condição de ser tal pena comutada na de prisão". Sobre o tema, *v.* o Acórdão histórico do STF de 07.12.1913, relativo à extradição de réu estrangeiro condenado à morte, originalmente publicado na *Revista dos Tribunais*, vol. 8 (dez./1913), p. 183 e ss., e republicado na *Revista dos Tribunais*, vol. 917 (mar./2012), pp. 39-43 (seguido de comentário de nossa lavra, às pp. 44-45).

712 | CURSO DE DIREITO INTERNACIONAL PÚBLICO – *Valerio de Oliveira Mazzuoli*

compromisso diplomático em questão é pressuposto da *entrega* do extraditando, não do *deferimento* do pedido extradicional pelo STF (*v. supra*).[243]

l) Transferência de execução da pena. A Lei de Migração dispõe, no art. 100, *caput*, que, "nas hipóteses em que couber solicitação de extradição executória, a autoridade competente poderá solicitar ou autorizar a transferência de execução da pena, desde que observado o princípio do *non bis in idem*".

A previsão legal – aplicável apenas e estritamente quando couber a extradição executória – volta-se para dois casos, como se pode verificar de sua redação, permitindo que a autoridade competente tanto (*a*) *solicite* a transferência da pena a um condenado que está no exterior quanto (*b*) *autorize* a transferência dessa pena a condenado que está no país. A Lei de Migração se refere apenas à extradição executória (não à instrutória), por pressupor condenação à pena privativa de liberdade no exterior.

O art. 100, *caput*, da Lei de Migração não se aplica, evidentemente, aos brasileiros natos, pois há impeditivo constitucional (CF, art. 5º, inc. LI) de que sejam extraditados, quer para responderem a processo no exterior (*extradição instrutória*) ou para cumprirem pena quando já condenados em Estado estrangeiro (*extradição executória*). Nos termos do art. 100, *caput*, da Lei, um brasileiro nato que foi condenado em país estrangeiro, estando em território brasileiro, não poderá cumprir a sentença estrangeira em nosso país pela via da transferência da execução da pena, pois não cabe solicitação de extradição executória a brasileiro *nato*. O sentido da norma é muito claro: quando não couber solicitação de extradição executória (caso dos brasileiros natos), também não cabe a transferência da execução da pena. A expressão "solicitação de extradição executória" contida na norma deve ser interpretada em termos estritamente *jurídicos*, é dizer, deve-se perquirir se é *juridicamente possível* solicitar extradição executória a brasileiros natos, certo de que a resposta à indagação é sabidamente negativa. É evidente que não se autoriza interpretar a referida expressão no sentido *fático*, isto é, no sentido de que a solicitação de extradição executória a brasileiros natos *seria possível, não obstante deva ser negada*. Raciocínio assim é desautorizado na interpretação de normas jurídicas, à guisa, *v.g.*, de se permitir solicitação de imposição de penas cruéis ou até mesmo de pena de morte em processos judiciais, não obstante saber-se, de antemão, que o pleito será desatendido pelo Poder Judiciário. É evidente, perceba-se, que o sentido da norma é aquele segundo o qual somente poderá ser transferida a execução da pena quando juridicamente possível solicitar-se ao Brasil a extradição executória da pessoa condenada no estrangeiro, o que não ocorre, frise-se, no caso dos brasileiros natos. *Tollitur quaestio.*

Perceba-se que, no art. 105, § 2º, da Lei de Migração, ao cuidar da transferência de pessoa condenada, a regra é a mesma: "Não se procederá à transferência quando inadmitida a extradição". O mesmo princípio aparece em regra relativa à deportação: "Não se procederá à deportação se a medida configurar extradição não admitida pela legislação brasileira" (art. 53). Também, no que tange à expulsão, prevê o art. 55, inc. I, da Lei que "não se procederá à expulsão quando: I – a medida configurar extradição inadmitida pela legislação brasileira". Note-se, portanto, que no espírito da Lei a regra da não extraditabilidade de brasileiros natos é impeditiva das medidas referidas, dentre elas, a da transferência da execução da pena.

---

[243] Cf. STF, Ext. 744, da Bulgária, rel. Min. Celso de Mello, Tribunal Pleno, julg. 01.12.1999.

Parte II • Cap. IV • OS INDIVÍDUOS E O DIREITO INTERNACIONAL | **713**

O art. 100, *caput*, da Lei de Migração não está fora desse mosaico normativo uniforme – que deve ser interpretado sistemática e teleologicamente – e que claramente impede as medidas de deportação, expulsão, transferência da execução da pena e transferência de pessoa condenada nos casos em que for inadmitida a extradição. Portanto, da mesma forma que o Brasil jamais deportará, expulsará ou transferirá um brasileiro nato condenado para o exterior, também não autorizará a transferência da execução da pena a que foi condenado um brasileiro nato em país estrangeiro. A lógica dos dispositivos é a mesma, e qualquer interpretação contrária demonstra desconhecimento do conjunto normativo que está diante do intérprete.

Tratados internacionais específicos podem, contudo, disciplinar a questão de modo contrário – não para autorizar a extradição de brasileiro nato, obviamente – e permitir que, estando o brasileiro nato no Brasil, cumpra aqui a pena imposta no Estado estrangeiro. Por meio de tratados, igualmente, é possível obrigar os Estados-partes a instaurarem novos procedimentos criminais nas respectivas jurisdições para o julgamento da pessoa cuja extradição restou impossibilitada. No tratado de extradição entre Brasil e Austrália de 1994 (em vigor no Brasil desde 1996) há previsão expressa de que, nos casos de impossibilidade de extradição de nacionais, deverá o Estado requerido "submeter o caso a suas autoridades competentes a fim de que possam ser instaurados os procedimentos para julgamento da pessoa com relação a todos e quaisquer crimes pelos quais esteja sendo solicitada a extradição" (art. 5º, § 2º). Em casos tais, não há violação do impedimento de extradição de brasileiros natos e o problema se resolve. Se não houver norma internacional em vigor permissiva, a homologação da decisão estrangeira no Brasil, para efeitos de transferência de execução da pena, será *contra legem*.

Ocorre que muitos tratados impedem expressamente medidas restritivas de liberdade pessoal ou a transferência de execução da pena. Tome-se como exemplo o tratado de cooperação judiciária em matéria penal entre o Brasil e a Itália, de 17 de outubro de 1989, em pleno vigor nos dois países (no Brasil, desde 1993). O instrumento internacional, no seu art. 1º, § 3º, expressamente *proíbe* a transferência da execução de condenações do Brasil para a Itália ou da Itália para o Brasil, nos seguintes termos: "A cooperação *não compreenderá* a execução de medidas restritivas da liberdade pessoal *nem a execução de condenações*".

No que tange aos brasileiros naturalizados – por crimes cometidos antes da naturalização ou por comprovado envolvimento em tráfico ilícito de entorpecentes – e aos estrangeiros que estejam no Brasil, a transferência da execução da pena será possível (salvo previsão contrária em tratado internacional) se preenchidos os seguintes requisitos constantes do parágrafo único do art. 100 da Lei de Migração, sem prejuízo do disposto no Código Penal: I – o condenado em território estrangeiro for nacional [brasileiro naturalizado] ou tiver residência habitual ou vínculo pessoal no Brasil; II – a sentença tiver transitado em julgado; III – a duração da condenação a cumprir ou que restar para cumprir for de, pelo menos, 1 (um) ano, na data de apresentação do pedido ao Estado da condenação; IV – o fato que originou a condenação constituir infração penal perante a lei de ambas as partes; e V – houver tratado ou promessa de reciprocidade (art. 100, parágrafo único). No que tange ao primeiro requisito, atente-se que, quando a norma se refere ao "nacional", este somente poderá ser o brasileiro *naturalizado* nas hipóteses do permissivo constitucional, dado que sobre o brasileiro nato não pode recair qualquer tipo de extradição. Ademais, a regra hermenêutica segundo a qual os parágrafos e incisos de uma norma devem ser compatíveis com o *caput* tem integral aplicação neste caso, a confirmar que a exigência de ser "nacional" o condenado em território estrangeiro refere-se unicamente ao brasileiro naturalizado nas hipóteses do permissivo constitucional (crimes cometidos antes da naturalização ou comprovado tráfico ilícito de entorpecentes). No que tange ao último requisito, perceba-se a exigência da norma de que exista *tratado ou promessa de reciprocidade* entre os Estados requerente e requerido; não havendo tratado ou promessa de reciprocidade entre eles, mesmo sendo estrangeiro o indivíduo não poderá haver transferência da execução da pena, dado que todos os requisitos acima (incs. I a V do art. 100, parágrafo único, da Lei de Migração) são, conjuntamente, indispensáveis à concessão da medida. No que tange especifica-mente às promessas de reciprocidade, frise-se que as mesmas só terão lugar quando *não houver* tratado internacional em vigor em sentido contrário, pois nenhuma promessa diplomática pode superar previsão expressa em norma internacional firmada e ratificada pelo Brasil com outra potência estrangeira. Leia-se, portanto, o art. 100, parágrafo único, inc. V, da Lei de Migração, da seguinte forma: "houver tratado ou, *na sua falta*, promessa de reciprocidade". Qualquer pro-messa de reciprocidade que viole tratado internacional em vigor é inválida, por afrontar norma aprovada pelo Congresso Nacional, ratificada pelo Poder Executivo e vigorante entre os dois Estados. Tome-se, como exemplo, o referido tratado bilateral entre Brasil e Itália de 1989: uma vez que o instrumento inadmite a "execução de condenações" entre os dois países, qualquer promessa de reciprocidade entre Itália e Brasil em sentido contrário será inválida, por afrontar norma internacional em vigor. Daí a conclusão de que as promessas de reciprocidade só terão lugar *na falta* de tratado internacional entre os dois Estados, não havendo a possibilidade de concomitância entre esses dois instrumentos jurídicos.

O pedido de transferência de execução da pena de Estado estrangeiro será requerido por via diplomática ou por via de autoridades centrais (art. 101, *caput*). O pedido será recebido pelo Ministério da Justiça e Segurança Pública e, após exame da presença dos pressupostos formais de admissibilidade exigidos em lei ou em tratado, encaminhado ao STJ para decisão quanto à homologação (art. 101, § 1º). Cabe ao Ministério da Justiça e Segurança Pública qualificar, em primeira mão, se o pleito do Estado estrangeiro é cabível, isto é, se o caso se amolda às hipóteses permissivas de extradição executória; sendo cabível solicitação de extradição executória, deverá o Ministério da Justiça verificar os demais requisitos formais de admissibilidade exigidos em lei ou em tratado em vigor no Brasil. Não sendo cabível à hipótese solicitação de extradição executória, ou, caso seja, não estando presentes os pressupostos formais de admissibilidade, será o pedido arquivado mediante decisão fundamentada, sem prejuízo da possibilidade de renovação do pedido, devidamente instruído, caso superado o óbice apontado (art. 101, § 2º). É de rigor que o Ministério da Justiça e Segurança Pública observe – além das leis brasileiras em vigor – os tratados bilaterais de cooperação entre o Brasil e o Estado estrangeiro requerente. Havendo tratado internacional (como é o caso de Brasil e Itália) impedindo a transferência da execução da pena, suas disposições deverão ser rigorosamente observadas, caso em que o órgão executivo não submeterá o pleito ao STJ para homologação, arquivando-se o procedimento. Se o pedido estiver conforme, caberá ao STJ decidir sobre a homologação da decisão estrangeira, devendo cuidar para que não atue *contra legem* (em violação de lei ou de tratado internacional de que o Brasil seja parte). Por determinação legal, a execução penal em tal caso será da com-petência da Justiça Federal (art. 102, parágrafo único).

No Brasil, o *leading case* sobre o tema foi decidido pelo STJ em 20 de março de 2024 no conhecido "Caso Robinho",[244] relativo ao jogador de futebol Robson de Souza, condenado em

---

[244] STJ, HDE 7986/EX, da Itália, rel. Min. Francisco Falcão, Corte Especial, julg. 20.03.2024. No mesmo sentido, *v.* HDE 8016/EX, da Itália, rel. Min. Francisco Falcão, Corte Especial, julg. 05.06.2024.

2017 na Itália a nove anos de prisão por estupro praticado em 2013 em uma casa noturna em Milão. A Itália requereu ao Brasil a transferência da execução da pena do jogador em razão de encontrar-se ele no país e à luz da impossibilidade de sua extradição. Ao analisar o pedido, a Corte Especial do STJ, por maioria, seguindo o voto do relator Ministro Francisco Falcão, decidiu pela possibilidade de homologação da decisão italiana no Brasil, o que, a nosso sentir, revelou-se completamente *contra legem* e deu-se em atendimento a forte clamor público, não tendo levado em conta os argumentos de ordem técnica sobre a escorreita interpretação do art. 100, *caput*, da Lei de Migração e sobre a falta de tratado ou promessa de reciprocidade permissivos da medida entre Brasil e Itália. O único voto tecnicamente escorreito foi do Ministro Raul Araújo, acompanhado pelo Ministro Benedito Gonçalves, que entendeu que tanto a Lei de Migração quanto o tratado de cooperação em matéria penal com a Itália impediam a transferência de execução da pena naquele caso concreto, dada a impossibilidade de aplicação do art. 100 da Lei de Migração a brasileiros natos e em razão de haver norma expressa no tratado bilateral a excluir da cooperação entre os dois países a transferência de medidas de execução de pena, tudo isso somado ao argumento – desconsiderado pela maioria da Corte Especial – de que Lei de Migração, por conter normas de caráter penal, não poderia jamais retroagir para prejudicar o réu (o crime foi cometido em 2013 e a lei é do ano de 2017). A decisão da maioria da Corte Especial do STJ, a nosso ver, rendeu-se a argumentos cujo debate não estava sob exame naquela assentada (gravidade do ato praticado no exterior, possível estremecimento das relações diplomáticas com a Itália etc.) e que extrapolavam o objeto do julgamento, não obedecendo à previsão tanto da lei brasileira quanto das normas internacionais expressas entre Brasil e Itália sobre o tema.[245] Também por maioria, a mesma Corte Especial decidiu pelo cumprimento imediato da pena imposta ao jogador, a partir do ato homologatório. No âmbito do STF, em sede de *habeas corpus*, o Min. Gilmar Mendes (que foi voto vencido, seguido do Min. Dias Toffoli) igualmente destinou ao tema o devido tratamento, ao entender, corretamente, que "a própria garantia constitucional da irretroatividade da lei penal mais gravosa (art. 5º, *caput*, XL, da Constituição da República – CR) inviabiliza a transferência perseguida", dado que "o art. 100 da Lei de Migração amplia o poder punitivo do Estado brasileiro, ao permitir que a execução da pena privativa de liberdade prolatada no estrangeiro seja concretizada no Brasil, mediante simples decisão homologadora de sentença proferida por outro Estado soberano", o que conota que tal comando legal "representa *novatio legis in pejus*, cujos rigores não podem retroagir".[246] Este, portanto, é o estado da arte do tema na jurisprudência brasileira atual, que deverá ser revisto futuramente, à luz da exata compreensão da matéria, conforme os argumentos acima analisados.

Acesse e saiba mais.
> http://uqr.to/1zv4p

---

[245] V. Valerio de Oliveira Mazzuoli. Transferência da execução da pena a brasileiros natos: o "Caso Robinho" e as relações de cooperação judiciária penal entre Brasil e Itália, in *Revista Magister de Direito Penal e Processual Penal*, ano XVIII, nº 108, Porto Alegre, jun./jul./2022, pp. 68-78.

[246] STF, *HC* 239.162/DF, rel. Min. Luiz Fux, Plenário, voto-vista do Min. Gilmar Mendes, julg. 15.11.2024.

7. Asilo territorial e asilo diplomático. O instituto jurídico do *asilo* (que não se confunde com o *refúgio*, como se verá no tópico seguinte) pertence ao Direito Internacional Público e se encontra atualmente regulamentado por convenções internacionais específicas.[247] Também não se confunde com o que se chama de *exílio*, palavra que provém do latim *exilu*, que significa expatriação forçada ou por livre escolha, conotando um ato de *fuga* ou de *expulsão*.

A Lei de Migração – que é lei interna brasileira – não disciplina a *concessão* do asilo, cuidando apenas da *condição* do asilado político admitido em território nacional (arts. 27 a 29); a Lei diz apenas que "regulamento disporá sobre as *condições* para a concessão e a manutenção de asilo" (art. 27, parágrafo único). O Regulamento da Lei de Migração, por sua vez, estabelece no art. 108 que o instituto do asilo poderá ser concedido "como instrumento de proteção à pessoa que se encontre perseguida em um Estado por suas crenças, opiniões e filiação política ou por atos que possam ser considerados delitos políticos". Em verdade, da *concessão* do asilo cuida o Direito Internacional Público, mais propriamente a Convenção sobre Asilo Territorial, assinada em Caracas, em 28 de março de 1954. Este, portanto, o *locus* próprio em que a matéria deve ser estudada. Além do chamado *asilo territorial*, existe ainda o denominado *asilo diplomático* (ou *extraterritorial*), que, em verdade, é uma forma provisória do asilo territorial, e regulado também por convenções internacionais (*v. infra*).

A doutrina, por vezes, também se refere a outras modalidades de asilo: o *naval* (que se dá no interior de embarcações de guerra); o *aeronáutico* (que ocorre em aeronaves militares); e o *militar* (que tem lugar em casernas ou acampamentos militares). Interessa estudar aqui, separadamente, apenas os asilos político e diplomático, que são as principais modalidades de asilo existentes.

Tanto o asilo territorial quanto o diplomático são designados pela expressão genérica *asilo político*.[248] Deve-se, então, estudar essas duas modalidades do *asilo político*: o *asilo territorial* e o *asilo diplomático*.

a) Asilo territorial. Denomina-se *asilo territorial* (*externo* ou *internacional*) o recebimento de estrangeiro em território nacional, sem os requisitos de ingresso, para evitar perseguição ou punição baseada prioritariamente em crime de natureza política ou ideológica, geralmente (mas não obrigatoriamente) perpetrado em seu país de origem.[249] Ou seja, trata-se do recebimento de estrangeiro, em território nacional, para o fim de preservar a sua liberdade ou a sua vida, colocadas em grave risco em outro país dada a sua crença, opinião ou filiação política. Como destaca Hungria, porém, a indagação para a outorga do asilo "não deve limitar-se ao

---

[247] V., por todos, Égidio Reale, Le droit d'asile, in *Recueil des Cours*, vol. 63 (1938-I), pp. 469-601; e Jean-Yves Carlier, Droit d'asile et des réfugiés: de la protection aux droits, in *Recueil des Cours*, vol. 332 (2007), pp. 9-354.

[248] Assim o art. 27, *caput*, da Lei de Migração, ao dispor que "o asilo político (…) poderá ser diplomático ou territorial…". Nesse exato sentido, *v.* Celso D. de Albuquerque Mello, *Curso de direito internacional público*, vol. II, cit., p. 1093, para quem a expressão-gênero asilo político "abrange o asilo diplomático e o asilo territorial". Frise-se que a Constituição brasileira de 1988 utiliza-se da referida expressão--gênero "asilo político" (art. 4º, inc. X). Entre nós, compete ao Presidente da República decidir sobre tais modalidades de asilo, consultado o Ministro de Estado das Relações Exteriores (Regulamento da Lei de Migração, art. 112).

[249] Sobre o tema, *v.* Égidio Reale, Le droit d'asile, cit., pp. 494-510.

caráter político deste ou daquele crime imputado, mas atender, também, ao *móvel político* da *acusação*, ainda que esta seja, refalsadamente, por crime comum".[250]

A concessão do asilo tem como objetivo não só proteger uma pessoa que, por motivos políticos ou ideológicos, está sendo perseguida ou sobre a qual recai a prática de crime político, senão também contribuir para a paz social do país de origem do asilado. Como se sabe, no que tange aos crimes comuns – reprováveis em qualquer parte do planeta – os Estados se auxiliam mutuamente visando à sua repressão internacional, sendo o instituto da extradição um importante instrumento relativamente a essa cooperação; mas, no caso dos *crimes políticos* (ou dos de *natureza ideológica*) essa regra deixa de valer, uma vez que o seu objeto não viola bens jurídicos universalmente protegidos (como nos casos em que se opera a extradição), mas sim certa ideologia governamental, que geralmente não dura mais que o período em que está no poder a autoridade.[251] Em outras palavras, esses "crimes" (políticos ou ideológicos) não resistem à configuração do direito penal comum, somente ocorrendo aos olhos daquelas autoridades que, naquele momento, detêm o poder em determinado Estado.[252] Daí se entender que o asilo político é, antes de tudo, uma *instituição humanitária*, não sujeito, por isso mesmo, ao critério da reciprocidade.

Nos termos do art. 1º da Convenção sobre Asilo Territorial de 1954, todo Estado "tem direito, no exercício de sua soberania, de admitir dentro de seu território as pessoas que julgar conveniente, sem que, pelo exercício desse direito, nenhum outro Estado possa fazer qualquer reclamação". A concessão de asilo também vem expressa no art. 14, §§ 1º e 2º, da Declaração Universal dos Direitos Humanos de 1948, segundo os quais "toda pessoa vítima de perseguição tem o direito de procurar e de gozar asilo em outros países", à exceção "de perseguição legitimamente motivada por crimes de direito comum ou por atos contrários aos propósitos ou princípios das Nações Unidas". A Declaração Americana dos Direitos e Deveres do Homem, de 1948, também deixou expresso, no seu art. 27, que "toda pessoa tem o direito de procurar e receber asilo em território estrangeiro, em caso de perseguição que não seja motivada por delitos de direito comum, e de acordo com a legislação de cada país e com as convenções internacionais". A Assembleia Geral da ONU, em 14 de dezembro de 1967, adotou a Resolução 2.314, denominada *Declaração sobre Asilo Territorial*, na qual se reconheceu que "a concessão de asilo por um Estado a pessoas que tenham direito de invocar o art. 14 da Declaração Universal (…) é um ato pacífico e humanitário e que, como tal, não pode ser considerado inamistoso por nenhum outro Estado".[253] Em sede convencional, no Continente Americano, a regra vem expressa no art. 22, § 7º, da Convenção Americana sobre Direitos Humanos de 1969, segundo o qual toda pessoa "tem o direito de buscar e receber asilo em território estrangeiro, em caso de perseguição por delitos políticos ou comuns conexos com delitos políticos, de acordo com a legislação de cada Estado e com as Convenções internacionais".[254]

---

[250] Nélson Hungria. *Comentários ao Código Penal*, vol. I, t. I, 5ª ed. Rio de Janeiro: Forense, 1977, pp. 374-375.

[251] Cf. José Francisco Rezek. *Direito internacional público…*, cit., p. 207.

[252] Cf. Mirtô Fraga. *O novo estatuto do estrangeiro comentado*, cit., pp. 92-93.

[253] *V*. Guido Fernando Silva Soares. *Curso de direito internacional público*, cit., pp. 383-384.

[254] Para um comentário dessa regra, *v*. Valerio de Oliveira Mazzuoli, *Comentários à Convenção Americana sobre Direitos Humanos*, cit., pp. 208-209.

Perceba-se, nos textos das declarações e convenções acima citadas, que o instituto do *asilo* tem apenas uma motivação atualmente – que é justamente a que o diferencia do instituto do *refúgio* (*v. infra*) –, relativa à imputação ao asilado da prática de *crime* de natureza política ou ideológica (ou de crime comum *conexo a um delito político*). Como se verá à frente, no caso do *refúgio* não se trata da imputação a alguém a prática de crime de natureza *política* ou *ideológica*, senão de perseguição baseada em motivos de raça, religião, nacionalidade, ou por pertencer o sujeito a determinado grupo social ou ter certa opinião política. Não obstante, certo é que relativamente a este último quesito ("opinião política") os dois institutos parecem confundir-se, tudo levando a crer que estará em pauta o asilo quando se tratar de *crime*, e o refúgio quando a perseguição pautar-se em motivos *outros* que a imputação da prática de crime político ou de opinião.

No Brasil, a Constituição de 1988 prevê a concessão de asilo político (territorial ou diplomático) sem quaisquer restrições, sendo este um dos princípios pelos quais a República Federativa do Brasil deve reger-se nas relações internacionais (CF, art. 4º, inc. X). Tal previsão constitucional faz o asilo assumir, no Brasil, o "caráter de direito subjetivo do estrangeiro, e como tal há de ser tratado".[255] Em Portugal, o asilo está expressamente consagrado como direito fundamental no art. 33, nº 8, da Constituição de 1976, cujo texto prescreve ser "garantido o direito de asilo aos estrangeiros e aos apátridas perseguidos ou gravemente ameaçados de perseguição, em consequência da sua atividade em favor da democracia, da liberdade social e nacional, da paz entre os povos, da liberdade e dos direitos da pessoa humana".[256] Em França, pela regra do art. 53(1) da Constituição de 4 de outubro de 1958 (atualizada com as reformas constitucionais de 15 de março de 2005), a República pode concluir com os demais Estados europeus – igualmente ligados por acordos idênticos em matéria de asilo e de proteção dos direitos humanos – acordos que determinam suas respectivas competências para o exame das demandas de asilo que lhes são apresentadas; e a segunda parte do dispositivo é enfática ao determinar que, mesmo nos casos em que a solicitação de asilo estiver fora do âmbito de sua competência em virtude de tais acordos, a República terá o direito de "conceder asilo a todo estrangeiro perseguido em razão de sua ação em favor da liberdade ou que solicite a proteção da França por um outro motivo".[257]

O asilo político, na sua forma perfeita e acabada, tem a característica de ser *territorial*, concedendo-o o Estado ao estrangeiro que, tendo cruzado a fronteira e ingressado em seu território, aí requereu o benefício.[258] O asilo diplomático, em verdade, é uma *modalidade* de asilo territorial, dotada das características da provisoriedade e precariedade.

Os Estados, contudo, poderão não conceder asilo territorial se as suas Constituições não os obrigarem. No Brasil, como já se falou, a concessão de asilo político sem quaisquer restrições

---

[255] Gilmar Ferreira Mendes. Direito de nacionalidade e regime jurídico do estrangeiro, cit., p. 17. O Regulamento da Lei de Migração, contrariamente, porém, estabeleceu que "o asilo territorial *é ato discricionário* e observará (...) os elementos impeditivos constantes da legislação migratória" (art. 111).

[256] Sobre o direito de asilo em Portugal, *v.* Andreia Sofia Pinto Oliveira, *O direito de asilo na Constituição portuguesa: âmbito de protecção de um direito fundamental*, Coimbra: Coimbra Editora, 2009, 384p.

[257] *V. Constitution de la République française: texte intégral présenté par Ferdinand Mélin-Soucramanien.* Paris: Armand Colin, 2005, p. 63.

[258] *V.* José Francisco Rezek. *Direito internacional público...*, cit., p. 207; e Gilmar Ferreira Mendes, Direito de nacionalidade e regime jurídico do estrangeiro, cit., p. 16.

Parte II · Cap. IV · OS INDIVÍDUOS E O DIREITO INTERNACIONAL | **719**

é, inclusive, um dos princípios pelos quais a República Federativa do Brasil deve reger-se em suas relações internacionais. Caso não exista tal obrigatoriedade no texto constitucional do país, o Estado fica livre para aceitar ou não o asilado, que ingressa em seu território, quase sempre, como um *deportado em potencial*, uma vez que, normalmente, atravessa a fronteira sem a documentação devida (sem visto de ingresso ou sem passaporte). Aceitando o Estado o indivíduo na condição de asilado, a este fornecerá a documentação necessária para a permanência no território nacional.

A lei brasileira que versa o assunto (Lei de Migração) elenca algumas regras específicas relativas ao asilado, dentre elas a de que "não se concederá asilo a quem tenha cometido crime de genocídio, crime contra a humanidade, crime de guerra ou crime de agressão, nos termos do Estatuto de Roma do Tribunal Penal Internacional, de 1998" (art. 28), e a segundo a qual "a saída do asilado do País sem prévia comunicação implica renúncia ao asilo" (art. 29). Diz a Lei de Migração, ainda, que "a identificação civil de solicitante de refúgio, de asilo, de reconhecimento de apatridia e de acolhimento humanitário poderá ser realizada com a apresentação dos documentos de que o imigrante dispuser" (art. 20), que "a residência poderá ser autorizada, mediante registro, ao imigrante, ao residente fronteiriço ou ao visitante" quando a pessoa "seja beneficiária de refúgio, de asilo ou de proteção ao apátrida" (art. 30, inc. II, alínea *e*), que "o solicitante de refúgio, de asilo ou de proteção ao apátrida fará jus a autorização provisória de residência até a obtenção de resposta ao seu pedido" (art. 31, § 4º), e que não se concederá a extradição quando "o extraditando for beneficiário de refúgio, nos termos da Lei nº 9.474, de 22 de julho de 1997, ou de asilo territorial". A solicitação de aliso deverá ser realizada em uma das unidades da Polícia Federal, que a encaminhará ao Ministério das Relações Exteriores (Regulamento, art. 109, § 2º).

Termina o asilo territorial com a *naturalização* do asilado no Estado asilante, com a sua *saída voluntária*, sua eventual *expulsão* ou, finalmente, o seu *recebimento* pelo governo do Estado de origem (quando lhe é concedida anistia ou quando lá se lhe reconhece formalmente a sua inocência).

b) Asilo diplomático. O *asilo diplomático* (ou *extraterritorial*) é, como já se disse, modalidade provisória e precária do asilo político *stricto sensu*, fortalecido a partir de um costume emergido do contexto regional latino-americano no século XIX.[259] Em virtude desse fato é que sua aplicação somente se dá de forma *regular* na América Latina.[260] Ao contrário do asilo territorial, no asilo diplomático o Estado o concede *fora* do seu território,

---

[259] Sobre o assunto, *v.* Égidio Reale, Le droit d'asile, cit., pp. 511-540; Celso D. de Albuquerque Mello, *Direito internacional americano…*, cit., pp. 181-190. Para pormenores, *v.* Carlos Torres Gigena, *Asilo diplomático: su práctica y teoria*, Buenos Aires: La Ley, 1960; e Carlos A. Fernandes, *Do asilo diplomático*, Coimbra: Coimbra Editora, 1961.

[260] Nesse sentido, *v.* Antonio Remiro Brotons (*et al.*), *Derecho internacional*, cit., pp. 1009-1010, para quem: "O asilo diplomático não pode ser considerado hoje como uma instituição do Direito Internacional geral, eis que conserva sua vigência unicamente como costume regional no âmbito latino-americano, em que é objeto de regulação por diversos tratados, tanto de caráter bilateral como multilateral". Sobre esse ponto de vista, cf. ainda Celso D. de Albuquerque Mello, *Curso de direito internacional público*, vol. II, cit., pp. 1100-1101; Gilmar Ferreira Mendes, Direito de nacionalidade e regime jurídico do estrangeiro, cit., p. 17; Malcolm N. Shaw, *Direito internacional*, cit., p. 73; e James Crawford, *Brownlie's principles of public international law*, cit., pp. 403-404.

isto é, no território do próprio Estado em que o indivíduo é perseguido (sendo, por isso, também chamado *intranacional*). A concessão dá-se em locais situados dentro do Estado em que o indivíduo é perseguido, mas que estão *imunes* à jurisdição desse Estado, como embaixadas, representações diplomáticas, navios de guerra, acampamentos ou aeronaves militares.[261] Trata-se, como ressalta Rezek, de instituto que "constitui uma exceção à plenitude da competência que o Estado exerce em seu território", uma vez que foge à regra geral de que "toda pessoa procurada pela autoridade local que adentre o recinto de missão diplomática estrangeira deve ser de imediato restituída, pouco importando saber se se cuida de delinquente político ou comum". Como diz ainda Rezek, só "nos países latino-americanos, em virtude da aceitação costumeira e convencional desse instituto, pode ele ocorrer. Naturalmente, o asilo nunca é diplomático *em definitivo*: essa modalidade significa apenas em estágio provisório, uma ponte para o *asilo territorial*, a consumar-se no solo daquele mesmo país cuja embaixada acolheu o fugitivo, ou eventualmente no solo de um terceiro país que o aceite".[262]

Frise-se, porém, que a constatação de ter o asilo diplomático aplicação regular apenas entre os países latino-americanos (decorrente de um costume local e de normas convencionais regionais, a exemplo da Convenção de Caracas de 1954, concluída entre Estados-partes da OEA) não autoriza um Estado europeu, *v.g.*, invadir uma repartição diplomática de Estado latino-americano situada em seu território, a fim de capturar determinado indivíduo, ali asilado, acusado da prática de crime. Isto porque as repartições diplomáticas (*v.g.*, as embaixadas) são *invioláveis* nos termos da Convenção de Viena sobre Relações Diplomáticas de 1961 (art. 22, § 1º). Atentar contra essa inviolabilidade, sob o pretexto de as regras latino-americanas sobre asilo diplomático não se aplicarem a um Estado não latino, é quebrar ilicitamente a harmonia que o Direito Internacional geral impõe a todos os Estados à luz dos princípios da segurança coletiva e das relações pacíficas entre as nações.[263]

Quanto à concessão do asilo diplomático em repartições consulares, o entendimento corrente é no sentido da sua *não aceitação*. Nesse sentido, estabelece o Regulamento da Lei de Migração que o asilo diplomático é o "solicitado no exterior em *legações*, navios de guerra e acampamentos ou aeronaves militares brasileiros" (art. 109, inc. I); para o Regulamento, "considera-se legação a *sede de toda missão diplomática ordinária* e, quando o número de solicitantes de asilo exceder a capacidade normal dos edifícios, *a residência dos chefes de missão*

---

[261] V. Mirtô Fraga. *O novo estatuto do estrangeiro comentado*, cit., p. 92.

[262] José Francisco Rezek. *Direito internacional público...*, cit., pp. 208-209.

[263] Foi nesse sentido que a Inglaterra pretendeu, em flagrante violação às regras do Direito Internacional geral, em especial a inviolabilidade das repartições diplomáticas, invadir (em agosto de 2012) a embaixada do Equador em Londres, a fim de capturar o autor do site *WikiLeaks*, Julian Assange, em atendimento à solicitação de extradição da Suécia, que o acusava de crime sexual. A ameaça britânica, porém, depois de certo desgaste diplomático, acabou não se concretizando. Em abril de 2019, com a revogação equatoriana do asilo concedido a Assange, houve finalmente autorização para que a polícia britânica ingressasse na embaixada do país, para o fim de capturá-lo (dessa vez, para responder a processo de extradição nos Estados Unidos). Em 4 de janeiro de 2021, no entanto, a Justiça britânica negou o pedido extradicional norte-americano, sob o argumento de que Assange poderia cometer suicídio nos Estados Unidos "caso fosse submetido a condições extremas" (*v.* Judiciary of England and Wales, District Judge Vanessa Baraitser, The Government of the USA *Vs.* Julian Paul Assange, 4 January 2021, § 355).

e os *locais por eles destinados para esse fim*" (art. 109, § 1º). Também a prática exterior tem sinalizado não ser possível o asilo diplomático nas repartições consulares, senão apenas em embaixadas ou em representações tipicamente militares. Para nós, contudo, não há motivos para tal, especialmente se se levar em conta que as sedes das missões diplomáticas ordinárias (embaixadas) situam-se sempre nas capitais dos países, podendo ser inacessível àqueles que pretendem o benefício do asilo o deslocamento até essas localidades (notadamente naqueles países com grande extensão territorial, como é o caso do Brasil). Seria difícil a um cidadão perseguido, que se encontra a centenas de quilômetros da embaixada mais próxima, que conseguisse chegar até ela com a sua integridade física preservada, para somente aí requerer o benefício. Ademais, nos termos do art. 31, § 2º, da Convenção de Viena sobre Relações Consulares de 1963, os locais consulares são invioláveis, não podendo as autoridades do Estado receptor "penetrar na parte dos locais consulares que a repartição consular utilizar exclusivamente para as necessidades de seu trabalho, a não ser com o consentimento do chefe da repartição consular, da pessoa por ele designada ou do chefe da missão diplomática do Estado que envia". Portanto, seria coerente entender que não conseguindo a pessoa chegar até a embaixada do país de asilo, mas chegando até o consulado desse mesmo país, possível seria a concessão da medida, devendo o cônsul respectivo comunicar de pronto o embaixador no país acreditado, para o fim de que possa este prosseguir na tarefa de auxiliar o requerente na concessão do asilo.

O primeiro caso de concessão de asilo diplomático de que se tem notícia foi o oferecido pela missão diplomática dos Estados Unidos ao General Pedro Diez Canseco, Vice-Presidente do Peru, que fora deposto. Esse fato deflagrou proposta da França ao Peru em se reunir uma conferência para regulamentar o exercício desse "direito consuetudinário". Em 1876, na reunião de Lima, Peru e Estados Unidos propuseram a abolição do instituto, o que não foi aceito pelos demais participantes e a conferência fracassou. Outras conferências foram realizadas em 1889 (no Uruguai), em 1898 (na Bolívia), em 1907 (nos Estados Unidos) e em 1922 (no Paraguai), tendo sido lenta a forma pela qual essa modalidade de asilo ingressou no Continente Americano.[264]

Três convenções internacionais já foram celebradas na América Latina sobre a concessão de asilo diplomático: a Convenção de Havana de 1928, a de Montevidéu de 1933 e a de Caracas de 1954 (assinada concomitantemente à Convenção sobre Asilo Territorial), sendo esta última mais detalhada em relação às anteriores.[265]

O Brasil é parte da Convenção de Caracas sobre Asilo Diplomático desde 1957,[266] e é nela em que o nosso país se fundamenta para a concessão do asilo a estrangeiros. Para a Convenção de Caracas, os locais de asilo são as *missões diplomáticas*. Chama-se de *legação* a sede das missões diplomáticas ordinárias, a residência dos chefes de missão e os locais por eles destinados para esse efeito, quando o número de asilados exceder a capacidade normal dos edifícios.

---

[264]   Cf. Celso D. de Albuquerque Mello. *Direito internacional americano...*, cit., p. 184.

[265]   Para um comentário dessas três convenções, *v.* Marco Gerardo Monroy Cabra, *Derecho internacional público*, cit., pp. 636-642.

[266]   Tal convenção foi aprovada pelo Congresso Nacional por meio do Decreto Legislativo nº 13, de 11.06.1957, ratificada por carta de 25.06.1957 (tendo sido o instrumento de ratificação brasileiro depositado em 17 de setembro de 1957, junto à União Pan-Americana, em Washington) e promulgada pelo Decreto nº 42.628, de 13.11.1957.

Nos termos do art. 2º da Convenção de Caracas, "todo Estado tem o direito de conceder asilo, mas não se acha obrigado a concedê-lo, nem a declarar por que o nega". Segundo o espírito da Convenção, o asilo diplomático é uma instituição *humanitária* que não se sujeita à reciprocidade, podendo qualquer pessoa, qualquer que seja sua nacionalidade, estar sob sua proteção. Porém, como dispõe o art. 5º da Convenção, o asilo "só poderá ser concedido em casos de urgência e pelo tempo estritamente indispensável para que o asilado deixe o país com as garantias concedidas pelo governo do Estado territorial, a fim de não correrem perigo sua vida, sua liberdade ou sua integridade pessoal, ou para que de outra maneira o asilado seja posto em segurança". Uma vez concedido o asilo "o Estado asilante pode pedir a saída do asilado para território estrangeiro, sendo o Estado territorial obrigado a conceder imediatamente" (salvo caso de força maior) as garantias necessárias a que se refere o citado art. 5º da Convenção e o correspondente salvo-conduto (art. 12). Este *salvo-conduto* é requerido pela autoridade asilante – normalmente o embaixador – a fim de que o asilado possa deixar o território do país com segurança para receber o asilo territorial do Estado disposto a recebê-lo, impedindo, por exemplo, que o asilado seja detido no caminho da embaixada até o aeroporto internacional da capital de seu país (principalmente quando as fronteiras se encontram fechadas por ordem do novo governo).

Obtido o salvo-conduto e estando a autoridade asilante convencida da segurança do asilado no percurso até o seu embarque, será ele conduzido ao território do Estado que o acolherá, deixando o asilo de ser diplomático para ser territorial. O art. 13, *in fine*, da mesma Convenção, garante ao Estado territorial, contudo, o direito de escolher o itinerário preferido para a saída do asilado, sem que isso implique determinar o país de destino. Se o asilo se verificar a bordo de navio de guerra ou de aeronave militar, a saída pode efetuar-se nos mesmos, devendo, porém, ser previamente preenchido o requisito da obtenção do salvo-conduto.

O caso mais célebre em relação a esse tema foi o asilo diplomático concedido pela Embaixada da Colômbia em Lima ao Sr. Víctor Raúl Haya de la Torre, então chefe do Partido Aprista Peruano, que tentara, sem sucesso, dar um golpe político em seu país.[267] O caso, que teve grande repercussão na América Latina, iniciou-se com a recusa do governo peruano em atribuir salvo-conduto para a sua saída do território nacional, sob a alegação de que se tratava de criminoso comum. Foi quanto então Haya de la Torre refugiou-se na Embaixada da Colômbia em Lima, tendo o governo colombiano recusado a sua entrega ao Peru, por se tratar, em seu entender, de refugiado político. O caso foi levado à CIJ que, em sentença de 20 de novembro de 1950, embora reconhecendo tratar-se de asilado político, considerou o ato ilegal, por não ter se configurado o estado de urgência exigido pela Convenção de Havana, pois haviam decorrido 60 dias desde a data da rebelião, não levando em conta o fato de estar

---

[267] Haya de la Torre foi fundador da Aliança Popular Revolucionária Americana (APRA), em nível continental, e do Partido Aprista Peruano, em âmbito nacional. Ainda estudante, assumiu a presidência da Federação dos Estudantes, na qual iniciou sua atividade política, com vocação reformadora e social. Em 1931, com 35 anos de idade e após 8 anos de desterro, foi indicado pelo Partido Aprista para a presidência da República. Escreveu várias obras de conteúdo político, dentre as quais se destacam *Pela emancipação da América Latina* (1927), *Ideário e ação aprista* (1930) e aquela que seria a sua obra fundamental, *O Anti-imperialismo e a APRA*, escrita no México em 1928, que somente logrou publicação no Chile em 1936, uma vez que Haya de la Torre ainda era líder da resistência aprista contra as ditaduras. Depois de um longo período de ditadura no Peru, foi eleito presidente da Assembleia Constituinte de 1978, sendo este o único e mais alto cargo que conquistou em seu país. Sob sua presidência foi elaborada a Constituição peruana de 1979, promulgada pouco antes de sua morte, em 2 de agosto do mesmo ano.

Parte II • Cap. IV • OS INDIVÍDUOS E O DIREITO INTERNACIONAL | **723**

ainda o território peruano em estado de sítio. Em nova sentença, de 13 de julho de 1951, embora considerando ilegal o ato, decidiu a Corte que a Colômbia não estava obrigada a entregá-lo, mas que as partes, pelos princípios de cortesia e boa vizinhança, deveriam chegar a uma solução prática.[268] Os embargos de declaração opostos pela Colômbia não foram recebidos sob o argumento de que o assunto não fora expressamente submetido à decisão da Corte, devendo ser resolvido pelos próprios litigantes. A dubiedade da sentença final da CIJ fez com que Haya de la Torre permanecesse mais cinco anos refugiado na Embaixada da Colômbia em Lima, e somente em 22 de março de 1954 foi concluído um acordo de amizade e cooperação entre os dois países, permitindo a saída do chefe aprista do território peruano, reservando-se o Peru, entretanto, ao direito de pedir sua extradição ao país de refúgio.[269]

Há alguns anos o governo brasileiro concedeu asilo diplomático ao ex-presidente do Equador Lucio Gutiérrez, que foi destituído do cargo no dia 20 de abril de 2005 depois que o Congresso equatoriano aprovou uma moção acusando-o de abandono de posto. Em meio a violentos protestos que exigiam a renúncia de Gutiérrez, por ter destituído os juízes da Suprema Corte e ter colocado nos cargos simpatizantes a seu governo, o Parlamento equatoriano deu posse ao então vice-presidente Alfredo Palacio. Desse momento em diante Gutiérrez solicitou ao governo brasileiro asilo diplomático, que foi concedido pelo então presidente Luís Inácio Lula da Silva, permitindo-lhe, junto à sua família, hospedar-se na residência oficial do embaixador brasileiro no Equador. Na embaixada do Brasil em Quito, fez ele o pedido formal ao governo brasileiro para a concessão do asilo territorial, a fim de que fosse levado ao Brasil em segurança.

Frise-se que a concessão de asilo político (diplomático ou territorial) a estrangeiros é uma tradição diplomática brasileira, como também foi o caso do ex-ditador paraguaio Alfredo Stroessner (1954/1989), aqui asilado após sua queda do poder, em 1989. Contudo, a concessão do asilo não há de significar, de modo algum, uma simpatia, preferência ou apoio às atitudes que tinha o asilado quando da chefia do governo de seu país.

8. Refúgio. O instituto do asilo, acima estudado, em nada se confunde com o do *refúgio*.[270] Não obstante muitos textos internacionais (e, principalmente, doutrinários) se equivocarem

---

[268] Nélson Hungria chamou a sentença da CIJ de "decepcionante", enfatizando ainda "que, felizmente, para lenitivo da consciência latino-americana, não foi unânime, contando-se entre os votos vencidos o do juiz brasileiro, que era o saudoso Filadelfo Azevedo. (...) A decisão da Corte Internacional, entretanto, com a preocupação de fazer *justiça de Salomão*, foi verdadeiramente desconcertante" (*Comentários ao Código Penal*, vol. I, t. I, cit., pp. 369-370). Sobre o caso *Haya de la Torre*, *v.* ainda Hersch Lauterpacht, *The development of international law by the International Court*, cit., pp. 142-148; e Celso D. de Albuquerque Mello, *Direito internacional americano...*, cit., pp. 185-186.

[269] Cf., por tudo, Nélson Hungria, *Comentários ao Código Penal*, vol. I, t. I, cit., pp. 369-373; e Luiz P. F. de Faro Junior, in *Direito internacional público*, 4ª ed. rev. e aum., Rio de Janeiro: Borsoi, 1965, pp. 308-309. Para uma tradução (não oficial) do relato da CIJ nesse caso, *v.* Leonardo Nemer Caldeira Brant, *A Corte Internacional de Justiça e a construção do direito internacional*, cit., pp. 660-663.

[270] Sobre a proteção internacional dos refugiados, *v.* James C. Hathaway, *The rights of refugees under international law*, Cambridge: Cambridge University Press, 2005, 1184p. Cf. também, Sadruddin Aga Khan, *Legal problems relating to refugees and displaced persons*, in *Recueil des Cours*, vol. 149 (1976-I), pp. 287-352. Na doutrina brasileira, *v.* José Henrique Fischel de Andrade, *Direito internacional dos refugiados: evolução histórica (1921-1952)*, Rio de Janeiro: Renovar, 1996, 213p; Nadia de Araujo & Guilherme Assis de Almeida (coords.), *O direito internacional dos refugiados: uma perspectiva brasileira*, Rio de Janeiro: Renovar, 2000, 456p; e Liliana Lyra Jubilut, *O direito internacional dos refugiados e sua*

no emprego de ambas as expressões, a confusão entre tais institutos deve ser evitada. Além de suas origens históricas serem diametralmente opostas, os referidos institutos têm campos de regulamentação distintos. Enquanto o *asilo* é regulado por tratados multilaterais bastante específicos de âmbito regional, que nada mais fazem do que expressar o costume até então aplicado no Continente Americano,[271] o *refúgio* tem suas normas elaboradas por uma organização (com alcance global) de fundamental importância vinculada às Nações Unidas: o Alto Comissariado das Nações Unidas para Refugiados (ACNUR).[272] Por outro lado, enquanto o refúgio tem natureza claramente *humanitária*, o asilo tem natureza tipicamente *política*. Ademais, enquanto para a concessão do primeiro basta um fundado temor de perseguição, para a concessão do segundo necessário se faz uma perseguição concreta (ou seja, já materializada). Outra diferença está no fato de ser a concessão do asilo medida *discricionária* do Estado, ao passo que para a concessão do refúgio há *requisitos* (de ordem internacional e interna) a serem observados, os quais, estando completos, fazem com que a concessão do refúgio se efetive. Acrescente-se, ainda, que a extraterritorialidade (elemento *essencial* do conceito de refúgio) não se faz presente, *v.g.*, para a concessão do asilo diplomático. No que tange ao Direito brasileiro, igualmente, os institutos do *asilo* e do *refúgio* recebem tratamento jurídico totalmente diferenciado: enquanto do primeiro cuidam a Constituição, a Lei de Migração e seu *Regulamento*, do segundo versa exclusivamente a Lei nº 9.474, de 22 de julho de 1997.

---

aplicação no ordenamento jurídico brasileiro, São Paulo: Método, 2007, 271p. Para o problema específico dos refugiados ambientais, *v.* Luciana Diniz Durães Pereira, *O direito internacional dos refugiados: análise crítica do conceito de "refugiado ambiental"*, Belo Horizonte: Del Rey, 2010, 148p.

[271] Até hoje o instituto é pouco aplicado fora do Continente Americano, tendo ficado restrito especialmente à América *Latina*. Sobre ele versa o art. 22, § 7º, da Convenção Americana sobre Direitos Humanos (citado *supra*).

[272] Cf., no exato sentido do texto, Guido Fernando Silva Soares, *Curso de direito internacional público*, cit., p. 373 e ss, que bem analisa as várias diferenças entre os institutos do *asilo* e do *refúgio*, rechaçando as doutrinas que pretendem igualá-los. Na obra coordenada por Nadia de Araujo e Guilherme Assis de Almeida, *v.g.*, há vários capítulos que confundem o instituto do *asilo* com o do *refúgio* (cf. *O direito internacional dos refugiados...*, já cit.). Alguns autores, como Liliana Jubilut, entendem que a distinção realizada por Guido Soares "não merece prosperar", por serem os dois institutos "similares em sua essência" e "assemelhados" (cf. *O direito internacional dos refugiados e sua aplicação no ordenamento jurídico brasileiro*, cit., p. 36); contudo, em momento posterior, a mesma autora estranhamente opta "por apresentar a distinção entre asilo e refúgio" (p. 37), dividindo o estudo de cada tema em duas *Seções* apartadas no texto (pp. 37-51); em outro lugar, afirma ainda que os institutos "diferem" quanto "à *associação do refúgio a um órgão internacional* que fiscalize a sua proteção e ao fato de o asilo ser, como já mencionado, um ato discricionário do Estado concedente, muito porque, para aquele, existem *regras internacionais* que estipulam *critérios objetivos para o reconhecimento do* status *de refugiado*, o que não ocorre com este", acrescentando que "*do reconhecimento do* status *de refugiado decorrem obrigações internacionais para o Estado de acolhida*, o que não ocorre com o asilo político ou territorial" (p. 44) [grifos do original]; por fim, ao final do capítulo, a autora sintetiza as diferenças entre o asilo e o refúgio em um quadro sinótico, apresentando *cinco* semelhanças e *treze* diferenças entre os dois institutos! (pp. 49-50). Percebe-se, portanto, que há diferenças marcantes entre o asilo e o refúgio, reconhecidas até mesmo pelos autores que as pretendem negar. Destacando também diferenças entre os institutos, *v.* César Sepúlveda, *Derecho internacional*, cit., p. 542; Luciana Diniz Durães Pereira, *O direito internacional dos refugiados...*, cit., pp. 65-67; Ana Flávia Velloso, O caso Battisti, in *VI Anuário Brasileiro de Direito Internacional*, vol. 1, nº 10, Belo Horizonte, jan./2011, pp. 42-46; e Gustavo Oliveira de Lima Pereira, *A pátria dos sem pátria: direitos humanos & alteridade*, Porto Alegre: UniRitter, 2011, pp. 34-35.

Assim, quando se diz que alguém "ingressou em certa Embaixada para buscar refúgio", não se está querendo dizer que o instituto mencionado é o do *refúgio*, mas sim o do *asilo*. Daí não ser exato fundamentar a concessão do *refúgio* no art. 4º, inc. X, da Constituição de 1988, que versa exclusivamente sobre o *asilo político* (que, como vimos, comporta duas modalidades: o asilo *territorial* e o asilo *diplomático*). Aliás, é bom fique nítido que a Constituição brasileira de 1988 em *nenhum* dispositivo utiliza-se dos termos *refúgio* ou *refugiado*, cuidando tão somente do *asilo político*.

Outra diferença a ser destacada entre os institutos do *asilo* e do *refúgio* diz respeito à motivação de ambas as situações. Enquanto o primeiro se aplica em situações de perseguição por crime de natureza política ou ideológica (de caráter nitidamente mais *individual*), o segundo tem por razões determinantes outras questões, como perseguições baseadas em motivos de raça, religião, nacionalidade, grupo social e situações econômicas de grande penúria (situações que atingem sempre uma *coletividade*).[273] Portanto, quando se trata do refúgio propriamente dito, não se cuida de situações "individuais" em que pessoas buscam asilo em dado país para a salvaguarda de sua vida, mas de situações em que *vários seres humanos* saem de seus respectivos Estados – por razões econômicas, ou geradas por uma guerra civil, ou baseadas em perseguições por motivos de raça, religião, nacionalidade etc. – em direção a outro local onde possam viver sob manto de um sistema mais protecionista e não arbitrário.[274]

Estabelecida a distinção entre os dois institutos, mister analisar as normas internacionais de proteção dos refugiados, que formam o complexo normativo conhecido como Direito Internacional dos Refugiados, bem assim a regulamentação brasileira atribuída à matéria.

a) Regulamentação internacional. A Convenção Relativa ao Estatuto dos Refugiados, de 1951,[275] e seu Protocolo de 1967,[276] são os *textos magnos* dos refugiados em plano global. De acordo com a Convenção de 1951, o termo "refugiado" é aplicável a toda pessoa que, "em consequência dos acontecimentos ocorridos antes de 1º de janeiro de 1951 e temendo ser perseguida por motivos de raça, religião, nacionalidade, grupo social ou opiniões políticas, se encontra fora do país de sua nacionalidade e que não pode ou, em virtude desse temor, não quer valer-se da proteção desse país, ou que, se não tem nacionalidade e se encontra fora do país no qual tinha sua residência habitual em consequência de tais acontecimentos, não pode ou, devido ao referido temor, não quer voltar a ele" (art. 1º, A, § 2º). Perceba-se a limitação *temporal* presente na definição original da Convenção de 1951, que restringiu a condição de *refugiado* aos "acontecimentos ocorridos antes de 1º de janeiro de 1951" (art. 1º, B, § 1º, *caput*). E mais: além dessa limitação temporal, o mesmo art. 1º, B, § 1º, alínea *a*, também colocava uma limitação *geográfica* à concessão do refúgio, ao dizer que apenas pessoas provenientes *da Europa* poderiam solicitar refúgio em outros países.

---

[273] Cf. Guido Fernando Silva Soares. *Curso de direito internacional público*, cit., p. 404.

[274] Sobre a questão dos refugiados *judeus*, cf. a análise de Hannah Arendt, We refugees, in *Altogether elsewhere: writers on exile*, Marc Robinson (ed.), Boston/London: Faber and Faber, 1994, pp. 110-119. Sobre o tema em geral, *v.* Sadruddin Aga Khan, Legal problems relating to refugees and displaced persons, cit., pp. 287-352; e Marco Gerardo Monroy Cabra, *Derecho internacional público*, cit., pp. 697-714.

[275] Promulgada no Brasil pelo Decreto nº 50.215, de 28.01.1961.

[276] Promulgado no Brasil pelo Decreto nº 70.946, de 07.08.1972.

726 CURSO DE DIREITO INTERNACIONAL PÚBLICO – *Valerio de Oliveira Mazzuoli*

Tal definição, por não mais convir aos interesses da sociedade internacional, foi depois ampliada pelo *Protocolo sobre o Estatuto dos Refugiados* de 1967, que, em seu art. 1º, §§ 2º e 3º, respectivamente estabeleceu: "Para os fins do presente Protocolo o termo 'refugiados', salvo no que diz respeito à aplicação do § 3 do presente artigo, significa qualquer pessoa que se enquadre na definição dada no artigo primeiro da Convenção, como se as palavras 'em decorrência dos acontecimentos ocorridos antes de 1º de janeiro de 1951 e...' e as palavras '...como consequência de tais acontecimentos' não figurassem do § 2 da seção A do artigo primeiro". E que: "O presente Protocolo será aplicado pelos Estados-partes sem nenhuma limitação geográfica...".[277]

Dessa forma, atualizando-se o conceito da Convenção de 1951 com o estabelecido pelo Protocolo de 1967, considera-se atualmente "refugiado" qualquer pessoa:

> "que, temendo ser perseguida por motivos de raça, religião, nacionalidade, grupo social ou opiniões políticas, se encontra fora do país de sua nacionalidade e que não pode ou, em virtude desse temor, não quer valer-se da proteção desse país, ou que, se não tem nacionalidade e se encontra fora do país no qual tinha sua residência habitual, não pode ou, devido ao referido temor, não quer voltar a ele".[278]

Perceba-se que a concessão do *status* de refugiado dá-se não em virtude de perseguição baseada em *crime* de natureza política ou ideológica (como ocorre no caso do *asilo*), mas em razão de perseguição por motivos de raça, religião ou de nacionalidade, ou ainda pelo fato de pertencer o sujeito a determinado grupo social ou ter uma dada opinião política.[279] Assim, são elementos essenciais do conceito de refúgio o fundado temor de perseguição (pelos *cinco motivos* citados: raça, religião, nacionalidade, grupo social ou opiniões políticas) e a extraterritorialidade.[280] Frise-se, ademais, que por meio de instrumentos regionais (como a Convenção Relativa aos Aspectos Específicos dos Refugiados Africanos, de 1969, no âmbito da União Africana, e a Declaração de Cartagena sobre os Refugiados, de 1984, no âmbito da OEA) os motivos do refúgio podem ser ampliados, para abranger, *v.g.*, a ameaça de violência generalizada, a agressão interna e a violação massiva dos direitos humanos. Portanto, o

---

[277] No Brasil, apenas em 19 de dezembro de 1989 é que foi abandonada a limitação geográfica da Convenção de 1951, por meio do Decreto nº 98.602/89, pois mesmo com a ratificação do *Protocolo* de 1967 havia sido mantida (por reserva) a limitação geográfica da Convenção de 1951.

[278] Cf. James C. Hathaway. *The law of refugee status*. Toronto: Butterworths, 1991, pp. 9-10.

[279] V. Sadruddin Aga Khan. Legal problems relating to refugees and displaced persons, cit., pp. 322-327.

[280] Cf. Liliana Lyra Jubilut. *O direito internacional dos refugiados e sua aplicação no ordenamento jurídico brasileiro*, cit., p. 45. A autora informa que no moderno direito internacional dos refugiados não há uma definição precisa para os termos "perseguição" e "fundado temor", como havia no (hoje extinto) tratado constitutivo da então Organização Internacional para Refugiados, organização que antecedeu o ACNUR (p. 45, nota nº 59). Para Jubilut, haverá *perseguição* quando "houver uma falha sistemática e duradoura na proteção de direitos do núcleo duro de direitos humanos, violação de direitos essenciais sem ameaça à vida do Estado, e a falta de realização de direitos programáticos havendo os recursos disponíveis para tal" (Idem, p. 46). Por sua vez, o *fundado temor* deve ser aferido objetivamente, uma vez que o temor *subjetivo* se presume (pelo só motivo de ter sido o refúgio *solicitado*); para a aferição do temor objetivo "se deve proceder à verificação das condições objetivas do Estado do qual provém o solicitante em relação a ele para se chegar à conclusão de que esse temor é fundado (no sentido de comprovar que o temor subjetivo daquele indivíduo deve realmente existir)" (Idem, p. 47).

conceito de *refúgio* deve ser atualmente compreendido nos planos *global* (pelo Protocolo de 1967 à Convenção de 1951) e *regional* (por meio dos instrumentos regionais citados); todos esses instrumentos "dialogam" (para falar como Erik Jayme)[281] para melhor proteger o ser humano solicitante do refúgio.

Uma vez concedido o *status* de refugiado, por decisão de natureza declaratória, todos os que deixaram seus territórios de origem ou de residência em virtude de perseguição (por qualquer dos motivos acima referidos) passam a ter a proteção humanitária devida no país de refúgio. Neste último, terão os direitos de um cidadão normal e os deveres de um estrangeiro em território nacional, cabendo-lhes a obrigação de acatar todas as leis, os regulamentos e quaisquer atos do Poder Público destinados à manutenção da segurança e da ordem pública.

Destaque-se que o então passaporte para refugiados (chamado *Passaporte Nansen*) – criado pelo delegado norueguês para a Liga das Nações, Fridtjof Nansen (primeiro Alto Comissário da Liga das Nações para Refugiados, premiado com o Nobel da Paz em 1922) – foi substituído pela Convenção de 1951 pelo chamado *Documento de Viagem*, que garante proteção internacional àqueles que nessa situação se encontram (art. 28).

Por fim, mencione-se que em 19 de setembro de 2016 a Assembleia Geral da ONU adotou a *Declaração de Nova York para os Refugiados e os Migrantes*,[282] com o propósito de suprir as lacunas do sistema internacional de proteção dos refugiados, dado especialmente o grande fluxo migratório hoje presente no mundo, decorrente de fatores dos mais diversos como conflitos armados, calamidades internas, convulsões políticas, extrema pobreza, insegurança alimentar, terrorismo ou, inclusive, efeitos adversos da natureza, como mudanças climáticas e catástrofes ambientais. O documento compartilha responsabilidades em nível global, a serem levadas a cabo pelos Estados no intuito de darem respostas amplas às vulnerabilidades dos refugiados e migrantes em seu deslocamento ao redor do mundo, considerando os impactos sociais, políticos, econômicos e humanitários dessa movimentação. A *Declaração* firma compromissos aplicáveis conjuntamente aos refugiados e migrantes (itens 22 a 40), somente aos migrantes (itens 41 a 63) e somente aos refugiados (itens 64 a 87). A *Declaração* conta com dois Anexos: um relativo ao quadro de resposta integral para os refugiados, e outro voltado ao pacto mundial para a migração segura, ordenada e regular.

b) Regulamentação interna. No Brasil, diversamente de vários outros países, há lei *específica* para a proteção dos refugiados. Trata-se da Lei nº 9.474, de 22 de julho de 1997, que define os mecanismos para a implementação do Estatuto dos Refugiados de 1951 e estabelece critérios para a concessão do *status* de refugiado no país. Tal norma interna é a primeira lei nacional a implementar um tratado de direitos humanos no Brasil, sendo ainda a lei latino--americana mais ampla já existente no tratamento da questão. Outro ponto importante a ser destacado reside no fato de ser ela a primeira norma brasileira a fazer referência expressa à Declaração Universal dos Direitos Humanos de 1948, prevendo que a Declaração seja utilizada como referencial ético em toda a sua interpretação (art. 48).

Nos termos do art. 1º, incs. I a III, da Lei nº 9.474/97, será reconhecido como refugiado todo indivíduo que: *a)* devido a fundados temores de perseguição por motivos de raça, religião,

---

[281] V. Erik Jayme. Identité culturelle et intégration: le droit international privé postmoderne, in *Recueil des Cours*, vol. 251 (1995), p. 259.

[282] ONU, Assembleia Geral, Doc. A/Res/71/1.

nacionalidade, grupo social ou opiniões políticas encontre-se fora de seu país de nacionalidade e não possa ou não queira acolher-se à proteção de tal país; *b*) não tendo nacionalidade e estando fora do país onde antes teve sua residência habitual, não possa ou não queira regressar a ele, em função das circunstâncias descritas no inciso anterior; e *c*) devido a grave e generalizada violação de direitos humanos, é obrigado a deixar seu país de nacionalidade para buscar refúgio em outro país. O art. 2º da Lei complementa ainda que os "efeitos da condição dos refugiados serão extensivos ao cônjuge, aos ascendentes e descendentes, assim como aos demais membros do grupo familiar que do refugiado dependerem economicamente, desde que se encontrem em território nacional". O procedimento para a concessão do refúgio é versado nos demais dispositivos da Lei (especialmente nos arts. 17 a 28).

Dois aspectos da Lei nº 9.474/97 devem ser destacados: *a*) primeiro, a definição ampliada de refugiado adotada, permitindo a concessão do refúgio em caso de "grave e generalizada violação de direitos humanos" (e não mais somente em caso de perseguição por motivo de raça, religião, nacionalidade etc.)[283]; *b*) segundo, a criação de um órgão nacional interministerial (o *Comitê Nacional para os Refugiados* – CONARE) para decidir sobre uma solicitação de refúgio.[284]

A Lei nº 9.474/97 prevê, em seu art. 7º, que o "estrangeiro que chegar ao território nacional poderá expressar sua vontade de solicitar reconhecimento como refugiado a qualquer autoridade migratória que se encontre na fronteira, a qual lhe proporcionará as informações necessárias quanto ao procedimento cabível". Também o fato do ingresso irregular do estrangeiro não constitui impedimento para a solicitação do refúgio (art. 8º). Tal é assim, à evidência, dada a quase impossibilidade (em razão da situação local) de o solicitante sair de seu país com os documentos de viagem necessários, como passaporte, visto etc.

É o CONARE o órgão competente para analisar o pedido sobre o reconhecimento da condição de refugiado, cabendo-lhe também: deliberar quanto à cessação *ex officio* ou

---

[283] Frise-se que o Brasil foi o primeiro país latino-americano a adotar a "grave e generalizada violação de direitos humanos" como fator de concessão do *status* de refugiado em uma lei doméstica. Cf. Liliana Lyra Jubilut. Refugee law and protection in Brazil: a model in South America?, in *Journal of Refugee Studies*, vol. 19(1), Oxford (March 2006), p. 31.

[284] Entendendo que as funções do CONARE podem ser ampliadas também para a verificação do *status* de apátrida, *v.* Jahyr-Philippe Bichara, O Comitê Nacional para os Refugiados e sua (in)competência para atender aos pedidos de *status* de apátrida, in *Interface*, vol. 10, nº 1, Natal, 2013, pp. 18-37. Eis sua conclusão: "Ao analisar as modalidades de implementação do Estatuto dos Apátridas pelo Estado brasileiro, viu-se que a legislação pertinente ainda não levou em consideração o advento da inserção do *status* de apátrida no ordenamento jurídico brasileiro, o que poderia colocar em risco o respeito à dignidade humana de pessoas cuja vulnerabilidade advém da ausência de nacionalidade. Não obstante as lacunas e imprecisões da Lei nº 9.474/97, que cuida apenas dos refugiados, defende-se que o CONARE não pode se abster de analisar os pedidos de reconhecimento de *status* de apátrida, haja vista os dispositivos dos art. 1, II, 12 e 48 da lei nº 9.474/97 que remetem à aplicação de tratados conexos. Sendo assim, e independentemente das lacunas da Lei nº 9.474/97, o CONARE tem vocação para aplicar a Convenção relativa ao Estatuto dos Apátridas de 1954, já que ele foi incorporado ao ordenamento jurídico brasileiro na condição de norma supralegal. Contudo, o estudo do direito brasileiro sobre a questão da apatridia revela que, para prevenir qualquer tipo de discricionariedade por parte do órgão competente para analisar os pedidos e garantir maior segurança jurídica para os requerentes dessa condição, seria preferível que o legislador operasse as adaptações necessárias à Lei nº 9.474/97, inserindo o conceito de apátrida, conforme definido na Convenção de 1954, e clarificando a competência do CONARE para analisar os pedidos de reconhecimento dessa condição" (Idem, pp. 36-37).

Parte II · Cap. IV · OS INDIVÍDUOS E O DIREITO INTERNACIONAL | **729**

mediante requerimento das autoridades competentes, da condição de refugiado; declarar a perda da condição de refugiado; orientar e coordenar as ações necessárias à eficácia da proteção, assistência, integração local e apoio jurídico aos refugiados; e aprovar instruções normativas que possibilitem a execução da Lei nº 9.474/97.

O CONARE é órgão colegiado, vinculado ao Ministério da Justiça, composto por representantes da área governamental, da sociedade civil e das Nações Unidas. De seu *comitê* fazem parte: *a*) o Ministério da Justiça, que o preside; *b*) o Ministério das Relações Exteriores, que exerce a Vice-Presidência; *c*) o Ministério do Trabalho e do Emprego; *d*) o Ministério da Saúde; *e*) o Ministério da Educação; *f*) o Departamento da Polícia Federal; *g*) a Cáritas Arquidiocesana de São Paulo e Rio de Janeiro (organização não governamental dedicada à atividade de assistência aos refugiados no país); e *h*) o *Alto Comissariado das Nações Unidas para Refugiados* – ACNUR, com direito a voz, sem voto. Desde 2012, a Defensoria Pública da União – por meio de Memorando de Entendimento de Cooperação Técnica assinado com o *comitê* – participa das reuniões do órgão, também com direito a voz, sem voto.

Havendo decisão negativa do CONARE, deverá a mesma ser fundamentada na notificação ao solicitante, cabendo recurso ao Ministro da Justiça, no prazo de quinze dias, contados do recebimento da notificação (Lei nº 9.474/97, art. 29). Será o Ministro da Justiça quem dará a solução final, concedendo ou não o *status* de refugiado ao solicitante. A decisão do Ministro, nos termos do art. 31 da Lei, não é passível de recurso, devendo ser notificada ao CONARE, para ciência do solicitante, e ao Departamento de Polícia Federal, para as providências devidas. Dizer, porém, que da decisão do Ministro da Justiça não cabe recurso, não significa dizer que possa tal decisão ser arbitrária ou revestida de ilegalidade, pois o reconhecimento da condição de refugiado constitui *ato vinculado* aos requisitos taxativamente previstos em lei para a sua validade.

Uma vez concedido o *status* de refugiado, fica o solicitante inteiramente amparado pelo Estatuto dos Refugiados de 1951, especialmente no que tange ao princípio (integrante das normas de *jus cogens*) do *non-refoulement*, ou "não devolução", previsto no art. 33 da Convenção, que impede a devolução injustificada do refugiado para país onde já sofreu ou possa vir a sofrer qualquer tipo de perseguição capaz de ameaçar ou violar os seus direitos reconhecidos.[285] O mesmo princípio encontra-se também em instrumentos regionais, a exemplo da Convenção Americana sobre Direitos Humanos, que prevê que "em nenhum caso o estrangeiro pode ser expulso ou entregue a outro país, seja ou não de origem, onde seu direito à vida ou à liberdade pessoal esteja em risco de violação em virtude de sua raça, nacionalidade, religião, condição social ou de suas opiniões políticas" (art. 22, § 8º).[286]

Um dos efeitos importantes do reconhecimento da condição de refugiado, nos termos da Lei nº 9.474/97, é o *impedimento* de prosseguimento de qualquer pedido de extradição

---

[285] Sobre o assunto, *v.* José Francisco Sieber Luz Filho, Non-refoulement: breves considerações sobre o limite jurídico à saída compulsória do refugiado, in *O direito internacional dos refugiados: uma perspectiva brasileira*, cit., pp. 177-209; Marco Gerardo Monroy Cabra, *Derecho internacional público*, cit., pp. 708-710; César Sepúlveda, *Derecho internacional*, cit., pp. 542-543; e André de Carvalho Ramos, O princípio do *non-refoulement* no direito dos refugiados: do ingresso à extradição, in *Revista dos Tribunais*, ano 99, vol. 892, São Paulo, fev./2010, pp. 347-376.

[286] Para um comentário dessa regra da Convenção Americana, *v.* Valerio de Oliveira Mazzuoli, *Comentários à Convenção Americana sobre Direitos Humanos*, cit., p. 210.

baseado nos fatos que fundamentaram a concessão de refúgio (art. 33) e a *suspensão*, até decisão definitiva, de qualquer processo de extradição pendente, em fase administrativa ou judicial, baseado nos fatos que fundamentaram a concessão de refúgio (art. 34). Nada obsta, porém, que o Supremo Tribunal Federal – que é o tribunal constitucionalmente competente para julgar processos extradicionais – declare nula (sob o aspecto da legalidade) a decisão do Ministro da Justiça concessiva do *status* de refugiado, pelo fato de não escapar a decisão ministerial do controle de legalidade exercido (exclusivamente) pela Suprema Corte, caso em que poderá o STF prosseguir na análise do pedido extradicional.[287] Em outras palavras, sendo a manifestação do Ministro da Justiça ato administrativo vinculado, não está imune à fiel observância da lei e à apreciação do STF, sobretudo no que tange à análise do nexo entre a sua motivação e as hipóteses normativas pertinentes. Em suma, apenas o ato *legal* de concessão de refúgio é que obsta o processo extradicional, jamais o ato *ilegal* assim declarado pela Suprema Corte.

O art. 39 da Lei nº 9.474/97 trata, por fim, da perda da condição de refugiado, a qual pode dar-se pelos motivos elencados nos seus incisos I a IV, quais sejam: I – a renúncia; II – a prova da falsidade dos fundamentos invocados para o reconhecimento da condição de refugiado ou a existência de fatos que, se fossem conhecidos quando do reconhecimento, teriam ensejado uma decisão negativa; III – o exercício de atividades contrárias à segurança nacional ou à ordem pública; e IV – a saída do território nacional sem prévia autorização do governo brasileiro. Uma vez perdida a condição de refugiado com fundamento nos incisos I e IV do art. 39, o indivíduo passa a enquadrar-se no regime geral de permanência de estrangeiros no território nacional; por sua vez, perdida a condição de refugiado com fundamento nos incisos II e III, estará o indivíduo sujeito às medidas compulsórias previstas em lei (art. 39, parágrafo único).

Acesse e saiba mais.
> http://uqr.to/1zv4q

---

[287] V. STF, Ext. 1085, da República Italiana, rel. Min. Cezar Peluso, Tribunal Pleno, julg. 16.12.2009, *DJe* 16.04.2010, assim: "Questão sobre existência jurídica, validez e eficácia de ato administrativo que conceda refúgio ao extraditando é matéria preliminar inerente à cognição do mérito do processo de extradição e, como tal, deve ser conhecida de ofício ou mediante provocação de interessado jurídico na causa. (…) Concessão no curso do processo, pelo Ministro da Justiça. Ato administrativo vinculado. Não correspondência entre os motivos declarados e o suporte fático da hipótese legal invocada como causa autorizadora da concessão de refúgio. Contraste, ademais, com norma legal proibitiva do reconhecimento dessa condição. Nulidade absoluta pronunciada. Ineficácia jurídica consequente. Preliminar acolhida. Votos vencidos. Inteligência dos arts. 1º, inc. I, e 3º, inc. III, da Lei nº 9.474/97, art. 1-F do Decreto nº 50.215/61 (Estatuto dos Refugiados), art. 1º, inc. I, da Lei nº 8.072/90, art. 168, § único, do CC, e art. 5º, inc. XL, da CF. Eventual nulidade absoluta do ato administrativo que concede refúgio ao extraditando deve ser pronunciada, mediante provocação ou de ofício, no processo de extradição".

Plano da Parte III

Depois de estudados um a um os sujeitos principais do Direito Internacional Público (Estados, organizações internacionais e indivíduos), importa verificar outra dimensão desse mesmo Direito, visto agora sob um plano horizontal. Assim, além da verificação dos modos de produção do Direito Internacional e do estudo dos destinatários de suas normas (o que já foi realizado na Parte I e nesta Parte II do livro), é necessário também analisar a sua *dimensão espacial*, ou seja, a maneira pela qual esse Direito se projeta no espaço (na terra, na água e no ar) e como ele regula todo esse domínio. Trata-se, então, de estudar o que modernamente se convencionou chamar *domínio público internacional*, expressão a nosso ver mais técnica e mais apta à compreensão dos fenômenos que regulamenta.

O domínio do Direito Internacional Público que estudaremos na Parte III seguinte analisa as *Zonas Polares*, o *Direito do Mar* e o *Espaço Aéreo e Extra-Atmosférico*, os quais preferimos nominar *domínio público internacional*, assim entendidas as áreas e as extensões da Terra que, por causa da sua utilidade ou pela sua própria natureza, devem ser consideradas coisas fora do comércio. Este domínio é ainda o composto por todos aqueles espaços físicos não pertencentes ao chamado *domínio terrestre* do Estado, o qual já foi oportunamente estudado no Capítulo II, Seção II, desta Parte.

Parte III

Domínio Público
Internacional

Capítulo I

Zonas Polares

 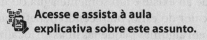

Acesse e assista à aula explicativa sobre este assunto.

> http://uqr.to/1zv4g

1. Introdução. As *zonas polares* são as áreas da Terra de latitudes mais altas, sendo os seus extremos conhecidos por *Polo Norte* (região ártica) e *Polo Sul* (região antártica).[1] Nessas áreas há condições climáticas completamente adversas, em razão das extremidades geográficas em que se localizam, razão pela qual apenas duas estações do ano (verão e inverno) ali se identificam. Como não poderia deixar de ser, o Direito Internacional também exerce influência sobre tais regiões, quer regulando questões terrestres, aéreas ou de navegação, quer disciplinando o uso de seus vastos e incontáveis recursos etc. Daí o motivo pelo qual também avulta de interesse o estudo, pelo direito das gentes, de tais áreas e regiões do planeta.

É curioso observar que, no início, as regiões polares ofereciam interesse puramente científico. Os maiores interessados nessas regiões eram notadamente navegadores e geógrafos, cujas preocupações estavam sempre ligadas a questões específicas e de ordem técnica, como, *v.g.*, relativas à exata delimitação matemática do círculo polar ártico e do círculo polar antártico, tendo sido várias as expedições organizadas aos polos com essa finalidade. Também, os polos terrestres sempre despertaram a atenção de meteorologistas e climatólogos, dada sua relevância para o equilíbrio climático do planeta e sua manutenção, tendo sido várias as missões para ali enviadas com esse objeto investigativo. Modernamente, entretanto, o interesse da sociedade internacional relativamente às regiões polares mudou drasticamente de foco, tendo o problema passado a figurar em torno de questões exclusivamente econômicas, sobretudo no que tange à navegação marítima e aérea, à caça e à pesca em geral (e, em particular, a das baleias) e aos recursos minerais dessas regiões do planeta, afastando-se por completo do caráter geográfico que até então presidia o centro das discussões internacionais sobre o tema. A sociedade internacional passou a dirigir os seus interesses aos círculos ártico e antártico com a finalidade de aproveitamento futuro dessas regiões desérticas e geladas da Terra, tendo em vista, inclusive, o seu aspecto estratégico nas questões relacionadas à defesa e à segurança do Estado.[2]

---

[1] V. Paulo Borba Casella. *Direito internacional dos espaços*, cit., p. 632.
[2] Cf. Gilda Maciel Corrêa Meyer Russomano. *Direito internacional público*, cit., pp. 263-264.

CURSO DE DIREITO INTERNACIONAL PÚBLICO – *Valerio de Oliveira Mazzuoli*

Certo é que o Direito Internacional Público hoje regula vários aspectos das zonas polares da Terra, devendo o jurista compreendê-las à luz das normas do direito positivo em vigor, em especial atinentes à região antártica. Por isso, cabe aqui o estudo das questões jurídicas que interessam ao Direito Internacional Público sobre o Polo Norte e o Polo Sul.

2. O Polo Norte. O tratamento jurídico do Polo Norte (região ártica) é bastante simplório, justificado, em certa medida, pelo fato de ser bem pouco o interesse econômico que ali se apresenta. Não há no Polo Norte, ao contrário do que ocorre no Polo Sul, nenhuma massa terrestre. O que ali existe é tão somente água do mar permanentemente congelada que se dissolve pelo calor do estio, oferecendo penetração mais fácil pela rota marítima e certa habitabilidade[3] em algumas pequenas ilhas ali localizadas. Ademais, a água congelada do Polo Norte não compõe nenhuma região continental. O clima no Ártico, considerando-se suas latitudes, é menos frio em relação à região do Polo Sul, podendo atingir -40 °C durante o inverno. A principal consequência dessa distinção climática talvez seja a de que, no Ártico, há povoamentos até latitudes que ultrapassam 80 graus, ao passo que, no Polo Sul, as poucas regiões que podem ser consideradas habitáveis raramente atingem a latitude de 60 graus.[4]

Não obstante a escassez de recursos biológicos presentes no Polo Norte e o consequente impedimento quase completo de sua exploração econômica, a região tornou-se, ao longo dos anos, corredor aéreo alternativo por onde passam várias rotas aéreas, que economizam distância entre a Europa e o extremo oriente, sendo área de livre trânsito (independentemente de qualquer tratado), pelo fato de que a sua superfície gelada nada mais é do que verdadeiro *mare liberum*, ou seja, alto-mar. Daí porque o regime jurídico aplicável ao Polo Norte não seja distinto do aplicável ao alto-mar, tal como se encontra regulado pela Convenção das Nações Unidas sobre o Direito do Mar, de 1982. Certo, no entanto, é que ainda faltam textos internacionais específicos capazes de enfrentar questões singulares que somente o Ártico apresenta, bem assim de abrir discussões importantes para vários Estados que veem na região importante rota de navegação marítima e aérea. Por isso, não se pode concordar com alguns autores[5] que aceitam a tese segundo a qual as calotas de gelo permanentemente geladas do setor ártico são suscetíveis de ocupação efetiva.[6] Em caso de sobrevoo de aeronaves, o que se sobrevoa, repita-se, é simples água congelada em espaço correspondente ao alto-mar, garantindo-se, por isso, o livre trânsito de aviões na região.

Ao lado das águas geladas que circulam no Polo Norte, existem inúmeras ilhas que são habitadas de forma permanente, ao redor das quais é possível a caça das baleias, quando a água congelada se liquidifica nas épocas mais quentes, permitindo, assim, a

---

[3] Habitam hoje a região ártica do planeta cerca de 4 milhões de pessoas.

[4] Cf. Gilda Maciel Corrêa Meyer Russomano. *Direito internacional público*, cit., p. 264.

[5] Vários deles citados por Ian Brownlie, *Princípios de direito internacional público*, cit., p. 164, nota nº 164 (como, *v.g.*, Waldock, Hackworth, Fitzmaurice e Whiteman).

[6] Nesse exato sentido, *v.* Celso D. de Albuquerque Mello, *Curso de direito internacional público*, vol. II, cit., p. 1169, que leciona: "Elas não são regiões passíveis de uma ocupação como a que ocorreu nas demais regiões do globo; em consequência, o DI comum não pôde ser aplicado em relação a elas. O que ressalta destas regiões é que elas não podem ser objeto de uma ocupação efetiva. Deste modo, elas passaram a ser regulamentadas internacionalmente de maneira diferente das outras 'res nullius' existentes no globo terrestre, apesar de o conceito de efetividade não ser rígido".

Parte III · Cap. I · ZONAS POLARES | **737**

comunicação entre essas e outras áreas geográficas.[7] É importante a observação de ser *habitada* a região ártica (*v.g.*, populações indígenas, esquimós etc.) pelo fato da necessidade de regulamentação jurídica também nesse âmbito, de modo a não somente disciplinar seus aspectos ambientais, mas também os interesses daqueles que ali habitam. Estima--se, nesse sentido, que existam mais de 100 mil esquimós na região, sobretudo em partes do Canadá, Sibéria, Alasca e Groenlândia. Ademais, parece certo que, com o passar do tempo, essa habitabilidade tenda a aumentar, dado que as alterações climáticas do planeta têm diminuído a calota polar no verão, sem retorno aos níveis de congelamento anterior quando da retomada do inverno.

Em tais regiões, sobre as quais é possível falar-se em ocupação efetiva, o problema da aquisição de territórios é resolvido pela aplicação da chamada *teoria dos setores* ou da *zona de atração*, concepção nascida em 1907, nos estudos realizados pelo senador canadense Pascal Poirier, tendo sido sistematizada, em 1926, pelo jurista russo V. L. Lakhtine, que publicou a famosa monografia intitulada *Prava na severnye polyarnye prostranstva*, que em português significa *Direitos sobre as regiões árticas.*[8] Essa teoria atribui a certos países europeus e americanos a titularidade de direitos em relação às regiões do Polo Norte, que seriam simples *prolongamento* dos territórios daqueles países, desconhecendo desde logo quaisquer títulos de contiguidade ou de ocupação fictícia.[9] A teoria dos setores não pretendeu atribuir aos chamados *Estados Árticos* soberania sobre as águas geladas que circulam no Polo Norte, mas apenas justificar, pelo princípio da *contiguidade*, o domínio das ilhas existentes na área, a oitocentos quilômetros ou mais do ponto de convergência.

A teoria dos setores baseia-se na figura de um *triângulo* cujas linhas de longitude convergem nos Polos. Esse triângulo tem como base o litoral do próprio *Estado Ártico*; como lados, os meridianos dos pontos leste e oeste desse litoral; e como vértice, o polo. Dessa forma, as terras e ilhas não descobertas são consideradas pertencentes ao território do Estado polar adjacente à *zona de atração* em que estejam situadas, aplicando-se a fórmula da contiguidade, definida pela regra do *triângulo esférico*.[10] Assim, cada círculo se divide, pelos meridianos pertinentes de longitude, em tantos setores quantos países tenham proximidade com a área polar. Portanto, tais *setores* consubstanciam-se na projeção, sobre o polo, do litoral norte do Canadá (abrangendo as ilhas Sverdrup), da Dinamarca (em razão da Groenlândia), da Noruega (alcançando Spitzbergen, a maior das ilhas do arquipélago ártico) e da Rússia (alcançando a ilha Wrangel e o arquipélago de Francisco José, entre outras porções de terra).[11]

---

[7] Cf. Gilda Maciel Corrêa Meyer Russomano. *Direito internacional público*, cit., p. 265.

[8] Cf. V. L. Lakhtine. *Prava na severnye polyarnye prostranstva*. Moscow: Izdanie Litizdata Narodnogo Komissariata po Inostrannym Delam, 1928, p. 36. Do mesmo autor, *v.* Rights over the Arctic, in *American Journal of International Law*, vol. 24 (1930), pp. 703-717. Para um estudo da doutrina russa atual relativamente ao tema, *v.* Leonid Timtchenko, The russian arctic sectoral concept: past and present, in *Russian Arctic Sectoral Policy*, vol. 50, nº 1, March 1997, pp. 29-35.

[9] Cf. Oyama Cesar Ituassú. *Curso de direito internacional público*, cit., p. 374; e Celso D. de Albuquerque Mello, *Curso de direito internacional público*, vol. II, cit., pp. 1170-1171. Ainda sobre o tema, cf. James Crawford, *Brownlie's principles of public international law*, cit., pp. 241-242.

[10] Cf. Gilda Maciel Corrêa Meyer Russomano. *Direito internacional público*, cit., p. 266.

[11] *V.* René Dollot. Le droit international des espaces polaires (avec 2 cartes), in *Recueil des Cours*, vol. 75 (1949-II), p. 127 e ss.

O curioso é que, com fundamento no princípio da contiguidade, tais Estados reclamam para si o domínio territorial sobre essas ilhas, sempre por meio de atos unilaterais, e tal fato aparentemente não suscita qualquer contestação por parte da sociedade internacional. Mas em doutrina não são poucos os juristas que afirmam não constituir fundamento de validade para a aquisição dos direitos de soberania sobre tais ilhas o fato natural de sua proximidade com aqueles Estados que reclamam seu domínio.[12] Um deles é Ian Brownlie, para quem esse princípio continua a ser um "método de delimitação grosseiro", que possui "os defeitos de qualquer doutrina baseada na contiguidade; a sua aplicação é algo absurda na medida em que existe uma pretensão a uma estreita faixa de soberania que se estende até o Polo; e, em último lugar, não se pode aplicar de modo a incluir áreas do alto-mar".[13]

3. A Antártica. A parte geográfica da Terra denominada Antártica (ou *círculo polar antártico, região austral* ou ainda *Polo Sul*) constitui-se numa gigantesca ilha circular situada na extremidade sul do planeta, com 15 milhões de km², revestida de gelo em quase toda sua extensão. Trata-se do único espaço terrestre internacionalizado, em que os Estados cooperam mutuamente para a realização sobretudo de pesquisas científicas.[14] Ao contrário do que ocorre com o Polo Norte, existe na Antártica um considerável interesse dos Estados em relação à sua exploração econômica, pois é ela detentora de extraordinárias riquezas minerais, principalmente no que tange aos chamados materiais atômicos, cuja procura e interesse são crescentes em todo o mundo.[15] Daí a necessidade também de uma regulamentação *sui generis*, capaz de impedir principalmente disputas dominiais sobre a região.

Não é possível a aplicação da *teoria dos setores* com relação à Antártica, notadamente em face da considerável distância entre as massas continentais, assim como em virtude da inexistência de linhas ou arquipélagos.[16] Se a teoria dos setores fosse aplicada à Antártica, o continente haveria de ser dividido em inúmeras linhas triangulares resultantes da projeção não só de litorais relativamente próximos (como o Chile, o da África do Sul e o da Austrália), mas também daqueles outros situados a enormes distâncias, como o do México, o do Paquistão, e até mesmo o da Islândia. A Grã-Bretanha e a Noruega propuseram a aplicação da *teoria da descoberta* em relação à área antártica, ao passo que os Estados Unidos tiveram a intenção de prestigiar a atividade de *controle* do litoral antártico (embora não formulassem nenhuma reivindicação territorial concreta). A Argentina, com base nos seus interesses pessoais, formulou a teoria da *continuidade da massa geológica*, como fundamento de uma pretensa autorização para exploração econômica do território.[17] Nenhuma dessas teorias, evidentemente, resolve com justiça a questão da utilização da Antártica, motivo pelo qual foram rechaçadas pela melhor doutrina.[18]

---

[12] V. Hildebrando Accioly. *Tratado de direito internacional público*, vol. II, 2ª ed. Rio de Janeiro: MRE, 1956, p. 294.

[13] Ian Brownlie. *Princípios de direito internacional público*, cit., pp. 164-165.

[14] Sobre a Antártica, *v.* Alexandre Kiss, La notion de patrimoine commun de l'humanité, in *Recueil des Cours*, vol. 175 (1982-II), pp. 136-145.

[15] Cf. Oyama Cesar Ituassú. *Curso de direito internacional público*, cit., p. 375.

[16] Cf. Gilda Maciel Corrêa Meyer Russomano. *Direito internacional público*, cit., p. 266.

[17] Cf. Oyama Cesar Ituassú. *Curso de direito internacional público*, cit., pp. 375-376.

[18] A propósito, assim leciona César Sepúlveda: "A continuidade geográfica – ou geológica – é inteiramente arbitrária e caprichosa. A teoria dos 'setores', ou seja, o prolongamento do Ártico, não parece

No *Ano Geofísico Internacional*, ocorrido de 1º de julho de 1957 a 31 de dezembro de 1958, realizou-se um programa científico com a participação de doze países (Argentina, Austrália, África do Sul, Bélgica, Chile, França, Japão, Nova Zelândia, Noruega, ex-URSS, Reino Unido da Grã-Bretanha e Irlanda do Norte e Estados Unidos da América) com o objetivo de discutir a adoção de um tratado multilateral sobre o problema da região Antártica.

Esse objetivo foi atingido com a celebração do *Tratado da Antártica*, adotado em Washington, em 1º de dezembro de 1959, tendo entrado em vigor internacional em 23 de junho de 1961.[19] O instrumento foi celebrado originalmente pelos doze países acima citados. O Brasil aderiu ao instrumento internacional em 1975. A ideia principal do tratado foi a de tornar a Antártica utilizável somente para fins pacíficos e para a realização de pesquisas científicas, de modo a não se converter em um centro de discórdia mundial. O compromisso dos Estados foi o de manter a liberdade de investigação científica e a cooperação destinada a tal finalidade.[20] Por isso, no seu *preâmbulo*, os Estados reconheceram ser de interesse de toda a humanidade que a Antártida continue sendo utilizada "exclusivamente para fins pacíficos e não se converta em cenário ou objeto de discórdias internacionais". O tratado deixa claro, contudo, que nenhum dos Estados pactuantes, por nele ingressar, (*a*) *renuncia* a direitos previamente invocados ou a pretensões de soberania territorial na Antártida; (*b*) *renuncia* ou tem *diminuída* qualquer base de reivindicação de soberania territorial na Antártida que possa ter, quer como resultado de sua atividade, ou de seus nacionais, na Antártida, quer por qualquer outra forma; ou ainda (*c*) faz qualquer *prejulgamento* da posição de qualquer das partes quanto ao reconhecimento dos direitos ou reivindicações ou bases de reivindicação de algum outro Estado quanto à soberania territorial na Antártida (art. 4º). O regime jurídico estabelecido pelo texto, ademais, é o da *não militarização* da Antártica, que deve ser somente utilizada para fins pacíficos e para pesquisas científicas, bem como para a preservação de recursos biológicos, sendo vedadas quaisquer medidas de natureza militar, tais como o estabelecimento de bases e fortificações, a realização de manobras militares, assim como as experiências com quaisquer tipos de armas (art. 1º).

O território antártico ficou definido no art. 6º do Tratado de Washington, como a "área situada ao sul de 60 graus de latitude sul, inclusive às plataformas de gelo", mas complementando que "nada no presente tratado prejudicará e, de forma alguma, poderá alterar os direitos ou exercícios dos direitos, de qualquer Estado, de acordo com o direito internacional aplicável ao alto-mar, dentro daquela área". No mesmo instrumento, as partes contratantes comprometeram-se "a empregar os esforços apropriados, de conformidade com a Carta das

---

ser uma solução para a Antártica. (...) Por outro lado, as reivindicações expostas pelos países sobre a Antártica têm sido ou por ambiciosas considerações estratégicas, ou por exagerado prestígio, ou por uma combinação de ambos, ou simplesmente, por obsessão absurda de território. (...) Já não é tempo de aceitar as pretensões absurdas que são causa de irritação e de injustiça" (*Derecho internacional*, cit., pp. 226-227).

[19] Este tratado foi aprovado no Brasil por meio do Decreto Legislativo nº 56, de 29.06.1975, e promulgado pelo Decreto 75.963, de 11.07.1975. O título variante "Antártida" foi utilizado na versão oficial brasileira ao tratado, em vez de "Antártica", como consta nas versões oficiais.

[20] Cf. Alexandre Kiss. *La notion de patrimoine commun de l'humanité*, cit., pp. 137-138; e Ian Brownlie, *Princípios de direito internacional público*, cit., pp. 284-285.

740 | CURSO DE DIREITO INTERNACIONAL PÚBLICO – *Valerio de Oliveira Mazzuoli*

Nações Unidas, para que ninguém exerça na Antártida qualquer atividade contrária aos princípios e propósitos do presente Tratado" (art. 10).

O Brasil enviou diversas expedições científicas à Antártica, das quais a primeira se realizou entre dezembro de 1982 e fevereiro de 1983, com os navios *Barão de Teffé*, da Marinha brasileira, e *Professor W. Besnard*, do instituto Oceanográfico da Universidade de São Paulo. O governo brasileiro, ainda no ano de 1982, criou, por meio do Decreto nº 86.829/82, a *Comissão Nacional para Assuntos Antárticos* (CONATAR), regulamentada em 1983, dentre cujas finalidades principais encontram-se o acompanhamento, pela Secretaria do Estado das Relações Exteriores, da evolução da política antártica brasileira no campo internacional e o estímulo da participação de universidades, centros de pesquisa e entidades governamentais ou privadas nas atividades desenvolvidas pelo Brasil nas regiões antárticas.[21]

Em 1991 foi concluído o Protocolo ao Tratado da Antártida sobre Proteção ao Meio Ambiente,[22] destinado principalmente a "assegurar a proteção abrangente ao meio ambiente antártico e aos ecossistemas dependentes e associados", designando a Antártida "como reserva natural, consagrada à Paz e à ciência" (art. 2º). Antes dele, porém, já haviam sido concluídas a Convenção para Conservação das Focas Antárticas, em 1972, a Convenção sobre a Conservação dos Recursos Vivos Marinhos Antárticos, em 1980, e a Convenção sobre Regulação dos Recursos Minerais Antárticos, em 1988. Tais instrumentos formam o *corpus juris* de regulação da região antártica da Terra.

---

[21] Cf. Gilda Maciel Corrêa Meyer Russomano. *Direito internacional público*, cit., p. 268.

[22] Adotado em Madri (Espanha) em 04.10.1991, aprovado no Brasil pelo Decreto Legislativo 88, de 06.06.1995, e promulgado pelo Decreto 2.742, de 20.08.1998. Sua entrada em vigor internacional se deu em 14.01.1998.

Capítulo II
O Mar

 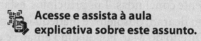

Acesse e assista à aula explicativa sobre este assunto.
> http://uqr.to/1zv4h

SEÇÃO I – ÁGUAS INTERIORES, MAR TERRITORIAL E ZONA CONTÍGUA

1. Introdução. As partes líquidas da Terra ocupam cerca de três quartos de sua superfície, que correspondem a mais de trezentos milhões de quilômetros quadrados de água. Foi nos mares que a humanidade encontrou o rumo do desenvolvimento e do progresso em todas as suas vertentes. Mas a indivisibilidade geográfica do *mar* opõe-se à diversidade jurídica das águas que o integram, o que demanda uma atuação *positiva* por parte do Direito, no sentido de regulamentar as implicações jurídicas daí decorrentes. Atualmente, ao contrário do que ocorria com o Direito Internacional clássico, que concebia apenas uma única divisão dos espaços marinhos (a existente entre a zona de soberania do Estado e o alto-mar), o que se nota é uma cada vez maior regulamentação da figura agora jurídica do *mar*.

Nos primórdios, alguns Estados pretenderam apoderar-se do mar, tal como fez Portugal no século XVII, ao entender que inúmeras porções do alto-mar pertenciam ao seu domínio exclusivo. À medida que se explorava o mar e se chegava mais longe mar adentro, parecia lógico que a pretensão dominial sobre o que se entendida ter "descoberto" não guardava qualquer injustiça. Não tardou, porém, que a doutrina reagisse sobre o expediente português, em especial pela obra de Hugo Grotius, que defendeu deveria ser o mar *aberto* para todos os países.[1] Tal opinião acabou, ao final, por prevalecer, notadamente em razão dos interesses de vários países (principalmente no norte da Europa) na existência de um mar livre, franqueado à navegação de todas as bandeiras, pelo qual estaria facilitada a exploração marítima e o comércio com o Oriente.[2]

---

[1] Cf. sua obra *Mare Liberum: sive De Jure quod Batavis competit ad Indicana commercio dissertatio*, de 1609. V. tradução em língua inglesa: *The free sea*, trad. Richard Hakluyt (David Armitage, ed.), Indianapolis: Liberty Fund, 2004.

[2] V. Malcolm N. Shaw. *Direito internacional*, cit., p. 402. Como complementa Shaw: "A liberdade do alto-mar transformou-se rapidamente num princípio basilar do direito internacional, mas nem todos os mares se caracterizavam desse modo. Um Estado litorâneo podia apropriar-se de uma extensão marítima adjacente à sua linha costeira – as chamadas águas territoriais, ou mar territorial – e tratá-la como parte inseparável de seu domínio. Boa parte da história do direito do mar teve como tema central a largura do mar territorial ou a localização precisa da linha divisória entre este e o alto-mar ou outras zonas reconhecidas. A determinação

De origem consuetudinária, o *Direito do Mar*[3] passou a ser regulamentado por tratados internacionais desde 1958, quando da realização da Primeira Conferência Internacional das Nações Unidas sobre o Direito do Mar, que contou com a presença de 86 Estados. Naquela ocasião adotaram-se quatro convenções a esse respeito: (*a*) uma sobre o mar territorial e a zona contígua, (*b*) uma sobre a plataforma continental, (*c*) uma sobre o alto-mar, e (*d*) uma sobre pesca e conservação dos recursos vivos no alto-mar. A Segunda Conferência das Nações Unidas sobre o Direito do Mar realizou-se em 1960, com 88 Estados, e teve por objetivo fixar a extensão do mar territorial, que ainda não havia sido delimitada em nenhuma das outras convenções anteriormente concluídas. Tais princípios, estabelecidos por essas duas conferências internacionais, logo ficaram obsoletos e inadequados para regulamentar as necessidades atuais em matéria de Direito do Mar. Foi quando então se convocou, em dezembro de 1973, a Terceira Conferência das Nações Unidas sobre o Direito do Mar, com a presença de 164 Estados (membros e não membros da ONU), que logrou adotar uma Convenção sobre o Direito do Mar,[4] mediante uma votação de 130 Estados a favor, 4 contra (Estados Unidos da América, Venezuela, Israel e Turquia) e 17 abstenções, tendo sido assinada em Montego Bay (Jamaica) em 10 de dezembro de 1982.[5] Sua entrada em vigor internacional ocorreu em 16 de novembro de 1994, de conformidade com o seu art. 308, § 1º.[6]

A *Convenção das Nações Unidas sobre o Direito do Mar* é composta por um Preâmbulo seguido de 17 Partes (com 320 artigos) e 9 Anexos, finalizando com a *Ata Final* da Conferência das Nações Unidas sobre o Direito do Mar. Os 9 Anexos referidos dizem respeito às Espécies Altamente Migratórias (Anexo I), à Comissão de Limites da Plataforma Continental (Anexo II), às Condições Básicas para a Prospecção, Exploração e Aproveitamento da Área (Anexo III), ao Estatuto da Empresa (Anexo IV), à Conciliação (Anexo V), ao Estatuto do Tribunal Internacional do Direito do Mar (Anexo VI), à Arbitragem (Anexo VII), à Arbitragem Especial (Anexo VIII) e

---

    originária associava a largura de mar territorial à capacidade do Estado marítimo de dominá-la com meios militares a partir dos limites de sua costa. Entretanto, o século XX testemunhou a constante pressão dos Estados para aumentar essa faixa marítima e, desse modo, sujeitar mais porções dos oceanos à sua jurisdição exclusiva" (Idem, pp. 402-403). Sobre a delimitação atual do mar territorial, *v.* item nº 3, *c*, *infra*.

[3]   Não há que se fazer confusão entre *Direito do Mar* e *Direito Marítimo*. Enquanto aquele cuida da regulamentação jurídica do mar e das competências estatais sobre ele (a exemplo das questões envolvendo o mar territorial, a plataforma continental, a zona econômica exclusiva, os rios internacionais e o alto-mar), este último regulamenta as atividades privadas da navegação (como as atividades das embarcações e dos navios, os contratos marítimos, os acidentes da navegação, os seguros marítimos, a atividade portuária, o transporte marítimo etc.). Sobre o direito marítimo e sua regulação, *v.* especialmente Eliane M. Octaviano Martins, *Curso de direito marítimo*, vol. I. Barueri: Manole, 2004; e Carla Adriana Comitre Gibertoni, *Teoria e prática do direito marítimo*, 2ª ed. rev. e atual., Rio de Janeiro: Renovar, 2005.

[4]   Não se pense, porém, que apenas os tratados internacionais são fontes do Direito do Mar; também o são os costumes internacionais e os princípios gerais de direito. Sobre o assunto, *v.* A. V. Lowe & R. R. Churchill, *The law of the sea*, 3rd ed., Manchester: Manchester University Press, 1999, pp. 5-13 (que se equivocam apenas quando referem-se aos "princípios gerais *do direito internacional*" e "sua presença no art. 38 do Estatuto da Corte Internacional de Justiça...", pois se sabe que o Estatuto fala em "princípios gerais *de* direito" (sem o complemento "internacional") como querendo significar exatamente os princípios de *direito interno* – sobre o assunto, *v.* Parte I, Capítulo IV, Seção I, item nº 6, *supra*).

[5]   Cf. Adherbal Meira Mattos. *O novo direito do mar*. Rio de Janeiro: Renovar, 1996, pp. 1-2. Sobre a Convenção e o sistema por ela instituído, *v.* Tullio Treves, The law of the sea system: open challenges, in *VI Anuário Brasileiro de Direito Internacional*, vol. 2, nº 11, Belo Horizonte, jul./2011, pp. 205-226.

[6]   O Brasil ratificou a Convenção em 22.12.1998. Pelo Decreto nº 1.530, de 22.06.1995, o governo brasileiro declarou a entrada em vigor da Convenção entre nós.

Parte III · Cap. II · O MAR | **743**

à Participação de Organizações Internacionais (Anexo IX).[7] A *Ata Final* é composta por *resoluções* (Área e Ciência e Tecnologia), uma *declaração* (margem continental), além de homenagens etc.

Desde o seu *Preâmbulo* é possível sentir o desejo dos Estados-partes "de solucionar, num espírito de compreensão e cooperação mútuas, todas as questões relativas ao direito do mar", conscientes "do significado histórico desta Convenção como importante contribuição para a manutenção da paz, da justiça e do progresso de todos os povos do mundo". Demonstra, também, a consciência desses mesmos Estados "de que os problemas do espaço oceânico estão estreitamente inter-relacionados e devem ser considerados como um todo", e que dos objetivos da Convenção "contribuirá para o estabelecimento de uma ordem econômica internacional justa e equitativa que tenha em conta os interesses e as necessidades da humanidade em geral e, em particular, os interesses e as necessidades especiais dos países em desenvolvimento, quer costeiros quer sem litoral". Por último, diz o *Preâmbulo* estarem os Estados convencidos "de que a codificação e o desenvolvimento progressivo do direito do mar alcançados na presente Convenção contribuirão para o fortalecimento da paz, da segurança, da cooperação e das relações de amizade entre todas as nações, de conformidade com os princípios de justiça e igualdade de direitos e promoverão o progresso econômico e social de todos os povos do mundo, de acordo com os Propósitos e Princípios das Nações Unidas, tais como enunciados na Carta".

Esta Seção I é dedicada ao estudo das *águas interiores*, do *mar territorial* e da *zona contígua*, tendo sido a última Seção deste Capítulo dedicada exclusivamente ao *alto-mar*, todos regulados pela Convenção das Nações Unidas sobre o Direito do Mar de 1982 (também conhecida como *Convenção de Montego Bay*).

2. Águas interiores. Já vimos que o território do Estado, num sentido amplo, abrange também – além do solo e do subsolo – o espaço aéreo e as águas. O domínio estatal se exerce, ora nas *águas interiores* – rios, mares interiores, lagos, baías, canais etc. –, ora no *mar territorial* e na *zona contígua*. Em seu conjunto, as *águas* representam um todo dominial, mas apresentam características próprias que devem ser estudadas separadamente.

A expressão *águas interiores* pode ser tomada em dois sentidos: um *geográfico* e outro *jurídico*. O primeiro compreende as águas encerradas no território do Estado (isto é, cercadas de terras por todos os lados, tais os lagos ou os mares propriamente *internos*; são as chamadas "águas doces"); e o segundo compreende as que se encontram aquém (ou seja, "do lado de cá") da linha de base ou de partida do mar territorial, mas que desembocam nesse último (estando, portanto, já no domínio das "águas salgadas").[8] Elas correspondem aos portos, aos golfos, às baías, às enseadas, aos recortes muito acentuados das costas (fiordes, rias) e às baías históricas, bem assim ao solo e ao subsolo destas zonas e ao espaço aéreo correspondente.[9] Apenas este segundo caso (o versado pelo *sentido jurídico*) interessa ao Direito Internacional Público e à Convenção das Nações Unidas de 1982, por se tratar de águas de *mar aberto*. Sobre elas o Estado exerce plenamente a sua soberania, pois restritas ao limite interior do mar territorial.

À soma das águas interiores com o mar territorial já se chamou de *águas territoriais*. Mas a doutrina, não raras vezes, preferia atribuir a esta última expressão sentido mais restrito, a fim de entendê-la como sinônima de *mar territorial*. As discussões de codificação do Direito

---

[7] A íntegra de todos esses Anexos encontra-se em nosso *Vade Mecum Internacional*, publicado pela Editora Método.

[8] V. Hildebrando Accioly. *Tratado de direito internacional público*, vol. II, cit., p. 152, citando Gidel.

[9] V. Dinh, Daillier & Pellet. *Direito internacional público*, cit., p. 1177.

do Mar, porém, foram no sentido de desvincular o termo *águas territoriais* da expressão *mar territorial*, tendo sido esta última a adotada pela CDI em diferenciação ao que se chama de *águas interiores*.[10]

O conceito de *águas interiores* está no art. 8º, § 1º, da Convenção de Montego Bay. Nos termos desse dispositivo, excetuando o disposto na Parte IV da Convenção (que cuida dos "Estados Arquipélagos"), "as águas situadas no interior da linha de base do mar territorial fazem parte das águas interiores do Estado". Assim, para a Convenção de Montego Bay as águas interiores são todas aquelas situadas no interior da linha de base do mar territorial, das quais são exemplos as reentrâncias do litoral, as baías, os portos, as radas, as desembocaduras de rios e estuários, bem como as águas situadas entre as ilhas ou ilhotas ou entre estas e a costa, quando encontram-se em determinadas condições de proximidade.[11] Como se percebe, as *águas interiores* às quais se refere a Convenção, são águas que fazem parte do *mar aberto*, não sendo "interiores" propriamente ditas. Trata-se apenas de uma *ficção jurídica*, uma vez que as mesmas não chegam a penetrar *no* território do Estado (tais os rios e lagos de água doce). Em outras palavras, "correspondem à porção de mar que se situa entre a terra seca e o limite interior do mar territorial, que é o espaço marítimo que se segue, no sentido da terra para o mar, numa posição de imediata adjacência ao território terrestre".[12] Tais águas nascem normalmente de recortes e reentrâncias situadas aquém da linha de base do mar territorial. Por tal motivo é que não se reconhece à navegação estrangeira de qualquer Estado o *direito de passagem inocente* nessas águas internas, ao contrário do que sucede no mar territorial.

Pode-se dizer que as águas interiores são a parte interna do domínio marítimo do Estado. Por se tratar de águas *nacionais*, o Estado não se sujeita a nenhum limite de soberania especificamente imposto em relação ao mar territorial, detendo soberania plena (ilimitada) sobre todas essas águas. Daí a doutrina a elas se referir como "aquelas que mais se aparentam com a soberania que se vive na terra firme estadual".[13] Assim, não é livre o acesso aos seus portos, quer as embarcações sejam mercantes ou de guerra, a menos que autorizadas pela capitania. Normalmente, na prática, essa autorização é dada com certa antecedência, em caráter duradouro, quando se trata de linhas regulares de carga e de passageiros. A autorização referida faz com que se permita o ingresso de embarcações no interior das águas do Estado, mas com a obrigação de as mesmas se sujeitarem às leis e regulamentos do Estado costeiro. Como destaca Rezek, a autorização também pode constar expressamente de tratado, a ser aplicado, com base em concessão mútua, a todos os navios – ou a todos os navios de comércio – que ostentem o pavilhão de cada Estado pactuante.[14] Quando, porém, as águas interiores "resultam da aplicação de linhas de bases retas que sejam utilizadas na definição interior do mar territorial, admite-se que a soberania que nelas se exerce padeça de uma restrição vigorando o regime do direito de passagem inofensiva".[15] Este último caso é expressamente regulado pela Convenção de Montego Bay, nestes termos: "Quando o traçado de uma linha de base reta (...) encerrar, como águas interiores,

---

[10]   *V.* Vicente Marotta Rangel. *Natureza jurídica e delimitação do mar territorial*, 2ª ed. rev. São Paulo: RT, 1970, pp. 27-28.

[11]   Cf. Oliveiros Litrento. *Curso de direito internacional público*, cit., p. 325.

[12]   Jorge Bacelar Gouveia. *Manual de direito internacional público*, cit., p. 507.

[13]   Jorge Bacelar Gouveia. Idem, p. 509.

[14]   José Francisco Rezek. *Direito internacional público...*, cit., p. 298.

[15]   Jorge Bacelar Gouveia. *Manual de direito internacional público*, cit., p. 509.

águas que anteriormente não eram consideradas como tais, aplicar-se-á a essas águas o direito de passagem inofensiva, de acordo com o estabelecido na presente Convenção" (art. 8º, § 2º).[16]

No domínio das águas interiores encontram-se os *mares internos* (fechados ou abertos), as *baías*, os *golfos*, os *lagos*, os *estuários*, os *portos* e os *ancoradouros* (naturais ou artificiais). São todos acidentes geográficos que trazem reflexos jurídicos para o Direito Internacional, merecendo breve análise em relação a alguns deles.

Os *mares internos* são aquelas grandes porções marítimas, cercadas de terra, apresentando, ou não, comunicação navegável com o mar livre. Nesse último caso são chamados de "mares fechados" (*land locked sea*), eis que totalmente encravados no território de um Estado, não apresentando comunicação com o oceano ou só se comunicando com ele por meio de um estreito cuja largura é inferior ao dobro do mar territorial, caso em que as margens do estreito são também pertencentes ao mesmo Estado.[17] São exemplos de mar fechado o Mar Morto, o Mar Cáspio e o Mar de Aral. Serão *abertos*, por sua vez, aqueles mares que, embora rodeados por terras, comunicam-se com o mar alto, por meio de uma via natural, tendo-se como exemplos o Mar Negro, o Mar de Azoff, o Mar de Mármara, o Mar Branco e o Mar Báltico. Tais mares levam também o nome de *semifechados* pela Convenção de Montego Bay (art. 122).

Estando o mar fechado circundado por terras de dois ou mais Estados, a competência sobre ele é dividida entre os mesmos, sobre a parte correspondente à sua faixa territorial costeira. Tal prática foi adotada no caso do Mar Cáspio entre a Rússia e a Pérsia, o qual ficou submetido à jurisdição de um tratado que foi celebrado em Moscou, em 26 de fevereiro de 1921.[18] O Mar de Mármara é uma exceção, uma vez que suas margens e sua passagem para o mar Negro pertencem inteiramente à Turquia, sendo por isso considerado verdadeiro *mar livre*.

Os *estuários* correspondem a verdadeiras baías pela sua largura, formadas quando o rio desemboca no mar, fazendo com que a foz assuma o aspecto de um estuário. Assim, chama-se de estuário a baía formada por um rio pouco antes de chegar ao mar, quando as águas daquele se misturam com as deste último. Aos estuários, em regra, são aplicadas as regras estabelecidas para as baías, a que se assemelham. Entretanto, segundo Casella, "se o estuário tem um só ribeirinho deve ser tratado como simples prolongamento do rio, isto é, que deve ser confundido com este, para se lhe aplicar o mesmo regime, aplicável às águas internas, seja qual for sua largura ao desembocar no oceano".[19] Para nós, o estuário deveria pertencer à bacia fluvial, mas a influência que o mar exerce sobre suas águas determina a ligação do problema aos assuntos marítimos. São exemplos de estuários de rios que se projetam no oceano o rio da Prata (criado pelos rios Paraná e Uruguai) e o Amazonas, no Brasil, o Mississípi, nos Estados Unidos, bem como o Severn e o Humber, na Inglaterra e o São Lourenço, no Canadá.[20]

Os *portos* (naturais ou artificiais) e os *ancoradouros* (que constituem prolongamento do mar ao longo da costa incrustada no território e que serve de abrigo aos navios de todas as bandeiras, sem qualquer distinção) são parte integrante do domínio público do Estado, que neles exerce jurisdição praticamente absoluta, podendo inclusive chegar ao extremo de

---

[16]   Essa regra é a mesma do art. 5º, § 2º, da Convenção sobre o Mar Territorial e a Zona Contígua, de 1958.

[17]   Cf. Gilda Maciel Corrêa Meyer Russomano. *Direito internacional público*, cit., p. 272; e Oyama Cesar Ituassú, *Curso de direito internacional público*, cit., p. 416.

[18]   Cf. Gilda Maciel Corrêa Meyer Russomano. *Direito internacional público*, cit., pp. 272-273.

[19]   Paulo Borba Casella. *Direito internacional dos espaços*, cit., p. 383.

[20]   Cf. Oyama Cesar Ituassú. *Curso de direito internacional público*, cit., p. 436.

impedir seu acesso por parte de navios estrangeiros.[21] Mas nesse último caso, é necessário que o Estado notifique inequivocamente as demais potências estrangeiras, sob pena de incorrer em responsabilidade internacional.[22] Esse direito de interdição, contudo, é limitado pelo direito costumeiro, por motivos humanitários, quando os navios estrangeiros (inclusive os de guerra) se encontrem em perigo no mar ou quando o ancoramento se torne necessário para aquisição de provisões, remédios etc.

Os *golfos* e as *baías* enquadram-se dentro das águas internas estatais apenas quando existe *um só* Estado costeiro, podendo as baías com vários Estados costeiros pertencer ao mar territorial, ao mar livre, estar sob o regime de condomínio estabelecido entre os Estados ribeirinhos ou ser repartidas entre eles.[23] Já se tentou diferenciar os golfos das baías, entendendo-se como sendo os primeiros as reentrâncias do litoral, de formação circular, com amplo raio de curvatura, e as segundas as reentrâncias geralmente menores, com curvaturas mais acentuadas (e bem menos amplas) e abertura pela qual o mar penetra.[24] Para nós, essa diferença terminológica pouca importância tem na prática, devendo-se sim perquirir qual a situação *jurídica* de tais reentrâncias. Antigamente se dizia que os golfos e as baías com menos de dez milhas de largura estariam compreendidos dentro do limite de competência jurisdicional do Estado, e os que ultrapassam essa medida passariam a ter uma faixa de mar livre, pertencendo ao alto-mar.[25] A Convenção de Montego Bay estancou a dúvida e disciplinou, no seu art. 10, § 4º, que se "a distância entre as linhas de baixa-mar dos pontos naturais de entrada de uma baía não exceder 24 milhas marítimas, poderá ser traçada uma linha de demarcação entre estas duas linhas de baixa-mar e as águas assim encerradas serão consideradas águas interiores". A Convenção diz ainda, no art. 15 que "quando as costas de dois Estados são adjacentes ou se encontram situadas frente a frente, nenhum desses Estados tem o direito, salvo acordo de ambos em contrário, de estender o seu mar territorial além da linha mediana cujos pontos são equidistantes dos pontos mais próximos das linhas de base, a partir das quais se mede a largura do mar territorial de cada um desses Estados".

Os *lagos* têm um regime em tudo similar ao dos mares internos, abertos ou fechados. É exemplo destes últimos o lago de Constança, formado pelo Reno, pertencente à Alemanha, Suíça e Áustria.

3. Mar territorial. O mar territorial, junto à zona contígua, constitui modernamente a parte externa do domínio marítimo estatal. Sem dúvida, é o mar territorial o mais investigado instituto do Direito do Mar, objeto de incontáveis estudos ao longo do tempo.[26] Contudo, a ideia de uma faixa de água adjacente à linha costeira do território estatal foi completamente ignorada na Antiguidade. Motivos de ordem econômica e razões de segurança contra invasões estrangeiras acabaram, porém, dando ensejo à reivindicação dos Estados por uma faixa d'água que se estendesse para além do seu território, na qual o mesmo pudesse exercer também os seus

---

[21] Cf. Gilda Maciel Corrêa Meyer Russomano. *Direito internacional público*, cit., p. 274.

[22] Cf. Gerson de Britto Mello Boson. *Direito internacional público...*, cit., p. 245.

[23] Cf. Gilda Maciel Corrêa Meyer Russomano. *Direito internacional público*, cit., p. 274.

[24] V. Hildebrando Accioly. *Tratado de direito internacional público*, vol. II, cit., p. 257.

[25] V. Oyama Cesar Ituassú. *Curso de direito internacional público*, cit., p. 434.

[26] V., entre outros, Gilbert Gidel, La mer territoriale et la zone contigue, *Recueil des Cours*, vol. 48 (1934-II), pp. 133-278; e Celso D. de Albuquerque Mello, *Mar territorial*, Rio de Janeiro: Freitas Bastos, 1965, 235p. Para uma visão atual do tema, *v.* A. V. Lowe & R. R. Churchill, *The law of the sea*, cit., pp. 71-101; e James Crawford, *Brownlie's principles of public international law*, cit., pp. 255-265.

direitos de soberania. Hoje, o mar territorial é faixa adjacente de água de notória importância para os Estados com litoral, objeto próprio de regulação pela Convenção de Montego Bay.

a) Conceito. O regime jurídico do mar territorial – também chamado de *mar jurisdicional, mar nacional* ou *mar litoral* – vem sendo debatido ao longo de vários anos pela doutrina e por conferências internacionais, tendo sobre ele sido formuladas inúmeras proposições desde então. Atualmente, o mar territorial encontra-se regulado no art. 2º da Convenção de Montego Bay, que assim estabelece:

"Art. 2. Regime jurídico do mar territorial, seu espaço aéreo sobrejacente, leito e subsolo.

1. A soberania do Estado costeiro estende-se além do seu território e das suas águas interiores e, no caso de Estado arquipélago, das suas águas arquipelágicas, a uma zona de mar adjacente designada pelo nome de mar territorial.

2. Esta soberania estende-se ao espaço aéreo sobrejacente ao mar territorial, bem como ao leito e ao subsolo deste mar.

3. A soberania sobre o mar territorial é exercida de conformidade com a presente Convenção e as demais normas de direito internacional".

O mar territorial pode, então, ser conceituado como a faixa marítima que banha o litoral de um Estado e onde, até um limite prefixado, o mesmo exerce sua jurisdição e competência. Trata-se de uma zona intermediária entre o alto-mar e a terra firme (de domínio exclusivo do Estado costeiro), cuja existência encontra-se justificada pela necessidade de segurança, conservação e defesa do Estado ribeirinho, bem como por motivos econômicos (navegação, cabotagem, pesca etc.) e, ainda, de polícia aduaneira e fiscal.[27]

Qualquer que seja o sistema adotado, o mar territorial interessa particularmente ao Estado no desempenho dessas relevantes atribuições internacionais. A Convenção de Montego Bay, ao dizer que "a *soberania* do Estado costeiro *estende-se* além do seu território e das suas águas interiores (...) a uma zona de mar adjacente designada pelo nome de *mar territorial*", decidiu ter este último natureza jurídica de *parte integrante* do território do Estado, acabando com a antiga divergência doutrinária que ora o entendia como pertencente ao domínio estatal, ora como pertencente ao alto-mar. Na sistemática da Convenção, passa a estar o mar territorial compreendido dentro do domínio estatal, sendo então considerado verdadeiro "território submerso" do Estado,[28] se bem que (atualmente) com algumas limitações relativas, principalmente, à conservação ambiental.[29]

É possível hoje dizer que a soberania do Estado, quanto ao seu mar territorial, estende-se à faixa de terra (e respectivo subsolo) recoberta pelas águas respectivas, bem como ao espaço atmosférico situado sobre elas. Assim, juridicamente, embora não geograficamente, o leito e o subsolo subjacentes ao mar territorial, bem assim o espaço aéreo correspondente, são como se dele fizessem parte.[30] Em toda essa área, o Estado detém praticamente os mesmos poderes soberanos relativos ao seu território terrestre, podendo dela desfrutar economicamente, utilizá-la como faixa de segurança, nela manter instalações, punir atividades ilícitas etc.

---

27 Cf. Gilda Maciel Corrêa Meyer Russomano. *Direito internacional público*, cit., pp. 276-277.

28 *V.* Vicente Marotta Rangel. *Natureza jurídica e delimitação do mar territorial*, cit., pp. 84-92.

29 Cf. Paulo Borba Casella. *Direito internacional dos espaços*, cit., p. 385.

30 Cf. Jorge Bacelar Gouveia. *Manual de direito internacional público*, cit., pp. 511-512.

b) Passagem inocente. Há exceções aos direitos do Estado sobre o seu mar territorial, uma vez que a sua soberania sobre ele não é absoluta. A mais relevante delas diz respeito à velha regra costumeira do *direito de passagem inocente* (regulado pelos arts. 17 a 26 da Convenção).[31] Por meio da regra da passagem inocente, o Estado costeiro deve aceitar, em tempo de paz, o trânsito inofensivo de navios estrangeiros mercantes (não os navios de guerra) por suas águas territoriais, sem o que a navegação de embarcações de todo o mundo seria impraticável. Em outras palavras, como leciona Adherbal Meira Mattos, a passagem inocente é "a navegação no mar territorial, com o objetivo de atravessá-lo, sem penetrar nas águas interiores, nem fazer escala num ancoradouro ou instalação portuária situada fora das águas interiores ou para elas dirigir-se, delas sair, ou fazer escala num desses ancoradouros ou instalações".[32] Os submarinos (e outros engenhos submersíveis) também têm o direito à passagem, mas devem navegar na superfície e arvorar o seu pavilhão (bandeira). Assim, esse direito, nascido do costume, permite aos navios estrangeiros navegar no mar territorial de determinado Estado, seja para atravessá-lo sem entrar nas suas águas interiores, seja para ir até as mesmas ou para alcançar o lado vindo dessas águas. O caráter *inofensivo* do trânsito do navio estrangeiro conota o dever que tais navios têm de não praticar qualquer ato que possa ferir a soberania, a segurança, a ordem pública e os interesses econômicos e fiscais desse país. Daí ser obrigação imposta também pelo costume ao trânsito de tais embarcações, que a sua passagem seja *contínua* e *breve*, destituída de subterfúgios e sem ameaça de eventual prática de ato ilícito, requisitos sem os quais a presunção de inofensividade pode cessar imediatamente.

Já se falou que o direito de passagem inocente não se aplica aos navios de guerra estrangeiros, uma vez que a passagem livre funda-se no interesse comum da navegação *comercial* e não da navegação *bélica*. Contudo, também se tem entendido (e esta é a posição de Oppenheim) que a passagem inocente das embarcações de guerra – que têm imunidade à jurisdição local – não estaria impedida "quando as águas territoriais se encontram delimitadas de tal maneira que a passagem através delas é necessária para o tráfego internacional".[33] Mas, nesse caso, o Estado local poderá dirigir ordem de retirada imediata caso entenda que as regras de passagem estão sendo violadas para dar lugar à manobras militares ou outras congêneres, que não dizem respeito à *passagem* propriamente dita. Isso bem demonstra que o direito de passagem inocente não impede que o Estado ribeirinho tome medidas de salvaguarda de sua soberania, ordem pública e outros interesses, como os fiscais. Fora do caso excepcional acima citado, admitido por Oppenheim, parece-nos não ser possível franquear as águas do Estado à passagem inocente de navios de guerra, uma vez que o fundamento do direito de passagem deriva do interesse universal apresentado pela liberdade de comércio e de navegação, o que inexiste no caso da passagem de embarcações bélicas.[34] Daí a maioria da doutrina admitir que a passagem de navios de guerra pelo mar territorial de determinado Estado fica sujeita às regras especiais estabelecidas por

---

[31] Destaque-se que a regra costumeira da *passagem inocente* não se estende à passagem em terra firme ou por via aérea, estando circunscrita exclusivamente à navegação no mar territorial. Sobre o tema, *v.* especialmente Jorge Bacelar Gouveia, *O direito de passagem inofensiva no novo direito internacional do mar*, Lisboa: Lex, 1993, 162p.

[32] Adherbal Meira Mattos. *O novo direito do mar*, cit., p. 18. Sobre o direito de passagem inocente, *v.* ainda Rebecca M.M. Wallace, *International law*, cit., pp. 144-147; Celso D. de Albuquerque Mello, *Curso de direito internacional público*, vol. II, cit., pp. 1185-1190; Paulo Borba Casella, *Direito internacional dos espaços*, cit., pp. 392-394; e Malcolm N. Shaw, *Direito internacional*, cit., pp. 417-419.

[33] Oppenheim, citado por Ian Brownlie, in *Princípios de direito internacional público*, cit., p. 212, nota nº 85.

[34] Cf. Hildebrando Accioly. *Tratado de direito internacional público*, vol. II, cit., p. 219.

este último. Este ponto de vista foi expressamente adotado pelo art. 11 do "Projeto de Regulamentação Relativo ao Mar Territorial em tempo de Paz", então adotado pelo *Institut de Droit International*, na sua sessão de Estocolmo de 1928, de que foram relatores Sir Thomas Barclay, L. Oppenheim, Theodor Niemeyer, Philip Marshall Brown e Alejandro Alvarez, nestes termos: "A livre passagem dos navios de guerra pode estar sujeita às regras especiais do Estado ribeirinho".

No que tange aos navios mercantes, para os quais a passagem inocente é franqueada, o que se entende é que o Estado costeiro deve abster-se de exercer sobre eles sua jurisdição civil, salvo por responsabilidade decorrente diretamente da própria passagem. Também não poderá exercer sua jurisdição penal, uma vez que o *trânsito* exclui essa faculdade estatal.[35] A regra aqui adotada é a de que ao Estado costeiro "não importa conhecer de ocorrências que dizem respeito apenas ao navio e a sua tripulação, sem repercussão na sua costa".[36] Assim, a jurisdição penal do Estado costeiro não será exercida a bordo de navio estrangeiro que passe pelo mar territorial, com o fim de deter qualquer pessoa ou de realizar qualquer investigação, com relação à infração criminal cometida a bordo desse navio durante a sua passagem, salvo nos seguintes casos: *a*) se a infração criminal tiver consequências para o Estado costeiro; *b*) se a infração criminal for de tal natureza que possa perturbar a paz do país ou a ordem no mar territorial; *c*) se a assistência das autoridades locais tiver sido solicitada pelo capitão do navio ou pelo representante diplomático ou funcionário consular do Estado de bandeira; ou *d*) se essas medidas forem necessárias para a repressão do tráfico ilícito de estupefacientes ou de substâncias psicotrópicas (art. 27, § 1º, da Convenção de Montego Bay).

Frise-se que o direito de passagem inocente diz respeito às *águas* do mar territorial do Estado, e não às extensões de soberania dessa faixa de água, que abrange o solo e o subsolo situados sob ela e o espaço atmosférico respectivo. É princípio correntemente aceito que o direito de passagem inocente não vigora na faixa de espaço atmosférico, mesmo que situada sobre o mar territorial do Estado.[37]

c) *Delimitação*. Não é de hoje que se discute a delimitação do mar territorial. Desde o século XIV, quando o jurista italiano Saxoferrato sustentou o limite de 100 milhas marítimas, passando pelo século XVII, quando Hugo Grotius defendeu o *Mare Liberum*, e pelo século XVIII, quando se estabeleceu a regra do *alcance do tiro de canhão* para a distância de três milhas (inicialmente com Bynkershöek em 1702, em obra intitulada *De Domino Maris* e, posteriormente, com Galiani em 1782), é que as controvérsias acerca da natureza jurídica e do limite máximo do mar territorial vêm se intensificando.[38]

No que toca à extensão do mar territorial – tema relacionado à proteção do território –, destaque-se que o Brasil havia unilateralmente adotado (no início da década de 1970) o critério das 200 milhas marítimas de largura (correspondentes a 374 quilômetros e 400 metros), medidas a partir "da linha do baixo-mar do litoral continental e insular brasileiro, adotado o método das linhas de base retas para o traçado da linha exterior", tal como estabelecia o

---

[35] V. José Francisco Rezek. *Direito internacional público...*, cit., p. 299.

[36] Yussef Said Cahali. *Estatuto do estrangeiro*, cit., p. 35.

[37] Nesse exato sentido, v. Ian Brownlie, *Princípios de direito internacional público*, cit., p. 133, que assim leciona: "Consequentemente, o Direito Internacional não permite a existência de um direito de passagem inofensiva, mesmo através do espaço aéreo sobre o mar territorial".

[38] Cf. Adherbal Meira Mattos. *O novo direito do mar*, cit., p. 9; e Ian Brownlie, *Princípios de direito internacional público*, cit., pp. 196-197.

Decreto-lei nº 1.098, de 25 de março de 1970.[39] Essa normativa, segundo a doutrina, era afirmação da soberania nacional "para o necessário lastro jurídico à nação brasileira contra eventuais incursões estrangeiras".[40] Porém, no final de 1982, com o encerramento da Terceira Conferência das Nações Unidas sobre o Direito do Mar, o governo brasileiro viria a defrontar--se com a decisão de assinar ou não a Convenção de Montego Bay, que depois de numerosas reuniões e longos debates internacionais determinou ser de 12 milhas marítimas (22,2 km) a extensão do mar territorial de qualquer Estado costeiro, tendo admitido, porém, as 200 milhas (contadas a partir da costa) a título de *zona econômica exclusiva*.[41] A ideia da zona econômica exclusiva, frise-se, emergiu justamente no intuito de adaptar a pretensão dos países que pretendiam fixar em 200 milhas o mar territorial (dentre eles, o Brasil) com a dos demais países (economicamente mais ricos) defensores de um limite notadamente menor, tendo a posição intermediária logrado êxito nos debates ante as Nações Unidas. O Brasil acabou por assinar a Convenção e, em adaptação ao seu texto, editou a Lei nº 8.617/93, que determinou ser o mar territorial brasileiro a "faixa de doze milhas marítimas de largura, medidas a partir da linha de baixa-mar do litoral continental e insular brasileiro, tal como indicada nas cartas náuticas de grande escala, reconhecidas oficialmente no Brasil" (art. 1º).[42] A partir desse momento, então, o Brasil passa a afinar-se com a normativa internacional de delimitação do mar territorial, pondo termo às discussões que sobre o tema recaíam.

A delimitação do mar territorial realiza-se medindo a largura da linha litorânea de maré--baixa (*linha de base normal*, considerada como a linha de baixa-mar ao longo da costa, tal como indicada nas cartas marítimas de grande escala, reconhecidas oficialmente pelo Estado costeiro), alternada com a linha de limite das águas interiores quando existirem baías ou portos.[43] Nos termos da Convenção, o limite exterior do mar territorial é definido por uma linha em que cada um dos pontos fica a uma distância do ponto mais próximo da linha de base igual à largura do mar territorial (art. 4º). Nos casos em que não se verificam as marés, a linha de base pode ser medida a partir da linha média do mar em questão.[44] As ilhas naturais (*v.g.*, Fernando de Noronha, no Brasil) têm faixa de mar territorial próprias, na igual medida de 12 milhas marítimas.

4. Zona contígua. Entende-se por *zona contígua* a faixa de alto-mar que se inicia imediatamente após o limite exterior do mar territorial e, em princípio, de mesma largura, sobre a qual o Estado costeiro tem o direito de tomar as medidas de *fiscalização* que julgar convenientes na defesa de seu território, exercendo o necessário controle no sentido de prevenir ou punir infrações aos seus regulamentos aduaneiros, fiscais, sanitários, de imigração e de segurança, quer

---

[39] Assim também haviam feito o Chile e o Peru (em 1947), a Costa Rica (em 1948), El Salvador (em 1950), Honduras (em 1951) e o Equador (em 1952). Para as discussões sobre a delimitação do mar territorial antes da Convenção de Montego Bay, *v.* Vicente Marotta Rangel, *Natureza jurídica e delimitação do mar territorial*, cit., pp. 123-170; e Luiz Augusto de Araujo Castro, *O Brasil e o novo direito do mar: mar territorial e zona econômica exclusiva*, Brasília: Fundação Alexandre de Gusmão, 1989, pp. 11-31.

[40] Adherbal Meira Mattos. *O novo direito do mar*, cit., p. 13.

[41] Cf. Luiz Augusto de Araujo Castro. *O Brasil e o novo direito do mar...*, cit., p. 7.

[42] O Reino Unido, *v.g.*, adotou o limite de doze milhas marítimas na Lei do Mar Territorial de 1987, e os Estados Unidos, na Declaração nº 5.928, de dezembro de 1988 (*v.* Malcolm N. Shaw. *Direito internacional*, cit., p. 415).

[43] Cf. José Francisco Rezek. *Direito internacional público...*, cit., pp. 300-301; e Rebecca M.M. Wallace, *International law*, cit., pp. 139-140.

[44] Cf. Ian Brownlie. *Princípios de direito internacional público*, cit., p. 198.

tenham sido tais infrações cometidas em seu domínio terrestre ou no mar territorial.[45] A zona contígua se estende para além do mar territorial até um limite de 24 milhas marítimas contadas a partir da linha de base. Portanto, a largura da zona contígua, contando-se sua extensão desde o final das 12 milhas do mar territorial, é também de 12 milhas marítimas.

A natureza jurídica da zona contígua não se confunde com a do mar territorial. É a zona contígua uma parte ou faixa do alto-mar adjacente às águas territoriais. Ela pertence, portanto, ao *alto-mar*, diferentemente do que ocorre com o mar territorial, que é parte do "território submerso" do Estado (e em relação ao qual este exerce a plenitude de sua soberania).[46] Em sua faixa o Estado exerce três tipos de competências: *a*) *aduaneira* e *fiscal* (prevenindo ou punindo infrações e fraudes aos seus regulamentos); *b*) *segurança* (em seus múltiplos aspectos, como saúde, navegação e interesse militar) e; *c*) *conservação* e *exploração* das riquezas animais e minerais.[47]

Num único artigo a Convenção de Montego Bay cuidou da zona contígua. Trata-se do art. 33, § 1º, da Convenção, segundo o qual, na área de zona contígua, "o Estado costeiro pode tomar as medidas de fiscalização necessárias a: *a*) evitar as infrações às leis e regulamentos aduaneiros, fiscais, de imigração ou sanitários no seu território ou no seu mar territorial; *b*) reprimir as infrações às leis e regulamentos no seu território ou no seu mar territorial". Ainda nos termos do art. 33, § 2º, a zona contígua "não pode estender-se além de 24 milhas marítimas, contadas a partir das linhas de base que servem para medir a largura do mar territorial". Como se nota, as 24 milhas da zona contígua são contadas "a partir das linhas de base" do mar territorial. Tendo o mar territorial 12 milhas, tem-se que a zona contígua propriamente dita não pode ultrapassar a idênticas 12 milhas (que formam um total de 24 milhas).

O regime que se entende haver na zona contígua corresponde essencialmente ao da liberdade do alto-mar. Sob essa ótica, como explica Jorge Bacelar Gouveia, a zona contígua representa apenas uma *limitação pontual* do regime de alto-mar, na espessura das 12 às 24 milhas, permitindo ao Estado alguns poderes de mera jurisdição, no âmbito da fiscalização do cumprimento da sua legislação nacional, em duas matérias definidas pela própria Convenção: poderes de fiscalização que têm o objetivo de (*a*) evitar infrações às leis e regulamentos aduaneiros, fiscais, de imigração e sanitários no seu território ou seu mar territorial, e (*b*) de reprimir as infrações às leis e regulamentos no seu território ou no seu mar territorial.[48]

5. Estreitos. Em sentido próprio, *estreitos* são acidentes geográficos naturais (passagens marítimas) que fazem comunicar dois mares entre si. Trata-se de corredores de águas integrantes do mar territorial de um ou mais Estados, e que beneficiam a navegação internacional entre áreas de alto-mar ou zona econômica exclusiva. A CIJ, no caso do *Estreito de Corfu* entre a Grã-Bretanha e a Albânia,[49] entendeu em sentença de 1949 que, de acordo com o costume internacional, os Estados têm o direito de, em tempo de paz, atravessar com seus navios de guerra pelos estreitos utilizados para a navegação internacional entre duas partes de altos

---

[45]   V. A. V. Lowe & R. R. Churchill. *The law of the sea*, cit., pp. 132-140; e James Crawford, *Brownlie's principles of public international law*, cit., pp. 265-269.

[46]   Cf. Gilda Maciel Corrêa Meyer Russomano. *Direito internacional público*, cit., p. 285; e Celso D. de Albuquerque Mello, *Curso de direito internacional público*, vol. II, cit., p. 1242.

[47]   V. Oyama Cesar Ituassú. *Curso de direito internacional público*, cit., p. 411.

[48]   Jorge Bacelar Gouveia. *Manual de direito internacional público*, cit., p. 533.

[49]   Para uma análise do caso, *v.* Jomara de Carvalho Ribeiro, *A responsabilidade do Estado perante a Corte Internacional de Justiça*, cit., pp. 125-134.

mares, sem precisar de autorização do Estado costeiro, desde que a passagem seja inocente. Isto não causa maiores problemas quando as águas dos mares territoriais dos Estados litorais não se encontram. Porém, ao se encontrarem surge o problema de saber qual o *limite* da fronteira entre tais Estados, embora a regra aplicável seja normalmente o da linha mediana.[50]

Contudo, existem duas situações jurídicas diversas no que tange aos estreitos: *a)* quando o estreito *une um mar interno a um mar livre* (como o estreito de *Kertch*, que une o Mar Negro ao Mar de Azof); e *b)* quando ele liga *dois mares livres* (como os estreitos de *Magalhães*, entre o Atlântico e o Pacífico no extremo sul da América, tocando o Chile e a Argentina; o *Sund* e os *Belts*, ligando o Báltico ao Mar do Norte; o de *Dardanelos* e *Bósforo*, situados em território turco, que ligam o Mar Negro ao Adriático; e o de *Gibraltar*, comunicando o Atlântico com o Mediterrâneo).[51]

Ambos os casos citados acima exigem soluções que, por vezes, variam segundo as circunstâncias. Na primeira hipótese, como explica Gilda Russomano, se as duas margens do estreito pertencem a Estados diferentes, suas águas serão *territoriais* (mas não *internas*), tendo cada um dos ribeirinhos jurisdição até a largura mediana ou (se a largura do estreito for maior que o dobro do mar territorial) até o limite das respectivas águas territoriais. Caso as duas margens do estreito e as costas do mar interno pertençam a um só Estado, o estreito é parte integrante do seu domínio marítimo interno, contanto que sua largura seja tão pequena que o estreito possa ser dominado desde as margens. Caso seja o estreito demasiado largo, considera-se que existe uma faixa marítima central que deve ser tratada como mar livre. Na segunda hipótese, isto é, quando o estreito faz comunicar dois mares livres, sua condição jurídica passa a ser regulada pelo mesmo regime dos mares livres, em tudo se lhe aplicando as regras cabíveis a estes últimos, bem como por meio de tratados internacionais.[52]

A Convenção de Montego Bay reconhece o direito e a jurisdição do Estado ribeirinho sobre os estreitos, seu espaço aéreo respectivo, seu leito e seu subsolo, principalmente no que tange ao *direito de passagem em trânsito* (expressão que não significa nada além do conhecido *direito de passagem inocente*) nos estreitos utilizados para a navegação internacional entre uma parte do alto-mar e uma zona econômica exclusiva e uma outra parte do alto-mar ou uma zona econômica exclusiva.[53] Nos termos do seu art. 38, § 1º, nos estreitos, todos os navios e aeronaves "gozam do direito de passagem em trânsito, que não será impedido a não ser que o estreito seja formado por uma ilha de um Estado ribeirinho desse estreito e o seu território continental e do outro lado da ilha exista uma rota de alto-mar ou uma rota que passe por uma zona econômica exclusiva, igualmente convenientes pelas suas características hidrográficas e de navegação". Por *passagem em trânsito*, como aduz o § 2º do mesmo dispositivo, entende-se o exercício "da liberdade de navegação e sobrevoo exclusivamente para fins de trânsito contínuo e rápido pelo estreito entre uma parte do alto-mar ou de uma zona econômica exclusiva e uma outra parte do alto-mar ou uma zona econômica exclusiva"; contudo, continua o dispositivo, "a exigência de trânsito contínuo e rápido não impede

---

[50] Cf. Ian Brownlie. *Princípios de direito internacional público*, cit., p. 299.

[51] Cf. Oyama Cesar Ituassú. *Curso de direito internacional público*, cit., pp. 417-418; José Francisco Rezek, *Direito internacional público...*, cit., p. 309; e Dinh, Daillier & Pellet, *Direito internacional público*, cit., pp. 1194-1196.

[52] *V.*, por tudo, Gilda Maciel Corrêa Meyer Russomano, *Direito internacional público*, cit., p. 276.

[53] Cf. Adherbal Meira Mattos. *O novo direito do mar*, cit., p. 24.

Parte III · Cap. II · O MAR | **753**

a passagem pelo estreito para entrar no território do Estado ribeirinho ou dele sair ou a ele regressar sujeito às condições que regem a entrada no território desse Estado".

O direito de passagem em trânsito não confere às embarcações estrangeiras o direito de efetuar atividades de investigação científica ou de levantamentos hidrográficos, a não ser com a expressa autorização do Estado costeiro.[54]

6. Canais internacionais. Os chamados *canais internacionais* guardam com os estreitos a semelhança de serem (ambos) vias de passagem que unem duas águas através do território de um Estado para facilitar a navegação entre dois mares. Contudo, os canais internacionais (ainda que interoceânicos) diferem-se dos estreitos pelo fato de serem vias *artificiais* de passagem e de comunicação, criadas por meio do trabalho humano. Assim, enquanto os estreitos são sempre ligações *naturais* entre dois mares, os canais internacionais têm a característica de serem sempre ligações *artificiais*, podendo estar situados no território de um só Estado ou no território de dois ou mais Estados. É por isso – explica Jorge Bacelar Gouveia – que o seu regime não é de Direito Internacional Geral e antes se concebe para cada canal, em atenção ao esforço econômico na respectiva construção.[55]

Os canais internacionais são construídos pelos Estados, ou com seu consentimento, em seus próprios territórios, estando, em princípio, sujeitos à sua exclusiva soberania, assim como as demais partes integrantes do seu domínio. Dessa maneira, a regulamentação jurídica dos canais com interesse para a navegação é feita pelos Estados que o construíram em seu território, ficando sujeitos (como se disse, *em princípio*) à sua exclusiva soberania, se outra regra diversa não lhes for aplicada (uma vez que os canais podem ser *internacionalizados* por tratados ou acordos entre os Estados, como foi o caso dos canais de Suez, do Panamá e de Kiel). Diferentemente do que muitas vezes ocorre com os estreitos, que são vias de passagem naturais, os canais não se encontram sujeitos à servidão de passagem inocente. Entretanto – explica Accioly – "a própria conveniência dos Estados que os possuem ou, melhor, as exigências do comércio internacional e da crescente interdependência das nações tornam quase sempre imperativa a necessidade da abertura dos canais marítimos à navegação e comércio internacionais".[56]

Tais canais ora se situam entre dois rios – como o canal Don ao Volga, na Rússia e o Dortmund ao Sem, na Alemanha –, ora entre um rio e o mar – a exemplo do canal de Albert, ligando Liège a Anvers –, sendo vias internas de comunicação, sujeitas à soberania estatal. Os canais, também, às vezes fazem comunicar dois mares, como o canal de Suez, entre o Mediterrâneo e o Mar Vermelho, construído em 1869 em território egípcio, e o canal do Panamá, unindo o Atlântico e o Pacífico por meio de um sistema de comportas em forma de degraus, com extensão de oitenta e um quilômetros (os dois canais foram projetados pelo engenheiro francês Ferdinand de Lesseps). Em ambos os casos tais canais assumem enorme importância para a navegação internacional em geral e para o comércio em especial.[57] Para se ter uma ideia, a autoridade que administra o canal de Suez – que é um ato unilateral – é o Ministério do Comércio, nos termos do Direito egípcio.[58]

---

54   Cf. Adherbal Meira Mattos. Idem, p. 25.

55   Jorge Bacelar Gouveia. *Manual de direito internacional público*, cit., p. 516. Sobre o tema, *v.* ainda Antonio Remiro Brotons (*et al.*), *Derecho internacional*, cit., pp. 909-910; e James Crawford, *Brownlie's principles of public international law*, cit., pp. 340-342.

56   Hildebrando Accioly. *Tratado de direito internacional público*, vol. II, cit., p. 188.

57   Cf. Oyama Cesar Ituassú. *Curso de direito internacional público*, cit., p. 422.

58   Cf. Ian Brownlie. *Princípios de direito internacional público*, cit., p. 297.

7. Estados Arquipélagos. A Convenção de Montego Bay cuida dos *Estados Arquipélagos* nos arts. 46 a 54. Segundo a Convenção (art. 46, alínea *a*), a expressão "Estado Arquipélago" significa um Estado constituído *totalmente* por um ou vários arquipélagos, podendo incluir outras ilhas.[59] Trata-se de uma das principais novidades da Terceira Conferência das Nações Unidas sobre o Direito do Mar, ainda que com a estranha epígrafe *Estados Arquipélagos*, que segundo alguns autores, "as designam erroneamente, porque está em causa um espaço marítimo e não propriamente uma qualidade do Estado no seu conjunto".[60] Teria sido realmente mais correto ter a Convenção epigrafado o tema com o nome de *Águas Arquipelágicas* em vez de *Estados Arquipélagos*.

Arquipélago significa um grupo de ilhas, incluindo partes de ilhas, as águas circunjacentes e outros elementos naturais que estejam tão estreitamente relacionados entre si que essas ilhas, águas e outros elementos naturais formem intrinsecamente uma entidade geográfica, econômica e política ou que historicamente tenham sido considerados como tal (art. 46, alínea *b*). Tem-se, *v.g.*, o arquipélago da Indonésia como exemplo do que se acaba de expor, o qual, inclusive, tem importância estratégica para a comunicação entre os oceanos Pacífico e Índico.[61]

O Estado Arquipélago pode traçar linhas de base arquipelágicas retas que unam os pontos extremos das ilhas mais exteriores e dos recifes emergentes do arquipélago, com a condição de que dentro dessas linhas de base estejam compreendidas as principais ilhas e uma zona em que a razão entre a superfície marítima e a superfície terrestre, incluindo os atóis, se situe entre um para um e nove para um (art. 47, § 1º). Se uma parte das águas arquipelágicas de um Estado Arquipélago estiver situada entre duas partes de um Estado vizinho imediatamente adjacente, os direitos existentes e quaisquer outros interesses legítimos que este Estado tenha exercido tradicionalmente em tais águas e todos os direitos estipulados em acordos concluídos entre os dois Estados continuarão em vigor e serão respeitados (art. 47, § 6º).

Os navios de qualquer bandeira, à semelhança do que ocorre no caso do mar territorial, também têm direito de passagem inocente pelas águas arquipelágicas, salvo eventual suspensão desse direito pelo Estado Arquipélago para fins de proteção de sua segurança. Tais embarcações gozam ainda de passagem de trânsito (contínua e sem demoras) pelas rotas marítimas designadas pelos Estados arquipelágicos.[62] As normas indicativas dos eixos das rotas e do sistema de separação de tráfego estabelecidas pelo Estado Arquipélago devem ser publicadas por este a fim de dar conhecimento aos outros Estados (inclusive no caso de substituição de alguma regra ou sistema). Se um Estado Arquipélago não designar rotas marítimas ou aéreas, o direito de passagem por rotas marítimas arquipelágicas pode ser exercido por meio das rotas utilizadas normalmente para a navegação internacional.

8. Situação jurídica dos navios. Conceitualmente, entende-se por *navio* toda construção humana destinada à navegação (em mares, rios, lagos etc.) capaz de transportar

---

59   Sobre o tema, *v.* especialmente A. V. Lowe & R. R. Churchill, *The law of the sea*, cit., pp. 118-131.

60   Jorge Bacelar Gouveia. *Manual de direito internacional público*, cit., p. 521.

61   *V.* Celso D. de Albuquerque Mello. *Curso de direito internacional público*, vol. II, cit., p. 1194. Entre os Estados que também se enquadram nesta definição, mas não se definem como arquipelágicos, estão o Reino Unido e o Japão (*v.* Malcolm N. Shaw. *Direito internacional*, cit., p. 413).

62   Cf. Adherbal Meira Mattos. *O novo direito do mar*, cit., p. 27.

Parte III · Cap. II · O MAR | 755

pessoas ou coisas.[63] Os navios são verdadeiros instrumentos utilizados pelos Estados para sua comunicação com os demais membros da sociedade internacional.[64]

Compete às leis internas de cada Estado regular, para proveito próprio, a questão da nacionalidade dos navios, definindo "as condições em que o estatuto nacional pode ter conferido às embarcações".[65] Por conseguinte, como destaca Oyama Cesar Ituassú, o que indica a nacionalidade da embarcação é o pavilhão içado, garantindo-lhe o abrigo diplomático do Estado a que o mesmo pertence, bem como a aplicação dos tratados celebrados e da jurisdição nacional quando o mesmo se encontrar em alto-mar.[66] A nacionalidade é estabelecida pela *matrícula* e esta autoriza o uso do pavilhão, obedecendo a regras que podem variar de um Estado para outro. A matrícula é o registro que um navio tem em um determinado Estado, com as especificações do nome, indicações de seu proprietário e demais características. O porto eleito é o seu *domicílio* e indica o lugar de saída e de regresso, completando a matrícula.[67] Aplica-se também aqui o princípio do "vínculo efetivo" estabelecido pela CIJ no *caso Nottebohm*.[68]

No Brasil, as regras para o estabelecimento da nacionalidade de seus navios são as seguintes: ser propriedade de brasileiro nato ou de sociedade com sede no País e dirigida exclusivamente por brasileiros; serem os armadores brasileiros natos; e serem o comandante e dois terços da tripulação brasileiros natos. Quanto aos navios de guerra, o uso do pavilhão nacional na popa e da flâmula no mastro central atesta sua nacionalidade.[69] A propósito, dispunha o art. 178, § 2º, da Constituição Federal de 1988, antes da Emenda Constitucional nº 7, de 1995, que: "Serão brasileiros os armadores, os proprietários, os comandantes e dois terços, pelo menos, dos tripulantes de embarcações nacionais".

Os navios podem ser divididos em *públicos* ou *privados*, levando-se em consideração, para esta classificação, a natureza dos serviços por eles desenvolvidos. Também já foram divididos levando-se em conta as suas atividades *jus imperii* e *jus gestionis*, mas a classificação ainda mais aceita é aquela que os divide em públicos e privados.

As embarcações que realizam atividades *privadas* ficam submetidas à jurisdição do Estado, sendo necessário, para tanto, que as mesmas se encontrem no território do Estado de que são nacionais ou em alto-mar. Isto significa dizer que as embarcações privadas *não ficam* sob a jurisdição do Estado de origem quando se encontram em portos ou águas territoriais estrangeiros. Assim, não podem asilar ou dar abrigo a estrangeiros nesses casos, mesmo que estes estejam sendo perseguidos por crimes políticos. Já no que tange aos navios *públicos*, são eles comumente divididos em barcos *militares* e *civis*. São *civis* aqueles que desempenham funções administrativas de natureza *pública*, sem fins militares, a exemplo das embarcações utilizadas pelos serviços alfandegários e de polícia marítima, ou postas à disposição de soberanos, chefes de Estado ou de representantes diplomáticos. Os navios *militares*, por sua vez, são os que se empregam nas atividades de defesa em geral, estando incorporados ao patrimônio nacional e, em particular, às forças armadas. Ao contrário do que ocorre com as

---

[63] Se está a empregar aqui, evidentemente, um conceito *lato* de navio, a compreender (para os fins que interessam a este tópico) quaisquer construções capazes de navegar por força própria.

[64] Cf. Luis Ivani de Amorim Araújo. *Curso de direito internacional público*, cit., pp. 221-222.

[65] Ian Brownlie. *Princípios de direito internacional público*, cit., p. 448.

[66] V. Oyama Cesar Ituassú. *Curso de direito internacional público*, cit., p. 475.

[67] Cf., por tudo, Oyama Cesar Ituassú, Idem, pp. 417-418.

[68] V. *ICJ Reports* (1955), p. 4.

[69] Cf. Oyama Cesar Ituassú. *Curso de direito internacional público*, cit., p. 476.

756 | CURSO DE DIREITO INTERNACIONAL PÚBLICO – *Valerio de Oliveira Mazzuoli*

embarcações privadas, os navios públicos gozam de amplas imunidades (frise-se que essa é uma regra *costumeira*) independentemente do local onde se encontrem. Ou seja, mesmo em águas ou portos de outro Estado, eles continuam jurisdicionados pelo Estado de sua nacionalidade.[70] Mas dizer que eles têm *imunidade* não significa dizer que eles são *extensão do território* dos seus respectivos Estados, teoria esta já abandonada pelo direito das gentes e por juristas dos mais eminentes.[71]

A Convenção de Montego Bay, contudo, não seguiu o costume internacional em todos os pontos. Daí as controvérsias incessantes nessa seara. De maneira geral, as regras internacionalmente aceitas atinentes à situação jurídica dos navios podem ser assim resumidas:

a) Embarcações públicas brasileiras (ou a serviço oficial do Brasil): pelo costume internacional aplica-se-lhes a lei brasileira onde quer que se encontrem (pelo princípio da *extraterritorialidade*), notadamente quanto aos crimes praticados a seu bordo.[72] Lembre-se que em matéria de jurisdição penal as embarcações públicas civis (quando a serviço) equiparam-se às embarcações de guerra.[73] Frise-se, porém, que o art. 96 da Convenção de Montego Bay restringiu ao *alto-mar* essa imunidade absoluta, em aparente oposição ao direito costumeiro já sedimentado, nestes termos: "Os navios pertencentes a um Estado ou por ele operados e utilizados unicamente em serviço oficial não comercial gozam, *no alto-mar*, de completa imunidade de jurisdição relativamente a qualquer Estado que não seja o da sua bandeira". A finalidade da disposição é fazer com que os navios de guerra ou os navios civis em uso oficial obedeçam as regras portuárias (positivas ou costumeiras) do Estado em que se encontrem, bem como as leis e regulamentos locais. A dúvida que surge nessa seara diz respeito aos nascidos a bordo de tais embarcações quando localizadas em águas pertencentes a outra soberania, tendo a doutrina e a jurisprudência (com certa dubiedade, porém) distinguido a situação dos navios *militares* daqueles *públicos civis* (*v.* Parte II, Capítulo IV, Seção I, item nº 7, *a*);

b) Embarcações privadas brasileiras (ou públicas quando utilizadas para fins comerciais): aplica-se-lhes a lei brasileira se estiverem em território nacional ou em alto-mar (observando--se o princípio do pavilhão ou da bandeira). Estando em águas estrangeiras, aplica-se-lhes, em regra, a lei do Estado costeiro e os seus regulamentos, ficando também sujeitas à sua fiscalização. Foi o que decidiu o *Institut de Droit International*, na sua sessão Estocolmo de 1928, cujo tema teve como relator o Sr. Gilbert Gidel, segundo o qual os navios, passageiros e tripulantes de navios de comércio estrangeiros estão todos subordinados "aux lois de police et à toutes les dispositions réglementaires en vigueur dans le port où ils sont reçus", ou seja, "às leis de polícia [normas de aplicação imediata] e a todas as disposições regulamentares em vigor no porto onde são recebidos" (art. 29);

c) Embarcações públicas estrangeiras (ou a serviço oficial do governo estrangeiro): pelo costume internacional, estão amparadas pela lei do seu país de origem, não lhes sendo aplicada

---

[70]   V., nesse exato sentido, Gilda Maciel Corrêa Meyer Russomano, *Direito internacional público*, cit., pp. 327-328.

[71]   V. José Luis de Azcárraga. *Derecho internacional marítimo*. Barcelona: Ariel, 1970, p. 40.

[72]   Cf. Nélson Hungria. *Comentários ao Código Penal*, vol. I, t. I, cit., p. 180. Segundo o art. 5º, § 1º do Código Penal brasileiro: "Para os efeitos penais, consideram-se como extensão do território nacional as embarcações e aeronaves brasileiras, de natureza pública ou a serviço do governo brasileiro onde quer que se encontrem, bem como as aeronaves e as embarcações brasileiras, mercantes ou de propriedade privada, que se achem, respectivamente, no espaço aéreo correspondente ou em alto-mar".

[73]   Cf. Celso D. de Albuquerque Mello. *Direito penal e direito internacional*, cit., p. 27.

a lei brasileira, mesmo se em águas nacionais. Tratar-se-ia, aqui, da hipótese de *intraterritorialidade*, que ocorre quando o ato (um crime, *v.g.*) é cometido em território nacional, mas a ele se aplica o direito estrangeiro (por juiz estrangeiro) de acordo com as leis do país de origem da embarcação. A Convenção de Montego Bay, contudo, restringiu (como se falou acima) tal imunidade absoluta ao *alto-mar* (quer para os navios de guerra – art. 95 – ou para as embarcações civis em uso oficial – art. 96);

d) Embarcações privadas estrangeiras: somente se lhes aplica a lei brasileira se estiverem ancoradas ou em trânsito em território brasileiro,[74] pois caso contrário a elas serão aplicadas as leis do Estado em que se encontram ancoradas ou em trânsito.

Por fim, cumpre dizer que a nenhum navio é lícito ter mais de uma bandeira, pois, de outro modo, estar-se-ia fomentando a ilegalidade da navegação.

SEÇÃO II – ZONA ECONÔMICA EXCLUSIVA

1. Entendimento. A chamada *zona econômica exclusiva* – que constitui uma das principais inovações da Convenção de Montego Bay, que cuida do assunto nos arts. 55 e seguintes – é a área marítima situada para além do mar territorial e adjacente a este, que tem início a partir do limite exterior deste último e vai até o limite máximo de 188 milhas marítimas (descontando-se assim as 12 milhas do mar territorial), perfazendo uma extensão máxima de 200 milhas contadas a partir da linha de base normal ou reta, isto é, a partir da costa.[75] Nessa faixa pode o Estado ribeirinho exercer direitos de soberania sobre os recursos naturais vivos e não vivos, bem como jurisdição, de acordo com o que dispõe a Convenção de Montego Bay.[76]

A zona econômica exclusiva (ZEE) teve como origem histórica a declaração do Presidente dos Estados Unidos, em 1946, visando ampliar unilateralmente a jurisdição americana para além do seu mar territorial para fins de proteção da pesca.[77] A partir daí, vários outros países, cujas indústrias pesqueiras sofriam as mesmas dificuldades, passaram a declarar seus direitos sobre a tal *zona*, em especial o Peru, o Chile e o Equador. Posteriormente, em 1972, com a Declaração de São Domingos, reconheceu-se aos Estados costeiros direitos soberanos a uma faixa posterior ao mar territorial (então chamada *mar patrimonial*) para

---

[74]   Assim dispõe o art. 5º, § 2º, do Código Penal brasileiro: "É também aplicável a lei brasileira aos crimes praticados a bordo de aeronaves ou embarcações estrangeiras de propriedade privada, achando-se aquelas em pouso no território nacional ou em voo no espaço aéreo correspondente, e estas em porto ou mar territorial do Brasil".

[75]   Sobre a zona econômica exclusiva, *v.* Francisco Orrego Vicuña, La zone économique exclusive: régime et nature juridique dans le droit international, in *Recueil des Cours*, vol. 199 (1986-IV), pp. 9-170, também publicado em espanhol, *La zona económica exclusiva: regimen y naturaleza jurídica en el derecho internacional*, Santiago: Editorial Jurídica de Chile, 1991. *V.* ainda, Adherbal Meira Mattos, *O novo direito do mar*, cit., pp. 28-33; Celso D. de Albuquerque Mello, *Curso de direito internacional público*, vol. II, cit., pp. 1202-1208; A. V. Lowe & R. R. Churchill, *The law of the sea*, cit., pp. 160-180; Malcolm N. Shaw, *Direito internacional*, cit., pp. 425-428; e James Crawford, *Brownlie's principles of public international law*, cit., pp. 274-279.

[76]   Cf. Rebecca M.M. Wallace. *International law*, cit., pp. 162-163.

[77]   *V.* Carl August Fleischer. The new régime of maritime fisheries, in *Recueil des Cours*, vol. 209 (1988-II), pp. 99-222; e James Crawford, *Brownlie's principles of public international law*, cit., pp. 275-276.

758 | CURSO DE DIREITO INTERNACIONAL PÚBLICO – *Valerio de Oliveira Mazzuoli*

fins de exploração econômica sobre os recursos renováveis ou não das águas, do leito e do subsolo dessa área com extensão delimitada em 200 milhas.[78]

Assim, o interesse dos Estados na zona econômica exclusiva surgiu com finalidades quase que exclusivamente econômicas, passando somente depois a ligar-se a questões de preservação e conservação ambiental.

2. Regulamentação internacional e interna. A Convenção de Montego Bay se absteve de definir a zona econômica exclusiva – assim como a zona contígua – como sendo uma área marítima *integrante* do mar territorial. Do que se depreende do seu texto, a Convenção entendeu melhor não confundir as coisas, e resolveu tratar a zona econômica exclusiva com algo em tudo *distinto* do mar territorial, deixando para este último o conceito que o direito das gentes clássico lhe deu. Portanto, a zona econômica exclusiva passou a ter natureza jurídica *sui generis*, possuindo características próprias que não se confundem com as do mar territorial e do alto-mar.

Nos termos do art. 6º da Lei 8.617, de 4 de janeiro de 1993, que trata, entre outras matérias, da zona econômica exclusiva brasileira, esta compreende "uma faixa que se estende das 12 às 200 milhas marítimas, contadas a partir das linhas de base que servem para medir a largura do mar territorial". O art. 7º da mesma lei complementa dizendo que "na zona econômica exclusiva, o Brasil tem direitos de soberania para fins de exploração e aproveitamento, conservação e gestão dos recursos naturais, vivos ou não vivos, das águas sobrejacentes ao leito do mar, do leito do mar e seu subsolo, e no que se refere a outras atividades com vistas à exploração e ao aproveitamento da zona para fins econômicos". Diz ainda a lei no art. 8º que "na zona econômica exclusiva, o Brasil, no exercício de sua jurisdição, tem o direito exclusivo de regulamentar a investigação científica marinha, a proteção e preservação do meio marinho, bem como a construção, operação e o uso de todos os tipos de ilhas artificiais, instalações e estruturas"; ademais, a "investigação científica marinha na zona econômica exclusiva só poderá ser conduzida por outros estados com o consentimento prévio do Governo brasileiro, nos termos da legislação em vigor que regula a matéria" (art. 8º e parágrafo único). O art. 9º dispõe, por fim, que a "realização por outros Estados, na zona econômica exclusiva, de exercícios ou manobras militares, em particular as que impliquem o uso de armas ou explosivos, somente poderá ocorrer com o consentimento do Governo brasileiro".

Nos Estados costeiros que adotem o mar territorial de largura inferior a 12 milhas, existe a possibilidade de sua zona econômica exclusiva ultrapassar 180 milhas, desde que respeitado o limite máximo das 200 milhas impostas pela Convenção de Montego Bay, contadas a partir da linha de base normal.

Frise-se ainda que, no Brasil, a Constituição de 1988 (art. 20, inc. V) incluiu dentre os bens da União "os recursos naturais da plataforma continental e da zona econômica exclusiva".

3. Direitos, deveres e jurisdição do Estado costeiro. A Convenção de Montego Bay cuida, no seu art. 56, dos *direitos e deveres* do Estado costeiro, bem como de sua *jurisdição* na área de zona econômica exclusiva.

---

[78] Cf. Adherbal Meira Mattos. *O novo direito do mar*, cit., p. 28. As tais 200 milhas a título de ZEE passaram a fazer parte, segundo alguns autores, do costume internacional. Malcolm Shaw, *v.g.*, é um dos que entende que "o número e a distribuição geográfica dos Estados que reclamam zonas econômicas exclusivas são tais que a existência de tal zona como norma de direito consuetudinário está firmemente estabelecida" (*Direito internacional*, cit., p. 427).

Em relação aos direitos e deveres dos Estados costeiros, diz a Convenção que tais Estados ali exercem "direitos de soberania para fins de exploração e aproveitamento, conservação e gestão dos recursos naturais, vivos ou não vivos das águas sobrejacentes ao leito do mar, do leito do mar e seu subsolo, e no que se refere a outras atividades com vista à exploração e aproveitamento da zona para fins econômicos, como a produção de energia a partir da água, das correntes e dos ventos" (art. 56, § 1º, alínea a).[79] Perceba-se que tais direitos de *soberania* são taxativos para esses casos específicos que o tratado estabelece. Dentre os deveres do Estado costeiro na zona econômica exclusiva encontra-se o de permitir a liberdade de navegação para os Estados sem litoral e para outros interessados, sendo obrigado ainda a tomar todas as medidas necessárias para a manutenção dos recursos vivos. Tais medidas podem ser assim resumidas: *a*) determinar o nível *optimum* de captura dos recursos vivos, a fim de se evitar excessos; *b*) realizar ou permitir a realização desta por empresas privadas até este nível; *c*) permitir para Estados geograficamente desfavorecidos e sem litoral que procedam à captura restante, caso o Estado costeiro não a realize; e *d*) não poluir e não permitir que se poluam as águas da zona econômica exclusiva, seja por embarcações nacionais ou estrangeiras.[80]

No que tange à *jurisdição* estatal sobre a zona econômica exclusiva, diz a Convenção que esta se refere tão somente "à colocação e utilização de ilhas artificiais, instalações e estruturas, investigação científica marinha e proteção e preservação do meio marinho" (art. 56, § 1º, alínea *b*, I, II e III).

É bom que fique nítido que os *direitos de soberania* que têm os Estados costeiros, segundo o art. 56, § 1º, alínea *a*, da Convenção de Montego Bay, são direitos dirigidos exclusivamente à "exploração e aproveitamento, conservação e gestão dos recursos naturais, vivos ou não vivos das águas sobrejacentes ao leito do mar, do leito do mar e seu subsolo", e não sobre a porção equórea propriamente dita, como ocorre com o mar territorial.[81]

4. Direitos de terceiros Estados. Segundo o art. 58 da Convenção de Montego Bay, todos os Estados, quer costeiros quer sem litoral,[82] gozam das liberdades de navegação e sobrevoo e de colocação de cabos e dutos submarinos, além de outros usos do mar internacionalmente lícitos, relacionados com as referidas liberdades, tais como os ligados à operação de navios, aeronaves, cabos e ductos submarinos e compatíveis com as demais disposições da presente Convenção.

É interessante notar que, nos termos do art. 69, a Convenção de Montego Bay assegura aos Estados sem litoral – como é o caso do Paraguai e da Bolívia – "o direito a participar, numa base equitativa, no aproveitamento de uma parte apropriada dos excedentes dos recursos vivos das zonas econômicas exclusivas dos Estados costeiros da mesma sub-região ou região, tendo em conta os fatores econômicos e geográficos pertinentes de todos os Estados interessados...". Somente o excedente dos recursos *vivos*, diz a Convenção, é que podem ser

---

[79] Sobre o assunto, *v.* o exaustivo estudo de Fernando Loureiro Bastos, *A internacionalização dos recursos naturais marinhos*, Lisboa: Associação Acadêmica da Faculdade de Direito, 2005, 1075p.

[80] *V.*, por tudo, Jete Jane Fiorati, *A disciplina jurídica dos espaços marítimos na Convenção das Nações Unidas sobre Direito do Mar de 1982 e na jurisprudência internacional*, Rio de Janeiro: Renovar, 1999, pp. 104-110.

[81] Cf. Adherbal Meira Mattos. *O novo direito do mar*, cit., p. 30.

[82] Os 31 países do mundo em desenvolvimento sem litoral marítimo são: Afeganistão, Armênia, Azerbaidjão, Bolívia, Botsuana, Burkina Fasso, Burundi, Butão, Cazaquistão, Chade, Etiópia, Laos, Lesoto, Macedônia, Malauí, Mali, Moldávia, Mongólia, Nepal, Níger, Paraguai, Quirguistão, República Centro-Africana, Ruanda, Suazilândia, Tadjiquistão, Turcomenistão, Uganda, Uzbequistão, Zâmbia e Zimbábue.

aproveitados, jamais os recursos *minerais*. A Convenção diz ainda que os termos e condições dessa participação devem ser estabelecidos pelos Estados interessados por meio de acordos bilaterais, sub-regionais ou regionais, tendo em conta, *inter alia*: *a*) a necessidade de evitar efeitos prejudiciais às comunidades de pescadores ou às indústrias de pesca do Estado costeiro; *b*) a medida em que o Estado sem litoral, de conformidade com as disposições do presente artigo, participe ou tenha o direito de participar, no aproveitamento dos recursos vivos das zonas econômicas exclusivas de outros Estados costeiros, nos termos de acordos bilaterais, sub-regionais ou regionais existentes; *c*) a medida em que outros Estados sem litoral e Estados geograficamente desfavorecidos participem no aproveitamento dos recursos vivos da zona econômica exclusiva do Estado costeiro e a consequente necessidade de evitar uma carga excessiva para qualquer Estado costeiro ou para uma parte deste; e *d*) as necessidades nutricionais das populações dos respectivos Estados.

SEÇÃO III – PLATAFORMA CONTINENTAL E FUNDOS MARINHOS

1. Plataforma continental. A *plataforma continental* (*plateau continental*, para os franceses, ou *continental shelf*, para os anglo-americanos) – antigamente chamada de *plataforma submarina* – é uma planície submersa adjacente à costa, como decorrência da formação particular do leito do mar em certos litorais, que se estende a determinada distância a partir da terra e cuja profundidade normalmente não ultrapassa a duzentos metros (ou, aproximadamente, 100 braças ou 600 pés), depois da qual o leito do mar baixa abruptamente para as grandes profundidades da região abissal (localizada a muitos milhares de metros de profundidade).[83] Em outras palavras, a plataforma continental é uma extensão suave que se inicia no litoral, onde termina a terra firme, e vai até certa distância da costa, para além das águas territoriais, onde se inclina radicalmente até cair nas extremas profundezas do alto-mar. Trata-se, como se vê, de um conceito *geológico*.[84] Sua descoberta deu-se por volta de 1930, a partir de quando muitos Estados detectaram a existência de petróleo e gás sob o solo e o subsolo de suas terras submersas para além do mar territorial. Esse fato levou então tais Estados (capitaneados pelos Estados Unidos, com a Declaração Truman de 1945[85]) a reivindicarem o direito de exploração exclusiva dessa faixa de mar.[86]

A definição de plataforma continental foi estabelecida pela Convenção de Montego Bay, no seu art. 76, § 1º, segundo o qual a "plataforma continental de um Estado costeiro compreende o leito e o subsolo das áreas submarinas que se estendem além do seu mar territorial, em toda a extensão do prolongamento natural do seu território terrestre, até ao bordo exterior

---

[83]   V. Celso D. de Albuquerque Mello. *Plataforma continental: principais aspectos*. Rio de Janeiro: Freitas Bastos, 1965, p. 160; Vicente Marotta Rangel, Le plateau continental dans la Convention de 1982 sur le droit de la mer, in *Recueil des Cours*, vol. 194 (1985-V), pp. 269-428; Dinh, Daillier & Pellet, *Direito internacional público*, cit., pp. 1207-1217; A. V. Lowe & R. R. Churchill, *The law of the sea*, cit., pp. 141-158; Malcolm N. Shaw, *Direito internacional*, cit., pp. 428-433; James Crawford, *Brownlie's principles of public international law*, cit., pp. 269-274; e Joanna Mossop, *The continental shelf beyond 200 nautical miles: rights and responsibilities*, Oxford: Oxford University Press, 2016, 304p.

[84]   Cf. Malcolm N. Shaw. *Direito internacional*, cit., p. 428.

[85]   Por essa Declaração, o então Presidente americano entendeu que os recursos naturais do subsolo, do fundo do mar e da plataforma continental abaixo do alto-mar e adjacentes à costa americana, pertenciam aos Estados Unidos e encontravam-se submetidos à sua jurisdição e controle. *V. American Journal of International Law*, vol. 40 (1946), Supp., pp. 45-48.

[86]   Cf. César Sepúlveda. *Derecho internacional*, cit., p. 189.

da margem continental, ou até uma distância de 200 milhas marítimas das linhas de base a partir das quais se mede a largura do mar territorial, nos casos em que o bordo exterior da margem continental não atinja essa distância". É evidente que a amplitude verdadeira da plataforma continental de cada Estado depende dos limites geográficos que eventualmente o separam de outra soberania. As 200 milhas marítimas de que trata a Convenção é o *limite externo máximo* que pode ter a plataforma, nos casos em que o bordo exterior da margem continental não atinja essa distância.

A Convenção admite, nos §§ 5º e 6º do mesmo art. 76, que os "pontos fixos que constituem a linha dos limites exteriores da plataforma continental no leito do mar (...) devem estar situados a uma distância que não exceda 350 milhas marítimas da linha de base a partir da qual se mede a largura do mar territorial ou a uma distância que não exceda 100 milhas marítimas da isóbata de 2.500 metros, que é uma linha que une profundidades de 2.500 metros"; e que apesar "das disposições do parágrafo 5º, no caso das cristas submarinas, o limite exterior da plataforma continental não deve exceder 350 milhas marítimas das linhas de base a partir das quais se mede a largura do mar territorial".

A Convenção adotou aqui, como explica Adherbal Meira Mattos, "o critério de milhas (e não de metros) e de extensão (e não de profundidade), exercendo o Estado costeiro direitos de soberania sobre a plataforma, para fins de exploração e aproveitamento de seus recursos naturais", nos quais se compreendem "os recursos minerais e outros recursos não vivos de leito do mar e subsolo, bem como, os organismos vivos pertencentes a espécies sedentárias, que, no período de captura, estão imóveis no leito ou subsolo ou só podem mover-se em constante contacto [*sic*] físico com esse leito ou subsolo".[87]

São abundantes as riquezas naturais, os minerais líquidos e gasosos, cálcio, fosfato, petróleo, assim como imensa reserva biológica vegetal e de grande fauna marítima, encontrados no *plateau* continental. Daí serem *exclusivos* os direitos dos Estados costeiros sobre sua plataforma, não podendo quaisquer outros Estados exercer nenhum domínio sobre ela. Os Estados costeiros também podem adotar as regras que julgarem necessárias à preservação dos recursos naturais ali presentes. Não fica impedida a utilização da plataforma continental do Estado costeiro por outros Estados que pretendam nela instalar cabos ou dutos submarinos, desde que sejam observadas certas regras internacionais, uma vez que a soberania dos Estados costeiros está voltada, exclusivamente, à exploração dos recursos *naturais* da plataforma, por via da prevenção, redução e controle da poluição.[88]

Relativamente ao problema da extensão da plataforma continental entre Estados contíguos (que fazem fronteira *frente a frente* um com o outro), o critério utilizado tem sido o da *equidistância*, segundo o qual o limite da plataforma continental de cada um vai até o limite de uma linha imaginária passada de forma equidistante entre todos os pontos próximos das laterais dos respectivos mares territoriais. Contudo, no caso da *Plataforma Continental do Mar do Norte* (entre Alemanha, de um lado, e Holanda e Dinamarca, de outro), a CIJ preferiu a solução que levasse em conta "o acordo entre as partes interessadas", com base no princípio da *equidade*.[89]

---

[87]   Adherbal Meira Mattos. *O novo direito do mar*, cit., p. 37.

[88]   Cf. José Francisco Rezek. *Direito internacional público...*, cit., p. 305.

[89]   *V. ICJ Reports* (1969), p. 53, § 101. Sobre o tema, *v*. ainda Jiuyong Shi, Maritime delimitation in the jurisprudence of the International Court of Justice, in *Chinese Journal of International Law*, vol. 9, nº 2 (2010), pp. 271-291.

O Brasil, por meio do Decreto nº 28.840, de 8 de novembro de 1950, expedido pelo Presidente Dutra e atribuído ao Ministro Raul Fernandes, especificou que "a plataforma submarina que contorna o continente e as ilhas, e que se prolonga sob o alto-mar, é um verdadeiro território nacional submerso, que constitui uma só unidade geográfica com as terras adjacentes". Ali também ficou "expressamente reconhecido que a plataforma submarina, na parte correspondente ao território continental e insular do Brasil se acha integrada neste mesmo território, sob jurisdição e domínio exclusivo, da União Federal" (art. 1º). Nos *considerandos* respectivos, lê-se ainda que: 1) a plataforma submarina "é um verdadeiro território submerso e constitui com as terras a que é adjacente, uma só unidade geográfica"; 2) o interesse de tais declarações "tem avultado, em consequência da possibilidade, cada vez maior, da exploração ou do aproveitamento das riquezas naturais aí encontradas"; 3) tendo vários Estados da América declarado seus direitos de domínio e jurisdição sobre as respectivas plataformas submarinas, "cabe ao governo brasileiro, para salvaguarda do direito do Brasil sobre a plataforma submarina, que lhe corresponde, formular idêntica declaração"; e que 4) deve-se zelar "pela integridade nacional e pela segurança interna do país".

Não obstante a posição de alguns países nesse mesmo sentido, a existência desse direito sobre a plataforma continental é criticada por alguns juristas que entendem ser ela *res communis* (não podendo ser objeto de apropriação por parte de nenhum Estado) e sujeita ao regime do alto-mar. Parece-nos, contudo, que o Estado litorâneo não pode ficar alheio à exploração dessa faixa submersa, que é extensão de seu território, devendo exercitar suas prerrogativas com exclusividade, mas sem prejudicar a navegação nem causar entraves à colocação de cabos submarinos.[90]

Deve-se atentar para o fato de que a noção *jurídica* de "plataforma" não coincide com a sua noção *geográfica*. Sob o ponto de vista jurídico, a plataforma continental inicia-se a partir do mar territorial, prolongando-se em seguida até a borda exterior da margem continental. Por outro lado, geograficamente a plataforma continental inicia-se a partir da costa (litoral), onde a terra firme termina, seguindo-se para além das águas territoriais. O Brasil conta com 4,5 milhões de km^2 a título de plataforma continental, área correspondente a pouco mais da metade do nosso domínio terrestre.[91] Em março de 2025, após importante atuação internacional do governo federal brasileiro, a ONU reconheceu – por meio da Comissão de Limites da Plataforma Continental (CLPC) da Convenção de Montego Bay – a ampliação de 360 mil km2 de área marítima ao Brasil, permitindo, assim, o exercício pelo país de direitos de soberania para a exploração e aproveitamento de recursos naturais nessa faixa de mar.[92] As considerações finais da proposta brasileira à ONU foram apresentadas durante a 63ª sessão da Comissão de Limites da Plataforma Continental, ocorrida em Nova York entre os dias 17 e 28 de fevereiro de 2025, encerrando o período de sete anos de interação entre técnicos brasileiros e peritos da CLPC para que se atendesse ao pleito brasileiro, com a respectiva aprovação final. A nova área destinada ao Brasil – que corresponde, para se ter ideia, à extensão territorial da Alemanha – prolonga-se da foz do Rio Oiapoque (Amapá) ao litoral norte do Estado do Rio Grande do Norte, abrangendo as bacias sedimentares da foz do Rio Amazonas, Pará-Maranhão, Barreirinhas, Ceará e Potiguar, área conhecida por Margem Equatorial. A ampliação da plataforma continental para além das 200 milhas marítimas internacionalmente reconhecidas (cerca de 370 quilômetros) autoriza, portanto, a exploração do Estado brasileiro de todas as riquezas naturais encontradas no leito marinho

---

[90] Cf. Oyama Cesar Ituassú. *Curso de direito internacional público*, cit., p. 415.

[91] Cf. Paulo Borba Casella. *Direito internacional dos espaços*, cit., p. 432.

[92] ONU, CLCS/63/2, 17 February to 21 March 2025.

Parte III · Cap. II · O MAR | **763**

e seu subsolo (*v.g.*, a exploração de petróleo e gás) e garante, em consequência, a completa apropriação brasileira dos benefícios daí decorrentes.

2. Fundos marinhos. A Convenção de Montego Bay chama de *Área* (ou *Zona*) o leito do mar na região dos fundos marinhos. Sobre essa *Área* – que se encontra fora dos limites da jurisdição do Estado – repousam as águas do fundo do mar e o espaço aéreo respectivo. Trata-se de um espaço (terrestre) considerado *internacional*, que não se sujeita à soberania territorial de qualquer Estado. A chamada *Área* é, enfim, o espaço terrestre que integra, *grosso modo*, o solo e o subsolo subjacentes ao alto-mar e que são o prolongamento da plataforma continental.[93]

São inúmeros os *recursos* existentes nos fundos marinhos, principalmente os minerais. Para os efeitos da Convenção, a expressão "recursos" significa todos os recursos minerais sólidos, líquidos ou gasosos situados na *Área*, no leito do mar ou no seu subsolo, incluindo os chamados *nódulos polimetálicos* (art. 133, alínea *a*). Aliás, todos os recursos extraídos da *Área* são denominados pela Convenção de "minerais".

Ainda nos termos da Convenção de Montego Bay (art. 136), a *Área* e seus recursos são "patrimônio comum da humanidade", sendo este o seu princípio norteador.[94] Foi esta norma que, segundo Rezek, fez "com que os Estados Unidos repudiassem o tratado: teriam preferido que os fundos marinhos permanecessem no estatuto jurídico de *res nullius*, à espera da iniciativa de quem primeiro pudesse, com tecnologia avançada, explorá-los".[95] Sendo patrimônio comum da humanidade, tem-se que as políticas gerais relativas às atividades na *Área* devem primar pelo desenvolvimento harmonioso do comércio internacional, sempre a favor do desenvolvimento de todos os países, em especial os menos favorecidos e subdesenvolvidos.[96]

A *Área* também tem um regime jurídico próprio, de que cuida o art. 137 da Convenção de Montego Bay. Nos termos do § 1º desse dispositivo, "nenhum Estado pode reivindicar ou exercer soberania ou direitos de soberania sobre qualquer parte da *Área* ou seus recursos; nenhum Estado ou pessoa física ou jurídica pode apropriar-se de qualquer parte da *Área* ou dos seus recursos. Não serão reconhecidos tal reivindicação ou exercício de soberania ou direitos de soberania nem tal apropriação". A Convenção foi expressa em proibir a qualquer Estado o exercício de direitos soberanos sobre a *Área*. O § 2º do art. 137 repete o princípio segundo o qual todos "os direitos sobre os recursos da *Área* pertencem à humanidade em geral...", sendo tais recursos inalienáveis.

A Convenção institui e regulamentou na sua Parte XI uma *Autoridade Internacional dos Fundos Marinhos* para se ocupar da administração da *Área* (arts. 156 a 185).[97] Assim, estabeleceu que os minerais extraídos da *Área* poderão ser alienados de conformidade com o que dispuser a Convenção e as normas, regulamentos e procedimentos da referida *Autoridade*. Esta é que dá o suporte institucional do regime relativo aos recursos da *Área*. Dela são partes, *ipso facto*, todos os Estados-partes na Convenção de Montego Bay (art. 156). Ela é competente para organizar e controlar as atividades empreendidas na *Área* (art. 157). Seus órgãos principais são uma *Assembleia*, um *Conselho* e um *Secretariado* (art. 158).[98]

---

[93]   V. Jorge Bacelar Gouveia. *Manual de direito internacional público*, cit., pp. 539-540.

[94]   V. Dinh, Daillier & Pellet. *Direito internacional público*, cit., pp. 1235-1237.

[95]   José Francisco Rezek. *Direito internacional público...*, cit., p. 306.

[96]   Cf. Adherbal Meira Mattos. *O novo direito do mar*, cit., p. 62.

[97]   Para o estudo do assunto, *v.* Paulo Otero, *A autoridade internacional dos fundos marinhos: análise estrutural e natureza jurídica*, Lisboa: Associação Acadêmica da Faculdade de Direito, 1988, 252p.

[98]   Cf. Ian Brownlie. *Princípios de direito internacional público*, cit., p. 271; e Antonio Remiro Brotons (*et al.*), *Derecho internacional*, cit., pp. 988-990.

SEÇÃO IV – RIOS INTERNACIONAIS

1. Conceito. Os rios podem ser classificados em *nacionais* e *internacionais*. Os primeiros são os que correm por dentro do território de um único Estado; os segundos são os que separam ou atravessam dois ou mais Estados. Ou seja, consideram-se rios internacionais aqueles que banham, simultânea ou sucessivamente, terras de dois ou mais Estados soberanos. O termo "internacional" não quer dizer senão que o rio em questão banha as margens de dois ou mais Estados. Nada obsta, porém, que um rio seja realmente *internacionalizado*, passando a ser regido por um estatuto próprio inteiramente distinto do das soberanias que separa ou atravessa, devendo tal ser estabelecido por tratado internacional ou por costume, seja geral ou regional.[99]

Podem os rios internacionais – como se abstrai do próprio conceito exposto – ser *contíguos* ou *sucessivos*. Aqueles cujas águas banham ao mesmo tempo terras de Estados diferentes, separando-os, são denominados *rios contíguos* (ou *limítrofes*, ou *de fronteira*). São rios que dividem dois Estados, demarcando os limites entre ambos. Nos rios contíguos, a soberania de cada Estado divide-se pelo *talweg*, representativo da linha mediana do canal principal. Diferem-se, por sua vez, daqueles rios que fluem, sucessivamente, entre os territórios de dois ou mais Estados diferentes (passando por um, depois pelo outro, e assim sucessivamente), chamados de *rios sucessivos* (ou *transfronteiriços*). Em outras palavras, o rio internacional é *contíguo* quando separa um Estado do outro, correndo *entre* os seus territórios e fazendo a fronteira natural entre eles; é *sucessivo* quando atravessa dois ou mais Estados, passando pelo território de um e seguindo para o território do outro, e assim por diante.[100] Nada obsta que um rio seja simultaneamente contíguo e sucessivo, caso em que se aplica o regime pertinente a cada seção do rio em separado. Os rios internacionais mais importantes (como o Rio Paraná, no Brasil, e como o Reno – que atravessa a Suíça, Áustria, Liechtenstein, Alemanha, França, e Países Baixos –, na Europa) guardam todos essas duas características.

O *Institut de Droit International*, na sua sessão de Madri, de 1911, sobre a "Regulamentação internacional do uso dos cursos d'água internacionais fora do exercício do direito de navegação", de que foram relatores os Srs. Ludwig von Bar e Heinrich Harburger, formulou as seguintes regras para os rios contíguos e sucessivos, assim resumidas por Accioly: 1) Em rio contíguo: *a*) nenhum dos Estados corribeirinhos pode, sem o assentimento do outro e na ausência de algum título jurídico especial e válido, praticar alterações prejudiciais à margem que não lhe pertence; *b*) nenhum dos corribeirinhos pode, no seu território, utilizar ou deixar utilizar a água de maneira que sua utilização pelo outro corribeirinho seja gravemente prejudicada; 2) Em rio sucessivo: *a*) o ponto em que ele atravessa a fronteira não pode ser alterado por um dos Estados ribeirinhos sem o assentimento do outro; *b*) é proibida qualquer alteração nociva da água; *c*) não pode ser retirada, pelo ribeirinho de montante, uma quantidade de água tal que o caráter essencial do rio, ao chegar ao ribeirinho de jusante, se ache gravemente modificado; *d*) a utilização, qualquer que seja, não deve violar o direito de navegação, reconhecido em virtude de algum título legítimo; e *e*) um ribeirinho de jusante não pode fazer ou permitir que façam, em seu território, obras suscetíveis de produzir inundações.[101]

---

[99]   Cf. Ian Brownlie. *Princípios de direito internacional público*, cit., p. 290.

[100]   Cf. Celso D. de Albuquerque Mello. *Curso de direito internacional público*, vol. II, cit., p. 1295.

[101]   Hildebrando Accioly. *Tratado de direito internacional público*, vol. II, cit., pp. 182-183. Para efeitos ilustrativos, exemplifique-se com dois casos julgados pela CIJ sobre o rio contíguo que divide parte da Nicarágua e Costa Rica, o célebre rio San Juan. O primeiro caso é relativo aos direitos de navegação do rio San Juan pela Costa Rica, e o segundo com a obrigação de evitar alterações prejudiciais em sua margem. Nos dois

Quanto à pesca, esta pode ser exercida nos rios sucessivos dentro dos limites da parte que cada Estado tem do rio, até o limite imediatamente anterior da divisa com o outro Estado pelo qual também o rio corre. Cada Estado, nesse caso, deverá evitar a utilização de meios de pesca prejudiciais (*v.g.*, a pesca predatória) aos outros Estados que receberão posteriormente as águas do rio que por ele corre. No caso dos rios contíguos, o limite normal de pesca é a linha mediana que divide o leito do rio entre os dois Estados. Nada impede, contudo, que tais Estados acordem entre si em atribuir a ambos os direitos de pesca sobre toda a extensão do rio que corre entre eles. Outro problema que surge diz respeito à navegação nos rios sucessivos. Nesse caso, entende-se que a liberdade de navegação ou de trânsito, para o Estado ribeirinho superior, depende de acordo prévio com o ribeirinho anterior, atendida a cláusula de reciprocidade.[102]

O conceito de rio internacional, com as suas especificidades e abrangendo simultaneamente os seus afluentes, encontra-se associado à gradativa mudança das relações internacionais a partir do século XIX, com os recursos à navegação fluvial. Este conceito foi consagrado pela Convenção de Barcelona sobre o Regime dos Cursos de Água Navegáveis de Interesse Internacional, de 1921, que proclamou dois princípios relativos a esses rios: o princípio da *liberdade de navegação* (princípio este que o direito costumeiro não reconhecia[103]) e o da *igualdade* no tratamento de terceiros. Mais recentemente, percebeu-se um alargamento no conceito de rio internacional, considerando que o mesmo abrange agora toda a bacia hidrográfica e também aspectos econômicos e critérios de partilha. Trata-se da tese da bacia de drenagem internacional (*international drainage basin*), aprovada em agosto de 1966 pela *International Law Association*, na sua 52ª Conferência, dentro do quadro das Regras de Helsinque sobre o uso das águas nos rios internacionais, segundo as quais "uma bacia de drenagem internacional é uma área geográfica que cobre dois ou mais Estados, determinada pelos limites fixados pelos divisores de água, inclusive as águas de superfície e as subterrâneas, que desembocam num ponto final comum" (art. II).[104]

O interesse dos Estados nos rios internacionais resumia-se, antigamente, na facilidade de transporte fluvial. Modernamente, porém, seus interesses são bem mais audazes. A produção de energia elétrica, a irrigação e a sua exploração industrial é que têm, atualmente, ditado a tônica do crescente interesse estatal pelos rios internacionais. De outro lado, desperta também interesse a sua preservação pelo direito internacional do meio ambiente e seus mecanismos de proteção. Após a Conferência das Nações Unidas sobre Meio Ambiente e Desenvolvimento (Rio de Janeiro, 1992), a questão do *desenvolvimento* passou a aliar-se com a temática ambiental, tanto no que tange à *conservação* e *preservação* dos recursos hídricos, como no que toca à *responsabilização* (civil e criminal) dos causadores de dano.

---

casos, globalmente analisados, logrou êxito a Costa Rica, com a diferença de que, no segundo, a rejeição das pretensões da Nicarágua deu-se por questão probatória, por não ter a Nicarágua conseguido demonstrar que a contaminação ou alteração (impacto ambiental) do rio San Juan proveio de construção de estrada à beira do rio no lado costarriquenho (*v. Anuario Colombiano de Derecho Internacional Público*, vols. 3 e 10).

[102] Cf. Clóvis Bevilaqua. *Direito público internacional...*, t. I, cit., p. 290.

[103] Daí a afirmação de Ian Brownlie: "É significativo que apenas uma minoria de Estados tivesse aceitado a Convenção de Barcelona sobre o Regime dos Cursos de Água Navegáveis de Interesse Internacional de 1921, a qual prevê a livre navegação entre as Partes nos cursos de água navegáveis de interesse internacional" (*Princípios de direito internacional público*, cit., p. 292).

[104] No original: "An international drainage basin is a geographical area extending over two or more States determined by the watershed limits of the system of waters, including surface and underground waters, flowing into a common terminus". Apesar de divergências doutrinárias, a Assembleia Geral da ONU acolheu o projeto da CDI, que havia anteriormente aceito a tese, em dezembro de 1997.

766 CURSO DE DIREITO INTERNACIONAL PÚBLICO – *Valerio de Oliveira Mazzuoli*

2. Exercício da jurisdição estatal. No que diz respeito aos rios *sucessivos*, é princípio corrente que cada Estado tenha o direito de exercer a sua jurisdição, obedecidas as linhas divisórias de suas fronteiras, relativamente à parte do rio que corre dentro de seu território. Esse direito de jurisdição nasce e se esgota à medida que as águas do rio entram e saem do território do Estado, transferindo-se, sucessivamente, para o território do Estado que esteja situado abaixo dele no curso fluvial. Quanto aos rios *contíguos*, a jurisdição de cada Estado ribeirinho se estende até a *linha divisória* das águas, que normalmente é demarcada por tratados internacionais sobre fronteiras, concluídos pelos países limítrofes diretamente interessados no assunto.[105]

Nada impede que os rios sucessivos ou contíguos sejam internacionalizados, permitindo--se por convenção a navegação por parte de terceiros Estados, como é o caso do rio Danúbio, na Europa (*v.* item nº 4, *infra*).[106]

3. Rio Amazonas e o Tratado da Bacia do Prata. O rio Amazonas é o rio internacional mais importante da América do Sul e um dos mais importantes do mundo, "não só por sua considerável extensão e a larga área abrangida por sua bacia, senão também pelo número de países banhados por ele ou por seus tributários".[107] O rio Amazonas nasce no Peru, mas desenvolve a maior parte de seu curso de 6.500 km no território brasileiro, até desaguar no Oceano Atlântico, servindo de via de comunicação essencial ao Peru, Colômbia, Venezuela e Bolívia, dando ainda acesso à sua bacia pelo rio Essequibo, favorecendo, com isso, a Guiana Inglesa e, pelo rio Orenoco, a Guiana Francesa. Suas partes inferior e média encontram-se integralmente no território brasileiro, onde os seus maiores afluentes deságuam. O Tratado de Cooperação Amazônica, adotado em Brasília, em 3 de julho de 1978, entrou em vigor internacional em 2 de outubro de 1980, reunindo o Brasil, Bolívia, Colômbia, Equador, Guiana, Peru, Suriname e Venezuela. Pelos Decretos Imperiais nº 3.749, de 7 de dezembro de 1886, e nº 3.920, de 31 de julho de 1867, o Brasil franqueou, por atos próprios e espontâneos, as águas do rio Amazonas e seus afluentes à navegação comercial de todas as bandeiras, abrindo também o Tocantins e o São Francisco (regime este que, em linhas gerais, ainda subsiste atualmente).[108]

A Bacia do Prata é também de extraordinária importância para vários países sul--americanos, principalmente Argentina, Bolívia, Paraguai e Uruguai, interessando também ao Brasil. É servida pelos seus afluentes, rios Paraná, Paraguai e Uruguai. Em 1828, a então República do Prata e o Brasil firmaram um acordo no sentido de atribuir plena liberdade desses rios para os nacionais de ambas as nações. Em 1851, Brasil e Uruguai concordaram no uso comum do rio desse último nome em seus 1.600 km de navegação, no rio Paraná (3.700 km), Uruguai e Paraguai, observados os regulamentos de polícia e fiscais. Em 1857, este objetivo foi ampliado, declarando-se a abertura do Prata a todas as nações.[109]

O assunto é atualmente regulado pelo Tratado da Bacia do Prata, celebrado em Brasília, em 23 de abril de 1969, ratificado pela Argentina, Brasil, Paraguai e Uruguai, que entrou em vigor em 1970. O objetivo do tratado é o *desenvolvimento harmônico e a integração física*

---

[105] Cf. Gilda Maciel Corrêa Meyer Russomano. *Direito internacional público*, cit., p. 312.

[106] Sobre o regime internacional do rio Danúbio, *v.* Paulo Borba Casella, *Direito internacional dos espaços*, cit., pp. 321-327.

[107] Hildebrando Accioly. *Tratado de direito internacional público*, vol. II, cit., p. 174.

[108] Cf. Hildebrando Accioly. Idem, p. 175. Tais decretos são *atos unilaterais* do Estado brasileiro, que valem como fonte do Direito Internacional, tal como já estudado na Parte I, Capítulo IV, Seção II, item nº 5.

[109] *V.* Oyama Cesar Ituassú. *Curso de direito internacional público*, cit., pp. 455-456.

da área, a avaliação e o aproveitamento de seus recursos, a utilização racional da água e a assistência à navegação fluvial.[110]

4. Outros regimes internacionais. O regime jurídico mais antigo (e também um dos mais complexos) dos rios internacionais diz respeito ao Rio Danúbio, considerado o mais realçado dos rios europeus. O Danúbio – que, como já se falou, é um rio internacionalizado – passa por várias capitais europeias, constituindo fronteira natural entre dez Estados (Alemanha, Áustria, Eslováquia, Hungria, Croácia, Sérvia, Bulgária, Romênia, Moldávia e Ucrânia) ao longo dos seus 2.850 quilômetros. Seu estatuto jurídico foi objeto de uma conferência internacional celebrada em Paris, em 1921, da qual participaram originalmente Alemanha, Áustria, Bélgica, Bulgária, Itália, Tchecoslováquia, Grã-Bretanha, França, Grécia, Hungria, Iugoslávia e Romênia, daí resultando o *Estatuto Permanente do Danúbio*, atendendo aos aspectos das porções fluvial e marítima.

Outros rios internacionais de relevância que podem ser citados são: na Europa, o Reno, o Mosela, o Escalda, o Oder, o Vístula, o Mosa, o Elba e o Niemem; na Ásia, o Ganges, o Indus e o Mekong; na África, o Congo, o Gâmbia, o Níger, o Nilo, o Senegal e o Zembeza; na América do Norte, o rio Grande, o Colorado, o Colúmbia e o São Lourenço.

SEÇÃO V – O ALTO-MAR

1. Importância da matéria. Até agora já nos referimos várias vezes ao *alto-mar*, e neste ponto o leitor já deve ter percebido que ele serve de parâmetro jurídico para vários dos institutos do Direito do Mar. Ora serve de referência para se entender o livre trânsito de aeronaves no Polo Norte; ora para delimitar o conceito de mar territorial; ora para se estudar a extensão da faixa de zona contígua; ora para estabelecer a situação jurídica dos navios; ora para compreender a plataforma continental e os fundos marinhos etc.

Esses motivos já bastam para atribuir ao *alto-mar* uma importância de maior vulto, a merecer um estudo mais acurado em seção autônoma deste livro. Vamos agora, portanto, estudar o alto-mar em seus aspectos jurídicos mais importantes.

2. Conceito de alto-mar. O *alto-mar* (por muitos anos chamado de *mare liberum*) foi definido pelo art. 1º da antiga Convenção sobre Alto-mar de Genebra, de 1958, como o vasto espaço marítimo situado além do mar territorial, não pertencendo nem a este nem às águas interiores do Estado costeiro e, por esse motivo, "compreende as zonas contíguas e as águas situadas sobre a plataforma continental e fora do limite do mar territorial".[111] Trata-se de definição baseada nas lições de Ulpiano, que dizia ser o alto-mar uma porção de água aberta a todos (*mare quod natura omnibus patet*), e de Celso, que, equiparando-o ao ar, dizia ser o alto-mar um bem comum de toda a humanidade (*mare communem usum omnibus hominibus ut aeris*). Este conceito ajuda a entender o alto-mar como uma imensa porção de água, iniciada para além da zona contígua, em que prevalece ampla liberdade – quer de navegação, quer de aproveitamento sob quaisquer formas (*res communis usus*) – e se exaurem as competências privativas e absolutas dos Estados.

Nos termos do art. 86 da Convenção de Montego Bay de 1982, o alto-mar é entendido como todas as partes marítimas "não incluídas na zona econômica exclusiva, no mar

---

[110] Cf. José Francisco Rezek. *Direito internacional público...*, cit., p. 315.

[111] *V.* Ian Brownlie. *Princípios de direito internacional público*, cit., p. 249; e Rebecca M.M. Wallace, *International law*, cit., p. 149. Para uma concepção do alto-mar no início do século XX, *v.* Clóvis Bevilaqua, *Direito público internacional...*, t. II, cit., pp. 73-79.

768 | CURSO DE DIREITO INTERNACIONAL PÚBLICO – *Valerio de Oliveira Mazzuoli*

territorial ou nas águas interiores de um Estado, nem nas águas arquipelágicas de um Estado Arquipélago".

O moderno direito das gentes, de que cuidaram as convenções de 1958 e de 1982, tem como princípio norteador o da *liberdade do alto-mar* (antigamente chamado de princípio da *liberdade dos mares*), mas com padrões mínimos de conduta dos Estados na utilização comum do alto-mar.

Por ser área de mar livre por natureza, pautada pelo critério de comum utilização, não faz o alto-mar parte do território particular de nenhum Estado e não se sujeita a nenhum domínio, diferentemente do que ocorre com o mar territorial (onde o Estado costeiro exerce soberania). O alto-mar não é *res nullius*, expressão que conota algo sem dono, ou algo sujeito à apropriação do Estado, mas sim *res communis*, ou seja, coisa de uso livre e comum, destinada ao benefício de toda a sociedade internacional, o que exclui o direito de usar (*jus utendi*), gozar (*fruendi*) e dispor (*abutendi*).[112]

Justamente por existir *liberdade* de atuação no alto-mar – claro que com a disciplina imposta pelas normas internacionais citadas – é que os Estados têm interesse cada vez mais crescente na sua utilização. Atualmente, a importância do alto-mar transcende o fato de ser ele boa via de comunicação. As descobertas científicas revelaram já há tempos ser o alto-mar fonte imensa de recursos vivos e minerais, motivo pelo qual tem sido grandemente afetado pelo desenvolvimento cada vez mais constante da tecnologia.

Em face de todas essas circunstâncias é que se tem que estudar o alto-mar em sua inteireza, ainda mais quando se tem em vista que o problema afeta a ciência, a economia e a política.

3. O regime jurídico do alto-mar. O regime jurídico do alto-mar importa em reconhecer aos Estados alguns direitos sobre ele. Tais direitos, internacionalmente reconhecidos, são os seguintes: *a*) a liberdade de navegação e sobrevoo; *b*) a liberdade de pesca; *c*) o direito de efetuar instalações de cabos submarinos e oleodutos; e *d*) o direito (limitado) de aproveitamento dos recursos existentes no fundo do mar e no subsolo correspondente. A enumeração é meramente exemplificativa, podendo ser complementada atendendo aos princípios de Direito Internacional. A cada um desses direitos merece dispensar-se um exame próprio.

a) Liberdade de navegação e sobrevoo. A primeira dessas liberdades – a liberdade de navegação – vige há séculos em virtude de regra costumeira internacional, sem jamais ter dependido da existência de acordos internacionais concluídos a esse respeito.[113] Tais acordos porventura existentes destinam-se apenas à garantia da *liberdade* de navegação enquanto tal, cercando-a de toda proteção possível, inclusive o estabelecimento de estações flutuantes, destinadas a orientar os navios quanto às mudanças de tempo que afetem sua segurança. Portanto, em alto-mar, todas as embarcações navegam livremente, sem que tenham que se submeter às leis de outra bandeira que não a sua.[114] Atualmente se pode dizer que essa liberdade se encontra um tanto quanto reduzida, com o aparecimento da Zona Econômica Exclusiva com extensão de 200 milhas a partir da linha costeira.

O mesmo princípio de liberdade é reconhecido ao sobrevoo em alto-mar de aeronaves de qualquer natureza (comerciais ou militares). Assim, entende-se também que o espaço aéreo sobre o alto-mar é tão livre quanto as águas que o banham. O mesmo não ocorre com

---

[112] Cf. Adherbal Meira Mattos. *O novo direito do mar*, cit., p. 40.

[113] *V*. o caso *Estreito de Corfu*, in *ICJ Reports* (1949), pp. 4 e 22.

[114] Cf. Gilda Maciel Corrêa Meyer Russomano. *Direito internacional público*, cit., pp. 296-297.

Parte III · Cap. II · O MAR | **769**

o espaço aéreo sobre o mar territorial, em que o Estado costeiro exerce soberania. Mas mesmo nesse caso a liberdade de sobrevoo inocente não exclui a possibilidade de aterrissagem forçada, em caso de pane na aeronave ou outros motivos de notória força maior.

b) Liberdade de pesca. A liberdade de pesca em alto-mar é um direito inerente aos nacionais de todos os Estados (inclusive daqueles sem litoral), desde que respeitados certos princípios ambientais, sendo vedado qualquer impedimento ao exercício de atividade *lícita*.[115] O assunto vem disciplinado nos arts. 116 a 120 da Convenção de Montego Bay. Muitos Estados, porém, têm regulamentado sua pesca por meio de leis ou regulamentos internos; mas, nesse caso, não poderão ir além de suas águas territoriais. Também são frequentes os acordos *bilaterais* (procurando conciliar interesses comuns dos Estados) e *multilaterais* (atendendo a interesses gerais de determinadas regiões) entre os Estados atinentes à atividade pesqueira. Tais acordos, contudo, não podem ultrapassar os limites já estabelecidos, inclusive pela CDI, da liberdade que todo Estado tem de exercer a pesca em alto-mar.[116]

c) Direito de efetuar instalações de cabos submarinos e oleodutos. O direito de instalação de cabos submarinos em alto-mar tem sido reconhecido desde 1854, quando o primeiro tratado sobre o assunto (que jamais veio a ser aplicado) foi concluído. Tal direito está intimamente ligado à facilidade de comunicação telefônica ou telegráfica entre os Estados. Presentemente, a CDI autoriza também a colocação de oleodutos, o que pressupõe a existência de atividade industrial no leito do alto-mar.[117] Tais obras não poderão, entretanto, criar nenhum tipo de entrave à navegação em alto-mar.

d) Direito (limitado) de aproveitamento dos recursos existentes no fundo do mar e no subsolo correspondente. Esse direito, que outrora já foi tido como ilimitado, deve atualmente ser entendido como ainda possível, mas desde que não prejudique a liberdade de navegação e pesca, bem como (e principalmente) não cause danos ao meio ambiente em geral e ao meio ambiente marinho, em especial.[118] Perceba-se que o direito de que se trata é o de *aproveitamento* dos recursos existentes no fundo do mar e no subsolo correspondente. Não se trata, de maneira alguma, de um direito sem limites e capaz de levar à extinção determinados recursos naturais. Quaisquer atos de Estados que porventura causem danos ambientais são passíveis de responsabilização internacional.

4. Limites à liberdade do alto-mar. A liberdade do alto-mar está condicionada a certas regras, atinentes à segurança e repressão dos delitos internacionais. Alguns acidentes marítimos, como o famoso caso do Titanic, em 1912, deram causa à criação de um Código Internacional de Sinais, além de outros sistemas internacionais de proteção, como as Convenções de Bruxelas de 1910, sobre abordagem e assistência, as de Londres de 1914 e 1929, referentes à salvaguarda da vida humana no mar, e a Organização Meteorológica Mundial, criada em Washington, em 1947.[119]

No que tange à repressão de delitos internacionais, existem regras de combate ao *tráfico de pessoas* e à *pirataria*. Quanto ao primeiro, desde 1815 se condena a escravidão, e a medida

---

[115] *V.* os casos *Direitos de Pesca Anglo-Noruegueses,* in *ICJ Reports* (1951), pp. 116 e 183; e *Jurisdição de Zonas de Pesca,* in *ICJ Reports* (1974), p. 3.

[116] Cf. Oyama Cesar Ituassú. *Curso de direito internacional público,* cit., pp. 440-441.

[117] Cf. Oyama Cesar Ituassú. Idem, p. 441.

[118] Sobre a proteção do meio ambiente marinho, *v.* Benedetto Conforti, *Diritto internazionale,* cit., pp. 286-289; e mais amplamente em A. V. Lowe & R. R. Churchill, *The law of the sea,* cit., pp. 328-399.

[119] Cf. Oyama Cesar Ituassú. *Curso de direito internacional público,* cit., p. 442.

coercitiva tomada a respeito importa em restrição à liberdade do mar. A *pirataria*, por sua vez, consiste no saque, depredação ou apresamento efetuados, em geral mediante violência, a navio ou outra embarcação, com fins eminentemente *privados*. Portanto, em tais atos, não há autorização de governo algum no sentido da realização dos atos de violência, depredação ou apresamento. O criminoso internacional, chamado de *pirata*, age em nome próprio e é, para os fins do Direito Internacional, destituído de nacionalidade, sendo considerado *apátrida* em sua atividade ilícita. Por esse motivo, a lei nacional do pirata não o protege, ficando ele sujeito à polícia de todos os Estados, cabendo a qualquer navio de guerra persegui-lo, abordá-lo e prendê-lo, segundo as leis do Estado aprisionador (desde que o exame dos papéis de bordo o convença da sua prática). Aplica-se então o princípio da jurisdição universal, segundo o qual a pessoa acusada de crime "pode ser julgada e punida por qualquer nação sob a alçada de cuja jurisdição se possa encontrar".[120]

A pirataria, assim, difere do *corso*. Enquanto naquela o indivíduo (*pirata*) age em nome próprio, neste, o indivíduo (*corsário*) atua *em nome de seu Estado*, do qual recebe autorização para, em tempo de guerra, praticar hostilidades no mar, com finalidade patriótica e sob a bandeira nacional, estando sujeito às leis e regulamentos militares.[121] A autorização que o Estado dava ao corsário para a prática dos atos de hostilidade (apresamento de navios inimigos a título de represália) chamava-se "carta de corso" (*lettre de marque* ou *lettre de course*, em francês). O corso se encontra juridicamente abolido desde a Declaração de Paris de 1856.[122]

Outro limite à liberdade dos mares que se pode citar diz respeito à proibição de transmissão não autorizada, de programas televisivos ou radiofônicos, proveniente do alto-mar, sem que a emissora dos sinais tenha registro em qualquer Estado.

5. Acesso ao alto-mar pelos Estados sem litoral. O art. 3º da Convenção sobre Alto--mar de Genebra, de 1958, dispõe que, para gozar da liberdade em igualdade de condições com os Estados ribeirinhos, os Estados sem litoral deverão ter livre acesso ao alto-mar. Essa norma, que já foi considerada regra de efeito somente moral, foi reafirmada pelo art. 125, § 1º, da Convenção de Montego Bay, segundo o qual os Estados sem litoral "têm o direito de acesso ao mar e a partir do mar para exercerem os direitos conferidos na presente Convenção, incluindo os relativos à liberdade do alto-mar e ao patrimônio comum da humanidade", complementando que, para tal fim, "os Estados sem litoral gozam de liberdade de trânsito através do território dos Estados de trânsito por todos os meios de transporte". Os termos e condições para o exercício da liberdade de trânsito devem ser acordados entre os Estados sem litoral e os Estados de trânsito interessados por meio de acordos bilaterais, sub-regionais ou regionais (art. 125, § 2º). Os Estados de trânsito, no exercício da sua plena soberania sobre o seu território, têm o direito de tomar todas as medidas necessárias para assegurar que os direitos e facilidades conferidos aos Estados sem litoral não prejudiquem de forma alguma os seus legítimos interesses (art. 125, § 3º).

---

[120] Trecho da opinião dissidente do Juiz Moore no caso *Lotus*, citado por Ian Brownlie, in *Princípios de direito internacional público*, cit., p. 255. A referência, contudo, diz respeito à pirataria do Direito Internacional, porque "o Direito interno de muitos Estados designam e punem como 'pirataria' numerosos atos que não constituem pirataria nos termos do Direito das nações, e que, por isso, não gozam de jurisdição universal, de forma a serem puníveis por todas as nações" (Idem, p. 256).

[121] Cf. Clóvis Bevilaqua. *Direito público internacional...*, t. II, cit., p. 82; Celso D. de Albuquerque Mello, *Direito penal e direito internacional*, cit., pp. 178-180; e Oyama Cesar Ituassú, *Curso de direito internacional público*, cit., pp. 442-443.

[122] V. Celso D. de Albuquerque Mello. *Direito penal e direito internacional*, cit., pp. 178-179.

Pela normativa citada fica nítido que não há um direito *absoluto* de trânsito para aos Estados sem litoral, ainda que a Convenção estabeleça, *prima facie*, que tais Estados "gozam de liberdade de trânsito através do território dos Estados de trânsito por todos os meios de transporte", eis que esse trânsito deve ter seus termos e condições estabelecidos por acordos bilaterais, sub-regionais ou regionais.[123]

Certo, no entanto, é que o direito de acesso ao alto-mar pelos Estados sem litoral, ainda que com possíveis limitações, é medida impositiva na atualidade, pois solve várias dificuldades econômicas e financeiras desses Estados, melhorando, *v.g.*, sua produção interna e criando emprego e renda. Daí o motivo de a Convenção de Montego Bay ter garantido a tais Estados o acesso ao mar, e a partir do mar o exercício dos direitos nela conferidos, incluindo os relativos à liberdade do alto-mar e ao patrimônio comum da humanidade.

6. Deveres dos Estados no alto-mar. Segundo a Convenção de Montego Bay, além de direitos, os Estados também têm inúmeros deveres. Os deveres do Estado de bandeira (art. 94 e §§) são, entre outros, os seguintes:

a) o de "exercer, de modo efetivo, a sua jurisdição e seu controle em questões administrativas, técnicas e sociais sobre navios que arvorem a sua bandeira";

b) o de "manter um registro de navios no qual figurem os nomes e as características dos navios que arvorem a sua bandeira, com exceção daqueles que, pelo seu reduzido tamanho, estejam excluídos dos regulamentos internacionais geralmente aceitos";

c) o de "exercer a sua jurisdição de conformidade com o seu direito interno sobre todo o navio que arvore a sua bandeira e sobre o capitão, os oficiais e a tripulação, em questões administrativas, técnicas e sociais que se relacionem com o navio"; e

d) o de "tomar, para os navios que arvorem a sua bandeira, as medidas necessárias para garantir a segurança no mar, no que se refere, *inter alia*: *a)* à construção, equipamento e condições de navegabilidade do navio; *b)* composição, condições de trabalho e formação das tripulações, tendo em conta os instrumentos internacionais aplicáveis; e *c)* utilização de sinais, manutenção de comunicações e prevenção de abalroamentos".

Tais medidas devem incluir as que sejam necessárias para assegurar que: *a)* cada navio, antes do seu registro e posteriormente, a intervalos apropriados, seja examinado por um inspetor de navios devidamente qualificado e leve a bordo as cartas, publicações marítimas, equipamento e instrumentos de navegação apropriados à segurança da navegação do navio; *b)* cada navio esteja confiado a um capitão e a oficiais devidamente qualificados, em particular no que se refere à manobra, navegação, comunicações e condução de máquinas, e a competência e o número dos tripulantes sejam os apropriados para o tipo, tamanho, máquinas e equipamentos do navio; *c)* o capitão, os oficiais e, na medida do necessário, a tripulação conheçam perfeitamente e observem os regulamentos internacionais aplicáveis que se refiram à segurança da vida no mar, prevenção de abalroamentos, prevenção, redução e controle da poluição marinha e manutenção de radiocomunicações.

---

[123] Cf. Malcolm N. Shaw. *Direito internacional*, cit., p. 425.

Todo Estado deve ainda ordenar a abertura de um inquérito, efetuado por (ou perante) uma pessoa ou pessoas devidamente qualificadas, em relação a qualquer acidente marítimo ou incidente de navegação no alto-mar, que envolva um navio arvorando a sua bandeira e no qual tenham perdido a vida ou sofrido ferimentos graves nacionais de outro Estado, ou se tenham provocado danos graves a navios ou a instalações de outro Estado ou ao meio marinho. O Estado de bandeira e o outro Estado devem também cooperar na realização de qualquer investigação que este último efetue em relação a esse acidente marítimo ou incidente de navegação.

A Convenção de Montego Bay também exige do Estado outros deveres em alto-mar, para fins de cooperação e repressão a crimes. Um desses deveres é o de *prestar assistência*, segundo o qual todo Estado deverá exigir do capitão de um navio que arvore a sua bandeira, desde que o possa fazer sem acarretar perigo grave para o navio, para a tripulação ou para os passageiros, que: *a)* preste assistência a qualquer pessoa encontrada no mar em perigo de desaparecer; *b)* se dirija, tão depressa quanto possível, em socorro de pessoas em perigo, desde que esteja informado de que necessitam de assistência e sempre que tenha uma possibilidade razoável de fazê-lo; e *c)* preste, em caso de abalroamento, assistência ao outro navio, à sua tripulação e aos passageiros e, quando possível, comunique ao outro navio o nome do seu próprio navio, o porto de registro e o porto mais próximo em que fará escala (art. 98, § 1º). O § 2º do mesmo dispositivo obriga os Estados a "promover o estabelecimento, o funcionamento e a manutenção de um adequado e eficaz serviço de busca e salvamento para garantir a segurança marítima e aérea, e, quando as circunstâncias o exigirem, cooperar para esse fim com os Estados vizinhos por meio de ajustes regionais de cooperação mútua".

A Convenção de Montego Bay (art. 99) também diz ser proibido o transporte de escravos em alto-mar. Aliás, o transporte de *escravos* deve ser proibido dentro ou fora do alto-mar, dentro ou fora do território de um Estado e ainda dentro ou fora do espaço aéreo, uma vez que a prática da escravatura viola a norma de *jus cogens* protetiva dos direitos da pessoa humana. De qualquer forma, para a Convenção, todo Estado "deve tomar medidas eficazes para impedir e punir o transporte de escravos em navios autorizados e arvorar a sua bandeira e para impedir que, com esse fim, se use ilegalmente a sua bandeira", acrescentando que todo escravo "que se refugie num navio, qualquer que seja a sua bandeira, ficará, *ipso facto*, livre".

Todos os Estados também devem cooperar, em toda a medida do possível, na repressão da pirataria no alto-mar ou em qualquer outro lugar que não se encontre sob a jurisdição de algum Estado (art. 100). Frise-se também o dever de cooperar para a repressão do tráfico ilícito de estupefacientes e substâncias psicotrópicas praticado por navios no alto-mar com violação das convenções internacionais, podendo todo Estado que tenha motivos sérios para acreditar que um navio arvorando a sua bandeira se dedica ao tráfico ilícito de estupefacientes ou substâncias psicotrópicas poderá solicitar a cooperação de outros Estados para pôr fim a tal tráfico (art. 108, §§ 1º e 2º).

Outro tipo de cooperação que os Estados devem empreender (art. 109) diz respeito à repressão de transmissões não autorizadas a partir do alto-mar. Por *transmissões não autorizadas* entendem-se as transmissões de rádio ou televisão difundidas a partir de um navio ou instalação no alto-mar e dirigidas ao público em geral com violação dos regulamentos internacionais, excepcionadas (é claro) as transmissões de chamadas de socorro. Nos termos do § 3º do art. 109 da Convenção, qualquer pessoa que efetue transmissões não autorizadas pode ser processada perante os tribunais: *a*) do Estado de bandeira do navio; *b*) do Estado de registro da instalação; *c*) do Estado do qual a pessoa é nacional; *d*) de qualquer Estado em que possam receber as transmissões; ou *e*) de qualquer Estado cujos serviços autorizados de radiocomunicação sofram interferências.

Garante-se aos Estados que tenham jurisdição de conformidade com o § 3º do art. 109 da Convenção de Montego Bay, o poder de deter qualquer pessoa ou apresar qualquer navio que efetue transmissões não autorizadas e apreender o equipamento emissor.

Capítulo III
O Espaço Aéreo e Extra-Atmosférico

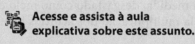

Acesse e assista à aula explicativa sobre este assunto.
> http://uqr.to/1zv4i

SEÇÃO I – O ESPAÇO AÉREO

1. Introdução. Durante muito tempo o espaço aéreo (nem se diga o espaço extra-atmosférico) ficou à margem do estudo do Direito Internacional Público. De fato, durante longo tempo este último foi considerado um direito apenas bidimensional, em que as questões que o ocupavam não ultrapassavam os limites vinculados aos domínios terrestre e marítimo. Ademais, a impossibilidade prática de aproveitamento do espaço aéreo desvalorizava a sua importância e, por isso, era cômodo admitir que o mesmo estava horizontalmente limitado pelas fronteiras do Estado e que, verticalmente, toda a área atmosférica sobrejacente, até o infinito, também ao Estado pertencia.[1] Entendia-se, assim, que não havia motivos para preocupações, sobretudo jurídicas, voltadas para o espaço aéreo, quando, à época, sequer se sabia como alcançá-lo.

Essa questão, contudo, começou a ser repensada quando o brasileiro Santos Dumont, em 12 de julho de 1901, partindo de um ponto conseguiu retornar ao mesmo local com um balão de hidrogênio, o que lhe valeu a medalha de ouro do Aeroclube da França. Satisfeito com os resultados obtidos na dirigibilidade de seus balões, Santos Dumont, em 19 de outubro do mesmo ano, inscreveu-se no prêmio "Deutsch de la Meurthe", cujo itinerário consistia em circunavegar a Torre Eiffel, voltando ao ponto de origem em pelo menos trinta minutos. A façanha foi por ele realizada com êxito e, a partir daí, despertou o interesse de todo o mundo jurídico. O Direito Internacional Público, nesse momento, tornara-se *tridimensional* e o espaço aéreo passava a fazer coro junto aos domínios terrestre e marítimo do Estado.

Atualmente, não há qualquer dúvida sobre ser o espaço aéreo estatal (dentro de certos limites) uma extensão dos direitos soberanos do Estado, a ponto de a CIJ ter expressamente referido, no caso das *Atividades Militares e Paramilitares na Nicarágua*, que "o princípio de respeito pela soberania territorial também é infringido diretamente pelo sobrevoo não autorizado do território de um Estado por uma aeronave pertencente ao governo de outro Estado ou sob o seu controle".[2]

2. Normativa internacional. O primeiro instrumento internacional a cuidar do espaço aéreo (e a reger a aviação civil) foi a Convenção de Paris (*Convention portant Réglementation de la Navigation Aérienne*) de 1919, celebrada finda a Primeira Guerra Mundial,

---
[1] Cf. Gilda Maciel Corrêa Meyer Russomano. *Direito internacional público*, cit., pp. 317-318.
[2] *ICJ Reports* (1986), pp. 14 e 128.

776 CURSO DE DIREITO INTERNACIONAL PÚBLICO – *Valerio de Oliveira Mazzuoli*

que adotou a teoria segundo a qual o Estado exerce soberania *completa* e *exclusiva* sobre o espaço atmosférico acima do seu território, sem prejuízo, entretanto, do direito de *passagem inocente* das aeronaves de outros Estados (art. 1º).[3] Em 1944, a Convenção da Aviação Civil Internacional (Convenção de Chicago) – a qual não se aplica, contudo, às aeronaves de Estado, como, *v.g.*, os aviões militares[4] – retomou a mesma tese da soberania absoluta sobre o espaço aéreo acima do território do Estado, fazendo com que a sua utilização por outras nações ficasse na dependência de autorização prévia do Estado que possui soberania na região sobrevoada (art. 6º).[5] Porém, o sistema da Convenção de Chicago – explica Malcolm Shaw – ficou, em certa medida, desgastado como meio de regulamentação do transporte aéreo internacional pela multiplicação dos acordos bilaterais entre Estados destinados à mesma finalidade.[6]

Certo é que com o desenvolvimento tecnológico da ciência aeronáutica e com a ida do homem ao espaço, a atenção dos juristas a respeito do ar e do sistema que deve prevalecer relativamente ao poder do Estado nesse âmbito passou a revelar-se cada vez mais. Como decorrência disso, então, nasceu a necessidade de *limitação* do espaço aéreo, no que tange aos interesses estatais em sua exploração. Nesse sentido, a Assembleia Geral da ONU, em 1963, adotou o primeiro documento internacional sobe a regulamentação da matéria: a *Declaração dos Princípios Jurídicos Reguladores das atividades dos Estados na Exploração e uso do Espaço Cósmico*.[7] E nessa Declaração ficou estabelecido que:

> "O espaço cósmico e os corpos celestes estão abertos à exploração e uso por todos os Estados, na base da igualdade e de acordo com o Direito Internacional".

Os princípios desta Declaração da ONU incorporaram-se no Tratado sobre Princípios Reguladores das Atividades dos Estados na Exploração e uso do Espaço Cósmico, Inclusive a Lua e demais Corpos Celestes, de 1967.[8]

---

[3] Cf. Louis Le Fur. *Précis de droit international public*, cit., p. 433; Dinh, Daillier & Pellet, *Direito internacional público*, cit., pp. 1272-1273; e César Sepúlveda, *Derecho internacional*, cit., p. 196. O direito de passagem inocente no espaço aéreo, contudo, deixou posteriormente de ter o reconhecimento do Direito Internacional consuetudinário, ao contrário do que (ainda hoje) ocorre com o trânsito de embarcações pelo mar territorial (*v.* item nº 3, *infra*).

[4] *V.* art. 3º da Convenção.

[5] *V.* Gilda Maciel Corrêa Meyer Russomano. *Direito internacional público*, cit., p. 320; e Oyama Cesar Ituassú, *Curso de direito internacional público*, cit., pp. 459-460. Destaque-se que uma limitação a esse direito estatal (relativa, porém, aos voos não regulares) é encontrada no art. 5º da Convenção, que dispõe: "Os Estados contratantes concordam em que, todas as aeronaves dos outros Estados contratantes *que não se dediquem a serviços aéreos internacionais regulares*, tenham direito nos termos desta Convenção a voar e transitar sem fazer escala sobre seu território, e a fazer escalas para fins não comerciais sem necessidade de obter licença prévia, sujeitos porém ao direito do Estado sobre o qual voem de exigir aterrissagem. Os Estados contratantes se reservam no entanto o direito, por razões de segurança da navegação aérea, de exigir que as aeronaves que desejam voar sobre regiões inacessíveis ou que não contem com as facilidades adequadas para a navegação aérea, de seguir rotas determinadas ou de obter licenças especiais para esses voos" [grifo nosso].

[6] Malcolm N. Shaw. *Direito internacional*, cit., pp. 383-384.

[7] Cf. Gilda Maciel Corrêa Meyer Russomano. *Direito internacional público*, cit., p. 324.

[8] Para detalhes, *v.* Ian Brownlie, *Princípios de direito internacional público*, cit., pp. 286-290 (devendo o leitor, contudo, atualizar alguns pontos do conceito já ultrapassados do texto, a exemplo do não mais existente princípio da *livre utilização* do espaço aéreo e do alto-mar).

3. Princípios elementares. Os Estados detêm todos os direitos de soberania sobre o espaço aéreo acima de seu território respectivo e de seu mar territorial. A mesma disciplina jurídica aplicada ao solo e ao subsolo aplica-se, portanto, ao espaço aéreo. Contrariamente, porém, ao que ocorre com o mar territorial, não existe no espaço aéreo qualquer garantia de *passagem inocente* que tenha por fundamento um princípio geral de direito ou uma norma internacional costumeira.[9] Se tal é assim com o mar territorial, em decorrência de norma proveniente do costume, em se tratando do espaço aéreo a situação é diferente, razão pela qual, *a priori*, as aeronaves devem ter prévia autorização do Estado – normalmente, por meio tratado – para sobrevoo. Daí o princípio segundo o qual a passagem sobre o espaço aéreo de um Estado deva ser por este previamente autorizada, ainda que se trate de passagem sobre o mar territorial.[10]

O Estado – repita-se – detém todos os direitos soberanos relativos ao seu espaço aéreo, só podendo outro Estado nele penetrar mediante acordo expresso ou por permissão *ad hoc*. Por outro lado, nas áreas onde nenhum Estado detém poderes soberanos – tais como o alto-mar, o Polo Norte e também, nesse caso, o continente antártico – a navegação aérea, civil ou militar, fica evidentemente permitida.[11]

4. As cinco liberdades do ar. A Convenção de Chicago, de 7 de dezembro de 1944, adotou a teoria das "cinco liberdades do ar", aprovadas nos *Acordos de Trânsito* e sobre *Transporte Aéreo* e ainda vigentes na atualidade. Por meio dessa teoria, o paradigma da soberania aérea (pelo qual nada pode haver acima do Estado que não lhe diga respeito) haveria de substituir-se pelo da liberdade *monitorada* ou *vigiada* do ar; a liberdade, ainda que sob fiscalização, deveria prevalecer à ideia de soberania absoluta sobre o espaço aéreo correspondente à base física do Estado (território e mar territorial). Tais liberdades, portanto, limitam as soberanias compreendidas *de per si*, para o fim de facilitar o trânsito de pessoas e de coisas ao redor do mundo. São elas:

a) a liberdade de sobrevoo, que compreende a liberdade que têm os aviões de um Estado de sobrevoar sem escalas o território de outro, podendo o Estado mitigar tal liberdade apenas em casos excepcionais, quando estiver em jogo a segurança do seu território (desde que o faça sem discriminação a outras potências soberanas);

b) liberdade de fazer escalas (desde que sem caráter comercial) para reparações técnicas, como para o reabastecimento de combustível ou reparações em caso de defeitos do equipamento;

c) liberdade de embarcar, no território de um Estado, mercadorias, passageiros e malas postais que tenham por destino o Estado da nacionalidade da aeronave;

d) liberdade de desembarcar, no território de um Estado, mercadorias, passageiros e malas postais que tenham sido colocadas a bordo no país a que pertence a aeronave; e

---

9 Cf. José Francisco Rezek. *Direito internacional público...*, cit., p. 317.

10 V. Ian Brownlie. *Princípios de direito internacional público*, cit., p. 133. Como explica Malcolm Shaw, quando "esse consentimento não é dado, configura-se uma invasão, o que justifica a interceptação, mas não um ataque armado efetivo (exceto em casos muito excepcionais)" (*Direito internacional*, cit., p. 381). Um desses casos (excepcionais) tem lugar quando se trata de um ataque terrorista. Diz Shaw: "Embora uma aeronave civil de transporte de passageiros raramente ofereça esse grau de ameaça – que justifique sua derrubada –, o ataque ao World Trade Center em 11 de setembro de 2001 demonstra que essa possibilidade existe" (Idem, p. 391).

11 Cf. José Francisco Rezek. *Direito internacional público...*, cit., p. 317.

e) liberdade de embarcar passageiros, mercadorias e malas postais que se destinem ao território de qualquer Estado que participe da convenção e o direito de desembarcar passageiros, mercadorias e correspondências originários de qualquer outro Estado--contratante.[12]

Tais liberdades não são concedidas *ipso facto* entre os Estados-partes da Convenção de Chicago (membros, por isso, da *Organização da Aviação Civil Internacional*, a OACI), mas, sim, por meio de acordos bilaterais entre eles, nos quais se preveem todas as liberdades possíveis (uma, duas, três, todas etc.). Países como os Estados Unidos têm outorgado com mais facilidade a quinta liberdade, ao passo que os países em via de desenvolvimento já são mais duros em concedê-la, nada impedindo, entretanto, que concedam a terceira e a quarta, tudo a depender de sua livre escolha.[13]

As duas primeiras liberdades são chamadas *técnicas*, é dizer, dizem respeito ao voo em si, não ao embarque ou desembarque de mercadorias ou passageiros. As três últimas são as liberdades *comerciais*, que dependem de acordos (*convenções de tráfego*) entre os diversos países, fazendo com que fiquem rigorosamente disciplinadas as regras relativas à capacidade, trânsito das aeronaves que operam em linhas regulares e tarifas, podendo também disciplinar questões relativas ao número de passageiros e questões congêneres.

5. Situação jurídica das aeronaves. As aeronaves são consideradas bens móveis, embora sejam-lhes, muitas vezes, aplicadas as regras exclusivas dos bens imóveis. Daí o motivo de alguns autores as considerarem bens móveis *sui generis*. Nos termos do art. 106, *caput*, do Código Brasileiro de Aeronáutica (Lei nº 7.565, de 19.12.1986), considera-se aeronave "todo aparelho manobrável em voo, que possa sustentar-se e circular no espaço aéreo, mediante reações aerodinâmicas, apto a transportar pessoas ou coisas". O § 1º do mesmo dispositivo complementa que a aeronave "é bem móvel registrável para o efeito de nacionalidade, de matrícula, de aeronavegabilidade, de transferência por ato entre vivos, de constituição de hipoteca, de publicidade e de cadastramento geral".

Assim como os navios, as aeronaves devem ter *uma só* nacionalidade. O princípio vigorante atualmente exige a nacionalidade do proprietário da aeronave para efeito do registro, isto é, somente pode ter aquela qualidade quem for nacional do Estado onde se fez o registro. Mesmo no caso das companhias aéreas plurinacionais, como é o caso da *Scandinavian Airlines System* e da *Air Afrique*, é necessário que cada avião possua apenas *uma* nacionalidade, o que se poderá verificar observando o que dispõe a sua matrícula.[14] As aeronaves, assim como os navios, também apresentam sinais de identificação, como o prefixo conferido ao Estado, as cores nacionais, em lugar visível, a marca da matrícula, a respectiva certidão e mais papéis de bordo.[15]

Podem, as aeronaves, ser *públicas* ou *privadas*, levando-se em consideração a natureza dos serviços por elas desenvolvidos.

---

[12]   V. por tudo, Gilda Maciel Corrêa Meyer Russomano, *Direito internacional público*, cit., pp. 320-321; Oyama Cesar Ituassú, *Curso de direito internacional público*, cit., p. 464; e Luis Ivani de Amorim Araújo, *Curso de direito aeronáutico*, Rio de Janeiro: Forense, 1998, pp. 15-16.

[13]   Cf. Loretta Ortiz Ahlf. *Derecho internacional público*, cit., p. 87.

[14]   V. José Francisco Rezek. *Direito internacional público...*, cit., pp. 319-320.

[15]   Cf. Oyama Cesar Ituassú. *Curso de direito internacional público*, cit., pp. 477-478.

Os aviões que realizam *atividades privadas* (ainda que pertençam ou sejam controlados pelo Estado) não ficam submetidos à jurisdição do Estado de origem quando se encontrarem no espaço aéreo sujeito a outro Estado. Isto significa dizer que as aeronaves privadas (ou públicas que realizam atividades privadas) somente ficam sujeitas à jurisdição do Estado de origem quando se encontram em solo ou no espaço aéreo deste último, jamais no solo ou espaço aéreo de terceiro Estado. Em tema de aviação, a equiparação das aeronaves estatais utilizadas para fins comerciais é mais importante que a situação jurídica dos navios, uma vez que a grande maioria das empresas de aviação civil (*v.g.*, a *Alitalia*, a *Air France* etc.) ou é do Estado ou tem a boa parte de suas ações controladas por ele.[16] Assim, o que importa aqui é que a *atividade* da aeronave (pública) seja *privada*, caso em que a mesma ficará submetida à jurisdição do Estado em que se encontra. Dessa forma: *a*) encontrando-se no território ou espaço aéreo do Estado patrial, a esta jurisdição se sujeita; *b*) encontrando-se no território ou no espaço aéreo de outro Estado, sujeitar-se-á à jurisdição deste.

Quanto às aeronaves *públicas*, as mesmas comumente se dividem em aviões *de guerra* e *civis*. Obviamente, neste ponto, se está a considerar como *civis* aqueles aviões que desempenham funções administrativas de natureza *pública*, ou quando postos à disposição de soberanos, chefes de Estado ou de representantes diplomáticos; portanto, não se está a considerar aqui a já referida situação das aeronaves *públicas* que desempenham atividades *privadas* (*v. supra*). São aviões *de guerra*, por sua vez, aqueles que se empregam em atividades militares em geral, estando incorporados ao patrimônio nacional e, em particular, às forças armadas do Estado. Ao contrário do que ocorre com as aeronaves privadas, os aviões públicos (de guerra ou civis) gozam de vários privilégios e imunidades, independentemente do local onde se encontrem, ou seja, mesmo em espaços aéreos estrangeiros eles continuam jurisdicionados pelo Estado de sua nacionalidade.[17] Assim, *v.g.*, o avião que transporta o Presidente da República (seja ou não de guerra) não pode sofrer qualquer ingerência de um Estado estrangeiro (ingresso na aeronave, vistoria etc.) sem autorização expressa.[18] A dúvida que surge aqui, entretanto, diz respeito à nacionalidade das pessoas nascidas a bordo dessas aeronaves, tendo a doutrina e a jurisprudência (com algum titubeio, é certo) diferenciado a situação das aeronaves *de guerra* das *públicas civis* (*v.* Parte II, Capítulo IV, Seção I, item nº 7, *a*).

A mesma observação que se fez em relação às embarcações de guerra pode-se repetir aqui, no que tange à parte da doutrina que sustenta serem as aeronaves públicas *extensão do território* do Estado. O que tais aeronaves têm, em verdade, é a garantia da *imunidade* à jurisdição local, o que não significa serem extensão do território do seu Estado de origem (assim como também não são extensão desse território as embaixadas e as sedes de missões diplomáticas, as quais devem respeitar as leis e os costumes locais, suas regras fiscais, sanitárias etc.).

Perceba-se que a situação jurídica das aeronaves, não obstante ser semelhante à dos navios, guarda com esta alguns pontos de divergência.

Regra geral, pode-se resumir da seguinte forma a condição jurídica das aeronaves no Brasil:

a) *Aeronaves públicas brasileiras* (ou a serviço oficial do Brasil): aplica-se-lhes a lei brasileira onde quer que se encontrem (diferentemente da situação jurídica dos *navios* públicos,

---

[16] Cf. Hildebrando Accioly & Nascimento e Silva. *Manual de direito internacional público*, cit., p. 422.

[17] Cf. Gilda Maciel Corrêa Meyer Russomano. *Direito internacional público*, cit., pp. 327-328.

[18] Tal não significa, contudo, que tais aeronaves não devam respeitar a ordem pública estrangeira, suas regras fiscais, sanitárias etc.

mesmo os de guerra, cuja imunidade é limitada pela Convenção de Montego Bay ao *alto-mar*). De fato, nos termos do art. 5º, §1º, do Código Penal brasileiro, para os efeitos penais, consideram-se "extensão do território nacional" as aeronaves brasileiras, de natureza pública ou a serviço do governo brasileiro onde quer que se encontrem;

b) Aeronaves privadas brasileiras (ou estatais que se destinam à atividade privada): aplica-se-lhes a lei brasileira se estiverem em território nacional ou em sobrevoo em alto-mar (observando-se o princípio da nacionalidade da aeronave), aplicando-se a lei do Estado estrangeiro se em sobrevoo ao território deste ou se ali estiver em solo. Segundo o art. 5º, § 2º, do Código Penal brasileiro, tratando-se de crime, é também aplicável a lei brasileira àqueles delitos praticados a bordo de aeronaves estrangeiras de propriedade privada, achando-se em pouso no território nacional ou em voo no espaço aéreo correspondente;

c) Aeronaves públicas estrangeiras (ou a serviço oficial do governo estrangeiro): estão amparadas pela lei do seu país de origem, não se lhes aplicando a lei brasileira, ainda quando estejam dentro do nosso domínio territorial ou aéreo (uma vez que o art. 5º do Código Penal brasileiro exclui a possibilidade de punir-se no Brasil crime cometido a bordo de aeronave estrangeira de natureza pública).[19] Aplica-se, aqui, o princípio da *intraterritorialidade*, que significa que mesmo tendo sido o crime cometido em território brasileiro, a ele não se aplica a nossa lei, mas a lei do país de origem da aeronave pública estrangeira, devendo ser julgado também pelo juiz estrangeiro, de acordo com as normas processuais penais daquele país;

d) Aeronaves privadas estrangeiras: aplica-se-lhes a lei brasileira quando em território nacional (em solo, nos aeroportos, ou em sobrevoo pelo território brasileiro), e a lei estrangeira quando em voo ou em solo de país estrangeiro, salvo se este país não julgar o crime (CP, art. 7º, inc. II, alínea *c*), quando então a lei brasileira será aplicada.

6. Segurança no ar. Vários eventos sucessivos iniciados no Século XX, como sequestros e tomada de aeronaves civis, impulsionaram um movimento internacional de segurança nos transportes aéreos, o que levou à adoção de inúmeros tratados internacionais relativos à matéria. Uma Convenção celebrada em Tóquio, em 1963, disciplinou as infrações praticadas a bordo de aeronaves; outra concluída em Montreal, em 1971, cuidou da repressão dos atos ilícitos contra a aviação civil; e finalmente, um protocolo firmado também em Montreal, em 1984, visou proteger o tráfego aéreo contra os abusos dos próprios Estados na preservação de sua segurança territorial.[20]

SEÇÃO II – O ESPAÇO EXTRA-ATMOSFÉRICO

1. Origens da regulamentação internacional. O espaço extra-atmosférico – também chamado com menor propriedade de espaço *cósmico* ou *sideral* – teve como termo inicial de sua regulamentação jurídica a ocorrência de dois fatos de fundamental importância para a história da humanidade: a colocação em órbita do primeiro satélite artificial (o *Sputnik*) pela União Soviética, em 4 de outubro de 1957, e a chegada do homem à Lua, em 20 de julho de 1969 (missão *Apolo XI*).[21]

---

[19]   Cf. Nélson Hungria. *Comentários ao Código Penal*, vol. I, t. I, cit., p. 179.

[20]   *V.* José Francisco Rezek. *Direito internacional público…*, cit., p. 321.

[21]   Cf. José Francisco Rezek. *Direito internacional público…*, cit., p. 322; e Dinh, Daillier & Pellet, *Direito internacional público*, cit., p. 1271.

Parte · Cap. III · O ESPAÇO AÉREO E EXTRA-ATMOSFÉRICO | **781**

Entre esses dois fatos de fundamental importância para a regulamentação do espaço extra-atmosférico, o *Institut de Droit International* adotou, na sua sessão de Bruxelas de 11 de setembro de 1963, a primeira Resolução sobre o regime jurídico do espaço, tendo como redator do tema o Sr. M. C. Wilfred Jenks. Nos termos do § 1º da referida Resolução: "L'espace ainsi que les corps célestes ne peuvent faire l'objet d'aucune appropriation. Ils peuvent être librement explorés et utilisés par tous les Etats à des fins exclusivement pacifiques...". Perceba--se a imperatividade com que o *Institut* tratou do tema: "O espaço e os corpos celestes *não podem ser objeto* de nenhuma apropriação", podendo ser "livremente explorados e utilizados por todos os Estados para finalidades exclusivamente *pacíficas*". As normas internacionais posteriores seguiram a mesma linha: impedir a apropriação do espaço aéreo, bem como dos corpos celestes, e limitar sua exploração para fins exclusivamente pacíficos.

A partir desse momento histórico surge, então, novo braço do Direito Internacional Público a regular as relações internacionais decorrentes da utilização e exploração do espaço extra-atmosférico.

2. Natureza jurídica do espaço extra-atmosférico. O espaço extra-atmosférico constitui-se num espaço de imensidão ao redor do planeta, para além de uma certa altura ainda não muito bem definida. Para alguns, o espaço extra-atmosférico tem início a partir de mais ou menos 90 a 100 milhas de distância; para outros, essa área compreende o espaço acima daquele em que as aeronaves conseguem navegar mediante propulsão própria.[22] Assim é a posição do Reino Unido, que entende que "para fins práticos, considera-se o limite [entre espaço aéreo e espaço exterior] a altitude máxima a que pode voar uma aeronave".[23] Seja como for, pode-se entender o espaço extra-atmosférico como um prolongamento do espaço aéreo, resguardado, entretanto, pelas limitações impostas pelo Direito Internacional à sua exploração e aproveitamento econômico.

A natureza jurídica do espaço extra-atmosférico é de *res communis omnium*, que pode ser explorada pelos demais membros da sociedade internacional pacificamente e para fins lícitos, sem violação dos princípios do Direito Internacional Público. Mas esta afirmação não induz a pensar que continuará sendo, o espaço extra-atmosférico, para sempre coisa de uso *comum*. A natureza jurídica de alguns institutos muda – e é normal que assim o seja – quando se alteram os fatos e valores da sociedade em causa. Tome-se como exemplo o alto-mar, que praticamente mudou de natureza, deixando aos poucos de ser considerado de uso irrestrito dos Estados, à medida que o Direito passou a impor-lhes a observância de normas internacionais de proteção ambiental. O espaço extra-atmosférico provavelmente passará, em futuro não muito distante, pela mesma experiência, quanto mais dominado pelo homem ele for.

Tudo o que não se poderá dizer é tratar-se de *res nullius* o espaço extra-atmosférico e, por tal motivo, considerar possível seja apropriado nos mesmos moldes que outrora se adquiriram os territórios.[24] Os Estados devem ter parcimônia na utilização do espaço extra-atmosférico,

---

[22] Cf. Antonio Cassese. *Diritto internazionale*, cit., p. 92.

[23] Malcolm N. Shaw. *Direito internacional*, cit., p. 394, nota nº 72. Celso D. de Albuquerque Mello, por sua vez, delimita o espaço exterior *por exclusão*, nestes termos: "A delimitação do espaço exterior só pode ser clara em um aspecto negativo, isto é, dizendo-se o que não é espaço exterior. Não é espaço exterior o denominado espaço aéreo" (*Curso de direito internacional público*, vol. II, cit., p. 1324).

[24] Cf. César Sepúlveda. *Derecho internacional*, cit., p. 205.

782 | CURSO DE DIREITO INTERNACIONAL PÚBLICO – *Valerio de Oliveira Mazzuoli*

que se constitui *res communis* à pesquisa científica e às atividades para fins exclusivamente pacíficos. A exploração desarrazoada e sem limites há de ser coibida, bem assim a que fragilize a segurança do planeta.

3. Normativa internacional. Em 27 de janeiro 1967 celebrou-se em Nova York, sob os auspícios das Nações Unidas, o *Tratado sobre Princípios Reguladores das Atividades dos Estados na Exploração e Uso do Espaço Cósmico, Inclusive a Lua e Demais Corpos Celestes*, que entrou em vigor em outubro daquele ano.

Nos considerandos do tratado lê-se a inspiração dos Estados "nas vastas perspectivas que a descoberta do espaço cósmico pelo homem oferece à humanidade", e o "interesse que apresenta para toda a humanidade o progresso da exploração e uso do espaço cósmico para fins pacíficos", entre outros. O art. 1º do instrumento dita a regra segundo a qual a "exploração e o uso do espaço cósmico, inclusive da Lua e demais corpos celestes, deverão ter em mira o bem e interesse de todos os países, qualquer que seja o estágio de seu desenvolvimento econômico e científico, e são incumbência de toda a humanidade"; diz ainda que o "espaço cósmico, inclusive a Lua e demais corpos celestes, poderá ser explorado e utilizado, livremente, por todos os Estados, sem qualquer discriminação, em condições de igualdade e em conformidade com o Direito Internacional, devendo haver liberdade de acesso a todas as regiões dos corpos celestes"; e que esse mesmo espaço exterior "estará aberto às pesquisas científicas, devendo os Estados facilitar e encorajar a cooperação internacional naquelas pesquisas".

No art. 2º do Tratado de 1967 lê-se que o "espaço cósmico, inclusive a Lua e demais corpos celestes, não poderá ser objeto de apropriação nacional por proclamação de soberania, por uso ou ocupação, nem por qualquer outro meio". Esta proibição de reivindicação do espaço aéreo por ação soberana, uso, ocupação ou qualquer outro meio, cria o problema de saber qual o *limite* entre o espaço aéreo nacional e o espaço extra-atmosférico. A prática internacional e a doutrina tergiversam a respeito. Para nós, a altitude máxima alcançada pelas aeronaves modernas pode ser tida como um *limite funcional* do espaço aéreo nacional. Os países equatoriais, liderados pela Colômbia, sempre entenderam que a delimitação do espaço aéreo abrange a órbita *geoestacionária*, localizada há 35.871 quilômetros (22.374 milhas) acima do seu domínio terrestre. Mas esta tese encontrou fortes opositores, notadamente os países soviéticos (então URSS), para os quais "a órbita geoestacionária não pode ser separada do espaço ultraterrestre".[25]

O tratado impõe aos Estados várias obrigações, entre elas a de não se apropriar do espaço extra-atmosférico por proclamação de soberania, por uso ou ocupação, ou por qualquer outro meio; a de não colocar em órbita objeto portador de armas nucleares ou de qualquer outro tipo de armas de destruição em massa, bem como não instalar tais armas sobre os corpos celestes e a não colocar tais armas no espaço cósmico; a de utilizar a Lua e os demais corpos celestes com fins exclusivamente pacíficos; a de não estabelecer bases, instalações e fortificações militares nos corpos celestes etc.

---

[25] V. Hildebrando Accioly & Nascimento e Silva. *Manual de direito internacional público*, cit., p. 230.

Plano da Parte IV

Na próxima parte deste livro (Parte IV) direcionaremos o nosso estudo para duas matérias que emergiram no cenário internacional há relativamente não muito tempo, e que são hoje consideradas os dois grandes temas da globalidade: a Proteção Internacional dos Direitos Humanos e o Direito Internacional do Meio Ambiente. No Capítulo relativo à proteção internacional dos direitos humanos serão estudados os sistemas global e regionais de proteção. Uma análise comparativa será realizada entre os sistemas regionais interamericano, europeu e africano. Além disso, também se estudará a proteção dos direitos no Mundo Árabe e na Ásia.

No Capítulo sobre a proteção internacional do meio ambiente, far-se-á também um estudo da proteção internacional dos direitos humanos e sua inter-relação com as normas internacionais de proteção ambiental.

Parte IV

Proteção Internacional dos Direitos Humanos e do Meio Ambiente

Capítulo I

Proteção Internacional dos Direitos Humanos

 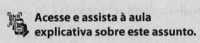

Acesse e assista à aula explicativa sobre este assunto.

> http://uqr.to/1zv4j

SEÇÃO I – O DIREITO INTERNACIONAL DOS DIREITOS HUMANOS

1. Generalidades. É relativamente grande a parte das normas internacionais contemporâneas que diz respeito à promoção e proteção dos direitos humanos, havendo já uma gama considerável de tratados dessa índole (globais e regionais) atualmente conhecidos. Todos eles têm uma característica fundamental: a proteção dos direitos da pessoa humana independentemente de qualquer condição. Nessa sistemática, basta a condição de ser *pessoa humana* para que todos possam vindicar seus direitos violados, tanto no plano interno como no contexto internacional.

A primeira premissa da qual se tem que partir ao estudar os *direitos* das pessoas é a de que tais direitos têm dupla proteção atualmente: uma proteção *interna* (afeta ao Direito Constitucional e às leis) e outra *internacional* (objeto de estudo do Direito Internacional Público).[1] À base normativa que disciplina e rege a proteção internacional de direitos dá-se o nome de *Direito Internacional dos Direitos Humanos*, hoje disciplina autônoma que conta com regras e princípios próprios. Além de autônoma, a disciplina que se vai estudar agora é das que mais avanços obteve nas últimas décadas, fruto de um trabalho contínuo de organismos internacionais de variada índole, bem assim da sociedade civil organizada e presente em diversos foros multilaterais de discussão. Portanto, mister estudar esse novo ramo do direito público, nascido finda a Segunda Guerra Mundial com o propósito de proteger os direitos de todos os cidadãos, independentemente de raça, cor, sexo, língua, religião, condição política e social etc.

A premissa de que os direitos humanos são inerentes a qualquer pessoa, sem quaisquer discriminações, revela o fundamento *anterior* desses direitos relativamente a toda forma de organização política, o que significa que a proteção dos direitos humanos não se esgota nos sistemas estatais (internos) de proteção, podendo ir muito mais além, ultrapassando as

---

[1] Para uma visão pioneira dessa temática no Brasil, *v.* Carlos Alberto Dunshee de Abranches, *Proteção internacional dos direitos humanos*, Rio de Janeiro: Freitas Bastos, 1964.

788 | CURSO DE DIREITO INTERNACIONAL PÚBLICO – *Valerio de Oliveira Mazzuoli*

fronteiras nacionais até chegar ao patamar do Direito Internacional Público. Por essa razão é que se fala num Direito Internacional afeto aos Direitos Humanos, com regras e princípios próprios e peso axiológico (valorativo) superior aos outros braços do Direito Internacional tradicional.

De fato, a evolução do sistema jurídico internacional tem demonstrado a cada dia ser possível a convergência do Direito para uma nova ordem de valores na qual o ser humano representa o núcleo central, havendo por isso já quem defenda a existência de um *Direito Internacional da Humanidade*.[2] Seja como for, certo é que a compreensão de como os direitos humanos são disciplinados (e protegidos) pela ordem internacional é condição sem a qual não se logra efetivar tais direitos na órbita interna, sobretudo à luz da aplicação doméstica dos tratados internacionais de direitos humanos e do controle de convencionalidade das leis.

2. Direitos do homem, direitos fundamentais e direitos humanos. Ao iniciar o estudo do sistema internacional de proteção dos direitos humanos, mister aclarar o conteúdo das expressões "direitos do homem", "direitos fundamentais" e "direitos humanos".[3] A precisão terminológica é sumamente necessária para a compreensão do âmbito do estudo que ora nos ocupa: a proteção dos *direitos humanos*. Vejamos:

a) Direitos do homem – é expressão mais de cunho naturalista (*rectius*: jusnaturalista) do que jurídico-positivo. Conota a série de direitos naturais (ou, ainda não positivados) aptos à proteção global do homem e válidos em todos os tempos e ocasiões. São direitos que, em tese, ainda não se encontram positivados nos textos constitucionais ou nos tratados internacionais de proteção.[4] Contudo, nos dias atuais, salvo raros exemplos, é muito difícil existir uma gama significativa de direitos conhecíveis que ainda não constem de algum documento escrito, seja interno ou de índole internacional. De qualquer sorte, a expressão *direitos do homem* mantém-se ainda reservada àqueles direitos que se sabe *ter*, mas não *por que* se tem, cuja existência se justifica apenas no plano do Direito Natural. Sua marca característica, portanto, é a falta de positivação (interna e internacional) junto, não obstante, ao conhecimento apriorístico que deles todos têm.

---

[2]   V. Antônio Augusto Cançado Trindade. International law for humankind: towards a new *jus gentium* (t. I e II): general course on public international law, in *Recueil des Cours*, vol. 316 (2005), pp. 9-439 (t. I) e *Recueil des Cours*, vol. 317 (2005), pp. 9-312 (t. II).

[3]   Cf., entre outros, Antonio E. Perez Luño, *Los derechos fundamentales*, 3ª ed., Madrid: Tecnos, 1988, pp. 44-47; José Joaquim Gomes Canotilho, *Direito constitucional e teoria da Constituição*, 7ª ed., Coimbra: Almedina, 2003, pp. 393-398; Fábio Konder Comparato, *A afirmação histórica dos direitos humanos*, 3ª ed. rev. e ampl., São Paulo: Saraiva, 2003, p. 224; André de Carvalho Ramos, *Teoria geral dos direitos humanos na ordem internacional*, Rio de Janeiro: Renovar, 2005, pp. 21-29; Ingo Wolfgang Sarlet, *A eficácia dos direitos fundamentais*, 6ª ed. rev., atual. e ampl., Porto Alegre: Livraria do Advogado, 2006, pp. 33-42; e Jorge Bacelar Gouveia, *Manual de direito constitucional*, 3ª ed. rev. e atual., Coimbra: Almedina, 2009, vol. 2, pp. 1029-1031.

[4]   Exemplifique-se com o "direito à fuga", reconhecido como um "direito natural" pelo STF, nestes termos: "A fuga é um direito natural dos que se sentem, por isto ou por aquilo, alvo de um ato discrepante da ordem jurídica, pouco importando a improcedência dessa visão, longe ficando de afastar o instituto do excesso de prazo" (*RHC* 84.851/BA, 1ª Turma, rel. Min. Marco Aurélio, julg. 20.05.2005). Veja-se, também, a referência feita pelo STF ao direito de autodefesa: "A autodefesa consubstancia, antes de mais nada, direito natural. O fato de o acusado não admitir a culpa, ou mesmo atribuí-la a terceiro, não prejudica a substituição da pena privativa do exercício da liberdade pela restritiva de direitos, descabendo falar de 'personalidade distorcida'" (*HC* 80.616/SP, 1ª Turma, rel. Min. Marco Aurélio, julg. 18.09.2001).

b) Direitos fundamentais – é expressão afeta à proteção *constitucional* dos direitos dos cidadãos, aqueles que os textos constitucionais houveram por bem registrar. Liga-se, assim, aos aspectos ou matizes constitucionais (internos) de proteção, no sentido de já se encontrarem positivados nas Constituições contemporâneas. São direitos garantidos e limitados no tempo e no espaço, objetivamente vigentes numa ordem jurídica concreta. Tais direitos devem constar de todos os textos constitucionais, sob pena de o instrumento chamado *Constituição* perder totalmente o sentido de sua existência, tal como já asseverava o conhecido art. 16 da Declaração (francesa) dos Direitos do Homem e do Cidadão, de 1789: "A sociedade em que não esteja assegurada a garantia dos direitos nem estabelecida a separação dos poderes não tem Constituição".

c) Direitos humanos – são, por sua vez, direitos inscritos (positivados) em tratados e declarações ou decorrentes de costumes de índole *internacional*. Trata-se daqueles direitos que já ascenderam ao patamar do Direito Internacional Público, para além, portanto, do domínio reservado do Estado. Dizer que os "direitos fundamentais" são mais facilmente visualizáveis que os "direitos humanos", pelo fato de estarem positivados no ordenamento jurídico interno (Constituição) de determinado Estado, é afirmação falsa. Basta compulsar os tratados e declarações internacionais de proteção dos direitos humanos (tanto do sistema global como dos sistemas regionais) para se visualizar nitidamente *quantos* e *quais* são os direitos protegidos ou consagrados. Deve-se destacar aqui a importante atuação do *Conselho de Direitos Humanos* (antiga *Comissão de Direitos Humanos*) das Nações Unidas,[5] no que tange à redação e às negociações de vários dos mais importantes tratados e declarações de direitos humanos (do sistema global) concluídos até os dias de hoje.

É importante observar que a Constituição brasileira de 1988 se utilizou das expressões *direitos fundamentais* e *direitos humanos* com absoluta precisão técnica. De fato, quando o texto constitucional brasileiro quer fazer referência, mais particularmente, aos direitos previstos na Constituição, utiliza-se da expressão "direitos fundamentais", como faz no art. 5º, § 1º, segundo o qual "as normas definidoras dos *direitos* e garantias *fundamentais* têm aplicação imediata". Por sua vez, quando o mesmo texto constitucional se refere às normas *internacionais* de proteção da pessoa humana, faz referência à expressão "direitos humanos", tal como no § 3º do mesmo art. 5º, segundo o qual "os tratados e convenções internacionais sobre *direitos humanos* que forem aprovados, em cada Casa do Congresso Nacional, em dois turnos, por três quintos dos votos dos respectivos membros, serão equivalentes às emendas constitucionais". Quando, contudo, a Constituição pretendeu se referir, indistintamente, aos direitos previstos pela ordem jurídica interna e pela ordem jurídica internacional, não faz referência expressa a qualquer das duas expressões. De fato, no § 2º do art. 5º, ao cuidar da proteção dos direitos previstos tanto no direito constitucional como no direito internacional, não fez a Carta de 1988 qualquer menção às expressões "direitos fundamentais" e "direitos humanos", silenciando no emprego ostensivo de uma ou outra: "Os direitos e garantias expressos nesta Constituição não excluem outros decorrentes do regime e dos princípios por ela adotados [direitos fundamentais], ou dos tratados internacionais em que a República Federativa do Brasil seja parte [direitos humanos]".

A Carta das Nações Unidas (1945) parece também fazer essa distinção, quando diz – em vários dispositivos – ser um dos propósitos da ONU a proteção dos "direitos humanos e liberdades fundamentais...". Perceba-se, aqui, o uso dos termos *humanos* e *fundamentais* em

---

5   Sobre o Conselho de Direitos Humanos da ONU, *v.* Parte II, Capítulo III, Seção II, item nº 5, *d, supra*.

separado, como querendo significar temas distintos, cada qual circunscrito a determinada categoria de direitos. De qualquer forma, vários outros documentos internacionais utilizam-se das expressões *direitos humanos* e *direitos fundamentais* indistintamente.

Neste *Curso* procuramos seguir a distinção acima apontada, contudo sem rigidez estrita. Em que pesem os esforços de boa parte da doutrina no intuito de diferenciar tais expressões, cremos que o que realmente importa é admitir a *interação* desses mesmos direitos (direitos do homem, direitos fundamentais e direitos humanos) para o fim de que todas as pessoas (pertencentes ou não ao Estado onde se encontrem) estejam efetivamente protegidas. Mas, para além de pontos de encontro, há também pontos de divergência entre as expressões, como a falta de identidade entre os *direitos humanos* e os *direitos fundamentais*. Estes últimos, sendo positivados nos ordenamentos jurídicos internos, não têm um campo de aplicação tão amplo, ainda mais quando se leva em conta que nem todos os direitos fundamentais previstos nos textos constitucionais modernos são exercitáveis por *todas as* pessoas, indistintamente (tome-se, como exemplo, o *direito de voto*, que não pode ser exercido pelos conscritos, durante o período de serviço militar, sem falar nos estrangeiros: CF, art. 14, § 2º). Os chamados *direitos humanos*, por sua vez, podem ser vindicados indistintamente por todos os cidadãos do planeta e em quaisquer condições, bastando ocorrer a violação de um direito seu reconhecido em norma internacional do qual o Estado seja parte. Talvez por isso certa doutrina tenha preferido a utilização da expressão *direitos humanos fundamentais*, como querendo significar a *união material* da proteção de matiz constitucional com a salvaguarda de cunho internacional de tais direitos.

Algumas palavras também devem ser ditas a respeito do *fundamento* e do *conteúdo* dos direitos humanos.[6] Relativamente ao primeiro aspecto, pode-se dizer que os direitos humanos se fundamentam no valor-fonte do Direito que se atribui a cada pessoa humana pelo simples fato de sua existência. É dizer, tais direitos retiram o seu suporte de validade da dignidade da qual toda e qualquer pessoa é portadora, em consonância com o que estabelece o art. 1º da Declaração Universal dos Direitos Humanos de 1948.[7] Nos termos desta disposição: "Todas as pessoas nascem livres e iguais em dignidade e direitos. São dotadas de razão e consciência e devem agir em relação umas às outras com espírito de fraternidade". À luz da Declaração Universal de 1948, pode-se dizer que os direitos humanos fundam-se em três princípios basilares, bem assim em suas combinações e influências recíprocas, quais sejam: *1)* o da *inviolabilidade da pessoa*, cujo significado traduz a ideia de que não se pode impor sacrifícios a um indivíduo em razão de que tais sacrifícios resultarão em benefícios a outras pessoas; *2)* o da *autonomia da pessoa*, pelo qual toda pessoa é livre para a realização de qualquer conduta, desde que seus atos não prejudiquem terceiros; e, *3)* o da *dignidade da pessoa*, verdadeiro núcleo-fonte de todos os demais direitos fundamentais do cidadão, por meio do qual todas as pessoas devem ser tratadas e julgadas de acordo com os seus atos, e não em relação a outras propriedades suas não alcançáveis por eles.[8]

---

[6]   *V*. Valerio de Oliveira Mazzuoli. *Direitos humanos, Constituição e os tratados internacionais...*, cit., pp. 223-227; e André de Carvalho Ramos, *Teoria geral dos direitos humanos na ordem internacional*, cit., pp. 35-47.

[7]   *V*. Jorge Miranda. A dignidade da pessoa humana e a unidade valorativa do sistema de direitos fundamentais, in *Estudos em homenagem ao Professor Doutor Martim de Albuquerque*, Coimbra: Coimbra Editora, 2010, pp. 933-949.

[8]   Cf. Genaro R. Carrió. *Los derechos humanos y su protección: distintos tipos de problemas*. Buenos Aires: Abeledo-Perrot, 1990, pp. 14-15; e Carlos Santiago Nino, *Ética y derechos humanos: un ensayo de fundamentación*, 2ª ed. ampl. y rev. Buenos Aires: Editorial Astrea, 1989, p. 14 e ss.

Os direitos humanos contemporâneos não se dividem ou sucedem em "gerações", mas se conjugam e se fortalecem em prol dos direitos de cada ser humano. Assim, pode-se dizer que tais direitos têm conteúdo *indivisível*, rechaçando-se a tradicional classificação das "gerações de direitos" em prol dos direitos de todos os serem humanos. Tal indivisibilidade está ligada à ideia de que os "direitos de liberdade" (direitos civis e políticos) não sobrevivem perfeitamente sem os "direitos da igualdade" (direitos econômicos, sociais e culturais) e vice-versa. De fato, tomando-se como exemplo o clássico direito à vida (direito de conteúdo liberal), pode-se facilmente constatar que esse direito não se limita à vida física, abrangendo também todos os desdobramentos decorrentes das *condições* que esta mesma vida deve ter para que seja realizada em sua plenitude, condições estas decorrentes dos direitos econômicos, sociais e culturais (direitos da igualdade). Enfim, quando se fala em direitos humanos (não em "direitos fundamentais" etc.) a ideia é a de que esses direitos se complementam (se conjugam) e não se sucedem em "gerações" ou "dimensões".

3. Características dos direitos humanos. Os direitos humanos contemporâneos apresentam características próprias capazes de distingui-los de outros tipos de direitos, especialmente os da ordem doméstica. É possível apresentar as características dos direitos humanos como sendo as seguintes, relativamente à sua titularidade, natureza e princípios:

a) Historicidade – os direitos humanos são históricos, isto é, são direitos que se vão construindo com o decorrer do tempo. Foi tão somente a partir de 1945 (com o fim da Segunda Guerra e com o nascimento da Organização das Nações Unidas) que os direitos humanos começaram a, efetivamente, desenvolver-se no plano internacional, não obstante a Organização Internacional do Trabalho já existir desde 1919 (garantindo os direitos humanos – *direitos sociais* – dos trabalhadores desde o pós-Primeira Guerra). Falando em termos de *direitos fundamentais*, tem-se a revolução burguesa como a gênese de proteção desses direitos, os quais vieram posteriormente desenvolver-se com o Estado social até chegar aos tempos atuais, com ampliada proteção para outros âmbitos do conhecimento humano (para além dos direitos civis e políticos e dos direitos econômicos, sociais e culturais), como na garantia do direito ao desenvolvimento, do meio ambiente, da paz etc. Essa ótica da historicidade dos direitos humanos parece, contudo, retirar do fundamento de validade destes os direitos naturais ou inatos do homem, fazendo supor que os direitos humanos são direitos sempre expressos e que encontram sua fundamentação no mundo jurídico e não no campo da moral;

b) Universalidade – são titulares dos direitos humanos *todas* as pessoas, o que significa que basta ter a condição de "ser humano" para que se possa invocar a proteção desses mesmos direitos, tanto no plano interno como no plano internacional, independentemente de circunstâncias de sexo, raça, credo religioso, afinidade política, *status* social, econômico, cultural etc. Dizer que os direitos humanos são universais significa que não se requer outra condição além da de *ser pessoa humana* para que tenham assegurados todos os direitos que as ordens interna e internacional consagram a todos os indivíduos de maneira maneira indiscriminada;

c) Transnacionalidade – decorre da característica anterior e induz à ideia de titularidade de direitos a despeito do local (país, território ou espaço) em que as pessoas se encontrem, dado que a proteção internacional dos direitos humanos não conhece fronteiras e tem aplicabilidade a todas as pessoas indistintamente, sem levar em consideração o critério da nacionalidade, podendo tratar-se da proteção de um nacional, estrangeiro, apátrida, migrante, refugiado etc.;

d) Essencialidade – os direitos humanos são *essenciais* por natureza, tendo por conteúdo os valores supremos do ser humano e a prevalência da dignidade humana (conteúdo material), revelando-se essencial, também, pela sua especial posição normativa (conteúdo formal), permitindo-se a revelação de outros direitos fundamentais fora do rol de direitos expresso nos textos constitucionais. É por essa razão que muitas Constituições atuais (Peru, 1993; Argentina, 1994) estabelecem hierarquia diferenciada aos instrumentos a ele relativos;

e) Irrenunciabilidade – diferentemente do que ocorre com os direitos subjetivos em geral, os direitos humanos têm como característica básica a *irrenunciabilidade*, que se traduz na ideia de que o seu exercício não pode sofrer qualquer tipo de renúncia ou limitação, bem assim que a autorização de seu titular não justifica ou convalida qualquer violação do seu conteúdo;

f) Inalienabilidade – os direitos humanos são *inalienáveis*, na medida em que não permitem a sua desinvestidura por parte de seu titular, não podendo ser transferidos ou cedidos (onerosa ou gratuitamente) a outrem, ainda que com o consentimento do agente, sendo indisponíveis e inegociáveis;

g) Inexauribilidade – são os direitos humanos *inexauríveis*, no sentido de que têm a possibilidade de expansão, a eles podendo ser sempre acrescidos novos direitos, a qualquer tempo, exatamente na forma apregoada pelo § 2º do art. 5º da Constituição de 1988, segundo o qual os "direitos e garantias expressos nesta Constituição *não excluem outros* decorrentes do regime e dos princípios por ela adotados, ou dos tratados internacionais em que a República Federativa do Brasil seja parte" [grifo nosso]. Percebe-se, aqui, que a Constituição (pela expressão "não excluem outros...") diz serem duplamente inexauríveis os direitos nela consagrados, vez que os mesmos podem ser complementados tanto por direitos decorrentes *do regime e dos princípios* por ela adotados, como por direitos advindos *dos tratados internacionais* de direitos humanos em que o Brasil seja parte;

h) Imprescritibilidade – são os direitos humanos *imprescritíveis*, não se esgotando com o passar do tempo e podendo ser a qualquer tempo vindicados, não se justificando a perda do seu exercício pelo advento da prescrição. Em outras palavras, o decurso do tempo não apaga ou retira do titular o direito de perseguir o direito ou a garantia que lhe foi tolhido. Por outro lado, observe-se que, não obstante a imprescritibilidade dos direitos humanos, há nos procedimentos perante Cortes ou instâncias internacionais exigência de cumprimento de prazos impostos por tratados internacionais, os quais devem ser observados;

i) Vedação do retrocesso – por fim, os direitos humanos devem sempre (e cada vez mais) agregar algo de novo e melhor ao ser humano, não podendo o Estado proteger *menos* do que já protegia anteriormente. Em outros termos, os Estados estão proibidos de *retroceder* em matéria de proteção dos direitos humanos. Assim, se uma norma posterior revoga ou nulifica uma norma anterior *mais benéfica*, essa norma posterior é inválida por violar o princípio internacional da vedação do retrocesso (igualmente conhecido como princípio da "proibição de regresso", do "não retorno" ou "efeito *cliquet*"). Os tratados internacionais de direitos humanos, da mesma forma que as leis internas, também não podem impor restrições que diminuam ou nulifiquem direitos já anteriormente assegurados, tanto no plano interno

Parte IV · Cap. I · PROTEÇÃO INTERNACIONAL DOS DIREITOS HUMANOS | 793

quanto na própria órbita internacional. Nesse sentido, vários tratados de direitos humanos já contêm cláusulas que dispõem que nenhuma de suas disposições "pode ser interpretada no sentido de limitar o gozo e exercício de qualquer direito ou liberdade que possam ser reconhecidos em virtude de leis de qualquer dos Estados-partes ou em virtude de Convenções em que seja parte um dos referidos Estados", tal como faz o art. 29, alínea *b*, da Convenção Americana sobre Direitos Humanos de 1969.

Além dessas características dos direitos humanos, agrega-se, modernamente, aquelas provenientes de declarações e resoluções internacionais discutidas em conferências especializadas com a presença de grande número de Estados. Trata-se das características *contemporâneas* dos direitos humanos, que podem ser apresentadas como sendo: *a*) a *indivisibilidade*; *b*) a *interdependência*; e *c*) a *inter-relacionariedade*. Tais características ligam-se fortemente à proteção dos direitos humanos no plano internacional e serão analisadas em seguida, quando do estudo da Declaração Universal dos Direitos Humanos de 1948 (*v.* Seção III, item nº 4, *infra*).

4. A questão das "gerações" (ou dimensões) de direitos. Costuma-se normalmente dividir os direitos humanos em três "gerações" ou "categorias", com base no decorrer dos momentos históricos que inspiraram a sua criação. Alguns autores falam em *dimensões* de direitos humanos, partindo da premissa de que a expressão *gerações* poderia levar à falsa ideia de que uma categoria de direitos substitui a outra que lhe é anterior. Seja como for, o certo é que em relação ao *conteúdo* desses direitos a doutrina não diverge, eis que são praticamente os mesmos. Daí o motivo de não nos preocuparmos em utilizar uma ou outra expressão em específico.

A proposta de triangulação dos direitos humanos em "gerações" é atribuída a Karel Vasak, que a apresentou em conferência ministrada no Instituto Internacional de Direitos Humanos (Estrasburgo) em 1979, inspirado no lema da Revolução Francesa: *Liberdade, Igualdade, Fraternidade.*[9] Assim, os direitos de *liberdade* seriam os da primeira geração; os da *igualdade*, os de segunda geração; e os da *fraternidade*, os de terceira geração.

Paulo Bonavides bem explica o que se entende por cada uma dessas gerações. Segundo ele, os direitos da primeira geração (ou *dimensão*, como queiram os leitores) são os direitos de liberdade *lato sensu*, sendo os primeiros a constarem dos textos normativos constitucionais, a saber, os direitos civis e políticos, que em grande parte correspondem, sob o ponto de vista histórico, àquela fase inaugural do constitucionalismo ocidental. São direitos que têm por titular o indivíduo, sendo, portanto, oponíveis ao Estado (são direitos de resistência ou de oposição perante o Estado). Os direitos da segunda geração, por sua vez, ainda segundo Bonavides, nasceram a partir do início do século XX e compõem-se dos direitos da igualdade *lato sensu*, a saber, os direitos sociais, econômicos e culturais, bem como os direitos coletivos ou de coletividades, introduzidos no constitucionalismo do Estado social, depois que germinaram por obra da ideologia e da reflexão antiliberal deste século [refere-se o autor ao século XX]. Tais direitos foram remetidos à esfera dos chamados direitos *programáticos*, em virtude de não conterem para sua concretização aquelas garantias habitualmente ministradas pelos

---

9   Cf. Karel Vasak & Philip Alston (eds.). *The international dimensions of human rights*. Westport: Greenwood Press, 1982, 2 vols.

instrumentos processuais de proteção aos direitos da liberdade. Várias Constituições, inclusive a do Brasil, formularam o preceito da aplicabilidade imediata dos direitos fundamentais (art. 5º, § 1º).[10] Com efeito, até então, em quase todos os sistemas jurídicos, prevalecia a noção de que apenas os direitos da liberdade eram de aplicabilidade imediata, ao passo que os direitos sociais tinham aplicabilidade mediata, por via do legislador. Por fim, os direitos de terceira geração são aqueles assentados no princípio da fraternidade, como o direito ao desenvolvimento, à paz, ao meio ambiente, à comunicação e ao patrimônio comum da humanidade.[11] Paulo Bonavides acrescenta ainda uma *quarta* geração de direitos humanos, resultante da globalização dos direitos fundamentais, de que podem ser exemplos o direito à democracia (no caso, a democracia direta), o direito à informação e o direito do pluralismo, deles dependendo a concretização da sociedade aberta do futuro, em sua dimensão de máxima universalidade, para a qual parece o mundo inclinar-se no plano de todas as relações de convivência.[12]

Essa tríade geracional tem sido referida ao longo do tempo, especialmente no plano doutrinário, tendo por base a evolução histórica pela qual passou o constitucionalismo ocidental. Nesse sentido, tem-se entendido que os direitos começaram a se desenvolver no plano dos direitos civis e políticos, passando, num segundo momento, para o âmbito dos direitos econômicos, sociais e culturais, bem assim dos direitos coletivos ou de coletividades, e culminando com a proteção de direitos como o meio ambiente, a comunicação, o patrimônio comum da humanidade etc.

5. Críticas ao sistema geracional de direitos. A classificação tradicional das "gerações" dos direitos humanos vista acima tem sido objeto de inúmeras críticas, as quais apontam para a não correspondência entre tais "gerações de direito" e o processo histórico de efetivação e solidificação dos direitos humanos. De outra banda, verifica-se que a ideia geracional de direitos tem acarretado confusões conceituais no que tange às suas características distintivas dos direitos humanos.

A crítica mais contundente que se tem feito ao chamado sistema geracional de direitos é no sentido de que, se as gerações de direitos induzem à ideia de *sucessão* – por meio da qual uma categoria de direitos sucede à outra que se finda –, a realidade histórica aponta, em sentido contrário, para a *concomitância* do surgimento de vários textos jurídicos concernentes a direitos humanos de uma ou outra natureza. No plano interno, por exemplo, a consagração nas Constituições dos direitos sociais foi, em geral, posterior à dos direitos civis e políticos, ao passo que no plano internacional o surgimento da Organização Internacional do Trabalho, em 1919, propiciou a elaboração de diversas convenções regulamentando os direitos sociais dos trabalhadores, antes mesmo da internacionalização dos direitos civis e políticos no plano externo.[13]

---

[10]   Sobre esse preceito, *v.* Gilmar Ferreira Mendes e Paulo Gustavo Gonet Branco, *Curso de direito constitucional*, cit., pp. 153-155.

[11]   Para detalhes, *v.* Diego Uribe Vargas, La troisième génération des droits de l'homme: conférence, in *Recueil des Cours*, vol. 184 (1984-I), pp. 355-376. Sobre o patrimônio comum da humanidade, *v.* Alexandre Kiss, La notion de patrimoine commun de l'humanité, cit., pp. 99-256.

[12]   Paulo Bonavides. *Curso de direito constitucional*, 10ª ed. São Paulo, Malheiros, 2000, pp. 516-525. Sobre essas diversas categorias dos direitos fundamentais, *v.* também Ingo Wolfgang Sarlet, *A eficácia dos direitos fundamentais*, cit., pp. 54-68.

[13]   *V.* Carlos Weis. *Direitos humanos contemporâneos*, 2ª ed. São Paulo: Malheiros, 2010, pp. 50-51.

Se poderia ainda dizer – com apoio em Carlos Weis – que as tais "gerações" de direitos humanos "não são nada além do que uma tentativa de tornar mais palatável a noção da historicidade dos direitos humanos, isto é, de explicar de forma sintética que o surgimento daqueles obedeceu às injunções histórico-políticas, cujas características marcaram os direitos nascidos naquele momento". Ainda segundo Weis, se uma metáfora surge com o propósito de facilitar a compreensão sobre um tema, pelo emprego de uma palavra ou expressão para abreviar o pensamento, ao se verificar que a figura empregada não prescinde da explicação quanto à origem dos direitos humanos, percebe-se com clareza sua inutilidade, pois não alcança o propósito a que se destinava. Segundo ele, "o emprego generalizado da metáfora acaba por carrear para os direitos humanos características que são próprias das gerações em seu sentido original, extraído das Ciências Naturais, que nada têm a ver com o fenômeno de surgimento e conformação dos direitos humanos, induzindo o estudioso a equívoco. (...) Portanto, o que parece ser uma questão meramente vocabular acaba por demonstrar a perigosa impropriedade da locução, ao conflitar com as características fundamentais dos direitos humanos contemporâneos, especialmente sua indivisibilidade e sua interdependência, que se contrapõem à visão fragmentária e hierarquizada das diversas categorias de direitos humanos".[14]

O processo de desenvolvimento dos direitos humanos, assim, opera-se em constante *cumulação*, sucedendo-se no tempo vários direitos que mutuamente se substituem, consoante a concepção contemporânea desses direitos, fundada na sua *universalidade, indivisibilidade, interdependência e inter-relacionariedade.*[15]

Deve ser afastada a visão fragmentária e hierarquizada das diversas categorias de direitos humanos, a fim de se buscar a "concepção contemporânea" desses mesmos direitos, tal como introduzida pela Declaração Universal de 1948 e reiterada pela Declaração de Direitos Humanos de Viena de 1993. Nesse sentido, não é exato – e tampouco *jurídico* – falar em gerações de direitos humanos, tendo em vista que eles não se "sucedem" uns aos outros, mas, ao contrário, se cumulam, retroalimentando-se.[16] O que ocorre não é a *sucessão* de uma geração pela outra, mas sim a *junção* de uma nova dimensão de direitos humanos que se une à outra já existente, e assim por diante.[17]

Enfim, como arremata Carlos Weis, insistir na ideia geracional de direitos, "além de consolidar a imprecisão da expressão em face da noção contemporânea dos direitos humanos, pode se prestar a justificar políticas públicas que não reconhecem indivisibilidade da dignidade humana e, portanto, dos direitos fundamentais, geralmente em detrimento da implementação dos direitos econômicos, sociais e culturais ou do respeito aos direitos civis e políticos previstos nos tratados internacionais já antes citados".[18]

---

[14] Carlos Weis. Idem, pp. 51-53.

[15] Para uma análise desses e outros princípios relativos à proteção dos direitos humanos na ordem internacional, *v.* André de Carvalho Ramos, *Teoria geral dos direitos humanos na ordem internacional*, cit., p. 179 e ss.

[16] Cf. Germán J. Bidart Campos. *La interpretación del sistema de derechos humanos.* Buenos Aires: Ediar, 1994, p. 80.

[17] *V.* Jairo Schäfer. *Classificação dos direitos fundamentais: do sistema geracional ao sistema unitário – Uma proposta de compreensão.* Porto Alegre: Livraria do Advogado, 2005, p. 39.

[18] Carlos Weis. *Direitos humanos contemporâneos*, cit., p. 54.

6. Gênese do direito internacional dos direitos humanos. Desde a Segunda Guerra Mundial, em decorrência das violações de direitos perpetradas durante esse período, os direitos humanos têm constituído um dos temas principais do Direito Internacional contemporâneo. A isto se acrescenta, no atual contexto histórico, o fenômeno da globalização e o consequente estreitamento das relações internacionais, principalmente face o assustador alargamento dos meios de comunicação e do crescimento vertiginoso do comércio internacional.

De início, destaque-se que a normatividade internacional de proteção dos direitos humanos, conquistada por meio de incessantes lutas históricas, e consubstanciada em inúmeros documentos concluídos com esse propósito, foi fruto de um lento e gradual processo de internacionalização e universalização.

O chamado "Direito Internacional dos Direitos Humanos" (*International Human Rights Law*) é a fonte da moderna sistemática internacional de proteção desses direitos, cujo primeiro e mais remoto antecedente histórico remonta aos tratados de paz de Westfália de 1648, que colocaram fim à Guerra dos Trinta Anos. Porém, pode-se dizer que os precedentes históricos mais *concretos* do atual sistema internacional de proteção dos direitos humanos são (*a*) o Direito Humanitário, (*b*) a Liga das Nações e (*c*) a Organização Internacional do Trabalho. De fato, tais precedentes são situados pela doutrina como os marcos mais importantes da formação do que hoje se conhece por arquitetura internacional dos direitos humanos.[19]

O Direito Humanitário (criado no século XIX) é aquele aplicável no caso de conflitos armados, cuja função é estabelecer limites à atuação do Estado, com vistas a assegurar a observância e cumprimento dos direitos humanos; sua aplicação não está adstrita aos conflitos *internacionais*, podendo perfeitamente dar-se em caso de conflitos armados *internos*. Na definição de Christophe Swinarski, esse direito se consubstancia no "conjunto de normas internacionais, de origem convencional ou consuetudinária, especificamente destinado a ser aplicado nos conflitos armados, internacionais ou não internacionais, e que limita, por razões humanitárias, o direito das Partes em conflito de escolher livremente os métodos e os meios utilizados na guerra, ou que protege as pessoas e os bens afetados, ou que possam ser afetados pelo conflito".[20] Assim, a proteção humanitária visa proteger, em caso de guerra, militares postos fora de combate (feridos, doentes, náufragos, prisioneiros etc.) e populações civis em geral, devendo os seus princípios ser hoje aplicados quer às guerras internacionais, quer às guerras civis ou a quaisquer outros conflitos armados.

O segundo reforço à concepção da necessidade de relativização da soberania dos Estados foi a criação, após a Primeira Guerra Mundial (1914-1918), da Liga das Nações, cuja finalidade era promover a cooperação, a paz e a segurança internacionais, condenando agressões externas contra a integridade territorial e a independência política dos seus membros.

---

[19] Cf. Enrique Ricardo Lewandowski. *Proteção dos direitos humanos na ordem interna e internacional*. Rio de Janeiro: Forense, 1984, pp. 76-84; Fábio Konder Comparato, *A afirmação histórica dos direitos humanos*, cit., pp. 54-55; Flávia Piovesan, *Direitos humanos e o direito constitucional internacional*, 7ª ed. rev., ampl. e atual., São Paulo: Saraiva, 2006, pp. 107-115; e David Weissbrodt & Connie de la Vega, *International human rights law...*, cit., pp. 14-20.

[20] Christophe Swinarski. *Introdução ao direito internacional humanitário*, cit., p. 18. Ainda sobre o tema, *v.* David Weissbrodt & Connie de la Vega, *International human rights law...*, cit., pp. 212-220; e Malcolm N. Shaw, *Direito internacional*, cit., pp. 869-891.

A Convenção da Liga, de 1920, como explica Flávia Piovesan, "continha previsões genéricas relativas aos direitos humanos, destacando-se as voltadas ao *mandate system of the League*, ao sistema das minorias e aos parâmetros internacionais do direito ao trabalho – pelo qual os Estados comprometiam-se a assegurar condições justas e dignas de trabalho para homens, mulheres e crianças", sendo certo que tais dispositivos "representavam um limite à concepção de soberania estatal absoluta, na medida em que a Convenção da Liga estabelecia sanções econômicas e militares a serem impostas pela comunidade internacional contra os Estados que violassem suas obrigações", fator esse que veio redefinir "a noção de soberania absoluta do Estado, que passava a incorporar, em seu conceito, compromissos e obrigações de alcance internacional, no que diz respeito aos direitos humanos".[21] A Convenção da Liga foi, assim, um segundo precedente importante para a asserção do tema "direitos humanos" ao plano do Direito Internacional, à medida que já previa sanções aos Estados por violação dos direitos humanos.

Contudo, o antecedente que mais contribuiu para a formação do Direito Internacional dos Direitos Humanos foi a Organização Internacional do Trabalho (OIT), criada, finda a Primeira Guerra Mundial, com o objetivo de estabelecer critérios básicos de proteção ao trabalhador, regulando sua condição no plano internacional, tendo em vista assegurar padrões mais condizentes de dignidade e de bem-estar social. De fato, se no plano do Direito Humanitário e no da Liga das Nações os direitos encontravam-se ainda nebulosos, além de circunscritos a âmbitos restritos, como as situações de conflito armado, o certo é que no plano da OIT os direitos das pessoas (no caso, dos trabalhadores) passaram a ser mais facilmente visualizáveis, ficando mais nítido saber qual sujeito de direitos estava sendo protegido pela ordem internacional. Desde a sua fundação, em 1919, a OIT já conta com quase duas centenas de convenções internacionais promulgadas, às quais os Estados-partes, além de aderir, viram-se obrigados a cumprir e respeitar.

Em face deste breve apanhado histórico, pode-se concluir que esses três precedentes contribuíram em conjunto para a ideia de que a proteção dos direitos humanos deve ultrapassar as fronteiras estatais, transcendendo os limites da soberania territorial dos Estados para alçar-se à categoria de matéria de ordem internacional. Eles registram o fim de uma época em que o Direito Internacional estava afeto à regulamentação das relações estritamente estatais, rompendo com o conceito de soberania estatal absoluta (que concebia o Estado como ente de poderes ilimitados, tanto interna como internacionalmente) e admitindo intervenções externas no plano nacional, para assegurar a proteção de direitos humanos violados. Ou seja, esta nova concepção afasta, de vez, o velho conceito de soberania estatal absoluta, que considerava, na acepção tradicional, como sendo os Estados os únicos sujeitos do Direito Internacional Público. Apenas uma exceção a esta concepção tradicional de soberania absoluta era conhecida no Direito Internacional, antes do surgimento do Direito Internacional dos Direitos Humanos, e dizia respeito à responsabilidade dos Estados por danos a estrangeiros em seu território, quando se reconhecia que o tratamento conferido a determinado estrangeiro em dado Estado era interesse legítimo do Governo da nacionalidade daquele estrangeiro. De

---

[21]   Flávia Piovesan. *Direitos humanos e o direito constitucional internacional*, cit., p. 111. Ainda sobre a experiência da Liga das Nações, *v.* James Crawford, *Brownlie's principles of public international law*, cit., p. 635.

CURSO DE DIREITO INTERNACIONAL PÚBLICO – *Valerio de Oliveira Mazzuoli*

sorte que uma ofensa perpetrada a um cidadão italiano, em território de outro Estado, por exemplo, constituía-se numa ofensa à própria República Italiana.

É nesse cenário que começam a aparecer os primeiros contornos do chamado Direito Internacional dos Direitos Humanos, a partir do afastamento da ideia de soberania absoluta dos Estados em seus domínios reservados, bem assim do momento em que se atribui aos indivíduos a condição de sujeitos do direito das gentes, assegurando-os com mecanismos processuais para a salvaguarda dos seus direitos internacionalmente protegidos. Em suma, a partir desse momento histórico emerge finalmente a concepção de que o indivíduo não é apenas objeto, mas também *sujeito* do Direito Internacional Público.

7. O Direito Internacional dos Direitos Humanos. O Direito Internacional dos Direitos Humanos é aquele que visa proteger todos os indivíduos, qualquer que seja a sua nacionalidade e independentemente do lugar onde se encontrem. Segundo José Antonio Rivera Santiváñez, a expressão conota "a disciplina encarregada de estudar o conjunto de normas internacionais, convencionais ou consuetudinárias, onde são estipulados o comportamento e os benefícios que as pessoas ou grupos de pessoas podem esperar ou exigir dos governos", tendo por objeto de estudo "o conjunto de normas previstas pelas declarações, tratados ou convenções sobre direitos humanos adotados pela Comunidade Internacional em nível universal ou regional, aquelas normas internacionais que consagram os direitos humanos, que criam e regulam os sistemas supranacionais de promoção e proteção dos direitos humanos, assim como as que regulam os procedimentos possíveis de serem levados ante ditos organismos para o conhecimento e consideração das petições, denúncias e queixas pela violação dos direitos humanos".[22]

Pode-se dizer que o Direito Internacional dos Direitos Humanos é o "direito do pós--guerra", nascido em decorrência dos horrores cometidos pelos nazistas durante o Holocausto (1939-1945). A partir desse momento histórico, cujo saldo maior foram 11 milhões de mortos (sendo 6 milhões de judeus), a sociedade internacional dos Estados viu-se obrigada a iniciar a construção de uma normatividade internacional eficaz, até então inexistente, para resguardar e proteger esses direitos. O legado do Holocausto para a internacionalização dos direitos humanos, portanto, consistiu na preocupação que gerou na consciência coletiva mundial da falta que fazia uma arquitetura internacional de proteção desses direitos, com vistas a impedir que atrocidades daquela monta jamais viessem a novamente ocorrer no planeta. Viram-se os Estados obrigados a construir toda uma normatividade internacional eficaz em que o respeito aos direitos humanos encontrasse efetiva proteção. O tema, então, tornou--se preocupação de interesse comum dos Estados, bem como um dos principais objetivos da sociedade internacional. Desde esse momento, então, é que o Direito Internacional dos Direitos Humanos inicia efetivamente o seu processo de solidificação.

O "direito a ter direitos" (segundo a terminologia de Hannah Arendt) passou a ser o referencial primeiro de todo esse processo internacionalizante.[23] Como resposta

---

[22] José Antonio Rivera Santiváñez. *Tribunal Constitucional y protección de los derechos humanos*. Sucre: Tribunal Constitucional, 2004, p. 14.

[23] Para Hannah Arendt, a participação dos indivíduos em uma comunidade igualitária construída é a condição *sine qua non* para que se possa aspirar ao gozo dos direitos humanos fundamentais (cf. *The origins of totalitarianism*. New York: Harcourt Brace Jovanovich, 1973, pp. 299-302).

concreto.[29] Essa maleabilidade e fluidez de que se fala é típica dos sistemas internacionais de direitos humanos, os quais "dialogam" entre si para melhor salvaguardar (também com aplicação do princípio *pro homine*) os interesses dos seres humanos protegidos.[30]

O Direito Internacional dos Direitos Humanos, assim, como novo ramo do Direito Internacional Público, emerge com princípios próprios, autonomia e especificidade. Além de apresentar hierarquia constitucional, suas normas passam a ter a característica da expansividade decorrente da abertura tipológica de seus enunciados. Além do mais, o Direito Internacional dos Direitos Humanos rompe com a distinção rígida existente entre Direito Público e Direito Privado, libertando-se dos clássicos paradigmas até então existentes.

Esta influência do Direito Internacional dos Direitos Humanos no constitucionalismo contemporâneo se fez sentir na reforma constitucional brasileira conhecida como *Reforma do Judiciário*, advinda por meio da Emenda Constitucional nº 45/2004, que possibilitou a federalização dos crimes contra os direitos humanos, no art. 109, inc. V-A e § 5º do mesmo artigo, segundo o qual, respectivamente, compete aos juízes federais processar e julgar "as causas relativas a direitos humanos a que se refere o § 5º deste artigo", dispondo este último, por sua vez, que: "Nas hipóteses de grave violação de direitos humanos, o Procurador-Geral da República, com a finalidade de assegurar o cumprimento de obrigações decorrentes de tratados internacionais de direitos humanos dos quais o Brasil seja parte, poderá suscitar, perante o Superior Tribunal de Justiça, em qualquer fase do inquérito ou processo, incidente de deslocamento de competência para a Justiça Federal".[31]

8. Tratados internacionais de direitos humanos no direito brasileiro. Há toda uma complexidade envolvendo a integração, eficácia e aplicabilidade dos tratados de direitos humanos na ordem jurídica brasileira. Há que se compreender, em suma, qual o *valor* que a Constituição Federal atribui aos tratados de direitos humanos em nossa ordem jurídica. Trata-se de estudar conjugadamente os §§ 2º e 3º do art. 5º da Constituição de 1988, que são regras especiais relativas aos tratados de direitos humanos.[32]

Inicialmente, cabe destacar que a promulgação da Constituição Federal de 1988 foi um marco significativo para o início do processo de redemocratização do Estado brasileiro e de institucionalização dos direitos humanos no país. Mas, se é certo que a promulgação do texto constitucional significou a abertura do nosso sistema jurídico para essa chamada

---

[29]   V. Erik Jayme. Identité culturelle et intégration: le droit international privé postmoderne, cit., pp. 37 e 60-61. Sobre a situação dos direitos humanos na atualidade, *v.* José Augusto Lindgren Alves, *Os direitos humanos na pós-modernidade*, São Paulo: Perspectiva, 2005, 254p.

[30]   Cf. Valerio de Oliveira Mazzuoli. *Tratados internacionais de direitos humanos e direito interno*, cit., pp. 105-116.

[31]   Para um comentário do dispositivo, *v.* Flávia Piovesan, *Direitos humanos e o direito constitucional internacional*, cit., pp. 280-282.

[32]   *V.*, por tudo, Valerio de Oliveira Mazzuoli, O novo § 3º do art. 5º da Constituição e sua eficácia, in *Revista Forense*, ano 101, vol. 378, Rio de Janeiro, mar./abr./2005, pp. 89-109, republicado na *Revista da AJURIS*, ano XXXII, nº 98, Porto Alegre, jun./2005, pp. 303-331, e na *Revista de Informação Legislativa*, ano 42, nº 167, Brasília: Senado Federal, jul./set./2005, pp. 93-114. Este nosso texto foi um dos primeiros a serem publicados no Brasil após a reforma constitucional relativa à Emenda nº 45/2004. As teses ali expostas (as quais também serão repetidas neste item) foram rapidamente tomadas por trabalhos de vários outros autores publicados posteriormente (em muitos deles sem a citação da fonte).

802 | CURSO DE DIREITO INTERNACIONAL PÚBLICO – *Valerio de Oliveira Mazzuoli*

nova ordem estabelecida a partir de então, também não é menos certo que todo esse processo desenvolveu-se concomitantemente à cada vez mais intensa ratificação, pelo Brasil, de inúmeros tratados internacionais globais e regionais protetivos dos direitos da pessoa humana, os quais perfazem uma imensa gama de normas diretamente aplicáveis pelo Poder Judiciário e que agregam vários novos direitos e garantias àqueles já constantes do nosso ordenamento jurídico interno.

Atualmente, já se encontram ratificados pelo Brasil (estando em pleno vigor entre nós) praticamente todos os tratados internacionais significativos sobre direitos humanos pertencentes ao sistema global de proteção dos direitos humanos (sistema da ONU). São exemplos desses instrumentos (já incorporados ao Direito pátrio) a Convenção para a Prevenção e a Repressão do Crime de Genocídio (1948), a Convenção Relativa ao Estatuto dos Refugiados (1951), o Protocolo sobre o Estatuto dos Refugiados (1966), o Pacto Internacional sobre Direitos Civis e Políticos (1966), o Protocolo Facultativo Relativo ao Pacto Internacional sobre Direitos Civis e Políticos (1966), o Pacto Internacional dos Direitos Econômicos, Sociais e Culturais (1966), a Convenção Internacional sobre a Eliminação de Todas as Formas de Discriminação Racial (1965), a Convenção sobre a Eliminação de Todas as Formas de Discriminação Contra a Mulher (1979), o Protocolo Facultativo à Convenção sobre a Eliminação de Todas as Formas de Discriminação Contra a Mulher (1999), a Convenção Contra a Tortura e Outros Tratamentos ou Penas Cruéis, Desumanos ou Degradantes (1984), a Convenção sobre os Direitos da Criança (1989), o Estatuto de Roma do TPI (1998), o Protocolo Facultativo à Convenção sobre os Direitos da Criança Referente à Venda de Crianças, à Prostituição Infantil e à Pornografia Infantil (2000), o Protocolo Facultativo à Convenção sobre os Direitos da Criança Relativo ao Envolvimento de Crianças em Conflitos Armados (2000), a Convenção das Nações Unidas contra a Corrupção (*Convenção de Mérida*, 2003), a Convenção Internacional para a Proteção de Todas as Pessoas contra o Desaparecimento Forçado (2006), a Convenção sobre os Direitos das Pessoas com Deficiência e seu Protocolo Facultativo (2007) e, ainda, o Tratado de Marraqueche para Facilitar o Acesso a Obras Publicadas às Pessoas Cegas, com Deficiência Visual ou com Outras Dificuldades para Ter Acesso ao Texto Impresso (2013). Isso tudo sem falar nos tratados sobre direitos sociais (*v.g.*, as convenções da OIT) e em matéria ambiental, também incorporados ao Direito brasileiro e em vigor no Estado.

No que tange ao sistema interamericano de direitos humanos (sistema da OEA), a situação não tem sido diferente. O Brasil também já é parte de praticamente todos os tratados existentes nesse contexto, a exemplo da Convenção Americana sobre Direitos Humanos (1969), do Protocolo Adicional à Convenção Americana sobre Direitos Humanos em Matéria de Direitos Econômicos, Sociais e Culturais (1988), do Protocolo à Convenção Americana sobre Direitos Humanos Referente à Abolição da Pena de Morte (1990), da Convenção Interamericana para Prevenir e Punir a Tortura (1985), da Convenção Interamericana para Prevenir, Punir e Erradicar a Violência contra a Mulher (1994), da Convenção Interamericana sobre Tráfico Internacional de Menores (1994), da Convenção Interamericana para a Eliminação de Todas as Formas de Discriminação Contra as Pessoas Portadoras de Deficiência (1999) e da Convenção Interamericana sobre a Proteção dos Direitos Humanos dos Idosos (2015). Em 18 de fevereiro de 2021, o Congresso Nacional brasileiro aprovou, nos termos do art. 5º, § 3º, da Constituição, isto é, com equivalência de emenda constitucional, a Convenção Interamericana contra o Racismo, a Discriminação Racial e Formas Correlatas de Intolerância de 2013,[33] tendo sido ratificada em 28 de maio de 2021 e promulgada pelo Decreto nº 10.932, de 10 de janeiro de 2022.

Todos esses tratados acima citados – esclareça-se – têm em mira o papel do Estado sempre sob a ótica *ex parte populi* (ou seja, tendo como ponto de partida os interesses *da pessoa*) e não sob a ótica *ex parte principis* (que leva em consideração apenas os interesses *do governo*).[34] Em outras palavras, o princípio do *domestic affair* (ou da não ingerência), que limitava o Direito Internacional às relações entre Estados no contexto de uma sociedade internacional formal, passa agora (com os tratados de direitos humanos) para o do *international concern*, que significa que o gozo efetivo, pelos cidadãos de todos os Estados, dos direitos e liberdades fundamentais, é verdadeira *questão de direito das gentes*.[35]

A Constituição de 1988, dentro dessa ótica internacional marcadamente humanizante e protetiva, erigiu a dignidade da pessoa humana (art. 1º, inc. III) e a prevalência dos direitos humanos (art. 4º, inc. II) a princípios fundamentais da República Federativa do Brasil. Este último passou a ser, inclusive, princípio pelo qual o Brasil deve reger-se no cenário internacional; assim, ao falar em "prevalência dos *direitos humanos*" está a Constituição – pela utilização da própria terminologia "direitos humanos" – ordenando à jurisdição brasileira que *respeite* as decisões ou recomendações (quando mais benéficas) provindas da ordem internacional, em especial das instâncias judiciais de proteção, como a Corte Interamericana de Direitos Humanos. A Carta de 1988, dessa forma, instituiu no país novos princípios jurídicos que conferem suporte axiológico a todo o sistema normativo brasileiro e que devem ser sempre levados em conta quando se trata de interpretar (e aplicar) quaisquer normas do ordenamento jurídico pátrio. Dentro dessa mesma trilha, que começou a ser demarcada desde a Segunda Guerra Mundial, em decorrência dos horrores e atrocidades cometidos pela Alemanha Nazista no período sombrio do Holocausto, a Constituição brasileira de 1988 deu um passo extraordinário rumo à abertura do nosso sistema jurídico ao sistema internacional de proteção dos direitos humanos, quando, no § 2º do seu art. 5º, deixou bem estatuído que:

> "Os direitos e garantias expressos nesta Constituição não excluem outros decorrentes do regime e dos princípios por ela adotados, ou dos *tratados internacionais em que a República Federativa do Brasil seja parte*" [grifo nosso].[36]

Com base nesse dispositivo, que segue a tendência do constitucionalismo contemporâneo,[37] sempre defendemos que os tratados internacionais de direitos humanos ratificados pelo Brasil

---

[33]   Decreto Legislativo nº 1/2021 (*DOU* de 19.02.2021).

[34]   V. José Augusto Lindgren Alves. *Os direitos humanos como tema global*. São Paulo: Perspectiva/Fundação Alexandre de Gusmão, 1994, pp. 43-44.

[35]   Cf. José Carlos Vieira de Andrade. *Os direitos fundamentais na Constituição portuguesa de 1976*. Coimbra: Almedina, 1987, pp. 19-20.

[36]   Registre-se, por oportuno, que a cláusula do § 2º do art. 5º da Constituição, resultou de proposta do Prof. Antônio Augusto Cançado Trindade, na audiência pública à Subcomissão dos Direitos e Garantias Individuais da Assembleia Nacional Constituinte, em 29 de abril de 1987.

[37]   V., a propósito, Jorge Bacelar Gouveia, *Manual de direito constitucional*, vol. II, cit., p. 1058, quando aduz que "muitas vezes os textos constitucionais aceitam a contribuição de outros planos do Ordenamento Jurídico – as leis ordinárias *e as fontes internacionais* – para completarem o elenco constitucional dos direitos fundamentais" [grifo nosso].

têm índole e nível constitucionais, além de aplicação imediata, não podendo ser revogados por lei ordinária posterior. E a nossa interpretação sempre foi a seguinte: se a Constituição estabelece que os *direitos* e *garantias* nela elencados "não excluem" outros provenientes dos tratados internacionais "em que a República Federativa do Brasil seja parte", é porque ela própria está a autorizar que esses direitos e garantias internacionais constantes dos tratados de direitos humanos ratificados pelo Brasil "se incluem" no nosso ordenamento jurídico interno, passando a ser considerados como se escritos na Constituição estivessem.[38] É dizer, se os direitos e garantias expressos no texto constitucional "não excluem" outros provenientes dos tratados internacionais em que o Brasil seja parte, é porque, pela lógica, na medida em que tais instrumentos passam a assegurar outros direitos e garantias, a Constituição "os inclui" no seu catálogo de direitos protegidos, ampliando o seu "bloco de constitucionalidade".[39]

Da análise do § 2º do art. 5º da Carta brasileira de 1988, percebe-se que três são as vertentes, no texto constitucional brasileiro, dos direitos e garantias individuais: *a*) direitos e garantias *expressos* na Constituição, a exemplo dos elencados nos incisos I a LXXIX do seu art. 5º, bem como outros fora do rol de direitos, mas dentro da Constituição (como, *v.g.*, a garantia da anterioridade tributária, prevista no art. 150, inc. III, alínea *b*, do Texto Magno); *b*) direitos e garantias *implícitos*, subentendidos nas regras de garantias, bem como os decorrentes do regime e dos princípios pela Constituição adotados, e *c*) direitos e garantias *inscritos nos tratados internacionais* de direitos humanos em que a República Federativa do Brasil seja parte.[40]

A Carta de 1988, com a disposição do § 2º do seu art. 5º, de forma inédita, passou a reconhecer claramente, no que tange ao seu sistema de direitos e garantias, uma *dupla fonte normativa*: *a*) aquela advinda do Direito interno (direitos *expressos* e *implícitos* na Constituição, estes últimos subentendidos nas regras de garantias ou decorrentes do regime e dos princípios por ela adotados), e; *b*) aquela outra advinda do Direito Internacional (decorrente

---

[38] Nesse exato sentido, *v.* Flávia Piovesan, *Direitos humanos e o direito constitucional internacional*, cit., p. 52, para quem: "(…) ao prescrever que 'os direitos e garantias expressos na Constituição não excluem outros direitos decorrentes dos tratados internacionais', *a contrario sensu*, a Carta de 1988 está a incluir, no catálogo de direitos constitucionalmente protegidos, os direitos enunciados nos tratados internacionais em que o Brasil seja parte. Esse processo de inclusão implica a incorporação pelo Texto Constitucional de tais direitos. (…) Os direitos enunciados nos tratados de direitos humanos de que o Brasil é parte integram, portanto, o elenco dos direitos constitucionalmente consagrados".

[39] São inúmeros os outros argumentos em favor da índole e do nível constitucionais dos tratados de direitos humanos no nosso ordenamento jurídico interno, que preferimos não tratar aqui, por já terem sido detalhadamente estudados em vários outros trabalhos sobre o tema. Cf. especialmente sobre o assunto, Valerio de Oliveira Mazzuoli, *Direitos humanos, Constituição e os tratados internacionais…*, cit., pp. 233-252; *Prisão civil por dívida e o Pacto de San José da Costa Rica: especial enfoque para os contratos de alienação fiduciária em garantia*, Rio de Janeiro: Forense, 2002, pp. 109-176; e ainda, *Tratados Internacionais: com comentários à Convenção de Viena de 1969*, 2ª ed., rev., ampl. e atual., São Paulo: Juarez de Oliveira, 2004, pp. 357-395.

[40] *V.*, assim, Carlos Mário da Silva Velloso, Os tratados na jurisprudência do Supremo Tribunal Federal, in *Revista de Informação Legislativa*, ano 41, nº 162, Brasília: Senado Federal, abr./jun./2004, pp. 38-39; Sílvia Maria da Silveira Loureiro, *Tratados internacionais sobre direitos humanos na Constituição*, Belo Horizonte: Del Rey, 2004, pp. 88-89; e Flávia Piovesan, *Direitos humanos e o direito constitucional internacional*, cit., p. 58.

Parte IV · Cap. I · PROTEÇÃO INTERNACIONAL DOS DIREITOS HUMANOS | **805**

dos *tratados internacionais* de direitos humanos em que a República Federativa do Brasil seja parte). De forma expressa, a Carta de 1988 atribuiu aos tratados internacionais de proteção dos direitos humanos devidamente ratificados pelo Estado brasileiro (e em vigor) a condição de *fontes* do sistema constitucional de proteção de direitos. É dizer, tais tratados passaram a ser fontes do sistema constitucional de proteção de direitos no mesmo plano de eficácia e igualdade daqueles direitos, expressa ou implicitamente, consagrados pelo texto constitucional, o que justifica o *status* de norma constitucional que detêm tais instrumentos internacionais no ordenamento jurídico brasileiro. E essa dualidade de fontes, que alimenta a completude do sistema, significa que em caso de conflito deve o intérprete *optar* pela fonte que proporciona a norma *mais favorável* à pessoa protegida (princípio *pro homine*), pois o que se visa é a *otimização* e a *maximização* dos sistemas (interno e internacional) de proteção dos direitos humanos.[41] Poderá, inclusive, o intérprete, aplicar *ambas* as normas aparentemente antinômicas conjuntamente, cada qual naquilo que têm de melhor à proteção do direito da pessoa, sem que precise recorrer aos conhecidos (e, no âmbito dos direitos humanos, ultrapassados) métodos *tradicionais* de solução de antinomias (o *hierárquico*, o da *especialidade* e o *cronológico*).[42]

Segundo o nosso entendimento, a cláusula aberta do § 2º do art. 5º, da Carta de 1988, sempre admitiu o ingresso dos tratados internacionais de proteção dos direitos humanos no *mesmo grau* hierárquico das normas constitucionais, e não em outro âmbito de hierarquia normativa. Portanto, segundo sempre defendemos, o fato de esses direitos se encontrarem em tratados internacionais jamais impediu a sua caracterização como direitos de *status* constitucional.

Destaque-se que em sede doutrinária também não faltaram vozes que, dando um passo mais além do nosso, defenderam cientificamente o *status* supraconstitucional dos tratados de proteção dos direitos humanos,[43] levando-se em conta toda a principiologia internacional marcada pela força expansiva dos direitos humanos e pela sua caracterização como normas

---

[41] Cf. Germán J. Bidart Campos. *Tratado elemental de derecho constitucional argentino*, t. III. Buenos Aires: Ediar, 1995, p. 282. Sobre as dificuldades, porém, de aplicação do princípio *pro homine*, cf. Zlata Drnas de Clément, La complejidad del principio *pro homine*, in *Jurisprudencia Argentina*, fascículo nº 12, Buenos Aires, mar./2015, pp. 98-111.

[42] Cf. Erik Jayme. Identité culturelle et intégration: le droit international privé postmoderne, cit., pp. 60-61; e Valerio de Oliveira Mazzuoli, *Tratados internacionais de direitos humanos e direito interno*, cit., pp. 98-128.

[43] V., nesse exato sentido, Celso D. de Albuquerque Mello, que se dizia "ainda mais radical no sentido de que a norma internacional prevalece sobre a norma constitucional, mesmo naquele caso em que uma norma constitucional posterior tente revogar uma norma internacional constitucionalizada" (O § 2º do art. 5º da Constituição Federal, in *Teoria dos direitos fundamentais*, cit., p. 25). Para nós, entretanto, só têm *status* supraconstitucional os tratados de direitos humanos *centrífugos*, como é o caso (até hoje único) do Estatuto de Roma do Tribunal Penal Internacional de 1998, e não os demais instrumentos de direitos humanos (que são somente *centrípetos*). Sobre a natureza do Estatuto do TPI como tratado centrífugo e o conceito desse tipo de tratado, *v.* neste Capítulo I a Seção X, item nº 3, *infra* (em que também se explica, brevemente, o que são os tratados *centrípetos*). As expressões "tratado centrípeto" e "tratado centrífugo" são de nossa autoria junto com Luiz Flávio Gomes. Para detalhes sobre tais tratados, *v.* Luiz Flávio Gomes & Valerio de Oliveira Mazzuoli, *Direito supraconstitucional...*, cit., pp. 149-153.

806 | CURSO DE DIREITO INTERNACIONAL PÚBLICO – *Valerio de Oliveira Mazzuoli*

de *jus cogens* internacional.[44] Em sede jurisprudencial, entretanto, a matéria nunca foi pacífica em nosso país, tendo o Supremo Tribunal Federal tido a oportunidade de, em mais de uma ocasião, analisar o assunto, sem, contudo, ter chegado a uma solução uniforme e satisfatória.[45] Esse quadro insatisfatório levou a doutrina mais abalizada a qualificar de "lamentável falta de vontade" do Poder Judiciário a não aplicação devida do § 2º do art. 5º da Constituição.[46] Felizmente, a Constituição brasileira de 1988 já prevê em seu texto uma gama imensa de direitos e garantias fundamentais idênticos aos previstos nesses vários tratados internacionais de direitos humanos ratificados pelo Brasil.

Em virtude das controvérsias doutrinárias e jurisprudenciais existentes até então no Brasil, e com o intuito de pôr fim às discussões relativas à hierarquia dos tratados internacionais de direitos humanos no ordenamento jurídico pátrio, acrescentou-se um parágrafo subsequente ao § 2º do art. 5º da Constituição, por meio da Emenda Constitucional nº 45, de 8 de dezembro de 2004, com a seguinte redação:

> "§ 3º Os tratados e convenções internacionais sobre direitos humanos que forem aprovados, em cada Casa do Congresso Nacional, em dois turnos, por três quintos dos votos dos respectivos membros, serão equivalentes às emendas constitucionais".

A redação do dispositivo, como se percebe, é materialmente semelhante à do art. 60, § 2º, da Constituição, segundo o qual toda proposta de emenda à Constituição "será

---

[44] Sobre as normas de *jus cogens* no Direito Internacional, *v.* Parte I, Capítulo IV, Seção II, item nº 8, *b*.

[45] *V.*, sobre a posição majoritária do STF até então – segundo a qual os tratados internacionais ratificados pelo Estado (inclusos os de direitos humanos) têm nível de lei ordinária –, o julgamento do *HC* 72.131/RJ, de 23.11.1995, vencidos os Ministros Marco Aurélio, Carlos Velloso e Sepúlveda Pertence. Em relação à posição minoritária do STF, destacam-se os votos dos Ministros Carlos Velloso, em favor do *status* constitucional dos tratados de direitos humanos (*v. HC* 82.424-2/RS, relativo ao famoso "caso Ellwanger", e ainda seu artigo "Os tratados na jurisprudência do Supremo Tribunal Federal", cit., p. 39), e Sepúlveda Pertence, que, apesar de não admitir a hierarquia constitucional desses tratados, passou a aceitar, entretanto, o *status* de norma supralegal desses instrumentos, tendo assim se manifestado: "(...) parificar às leis ordinárias os tratados a que alude o art. 5º, § 2º, da Constituição, seria esvaziar de muito do seu sentido útil à inovação, que, malgrado os termos equívocos do seu enunciado, traduziu uma abertura significativa ao movimento de internacionalização dos direitos humanos. Ainda sem certezas suficientemente amadurecidas, tendo assim (...) a aceitar a outorga de força supralegal às convenções de direitos humanos, de modo a dar aplicação direta às suas normas – até, se necessário, contra a lei ordinária – sempre que, sem ferir a Constituição, a complementem, especificando ou ampliando os direitos e garantias dela constantes" (*v. RHC* 79.785-RJ, in *Informativo do STF*, nº 187, de 29.03.2000).

[46] *V.* Antônio Augusto Cançado Trindade. *Tratado de direito internacional dos direitos humanos*, vol. III. Porto Alegre: Sergio Antonio Fabris, 2003, p. 623, nota nº 71. Nas palavras de Cançado Trindade: "A tese da equiparação dos tratados de direitos humanos à legislação infraconstitucional – tal como ainda seguida por alguns setores em nossa prática judiciária – não só representa um apego sem reflexão a uma postura anacrônica, já abandonada em vários países, mas também contraria o disposto no artigo 5(2) da Constituição Federal brasileira. Se se encontrar uma formulação mais adequada – e com o mesmo propósito – do disposto no artigo 5(2) da Constituição Federal, tanto melhor; mas enquanto não for encontrada, nem por isso está o Poder Judiciário eximido de aplicar o artigo 5(2) da Constituição. Muito ao contrário, se alguma incerteza houver, encontra-se no dever de dar-lhe a interpretação correta, para assegurar sua aplicação imediata; não se pode deixar de aplicar uma disposição constitucional sob o pretexto de que não parece clara" (Idem, p. 624, nota nº 73).

discutida e votada em cada Casa do Congresso Nacional, em dois turnos, considerando-se aprovada se obtiver, em ambos, três quintos dos votos dos respectivos membros". A semelhança dos dispositivos está ligada ao fato de que, antes da entrada em vigor da EC 45/2004, os tratados internacionais de direitos humanos, para serem depois ratificados, eram *exclusivamente* aprovados (por meio de Decreto Legislativo) por maioria simples no Congresso, nos termos do art. 49, inc. I, da Constituição, o que gerava inúmeras controvérsias jurisprudenciais (a nosso ver infundadas) sobre a aparente hierarquia *infraconstitucional* (nível de normas ordinárias) desses instrumentos internacionais no nosso Direito interno.

A inspiração do legislador constitucional brasileiro talvez tenha sido o art. 79, §§ 1º e 2º, da Lei Fundamental alemã, que prevê que os tratados internacionais, sobretudo os relativos à paz (com a observação de que a Lei Fundamental alemã não se refere expressamente aos tratados "sobre direitos humanos" como faz o texto constitucional brasileiro), podem *complementar* a Constituição, desde que aprovados por dois terços dos membros do Parlamento Federal e dois terços dos votos do Conselho Federal, nestes termos:

> "Artigo 79 [Emendas à Lei Fundamental]
>
> 1. A Lei Fundamental só poderá ser emendada por uma lei que *altere* ou *complemente* expressamente o seu texto. Em matéria de tratados internacionais que tenham por objeto regular a paz, prepará-la ou abolir um regime de ocupação, ou que objetivem promover a defesa da República Federal da Alemanha, será suficiente, para esclarecer que as disposições da Lei Fundamental não se opõem à conclusão e à entrada em vigor de tais tratados, *complementar*, e tão somente isso, o texto da Lei Fundamental.
>
> 2. Essas leis precisam ser aprovadas por dois terços dos membros do Parlamento Federal e dois terços dos votos do Conselho Federal" [grifo nosso].

Dado esse panorama geral sobre a regra constitucional em análise, pode-se agora proceder a um estudo mais pormenorizado do art. 5º, § 3º, da Constituição de 1988. Vejamos:

a) As incongruências do § 3º do art. 5º da Constituição. Não obstante ter tido o art. 5º, § 3º, da Constituição um aparente bom propósito, o certo é que se trata de dispositivo incongruente. Se a sua intenção foi colocar termo às controvérsias (doutrinárias e jurisprudenciais) sobre o nível hierárquico dos tratados de direitos humanos no Brasil, parece que a tal desiderato não conseguiu chegar. Nós também sempre entendemos inevitável a mudança do texto constitucional brasileiro, a fim de se eliminar as controvérsias a respeito do grau hierárquico conferido pela Constituição aos tratados internacionais de direitos humanos pelo Brasil ratificados. Mas a nossa ideia era outra, em nada semelhante à da Emenda Constitucional nº 45. Entendíamos ser premente, mais do que nunca, incluir em nossa Carta Magna não um dispositivo *hierarquizando* os tratados de direitos humanos, como fez a EC 45, mas sim um dispositivo que reforçasse o significado do § 2º do art. 5º, dando-lhe verdadeira interpretação autêntica. Por esse motivo, havíamos proposto, como alteração constitucional, a introdução de mais um parágrafo no art. 5º da Carta de 1988, mas não para contrariar o espírito inclusivo que o § 2º do mesmo artigo já tem. A redação que propusemos, publicada em nosso livro *Direitos humanos, Constituição e os tratados internacionais*, foi a seguinte:

"§ 3º Os tratados internacionais referidos pelo parágrafo anterior, uma vez ratificados, incorporam-se automaticamente na ordem interna brasileira com hierarquia constitucional, prevalecendo, no que forem suas disposições mais benéficas ao ser humano, às normas estabelecidas por esta Constituição".[47]

Como se vê, a redação que pretendíamos, já há algum tempo, para um terceiro parágrafo ao rol dos direitos e garantias fundamentais, não invalidava a interpretação doutrinária relativa aos §§ 1º e 2º do art. 5º da Carta de 1988, que tratam, conjugadamente, da hierarquia constitucional e da aplicação imediata dos tratados internacionais de proteção dos direitos humanos no ordenamento brasileiro. Nesse caso, a inserção de um terceiro parágrafo ao rol dos direitos e garantias fundamentais do art. 5º da Constituição, valeria tão somente como *interpretação autêntica* do parágrafo anterior, ou seja, do § 2º do art. 5º.

Essa proposta que fizemos, inspirada no legislador constitucional venezuelano de 1999, teria a vantagem de evitar os graves inconvenientes sofridos pela atual doutrina, no que tange à interpretação do efetivo grau hierárquico conferido pela Constituição aos tratados de proteção dos direitos humanos. Afastaria, ademais, as controvérsias até então existentes em nossos tribunais superiores, notadamente no Supremo Tribunal Federal, relativamente ao assunto. Tal mudança, a nosso ver, era o mínimo que poderia ter sido feito pelo legislador constitucional brasileiro, retirando a Constituição do atrasado de muitos anos em relação às demais Constituições dos países latino-americanos e do resto do mundo, no que diz respeito à eficácia interna das normas internacionais de proteção dos direitos humanos.

A Emenda Constitucional nº 45, entretanto, não seguiu essa orientação, tendo estabelecido, no § 3º do art. 5º da Carta de 1988, que os tratados e convenções internacionais sobre direitos humanos serão equivalentes às emendas constitucionais, uma vez aprovados, em cada Casa do Congresso Nacional, em dois turnos, por três quintos dos votos dos seus respectivos membros (que é exatamente o *quorum* para a aprovação de uma emenda constitucional).

Essa alteração do texto constitucional, que pretendeu pôr termo ao debate quanto ao *status* dos tratados internacionais de direitos humanos no Direito brasileiro, é um exemplo claro da falta de compreensão e de interesse (e, sobretudo, de boa-vontade) do nosso legislador relativamente às conquistas já alcançadas pelo Direito Internacional dos Direitos Humanos nessa seara. Como magistralmente destaca Cançado Trindade, em um desabafo público de reflexão obrigatória, esse "retrocesso provinciano põe em risco a inter-relação ou indivisibilidade dos direitos protegidos em nosso país (previstos nos tratados que o vinculam), ameaçando-os de fragmentação ou atomização, em favor dos excessos de um formalismo e hermetismo jurídicos eivados de obscurantismo". E continua: "Os triunfalistas da recente Emenda Constitucional nº 45/2004, não se dão conta de que, do prisma do Direito Internacional, um tratado ratificado por um Estado o vincula *ipso jure*, aplicando-se de imediato, quer tenha ele previamente obtido aprovação parlamentar por maioria simples ou qualificada. Tais providências de ordem interna – ou, ainda menos, de *interna corporis*, – são simples *fatos* do ponto de vista do ordenamento jurídico internacional, ou seja, são, do ponto de vista jurídico internacional, inteiramente irrelevantes. A responsabilidade internacional do Estado por

---

[47] Cf. Valerio de Oliveira Mazzuoli. *Direitos humanos, Constituição e os tratados internacionais...*, cit., p. 348.

Parte IV • Cap. I • PROTEÇÃO INTERNACIONAL DOS DIREITOS HUMANOS | 809

violações comprovadas de direitos humanos permanece intangível, independentemente dos malabarismos pseudojurídicos de certos publicistas (como a criação de distintas modalidades de prévia aprovação parlamentar de determinados tratados, a previsão de pré-requisitos para a aplicabilidade direta de tratados no Direito interno, dentre outros), que nada mais fazem do que oferecer subterfúgios vazios aos Estados para tentar evadir-se de seus compromissos de proteção do ser humano no âmbito do contencioso internacional dos direitos humanos".[48] Como se percebe, o legislador brasileiro que concebeu o § 3º do art. 5º em comento, além de demonstrar total desconhecimento dos princípios do contemporâneo Direito Internacional Público, notadamente das regras basilares da Convenção de Viena sobre o Direito dos Tratados, em especial as de *jus cogens*, trouxe consigo o velho e arraigado ranço da já ultrapassada noção de soberania absolutista.

A redação do dispositivo induz à conclusão de que apenas as convenções aprovadas pela maioria qualificada ali estabelecida teriam valor hierárquico de norma constitucional, o que traz a possibilidade de alguns tratados, relativamente a essa matéria, serem aprovados sem esse *quorum*, passando a ter (aparentemente) valor de norma infraconstitucional, ou seja, de mera lei ordinária. Como o texto proposto, ambíguo que é, não define quais tratados deverão ser assim aprovados, poderá ocorrer que determinados instrumentos internacionais de proteção dos direitos humanos, aprovados por processo legislativo não qualificado, acabem por subordinar-se à legislação ordinária, quando de sua efetiva aplicação prática pelos juízes e tribunais nacionais (que poderão preterir o tratado a fim de aplicar a legislação ordinária "mais recente"), o que certamente acarretaria a responsabilidade internacional do Estado brasileiro.[49] Surgiria, ainda, o problema em saber se os tratados de direitos humanos ratificados anteriormente à entrada em vigor da EC 45, a exemplo da Convenção Americana sobre Direitos Humanos, do Pacto Internacional sobre Direitos Civis e Políticos, do Pacto Internacional dos Direitos Econômicos, Sociais e Culturais e tantos outros, perderiam o *status* de norma constitucional que aparentemente detinham em virtude do § 2º do art. 5º da Constituição, caso agora não sejam aprovados pelo *quorum* do § 3º do mesmo art. 5º (*v.* item *d, infra*).

Como se dessume da leitura do novo § 3º do art. 5º do Texto Magno, basta que os tratados e convenções internacionais sobre direitos humanos sejam *aprovados* pela maioria qualificada ali prevista, para que possam equivaler às emendas constitucionais. Não há, no citado dispositivo, qualquer menção ou ressalva dos compromissos assumidos anteriormente pelo Brasil e, assim sendo, poderá ser interpretado no sentido de que, não obstante um tratado de direitos humanos tenha sido ratificado há vários anos, pode o Congresso Nacional novamente aprová-lo, mas agora pelo *quorum* do § 3º, para que esse tratado mude de *status*. Mas de qual *status* mudaria o tratado? Certamente daquele que o nosso Pretório Excelso entende que têm os tratados de direitos humanos – o *status* de lei ordinária (em sua antiga jurisprudência) ou, mais recentemente, de norma *supralegal* (a partir de 3 de dezembro de 2008, em razão do julgamento do *RE* 466.343-1/SP) –, para passar a deter

---

48   Antônio Augusto Cançado Trindade. Desafios e conquistas do direito internacional dos direitos humanos no início do século XXI, in *Desafios do direito internacional contemporâneo*, Antônio Paulo Cachapuz de Medeiros (org.), Brasília: Fundação Alexandre de Gusmão, 2007, p. 209, nota nº 6.

49   Nesse sentido, assim já se referia Welber Barral, Reforma do judiciário e direito internacional, in *Informativo Jurídico do INCIJUR*, nº 4, nov./1999, pp. 3-4.

o *status* de norma constitucional. O Congresso Nacional teria, assim, o poder de, a seu alvedrio e a seu talante, decidir qual a hierarquia normativa que devem ter determinados tratados de direitos humanos em detrimento de outros, violando a completude material do bloco de constitucionalidade. É claro que as discussões sobre para qual *status* mudaria o tratado levam a uma incerteza premente, que somente pode ser analisada de acordo com o que pensam a jurisprudência e a doutrina a respeito. Ainda que tenha o STF passado a atribuir aos tratados de direitos humanos (quando não aprovados pela sistemática do art. 5º, § 3º, da Constituição) o nível de norma *supralegal*,[50] o certo é que a doutrina mais abalizada entende (corretamente) que tais tratados têm *status* de norma constitucional. Por isso que, ao responder a pergunta acima formulada, dissemos que o *status* de que mudaria o tratado seria certamente o de norma infraconstitucional, *status* esse que o nosso Pretório Excelso sempre entendeu que têm os tratados de direitos humanos. Esse *imbróglio* causado pela Emenda 45/2004 é, para falar como Cançado Trindade, típico "de nossos publicistas estatocêntricos, insensíveis às necessidades de proteção do ser humano".[51] Deve-se frisar, no entanto, que o próprio Supremo Tribunal já ilumina a possibilidade de grande mudança jurisprudencial nessa seara, devendo-se concordar inteiramente com o Min. Gilmar Mendes, para quem é preciso ponderar se, "no contexto atual, em que se pode observar a abertura cada vez maior do Estado constitucional a ordens jurídicas supranacionais de proteção de direitos humanos, essa jurisprudência [que atribui *status* de lei ordinária aos tratados de direitos humanos] não teria se tornado completamente defasada".[52]

Ademais, parece claro que o nosso poder reformador, ao conceber esse § 3º, parece não ter percebido que ele, além de subverter a ordem do processo constitucional de celebração de tratados, uma vez que não ressalva (como deveria fazer) a fase do *referendum* congressual do art. 49, inc. I da Constituição (que diz competir exclusivamente ao Congresso Nacional "resolver definitivamente sobre tratados, acordos ou atos internacionais que acarretem encargos ou compromissos gravosos ao patrimônio nacional"), também rompe com a harmonia do sistema de integração dos tratados de direitos humanos no Brasil, uma vez que cria "categorias" jurídicas entre os próprios instrumentos internacionais de direitos humanos ratificados pelo governo, dando tratamento diferente para normas internacionais que têm o mesmo fundamento de validade, ou seja, hierarquizando diferentemente tratados que têm o mesmo conteúdo ético, qual seja, a proteção internacional dos direitos humanos. Assim, essa "desigualação de iguais" que permite o § 3º ao estabelecer ditas "categorias de tratados", é totalmente injurídica por violar o princípio (também constitucional) da *isonomia*.

---

[50] V. no citado *RE* 466.343-1/SP, julg. em 03.12.08, especialmente o Voto-vista do Min. Gilmar Mendes. Frise-se que, nesse mesmo julgamento, e também no anterior *HC* 87.585/TO, o Min. Celso de Mello aceitou a tese do *nível constitucional* dos tratados de direitos humanos, mas não foi acompanhado pela maioria dos Ministros. Daí ter sido vencedora (por ora) a tese da supralegalidade dos tratados de direitos humanos, defendida pelo Min. Gilmar Mendes (para as nossas críticas a essa posição, *v.* Parte I, Capítulo V, Seção IV, item nº 3). De qualquer forma, não há como não reconhecer que essa nova posição do STF em matéria de tratados sobre direitos humanos já representa um grande avanço da Corte se comparada à sua jurisprudência anterior (desde a década de 70).

[51] Antônio Augusto Cançado Trindade. Desafios e conquistas do direito internacional dos direitos humanos no início do século XXI, cit., p. 209, nota nº 6.

[52] Voto-vista do Min. Gilmar Mendes no *RE* 466.343-1/SP do STF, p. 14.

Por tudo isso, pode-se inferir que o § 3º do art. 5º da Constituição, acrescentado pela EC 45, seria mais condizente com a atual realidade das demais Constituições latino-americanas, bem como de diversas outras Constituições do mundo, se determinasse expressamente que todos os tratados de direitos humanos pelo Brasil ratificados têm hierarquia constitucional, aplicação imediata e, ainda, prevalência sobre as normas constitucionais no caso de serem suas disposições mais benéficas ao ser humano. Isso faria com que se evitassem futuros problemas de interpretação constitucional, bem como contribuiria para afastar de vez o arraigado equívoco que assola boa parte dos constitucionalistas brasileiros, no que diz respeito à normatividade internacional de direitos humanos e seus mecanismos de proteção. Na verdade, tal fato não seria necessário se fosse aplicável no Brasil o princípio de que a jurisprudência seria a lei escrita, atualizada e lida com olhos das necessidades prementes de uma sociedade. Apesar de já existirem os "princípios" do art. 4º da Constituição, a nosso ver, para parte da jurisprudência nada valem, mesmo que tenham sido colocados pelo legislador constituinte em nosso texto constitucional.

Perceba-se ainda uma diferença redacional entre os §§ 2º e 3º do art. 5º da Constituição. Este último se refere aos tratados e convenções "sobre *direitos humanos*", enquanto o primeiro fala em "direitos e garantias", seguindo a mesma denominação usada pelo Título II da Constituição ("Dos *Direitos e Garantias* Fundamentais"). Caberia, aqui, indagar o que são tratados de "direitos humanos" e se haveria diferença destes para os tratados sobre "direitos e garantias". É claro que a expressão *direitos humanos* (utilizada pelo § 3º) é expressão ampla, em que indubitavelmente se incluem todos os tratados – quer de caráter global, quer de caráter regional – que, de alguma maneira, consagram direitos às pessoas, protegendo-as de qualquer ato atentatório à sua dignidade. Da mesma forma, não se pode também excluir da expressão "direitos e garantias" os direitos de caráter humanitário, os direitos dos refugiados e os direitos internacionais do ser humano *stricto sensu*, que compõem o universo daquilo que se chama "Direito Internacional dos Direitos Humanos".

b) Em que momento do processo de celebração de tratados tem lugar o § 3º do art. 5º da Constituição? Caberia, agora, indagar em que "momento" do processo de celebração de tratados teria lugar esta disposição constitucional. Mas frise-se, preliminarmente, que esta indagação quanto ao *momento* em que deve se manifestar o Congresso Nacional relativamente ao § 3º do art. 5º, exclui, à evidência, as hipóteses do art. 60, § 1º do texto constitucional, segundo o qual a Constituição "não poderá ser emendada na vigência de intervenção federal, de estado de defesa ou de estado de sítio".

Pois bem, como se sabe – e já se estudou na Parte I, Capítulo V, Seção III deste livro – a Constituição de 1988 cuida do processo de celebração de tratados em tão somente dois de seus dispositivos, que assim dispõem:

"Art. 84. Compete privativamente ao Presidente da República:

(...)

VIII – celebrar tratados, convenções e atos internacionais, sujeitos a referendo do Congresso Nacional; (...)".

"Art. 49. É da competência exclusiva do Congresso Nacional:

I – resolver definitivamente sobre tratados, acordos ou atos internacionais que acarretem encargos ou compromissos gravosos ao patrimônio nacional; (...)".

Esse procedimento estabelecido pela Constituição vale para todos os tratados e convenções internacionais de que o Brasil pretende ser parte, sejam eles tratados comuns ou de direitos humanos. Nem se diga que a referência aos "encargos ou compromissos gravosos ao patrimônio nacional" exclui da apreciação parlamentar os tratados de direitos humanos, uma vez que o art. 84, inc. VIII, da Constituição é claro (como também já estudamos) em submeter *todos* os tratados internacionais assinados pelo Presidente da República ao referendo do Parlamento.

Assim, uma primeira interpretação que poderia ser feita é no sentido de que a competência do Congresso Nacional para referendar os tratados internacionais assinados pelo Executivo (constante do art. 49, inc. I, da Constituição), autorizando este último à ratificação do acordo, não fica suprimida pela regra do atual § 3º do art. 5º da Carta de 1988, uma vez que a participação do Parlamento no *processo de celebração* de tratados internacionais no Brasil é uma só: aquela que aprova ou não o seu conteúdo, e mais nenhuma outra. Não há que se confundir o *referendo* dos tratados internacionais, de que cuida o art. 49, inc. I, da Constituição, materializado por meio de um Decreto Legislativo (aprovado por maioria simples) promulgado pelo Presidente do Senado Federal, com a segunda eventual manifestação do Congresso para fins de pretensamente decidir sobre qual *status* hierárquico deve ter certo tratado internacional de direitos humanos no ordenamento jurídico brasileiro, de que cuida o § 3º do art. 5º da Constituição.

Frise-se, por oportuno, que tanto no caso da primeira interpretação que estamos a propor, quanto no caso da segunda (que comentaremos mais à frente), o *decreto legislativo* do Congresso Nacional (que *aprova* o tratado internacional e *autoriza* o Presidente da República a ratificá-lo) faz-se *necessário*. Não há que se confundir a *equivalência às emendas*, de que trata o art. 5º, § 3º, com as próprias *emendas constitucionais* previstas no art. 60 da Constituição. A relação entre tratado de direitos humanos e as emendas constitucionais é de *equivalência*, não de *igualdade*. O art. 5º, § 3º, não disse que "A é *igual* a B", mas que "A é *equivalente* a B", sendo certo que duas coisas só se "equivalem" se forem *diferentes*.[53] Por isso, é inconfundível a norma do tratado *equivalente* a uma emenda constitucional com uma emenda *propriamente dita*, sendo também inconfundível o processo de formação de um (tratado) e de outra (emenda). Como a relação entre ambos não é de *igualdade*, mas de *equivalência* (ou *equiparação*), não se aplicam aos tratados os procedimentos estabelecidos pela Constituição para a aprovação das *emendas*, tampouco a regra constitucional sobre a iniciativa da proposta de emenda (art. 60, incs. I a III). Enfim, a Constituição não diz que se estará aprovando uma *emenda*, mas um ato (nesse caso, um *decreto legislativo*) que possibilitará tenha o tratado (depois de ratificado) *equivalência de* emenda constitucional. Assim, tudo continua da mesma forma como antes da EC 45/04, devendo o tratado ser aprovado pelo Congresso por *decreto legislativo*, mas podendo o Parlamento decidir se com o *quorum* (e somente o *quorum*...) de emenda constitucional ou sem ele. Aliás, destaque-se que foi exatamente dessa forma que agiu o Congresso Nacional brasileiro ao aprovar os dois primeiros tratados de direitos humanos com equivalência de emenda constitucional depois da EC 45/2004, que foram a Convenção sobre os Direitos das Pessoas com Deficiência e seu Protocolo Facultativo, assinados em Nova York, em

---

[53] Cf. José Souto Maior Borges. *Curso de direito comunitário: instituições de direito comunitário comparado – União Europeia e Mercosul*, 2ª ed. São Paulo: Saraiva, 2009, pp. 313-314.

Parte IV · Cap. I · PROTEÇÃO INTERNACIONAL DOS DIREITOS HUMANOS | **813**

30 de março de 2007, aprovados conjuntamente pelo Decreto Legislativo nº 186, de 9 de julho de 2008.[54] Os tratados internacionais que lhes seguiram (*v.g.*, o Tratado de Marraqueche para Facilitar o Acesso a Obras Publicadas às Pessoas Cegas, com Deficiência Visual ou com outras Dificuldades para ter Acesso ao Texto Impresso e a Convenção Interamericana contra o Racismo, a Discriminação Racial e Formas Correlatas de Intolerância, ambos de 2013) tiveram aprovação exatamente idêntica no Poder Legislativo.[55] Perceba-se que o Congresso Nacional, obviamente, não se utilizou do processo próprio das propostas de *emendas* constitucionais,[56] tendo apenas editado (como realmente tem de fazer) um *decreto legislativo* por maioria qualificada, e nada mais do que isto. Daí o equívoco daqueles que lecionam no sentido de não mais haver necessidade (após a EC 45) de *ratificação* do tratado pelo Presidente da República e de *promulgação* e *publicação* posteriores,[57] pelo fato de o Chefe do Executivo não participar da edição das emendas constitucionais, sancionando-as. Aqueles que assim pensam não entenderam que a relação estabelecida pela Constituição entre os tratados de direitos humanos e as emendas (repita-se) não é de *igualdade*, mas de *equivalência*. Não é porque o Presidente da República não sanciona as emendas constitucionais que ele não irá *ratificar* um tratado internacional

---

[54] Publicado no *DOU* de 10.07.2008; republicado em 20.08.2008. A Convenção e seu Protocolo Facultativo tiveram seu instrumento brasileiro de ratificação depositado no Secretariado da ONU em 01.08.2008, tendo seus textos sido promulgados pelo Decreto nº 6.949, de 25.08.2009. Frise-se que foi apenas a partir desta última data (25.08.2009), e não da data de promulgação do Decreto Legislativo citado, que a Convenção e seu Protocolo Facultativo efetivamente *entraram em vigor* com equivalência de emenda constitucional no Brasil.

[55] O *Tratado de Marraqueche para Facilitar o Acesso a Obras Publicadas às Pessoas Cegas, com Deficiência Visual ou com outras Dificuldades para ter Acesso ao Texto Impresso* ("Tratado do Livro Acessível") foi aprovado pelo Congresso Nacional pelo Decreto Legislativo nº 261/2015, tendo entrado em vigor internacional desde 30.09.2016, nos termos do seu art. 18; o instrumento foi ratificado pelo Brasil em 11.12.2015 e promulgado internamente pelo Decreto nº 9.522, de 08.10.2018. Por sua vez, a Convenção Interamericana contra o Racismo, a Discriminação Racial e Formas Correlatas de Intolerância – em vigor internacional desde 11.11.2017 – foi aprovada pelo Decreto Legislativo nº 1, de 18.02.2021, e promulgada internamente pelo Decreto nº 10.932, de 10.01.2022.

[56] Defendendo a necessidade do processo das emendas, assim aduz André Ramos Tavares: "Cumpre saber, agora, se o processo próprio das propostas de emenda incidirá sobre o § 3º do art. 5º da CB [Constituição do Brasil]. A necessidade de coerência faz com que a resposta seja positiva. Isto porque, se suas vestes são as de uma emenda constitucional, as formalidades impingidas a esta deverão ser, também, impostas na novel previsão processual" (*Reforma do judiciário no Brasil pós-88: (des)estruturando a justiça*. São Paulo: Saraiva, 2005, p. 46). Ocorre que a Constituição não diz que as vestes do § 3º do art. 5º serão de uma emenda constitucional, dizendo apenas que os tratados aprovados pela maioria qualificada que estabelece serão *equivalentes* às emendas constitucionais. Assim, não faz sentido o afirmado pelo autor.

[57] Nesse sentido, mas sem razão, afirma ainda André Ramos Tavares que a "ratificação pelo Presidente, constante do modelo anteriormente enunciado, *simplesmente não existirá* neste novo formato, pelas próprias características de aprovação e promulgação de proposta de emenda constitucional, que sempre descartou a atuação presidencial. (...) Sendo assim, essa conclusão leva a outra: a presença do Presidente da República, enquanto chefe de Estado, reduzir-se à celebração do tratado internacional (fica excluído do ato de promulgação e publicação e do posterior controle por meio de decreto presidencial, como ocorre em relação aos tratados gerais)" [grifo nosso] (*Reforma do judiciário no Brasil pós-88...* cit., pp. 45-46). Equivocadamente também lecionam Dimitri Dimoulis e Leonardo Martins, para quem não há "mais justificativa para edição de decreto do Presidente da República, já que as emendas são promulgadas sem a sua participação" (*Teoria geral dos direitos fundamentais*. São Paulo: RT, 2007, p. 47).

814 | CURSO DE DIREITO INTERNACIONAL PÚBLICO – *Valerio de Oliveira Mazzuoli*

aprovado nos termos do § 3º do art. 5º da Constituição. Uma coisa não tem nada que ver com a outra: a aprovação parlamentar do tratado de direitos humanos (com ou sem o *quorum* de emenda) é uma coisa, totalmente diferente dos atos posteriores de *ratificação*, *promulgação* e *publicação* daquele. Não há que se comparar o processo de celebração de tratados com o processo legislativo de edição das emendas constitucionais no país. É, inclusive, impossível (mais à frente voltaremos a esse tema) que tenha um tratado internacional valor *interno* sem que, antes, tenha sido *ratificado* e já se encontre *em pleno vigor* no plano externo.

Feito este parêntese explicativo, voltemos à segunda interpretação que poderia ser seguida para o entendimento do § 3º do art. 5º da Carta de 1988.

Pois bem, a segunda interpretação possível é no sentido de que o § 3º do art. 5º da Carta de 1988 excepcionou a regra do art. 49, inc. I, da Constituição e, dessa forma, poderia, no caso da celebração de um tratado de direitos humanos, *fazer as vezes* desse último dispositivo constitucional. Porém, caso seja esse o entendimento adotado, deve-se fazer a observação de que o referido § 3º foi mal inserido ao final do rol dos direitos e garantias fundamentais do art. 5º da Constituição, uma vez que seria mais preciso incluí-lo como uma segunda parte do próprio art. 49, inc. I. Poderia objetar-se, contudo, que a entender como correta essa interpretação o processo de celebração de tratados ficaria com a ordem desvirtuada, uma vez que o § 3º do art. 5º não diz que cabe ao Congresso Nacional *decidir* sobre os tratados assinados pelo Chefe do Executivo, como faz o art. 49, inc. I, deixando entender que a *aprovação* ali constante serve tão somente para equiparar os tratados de direitos humanos às emendas constitucionais, o que poderia ser feito após o tratado já estar ratificado pelo Presidente da República e depois de já se encontrar em vigor internacional.

Perceba-se que o § 3º do art. 5º não *obriga* o Poder Legislativo a aprovar eventual tratado de direitos humanos pelo *quorum* qualificado que estabelece. O que o parágrafo faz é tão somente *autorizar* o Congresso Nacional a dar, quando lhe convier, a seu alvedrio e a seu talante, a "equivalência de emenda" aos tratados de direitos humanos ratificados pelo Brasil. Isto significa que tais instrumentos internacionais poderão continuar sendo aprovados por maioria simples no Congresso Nacional (segundo a regra do art. 49, inc. I, da Constituição),[58] deixando-se para um momento futuro (depois da ratificação) a decisão do povo brasileiro em atribuir equivalência de emenda a tais tratados internacionais. Sequer de passagem a Constituição obriga o Parlamento a dar cabo ao procedimento referendatório pela maioria qualificada estabelecida no art. 5º, § 3º, sendo discricionário do Poder Legislativo a aprovação do tratado com ou sem esse *quorum* especial.[59] E mesmo que a Constituição obrigasse

---

[58] Nesse exato sentido, *v.* Gilmar Ferreira Mendes e Paulo Gustavo Gonet Branco, *Curso de direito constitucional*, cit., p. 131, assim: "A emenda não impede que se opte pela aprovação de tratado sobre direitos humanos pelo procedimento comum, meio que facilita o seu ingresso no ordenamento brasileiro".

[59] Não assiste razão (novamente) a André Ramos Tavares, quando assim leciona: "Ao contrário dos demais tratados e convenções internacionais, aqueles que versarem direitos humanos – e este é um pressuposto (*material*) para se poder falar do novo *processo* – uma vez que tenham sido celebrados pelo Estado, quando submetidos ao CN [Congresso Nacional], *deverão* ser aprovados por três quintos dos votos de seus membros, conforme as novas determinações da Reforma" [grifos do original] (*Reforma do judiciário no Brasil pós-88...*, cit., p. 43).

Parte IV · Cap. I · PROTEÇÃO INTERNACIONAL DOS DIREITOS HUMANOS | **815**

o Congresso a aprovar os tratados de direitos humanos com *quorum* qualificado (o que ela absolutamente não faz), tal aprovação seria inútil em caso da não ratificação do acordo pelo Presidente da República, a qual continua sendo discricionária do Chefe do Executivo.

Assim, o *iter* procedimental de celebração dos tratados de direitos humanos, nos termos da nova sistemática introduzida pelo § 3º do art. 5º da Constituição, poderia, em princípio, dar-se de duas formas, eleitas à livre escolha do Poder Legislativo, quais sejam:

1ª) Depois de assinados pelo Executivo, os tratados de direitos humanos seriam aprovados pelo Congresso nos termos do art. 49, inc. I, da Constituição (maioria simples) e, uma vez ratificados, promulgados e publicados no *Diário Oficial da União*, poderiam, mais tarde, quando o nosso Parlamento Federal decidisse por bem atribuir-lhes a equivalência de emenda constitucional, serem novamente apreciados pelo Congresso, para serem (dessa vez) aprovados pelo *quorum* qualificado do § 3º do art. 5º, ou;

2ª) Depois de assinados pelo Executivo, tais tratados já seriam imediatamente aprovados (seguindo-se o rito das propostas de emenda constitucional) por três quintos dos votos dos membros de cada uma das Casas do Congresso em dois turnos, suprimindo-se, em face do critério da especialidade, a fase do art. 49, inc. I, da Constituição, autorizando-se a futura ratificação do acordo já com a aprovação necessária para que o tratado, *uma vez ratificado* pelo Presidente da República e já se encontrando em vigor internacional, ingresse no nosso ordenamento jurídico interno equivalendo a uma emenda constitucional, dispensando-se, portanto, *segunda* manifestação congressual após o tratado já se encontrar concluído e produzindo seus efeitos.

Perceba-se que esta segunda hipótese é perigosa e pode ser mal interpretada lendo-se friamente o § 3º do art. 5º, que, à primeira vista, leva o intérprete a entender que *a partir* da aprovação congressual, pelo *quorum* que ali se estabelece, os tratados de direitos humanos *já passam* a equivaler às emendas constitucionais, o que não é verdade, uma vez que, para que um tratado entre em vigor no plano interno é imprescindível a sua futura *ratificação* pelo Presidente da República e, também, que já produza efeitos na órbita internacional, não se concebendo que um tratado de direitos humanos passe a ter efeitos de emenda constitucional – e, consequentemente, passe a ter o poder de reformar a Constituição – antes de ratificado e, muito menos, antes de ter entrado em vigor internacionalmente. Essa falsa ideia surge da leitura desavisada do texto do referido parágrafo, segundo o qual os tratados e convenções internacionais "sobre direitos humanos *que forem aprovados*, em cada Casa do Congresso Nacional, em dois turnos, por três quintos dos votos dos respectivos membros, *serão equivalentes às emendas constitucionais*". A colocação que se pode fazer é a seguinte: uma vez *aprovado* eventual tratado de direitos humanos, logo depois de sua assinatura, nos termos do § 3º do art. 5º da Constituição (suprimindo-se, portanto, a fase do art. 49, inc. I), já seria ele *equivalente* a uma emenda constitucional? É evidente que não. Jamais uma convenção internacional, aprovada nesse momento do *iter* procedimental de celebração de tratados poderá, desde já, ter o efeito que pretende atribuir-lhe o § 3º em exame, a menos que se queira subverter a ordem constitucional por completo, pois é impossível que um tratado tenha efeitos internos antes de ratificado e antes de começar a vigorar internacionalmente. E não há falar-se, por absoluta impropriedade, que não dependendo as emendas constitucionais de sanção do Presidente da República, os tratados de direitos humanos aprovados com *quorum* qualificado ficariam dispensados de ratificação (na medida em que se poderia fazer um

816 | CURSO DE DIREITO INTERNACIONAL PÚBLICO – *Valerio de Oliveira Mazzuoli*

paralelo entre esta última e a sanção das leis no processo legislativo ordinário). Imagine-se como seria possível um tratado internacional entrar em vigor no plano interno sem sequer ter sido ratificado! Frise-se, mais uma vez, que a Constituição, no § 3º do art. 5º, não criou nova espécie de emenda constitucional. Apenas *autorizou* o Parlamento a aprovar os tratados de direitos humanos *com a mesma maioria* com que aprova uma Emenda Constitucional, o que não exige que essa aprovação parlamentar tenha forma de emenda. O instrumento aprobatório do tratado de direitos humanos será o mesmo *decreto legislativo* usado em todos os demais tratados (acordos etc.) referendados pelo Parlamento, mas com a diferença de poder esse mesmo *decreto* ser aprovado com a maioria de três quintos dos votos dos membros de cada Casa do Congresso Nacional, em dois turnos. Aprovado com esta maioria o tratado ainda *não integra* o acervo normativo nacional, dependendo de ser *ratificado* pelo Chefe do Estado, quando somente então poderá ter efeitos na órbita do ordenamento jurídico interno (e, mesmo assim, caso *já esteja* em vigor no plano internacional).

Como se já não bastasse esse fato constatado, pode-se agregar ainda outro: um tratado, mesmo já ratificado, poderá jamais entrar em vigor internacional dependendo de determinadas circunstâncias, como, por exemplo, nos casos dos tratados condicionais ou a termo, em que se estabelece um número mínimo de ratificações para a sua entrada em vigor. Imagine-se, então, que o Brasil aprove determinado instrumento internacional de direitos humanos, pelo *quorum* do § 3º do art. 5º, na fase que seria, em princípio, do art. 49, inc. I, da Constituição, e que o ratifique, promulgue o seu texto e o publique no *Diário Oficial da União*. Esse tratado já pode ser aplicado no Brasil? A resposta somente poderá ser dada verificando-se o que dispõe o próprio tratado. Tomando-se como exemplo o Estatuto de Roma do TPI de 1998, lê-se no seu art. 126, § 1º que o "presente Estatuto entrará em vigor no primeiro dia do mês seguinte ao termo de um período de 60 dias após a data do depósito do sexagésimo instrumento de ratificação, de aceitação, de aprovação ou de adesão junto do Secretário-Geral da Organização das Nações Unidas". Assim, mesmo que o Brasil tenha sido o primeiro país a ratificar dito tratado, caso ainda não tivessem sido depositados os sessenta instrumentos de ratificação exigidos para sua entrada em vigor internacional, não haveria que se falar que o seu texto *já equivale* a uma emenda constitucional em nosso país, uma vez que não se concebe (por absurda que é esta hipótese) que algo que *sequer vigora* enquanto norma jurídica (e que poderá levar anos para vir a vigorar como tal) *já tenha valor* interno em nosso ordenamento jurídico, inclusive com o poder de reformar a Constituição.

Em suma, *pode* o Congresso Nacional aprovar o tratado pela sistemática do art. 5º, § 3º, em supressão à fase do art. 49, inc. I, da Constituição,[60] mas tal aprovação *não coloca* o tratado em vigor no plano interno com equivalência de emenda constitucional, o que somente irá ocorrer após ser o tratado ratificado e desde que este já vigore no plano internacional. A fim de que não pairem dúvidas quanto a isso, a nossa sugestão é a de que se deixe *expresso* no Decreto Legislativo aprobatório do tratado que este apenas terá a equivalência de emenda

---

[60] Há, contudo, um argumento de índole *política* em desfavor da aplicação do § 3º do art. 5º em supressão da fase do art. 49, inc. I, que é a possibilidade de um Presidente da República, insensível à causa dos direitos humanos, deixar de ratificar o tratado (anteriormente aprovado pelo Congresso por maioria qualificada) com o receio de, a partir daí, estar colocando uma norma em vigor no plano interno que *já ingressa* em nosso ordenamento jurídico com hierarquia formalmente constitucional.

Parte IV • Cap. I • PROTEÇÃO INTERNACIONAL DOS DIREITOS HUMANOS | 817

prevista no § 3º do art. 5º depois de ter sido *ratificado* e desde que já esteja *em vigor* no plano externo, a fim de se evitar uma subversão completa da ordem constitucional e dos princípios gerais do Direito dos Tratados universalmente reconhecidos.

Como se vê, esse tipo de procedimento de aparência dúplice (agora estabelecido pelo texto constitucional) não é salutar nem ao princípio da segurança jurídica, que deve reger todas as relações sociais, nem aos princípios que regem as relações internacionais do Brasil. Seria muito melhor que a jurisprudência tivesse se posicionado a favor da índole constitucional e da aplicação imediata dos tratados de direitos humanos, nos termos do § 2º do art. 5º da Constituição, do que ter criado um terceiro parágrafo que só traz insegurança às relações sociais e, ademais, estabelece distinção entre instrumentos internacionais que têm o mesmo fundamento ético. Ademais, deixar à livre escolha do Poder Legislativo a atribuição (aos tratados de direitos humanos) de *equivalência* às emendas constitucionais é permitir que se trate de maneira diferente instrumentos com igual conteúdo principiológico, podendo ocorrer de se atribuir equivalência de emenda constitucional a um *Protocolo* de um tratado de direitos humanos (que é suplementar ao tratado principal) e deixar sem esse efeito o seu respectivo *Tratado-quadro*. Admitir tal interpretação seria consagrar um verdadeiro paradoxo no sistema, correspondente à total inversão de valores e princípios no nosso ordenamento jurídico.

c) Hierarquia constitucional dos tratados de direitos humanos independentemente da entrada em vigor da Emenda nº 45/2004. Transita-se, agora, à terceira parte da análise do § 3º do art. 5º da Constituição, na qual buscaremos compreendê-lo conjugadamente com o § 2º do mesmo dispositivo, uma vez que ambos os parágrafos se encontram dentro de um mesmo *contexto* jurídico, devendo assim ser interpretados. Dito de outro modo, ambas as normas constitucionais disciplinam aspectos de uma mesma categoria de normas internacionais, isto é, os tratados internacionais de direitos humanos, razão pela qual uma interpretação conjunta desses dispositivos se faz necessária.

Tecnicamente, os tratados internacionais de proteção dos direitos humanos ratificados pelo Brasil já têm *status* de norma constitucional, em virtude do disposto no § 2º do art. 5º da Constituição, segundo o qual os direitos e garantias expressos no texto constitucional "não excluem outros decorrentes do regime e dos princípios por ela adotados, ou dos tratados internacionais em que a República Federativa do Brasil seja parte", pois na medida em que a Constituição *não exclui* os direitos humanos provenientes de tratados, é porque ela própria *os inclui* em seu catálogo de direitos protegidos, ampliando o seu "bloco de constitucionalidade" e atribuindo-lhes hierarquia de norma constitucional, como já assentamos anteriormente. Portanto, já se exclui, desde logo, o entendimento de que os tratados de direitos humanos não aprovados pela maioria qualificada do § 3º do art. 5º equivaleriam hierarquicamente à lei ordinária federal, pelo fato (aparente) de os mesmos terem sido aprovados apenas por maioria simples (nos termos do art. 49, inc. I, da Constituição) e não pelo *quorum* que lhes impõe o referido parágrafo. À evidência, não se pode utilizar da tese da paridade hierárquico-normativa para tratados que tenham conteúdo *materialmente* constitucional, como é o caso de todos os tratados de direitos humanos.[61] Aliás, o § 3º do art. 5º em nenhum momento atribui *status*

---

[61]   Cf. José Joaquim Gomes Canotilho. *Direito constitucional e teoria da Constituição*, cit., p. 821. Nesse exato sentido, *v.* Ingo Wolfgang Sarlet, *Curso de direito constitucional*, cit., p. 289, para quem "parece viável concluir que os direitos (desde logo materialmente fundamentais) oriundos das regras internacionais

818 | CURSO DE DIREITO INTERNACIONAL PÚBLICO – *Valerio de Oliveira Mazzuoli*

de lei ordinária (ou, que seja, de *norma supralegal,* como pensa atualmente a maioria dos Ministros do STF) aos tratados não aprovados pela maioria qualificada por ele estabelecida. Dizer que os tratados de direitos humanos aprovados por esse procedimento especial passam a ser "equivalentes às emendas constitucionais" não significa obrigatoriamente dizer que os demais tratados terão valor de lei ordinária, ou de norma supralegal, ou do que quer que seja. O que se deve entender é que o *quorum* que o § 3º do art. 5º estabelece serve tão somente para atribuir eficácia constitucional *formal* a esses tratados no nosso ordenamento jurídico interno, e não para atribuir-lhes a índole e o nível *materialmente* constitucionais que eles já têm em virtude do § 2º do art. 5º da Constituição.[62]

O que é necessário atentar é que os dois referidos parágrafos do art. 5º da Constituição cuidam de coisas similares, mas diferentes. Quais coisas diferentes? Então para quê serviria a regra insculpida no § 3º do art. 5º da Carta de 1988, senão para atribuir *status* de norma constitucional aos tratados de direitos humanos? A diferença entre o § 2º, *in fine*, e o § 3º, ambos do art. 5º da Constituição, é bastante sutil: nos termos da parte final do § 2º do art. 5º, os "tratados internacionais [de direitos humanos] em que a República Federativa do Brasil seja parte" são, a *contrario sensu*, incluídos pela Constituição, passando consequentemente a deter o "*status* de norma constitucional" e a ampliar o rol dos direitos e garantias fundamentais ("bloco de constitucionalidade"); já nos termos do § 3º do mesmo art. 5º, uma vez aprovados tais tratados de direitos humanos pelo *quorum* qualificado ali estabelecido, esses instrumentos internacionais, uma vez ratificados pelo Brasil, passam a ser "*equivalentes* às emendas constitucionais".

Há, contudo, diferença em dizer que os tratados de direitos humanos têm "*status* de norma constitucional" e dizer que eles são "*equivalentes* às emendas constitucionais"? No nosso entender a diferença existe e nela está fundada a única e exclusiva serventia do imperfeito § 3º do art. 5º da Constituição, fruto da Emenda Constitucional nº 45/2004. A relação entre tratado e emenda constitucional estabelecida por esta norma (já falamos) é de *equivalência* e não de *igualdade*, exatamente pelo fato de "tratado" e "norma interna" serem coisas desiguais, não tendo a Constituição pretendido dizer que "A é *igual* a B", mas sim que "A é *equivalente* a B", em nada influenciando no *status* que tais tratados podem ter independentemente de aprovação qualificada. Falar que um tratado tem "*status* de norma constitucional" é o mesmo que dizer que ele integra o bloco de constitucionalidade material (e não formal) da nossa Carta Magna, o que é *menos amplo* que dizer que ele é "*equivalente* a uma emenda constitucional", o que significa que esse mesmo tratado já integra formalmente (além de materialmente) o bloco de constitucionalidade. Assim, o que se quer dizer é que o regime *material* (menos amplo) dos tratados de direitos humanos não pode ser confundido com o regime *formal* (mais amplo) que esses mesmos tratados podem ter, se aprovados pela maioria qualificada estabelecida no art. 5º, § 3º. Perceba-se que, nesse último caso, o tratado assim aprovado será, além de materialmente constitucional, também formalmente constitucional. Assim, fazendo-se uma interpretação

---

– embora não tenham sido formalmente consagrados no texto da Constituição – se aglutinam à Constituição material e, por esta razão, acabam tendo *status* equivalente".

[62] Nesse exato sentido, *v.* Celso Lafer, *A internacionalização dos direitos humanos: Constituição, racismo e relações internacionais*, Barueri: Manole, 2005, pp. 16-18; José Afonso da Silva, *Comentário contextual à Constituição*, cit., pp. 178-179; e Flávia Piovesan, *Direitos humanos e o direito constitucional internacional*, cit., pp. 72-73.

Parte IV · Cap. I · PROTEÇÃO INTERNACIONAL DOS DIREITOS HUMANOS | 819

sistemática do texto constitucional em vigor, à luz dos princípios constitucionais e internacionais de garantismo jurídico e de proteção à dignidade humana, chega-se à seguinte conclusão: o que o texto constitucional reformado pretendeu dizer é que esses tratados de direitos humanos ratificados pelo Brasil, que já têm *status* de norma constitucional, nos termos do § 2º do art. 5º, poderão ainda ser *formalmente* constitucionais (ou seja, ser *equivalentes* às emendas constitucionais), desde que, a qualquer momento, depois de sua entrada em vigor, sejam aprovados pelo *quorum* do § 3º do art. 5º da Constituição.

Quais são esses efeitos *mais amplos* em se atribuir a tais tratados *equivalência de emenda* (art. 5º, § 3º) para além do seu *status* de norma constitucional (art. 5º, § 2º)? São três os efeitos:

1) eles passarão a *reformar* a Constituição, o que não é possível tendo apenas[63] o *status* de norma constitucional;

2) eles não poderão ser *denunciados*, nem mesmo com Projeto de Denúncia elaborado pelo Congresso Nacional, podendo ser o Presidente da República responsabilizado em caso de descumprimento desta regra (o que não é possível fazer – responsabilizar o chefe de Estado – tendo os tratados apenas *status* de norma constitucional); e

3) eles serão paradigma do controle *concentrado* de convencionalidade, podendo servir de fundamento para que os legitimados do art. 103 da Constituição (*v.g.*, o Presidente da República, o Procurador-Geral da República, o Conselho Federal da OAB etc.) proponham no STF as ações do controle abstrato (ADIn, ADECON, ADPF etc.) a fim de invalidar *erga omnes* as normas domésticas com eles incompatíveis.

Deve-se agora explicar com detalhes apenas os números *1* e *2* acima, a fim de se demonstrar que o § 3º do art. 5º não prejudica o entendimento de que os tratados de direitos humanos ratificados pelo Brasil já têm *status* de norma constitucional, nos termos do § 2º do mesmo art. 5º, da Constituição. Quanto ao terceiro efeito, relativo ao controle de convencionalidade concentrado, remetemos o leitor à explicação feita na Parte I, Capítulo V, Seção IV, item nº 4.[64]

Pois bem, a primeira consequência em se atribuir equivalência de emenda constitucional a um tratado de direitos humanos, exposta no *número 1* acima, é a de que eles passarão a *reformar* a Constituição, o que não é possível quando se tem apenas o *status* de norma constitucional. Ou seja, uma vez aprovado certo tratado pelo *quorum* previsto pelo § 3º, opera-se a imediata reforma do texto constitucional conflitante, o que não ocorre pela sistemática do § 2º do art. 5º, em que os tratados de direitos humanos (que têm *nível* de normas constitucionais, sem, contudo, serem *equivalentes* às emendas constitucionais) serão aplicados atendendo ao *princípio da primazia da norma mais favorável ao ser humano* (ou "princípio *pro homine*", expressamente consagrado pelo art. 4º, inc. II, da Carta de 1988,

---

63   A utilização dessa expressão não tem a finalidade de menosprezar o *status* material dos tratados de direitos humanos. O fato de uma norma internacional de direitos humanos ter *nível constitucional* é motivo de júbilo. A expressão "apenas" (que voltará a ser utilizada no texto) visou simplesmente demonstrar que tais tratados não serão *formalmente* constitucionais, como são aqueles instrumentos aprovados pela sistemática do art. 5º, § 3º, da Constituição.

64   Para um estudo completo do tema, *v.* Valerio de Oliveira Mazzuoli, *O controle jurisdicional da convencionalidade das leis*, cit., especialmente pp. 65-135.

segundo o qual o Brasil deve reger-se nas suas relações internacionais pelo princípio da "prevalência dos direitos humanos").

Essa diferença entre *status* e *equivalência* já tinha sido por nós estudada em trabalho anterior, em que escrevemos: "E isto significa, na inteligência do art. 5º, § 2º, da Constituição Federal, que o *status* do produto normativo convencional, no que tange à proteção dos direitos humanos, não pode ser outro que não o de verdadeira norma materialmente constitucional. Diz-se 'materialmente constitucional', tendo em vista não integrarem os tratados, formalmente, a Carta Política, o que demandaria um procedimento de emenda à Constituição, previsto no art. 60, § 2º, o qual prevê que tal proposta 'será discutida e votada em cada Casa do Congresso Nacional, em dois turnos, considerando-se aprovada se obtiver, em ambos, três quintos dos votos dos respectivos membros'".[65]

Assim, nunca entendemos que os tratados de direitos humanos ratificados pelo Brasil *integram formalmente* a Constituição. O que sempre defendemos é que eles têm *status* de norma constitucional por integrarem *materialmente* a ordem jurídica estabelecida pela Carta Política (o que é absolutamente normal em quase todas as democracias modernas).[66] Nem se argumente que a aprovação legislativa dos tratados internacionais se dá ordinariamente por maioria relativa de votos no Congresso Nacional e, por isso, não se poderia atribuir a um tratado de direitos humanos assim aprovado o *status* de norma constitucional. Objeta-se que se estaria a permitir que a Constituição, que é rígida, pudesse ser modificada pela aprovação de decretos legislativos, já que tais espécies normativas é que são as necessárias para a aprovação e ingresso de um tratado internacional no plano interno (o que não é verdade no que diz respeito ao *ingresso*). Já tivemos a oportunidade de rechaçar esse tipo de colocação em outro lugar.[67] Basta aqui argumentar que se a legitimidade da reforma constitucional é encontrada na maioria qualificada necessária para a aprovação de uma emenda constitucional, a legitimidade de um instrumento internacional de direitos humanos provém do complexo procedimento de negociação e aprovação dos tratados no plano internacional, o que demonstra que ambos os processos (o de alteração interna da Constituição e o de celebração de tratados) são absolutamente distintos e têm âmbitos de validade que não podem ser confundidos.[68] Mas agora, uma vez aprovados pelo *quorum* que estabelece o § 3º do art. 5º da Constituição, os tratados de direitos humanos ratificados pelo Brasil *integrarão formalmente* a Constituição, uma vez que serão equivalentes às emendas constitucionais. Contudo, frise-se que essa integração *formal* dos tratados de direitos humanos ao ordenamento brasileiro não abala a integração *material* que esses mesmos instrumentos já apresentam desde a sua ratificação e

---

[65]   Valerio de Oliveira Mazzuoli. *Direitos humanos, Constituição e os tratados internacionais...*, cit., p. 241.

[66]   Nesse mesmo sentido, *v.* Carlos Weis, *Direitos humanos contemporâneos*, cit., pp. 36-42.

[67]   *V.* Valerio de Oliveira Mazzuoli. *Direitos humanos, Constituição e os tratados internacionais...*, cit., pp. 295-303.

[68]   *V.*, assim, Carlos Weis, *Direitos humanos contemporâneos*, cit., p. 40. Destaque-se, a propósito, a seguinte colocação de Weis: "Realmente, o valor protegido pela norma jurídica não depende do procedimento legislativo previsto para seu ingresso no sistema jurídico. Se para a incorporação de tratados de direitos humanos ele é mais simplificado que o previsto para que seja a Constituição emendada, tal decorre da vontade manifesta do poder constituinte, que assim determinou, talvez com prejuízo da congruência, mas tendo em conta a peculiaridade daquela espécie normativa que decorre do consenso global – no caso das Nações Unidas – ou regional – no da Organização dos Estados Americanos" (Idem, pp. 40-41).

Parte IV · Cap. I · PROTEÇÃO INTERNACIONAL DOS DIREITOS HUMANOS | 821

entrada em vigor no Brasil. Assim, quer tenham sido ratificados anterior ou posteriormente à EC 45/2004, os tratados de direitos humanos em vigor no país têm *status* de norma (materialmente) constitucional, mas somente os aprovados pelo *quorum* qualificado do art. 5º, § 3º, terão *status* material *e formalmente* constitucional.[69]

Dizer que um tratado equivale a uma emenda constitucional significa dizer que ele tem a mesma potencialidade jurídica que uma emenda. E o que faz uma emenda? Uma emenda *reforma* a Constituição, para melhor ou para pior. Portanto, o detalhe que poderá passar despercebido de todos (e até agora também não vimos ninguém o cogitar) é que atribuir *equivalência de emenda* aos tratados internacionais de direitos humanos, às vezes, pode ser perigoso, bastando imaginar o caso em que a nossa Constituição é *mais benéfica* em determinada matéria que o tratado ratificado. Nesse caso, seria muito mais salutar, inclusive para a maior completude do nosso sistema jurídico, se se admitisse o *"status* de norma constitucional" desse tratado, nos termos do § 2º do art. 5º – e, nesse caso, não haveria que se falar em reforma da Constituição, sendo o problema resolvido aplicando-se o *princípio da primazia da norma mais favorável ao ser humano* (ou "princípio *pro homine*") –, do que atribuir-lhe uma equivalência de emenda constitucional, o que poderia fazer com que o intérprete aplicasse (erroneamente) o tratado em detrimento da norma constitucional mais benéfica.

Poderia objetar-se que a Constituição, no art. 60, § 4º, inc. IV, proíbe qualquer proposta de emenda tendente a abolir os direitos e garantias individuais e, assim sendo, os tratados de direitos humanos (aprovados por maioria qualificada) conflitantes com a Constituição seriam inconstitucionais. Seria imenso o trabalho em se verificar, nas várias comissões do Congresso Nacional responsáveis pela análise preliminar da compatibilidade do tratado com o Direito brasileiro vigente, quais dispositivos de cada tratado poderiam eventualmente conflitar com a Constituição. Às vezes, certo dispositivo de determinado tratado não *abole* nenhum direito ou garantia individual previsto no texto constitucional, mas traz tal direito ou tal garantia de forma *menos protetora*, como é o caso, por exemplo, da prisão civil do devedor de alimentos que, segundo a Constituição de 1988 (art. 5º, inc. LXVII), somente pode ter lugar quando o inadimplemento da obrigação alimentar for *voluntário* e *inescusável*. Atente-se bem: a Carta de 1988 somente permite seja preso o devedor de alimentos se for ele responsável pelo inadimplemento *"voluntário* e *inescusável"* da obrigação alimentar. Não é, pois, qualquer obrigação alimentar inadimplida que deve gerar a prisão do devedor. O inadimplemento pode ser *voluntário*, mas *escusável*, no que não se haveria que falar em prisão nessa hipótese. Pois bem. Esta redação atribuída pela nossa Constituição em relação à prisão civil por dívida alimentar difere da redação dada pela Convenção Americana sobre Direitos Humanos, que, depois de

---

[69] Flávia Piovesan entende que os tratados ratificados pelo Brasil *antes* do advento do § 3º do art. 5º (ou seja, antes da promulgação da EC 45/04) "são normas material *e formalmente constitucionais*" [grifo nosso], sendo que os ratificados posteriormente à EC 45 seriam apenas *materialmente* constitucionais, devendo então ser aprovados pelo § 3º do art. 5º para serem – repita-se: *após* o advento da EC 45 – também *formalmente* constitucionais (Cf. seu *Direitos humanos e o direito constitucional internacional*, cit., pp. 73-74). Para nós, não se pode dizer que um tratado é *formalmente* constitucional por deter *status* de norma constitucional antes da EC 45/04. Se estamos de acordo com Flávia Piovesan no sentido de serem os tratados de direitos humanos – anteriores *ou posteriores* à EC 45/04 – *materialmente* constitucionais, nas aceitamos atribuir *status* formal aos tratados ratificados anteriormente à EC 45, o que somente poderá ocorrer no caso da aprovação qualificada nos termos do art. 5º, § 3º.

822 | CURSO DE DIREITO INTERNACIONAL PÚBLICO – *Valerio de Oliveira Mazzuoli*

estabelecer a regra genérica de que "ninguém deve ser detido por dívidas", acrescenta que "este princípio não limita os mandados de autoridade judiciária competente *expedidos em virtude de inadimplemento de obrigação alimentar*" (art. 7, nº 7). Como se percebe, o Pacto de San José permite que sejam expedidos mandados de prisão pela autoridade competente, em virtude de *inadimplemento de obrigação alimentar*. Não diz mais nada: basta o simples *inadimplemento* da obrigação para que seja autorizada a *prisão* do devedor. Nesse caso, é a nossa Constituição *mais benéfica* que o Pacto, pois contém uma adjetivação restringente não encontrada no texto deste último, e, por isso, seria prejudicial ao nosso sistema de direitos e garantias reformá-la em benefício da aplicação do tratado.[70]

Aplicando-se o princípio da *primazia da norma mais favorável* (princípio *pro homine*) nada disso ocorre, pois ao se atribuir aos tratados de direitos humanos ratificados pelo Brasil o *status* de norma constitucional, não se pretende *reformar* a Constituição, mas sim aplicar, em caso de conflito entre o tratado e o texto constitucional, a norma que, no caso, mais proteja os direitos da pessoa humana, posição esta que tem em Cançado Trindade o seu maior expoente.[71] Trata-se de aplicar aquilo que Erik Jayme chamou, no seu Curso da Haia de 1995, de "diálogo das fontes" (*dialogue des sources*). Nesse sentido, em vez de simplesmente excluir do sistema certa norma jurídica, deve-se buscar a convivência entre essas mesmas normas por meio de um *diálogo*. Segundo Jayme, a solução para os conflitos normativos que emergem no direito pós-moderno é encontrada na harmonização (coordenação) entre fontes heterogêneas que não se excluem mutuamente (normas de direitos humanos, textos constitucionais, tratados internacionais, sistemas nacionais etc.), mas, ao contrário, "falam" umas com as outras.[72] Essa "conversa" entre fontes diversas permite encontrar a verdadeira *ratio* de ambas as normas em prol da proteção do ser humano (em geral) e dos menos favorecidos (em especial).[73] É bom fique nítido que os próprios tratados de direitos humanos já contêm "cláusulas de compatibilização" das normas internacionais com as de Direito interno, que nominamos de "cláusulas de diálogo" ou "vasos comunicantes".[74] Tais cláusulas interligam a ordem jurídica internacional com a ordem

---

[70] Para um estudo detalhado da matéria, *v.* Valerio de Oliveira Mazzuoli, *Prisão civil por dívida e o Pacto de San José da Costa Rica...*, cit., pp. 160-162.

[71] Cf., por tudo, Antônio Augusto Cançado Trindade, *Tratado de direito internacional dos direitos humanos*, vol. I. Porto Alegre: Sergio Antonio Fabris, 1997, pp. 401-402; Valerio de Oliveira Mazzuoli, *Direitos humanos, Constituição e os tratados internacionais...*, cit., pp. 272-295; e Flávia Piovesan, *Direitos humanos e o direito constitucional internacional*, cit., pp. 99-100.

[72] *V.* Erik Jayme. Identité culturelle et intégration: le droit international privé postmoderne, cit., p. 259, nestes termos: "Desde que evocamos a comunicação em direito internacional privado, o fenômeno mais importante é o fato que a solução dos conflitos de leis emerge como resultado de um diálogo entre as fontes mais heterogêneas. Os direitos do homem, as constituições, as convenções internacionais, os sistemas nacionais: todas essas fontes não se excluem mutuamente; elas 'falam' uma com a outra. Os juízes devem coordenar essas fontes escutando o que elas dizem". Sobre esse tema, *v.* Claudia Lima Marques & Valerio de Oliveira Mazzuoli, O consumidor-depositário infiel, os tratados de direitos humanos e o necessário diálogo das fontes nacionais e internacionais..., cit., pp. 93-138.

[73] Para detalhes sobre a aplicação do "diálogo das fontes" nas relações entre o Direito Internacional dos Direitos Humanos e o Direito interno, *v.* Valerio de Oliveira Mazzuoli, *Tratados internacionais de direitos humanos e direito interno*, cit., pp. 129-177.

[74] As mesmas podem ser também chamadas de "cláusulas dialógicas" ou "cláusulas de retroalimentação".

jurídica interna, retirando a possibilidade de prevalência de um ordenamento sobre o outro em quaisquer casos, mas fazendo com que tais ordenamentos (o internacional e o interno) "dialoguem" e resolvam qual norma deve prevalecer no caso concreto (ou, até mesmo, se *as duas* prevalecerão concomitantemente no caso concreto) quando presente uma situação de antinomia.[75]

A segunda consequência em se atribuir aos tratados de direitos humanos equivalência às emendas constitucionais, exposta no *número 2* visto acima, significa que tais tratados não poderão ser denunciados nem mesmo com Projeto de Denúncia elaborado pelo Congresso Nacional, podendo o Presidente da República ser responsabilizado caso o denuncie (o que não ocorria à égide em que o § 2º do art. 5º encerrava sozinho o rol dos direitos e garantias fundamentais do texto constitucional brasileiro).[76] Assim sendo, mesmo que um tratado de direitos humanos preveja expressamente a sua denúncia, esta não poderá ser realizada pelo Presidente da República, ainda que exista autorização do Congresso Nacional para tanto, como, aliás, sempre defendemos, mesmo antes do julgamento da ADIn 1625/DF pelo STF (*v.* Parte I, Capítulo V, item nº 22, *b, supra*),[77] uma vez que tais tratados equivalem às emendas constitucionais, que são (em matéria de direitos humanos) *cláusulas pétreas* do texto constitucional.[78]

A responsabilidade do Presidente da República, nesse caso, decorre da regra constitucional que diz serem crimes de responsabilidade os atos presidenciais "que atentem contra a Constituição Federal e, especialmente, contra o exercício dos direitos políticos, individuais e sociais"

---

[75] Sobre tais cláusulas, *v.* Valerio de Oliveira Mazzuoli, *Tratados internacionais de direitos humanos e direito interno*, cit., pp. 116-128.

[76] Também defendendo a impossibilidade de denúncia dos tratados de direitos humanos, porém, sob o argumento de que se trata de direitos indisponíveis, *v.* Fábio Konder Comparato, *A afirmação histórica dos direitos humanos*, cit., pp. 66-67, assim: "Ora, o poder de denunciar uma convenção internacional só faz sentido quando esta cuida de direitos disponíveis. Em matéria de tratados internacionais de direitos humanos, não há nenhuma possibilidade jurídica de denúncia, ou de cessação convencional da vigência, porque se está diante de direitos indisponíveis e, correlatamente, de deveres insuprimíveis".

[77] Para Ingo Wolfgang Sarlet, a nossa tese sobre a impossibilidade de denúncia dos tratados de direitos humanos aprovados pelo *quorum* qualificado do § 3º do art. 5º é uma "possível vantagem da incorporação pelo rito das emendas constitucionais", que enrobustece "não apenas a posição dos direitos humanos e agora também fundamentais no âmbito interno (desses direitos), mas também avança no concernente ao plano externo, das relações internacionais, enfatizando as vinculações assumidas pelo Brasil nesta seara" (*A eficácia dos direitos fundamentais*, cit., p. 154).

[78] As cláusulas pétreas impõem limites materialmente explícitos de reforma constitucional. Essas *limitações materiais explícitas*, constantes do art. 60, § 4º, da Constituição, impedem, na via de emenda constitucional, qualquer proposta tendente a abolir: (I) a forma federativa de Estado; (II) o voto direto, secreto, universal e periódico; (III) a separação dos Poderes; e (IV) os direitos e garantias individuais. Observe-se que, neste último caso, a Constituição deixa entrever que a respectiva cláusula pétrea só alcança os direitos e garantias *individuais* e não os *coletivos*. Logo, segundo o que à primeira vista parece, só os direitos *individuais* enunciados por tratados é que seriam resguardados por cláusulas pétreas e não os *sociais* e *coletivos*. Contudo, não seria de se rejeitar uma tese mais *ampliativa* sobre os limites ao poder de reforma constitucional, que estende o seu campo de abrangência também a esses direitos, sejam eles de cunho negativo ou prestacional. Na defesa desse ponto de vista, com o qual concordamos, *v.* Ingo Wolfgang Sarlet, *A eficácia dos direitos fundamentais*, cit., pp. 422-428; e o seu *Curso de direito constitucional*, cit., pp. 132-138.

(art. 85, inc. III).[79] Perceba-se a fórmula genérica utilizada pelo texto constitucional quando se refere (no *caput* do dispositivo) aos atos do Presidente que "atentem *contra a Constituição Federal*". Em outras palavras, *todo ato presidencial* que atente contra a Constituição é passível de responsabilização, ainda mais (*especialmente...*) aqueles que vão de encontro ao "exercício dos direitos políticos, individuais e sociais", como é o caso da denúncia dos tratados de direitos humanos internalizados de acordo com a sistemática do art. 5º, § 3º, da Constituição.

Há que se enfatizar que vários tratados de proteção dos direitos humanos preveem expressamente a *possibilidade* de sua denúncia. Contudo, trazem eles disposições no sentido de que, eventual denúncia por parte dos Estados-partes não terá o efeito de desligá-los das obrigações contidas no respectivo tratado, no que diz respeito a qualquer ato que, podendo constituir violação dessas obrigações, houver sido cometido por eles anteriormente à data na qual a denúncia produziu seu efeito.[80]

A impossibilidade de denúncia dos tratados de direitos humanos já tinha sido por nós defendida anteriormente, com base no *status* de norma materialmente constitucional dos tratados de direitos humanos, que passariam a ser também *cláusulas pétreas* constitucionais.[81] Sob esse ponto de vista, a denúncia dos tratados de direitos humanos seria *tecnicamente possível* (sem a possibilidade de se responsabilizar o Presidente da República nesse caso), mas totalmente *ineficaz* sob o aspecto prático, uma vez que os *efeitos* do tratado denunciado se mantêm no nosso ordenamento jurídico, pelo fato de serem eles cláusulas pétreas do texto constitucional.[82]

No que tange aos tratados de direitos humanos aprovados pelo *quorum* do § 3º do art. 5º da Constituição, esse panorama muda, não se admitindo sequer a interpretação de que a denúncia desses tratados seria *possível*, mas *ineficaz*, pois agora ela será *impossível* do ponto de vista técnico, existindo a possibilidade de responsabilização do Presidente da República caso este venha pretender operá-la. Seria como o Presidente da República pretender, por meio de ato administrativo (um *decreto* etc.), revogar uma emenda constitucional e, o que é mais

---

[79] A Lei 1.079, de 10 de abril de 1950, define os crimes de responsabilidade e regula o respectivo processo de julgamento. Frise-se, contudo, que não obstante a Constituição de 1988 (art. 85) e a Lei 1.079/50 falarem em "crimes de responsabilidade", o que ali se apresenta (a exemplo do *impeachment*) não são propriamente crimes no sentido *penal*; trata-se de infrações político-administrativas, que atentam contra a dignidade, a honra e o decoro do cargo.

[80] Cf. nesse sentido, art. 21 da Convenção sobre a Eliminação de Todas as Formas de Discriminação Racial (1965); art. 12 do Protocolo Facultativo relativo ao Pacto Internacional dos Direitos civis e Políticos (1966); art. 78, nº 2 da Convenção Americana sobre Direitos Humanos (1969); art. 31, nº 2 da Convenção contra a Tortura e outros Tratamentos ou Penas Cruéis, Desumanos ou Degradantes (1984); e art. 52 da Convenção sobre os Direitos da Criança (1989).

[81] V. Valerio de Oliveira Mazzuoli. *Direitos humanos, Constituição e os tratados internacionais...*, cit., p. 315. Fomos nós, salvo engano, o primeiro autor a defender esse ponto de vista, hoje largamente aceito em inúmeras doutrinas (em muitas delas sem citação da fonte).

[82] Em sentido contrário, v. Flávia Piovesan, *Direitos humanos e o direito constitucional internacional*, cit., p. 77, que admite a *eficácia* da denúncia dos tratados materialmente constitucionais "em virtude das peculiaridades do regime de direito internacional público", complementando apenas ser de rigor "a democratização do processo de denúncia, com a necessária participação do Legislativo". Somente os tratados material e *formalmente* constitucionais é que a autora entende serem insuscetíveis de denúncia (cf. *Op. cit.*, p. 77), como não poderia deixar de ser (evidentemente) em face da superveniência do § 3º do art. 5º da Constituição.

Parte IV · Cap. I · PROTEÇÃO INTERNACIONAL DOS DIREITOS HUMANOS | 825

absurdo, uma *cláusula pétrea* da Constituição, mesmo havendo, para tanto, autorização do Congresso Nacional, dado que também não é lícito ao Parlamento revogar cláusulas pétreas do texto constitucional. Por essa razão, há impossibilidade técnica de denúncia dos tratados de direitos humanos aprovados (com posterior ratificação e entrada em vigor) por maioria qualificada no âmbito do Parlamento federal, à luz do princípio internacional *pro homine* e da vedação do retrocesso.

Quais os motivos da impossibilidade técnica de tal denúncia? De acordo com o § 3º do art. 5º, uma vez aprovados os tratados de direitos humanos, em cada Casa do Congresso Nacional, em dois turnos, por três quintos dos votos dos respectivos membros, serão eles "equivalentes às emendas constitucionais". Passando a ser *equivalentes* às emendas constitucionais, isto significa que não poderão ser denunciados, mesmo com base em Projeto de Denúncia encaminhado pelo Presidente da República ao Congresso Nacional. Caso o Presidente entenda por bem denunciar o tratado e realmente o denuncie (perceba-se que o Direito Internacional *aceita* a denúncia feita pelo Presidente, não importando se, de acordo com o seu Direito interno, está ele autorizado ou não a denunciar o acordo), poderá ser responsabilizado por violar disposição expressa da Constituição, o que não ocorria à égide em que o § 2º do art. 5º encerrava sozinho o rol dos direitos e garantias fundamentais. Poderia objetar-se que mesmo no caso dos tratados de direitos humanos internalizados pela sistemática do art. 5º, § 2º, caberia a responsabilidade do Presidente da República decorrente de sua denúncia, também pelo argumento de que tal seria um ato do Presidente que atenta "contra a Constituição Federal" (art. 85, *caput*) e, especialmente, "contra o exercício dos direitos políticos, individuais e sociais" (inc. III). Parece-nos que não se pode ir tão longe, uma vez que, na sistemática do art. 5º, § 2º, os tratados de direitos humanos não passam a integrar *formalmente* a Constituição – integrando apenas o seu *bloco de constitucionalidade* –, não havendo então que se falar que a denúncia do tratado, nesse caso, seria um ato do Presidente que atenta propriamente "contra a Constituição Federal", mesmo porque a denúncia somente tem efeitos depois de autorizada pelo Congresso Nacional (STF, ADIn 1625/DF). Mas, no caso dos tratados internalizados pela sistemática do art. 5º, § 3º, na medida em que tais instrumentos internacionais passam a integrar formalmente *a própria Constituição*, não há como negar que a sua denúncia ofende tanto o próprio texto constitucional, como "o exercício dos direitos políticos, individuais e sociais" referidos pelo art. 85, inc. III, da Constituição. Daí entendermos que, apesar de em ambos os casos (isto é, tanto no caso do § 2º como no do § 3º do art. 5º) os tratados de direitos humanos ratificados pelo Brasil serem *cláusulas pétreas* constitucionais, apenas quando aprovados por três quintos dos votos dos membros de cada Casa do Congresso Nacional, em dois turnos, é que tais instrumentos serão insuscetíveis de denúncia, fazendo operar (somente nessa hipótese) a responsabilidade do Presidente da República caso tal venha a ocorrer, mesmo havendo para tanto autorização do Parlamento federal, pois também não pode o Congresso Nacional deliberar sobre emenda (ou norma equivalente) que pretenda abolir direitos e garantias.

Assim sendo, mesmo que um tratado de direitos humanos preveja expressamente sua denúncia, esta não poderá ser realizada pelo Presidente da República, ainda que exista para tanto Projeto de Denúncia aprovado pelo Congresso Nacional, uma vez que tais tratados equivalem às emendas constitucionais (sendo, então, normas constitucionais *formais*), o que impede, aliás, a interpretação no sentido de que seria possível a denúncia do tratado caso o Congresso aprovasse tal Projeto pela mesma maioria qualificada com que aprovou o acordo.

No Brasil, apesar de forte divergência doutrinária, a prática em relação à matéria tem sido no sentido de que a conjugação de vontades dos Poderes Executivo e Legislativo é obrigatória somente em relação à *ratificação* dos tratados internacionais. Pela prática brasileira a respeito, a *denúncia* de tratados era ato exclusivo do Chefe do Poder Executivo, tão somente. Sem embargo dessa prática, sempre estivemos com Pontes de Miranda, para quem "aprovar tratado, convenção ou acordo, permitindo que o Poder Executivo o denuncie, sem consulta, nem aprovação, é subversivo dos princípios constitucionais".[83] Essa tese ficou definitivamente chancelada no Brasil a partir de 2 de setembro de 2024, quando da publicação da ata de julgamento da ADIn 1625/DF pelo STF . Assim, do mesmo modo que o Presidente da República necessita da aprovação prévia do Congresso Nacional, dando a ele permissão para ratificar o acordo, é consentâneo, consoante as normas constitucionais em vigor, que idêntico procedimento parlamentar seja aplicado em relação à denúncia. Esse, aliás, é o sistema adotado pela Constituição espanhola de 1978, que submete eventual denúncia de tratados sobre direitos humanos ao requisito da prévia autorização ou aprovação do Legislativo (arts. 96, nº 2 e 94, nº 1, *c*). O mesmo se diga em relação às Constituições da Suécia (art. 4º, com as emendas de 1976-1977), da Dinamarca de 1953 (art. 19, nº 1), da Holanda de 1983 (art. 91, nº 1), além da Constituição da República Argentina, que, a partir da reforma de 1994, passou a exigir que os tratados internacionais de proteção dos direitos humanos sejam denunciados pelo Executivo mediante a prévia aprovação de dois terços dos membros de cada Câmara. A Constituição do Paraguai, por sua vez, determina que os tratados internacionais relativos a direitos humanos "não poderão ser denunciados senão pelos procedimentos que vigem para a emenda desta Constituição" (art. 142).

Entretanto, nos termos da nova sistemática constitucional brasileira, aprovado um tratado de direitos humanos nos termos do § 3º do art. 5º da Constituição, nem sequer por meio de Projeto de Denúncia votado com o mesmo *quorum* exigido para a conclusão do tratado (votação nas duas Casas do Congresso Nacional, em dois turnos, por três quintos dos votos dos seus respectivos membros) será possível o país desengajar-se desse seu compromisso, quer no âmbito interno, quer no plano internacional.

Agora, portanto, será preciso distinguir se o tratado que se pretende denunciar equivale a uma *emenda* constitucional (ou seja, se é *material* e *formalmente constitucional*, nos termos do art. 5º, § 3º) ou se apenas detém *status* de norma constitucional (é dizer, se é apenas *materialmente constitucional*, em virtude do art. 5º, § 2º). Caso o tratado de direitos humanos se enquadre exclusivamente nessa última hipótese, com o ato da denúncia (para os que admitem sua possibilidade nesse caso) o Estado brasileiro passa a não mais ter responsabilidade em responder pelo descumprimento do tratado tão somente no âmbito internacional *e não no âmbito interno*. Ou seja, nada impediria que, tecnicamente, fosse denunciado um tratado de direitos humanos que tem somente *status* de norma constitucional, pois internamente nada mudaria, uma vez que eles já se encontram petrificados no nosso sistema de direitos e garantias, importando tal denúncia apenas em livrar o Estado brasileiro de responder pelo cumprimento do tratado no âmbito internacional. No entanto, caso o tratado de direitos humanos tenha sido aprovado nos termos do § 3º do art. 5º, o Brasil não pode mais desengajar-se

---

[83] Pontes de Miranda. *Comentários à Constituição de 1967 com a Emenda nº 1 de 1969*, t. III, 3ª ed. Rio de Janeiro: Forense, 1987, p. 109.

do tratado, quer no plano internacional, quer no plano interno (o que não ocorre quando o tratado detém somente *status* de norma constitucional), podendo o Presidente da República ser responsabilizado caso o denuncie, mesmo com aprovação do Parlamento (devendo tal denúncia ser declarada *ineficaz*). Assim, repita-se, quer nos termos do § 2º, quer nos termos do § 3º do art. 5º, os tratados de direitos humanos são insuscetíveis de denúncia por serem cláusulas pétreas constitucionais; o que difere é que, uma vez aprovado o tratado pelo *quorum* do § 3º, sua denúncia acarreta a *responsabilidade* do Presidente da República, o que não ocorre na sistemática do § 2º do art. 5º.

Portanto, a afirmação antes correntemente utilizada, no sentido de que anteriormente à entrada em vigor da EC 45 haveria um paradoxo, eis que os tratados de direitos humanos eram aprovados por maioria simples, o que autorizava o Presidente da República, a qualquer momento, denunciar o tratado, desobrigando o país ao cumprimento daquilo que assumiu no cenário internacional desde o momento da ratificação do acordo,[84] não será mais válida a partir do momento em que o tratado que pretende ser denunciado (repita-se, para os que admitem a possibilidade de denúncia dos tratados não aprovados com *quorum* qualificado) passe a *equivaler* a uma emenda constitucional.

d) Hierarquia constitucional dos tratados de direitos humanos independentemente da data de sua ratificação (se anterior ou posterior à entrada em vigor da Emenda nº 45/2004). A tese que acabamos de defender – segundo a qual os tratados de direitos humanos têm *status* de norma constitucional independentemente da regra do § 3º do art. 5º da Constituição – vale tanto para os tratados já ratificados pelo Brasil antes da entrada em vigor da EC 45/2004, quanto para aqueles ratificados depois dela.

À primeira vista, com o advento da EC 45 poder-se-ia defender a tese (como já fizeram alguns) de que, tendo o § 3º do art. 5º estabelecido *quorum* qualificado para a atribuição de equivalência de emenda constitucional aos tratados de direitos humanos, os tratados anteriores seriam *recebidos* pela ordem constitucional vigente com esse mesmo *status* de emenda.[85] Aplicar-se-ia ao caso o fenômeno da "recepção de normas" com mudança de *status*,

---

[84] Sobre este assunto, assim lecionava Oscar Vilhena Vieira antes da reforma constitucional de 2004: "O problema [do § 2º do art. 5º da Constituição, antes da existência do novo § 3º], no entanto, é que o *quorum* exigido para a incorporação destes tratados é o de maioria simples, criando assim uma situação paradoxal, onde a Constituição passaria a ser efetivamente emendada pelo *quorum* ordinário. Mais do que isto, o conteúdo dessas emendas se transformaria automaticamente em cláusula pétrea. O paradoxo é ainda mais grave, na medida em que o Presidente da República pode, a qualquer momento, denunciar o tratado, desengajando a União das obrigações previamente contraídas durante o processo de ratificação. Em última *ratio* o Presidente estaria autorizado a desobrigar o Estado do cumprimento de algo que foi transformado em cláusula pétrea". E continuava: "Com a nova redação, este problema ficou solucionado (parcialmente), tanto do ponto de vista político quanto jurídico. Politicamente, não mais estaremos alterando nossa Constituição por maioria simples do Parlamento. Da perspectiva jurídica, estabeleceu-se claramente a posição hierárquica daqueles tratados de direitos humanos que houverem sido aprovados por maioria de três quintos das duas casas do Congresso" (Que reforma?, in *Estudos Avançados*, vol. 18, nº 51, São Paulo: USP, mai./ago./2004, pp. 204-205).

[85] Nesse sentido, *v.* André Ramos Tavares, *Reforma do judiciário no Brasil pós-88...*, cit., pp. 47-48. Adotando também ao presente caso "a teoria geral da recepção acolhida no direito brasileiro", *v.* Flávia Piovesan, *Direitos humanos e o direito constitucional internacional*, cit., p. 73.

CURSO DE DIREITO INTERNACIONAL PÚBLICO – *Valerio de Oliveira Mazzuoli*

cujo exemplo clássico, no Brasil, é o Código Tributário Nacional que, tendo sido à época de sua edição aprovado com *quorum* de lei ordinária, fora recepcionado pela Constituição de 1988 com *status* de lei complementar, por ter a nova Carta (art. 146, inc. III) estabelecido que as normas gerais em matéria de legislação tributária só poderão ser criadas mediante a edição de tal espécie normativa. Assim também pensa Rezek, para quem "é sensato crer que ao promulgar esse parágrafo na Emenda constitucional 45, de 8 de dezembro de 2004, sem nenhuma ressalva abjuratória dos tratados sobre direitos humanos outrora concluídos mediante processo simples, o Congresso constituinte os elevou à categoria dos tratados de nível constitucional", equação esta "da mesma natureza daquela que explica que nosso Código Tributário, promulgado a seu tempo como lei ordinária, tenha-se promovido a lei complementar à Constituição desde o momento em que a carta disse que as normas gerais de direito tributário deveriam estar expressas em diploma dessa estatura".[86] Os tratados de direitos humanos ratificados posteriormente a EC 45/2004, segundo esse raciocínio, teriam hierarquia infraconstitucional (nível de lei ordinária – como sustenta a maioria dos Ministros do STF – ou supralegal, como pensam os Ministros Sepúlveda Pertence e Gilmar Mendes, este último no voto do *RE* 466.343-1/SP).

Para nós, entretanto, é equívoco comparar o § 3º do art. 5º com a chamada recepção com mudança de *status*, como se dá caso do Código Tributário Nacional. No caso do CTN, a Constituição expressamente *exige* lei complementar para a criação de normas gerais em matéria de legislação tributária, sendo então legítimo o raciocínio segundo o qual as normas tributárias anteriores à Constituição sejam obrigatoriamente recepcionadas com o *status* que doravante a Constituição lhes atribui (qual seja, o *status* de lei complementar). Tal não é o caso do § 3º do art. 5º, que *não exige* sejam os tratados de direitos humanos aprovados pelo *quorum* qualificado ali estabelecido. O que a disposição constitucional em comento faz é *autorizar* sejam os tratados de direitos humanos aprovados pela maioria qualificada ali prevista, mas sem *obrigar* o Congresso Nacional a proceder dessa maneira. Portanto, não faz sentido a tese (ainda que com seus bons propósitos) de que os tratados de direitos humanos ratificados antes da EC 45/2004 teriam sido recepcionados pelo § 3º do art. 5º com equivalência às normas constitucionais, e aqueles outros instrumentos – também de direitos humanos – ratificados após a referida Emenda ingressariam na ordem jurídica brasileira com *status* infraconstitucional.

Em verdade, não importa o momento em que o tratado de direitos humanos foi ratificado, se antes ou depois da EC 45/2004. Entender que os tratados ratificados anteriormente à reforma constitucional serão recepcionados como normas constitucionais, ao passo que os ratificados posteriormente valerão como normas infraconstitucionais, enquanto não aprovados pela maioria qualificada estabelecida pelo § 3º do art. 5º, é prestigiar a incongruência. Em ambos os casos (ratificação anterior ou posterior à EC 45) o tratado terá *status* de norma constitucional por integrar o núcleo material do *bloco de constitucionalidade*, como já dissemos mais de uma vez. O tratado ratificado após a EC

---

[86] José Francisco Rezek. *Direito internacional público: curso elementar*, 10ª ed., rev. e atual. São Paulo: Saraiva, 2005, p. 103. *Nota*: a citação da 10ª edição da obra do Prof. Rezek neste ponto é excepcional. Todas as outras referências a este mesmo livro constantes neste *Curso* dizem respeito à sua 9ª edição, publicada em 2002.

Parte IV • Cap. I • PROTEÇÃO INTERNACIONAL DOS DIREITOS HUMANOS | 829

45 não perde o *status* de norma materialmente constitucional que ele já tem em virtude do art. 5º, § 2º, da Constituição. Apenas o que poderá ocorrer é ser ele aprovado com o *quorum* qualificado do art. 5º, § 3º, e, a partir dessa aprovação, integrar *formalmente* o texto constitucional brasileiro (caso em que será, para além de materialmente constitucional, também formalmente constitucional).

Em resumo: *materialmente constitucionais* os tratados de direitos humanos (sejam eles anteriores ou posteriores à EC 45) já são, independentemente de qualquer aprovação qualificada; *formalmente constitucionais* somente serão se aprovados pela maioria de votos estabelecida pelo art. 5º, § 3º, da Constituição (caso em que serão material *e* formalmente constitucionais), quando então tornar-se-ão, *de facto* e *de jure*, insuscetíveis de denúncia (como detalhadamente já explicamos *supra*). No primeiro caso (tratados apenas *materialmente* constitucionais), serão eles paradigma do controle *difuso* de convencionalidade, ao passo que no segundo caso (tratados material *e formalmente* constitucionais) serão também paradigma do controle *concentrado* (ou da fiscalização *abstrata*) de convencionalidade, como já se estudou na Parte I, Capítulo V, Seção IV, item nº 4.

e) Aplicação imediata dos tratados de direitos humanos independentemente da regra do § 3º do art. 5º da Constituição. Por fim, registre-se ainda que além de o novo § 3º do art. 5º não prejudicar o *status* constitucional que os tratados internacionais de direitos humanos (em vigor no Brasil) já têm de acordo com o § 2º desse mesmo artigo, ele também não prejudica a aplicação imediata dos tratados de direitos humanos já ratificados ou que vierem a ser ratificados pelo nosso país no futuro.[87] Isso porque a regra que garante aplicação imediata às normas definidoras dos direitos e garantias fundamentais, insculpida no § 1º do art. 5º da Constituição (*verbis*: "As normas definidoras dos direitos e garantias fundamentais têm aplicação imediata."), sequer remotamente induz a pensar que os tratados de direitos humanos só terão tal aplicabilidade imediata (pois eles também são normas *definidoras dos direitos e garantias fundamentais*) depois de aprovados pelo Congresso Nacional pelo *quorum* estabelecido no § 3º do art. 5º. Pelo contrário: a Constituição é expressa em dizer que as *"normas definidoras* dos direitos e garantias fundamentais têm *aplicação imediata"*, não dizendo quais são ou quais devem ser essas normas. A Constituição não especifica se elas devem provir do Direito interno ou do Direito Internacional (por exemplo, dos tratados internacionais de direitos humanos), dizendo apenas que todas elas têm aplicação imediata, independentemente de serem ou não aprovadas por maioria qualificada.

Tal significa que os tratados internacionais de direitos humanos ratificados pelo Brasil podem ser *imediatamente aplicados* pelo nosso Poder Judiciário, com *status* de norma constitucional, independentemente de promulgação e publicação no *Diário Oficial da União* e independentemente de serem aprovados de acordo com a regra do § 3º do art. 5º. Se a promulgação e publicação de tratados têm sido exigidas para os tratados *comuns*, tais atos são dispensáveis quando em jogo um tratado de *direitos humanos*. Ora, a Constituição diz (no art. 5º, § 2º) que os direitos nela expressos *não excluem* outros decorrentes dos tratados (de direitos humanos) dos quais a República Federativa do Brasil "seja *parte*". A Constituição não

---

87 Sobre a aplicação direta dos tratados de direitos humanos, *v.* Antônio Augusto Cançado Trindade, *Tratado de direito internacional dos direitos humanos*, vol. III, cit., pp. 622-625.

diz o que significa *ser parte* em um tratado internacional, mas a Convenção de Viena sobre o Direito dos Tratados de 1969, sim. Segundo o texto de Viena, ser "parte" significa *ratificar um tratado em vigor* (art. 2º, § 1º, alínea *g*); assim, por autorização de uma norma (a Convenção de Viena de 1969) que o Brasil *ratificou* (no ano de 2009) e que *integra a coleção das normas jurídicas nacionais*, e que, além disso, *complementa* o sentido da expressão constitucional "seja parte", é que se entende devam ser os tratados de direitos humanos *imediatamente aplicados* pelo Poder Judiciário, independentemente de promulgação e publicação oficiais. Sem dúvida, é responsabilidade do governo promulgar e publicar tratados, mas a falta desses atos (até mesmo à luz do art. 27 da Convenção de Viena de 1969) não pode ser motivo para impedir os cidadãos do acesso à justiça, uma vez que o tratado (de direitos humanos) em causa já se encontra *ratificado* pelo Estado (ou seja, o Brasil *já é parte* dessa normativa). Tais tratados, de forma idêntica ao que se defendia antes da reforma constitucional, continuam dispensando a edição de decreto de execução presidencial e ordem de publicação para que irradiem seus efeitos nas ordens internacional e interna, uma vez que têm aplicação imediata no sistema jurídico brasileiro.[88]

Quaisquer outros problemas relativos à aplicação dos tratados de direitos humanos no Brasil não são problemas jurídicos, mas sim – como diz Cançado Trindade – de falta de vontade (*animus*) dos poderes públicos, notadamente do Poder Judiciário.[89]

9. Os tratados internacionais de direitos humanos nas Constituições latino-americanas. Vários países da América Latina têm concedido *status* normativo constitucional aos tratados de proteção dos direitos humanos, sendo crescente a preocupação dos mesmos em deixar bem assentado, em nível constitucional, a questão da hierarquia normativa de tais instrumentos internacionais protetivos dos direitos da pessoa humana.[90]

São várias as Constituições de países latino-americanos que, seguindo a tendência mundial de integração dos direitos humanos ao Direito interno, incorporaram em seus respectivos textos regras bastante nítidas sobre a hierarquia desses instrumentos nos seus ordenamentos internos. Nesse sentido, a Constituição peruana anterior, de 1979, estabelecia no seu art. 101 que "os tratados internacionais, celebrados pelo Peru com outros Estados, formam parte do direito nacional", e que, "em caso de conflito entre o tratado e a lei, prevalece o primeiro".[91]

---

[88] Para detalhes, *v.* Valerio de Oliveira Mazzuoli, *Direitos humanos, Constituição e os tratados internacionais...*, cit., pp. 253-259 (e a bibliografia ali citada).

[89] Antônio Augusto Cançado Trindade. *Tratado de direito internacional dos direitos humanos*, vol. III, cit., p. 625.

[90] Para um estudo mais amplo do tema, *v.* Thomas Buergenthal, Modern constitutions and human rights treaties, in *Columbia Journal of Transnational Law*, nº 36 (1997), pp. 216-217; e Héctor Fix-Zamudio, El derecho internacional de los derechos humanos en las Constituciones latinoamericanas y en la Corte Interamericana de Derechos Humanos, in *Revista Latinoamericana de Derecho*, año 1, nº 1, enero./junio de 2004, pp. 141-180. Aliás, como destaca Fix-Zamudio: "Nos ordenamentos constitucionais latino-americanos se observa uma evolução dirigida a outorgar hierarquia superior, mesmo que com certas limitações, às normas de direito internacional, particularmente as de caráter convencional, sobre os preceitos de nível interno, inspirando-se de alguma maneira na evolução que se observa nos países da Europa continental posteriormente à Segunda Guerra Mundial" (Idem, p. 175).

[91] Cf., a esse respeito, Héctor Fix-Zamudio, *Protección jurídica de los derechos humanos*, México, D.F.: Comisión Nacional de Derechos Humanos, 1991, p. 173.

Parte IV · Cap. I · PROTEÇÃO INTERNACIONAL DOS DIREITOS HUMANOS | **831**

No art. 105, a mesma Carta determinava que os preceitos contidos nos tratados de direitos humanos têm *hierarquia constitucional*, não podendo ser modificados senão pelo procedimento para a reforma da própria Constituição, o que, infelizmente, não mais se encontra na atual Constituição do Peru, de 1993, a qual agora "se limita a determinar (4ª disposição final e transitória) que os direitos constitucionalmente reconhecidos se interpretam de conformidade com a Declaração Universal de Direitos Humanos e com os tratados de direitos humanos ratificados pelo Peru".[92]

A Constituição da Guatemala também atribui aos tratados internacionais de direitos humanos condição especial (art. 46), diferindo, contudo, da Carta peruana de 1979, na medida em que esta dava a ditos tratados a hierarquia de norma materialmente constitucional, enquanto aquela atribuía a estes preeminência sobre a legislação ordinária, bem como sobre o restante do Direito interno. A Constituição da Nicarágua, por sua vez, integra à sua enumeração constitucional de direitos, para fins de proteção, os direitos consagrados nos seguintes instrumentos: Declaração Universal dos Direitos Humanos, Declaração Americana dos Direitos e Deveres do Homem, Pacto Internacional dos Direitos Econômicos, Sociais e Culturais, Pacto Internacional sobre Direitos Civis e Políticos e Convenção Americana sobre Direitos Humanos.

A Constituição do Chile, reformada em 1989, passou a dispor, no seu art. 5º, inc. II, que: "É dever dos órgãos do Estado respeitar e promover tais direitos garantidos por esta Constituição, assim como pelos tratados internacionais ratificados pelo Chile e que se encontrem vigentes". Nessa mesma linha encontra-se a Constituição da Colômbia de 1991, reformada em 1997, cujo art. 93 traz disposição no sentido de que os tratados internacionais de proteção dos direitos humanos devidamente ratificados pela Colômbia têm *prevalência* na ordem interna, e que os direitos humanos constitucionalmente assegurados serão interpretados de conformidade com os tratados de direitos humanos ratificados pela Colômbia. Acrescenta ainda o seu art. 94 que a "enunciação dos direitos e garantias contidos na Constituição e em convênios internacionais vigentes, não deve ser entendida como negando outros que, sendo inerentes à pessoa humana, não figurem expressamente neles".[93] E ainda, segundo o art. 164 da Carta colombiana, "o Congresso dará *prioridade*

---

[92] Antônio Augusto Cançado Trindade. Direito internacional e direito interno: sua interação na proteção dos direitos humanos, in *Instrumentos internacionais de proteção dos direitos humanos*, São Paulo: Centro de Estudos da Procuradoria-Geral do Estado, 1996, p. 19. Cf. também, Cesar Landa, Implementação das decisões do sistema interamericano de direitos humanos no ordenamento constitucional peruano, in *Implementação das decisões do sistema interamericano de direitos humanos: jurisprudência, instrumentos normativos e experiências nacionais*, Viviana Krsticevic & Liliana Tojo (coords.), trad. Rita Lamy Freund, Rio de Janeiro: CEJIL, 2009, p. 135.

[93] Estas disposições já são suficientes, segundo Sandra Morelli Rico, para atribuir um caráter "supranacional" aos tratados internacionais em matéria de direitos humanos, tendo essa interpretação sido reconhecida inclusive pela Corte Constitucional colombiana. Cf. Reconocimiento y efectividad de la carta de derechos contenida en la Constitución colombiana de 1991, in *Derechos Humanos y Constitución en Iberoamérica (Libro-Homenaje a Germán J. Bidart Campos)*, José F. Palomino Manchego & José Carlos Remotti Garbonell (coords.), Lima: Instituto Iberoamericano de Derecho Constitucional, 2002, pp. 208-209. *V.* ainda, Rodrigo Uprimny, A força vinculante das decisões dos órgãos internacionais de direitos humanos na Colômbia: um exame da evolução da jurisprudência constitucional, in *Implementação das decisões do sistema interamericano de direitos humanos...*, cit., pp. 117-131.

ao trâmite de projetos de lei aprobatórios dos tratados sobre direitos humanos que sejam submetidos à sua consideração pelo governo".

Seguindo essa nova tendência das Constituições latino-americanas, a Constituição Argentina, reformada em 1994, estabelece em seu art. 75, inc. 22, que determinados tratados e instrumentos internacionais de proteção de direitos humanos nele enumerados têm *hierarquia constitucional*, só podendo ser denunciados mediante prévia aprovação de dois terços dos membros do Poder Legislativo. A Carta Magna Argentina indica que têm essa hierarquia os seguintes instrumentos: *a*) Declaração Americana dos Direitos e Deveres do Homem; *b*) Declaração Universal dos Direitos Humanos; *c*) Convenção Americana sobre Direitos Humanos; *d*) Pacto Internacional sobre Direitos Civis e Políticos; *e*) Protocolo Facultativo ao Pacto Internacional sobre Direitos Civis e Políticos; *f*) Convenção para a Prevenção e Repressão do Crime de Genocídio; *g*) Convenção Internacional sobre a Eliminação de todas as Formas de Discriminação Racial; *h*) Convenção sobre a Eliminação de todas as Formas de Discriminação contra a Mulher; *i*) Convenção contra a Tortura e outros Tratamentos ou Penas Cruéis, Desumanos ou Degradantes, e a *j*) Convenção sobre os Direitos da Criança.

A reforma constitucional argentina de 1994 foi grandemente influenciada por uma inovadora jurisprudência que começava a se formar, reconhecendo a primazia dos tratados internacionais de proteção dos direitos humanos sobre a legislação interna (exatamente o que o poder reformador brasileiro deveria ter feito, seguindo a doutrina mais especializada, mas que infelizmente não fez). A Carta Argentina frisa, ainda, que tais direitos são "complementares" aos direitos e garantias nela reconhecidos.[94]

Segundo Cançado Trindade, outra técnica seguida pelas reformas constitucionais latino-americanas "tem consistido em dispor sobre a procedência do recurso de *amparo* para a salvaguarda dos direitos consagrados nos tratados de direitos humanos (Constituição da Costa Rica, reformada em 1989, artigo 48; além da Constituição da Argentina, artigo 43); outras Constituições optam por referir-se à normativa internacional em relação a um determinado direito, para o qual 'a fonte internacional adquire hierarquia constitucional' (Constituições do Equador, artigos 43 e 17; de El Salvador, artigo 28; de Honduras, artigo 119, 2)". E continua: "As Constituições latino-americanas supracitadas reconhecem assim a relevância da proteção internacional dos direitos humanos e dispensam atenção e tratamento especiais à matéria. Ao reconhecerem que sua enumeração de direitos não é exaustiva ou supressiva de outros, descartam desse modo o princípio de interpretação das leis *inclusio unius est exclusio alterius*. É alentador

---

[94] Como leciona Bidart Campos, o termo "complementares" inserido no inciso 22 do art. 75 da Carta Magna argentina reformada, não significa que aqueles instrumentos por ela elencados têm hierarquia inferior à Constituição, e muito menos que eles têm mero caráter secundário ou acessório; "complementar" não quer dizer "supletório". "Complementar", segundo Bidart Campos, quer dizer que "algo" deve agregar-se a outro "algo" para que este esteja *completo*. De sorte que aqueles *instrumentos internacionais com hierarquia constitucional conferem completude ao sistema de direitos da Constituição* gerando uma dupla fonte: a *interna* e a *internacional*, para que só assim o sistema argentino de direitos esteja abastecido. Do contrário, segundo ele (e com absoluta razão, a nosso ver), o texto constitucional não estará completo. V. o seu *Tratado elemental de derecho constitucional argentino*, t. III, cit., pp. 277-278. Cf. ainda, Héctor Fix-Zamudio, La protección procesal de los derechos humanos en la reforma constitucional argentina de agosto de 1994, in *Derechos Humanos y Constitución en Iberoamérica (Libro-Homenaje a Germán J. Bidart Campos)*, cit., pp. 524-528.

que as conquistas do direito internacional em favor da proteção do ser humano venham a projetar-se no direito constitucional, enriquecendo-o, e demonstrando que a busca de proteção cada vez mais eficaz da pessoa humana encontra guarida nas raízes do pensamento tanto internacionalista quanto constitucionalista. (...) A tendência constitucional contemporânea de dispensar um tratamento especial aos tratados de direitos humanos é, pois, sintomática de uma escala de valores na qual o ser humano passa a ocupar posição central".[95]

Entretanto, a Constituição latino-americana que mais evoluiu em termos de proteção dos direitos humanos, foi a Carta venezuelana de 1999, verdadeiro modelo que deveria ser seguido pelo legislador constitucional brasileiro (e que, lamentavelmente, também não foi). De fato, a Constituição da Venezuela dispõe, em seu art. 23, que os tratados, pactos e convenções internacionais relativos a direitos humanos, subscritos e ratificados pela Venezuela, "têm *hierarquia constitucional* e *prevalecem* na ordem interna, na medida em que contenham normas sobre seu gozo e exercício *mais favoráveis* às estabelecidas por esta Constituição e pela Lei da República, e são de *aplicação imediata* e direta pelos tribunais e demais órgãos do Poder Público" [grifo nosso]. Trata-se da consagração, em sede constitucional, das regras que vários internacionalistas vêm defendendo há vários anos, tendo em vista que dá aos tratados de direitos humanos *hierarquia constitucional* e *incorporação automática*, além, é claro, de erigir expressamente o *princípio da primazia da norma mais favorável* (princípio *pro homine*) a princípio hermenêutico constitucional. No entanto, apesar da perfeição formal do dispositivo venezuelano, o certo é que, na prática, a norma não tem sido observada pela Sala Constitucional do Tribunal Supremo de Justiça daquele país, que tem constantemente subvertido a interpretação do texto para não efetivar as garantias ali previstas no âmbito do Judiciário estatal. De fato, após a condenação da Venezuela pela Corte Interamericana de Direitos Humanos no *Caso Apitz Barbera e Outros*, em 5 de agosto de 2008, em que o tribunal internacional ordenou a reintegração de três juízes demitidos ilegalmente de seus cargos, a Sala Constitucional do tribunal venezuelano prolatou a conhecida *Sentença nº 1.939*, de 18 de dezembro de 2008, em que entendeu ser "inexecutável" a sentença da Corte Interamericana na jurisdição interna, baseando-se, para tanto, em decisões de tribunais militares peruanos do regime Fujimori.[96] Como se nota, o tribunal venezuelano realizou um inexistente controle de convencionalidade *às avessas*, ao declarar a prevalência do interesse coletivo da autonomia do Poder Judiciário ao texto da Convenção Americana sobre Direitos Humanos, chegando ao cúmulo de rogar ao Poder Executivo a denúncia formal do tratado internacional (que foi, efetivamente, apresentada à OEA em setembro de 2012, com efeitos a partir de setembro de 2013). Referida decisão judiciária, como se nota, viola expressamente o citado art. 23 da Constituição venezuelana e induz o caráter arbitrário e político da decisão da Sala Constitucional do país. Daí a doutrina venezuelana observar serem inconvencionais todas as sentenças similares da Sala Constitucional, quer por violação da imperatividade do direito internacional dos direitos humanos, do *pacta sunt servanda*, da proteção interamericana desses direitos ou da competência obrigatória da Corte Interamericana.[97]

---

[95]   Antônio Augusto Cançado Trindade. Direito internacional e direito interno..., cit., pp. 21-22.

[96]   Tribunal Supremo de Justicia, Sala Constitucional, *Sentencia nº 1.939*, Exp. 08-1572, "Caso Abogados Gustavo Álvarez y Otros", julg. 18.12.2008.

[97]   V. Eduardo Meier García. *La eficacia de las sentencias de la Corte Interamericana de Derechos Humanos frente a las prácticas ilegítimas de la Sala Constitucional*. Caracas: Academia de Ciencias Políticas y Sociales, 2013, p. 161 e ss.

834 CURSO DE DIREITO INTERNACIONAL PÚBLICO – *Valerio de Oliveira Mazzuoli*

Tais textos constitucionais latino-americanos são, portanto, reflexo do constitucionalismo que vem se desenvolvendo em todos os países democráticos do mundo. O Brasil, segundo pensamos, ficou atrasado em relação aos demais países da América Latina, em relação à eficácia interna dos tratados internacionais de proteção dos direitos humanos, não obstante ter tido a oportunidade de rever alguns dos conceitos equivocados que a sua jurisprudência veio sedimentando através dos tempos, quando promulgou a Emenda Constitucional nº 45/2004.

SEÇÃO II – O DIREITO DA CARTA DA ONU

1. A regra das Nações Unidas. Foi a partir de 1945, quando da adoção da Carta das Nações Unidas, no pós-Segunda Guerra, que o Direito Internacional dos Direitos Humanos começou a verdadeiramente se desenvolver e a se efetivar como ramo autônomo do Direito Internacional Público.[98] Antes dessa data, também existiam normas que podiam ser consideradas, em parte, como de proteção dos direitos humanos; faltava, entretanto, antes de 1945, um sistema *específico* de normas que protegesse os indivíduos na sua condição de seres humanos.

Assim, com o nascimento das Nações Unidas, demarca-se "o surgimento de uma nova ordem internacional que instaura um novo modelo de conduta nas relações internacionais, com preocupações que incluem a manutenção da paz e segurança internacional, o desenvolvimento de relações amistosas entre os Estados, o alcance da cooperação internacional no plano econômico, social e cultural, o alcance de um padrão internacional de saúde, a proteção ao meio ambiente, a criação de uma nova ordem econômica internacional e a proteção internacional dos direitos humanos".[99]

Dessa forma, não há dúvidas de que a Carta da ONU de 1945 contribuiu enormemente para o processo de asserção dos direitos humanos, na medida em que teve por princípio a manutenção da paz e da segurança internacionais e o respeito aos direitos humanos e liberdades fundamentais, sem distinção de raça, sexo, cor ou religião. O respeito às liberdades fundamentais e aos direitos humanos, com a consolidação da Carta da ONU, passa, assim, a ser preocupação internacional e propósito das Nações Unidas. Nesse cenário é que os problemas internos dos Estados e suas relações com seus cidadãos passam a fazer parte de um contexto *global* de proteção, baseado na cooperação internacional e no desenvolvimento das relações entre as Nações. Daí o motivo de a Carta das Nações Unidas, desde o seu segundo considerando, ter ficado impregnada da ideia de respeito aos direitos humanos e liberdades fundamentais para todos.[100]

---

[98] Cf. Henry J. Steiner & Philip Alston. *International human rights in context: law, politics, morals*, 2nd ed. Oxford: Oxford University Press, 2000, pp. 137-142.

[99] Flávia Piovesan. *Direitos humanos e o direito constitucional internacional*, cit., p. 124. Cf. também, David Weissbrodt & Connie de la Vega, *International human rights law...*, cit., pp. 20-26. Para um estudo da prática das Nações Unidas no que tange aos direitos humanos, *v.* Julie A. Mertus, *The United Nations and human rights: a guide for a new era*, New York: Routledge, 2005, 223p.

[100] Cf. Paul Sieghart. *The international law of human rights*. Oxford: Oxford University Press, 1983, p. 24; e José Afonso da Silva, Impacto da Declaração Universal dos Direitos Humanos na Constituição brasileira de 1988, in *Poder constituinte e poder popular: estudos sobre a Constituição*, São Paulo: Malheiros, 2000, pp. 190-191.

Parte IV · Cap. I · PROTEÇÃO INTERNACIONAL DOS DIREITOS HUMANOS | **835**

Eis os dispositivos da Carta da ONU que fazem referência expressa à proteção dos direitos humanos e liberdades fundamentais:

"Art. 1º Os propósitos das Nações Unidas são:

(...)

3. Conseguir uma cooperação internacional para resolver os problemas internacionais de caráter econômico, social, cultural ou humanitário, e para promover e estimular o *respeito aos direitos humanos e às liberdades fundamentais* para todos, sem distinção de raça, sexo, língua ou religião" [grifo nosso].

"Art. 13.

1. A Assembleia Geral iniciará estudos e fará recomendações, destinados a:

(...)

b) promover cooperação internacional nos terrenos econômico, social, cultural, educacional e sanitário e favorecer o pleno gozo dos *direitos humanos e das liberdades fundamentais*, por parte de todos os povos, sem distinção de raça, língua ou religião" [grifo nosso].

"Art. 55. Com o fim de criar condições de estabilidade e bem-estar, necessárias às relações pacíficas e amistosas entre as Nações, baseadas no respeito ao princípio da igualdade de direitos e da autodeterminação dos povos, as Nações Unidas favorecerão:

(...)

c) o respeito universal e efetivo dos *direitos humanos e das liberdades fundamentais* para todos, sem distinção de raça, sexo, língua ou religião" [grifo nosso].

"Art. 56. Para a realização dos propósitos enumerados no art. 55, todos os membros da Organização se comprometem a agir em cooperação com esta, em conjunto ou separadamente".

"Art. 62.

(...)

2. Poderá igualmente fazer recomendações destinadas a promover o respeito e a observância dos *direitos humanos e das liberdades fundamentais* para todos" [grifo nosso].

"Art. 68. O Conselho Econômico e Social criará comissões para os assuntos econômicos e sociais e a *proteção dos direitos humanos* assim como outras comissões que forem necessárias para o desempenho de suas funções" [grifo nosso].

"Art. 76. Os objetivos básicos do sistema de tutela, de acordo com os Propósitos das Nações Unidas enumerados no art. 1º da presente Carta, são:

(...)

c) estimular o respeito aos *direitos humanos e às liberdades fundamentais* para todos, sem distinção de raça, sexo, língua ou religião e favorecer o reconhecimento da interdependência de todos os povos" [grifo nosso].

A Carta da ONU, como se percebe, não define esses direitos, mas nem por isso se pode entender que os mesmos não são obrigatórios, sendo obrigação dos Estados entendê-los como regras jurídicas universais e não como meras declarações de princípios.

2. Ausência de definição da expressão "direitos humanos". Sem embargo da vontade da Carta em determinar a importância de se defender os "direitos humanos e as liberdades fundamentais", ela, entretanto, não definiu o conteúdo dessas expressões nem se preocupou em fazê-lo, tendo deixado em aberto os seus significados. Daí ter surgido, à época, a necessidade de se aclarar o alcance e o significado da expressão "direitos humanos e liberdades fundamentais", não definida pela Carta.[101]

Entretanto, sem embargo de a Carta das Nações Unidas não ter conceituado o que vêm a ser "direitos humanos e liberdades fundamentais", certo é que ela trouxe pioneira contribuição para a "universalização" dos direitos humanos, na medida em que reconheceu que o assunto é de legítimo interesse internacional,[102] não mais adstrito exclusivamente ao domínio reservado dos Estados. Estes, ao ratificarem a Carta da ONU reconhecem que têm obrigações relativas à proteção e promoção dos direitos humanos, tanto em relação a si mesmos (e, obviamente, aos indivíduos que habitam seus territórios) quanto em relação a outros Estados. Ademais, atualmente os Estados passam a ser responsáveis inclusive pela fiscalização e controle de *empresas* (notadamente as de grande porte, que atuam, *v.g.*, em extração, exploração e infraestrutura) no que tange às violações de direitos humanos perpetradas no âmbito de suas atividades.[103]

Em suma, a grande e notória contribuição das regras da Carta da ONU foi a de deflagrar o chamado *sistema global* de proteção dos direitos humanos, quando então tem início o delineamento da arquitetura contemporânea de proteção desses direitos. Pecou, contudo, a Carta, em não ter definido, nem sequer delineado minimamente, o conteúdo da expressão "direitos humanos e liberdades fundamentais".

3. Um passo rumo à Declaração Universal dos Direitos Humanos.

A fragilidade da Carta das Nações Unidas relativamente à ausência de uma definição precisa do que sejam os *direitos humanos* e *liberdades fundamentais*, fez nascer no espírito da sociedade internacional a vontade de definir e aclarar o significado de tais expressões. Com esse propósito, as próprias Nações Unidas empreenderam esforços no sentido de corrigir tal fragilidade, o que foi concretizado apenas três anos após a sua criação, com a proclamação da Declaração Universal dos Direitos Humanos, em 10 de dezembro de 1948.[104] Este, portanto, o documento que veio definir com precisão o elenco dos "direitos humanos e liberdades fundamentais" a que se referem os arts. 1º, § 3º, 13, 55, 56, 62, 68 (este com referência somente aos *direitos humanos*) e 76 da Carta. É como se a Declaração, ao fixar um código ético universal na defesa e proteção dos direitos humanos, preenchesse as lacunas da Carta da ONU nessa seara, complementando-a e dando-lhe novo vigor relativamente à obrigação jurídica de proteção desses direitos, obrigação esta também constante da Carta das Nações Unidas.[105]

Além da proclamação da Declaração Universal fez-se também necessária a criação de dois pactos (*hard law*) com a finalidade de dar *operatividade técnica* aos direitos nela previstos: o Pacto Internacional sobre Direitos Civis e Políticos e o Pacto Internacional dos Direitos Econômicos, Sociais e Culturais, ambos concluídos em Nova York em 1966. Dessa forma, pode-se dizer que o sistema internacional de proteção dos direitos humanos tem por pilares de sustentação três instrumentos jurídicos básicos, para além da própria Carta da ONU: a Declaração Universal de 1948 e os dois Pactos de Nova York de 1966. Desses três instrumentos a Declaração Universal é

---

[101] Cf. Henry J. Steiner & Philip Alston. *International human rights in context...*, cit., pp. 138-139; e Flávia Piovesan, *Direitos humanos e o direito constitucional internacional*, cit., p. 128.

[102] Cf. David Weissbrodt & Connie de la Vega. *International human rights law...*, cit., p. 24.

[103] V. ONU, *Princípios Orientadores sobre Empresas e Direitos Humanos*, aprovados em 16.06.2011 (elaborados pelo Prof. John Ruggie).

[104] Cf. Ian Brownlie. *Princípios de direito internacional público*, cit., p. 594.

[105] Cf. Flávia Piovesan. *Direitos humanos e o direito constitucional internacional*, cit., p. 129.

a *pedra fundamental*, vez que foi o primeiro instrumento internacional a estabelecer os direitos inerentes a todos os homens e mulheres, independentemente de quaisquer condições suas, como raça, sexo, língua, religião etc. Os dois Pactos de Nova York, por seu turno, complementam a Declaração conferindo-lhe obrigatoriedade jurídica como veremos (*v.* Seção IV, *infra*).[106]

SEÇÃO III – DECLARAÇÃO UNIVERSAL DOS DIREITOS HUMANOS

1. Introdução. A Declaração Universal dos Direitos Humanos foi delineada pela Carta da ONU e teve como uma de suas principais preocupações a positivação internacional dos direitos mínimos dos seres humanos, em complemento aos propósitos das Nações Unidas de proteção dos direitos humanos e liberdades fundamentais de todos, sem distinção de sexo, raça, língua ou religião.[107] Trata-se do instrumento considerado o "marco normativo fundamental" do sistema protetivo das Nações Unidas.

De sua elaboração participaram o francês René Cassin, o canadense John Humphrey, o libanês Charles Malik e o chinês (nacionalista) P. C. Chang, sob a presidência da Sra. Eleanor Roosevelt, viúva do ex-presidente dos Estados Unidos Franklin Delano Roosevelt, o qual se notabilizou como o primeiro líder dos aliados a pregar o valor dos direitos humanos para a reconstrução da ordem internacional do pós-Segunda Guerra.[108]

A Declaração Universal dos Direitos Humanos foi adotada e proclamada em Paris, em 10 de dezembro de 1948, pela Resolução 217 A-III, da Assembleia Geral da ONU. Dos 56 países representados na sessão da Assembleia, 48 votaram a favor e nenhum contra, com oito abstenções (África do Sul, Arábia Saudita, Bielo-Rússia, Iugoslávia, Polônia, Tchecoslováquia, Ucrânia e União Soviética). Tendo como fundamento a *dignidade da pessoa humana*, a Declaração Universal nasce como um código de conduta mundial para dizer a todo o planeta que os direitos humanos são universais, bastando a condição de *ser pessoa* para que se possa vindicar e exigir a proteção desses direitos em qualquer ocasião e em qualquer circunstância. Consubstancia-se na busca de um padrão *mínimo* para a proteção dos direitos humanos em âmbito mundial, servindo como paradigma ético e suporte axiológico desses mesmos direitos. Assim, por ter afirmado o papel dos direitos humanos, pela primeira vez e em escala mundial, a Declaração de 1948 "pode ser considerada um evento inaugural de uma nova concepção da vida internacional".[109]

Outro dado importante a ser levado em conta quando se estuda a Declaração Universal diz respeito à sua *lógica*, que é distinta da lógica do Direito Internacional clássico

---

[106]   Cf. José Augusto Lindgren Alves. *A arquitetura internacional dos direitos humanos*. São Paulo: FTD, 1997, p. 24.

[107]   Sobre a Declaração Universal de 1948, *v.* Celso Lafer, Declaração Universal dos Direitos Humanos (1948), in *História da paz*, Demétrio Magnoli (org.), São Paulo: Contexto, 2008, pp. 297-329; José Augusto Lindgren Alves, *A arquitetura internacional dos direitos humanos*, cit., pp. 26-33; Flávia Piovesan, *Direitos humanos e o direito constitucional internacional*, cit., pp. 130-141; e Carlos Weis, *Direitos humanos contemporâneos*, cit., pp. 81-88.

[108]   Cf. José Augusto Lindgren Alves. *A arquitetura internacional dos direitos humanos*, cit., pp. 26-27. Sobre a redação da Declaração, *v.* M. Glen Johnson, Writing the Universal Declaration of Human Rights, in *The Universal Declaration of Human Rights: a history of its creation and implementation 1948-1998*, M. Glen Johnson & Janusz Symonides (orgs.), Paris: UNESCO, 1998, pp. 19-76.

[109]   Celso Lafer. Declaração Universal dos Direitos Humanos (1948), cit., p. 297.

838 | CURSO DE DIREITO INTERNACIONAL PÚBLICO – *Valerio de Oliveira Mazzuoli*

(westfaliano), que não atribuía voz aos povos ou indivíduos, mas somente aos Estados partícipes da sociedade internacional. No clássico direito das gentes as relações que são reguladas são apenas *interestatais*, baseadas na coexistência das vontades soberanas dos Estados, sem a possibilidade de ingerência em tais Estados com a finalidade de salvaguardar direitos humanos.[110] Mas, a partir do século XIX, como destaca Celso Lafer, "as necessidades de interdependência no relacionamento entre Estados foram diminuindo a efetividade da lógica de Westfália e de suas normas de mútua abstenção e propiciando normas de mútua colaboração", o que posteriormente foi reafirmado pela Liga das Nações (1919) e pela Carta das Nações Unidas (1945), findando por adquirir contornos nítidos com a proclamação da Declaração Universal, em 1948.[111]

São significativas as referências à Declaração Universal nos preâmbulos de inúmeros tratados internacionais de direitos humanos, tanto do sistema global como dos sistemas regionais de proteção, de que são exemplos as Convenções Europeia (1950) e Americana (1969) sobre Direitos Humanos e a Carta Africana dos Direitos Humanos e dos Povos (1981).[112] São incontáveis, também, as referências à Declaração nas sentenças de tribunais internacionais e internos. Isso demonstra que a Declaração Universal tem se tornado constante fonte de inspiração dos instrumentos internacionais de proteção e das decisões judiciárias internacionais e internas, o que aumenta sobremaneira a sua importância como instrumento, *de facto*, utilizado no Direito Internacional Público como *standard* mínimo de proteção dos direitos humanos.

2. Estrutura da Declaração Universal. Composta de trinta artigos, precedidos de um "Preâmbulo" com sete *considerandos*, a Declaração Universal tem uma estrutura bipartite, vez que conjuga num só todo tanto os direitos civis e políticos, tradicionalmente chamados de *direitos e garantias individuais* (arts. 3º ao 21), quanto os direitos sociais, econômicos e culturais (arts. 22 ao 28). Mas a Declaração não previu mais que direitos substanciais, não tendo instituído qualquer órgão internacional com competência para zelar pelo cumprimento dos direitos que estabelece.[113] O art. 29 proclama os deveres da pessoa para com a comunidade, na qual o livre e pleno desenvolvimento de sua personalidade é possível; e o art. 30 consagra um princípio de interpretação da Declaração sempre a favor dos direitos e liberdades nela proclamados. Assim o fazendo, combinou a Declaração, de forma inédita, o *discurso liberal* com o *discurso social* da cidadania, ou seja, o valor da liberdade com o valor da igualdade.[114] O discurso liberal, proveniente da emergência dos ideais liberais do século XVIII conota a preocupação com os direitos de liberdade *lato sensu*, os quais representam, *stricto sensu*, os direitos civis e políticos, nascidos das ideias do movimento constitucionalista francês, influenciado pelas ideias de Locke, Montesquieu e Rousseau. O discurso da igualdade, por sua vez, representa as preocupações nascidas já nos primeiros anos do século XIX

---

[110] Cf. Celso Lafer. Idem, ibidem.

[111] V. Celso Lafer. Idem, pp. 297.298.

[112] V. Antônio Augusto Cançado Trindade. *Tratado de direito internacional dos direitos humanos*, vol. III, cit., p. 28.

[113] Cf. Henry J. Steiner & Philip Alston. *International human rights in context...*, cit., p. 139.

[114] Esses dois "discursos" da cidadania podem ser também entendidos sob o enfoque dos "direitos negativos de liberdade" e dos "direitos positivos de liberdade". Para uma visão do tema à luz deste enfoque, *v.* Otfried Höffe, *A democracia no mundo de hoje*, cit., pp. 70-86.

Parte IV • Cap. I • PROTEÇÃO INTERNACIONAL DOS DIREITOS HUMANOS | **839**

relativamente à igualdade *lato sensu*. Esta igualdade em sentido amplo é composta, *stricto sensu*, pelos direitos econômicos, sociais e culturais.[115]

Vale destacar aqui alguns dos direitos contemplados pela Declaração Universal segundo essa ótica de internacionalização dos direitos humanos.

O art. 1º da Declaração inaugura o rol de direitos deixando expresso que todos os seres humanos "nascem livres e iguais em dignidade e direitos"; continua dizendo que estes são dotados "de razão e consciência e devem agir em relação umas às outras com espírito de fraternidade". Todo ser humano tem ainda "capacidade para gozar os direitos e as liberdades estabelecidos nesta Declaração, sem distinção de qualquer espécie, seja de raça, cor, sexo, língua, religião, opinião política ou de outra natureza, origem nacional ou social, riqueza, nascimento, ou qualquer outra condição" (art. 2, § 1º); tem também, como não poderia deixar de ser, o "direito à vida, à liberdade e à segurança pessoal" (art. 3º). É vedada a escravidão ou servidão, sendo a escravidão e o tráfico de escravos proibidos em todas as suas formas (art. 4º). Ninguém também "será submetido a tortura nem a tratamento ou castigo cruel, desumano ou degradante" (art. 5º). O princípio segundo o qual todos "são iguais perante a lei e têm direito, sem qualquer distinção, a igual proteção da lei", vem reconhecido no art. 7º. Ninguém será "arbitrariamente preso, detido ou exilado" (art. 9º). Todos têm direito, em situação de plena igualdade, "a uma audiência justa e pública por parte de um Tribunal independente e imparcial, para decidir sobre seus direitos e deveres ou do fundamento de qualquer acusação criminal contra ele" (art. 10). É garantida a presunção de inocência do indivíduo "até que a sua culpabilidade tenha sido provada de acordo com a lei, em julgamento público no qual lhe tenham sido asseguradas todas as garantias necessárias à sua defesa" (art. 11, § 1º). Ninguém poderá ser culpado por qualquer ação ou omissão que, no momento, não constituíam delito perante o direito nacional ou internacional. Também não será imposta pena mais forte do que aquela que, no momento da prática, era aplicável ao ato delituoso (art. 11, § 2º).

Dentro do rol das liberdades *stricto sensu* a Declaração garante a "liberdade de locomoção e residência dentro das fronteiras de cada Estado" (art. 13, § 1º); a de "deixar qualquer país, inclusive o próprio, e a ele regressar" (art. 13, § 2º); e o direito de toda vítima de perseguição "de procurar e de gozar asilo em outros países" (art. 14, § 1º). Toda pessoa tem direito a uma nacionalidade (art. 15, § 1º), ninguém podendo ser "arbitrariamente privado de sua nacionalidade, nem do direito de mudar de nacionalidade" (art. 15, § 2º). Os homens e mulheres de maior idade, sem qualquer restrição de raça, nacionalidade ou religião, têm o direito de contrair matrimônio e fundar uma família (art. 16, § 1º). A família é o núcleo natural e fundamental da sociedade e tem direito à proteção da sociedade e do Estado (art. 16, § 3º). Toda pessoa tem direito à propriedade, só ou em sociedade com outros; e ninguém será arbitrariamente privado de sua propriedade (art. 17, §§ 1º e 2º). Garante-se o direito à liberdade religiosa, inclusive o direito de mudar de religião ou crença e a liberdade de manifestar essa religião ou crença, pelo ensino, pela prática, pelo culto e pela observância, isolada ou coletivamente, em público ou em particular (art. 18).[116]

---

[115] Cf. Flávia Piovesan. *Direitos humanos e o direito constitucional internacional*, cit., pp. 131-132.

[116] Sobre o tema da liberdade religiosa, *v.* Valerio de Oliveira Mazzuoli & Aldir Guedes Soriano (coords.), *Direito à liberdade religiosa: desafios e perspectivas para o século XXI*, Belo Horizonte: Fórum, 2009, 484p; e Tore Lindholm, W. Cole Durham, Jr. & Bahia G. Tahzib-Lie (Eds.), *Facilitating freedom of religion or*

840 | CURSO DE DIREITO INTERNACIONAL PÚBLICO – *Valerio de Oliveira Mazzuoli*

Dos artigos 22 em diante a Declaração, como já dito, elenca os direitos sociais, econômicos e culturais protegidos. O art. 22 inicia dizendo que toda pessoa, "como membro da sociedade, tem direito à segurança social e à realização, pelo esforço nacional, pela cooperação internacional e de acordo com a organização e recursos de cada Estado, dos direitos econômicos, sociais e culturais indispensáveis à sua dignidade e ao livre desenvolvimento de sua personalidade". O direito ao trabalho, à livre escolha de emprego, a condições justas e favoráveis de trabalho e à proteção contra o desemprego são garantidos pelo art. 23, § 1º. Do direito à igual e justa remuneração pelo trabalho tratam os §§ 2º e 3º do mesmo art. 23. Toda pessoa tem direito ao repouso e ao lazer, inclusive à limitação razoável das horas de trabalho e às férias remuneradas periódicas (art. 24). Fica garantido a toda pessoa o direito "a um padrão de vida capaz de assegurar a si e à sua família saúde e bem-estar, inclusive alimentação, vestuário, habitação, cuidados médicos e os serviços sociais indispensáveis, o direito à segurança, em caso de desemprego, doença, invalidez, viuvez, velhice ou outros casos de perda dos meios de subsistência em circunstâncias fora de seu controle" (art. 25, § 1º). Toda pessoa tem direito à educação (na Declaração se lê *instrução*) gratuita, pelo menos nos graus elementares e fundamentais (art. 26, § 1º), devendo a educação elementar ser obrigatória. Cabe aos pais a prioridade de direito na escolha do gênero de instrução que será ministrada a seus filhos (art. 26, § 3º). A Declaração também assegura direitos culturais, garantindo a toda pessoa o direito de participar livremente da vida cultural da comunidade, de fruir as artes e de participar do progresso científico e de seus benefícios (art. 27, § 1º).

3. Natureza jurídica da Declaração Universal de 1948. A Declaração Universal não é tecnicamente um *tratado*, pois não passou pelos procedimentos tanto internacionais como internos de celebração de tratados, não guardando também as características definidas pela Convenção de Viena sobre o Direito dos Tratados (1969) para que um ato internacional detenha a roupagem própria de tratado, especialmente por não ter sido "concluída entre Estados", senão unilateralmente adotada pela Assembleia Geral da ONU. Seria a Declaração, *a priori*, somente uma "recomendação" das Nações Unidas, adotada sob a forma de *resolução* da Assembleia Geral, a consubstanciar uma ética universal em relação à conduta dos Estados no que tange à proteção internacional dos direitos humanos. Contudo, apesar de não ser um tratado *stricto sensu*, pois nascera de ato unilateral das Nações Unidas, como referido, não tendo também havido sequência à assinatura, certo é que a Declaração Universal há de ser entendida, primeiramente, como a interpretação mais *autêntica* da expressão "direitos humanos e liberdades fundamentais", constante daqueles dispositivos já vistos da Carta da ONU; depois, é possível (mais do que isso, é *necessário*) qualificar a Declaração Universal como norma de *jus cogens* internacional, por ser imperativa e inderrogável pela vontade dos Estados (*v. infra*). Como destaca Ian Brownlie, algumas das disposições da Declaração "constituem princípios gerais de Direito ou representam considerações básicas de humanidade", constituindo "um guia, da autoria da Assembleia Geral, para uma interpretação autêntica das disposições da Carta".[117] Concordamos com esse posicionamento e damos um passo além. Para nós, a Declaração Universal de 1948

---

belief: *a deskbook*, Leiden: Martinus Nijhoff, 2004, 1017p. Sobre o art. 18 da Declaração Universal, *v.* David Weissbrodt & Connie de la Vega, *International human rights law...*, cit., pp. 97-100.

[117] Ian Brownlie. *Princípios de direito internacional público*, cit., p. 594.

integra a Carta da ONU, na medida em que passa a ser sua interpretação mais fiel no tocante à qualificação jurídica da expressão "direitos humanos e liberdades fundamentais".[118] Daí o motivo de a Declaração ser referida em todo o mundo, ao longo de todos os anos, como um código ético universal em matéria de direitos humanos.[119]

Para juristas como Marcel Sibert, a Declaração Universal é uma extensão da Carta da ONU (especialmente dos seus arts. 55 e 56) por integrar o texto onusiano, sendo, portanto, sendo obrigatória para os Estados-membros da ONU no sentido de tornar suas leis internas compatíveis com as suas disposições.[120] Nesse sentido, a Declaração Universal teria *força vinculante* aos Estados no que tange à suas prescrições.[121] A CIJ, no *Caso do Pessoal Diplomático e Consular dos EUA em Teerã*, na decisão de 24 de maio de 1980, considerou a Declaração Universal como um *costume* que se encontra em pé de igualdade com a Carta das Nações Unidas.[122] A isso se pode acrescentar que a Declaração Universal, por ser a manifestação das regras costumeiras universalmente reconhecidas em relação aos direitos humanos, integra as normas de *jus cogens* internacional, em relação às quais nenhuma derrogação é permitida, a não ser por norma de *jus cogens* posterior da mesma natureza, por deterem uma força *anterior* a todo o direito positivo.[123] Foi nesse sentido que o Tribunal Penal Internacional para a ex-Iugoslávia, no acórdão de 10 de dezembro de 1998, considerou ser a proibição da tortura uma regra imperativa de Direito Internacional (*jus cogens*) e que os atos de tortura não podem ser amparados por legislações nacionais de autoanistia.[124]

---

[118]   Nesse sentido, *v.* Thomas Buergenthal (*et al.*), *Manual de derecho internacional público*, cit., p. 98.

[119]   *V.* Paul Sieghart. *The international law of human rights*, cit., pp. 53-54.

[120]   Marcel Sibert. *Traité de droit international public: le droit de la paix*, vol. I., cit., p. 454.

[121]   *V.* John P. Humphrey. The implementation of international human rights law, in *New York Law School Review*, vol. 24 (1978), pp. 31-33.

[122]   Cf. Guido Fernando Silva Soares. *Curso de direito internacional público*, cit., p. 345.

[123]   Cf. André Gonçalves Pereira & Fausto de Quadros. *Manual de direito internacional público*, cit., pp. 283-284. Nesse exato sentido, *v.* Jorge Miranda, Nos 60 anos da Declaração Universal dos Direitos do Homem: uma perspectiva constitucional portuguesa, in *Polis – Revista de Estudos Jurídico-Políticos*, nº 17, Lisboa, 2009, p. 18, para quem a natureza de *jus cogens* da Declaração respeita "à convicção crescentemente generalizada da inviolabilidade dos direitos do homem e às repetidas referências à Declaração – umas vezes, sem significado, mas, muitas outras, a título de remissão ou de fundamentação – que se deparam em Constituições, tratados, leis e decisões de tribunais". No mesmo sentido, *v.* José Augusto Lindgren Alves, *Os direitos humanos como tema global*, cit., p. 48, que assim leciona: "Independentemente da doutrina esposada, o que se verifica na prática é a invocação generalizada da Declaração Universal como regra dotada de *jus cogens*, invocação que não tem sido contestada sequer pelos Estados mais acusados de violações de seus dispositivos". *V.* também Celso Lafer, Apontamentos sobre a internacionalização do direito constitucional brasileiro, in *Direito internacional contemporâneo*, Luiz Olavo Baptista, Larissa Ramina & Tatyana Scheila Friedrich (coords.), Curitiba: Juruá, 2014, p. 94, que observa, com precisão, que a Declaração Universal de 1948 "traçou, com sucesso, uma política do direito, consubstanciada no amplo desenvolvimento do Direito Internacional da Pessoa Humana, inclusive na sua dimensão de *jus cogens*".

[124]   *V.* Caso A. Furundzija (*I.L.M*, 1999, p. 317). Sobre a invalidade das "leis de autoanistia" à luz dos tratados internacionais de direitos humanos, *v.* Comissão IDH, *Derecho a la verdad en América*, Doc. OEA/SER.L/V/II.152, de 13.08.2014, pp. 41-46; na doutrina, cf. Antônio Augusto Cançado Trindade, *Evolution du droit international au droit des gens...*, cit., pp. 123-125; Dinah Shelton, *Regional protection of human rights*, cit., pp. 433-474; Viviana Krsticevic, Reflexões sobre a execução

842 CURSO DE DIREITO INTERNACIONAL PÚBLICO – *Valerio de Oliveira Mazzuoli*

É bom fique nítido, como observa Brierly, que o mero "emprego da palavra 'declaração' em documentos internacionais não é por sua vez de forma alguma inconciliável com a aceitação de obrigações jurídicas".[125] Assim, não obstante a natureza jurídica da Declaração Universal não ser a de tratado internacional, o certo é que a mesma impactua sobremaneira nas relações internacionais do mundo contemporâneo, notadamente por introduzir no sistema internacional westfaliano novos parâmetros de aferição de legitimidade dos então únicos sujeitos do Direito Internacional Público: os Estados soberanos.[126]

Como quer que seja, a Declaração Universal representa, como explica Norberto Bobbio, a manifestação da única prova por meio da qual "um sistema de valores pode ser considerado humanamente fundado e, portanto, reconhecido: e essa prova é o consenso geral acerca da sua validade".[127] Exatamente por esse motivo é que foi nominada (pelo professor francês e autor do projeto inicial, René Cassin) de Declaração *Universal* dos Direitos Humanos e não apenas de Declaração *Internacional*, como havia sido cogitado nos trabalhos preparatórios.[128]

4. Relativismo *versus* universalismo cultural. O debate envolvendo os chamados "particularismos" culturais em face à universalidade dos direitos humanos é, como afirma Cançado Trindade, um dos capítulos mais difíceis do Direito Internacional dos Direitos Humanos.[129] A polêmica visa responder à questão sobre serem os direitos humanos

---

das decisões do sistema interamericano de proteção dos direitos humanos, in *Implementação das decisões do sistema interamericano de direitos humanos...*, cit., pp. 49-51; Luiz Flávio Gomes & Valerio de Oliveira Mazzuoli, *Direito supraconstitucional...*, cit., pp. 161-176; e Cláudia Perrone-Moisés, *Direito internacional penal...*, cit., pp. 107-132. Sobre a questão específica da invalidação da Lei de Anistia brasileira pela Corte Interamericana de Direitos Humanos (no caso "Gomes Lund e outros *Vs.* Brasil", julg. em 24.11.2010), *v.* Luiz Flávio Gomes & Valerio de Oliveira Mazzuoli (orgs.), *Crimes da ditadura militar: uma análise à luz da jurisprudência atual da Corte Interamericana de Direitos Humanos*, São Paulo: RT, 2011, 335p. Frise-se que meses antes do julgamento do caso "Gomes Lund e outros *Vs.* Brasil" pela Corte Interamericana, havia o STF declarado *válida* a Lei de Anistia brasileira, no julgamento da ADPF 153, proposta pelo Conselho Federal da OAB (julg. em 28.04.2010); para uma análise crítica dos votos na ADPF 153, *v.* André de Carvalho Ramos, Crimes da ditadura militar: a ADPF 153 e a Corte Interamericana de Direitos Humanos, in *Crimes da ditadura militar...*, cit., pp. 174-225. Ainda sobre o tema, *v.* Deo Campos Dutra & Sílvia Maria da Silveira Loureiro, A declaração de inconvencionalidade da Lei de Anistia brasileira pela Corte Interamericana de Direitos Humanos no caso Gomes Lund e outros *Vs.* Brasil (Guerrilha do Araguaia), in *Revista dos Tribunais*, ano 101, vol. 920, São Paulo, jun./2012, pp. 183-203; Laurence Burgorgue-Larsen, Le bannissement de l'impunité: décryptage de la politique jurisprudentielle de la Cour Interaméricaine des Droits de l'Homme, in *Revue Trimestrielle des Droits de l'Homme*, nº 89 (2012), pp. 3-42; e Olívia Maria Cardoso Gomes, *Anistia e responsabilização: a punição dos crimes das ditaduras nas democracias pós-autoritárias argentina e brasileira*, Rio de Janeiro: Lumen Juris, 2023, pp. 219-285.

[125] V. J. L. Brierly. *Direito internacional*, cit., p. 174.

[126] Cf. José Augusto Lindgren Alves. *A arquitetura internacional dos direitos humanos*, cit., pp. 32-33.

[127] Norberto Bobbio. *A era dos direitos.* Trad. Carlos Nelson Coutinho. Rio de Janeiro: Campus, 1992, p. 26.

[128] Cf. Celso Lafer. Declaração Universal dos Direitos Humanos (1948), cit., p. 312.

[129] V. Antônio Augusto Cançado Trindade. *Tratado de direito internacional dos direitos humanos*, vol. III, cit., p. 301. Sobre o tema, *v.* também Flávia Piovesan, Desafios e perspectivas dos direitos humanos: a inter-relação dos valores liberdade e igualdade, in *Direito internacional dos direitos humanos: estudos*

Parte IV · Cap. I · PROTEÇÃO INTERNACIONAL DOS DIREITOS HUMANOS | **843**

propriamente "universais" ou se devem ceder ao que estabelecem os sistemas políticos, econômicos, culturais e sociais vigentes em determinado Estado.[130] O tema foi uma das principais preocupações da II Conferência Mundial de Direitos Humanos de Viena (1993), seguindo-se para a Conferência Internacional sobre População e Desenvolvimento, realizada no Cairo em 1994.

A doutrina relativista sustenta, basicamente, que os meios culturais e morais de determinada sociedade devem ser respeitados, ainda que em detrimento da proteção dos direitos humanos nessa mesma sociedade. Entende tal doutrina que não existe uma moral universal e que o conceito de *moral*, assim como o de *direito*, deve ser compreendido levando-se em consideração o contexto cultural em que se situa. O relativismo pode ser forte ou fraco. O relativismo *forte* atribui à cultura a condição de fonte principal de validade das regras morais ou jurídicas. O relativismo *fraco*, por sua vez, sustenta que a cultura pode ser um auxiliar importante na determinação de validade de uma regra de direito ou moral.[131]

Após um quarto de século da realização da primeira Conferência Mundial de Direitos Humanos, ocorrida em Teerã em 1968, a segunda Conferência (Viena, 1993) consagrou os direitos humanos como tema global, reafirmando a sua universalidade e consagrando a sua indivisibilidade, interdependência e inter-relacionariedade. Foi o que dispôs o § 5º da Declaração e Programa de Ação de Viena de 1993, nestes termos:

"Todos os direitos humanos são universais, indivisíveis, interdependentes e inter-relacionados. A comunidade internacional deve tratar os direitos humanos de forma global, justa e equitativa, em pé de igualdade e com a mesma ênfase. Embora particularidades nacionais e regionais devam ser levadas em consideração, assim como diversos contextos históricos, culturais e religiosos, é dever dos Estados promover e proteger todos os direitos humanos e liberdades fundamentais, sejam quais forem seus sistemas políticos, econômicos e culturais".

O propósito da Conferência de Viena de 1993 foi o de revigorar a memória da Declaração Universal de 1948, trazendo novos princípios (além do já consagrado *princípio da universalidade*), como os da *indivisibilidade* (pois os direitos humanos – direitos civis e políticos e direitos sociais, econômicos e culturais – não se sucedem em gerações, mas, ao contrário, se cumulam e se fortalecem ao longo dos anos), *interdependência* (pois os direitos do *discurso liberal* hão de ser sempre somados com os direitos do *discurso social* da cidadania, além do que democracia, desenvolvimento e direitos humanos são conceitos que se reforçam mutuamente) e *inter-relacionariedade* (pelo qual os direitos humanos e os vários sistemas internacionais de

---

em homenagem à Professora Flávia Piovesan, Maria de Fátima Ribeiro & Valerio de Oliveira Mazzuoli (coords.), Curitiba: Juruá, 2004, pp. 162-166.

[130] Cf. Henry J. Steiner & Philip Alston. *International human rights in context...*, cit., pp. 323-324.

[131] Cf. Jack Donnelly. *Universal human rights in theory and practice*. Ithaca, NY: Cornell University Press, 1989, pp. 109-110. Adotando uma nova escala de gradação, porém, dentre as teorias universalistas (e não dentre as teorias relativistas, como estabelecido por Donnelly), *v.* especialmente Daniela Ikawa, Universalismo, relativismo e direitos humanos, in *Direito internacional dos direitos humanos...*, cit., pp. 117-126, ao propor (*a*) um universalismo *radical*; (*b*) um universalismo *forte*; e (*c*) um universalismo *fraco*.

proteção não devem ser entendidos de forma dicotômica, mas, ao contrário, devem interagir em prol de sua garantia efetiva). Como deixou claro a Declaração de Viena de 1993, além de os direitos humanos serem universais, indivisíveis, interdependentes e inter-relacionados, as particularidades nacionais e regionais (assim como os diversos contextos históricos, culturais e religiosos dos Estados) não podem servir de justificativa para a violação ou diminuição desses mesmos direitos.[132]

Compreendeu-se, finalmente, que o relativismo cultural não pode ser invocado para justificar violações a direitos humanos. A tese universalista – segundo a qual se deve ter um padrão *mínimo* de dignidade, independentemente da cultura dos povos – defendida pelas nações ocidentais saiu, ao final, vencedora, afastando-se de vez a ideia de relativismo cultural no que tange à proteção internacional dos direitos humanos. Enriqueceu-se o universalismo desses direitos, afirmando-se, cada vez mais, o dever dos Estados em promover e proteger os direitos humanos de todos, independentemente dos respectivos sistemas ou particularismos culturais (o que impede seja questionada a observância de tais direitos com base no relativismo cultural ou, mais ainda, no dogma da soberania estatal absoluta). E, no que toca à indivisibi- lidade, ficou superada a dicotomia até então existente entre as "categorias de direitos" (civis e políticos, de um lado; econômicos, sociais e culturais, de outro), historicamente incorreta e juridicamente infundada, porque não há hierarquia quanto a esses direitos, estando todos equitativamente balanceados, conjugados e em pé de igualdade.[133]

Talvez um dos maiores entraves da Conferência de Viena de 1993 tenha sido a posição dos países asiáticos (à exceção do Japão, Coreia do Sul e Filipinas, que são partes nos dois Pactos de Nova York de 1966) e islâmicos, que advogavam a tese de que a proteção dos direi- tos humanos ali defendida seria um produto do *pensamento ocidental*, que tem deixado de lado as peculiaridades existentes em outros contextos, nos quais aqueles países consideram estar incluídos.[134] É de se lembrar, nesse sentido, que anos antes, quando dos debates para a elaboração da Declaração Universal, a delegação da Arábia Saudita insurgiu-se com a redação do art. 16 da Declaração, segundo o qual "homens e mulheres de maior idade, sem qualquer restrição de raça, nacionalidade ou religião, têm o direito de contrair matrimônio e fundar uma família", gozando "de iguais direitos em relação ao casamento, sua duração e sua dissolução", à luz de sua contrariedade com as práticas culturais de muitos Estados árabes. Da mesma forma, Afeganistão, Arábia Saudita, Iraque, Paquistão e Síria não haviam aceitado o art. 18 da Declaração, pelo qual "toda pessoa tem direito à liberdade de pensamento, consciência

---

[132]   Cf. André de Carvalho Ramos. *Teoria geral dos direitos humanos na ordem internacional*, cit., p. 181.

[133]   Cf. Carlos Weis. *Direitos humanos contemporâneos*, cit., pp. 50-54.

[134]   Sobre os debates que marcaram a Conferência de Viena de 1993, no que toca à diversidade cultural, assim destaca Alberto do Amaral Júnior: "Enquanto os EUA e as nações ocidentais sustentaram a universalidade dos direitos humanos, que deveria sobrepor-se às soberanias nacionais, muitos países subdesenvolvidos e em desenvolvimento, liderados pela China, sublinharam o relativismo dos direitos humanos, que seriam a expressão dos valores ocidentais. Nesse sentido, conforme se alegou, nações com diferentes graus de desenvolvimento econômico e tradições culturais teriam concepções distin- tas dos direitos humanos. Os EUA defenderam a posição segundo a qual nenhum país, com base no relativismo, poderia deixar de reconhecer e garantir os direitos humanos. A China e outros países em desenvolvimento destacaram que a definição dos direitos humanos precisa levar em conta as particu- laridades nacionais e os respectivos meios históricos, religiosos e culturais" (Entre ordem e desordem: o direito internacional em face da multiplicidade de culturas, cit., p. 38).

Parte IV · Cap. I · PROTEÇÃO INTERNACIONAL DOS DIREITOS HUMANOS | **845**

e religião", inclusive "a liberdade de mudar de religião ou crença e a liberdade de manifestar essa religião ou crença, pelo ensino, pela prática, pelo culto e pela observância, isolada ou coletivamente, em público ou em particular", em razão de conhecidos motivos ligados às práticas religiosas desses países.

Crê-se, contudo, que o argumento relativista é falso e esconde por detrás de si abusos de governos autoritários. Como magistralmente destaca Cançado Trindade, se é certo "que as normas jurídicas que fizerem abstração do *substratum* cultural correm o risco de se tornarem ineficazes, é igualmente certo que nenhuma cultura há que se arrogar em detentora da verdade final e absoluta", afigurando-se "insustentável evocar tradições culturais para acobertar, ou tentar justificar, violações dos direitos universais".[135] Ademais, como enfatiza Lindgren Alves, as afirmações de que o sistema de proteção dos direitos humanos tem interesse apenas ocidental, sendo irrelevante e inaplicável em sociedades com valores histórico-culturais distintos, são falsas e perniciosas: "Falsas porque todas as Constituições nacionais redigidas após a adoção da Declaração [Universal dos Direitos Humanos] pela Assembleia Geral da ONU nela se inspiram ao tratar dos direitos e liberdades fundamentais, pondo em evidência, assim, o caráter hoje universal de seus valores. Perniciosas porque abrem possibilidades à invocação do relativismo cultural como justificativa para violações concretas de direitos já internacionalmente reconhecidos".[136]

Deve-se também levar em conta que apesar de os dispositivos da Declaração Universal não agradarem todos os países – o direito de propriedade não agrada, *v.g.*, os países socialistas, enquanto os direitos econômicos, sociais e culturais não agradam os países capitalistas –, nenhum deles chega a ofender as tradições de qualquer cultura ou sistema sociopolítico.[137] Pelo contrário, a Declaração consagra um mosaico de valores que cristalizam padrões universais de tolerância e respeito para com os seres humanos, sem os quais a vida em sociedade não seria possível.

Entende-se, nesse sentido, que o § 5º da Declaração e Programa de Ação de Viena chegou a um consenso ou denominador comum coerente ao permitir que se levem em conta as particularidades nacionais e regionais, assim como diversos contextos históricos, culturais e religiosos, sem deixar, contudo, de impor aos Estados o dever de promover e proteger todos os direitos humanos e liberdades fundamentais, *sejam quais forem* (ou seja, quaisquer deles...) seus sistemas políticos, econômicos e culturais. Daí se entender que a diversidade cultural deve ser um *somatório* ao processo de asserção dos direitos humanos, não um *empecilho* a este.

5. Impacto (internacional e interno) da Declaração Universal de 1948. O grande impacto internacional da Declaração Universal de 1948 diz respeito à sua qualidade de fonte jurídica para os tratados internacionais de proteção dos direitos humanos. Ela tem servido

---

[135] Antônio Augusto Cançado Trindade. *Tratado de direito internacional dos direitos humanos*, vol. III, cit., p. 303. Para uma análise detalhada das posições dos governos dos países asiáticos e islâmicos sobre a questão do relativismo, cf. especialmente pp. 335-243 desse mesmo *Tratado*, vol. III.

[136] José Augusto Lindgren Alves. *Os direitos humanos como tema global, cit.*, p. 4.

[137] V. José Augusto Lindgren Alves. A declaração dos direitos humanos na pós-modernidade, in *Os direitos humanos e o direito internacional*, Carlos Eduardo de Abreu Boucault & Nadia de Araujo (orgs.), Rio de Janeiro: Renovar, 1999, p. 142-143.

de paradigma e de referencial ético para a conclusão de inúmeros tratados internacionais de direitos humanos quer do sistema global como dos contextos regionais. É a partir de 1948 que se fomenta, portanto, a criação de tratados referentes aos direitos humanos, a começar (no sistema regional europeu) pela Convenção Europeia de Direitos Humanos, de 1950, seguida de uma série de preâmbulos de tratados a ela referentes.[138]

No âmbito do Direito interno, a Declaração de 1948 serviu de paradigma para a Constituição brasileira de 1988, que literalmente "copiou" vários dispositivos da Declaração Universal, o que prova que o direito constitucional brasileiro atual está perfeitamente integrado com o sistema internacional de proteção dos direitos humanos. Assim, a Declaração tem repercutido intensamente nos textos constitucionais dos Estados, independentemente de sua obrigatoriedade ou não pela ótica estrita do Direito Internacional clássico, tendo sido reproduzida *ipsis litteris* em diversas Constituições nacionais.[139] Alguns autores chegam até mesmo a considerar que os Estados têm uma *obrigação moral* de implementar os direitos previstos na Declaração Universal em suas respectivas legislações internas, tal a importância que atribuem à Declaração. Por fim, não se pode esquecer que a Declaração Universal tem servido de fonte para as decisões judiciárias nacionais.[140]

SEÇÃO IV – OS PACTOS DE NOVA YORK DE 1966

1. A criação dos mecanismos de proteção. Como se estudou na Seção anterior, a Declaração Universal de 1948 – apesar de ser norma de *jus cogens* internacional – não dispõe de meios técnicos para que alguém (que teve seus direitos violados) possa aplicá-la na prática. A Declaração contemplou os direitos mínimos a serem garantidos pelos Estados àqueles que habitam o seu território, mas sem trazer em seu texto os *instrumentos* por meio dos quais se possa vindicar (num tribunal interno ou numa corte internacional) aqueles direitos por ela assegurados. A falta de aparato próprio para a aplicabilidade da Declaração deu início a inúmeras discussões relativamente à verdadeira *eficácia* de suas normas, nos contextos internacional e interno. À vista disso é que, sob o patrocínio da ONU, se tem procurado firmar vários pactos e convenções internacionais a fim de assegurar a proteção dos direitos humanos nela consagrados, dentre os quais merecem destaque dois importantes instrumentos: o Pacto Internacional sobre Direitos Civis e Políticos e o Pacto Internacional dos Direitos Econômicos, Sociais e Culturais, ambos aprovados pela Assembleia Geral da ONU, em Nova York, em 16 de dezembro de 1966.[141]

A demora de dezoito anos entre a proclamação da Declaração Universal e os Pactos de Nova York de 1966 deveu-se às várias discordâncias surgidas na então Comissão (hoje *Conselho*) de Direitos Humanos da ONU sobre diversos aspectos do problema, em especial sobre

---

[138] V. Michel Villey. *O direito e os direitos humanos*. Trad. Maria Ermantina de Almeida Prado Galvão. São Paulo: Martins Fontes, 2007, p. 3.

[139] Cf. José Augusto Lindgren Alves. *A arquitetura internacional dos direitos humanos*, cit., pp. 32-33.

[140] Cf. Flávia Piovesan. *Direitos humanos e o direito constitucional internacional*, cit., p. 140.

[141] V. Paul Sieghart. *The international law of human rights*, cit., pp. 25-26; e Henry J. Steiner & Philip Alston, *International human rights in context...*, cit., pp. 138-139.

Parte IV · Cap. I · PROTEÇÃO INTERNACIONAL DOS DIREITOS HUMANOS | **847**

a questão de serem um ou dois os pactos que deveriam atribuir conteúdo mais propriamente jurídico à Declaração Universal. Certa corrente doutrinária, que quedou vencida à época, sustentava a confecção de um *único* instrumento, inclusive como meio de demonstrar a unicidade de propósitos de ambas as categorias de direitos, bem assim a indivisibilidade dos direitos humanos contemporâneos. Contudo, em 1952 a Assembleia Geral da ONU decidira pela elaboração de *dois* tratados, abertos simultaneamente à assinatura dos Estados, e que versassem, respectivamente, as duas categorias de direitos impressas na Declaração: os "direitos civis e políticos" e os "direitos econômicos, sociais e culturais".[142] Esta decisão contrária à elaboração de um instrumento único, segundo Lindgren Alves, "insistia nas características diferentes dessas duas categorias de direitos", e tais seriam os principais argumentos: os direitos civis e políticos seriam jurisdicionados (positivados nas jurisdições nacionais e exigíveis em juízo), de realização imediata, dependentes apenas de abstenção ou "prestação negativa" do Estado e passíveis de monitoramento; enquanto os direitos econômicos, sociais e culturais seriam não jurisdicionalizáveis (não podendo ser objeto de ação judicial imediata), de realização progressiva (conforme os meios postos à disposição do Estado), dependentes de prestação positiva pelo Estado (devendo ser implementados por políticas públicas estatais) e de difícil monitoramento, sobretudo em sua dimensão individual.[143] Obviamente que essa separação rígida das categorias expostas – como também aponta Lindgren Alves – é reducionista.[144] Não são poucos os direitos econômicos, sociais e culturais que dependem dos direitos civis e políticos para sobreviverem, sendo a recíproca também verdadeira: os direitos civis e políticos também requerem investimentos (ou seja, atuação *positiva*) do Estado em vários campos, como para melhor prestar a atividade jurisdicional, garantir o direito ao voto e às eleições periódicas etc. Por outro lado, os direitos de cunho trabalhista (que, segundo a concepção geracional de direitos, se enquadra na "segunda categoria") são perfeitamente passíveis de vindicação judicial. Ainda assim é indiscutível que as duas categorias de direitos têm âmbitos de aplicação diferentes, o que não significa dizer que fora esse o verdadeiro motivo da elaboração de dois pactos. Estamos novamente com Lindgren Alves, para quem o "verdadeiro fator (da criação de dois instrumentos internacionais ao invés de um) foi a dificuldade para se chegar a acordo sobre os mecanismos de monitoramento de sua implementação", dificuldade esta que não era decorrência apenas de posturas defensivas dos países socialistas, mas que "decorria da recusa de muitos governos das mais diferentes ideologias em aceitar qualquer tipo de controle externo sobre o que se passava dentro das respectivas fronteiras – recusa que levou a delegação dos Estados Unidos, até então líder das negociações, a abandonar o processo de elaboração dos instrumentos em 1953".[145]

De qualquer forma, o que é importante saber agora é que tanto um como o outro pacto surgiram com a finalidade então premente de conferir-se *dimensão técnico-jurídica* à Declaração Universal de 1948, tendo o primeiro pacto regulamentado os arts. 1º ao 21 da Declaração, e o segundo os arts. 22 a 28. Ambos esses tratados compõem hoje o núcleo-base

---

[142] Cf. Carlos Weis. *Direitos humanos contemporâneos*, cit., pp. 88-89.

[143] José Augusto Lindgren Alves. *A arquitetura internacional dos direitos humanos*, cit., pp. 33-34.

[144] José Augusto Lindgren Alves. Idem, p. 34.

[145] José Augusto Lindgren Alves. Idem, Ibidem. Frise-se que os Estados Unidos da América só ratificaram o Pacto Internacional dos Direitos Civis e Políticos em 1993, e ainda se negam a ratificar o Pacto Internacional dos Direitos Econômicos, Sociais e Culturais.

da estrutura normativa do sistema global de proteção dos direitos humanos, na medida em que "judicizaram", sob a forma de tratado internacional, os direitos previstos pela Declaração. A partir desse momento forma-se então a Carta Internacional de Direitos Humanos (*International Bill of Human Rights*), instrumento que inaugura "o sistema global de proteção desses direitos, ao lado do qual já se delineava o sistema regional de proteção, nos âmbitos europeu, interamericano e, posteriormente, africano".[146]

Criaram-se, com os pactos de 1966, mecanismos de monitoramento dos direitos humanos, por meio da Organização das Nações Unidas, a exemplo dos *relatórios temáticos* (ou *reports*) em que cada Estado *relata* à ONU o modo pelo qual está implementando os direitos humanos no país, e das *comunicações interestatais*, em que um dos Estados-partes no acordo alega que outro Estado-parte incorreu ou está incorrendo internamente em violação de direitos humanos consagrados pelo compromisso firmado entre ambos. O Protocolo Facultativo Relativo ao Pacto Internacional sobre Direitos Civis e Políticos, também de 1966, traz ainda o mecanismo das *petições individuais* (possíveis somente quando esgotados os recursos internos quanto à reclamação dos direitos humanos violados), como se verá adiante.[147]

Entre os dois pactos existem algumas poucas provisões quase que idênticas, como o seu Preâmbulo, que segue a linha redacional da Declaração Universal, e seus artigos 1º, 3º e 5º, que versam, respectivamente, sobre o direito à autodeterminação dos povos, sobre a igualdade do exercício dos direitos por homens e mulheres e sobre a salvaguarda de que nenhuma de suas disposições poderá ser interpretada no sentido de reconhecer a um Estado, grupo ou indivíduo, qualquer direito de dedicar-se a quaisquer atividades ou de praticar quaisquer atos que tenham por objetivo destruir os direitos ou liberdades reconhecidos no respectivo Pacto ou impor-lhes limitações mais amplas do que aquelas nele previstas.[148]

As diferenças entre os dois chamados *Pactos de Nova York de 1966* são substanciais, merecendo análise mais detida a seguir.

2. Pacto Internacional sobre Direitos Civis e Políticos. Este Pacto é o instrumento que atribui obrigatoriedade jurídica à categoria dos direitos civis e políticos versada pela Declaração Universal de 1948 em sua primeira parte. Sua intenção é a de proteger e dar instrumentos para que se efetive a proteção dos chamados "direitos de primeira geração", aqueles que foram historicamente os primeiros a nascerem no contexto do constitucionalismo moderno, fruto da obra dos grandes filósofos do Iluminismo e das declarações de direitos que se seguiram, das quais merecem destaque a norte-americana de 1776 e francesa de 1789.[149]

---

[146] Flávia Piovesan. *Direitos humanos e o direito constitucional internacional*, cit., p. 152. Sobre a Carta Internacional dos Direitos Humanos, *v.* ainda Brichambaut, Dobelle & Coulée, *Leçons de droit international public*, cit., p. 205.

[147] Para um estudo específico desses mecanismos de monitoramento, *v.* Ludovic Hennebel, *La jurisprudence du Comité des droits de l'homme des Nations Unies: le pacte international relatif aux droits civils et politiques et son mécanisme de protection individuelle*, Bruxelles: Bruylant, 2007, 582p.

[148] Cf. José Augusto Lindgren Alves. *A arquitetura internacional dos direitos humanos*, cit., pp. 34-35.

[149] Sobre essas declarações, *v.* Lynn Hunt, *A invenção dos direitos humanos: uma história*, trad. Rosaura Eichenberg, São Paulo: Cia. das Letras, 2009, pp. 113-145.

O Pacto foi aprovado pela Assembleia Geral da ONU em 16 de dezembro de 1966, por 106 votos a favor e nenhum contra, com 16 ausências. O tratado – cuja redação foi muito mais precisa e técnica que a da Declaração Universal – entrou em vigor, juntamente com o seu Protocolo Facultativo, em 23 de março de 1976, quando se alcançou o número de ratificações exigido pelo art. 49, § 1º (*verbis*: "O presente Pacto entrará em vigor três meses após a data do depósito, junto ao Secretário-Geral da Organização das Nações Unidas, do trigésimo quinto instrumento de ratificação ou adesão"). O então Presidente José Sarney submeteu ao Congresso Nacional, por Mensagem Presidencial de 28 de novembro de 1985, o Pacto Internacional dos Direitos Civis e Políticos (juntamente com o Pacto Internacional sobre Direitos Econômicos, Sociais e Culturais) para *referendum* congressual, tendo o nosso Parlamento Federal aprovado o seu texto pelo Decreto Legislativo nº 226, de 12 de dezembro de 1991; o tratado foi promulgado internamente pelo Decreto nº 592, de 6 de julho de 1992, após o depósito do instrumento de ratificação brasileiro junto ao Secretariado das Nações Unidas em 24 de janeiro do mesmo ano.

Seu rol de direitos civis e políticos é mais amplo que o da Declaração Universal, além de mais rigoroso na afirmação da *obrigação* dos Estados em respeitar os direitos nele consagrados. O Pacto, comparando-se com o Pacto sobre Direitos Econômicos, Sociais e Culturais, também é melhor aparelhado com meios de revisão e fiscalização.[150] Logo de início (art. 2º) já se exige o compromisso dos Estados-partes em garantir a todos os indivíduos que se encontrem em seu território e que estejam sujeitos à sua jurisdição (sejam eles nacionais ou não) os direitos reconhecidos no tratado, sem discriminação alguma por motivo de raça, cor, sexo, língua, religião, opinião política ou de qualquer outra natureza, origem nacional ou social, situação econômica, nascimento ou qualquer outra situação. Em relação aos direitos civis e políticos *stricto sensu*, ali se reconhece o direito à vida (art. 6º) como inerente à pessoa humana, não podendo ninguém ser dela arbitrariamente privado; admite-se a pena de morte unicamente para os delitos mais graves e de conformidade com as leis em vigor; proíbem-se as torturas, as penas ou tratamentos cruéis, desumanos ou degradantes, a escravidão e a servidão. Reconhece-se, por outro lado, o direito à liberdade e segurança pessoais, estabelecendo uma série de garantias relativas ao devido processo legal. Outros direitos, não constantes da Declaração Universal, também foram incorporados, como o de não ser preso por descumprimento de obrigação contratual (art. 11), a proteção dos direitos das minorias à identidade cultural, religiosa e linguística (art. 27), a proibição da propaganda de guerra ou de incitamento à intolerância étnica ou racial (art. 20) etc.

O Pacto Internacional sobre Direitos Civis e Políticos não trata dos direitos econômicos, sociais e culturais incorporados na Declaração Universal nos seus arts. 22 a 27, uma vez que esses direitos foram objeto do Pacto Internacional dos Direitos Econômicos, Sociais e Culturais (*v. infra*). Também não versa sobre o direito à propriedade (art. 17 da Declaração), de cunho civilista e que em épocas mais remotas já foi interpretado como um direito cujo exercício efetivo era condição legal para o exercício dos direitos políticos.[151]

O grande problema enfrentado pelo Pacto Internacional dos Direitos Civis e Políticos foi a resistência dos Estados em aceitarem os mecanismos de *supervisão* e *monitoramento* dos

---

[150] Cf. Ian Brownlie. *Princípios de direito internacional público*, cit., p. 596.
[151] Cf. José Augusto Lindgren Alves. *A arquitetura internacional dos direitos humanos*, cit., p. 37.

850 | CURSO DE DIREITO INTERNACIONAL PÚBLICO – *Valerio de Oliveira Mazzuoli*

direitos que ele elenca. Tais mecanismos encontram-se regulados nos arts. 28 a 45 do Pacto, em que também se instituiu um *Comitê de Direitos Humanos*, formado por dezoito peritos, de nacionalidades distintas e eleitos pelos seus Estados-partes, e que inclui no sistema do Pacto uma fórmula relativamente simples de supervisão do cumprimento dos direitos nele garantidos.[152] O mais brando desses mecanismos, que mais respeita as soberanias nacionais, consta do art. 40 do Pacto, segundo o qual os Estados-partes se comprometem "a submeter relatórios sobre as medidas por eles adotadas para tornar efetivos os direitos reconhecidos no presente Pacto e sobre o progresso alcançado no gozo desses direitos: *a*) dentro do prazo de um ano, a contar do início da vigência do presente Pacto nos Estados-partes interessados; *b*) a partir de então, sempre que o Comitê vier a solicitar".[153] Todos os relatórios serão submetidos ao Secretário-Geral da Organização das Nações Unidas, que os encaminhará, para exame, ao citado Comitê de Direitos Humanos.[154] Os relatórios deverão sublinhar, caso existam, os fatores e as dificuldades que prejudiquem a implementação do Pacto. Poderá o Secretário-Geral da ONU, após consulta ao Comitê, encaminhar às agências especializadas da Organização cópias das partes dos relatórios que digam respeito à sua esfera de competência. O Comitê estuda os relatórios apresentados pelos Estados-partes e transmite a esses Estados o seu próprio relatório, bem como os comentários gerais que julgar oportunos. O Comitê poderá, igualmente, transmitir ao Conselho Econômico e Social os referidos comentários, bem como cópias dos relatórios que houver recebido dos Estados-partes no Pacto.

O Comitê de Direitos Humanos tem, então, um papel de *monitoramento* relativamente à implementação pelos Estados dos direitos previstos no Pacto. Mas, para além dessa função de *supervisão*, tem também o Comitê duas outras atribuições de fundamental importância. A primeira é de natureza *conciliatória* e decorre do art. 41 do Pacto, segundo o qual é facultado ao Comitê receber as comunicações de um Estado contra outro, quando se alega que um deles não cumpriu as suas obrigações decorrentes do tratado, mediante um procedimento próprio também previsto pelo mesmo dispositivo (*v. infra*). E, nos termos do art. 42, inc. I, alínea *a*, se uma questão submetida ao Comitê, nos termos do art. 41, não restar dirimida satisfatoriamente para os Estados-partes interessados, o Comitê poderá, com o consentimento prévio dos Estados-partes interessados, constituir uma Comissão de Conciliação *ad hoc*, a qual colocará seus bons ofícios à disposição dos Estados interessados, no intuito de alcançar uma solução amistosa para a questão baseada no respeito ao Pacto.[155] A segunda atribuição importante do Comitê, por sua vez, é de natureza *investigatória* (também chamada de *quase judicial*). Esta não decorre do Pacto Internacional sobre Direitos Civis e Políticos, mas do seu *Protocolo Facultativo*, também adotado pela Assembleia Geral da ONU em 1966.

O ponto mais complexo em relação à função conciliatória do Comitê diz respeito à sistemática das chamadas *queixas interestatais*, que significa a possibilidade de um Estado

---

[152] Cf. Enrique Ricardo Lewandowski. *Proteção dos direitos humanos na ordem interna e internacional*, cit., pp. 114-118; e Henry J. Steiner & Philip Alston, *International human rights in context...*, cit., pp. 705-738.

[153] Cf. José Augusto Lindgren Alves. *A arquitetura internacional dos direitos humanos*, cit., p. 40.

[154] O Brasil apresentou o seu primeiro relatório em 1995, e o segundo em 2005.

[155] Cf. José Augusto Lindgren Alves. *A arquitetura internacional dos direitos humanos*, cit., p. 39.

Parte IV • Cap. I • PROTEÇÃO INTERNACIONAL DOS DIREITOS HUMANOS | **851**

queixar-se de outro Estado perante o Comitê.[156] Tal sistemática, que demanda aceite expresso de acusadores e acusados, jamais foi utilizada até hoje durante todo o período de vigência do Pacto. Perceba-se que, nesse caso, não se trata de um indivíduo (particular, pessoa física) que deflagra no Comitê uma queixa contra um Estado, mas sim de um Estado-parte que se dirige contra outro, nos termos da previsão do referido art. 41 do Pacto. Com base nesse artigo, todo Estado-parte no Pacto poderá declarar, a qualquer momento, que reconhece a competência do Comitê para receber e examinar as comunicações em que um Estado-parte alegue que outro Estado-parte não vem cumprindo as obrigações que lhe impõe o tratado. As referidas comunicações só serão recebidas e examinadas, nos termos do mesmo dispositivo, no caso de serem apresentadas por um Estado-parte que houver feito uma declaração em que reconheça, com relação a si próprio, a competência do Comitê. O Comitê não receberá comunicação alguma relativa a um Estado-parte que não tenha feito uma declaração dessa natureza. Como já destacamos, esse procedimento jamais foi utilizado até os dias de hoje. Mas, em contrapartida, tal mecanismo de monitoramento estabelecido pelo Pacto Internacional dos Direitos Civis e Políticos, ainda que não utilizado na prática, foi o pioneiro e o paradigma dos mecanismos de monitoramento existentes atualmente em outros tratados internacionais de proteção dos direitos humanos, como se verá oportunamente. Quanto à possibilidade das queixas *individuais* (ou seja, de particulares contra os Estados-partes), tal sequer pôde ser incluída na sistemática do Pacto, notadamente por ter sido este último concluído em um período em que muitos Estados ainda tratavam direitos humanos como tema estritamente doméstico. Daí o porquê de a autorização para tais queixas ter sido incluída apenas no seu *Protocolo Facultativo*, o qual exige adesão formal dos Estados.[157] O procedimento do art. 41 do Pacto relativo às queixas entre Estados entrou em vigor internacional em 1979, mas – como já se falou – nunca foi acionado por qualquer Estado-parte no tratado até os dias atuais, por motivos mais do que conhecidos.

3. Protocolo Facultativo ao Pacto sobre Direitos Civis e Políticos. O Protocolo Facultativo relativo ao Pacto Internacional sobre Direitos Civis e Políticos foi aprovado em 16 de dezembro de 1966, tendo entrado em vigor em 23 de março de 1976.[158] Sua finalidade é assegurar o melhor resultado dos propósitos do Pacto, para o qual faculta ao Comitê de Direitos Humanos (criado pelo Pacto) receber e considerar petições individuais, em caso de violações dos direitos humanos ali consagrados (*international accountability*), sistemática que não foi versada pelo Pacto, como já se falou. Nos termos do art. 1º do Protocolo, os Estados (se com isto consentirem) atribuem ao Comitê a competência para receber e examinar *queixas* de "indivíduos que se achem sob sua jurisdição e aleguem ser vítimas de violação, por um Estado-parte, de qualquer dos direitos enunciados no Pacto". Esse mecanismo de *petições individuais* agregado à sistemática de proteção do Pacto veio sedimentar, de vez, a capacidade processual internacional dos indivíduos, ao permitir a estes a utilização (direta) do direito de

---

[156] Cf. Henry J. Steiner & Philip Alston. *International human rights in context…*, cit., pp. 738-739.

[157] Cf., por tudo, José Augusto Lindgren Alves, *A arquitetura internacional dos direitos humanos*, cit., pp. 40-41.

[158] Aprovado no Brasil pelo Decreto Legislativo nº 311, de 16.06.2009, tendo o governo brasileiro a ele aderido em 25.09.2009. O Brasil tardou mais de quatorze anos para promulgar o Protocolo internamente, o que finalmente ocorreu pelo Decreto nº 11.777, de 09.11.2023.

petição individual.[159] Tal trouxe reflexos inclusive nos ordenamentos internos dos Estados, que também começaram a prever o direito de petição individual às cortes internacionais de direitos humanos como um direito de cunho constitucional.[160]

Os requisitos para que se possa deflagrar o mecanismo de petições individuais se encontram no art. 5º, § 2º, do referido Protocolo Facultativo. Trata-se das condições de admissibilidade das comunicações (*queixas*) individuais. Assim, nos termos desse dispositivo, o Comitê de Direitos Humanos não examinará comunicação alguma de um indivíduo sem que se haja assegurado de que:

a) a mesma questão não esteja sendo examinada por outra instância internacional de inquérito ou de decisão, e que;

b) o indivíduo esgotou os recursos internos disponíveis para a salvaguarda do seu direito potencialmente violado.

O primeiro requisito de admissibilidade de uma queixa individual no Comitê é a inexistência de litispendência internacional, não podendo a mesma questão ali deflagrada estar em exame (processada ou já julgada) por outra instância internacional de *investigação* (outro Comitê congênere) ou de *solução* (como, *v.g.*, uma corte internacional). O segundo requisito versa sobre a já conhecida regra do prévio esgotamento dos recursos internos (também chamada de "local remedies rule").[161] Nos termos desta regra a parte, antes de iniciar um procedimento internacional qualquer que seja, deve *esgotar* anteriormente *todos os recursos* disponíveis no âmbito do Direito interno para salvaguardar o seu direito potencialmente violado, somente podendo iniciar um procedimento internacional quando a mais alta corte de seu país houver julgado improcedente a sua demanda. Tal é a regra em sua forma *clássica*, que, modernamente, comporta várias limitações, entre elas a de não ser utilizável quando a aplicação de tais recursos se prolongar injustificadamente, à maneira do que autoriza o art. 5º, § 2º, alínea *b*, do próprio Protocolo.

O Protocolo não é claro quanto à eficácia interna das decisões do Comitê, não obstante se tratar de órgão criado por tratado internacional que vigora no Estado-parte respectivo (e que, no Brasil, guarda nível superior ao das leis). De fato, não faria qualquer sentido o Estado ratificar um tratado internacional – que, por sua vez, cria e põe em marcha determinado mecanismo de monitoramento – se não for para seguir as suas recomendações e

---

[159] Cf. Antônio Augusto Cançado Trindade. *A proteção internacional dos direitos humanos: fundamentos jurídicos e instrumentos básicos*. São Paulo: Saraiva, 1991, p. 8.

[160] Não são poucos, atualmente, os textos constitucionais que consagram esse mecanismo de monitoramento, consistente no ajuizamento de petições individuais às Cortes ou Tribunais internacionais de direitos humanos. Por exemplo, a Carta Constitucional peruana estabelece, no seu art. 205, que as pessoas lesionadas em seu direito podem recorrer, esgotada a jurisdição interna, "aos tribunais ou organismos internacionais constituídos de acordo com os tratados ou convenções dos quais o Peru é parte". A Carta venezuelana, da mesma forma, permite, no seu art. 31, que todas as pessoas, nos termos estabelecidos pelos tratados sobre direitos humanos ratificados pela República Venezuelana, dirijam "petições ou queixas perante os órgãos internacionais criados para tais fins, com o objetivo de solicitar o amparo aos seus direitos humanos".

[161] Sobre o assunto, *v*. Antônio Augusto Cançado Trindade, *O esgotamento de recursos internos no direito internacional*, 2ª ed. atual., Brasília: Editora Universidade de Brasília, 1997, 327p; Riccardo Pisillo Mazzeschi, Exhaustion of domestic remedies and State responsibility for violation of human rights, in *The Italian Yearbook of International Law*, vol. 10 (2000), pp. 17-43; e Dinah Shelton, *Regional protection of human rights*, cit., pp. 713-749.

Parte IV · Cap. I · PROTEÇÃO INTERNACIONAL DOS DIREITOS HUMANOS | **853**

deliberações. Para nós, além do respeito que os Estados devem ter para com as recomendações e deliberações do Comitê, é também importante que não fique a imagem do Estado internacionalmente maculada, como não cumpridor de suas obrigações internacionais relativas a direitos humanos. Seja como for, certo é que, na prática, os Estados – muitas vezes sem qualquer justificativa plausível – mais desconsideram as decisões do órgão que efetivamente as aplicam. À evidência que a conduta estatal não deveria ser assim, por tratar-se, como se disse, de órgão deliberativo (mecanismo de monitoramento) criado por tratado do qual o Estado é juridicamente parte.

Frise-se, por fim, que o Protocolo em tela é juridicamente idêntico a qualquer outro tratado internacional, tendo as mesmas características destes e devendo passar pelos mesmos trâmites internos (*v.g.*, referendo congressual) e internacionais (assinatura e ratificação) de celebração de tratados. Contudo, eventual falta de promulgação executiva não retira a sua eficácia, por terem os tratados de direitos humanos aplicabilidade imediata na ordem interna. Somente, porém, os Estados-parte do Pacto Internacional dos Direitos Civis e Políticos é que podem ser partes no Protocolo.

Um Segundo Protocolo Facultativo ao Pacto Internacional sobre Direitos Civis e Políticos foi também adotado, em 15 de dezembro de 1989, pela Resolução 44/128 da Assembleia Geral da ONU, relativo à abolição da pena de morte, tendo entrado em vigor internacional em 11 de junho de 1991, após o depósito do décimo instrumento de ratificação.[162] Na prática brasileira, contudo, a pena de morte para crimes cometidos por civis não tem sido aplicada desde 1876, não sendo também oficialmente utilizada desde a Proclamação da República em 1889; sequer na hipótese em que a Constituição a excepciona (caso de guerra declarada) tem sido tal pena empregada no Brasil.

4. Pacto Internacional dos Direitos Econômicos, Sociais e Culturais. Assim como o Pacto Internacional sobre Direitos Civis e Políticos, a finalidade principal do Pacto sobre Direitos Econômicos, Sociais e Culturais é dar *juridicidade* aos preceitos da Declaração Universal de 1948, notadamente à sua segunda parte, que vai dos arts. 22 a 27. O Pacto, contudo, contém um elenco de direitos muito mais amplo e mais bem elaborado que o da Declaração Universal, sendo o primeiro instrumento jurídico do âmbito das Nações Unidas a detalhar esses direitos chamados de "segunda geração". Sua aprovação pela Assembleia Geral da ONU se deu por meio da Resolução 2200 (XXI), de 16 de dezembro de 1966, quando então foi assinado por 105 Estados, com nenhum voto contrário e 17 ausências. Além de ampliar o elenco dos direitos protegidos pela Declaração Universal, o Pacto garante ainda os direitos dos povos que se contêm no Pacto Internacional sobre Direitos Civis e Políticos. Sua entrada

---

[162] Foi aprovado no Brasil pelo Decreto Legislativo nº 311, de 16.06.2009, tendo o governo brasileiro a ele aderido em 25.09.2009, com promulgação interna (muito tardia) pelo Decreto nº 11.777, de 09.11.2023, com reserva expressa ao art. 2º. Este artigo assim dispõe: "1. Não é admitida qualquer reserva ao presente Protocolo, exceto a reserva formulada no momento da ratificação ou adesão que preveja a aplicação da pena de morte em tempo de guerra em virtude de condenação por infração penal de natureza militar de gravidade extrema cometida em tempo de guerra. 2. O Estado que formular uma tal reserva transmitirá ao Secretário-Geral das Nações Unidas, no momento da ratificação ou adesão, as disposições pertinentes da respectiva legislação nacional aplicável em tempo de guerra. 3. O Estado-Parte que haja formulado tal reserva notificará o Secretário-Geral das Nações Unidas da declaração e do fim do estado de guerra no seu território". A reserva brasileira à disposição relativa à pena de morte em tempo de guerra deu-se em virtude do mandamento constitucional que a admite (CF, art. 5º, inc. XLVII, alínea *a*).

854 | CURSO DE DIREITO INTERNACIONAL PÚBLICO – *Valerio de Oliveira Mazzuoli*

em vigor internacional se deu em 3 de janeiro de 1976, após o depósito do trigésimo quinto instrumento de ratificação (mais de dois meses antes que o seu homólogo, o Pacto Internacional dos Direitos Civis e Políticos, que entrou em vigor internacional em 23 de março do mesmo ano). O Pacto foi aprovado no Brasil, juntamente com o Pacto Internacional dos Direitos Civis e Políticos, pelo Decreto Legislativo nº 226, de 12 de dezembro de 1991, e promulgado pelo Decreto nº 591, de 06 de julho de 1992.

As disposições constantes do Pacto dos Direitos Econômicos, Sociais e Culturais são exemplos daquilo que se convencionou chamar de *normas de caráter programático*, por meio das quais os Estados se comprometem a adotar medidas destinadas a proteger os direitos econômicos, sociais e culturais mencionados no tratado. Por esse Pacto, os Estados "reconhecem" direitos aos cidadãos, não estando, porém, desde já garantidos.[163] A maior diferença entre esse instrumento internacional e o Pacto sobre Direitos Civis e Políticos anteriormente estudado, diz respeito às distintas obrigações jurídicas que eles impõem. Como destaca a melhor doutrina, a capacidade de garantir muitos dos direitos econômicos, sociais e culturais proclamados pelo Pacto, pressupõe a existência de recursos econômicos bem assim de outra índole, que infelizmente não se encontram ao alcance de todos os Estados.[164] Assim, segundo Lindgren Alves, diferentemente "do que se passa com os direitos civis e políticos, cuja implementação se torna obrigação imediata, sem condicionantes, para os Estados-partes, em favor de todos os indivíduos que se encontrem em sua jurisdição, pelo Pacto Sobre Direitos Econômicos, Sociais e Culturais, os Estados que o ratificam assumem o compromisso de assegurar progressivamente, 'até o máximo de seus recursos disponíveis', com esforços próprios ou com cooperação internacional, o pleno exercício, sem discriminações, dos direitos nele reconhecidos, podendo os países em desenvolvimento 'determinar em que medida garantirão os direitos econômicos (...) àqueles que não sejam seus nacionais' (Artigo 2º e parágrafos)".[165]

Entre os direitos expressos no Pacto podem ser citados: o direito dos povos à autodeterminação (art. 1º, § 1º), em virtude do qual os povos determinam livremente seu estatuto político e asseguram livremente seu desenvolvimento econômico, social e cultural; o direito de homens e mulheres à igualdade no gozo dos direitos econômicos, sociais e culturais enumerados no tratado (art. 3º); o direito de toda pessoa ter a possibilidade de ganhar a vida

---

[163] Cf. Ian Brownlie. *Princípios de direito internacional público*, cit., p. 596.

[164] Cf. Thomas Buergenthal (*et al.*). *Manual de derecho internacional público*, cit., pp. 100-101.

[165] José Augusto Lindgren Alves. *A arquitetura internacional dos direitos humanos*, cit., p. 44. E esse mesmo internacionalista continua: "Essa primeira ressalva oferecida aos países em desenvolvimento é ampliada, pelo Artigo 4º, a todos os Estados-partes para com seus próprios cidadãos, ao permitir limitações dos direitos econômicos, sociais e culturais, desde que estabelecidas por Lei, compatíveis com a natureza desses direitos e tendo em vista exclusivamente a promoção do 'bem-estar geral de uma sociedade democrática'. Se não há, por um lado, cláusulas suspensivas para tais direitos – que se tornam, assim, todos igualmente inderrogáveis –, por outro lado, a possibilidade de limitações legais generalizadas, que visa adequar sua observância aos meios concretamente disponíveis para cada Estado-parte, propicia aos governos a possibilidade de relegar os direitos econômicos e sociais a um segundo plano, atribuindo-lhes o caráter de objetivos a serem alcançados quando factível. Nessas condições, acaba-se assumindo, ainda que involuntariamente, em termos práticos, a interpretação liberalista tradicional de que eles não seriam efetivamente direitos, mas simples metas a serem perseguidas" (Idem, p. 45).

mediante um trabalho livremente escolhido ou aceito (art. 6°, § 1°); o direito de toda pessoa de gozar de condições de trabalho justas e favoráveis, que assegurem especialmente: *a*) uma remuneração que proporcione, no mínimo, a todos os trabalhadores: i) um salário equitativo e uma remuneração igual por um trabalho de igual valor, sem qualquer distinção (em particular, as mulheres devem ter a garantia de condições de trabalho não inferiores às dos homens e perceber a mesma remuneração que eles, por trabalho igual); ii) uma existência decente para eles e suas famílias; *b*) condições de trabalho seguras e higiênicas; *c*) igual oportunidade para todos de serem promovidos, em seu trabalho, à categoria superior que lhes corresponda, sem outras considerações que as de tempo, de trabalho e de capacidade; *d*) o descanso, o lazer, a limitação razoável das horas de trabalho e férias periódicas remuneradas, assim como a remuneração dos feriados (art. 7°). Garante-se o direito de toda pessoa de fundar com outras sindicatos e de filiar-se ao sindicato de sua escolha, sujeitando-se unicamente aos estatutos da organização interessada, com o objetivo de promover e de proteger seus interesses econômicos e sociais (art. 8°, § 1°, alínea *a*). Reconhece-se ainda o direito à previdência social, inclusive ao seguro social (art. 9°).

A família, como núcleo fundamental da sociedade, é reconhecida pelo art. 10, § 1°, corolário do direito "de toda pessoa a um nível de vida adequado para si próprio e para sua família, inclusive à alimentação, vestimenta e moradia adequadas, assim como uma melhoria contínua de suas condições de vida" (art. 11, § 1°), e do direito "de toda pessoa de desfrutar o mais elevado nível de saúde física e mental" (art. 12, § 1°).

Os Estados também reconhecem "o direito de toda pessoa à educação", e concordam em que a educação "deverá visar ao pleno desenvolvimento da personalidade humana e do sentido de sua dignidade e a fortalecer o respeito pelos direitos humanos e liberdades fundamentais" (art. 13, § 1°). Além disso, fica reconhecido, pelo art. 15, § 1°, o direito de cada indivíduo de participar da vida cultural, desfrutar do progresso científico e suas aplicações e beneficiar-se da proteção dos interesses morais e materiais decorrentes de toda a produção científica, literária ou artística de que seja autor.

Todos esses direitos que os Estados reconhecem aos indivíduos, como se falou, são programáticos, apresentando realização progressiva. Desse fato nasce o debate sobre a acionabilidade desses direitos nas cortes e instâncias judiciárias, não sendo poucos os que sustentam que tais cortes são incompetentes para tratar de políticas sociais. Esse ponto de vista, contudo, parece insustentável na medida em que se sabe que tais Cortes "criam políticas sociais não apenas quando interpretam a Constituição, mas também quando interpretam legislações de direito econômico, trabalhista e ambientalista, dentre outras, assim como em suas resoluções em disputas privadas".[166] Daí o entendimento da doutrina mais abalizada de que a ideia de não acionabilidade dos direitos sociais "é meramente ideológica e não científica", baseada numa "preconcepção que reforça a equivocada noção de que uma classe de direitos (os direitos civis e políticos) merece inteiro reconhecimento e respeito, enquanto outra classe (os direitos sociais, econômicos e culturais), ao revés, não

---

[166] Martha Jackman. Constitutional rhetoric and social justice: reflections on the justiciability debate, in Joel Bakan & David Schneiderman (Eds.), *Social justice and the Constitution: perspectives on a social union for Canada*, p. 17, citada por Flávia Piovesan, *Direitos humanos e o direito constitucional internacional*, cit., p. 173.

merece qualquer reconhecimento".[167] Tal assertiva nos parece correta e bem demonstra que é possível (para além de também ser *jurídica*) a acionabilidade dos direitos que decorrem das normas de cunho social *lato sensu*.

O sistema de monitoramento do Pacto Internacional dos Direitos Econômicos, Sociais e Culturais – que foi uma das causas de se ter criado *dois* pactos autônomos para atribuir conteúdo jurídico à Declaração Universal de 1948 – está previsto nos seus arts. 16 a 25. O mecanismo inicialmente previsto é o de *relatórios* que os Estados devem apresentar sobre as medidas que tenham adotado e sobre o progresso realizado, com o objetivo de assegurar a observância dos direitos reconhecidos no Pacto. Todos os relatórios deverão ser encaminhados ao Secretário-Geral das Nações Unidas, que enviará cópias ao Conselho Econômico e Social (ECOSOC) para exame, de acordo com as disposições do próprio Pacto. O Secretário-Geral da ONU encaminhará também às agências especializadas cópias dos relatórios – ou de todas as partes pertinentes dos mesmos – enviados pelos Estados-partes no Pacto que sejam igualmente membros de tais agências especializadas, na medida em que os relatórios, ou parte deles, guardem relação com questões que sejam da competência de tais agências, nos termos de seus respectivos instrumentos constitutivos. Nos termos do art. 17, § 1º, do Pacto a apresentação dos relatórios deve ser feita *por etapas*, segundo um programa estabelecido pelo Conselho Econômico e Social das Nações Unidas, no prazo de um ano a contar da data da entrada em vigor do tratado, após consulta aos Estados-partes e às agências especializadas interessadas. Os relatórios poderão indicar os fatores e as dificuldades que prejudiquem o pleno cumprimento das obrigações previstas no Pacto.

Nos termos do art. 19, o Conselho Econômico e Social poderá encaminhar à Comissão (atual *Conselho*) de Direitos Humanos da ONU, para fins de estudo e de recomendação de ordem geral, ou para informação, caso julgue apropriado, os relatórios concernentes aos direitos humanos que apresentarem os Estados, nos termos dos arts. 16 e 17, e aqueles concernentes aos direitos humanos que apresentarem as agências especializadas, nos termos do art. 18. Os Estados-partes no Pacto e as agências especializadas interessadas – diz o art. 20 – poderão encaminhar ao Conselho Econômico e Social comentários sobre qualquer recomendação de ordem geral, feita em virtude do art. 19, ou sobre qualquer referência a uma recomendação de ordem geral que venha a constar de relatório da Comissão (*Conselho*) de Direitos Humanos ou de qualquer documento mencionado no referido relatório.

Em 1978, conforme explica Lindgren Alves, "para auxiliá-lo no exame dos relatórios recebidos, o ECOSOC decidiu criar um Grupo de Trabalho Sessional, composto por quinze membros nomeados pelo Presidente do Conselho entre os delegados governamentais de países membros do ECOSOC que também fossem partes do Pacto. Em 1982 o Grupo de Trabalho foi convertido em órgão composto por peritos governamentais eleitos pelos membros do Conselho. Somente em 1985 o ECOSOC decidiu substituir o Grupo de Trabalho governamental por um Comitê dos Direitos Econômicos, Sociais e Culturais, integrado por dezoito peritos não governamentais, eleitos em sua qualidade individual e atuantes a título

---

[167] Flávia Piovesan. *Direitos humanos e o direito constitucional internacional*, cit., p. 174. Ainda sobre a justiciabilidade dos direitos econômicos, sociais e culturais, *v*. Henry J. Steiner & Philip Alston, *International human rights in context...*, cit., pp. 275-299.

Parte IV • Cap. I • PROTEÇÃO INTERNACIONAL DOS DIREITOS HUMANOS | **857**

pessoal, Comitê este equiparado simetricamente ao Comitê dos Direitos Humanos do Pacto Internacional dos Direitos Civis e Políticos".[168]

O Pacto Internacional dos Direitos Econômicos, Sociais e Culturais consolida uma tendência da sociedade internacional contemporânea em fomentar a proteção desses direitos – chamados de *sociais lato sensu* ou direitos da *igualdade* – de maneira mais concreta e com meios processuais mais eficazes para um *enforcement* de melhores resultados. Frise-se, nesse sentido, que os direitos econômicos, sociais e culturais foram de mais rápida adoção pelos Estados-partes no Pacto que os direitos civis e políticos previstos no Pacto respectivo. Prova disso é o fato de o Pacto Internacional sobre Direitos Econômicos, Sociais e Culturais ter entrado em vigor internacional dois meses e vinte dias antes do Pacto Internacional dos Direitos Civis e Políticos. Este último entrou em vigor em 23 de março de 1976, e aquele em 3 de janeiro do mesmo ano.

Lindgren Alves bem leciona a respeito dessa nova tendência de respeito para com os direitos econômicos, sociais e culturais, nestes termos: "Essa tendência à valorização prioritária dos direitos econômicos e sociais na esfera internacional, que se beneficiava, nos tempos da Guerra Fria, da aliança tática entre os Estados socialistas e os países em desenvolvimento na luta por uma Nova Ordem Econômica Internacional, pode agora inverter-se, por vários motivos. Em primeiro lugar porque, com o fim do chamado 'socialismo real' e, portanto, dessa aliança tática, o desenvolvimento *tout court* deixou de ser uma bandeira internacional propagandística, sendo hoje substituída pela noção, mais abrangente, de desenvolvimento humano, dependente, até certo ponto, das condições econômicas internacionais, mas sobretudo da determinação distributiva da riqueza interna e da adoção de políticas públicas adequadas pelos governos nacionais. Não é mais possível, assim pelo menos para países com certo grau de desenvolvimento econômico, atribuir a terceiros, ou à comunidade internacional de forma difusa, a responsabilidade principal pela inobservância doméstica dos direitos 'de segunda geração'. Em segundo lugar, porque os Estados, de um modo geral, já não resistem tanto quanto antigamente à ideia de que os direitos civis e políticos, antes seu 'domínio reservado', possam e devam ser monitorados internacionalmente – até porque o serão com ou sem seu consentimento, em função da globalização das comunicações, em especial da televisão. Em terceiro lugar, porque o conceito de direitos humanos que se instaurou de forma avassaladora na agenda internacional dos anos 90, em decorrência da ideologia vigente do neoliberalismo, corresponde exclusivamente – e de maneira simplista – ao dos direitos 'de primeira geração'. Finalmente, porque o culto do mercado no estádio atual do capitalismo 'globalizado', em detrimento do capitalismo mais organizado e menos excludente do 'Estado providência' (*Welfare State*), ignora, por princípio, conforme os ensinamentos de seus principais teóricos, os direitos econômicos e sociais, encarados como empecilhos ao bom funcionamento da economia. Desconsidera, portanto, proposital e cabalmente, a 'quarta liberdade' de Franklin D. Roosevelt – de se viver a salvo da necessidade – entronizada no Preâmbulo da Declaração

---

[168] José Augusto Lindgren Alves. *A arquitetura internacional dos direitos humanos*, cit., pp. 46-47. E esse mesmo internacionalista conclui: "A exemplo do que ocorre com os relatórios sobre direitos civis e políticos, os relatórios ao Comitê dos Direitos Econômicos, Sociais e Culturais devem ser francos e realistas, descrevendo tanto os esforços desenvolvidos quanto as dificuldades enfrentadas para a implementação dos direitos em questão. Os relatórios são também objeto de apresentação e defesa orais perante o Comitê por delegações oficiais dos respectivos governos" (idem, p. 47).

858 CURSO DE DIREITO INTERNACIONAL PÚBLICO – *Valerio de Oliveira Mazzuoli*

Universal no mesmo nível das demais. Desconsidera também a recente reafirmação, consensual e supostamente inequívoca, pela Conferência de Viena de 1993 de que 'todos os direitos humanos são universais, indivisíveis, interdependentes e inter-relacionados' (Artigo 5º da Declaração e Programa de Ação de Viena Sobre Direitos Humanos)".[169]

5. Protocolo Facultativo ao Pacto dos Direitos Econômicos, Sociais e Culturais. Até o ano de 2008 era desconhecido o mecanismo das *petições individuais* no âmbito do Pacto Internacional dos Direitos Econômicos, Sociais e Culturais. Em 10 de dezembro de 2008, finalmente, o Pacto passou a contar com um *Protocolo Facultativo* – tal como já contava (desde 1966) o Pacto Internacional sobre Direitos Civis e Políticos – prevendo o mecanismo das petições individuais.[170] Por meio desse Protocolo, o Comitê de Direitos Econômicos, Sociais e Culturais fica habilitado a apreciar as petições individuais (de pessoas ou grupos de pessoas) em que se alega violação de um dos direitos econômicos, sociais e culturais enunciados no Pacto. A partir do Protocolo, pode-se dizer que o sistema de justiciabilidade dos direitos econômicos, sociais e culturais passa a andar lado a lado ao do Pacto Internacional sobre Direitos Civis e Políticos, tornando o regime de proteção das Nações Unidas cada vez mais completo e eficaz.

Os requisitos de admissibilidade das petições vêm expressos no art. 3º, §§ 1º e 2º, do Protocolo. Segundo esse dispositivo, o Comitê "só deverá apreciar uma comunicação após se ter assegurado de que todos os recursos internos disponíveis foram esgotados. Esta regra não se aplica se os referidos recursos excederem prazos razoáveis" (§ 1º). Por sua vez, o Comitê "deverá declarar uma comunicação inadmissível quando: *a*) não for submetida no prazo de um ano após o esgotamento das vias de recurso internas, exceto nos casos em que o autor possa demonstrar que não foi possível submeter a comunicação dentro desse prazo; *b*) os fatos que constituam o objeto da comunicação tenham ocorrido antes da entrada em vigor do presente Protocolo para o Estado-Parte em causa, salvo se tais fatos persistiram após tal data; *c*) a mesma questão já tenha sido apreciada pelo Comitê ou tenha sido ou esteja a ser examinada no âmbito de outro processo internacional de investigação ou de resolução de litígios; *d*) a comunicação for incompatível com as disposições do Pacto; *e*) a comunicação seja manifestamente infundada, insuficientemente fundamentada ou exclusivamente baseada em notícias divulgadas pelos meios de comunicação; *f*) a comunicação constitua um abuso do direito de submeter uma comunicação; ou quando *g*) a comunicação seja anônima ou não seja apresentada por escrito" (§ 2º).

São também admitidas, na sistemática do Protocolo, as comunicações *interestatais* ao Comitê, pelas quais um Estado-parte alegue que outro Estado-parte não está a cumprir as suas obrigações decorrentes do Pacto. Nesse caso, o recebimento e apreciação das comunicações só será viável se o Estado em causa declarar a competência do Comitê para tanto (art. 10).

6. Plano das seções seguintes. Depois de estudado o sistema global de proteção dos direitos humanos, seus instrumentos normativos e os mecanismos de monitoramento, cabe agora uma análise detalhada dos três principais sistemas regionais existentes: o interameri-

---

[169] José Augusto Lindgren Alves. Idem, pp. 48-49.

[170] ONU, AG-Res. A/RES/63/117 (10.12.2008). O Protocolo entrou em vigor internacional em 05.05.2013. O Brasil, porém, sequer assinou o instrumento até o presente momento (agosto de 2017).

Parte IV · Cap. I · PROTEÇÃO INTERNACIONAL DOS DIREITOS HUMANOS | **859**

cano (Seção V), o europeu (Seção VI) e o africano (Seção VII). Tais sistemas são aqueles já estruturados e em funcionamento, dotados todos de um *tribunal* regional de proteção capaz de *condenar* Estados por violações de direitos humanos. Não obstante ser o sistema regional europeu o mais antigo de todos, começaremos nosso estudo pelo sistema interamericano. Assim faremos pelo fato de ser este último o sistema regional diretamente aplicável aos brasileiros e, portanto, o que maior interesse nos apresenta. Daí essa inversão que faremos – explique-se ao leitor – em estudar o sistema interamericano antes do estudo do sistema europeu, fugindo à ordem cronológica de criação desses sistemas. É ainda importante frisar que a criação de todos os sistemas regionais está de acordo com a Carta das Nações Unidas de 1945, que expressamente dispõe (no seu art. 1º, § 3º) ser um dos objetivos da ONU "conseguir uma cooperação internacional" para promover e estimular "o respeito aos direitos humanos e às liberdades fundamentais para todos, sem distinção de raça, sexo, língua ou religião".

Para além desses três sistemas principais, há também um incipiente *sistema árabe* de direitos humanos, que ainda não conta com mecanismos de proteção efetivos, como uma *Corte* internacional regional etc. O sistema regional árabe será analisado na Seção VIII. Por fim, será estudado com detalhes (na Seção X) o Estatuto de Roma do Tribunal Penal Internacional.

SEÇÃO V – SISTEMA REGIONAL INTERAMERICANO

1. Introdução. Além do *sistema global* de proteção dos direitos humanos, existem também os *sistemas regionais* de proteção (*v.g.*, o europeu e o africano), dentre os quais merece destaque o sistema interamericano, composto por quatro principais instrumentos: a Carta da Organização dos Estados Americanos (1948); a Declaração Americana dos Direitos e Deveres do Homem (1948), a qual, apesar de não ser tecnicamente um tratado, explicita os direitos mencionados na Carta da OEA; a Convenção Americana sobre Direitos Humanos (1969), conhecida como *Pacto de San José da Costa Rica*; e o Protocolo Adicional à Convenção Americana em Matéria de Direitos Econômicos, Sociais e Culturais, apelidado de *Protocolo de San Salvador* (1988).[171]

Em todo esse complexo normativo interamericano existe a obrigação genérica de proteção dos "direitos fundamentais da pessoa humana, sem fazer distinção de raça, nacionalidade, credo ou sexo" (art. 3º, alínea *l*, da Carta da OEA).[172] No que tange especificamente à responsabilidade internacional dos Estados americanos por violação dos direitos humanos, merece destaque o sistema proposto pela Convenção Americana sobre Direitos Humanos, do qual participam os Estados-membros da OEA, que não exclui a aplicação coadjuvante do sistema instituído pela própria Carta da OEA, como disciplina o art. 29, alínea *b*, da Convenção

---

[171] Para um estudo geral do sistema interamericano, *v.* Héctor Faúndez Ledezma, *El sistema interamericano de protección de los derechos humanos*, 2ª ed., San José: IIDH, 1999, 786p; Dinah Shelton, *Regional protection of human rights*, cit., pp. 68-85; e Valerio de Oliveira Mazzuoli, *Os sistemas regionais de proteção dos direitos humanos: uma análise comparativa dos sistemas interamericano, europeu e africano*, São Paulo: RT, 2011, pp. 19-47. *V.* ainda, Valerio de Oliveira Mazzuoli, The Inter-American human rights protection system: structure, functioning and effectiveness in Brazilian law, in *Anuario Mexicano de Derecho Internacional*, vol. XI, México, D.F.: UNAM, 2011, pp. 331-367.

[172] Sobre os precedentes da proteção dos direitos humanos na Carta da OEA, *v.* Héctor Gros Espiell, Le système interaméricain comme régime régional de protection internationale des droits de l'homme, in *Recueil des Cours*, vol. 145 (1975-II), pp. 13-20.

860 | CURSO DE DIREITO INTERNACIONAL PÚBLICO – *Valerio de Oliveira Mazzuoli*

Americana (intitulado *Normas de Interpretação*), segundo o qual nenhuma de suas disposições pode ser interpretada no sentido de "limitar o gozo e exercício de qualquer direito ou liberdade que possam ser reconhecidos em virtude de leis de qualquer dos Estados-partes ou em virtude de Convenções em que seja parte um dos referidos Estados".

O sistema interamericano de proteção dos direitos humanos tem sua origem histórica com a proclamação da Carta da Organização dos Estados Americanos (*Carta de Bogotá*) de 1948, aprovada na 9ª Conferência Interamericana, ocasião em que também se celebrou a Declaração Americana dos Direitos e Deveres do Homem. Esta última formou a base normativa de proteção no sistema interamericano anterior à conclusão da Convenção Americana (em 1969) e continua sendo o instrumento de expressão regional nessa matéria, principalmente para os Estados não partes na Convenção Americana.[173]

Após a adoção desses dois instrumentos, deflagrou-se um processo gradual de maturação dos mecanismos de proteção dos direitos humanos no sistema interamericano, cujo primeiro passo foi a criação de um órgão especializado de promoção e proteção de direitos humanos no âmbito da OEA: a Comissão Interamericana de Direitos Humanos, por proposta aprovada na 5ª Reunião de Ministros de Relações Exteriores, realizada em Santiago do Chile em 1959. Pela proposta inicial, a Comissão deveria funcionar provisoriamente até a instituição de uma Convenção Interamericana sobre Direitos Humanos, o que veio ocorrer em San José, Costa Rica, em 1969.[174]

2. Convenção Americana sobre Direitos Humanos. A Convenção Americana sobre Direitos Humanos[175] – que é o instrumento fundamental do sistema interamericano de direitos humanos – foi assinada em 1969, tendo entrado em vigor internacional em 18 de julho de 1978, após ter obtido o mínimo de 11 ratificações. Somente os Estados-membros da OEA é que têm o direito de se tornar parte dela. Sua criação fortaleceu o sistema de direitos humanos implantado com a Carta da OEA e explicitado pela Declaração Americana, ao atribuir mais efetividade à Comissão Interamericana de Direitos Humanos, que até então funcionava apenas como órgão da OEA. Também pode-se dizer que a Convenção Americana estabeleceu nas Américas um padrão de "ordem pública" relativa a direitos humanos, até então inexistente. Porém, não obstante a sua importância na consolidação do regime de liberdade individual e de justiça social no Continente Americano, alguns países, como os Estados Unidos (que apenas a assinou) e o Canadá, ainda não ratificaram a Convenção Americana e, ao que parece, não estão dispostos a fazê-lo.[176] O Brasil a ratificou no ano de 1992, tendo sido promulgada internamente pelo Decreto nº 678, de 6 de novembro daquele ano.

---

[173] Cf. Antônio Augusto Cançado Trindade. *Tratado de direito internacional dos direitos humanos*, vol. III, cit., pp. 33-34.

[174] Cf. Héctor Gros Espiell. Le système interaméricain comme régime régional de protection internationale des droits de l'homme, cit., pp. 35-37; e André de Carvalho Ramos, *Direitos humanos em juízo: comentários aos casos contenciosos e consultivos da Corte Interamericana de Direitos Humanos*, São Paulo: Max Limonad, 2001, pp. 57-58.

[175] Para um comentário ao texto completo da Convenção Americana, *v.* Luiz Flávio Gomes & Valerio de Oliveira Mazzuoli, *Comentários à Convenção Americana sobre Direitos Humanos (Pacto de San José da Costa Rica)*, 4ª ed., rev., atual. e ampl., São Paulo: RT, 2013, 461p.

[176] Cf. Nicole LaViolette, The principal international human rights instruments to which Canada has not yet adhered, in *Windsor Yearbook of Access to Justice*, vol. 24, nº 2 (2006), pp. 267-325.

Parte IV · Cap. I · PROTEÇÃO INTERNACIONAL DOS DIREITOS HUMANOS | **861**

A proteção dos direitos humanos prevista na Convenção Americana é *coadjuvante* ou *complementar* da que oferece o Direito interno dos seus Estados-partes (*v.* o 2º *considerando* da Convenção). Não se trata de proteção *supletória* (essa expressão não é empregada pela Convenção) à do Direito interno; trata-se, repita-se, de proteção *coadjuvante* ou *complementar* da oferecida pela ordem doméstica dos Estados-partes. Tal significa que não se retira dos Estados a competência primária para amparar e proteger os direitos das pessoas sujeitas à sua jurisdição, mas que, nos casos de *falta* de amparo ou de proteção *aquém* da necessária, em desconformidade com os direitos e garantias previstos pela Convenção, pode o sistema interamericano atuar concorrendo (de modo *coadjuvante, complementar*) para o objetivo comum de proteger determinado direito que o Estado não garantiu ou preservou. Assim, o sistema protetivo previsto pela Convenção deve somente operar depois de se dar oportunidade de agir ao Estado; apenas em caso de inação deste – ou em caso de proteção aquém da que deveria ocorrer, em desacordo com o sistema protetivo convencional – é que, então, terá lugar a proteção prevista pela Convenção. Portanto, a característica *coadjuvante* ou *complementar* da Convenção não induz a pensar que ela seja *supletória* do Direito nacional, eis que não cabe a qualquer sistema internacional de proteção *substituir* a jurisdição estatal interna para fixar, *v.g.*, as modalidades específicas de investigação e julgamento em um caso concreto. Cabe, em suma, ao Estado a responsabilidade *imediata* de proteção e ao sistema interamericano a responsabilidade protetiva *mediata* (tanto isso é verdade que um dos requisitos de admissibilidade de petições perante a Comissão Interamericana é o do "prévio esgotamento dos recursos internos").[177]

A Convenção, na sua Parte I, elenca um rol de direitos civis e políticos parecido ao do Pacto Internacional sobre Direitos Civis e Políticos, de 1966, a exemplo do direito à vida (art. 4º), do direito à integridade pessoal (art. 5º), do direito de não ser submetido à escravidão ou servidão (art. 6º), do direito à liberdade pessoal (art. 7º), do direito de recorrer da sentença criminal a juiz ou tribunal superior (art. 8º, § 2º, alínea *h*),[178] do direito de liberdade de

---

[177] Cf. Germán J. Bidart Campos. *Tratado elemental de derecho constitucional argentino*, t. III, cit., pp. 277-278; e Carlos M. Ayala Corao, Recepción de la jurisprudencia internacional sobre derechos humanos por la jurisprudencia constitucional, in *Revista del Tribunal Constitucional*, nº 6, Sucre (Bolivia), nov./2004, p. 27.

[178] Destaque-se que Convenção Americana (diferentemente do que faz a Convenção Europeia de Direitos Humanos, de 1950) não prevê qualquer *exceção* à regra do duplo grau de jurisdição em matéria criminal, o que estaria a impedir os julgamentos de ações penais em única instância pelo STF. De fato, a Convenção Europeia estabelece que o direito ao duplo grau "pode ser objeto de exceções em relação a infrações menores, definidas nos termos da lei, *ou quando o interessado tenha sido julgado em primeira instância pela mais alta jurisdição* ou declarado culpado e condenado no seguimento de recurso contra a sua absolvição" (art. 2º, § 2º, do Protocolo 7º de 1984). Assim, na sistemática do sistema regional europeu de direitos humanos é possível que quaisquer pessoas sejam julgadas (em instância única) pelo mais alto tribunal do país, sem que tal configure violação à garantia do duplo grau de jurisdição. Porém, no que tange ao Brasil, é certo que o nosso país encontra-se sujeito à jurisdição da Corte Interamericana de Direitos Humanos, desde que aceitou a competência contenciosa desse tribunal (pelo Decreto Legislativo nº 89/1998); e não há na sistemática interamericana qualquer *ressalva* ou *exceção* no que tange ao direito ao duplo grau de jurisdição em matéria criminal (trata-se, portanto, de regra *absoluta* no nosso sistema). A matéria foi debatida pela Corte Interamericana, pela primeira vez, no julgamento do *Caso Barreto Leiva Vs. Venezuela*, em 17.11.2009, tendo o tribunal entendido que a Venezuela violara a regra do duplo grau ao não oportunizar ao Sr. Barreto Leiva o direito de apelar para um tribunal superior, eis que a condenação por ele sofrida era proveniente de um tribunal que conheceu do caso em única

consciência e de crença (art. 12), do direito de liberdade de pensamento e expressão (art. 13), do direito de retificação ou resposta (art. 14), do direito de reunião (art. 15), do direito ao nome (art. 18), do direito à nacionalidade (art. 20), do direito à propriedade privada (art. 21), do direito de circulação e de residência (art. 22), dos direitos políticos (art. 23), e do direito à igualdade perante a lei (art. 24) e à proteção judicial (art. 25). Na sua Parte II, o tratado enumera os meios de se alcançar a proteção dos direitos elencados na Parte I.

A base da Convenção está nos seus dois primeiros artigos.[179] Nos termos do art. 1º, § 1º, intitulado *Obrigação de respeitar os direitos*, os Estados-partes "comprometem-se a *respeitar* os direitos e liberdades nela reconhecidos e a *garantir* seu livre e pleno exercício a toda pessoa que esteja sujeita à sua jurisdição, sem discriminação alguma, por motivo de raça, cor, sexo, idioma, religião, opiniões políticas ou de qualquer outra natureza, origem nacional ou social, posição econômica, nascimento ou qualquer outra condição social".[180] A locução "a *toda pessoa* que esteja sujeita *à sua jurisdição*" significa que a proteção da Convenção Americana independe da nacionalidade da vítima. Assim, estão protegidos pela Convenção tanto os nacionais dos seus Estados-partes como os estrangeiros e apátridas, residentes ou não em um desses Estados.[181] *Sujeitar-se à jurisdição* de um Estado não significa nele *residir*, mas *nele estar* no momento em que a violação de direitos humanos ocorreu. Por sua vez, o art. 1º, § 2º, esclarece que, para efeitos da Convenção, "pessoa é todo ser humano", o que exclui as pessoas jurídicas do seu âmbito protetivo, como, aliás, deixou claro a Corte Interamericana na *Opinião Consultiva* nº 22, de 26 de fevereiro de 2016, ao entender que "as pessoas jurídicas não são titulares de direitos convencionais, pelo que não podem ser consideradas supostas vítimas no âmbito dos processos contenciosos ante o sistema interamericano".[182] Já o art. 2º da Convenção estabelece que: "Se

---

instância. Sobre o tema, no Brasil, destaque-se a precisa manifestação do Min. Ricardo Lewandowski, no julgamento da Questão de Ordem na Ação Penal 470 (caso "Mensalão"): "Preocupa-me, por fim, o fato de que, se este Supremo Tribunal persistir no julgamento único e final de réus sem prerrogativa de foro, ele estará, segundo penso, negando vigência ao mencionado art. 8º, 2, *h*, do Pacto de São José da Costa Rica, que lhes garante, sem qualquer restrição, o direito de recorrer, no caso de eventual condenação, a uma instância superior, insistência essa que poderá ensejar eventual reclamação perante a Comissão ou a Corte Interamericana de Direitos Humanos" (STF, AP 470/MG, Questão de Ordem, j. 02.08.2012, p. 92). Frise-se, porém, que o STF (por esmagadora maioria) acabou por não respeitar a regra do duplo grau no julgamento da Ação Penal 470, em flagrante violação da Convenção Americana. Para detalhes, *v.* Valerio de Oliveira Mazzuoli, Possibilidade de condenação do Brasil perante a Corte Interamericana de Direitos Humanos por desrespeito à regra do duplo grau de jurisdição, in *Revista dos Tribunais*, ano 102, vol. 933, São Paulo, jul./2013, pp. 455-468.

[179] *V.* Héctor Gros Espiell. Le système interaméricain comme régime régional de protection internationale des droits de l'homme, cit., pp. 38-39.

[180] Para detalhes, *v.* Antônio Augusto Cançado Trindade, *Evolution du droit international au droit des gens...*, cit., pp. 88-95; Valerio de Oliveira Mazzuoli, *Comentários à Convenção Americana sobre Direitos Humanos*, cit., pp. 25-32; e Eduardo Ferrer Mac-Gregor & Carlos María Pelayo Möller, La obligación de "respetar" y "garantizar" los derechos humanos a la luz de la jurisprudencia de la Corte Interamericana, in *Estudios Constitucionales*, año 10, nº 2, Talca: Universidad de Talca, 2012, pp. 141-192.

[181] Cf. Clèmerson Merlin Clève. Proteção internacional dos direitos do homem nos sistemas regionais americano e europeu: uma introdução ao estudo comparado dos direitos protegidos, in *Revista de Informação Legislativa*, ano 24, nº 95, Brasília: Senado Federal, jul./set./1987, p. 37.

[182] CIDH, *Opinião Consultiva* nº 22, de 26.02.2016, "Titularidade dos Direitos das Pessoas Jurídicas no Sistema Interamericano de Direitos Humanos", parágrafo 70. Na mesma *Opinião*, contudo, a Corte afirmou ter competência para conhecer da violação a direitos de sindicatos, federações e confederações, nos termos do

o exercício dos direitos e liberdades mencionados no artigo 1 ainda não estiver garantido por disposições legislativas ou de outra natureza, os Estados-partes comprometem-se a adotar, de acordo com as suas normas constitucionais e com as disposições desta Convenção, as medidas legislativas ou de outra natureza que forem necessárias para tornar efetivos tais direitos e liberdades".

É também importante observar que a Convenção Americana não estabelece, de forma específica, qualquer direito social, econômico ou cultural, contendo apenas uma previsão genérica sobre tais direitos, constante do seu art. 26, segundo o qual "os Estados-partes comprometem-se a adotar as providências, tanto no âmbito interno, como mediante cooperação internacional, especialmente econômica e técnica, a fim de conseguir progressivamente a plena efetividade dos direitos que decorrem das normas econômicas, sociais e sobre educação, ciência e cultura, constantes da Carta da Organização dos Estados Americanos, reformada pelo Protocolo de Buenos Aires, na medida dos recursos disponíveis, por via legislativa ou por outros meios apropriados". Para a garantia de tais direitos, a Assembleia Geral da OEA adotou, em 1988, um Protocolo Adicional à Convenção Americana (*Protocolo de San Salvador*), que entrou em vigor internacional em novembro de 1999, quando foi depositado o 11º instrumento de ratificação, nos termos do seu art. 21.[183] O Brasil ratificou o *Protocolo* em 1999, promulgando-o internamente pelo Decreto nº 3.321, de 30 de dezembro desse mesmo ano. Destaque-se que a Corte Interamericana de Direitos Humanos, no julgamento do caso *Lagos del Campo Vs. Peru*, de 31 de agosto de 2017 – que versava a dispensa de um trabalhador em razão de críticas por ele dirigidas à empresa em que laborava –, reconheceu, pela primeira vez, por maioria de cinco votos a dois, aplicabilidade direta ao art. 26 da Convenção Americana, ao entender violado, *in casu*, o direito à estabilidade no emprego. A decisão foi de encontro às manifestações anteriores do mesmo tribunal (*v.g.*, no caso *Gonzales Lluy Vs. Equador*, de 2015) que entendiam estarem os direitos econômicos, sociais e culturais já consagrados ("embutidos") em outras disposições da Convenção; agora, ao revés, garantiu-se a justiciabilidade plena desses direitos perante o sistema interamericano, com base única e exclusiva no art. 26 da Convenção Americana.[184]

Quanto aos demais instrumentos internacionais que compõem o sistema interamericano, merecem ser citados: o Protocolo à Convenção Americana sobre Direitos Humanos

---

art. 8º, § 1º, alínea *a*, do Protocolo de San Salvador, que estabelece o dever dos Estados-partes de garantir "o direito dos trabalhadores de organizar sindicatos e de filiar-se ao de sua escolha, para proteger e promover seus interesses", permitindo ainda "aos sindicatos formar federações e confederações nacionais e associar-se às já existentes, bem como formar organizações sindicais internacionais e associar-se à de sua escolha".

183 V. Flávia Piovesan. *Direitos humanos e o direito constitucional internacional*, cit., p. 228.

184 CIDH, *Caso Lagos del Campo Vs. Peru*, Exceções Preliminares, Mérito, Reparações e Custas, sentença de 31 de agosto de 2017, Série C, nº 340; e também CIDH, *Caso San Miguel Sosa e Outras Vs. Venezuela*, Mérito, Reparações e Custas, sentença de 8 de fevereiro de 2018, Série C, nº 348. Ambas as sentenças, no entanto, sofreram críticas nos votos dissidentes dos juízes Vio Grossi e Sierra Porto, no sentido de ter a Corte extrapolado a interpretação possível do art. 26 da Convenção ao reconhecer a justiciabilidade dos direitos econômicos, sociais e culturais no âmbito do Pacto de San José, notadamente porque tal dispositivo não contém um rol expresso de direitos subjetivos com aplicação direta, além do que o próprio Protocolo de San Salvador (concluído para complementar a Convenção nesse tema) autoriza a justiciabilidade de tão somente dois direitos – associação sindical (art. 8º) e direito à educação (art. 13) – entre os quais não se encontram outros direitos econômicos, sociais ou culturais.

Referente à Abolição da Pena de Morte (1990)[185]; a Convenção Interamericana para Prevenir e Punir a Tortura (1985); a Convenção Interamericana para Prevenir, Punir e Erradicar a Violência contra a Mulher (1994), conhecida como *Convenção de Belém do Pará*; a Convenção Interamericana sobre Tráfico Internacional de Menores (1994); a Convenção Interamericana para a Eliminação de Todas as Formas de Discriminação Contra as Pessoas Portadoras de Deficiência (1999); a Convenção Interamericana contra o Racismo, a Discriminação Racial e Formas Correlatas de Intolerância (2013); e a Convenção Interamericana sobre a Proteção dos Direitos Humanos dos Idosos (2015). Infelizmente, tais instrumentos também não foram ratificados por muitos Estados-partes da OEA, sendo a única exceção a *Convenção de Belém do Pará*, que, atualmente, já foi ratificada por 31 dos 35 Estados-membros da Organização.

Para a proteção e monitoramento dos direitos que estabelece, a Convenção Americana vem integrada por dois órgãos: a *Comissão Interamericana de Direitos Humanos* e a *Corte Interamericana de Direitos Humanos*, como estudaremos a seguir.

3. Comissão Interamericana de Direitos Humanos. A origem da Comissão Interamericana de Direitos Humanos é uma resolução da OEA e não um tratado internacional. Trata-se da Resolução VIII da OEA, adotada na V Reunião de Consulta dos Ministros das Relações Exteriores, ocorrida em Santiago (Chile) em 1959.[186] No entanto, a Comissão (que tem sede em Washington, D.C., nos Estados Unidos) começou a funcionar no ano posterior, seguindo o estabelecido pelo seu primeiro estatuto, segundo o qual sua função seria promover os direitos estabelecidos tanto na Carta da OEA, quanto na Declaração Americana dos Direitos e Deveres do Homem.[187]

De acordo com a Carta da OEA, a Comissão Interamericana de Direitos Humanos é, além de órgão da Organização dos Estados Americanos, também órgão da Convenção Americana sobre Direitos Humanos,[188] tendo, portanto, funções ambivalentes ou bifrontes. A Corte Interamericana de Direitos Humanos, por sua vez, é tão somente órgão da Convenção Americana (eis que diretamente *criada* pela Convenção). Embora todos os Estados-partes da Convenção Americana sejam obrigatoriamente membros da OEA, a recíproca não é verdadeira, uma vez que nem todos os membros da OEA são partes na Convenção Americana.[189]

---

[185] O Brasil fez a seguinte declaração no momento de assinar esse Protocolo: "Ao ratificar o Protocolo sobre a Abolição da Pena de Morte, adotado em Assunção, em 8 de junho de 1990, declaro, devido a imperativos constitucionais, que consigno a reserva, nos termos estabelecidos no Artigo 2 do Protocolo em questão, no qual se assegura aos Estados-Partes o direito de aplicar a pena de morte em tempo de guerra, de acordo com o direito internacional, por delitos sumamente graves de caráter militar".

[186] Cf. Héctor Gros Espiell. Le système interaméricain comme régime régional de protection internationale des droits de l'homme, cit., p. 23; Antônio Augusto Cançado Trindade, *Tratado de direito internacional dos direitos humanos*, vol. III, cit., pp. 34-35; e Dinah Shelton, *Regional protection of human rights*, cit., pp. 499-527.

[187] Cf. Héctor Fix-Zamudio. *Protección jurídica de los derechos humanos*, cit., p. 164. *V.* a página *web* da Comissão Interamericana de Direitos Humanos em: [http://www.oas.org/en/iachr].

[188] *V.* art. 106 da Carta da OEA: "Haverá uma Comissão Interamericana de Direitos Humanos que terá por principal função promover o respeito e a defesa dos direitos humanos e servir como órgão consultivo da Organização em tal matéria. Uma convenção interamericana sobre direitos humanos estabelecerá a estrutura, a competência e as normas de funcionamento da referida Comissão, bem como as dos outros órgãos encarregados de tal matéria".

[189] Cf. Jean Michel Arrighi. *OEA: Organização dos Estados Americanos*, cit., p. 52.

Parte IV · Cap. I · PROTEÇÃO INTERNACIONAL DOS DIREITOS HUMANOS | 865

Neste tópico consideraremos a Comissão Interamericana mais como órgão da Convenção Americana do que como órgão da OEA.

A Comissão é composta por sete membros, que devem ser pessoas de alta autoridade moral e de reconhecido saber em matéria de direitos humanos. Tais membros são eleitos a título pessoal, pela Assembleia Geral da OEA, a partir de uma lista de candidatos propostos pelos governos dos Estados-membros. Cada um desses governos pode propor até três candidatos, nacionais do Estado que os propuser ou de qualquer outro Estado-membro da organização. Porém, quando for proposta uma lista de três candidatos, pelo menos um deles deverá ser nacional de Estado diferente do proponente. Os membros da Comissão são eleitos por quatro anos e só poderão ser reeleitos uma vez, devendo o mandato de três dos membros designados na primeira eleição expirar ao cabo de dois anos. É vedado fazer parte da Comissão mais de um nacional de um mesmo país (art. 37).

A Comissão representa todos os Estados-membros da OEA e tem como principal função a de promover a observância e a defesa dos direitos humanos no Continente Americano. No exercício de seu mandato, a Comissão Interamericana tem as seguintes funções e atribuições (art. 41): *a*) estimular a consciência dos direitos humanos nos povos da América; *b*) formular recomendações aos governos dos Estados-membros, quando considerar conveniente, no sentido de que adotem medidas progressivas em prol dos direitos humanos no âmbito de suas leis internas e seus preceitos constitucionais, bem como disposições apropriadas para promover o devido respeito a esses direitos; *c*) preparar estudos ou relatórios que considerar convenientes para o desempenho de suas funções; *d*) solicitar aos governos dos Estados-membros que lhe proporcionem informações sobre as medidas que adotarem em matéria de direitos humanos (podendo, inclusive, realizar inspeções *in loco* nesses Estados); *e*) atender às consultas que, por meio da Secretaria-Geral da OEA, lhe formularem os Estados-membros sobre questões relacionadas com os direitos humanos e, dentro de suas possibilidades, prestar-lhes o assessoramento que solicitarem; *f*) atuar com respeito às petições e outras comunicações, no exercício de sua autoridade, de conformidade com o disposto nos arts. 44 a 51 da Convenção Americana; e *g*) apresentar um relatório anual à Assembleia Geral da OEA.

Uma das principais competências da Comissão é, seguramente, a de examinar as comunicações de indivíduos ou grupos de indivíduos, ou ainda de entidade não governamental legalmente reconhecida em um ou mais Estados-membros da OEA, atinentes a violações de direitos humanos constantes na Convenção Americana por Estado que dela seja parte (art. 41, *f*).[190] Assim, os indivíduos, apesar de não terem acesso direto à Corte, também podem dar início ao procedimento de processamento internacional do Estado com a apresentação de *petição* à Comissão Interamericana. Nos termos do art. 44 da Convenção Americana:

---

[190] V. Héctor Gros Espiell. Le système interaméricain comme régime régional de protection internationale des droits de l'homme, cit., pp. 27-20; André de Carvalho Ramos, *Processo internacional de direitos humanos: análise dos sistemas de apuração de violações dos direitos humanos e a implementação das decisões no Brasil*, Rio de Janeiro: Renovar, 2002, pp. 229-238; e Flávia Piovesan, *Direitos humanos e o direito constitucional internacional*, cit., pp. 232-233. Para uma visão geral dos casos contra o Brasil na Comissão Interamericana até 2005, *v*. Luiz Flávio Gomes & Valerio de Oliveira Mazzuoli, O Brasil e o sistema interamericano de proteção dos direitos humanos, in *Novos rumos do direito penal contemporâneo: livro em homenagem ao Prof. Dr. Cezar Roberto Bitencourt*, Andrei Zenkner Schmidt (coord.), Rio de Janeiro: Lumen Júris, 2006, pp. 427-437.

"Qualquer pessoa ou grupo de pessoas, ou entidade não governamental legalmente reconhecida em um ou mais Estados-membros da Organização, pode apresentar à Comissão petições que contenham denúncias ou queixas de violações desta Convenção por um Estado-parte". Trata-se de uma exceção à chamada *cláusula facultativa* (que permite que o Estado-parte se manifeste se aceita ou não esse mecanismo), uma vez que a Convenção permite que qualquer pessoa ou grupo de pessoas (sejam elas nacionais ou não do Estado em causa) recorram à Comissão Interamericana independentemente de declaração expressa do Estado reconhecendo essa sistemática.

A missão da Comissão, como órgão de admissibilidade das petições ou comunicações de particulares ou de organizações não governamentais, tem sido reconhecida como *quase judicial*, especialmente pelo fato de poder, no exercício de sua competência, deflagrar o procedimento de "processamento" do Estado por violação de direitos humanos. A dificuldade prática que se tem, porém, diz respeito à efetivação do processamento das denúncias ou queixas perante a Corte Interamericana, dada a não submissão à Corte de todos os casos analisados pela Comissão. De fato, dos milhares de queixas recebidas todos os anos pela Comissão, nas quais se alegam violações a direitos humanos de toda índole, pouquíssimas são, ao final, admitidas e seguem à Corte.[191] Basta um olhar panorâmico sobre a jurisprudência da Corte Interamericana para notar que apenas "grandes temas" têm sido a ela submetidos pela Comissão, como os relativos a direitos de povos indígenas e comunidades tradicionais (*v.g.*, casos *Comunidade Mayagna Awas Tingni Vs. Nicarágua, Comunidade Indígena Yakye Axa Vs. Paraguai, Comunidade Indígena Xákmok Kásek Vs. Paraguai* e *Povos Kaliña e Lokono Vs. Suriname*), envolvendo anistias dos períodos de ditadura militar na América Latina (casos *Gelman Vs. Uruguai* e *Gomes Lund Vs. Brasil*), sobre questões de gênero e sexualidade (*v.g.*, casos *Atala Riffo Vs. Chile* e *Duque Vs. Colômbia*), relativos a massacres de grande monta (*v.g.*, casos *Massacre de Mapiripan Vs. Colômbia* e *Massacres de El Mozote Vs. El Salvador* etc.) e atinentes a desaparecimentos forçados (*v.g.*, caso *Rodríguez Vera Vs. Colômbia*). Há, portanto, um direcionamento certo, por parte da Comissão, dos casos que pretende deflagrar perante a Corte Interamericana. Daí as críticas que se têm atualmente destinado à atuação da Comissão, no sentido de saber *a quem serve* efetivamente o órgão em nosso entorno geográfico. Casos individuais e pontuais, cujo mérito não guarde ampla representatividade no Continente, têm mínima ou quase nenhuma probabilidade de admissão perante a Comissão e de seguir, ao final, à Corte Interamericana para julgamento.

Seja como for, para que uma petição sobre violação da Convenção e dos direitos humanos por ela reconhecidos seja admitida, deve preencher os requisitos previstos no art. 46, § 1º, da Convenção Americana, quais sejam: *a)* que tenham sido interpostos e esgotados os recursos da jurisdição interna, de acordo com os princípios de Direito Internacional geralmente reconhecidos (regra do prévio esgotamento dos recursos internos); *b)* que seja apresentada

---

[191] Em 2014, *v.g.*, a Comissão recebeu 1.758 petições e, após análise, enviou somente 19 casos à Corte; em 2015, a Comissão recebeu 2.164 petições e enviou apenas 14 casos à Corte; em 2016, das 2.567 petições recebidas, apenas 16 casos foram submetidos à Corte; em 2021, foram recebidas 2.327 petições e enviados 40 casos à Corte (o maior número de casos na média dos anos, mas que, mesmo assim, corresponde a apenas 1,71% das petições recebidas); em 2022, foram recebidas 2.240 petições, com submissão à Corte de 24 casos; em 2023, a Comissão recebeu 2.692 petições e enviou 34 casos à Corte (*v.* Estatísticas da OEA, 2016-2023).

Parte IV • Cap. I • PROTEÇÃO INTERNACIONAL DOS DIREITOS HUMANOS | 867

dentro do prazo de seis meses, a partir da data em que o presumido prejudicado em seus direitos tenha sido notificado da decisão definitiva; *c*) que a matéria da petição ou comunicação não esteja pendente de outro processo de solução internacional (ou seja, que não haja litispendência ou coisa julgada internacionais); e *d*) que, no caso do art. 44, a petição contenha o nome, a nacionalidade, a profissão, o domicílio e a assinatura da pessoa ou pessoas ou do representante legal da entidade que submeter a petição. Contudo, relativamente aos primeiro e segundo requisitos, deve-se observar o disposto no § 2º do mesmo art. 46, segundo o qual as disposições das alíneas *a* e *b* supratranscritas não se aplicarão quando: *a*) não existir, na legislação interna do Estado de que se tratar, o devido processo legal para a proteção do direito ou direitos que se alegue tenham sido violados; *b*) não se houver permitido ao presumido prejudicado em seus direitos o acesso aos recursos da jurisdição interna, ou houver sido ele impedido de esgotá-los; e *c*) houver demora injustificada na decisão sobre os mencionados recursos.[192] Assim, é bom fique nítido que, na prática do sistema interamericano, a regra do prévio esgotamento dos recursos internos tem sido (com absoluta coerência) interpretada restritivamente, mitigando-se o seu alcance quando, comprovadamente, a vítima da violação dos direitos humanos não tiver os meios e as condições necessárias para esgotar os recursos judiciários internos antes de deflagrar o procedimento perante a Comissão Interamericana. A Comissão, nos termos dessa disposição convencional, tem então facilitado aos reclamantes a admissibilidade de suas petições ou comunicações quando ao menos um desses fatores se fizer presentes.[193] Nesse caso, pode o Estado ser inclusive responsabilizado internacionalmente, justamente por não ter provido o indivíduo de meios jurídicos hábeis para reparar o dano que lhe foi causado em decorrência da violação de direitos humanos.

O processo perante a Comissão vem regulado pelos arts. 48 a 51 da Convenção Americana. Nos termos do art. 48, § 1º, da Convenção, ao receber uma petição ou comunicação na qual se alegue a violação de qualquer dos direitos consagrados na Convenção Americana, a Comissão procederá da seguinte maneira: *a*) se reconhecer a admissibilidade da petição ou comunicação solicitará informações ao Governo do Estado ao qual pertença a autoridade apontada como responsável pela violação alegada e transcreverá as partes pertinentes da petição ou comunicação. As referidas informações devem ser enviadas dentro de um prazo razoável, fixado pela Comissão ao considerar as circunstâncias de cada caso; *b*) recebidas as informações, ou transcorrido o prazo fixado sem que sejam elas recebidas, verificará se existem ou subsistem os motivos da petição ou comunicação. No caso de não existirem ou não subsistirem, mandará arquivar o expediente; *c*) poderá também declarar a inadmissibilidade ou a improcedência da petição ou comunicação, com base em informação ou prova supervenientes; *d*) se o expediente não houver sido arquivado, e com o fim de comprovar os fatos, a Comissão procederá, com conhecimento das partes, a um exame do assunto exposto na petição ou comunicação. Nessa fase, a petição individual já é registrada como um *caso*. Se for necessário e conveniente, a Comissão procederá a uma *investigação*, para cuja eficaz realização solicitará (e os Estados interessados deverão lhe proporcionar) todas as facilidades necessárias; *e*) poderá requerer aos Estados interessados qualquer informação pertinente e

---

[192]   Cf. Héctor Gros Espiell. Le système interaméricain comme régime régional de protection internationale des droits de l'homme, cit., p. 45.

[193]   Cf. Antônio Augusto Cançado Trindade. *Tratado de direito internacional dos direitos humanos*, vol. III, cit., pp. 39-40.

receberá, se isso for solicitado, as exposições verbais ou escritas que apresentarem os interessados; e *f*) por-se-á à disposição das partes interessadas, a fim de chegar a uma solução amistosa do assunto, fundada no respeito aos direitos reconhecidos na Convenção (*fase conciliatória*). Contudo, em casos graves e urgentes, pode ser realizada uma investigação, mediante prévio consentimento do Estado em cujo território se alegue houver sido cometida a violação, tão somente com a apresentação de uma petição ou comunicação que reúna todos os requisitos formais de admissibilidade (art. 48, § 2º).

Segundo o art. 49, caso se tenha chegado a uma solução amistosa (conciliação) de acordo com as disposições do § 1º, alínea *f*, do art. 48, a Comissão – agora já em direção à *fase do primeiro informe* ou *informe preliminar* – redigirá um relatório que será encaminhado ao peticionário e aos Estados-partes e posteriormente transmitido, para sua publicação, ao Secretário-Geral da OEA. O referido relatório conterá uma breve exposição dos fatos e da solução alcançada. Se qualquer das partes no caso o solicitar, ser-lhe-á proporcionada a mais ampla informação possível. Se não se chegar a uma solução amistosa, e dentro do prazo que for fixado pelo Estatuto da Comissão, esta redigirá um relatório (*primeiro informe*) no qual exporá os fatos e suas conclusões. Se o relatório não representar, no todo ou em parte, o acordo unânime dos membros da Comissão, qualquer deles poderá agregar ao relatório seu voto em apartado. Também se agregarão ao relatório as exposições verbais ou escritas que houverem sido feitas pelos interessados em virtude do § 1º, alínea *e*, do art. 48. O relatório será encaminhado aos Estados interessados, aos quais não será facultado publicá-lo. Ao encaminhar o relatório, a Comissão pode formular as proposições e recomendações que julgar adequadas (art. 50, §§ 1º a 3º).[194]

Se, no prazo de três meses, a partir da remessa aos Estados interessados do relatório da Comissão, o assunto não houver sido solucionado ou submetido à decisão da Corte Interamericana pela Comissão ou pelo Estado interessado, aceitando sua competência, a Comissão – agora na *fase do segundo informe* – poderá emitir, pelo voto da maioria absoluta dos seus membros, sua própria opinião e conclusões sobre a questão submetida à sua consideração.[195] Esta fase do *segundo informe*, como se percebe, somente ocorrerá quando "o assunto não houver sido solucionado *ou [não houver sido] submetido à decisão da Corte* [em geral, pelo fato de o Estado não ser *parte* na Convenção Americana ou, caso o seja, por não ter ainda reconhecido a competência contenciosa da Corte] pela Comissão ou pelo Estado interessado" (art. 51, § 1º). Perceba-se que a expressão "não houver sido" também se liga à frase derradeira "submetido à decisão da Corte", com o que se conclui que somente no caso de não ter sido o caso submetido à decisão da Corte é que a Comissão *continua* no seu procedimento interno de processamento (não judicial) do Estado, editando o seu *segundo informe*.[196] Nessa fase, a Comissão fará as recomendações pertinentes e fixará um prazo dentro do qual o Estado deve tomar as medidas que lhe competir para remediar a situação examinada. Transcorrido o prazo fixado, a Comissão decidirá, pelo voto da maioria absoluta dos seus membros, se o Estado tomou ou não as medidas adequadas e se publica ou não seu relatório (art. 51, §§ 2º a 3º).

---

[194] Cf. Jean Michel Arrighi. *OEA: Organização dos Estados Americanos*, cit., p. 108.

[195] Cf. Flávia Piovesan. *Direitos humanos e o direito constitucional internacional*, cit., p. 236.

[196] V. Valerio de Oliveira Mazzuoli. *Comentários à Convenção Americana sobre Direitos Humanos*, cit., pp. 327-328.

Frise-se que os Estados que não ratificaram a Convenção Americana não ficam desonerados de suas obrigações assumidas nos termos da Carta da OEA e da Declaração Americana dos Direitos e Deveres do Homem, de 1948, podendo acionar normalmente a Comissão Interamericana, que fará recomendações aos governos para o respeito dos direitos humanos violados no território do Estado em questão. Isto porque, como já se falou, a Comissão Interamericana, além de órgão da Convenção Americana, também é (originariamente) órgão da OEA. Em caso de não cumprimento do estabelecido pela Comissão, esta poderá acionar a Assembleia Geral da OEA para que tome medidas sancionatórias contra o Estado em questão.[197] Apesar de não constar expressamente, dentre as atribuições da Assembleia Geral (constantes do art. 54 da Carta da OEA), a de impor aos Estados violadores dos direitos humanos *sanções* internacionais, o certo é que, enquanto órgão político, a ela incumbe zelar pelo cumprimento dos preceitos da Carta da OEA, o que, *in casu*, seria a violação dos direitos humanos.[198] Esse sistema subsidiário da OEA somente estará extinto a partir de quando todos os Estados americanos houverem *ratificado* a Convenção Americana e *aceito* a jurisdição contenciosa da Corte Interamericana (o que dificilmente ocorrerá na prática).

Perceba-se, assim, que existe um *desdobramento funcional* relativamente às atribuições da Comissão Interamericana, que pode atuar tanto como *órgão da OEA* quanto *órgão da Convenção Americana* (nesse último caso, na hipótese de os Estados-partes na Convenção já terem aceitado a competência contenciosa da Corte Interamericana). Assim, a Comissão é, a um só tempo, órgão de "vocação geral" do sistema interamericano (quando atua como órgão da OEA) e órgão "processual" desse mesmo sistema (nas funções que lhe são atribuídas pela Convenção Americana).[199] Trata-se do aspecto ambivalente ou bifronte da Comissão ao qual já nos referimos. Não se tem dúvida, entretanto, que o sistema da Convenção Americana é superior ao sistema da OEA em matéria de proteção dos direitos humanos. Primeiro, porque abrange número bem maior de direitos do que os mencionados tanto na Carta da OEA como na Declaração Americana; segundo, porque as sentenças da Corte Interamericana são vinculativas aos Estados-partes da Convenção, o que não ocorre com as recomendações emanadas do sistema quase judicial da Carta da OEA.[200]

4. Corte Interamericana de Direitos Humanos. A Corte Interamericana de Direitos Humanos – que é o segundo órgão da Convenção Americana – é o órgão jurisdicional do sistema interamericano que resolve sobre os casos de violação de direitos humanos perpetrados pelos Estados-partes da OEA e que tenham ratificado a Convenção Americana.[201] Trata-se

---

[197] Cf. Héctor Gros Espiell. Le système interaméricain comme régime régional de protection internationale des droits de l'homme, cit., pp. 30-31.

[198] Cf. André de Carvalho Ramos. *Direitos humanos em juízo...*, cit., pp. 68-69; e o seu *Processo internacional de direitos humanos...*, cit., pp. 221-224 (nestas duas obras, por evidente erro gráfico, o autor se refere ao *art. 53* da Carta da OEA, quando o dispositivo que versa as atribuições da Assembleia Geral é o art. 54 da mesma Carta).

[199] V. Hélio Bicudo. Defesa dos direitos humanos: sistemas regionais, in *Estudos Avançados*, vol. 17, nº 47, São Paulo, 2003, p. 231.

[200] Cf. André de Carvalho Ramos. *Direitos humanos em juízo...*, cit., p. 71.

[201] V. Thomas Buergenthal. The Inter-American Court of Human Rights, in *American Journal of International Law*, vol. 76 (April 1982), pp. 1-27; e Dinah Shelton, *Regional protection of human rights*, cit., pp. 527-542. V. a página *web* da Corte Interamericana de Direitos Humanos em: [http://www.corteidh.or.cr].

870 | CURSO DE DIREITO INTERNACIONAL PÚBLICO – *Valerio de Oliveira Mazzuoli*

de tribunal internacional *supranacional*, capaz de condenar os Estados-partes na Convenção Americana por violação de direitos humanos. A Corte não pertence à OEA, tendo sido criada *pela* Convenção Americana, com natureza de órgão judiciário internacional. Trata-se da segunda corte instituída em contextos regionais (a primeira foi a Corte Europeia de Direitos Humanos, sediada em Estrasburgo, competente para aplicar a Convenção de 1950). Seu nascimento se deu em 1978, quando da entrada em vigor da Convenção Americana, mas o seu funcionamento somente ocorreu, de forma efetiva, em 1982, quando emitiu a sua primeira Opinião Consultiva e, cinco anos mais tarde, a sua primeira sentença.[202]

A Corte Interamericana – que tem sede em San José, na Costa Rica – é composta por sete juízes (sempre de nacionalidades diferentes) provenientes dos Estados-membros da OEA, eleitos a título pessoal dentre juristas da mais alta autoridade moral, de reconhecida competência em matéria de direitos humanos e que reúnam as condições requeridas para o exercício das mais elevadas funções judiciais, de acordo com a lei do Estado do qual sejam nacionais ou do Estado que os propuser como candidatos (art. 52). Os juízes da Corte são eleitos por um período de seis anos, podendo ser reeleitos somente uma vez, devendo permanecer em suas funções até o término de seus mandatos. No caso de um dos juízes chamados a conhecer do caso ser de nacionalidade de um dos Estados-partes, faculta-se ao outro Estado oferecer um juiz *ad hoc* (oitavo juiz) à Corte (art. 55, § 2º).203 O *quorum* para as deliberações da Corte é de cinco juízes (art. 56).

A Corte detém uma *competência consultiva* (relativa à interpretação das disposições da Convenção, bem como das disposições de tratados concernentes à proteção dos direitos humanos nos Estados Americanos[204]) e uma *competência contenciosa*, de caráter jurisdicional, própria para o julgamento de casos concretos, quando se alega que um dos Estados-partes na Convenção violou algum de seus preceitos.[205] Contudo, a competência contenciosa da Corte Interamericana é limitada aos Estados-partes da Convenção que reconheçam expressamente a sua jurisdição. Isto significa que um Estado-parte na Convenção Americana não pode ser demandado perante a Corte se ele próprio não aceitar a sua competência contenciosa. Ocorre que, ao ratificarem a Convenção Americana, os Estados-partes já aceitam automaticamente a competência *consultiva* da Corte; em relação à competência *contenciosa*, esta é facultativa

---

[202] Cf. Thomas Buergenthal. Recordando los inicios de la Corte Interamericana de Derechos Humanos, in *Revista Instituto Interamericano de Derechos Humanos*, vol. 39, San José, Costa Rica, enero/junio/2004, pp. 11-31; e Jean Michel Arrighi, *OEA: Organização dos Estados Americanos*, cit., pp. 105-107.

[203] Frise-se que esse juiz *ad hoc*, de acordo com o novo Regulamento da Corte e em atenção à sua *Opinião Consultiva* nº 20/09, só é possível nas causas *entre Estados*, ou seja, nas demandas *interestatais*, não sendo autorizado quando o processo tem origem em casos individuais (em que não existe Estado *demandante*, senão apenas Estado *demandado*). Havendo um juiz nacional do Estado demandado em caso originado de petição individual, o entendimento atual da Corte (expresso na citada *Opinião Consultiva* nº 20/09) é de que este juiz não poderá participar do julgamento. Para detalhes, *v.* Valerio de Oliveira Mazzuoli, *Comentários à Convenção Americana sobre Direitos Humanos*, cit., p. 334.

[204] *V.* art. 64 da Convenção. Para um estudo aprofundado do tema, *v.* Augusto Guevara Palacios, *Los dictámenes consultivos de la Corte Interamericana de Derechos Humanos: interpretación constitucional y convencional*, Barcelona: Bosch, 2012, 564p. Para um panorama geral, cf. Carlos Jaime Villarroel Ferrer, *La competencia consultiva de los tribunales internacionales*, in *Revista de la Secretaría del Tribunal Permanente de Revisión*, año 2, nº 4, Asunción, mar./2014, pp. 15-18.

[205] Cf. Héctor Fix-Zamudio. *Protección jurídica de los derechos humanos*, cit., p. 177.

Parte IV · Cap. I · PROTEÇÃO INTERNACIONAL DOS DIREITOS HUMANOS | **871**

e poderá ser aceita posteriormente. Esse foi o meio que a Convenção Americana encontrou para fazer com que os Estados ratificassem a Convenção sem o receio de serem prontamente demandados por violações a direitos humanos. Tratou-se de uma estratégia de política internacional que, ao final, foi frutífera, tendo o Brasil aderido à competência contenciosa da Corte em 1998, por meio do Decreto Legislativo nº 89, de 3 de dezembro daquele ano,[206] segundo o qual somente poderão ser submetidas à Corte as denúncias de violações de direitos humanos ocorridas a partir do seu reconhecimento (perceba-se, aqui, a *cláusula temporal* de aceite do Brasil à competência contenciosa da Corte Interamericana: somente se poderá demandar o Brasil perante a Corte *a partir desse reconhecimento*). Em 8 de novembro de 2002, o Poder Executivo brasileiro (Presidente Fernando Henrique Cardoso) promulgou, por meio do Decreto nº 4.463/2002, a Declaração de Reconhecimento da Competência Obrigatória da Corte Interamericana de Direitos Humanos, sob reserva de reciprocidade, em consonância com o art. 62 da Convenção Americana.

No exercício da competência consultiva, a Corte Interamericana expede Opiniões Consultivas aos Estados solicitantes, as quais têm por objetivo esclarecer os Estados sobre aspectos controvertidos da aplicação ou interpretação da Convenção Americana. Trata-se de aferição de convencionalidade preventiva que deve ser considerada pelos Estados, os quais têm o dever de incorporar e dar cumprimento interno às Opiniões Consultivas proclamadas pela Corte.

Destaque-se que tanto os particulares quanto as instituições privadas estão impedidos de ingressar diretamente à Corte (art. 61), diferentemente do que ocorre no sistema da Corte Europeia de Direitos Humanos (depois da vigência do Protocolo nº 11 à Convenção Europeia). No caso do sistema interamericano, será *a Comissão* – que, nesse caso, atua como instância preliminar à jurisdição da Corte – que submeterá o caso ao conhecimento da Corte, podendo também fazê-lo *outro Estado* pactuante, mas desde que o país acusado tenha anteriormente aceito a jurisdição do tribunal para atuar em tal contexto – ou seja, o da lide interestatal nos casos relativos a direitos humanos –, impondo ou não a condição de reciprocidade.[207] Frise-se que a Comissão (nos casos iniciados por particulares) não pode atuar como *parte* na demanda, uma vez que já atuou no caso quanto à admissibilidade deste; a Comissão atuará na qualidade de *substituta processual*, defendendo, em nome próprio, direitos de terceiros.

Não obstante os indivíduos (vítimas das violações de direitos humanos ou seus representantes) não poderem ainda demandar diretamente à Corte Interamericana, a projeção

---

[206] V. *Diário Oficial da União*, de 4.12.1998. Destaque-se, contudo, a opinião do então Consultor Jurídico do Itamaraty, Prof. Cachapuz de Medeiros, de que esse novo Decreto Legislativo seria dispensável, uma vez que ao aprovar "a Convenção Americana sobre Direitos Humanos, o Congresso Nacional já aceitou a possibilidade de que sentenças da Corte Interamericana, em caso de condenação, imponham ao Estado brasileiro penas de caráter monetário", concluindo não ter "nenhuma dúvida de que a declaração de reconhecimento da competência obrigatória da Corte Interamericana de Direitos Humanos não requer nova aprovação congressional", uma vez que esse "necessário consentimento já foi dado pelo Decreto Legislativo nº 27, de 26 de maio de 1992". V. Antônio Paulo Cachapuz de Medeiros. Declaração de reconhecimento da competência obrigatória da Corte Interamericana de Direitos Humanos para a interpretação e a aplicação da Convenção Americana de Direitos Humanos (Pacto de San José da Costa Rica), segundo o art. 62 da mesma (…). Adendo ao Parecer anterior, in *Pareceres dos consultores jurídicos do Itamaraty*, vol. IX (1990-2000), Antônio Paulo Cachapuz de Medeiros (org.), Brasília: Fundação Alexandre de Gusmão, 2009, p. 182.

[207] Cf. José Francisco Rezek. *Direito internacional público…*, cit., p. 215.

872 | CURSO DE DIREITO INTERNACIONAL PÚBLICO – *Valerio de Oliveira Mazzuoli*

que se faz para o futuro, relativamente à sua capacidade processual internacional, é que a ideia de *locus standi in judicio* (ou seja, do direito de "estar em juízo" em todas as etapas do procedimento perante a Corte, tal como autoriza o art. 25, § 1º, do seu atual *Regulamento*) evolua para a possibilidade do reconhecimento dos indivíduos peticionarem *diretamente* ao tribunal interamericano (à guisa do que já ocorre no sistema europeu) em casos concretos de violações de direitos humanos, consagrando-se o desejado *jus standi in judicio* (ou seja, o direito de "ingressar em juízo" diretamente).[208] Enquanto isso não acontece, ao menos o direito de participação das supostas vítimas ou seus representantes durante todo o processo (*locus standi*) já está assegurado, desde o anterior Regulamento da Corte Interamericana (2000) até o seu Regulamento atual (2009).

A Corte não relata casos e não faz qualquer tipo de recomendação no exercício de sua competência contenciosa, mas *profere sentenças*, que, segundo o Pacto de San José, são *definitivas* e *inapeláveis* (art. 67). Ou seja, as sentenças da Corte são *obrigatórias* para os Estados que reconheceram a sua competência em matéria contenciosa. Quando a Corte declara a ocorrência de violação de direito resguardado pela Convenção, exige a imediata reparação do dano e impõe, se for o caso, o pagamento de justa indenização à parte lesada. Nos termos do art. 68, §§ 1º e 2º, da Convenção, os Estados-membros comprometem-se a cumprir a decisão da Corte em todo caso em que forem partes, podendo a parte da sentença que determinar indenização compensatória ser executada no país respectivo pelo processo interno vigente para a execução de sentenças contra o Estado. Os Estados têm, ademais, a obrigação de não causar embaraços à necessária execução das decisões no plano do seu Direito interno, devendo adotar todas as *medidas necessárias* para que essa execução se opere eficazmente.[209] Conjugando-se os arts. 67 e 68, §§ 1º e 2º, da Convenção, abstrai-se que as sentenças da Corte Interamericana têm caráter *vinculante* e efeito *direto* para as partes, eis que não admitem nenhum meio de impugnação e não podem ser revistas por qualquer autoridade interna, devendo os Estados, de boa-fé, pronta e efetivamente cumpri-las (*pacta sunt servanda*).[210] Em

---

[208] Cf. Antônio Augusto Cançado Trindade. *Tratado de direito internacional dos direitos humanos*, vol. III, cit., pp. 105-106.

[209] A propósito, assim leciona Viviana Krsticevic: "Uma das obrigações fundamentais que advém do compromisso de respeitar e garantir os direitos reconhecidos nos instrumentos interamericanos consiste em adotar medidas, no âmbito nacional, que possibilitem a execução das decisões do sistema interamericano. Nesse sentido, o artigo 2 da Convenção Americana expressamente obriga os Estados a adotar, no âmbito nacional, as medidas de caráter legislativo, judicial ou administrativo que forem necessárias para tornar efetivos os direitos consagrados na Convenção. (...) Adicionalmente, a letra da Convenção, a jurisprudência da Corte e a prática interamericana parecem exigir que suas decisões sejam de cumprimento direto no âmbito nacional (autoexecutivas, autoexecutáveis ou *self executing*), ainda que a determinação de tal caráter dependa geralmente de decisões constitucionais do Estado. Nesse sentido, a Convenção Americana estabelece somente que os aspectos pecuniários de uma sentença devem ser executados pelo procedimento previsto para a execução das sentenças contra o Estado" (Reflexões sobre a execução das decisões do sistema interamericano de proteção dos direitos humanos, cit., pp. 36-37).

[210] *V.* Eduardo Ferrer Mac-Gregor. Eficacia de la sentencia interamericana y la cosa juzgada internacional: vinculación directa hacia las partes (*res judicata*) e indirecta hacia los Estados parte de la Convención Americana (*res interpretata*) – Sobre el cumplimiento del *Caso Gelman Vs. Uruguay*, in *Anuario de Derecho Constitucional Latinoamericano*, 19º año, Bogotá: Konrad-Adenauer-Stiftung, 2013, pp. 614-615.

Parte IV · Cap. I · PROTEÇÃO INTERNACIONAL DOS DIREITOS HUMANOS | **873**

outras palavras, a sentença da Corte adquire a autoridade de "coisa julgada internacional" a partir do momento em que é notificada às partes, passando a ser insuscetível de impugnação (internacional e interna).[211] Todos esses deveres estatais estão intimamente ligados ao direito de acesso à justiça perante o sistema interamericano, eis que, como é lógico, tal direito supõe o fiel cumprimento daquilo que foi materializado na sentença.

5. Processamento do Estado perante a Corte. Como se viu, caso o Estado em questão se recuse a acatar as conclusões estabelecidas pela Comissão Interamericana no seu *primeiro informe* (ou *informe preliminar*), esta poderá acioná-lo perante a Corte Interamericana, caso o Estado tenha reconhecido a sua jurisdição obrigatória. Esse acionamento da Corte pela Comissão se faz por meio de *ação judicial*, nos mesmos moldes da propositura de qualquer ação em juízo nos termos das regras do processo civil.[212] Mas, além da Comissão, outros Estados (que tenham expressamente reconhecido a competência contenciosa da Corte) também podem demandar um Estado perante a Corte, uma vez que a garantia dos direitos humanos é uma obrigação objetiva que interessa a todos os Estados-partes na Convenção Americana.[213] Mas é certo que essa última hipótese, por tratar de delação de um Estado contra outro, não é a que normalmente ocorre (em verdade, *nunca* ocorreu em nosso sistema).

O rito de processamento do Estado perante a Corte Interamericana vem expresso no *Regulamento* da Corte, cujo texto atualmente em vigor é de 24 de novembro de 2009, aprovado pelo tribunal no seu LXXXV Período Ordinário de Sessões. Trata-se do quinto Regulamento que tem a Corte Interamericana desde a sua instituição.

A ação da Comissão é proposta perante a Secretaria da Corte (em San José, Costa Rica), por meio da protocolização de petição inicial da demanda nos idiomas de trabalho do tribunal (que são o espanhol, o inglês, o português e o francês). Na petição deverão estar indicados os pedidos (incluídos os referentes a reparações e custas); as partes no caso; a exposição dos fatos; as resoluções de abertura do procedimento e de admissibilidade da denúncia pela Comissão; as provas oferecidas, com a indicação dos fatos sobre os quais elas versarão; a individualização das testemunhas e peritos e o objeto de suas declarações; e os fundamentos do direito com as conclusões pertinentes. Além disso, para que o caso possa ser examinado, a Corte deverá receber as seguintes informações da Comissão: *a*) os nomes dos Delegados; *b*) os nomes, endereço, telefone, correio eletrônico e fac-símile dos representantes das supostas vítimas devidamente credenciados, se for o caso; *c*) os motivos que levaram a Comissão a apresentar o caso perante a Corte e suas observações à resposta do Estado demandado às recomendações do relatório ao qual se refere o art. 50 da Convenção (*v.* seu teor *infra*); *d*) cópia da totalidade

---

211 Como arremata Eduardo Ferrer Mac-Gregor: "Assim, a coisa julgada internacional (formal e material) implica que nenhum outro tribunal internacional ou nacional – inclusive a própria Corte Interamericana – em outro juízo posterior, pode voltar a pronunciar-se sobre o objeto do processo. Essa instituição descansa nos princípios gerais de direito da segurança jurídica e da paz social, ao permitir certeza às partes – e à sociedade em seu conjunto –, ao evitar que o conflito se prolongue indefinidamente, elementos contidos nos arts. 67 e 68 do Pacto de San José para coadjuvar ao estabelecimento de uma ordem pública interamericana" (Idem, p. 617).

212 *V.* Valerio de Oliveira Mazzuoli. Processo civil internacional no sistema interamericano de direitos humanos, in *Revista dos Tribunais*, ano 99, vol. 895, São Paulo, mai./2010, pp. 87-110.

213 *V.* André de Carvalho Ramos. *Direitos humanos em juízo...*, cit., pp. 88-99.

do expediente ante a Comissão, incluindo toda comunicação posterior ao relatório a que se refere o art. 50 da Convenção; *e*) as provas que recebeu, incluindo o áudio ou a transcrição, com indicação dos fatos e argumentos sobre os quais versam (serão indicadas as provas que se receberam em um procedimento contraditório); *f*) quando se afetar de maneira relevante a ordem pública interamericana dos direitos humanos, a eventual designação dos peritos, indicando o objeto de suas declarações e acompanhando seu currículo; e *g*) as pretensões, incluídas as que concernem a reparações. Quando se justificar que não foi possível identificar alguma ou algumas supostas vítimas dos fatos do caso, por se tratar de casos de violações massivas ou coletivas, a Corte poderá decidir em sua oportunidade se as considera vítimas (*v.* art. 35 do Regulamento da Corte). Sendo a Comissão Interamericana a autora da ação, junto à inicial deverá acompanhar o relatório a que se refere o citado art. 50 da Convenção (*in verbis*: "Se não se chegar a uma solução, e dentro do prazo que for fixado pelo Estatuto da Comissão, esta redigirá um relatório no qual exporá os fatos e suas conclusões"). Depois de proposta a ação, à maneira do que ocorre no direito processual civil em geral, poderá o Presidente da Corte examinar preliminarmente a demanda, verificando se foram ou não cumpridos todos os requisitos necessários à sua propositura, podendo solicitar ao demandante que supra eventuais lacunas em vinte dias (art. 38 do Regulamento da Corte).[214]

O Regulamento da Corte (2009) prevê a importante figura do "Defensor Interamericano", que atua, por designação da Corte, nos casos em que as supostas vítimas não tiverem representação legal devidamente credenciada (*v.* art. 37). Tais defensores têm empenhado importante papel no sistema interamericano na defesa das vítimas carentes de recursos, preparando a sua defesa e participando das audiências e sessões de julgamento diante da Corte Interamericana.

Nos termos do art. 28, § 1º, do Regulamento, a demanda, sua contestação, o escrito de petições, argumentos e provas e as demais petições dirigidas à Corte poderão ser apresentados pessoalmente, via *courier, fac-símile*, telex, correio ou qualquer outro meio geralmente utilizado. No caso de envio por meios eletrônicos, os documentos originais, assim como a prova que os acompanha, deverão ser remetidos posteriormente, no prazo máximo (improrrogável) de vinte e um dias, contado a partir do dia em que expirou o prazo para o envio do escrito. No Regulamento anterior (de 2000) esse prazo era de apenas sete dias (nos termos do art. 26, § 1º), o que recebia a crítica de ser bastante exíguo.

A esta fase de exame preliminar da demanda segue-se a citação do Estado réu, bem como a intimação da Comissão Interamericana, quando esta não for a autora da ação (a Comissão atuará, nesse caso, como *custos legis*). Abre-se, então, o contraditório, em que o Estado réu poderá apresentar exceções preliminares no prazo de dois meses seguintes à sua citação. O Estado brasileiro, caso demandado, deverá atuar por meio do departamento internacional da Advocacia-Geral da União, com apoio operacional do Ministério das Relações Exteriores. Frise-se que nada impede que o demandante *desista do processo*. Caso o Estado réu não tenha sido ainda citado, a desistência deve ser obrigatoriamente aceita. Depois de citado o demandado, a Corte poderá aceitar ou não a desistência do Estado demandante (para cujas conclusões ouvirá representantes das vítimas ou seus familiares etc.). Também poderá ocorrer

---

[214] Cf. Valerio de Oliveira Mazzuoli. *Comentários à Convenção Americana sobre Direitos Humanos*, cit., pp. 361-363.

Parte IV • Cap. I • PROTEÇÃO INTERNACIONAL DOS DIREITOS HUMANOS | 875

de o Estado demandado aceitar, mediante comunicação à Corte, as pretensões do Estado demandante (o que, por óbvio, é mais difícil de ocorrer), caso em que a Corte resolverá sobre a procedência do acatamento e seus efeitos jurídicos, fixando – em caso de acatamento – as reparações e indenizações devidas.[215]

Nada obsta que as partes cheguem a uma solução amigável da disputa, levando ao conhecimento da Corte a solução a que chegaram, caso em que a Corte poderá homologar a conciliação, atuando agora como fiscal das normas de direitos humanos protegidas pela Convenção Americana. Mas nada impede também que a Corte *não homologue* a conciliação das partes, levando em conta alguns aspectos do acordo concertado entre elas (arts. 63 e 64 do Regulamento da Corte).

O demandado, no prazo improrrogável de quatro meses, seguintes à notificação da causa, terá o direito de apresentar contestação, quando já deverá juntar os documentos necessários probatórios de sua argumentação, bem como indicar testemunhas e peritos. Tal contestação será comunicada pelo Secretariado às seguintes pessoas, descritas no art. 39, § 1º, alíneas *a*, *c* e *d*, do Regulamento da Corte, quais sejam: o Presidente e os juízes da Corte; a Comissão, se não for ela a demandante; a suposta vítima, seus representantes ou o Defensor Interamericano, se for o caso.

As exceções preliminares só poderão ser opostas *na contestação* da demanda. Ao opor exceções preliminares, deverão ser expostos os fatos a elas referentes, os fundamentos do direito, as conclusões e os documentos de apoio, bem como a menção dos meios de prova que o autor da exceção pretenda fazer valer. A apresentação de exceções preliminares não exercerá efeito suspensivo sobre o procedimento em relação ao mérito, aos prazos e aos respectivos termos. As partes no caso interessadas em expor razões por escrito sobre as exceções preliminares poderão fazê-lo dentro de um prazo de 30 dias, contado a partir do recebimento da comunicação. Quando o considerar indispensável, a Corte poderá convocar uma audiência especial para as exceções preliminares, depois da qual decidirá sobre elas. Mas também poderá a Corte resolver numa única sentença as exceções preliminares e o mérito do caso, em razão do princípio da economia processual (art. 42 do Regulamento da Corte).

Depois de todo esse *iter* o Presidente da Corte fixará a data de abertura do procedimento oral e fixará as audiências necessárias (art. 45 do mesmo Regulamento).

Encerrada a fase probatória (com os debates, as perguntas durante os debates etc.[216]), a Corte passa à deliberação, proferindo *sentença de mérito*. Tal sentença deverá conter: *a*) o nome do Presidente e dos demais juízes que a tenham proferido, do Secretário e do Secretário Adjunto; *b*) a identificação dos intervenientes no processo e seus representantes; *c*) uma relação dos atos do procedimento; *d*) a determinação dos fatos; *e*) as conclusões da Comissão, das vítimas ou seus representantes, do Estado demandado e, se for o caso, do Estado demandante; *f*) os fundamentos de direito; *g*) a decisão sobre o caso; *h*) o pronunciamento sobre as

---

[215] V., por tudo, André de Carvalho Ramos, *Direitos humanos em juízo...*, cit., pp. 90-91.

[216] Sobre a questão probatória na Corte Interamericana, *v.* Alberto Bovino, A atividade probatória perante a Corte Interamericana de Direitos Humanos, in *SUR – Revista Internacional de Direitos Humanos*, ano 2, nº 3, São Paulo, 2005, pp. 61-83, em que se pode verificar as singularidades da atividade probatória nos procedimentos contenciosos perante a Corte, devidas, em particular, ao objeto e à finalidade do direito internacional dos direitos humanos.

876 CURSO DE DIREITO INTERNACIONAL PÚBLICO – *Valerio de Oliveira Mazzuoli*

reparações e as custas, se for o caso; *i)* o resultado da votação; e *j)* a indicação sobre qual é a versão autêntica da sentença (art. 65 do Regulamento da Corte).

Quando na sentença sobre o mérito do caso não se houver decidido especificamente sobre reparações, a Corte determinará a oportunidade para sua posterior decisão e indicará o procedimento. Entretanto, frise-se que a própria decisão da Corte constitui, *per se*, uma forma de reparação, tanto para as vítimas como para os seus familiares.[217] Se a Corte for informada de que as partes no processo chegaram a um acordo em relação ao cumprimento da sentença de mérito, verificará se o acordo está em conformidade com a Convenção e disporá o que couber sobre a matéria (art. 66, §§ 1º e 2º).

A notificação da sentença às partes é feita pela Secretaria da Corte. Enquanto não se houver notificado a sentença às partes, os textos, os argumentos e os votos permanecerão em segredo. As sentenças serão assinadas por todos os juízes que participaram da votação e pelo Secretário. Contudo, será válida a sentença assinada pela maioria dos juízes e pelo Secretário. Os originais das sentenças ficarão depositados nos arquivos da Corte. O Secretário entregará cópias certificadas aos Estados-partes, às partes no caso, ao Conselho Permanente por intermédio do seu Presidente, ao Secretário-Geral da OEA, e a toda outra pessoa interessada que o solicitar.

A Corte dispõe do mecanismo de *supervisão do cumprimento de sentença*, para o fim de verificar se o Estado condenado está levando a cabo todas as determinações do tribunal, podendo, para tanto, colher informações da Comissão, das vítimas ou de seus representantes. Se entender ter havido descumprimento da sentença, poderá a Corte, em primeiro lugar, orientar as ações do Estado para que dê solução ao *decisum*, e, em última análise, informar a Assembleia Geral da OEA sobre o ocorrido, fazendo as recomendações pertinentes, para que sejam tomadas as providências necessárias (art. 65).

6. Eficácia interna das sentenças proferidas pela CIDH. Uma questão jurídica complexa que surge em relação às sentenças proferidas pela Corte Interamericana – discussão que vale também para as sentenças proferidas por quaisquer dos tribunais internacionais atualmente em funcionamento – diz respeito à pretensa necessidade de serem tais sentenças (proferidas contra o Brasil) homologadas pelo Superior Tribunal de Justiça para terem eficácia interna em nosso país.[218]

A observação a ser feita aqui é que não se está tratando do problema atinente à homologação de sentenças *estrangeiras* pelo STJ, mas sim de sentenças *internacionais*, o que é diferente pelas razões a seguir expostas.

---

[217] De fato, a própria Corte tem entendido que a sua "sentença condenatória constitui *per se* uma forma de reparação" (cf. *Caso "Panel Blanca" Vs. Guatemala*, Reparações e Custas, sentença de 25.05.2001, parágrafo 105). Com o passar dos anos essa premissa tem sido constantemente reiterada no sistema interamericano. A sentença da Corte tem servido cada vez mais, pelo só fato de sua prolação, como uma forma significativa de reparação às vítimas ou seus familiares. Inúmeras referências nesse sentido encontram-se também na jurisprudência da Corte Europeia de Direitos Humanos, *v.g.* em *Ruiz Torrija Vs. Espanha* (sentença de 9.12.1994, parágrafo 33), em *Kroon e Outros Vs. Países Baixos* (sentença de 27.10.1994, parágrafo 45), em *Boner Vs. Reino Unido* (sentença de 28.10.1994, parágrafo 46) etc.

[218] Antes da entrada em vigor da Emenda Constitucional 45/2004, a competência para a homologação de sentenças estrangeiras estava afeta ao Supremo Tribunal Federal.

Parte IV · Cap. I · PROTEÇÃO INTERNACIONAL DOS DIREITOS HUMANOS | **877**

O assunto é regulado, no Brasil, pela Constituição Federal de 1988 (art. 105, inc. I, alínea *i*, introduzido pela Emenda Constitucional 45/2004), pela Lei de Introdução às Normas do Direito Brasileiro (arts. 15 e 17), pelo Código de Processo Civil (arts. 960 a 965) e pelo Regimento Interno do Supremo Tribunal Federal (arts. 215 a 224). No plano internacional, encontra-se regramento da matéria no Código Bustamante de 1928, ainda em vigor no Brasil (arts. 423 e seguintes).

Segundo a nossa concepção, as sentenças proferidas por tribunais internacionais dispensam homologação pelo Superior Tribunal Justiça. No caso específico das sentenças proferidas pela Corte Interamericana, não há que se falar na aplicação da regra contida no art. 105, inc. I, alínea *i*, da Constituição, bem assim do art. 961 do CPC, que dispõe que "a decisão estrangeira somente terá eficácia no Brasil após a homologação de *sentença estrangeira* ou a concessão do *exequatur* às cartas rogatórias, salvo disposição em sentido contrário de lei ou tratado" [grifo nosso]. Sentenças proferidas por "tribunais internacionais" não se enquadram na roupagem das *sentenças estrangeiras* a que se referem os dispositivos citados. Por sentença estrangeira, deve-se entender aquela proferida por um tribunal afeto à soberania de determinado Estado, e não a emanada de um tribunal internacional que tem jurisdição *sobre* os próprios Estados.

Poder-se-ia pensar que sentença estrangeira é toda aquela que não é nacional e, portanto, quer uma sentença proferida pelo judiciário de determinado Estado, quer a proferida por uma corte internacional, ambas deveriam ser homologadas pelo STJ antes de produzirem seus efeitos no Brasil. Entretanto, esse argumento parece não encontrar sólida fundamentação jurídica quando se diferencia a natureza jurídica e procedimento das sentenças estrangeiras em relação às proferidas por tribunais internacionais. Ora, sabe-se que o *direito internacional* não se confunde com o chamado *direito estrangeiro*. Aquele diz respeito à regulamentação jurídica internacional, na maioria dos casos feita por normas internacionais. O direito internacional disciplina, pois, a atuação dos Estados, das organizações internacionais e também dos indivíduos no cenário internacional. Já o direito estrangeiro é aquele afeto à jurisdição de determinado Estado, como o direito italiano, o francês, o alemão e assim por diante. Será, pois, estrangeiro aquele direito afeto à jurisdição de outro Estado que não o Brasil. Uma sentença proferida na Argentina será sempre estrangeira no Brasil. No entanto, uma sentença proferida pela Corte Interamericana de Direitos Humanos não é "estrangeira" em nosso país, pois o Brasil *aceitou* a competência da Corte para julgar ações contra o Estado brasileiro, aderindo à Convenção Americana e à competência contenciosa do tribunal. Assim, todo tribunal "que conhece questões jurídicas não susceptíveis de decisão pelas jurisdições nacionais é considerado um tribunal internacional",[219] e a sentença por ele proclamada também terá essa qualificação. As sentenças proferidas por "tribunais internacionais" serão *sentenças internacionais* na mesma proporção que as sentenças proferidas por "tribunais estrangeiros" serão *sentenças estrangeiras*, não se confundindo umas com as outras. Há, pois, nítida distinção entre as sentenças *estrangeiras* (afetas à soberania de determinado Estado) às quais o art. 961 do CPC faz referência, e as sentenças *internacionais* proferidas por tribunais internacionais que não se vinculam à soberania de nenhum Estado, tendo, pelo contrário, jurisdição *sobre* o próprio Estado.

---

[219] Ian Brownlie. *Princípios de direito internacional público*, cit., p. 603.

Um dos internacionalistas brasileiros que têm manifestado expressamente esse entendimento é José Carlos de Magalhães, que assim leciona: "É conveniente acentuar que sentença internacional, embora possa revestir-se do caráter de sentença estrangeira, por não provir de autoridade judiciária nacional, com aquela nem sempre se confunde. Sentença internacional consiste em ato judicial emanado de órgão judiciário internacional de que o Estado faz parte, seja porque aceitou a sua jurisdição obrigatória, como é o caso da Corte Interamericana de Direitos Humanos, seja porque, em acordo especial, concordou em submeter a solução de determinada controvérsia a um organismo internacional, como a CIJ. O mesmo pode-se dizer da submissão de um litígio a um juízo arbitral internacional, mediante compromisso arbitral, conferindo jurisdição específica para a autoridade nomeada decidir a controvérsia. Em ambos os casos, a submissão do Estado à jurisdição da Corte Internacional ou do juízo arbitral é facultativa. Pode aceitá-la ou não. Mas, se aceitou, mediante declaração formal, como se verifica com a autorizada pelo Decreto Legislativo nº 89, de 1998, o País está obrigado a dar cumprimento à decisão que vier a ser proferida. Se não o fizer, estará descumprindo obrigação de caráter internacional e, assim, sujeito a sanções que a comunidade internacional houver por bem aplicar". E conclui: "Tal sentença, portanto, não depende de homologação do Supremo Tribunal Federal [entenda-se, hoje, Superior Tribunal de Justiça], até mesmo porque pode ter sido esse Poder o violador dos direitos humanos, cuja reparação foi determinada. Não se trata, nesse caso, de sentença *inter alios* estranha ao país. Sendo parte, cabe cumpri-la, como faria com decisão de seu Poder Judiciário".[220]

Isto tudo somado só leva a crer que o STJ não tem competência constitucional, e tampouco legal, para homologar sentenças proferidas por tribunais internacionais, que decidem acima do pretenso poder soberano estatal e têm jurisdição sobre o próprio Estado. Pensar de outra maneira seria subversivo dos princípios internacionais que buscam reger a sociedade dos Estados em seu conjunto, com vistas à perfeita coordenação dos poderes dos Estados no presente cenário internacional de proteção dos direitos humanos.

Em suma, as sentenças da Corte Interamericana proferidas contra o Brasil, pelo teor do art. 68, § 1º, da Convenção Americana, têm eficácia *imediata* na nossa ordem jurídica, devendo ser cumpridas de plano (*sponte sua*) pelas autoridades do Estado brasileiro. Ou seja, quando a Corte Interamericana prolata uma sentença responsabilizando o Estado, tal decisão está dotada da autoridade da coisa julgada, de forma que as autoridades estatais (todas elas, e não somente os juízes) têm o dever de bem e fielmente cumpri-la em todos os seus termos (fundamentos, considerações, efeitos etc.) no âmbito do direito interno.[221]

7. O problema da execução das sentenças da CIDH no Brasil. O sistema interamericano de direitos humanos, infelizmente, ainda não dispõe de um sistema eficaz de execução das sentenças da Corte Interamericana no ordenamento jurídico interno dos Estados por ela

---

[220] José Carlos de Magalhães. *O Supremo Tribunal Federal e o direito internacional: uma análise crítica*, Porto Alegre: Livraria do Advogado, 2000, p. 102. No mesmo sentido, *v.* André de Carvalho Ramos, *Direitos humanos em juízo...*, cit., pp. 496-497; e o seu *Processo internacional de direitos humanos...*, cit., pp. 331-336.

[221] Cf. Eduardo Ferrer Mac-Gregor. Eficacia de la sentencia interamericana y la cosa juzgada internacional..., cit., p. 633.

Parte IV • Cap. I • PROTEÇÃO INTERNACIONAL DOS DIREITOS HUMANOS | **879**

condenados, não obstante o art. 68, § 1º, da Convenção Americana, expressamente prever o compromisso dos Estados em "cumprir a decisão da Corte em todo caso em que forem partes", e o art. 65, *in fine*, determinar que a Corte deverá informar à Assembleia Geral da OEA "os casos em que um Estado não tenha dado cumprimento a suas sentenças".[222]

Na prática, no entanto, certo é que imensa dificuldade exsurge internamente para o efetivo cumprimento das decisões interamericanas, notadamente em países cujos governos se opõem à efetivação das deliberações dos mecanismos internacionais de controle em matéria de direitos humanos, bem assim naqueles em que, à custa de seu passado autoritário, há na jurisprudência dos tribunais forte tendência em consagrar diretamente aplicáveis tão somente suas próprias decisões, sem levar em conta todas as deliberações provindas do sistema internacional (global ou regional) do qual o Estado é parte por sua livre e própria iniciativa. Essa é uma cultura avessa à proteção internacional dos direitos humanos que merece ser imediatamente revista, pelo que algumas medidas já vêm sendo tomadas no plano do direito interno de vários Estados, dentre eles o Brasil.

A primeira condenação internacional do Brasil por violação de direitos humanos protegidos pela Convenção Americana deu-se relativamente ao *Caso Damião Ximenes Lopes*, que foi fruto da Demanda nº 12.237, encaminhada pela Comissão Interamericana à Corte Interamericana em 1º de outubro de 2004.[223] O caso dizia respeito à morte do Sr. Damião Ximenes Lopes (que sofria de deficiência mental) em um centro de saúde que funcionava à base do *Sistema Único de Saúde*, chamado Casa de Repouso Guararapes, localizado no Município de Sobral, Estado do Ceará. Durante sua internação para tratamento psiquiátrico a vítima sofreu uma série de torturas e maus-tratos, por parte dos funcionários da citada Casa de Repouso. A falta de investigação e punição dos responsáveis, e ainda de garantias judiciais, acabaram caracterizando a violação da Convenção em quatro principais artigos: o 4º (direito à vida), o 5º (direito à integridade física), o 8º (garantias judiciais) e o 25º (direito à proteção judicial). Na sentença de 4 de julho de 2006 – que foi a primeira do sistema interamericano a julgar a violação de direitos humanos de pessoa com deficiência mental –, a Corte Interamericana determinou, entre outras coisas, a obrigação do Estado brasileiro de investigar os responsáveis pela morte da vítima e de realizar programas de capacitação para os profissionais de atendimento psiquiátrico, e o pagamento de indenização (no prazo de um ano) por danos materiais e imateriais à família da vítima, no valor total de US$ 146 mil.[224]

O governo brasileiro, nesse caso, decidiu pagar imediatamente, *sponte sua*, o valor ordenado pela Corte Interamericana, em respeito à regra do art. 68, § 1º, do Pacto de San José, que dispõe que "os Estados-partes na Convenção comprometem-se a cumprir a

---

[222] Cf. Jean Michel Arrighi. *OEA: Organização dos Estados Americanos*, cit., p. 108. Sobre o assunto, *v.* ainda Víctor Manuel Rodríguez Rescia, La ejecución de sentencias de la Corte, in *El futuro del sistema interamericano de protección de los derechos humanos*, Juan E. Méndez & Francisco Cox (coords.), San José: IIDH, 1998, pp. 449-490; Viviana Krsticevic, Reflexões sobre a execução das decisões do sistema interamericano de proteção dos direitos humanos, cit., pp. 33-36; e Valerio de Oliveira Mazzuoli, *Comentários à Convenção Americana sobre Direitos Humanos*, cit., pp. 407-411.

[223] Para uma análise detalhada desse caso, *v.* Nadine Borges, *Damião Ximenes: primeira condenação do Brasil na Corte Interamericana de Direitos Humanos*, Rio de Janeiro: Revan, 2009, 238p.

[224] Cf. Valerio de Oliveira Mazzuoli. The Inter-American human rights protection system: structure, functioning and effectiveness in Brazilian law, cit., pp. 357-358.

decisão da Corte em todo caso em que forem partes". Por meio do Decreto nº 6.185, de 13 de agosto de 2007, o Presidente da República autorizou a Secretaria Especial dos Direitos Humanos da Presidência da República a "promover as gestões necessárias ao cumprimento da sentença da Corte Interamericana de Direitos Humanos, expedida em 4 de julho de 2006, referente ao caso Damião Ximenes Lopes, em especial a indenização pelas violações dos direitos humanos aos familiares ou a quem de direito couber, na forma do Anexo a este Decreto" (art. 1º).[225]

O grande problema que existe relativamente ao cumprimento integral das obrigações impostas aos Estados pela Corte Interamericana não está na parte indenizatória da sentença (a qual deve ser cumprida pelo Estado condenado *sponte sua*, como fez o governo brasileiro no caso citado), mas na dificuldade de executar internamente os deveres de *investigar* e *punir* os responsáveis pelas violações de direitos humanos. Apesar de não se ler na Convenção, expressamente, que os Estados têm tais deveres (de investigação e punição dos culpados), a sua interpretação mais correta é no sentido de nela se encontrarem implícitos esses deveres. Em suma, pode-se dizer que, à luz da jurisprudência da Corte Interamericana, são três os deveres que os Estados condenados têm que obedecer, quando assim declarados na sentença, quais sejam: *a*) o dever de *indenizar* a vítima ou sua família; *b*) o dever de *investigar* toda violação ocorrida (sem qualquer atenuação das leis internas) para que fatos semelhantes não voltem a ocorrer[226]; e *c*) o dever de *punir* os responsáveis pela violação de direitos humanos perpetrada. Essa tríade obrigacional compõe o *núcleo duro* dos deveres dos Estados relativamente às sentenças da Corte, que, em última análise, estão a consagrar a efetividade do acesso à justiça no sistema interamericano.

Frise-se que se o Estado deixa de observar o comando do art. 68, § 1º, da Convenção (que ordena aos Estados acatarem, *sponte sua*, as decisões da Corte), está incorrendo em *nova violação* do Pacto de San José, fazendo operar no sistema interamericano a possibilidade de novo procedimento contencioso contra esse mesmo Estado.[227] Esse é um fato inerente à conduta do Estado que, no entanto, não tem chamado a atenção de grande parte dos países do sistema interamericano, não obstante ser tecnicamente verdadeiro. Se, porém, há dificuldade prática em processar novamente o Estado por violação de direitos humanos decorrente do não cumprimento de decisões da Corte Interamericana, não é menos verdade que, no Brasil, existe a possibilidade jurídica de fazer cumprir, pelo Poder Judiciário, as deliberações provindas da Corte Interamericana.

Caso o Estado não cumpra *sponte sua* a sentença da Corte, cabe à vítima ou ao Ministério Público Federal (com fundamento no art. 109, inc. III, da Constituição, segundo o qual

---

[225] Na segunda condenação do Brasil na Corte Interamericana (relativa ao *Caso Arley José Escher e outros*, sobre interceptações telefônicas ilegais a trabalhadores do Movimento Sem Terra – MST) o governo brasileiro procedeu da mesma maneira, editando o Decreto nº 7.158, de 20.04.2010, por meio do qual autorizou a Secretaria de Direitos Humanos da Presidência da República a dar cumprimento à sentença da Corte de 6.07.2009, pagando o montante de US$ 22 mil a cinco beneficiários.

[226] Sobre o tema, *v.* Milton C. Feuillade, El deber de investigar en la jurisprudencia de la Corte Interamericana de Derechos Humanos, in *Direitos Humanos Fundamentais – Revista Mestrado em Direito*, ano 10, nº 2, Osasco: Unifieo, jul./dez./2010, pp. 13-75.

[227] *V.* Antônio Augusto Cançado Trindade. *O direito internacional em um mundo em transformação*. Rio de Janeiro: Renovar, 2002, pp. 612-613.

"aos juízes federais compete processar e julgar as causas fundadas em tratado ou contrato da União com Estado estrangeiro ou organismo internacional") deflagrar ação judicial a fim de garantir o efetivo cumprimento da sentença, uma vez que elas também valem como *título executivo* no Brasil, tendo aplicação imediata, devendo tão somente obedecer aos procedimentos internos relativos à execução de sentença desfavorável ao Estado.[228]

Também em caso de não cumprimento da sentença *sponte sua* por parte do Estado, como já se disse, deve a Corte Interamericana (a teor do art. 65 da Convenção) informar tal fato à Assembleia Geral da OEA, no relatório anual que tem de apresentar à organização, fazendo as recomendações pertinentes. Ocorre que, na prática, a Assembleia Geral da OEA, infelizmente, nada tem feito a fim de exigir dos Estados condenados pela Corte o efetivo cumprimento das sentenças de reparação ou ressarcimento.[229]

Destaque-se, por derradeiro, a opinião de André de Carvalho Ramos, para quem, no caso de descumprimento pelo Estado da decisão internacional, deve-se excluir do procedimento de execução das sentenças da Corte a conhecida *ordem dos precatórios*, prevista no art. 100 da Constituição de 1988, por atrasar em demasia a reparação pecuniária devida à vítima.[230] Assim, segundo Ramos, deve-se equiparar a sentença condenatória da Corte com a *obrigação alimentar* e com isso criar uma ordem própria para seu pagamento, mais célere e mais afinada ao espírito do Pacto de San José.[231] O problema que se visualiza, nesse caso, é que o art. 100, § 1º, da Constituição, quando define o que são "débitos de natureza alimentícia", não faz qualquer referência, ainda que remota, à possibilidade de equiparação de uma sentença internacional condenatória com a obrigação alimentar, referindo-se apenas às "indenizações por *morte* ou *invalidez*, fundadas na responsabilidade civil, em virtude de sentença judicial transitada em julgado", o que pode não ser o caso perante a Corte Interamericana (tome-se como exemplo uma condenação da Corte em caso de prisão civil por dívida de depositário infiel, não admitida pelo art. 7º, 7, da Convenção, que não é caso nem de *morte*, nem de *invalidez*, dentre tantos outros).[232]

---

[228] Cf. Flávia Piovesan. *Direitos humanos e o direito constitucional internacional*, cit., p. 241.

[229] Para críticas à atuação da OEA nestes casos, *v*. Valerio de Oliveira Mazzuoli, *Comentários à Convenção Americana sobre Direitos Humanos*, cit., pp. 400-403.

[230] Assim dispõe o art. 100, *caput*, §§ 1º e 2º, da Constituição, na redação dada pela Emenda 62/2009: "Os pagamentos devidos pelas Fazendas Públicas Federal, Estaduais, Distrital e Municipais, em virtude de sentença judiciária, far-se-ão exclusivamente na ordem cronológica de apresentação dos precatórios e à conta dos créditos respectivos, proibida a designação de casos ou de pessoas nas dotações orçamentárias e nos créditos adicionais abertos para este fim. § 1º Os débitos de natureza alimentícia compreendem aqueles decorrentes de salários, vencimentos, proventos, pensões e suas complementações, benefícios previdenciários e indenizações por morte ou por invalidez, fundadas em responsabilidade civil, em virtude de sentença judicial transitada em julgado, e serão pagos com preferência sobre todos os demais débitos, exceto sobre aqueles referidos no § 2º deste artigo. § 2º Os débitos de natureza alimentícia cujos titulares tenham 60 (sessenta) anos de idade ou mais na data de expedição do precatório, ou sejam portadores de doença grave, definidos na forma da lei, serão pagos com preferência sobre todos os demais débitos, até o valor equivalente ao triplo do fixado em lei para os fins do disposto no § 3º deste artigo, admitido o fracionamento para essa finalidade, sendo que o restante será pago na ordem cronológica de apresentação do precatório".

[231] Cf. André de Carvalho Ramos. *Direitos humanos em juízo...*, cit., p. 499.

[232] Cf. Valerio de Oliveira Mazzuoli. The Inter-American human rights protection system: structure, functioning and effectiveness in Brazilian law, cit., pp. 360-361.

O certo é que ainda não há norma no Direito brasileiro que obrigue ao pagamento preferencial de indenização ordenada pela Corte Interamericana. No entanto, alguns projetos de lei já foram propostos nesse sentido, como o projeto de lei da Câmara dos Deputados nº 4.667/2004 e o projeto de lei do Senado Federal nº 220/2016 (este último com substitutivo aprovado em 2017). Contudo, ambos os projetos foram arquivados ao término da legislatura. Se fossem aprovados, obrigariam corretamente a União a pagar às vítimas ou aos seus familiares as indenizações devidas. Nos termos do art. 1º do então Projeto de Lei da Câmara, as "decisões dos Organismos Internacionais de Proteção aos Direitos Humanos cuja competência for reconhecida pelo Estado brasileiro produzirão efeitos jurídicos imediatos no âmbito do respectivo ordenamento interno". Segundo o art. 2º, do mesmo Projeto: "Caberá ao ente federado responsável pela violação dos direitos humanos o cumprimento da obrigação de reparação às vítimas dela", complementando o *parágrafo único* que "para evitar o descumprimento da obrigação de caráter pecuniário, caberá à União proceder à reparação devida, permanecendo a obrigação originária do ente violador". Por fim, o art. 3º dispunha que a União "ajuizará ação regressiva contra as pessoas físicas ou jurídicas, de direito público ou privado, responsáveis direta ou indiretamente pelos atos que ensejaram a decisão de caráter pecuniário".[233] Por sua vez, o então Projeto de Lei do Senado (nº 220/2016) dispunha, no art. 1º, que "as decisões vinculantes de organismos internacionais de proteção aos direitos humanos e as decisões e sentenças proferidas por tribunais internacionais de direitos humanos, que versem sobre responsabilidade internacional fundada em tratado a que a República Federativa do Brasil esteja vinculada, produzem efeitos imediatos no ordenamento jurídico brasileiro", complementando, no § 1º do mesmo dispositivo, que "as decisões e sentenças de que trata o *caput* produzirão eficácia contra todos, devendo ser cumprida (*sic*) pela administração pública direta e indireta de qualquer dos Poderes da União, dos Estados, do Distrito Federal e dos Municípios, bem como pelo Ministério Público". O Projeto do Senado também dispensava homologação interna das decisões e sentenças referidas (art. 1º, § 3º) e determinava, *inter alia*, que quando se exigir a abertura de nova investigação ou reabertura de investigações criminais já arquivadas, imediato cumprimento deverá ser dado pelo Ministério Público, sem necessidade de qualquer exigência adicional (art. 1º, § 3º). Outros dispositivos determinavam o modo de execução interna das sentenças de caráter indenizatório, prevendo, *v.g.*, em caso de execução por quantia certa, o prazo de noventa dias para pagamento pela Fazenda Pública, contados da entrega da requisição, por ordem judicial, à autoridade citada para a causa, na agência mais próxima do Banco do Brasil ou da Caixa Econômica Federal, independentemente de precatório (art. 3º, *caput*).

No Brasil, a responsabilidade para o pagamento da verba indenizatória às vítimas é da União, que se obriga (no plano interno) pelos atos da República (condenada internacionalmente). Contudo, o prejuízo sofrido pela Fazenda Pública federal decorrente da obrigação de indenizar poderá ser recomposto por meio de ação de regresso contra o responsável imediato pela violação de direitos humanos que deu causa à condenação internacional do Estado. O citado Projeto de Lei do Senado previa expressamente tal direito de regresso no art. 6º, possibilitando à União recobrar os referidos dispêndios "contra seus agentes, pessoas jurídicas de natureza pública ou privada que, por dolo ou culpa, causarem a violação de direitos humanos, ou não impedirem sua produção quando tinham dever jurídico de fazê-lo",

---

[233] Esta redação foi aprovada pela Câmara dos Deputados em 12.08.2010.

bem assim "contra qualquer pessoa jurídica de direito público ou privado, Estados, Distrito Federal ou Municípios, cujos agentes, nessa qualidade e independentemente de dolo ou culpa, causarem a violação de direitos humanos, ou não impedirem sua produção quando tinham o dever jurídico de fazê-lo" (incs. I e II).

8. Eficácia da sentença para terceiros Estados. Por derradeiro, uma questão importante a ser discutida diz respeito aos efeitos de uma decisão da CIDH para os Estados *não partes* da sentença (terceiros Estados). Ou seja, é de se questionar se as sentenças (e, porque não, também as Opiniões Consultivas) da Corte têm o efeito de conduzir o Direito interno dos Estados-partes na Convenção, mesmo quando não submetidos a qualquer julgamento ou decisão da Corte.[234] Seria o mesmo que indagar: quais efeitos uma sentença da Corte, proferida num caso contra a Colômbia, teria perante o Direito brasileiro?

No que tange ao efeito *condenatório* propriamente dito, por certo que a sentença, para o terceiro Estado, vale como *res inter alios acta*. Porém, no que tange a vários outros efeitos, como (especialmente) o relativo à *interpretação* que faz a Corte da Convenção Americana, pode-se afirmar que os terceiros Estados têm o dever de abster-se de aplicar ou interpretar o seu Direito interno em desacordo com a interpretação acolhida pela Corte de San José. Quando um órgão do Estado (*v.g.*, o Poder Judiciário) assim não procede e decide na contramão dos ditames internacionais, abre para o Estado em causa a possibilidade de ser condenado pela Corte num caso concreto semelhante que venha a ocorrer no futuro.

Assim, pode-se dizer que a sentença da Corte Interamericana vincula indiretamente (com caráter *erga omnes*) todos os terceiros Estados, valendo como *res interpretata* a ser seguida no direito interno. De fato, segundo a jurisprudência reiterada da Corte Interamericana, as autoridades do Estado têm a obrigação não só de aplicar a Convenção Americana, bem assim de entendê-la *tal como interpretada* pela Corte de San José.[235] Isso significa que os juízes e tribunais dos Estados-partes à Convenção Americana devem aplicar tanto a Convenção *como a jurisprudência que sobre ela se formar* no seio da Corte Interamericana, quer ou não as decisões desta última lhes sejam diretamente dirigidas; todos os terceiros Estados devem (não se trata de uma faculdade, mas de uma obrigação *erga omnes*) aplicar a Convenção e a jurisprudência da Corte Interamericana no plano do direito interno, em homenagem ao exercício do controle de convencionalidade *lato sensu*. Tal tem a finalidade de estabelecer, no Continente Americano, um padrão interpretativo mínimo da Convenção para todos os Estados-partes, a fim de que seja igualmente aplicada por todas as autoridades (não só os juízes) no plano interno.[236]

Em suma, as sentenças da Corte Interamericana têm duplo efeito, valendo para os Estados condenados como *res judicata* (arts. 62 e 68 da Convenção) e para Estados terceiros a título de *res interpretata*, tal como decidiu a Corte Interamericana no *Caso Gelman Vs. Uruguai* de 2011, em especial na correspondente Supervisão do Cumprimento de Sentença

---

[234] Cf. Valerio de Oliveira Mazzuoli. *Comentários à Convenção Americana sobre Direitos Humanos*, cit., pp. 256-257.

[235] CIDH, *Caso Gelman Vs. Uruguai*, Mérito e Reparações, sentença de 24 de fevereiro de 2011, Série C, nº 221.

[236] *V.* Eduardo Ferrer Mac-Gregor. Eficacia de la sentencia interamericana y la cosa juzgada internacional..., cit., p. 621.

de 2013.[237] Esse efeito dúplice reveste-se de fundamental importância no âmbito do sistema interamericano, uma vez que os fatos congêneres ou até mesmo idênticos ocorridos em países terceiros passam a não mais necessitar de nova demanda internacional para lograr resposta jurídica nos casos concretos apresentados, cabendo ao Poder Judiciário interno, em face do caso paradigma decidido relativamente a outro Estado, destinar ao(s) caso(s) presente(s) – guardadas as particularidades intrínsecas de cada demanda – a mesma solução jurídica.

Frise-se que na Argentina, nos casos *Simón* (2005) e *Mazzeo* (2007), já se fez referência (*v.g.*, foi esse o entendimento do juiz Boggiano) à necessidade de se seguir a jurisprudência da Corte Interamericana firmada no caso *Barrios Altos Vs. Peru*, de 2001. Na Bolívia, por sua vez, o Tribunal Constitucional tem considerado que a jurisprudência estabelecida pela Corte Interamericana (em razão da regra prevista no art. 62, § 1º, da Convenção) tem "caráter vinculante para os tribunais judiciais do Estado boliviano [inclusive as *Opiniões Consultivas* da Corte]; portanto, ao interpretar os direitos fundamentais, ao resolver as diferentes ações tutelares submetidas a seu conhecimento, o Tribunal Constitucional vem aplicando a jurisprudência do órgão regional referido".[238]

É alentador perceber que vários países latino-americanos já se preocupam em seguir a jurisprudência da Corte Interamericana nas suas ordens internas, tal devendo ser assim também com o Brasil (que, contudo, até o momento, não tem demonstrado familiaridade com a jurisprudência internacional de direitos humanos). Aliás, destaque-se que além das sentenças proferidas nos casos contenciosos, também as *Opiniões Consultivas* do tribunal interamericano deveriam ter eficácia interpretativa *erga omnes*, vinculando terceiros Estados à interpretação que realiza a Corte sobre o alcance e o conteúdo de um dispositivo convencional. Não só os casos contenciosos – que guardam a autoridade da coisa julgada – deveriam valer *erga omnes* para terceiros Estados como *res interpretata*, senão também as manifestações consultivas da Corte Interamericana, especialmente por versarem a resolução de questões jurídicas muito precisas, não só relativas à Convenção Americana, como a outros tratados concernentes à proteção dos direitos humanos nos Estados americanos e à compatibilidade de leis internas relativamente a esses instrumentos.[239]

É evidente, porém, que não se deve simplesmente incorporar de forma acrítica tais decisões internacionais, mas adotá-las com o sempre saudável *espírito ampliativo* dos direitos e garantias já consagrados no Direito interno, em homenagem ao princípio *pro homine* cristalizado no art. 29, alínea *b*, da Convenção Americana, segundo o qual nenhuma disposição da Convenção pode ser interpretada no sentido de "limitar o gozo e exercício de qualquer direito ou liberdade *que possam ser reconhecidos em virtude de leis de qualquer dos Estados-partes ou em virtude de Convenções* em que seja parte um dos referidos Estados". Assim, não há dúvida que é dever dos órgãos do Estado (não somente os juízes, mas todos os seus agentes) conhecer e seguir as decisões ou recomendações da Corte de San

---

[237] CIDH, *Caso Gelman Vs. Uruguai*, Supervisão do Cumprimento de Sentença, Resolução de 20 de março de 2013.

[238] José Antonio Rivera Santivañez. *Tribunal Constitucional y protección de los derechos humanos*, cit., p. 23.

[239] V. arts. 70 a 72 do Regulamento da Corte Interamericana de Direitos Humanos (2009).

José já proferidas, especialmente no que tange à interpretação da Convenção Americana. Mas tal não obriga seja aplicada *sempre* a interpretação que da Convenção faz a Corte Interamericana, eis que pode a interpretação interna (levada a efeito, *v.g.*, pelos juízes e tribunais) ser *mais benéfica* ao ser humano em um dado caso concreto. As autoridades nacionais (administrativas, legislativas ou judiciárias) de qualquer nível (federal, estadual, municipal ou distrital) podem, portanto, eventualmente "se afastar do critério interpretativo da Corte Interamericana quando o façam de modo fundamentado e com base numa interpretação que permita lograr um maior grau de efetividade da norma convencional, por meio de uma interpretação mais favorável da 'jurisprudência interamericana' sobre o direito humano em questão".[240]

SEÇÃO VI – SISTEMA REGIONAL EUROPEU

1. Introdução. Depois de estudado o sistema interamericano de proteção dos direitos humanos (que é o sistema que interessa diretamente ao nosso país e ao nosso Continente), cabe agora uma análise do sistema regional europeu de direitos humanos.[241]

Em relação aos demais sistemas regionais de proteção (*v.g.*, o interamericano e o africano), o europeu é o que alcançou o maior grau de evolução até o momento, exercendo, por isso, grande influência sobre os demais. Tal decorre do fato de ter sido ele o primeiro a ser efetivamente instalado, a partir da aprovação da Convenção Europeia de Direitos Humanos, em 1950.

O nascimento do sistema regional europeu de direitos humanos foi consequência direta da memória ainda recente do ocorrido na Segunda Guerra Mundial. Em verdade, naquele quadro ainda incipiente de integração europeia do pós-Guerra, o sistema europeu de direitos humanos aparecia como a esperança de se implantar naquele Continente um *standard* mínimo de proteção afeto a todos os países do bloco.[242]

Como se sabe, finda a Segunda Guerra alguns Estados europeus (Bélgica, Dinamarca, França, Holanda, Irlanda, Itália, Luxemburgo, Noruega, Reino Unido e Suécia) reuniram-se em Londres, em 5 de maio de 1949, para fundar o *Conselho da Europa* (hoje com 47 países--membros, composto dos Ministros da Justiça dos países dele integrantes) com sede em Estrasburgo (França).[243] O Estatuto do recém-nascido *Conselho* continha referências vagas

---

[240] Eduardo Ferrer Mac-Gregor. Eficacia de la sentencia interamericana y la cosa juzgada internacional..., cit., p. 624.

[241] Para um comparativo detalhado entre os dois sistemas, *v.* Héctor Gros Espiell, La Convention Américaine et la Convention Européenne des Droits de l'Homme: analyse comparative, in *Recueil des Cours*, vol. 218 (1989-VI), pp. 167-412. Para um estudo geral do sistema europeu de direitos humanos, *v.* Frédéric Sudre, *Droit international et européen des droits de l'homme*, Paris: PUF, 1989, 302p; e Valerio de Oliveira Mazzuoli, *Os sistemas regionais de proteção dos direitos humanos...*, cit., pp. 49-76.

[242] Cf. Antônio Augusto Cançado Trindade. *Tratado de direito internacional dos direitos humanos*, vol. III, cit., pp. 119-120; e Flávia Piovesan, *Direitos humanos e justiça internacional: um estudo comparativo dos sistemas regionais europeu, interamericano e africano*, São Paulo: Saraiva, 2006, pp. 63-64.

[243] Em verdade, naquele momento histórico pós-Segunda Guerra nascem na Europa três instituições: além do *Conselho da Europa*, foram ainda criadas a *União Europeia* (antiga *Comunidade Europeia do Carvão e do Aço – CECA*) e a *Organização para a Segurança e Cooperação na Europa*, as quais

886 CURSO DE DIREITO INTERNACIONAL PÚBLICO – *Valerio de Oliveira Mazzuoli*

sobre o tema dos direitos humanos, sem qualquer refinamento ou precisão de seu conteúdo. Tal fato levou o *Movimento Europeu*[244] a propugnar pela adoção de uma Convenção regional europeia em matéria de direitos humanos, que viria a ser adotada logo no ano seguinte: a *Convenção Europeia de Direitos Humanos (CEDH).*[245]

Antes, porém, de dar continuidade ao nosso estudo, deve-se desde já fazer um esclarecimento. É sabido que já se pode falar em um sistema europeu *internormativo* de direitos humanos, pois paralelamente ao sistema da Convenção Europeia de Direitos Humanos (cujo vínculo se dá com o Conselho da Europa, com 47 Estados) já existe um sistema de proteção da União Europeia (com 28 Estados), desde a instituição da *Carta dos Direitos Fundamentais da União Europeia*, elaborada a partir de uma declaração (composta por representantes do Parlamento Europeu, dos Parlamentos nacionais, da Comissão Europeia e dos governos dos Estados-membros) proclamada em Nice, em 7 de dezembro de 2000,[246] e com força *vinculante* desde 1º de dezembro de 2009, data da entrada em vigor do *Tratado de Lisboa.*[247] Ou seja, esses dois *modelos* de proteção dos direitos fundamentais na Europa – o do *Conselho da Europa* e o da *União Europeia* – passam a formar (doravante) um sistema europeu *internormativo* de proteção, de estrutura tridimensional (eis que também dialoga com os juízes e tribunais dos

---

sobreviveram à guerra fria e ao fim do comunismo, mantendo-se até hoje como um espaço de diálogo para a estabilidade do Continente europeu. A *União Europeia* (que é um bloco de integração regional, dotado de moeda única e de Tribunal de Justiça supranacional) e a *OSCE* (responsável pela manutenção da paz e da segurança militar na Europa) não serão objeto da nossa análise nesta Seção VI. Para as diferenças entre o *Conselho da Europa* e a *União Europeia*, *v.* Parte II, Capítulo III, Seção III, item nº 2. Sobre a OSCE, *v.* David Weissbrodt & Connie de la Vega, *International human rights law...*, cit., pp. 323-325.

244 O chamado *Movimento Europeu* é uma organização internacional aberta à sociedade civil europeia, formada por 41 conselhos nacionais e 23 organizações europeias representativas da sociedade civil e de partidos políticos. Suas origens remontam a julho de 1947, quando a causa de uma Europa unida juntou figuras como Winston Churchill (primeiro-ministro do Reino Unido) e Duncan Sandys (ministro britânico do Partido Conservador) na criação de um Movimento Europeu Unido anglo-francês (UEM), que serviu de base à coordenação das organizações criadas no pós-Segunda Guerra. Sua criação formal deu-se em 25 de outubro de 1948, tendo sido eleitos Duncan Sandys para Presidente e Léon Blum, Winston Churchill, Alcide De Gasperi e Paul-Henri Spaak como Presidentes Honorários.

245 *V.* Franz Matscher. Quarante ans d'activités de la Cour Européenne des Droits de l'Homme, in *Recueil des Cours*, vol. 270 (1997), p. 253; José Alfredo de Oliveira Baracho, A prática jurídica no domínio da proteção internacional dos direitos do homem: a Convenção Europeia dos Direitos do Homem, in *Revista de Informação Legislativa*, ano 35, nº 137, Brasília: Senado Federal, jan,/mar./1998, pp. 91-117; Antônio Augusto Cançado Trindade, *Tratado de direito internacional dos direitos humanos*, vol. III, cit., pp. 120-121; e Dinah Shelton, *Regional protection of human rights*, cit., pp. 17-20.

246 Para o respectivo texto, *v. Official Journal of the European Communities*, C 364, de 18.12.2000, pp. 1-22.

247 Foi, efetivamente, a partir da entrada em vigor do *Tratado de Lisboa* de 2007 (em 1º de dezembro de 2009) que a *Carta* passou a ter força vinculante (entenda-se: força *de tratado*) para os países-membros da União Europeia. De fato, o *Tratado de Lisboa* deixou claro (no art. 6º, nº 1) que a União Europeia "reconhece os direitos, as liberdades e os princípios enunciados na Carta dos Direitos Fundamentais da União Europeia, de 7 de dezembro de 2000, com as adaptações que lhe foram introduzidas em 12 de dezembro de 2007, em Estrasburgo, e que tem *o mesmo valor jurídico* que os Tratados", o que possibilita ao Tribunal de Justiça da União Europeia controlar a convencionalidade da *Carta*. Frise-se que a competência para decidir de acordo com a *Carta* é do Tribunal de Justiça da União Europeia (Tribunal de Luxemburgo), diferentemente da competência para decidir de acordo com a Convenção Europeia de Direitos Humanos, que é da Corte Europeia de Direitos Humanos (Tribunal de Estrasburgo).

Estados-partes). Contudo, não se estudará aqui – nem caberia a este *Curso* fazê-lo – o sistema de proteção dos direitos fundamentais da *União Europeia*, tampouco suas articulações com o sistema do Conselho da Europa e os problemas jurídicos que suscita.[248] Nosso estudo se limitará a investigar o sistema de proteção dos direitos humanos do *Conselho da Europa*, a partir da Convenção Europeia de Direitos Humanos.

Nos itens seguintes estudaremos a Convenção Europeia de Direitos Humanos, a Corte Europeia de Direitos Humanos (especialmente seu novo funcionamento a partir do Protocolo nº 11), o aperfeiçoamento institucional do sistema regional europeu e, por fim, as simetrias e assimetrias entre os sistemas europeu e interamericano de direitos humanos.

2. A Convenção Europeia de Direitos Humanos. A tecnicamente chamada "Convenção Europeia para a Proteção dos Direitos Humanos e das Liberdades Fundamentais", concluída em Roma aos 4 de novembro de 1950, é o tratado-regente do sistema regional europeu de proteção dos direitos humanos, tal como a Convenção Americana sobre Direitos Humanos é o principal instrumento sobre direitos humanos do sistema interamericano. Entrou em vigor internacional em 3 de setembro de 1953, quando dez Estados europeus a ratificaram, tal como exige o seu atual art. 59, § 2º. Portanto, trata-se de um texto de vida longa, que continua a ser o mais expressivo catálogo europeu de direitos, hoje aplicável a 47 Estados do Conselho da Europa.

A Convenção Europeia de Direitos Humanos (assim como a Convenção Americana já estudada) tem por finalidade estabelecer padrões mínimos de proteção naquele Continente, institucionalizando um compromisso dos Estados-partes de não adotarem disposições de Direito interno contrárias às normas da Convenção, bem assim de estarem aptos a sofrer demandas na Corte Europeia de Direitos Humanos (e de não embaraçar, por qualquer meio, o exercício do direito de petição) caso desrespeitem as normas do tratado em relação a quaisquer pessoas sob sua jurisdição. As pessoas protegidas – repita-se – são *quaisquer pessoas* que estejam sujeitas à jurisdição do Estado-parte em causa, independentemente de sua nacionalidade.[249] É o que dispõe o art. 1º da Convenção Europeia, segundo o qual os Estados-partes "reconhecem a *qualquer pessoa dependente da sua jurisdição* os direitos e liberdades definidos no título I da presente Convenção". Assim, nessa categoria se incluem tanto os cidadãos dos Estados-partes da Convenção como quaisquer estrangeiros e apátridas, *residentes ou não* em um desses Estados-partes.[250] *Depender da sua jurisdição* não significa

---

[248] Para um estudo aprofundado do tema, *v.* Michele Carducci & Valerio de Oliveira Mazzuoli, *Teoria tridimensional das integrações supranacionais: uma análise comparativa dos sistemas e modelos de integração da Europa e América Latina*, Rio de Janeiro: Forense, 2014.

[249] Cf. Clèmerson Merlin Clève. Proteção internacional dos direitos do homem nos sistemas regionais americano e europeu..., cit., p. 37; Franz Matscher, Quarante ans d'activités de la Cour Européenne des Droits de l'Homme, cit., p. 253; e Brichambaut, Dobelle & Coulée, *Leçons de droit international public*, cit., p. 218.

[250] Em sentido contrário, *v.* Maria Luísa Duarte, *União Europeia e direitos fundamentais (no espaço da internormatividade)*, Lisboa: Associação Acadêmica da Faculdade de Direito, 2006, p. 104, para quem "os destinatários das normas de proteção incluem tanto os cidadãos dos (*sic*) Partes Contratantes como os estrangeiros *que residam* no território de qualquer destes Estados, ainda que sejam nacionais de um Estado terceiro ou que sejam apátridas" [grifo nosso]. Para outras discussões a respeito no contexto europeu, *v.* James Crawford, *Brownlie's principles of public international law*, cit., pp. 651-653.

888 | CURSO DE DIREITO INTERNACIONAL PÚBLICO – *Valerio de Oliveira Mazzuoli*

residir no Estado em cujo território ocorreu a violação de direitos humanos, mas *lá estar* no momento em que se deu a violação.

A Convenção Europeia de Direitos Humanos é composta de três partes. Na primeira (Título I, arts. 2º a 18) são elencados os direitos e liberdades fundamentais, essencialmente civis e políticos, como o direito à vida, à proibição da tortura, à liberdade, à segurança, a um processo equitativo, à vida privada e familiar, à liberdade de pensamento, de consciência e de religião, à liberdade de expressão, de reunião e de associação, ao casamento, a um recurso efetivo, à proibição de discriminação etc.[251] Na segunda parte (Título II, arts. 19 a 51) a Convenção regulamenta a estrutura e funcionamento da Corte Europeia de Direitos Humanos (*v.g.*, o número de juízes, sua eleição, duração do mandato, questões sobre admissibilidade e arquivamento de petições, sobre intervenção de terceiros, sobre as sentenças da Corte, sua fundamentação e força vinculante, competência consultiva da Corte, privilégios e imunidades dos juízes etc.). E, finalmente, na terceira parte (Título III, arts. 52 a 59) a Convenção estabelece algumas disposições diversas, como as requisições do Secretário-Geral do Conselho da Europa, poderes do Comitê de Ministros, reservas à Convenção, sua denúncia etc.

Como se disse, a Convenção Europeia sempre foi o mais expressivo catálogo europeu de direitos. Mas ela (em seu texto originário) não esgotou todo o rol de direitos e instrumentos necessários à efetiva proteção dos direitos humanos na Europa. Tal fez com que fosse necessário ampliar no texto da Convenção o seu catálogo de direitos, assim como melhorar e tornar mais eficazes os seus instrumentos e mecanismos de proteção.

Assim, a fim de alargar o seu rol normativo originário foram concluídos no sistema regional europeu – ao contrário do sistema interamericano, que conta com apenas *dois* protocolos substancias à Convenção Americana: um sobre direitos econômicos, sociais e culturais, de 1988, e outro sobre abolição da pena de morte, de 1990 – vários *protocolos* à Convenção Europeia que preveem direitos substantivos, a saber: direito de propriedade, à instrução e de sufrágio (Protocolo nº 1);[252] proibição da prisão civil por dívidas, liberdade de circulação, proibição da expulsão de nacionais e proibição da expulsão coletiva de estrangeiros (Protocolo nº 4);[253] abolição da pena de morte em tempo de paz (Protocolo nº 6);[254] adoção de garantias processuais na expulsão de estrangeiros, garantia ao duplo grau de jurisdição em matéria

---

[251] Os direitos econômicos, sociais e culturais aparecem no sistema europeu a partir da *Carta Social Europeia*, celebrada em Turim em 18 de outubro de 1961 (também por iniciativa do Conselho da Europa), tendo entrado em vigor em 26 de fevereiro de 1965 (acrescida de um Protocolo Adicional de 1988 e de Protocolos de emenda de 1991 e 1995). Em 1996, procedeu-se a uma *revisão* da Carta Social Europeia a fim de transpor ao plano europeu algumas ideias da Declaração Universal dos Direitos Humanos de 1948. Ela tem como órgãos de aplicação os Comitês de Peritos, o Comitê Governamental, a Assembleia Parlamentar do Conselho da Europa e o Comitê de Ministros. Tal instrumento – diferentemente da Convenção Europeia – não se encontra sob a tutela da Corte Europeia de Direitos Humanos. Sobre a Carta Social Europeia, *v.* Donna Gomien, David Harris & Leo Zwaak, *Law and practice of the European Convention on Human Rights and the European Social Charter*, Strasbourg: Council of Europe Publishing, 1996, pp. 377-434.

[252] Adotado em Paris em 20.03.1952, com entrada em vigor em 18.05.1954.

[253] Adotado em Estrasburgo em 16.09.1963, com entrada em vigor em 02.05.1968.

[254] Adotado em Estrasburgo em 28.04.1983, com entrada em vigor em 01.03.1985. Foi expressamente revogado pelo Protocolo nº 13, que aboliu a pena de morte em quaisquer circunstâncias.

criminal, direito à indenização em caso de erro judiciário, o princípio do *non bis in idem* e o princípio da igualdade conjugal (Protocolo nº 7);[255] direito à não discriminação (Protocolo nº 12);[256] e abolição completa da pena de morte, mesmo em situações de exceção (Protocolo nº 13).[257] Tais protocolos cumprem o papel de ampliar o corpo normativo da Convenção, a fim de deixá-la sempre viva e atualizada com a evolução dos tempos, em especial com as mudanças ocorridas na sociedade europeia desde o final da Segunda Guerra.[258] Eles estão baseados naqueles direitos protegidos tanto na Declaração Universal dos Direitos Humanos, de 1948, quanto no Pacto Internacional dos Direitos Civis e Políticos, de 1966, direitos tais que não foram incluídos no texto original da Convenção de 1950.[259] Por sua vez, o Protocolo nº 2[260] dispôs sobre a função consultiva da Corte Europeia de Direitos Humanos. E os demais protocolos (de números 3, 5, 8, 9, 10, 11, 14, 15 e 16) vieram introduzir modificações de ordem *processual e orgânica* nos mecanismos de proteção da Convenção, a fim de fortalecê-los e torná-los mais operativos: o Protocolo nº 3[261] alterou os arts. 29, 30 e 34 da Convenção (e ficou prejudicado com a superveniência do Protocolo nº 11); o Protocolo nº 5 alterou os arts. 22 e 40 (também foi prejudicado com a entrada em vigor do Protocolo nº 11); os Protocolos 8, 9, 11 e 14 serão estudados em momento oportuno (*v.* item nº 4, *infra*); o Protocolo nº 10[262] alterou o art. 32, § 1º, da Convenção (mas não teve efeitos práticos, dada a entrada em vigor subsequente do Protocolo nº 11); o Protocolo nº 15[263] introduziu (no Preâmbulo da Convenção) uma referência ao princípio da subsidiariedade e à doutrina da margem de apreciação, e (no corpo do texto) reduziu de 6 para 4 meses o prazo para se peticionar à Corte após o esgotamento dos recursos internos; por fim, o Protocolo nº 16[264] oportunizou aos tribunais mais altos dos Estados-partes submeter pedidos de parecer consultivo à Corte Europeia em questões relativas à interpretação ou à aplicação dos direitos e liberdades definidos na Convenção ou nos seus Protocolos.

Para o monitoramento dos direitos nela consagrados, a Convenção Europeia, em seu texto original, instituiu três órgãos distintos: *a*) um semijudicial, a *Comissão Europeia de Direitos Humanos*; *b*) um judicial, a *Corte Europeia de Direitos Humanos*; e *c*) um "diplomático", o *Comitê de Ministros* (do Conselho da Europa).[265] Tal como no sistema interamericano, a função primordial da Comissão Europeia de Direitos Humanos era analisar as queixas ou comunicações interestatais, bem assim dos indivíduos (ONGs ou grupos de indivíduos)

---

[255] Adotado em Estrasburgo em 22.11.1984, com entrada em vigor em 01.11.1988.

[256] Adotado em Roma em 04.11.2000, com entrada em vigor em 01.04.2005.

[257] Adotado em Vilnius (Lituânia) em 03.05.2002, com entrada em vigor em 01.07.2003.

[258] Cf. Antônio Augusto Cançado Trindade. *Tratado de direito internacional dos direitos humanos*, vol. III, cit., p. 123.

[259] Cf. Franz Matscher. Quarante ans d'activités de la Cour Européenne des Droits de l'Homme, cit., p. 338.

[260] Adotado em Estrasburgo em 06.05.1963, com entrada em vigor em 21.09.1970. O Protocolo nº 2 ficou prejudicado com a entrada em vigor do Protocolo nº 11, que regulou integralmente o tema.

[261] Adotado em Estrasburgo em 06.05.1963, com entrada em vigor em 21.09.1970.

[262] Aberto à assinatura em 25.03.1992.

[263] Adotado em Estrasburgo em 24.06.2013, com entrada em vigor em 01.08.2021.

[264] Adotado em Estrasburgo em 02.10.2013, com entrada em vigor em 01.08.2018.

[265] Este último é formado pelos Ministros de Relações Exteriores dos Estados-membros do Conselho da Europa.

sobre violação da Convenção. Outras funções também competiam à Comissão, como decidir sobre a admissibilidade das petições, propor soluções amigáveis quando apropriado, ordenar medidas preliminares de proteção (equivalentes às *medidas cautelares* da Comissão Interamericana de Direitos Humanos[266]), enviar os casos à Corte Europeia ou dirigir seus relatórios ao Comitê de Ministros do Conselho da Europa.[267] À Corte Europeia de Direitos Humanos, por sua vez, competia (por meio de cláusula facultativa, também como no sistema atual da Convenção Americana) julgar os casos de violação de direitos humanos submetidos pela Comissão.[268] Além desses dois órgãos (Comissão e Corte Europeia), existe ainda no sistema regional europeu o Comitê de Ministros do Conselho da Europa, nascido antes da Convenção, mas por ela tido como órgão de supervisão.[269] No que tange ao Comitê de Ministros, explica Cançado Trindade que "se distingue a Convenção Europeia de sua equivalente no continente americano, a Convenção Americana sobre Direitos Humanos, que prescinde de órgão de composição política do gênero do Comitê de Ministros, limitando sua supervisão à Comissão e Corte Interamericanas de Direitos Humanos".[270]

Ocorre que por meio do citado Protocolo nº 11, que entrou em vigor em 1º de novembro de 1998, reformou-se totalmente o sistema de controle da Convenção Europeia, quando então tanto a Comissão como a Corte Europeia de Direitos Humanos foram substituídas por uma *nova Corte* permanente (a Corte única), com número de juízes igual ao dos Estados-partes e com competência para realizar os juízos de admissibilidade e de mérito dos casos que lhe forem submetidos, sem depender agora de um órgão distinto (a Comissão) responsável pela admissibilidade das petições ou comunicações.[271]

Quanto às funções do Comitê de Ministros, não obstante as críticas a ele dirigidas pela doutrina,[272] apenas parte de suas originais funções se alterou na sistemática do Protocolo nº 11. De fato, no que tange à função de *supervisão* das sentenças da Corte nada se alterou. Seguiu-se o entendimento de que a supervisão das sentenças da Corte deve estar afeta a um órgão com composição política capaz de convencer os Estados a dar melhor cumprimento a tais decisões,[273] e não a ela própria, já que a supervisão de suas sentenças é matéria que ultrapassa as funções

---

[266] As quais não se confundem, por sua vez, com as *medidas provisórias* de proteção determinadas pela Corte Interamericana de Direitos Humanos.

[267] *V.* Antônio Augusto Cançado Trindade. *Tratado de direito internacional dos direitos humanos*, vol. III, cit., p. 126.

[268] Cf., por tudo, Franz Matscher, Quarante ans d'activités de la Cour Européenne des Droits de l'Homme, cit., p. 255; e Flávia Piovesan, *Direitos humanos e justiça internacional...*, cit., p. 71.

[269] Cf. Antônio Augusto Cançado Trindade. *Tratado de direito internacional dos direitos humanos*, vol. III, cit., p. 124; e Dinah Shelton, *Regional protection of human rights*, cit., pp. 493-494.

[270] Antônio Augusto Cançado Trindade. *Tratado de direito internacional dos direitos humanos*, vol. III, cit., p. 124. *V.* também, Héctor Gros Espiell, La Convention Américaine et la Convention Européenne des Droits de l'Homme: analyse comparative, cit., p. 373.

[271] Cf. Flávia Piovesan. *Direitos humanos e justiça internacional...*, cit., p. 72; e Brichambaut, Dobelle & Coulée, *Leçons de droit international public*, cit., pp. 222-224.

[272] *V.* Paul Mahoney & Søren Prebensen. The European Court of Human Rights, in *The European system for the protection of human rights*, R. St. J. MacDonald; F. Matscher; H. Petzold (Eds.), Dordrecht: Martinus Nijhoff, 1993, p. 636.

[273] *V.* Antônio Augusto Cançado Trindade. *Tratado de direito internacional dos direitos humanos*, vol. III, cit., pp. 124-125.

precípuas do Tribunal.[274] A alteração significativa, introduzida pelo Protocolo n° 11, no que tange ao Comitê de Ministros, diz respeito à extinção da função que tinha o Comitê de decidir se houve ou não violação da Convenção nos casos cujos relatórios haviam a ele sido submetidos pela Comissão, mas que não haviam sido submetidos à Corte (art. 32). Em outras palavras, manteve-se a função de *supervisão* do Comitê, mas aboliu-se a competência *contenciosa* que ele detinha no regime anterior. Essa abolição da função decisória do Comitê foi aplaudida pela melhor doutrina.[275] Assim, do Protocolo n° 11 em diante a função de decidir se houve ou não violação da Convenção Europeia passou a ser uma função *exclusiva* da Corte.

Sobre a modificação das funções do Comitê de Ministros realizada pelo Protocolo n° 11, merece ser transcrita a análise de Cançado Trindade: "Sempre nos pareceu estranha a coexistência, sob a Convenção Europeia, de componentes de cunho judicial (decisões da Corte e Comissão) e político (decisões do Comitê de Ministros). É indubitável que a via jurisdicional constitui a forma mais evoluída de proteção dos direitos humanos. Por que, então, haver mantido, ao longo dos anos, prerrogativas tão amplas de um órgão de composição política – que antecedeu à própria Convenção Europeia – como o Comitê de Ministros do Conselho da Europa? Tais prerrogativas nunca escaparam às críticas da doutrina mais esclarecida, que pedia um fim ao caráter 'híbrido' – semijurisdicional e semidiplomático – deste aspecto específico do mecanismo original de proteção sob a Convenção. Quanto ao outro aspecto, o da supervisão da execução das sentenças da Corte, formou-se um consenso no sentido da retenção desta função pelo Comitê de Ministros, com base no entendimento de que esta não era uma função da Corte Europeia".[276]

Esclarecidos os pontos principais da Convenção Europeia de Direitos Humanos, merece agora ser analisada a nova Corte Europeia instituída a partir do Protocolo n° 11.

3. A Corte Europeia de Direitos Humanos. Instituída em 20 de abril de 1959, por ocasião do 10° aniversário do Conselho da Europa, a Corte Europeia de Direitos Humanos emitiu sua primeira sentença (no *Caso Lawless Vs. Irlanda*, exceções preliminares e questão procedimental) em 14 de novembro de 1960.[277] Desde então, nesses mais de cinquenta anos de funcionamento, sua jurisprudência (que já ultrapassa doze mil decisões, em suas duas configurações, de Corte original e de nova Corte) tem influenciado tribunais do mundo todo e modificado a vida de milhares de cidadãos, especialmente europeus. Trata-se do primeiro tribunal de direitos humanos a ser instalado no mundo.[278]

Como já referido, a nova Corte Europeia de Direitos Humanos, instituída com caráter permanente a partir de 1° de novembro de 1998, pelo Protocolo n° 11 à Convenção Europeia,

---

[274] Cf. Paul Mahoney & Søren Prebensen. The European Court of Human Rights, cit., pp. 635-637.

[275] V., nesse sentido, Antônio Augusto Cançado Trindade, *Tratado de direito internacional dos direitos humanos*, vol. III, cit., pp. 139-140, que entendeu ser a abolição dessa função do Comitê "uma decisão acertada".

[276] Antônio Augusto Cançado Trindade. *Tratado de direito internacional dos direitos humanos*, vol. III, cit., p. 140.

[277] V. Franz Matscher. Quarante ans d'activités de la Cour Européenne des Droits de l'Homme, cit., p. 251. V. a página *web* da Corte Europeia de Direitos Humanos em: [http://www.echr.coe.int].

[278] Dos tribunais de vocação geral, porém, o mais antigo a ser instalado foi a Corte de Justiça Centroamericana, criada pelo Tratado de Washington de 1907 (*v.* Parte VI, Capítulo I, Seção V, item n° 1).

encampa em um só órgão as funções de *admissibilidade* (até então de responsabilidade da Comissão, tal como ainda em vigor no sistema interamericano) e de *mérito* dos casos a ela submetidos por Estados, particulares, ONGs ou grupos de pessoas. Operou-se uma verdadeira "fusão", nessa nova Corte, das funções da antiga Comissão e Corte Europeias de Direitos Humanos,[279] bem assim do Comitê de Ministros na sua antiga função contenciosa (decidir se houve ou não violação da Convenção nos casos cujos relatórios haviam a ele sido submetidos pela Comissão, mas que não haviam sido submetidos à Corte).[280]

A partir da entrada em vigor do Protocolo nº 11 as então cláusulas facultativas dos arts. 25 e 46 (respectivamente, o direito dos indivíduos de peticionar à Comissão Europeia e a competência jurisdicional da Corte Europeia para apreciar os casos submetidos pela Comissão) foram ab-rogadas pelas disposições agora obrigatórias dos arts. 34 e 32, respectivamente. O primeiro (considerado pela melhor doutrina como o "coração" do sistema de proteção da Convenção[281]) faculta aos indivíduos (ou às organizações não governamentais ou grupo de indivíduos) o direito de *petição direta*[282] à Corte Europeia em caso de violação, por qualquer Estado-parte, dos direitos reconhecidos na Convenção ou nos seus Protocolos, ficando os Estados obrigados a não criar qualquer entrave ao exercício efetivo desse direito. Trata-se da garantia do *jus standi* ante a Corte Europeia (após a eliminação, pura e simplesmente, da antiga Comissão Europeia). O art. 32, por sua vez, prevê ser obrigatória a jurisdição da Corte Europeia em relação à interpretação e aplicação da Convenção e dos seus Protocolos, quer no caso das queixas interestatais (art. 33), das petições individuais (art. 34) e das opiniões consultivas (art. 47).[283]

Sem dúvida alguma, a maior inovação (e também o maior avanço) do Protocolo nº 11 foi ter conferido aos indivíduos, organizações não governamentais e grupos de indivíduos o *acesso direto* à Corte Europeia de Direitos Humanos, com poder inclusive de *iniciar* um processo diretamente perante ela.[284] Mais do que permitir às vítimas, seus familiares ou representantes legais *participarem* do processo em todas as suas etapas (*locus standi*), permitiu-se o ingresso *direto* dos indivíduos ante a Corte Europeia (*jus standi*), para ali interpor-se uma demanda.[285] Esse avanço do sistema europeu ainda não fez eco no sistema interamericano de direitos humanos, no qual os indivíduos não podem (ainda) demandar diretamente à Corte Interamericana (Convenção Americana, art. 61, § 1º). Mesmo o *locus standi* (ou seja, a

---

[279] Cf. Antônio Augusto Cançado Trindade. *Tratado de direito internacional dos direitos humanos*, vol. III, cit., pp. 145-146.

[280] V. Franz Matscher. Quarante ans d'activités de la Cour Européenne des Droits de l'Homme, cit., pp. 262-263.

[281] Cf. Franz Matscher. Idem, p. 252.

[282] Tais petições podem ser apresentadas nos idiomas oficiais dos Estados-partes dos quais provêm. Contudo, tendo sido admitida a petição, um dos dois idiomas oficiais da Corte (o francês ou o inglês) deve ser a partir daí utilizado.

[283] Cf., por tudo, Pierre-Marie Dupuy, *Droit international public*, 7ª ed., Paris: Dalloz, 2004, p. 243-244; Flávia Piovesan, *Direitos humanos e justiça internacional...*, cit., p. 73; e Jorge Miranda, *Curso de direito internacional público*, cit., pp. 334-336.

[284] Cf. Antônio Augusto Cançado Trindade. *Tratado de direito internacional dos direitos humanos*, vol. III, cit., p. 140.

[285] V. Antônio Augusto Cançado Trindade. Idem, pp. 169-170.

representação direta da vítima, seus familiares ou representantes legais em todas as fases do procedimento ante a Corte Interamericana, porém depois que a Comissão Interamericana *já peticionou* à Corte) não é ainda assegurado *pela própria* Convenção Americana (e sim pelo *Regulamento* da Corte Interamericana). Ou seja, no sistema regional interamericano o único avanço relativamente ao *locus standi* (uma vez que o *jus standi* não é ainda possível nesse sistema) encontra-se no *Regulamento* da Corte Interamericana (o atual é de 24 de novembro de 2009), cujo art. 25, § 1º, permite que depois de admitida a demanda, as supostas vítimas ou seus representantes participem *durante todo o processo*, apresentando suas petições, argumentos e provas de forma autônoma. A Convenção Americana, contudo, não foi, ela própria, *reformada*, como foi a Convenção Europeia, para permitir qualquer acesso direto dos indivíduos à Corte Interamericana sem a intervenção da Comissão Interamericana, como se fez (repita-se) no sistema regional europeu cujo estudo ora nos ocupa. Talvez sabendo que uma reforma da Convenção Americana poderia demorar vários anos para ocorrer, é que o citado *Regulamento* da Corte Interamericana, na sua versão de 2000, já havia deixado claro, no seu art. 2º, inc. 23, que a expressão "partes no caso" significa "a *vítima* ou a *suposta vítima*, o Estado e, *só para fins processuais*, a Comissão" [grifo nosso].[286] No novo *Regulamento* da Corte (de 2009) não se encontra uma disposição similar no rol das "definições" do art. 2º.

No sistema regional europeu, até a entrada em vigor do Protocolo nº 11, apenas os Estados e a Comissão podiam submeter um caso diretamente à Corte Europeia de Direitos Humanos. A maioria das ações submetidas à Corte era deflagrada pela Comissão, provocada por petições de indivíduos. Mas nem todas as queixas ou denúncias de violação de direitos humanos realizadas por indivíduos ante a Comissão eram submetidas por esta à apreciação da Corte.[287] Depois do Protocolo nº 11, os indivíduos, no sistema europeu de proteção, passaram a ter livre acesso à Corte Europeia, independentemente da aceitação, pelo Estado-parte na Convenção Europeia, de uma "cláusula facultativa" de jurisdição obrigatória (como ainda ocorre na sistemática da Convenção Americana, art. 62).[288] Uma evolução como essa – que, no sistema regional europeu, levou quase meio século – ainda não está à vista no sistema regional interamericano.

As "petições" que pode receber a Corte Europeia diretamente dos indivíduos são um misto de *queixa* e de *ação judicial* (ou, para falar como Jorge Miranda, são "uma realidade compósita de queixa e ação judicial"[289]) dirigidas contra um Estado-parte na Convenção Europeia, baseadas na possível violação de um direito previsto na Convenção ou em qualquer de seus Protocolos. Mas, ao contrário de quando um Estado demanda *outro Estado* na Corte Europeia, quando a demanda é proposta *por indivíduos* faz-se necessário invocar na petição um prejuízo *pessoal* causado pelo suposto ato do Estado contra o qual se demanda, o que só assim faz nascer em favor do proponente o *interesse subjetivo* necessário à propositura desse tipo de

---

[286] Sobre o tema, *v.* Valerio de Oliveira Mazzuoli, *Comentários à Convenção Americana sobre Direitos Humanos*, cit., pp. 303-304.

[287] Cf. Flávia Piovesan. *Direitos humanos e justiça internacional...*, cit., pp. 73-74.

[288] Para um estudo da cláusula facultativa do art. 62 da Convenção Americana, *v.* Valerio de Oliveira Mazzuoli, *Comentários à Convenção Americana sobre Direitos Humanos*, cit., pp. 380-387.

[289] Jorge Miranda. *Curso de direito internacional público*, cit., p. 335, nota nº 22.

ação judicial internacional.[290] Quando a demanda é proposta por um *Estado contra outro*,[291] a situação se modifica um pouco. Nesse caso, nos termos do art. 33 da Convenção, o Estado demandante não necessita demonstrar que o outro (Estado demandado) necessariamente violou um direito *individual* (de uma pessoa ou grupo de pessoas), sendo suficiente que comprove ter havido uma *violação* da Convenção, que pode ser em decorrência da edição de uma lei ou de um ato administrativo contrários a ela etc. A desnecessidade de ter que demonstrar (no caso das queixas *interestatais*) um prejuízo *individual* a alguém não significa que, no caso das demandas formuladas nos termos do art. 33, se possa deixar de comprovar a existência de um fato *concreto* (como, *v.g.*, a própria edição da lei ou do ato administrativo citados).[292] Em suma, quer tenha a petição sido proposta por um Estado contra outro, quer por um indivíduo contra determinado Estado, não poderá jamais a Corte (no exercício de sua competência contenciosa) examinar um caso *in abstracto*, sendo a presença de uma situação *concreta* de violação da Convenção Europeia elemento *sine qua non* para a admissibilidade da petição.

Esse direito de petição direta perante a Corte Europeia tem dimensão estritamente "internacional", posto que os indivíduos passam a ter a *titularidade* desse direito a prescindir de qualquer reconhecimento por parte do Estado no âmbito do seu Direito interno. Em outras palavras, como explica Antonio Cassese, tal direito "é *diretamente* conferido aos indivíduos pelas normas internacionais relevantes e pode ser exercido a prescindir do conteúdo da normativa interna".[293] Para a Corte Europeia, tal direito, mais que um direito de cunho internacional, é um direito que (a partir do Protocolo nº 11) opera em nível *supranacional*, pois permite aos indivíduos fazerem valer ante a Corte os direitos garantidos pela Convenção, sem qualquer necessidade de declaração ou disposição normativa interna nesse sentido.[294]

É evidente que, como decorrência desse avanço do sistema regional europeu de direitos humanos, alguns problemas também aparecem. O mais significativo deles é o aumento

---

[290] V. Pierre-Marie Dupuy. *Droit international public*, cit., p. 241; e Franz Matscher, Quarante ans d'activités de la Cour Européenne des Droits de l'Homme, cit., p. 302.

[291] É importante observar que não obstante a Convenção Europeia (assim como também a Convenção Americana sobre Direitos Humanos) ter autorizado as chamadas *queixas interestatais*, o certo é que estas não fazem propriamente parte do "espírito" desse tipo de convenção regional de direitos humanos, que mais preocupada está em dar *aos indivíduos* o direito de acesso às instâncias internacionais que aos *próprios Estados* que dela são partes. Na feliz expressão de Franz Matscher, como já se disse (*v. supra*), o direito de petição individual, e não o das queixas interestatais, é que representa o "coração" do sistema de proteção da Convenção Europeia (*Op. cit.*, p. 252). Daí o número irrisório de petições *entre Estados* no sistema regional europeu (esse número é *zero* no sistema interamericano até o presente momento), em comparação com o de petições individuais já propostas. Como noticia Matscher, de quarenta mil queixas individuais deflagradas na antiga Comissão Europeia de Direitos Humanos, apenas vinte casos interestatais foram registrados, tendo sido somente um deles (*Irlanda Vs. Reino Unido*, de 18 de janeiro de 1978, A/25) levado ante a Corte Europeia (cf. *Op. cit.*, p. 252, nota nº 5). No sistema do Pacto Internacional dos Direitos Civis e Políticos (1966) também não se tem conhecimento, até o presente, de qualquer queixa interestatal deflagrada no Comitê de Direitos Humanos da ONU (*v. supra*, Seção IV, item nº 2).

[292] Cf. Franz Matscher. Quarante ans d'activités de la Cour Européenne des Droits de l'Homme, cit., pp. 302-303.

[293] Antonio Cassese. *Diritto internazionale*, cit., p. 181.

[294] V. *Caso Mamatkulov e Abdurasulovis Vs. Turquia*, parágrafo 106.

Parte IV · Cap. I · PROTEÇÃO INTERNACIONAL DOS DIREITOS HUMANOS | **895**

extraordinário de demandas apresentadas (agora, *diretamente*, pelos indivíduos) à nova Corte Europeia, a qual decidiu apenas em seus dois primeiros anos de funcionamento (838 decisões) mais do que a sua predecessora em 39 anos de existência (837 decisões).[295] Juntando-se os dois períodos passados pela Corte já se pode ter ideia da riqueza de sua jurisprudência, se comparada com a jurisprudência dos tribunais dos demais sistemas regionais de proteção.

Uma assimetria entre a Corte Europeia e a Corte Interamericana de Direitos Humanos reside no número de juízes.[296] Enquanto esta última é composta por apenas 7 magistrados (Convenção Americana, art. 34), a Corte Europeia (nos termos do art. 20 da Convenção Europeia) compõe-se de um número de juízes igual ao número de Estados-partes na Convenção,[297] com mandato de 6 anos (art. 23). Segundo o art. 21 da Convenção Europeia, os juízes deverão gozar da mais alta reputação moral e reunir as condições requeridas para o exercício de altas funções judiciais ou ser jurisconsultos de reconhecida competência, exercendo suas funções a título individual. Durante o respectivo mandato, os juízes não poderão exercer qualquer atividade incompatível com as exigências de independência, imparcialidade ou disponibilidade exigidas por uma atividade exercida a tempo integral.

O Tribunal funciona em Comitês (*Comités*) de três juízes, em Seções (*Chambres*) de sete e em *Tribunal Pleno* (*Grande Chambre*) de dezessete juízes (art. 27, § 1º). Não tendo sido declarada inadmissível (por unanimidade) uma petição pelo *Comitê* (de *três* juízes), cabe a uma das *Seções* (com *sete* juízes) se pronunciar quanto à *admissibilidade* e (após tentativa de conciliação) ao *mérito* da petição individual formulada (art. 29, § 1º). O exame de mérito pela *Seção* se dá no âmbito de um procedimento contraditório, em regra após o intercâmbio de memoriais e de uma audiência pública.[298] A *sentença* proferida pela *Seção* quanto ao mérito é *obrigatória*.[299] Em caso de "questão grave quanto à interpretação da Convenção ou dos seus protocolos", ou caso "a solução de um litígio puder conduzir a uma contradição com uma sentença já proferida pelo Tribunal", a *Seção* da Corte pode, antes de proferir a sua sentença, devolver a decisão do litígio ao *Tribunal Pleno* (de *dezessete* juízes), salvo se qualquer das partes a tal se opuser (art. 30). Por outro lado, tal "devolução" ao *Tribunal Pleno* pode também ocorrer (mas somente em casos *excepcionais*, segundo a Convenção) quando, dentro de três meses a contar da data da sentença proferida por uma *Seção*, qualquer das partes solicitar que se devolva ao *Pleno* o assunto em pauta (art. 43, § 1º).[300] Havendo tal manifestação de alguma das partes no prazo referido, um painel composto por cinco juízes do *Pleno* decidirá (aqui se tem um *filtro* dos pedidos de devolução ao *Pleno*) se aceita ou não a petição, devendo aceitá-la somente "se o assunto levantar uma questão grave quanto à interpretação ou à aplicação da Convenção ou dos seus protocolos, ou ainda se levantar uma questão grave

---

[295]   V. Flávia Piovesan. *Direitos humanos e justiça internacional...*, cit., p. 74.

[296]   V. Héctor Gros Espiell. La Convention Américaine et la Convention Européenne des Droits de l'Homme: analyse comparative, cit., pp. 339-340.

[297]   Atualmente o número de juízes da Corte Europeia é 47.

[298]   Cf. Franz Matscher. Quarante ans d'activités de la Cour Européenne des Droits de l'Homme, cit., p. 264.

[299]   Cf. Pierre-Marie Dupuy. *Droit international public*, cit., p. 244.

[300]   Neste último caso, como explica Franz Matscher, "a eficácia da sentença da Seção fica suspensa por três meses; nesse período todas as partes podem, 'em casos excepcionais', demandar o reenvio do caso perante o Tribunal Pleno" (Quarante ans d'activités de la Cour Européenne des Droits de l'Homme, cit., p. 265).

de caráter geral" (art. 43, § 2°). No nosso entender, esse *filtro* a ser exercido pelo grupo de cinco juízes deve ser rigoroso, no sentido de permitir o reenvio do assunto ao *Tribunal Pleno* em casos verdadeiramente "excepcionais", sob pena de se autorizar (contra os princípios da economia e celeridade processuais) certo tipo de "apelação às avessas" para o mesmo órgão jurisdicional, muitas vezes com finalidade meramente protelatória, o que, evidentemente, o *telos* da Convenção Europeia não pretendeu permitir.[301] Enfim, se o *painel* de cinco juízes aceitar a petição, o *Pleno* pronunciar-se-á sobre a matéria por meio de sentença (art. 43, § 3°).

A Corte Europeia (como também a Corte Interamericana) possui duas competências: uma *consultiva* e outra *contenciosa*.

A competência consultiva (criada pelo Protocolo n° 2, de 1963) pode ser solicitada pelo Comitê de Ministros sobre questões jurídicas relativas à interpretação da Convenção ou de seus Protocolos, mas com a limitação de tais opiniões não incidirem "sobre questões relativas ao conteúdo ou à extensão dos direitos e liberdades definidos no Título I da Convenção e nos protocolos, nem sobre outras questões que, em virtude do recurso previsto pela Convenção, possam ser submetidas à Corte ou ao Comitê de Ministros" (art. 47).[302] Tal restrição, como explica Flávia Piovesan, "tem sido objeto de agudas críticas doutrinárias, por limitar em demasia a competência consultiva da Corte", o que explica "o porquê de a Corte Europeia não ter proferido, até 2005, qualquer opinião consultiva",[303] diferentemente da Corte Interamericana (e também da Corte Africana dos Direitos Humanos e dos Povos[304]), que detém ampla competência em matéria consultiva.[305] Destaque-se que o Protocolo n° 16 à Convenção Europeia (de 2013) permitiu também aos tribunais mais altos dos Estados-partes submeterem pedidos de parecer consultivo à Corte Europeia em questões relativas à interpretação ou à aplicação dos direitos e liberdades definidos na Convenção ou nos seus Protocolos. A competência para a emissão de *opiniões consultivas* no sistema europeu é do *Tribunal Pleno* da Corte Europeia (art. 31, alínea *b*).

---

[301] Nesse sentido, *v.* Gérard Cohen-Jonathan, Droits et devoirs internationaux des individus, in *Droit international public*, Denis Alland (coord.), cit., p. 597, nota n° 1. Merece também destaque o que diz Franz Matscher a esse respeito: "Essa regra, que leva à revisão de uma decisão no âmbito da mesma jurisdição (...) constitui uma construção híbrida do ponto de vista dos princípios do direito processual. Com efeito, uma parte fará uso dessa possibilidade quando seu pleito for julgado improcedente pela Seção e pensa obter uma reversão dessa decisão perante o Tribunal Pleno. (...) A solução adotada foi o resultado de um compromisso político de dar satisfação aos Estados que se opuseram à criação de uma Corte única, porque eles queriam preservar o 'duplo grau de jurisdição' que, de fato, era representado pela existência da Comissão ('juiz de primeiro grau') e da Corte ('juiz de segundo grau')" (Quarante ans d'activités de la Cour Européenne des Droits de l'Homme, cit., p. 265).

[302] Sobre o tema, *v.* Franz Matscher, Quarante ans d'activités de la Cour Européenne des Droits de l'Homme, cit., pp. 271-272.

[303] Flávia Piovesan. *Direitos humanos e justiça internacional...*, cit., pp. 75-76. Para críticas, *v.* ainda Antônio Augusto Cançado Trindade, *Tratado de direito internacional dos direitos humanos*, vol. III, cit., p. 127, para quem: "Não surpreende que, na doutrina contemporânea, se chegue a indagar se caberia preservar ou reter esta função da Corte, jamais utilizada até o presente. Neste particular, há uma clara diferença entre as Cortes Europeia e Interamericana de Direitos Humanos, dada a ampla função consultiva na prática desta última".

[304] Sobre a Corte Africana dos Direitos Humanos e dos Povos, *v.* Seção VII, item n° 4, *infra*.

[305] Para detalhes, *v.* Augusto Guevara Palacios, *Los dictámenes consultivos de la Corte Interamericana de Derechos Humanos...*, cit., pp. 169-177.

Parte IV · Cap. I · PROTEÇÃO INTERNACIONAL DOS DIREITOS HUMANOS | **897**

No que tange à competência contenciosa, as sentenças da Corte Europeia são juridicamente vinculantes e têm natureza declaratória.[306] Essa última característica significa que a sentença se limita a *declarar* que o ato estatal violou (ou não) a Convenção Europeia, bem assim as consequências que o Estado em causa deve suportar a depender do tipo de violação constatada. Assim, *v.g.*, se a Corte entendeu na sentença que o Estado violou a Convenção por disposição de seu Direito interno contrária às regras do tratado, o Estado deve tomar medidas legislativas para *adequar* a sua legislação às prescrições da Convenção, além de impedir que violações dessa natureza novamente ocorram etc.[307] Em suma, no exercício de sua competência contenciosa a Corte não decide *in abstracto* qualquer demanda (sobre a compatibilidade ou incompatibilidade de uma lei, de uma jurisprudência ou de uma decisão administrativa com as normas da Convenção); proposta uma ação perante ela, sua missão é *declarar* se o fato *in concreto* alegado na petição *violou ou não* a Convenção Europeia de Direitos Humanos.[308]

Se comparada aos demais tribunais regionais de direitos humanos, a Corte Europeia é a que tem maior jurisdição territorial, por abranger 47 Estados-partes, cuja população total ultrapassa 875 milhões de pessoas, sem contar os não nacionais e os não residentes nesses Estados.[309]

Os requisitos de admissibilidade de um caso perante a Corte Europeia são mais extensos que os exigidos no sistema interamericano. O assunto vem regulado no art. 35 da Convenção Europeia, que elenca os seguintes requisitos de admissibilidade: *a*) haver sido esgotadas todas as vias de recurso internas, em conformidade com os princípios de Direito Internacional geralmente reconhecidos; *b*) respeitar o prazo de 4 meses[310] a contar da data da decisão interna definitiva; *c*) não ser anônima a petição; *d*) não ser a petição idêntica a outra anteriormente examinada pela Corte ou já submetida a outra instância internacional de inquérito ou de decisão e não contiver fatos novos (requisito da inexistência de litispendência internacional); *e*) não ser a petição incompatível com o disposto na Convenção ou nos seus Protocolos (incompatibilidade *ratione temporis, personae* e *materiae*); e *f*) não ser manifestamente infundada ou de caráter abusivo.

Na petição inicial deverá constar, no polo passivo, o Estado-parte que se alega ter violado algum dos dispositivos da Convenção ou de seus Protocolos. Se declarada inadmissível a petição, contra a decisão da Corte não cabe recurso.[311] Admitida a petição, procede-se ao seu exame em conjunto com os representantes das partes e, se for o caso, realiza-se um inquérito para cuja eficaz condução os Estados interessados devem fornecer todas as facilidades necessárias (art. 38, § 1º, alínea *a*); a Corte também se coloca à disposição dos interessados com o objetivo de alcançar uma resolução amigável do assunto, inspirada no respeito aos direitos humanos reconhecidos pela Convenção e em seus Protocolos (art. 38, § 1º, alínea *b*).

---

[306] V. Pierre-Marie Dupuy. *Droit international public*, cit., p. 244; e Flávia Piovesan, *Direitos humanos e justiça internacional...*, cit., p. 76.

[307] Cf., por tudo, Franz Matscher, Quarante ans d'activités de la Cour Européenne des Droits de l'Homme, cit., pp. 267-268.

[308] V. Franz Matscher. Idem, p. 302.

[309] Cf. Flávia Piovesan. *Direitos humanos e justiça internacional...*, cit., p. 76.

[310] Acrescentado pelo Protocolo nº 15 à Convenção Europeia (o período anterior era de 6 meses).

[311] Cf. Flávia Piovesan. *Direitos humanos e justiça internacional...*, cit., p. 78.

Esse último procedimento (resolução amigável) é confidencial, nos termos do art. 38, § 2º, da Convenção.

Se o Tribunal declarar que houve violação da Convenção ou dos seus Protocolos e se o Direito interno do Estado-parte não permitir senão parcialmente remediar as consequências da violação ocorrida, a Corte atribuirá à parte lesada uma justa reparação, se necessário (art. 41). Ou seja, não obstante ter a sentença da Corte natureza declaratória (no sentido de afirmar se houve ou não a violação alegada), ela pode vir acompanhada de uma decisão que determine o pagamento de indenização pecuniária.[312] Esta tem por finalidade compensar um dano material ou moral sofrido pelo indivíduo, bem assim o dispêndio que ele teve com o procedimento interno e com aquele perante o sistema da Convenção.[313] Porém, segundo Flávia Piovesan, o art. 41 da Convenção "tem sido criticado pela falta de clareza de critérios no que se refere às hipóteses em que os danos devem ser compensados e como devem ser mensurados".[314]

Pode ainda a Corte Europeia impor ao Estado-réu a obrigação de tomar determinadas medidas ("medidas gerais" impostas na sentença), que compreendem desde alterações legislativas (como, *v.g.*, a sentença de 22 de outubro de 1981, no *Caso Dudgeon Vs. Reino Unido*, em que a Corte decidiu que a legislação da Irlanda do Norte que proibia condutas homossexuais entre maiores de 21 anos era uma interferência indevida à vida privada, além de injustificada numa sociedade democrática), até reformas administrativas, alterações nas práticas judiciais ou capacitação em direitos humanos no treinamento policial.[315]

É interessante observar que a Convenção Europeia de Direitos Humanos não prevê, em nenhum dispositivo, a possibilidade de a Corte adotar "medidas provisórias" para a salvaguarda urgente de um direito em vias de violação, contrariamente ao que existe no sistema interamericano (e também no africano) de direitos humanos, em que tais medidas provisórias são expressamente previstas.[316] Parece haver, nesse caso, um avanço maior dos demais sistemas regionais (interamericano e africano) em relação ao sistema regional europeu.[317]

As sentenças da Corte Europeia (já se disse) são juridicamente vinculantes, devendo os Estados, nos casos em que forem partes, dar seguimento (no seu Direito interno) ao conteúdo

---

[312] V. Pierre-Marie Dupuy. *Droit international public*, cit., pp. 244-245; e Flávia Piovesan, *Direitos humanos e justiça internacional...*, cit., p. 78. Para um estudo aprofundado dos efeitos das sentenças da Corte Europeia, *v.* Elisabeth Lambert, *Les effets des arrêts de la Cour Européenne des Droits de l'Homme: contribution à une approche pluraliste du droit européen des droits de l'homme*, Bruxelles: Bruylant, 1999, 624p.

[313] Cf. Franz Matscher. Quarante ans d'activités de la Cour Européenne des Droits de l'Homme, cit., p. 260.

[314] Flávia Piovesan. *Direitos humanos e justiça internacional...*, cit., p. 78.

[315] Para detalhes, *v.* Flávia Piovesan, Idem, pp. 79-80.

[316] V. o art. 63, § 2º, da Convenção Americana sobre Direitos Humanos c/c art. 25 do *Regulamento* da Corte Interamericana de Direitos Humanos; e o art. 27, § 2º, do Protocolo à Carta Africana de Direitos Humanos e dos Povos. Sobre as medidas provisórias no sistema interamericano de direitos humanos, *v.* Antônio Augusto Cançado Trindade, *Evolution du droit international au droit des gens...*, cit., pp. 63-79; e Valerio de Oliveira Mazzuoli, *Comentários à Convenção Americana sobre Direitos Humanos*, cit., pp. 393-395.

[317] V., nesse sentido, Antônio Augusto Cançado Trindade, *Tratado de direito internacional dos direitos humanos*, vol. III, cit., pp. 142-144; e Héctor Gros Espiell, La Convention Américaine et la Convention Européenne des Droits de l'Homme: analyse comparative, cit., pp. 365-366.

da decisão (art. 46, § 1º). Tal significa que as sentenças da Corte têm autoridade de *coisa julgada* (antigo art. 53 da Convenção e art. 46 do Protocolo nº 11).[318] À evidência, devem elas ser também *fundamentadas*.[319] Uma vez emitida, a sentença definitiva é transmitida ao Comitê de Ministros, que é o órgão executivo do Conselho da Europa responsável pela supervisão de sua execução (art. 46, § 2º). O Comitê irá verificar, na prática, se as medidas adotadas pelo Estado-réu refletem corretamente as obrigações impostas na sentença.[320]

Sobre o papel do Comitê de Ministros na supervisão da execução das sentenças da Corte Europeia, assim leciona Flávia Piovesan: "Cada Estado-parte poderá ter um representante no Comitê de Ministros, e cada representante tem direito a um voto. Via de regra, esses representantes são os Ministros das Relações Exteriores de cada Estado-parte, que também atuam por meio de representantes diplomáticos em Strasbourg. De acordo com as Regras de Procedimento adotadas pelo Comitê, em atenção ao artigo 46, § 2º, da Convenção, o Estado-parte tem a obrigação de informar o Comitê a respeito das medidas adotadas em cumprimento à decisão da Corte que declarou existir violação à Convenção, seja quanto ao pagamento de justa reparação, nos termos do artigo 41 da Convenção, seja quanto a medidas de outra natureza. Até que o Estado adote todas as medidas efetivas para reparar a violação, periodicamente, o Comitê de Ministros demandará do Estado violador informações sobre as medidas adotadas. Só então, com a implementação de todas as medidas necessárias pelo Estado-parte, é que o Comitê adotará resolução concluindo que sua missão, em conformidade com o artigo 46, § 2º, foi devidamente cumprida".[321]

Como se percebe, o papel do Comitê de Ministros é de *supervisão* da execução da sentença, e não de *execução* propriamente dita, esta última de responsabilidade exclusiva *do Estado*. Na sentença do *Caso Soering Vs. Reino Unido*, de 7 de julho de 1989 (A. 161, parágrafo 125), a Corte Europeia entendeu não ser ela a responsável por determinar ao Estado, diretamente, as consequências de sua decisão (que é apenas *declaratória*, como já se viu), mas deixou claro (dessa vez, na sentença do *Caso Marckx Vs. Bélgica*, de 13 de junho de 1979) que o Estado não deve demorar muito tempo para adaptar, se for o caso, sua legislação interna, a fim de torná-la conforme os ditames da Convenção.[322] Em outras palavras, apesar de a sentença da Corte Europeia não ter caráter "constitutivo", no sentido de não poder determinar, *v.g.*, a *anulação* de uma decisão estatal contrária às normas da Convenção Europeia, poderá ela, porém, especificar *a maneira* ou *o procedimento* por meio do qual o Estado deve conformar sua conduta aos preceitos da Convenção.

A sanção mais gravosa para o não cumprimento das sentenças da Corte vem prevista nos arts. 3º e 8º do Estatuto do Conselho da Europa, que é a ameaça de expulsão do Conselho.[323] De fato, o art. 3º do Estatuto do Conselho assim estabelece: "Cada Estado-membro deve aceitar os princípios do Estado de Direito e do pleno exercício dos direitos humanos e das liberdades

---

[318]   V. Pierre-Marie Dupuy. *Droit international public*, cit., p. 244.

[319]   Sobre o tema, *v.* especialmente Franz Matscher, Quarante ans d'activités de la Cour Européenne des Droits de l'Homme, cit., pp. 301-311.

[320]   Cf. Franz Matscher. Idem, p. 268.

[321]   Flávia Piovesan. *Direitos humanos e justiça internacional...*, cit., p. 82.

[322]   V., por tudo, Pierre-Marie Dupuy, *Droit international public*, cit., p. 244.

[323]   V. Flávia Piovesan. *Direitos humanos e justiça internacional...*, cit., pp. 83-84.

CURSO DE DIREITO INTERNACIONAL PÚBLICO – *Valerio de Oliveira Mazzuoli*

fundamentais por todas as pessoas submetidas à sua jurisdição". E o art. 8º do mesmo Estatuto dispõe: "O Estado-membro que tenha seriamente violado o artigo 3º do Estatuto pode ter seus direitos de representação suspensos e ser solicitado pelo Comitê de Ministros a se retirar do Conselho da Europa com base no artigo 7º e, se não o fizer, poderá ser expulso".

Em relação a terceiros Estados, a constatação de uma violação de direitos humanos pela Corte tem caráter *res inter alios acta*.[324] Mesmo para eles, porém, a sentença repercute certos efeitos, especialmente no que tange à *interpretação* da Convenção.[325] Em outras palavras, a sentença da Corte Europeia tem para terceiros Estados a autoridade de *res interpretata* (*chose interprétée*).[326] Como explica Franz Matscher, o raciocínio é o seguinte: nos termos do art. 1º da Convenção Europeia os Estados são obrigados a respeitar os direitos nela protegidos a todas as pessoas sujeitas à sua jurisdição. Por sua vez, segundo os arts. 19 e 32, § 1º, a interpretação da Convenção pertence à Corte, de sorte que os direitos protegidos pela Convenção devem ser entendidos nos termos do que dispôs a sentença ao interpretar a Convenção. Trata-se de um princípio que corresponde àquele existente no Direito Internacional Privado: à medida que a regra de conflito reenvia a um direito estrangeiro, este último é que deve ser levado em conta ou interpretado pela jurisdição do país em causa. Tal resulta – segundo Matscher – que os Estados-partes na Convenção Europeia devem, em virtude do art. 1º, adaptar sua legislação, sua jurisprudência e suas práticas administrativas de acordo com as disposições da Convenção interpretadas pela sentença da Corte (mesmo que tais Estados não tenham sido *partes* da sentença). Assim, o que se propõe é que os Estados-partes na Convenção Europeia (mesmo não partes da sentença da Corte) têm o dever de observar a evolução da jurisprudência do tribunal e já adaptar suas legislações internas às consagrações dessa jurisprudência, a fim de evitar futuras condenações em Estrasburgo. Seria esse o "efeito profilático" da Convenção e do trabalho da Corte, não menos importante que o efeito "repressivo" proveniente das sentenças nas quais são declaradas as violações de direitos humanos.[327]

4. Aperfeiçoamento institucional do sistema europeu. Foram os Protocolos de números 8, 9 e 11 os maiores responsáveis pelo aperfeiçoamento institucional do sistema regional europeu de direitos humanos.[328]

Quando se fala em aperfeiçoamento institucional de um sistema se está a falar da criação de mecanismos processuais capazes de dinamizar o procedimento perante ele. A necessidade de aperfeiçoamento do sistema europeu deu-se exatamente em decorrência do aumento do número de casos submetidos tanto à antiga Comissão quanto à Corte Europeia de Direitos Humanos, aliado ao aumento dos Estados-membros à Convenção e, consequentemente, ao número de juízes da Corte.[329]

---

[324] Cf. Franz Matscher. Quarante ans d'activités de la Cour Européenne des Droits de l'Homme, cit., p. 268.

[325] A mesma discussão se trava no sistema interamericano de direitos humanos, como já se viu no momento oportuno (*v.* Seção V, item nº 8, *supra*).

[326] Cf. CEDH, Grande Chambre, *Affaire Taxquet Vs. Belgique* (Requête nº 926/05), sentença de 16.11.2010, parágrafo 33.

[327] *V.* Franz Matscher. Quarante ans d'activités de la Cour Européenne des Droits de l'Homme, cit., pp. 268-269.

[328] *V.*, por tudo, Antônio Augusto Cançado Trindade, *Tratado de direito internacional dos direitos humanos*, vol. III, cit., pp. 129-147.

[329] Cf. Antônio Augusto Cançado Trindade. Idem, pp. 129-130.

O Protocolo nº 8 (adotado em 1985 e em vigor desde 1º de janeiro de 1990) teve justamente a finalidade de agilizar o procedimento perante as instâncias do sistema europeu. Ele alterou os arts. 20, 21, 23, 28, 29, 30, 31, 34, 40, 41 e 43 da Convenção (alterações posteriormente prejudicadas pela superveniência do Protocolo nº 11). As principais mudanças ocorridas foram o fracionamento da Corte em *Câmaras* de 9 juízes (e também a autorização para que a Comissão se reunisse em Câmaras), visando a desafogar o volume de trabalho do tribunal.[330] Mas tal desafogamento de trabalho não conseguiu jamais abreviar o longo tempo do procedimento, tanto na Comissão como na Corte, o que atrasava sobremaneira a resolução dos casos. Seria, então, necessário simplificar ainda mais o procedimento, para que os casos submetidos ao exame do sistema não se alongassem em demasia. Esse êxito só foi logrado com a entrada em vigor do Protocolo nº 11, em 1º de novembro de 1998. Antes, contudo, da entrada em vigor do Protocolo nº 11, outro Protocolo (o de nº 9, que entrou em vigor em 1º de outubro de 1994, alterando os arts. 31, 44, 45 e 48 da Convenção) viria tentar resolver esse problema procedimental.

O que fez o Protocolo nº 9, como explica Cançado Trindade, foi consagrar "o direito de acesso direto dos indivíduos à Corte Europeia para a esta submeter determinados casos, já considerados pela Comissão [ou seja, já *filtrados* por ela] e tendo sido objeto de relatório desta última", o que efetivamente foi "um passo significativo para o fortalecimento da posição do indivíduo no contencioso internacional dos direitos humanos, mediante a asserção do seu *locus standi* no procedimento perante a Corte Europeia".[331] Ainda na lição de Cançado Trindade: "Sob o Protocolo nº 9, uma vez submetido um caso (já examinado pela Comissão) pelo indivíduo demandante à consideração da Corte, era ele inicialmente examinado por um 'painel' ou comitê de três juízes, que podia decidir – por unanimidade – que o caso não fosse examinado pela Corte. Uma vez filtrado por este 'painel' ou comitê, passava a Corte ao exame do mérito do caso. A entrada em vigor (em 01.10.1994) do Protocolo nº 9 gerou a necessidade da adaptação correspondente do Regulamento da Corte: passou esta, com efeito, a contar com dois Regulamentos, um para os Estados-Partes na Convenção que não ratificaram o Protocolo nº 9 (Regulamento A), e outro para os Estados ratificantes tanto da Convenção como do Protocolo nº 9 (Regulamento B). (...) Ainda com vistas ao aperfeiçoamento processual, a revisão de 1993 do Regulamento da Corte criou a possibilidade de que, excepcionalmente, quando um caso levantasse uma ou mais questões sérias de interpretação da Convenção Europeia, a sala (*chamber*) da Corte que o estivesse considerando o remeteria a uma 'sala grande' (*grand chamber*), composta de 17 juízes, estabelecida para o exame daquele caso em particular (a exemplo do que ocorreu com o caso *Loizidou Vs. Turquia*, exceções preliminares, 1995)".[332]

Mesmo com a entrada em vigor do Protocolo nº 9 – e seu significativo avanço de ter outorgado ao indivíduo a condição de *parte* demandante perante a Corte, ainda que somente

---

[330]   Cf. Antônio Augusto Cançado Trindade. Idem, p. 130.

[331]   Antônio Augusto Cançado Trindade. Idem, p. 131. Sobre o Protocolo nº 9 à Convenção Europeia, *v.* especialmente Jean-François Flauss, Le droit de recours individuel devant la Cour européenne des droits de l'homme: le Protocole nº 9 à la Convention Européenne des Droits de l'Homme, in *Annuaire Français de Droit International*, vol. 36, Paris, 1990, pp. 507-519.

[332]   Antônio Augusto Cançado Trindade. *Tratado de direito internacional dos direitos humanos*, vol. III, cit., pp. 131-132.

quando *já considerado* o caso pela Comissão e quando ele já houvesse sido objeto do relatório desta – o sistema europeu (globalmente considerado) ainda carecia de melhor aperfeiçoamento institucional, o que efetivamente ocorreu com a entrada em vigor do citado Protocolo nº 11 à Convenção Europeia, que ab-rogou o Protocolo nº 9. Nos tópicos anteriores (*v. supra*, itens 2 e 3) já estudamos os traços fundamentais do Protocolo nº 11, cabendo aqui apenas detalhar certas questões a ele relativas.[333] Desde já cabe a observação de que o Protocolo nº 11 foi aberto à assinatura em 11 de maio de 1994, mas somente entrou em vigor em 1º de novembro de 1998, quando todos os então 40 Estados-partes na Convenção Europeia (e membros do Conselho da Europa) o ratificaram.[334]

Em suma, as duas principais modificações (também já referidas) na estrutura do sistema europeu, trazidas pelo Protocolo nº 11, foram: *a*) a substituição tanto da Comissão como da Corte Europeia por uma nova Corte permanente, com competência para realizar os juízos de admissibilidade e de mérito dos casos que lhe forem submetidos; e *b*) a autorização para que os indivíduos, organizações não governamentais e grupos de indivíduos tenham *acesso direto* à Corte (*jus standi*), sem necessitar de um órgão intermediário (a antiga Comissão) para a análise da admissibilidade da petição.

Com o estabelecimento da nova Corte Europeia, observa Cançado Trindade, "buscou-se fortalecer os elementos judiciais do sistema europeu de proteção e agilizar o procedimento (evitando os atrasos e duplicações que se mostraram inerentes ao regime jurídico anterior)", além de "manifestar a esperança no sentido de que o novo mecanismo do Protocolo nº 11, tendo a Corte como órgão jurisdicional único, fomentaria o desenvolvimento de uma jurisprudência protetora homogênea e claramente consistente".[335]

Um Protocolo de nº 14, adotado em Estrasburgo em 13 de maio de 2004, entrou em vigor em 1º de junho de 2010, vindo alterar mais uma vez o procedimento perante a Corte Europeia, com a finalidade (novamente) de desafogá-la da sobrecarga de trabalho, assim como do Comitê de Ministros, responsável pela supervisão das sentenças.[336] Ou seja, o Protocolo reforçou a capacidade de *filtragem* da Corte, tendo em vista o enorme número de casos que recebe mensalmente. Visou, da mesma forma, uma melhora nos resultados dos julgamentos, no sentido de permitir que a Corte decida casos realmente importantes para a proteção dos direitos humanos. Segundo o texto do Protocolo, admite-se que um *único juiz* declare a inadmissibilidade ou mande arquivar qualquer petição formulada nos termos do art. 34 da Convenção (que é o dispositivo que admite as *petições individuais*). A decisão

---

[333] Para detalhes, *v.* Antônio Augusto Cançado Trindade, Idem, pp. 138-147; e Geneviève Janssen-Pevtschin, Le Protocole nº 11 à la Convention Européenne des Droits de l'Homme, in *Revue Trimestrielle des Droits de l'Homme*, nº 20, out./1994, pp. 483-500.

[334] *V.* Antônio Augusto Cançado Trindade. *Tratado de direito internacional dos direitos humanos*, vol. III, cit., p. 138; e Pierre-Marie Dupuy, *Droit international public*, cit., p. 243.

[335] Antônio Augusto Cançado Trindade. *Tratado de direito internacional dos direitos humanos*, vol. III, cit., p. 139.

[336] A delonga na entrada em vigor do Protocolo nº 14 havia levado o Conselho de Ministros do Conselho da Europa, na sua sessão de Madrid, à adoção do Protocolo nº 14*bis*, em 27 de maio de 2009, cuja aplicação deveria ser provisória até a entrada em vigor do Protocolo nº 14. Tal medida (que mereceu várias críticas) demonstrou a agonia do sistema em livrar-se de um abarrotamento cada vez mais crescente. Atualmente, não há mais falar-se no Protocolo nº 14*bis*.

Parte IV • Cap. I • PROTEÇÃO INTERNACIONAL DOS DIREITOS HUMANOS | **903**

desse juiz singular é definitiva (art. 7º do Protocolo, que dá nova redação ao novo art. 27 da Convenção). Se o juiz em causa não declarar a inadmissibilidade ou não mandar arquivar a petição, ele a transmite ao *Comitê* ou à *Seção* para fins de apreciação. O *Comitê* (de três juízes) passará a poder decidir sobre o mérito do pedido (até então afeto à *Seção*, de sete juízes), e não somente a sua admissibilidade, mas apenas quando já exista "jurisprudência bem firmada do Tribunal" a respeito. As *Seções* continuam a decidir sobre o mérito com a possibilidade de devolução ao *Tribunal Pleno*. Em qualquer assunto pendente numa *Seção* ou no *Tribunal Pleno*, passa também agora a existir a possibilidade de intervenção do *Alto Comissário para os Direitos Humanos do Conselho da Europa*, o qual poderá formular observações por escrito e participar nas audiências (art. 13 do Protocolo nº 14, que introduz no art. 36 da Convenção um novo item 3).

Enfim, pode-se concluir este tópico constatando que não obstante o grande avanço do sistema regional europeu, especialmente a partir da entrada em vigor do Protocolo nº 11, ainda assim tem-se que os sistemas regionais (e também o próprio sistema global) de proteção dos direitos humanos, no que tange ao direito individual de petição, são sistemas em certa medida precários.[337] Isso pelo fato – leciona Cassese – de seu exercício repousar sob a vontade dos Estados: estes últimos podem sempre denunciar ou extinguir o tratado (*v.g.*, a Convenção Europeia ou a Convenção Interamericana de Direitos Humanos) ou anular a resolução que confere esse direito ao indivíduo (este último caso é somente possível, atualmente, nos demais sistemas regionais que não o sistema europeu).[338] Ainda assim, são atualmente os sistemas *regionais* de proteção dos direitos humanos (em especial o europeu, seguido do interamericano) os que mais efetivamente protegem as vítimas de violações desses direitos, e não o sistema *global* (das Nações Unidas) de proteção, ainda frágil em muitos aspectos.[339]

5. Simetrias e assimetrias entre os sistemas europeu e interamericano de direitos humanos. Depois de estudados os sistemas regionais interamericano (*v.* Seção V, *supra*) e europeu de direitos humanos, cabe agora uma análise comparativa entre ambos, a fim de destacar as simetrias e assimetrias mais importantes entre eles. De rigor, essa comparação já foi realizada ao longo desta Seção VI, como o leitor já percebeu. Neste tópico far-se-á apenas um resumo do tema, organizando as simetrias e assimetrias mais marcantes entre esses dois sistemas regionais.

Uma primeira simetria (de índole material) entre os dois sistemas é a de que ambos protegem *direitos civis e políticos* prioritariamente, deixando para protocolos adicionais (no sistema interamericano, o *Protocolo de San Salvador* de 1988) ou para tratados específicos (a *Carta Social Europeia* de 1961, no sistema regional europeu) a proteção dos direitos econômicos, sociais e culturais. Dizer que ambos os sistemas protegem prioritariamente direitos civis e políticos não significa dizer, contudo, que ambos consagrem direitos exatamente iguais. Pelo fato de a Convenção Americana ser posterior à Convenção Europeia, consagrou ela vários direitos não encontrados até então no sistema regional europeu.[340] Também, ambos os

---

[337] *V.* Antonio Cassese. *Diritto internazionale*, cit., p. 183.

[338] Antonio Cassese. Idem, ibidem.

[339] Cf. Franz Matscher. Quarante ans d'activités de la Cour Européenne des Droits de l'Homme, cit., p. 256.

[340] Para detalhes, *v.* Héctor Gros Espiell, La Convention Américaine et la Convention Européenne des Droits de l'Homme: analyse comparative, cit., pp. 199-200.

sistemas protegem *quaisquer pessoas* que, no território de algum dos Estados-partes, tenham sofrido uma violação de direitos humanos, independentemente de sua nacionalidade.[341] Sob o aspecto formal, é nítido que ambos os sistemas regionais se fundamentam em Convenções que têm, para além de uma identidade substancial, uma mesma estrutura formal. Essa analogia estrutural deve-se ao fato de ter sido a Convenção Americana inspirada na Convenção Europeia, que lhe é anterior.[342]

A segunda simetria originária entre os dois sistemas (hoje não mais existente, depois da entrada em vigor no Protocolo nº 11 à Convenção Europeia) dizia respeito à existência, tanto no sistema europeu quanto no interamericano, de dois órgãos distintos para a *admissibilidade* (a então *Comissão* Europeia de Direitos Humanos e a *Comissão* Interamericana de Direitos Humanos) e o *mérito* (as *Cortes* Europeia e Interamericana de Direitos Humanos) das petições ou comunicações levadas à análise de ambos os sistemas. Lembre-se que, no sistema europeu, existe ainda um *terceiro* órgão, que é o Comitê de Ministros (do Conselho da Europa), que não encontra similar no sistema interamericano. No sistema europeu, o Comitê de Ministros tem poderes de *supervisão* das sentenças da Corte Europeia, ao passo que no sistema interamericano a supervisão das sentenças da Corte Interamericana fica limitada a ela própria. Assim, de *simetria* entre os sistemas europeu e interamericano de direitos humanos existia, originariamente, apenas aqueles *dois* órgãos já citados. Atualmente, contudo, somente o sistema interamericano de direitos humanos (como já foi estudado) é que mantém a sua *Comissão* Interamericana, haja vista que (depois do Protocolo nº 11) o sistema europeu atual consagra apenas a Corte Europeia (a *nova* Corte Europeia) como órgão responsável tanto pela admissibilidade quanto pelo mérito do pleito.

Outra simetria entre os sistemas europeu e interamericano está em deter ambas as Cortes regionais uma competência *consultiva*, para além de sua competência contenciosa, mas com a diferença de ser tal competência enormemente mais ampla no sistema interamericano, pelos motivos já estudados (*v.* item nº 3, *supra*).

Por sua vez, as *assimetrias* entre os sistemas europeu e interamericano de direitos humanos são mais elevadas.

A primeira delas diz respeito à variedade de Protocolos (atualmente em número de 14) concluídos no sistema regional europeu, todos complementares à Convenção de 1950 (uns acrescentando novos direitos à Convenção, outros disciplinando questões organizatórias ou processuais etc.),[343] diferentemente do sistema interamericano, que conta com apenas *dois* protocolos substanciais concluídos até o momento (um sobre direitos econômicos, sociais e culturais, de 1988, e outro sobre abolição da pena de morte, de 1990).

Outra diferença entre tais sistemas diz respeito à falta de previsão, na Convenção Europeia de Direitos Humanos, de poder a Corte Europeia adotar "medidas provisórias" para a salvaguarda urgente de um direito em vias de violação, contrariamente ao que existe no sistema interamericano (e também no africano) de direitos humanos, em que tais medidas provisórias são expressamente previstas.

---

[341]   Cf. Franz Matscher. Quarante ans d'activités de la Cour Européenne des Droits de l'Homme, cit., p. 253.

[342]   Cf. Héctor Gros Espiell. La Convention Américaine et la Convention Européenne des Droits de l'Homme: analyse comparative, cit., p. 194. No mesmo sentido, *v.* Guido Fernando Silva Soares, *Curso de direito internacional público*, cit., p. 360.

[343]   Cf. Jorge Miranda. *Curso de direito internacional público*, cit., p. 330.

Parte IV · Cap. I · PROTEÇÃO INTERNACIONAL DOS DIREITOS HUMANOS | 905

A assimetria mais marcante (e mais importante) entre os sistemas europeu e interamericano de direitos humanos diz respeito à possibilidade que tem o indivíduo, no sistema regional europeu, de demandar *diretamente* à Corte Europeia, depois da entrada em vigor do Protocolo nº 11, que garantiu às pessoas, organizações não governamentais ou grupos de pessoas o *jus standi* perante a Corte Europeia. No sistema regional interamericano, apesar do avanço que se teve com o *Regulamento* da Corte Interamericana (de sua versão de 2000, até a mais recente, de novembro de 2009), que permitiu que, depois de admitida a demanda, as vítimas ou seus familiares participem do processo em todas as suas etapas, ainda assim não se encontra nele o direito de *ingresso direto* dos indivíduos à Corte Interamericana.

Uma última assimetria entre os sistemas regionais estudados (não referida anteriormente) é concernente aos direitos protegidos em ambos os sistemas. Diferentemente do sistema interamericano, em que o direito fundamental *à vida* é o campeão de demandas (e, consequentemente, forma a maior parte da jurisprudência da Corte Interamericana), no sistema europeu de direitos humanos a maioria dos pleitos pede à Corte Europeia a garantia do direito a um processo equitativo (julgamento justo, *fair trial*) previsto no art. 6º da Convenção Europeia.[344]

6. Conclusão. Do que foi estudado nesta Seção VI, pode-se concluir que o sistema regional europeu de proteção dos direitos humanos é o mais amadurecido atualmente dentre os demais sistemas regionais de proteção, seja pelo fato de ser o mais antigo entre os sistemas regionais existentes, seja por ser o texto da Convenção Europeia (com suas várias reformas, via Protocolos Adicionais) mais avançado que os demais, ou ainda pela farta jurisprudência da Corte Europeia em matéria de proteção desses direitos. Ao sistema regional europeu seguem o já estudado sistema interamericano – que ainda conta com uma *Comissão* (figura não mais existente no sistema europeu) e uma *Corte* interamericanas – e o sistema regional africano. Passemos ao estudo deste último na Seção VII seguinte.

SEÇÃO VII – SISTEMA REGIONAL AFRICANO

1. Introdução. Se o sistema regional europeu de direitos humanos é o que se apresenta mais evoluído e mais sólido até o presente momento, seguido do sistema regional interamericano, que se encontra em posição intermediária, o sistema regional africano é ainda o menos efetivo de todos, ficando em terceiro lugar na escala de amadurecimento dos sistemas regionais.[345]

---

[344] V., por tudo, Antônio Augusto Cançado Trindade, *Tratado de direito internacional dos direitos humanos*, vol. III, cit., p. 152.

[345] Sobre o sistema africano de direitos humanos, *v.* Benoît Saaliu Ngom, *Les droits de l'homme et l'Afrique*, Paris: Sílex, 1984, 113p; Emmanuel G. Bello, The African Charter on Human and Peoples' Rights: a legal analysis, in *Recueil des Cours*, vol. 194 (1985-V), pp. 9-268; Kéba Mbaye, *Les droits de l'homme en Afrique*, Paris: A. Pedone, 1992, 312p; Fatsah Ouguergouz, *La Charte Africaine des Droits de l'Homme et des Peuples: une approche juridique des droits de l'homme entre tradition et modernité*, Paris: PUF, 1993, 479p; U. Oji Umozurike, *The African Charter on Human and Peoples' Rights*, The Hague: Martinus Nijhoff, 1997, 240p; Dinah Shelton, *Regional protection of human rights*, cit., pp. 542-552; Malcolm Evans & Rachel Murray (Eds.), *The African Charter on Human and Peoples' Rights: the system in practice*, 1986-2006, 2nd ed., Cambridge: Cambridge University Press, 2008, 509p; Valerio de Oliveira Mazzuoli, *Os sistemas regionais de proteção dos direitos*

906 CURSO DE DIREITO INTERNACIONAL PÚBLICO – *Valerio de Oliveira Mazzuoli*

Tal decorre, evidentemente, da própria idade desses sistemas.[346] Enquanto o sistema europeu data de 1950, com a adoção da Convenção Europeia de Direitos Humanos (que entrou em vigor internacional em 1953), e o sistema interamericano data de 1969, com a celebração da Convenção Americana sobre Direitos Humanos (que entrou em vigor internacional em 1978), o sistema regional africano de direitos humanos nasce somente em 1981, com a adoção da Carta Africana dos Direitos Humanos e dos Povos (que entrou em vigor internacional em 1986).[347]

O Continente Africano, como se sabe, tem sofrido ao longo dos anos com inúmeras violações de direitos humanos, talvez mais graves que as ocorridas na Europa e no Continente Americano, e também (e paradoxalmente) bem mais esquecidas que as demais. Em especial, a parte da África que mais sofreu (e tem sofrido) violações de direitos humanos é a chamada *África Negra*, desde o início do processo (dificultoso) de descolonização até os dias atuais.[348] Desde esse momento, o direito à autodeterminação dos povos passou a ser um dos temas centrais dos trabalhos da então Organização da Unidade Africana – OUA (a partir de 2002, União Africana) desde sua criação em 1963 até o final da década de 70.[349] Mas mesmo antes da criação da então OUA já se tinha a ideia de criar, no Continente Africano, mecanismos de salvaguarda dos direitos humanos. É unânime na doutrina que os antecedentes do sistema regional africano de direitos humanos têm como ponto de partida a Conferência de Lagos sobre o Estado de Direito, ocorrida na Nigéria, de 3 a 7 de janeiro de 1961, da qual, pela primeira vez, nasceu a esperança de poder contar o Continente Africano com uma convenção regional em matéria de direitos humanos.[350] Em especial, as atrocidades cometidas (e amplamente divulgadas) a partir da década de 70 em Uganda, Etiópia, República Centro-Africana, Guiné Equatorial e Malawi tiveram importância fundamental no processo de construção de

---

[ ] humanos..., cit., pp. 77-94; José Melo Alexandrino (coord.), *Os direitos humanos em África: estudos sobre o sistema africano de proteção dos direitos humanos*, Coimbra: Coimbra Editora, 2011, 387p; e Marina Feferbaum, *Proteção internacional dos direitos humanos: análise do sistema africano*, São Paulo: Saraiva, 2012, 168p.

[346] Para uma análise comparada entre esses três sistemas, *v.* B. Obinna Okere, The protection of human rights in Africa and the African Charter on Human and Peoples' Rights: a comparative analysis with the European and American systems, in *Human Rights Quarterly* 6(2), 1984, pp. 141-159; e Valerio de Oliveira Mazzuoli, *Os sistemas regionais de proteção dos direitos humanos...*, cit., pp. 95-99.

[347] V. Flávia Piovesan. *Direitos humanos e justiça internacional...*, cit., p. 119; David Weissbrodt & Connie de la Vega, *International human rights law...*, cit., p. 334; e Dinah Shelton, *Regional protection of human rights*, cit., pp. 85-90.

[348] Sobre o processo de descolonização africana, *v.* Jean-Marie Lambert, *História da África Negra*, Goiânia: Kelps, 2001, especialmente pp. 161-269. Para uma análise das relações do Brasil com a África Negra, *v.* Amado Luiz Cervo & Clodoaldo Bueno, *História da política exterior do Brasil*, 3ª ed. rev. e ampl., Brasília: Ed. UnB, 2008, pp. 448-449.

[349] Cf. Maria José Morais Pires. Carta Africana dos Direitos Humanos e dos Povos, in *Documentação e Direito Comparado*, nos 79/80, Lisboa: Procuradoria-Geral da República, 1999, p. 335. Sobre a União Africana (instituída a partir de 2002) e sua estrutura, *v.* Jean-Claude Zarka, *Institutions internationales*, cit., pp. 104-107; e Ian Hurd, *International organizations...*, cit., pp. 248-253.

[350] Cf. Emmanuel G. Bello. The African Charter on Human and Peoples' Rights: a legal analysis, cit., pp. 23-24; e Antônio Augusto Cançado Trindade, *Tratado de direito internacional dos direitos humanos*, vol. III, cit., pp. 193-194.

Parte IV · Cap. I · PROTEÇÃO INTERNACIONAL DOS DIREITOS HUMANOS | **907**

um sistema regional africano de direitos humanos.[351] Infelizmente, muito tempo se passou até que o sistema regional africano fosse estruturado, tendo sido somente na década de 1980 que ele efetivamente veio à luz.

O sistema regional africano de direitos humanos tem como tratado-regente a referida *Carta Africana dos Direitos Humanos e dos Povos* (1981), que estabeleceu originalmente apenas um órgão de proteção: a *Comissão Africana dos Direitos Humanos e dos Povos*. Diferentemente da Convenção Europeia e da Convenção Americana, a Carta Africana dos Direitos Humanos e dos Povos não criou uma *Corte* africana em seu texto original, tendo apenas instituído a *Comissão*. A Corte Africana dos Direitos Humanos e dos Povos foi somente estabelecida pelo *Protocolo à Carta Africana de Direitos Humanos e dos Povos* de 1998, que entrou em vigor no ano de 2004.

Nos tópicos seguintes estudaremos a Carta Africana dos Direitos Humanos e dos Povos, a Comissão Africana e a Corte Africana dos Direitos Humanos e dos Povos.

2. A Carta Africana dos Direitos Humanos e dos Povos. A Carta Africana dos Direitos Humanos e dos Povos (também conhecida por *Carta de Banjul*) foi aprovada na Conferência Ministerial da então OUA, em Banjul, Gâmbia,[352] em janeiro de 1981, e adotada pela XVIII Assembleia dos Chefes de Estado e de Governo da OUA em Nairóbi, Quênia, em 27 de junho de 1981,[353] tendo entrado em vigor internacional em 21 de outubro de 1986, nos termos do seu art. 63.[354] Desde 1995 a Carta Africana conta com a ampla adesão de 53 dos 54 Estados africanos (faltando apenas a ratificação do Sudão do Sul).

A Carta Africana dos Direitos Humanos e dos Povos é estruturada em três partes. Na Parte I (arts. 1º a 29) elencam-se os direitos e os deveres dos cidadãos (com a inovação de ter ali estabelecido vários direitos de "terceira geração", como o direito ao desenvolvimento, à paz e ao meio ambiente sadio). Na Parte II (arts. 30 a 63) estabelecem-se as "medidas de salvaguarda" da Carta (composição e organização da Comissão Africana dos Direitos Humanos e dos Povos; competências da Comissão; processo da Comissão; princípios aplicáveis). E na Parte III (arts. 64 a 68) fixam-se as disposições diversas (entrada em vigor da Carta; emendas ou revisão do texto etc.).

No âmbito normativo, a característica mais importante da Carta Africana está em ter incluído no texto (no *mesmo* texto do tratado-regente, ao contrário do que ocorreu nos

---

[351] Cf. Emmanuel G. Bello. The African Charter on Human and Peoples' Rights: a legal analysis, cit., p. 26; Antônio Augusto Cançado Trindade, *Tratado de direito internacional dos direitos humanos*, vol. III, cit., pp. 195-196; e Dinah Shelton, *Regional protection of human rights*, cit., pp. 105-109. Sobre o processo inicial de construção do sistema africano de direitos humanos, veja-se o estudo pioneiro de Karel Vasak, Les droits de l'homme et l'Afrique: vers les institutions africaines pour la protection internationale des droits de l'homme?, in *Revue Belge de Droit International*, nº 2 (1967), pp. 459-478.

[352] Sobre a contribuição da Gâmbia para a Carta Africana dos Direitos Humanos e dos Povos, *v*. Emmanuel G. Bello, The African Charter on Human and Peoples' Rights: a legal analysis, cit., pp. 29-31.

[353] *V.* OUA Doc. CAB/LEG/67/3 rev. 5, 21 I.L.M. 58 (1982).

[354] *V.*, por tudo, Philip Kunig, Wolfgang Benedek & Costa R. Mahalu (Eds.), *Regional protection of human rights by international law: the emerging African system (documents and three introductory essays)*, Baden-Baden: Nomos, 1985, 156p; e Eva Brems, *Human rights: universality and diversity*, The Hague: Martinus Nijhoff, 2001, pp. 92-136.

sistemas europeu e interamericano) tanto os direitos civis e políticos, quanto os direitos econômicos, sociais e culturais, para além do direito "dos povos".[355] Tendo consagrado as duas (pode-se até mesmo dizer: as *três*) categorias de direitos num só texto, o que se entende é que a Carta Africana não fez qualquer distinção entre os direitos civis e políticos, de um lado, e os direitos econômicos, sociais e culturais de outro, o que constitui a afirmação da doutrina segundo a qual os direitos humanos são indivisíveis (princípio da indivisibilidade dos direitos humanos), para além de universais, interdependentes e inter-relacionados. Assim, a Carta não distinguiu a "natureza" dos direitos, atribuindo-lhes igual força jurídica e submetendo-lhes (todos) ao controle da Comissão Africana, o que significa que (ao menos teoricamente) a Comissão (e, posteriormente, também a Corte) pode vir a ser provocada a se manifestar em questões de índole econômica, social ou cultural.[356] Em outras palavras, diferentemente das Convenções Europeia e Interamericana de Direitos Humanos, a Carta Africana não atribui qualquer ênfase aos direitos de primeira geração (direitos civis e políticos) sobre os direitos de segunda geração (direitos econômicos, sociais e culturais). Pelo contrário: ao adotar uma postura "coletivista" ou "holística" dos direitos humanos, que enfatiza o "direito dos povos" expressamente,[357] a Carta Africana acaba por compreender a proteção do indivíduo não sob uma ótica liberal ou individualista, mas sob a ótica *social* ou *coletiva*. Assim, como se percebe, a Carta Africana consagra, num mesmo instrumento internacional e indistintamente, (*a*) os direitos da primeira e segunda gerações, (*b*) os direitos individuais e direitos coletivos e (*c*) os direitos e deveres individuais. Daí a observação da melhor doutrina de que a *Carta de Banjul* vai "bem mais além do que outros tratados de proteção, como, também em nível regional, as Convenções Americana e Europeia de Direitos humanos (voltadas essencialmente aos direitos civis e políticos)".[358] Nesse sentido, é importante compreender a distinção que a Carta Africana faz dos "direitos humanos" em relação aos "direitos dos povos".[359] No Preâmbulo da Carta (5º *considerando*) diz-se que os "direitos fundamentais do ser humano" são aqueles baseados "nos atributos da pessoa humana, o que justifica a sua proteção internacional", e que, por sua vez, a realidade e o respeito dos direitos *dos povos* "devem necessariamente garantir os direitos humanos". Daí, então, muitos autores (não todos, porém[360]) interpretarem a relação entre os direitos humanos e o direito dos povos na Carta Africana no sentido de ser a realização deste último

---

[355] V. Antônio Augusto Cançado Trindade. *Tratado de direito internacional dos direitos humanos*, vol. III, cit., pp. 198-199.

[356] V., por tudo, Maria José Morais Pires, Carta Africana dos Direitos Humanos e dos Povos, cit., p. 336.

[357] Cf. Flávia Piovesan. *Direitos humanos e justiça internacional...*, cit., p. 122.

[358] Cf. Antônio Augusto Cançado Trindade. *Tratado de direito internacional dos direitos humanos*, vol. III, cit., p. 199.

[359] Cf. Emmanuel G. Bello. The African Charter on Human and Peoples' Rights: a legal analysis, cit., p. 32 e pp. 142-143, respectivamente. Sobre o "direito dos povos", merece destaque a observação de Maria José Morais Pires: "Impõe-se em primeiro lugar notar que o conceito de 'direitos dos povos' não tem o mesmo significado, na filosofia africana, que os direitos coletivos na concepção socialista dos direitos do homem. Para alguns autores, seguidores de Vasak, eles correspondem aos chamados direitos da 'terceira geração', enquanto para outros, trata-se da consagração de uma 'tradição africana ancestral'" (Carta Africana dos Direitos Humanos e dos Povos, cit., pp. 346-347).

[360] Destaque-se, *v.g.*, a opinião de Emmanuel G. Bello, para quem a redação desse quinto considerando da Carta "foi pura perda de tempo", por não passar de "um parágrafo sem sentido" que acabou "dizendo

Parte IV · Cap. I · PROTEÇÃO INTERNACIONAL DOS DIREITOS HUMANOS | **909**

uma condição para a efetividade dos direitos individuais.[361] Em outros termos, teria a Carta Africana *priorizado* os direitos coletivos em relação aos de cunho individual. Repita-se que até mesmo direitos *ambientais* (que pertencem à "terceira geração") são contemplados pela Carta Africana – art. 21, §§ 1º a 5º, sobre o direito dos povos à livre disposição "dos seus recursos naturais", e art. 24, sobre o direito dos povos a um "meio ambiente geral satisfatório, propício ao seu desenvolvimento" –, a reforçar essa concepção coletivista de direitos. Em suma, essa inovação parece implicar que os Estados-partes na Carta de Banjul pretenderam atribuir força vinculante a *todos* os direitos nela previstos, garantindo sua justiciabilidade tanto perante a Comissão quanto perante a Corte Africana.[362]

Outra inovação da Carta Africana diz respeito à enunciação de *deveres* individuais,[363] sobretudo pela forma minuciosa como foram escritos, contrariamente ao que ocorre nos sistemas europeu (no qual nada a respeito de "deveres" é versado pela Convenção Europeia) e interamericano de direitos humanos (em que apenas deveres para com a família, a comunidade e a humanidade têm ali previsão – art. 31, § 1º, da Convenção Americana). Também a Declaração Universal de 1948 fala em deveres da pessoa para com a comunidade (art. 29, nº 1), mas nada comparável ao rol da Carta Africana. Em outras palavras, a Carta Africana foi muito além das outras convenções e instrumentos regionais e globais ao prever, de forma ampla e detalhada, os *deveres* individuais. Assim é que dos arts. 27 a 29 da Carta encontram-se os seguintes deveres individuais, a saber: deveres dos indivíduos para com a família e a sociedade, para com o Estado e outras coletividades legalmente reconhecidas e para com a comunidade internacional (art. 27); deveres individuais de respeito e consideração pelos seus semelhantes sem nenhuma discriminação (art. 28); deveres de preservação do desenvolvimento harmonioso da família e de respeito aos pais (de os alimentar e os assistir em caso de necessidade), de servir à comunidade nacional, pondo as suas capacidades físicas e intelectuais a seu serviço, de não comprometer a segurança do Estado de que é nacional ou residente, de preservar e reforçar a solidariedade social e nacional, particularmente quando esta é ameaçada, de preservar e reforçar a independência nacional e a integridade territorial da pátria, contribuindo para a defesa do seu país em condições fixadas pela lei, de trabalhar (na medida das suas capacidades e possibilidades) e de desobrigar-se das contribuições fixadas pela lei para a salvaguarda dos interesses fundamentais da sociedade, de zelar pela preservação e reforço dos valores culturais africanos positivos, em espírito de tolerância e diálogo, e de contribuir para a promoção e realização da Unidade Africana (art. 29, itens 1 a 8).

Sobre o tema dos *deveres* enunciados pela Carta Africana, assim leciona Maria José Morais Pires: "A enunciação dos deveres revela-se também uma das originalidades da Carta de Banjul. A referência aos deveres tinha já surgido num instrumento jurídico não vinculativo – a Declaração Americana dos Direitos e Deveres do Homem de 1948 – mas a Carta Africana

---

muito sem dizer absolutamente nada" (The African Charter on Human and Peoples' Rights: a legal analysis, cit., p. 143).

[361] Cf. Eva Brems. *Human rights: universality and diversity*, cit., pp. 100-101.

[362] Cf. Maria José Morais Pires. Carta Africana dos Direitos Humanos e dos Povos, cit., p. 340.

[363] V. Eva Brems. *Human rights: universality and diversity*, cit., pp. 113-118; e Marina Feferbaum, *Proteção internacional dos direitos humanos...*, cit., pp. 78-80.

revela-se o único tratado relativo a direitos do homem que consagra, de forma desenvolvida, a noção de deveres individuais não só em relação ao próximo, mas também em função da comunidade, na linha da tradição africana. Este entendimento constitui uma 'ruptura' com a concepção ocidental dos direitos do homem, que considera à luz da doutrina positivista, a dialética direito-dever essencialmente baseada no direito como um conjunto de prerrogativas, que originam por reciprocidade um feixe de deveres ou obrigações. A 'autonomização' dos deveres altera a natureza deste conceito, embora não seja possível afirmar que a Carta estabelece uma relação hierárquica entre direitos e deveres, tampouco uma precedência dos direitos sobre os deveres. Determina apenas – com alguma imprecisão – o conteúdo dos deveres, bem como os seus beneficiários. Com efeito, a Carta impõe várias obrigações ao indivíduo em relação à comunidade, as quais não decorrem de um 'direito subjetivo', no sentido kelseniano, pois constituem verdadeiras obrigações autônomas, sem paralelo em outros instrumentos de direito internacional de direitos do homem".[364]

A Carta Africana, porém, não é imune a críticas. Uma delas é a existência de lacunas técnico-jurídicas em seu texto, especialmente ligadas à definição imprecisa dos direitos e à ambiguidade de sua enunciação.[365] Daí a crítica da doutrina de que essa "imprecisão dos conceitos deixa ao Estado uma larguíssima margem de apreciação, dado que será sempre possível encontrar um fim legítimo para justificar uma ingerência nos direitos e liberdades dos indivíduos".[366]

Ao contrário das Convenções Europeia e Americana de Direitos Humanos, a *Carta de Banjul* também não contempla uma cláusula derrogatória de certos direitos em situações de exceção.[367] Na Convenção Americana, *v.g.*, essa cláusula encontra-se no art. 27, § 1º, segundo o qual: "Em caso de guerra, de perigo público, ou de outra emergência que ameace a independência ou segurança do Estado-parte, este poderá adotar as disposições que, na medida e pelo tempo estritamente limitados às exigências da situação, suspendam as obrigações contraídas em virtude desta Convenção, desde que tais disposições não sejam incompatíveis com as demais obrigações que lhe impõe o Direito Internacional e não encerrem discriminação alguma fundada em motivos de raça, cor, sexo, idioma, religião ou origem social".[368] A falta de uma disposição semelhante na Carta Africana pode levantar

---

[364] Maria José Morais Pires. Carta Africana dos Direitos Humanos e dos Povos, cit., pp. 336-337.

[365] Cf. Jean Matringe. *Tradition et modernité dans la Charte Africaine des Droits de l'Homme et des Peuples: étude de contenu normatif de la Charte et de son apport à la théorie du droit international des droits de l'homme*. Bruxelles: Bruyant 1996, p. 40.

[366] Maria José Morais Pires. Carta Africana dos Direitos Humanos e dos Povos, cit., p. 337.

[367] Para uma visão geral do tema, *v.* Emmanuel G. Bello, The African Charter on Human and Peoples' Rights: a legal analysis, cit., pp. 69-72; Eva Brems, *Human rights: universality and diversity*, cit., pp. 125-126; e Antônio Augusto Cançado Trindade, *Tratado de direito internacional dos direitos humanos*, vol. III, cit., pp. 200-201. Para um estudo específico do assunto, *v.* Fatsah Ouguergouz, L'absence de clause de dérogation dans certains traités relatifs aux droits de l'homme: les réponses du droit international général, in *Revue Générale de Droit International Public*, vol. 98 (1994), pp. 289-336; e Laurent Sermet, The absence of a derogation clause from the African Charter on Human and Peoples' Rights: a critical discussion, in *African Human Rights Law Journal*, vol. 7, nº 1, Cape Town, 2007, pp. 142-161.

[368] Para um comentário desse dispositivo, *v.* Valerio de Oliveira Mazzuoli, *Comentários à Convenção Americana sobre Direitos Humanos*, cit., pp. 228-231.

Parte IV · Cap. I · PROTEÇÃO INTERNACIONAL DOS DIREITOS HUMANOS | 911

problemas de ordem prática, mas pode ser também interpretada (para alguns autores) em sentido oposto, ou seja, no sentido "de um reforço de proteção dos direitos, que serão todos inderrogáveis, mesmo em casos excepcionais".[369] Porém, para outros internacionalistas, como Cançado Trindade, a ausência de uma "cláusula de derrogações" não significa que "se assegure maior proteção dos direitos consagrados, porquanto tal ausência é contrabalançada pelas qualificações ou limitações que acompanham a formulação de alguns desses direitos", a exemplo das limitações constantes dos artigos 6º,[370] 8º,[371] 10º[372] e 11º,[373] que tendem a privá-los de toda eficácia.[374]

Outra deficiência da Carta Africana diz respeito à ausência de uma "cláusula de reservas", tal como existe na Convenção Europeia (art. 57) e na Convenção Americana (art. 75). A esse respeito, assim leciona Maria José Morais Pires: "A ausência de uma cláusula de reservas constituiu também uma deficiência técnica da Carta Africana. Assim, ao aceitar implicitamente o regime das reservas previsto na Convenção de Viena sobre o Direito dos Tratados, ou seja, ao deixar ao critério dos Estados, através de objeções às reservas, a apreciação da sua compatibilidade com o objeto e o fim da Carta, os seus autores optaram implicitamente por uma solução que nos parece pouco compatível com a efetiva proteção dos direitos nela enunciados. Na realidade, apenas a Zâmbia e o Egito formularam reservas, sendo a primeira relativa à liberdade de circulação, restringindo-a a locais públicos. As reservas egípcias referem-se à liberdade religiosa e aos direitos das mulheres, as quais estarão sujeitas à lei islâmica, o que levanta sérias dúvidas de compatibilidade com o próprio direito internacional".[375]

Estudada a Carta Africana dos Direitos Humanos e dos Povos, merece agora uma análise dos órgãos de monitoramento e processamento do Estado no sistema africano: a Comissão e a Corte Africana dos Direitos Humanos e dos Povos.

3. A Comissão Africana dos Direitos Humanos e dos Povos. O encargo da Comissão Africana dos Direitos Humanos e dos Povos, à semelhança da então Comissão Europeia de Direitos Humanos (extinta desde 1º de novembro de 1998, com a entrada em vigor do Protocolo nº 11 à Convenção Europeia) e da Comissão Interamericana de Direitos Humanos, é o de promover os direitos humanos e dos povos e assegurar sua respectiva proteção naquele

---

369   Maria José Morais Pires. Carta Africana dos Direitos Humanos e dos Povos, cit., pp. 337-338.

370   Privação possível (por meio de lei) do direito à liberdade e à segurança pessoais.

371   Privação possível (por motivos de ordem pública) da liberdade de consciência e de crença. Para críticas à forma "lacônica" de como foi redigido o art. 8º da Carta, v. Jean Matringe, *Tradition et modernité dans la Charte Africaine des Droits de l'Homme et des Peuples...*, cit., p. 32.

372   Privação possível (por meio de lei) de se constituir livremente, com outras pessoas, associações.

373   Privação possível (por meio de lei ou de regulamentos, por motivos de segurança nacional, da segurança de outrem, da saúde, da moral ou dos direitos e liberdades das pessoas) do direito de reunião.

374   Antônio Augusto Cançado Trindade. *Tratado de direito internacional dos direitos humanos*, vol. III, cit., pp. 201-202. Cf. também, Maria José Morais Pires, Carta Africana dos Direitos Humanos e dos Povos, cit., pp. 340-341 (que critica os dispositivos da Carta que remetem os limites dos direitos para a "lei", e que não definem "o que se entende por lei"); e Fatsah Ouguergouz, *La Charte Africaine des Droits de l'Homme et des Peuples...*, cit., p. 390.

375   Maria José Morais Pires. Carta Africana dos Direitos Humanos e dos Povos, cit., p. 338. Da mesma autora, v. ainda *As reservas à Convenção Europeia dos Direitos do Homem*, , Coimbra: Almedina, 1997, pp. 103-104.

Continente.[376] Com isto, consagrou-se como meta da Comissão Africana o dever de zelar pela efetividade do binômio promoção/proteção dos direitos humanos no Continente Africano.

É importante observar que a Comissão Africana foi o primeiro e único órgão de proteção e salvaguarda dos direitos humanos criado pela *Carta de Banjul*, não tendo esse documento instituído uma *Corte* africana em seu texto original (como fizeram as Convenções Europeia e Interamericana de Direitos Humanos). A Corte Africana dos Direitos Humanos e dos Povos foi somente instituída, como já dito, por um *Protocolo* à Carta Africana, adotado em 1998 e que entrou em vigor internacional em 2004 (*v.* item nº 4, *infra*).

A Comissão Africana está em funcionamento desde 1987 e tem sede em Banjul, capital da Gâmbia, alternando suas sessões entre essa cidade e outras capitais africanas. Em sua primeira sessão ordinária (Adis Abeba, Etiópia, 2 de novembro de 1987), deu-se início à elaboração de seu *Regulamento*. Da Comissão fazem parte 11 membros, eleitos entre "personalidades africanas" que gozem "da mais alta consideração, conhecidas pela sua alta moralidade, sua integridade e sua imparcialidade, e que possuam competência em matéria dos direitos humanos e dos povos" (art. 31, § 1º).[377] O mandato dos seus membros é de 6 anos, podendo ser renovável. A Comissão não pode ter mais de um natural de cada Estado (art. 32).

As competências da Comissão vêm elencadas no art. 45, §§ 1º a 4º, da Carta Africana. Dentre elas, destacam-se: *a*) reunir documentação, fazer estudos e pesquisas sobre problemas africanos no domínio dos direitos humanos e dos povos, organizar informações, encorajar os organismos nacionais e locais que se ocupam dos direitos humanos e, se necessário, dar pareceres ou fazer recomendações aos governos; *b*) formular e elaborar, com vistas a servir de base à adoção de textos legislativos pelos governos africanos, princípios e regras que permitam resolver os problemas jurídicos relativos ao gozo dos direitos humanos e dos povos e das liberdades fundamentais; *c*) cooperar com as outras instituições africanas ou internacionais que se dedicam à promoção e à proteção dos direitos humanos e dos povos; e *d*) interpretar qualquer disposição da Carta a pedido de um Estado-parte, de uma instituição da União Africana ou de uma organização africana (*v.g.*, uma ONG) reconhecida pela União Africana. Esta última atribuição é particularmente importante, tendo a Comissão já interpretado vários dispositivos da Carta e sanado falhas pela exegese do texto à luz dos padrões internacionais de direitos humanos.[378]

Um problema relativamente complexo diz respeito à aceitação, pela Comissão Africana, das conhecidas "petições individuais". O texto da *Carta de Banjul*, diferentemente do que ocorre no sistema interamericano, não é claro (expresso) quanto à possibilidade de os indivíduos peticionarem à Comissão Africana. Dos artigos 47 a 54, a Carta Africana regula

---

[376] Sobre a Comissão Africana, *v.* Emmanuel G. Bello, The African Charter on Human and Peoples' Rights: a legal analysis, cit., pp. 35-78; Laurie S. Wiseberg, The African Commission on Human and Peoples' Rights, in *A Journal of Opinion*, vol. 22, nº 2 (Summer, 1994), pp. 34-41; U. Oji Umozurike, *The African Charter on Human and Peoples' Rights*, cit., pp. 67-86; e David Weissbrodt & Connie de la Vega, *International human rights law…*, cit., pp. 334-336. V. a página *web* da Comissão Africana dos Direitos Humanos e dos Povos em: [http://www.achpr.org].

[377] Sobre o procedimento de eleição dos membros da Comissão, *v.* Emmanuel G. Bello, The African Charter on Human and Peoples' Rights: a legal analysis, cit., pp. 39-41.

[378] *V.* Marina Feferbaum. *Proteção internacional dos direitos humanos…*, cit., pp. 82-83.

Parte IV · Cap. I · PROTEÇÃO INTERNACIONAL DOS DIREITOS HUMANOS | **913**

a possibilidade de um Estado demandar *outro Estado* perante a Comissão. Dos artigos 55 a 59 – Seção intitulada "Das outras comunicações" –, a *Carta de Banjul* diz apenas que outras comunicações "que não emanam dos Estados-Partes na presente Carta" podem ser enviadas ao secretário da Comissão, que fará uma lista das comunicações recebidas e, antes de cada sessão, comunicará aos membros da Comissão, os quais poderão tomar conhecimento de seu conteúdo "e submetê-las à Comissão" (art. 55, § 1º).[379] Daí alguns autores entenderem que essa "indefinição da competência *rationae personae* relativa ao requerente, não torna clara a aceitação de petições individuais".[380] Porém, o entendimento mais correto da Carta é que essas "outras comunicações" são verdadeiramente as petições *individuais*, como está a sugerir a exegese do art. 56, § 1º, da Carta (que coloca como condição de admissibilidade para o exame de uma comunicação a indicação da *identidade* do seu autor, mesmo que este solicite à Comissão manutenção de anonimato). Também o art. 114 do Regulamento da Comissão leva a essa conclusão, quando se refere à "vítima presumida" de uma violação de direitos humanos.[381] Sem embargo dessa discussão, o certo é que a atual prática da Comissão Africana é a de *aceitar* as petições individuais (sendo hoje o mecanismo de denúncia mais presente perante ela).[382] É evidente que esse procedimento terá lugar no caso das violações de direitos humanos ocorridas em Estados que não aderiram ao *Protocolo* à Carta Africana de Direitos Humanos e dos Povos, ou, se aderiram, ainda não manifestaram o aceite de os indivíduos peticionarem diretamente à Corte, tal como possibilita o art. 34, § 6º (*v. infra*, item nº 4); isto porque, havendo o *jus standi* perante o sistema africano, a passagem da comunicação pela Comissão faz-se desnecessária.

O rito seguido pela Comissão para o recebimento das petições individuais – dada a falta de previsão da Carta sobre o processamento de tais petições – é o mesmo previsto para as comunicações interestatais, com a busca de uma "solução amistosa" por todos os meios apropriados antes da emissão do relatório etc. (art. 52). A Comissão, porém, não recebe qualquer petição individual contra Estado que não seja parte da Carta Africana, nos termos dos arts. 102 e 103 do seu Regulamento.

Ainda no que tange ao sistema de petições, merece destaque a questão do caráter *confidencial* do exame das comunicações e de todas as medidas tomadas em relação a estas.[383] Essa previsão vem expressa no art. 59, § 1º, da Carta, segundo o qual "todas as medidas tomadas

---

[379] Sobre o assunto, *v.* Emmanuel G. Bello, The African Charter on Human and Peoples' Rights: a legal analysis, cit., pp. 100-120.

[380] Maria José Morais Pires. Carta Africana dos Direitos Humanos e dos Povos, cit., p. 338.

[381] Cf. Antônio Augusto Cançado Trindade. *Tratado de direito internacional dos direitos humanos*, vol. III, cit., p. 205. Segundo a crítica de Cançado Trindade: "No entanto, a própria linguagem, oblíqua e nebulosa, utilizada neste particular pela Carta Africana, é reveladora de uma concepção um tanto restritiva do direito de petição individual, tal como assinala a própria doutrina africana. Tal concepção restritiva tem se refletido na prática da Comissão Africana" (Idem, ibidem).

[382] Sobre o aceite das comunicações individuais pela Comissão, *v.* Maria José Morais Pires, Carta Africana dos Direitos Humanos e dos Povos, cit., p. 349; Marcolino José Carlos Moco, *Direitos humanos e seus mecanismos de proteção: as particularidades do sistema africano*, Coimbra: Almedina, 2010, p. 229; e Marina Feferbaum, *Proteção internacional dos direitos humanos...*, cit., p. 91.

[383] *V.* Antônio Augusto Cançado Trindade. *Tratado de direito internacional dos direitos humanos*, vol. III, cit., p. 204.

no quadro do presente capítulo manter-se-ão confidenciais até que a Conferência dos Chefes de Estado e de Governo decida diferentemente". Ao final da análise dos casos submetidos à sua apreciação a Comissão formula *recomendações*, que devem ser submetidas à consideração da Conferência dos Chefes de Estado e de Governo da União Africana, à qual cabe a decisão derradeira (inclusive sobre sua publicação). Daí a conclusão de Cançado Trindade de que a Comissão Africana se encontra "inteiramente desprovida de poderes coercitivos", sendo suas faculdades "de caráter essencialmente recomendatório".[384]

4. A Corte Africana dos Direitos Humanos e dos Povos. Foi somente a partir do século XXI que o Continente Africano conheceu a sua *Corte* de direitos humanos, a *Corte Africana dos Direitos Humanos e dos Povos*.[385] Não obstante ter sido estabelecida em 10 de junho de 1998, pelo *Protocolo* à Carta Africana (aberto à assinatura em Ouagadougou, Burkina Faso), a *Corte Africana* somente veio à luz em 25 de janeiro de 2004, quando da entrada em vigor do *Protocolo*. Após o seu nascimento, a *Corte* foi finalmente configurada em 22 de janeiro de 2006, na 8ª Sessão Ordinária do Conselho Executivo da União Africana, realizada em Cartum, Sudão, ocasião em que foram eleitos os seus primeiros juízes. Sua sede localiza-se na cidade de Arusha, Tanzânia.

Como se percebe, o sistema regional africano de direitos humanos não seguiu a técnica tanto da Convenção Europeia quanto da Convenção Americana, de *já prever* a criação de uma Corte regional no próprio texto original do seu tratado-regente.[386] Tal fez com que o sistema africano demorasse a se tornar efetivo (e ainda demorará alguns anos para que isso aconteça). O argumento era de que, no Continente Africano, a solução de conflitos (segundo uma pretensa "tradição africana"[387]) estava mais ligada à mediação e à conciliação que propriamente à solução pela via jurisdicional (*v.g.*, o estabelecimento de tribunais), além do que a instalação de um tribunal africano de direitos humanos poderia representar uma ameaça à soberania dos novos Estados independentes.[388] Daí a não previsão da Corte Africana pela *Carta de Banjul* e a demora de 17 anos (1981-1998) na sua instituição pelo Protocolo à Carta Africana.

O processo de elaboração do Protocolo à Carta Africana, segundo explica Cançado Trindade, foi estimulado por uma série de fatores, dentre os quais "o movimento em prol

---

[384] Antônio Augusto Cançado Trindade. Idem, ibidem.

[385] A Corte Africana dos Direitos Humanos e dos Povos não se confunde com a *Corte Africana de Justiça*, criada pelo Protocolo de Maputo de 2003 para ser o órgão judicial da União Africana. Porém, em julho de 2008 a União Africana adotou um *Protocolo* relativo à nova *Corte Africana de Justiça e Direitos Humanos*, com a finalidade de fundir os dois tribunais anteriores em uma única Corte, substituindo integralmente o Protocolo à Carta Africana dos Direitos Humanos e dos Povos (1998) e o Protocolo da Corte Africana de Justiça (2003). Até agora esse novo instrumento não entrou em vigor internacional (aguardando que sejam depositados pelo menos 15 instrumentos de ratificação). *V.* a página *web* da Corte Africana dos Direitos Humanos e dos Povos em: [http://www.african-court.org].

[386] Sobre o processo de criação da Corte Africana, *v.* Makau W. Mutua, The African Human Rights Court: a two-legged stool?, in *Human Rights Quarterly*, vol. 21 (1999), pp. 351-353.

[387] Para essa discussão, *v.* Antônio Augusto Cançado Trindade, *Tratado de direito internacional dos direitos humanos*, vol. III, cit., pp. 202-203.

[388] *V.* Flávia Piovesan. *Direitos humanos e justiça internacional...*, cit., p. 128, citando Christof Heyns.

Parte IV · Cap. I · PROTEÇÃO INTERNACIONAL DOS DIREITOS HUMANOS | **915**

do estabelecimento e consolidação do Estado de Direito nos países africanos (ao menos em alguns deles), a evolução da atitude de determinados Estados africanos *vis-à-vis* a jurisdição internacional, e, em particular, o estabelecimento em 1994 do Tribunal Penal Internacional *ad hoc* para Ruanda".[389] Esses fatores somados "exerceram um papel catalisador na iniciativa de criação de um Tribunal africano de direitos humanos, em um momento histórico em que ganha corpo o velho ideal da realização da justiça em nível internacional".[390]

Não obstante o avanço do sistema africano em estabelecer a sua Corte regional, talvez não tenha sido feliz o Protocolo de 1998 ao dizer, no seu sétimo considerando preambular, que o estabelecimento de uma Corte Africana serve apenas "para *complementar e fortalecer* as funções da Comissão Africana dos Direitos Humanos e dos Povos". Segundo nos parece, a instituição de tribunais internacionais de direitos humanos em sistemas regionais não deve servir apenas de *complemento*, ou como mero *fortalecimento* das funções de uma Comissão, mas sim de garantia de efetividade *do próprio sistema* regional em causa. Se assim não fosse, a extinção da Comissão Europeia de Direitos Humanos pelo Protocolo nº 11 à Convenção Europeia de Direitos Humanos, *v.g.*, em vez de fortalecer o sistema regional europeu o desfalcaria por completo, uma vez que não poderia a Corte Europeia "complementar" ou "fortalecer" aquilo que não mais existe! Com efeito, é certo que a Corte Africana deve passar por vários desafios doravante, dentre eles o de galgar total autonomia em relação às funções da Comissão Africana.

A Corte compõe-se de 11 juízes, nacionais dos Estados-membros da União Africana, eleitos por sua capacidade individual, dentre juristas de elevada reputação moral e reconhecida competência prática, judicial e acadêmica e experiência no campo dos direitos humanos e dos povos, não podendo haver dois juízes nacionais do mesmo Estado (art. 11). O mandato é de 6 anos e podem ser reeleitos uma única vez (art. 15, § 1º). O período de trabalho dos juízes é parcial, exceto o do Presidente da Corte, que exercerá suas funções em tempo integral (art. 15, § 4º).

Nos termos do art. 5º, § 1º, do Protocolo, podem submeter casos à Corte Africana: *a*) a Comissão Africana; *b*) o Estado-parte que submeteu o caso perante a Comissão; *c*) o Estado--parte contra o qual o caso na Comissão foi submetido; *d*) o Estado-parte cujo cidadão é vítima de violação de direitos humanos; e *e*) as organizações africanas intergovernamentais. Nos termos do § 2º do mesmo artigo, se um Estado-parte "tiver interesse em um caso, poderá submeter uma solicitação à Corte no sentido de que dele participe". E, por fim, o § 3º do art. 5º dispõe que a Corte "poderá conferir a relevantes organizações não governamentais com *status* de observadora perante a Comissão e a indivíduos a prerrogativa de submeter-lhe casos diretamente, de acordo com o artigo 34(6) do Protocolo".[391] Perceba-se, aqui, a expressa previsão de acesso *direto* dos indivíduos perante a Corte Africana, o que consolida o *jus standi* individual no sistema regional africano (ainda que condicionado ao aceite do Estado, nos

---

[389] Antônio Augusto Cançado Trindade. *Tratado de direito internacional dos direitos humanos*, vol. III, cit., pp. 215-216.

[390] Antônio Augusto Cançado Trindade. Idem, p. 216.

[391] O art. 34(6) do Protocolo assim dispõe: "No momento de ratificação deste Protocolo ou em qualquer outro momento, o Estado poderá fazer uma declaração aceitando a competência da Corte para receber casos nos termos do artigo 5º (3) deste Protocolo. A Corte não poderá receber qualquer petição nos termos do artigo 5º (3) envolvendo Estado que não tiver elaborado tal declaração". Burkina Faso foi o primeiro país a elaborar a declaração a que se refere o art. 34, § 6º, do Protocolo.

916 CURSO DE DIREITO INTERNACIONAL PÚBLICO – *Valerio de Oliveira Mazzuoli*

termos do art. 34, § 6º), à dessemelhança do que existe no sistema interamericano, no qual o *jus standi* perante a Corte Interamericana ainda é vedado expressamente aos indivíduos.

A Corte Africana detém competência consultiva e contenciosa. A exemplo da Corte Interamericana de Direitos Humanos, a função consultiva da Corte Africana conta com ampla base jurisdicional.[392] Podem solicitar pareceres consultivos à Corte um Estado-membro da União Africana, a própria União Africana, qualquer de seus órgãos ou qualquer organização africana reconhecida pela União Africana. Tais pareceres consultivos (ou *opiniões* consultivas) podem versar sobre qualquer questão jurídica relacionada à Carta Africana ou a qualquer outro relevante instrumento de direitos humanos, não podendo, porém, ser objeto de análise consultiva uma questão pendente de exame pela Comissão (art. 4º, § 1º). Merece destaque a possibilidade de organizações não governamentais solicitarem pareceres consultivos à Corte, tal como expressamente estabelece o Protocolo: "...qualquer *organização* africana reconhecida pela OUA [hoje, União Africana]".[393]

No exercício de sua competência contenciosa, cabe destacar a possibilidade de a Corte Africana adotar "medidas provisórias" (também possíveis no sistema interamericano, e não previstas no sistema europeu) para a proteção de um direito em vias de sofrer violação (art. 27, § 2º). Tais medidas, no entanto, assim como ocorre no contexto interamericano, guardam todas as dificuldades práticas de efetivação, dado que os Estados por elas atingidos relutam em dar cumprimento às suas determinações.

Cabe à Corte Africana aplicar as disposições do Protocolo e *quaisquer outros* instrumentos internacionais de direitos humanos ratificados pelos Estados em questão, a exemplo do que ocorre nos demais sistemas regionais de direitos humanos. Não obstante ser o Protocolo o principal instrumento protetivo no Continente Africano, certo é que não é o único a ser aplicado pela Corte se o Estado em causa for parte de outros instrumentos internacionais de direitos humanos, na hipótese de caso concreto demandar a sua devida análise e aplicação.

Outra questão interessante regulada pelo Protocolo diz respeito ao *prazo* para o julgamento da Corte, que deve ser de 90 dias após finalizadas suas deliberações (art. 28, § 1º). Tais decisões são tomadas por maioria de votos e são *definitivas*, não sendo passíveis de apelação (art. 28, § 2º). Sem prejuízo de tal definitividade, a Corte poderá *revisar* suas decisões à luz de novas provas, de acordo com as condições previstas nas Regras de Procedimentos (art. 28, § 3º).

A primeira decisão da Corte Africana deu-se em 15 de dezembro de 2009, no caso *Michelot Yogogombaye Vs. República do Senegal* (Caso nº 001/2008). Estava em discussão o recurso interposto pelo Sr. Michelot Yogogombaye (nacional do Chade) para impedir o Governo do Senegal de realizar o julgamento do ex-chefe de Estado chadiano, Hissene Habré, em Dakar (Senegal). O Tribunal decidiu não ter competência para decidir a matéria, uma vez que o Senegal não havia feito a "declaração" prevista no art. 34, § 6º, do Protocolo à Carta Africana, que permite aos indivíduos submeterem casos diretamente à Corte (*jus standi*) nos termos do seu art. 5º, § 3º. Efetivamente, o citado art. 34, § 6º, é claro ao afirmar que a Corte

---

[392] Cf. Antônio Augusto Cançado Trindade. *Tratado de direito internacional dos direitos humanos*, vol. III, cit., p. 217.

[393] Sobre o tema, *v.* Ahmed Motala, Non-governmental organizations in the African system, in Malcolm Evans & Rachel Murray (Eds.), *The African Charter on Human and Peoples' Rights: the system in practice*, 1986-2000, Cambridge: Cambridge University Press, 2002, pp. 246-279.

"não poderá receber qualquer petição nos termos do artigo 5º(3) envolvendo Estado que não tiver elaborado tal declaração". A Corte, portanto, não conheceu da ação interposta.[394]

5. Conclusão. O que se pode concluir do estudo do sistema regional africano de direitos humanos (que é o terceiro sistema regional de proteção existente no Direito Internacional contemporâneo) é que os desafios pelos quais passarão tanto a Comissão Africana como a Corte Africana dos Direitos Humanos e dos Povos serão possivelmente maiores que os enfrentados pelos órgãos de proteção europeu e interamericano. Como se sabe, o Continente Africano é rico em singularidades e em diversidade, notadamente em virtude de sua grande heterogeneidade, o que faz com que a proteção dos direitos humanos no Continente passe por dificuldades várias. Questões como a independência dos juízes (sua vulnerabilidade a pressões etc.), a insuficiência e precariedade de recursos, a falta de mecanismos de proteção adequados aos habitantes da região e o baixo nível de cumprimento das decisões pelos Estados-partes,[395] são alguns dos fatores que podem dificultar a efetiva atuação e funcionamento dos órgãos de monitoramento africanos, em especial da Corte Africana. A esses fatores acrescente-se a inabilidade do Continente Africano pós-colonial em proporcionar aos seus cidadãos proteção jurídica adequada, de acordo com os padrões e paradigmas modernos de direitos humanos.[396] O que se pode esperar é que a consciência emancipatória dos membros dos órgãos africanos de monitoramento (Comissão e Corte Africanas) seja firme no propósito de acabar, naquele Continente, com as violações de direitos humanos que ao longo do tempo têm sido experimentadas.

SEÇÃO VIII – DIREITOS HUMANOS NO MUNDO ÁRABE

1. Introdução. Os três sistemas regionais acima estudados (o europeu, o interamericano e o africano) são dotados de instrumentos de proteção e de mecanismos de monitoramento – em cujo ápice há *tribunais* regionais com capacidade para *condenar* Estados por violações de direitos humanos – ainda não efetivamente presentes em outros contextos regionais, em especial no Mundo Árabe e no Continente Asiático. Lamentavelmente, não existe qualquer tratado-regente de proteção internacional sub-regional na região asiática, tampouco expectativa de criação de uma *Comissão* ou *Corte* asiática de direitos humanos (*v. infra*, Seção IX). Porém, ao menos no que toca ao Mundo Árabe já é possível verificar esforços no sentido de uma melhor compreensão da linguagem contemporânea dos direitos humanos, especialmente após a adoção da *Carta Árabe de Direitos Humanos*, em 1994 (revisada em 2004).

---

[394] Frise-se que para o juiz Fatsah Ourguegouz, que foi voto vencido no julgamento, o fato de o Senegal ter (em uma primeira oportunidade) informado a Corte sobre os seus representantes e endereços, bem como (num segundo momento) ter requerido ao tribunal prazo maior para oferecer a contestação, para só então (numa terceira oportunidade) questionar a "admissibilidade" da demanda, teria configurado aceitação *tácita* pelo Senegal da competência da Corte.

[395] V., nesse sentido, Flávia Piovesan, *Direitos humanos e justiça internacional...*, cit., pp. 131-132.

[396] Cf. Abdullahi Ahmed An-Na'im. The legal protection of human rights in Africa: how to do more with less, in *Human rights: concepts, contests, contingencies*, Austin Sarat & Thomas R. Kearns (Eds.), Michigan: Michigan University Press, 2001, pp. 89-115. Ainda sobre outros fatores que dificultam o respeito dos direitos humanos na África, v. Marina Feferbaum, *Proteção internacional dos direitos humanos...*, cit., pp. 111-128.

918 | CURSO DE DIREITO INTERNACIONAL PÚBLICO – *Valerio de Oliveira Mazzuoli*

Não se pode dizer já existir um "sistema" árabe de direitos humanos, para o que seria necessária a existência de órgãos sólidos de monitoramento das obrigações estatais, em especial a criação de um *tribunal* com jurisdição sobre os Estados-partes. De qualquer forma, é importante que se compreenda quais as ações mínimas têm sido tomadas pelos países árabes no sentido de promover e proteger os direitos humanos.

2. Desenvolvimento. A gênese da proteção dos direitos humanos no Mundo Árabe remonta à instituição da *Liga dos Estados Árabes*, criada pelo Protocolo de Alexandria, em 22 de março de 1945, com sede no Cairo (Egito).[397] Não havia na Carta da Liga, entretanto, qualquer menção à proteção dos direitos humanos, tendo a primeira Resolução sobre o tema sido adotada pelo Conselho da Liga Árabe em 12 de setembro de 1966 (antes mesmo de qualquer discussão similar do sistema regional africano).[398] Na citada Resolução, convocou-se o estabelecimento de uma Comissão Permanente Árabe para os Direitos Humanos, a fim de elaborar um programa para a celebração do Ano dos Direitos Humanos, em 1968.[399] Assim, teve lugar em Beirute (Líbano), nesse mesmo ano de 1968, a Primeira Conferência Árabe de Direitos Humanos, que, ao final, recomendou à Comissão que elaborasse um ante*projeto* de Carta Árabe de Direitos Humanos.[400]

A Divisão Jurídica da Secretaria-Geral da Liga Árabe foi responsável pela redação da primeira versão da *Carta*, que foi enviada para a análise dos membros da Liga em 1979. Em 1985, a Comissão Permanente Árabe para os Direitos Humanos, levando em consideração as observações da primeira versão, apresentou um novo texto substitutivo, mas que foi recusado pelo Conselho da Liga. Em 1993, no Cairo, a Comissão apresenta então uma terceira versão do projeto, que finalmente vem a ser aprovada pelo Conselho da Liga Árabe, em 15 de setembro de 1994, fazendo nascer finalmente a *Carta Árabe de Direitos Humanos*.[401]

A *Carta* sofreu sérias críticas à época, especialmente provindas de organizações não governamentais que não viam no texto padrões internacionais mínimos de aceitabilidade.[402]

---

[397] A *Liga* foi inicialmente formada por seis Estados árabes fundadores: Arábia Saudita, Egito (país que propôs sua criação), Iraque, Jordânia (então chamada Transjordânia), Líbano e Síria. Trata-se da organização intergovernamental regional mais antiga existente. É atualmente composta de 22 países do chamado Mundo Árabe, quais sejam: Argélia, Bahrein, Comores, Djibuti, Egito, Iraque, Jordânia, Kuwait, Líbano, Líbia, Mauritânia, Marrocos, Omã, Palestina (cuja soberania é reconhecida pela *Liga*), Catar, Arábia Saudita, Somália, Sudão, Síria, Tunísia, Emirados Árabes Unidos e Iêmen. Como se percebe, em sua composição atual a *Liga* é uma organização transcontinental, eis que congrega países distribuídos pelos continentes africano (norte e nordeste da África) e asiático (Ásia Ocidental).

[398] *V.* Resolução 2.443 (XLVII), de 3 de setembro de 1968.

[399] Cf. Dinah Shelton. *Regional protection of human rights*, cit., pp. 1051. Para as atividades iniciais da *Liga* relativas a direitos humanos, *v.* Stephen Marks, La Commission permanente arabe des droits de l'homme, in *Revue des Droits de l'Homme*, vol. III, nº 1, Paris, 1970, pp. 101-108; e Mohamed Amín Al-Midani, La Liga de los Estados Arabes y los derechos humanos, in *La Protección Universal y Regional de los Derechos Humanos* (Serie "Estudios", nº 6), La Plata: Universidad Nacional de La Plata, 1995, pp. 7-12.

[400] Cf. Antônio Augusto Cançado Trindade. *Tratado de direito internacional dos direitos humanos*, vol. III, cit., p. 357.

[401] *V.* Resolução 5.437, da Liga dos Estados Árabes. Sobre o assunto, *v.* Mohamed Amín Al-Midani, Introduction à la Charte Arabe des Droits de l'Homme, in *Boletim da Sociedade Brasileira de Direito Internacional*, ano XLIX, nos 104/106, Brasília, jul./dez./1996, pp. 183-189.

[402] Cf. Dinah Shelton. *Regional protection of human rights*, cit., pp. 1052.

Por tal motivo é que a *Carta* jamais entrou em vigor. Tendo em vista esse fato, a Liga Árabe novamente se reuniu e concluiu, em 2004, um novo e mais "moderno" texto da *Carta*,[403] que entrou em vigor em 15 de maio de 2008 (quando o mínimo de sete Estados ratificou o texto, nos termos do art. 49, § 2º).

3. Instrumentos. Até o presente momento o Mundo Árabe conta apenas com um tratado-regente em matéria de proteção aos direitos humanos: a *Carta Árabe de Direitos Humanos*. Desde o seu Preâmbulo, percebe-se que não se trata de um instrumento laico, eis que fundado na religião islâmica. Também, em vários dispositivos a *Carta* submete sua interpretação à *Shari'ah*,[404] além de, em outros casos, ressalvar a aplicação de leis locais (como, *v.g.*, quando versa o direito de liberdade de locomoção e escolha de residência, condicionando-os à "conformidade com a legislação vigente" – art. 26, § 1º).

A *Carta* já foi também criticada pela então Alta Comissária das Nações Unidas para os Direitos Humanos, Louise Arbour, por equiparar o sionismo ao racismo, em desconformidade com a Resolução da Assembleia Geral 46/86, que rejeita seja o sionismo uma forma de racismo e de discriminação racial.

4. Órgãos de proteção. Nenhum órgão de proteção dos direitos humanos no Mundo Árabe foi criado até o presente momento. Também não há previsão para o recebimento de denúncias ou queixas de supostas violações de direitos humanos a qualquer instância internacional regional. A *Carta Árabe* prevê, no entanto, a possibilidade de estabelecimento de um *Comitê* árabe em matéria de direitos humanos (art. 45).

Também não se cogita no Mundo Árabe, pelo menos por enquanto, da instituição de uma *Corte* regional em matéria de direitos humanos, a exemplo do que existe nos sistemas europeu, interamericano e africano. Tal decorre da dificuldade (notadamente ligada a questões político-religiosas) em se formatar um sistema de monitoramento que atenda os ideais dos países árabes e, ao mesmo tempo, não destoe dos mecanismos já existentes nos demais contextos regionais citados.

5. Conclusão. Pelo que foi possível observar da breve análise ora realizada, parece que não é possível dizer já existir, repita-se, um verdadeiro "sistema" regional árabe em matéria de direitos humanos, para o que seria necessária a criação de instâncias de monitoramento similares às existentes nos continentes europeu, americano e africano. O que existe no "sistema" árabe de proteção é, por enquanto, apenas o seu tratado-regente (a *Carta*). Não se tem ainda uma *Comissão* e, tampouco, uma *Corte* árabe de direitos humanos, o que seria necessário para que se pudesse falar em um verdadeiro e novo *sistema* regional de proteção.

---

[403] Para detalhes, *v.* Mervat Rishmawi, The revised Arab Charter on Human Rights: a step forward?, in *Human Rights Law Review*, vol. 5, nº 2 (2005), pp. 361-376.

[404] Trata-se da lei que rege a vida dos muçulmanos, sendo composta por diversas fontes, incluindo o *Alcorão*, os *Ahadith* (ditos e condutas do Profeta Maomé) e as *Fatwas* (decisões dos estudiosos islâmicos para questões cotidianas).

SEÇÃO IX – DIREITOS HUMANOS NA ÁSIA

1. Introdução. O Continente Asiático tem ficado à margem de qualquer expectativa regional em matéria de proteção dos direitos humanos, pois até o presente momento não existe qualquer tratado-regente de proteção internacional sub-regional na região asiática, sequer expectativa de criação de uma *Comissão* ou *Corte* asiática de direitos humanos.[405] Tal, contudo, não há de impedir que se se investiguem quais elementos protetivos a direitos humanos já existem no mundo asiático, mesmo que incapazes, até agora, de compor o que se poderia nominar "sistema" de proteção sub-regional relativamente a tais direitos.

Certo é que a falta de um *tratado* de proteção dos direitos humanos para os países asiáticos (e, consequentemente, de mecanismos eficazes de monitoramento) faz com que a Ásia fique, entre todas as regiões do planeta, na posição mais atrasada relativamente à proteção desses direitos. Daí a premência de construção de um sistema de direitos naquele Continente, especialmente em face dos problemas crônicos de violação de direitos humanos presentes naquele entorno, como privações da liberdade pessoal, execuções extrajudiciais, desaparecimento forçado de pessoas, prática de tortura, violação dos direitos das mulheres e exploração de crianças.[406]

As dificuldades para a implantação de um sistema asiático de direitos humanos vão desde o desacordo cultural sobre o que se consideram "direitos humanos" para fins de proteção, até a delimitação precisa de quais países são propriamente "asiáticos" nesse contexto (uma vez que a Ásia congrega mais de quarenta países, muitos deles já reunidos em âmbitos diversos, como, *v.g.*, os países árabes da Ásia Ocidental). Some-se a isso a relutância dos governos asiáticos em ratificar os tratados do sistema global (onusiano) de direitos humanos, dificultando ainda mais a possibilidade de proteção desses direitos no Continente.[407]

2. Declaração de Direitos Humanos da ASEAN. Não obstante, porém, a inexistência de tratado sub-regional em matéria de direitos humanos na Ásia, um primeiro passo rumo à proteção desses direitos naquela região foi dado quando a Associação de Nações do Sudeste Asiático (ASEAN, na sigla oficial em inglês[408]) logrou adotar, em novembro de 2012, uma *Declaração de Direitos Humanos*.[409]

---

[405] Sobre as perspectivas de um sistema asiático de direitos humanos, *v.* Antônio Augusto Cançado Trindade, *Tratado de direito internacional dos direitos humanos*, vol. III, cit., pp. 360-362; e Dinah Shelton, *Regional protection of human rights*, cit., pp. 1055-1094. Para a proteção no âmbito do Sudeste Asiático, *v.* Anthony J. Langlois, Asian regionalism and human rights: the case of the ASEAN Intergovernmental Commission on Human Rights, in *Handbook of Asian Regionalism*, Mark Beeson & Richard Stubbs (eds.), London: Routledge, 2010, pp. 216-225; e Arie Afriansyah, ASEAN's human rights body: new breakthrough for human rights protection in South East Asian Region – Some preliminary notes from Indonesia's perspective, in *Indonesia Law Review*, vol. 2, nº 1 (May-August 2011), pp. 122-135.

[406] Cf. Antônio Augusto Cançado Trindade. *Tratado de direito internacional dos direitos humanos*, vol. III, cit., p. 362.

[407] Cf. Dinah Shelton. *Regional protection of human rights*, cit., p. 1056.

[408] Trata-se de organização regional formada por 10 países-membros e 2 observadores. São países-membros: Brunei, Camboja, Filipinas, Indonésia, Laos, Malásia, Myanmar, Singapura, Tailândia e Vietnã; são países-observadores (até o momento): Papua-Nova Guiné e Timor Leste.

[409] Adotada por unanimidade pelos membros da ASEAN reunidos em Phnom Penh, Camboja.

Ainda que limitada aos dez países-membros da ASEAN, o certo é que a *Declaração* abre um precedente importante relativo à proteção dos direitos humanos na Ásia, mesmo que não obrigatória. Faltam, é certo, inúmeros países da região asiática (como Japão, China, Coréia do Norte e Coréia do Sul, para citar apenas alguns) a tomar iniciativas conjuntas dessa natureza, visando à criação de um futuro (ainda não à vista) sistema asiático de proteção dos direitos humanos. Entende-se, porém, que o primeiro passo foi dado (ainda que circunscrito a número limitado de países) pela *Declaração* da ASEAN.

A *Declaração* contém 40 artigos assim divididos: *princípios gerais* (arts. 1.º a 9.º), *direitos civis e políticos* (arts. 10 a 25), *direitos econômicos, sociais e culturais* (arts. 26 a 34), *direito ao desenvolvimento* (arts. 35 a 37), *direito à paz* (art. 38) e *cooperação para a promoção e proteção dos direitos humanos* (arts. 39 e 40).

A *Declaração* é considerada não vinculante (*non-binding*) para os Estados que a adotaram, mesmo porque não há previsão de mecanismos de monitoramento e de supervisão nesse modelo. Tal, entretanto, não desonera esses Estados de suas obrigações relativas a direitos humanos no âmbito das Nações Unidas e de outras organizações internacionais, como a Organização Internacional do Trabalho.

3. Inefetividade da proteção. Apesar de a proclamação da *Declaração* da ASEAN ter sido um passo importante rumo a um futuro (e ainda incerto) sistema regional asiático de direitos humanos, o que se verifica, na prática, é que os Estados que a adotaram não têm despendido esforços para implementá-la em âmbito doméstico, o que ainda poderá levar anos para acontecer.

Essa demora para a concretização dos direitos humanos na Ásia, somada ao número escasso de países interessados na adoção de mecanismos mínimos de proteção, demonstra não estar à vista a implementação de meios mais eficazes de proteção e monitoramento dos direitos humanos naquela região.

SEÇÃO X – ESTATUTO DE ROMA DO TRIBUNAL PENAL INTERNACIONAL

1. Introdução. Nas Seções anteriores deste Capítulo foi possível estudar e verificar o funcionamento dos *sistemas* de proteção internacional dos direitos humanos (sistemas global e regionais). Contudo, seria falacioso falar em proteção internacional dos direitos sem a contrapartida da responsabilidade *criminal* dos indivíduos no plano internacional. Em outras palavras, de nada valeria ter garantido o *direito* de acesso às instâncias internacionais de direitos humanos (quer no âmbito da ONU como dos organismos regionais) se não houvesse também a contrapartida *obrigacional* no âmbito criminal, para além das obrigações já existentes na esfera cível (as quais, como já se estudou, ficam sempre a cargo de um Estado, jamais de um particular).

Foi a criação do Tribunal Penal Internacional, por meio do *Estatuto de Roma* de 1998, que efetivamente impulsionou a teoria da responsabilidade penal internacional dos indivíduos, na medida em que se previu punição *individual* àqueles praticantes dos ilícitos elencados no Estatuto.[410]

---

[410] *V.*, por tudo, Valerio de Oliveira Mazzuoli, *Tribunal Penal Internacional e o direito brasileiro*, 2ª ed. rev. e atual., São Paulo: RT, 2009, no qual esta Seção foi baseada. *V.* também, Eric David, La Cour Pénale

922 | CURSO DE DIREITO INTERNACIONAL PÚBLICO – *Valerio de Oliveira Mazzuoli*

Frise-se que o nosso poder constituinte derivado (reformador) assim também entendeu, e determinou, no § 4º do art. 5º da Constituição de 1988, introduzido pela EC 45/2004, que o Brasil "se submete à jurisdição de Tribunal Penal Internacional a cuja criação tenha manifestado adesão". Assim, todas as disposições do Estatuto de Roma têm nível hierárquico constitucional no Brasil, segundo o comando imperativo ("o Brasil *se submete...*") do art. 5º, § 4º, da Carta Magna, integrando o "bloco de constitucionalidade/convencionalidade" do Direito brasileiro (*v. infra*, item nº 3).

2. Precedentes históricos da criação do TPI. Atualmente, um sério problema que se coloca no Direito Internacional Público diz respeito à concreta *efetividade* da proteção internacional dos direitos humanos, quando está em jogo a ocorrência de crimes bárbaros e monstruosos contra o Direito Internacional e que ultrajam a dignidade de toda a humanidade, tais como o genocídio, os crimes contra a humanidade, os crimes de guerra e o crime de agressão.

A nosso ver, o problema deve ser repartido e examinado sob um duplo aspecto: *a*) o primeiro diz respeito à efetivação do direito inerente a todo ser humano de vindicar a seu favor, em cortes e instâncias internacionais, a proteção dos seus direitos internacionalmente consagrados, caso sejam violados, visando uma justa reparação pelos prejuízos sofridos; e *b*) o segundo consubstancia-se no *poder de punição* que deve ter o Direito Internacional Público em relação àqueles crimes que afetam a humanidade como um todo, anulando por completo a dignidade inerente a qualquer ser humano.

Esta última atribuição do Direito Internacional é bastante recente e não encontrava eco nessa arena até o final do Século XIX. Contudo, em decorrência das inúmeras violações de direitos humanos ocorridas a partir das primeiras décadas do Século XX – principalmente com as duas grandes guerras mundiais –, a ideia de um *jus puniendi* em plano global começa a integrar a ordem do dia da agenda internacional dos Estados rumo à instituição de uma moderna e dinâmica Justiça Penal Internacional. Essa expressão abrange o conjunto de normas instituídas pelo Direito Internacional, voltados à persecução e à repressão dos crimes perpetrados contra o próprio Direito Internacional, cuja ilicitude está prevista nas normas ou princípios do ordenamento jurídico internacional e cuja gravidade é de tal ordem e de tal dimensão, em decorrência do horror e da barbárie que determinam ou pela vastidão do perigo que provocam no mundo, que passam a interessar a toda a sociedade dos Estados concomitantemente.[411]

Internationale, in *Recueil des Cours*, vol. 313 (2005), pp. 325-454; e Valerio de Oliveira Mazzuoli, El derecho internacional de los derechos humanos y la responsabilidad penal de los individuos: el Estatuto de Roma de la Corte Penal Internacional y el derecho brasileño, in *Revista Instituto Interamericano de Derechos Humanos*, vol. 39, San José, Costa Rica, enero/junio/2004, pp. 203-229. Para outros aspectos envolvendo o TPI, *v.* a obra organizada por Kai Ambos e Carlos Eduardo Adriano Japiassú, *Tribunal Penal Internacional: possibilidades e desafios*, Rio de Janeiro: Lumen Juris/Fundação Konrad Adenauer, 2005, da qual participamos com o texto "O Tribunal Penal Internacional e as perspectivas para a proteção internacional dos direitos humanos no século XXI" (pp. 121-148). *V.* a página *web* do Tribunal Penal Internacional em: [http://www.icc-cpi.int].

[411] Cf. Giuliano Vassalli. *La giustizia internazionale penale*. Milano: Giuffrè, 1995, pp. 185-186; e Quintiliano Saldaña, La justice pénale internationale, in *Recueil des Cours*, vol. 10 (1925-V), pp. 223-429. O significado da expressão *Justiça Penal Internacional*, a nosso ver, rompe com a rígida distinção doutrinária

Parte IV • Cap. I • PROTEÇÃO INTERNACIONAL DOS DIREITOS HUMANOS | **923**

O Estado Racial em que se converteu a Alemanha Nazista no período sombrio do Holocausto – considerado o marco definitivo de desrespeito e ruptura para com a dignidade da pessoa humana, em virtude das barbáries e das atrocidades cometidas a milhares de seres humanos (principalmente contra os judeus) durante a Segunda Guerra Mundial – acabou por dar ensejo aos debates envolvendo a necessidade, mais do que premente, de criação de uma instância penal internacional de caráter permanente e com capacidade para processar e punir aqueles criminosos que violam barbaramente os direitos de toda a humanidade.

A segunda grande guerra, que ensanguentou a Europa entre 1939 a 1945, ficou marcada na consciência coletiva mundial por apresentar o ser humano como algo simplesmente "descartável" e destituído de dignidade e direitos. O que fez a chamada "Era Hitler" foi condicionar a titularidade de direitos dos seres humanos ao fato de pertencerem a determinada raça, qual seja, a "raça pura" ariana, atingindo-se, com isso, toda e qualquer pessoa destituída dessa condição. Assim, por faltar-lhes um vínculo com uma ordem jurídica nacional, acabaram não encontrando lugar (qualquer lugar) num mundo como o do Século XX, totalmente organizado e ocupado politicamente. Consequentemente, tais vítimas do regime nazista (*displaced people*) acabaram tornando-se – *de facto* e *de jure* – desnecessárias porque indesejáveis *erga omnes*, não encontrando outro destino senão a própria morte nos campos de concentração.[412]

O principal legado do Holocausto para a internacionalização dos direitos humanos consistiu na preocupação que gerou, no mundo pós-Segunda Guerra, sobre a falta que fazia uma "arquitetura internacional" de proteção de direitos humanos, com vistas a impedir que atrocidades daquela monta viessem a ocorrer novamente no planeta. Daí por que o período do pós-guerra significou o resgate da cidadania mundial – ou a *reconstrução* dos direitos humanos –, baseada no princípio do "direito a ter direitos", para se falar como Hannah Arendt.[413]

---

entre *direito penal internacional* (ligado ao Direito Penal e ao Direito Internacional Privado) e *direito internacional penal* (ligado ao Direito Internacional Público). Contudo, ainda se tem entendido em doutrina que o *direito penal internacional* é o ramo do direito interno (Direito Penal e Direito Internacional Privado) relativo às relações com os ordenamentos jurídicos estrangeiros e com a jurisdição estrangeira, competente para determinar a competência dos órgãos internos para a repressão de delitos na órbita internacional, bem assim às questões ligadas à condição jurídico do estrangeiro (em especial, à extradição) e à cooperação entre os Estados em matéria penal, em oposição ao chamado *direito internacional penal*, em que a precedência do adjetivo "internacional" induz tratar-se de um ramo do Direito Internacional Público concernente à tipificação internacional de delitos por meio de tratados, ao estabelecimento de cortes penais internacionais e à consequente responsabilidade penal dos indivíduos frente ao direito das gentes. Para detalhes, seguindo esta classificação tradicional, *v.* Eugenio Raúl Zaffaroni & José Henrique Pierangeli, *Manual de direito penal brasileiro: parte geral*, São Paulo: RT, 1997, pp. 152-157; Luis Ivani de Amorim Araújo, *Direito internacional penal: delicta iuris gentium*, Rio de Janeiro: Forense, 2000, pp. 6-7; Celso D. de Albuquerque Mello, *Direito penal e direito internacional*, cit., pp. 13-15 e 77-78 (no mesmo sentido o seu *Curso de direito internacional público*, vol. II, 15ª ed. rev. e aum., Rio de Janeiro: Renovar, 2004, pp. 1009-1010); e Cláudia Perrone-Moisés, *Direito internacional penal...*, cit., pp. 1-4.

412   Cf. Celso Lafer. *A reconstrução dos direitos humanos: um diálogo com o pensamento de Hannah Arendt*, 4ª reimp. São Paulo: Cia. das Letras, 1988, pp. 117-145; e Celso Lafer, Declaração Universal dos Direitos Humanos (1948), cit., p. 302.

413   *V.* Hannah Arendt. *The origins of totalitarianism*. New York: Harcourt Brace Jovanovich, 1973, pp. 299-302.

A partir desse momento, que representou o início da humanização do Direito Internacional, é que foram elaborados os grandes tratados internacionais de proteção dos direitos humanos, que deram causa ao nascimento da moderna sistemática internacional de proteção desses mesmos direitos. Seu desenvolvimento pode ser atribuído às monstruosas violações de direitos humanos da Segunda Guerra, bem como à crença de que parte dessas violações poderiam ser evitadas se um efetivo sistema de proteção internacional desses direitos existisse.

Como respostas às atrocidades cometidas pelos nazistas no Holocausto, cria-se, por meio do Acordo de Londres (1945/46), o conhecido Tribunal de Nuremberg, que significou um poderoso impulso ao movimento de internacionalização dos direitos humanos.[414] Instituído pelos governos da França, Estados Unidos, Grã-Bretanha e da antiga União Soviética, o Tribunal representou a reação imediata da sociedade internacional às violências e barbáries perpetradas durante o Holocausto, especialmente por processar e julgar os "grandes criminosos de guerra" do Eixo europeu,[415] acusados de colaboração direta para com o regime nazista.[416] A partir de Nuremberg, uma nova lógica se instala no Direito Internacional contemporâneo, baseada na ideia de proteção dos direitos da sociedade internacional como um todo, em detrimento da vontade isolada de um ou poucos Estados; também, a partir daí, vem à luz a concepção contemporânea de Direito Internacional Penal, que pela primeira vez considerou aqueles indivíduos que agem em nome do Estado como *sujeitos ativos* de condutas criminosas no plano internacional.[417]

O art. 6º do Acordo de Londres (Nuremberg) tipificou os crimes de competência do Tribunal, a saber:

a) crimes contra a paz – planejar, preparar, incitar ou contribuir para a guerra, ou participar de um plano comum ou conspiração para a guerra;

b) crimes de guerra – violação ao direito costumeiro de guerra, tais como, assassinato, tratamento cruel, deportação de populações civis que estejam ou não em territórios ocupados, para trabalho escravo ou para qualquer outro propósito, assassinato cruel de prisioneiro de guerra ou de pessoas em alto-mar, assassinato de reféns, saques a propriedades públicas ou privadas, destruição de cidades ou vilas, ou devastação injustificada por ordem militar;

c) crimes contra a humanidade – assassinato, extermínio, escravidão, deportação ou outro ato desumano contra a população civil antes ou durante a guerra, ou perseguições baseadas em critérios raciais, políticos e religiosos, independentemente se, em violação ou não do direito doméstico do país em que foi perpetrado.

---

[414] V. Pablo A. Ramella. *Crimes contra a humanidade*. Trad. Fernando Pinto. Rio de Janeiro: Forense, 1987, pp. 6-8; e Henry J. Steiner & Philip Alston, *International human rights in context...*, cit., pp. 112-125.

[415] Cf., sobre tal expressão, Alicia Gil Gil, *El genocidio y otros crímenes internacionales*, Valencia: UNED, 1999, p. 38, para quem: "Em realidade, o termo 'grandes' não tem nenhum significado jurídico que permita precisar um critério de atribuição de competência". Não obstante isso, conseguiu-se levar para julgamento em Nuremberg alguns dos homens mais importantes do regime nazista.

[416] Cf. Jorge Bacelar Gouveia. *Direito internacional penal: uma perspectiva dogmático-crítica*. Coimbra: Almedina, 2008, pp. 110-114.

[417] Cf. Celso Lafer. *A reconstrução dos direitos humanos...*, cit., pp. 169-170; e Cláudia Perrone-Moisés, *Direito internacional penal...*, cit., pp. 5-8.

Parte IV · Cap. I · PROTEÇÃO INTERNACIONAL DOS DIREITOS HUMANOS | 925

No seu art. 7º, o Estatuto do Tribunal de Nuremberg deixou assente que a posição oficial dos acusados, como os chefes de Estado ou funcionários responsáveis em departamentos governamentais, não os livraria nem os mitigaria de responsabilidade. O art. 8º do mesmo Estatuto, por seu turno, procurou deixar claro que o fato de "um acusado ter agido por ordem de seu governo ou de um superior" não o livraria de responsabilidade, o que reforça a concepção de que os indivíduos também são passíveis de responsabilização no âmbito internacional.[418]

Destaca-se, ainda, como decorrência dos atentados praticados contra a dignidade do ser humano durante a Segunda Guerra, a criação do Tribunal Militar Internacional de Tóquio, instituído para julgar os crimes de guerra e crimes contra a humanidade perpetrados pelas antigas autoridades políticas e militares do Japão imperial. Já no início da década de 1990, por deliberação do Conselho de Segurança das Nações Unidas, com a participação e voto favorável do Brasil, também foram criados outros dois tribunais internacionais de caráter temporário: um instituído para julgar as atrocidades praticadas no território da antiga Iugoslávia[419] desde 1991, e outro para julgar as violações de direitos de idêntica gravidade perpetrados em Ruanda,[420] tendo sido sediados, respectivamente, na Holanda e na Tanzânia.[421]

Não obstante o entendimento da sociedade internacional de que aqueles que perpetram atos bárbaros e hediondos contra a dignidade humana devam ser punidos internacionalmente, os tribunais *ad hoc* acima mencionados (ex-Iugoslávia e Ruanda) não passaram imunes a críticas, dentre elas a de que tais tribunais (que têm caráter temporário e não permanente) foram criados por *resoluções* do Conselho de Segurança da ONU (sob o amparo do Capítulo

---

[418] Cf. *The Charter and Julgament of the Nurenberg Tribunal* [U.N.], Doc. A/CN, 4/5, de 03.03.1949, pp. 87-88. *V.* também Victoria Abellán Honrubia, La responsabilité internationale de l'individu, in *Recueil des Cours*, vol. 280 (1999), pp. 176-188.

[419] Este Tribunal foi criado em 1993. O texto do "Estatuto da Iugoslávia" pode ser encontrado no documento das Nações Unidas (NU) S/25704, de 03.05.93, § 32 e ss. O julgamento teve início em 12 de fevereiro de 2002, quando foi chamado à Corte o ex-presidente da Iugoslávia Slobodan Milosevic, por violações às Convenções de Genebra e às leis e costumes de guerra, em virtude de crimes cometidos contra albaneses em Kosovo, contra croatas e outras minorias não sérvias na Croácia, e contra bósnios-muçulmanos, bósnios-croatas e outras minorias não sérvias na Bósnia. Milosevic acabou falecendo de morte natural em sua cela na prisão do Tribunal em Haia, em 11 de março de 2006, antes de findo o julgamento. Foi condenado neste processo Radovan Karadzic, presidente do partido democrático sérvio, detido em 21 de julho de 2008.

[420] Tribunal criado em 1994, pela resolução do Conselho de Segurança da ONU nº 955, NU-Doc. S/ Res/955, de 08.11.94, com sede na cidade tanzaniana de Arusha. As regras de procedimento e prova foram adotadas em 29.06.95 (ITR/3/Rev. 1), tendo sido uma segunda revisão realizada em meados de 1996. O genocídio perpetrado pelos *hutus* – massacre, mutilações e amputações de partes do corpo em homens, mulheres e crianças – durante três meses, em 1994, teve um saldo oficial de 1.074.017 mortos, noventa por cento dos quais da etnia *tutsi*, sendo os demais (dez por cento) *hutus* contrários à carnificina. A decisão do tribunal, proferida em 4 de setembro de 1998, condenou à prisão perpétua Jean Kambanda, antigo ministro do governo provisório de Ruanda em 1994. Outro condenado (em 31 de maio de 2012) foi Callixte Nzabonimana, ex-Ministro da Juventude do país, sentenciado também à prisão perpétua por genocídio e crimes contra a humanidade. Sobre esse Tribunal, *v.* Joanisval Brito Gonçalves, *Tribunal de Nuremberg 1945-1946: a gênese de uma nova ordem no direito internacional*, Rio de Janeiro: Renovar, 2001, pp. 234-243; Fábio Konder Comparato, *A afirmação histórica dos direitos humanos*, cit., pp. 446-447; e Jorge Bacelar Gouveia, *Direito internacional penal...*, cit., pp. 120-131.

[421] Sobre esses tribunais, *v.* James Crawford, *Brownlie's principles of public international law*, cit., pp. 674-678.

VII da Carta das Nações Unidas, relativo às "ameaças à paz, ruptura da paz e atos de agressão"), e não por tratados internacionais multilaterais, como foi o caso do TPI, o que poderia prejudicar (pelo menos em parte) o estabelecimento concreto de uma Justiça Penal Internacional de caráter permanente. Estabelecer tribunais internacionais *ad hoc* por meio de resoluções (ainda que com isso se resolva o problema da imparcialidade e insuspeição dos Estados partícipes daquelas guerras) significa torná-los órgãos subsidiários do Conselho de Segurança da ONU, para cuja aprovação não se requer mais do que nove votos de seus quinze membros, incluídos os cinco permanentes (art. 27, § 3º, da Carta das Nações Unidas). Esse era, aliás, um argumento importante, no caso da antiga Iugoslávia, a favor do modelo de *resolução* do Conselho de Segurança, na medida em que o modelo "*tratado*" seria muito moroso ou incerto, podendo levar anos para a sua conclusão e entrada em vigor internacional.[422]

Outra crítica contundente voltada aos tribunais *ad hoc* – que já se ouvia desde a criação do Tribunal de Nuremberg – era no sentido de que os mesmos violavam a regra basilar do direito penal segundo a qual o juiz, assim como a lei, deve ser pré-constituído ao cometimento do crime e não *ex post facto*. Foi justamente em razão desses tribunais verem sua criação condicionada aos fatos que imediatamente os antecederam que alguns países, dentre eles o Brasil, ao aprovarem a instituição de tribunais *ad hoc*, expressamente manifestaram o seu ponto de vista pela criação, por meio de um tratado internacional, de uma corte penal internacional permanente, independente e imparcial, competente para o processo e julgamento dos crimes perpetrados *depois* de sua entrada em vigor no plano internacional.

Ainda que haja dúvidas, porém, sobre o alcance da Carta das Nações Unidas em relação à legitimação do Conselho de Segurança para a criação de instâncias judiciárias internacionais *ad hoc*, o certo é que as atrocidades e os horrores cometidos nos territórios da ex-Iugoslávia e de Ruanda foram de tal ordem e de tal dimensão que pareceu justificável chegar a esse tipo de exercício, ainda mais quando se têm como certas algumas contribuições desses tribunais para a teoria da responsabilidade penal internacional dos indivíduos, a exemplo do não reconhecimento das imunidades de jurisdição para crimes definidos pelo Direito Internacional e do não reconhecimento de ordens superiores como excludentes de responsabilidade internacional.[423] Entretanto, a grande mácula da Carta das Nações Unidas, nesse ponto, ainda é a de que jamais o Conselho de Segurança poderá criar tribunais com competência para julgar e punir eventuais crimes cometidos por nacionais dos seus Estados-membros com assento permanente. Daí o motivo pelo qual avultava de importância a criação e o estabelecimento efetivo de uma corte penal internacional permanente, universal e imparcial, instituída para processar e julgar os acusados de cometer os crimes mais graves que ultrajam a consciência da humanidade e que constituem infrações ao próprio Direito Internacional Público, a exemplo do genocídio, dos crimes contra a humanidade, dos crimes de guerra e do crime de agressão.

---

[422] V., a respeito, Kai Ambos, Hacia el establecimiento de un Tribunal Penal Internacional permanente y un código penal internacional: observaciones desde el punto de vista del derecho penal internacional, in *Revista de la Asociación de Ciencias Penales de Costa Rica*, año 7, nº 13, ago./1997, nota nº 14.

[423] V. Jorge Bacelar Gouveia. *Direito internacional penal...*, cit., p. 122, para quem: "O aparecimento de tribunais penais internacionais *ad hoc*, só para enfrentar situações mais graves de crimes cometidos no âmbito do Direito Internacional Penal, representou um novo fôlego na efetividade da responsabilidade internacional penal".

Parte IV · Cap. I · PROTEÇÃO INTERNACIONAL DOS DIREITOS HUMANOS | **927**

O Direito Internacional Público positivo, na letra dos arts. 53 e 64 da Convenção de Viena sobre Direitos dos Tratados, de 1969, adotou uma regra importantíssima, a do *jus cogens*, que talvez possa ter servido de base (antes de sua positivação em norma convencional) para o julgamento do Tribunal de Nuremberg, segundo a qual há certos tipos de crimes tão abruptos e hediondos que existem independentemente de estarem regulados por norma jurídica positiva.

A instituição de tribunais internacionais é consequência da tendência jurisdicionalizante do Direito Internacional contemporâneo. Nesse momento em que se presencia a fase da jurisdicionalização do direito das gentes, a sociedade internacional fomenta a criação de tribunais internacionais de variada natureza, para resolver questões das mais diversas, apresentadas no contexto das relações internacionais. A partir daqui é que pode ser compreendido o anseio generalizado pela criação de uma Justiça Penal Internacional, que dignifique e fortaleça a proteção internacional dos direitos humanos em plano global.

A sociedade internacional, contudo, tem pretendido consagrar a responsabilidade penal internacional desde o final da Primeira Guerra Mundial.[424] Tal fato se deu quando o Tratado de Versalhes tentou, sem êxito, chamar a julgamento o ex-Kaiser Guilherme II de Hohenzollern, até então imperador da Alemanha, por "ofensa suprema à moralidade internacional e à autoridade dos tratados", determinando o seu processo criminal (art. 227) mediante o estabelecimento de um tribunal penal internacional (arts. 228 e 229). Em seguida, a responsabilização penal pessoal volta à tona quando o Tratado de Sèvres, que nunca foi ratificado pela Turquia, pretendeu responsabilizar o Governo Otomano pelo massacre de quase um milhão de armênios, tendo sido esse o primeiro genocídio do Século XX.[425]

Não obstante algumas críticas formuladas em relação às razões de tais pretensões, no sentido de que as mesmas não seriam imparciais ou universais, pois fundadas no princípio segundo o qual somente o vencido pode ser julgado, bem como de que estaria sendo desrespeitado o princípio da não seletividade na condução de julgamentos internacionais, o fato concreto é que tais critérios foram sim utilizados, de maneira preliminar, pelo Acordo de Londres e pelo *Control Council Law nº 10* (instrumento da Cúpula dos Aliados), ao estabelecerem o Tribunal de Nuremberg, bem como pelo Tribunal Militar Internacional de Tóquio, instituído para julgar as violências cometidas pelas autoridades políticas e militares japonesas, já no período do pós-Segunda Guerra.[426]

Todas essas tensões internacionais, advindas desde a Primeira Guerra Mundial, tornavam, portanto, ainda mais premente a criação de uma Justiça Penal Internacional de caráter

---

[424] V. Celso D. de Albuquerque Mello. *Direito penal e direito internacional*, cit., pp. 206-207; e Tarciso Dal Maso Jardim, O Tribunal Penal Internacional e sua importância para os direitos humanos, in *O que é o Tribunal Penal Internacional*, Brasília: Câmara dos Deputados/Coordenação de Publicações, 2000, pp. 15-16.

[425] Cf. George Andreopolus. *Genocide: conceptual and historical dimensions*. Philadelphia: University of Pennsylvania Press, 1994, p. 125; e Jorge Bacelar Gouveia, *Direito internacional penal...*, cit., pp. 107-109.

[426] Cf. Dieter Kastrup. From Nuremberg to Rome and beyond: the fight against genocide, war crimes, and crimes against humanity, in *Fordham International Law Journal*, vol. 23, nº 2, dec./1999, pp. 404-414; Tarciso Dal Maso Jardim, O Tribunal Penal Internacional e sua importância para os direitos humanos, cit., pp. 16-17: e David Weissbrodt & Connie de la Vega, *International human rights law...*, cit., p. 23.

928 | CURSO DE DIREITO INTERNACIONAL PÚBLICO – *Valerio de Oliveira Mazzuoli*

permanente, notadamente após a celebração da Convenção para a Prevenção e a Repressão do Crime de Genocídio, de 1948, das quatro Convenções de Genebra sobre o Direito Humanitário, de 1949, e de seus dois Protocolos Adicionais, de 1977, da Convenção sobre a Imprescritibilidade dos Crimes de Guerra e dos Crimes de Lesa Humanidade, de 1968, e dos Princípios de Cooperação Internacional para Identificação, Detenção, Extradição e Castigo dos Culpáveis de Crimes de Guerra ou de Crimes de Lesa Humanidade, de 1973.

A criação de um tribunal penal internacional, instituído para julgar as violações de direitos humanos presentes no planeta, foi também reafirmada pelo parágrafo 92 da Declaração e Programa de Ação de Viena, de 1993, nestes termos: "A Conferência Mundial sobre Direitos Humanos recomenda que a Comissão [hoje *Conselho*] de Direitos Humanos examine a possibilidade de melhorar a aplicação de instrumentos de direitos humanos existentes em níveis internacional e regional e encoraja a Comissão [hoje *Conselho*] de Direito Internacional a continuar seus trabalhos visando ao estabelecimento de um tribunal penal internacional".

Como resposta a esse antigo anseio da sociedade internacional, no sentido de estabelecer uma corte criminal internacional de caráter permanente, e ainda em razão das críticas aos tribunais *ad hoc* das Nações Unidas em fazer frente às violações massivas de direitos humanos, finalmente vem à luz o TPI, pelo Estatuto de Roma de 1998. Trata-se da primeira instituição global permanente de justiça penal internacional, cujas características principais serão analisadas nos tópicos que seguem.

3. Criação e características do TPI. Aprovado em 17 de julho de 1998, em Roma, na Conferência Diplomática de Plenipotenciários das Nações Unidas, o oficialmente chamado *Estatuto de Roma do Tribunal Penal Internacional* teve por finalidade constituir um tribunal internacional com jurisdição criminal permanente, dotado de personalidade jurídica própria, com sede na Haia, na Holanda.[427] Foi aprovado por 120 Estados, contra apenas 7 votos contrários – China, Estados Unidos, Iêmen, Iraque, Israel, Líbia e Quatar – e 21 abstenções. Não obstante a sua posição original, os Estados Unidos e Israel, levando em conta a má repercussão internacional ocasionada pelos votos em contrário, acabaram assinando o Estatuto em 31 de dezembro de 2000.[428] Todavia, a ratificação do Estatuto, por essas mesmas potências, tornou-se praticamente fora de cogitação após os atentados terroristas de 11 de setembro de 2001 em Nova York e Washington, bem como após as operações de guerra subsequentes no Afeganistão e na Palestina. Assim foi que em 6 de maio de 2002 e em 28 de agosto do mesmo ano, Estados Unidos e Israel, respectivamente, notificaram o Secretário-Geral das Nações Unidas de que não tinham a intenção de tornarem-se partes no Estatuto.[429]

---

[427] Para um estudo dos fundamentos jurídicos do TPI, *v.* Antonio Cassese, The Statute of the International Criminal Court: some preliminary reflections, in *The European Journal of International Law*, vol. 10, nº 1 (1999), pp. 144-171.

[428] Países como os Estados Unidos, de postura absolutamente contrária à criação do Tribunal, tiveram, contudo, a oportunidade de oferecer suas propostas para o alcance material do crime de genocídio ao grupo de trabalho sobre os elementos do crime. *V.*, a propósito, Marten Zwanenburg, The Statute for an International Criminal Court and the United States: peacekeepers under fire?, in *European Journal of International Law*, vol. 10, nº 1 (1999), pp. 124-143.

[429] Os Estados Unidos, como é notoriamente sabido, vêm pretendendo concluir acordos bilaterais com os demais Estados-partes do TPI para excluir os seus nacionais da jurisdição do Tribunal, em flagrante

Parte IV · Cap. I · PROTEÇÃO INTERNACIONAL DOS DIREITOS HUMANOS | **929**

O Estatuto do TPI entrou em vigor internacional em 1º de julho de 2002, correspondente ao primeiro dia do mês seguinte ao termo do período de 60 dias após a data do depósito do sexagésimo instrumento de ratificação, de aceitação, de aprovação ou de adesão junto do Secretário-Geral das Nações Unidas, nos termos do seu art. 126, § 1º. Sua instalação oficial na Haia se deu no dia 11 de março de 2003, tendo sido o seu *Regimento* aprovado pelos juízes em 26 de maio de 2004 (com 126 artigos, divididos em 9 capítulos). Há ainda o *Acordo sobre Privilégios e Imunidades do Tribunal Penal Internacional*, que trata das prerrogativas dos juízes, do Procurador, do Secretário e de seus assessores, bem como das vítimas, advogados, testemunhas e peritos, que entrou em vigor internacional em 22 de julho de 2004 (após o depósito do décimo instrumento de ratificação, pelo governo do Canadá).[430] Aprovou-se, também, um *Código de Ética Judicial do Tribunal Penal Internacional*, em 9 de março de 2005 (e entrado em vigor no mesmo dia), com apenas 11 artigos.[431]

O corpo diplomático brasileiro – que já participara, mesmo antes da Conferência de Roma de 1998, de uma Comissão Preparatória para o estabelecimento de um tribunal penal internacional – teve destacada atuação em todo o processo de criação do TPI. Isso foi devido, em grande parte, em razão do mandamento do art. 7º do Ato das Disposições Constitucionais Transitórias, da Constituição brasileira de 1988, que estabelece que "o Brasil propugnará pela formação de um tribunal internacional dos direitos humanos".

Em 7 de fevereiro de 2000 o governo brasileiro assinou o Estatuto de Roma,[432] sendo posteriormente aprovado pelo Parlamento brasileiro pelo Decreto Legislativo nº 112, de 06.06.2002, e promulgado pelo Decreto nº 4.388, de 25.09.2002. O depósito da carta de ratificação brasileira foi realizado em 20 de junho de 2002, momento a partir do qual o Brasil se tornou *parte* no respectivo tratado.

Sobre as características do Estatuto de Roma de 1998, cabe assinalar algumas questões. A primeira delas é que o Estatuto detém nível *supraconstitucional* nas ordens domésticas, eis que não se trata de qualquer tratado, mas de um *tratado especial* de natureza *centrífuga*, cujas normas derrogam (superaram) todo tipo de norma do Direito interno.[433] Os tratados

---

violação dos propósitos do Estatuto de Roma. Esse tipo de expediente viola frontalmente a Convenção de Viena sobre o Direito dos Tratados de 1969, que prevê, no seu art. 18, que os Estados não podem frustrar o objeto ou a finalidade do tratado a concluir. Talvez seja esta a hipótese (ainda não estudada pela doutrina internacionalista) de *ato inexistente* no Direito dos Tratados, ainda mais quando se tem como certa a obrigação dos Estados-membros em cooperar para com a jurisdição do Tribunal, como ordenam os arts. 86 e seguintes do Estatuto de Roma.

430 Tal *Acordo* regulamenta o art. 48 do Estatuto de Roma, segundo o qual o Tribunal "gozará, no território dos Estados-partes, dos privilégios e imunidades que se mostrem necessários ao cumprimento das suas funções" (§ 1º).

431 Esse *Código de Ética Judicial* é referido no art. 126, nº 1, do Regimento do Tribunal, nos seguintes termos: "O projeto de Código será apresentado na sessão plenária de juízes para efeitos de aprovação pela maioria dos juízes".

432 A assinatura do Brasil ao Estatuto de Roma do TPI foi precedida de *Parecer* da lavra do Prof. Antônio Paulo Cachapuz de Medeiros, então Consultor Jurídico do Ministério das Relações Exteriores do Brasil.

433 Sobre o tema, *v.* Luiz Flávio Gomes & Valerio de Oliveira Mazzuoli, *Direito supraconstitucional...*, cit., pp. 152-153. Nesta obra, frisamos: "Não seria possível (e tampouco jurídico) entender que um instrumento internacional como o Estatuto de Roma, que deu vida ao Tribunal Penal Internacional, devesse

ou normas de direitos humanos *centrífugos* são os que regem as relações jurídicas dos Estados ou dos indivíduos com a chamada jurisdição global (ou universal). Nominam-se *centrífugos* exatamente porque são tratados que *saem (ou fogem) do centro*, ou seja, da jurisdição comum, normal ou ordinária, retirando o sujeito ou o Estado (e a relação jurídica subjacente) do seu centro, isto é, do seu território ou mesmo da sua região planetária, para levá-los à autoridade da justiça universal.[434] Enfim, são tratados ou normas de direitos humanos que regulam situações ou relações que *fogem dos limites* da jurisdição doméstica ou regional da qual um Estado é parte, conduzindo o Estado ou o sujeito (no caso do TPI, apenas o sujeito) a um órgão jurisdicional global (perceba-se que não se está a falar aqui de órgãos regionais, como a Comissão ou a Corte Interamericana de Direitos Humanos, mas sim de um organismo nas Nações Unidas com atuação *universal*).[435] O único órgão jurisdicional com alcance universal atualmente existente é o TPI; daí seu *status* supraconstitucional em face aos ordenamentos domésticos.

A segunda grande característica do tribunal é sua *independência*, uma vez que o seu funcionamento independe de qualquer tipo de ingerência externa, podendo, inclusive, emitir mandados de prisão a nacionais de Estados-não partes no Estatuto. Pode ocorrer de o TPI atuar (*a*) no processo e julgamento de crimes cometidos por nacional de Estado-não parte do Estatuto, quando ocorrerem no território de um Estado-parte, ou (*b*) no processo e julgamento de crimes cometidos no território de Estado-não parte, quando perpetrados por nacionais de Estados-partes. Tais situações decorrem justamente daquela *fuga* ao controle jurídico do Estado de que se acabou de falar, eis que (doravante) as regras que um ente estatal deve respeitar não mais encontram fundamento em sua soberania interna; assim, percebe-se que o Direito Internacional, no caso do TPI, passa a ser aplicado diretamente (e também *contra* os mandamentos previstos) nas ordens jurídicas internas dos Estados. Tal foi o que ocorreu em julho de 2008, quando se formulou um pedido de prisão cautelar contra o ditador do Sudão Omar Ahmad al-Bashir, acusado de genocídio, crimes de guerra e crimes contra a humanidade (tendo a ONU estimado em 300 mil o número de mortos, sendo que 35 mil eram agricultores de três tribos).[436] Em 4 de março de 2009, acatando parcialmente o pedido do Procurador Luis Moreno-Ocampo, tendo afastado, de início, o delito de genocídio, o Tribunal, por decisão do Juízo de Instrução, mandou expedir o primeiro mandado de prisão contra um chefe de Estado *em exercício* de Estado-*não parte* no Estatuto, com o objetivo de

---

se submeter às regras constitucionais dos seus respectivos Estados-partes. Quando um Estado assume compromissos mútuos em convenções internacionais de caráter centrífugo, ele autorrestringe sua soberania em prol da proteção da humanidade como um todo (essa ideia tem fundamento jurídico no art. 27 da Convenção de Viena sobre o Direito dos Tratados, que coloca as convenções internacionais em situação de primazia frente ao direito interno). Esse interesse *global* é sempre (por natureza) supraconstitucional, por se compor de valores que não se submetem a qualquer ato ou decisão estatal. Aliás, no momento em que um Estado subscreve um tratado desse tipo, está abrindo mão de sua soberania em prol da proteção (universal) da humanidade" (Idem, p. 153).

[434] Frise-se existir também os tratados *centrípetos*, que são aqueles que cuidam das relações do indivíduo ou do Estado no plano doméstico (interno) ou regional, como é o caso das Convenções Europeia (1950) e Americana de Direitos Humanos (1969). Para detalhes, *v.* Luiz Flávio Gomes & Valerio de Oliveira Mazzuoli, *Direito supraconstitucional...*, cit., pp. 150-152.

[435] Cf., por tudo, Luiz Flávio Gomes & Valerio de Oliveira Mazzuoli, Idem, p. 152.

[436] *V.* CIJ, *Press Release*, de 04.03.2009.

pôr fim às atrocidades massivas que estariam ocorrendo naquele país africano. Em 22 de fevereiro de 2023, o Procurador do TPI Karim Ahmad Khan (Reino Unido) requereu, da mesma forma, a prisão do presidente russo Vladimir Putin por sequestro e deportação em massa de crianças ucranianas em regiões da Ucrânia ocupadas pela Rússia, tendo o Juízo de Instrução acatado o pedido e expedido o respectivo mandado de prisão (anunciado pelo Presidente do TPI, em 17 de março de 2023). Em suma, o funcionamento do Tribunal realiza--se com *independência* de qualquer ingerência externa ou do Direito interno de qualquer Estado, ainda que, na prática, a probabilidade de execução de mandados de prisão de chefes de Estado em exercício seja muito baixa.

A terceira característica marcante do TPI diz respeito ao seu caráter *subsidiário* frente às jurisdições penais internas. De fato, no *preâmbulo* do Estatuto se lê que a intenção dos Estados foi criar um Tribunal "complementar às jurisdições penais nacionais", para o fim de processar e julgar indivíduos acusados de cometer os crimes de maior gravidade que afetam a sociedade internacional como um todo. Destaque-se, contudo, que essa característica "*complementar* às jurisdições penais nacionais" (também presente na redação do art. 1º do Estatuto) conota, aqui, uma jurisdição *subsidiária*.[437] De fato, parece não se tratar do caso em que qualquer das jurisdições (interna e internacional) possa atuar concorrentemente à outra, e sim da hipótese em que a jurisdição universal só intervirá (subsidiariamente, *ultima ratio*) quando o direito interno (na esfera criminal) não o fizer, segundo os critérios definidos pelo próprio Estatuto de Roma (art. 17). Em suma, pelo princípio da subsidia-riedade (entendido como "complementaridade" pelo Estatuto) o TPI não pode interferir indevidamente nos sistemas judiciais nacionais, que continuam tendo a responsabilidade *primária* de investigar e processar os crimes cometidos pelos seus nacionais, salvo nos casos em que os Estados se mostrem incapazes ou não demonstrem efetiva vontade de punir os seus criminosos, ocasiões em que o Tribunal deverá atuar.[438] Tal não ocorre, *v.g.*, com os tribunais internacionais criminais *ad hoc*, que são concorrentes e têm primazia sobre os tribunais nacionais.[439]

Por último, pode-se destacar ainda a sua característica de justiça *automática*, pois contra-riamente aos tribunais internacionais em geral (*v.g.*, a CIJ e a CIDH), o TPI não depende, para o seu pleno funcionamento, de qualquer aceite do Estado da sua competência jurisdicional, operando automaticamente desde a data de sua entrada em vigor (1º de julho de 2002). Em outros termos, não obstante ter o Estatuto de Roma exigido *ratificações* dos Estados para ter entrado em vigor, dotou a Corte Penal Internacional de poderes tais que a possibilita exigir o cumprimento de uma ordem de prisão a nacional de Estado-não parte do Estatuto (quando o crime ocorrer no território de um Estado-parte) ou em razão de crime cometido no território de Estado-não parte (quando perpetrado por nacional de Estado-parte).

---

[437] Cf. Carmen Quesada Alcalá. *La Corte Penal Internacional y la soberanía estatal.* Valencia: Tirant lo Blanch, 2005, p. 335; e Jorge Bacelar Gouveia, *Direito internacional penal...*, cit., pp. 333-334.

[438] Como se nota, o princípio da subsidiariedade leva à necessidade de uma *efetiva* persecução nacional dos crimes internacionais, antes desses crimes passarem à alçada do TPI (nos casos citados de de-monstração de incapacidade dos Estados ou de falta de vontade plena em punir os criminosos). Acerca dessa problemática, *v.* Kai Ambos & Ezequiel Malarino (eds.), *Persecución penal nacional de crímenes internacionales en América Latina y España*, Montevideo: Konrad-Adenauer-Stiftung, 2003, 746p.

[439] Cf. Jorge Bacelar Gouveia. *Direito internacional penal...*, cit., pp. 333-334.

932 | CURSO DE DIREITO INTERNACIONAL PÚBLICO – *Valerio de Oliveira Mazzuoli*

4. Estrutura e funcionamento do TPI. O Estatuto do TPI é composto por 128 artigos com um preâmbulo e treze partes assim divididas: I – Criação do Tribunal; II – Competência, admissibilidade e direito aplicável; III – Princípios gerais de direito penal; IV – Composição e administração do Tribunal; V – Inquérito e procedimento criminal; VI – O julgamento; VII – As penas; VIII – Recurso e revisão; IX – Cooperação internacional e auxílio judiciário; X – Execução da pena; XI – Assembleia dos Estados-partes; XII – Financiamento; XIII – Cláusulas finais.

Os crimes referidos no preâmbulo do Estatuto são imprescritíveis[440] e podem ser catalogados em quatro categorias (competência *ratione materiae*): crime de genocídio, crimes contra a humanidade, crimes de guerra e crime de agressão. A competência temporal (*ratione temporis*) do Tribunal é também claramente definida: a Corte somente pode operar relativamente aos crimes cometidos *após* a sua instituição, ou seja, depois de 1º de julho de 2002, data em que o seu Estatuto entrou em vigor internacional (art. 11, § 1º).[441] Ainda assim, nos termos do art. 11, § 2º, do Estatuto, caso um Estado se torne parte do tratado depois da sua entrada em vigor, o Tribunal somente poderá exercer sua competência para o processo e julgamento dos crimes cometidos depois da entrada em vigor do Estatuto nesse Estado, a menos que este tenha feito uma declaração específica em sentido contrário, nos termos do § 3º do art. 12 do mesmo Estatuto, segundo o qual: "Se a aceitação da competência do Tribunal por um Estado que não seja Parte no presente Estatuto for necessária nos termos do parágrafo 2º, pode o referido Estado, mediante declaração depositada junto do Secretário, consentir em que o Tribunal exerça a sua competência em relação ao crime em questão. O Estado que tiver aceitado a competência do Tribunal colaborará com este, sem qualquer demora ou exceção, de acordo com o disposto no Capítulo IX".

No que tange à competência *ratione personae*, a regra é que o Tribunal não terá jurisdição sobre pessoas que, à data da alegada prática do crime, não tenham ainda completado 18 anos de idade (art. 26). Portanto, além dos menores de 18 anos de idade à data da alegada prática do crime, excluem-se também da competência do TPI os Estados, as organizações internacionais e as pessoas jurídicas de direito privado. Não obstante, porém, a responsabilidade criminal perante a Corte ser individual, considera-se criminalmente responsável e poderá ser punido pela prática de um crime de competência do TPI quem cometer esse crime individualmente ou em conjunto ou por intermédio de outrem, quer essa pessoa seja, ou não, criminalmente responsável (art. 25, inc. 3, alínea *a*).

Segundo o Estatuto de Roma, o TPI é uma pessoa jurídica de Direito Internacional com capacidade necessária para o desempenho de suas funções e de seus objetivos. O Tribunal poderá exercer os seus poderes e funções nos termos do seu Estatuto, no território de qualquer Estado-parte e, por acordo especial, no território de qualquer outro Estado (art. 4º, §§ 1º e 2º). Sua jurisdição, obviamente, incidirá apenas em casos raros, quando as medidas internas dos países se mostrarem insuficientes ou omissas no que respeita ao processo e julgamento dos acusados, bem como quando desrespeitarem as legislações penal e processual internas.

---

[440] *V.* art. 29 do Estatuto: "Os crimes da competência do Tribunal não prescrevem".

[441] Sobre a competência *ratione temporis* do Tribunal, *v.* Eric David, *La Cour Pénale Internationale*, cit., pp. 344-346.

Parte IV · Cap. I · PROTEÇÃO INTERNACIONAL DOS DIREITOS HUMANOS | **933**

O Tribunal será inicialmente composto por 18 juízes, número que poderá ser aumentado por proposta de sua Presidência, que fundamentará as razões pelas quais considera necessária e apropriada tal medida. A proposta será seguidamente apreciada em sessão da Assembleia dos Estados-partes e deverá ser considerada adotada se for aprovada na sessão, por maioria de dois terços dos membros da Assembleia dos Estados-partes, entrando em vigor na data fixada pela mesma Assembleia (cf. art. 36, §§ 1º e 2º).

Os juízes serão eleitos dentre pessoas de elevada idoneidade moral, imparcialidade e integridade, que reúnam os requisitos para o exercício das mais altas funções judiciais nos seus respectivos países. No caso brasileiro, portanto, a candidatura para uma vaga de juiz no TPI exige que a pessoa reúna as condições necessárias para o exercício do cargo de Ministro do Supremo Tribunal Federal, inclusive a relativa à idade mínima de 35 e máxima de 70 anos, além do notável saber jurídico e da reputação ilibada (art. 101 da CF).[442]

Os juízes são eleitos por um mandato máximo de nove anos, sem a possibilidade de reeleição. Na primeira eleição, um terço dos juízes eleitos será selecionado por sorteio para exercer um mandato de três anos; outro terço será selecionado, também por sorteio, para exercer um mandato de seis anos; e os restantes exercerão o mandato de nove anos. Um juiz selecionado para exercer um mandato de três anos poderá, contudo, ser reeleito para um mandato completo (art. 36, § 9º, alíneas *a*, *b* e *c*).

O Tribunal é composto pelos seguintes órgãos, nos termos do art. 34 do Estatuto: *a*) a Presidência (responsável pela administração da Corte); *b*) uma Seção de Recursos, uma Seção de Julgamento em Primeira Instância e uma Seção de Instrução; *c*) o Gabinete do Promotor (chamado pelo Estatuto de "Procurador", constituindo-se em órgão autônomo do Tribunal); e *d*) a Secretaria (competente para assuntos não judiciais da administração do Tribunal).

No que tange a composição do Tribunal, merece especial atenção a figura do Promotor (chamado de "O Procurador" pelo Estatuto de Roma). Este será eleito por escrutínio secreto e por maioria absoluta de votos dos membros da Assembleia dos Estados-partes, para um mandato de nove anos, sendo vedada a reeleição. O Gabinete do Promotor atuará de forma independente, enquanto órgão autônomo do Tribunal, cabendo-lhe recolher comunicações e quaisquer outros tipos de informações, devidamente fundamentadas, sobre crimes da competência do Tribunal, a fim de examiná-las e investigar e de exercer a ação penal junto ao Tribunal (art. 42, § 1º).[443] Da mesma forma que os juízes, o Promotor (Procurador) cumprirá suas funções com plena liberdade de consciência e imparcialidade.[444]

Os Estados-partes deverão, em conformidade com o disposto no Estatuto, cooperar plenamente com o Tribunal no inquérito e no procedimento relativo aos crimes de sua

---

[442] O Brasil foi um dos países que conseguiu eleger representante para o cargo de juiz do TPI, tendo sido eleita a Dra. Sylvia Helena de Figueiredo Steiner, Desembargadora do Tribunal Regional Federal da 3ª Região, para o mandato de nove anos.

[443] Cf. ICC-Assembly of States Parties 3/10 (Third Session), *Report on the activities of the Court*, The Hague, 6-10 September 2004, p. 5.

[444] Cf. Antônio Paulo Cachapuz de Medeiros. O Tribunal Penal Internacional e a Constituição brasileira, in *O que é o Tribunal Penal Internacional*, Brasília: Câmara dos Deputados/Coordenação de Publicações, 2000, p. 10.

competência. Consagrou-se, aqui, o princípio do dever de cooperação dos Estados-partes para com o TPI. Nesse sentido, o Tribunal está habilitado a dirigir pedidos de cooperação aos Estados-partes, os quais têm por finalidade dar efetividade às atividades do Tribunal, pois é com o auxílio dos Estados-partes que poderá o TPI exercer com eficácia as suas funções. Tais pedidos serão transmitidos pela via diplomática ou por qualquer outra via apropriada escolhida pelo Estado-parte no momento da ratificação, aceitação, aprovação ou adesão ao Estatuto (arts. 86 e 87, § 1º).[445] É interessante notar que, nos termos do art. 88 do Estatuto, os Estados-partes *deverão assegurar-se* de que o seu Direito interno *prevê procedimentos* que permitam responder a todas as formas de cooperação especificadas no Capítulo IX do Estatuto (relativo à cooperação internacional e auxílio judiciário).

Outro ponto importante a ser destacado, diz respeito às questões relativas à admissibilidade de um caso perante o Tribunal. Nos termos do art. 17 do Estatuto, o Tribunal poderá decidir sobre a não admissibilidade de um caso se: *a*) o caso for objeto de inquérito ou de procedimento criminal por parte de um Estado que tenha jurisdição sobre o mesmo, salvo se este não tiver vontade de levar a cabo o inquérito ou o procedimento ou não tenha capacidade para o fazer; *b*) o caso tiver sido objeto de inquérito por um Estado com jurisdição sobre ele e tal Estado tenha decidido não dar seguimento ao procedimento criminal contra a pessoa em causa, a menos que esta decisão resulte do fato de esse Estado não ter vontade de proceder criminalmente ou da sua incapacidade real para o fazer; *c*) a pessoa em causa já tiver sido julgada pela conduta a que se refere a denúncia, e não puder ser julgada pelo Tribunal em virtude do disposto no § 3º do art. 20 (que trata do caso de *bis in idem*); ou *d*) o caso não for suficientemente grave para justificar a ulterior intervenção do Tribunal.

Nos termos do § 2º do mesmo art. 17, a fim de determinar se há ou não vontade de agir num determinado caso, o Tribunal, tendo em consideração as garantias de um processo equitativo reconhecidas pelo Direito Internacional, verificará a existência de uma ou mais das seguintes circunstâncias: *a*) o processo ter sido instaurado ou estar pendente ou a decisão ter sido proferida no Estado com o propósito de subtrair a pessoa em causa à sua responsabilidade criminal por crimes da competência do Tribunal, nos termos do disposto no art. 5º (*v.g.*, instala-se um processo com o fito certo de *absolver* o acusado, para subtraí-lo à jurisdição do TPI); *b*) ter havido demora injustificada no processamento, a qual, dadas as circunstâncias, se mostra incompatível com a intenção de fazer responder a pessoa em causa perante a justiça; ou *c*) o processo não ter sido ou não estar sendo conduzido de maneira independente ou imparcial, e ter estado ou estar sendo conduzido de uma maneira que, dadas as circunstâncias, seja incompatível com a intenção de levar a pessoa em causa perante a justiça. Além do mais, a fim de determinar se há incapacidade de agir num determinado caso, o Tribunal verificará se o Estado, por colapso total ou substancial da respectiva administração da justiça ou por indisponibilidade desta, não está em condições de fazer comparecer o acusado, de reunir os meios de prova e depoimentos necessários ou não está, por outros motivos, em condições de concluir o processo (art. 17, § 3º).

O Estatuto atribui ao Conselho de Segurança da ONU a faculdade de solicitar ao Tribunal, por meio de resolução aprovada nos termos do que prevê o Capítulo VII da Carta

---

[445] Sobre a cooperação para com o Tribunal, *v.* Eric David, La Cour Pénale Internationale, cit., pp. 358-361; e Jorge Bacelar Gouveia, *Direito internacional penal...*, cit., pp. 362-368.

das Nações Unidas, que *não seja iniciado* (primeira hipótese) ou que *seja suspenso* (segunda hipótese) o inquérito ou procedimento crime que tiver sido iniciado. O pedido pode ser renovado por iguais períodos, ficando o Tribunal, no caso de aprovação da resolução do Conselho de Segurança, impedido de iniciar o processo (no primeiro caso) ou obrigado a suspendê-lo (no segundo caso).

Nos termos do art. 16 do Estatuto, nenhum inquérito ou procedimento crime poderá ter início ou prosseguir os seus termos por um período de doze meses a contar da data em que o Conselho de Segurança assim o tiver solicitado em resolução aprovada nos termos do disposto no Capítulo VII da Carta da ONU. O pedido poderá ser renovado pelo Conselho de Segurança nas mesmas condições, ficando o Tribunal impedido de iniciar o inquérito ou de dar andamento ao procedimento já iniciado.

As despesas do Tribunal e da Assembleia dos Estados-partes, incluindo a sua Mesa e os seus órgãos subsidiários, inscritas no orçamento aprovado pela Assembleia, serão financiadas: *a*) pelas quotas dos Estados-partes; e *b*) pelos fundos provenientes da Organização das Nações Unidas, sujeitos à aprovação da Assembleia Geral, nomeadamente no que diz respeito às despesas relativas a questões remetidas para o Tribunal pelo Conselho de Segurança (art. 115). Deve-se concordar plenamente com a assertiva de que "o impedimento de tais crimes custa sempre menos que se ocupar de suas consequências".[446]

O Estatuto veda expressamente a possibilidade de sua ratificação ou adesão com reservas, nos termos do seu art. 120. Isto evita os eventuais conflitos de interpretação existentes sobre quais reservas são e quais não são admitidas pelo Direito Internacional, retirando dos países cépticos a possibilidade de escusa para o cumprimento de suas obrigações. Caso fossem admitidas reservas ao Estatuto, países menos desejosos de cumprir os seus termos poderiam pretender excluir a entrega de seus nacionais ao Tribunal, alegando que tal ato violaria a proibição constitucional de extradição de nacionais, não obstante o Estatuto ter distinguido a "entrega" da "extradição" no seu art. 102, alíneas *a* e *b* (como já falamos na Parte II, Capítulo IV, Seção II, item nº 6). O impedimento da ratificação com reservas, portanto, é uma ferramenta eficaz para a perfeita atividade e funcionamento do Tribunal.

Nos termos do art. 121 e parágrafos do Estatuto, depois de sete anos de sua entrada em vigor, qualquer Estado-parte poderá propor-lhe alterações, submetendo o texto das propostas de alterações ao Secretário-Geral da Organização das Nações Unidas, que convocará uma Conferência de Revisão, a fim de examinar as eventuais alterações no texto. A adoção de uma alteração numa reunião da Assembleia dos Estados-partes ou numa Conferência de Revisão exigirá a maioria de dois terços dos Estados-partes, quando não for possível chegar a um consenso. O Tribunal, contudo, não exercerá a sua competência relativamente a um crime abrangido pela alteração sempre que este tiver sido cometido por nacionais de um Estado-parte que não tenha aceitado a alteração, ou cometido no território desse Estado-parte.

5. Competência material do TPI. O TPI, como já se noticiou, é competente para julgar, com caráter permanente e independente, os crimes mais graves que afetam todo o conjunto da

---

[446] *V.* Lawyers Committee for Human Rights, *Establishing and Financing the ICC*, in *ICC Briefing Series*, vol. 1, nº 7, march 1998, p. 8.

sociedade internacional dos Estados e que ultrajam a consciência da humanidade. Essa competência *ratione materiae* abrange os seguintes (e imprescritíveis) crimes: crime de genocídio, crimes contra a humanidade, crimes de guerra e crime de agressão.[447] Tais delitos compõem aquilo que se pode chamar de *núcleo duro* dos direitos humanos, cuja proteção vem operacionalizada pelos instrumentos do Direito Internacional Penal. Porém, a competência do Tribunal em relação aos referidos crimes, frise-se mais uma vez, só vigora em relação àquelas violações praticadas *depois* da entrada em vigor do Estatuto de Roma. Caso um Estado se torne parte no Estatuto depois de sua entrada em vigor, o TPI só poderá exercer a sua competência em relação aos crimes cometidos depois da entrada em vigor do Estatuto nesse Estado.

a) Crime de genocídio. O crime de genocídio foi, sem sombra de dúvida, uma das principais preocupações do período pós-Segunda Guerra, que levou à adoção, pela Resolução 260-A (III), da Assembleia Geral das Nações Unidas, da Convenção sobre a Prevenção e a Repressão do Crime de Genocídio, em 9 de dezembro de 1948,[448] em que ficou expresso, agora em caráter de *hard law*, o entendimento de ser o genocídio um crime internacional e a mais grave espécie de crime contra a humanidade.[449] Nos termos do art. 2º desta Convenção, entende-se por genocídio qualquer dos seguintes atos, cometidos com a intenção de destruir, no todo ou em parte, um grupo nacional, étnico, racial ou religioso, tais como: *a*) assassinato de membros do grupo; *b*) lesão grave à integridade física ou mental de membros do grupo; *c*) submissão intencional do grupo a condições de existência que lhe ocasionem a destruição física total ou parcial; *d*) medidas destinadas a impedir os nascimentos no seio do grupo; e *e*) transferência forçada de menores do grupo para outro grupo.

Segundo o art. 3º da mesma Convenção, serão punidos os seguintes atos: *a*) o genocídio; *b*) o conluio para cometer o genocídio; *c*) a incitação direta e pública a cometer o genocídio; *d*) a tentativa de genocídio; e *e*) a cumplicidade no genocídio.

Nos termos de seu art. 5º, as partes contratantes da Convenção assumem o compromisso de tomar, de acordo com as respectivas Constituições, as medidas legislativas necessárias a assegurar a aplicação de suas disposições e, sobretudo, a *estabelecer sanções penais eficazes* aplicáveis às pessoas culpadas de genocídio ou de qualquer dos outros atos enumerados no seu art. 3º.

O seu art. 6º, é interessante observar, já propugnava pela criação de uma corte internacional criminal, nestes termos: "As pessoas acusadas de genocídio ou de qualquer dos outros atos enumerados no art. 3º serão julgadas pelos tribunais competentes do Estado em cujo território foi o ato cometido *ou pela Corte penal internacional competente* com relação às Partes Contratantes que lhe tiverem reconhecido a jurisdição" [grifo nosso].

De lá para cá, afirmou-se, cada vez mais, no seio da sociedade internacional, o caráter de *norma costumeira* do crime de genocídio, posição também consolidada na CIJ, na Opinião

---

[447] Cf. Eric David. La Cour Pénale Internationale, cit., pp. 370-390; e Jorge Bacelar Gouveia, *Direito internacional penal...*, cit., pp. 266-284.

[448] Tal Convenção foi aprovada no Brasil pelo Decreto Legislativo nº 2, de 11 de abril de 1951, e promulgada pelo Decreto nº 30.822, de 6 de maio de 1952. No Brasil, a Lei nº 2.889, de 1º de outubro de 1956, define e pune o crime de genocídio.

[449] Cf. William A. Schabas. *An introduction to the International Criminal Court*. Cambridge: Cambridge University Press, 2001, pp. 30-35; e David Weissbrodt & Connie de la Vega, *International human rights law...*, cit., pp. 222-225.

Consultiva emitida em 28 de maio de 1951, sobre as "Reservas à Convenção para a Prevenção e a Repressão do Crime de Genocídio", em que tal ilícito foi reconhecido como sendo um "crime do direito internacional".[450]

O Estatuto de Roma, acompanhando esta evolução do Direito Internacional dos Direitos Humanos e do direito humanitário, definiu o crime de genocídio no seu art. 6º. Para os efeitos do Estatuto de Roma, entende-se por "genocídio" qualquer um dos atos a seguir enumerados, praticados com a intenção de destruir, no todo ou em parte, um grupo nacional, étnico, racial ou religioso, enquanto tal, a saber: *a*) homicídio de membros do grupo; *b*) ofensas graves à integridade física ou mental de membros do grupo; *c*) sujeição intencional do grupo a condições de vida com vista a provocar a sua destruição física, total ou parcial; *d*) imposição de medidas destinadas a impedir nascimentos no seio do grupo; e *e*) transferência, à força, de crianças do grupo para outro grupo.

A consagração do crime de genocídio, pelo Estatuto de Roma, se deu a exatos 50 anos da proclamação, pelas Nações Unidas, da Convenção sobre a Prevenção e a Repressão do Crime de Genocídio. Trata-se, portanto, de um dos maiores e mais importantes presentes, já entregues à humanidade, pelo cinquentenário da Convenção de 1948.

b) Crimes contra a humanidade. A expressão "crimes contra a humanidade" geralmente conota quaisquer atrocidades e violações de direitos humanos perpetrados no planeta em larga escala, para cuja punição é possível aplicar-se o princípio da *jurisdição universal*.[451] Mas, a par desse entendimento comum, a expressão deve ser compreendida em seu significado histórico e técnico.

A origem histórica dos crimes contra a humanidade está intimamente ligada ao massacre provocado pelos turcos contra os armênios, na Primeira Guerra Mundial, tendo sido esta ocorrência qualificada pela Declaração do Império Otomano (feita pelos governos russo, francês e britânico, em maio de 1915, em Petrogrado) como um crime da Turquia contra a humanidade e a civilização.

Nos termos do art. 7º, § 1º, do Estatuto de Roma, entende-se por "crime contra a humanidade" (*crime against humanity*), qualquer um dos atos seguintes, quando cometidos no quadro de um ataque, generalizado ou sistemático, contra qualquer população civil, havendo conhecimento desse ataque, a saber: *a*) homicídio; *b*) extermínio; *c*) escravidão; *d*) deportação ou transferência forçada de uma população; *e*) prisão ou outra forma de privação da liberdade física grave, em violação das normas fundamentais de direito internacional; *f*) tortura; *g*) agressão sexual, escravatura sexual, prostituição forçada, gravidez forçada, esterilização forçada ou qualquer outra forma de violência no campo sexual de gravidade comparável; *h*) perseguição de um grupo ou coletividade que possa ser identificado, por motivos políticos, raciais, nacionais, étnicos, culturais, religiosos ou de gênero, ou em função de outros critérios universalmente reconhecidos como inaceitáveis no direito internacional, relacionados com qualquer ato referido nesse mesmo parágrafo ou com qualquer crime da competência do

---

[450] V. Tarciso Dal Maso Jardim. O Tribunal Penal Internacional e sua importância para os direitos humanos, cit., p. 22, nota nº 18.

[451] Sobre o reconhecimento da aplicação do princípio da jurisdição universal relativamente aos crimes contra a humanidade, *v.* Ian Brownlie, *Princípios de direito internacional público*, cit., pp. 325-326.

Tribunal; *i*) desaparecimento forçado de pessoas; *j*) crime de *apartheid*; ou *k*) outros atos desumanos de caráter semelhante, que causem intencionalmente grande sofrimento, ou afetem gravemente a integridade física ou a saúde física ou mental das pessoas.

O § 2º, do mesmo art. 7º, explica os significados de cada um dos termos inseridos no § 1º. O seu § 3, por sua vez, deixa claro que, para os efeitos do Estatuto, entende-se que o termo "gênero" abrange os sexos masculino e feminino, dentro do contexto da sociedade, não lhe devendo ser atribuído qualquer outro significado.

c) Crimes de guerra. Os crimes de guerra, também conhecidos como "crimes contra as leis e costumes aplicáveis em conflitos armados", são fruto de uma longa evolução do direito internacional humanitário, desde o século passado, tendo sido impulsionado pelo Comitê Internacional da Cruz Vermelha, ganhando foros de juridicidade com as quatro Convenções de Genebra, de 12 de agosto de 1949, e com as bases teóricas do direito costumeiro de guerra.[452]

Tais crimes têm como fundamento o *jus in bello* (*direito na guerra*; ou limitações jurídicas ao exercício da guerra), em oposição ao *jus ad bellum* (*direito à guerra*; ou permissibilidade de se iniciar uma guerra). Em última análise, trata-se de atos praticados durante conflitos armados não justificáveis por necessidades militares.[453]

Dos crimes de guerra cuida o art. 8º do Estatuto. Segundo o § 1º, desse dispositivo, o Tribunal terá competência para julgar os crimes de guerra, em particular quando cometidos como parte integrante de um plano ou de uma política ou como parte de uma prática em larga escala desse tipo de crimes.

Nos termos do longo § 2º, do mesmo artigo, são exemplos de crimes de guerra, entre outros, as violações graves às Convenções de Genebra, de 12 de agosto de 1949, a exemplo de qualquer um dos seguintes atos, dirigidos contra pessoas ou bens protegidos nos termos da Convenção de Genebra que for pertinente, a saber: *a*) homicídio doloso; *b*) tortura ou outros tratamentos desumanos, incluindo as experiências biológicas; *c*) o ato de causar intencionalmente grande sofrimento ou ofensas graves à integridade física ou à saúde; *d*) destruição ou apropriação de bens em larga escala, quando não justificadas por quaisquer necessidades militares e executadas de forma ilegal e arbitrária; *e*) o ato de compelir um prisioneiro de guerra ou outra pessoa sob proteção a servir nas forças armadas de uma potência inimiga; *f*) privação intencional de um prisioneiro de guerra ou de outra pessoa sob proteção do seu direito a um julgamento justo e imparcial; *g*) deportação ou transferência ilegais, ou a privação ilegal de liberdade; *h*) tomada de reféns.

São ainda crimes de guerra, nos termos do mesmo art. 8º, § 2º, do Estatuto, outras violações graves das leis e costumes aplicáveis em conflitos armados internacionais no âmbito do Direito Internacional, a exemplo dos seguintes atos: *a*) dirigir intencionalmente ataques à população civil em geral ou civis que não participem diretamente nas hostilidades; *b*) dirigir intencionalmente ataques a bens civis, ou seja, bens que não sejam objetivos militares; *c*)

---

[452] Sobre o assunto, *v.* Christopher L. Blakesley, Obstacles to the creation of a permanent war crimes tribunal, in *Fletcher Forum of World Affairs*, vol. 18, 1994, pp. 77-102; Audrey I. Benison, War crimes: a human rights approach to a humanitarian law problem at the International Criminal Court, in *Georgetown Law Journal*, vol. 88, 1999, pp. 141-176; e David Weissbrodt & Connie de la Vega, *International human rights law...*, cit., pp. 225-227.

[453] *V.* Cláudia Perrone-Moisés. *Direito internacional penal...*, cit., p. 27.

Parte IV • Cap. I • PROTEÇÃO INTERNACIONAL DOS DIREITOS HUMANOS | 939

dirigir intencionalmente ataques ao pessoal, instalações, material, unidades ou veículos que participem numa missão de manutenção da paz ou de assistência humanitária, de acordo com a Carta das Nações Unidas, sempre que estes tenham direito à proteção conferida aos civis ou aos bens civis pelo direito internacional aplicável aos conflitos armados; *d*) lançar intencionalmente um ataque, sabendo que o mesmo causará perdas acidentais de vidas humanas ou ferimentos na população civil, danos em bens de caráter civil ou prejuízos extensos, duradouros e graves no meio ambiente que se revelem claramente excessivos em relação à vantagem militar global concreta e direta que se previa; *e*) atacar ou bombardear, por qualquer meio, cidades, vilarejos, habitações ou edifícios que não estejam defendidos e que não sejam objetivos militares; *f*) matar ou ferir um combatente que tenha deposto armas ou que, não tendo mais meios para se defender, se tenha incondicionalmente rendido; *g*) utilizar indevidamente uma bandeira de trégua, a bandeira nacional, as insígnias militares ou o uniforme do inimigo ou das Nações Unidas, assim como os emblemas distintivos das Convenções de Genebra, causando deste modo a morte ou ferimentos graves; *h*) a transferência, direta ou indireta, por uma potência ocupante de parte da sua população civil para o território que ocupa ou a deportação ou transferência da totalidade ou de parte da população do território ocupado, dentro ou para fora desse território; *i*) dirigir intencionalmente ataques a edifícios consagrados ao culto religioso, à educação, às artes, às ciências ou à beneficência, monumentos históricos, hospitais e lugares onde se agrupem doentes e feridos, sempre que não se trate de objetivos militares; *j*) submeter pessoas que se encontrem sob o domínio de uma parte beligerante a mutilações físicas ou a qualquer tipo de experiências médicas ou científicas que não sejam motivadas por um tratamento médico, dentário ou hospitalar, nem sejam efetuadas no interesse dessas pessoas, e que causem a morte ou coloquem seriamente em perigo a sua saúde; *k*) matar ou ferir à traição pessoas pertencentes à nação ou ao exército inimigo; *l*) declarar que não será dado quartel; *m*) destruir ou apreender bens do inimigo (a menos que tais destruições ou apreensões sejam imperativamente determinadas pelas necessidades da guerra); *n*) declarar abolidos, suspensos ou não admissíveis em tribunal os direitos e ações dos nacionais da parte inimiga; *o*) obrigar os nacionais da parte inimiga a participar em operações bélicas dirigidas contra o seu próprio país, ainda que eles tenham estado a serviço daquela parte beligerante antes do início da guerra; *p*) saquear uma cidade ou uma localidade, mesmo quando tomada de assalto; *q*) utilizar veneno ou armas envenenadas; *r*) utilizar gases asfixiantes, tóxicos ou outros gases ou qualquer líquido, material ou dispositivo análogo; *s*) utilizar balas que se expandem ou achatam facilmente no interior do corpo humano, tais como balas de revestimento duro que não cobre totalmente o interior ou possui incisões; *t*) utilizar armas, projéteis; materiais e métodos de combate que, pela sua própria natureza, causem ferimentos supérfluos ou sofrimentos desnecessários ou que surtam efeitos indiscriminados; *u*) ultrajar a dignidade da pessoa, em particular por meio de tratamentos humilhantes e degradantes; *v*) cometer atos de violação, escravidão sexual, prostituição forçada, gravidez à força, tal como definida na alínea *f* do parágrafo 2º do art. 7º, esterilização à força e qualquer outra forma de violência sexual que constitua também um desrespeito grave às Convenções de Genebra; *w*) utilizar a presença de civis ou de outras pessoas protegidas para evitar que determinados pontos, zonas ou forças militares sejam alvo de operações militares; *x*) dirigir intencionalmente ataques a edifícios, material, unidades e veículos sanitários, assim como o pessoal que esteja usando os emblemas distintivos das Convenções de Genebra, em conformidade com o direito internacional; *y*) provocar deliberadamente a inanição da população civil como método de guerra, privando-a dos bens indispensáveis à sua sobrevivência, impedindo, inclusive, o envio de socorros, tal como previsto nas Convenções de Genebra; e ainda z) recrutar ou alistar menores de 15 anos nas forças armadas nacionais ou utilizá-los para participar ativamente nas hostilidades.

O Estatuto de Roma também traz várias novidades no campo dos crimes de guerra. Uma delas diz respeito à inclusão no rol dos crimes dessa espécie dos chamados conflitos armados não internacionais, que são a maioria dos conflitos existentes no planeta atualmente, a exemplo dos conhecidos episódios ocorridos nos territórios da ex-Iugoslávia e de Ruanda.[454] Tais crimes, que representaram uma séria ameaça à segurança e à paz internacionais, não se confundem, entretanto, com as situações de distúrbio e de tensão internas, tais como motins, atos de violência esporádicos ou isolados ou outros atos de caráter semelhante, em relação aos quais as regras relativas a tais crimes não se aplicam (art. 8º, § 2º, alíneas d e f).

Enfim, esse rol exemplificativo dos crimes de guerra previstos pelo Estatuto de Roma já basta para justificar a criação de uma corte penal internacional de caráter permanente, com competência para processar e julgar os maiores responsáveis pela violação do direito internacional humanitário.

d) *Crime de agressão.* O crime de agressão nunca foi muito bem compreendido, tanto em sede doutrinária quanto no âmbito da prática das relações internacionais, remontando tais dúvidas às primeiras e mais singelas questões envolvendo legalidade ou ilegalidade da guerra como meio de solução das contendas internacionais.[455] Atualmente, no plano internacional, a guerra foi declarada um meio ilícito de solução de controvérsias internacionais (art. 2º, § 4º, da Carta das Nações Unidas), princípio esse já anteriormente afirmado pelo Pacto de Renúncia à Guerra de 1928 (*Pacto Briand-Kellog*), que assim estabeleceu no seu art. 1º: "As Altas Partes Contratantes declaram, solenemente, em nome de seus respectivos povos, que condenam o recurso à guerra para a solução das controvérsias internacionais, e a isso renunciam, como instrumento de política nacional, em suas relações recíprocas".

Foi na Conferência de Versalhes, de 1919, que criou a SdN, que surgiu pela primeira vez a ideia de qualificar os atos de agressão bélica como crimes contra a paz internacional, tendo o art. 227 do então concluído Tratado de Versalhes instituído um tribunal especial incumbido de julgar o ex-Kaiser Guilherme II, acusado de ofensa suprema "à moralidade internacional e à autoridade dos tratados". Mas a Holanda – país onde se asilou o então monarca – à época, violando as normas internacionais e o disposto no próprio Tratado de Versailles, negou-se a extraditá-lo, entendendo em vigor sua imunidade internacional de chefe de Estado, ao tempo

---

[454] Cf. William A. Schabas. *An introduction to the International Criminal Court*, cit., pp. 40-48. Sobre os conflitos armados não internacionais à luz do direito humanitário, cf. Malcolm N. Shaw, *Direito internacional*, cit., pp. 884-888.

[455] Cf., por tudo, Grant M. Dawson, Defining substantive crimes within the subject matter jurisdiction of the International Criminal Court: what is the crime of aggression?, in *New York Law School Journal of International and Comparative Law*, vol. 19, nº 3, 2000, pp. 413-52; Theodor Meron, Defining aggression for the International Criminal Court, in *Suffolk Transnational Law Review*, vol. 25, nº 1, 2001, pp. 1-15; e José Luis Vallarta Marrón, La incorporación del crimen de agresión en el Estatuto de la Corte Penal Internacional, in *Anuario Mexicano de Derecho Internacional*, vol. XI, México, D.F.: UNAM, 2011, pp. 435-461.

Parte IV • Cap. I • PROTEÇÃO INTERNACIONAL DOS DIREITOS HUMANOS | 941

da prática dos atos que lhe foram imputados. A concepção holandesa sobre a imunidade internacional do ex-Kaiser estava intimamente ligada ao velho e arraigado entendimento de que os indivíduos não podem ser tidos como *sujeitos* do Direito Internacional, pois são os Estados que atuam no cenário político externo, sendo os indivíduos meros representantes seus. Daí o motivo pelo qual desde a instituição do Tribunal de Nuremberg essa doutrina foi afastada e não pode mais, sob quaisquer aspectos, ser modernamente reafirmada para livrar de punição aqueles que cometem os crimes internacionais mais bárbaros, tais como o genocídio, os crimes de guerra, os crimes contra a humanidade, o próprio crime de agressão ou quaisquer outros atos violadores do Direito Internacional.[456]

O certo é que a não existência de uma definição precisa de *agressão*, suficientemente abrangente para servir como elemento constitutivo do "crime de agressão" e, consequentemente, para fundamentar a responsabilidade penal internacional dos indivíduos, acabou dificultando sobremaneira a inclusão dessa espécie de crime no Estatuto de Roma de 1998.

Por esses e outros motivos igualmente relevantes é que, dos quatro crimes incluídos na competência do TPI, a definição do crime de agressão foi propositadamente relegada a uma etapa posterior, nos termos do art. 5º, § 2º (c/c os arts. 121 e 123) do Estatuto, segundo o qual o Tribunal poderá exercer a sua competência em relação ao crime de agressão desde que seja aprovada "uma disposição em que se defina o crime e se enunciem as condições em que o Tribunal terá competência relativamente a este crime". Essa nova disposição poderia ser por emenda (art. 121) ou por revisão (art. 123), pois durante a Conferência de Roma não houve consenso sobre a tipificação dessa espécie de ilícito internacional. O Estatuto esclarece ainda que tal disposição deve ser compatível com as disposições pertinentes da Carta das Nações Unidas.

Inicialmente, para a tipificação jurídica do crime de agressão criou-se uma *Comissão Preparatória* do TPI (conhecida por *PrepCom*). Tal *Comissão* chegou a um consenso sobre os elementos constitutivos desse crime internacional apenas em 11 de junho de 2010, quando foi firmado o acordo (de emenda ao Estatuto) sobre quem deve investigar suspeitas de crimes de agressão de Estados contra outros Estados (acordo celebrado na capital ugandesa, Kampala). Considerou-se um milagre diplomático o que ali se concluiu, tendo em vista as dificuldades iniciais (jurídicas e políticas) para a tipificação do crime. Na ocasião, os negociadores concordaram caber ao Conselho de Segurança da ONU a responsabilidade primária de decidir se uma invasão ou ataque contra outro Estado constitui ou não crime de agressão. Pela nova regra, o indivíduo que der causa ao ataque armado de um Estado contra outro, sem justificativa de legítima defesa ou sem prévia autorização do Conselho de Segurança, será responsabilizado criminalmente pelo TPI.[457] Em 14 de dezembro de 2017, a Assembleia dos Estados-partes finalmente "ativou" a jurisdição do TPI para o crime de agressão a partir de 17 de julho de 2018.

A definição do crime de agressão vem expressa no art. 8 *bis*, §§ 1º e 2º, do acordo de emenda ao Estatuto. Ficou ali estabelecido que "uma pessoa comete um 'crime de agressão'

---

[456] Esse entendimento manifestado à época, relativo à imunidade de jurisdição dos chefes de Estado, como veremos a seguir foi hoje abolido pela regra do art. 27, §§ 1º e 2º, do Estatuto de Roma de 1998, que não a admite em quaisquer hipóteses.

[457] *V. International Criminal Court*, Doc. RC/WGCA/1/Rev.2 (Kampala, 31 May/11 June 2010), pp. 1-9. Sobre o tema, *v.* ainda James Crawford, *Brownlie's principles of public international law*, cit., pp. 681-682.

quando, estando em condições de controlar ou dirigir efetivamente a ação política ou militar de um Estado, planeja, prepara, inicia ou realiza um ato de agressão que por suas características, gravidade e escala constitua uma violação manifesta da Carta das Nações Unidas" (art. 8 *bis*, § 1º). Ainda nos termos do acordo de emenda, por "ato de agressão" se entende o uso da força armada por um Estado contra a soberania, integridade territorial ou a independência política de outro Estado, ou qualquer outra forma de incompatibilidade com a Carta das Nações Unidas. Para a precisa definição do crime de agressão, o art. 8 *bis*, § 2º, do acordo de emenda, toma por base a Resolução 3314 (XXIX) da Assembleia Geral da ONU, de 14 de dezembro de 1974, que elenca os seguintes atos (independentemente de declaração de existência ou não de guerra) como constitutivos dessa espécie de crime: *a*) a invasão ou ataque pelas forças armadas de um Estado do território de outro Estado, ou qualquer ocupação militar, ainda que temporária, resultante da invasão ou ataque, ou qualquer anexação pelo uso da força, do território de outro Estado ou parte dele; *b*) o bombardeio pelas forças armadas de um Estado, no território de outro Estado ou a utilização de quaisquer armas por um Estado contra o território de outro Estado; *c*) o bloqueio dos portos ou das costas de um Estado pelas forças armadas de outro Estado; *d*) um ataque pelas forças armadas de um Estado contra as forças armadas terrestres, marítimas ou aéreas de outro Estado ou contra a sua frota mercante ou aérea; *e*) a utilização das forças armadas de um Estado que se encontram em território de outro Estado com o consentimento do Estado receptor, em violação das condições estabelecidas no acordo ou toda prolongação de sua presença em dito território depois de terminado o acordo; *f*) a ação de um Estado que permite que seu território, que colocou à disposição de outro Estado, seja utilizado por esse Estado para perpetrar um ato de agressão contra um terceiro Estado; e *g*) o envio por um Estado, ou em seu nome, de bandos armados, grupos irregulares ou mercenários que levem a cabo atos de força armada contra outro Estado de tal gravidade que sejam equiparáveis aos atos antes enumerados, ou sua substancial participação em tais atos.

Por fim, destaque-se terem os arts. 15 *bis* e 15 *ter* do Estatuto (também incluídos pelo acordo de emenda) estabelecido, respectivamente, as condições de exercício da jurisdição do Tribunal para o crime de agressão em casos de "remessa por um Estado ou iniciativa própria" e de "remessa pelo Conselho de Segurança".

6. A regra da responsabilidade penal individual. Uma das principais virtudes do Estatuto de Roma reside na consagração do princípio segundo o qual a responsabilidade penal por atos violadores do Direito Internacional deve recair sobre *os indivíduos* que os perpetraram, deixando de ter efeito as eventuais imunidades e privilégios ou mesmo a posição ou os cargos oficiais que os mesmos porventura ostentem.[458]

Nos termos do art. 25, §§ 1º e 2º, do Estatuto, o Tribunal tem competência para julgar e punir pessoas físicas, sendo considerado individualmente responsável quem cometer um crime da competência do Tribunal. Nos termos do § 3º do mesmo art. 25, será considerado criminalmente responsável e poderá ser punido pela prática de um crime da competência do Tribunal quem: *a*) cometer esse crime individualmente ou em conjunto ou por intermédio

---

[458] V., por todos, Constantine P. Hortatos, *Individual criminal responsibility for human rights atrocities in international criminal law and the creation of a permanent International Criminal Court*, Athens: Ant. N. Sakkoulas Publishers, 1999; e Victoria Abellán Honrubia, La responsabilité internationale de l'individu, cit., pp. 219-307.

de outrem, quer essa pessoa seja, ou não, criminalmente responsável; *b*) ordenar, solicitar ou instigar a prática desse crime, sob forma consumada ou sob a forma de tentativa; *c*) com o propósito de facilitar a prática desse crime, for cúmplice ou encobridor, ou colaborar de algum modo na prática ou na tentativa de prática do crime, nomeadamente pelo fornecimento dos meios para a sua prática; *d*) contribuir de alguma outra forma para a prática ou tentativa de prática do crime por um grupo de pessoas que tenha um objetivo comum [esta contribuição deverá ser intencional e ocorrer, conforme o caso: *i*) com o propósito de levar a cabo a atividade ou o objetivo criminal do grupo, quando um ou outro impliquem a prática de um crime da competência do Tribunal; ou *ii*) com o conhecimento da intenção do grupo de cometer o crime]; *e*) no caso de crime de genocídio, incitar, direta e publicamente, à sua prática; e ainda *f*) tentar cometer o crime mediante atos que contribuam substancialmente para a sua execução, ainda que não se venha a consumar devido a circunstâncias alheias à sua vontade (porém, quem desistir da prática do crime, ou impedir de outra forma que este se consuma, não poderá ser punido em conformidade com o Estatuto pela tentativa, se renunciar total e voluntariamente ao propósito delituoso). Complementa o § 4º do art. 25 que "o disposto no presente Estatuto sobre a responsabilidade criminal das pessoas físicas em nada afetará a responsabilidade do Estado, de acordo com o direitointernacional".

O Estatuto de Roma repete a conquista do Estatuto do Tribunal de Nuremberg em relação aos cargos oficiais daqueles que praticaram crimes contra o Direito Internacional. Assim, a regra que o Estatuto coloca é a da "irrelevância da qualidade oficial" no que tange à *persecutio criminis*, ao julgamento e à aplicação da pena pelo Tribunal. Nos termos do art. 27, §§ 1º e 2º, do Estatuto de Roma, a competência *ratione personae* do Tribunal aplica-se de forma igual a todas as pessoas, sem distinção alguma baseada na sua qualidade oficial. Em particular, a qualidade oficial de chefe de Estado ou de Governo, de membro de Governo ou do Parlamento, de representante eleito ou de funcionário público, em caso algum poderá eximir a pessoa em causa de responsabilidade criminal nos termos do Estatuto, nem constituirá de *per se* motivo para a redução da pena. Diz ainda o Estatuto que "as imunidades ou normas de procedimentos especiais decorrentes da qualidade oficial de uma pessoa, nos termos do direito interno ou do direito internacional, não deverão obstar a que o Tribunal exerça a sua jurisdição sobre essa pessoa".

A consagração do princípio da responsabilidade penal internacional dos indivíduos é, sem dúvida, uma conquista da humanidade. E, como diz Cachapuz de Medeiros, esta ideia vem sendo sedimentada "desde os tempos em que Hugo Grotius lançou as bases do moderno Direito das Gentes". Esse grande jurista holandês divergiu, ao seu tempo, da noção corrente àquela época – e que ainda mantém alguns seguidores na atualidade – de que o Direito Internacional está circunscrito tão somente às relações entre Estados, não podendo dizer respeito diretamente aos indivíduos.[459] Daí ter o Estatuto de Roma seguido o que se escreveu em Nuremberg em 1946: "Crimes contra o direito internacional são cometidos por indivíduos, não por entidades abstratas, e os preceitos de direito internacional fazem-se efetivos apenas com a condenação dos indivíduos que cometeram esses crimes".[460]

---

[459]   *V.* Antônio Paulo Cachapuz de Medeiros. O Tribunal Penal Internacional e a Constituição brasileira, cit., pp. 12-13.

[460]   Cf. U.N. Doc. A/CONF.183/C.1/L.76/Add.3, p. 2. Para uma crítica à assertiva, *v.* Claude Lombois, *Droit pénal international*, Paris: Dalloz, 1971, p. 146 e ss.

O chamado Direito Internacional dos Direitos Humanos, que emerge finda a Segunda Guerra Mundial, vem sepultar de vez esta antiga doutrina, que não atribuía aos indivíduos personalidade jurídica de Direito das Gentes. A ideia crescente de que os indivíduos devem ser responsabilizados no cenário internacional, em decorrência dos crimes cometidos contra o Direito Internacional, aparece bastante reforçada no Estatuto de Roma que, além de ensejar a punição dos indivíduos como tais, positivou, no bojo de suas normas, ineditamente, os princípios gerais de direito penal internacional (arts. 22 a 33), bem como trouxe regras claras e bem estabelecidas sobre o procedimento criminal perante o Tribunal (arts. 53 a 61). Tal acréscimo vem suprir as lacunas deixadas pelas Convenções de Genebra de 1949, que sempre foram criticadas pelo fato de terem dado pouca ou quase nenhuma importância às regras materiais e processuais das ciências criminais.

Segundo o art. 58, § 1º, alíneas *a* e *b*, do Estatuto, a todo o momento após a abertura do inquérito, o Juízo de Instrução poderá, a pedido do Promotor, emitir um mandado de detenção contra uma pessoa se, após examinar o pedido e as provas ou outras informações submetidas pelo Promotor, considerar que existem motivos suficientes para crer que essa pessoa cometeu um crime da competência do Tribunal e a detenção dessa pessoa se mostra necessária para garantir o seu comparecimento em Tribunal, assim como garantir que não obstruirá, nem porá em perigo, o inquérito ou a ação do Tribunal. O mandado de detenção também poderá ser emitido, se for o caso, para impedir que a pessoa continue a cometer esse crime ou um crime conexo que seja da competência do Tribunal e tenha a sua origem nas mesmas circunstâncias.

Para o êxito dessas finalidades, o Estatuto prevê um regime de cooperação entre os seus Estados-partes. Nos termos do art. 86 do Estatuto, os Estados-partes deverão cooperar plenamente com o Tribunal, no inquérito e no procedimento criminal, em relação aos crimes de sua competência. Tais Estados, diz o art. 88, deverão assegurar-se de que o seu Direito interno prevê procedimentos que permitam responder a todas as formas de cooperação especificadas no Estatuto. A colaboração dos Estados é fundamental para o êxito do inquérito e do procedimento criminal perante o Tribunal. Tais Estados devem cooperar com o Tribunal da forma menos burocrática possível, atendendo ao princípio da celeridade.

Esclareça-se que a responsabilidade penal internacional dos indivíduos não exclui em absoluto a responsabilidade (civil) do Estado, que não raro é que está por trás da atuação criminosa daquele. Destaque-se, também, que em regra inovadora (a do art. 75) o Estatuto de Roma prevê a possibilidade de *reparação* às vítimas ou aos titulares desse direito,[461] tais como a *restituição*, a *indenização* ou a *reabilitação*; nesse sentido, o TPI poderá lavrar despacho contra a pessoa condenada, no qual determinará a reparação adequada a ser atribuída às vítimas ou aos titulares desse direito, podendo a indenização atribuída a título de reparação ser paga por intermédio do *Fundo em Favor das Vítimas* previsto no art. 79.[462]

---

[461] A *Regra 85* das "Regras de Processo e Provas do Estatuto de Roma" define *vítimas* como (*a*) "pessoas físicas que tenham sofrido dano como resultado da comissão de qualquer crime dentro da jurisdição do Tribunal"; ou (*b*) "organizações ou instituições dedicadas a fins religiosos, educacionais, artísticos, científicos ou assistenciais que tenham sofrido dano à sua propriedade ou a seus monumentos históricos, hospitais e demais lugares e objetos de propósito humanitário".

[462] Sobre o assunto, *v.* Thomaz Francisco Silveira de Araujo Santos, *As reparações às vítimas no Tribunal Penal Internacional*, Porto Alegre: Sergio Antonio Fabris, 2011, 174p.

Parte IV · Cap. I · PROTEÇÃO INTERNACIONAL DOS DIREITOS HUMANOS | 945

O TPI emitiu sua primeira sentença condenatória em 14 de março de 2012, no processo contra o ex-líder rebelde congolês Thomas Lubanga Dyilo, pelos crimes de guerra de recrutamento e alistamento de crianças menores de 15 anos e por usá-las como soldados de sua milícia entre 1º de setembro de 2002 e 13 de agosto de 2003.[463] A pena imposta foi de 14 anos de prisão.

7. As aparentes antinomias entre o Estatuto de Roma e a Constituição brasileira. As regras penais e procedimentais vistas anteriormente, estabelecidas pelo Estatuto de Roma, com uma leitura apressada do texto convencional, podem pressupor certa incompatibilidade com o direito constitucional brasileiro, mais especificamente em relação a cinco assuntos de fundamental importância disciplinados pelo Estatuto: *a*) a entrega de nacionais ao Tribunal; *b*) a instituição da pena de prisão perpétua, *c*) a questão das imunidades em geral e as relativas ao foro por prerrogativa de função; *d*) a questão da reserva legal; e *e*) a questão do respeito à coisa julgada.

A matéria está ligada ao que se denomina no Direito dos Tratados de *inconstitucionalidade intrínseca* dos tratados internacionais.[464] Esta tem lugar quando o tratado, apesar de formalmente ter respeitado todo o procedimento constitucional de conclusão estabelecido pelo Direito interno, contém normas violadoras de dispositivos constitucionais, não se confundindo com a inconstitucionalidade chamada *extrínseca* (ou *formal*), também conhecida por *ratificação imperfeita*, que ocorre quando o Presidente da República, violando norma constitucional de fundamental importância para celebrar tratados, ratifica o acordo sem o assentimento prévio do Congresso Nacional (o que não foi o caso do TPI, cuja ratificação se deu em total conformidade com as normas constitucionais de competência para celebrar tratados: arts. 49, inc. I e 84, inc. VIII, da CF).

Em relação às discussões sobre a constitucionalidade do Estatuto de Roma do TPI no Direito brasileiro, alguns juristas e observadores nacionais têm cogitado o caso de *inconstitucionalidade intrínseca* desse instrumento internacional, o que faz merecer um estudo detalhado sobre as potenciais antinomias entre o tratado internacional que instituiu o Tribunal e a Constituição brasileira de 1988. Antes, porém, de se analisar uma a uma das (aparentes) antinomias entre o Estatuto de Roma e a Constituição de 1988, importa dizer (novamente) que para nós o Estatuto do TPI é norma internacional do tipo *centrífuga*, possuindo assim nível *supraconstitucional*,[465] o que acabaria com a discussão teórica sobre a eventual inconstitucionalidade intrínseca do Estatuto de Roma em relação à nossa Constituição. Mas, para os efeitos didáticos deste *Curso*, cabe-nos verificar cada uma dessas antinomias aparentes. São elas:

a) *A entrega de nacionais ao TPI*. O primeiro conflito aparente entre uma disposição do Estatuto de Roma e a Constituição brasileira de 1988, advém do teor do art. 89, § 1º, do Estatuto, segundo o qual o Tribunal poderá dirigir um pedido de detenção e entrega (*surrender*) de uma pessoa a qualquer Estado em cujo território essa pessoa possa se encontrar, e solicitar a cooperação desse Estado na detenção e entrega da pessoa em causa, tendo os

---

[463] *V.* TPI-01/04-01/06 (14 March 2012).

[464] Para um estudo específico do problema da *inconstitucionalidade intrínseca* dos tratados internacionais, *v.* a Parte I, Capítulo V, Seção I, item nº 19.

[465] *V.*, por tudo, Luiz Flávio Gomes & Valerio de Oliveira Mazzuoli, *Direito supraconstitucional...*, cit., pp. 149-153.

Estados-partes o dever de dar satisfação ao Tribunal os pedidos de detenção e de entrega de tais pessoas, em conformidade com o Estatuto e com os procedimentos previstos nos seus respectivos Direitos internos.

A *entrega* de uma pessoa (qualquer que seja a sua nacionalidade e em qualquer lugar que esteja) ao TPI é um instituto jurídico *sui generis* nas relações internacionais contemporâneas, em todos os seus termos distinto do instituto já conhecido da *extradição*, que tem lugar entre duas potências estrangeiras visando à repressão internacional de delitos.[466] Não obstante os procedimentos nacionais para a prisão continuarem sendo aplicados, eventuais normas internas sobre privilégios e imunidades referentes a cargos oficiais, bem como regras sobre não extradição de nacionais, não serão causas válidas de escusa para a falta de cooperação por parte dos Estados-membros do Tribunal.

Como já se estudou, a Constituição brasileira de 1988, no seu art. 5º, incisos LI e LII, dispõe, respectivamente, que "nenhum brasileiro será extraditado, salvo o naturalizado, em caso de crime comum, praticado antes da naturalização, ou de comprovado envolvimento em tráfico ilícito de entorpecentes e drogas afins, na forma da lei"; e também que "não será concedida extradição de estrangeiro por crime político ou de opinião". Tais incisos do art. 5º da Constituição, pertencendo ao rol dos Direitos fundamentais, estão cobertos pela cláusula do art. 60, § 4º, inc. IV, da mesma Carta, segundo a qual "não será objeto de deliberação a proposta de emenda tendente a abolir os direitos e garantias individuais".

Por esse motivo é que o Estatuto de Roma, levando em consideração disposições semelhantes de vários textos constitucionais modernos, distingue claramente o que entende por "entrega" e por "extradição". Nos termos do seu art. 102, alíneas *a* e *b*, para os fins do Estatuto entende-se por "entrega", o ato de o Estado entregar uma pessoa ao Tribunal "nos termos do presente Estatuto", e por "extradição", entende-se a entrega de uma pessoa por um Estado a outro Estado "conforme previsto em um tratado, em uma convenção ou no direito interno" de determinado Estado. Portanto, se a entrega de uma pessoa, feita pelo Estado ao Tribunal, se der *nos termos do Estatuto de Roma*, tal ato caracteriza-se como "entrega", mas caso o ato seja concluído, por um Estado em relação a outro, com base no previsto *em tratado ou convenção ou no direito interno de determinado Estado*, nesse caso trata-se de "extradição".

O art. 91, § 2º, alínea *c*, do Estatuto, impõe uma regra clara de cooperação dos Estados com o Tribunal, no sentido de que as exigências para a entrega de alguém ao Tribunal não podem ser mais rigorosas do que as que devem ser observadas pelo país em caso de um pedido de extradição.

Como acertadamente destaca Cachapuz de Medeiros, a diferença fundamental "consiste em ser o Tribunal uma instituição criada para processar e julgar os crimes mais atrozes contra a dignidade humana de uma forma justa, independente e imparcial. Na condição de órgão internacional, que visa realizar o bem-estar da sociedade mundial, porque reprime crimes contra o próprio Direito Internacional, a entrega do Tribunal não pode ser comparada à extradição".[467]

---

[466] Sobre o instituto da extradição, *v.* Parte II, Capítulo IV, Seção II, item nº 6, no qual o assunto foi devidamente estudado.

[467] Antônio Paulo Cachapuz de Medeiros. O Tribunal Penal Internacional e a Constituição brasileira, cit., p. 14. No mesmo sentido, *v.* Carlos Eduardo Adriano Japiassú, *O Tribunal Penal Internacional: a internacionalização do direito penal*, Rio de Janeiro: Lumen Juris, 2004, pp. 209-215.

Assim, não se trata de entregar alguém para outro sujeito de Direito Internacional Público, de categoria igual a do Estado-parte, também dotado de soberania e competência na ordem internacional, mas sim a um *organismo internacional* criado pelo aceite e esforço comum de vários Estados. O TPI certamente não é uma jurisdição "estrangeira" como é aquela de outro Estado, não podendo ser-lhe aplicadas as mesmas regras que se aplicam a este último, em matéria de soberania e de política externa.

Daí estar correto o entendimento de que o ato de *entrega* é aquele feito pelo Estado *a um tribunal internacional* de jurisdição permanente, diferentemente da extradição, que é feita por um Estado *a outro*, a pedido deste, em plano de absoluta igualdade, em relação a indivíduo nesse último processado ou condenado e lá refugiado. A extradição envolve sempre dois Estados soberanos, sendo ato de cooperação entre ambos na repressão internacional de crimes, diferentemente do que o Estatuto de Roma chamou de *entrega*, em que a relação de cooperação se processa entre um Estado e o próprio Tribunal.

O fundamento que existe para que as Constituições contemporâneas prevejam a não extradição de nacionais, está ligado ao fato de a justiça estrangeira poder ser *injusta* e julgar o nacional do outro Estado sem imparcialidade,[468] o que evidentemente não se aplica ao caso do TPI, cujos crimes *já estão definidos* no Estatuto de Roma, e cujas normas processuais são das mais avançadas do mundo no que tange às garantias da justiça e da imparcialidade dos julgamentos.[469]

Portanto, a entrega de nacionais do Estado ao TPI, estabelecida pelo Estatuto de Roma, não fere o direito individual da não extradição de nacionais, insculpido no art. 5º, inc. LI, da Constituição brasileira de 1988, bem como o direito de não extradição de estrangeiros por motivos de crime político ou de opinião, constante do inc. LII do mesmo art. 5º da Carta de 1988. A aceitação, pelo Brasil, do art. 89, § 1º, do Estatuto, impede (mais que corretamente) a alegação de violação da norma constitucional brasileira proibitiva da extradição de nacionais como meio hábil a livrar um nosso nacional à jurisdição do Tribunal. Hodiernamente não mais se concebe a impunidade daqueles (ainda que nacionais) que cometem os mais bárbaros crimes contra o Direito Internacional.[470]

Parece clara, assim, a distinção entre a entrega de um nacional brasileiro a uma corte com jurisdição universal, da qual o Brasil faz parte, por meio de tratado que ratificou e se obrigou a fielmente cumprir, e a entrega de um nacional nosso (esta sim proibida pela Constituição) a um tribunal estrangeiro, cuja jurisdição está afeta à soberania de outra potência estrangeira, que não a nossa e de cuja construção nós não participamos com o produto da nossa vontade.

Não bastasse essa diferença técnica, outra ainda se apresenta. Embora, nos termos do Estatuto de Roma, as regras internas dos Estados continuem tendo validade, não serão

---

[468] A regra já era conhecida desde o Código Bustamante (1928), cujo art. 345 assim dispõe: "Os Estados contratantes não estão obrigados a entregar os seus nacionais. A nação que se negue a entregar um de seus cidadãos fica obrigada a julgá-lo".

[469] Cf. Antônio Paulo Cachapuz de Medeiros. *O Tribunal Penal Internacional e a Constituição brasileira*, cit., p. 14.

[470] Cf. Luiz Flávio Gomes & Antonio García-Pablos de Molina. *Direito penal: parte geral*, vol. 2, cit., pp. 118-119.

aceitas determinadas escusas – dentre elas a de que não se pode entregar nacionais do Estado a tribunais internacionais – para a não cooperação desses Estados com o Tribunal. Um Estado-parte no Estatuto que não entrega um nacional seu quando emitida ordem de prisão contra o mesmo, será tido como um não colaborador, o que poderá causar-lhe enormes prejuízos, tendo em vista existir no Estatuto de Roma todo um processo que pode ser levado à Assembleia dos Estados-partes do TPI e até mesmo ao Conselho de Segurança das Nações Unidas, para que possam ser tomadas medidas de enquadramento de conduta em relação a tais Estados não colaboradores.[471] Parece claro que tais Estados já passariam a não ficar muito bem vistos perante a sociedade internacional, em decorrência da abertura desse processo perante a Assembleia dos Estados-partes ou do Conselho de Segurança da ONU.

b) A pena de prisão perpétua. Outro ponto delicado que pode causar um aparente conflito entre as disposições do Estatuto de Roma e a Constituição brasileira de 1988, diz respeito à previsão do art. 77, § 1º, alínea *b*, do Estatuto, segundo a qual o Tribunal pode impor à pessoa condenada por um dos crimes previstos no seu art. 5º, dentre outras medidas, a pena de prisão perpétua, se o elevado grau de ilicitude do fato e as condições pessoais do condenado a justificarem. A origem da regra remonta aos Tribunais de Nuremberg e Tóquio, em que se estabeleceu a pena de morte, tendo continuidade com os Tribunais *ad hoc* para a antiga Iugoslávia e Ruanda, que previam não a pena de morte, mas a pena de prisão perpétua. Com menor rigor, chega-se ao TPI em que a pena de prisão perpétua ficou restringida a casos de extrema gravidade, e ainda assim, com possibilidade de revisão decorridos 25 anos, nos termos do art. 110 do Estatuto de Roma.[472]

O art. 80 do Estatuto traz uma regra de interpretação no sentido de que as suas disposições em nada prejudicarão a aplicação, pelos Estados, das penas previstas nos seus respectivos direitos internos, ou a aplicação da legislação de Estados que não preveja as penas por ele referidas.

A Constituição brasileira, por seu turno, permite até mesmo a pena de morte "em caso de guerra declarada" (art. 5º, inc. XLVII, alínea *a*), mas proíbe terminantemente as penas de caráter perpétuo (alínea *b* do mesmo inciso). A proibição interna, porém, de imposição de penas de caráter perpétuo, não obsta, em absoluto, que o TPI (que é tribunal internacional permanente de jurisdição universal) imponha tal modalidade de pena relativamente àqueles que perpetraram crimes sujeitos à sua jurisdição. Tal é assim pelo fato de ser a proibição constitucional de imposição de penas de caráter perpétuo imposição meramente *interna*, é dizer, relativa aos crimes aqui cometidos e que aqui devam ser julgados, não para crimes da alçada da Corte Penal Internacional. De fato, como leciona Cachapuz de Medeiros, se somos benevolentes com os "nossos delinquentes", isso só diz bem com os sentimentos dos

---

[471] Cf. João Grandino Rodas. Entrega de nacionais ao Tribunal Penal Internacional, in *Revista CEJ*, nº 11, Brasília, mai./ago./2000, pp. 32-35.

[472] Cf. William A. Schabas. *An introduction to the International Criminal Court*, cit., pp. 137-142. Frise-se que o Estatuto de Roma deu especial primazia para as penas privativas de liberdade, divididas em duas categorias: *a*) pena de prisão por número indeterminado de anos, até o máximo de 30 anos; ou *b*) pena de prisão perpétua, caso o elevado grau de ilicitude do fato e as condições pessoais do condenado a justificarem. O Estatuto não previu, em qualquer hipótese, a pena de morte, em homenagem às conquistas do direito internacional dos direitos humanos desde a Segunda Guerra. *V.*, a propósito, Jorge Bacelar Gouveia, *Direito internacional penal...*, cit., pp. 314-317.

Parte IV · Cap. I · PROTEÇÃO INTERNACIONAL DOS DIREITOS HUMANOS | **949**

brasileiros, não se podendo impor o mesmo tipo de "benevolência" às ordens estrangeira e internacional.[473]

Assim, a interpretação mais correta a ser dada para o caso em comento é a de que a Constituição de 1988, quando prevê a vedação de pena de caráter perpétuo, está direcionando o seu comando tão somente ao legislador *interno* brasileiro, não alcançando os legisladores estrangeiros e tampouco os legisladores internacionais que, a exemplo da CDI, trabalham rumo à construção do sistema jurídico internacional.[474] Disso se tira que a pena de prisão perpétua – que não recebe a mesma ressalva constitucional conferida à pena de morte – não pode ser instituída *dentro* do Brasil, quer por meio de tratados internacionais, quer mediante emendas constitucionais, por se tratar de cláusula pétrea constitucional, o que não obsta, de forma alguma, que a mesma pena possa ser imposta *fora* do nosso país, em tribunal permanente com jurisdição universal, de que o Brasil é parte e em relação ao qual deve obediência, em prol do bem-estar de toda a humanidade.[475]

Como se não bastasse, a Constituição brasileira de 1988 preceitua, no art. 7º do Ato das Disposições Constitucionais Transitórias, que o Brasil "propugnará pela formação de um tribunal internacional dos direitos humanos", e no § 4º do art. 5º, que o Brasil "se submete à jurisdição de Tribunal Penal Internacional a cuja criação tenha manifestado adesão". Tais disposições constitucionais reforçam a tese de que o conflito entre as disposições do Estatuto de Roma e a Constituição brasileira é apenas aparente, não somente pelo fato de que a criação de um tribunal internacional de direitos humanos implementa o princípio da dignidade da pessoa humana (também insculpido pela Constituição, no seu art. 1º, inc. III), senão também pelo fato de que o comando do texto constitucional brasileiro é dirigido ao legislador doméstico, não alcançando os crimes cometidos contra o Direito Internacional e reprimidos pela jurisdição do TPI.

Portanto, não obstante a vedação das penas de caráter perpétuo ser uma tradição constitucional entre nós, o Estatuto de Roma de forma alguma afronta a nossa Constituição (como se poderia pensar numa leitura descompromissada de seu texto); ao contrário, contribui para coibir os abusos e as inúmeras violações de direitos que se fazem presentes no planeta, princípio esse que sustenta corretamente a tese de que a dignidade da sociedade internacional não pode ficar à margem do universo das regras jurídicas.

De outra banda, o condenado que se mostrar merecedor dos benefícios estabelecidos pelo Estatuto poderá ter sua pena reduzida, inclusive a de prisão perpétua. Nos termos do art. 110, §§ 3º e 4º, do Estatuto, quando a pessoa já tiver cumprido dois terços da pena, ou 25 anos de prisão, em caso de pena de prisão perpétua, o Tribunal reexaminará a pena para determinar se haverá lugar a sua redução, se constatar que se verificam uma ou várias das condições seguintes: *a*) a pessoa tiver manifestado, desde o início e de forma contínua, a sua vontade em cooperar com o Tribunal no inquérito e no procedimento; *b*) a pessoa tiver, voluntariamente, facilitado a execução das decisões e despachos do Tribunal em outros casos, nomeadamente ajudando-o

---

473   Antônio Paulo Cachapuz de Medeiros. O Tribunal Penal Internacional e a Constituição brasileira, pp. 14-15.

474   Cf. Antônio Paulo Cachapuz de Medeiros. Idem, p. 15.

475   No mesmo sentido, *v.* Sylvia Helena F. Steiner, O Tribunal Penal Internacional, a pena de prisão perpétua e a Constituição brasileira, in *O que é o Tribunal Penal Internacional*, Brasília: Câmara dos Deputados/ Coordenação de Publicações, 2000, pp. 34-41.

a localizar bens sobre os quais recaíam decisões de perda, de multa ou de reparação que poderão ser usados em benefício das vítimas; ou *c*) quando presentes outros fatores que conduzam a uma clara e significativa alteração das circunstâncias, suficiente para justificar a redução da pena, conforme previsto no Regulamento Processual do Tribunal.[476]

c) A questão das imunidades e o foro por prerrogativa de função. Pode surgir ainda o conflito (também aparente) entre as regras brasileiras relativas às imunidades em geral e às prerrogativas de foro por exercício de função e aquelas atinentes à jurisdição do TPI. Tais regras são aplicáveis, por exemplo, ao Presidente da República, seus Ministros de Estado, Deputados, Senadores etc. Essas imunidades e privilégios, contudo, são de ordem interna e podem variar de um Estado para outro. Também existem outras limitações de ordem internacional, a exemplo da regra sobre imunidade dos agentes diplomáticos à jurisdição penal do Estado acreditado, determinada pelo art. 31 da Convenção de Viena sobre Relações Diplomáticas, de 1961, em vigor no Brasil desde 1965. Os embaixadores, por exemplo, têm imunidade plena na jurisdição penal dentro dessa sistemática.

Por sua vez, os crimes de competência do TPI – crime de genocídio, crimes contra a humanidade, crimes de guerra e crime de agressão – são quase sempre perpetrados por indivíduos que se escondem por detrás dos privilégios e imunidades que lhes conferem os seus ordenamentos internos.

Levando em conta tais circunstâncias, o Estatuto de Roma pretendeu estabelecer regra clara a esse respeito, e assim o fez no seu art. 27, que trata da irrelevância da qualidade oficial daqueles que cometem os crimes por ele definidos, como já se falou anteriormente. Portanto, as imunidades ou privilégios especiais que possam ser concedidos aos indivíduos em função de sua condição como ocupantes de cargos ou funções estatais, seja segundo o seu Direito interno ou segundo o próprio Direito Internacional, não constituem motivos que impeçam o Tribunal de exercer a sua jurisdição em relação a essas pessoas. O Estatuto afasta por completo toda possibilidade de se invocar a imunidade de jurisdição por parte daqueles que cometeram genocídio, crimes contra a humanidade, crimes de guerra ou crime de agressão.[477] Assim, de acordo com essa nova sistemática, não podem os genocidas e os responsáveis pelos piores crimes cometidos contra a humanidade acobertar-se pela prerrogativa de foro, pelo fato de que exerciam uma função pública ou de liderança à época do delito.

Até mesmo as regras sobre imunidades das Convenções de Viena sobre Relações Diplomáticas e Consulares (de 1961 e 1963, respectivamente) hão de ser excluídas quando se trata de crime da alçada do TPI.[478]

d) A questão da reserva legal. Uma quarta questão, algumas vezes levantada em relação à pretensa incompatibilidade da Constituição brasileira de 1988 com o Estatuto de Roma,

---

[476] O Regulamento Processual do Tribunal (RPT) foi aprovado na 1ª Sessão da Assembleia dos Estados-Partes, em Nova York, em 10 de setembro de 2002, contendo 225 artigos, divididos em 12 capítulos.

[477] Cf. Oscar Vilhena Vieira. Imunidades de jurisdição e foro por prerrogativa de função, in *Revista CEJ*, nº 11, Brasília, mai./ago./2000, p. 59.

[478] Veja-se que o Estatuto de Roma diz claramente, no art. 27, § 2º, que as imunidades decorrentes da qualidade oficial de uma pessoa, "nos termos do direito interno *ou do direito internacional,* não deverão obstar a que o Tribunal exerça a sua jurisdição sobre essa pessoa" [grifo nosso].

Parte IV • Cap. I • PROTEÇÃO INTERNACIONAL DOS DIREITOS HUMANOS | **951**

diz respeito à reserva legal. Aqui também não há qualquer conflito entre o Estatuto de Roma e a Constituição brasileira, uma vez que aquele próprio instrumento já prevê os princípios de *nullum crimen sine lege* e *nulla poena sine lege*, em seus arts. 22, § 1º e 23, segundo os quais, respectivamente, nenhuma pessoa "será considerada criminalmente responsável, nos termos do presente Estatuto, a menos que a sua conduta constitua, no momento em que tiver lugar, um crime da competência do Tribunal", não podendo qualquer pessoa condenada pelo Tribunal ser punida a não ser "em conformidade com as disposições do presente Estatuto".[479]

Como já se verificou, o Estatuto de Roma detalhou minuciosamente os crimes de sua competência, o que se deve em grande parte ao fato de ter sido o Tribunal criado não somente para julgar nacionais de outros Estados, mas também para julgar nacionais dos próprios Estados que o criaram.

e) A questão do respeito à coisa julgada. Uma última questão que poderia ser colocada em relação aos potenciais conflitos entre o Estatuto de Roma e a Constituição brasileira de 1988, contudo de bem mais simples resolução, diz respeito à eventual agressão à chamada *coisa julgada material*, definida pelo art. 502 do Código de Processo Civil brasileiro como sendo "a autoridade que torna imutável e indiscutível a decisão de mérito não mais sujeita a recurso".

A regra constitucional brasileira, que disciplina a coisa julgada material, vem inscrita no art. 5º, inc. XXXVI, da Constituição Federal de 1988, segundo a qual "a lei não prejudicará o direito adquirido, o ato jurídico perfeito *e a coisa julgada*".

Do cotejo dessas regras brasileiras sobre a coisa julgada com as do Estatuto de Roma duas questões importantes se colocam. A primeira diz respeito ao caso de uma pessoa sujeita à jurisdição do TPI já ter sido julgada pelo Judiciário brasileiro. Nesse caso, com o trânsito em julgado da sentença cessa a competência do TPI, nos termos do seu art. 20, § 3º, que trata da regra do *ne bis in idem*,[480] segundo o qual "o Tribunal não poderá julgar uma pessoa que já tenha sido julgada por outro tribunal, por atos também punidos pelos artigos 6º, 7º ou 8º, a menos que o processo nesse outro tribunal: *a)* tenha tido por objetivo subtrair o acusado à sua responsabilidade criminal por crimes da competência do Tribunal; ou *b)* não tenha sido conduzido de forma independente ou imparcial, em conformidade com as garantias de um processo equitativo reconhecidas pelo direito internacional, ou tenha sido conduzido de uma maneira que, no caso concreto, se revele incompatível com a intenção de submeter a pessoa à ação da justiça". A regra, aqui, é a da prevalência das decisões internas, excepcionada, porém, pelas hipóteses das alíneas *a* e *b*, do § 3º do art. 20, do Estatuto de Roma. Ou seja, a jurisdição do TPI, não obstante universal, é *subsidiária* (o Estatuto diz impropriamente "complementar") das jurisdições penais dos Estados, como já se falou, mas isso não impede o Tribunal de julgar um acusado (já julgado por um tribunal interno) quando o julgamento local tiver sido forjado para absolver o autor dos crimes definidos pelo Estatuto ou, então, quando a investigação e o processamento de um acusado não tenham sido conduzidos de forma independente ou imparcial, em conformidade com as garantias de um processo equitativo reconhecidas pelo

---

[479] Cf., a respeito da reserva legal, Claus Roxin, *Derecho penal: parte general*, t. 1 (*Fundamentos. La estructura de la teoria del delito*), Madrid: Civitas, 1999, p. 137 e ss.

[480] Sobre o *bis in idem* no Direito Internacional Penal, *v.* Jorge Bacelar Gouveia, *Direito internacional penal...*, cit., pp. 338-344.

CURSO DE DIREITO INTERNACIONAL PÚBLICO – *Valerio de Oliveira Mazzuoli*

Direito Internacional, ou tenham sido conduzidos de forma manifestamente incompatível com a intenção de submeter a pessoa à ação da justiça (*v.g.*, quando há demora injustificada na ativação dos procedimentos etc.). Havendo conflito positivo entre a jurisdição penal interna e a jurisdição do TPI, será o próprio Tribunal Penal – segundo o Estatuto de Roma (arts. 17 a 19) – que irá decidir tal conflito, dizendo qual das jurisdições será a competente para a apreciação da causa (o TPI tem, assim, a "competência da competência"/*Kompetenz-Kompetenz*); caso decida a favor de sua competência, mandará o Estado entregar à Corte o acusado, ainda que este tenha sido "absolvido" perante a justiça penal interna.[481]

Uma segunda questão que pode ser colocada diz respeito ao caso de o Tribunal poder reexaminar as questões já decididas em último grau pelas instâncias nacionais competentes, permissivo encontrado no art. 17 e seus parágrafos do Estatuto. Sem muita dificuldade de interpretação, pode-se dizer que é também equívoco pensar que o Estatuto de Roma ofende a coisa julgada material (resguardada, no Brasil, em última instância, pelo Supremo Tribunal Federal), em virtude da permissibilidade de o TPI reexaminar as questões já decididas em último grau pelo Judiciário nacional. Nesse caso, sem dúvida, a norma constitucional brasileira deve ceder perante a jurisdição do TPI nos mesmos termos em que a norma do inc. XLVII, alínea *b*, do art. 5º, da Constituição (proibição das penas de caráter perpétuo) cede frente à possibilidade de prisão perpétua prevista pelo Estatuto de Roma de 1998.

8. Conclusão. Sem dúvida alguma, a instituição do TPI é um dos fatores principais que marcarão a proteção internacional dos Direitos Humanos e as ciências criminais no século XXI. Primeiro, porque desde os Tribunais de Nuremberg e Tóquio, um sistema internacional de justiça pretende acabar com a impunidade daqueles que violam o Direito Internacional, em termos repressivos (condenando os culpados) e preventivos (inibindo a tentativa de repetição dos crimes cometidos). Segundo, porque visa sanar as eventuais falhas e insucessos dos tribunais nacionais, que muitas vezes deixam impunes seus criminosos, principalmente quando estes são autoridades estatais que gozam de ampla imunidade, nos termos das suas respectivas legislações internas. Terceiro, porque evita a criação de tribunais *ad hoc*, instituídos à livre escolha do Conselho de Segurança da ONU, dignificando o respeito à garantia do princípio do juiz natural, ou seja, do juiz competente, em suas duas vertentes: a de um juiz previamente estabelecido e a relativa à proibição de juízos ou tribunais de exceção, criados *ex post facto*. Quarto, porque cria instrumentos jurídico-processuais capazes de responsabilizar individualmente as pessoas condenadas pelo Tribunal, não deixando pairar sobre o planeta a vitória da impunidade. E, finalmente, em quinto lugar, porque institui uma Justiça Penal Internacional que contribui, quer interna quer internacionalmente, para a eficácia da proteção dos Direitos Humanos e do Direito Internacional humanitário.[482]

---

[481] V. André de Carvalho Ramos. O Estatuto do Tribunal Penal Internacional e a Constituição brasileira, in *Tribunal penal internacional*, Fauzi Hassan Choukr & Kai Ambos (orgs.), São Paulo: RT, 2000, p. 275.

[482] Cf., por tudo, *Lawyers Committee for Human Rights*, "Establishing an International Criminal Court: major unresolved issue in the draft Statute", New York: LCHR, Briefing Series, vol. I, nº 1, aug./1996; também com as colocações de Tarciso Dal Maso Jardim, in "O Tribunal Penal Internacional e sua importância para os direitos humanos", cit., pp. 17-18.

A consagração do princípio da subsidiariedade, segundo o qual a jurisdição do TPI não impede a competência *prima facie* das jurisdições nacionais (salvo o caso de os Estados se mostrarem incapazes ou sem disposição em processar e julgar os responsáveis pelos crimes cometidos), contribui sobremaneira para fomentar os sistemas jurídicos internos a desenvolver mecanismos processuais eficazes, capazes de efetivamente aplicar a justiça em relação aos crimes tipificados no Estatuto de Roma, que passam também a ser crimes integrantes do Direito interno dos Estados-partes que o ratificaram.

Não existe restrição ou diminuição da soberania para os países que já aderiram, ou aos que ainda irão aderir, ao Estatuto de Roma. Ao contrário: na medida em que um Estado ratifica uma convenção multilateral como esta, que visa trazer um bem-estar que a sociedade internacional reivindica há anos, ele não está fazendo mais do que, efetivamente, praticando um ato de soberania, e o faz de acordo com sua Constituição, que prevê a participação dos poderes Executivo e Legislativo (no caso brasileiro: CF, arts. 84, inc. VIII e 49, inc. I, respectivamente) no processo de celebração de tratados internacionais.

A Justiça Penal Internacional, portanto, chega ao mundo em boa hora, para processar, julgar e punir os piores e mais cruéis violadores dos direitos humanos que possam vir a existir, reprimindo aqueles crimes contra o Direito Internacional dos quais se pretende livramento, em todas as suas vertentes. Será esta Justiça Penal Internacional a responsável pela construção de uma sociedade internacional justa e digna, baseada nos princípios da igualdade e da não discriminação, que são o fundamento da tutela internacional dos direitos humanos.

Capítulo II

Proteção Internacional do Meio Ambiente

SEÇÃO I – O FENÔMENO DA PROTEÇÃO INTERNACIONAL DO MEIO AMBIENTE

1. Introdução. A preocupação com o meio ambiente e a formação de um *corpus juris* de proteção ambiental são fenômenos bastante recentes na história da humanidade. Dos estudos de Charles Darwin os cientistas puderam abstrair quais as inter-relações que os seres vivos poderiam ter com tudo aquilo que os cerca. A biologia, por sua vez, se especializa, e um dos seus ramos, chamado *ecologia*, passa a dedicar-se ao estudo da interação e das relações do organismo com o meio ambiente, compreendendo todas as condições de existência, como já explicara Ernst Haeckel, em 1886. Desde a segunda metade do século XX, o conceito de *meio ambiente* se desprende do conceito de ecologia, ainda que de forma bem menos precisa e, a princípio, nem tão aceita pela opinião pública. *Grosso modo*, seria a ecologia (*oîkos* + *logos*, que significa "ciência da casa") o ramo da biologia que estuda as interações dos seres vivos entre si; e o meio ambiente, por sua vez, o estudo das relações do homem com o hábitat (natural ou artificial) em que vive, e as transformações por ele causadas no hábitat de outros seres vivos.[1] Em outras palavras, versaria a ecologia as relações *seres vivos-seres vivos*, e o meio ambiente as relações *homem-hábitat*.

Dessa diferença apontada, o certo é que entre *ecologia* e *meio ambiente* existe uma diferença de regência: enquanto a ecologia é regida por *leis científicas* (por ser um ramo da biologia), o "meio ambiente" é regido por *leis humanas*, que variam segundo as opções do comportamento humano. Isso quer dizer que, ao contrário das leis científicas, que são governadas pela ciência, as leis decorrentes do comportamento humano são regidas pela liberdade de escolha do ser humano, em que não se faz presente o conceito de verdade. Sob esse último aspecto, não se cuida de saber o que é verdadeiro e o que é falso, uma vez que a norma *jurídica* não determina com exatidão (como faz a biologia) a relação entre causa e

---

[1] V. Guido Fernando Silva Soares. *Direito internacional do meio ambiente: emergência, obrigações e responsabilidades*, 2ª ed. São Paulo: Atlas, 2003, pp. 19-21; e Guido Fernando Silva Soares, *A proteção internacional do meio ambiente*, Barueri: Manole, 2003, pp. 1-3.

956 | CURSO DE DIREITO INTERNACIONAL PÚBLICO – *Valerio de Oliveira Mazzuoli*

efeito; apenas se trata de impor sanções pela violação das *regras de conduta* vigentes, elaboradas – repita-se – pela vontade do homem.[2]

Essas regras de conduta referidas podem ser internas ou internacionais. Quando se trata desse último tipo de regras, está-se diante do chamado *Direito Internacional do Meio Ambiente*, que, ao lado da proteção internacional dos Direitos Humanos, constitui um dos temas principais da agenda internacional contemporânea. Tais matérias (Direitos Humanos e Meio Ambiente), ao lado da democracia, passaram a marcar, de maneira ampla e inovadora, a nova agenda internacional do século XXI, notadamente após as grandes mudanças ocorridas no mundo em virtude do processo de globalização, cujos reflexos são marcantes e decisivos para o entendimento dos novos fenômenos globais surgidos no planeta a partir de então.[3]

Por que uma proteção *internacional* do meio ambiente? A resposta, nos parece, não demanda grande esforço. A necessidade de uma proteção internacional do meio ambiente existe porque os Estados se deram conta de que os problemas ambientais ultrapassam fronteiras e não têm como ser resolvidos senão pela cooperação entre eles.[4] Em outras palavras, desde o momento em que o meio ambiente começa a ser alterado (a partir da era pré-industrial e, com muito maior ênfase, depois da Revolução Industrial) é que as preocupações com a sua salvaguarda tomam cada vez mais espaço na agenda internacional.[5] Por isso a afirmação da melhor doutrina de que, sem ter de invocar conceitos como o de globalização, a definição de meio ambiente já apontaria que as resoluções das questões ambientais têm de ocorrer unicamente em nível internacional.[6]

É importante esclarecer, neste item introdutório, que o chamado Direito Internacional do Meio Ambiente *não é* ramo autônomo da Ciência Jurídica, notadamente pelo fato de não se constituir de regras e princípios próprios.[7] Em outras palavras, as características do Direito Internacional do Meio Ambiente não se desprendem por qualquer maneira do Direito Internacional Público,[8] nem do Direito Internacional Privado. Assim, quando se

---

[2] Cf., por tudo, Alexandre Kiss & Dinah Shelton, *Guide to international environmental law*, Leiden: Martinus Nijhoff, 2007, pp. 48-65; e Guido Fernando Silva Soares, *A proteção internacional do meio ambiente*, cit., pp. 4-11.

[3] Cf. Doc. ONU E/CN.4/Sub. 2/1994/9, *Human rights and the environment: final report*, § 1º, 6 July 1994, p. 3.

[4] Sobre o tema da cooperação internacional para a proteção do meio ambiente, *v.* Liliana Allodi Rossit, *Educação e cooperação internacional na proteção do meio ambiente*, São Paulo: IOB Thomson, 2006, 332p; e Valerio de Oliveira Mazzuoli & Patryck de Araújo Ayala, Cooperação internacional para a preservação do meio ambiente: o direito brasileiro e a Convenção de Aarhus, in *Revista de Direito Ambiental*, ano 16, vol. 62, São Paulo, abr./jun./2011, pp. 223-263. Em menor proporção, cf. Malcolm N. Shaw, *Direito internacional*, cit., pp. 637-643.

[5] Cf. Solange Teles da Silva. *O direito ambiental internacional*. Belo Horizonte: Del Rey, 2010, pp. 11-15.

[6] *V.* Guido Fernando Silva Soares. *A proteção internacional do meio ambiente*, cit., p. 9. Sobre a questão, cf. também James Crawford, *Brownlie's principles of public international law*, cit., pp. 352-356.

[7] Nesse ponto, o Direito Internacional do Meio Ambiente apresenta uma diferença fundamental se comparado ao Direito Internacional dos Direitos Humanos, pois apenas este último pode ser atualmente considerado como ramo autônomo do Direito (*v.* Capítulo I, Seção II, item nº 1, *supra*).

[8] Cf. Malgosia A. Fitzmaurice. International protection of the environment, in *Recueil des Cours*, vol 293 (2001), p. 21. Apesar de não ser o Direito Internacional do Meio Ambiente (conforme pensamos) ramo *autônomo* das ciências jurídicas, têm as normas internacionais ambientais – como destaca Malgosia Fitzmaurice em outro estudo – contribuído sobremaneira para o desenvolvimento do Direito

fala em *Direito Internacional do Meio Ambiente* o que se quer expressar é o fenômeno da internacionalização da temática ambiental e a necessidade de sistematização especial. Por isso, doravante se utilizará do suporte do Direito Internacional Público para compreender os institutos do Direito Internacional do Meio Ambiente, suas fontes e suas relações com o Direito Internacional dos Direitos Humanos.

Em suma, pode-se definir o Direito Internacional do Meio Ambiente como a disciplina jurídica das normas internacionais (escritas e costumeiras) de proteção ambiental. De modo mais abrangente, pode-se dizer tratar-se do conjunto de regras e princípios criadores de direitos e deveres de natureza ambiental para os Estados, para as organizações internacionais intergovernamentais e, também, para os particulares (indivíduos e organizações privadas). Na salvaguarda dos direitos inerentes à proteção internacional do meio ambiente, merece destaque a atuação das citadas organizações intergovernamentais (quer globais, regionais ou sub-regionais) e sua contribuição para a implementação da normativa internacional em questão nos Estados que delas são partes.[9]

2. Emergência e maturidade do Direito Internacional do Meio Ambiente.

Somente após a segunda metade do século XX é que as questões ligadas à proteção da natureza tornaram-se visíveis no cenário internacional, notadamente em razão da constatação de que o meio ambiente, ao contrário do que ocorre com os Estados, não se separa por fronteiras. Os rios transfronteiriços não mudam de cor quando atravessam mais de um Estado e as aves que os sobrevoam não levam consigo qualquer documento de viagem! O mesmo ocorre com a poluição levada pelo vento de um país a outro e com as inúmeras questões sanitárias que ultrapassam fronteiras sem quaisquer dificuldades. Essa constatação, hoje considerada óbvia, não foi antevista por qualquer pensador antes do século XX, não tenho havido ninguém que, antes desse momento histórico, ousasse antepor aos ideais de progresso a necessidade de preservação da natureza.[10]

Portanto, as questões ambientais e os problemas que lhe são decorrentes somente chamaram a atenção de cientistas e pesquisadores muito recentemente, razão pela qual o Direito também tardou por regulamentar vários aspectos importantes desse fenômeno. Muitos deles já se encontram regulamentados pelos ordenamentos internos dos Estados, mas, dadas as dificuldades que o tema impõe, tem-se cada vez mais pretendido estabelecer normas atinentes à proteção do meio ambiente por meio do Direito Internacional Público, especialmente em razão da amplitude regulamentar que a ordem internacional logra estabelecer e da maior eficácia (há grande pressão da sociedade internacional relativamente a esses temas) que as normas daí decorrentes podem ter sobre as ordens internas dos Estados-partes.

Pode-se dizer que o Direito Internacional do Meio Ambiente emerge no período do entre guerras (1919 a 1945). Foi nesse período que ocorreu o fato considerado como a primeira

---

Internacional Público, especialmente ao introduzir na seara internacional novos *princípios* jurídicos. Cf. The contribution of environmental law to the development of modern international law, in *Theory of international law at the threshold of the 21st century: essays in honour of Krzysztof Skubiszewski*, Jerzy Makarczyk (ed.), The Hague: Kluwer Law International, 1996, pp. 909-927.

[9] Cf. Geraldo Eulálio do Nascimento e Silva. *Direito ambiental internacional: meio ambiente, desenvolvimento sustentável e os desafios da nova ordem mundial.* Rio de Janeiro: Thex, 1995, pp. 5-6.

[10] *V.*, por tudo, Guido Fernando Silva Soares, *A proteção internacional do meio ambiente*, cit., pp. 13-15.

manifestação solene do Direito Internacional do Meio Ambiente, que foi o famoso caso relativo à *Fundição Trail* (em inglês, *Trail Smelter*). Tratou-se de uma arbitragem entre os EUA e o Canadá, motivada pelas queixas de pessoas e empresas situadas no Estado de Washington (nos EUA) contra a fumaça tóxica de dióxido de enxofre que uma Fundição de cobre e de zinco, localizada na cidade de Trail, na Colúmbia Britânica (Canadá), expelia em direção aos Estados Unidos, causando danos a pessoas, animais e propriedades aí localizados.[11] Como explica Guido Soares, mesmo havendo sentenças condenatórias, tanto de tribunais americanos como canadenses, o fato é que a poluição continuava, o que fez com que o governo norte-americano assumisse como dele o direito das vítimas, postulando em nome próprio uma série de reivindicações contra o Canadá, por meio de um tribunal *ad hoc*.[12] Na sentença de 11 de março de 1941, ficou então estabelecido que nenhum Estado "tem o direito de usar ou de permitir o uso de seu território de tal modo que cause dano em razão do lançamento de emanações no ou até o território de outro". Essa doutrina pioneira constituiu a base para a formulação do Princípio 21 da Declaração de Estocolmo, reafirmado como Princípio 2 da Declaração do Rio de Janeiro (ECO-92).[13]

Contudo, o Direito Internacional do Meio Ambiente só chega à sua maturidade a partir do nascimento da ONU e do desenvolvimento da diplomacia multilateral. A Assembleia Geral da Organização passa a tornar-se um importante foro de discussões sobre temas ambientais a partir de então. Desse momento em diante, as preocupações com a natureza no seio das Nações Unidas crescem sobremaneira, até que em 3 de dezembro de 1968 a Assembleia Geral, pela Resolução 2398 (XXIII), aprova uma recomendação encaminhada pelo Conselho Econômico e Social[14] com o fim de convocar uma "Conferência Internacional sobre o Meio Ambiente Humano", cuja realização ocorreu em Estocolmo, na Suécia, de 5 a 16 de junho de 1972.[15] Não se pode olvidar que essa premência para a realização de um debate internacional sobre o tema proveio também do ingresso dos países africanos na ONU, descolonizados a partir da década de 1960,[16] ocasião em que levantaram os problemas ambientais sérios que há tempos vinham sofrendo.

A Conferência de Estocolmo de 1972 foi o primeiro evento internacional de peso relativo à proteção internacional do meio ambiente, no qual 113 Estados foram representados, junto com a participação de organizações internacionais e mais de 400 organizações não governamentais.[17] Ali se adotou a importante *Declaração sobre o Meio Ambiente Humano*, instrumento que viria marcar definitivamente o futuro do sistema internacional de proteção

---

[11] V. Guido Fernando Silva Soares. Idem, p. 22.

[12] Guido Fernando Silva Soares. Idem, ibidem.

[13] Cf. Guido Fernando Silva Soares. Idem, p. 23. Sobre o caso da *Fundição Trail*, v. ainda Solange Teles da Silva, *O direito ambiental internacional*, cit., pp. 49-53; e Lakshman D. Guruswamy, *International environmental law in a nutshell*, 4th ed., St. Paul: Thomson Reuters, 2012, pp. 95-97.

[14] Nos termos do art. 62, § 1º, da Carta da ONU, poderá o Conselho Econômico e Social fazer recomendações à Assembleia Geral sobre temas internacionais de caráter econômico, social, cultural, educacional, sanitário e conexos.

[15] V. Alexandre Kiss & Dinah Shelton. *Guide to international environmental law*, cit., pp. 32-37; e Lakshman D. Guruswamy, *International environmental law in a nutshell*, cit., pp. 34-40.

[16] Cf. Antonio Truyol y Serra. *La sociedad internacional*, cit., pp. 86-87.

[17] Cf. Solange Teles da Silva. *O direito ambiental internacional*, cit., p. 29.

Parte IV • Cap. II • PROTEÇÃO INTERNACIONAL DO MEIO AMBIENTE | 959

ambiental. Mas é de se recordar que, em 1923, já havia sido realizado em Paris um evento – com temática mais estreita, é certo – voltado a questões ambientais importantes, chamado *Primeiro Congresso Internacional para a Proteção da Natureza*, que representou cientificamente o primeiro passo para a abordagem do problema ambiental em seu conjunto.[18] Contudo, foi a Conferência de Estocolmo o passo efetivamente concreto de conscientização da sociedade internacional para os problemas ambientais, que começavam a emergir com maior intensidade desde então, e o marco normativo inicial à futura construção do sistema internacional de proteção do meio ambiente. Sem dúvida, foi a Conferência a gênese da moderna era da cooperação ambiental global, responsável por também demarcar o início dos debates sobre as relações da proteção do meio ambiente com o desenvolvimento econômico.[19]

Vinte anos mais tarde, realizou-se no Rio de Janeiro (de 3 a 14 de junho de 1992) a Conferência das Nações Unidas sobre Meio Ambiente e Desenvolvimento, que ficou conhecida como ECO-92, tendo a ela comparecido delegações de 175 países. Ao final da Conferência, adotou-se a *Declaração do Rio de Janeiro sobre Meio Ambiente e Desenvolvimento*, que conta com 27 princípios representativos das metas contemporâneas da proteção internacional ambiental. Cabe destacar que a Conferência ECO-92 foi a primeira reunião internacional de magnitude realizada após o fim da Guerra Fria, tendo representado um marco de revisão conceitual em relação à Conferência de Estocolmo.[20] Tal reunião não foi apenas consequência de um intenso processo de negociações internacionais acerca de questões ligadas à proteção do meio ambiente e ao desenvolvimento. Seus resultados significaram, também, a reafirmação de princípios internacionais de direitos humanos, como os da indivisibilidade e interdependência, agora conectados com as regras internacionais de proteção ao meio ambiente e aos seus princípios instituidores. Os compromissos específicos adotados pela ECO-92 incluíram (à exceção da citada *Declaração*) duas convenções internacionais, uma sobre Mudança do Clima e outra sobre Biodiversidade, e também uma Declaração de Princípios sobre Florestas,[21] além de um plano de ação que se chamou de *Agenda 21*, criado para viabilizar a adoção do desenvolvimento sustentável (e ambientalmente racional) em todos os países.[22]

---

[18]   Cf. Geraldo Eulálio do Nascimento e Silva. *Direito ambiental internacional...*, cit., p. 25. Como destaca esse mesmo internacionalista: "A principal virtude da Declaração adotada em Estocolmo é a de haver reconhecido que os problemas ambientais dos países em desenvolvimento eram e continuam a ser distintos dos problemas dos países industrializados. Isto não pode, contudo, ser interpretado como significando a existência de regras distintas e menos rígidas para os países em desenvolvimento; regras que possam significar um direito de poluir ou de fabricar produtos nocivos ao meio ambiente. Cumpre adotar normas suficientemente amplas, capazes de permitir a todos os países acatá-las. A adoção de regras permissivas poderá resultar na promoção, por governos sem visão, de práticas cujos malefícios exigirão mais tarde a adoção de medidas dispendiosas para sua erradicação" (Idem, p. 30).

[19]   A propósito, cf. Kate O'Neill, *The environment and international relations*, Cambridge: Cambridge University Press, 2010, pp. 27-28.

[20]   V. Alexandre Kiss & Dinah Shelton. *Guide to international environmental law*, cit., pp. 37-44. Ainda sobre o assunto, v. Malgosia A. Fitzmaurice, International protection of the environment, cit., pp. 33-39; Lakshman D. Guruswamy, *International environmental law in a nutshell*, cit., pp. 43-49; e James Crawford, *Brownlie's principles of public international law*, cit., pp. 355-356.

[21]   Essa *Declaração* resultou do fracasso da negociação de uma *Convenção sobre Exploração, Proteção e Desenvolvimento Sustentado de Florestas*, em especial, em razão da oposição de países como Índia e Malásia, que entendiam ser as florestas recursos pertencentes exclusivamente aos Estados detentores.

[22]   Sobre a *Agenda 21*, v. Solange Teles da Silva, *O direito ambiental internacional*, cit., pp. 37-39.

O Brasil, que já havia participado 20 anos antes da Conferência de Estocolmo sobre o Meio Ambiente Humano, especialmente nos dois anos de seu período preparatório, teve participação efetiva no que tange à inserção da temática do *desenvolvimento* no foco das questões envolvendo o meio ambiente.

Na Conferência do Rio de Janeiro de 1992, ao contrário do que ocorrera em Estocolmo, os conflitos de entendimentos – lembre-se da reação dos países africanos às políticas dos países industrializados: *Se vocês querem que sejamos limpos, paguem-nos o sabão!* – foram deixados de lado para dar lugar à cooperação, na medida em que foi aberto o diálogo para um universo mais amplo daquilo que originalmente fora pretendido, deixando entrever-se que a proteção internacional do meio ambiente é uma conquista da humanidade, que deve vencer os antagonismos ideológicos, em prol do bem-estar de todos e da efetiva proteção do planeta.[23]

A terceira conferência ambiental das Nações Unidas (a *Cúpula Mundial sobre Desenvolvimento Sustentável*) aconteceu em Joanesburgo, na África do Sul, de 26 de agosto a 4 de setembro de 2002, tendo reunido representantes de mais de 190 países.[24] Sua finalidade foi implementar os princípios aprovados e discutidos no Rio de Janeiro dez anos antes. Como destaca a doutrina especializada, o fato de a Cúpula ter-se realizado meses depois das Conferências de Doha (*IV Conferência Ministerial da OMC*) e de Monterrey (*Conferência Internacional das Nações Unidas para o Financiamento do Desenvolvimento*) facilitou a compreensão de que existe uma relação cada vez mais estreita entre as agendas globais de comércio, financiamento e meio ambiente, melhorando e fortalecendo a cooperação entre Estados nesse sentido.[25]

De 13 a 22 de junho de 2012, novamente no Rio de Janeiro, teve lugar a Conferência das Nações Unidas sobre Desenvolvimento Sustentável, a *Rio+20*, assim conhecida por marcar os vinte anos de realização da Conferência das Nações Unidas sobre Meio Ambiente e Desenvolvimento (ECO-92). Ali se reuniu um total de 193 representantes de Estados com o acompanhamento massivo dos trabalhos pela sociedade civil, a partir da intensa cobertura jornalística pela imprensa do mundo todo. A Conferência trabalhou com dois temas principais: *a*) economia verde no contexto do desenvolvimento sustentável e da erradicação da pobreza; e *b*) estrutura institucional para o desenvolvimento sustentável. Inúmeras críticas foram lançadas ao *draft* final da Conferência, especialmente a de que as propostas apresentadas não receberam dos governos um apoio significativo. O documento final da Conferência – intitulado *O Futuro que Queremos*, assinado por representantes de 188 Estados – reafirma a importância dos Princípios da ECO-92 e dos instrumentos internacionais em vigor em matéria de proteção ambiental, impondo-se, no entanto, como documento "mínimo" sobre a esfera de proteção ambiental pretendida no planeta, o que permite que vários setores governamentais e empresariais ultrapassem essa mínima proteção rumo a formas mais amplas de regulamentação protetiva.

---

[23] Cf. Guido Fernando Silva Soares. *A proteção internacional do meio ambiente*, cit., pp. 48-73.

[24] Cf. Alexandre Kiss & Dinah Shelton. *Guide to international environmental law*, cit., p. 44; Solange Teles da Silva, *O direito ambiental internacional*, cit., pp. 39-41; e Lakshman D. Guruswamy, *International environmental law in a nutshell*, cit., pp. 51-55.

[25] V. André Aranha Corrêa do Lago. *Estocolmo, Rio, Joanesburgo: o Brasil e as três conferências ambientais das Nações Unidas*. Brasília: Fundação Alexandre de Gusmão, 2007, pp. 18-19.

Parte IV · Cap. II · PROTEÇÃO INTERNACIONAL DO MEIO AMBIENTE | **961**

É importante observar, neste ponto, que a consequência de todo esse processo normativo internacional no campo ambiental tem reflexos na seara da proteção internacional dos direitos humanos, ainda mais quando se leva em consideração que o direito ao meio ambiente ecologicamente equilibrado, apesar de não ter sido expressamente colocado no texto da Declaração Universal dos Direitos Humanos, de 1948 (na qual somente constam direitos civis e políticos e direitos econômicos, sociais e culturais), pertence ao "bloco de constitucionalidade" dos textos constitucionais contemporâneos, dentre eles, o texto constitucional brasileiro de 1988. Acredita-se, contudo, que a Declaração Universal de 1948 certamente mencionaria o direito ao meio ambiente se fosse negociada hoje. A atual tendência do direito internacional moderno é que as declarações sobre cada esfera de proteção também sejam cada vez mais amplas, cedendo espaço para que os vínculos entre as diversas categorias de direitos se desenvolvam.[26]

O princípio segundo o qual toda pessoa tem direito a uma ordem social e internacional em que os direitos e liberdades estabelecidos na Declaração Universal possam ser plenamente realizados, constante do art. 28 da Declaração Universal dos Direitos Humanos de 1948, passa a ser integrado, também, pelo Direito Internacional do Meio Ambiente. Somente com a garantia efetiva de um ambiente ecologicamente equilibrado é que os direitos e liberdades estabelecidos na Declaração de 1948 podem ser plenamente realizados, não obstante o direito ao meio ambiente não ter sido incluído no texto da Declaração, à época de sua redação.

3. Instrumentos internacionais de proteção. Após o período do pós-Guerra, como complemento aos direitos fundamentais do homem, começaram a aparecer, no cenário internacional, as primeiras grandes normas de proteção internacional do meio ambiente, dando ensejo à formação dessa nova disciplina jurídica chamada Direito Internacional do Meio Ambiente.[27] A partir de então, tanto os direitos relativos à pessoa humana como os atinentes ao meio ambiente passaram a ser prioridades inequívocas da agenda internacional moderna, como atestaram a Conferência das Nações Unidas sobre Meio Ambiente e Desenvolvimento, realizada no Rio de Janeiro, em junho de 1992, e a Conferência Mundial das Nações Unidas sobre Direitos Humanos, realizada em Viena, em junho de 1993.[28]

O Brasil é parte nos principais tratados internacionais sobre meio ambiente concluídos sob os auspícios da Organização das Nações Unidas. Muito antes da promulgação da Constituição de 1988, o Brasil já havia ratificado os mais importantes tratados internacionais relativos ao Direito Internacional do Meio Ambiente, o que veio a intensificar-se posteriormente à entrada em vigor do atual texto constitucional.

---

[26] V. Relatório da Secretaria-Geral da Organização dos Estados Americanos (OEA), *Direitos Humanos e Meio Ambiente*, de 4 de abril de 2002, sobre o cumprimento da AG/Res. 1819 (XXXI-O/01), adotada na terceira sessão plenária da OEA, realizada em 5 de junho de 2001.

[27] Para uma análise do tema na literatura europeia, *v.* Carlos Fernandez de Casadevante Romani, *La protección del medio ambiente en derecho internacional, derecho comunitario europeo y derecho español*, Vitoria-Gasteiz: Servicio Central de Publicaciones del Gobierno Vasco, 1991; Jean-Luc Mathieu, *La protection internationale de l'environnement*, Paris: Presses Universitaires de France, 1991; e Giorgio Baldiali, *La tutela internazionale dell'ambiente*, Napoli: Edizioni Scientifiche Italiane, 1995.

[28] Cf. Antônio Augusto Cançado Trindade. *Direitos humanos e meio-ambiente: paralelo dos sistemas de proteção internacional*. Porto Alegre: Sergio Antonio Fabris, 1993 pp. 23-38; e José Augusto Lindgren Alves, *Os direitos humanos como tema global*, cit., pp. 23-35.

Dentre todos os instrumentos internacionais em matéria de meio ambiente ratificados pelo Brasil, merecem destaque algumas convenções internacionais específicas, dentre as quais podem ser citadas: *a*) a Convenção-Quadro das Nações Unidas sobre Mudança do Clima, adotada pelas Nações Unidas, em Nova York, em 09.05.1992, aprovada no Brasil pelo Decreto Legislativo nº 1, de 03.02.1994, e promulgada pelo Decreto. 2.652, de 01.07.1998; *b*) o Protocolo de Quioto à Convenção-Quadro das Nações Unidas sobre Mudança do Clima,[29] adotado em Quioto, Japão, em 14.12.1997, por ocasião da Terceira Conferência das Partes da Convenção-Quadro das Nações Unidas sobre Mudança do Clima, tendo sido aprovado no Brasil pelo Decreto Legislativo nº 144, de 20.06.2002, e ratificado em 23.08.2002 e; *c*) a Convenção sobre Diversidade Biológica, adotada na cidade do Rio de Janeiro, em 05.06.1992, aprovada no Brasil pelo Decreto Legislativo nº 2, de 03.02.1994, e promulgada pelo Decreto 2.519, de 16.03.1998, tendo entrado em vigor internacional em 29 de dezembro de 1993. Em 2018, o Brasil assinou o Acordo de Escazú, o primeiro tratado em matéria ambiental da América Latina e do Caribe, cuja finalidade é garantir o acesso à informação, à participação pública no processo de tomada de decisões e à justiça em matéria ambiental, incluindo cláusula de proteção para os defensores dos direitos humanos em questões ambientais.[30]

Os tratados internacionais de proteção do meio ambiente, assim como os de proteção dos direitos humanos, dispensam da sistemática de sua incorporação a promulgação executiva (como já vimos no Capítulo anterior), por deterem *aplicação imediata* a partir de suas respectivas ratificações, nos termos do art. 5º, § 1º, da Constituição de 1988. Assim, pelas regras da Constituição de 1988, tais tratados se incorporam *automaticamente* ao ordenamento jurídico brasileiro, mesmo porque fazem parte do rol dos chamados tratados internacionais de proteção dos direitos humanos *lato sensu*, em relação aos quais a Constituição brasileira (art. 5º, § 2º) atribui uma forma própria de incorporação e uma hierarquia diferenciada dos demais tratados (considerados *comuns* ou *tradicionais*) ratificados pelo Brasil.[31] O STF, no julgamento da ADPF 708, relativa ao "Fundo do Clima", também entendeu dessa maneira, reconhecendo que os tratados de proteção do meio ambiente constituem espécie do gênero tratados de direitos humanos, desfrutando, em razão disso, de hierarquia diferenciada (supralegal) no direito brasileiro.[32]

Como destaca Guido Fernando Silva Soares, as normas de proteção internacional do meio ambiente "têm sido consideradas como um complemento aos direitos do homem, em particular o direito à vida e à saúde humana", sendo bastante expressiva "a parte da doutrina com semelhante posicionamento, especialmente daqueles autores que se têm destacado como grandes ambientalistas".[33]

---

[29] O Protocolo versa sobre a redução das emissões de gases que agravam o efeito estufa, considerados como causa antropogênica (aquela derivada de atividade humana) do problema do aquecimento global. Sobre o tema, *v.* Lakshman D. Guruswamy, *International environmental law in a nutshell*, cit., pp. 237-261.

[30] O Acordo de Escazú foi adotado em 04.03.2018 em Escazú, Costa Rica, e aberto à assinatura na sede da ONU, em Nova York, em 27.09.2019, tendo entrado em vigor internacional em 22.04.2021, data em que se comemora o *Dia Internacional da Mãe Terra*.

[31] Sobre a incorporação dos tratados internacionais de proteção do meio ambiente no ordenamento jurídico nacional, *v.* Valerio de Oliveira Mazzuoli, Trattati internazionali in materia di ambiente nell'ordinamento giuridico brasiliano, in *Rivista Giuridica dell'Ambiente*, nº 1, Napoli, 2017, pp. 141-158.

[32] STF, ADPF 708, Plenário Virtual, rel. Min. Roberto Barroso, julg. 24.06.2022-01.07.2022, *DJe* 11.07.2022.

[33] Guido Fernando Silva Soares. *A proteção internacional do meio ambiente*, cit., p. 173.

Tal posicionamento é reafirmado pelos grandes textos de direito internacional ambiental, em que se encontram várias referências ao direito à vida e à saúde. Como exemplo, pode ser citada a Declaração do Rio de Janeiro sobre Meio Ambiente e Desenvolvimento, de 1992, que faz referência à "vida saudável" no seu *Princípio 1*.

4. Recurso às regras do Direito Internacional clássico. O Direito Internacional do Meio Ambiente, por não ser ramo autônomo da Ciência Jurídica, funciona à base dos institutos tradicionais do Direito Internacional Público,[34] tendo como atores principais os Estados e as organizações internacionais intergovernamentais. Mas aqui avultam também de importância as organizações *não governamentais*, cuja presença é cada vez mais marcante no cenário internacional de proteção do meio ambiente (destaque-se, *v.g.*, a *União Internacional para Conservação da Natureza – IUCN*, a primeira organização ambiental global, fundada em 1948, que juntamente com a FAO, a UNESCO e o WWF lançaram em 1980 a "Estratégia Mundial para a Conservação").[35] No que tange aos Estados e às organizações internacionais tradicionais, pode-se dizer que eles têm, no Direito Internacional do Meio Ambiente, um papel mais diferenciado do que o habitual, ligado aos deveres de *prevenção* e *proteção* do meio ambiente.

As regras do Direito dos Tratados aplicam-se, igualmente, aos tratados em matéria ambiental, especialmente as relativas à interpretação e às reservas (as quais não podem violar o conteúdo e o objetivo do tratado). No que tange ao instituto das *emendas*, a aplicação da Convenção de Viena sobre o Direito dos Tratados (1969) fica quase que prejudicada, uma vez que os tratados internacionais em matéria de meio ambiente têm uma engenharia própria de modificação de suas disposições, baseada no instituto dos *anexos*.[36] Tal se dá em razão das dificuldades conhecidas de se emendarem tratados internacionais e da absoluta falta de tempo que as matérias ambientais têm para esperar essas alterações, pelo que, então, essa nova engenharia modificativa foi estabelecida. De fato, é sobremaneira mais simples modificar anexos ou apêndices de instrumentos internacionais (em conferências ou reuniões das partes) que propor e lograr aprovação de uma emenda formal ao texto do instrumento em causa (*v.* Seção II, item nº 2, *infra*).

Além dos sujeitos, são também comuns ao Direito Internacional do Meio Ambiente as *fontes* do Direito Internacional clássico (como se verá na Seção II, *infra*), mas com as especificidades que cada uma delas ali apresenta, merecendo destaque o aparecimento da chamada *soft law*, que já passa a cobrir vários campos dessa nova disciplina jurídica ainda em construção.

SEÇÃO II – FONTES DO DIREITO INTERNACIONAL DO MEIO AMBIENTE

1. Introdução. Já estudamos as fontes do Direito Internacional Público no Capítulo IV da Parte I deste livro. Ali se verificou que o Direito Internacional (assim como o Direito em

---

[34] Cf. Malgosia A. Fitzmaurice. International protection of the environment, cit., p. 21.

[35] Cf. Solange Teles da Silva. *O direito ambiental internacional*, cit., p. 32. Sobre o papel das ONGs na proteção do meio ambiente, *v.* Guido Fernando Silva Soares, As ONGs e o direito internacional do meio ambiente, in *Revista de Direito Ambiental*, vol. 17, São Paulo: RT, jan./mar./2000, pp. 21-64; e Kate O'Neill, *The environment and international relations*, cit., pp. 57-61.

[36] Cf. Guido Fernando Silva Soares. *Direito internacional do meio ambiente...*, cit., pp. 175-178.

geral, fenômeno societário que é) provém de vários fatores em constante evolução (tomem-se como exemplos as chamadas *novas fontes* do Direito Internacional Público, ali também já estudadas). Resta-nos, aqui, retornar ao estudo que fizemos dessas fontes, mas apenas para compatibilizá-las à especificidade da temática envolvendo o meio ambiente.

Ressalte-se que o conceito de *fonte* deve ser entendido em seu sentido técnico-jurídico, a significar o lugar de onde emana ou nasce a norma jurídica em questão. Assim, as fontes (formais) do Direito Internacional do Meio Ambiente são aquelas capazes de *criar* regra de direito ambiental no plano internacional.

2. Rol das fontes formais. As fontes do Direito Internacional do Meio Ambiente podem ser equiparadas às fontes *gerais* do Direito Internacional Público, constantes do art. 38 do Estatuto da CIJ, com a complementação moderna das decisões das organizações intergovernamentais e dos atos unilaterais dos Estados, também já estudadas anteriormente.

São fontes formais do Direito Internacional do Meio Ambiente:

a) Tratados internacionais. Os tratados são a fonte por excelência do Direito Internacional do Meio Ambiente, uma vez que têm condições de prever, de modo claro, quais as obrigações e responsabilidades das partes-contratantes relativamente a uma questão ambiental determinada.[37] Existem certas particularidades nos tratados ambientais que os distinguem dos tratados em geral.[38] Uma delas diz respeito à sua estrutura, vez que de rigor tais tratados têm sido celebrados sob a forma de "convenções-quadro", que se fazem seguir de *protocolos* específicos sobre um determinado tema. Tais convenções-quadro são acordos internacionais diferenciados, que apresentam várias especificidades quando comparados com outros tratados (tradicionais) concluídos em outros domínios, uma vez que não *detalham* todo o assunto proposto, mas apenas "emolduram" a natureza, o escopo e a causa do problema, deixando para os ditos *protocolos* as especificidades sobre cada tema.[39]

Como já foi anteriormente estudado (*v.* Parte I, Capítulo V, Seção I, item nº 7), são basicamente duas as novas modalidades de tratados multilaterais que se destacam no cenário internacional, relativamente ao Direito Internacional do Meio Ambiente: *a)* os chamados de *umbrella treaties* ("tratados guarda-chuva"); e *b)* os denominados *tratados-quadro* ou *convenções--quadro*, em que se estabelecem (ou se "emolduram") as grandes bases jurídicas do acordo, assim como os direitos e obrigações das partes, postergando para um momento futuro sua regulamentação detalhada. A elaboração desses tipos de instrumentos permite não só uma maior tranquilidade na elaboração dos seus protocolos adicionais, como também uma mais fácil atualização das normas jurídicas deles decorrentes, ressaltando-se em muitos tratados emblemáticos – leciona Guido Soares – a utilização da técnica dos *anexos* e dos *apêndices*, de natureza técnica, que podem ser modificados com mais rapidez e menos formalismos, que

---

[37] Cf. Geraldo Eulálio do Nascimento e Silva. *Direito ambiental internacional...*, cit., p. 8; Malgosia A. Fitzmaurice, International protection of the environment, cit., pp. 98-105; e Lakshman D. Guruswamy, *International environmental law in a nutshell*, cit., pp. 4-15.

[38] Sobre o assunto, *v.* Alexandre Kiss & Dinah Shelton, *Guide to international environmental law*, cit., pp. 73-87.

[39] *V.* Kate O'Neill. *The environment and international relations*, cit., p. 79. Sobre o impacto e a eficácia dos tratados ambientais, cf. *Op. cit.*, pp. 104-134.

Parte IV · Cap. II · PROTEÇÃO INTERNACIONAL DO MEIO AMBIENTE | 965

os textos principais dos referidos tratados multilaterais, os quais se encontram submetidos a procedimentos trabalhosos de renegociação, em foros multilaterais e que, na maioria dos casos, ainda dependem de aprovações internas nos respectivos ordenamentos jurídicos (referendo congressual e ratificação).[40] Trata-se daquilo que o mesmo Guido Soares chamou de "nova engenharia" do Direito dos Tratados.[41] A técnica das convenções-quadro é largamente utilizada no domínio do Direito Internacional do Meio Ambiente, pois permitem aos Estados assumir compromissos iniciais baseados num *plano de ação* comportamental, que se vai consolidando com a conclusão gradativa de *protocolos adicionais* sobre cada tema específico a ser tratado.

O Brasil já é parte em inúmeras convenções internacionais de proteção do meio ambiente, tanto do sistema das Nações Unidas, quanto de contextos regionais, como também do Mercosul etc.[42]

---

[40] Cf. Guido Fernando Silva Soares. Dez anos após Rio-92: o cenário internacional, ao tempo da cúpula mundial sobre desenvolvimento sustentável (Joanesburgo, 2002), in *Revista Amazônia Legal de Estudos Sócio-Jurídico-Ambientais*, ano 1, nº 1, Cuiabá: EdUFMT, jan./jun./2007, p. 124.

[41] V. Guido Fernando Silva Soares. *Direito internacional do meio ambiente...*, cit., pp. 175-178. Mas como alerta em outra obra esse mesmo internacionalista: "Se a técnica das convenções-quadro ou dos tratados-quadro permitem aos textos normativos ser ajustados com a maior presteza às variações das novidades reveladas pela ciência e pela tecnologia, ela apresenta uma nítida desvantagem no que se refere às qualidades da clareza e segurança que as normas jurídicas internacionais devem ostentar" (*A proteção internacional do meio ambiente*, cit., p. 101).

[42] Exemplificativamente, podem ser citados (em ordem cronológica) os seguintes tratados em matéria ambiental dos quais o Brasil é parte: *1)* Convenção para a Regulamentação da Pesca da Baleia (1931), promulgada pelo Decreto nº 23.456 de 14.11.1933; *2)* Convenção para a Proteção da Fauna e da Flora e das Belezas Cênicas Naturais dos Países da América (1940), promulgada pelo Decreto nº 58.054 de 23.08.1966; *3)* Convenção para a Regulamentação da Pesca da Baleia (com emendas) (1946), promulgada pelo Decreto nº 28.524 de 18.08.1950; *4)* Tratado da Antártica (1959), promulgado pelo Decreto nº 75.963 de 11.07.1975; *5)* Convenção de Viena sobre Responsabilidade Civil por Danos Nucleares (1963), promulgada pelo Decreto nº 911 de 03.09.1993; *6)* Tratado de Proscrição das Experiências com Armas Nucleares na Atmosfera, no Espaço Cósmico e sob a Água (1963), promulgado pelo Decreto nº 58.256 de 26.06.1966 (também conhecido por "Partial Test Ban"); *7)* Convenção Internacional para a Conservação do Atum e Afins, do Atlântico (1966), promulgada pelo Decreto nº 412 de 09.01.1969; *8)* Tratado da Bacia do Prata (1969), promulgado pelo Decreto nº 81.351 de 17.02.1978; *9)* Convenção Internacional sobre Responsabilidade Civil por Danos Causados por Poluição por Óleo (1969), também chamada de "Civil Liability Convention", complementada por 2 Protocolos, promulgada pelo Decreto nº 79.437 de 28.03.1977; *10)* Tratado sobre a Proibição da Colocação de Armas Nucleares e Outras Armas de Destruição em Massa no Leito do Mar, e no Fundo do Oceano e em Seu Subsolo (1971), promulgado com reservas pelo Decreto nº 97.211 de 12.12.1988; *11)* Convenção para a Conservação das Focas Antárticas (1972), promulgada pelo Decreto nº 66 de 18.03.1991; *12)* Convenção sobre a Proibição do Desenvolvimento, Produção e Armazenamento de Armas Bacteriológicas (Biológicas) e de Toxinas, e Sua Destruição (1972), promulgada pelo Decreto nº 77.374 de 01.04.1976; *13)* Convenção sobre Prevenção de Poluição Marinha por Alijamento de Resíduos e Outras Matérias (com emendas) (1972), promulgada pelo Decreto nº 87.566 de 16.09.1982; *14)* Convenção sobre Comércio Internacional das Espécies da Flora e da Fauna Selvagens em Perigo de Extinção (1973), promulgada pelo Decreto nº 76.623 de 17.11.1975 (com as emendas votadas em Gaborone, em 1983, promulgadas pelo Decreto nº 92.446 de 07.03.1986, e as emendas votadas em Bonn, em 1979, promulgadas pelo Decreto nº 133 de 24.05.1991); *15)* Convenção Internacional para a Prevenção da Poluição Causada por Navios (1973), promulgada pelo Decreto nº 2.508 de 04.05.1998, também com a adoção dos Protocolos e de todos os Anexos; *16)* Protocolo de 1978 relativo à Convenção Internacional para a Prevenção da Poluição Causada por Navios (1973), promulgado pelo Decreto nº 2.508 de 04.03.1998 (conhecido como "Convenção

966 | CURSO DE DIREITO INTERNACIONAL PÚBLICO – *Valerio de Oliveira Mazzuoli*

b) Costume internacional. A segunda fonte do Direito Internacional do Meio Ambiente é o costume internacional, revelado pelas frequentes invocações em arbitragens internacionais sobre matéria ambiental.[43] Contudo, o costume internacional ligado ao meio ambiente é relativamente recente. Disso resulta certa dificuldade em visualizar, com contornos bem definidos, uma *prática* constante e uniforme dos Estados, num mesmo sentido, com a *crença de convicção* de tratar-se de uma regra jurídica. Se a identificação do costume já é problemática no Direito Internacional em geral, de imaginar-se no campo da proteção internacional do meio ambiente.[44] Daí alguns autores entenderem que o costume seria então "um critério insatisfatório e lento para acompanhar a evolução do direito internacional".[45]

c) Princípios gerais de direito. Ao costume internacional seguem-se os princípios gerais de direito ambiental, consubstanciados em várias declarações internacionais sobre meio ambiente, a exemplo das Declarações de Estocolmo (1972) e do Rio de Janeiro (1992).[46] Diferentemente do costume, no que tange aos princípios gerais de direito aplicáveis ao meio ambiente, já é possível visualizar-se um quadro bem mais preciso de sua aplicação prática. Por exemplo, em matéria de contaminação, a vigência dos princípios gerais de direito ficou expressa na sentença arbitral de 11 de março de 1941, referente ao caso da *Fundição Trail*, na qual se afirmou que "de conformidade com os princípios de direito internacional, assim como do código de leis dos Estados Unidos, nenhum Estado tem o direito de usar ou permitir o uso de seu território de maneira tal que os gases ou vapores causem danos no território de outro Estado, e aos bens ou pessoas nele radicados, quando o caso tem graves consequências e os danos se estabelecem por meio de provas claras e convincentes".[47] Outros princípios, como o do desenvolvimento sustentável, o da precaução, do poluidor-pagador, do

---

MARPOL"); *17)* Convenção sobre a Proibição do Uso Militar ou Hostil de Técnicas de Modificação Ambiental (1976), promulgada pelo Decreto nº 225 de 07.10.1991 (conhecida como "ENMOD Convention"); *18)* Tratado de Cooperação Amazônica (1978), promulgado pelo Decreto nº 85.050 de 18.08.1990; *19)* Convenção sobre a Conservação de Recursos Vivos Marinhos Antárticos (1980), promulgada pelo Decreto nº 93.935 de 15.01.1987; *20)* Convenção das Nações Unidas sobre o Direito do Mar (1982), promulgada pelo Decreto nº 99.165 de 12.03.1990, e declarada em vigor no Brasil pelo Decreto nº 1.530 de 22.06.1995 (conhecida como Convenção "Montego Bay"); *21)* Convenção de Viena para a Proteção da Camada de Ozônio (1985), promulgada pelo Decreto nº 99.280 de 06.06.1990; *22)* Protocolo de Montreal sobre Substâncias que Destroem a Camada de Ozônio (1987), promulgado pelo Decreto nº 99.280 de 06.06.1990; *23)* Ajustes do Protocolo de Montreal sobre Substâncias que Destroem a Camada de Ozônio, adotados em Helsinki a 29.06.1990, promulgados pelo Decreto nº 181 de 25.07.1991; *24)* Convenção sobre Pronta Notificação de Acidentes Nucleares (1986), promulgada pelo Decreto nº 9 de 15.01.1991; *25)* Convenção da Basileia sobre Movimentos Transfronteiriços de Resíduos Perigosos e Seu Depósito (1989), promulgada pelo Decreto nº 875 de 19.07.1993; e *26)* Convenção Internacional sobre o Preparo, a Prevenção, Resposta e Cooperação em Caso de Poluição por Óleo (1990), promulgada pelo Decreto nº 2.870 de 10.12.1998. Muitos outros, certamente, irão acrescentar-se a esse rol, ampliando cada vez mais o leque da normativa de proteção ambiental internacional.

43 V. Malgosia A. Fitzmaurice. International protection of the environment, cit., pp. 105-116; Alexandre Kiss & Dinah Shelton, *Guide to international environmental law*, cit., pp. 89-110; e Lakshman D. Guruswamy, *International environmental law in a nutshell*, cit., pp. 15-21.

44 Cf. Solange Teles da Silva. *O direito ambiental internacional*, cit., p. 22.

45 Geraldo Eulálio do Nascimento e Silva. *Direito ambiental internacional...*, cit., p. 12.

46 Para detalhes, *v.* Malgosia A. Fitzmaurice, International protection of the environment, cit., pp. 116-121.

47 Trecho extraído da obra de Loretta Ortiz Ahlf, *Derecho internacional público*, cit., pp. 293-294.

Parte IV · Cap. II · PROTEÇÃO INTERNACIONAL DO MEIO AMBIENTE | **967**

enriquecimento sem causa, da proibição do uso da força na solução de conflitos em matéria de meio ambiente e da proibição da utilização de propriedades privadas que causem danos a terceiros, já estão pacificamente reconhecidos e são frequentemente aplicados nos foros nacionais e internacionais.[48]

d) Doutrina e jurisprudência internacionais. A doutrina e a jurisprudência internacionais (que são, nos termos do art. 38 do ECIJ, "meios auxiliares" para a exata determinação das regras do Direito) também aparecem no Direito Internacional do Meio Ambiente. A doutrina comumente se manifesta nos colóquios e trabalhos das comissões internacionais em matéria de meio ambiente, instituídos, na maioria das vezes, sob os auspícios das Nações Unidas. No que tange ao Direito Internacional do Meio Ambiente, reconhece-se também como de cunho doutrinário os trabalhos realizados pelas organizações não governamentais (ONGs), dedicados ao progresso e desenvolvimento das normas internacionais de proteção. No que toca à jurisprudência internacional, merece destaque o papel da CIJ e do Tribunal Internacional do Direito do Mar, cuja competência em relação à matéria ambiental é inquestionável (*v.g.*, assuntos relativos a mares e oceanos, pesca internacional e poluição daqueles espaços).[49] Os três casos clássicos da CIJ que influenciaram o campo do Direito Internacional do Meio Ambiente foram o caso já citado da *Fundição Trail*, o caso do *Estreito de Corfu* e o caso do *Lago Lannoux* (que, embora não versasse especificamente sobre poluição transfronteiriça, acabou por abordar a hipótese).[50]

e) Decisões e resoluções das organizações internacionais. Ainda no que tange às fontes do Direito Internacional do Meio Ambiente, não se pode esquecer das decisões e resoluções das organizações interestatais. Várias organizações internacionais de caráter global ou regional têm se manifestado formalmente em relação à proteção do meio ambiente. Muitas dessas decisões são expedidas pela própria ONU, ou por meio de suas agências especializadas, como a Agência Internacional de Energia Atômica (AIEA), a Organização Mundial de Saúde (OMS), a Organização Internacional do Trabalho (OIT), a Organização Marítima Internacional (OMI), a Organização das Nações Unidas para a Alimentação e a Agricultura (FAO), a Organização Meteorológica Mundial (OMM), entre outras.

Como exemplo da importância dos atos das organizações internacionais para o Direito Internacional do Meio Ambiente, deve ser citada a própria Declaração de Estocolmo sobre Meio Ambiente de 1972.[51]

---

48 Para um estudo desses e outros princípios do Direito Internacional do Meio Ambiente, *v.* Aurélio Virgílio Veiga Rios & Cristiane Derani, Princípios gerais do direito internacional ambiental, in *O direito e o desenvolvimento sustentável: curso de direito ambiental,* Aurélio Virgílio Veiga Rios & Carlos Teodoro Hugueney Irigaray (orgs.), Brasília: IEB, 2005, pp. 87-122; Solange Teles da Silva, *O direito ambiental internacional,* cit., pp. 90-115; e James Crawford, *Brownlie's principles of public international law,* cit., pp. 356-360.

49 Cf. Guido Fernando Silva Soares. *A proteção internacional do meio ambiente,* cit., p. 87. Para um estudo da proteção internacional do meio ambiente na Convenção das Nações Unidas sobre o Direito do Mar de 1982, *v.* Carla Amado Gomes, A proteção internacional do ambiente na Convenção de Montego Bay, in *Estudos em homenagem à Professora Doutora Isabel de Magalhães Collaço,* vol. II, Coimbra: Almedina, 2002, pp. 695-724.

50 Cf. Geraldo Eulálio do Nascimento e Silva. *Direito ambiental internacional...,* cit., p. 16; e Lakshman D. Guruswamy, *International environmental law in a nutshell,* cit., pp. 23-25.

51 Cf. Geraldo Eulálio do Nascimento e Silva. *Direito ambiental internacional...,* cit., pp. 19-20.

3. Reavaliação das fontes. No Direito Internacional do Meio Ambiente, como é de se notar, uma reavaliação das fontes clássicas do Direito Internacional Público faz-se necessária. Como já se disse anteriormente (*v.* Parte I, Capítulo IV, Seção II, item nº 8), a necessidade de adaptação da ordem internacional contemporânea às temáticas emergentes no Direito Internacional – de que é exemplo a proteção internacional do meio ambiente – acabou dando causa ao surgimento daquilo que se convencionou chamar de *soft law*, que são normas que não chegam a ter um *status* de norma jurídica, mas que – segundo Guido Soares – "representariam uma obrigação moral aos Estados (obrigações imperfeitas, mas, de qualquer forma, com alguma normatividade) e tem dupla finalidade: *a*) fixar metas para futuras ações políticas nas relações internacionais; *b*) recomendar aos Estados adequarem as normas de seu ordenamento interno às regras internacionais contidas na *soft law*".[52] Um grande exemplo de norma de *soft law* atual é a *Agenda 21*,[53] adotada ao final da Conferência das Nações Unidas sobre Meio Ambiente e Desenvolvimento, em 1992, na qual se estabeleceu uma meta (ou plano de ação) para a proteção internacional do meio ambiente no século XXI.

Ainda relativamente à reavaliação das fontes, deve-se levar em conta o reconhecimento moderno da atuação cada vez mais constante das *organizações não governamentais* (chamadas ONGs), as quais, "em alguns tratados e convenções multilaterais, receberam dos Estados-partes delegação de funções, na qualidade de órgãos técnicos, inclusive como o serviço oficial de secretariado de órgãos instituídos".[54]

Essa reavaliação das fontes do Direito Internacional do Meio Ambiente tem por finalidade permitir à sociedade internacional contemporânea lidar mais facilmente com os meios de proteção existentes. Tais meios de proteção passam a ser menos *formais* (rígidos) e mais *fluidos* (maleáveis),[55] evitando-se assim problemas de adequação de tratados entre partes reservantes e não reservantes, ou que aceitaram eventual acordo de emenda e que o rejeitaram etc.

SEÇÃO III – MEIO AMBIENTE E DIREITOS HUMANOS

1. O direito ao meio ambiente como um direito humano fundamental. A percepção de que questões ligadas à proteção do meio ambiente não se limita à poluição advinda da industrialização,[56] pois abrange um universo muito mais amplo e complexo,

---

52   Guido Fernando Silva Soares. *A proteção internacional do meio ambiente*, cit., p. 92. Cf. também os comentários de Pierre-Marie Dupuy, *Soft law* and the international law of the environment, cit., pp. 420-435; e Malgosia A. Fitzmaurice, International protection of the environment, cit., pp. 123-132.

53   Cf. Solange Teles da Silva. *O direito ambiental internacional*, cit., p. 38.

54   Guido Fernando Silva Soares. *A proteção internacional do meio ambiente*, cit., p. 98. Cf. também, Lakshman D. Guruswamy, *International environmental law in a nutshell*, cit., pp. 66-71.

55   Sobre essa maleabilidade das normas jurídicas contemporâneas, especialmente na seara do direito ambiental, *v.* Jacqueline Morand-Deviller, Os territórios do direito: reflexões sobre a generalidade e a impessoalidade da regra de direito, in *O novo direito administrativo, ambiental e urbanístico: estudos em homenagem à Jacqueline Morand-Deviller*, Claudia Lima Marques, Odete Medauar & Solange Teles da Silva (coords.), São Paulo: RT, 2010, pp. 64-66.

56   Cf., a propósito, Jacques Ballengger, *La pollution en droit international: la responsabilité pour les dommages causés par la pollution transfrontière*. Genève: Librairie Dalloz, 1975; e também Ilmar Penna

Parte IV · Cap. II · PROTEÇÃO INTERNACIONAL DO MEIO AMBIENTE | **969**

que envolve todo o planeta e pode colocar em risco a saúde mundial, foi decisiva para a inserção do tema "meio ambiente" na esfera de proteção do Direito Internacional dos Direitos Humanos.[57]

A proteção do meio ambiente não é matéria reservada ao domínio exclusivo da legislação doméstica dos Estados, mas é dever de toda a sociedade internacional. A proteção ambiental, abrangendo a preservação da natureza em todos os seus aspectos relativos à vida humana, tem por finalidade tutelar o meio ambiente em decorrência do direito à *sadia qualidade de vida*, em todos os seus desdobramentos, sendo considerado uma das vertentes dos direitos fundamentais da pessoa humana.

O direito fundamental ao meio ambiente foi reconhecido no plano internacional pela Declaração sobre o Meio Ambiente Humano, adotada pela Conferência das Nações Unidas sobre o Meio Ambiente Humano, cujos 26 princípios têm a mesma relevância para os Estados que teve a Declaração Universal dos Direitos Humanos, adotada em Paris, em 10 de dezembro de 1948, pela Resolução 217 da Assembleia Geral da ONU, servindo de paradigma e referencial ético para toda a sociedade internacional, no que tange à proteção internacional do meio ambiente como um direito humano fundamental de todos.

A Declaração de Estocolmo de 1972, como leciona José Afonso da Silva, "abriu caminho para que as Constituições supervenientes reconhecessem o meio ambiente ecologicamente equilibrado como um *direito humano fundamental* entre os direitos sociais do Homem, com sua característica de *direitos a serem realizados e direitos a não serem perturbados*".[58] Por ter materializado os *ideais comuns* da sociedade internacional no que toca à proteção internacional do meio ambiente, a Declaração de Estocolmo de 1972 abriu espaço para que esses temas, antes afetos ao domínio exclusivo e absoluto dos Estados, pudessem passar a ser tratados dentro de uma perspectiva global, notadamente ligada à proteção internacional dos direitos humanos.

Antes da Conferência de Estocolmo, o meio ambiente era tratado, em plano mundial, como algo dissociado da humanidade. A Declaração de 1972 conseguiu, portanto, modificar o foco do pensamento ambiental do planeta, mesmo não se revestindo da qualidade de *tratado internacional*, enquadrando-se, ao lado das várias outras declarações memoráveis das Nações Unidas – de que são exemplos a Declaração Universal dos Direitos Humanos de 1948 (no campo dos direitos humanos) e a Declaração do Rio de Janeiro sobre Meio Ambiente e Desenvolvimento de 1992 (na esfera da proteção internacional do meio ambiente) – no âmbito daquilo que se convencionou chamar de *soft law* ou *droit doux* (direito flexível), governado por um conjunto de sanções distintas das previstas nas normas tradicionais, em contraponto ao conhecido sistema do *hard law* ou *droit dur* (direito rígido). Apesar de não se ter ainda, na

---

Marinho, Preservação do meio ambiente e combate à poluição, in *Boletim da Sociedade Brasileira de Direito Internacional*, anos XXXIX a XLI, nos 69/71, 1968/1989, pp. 143-163.

[57] Cf. Antônio Augusto Cançado Trindade. The contribution of international human rights law to environmental protection, with special reference to global environmental change, in *Environmental change and international law: new challenges and dimensions*, Toquio: United Nations University Press, 1992, pp. 244-312. Destaque-se, nesse sentido, o que diz Malgosia Fitzmaurice, para quem a proteção do meio ambiente "é também uma questão de direitos humanos" (International protection of the environment, cit., p. 22).

[58] José Afonso da Silva. *Direito ambiental constitucional*, 3ª ed. São Paulo: Malheiros, 2000, p. 67.

doutrina internacionalista, uma conceituação adequada de *soft law*, pode-se afirmar que na sua moderna acepção ela compreende todas aquelas normas que visam regulamentar futuros comportamentos dos Estados, sem deterem o *status* de "norma jurídica", e que impõem além de sanções de conteúdo moral, também outras que podem ser consideradas extrajurídicas, em caso de descumprimento ou inobservância de seus postulados.

A asserção do direito ao meio ambiente ao *status* de direito humano fundamental decorre do *Princípio 1* da Declaração de Estocolmo de 1972, segundo o qual:

> "O homem tem o direito fundamental à liberdade, à igualdade e ao desfrute de condições de vida adequadas, em um meio ambiente de qualidade tal que lhe permita levar uma vida digna, gozar de bem-estar e é portador solene de obrigação de proteger e melhorar o meio ambiente, para as gerações presentes e futuras. A esse respeito, as políticas que promovem ou perpetuam o *apartheid*, a segregação racial, a discriminação, a opressão colonial e outras formas de opressão e de dominação estrangeira permanecem condenadas e devem ser eliminadas".

Uma vitória importante dos países menos desenvolvidos consistiu no reconhecimento da soberania dos Estados na exploração dos seus próprios recursos e no estabelecimento de seus mecanismos de proteção ambiental. Nos termos do *Princípio 21* da Declaração, "os Estados têm o direito soberano de explorar seus próprios recursos, de acordo com a sua política ambiental, desde que as atividades levadas a efeito, dentro da jurisdição ou sob seu controle, não prejudiquem o meio ambiente de outros Estados ou de zonas situadas fora de toda a jurisdição nacional". Ficou aqui consagrado o princípio costumeiro segundo o qual a propriedade deve ser utilizada de tal forma a não prejudicar terceiros (*sic utere tuo ut alienum non laedas*), sendo certo que sua violação acarreta a responsabilidade civil do Estado violador.

O impacto da Declaração de Estocolmo para os anos que se seguiram à Conferência se fez sentir principalmente no que tange a impressionante avalanche de tratados internacionais concluídos nos últimos tempos (tanto multilaterais, como bilaterais e regionais) relativos à proteção internacional do meio ambiente *lato sensu*, sendo praticamente impossível determinar com exatidão o número preciso desses instrumentos internacionais atualmente.[59]

A inter-relação da proteção ambiental com o efetivo gozo dos direitos humanos foi reconhecida pela Organização dos Estados Americanos, nos seguintes termos: "O Princípio 1 da *Declaração de Estocolmo*, de 1972, pode ser a mais antiga declaração direta que vincula direitos humanos e proteção ambiental, ao afirmar o direito fundamental à liberdade, à igualdade e a condições de vida adequadas, num meio ambiente de qualidade tal que permita uma vida de dignidade e bem-estar. A Conferência das Nações Unidas sobre o Meio Ambiente Humano, de 1972, declarou que 'o meio ambiente humano, o natural e o artificial, são essenciais para o bem-estar do homem e para o gozo dos direitos humanos fundamentais, inclusive o direito à própria vida'. Desde então, um considerável número de instrumentos de direitos humanos, regionais, globais e nacionais, reconhecem de algum modo o direito a um meio ambiente que seja sadio. Também há um crescente corpo de jurisprudência no contexto dos direitos humanos, que reconhece o flagelo da degradação ambiental, na medida em que afeta o gozo dos direitos estabelecidos. Institucionalmente, as Nações Unidas levaram essa questão mais longe que outras organizações,

---

[59] Cf. Guido Fernando Silva Soares. *Direito internacional do meio ambiente...*, cit., p. 56.

Parte IV • Cap. II • PROTEÇÃO INTERNACIONAL DO MEIO AMBIENTE | **971**

quando, em meados da década de 90, criaram o cargo de Relator Especial de Direitos Humanos e Meio Ambiente, cujo trabalho e cujos documentos estabelecem diretamente a vinculação".[60]

Ainda, no ano de 1972, foi firmada a Convenção Relativa à Proteção do Patrimônio Mundial, Cultural e Natural (promulgada no Brasil pelo Decreto 80.978, de 12.12.1977). A Convenção, nos termos do seu art. 1º, considera patrimônio cultural as obras monumentais de arquitetura, escultura ou pintura, os elementos ou estruturas de natureza arqueológica, os conjuntos arquitetônicos ou paisagísticos de valor universal excepcional, e os lugares notáveis. Por patrimônio natural, nos termos do seu art. 2º, entendem-se os monumentos naturais de valor universal do ponto de vista estético ou científico, as áreas que constituam o *habitat* de espécies animais ou vegetais ameaçadas ou que tenham valor excepcional do ponto de vista da ciência ou da conservação, e os lugares notáveis, cuja conservação é necessária para a preservação da beleza natural. Ainda, segundo a mesma Convenção, os Estados-partes comprometem-se a identificar, proteger, conservar e legar às futuras gerações o patrimônio cultural e natural, apresentando ao "Comitê do Patrimônio Mundial" (art. 8º, §§ 1º a 3º), um rol dos bens situados em seu território que possam ser incluídos na lista de bens protegidos como "Patrimônio Mundial".[61]

A Convenção sobre a Diversidade Biológica, de 5 junho de 1992, por sua vez, garante às presentes e futuras gerações a preservação da biosfera, visando à harmonia ambiental do planeta.[62] Efetivamente, como destaca Fábio Konder Comparato, "a grande injustiça nessa matéria reside no fato de que, embora os grandes poluidores no mundo sejam os países desenvolvidos, são as nações proletárias que sofrem mais intensamente os efeitos da degradação do meio ambiente" (...). Tais fatos demonstram, sobejamente, a íntima ligação entre desenvolvimento e política do meio ambiente, e justificam a necessidade de se pôr em prática, no mundo inteiro, uma política de desenvolvimento sustentável. É essa a boa globalização pela qual somos convidados a lutar, em todos os países".[63]

No preâmbulo da referida Convenção, se lê que "os Estados são responsáveis pela conservação de sua diversidade biológica e da utilização sustentável de seus recursos biológicos", ficando enfatizada, também, "a importância e a necessidade de promover a cooperação internacional, regional e mundial entre os Estados e as organizações intergovernamentais e o setor não governamental para a conservação da diversidade biológica e a utilização sustentável de seus componentes". Portanto, a Convenção de 1992 coloca a questão da biodiversidade no enfoque do desenvolvimento sustentado de toda a humanidade. Em outras palavras – explica Nascimento e Silva – "houve uma tentativa de modificar o princípio acolhido em Estocolmo e repetido na Declaração do Rio de Janeiro no sentido de transformar o direito soberano dos Estados de explorar os seus recursos de acordo com as suas políticas ambientais numa obrigação, com a consequente responsabilidade".[64]

---

[60]   AG/Res. 1819 (XXXI-O/01), Relatório *Direitos Humanos e Meio Ambiente*, de 4 abril de 2002.

[61]   *V.* Fábio Konder Comparato. *A afirmação histórica dos direitos humanos*, cit., pp. 379-390.

[62]   Sobre o assunto, *v.* Alexandre Kiss & Dinah Shelton, *Guide to international environmental law*, cit., pp. 178-182; e Agustín García Ureta, *Derecho europeo de la biodiversidad: aves silvestres, hábitats y especies de flora y fauna*, Madrid: Iustel, 2010, pp. 41-67.

[63]   Fábio Konder Comparato. *A afirmação histórica dos direitos humanos*, cit., pp. 422-423.

[64]   Geraldo Eulálio do Nascimento e Silva. *Direito ambiental internacional...*, cit., p. 113. Sobre o tema da responsabilidade internacional do Estado por danos ao meio ambiente, *v.* Malcolm N. Shaw, *Direito*

CURSO DE DIREITO INTERNACIONAL PÚBLICO – *Valerio de Oliveira Mazzuoli*

Talvez aqui resida o ponto-chave das controvérsias envolvendo os direitos humanos e o direito ao desenvolvimento. Daí a sugestão de Guido Fernando Silva Soares, no sentido de que "o conceito que poderá evitar um confronto cruel entre direitos humanos e direito ao desenvolvimento seja o de desenvolvimento sustentável". Mas este mesmo internacionalista alerta para o fato de que dar-se ao desenvolvimento uma dimensão de respeito ao meio ambiente poderá, talvez, amenizar os conflitos, mas não os extirpar. Segundo Guido Soares, o abandono "de uma postura ancorada numa antropologia unilateral, centrada com egoísmo na vida humana, em benefício de uma postura baseada em uma antropologia solidária, na qual haja um irrestrito respeito a quaisquer outras formas de vida, além da humana, parece-nos ser mais consequência de uma postura ética do que resultante de normas jurídicas existentes, e, portanto, dependerá da boa vontade dos Estados e das pessoas".[65]

Os problemas atinentes à inter-relacionariedade da proteção internacional dos direitos humanos com o direito internacional do meio ambiente, entretanto, ainda carecem de maior convergência doutrinária. Como demonstrado pelo Relatório *Direitos Humanos e Meio Ambiente*, da OEA, de 4 abril de 2002, os autores que "escreveram sobre a matéria geralmente coincidem em que o dano ao meio ambiente de fato afeta os direitos humanos das pessoas", estando a diferença "na forma de tratar o problema". Nesse sentido, ainda segundo o Relatório, "é possível falar de duas escolas: uma esposa as soluções 'substantivas', a outra, as soluções 'processuais'. As soluções substantivas abrangeriam essencialmente a nova legislação que conscientemente junta os dois assuntos de maneira declaratória. Os recursos processuais se voltam para as dimensões práticas do problema, como a criação ou o fortalecimento dos direitos de acesso à informação e à participação, de maneira que grupos marginalizados (que são com frequência desproporcionalmente afetados pelos danos ambientais) possam procurar reparação nos mecanismos existentes".[66]

2. A proteção do meio ambiente no Direito brasileiro. Não é somente no plano internacional que o Direito ao Meio Ambiente se tornou um Direito Humano fundamental, reconhecido e protegido juridicamente por declarações e tratados internacionais específicos.

No plano do Direito interno brasileiro, o direito ao meio ambiente ecologicamente equilibrado vem insculpido no art. 225, *caput*, da Constituição de 1988, que assim dispõe:

> "*Todos* têm direito ao meio ambiente ecologicamente equilibrado, bem de uso comum do povo e *essencial à sadia qualidade de vida*, impondo-se ao Poder Público e à coletividade o dever de defendê-lo e preservá-lo para as presentes e futuras gerações" [grifo nosso].

Este dispositivo do texto constitucional consagra também o princípio segundo o qual o meio ambiente é um *direito humano fundamental*, tendo em vista que visa proteger o direito à vida com todos os seus desdobramentos, incluindo a sadia qualidade de seu gozo. Trata--se de um direito *fundamental* no sentido de que, sem ele, a pessoa humana não se realiza

---

internacional, cit., pp. 627-637; e Alessandra Nogueira Reis, *Responsabilidade internacional do Estado por dano ambiental*, Rio de Janeiro: Elsevier, 2010, 127p.

[65] Guido Fernando Silva Soares. *A proteção internacional do meio ambiente*, cit., pp. 175-176.

[66] Cf. Doc. Conselho Permanente da OEA, Comissão de Assuntos Jurídicos e Políticos (Relatório da Secretaria-Geral sobre o Cumprimento da AG/Res. 1819).

Parte IV • Cap. II • PROTEÇÃO INTERNACIONAL DO MEIO AMBIENTE | **973**

plenamente, ou seja, não consegue desfrutá-lo *sadiamente*, para se utilizar a terminologia empregada pela letra da Constituição.

No sentido empregado pelo art. 225, *caput*, do texto constitucional, o direito ao meio ambiente ecologicamente equilibrado é um *prius* lógico do direito à vida, sem o qual esta não se desenvolve sadiamente em nenhum dos seus desdobramentos. É dizer, o bem jurídico *vida* depende, para a sua integralidade, entre outros fatores, da proteção do meio ambiente com todos os seus consectários, sendo dever do Poder Público e da coletividade defendê-lo e preservá-lo para as presentes e futuras gerações.

Dentro dessa perspectiva, o direito a um meio ambiente sadio e equilibrado configura--se uma extensão ou corolário lógico do direito à vida, sem o qual nenhum ser humano pode vindicar a proteção dos seus direitos fundamentais violados.

A *vida* tutelada pela Constituição, portanto, transcende os estreitos limites de sua simples atuação física, abrangendo também o direito à sadia qualidade de vida em todas as suas vertentes e formas. Sendo a vida um direito universalmente reconhecido como um direito humano básico ou fundamental, o seu gozo é condição *sine qua non* para o gozo de todos os demais direitos humanos, aqui incluso o direito ao meio ambiente ecologicamente equilibrado.

No plano infraconstitucional da legislação brasileira, a Lei nº 6.938, de 31 de agosto de 1981, que dispõe sobre a Política Nacional do Meio Ambiente, apresenta o seguinte conceito de meio ambiente, a saber:

"Art. 3º Para os fins previstos nesta Lei, entende-se por:

I – meio ambiente, o conjunto de condições, leis, influências e interações de ordem física, química e biológica, que permite, abriga e rege a *vida em todas as suas formas*" [grifo nosso].

Esta norma jurídica, considerada um marco na proteção jurídica do meio ambiente no Brasil, editada à égide da Constituição de 1967, sob a Emenda nº 1, de 1969, foi recepcionada pela Constituição de 1988, como que num tipo de reforço ao entendimento segundo o qual a *vida* tutelada pela norma constitucional tem um sentido amplo, abrangendo tanto a vida da pessoa humana como todos os seus desdobramentos, a exemplo do meio ambiente eco-logicamente equilibrado, essencial à sadia qualidade de seu gozo e fruição.

Aqueles importantes tratados internacionais de proteção ao meio ambiente, aos quais já nos referimos (Convenção-Quadro das Nações Unidas sobre Mudança do Clima e Convenção sobre Diversidade Biológica, ambas concluídas em 1992, bem como todos os demais tratados sobre matéria ambiental já ratificados ou a serem ratificados pelo Brasil), também visam expressamente proteger a "vida em todas as suas formas". Tais instrumentos internacionais, portanto, integram e complementam a regra de proteção ao meio ambiente insculpida no art. 225, *caput*, da Constituição de 1988, incorporando-se ao Direito interno brasileiro com um *status* diferenciado das demais normas interna-cionais tradicionais.

Os tratados internacionais em matéria de meio ambiente tiveram sua importância reco-nhecida pelo *Princípio 24* da Declaração de Estocolmo de 1972, segundo o qual é indispensável "cooperar mediante acordos multilaterais ou bilaterais e por outros meios apropriados, a fim de evitar, eliminar ou reduzir, e controlar eficazmente os efeitos prejudiciais que as atividades que se realizem em qualquer esfera possam acarretar para o meio, levando na devida conta a soberania e os interesses de todos os Estados".

3. A positivação do direito ao meio ambiente sadio no sistema interamericano. O direito a um meio ambiente sadio está assegurado no sistema interamericano de direitos humanos pelo art. 11, §§ 1º e 2º, do Protocolo Adicional à Convenção Americana sobre Direitos Humanos em Matéria de Direitos Econômicos, Sociais e Culturais, de 17 de novembro de 1988 (em vigor internacional desde novembro de 1999).[67] Tal Protocolo (mais conhecido por *Protocolo de San Salvador*) assim estabelece:

"Art. 11. Direito a um meio ambiente sadio.

1. Toda pessoa tem direito a viver em meio ambiente sadio e a contar com os serviços públicos básicos.

2. Os Estados-Partes promoverão a proteção, preservação e melhoramento do meio ambiente".

A disposição acima tem especial relevo por ter sido a primeira a proteger, num sistema regional de direitos humanos, o meio ambiente sadio. Com o art. 11 do citado *Protocolo*, o Continente Americano foi o *primeiro do mundo* a conhecer a proteção ambiental depois daquela já anteriormente estabelecida em âmbito global.

Uma importante obrigação que ressalta do dispositivo é a de os Estados-partes ofertarem (com eficiência) os "serviços públicos básicos", que incluem todos aqueles necessários à ideal qualidade de vida, para além do mero *saneamento*.

4. A proteção do meio ambiente nas instâncias regionais de direitos humanos. É clássica a lição de Bobbio segundo a qual "o problema fundamental em relação aos direitos do homem, hoje, não é tanto o de *justificá-los*, mas o de *protegê-los*".[68] O meio ambiente sadio, obviamente, não escapa a esse problema. Tratando-se de um direito humano fundamental (de *terceira geração*, como querem muitos autores),[69] deve ser efetivamente protegido, para além de apenas positivado. Essa proteção é possível no plano interno ou no plano internacional. Nesse último, a proteção pode dar-se no âmbito das Nações Unidas (*v.g.*, baixo a jurisdição da CIJ ou do Tribunal Internacional do Direito do Mar) ou no plano das instâncias *regionais* de direitos humanos.[70] Ao estudo que ora nos ocupa, cabe verificar exatamente este último caso. Pretende-se compreender como o meio ambiente pode ser protegido pelas instâncias regionais de direitos humanos, em especial nos sistemas interamericano e europeu. Vejamos cada caso em separado:

---

[67] Sobre as obrigações do Brasil para com o Protocolo, *v.* Dinah Shelton, Environmental rights and Brazil's obligations in the Inter-American human rights system, in *The George Washington International Law Review*, vol. 40 (2009), pp. 733-777.

[68] Norberto Bobbio. *A era dos direitos*, cit., p. 24.

[69] *V.* as nossas críticas ao "sistema geracional de direitos" no Capítulo I, Seção I, item nº 5, desta Parte IV.

[70] Também em outros âmbitos (que não propriamente da ONU ou das instâncias regionais de direitos humanos) pode haver normas específicas sobre a proteção do meio ambiente, como num contexto de integração regional (*v.g.*, no Mercosul) ou no sistema da Antártica etc. Sobre o tema, *v.* Paolo Fois, La protezione dell'ambiente nei sistemi internazionali regionali, in *Il diritto internazionale dell'ambiente dopo il Vertice di Johannesburg*, Angela Del Vecchio & Arno Dal Ri Júnior (orgs.), Napoli: Scientifica, 2005, pp. 351-369. Porém, nestes casos citados, a efetiva *proteção* do meio ambiente torna-se mais dificultosa, dada a inexistência de instâncias *judiciárias* próprias nesses contextos (à diferença do que ocorre nos sistemas regionais de proteção *dos direitos humanos* em específico).

Parte IV · Cap. II · PROTEÇÃO INTERNACIONAL DO MEIO AMBIENTE | **975**

a) Sistema regional interamericano. No sistema regional interamericano, como já se falou (*v*. item n° 3, *supra*), o direito ao meio ambiente sadio está atualmente positivado no art. 11, §§ 1° e 2°, do *Protocolo de San Salvador* de 1988. Independentemente, porém, da entrada em vigor internacional do *Protocolo* (em novembro de 1999), o sistema interamericano sempre conheceu de casos de índole ambiental. Nesse sentido, podem ser citados (a título exemplificativo, dentre tantos outros) três casos a envolver a temática ambiental, deflagrados no sistema regional interamericano. São eles:

1) *Caso n° 7615* contra o Brasil, 5 de março de 1985, constante do Relatório Anual da Comissão Interamericana de Direitos Humanos 1984-85 (conhecido por *Caso dos Índios Yanomami*), a envolver a construção de uma estrada que passava pelo território Yanomami, em que se descobriu ter trazido doenças etc., para os integrantes dessa tribo.[71] O Brasil, na data em que o caso foi decidido (1985), como se pode perceber, ainda não era parte na Convenção Americana (só foi ser a partir de 1992, tendo aceitado a competência contenciosa da Corte Interamericana apenas em 1998), além do que ainda não existia o Protocolo de San Salvador, que é de 1988 (tendo sido ratificado pelo Brasil em 1999 e internalizado em 30 de dezembro desse mesmo ano, pelo Decreto n° 3.321). O caso ficou, portanto, no âmbito estrito da Comissão Interamericana de Direitos Humanos. De qualquer forma, ali se constatou várias violações à Declaração Americana dos Direitos e Deveres do Homem de 1948, no que diz respeito ao direito à vida, à liberdade e à segurança pessoal e ao direito à preservação da saúde e do bem-estar;

2) *Caso Comunidade Indígena Awas Tingni Mayagna (Sumo)* contra a Nicarágua, encaminhado pela Comissão Interamericana de Direitos Humanos à Corte Interamericana, em que se alegou que o fracasso da demarcação e reconhecimento do território, em face à perspectiva do desmatamento sancionado pelo governo nessas terras, constituía uma violação da Convenção Americana, tendo a Corte decidido, em agosto de 2001, que a Nicarágua violara os arts. 21 e 25 da Convenção Americana (*direito à propriedade privada* e *proteção judicial*, respectivamente), ordenando que a mesma demarcasse as terras dos Awas Tingni; e

3) *Caso de La Oroya* contra o Peru, em que se conseguiu demonstrar que a contaminação do ar derivada da falta de controle sobre um complexo metalúrgico prejudicou não só o meio ambiente como também a saúde pública de moradores locais. Nesse caso, a Comissão Interamericana (em agosto de 2007) outorgou medidas cautelares em favor de 65 moradores da "cidade metalúrgica".

No que tange estritamente à proteção do meio ambiente pela *Corte* Interamericana, a dificuldade toda está na questão de "como levar" o caso (ou seja, o problema ambiental) ante o Tribunal, uma vez que a este compete ser o guardião da Convenção Americana sobre Direitos Humanos, que como se sabe não contempla quaisquer direitos que não sejam civis ou políticos. Em outras palavras, o *meio ambiente sadio* não consta do rol de direitos da Convenção Americana, o que impede a Corte Interamericana de se manifestar sobre um eventual *pedido direto* de proteção ambiental. Outro problema que se visualiza é que as petições dos

---

[71] *V*. Comissão Interamericana, Resolução 12/85; e OEA/Ser.L/V/II.66, doc. 10 rev. 1, 1 outubro, 1985, 24, 31.

CURSO DE DIREITO INTERNACIONAL PÚBLICO – *Valerio de Oliveira Mazzuoli*

indivíduos ou vítimas de uma degradação ambiental, além de terem que conter apenas denúncias ou queixas de violação *da Convenção Americana* por um Estado-parte, têm de ser obrigatoriamente enviadas à Comissão Interamericana de Direitos Humanos (nos termos do art. 44 da Convenção Americana),[72] não podendo ser deflagradas diretamente perante a Corte (pois já se viu que no sistema interamericano, diferentemente do sistema europeu, os indivíduos não têm acesso direto ao Tribunal). O que fazer? O certo é que enquanto não se amplia a competência contenciosa da Corte Interamericana (*v.g.*, por um novo *Protocolo* à Convenção Americana, ou por *emenda* ao seu texto, por mais dificultoso que tal possa ser), uma solução prática deve ser encontrada para a resolução do problema. Nesse sentido, o que se nota atualmente é uma tendência cada vez maior de se levar ao sistema interamericano questões ligadas à temática do meio ambiente, ainda que por uma via indireta ou reflexa, como quando se alega a violação de um direito humano de "primeira geração" (*v.g.*, a vida, a propriedade etc.) em que se "embute" uma questão ambiental. O importante é conseguir demonstrar que um direito humano (qualquer um) presente no texto da Convenção Americana pode ser violado por conta de uma degradação ao meio ambiente.

Essa nova e salutar tendência de proteção "por ricochete" (pela via indireta ou reflexa) tem sido nominada de *greening* (ou "esverdeamento") nos sistemas regionais de direitos humanos.[73]

b) Sistema regional europeu. No sistema regional europeu de direitos humanos, a mesma técnica da proteção "indireta" ou "reflexa" tem sido utilizada, uma vez que na Convenção Europeia de Direitos Humanos também não se encontra positivado qualquer direito de cunho ambiental, sequer implicitamente.[74] Frise-se, contudo, que de início a Corte Europeia de Direitos Humanos já decidiu com reservas o problema que ora se analisa. Posteriormente, porém, passou a adotar posição diferente e a decidir mais *positivamente* no que tange a essas mesmas questões. Essa mudança na atitude da Corte Europeia é bem nítida quando se analisa o primeiro aresto em que se manifestou sobre um tema pretensamente ambiental e os arestos seguintes.

O primeiro aresto em que a Corte Europeia decidiu uma questão de índole ambiental foi no *Caso Powell and Rayner v. Reino Unido*, de 21 de fevereiro de 1990. Nesse caso, os dois

---

[72] Para uma análise desse dispositivo, *v.* Valerio de Oliveira Mazzuoli, *Comentários à Convenção Americana sobre Direitos Humanos*, cit., pp. 306-309.

[73] Para detalhes, *v.* Philippe Sands (ed.), *Greening international law*, London: Earthscan, 1993, 263p; Gustavo de Faria Moreira Teixeira, *O greening no sistema interamericano de direitos humanos*, Curitiba: Juruá, 2011, 336p; Valerio de Oliveira Mazzuoli & Gustavo de Faria Moreira Teixeira, O direito internacional do meio ambiente e o *greening* da Convenção Americana sobre Direitos Humanos, in *Revista de Direito Ambiental*, ano 17, vol. 67, São Paulo, jul./set./2012, pp. 209-259; e Anna Meijknecht, The contribution of the Inter-American human rights system to sustainable development, in *Regional environmental law: transregional comparative lessons in pursuit of sustainable development*, Werner Scholtz & Jonathan Verschuuren (eds.), Cheltenham: Elgar, 2015, pp. 177-219.

[74] Cf. Jean-Pierre Marguénaud. Droit de l'homme à l'environnement et Cour Européenne des Droits de l'Homme, in *Revue Juridique de l'Environnement* [edição especial, *La Charte Constitutionnelle en débat*], Strasbourg, set./2003, pp. 15-17; Nükhet Yılmaz Turgut, The European Court of Human Rights and the right to the environment, in *Ankara Law Review*, vol. 4, nº 1 (Summer 2007), p. 3; e Dinah Shelton, *Regional protection of human rights*, cit., pp. 203-205.

Parte IV · Cap. II · PROTEÇÃO INTERNACIONAL DO MEIO AMBIENTE | **977**

postulantes (Srs. Powell e Rayner), residentes nas proximidades do aeroporto de Heathrow, em Londres, pretendiam ser indenizados pelo incômodo do excessivo barulho de pousos e decolagens de aviões naquela localidade. Não tendo obtido a indenização pretendida perante a justiça britânica, deflagraram então uma queixa perante a Comissão Europeia de Direitos Humanos (órgão atualmente não mais existente – v. Capítulo I, Seção VI, item nº 2, *supra*). Alegou-se, perante a Comissão, afronta aos direitos à efetiva tutela jurisdicional (art. 6º, 1), à vida privada (art. 8º), de acesso aos meios internos em virtude de violações da Convenção (art. 13), bem assim ao direito de propriedade (art. 1º, § 1º, do Protocolo nº 1 à Convenção Europeia). A Comissão somente aceitou prosseguir na queixa ante a Corte Europeia relativamente à violação do art. 13, excluindo as demais alegações. A Corte, por sua vez, julgou improcedente a ação por entender que o governo britânico já havia tomado todas as medidas necessárias para minimizar os incômodos derivados da existência do aeroporto e que não cabia ao Tribunal substituir-lhe nessa apreciação.[75]

Já na decisão *López Ostra v. Espanha*, de 9 de dezembro de 1994, considerada a mais paradigmática sobre a pretensa tutela ambiental realizada no sistema regional europeu, a *quaestio juris* ambiental foi resolvida pela Corte Europeia por intermédio da proteção ao domicílio, quando se afirmou o direito das vítimas individuais de viverem em um meio ambiente sadio. No caso, a família López Ostra alegava a violação dos direitos à integridade física e ao respeito pela vida privada e familiar, decorrente da emissão de poluentes (gás sulfúrico etc.) vindos de uma estação de tratamento de águas e resíduos na cidade espanhola de Lorca.[76]

Em suma, o que tem feito a Corte Europeia de Direitos Humanos (similarmente ao que faz a Corte Interamericana) é converter os clássicos "direitos negativos" (direito à vida; à inviolabilidade do domicílio; à intimidade da vida privada; à liberdade de expressão etc.) em direitos de índole ambiental, o que evita a invocação expressa de um direito social "clássico", como a saúde.[77] Como destaca Carla Amado Gomes, a Corte Europeia de Direitos Humanos "escreve, na verdade, *verde por linhas tortas*: na ausência de uma norma de proteção do ambiente no catálogo da CEDH, a tutela que esta realidade, enquanto macrobem, merece,

---

[75] V., por tudo, Carla Amado Gomes, Escrever verde por linhas tortas: o direito ao ambiente na jurisprudência do Tribunal Europeu dos Direitos do Homem, in *Textos dispersos de direito do ambiente*, vol. III, Lisboa: Associação Acadêmica da Faculdade de Direito, 2010, pp. 174-176. Frise-se que em 2001 nova ação relativa ao aeroporto de Heathrow chegaria à Corte, dessa vez vindicando reparação por danos causados à integridade física pelo ruído dos aviões em pouso e decolagem durante a noite (entre as 23h30 e as 6h00). Já neste caso, o Tribunal "considerou que os limites de tolerabilidade de ruído estavam a ser excedidos desde 1993, altura em que o limite passou a estabelecer-se, não em função do número de aterragens e decolagens, mas antes em função do nível de decibéis produzido – e isto apesar de terem sido tomadas algumas medidas de minimização, que o Tribunal qualificou de insuficientes. Não tendo ficado provado que este acréscimo de ruído fosse justificado por qualquer interesse econômico superior do Reino Unido, o sacrifício provocado aos particulares era desproporcionado e reclamava compensação" (Idem, p. 181).

[76] Cf. Nükhet Yılmaz Turgut. The European Court of Human Rights and the right to the environment, cit., p. 15; Solange Teles da Silva, *O direito ambiental internacional*, cit., pp. 93-94; e Carla Amado Gomes, Escrever verde por linhas tortas..., cit., pp. 177-178.

[77] V. Carla Amado Gomes. Escrever verde por linhas tortas..., cit., p. 166.

978 | CURSO DE DIREITO INTERNACIONAL PÚBLICO – *Valerio de Oliveira Mazzuoli*

é puramente reflexa ou 'por ricochete', como já foi observado, uma vez que não dispensa a lesão de um bem jurídico pessoal como fundamento de acesso a juízo".[78]

Infelizmente, contudo, é preciso reconhecer que têm sido poucos os casos "ambientais" deflagrados nos sistemas regionais de direitos humanos até o presente momento. No sistema interamericano, desses poucos casos, a maioria está ligada a direitos das comunidades indígenas e à defesa de seus territórios. E pode-se dizer que, na Corte Europeia de Direitos Humanos, a questão não tem sido diferente.[79]

5. Inter-relação dos direitos humanos com o meio ambiente em outros instrumentos internacionais. A professora Dinah Shelton, no Documento de Antecedentes nos 1 e 2, intitulado *Questões Ambientais e Direitos Humanos nos Tratados Multilaterais Adotados entre 1991 e 2001*, preparado para o Seminário Conjunto de Peritos em Direitos Humanos e Meio Ambiente (PNUMA-ACDH), realizado em Genebra, em janeiro de 2002, expôs com propriedade os principais instrumentos internacionais que trazem explicitamente regras de inter-relação dos direitos humanos com a proteção internacional do meio ambiente.[80] Vejamos, pois, os núcleos de inter-relação entre direitos humanos e meio ambiente em diversos textos internacionais:

a) O *Princípio 1* da Declaração de Estocolmo estabeleceu os fundamentos da vinculação entre direitos humanos e proteção do meio ambiente, ao declarar que: "O homem tem o direito fundamental à liberdade, à igualdade e ao desfrute de condições de vida adequadas, em um meio ambiente de qualidade tal que lhe permita levar uma vida digna…". Também anunciou a responsabilidade de cada pessoa de proteger e melhorar o meio ambiente para a geração atual e as gerações futuras.[81]

b) O *Princípio 10* da Declaração do Rio de Janeiro sobre Meio Ambiente e Desenvolvimento, de 1992, estabelece que: "A melhor forma de tratar as questões ambientais é assegurar a participação de todos os cidadãos interessados ao nível conveniente. Ao nível nacional, cada pessoa terá acesso adequado às informações relativas ao ambiente detidas pelas autoridades, incluindo informações sobre produtos e atividades perigosas nas suas comunidades, e a oportunidade de participar em processos de tomada de decisão…". Vincula-se, aqui, o assunto em termos processuais, mediante o direito do indivíduo à informação relacionada com o meio ambiente que esteja em mãos das autoridades públicas. Na página 5, nota nº 4, do Relatório da OEA, lê-se: "A mesma lógica se aplica à Convenção-Quadro das Nações Unidas sobre Mudança Climática (4 de junho de 1992), ao *Protocolo de Cartagena sobre Biossegurança à Convenção sobre Diversidade Biológica* (Montreal, 29 de janeiro de 2000), art. 23, ao art. 10(1), da *Convenção sobre Poluentes Orgânicos Persistentes* (Estocolmo, 22 de maio de 2001), à *Convenção de Espoo sobre Avaliação do Impacto Ambiental num Contexto Transfronteiriço*, adotada em 25 de fevereiro de 1991, no

---

[78] Carla Amado Gomes. Idem, p. 167 (*v.* ainda pp. 178-203, em que se pode estudar vários outros casos de índole ambiental julgados pela Corte Europeia de Direitos Humanos).

[79] *V.* Francesco Francioni. International human rights in an environmental horizon, in *The European Journal of International Law*, vol. 21, nº 1 (2010), pp. 41-55.

[80] *V.* Relatório da OEA, AG/Res. 1819 (XXXI-O/01), *Direitos Humanos e Meio Ambiente*, de 4 abril de 2002, de onde se extraiu o citado documento.

[81] *V.* também *United Nations* (UN), Res. 45/94, que reafirmou essa linguagem vinte anos mais tarde.

decorrer dos preparativos para a Conferência do Rio, à *Convenção sobre Responsabilidade Civil por Danos Resultantes de Atividades Perigosas ao Meio Ambiente* (Lugano, 26 de junho de 1993), Capítulo III, compreendendo os arts. 13 a 16, ao *Convênio Norte-Americano sobre Cooperação Ambiental* (Washington, D.C., 13 de setembro de 1993), art. 2(1), alínea *a*, 14. Também conhecido como acordo complementar ao NAFTA, o tratado inclui acordos institucionais para participação pública e é o primeiro acordo ambiental a estabelecer um procedimento para apresentação de queixas de indivíduos e organizações quanto a deixar o Estado de fazer valer sua legislação ambiental, inclusive a que decorra de obrigações internacionais".

c) A *Convenção sobre Acesso à Informação, Participação do Público no Processo de Tomada de Decisão e Acesso à Justiça em Matéria de Ambiente* (Aarhus, Dinamarca, 25 de junho de 1998), assinada por 35 Estados e a Comunidade Europeia, adota um enfoque amplo, apoiando-se em textos anteriores, especialmente no *Princípio 1* da Declaração de Estocolmo.[82] Seu Preâmbulo declara que "a proteção adequada do ambiente é essencial para o bem-estar dos indivíduos e a satisfação dos direitos humanos fundamentais, incluindo o próprio direito à vida"; diz ainda reconhecer "que todos os indivíduos têm o direito de viver num ambiente propício à sua saúde e bem-estar, e o dever, quer individualmente quer em associação com outros indivíduos, de proteger e melhorar o ambiente em benefício das gerações presentes e futuras".

d) A *Convenção das Nações Unidas sobre os Direitos da Criança* (Nova York, 20 de novembro de 1989) faz referência aos aspectos da proteção ambiental relacionados com o direito da criança à saúde. O seu art. 24 dispõe, entre outras coisas, que: "1. Os Estados-partes reconhecem o direito da criança de gozar do melhor padrão possível de saúde e dos serviços destinados ao tratamento das doenças e à recuperação da saúde. Os Estados-partes envidarão esforços no sentido de assegurar que nenhuma criança se veja privada de seu direito de usufruir desses serviços sanitários. 2. Os Estados-partes garantirão a plena aplicação desse direito e, em especial, adotarão as medidas apropriadas com vistas a: (...) *c)* combater as doenças e a desnutrição, dentro do contexto dos cuidados básicos de saúde mediante, *inter alia*, a aplicação de tecnologia disponível e o fornecimento de alimentos nutritivos e de água potável, tendo em vista os perigos e riscos da poluição ambiental (...)".

e) A *Carta Africana dos Direitos Humanos e dos Povos* (Banjul, 27 de junho de 1981) inclui várias disposições relacionadas com o direito ao meio ambiente sadio. O art. 24, por exemplo, declara que: "Todos os povos têm direito a um meio ambiente geral satisfatório, propício ao seu desenvolvimento".

f) O art. 37 da *Carta dos Direitos Fundamentais da União Europeia* dispõe que: "Todas as políticas da União devem integrar um elevado nível de proteção do ambiente e a melhoria da sua qualidade, e assegurá-los de acordo com o princípio do desenvolvimento sustentável".

g) O art. 111 do *Tratado para o Estabelecimento da Comunidade da África Oriental* estabelece que "um meio ambiente limpo e sadio é precondição para o desenvolvimento sustentável".

---

[82] Sobre a Convenção de Aarhus de 1998 e suas possíveis relações com o direito brasileiro, *v.* Valerio de Oliveira Mazzuoli & Patryck de Araújo Ayala, Cooperação internacional para a preservação do meio ambiente: o direito brasileiro e a Convenção de Aarhus, cit., pp. 237-257.

Para além desses instrumentos, merece especial destaque, em nosso entorno geográfico, o *Acordo Regional sobre Acesso à Informação, Participação Pública e Acesso à Justiça em Assuntos Ambientais na América Latina e no Caribe* (Escazú, Costa Rica, 4 de março de 2018). O instrumento inter-relaciona os direitos humanos com o meio ambiente a partir dos considerandos e contém cláusula especial sobre proteção dos defensores dos direitos humanos em questões ambientais. Tal previsão consta do art. 9º do Acordo de Escazú, segundo o qual cada Estado-parte deve garantir "um ambiente seguro e propício no qual as pessoas, os grupos e as organizações que promovem e defendem os direitos humanos em questões ambientais possam atuar sem ameaças, restrições e insegurança" (§ 1º), devendo, para tanto, tomar as medidas devidas "para reconhecer, proteger e promover todos os direitos dos defensores dos direitos humanos em questões ambientais, inclusive o direito à vida, integridade pessoal, liberdade de opinião e expressão, o direito de reunião e associação pacíficas e o direito a circular livremente, bem como sua capacidade de exercer os direitos de acesso, levando em conta as obrigações internacionais da Parte no âmbito dos direitos humanos, seus princípios constitucionais e os elementos básicos de seu sistema jurídico" (§ 2º), para além da obrigação de "investigar e punir ataques, ameaças ou intimidações que os defensores dos direitos humanos em questões ambientais possam sofrer no exercício dos direitos contemplados no presente Acordo" (§ 3º).

Tais textos internacionais estão a demonstrar, portanto, a excessiva preocupação dos Estados para com a proteção internacional dos direitos humanos e do meio ambiente, visando salvaguardar o futuro do planeta no que diz respeito a tais matérias, ainda mais quando se tem em conta a emergência do Direito Internacional do Meio Ambiente e seu papel primordial para o futuro da humanidade.

6. Conclusão. Não há dúvida de que as normas internacionais de proteção ambiental impactaram na proteção interna do meio ambiente em vários Estados, a exemplo do Brasil. À medida que os Estados incorporam instrumentos internacionais em sua ordem interna, por meio da ratificação, obrigam-se ao cumprimento de suas disposições. No entanto, as relações entre os tratados internacionais de proteção do meio ambiente e as normas internas de mesma índole devem ser resolvidas pela harmonização dos diferentes níveis de proteção, à luz da primazia da norma mais favorável ao meio ambiente, tal como ocorre nas decisões relativas à aplicação de qualquer tratado de proteção dos direitos humanos.

Ocorre que, na seara ambiental, o fenômeno da *soft law* se apresenta com maior intensidade, não sendo possível prescindir dos comandos advindos dessa categoria de normas. Assim, além dos tratados internacionais formais, o operador do Direito (em especial, o julgador) há também de levar em conta essas normas internacionais, especialmente as que recomendam aos Estados alterações normativas para adequação aos princípios ambientais fixados pela sociedade internacional em conferências especializadas.

Essa conjugação de normas (formais e *soft*) traz ao arcabouço estatal de proteção do meio ambiente a necessária completude para dar respostas adequadas às questões jurídicas apresentadas, sem o que a proteção interna tornar-se-ia frágil ou incompleta. Doravante, é premente que os operadores do Direito se acostumem com a aplicação interna de normas que não guardam todas as formalidades (tradicionais) de produção normativa, especialmente em razão da tese (correta e aceita) de que a substância normativa – elaborada em termos legítimos pela sociedade internacional, com a participação de representantes de Estados e da sociedade civil – não pode ceder, em matéria de salvaguarda dos direitos humanos em geral, às formalidades impostas pelos Estados em termos técnico-normativos.

Portanto, a compreensão da esfera internacional de proteção do meio ambiente passa, necessariamente, pela compreensão daquelas normas mais fluidas (e menos formais) que, no entanto, guardam valores imprescindíveis para o futuro comum do nosso planeta.

Plano da Parte V

Nesta Parte IV, estudou-se conjuntamente duas novas disciplinarizações do Direito Internacional Público, impulsionadas pelo direito do pós-guerra, de fundamental importância para o correto entendimento da sociedade internacional contemporânea: a proteção internacional dos Direitos Humanos e do Meio Ambiente.

Faz-se necessário estudar agora (na Parte V) o Direito Internacional do Trabalho, que é uma vertente do Direito Internacional Público que cuida da proteção do trabalhador nos planos nacional e internacional e tem relação com a temática ligada à proteção internacional dos Direitos Humanos, que se acabou de estudar.

Parte V

Direito Internacional do Trabalho

Capítulo I

Noções Gerais de Direito Internacional do Trabalho

Acesse e assista à aula explicativa sobre este assunto.

> http://uqr.to/1zv4l

SEÇÃO I – FUNDAMENTOS, OBJETIVOS E DIMENSÃO ATUAL DO DIREITO INTERNACIONAL DO TRABALHO

1. Introdução. O assim chamado Direito Internacional do Trabalho, ao contrário do que possa aparentemente parecer, não integra o ramo jurídico do Direito do Trabalho, constituindo – segundo a melhor doutrina – um braço próprio do Direito Internacional Público.[1] Por pertencer a esta ordem jurídica, da qual retira o seu fundamento de existência e de validade, não constitui um ramo autônomo da Ciência Jurídica. Essa falta de autonomia científica do Direito Internacional do Trabalho se dá em virtude do fato de seus institutos, instrumentos e métodos de investigação – apesar das peculiaridades de alguns deles – serem exatamente os mesmos do Direito Internacional Público. Dá-se, ainda, por ser a Organização Internacional do Trabalho uma organização interestatal, cujos métodos e instrumentos jurídicos têm o seu fundamento de validade retirado do Direito Internacional Público.[2]

Portanto, todos os princípios e regras já estudados do Direito Internacional Público se aplicam a esse braço da disciplina nominado Direito Internacional do Trabalho, especialmente

---

[1] Cf. Barthélemy Raynaud. *Droit international ouvrier*. Paris: Arthur Rousseau, 1906, p. 13; e Nicolas Valticos, *Derecho internacional del trabajo*, trad. José Mª Treviño, Madrid: Tecnos, 1977, p. 22. Preferimos dizer que o Direito Internacional do Trabalho, como se lê no texto, é um "braço" (ou uma "vertente" ou "parte") do Direito Internacional Público, e não propriamente um "ramo" desse Direito. Evitou-se o uso desta última expressão (não obstante ser ela usada pela doutrina) pelo fato de poder conotar uma *autonomia* que o Direito Internacional do Trabalho, segundo entendemos, ainda não tem. Em sentido contrário, defendendo a existência de um Direito Internacional do Trabalho como ramo autônomo das Ciências Jurídicas, *v.* Mario de la Cueva, *Derecho mexicano del trabajo*, vol. 1, 2ª ed., México, D.F.: Porrúa, 1943, p. 274.

[2] Cf. Arnaldo Süssekind. *Direito internacional do trabalho*, 2ª ed. ampl. e atual. São Paulo: LTr, 1986, pp. 34-37; e ainda, do mesmo autor, *Instituições de direito do trabalho*, vol. 2, 20ª ed., atualizada por Arnaldo Süssekind e Lima Teixeira, São Paulo: LTr, 2002, p. 1.467. No mesmo sentido, *v.* Gilda Maciel Corrêa Meyer Russomano, *Os conflitos espaciais de leis no plano das relações trabalhistas*, Rio de Janeiro: José Konfino Editor, 1964, p. 120.

os relativos ao Direito dos Tratados e os atinentes aos aspectos extrínsecos das organizações internacionais.

Contudo, também não se descarta a aplicação dos princípios e regras do Direito Internacional Privado em relação aos conflitos de leis social-trabalhistas no espaço, notadamente no que diz respeito à aplicação do direito (nacional ou estrangeiro) aplicável a um caso *sub judice* de direito do trabalho com conexão internacional. Nesse caso, fala-se num *Direito do Trabalho Internacional* – que, no entanto, não se pode jamais entender como sendo verdadeiro Direito Internacional Privado do Trabalho[3] – para diferenciá-lo do *Direito Internacional do Trabalho*, que pertence ao Direito Internacional Público e será (este sim, e não aquele) objeto do nosso estudo de agora em diante.

A doutrina se divide em relação às origens históricas do Direito Internacional do Trabalho. Para alguns autores, como Nicolas Valticos, a ideia inicial de criação de uma legislação internacional do trabalho teve origem na vontade de dois industriais, o inglês Robert Owen e o francês Daniel Legrand, no início do século XIX.[4] Teria sido vontade do primeiro que os Estados da Santa Aliança empreendessem ações internacionais destinadas à melhoria das condições dos trabalhadores, à semelhança das que ele próprio teria implantado em sua fábrica de tecidos, situada na aldeia escocesa de New Lamark. No Congresso de *Aix-la-Chapelle*,[5] Owen propôs aos governos da Europa o estabelecimento de um "limite legal internacional da jornada de trabalho", o que foi considerado a primeira manifestação de que se tem notícia, no sentido de criação de uma legislação internacional de proteção ao trabalhador.[6] Daniel Legrand, por sua vez, teria pretendido, desde 1841, que os governantes franceses e dos principais países da Europa adotassem uma lei internacional sobre o trabalho industrial, única solução possível – segundo ele – para os problemas sociais pelos quais passava a classe operária.[7] De fato, as manifestações iniciais do que hoje se entende por Direito Internacional do Trabalho referiam-se sempre aos *operários* (em francês, *ouvriers*), por terem sido os operários da indústria os primeiros destinatários das normas laborais e de seguros.[8] Já para outros juristas, como Georges Scelle, a proposta inicial de criação de normas internacionais de proteção ao trabalho surgiu na Suíça, em 1855, por proposta do Cantão de Glaris.[9]

---

[3] V., a esse respeito, Gilda Maciel Corrêa Meyer Russomano, *Direito internacional privado do trabalho: conflitos espaciais de leis trabalhistas*, 2ª ed. rev. e atual., Rio de Janeiro: Forense, 1979, 234p. Esta autora, pelo próprio título de sua obra, parece não ter entendido como nós, para quem os conflitos sociotrabalhistas no espaço são resolvidos com a aplicação das normas de direito interno e dos princípios do Direito Internacional Privado comuns a todos os ramos do Direito, como também entende Arnaldo Süssekind, in *Direito internacional do trabalho*, cit., pp. 36-37.

[4] V. Nicolas Valticos. *Derecho internacional del trabajo*, cit., pp. 29-33; e René R. Mirolo & Patricia J. Sansinena, *Los convenios de la OIT en el derecho del trabajo interno*, Córdoba: Advocatus, 2010, p. 38.

[5] Trata-se da cidade alemã de Aachen, que mantém a condição de cidade independente (*kreisfreie Stadt*) da Alemanha.

[6] Cf. Albert Vabre. *Le droit international du travail*. Paris: Marcel Giard, 1923, p. 12.

[7] V. Nicolas Valticos. *Derecho internacional del trabajo*, cit., pp. 29-30; Arnaldo Süssekind, *Direito internacional do trabalho*, cit., p. 85; e Ericson Crivelli, *Direito internacional do trabalho contemporâneo*, São Paulo: LTr, 2010, pp. 39-41.

[8] Cf. Barthélemy Raynaud. *Droit international ouvrier*, cit., p. 13.

[9] V. Georges Scelle. *Précis élémentaire de législation industrielle*. Paris: Sirey, 1927, p. 122.

Parte V · Cap. I · NOÇÕES GERAIS DE DIREITO INTERNACIONAL DO TRABALHO | **987**

Seja como for, parece que as propostas de criação de um Direito Internacional do Trabalho – tomem-se como exemplos as manifestações acima referidas, de Robert Owen e Daniel Legrand, sobre a criação de um sistema internacional de proteção ao trabalho, que datam de meados do XIX – são anteriores ao reconhecimento da dignidade do trabalhador por parte das normas de direito interno, especialmente das sempre citadas Constituição mexicana de 1917 e Constituição de Weimar de 1919, que já são textos do século XX.

Em suma, o Direito Internacional do Trabalho é hoje uma realidade que não pode passar despercebida do internacionalista, não mais se concebendo que a matéria não seja estudada no lugar que lhe é próprio: no programa de Direito Internacional Público.

2. Fundamentos. Funda-se o Direito Internacional do Trabalho, basicamente, em três motivos bem definidos: os de ordem *econômica*, os de índole *social* e os de caráter *técnico*. A conjugação desses motivos auxilia na compreensão da eficácia do Direito Internacional do Trabalho na ordem interna dos Estados e sob a ótica do próprio Direito Internacional Público.

Segundo Arnaldo Süssekind, os motivos de ordem econômica "impuseram, inquestionavelmente, a necessidade de ser nivelado, tanto quanto possível, no campo internacional, o custo das medidas sociais da proteção ao trabalho, a fim de que os Estados que as tivessem adotado, através de sistemas completos e tutelares, não sofressem, por essa razão, no comércio mundial, a indesejável concorrência dos países que obtinham produção mais barata pelo fato de não serem onerados com os encargos de caráter social".[10] Em outras palavras, os Estados que tivessem adotado as normas de proteção ao trabalho não sofreriam prejuízos no comércio internacional por parte daqueles que, não as tendo adotado, conseguem vender seus produtos a preços bem menores, exatamente por não sofrerem os ônus decorrentes de encargos sociais. Em suma, esses motivos de ordem econômica nos quais se funda o Direito Internacional do Trabalho buscam evitar o chamado *dumping social* (*v.* item nº 5, *infra*).

Contudo, não obstante a importância dos motivos de ordem econômica que fundamentam o Direito Internacional do Trabalho, parece-nos, entretanto, que o seu principal esteio provém do seu caráter *social*, concernente à universalização dos princípios de justiça social aliada à dignificação cada vez mais crescente do trabalhador.[11] Tanto o Tratado de Versailles, que instituiu a Organização Internacional do Trabalho, quanto os demais instrumentos internacionais de proteção ao trabalhador, assim como a Declaração Universal dos Direitos Humanos de 1948, estabelecem princípios jurídico-sociais de promoção e proteção dos direitos trabalhistas de dignificação do trabalhador. Nesse sentido está a redação do art. 22 da Declaração Universal de 1948, que dispõe que "toda pessoa, como membro da sociedade, tem direito à segurança social e à realização, pelo esforço nacional, pela cooperação internacional e de acordo com a organização e recursos de cada Estado, dos direitos econômicos, sociais e culturais indispensáveis à sua dignidade e ao livre desenvolvimento de sua personalidade". Ainda, nos termos do art. 23, § 1º, da Declaração, toda pessoa "tem direito ao trabalho, à livre escolha de emprego, a condições justas e favoráveis de trabalho e à proteção contra o desemprego". Esse mesmo propósito se faz sentir no preâmbulo do convênio constitutivo da

---

[10] Arnaldo Süssekind. *Instituições de direito do trabalho*, vol. 2, cit., p. 1.468.

[11] Arnaldo Süssekind. Idem, p. 1.468. Cf. também, Geraldo W. von Potobsky & Héctor G. Bartolomei de la Cruz, *La Organización Internacional del Trabajo*, Buenos Aires: Astrea, 1990, p. 31.

OIT, segundo o qual "existem condições de trabalho que implicam, para grande número de indivíduos, miséria e privações, e que o descontentamento que daí decorre põe em perigo a paz e a harmonia universais", sendo então "urgente melhorar essas condições no que se refere, por exemplo, à regulamentação das horas de trabalho, à fixação de uma duração máxima do dia e da semana de trabalho, ao recrutamento da mão de obra, à luta contra o desemprego, à garantia de um salário que assegure condições de existência convenientes, à proteção dos trabalhadores contra as moléstias graves ou profissionais e os acidentes do trabalho, à proteção das crianças, dos adolescentes e das mulheres, às pensões de velhice e de invalidez, à defesa dos interesses dos trabalhadores empregados no estrangeiro" etc.

Mas ainda há razões de caráter *técnico* que fundamentam o Direito Internacional do Trabalho, embora em plano secundário, a exemplo das convenções e recomendações adotadas nas seções da Conferência Internacional do Trabalho, bem como os estudos elaborados pela OIT sobre a matéria.

3. Objetivos. São vários os objetivos do Direito Internacional do Trabalho, todos os quais focados na implementação de padrões trabalhistas mínimos em escala global e na proteção efetiva dos direitos do trabalhador. Segundo a melhor doutrina, tais objetivos visam prioritariamente:

a) universalizar os princípios e as normas trabalhistas, a fim de garantir maior uniformidade em sua aplicação;

b) difundir em âmbito global as regras de justiça social, fomentando a justiça e a paz nas relações de trabalho;

c) impedir que razões econômicas impeçam os Estados de aplicar as normas internacionais de proteção ao trabalhador previstas nas convenções da OIT;

d) estabelecer regras claras de reciprocidade dos Estados na aplicação das regras de trabalho entre os seus cidadãos; e

e) proteger os direitos dos trabalhadores imigrantes, inclusive no que tange à conservação das garantias trabalhistas adquiridas no país de origem, relativamente aos seguros sociais.[12]

Todos esses objetivos pretendem estabelecer critérios básicos de proteção ao trabalhador, regulando sua condição no plano internacional, visando assegurar padrões mais condizentes de dignidade e de bem-estar social. Para tanto, o Direito Internacional do Trabalho se utiliza de instrumentos normativos de variada índole, dos quais os mais relevantes são: *a*) os *tratados internacionais* (bilaterais ou plurilaterais concluídos entre Estados, e os multilaterais ou universais, que a OIT denomina de *convenções*); e *b*) as *declarações, recomendações* ou *resoluções* (que não são instrumentos ratificáveis). Esses instrumentos formam o mosaico normativo da OIT de proteção dos trabalhadores em nível global, cada qual com seus métodos e especificidade próprios.

Atualmente, ao contrário do que ocorria à égide do Tratado de Versailles, os objetivos do Direito Internacional do Trabalho transcendem as meras relações recíprocas entre Estados – consideradas como de domínio reservado destes – para atingir organismos internacionais

---

[12] V. Arnaldo Süssekind. *Instituições de direito do trabalho*, vol. 2, cit., p. 1.469.

Parte V • Cap. I • NOÇÕES GERAIS DE DIREITO INTERNACIONAL DO TRABALHO | **989**

especializados (de que é exemplo a OIT) e, em última análise, os próprios indivíduos, sujeitos do sistema internacional de proteção do trabalho. Assim, ao lado do direito interestatal clássico, passou a nascer aquilo que viria a chamar-se posteriormente de *direito comum da humanidade*.[13] É, portanto, sob essa ótica que o contemporâneo Direito Internacional do Trabalho deve ser compreendido, especialmente no que tange ao impacto de seu mosaico normativo no plano do Direito interno estatal.

4. A dimensão atual do Direito Internacional do Trabalho. Depois da proclamação da Declaração Universal dos Direitos Humanos, em 1948, e da conclusão do Pacto Internacional dos Direitos Econômicos, Sociais e Culturais, em 1966 (que entrou em vigor internacional em 1976, quando totalizou 35 ratificações), o Direito Internacional do Trabalho passou a ampliar sobremaneira as suas fronteiras, tomando uma dimensão muito maior do que aquela existente ao tempo da criação da Organização Internacional do Trabalho, no início do século XX.

A abertura e o novo dimensionamento do Direito Internacional do Trabalho, depois da proclamação e entrada em vigor de tais normas internacionais, acabaram influenciando também os direitos internos de diversos países a, cada vez mais, preocupar-se com a normativa interna de proteção dos trabalhadores. Em outras palavras, pode-se dizer que depois da segunda metade do século XX, o impacto jurídico que o Direito Internacional do Trabalho teve no plano do direito interno dos Estados foi muito maior do que o experimentado antes desse período. De fato, depois da Declaração Universal de 1948 e da entrada em vigor do Pacto Internacional dos Direitos Econômicos, Sociais e Culturais de 1966, as normas internas de proteção ao trabalho e ao trabalhador passaram a cada vez mais amoldar-se às obrigações impostas pelo Direito Internacional dos Direitos Humanos.

Ademais, sendo o Direito do Trabalho um direito de cunho *social* – e, portanto, integrante do núcleo material dos *direitos humanos* –, é mais do que compreensível que as suas normas (internacionais ou internas) extrapolem as questões meramente ligadas às condições de trabalho e aos direitos previdenciários do trabalhador, para atingir também o exame de questões econômicas, agrárias, técnicas, administrativas, educacionais, culturais e ambientais, que retratam assim o atual dimensionamento do Direito Internacional do Trabalho.

Atualmente, é grande o número de normas advindas do Direito Internacional do Trabalho, sejam tratados ou recomendações internacionais, atinentes a todas essas questões, o que demonstra que o dimensionamento da matéria tem se alargado sobremaneira nos últimos anos, gerando também impacto (altamente positivo) no plano do Direito interno estatal.

Para gerir todas essas atuais vertentes do Direito Internacional do Trabalho, cria-se e estrutura-se uma organização internacional, atualmente ligada às Nações Unidas: a *Organização Internacional do Trabalho*, que será estudada na Seção II seguinte.

5. Padrões trabalhistas mínimos e *dumping* social. O tema relativo à proteção internacional do trabalhador está também ligado ao comércio internacional, notadamente com as

---

[13]   Cf. Nicolas Valticos. Le droit international du travail face aux problèmes de la société internationale de 1980, in *Revue Belge de Droit International*, nº 1, Bruxelles, 1980, p. 7.

práticas comerciais desleais chamadas de *dumping*.[14] Estas são formas de concorrência desleal capazes de causar prejuízos às empresas sediadas nos países importadores, criando embaraços às suas atividades nesses países, somadas aos efeitos negativos para o estabelecimento de novas empresas atuantes em braços congêneres de atividades, dada a deslealdade comercial praticada nos países de exportação, sobretudo pela utilização de mão de obra com parcas ou sem quaisquer garantias trabalhistas, tornando a produção, assim, deslealmente competitiva. Já se viu acima, inclusive, que os motivos de ordem *econômica* são também fundamento do Direito Internacional do Trabalho (*v.* item nº 2, *supra*). Assim, cabe aqui estudar as relações entre o comércio internacional e a proteção ao trabalhador, compreendendo o fenômeno cada vez mais em voga conhecido por *dumping social*.

Inicialmente, cabe destacar que toda essa discussão remonta às tentativas frustradas de criação de uma Organização Internacional do Comércio (OIC), na década de 1940, e à jamais ratificada Carta de Havana, em cujo texto (art. 7º) se previa a vinculação do comércio internacional aos padrões trabalhistas mínimos universalmente reconhecidos. O *Acordo Geral sobre Tarifas e Comércio* (GATT) não versou sobre o assunto, o qual somente voltou à tona nas negociações da Rodada Uruguai, iniciada em setembro de 1986 (e finda em 1994). Desde então é que países desenvolvidos e em desenvolvimento vêm travando sérios debates sobre os benefícios e malefícios da vinculação dos chamados "padrões trabalhistas mínimos" à agenda comercial internacional.[15]

a) Posição dos países desenvolvidos. Com o intuito de amenizar os efeitos do desemprego no plano internacional é que os países desenvolvidos (liderados, principalmente, pelos Estados Unidos e pela União Europeia) defendem a adoção de uma *cláusula social* nos tratados de índole comercial internacional, cujo efeito estaria em forçar aqueles países "desleais" a garantirem os *standards* mínimos em matéria trabalhista, sob pena da imposição de sanções de índole comercial.[16] Para os países mais ricos, existe nos países subdesenvolvidos e em desenvolvimento uma maior oferta de mão de obra barata, proveniente do trabalho desumano, principalmente semiescravizado e infantil, que retira dos países industrializados e desenvolvidos o emprego de seus trabalhadores menos qualificados. Em outras palavras, a alegação dos países desenvolvidos é a de que o seu mercado "sofre" com a competitividade desleal de produtos mais baratos provenientes de países que mal remuneram os seus trabalhadores e não se lhes asseguram um *mínimo* de direitos sociais, fato que faz com que os produtos dos

---

[14]   Nos termos do art. 2(1) do *Acordo Antidumping* (AA) constante do Anexo 1-A da Ata Final (OMC) que incorpora as decisões tomadas na Rodada Uruguai, considera-se haver *dumping* quando há "oferta de um produto no comércio de outro país a preço inferior a seu valor normal, no caso de o preço de exportação do produto ser inferior àquele praticado no curso normal das atividades comerciais para o mesmo produto quando destinado ao consumo no país exportador".

[15]   Sobre as várias discussões travadas a esse respeito, *v.* o livro de Roberto Di Sena Júnior, *Comércio internacional & globalização: a cláusula social na OMC*, Curitiba: Juruá, 2003, 239p. Do mesmo autor, cf. Padrões trabalhistas e comércio internacional, in *Revista de Informação Legislativa*, ano 40, nº 159, Brasília: Senado Federal, jul./set./2003, pp. 301-306. *V.* ainda o estudo de Celso Lafer, *Dumping* social, in *Direito e comércio internacional: tendências e perspectivas (estudos em homenagem ao Prof. Irineu Strenger)*, São Paulo: LTr, 1994, pp. 161-164.

[16]   Cf. Vera Thorstensen. *OMC: Organização Mundial do Comércio – as regras do comércio internacional e a rodada do milênio*. São Paulo: Aduaneiras, 1999, p. 330.

Parte V · Cap. I · NOÇÕES GERAIS DE DIREITO INTERNACIONAL DO TRABALHO | **991**

países subdesenvolvidos ou em desenvolvimento vendam mais que aqueles provindos dos países mais ricos.

À prática acima descrita convencionou-se chamar de *dumping social*,[17] que seria ocasionado pela violação de direitos fundamentais no trabalho e que estaria a explicar o porquê de determinados países conseguirem produzir certos produtos a um preço bem inferior do que outros países (industrializados e desenvolvidos) conseguiriam, caso respeitassem todas as normas trabalhistas (nacionais e internacionais) vigorantes em seu território.[18] O *dumping social* seria, assim, a prática de certos Estados em explorar o trabalhador, desrespeitando padrões trabalhistas mínimos internacionalmente consagrados, a fim de conseguir competitividade no mercado internacional na produção de bens a um custo final muito mais baixo do que o normalmente praticado. Tem como principal característica a redução dos custos de produção no país de exportação, incentivada pela adoção de práticas desumanas de trabalho (*v.g.*, mão de obra escrava, semiescrava ou infantil) ou pelos baixos salários, para além da falta de assistência social ao trabalhador.[19] Dessa forma, as exportações de tais países aumentariam (fazendo aumentar a concorrência desleal no comércio internacional) em decorrência desses baixos custos de produção, decorrentes do fato de não serem onerados com os encargos de índole social.[20]

Em suma, a proposta da chamada *cláusula social* visa refletir padrões trabalhistas mínimos nos tratados relativos ao comércio internacional, a fim de diminuir a superexploração do trabalhador e o desemprego, principalmente nos países desenvolvidos e mais privilegiados economicamente, em consequência da ameaça do desemprego e da transferência física das indústrias para países subdesenvolvidos ou em desenvolvimento.[21] Trata-se de incluir nos acordos comerciais internacionais (e como condição prévia à participação no comércio internacional) cláusulas sobre "padrões trabalhistas mínimos", notadamente no âmbito da Organização Mundial do Comércio, seguindo-se regras de justiça social internacionalmente

---

[17] Este é colocado por muitos autores como um dos problemas centrais que originaram a própria estrutura normativa da OIT. Nesse sentido, *v.* René R. Mirolo & Patricia J. Sansinena, *Los convenios de la OIT en el derecho del trabajo interno*, cit., p. 80, para quem: "Todo *o sistema normativo da OIT* deve sua origem e tem por finalidade, entre outros objetivos, evitar o *dumping social*" [grifos do original].

[18] Destaque-se, também, a existência (junto ao *dumping social*) de possível concorrência desleal decorrente da violação de normas *ambientais*; trata-se do chamado "dumping ambiental".

[19] Cf. Adilson Rodrigues Pires. *Práticas abusivas no comércio internacional*. Rio de Janeiro: Forense, 2001, p. 188. Como destaca Alberto do Amaral Júnior: "Baixos salários e o descumprimento dos direitos trabalhistas são importantes vantagens comparativas no comércio internacional. Essas vantagens não se manifestam apenas no comércio entre as nações desenvolvidas e em desenvolvimento. A presença, no mercado internacional, de produtos exportados por países asiáticos que dispõem de regimes trabalhistas inferiores aos recomendados pela OIT acentuou ainda mais o contraste entre condições de trabalho, chamando a atenção para o reflexo que provocam no intercâmbio entre as nações" (Cláusula social: um tema em debate, in *Revista de Informação Legislativa*, ano 36, nº 141, Brasília: Senado Federal, jan./mar./1999, p. 137).

[20] *V.* Arnaldo Süssekind. *Instituições de direito do trabalho*, vol. 2, cit., p. 1.468.

[21] Cf. Welber Barral. *Dumping e comércio internacional: a regulamentação antidumping após a Rodada Uruguai*. Rio de Janeiro: Forense, 2000, p. 14; e Maria Cristina Mattioli, Os padrões internacionais do trabalho diante do fenômeno da globalização: novo enfoque para as reformas trabalhista e sindical no Brasil, in *Revista do Tribunal Superior do Trabalho*, vol. 78, nº 2, Brasília, abr./jun./2012, pp. 123-128.

aceitas. A ideia consiste em formar um *core labour standard* paradigma a toda e qualquer negociação do comércio internacional, para o fim de impedir o desrespeito aos padrões trabalhistas mínimos nas relações internacionais de comércio. Entre essas regras, podem ser citadas as normas contra a escravidão e o trabalho forçado, contra a discriminação do trabalhador, contra a exploração do trabalho infantil, os preceitos de proteção ao salário digno, descanso semanal remunerado e férias, os de limitação da jornada de trabalho, os relativos às demissões arbitrárias, à negociação coletiva, à aposentadoria etc.[22] O que os países desenvolvidos (críticos do livre comércio) propõem é uma atuação conjunta da OMC com a OIT para a salvaguarda dos direitos fundamentais dos trabalhadores, tendo em vista que a esta última organização faltam meios processuais eficientes (*enforcement powers*) para a exequibilidade de seus comandos.[23]

Foi nesse sentido que, em 1996, a Assembleia Parlamentar do Conselho da Europa chamou a atenção para a anomalia consistente em "excluir as normas trabalhistas – e apenas elas – das negociações comerciais em curso, no momento em que essas negociações se ampliaram a ponto de englobar, por exemplo, a proteção da propriedade industrial e a coexistência do comércio e das práticas ambientais"; naquela ocasião, ficou prevista uma reunião interministerial em Cingapura, momento em que a Assembleia apelou aos Estados-partes para que encorajassem "todos os membros da OMC em se esforçar para inscrever a introdução das cláusulas sociais nos seus acordos como ordem do dia da conferência e das iniciativas de reforma dos próximos anos".[24] A reunião de Cingapura (ocorrida em 13 de dezembro de 1996) culminou com a *Declaração Ministerial de Cingapura*, que, contrariamente ao esperado pelos países europeus, afastou a competência da OMC para lidar com padrões trabalhistas; ou seja, em Cingapura, reafirmou-se a competência apenas da OIT para estabelecer a gramática dos *standards* laborais mínimos.[25]

---

[22]   V. Keith E. Maskus. Should core labor standards be imposed through international trade policy?, in *Policy Research Working Paper 1817*, Washington, DC: World Bank, aug./1997, pp. 1-83; e Maria Cristina Mattioli, Os padrões internacionais do trabalho diante do fenômeno da globalização…, cit., p. 126.

[23]   Segundo Alberto do Amaral Júnior: "A falta de *enforcement powers* é sem dúvida fator limitante para a eficácia dos direitos trabalhistas no âmbito internacional. Essa é, aliás, uma das causas principais que levou os EUA e diversos outros países desenvolvidos a considerá-la [a OIT] foro inadequado para o tratamento da 'cláusula social'. As evidências sugerem a necessidade de dotar a OIT de um sistema sancionatório mais efetivo, voltado simultaneamente para a consecução de objetivos éticos no domínio dos valores e para a repressão das infrações aos direitos trabalhistas enquanto direitos humanos. (…) No contexto atual, a tendência com maior probabilidade de se consolidar no plano multilateral é deixar à OIT a competência para lidar com o tema da violação dos direitos trabalhistas, aprimorando-se os mecanismos de implementação das decisões adotadas" (Cláusula social: um tema em debate, cit., pp. 139-140).

[24]   V., por tudo, Mireille Delmas-Marty, *Três desafios para um direito mundial*, trad. Fauzi Hassan Choukr, Rio de Janeiro: Lumen Juris, 2003, p. 61.

[25]   Eis o que estabeleceu o documento: "Renovamos nosso compromisso de respeitar as normas de trabalho fundamentais internacionalmente reconhecidas, sendo a Organização Internacional do Trabalho o organismo competente para estabelecer essas normas e ocupar-se das mesmas. Consideramos que o crescimento e o desenvolvimento econômico impulsionados pelo crescimento do comércio e a maior liberalização comercial contribuirão para a promoção dessas normas. Rejeitamos a utilização de padrões trabalhistas para propósitos protecionistas, e acordamos que a vantagem comparativa de alguns países, especialmente os países em desenvolvimento que mantêm salários baixos, não deve de maneira

b) Posição dos países subdesenvolvidos e em desenvolvimento. Todos os argumentos e medidas *antidumping* dos países desenvolvidos (capitaneados pelos Estados Unidos e União Europeia) não têm passado imunes a críticas, notadamente dos países em desenvolvimento (dentre os quais está o Brasil). A alegação destes últimos também é forte: a vinculação dos padrões trabalhistas ao comércio internacional, implementada pelo discurso dos países industrializados, não representa mais que uma tentativa dissimulada de criação de barreiras protecionistas às exportações dos países menos desenvolvidos.[26] Em outras palavras, "por trás da pretensa defesa de padrões trabalhistas mais equitativos, haveria tão somente o objetivo de estimular a exportação de bens tecnologicamente avançados para as nações menos desenvolvidas, restringindo-se, ao mesmo tempo, as exportações destas para as economias industrializadas".[27] Outro argumento (agora de índole *moral*) seria ainda o de que a imposição de sanções comerciais aos países "desleais" resolveria apenas o problema (que é tão somente comercial) do *dumping* nas relações internacionais, em nada afetando aqueles que mais sofrem com a falta de respeito aos padrões trabalhistas mínimos: os próprios *trabalhadores*.[28] Resta saber se realmente não estão os países desenvolvidos se utilizando do *discurso social* na defesa dos seus próprios interesses...

c) A alternativa do "selo social". Uma alternativa à *cláusula social* seria a utilização (decorrente de previsão nos acordos comerciais internacionais) de um *selo social* em produtos industrializados destinados à exportação; o *selo* consistiria na fixação de um sinal ou etiqueta nesses produtos, mostrando ao consumidor que o Estado onde foram fabricados respeitou *in totum* as normas internacionais de proteção ao trabalho e ao trabalhador. Em outras palavras, seria a aposição, em produtos estrangeiros industrializados, de um *seal of approval* (ou "certificado de qualidade") da origem e procedência do produto, com a finalidade de melhor proteger os direitos dos trabalhadores, violados pelo país de exportação quando de sua atuação no comércio internacional.

Importante, nesse contexto, é o fortalecimento dos acordos bilaterais e regionais em matéria de proteção laboral no cenário comercial internacional, a fim de se evitar o risco de práticas hegemônicas. Mas a dificuldade aqui – como observa Mireille Delmas-Marty – reside "na extrema diversidade de direitos nacionais quanto à regulamentação das condições de trabalho, às vezes inexistentes (é o caso de certos países da Ásia), às vezes ineficazes (México), ou já 'destruídas' (Chile e Peru) ou em vias de sê-lo (como no Canadá)".[29]

---

alguma ser posta em questão. Sobre este tema, os secretários da OMC e da OIT continuarão a colaborar mutuamente" (*Trade and labour standards: a difficult issue for many WTO member governments*, 18 dez./1996).

[26] Cf. Stephen S. Golub. Are international labor standards needed to prevent social dumping?, in *Finance & Development*, vol. 34, nº 4, dec./1997, p. 20; e Gudrun Monika Zagel, WTO & human rights: examining linkages and suggesting convergence, in *IDLO Voices of Development Jurists Paper Series*, vol. 2, nº 2 (2005), p. 5.

[27] Alberto do Amaral Júnior. Cláusula social: um tema em debate, cit., p. 133. Cf. também, Welber Barral, *Dumping e comércio internacional...*, cit., p. 14.

[28] Nesse sentido, *v.* Roberto Di Sena Júnior, Padrões trabalhistas e comércio internacional, cit., p. 305.

[29] Mireille Delmas-Marty. *Três desafios para um direito mundial*, cit., p. 63.

SEÇÃO II – A ORGANIZAÇÃO INTERNACIONAL DO TRABALHO (OIT)

1. Introdução. Historicamente, a Organização Internacional do Trabalho (OIT) foi constituída pelo Tratado de Versailles, mais especificamente pela sua Parte XIII, no ano de 1919, em que se anexou um projeto de criação de uma instituição permanente voltada às questões laborais. Ainda em 1919 teve início, em Washington, a primeira Conferência Internacional do Trabalho, em que se cria a OIT como órgão da antiga Liga das Nações.[30] Em 1944, na 26ª Conferência Internacional do Trabalho, realizada na Filadélfia, Estados Unidos, anexa-se à Constituição da OIT a *Declaração Referente aos Fins e Objetivos da Organização*, mais conhecida como *Declaração de Filadélfia*, que substituiu o art. 41 do texto original de 1919.[31] Esta *Declaração*, pelo conteúdo e natureza dos enunciados normativos que contém, exerceu "grande influência no padrão da atividade normativa futura da organização, porque não só atualizou os seus objetivos, como os tornou mais adequados à sociedade internacional que emergiria do pós-guerra e ao novo padrão de direito internacional que se descortinava".[32] Em 1946, na 29ª reunião da Conferência Internacional do Trabalho, realizada em Montreal, Canadá, aprova-se o texto hoje em vigor da Constituição da OIT, em substituição ao texto original adotado em 1919 e emendado em 1922, 1934 e 1945. O texto de 1946 sofreu emendas em 1953, 1962 e 1972, todas em vigor no âmbito internacional e ratificadas pelo Brasil.[33] Atualmente, da Organização fazem parte 185 países.

Cabe lembrar, nesta introdução, que a OIT é atualmente, nos termos do art. 57 da Carta das Nações Unidas, um *organismo especializado* da ONU, como já explicado na Parte II, Capítulo III, Seção II, item nº 6, deste livro. Tais organismos especializados, apesar de vinculados à ONU, não são *órgãos* desta organização, conservando sua independência jurídica e autonomia.[34]

Numa época em que o Direito Internacional sofre sérias crises, notadamente em decorrência do colapso por que passa a Organização das Nações Unidas, a OIT se mantém firme em seus propósitos, podendo ser considerada a organização mais promissora e bem-sucedida dentro do cenário atual do direito das gentes. Além de ser um centro de referência mundial em matéria de emprego e trabalho, a OIT é também exemplo de organização produtiva. Isto porque as suas Convenções não são diretamente votadas por Estados, e sim por uma *assembleia*, não sendo lícito a nenhum país fazer ressalvas ao texto aprovado, pois a vontade nacional, na OIT, também se compõe de forças sociais externas ao poder do Estado e sobre as quais este mesmo Estado se assenta. Assim, não obstante a crise que enfrenta o Direito

---

[30] Cf. Ricardo Seitenfus. *Manual das organizações internacionais*, cit., p. 227; Ericson Crivelli, *Direito internacional do trabalho contemporâneo*, cit., pp. 58-59; René R. Mirolo & Patricia J. Sansinena, *Los convenios de la OIT en el derecho del trabajo interno*, cit., pp. 38-40; e Ian Hurd, *International organizations...*, cit., pp. 162-163. V. a página *web* da OIT em: [http://www.ilo.org].

[31] Esta alteração, porém, só foi realizada na 27ª Conferência, realizada em Paris em outubro de 1945.

[32] Ericson Crivelli. *Direito internacional do trabalho contemporâneo*, cit., p. 64.

[33] O Brasil ratificou o instrumento de emenda da Constituição da OIT em 13 de abril de 1948, por meio do Decreto 25.696, de 20.10.1948.

[34] Cf. Ricardo Seitenfus. *Manual das organizações internacionais*, cit., p. 182.

Parte V • Cap. I • NOÇÕES GERAIS DE DIREITO INTERNACIONAL DO TRABALHO | **995**

Internacional em alguns setores, pode-se dizer que a OIT, desde a sua criação, tem honrado o compromisso de bem regular as relações entre capital e trabalho.

Não se pense, porém, que a OIT é uma instituição incólume a crises. Atualmente também já se fala numa crise da própria Organização, notadamente na perda da centralidade que tinha como fonte formal do Direito Internacional do Trabalho. Para certa parte da doutrina, o advento de novos atores no cenário internacional fez com que a OIT perdesse grande parte do poder centralizador de ditar as normas internacionais do trabalho. A substituição do modelo fordista do processo de trabalho pelo modelo flexível ou pós-fordista, a transformação das empresas multinacionais em transnacionais, a queda generalizada das barreiras comerciais determinadas pela criação da OMC, a erosão do conceito de centralidade política e jurídica do Estado e a presença cada vez mais constante das ONGs no cenário internacional, seriam os novos fatores a colaborar com essa crise da própria OIT, a merecer atenta reflexão.[35]

2. Finalidades. Nos termos do art. 1º de sua Constituição, a OIT é "uma Organização permanente, encarregada de promover a realização do programa exposto no preâmbulo da presente Constituição e na Declaração referente aos fins e objetivos da Organização Internacional do Trabalho, adotada em Filadélfia a 10 de maio de 1944, a cujo texto figura em anexo à presente Constituição". As *finalidades* da OIT, assim, estão ligadas ao que expressamente proclama o preâmbulo de sua Constituição e a Declaração de Filadélfia (anexa ao convênio constitutivo da Organização).

Esse preâmbulo declara, inicialmente, que "a paz, para ser universal e duradoura, deve assentar sobre a justiça social", destacando, a seguir, que "existem condições de trabalho que implicam, para grande número de indivíduos, miséria e privações, e que o descontentamento que daí decorre põe em perigo a paz e a harmonia universais". E, por final, diz ainda que "é urgente melhorar essas condições no que se refere, por exemplo, à regulamentação das horas de trabalho, à fixação de uma duração máxima do dia e da semana de trabalho, ao recrutamento da mão de obra, à luta contra o desemprego, à garantia de um salário que assegure condições de existência convenientes, à proteção dos trabalhadores contra as moléstias graves ou profissionais e os acidentes do trabalho, à proteção das crianças, dos adolescentes e das mulheres, às pensões de velhice e de invalidez, à defesa dos interesses dos trabalhadores empregados no estrangeiro, à afirmação do princípio 'para igual trabalho, mesmo salário', à afirmação do princípio de liberdade sindical, à organização do ensino profissional e técnico, e outras medidas análogas".[36]

Tais afirmações definem os três motivos inspiradores da criação da OIT: *a*) o *sentimento de justiça social*; *b*) o *perigo de injustiça social*; e *c*) a *similaridade das condições de trabalho* na ordem internacional, como meio de "evitar que os esforços de certas nações desejosas de melhorar a sorte dos seus trabalhadores possam ser obstados pela não adoção, por outros países, de regimes de trabalho realmente humanos".[37] Tais motivos inspiradores da OIT,

---

[35] Para detalhes, *v*. Ericson Crivelli, *Direito internacional do trabalho contemporâneo*, cit., pp. 107-153.

[36] Para um comentário desse *Preâmbulo* (originalmente constante da Parte XIII do Tratado de Versailles), *v*. Nicolas Valticos, *Derecho internacional del trabajo*, cit., p. 67 e ss.

[37] Arnaldo Süssekind. *Direito internacional do trabalho*, cit., p. 120. No mesmo sentido, *v*. Geraldo W. von Potobsky & Héctor G. Bartolomei de la Cruz, *La Organización Internacional del Trabajo*, cit., p. 6.

como se percebe nitidamente pela análise do momento histórico em que a Organização foi criada, são reflexo do legado negativo deixado pela recém-finda Primeira Guerra Mundial, que assolou o mundo (notadamente o Continente Europeu) com a miséria e a degradação dos trabalhadores.

Dentre outras finalidades da OIT, enumeradas desde 1944 pelo art. 3º da Declaração de Filadélfia, estão a plenitude do emprego e a elevação dos níveis de vida; o emprego de trabalhadores nas ocupações em que possam ter a satisfação de trabalhar; o favorecimento das possibilidades de formação profissional e facilitação das transferências e migrações de trabalhadores e de colonos, dando as devidas garantias a todos os interessados; a adoção de normas referentes aos salários e às remunerações, ao horário e às outras condições de trabalho, a fim de permitir que todos usufruam do progresso e, também, que todos os assalariados, que ainda não o tenham, percebam, no mínimo, um salário vital; o asseguramento do direito de ajustes coletivos; o incentivo à cooperação entre empregadores e trabalhadores para melhoria contínua da organização da produção e a colaboração de uns e outros na elaboração e na aplicação da política social e econômica; a ampliação das medidas de segurança social, a fim de assegurar tanto uma renda mínima e essencial a todos a quem tal proteção é necessária, como assistência médica completa; o asseguramento de uma proteção adequada da vida e da saúde dos trabalhadores em todas as ocupações; a garantia da proteção da infância e da maternidade; a obtenção de um nível adequado de alimentação, de alojamento, de recreação e de cultura; e a garantia das mesmas oportunidades para todos em matéria educativa e profissional. Pode-se reunir todas essas finalidades para afirmar que a missão primordial da OIT continua a ser a melhoria das condições de trabalho de todos os seres humanos, o que atualmente tem sido enfocado sob a rubrica do *trabalho decente*.[38]

Por fim, ainda no que tange às *finalidades* da OIT, frise-se que na 86ª Conferência Internacional do Trabalho, realizada em junho de 1998 em Genebra, foi aprovada (sem nenhum voto em contrário) a Declaração da OIT sobre os Princípios e Direitos Fundamentais no Trabalho, na qual ficou bem assentado que "a justiça social é imprescindível para garantir uma paz universal e permanente", bem assim que "o crescimento econômico é essencial, mas não suficiente, para garantir a equidade, o progresso social e a erradicação da pobreza".[39] Tal Declaração pode ser considerada um *standard* mínimo de proteção ao trabalhador, em condições de enfrentar a tirania que a globalização e a ordem econômica atual impõem ao trabalho no mundo.

3. Competência. Os pressupostos fixadores da competência da OIT decorrem indiscutivelmente de suas finalidades (*v.* item nº 2, *supra*). De fato, dentro de seu acordo constitutivo não há uma enumeração inflexível de sua competência, o que deve ser aferido segundo cada momento por que passa a humanidade. Em outras palavras, a Organização se ocupa daquilo *que está de acordo* com as suas finalidades, não existindo uma enumeração rígida ou uma limitação específica do seu âmbito de ação.[40] Essa premissa foi reafirmada pela Declaração

---

[38] Sobre o tema, cf. especialmente Delaíde Alves Miranda Arantes, *Trabalho decente: uma análise na perspectiva dos direitos humanos trabalhistas a partir do padrão decisório do Tribunal Superior do Trabalho*, São Paulo: LTr, 2023.

[39] *V.* International Labour Conference, *Record of Proceedings*, vol. I, Geneva (1998), § 20.

[40] Cf. Arnaldo Süssekind. *Instituições de direito do trabalho*, vol. 2, cit., p. 1.477.

Parte V · Cap. I · NOÇÕES GERAIS DE DIREITO INTERNACIONAL DO TRABALHO | **997**

de Filadélfia, incorporada à Constituição da OIT pela revisão de 1946, que ampliou sobremaneira a competência da Organização, atribuindo-lhe um vastíssimo campo de ação no domínio do progresso social.

Assim, pode-se dizer que a competência (*ex ratione personae* e *ex ratione materiae*) da OIT é uma competência aberta (larga, plástica ou maleável), que não está limitada pelo seu convênio constitutivo, e que pode ser modulada por meio dos tempos relativamente a todas as questões que interessam ao trabalho e àqueles que a este se consagram.

Como destaca Arnaldo Süssekind, relativamente à competência *ex ratione personae* da OIT, "ela hoje alcança o ser humano: *a*) como trabalhador em potencial; *b*) como homem que trabalha (qualquer que seja a atividade ou a forma de realizá-la), ou em inatividade por contingências biológicas, sociais ou econômicas; *c*) como membro da família ou dependente das pessoas mencionadas no item anterior". Ainda para Süssekind, em relação agora à competência *ex ratione loci* da OIT, essa "não oferece maiores controvérsias: ela é universal, com exclusão dos territórios dos Estados que não a integram, como seus membros. As deliberações da OIT só concernem aos seus Estados-membros: suas convenções somente por estes podem ser ratificadas; apenas estes têm a obrigação, nos seus territórios, de observar os instrumentos adotados pelo aludido organismo".[41]

4. Natureza jurídica. Tendo sido a OIT criada pelo Tratado de Versailles como *organização permanente*, constituída pelos seus Estados-membros para realizar os propósitos estabelecidos no preâmbulo de seu instrumento constitutivo, é ela, portanto, uma organização internacional com personalidade jurídica de Direito Internacional Público.

O art. 39 do seu convênio constitutivo é expresso em afirmar que a Organização "deve ter *personalidade jurídica*, e, precipuamente, capacidade para: *a*) adquirir bens, móveis e imóveis, a dispor dos mesmos; *b*) contratar; e *c*) intentar ações. Como consequência, a OIT deve gozar, "nos territórios de seus Membros, dos privilégios e das imunidades necessárias à consecução dos seus fins" (art. 40, § 1º, de sua Constituição). Assim, devem ser aplicados às suas representações todos os privilégios e imunidades assegurados aos entes de Direito Público externo, aos seus agentes diplomáticos e a certos funcionários de suas missões. De forma que, pelo princípio da *imunidade de jurisdição*, não se aplicam aos seus representantes, agentes e funcionários titulados, as leis dos países onde os mesmos se encontram. Os delegados à Conferência, os membros do Conselho de Administração, bem como o Diretor-Geral e os funcionários da Repartição, gozarão, igualmente, dos privilégios e imunidades necessárias para exercerem, com inteira independência, as funções que lhes competem, relativamente à Organização.[42]

Portanto, esclareça-se que o princípio da imunidade de jurisdição de que aqui se trata diz respeito à OIT na sua qualidade de organização internacional e às *pessoas* que dela fazem parte. Sua consagração em relação aos *Estados*, notadamente quando determinado Estado estrangeiro é acionado perante a Justiça do Trabalho, em reclamação trabalhista ajuizada no Brasil, já foi estudada na Parte II, Capítulo II, Seção IV, item nº 8 deste livro.

A OIT é, em suma, pessoa jurídica de Direito Internacional Público, de caráter permanente, vinculada às Nações Unidas, com capacidade para contratar, adquirir bens móveis e

---

[41]   Arnaldo Süssekind. Idem, p. 1.478.

[42]   Cf. Arnaldo Süssekind. *Direito internacional do trabalho*, cit., pp. 115-118.

998 | CURSO DE DIREITO INTERNACIONAL PÚBLICO – *Valerio de Oliveira Mazzuoli*

imóveis e deles dispor, comparecer em juízo e gozando, no território de cada um dos seus Estados-membros, dos privilégios e imunidades necessários à consecução de suas finalidades.

5. Membros. Sendo pessoa jurídica de Direito Internacional Público, a OIT é constituída exclusivamente por Estados. E, relativamente ao ingresso desses Estados na organização, assim estatui o art. 1º, §§ 2º, 3º e 4º, da Constituição da OIT:

> "2. Serão Membros da Organização Internacional do Trabalho os Estados que já o eram a 1º de novembro de 1945, assim como quaisquer outros que o venham a ser, de acordo com os dispositivos dos parágrafos 3º a 4º do presente artigo.
>
> 3. Todo Estado-membro das Nações Unidas, desde a criação desta instituição e todo Estado que for a ela admitido, na qualidade de Membro, de acordo com as disposições da Carta, por decisão da Assembleia Geral, podem tornar-se Membros da Organização Internacional do Trabalho, comunicando ao Diretor-Geral da Repartição Internacional do Trabalho que aceitou integralmente as obrigações decorrentes da Constituição da Organização Internacional do Trabalho.
>
> 4. A Conferência Geral da Organização Internacional do Trabalho tem igualmente poderes para conferir a qualidade de Membro da Organização, por maioria de dois terços do conjunto dos votos presentes, se a mesma maioria prevalecer entre os votos dos delegados governamentais. A admissão do novo Estado-membro tornar-se-á efetiva quando ele houver comunicado ao Diretor-Geral da Repartição Internacional do Trabalho que aceita integralmente as obrigações decorrentes da Constituição da Organização".

Os primeiros membros – aqueles já pertencentes à Organização a 1º de novembro de 1945 – foram considerados membros *natos*. Por sua vez, os Estados que já são parte ou que venham a se tornar parte da ONU podem também ser membros da OIT, independentemente da aprovação pela Conferência Internacional do Trabalho e dos delegados governamentais, devendo apenas "comunicar" ao Diretor-Geral da Repartição Internacional do Trabalho que aceitou integralmente as obrigações decorrentes da Constituição da OIT. Ou seja, os Estados têm a faculdade de ingressar na OIT mediante *simples comunicação*, o que demonstra que tal ingresso é sempre voluntário, ao contrário do que ocorria ao tempo da Liga das Nações, cujos membros eram *obrigados* a pertencer à OIT. Assim, diferentemente de outras organizações internacionais, em que normalmente um colegiado resolve sobre a admissão do novo membro, na OIT esse ingresso é automático, o que mereceu a crítica da doutrina especializada.[43]

Frise-se que essa *comunicação* que o Estado-membro da ONU faz ao Diretor-Geral da Repartição Internacional do Trabalho, para fins de ingresso na OIT, deve ser precedida de autorização do órgão interno competente, segundo o direito do país em questão.

Qualquer membro da OIT pode (voluntariamente) dela se retirar, mesmo que continue vinculado às Nações Unidas. Para tal, nos termos do § 5º do art. 1º da Constituição da OIT, deve o Estado apresentar *aviso prévio*, comunicando seu intento ao Diretor-Geral da Repartição Internacional do Trabalho, o qual surtirá efeito apenas dois anos depois de recebido; deve ainda satisfazer, até a última data, todas as suas obrigações financeiras assumidas. Ainda, segundo tal dispositivo, esta retirada não afetará, para o Estado-membro que houver ratificado uma convenção, a validez das obrigações destas decorrentes, ou a elas relativas, durante o pedido

---

[43]   Cf. Arnaldo Süssekind. Idem, pp. 127-128.

Parte V · Cap. I · NOÇÕES GERAIS DE DIREITO INTERNACIONAL DO TRABALHO | **999**

previsto pela mesma convenção. Assim, a saída de um Estado da Organização não o desonera de suas obrigações convencionais, não havendo que se falar que a convenção ratificada perde, no plano interno, a sua eficácia com a retirada do Estado-membro.

Os Estados que tenham se retirado da Organização podem a ela retornar, mas dessa vez sujeitando-se aos procedimentos estabelecidos para novos membros (constantes dos §§ 3º e 4º do art. 1º da Constituição da OIT), ainda que se trate de membro pertencente à OIT desde a sua fundação. Assim, se o país é membro das Nações Unidas, basta a simples comunicação ao Diretor-Geral da Repartição Internacional do Trabalho (depois de obtido, é claro, o aceite da autoridade interna competente) da sua vontade em retornar à Organização, firmando novamente o compromisso de aceitar "integralmente as obrigações decorrentes da Constituição da Organização Internacional do Trabalho" (na forma do art. 1º, § 3º, *in fine*). Os Estados Unidos da América se retiraram da OIT em novembro de 1977, mas foram readmitidos após dois anos e meio de desligamento. Mais de quinze países já se desligaram da OIT (entre eles, a Costa Rica, Paraguai, Áustria, Guatemala, Honduras, Nicarágua, Alemanha, Itália, a antiga URSS, Japão, Espanha, Iugoslávia, Venezuela e Síria), mas retornaram posteriormente.[44]

O Brasil, além de membro nato da Organização, por dela fazer parte desde 1º de novembro de 1945 (nos termos do § 1º do art. 1º da Constituição da OIT), também foi um dos membros fundadores da instituição em 1919.

6. Estrutura orgânica. A estrutura orgânica da OIT compreende, nos termos do art. 2º de sua Constituição, os seguintes órgãos:

a) uma Conferência Internacional do Trabalho (ou *Assembleia Geral*),[45] que é órgão geral e constituído pelos Representantes dos Estados-membros;

b) um Conselho de Administração, composto como indicado no art. 7º; e

c) uma Repartição (*Bureau*) Internacional do Trabalho, sob a direção de um Conselho de Administração.

A *Conferência Internacional do Trabalho* é o órgão supremo e a assembleia geral de todos os Estados-membros da Organização. Ela detém o poder deliberativo máximo dentro da OIT, dela provindo toda a regulamentação internacional do trabalho e dos problemas que lhe são conexos, por meio de convenções internacionais, recomendações e resoluções. Portanto, diferentemente dos atos internacionais tradicionais, que resultam do entendimento direto dos Estados que os subscrevem, as convenções, recomendações e resoluções internacionais do trabalho são frutos de entendimentos ocorridos dentro dos quadros da OIT, em cujo seio sua elaboração é processada e sua aprovação ganha contornos oficiais.[46] À Conferência cabe, também, a decisão sobre a admissão de novos Estados não pertencentes

---

44 Cf. Arnaldo Süssekind. Idem, pp. 140-141.

45 Alguns autores, como René Mirolo e Patricia Sansinena, identificam-na como um "Parlamento Social Internacional" (cf. *Los convenios de la OIT en el derecho del trabajo interno*, cit., p. 105).

46 Cf. Amauri Mascaro Nascimento. *Curso de direito do trabalho*, 19ª ed. rev. e atual. São Paulo: Saraiva, 2004, p. 96.

às Nações Unidas, bem como a resolução de questões relativas à aplicação das convenções ou recomendações por parte dos seus Estados-membros etc.[47]

Sua natureza jurídica, como leciona Arnaldo Süssekind, é *sui generis*, uma vez que "os delegados que a constituem representam o Estado-membro (dois), as organizações sindicais de trabalhadores (um) e as organizações de empregadores (um), inexistindo qualquer outra entidade de direito público internacional com tal composição", o que levou Guerreau a assinalar "que a Conferência corresponde a uma espécie de parlamento mundial integrado por um sistema de representação mista de interesses: estatais e profissionais".[48] Essa simbiose representativa presente na estrutura da OIT transforma a Conferência Internacional do Trabalho em órgão plural de capacidade decisória, em que os interesses estatais e profissionais encontram-se legitimamente representados.

A Conferência plena, que se reúne anualmente, é composta de quatro delegados de cada um dos seus Estados-membros, dos quais dois serão Delegados do Governo e os outros dois representarão, respectivamente, os empregados e empregadores (art. 3º, § 1º). Cada Delegado poderá ser acompanhado por consultores técnicos, cujo número será de dois no máximo, para cada uma das matérias inscritas na ordem do dia da sessão. Quando a Conferência discutir questões que interessem particularmente às mulheres, uma ao menos das pessoas designadas como consultores técnicos deverá ser mulher (art. 3º, § 2º).

Esses delegados e consultores técnicos (não governamentais) são indicados pelas respectivas organizações profissionais mais representativas, tanto dos empregadores como dos empregados, se essas organizações existirem (art. 3º, § 5º). Os consultores técnicos não serão autorizados a tomar a palavra senão por pedido feito pelo delegado a que são adidos e com a autorização especial do Presidente da Conferência. Ademais, tais consultores não têm direito de voto na Conferência (art. 3º, § 6º).

Cada delegado terá o direito de votar individualmente em todas as questões submetidas às deliberações da Conferência. No caso em que um dos Estados-membros não haja designado um dos delegados não governamentais a que tiver direito, cabe ao outro delegado não governamental o direito de tomar parte nas discussões da Conferência, mas não o de votar. Caso a Conferência, em virtude dos poderes que lhe confere o art. 3º, recuse admitir um dos delegados de um dos Estados-membros, as estipulações deste artigo serão aplicadas como se o dito delegado não tivesse sido designado (art. 4º, §§ 1º, 2º e 3º).

O *Conselho de Administração* é o órgão administrativo (diretivo e executivo) da OIT. É ele que administra, de forma colegiada, toda a Organização. Compete-lhe, essencialmente: escolher o local e a ordem do dia das reuniões da Conferência Internacional do Trabalho, das conferências regionais e das conferências técnicas; primar pelo cumprimento das deliberações tomadas na Conferência; supervisionar e orientar as atividades do *Bureau* Internacional do Trabalho; designar o Diretor-Geral dessa repartição; elaborar o projeto de orçamento da Organização; criar comissões especiais para o estudo de determinados problemas incluídos na jurisdição da Organização etc. O conselho se reúne em Genebra, três vezes por ano (fevereiro-março, maio e novembro).[49]

---

[47] V. Arnaldo Süssekind. *Direito internacional do trabalho*, cit., pp. 147-148.
[48] Arnaldo Süssekind. Idem, p. 148.
[49] Cf. Arnaldo Süssekind. Idem, p. 153.

Nos termos do art. 7º, § 1º, da Constituição da OIT, tal como em vigor, o Conselho de Administração compõe-se (em estrutura tripartite[50]) de cinquenta e seis pessoas, sendo:

a) 28 representantes dos Governos;

b) 14 representantes dos empregadores; e

c) 14 representantes dos empregados.

O sistema de proporcionalidade escolhido para o Conselho de Administração, como se percebe, foi o 2-1-1 para os representantes dos governos, dos empregadores e dos empregados, respectivamente. Entendeu-se que seria justa a representação proporcional assim estabelecida, guardando os representantes dos Estados número dobrado aos representantes de empregadores e empregados.

Frise-se que dos vinte e oito representantes dos Governos, dez são nomeados pelos Estados-membros de maior importância industrial e dezoito são nomeados pelos Estados-membros designados para esse fim pelos delegados governamentais da Conferência, excluídos os delegados dos dez Membros acima mencionados (art. 7º, § 2º).

O Conselho de Administração indicará, sempre que julgar oportuno, quais os Estados-membros de maior importância industrial, e, antes de tal indicação, estabelecerá regras para garantir o exame, por uma comissão imparcial, de todas as questões relativas à referida indicação. Qualquer apelo formulado por um Estado-membro contra a resolução do Conselho de Administração quanto aos Membros de maior importância industrial, será julgado pela Conferência, sem, contudo, suspender os efeitos dessa resolução, enquanto a Conferência não se houver pronunciado (art. 7º, § 3º). Os representantes dos empregadores e os dos empregados serão, respectivamente, eleitos pelos delegados dos empregadores e pelos delegados dos trabalhadores à Conferência (art. 7º, § 4º).

O Conselho será renovado de três em três anos. Se, por qualquer motivo, as eleições para o Conselho de Administração não se realizarem ao expirar este prazo, será mantido o mesmo Conselho de Administração até que se realizem tais eleições (art. 7º, § 5º).

Do Conselho de Administração fazem parte um presidente e dois vice-presidentes. Dentre os três eleitos, um representará um Governo e os dois outros, empregadores e empregados, respectivamente.

O Conselho tem criado diversas *comissões* especializadas com a finalidade de fiscalizar o cumprimento das normas internacionais de proteção ao trabalho, bem como de investigar as condições de trabalho e questões sociais em certas atividades ou determinadas regiões, a exemplo das *Comissões Consultivas Regionais Asiática, Africana e Interamericana*, das quais fazem parte, como membros natos, os governos, trabalhadores e empregadores dos respectivos continentes que integram, e das *Comissões de Indústrias e Análogas*, relativamente às indústrias mecânicas, químicas, do carvão, de construção, de engenharia civil, de obras públicas, de transportes internos, têxtil, do petróleo, do ferro e aço, de indústrias gráficas e afins, da indústria da madeira, de produtos alimentícios e bebidas, de hotelaria, restaurantes e turismo, de minas (com exceção das carboníferas), do trabalho nas plantações e paritária marítima etc.[51]

---

[50] Sobre o tripartismo da OIT, *v.* René R. Mirolo & Patricia J. Sansinena, *Los convenios de la OIT en el derecho del trabajo interno*, cit., pp. 44-46.

[51] Cf., por tudo, Arnaldo Süssekind, *Direito internacional do trabalho*, cit., pp. 162-163; e ainda, do mesmo autor, *Instituições de direito do trabalho*, vol. 2, cit., pp. 1.484-1.485.

A *Repartição (Escritório) Internacional do Trabalho* (ou *Bureau* Internacional do Trabalho – BIT) constitui a secretaria técnico-administrativa permanente da OIT, funcionando com sede em Genebra. O *Bureau* dedica-se a documentar e a divulgar as atividades da Organização, publicando as convenções e recomendações adotadas, além de editar a *Revista Internacional do Trabalho* e a *Série Legislativa*, destinadas a dar publicidade às leis em matéria trabalhista adotadas pelos países-membros da OIT. Nos termos da Constituição da OIT, à Repartição Internacional do Trabalho compete, primordialmente, "a centralização e a distribuição de todas as informações referentes à regulamentação internacional da condição dos trabalhadores e do regime do trabalho e, em particular, o estudo das questões que lhe compete submeter às discussões da Conferência para conclusão das convenções internacionais assim como a realização de todos os inquéritos especiais prescritos pela Conferência, ou pelo Conselho de Administração" (art. 10, § 1º).

Para Arnaldo Süssekind, dentre as funções que o *Bureau* exerce "merece realçar a que concerne às publicações periódicas e eventuais sobre a legislação comparada e os aspectos doutrinários e técnicos referentes aos problemas que interessam à OIT. Outro importante encargo da Repartição é o de realizar, em colaboração direta com as autoridades nacionais interessadas e organismos de diversos tipos, programas de atividades práticas e de assistência técnica, especialmente nas regiões em vias de desenvolvimento".[52]

O *Bureau* é composto de um Diretor-Geral, designado pelo Conselho de Administração, responsável, perante este, pelo bom funcionamento da Repartição e pela realização de todos os trabalhos que lhe forem confiados (art. 8º, § 1º). Seus funcionários são escolhidos pelo Diretor--Geral de acordo com as regras aprovadas pelo Conselho de Administração. Tal escolha deverá ser feita, pelo Diretor-Geral, sempre que possível, entre pessoas de nacionalidades diversas, visando a maior eficiência no trabalho da Repartição. Dentre essas pessoas, deverá existir certo número de mulheres. O Diretor-Geral e o pessoal, no exercício de suas funções, não solicitarão nem aceitarão instruções de qualquer Governo ou autoridade estranha à Organização. Abster-se-ão de qualquer ato incompatível com sua situação de funcionários internacionais, responsáveis unicamente perante a Organização. Os Estados-membros da Organização comprometem-se a respeitar o caráter exclusivamente internacional das funções do Diretor-Geral e do pessoal e a não procurar influenciá-los quanto ao modo de exercê-las (art. 9º, §§ 1º a 5º).

A Repartição emprega por volta de 2700 funcionários de mais de 150 países, muitos dos quais (por volta de 900) laboram em programas e projetos de cooperação da OIT com Estados e outros organismos internacionais.

---

[52] Arnaldo Süssekind. *Direito internacional do trabalho*, cit., p. 163.

Capítulo II

Convenções e Recomendações da OIT

 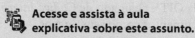

Acesse e assista à aula explicativa sobre este assunto.

> http://uqr.to/1zv4m

SEÇÃO I – AS CONVENÇÕES DA OIT

1. Considerações gerais. Como já se falou, a atividade normativa da OIT consiste basicamente na elaboração de *convenções* e *recomendações* internacionais do trabalho,[1] com a finalidade de promover justiça social entre os Estados, de maneira equitativa e de modo que não exista concorrência desleal entre eles.[2] Até 2024, a OIT já havia aprovado 190 Convenções e mais de 200 Recomendações, as quais versam temas dos mais diversos e dos mais importantes para o cenário jurídico laboral.[3]

Contudo, as convenções e as recomendações são instrumentos jurídicos distintos, merecendo ser analisados separadamente. Tais instrumentos, que examinaremos a seguir, têm sua regulamentação prevista na Constituição da OIT, à qual os Estados ratificantes se comprometeram a cumprir e a fielmente executar.

Na gênese, as convenções da OIT tinham por finalidade proteger apenas os trabalhadores da indústria. Posteriormente (por decisão da CPJI, de 1922), atingiram também os trabalhadores agrícolas. Com o passar do tempo, evoluiu-se para a proteção dos trabalhadores tanto do setor público como do privado, passando depois a também atingir os autônomos e cooperados. Atualmente, até mesmo grupos ou sociedades tradicionais, como os índios e povos tribais, são protegidos pelas convenções (destaque-se, *v.g.*, a Convenção 169 de 1989). Essa "ação normativa" da OIT tem sido ao longo dos anos a *pedra angular* de todo o sistema internacional de proteção ao trabalho e ao trabalhador.[4]

---

[1] V. Valerio de Oliveira Mazzuoli. Integração das convenções e recomendações internacionais da OIT no Brasil e sua aplicação sob a perspectiva do princípio *pro homine*, in *Revista de Direito do Trabalho*, ano 39, vol. 152, São Paulo, jul./ago./2013, pp. 11-34.

[2] Como destacam René Mirolo e Patricia Sansinena, a atividade normativa da OIT "constitui não só sua característica principal, senão a razão de sua permanente existência" (*Los convenios de la OIT en el derecho del trabajo interno*, cit., p. 43).

[3] Para um estudo prático do impacto dessas normas internacionais no Brasil, v. Georgenor de Sousa Franco Filho & Valerio de Oliveira Mazzuoli (orgs.), *Direito internacional do trabalho: o estado da arte sobre a aplicação das convenções internacionais da OIT no Brasil*, São Paulo: LTr, 2016.

[4] V. Arnaldo Süssekind. *Direito internacional do trabalho*, cit., p. 176.

2. Conceito de convenção. As convenções da OIT são tratados multilaterais abertos,[5] de natureza normativa, elaborados sob os auspícios da Conferência Internacional do Trabalho, a fim de regulamentar o trabalho no âmbito internacional e também outras questões que lhe são conexas.

Por autorização da própria Constituição da OIT, a Conferência Internacional do Trabalho poderá adotar *convenções, recomendações* e *resoluções*, no que se percebe que o labor da Conferência é essencialmente *normativo* e de *controle*.[6] Abstraindo-se esta última categoria de normas (as *resoluções*), o conjunto normativo consubstanciado nas convenções e nas recomendações da OIT é chamado de *Código Internacional do Trabalho*, figurando as resoluções e outros documentos como seus anexos.[7]

A diferença entre as convenções e as recomendações da OIT é somente *formal*, uma vez que, materialmente, ambas podem tratar dos mesmos assuntos. Em sua essência, tais instrumentos nada têm de diferente de outros tratados e declarações internacionais de proteção dos direitos humanos: versam sobre a proteção do trabalho e do trabalhador e um sem-número de temas a estes coligados. No entanto, formalmente, ambas se distinguem, uma vez que as *convenções* são tratados internacionais em devida forma e devem ser ratificadas pelos Estados-Membros da Organização para que tenham eficácia e aplicabilidade nos seus respectivos Direitos internos, ao passo que as *recomendações* não são tratados e visam tão somente sugerir ao legislador de cada um dos países vinculados à OIT mudanças no seu Direito interno relativamente às questões que disciplinam. É neste ponto que vem à luz a questão da *eficácia* de ambos os instrumentos jurídicos no plano do direito interno, pois os tratados internacionais em devida forma têm meios próprios de aplicabilidade doméstica, os quais são faltantes nas recomendações ou nos programas de ação congêneres, por terem estes um cunho mais orientador das atividades dos Estados que propriamente obrigatório para as partes respectivas.

As convenções ratificadas (e em vigor internacional) constituem *fonte formal* de direito, gerando para os cidadãos direitos subjetivos, que podem ser imediatamente aplicáveis (desde que não se trate de norma com conteúdo meramente programático, cuja aplicação fica condicionada às possibilidades fáticas e jurídicas de otimização existentes); essa aplicação imediata, no Brasil, provém do comando do art. 5º, § 1º, da Constituição Federal de 1988.[8] É certo que a aplicação imediata das convenções ratificadas tem maior possibilidade jurídica de concretização nos países cujas Constituições adotam o *monismo jurídico* na regência das relações entre o

---

[5] *V.* a exceção do art. 21, § 1º, da Constituição da OIT (*infra*).

[6] Cf. Ricardo Seitenfus. *Manual das organizações internacionais*, cit., p. 230.

[7] Cf. Arnaldo Süssekind. *Direito internacional do trabalho*, cit., p. 173.

[8] No contexto da Constituição uruguaia, assim leciona Oscar Ermida Uriarte: "No caso da Constituição uruguaia, vai mais além, porque estabelece que nunca poderá deixar de aplicar-se uma norma deste tipo e que, em caso de falta de regulamentação, o juiz deverá inteirar a norma, aplicando os princípios gerais do Direito e as doutrinas mais recebidas. Na verdade, diz-se ao juiz: isto é de aplicação imediata, você deve aplicar e não tem escusa para não aplicar, porque, se a norma é incompleta, você tem de usar os princípios gerais, as doutrinas mais recebidas e completar a norma. Essa é a tendência que aparece também em muitas outras constituições" (Aplicação judicial das normas constitucionais e internacionais sobre direitos humanos trabalhistas, in *Revista do Tribunal Superior do Trabalho*, vol. 77, nº 2, Brasília, abr./jun./2011, p. 137).

Direito interno e o Direito Internacional (como é o caso do Brasil).[9] Mas tal não significa que em outros sistemas não possa o juiz interno aplicar imediatamente uma convenção da OIT quando do exercício (que pode ser até mesmo exercido *ex officio*) do controle da convencionalidade das leis. Já as convenções não ratificadas constituem *fonte material* de direito, na medida em que servem como *modelo* ou como *fonte de inspiração* para o legislador infraconstitucional.[10]

Segundo Américo Plá Rodríguez, em sua obra clássica sobre o tema, as convenções da OIT, no que tange à natureza de suas normas e seus objetivos, podem ser classificadas em quatro tipos: *a*) convenções de uniformização; *b*) convenções de princípios; *c*) convenções de igualdade de direitos; e *d*) convenções de igualdade de procedimentos.[11] A esses quatro tipos também podem ser adicionadas as chamadas "convenções particulares" (bilaterais ou plurilaterais), como referidas pelo art. 21, § 1º, da Constituição da OIT,[12] que são convenções *fechadas*, restritas aos países que as firmam, em contraposição às *convenções universais*, adotadas pela Conferência Internacional do Trabalho, cuja característica principal é a de sempre permanecerem abertas à ratificação ou à adesão dos Estados-Membros da OIT, ou dos que, porventura, vierem a se tornar parte da Organização.[13]

É oportuno transcrever o art. 5º da Convenção de Viena sobre o Direito dos Tratados (1969), segundo o qual: "A presente Convenção aplica-se a todo tratado que seja o instrumento constitutivo de uma organização internacional e a todo tratado adotado no âmbito de uma organização internacional, sem prejuízo de quaisquer normas relevantes da organização". O que pretendeu a Convenção de Viena de 1969 dizer é que, relativamente aos tratados constitutivos de organizações internacionais (como é o caso da Constituição da OIT) e aos tratados concluídos sob os auspícios dessas organizações (a exemplo das convenções da OIT), é a própria Convenção de Viena que deverá ser aplicada, salvo se houver "normas relevantes da organização" que, nesse caso, são normas *especiais* que se aplicam em detrimento das normas *gerais* contidas na Convenção de Viena de 1969.

3. Natureza jurídica. As convenções internacionais do trabalho pertencem à categoria dos *tratados multilaterais abertos*, uma vez que não têm destinatário certo, estando abertas à ratificação ou à adesão dos países-membros da OIT, ou ainda daqueles que, no futuro, tornar-se-ão partes da Organização. No que tange à substância, à diferença dos tratados firmados entre Estados, que visam (de regra) à concessão de vantagens recíprocas, as convenções da OIT têm por meta a universalização das normas de proteção ao trabalho e sua incorporação ao direito interno dos Estados-Membros.[14]

---

[9] V. Virginia A. Leary. *International labour conventions and national law: the effectiveness of the automatic incorporation of treaties in national legal systems.* The Hague: Martinus Nijhoff, 1982, pp. 35-41; e René R. Mirolo & Patricia J. Sansinena, *Los convenios de la OIT en el derecho del trabajo interno*, cit., pp. 87-89.

[10] Cf. Arnaldo Süssekind. *Direito internacional do trabalho*, cit., p. 174.

[11] Américo Plá Rodríguez. *Los convenios internacionales del trabajo*. Montevideo: Facultad de Derecho y Ciencias Sociales de la Universidad de la República, 1965, pp. 233-235.

[12] Eis o que dispõe: "Todo projeto que, no escrutínio final, não obtiver dois terços dos votos presentes, poderá ser objeto de uma convenção particular entre os Membros da Organização que o desejarem".

[13] Cf. Arnaldo Süssekind. *Direito internacional do trabalho*, cit., pp. 182-183; e ainda, do mesmo autor, *Instituições de direito do trabalho*, vol. 2, cit., p. 1.490.

[14] V. Arnaldo Süssekind. *Instituições de direito do trabalho*, vol. 2, cit., p. 1.491.

Tais convenções integram o que a doutrina chama de *tratados-lei* ou *tratados normativos*, já estudados na Parte I, Capítulo V, Seção I, item nº 7, que têm por objetivo fixar normas gerais de Direito Internacional Público pela vontade paralela das partes, confirmando ou modificando costumes adotados entre os Estados.

Relativamente à proteção internacional do trabalho, também não se descarta a existência de tratados entre Estados, concluídos nos moldes clássicos conhecíveis pelo Direito dos Tratados, bilaterais ou multilaterais, versando questões decididas entre eles. Dentre os tratados de que o Brasil é parte em matéria trabalhista, merece destaque o Tratado de Itaipu, concluído com o Paraguai em 26 de abril de 1973, sobre a aplicação de normas trabalhistas às relações de emprego e previdenciárias em Itaipu, assim como o Tratado de Assunção, que instituiu o Mercosul, em 1991.

4. Método negocial. As convenções da OIT apresentam método negocial distinto das convenções multilaterais em geral, primeiramente, por serem produzidas em foro único: a Conferência Internacional do Trabalho.[15] Mas a característica peculiar da negociação de tais convenções está na participação de outras representações, para além dos plenipotenciários estatais. Ou seja, enquanto da negociação das convenções multilaterais em geral participam apenas *governos*, da negociação daquelas (à Conferência anual da OIT) participam também representantes dos *empregadores* e dos *trabalhadores*. É certo, esclarece Rezek, que os representantes classistas são *designados* pelo governo de origem, mas o são, necessariamente, de acordo com os grêmios profissionais mais representativos das duas classes.[16]

Em suma, a diferença negocial entre as convenções da OIT e outras convenções multilaterais está em não serem discutidas, aprovadas e assinadas somente por representantes *dos Estados* contratantes, mas também por representantes dos empregadores e dos trabalhadores.

O texto final da convenção é registrado nas atas da correspondente reunião e assinada pelo Presidente da Conferência e pelo Diretor-Geral do *Bureau* Internacional do Trabalho.

Frise-se que, apesar de a Constituição da OIT referir-se à "ratificação" das convenções, o mais correto seria chamar o engajamento do Estado de "adesão" ao tratado multilateral aberto, seguindo a terminologia utilizada pela Convenção de Viena sobre o Direito dos Tratados para a hipótese, pois as convenções da OIT não são firmadas pelos representantes dos Estados que a adotam, mas apenas pelo Presidente da reunião (à Conferência Internacional do Trabalho) e pelo Diretor Geral do *Bureau*. Em princípio, só se *ratifica* o que anteriormente se *assinou*; como no caso das convenções da OIT não houve assinatura anterior (dos plenipotenciários dos Estados), o que existe tecnicamente é a possibilidade de *adesão* ao texto convencional.[17]

5. Vigência internacional. Para que uma convenção internacional do trabalho tenha vigência no plano internacional, basta que a mesma seja ratificada por um número determinado de Estados (geralmente dois), normalmente previsto na própria convenção, e que tenha havido o decurso de um prazo determinado. Ainda que o Estado já tenha ratificado

---

[15] Cf. René R. Mirolo & Patricia J. Sansinena. *Los convenios de la OIT en el derecho del trabajo interno*, cit., pp. 99-100, que por esse e outros motivos consideram as convenções internacionais do trabalho como tratados *sui generis*.

[16] V. José Francisco Rezek. *Direito dos tratados*, cit., pp. 159-160.

[17] V. Arnaldo Süssekind. *Direito internacional do trabalho*, cit., p. 211.

Parte V · Cap. II · CONVENÇÕES E RECOMENDAÇÕES DA OIT | 1007

a convenção, esta não terá qualquer vigor interno se, no momento de sua ratificação, não se encontrar em vigor internacional.[18] Como qualquer outro tratado internacional de que um Estado seja parte, as convenções internacionais do trabalho somente terão vigência interna *depois* de já estarem vigorando no âmbito internacional, não se concebendo que um tratado internacional tenha validade interna em determinado país se o mesmo (que sequer existe como ato jurídico perfeito) ainda não vigora internacionalmente.[19]

Em regra, as convenções da OIT têm estabelecido que a sua vigência internacional terá início após o prazo de *doze meses* do registro de pelo menos duas ratificações no *Bureau* Internacional do Trabalho, competindo ao Diretor-Geral desse *Bureau* comunicar tal data a todos os Estados-membros da Organização. Uma vez em vigor internacional, a convenção obrigará cada um dos seus Estados-partes em relação à OIT, doze meses após a data em que registrar a respectiva ratificação.[20]

Não obstante poderem ser denunciadas após um período de dez anos, as convenções da OIT têm vigência indeterminada, caracterizando-se como tratados *permanentes*. São, também, instrumentos *mutalizáveis*, uma vez que a saída de uma parte da convenção não prejudica a execução integral do tratado em relação às demais partes no acordo.

6. Integração ao Direito brasileiro. Depois de adotadas na Conferência, as convenções internacionais do trabalho seguem basicamente o mesmo trâmite interno de qualquer outro tratado internacional em devida forma celebrado pelo Estado brasileiro, à diferença inicial que tais convenções do trabalho dispensam a formalidade da *assinatura*, visto que a Conferência a *adota*, garantindo a autenticidade do texto apenas *duas* assinaturas: a do Presidente e a do Secretário-Geral da Conferência.[21] Afora isso, a integração das convenções da OIT ao Direito brasileiro dá-se da mesma forma que qualquer outro tratado, devendo por igual respeitar as regras gerais do Direito dos Tratados e as normas internas relativas à sua celebração previstas na Constituição, em particular os já estudados arts. 84, inc. VIII e 49, inc. I, que tratam, respectivamente, da competência do Presidente da República para concluir tratados e do Congresso Nacional para referendá-los, autorizando sua posterior ratificação por parte do governo.[22]

Entretanto, no que diz respeito ao caso específico da integração das convenções da OIT no nosso Direito interno, algumas peculiaridades se apresentam, causando sérias divergências na doutrina.

Como se sabe, pela teoria geral do Direito dos Tratados, a submissão de um tratado à autoridade interna competente para referendá-lo não é obrigatória, sendo apenas uma *faculdade* (ou seja, ato discricionário) do Presidente da República. Este, que jamais poderia ter deflagrado o processo de celebração de tratados, tem o poder de decidir se vai ou não

---

[18] Cf. Arnaldo Süssekind. *Instituições de direito do trabalho*, vol. 2, cit., p. 1.491.

[19] *V.*, nesse exato sentido, a lição de Francisco Campos, in *Direito constitucional*, vol. II, Rio de Janeiro: Freitas Bastos, 1956, pp. 318-319.

[20] Arnaldo Süssekind. *Instituições de direito do trabalho*, vol. 2, cit., p. 1.492.

[21] Cf. José Francisco Rezek. *Direito dos tratados*, cit., pp. 160-161; e João Hermes Pereira de Araújo, *A processualística dos atos internacionais*, cit., p. 131. *V.* também, Arnold Duncan McNair, *The law of treaties*, cit., pp. 138-140.

[22] Sobre a processualística de celebração de tratados no Brasil, *v.* a Parte I, Capítulo V, Seção III.

submeter o texto do tratado assinado à autoridade (interna) competente, que irá verificar a viabilidade de o País se engajar definitivamente ao tratado anteriormente assinado. Como já se estudou no momento oportuno (*v.* Parte I, Capítulo V, Seção III, itens 3 e 4), se tal autoridade interna entender viável a participação do País no tratado em questão, aprovará o seu texto autorizando a sua ratificação, que é levada a cabo pelo chefe do Poder Executivo. Essa *ratificação* de competência do governo também é facultativa (discricionária), uma vez que o ato aprobatório da autoridade interna não vincula o Executivo, que poderá ratificar ou não o acordo, a depender (no momento da ratificação do tratado, que pode ocorrer anos e anos depois de sua aprovação interna) da conveniência e oportunidade do ato.

O que ocorre é que, relativamente às convenções da OIT, essa processualística não é seguida *in totum*, o que gera dúvidas na doutrina. A confusão tem lugar em virtude da redação do art. 19, § 5º, alínea *b*, da Constituição da OIT, que assim dispõe:

> "5. Tratando-se de uma convenção:
>
> *b*) cada um dos Estados-Membros compromete-se a submeter, dentro do prazo de um ano, a partir do encerramento da sessão da Conferência (ou, quando, em razão de circunstâncias excepcionais, tal não for possível, logo que o seja, sem nunca exceder o prazo de 18 meses após o referido encerramento), a convenção à autoridade ou autoridades em cuja competência entre a matéria, a fim de que estas a transformem em lei ou tomem medidas de outra natureza".

O art. 19, § 5º, letra *d*, do mesmo tratado, deixa entrever ser obrigatória a ratificação da convenção, quando assim estabelece:

> "*d*) o Estado-Membro que tiver obtido o consentimento da autoridade, ou autoridades competentes, *comunicará ao Diretor-Geral a ratificação formal da convenção* e tomará as medidas necessárias para efetivar as disposições da dita convenção" [grifo nosso].

Como se infere dos dispositivos acima transcritos, os Estados-partes nas convenções internacionais do trabalho contraem a obrigação formal de submeter tais convenções à autoridade competente *ex ratione materiae* para aprovar tratados indicada pelo seu Direito interno. Essa obrigação em submeter a convenção à autoridade competente, segundo a doutrina mais abalizada, subsiste também na hipótese de os delegados do Estado terem votado contra a sua adoção, não terem participado da reunião, ou ainda no caso de o Estado ter ingressado posteriormente na OIT.[23]

A "autoridade competente" a que se refere o dispositivo deve ser encontrada à luz do que dispõe o texto constitucional de cada país, sendo certo que, no Brasil, tal autoridade é o Poder Legislativo, pois é o único órgão com função típica de legislar, a fim de dar efeitos à aplicação da convenção internacional do trabalho no plano nacional.[24] Ora, se nos termos

---

23 Cf. Arnaldo Süssekind. *Direito internacional do trabalho*, cit., p. 195.

24 *V.* Arnaldo Süssekind. Idem, pp. 202-203 e pp. 206-207, respectivamente; e Ericson Crivelli, *Direito internacional do trabalho contemporâneo*, cit., p. 72. Em idêntico sentido na doutrina argentina, *v.* René R. Mirolo & Patricia J. Sansinena, *Los convenios de la OIT en el derecho del trabajo interno*, cit., pp. 153-155. Alguns autores, como João Hermes Pereira de Araújo, entendem que a expressão "autoridades competentes" incluiria "tanto o Poder Executivo como o Legislativo" (*A processualística dos*

da Constituição brasileira compete à União "manter relações com Estados estrangeiros e participar de organizações internacionais" (art. 21, inc. I), bem como legislar sobre direito do trabalho (art. 22, inc. I, *in fine*), e se cabe "ao Congresso Nacional, com a sanção do Presidente da República (...), dispor sobre todas as matérias de competência da União" (art. 48, *caput*), sendo ainda de sua competência *exclusiva* "resolver definitivamente sobre tratados, acordos ou atos internacionais que acarretem encargos ou compromissos gravosos ao patrimônio nacional" (art. 49, inc. I), a outra conclusão não se pode chegar senão a de que a "autoridade competente" referida pela Constituição da OIT é, no Brasil, o Congresso Nacional. À mesma conclusão já havia chegado a comissão de notáveis para a aplicação das convenções e recomendações, reunida na Conferência Internacional do Trabalho (36ª sessão) realizada em Genebra em 1953: "A expressão 'autoridade competente' significa a autoridade que tem o poder de legislar sobre as questões que são objeto da convenção ou da recomendação, que é, na maioria dos casos, o Parlamento".[25]

A dúvida que surge na doutrina diz respeito à aparente obrigatoriedade de serem tais convenções *ratificadas* pelo Presidente da República, uma vez aprovadas pelo Congresso Nacional, tendo em vista que o art. 19, § 5º, alínea *b*, da Constituição da OIT, dispõe que, tratando-se de uma convenção, cada Estado-membro "compromete-se a submeter, dentro do prazo de um ano, a partir do encerramento da sessão da Conferência (...), a convenção *à autoridade ou autoridades em cuja competência entre a matéria*, a fim de que estas a transformem em lei ou tomem medidas de outra natureza". Apesar de o tratado da OIT não se referir expressamente à obrigatoriedade dessa ratificação, esta, entretanto, pareceu a Celso de Albuquerque Mello uma consequência lógica, "principalmente levando-se em consideração a natureza social destas convenções e ainda ser o nosso século caracterizado pelo conflito social que só tende a se agravar".[26] Nesse caso, entendeu a referida doutrina que uma vez

---

atos internacionais, cit., p. 177). No mesmo sentido, *v.* Ian Hurd, *International organizations...*, cit., pp. 167, para quem: "As autoridades competentes podem ser o legislativo ou o executivo internos, ou (no sistema federal) um governo subnacional, como uma província ou cantão".

[25] *V.* Michel Courtin. La pratique française en matière de ratification et l'article 19 de la Constitution de l'O.I.T., in *Annuaire Français de Droit International*, vol. 16, Paris, 1970, p. 601.

[26] *V.* Celso D. de Albuquerque Mello. *Direito constitucional internacional: uma introdução*, 2ª ed. Rio de Janeiro: Renovar, 2000, p. 280; e também, José Francisco Rezek, *Direito dos tratados*, cit., p. 162, para quem: "Obtido que seja o consentimento da 'autoridade competente', o governo do Estado membro *deverá ratificar* a convenção internacional do trabalho, fazendo chegar à secretaria da OIT o pertinente instrumento de ratificação. Quebra-se, assim, por duas vezes, a sistemática usual, em que o governo nem está obrigado a *submeter* ao parlamento o projeto de tratado a que não lhe interesse dar sequência, nem tampouco, ocorrendo a submissão e a aprovação, a levar adiante seu primitivo intento, *ratificando* o tratado". Em sentido contrário, entendendo que os Estados "não são obrigados a ratificar as convenções", *v.* Amauri Mascaro Nascimento, *Curso de direito do trabalho*, cit., p. 99; e também Ricardo Seitenfus, *Manual das organizações internacionais*, cit., p. 232, que assim leciona: "A obrigatoriedade imposta aos Estados de submeter o texto das convenções aos seus Parlamentos não implica uma automática ratificação. Os Estados podem negar-se a fazê-lo. No entanto, os textos poderão servir de orientação para ações governamentais. Do ponto de vista do direito internacional, portanto, as normas oriundas da OIT não devem ser assimiladas a uma legislação internacional, pois dependem de um ato de concordância por parte dos Estados". *V.* ainda, René R. Mirolo & Patricia J. Sansinena, *Los convenios de la OIT en el derecho del trabajo interno*, cit., p. 59, que entendem que "a submissão [à autoridade competente] não significa ratificação, ainda que o objeto daquela seja possibilitar posteriormente a ratificação".

referendada a convenção pelo Poder Legislativo, a ratificação do Presidente da República deixaria de ser um ato discricionário para tornar-se obrigatório.

Parece lógico que se o Presidente da República é *obrigado* a submeter a convenção internacional do trabalho ao Parlamento, uma vez que este a *aprova*, não há de ser discricionária a posterior ratificação. Perceba-se que o tratado constitutivo da OIT afirma que as convenções deverão ser submetidas às "autoridades competentes" para que estas "a transformem em lei". Ora, o único órgão capaz de fazer leis é o Poder Legislativo. Não é função típica do Executivo esta tarefa. De forma que a melhor exegese do tratado constitutivo da OIT é a de que ele *obriga* a submissão das convenções internacionais do trabalho à manifestação do Congresso Nacional, sendo certo que, uma vez referendadas por este Poder, *deverão* ser obrigatoriamente ratificadas pelo Executivo.[27] Essa tese é corroborada pelo próprio art. 19, § 5º, alínea *d*, do tratado constitutivo da OIT, segundo o qual o Estado-Membro que tiver obtido o consentimento da autoridade interna competente para aprovar tratados "comunicará ao Diretor-Geral *a ratificação formal da convenção* e tomará as medidas necessárias para efetivar as disposições da dita convenção".

Portanto, somos da opinião de que, uma vez submetidas ao Congresso Nacional para aprovação, e uma vez aprovadas por este, as convenções internacionais do trabalho deverão ser *obrigatoriamente* ratificadas pelo Presidente da República, segundo a melhor exegese do art. 19, § 5º, alíneas *b* e *d*, da Constituição da OIT.[28] Trata-se de excepcionalidade rara no Direito Internacional Público a impedir a usual faculdade (discricionariedade) da ratificação pelo Chefe do Executivo, diferentemente do que ordinariamente ocorre com a conclusão dos tratados internacionais em geral.

Caso o Congresso Nacional não concorde integralmente com a convenção, poderá transformá-la em lei ou tomar outras medidas, segundo o que entender conveniente, mas sem que haja a possibilidade de ratificação do tratado, salvo a hipótese de o próprio instrumento prever a possibilidade de sua aprovação (e consequente ratificação) parcial.

Frise-se, entretanto, que, segundo alguns autores, a referência feita pela Constituição da OIT relativamente à submissão das convenções às autoridades competentes, a fim de que estas a "transformem em lei" ou "tomem medidas *de outra natureza*", estaria a permitir, nesse último caso (tomar medidas "de outra natureza"), que autoridades *executivas* (sem a anuência

---

[27] Cf. Celso D. de Albuquerque Mello. *Ratificação de tratados: estudo de direito internacional e constitucional.* Rio de Janeiro: Freitas Bastos, 1966, pp. 77-80. Na lição desse mesmo internacionalista: "Devemos assinalar que com relação ao Convênio da OIT a ratificação deixa de ser um ato discricionário do Poder Executivo; entretanto, isto não significa que o Estado se veja obrigado a ratificá-la, bastando para não ocorrer tal fato que elas sejam rejeitadas pelo Legislativo. A ratificação permanece como um ato discricionário do Estado, mas deixa de sê-lo por parte do Poder Executivo" (Idem, p. 80). Para João Hermes Pereira de Araújo, mesmo no caso de o Poder Executivo não julgar oportuna uma convenção, deverá submetê-la ao Congresso Nacional, mas acompanhada de uma Exposição de Motivos solicitando, naturalmente, a sua rejeição; e caso o Congresso não a rejeite, "o Presidente seria obrigado a ratificar a contragosto um ato internacional, pois o mesmo art. 405 do Tratado de Versailles [antigo correspondente do art. 19, § 5º, alínea *b*, do convênio constitutivo da OIT] torna obrigatória a ratificação dos atos aprovados" (*A processualística dos atos internacionais,* cit., p. 179).

[28] V. Valerio de Oliveira Mazzuoli. *Tratados internacionais: com comentários à Convenção de Viena de 1969,* cit., pp. 92-93.

do Congresso Nacional) tomassem tais medidas.[29] Contudo, pensamos que essa interpretação não tem razão de ser, pois se assim fosse, seria de todo desnecessária a existência de prazo para a submissão à autoridade competente, além do que tornar-se-ia inócua a disposição do art. 19, § 5º, alínea *d*, da Constituição da OIT, segundo a qual "o Estado-Membro que tiver obtido o consentimento da autoridade, ou autoridades competentes, *comunicará ao Diretor-Geral a ratificação formal da convenção* e tomará as medidas necessárias para efetivar as disposições da dita convenção". Não teria sentido o governo submeter *a ele próprio* o texto do tratado e, posteriormente, comunicar ao Diretor-Geral a ratificação formal da convenção. Assim, parece evidente que a autoridade competente a que se refere o dispositivo é uma autoridade distinta do próprio governo.[30]

Uma vez depositado (junto ao *Bureau* Internacional do Trabalho) o instrumento de ratificação, em virtude do que prescreve o art. 20 da Constituição da OIT, incumbirá ao Diretor-Geral da Repartição Internacional do Trabalho comunicar a ratificação da convenção ao Secretário-Geral das Nações Unidas, para fins de registro, de acordo com o art. 102, § 1º, da Carta da ONU, obrigando apenas os Estados-membros que a tiverem ratificado. Mais correto seria dizer que – no caso específico das convenções da OIT – os Estados *aderem* ao tratado multilateral aberto, uma vez que tais convenções não são, em verdade, assinadas pelos plenipotenciários dos Estados, "mas apenas pelo Presidente da reunião da Conferência que as aprovou e pelo Diretor-Geral da Repartição Internacional do Trabalho".[31]

Depois de ratificada, a convenção internacional do trabalho é ainda – como qualquer outro tratado ratificado pelo Brasil – promulgada por Decreto do Poder Executivo (indicando-se, nesse instrumento, o número do Decreto Legislativo do Congresso Nacional que aprovou a convenção e a data do registro de sua ratificação no *Bureau*) e publicada no *Diário Oficial da União*.[32] No Brasil, o Decreto nº 10.088, de 5 de novembro de 2019, consolidou os atos normativos editados pelo Poder Executivo Federal que dispõem sobre a promulgação das convenções (e recomendações) da OIT adotadas no País. Contudo, a necessidade de *promulgação executiva* desses tratados, como já explicamos (*v.* Parte I, Capítulo V, Seção III, item nº 6), provém de uma *praxe* adotada entre nós desde o Império, não havendo qualquer regra constitucional a exigir tal ato presidencial para que o tratado surta efeitos no plano do Direito interno. Assim sendo, não é irrazoável supor que as convenções internacionais do trabalho têm *aplicação imediata* no ordenamento brasileiro a partir de suas respectivas ratificações (desde que, é claro, já se encontrem em vigor no plano internacional), devendo apenas ser *publicadas* no *Diário Oficial da União*.[33]

Destaque-se, por fim, que com a incorporação de uma convenção da OIT ao Direito interno, o Estado ratificante passa a submeter-se aos órgãos de monitoramento e controle da Organização, dentre os quais "se destaca a Comissão de Peritos em Aplicação de Convenções e Recomendações, composta por 20 juristas recrutados em diversas localidades do mundo, pertencentes a sistemas jurídicos diferentes, que se põem a examinar, todos os anos,

---

[29]   Nesse sentido, *v.* Nicolas Valticos, *Derecho internacional del trabajo*, cit., pp. 467-469.

[30]   Cf. Américo Plá Rodríguez. *Los convenios internacionales del trabajo*, cit., p. 262.

[31]   Arnaldo Süssekind. *Direito internacional do trabalho*, cit., p. 211.

[32]   Cf. Arnaldo Süssekind. Idem, p. 213.

[33]   Cf. Virginia A. Leary. *International labour conventions and national law...*, cit., pp. 44-50.

os relatórios encaminhados pelos países sobre as convenções ratificadas, além de queixas e reclamações por descumprimento, que podem ser encaminhadas por Estados ou organizações representativas de trabalhadores ou de empregadores. Nessas reuniões, as deliberações são tomadas, tradicionalmente, por consenso. É necessário que os Membros da Comissão de Peritos cheguem a uma solução consensual em todos os casos examinados – cerca de dois mil por ano –, de forma que as sessões são muito ricas, os debates profundos e interessantes, mas sempre marcados pelo esforço para se chegar a uma solução que se apresente razoável para todos os seus integrantes".[34]

7. Incorporação material e formal. Não se pode esquecer que, sendo as convenções internacionais do trabalho tratados internacionais que versam sobre *direitos humanos*[35] (notadamente direitos sociais), sua integração ao Direito brasileiro dá-se com o *status* de norma materialmente constitucional, em virtude da regra insculpida no art. 5º, § 2º, da Constituição de 1988, que assim dispõe:

> "Os direitos e garantias expressos nesta Constituição não excluem outros decorrentes do regime e dos princípios por ela adotados, *ou dos tratados internacionais [de direitos humanos] em que a República Federativa do Brasil seja parte*".

Caso se pretenda atribuir hierarquia de norma constitucional *formal* a tais convenções, basta aprová-las (antes de sua ratificação) pelo *quorum* que estabelece o § 3º do mesmo dispositivo constitucional, fruto da EC 45/2004, que assim estabelece:

> "Os tratados e convenções internacionais sobre direitos humanos que forem aprovados, em cada Casa do Congresso Nacional, em dois turnos, por três quintos dos votos dos respectivos membros, serão [depois de ratificados] equivalentes às emendas constitucionais".

Segundo o nosso entendimento (*v.* Parte IV, Capítulo I, Seção I, item 8), o § 3º do art. 5º da Constituição acima transcrito não retira o *status* de norma constitucional que os tratados de direitos humanos já têm em razão do § 2º do mesmo dispositivo constitucional. Para nós, o que o § 3º do art. 5º da Carta de 1988 faz, é simplesmente permitir que, além de materialmente constitucionais, os direitos humanos constantes dos tratados internacionais ratificados pelo Brasil sejam também *formalmente constitucionais*.[36]

Assim, as convenções internacionais do trabalho ratificadas pelo Brasil, para além do seu *status* materialmente constitucional, poderão ainda ter os efeitos formais das emendas

---

[34] Lelio Bentes Corrêa. Normas internacionais do trabalho e direitos fundamentais do ser humano, in *Revista do Tribunal Superior do Trabalho*, vol. 75, nº 1, Brasília, jan./mar./2009, pp. 58-59.

[35] *V.* René R. Mirolo & Patricia J. Sansinena. *Los convenios de la OIT en el derecho del trabajo interno*, cit., p. 89. Cf. em paralelo, Mozart Victor Russomano, Considerações gerais sobre o impacto das normas internacionais trabalhistas na legislação interna, in *Genesis – Revista de Direito do Trabalho*, vol. 17, Curitiba, mai./1994, pp. 457-463; e Luiz Eduardo Gunther, *A OIT e o direito do trabalho no Brasil*, Curitiba: Juruá, 2011, p. 72.

[36] Para detalhes, *v.* Valerio de Oliveira Mazzuoli, O novo § 3º do art. 5º da Constituição e sua eficácia, cit., pp. 89-109; e Valerio de Oliveira Mazzuoli, *O controle jurisdicional da convencionalidade das leis*, cit., pp. 43-61.

Parte V · Cap. II · CONVENÇÕES E RECOMENDAÇÕES DA OIT | **1013**

constitucionais, caso aprovadas pela maioria qualificada (e em dois turnos) do Congresso Nacional antes de ratificadas.

O *status* materialmente constitucional das convenções internacionais do trabalho reforça o argumento de sua aplicabilidade *imediata* a partir das respectivas ratificações, obrigando os juízes e tribunais do trabalho a aplicá-las a partir daí (desde que já em vigor no plano internacional), em quaisquer casos concretos *sub judice*. Ou seja, uma vez ratificadas, deve o Estado-juiz dar seguimento ao cumprimento *imediato* das convenções em causa, especialmente (mas não exclusivamente) quando autoaplicáveis; no caso das convenções de caráter *programático*, a aplicação imediata também é de rigor, não obstante condicionada às possibilidades fáticas e jurídicas de otimização existentes.[37] Esse exercício que deve fazer o juiz – de aplicar imediatamente as convenções da OIT, invalidando as leis internas com elas incompatíveis – pertence ao âmbito do que se denomina *controle da convencionalidade* das leis na modalidade *difusa*.[38]

Caso não se entenda que as convenções da OIT têm hierarquia de norma constitucional no Brasil, não se pode deixar de atribuir-lhes o nível, no mínimo, *supralegal*,[39] a partir da decisão do STF no *RE 466.343-1/SP*, julgado em 3 de dezembro de 2008 (para as nossas críticas à tese da supralegalidade dos tratados de direitos humanos, *v.* Parte I, Capítulo V, Seção IV, item nº 3, *supra*). De uma forma ou de outra, a superioridade hierárquica das convenções da OIT relativamente às leis ordinárias terá repercussão na aplicação judiciária de diversas normas do art. 7º da Constituição brasileira de 1988 (direitos dos trabalhadores urbanos e rurais) combinadas com os direitos previstos nas convenções adotadas pelo Brasil.[40]

8. Primazia da norma mais favorável. Não obstante a reforma do texto constitucional brasileiro, pela EC 45/2004, ter autorizado a integração formal de tratados e convenções internacionais sobre direitos humanos (como é o caso das convenções da OIT), no ordenamento jurídico nacional, ainda assim pensamos que, em havendo conflito entre uma convenção internacional do trabalho ratificada e as leis internas nacionais, deverá prevalecer a norma

---

[37] Cf. René R. Mirolo & Patricia J. Sansinena. *Los convenios de la OIT en el derecho del trabajo interno*, cit., pp. 68-69.

[38] Se forem tais convenções da OIT aprovadas pela maioria qualificada do art. 5º, § 3º, da Carta de 1988, poderão ainda (após ratificadas) servir de paradigma ao controle *concentrado* de convencionalidade perante o STF.

[39] Assim é na Argentina, depois da reforma constitucional de 1994. De fato, prevê o art. 75, inc. 22, da Constituição argentina, que "os tratados e concordatas têm hierarquia *superior* às leis". Portanto, na Argentina, as convenções da OIT têm, *no mínimo*, hierarquia *supralegal*. Perceba-se que o mesmo art. 75, inc. 22, da Constituição argentina, atribui expresso *nível constitucional* a vários instrumentos de direitos humanos nominalmente citados (*v.g.*, a Convenção Americana sobre Direitos Humanos, o Pacto Internacional dos Direitos Civis e Políticos, o Pacto Internacional dos Direitos Econômicos, Sociais e Culturais, as convenções contra o genocídio, a tortura e a discriminação racial, a Convenção sobre a Eliminação de Todas as Formas de Discriminação contra a Mulher e a Convenção sobre os Direitos da Criança). O legislador argentino não incluiu nesse rol as convenções da OIT. Porém, a última parte do dispositivo deixa entrever que *outros tratados* de direitos humanos (*v.g.*, as convenções da OIT) poderão atingir o dito *nível constitucional* se aprovados por dois terços da totalidade dos membros de cada Câmara do Congresso Nacional.

[40] Cf. Ericson Crivelli. *Direito internacional do trabalho contemporâneo*, cit., p. 74.

mais favorável ao ser humano.[41] Sendo um dos propósitos da OIT a universalização das regras trabalhistas, não seria bom para o trabalhador que eventuais normas das convenções adotadas pela Conferência Internacional do Trabalho fossem *menos favoráveis* à proteção dos seus direitos em relação às normas do Direito interno de seu país. Daí ter a Constituição da OIT prescrito expressamente, no § 8º do seu art. 19, que:

> "Em caso algum, a adoção, pela Conferência, de uma convenção ou recomendação, ou a ratificação, por um Estado-membro, de uma convenção, deverão ser consideradas como afetando qualquer lei, sentença, costumes ou acordos que assegurem aos trabalhadores interessados condições *mais favoráveis* que as previstas pela convenção ou recomendação".

Esta disposição é exemplo do que chamamos de "cláusula de diálogo" ou "vaso comunicante" entre o Direito Internacional dos Direitos Humanos (no caso, o Direito Internacional do Trabalho) e outras normas de proteção (*v.g.*, o Direito interno do Estado, seja escrito ou costumeiro etc.).[42] Tais *cláusulas* – como já se explicou na Parte IV, Capítulo I, Seção I, item nº 8, *c* – são aquelas presentes nos tratados contemporâneos de direitos humanos que interligam a ordem jurídica internacional com a ordem interna, retirando a possibilidade de prevalência de um ordenamento sobre o outro em quaisquer casos e fazendo com que tais ordenamentos (o internacional e o interno) "dialoguem" para resolver – eles próprios – qual norma deve prevalecer no caso concreto (ou, até mesmo, se *as duas* deverão prevalecer concomitantemente) quando presente uma situação de antinomia. Aliás, pode-se dizer que o art. 19, § 8º, da Constituição da OIT é uma cláusula de diálogo *especial*, vez que, como se nota, ultrapassa aquilo que concerne exclusivamente às *leis*, para também dizer respeito às *sentenças*, *costumes* ou *acordos* que assegurem aos trabalhadores condições mais favoráveis que as previstas pela convenção ou recomendação. Daí a possibilidade de uma norma jurídica interna – assim como uma sentença, ou um costume ou eventual acordo – ser aplicada em detrimento do estabelecido por uma convenção ou recomendação internacional do trabalho, uma vez que o princípio adotado pela OIT não é a primazia das normas internacionais do trabalho sobre o Direito interno estatal, mas a prevalência da norma *mais favorável ao trabalhador*.

Frise-se, assim, que o art. 19, § 8º, da Constituição da OIT, é *mais amplo* que o conhecido art. 29, alínea *b*, da Convenção Americana sobre Direitos Humanos de 1969, que prevê que nenhuma de suas disposições pode ser interpretada no sentido de "limitar o gozo e exercício de qualquer direito ou liberdade que possam ser reconhecidos *em virtude de leis*

---

[41] V. Valerio de Oliveira Mazzuoli. *Tratados internacionais de direitos humanos e direito interno*, cit., pp. 104-105 e 118-120, respectivamente; e Valerio de Oliveira Mazzuoli, Lei aplicável aos contratos de trabalho de tripulantes de navios de cruzeiros marítimos, in *Revista LTr*, ano 86, nº 2, São Paulo, fev./2022, pp. 148-163. Para idêntica discussão no direito argentino, *v.* René R. Mirolo & Patricia J. Sansinena, *Los convenios de la OIT en el derecho del trabajo interno*, cit., pp. 36-38. Junto ao critério da norma mais favorável, Oscar Ermida Uriarte agrega ainda o da independência dos tratados, que se traduz na "ideia de que as normas de direitos humanos nacionais e internacionais formam parte de um conjunto e que, por conseguinte, é possível, na interpretação, complementar uma com a outra" (Aplicação judicial das normas constitucionais e internacionais sobre direitos humanos trabalhistas, cit., p. 141).

[42] Para um estudo completo dessas "cláusulas de diálogo" entre o Direito Internacional dos Direitos Humanos e o Direito interno, *v.* Valerio de Oliveira Mazzuoli, *Tratados internacionais de direitos humanos e direito interno*, cit., pp. 116-128.

Parte V · Cap. II · CONVENÇÕES E RECOMENDAÇÕES DA OIT | 1015

de qualquer dos Estados-partes ou *em virtude de Convenções* em que seja parte um dos referidos Estados".[43] Ora, se a Convenção Americana não exclui a possibilidade de *leis internas* ou outras *convenções internacionais* ampliarem o seu âmbito material de incidência, a fim de garantir *para mais* os direitos e liberdades nela reconhecidos, a Constituição da OIT, como se nota, vai mais além e autoriza que também uma *sentença*, um *costume* ou um eventual *acordo* que amplie as garantias trabalhistas consagradas em qualquer convenção ou recomendação internacional do trabalho tenha sua aplicação garantida em detrimento da própria convenção ou recomendação em causa. Daí, como pensamos, tratar-se de um dispositivo *especial* dentre as normas internacionais de proteção dos direitos humanos.[44]

Na aplicação de uma convenção internacional do trabalho em um dado caso *sub judice*, deve o magistrado trabalhista primar por verificar qual a norma *mais benéfica* ao ser humano (trabalhador) sujeito de direitos, se a normativa internacional ou a interna. Ao "escutar" o que as fontes dizem – para falar como Erik Jayme[45] –, deve o juiz optar pela aplicação da norma que, no caso concreto, *mais proteja* os interesses do trabalhador.[46] Tal é exatamente o sentido e o conteúdo do princípio *pro homine*, que abre as possibilidades de o julgador decidir com mais justiça um caso concreto, sem restar "preso" a critérios previamente definidos de solução de antinomias.

9. Interpretação das convenções. Por fim, é necessário registrar que o art. 37, §§ 1º e 2º, da Constituição da OIT, prevê dois procedimentos para a resolução das dificuldades relativas à interpretação da própria Constituição e das convenções internacionais do trabalho adotadas pela Conferência. Nos termos do § 1º do citado dispositivo, "quaisquer questões ou dificuldades relativas à interpretação da presente Constituição a das convenções ulteriores concluídas pelos Estados-membros, em virtude da mesma, serão submetidas à apreciação da Corte Internacional de Justiça". Mas, não obstante o disposto nesse parágrafo, diz ainda a Constituição da OIT que o Conselho de Administração poderá "formular e submeter à aprovação da Conferência, regras destinadas a instituir um tribunal para resolver com presteza qualquer questão ou dificuldade relativa à interpretação de uma convenção que a ele seja levada pelo Conselho de Administração, ou, segundo o prescrito na referida convenção" (art. 37, § 2º). Este tribunal especial da OIT, criado em virtude deste § 2º do art. 37, deverá regular seus atos pelas decisões ou pareceres consultivos da CIJ, devendo qualquer sentença por ele pronunciada ser comunicada aos Estados-membros da OIT, cujas observações, a ela relativas, serão transmitidas à Conferência.

---

[43]   Para um comentário desse dispositivo, *v.* Valerio de Oliveira Mazzuoli, *Comentários à Convenção Americana sobre Direitos Humanos*, cit., pp. 240-242.

[44]   Normas como esta em análise reforçam a ideia de que cabe aos juristas em geral (e aos aplicadores do Direito, em especial) compreender o diálogo que todas as fontes jurídicas mantêm entre si, a fim de aplicar sempre a que *mais proteja* o ser humano em um dado caso concreto.

[45]   Erik Jayme. Identité culturelle et intégration: le droit international privé postmoderne, cit., p. 259.

[46]   Nesse exato sentido, *v.* Oscar Ermida Uriarte, Aplicação judicial das normas constitucionais e internacionais sobre direitos humanos trabalhistas, cit., pp. 140-142; e Wolney de Macedo Cordeiro, A interação entre o direito interno e internacional na perspectiva da jurisdição trabalhista: uma introdução ao controle de convencionalidade em matéria laboral, in *Poder judiciário e desenvolvimento econômico*, Adriano Mesquita Dantas, Marcelo Rodrigo Carniato & Sergio Cabral dos Reis (coords.), São Paulo: LTr, 2012, pp. 196-197.

No que tange aos métodos de interpretação das convenções da OIT, remetemos o leitor à parte já estudada relativa à *interpretação dos tratados*: Parte I, Capítulo V, Seção I, item nº 14.

SEÇÃO II – AS RECOMENDAÇÕES DA OIT

1. Conceito de recomendação. As *recomendações* da OIT são instrumentos internacionais, destituídos da natureza de tratados, adotados pela Conferência Internacional do Trabalho sempre que a matéria nelas versada não possa ser ainda objeto de uma convenção. A criação de uma recomendação pode dar-se, dentre outros motivos, pelo fato de as disposições aprovadas pela Conferência da OIT não terem contado com número suficiente de adesões. Portanto, em regra, o acordo constitutivo da OIT visa à criação de *convenções*, determinando, contudo, que a proposição examinada terá a forma de uma *recomendação* caso a questão tratada, ou algum dos seus aspectos, não se preste, no momento, para a adoção de uma convenção (art. 19, § 1º).

Segundo Valticos, é possível distinguir três funções principais das recomendações: *a*) regulamentar certo assunto ainda não suficientemente discutido para ser versado numa convenção; *b*) servir de complemento a uma convenção, sendo útil, *v.g.*, como inspiração aos governos sobre determinado tema; e *c*) auxiliar as administrações nacionais na elaboração de legislação uniforme sobre a matéria (deixando-as, porém, à vontade para implementar as adaptações que sejam necessárias de acordo com o Direito local).[47]

Tais recomendações, entretanto, apresentam certas peculiaridades, que as transformam em verdadeiras normas internacionais *sui generis*. Ao contrário do que sucede com as demais recomendações conhecidas em Direito Internacional Público, que não criam obrigações jurídicas para os Estados que as adotam, as recomendações da OIT caracterizam-se por impor aos Estados-membros dessa organização internacional certas obrigações, ainda que de caráter *formal*. Tal decorre do estatuído no art. 19, § 6º, alíneas *b* e *d*, da Constituição da OIT, que *obriga* cada um dos seus Estados-membros submeter a recomendação à autoridade interna competente para que esta, baseando-se na conveniência e oportunidade da recomendação, a transforme em lei ou tome medidas de outra natureza em relação à matéria nela versada. Aos Estados-membros da Organização, nos termos do mesmo dispositivo, compete ainda informar o Diretor-Geral da Repartição Internacional do Trabalho sobre a sua legislação e prática observada relativamente ao assunto de que trata a recomendação, devendo também precisar nessas informações até que ponto aplicou ou pretende aplicar os dispositivos da recomendação, e indicar as modificações destes dispositivos que sejam ou venham a ser necessárias para adotá-los ou aplicá-los.

Eis a redação do art. 19, § 6º, alíneas *b* e *d*, da Constituição da OIT, que merecem ser transcritos:

> "6. Em se tratando de uma recomendação:
>
> *b*) cada um dos Estados-membros compromete-se a submeter, dentro do prazo de um ano, a partir do encerramento da sessão da Conferência (ou, quando, em razão de cir-

---

[47] Cf. Nicolas Valticos. *Derecho internacional del trabajo*, cit., pp. 234-235. Ainda sobre o tema, *v.* Jorge Fontoura & Luiz Eduardo Gunther, A natureza jurídica e a efetividade das recomendações da OIT, in *Revista de Informação Legislativa*, ano 38, nº 150, Brasília: Senado Federal, abr./jun./2001, pp. 195-404.

cunstâncias excepcionais, tal não for possível, logo que o seja, sem nunca exceder o prazo de 18 meses após o referido encerramento), a recomendação à autoridade ou autoridades em cuja competência entre a matéria, a fim de que estas a transformem em lei ou tomem medidas de outra natureza".

"*d*) além da obrigação de submeter a recomendação à autoridade ou autoridades competentes, o Membro só terá a de informar o Diretor-Geral da Repartição Internacional do Trabalho – nas épocas que o Conselho de Administração julgar convenientes – sobre a sua legislação e prática observada relativamente ao assunto de que trata a recomendação. Deverá também precisar nestas informações até que ponto aplicou ou pretende aplicar dispositivos da recomendação, e indicar as modificações destes dispositivos que sejam ou venham a ser necessárias para adotá-los ou aplicá-los".

Portanto, a peculiaridade das recomendações da OIT – não obstante elas não serem tratados, estando dispensadas de ratificação – consiste no fato de serem elas *obrigatoriamente* submetidas à "autoridade competente" (que, no Brasil, como já se disse, é o Congresso Nacional), ao contrário do que sucede com as demais recomendações votadas na maioria das conferências e congressos internacionais, em que depois de assinadas já passam a valer internacionalmente. Tal peculiaridade torna a recomendação da OIT norma internacional *sui generis*, que cumprirá a função de fonte *material* de direito.[48]

Não existe também a obrigatoriedade de as recomendações da OIT serem promulgadas internamente. Não obstante isso, o Decreto nº 3.597, de 12 de janeiro de 2000, promulgou a Recomendação nº 190 da OIT.

2. Natureza jurídica. As recomendações distinguem-se das convenções internacionais do trabalho apenas sob o aspecto *formal*, e não do ponto de vista *material*, como já falamos. Assim, ainda que ambas possam cuidar de assuntos semelhantes, apenas as convenções devem ser *ratificadas* pelos Estados-membros da OIT, o que significa dizer que as recomendações não têm de passar pelos mesmos trâmites internos pelos quais deve passar um tratado internacional para a sua efetiva integração ao Direito brasileiro. Disso se dessume que, ao contrário das convenções, as chamadas *recomendações* da OIT não pertencem à categoria jurídica dos tratados internacionais. São, como o próprio nome está a indicar, propostas e sugestões feitas aos seus Estados-membros relativamente a questões ligadas ao direito do trabalho não estabelecidas em convenções internacionais.[49] Não sendo tratados, as recomendações – repita-se – estão dispensadas de percorrer todo o procedimento (interno e internacional) relativo à conclusão dos acordos internacionais em devida forma.

---

[48] Cf. Arnaldo Süssekind. *Direito internacional do trabalho*, cit., pp. 186-187; e Américo Plá Rodríguez, *Los convenios internacionales del trabajo*, cit., p. 237.

[49] Para alguns autores, como René Mirolo e Patricia Sansinena, as recomendações da OIT têm apenas "força moral orientadora", à diferença das convenções, que criam "obrigações jurídicas de fundo, tão logo sejam ratificadas" (*Los convenios de la OIT en el derecho del trabajo interno*, cit., p. 59). No mesmo sentido, *v*. Ricardo Seitenfus, *Manual das organizações internacionais*, cit., p. 230, para quem: "Ao contrário das convenções, as recomendações não possuem um efeito vinculante e tampouco implicam obrigatoriedade para os Estados. São elas manifestações, que têm o peso de aconselhamento, e não da imposição. Contudo, o fato de redigi-las e divulgá-las cria um ambiente favorável ao encaminhamento de soluções que, porém, originam-se na vontade dos Estados".

Contudo, como já se observou, apesar de estarem destituídas da natureza jurídica de *tratados*, as recomendações da OIT não estão dispensadas de serem submetidas à "autoridade competente" para que esta as transforme em lei ou tome medidas de outra natureza relativamente à matéria nelas versada. Assim, tanto as convenções como as recomendações da OIT, devem ser submetidas ao Congresso Nacional para que este, no primeiro caso, autorize a sua ratificação e, no segundo, analise a viabilidade de se adotar as normas constantes da recomendação. Dessa forma, se o Congresso Nacional (no caso brasileiro) tem a intenção de transformar em Direito interno os princípios e regras constantes da recomendação, deve adotar uma *lei especial* em que contenham tais disposições da recomendação, o que não seria necessário no caso das convenções, as quais, uma vez aprovadas pelo Parlamento, já ingressariam automaticamente no ordenamento jurídico brasileiro após ratificadas e uma vez em vigor no plano internacional.[50]

3. Integração ao Direito brasileiro. Estando destituídas da natureza de *tratados*, em princípio não se poderia falar em verdadeira *integração* das recomendações da OIT no Direito interno brasileiro. Contudo, como já se viu, a Constituição da OIT impõe certas obrigações formais aos seus Estados-membros, sobretudo a de submeter as recomendações adotadas pela Conferência Internacional do Trabalho à autoridade interna competente para a sua análise. Portanto, no caso específico das recomendações da OIT – ao contrário das demais recomendações conhecidas pelo Direito Internacional em geral – tal integração formal existe, devendo ser respeitado o que dispõe a Constituição da OIT.

Assim, sob o aspecto formal, tanto as convenções da OIT quanto as suas recomendações, depois de firmadas, devem ser submetidas, no caso brasileiro, ao crivo do Congresso Nacional para que este, no caso das convenções, autorize a sua ratificação – que é ato próprio do Presidente da República –, e no das recomendações, adote medidas legislativas relativamente às disposições constantes de seu texto (ou seja, as transformem em *lei*) ou tome medidas de outra natureza. Caso o Congresso Nacional pretenda transformá-las em lei, total ou parcialmente, deverá enviar o respectivo Projeto de Lei para a sanção do Presidente da República, momento a partir do qual suas normas serão transformadas em norma de Direito interno. Mas, como lembra Arnaldo Süssekind, quando "a recomendação versar matéria da competência dos decretos executivos ou regulamentares, caberá apenas ao Presidente da República adotar as medidas adequadas que entender (art. 84, inc. IV, da CF)".[51]

Ainda no caso das recomendações, outra diferença é que o Estado-membro não está obrigado a enviar ao *Bureau* Internacional do Trabalho relatórios anuais sobre a sua aplicação no país, ainda que suas regras correspondam à legislação nacional, cumprindo-lhe somente esclarecer, quando solicitado pelo Diretor-Geral do *Bureau*, qual o estado atual de sua legislação e a prática relativa à matéria versada na recomendação, precisando em que medida ela foi posta em execução ou em que medida pretende executá-la e, também, quais as modificações que considera necessárias para poder adotar e aplicar as suas normas, nos termos do art. 19, § 6º, alínea *d*, da Constituição da OIT.[52]

---

[50] Cf. Mario de la Cueva. *Derecho mexicano del trabajo*, vol. 1, cit., p. 280.
[51] Arnaldo Süssekind. *Instituições de direito do trabalho*, vol. 2, cit., p. 1.500.
[52] Cf. Arnaldo Süssekind. *Direito internacional do trabalho*, cit., pp. 208-209.

Plano da Parte VI

Até este ponto do livro, já estudamos praticamente todo o programa básico atual do Direito Internacional Público, faltando apenas (o que será feito na Parte VI seguinte) debruçar-nos sobre as soluções pacíficas de controvérsias internacionais, sobre o problema (ainda atual) da guerra e sobre a questão da neutralidade.

A análise desses assuntos encerra o programa mínimo da nossa disciplina, traduzindo a ideia de que a real utilidade do Direito Internacional Público é primar pela paz mundial, utilizando-se, para tanto, de todos os meios possíveis colocados à sua disposição. Daí a importância do estudo dos métodos de solução pacífica de controvérsias internacionais, assim como da guerra (que, apesar de atualmente ser considerada um ilícito internacional, é ainda frequentemente utilizada) e da neutralidade.

Parte VI

Conflitos Internacionais

Capítulo I
Soluções Pacíficas de Controvérsias Internacionais

 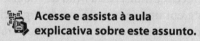

Acesse e assista à aula explicativa sobre este assunto.

> http://uqr.to/1zv4n

SEÇÃO I – REGRAS GERAIS SOBRE SOLUÇÕES DE CONTROVÉRSIAS

1. Introdução. A sociedade dos Estados, da forma com que está organizada juridicamente, não está alheia e não deixa de sofrer as turbulências normais que a vida em grupo reclama. A existência de choques, conflitos, disputas e batalhas no seio da sociedade internacional decorre das diferenças e dos interesses humanos, que são dos mais variados possíveis em quaisquer campos de interesse. Contudo, ainda que este fato constatado seja uma verdade inafastável, a sociedade internacional está sempre na busca de meios jurídicos para a solução de tais controvérsias internacionais, a fim de poder estampar mais segurança e tranquilidade às relações internacionais.

Um dos motivos mais importantes da criação desse sistema jurídico de solução de controvérsias reside no fato de não existir, pelo menos por enquanto, no cenário internacional, uma *autoridade suprema* capaz de ditar regras de conduta e fazer exigir o seu cumprimento por parte dos Estados e das organizações internacionais. Diferentemente do Direito interno estatal, em que existe a figura constitucional do *Estado*, não se encontra no Direito Internacional um núcleo jurídico positivo com autoridade *máxima* em matéria de conflitos de interesses.[1] Daí a necessidade que se tem, no Direito Internacional, de sempre buscar-se meios e soluções pacíficos dos conflitos de interesses que diuturnamente ocorrem na cena internacional.

Frise-se, ainda nesta introdução, que a obrigação de solucionar as controvérsias pela via *pacífica* integra o quadro dos princípios fundamentais do Direito Internacional Público na condição de norma geral imperativa (*jus cogens*).[2]

2. Conceito de controvérsias internacionais. Foi primeiramente em 1924, no caso *Mavrommatis*, e posteriormente em 1962, no caso do *Sudoeste africano*, que a CIJ trouxe à baila o conceito de controvérsia internacional.[3] Segundo o que ali ficou expresso, entende-se

---

[1] Cf. Oyama Cesar Ituassú. *Curso de direito internacional público*, cit., pp. 569-570.
[2] Nesse exato sentido, *v.* Antonio Remiro Brotons (*et al.*), *Derecho internacional*, cit., p. 673.
[3] Veja-se o caso *Mavrommatis*, CPJI (1924), Série A, nºs 2 a 13; e o caso do *Sudoeste Africano*, CIJ (1962), Exceções Preliminares 319, pp. 344-346. Frise-se que a análise do primeiro caso, de 1924, coube à CPJI (precursora da CIJ).

por *controvérsia internacional* todo desacordo existente sobre determinado ponto de fato ou de direito, ou seja, toda oposição de interesses ou de teses jurídicas entre dois Estados (ou eventualmente grupos de Estados) ou Organizações Internacionais (veja-se os problemas enfrentados pela ONU com Israel, quando do atentado contra o Conde Bernadotte em Jerusalém). Tal "desacordo" pode ter natureza das mais diversas, podendo ser econômica, política, cultural, científica, religiosa etc. Portanto, uma controvérsia internacional não é somente aquela *grave* entre Estados ou Organizações Internacionais, como guerras ou demais formas de conflitos armados, mas também assuntos mais simples, como a interpretação de determinada cláusula de um tratado concluído entre ambos.

Sobre o tema, merece ser transcrita a lição de Alberto do Amaral Júnior, nestes termos: "A controvérsia consiste em um desacordo, na divergência de opiniões ou na oposição de pontos de vista entre dois ou mais sujeitos de direito. Trata-se de desavença sobre a materialidade de um fato, sobre a interpretação de uma regra ou a qualificação jurídica de um fato ou de uma situação. O desacordo surge quando um Estado, ao exercer a faculdade de autointerpretação, formula, implícita ou explicitamente, pretensão a respeito de um objeto (questão fática ou jurídica), capaz de afetar, segundo novas interpretações ou qualificações jurídicas possíveis, os interesses de outro Estado, que poderá reagir de diversos modos. Ele concordará, se houver interesse, com a interpretação ou qualificação realizada, hipótese em que nenhuma controvérsia se delineia. Mas se o Estado contestar a pretensão manifestada com apoio numa interpretação diferente da regra, a controvérsia será inevitável. A essa altura, as partes podem, mediante acordo, resolver o litígio ou decidir submetê-lo à apreciação de um terceiro jurídico, a quem incumbe aplicar o direito ao caso concreto". E conclui: "As controvérsias internacionais surgem, pois, em duas circunstâncias: quando há disputa sobre o significado de norma internacional existente ou quando a divergência na qualificação dos fatos venha a motivar a criação de uma nova regra. Na primeira hipótese, as partes discordam sobre o sentido da norma, que os litigantes não compartilham. Na segunda, não há regra prévia: a discrepância em torno da apreciação dos fatos exige a elaboração de norma para fazer cessar as pretensões antagônicas".[4]

Destaque-se, por fim, que não obstante as Organizações Internacionais também poderem envolver-se em conflitos internacionais, apenas os Estados (e mais nenhum outro ente internacional) é que podem submeter-se à jurisdição contenciosa da CIJ, como será visto adiante. O papel de tais organizações para o instituto da solução pacífica de controvérsias internacionais, contudo, é de extrema importância, porque é no seio de muitas delas (como é o caso das Nações Unidas) que são abertos os debates e as negociações entre Estados visando à solução pacífica dos conflitos existentes entre eles.

3. Finalidade da matéria. A matéria em pauta tem *dupla* finalidade: 1) solucionar as controvérsias entre Estados e Organizações Internacionais (*finalidade impeditiva*); e 2) prevenir o recurso ao uso privado da força no plano internacional (*finalidade preventiva*). Esta segunda finalidade tem o seu comando dirigido diretamente aos Estados, que devem sempre, em primeiro plano, buscar soluções amistosas para as suas divergências e conflitos, antes de se utilizarem da força armada para a solução das controvérsias.

---

[4]   Alberto do Amaral Júnior. *Curso de direito internacional público*, cit., pp. 270-271.

Parte VI • Cap. I • SOLUÇÕES PACÍFICAS DE CONTROVÉRSIAS INTERNACIONAIS | **1025**

Depois que o uso privado da força, com a Carta das Nações Unidas, passou a ser inadmissível aos Estados, ficou sendo a solução pacífica de controvérsias o único meio juridicamente viável e disponível para a resolução dos conflitos que entre eles possa vir a existir. Contudo, como leciona Ian Brownlie, em Direito Internacional geral "não existe qualquer obrigação de *resolver* litígios, assentando os processos de resolução por meio de procedimentos formais e jurídicos no consentimento das partes".[5]

Há que se enfatizar que no atual cenário jurídico-internacional o eventual uso (devidamente regrado, regulamentado etc.) do poder *público* bélico (ou seja, daquele poder bélico *comunitário* ou *coletivo*) cabe *apenas* à Organização das Nações Unidas ou a entidades por ela habilitadas, máxime por decisão do Conselho de Segurança.[6] No que tange a essas entidades "habilitadas" pelas Nações Unidas, verifica-se tratar da utilização *privada* da força, mas com *autorização* da ONU, ao que se nomina de *uso privado habilitado*. Assim, o poder público bélico divide-se em (1) poder público bélico em sentido estrito e (2) uso privado habilitado. A diferença deste último para o primeiro está em que apenas o poder público bélico em sentido estrito tem uma condução (ou direção) pública, atualmente levado a efeito apenas pelas Nações Unidas, enquanto o segundo (o uso privado habilitado) tem condução privada, máxime estadual ou de responsabilidade de uma organização intergovernamental.[7]

Buscar-se-á abaixo descrever os meios diplomáticos (não judiciais), os meios políticos, os meios jurisdicionais e os meios coercitivos de solução pacífica das controvérsias que se produzem no cenário internacional contemporâneo, postos à disposição dos Estados e das Organizações Internacionais.

4. Regra das Nações Unidas. A Carta das Nações Unidas dedica todo o seu Capítulo VI, denominado Solução Pacífica de Controvérsias, ao estudo do tema, assim estabelecendo:

> "Art. 33.
>
> 1. As partes em uma controvérsia, que possa vir a constituir uma ameaça à paz e à segurança internacionais, procurarão, antes de tudo, chegar a uma solução por negociação, inquérito, mediação, conciliação, arbitragem, solução judicial, recurso a entidades ou acordos regionais, ou a qualquer outro meio pacífico à sua escolha.
>
> 2. O Conselho de Segurança convidará, quando julgar necessário, as referidas partes a resolver, por tais meios, suas controvérsias".

---

[5] Ian Brownlie. *Princípios de direito internacional público*, cit., p. 735.

[6] Cf. Eduardo Correia Baptista. *O poder público bélico em direito internacional...*, cit., pp. 25-28. Na lição desse mesmo internacionalista: "Na Comunidade Internacional só de forma excepcional e muito restrita existem Forças estritamente públicas. Na constituição de forças internacionais, máxime, das Nações Unidas, a grande maioria dos seus efetivos integram contingentes, organizados nacionalmente, fornecidos pelos Estados-membros; característica que apenas permite qualificar o seu estatuto como misto, ainda que para efeitos externos se trate de forças das Nações Unidas; isto é, sob comando desta organização e cujos atos lhe são imputados. Ainda assim, a intervenção destas forças mistas não é obstáculo a que se qualifique como uso público da força (Idem, pp. 30-31). Sobre o papel do Conselho de Segurança no que tange ao uso da força, *v.* James Crawford, *Brownlie's principles of public international law*, cit., pp. 757-768.

[7] *V.* Eduardo Correia Baptista. *O poder público bélico em direito internacional...*, cit., pp. 32-33.

1026 | CURSO DE DIREITO INTERNACIONAL PÚBLICO – *Valerio de Oliveira Mazzuoli*

Na Carta da Organização dos Estados Americanos, de 1948, as regras relativas à solução pacífica de controvérsias internacionais encontram-se no seu Capítulo V, que se inicia dizendo que as "controvérsias internacionais entre os Estados-membros devem ser submetidas aos processos de solução pacífica indicados nesta Carta" (art. 24). Sobre a matéria, deve-se destacar especialmente as disposições dos arts. 25 e 26 da Carta da OEA, que assim dispõem:

> "Art. 25. São processos pacíficos: a negociação direta, os bons ofícios, a mediação, a investigação e conciliação, o processo judicial, a arbitragem e os que sejam especialmente combinados, em qualquer momento, pelas partes".

> "Art. 26. Quando entre dois ou mais Estados americanos surgir uma controvérsia que, na opinião de um deles, não possa ser resolvida pelos meios diplomáticos comuns, as partes deverão convir em qualquer outro processo pacífico que lhes permita chegar a uma solução".

Pela leitura dos dispositivos transcritos acima (tanto da Carta da ONU como da Carta da OEA) é fácil perceber que não existe, em princípio, uma obrigação especial de utilização de um ou de outro meio de solução pacífica de controvérsias por parte dos Estados-membros de tais organizações internacionais. Às partes cabe a livre escolha dos métodos ali elencados no cumprimento do dever que elas têm (segundo a Carta das Nações Unidas) de concordar em fazer uso deles. Isso não significa, contudo, que em matéria de solução de controvérsias internacionais exista um campo "inteiramente aberto ao voluntarismo estatal" ou que a questão esteja "totalmente sob o controle da vontade dos Estados: com efeito, o consentimento das partes litigantes *não* é necessário para que uma disputa seja levada perante o Conselho de Segurança ou a Assembleia Geral, e nem mesmo para que o Conselho de Segurança exerça seus poderes investigatórios; pode o Conselho agir por sua própria iniciativa, a pedido de qualquer membro da ONU, ou em decorrência de iniciativa do Secretário-Geral", como destaca Cançado Trindade.[8]

A classificação das soluções pacíficas de controvérsias internacionais que aqui se levará em conta, divide-as em *meios diplomáticos* (não judiciais), *meios semijudiciais* e *meios judiciais*.

5. Tratado Interamericano de Assistência Recíproca. Com o fim de manter a paz e a segurança das relações internacionais entre os países do Continente Americano, foi assinado no Rio de Janeiro, em 2 de setembro de 1947, o Tratado Interamericano de Assistência Recíproca, também chamado de *Pacto do Rio*,[9] que entrou em vigor internacional em 3 de dezembro de 1948.

O tratado, logo nos seus primeiros considerandos, assinala a vontade das partes-contratantes em "permanecer unidas dentro de um sistema interamericano compatível com os propósitos e princípios das Nações Unidas", bem como em renovar "sua adesão aos princípios de solidariedade e cooperação interamericanas e especialmente aos princípios enunciados

---

[8] *V.* Antônio Augusto Cançado Trindade. *O direito internacional em um mundo em transformação*, cit., pp. 751-752. Para um estudo da coordenação entre os sistemas das Nações Unidas e da OEA sobre o tema, *v.* Eduardo Jiménez de Aréchaga, La coordination des systèmes de L'ONU et de l'Organisation des États Américains pour le règlement pacifique des différends et la sécurité collective, in *Recueil des Cours*, vol. 111 (1964-I), pp. 419-526.

[9] Este instrumento foi aprovado no Brasil pelo Decreto nº 5, de 14.02.1948, e promulgado pelo Decreto nº 25.660, de 13.10.1948.

Parte VI · Cap. I · SOLUÇÕES PACÍFICAS DE CONTROVÉRSIAS INTERNACIONAIS | **1027**

nos considerandos e declarações do Ato de Chapultepec, todos os quais devem ser tidos por aceitos como normas de suas relações mútuas e como base jurídica do Sistema Interamericano". Ali também se lê que "a obrigação de auxílio mútuo e de defesa comum das Repúblicas Americanas se acha essencialmente ligada a seus ideais democráticos e à sua vontade de permanente cooperação para realizar os princípios e propósitos de uma política de paz".

Por meio do tratado, os Estados americanos "condenam formalmente a guerra e se obrigam, nas suas relações internacionais, a não recorrer à ameaça nem ao uso da força, de qualquer forma incompatível com as disposições da Carta das Nações Unidas ou do presente Tratado" (art. 1º do Pacto do Rio). Como consequência desse princípio, as partes comprometem-se "a submeter toda controvérsia, que entre elas surja, aos métodos de soluções pacífica e a procurar resolvê-la entre si, mediante os processos vigentes no Sistema Interamericano, antes de a referir à Assembleia Geral ou ao Conselho de Segurança das Nações Unidas" (art. 2º).

Nos termos do art. 3º, § 1º, do Tratado, os Estados-partes concordam em que um ataque armado, por parte de qualquer Estado, contra um Estado Americano, será considerado como um ataque contra todos os Estados Americanos, e, em consequência, cada uma dessas partes se compromete a ajudar a fazer frente ao ataque, no exercício do direito imanente de legítima defesa individual ou coletiva (que é reconhecido pelo art. 51 da Carta das Nações Unidas).

Em caso de conflito entre os dois ou mais Estados Americanos, sem prejuízo do direito de legítima defesa, de conformidade com o artigo 51 da Carta das Nações Unidas, as partes-contratantes reunidas em consulta instarão com os Estados em litígio para que suspendam as hostilidades e restaurem o *status quo ante bellum*, e tomarão, além disso, todas as outras medidas necessárias para se restabelecer ou manter a paz e a segurança interamericanas, e para que o conflito seja resolvido por meios pacíficos, sendo certo que a recusa da ação pacificadora será levada em conta na determinação do agressor e na aplicação imediata das medidas que se acordarem na reunião de consulta (art. 7º).

6. Hierarquia dos meios de solução de controvérsias. À exceção do *inquérito*, que busca apurar a verdade dos fatos ocorridos no território de determinado Estado e, portanto, é sempre prévio à via de solução de conflitos escolhida, os demais meios figuram dentro de um mesmo plano de igualdade jurídica, não havendo hierarquia entre eles. Isto se constata da verificação do cenário internacional contemporâneo, que aponta sempre para uma pluralidade dos meios de solução de conflitos internacionais, facultando às partes envolvidas na disputa a escolha de caminhos alternativos e concomitantes para a resolução de seus problemas, tudo dependendo da natureza do litígio e da preferência dos envolvidos por um ou por outro meio pacífico de solução de controvérsias.

Como se sabe, a ordem internacional contemporânea é composta de uma pluralidade normativa sem precedentes, de meios negociais dos mais diversos e complexos, e não se justificaria que exatamente o sistema de *solução* de controvérsias fosse "engessado" por qualquer maneira. Desde a época da CPJI (*v.* o caso do *Estatuto da Carelia Oriental*, de 1923) se estabelece que "nenhum Estado pode ser obrigado a submeter suas contendas com outros Estados à mediação, à arbitragem ou a qualquer outro procedimento de solução pacífica, sem o seu consentimento", princípio este que foi reafirmado pela CIJ por mais de uma vez (*v.*, mais recentemente, o caso *Consequências Jurídicas da Construção de um Muro no Território Palestino Ocupado*, de 2004). Assim, evidentemente, quando prejudicada uma via de solução de conflitos as partes têm a faculdade de escolher outra, sem que isso importe em violação de um roteiro predeterminado ou de qualquer hierarquia entre tais meios.

CURSO DE DIREITO INTERNACIONAL PÚBLICO – *Valerio de Oliveira Mazzuoli*

Evidentemente que essa faculdade de *escolha* dos meios de solução de controvérsias não será possível quando os Estados já tiverem escolhido *a priori* um procedimento de solução específico, tal como se dá quando *já fazem constar* em determinado tratado o meio pelo qual pretendem resolver futuras contendas.

SEÇÃO II – MEIOS DIPLOMÁTICOS

1. Características da solução diplomática. Os processos diplomáticos (não judiciais) de solução de controvérsias caracterizam-se pela existência de um foro de diálogo entre as partes divergentes, exercitado por meio de conversações amistosas, buscando encontrar um denominador comum para a satisfação dos interesses de ambas as partes envolvidas num conflito internacional. Não existe hierarquia entre tais meios de solução de controvérsias, à exceção do *inquérito* que, por ter natureza investigativa, deve obrigatoriamente vir antes dos demais.

Os meios diplomáticos e os meios políticos (estes querendo denominar os meios de solução de controvérsias existentes no âmbito das organizações internacionais) têm em comum o fato de carecerem da imposição proveniente do império do direito. A função dos conciliadores e mediadores é diametralmente oposta à dos juízes e dos árbitros, porquanto nesse último caso existe a obrigação *legal* de dar solução para o caso concreto, obrigação esta inexistente nos demais meios (não judiciais) de solução pacífica de controvérsias internacionais. Ainda que com sacrifício de regras legais, os conciliadores e mediadores terão cumprido seu papel se conseguirem chegar a uma solução satisfatória nas negociações de resolução do conflito para o qual foram chamados a atuar.

São de diversa ordem e de variada índole os meios do processo diplomático de solução de controvérsias internacionais, merecendo cada um deles ser estudado separadamente.

2. Negociação direta. A *negociação* é o primeiro e mais simples meio diplomático de resolução pacífica de controvérsias internacionais, além de ser o mais comumente utilizado no contencioso interestatal.[10] Consiste no entendimento direto que chegam os Estados em relação ao conflito existente, manifestado por meio de comunicação diplomática, que poderá ser apresentada oralmente (que é a maneira mais comum) ou por escrito (por meio de troca de notas diplomáticas). Sua utilização deve ser posta em primeiro plano quando se trata de resolver uma questão divergente de interesse recíproco dos Estados em questão.[11] Sua materialização pode dar-se por várias maneiras: *a*) quando as partes, por meio dos seus órgãos diplomáticos, fazem concessões mútuas (transigem) a fim de chegar a uma solução justa para o seu conflito; *b*) quando uma parte renuncia (desiste) de prosseguir o direito que pretendia; ou ainda *c*) quando uma parte reconhece (aceita) as pretensões da outra.[12]

---

[10] V. Guido Fernando Silva Soares. *Curso de direito internacional público*, cit., pp. 166-167; Dinh, Daillier & Pellet, *Direito internacional público*, cit., pp. 844-848; Celso D. de Albuquerque Mello, *Curso de direito internacional público*, vol. II, cit., pp. 1427-1428; César Sepúlveda, *Derecho internacional*, cit., pp. 392-393; Malcolm N. Shaw, *Direito internacional*, cit., pp. 758-760; e Alberto do Amaral Júnior, *Curso de direito internacional público*, cit., pp. 273-274.

[11] Cf. Clóvis Bevilaqua. *Direito público internacional…*, t. II, cit., p. 167.

[12] Cf. Hildebrando Accioly. *Tratado de direito internacional público*, vol. III, 2ª ed. Rio de Janeiro: MRE, 1957, p. 4.

Em casos de maior gravidade, as negociações diretas podem ser levadas a efeito pelos mais altos funcionários dos dois Estados, podendo ser os próprios Ministros das Relações Exteriores de ambos ou, inclusive, os próprios chefes de Estado diretamente.

Esse meio de solução pacífica de controvérsias internacionais poderá assumir a forma de *negociações bilaterais* (entre dois sujeitos de Direito Internacional Público) ou de *negociações multilaterais* (entre três ou mais sujeitos de Direito Internacional Público), ocorrendo normalmente durante as sessões de conferências ou congressos internacionais ou, ainda, no decorrer de uma reunião ordinária ou extraordinária de determinada organização internacional intergovernamental. Quase sempre há a *renúncia* da pretensão de um dos Estados, ou o *reconhecimento* por parte de um deles do direito reclamado pelo outro. Não se descarta também a *transação*, que consiste no estabelecimento de concessões mútuas entre as partes.

As negociações têm como característica fundamental o fato de estarem revestidas de grande informalidade, podendo ocorrer a qualquer tempo dentro do período de conflito. O Brasil já resolveu por esse meio várias de suas questões internacionais relevantes, como a do Acre, com a Bolívia, solucionada por negociações diretas que deram ensejo ao Tratado de Petrópolis, de 1903; a da canhoneira *Planther*, com a Alemanha, em 1906; e a dos limites com o Peru (1909), Paraguai (1927) e Colômbia (1928).

3. Bons ofícios. Os *bons ofícios*, apesar de não mencionados pela Carta das Nações Unidas,[13] são também meios diplomáticos de solução pacífica de controvérsias internacionais.[14] Por eles, determinado terceiro, *sponte sua*, oferece sua colaboração (intervenção benévola) com vistas a resolver determinada controvérsia internacional entre dois ou mais Estados ou organizações internacionais. Nos bons ofícios este terceiro – que pode ser um Estado (ou mais de um Estado), uma instituição internacional ou mesmo um alto funcionário de determinada Organização Internacional, como, *v.g.*, o Secretário-Geral da ONU – se limita a aproximar as partes e proporcioná-las um campo neutro de negociação internacional, sem tomar partido na contenda e sem se intrometer nas discussões entre ambas.

A iniciativa de prestar os *bons ofícios* é, em geral, determinada pelo próprio terceiro, alheio à controvérsia e sem demais interesses no patrocínio de benefícios ou vantagens a qualquer das partes. Mas nada impede que a sua iniciativa se dê por requerimento das partes (uma delas ou ambas) em conflito.

Os bons ofícios não constituem ingerência indevida nos assuntos de outros Estados e, tampouco, seu oferecimento pode ser considerado gesto ofensivo ou inamistoso. Nos bons ofícios, tal como ocorre na mediação e na conciliação, o terceiro interveniente não irá

---

13   Aos bons ofícios se encontra menção, contudo, na Carta da OEA (art. 25).

14   *V.*, especialmente, Raymond R. Probst, "Good offices" in international relations in the light of Swiss practice and experience, in *Recueil des Cours*, vol. 201 (1987), pp. 221-383. Em menor proporção, cf. Guido Fernando Silva Soares, *Curso de direito internacional público*, cit., p. 167; Dinh, Daillier & Pellet, *Direito internacional público*, cit., pp. 849-850; Celso D. de Albuquerque Mello, *Curso de direito internacional público*, vol. II, cit., p. 1428; Malcolm N. Shaw, *Direito internacional*, cit., pp. 761-762; Brichambaut, Dobelle & Coulée, *Leçons de droit international public*, cit., pp. 383-384; e Alberto do Amaral Júnior, *Curso de direito internacional público*, cit., p. 274.

propriamente *decidir* o conflito *pelos* Estados, mas tão somente auxiliá-los ("persuadi-los", segundo Brierly) a chegar a uma solução amistosa.[15]

Entre os casos de bons ofícios mais conhecidos podem ser citados os seguintes: *a*) os do governo português, para o restabelecimento das relações diplomáticas entre Brasil e Grã--Bretanha, em 1864 (prejudicados em consequência da *Questão Christie*); *b*) os do mesmo governo, relativamente à solução da controvérsia entre Brasil e Grã-Bretanha sobre a ilha de Trindade, em 1896; *c*) os do presidente americano Theodore Roosevelt, para a conclusão da guerra entre Japão e a Rússia, em 1905; *c*) os do Brasil, para a reconciliação do Chile com os Estados Unidos, a propósito da reclamação da empresa Alsop & Cia., em 1909; e *d*) os do mesmo governo entre o Peru e a Colômbia, no caso de Letícia, em 1934.[16]

No âmbito da Organização dos Estados Americanos existe a *Comissão Interamericana da Paz*, criada pela Reunião de Consulta de Havana, de 1940, para funções de *bons ofícios* no sistema interamericano.

4. Sistema de consultas. Tem-se também como meio diplomático de solução pacífica de controvérsias internacionais o chamado *sistema de consultas*. Por ele, os Estados ou Organizações Internacionais consultam-se mutuamente sobre os pontos de controvérsia dos seus interesses, fazendo ao longo do tempo, preparando terreno para uma futura negociação, na qual essas mesmas partes colocarão à mesa os pontos que já vinham considerando controversos entre elas para, ao final, chegar a uma solução amistosa de suas diferenças. Em outras palavras, as *consultas* servem de base para uma negociação posterior (*pro futuro*) sobre determinado ponto de direito, envolvendo as partes em litígio. São quase sempre expressas em tratados internacionais, que já determinam o período e o prazo dos encontros periódicos das partes.

O desenvolvimento desse sistema teve maior expressão no continente americano, onde foram realizadas várias conferências a respeito, como a Conferência Interamericana de Consolidação da Paz, ocorrida em Buenos Aires, em 1936 (da qual surgiram duas convenções internacionais, uma sobre a manutenção, garantia e restabelecimento da paz, e outra para coordenar, ampliar e assegurar o cumprimento dos tratados existentes entre os Estados americanos), e as conferências internacionais americana (de Lima, 1938) e interamericana (de Petrópolis, 1947), além das regras constantes na Carta da Organização dos Estados Americanos, em que se ampliou o trato da matéria.

5. Mediação. A *mediação* consiste, assim como nos *bons ofícios*, na ajuda de terceiro Estado (ou um agente desse Estado) para a solução pacífica de um litígio internacional. Mas, não raro, a ONU também tem aceitado que personalidades privadas atuem como mediadores.[17] A mediação difere dos bons ofícios por ser mais extensa que aquele, iniciando com o processo de *aproximação* das partes e terminando com a *solução* proposta. Além disso, diz-se que a mediação é mais solene e constitui ingerência mais acentuada.[18] Assim, na mediação,

---

[15] Cf. J. L. Brierly. *Direito internacional*, cit., p. 384.
[16] Cf. Hildebrando Accioly. *Tratado de direito internacional público*, vol. III, cit., pp. 11-16, onde se pode colher muitos outros exemplos.
[17] Cf. Jean-Pierre Cot. *La conciliation internationale*. Paris: A. Pedone, 1968, p. 263.
[18] Cf. Hildebrando Accioly. *Tratado de direito internacional público*, vol. III, cit., p. 16.

Parte VI · Cap. I · SOLUÇÕES PACÍFICAS DE CONTROVÉRSIAS INTERNACIONAIS | **1031**

o terceiro (chamado de *mediador*, que é um componedor amistoso) não apenas *aproxima* as partes para que resolvam suas controvérsias, mas efetivamente *toma conhecimento* do problema e *propõe* uma solução pacífica a ambas (o que não significa, entretanto, que a mesma será acatada). Assim, na mediação, em vez de somente colocar os adversários frente a frente para tratarem diretamente de seus problemas comuns, o terceiro Estado se torna *parte ativa* das negociações[19] e se coloca à frente do problema, a fim de (juntos) tentar resolver o conflito da melhor forma possível para as partes envolvidas no litígio. Frise-se que, na mediação, as partes resolveram *juntas* o problema, não se podendo também falar (tal como nos bons ofícios) que o mediador *decidiu* o conflito *pelos* Estados.[20] Um bom exemplo foi a chamada "diplomacia itinerante" (*shuttle diplomacy*) no Oriente Médio.[21]

O mediador de um conflito internacional há de ter sempre *credibilidade* de ambas as partes envolvidas na controvérsia, não havendo que se falar em mediação quando existe uma negativa de aceitação do mediador por parte de um dos Estados. Por isso, não há falar-se em *intervenção* – que significa a intromissão indevida em assuntos internos ou externos de um Estado – quando aceita a mediação, ou se o ato interventivo tem por finalidade a prática de bons ofícios.

O fim da mediação tem lugar quando as partes chegam a um bom termo no acordo ou quando recusam as sugestões e os conselhos do mediador.

Como exemplos de mediação, podem ser citados os seguintes: *a*) o da Inglaterra, entre Brasil e Portugal, para o reconhecimento da independência política do Brasil, consagrado no Tratado de Paz, concluído no Rio de Janeiro em 29 de agosto de 1825; *b*) o da Inglaterra, entre o Brasil e a Argentina, relativamente à guerra da Cisplatina, que resultou na convenção que reconheceu a independência do Uruguai; *c*) a do *Papa Leão XIII*, no litígio entre Alemanha e Espanha, sobre as Ilhas Carolinas, em 1885; *d*) a de seis países americanos (Brasil, Argentina, Chile, Estados Unidos, Peru e Uruguai) no conflito entre Bolívia e Paraguai, de 1935 a 1938, para o fim da guerra do Chaco e o consequente acordo de paz.[22]

6. Conciliação. A conciliação é um método mais formal e solene de solução de controvérsias, que se caracteriza em não ter apenas *um* conciliador, como ocorre na mediação, mas uma *comissão* de conciliadores, composta por representantes dos Estados envolvidos no litígio e também de pessoas neutras ao conflito (em ambas as hipóteses, em geral, são *juristas* os componentes da comissão).[23] Como se pode verificar, o grupo de conciliadores não é formado por pessoas *necessariamente* neutras ao litígio, posto poderem ser funcionários ou advogados dos Estados litigantes.[24] Esse grupo de pessoas (cujo número deve ser obrigatoriamente ímpar) emite, ao final, um *parecer* ou *relatório* propondo a solução do conflito pelos termos que decidiram por maioria de votos, o qual será submetido à apreciação das partes.

---

[19] Cf. Antonio Remiro Brotons (*et al.*). *Derecho internacional*, cit., pp. 685-686; e César Sepúlveda, *Derecho internacional*, cit., p. 393.

[20] Cf. J. L. Brierly. *Direito internacional*, cit., p. 384.

[21] Cf. Thomas Buergenthal (*et al.*). *Manual de derecho internacional público*, cit., p. 49.

[22] V. Hildebrando Accioly. *Tratado de direito internacional público*, vol. III, cit., pp. 18-19.

[23] Cf. Antonio Remiro Brotons (*et al.*). *Derecho internacional*, cit., p. 682.

[24] V. Guido Fernando Silva Soares. *Curso de direito internacional público*, cit., p. 168.

O relatório dos conciliadores, entretanto, não tem qualquer força vinculante *per se*, e só será observado quando ambas as partes assim o desejarem.[25]

A conciliação internacional está disciplinada em diversos tratados internacionais, bilaterais e multilaterais, dentre os quais merece destaque o Ato Geral para a Solução de Controvérsias Internacionais, de 26 de setembro de 1928, criado à égide da Liga das Nações, e posteriormente revisado pela Assembleia Geral da ONU, em 28 de abril de 1949. A Convenção de Viena sobre o Direito dos Tratados (1969) também prevê (no seu *Anexo*) a conciliação como meio de solução pacífica de controvérsias entre os Estados-partes na convenção.

Em 1971, a UNITAR (*United Nations Institute for Training and Research*) patrocinou um estudo em que se observou que a ONU tem dado preferência à conciliação (e não à solução judicial) na solução de controvérsias internacionais. Já há algum tempo tanto o Conselho de Segurança quanto a Assembleia Geral da ONU têm assumido a função formal de um órgão conciliatório, encorajando as partes a resolverem suas pendências internacionais sob o auxílio dos bons ofícios dos presidentes do Conselho de Segurança, da Assembleia Geral, ou ainda do Secretário-Geral da organização.[26]

7. Inquérito. Por fim, é também meio de solução diplomática de controvérsias internacionais o chamado *inquérito* (também conhecido como *investigação* ou *fact findings*), muito comum no interior de organizações internacionais, por meio do qual forma-se uma comissão de pessoas conceituadas que têm por encargo apurar os fatos (ainda ilíquidos) ocorridos entre as partes, preparando-as para o ingresso num dos meios de solução pacífica de controvérsias internacionais, implicando o dever dos Estados em suportar a presença de pessoas ou comissões em seus territórios, bem como o dever de fornecer-lhes os dados necessários ao bom termo das investigações.[27] O inquérito é sempre *preliminar* aos outros meios de solução pacífica de controvérsias, o que decorre de sua própria natureza *investigativa*, que visa colher as provas materiais de que o fato que se analisa realmente ocorreu. Em outras palavras, o inquérito consiste na pesquisa sobre os fatos presentes na *origem* do litígio, buscando constatar sua materialidade, sua natureza, as circunstâncias que o acompanham etc.[28] Assim, o que se depreende do seu conceito é que o inquérito somente terá lugar quando uma situação *de fato* reclamar investigação, como, por exemplo, a averiguação do regime geral de proteção

---

[25]   V. Malcolm N. Shaw. *Direito internacional*, cit., p. 764. Nesse exato sentido, *v.* Celso D. de Albuquerque Mello, *Curso de direito internacional público*, vol. II, cit., p. 1434, assim: "Diante do exposto, podemos concluir que o sistema de conciliação apresenta as seguintes características: (...) *b*) o relatório não é obrigatório". Guido Soares, na mesma linha, aduz que o final da conciliação se dá "na forma de relatório opinativo" (*Curso de direito internacional público*, cit., p. 168). Em sentido contrário, *v.* César Sepúlveda, *Derecho internacional*, cit., p. 394, para quem: "O parecer das comissões de conciliação obriga as partes".

[26]   Cf. Jean-Pierre Cot. *La conciliation internationale*, cit., pp. 262-263.

[27]   V. Guido Fernando Silva Soares. *Curso de direito internacional público*, cit., p. 167.

[28]   V. Dinh, Daillier & Pellet. *Direito internacional público*, cit., pp. 850-851. Daí a seguinte observação de Malcolm Shaw: "A técnica [do inquérito] é, entretanto, limitada, pois só pode aplicar-se a disputas internacionais que não envolvem nem a honra nem os interesses vitais das partes, quando o conflito se concentra numa discordância genuína relativa a fatos específicos, discordância essa que pode ser resolvida apelando-se para uma investigação imparcial e consciensiosa" (*Direito internacional*, cit., p. 762).

dos direitos humanos, os controles relativos a desarmamento e a armas químicas, nucleares e de destruição em massa etc.[29]

A *comissão de inquérito* é constituída por acordo especial entre as partes, devendo, ao final, apresentar um *relatório* sobre a situação de fato constatada. Esse relatório não tem caráter arbitral, apesar de atualmente ser moralmente cogente, principalmente quando constata, *in loco*, graves violações de direitos humanos e outras congêneres.

O *acordo* que estabelece a comissão de inquérito pode instituir-se antecipadamente por tratado bilateral ou multilateral, responsável por determinar o seu procedimento. Exemplo interessante de criação de comissão de inquérito por tratado multilateral encontra-se no art. 26 da Constituição da OIT, que prevê o recurso a esse meio de solução de controvérsias quando há queixa de um Estado em relação a outro sob a alegação de descumprimento de uma convenção internacional do trabalho.[30]

SEÇÃO III – MEIOS POLÍTICOS

1. Entendimento. Os conflitos revestidos de certa gravidade no cenário internacional normalmente têm sido resolvidos *politicamente* dentro do seio da Organização das Nações Unidas, notadamente por dois dos seus órgãos mais importantes: a Assembleia Geral e Conselho de Segurança. Isso também se dá no âmbito da Organização dos Estados Americanos (OEA), por meio dos seus organismos especializados.

Diferentemente da mediação, os meios políticos de solução de conflitos, dentro do seio da ONU, podem ocorrer sem o conhecimento de uma das partes envolvidas na controvérsia, quando a outra recorre à Assembleia Geral ou ao Conselho de Segurança buscando a via satisfativa do seu direito que entende como violado. Mas não é toda controvérsia que poderá chegar à análise da Assembleia Geral ou do Conselho de Segurança da ONU. Tais controvérsias devem ser graves e de difícil solução.

2. Mecanismos de controle. A sociedade internacional tem, de forma cada vez mais frequente, presenciado os esforços dessas organizações intergovernamentais para pôr termo a várias controvérsias internacionais, que a cada dia se fazem mais presentes na cena internacional atual. Nesses casos graves, de difícil solução, a ONU poderá emitir *recomendações* e *resoluções* que devem ser cumpridas pelos Estados em conflito. O teor de tais recomendações ou resoluções (nesse caso, provindas do Conselho de Segurança da ONU) irá depender da gravidade do caso, podendo variar desde a tomada de medidas mais brandas até previsão de um cessar-fogo imediato. Mas a ONU poderá também, em último caso, utilizar-se da força armada militar que os seus membros têm disponibilizado a seu favor, o que é bem raro de ocorrer.

Nos termos do art. 39 da Carta das Nações Unidas, o Conselho de Segurança "determinará a existência de qualquer ameaça à paz, ruptura da paz ou ato de agressão, e fará recomendações ou decidirá que medidas deverão ser tomadas (...) a fim de manter ou

---

[29] Sobre essas questões (desarmamento, armas de destruição em massa etc.) no direito das gentes, *v.* Brichambaut, Dobelle & Coulée, *Leçons de droit international public*, cit., pp. 521-542.

[30] Cf. Dominique Carreau & Jahyr-Philippe Bichara. *Direito internacional*, cit., p. 664.

restabelecer a paz e a segurança internacionais". Os dois dispositivos subsequentes complementam esta regra. Segundo dispõe o art. 40 da mesma Carta, a fim de evitar que a situação se agrave, "o Conselho de Segurança poderá, antes de fazer as recomendações ou decidir a respeito das medidas previstas no art. 39, convidar as partes interessadas a que aceitem as medidas provisórias que lhe pareçam necessárias ou aconselháveis. Tais medidas provisórias não prejudicarão os direitos ou pretensões, nem a situação das partes interessadas. O Conselho de Segurança tomará devida nota do não cumprimento dessas medidas". O Conselho de Segurança decidirá, ainda, nos termos do art. 41, "sobre as medidas que, sem envolver o emprego de forças armadas, deverão ser tomadas para tornar efetivas suas decisões e poderá convidar os membros das Nações Unidas a aplicarem tais medidas. Estas poderão incluir a interrupção completa ou parcial das relações econômicas, dos meios de comunicação ferroviários, marítimos, aéreos, postais, telegráficos, radiofônicos, ou de outra qualquer espécie, e o rompimento das relações diplomáticas".

A situação não é diferente no contexto da Organização dos Estados Americanos. Nos termos do art. 84 da Carta da OEA de 1948, o Conselho Permanente "velará pela manutenção das relações de amizade entre os Estados-membros e, com tal objetivo, ajudá-los-á de maneira efetiva na solução pacífica de suas controvérsias, de acordo com as disposições que se seguem".

3. A regra da não ingerência em assuntos internos. Muitos Estados têm se utilizado da disposição do art. 2º, § 7º, da Carta das Nações Unidas, que prevê o impedimento de intromissão da ONU em assuntos que dependam essencialmente da jurisdição interna de qualquer Estado, para tentar impedir as tentativas das Nações Unidas de restabelecer a paz e a segurança da região em conflito, ainda mais quando se entende que o descumprimento de uma recomendação ou de uma resolução do Conselho de Segurança da ONU não configura um *ato ilícito* internacional (este somente se faria presente em caso de descumprimento de uma sentença judicial ou de um laudo arbitral). Essa situação de indiferença estatal aos meios políticos de solução de controvérsias tem gerado inúmeros problemas à sociedade internacional em geral, notadamente ligados a questões de direitos humanos e humanitárias *lato sensu*. Daí a necessidade de se interpretar corretamente a regra do art. 2º, § 7º, da Carta da ONU, a fim de saber qual o seu verdadeiro significado e o seu real alcance.

A norma em análise (da não ingerência em assuntos essencialmente internos) vem assim disciplinada na Carta da ONU:

> "Nenhum dispositivo da presente Carta autorizará as Nações Unidas a intervirem em assuntos que dependam essencialmente da jurisdição interna de qualquer Estado ou obrigará os membros a submeterem tais assuntos a uma solução, nos termos da presente Carta; este princípio, porém, não prejudicará a aplicação das medidas coercitivas constantes do Capítulo VII".

A obrigação de não ingerência também aparece nos estatutos constitutivos de várias organizações internacionais regionais, a exemplo do art. 19 da Carta da OEA, segundo o qual nenhum Estado ou grupo de Estados "tem o direito de intervir, direta ou indiretamente, seja qual for o motivo, nos assuntos internos ou externos de qualquer outro", complementando que este princípio "exclui não somente a força armada, mas também qualquer outra forma de interferência ou de tendência atentatória à personalidade do Estado e dos elementos políticos, econômicos e culturais que o constituem".

Parte VI · Cap. I · SOLUÇÕES PACÍFICAS DE CONTROVÉRSIAS INTERNACIONAIS | **1035**

O princípio da não ingerência (ou *não intervenção*) nasceu com a finalidade de impedir que Estados com maior poderio (militar, político, econômico etc.) subjuguem Estados mais fracos e a eles imponham sua autoridade a qualquer custo.[31] Daí a necessidade de impedir, inclusive às Nações Unidas, de intervirem nos assuntos domésticos de outros Estados quando tais assuntos dependam essencialmente de sua jurisdição interna. À luz da Carta da ONU de 1945, nítido está que a não intervenção é sempre a *regra* e a intervenção a *exceção*.

A primeira observação que deve ser feita, relativamente à interpretação do art. 2º, § 7º, da Carta, diz respeito ao seu claro comando de que o impedimento (ou proibição de ingerência) ali previsto deve estar relacionado a assuntos "que dependam *essencialmente* da jurisdição interna de qualquer Estado".[32] A *contrario sensu*, problemas que não dependam *essencialmente* da jurisdição interna de qualquer Estado podem perfeitamente ser resolvidos na ordem internacional, por meio da Assembleia Geral ou do Conselho de Segurança da ONU. Não se encontra, porém, em qualquer lugar da Carta, uma explicação do que sejam os assuntos "essencialmente" dependentes da jurisdição interna de um Estado, sequer a previsão de uma autoridade habilitada para aferir a essencialidade ou não de um determinado tema, restando a responsabilidade pela interpretação do termo à doutrina e à jurisprudência internacional.[33]

A doutrina em geral tem aceitado a orientação de serem *essencialmente internas* questões como a definição do sistema político (e, consequentemente, das instituições pelas quais o Estado se organiza) ou do sistema de governo adotado (*v.g.*, se presidencialista ou parlamentarista), bem assim a determinação da ordem econômica, social ou cultural do Estado. Discute-se, porém, se as pressões políticas ou econômicas configurariam também intervenção ilícita de um Estado em outro. No caso sobre as *Atividades Militares e Paramilitares na Nicarágua* (1986), entendeu a CIJ que o uso da força (direta ou indiretamente) constitui o fundamento da intervenção ilícita; nesse sentido, pode-se afirmar que as pressões políticas ou econômicas afrontam o art. 2º, § 7º, da Carta da ONU quando constituem um *ultimatum* ao Estado, equiparável ao uso da força.[34] Por outro lado, a jurisprudência internacional tem entendido não serem essencialmente internos, *v.g.*, todos os assuntos versados por *tratados* entre Estados, quer bilaterais ou multilaterais.[35]

---

[31]   Para uma análise da formação histórica do princípio da não ingerência, *v.* Alberto do Amaral Júnior, *Curso de direito internacional público*, cit., pp. 224-232.

[32]   À égide da Liga das Nações falava-se em assuntos "que o Direito Internacional relega à competência *exclusiva* dessa parte…" (art. 15, nº 8, do Pacto da LdN). Tal está a demonstrar que o "domínio reservado" é mais amplo no sistema da Carta da ONU se comparado com o da Liga das Nações.

[33]   Cf. Larissa Ramina & Valter Fernandes da Cunha Filho. *Segurança internacional: desenvolvimento teórico, desafios concretos e paradoxos*. Curitiba: Juruá, 2013, pp. 57-63.

[34]   Nesse sentido, *v.* Alberto do Amaral Júnior, *Curso de direito internacional público*, cit., p. 234, para quem: "Não é relevante que o ato em questão tenha caráter político, econômico ou diplomático, bastando tão somente que possa ser assimilado a um verdadeiro *ultimatum*".

[35]   Cf. André Gonçalves Pereira & Fausto de Quadros. *Manual de direito internacional público*, cit., pp. 473-476, onde se pode colher vários exemplos de julgados internacionais nesse sentido. Na questão da *Interpretação dos Tratados de Paz com a Hungria, a Bulgária e a Romênia*, a alegação do governo dos Estados Unidos foi a de que "entre as partes os assuntos expressamente versados pelos tratados internacionais não se podem considerar assuntos de jurisdição e relevância doméstica (…). Ao tornarem-se parte num tratado, os Estados assumem obrigações que limitam o que seria o seu direito soberano de decidir por si próprios". *V. ICJ Reports* (1950), pp. 65-78. Na mesma vertente, lembram também André

Note-se, ainda, que a solução de um litígio interno – notadamente quando relacionado à proteção dos direitos humanos – pode ser, às vezes, assunto cuja competência está mais ligada à ordem internacional que à ordem jurídica interna. Os direitos humanos e liberdades fundamentais (também consagrados em várias disposições da Carta da ONU), bem assim outros assuntos tipicamente nacionais, como os relativos à imigração, nacionalidade, trabalho e armamentos, não são mais (como já foram um dia) assuntos *essencialmente internos* dos Estados, ou que dependam *essencialmente* de sua jurisdição interna (para se utilizar da expressão da Carta), mas assuntos de legítimo interesse internacional. E esse interesse (internacional) se faz mais ainda presente quando o Estado em causa é parte de tratados internacionais de proteção dos direitos humanos *lato sensu*. Regularmente têm sido adotadas Resoluções das Nações Unidas sobre violação de direitos humanos, sobre o direito à autodeterminação e o colonialismo. Questões relativas ao princípio da não discriminação racial – explica Ian Brownlie – também têm sido qualificadas como de legítimo interesse internacional, ainda que sem referência expressa a qualquer ameaça à paz e à segurança internacionais.[36] Não pode haver dúvidas para o jurista que os direitos humanos não fazem parte dos assuntos internos dos Estados (muito menos dos *essencialmente* internos) e que o princípio da não intervenção não pode impedir a proteção desses mesmos direitos nos planos interno e internacional.[37] Logo, havendo conflito entre as ordens interna e internacional, a competência é fixada pelo Direito Internacional Público, em razão de sua primazia sobre o Direito interno estatal.[38]

Dentre os direitos humanos *lato sensu* referidos, devem-se acrescentar as normas internacionais de proteção do meio ambiente e, da mesma forma, as convenções e recomendações da OIT sobre proteção internacional dos trabalhadores etc. Em ambos esses domínios a intervenção das Nações Unidas fica também justificada, por não versarem eles assuntos que dependam essencialmente da jurisdição interna de qualquer Estado, à medida que são temas de nítido interesse da sociedade internacional como um todo.

No presente domínio de proteção dos direitos humanos a tese da *autointerpretação* dos Estados relativamente à cláusula do art. 2º, § 7º, da Carta da ONU deve ser rechaçada, vez que – como afirma Cançado Trindade – a prática internacional em matéria de delimitação de competências entre as organizações internacionais e os Estados-membros apoia a sua interpretação "por parte dos próprios órgãos internacionais de acordo com suas funções específicas", refletindo o entendimento "de que a determinação das obrigações de um Estado constitui uma função internacional".[39] Como destaca Jules Basdevant, a "competência de um

---

Gonçalves Pereira e Fausto de Quadros que a Assembleia Geral da ONU, na questão do *Tratamento dos Indivíduos de Origem Indo-Paquistanesa na África do Sul*, "afirmou, em sucessivas resoluções, que a questão não se situava dentro da esfera do domínio reservado da África do Sul, porque esta estava em tal matéria internacionalmente vinculada por tratados internacionais" (*Op. cit.*, p. 475).

[36] Ian Brownlie. *Princípios de direito internacional público*, cit., p. 316.

[37] *V.* Yves Madiot. *Droits de l'homme*, 2ª ed. Paris: Masson, 1991, p. 54. Nesse mesmo sentido, *v.* ainda Heiner Bielefeldt, *Filosofia dos direitos humanos: fundamentos de um ethos de liberdade universal*, trad. Dankwart Bernsmüller, São Leopoldo: Ed. Unisinos, 2000, p. 12; e Luigi Ferrajoli, *A soberania no mundo moderno...*, cit., p. 43.

[38] Cf. Oliveiros Litrento. *Curso de direito internacional público*, cit., pp. 242-243.

[39] Antônio Augusto Cançado Trindade. *A proteção internacional dos direitos humanos: fundamentos jurídicos e instrumentos básicos*, cit., p. 4.

Parte VI · Cap. I · SOLUÇÕES PACÍFICAS DE CONTROVÉRSIAS INTERNACIONAIS | **1037**

Estado é exclusiva quando nenhuma regra de Direito Internacional determina como deve esse Estado exercer sua competência", pois se existirem "regras de Direito Internacional positivo que determinam em que sentido deve ser exercida a competência, essa competência já não é mais exclusiva com respeito ao Direito Internacional". Portanto, continua Basdevant, existindo regra de Direito Internacional relativa ao problema doméstico do Estado, a competência para cuidar do assunto se transfere para à jurisdição internacional "a partir do momento em que um Estado se obrigou a regulamentá-lo não nacionalmente, mas internacionalmente; nesse caso, o problema cai dentro da órbita internacional".[40]

Assim, pode-se afirmar que o conceito de jurisdição doméstica encontra-se atualmente subordinado às obrigações internacionais contraídas (por meio de tratados) pelos Estados, os quais passam a não mais poder invocar o art. 2º, § 7º, da Carta da ONU como meio de impedir que as Nações Unidas resolvam politicamente (por meio de suas recomendações ou resoluções) os conflitos ali existentes.[41] De outra banda, a não ingerência em assuntos internos também não pode ser interpretada como pretendendo limitar os mecanismos de monitoramento internacional em sede de direitos humanos, uma vez que esses direitos – pela universalidade, indivisibilidade, interdependência e inter-relacionariedade que os caracteriza – não dizem respeito *estrito* a um ou outro Estado, mas a *todos* os Estados-membros da sociedade internacional. Tais mecanismos de monitoramento internacional sequer teriam sido elaborados se não houvesse sido superado, gradativamente e com êxito, a objeção de "competência nacional exclusiva" baseada na doutrina do domínio reservado dos Estados.[42] Este fator – leciona Cançado Trindade – "fez-se acompanhar dos graduais reconhecimento e cristalização da capacidade processual internacional dos indivíduos, paralelamente à gradual atribuição ou asserção da capacidade de agir dos órgãos de supervisão internacionais".[43]

Em suma, pode-se dizer que a exceção ao princípio da não ingerência em assuntos internos decorre basicamente de dois fatores: *a)* do perigo à paz e da segurança internacionais; e *b)* da violação dos direitos humanos e fundamentais *lato sensu*. Logo, o princípio encontra-se atualmente mitigado pelos imperativos éticos da Carta da ONU que atribuem ao Direito Internacional Público a competência sobre tais assuntos, retirando dos Estados o poder discricionário de decidir internamente sobre eles.[44]

A decisão sobre ser determinado assunto de interesse interno ou internacional cabe aos próprios órgãos da ONU, notadamente a Assembleia Geral e o Conselho de Segurança.[45] A prática das Nações Unidas, por meio desses seus órgãos, tem interpretado o assunto

---

[40] Jules Basdevant. Règles générales du droit de la paix, in *Recueil des Cours*, vol. 58 (1936-IV), p. 606.

[41] *V.*, a esse respeito, o posicionamento de Hersch Lauterpacht, The international protection of human rights, in *Recueil des Cours*, vol. 70 (1947-I), pp. 18-23. Cf. também, Abdullah El Erian, *Manual de derecho internacional público*, Max Sørensen [Editor], cit., pp. 130-132.

[42] V. Antônio Augusto Cançado Trindade. *A proteção internacional dos direitos humanos...*, cit., p. 5. Sobre a teoria do domínio reservado, *v.* Dinh, Daillier & Pellet, *Direito internacional público*, cit., pp. 448-460; e Brichambaut, Dobelle & Coulée, *Leçons de droit international public*, cit., pp. 37-40.

[43] Antônio Augusto Cançado Trindade. *A proteção internacional dos direitos humanos...*, cit., p. 5.

[44] Cf. Oliveiros Litrento. *Curso de direito internacional público*, cit., pp. 249-250.

[45] Poder-se-ia pensar ainda em atribuir tal missão à CIJ. O problema, contudo, é que a Corte não tem competência para resolver um conflito positivo de competência entre uma organização internacional (no caso, a ONU) e um Estado-membro.

1038 | CURSO DE DIREITO INTERNACIONAL PÚBLICO – *Valerio de Oliveira Mazzuoli*

restritivamente, dando à organização uma máxima liberdade de ação no que tange à conceituação do que vem a ser "interesse interno" e "interesse internacional" respectivamente.

Por fim, diz o art. 2º, § 7º, da Carta da ONU (ao final, mas sem fazer qualquer referência ao Direito Internacional) que a regra da não ingerência em assuntos internos "não prejudicará a aplicação das medidas coercitivas constantes do Capítulo VII". Por sua vez, o art. 39 da mesma Carta, que inaugura o citado Capítulo VII (intitulado *Ação Relativa a Ameaças à Paz, Ruptura da Paz e Atos de Agressão*), dispõe que cabe ao Conselho de Segurança determinar "a existência de qualquer ameaça à paz, ruptura da paz ou ato de agressão (...)". Segundo Jean-Marie Lambert, a "ameaça à paz" representa falta menos grave, caracterizando-se "por declarações tonitruantes, concentrações de tropas em zonas fronteiriças e outras atitudes ou encadeamento de fatos suscetíveis de degenerar em choques armados". Ainda segundo Lambert, por "ruptura da paz" entende-se um "quadro mais sério onde se constata algum tipo de enfrentamento armado", sem a designação de um responsável. Por fim, "atos de agressão" são faltas mais graves, em que o Conselho de Segurança "verifica uma ação bélica e aponta para o agressor".[46] Perceba-se que, na primeira hipótese, o art. 39 faz referência à simples *ameaça* à paz, o que abre ao Conselho de Segurança da ONU, segundo Ricardo Seitenfus, "a possibilidade da adoção de medidas coercitivas *preventivas*", isso sem se falar que se trata "de *qualquer* ameaça, o que faz supor uma ampla liberdade concedida ao CS [Conselho de Segurança] para analisar a sua concretude".[47]

SEÇÃO IV – MEIO SEMIJUDICIAL (ARBITRAGEM)

1. Diferenças conceituais. Para abordar corretamente o chamado meio semijudicial de solução de controvérsias internacionais é necessário diferenciar a *arbitragem*, bem assim os *meios judiciais* de solução de controvérsias, das outras técnicas de resolução de conflitos estudadas nas seções anteriores. Assim, destaque-se que tanto a arbitragem como os meios judiciais de resolução de controvérsias diferenciam-se das demais técnicas de resolução de litígios internacionais pelo fato de serem, ambos, *obrigatórios* para as partes em litígio. Entre a arbitragem, porém, e os meios judiciais de resolução de conflitos, há também enormes diferenças. A primeira consiste no fato de não ter o tribunal arbitral uma jurisdição *permanente*. De fato, os tribunais *judiciais* internacionais têm sua composição fixa e previamente estabelecida para a resolução de conflitos internacionais, o que não ocorre com a arbitragem, cuja formação do tribunal é específica para determinado caso concreto (ou seja, é *ad hoc*). A segunda diferença diz respeito ao contexto em que tais meios de resolução de conflitos são levados a cabo: as controvérsias resolvidas por arbitragem têm lugar perante tribunais *ad hoc*, enquanto a solução judicial tem lugar no contexto de uma corte permanente, cuja composição é fixa e cuja atuação se fundamenta em normas preexistentes.[48] Daí o entendimento generalizado de ser a arbitragem um mecanismo jurisdicional *não judiciário* (que preferimos chamar de *semijudicial*) de solução de controvérsias.

---

[46] Jean-Marie Lambert. *Curso de direito internacional público, vol. I (O mundo global)*, cit., p. 228.

[47] Ricardo Seitenfus. *Manual das organizações internacionais*, cit., p. 70.

[48] Cf. Thomas Buergenthal (*et al.*). *Manual de derecho internacional público*, cit., p. 63.

Parte VI · Cap. I · SOLUÇÕES PACÍFICAS DE CONTROVÉRSIAS INTERNACIONAIS | **1039**

Observe-se que não se está a versar neste tópico a arbitragem internacional levada a cabo por particulares ou por pessoas jurídicas de direito privado, senão apenas a arbitragem internacional estatal.

2. A arbitragem internacional. A instituição da arbitragem (ou *arbitramento*) remonta à antiguidade, com origens na antiga Grécia, Egito e, principalmente, em Roma. Foram seguramente os romanos que lhe deram os seus principais contornos, tornando-a um modo particular de resolução de conflitos. Com a queda do império romano, o Papado assume a posição política central à época, tornando-se o Papa o senhor mais poderoso dentre os demais chefes de Estado. Torna-se ele, especialmente na Itália, o árbitro supremo de disputas entre príncipes, passando, depois, a resolver conflitos transfronteiriços dos demais povos ligados espiritualmente ao Vaticano, momento em que a Igreja Católica passa a tornar-se uma grande e inatingível potência internacional.[49]

Desde esse momento histórico a arbitragem vem se desenvolvendo em ritmo crescente no plano internacional, ganhando, atualmente, novos contornos e um maior dinamismo.[50] Modernamente, a arbitragem tem sido utilizada pela generalidade dos Estados e organizações internacionais (bem assim por particulares) como um meio ágil e seguro de solução de controvérsias, constando de inúmeros tratados e documentos da atualidade.

Em linhas gerais, a arbitragem internacional (estatal) consiste na criação de um tribunal formado por árbitros de vários países, escolhidos pelos litigantes em razão de sua notória especialidade na matéria envolvida e com base no respeito ao direito, geralmente estabelecido por meio de um *compromisso arbitral* em que as parte já ditam as regras a serem seguidas e declaram aceitar a decisão que vier a ser tomada.[51] Tem como fundamento o *livre consentimento* das partes, que pode ser externado por *ato unilateral* do Estado ou por *tratado internacional*. Normalmente, o tribunal arbitral é composto por três membros: dois deles de nacionalidade de cada uma das partes envolvidas na controvérsia, e um terceiro escolhido de comum acordo pelas partes, de nacionalidade diversa.

Tem a arbitragem um caráter de solução *ad hoc*, com poderes predeterminados, estabelecidos pelos litigantes a um julgador ou a um colegiado, com a função de dirimir os litígios surgidos entre as partes. Esse acordo predeterminado, como se disse, denomina-se *compromisso arbitral*, o qual pode ser definido como o ato jurídico internacional pelo qual os Estados interessados submetem determinado litígio à arbitragem internacional, obrigando-se a acatar o que vier a ser decidido. No *compromisso* se estabelece o processo arbitral a ser seguido, designam-se os árbitros com seus poderes respectivos, prevendo-se, ainda, a obrigação formal de respeitar e dar fiel execução ao futuro *laudo*. Evidentemente que tal *execução* não é a execução jurídica, mas sim a execução *prática* (a qual é exercida voluntariamente). Não há execução *jurídica* de laudos arbitrais na seara internacional, diferentemente da execução de

---

[49] Cf. Oyama Cesar Ituassú. *Curso de direito internacional público*, cit., pp. 579-580.

[50] A propósito, *v.* Emmanuel Gaillard, *Teoria jurídica da arbitragem internacional*, trad. Natália Mizrahi Lamas, São Paulo: Atlas, 2014, 157p.

[51] Nesse sentido, as convenções da Haia sobre solução pacífica de controvérsias internacionais de 1899 (art. 15) e de 1907 (art. 37) já entendiam que "a arbitragem internacional tem por objeto solucionar os litígios entre Estados por meio de juízes eleitos e sobre a base do respeito ao Direito. O convênio de arbitragem implica o compromisso de submeter-se de boa-fé à sentença arbitral".

1040 | CURSO DE DIREITO INTERNACIONAL PÚBLICO – *Valerio de Oliveira Mazzuoli*

uma sentença prolatada no Direito interno, dada a inexistência – pelo menos por enquanto – de uma autoridade superior à vontade dos Estados no plano do direito das gentes (lembre-se que a sociedade internacional é, por definição, *descentralizada*). Tudo, nesse campo, decorre mais da boa vontade das partes que da existência de regras propriamente jurídicas aplicáveis ao caso.

Sendo o compromisso arbitral (estatal) verdadeiro *acordo* internacional, a capacidade para sua negociação é dada pelo Direito interno de cada Estado. No Brasil, a competência para a celebração do ato é do Presidente da República (cf., art. 84, inc. VIII), mas *ad referendum* do Congresso Nacional (CF, art. 49, inc. I). Caso o compromisso decorra de tratado já anteriormente aprovado pelo Congresso e ratificado pelo Chefe do Executivo, alguns autores, como Accioly, entendem que o novo ato dispensa aprovação congressual, por ser mera decorrência de tratado vigente.[52]

3. Os árbitros. É princípio geral do direito arbitral que a eleição dos árbitros deve ficar à livre escolha das partes. Contudo, nada impede que essas mesmas partes elejam terceiros para escolher aqueles que serão árbitros. Assim, por exemplo, nada impede que as partes nomeiem uma associação ou um comitê científico (terceiro) para escolherem os árbitros que atuarão no caso.

As atribuições e os poderes dos árbitros devem constar expressamente do compromisso que as partes elegeram para nortear as suas atividades. Em caso de obscuridade, os árbitros têm a faculdade de interpretar o texto, não sendo correto afirmar que são eles simples mandatários das partes e que, como tal, devem se limitar ao cumprimento das ordens por elas estabelecidas. O que não podem os árbitros fazer é extrapolar o âmbito de suas respectivas competências (constantes do compromisso arbitral) para interpretar o texto extensivamente, em prejuízo de qualquer das partes ou do direito em vigor no momento. Se o árbitro extrapola manifestamente os seus poderes, a sentença por ele proferida não é válida, cabendo às partes afastá-la da solução de suas pendências.[53]

Os árbitros, uma vez realizado o julgamento arbitral, se desligam de sua função *ad hoc*, desincumbindo-se de outras responsabilidades, deixando às partes o encargo de cumprirem fielmente aquilo que ficou expresso no laudo.

Uma *Corte Permanente de Arbitragem* foi criada pela Primeira Conferência Internacional da Paz, realizada na Haia em 1889, reunida por iniciativa do czar russo Nicolau II, com a finalidade facilitar o recurso imediato à arbitragem de contendas internacionais. Trata-se do mecanismo mais antigo existente no campo de solução de controvérsias internacionais. A *Corte* oferece seus serviços de resolução de conflitos por meio de quatro dos métodos que a Carta da ONU expressamente estabelece: a *investigação*, a *mediação*, a *conciliação* e a *arbitragem*. Na verdade tal *Corte* não é um tribunal propriamente dito, não sendo ainda sequer permanente (ao contrário do que diz o seu nome). Trata-se, em verdade, de uma *lista* de pessoas indicadas pelos Estados litigantes para figurar como árbitros numa controvérsia internacional. Cada um dos Estados que a patrocinam pode indicar um máximo de *quatro* especialistas em Direito Internacional. O que, de fato, é permanente, é a Secretaria (*Bureau*)

---

[52] V. Hildebrando Accioly. *Tratado de direito internacional público*, vol. III, cit., p. 30.
[53] Cf. Clóvis Bevilaqua. *Direito público internacional...*, t. II, cit., pp. 240-241.

da Corte, à qual compete as questões administrativas do tribunal, bem como as relativas à guarda de arquivos, documentação etc. A Corte, em última análise, explica Bevilaqua, "é uma tentativa feliz de organização da justiça internacional, que pode ser e será, sem dúvida, aperfeiçoada, segundo os ensinos da experiência, mas que, nas suas bases gerais, corresponde às necessidades do tempo e aos princípios dominantes no Direito Público Internacional".[54]

Além de realizar arbitragens, os árbitros que compõem a lista da Corte Permanente de Arbitragem também podem participar da eleição dos candidatos à vaga de juiz na CIJ e de indicação de candidaturas ao Prêmio Nobel da Paz.

4. Cláusula arbitral. A cláusula arbitral poderá vir expressa em um tratado internacional, bilateral ou multilateral, com a finalidade de dirimir as dúvidas e os litígios porventura existentes em relação à interpretação desse tratado; poderá, também, vir expressa em tratados cuja única função é estabelecer mecanismos céleres de solução de controvérsias, de variada índole, que possam surgir entre as partes; e, por final, decorrer de acordos bilaterais celebrados pelas partes com a finalidade de dirimir os conflitos que elas mesmas não conseguiram solucionar por outros meios.

Enfim, a aposição da chamada *cláusula arbitral* num tratado tem por finalidade obrigar os seus Estados-partes a recorrerem à arbitragem na solução de suas pendências internacionais, quer para resolverem qualquer divergência relativa à interpretação do acordo, quer para criar meios mais céleres à execução do compromisso firmado, quer ainda para deixar expresso que todos os litígios porventura existentes entre as partes deverão ser submetidos a esse meio semijudicial de solução de controvérsias. Todas as questões relativas à validade da cláusula dependem, igualmente, das disposições do tratado no qual se encontra.

Os Estados, contudo, não estão obrigados a se submeter à arbitragem, a menos que para isso tenham consentido, antes ou depois do conflito surgido entre eles. Dado que, nesse caso, o *compromisso arbitral* é um tratado internacional, o seu descumprimento pelas partes constitui ato atentatório ao Direito Internacional, passível de responsabilização no plano exterior. Em última análise, o descumprimento do compromisso significa o descumprimento de norma convencional *obrigatória* entre os Estados. Daí por que a esmagadora maioria dos laudos arbitrais é integralmente cumprida pelas partes no litígio.

5. O processo arbitral. O processo arbitral é regulado por aquilo que as partes estabeleceram no *compromisso*. Porém, quando este não o estabelece, os próprios árbitros deverão dar curso ao processo, da forma que melhor lhes convier. Seja em qual caso for, os árbitros têm competência para delimitar a sua própria competência (princípio da *Kompetenz-Kompetenz*).

Na prática, o compromisso deixa livre aos árbitros a elaboração das regras procedimentais que irão reger a arbitragem.[55] Porém, há regras supletivas que podem ser utilizadas pelos árbitros no que tange ao processo arbitral, como as estabelecidas nas duas convenções da Haia (de 1899 e de 1907) relativas à solução pacífica de controvérsias internacionais, segundo as quais o processo compreende uma parte escrita e outra oral, tomando-se as deliberações do

---

[54]   Clóvis Bevilaqua. Idem, p. 191. Ainda sobre a natureza da Corte Permanente de Arbitragem, *v.* Brichambaut, Dobelle & Coulée, *Leçons de droit international public*, cit., pp. 386-387.

[55]   Cf. Antonio Remiro Brotons (*et al.*). *Derecho internacional*, cit., p. 701.

tribunal a portas fechadas, pela maioria de votos dos seus membros. O segredo das discussões no procedimento arbitral é importante ponto de contraste relativamente ao processo judicial, em que as deliberações e decisões são sempre públicas.[56] Esse segredo traz, de certa forma, mais conforto às partes, especialmente por acreditarem que não haverá repercussão negativa de sua conduta na órbita internacional.

Para as controvérsias menos graves e de caráter puramente técnico, a convenção de 1907 estabelece um processo *sumário*, em que cada parte nomeia um árbitro, e os dois, assim escolhidos, nomeiam um terceiro árbitro, que será o *superárbitro*. Nesse processo sumário não há fase oral, devendo tudo o que nele se contém ser realizado *por escrito*.[57]

6. Laudo arbitral. Salvo disposição convencional em contrário, a sentença do tribunal arbitral – chamada de *laudo* – tem valor jurídico e deve ser fielmente cumprida pelas partes. A *cogência* do laudo existe, mas não à equiparação de verdadeira sentença judiciária internacional, proferida por tribunal com jurisdição permanente. Portanto, a regra em relação à arbitragem é que o laudo arbitral resolve definitivamente a controvérsia, sendo o mesmo obrigatório e vinculante para as partes envolvidas no litígio. É certo, contudo, que o fiel cumprimento daquilo que ficou expresso no laudo arbitral dependerá da boa-fé das partes litigantes, sob pena de incorrerem num ilícito internacional, podendo o Estado faltoso ser responsabilizado pelos prejuízos causados à outra parte.

Contra o laudo arbitral não cabem recursos, sendo o mesmo *definitivo* (apesar de não executório) e *obrigatório* para as partes litigantes. E isto é assim porque uma vez proferido o laudo arbitral os árbitros se desincumbem do mister que assumiram *ad hoc*, deixando às partes a obrigação de bem e fielmente cumprir o que ali ficou decidido. Tal significa que o laudo arbitral guarda a autoridade da *coisa julgada*. As partes não ficam impedidas, no entanto, de recorrer novamente aos árbitros para que estes *aclarem* eventual obscuridade do laudo, o que recebe o nome de "pedido de interpretação" em direito das gentes. Esse expediente foi utilizado no caso *Mar de Iroise*, em que a Inglaterra solicitou a interpretação do laudo respectivo. Tal *pedido*, que corresponde aos *embargos declaratórios* do direito processual civil brasileiro, porém, não é tecnicamente um *recurso* contra o laudo arbitral. É também possível que as partes (por acordo) recorram novamente aos árbitros alegando a *nulidade do laudo*, imputando a qualquer deles uma falta grave, como corrupção, abuso, desídia ou desvio de poder. Esse recurso, no entanto, é totalmente excepcional. Não ocorrendo obscuridade ou nulidade do laudo, ele passa a ser obrigatório para as partes, não cabendo a estas a faculdade de aceitá-lo ou não. Tal obrigatoriedade não provém da força cogente do laudo em si, senão do tratado internacional (compromisso arbitral) anteriormente concluído entre as partes.[58]

Como se falou, apesar de definitivo, o laudo arbitral não é *executório*, por faltar-lhe uma autoridade internacional incumbida de dar a ele executoriedade. Tal significa que o *cumprimento* do que ali ficou decidido depende única e exclusivamente da boa-fé e honradez das partes litigantes, as quais assumiram a obrigação convencional de fielmente cumprir o

---

[56] Cf. Alberto do Amaral Júnior. *Curso de direito internacional público*, cit., p. 282.

[57] Cf. Hildebrando Accioly & Nascimento e Silva. *Manual de direito internacional público*, cit., pp. 447-448.

[58] V. José Francisco Rezek. *Direito internacional público...*, cit., pp. 344-345.

Parte VI · Cap. I · SOLUÇÕES PACÍFICAS DE CONTROVÉRSIAS INTERNACIONAIS | **1043**

que viesse a ser decidido.[59] Na prática, na quase unanimidade das vezes o laudo é acatado e cumprido pelas partes, sendo raros os casos em contrário conhecidos. O não cumprimento do laudo acarreta, como se disse, a responsabilidade internacional do Estado.

7. Formas de arbitragem. A arbitragem normalmente se classifica em *voluntária* e *obrigatória*. A primeira ocorre quando as partes livremente decidem resolver suas contendas por meio da eleição de árbitros que formarão um tribunal arbitral *ad hoc* especialmente para o caso. A segunda, chamada de obrigatória, tem lugar quando as partes estão obrigadas a recorrer à arbitragem em virtude daquilo que elas próprias previamente consentiram por meio de acordo anteriormente firmado.

Os tratados que contêm os compromissos arbitrais, assim, podem ser de duas formas: *a)* tratados de arbitragem voluntária (concluídos especialmente para a formação de um tribunal arbitral *ad hoc*, ou seja, para serem aplicados *naqueles* casos concretos); e *b)* tratados de arbitragem obrigatória (concluídos previamente à formação do tribunal arbitral para as controvérsias que porventura poderão vir a surgir no futuro). Estes últimos exigem, como complemento, um *compromisso arbitral*, ao contrário dos primeiros, que *já são* o próprio compromisso arbitral.[60]

SEÇÃO V – MEIOS JUDICIAIS

1. Introdução. Conforme a sociedade internacional se desenvolve torna-se cada vez mais premente a criação de instâncias judiciais internacionais com competência para dirimir os conflitos de interesses porventura existentes entre os Estados, deixando-se de lado o recurso da força armada como meio de solução de controvérsias.

O velho e arraigado conceito de *soberania* ainda é um grande óbice à efetivação da justiça internacional permanente, não somente porque esbarra na vontade de atuação internacional dos Estados (sem a qual as cortes internacionais não poderão atingi-lo), mas também porque muitas vezes se presta a encobrir injustiças cometidas por esses mesmos Estados. Mas não obstante este fato ainda existente no cenário internacional, já se percebe que é crescente o número de países que vêm compreendendo o importante papel dos meios judiciais de solução de controvérsias internacionais, principalmente nas suas funções humanizadora e apaziguadora de litígios. O próprio *Preâmbulo* da Carta da ONU já auxilia nesse entendimento, ao não se referir aos "Estados", mas sim aos "povos das Nações Unidas", o que já foi considerado, à época, um sinal de um novo conceito de soberania. Ademais, tendo em vista o uso da força tornou-se proibido nas relações internacionais, tornou-se necessário valorizar ainda mais os métodos de solução *judiciais* de controvérsias, como forma de utilização do império do Direito sobre o chamado império da força.

Os meios judiciais de solução de controvérsias internacionais são integrados pelos chamados *tribunais internacionais* de caráter e jurisdição permanentes, hoje espalhados por todo o mundo.[61] O primeiro tribunal desse tipo foi a Corte de Justiça Centro-Americana,

---

[59]   Cf. Celso D. de Albuquerque Mello. *Curso de direito internacional público*, vol. II, cit., p. 1448.

[60]   Cf. Hildebrando Accioly & Nascimento e Silva. *Manual de direito internacional público*, cit., p. 450.

[61]   Sobre a contribuição desses tribunais à evolução do Direito Internacional, *v.* Antônio Augusto Cançado Trindade, *Os tribunais internacionais e a realização da justiça*, Rio de Janeiro: Renovar, 2015, pp. 3-68.

ou *Corte de Cartago*,[62] criada pelo Tratado de Washington de 1907, firmado entre a Costa Rica, El Salvador, Guatemala, Honduras e Nicarágua, composta por cinco juízes (um de cada país-membro).[63] Sua vida, entretanto, foi demasiado curta, tendo durado apenas dez anos (de 1908 a 1918). Apesar disso, esse tribunal figura como um marco na história do Direito Internacional, não somente por ter sido o *primeiro* a ser estabelecido, mas também porque, de acordo com seu regulamento, os particulares podiam entabular causas diretamente contra os seus respectivos governos.[64]

A diferença dos meios judiciais de solução de controvérsias para os meios diplomáticos reside no fato de que, nesses últimos, fica ao arbítrio das partes o aceite ou a recusa da solução eventualmente proposta pelo terceiro, ao passo que nos meios judiciais as partes têm a obrigação de cumprir aquilo que ficou decidido na sentença proferida pelo juiz.

Os tribunais internacionais são constituídos por tratados. Tais instrumentos internacionais são produto da vontade conjugada dos Estados, diferentemente do que ocorre com a elaboração do *Regulamento* do tribunal, que é produto da vontade (interna) do próprio tribunal já constituído.

Atualmente, dentre os vários tribunais internacionais permanentes em funcionamento, merece destaque a Corte Internacional de Justiça, com sede na Haia, na Holanda, que estudaremos em seguida.

---

[62] Tal nome se deve ao fato de ter o tribunal havido inicialmente sede na cidade de Cartago, Costa Rica.

[63] Sobre a Corte de Cartago, *v.* Emilio Maza, *La Corte de Justicia Centroamericana: comentarios*, San Salvador: Organización de Estados Centroamericanos, 1966, 89p; e Carlos José Gutiérrez, *La Corte de Justicia Centroamericana*, San José: Juricentro, 1978, 161p.

[64] Cabe destacar, porém, que em 12 de outubro de 1994 uma *Corte Centro-Americana de Justiça* – agora com o nome invertido, e com um Estado-parte a mais – começou a funcionar em Manágua (Nicarágua), com jurisdição e competência regional de caráter obrigatório para os seus Estados-membros (Costa Rica, El Salvador, Guatemala, Honduras, Nicarágua e Panamá). Sua criação se deu por meio do art. 12 do *Protocolo de Tegucigalpa* à Carta da Organização dos Estados CentroAmericanos, de 13 de dezembro de 1991, que assim dispõe: "Formam parte do sistema: (…) A Corte Centro-Americana de Justiça, que garantirá o respeito do direito na interpretação e execução do presente Protocolo e seus instrumentos complementares ou derivados do mesmo. A integração, funcionamento e atribuições da Corte Centro-Americana de Justiça deverão ser regulados no Estatuto da mesma, o qual deverá ser negociado e subscrito pelos Estados-membros nos noventa dias posteriores à entrada em vigor do presente Protocolo". Entende-se que a Corte de Manágua tem competência para decidir (nos termos do art. 35 do *Protocolo de Tegucigalpa*) sobre "qualquer convênio, acordo ou protocolo subscrito entre os Estados-membros, bilateral ou multilateralmente, sobre as matérias relacionadas com a integração centro-americana", fato que a coloca na posição de *tribunal supranacional* relativamente aos seus Estados-membros. Sobre a Corte de Manágua, *v.* Adolfo León Gómez, *La Corte de Managua: defensa de su institucionalidad*, Managua: Corte Centroamericana de Justicia, 1997, 469p; Ariel Montoya, *Sentencia de la Corte Centroamericana de Justicia: conflicto entre poderes del Estado de Nicaragua*, Managua: Esquipulas Zona Editorial, 2005, 178p; Katrin Nyman-Metcalf & Ioannis F. Papageorgiou, *Regional integration and Courts of Justice*, Antwerpen: Intersentia, 2005, pp. 40-43 e 55-65; Jorge Antonio Giammattei Avilés, El Tribunal de la Comunidad Centroamericana: su naturaleza, su competencia, in *La dinamica delle integrazioni regionali latinoamericane: casi e materiali*, Michele Carducci & Pablo Riberi (orgs.), Torino: G. Giappichelli, 2014, pp. 64-78; e Francisco Darío Lobo Lara, Jurisdicción obligatoria de la Corte Centroamericana de Justicia en el marco de la integración centroamericana, in *O direito nos tribunais superiores: com ênfase no novo direito processual civil*, J. S. Fagundes Cunha (coord.), Curitiba: Bonijuris, 2015, pp. 422-429.

Parte VI · Cap. I · SOLUÇÕES PACÍFICAS DE CONTROVÉRSIAS INTERNACIONAIS | **1045**

2. A Corte Internacional de Justiça. A Corte da Haia, como já se deu notícia (*v.* Parte II, Capítulo III, Seção II, item nº 5), é o principal órgão judiciário das Nações Unidas, tal como estabelecido no art. 92 da Carta da ONU.[65] Sua instalação na Haia se deu originariamente em 1920 (data da edição de seu Estatuto, ao tempo da Liga das Nações), com o nome de *Corte Permanente de Justiça Internacional*, composta por quinze juízes (onze efetivos e quatro como suplentes).[66] Em 4 de dezembro de 1939 (data da sua última sessão pública) a Corte encerra suas atividades ante o início da Segunda Guerra Mundial, deixando transparecer a inabilidade da Liga das Nações para levar à frente o seu intento de manter a paz e a segurança das relações internacionais. Porém, finda a Segunda Guerra (com a criação da Organização das Nações Unidas) a Corte da Haia renasce, na mesma sede anterior (no Palácio da Paz, na Haia), mas agora com um novo nome: *Corte Internacional de Justiça.*[67] O Estatuto da Corte, tratado originalmente redigido em 1920, também volta à tona em 1945, com seus artigos quase que *ipsis verbis* baseados no Estatuto da antiga CPJI, conservando inclusive a mesma numeração. As modificações apresentadas em seu conteúdo tiveram por finalidade a adaptação do Estatuto à nova realidade do cenário internacional do pós-guerra; e a decisão em manter a mesma ordem numérica dos artigos foi uma das preocupações da época, a fim de possibilitar a manutenção da jurisprudência da Corte, o que não seria possível alterando-se a ordem cronológica de suas disposições.

A criação da atual *Corte* estava prevista desde a Conferência de Dumbarton Oaks de 1943, realizada em Washington, D.C., Estados Unidos, na qual também se propôs que o Estatuto da Corte formasse parte integrante da Carta da ONU de 1945. O Estatuto da CIJ, apesar de ser parte integrante da Carta da ONU, não foi a ela incorporado, mas apenas *anexado* à Carta, o que visou facilitar, inclusive, o acesso à Corte de Estados não partes das Nações Unidas.[68] Criada a Corte, suas atividades tiveram início no ano de 1946.

a) Regras sobre os juízes. A CIJ é composta por quinze juízes, eleitos pela maioria absoluta de votos na Assembleia Geral e no Conselho de Segurança da ONU (sem que haja,

---

[65] *V.* UN. *The International Court of Justice*, 4th ed. The Hague: ICJ, 1996, pp. 17-19. Dizer que a CIJ é o *principal* órgão das Nações Unidas, significa que a ONU não fica impedida de criar *outros* órgãos judiciários, para finalidades gerais ou específicas. Tomem-se, como exemplos, os tribunais penais internacionais para crimes cometidos na ex-Iugoslávia e em Ruanda, criados em 1993 e 1994, respectivamente, como já foi visto na Parte IV, Capítulo I, Seção X, item nº 2.

[66] Integraram a CPJI dois brasileiros: Ruy Barbosa, para o mandado inicial de 1921 a 1930, mas que faleceu em 1923, sem ter participado de qualquer sessão da Corte, e Epitácio Pessoa, eleito em 1923 para completar o mandato de Ruy Barbosa.

[67] Para um estudo completo e atual, em língua portuguesa, do funcionamento da CIJ, *v.* Leonardo Nemer Caldeira Brant, *A Corte Internacional de Justiça e a construção do direito internacional*, cit., pp. 31-460. *V.*, ainda, as obras clássicas de Shabtai Rosenne, *The World Court: what is and how it works*, 5th ed. rev., Dordrecht: Martinus Nijhoff, 1995; e o seu *The law and practice of the International Court* (1920-1996), Dordrecht: Martinus Nijhoff, 1997 (4 vols.). Para uma visão geral do sistema da Corte, cf. George Elian, *The International Court of Justice*, Leiden: Sijthoff, 1971, 150p; e ainda (em menor proporção) Malcolm N. Shaw, *Direito internacional*, cit., pp. 791-828; e Brichambaut, Dobelle & Coulée, *Leçons de droit international public*, cit., pp. 394-411. *V.* a página *web* da Corte Internacional de Justiça em: [http://www.icj-cij.org].

[68] *V.* UN. *The International Court of Justice*, cit., pp. 19-21.

nesse caso, a possibilidade de exercício do *poder de veto*) para um mandato de nove anos,[69] não podendo haver dois juízes da mesma nacionalidade. O sistema atual de eleição de juízes, contudo, beneficia claramente os países-membros com cadeira permanente no Conselho de Segurança da ONU.[70] Por tal motivo é que sempre estão presentes à Corte juízes de nacionalidade de cada um dos cinco Estados com assento permanente no Conselho: Estados Unidos, França, Reino Unido, Rússia e China, salvo raras exceções (como a ausência desta última entre os anos de 1967 e 1984).

Os juízes da Corte têm total independência e não representam os países de sua nacionalidade. Gozam, ademais, da garantia da inamovibilidade – direito que vem implícito no art. 18, § 1º, do Estatuto, segundo o qual "nenhum membro da Corte poderá ser demitido, a menos que, na opinião unânime dos outros membros, tenha deixado de preencher as condições exigidas" – e das imunidades e privilégios diplomáticos.[71]

Quando um país litigante tem na Corte um juiz de sua nacionalidade, não se retira do julgamento este juiz, abrindo-se, porém, à outra parte (por questão de isonomia) o direito de indicar um magistrado *ad hoc* à sua escolha (de sua nacionalidade ou não); este juiz *ad hoc* tomará parte nas decisões em condições de completa igualdade com os seus demais colegas (art. 31, §§ 2º e 6º).[72] Tal procedimento, entretanto, não passa imune a críticas, principalmente aquela segundo a qual um juiz *ad hoc* tende sempre a votar *em favor* do Estado que o nomeou (especialmente se for ele um *nacional* desse Estado). Daí a constatação de alguns autores de que, na prática, "o juiz *ad hoc* endossa mais frequentemente a causa do Estado que o designou, que o juiz ordinário a causa do país de sua nacionalidade".[73]

b) Competência contenciosa e consultiva. A CIJ tem dupla competência, nos termos do seu Estatuto: *a)* solucionar controvérsias entre os Estados, aplicando para tanto o Direito Internacional (*competência contenciosa*); e *b)* emitir pareceres consultivos sobre qualquer questão jurídica a pedido do órgão ou organismo internacional que, de acordo com a Carta da ONU ou por ela autorizado, estiver em condições de realizar tal pedido (*competência consultiva*).

---

[69] O internacionalista brasileiro Antônio Augusto Cançado Trindade foi eleito juiz da CIJ, em novembro de 2008, para um mandato de 9 anos (2009 a 2018). Antes dele, quatro outros brasileiros tiveram assento junto à Corte: José Francisco Rezek, eleito em 1996 para um mandato que se expirou em 6 de fevereiro de 2006; José Philadelpho de Barros e Azevedo, eleito em 1946, para um mandato de nove anos (tendo falecido no curso de seu mandato, em 1951); Levi Fernandes Carneiro, eleito para completar aquele mandato, permanecendo na Haia até 1955; e José Sette Câmara, que exerceu a função de 1979 a 1988, tendo sido também vice-presidente da Corte entre 1982 e 1985.

[70] Para críticas ao sistema de eleição dos juízes, *v.* Kenneth J. Keith, International Court of Justice: reflections on the electoral process, in *Chinese Journal of International Law*, vol. 9 (2010), pp. 49-80.

[71] Cf., para pormenores, Leonardo Nemer Caldeira Brant, *A Corte Internacional de Justiça e a construção do direito internacional*, cit., pp. 71-75.

[72] Já houve situação, porém, de o Estado não indicar o juiz *ad hoc* a que teria direito; *v.* caso do *Templo Preah Vihear*, in *ICJ Reports* (1962), p. 6.

[73] Antonio Remiro Brotons (*et al.*). *Derecho internacional*, cit., p. 710. No mesmo sentido, *v.* Brichambaut, Dobelle & Coulée, *Leçons de droit international public*, cit., pp. 395-396 (também criticando a atuação de alguns juízes *ad hoc*, que têm votado a favor dos seus Estados nacionais mesmo contra a totalidade do pensamento dos demais juízes, restando como únicos a sustentar uma opinião dissidente). Ainda sobre o papel dos juízes *ad hoc*, *v.* UN, *The International Court of Justice*, cit., pp. 29-31.

No que tange à competência (ou *jurisdição*)[74] contenciosa do tribunal (também chamada de competência *decisória*), a regra é a de que somente *Estados* (e mais nenhuma outra entidade) podem ser parte numa questão perante a Corte (art. 34, § 1º, do ECIJ, relativo à competência *ratione personae* do tribunal).[75] Tais Estados são, em geral, *membros* das Nações Unidas, mas não se descarta a possibilidade de Estados *não membros* autorizados pela Assembleia Geral e pelo Conselho de Segurança tornarem-se partes no Estatuto da Corte (como é o caso atual de Nauru).[76] Os particulares não têm qualquer meio de acesso ao tribunal. Assim, caso um particular (pessoa física ou jurídica) queira fazer valer eventual direito perante a Corte, é necessário que o seu Estado espose as suas pretensões e deflagre ali uma demanda judicial (também contra outro Estado). A questão da capacidade processual dos indivíduos perante a Corte chegou a ser debatida durante os trabalhos de elaboração do Estatuto original, por um comitê de juristas designados ao tempo da Liga das Nações, em 1920. Somente dois dos dez membros desse comitê (Loder e De Lapradelle) foram favoráveis ao ingresso direto dos indivíduos perante a Corte em casos contra Estados estrangeiros. A maioria dos membros entendeu que os indivíduos não poderiam ser (para esse fim) considerados *sujeitos* do Direito Internacional, devendo somente os Estados estarem habilitados em questões perante a Corte.[77] Também as organizações internacionais não podem figurar como partes sob a competência contenciosa do tribunal (podendo, contudo, solicitar à corte pareceres consultivos – *v. infra*).

Frise-se, ainda, relativamente à competência contenciosa da Corte, que ela só decide com base *no Direito Internacional*, jamais com fundamento no ordenamento jurídico *interno* de algum Estado-parte. Esta conclusão advém da leitura do art. 38, § 1º, do seu Estatuto, segundo o qual a função da Corte "é decidir *de acordo com o direito internacional* as controvérsias que lhe forem submetidas". As alusões a eventual legislação interna de uma das partes

---

[74]   Frise-se que a doutrina não tem dado muita importância para as diferenças técnicas entre os conceitos de *competência* e *jurisdição*. À luz do Direito Internacional parece que a distinção entre a segunda (*poder de dizer o direito*) e a primeira (*limite da jurisdição*) é menos nítida que no Direito interno. V. Manuel Hinojo Rojas, *A propósito de la jurisdicción consultiva de la Corte Internacional de Justicia*, Córdoba: Universidad de Córdoba, 1997, pp. 19-23. Para Malcolm N. Shaw, *v.g.*, o "conceito de jurisdição implica também a noção de fixação de competência, que diz respeito à forma pela qual a Corte é provocada a atuar" (*Direito internacional*, cit., p. 799).

[75]   V. UN, *The International Court of Justice*, cit., pp. 35-36. Accioly entende – mas essa posição não é sufragada pela doutrina em geral, sequer pela própria Corte – que "implicitamente essa competência se deve estender a associações de Estados que gozem de personalidade internacional" (*Tratado de direito internacional público*, vol. II, cit., p. 27). Em sentido contrário, segundo o que atualmente tem sido aceito, *v.* E. Hambro, The jurisdiction of the International Court of Justice, in *Recueil des Cours*, vol. 76 (1950-I), p. 161; e Brichambaut, Dobelle & Coulée, *Leçons de droit international public*, cit., p. 399 (que excluem, *v.g.*, a União Europeia – que é uma *união* de Estados – da possibilidade de ser parte perante a Corte, pelo exato motivo de não se tratar de um *Estado* propriamente dito).

[76]   Cf. Jean-Marie Lambert. *Curso de direito internacional público, vol. I (O mundo global)*, cit., p. 210.

[77]   V. Ian Brownlie. *Princípios de direito internacional público*, cit., p. 604; Nicolas Politis, *Les nouvelles tendances du droit international*, Paris: Hachette, 1927, pp. 84-87; e Antônio Augusto Cançado Trindade, Las cláusulas pétreas de la protección internacional del ser humano: el acceso directo de los individuos a la justicia a nivel internacional y la intangibilidad de la jurisdicción obligatoria de los tribunales internacionales de derechos humanos, in *Memorial del Seminario del Sistema Interamericano de Protección de los Derechos Humanos en el Umbral del Siglo XXI*, t. I, 2ª ed., San José, Costa Rica: CIDH, 2003, p. 16.

1048 | CURSO DE DIREITO INTERNACIONAL PÚBLICO – *Valerio de Oliveira Mazzuoli*

somente são possíveis em se tratando de resolver uma *questão prévia* à aplicação do Direito Internacional (como por exemplo, a existência ou a nacionalidade de uma sociedade, que é questão de Direito interno).[78]

No ECIJ pode-se também vislumbrar a existência de uma competência contenciosa *cautelar*, prevista no seu art. 41, §§ 1º e 2º, destinada à preservação de direitos de cada parte no processo, informando-se o Conselho de Segurança das Nações Unidas. Assim, "a Corte terá a faculdade de indicar, se julgar que as circunstâncias o exigem, quaisquer medidas provisórias que devam ser tomadas para preservar os direitos de cada parte" (§ 1º), caso em que, "antes que a sentença seja proferida, as partes e o Conselho de Segurança deverão ser informados imediatamente das medidas sugeridas" (§ 2º).

Relativamente à competência *consultiva* da Corte, é importante notar que somente os órgãos ou organismos especializados da ONU a podem utilizar, excluindo-se desse direito os particulares e, inclusive, os Estados.[79] A Assembleia Geral ou o Conselho de Segurança podem solicitar pareceres consultivos à CIJ sobre quaisquer temas ou questões de ordem jurídica; outros órgãos da ONU e entidades especializadas, que forem em qualquer época devidamente autorizados pela Assembleia Geral, poderão, também, solicitar pareceres consultivos ao tribunal sobre questões jurídicas surgidas dentro da esfera de suas atividades (art. 96, §§ 1º e 2º, da Carta da ONU). Frise-se que a ONU mantém uma lista oficial de órgãos com capacidade para solicitar pareceres consultivos à Corte, dentre eles o Conselho Econômico e Social da ONU, a Organização Internacional do Trabalho (OIT), a Organização para a Alimentação e a Agricultura (FAO), a Organização Mundial da Saúde (OMS), o Banco Mundial, o Fundo Monetário Internacional (FMI), a Organização da Aviação Civil Internacional (OACI), a Agência Internacional de Energia Atômica (AIEA), a Organização das Nações Unidas para o Desenvolvimento Industrial (ONUDI) e a Organização das Nações Unidas para a Educação, a Ciência e a Cultura (UNESCO). O parecer consultivo da Corte não tem caráter obrigatório, eis que sua única finalidade é tão somente responder às consultas dos organismos das Nações Unidas acima descritos. Tal não significa, contudo, que tais pareceres não disponham de poder *persuasivo*; é exatamente por serem pronunciados pelo mais alto Tribunal das Nações Unidas que eles são, na prática, respeitados pelos Estados.[80] Mas, em alguns casos, a doutrina tem admitido que tais pareceres podem tornar-se vinculares, principalmente quando: *a)* são decorrentes de regra convencional expressa, que lhe atribui obrigatoriedade; e *b)* quando manifestam um significado sociopolítico intrínseco (ou por reproduzirem direito costumeiro vigente ou por declararem que uma determinada conduta é contrária ao direito das gentes).[81]

---

[78] Cf. Jean-Marie Lambert. *Curso de direito internacional público, vol. I (O mundo global)*, cit., p. 211.

[79] V. UN, *The International Court of Justice*, cit., pp. 77-80. Sobre a competência consultiva da CIJ, *v.* Kenneth James Keith, *The extent of the advisory jurisdiction of the International Court of Justice*, Leiden: Sijthoff, 1971; Dharma Pratap, *The advisory jurisdiction of the International Court*, Oxford: Oxford University Press, 1972, 292p; George Elian, *The International Court of Justice*, cit., pp. 71-95; e Dapo Akande, The competence of international organizations and the advisory jurisdiction of the International Court of Justice, in *European Journal of International Law*, vol. 9, nº 3 (1998), pp. 437-467.

[80] Cf. Dharma Pratap. *The advisory jurisdiction of the International Court*, cit., pp. 227-230.

[81] Cf. Leonardo Nemer Caldeira Brant. *A Corte Internacional de Justiça e a construção do direito internacional*, cit., pp. 205-206.

Parte VI · Cap. I · SOLUÇÕES PACÍFICAS DE CONTROVÉRSIAS INTERNACIONAIS | 1049

c) Competência em razão da matéria. A CIJ é certamente o mais importante de todos os tribunais internacionais existentes, não só pela sua larga e respeitada história, mas também pelo fato de sua competência *ratione materiae* ser amplíssima: qualquer Estado (que tenha aceito a sua jurisdição) pode potencialmente recorrer à Corte para vindicar uma solução para um direito violado, em relação a quaisquer matérias conhecíveis do Direito Internacional em geral. É o que dispõe o art. 36, § 1º, do ECIJ, segundo o qual "a competência da Corte abrange todas as questões que as partes lhe submetam, bem como todos os assuntos especialmente previstos na Carta das Nações Unidas ou em tratados e convenções em vigor". Na última parte do dispositivo, abre-se a possibilidade de se demandar perante a Corte com fundamento "em tratados e convenções em vigor", o que significa o reconhecimento às chamadas *cláusulas compromissórias*. Estas já se tornaram comuns em tratados internacionais (bilaterais ou multilaterais), nos quais já se fixa a possibilidade de determinados litígios serem resolvidos pela Corte.[82] Entre os tratados multilaterais que preveem cláusulas compromissórias judiciais, cabe destacar: *a*) os relativos a direitos humanos; *b*) os relativos a transportes e navegação (marítima e aérea); *c*) os de proibição de armas nucleares, de tráfico ilícito de entorpecentes e de prevenção de contaminação; e *d*) os de codificação e desenvolvimento progressivo do Direito Internacional. No que toca aos tratados bilaterais, à exceção obviamente dos instrumentos *específicos* de solução de controvérsias, destacam-se os de *transporte e serviços aéreos*, os de *cooperação e assistência econômica* e os relativos às *relações consulares.*[83]

d) Aceite à jurisdição contenciosa. A jurisdição contenciosa da CIJ – diferentemente do que ocorre no plano do Direito interno – é *facultativa* aos Estados, devendo o tribunal declarar-se incompetente para o julgamento de litígios envolvendo Estados que não aceitaram expressamente a sua jurisdição. Assim, os Estados-partes numa controvérsia internacional devem (ambos) *reconhecer* como obrigatória a jurisdição da Corte em relação a si, aceitando expressamente a sua competência para julgamento.[84] Essa cláusula optativa, também chamada *cláusula facultativa de jurisdição obrigatória* ou "cláusula Raul Fernandes" (porque proposta por este internacionalista brasileiro), encontra-se no art. 36, § 2º, alíneas *a d*, do ECIJ, assim redigido: "Os Estados-partes do presente Estatuto poderão, em qualquer momento, declarar que reconhecem como obrigatória, *ipso facto* e sem acordo especial, em relação a qualquer outro Estado que aceite a mesma obrigação, a jurisdição da Corte em todas as controvérsias de ordem jurídica que tenham por objeto: *a*) a interpretação de um tratado; *b*) qualquer ponto de direito internacional; *c*) a existência de qualquer fato que, se verificado, constituiria violação de um compromisso internacional; *d*) a natureza ou extensão da reparação devida pela ruptura de um compromisso internacional". Perceba-se que, segundo a referida cláusula, o consentimento de um Estado em ser demandado perante a Corte somente será tido como válido se o outro Estado *também* aceitar a mesma obrigação (em razão do princípio da reciprocidade). Segundo o ECIJ, as declarações de aceite poderão ser feitas "pura e simplesmente ou sob condição de reciprocidade da parte de vários ou de certos Estados, ou por prazo determinado", devendo ser "depositadas junto ao Secretário-Geral das Nações Unidas que as transmitirá, por cópia, às partes contratantes do presente Estatuto e ao escrivão [*greffier*]

---

[82] Para detalhes, *v.* Leonardo Nemer Caldeira Brant, Idem, pp. 245-250.

[83] *V.* Antonio Remiro Brotons (*et al.*). *Derecho internacional*, cit., p. 715.

[84] Cf. UN. *The International Court of Justice*, cit., pp. 36-37.

da Corte" (art. 36, §§ 3º e 4º).[85] As partes também poderão manifestar seu aceite à jurisdição contenciosa da Corte por meio de *tratado* ou *acordo especial*.[86]

Destaque-se que o ECIJ, no seu art. 36, § 6º, dispõe ainda que "qualquer controvérsia sobre a jurisdição da Corte será resolvida por decisão da própria Corte". Tal significa que o tribunal tem o poder de determinar a abrangência de sua própria competência, ao que se diz ser detentor da "competência da competência" (*Kompetenz-Kompetenz*). Assim, a CIJ – como todo órgão com competência jurisdicional – nunca será totalmente incompetente, eis que mesmo entendendo que *não é competente* para julgar uma determinada causa, tem *competência* para assim decidir.

e) Sentença da Corte. A sentença da Corte é *definitiva* e *obrigatória* para os Estados (valendo aqui também a norma *pacta sunt servanda*), não estando subordinada a qualquer procedimento interno de "aceitação" ou "reconhecimento".[87] Em outros termos, a sentença da Corte é dotada da autoridade da *coisa julgada*. Nada impede, entretanto, que as partes ingressem (assim como podem fazer em relação ao laudo arbitral) com um pedido de interpretação (correspondente aos nossos *embargos declaratórios*), requerendo a aclaração de algum ponto ambíguo, omisso ou contraditório da decisão. À diferença dos meios diplomáticos de solução de controvérsias, o método judicial de resolução de conflitos não abre às partes qualquer *faculdade* no que tange à aceitação – aí inclusa a autoridade da coisa julgada – da solução adotada pela Corte na sentença.[88] Não se exclui também a possibilidade de *execução* da sentença da Corte, em casos excepcionais.[89] A rigor, os Estados *já estão* obrigados a cumprir a sentença, devendo conformar-se com aquilo que ficou decidido, mesmo porque assumiram a obrigação do art. 94, § 1º, da Carta da ONU, que dispõe que cada "membro das Nações Unidas se compromete a conformar-se com a decisão da Corte Internacional de Justiça

---

[85] Nada impede, contudo, que um Estado – que anteriormente havia aceitado a competência contenciosa do tribunal – venha a *renunciar* futuramente ao aceite, tal como já ocorreu com a França, em 1974, quando denunciou o aceite em virtude da sentença desfavorável no Caso dos Testes Nucleares, bem como com os Estados Unidos, em virtude da sentença de 1985 que o condenou a indenizar a Nicarágua pelos prejuízos causados com o financiamento dos "contra". V. Ricardo Seitenfus. *Manual das organizações internacionais*, cit., pp. 156-157.

[86] Esse último caso ocorre quando as partes, em comum acordo, submetem (juntas) um determinado caso à apreciação da Corte, não havendo, portanto, a fórmula "autor *versus* réu" nesta hipótese. Sobre os "acordos especiais", *v.* UN, *The International Court of Justice*, cit., pp. 37-38. O mais comum de ocorrer, entretanto, é a prática conhecida de um Estado (autor) demandar outro (réu) perante o tribunal, quando há (por adesão à cláusula facultativa ou em virtude de tratado) o aceite da jurisdição contenciosa da Corte por ambos os Estados.

[87] Cf. *ICJ Reports* (1954), p. 53; *ICJ Reports* (1963), pp. 33-34; e UN, *The International Court of Justice*, cit., pp. 72-74.

[88] Sobre o assunto, *v.* Leonardo Nemer Caldeira Brant, *L'autorité de la chose jugée en droit international public*, Paris: LGDJ, 2003, 396p. Assim também ocorre em relação a outros tribunais internacionais, como, *v.g.*, a Corte Centro-Americana de Justiça, que "profere sentenças definitivas com autoridade de coisa julgada, implicando que contra tais sentenças não cabe nenhum recurso ordinário ou extraordinário" (Francisco Darío Lobo Lara. *Conflitos entre poderes del Estado*, cit., p. 67).

[89] Segundo Malcolm Shaw, porém, a "própria Corte não se envolve com a execução da sentença, e assume a postura de que, 'tendo a Corte julgado que um Estado assumiu um compromisso relativo à sua conduta futura, não é função da Corte conjecturar que ele possa não o cumprir'" (*Direito internacional*, cit., p. 821).

em qualquer caso em que for parte"; e o § 2º do mesmo dispositivo complementa que: "Se uma das partes num caso deixar de cumprir as obrigações que lhe incumbem em virtude de sentença proferida pela Corte, a outra terá direito de recorrer ao Conselho de Segurança que poderá, se julgar necessário, fazer recomendações ou decidir sobre *medidas a serem tomadas para o cumprimento da sentença*".[90]

A sentença da Corte é adotada pela *maioria* dos seus juízes (assim também valendo quanto aos pareceres consultivos). Havendo empate na votação, a voz do Presidente do tribunal é que prepondera. Poderão os juízes emitir opiniões individuais (concordantes) ao acórdão, no caso de *aceitarem* o que foi decidido, mas *discordarem* dos fundamentos da decisão; poderão ainda emitir opiniões *dissidentes* ao acórdão, quando não concordarem com o dispositivo da sentença (independentemente de qual tenha sido o fundamento).[91] Este último expediente, segundo alguns autores, não obstante ser fonte de enriquecimento doutrinário, pode, entretanto, minar o espírito de colegialidade e a autoridade das decisões do tribunal.[92]

f) Idiomas oficiais. A CIJ trabalha com dois idiomas oficiais, que são o *francês* e o *inglês*. Todas as sentenças e opiniões do tribunal são publicadas em um desses dois idiomas, cada qual fazendo igualmente fé. A pedido de uma das partes, porém, a Corte *poderá* autorizá-la a usar uma língua que não seja o francês ou o inglês (art. 39, § 3º, do ECIJ).

3. Tribunais regionais e especializados. Além da CIJ, vários outros tribunais internacionais, regionais e especializados, compõem o cenário do Poder Judiciário no plano internacional. Dentre esses tribunais, podem ser citados, a título de exemplo (pela sua ordem de criação):

a) o Tribunal de Justiça da União Europeia, criado em 1952 pelo tratado CECA, com sede em Luxemburgo;[93]

b) a Corte Europeia de Direitos Humanos, no âmbito do Conselho da Europa, com sede em Estrasburgo (França), criada em 1959;[94]

c) a Corte Interamericana de Direitos Humanos, sediada em San Jose (Costa Rica), criada em 1978;[95]

---

[90] Otfried Höffe critica essa sistemática sob o argumento de que o Conselho de Segurança é órgão *político*, e não órgão *jurídico*; também, segundo Höffe, tal estaria a contrariar o princípio da divisão do exercício dos poderes, eis que o Conselho de Segurança estaria tomando parte do Poder Judiciário. Cf. seu *A democracia no mundo de hoje*, cit., p. 384.

[91] Sobre o tema, *v.* Hersch Lauterpacht, *The development of international law by the International Court*, cit., pp. 66-70.

[92] Cf. Brichambaut, Dobelle & Coulée. *Leçons de droit international public*, cit., p, 406.

[93] Até a superveniência do Tratado de Lisboa de 2007, o tribunal nominava-se Tribunal de Justiça das Comunidades Europeias. Este Tribunal não se confunde com a Corte Europeia de Direitos Humanos. Trata-se do órgão judicial da União Europeia (não do Conselho da Europa). O Tribunal é composto por onze juízes e tem como função principal a aplicação e interpretação dos acordos constitutivos das Comunidades Europeias, bem como das medidas legislativas adotadas pelos órgãos comunitários. Sobre o tema, *v.* Gerhard Bebr, *Development of judicial control of the European Communities*, The Hague: Martinus Nijhoff, 1981, p. 105 e ss.; e Katrin Nyman-Metcalf & Ioannis F. Papageorgiou, *Regional integration and Courts of Justice*, cit., pp. 24-28 e 43-54, respectivamente.

[94] Sobre a Corte Europeia de Direitos Humanos, *v.* Parte IV, Capítulo I, Seção VI, item nº 3.

[95] Sobre a Corte Interamericana de Direitos Humanos, *v.* Parte IV, Capítulo I, Seção V, item nº 4.

1052 CURSO DE DIREITO INTERNACIONAL PÚBLICO – *Valerio de Oliveira Mazzuoli*

d) o Tribunal de Justiça da Comunidade Andina, sediado em Quito (Equador), criado pelo Acordo de Cartagena de 1979;[96]

e) o Tribunal Internacional do Direito do Mar, sediado em Hamburgo, instituído pela Convenção de Montego Bay de 1982;

f) a Corte Centro-Americana de Justiça, sediada em Manágua (Nicarágua), criada pelo *Protocolo de Tegucigalpa* à Carta da Organização dos Estados Centro-Americanos (ODECA) em 1991; e

g) a Corte Africana dos Direitos Humanos e dos Povos, sediada em Arusha (Tanzânia), criada em 2004.[97]

De todo esse contexto também fazem parte os tribunais penais para ex-Iugoslávia e Ruanda, já citados quando se estudou o Estatuto de Roma do Tribunal Penal Internacional (*v.* Parte IV, Capítulo I, Seção X).

4. Consentimento estatal. De acordo com as regras do Direito Internacional Público, não se pode exigir que os Estados submetam suas controvérsias à jurisdição de uma corte internacional, assim como sujeitá-los ao polo passivo da relação processual internacional, se a isto não tiverem expressamente consentido. Portanto, um tribunal internacional não poderá decidir acerca de uma controvérsia internacional da qual faz parte determinado Estado que não aceitou a sua competência em relação a ele (*v. supra*, item nº 2, *e*).

Uma vez aceita a competência do tribunal, o Estado se obriga em relação ao fiel cumprimento daquilo que foi estabelecido na sentença, devendo cumpri-la de boa-fé, sob pena de responsabilidade internacional. É certo que os tribunais internacionais não contam com a presença de uma autoridade centralizada, com *poder de polícia*, capaz de obrigar o Estado a cumprir uma decisão, o que pode reduzir as expectativas de cumprimento do direito das gentes. Mas não obstante essa falta de poder central, não se pode deixar de levar em consideração que o Direito Internacional tem outros meios – nem sempre jurídicos – de conduzir o Estado ao cumprimento do que foi decidido numa instância internacional, a exemplo das medidas políticas e econômicas de represália por parte dos demais Estados-partes da sociedade internacional. A probabilidade de que essas represálias operem é um elemento importante que faz com que os Estados *cumpram* as suas obrigações internacionais.[98]

SEÇÃO VI – SANÇÕES OU MEIOS COERCITIVOS

1. Finalidade dos meios coercitivos. Nem sempre os atores da sociedade internacional estão abertos ao diálogo ou dispostos a resolver judicialmente (ou semijudicialmente) suas

---

[96] O TJCA foi criado pelos governos da Bolívia, Colômbia, Equador, Peru e Venezuela, tendo iniciado suas atividades em 2 de janeiro de 1984. Sobre o tema, *v.* Juan Pablo Gonzales Bustos, El Tribunal de Justicia de la Comunidad Andina, in *Direito da integração regional: diálogo entre jurisdições na América Latina*, Valerio de Oliveira Mazzuoli & Eduardo Biacchi Gomes (orgs.), São Paulo: Saraiva, 2015, pp. 97-124. Para um estudo do mecanismo da "consulta prejudicial" no TJCA, *v.* Luciane Klein Vieira, *Interpretación y aplicación uniforme del derecho de la integración...*, cit., pp. 51-78.

[97] Sobre a Corte Africana dos Direitos Humanos e dos Povos, *v.* Parte IV, Capítulo I, Seção VII, item nº 4.

[98] Cf. Thomas Buergenthal (*et al.*). *Manual de derecho internacional público*, cit., pp. 19-20.

Parte VI · Cap. I · SOLUÇÕES PACÍFICAS DE CONTROVÉRSIAS INTERNACIONAIS | **1053**

contendas. Não raro, no calor das divergências, os Estados procuram maneiras em todos os seus termos *coercitivas* de resolução de seus desentendimentos, antes de uma investida militar armada ou outra medida violenta congênere contra o seu adversário. Assim, fracassados que sejam os meios pacíficos de solução de controvérsias, ou caso não tenham sido aplicadas as medidas judiciais cabíveis para a solução do conflito entre as partes, estas poderão se utilizar de certos "meios coercitivos" para pôr fim ao litígio, antes do início de uma luta armada (guerra) contra o outro Estado envolvido na controvérsia.

Os meios coercitivos de solução de controvérsias internacionais, não obstante a *coerção* que os caracteriza, são ainda assim considerados pela doutrina (bem assim pelos Estados em litígio) como pertencendo ao campo das soluções pacíficas de controvérsias, pois visam, em última análise, o resguardo da paz internacional. Ainda que tais meios não tenham natureza propriamente *pacífica*, porque motivados pelo uso da força coercitiva, eles representam, entretanto, uma última opção estatal antes de qualquer ataque armado ou antes do emprego de alguma forma de agressividade.

Mas é certo que a qualificação de tais meios de solução de controvérsias no campo das soluções pacíficas também não pode passar imune a críticas, principalmente quando se tem em vista que muitos deles, em sua *finalidade* e em seu *objetivo*, são modernamente incompatíveis com as regras do Direito Internacional Público, principalmente se empregados em desacordo ou em desatendimento à vontade da organização internacional competente para determiná-lo.

O Conselho de Segurança da ONU, nos termos do art. 41 da Carta das Nações Unidas, poderá aplicar "as medidas que, sem envolver o emprego de forças armadas, deverão ser tomadas para tornar efetivas suas decisões e poderá convidar os membros das Nações Unidas a aplicarem tais medidas", que poderão incluir "a interrupção completa ou parcial das relações econômicas, dos meios de comunicação ferroviários, marítimos, aéreos, postais, telegráficos, radiofônicos, ou de outra qualquer espécie, e o rompimento das relações diplomáticas".

Os meios coercitivos mais comuns utilizados pelos Estados para a satisfação de seus interesses são: *a*) a retorsão; *b*) as represálias; *c*) o embargo; *d*) a boicotagem; *e*) o bloqueio pacífico; e *f*) o rompimento das relações diplomáticas.

2. Retorsão. A *retorsão* é o meio coercitivo mais moderado de solução de controvérsias internacionais. Consiste no processo pelo qual um Estado retribui a outro, com os mesmos meios, na mesma medida e na mesma proporção, os atos pouco amistosos por este praticados em seu detrimento e que lhe acarretaram prejuízos. Em outras palavras, é o emprego de medidas correspondentes àquelas que motivaram as reclamações não atendidas do Estado. Por meio da retorsão, um Estado responde ao ato do outro com uma conduta de igual teor, aplicando diretamente a regra do *olho por olho, dente por dente*, como que num renascimento, no contexto internacional, da secular pena de Talião.

A retorsão serve de resposta imediata (e com a mesma ênfase) ao Estado que, segundo a interpretação do ofendido, trouxe prejuízos ao uso de um direito seu, em decorrência de um ato leviano. Por exemplo: se um Estado nega aos cidadãos de outro, que no seu território se encontram, certos direitos civis, o Estado do qual são nacionais tais pessoas pode, como meio de forçar o outro (ofensor) a modificar sua legislação, tomar as mesmas

1054 | CURSO DE DIREITO INTERNACIONAL PÚBLICO – *Valerio de Oliveira Mazzuoli*

medidas em relação aos nacionais deste em seu território, restringindo igualmente o gozo de tais direitos.[99]

Como outro exemplo corrente de retorsão, pode-se mencionar a imposição de impostos ou taxas para produtos de determinados Estados acima do estabelecido para outros, em violação ao princípio da igualdade de tratamento. Seria exemplo da possibilidade do emprego da medida o ato estatal que facilita a entrada, em seu território, de produtos provenientes de certo Estado, ao mesmo tempo em que dificulta o ingresso desses mesmos produtos (criando ônus, óbices etc.) quando provenientes de outro.[100] Podem-se mencionar ainda o aumento exagerado dos direitos de trânsito; a interdição de acesso de navios estrangeiros aos portos de um Estado; e a concessão de privilégios ou vantagens a determinados estrangeiros em detrimento de outros etc.

Exemplo claro de retorsão foi o ato dos Estados Unidos, em 1951, de suspender a ajuda americana a qualquer país que não respeitasse os embargos estadunidenses à ex-URSS e a outros países de regime comunista, bem assim a sua atitude, em 1960, de reduzir a importação de suco cubano depois que Cuba passou a tomar medidas restritivas contra empresas americanas instaladas em seu território.[101]

A doutrina tem observado, porém, que o principal problema jurídico levantado pela retorsão (por hipótese lícita) reside na definição do que se pode chamar de "fronteira da ilicitude".[102] Assim, "se não é duvidoso que um Estado possa manter ou não manter relações diplomáticas, comerciais ou outras com um outro Estado, na ausência de um compromisso convencional em contrário, é igualmente verdade que esta liberdade não é absoluta: limitada por um lado pela obrigação imposta aos Estados de respeitar as normas jurídicas imperativas do Direito Internacional (*jus cogens*), ela está igualmente restringida pela interdição do abuso de direito".[103]

Em suma, mais do que a manifestação de uma agressividade, a retorsão é um meio enérgico que o Estado tem de se resguardar de eventuais abusos ou injustiças cometidos por outro em seu detrimento, com base no princípio da reciprocidade. Trata-se de meio, em princípio, *legítimo* de solução de controvérsias, mas que não encontra, na prática internacional contemporânea, aceitação generalizada (exatamente pelo fato referido de poder haver *abuso de direito* quando de sua operacionalização).

3. Represálias. As *represálias* representam o contra-ataque de um Estado em relação a outro, em virtude de eventual *injustiça* que este tenha cometido contra aquele ou contra os

---

[99] Cf. Clóvis Bevilaqua. *Direito público internacional...*, t. II, cit., pp. 248-249.

[100] V., a propósito, Valerio de Oliveira Mazzuoli, O VIII laudo do Tribunal Arbitral *ad hoc* do Mercosul e seus fundamentos, in *Revista de Direito Constitucional e Internacional*, ano 10, nº 41, São Paulo, out./dez./2002, pp. 55-68, em que se discutiu a controvérsia instaurada entre o Paraguai e a República Oriental do Uruguai referente à aplicação, por parte do Uruguai, do Imposto Específico Interno (chamado de IMESI) à comercialização de cigarros provenientes da República do Paraguai, tendo os árbitros designados entendido ser a aplicação concreta do IMESI, pelo Uruguai, incompatível com a regra de tratamento nacional existente no Mercosul.

[101] V. Dominique Carreau & Jahyr-Philippe Bichara. *Direito internacional*, cit., p. 612.

[102] Dinh, Daillier & Pellet. *Direito internacional público*, cit., p. 975.

[103] Dinh, Daillier & Pellet. Idem, pp. 975-976.

Parte VI · Cap. I · SOLUÇÕES PACÍFICAS DE CONTROVÉRSIAS INTERNACIONAIS | **1055**

seus nacionais. Diferencia-se da retorsão por se tratar de medidas mais duras e mais arbitrárias, mesmo fundando-se na injustiça cometida por um Estado a outro. Trata-se, portanto, de contra-ataque relacionado aos casos de violação de direitos, perpetrado ou não por meio do uso da força. As únicas represálias atualmente admitidas são estas últimas (praticadas sem o uso da força), devendo quaisquer outras ser consideradas ilícitas e violadoras das regras do Direito Internacional. São, em suma, medidas mais ou menos violentas que, em geral, estão em desacordo com as regras do Direito Internacional Público. Mas nem por isso se pode dizer tratar-se de um *delito*, pois o que se visa é justamente reagir contra um ato ilícito praticado a um Estado por outro.

O *Institut de Droit International*, na sua sessão de Paris de 1934, da qual foi relator o Prof. Nicolas Politis, definiu as represálias como "medidas coercitivas, derrogatórias das regras ordinárias do Direito das Gentes, tomadas por um Estado em decorrência de atos ilícitos cometidos em seu prejuízo por outro Estado e destinadas e impor a este, por meio de um dano, o respeito do direito".[104] Esse conceito pode ser utilizado para se diferenciar as represálias da retorsão, na medida em que nessa última, o ato de um Estado é dirigido contra o *uso* de um direito de outro, ao passo que nas represálias é o próprio *direito* do Estado (ou de seus nacionais) que foi ou está sendo violado. Ou seja, as represálias têm sempre por base a violação de um *direito* propriamente dito, e não apenas o *uso* desse direito por parte do Estado ou de seus nacionais.

As represálias podem estar revestidas da forma de violência moral, mas não se admite qualquer tipo de represália armada ou praticada com o uso da força. Por isso, atualmente, as únicas represálias permitidas são as pacíficas, que devem ser proporcionais ao fato ilícito sofrido, devendo suspender-se no momento em que o dano tiver sido reparado ou no momento em que a responsabilidade internacional do Estado tiver sido reconhecida. Quaisquer outros tipos de represálias (armadas ou praticadas com violência) devem ser considerados atos internacionalmente ilícitos.

Elas ocorrem obrigatoriamente de Estado para Estado, não podendo afetar diretamente os indivíduos, muito embora sejam eles, em grande parte das vezes, o fator principal do litígio. Poderão ainda ser *positivas* (quando um Estado, por meio de força militar, se insurge contra as pessoas ou bens do outro Estado que o prejudicou anteriormente) ou *negativas* (quando um Estado se nega propositadamente em cumprir obrigação a ele imposta e aceita por meio de tratado firmado entre ambos).

Além das represálias propriamente ditas, têm-se também as figuras do *embargo* e da *boicotagem*, que figuram (em tempo de paz) como duas outras de suas modalidades.

4. Embargo. O chamado *embargo* é uma das formas especiais pela qual se reveste a represália, estudada no item anterior. Por meio dele, um Estado, em tempo de paz, sequestra navios e cargas de nacionais de país estrangeiro, ancorados em seus portos ou em trânsito nas suas águas territoriais, a fim de fazer predominar a sua vontade em relação à vontade do Estado embargado. É certo que a carga do navio será igualmente violentada. Trata-se de

---

[104] No original: "Les représailles sont des mesures de contrainte, dérogatoires aux règles ordinaires du Droit des Gens, prises par un Etat à la suite d'actes illicites commis à son préjudice par un autre Etat et ayant pour but d'imposer à celui-ci, au moyen d'un dommage, le respect du droit".

1056 | CURSO DE DIREITO INTERNACIONAL PÚBLICO – *Valerio de Oliveira Mazzuoli*

prática frontalmente contrária aos princípios e regras do moderno Direito Internacional, que deve ser abolida do contexto das relações internacionais contemporâneas.

O embargo, assim como a represália, não deve ser confundido com o chamado "embargo do príncipe" (*arrêt de prince*) ou "embargo civil", que significava a proibição de saírem os navios do porto ou ancoradouro a fim de se conseguir o segredo de certos atos ou preparativos (prática hoje já não mais existente, dada a facilidade e rapidez das comunicações em geral); para dar cumprimento a medidas sanitárias, judiciais ou de polícia; ou ainda sua utilização mediante indenização futura (*direito de angária*).

O embargo foi largamente empregado nos períodos relativos às duas grandes guerras mundiais, até mesmo com a participação do Brasil, que sequestrou embarcações, cargas e bens italianos, alemães e japoneses durante esse período.[105]

5. Boicotagem. A *boicotagem* ou *boicote* (da palavra inglesa *boycott*), assim como o embargo, constitui também modalidade de represália. Segundo alguns autores, sua origem histórica remonta ao comerciante escocês John Boycott, que, não admitindo a incorporação da Escócia à Grã-Bretanha, após a morte da rainha Maria Stuart, decidiu não mais manter relações comerciais com os ingleses.[106]

Trata-se, como se percebe, de uma interrupção de relações comerciais com um Estado tido como ofensor dos interesses ou dos nacionais de outro Estado. Por meio do boicote, então, este último Estado ou os seus nacionais empregam medidas de interrupção de relações comerciais, a fim de obrigar o primeiro a modificar sua atitude anteriormente adotada, tida como agressiva ou injusta.

A boicotagem pode ser tomada por ato de particulares (boicotagem *privada*) ou por ato oficial do governo (boicotagem *estatal*). Na primeira modalidade, ocorre a interrupção das relações comerciais entre nacionais de um Estado em relação a nacionais de outro, ou o rompimento dessas relações em relação a esse próprio Estado. Na segunda, é o próprio governo do Estado que apoia a medida. Nesse caso, alguns entendem que a sua prática poderá acarretar a responsabilidade internacional do Estado, se exercida em prejuízo de terceiros, até mesmo caso a prática seja exclusivamente privada e contar com o apoio do governo. Contudo, o certo é que a própria Carta das Nações Unidas, em seu art. 41, permite ao Conselho de Segurança decidir quais medidas irá adotar para, sem envolver o emprego de forças armadas, "tornar efetivas suas decisões", em casos de ameaças à paz e à segurança internacionais. Segundo o mesmo dispositivo, tais medidas "poderão incluir a interrupção completa ou parcial das relações econômicas, dos meios de comunicação ferroviários, marítimos, aéreos, postais, telegráficos, radiofônicos, ou de outra qualquer espécie, e o rompimento das relações diplomáticas". Portanto, não se exclui daí o boicote.

Por outro lado, no âmbito da Organização dos Estados Americanos, a medida não encontra respaldo de licitude, eis que nos termos do art. 20 da Carta da OEA nenhum Estado "poderá aplicar ou estimular medidas coercivas de caráter econômico e político, para forçar a vontade soberana de outro Estado e obter deste vantagens de qualquer natureza".

---

[105] Cf. Oyama Cesar Ituassú. *Curso de direito internacional público*, cit., pp. 597-598.
[106] V. Oyama Cesar Ituassú. Idem, p. 598.

Parte VI · Cap. I · SOLUÇÕES PACÍFICAS DE CONTROVÉRSIAS INTERNACIONAIS | **1057**

6. Bloqueio pacífico. O *bloqueio pacífico* (também chamado de *bloqueio comercial*) tem lugar quando um Estado, sem declarar guerra ao outro, mas por meio de força armada, impede que este último mantenha relações comerciais com terceiros Estados, interrompendo forçosamente as comunicações comerciais entre estes países e o Estado bloqueado. Consiste basicamente na prática de um Estado em impedir que navios ou embarcações de terceiros Estados trafeguem pelos portos ou pelas costas de um país (em relação ao qual não se declarou guerra), como forma de obrigar este último a proceder de determinada maneira, favorável ao Estado autor do bloqueio. Alguns autores também o incluem como sendo "outra forma de represália".[107]

Essa medida foi utilizada pela primeira vez em 1827, quando a Grã-Bretanha, juntamente com a França e a Rússia, bloquearam o comércio com a Turquia como meio de consolidar a independência da Grécia.

Em 1887, o *Institut de Droit International*, em sua sessão de Heidelberg, que teve como relatores os Srs. Ferdinand Perels e Heinrich Geffcken, admitiu o bloqueio pacífico mediante três condições: *a*) não ser aplicado a navios de pavilhão estrangeiro (que devem ser autorizados a entrar livremente); *b*) ser oficialmente notificado e mantido por forças suficientes; e *c*) serem os navios capturados devolvidos depois de levantado o bloqueio. Mesmo que com essas fórmulas atenuadas, entende a melhor doutrina que o bloqueio, como todas as represálias violentas, é um expediente contrário ao Direito.[108]

7. Rompimento das relações diplomáticas. Se os meios coercitivos empregados pelo Estado não surtiram efeitos, ainda lhe resta uma última alternativa antes da efetiva declaração de guerra: o *rompimento das relações diplomáticas*, consistente na suspensão (normalmente temporária) das relações oficiais dos Estados em conflito. Esta não é propriamente um meio coercitivo de solução de controvérsias, muito embora possa indiretamente produzir o efeito desejado pelo Estado.

Pode ocorrer também a ruptura total das relações diplomáticas por parte do Estado ofendido, que corta definitivamente as relações oficiais de diplomacia com o Estado ofensor. Nesse caso, procede-se à devolução dos passaportes aos seus representantes diplomáticos, assim como à retirada imediata do pessoal da missão instalada no país, normalmente na capital do Estado. Mas isto não implica, em todos os casos, o rompimento das relações econômicas e consulares entre tais Estados.

O rompimento das relações diplomáticas de um país em relação a outro pode ser reatado, caso as duas partes entabulem novas negociações nesse sentido, evitando-se um desconforto internacional maior, e principalmente uma guerra declarada entre ambos.

8. Sanções coletivas internacionais. Não obstante a existência dos meios coercitivos existentes no Direito Internacional, como formas de solução de controvérsias entre Estados, modernamente o que se presencia é a existência de um processo *coletivo* de sanções internacionais, levado a efeito pela Organização das Nações Unidas, em especial pelo seu Conselho de Segurança.

---

[107] Hildebrando Accioly & Nascimento e Silva. *Manual de direito internacional público*, cit., p. 457.

[108] V. Clóvis Bevilaqua. *Direito público internacional…*, t. II, cit., p. 252.

A matéria vem disciplinada nos arts. 41 e 42 da Carta da ONU de 1945. Nos termos do primeiro dispositivo o Conselho de Segurança "decidirá sobre as medidas que, sem envolver o emprego de forças armadas, deverão ser tomadas para tornar efetivas suas decisões e poderá convidar os membros das Nações Unidas a aplicarem tais medidas", que poderão "incluir a interrupção completa ou parcial das relações econômicas, dos meios de comunicação ferroviários, marítimos, aéreos, postais, telegráficos, radiofônicos, ou de outra qualquer espécie, e o rompimento das relações diplomáticas". A Carta, ainda, no seu art. 42, estabelece que "no caso de o Conselho de Segurança considerar que as medidas previstas no art. 41 seriam ou demonstraram que são inadequadas, poderá levar a efeito, por meio de forças aéreas, navais ou terrestres, a ação que julgar necessária para manter ou restabelecer a paz e a segurança internacionais", podendo tal ação "compreender demonstrações, bloqueios e outras operações, por parte das forças aéreas, navais ou terrestres dos membros das Nações Unidas".

Como se percebe, as Nações Unidas instituíram um processo coletivo de sanções internacionais visando estabelecer o isolamento completo do Estado agressor a fim de manter ou restabelecer a paz e a segurança internacionais.

Capítulo II

Guerra e Neutralidade

 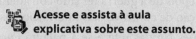

SEÇÃO I – A GUERRA

1. Introdução. Desde o momento em que a consciência da moral e do direito vai se impondo ao estudo da guerra, esta vai deixando de ser a simples luta entre o bem e o mal, para passar a ser matéria regida e disciplinada pelo Direito Internacional Público. Além do *jus ad bellum* (o direito *da* guerra), aparece o *jus in bello* (o direito *na* guerra) como resultado de uma longa evolução histórica em que o Direito (notadamente o Direito Internacional) passou a, cada vez mais, impregnar-se nas questões envolvendo o uso força armada, impondo--lhes inúmeras restrições. Essa evolução (ainda em andamento) do fenômeno da guerra tem colocado em destaque a crescente preocupação do Direito em detectar os *motivos* que fazem os Estados recorrer à força. Dentre esses motivos certamente se encontra a *força econômica* e os seus instrumentos (coerções, boicotes, intervenções etc.), que transformam a guerra em instrumento cada vez mais político e menos jurídico.[1]

Acontecimentos relevantes, como a invasão dos Estados Unidos ao Iraque em 2003, mostram que os temas relativos à guerra, à agressão e à legítima defesa não vão deixar tão cedo de figurar no centro das discussões internacionais, devendo ser estudados pelo internacionalista e pelo cientista político de nosso tempo. Mas, o internacionalista, em particular, deve estar ciente que não são apenas as guerras que ameaçam atualmente a sociedade internacional, senão também a independência econômica, tecnológica e cultural de todas as nações, bem assim as catástrofes ambientais e ecológicas daí decorrentes, às quais multiplicam assustadoramente as violações de direitos humanos em todas as partes do planeta, fomentando a necessidade de transformar o velho Estado de Direito em um verdadeiro *Estado de Direito Internacional*, fundado na igualdade soberana das nações, independência de todos os povos e na solução pacífica das controvérsias, visando sempre à manutenção da paz.[2]

2. Guerra e tecnologia. É difícil – senão impossível – o ordenamento jurídico internacional acompanhar a evolução dos métodos tecnológicos que o mundo vem experimentando,

---

[1] V. Hermes Marcelo Huck. *Da guerra justa à guerra econômica: uma revisão sobre o uso da força em direito internacional*. São Paulo: Saraiva, 1996, pp. 1-7.

[2] Cf., por tudo, Luigi Ferrajoli, *Direito e razão: teoria do garantismo penal*, cit., pp. 864-865.

de forma cada vez mais intensa, desde a segunda metade do século XX, destinados à prática (também cada vez mais crescente) da guerra. O Direito Internacional, quando cuida da guerra e suas consequências, às vezes não percebe que os meios tecnológicos postos à disposição dos Estados para as hostilidades são muito mais atuais que as velhas normas e leis da guerra do clássico Direito das Gentes. Portanto, é difícil acompanhar, dia a dia, a evolução desses meios e as consequências que eles geram no mundo hodierno, relativamente à guerra. Talvez seja este o motivo pelo qual grande parte da doutrina internacionalista (referimo-nos aos cursos e manuais de Direito Internacional Público) terem praticamente abandonado o seu estudo, notadamente depois de a guerra ter sido considerada pela Carta das Nações Unidas um meio *ilícito* de solução de controvérsias internacionais.

A Carta das Nações Unidas refere-se à palavra *guerra* (de maneira autônoma) uma única vez, em todo o seu texto. A Carta fala em guerra em outros lugares, mas não de forma autônoma: refere-se várias vezes à Segunda Guerra Mundial (arts. 53, § 2º; 77, § 1º, alínea *b*; e 107) e mais nada. A única vez que fala em "guerra", isoladamente, é no seu *preâmbulo*, quando diz, logo no início, estarem os povos das Nações Unidas resolvidos "a preservar as gerações vindouras do flagelo da *guerra*, que por duas vezes, no espaço da nossa vida, trouxe sofrimentos indizíveis à humanidade".

A guerra, hoje, contudo, não é mais (formal ou materialmente) igual às deflagradas no século XX. A guerra contemporânea é científica e, sobretudo, tecnológica. Seus novos requintes praticamente fogem à atuação preventiva do Direito Internacional Público, restando somente a repressão por parte deste, levada a efeito, normalmente, pelo Conselho de Segurança da ONU. Não obstante esse fato constatado, nós vamos estudar a guerra mesmo assim, mas obviamente não com os métodos (e formas) do passado, ainda que alguma coisa sobre eles deva ser dita deste ponto em diante.

3. Brevíssima gênese da guerra. O homem, em sua primeira fase, lutava para se defender das hostilidades naturais que o ambiente lhe impunha. Seu ataque era voltado ao individual, sem qualquer contorno particularmente *guerreiro*. O desenvolvimento social e econômico fez surgir o agrupamento humano em clãs e, mais tarde, em tribos e em povos. O individualismo inicial das disputas passa a dar lugar aos conflitos coletivos, na medida em que a ofensa a qualquer membro do grupo ofendia a todos, e sua solidariedade impunha a represália coletiva contra o ofensor. Ainda não se tinha propriamente um conceito de *guerra*, mas apenas a compreensão racional de que os conflitos travados decorriam de choques entre os grupos ou das injustiças coletivas. Esse conceito de choque entre grupos se alarga quando surge a figura do Estado. A partir desse momento os conflitos deixam de ser meramente individuais ou coletivos e passam a se tornar *estatais*. As lutas deixam de pertencer ao domínio reservado dos clãs e das tribos e passam a dizer respeito aos Estados em conflito, quer por motivos espirituais (religião) ou por questões especiais (conquista).[3]

Foi em Roma que o assunto começou a ganhar conotação jurídica, quando se regulamentou o procedimento bélico firmando-se regras relativas ao que se deveria entender por *guerra justa*. Desde então começou-se a falar num *jus in bello*, consistente no direito aplicável *na guerra*, e num *jus ad bellum*, que designava o direito *da guerra* quando esta parecesse *justa*. Para os romanos, a guerra teria sempre lugar contra os povos *bárbaros*, considerados

---

[3]   Cf. Oyama Cesar Ituassú. *Curso de direito internacional público*, cit., pp. 605-606.

Parte VI · Cap. II · GUERRA E NEUTRALIDADE | 1061

tais aqueles que viviam fora do seu domínio, fazendo, assim, com que a expansão territorial fosse impulsionada por meio das conquistas.[4]

Com a obra de Hugo Grotius (*De Jure Belli ac Pacis*, de 1625), considerado por muitos o verdadeiro pai do Direito Internacional Público, a guerra passou a ser (ademais de relevante) um processo natural entre os Estados, porque obediente ao princípio da defesa e conservação do território.

4. Definição de guerra. Para servir ao Direito Internacional Público a expressão *guerra* deve ser definida em termos essencialmente *jurídicos*. Assim entendida, a guerra pode ser conceituada como todo conflito armado entre dois ou mais Estados, durante um certo período de tempo e sob a direção dos seus respectivos governos, com a finalidade de forçar um dos adversários a satisfazer a(s) vontade(s) do(s) outro(s). Ela normalmente se inicia com uma declaração formal de guerra e termina com a conclusão de um Tratado de Paz, ou outro ato capaz de pôr termo às hostilidades e findá-la por completo.

Dessa definição podem ser destacados os seguintes elementos constitutivos do conceito de guerra: *a*) a existência de um conflito armado; *b*) a contenda entre pelo menos dois Estados (o que não impede que o conflito seja dentro do território de apenas um deles, salvo o caso das *guerras civis*, que não se enquadram no conceito jurídico-internacional de guerra, exatamente por não haver conflito entre dois ou mais Estados); *c*) a direção das hostilidades pelos respectivos governos desses Estados; e *d*) a intenção de sobrepor à outra parte os desejos (diametralmente opostos) de um ou mais Estados.[5]

Para além do seu caráter estritamente *formal* (assim entendida a guerra que é formalmente *declarada*), a guerra também pode ser entendida num sentido *material*, quando apesar de não se ter formalmente declarado o início das hostilidades, tem-se início o uso da força armada por um Estado dirigido contra outro (ou outros) com a finalidade de impor a este (ou estes) a sua única e exclusiva vontade.

5. Proibição jurídica da guerra. A guerra é um ato de violência atualmente inadmitido no Direito Internacional. Por se tratar de um ato complexo entre beligerantes, que não se subsume a simples manifestações hostis, o seu entendimento há de ser analisado levando em conta os princípios e normas que o Direito Internacional estabelece, principalmente no que tange à relativização da soberania estatal.

De início, destaque-se que a guerra veio a ser uma questão propriamente *jurídica* tão somente no século XX, quando o Pacto da Liga das Nações estabeleceu a proibição da guerra entre os seus componentes, determinando aos Estados "aceitar certas obrigações de não recorrer à guerra". Também, em 27 de agosto de 1928, foi assinado em Paris o Tratado de Renúncia à Guerra (também chamado de *Pacto Briand-Kellog*, em homenagem aos dois estadistas – o Secretário de Estado americano e o Ministro das Relações Exteriores francês – responsáveis pela sua negociação) como meio de efetivar o princípio da proibição da guerra.

---

4   Cf. Oyama Cesar Ituassú. Idem, p. 606.

5   *V.* Yoram Dinstein. *Guerra, agressão e legítima defesa*, 3ª ed. Trad. Mauro Raposo de Mello. Barueri: Manole, 2004, pp. 6-20, quando analisa os requisitos do conceito semelhante de guerra oferecido por L. Oppenheim, para quem: "A guerra é a contenda entre dois ou mais Estados por meio de suas forças armadas, com o propósito de sobrepor um ao outro e impor condições de paz aprazíveis ao vitorioso".

1062 | CURSO DE DIREITO INTERNACIONAL PÚBLICO – *Valerio de Oliveira Mazzuoli*

Ficou expressa, nesse instrumento, a vontade dos Estados em renunciar à guerra como meio de solução de conflitos internacionais, a isso renunciando, como instrumento de política nacional, em suas relações recíprocas (art. 1º). Dentro dessa sistemática, com exceção da legítima defesa, que continuaria sendo garantida aos Estados agredidos, qualquer outra forma de agressão armada seria considerada ilegal *per se*.[6]

Confirmando o estabelecido pelo Pacto Briand-Kellog, a Carta das Nações Unidas também estabeleceu, no seu art. 2º, § 3º, que:

> "Todos os membros deverão resolver suas controvérsias internacionais por meios pacíficos, de modo que não sejam ameaçadas a paz, a segurança e a justiça internacionais".

A mesma Carta prescreve, no § 4º do mesmo dispositivo, a proibição formal e extensiva da guerra, assim estabelecendo:

> "Todos os membros deverão evitar em suas relações internacionais a ameaça ou o uso da força contra a integridade territorial ou a independência política de qualquer Estado, ou qualquer outra ação incompatível com os propósitos das Nações Unidas".

Perceba-se que a Carta das Nações Unidas, nesse dispositivo, não se refere à expressão *guerra*. Ademais, quando fala em *força* não acrescenta o adjetivo *armada*, enquanto a expressão completa *força(s) armada(s)* aparece em outros dispositivos da Carta da ONU (arts. 41 e 46; o art. 51, da mesma forma, fala em "ataque *armado*").[7] Mas como destaca Hermes Marcelo Huck, a não utilização, pela Carta das Nações Unidas, da palavra "guerra", acabou livrando-a "da incômoda necessidade de definir o conceito, já que tal definição tantas dúvidas e celeumas havia causado na experiência da Sociedade das Nações, que se utilizava, em seu Pacto, do termo *guerra*".[8] Parece-nos mesmo que essa falta de definição acabou auxiliando na interpretação, esposada pela própria ONU, segundo a qual a guerra deixou de ser um *direito* do Estado, no sentido deste poder atuar sem consideração pelos demais para obter a predominância de sua vontade, tornando-se atualmente um *ilícito internacional*. E pode-se dizer que a interdição do uso da força armada nas relações internacionais passou a ser um princípio-base do moderno Direito das Gentes.[9] Daí a afirmação de Cassese de ter o art. 2º, § 4º, da Carta da ONU, assumido natureza consuetudinária e, portanto, vinculante a *todos* os membros da sociedade internacional.[10] A única exceção atual diz respeito à utilização da

---

6 Cf. Hermes Marcelo Huck. *Da guerra justa à guerra econômica…*, cit., p. 75.

7 Cf. Yoram Dinstein. *Guerra, agressão e legítima defesa*, cit., p. 121. Tal gerou a dúvida na doutrina de saber se a expressão "força" também englobaria, *v.g.*, a força econômica (como boicotes, embargos etc.). Malcolm Shaw, *v.g.*, deixa a questão em aberto, como se nota na parte final do seguinte trecho: "Embora esse dispositivo não tenha sido alterado, o preâmbulo à Carta refere-se realmente à necessidade de assegurar que a 'força armada' não seja usada a não ser no interesse comum, enquanto o artigo 51, que trata do direito à legítima defesa, refere-se especificamente à força armada, apesar de esse fato, por si mesmo, não ser conclusivo quanto à admissibilidade de outras formas de coerção" (*Direito internacional*, cit., p. 840).

8 Hermes Marcelo Huck. *Da guerra justa à guerra econômica…*, cit., p. 93.

9 Cf. Mónica Pinto. L'emploi de la force dans la jurisprudence des tribunaux internationaux, in *Receuil des Cours*, vol. 331 (2007), pp. 9-161.

10 Antonio Cassese. *Diritto internazionale*, cit., p. 27. Nesse exato sentido, *v.* ainda Antonio Remiro Brotons (*et al.*), *Derecho internacional*, cit., p. 1057, para quem: "Este preceito tem hoje validade universal e, como

força por uma organização internacional a fim de coibir excessos nacionais que perturbem ou violem a segurança das relações internacionais.[11]

Pode-se também dizer que a transformação da guerra em ato internacionalmente ilícito (*hors-la-loi*) deu-se em virtude da transferência do foro das controvérsias internacionais para as organizações internacionais de vocação universal (cujo exemplo mais marcante é a ONU) ocorrida no século XX, acabando por deixar aos Estados a única opção de resolverem suas contendas por meios pacíficos de solução de controvérsias.[12]

Em suma, a guerra é hoje considerada um meio de perturbação da ordem social internacional, não podendo ser utilizada (ou deflagrada) pelos Estados, a não ser em casos de legítima defesa dos seus direitos, comprovada por uma agressão injusta ou por um perigo de dano atual e iminente. Perceba-se que, como já se falou, a Carta da ONU não utiliza formalmente a expressão *guerra*, fazendo referência ao *uso da força*, que é expressão mais abrangente e capaz de mostrar mais claramente que o que se proíbe é *qualquer tipo* de agressão (inclusive a *ameaça*) à integridade territorial ou independência política de qualquer Estado.[13] Não se pode esquecer que a Assembleia Geral da ONU, por meio da Resolução nº 3.314, adotada na sua Sessão de 14 de dezembro de 1974, já havia definido o que se entende por *agressão*, nos seguintes termos: "Artigo 1º – Agressão é o uso de força armada por um Estado contra a soberania, integridade territorial ou independência política de outro Estado, ou qualquer outra atitude que seja inconsistente com a Carta das Nações Unidas, conforme determinado por esta definição".[14] Como se percebe, para as Nações Unidas *agressão* é o "uso da força armada" ou "qualquer outra atitude que seja inconsistente com a Carta das Nações Unidas", o que abre um leque de possibilidades muito maior do que a interpretação restritiva dos atos de ataque armado militar.

O dilema do mundo contemporâneo consiste em suprimir por completo a guerra, sob pena de se ver o fim da própria civilização.[15] O mecanismo trazido pela Carta das Nações Unidas nesse sentido, evidentemente, dependerá dos próprios Estados que a constituem e, em última análise, da compreensão por parte dos seus países-membros do desastre que seria uma Terceira Guerra Mundial. Seguindo-se a história do Direito Internacional, que caminhou para declarar a ilegalidade da guerra, deve-se buscar meios possíveis de evitá-la em caráter permanente.

---

reconheceu a CIJ no caso das *Atividades Militares e Paramilitares na Nicarágua* (1986), não é somente uma norma convencional, mas também parte integrante do Direito Internacional consuetudinário. É, ademais, sem qualquer dúvida, um princípio fundamental cujo caráter imperativo, *jus cogens*, parece assentado na atualidade".

[11] Cf. Oyama Cesar Ituassú. *Curso de direito internacional público*, cit., pp. 610-611.

[12] Cf. Hermes Marcelo Huck. *Da guerra justa à guerra econômica...*, cit., pp. 13-14.

[13] V. Yoram Dinstein. *Guerra, agressão e legítima defesa*, cit., pp. 120-125; e Eduardo Correia Baptista, *O poder público bélico em direito internacional...*, cit., pp. 73-74.

[14] A tradução e o exemplo são de Guido Fernando Silva Soares, Legitimidade de uma guerra preventiva em pleno 2003?, in *Política Externa*, vol. 12, nº 1, São Paulo, jun./jul./ago./2003, p. 16.

[15] V. Alessandro Migliazza. L'évolution de la réglementation de la guerre à la lumière de la sauvgarde des droits de l'homme, in *Recueil des Cours*, vol. 137 (1972-III), pp. 141-241; e René-Jean Wilhelm, Problèmes relatifs à la protection de la personne humaine par le droit international dans les conflits armés ne présentant pas un caractère international, in *Recueil des Cours*, vol. 137 (1972-III), pp. 311-417.

1064 | CURSO DE DIREITO INTERNACIONAL PÚBLICO – *Valerio de Oliveira Mazzuoli*

Lamentavelmente, porém, mesmo marcada com a característica da ilicitude, a guerra não deixou de existir, inclusive no aspecto regional, de que são exemplos a guerra da Coreia, do Vietnã, das Malvinas, do Golfo Pérsico ou do Iraque, este último invadido e bombardeado pelos Estados Unidos sem qualquer autorização do Conselho de Segurança da ONU. Tal demonstra que, não obstante a proibição jurídica da guerra, ainda não tem o ordenamento internacional meios "de impor às grandes potências do planeta o respeito de normas e procedimentos que tornem a guerra menos destrutiva e sanguinária".[16]

6. As leis da guerra. As leis da guerra formam o conjunto de normas às quais devem obedecer os beligerantes entre si e aqueles que não são partes do conflito.[17]

As normas convencionais mais importantes nessa matéria são: *a*) a Declaração de Paris, de 16 de abril de 1856, sobre a guerra marítima; *b*) a Convenção de Genebra, de 22 de agosto de 1864, sobre feridos de campos de lutas, também conhecida como Convenção da Cruz Vermelha; *c*) a Convenção de São Petersburgo, de 11 de dezembro de 1868, que proibiu a utilização de certos projéteis explosivos ou inflamáveis; *d*) as Convenções da Haia, de 29 de junho de 1889, relativa às leis e usos de guerra terrestre, bem como a de adaptação da convenção de 22 de agosto de 1864 à guerra marítima (tratamento de feridos na guerra terrestre); *e*) a Convenção de Genebra, de 6 de julho de 1906, para melhoria do tratamento dos feridos e enfermos das forças em conflito; *f*) as Convenções da Haia, de 18 de outubro de 1907, sobre rompimento de hostilidades, leis e usos de guerra terrestre, direitos e deveres dos neutros na guerra terrestre, regime dos navios mercantes inimigos no início das hostilidades, transformação de navios mercantes em navios de guerra, colocação de minas submarinas automáticas de contato, bombardeio naval em tempos de guerra, adaptação das regras da convenção de Genebra de 1906 (melhoria de tratamento de feridos e enfermos) à guerra marítima, direitos e deveres dos neutros na guerra marítima e proibição de lançamentos por balões de projéteis explosivos; *g*) a Convenção de Washington, de 26 de fevereiro de 1922, sobre o uso de submarinos e de gases; *h*) o Protocolo de Genebra, de 27 de julho de 1949, sobre a revisão da convenção anterior de 1906 sobre feridos e enfermos dos exércitos de campanha e sobre tratamento dos prisioneiros de guerra; *i*) a Convenção naval de Londres, de 22 de abril de 1939, sobre submarinos e ação contra navios mercantes; e *j*) as Convenções de Genebra de 1949, sobre prisioneiros de guerra; feridos e enfermos das forças combatentes; feridos, enfermos e náufragos na guerra marítima; e sobre proteção às populações civis em tempo de guerra.[18]

Tais instrumentos internacionais, dos quais os mais importantes certamente são os da Haia de 1907 e os de Genebra de 1949, representam o que existe de positivo em matéria de normas internacionais sobre guerra. Vários deles, ainda em vigor, já se encontram totalmente obsoletos, a exemplo da Convenção da Haia relativa ao lançamento de projéteis explosivos por balões, de 1907.

7. A declaração de guerra. O início de um conflito bélico se dá por meio da *declaração de guerra*, que é o ato de um Estado em dar ciência ao outro de que, a partir desse momento,

---

[16]   Danilo Zolo. *La justicia de los vencedores: de Nuremberg a Bagdad*, cit., p. 62.

[17]   Sobre o tema, *v.* Riccardo Monaco, Les conventions entre belligérants, in *Recueil des Cours*, vol. 75 (1949-II), pp. 273-362.

[18]   *V.*, por tudo, Oyama Cesar Ituassú, *Curso de direito internacional público*, cit., pp. 635-637.

terá início uma luta armada entre eles, cessando as relações até então pacíficas que ambos mantinham. Trata-se de um ato *unilateral* do Estado que antecede o início das hostilidades, criando uma situação jurídica certa e determinada. Em regra, o instrumento utilizado para a declaração de guerra é a *nota diplomática*, transmitida de um Estado ao outro, momento a partir do qual cada um deles dá ciência do fato às suas respectivas populações, por meio de proclamações ou de decretos.[19]

A declaração de guerra visa, sobretudo, evitar um *ataque traiçoeiro* por parte de outro Estado, e a prática foi seguida na Primeira Guerra Mundial em que houve cinquenta e seis declarações de guerra, tendo havido uma diminuição dessa prática no período da Segunda Guerra. Muitos defendem a necessidade da declaração de guerra sob o forte argumento que, somente por meio dela é que se saberá a partir de que momento as regras do Direito das Gentes atinentes aos conflitos armados passam a vigorar. Ademais, do ponto de vista interno, uma data precisa é mais que necessária para que a Administração Pública, os poderes Legislativo e Judiciário saibam o momento preciso da transição.[20]

A exigência desse *aviso* de guerra está prevista no art. 3º da Convenção da Haia de 1907 sobre abertura das hostilidades. Mas não obstante a existência dessa regra positivada em convenção internacional, o Japão atacou a esquadra Russa ancorada em Porto Arthur, em 1904, bem como agrediu violentamente os Estados Unidos da América em Pearl Harbour, em 1941, sem o cumprimento desse requisito. Da mesma forma, a Alemanha atacou repentinamente a Polônia em 1939 sem qualquer aviso.[21]

Às vezes aparece a figura do *ultimatum*, que representa a última oportunidade que um país dá a outro para o atendimento de certa exigência. Foi o que fez a Inglaterra, em setembro de 1939, em relação à Alemanha, marcando prazo para que os exércitos desta desocupassem a Polônia, ficando consignado que o não atendimento da exigência representaria o início de um conflito bélico entre ambos os Estados.[22]

A competência para a declaração de guerra é matéria constitucional, que pode variar de país para país. No caso brasileiro, a regra vem expressa no art. 21, inc. II, da Constituição de 1988, segundo o qual compete à União "declarar a guerra e celebrar a paz". A regra é complementada pelo 84, inc. XIX, da mesma Constituição, segundo o qual compete privativamente ao Presidente da República "*declarar* guerra, no caso de agressão estrangeira, *autorizado* pelo Congresso Nacional ou *referendado* por ele, quando ocorrida no intervalo das sessões legislativas, e, nas mesmas condições, decretar, total ou parcialmente, a mobilização nacional". O art. 49, inc. II, por sua vez, cuida da autorização congressual referida a que faz menção o art. 84, inc. XIX, dispondo competir exclusivamente ao Congresso Nacional "autorizar o Presidente da República a declarar guerra, a celebrar a paz, a permitir que forças estrangeiras transitem pelo território nacional ou nele permaneçam temporariamente, ressalvados os casos previstos em lei complementar".

Contudo, apesar de já ter sido sedimentada pelo costume internacional e estar, inclusive, regulada pelas Constituições dos Estados, o ato formal de declaração de guerra, como explica

---

[19] Cf. Oyama Cesar Ituassú. Idem, p. 638.
[20] Cf. Hildebrando Accioly & Nascimento e Silva. *Manual de direito internacional público*, cit., p. 469.
[21] Cf. Oyama Cesar Ituassú. *Curso de direito internacional público*, cit., p. 638.
[22] Cf. Oyama Cesar Ituassú. Idem, p. 638.

1066 | CURSO DE DIREITO INTERNACIONAL PÚBLICO – *Valerio de Oliveira Mazzuoli*

Hermes Marcelo Huck, "tem sido considerado como uma prática superada nos tempos mais recentes por autores que já não veem no instituto qualquer resquício de utilidade política, estratégica ou algum significado jurídico".[23] Vários países – notadamente os Estados Unidos da América – têm recorrido ao uso da força armada sem a declaração formal de guerra. Os Estados árabes, à exceção do Egito (cujo compromisso de não iniciar hostilidades sem prévio aviso é mantido em virtude de tratado assinado em 1972), têm dado início a ataques armados contra Israel sem qualquer declaração formal de guerra, com base nas regras costumeiras internacionais.

No Brasil, como acabamos de verificar acima, a exigência de declaração formal de guerra está expressamente prevista no texto constitucional em vigor.

Após a efetivação da declaração de guerra segue-se imediatamente o início das hostilidades.

8. Efeitos da declaração de guerra. São vários os efeitos que uma declaração de guerra provoca. Em relação aos beligerantes, tem-se o rompimento imediato das relações diplomáticas e consulares, conservando os representantes dos Estados em conflito suas imunidades até a retirada do território em que se encontravam em função (sendo este último aspecto um costume internacional decorrente da cortesia inerente ao tratamento entre Estados). Ora, se as relações diplomáticas de um Estado são fruto do vínculo de amizade entre eles, é lógico que a situação de guerra é incompatível com a manutenção dessas relações.

Sofrem também prejuízo os tratados anteriormente celebrados entre as partes (normalmente suspendendo-se os multilaterais, e extinguindo-se os bilaterais) à exceção daqueles acordos concluídos para viger justamente durante o período do conflito bélico (*tratados de guerra*).[24]

Em relação aos nacionais do Estado inimigo, o princípio que tem sido seguido atualmente é o de não mais fazê-los prisioneiros de guerra (como era antigamente, até o começo do século XIX), mas o de permitir sua presença dentro do território, mas sob guarda ou vigilância, devendo respeitar suas leis de polícia e segurança pública. Em último caso, pode o Estado ordenar sua retirada estipulando um determinado prazo, findo o qual poderão ser expulsos.

Quanto aos bens (e também à proteção de edifícios e arquivos diplomáticos), a regra é que não poderá haver confisco, permitindo-se apenas o sequestro com a guarda e administração dos bens. Os bens móveis do Estado inimigo podem ser confiscados, na forma da Convenção de Haia de 1907, sem possibilidade de restituição, o que não ocorre com os bens pertencentes ao domínio público estatal, que devem ser obrigatoriamente devolvidos.

9. As hostilidades. O estado de guerra pode ter início com uma declaração formal de um Estado em relação a outro nesse sentido, por meio de um *ultimatum* manifestando a intenção do Estado de recorrer à guerra caso, dentro de um período certo de tempo, não forem satisfeitas as suas exigências, ou ainda em decorrência do início de atos de hostilidades (ou de força) cometidos contra outro Estado.[25]

As hostilidades têm início com a autorização da luta armada, quando o governo de um Estado ataca *de fato* o território de outro. Contudo, hoje em dia a guerra ultrapassa os antigos

---

[23]   Hermes Marcelo Huck. *Da guerra justa à guerra econômica...*, cit., p. 118.

[24]   *V.* a Parte I, Capítulo V, Seção I, item nº 21, letra *j*.

[25]   *V.* Valerio de Oliveira Mazzuoli. Hostilidades, in *Enciclopédia de direito internacional*, cit., pp. 241-242.

Parte VI · Cap. II · GUERRA E NEUTRALIDADE | **1067**

campos de luta, que eram anteriormente classificados em *terrestres, marítimos* e *aéreos*. A guerra moderna é *espacial* (conceito que também ultrapassa o sentido de *aéreo*) e *científica*, dotada dos mais tecnológicos meios presentes na atualidade, podendo uma ordem militar causar destruição de cidades inteiras em apenas poucos segundos. Quanto mais tecnológicos os meios, mais destrutivos eles também são. A guerra vai deixando cada vez mais de lado seus métodos habituais para dar lugar a novas técnicas e modalidades: a *guerra química*, a *guerra física* e a *guerra biológica* ou *bacteriológica*.[26]

Integram as forças armadas de um Estado os *combatentes* e os *não combatentes*. Os primeiros são os que participam ativamente das operações militares de guerra. Trata-se do pessoal especialmente treinado para o confronto. Os segundos são aqueles que, mesmo integrando o corpo militar de um Estado, não desempenham atividades tipicamente bélicas. São os oficiais de administração, de abastecimento, de telecomunicações, de imprensa e intérpretes, bem como os médicos e sanitaristas, e ainda os religiosos.[27]

10. Término da guerra. A guerra normalmente termina com a vitória de uma parte sobre a outra (*debellatio*). Mas, do ponto de vista jurídico, a maneira ideal e civilizada de se colocar termo à guerra é por meio da conclusão de um *tratado de paz*, em que se declaram solenemente terminadas todas as hostilidades e se estipulam as condições de paz entre os dois (ou mais) Estados envolvidos no conflito. Pelo menos é esse o entendimento que deveriam chegar as partes na época contemporânea. Contudo, às vezes, também termina com a pura e simples paralisação das hostilidades, ou ainda com a rendição incondicional de uma das partes beligerantes.[28]

Em geral, o término da guerra acontece inicialmente por um *armistício*, entendido, em sentido amplo, como todos os ajustes a que chegaram os beligerantes direcionados (ou seja, *tendentes...*) ao final das hostilidades.[29] O armistício não é propriamente o final da guerra, mas a suspensão provisória (temporária) e convencional do conflito, visando à paralisação definitiva das hostilidades. Funciona como uma etapa *preliminar* ao restabelecimento da paz. O armistício, contudo, não se confunde com a suspensão de armas (ou *trégua*), uma vez que "esta tem natureza momentânea, exclusivamente militar, destinando a suspensão das hostilidades para uma finalidade específica, previamente ajustada pelos comandantes militares dos beligerantes, permitindo a realização de atos rápidos e temporários, como a concessão de tempo para enterro de mortos, atendimento de feridos ou ainda para a evacuação de populações civis ameaçadas pelos combates".[30]

Ao armistício segue-se o tratado de paz, no qual são colocados os meios de cessar o conflito em definitivo. Com o tratado de paz a luta armada cessa, restaurando-se a situação anterior, findando a beligerância e a neutralidade. Cessa também a condição de prisioneiros de guerra, devendo aqueles que se encontrem nessa situação – combatentes e auxiliares

---

26   *V.* sobre o assunto, Oyama Cesar Ituassú, *Curso de direito internacional público*, cit., pp. 660-665.

27   Cf. Oyama Cesar Ituassú. Idem, pp. 646-647.

28   Sobre o assunto, *v.* Alfons Klafkowski, Les formes de cessation de l'état de guerre en droit international (les formes classiques et non classiques), in *Recueil des Cours*, vol. 149 (1976-I), pp. 217-286.

29   Sobre as formas de armistício e sua técnica contemporânea, *v.* Yoram Dinstein, *Guerra, agressão e legítima defesa*, cit., pp. 59-67.

30   Hermes Marcelo Huck. *Da guerra justa à guerra econômica...*, cit., pp. 123-124.

que acompanham as tropas militares, assim como os funcionários da polícia, dos correios, dos telégrafos, bem como os aeronautas, que se entregam ou são capturados – ser repatriados com a maior brevidade possível. Reatam-se também as relações diplomáticas entre os Estados, inclusive os tratados firmados anteriormente, caso as partes criem condições jurídicas para tanto.[31] Em resumo, duas são as características marcantes em um tratado de paz: 1) ele coloca fim a uma guerra preexistente; e 2) introduz ou restaura as relações amigáveis entre as partes.[32]

Entre outras cláusulas especiais que podem estar contidas no tratado de paz encontram-se a referente a uma cessão de território e a fixação de indenização de guerra pelos danos que tenha causado o Estado vencido.

11. A legítima defesa. Já falamos, mais de uma vez, que o recurso à guerra é atualmente considerado um ato internacionalmente ilícito, não podendo ser utilizado pelos Estados, *a não ser em casos de legítima defesa*, comprovada por uma agressão injusta ou por um perigo de dano atual e iminente. De fato, a legítima defesa ainda persiste, no atual contexto das relações internacionais, como mecanismo de justiça privada entre Estados, mas desde que atendidos certos pressupostos. Trata-se, assim, de *exceção* ao princípio da ilicitude do recurso à força armada.

O conceito de "legítima defesa" está expresso em qualquer sistema jurídico-penal moderno, sendo bem conhecido das legislações internas dos países e da população em geral. Por esse motivo é que se pode dizer tratar-se de um princípio geral de Direito Internacional, que, como já vimos em lugar próprio,[33] são aqueles presentes na grande maioria dos ordenamentos jurídicos internos dos Estados.

No plano internacional, o estudo da legítima defesa remete ao caso do navio *Caroline*, ocorrido em 1837, conhecido como o marco jurisprudencial relativo à matéria. Ocorreu, naquela ocasião, que insurgentes canadenses, revoltados com a Coroa Britânica, utilizaram aquele navio para transportar voluntários combatentes, armamentos e munições. Encontrando-se a embarcação ancorada em território norte-americano, no Estado de Nova York, foi ela atingida por tropas britânicas, que a incendiaram e lançaram rio abaixo, vindo a cair nas bruscas águas das Cataratas de Niágara. Várias pessoas que estavam no navio desapareceram, tragadas pelas águas, tendo sido encontrados mortos dois cidadãos americanos e dois canadenses. As autoridades americanas reclamaram pelas perdas das vidas e dos bens, assim como pela violação de seu território. O representante inglês respondeu alegando que a invasão se deu em virtude de *legítima defesa* contra o ato de pirataria. A posição americana era a de que não se tratava de pirataria, mas de ato vinculado à guerra civil no Canadá. Quatro anos depois prende-se um indivíduo que alegava ter participado do ataque ao *Caroline*, sendo levado a julgamento. Sua defesa, feita em nome do governo britânico, alegava que o ataque à embarcação foi perpetrado no exercício de legítima defesa, por pessoas a serviço da Grã-Bretanha. Julgado por um tribunal de Nova York, o acusado foi absolvido. Mas o governo americano continuou em sua posição de que, apesar de concordar que em casos de legítima defesa o uso

---

[31] Cf. Oyama Cesar Ituassú. *Curso de direito internacional público*, cit., p. 666.

[32] Cf. Yoram Dinstein. *Guerra, agressão e legítima defesa*, cit., p. 51.

[33] *V.* Parte I, Capítulo IV, Seção I, item n° 6.

Parte VI · Cap. II · GUERRA E NEUTRALIDADE | 1069

da força pode ser necessário, no caso do navio *Caroline* não se justificava um ataque daquele vulto, considerado desproporcional ao ato original. O caso terminou com um pedido formal de desculpas por parte do governo britânico ao governo americano.[34]

Apesar de o caso ter terminado com um pedido formal de desculpas, o que se tira do caso *Caroline*, em termos jurídicos, é a *tese de fundo* da legítima defesa com as posições contrárias da Grã-Bretanha (defendendo um direito natural à legítima defesa) e dos Estados Unidos (limitando esse direito à proporcionalidade do mal causado pelo ato original). Essas posições antagônicas acabaram por demonstrar que, assim como no Direito interno, também no plano internacional o uso da legítima defesa só seria lícito se exercido imediatamente a uma agressão injusta ou a um perigo de dano atual ou iminente.[35]

O direito à legítima defesa (individual ou coletiva) acabou por ser reconhecido pelo art. 51 da Carta das Nações Unidas, segundo o qual:

> "Nada na presente Carta prejudicará o direito inerente de legítima defesa individual ou coletiva, no caso de ocorrer um ataque armado contra um membro das Nações Unidas, até que o Conselho de Segurança tenha tomado as medidas necessárias para a manutenção da paz e da segurança internacionais. As medidas tomadas pelos Membros no exercício desse direito de legítima defesa serão comunicadas imediatamente ao Conselho de Segurança e não deverão de modo algum, atingir a autoridade e a responsabilidade que a presente Carta atribui ao Conselho para levar a efeito, em qualquer tempo, a ação que julgar necessária à manutenção ou ao restabelecimento da paz e da segurança internacionais".

Da mesma forma, a CIJ, fundamentando-se no direito à sobrevivência dos Estados, reafirmou o *direito* à legítima defesa, no seu Parecer de 1996 sobre a Licitude da Ameaça ou Uso de Armas Nucleares. Perceba-se que a legítima defesa, dentro dessa sistemática, é um *direito do Estado* e não uma obrigação sua, princípio esse já sedimentado no Direito Internacional geral. Frise-se, ainda, que a Carta da ONU diz ser a legítima defesa um "direito inerente", que na versão francesa do texto da Carta foi redigida como *droit naturel*, dando aparentemente à expressão um sabor de "direito natural". Ainda que a doutrina não seja uniforme em considerar a legítima defesa como um "direito natural" – o que, segundo Yoram Dinstein "é insustentável" –, o certo é que se trata de um direito inerente à soberania estatal.[36]

Note-se, porém, que a legítima defesa tal como regulada pelo art. 51 da Carta da ONU é um direito *transitório* dos Estados-membros, eis que as medidas tomadas pelos Estados no exercício desse direito devem ser imediatamente comunicadas ao Conselho de Segurança e não poderão atingir a autoridade e a responsabilidade que a Carta atribui ao Conselho para levar a efeito a ação que julgar necessária à manutenção ou ao restabelecimento da paz e da

---

[34] V. este relato em Hermes Marcelo Huck, *Da guerra justa à guerra econômica...*, cit., pp. 169-170. Cf. também, Louis Henkin (*et al.*), *International law: cases and materials*, 3th ed., St. Paul, MN: West Publishing, 1993, p. 872.

[35] Cf. Hermes Marcelo Huck. *Da guerra justa à guerra econômica...*, cit., p. 170; e Dominique Carreau & Jahyr-Philippe Bichara, *Direito internacional*, cit., pp. 621-622.

[36] V. Yoram Dinstein. *Guerra, agressão e legítima defesa*, cit., pp. 249-250. No exato sentido do texto, *v.* Hans Kelsen, *Princípios do direito internacional*, cit., pp. 97-98.

segurança internacionais. Ou seja, a legítima defesa é um direito transitório dos Estados-membros porque só pode ser exercida até o momento em que o Conselho de Segurança tomar as medidas referidas.[37]

Analisando-se o art. 51 da Carta da ONU, percebe-se ainda que o direito à legítima defesa está condicionado à ocorrência de um *ataque armado* contra um membro das Nações Unidas. Trata-se de uma exceção à regra do art. 2º, § 4º, da Carta da ONU, segundo o qual todos os seus membros "deverão evitar em suas relações internacionais a ameaça ou o uso da força contra a integridade territorial ou a independência política de qualquer Estado, ou qualquer outra ação incompatível com os propósitos das Nações Unidas". Sua materialização decorre obrigatoriamente da eclosão de um ataque armado, destoando do que prescreve o Direito Internacional Costumeiro, que também autoriza a legítima defesa como *medida preventiva* a um ataque armado (e não somente quando este ataque já tenha *efetivamente* sido concretizado, tal como decorre do comando do art. 51 da Carta).[38] Assim, uma vez que deve existir um *ataque armado*, seria de se perguntar: existe a possibilidade de se utilizar a chamada "legítima defesa preventiva"? A questão, até hoje, é causadora de numerosos embates doutrinários e deve ser resolvida à luz da interpretação sistemática e teleológica da Carta das Nações Unidas.[39]

Cotejando-se o art. 51 da Carta das Nações Unidas, com o seu art. 2º, § 4º, já citado, parece que a chamada "legítima defesa preventiva" deva ser compreendida, *a priori*, como um método *ilícito* de recurso à força. Nesse sentido, caberia a argumentação de que a utilização da terminologia específica "ataque armado" pelo art. 51 da Carta da ONU não teria sido sem qualquer propósito. O que teria pretendido esta disposição seria deixar clara a posição das Nações Unidas no sentido de estar a legítima defesa limitada a um *ataque* e que este ataque seja *armado*, não se permitindo a utilização do instituto em casos de meras *suspeitas* ou *previsões* de eventuais ameaças. Porém, analisando-se a questão por outro ângulo, em atenção à redação do art. 2º, § 4º, da Carta, poderia objetar-se que a ameaça ou o uso da força somente são proibidos "contra a *integridade territorial* ou a *independência política* de qualquer Estado", ou ainda quando utilizada de forma "incompatível com os propósitos das Nações Unidas". Assim, ao interpretar essa disposição poder-se-ia alegar que o que se visa com a legítima defesa preventiva não é atingir a integridade territorial ou a independência política de quaisquer membros das Nações Unidas, mas proteger o Estado contra uma agressão iminente, que ainda não ocorreu, mas poderá potencialmente ocorrer.[40] Nesse sentido é que uma forte corrente doutrinária sustenta que o art. 51 da Carta da ONU expõe apenas *uma forma* de legítima defesa (entendendo-se como tal a resposta a um ataque armado), não impedindo que *outras formas* de legítima defesa existam de acordo como o Direito Internacional Costumeiro,[41] tal como entendeu o Juiz Schwebel em seu Parecer no *caso Nicarágua*, em que rejeitou parte

---

[37] Cf. André Gonçalves Pereira & Fausto de Quadros. *Manual de direito internacional público*, cit., p. 484.

[38] Cf. Yoram Dinstein. *Guerra, agressão e legítima defesa*, cit., pp. 253-254.

[39] Sobre o tema, cf. Eduardo Correia Baptista, *O poder público bélico em direito internacional...*, cit., pp. 132-143; e James Crawford, *Brownlie's principles of public international law*, cit., pp. 747-757.

[40] Cf. Hermes Marcelo Huck. *Da guerra justa à guerra econômica...*, cit., pp. 179-180. Em paralelo, *v.* Antonio Remiro Brotons (*et al.*), *Derecho internacional*, cit., pp. 1067-1069.

[41] *V.* Julius Stone. *Aggression and world order: a critique of United Nations theories of aggression*. Berkeley: University of California Press, 1958, p. 44.

Parte VI • Cap. II • GUERRA E NEUTRALIDADE | **1071**

do texto que determina que o direito à legítima defesa no art. 51 existe, "se, e somente se, houver um ataque armado".[42]

Essa posição favorável à legítima defesa preventiva, porém, não é infensa a críticas e não se encontra pacificamente aceita na doutrina, não sendo poucos os autores que afirmam – com fundamento no art. 51 da Carta das Nações Unidas – estar o direito à legítima defesa ligado a um efetivo *ataque armado*.[43] Parece-nos evidente que não foi a intenção dos redatores da Carta da ONU, quando da elaboração do art. 51, admitir outras formas de legítima defesa alheias a um quadro de efetivo ataque armado. Faria pouco ou quase nenhum sentido ter a Carta da ONU expressamente feito referência a um "ataque armado" e ter deixado em aberto as *outras hipóteses* possíveis de legítima defesa, entre estas, a legítima defesa preventiva. Daí entender Yoram Dinstein que o art. 51 da Carta "não somente deixa de intimidar a guerra preventiva, como também restringe as tarefas críticas atribuídas ao Conselho de Segurança ao cenário exclusivo do contra-ataque aplicado em resposta a um ataque armado", sendo certo que "se a guerra preventiva na legítima defesa for justificada (com base na 'causa provável' mais do que no efetivo uso da força), ela deveria ser submetida, pelo menos – e se possível –, à supervisão do Conselho [de Segurança da ONU]", concluindo estar o direito à legítima defesa "circunscrito ao contra-ataque estimulado pelo ataque armado".[44] Em suma, admitir a legítima defesa preventiva baseada em um ataque provável (ou hipotético), com todos os riscos de abusos e erros, seria o mesmo que colocar fim à proibição do uso privado da força, convertendo tal proibição em mero impedimento do uso da força com fins de conquista territorial ou não provocada.[45]

Deve-se também fazer referência à noção de "ataque armado", sobretudo no momento atual, em que os meios tecnológicos desenvolvem-se de forma galopante. Para nós, parece estar correta a afirmação de que a noção de ataque armado corresponde, hoje, mais amplamente, "a qualquer operação ou ato com o efeito de infligir um prejuízo ou dano no Estado e nos seus elementos fundamentais".[46] Sabe-se que existem atualmente meios de destruição em massa, que não são propriamente "armas" no sentido usual do termo, mas que têm poder de destruição superior aos meios tradicionais de ataque. A existência desses meios massivos de destruição também é um argumento que reforça a proibição de ataques preventivos.[47]

Convém ainda diferenciar a legítima defesa *preventiva* (que se acabou de estudar) da legítima defesa *preemptiva*. Esta última existe quando o Estado responde antecipadamente a um ataque *em abstrato* (ou seja, o Estado se antecipa à ação do inimigo, atacando-o). A chamada *Doutrina Bush* (defendida pelo então Presidente dos EUA quando da *Guerra do Iraque*) notabilizou-se por tentar introduzir essa modalidade de "defesa" como nova exceção à proibição do uso privado da força. Mas o que é a *preempção*? Em termos simples,

---

42 Cf. Yoram Dinstein. *Guerra, agressão e legítima defesa*, cit., pp. 256-257.

43 Nesse sentido, *v.* Eduardo Correia Baptista, *O poder público bélico em direito internacional...*, cit., pp. 132-134.

44 Yoram Dinstein. *Guerra, agressão e legítima defesa*, cit., pp. 257-258.

45 *V.* Eduardo Correia Baptista. *O poder público bélico em direito internacional...*, cit., p. 135.

46 Jorge Bacelar Gouveia. *Manual de direito internacional público*, cit., p. 587.

47 Cf. Eduardo Correia Baptista. *O poder público bélico em direito internacional...*, cit., p. 134.

a preempção ocorre quando *A* suspeita que será atacado por *B* e se antecipa ao agressor, atacando-o em primeiro lugar. Trata-se de medida motivada mais pelo medo que pela ambição. Daí a expressão "guerra preemptiva" ser utilizada quando um Estado ataca a outro porque sente ou supõe que a curto prazo será atacado por este.[48] Não há nada, porém, no art. 51 da Carta da ONU que autorize esse tipo de medida, motivo pelo qual há autores que não a admitem.[49] Nesse sentido, assim leciona Eduardo Correia Baptista: "Reconhecer a licitude de legítima defesa preemptiva abriria a hipótese de, numa situação de tensão crescente, ambas as partes poderem legitimamente reivindicar o uso da figura. Assim, os riscos de erro e abuso impõem cautelas. Esta posição é confirmada pela falta de prática clara que permita uma conclusão quanto à admissibilidade da legítima defesa preemptiva, e pela letra do artigo 51. Ambas apontam no sentido de levar a considerar como ilícito um primeiro ataque preemptivo em legítima defesa. Um Estado verdadeiramente interessado na paz não desencadeará um ataque armado sem que a outra parte tenha adotado atos bélicos que demonstrem a intenção de proceder a uma invasão. Não bastam concentrações de tropas na fronteira, outros atos análogos ou meros incidentes de fronteira para legitimar um ataque armado, desde logo à luz do princípio da proporcionalidade".[50] Há autores, porém, que a autorizam.[51] O certo é que a prática da legítima defesa preemptiva não é clara e a doutrina e jurisprudência encontram-se ainda divididas.[52]

Por fim, cumpre dizer que a Carta da ONU (no mesmo art. 51) coloca ainda a possibilidade de uma "legítima defesa coletiva", à semelhança da figura da legítima defesa de terceiros existente em vários ordenamentos jurídicos internos, como também é o caso do ordenamento brasileiro. Essa semelhança entre os institutos não os coloca, contudo, em pé de igualdade. A legítima defesa coletiva, de que trata a Carta da ONU, não é idêntica à chamada legítima defesa de terceiros, que é menos ampla que aquela e regulada por tratados de alianças militares.[53] Ela pode ser estabelecida em tratados de mútua assistência (bilaterais ou multilaterais) ou de garantia.

12. Crimes de guerra. Os crimes de guerra devem ser, atualmente, tratados à luz da moderna Justiça Penal Internacional. Tais crimes já foram descritos quando da análise do Estatuto de Roma do Tribunal Penal Internacional, para onde remetemos o leitor (*v.* Parte IV, Capítulo I, Seção X).

13. O terrorismo em Direito Internacional. Dentro da seção relativa à guerra deve-se também cuidar, ainda que brevemente, daquilo que se chama de *terrorismo*, não obstante ser

---

[48] *V.* Dan Reiter. Exploding the powder keg myth: preemptive wars almost never happen, in *International Security*, vol. 20, nº 2 (Fall 1995), pp. 6-7.

[49] *V.*, assim, Quincy Wright, The prevention of aggression, in *American Journal of International Law*, vol. 50 (July 1956), p. 529.

[50] Eduardo Correia Baptista. *O poder público bélico em direito internacional...*, cit., p. 142.

[51] Cf. André Gonçalves Pereira & Fausto de Quadros. *Manual de direito internacional público*, cit., pp. 484-485.

[52] Para detalhes, *v.* Eduardo Correia Baptista, *O poder público bélico em direito internacional...*, cit., pp. 137-143.

[53] Sobre a legítima defesa coletiva, *v.* Yoram Dinstein, *Guerra, agressão e legítima defesa*, cit., pp. 341-377; e (em menor proporção) Malcolm N. Shaw, *Direito internacional*, cit., pp. 853-854.

Parte VI · Cap. II · GUERRA E NEUTRALIDADE | 1073

este totalmente hostil às leis da guerra, à normativa internacional contra conflitos armados e à proteção internacional dos direitos humanos.

Por *terrorismo* se entendem os atos violentos de uma pessoa ou de um grupo de pessoas, praticados de surpresa e geradores de terror, contra pessoas inocentes ou alvos normalmente sem interesse militar, voltados à demonstração de insatisfação para com os poderes constituídos, a fim de modificar ou substituir por outro o regime político existente.[54] Pode também ser praticado para chamar a atenção da opinião pública sobre determinado ponto de interesse ou, ainda, para manter um regime (normalmente antidemocrático) vigente em determinado Estado e em vias de ser alterado. Trata-se de uma forma extrema de ação política, normalmente ligada a conflitos regionais, em que se busca "o avanço de uma determinada causa e o restabelecimento do equilíbrio perdido no quadro do conflito em que se insere".[55] Sua principal característica é a imprevisibilidade, que impede que as autoridades estatais e a população civil em geral se defendam dos ataques cometidos.[56] Daí a sua dessemelhança com a *guerra*, que tem início normalmente com uma declaração formal de um Estado a outro sobre o início das hostilidades e, em princípio, sem ataques contra alvos neutralizados.

A expressão *terrorismo* provém da palavra de origem latina "terror" (*terreur*), que originalmente designava "um medo ou uma ansiedade extrema, correspondendo, com mais frequência, a uma ameaça vagamente percebida, pouco familiar e largamente imprevisível".[57] Contudo, ao final do século XVIII, já no quadro da Revolução Francesa, o termo "terror" muda de significado e passa a constituir-se em forma de governo, quando se inicia o exercício de violência política em nome da revolução, com o fim de desenvolver em França o

---

[54] V., por tudo, Antoine Sottile, Le terrorisme international, in *Recueil des Cours*, vol. 65 (1938-III), pp. 87-184; Gilbert Guillaume, Terrorisme et droit international, in *Recueil des Cours*, vol. 215 (1989-III), pp. 287-416; e Pierre Klein, Le droit international à l'épreuve du terrorisme, in *Recueil des Cours*, vol. 321 (2006), pp. 203-484. Contudo, a doutrina em geral concorda que ainda não se chegou a uma definição precisa do *terrorismo*. A propósito, *v.* a página *web* da ONU sobre as ações da Organização no combate ao terrorismo: [http://www.un.org/terrorism]. No Brasil, a Lei nº 13.260, de 16.03.2016, que regulamenta o disposto no inc. XLIII do art. 5º da Constituição Federal, assim definiu o terrorismo em seu art. 2º: "O terrorismo consiste na prática por um ou mais indivíduos dos atos previstos neste artigo, por razões de xenofobia, discriminação ou preconceito de raça, cor, etnia e religião, quando cometidos com a finalidade de provocar terror social ou generalizado, expondo a perigo pessoa, patrimônio, a paz pública ou a incolumidade pública".

[55] Antônio Paulo Cachapuz de Medeiros. O direito internacional e o terrorismo, in *Novas perspectivas do direito internacional contemporâneo: estudos em homenagem ao Professor Celso D. de Albuquerque Mello*, Carlos Alberto Menezes Direito, Antônio Augusto Cançado Trindade & Antônio Celso Alves Pereira (coords.), Rio de Janeiro: Renovar, 2008, p. 28. Cf., também, Antônio Paulo Cachapuz de Medeiros, O terrorismo na agenda internacional, in *Revista CEJ*, nº 18, Brasília, jul./set./2002, p. 63. Ainda segundo Cachapuz de Medeiros: "A Assembleia da Organização dos Estados Americanos reuniu-se, em 2 de junho de 2002, em Barbados, no Caribe, onde teve a oportunidade de apreciar o Projeto de Convenção Interamericana para a Repressão do Terrorismo. Tive a honra de representar o nosso País nas negociações desse Projeto. O instrumento foi submetido à apreciação, portanto, daquela Organização. Tivemos a ousadia de propor uma definição de terrorismo, a ser incluída no Projeto, que consistia no seguinte: *Para os fins da presente Convenção, considera-se terrorista todo ato ilícito e intencional, individual ou coletivo, cujo propósito seja gerar terror, intimidar a população ou obrigar governo ou organização internacional a fazer ou deixar de fazer algo*" (O terrorismo na agenda internacional, cit., p. 65).

[56] Cf. Celso D. de Albuquerque Mello. *Direito penal e direito internacional*, cit., p. 145.

[57] Gilbert Guillaume. Terrorisme et droit international, cit., p. 296.

1074 | CURSO DE DIREITO INTERNACIONAL PÚBLICO – *Valerio de Oliveira Mazzuoli*

sentimento de solidariedade nacional, sob a autoridade de Robespierre. Por fim, no século XIX o termo ganha ainda novo contorno, especialmente depois dos atos perpetrados na Rússia pelos nihilistas (1880) e na Europa pelos anarquistas (1890), momento a partir do qual o terrorismo passou a conotar não somente o terror organizado *pelo Estado*, mas também o exercido *contra o Estado*.[58]

Gilbert Guillaume elenca três requisitos para se considerar uma atividade criminosa como terrorista: 1) a prática de atos de violência destinados a causar a morte de pessoas ou gerar graves danos corporais; 2) a realização da empreitada por meio de uma pessoa ou grupo de pessoas; e 3) o objetivo de causar terror em pessoas determinadas, em grupos de pessoas ou no público em geral.[59]

Desde o início dos anos 60 que as preocupações da sociedade internacional referentes ao terrorismo começaram a se intensificar, notadamente em decorrência dos vários sequestros de aeronaves ocorridos durante esse período, fatos esses que deram causa à conclusão, pelas Nações Unidas, de tratados internacionais específicos sobre essa matéria, a exemplo da *Convenção Relativa a Infrações e a Certos Outros Atos Praticados a Bordo de Aeronave* (1963).[60] Mas os exemplos de atos terroristas mais marcantes da atualidade, que chocaram a sociedade internacional, foram seguramente os atentados de 11 de setembro de 2001, que atingiram o edifício do *World Trade Center*, em Nova York, e o Pentágono, em Washington.[61]

Os meios de atuação terrorista são bem conhecidos: atentados a bomba, incêndios em edifícios, sequestro e assassinato de inocentes etc. São variados os motivos que levam a tais atos, como questões de ordem religiosa, política ou econômica. Seu financiamento pode provir de um determinado Estado, de organizações criminosas ou de um grupo rebelde ou paraestatal.

O tratamento jurídico da reprovabilidade e repressão ao terrorismo é ainda incipiente no Direito Internacional Público, não obstante mais de uma dezena de convenções internacionais já terem sido concluídas sobre esse tema há vários anos. No plano jurídico internacional, a primeira convenção sobre a matéria foi a Convenção para a Prevenção e Repressão do Terrorismo, concluída em Genebra em 16 de novembro de 1937, mas que jamais entrou em vigor, por não ter atingido o número mínimo necessário de ratificações (somente a Índia a ratificou).[62] A Convenção de 1937 definiu os "atos de terrorismo" como sendo os fatos criminosos voltados contra um Estado e com a finalidade ou natureza de "provocar o terror em determinadas personalidades, grupos de pessoas ou no público".[63]

Somente a partir de 1972 é que o tema "terrorismo" ingressou formalmente na agenda das Nações Unidas. De lá para cá, a ONU tem dedicado várias seções da Assembleia Geral ao

---

[58]   *V.*, por tudo, Gilbert Guillaume, Idem, p. 296. *V.* ainda, Sarah Pellet, A ambiguidade da noção de terrorismo, in *Terrorismo e direito: os impactos do terrorismo na comunidade internacional e no Brasil*, Leonardo Nemer Caldeira Brant (coord.), Rio de Janeiro: Forense, 2003, p. 10.

[59]   *V.* Gilbert Guillaume. Terrorisme et droit international, cit., p. 304.

[60]   Cf. Sarah Pellet. A ambiguidade da noção de terrorismo, cit., pp. 12-14.

[61]   Sobre a repercussão desses atentados no Conselho de Segurança da ONU, *v.* Pierre Klein, Le droit international à l'épreuve du terrorisme, cit., pp. 343-345; David Weissbrodt & Connie de la Vega, *International human rights law...*, cit., pp. 234-240; e Malcolm N. Shaw, *Direito internacional*, cit., pp. 866-868.

[62]   *V.* Pierre Klein. Le droit international à l'épreuve du terrorisme, cit., p. 231.

[63]   Celso D. de Albuquerque Mello. *Direito penal e direito internacional*, cit., p. 154.

estudo específico do tema e de assuntos afins. Nos debates ocorridos dentro desse organismo, como explica Cachapuz de Medeiros, "firmou-se a percepção de que o terrorismo internacional alcançou, nos dias que correm, um grau inusitado de organização e virulência, que não mais aflige somente regiões tradicionalmente voláteis; sofisticou-se e, crescentemente, vem-se sofisticando, dele resultando vínculos cada vez mais estreitos de grupos terroristas com redes criminosas internacionais atuantes, sobretudo no tráfico internacional de drogas e armas".[64] Curiosamente, nem mesmo o Estatuto de Roma do Tribunal Penal Internacional faz referência expressa ao termo *terrorismo*. Deve-se entender, porém, que a expressão se enquadra na categoria dos *crimes contra a humanidade* previstos pelo Estatuto de Roma, especialmente no seu art. 7º, § 1º, alínea *k*, na fórmula genérica "outros atos desumanos de caráter semelhante, que causem intencionalmente grande sofrimento, ou afetem gravemente a integridade física ou a saúde física ou mental".

O Conselho de Segurança da ONU aprovou, em 28 de setembro de 2001, a Resolução 1373, internalizada no Brasil por meio do Decreto 3.976, de 18 de outubro de 2001, que obriga os Estados a: *a*) prevenir e reprimir o financiamento de atos terroristas; *b*) criminalizar o fornecimento ou captação deliberados de fundos por seus nacionais ou em seus territórios, por quaisquer meios, diretos ou indiretos, com a intenção de serem usados ou com o conhecimento de que serão usados para praticar atos terroristas; *c*) congelar, sem demora, fundos e outros ativos financeiros ou recursos econômicos de pessoas que perpetram, ou intentam perpetrar, atos terroristas, ou participam em ou facilitam o cometimento desses atos, devendo também ser congelados os ativos de entidades pertencentes ou controladas, direta ou indiretamente, por essas pessoas, bem como os ativos de pessoas e entidades atuando em seu nome ou sob seu comando, inclusive fundos advindos ou gerados por bens pertencentes ou controlados, direta ou indiretamente, por tais pessoas e por seus sócios e entidades; e *d*) proibir seus nacionais ou quaisquer pessoas e entidades em seus territórios de disponibilizar quaisquer fundos, ativos financeiros ou recursos econômicos ou financeiros ou outros serviços financeiros correlatos, direta ou indiretamente, em benefício de pessoas que perpetram, ou intentam perpetrar, facilitam ou participam da execução desses atos; em benefício de entidades pertencentes ou controladas, direta ou indiretamente, por tais pessoas; ou em benefício de pessoas e entidades atuando em seu nome ou sob seu comando.

O Brasil é parte em quase todas as convenções específicas sobre a repressão ao terrorismo e temas conexos, das quais podem ser citadas a Convenção Relativa às Infrações e a Certos Outros Atos Cometidos a Bordo de Aeronaves (de 1963); a Convenção para a Repressão ao Apoderamento Ilícito de Aeronaves (de 1970); a Convenção para Prevenir e Punir os Atos de Terrorismo Configurados em Delitos Contra as Pessoas e a Extorsão Conexa, Quando Tiverem eles Transcendência Internacional (de 1971); a Convenção para a Repressão de Atos Ilícitos Contra a Segurança da Aviação Civil (de 1971); a Convenção sobre a Prevenção e Punição de Crimes Contra Pessoas que Gozam de Proteção Internacional, Inclusive os Agentes Diplomáticos (de 1973); a Convenção Internacional contra a Tomada de Reféns (de 1979, com reserva ao art. 16, 2); a Convenção sobre a Proteção Física de Materiais Nucleares (de 1980); a Protocolo para a Repressão de Atos Ilícitos de Violência em Aeroportos que Prestem Serviço à Aviação Civil Internacional (de 1988); a Convenção para a Marcação de Explosivos Plásticos para Fins de Detecção (de 1991); a Convenção Interamericana Contra a Fabricação e o Tráfico Ilícito de

---

[64] Cf. Antônio Paulo Cachapuz de Medeiros. O terrorismo na agenda internacional, cit., p. 64.

Armas de Fogo, Munições, Explosivos e Outros Materiais Correlatos (de 1997); a Convenção Internacional sobre a Supressão de Atentados Terroristas com Bombas (de 1997, com reserva ao parágrafo 1 do art. 20); a Convenção Internacional para a Supressão do Financiamento do Terrorismo (de 1999); e a Convenção Interamericana contra o Terrorismo (de 2002). Este último instrumento, assinado em Barbados, prevê medidas para prevenir, combater e erradicar o financiamento do terrorismo (art. 4º); dispõe sobre o embargo e confisco de fundos ou outros bens (art. 5º); sobre delitos prévios da lavagem de dinheiro (art. 6º); cooperação no âmbito fronteiriço (art. 7º); cooperação entre autoridades competentes para aplicação da lei (art. 8º); assistência judiciária mútua (art. 9º), entre outros temas.

Finalmente, em abril de 2005, celebrou-se na Assembleia Geral da ONU a Convenção Internacional para a Repressão de Atos de Terrorismo Nuclear.[65] Nesse mesmo mês e ano, o Conselho de Segurança, por meio da Resolução 1.540, criou uma *Comissão* destinada a tratar de assuntos relativos aos "agentes não estatais e armas de destruição em massa", a qual se uniu a outras comissões já anteriormente existentes (*v.g.*, a *Comissão de Sanções contra a Al Qaeda e o Talibã*, criada pela Resolução 1.267/1999, e a *Comissão Antiterrorismo*, criada pela Resolução 1.373/2001).[66]

É importante frisar que a luta contra o terrorismo deve estar pautada pelo respeito aos princípios contidos na Carta das Nações Unidas, bem como às regras do Direito Internacional Humanitário e do Direito Internacional dos Direitos Humanos. Dessa forma, como destaca Cachapuz de Medeiros, a "imperiosa luta contra o terrorismo não pode ser conduzida às expensas do devido processo legal, do respeito aos direitos humanos e às liberdades civis", sendo certo que qualquer "sacrifício das liberdades fundamentais no combate ao terrorismo, ao dar margem a atos arbitrários ou discriminatórios, representaria um retrocesso que viria ao encontro dos interesses dos grupos terroristas".[67]

Os atos terroristas foram previstos, no Brasil, pelo art. 20 da Lei de Segurança Nacional (Lei nº 7.170/1983),[68] que estabelecia pena de reclusão de 2 a 10 anos para a espécie, aumentando-se a pena até o dobro se do fato resultar lesão corporal grave e até o triplo se resultar morte. Em termos constitucionais, o repúdio ao terrorismo é um dos princípios pelos quais a República Federativa do Brasil se rege nas suas relações internacionais (CF, art. 4º, inc. VIII). A Constituição ainda considera inafiançável e insuscetível de graça ou anistia "a prática da tortura, o tráfico ilícito de entorpecentes e drogas afins, *o terrorismo* e os definidos como crimes hediondos, por eles respondendo os mandantes, os executores e os que, podendo evitá-los, se omitirem" (art. 5º, inc. XLIII), no mesmo sentido encontrando-se a lei dos crimes hediondos (Lei 8.072/1990), segundo a qual o terrorismo é insuscetível de anistia, graça, indulto e fiança (art. 2º, incs. I e II, na redação que lhe deu a Lei 11.464/2007). A Lei nº 13.260/2016 regulamentou o inciso XLIII do art. 5º da Constituição Federal, disciplinando o terrorismo, as disposições investigatórias e processuais respectivas e reformulou o conceito de organização terrorista. Por sua vez, a Lei nº 13.810/2018 dispôs sobre o cumprimento de

---

[65] Para detalhes, *v.* Pierre Klein, Le droit international à l'épreuve du terrorisme, cit., pp. 236-238.

[66] *V.* Antônio Paulo Cachapuz de Medeiros. O direito internacional e o terrorismo, in *Novas perspectivas do direito internacional contemporâneo...*, cit., p. 31.

[67] Antônio Paulo Cachapuz de Medeiros. Idem, p. 29.

[68] Revogada pela Lei nº 14.197/2021.

Parte VI · Cap. II · GUERRA E NEUTRALIDADE | **1077**

sanções impostas por resoluções do Conselho de Segurança da ONU, incluída a indisponibilidade de ativos de pessoas naturais e jurídicas e de entidades, e a designação nacional de pessoas investigadas ou acusadas de terrorismo, de seu financiamento ou de atos correlatos.

SEÇÃO II – A NEUTRALIDADE

1. Conceito de neutralidade. Pode-se conceituar a *neutralidade* como a situação de alheamento (ou imparcialidade) em que se coloca determinado Estado em relação às hostilidades entre duas ou mais potências, abstendo-se de todo e qualquer tipo de ingerência ou participação ativa ou passiva na controvérsia, tornando-se estritamente imparcial perante eles.[69] Supõe um *status* jurídico consistente numa abstenção estatal (oficial) relativamente ao conflito em curso entre terceiros Estados, salvo o caso de legítima defesa. Assim, são denominados *neutros* aqueles países que não se envolvem numa guerra entre outros Estados, sendo então a *neutralidade* a situação jurídica em que os neutros se encontram. Normalmente a atitude dos neutros é a abstenção, que em princípio não precisa ser formal, muito embora tal *formalidade* esteja usualmente presente na "declaração de neutralidade" que fazem aqueles Estados que assim pretendem permanecer.[70] São bem conhecidas as declarações de neutralidade perpétua feitas pela Suíça, em 1815, e pela Bélgica, e 1839.

A neutralidade, contudo, não significa *indiferença estatal*. Significa que um Estado se alheia conscientemente de praticar atos externos que possam eventualmente favorecer uma das partes no conflito, não impedindo jamais que o Estado neutro expresse sua opinião sobre os atos (louváveis ou não) dos Estados em litígio. Não obstante grande parte da doutrina também entender dessa forma, o certo é que, na prática, poucas têm sido as manifestações estatais que repudiam os atos bélicos empreendidos por terceiros Estados.[71]

Apesar de a noção de neutralidade ser essencialmente moderna, o seu fundamento baseia-se na noção clássica de soberania, que permite ao Estado tomar a atitude que melhor lhe parece em relação à sua atuação no campo internacional, notadamente quando está em jogo um conflito armado entre terceiros Estados.[72]

Frise-se que, como explica Yoram Dinstein, um Estado "pode ser neutro no início das hostilidades, tornando-se beligerante num estágio posterior; como aconteceu com os Estados Unidos nas duas guerras mundiais". Ainda segundo Dinstein o inverso também pode ocorrer, podendo um Estado que começa uma guerra multipartidária como beligerante também se retirar das hostilidades (se o inimigo assim o permitir) e tornar-se neutro. De fato, ainda

---

[69]   V. René Dollot. Essai sur la neutralité permanente, in *Recueil des Cours*, vol. 67 (1939-I), pp. 1-120; e Louis Henkin (*et al.*), *International law: cases and materials*, cit., p. 875. Sobre o conceito de neutralidade, *v.* ainda Clóvis Bevilaqua, *Direito público internacional...*, t. I, cit., p. 103; e Erik J. S. Castrén, *The present law of war and neutrality*, Helsinque: Suomalainev Tiedeakemia, 1954, pp. 422-423.

[70]   Cf. Hermes Marcelo Huck. *Da guerra justa à guerra econômica...*, cit., p. 101.

[71]   Cf. Hildebrando Accioly. *Tratado de direito internacional público*, vol. III, cit., p. 273. Como complementa Accioly: "Quando a Alemanha, por exemplo, violou a neutralidade da Bélgica, o único protesto que houve, partido de algum órgão governamental de país neutro, foi o que se fez ouvir na Câmara dos Deputados do Brasil" (Idem, ibidem).

[72]   Cf. Oyama Cesar Ituassú. *Curso de direito internacional público*, cit., pp. 680-681.

conclui, "um Estado pode estar associado a determinados países numa guerra contra um inimigo, permanecendo neutro numa outra guerra conduzida pelos mesmos países, simultaneamente, contra um outro inimigo".[73]

2. Críticas ao sistema da neutralidade. Muito já se condenou a neutralidade da forma com que ela se manifesta no Direito Internacional Público. A crítica mais contundente ao sistema da neutralidade é no sentido de que, dentro de um mundo concebido em termos universais de comunhão, não seria mais possível uma atitude estatal totalmente abstencionista dos acontecimentos e das tensões que afetam profundamente a sociedade internacional. Entende-se que na atualidade, dentro de um mundo interdependente, os Estados não podem simplesmente ignorar a existência de tensões armadas entre outros Estados, como se uma controvérsia entre eles nada representasse e em nada atingisse a sociedade internacional em seu conjunto. Os Estados Unidos, que também se mantinham neutros até a Primeira Guerra Mundial, foram obrigados a abandonar tal postura após o final desse conflito, que acabou atingindo trinta e quatro Estados, inclusive os próprios Estados Unidos, fato que levou o então Presidente Wilson a afirmar que a neutralidade já não seria mais possível em se tratando da paz do mundo e da liberdade dos povos.[74]

Atualmente, a instituição de organizações internacionais globais, como as Nações Unidas, cujo objetivo principal é a manutenção da paz, impedindo o recuso ao uso da força e demais tipos de agressão, é considerada um forte sinal da tendência moderna em, senão extinguir o princípio da neutralidade, ao menos mitigá-lo a proporções por demais limitadas.

A Carta das Nações Unidas, a esse propósito, estabelece no seu art. 43, § 1º, que não podem os Estados colocar-se em situação de neutralidade nos casos de uma ação coletiva voltada à manutenção da paz e da segurança internacionais. Nos termos desse dispositivo, "todos os membros das Nações Unidas, a fim de contribuir para a manutenção da paz e da segurança internacionais se comprometem a proporcionar ao Conselho de Segurança, a seu pedido e de conformidade com o acordo ou acordos especiais, forças armadas, assistência e facilidades, inclusive direitos de passagem, necessários à manutenção da paz e da segurança internacionais".

Em suma, o princípio da neutralidade firmou-se como manifestação voluntária e discricionária do Estado desejoso em alhear-se de um evento bélico, mas desde que o faça publicamente e respeite as regras gerais estabelecidas pelo Direito Internacional Público, que lhe permitam transitar pelo espaço da neutralidade sem ferir a posição que assumiu.

3. Neutralidade e neutralização. Convém, antes de mais nada, não confundir a neutralidade perpétua ou permanente (da qual se está tratando nesta Seção) com a chamada *neutralização*. Esta última expressão – diferentemente da neutralidade perpétua – conota uma neutralização simples de territórios determinados, situação que é normalmente temporária e diz respeito a somente parte do Estado, representando assim uma *servidão negativa*.[75]

A chamada neutralização normalmente ocorre com um território sob litígio, quando se suspende o domínio de um Estado sobre a zona desse território contestada por outro. Passa

---

[73] Yoram Dinstein. *Guerra, agressão e legítima defesa*, cit., p. 35.

[74] Cf. Hermes Marcelo Huck. *Da guerra justa à guerra econômica…*, cit., p. 104.

[75] *V. supra*, Parte II, Capítulo II, Seção III, item nº 3, *c*.

a existir então uma neutralização do território à jurisdição de qualquer outro Estado até que a situação litigiosa seja definitivamente resolvida. Portanto, como se percebe, a neutralização consubstancia-se numa *servidão negativa* que restringe direitos aos Estados. Foram exemplos de neutralização, nas regiões brasileiras de fronteira, a do território do Amapá, estabelecida por acordo com a França; a do território do Pirara, estabelecida por acordo com a Grã-Bretanha; e a dos territórios da bacia do Alto-Juruá e da bacia do Alto-Purus, estabelecidas por acordo com o Peru.[76]

4. Formas de manifestação. A neutralidade pode manifestar-se de duas formas: *a)* unilateralmente, por ato voluntário do Estado; ou *b)* por meio de tratado internacional.

No primeiro caso, tem-se a neutralidade *simples* ou *voluntária*, que ocorre quando o Estado, *sponte sua*, se mostra desejoso de alhear-se de certo conflito bélico. Trata-se de ato unilateral do Estado declarante, e que, por este motivo, reveste-se de um caráter *transitório* e *temporário*. Já no segundo caso, em que existe um tratado internacional – no qual a bilateralidade ou multilateralidade deve existir –, a neutralidade assume uma feição *perpétua* e *indeclinável*, disso decorrendo a saída compulsória, do Estado, da guerra ofensiva.

A neutralidade permanente somente pode ser assumida por meio de tratado internacional firmado entre os Estados que se neutralizam e outras potências, as quais têm a opção de, ou *reconhecer*, ou *garantir* essa situação de neutralidade. Daí então ter-se as formas de neutralidade reconhecida e neutralidade garantida. Pela primeira forma, os Estados têm obrigação de respeitar a neutralidade daquele Estado que se declarou neutro; e pela segunda maneira, os Estados têm de defender o Estado neutralizado em caso de agressão.[77]

5. Neutralidade nas organizações internacionais. Um problema que ainda se discute na doutrina diz respeito à possibilidade de Estados permanentemente neutros figurarem na condição de membros de organizações internacionais de caráter político, como era o caso da extinta Liga das Nações e da atual ONU. Alguns internacionalistas têm como incompatíveis a situação de neutro com a de membro de tais organizações internacionais.[78] Outros já entendem que, apesar de ser uma das finalidades da ONU a adoção de medidas coletivas destinadas a prevenir ameaças à paz e reprimir atos de agressão, isso não exclui "a possibilidade de manter determinados Estados à margem das medidas coercitivas, se assim requer o interesse da paz mundial", pois o "fim supremo da ONU é a manutenção da paz".[79] A Áustria, nos termos dos entendimentos de 1955, foi o primeiro país a invocar, em matéria de neutralidade permanente, a tese da não incompatibilidade em ingressar como membro da ONU, não obstante sua neutralidade perpétua.[80]

---

[76]   V., por tudo, Oliveiros Litrento, *Curso de direito internacional público*, cit., p. 120.

[77]   Cf. Luis Ivani de Amorim Araújo. *Curso de direito internacional público*, cit., p. 132.

[78]   V. Luis Ivani de Amorim Araújo. Idem, p. 135, para quem: "No seio da ONU, não há lugar para Estados neutros. Quando o Conselho de Segurança da Organização Internacional, reconhecendo a existência de qualquer ameaça à paz, ruptura da paz ou ato de agressão, resolver aplicar as sanções previstas nos artigos 41 e 42 da Carta assinada em São Francisco, nenhum membro da ONU poderá se escusar de contribuir para a eficácia das referidas sanções alegando que é neutro".

[79]   V. Alfred von Verdross. *Derecho internacional público*, cit., p. 481.

[80]   Cf. Gilda Maciel Corrêa Meyer Russomano. *Direito internacional público*, cit., p. 355.

6. O futuro do sistema de neutralidade. As soluções até então apontadas têm lugar em face do sistema de segurança *individual* do Estado. Mas quando se trata do sistema de segurança *coletiva* da sociedade internacional, pode ser cogitado o problema de não atender a neutralidade à defesa dos interesses mundiais relativos à *paz*. As regras da Carta das Nações Unidas (arts. 39 a 51) que vedam ou restringem os direitos dos Estados-membros, ditando-lhes as regras a serem seguidas em casos de ameaça ou perturbação da paz, podem, até mesmo, ser entendidas como uma restrição absoluta ao instituto.

Até mesmo a Suíça, que sempre teve posição neutra na sociedade internacional, tem gravitado em torno da ONU, principalmente a partir do momento em que passou a pertencer à CIJ, depois de 18 de julho de 1948, o que demonstra que nenhum Estado pode, atualmente, manter-se totalmente neutro em face da segurança coletiva mundial.[81]

Por outro lado, dentro do atual sistema de segurança coletiva, e considerando que o número de Estados que ainda não são membros da ONU é bastante escasso, o que parece é que o instituto da neutralidade tende a acabar definitivamente, pelo menos para os membros das Nações Unidas, uma vez que estes são *obrigados* a dar à organização as condições necessárias para que a paz e a segurança internacionais sejam eficazmente mantidas. Tal reforça a ideia de que o instituto da neutralidade deverá, num futuro próximo, desaparecer, em nome da solidariedade internacional.

---

[81]   Cf. Oyama Cesar Ituassú. *Curso de direito internacional público*, cit., p. 678.

Parte VII

Futuro do Direito Internacional Público

Capítulo I

Surpresas e Incertezas

1. Ainda o interestatismo. Não obstante todas as mitigações que a figura do Estado – e também a noção clássica de soberania – já sofreu no âmbito internacional, especialmente a partir do surgimento das organizações internacionais e da figura do indivíduo como sujeito do Direito Internacional Público, certo é que o interestatismo ainda prepondera na cena internacional, seja sob o aspecto *formal* (é dizer, da participação dos Estados) ou sob a ótica *substancial* (isto é, dos temas e assuntos versados no plano das relações internacionais). As razões para tanto são bem conhecidas, mas é possível concentrá-las em três núcleos determinantes, quais sejam: *a)* a atuação dos Estados na celebração de tratados internacionais; *b)* a participação dos Estados na constituição de organizações internacionais intergovernamentais; e *c)* o papel dos Estados na aceitação de mecanismos internacionais de proteção e monitoramento dos direitos humanos, que permitem aos indivíduos vindicar, contra esses mesmos Estados, direitos reconhecidos por instrumentos internacionais ratificados e em vigor. Os dois últimos fatores, como se nota, decorrem diretamente do primeiro, uma vez que, na quadra atual, o direito internacional convencional prepondera ao direito internacional costumeiro e aos princípios gerais de direito reconhecidos pelos Estados, dadas todas as particularidades que os tratados internacionais comportam, como oportunamente já se estudou (*v.* Parte I, Capítulo IV, Seção I, item nº 4).

Portanto, quer quando constituem organizações internacionais (que são, por isso mesmo, *intergovernamentais*) ou quando aceitam ser partes em mecanismos internacionais de proteção e monitoramento dos direitos humanos, os Estados – ou sua interestatalidade – *preponderam* na cena internacional relativamente a outros sujeitos do direito das gentes, tanto em termos de poder decisório quanto no plano das relações recíprocas que mantêm entre si. Mesmo a tendência evolutiva – que é apenas uma "tendência", como o próprio nome já diz – da *objetivação* do Direito Internacional Público não logrou, até o presente momento, retirar dos Estados o *plus* que têm em termos de poder decisório no âmbito do direito das gentes, pois são os Estados que (*a*) constituem as organizações internacionais – por meio de tratados constitutivos – e que (*b*) permitem aos indivíduos sujeitos à sua jurisdição – quando ratificam instrumentos internacionais de direitos humanos, aceitando seus mecanismos de monitoramento e proteção – que acessem os sistemas (global e regionais) de direitos humanos para vindicarem direitos internacionalmente reconhecidos que os próprios Estados ratificantes, no plano interno, deixaram de assegurar. Portanto, a soberanias nacionais ainda representam uma realidade fundamental da ordem jurídica internacional, ainda que com todas as limitações impostas pelo Direito Internacional Público (*v.* Parte II, Capítulo II, Seção III, item nº 2, letra *b*). De fato, mesmo quando *limitam* a sua vontade ao aceitar as "regras do jogo" internacional, os Estados, antes, *manifestaram* o desejo de aceitar essas mesmas regras, assumindo o compromisso de fazer valer o *pacta sunt servanda*. Por isso, ainda que com limites, há – repita-se – um *plus* decisório dos Estados relativamente aos outros sujeitos do Direito Internacional Público, não estando à vista uma mudança de cenário no futuro próximo.

É por essas razões que se diz *preponderar* o interestatismo no âmbito das atuais relações internacionais, mesmo com o enfraquecimento do dogma voluntarista já constatado nos últimos tempos, dada a objetivação cada vez maior das regras do direito das gentes. Mesmo assim, quando um Estado ratifica, *v.g.*, um tratado internacional ou quando manifesta a sua vontade de constituir ou participar de dada organização internacional, ou ainda quando se submete às regras internacionais de proteção dos direitos humanos, não faz mais do que expressar uma *vontade própria*, ainda que limitadora de várias de suas atividades externas e internas. Se há objetividade no cumprimento das regras postas pelo Direito Internacional Público, certo é que houve vontade anterior dos Estados a título de participação naquela dada ordem regulatória (convencional, organizacional ou protecional). Assim, tudo acaba por recair no plano da vontade estatal, mesmo que por meio dela haja objetivação futura da mecânica de regência da atual sociedade internacional.

Uma ordem *sui generis* que se apresenta, no entanto, é a do Tribunal Penal Internacional, eis que pode o TPI emitir ordem de prisão a dirigente de Estado não parte no Estatuto de Roma de 1998, como já se estudou (*v.* Parte IV, Capítulo I, Seção X, item nº 6). Em casos tais, há objetividade maior do que nos exemplos anteriormente exarados, não obstante ter havido (também nessa hipótese) *ratificação* do Estatuto de Roma por parte dos Estados originários, dentre os quais, eventualmente, não faz parte aquele que acolhe um criminoso internacional em seu território ou que imuniza o seu próprio chefe de Estado acusado de ilícitos internacionais. Portanto, aqui, houve voluntarismo *na gênese* (criação e ratificação do Estatuto do TPI) com *objetivação futura* a atingir Estados terceiros não partes no Estatuto de Roma. Nessa hipótese, se está diante do fenômeno segundo o qual um grupo de Estados coloca em macha um tratado internacional, que, por sua vez, tem abrangência vinculativa *para além* das partes que o ratificaram. Esse é, sem dúvida, um avanço significativo do Direito Internacional Público de caráter supraconstitucional e universal, ademais de irreversível em termos de justiça penal internacional. Mesmo assim, também aqui, o interestatismo se faz presente, pois sem a vontade originária de sessenta Estados-partes (art. 126, § 1º, do Estatuto de Roma) não poderia a Corte Penal Internacional tomar medidas contra líderes de Estados não partes no instrumento constitutivo do TPI.

A conclusão que se extrai do que se acaba de expor é que a sociedade internacional terá que conviver com essa *força* das decisões interestatais ainda por longo tempo, mesmo em temas sensíveis e que têm acarretado problemas de diversa índole a pessoas ou grupo de pessoas que, muitas vezes, permanecem desamparadas por políticas negacionistas ou por governos autoritários em episódios conhecidos de crises internacionais.

2. Globalização das crises. Independentemente da interestatalidade ainda preponderante na seara internacional, as crises que o planeta tem experimentado (crises políticas, econômicas, humanitárias, ambientais, sanitárias etc.) ultrapassam todas as fronteiras e se espraiam pelos quatro cantos da Terra. Por melhores que sejam as relações entre as potências soberanas, a dificuldade de vencer com êxito uma crise global é patente e facilmente constatável. Exemplifique-se com uma pandemia transnacional propagável pelo ar e cuja transmissão atinja milhões de pessoas ao redor do mundo, gerando mortes e catástrofes econômicas (*v.g.*, a Covid-19, iniciada em janeiro de 2020 na China). Não há, em casos tais, limites respeitáveis de fronteiras e de medidas de segurança e contingenciamento completamente eficazes, dada a facilidade com que o vírus se espalha pelo ar. Portanto, é fácil notar que as atividades tradicionais dos Estados – em seu interestatismo ainda preponderante nas relações internacionais – são incapazes de vencer a globalização crescente de diversas crises, cada vez mais poderosas e intimidadoras. Especialmente no âmbito sanitário, os Estados não contam com poderes suficientes de contingenciamento de crises e experimentam (até o momento) a frustração de não lograr vencer a contento o alastramento catastrófico de vários tipos de doenças.

A globalização econômica, a abertura das fronteiras, a conclusão de tratados nas mais diversas áreas e os intercâmbios de toda espécie entre os Estados são fatores de conjugação crescente de vontades para a resolução de problemas comuns entre as potências, mas guarda também a contrapartida de fazer expandir problemas globais de elevada gravidade, quer previsíveis (*v.g.*, econômicos, financeiros e ambientais) como imprevisíveis (*v.g.*, sanitários, epidêmicos e pandêmicos). À medida que tudo se globaliza, também as crises se expandem e tomam todo o planeta, com a diferença de que com intensidade muito superior ao da resolução desses problemas globais. O Direito Internacional Público, portanto, necessita estar preparado para as surpresas e incertezas provindas da ordem internacional atual, pois sabe-se já que os meios e métodos que o direito das gentes usualmente emprega na resolução de conflitos internacionais não solucionam alguns problemas atualíssimos que têm surpreendido cada vez mais a humanidade.

O problema que se está a enfrentar na atual quadra por que passa o Direito Internacional Público é o de encontrar meios ágeis para a superação de crises globais, sem abrir mão, porém, dos instrumentos atualmente existentes para a sua contenção (como, *v.g.*, os tratados internacionais). Em outros termos, a questão está em o Direito Internacional Público *pensar à frente* do tempo em termos operacionais, tomando como método de previsibilidade tudo o que *já ocorreu* em nível global, para, depois, preparar-se para as surpresas negativas que poderão advir. No entanto, esse exercício futurológico é dos mais complexos de se levar a cabo, dadas todas as incertezas sobre o porvir do planeta e da humanidade. A solução já encontrada para os problemas do passado pode servir de espelho para as questões vindouras, mas será sempre turva a sua imagem plasmada no futuro. As comparações são, de fato, importantes para a resolução dos novos problemas do mundo, mas apenas a título de "método de previsibilidade". Dada a resolução incerta dos novos problemas globais, requerem-se meios de solução de crises não encontrados em qualquer fato passado. É por isso que os instrumentos de que dispõe o Direito Internacional Público para a superação de crises devem servir de linha de largada, e jamais de chegada. Outros métodos (mais ágeis e eficazes) devem ser encontrados para que os problemas atuais (e futuros) logrem solução minimamente satisfatória na quadra atual, ainda que em prejuízo das formalidades que sempre acompanharam os meios de produção das normas internacionais. Portanto, nada de "tradicional" nesse campo pode servir de base à consecução dos objetivos que se pretende alcançar para o contingenciamento das crises internacionais globais, certo de que também os "novos" métodos são pouco conhecidos e a névoa que sobre eles faz parada não guarda dispersão à vista.

Não apenas as questões sanitárias transnacionais, mas também questões ambientais em geral são temas da ordem do dia que compõem o núcleo relativo à "globalização das crises". Após anos e anos de catástrofes ambientais – e, agora, sanitárias transnacionais –, os Estados ainda não lograram desenvolver mecanismos eficazes, por meio de tratados internacionais, de contenção dessas calamidades. Tais exemplos, já bem conhecidos, bastam para justificar a necessidade de uma ordem menos estoica e mais dialógica de resolução de questões transnacionais, pautada na cooperação efetiva entre os Estados, com o apoio imprescindível das organizações internacionais, organizações não governamentais e da sociedade civil organizada. Ademais, ainda que as soluções não estejam à vista, tais acontecimentos deverão servir de método de previsibilidade para as ações futuras dos Estados, que devem cooperar desde já para impedir que crises de magnitude causem mais perdas irreparáveis à humanidade.

Em suma, o Direito Internacional Público tradicional não tem conseguido lidar com as surpresas e incertezas que a ordem internacional pós-moderna apresenta, razão pela qual uma adaptação de seus meios de atuação será primordial para um futuro próximo. Essa adaptação dependerá, contudo, menos do direito das gentes – cujas normas não vêm à luz automaticamente – que das soberanias nacionais, bem assim das organizações internacionais intergovernamentais, das organizações não governamentais e da própria população mundial.

3. Vontade e razão. As soberanias nacionais têm no Direito Internacional Público uma ordem de regras e princípios constritores aceita no *limite* do que se nomina "convivência internacional", sem o que as relações entre os sujeitos do direito das gentes seriam desproporcionais e completamente arbitrárias. Se se dependesse da vontade pura das soberanias, sem dada razão que justificasse o cumprimento de regras provindas de uma ordem extra-estatal, seria impossível a convivência humana e os conflitos internacionais cresceriam sobremaneira. Para citar apenas alguns exemplos, tem-se que sem regulação internacional não seria possível disciplinar as imunidades diplomáticas e consulares, os órgãos dos Estados nas relações internacionais, o trânsito internacional de navios e aeronaves, os limites de exploração e uso do espaço extra-atmosférico, questões relativas a desarmamento e segurança coletiva, a circulação internacional de pessoas, o comércio internacional ou meios pacíficos de solução de controvérsias. Portanto, nada relativo a esses temas – e tudo quanto diz respeito à humanidade como um todo – seria resolvido fora do âmbito do Direito Internacional Público, pois impossível um mínimo disciplinamento sobre esses assuntos sem um *consenso* internacionalmente válido, seja no âmbito convencional ou no plano do direito costumeiro. Não há, efetivamente, como garantir ordem na sociedade internacional sem as regras postas do Direito Internacional Público, que representam o consenso dos Estados no tratamento dos assuntos regulados pelo direito das gentes.

Vontade e razão, portanto, são fatores imprescindíveis para que a ordem internacional seja efetiva na regulação de aspectos vários da vida internacional. A *razão* conducente à resolução dos problemas que dizem respeito ao futuro da humanidade há de preponderar, no entanto, sobre a *vontade* pragmática dos Estados nas relações internacionais. De fato, a história do Direito Internacional já demonstrou que a vontade sem razão levou o mundo a guerras, calamidades e flagelos terríveis, com prejuízos humanos e econômicos jamais reparáveis. Os pactos de renúncia à guerra – relembre-se do *Pacto Briand-Kellog*, de 1928, pelo qual os Estados-partes "declaram, solenemente, em nome de seus respectivos povos, que condenam o recurso à guerra para a solução das controvérsias internacionais, e a isso renunciam, como instrumento de política nacional, em suas relações recíprocas" (art. 1º) – e de prevenção e repressão ao terrorismo, bem assim as normas internacionais sobre desarmamento, não alcançaram o resultado esperado de impedir o uso da força nos vários episódios violentos que a humanidade já conheceu. Atualmente, a proibição do uso da força, a repressão ao terrorismo e a promoção e proteção dos direitos humanos continuam a ser temas da pauta do dia das relações internacionais, certo de que, para discipliná-los com segurança, uma razão maior e coletiva (bem estar da humanidade) há de superar alguns particularismos nacionais, muitos dos quais simpatizam com organizações terroristas e são, por consequência, refratários à promoção e proteção dos direitos humanos. Ademais, sabe-se já que as escolhas políticas (que representam a *vontade* dos Estados) pretendem, na maior parte das vezes, ditar os rumos a serem tomados pelo direito das gentes, quando, juridicamente, é o Direito Internacional Público que deve regular (compor e constringir) as forças políticas dos Estados, à luz da razão coletiva da manutenção da paz, da estabilidade e da segurança das relações internacionais.

Os sujeitos do Direito Internacional Público formam uma "sociedade" internacional que compartilha interesses comuns, não há dúvidas. Porém, como toda sociedade, a sociedade internacional não é perfeita e vive à margem de disputas e interesses nem sempre éticos ou morais. É, portanto, a *razão comum* de proteção e salvaguarda dos interesses maiores (da humanidade como um todo) que torna menos conflitivas as relações entre os componentes da sociedade internacional, permitindo, na medida do possível, uma convivência pacífica entre os Estados. Se há consenso na necessidade de regulação de questões globais, certo é que há sempre dissensos sobre o modo de levar a cabo um sistema eficaz de gestão compartilhada de crises. Por isso é que a razão (interesse maior) deve prevalecer sobre a vontade particularizada (interesse menor) de Estados na conformação de uma ordem internacional que preserve a paz, a estabilidade e a segurança das relações internacionais, atualmente e para o futuro.

As democracias são as que mais exemplos têm dado de aceitação das normas internacionais, baseadas em razões éticas e jurídicas de salvaguarda de interesses comuns, de relevância para o futuro da humanidade. A questão problemática está afeta às relações entre democracias e Estados autoritários que fazem tábula rasa de normas internacionais sobre gestão compartilhada de crises, até mesmo das normas de *jus cogens*. Até mesmo em democracias, porém, há governos temporários que destoam do uníssono de preservação da paz, da estabilidade e da segurança internacionais, devendo, em casos tais, a sociedade internacional reprimir condutas arbitrárias que colidam com os propósitos maiores do contingenciamento internacional das crises. Esse desafio há de ser vencido pela diplomacia multilateral no âmbito das Nações Unidas, atualmente um foro importante de solução de crises internacionais, mesmo à vista das dificuldades de diálogo e das diferenças (econômicas, sociais, culturais, religiosas etc.) presentes entre as várias Nações. Quando, porém, as organizações internacionais também falham, a política internacional e a sociedade civil organizada podem interagir e colocar nos trilhos, novamente, a conduta destoante de alguns governos refratários das normas internacionais de proteção. Tal, sabe-se já, não é novidade no âmbito das relações internacionais e logra, em vários casos, fazer ajustar a direção errônea de alguns Estados aos trilhos corretos que as normas jurídicas internacionais estabelecem.

A verdade, incontestável, é que as opções políticas dos Estados – e também das organizações internacionais, manifestadas por seus atos normativos – só poderão ser juridicamente legitimadas ser houver uma *razão* sustentável (sempre coletiva, nunca individual) de convivência humana, sem o que o Direito Internacional Público seria, incongruentemente, particularista e (mais ainda) parcial. A vontade estatal sem uma razão determinante atracada é figura que o universo jurídico não pode legitimar, pois inservível aos propósitos contemporâneos do

CURSO DE DIREITO INTERNACIONAL PÚBLICO – *Valerio de Oliveira Mazzuoli*

direito das gentes, cujo núcleo central está na garantia de convivência pacífica dos Estados e de prolongamento da sobrevivência humana. Essa tese será tão mais verdadeira quanto maior for o percurso da humanidade junto aos problemas que a pós-modernidade apresenta, notadamente à vista de questões atualíssimas que tomaram o mundo de assalto, como a pandemia transnacional da Covid-19. Esse é um ponto importante que está a merecer a reflexão dos internacionalistas, com vistas à reconfiguração da ordem internacional atual.

4. Reconfiguração da ordem internacional. O Direito Internacional Público pós-moderno tem sido apresentado a situações antes não conhecidas ou cujos impactos não se faziam sentir tão rapidamente, como é o caso dos citados problemas sanitários transnacionais (*v.g.*, a pandemia da Covid-19). Os meios de que dispõe o Direito Internacional Público para a resolução desses problemas são, tradicionalmente, lentos e burocráticos, pois baseados em acordos internacionais que requerem negociação prévia (e aceite) dos negociadores e, posteriormente, confirmação (ratificação) das partes interessadas, para somente então começar a vigorar e a obrigar os contratantes. Esse, sabe-se já, é um processo que leva vários anos para se completar, especialmente no Brasil, dada a lentidão histórica do Congresso Nacional em aprovar tratados internacionais em geral. Nesse sentido, tome-se, como exemplo, a própria Convenção de Viena sobre o Direito dos Tratados de 1969, que aguardou aprovação no Parlamento Federal por dezessete anos no Brasil. Portanto, contando com as fases executivas de aprovação de tratados, vê-se que a Convenção de Viena de 1969 tardou mais de quarenta anos para entrar em vigor no Brasil, pois assinada em 23 de maio de 1969 – foi depois submetida ao Congresso Nacional de 1992 a 2009 – e ratificada apenas em 25 de setembro de 2009 pelo Presidente da República. Parece claro, assim, que questões críticas transnacionais não podem dispor de tempo tão prolongado de regulamentação, devendo o Direito Internacional Público encontrar soluções mais ágeis e eficazes para essa devida normatização.

Por sua vez, os riscos ambientais *lato sensu* são riscos prementes que devem chamar a atenção do Direito Internacional Público em geral e dos Estados e organismos internacionais em especial. A ONU, como grande foro multilateral decisório, bem assim suas agências especializadas, têm papel fundamental na gestão global dessas crises, pois é naquele ambiente que os representantes dos Estados se reúnem para discutir problemas e questões globais. Ainda que exista uma *agenda* ambiental para o planeta, certo é que, na prática, as tomadas de decisão dos Estados são lentas e vêm sempre a destempo, quando a crise ou o problema já tomou proporções sobejamente maiores.

Esses são apenas alguns exemplos que justificam reconfigurar a ordem internacional atual com vistas a solucionar os problemas que a pós-modernidade apresenta. Há, contudo, outras questões também graves e não dependentes de eventos da natureza ou imprevisíveis, mas apenas das mãos de chefes de Estado que agem em desconformidade com os propósitos gerais de manutenção da paz, muitos dos quais não têm quaisquer condições de se apresentar como dirigentes de potências estrangeiras. As autoridades que colocam em risco a paz, a estabilidade e a segurança das relações internacionais – há centenas de exemplos nesse sentido, que vão desde o fechamento do diálogo com Estados "inimigos" até a constante ameaça do uso da força – agem ou baseadas (*a*) em raciocínios que não reconhecem no outro (normalmente países periféricos e menos favorecidos) o direito ao autodesenvolvimento ou à autodeterminação ou (*b*) no intento de preservação de uma autoproclamada "superioridade" relativamente a terceiros Estados. Em ambos os casos, há notória inobservância das regras mais elementares de convivência internacional e completo afastamento do princípio da igualdade soberana dos Estados, tal como previsto nos arts. 1º, § 2º, 2º, § 1º, 55 e 78 da Carta da ONU. Para citar apenas o primeiro dispositivo, diz a Carta da ONU que um dos propósitos das Nações Unidas é "desenvolver relações amistosas entre as nações, baseadas no respeito ao princípio de igualdade de direitos e de autodeterminação dos povos, e tomar outras medias apropriadas ao fortalecimento da paz universal".

Será, pois, mais complexo para o Direito Internacional Público controlar os ímpetos de governos autoritários que desenvolver meios mais eficazes de solução de crises provindas de eventos ambientais ou sanitários transnacionais. A verdade é que o *direito* internacional não alcança o jogo das *relações* internacionais propriamente ditas, ou ainda as projeções que faz a ciência política. O Direito Internacional Público *regula* a conduta dos Estados e das organizações internacionais sem contenção, *a priori*, dos atos de seus representantes (legítimos ou não, do ponto de vista democrático). A política internacional é que tem logrado, no jogo das relações internacionais, disciplinar a conduta de muitos desses líderes mundiais, também com o apoio da sociedade civil organizada. Por sua vez, o avanço das comunicações e das mídias sociais tem possibilitado o conhecimento instantâneo de problemas e questões afetas a quaisquer países, suas instituições e sua população em geral, tornando democrático o compartilhamento de informações (em tempo real) ao redor do mundo e auxiliando os órgãos internacionais de monitoramento (sobretudo os relativos a direitos humanos) na tomada de decisões imediatas sobre o tema em questão. Reserve-se, então, para o Direito Internacional Público do futuro ao menos a possibilidade de resolver problemas prementes – que afetam a humanidade como um todo – à base de regras jurídicas mais consentâneas com os paradigmas da pós-modernidade e do fenômeno comunicacional mundial.

Para tanto, será necessária uma reconfiguração da ordem internacional baseada em técnicas mais ágeis e eficazes de gestão das crises. Essa reconfiguração haveria de passar, necessariamente, pela reorganização de muitos organismos internacionais e pela substituição da atual agenda externa de vários Estados. Órgãos internacionais de controle e monitoramento da proteção dos direitos humanos, como, *v.g.*, a Comissão Interamericana de Direitos Humanos, devem atuar com maior agilidade na análise das denúncias ou queixas submetidas à sua apreciação. É certo que a Comissão Interamericana – para ficar apenas em nosso entorno geográfico – já avançou sobremaneira em termos de agilidade e presteza relativas às análises de denúncias ou queixas de violação a direitos humanos no continente americano, especialmente nos últimos anos. Se, em tempos passados, as análises das petições individuais aguardavam décadas para serem efetivadas, atualmente as comunicações recebidas têm logrado admissibilidade em tempo destacadamente menor. Ainda assim, no entanto, é premente repensar os meios e as técnicas de "escolha" dos casos submetidos à Comissão Interamericana que serão levados à jurisdição da Corte Interamericana de Direitos Humanos, pois é nebulosa a metodologia utilizada pela Comissão para a seleção dos casos que submete à jurisdição da Corte Interamericana (*v.* Parte IV, Capítulo I, Seção V, item nº 3). De certa maneira, o contexto europeu já resolveu parte desses problemas quando uniu a antiga Comissão Europeia de Direitos Humanos à Corte Europeia de Direitos Humanos, formando uma nova e única Corte de Estrasburgo. Naquele contexto, porém, dificuldades outras apareceram, como o aumento extraordinário de demandas apresentadas à nova Corte Europeia.

Fossem, no entanto, as questões relativas a direitos humanos as únicas a exigir da ordem internacional reconfiguração, maiores problemas não apareceriam. De fato, tem sido possível, especialmente no contexto europeu, reformular antigos padrões e atualizar o sistema de proteção com técnicas mais consentâneas a esse respeito, como demonstram os inúmeros Protocolos já aprovados à Convenção Europeia de Direitos Humanos de 1950 (*v.* Parte IV, Capítulo I, Seção VI, item nº 2). No entanto, problemas outros têm aparecido a demandar da diplomacia multilateral maior agilidade e menor burocracia na gestão internacional das crises. Assim, uma reconfiguração da ordem internacional terá de passar, necessariamente, pela reconfiguração das técnicas de diálogo internacional, abertura dos canais de comunicação e praticidade (com a devida segurança jurídica) das tomadas de decisão. Esse é o grande desafio do Direito Internacional Público para o porvir, sem o que a solução dos problemas que a pós-modernidade apresenta continuará a operar lentamente e sem a necessária efetividade.

Ainda não está à vista, no entanto, uma fórmula única a estabelecer o consenso das soberanias nacionais mesmo sobre temas recorrentes da pauta internacional, como é o caso da proteção dos direitos humanos, do meio ambiente e da saúde humana. Para além de reconfigurar a ordem internacional atualmente existente e seus instrumentos de trabalho conhecidos, necessário se faz arquitetar uma *nova* ordem internacional capaz de trazer efetiva paz, estabilidade e segurança para as relações internacionais, o que, repita-se, os meios e métodos usuais do Direito Internacional Público não têm alcançado resolver a contento.

Capítulo II

Nova Ordem Internacional

1. Qual nova ordem? Já se viu que a ordem internacional contemporânea – aquela nascida e desenvolvida a partir do século XX – representou a ruptura para com a ordem existente entre os séculos XVII e XIX, quando os Estados (notadamente os europeus) detinham, com exclusividade, a qualidade de sujeitos do Direito Internacional Público (*v.* Parte II, Capítulo I, item nº 1). Nominou-se aquela ordem estabelecida a partir do século XX – especialmente com o nascimento da Organização das Nações Unidas, em 1945 – de "nova" ordem internacional, que seria a responsável por instalar, *inter alia*, os novos métodos de diálogo do Direito Internacional Público e expor as preocupações sobre a manutenção da paz, da salvaguarda da saúde humana e do meio ambiente, sobre cooperação internacional em diversos níveis e, sobretudo, no que respeita à promoção e proteção dos direitos humanos (*v.* Parte IV, Capítulo I, Seção II, item nº 1). De fato, um dos propósitos das Nações Unidas – desde a entrada em vigor de sua carta constitutiva – está em "conseguir uma cooperação internacional para resolver os problemas internacionais de caráter econômico, social, cultural ou humanitário, e para promover e estimular o respeito aos direitos humanos e às liberdades fundamentais para todos, sem distinção de raça, sexo, língua ou religião" (Carta da ONU, art. 1º, § 3º). A essa "nova" ordem o Direito Internacional Público deve boa parte de seu desenvolvimento, especialmente à vista do alargamento de matérias experimentado nos últimos anos, sobretudo na órbita da proteção dos direitos humanos.

Essa ordem que se acaba de descrever – e que já foi estudada em detalhes no decorrer deste *Curso* – é a ordem internacional vigorante até os dias presentes, sob a regência da ONU e de suas agências especializadas, com fundamento na Carta das Nações Unidas de 1945, na Declaração Universal dos Direitos Humanos de 1948 e nos inúmeros tratados internacionais que desse sistema vieram à luz. Trata-se, porém, de uma "nova" ordem internacional – era *nova* apenas àquela altura do desenvolvimento do direito das gentes, a partir de 1945 – que necessita, na quadra atual da história da humanidade, ser repensada e, consequentemente, readaptada à realidade pós-moderna, que segue repleta de surpresas e incertezas. Daí a necessidade de se arquitetar uma *mais nova* ordem internacional capaz de resolver problemas absolutamente *atuais* e não conhecidos de um passado próximo, como é o caso, *v.g.*, da grave crise sanitária internacional (Covid-19) que assolou o planeta desde janeiro de 2020. Nesse sentido, o primeiro passo para a resolução do entrave está numa cessão de soberania menos burocrática e mais prática e ágil, em que os Estados, a partir de métodos mais simples de negociação e de entendimentos, possam acordar soluções rápidas e eficazes para a gestão internacional das crises atualmente apresentadas. Tal passaria, necessariamente, por um cambiamento pelos Estados (modificação *de facto*, não *de jure*) do tradicional regime de tratados para outros regimes de fluxo mais simplificado,

1092 | CURSO DE DIREITO INTERNACIONAL PÚBLICO – *Valerio de Oliveira Mazzuoli*

guardadas, é certo, as medidas de segurança jurídica necessárias ao bom termo das negociações e entrada em vigor do instrumento cooperativo.

Para a solução de questões *futuras* (*v.g.*, prevenção de novas crises) o regime de tratados deve continuar a vigorar normalmente, pois são os tratados internacionais a fonte do Direito Internacional Público por excelência. Sem o engajamento em normas convencionais formais os Estados encontram sempre subterfúgios para o afastamento da palavra empenhada, em prejuízo à boa condução das relações internacionais. Em conferências internacionais ou em foros multilaterais de debates e discussões, não raro, realizam-se promessas – por representantes de Estados, *em nome* das potências soberanas – que não chegam jamais a se concretizar, restando apenas no plano retórico. Daí a importância de serem firmados compromissos internacionais pela via dos tratados, pois esses são fontes do direito das gentes (*hard law*) que asseguram o melhor cumprimento do pactuado e permitem a responsabilização dos Estados em caso de descumprimento. No entanto, para as questões atuais, que têm tomado a humanidade de assalto, há outros meios de contenção de crises que podem (devem) ser utilizados pelos Estados ou organizações internacionais se não há tratado em vigor sobre o tema em questão. É, nesse sentido, possível projetar soluções mais adaptadas a essa *nova* (mais nova…) realidade por que passa o mundo na quadra atual, a partir de uma cessão diferenciada de soberania (mais fluida e adaptável às surpresas que a pós-modernidade apresenta) e de meios mais fluidos de cooperação multilateral.

2. Cessão de soberania. O chamado "regime de tratados" encontrou o seu maior vigor e pujança a partir do nascimento das Nações Unidas (1945) e da entrada em vigor da Convenção de Viena sobre o Direito dos Tratados (*v.* Parte I, Capítulo V, Seção I). O regime da Convenção de Viena de 1969 – em vigor internacional desde 27 de janeiro de 1980 – guarda a enorme vantagem de vincular as soberanias ao fruto da vontade manifestada pelo engajamento definitivo do Estado no instrumento convencional (regra *pacta sunt servanda*). Uma cessão de soberania já existe, portanto, no regime de tratados da Convenção de Viena de 1969, estendendo-se ao longo dos anos com vinculação livre e desimpedida dos Estados. O Brasil, já se viu, tardou vários anos para aprovar internamente a Convenção de Viena sobre o Direito dos Tratados. Contudo, mesmo antes de sua entrada em vigor interna (dezembro de 2009), já era a Convenção plenamente utilizada pelo Ministério das Relações Exteriores (MRE) e pela prática dos atos internacionais do Brasil, razão pela qual entendia-se estar aceitando (e cumprindo) verdadeiro costume positivado. Além de vincular formalmente os Estados no compromisso em causa, o regime de tratados da Convenção de Viena de 1969 permite, por consequência, a responsabilização internacional das partes em caso de descumprimento da palavra empenhada.

Não somente, porém, em relação ao cumprimento de tratados internacionais a cessão de soberania dos Estados para a gestão de temas atinentes às relações internacionais (como o comércio, as relações econômicas, aduaneiras etc.) é necessária, senão também para assuntos que o regime de tratados não tem logrado ser eficaz ao longo do tempo, não em razão da impossibilidade de se concluir tratados sobre todos os aspectos atinentes ao direito das gentes, mas à custa da dinâmica fugaz de problemas atualíssimos que não aguardam a boa vontade dos Estados ou das organizações internacionais para virem à luz. Na quadra atual do desenvolvimento do Direito Internacional Público há consenso já formado no sentido de não ser imprescindível um regime rígido (*hard*) de empenho da vontade para que as

Parte VII · Cap. II · NOVA ORDEM INTERNACIONAL | 1093

manifestações de interesse – e, consequentemente, as cessões de soberania – sejam levadas a sério, sobretudo no plano da representação exterior dos Estados. Por isso, crises imediatas e urgentes podem ser resolvidas ou contingenciadas por meios não convencionais, isto é, *fora* do universo jurídico dos tratados internacionais, com semelhante cessão de soberania para a gestão do assunto em pauta e com margem de segurança eficaz contra quaisquer desvios.

As questões ambientais e sanitárias que assaltam o nosso planeta são exemplos de temas que emergem com rapidez impressionante, deixando obsoletas as discussões multilaterais sobre eventual tratado regulamentador (que viria em absoluto destempo, levando em conta a fugacidade do problema apresentado). Portanto, uma cessão compartilhada de soberania para o enfrentamento de questões mundiais prementes há de ser (re)pensada, escapando ao regime tradicional de tratados e voltada à resolução urgente de temas de pronto impacto em todo o mundo. Uma das soluções para tanto seria a utilização dos memorandos de entendimento (MOUs) não confidenciais. Tais ajustes são acordos mais formais que os conhecidos acordos de cavalheiros (*gentlemen's agreements*) e menos morosos que os tratados internacionais, quer sob a ótica externa (pois inexiste a lentidão da negociação própria dos tratados) ou sob o ponto de vista interno (pois não se submetem ao crivo da aprovação parlamentar, por estarem sob a alçada das atribuições privativas do Poder Executivo). Já se viu, no entanto, que uma das características dos MOUs é a *confidencialidade*, mas, também, que *podem* os Estados (tal é uma faculdade, não uma obrigação) dar a eles publicidade, caso pretendam veicular ao grande público o objeto do ajuste (*v.* Parte I, Capítulo V, Seção I, item nº 24). No caso da gestão compartilhada de crises internacionais urgentes por meio dos MOUs a regra da confidencialidade cederia à necessidade de conhecimento público do conteúdo desses ajustes, até mesmo para que, caso necessário, possa o seu conteúdo ser readaptado a situações altamente mutáveis e não uniformes. Caso a importância e abrangência do tema extrapole o universo de Estados limitados, outra solução seria a elaboração de normas de *soft law*, concluídas em foros multilaterais de discussões e aceitas pelos Estados no plano interno pelos meios próprios por cada qual estabelecidos (*v.* Parte I, Capítulo IV, Seção II, item nº 8, letra *c*).

Frise-se, no entanto, que a utilização das técnicas mais práticas de gestão compartilhada de crises não aborta ou prejudica o tradicional regime de tratados para situações futuras envolvendo problemas internacionais. À medida que se utiliza dos meios ágeis de entendimentos entre Estados e/ou organizações internacionais (*v.g.*, MOUs, normas de *soft law* etc.), deve-se olhar para o futuro e iniciar as negociações de tratados *stricto sensu* sobre o tema ou congênere, dado que, historicamente, as crises internacionais se repetem e os Estados e as organizações internacionais devem estar preparados, com instrumentos jurídicos suficientes, para enfrentá-las quando efetivamente aparecerem.

Seja como for, uma cessão de soberania de caráter finalista – levada a cabo em situações *novas* e que demandam respostas *imediatas* dos Estados ou das organizações internacionais no enfrentamento e na gestão de crises internacionais – se faz necessária na quadra atual do Direito Internacional Público, não somente à luz de sua imprescindibilidade, mas notadamente sob o aspecto prático, dadas todas as dificuldades (temporais, operacionais, técnicas etc.) de conclusão de tratados internacionais sobre determinados temas. Doravante, sem excluir o regime de tratados para assuntos futuros e ainda não regulamentados, certo é que questões urgentes podem e devem ser resolvidas com diálogo cooperativo instantâneo, pelos referidos meios mais céleres de gestão compartilhada de crises.

3. Cooperação multilateral. Seja qual for o meio encontrado de superação e gestão compartilhada das crises internacionais, certo é que os Estados jamais prescindirão da efetiva cooperação internacional. O tema não é novo e está regulamentado por tratados internacionais diversos, multilaterais e bilaterais. Em casos tais, no entanto, a cooperação estará a depender da *conclusão* (negociações, assinatura e ratificação) de instrumento convencional e de sua *entrada em vigor*, o que – já se verificou – traz consigo lentidão e entraves burocráticos à sua devida aplicação, não obstante ser o *ideal*, em termos jurídicos, para a resolução de problemas futuros ainda não regulados ou disciplinados por instrumentos de *hard law*. Aqui, portanto, terá especial valor o método de previsibilidade proposto, segundo o qual toma-se como paradigma tudo o que já ocorreu em nível global, para, depois, preparar-se para as surpresas negativas que poderão advir.

Não somente, porém, normas convencionais podem disciplinar a cooperação internacional, senão também atos internacionais de outras espécies, bem assim o costume internacional. Ademais, as organizações internacionais das quais os Estados são partes – como a ONU, para se referir apenas ao sistema global – já contemplam, sem seus próprios instrumentos constitutivos, a cooperação entre os Estados-partes para a solução de reconhecidas preocupações coletivas. Na Carta da ONU, *v.g.*, fala-se em cooperação internacional nos âmbitos econômico, social, cultural e humanitário, para promover e estimular o respeito aos direitos humanos e às liberdades fundamentais (art. 1º, § 3º), para a manutenção da paz e da segurança internacionais (art. 11), para o desenvolvimento progressivo e à codificação do Direito Internacional (art. 13, § 1º, alínea *a*), bem assim em matéria educacional e sanitária (art. 13, § 1º, alínea *b*) e em matéria econômica e social (art. 55). Esses preceitos, ainda hoje, continuam suficientes para justificar a necessidade de efetiva cooperação internacional nesses vários campos do Direito Internacional Público, bastando que sejam coerentemente operacionalizados pelos Estados-partes.

A nova ordem internacional que se pretende venha à luz não pode prescindir desses meios e métodos de cooperação, sem o que os problemas e as crises globais não serão a contento resolvidos. Esse auxílio mútuo – que justifica e fundamenta a cooperação internacional – é a maneira mais consentânea de resolver crises internacionais globais, não obstante deva ser levado a efeito por meios menos burocráticos e mais ágeis, sobretudo quando se tratar de "crises-surpresa" não disciplinadas por instrumentos de *hard law*. Um desses meios, já se disse, consiste na assinatura de memorandos de entendimento não confidenciais entre Estados (*v.* item nº 2, *supra*). Também se poderá adotar normas de *soft law*, quando for maior o número de Estados interessados ou impactados pela respectiva crise. No entanto, esses meios cooperativos não são tratados internacionais, por faltar-lhes as características próprias dessas fontes do Direito Internacional Público, razão pela qual haverá dificuldade de responsabilização internacional caso sejam descumpridos. Essa é a desvantagem apresentada na utilização de meios de engajamento que fogem ao regime de tratados, não obstante a responsabilização *jurídica* não ser a única eficaz no plano das relações internacionais, como se sabe. Por isso, se houver consciência coletiva internacional sobre previsibilidade de crises futuras, à luz das crises já experimentadas, a conclusão de tratados internacionais sobre a matéria será a melhor (e mais duradoura) solução para a resolução de problemas vindouros.

Na órbita interna, por sua vez, regras constitucionais rígidas têm sido um entrave à dinâmica cooperativa, sobretudo aquela determinada por tratados pendentes de aprovação. No direito brasileiro, em particular, a competência para "manter relações com Estados

Parte VII · Cap. II · NOVA ORDEM INTERNACIONAL | **1095**

estrangeiros e participar de organizações internacionais" é da União (CF, art. 21, inc. I) e, na primeira hipótese, se operacionaliza pela autoridade do Presidente da República, a quem também compete, privativamente, acreditar representantes diplomáticos dos Estados (CF, art. 84, inc. VII) e celebrar tratados, convenções e atos internacionais, sujeitos a referendo do Congresso Nacional (CF, art. 84, inc. VIII). Assim, um delegado presidencial bem escolhido – a competência do Presidente da República para celebrar tratados é privativa, permissiva, portanto, da delegação – fará toda a diferença na condução das tratativas internacionais de cooperação em momentos de crise internacional. O Congresso Nacional, por sua vez, terá também papel importante no tema se a cooperação for determinada por tratado internacional de procedimento longo, dado que ao Parlamento brasileiro incumbe "resolver definitivamente sobre tratados, acordos ou atos internacionais..." (CF, art. 49, inc. I).

Outra maneira, porém, de agilizar a cooperação entre Estados em momentos de crise está na conclusão de acordos em forma simplificada. Trata-se, como já se estudou, daqueles acordos – chamados "acordos do executivo" ou *executive agreements* – que guardam a roupagem e a natureza jurídica de *tratados*, mas que dispensam a aprovação parlamentar em vários casos, dada a formação de costume *extra legem* que flexibiliza o comando constitucional de submissão de todos os atos internacionais ao crivo do Parlamento Federal (*v.* Parte I, Capítulo V, Seção III, item nº 2). O fundamento para essa flexibilização, permissiva da conclusão de acordos em forma simplificada, vem ao encontro dos princípios contemporâneos do Direito Internacional Público, em especial o da *solidariedade internacional*. É justamente essa solidariedade – que é fundamento para a cooperação internacional em seus mais variados campos – o necessário ponto de interseção dos Estados e das organizações internacionais na salvaguarda de valores caros à humanidade, como a proteção dos direitos humanos *lato sensu*, do meio ambiente e da saúde humana. Se o porvir é incerto, ao menos *já existem* meios jurídicos de cooperação mais ágeis e cuja utilização estaria, apenas, a necessitar de adaptação para as novas realidades (e os novos temas) que a pós-modernidade apresenta.

É certo, no entanto, que esse grupo de soluções não é exaustivo e pode ser complementado por técnicas (desde que jurídicas e com margem de segurança eficaz) futuramente advindas. A base de sua fundamentação – que garantirá a cooperação internacional nesses temas – será identicamente legítima se pautada no princípio da solidariedade internacional.

4. Solidariedade internacional. O desenvolvimento do Direito Internacional Público fez intensificar a solidariedade internacional pelos diversos veios do direito das gentes, seja no âmbito das relações entre Estados e/ou organizações internacionais ou no atinente às relações dos Estados com os indivíduos sujeitos à sua jurisdição. Esse conjunto de fatores fez emergir uma solidariedade relativa aos interesses gerais da humanidade quer *para fora* dos Estados (relações interestatais ou dos Estados com as organizações internacionais) ou para dentro das soberanias nacionais (relações dos Estados com os indivíduos sujeitos à sua jurisdição, para a salvaguarda e proteção dos direitos humanos). Nesse sentido, a solidariedade internacional representa o fundamento axiológico da convivência internacional cooperativa, sem o que o Direito Internacional Público contemporâneo perderia a sua razão de ser. No entanto, é premente que se evolua rumo a um direito internacional da solidariedade, baseado em técnicas e métodos eficazes de resolução de problemas globais, com a participação ativa das organizações internacionais – sobretudo da Organização das Nações Unidas – e dos órgãos de monitoramento de proteção dos direitos humanos em todos os níveis.

A concórdia entre as Nações se faz sentir pela solidariedade que os sujeitos do Direito Internacional Público devem ter entre si, tanto nas suas relações externas quanto internas. Ela se manifesta quer em âmbitos regionais como no plano global, para além de ser característica intrínseca do instituto da cooperação internacional (pois só se coopera, verdadeiramente, para fins *solidários*). Nos contextos regionais – como, *v.g.*, no relativo à União Europeia – a solidariedade e a cooperação tornam-se mais nítidas dada a particularização das regras internacionais a um mesmo espaço físico ou de homogeneidade geopolítica, econômica, social ou cultural. No âmbito universal, no entanto, ainda que aparentemente mais difusa, a solidariedade deve restar à base do conceito de patrimônio comum da humanidade, cujo exemplo mais recente é a proteção da saúde humana. Se havia dúvidas sobre o real conceito ou os fundamentos do que seria um "patrimônio comum" da humanidade, hoje não cabe qualquer discussão em ser a *saúde humana* um dos maiores exemplos desse nosso patrimônio comum (não ligado, perceba-se, ao sentido civilista-patrimonialista da expressão). A pandemia do novo coronavírus (Covid-19) mostrou ao mundo que os meios usualmente empregados pelo Direito Internacional Público para a contenção de crises – como, *v.g.*, as regras da Organização Mundial de Saúde – não são suficientes para dar respostas ágeis e eficazes a uma crise sanitária dessa gravidade, bem assim que a saúde humana é um patrimônio a ser preservado até as últimas consequências por todos os atores internacionais.

Em suma, é essa solidariedade internacional que se pretende seja levada a efeito pelas soberanias nacionais com independência dos métodos formais de regulação dos interesses comuns, baseada na concepção supragovernamental de cessão compartilhada de soberania em prol da salvaguarda dos interesses de toda a humanidade. A fixação de um direito internacional da solidariedade como direito do porvir será absolutamente necessária para a conclusão de instrumentos internacionais futuros de gestão compartilhada de crises, sem o que o nosso planeta não poderá avançar em termos civilizatórios.

5. Conclusão. É igualmente complexo propor *novos* métodos normativos para o Direito Internacional Público quanto pretender gestar uma *nova* (mais nova...) ordem internacional, levando em conta que o direito das gentes alcança sempre a destempo os problemas que a pós-modernidade traz à luz. Essa é menos uma crítica à sua estrutura que verdadeira constatação de sua complexidade, pois o Direito Internacional Público é ferramenta jurídica que depende de diálogo e consenso entre Estados e/ou organizações internacionais para alcançar mínimo êxito, certo de que esse consenso se estabelece à lentidão, mesmo em face de situações novas e urgentes. Será, assim, mais viável uma dinâmica interna dos Estados e organizações internacionais voltada à maior agilidade de atuação no plano internacional que propriamente uma *reforma* da ordem internacional já estabelecida, a qual estará sempre na dependência dos poderes (internos) que são conferidos aos negociadores, sejam Estados ou organizações internacionais.

As alterações da ordem interna estatal são importantes para que haja ajuste do Direito interno aos preceitos do Direito Internacional Público, sem o que os entraves e burocracias à devida aplicação do direito das gentes continuará a existir. Essa reforma passa, também, por uma mudança radical de mentalidade pelo Poder Judiciário dos Estados-partes, pois é neste Poder interno que desembocam várias espécies de demandas fundamentadas no Direito Internacional em geral. Por isso, a perfeita compatibilização da ordem internacional com a ordem interna há de passar, necessariamente, por uma mudança de paradigmas dos poderes internos dos Estados e por uma reforma em sua legislação, constitucional ou infraconstitucional.

Menos do que "nova" ordem internacional, o que atualmente se verifica é uma *nova realidade* internacional que está a depender, cada vez mais, de consenso ágil dos sujeitos do Direito Internacional Público para a gestão compartilhada de crises. O Direito Internacional Público, no âmbito dessa nova realidade, não deixará de ser o pretendido direito da concórdia, mas a essa sua clássica finalidade há de ser agregada a de *força expansiva* da gestão compartilhada dos problemas da humanidade. Tomando-se novamente como exemplo a pandemia transnacional da Covid-19, iniciada na China em janeiro de 2020 e espalhada para todos os cantos do planeta, verifica-se que, sem respostas ágeis dos sujeitos internacionais, não se obtém gestão mínima da crise sanitária que deixou milhões de mortos ao redor do mundo e prejuízos financeiros incalculáveis a todos os países. Essa será, doravante, mais uma questão de consciência internacional – de Estados e organizações internacionais – que propriamente de cambiamento das estruturas existentes no Direito Internacional Público para dar a casos específicos soluções concretas.

Certo é que será a solidariedade internacional o fundamento máximo da gestão de todos os problemas da Terra, sem o que as soberanias nacionais, organizações internacionais e indivíduos padecerão de males que poderiam ser evitados (*v.g.*, guerras e conflitos dos mais variados) ou sobremaneira amenizados (*v.g.*, degradação ambiental e questões pandêmicas transnacionais). Tal, em suma, é o que se espera da humanidade: solidarismo e mãos dadas para a salvaguarda do nosso futuro comum.

Referências Bibliográficas

ABELLÁN HONRUBIA, Victoria. La responsabilité internationale de l'individu. *Recueil des Cours*, vol. 280 (1999), pp. 135-428.0

ABELLÁN HONRUBIA, Victoria; COSTA, Blanca Vilà (dir.); RAYO, Andreu Olesti (coord.). *Lecciones de derecho comunitario europeu*, 3ª ed. rev. e atual. Barcelona: Ariel, 1998.

ACCIOLY, Elizabeth. Um olhar crítico sobre o Protocolo de Olivos para solução de controvérsias do Mercosul. In: *Temas de Integração*, nº 19. Coimbra: Almedina, 2005, pp. 47-57.

ACCIOLY, Elizabeth. *Mercosul e União Europeia: estrutura jurídico-institucional*, 4ª ed. rev. e atual. Curitiba: Juruá, 2010.

ACCIOLY, Hildebrando. A ratificação e a promulgação dos tratados em face da Constituição Federal brasileira. *Boletim da Sociedade Brasileira de Direito Internacional*, nº 7, Rio de Janeiro, jan./jun./1948, pp. 5-11.

ACCIOLY, Hildebrando. Ainda o problema da ratificação dos tratados, em face da Constituição Federal Brasileira. *Boletim da Sociedade Brasileira de Direito Internacional*, nºˢ 11/12, Rio de Janeiro, jan./dez./1950, pp. 95-108.

ACCIOLY, Hildebrando. *Tratado de direito internacional público*, vol. I, 2ª ed. Rio de Janeiro: MRE, 1956.

ACCIOLY, Hildebrando. *Tratado de direito internacional público*, vol. II, 2ª ed. Rio de Janeiro: MRE, 1956.

ACCIOLY, Hildebrando. *Tratado de direito internacional público*, vol. III, 2ª ed. Rio de Janeiro: MRE, 1957.

ACCIOLY, Hildebrando. Principes généraux de la responsabilité internationale d'après la doctrine et la jurisprudence. *Recueil des Cours*, vol. 96 (1959-I), pp. 349-441.

ACCIOLY, Hildebrando; NASCIMENTO E SILVA, G. E. do. *Manual de direito internacional público*, 13ª ed. São Paulo: Saraiva, 1998.

ACOSTA ALVARADO, Paola Andrea. *El derecho de acceso a la justicia en la jurisprudencia interamericana*. Bogotá: Universidad Externado de Colombia, 2007.

ADDO, Kofi. The correlation between labour standards and international trade: which way forward? *Journal of World Trade: law, economics, public policy*. Geneve, vol. 36, nº 2, abr./2002, pp. 285-303.

AFRIANSYAH, Arie. ASEAN's human rights body: new breakthrough for human rights protection in South East Asian Region – Some preliminary notes from Indonesia's perspective. *Indonesia Law Review*, vol. 2, nº 1 (May-August 2011), pp. 122-135.

AGA KHAN, Sadruddin. Legal problems relating to refugees and displaced persons. *Recueil des Cours*, vol. 149 (1976-I), pp. 287-352.

AGO, Roberto. Droit des traités à la lumière de la Convention de Vienne. *Recueil des Cours*, vol. 134 (1971-III), pp. 297-331.

AKANDE, Dapo. The competence of international organizations and the advisory jurisdiction of the International Court of Justice. *European Journal of International Law*, vol 9, nº 3 (1998), pp. 437-467.

AKEHURST, Michael. The hierarchy of the sources of international law. *British Year Book of International Law*, vol. 47 (1974-75), pp. 273-285.

AKEHURST, Michael. *A modern introduction to international law*, 6th ed. London: George Allen & Unwin, 1987.

ALEXANDRE, Francisco. *Naturalização e outros aspectos da nacionalidade*. Rio de Janeiro: A. Coelho Branco, 1956.

ALEXANDRINO, José Melo (coord.). *Os direitos humanos em África: estudos sobre o sistema africano de proteção dos direitos humanos*. Coimbra: Coimbra Editora, 2011.

ALICE, Mauricio. *La evaluación de la eficácia de la OEA en las crisis democráticas en el continente*. Buenos Aires: Grupo Editor Latinoamericano, 2002.

ALLAND, Denis. *Justice privée et ordre juridique international: étude théorique des contre-mesures en droit international public*. Paris: A. Pedone, 1994.

ALLAND, Denis. (coord.). *Droit international public*. Paris: PUF, 2000.

ALMEIDA, Paulo Roberto de. *O Mercosul no contexto regional e internacional*. São Paulo: Aduaneiras, 1993.

ALMEIDA, Paulo Roberto de. *Relações internacionais e política externa do Brasil: história e sociologia da diplomacia brasileira*, 2ª ed. rev., ampl. e atual. Porto Alegre: Editora UFRGS, 2004.

AL-MIDANI, Mohamed Amín. La Liga de los Estados Arabes y los derechos humanos. In: *La Protección Universal y Regional de los Derechos Humanos* (Serie "Estudios", nº 6). La Plata: Universidad Nacional de La Plata, 1995, pp. 7-12.

AL-MIDANI, Mohamed Amín. Introduction à la Charte Arabe des Droits de l'Homme. *Boletim da Sociedade Brasileira de Direito Internacional*, ano XLIX, nos 104/106, Brasília, jul./dez./1996, pp. 183-189.

ÁLVAREZ, Alejandro. *Le droit international américain: son fondement, sa nature – d'après l'histoire diplomatique des états du nouveau monde et leur vie politique et économique*. Paris: A. Pedone, 1910.

ALVAREZ, Alvaro. *Los nuevos principios del derecho del mar*. Montevideo: Universidad de La Republica, 1969.

AMARAL JÚNIOR, Alberto do. Cláusula social: um tema em debate. *Revista de Informação Legislativa*, ano 36, nº 141, Brasília: Senado Federal, jan./mar./1999, pp. 129-141.

AMARAL JÚNIOR, Alberto do. Entre ordem e desordem: o direito internacional em face da multiplicidade de culturas. *Revista de Direito Constitucional e Internacional*, ano 8, nº 31, São Paulo: RT, abr./jun./2000, pp. 27-38.

AMARAL JÚNIOR, Alberto do. *A solução de controvérsias na OMC*. São Paulo: Atlas, 2008.

AMARAL JÚNIOR, Alberto do. *Curso de direito internacional público*, 3ª ed. São Paulo: Atlas, 2012.

AMARAL JÚNIOR, Alberto do. Reflexões sobre a solução de controvérsias do Mercosul. *Revista de la Secretaría del Tribunal Permanente de Revisión*, año 1, nº 1 (2013), pp. 11-26.

REFERÊNCIAS BIBLIOGRÁFICAS | 1101

AMARAL, Diogo Freitas do; PIÇARRA, Nuno. O Tratado de Lisboa e o princípio do primado do direito da União Europeia: uma "evolução na continuidade". *Revista de Direito Público*, nº 1, Lisboa, jan./jun./2009, pp. 9-56.

AMBOS, Kai. Hacia el establecimiento de un Tribunal Penal Internacional permanente y un código penal internacional: observaciones desde el punto de vista del derecho penal internacional. *Revista de la Asociación de Ciencias Penales de Costa Rica*, año 7, nº 13, ago./1997.

AMBOS, Kai; MALARINO, Ezequiel (eds.). *Persecución penal nacional de crímenes internacionales en América Latina y España*. Montevideo: Konrad-Adenauer-Stiftung, 2003.

AMBOS, Kai; JAPIASSÚ, Carlos Eduardo Adriano (orgs.). *Tribunal Penal Internacional: possibilidades e desafios*. Rio de Janeiro: Lumen Juris/Fundação Konrad Adenauer, 2005.

AMERASINGHE, Chittharanjan Felix. *State responsibility for injuries to aliens*. Oxford: Claredon Press, 1967.

AMORIM, Edgar Carlos de. *Direito internacional privado*, 9ª ed. rev. e atual. Rio de Janeiro: Forense, 2006.

ANDRADE, Agenor Pereira de. *Manual de direito internacional público*, 2ª ed. São Paulo: Sugestões Literárias, 1980.

ANDRADE, José Carlos Vieira de. *Os direitos fundamentais na Constituição portuguesa de 1976*. Coimbra: Almedina, 1987.

ANDRADE, José H. Fischel de. O *treaty-making power* das organizações internacionais. *Revista de Informação Legislativa*, ano 32, nº 128, Brasília: Senado Federal, out./ dez./1995, pp. 95-105.

ANDRADE, José H. Fischel de. *Direito internacional dos refugiados: evolução histórica (1921-1952)*. Rio de Janeiro: Renovar, 1996.

ANDRADE, José H. Fischel de; MARCOLINI, Adriana. A política brasileira de proteção e de reassentamento de refugiados: breves comentários sobre suas principais características. *Revista Brasileira de Política Internacional*, vol. 45, nº 1. Brasília: IBRI, 2002, pp. 168-176.

ANDRADE, Vera Regina Pereira de. *Cidadania: do direito aos direitos humanos*. São Paulo: Acadêmica, 1993.

ANKUMAH, Evelyn A. *The African Commission on Human and Peoples' Rights: practice and procedures*. The Hague: Martinus Nijhoff, 1996.

AN-NA'IM, Abdullahi Ahmed. The legal protection of human rights in Africa: how to do more with less. In: *Human rights: concepts, contests, contingencies*. Austin Sarat & Thomas R. Kearns (eds.). Michigan: Michigan University Press, 2001, pp. 89-115.

ANTOKOLETZ, Daniel. *Tratado teórico practico de derecho diplomático y consular*. Buenos Aires: Ideas, 1948.

ANZILOTTI, Dionisio. *Cours de droit international*. Trad. Gilbert Gidel. Paris: Editions Panthéon-Assas, 1999 (*Collection Les Introuvables*).

ARANTES, Delaíde Alves Miranda. *Trabalho decente: uma análise na perspectiva dos direitos humanos trabalhistas a partir do padrão decisório do Tribunal Superior do Trabalho*. São Paulo: LTr, 2023.

ARAÚJO, João Hermes Pereira de. *A processualística dos atos internacionais*. Rio de Janeiro: MRE, 1958.

ARAÚJO, Luis Ivani de Amorim. *Curso de direito aeronáutico*. Rio de Janeiro: Forense, 1998.

ARAÚJO, Luis Ivani de Amorim. *Direito internacional penal: delicta iuris gentium*. Rio de Janeiro: Forense, 2000.

ARAÚJO, Luis Ivani de Amorim. *Das organizações internacionais*. Rio de Janeiro: Forense, 2002.

ARAÚJO, Luis Ivani de Amorim. *Curso de direito internacional público*, 10ª ed., 4ª tir. Rio de Janeiro: Forense, 2003.

ARAUJO, Nadia de; ALMEIDA, Guilherme Assis de (coords.). *O direito internacional dos refugiados: uma perspectiva brasileira*. Rio de Janeiro: Renovar, 2000.

ARBUET-VIGNALI, Heber. El atributo de la soberanía en el origen y desarrollo del derecho internacional clásico y contemporáneo y en el actual sistema adecuado a la tecnología nuclear. *Revista de la Facultad de Derecho*, nº 5, Montevideo, julio/diciembre, 1993, pp. 21-38.

ARBUET-VIGNALI, Heber. La soberanía hacia el siglo XXI: desaparición, divisibilidad o nuevos odres para añejos vinos? *Revista de la Facultad de Derecho*, nº 15, Montevideo, enero/junio, 1999, pp. 93-120.

ARBUET-VIGNALI, Heber. *Los precursores de la idea de soberanía: Nicolás Maquiavelo y Jean Bodin*. Montevideo: Fundación de Cultura Universitaria, 2004.

ARBUET-VIGNALI, Heber; ARRIGHI, Jean Michel. Os vínculos entre o direito internacional público e os sistemas internos. *Revista de Informação Legislativa*, ano 29, nº 115, Brasília: Senado Federal, jul./set./1992, pp. 413-420.

ARBUET-VIGNALI, Heber; BARRIOS, Luis. *La soberanía, los Estados y un mando coordinado u ordenado mundial*, 2ª ed. Montevideo: Fundación de Cultura Universitaria, 2003.

ARENDT, Hannah. *The origins of totalitarianism*. New York: Harcourt Brace Jovanovich, 1973.

ARENDT, Hannah. We refugees. In: *Altogether elsewhere: writers on exile*. Marc Robinson (ed.). Boston/London: Faber and Faber, 1994, pp. 110-119.

ARENDT, Hannah. *Eichmann em Jerusalém: um relato sobre a banalidade do mal*, 1.ª reimp. Trad. José Rubens Siqueira. São Paulo: Cia. das Letras, 2000.

ARIOSI, Mariângela. *Conflitos entre tratados internacionais e leis internas: o judiciário brasileiro e a nova ordem internacional*. Rio de Janeiro: Renovar, 2000.

ARISTÓTELES. *A política*, 3ª ed. Trad. Mário da Gama Kury. Brasília: Editora UnB, 1997.

ARNOLD, David. *The age of discovery, 1400-1600*, 2nd ed. London: Routledge, 2002.

ARRIGHI, Jean Michel. *OEA: Organização dos Estados Americanos*. Trad. Sérgio Bath. Barueri: Manole, 2004.

ASCENSIO, Hervé. *L'autorité de chose décidée en droit international public*. Thesis Doctoral. Paris: Université de Paris X, 1997.

ASCENSIO, Hervé; DECAUX, Emmanuel; PELLET, Alain (eds.). *Droit international penal*. Paris: A. Pedone, 2000.

REFERÊNCIAS BIBLIOGRÁFICAS | 1103

ATAY, Ender Ethem. La conclusion des traités internationaux et les systèmes constitutionnels. *Journal of the Faculty of Law of Gazi University*, vol. 1 nº 1, Ankara, jun./1997, pp. 153-195.

AUST, Anthony. *Modern treaty law and practice*, 4th printing. Cambridge: Cambridge University Press, 2004.

AUST, Anthony. *Handbook of international law*, 2nd ed. Cambridge: Cambridge University Press, 2010.

AVILÉS, Jorge Antonio Giammattei. El Tribunal de la Comunidad Centroamericana: su naturaleza, su competencia. In: *La dinamica delle integrazioni regionali latinoamericane: casi e materiali*. Michele Carducci & Pablo Riberi (orgs.). Torino: G. Giappichelli, 2014, pp. 64-78.

AYALA CORAO, Carlos M. Recepción de la jurisprudencia internacional sobre derechos humanos por la jurisprudencia constitucional. *Revista del Tribunal Constitucional*, nº 6, Sucre (Bolivia), nov./2004, pp. 9-63.

AZCÁRRAGA, José Luis de. *Derecho internacional marítimo*. Barcelona: Ariel, 1970.

AZEVEDO, Moreira de. *Ensaio sobre a nacionalidade: estudo de direito constitucional e internacional público e privado*. Ceará: Gadelha, 1917.

AZEVEDO, Philadelpho. Os tratados e os interesses privados em face do direito brasileiro. *Boletim da Sociedade Brasileira de Direito Internacional*, vol. 1, Rio de Janeiro, 1945, pp. 12-29.

BADÍA, Juan Fernando. *El Estado unitário, el federal y el Estado autonômico*, 2ª ed. Madrid: Tecnos, 1986.

BADIALI, Giorgio. *La tutela internazionale dell'ambiente*. Napoli: Edizioni Scientifiche Italiane, 1995.

BAHIA, Saulo José Casali. *Tratados internacionais no direito brasileiro*. Rio de Janeiro: Forense, 2000.

BALLADORE-PALLIERI, Giorgio. L'arbitrage privé dans les rapports internationaux. *Recueil des Cours*, vol. 51 (1935-I), pp. 287-403.

BALLADORE-PALLIERI, Giorgio. La formation des traités dans la pratique internationale contemporaine. *Recueil des Cours*, vol. 74 (1949-I), pp. 465-545.

BALLADORE-PALLIERI, Giorgio. *Diritto internazionale pubblico*, 6ª ed. rifatta. Milano: Giuffrè, 1952.

BALLADORE-PALLIERI, Giorgio. Le droit interne des organisations internationales. *Recueil des Cours*, vol. 127 (1969-II), pp. 1-36.

BALLENEGGER, Jacques. *La pollution en droit international: la responsabilité pour les dommages causés par la pollution transfrontière*. Genève: Librairie Dalloz, 1975.

BALOGH, Elemér. World peace and the refugee problem. *Recueil des Cours*, vol. 75 (1949-II), pp. 363-507.

BANK, Roland. Tratados internacionales de derechos humanos bajo el ordenamiento jurídico alemán. *Anuario de Derecho Constitucional Latinoamericano*, 10º año, t. II, Montevideo: Konrad-Adenauer-Stiftung, 2004, pp. 721-734.

1104 | CURSO DE DIREITO INTERNACIONAL PÚBLICO – *Valerio de Oliveira Mazzuoli*

BAPTISTA, Eduardo Correia. *O poder público bélico em direito internacional: o uso da força pelas Nações Unidas em especial*. Coimbra: Almedina, 2003.

BAPTISTA, Luiz Olavo. *O Mercosul: suas instituições e ordenamento jurídico*. São Paulo: LTr, 1998.

BAPTISTA, Luiz Olavo; MAZZUOLI, Valerio de Oliveira (orgs.). *Doutrinas essenciais de direito internacional*. São Paulo: RT, 2012 (5 vols.).

BAPTISTA, Luiz Olavo; RAMINA, Larissa; FRIEDRICH, Tatyana Scheila (coords.). *Direito internacional contemporâneo*. Curitiba: Juruá, 2014.

BARACHO, José Alfredo de Oliveira. *Direito do mar*. Belo Horizonte: UFMG, 1979.

BARACHO, José Alfredo de Oliveira. A prática jurídica no domínio da proteção internacional dos direitos do homem: a Convenção Europeia dos Direitos do Homem. *Revista de Informação Legislativa*, ano 35, nº 137. Brasília: Senado Federal, jan./mar./1998, pp. 91-117.

BARBALHO, João. *Constituição Federal Brasileira: comentários*, 2ª ed. corrigida e aum. Rio de Janeiro: F. Briguiet Editores, 1924.

BARBERIS, Julio A. *Fuentes del derecho internacional*. La Plata: Platense, 1973.

BARBERIS, Julio A. *Los sujetos de derecho internacional actual*. Madrid: Tecnos, 1984.

BARCELOS, Simón. *Manual diplomático y consular*. Barcelona: Maucci, 1909.

BARCIA TRELLES, Camilo. La doctrine de Monroe dans son développement historique, particulièrement en ce qui concerne les relations interaméricaines. *Recueil des Cours*, vol. 32 (1930-II), pp. 391-605.

BARDONNET, Daniel. Frontières terrestres et frontières maritimes. *Annuaire Français de Droit International*, vol. 35, Paris, 1989, pp. 1-64.

BARILE, Giuseppe. La structure de l'ordre juridique international: règles générales et règles conventionnelles. *Recueil des Cours*, vol. 161 (1978-III), pp. 9-126.

BARILE, Giuseppe. The protection of human rights in article 60, paragraph 5 of the Vienna Convention on the Law of Treaties. In: *International law at the time of its codification: essays in honour of Roberto Ago*, vol. II. Milano: Giuffré, 1987, pp. 3-14.

BARILE, Paolo. *Diritti dell'uomo e libertà fondamentali*. Bologna: Società Editrice il Mulino, 1984.

BARRAL, Welber. Reforma do judiciário e direito internacional. *Informativo Jurídico do INCIJUR*, nº 4, nov./1999, pp. 3-4.

BARRAL, Welber. *Dumping e comércio internacional: a regulamentação antidumping após a Rodada Uruguai*. Rio de Janeiro: Forense, 2000.

BARREIRA, Wagner Turbay. *As doutrinas americanas do direito internacional*. Fortaleza: Editora Instituto do Ceará, 1946.

BARROSO, Luís Roberto. *Curso de direito constitucional contemporâneo: os conceitos fundamentais e a construção do novo modelo*, 2ª ed. São Paulo: Saraiva, 2010.

BASDEVANT, Jules. La conclusion et la rédaction des traités et des instruments diplomatiques autres que les traités. *Recueil des Cours*, vol. 15 (1926-V), pp. 535-643.

BASDEVANT, Jules. Règles générales du droit de la paix. *Recueil des Cours*, vol. 58 (1936-IV), pp. 471-692.

REFERÊNCIAS BIBLIOGRÁFICAS | **1105**

BASS, Gary Jonathan. *Stay the Hand of Vengeance: the politics of war crimes Tribunals*. Princeton: Princeton University Press, 2000.

BASTID, Suzanne. *Les traités dans la vie internationale: conclusion et effets*. Paris: Économica, 1985.

BASTOS, Fernando Loureiro. *A internacionalização dos recursos naturais marinhos*. Lisboa: Associação Acadêmica da Faculdade de Direito, 2005.

BASTOS, Fernando Loureiro. A União Europeia após o Tratado de Lisboa: uma reflexão sobre a fase atual da integração europeia e algumas das brechas intergovernamentais que podem ser detectadas na sua construção. *Cadernos O Direito*, nº 5 (*O Tratado de Lisboa*). Coimbra: Almedina, 2010, pp. 65-87.

BEAUMONT, Paul R. Reflections on the relevance of public international law to private international law treaty making. *Recueil des Cours*, vol. 340 (2009), pp. 9-61.

BEBR, Gerhard. *Development of judicial control of the European Communities*. The Hague: Martinus Nijhoff, 1981.

BEDJAOUI, Mohammed. Problèmes récents de succession d'États dans les États nouveaux. *Recueil des Cours*, vol. 130 (1970-II), pp. 454-585.

BEDJAOUI, Mohammed. [Art. 73]. *La Charte des Nations Unies: commentaire article par article*, vol. II, 3e éd. Jean-Pierre Cot; Alain Pellet (dir.); Mathias Forteau (secrét. réd.). Paris: Economica, 2005, pp. 1752-1767.

BELLO, Emmanuel G. *The African Charter on Human and Peoples' Rights: a legal analysis*. *Recueil des Cours*, vol. 194 (1985-V), pp. 9-268.

BENISON, Audrey I. War crimes: a human rights approach to a humanitarian law problem at the International Criminal Court. *Georgetown Law Journal*, vol. 88, 1999, pp. 141-176.

BEREZOWSKI, Cezary. Les sujets non souverains du droit international. *Recueil des Cours*, vol. 65 (1938-III), pp. 1-85.

BERGBOHM, Carl. *Staatsverträge und Gesetze als Quellen des Völkerrechts*. Dorpat: C. Mattiesen, 1876.

BERLIA, G. Contribution à l'interprétation des traités. *Recueil des Cours*, vol. 114 (1965-I), pp. 283-333.

BERNARDES, Maurício da Costa Carvalho; CHADID, Gustavo Teixeira; CARNEIRO, Paulo Camargo. A Convenção de Viena de 1986 sobre direito dos tratados entre Estados e organizações internacionais e entre organizações internacionais: estado atual da matéria no direito internacional público. In: *A nova dimensão do direito internacional*. Antônio Augusto Cançado Trindade (org.). Brasília: Instituto Rio Branco, 2003, pp. 173-200.

BERNARDES, Wilba Lúcia Maia. *Da nacionalidade: brasileiros natos e naturalizados*. Belo Horizonte: Del Rey, 1996.

BETTEN, Lammy. *International labour law: selected issues*. Boston: Kluwer Law, 1993.

BEVILAQUA, Clóvis. *Direito público internacional: a synthese dos princípios e a contribuição do Brasil*, t. I. Rio de Janeiro: Francisco Alves, 1910.

BEVILAQUA, Clóvis. *Direito público internacional: a synthese dos princípios e a contribuição do Brasil*, t. II. Rio de Janeiro: Francisco Alves, 1911.

BEVILAQUA, Clóvis. Renúncia da nacionalidade brasileira feita pelo pai em nome de seus filhos menores. Inadmissibilidade da renúncia. Casos estabelecidos na Constituição para a perda da nacionalidade. In: *Pareceres dos consultores jurídicos do Itamaraty*, vol. I (1903-1912). Antônio Paulo Cachapuz de Medeiros (org.). Brasília: Senado Federal, Conselho Editorial, 2000, pp. 56-57.

BEVILAQUA, Clóvis. Denúncia de tratado e saída do Brasil da Sociedade das Nações (*Parecer* de 5 de julho de 1926). In: *Pareceres dos consultores jurídicos do Itamaraty*, vol. II (1913-1934), Antônio Paulo Cachapuz de Medeiros (org.). Brasília: Senado Federal, Conselho Editorial, 2000, pp. 347-348.

BEVILAQUA, Clóvis. Responsabilidade do Estado por atos de seus funcionários. In: *Pareceres dos consultores jurídicos do Itamaraty*, vol. II (1913-1934). Antônio Paulo Cachapuz de Medeiros (org.). Brasília: Senado Federal, Conselho Editorial, 2000, pp. 359-360.

BIANCHI, Andrea. Human rights and the magic of *jus cogens. The European Journal of International Law*, vol. 19, nº 3 (2008), pp. 491-508.

BICHARA, Jahyr-Philippe. A convenção relativa ao Estatuto dos Apátridas de 1954 e sua aplicação pelo Estado brasileiro. *Revista de Direito Constitucional e Internacional*, vol. 21, nº 84, São Paulo, jul./set./2013, pp. 75-102.

BICHARA, Jahyr-Philippe. O Comitê Nacional para os Refugiados e sua (in)competência para atender aos pedidos de *status* de apátrida. *Interface*, vol. 10, nº 1, Natal, 2013, pp. 18-37.

BICKEL, Alexander M. *The least dangerous branch: the Supreme Court at the bar of politics*, 2nd ed. New Haven: Yale University Press, 1986.

BICUDO, Hélio. Defesa dos direitos humanos: sistemas regionais. *Estudos Avançados*, vol. 17, nº 47, São Paulo, 2003, pp. 225-236.

BIDART CAMPOS, Germán J. *La interpretación del sistema de derechos humanos*. Buenos Aires: Ediar, 1994.

BIDART CAMPOS, Germán J. *El derecho de la Constitucion y su fuerza normativa*. Buenos Aires: Ediar, 1995.

BIDART CAMPOS, Germán J. *Tratado elemental de derecho constitucional argentino*, t. III. Buenos Aires: Ediar, 1995.

BIELEFELDT, Heiner. *Filosofia dos direitos humanos: fundamentos de um* ethos *de liberdade universal*. Trad. Dankwart Bernsmüller. São Leopoldo: Ed. Unisinos, 2000.

BILDER, Richard B. Beyond compliance: helping nations to cooperate. In: *Commitment and compliance: the role of non-binding norms in the international legal system*. Dinah Shelton (ed.). Oxford: Oxford University Press, 2000.

BISCOTTINI, Giuseppe. *Contributo alla teoria degli atti unilaterali nel diritto internazionale*. Milano: Giuffrè, 1951.

BISHOP JR., William W. Reservations to treaties. *Recueil des Cours*, vol. 103 (1961-II), pp. 245-341.

BIZAWU, Sébastien Kiwonghi. *Tribunal Penal Internacional e sustentabilidade: avanços e desafios do direito internacional na era de conflitos e de mudanças ambientais nos Grandes Lagos*. Curitiba: Instituto Memória, 2016.

BLAKESLEY, Christopher L. Obstacles to the creation of a permanent war crimes tribunal. *Fletcher Forum of World Affairs*, vol. 18, 1994, pp. 77-102.

BLIX, Hans. *Treaty-making power*. London: Stevens & Sons, 1960.

BOBBIO, Norberto. *Una guerra giusta? Sul conflitto del Golfo*. Venezia: Marsílio Editori, 1991.

BOBBIO, Norberto. *A era dos direitos*. Trad. Carlos Nelson Coutinho. Rio de Janeiro: Campus, 1992.

BOBBIO, Norberto. *Teoria do ordenamento jurídico*, 8ª ed. Trad. Maria Celeste Cordeiro Leite dos Santos. Brasília: Editora UnB, 1996.

BODMAN, Samuel W.; WOLFENSOHN, James D. (Chairs); SWEIG, Julia E. (Project Director). *Global Brazil and U.S.-Brazil relations*. New York: Council on Foreign Relations, 2011.

BOECK, Charles de. L'expulsion et les difficultés internationales qu'en soulève la pratique. *Recueil des Cours*, vol. 18 (1927-III), pp. 443-650.

BOGDANDY, Armin von; PIOVESAN, Flávia; ANTONIAZZI, Mariela Morales (coords.). *Estudos avançados de direitos humanos: democracia e integração jurídica – emergência de um novo direito público*. Rio de Janeiro: Elsevier, 2013.

BONAVIDES, Paulo. *Curso de direito constitucional*. 10ª ed. São Paulo: Malheiros, 2000.

BONFILS, Henry. *Manuel de droit international public (droit des gens)*, 5ª ed., rev. et mise au courant par Paul Fauchille. Paris: A. Rousseau, 1908.

BONVIN, Jean-Michel. *L'Organisation Internationale du Travail: étude sur une agence productrice de normes*. Paris: Presses Universitaires de France, 1998.

BOOT, Machteld. *Genocide, crimes against humanity, war crimes: nullum crimen sine lege and the subject matter jurisdiction of the International Criminal Court*. Antwerp: Intersentia, 2002.

BORGES, José Alfredo. Tratado internacional em matéria tributária como fonte de direito. *Revista de Direito Tributário*, nos 27/28, São Paulo, jan./jul./1984, pp. 161-178.

BORGES, José Souto Maior. Isenções em tratados internacionais de impostos dos Estados-membros e Municípios. In: *Direito tributário: estudos em homenagem a Geraldo Ataliba*, vol. 1. Celso Antônio Bandeira de Mello (org). São Paulo: Malheiros, 1997, pp. 166-178.

BORGES, José Souto Maior. *Curso de direito comunitário: instituições de direito comunitário comparado – União Europeia e Mercosul*, 2ª ed. São Paulo: Saraiva, 2009.

BORGES, Nadine. *Damião Ximenes: primeira condenação do Brasil na Corte Interamericana de Direitos Humanos*. Rio de Janeiro: Revan, 2009.

BOSCH, W. J. *Judgment on Nuremberg: american attitudes toward the major german war crimes trials*. Chapel Hill, NC: U. of North Carolina P., 1970.

BOSON, Gerson de Britto Mello. *Direito internacional público: o Estado em direito das gentes*, 3ª ed. Belo Horizonte: Del Rey, 2000.

BOSSUYT, Marc. Judges on thin ice: the European Court of Human Rights and the treatment of asylum seekers. *Inter-American and European Human Rights Journal*, vol. 3, nos 1/2 (2010), pp. 3-48.

1108 | CURSO DE DIREITO INTERNACIONAL PÚBLICO – *Valerio de Oliveira Mazzuoli*

BOURQUIN, Maurice. Règles générales du droit de la paix. *Recueil des Cours*, vol. 35 (1931-I), pp. 1-232.

BOVINO, Alberto. A atividade probatória perante a Corte Interamericana de Direitos Humanos. *SUR – Revista Internacional de Direitos Humanos*, ano 2, nº 3, São Paulo, 2005, pp. 61-83.

BRADLEY, Curtis A. Unratified treaties, domestic politics, and the U.S. Constitution. *Harvard International Law Journal*, vol. 48, nº 2 (2007), pp. 307-336.

BRANT, Leonardo Nemer Caldeira. *L'autorité de la chose jugée en droit international public.* Paris: LGDJ, 2003.

BRANT, Leonardo Nemer Caldeira. *A Corte Internacional de Justiça e a construção do direito internacional.* Belo Horizonte: CEDIN, 2005.

BRANT, Leonardo Nemer Caldeira (org.). *Comentário à Carta das Nações Unidas.* Belo Horizonte: CEDIN, 2008.

BRASIL, Francisco de Paula Souza. Legislação tributária e tratados internacionais. *Revista Forense*, ano 85, vol. 308, Rio de Janeiro, out./nov./dez./1989, pp. 35-41.

BRASIL. Ministério da Justiça. *Manual de extradição.* Brasília: Secretaria Nacional de Justiça/Departamento de Estrangeiros, 2012.

BRAVO, Luigi Ferrari. Méthodes de recherche de la coutume internationale dans la pratique des États. *Recueil des Cours*, vol. 192 (1985-III), pp. 233-330.

BREMS, Eva. *Human rights: universality and diversity.* The Hague: Martinus Nijhoff, 2001.

BRICHAMBAUT, Marc Perrin de; DOBELLE, Jean-François; COULÉE, Frédérique. *Leçons de droit international public*, 2ᵉ éd. Paris: Dalloz, 2011.

BRIÈRE, Yves de la. La condition juridique de la Cité du Vatican. *Recueil des Cours*, vol. 33 (1930-III), pp. 113-165.

BRIERLY, J. L. *Direito internacional*, 2ª ed. Trad. M. R. Crucho de Almeida. Lisboa: Fundação Calouste Gulbenkian, 1968.

BRIGGS, Herbert W. *The law of nations: cases, documents, and notes*, 2ª ed. New York: Appleton-Century-Crofts, 1952.

BRONZATTO, Carlos Alberto; BARBOZA, Márcia Noll. *Os efeitos do artigo 98 do Código Tributário Nacional e o processo de integração do Mercosul.* Brasília: Senado Federal/Associação Brasileira de Estudos de Integração, 1996.

BROUCKÈRE, Louis de. La prévention de la guerre. *Recueil des Cours*, vol. 50 (1934-IV), pp. 1-83.

BROWNLIE, Ian. *Princípios de direito internacional público.* Trad. Maria Manuela Farrajota (*et al.*). Lisboa: Fundação Calouste Gulbenkian, 1997.

BRUNS, Viktor. La Cour Permanente de Justice Internationale: son organisation et sa compétence. *Recueil des Cours*, vol. 62 (1937-IV), pp. 547-671.

BUERGENTHAL, Thomas. *Law-making in the international civil aviation organization.* Syracuse, NY: Syracuse University Press, 1969.

BUERGENTHAL, Thomas. The Inter-American Court of Human Rights. *American Journal of International Law*, vol. 76 (April 1982), pp. 1-27.

BUERGENTHAL, Thomas. Modern constitutions and human rights treaties. *Columbia Journal of Transnational Law*, nº 36 (1997), pp. 211-224.

BUERGENTHAL, Thomas. Recordando los inicios de la Corte Interamericana de Derechos Humanos. *Revista Instituto Interamericano de Derechos Humanos*, vol. 39, San José, Costa Rica, enero/junio/2004, pp. 11-31.

BUERGENTHAL, Thomas; GROS ESPIELL, Héctor; GROSSMAN, Claudio; MAIER, Harold G. *Manual de derecho internacional público*. México, D.F.: Fondo de Cultura Económica, 1994.

BURGORGUE-LARSEN, Laurence. Le bannissement de l'impunité: décryptage de la politique jurisprudentielle de la Cour Interaméricaine des Droits de l'Homme. *Revue Trimestrielle des Droits de l'Homme*, nº 89 (2012), pp. 3-42.

BUSTOS, Juan Pablo Gonzales. El Tribunal de Justicia de la Comunidad Andina. In: *Direito da integração regional: diálogo entre jurisdições na América Latina*. Valerio de Oliveira Mazzuoli & Eduardo Biacchi Gomes (orgs.). São Paulo: Saraiva, 2015, pp. 97-124.

CACHAPUZ DE MEDEIROS, Antônio Paulo. *O poder legislativo e os tratados internacionais*. Porto Alegre: L&PM/IARGS, 1983.

CACHAPUZ DE MEDEIROS, Antônio Paulo. *O poder de celebrar tratados: competência dos poderes constituídos para a celebração de tratados, à luz do direito internacional, do direito comparado e do direito constitucional brasileiro*. Porto Alegre: Sergio Antonio Fabris, 1995.

CACHAPUZ DE MEDEIROS, Antônio Paulo. O Tribunal Penal Internacional e a Constituição brasileira. In: *O que é o Tribunal Penal Internacional*. Brasília: Câmara dos Deputados/Coordenação de Publicações, 2000, pp. 9-15.

CACHAPUZ DE MEDEIROS, Antônio Paulo. O terrorismo na agenda internacional. *Revista CEJ*, nº 18, Brasília, jul./set./2002, pp. 63-66.

CACHAPUZ DE MEDEIROS, Antônio Paulo (org.). *Desafios do direito internacional contemporâneo*. Brasília: Fundação Alexandre de Gusmão, 2007.

CACHAPUZ DE MEDEIROS, Antônio Paulo. A Constituição de 1988 e o poder de celebrar tratados. *Revista de Informação Legislativa*, ano 45, nº 179, Brasília: Senado Federal, jul./set./2008, pp. 89-126.

CACHAPUZ DE MEDEIROS, Antônio Paulo. O direito internacional e o terrorismo. In: *Novas perspectivas do direito internacional contemporâneo: estudos em homenagem ao Professor Celso D. de Albuquerque Mello*. Carlos Alberto Menezes Direito, Antônio Augusto Cançado Trindade & Antônio Celso Alves Pereira (coords.). Rio de Janeiro: Renovar, 2008, pp. 25-42.

CACHAPUZ DE MEDEIROS, Antônio Paulo. Declaração de reconhecimento da competência obrigatória da Corte Interamericana de Direitos Humanos para a interpretação e a aplicação da Convenção Americana de Direitos Humanos (Pacto de San José da Costa Rica), segundo o art. 62 da mesma (...). Adendo ao Parecer anterior. In: *Pareceres dos consultores jurídicos do Itamaraty*, vol. IX (1990-2000). Antônio Paulo Cachapuz de Medeiros (org.). Brasília: Fundação Alexandre de Gusmão, 2009, pp. 181-182.

CAETANO, Fernanda Araújo Kallás e. *As imunidades dos sujeitos de direito internacional: análise dos novos limites propostos pelo processo de relativização*. Rio de Janeiro: Lumen Juris, 2017.

CAETANO, Marcello. *Manual de ciência política e direito constitucional*, t. I, 6ª ed. rev. e ampl. por Miguel Galvão Teles. Coimbra: Almedina, 1996.

CAHALI, Yussef Said. *Estatuto do estrangeiro*, 2ª ed. rev., atual. e ampl. São Paulo: RT, 2010.

CAHIER, Philippe. *Étude des accords de siège conclus entre les organisations internationales et les États où elles résident*. Milano: Giuffrè, 1959.

CAHIER, Philippe. *Derecho diplomático contemporáneo*. Madrid: RIALP, 1965.

CAHIER, Philippe. La violation du droit interne relatif à la competence pour conclure des traités comme cause de nullité des traités. *Rivista di Diritto Internazionale*, vol. 54, fasc. 2 (1971), pp. 226-245.

CAHIER, Philippe. Le problème des effets des traités à l'égard des états tiers. *Recueil des Cours*, vol. 143 (1974-III), pp. 589-736.

CAHIN, Gérard. *La coutume internationale et les organisations internationales: l'incidence de la dimension institutionnelle sur le processus coutumier*. Paris: A. Pedone, 2001.

CALIENDO, Paulo. *Estabelecimentos permanentes em direito tributário internacional*. São Paulo: RT, 2005.

CALSING, Maria de Assis. *O tratado internacional e sua aplicação no Brasil*. Dissertação de Mestrado em Direito. Brasília: Universidade de Brasília/Faculdade de Estudos Sociais Aplicados, 1984.

CALSING, Maria de Assis. Imunidade de jurisdição de Estado estrangeiro em matéria trabalhista. *Síntese Trabalhista*, vol. 12, nº 137, nov./2000, pp. 8-15.

CALSING, Maria de Assis. Distinção entre a imunidade de jurisdição de Estado estrangeiro e das organizações internacionais, em matéria trabalhista. In: *A imunidade de jurisdição e o judiciário brasileiro*. Márcio Garcia & Antenor Pereira Madruga Filho (coords.). Brasília: CEDI, 2002, pp. 201-214.

CALVO, Carlos. *Le droit international: théorie et pratique*, t. I. Paris: A. Rousseau, 1880.

CALVO, Charles. *Manuel de droit international*. Paris: Librarie Nouvelle de Droit et de Jurisprudence, 1884.

CAMPOS, Francisco. *Direito constitucional*, vol. II. Rio de Janeiro: Freitas Bastos, 1956.

CAMPOS, Julio D. González; RODRIGUEZ, Luis I. Sánchez; SANTA MARÍA, Paz András Sáenz de. *Curso de derecho internacional público*. Madrid: Civitas, 1998.

CANAL-FORGUES, Éric; RAMBAUD, Patrick. *Droit international public*. Paris: Flammarion, 2007.

CANÇADO TRINDADE, Antônio Augusto. *Princípios de direito internacional contemporâneo*. Brasília: Editora UnB, 1981.

CANÇADO TRINDADE, Antônio Augusto. The voluntarist conception of international law: a re-assessment. *Revue de Droit International de Sciences Diplomatiques et Politiques*, vol. 59, Genéve, 1981, pp. 201-240.

CANÇADO TRINDADE, Antônio Augusto. Reavaliação das fontes do direito internacional público ao início da década de oitenta. *Revista de Informação Legislativa*, ano 18, nº 69, Brasília: Senado Federal, jan./mar./1981, pp. 91-134.

REFERÊNCIAS BIBLIOGRÁFICAS | **1111**

CANÇADO TRINDADE, Antônio Augusto. As Nações Unidas e a nova ordem econômica internacional. *Revista de Informação Legislativa*, ano 21, nº 81, Brasília: Senado Federal, jan./mar./1984, pp. 213-232.

CANÇADO TRINDADE, Antônio Augusto. Mécanismes de règlement pacifique dês différends en Amérique Centrale: de Contadora à Esquipulas II. *Annuaire Français de Droit International*, vol. 33, Paris, 1987, pp. 798-822.

CANÇADO TRINDADE, Antônio Augusto. *A proteção internacional dos direitos humanos: fundamentos jurídicos e instrumentos básicos*. São Paulo: Saraiva, 1991.

CANÇADO TRINDADE, Antônio Augusto. The contribution of international human rights law to environmental protection, with special reference to global environmental change. In: *Environmental change and international law: new challenges and dimensions*. Edith Brown Weiss (ed.). Toquio: United Nations University Press, 1992, pp. 244-312.

CANÇADO TRINDADE, Antônio Augusto. Meio ambiente e desenvolvimento: formulação e implementação do direito ao desenvolvimento como um direito humano. *Boletim da Sociedade Brasileira de Direito Internacional*, ano XLV, nᵒˢ 81/83, jul./nov./1992, pp. 49-76.

CANÇADO TRINDADE, Antônio Augusto. *Direitos humanos e meio-ambiente: paralelo dos sistemas de proteção internacional*. Porto Alegre: Sergio Antonio Fabris, 1993.

CANÇADO TRINDADE, Antônio Augusto. A interação entre o direito internacional e o direito interno na proteção dos direitos humanos. In: *A incorporação das normas internacionais de proteção dos direitos humanos no direito brasileiro*, 2.ª ed. Antônio Augusto Cançado Trindade (ed.). San José, Costa Rica/Brasília: IIDH (*et al.*), 1996, pp. 205-236.

CANÇADO TRINDADE, Antônio Augusto. *O esgotamento de recurso internos no direito internacional*. 2ª ed. atual. Brasília: Editora UnB, 1997.

CANÇADO TRINDADE, Antônio Augusto. *Tratado de direito internacional dos direitos humanos*, vol. I. Porto Alegre: Sergio Antonio Fabris, 1997.

CANÇADO TRINDADE, Antônio Augusto. *Tratado de direito internacional dos direitos humanos*, vol. III. Porto Alegre: Sergio Antonio Fabris, 2003.

CANÇADO TRINDADE, Antônio Augusto. *A proteção internacional dos direitos humanos e o Brasil (1948-1997): as primeiras cinco décadas*, 2ª ed. Brasília: Editora Universidade de Brasília, 2000.

CANÇADO TRINDADE, Antônio Augusto. *Direito das organizações internacionais*, 2ª ed. rev. e atual. Belo Horizonte: Del Rey, 2002.

CANÇADO TRINDADE, Antônio Augusto. *O direito internacional em um mundo em transformação*. Rio de Janeiro: Renovar, 2002.

CANÇADO TRINDADE, Antônio Augusto. Las cláusulas pétreas de la protección internacional del ser humano: el acceso directo de los individuos a la justicia a nivel internacional y la intangibilidad de la jurisdicción obligatoria de los tribunales internacionales de derechos humanos. In: *Memorial del Seminario del Sistema Interamericano de Protección de los Derechos Humanos en el Umbral del Siglo XXI*, t. I, 2ª ed. San José, Costa Rica: CIDH, 2003, pp. 5-70.

CANÇADO TRINDADE, Antônio Augusto. Direito dos tratados e direito das organizações internacionais. Capacidade de celebrar tratados. Projetos de codificação da Comissão de Direito Internacional da ONU. Posições do Brasil. In: *Pareceres dos Consultores Jurídicos do Itamaraty*, vol. VIII (1985-1990). Antônio Paulo Cachapuz de Medeiros (org.). Brasília: Senado Federal, 2004, pp. 210-236.

CANÇADO TRINDADE, Antônio Augusto. A questão da imunidade de jurisdição do agente diplomático em matéria trabalhista. In: *Pareceres dos Consultores Jurídicos do Itamaraty*, vol. VIII (1985-1990). Antônio Paulo Cachapuz de Medeiros (org.). Brasília: Senado Federal, 2004, pp. 254-273.

CANÇADO TRINDADE, Antônio Augusto. International law for humankind: towards a new *jus gentium* (I): general course on public international law. *Recueil des Cours*, vol. 316 (2005), pp. 9-439.

CANÇADO TRINDADE, Antônio Augusto. International law for humankind: towards a new *jus gentium* (II): general course on public international law. *Recueil des Cours*, vol. 317 (2005), pp. 9-312.

CANÇADO TRINDADE, Antônio Augusto. *A humanização do direito internacional*. Belo Horizonte: Del Rey, 2006.

CANÇADO TRINDADE, Antônio Augusto. Desafios e conquistas do direito internacional dos direitos humanos no início do século XXI. In: *Desafios do direito internacional contemporâneo*. Antônio Paulo Cachapuz de Medeiros (org.). Brasília: Fundação Alexandre de Gusmão, 2007, pp. 207-321.

CANÇADO TRINDADE, Antônio Augusto. *Evolution du droit international au droit des gens: l'accès des individus à la justice internationale*. Paris: A. Pedone, 2008.

CANÇADO TRINDADE, Antônio Augusto.(org.). *Repertório da prática brasileira do direito internacional público (período 1889-1898)*, 2ª ed. Brasília: Fundação Alexandre de Gusmão, 2012.

CANÇADO TRINDADE, Antônio Augusto (org.). *Repertório da prática brasileira do direito internacional público (período 1899-1918)*, 2ª ed. Brasília: Fundação Alexandre de Gusmão, 2012.

CANÇADO TRINDADE, Antônio Augusto (org.). *Repertório da prática brasileira do direito internacional público (período 1919-1940)*, 2ª ed. Brasília: Fundação Alexandre de Gusmão, 2012.

CANÇADO TRINDADE, Antônio Augusto (org.). *Repertório da prática brasileira do direito internacional público (período 1941-1960)*, 2ª ed. Brasília: Fundação Alexandre de Gusmão, 2012.

CANÇADO TRINDADE, Antônio Augusto (org.). *Repertório da prática brasileira do direito internacional público (período 1961-1981)*, 2ª ed. Brasília: Fundação Alexandre de Gusmão, 2012.

CANÇADO TRINDADE, Antônio Augusto. *Os tribunais internacionais e a realização da justiça*. Rio de Janeiro: Renovar, 2015.

CANOTILHO, José Joaquim Gomes. *Direito constitucional e teoria da Constituição*, 7ª ed. Coimbra: Almedina, 2003.

CANSACCHI, Giorgio. *Nozioni di diritto internazionale bellico*. Torino: G. Giappichelli, 1968.

CAPALDO, Giuliana Zicardi. *La competenza a denunciare i trattati internazionali: contributo allo studio del treaty power*. Napoli: Edizioni Scientifiche Italiane, 1983.

CARBONNIER, Jean. L'hypothèse du non-droit. *Archives de Philosophie du Droit*, n° 8, Paris: Sirey, 1963, pp. 55-73.

CARBONNIER, Jean. *Flexible droit: pour une sociologie du droit sans rigueur*, 10ᵉ éd. Paris: LGDJ, 2001.

CARDUCCI, Michele; MAZZUOLI, Valerio de Oliveira. *Teoria tridimensional das integrações supranacionais: uma análise comparativa dos sistemas e modelos de integração da Europa e América Latina. Rio de Janeiro: Forense, 2014.*

CARLIER, Jean-Yves. Droit d'asile et des réfugiés: de la protection aux droits. *Recueil des Cours*, vol. 332 (2007), pp. 9-354.

CARNEIRO, Levi. Acordo por troca de notas e aprovação pelo Congresso Nacional. *Boletim da Sociedade Brasileira de Direito Internacional*, nᵒˢ 13/14, Rio de Janeiro, jan./ dez./1951, pp. 129-134.

CARREAU, Dominique. *Droit international*, 8ª ed. Paris: A. Pedone, 2004.

CARREAU, Dominique. Mondialisation et transnationalisation du droit international. *Anuário Brasileiro de Direito Internacional*, vol. 1, n° 7, Belo Horizonte, jan./2012, pp. 167-205.

CARREAU, Dominique; BICHARA, Jahyr-Philippe. *Direito internacional*. Rio de Janeiro: Lumen Juris, 2015.

CARRIÓ, Genaro R. *Los derechos humanos y su protección: distintos tipos de problemas*. Buenos Aires: Abeledo-Perrot, 1990.

CARRION, Valentin. *Comentários à Consolidação das Leis do Trabalho*, 29ª ed., atual. por Eduardo Carrion. São Paulo: Saraiva, 2004.

CARTER, Barry E.; TRIMBLE, Phillip R.; WEINER, Allen S. *International law*, 5ᵗʰ ed. New York: Wolters Kluwer, 2007.

CARVALHO, Orlando M. O Estado da Cidade do Vaticano. *Revista Forense*, ano XLI, vol. 100, fasc. 497, Rio de Janeiro, nov./1944, pp. 230-232.

CASELLA, Paulo Borba. *União Europeia: instituições e ordenamento jurídico*. São Paulo: LTr, 2002.

CASELLA, Paulo Borba. *Fundamentos do direito internacional pós-moderno*. São Paulo: Quartier Latin, 2008.

CASELLA, Paulo Borba. *Direito internacional dos espaços*. São Paulo: Atlas, 2009.

CASELLA, Paulo Borba. *Direito internacional no tempo antigo*. São Paulo: Atlas, 2012.

CASOLARI, Federico. *L'incorporazione del diritto internazionale nell'ordinamento dell'Unione Europea*. Milano: Giuffrè, 2008.

CASORIA, Giuseppe Maria. *Concordati e ordinamento giuridico internazionale*. Roma: Officium Libri Catholici, 1953.

CASSESE, Antonio. Modern Constitutions and international law. *Recueil des Cours*, vol. 192 (1985-III), pp. 331-476.

CASSESE, Antonio. The Statute of the International Criminal Court: some preliminary reflections. *The European Journal of International Law*, vol. 10, nº 1 (1999), pp. 144-171.

CASSESE, Antonio. Peut-on poursuivre des hauts dirigeants des États pour des crimes internationaux? A propos de l'affaire Congo c/Belgique (C.I.J.). *Revue de Science Criminelle et de Droit Pénal Comparé*, vol. 3 (jul./set./2002), pp. 479-500.

CASSESE, Antonio. *International criminal law*. New York: Oxford University Pess, 2003.

CASSESE, Antonio. *Diritto internazionale* (a cura di Paola Gaeta). Bologna: Il Mulino, 2006.

CASSIN, René. L'homme, sujet de droit international, et la protection des droits de l'homme dans la société universelle. In: *La technique et les principes du droit public: etude en l'honneur de Georges Scelle*, vol. 1. Paris: LGDJ, 1950, pp. 67-91.

CASSIN, René. La Déclaration Universelle et la mise en œuvre des droits de l'homme. *Recueil des Cours*, vol. 79 (1951-II), pp. 237-367.

CASSIN, René. Les droits de l'homme. *Recueil des Cours*, vol. 140 (1974-IV), pp. 321-332.

CASTAÑEDA, Jorge. Valeur juridique des résolutions des Nations Unies. *Recueil des Cours*, vol. 129 (1970-I), pp. 205-331.

CASTRÉN, Erik J. S. Aspects récents de la succession d'États. *Recueil des Cours*, vol. 78 (1951-I), pp. 379-506.

CASTRÉN, Erik J. S. *The present law of war and neutrality*. Helsinque: Suomalainev Tiedeakemia, 1954.

CASTRO Y BRAVO, Federico de. La nationalité, la double nationalité et la supranationalité. *Recueil des Cours*, vol. 102 (1961-I), pp. 515-634.

CASTRO, Amilcar de. *Direito internacional privado*, 5ª ed. aum. e atual. por Osiris Rocha. Rio de Janeiro: Forense, 2001.

CASTRO, Luiz Augusto de Araujo. *O Brasil e o novo direito do mar: mar territorial e zona econômica exclusiva*. Brasília: Fundação Alexandre de Gusmão, 1989.

CATELANI, Giulio. *I rapporti internazionali in materia penale: estradizione, rogatorie, effetti delle sentenze penali straniere*. Milano: Giuffrè, 1995.

CAVAGLIERI, Arrigo. Règles générales du droit de la paix. *Recueil des Cours*, vol. 26 (1929-I), pp. 311-585.

CAVARÉ, Louis. Les sanctions dans la Charte de l'ONU. *Recueil des Cours*, vol. 80 (1952-I), pp. 195-291.

CERVO, Amado Luiz. *O parlamento brasileiro e as relações exteriores (1826-1889)*. Brasília: Editora UnB, 1981.

CERVO, Amado Luiz. *Inserção internacional: formação dos conceitos brasileiros*. São Paulo: Saraiva, 2008.

CERVO, Amado Luiz; BUENO, Clodoaldo. *História da política exterior do Brasil*, 3ª ed. rev. e ampl. Brasília: Ed. UnB, 2008.

CERVO, Amado Luiz; BUENO, Clodoaldo. *A política externa brasileira (1822-1985)*. São Paulo: Ática, 1986.

CHARNEY, Jonathan I. The persistent objector rule and the development of customary international law. *British Yearbook of International Law*, vol. 56 (1985), pp. 1-24.

CHAUMONT, Charles. Cours général de droit international public. *Recueil des Cours*, vol. 129 (1970-I), pp. 333-527.

CHAUVEAU, Paul. *Droit aérien*. Paris: Librairies Techniques, 1951.

CHAZOURNES, Laurence Boisson de. *Les contre-mesures dans les relations internationales économiques*. Paris: A. Pedone, 1992.

CHINKIN, Christine M. The challenge of *soft law*: development and change in international law. *The International and Comparative Law Quarterly*, vol. 38, nº 4, oct./1989, pp. 850-866.

CHOUKR, Fauzi Hassan; AMBOS, Kai (orgs.). *Tribunal penal internacional*. São Paulo: RT, 2000.

CISNEROS, Cesar Diaz. *Derecho internacional público*, vol. I. Buenos Aires: Tipográfica Editora Argentina, 1955.

CLABOT, Dino Bellorio. *Tratado de derecho ambiental*. Buenos Aires: Ad-Hoc, 1997.

CLÉMENT, Zlata Drnas de. Principio de complementariedad en el Estatuto de la Corte Penal Internacional: incoherencias sistémicas. *Anuario Argentino de Derecho Internacional*, vol. XI, Córdoba, 2001/2002, pp. 51-89.

CLÉMENT, Zlata Drnas de. La complejidad del principio pro homine. Jurisprudencia Argentina, fascículo nº 12, Buenos Aires, mar. 2015, pp. 98-111.

CLÈVE, Clèmerson Merlin. Proteção internacional dos direitos do homem nos sistemas regionais americano e europeu: uma introdução ao estudo comparado dos direitos protegidos. *Revista de Informação Legislativa*, ano 24, nº 95, Brasília: Senado Federal, jul./set./1987, pp. 23-72.

CLÈVE, Clèmerson Merlin. *A fiscalização abstrata de constitucionalidade no direito brasileiro*. São Paulo: RT, 1995.

COÊLHO, Sacha Calmon Navarro. *Curso de direito tributário*, 8ª ed. rev. e atual. Rio de Janeiro: Forense, 2005.

COHN, M. G. La théorie de la responsabilité internationale. *Recueil des Cours*, vol. 68 (1939-II), pp. 207-325.

COMBACAU, Jean; SUR, Serge. *Droit international public*, 6ᵉ éd. Paris: Montchrestien, 2004.

COMPARATO, Fábio Konder. *A afirmação histórica dos direitos humanos*. 3ª ed. rev. e ampl. São Paulo: Saraiva, 2003.

CONDORELLI, Luigi. L'imputation à l'État d'un fait internationalement illicite: solutions classiques et nouvelles tendences. *Recueil des Cours*, vol. 189 (1984-VI), pp. 9-221.

CONFORTI, Benedetto. *Diritto internazionale*, 6ª ed. Napoli: Editoriale Scientifica, 2002.

CONOT, Robert E. *Justice at Nuremberg*. New York: Harper & Row, 1983.

CORDEIRO, Wolney de Macedo. A interação entre o direito interno e internacional na perspectiva da jurisdição trabalhista: uma introdução ao controle de convencionalidade em matéria laboral. In: *Poder judiciário e desenvolvimento econômico*. Adriano Mesquita Dantas, Marcelo Rodrigo Carniato & Sergio Cabral dos Reis (coords.). São Paulo: LTr, 2012, pp. 181-199.

CORDEIRO, Wolney de Macedo. *Contrato coletivo de trabalho transnacional: o direito global do trabalho e sua inserção na ordem jurídica brasileira*. Curitiba: Juruá, 2014.

CORRÊA, Lelio Bentes. Normas internacionais do trabalho e direitos fundamentais do ser humano. *Revista do Tribunal Superior do Trabalho*, vol. 75, nº 1, Brasília, jan./ mar./2009, pp. 56-61.

CORRÊA DO LAGO, André Aranha. *Estocolmo, Rio, Joanesburgo: o Brasil e as três conferências ambientais das Nações Unidas*. Brasília: Fundação Alexandre de Gusmão, 2007.

COSTA, Célio Silva. *A interpretação constitucional e os direitos e garantias fundamentais na Constituição de 1988*. Rio de Janeiro: Líber Juris, 1992.

COSTA, Ligia Maura. *OMC: manual prático da rodada Uruguai*. São Paulo: Saraiva, 1996.

COSTA, Ligia Maura. *Direito internacional do desenvolvimento sustentável e os códigos de conduta de responsabilidade social: análise do setor do gás e petróleo*. Curitiba: Juruá, 2009.

COURBE, Patrick. *Le nouveau droit de la nationalité*. Paris: Dalloz, 1994.

COURTIN, Michel. La pratique française en matière de ratification et l'article 19 de la Constitution de l'O.I.T. *Annuaire Français de Droit International*, vol. 16, Paris, 1970, pp. 596-604.

CRANDALL, Samuel B. *Treaties: their making and enforcement*, 2nd ed. Washington, D.C.: John Byrne & Company, 1916.

CRAWFORD, James. *The International Law Commission's articles on State responsibility: introduction, text and commentaries*. Cambridge: Cambridge University Press, 2002.

CRAWFORD, James. *Brownlie's principles of public international law*, 8th ed. Oxford: Oxford University Press, 2012.

CRETELLA JÚNIOR, José. *Comentários à Constituição Brasileira de 1988*, vol. 2. Rio de Janeiro: Forense Universitária, 1989.

CRETELLA NETO, José. *Direito processual na Organização Mundial do Comércio – OMC: casuística de interesse para o Brasil*. Rio de Janeiro: Forense, 2003.

CRETELLA NETO, José. *Empresa transnacional e direito internacional: exame do tema à luz da globalização*. Rio de Janeiro: Forense, 2006.

CRETELLA NETO, José. *Teoria geral das organizações internacionais*. São Paulo: Saraiva, 2007.

CRETELLA NETO, José. *Filosofia do direito internacional*. São Paulo: Letz, 2017.

CRIVELLI, Ericson. *Direito internacional do trabalho contemporâneo*. São Paulo: LTr, 2010.

CUEVA, Mario de la. *Derecho mexicano del trabajo*, vol. 1, 2ª ed. México, D.F.: Porrúa, 1943.

CUNHA, J. Silva. *Direito internacional público*, vol. I, 3ª ed. Lisboa: Centro do Livro Brasileiro, 1981.

CUNHA, J. Silva. *Direito internacional público*, vol. II. Lisboa: Centro do Livro Brasileiro, 1984.

CUNHA, José Sebastião Fagundes. *Um tribunal para a Unasul: tribunal da União das Nações da América do Sul – justiça à cidadania e ao meio ambiente*. Curitiba: Juruá, 2011.

DALLARI, Dalmo de Abreu. *Elementos de teoria geral do Estado*, 23ª ed. São Paulo: Saraiva, 2002.

DALLARI, Pedro. *Constituição e relações exteriores*. São Paulo: Saraiva, 1994.

REFERÊNCIAS BIBLIOGRÁFICAS | 1117

DANESE, Sérgio. *Diplomacia presidencial: história e crítica*. Rio de Janeiro: Topbooks, 1999.

DANILENKO, Gennady M. The new Russian Constitution and international law. *American Journal of International Law*, vol. 88 (1994), pp. 451-470.

D'ARCY, François. *União Europeia: instituições, políticas e desafios*. Rio de Janeiro: Konrad Adenauer Stiftung, 2002.

DARDEAU DE CARVALHO, A. *Nacionalidade e cidadania*. Rio de Janeiro: Freitas Bastos, 1956.

DARDEAU DE CARVALHO, A. *Situação jurídica do estrangeiro no Brasil*. São Paulo: Sugestões Literárias, 1976.

D'ASPREMONT, Jean. *Formalism and the sources of international law: a theory of the ascertainment of legal rules*. Oxford: Oxford University Press, 2011.

D'ASPREMONT, Jean. The International Court of Justice and tacit conventionality. Questions of International Law, Zoom-in vol. 18 (2015), pp. 3-17.

DAUDET, Yves. Actualités de la codification du droit international. *Recueil des Cours*, vol. 303 (2003), pp. 9-118.

DAUDT, Gabriel Pithan. *Reservas aos tratados internacionais de direitos humanos: o conflito entre a eficácia e a promoção dos direitos humanos*. Porto Alegre: Sergio Antonio Fabris, 2006.

DAVID, Eric. La Cour Pénale Internationale. *Recueil des Cours*, vol. 313 (2005), pp. 325-454.

DAVID, Marcel. *La souverainité et les limites juridiques du pouvoir monarchique du IXème au XVème siécles*. Paris: Dalloz, 1954.

DAVIDSON, Scott (ed.). *The law of treaties*. Trowbridge: Ashgate/Dartmouth, 2004.

DAWSON, Grant M. Defining substantive crimes within the subject matter jurisdiction of the International Criminal Court: what is the crime of aggression? *New York Law School Journal of International and Comparative Law*, vol. 19, nº 3, 2000, pp. 413-52.

DE ERICE, José Sebastián. *Normas de diplomacia y de derecho diplomático*. Madrid: Instituto de Estudios Políticos, 1945 (2 vols.).

DE LA GUARDIA, Ernesto. *Derecho de los tratados internacionales*. Buenos Aires: Ábaco, 1997.

DE SCHUTTER, Olivier. *International human rights law*. Cambridge: Cambridge University Press, 2010.

DEGAN, V. Unilateral acts as source of particular international law. *Finnish Yearbook of International Law*, vol. 5 (1994), pp. 149-266.

DEL VECCHIO, Giorgio. *El derecho internacional y el problema de la paz*. Barcelona: BOSCH, 1959.

DEL'OLMO, Florisbal de Souza. *O Mercosul e a nacionalidade: estudo à luz do direito internacional*. Rio de Janeiro: Forense, 2001.

DEL'OLMO, Florisbal de Souza. *Curso de direito internacional público*. Rio de Janeiro: Forense, 2002.

DEL'OLMO, Florisbal de Souza. *Direito internacional privado: abordagens fundamentais, legislação, jurisprudência*, 4ª ed. Rio de Janeiro: Forense, 2004.

DEL'OLMO, Florisbal de Souza. *A extradição no alvorecer do século XXI*. Rio de Janeiro: Renovar, 2007.

DEL'OLMO, Florisbal de Souza. A nacionalidade e sua presença no direito internacional privado. In: *Cidadania e direitos humanos: tutela e efetividade internacional e nacional.* Florisbal de Souza Del'Olmo, William Smith Kaku & Liana Maria Feix Suski (orgs.). Rio de Janeiro: GZ Editora, 2011, pp. 3-21.

DEL'OLMO, Florisbal de Souza. A nacionalidade da criança adotada por brasileiro em outro país: estudo de caso. In: *Direito internacional contemporâneo*. Luiz Olavo Baptista, Larissa Ramina & Tatyana Scheila Friedrich (coords.). Curitiba: Juruá, 2014, pp. 209-230.

DEL'OLMO, Florisbal de Souza. A Unasul como mecanismo de solução pacífica de controvérsias. In: *Direito da integração regional: diálogo entre jurisdições na América Latina*. Valerio de Oliveira Mazzuoli & Eduardo Biacchi Gomes (orgs.). São Paulo: Saraiva, 2015, pp. 341-359.

DELMAS-MARTY, Mireille. *Três desafios para um direito mundial*. Trad. Fauzi Hassan Choukr. Rio de Janeiro: Lumen Juris, 2003.

DELMAS-MARTY, Mireille. *Le relatif et l'universel: les forces imaginantes du droit*. Paris: Seuil, 2004.

DEVAUX, Jean. *Quelques réflexions sur les problèmes essentiels de la qualité de sujet de droit international* (Extrait des Mélanges Patxot), Barcelone, 1931.

DI CORLETO, Julieta. O reconhecimento das decisões da Comissão e da Corte Interamericanas nas sentenças da Corte Suprema de Justiça da Argentina. In: *Implementação das decisões do sistema interamericano de direitos humanos: jurisprudência, instrumentos normativos e experiências nacionais*. Viviana Krsticevic & Liliana Tojo (coords.). Trad. Rita Lamy Freund. Rio de Janeiro: CEJIL, 2009, pp. 105-116.

DI SENA JÚNIOR, Roberto. *Comércio internacional & globalização: a cláusula social na OMC*. Curitiba: Juruá, 2003.

DI SENA JÚNIOR, Roberto. Padrões trabalhistas e comércio internacional. *Revista de Informação Legislativa*, ano 40, nº 159, Brasília: Senado Federal, jul./set./2003, pp. 301-306.

DIMOULIS, Dimitri; MARTINS, Leonardo. *Teoria geral dos direitos fundamentais*. São Paulo: RT, 2007.

DINH, Nguyen Quoc; DAILLIER, Patrick; PELLET, Alain. *Direito internacional público*, 2ª ed. Trad. Vítor Marques Coelho. Lisboa: Fundação Calouste Gulbenkian, 2003.

DINSTEIN, Yoram. *Guerra, agressão e legítima defesa*, 3ª ed. Trad. Mauro Raposo de Mello. Barueri: Manole, 2004.

DINSTEIN, Yoram. The interaction between customary international law and treaties. *Recueil des Cours*, vol. 322 (2006), pp. 243-427.

DISTEFANO, Giovanni; BUZZINI, Gionata P. *Bréviaire de jurisprudence internationale: les fondamentaux du droit international public*. Bruxelles: Bruylant, 2005.

DOLINGER, Jacob. A imunidade jurisdicional dos Estados. *Revista Forense*, vol. 277, Rio de Janeiro, jan./fev./mar./1982, pp. 53-80.

DOLINGER, Jacob. As soluções da Suprema Corte Brasileira para os conflitos entre o direito interno e o direito internacional: um exercício de ecletismo. *Revista Forense*, vol. 334, Rio de Janeiro, abr./maio/jun./1996, pp. 71-107.

DOLINGER, Jacob. *Direito internacional privado: parte geral*, 6ª ed., ampl. e atual. Rio de Janeiro: Renovar, 2001.

DOLLOT, René. Essai sur la neutralité permanente. *Recueil des Cours*, vol. 67 (1939-I), pp. 1-120.

DOLLOT, René. Le droit international des espaces polaires (avec 2 cartes). *Recueil des Cours*, vol. 75 (1949-II), pp. 115-200.

DOMINICÉ, Christian. L'immunité de juridiction et d'exécution des organisations internationales. *Recueil des Cours*, vol. 187 (1984-IV), pp. 145-238.

DONATI, Donato. *Stato e territorio*. Roma: Athenaeum, 1924.

DONNELLY, Jack. *Universal human rights in theory and practice*. Ithaca, NY: Cornell University Press, 1989.

DONNER, Ruth. *The regulation of nationality in international law*. Helsinque: Societas Scientiarum Fennica, 1983.

DÖRMANN, Knut. *Elements of war crimes under the Rome Statute of the International Criminal Court: sources and commentary*. Cambridge: Cambridge University Press, 2003.

DORMOY, Daniel. *Droit des organisations internationales*. Paris: Dalloz, 1995.

DRAPER, G. I. A. D. The Geneva conventions of 1949. *Recueil des Cours*, vol. 114 (1965-I), pp. 59-165.

DRAPER, G. I. A. D. The implementation and enforcement of the Geneva conventions of 1949 and of the two additional protocols of 1978. *Recueil des Cours*, vol. 164 (1979-III), pp. 1-54.

DUARTE, Maria Luísa. *União Europeia e direitos fundamentais (no espaço da internormatividade)*. Lisboa: Associação Acadêmica da Faculdade de Direito, 2006.

DUARTE, Maria Luísa. *Estudos sobre o Tratado de Lisboa*. Coimbra: Almedina, 2010.

DUBOUIS, Louis. L'erreur en droit international public. *Annuaire Français de Droit International*, vol. 9, Paris, 1963, pp. 191-227.

DUMAS, Jacques La sauvegarde internationale des droits de l'homme. *Recueil des Cours*, vol. 59 (1937-I), pp. 1-97.

DUNANT, Jean Henry. *Un souvenir de Solferino*. Genève: J. Cherbuliez, 1862.

DUNSHEE DE ABRANCHES, Carlos Alberto. *Proteção internacional dos direitos humanos*. Rio de Janeiro: Freitas Bastos, 1964.

DUPUY, Pierre-Marie. Le fait générateur de la responsabilité internationale des États. *Recueil des Cours*, vol. 188 (1984-V), pp. 9-133.

DUPUY, Pierre-Marie. *Soft law* and the international law of the environment. *Michigan Journal of International Law*, vol. 12 (Winter 1991), pp. 420-435.

DUPUY, Pierre-Marie. *Droit international public*, 7ª ed. Paris: Dalloz, 2004.

DUPUY, René-Jean. Le droit des relations entre les organisations internationales. *Recueil des Cours*, vol. 100 (1960-II), pp. 457-589.

DUPUY, René-Jean. L'application des règles du droit international general des traités aux accords internationaux conclus par les organisations internationales. *Annuaire de l'Institut de Droit international*, vol. 55, 1973, p. 214 e ss.

DUPUY, René-Jean. *O direito internacional*. Trad. Clotilde Cruz. Coimbra: Almedina, 1993.

DUTRA, Deo Campos; LOUREIRO, Sílvia Maria da Silveira. A declaração de inconvencionalidade da Lei de Anistia brasileira pela Corte Interamericana de Direitos Humanos no caso Gomes Lund e outros *Vs.* Brasil (Guerrilha do Araguaia). *Revista dos Tribunais*, ano 101, vol. 920, São Paulo, jun./2012, pp. 183-203.

EHRLICH, Ludwik. L'interprétation des traités. *Recueil des Cours*, vol. 24 (1928-IV), pp. 1-145.

ELIAN, George. *The International Court of Justice*. Leiden: Sijthoff, 1971.

ELIAS, Taslim Olawale. Problems concerning the validity of treaties. *Recueil des Cours*, vol. 134 (1971-III), pp. 333-416.

ERICH, R. La naissance et la reconnaissance des États. *Recueil des Cours*, vol. 13 (1926-III), pp. 427-507.

ERNANDEZ, Javier Illanes. *El derecho del mar y sus problemas actuales*. Buenos Aires: Editora Universitária, 1974.

ESCARRA, Jean. *La Chine et le droit international*. Paris: A. Pedone, 1931.

ESPADA, Cesáreo Gutiérrez. Las contramedidas de Estados "terceros" por violación a ciertas obligaciones internacionales. *Anuario Argentino de Derecho Internacional*, vol. XI, Córdoba, 2001/2002, pp. 15-49.

ESPINOLA, Eduardo. *Elementos de direito internacional privado*. Rio de Janeiro: Jacintho Ribeiro dos Santos, 1925.

EUSTATHIADES, Constantin Th. Les sujets du droit international et la responsabilité internationale: nouvelles tendances. *Recueil des Cours*, vol. 84 (1953-III), pp. 397-633.

EVANS, Malcolm; MURRAY, Rachel (eds.). *The African Charter on Human and Peoples' Rights: the system in practice*, 1986-2000. Cambridge: Cambridge University Press, 2002.

EVANS, Malcolm; MURRAY, Rachel (eds.). *The African Charter on Human and Peoples' Rights: the system in practice*, 1986-2006, 2nd ed. Cambridge: Cambridge University Press, 2008.

FARIA, Bento de. *Sobre o direito extradicional*. Rio de Janeiro: Jacintho Ribeiro dos Santos, 1930.

FARO JUNIOR, Luiz P. F. *Direito internacional público*, 4ª ed. rev. e aum. Rio de Janeiro: Borsoi, 1965.

FASTENRATH, Ulrich [Arts. 73 e 74]. In: *The Charter of the United Nations: a commentary*, vol. II, 2nd ed. Bruno Simma (ed.). New York: Oxford University Press, 2002, pp. 1089-1097.

FAWCETT, James E. S. *The application of the European Convention on Human Rights*. Oxford: Clarendon Press, 1987.

FEDOZZI, Prospero. La condition juridique de navires de commerce. *Recueil des Cours*, vol. 10 (1925-V), pp. 1-222.

REFERÊNCIAS BIBLIOGRÁFICAS | **1121**

FEFERBAUM, Marina. *Proteção internacional dos direitos humanos: análise do sistema africano*. São Paulo: Saraiva, 2012.

FENWICK, Charles. *The Organization of American States*. Washington, D.C.: Pan American Union, 1963.

FERNANDES, Carlos A. *Do asilo diplomático*. Coimbra: Coimbra Editora, 1961.

FERNÁNDEZ-SHAW, Félix. *La Organización de los Estados Americanos*. Madrid: Ediciones de Cultura Hispânica, 1963.

FERRAJOLI, Luigi. *Derechos y garantias: la ley del más débil*. Trad. Perfecto Andrés Ibáñez e Andrea Greppi. Madrid: Trotta, 1999.

FERRAJOLI, Luigi. *Direito e razão: teoria do garantismo penal*, 2ª ed. rev. e ampl. Trad. Ana Paula Zomer Sica (*et al.*). São Paulo: RT, 2006.

FERRAJOLI, Luigi. *A soberania no mundo moderno: nascimento e crise do Estado nacional*. Trad. Carlo Coccioli e Márcio Lauria Filho. São Paulo: Martins Fontes, 2007.

FERRAJOLI, Luigi. *Por uma teoria dos direitos e dos bens fundamentais*. Trad. Alexandre Salim (*et al.*). Porto Alegre: Livraria do Advogado, 2011.

FERRANTE, Miguel Jeronymo. *Nacionalidade: brasileiros natos e naturalizados*, 2ª ed. São Paulo: Saraiva, 1984.

FERRAZ JR., Tercio Sampaio. *Introdução ao estudo do direito: técnica, decisão, dominação*, 4ª ed., rev. e ampl. São Paulo: Atlas, 2003.

FERREIRA, Pinto. *Comentários à Constituição brasileira*, 1º vol. São Paulo: Saraiva, 1989.

FERRER, Carlos Jaime Villarroel. La competencia consultiva de los tribunales internacionales. *Revista de la Secretaría del Tribunal Permanente de Revisión*, año 2, nº 4, Asunción, mar./2014, pp. 13-26.

FEUILLADE, Milton C. El deber de investigar en la jurisprudencia de la Corte Interamericana de Derechos Humanos. *Direitos Humanos Fundamentais – Revista Mestrado em Direito*, ano 10, nº 2, Osasco: Unifieo, jul./dez./2010, pp. 13-75.

FINCH, George A. Les sources modernes du droit international. *Recueil des Cours*, vol. 53 (1935-III), pp. 531-629.

FIORATI, Jete Jane. *A disciplina jurídica dos espaços marítimos na Convenção das Nações Unidas sobre Direito do Mar de 1982 e na jurisprudência internacional*. Rio de Janeiro: Renovar, 1999.

FIORATI, Jete Jane. *Jus cogens: as normas imperativas de direito internacional público como modalidade extintiva dos tratados internacionais*. Franca: Ed. Unesp, 2002.

FIORIN, José Luiz. A construção da identidade nacional brasileira. *Bakhtiniana*, vol. 1, nº 1, São Paulo, jan./jun./2009, pp. 115-126.

FISCHER, Béat de. L'Ordre Souverain de Malte. *Recueil des Cours*, vol. 163 (1979-II), pp. 1-48.

FITZMAURICE, Gerald. The general principles of international law considered from the standpoint of the rule of law. *Recueil des Cours*, vol. 92 (1957-II), pp. 1-227.

FITZMAURICE, Malgosia A. The contribution of environmental law to the development of modern international law. In: *Theory of international law at the threshold of the*

1122 CURSO DE DIREITO INTERNACIONAL PÚBLICO – *Valerio de Oliveira Mazzuoli*

21st century: essays in honour of Krzysztof Skubiszewski. Jerzy Makarczyk (ed.). The Hague: Kluwer Law International, 1996, pp. 909-927.

FITZMAURICE, Malgosia A. International protection of the environment. *Recueil des Cours*, vol 293 (2001), pp. 9-488.

FITZMAURICE, Malgosia A.; ELIAS, Olufemi. *Contemporary issues in the law of treaties*. Utrecht: Eleven, 2005.

FIX-ZAMUDIO, Héctor. *Protección jurídica de los derechos humanos*. México, D.F.: Comisión Nacional de Derechos Humanos, 1991.

FIX-ZAMUDIO, Héctor. La protección procesal de los derechos humanos en la reforma constitucional argentina de agosto de 1994. In: *Derechos Humanos y Constitución en Iberoamérica (Libro-Homenaje a Germán J. Bidart Campos)*. José F. Palomino Manchego & José Carlos Remotti Garbonell (coords.). Lima: Instituto Iberoamericano de Derecho Constitucional, 2002.

FIX-ZAMUDIO, Héctor. El derecho internacional de los derechos humanos en las Constituciones latinoamericanas y en la Corte Interamericana de Derechos Humanos. *Revista Latinoamericana de Derecho*, año 1, nº 1, enero/junio de 2004.

FLAUSS, Jean-François. Le droit de recours individuel devant la Cour européenne des droits de l'homme: le Protocole nº 9 à la Convention Européenne des Droits de l'Homme. *Annuaire Français de Droit International*, vol. 36, Paris, 1990, pp. 507-519.

FLEISCHER, Carl August. The new régime of maritime fisheries. *Recueil des Cours*, vol. 209 (1988-II), pp. 99-222.

FOIS, Paolo. La protezione dell'ambiente nei sistemi internazionali regionali. In: *Il diritto internazionale dell'ambiente dopo il Vertice di Johannesburg*. Angela Del Vecchio & Arno Dal Ri Júnior (orgs.). Napoli: Scientifica, 2005, pp. 351-369.

FONSECA, Cosimo Damiano; D'ANGELA, Cosimo. *Gli archivi per la storia del Sovrano Militare Ordine di Malta: atti del III Convegno Internazionale di Studi Melitensi (Taranto, 18-21 ottobre 2001)*. Taranto: Centro Studi Melitensi, 2005.

FONSECA, Luiz Henrique Pereira da. *Organização Marítima Internacional (IMO): visão política de um organismo especializado das Nações Unidas*. Brasília: IPRI/MRE, 1989 (Coleção Relações Internacionais nº 5).

FONSECA, Vicente José Malheiros da. A imunidade de jurisdição e as ações trabalhistas. *Revista do Tribunal Superior do Trabalho*, vol. 69, nº 1, Brasília, jan./jun./2003, pp. 106-117.

FONTOURA, Jorge; GUNTHER, Luiz Eduardo. A natureza jurídica e a efetividade das recomendações da OIT. *Revista de Informação Legislativa*, ano 38, nº 150, Brasília: Senado Federal, abr./jun./2001, pp. 195-404.

FRAGA, Mirtô. Perda da nacionalidade brasileira: art. 146, II, Constituição Federal. Reaquisição da nacionalidade. *Arquivos do Ministério da Justiça*, nº 156, out./dez./1980, pp. 91-107.

FRAGA, Mirtô. *O novo estatuto do estrangeiro comentado*. Rio de Janeiro: Forense, 1985.

FRAGA, Mirtô. A dupla nacionalidade no direito brasileiro de acordo com a Emenda Constitucional de revisão nº 3 de 1994. *Arquivos do Ministério da Justiça*, ano 47, nº 184, jul./dez./1994, pp. 179-187.

FRAGA, Mirtô. *O conflito entre tratado internacional e norma de direito interno: estudo analítico da situação do tratado na ordem jurídica brasileira*. Rio de Janeiro: Forense, 1998.

FRANCA FILHO, Marcílio Toscano. *O silêncio eloquente: omissão do legislador e responsabilidade do Estado na Comunidade Europeia e no Mercosul*. Coimbra: Almedina, 2008.

FRANCA FILHO, Marcílio Toscano; MIALHE, Jorge Luís; JOB, Ulisses da Silveira (orgs.). *Epitácio Pessoa e a codificação do direito internacional*. Porto Alegre: Sergio Antonio Fabris, 2013.

FRANCIONI, Francesco. La conservation et la gestion des ressources de l'Antarctique. *Recueil des Cours*, vol. 260 (1996), pp. 239-404.

FRANCIONI, Francesco. International human rights in an environmental horizon. *The European Journal of International Law*, vol. 21, nº 1 (2010), pp. 41-55.

FRANCO FILHO, Georgenor de Sousa. *Imunidade de jurisdição trabalhista dos entes de direito internacional público*. São Paulo: LTr, 1986.

FRANCO FILHO, Georgenor de Sousa. Das imunidades de jurisdição e de execução nas questões trabalhistas. *Revista LTr*, ano 74, nº 1, São Paulo, jan./2010, pp. 19-23.

FRANCO FILHO, Georgenor de Sousa; MAZZUOLI, Valerio de Oliveira (orgs.). Direito internacional do trabalho: o estado da arte sobre a aplicação das convenções internacionais da OIT no Brasil. São Paulo: LTr, 2016.

FREITAS, Vladimir Passos de (coord.). *Comentários ao Estatuto do Estrangeiro e opção de nacionalidade*. Campinas: Millennium, 2006.

FREYRE, Mario Castillo; MINAYA, Rita Sabroso. *La teoría de los actos proprios: doctrina y jurisprudencia*, 2.ª ed. Breña: Instituto Pacífico, 2017.

FRIEDMANN, Wolfgang. *Mudança da estrutura do direito internacional*. Trad. A. S. Araújo. Rio de Janeiro: Freitas Bastos, 1971.

FRIEDRICH, Tatyana Scheila. *As normas imperativas de direito internacional público jus cogens*. Belo Horizonte: Fórum, 2004.

GABSCH, Rodrigo d'Araujo. *Aprovação de tratados internacionais pelo Brasil: possíveis opções para acelerar o seu processo*. Brasília: Fundação Alexandre de Gusmão, 2010.

GAILLARD, Emmanuel. L'ordre juridique arbitral: réalité, utilité et spécificité (Conférence commémorative John E. C. Brierley). *McGill Law Journal*, vol. 55 (2010), pp. 892-907.

GAILLARD, Emmanuel. *Teoria jurídica da arbitragem internacional*. Trad. Natália Mizrahi Lamas. São Paulo: Atlas, 2014.

GAJA, Giorgio. Jus cogens beyond the Vienna convention. *Recueil des Cours*, vol. 172 (1981-III), pp. 271-316.

GALGANO, Francesco. *Lex Mercatoria: storia del diritto commerciale*. Bologna: Il Mulino, 1993.

GAMBLE JR., John King. Reservations to multilateral treaties: a macroscopic view of State practice. *American Journal of International Law*, vol. 74, nº 2 (April 1980), pp. 272-394.

GARCÍA, Eduardo Meier. *La eficacia de las sentencias de la Corte Interamericana de Derechos Humanos frente a las prácticas ilegítimas de la Sala Constitucional*. Caracas: Academia de Ciencias Políticas y Sociales, 2013.

1124 CURSO DE DIREITO INTERNACIONAL PÚBLICO – *Valerio de Oliveira Mazzuoli*

GARCIA, Eugênio Vargas. *O Brasil e a Liga das Nações (1919-1926)*, 2ª ed. Porto Alegre: Editora da UFRGS, 2005.

GARCIA, Márcio Pereira Pinto. Tratados e poder terminativo na Constituição de 1988. *Revista de Informação Legislativa*, ano 45, nº 179, Brasília: Senado Federal, jul./set./2008, pp. 233-240.

GARCIA, Márcio Pereira Pinto. *A terminação de tratado e o Poder Legislativo à vista do direito internacional, do direito comparado e do direito constitucional internacional brasileiro*. Rio de Janeiro: Renovar, 2011.

GARCIA, Márcio Pereira Pinto; MADRUGA FILHO, Antenor Pereira (coords.). *A imunidade de jurisdição e o judiciário brasileiro*. Brasília: CEDI, 2002.

GARCIA-AMADOR, F. V.; SOHN, Louis B.; BAXTER, R. R. *Recent codification of the law of State responsibility for injuries to aliens*. Dobbs Ferry, N.Y.: Oceana Publications, 1974.

GARDINER, Richard K. *Treaty interpretation*. New York: Oxford University Press, 2008.

GARGIULO, P. The relationship between the ICC and the Security Council. In: *The International Criminal Court: comments on the draft Statute*. Napoli: Editoriale Scientifica, 1998, pp. 95-119.

GARNER, James W. Le développement et les tendances récentes du droit international. *Recueil des Cours*, vol. 35 (1931-I), pp. 605-720.

GEMMA, Scipione. Les gouvernements de fait. *Recueil des Cours*, vol. 4 (1924-III), pp. 293-414.

GENET, Raoul. *Traité de diplomatie et de droit diplomatique*, t. I (L'Agent Diplomatique). Paris: A. Pedone, 1931.

GHEBALI, Victor-Yves. *The International Labour Organization: a case study on the evolution of U.N. specialised agencies*. London: Martinus Nijhoff, 1989.

GIBERTONI, Carla Adriana Comitre. *Teoria e prática do direito marítimo*, 2ª ed. rev. e atual. Rio de Janeiro: Renovar, 2005.

GIDEL, Gilbert. Droits et devoirs des nations: la théorie classique des droits fondamentaux des États. *Recueil des Cours*, vol. 10 (1925-V), pp. 537-597.

GIDEL, Gilbert. La mer territoriale et la zone contigue. *Recueil des Cours*, vol. 48 (1934-II), pp. 133-278.

GIGENA, Carlos Torres. *Asilo diplomático: su práctica y teoría*. Buenos Aires: La Ley, 1960.

GIL GIL, Alicia. *El genocidio y otros crímenes internacionales*. Valencia: UNED, 1999.

GIULIANO, Mario. Les relations et immunités diplomatiques. *Recueil des Cours*, vol. 100 (1960-II), pp. 75-202.

GODOY, Arnaldo Sampaio de Moares. *Direito tributário comparado e tratados internacionais fiscais*. Porto Alegre: Sergio Antonio Fabris, 2005.

GODOY, Arnaldo Sampaio de Moares. As imunidades das embaixadas nas execuções trabalhistas na construção jurisprudencial do Supremo Tribunal Federal. *Revista do Instituto do Direito Brasileiro*, ano 2, nº 7, Lisboa, 2013, pp. 7.073-7.092.

GOETZ, Walter (coord.). *Historia Universal*, t. I. Trad. Manuel García Morente. Madrid: Espasa-Calpe, 1945.

REFERÊNCIAS BIBLIOGRÁFICAS | **1125**

GOLDMAN, Berthold. Frontières du droit et *lex mercatoria*. *Archives de Philosophie du Droit*, nº 9 (Le droit subjectif en question), Paris: Sirey, 1964, pp. 177-192.

GOLDSCHMIDT, Werner. *Introducción filosófica al derecho: teoria trialista del mundo jurídico y sus horizontes*, 6ª ed., 4ª reimp. Buenos Aires: Depalma, 1987.

GOLUB, Stephen S. Are international labor standards needed to prevent social dumping? *Finance & Development*, vol. 34, nº 4, dec./1997, pp. 20-23.

GOMES, Carla Amado. A proteção internacional do ambiente na Convenção de Montego Bay. In: *Estudos em homenagem à Professora Doutora Isabel de Magalhães Collaço*, vol. II. Coimbra: Almedina, 2002, pp. 695-724.

GOMES, Carla Amado. Escrever verde por linhas tortas: o direito ao ambiente na jurisprudência do Tribunal Europeu dos Direitos do Homem. In: *Textos dispersos de direito do ambiente*, vol. III. Lisboa: Associação Acadêmica da Faculdade de Direito, 2010, pp. 165-205.

GOMES, Eduardo Biacchi. *Manual de direito da integração regional*. Curitiba: Juruá, 2011.

GOMES, Eduardo Biacchi. La democratización del acceso al Tribunal Permanente de Revisión del Mercosur a través de las opiniones consultivas. *Revista de la Secretaría del Tribunal Permanente de Revisión*, año 2, nº 4, Asunción, mar./2014, pp. 49-63.

GOMES, Luiz Flávio. *Estado constitucional de direito e a nova pirâmide jurídica*. São Paulo: Premier Máxima, 2008.

GOMES, Luiz Flávio; MAZZUOLI, Valerio de Oliveira. O Brasil e o sistema interamericano de proteção dos direitos humanos. In: *Novos rumos do direito penal contemporâneo: livro em homenagem ao Prof. Dr. Cezar Roberto Bitencourt*. Andrei Zenkner Schmidt (coord.). Rio de Janeiro: Lúmen Júris, 2006, pp. 427-437.

GOMES, Luiz Flávio; MAZZUOLI, Valerio de Oliveira. *Direito supraconstitucional: do absolutismo ao Estado Constitucional e Humanista de Direito*. São Paulo: RT, 2010.

GOMES, Luiz Flávio; MAZZUOLI, Valerio de Oliveira. Características gerais do direito (especialmente do direito internacional) na pós-modernidade. *Revista Forense*, ano 106, vol. 412, Rio de Janeiro, nov./dez./2010, pp. 467-485.

GOMES, Luiz Flávio; MAZZUOLI, Valerio de Oliveira (orgs.). *Crimes da ditadura militar: uma análise à luz da jurisprudência atual da Corte Interamericana de Direitos Humanos*. São Paulo: RT, 2011.

GOMES, Luiz Flávio; MAZZUOLI, Valerio de Oliveira. *Comentários à Convenção Americana sobre Direitos Humanos (Pacto de San José da Costa Rica)*, 4ª ed. rev., atual. e ampl. São Paulo: RT, 2013.

GOMES, Luiz Flávio; MOLINA, Antonio García-Pablos de. *Direito penal: parte geral*, vol. 2. São Paulo: RT, 2007.

GOMES, Luiz Flávio; VIGO, Rodolfo Luis. *Do Estado de direito constitucional e transnacional: riscos e precauções (navegando pelas ondas evolutivas do Estado, do direito e da justiça)*. São Paulo: Premier Máxima, 2008.

GOMES, Olívia Maria Cardoso. *Anistia e responsabilização: a punição dos crimes das ditaduras nas democracias pós-autoritárias argentina e brasileira*. Rio de Janeiro: Lumen Juris, 2023.

GÓMEZ ROBLEDO, Antonio. Le *ius cogens* international: sa genèse, sa nature, ses fonctions. *Recueil des Cours*, vol. 172 (1981-III), pp. 9-218.

GÓMEZ ROBLEDO, Antonio. *El* ius cogens *internacional: estudio histórico-crítico*. México, D.F.: UNAM, 2003.

GOMIEN, Donna; HARRIS, David; ZWAAK, Leo. *Law and practice of the European Convention on Human Rights and the European Social Charter*. Strasbourg: Council of Europe Publishing, 1996.

GONÇALVES, Joanisval Brito. *Tribunal de Nuremberg 1945-1946: a gênese de uma nova ordem no direito internacional*. Rio de Janeiro: Renovar, 2001.

GONZÁLEZ, Jorge Chediak; RODRÍGUEZ, Pablo Benítez. Acerca de la competencia consultiva del Tribunal Permanente de Revisión del Mercosur y de la experiencia del poder judicial del Uruguay en la tramitación de opiniones consultivas. *Revista de la Secretaría del Tribunal Permanente de Revisión*, año 2, n° 4, Asunción, mar./2014, pp. 83-91.

GONZÁLEZ M., Felipe. El sistema interamericano de derechos humanos y su eficacia: evaluación y perspectivas futuras. In: *Estudios Básicos de Derechos Humanos*, n° 6. San José, Costa Rica: IIDH, 1996, pp. 435-445.

GONZÁLEZ M., Felipe. Derechos humanos y procesos de globalización en América Latina. *Anuario de Filosofía Jurídica y Social*, n° 14, 1997, pp. 201-215.

GOUVEIA, Jorge Bacelar. *O direito de passagem inofensiva no novo direito internacional do mar*. Lisboa: Lex, 1993.

GOUVEIA, Jorge Bacelar. *Manual de direito internacional público*. Rio de Janeiro: Renovar, 2005.

GOUVEIA, Jorge Bacelar. *Ensinar direito internacional público*. Coimbra: Almedina, 2006.

GOUVEIA, Jorge Bacelar. *Direito internacional humanitário: introdução, textos fundamentais*. Coimbra: Almedina, 2006.

GOUVEIA, Jorge Bacelar. *Direito internacional penal: uma perspectiva dogmático-crítica*. Coimbra: Almedina, 2008.

GOUVEIA, Jorge Bacelar. *Manual de direito constitucional*, vol. II, 3ª ed. rev. e atual. Coimbra: Almedina, 2009.

GOYAU, Georges. L'église catholique et le droit des gens. *Recueil des Cours*, vol. 6 (1925-I), pp. 123-239.

GÖZLER, Kemal. La question de la supériorité des normes de droit international sur la Constitution. *Ankara Üniversitesi Hukuk Fakültesi Dergisi*, vol. 45, n° 1-4, 1996, pp. 195-211.

GRASER, Stefan. *Droit international pénal conventionnel*. Bruxelles: Bruylant, 1970.

GREIG, D. W. *International law*. London: Butterworths, 1970.

GRIBEL, Gabriela Frazão. *As cortes domésticas e a garantia do cumprimento do direito internacional*. Curitiba: Juruá, 2011.

GROPPALI, Alexandre. *Doutrina do Estado*, 2ª ed. Trad. Paulo Edmur de Souza Queiroz. São Paulo: Saraiva, 1962.

GROS ESPIELL, Héctor. Le système interaméricain comme régime régional de protection internationale des droits de l'homme. *Recueil des Cours*, vol. 145 (1975-II), pp. 1-55.

GROS ESPIELL, Héctor. La Convention Américaine et la Convention Européenne des Droits de l'Homme: analyse comparative. *Recueil des Cours*, vol. 218 (1989-VI), pp. 167-412.

GROSS, Leo. Voting in the Security Council: abstention in the post-1965 amendment phase and its impact on article 25 of the Chapter. *American Journal of International Law*, vol. 62 (1968), pp. 315-334.

GROTIUS, Hugo. *Mare Liberum: sive De Jure quod Batavis competit ad Indicana commercio dissertatio*. Leiden, 1609.

GROTIUS, Hugo. *Del derecho de la guerra y de la paz*, 4 tomos. Trad. Jaime Torrubiano Ripoll. Madrid: Editorial Reus, 1925.

GROTIUS, Hugo. *The free sea*. Trad. Richard Hakluyt (David Armitage, ed.). Indianapolis: Liberty Fund, 2004.

GRUPENMACHER, Betina Treiger. *Tratados internacionais em matéria tributária e ordem interna*. São Paulo: Dialética, 1999.

GUASTINI, Riccardo. *Estudios de teoría constitucional*. México, D.F.: UNAM, 2001.

GUGGENHEIM, Paul. La validité et la nullité des actes juridiques internationaux. *Recueil des Cours*, vol. 74 (1949-I), pp. 191-268.

GUGGENHEIM, Paul. *Les deux éléments de la coutume en droit international public*. Paris: Études Scelle, 1950. vol. 1.

GUGGENHEIM, Paul. Contribution à l'histoire des sources du droit des gens. *Recueil des Cours*, vol. 94 (1958-II), pp. 1-84.

GUILLAUME, Gilbert. Terrorisme et droit international. *Recueil des Cours*, vol. 215 (1989-III), pp. 287-416.

GUIMARÃES, Francisco Xavier da Silva. *Medidas compulsórias: a deportação, a expulsão e a extradição*. 2ª ed. Rio de Janeiro: Forense, 2002.

GUIMARÃES, Francisco Xavier da Silva. *Nacionalidade: aquisição, perda e reaquisição*, 2ª ed. Rio de Janeiro: Forense, 2002.

GUIMARÃES, Hélio de Miranda. *Organização Internacional do Trabalho: constituição, convenções em vigor no Brasil*. São Paulo: Fulgor, 1963.

GUNTHER, Luiz Eduardo. *A OIT e o direito do trabalho no Brasil*. Curitiba: Juruá, 2011.

GURUSWAMY, Lakshman D. *International environmental law in a nutshell*, 4th ed. St. Paul: Thomson Reuters, 2012.

GUTIÉRREZ, Carlos José. *La Corte de Justicia Centroamericana*. San José: Juricentro, 1978.

GUTIÉRREZ DE CAVIEDES, Antonio Poch. Comunidad internacional y sociedad internacional. *Revista de Estudios Políticos*, vol. VI, Madrid, 1943, pp. 341-400.

GUTIÉRREZ DE CAVIEDES, Antonio Poch. De la clause *rebus sic stantibus* à la clause de révision dans les conventions internationales. *Recueil des Cours*, vol. 118 (1966-II), pp. 105-208.

GUYER, Roberto E. The Antarctic system. *Recueil des Cours*, vol. 139 (1973-II), pp. 149-226.

HABERMAS, Jürgen. O Estado-nação europeu frente aos desafios da globalização. Trad. Antonio Sérgio Rocha. *Novos Estudos (Revista do CEBRAP)*, nº 43, São Paulo, nov./1995, pp. 87-101.

HALLIDAY, Fred. *Rethinking international relations*. London: Macmillan, 1994.

HALLIDAY, Fred. *Repensando as relações internacionais*, 2ª ed. Trad. Cristina Soreanu Pecequilo. Porto Alegre: Editora da UFRGS, 2007.

HAMELENGUA, M. *L'Organisation de l'Unité Africaine*. Paris, Silex, 1984.

HAMMARSKJÖLD, Å. Les immunités des personnes investies de fonctions internationales. *Recueil des Cours*, vol. 56 (1936-II), pp. 107-211.

HANNIKAINEN, Lauri. *Peremptory norms (jus cogens) in international law: historical development, criteria, present status*. Helsinque: Finnish Lawyers' Publishing, 1988.

HARASZTI, György. Treaties and the fundamental change of circumstances. *Recueil des Cours*, vol. 146 (1975-III), pp. 1-94.

HARDY, Michael. *Modern diplomatic law*. Manchester: University Press, 1968.

HAROLD, Nicolson. *La diplomacia*. México, D.F.: Fondo de Cultura Económica, 1975.

HARRIS, David; O'BOYLE, Michael; WARBRICK, Colin. *Law of the European Convention on Human Rights*. London: Butterworths, 1995.

HASBI, Aziz [Art. 74]. In: *La Charte des Nations Unies: commentaire article par article*, vol. II, 3ᵉ éd. Jean-Pierre Cot; Alain Pellet (dir.); Mathias Forteau (secrét. réd.). Paris: Economica, 2005, pp. 1770-1789.

HATHAWAY, James C. *The law of refugee status*. Toronto: Butterworth, 1991.

HATHAWAY, James C. *The rights of refugees under international law*. Cambridge: Cambridge University Press, 2005.

HEALY, Thomas H. La condition juridique de l'étranger, spécialement aux Etats-Unis. *Recueil des Cours*, vol. 27 (1929-II), pp. 397-496.

HEILBORN, Paul. *Das völkerrechtliche Protektorat*. Berlin: Berlag von Julius Springer, 1891.

HEILBORN, Paul. Les sources du droit international. *Recueil des Cours*, vol. 11 (1926-I), pp. 1-63.

HENKIN, Louis; PUGH, Richard Crawford; SCHACHTER, Oscar; SMIT, Hans. *International law: cases and materials*, 3ʳᵈ ed. St. Paul, MN: West Publishing, 1993.

HENNEBEL, Ludovic. *La jurisprudence du Comité des droits de l'homme des Nations Unies: le pacte international relatif aux droits civils et politiques et son mécanisme de protection individuelle*. Bruxelles: Bruylant, 2007.

HENNEBEL, Ludovic; TIGROUDJA, Hélène. Chronique de la jurisprudence de la Cour Interaméricaine des Droits de l'Homme (2006-2007). *Revue Trimestrielle des Droits de l'Homme*, vol. 76 (2008), pp. 1007-1058.

HENZELIN, Marc. La compétence pénale universelle: une question non resolue par l'arrêt Yerodia. *Revue Générale de Droit International Public*, vol. 106, nº 4 (2002), pp. 819-854.

HIGGINS, Rosalyn. *Problems & process: international law and how we use it*. Oxford: Oxford University Press, 1994.

HITTERS, Juan Carlos. *Derecho internacional de los derechos humanos*, t. II: Sistema Interamericano. Buenos Aires: Ediar, 1993.

HITTERS, Juan Carlos. Control de convencionalidad (adelantos y retrocesos). *Estudios Constitucionales*, año 13, nº 1, Talca: Universidad de Talca, 2015, pp. 123-162.

REFERÊNCIAS BIBLIOGRÁFICAS | 1129

HÖFFE, Otfried. *A democracia no mundo de hoje*. Trad. Tito Lívio Cruz Romão. São Paulo: Martins Fontes, 2005.

HOLLOWAY, Kaye. *Modern trends in treaty law: constitutional law, reservations and the three modes of legislation*. London: Stevens & Sons, 1967.

HOOGH, André de. *Obligations* erga omnes *and international crimes: a theoretical inquiry into the implementation and enforcement of the international responsibility of States*. The Hague: Kluwer Law International, 1996.

HORTATOS, Constantine P. *Individual criminal responsibility for human rights atrocities in international criminal law and the creation of a permanent International Criminal Court*. Athens: Ant. N. Sakkoulas Publishers, 1999.

HORVATH, Estevão. Tratados internacionais em matéria tributária e os tributos estaduais e municipais. *Revista da Academia Brasileira de Direito Constitucional*, vol. 5, Curitiba: ABDC, 2004, pp. 55-69.

HUBER, Jean. *Le droit de conclure des traités internationaux*. Montreux: Ganguin & Laubsher, 1951.

HUCK, Hermes Marcelo. *Da guerra justa à guerra econômica: uma revisão sobre o uso da força em direito internacional*. São Paulo: Saraiva, 1996.

HUDSON, Manley O. *The Permanent Court of International Justice*. New York: Macmillan, 1943.

HUMPHREY, John P. The implementation of international human rights law. *New York Law School Review*, vol. 24 (1978), pp. 31-33.

HUNGRIA, Nélson. *Comentários ao Código Penal*, vol. I, t. I, 5ª ed. Rio de Janeiro: Forense, 1977.

HUNT, Lynn. *A invenção dos direitos humanos: uma história*. Trad. Rosaura Eichenberg. São Paulo: Cia. das Letras, 2009.

HURD, Ian. *International organizations: politics, law, practice*. Cambridge: Cambridge University Press, 2011.

HURST, Cecil. Les immunités diplomatiques. *Recueil des Cours*, vol. 12 (1926-II), pp. 115-245.

IKAWA, Daniela. Universalismo, relativismo e direitos humanos. In: *Direito internacional dos direitos humanos: estudos em homenagem à Professora Flávia Piovesan*. Maria de Fátima Ribeiro & Valerio de Oliveira Mazzuoli (coords.). Curitiba: Juruá, 2004, pp. 117-126.

ISAY, Ernst. De la nationalité. *Recueil des Cours*, vol. 5 (1924-IV), pp. 425-471.

ITUASSÚ, Oyama Cesar. *Curso de direito internacional público*. Rio de Janeiro: Forense, 1986.

JACKSON, Robert H. *Quasi-States: sovereignty, international relations, and the Third World*. Cambridge: Cambridge University Press, 1990.

JACQUÉ, Jean-Paul. Acte et norme en droit international public. *Recueil des Cours*, vol. 227 (1991-II), pp. 357-417.

JANIS, Mark Weston. *The american tradition of international law 1789-1914*. New York: Oxford University Press, 2004.

JANSSEN-PEVTSCHIN, Geneviève. Le Protocole nº 11 à la Convention Européenne des Droits de l'Homme. *Revue Trimestrielle des Droits de l'Homme*, nº 20, out./1994, pp. 483-500.

JAPIASSÚ, Carlos Eduardo Adriano. *O Tribunal Penal Internacional: a internacionalização do direito penal*. Rio de Janeiro: Lumen Juris, 2004.

JARDIM, Tarciso Dal Maso. O Tribunal Penal Internacional e sua importância para os direitos humanos. In: *O que é o Tribunal Penal Internacional*. Brasília: Câmara dos Deputados/Coordenação de Publicações, 2000, pp. 15-33.

JAYME, Erik. *Narrative Normen im Internationalen Privat- und Verfahrensrecht*. Tübingen: Eberhard-Karls-Universität, 1993.

JAYME, Erik. Identité culturelle et intégration: le droit international privé postmoderne. *Recueil des Cours*, vol. 251 (1995), pp. 9-267.

JENKS, C. Wilfred. Liability for ultra-hazardous activities in international law. *Recueil des Cours*, vol. 117 (1966-I), pp. 99-200.

JESSUP, Phipip C. L'exploitation des richesses de la mer. *Recueil des Cours*, vol. 29 (1929-IV), pp. 401-514.

JESSUP, Phipip C. *Direito transnacional*. Trad. Carlos Ramires Pinheiro da Silva. Rio de Janeiro: Fundo de Cultura, 1965.

JIMÉNEZ DE ARÉCHAGA, Eduardo. La coordination des systèmes de L'ONU et de l'Organisation des États Américains pour le règlement pacifique des différends et la sécurité collective. *Recueil des Cours*, vol. 111 (1964-I), pp. 419-526.

JIMÉNEZ DE ARÉCHAGA, Eduardo. *El derecho internacional contemporáneo*. Madrid: Tecnos, 1980.

JOHNSON, M. Glen. Writing the Universal Declaration of Human Rights. In: *The Universal Declaration of Human Rights: a history of its creation and implementation 1948-1998*. M. Glen Johnson & Janusz Symonides (orgs.). Paris: UNESCO, 1998, pp. 19-76.

JONES, J. Mervyn. *Full powers and ratification*. Cambridge: Cambridge University Press, 1946.

JORDA, Claude. Du Tribunal Pénal International pour l'ex-Yougoslavie à la Cour Pénale Internationale: de quelques observations et enseignements. *Recueil des Cours*, vol. 307 (2004), pp. 9-24.

JUBILUT, Liliana Lyra. Refugee law and protection in Brazil: a model in South America? *Journal of Refugee Studies*, vol. 19(1), Oxford (March 2006), pp. 22-44.

JUBILUT, Liliana Lyra. *O direito internacional dos refugiados e sua aplicação no ordenamento jurídico brasileiro*. São Paulo: Método, 2007.

JUBILUT, Liliana Lyra. *Não intervenção e legitimidade internacional*. São Paulo: Saraiva, 2010.

JUGO, Gabriela. El derecho de recurrir la sentença penal condenatoria y los instrumentos internacionales de derechos humanos. In: *Los derechos humanos en el proceso penal: función en el derecho interno, detención, prisión preventiva, recurso contra la sentencia de condena*. Luis M. García (coord.). Buenos Aires: Depalma, 2002, pp. 248-297.

KAMTO, Maurice. La volonté de l'État en droit international. *Recueil des Cours*, vol. 310 (2004), pp. 9-428.

KASTRUP, Dieter. From Nuremberg to Rome and beyond: the fight against genocide, war crimes, and crimes against humanity. *Fordham International Law Journal*, vol. 23, n° 2, dec./1999, pp. 404-414.

KEITH, Kenneth James. *The extent of the advisory jurisdiction of the International Court of Justice*. Leiden: Sijthoff, 1971.

KEITH, Kenneth James. International Court of Justice: reflections on the electoral process. *Chinese Journal of International Law*, vol. 9 (2010), pp. 49-80.

KELSEN, Hans. Les rapports de système entre le droit interne et le droit international public. *Recueil des Cours*, vol. 4 (1926-IV), pp. 227-331.

KELSEN, Hans. Théorie générale du droit international public: problèmes choisis. *Recueil des Cours*, vol. 42 (1932-IV), pp. 117-351.

KELSEN, Hans. Théorie du droit international public. *Recueil des Cours*, vol. 84 (1953-III), pp. 1-203.

KELSEN, Hans. *Teoria geral do direito e do Estado*. Trad. Luís Carlos Borges. São Paulo: Martins Fontes, 1990.

KELSEN, Hans. *Teoria pura do direito*, 7ª ed. Trad. João Baptista Machado. São Paulo: Martins Fontes, 2006.

KELSEN, Hans. *Princípios do direito internacional*. Trad. Gilmar Antonio Bedin e Ulrich Dressel. Ijuí: Editora Unijuí, 2010.

KISS, Alexandre. La notion de patrimoine commun de l'humanité. *Recueil des Cours*, vol. 175 (1982-II), pp. 99-256.

KISS, Alexandre. *Droit international de l'environnement*. Paris: A. Pedonne, 1989.

KISS, Alexandre; SHELTON, Dinah. *Traité de droit européen de l'environnement*. Paris: Frison-Roche, 1995.

KISS, Alexandre; SHELTON, Dinah. *Guide to international environmental law*. Leiden: Martinus Nijhoff, 2007.

KITCHEN, K. A. *Pharaoh Triumphant: the life and times of Ramesses II*, 2ª ed. Cairo, Egypt: American University in Cairo Press (*et al.*), 1997.

KLABBERS, Jan. *The concept of treaty in international law*. The Hague: Kluwer Law International, 1996.

KLABBERS, Jan. Some problems regarding the object and purpose of treaties. *The Finnish Yearbook of International Law*, vol. VIII (1997), pp. 138-160.

KLAFKOWSKI, Alfons. Les formes de cessation de l'état de guerre en droit international (les formes classiques et non classiques). *Recueil des Cours*, vol. 149 (1976-I), pp. 217-286.

KLEIN, Pierre. Le droit international à l'épreuve du terrorisme. *Recueil des Cours*, vol. 321 (2006), pp. 203-484.

KOH, Jean Kyongun. Reservations to multilateral treaties: how international legal doctrine reflects world vision. *Harvard International Law Journal*, vol. 23, n° 1 (1982), pp. 71-116.

KOLB, Robert. *An introduction to the law of the United Nations*. Oxford: Hart Publishing, 2010.

KOLB, Robert. *La bonne foi en droit international public*: contribution à l'étude des principes généraux de droit. Paris: PUF, 2000.

KOMARNICKI, Titus. The place of neutrality in the modern system of international law: five lectures. *Recueil des Cours*, vol. 80 (1952-I), pp. 395-510.

KOPELMANAS, Lazare. Custom as a means of the creation of international law. *British Yearbook of International Law*, vol. 18 (1937), pp. 127-151.

KORFF, Serge A. Introduction à l'histoire du droit international. *Recueil des Cours*, vol. 1 (1923-I), pp. 5-23.

KRAUS, Herbert. Système et fonctions des traités internationaux. *Recueil des Cours*, vol. 50 (1934-IV), pp. 311-400.

KRIEGER, César Amorim. *Direito internacional humanitário: o precedente do Comitê Internacional da Cruz Vermelha e o Tribunal Penal Internacional*. Curitiba: Juruá, 2004.

KRSTICEVIC, Viviana. Reflexões sobre a execução das decisões do sistema interamericano de proteção dos direitos humanos. In: *Implementação das decisões do sistema interamericano de direitos humanos: jurisprudência, instrumentos normativos e experiências nacionais*. Viviana Krsticevic & Liliana Tojo (coords.). Trad. Rita Lamy Freund. Rio de Janeiro: CEJIL, 2009, pp. 15-103.

KRÜGER, Herbert. Völkerrecht im Bundesstaat. *Um Recht und Gerechtigkeit*: Festgabe für Erich Kaufmann zu seinem 70. Geburtstage, 21 September 1950; überreicht von Freunden, Verehrern und Schülern. Stuttgart und Köln: W. Kohlhammer Verlag, 1950, pp. 239-248.

KUNIG, Philip; BENEDEK, Wolfgang; MAHALU, Costa R. (eds.). *Regional protection of human rights by international law: the emerging african system (documents and three introductory essays)*. Baden-Baden: Nomos, 1985.

KUNZ, Joseph L. L'option de nationalité. *Recueil des Cours*, vol. 31 (1930-I), pp. 107-176.

L'HUILLIER, Jean. *Éléments de droit international public*. Paris: Rousseau, 1950.

LA PRADELLE, Paul de Geouffre de. Les frontières de l'air. *Recueil des Cours*, vol. 86 (1954-II), pp. 117-202.

LACHARIÉRE, Guy de. Aspects récents de la clause de la nation la plus favorisée. *Annuaire Français de Droit International*, vol. 7, Paris, 1961, pp. 107-117.

LACHS, Manfred. Lê développement et les fonctions des traités multilatéraux. *Recueil des Cours*, vol. 92 (1957-II), pp. 229-341.

LAFER, Celso. *Dumping* social. In: *Direito e comércio internacional: tendências e perspectivas (estudos em homenagem ao Prof. Irineu Strenger)*. Luiz Olavo Baptista, Hermes Marcelo Huck & Paulo Borba Casella (coords.). São Paulo: LTr, 1994, pp. 161-164.

LAFER, Celso. *A OMC e a regulamentação do comércio internacional: uma visão brasileira*. Porto Alegre: Livraria do Advogado, 1998.

LAFER, Celso. *A reconstrução dos direitos humanos: um diálogo com o pensamento de Hannah Arendt*, 4ª reimp. São Paulo: Cia. das Letras, 2001.

LAFER, Celso. *A internacionalização dos direitos humanos: Constituição, racismo e relações internacionais*. Barueri: Manole, 2005.

LAFER, Celso. Declaração Universal dos Direitos Humanos (1948). In: *História da paz*. Demétrio Magnoli (org.). São Paulo: Contexto, 2008, pp. 297-329.

LAFER, Celso. A ilegalidade da incorporação da Venezuela. *Folha de S.Paulo*, de 04.07.2012, Caderno Opinião, p. A3.

LAFER, Celso. Apontamentos sobre a internacionalização do direito constitucional brasileiro. In: *Direito internacional contemporâneo*. Luiz Olavo Baptista, Larissa Ramina & Tatyana Scheila Friedrich (coords.). Curitiba: Juruá, 2014, pp. 87-107.

LAFER, Celso. *Direitos humanos: um percurso no direito no século XXI*. São Paulo: Atlas, 2015.

LAGARDE, Paul. *La nationalité française*. Paris: Dalloz, 1975.

LAGE, Délber Andrade. *A jurisdicionalização do direito internacional*. Belo Horizonte: Del Rey, 2009.

LAKHTINE, V. L. *Prava na severnye polyarnye prostranstva*. Moscow: Izdanie Litizdata Narodnogo Komissariata po Inostrannym Delam, 1928.

LAKHTINE, V. L. Rights over the Arctic. *American Journal of International Law*, vol. 24 (1930), pp. 703-717.

LALIVE, Jean-Flavien. L'immunité de juridiction des États et des organisations internationales. *Recueil des Cours*, vol. 84 (1953-III), pp. 205-396.

LAMBERT, Elisabeth. *Les effets des arrêts de la Cour Européenne des Droits de l'Homme: contribution à une approche pluraliste du droit européen des droits de l'homme*. Bruxelles: Bruylant, 1999.

LAMBERT, Jean-Marie. *História da África Negra*. Goiânia: Kelps, 2001.

LAMBERT, Jean-Marie. *Curso de direito internacional público*, vol. I (*O mundo global*), 5ª ed. Goiânia: Kelps, 2004.

LAMBERT, Jean-Marie. *Curso de direito internacional público*, vol. II (*Fontes e sujeitos*), 3ª ed. Goiânia: Kelps, 2003.

LAMBERT, Jean-Marie. *Curso de direito internacional público*, vol. III (*A regência neoliberal*), 2ª ed. Goiânia: Kelps, 2002.

LAMBERT, Jean-Marie. *Curso de direito internacional público*, vol. IV (*O Mercosul em questão*). Goiânia: Kelps, 2002.

LANDA, Cesar. Implementação das decisões do sistema interamericano de direitos humanos no ordenamento constitucional peruano. In: *Implementação das decisões do sistema interamericano de direitos humanos: jurisprudência, instrumentos normativos e experiências nacionais*. Viviana Krsticevic & Liliana Tojo (coords.). Trad. Rita Lamy Freund. Rio de Janeiro: CEJIL, 2009, pp. 133-148.

LANG, Jack. *Le plateau continental de la mer du nord*. Paris: LGDJ, 1970.

LANGLOIS, Anthony J. Asian regionalism and human rights: the case of the ASEAN Intergovernmental Commission on Human Rights. In: *Handbook of Asian Regionalism*. Mark Beeson & Richard Stubbs (eds.). London: Routledge, 2010, pp. 216-225.

LANTIS, Jeffrey S. *The life and death of international treaties: double-edged diplomacy and the politics of ratification in comparative perspective*. New York: Oxford University Press, 2009.

LATTANZI, Flavia. *Garanzie dei diritti dell'uomo nel diritto internazionale generale*. Milano: Giuffrè, 1983.

LATTY, Franck. *La lex sportiva: recherche sur le droit transnational*. Leiden: Martinus Nijhoff, 2007.

LAUTERPACHT, Hersch. Les travaux préparatoires et l'interprétation des traités. *Recueil des Cours*, vol. 48 (1934-II), pp. 709-817.

LAUTERPACHT, Hersch. Règles générales du droit de la paix. *Recueil des Cours*, vol. 62 (1937-IV), pp. 95-422.

LAUTERPACHT, Hersch. The international protection of human rights. *Recueil des Cours*, vol. 70 (1947-I), pp. 1-108.

LAUTERPACHT, Hersch. Restrictive interpretation and the principle of effectiveness in the interpretation of treaties. *British Yearbook of International Law*, vol. 26 (1949), pp. 48-85.

LAUTERPACHT, Hersch. *The development of international law by the International Court*. London: Stevens & Sons, 1958.

LAVIOLETTE, Nicole. The principal international human rights instruments to which Canada has not yet adhered. *Windsor Yearbook of Access to Justice*, vol. 24, nº 2 (2006), pp. 267-325.

LAWRENCE, Thomas Joseph. *Les principes de droit international*. Oxford: Imprimerie de l'Université, 1920.

LE FUR, Louis. *Le Saint-Siège et le droit des gens*. Paris: Sirey, 1930.

LE FUR, Louis. *Précis de droit international public*, 4ª ed. Paris: Dalloz, 1939.

LEANZA, Umberto. Le régime juridique international de la mer méditerranée. *Recueil des Cours*, vol. 236 (1992-V), pp. 127-460.

LEARY, Virginia A. *International labour conventions and national law: the effectiveness of the automatic incorporation of treaties in national legal systems*. The Hague: Martinus Nijhoff, 1982.

LEDEZMA, Héctor Faúndez. *El sistema interamericano de protección de los derechos humanos*, 2ª ed. San José: IIDH, 1999.

LEE, Roy S. (ed.). *The International Criminal Court: the making of the Rome Statute – issues, negotiations, results*. The Hague: Kluwer Law International, 1999.

LEÓN GÓMEZ, Adolfo. *La Corte de Managua: defensa de su institucionalidad*. Managua: Corte Centroamericana de Justicia, 1997.

LEWANDOWSKI, Enrique Ricardo. *Proteção dos direitos humanos na ordem interna e internacional*. Rio de Janeiro: Forense, 1984.

LEWANDOWSKI, Enrique Ricardo. A proteção dos direitos humanos no Mercosul. In: *Direitos humanos, globalização econômica e integração regional: desafios do direito constitucional internacional*. Flávia Piovesan (coord.). São Paulo: Max Limonad, 2002, pp. 255-283.

LIANG, Yuen-Li. Le développement et la codification du droit international. *Recueil des Cours*, vol. 73 (1948-II), pp. 407-532.

LILLICH, Richard B. (ed.). *International law of State responsibility for injuries to aliens*. Charlottesville: University Press of Virginia, 1983.

REFERÊNCIAS BIBLIOGRÁFICAS | **1135**

LIMA, Sérgio Eduardo Moreira. *Privilégios e imunidades diplomáticos*. Brasília: Instituto Rio Branco/Fundação Alexandre de Gusmão, 2002.

LINDGREN ALVES, José Augusto. *Os direitos humanos como tema global*. São Paulo: Perspectiva/Fundação Alexandre de Gusmão, 1994.

LINDGREN ALVES, José Augusto. *A arquitetura internacional dos direitos humanos*. São Paulo: FTD, 1997.

LINDGREN ALVES, José Augusto. A declaração dos direitos humanos na pós-modernidade. In: *Os direitos humanos e o direito internacional*. Carlos Eduardo de Abreu Boucault & Nadia de Araujo (orgs.). Rio de Janeiro: Renovar, 1999, p. 139-166.

LINDGREN ALVES, José Augusto. Cidadania, direitos humanos e globalização. In: *Direitos humanos, globalização econômica e integração regional: desafios do direito constitucional internacional*. Flávia Piovesan (coord.). São Paulo: Max Limonad, 2002, pp. 77-97.

LINDHOLM, Tore; DURHAM, Jr., W. Cole; TAHZIB-LIE, Bahia G. (eds.). *Facilitating freedom of religion or belief: a deskbook*. Leiden: Martinus Nijhoff, 2004.

LITRENTO, Oliveiros. *A ordem internacional contemporânea: um estudo da soberania em mudança*. Porto Alegre: Sergio Antonio Fabris, 1991.

LITRENTO, Oliveiros. *Curso de direito internacional público*, 5ª ed. Rio de Janeiro: Forense, 2003.

LLANES, Oscar B. Direito internacional público: instrumento das relações internacionais. Brasília: Horizonte, 1979.

LOBO LARA, Francisco Darío. Conflictos entre poderes del Estado, 4ª ed. Managua: Corte Centroamericana de Justicia, 2012.

LOBO LARA, Francisco Darío. Jurisdicción obligatoria de la Corte Centroamericana de Justicia en el marco de la integración centroamericana. In: O direito nos tribunais superiores: com ênfase no novo direito processual civil. J. S. Fagundes Cunha (coord.). Curitiba: Bonijuris, 2015, pp. 422-429.

LOMBOIS, Claude. *Droit pénal international*. Paris: Dalloz, 1971.

LORENTZ, Adriane Cláudia Melo. *O tratado de Lisboa e as reformas nos tratados da União Europeia*. Ijuí: Editora Unijuí, 2008.

LOUIS-LUCAS, Pierre. Les conflits de nationalités. *Recueil des Cours*, vol. 64 (1938-II), pp. 1-70.

LOUREIRO, Sílvia Maria da Silveira. *Tratados internacionais sobre direitos humanos na Constituição*. Belo Horizonte: Del Rey, 2004.

LOWE, A. V.; CHURCHILL, R. R. *The law of the sea*, 3rd ed. Manchester: Manchester University Press, 1999.

LUZ FILHO, José Francisco Sieber. Non-refoulement: breves considerações sobre o limite jurídico à saída compulsória do refugiado. In: *O direito internacional dos refugiados: uma perspectiva brasileira*. Nadia de Araujo & Guilherme Assis de Almeida (coords.). Rio de Janeiro: Renovar, 2000, pp. 177-209.

MAC-GREGOR, Eduardo Ferrer. El control difuso de convencionalidad en el Estado constitucional. In: *Formación y perspectiva del Estado mexicano*. Héctor Fix-Zamudio & Diego Valadés (coords.). México, D.F.: El Colegio Nacional-UNAM, 2010, pp. 151-188.

MAC-GREGOR, Eduardo Ferrer. Eficacia de la sentencia interamericana y la cosa juzgada internacional: vinculación directa hacia las partes (*res judicata*) e indirecta hacia los Estados parte de la Convención Americana (*res interpretata*) – Sobre el cumplimiento del *Caso Gelman Vs. Uruguay. Anuario de Derecho Constitucional Latinoamericano*, 19º año, Bogotá: Konrad-Adenauer-Stiftung, 2013, pp. 607-638.

MAC-GREGOR, Eduardo Ferrer; MÖLLER, Carlos María Pelayo. La obligación de "respetar" y "garantizar" los derechos humanos a la luz de la jurisprudencia de la Corte Interamericana. *Estudios Constitucionales*, año 10, nº 2, Talca: Universidad de Talca, 2012, pp. 141-192.

MACHADO, Hugo de Brito. Tratados e convenções internacionais em matéria tributária. *Revista Dialética de Direito Tributário*, São Paulo, nº 93, jun./2003, pp. 25-33.

MACHADO, Hugo de Brito. *Comentários ao Código Tributário Nacional*, vol. II (arts. 96 a 138). São Paulo: Atlas, 2004.

MACHADO, Hugo de Brito. *Curso de direito constitucional tributário*. São Paulo: Malheiros, 2012.

MACHADO, Jónatas Eduardo Mendes. *O regime concordatário entre a "libertas ecclesiae" e a liberdade religiosa*. Coimbra: Coimbra Editora, 1993.

MACHADO, Jónatas Eduardo Mendes. *Direito da União Europeia*. Coimbra: Coimbra Editora, 2010.

MACIEL, Anor Butler. *Expulsão de estrangeiros*. Rio de Janeiro: Imprensa Nacional, 1953.

MADIOT, Yves. *Droits de l'homme*, 2ª ed. Paris: Masson, 1991.

MADRUGA FILHO, Antenor Pereira. *A renúncia à imunidade de jurisdição pelo Estado brasileiro e o novo direito da imunidade de jurisdição*. Rio de Janeiro: Renovar, 2003.

MAGALHÃES, José Carlos de. Da imunidade de jurisdição do Estado estrangeiro perante a justiça brasileira. In: *A nova Constituição e o direito internacional*. Jacob Dolinger (coord.). Rio de Janeiro: Freitas Bastos, 1987.

MAGALHÃES, José Carlos de. *O Supremo Tribunal Federal e o direito internacional: uma análise crítica*. Porto Alegre: Livraria do Advogado Editora, 2000.

MAGALHÃES, José Luis Quadros de. Administração territorial comparada. *Revista de Direito Comparado*, vol. 3. Belo Horizonte: UFMG, maio/1999, pp. 9-16.

MAGNANI, Rino. *Nuove prospettive sui principi generali nel sistema delle fonti del diritto internazionale*. Milano: Mursia, 1997.

MAHONEY Paul; PREBENSEN, Søren. The European Court of Human Rights. In: *The European system for the protection of human rights*. R. St. J. MacDonald; F. Matscher & H. Petzold (eds.). Dordrecht: Martinus Nijhoff, 1993, pp. 621-643.

MALANCZUK, Peter. *Akehurst's modern introduction to international law*, 7th ed. rev. New York: Routledge, 1997.

MANCINI, Pasquale Stanislao. *Direito internacional*. Trad. Ciro Mioranza. Ijuí: Editora Unijuí, 2003.

MANDELSTAM, André N. La protection internationale des droits de l'homme. *Recueil des Cours*, vol. 38 (1931-IV), pp. 125-232.

MAREK, Krystyna. Les rapports entre le droit international et le droit interne à la lumière de la jurisprudence de la CPJI. *Revue Générale de Droit International Public*, vol. 66, Paris, 1962, p. 260 e ss.

MARESCA, Adolfo. *Il diritto dei trattati: la convenzione codificatrice di Vienna del 23 maggio 1969*. Milano: Giuffrè, 1971.

MARGUÉNAUD, Jean-Pierre. Droit de l'homme à l'environnement et Cour Européenne des Droits de l'Homme. *Revue Juridique de l'Environnement* [edição especial, *La Charte Constitutionnelle en débat*], Strasbourg, set./2003, pp. 15-21.

MARINHO, Ilmar Penna. *Nova tendência do direito internacional: garantia supra-estatal para os direitos humanos*. Rio de Janeiro: Freitas Bastos, 1958.

MARINHO, Ilmar Penna. *O funcionamento do sistema interamericano dentro do sistema mundial*. Rio de Janeiro: Freitas Bastos, 1959.

MARINHO, Ilmar Penna. *Tratado sôbre a nacionalidade*. Rio de Janeiro: Imprensa Nacional, 1956-1961 (4 vols.).

MARINHO, Ilmar Penna. Preservação do meio ambiente e combate à poluição. *Boletim da Sociedade Brasileira de Direito Internacional*, anos XXXIX a XLI, nos 69/71, 1968/1989, pp. 143-163.

MARINONI, Luiz Guilherme; MAZZUOLI, Valerio de Oliveira (coords.). *Controle de convencionalidade: um panorama latino-americano* (Brasil, Argentina, Chile, México, Peru, Uruguai). Brasília: Gazeta Jurídica, 2013.

MARKS, Stephen. La Commission permanente arabe des droits de l'homme. *Revue des Droits de l'Homme*, vol. III, n° 1, Paris, 1970, pp. 101-108.

MARQUES, Claudia Lima; MAZZUOLI, Valerio de Oliveira. O consumidor-depositário infiel, os tratados de direitos humanos e o necessário diálogo das fontes nacionais e internacionais: a primazia da norma mais favorável ao consumidor. *Revista de Direito do Consumidor*, ano 18, vol. 70, São Paulo: RT, abr./jun./2009, pp. 93-138.

MARSHALL, T. H. *Cidadania, classe social e status*. Rio de Janeiro: Zahar, 1967.

MARTÍN, Ana Gemma López. Judicialización y sectorialización del derecho internacional. *Anuario Argentino de Derecho Internacional*, vol. XI, Córdoba, 2001/2002, pp. 145-175.

MARTIN, Antoine. *L'estoppel en droit international public: précédé d'un aperçu de la théorie de l'estoppel en droit anglais*. Paris: A. Pedone, 1979.

MARTINS, Eliane M. Octaviano. *Curso de direito marítimo*, vol. I. Barueri: Manole, 2004.

MARTINS, Estevão Rezende. A apreciação de tratados e acordos internacionais pelo Congresso Nacional. In: *A incorporação das normas internacionais de proteção dos direitos humanos no direito brasileiro*, 2ª ed., Antônio Augusto Cançado Trindade (ed.). San José/Brasília: IIDH (*et al.*), 1996, pp. 263-271.

MARTINS, Pedro Baptista. *Da unidade do direito e da supremacia do direito internacional*. Rio de Janeiro: Forense, 1998.

MASKUS, Keith E. Should core labor standards be imposed through international trade policy? *Policy Research Working Paper 1817*, Washington, DC: World Bank, aug./1997, pp. 1-83.

MATHIEU, Jean-Luc, *La protection internationale de l'environnement*. Paris: Presses Universitaraires de France, 1991.

MATRINGE, Jean. *Tradition et modernité dans la Charte Africaine des Droits de l'Homme et des Peuples: étude de contenu normatif de la Charte et de son apport à la théorie du droit international des droits de l'homme.* Bruxelles: Bruyant, 1996.

MATSCHER, Franz. Quarante ans d'activités de la Cour Européenne des Droits de l'Homme. *Recueil des Cours*, vol. 270 (1997), pp. 237-398.

MATTIOLI, Maria Cristina. Os padrões internacionais do trabalho diante do fenômeno da globalização: novo enfoque para as reformas trabalhista e sindical no Brasil. *Revista do Tribunal Superior do Trabalho*, vol. 78, n° 2, Brasília, abr./jun./2012, pp. 107-140.

MAZA, Emilio. *La Corte de Justicia Centroamericana: comentarios.* San Salvador: Organización de Estados Centroamericanos, 1966.

MAZZESCHI, Riccardo Pisillo. Exhaustion of domestic remedies and State responsibility for violation of human rights. *The Italian Yearbook of International Law*, vol. 10 (2000), pp. 17-43.

MAZZUOLI, Valerio de Oliveira. *Direito Internacional: tratados e direitos humanos fundamentais na ordem jurídica brasileira.* Rio de Janeiro: América Jurídica, 2001.

MAZZUOLI, Valerio de Oliveira. O poder legislativo e os tratados internacionais: o *treaty-making power* na Constituição brasileira de 1988. *Revista Forense*, vol. 355, Rio de Janeiro, maio/jun./2001, pp. 119-142.

MAZZUOLI, Valerio de Oliveira. Hierarquia constitucional e incorporação automática dos tratados internacionais de proteção dos direitos humanos no ordenamento brasileiro. *Anuario Argentino de Derecho Internacional*, vol. XI, Córdoba, 2001/2002, pp. 177-212.

MAZZUOLI, Valerio de Oliveira. *Direitos humanos e cidadania à luz do novo direito internacional.* Campinas: Editora Minelli, 2002.

MAZZUOLI, Valerio de Oliveira. *Direitos humanos, Constituição e os tratados internacionais: estudo analítico da situação e aplicação do tratado na ordem jurídica brasileira.* São Paulo: Juarez de Oliveira, 2002.

MAZZUOLI, Valerio de Oliveira. *Prisão Civil por Dívida e o Pacto de San José da Costa Rica: especial enfoque para os contratos de alienação fiduciária em garantia.* Rio de Janeiro: Forense, 2002.

MAZZUOLI, Valerio de Oliveira. O Supremo Tribunal Federal e os conflitos entre tratados internacionais e leis internas. *Revista de Informação Legislativa*, ano 39, n° 154, Brasília: Senado Federal, abr./jun./2002, pp. 15-29.

MAZZUOLI, Valerio de Oliveira. Sentenças internacionais no Supremo Tribunal Federal. *Jornal Correio Braziliense*, suplemento Direito & Justiça, de 14.08.2002, p. 3.

MAZZUOLI, Valerio de Oliveira. La influencia de los tratados internacionales de protección de los derechos humanos en el derecho interno brasileño y la primacía de la norma más favorable como regla de hermenéutica internacional. *Revista de Derecho Internacional y del Mercosur*, año 6, n° 4, Buenos Aires: La Ley, ago./2002, pp. 23-51.

MAZZUOLI, Valerio de Oliveira. Soberania e a proteção internacional dos direitos humanos: dois fundamentos irreconciliáveis. *Revista de Informação Legislativa*, ano 39, n° 156, Brasília: Senado Federal, out./dez./2002, pp. 169-177.

REFERÊNCIAS BIBLIOGRÁFICAS | **1139**

MAZZUOLI, Valerio de Oliveira. O VIII laudo do Tribunal Arbitral *ad hoc* do Mercosul e seus fundamentos. *Revista de Direito Constitucional e Internacional*, ano 10, nº 41, São Paulo, out./dez./2002, pp. 55-68.

MAZZUOLI, Valerio de Oliveira. A nova *lex mercatoria* como fonte do direito do comércio internacional: um paralelo entre as concepções de Berthold Goldman e Paul Lagarde. In: *Novas vertentes do direito do comércio internacional*. Jete Jane Fiorati & Valerio de Oliveira Mazzuoli (coords.). Barueri: Manole, 2003, pp. 185-223.

MAZZUOLI, Valerio de Oliveira. O Brasil e as novas regras do FMI sobre os acordos *stand-by*. *Revista de Derecho Internacional y del Mercosur*, año 7, nº 5, Buenos Aires: La Ley, out./2003, pp. 164-166.

MAZZUOLI, Valerio de Oliveira. Os acordos *stand-by* com o FMI e a competência internacional do Ministério da Fazenda. *Revista Forense*, ano 99, vol. 370, Rio de Janeiro, nov./dez./2003, pp. 197-220.

MAZZUOLI, Valerio de Oliveira. *Tratados internacionais: com comentários à Convenção de Viena de 1969*, 2ª ed. rev., ampl. e atual. São Paulo: Juarez de Oliveira, 2004.

MAZZUOLI, Valerio de Oliveira. El derecho internacional de los derechos humanos y la responsabilidad penal de los individuos: el Estatuto de Roma de la Corte Penal Internacional y el derecho brasileño. *Revista Instituto Interamericano de Derechos Humanos*, vol. 39, San José, Costa Rica, enero/junio/2004, pp. 203-229.

MAZZUOLI, Valerio de Oliveira. A proteção internacional dos direitos humanos e o direito internacional do meio ambiente. *Revista de Direito Ambiental*, ano 9, vol. 34, São Paulo, abr./jun./2004, pp. 97-123.

MAZZUOLI, Valerio de Oliveira. O Tribunal Penal Internacional: integração ao direito brasileiro e sua importância para a Justiça Penal Internacional. *Revista Forense*, ano 100, vol. 375, Rio de Janeiro, set./out./2004, pp. 211-231.

MAZZUOLI, Valerio de Oliveira. O Tribunal Penal Internacional e as perspectivas para a proteção internacional dos direitos humanos no século XXI. *Revista dos Tribunais*, ano 93, vol. 830, São Paulo, dez./2004, pp. 421-442.

MAZZUOLI, Valerio de Oliveira. *Natureza jurídica e eficácia dos acordos* stand-by *com o FMI*. São Paulo: RT, 2005.

MAZZUOLI, Valerio de Oliveira. Reforma do judiciário e direitos humanos. *Tribuna do Direito*, ano 12, nº 142, São Paulo, fev./2005, p. 12.

MAZZUOLI, Valerio de Oliveira. O novo § 3º do art. 5º da Constituição e sua eficácia. *Revista Forense*, ano 101, vol. 378, Rio de Janeiro, mar./abr./2005, pp. 89-109.

MAZZUOLI, Valerio de Oliveira. Eficácia e aplicabilidade dos tratados em matéria tributária no direito brasileiro. *Revista Forense*, ano 103, vol. 390, Rio de Janeiro, mar./abr./2007, pp. 583-590.

MAZZUOLI, Valerio de Oliveira. [arts. 73 e 74]. In: *Comentário à Carta das Nações Unidas*. Leonardo Nemer Caldeira Brant (org.). Belo Horizonte: CEDIN, 2008, pp. 975-1001.

MAZZUOLI, Valerio de Oliveira. *O controle jurisdicional da convencionalidade das leis*. São Paulo: RT, 2009.

MAZZUOLI, Valerio de Oliveira. *Tribunal Penal Internacional e o direito brasileiro*, 2ª ed. rev. e atual. São Paulo: RT, 2009.

MAZZUOLI, Valerio de Oliveira. O direito internacional concordatário na ordem jurídica brasileira. In: *Direito à liberdade religiosa: desafios e perspectivas para o século XXI.* Valerio de Oliveira Mazzuoli & Aldir Guedes Soriano (coords.). Belo Horizonte: Fórum, 2009, pp. 251-270.

MAZZUOLI, Valerio de Oliveira. O sistema regional europeu de proteção dos direitos humanos. *Revista Forense*, ano 105, vol. 406, Rio de Janeiro, nov./dez./2009, pp. 325-347.

MAZZUOLI, Valerio de Oliveira. *Tratados internacionais de direitos humanos e direito interno.* São Paulo: Saraiva, 2010.

MAZZUOLI, Valerio de Oliveira. Processo civil internacional no sistema interamericano de direitos humanos. *Revista dos Tribunais*, ano 99, vol. 895, São Paulo, maio/2010, pp. 87-110.

MAZZUOLI, Valerio de Oliveira. *Os sistemas regionais de proteção dos direitos humanos: uma análise comparativa dos sistemas interamericano, europeu e africano.* São Paulo: RT, 2011.

MAZZUOLI, Valerio de Oliveira. Algumas questões sobre a extradição no direito brasileiro. *Revista dos Tribunais*, ano 100, vol. 906, São Paulo, abr./2011, pp. 159-177.

MAZZUOLI, Valerio de Oliveira. The Inter-American human rights protection system: structure, functioning and effectiveness in Brazilian law. *Anuario Mexicano de Derecho Internacional*, vol. XI, México, D.F.: UNAM, 2011, pp. 331-367.

MAZZUOLI, Valerio de Oliveira. Fundo Monetário Internacional (FMI). In: *Enciclopédia de direito internacional.* Manuel de Almeida Ribeiro, Francisco Pereira Coutinho & Isabel Cabrita (coords.). Coimbra: Almedina, 2011, pp. 224-225.

MAZZUOLI, Valerio de Oliveira. Hostilidades. In: *Enciclopédia de direito internacional.* Manuel de Almeida Ribeiro, Francisco Pereira Coutinho & Isabel Cabrita (coords.). Coimbra: Almedina, 2011, pp. 241-242.

MAZZUOLI, Valerio de Oliveira. Sujeitos do direito internacional público. In: *Enciclopédia de direito internacional.* Manuel de Almeida Ribeiro, Francisco Pereira Coutinho & Isabel Cabrita (coords.). Coimbra: Almedina, 2011, pp. 438-439.

MAZZUOLI, Valerio de Oliveira. Vícios do consentimento e nulidade dos tratados à luz da Convenção de Viena sobre o Direito dos Tratados de 1969. *Revista dos Tribunais*, ano 100, vol. 914, São Paulo, dez./2011, pp. 185-197.

MAZZUOLI, Valerio de Oliveira. Algumas questões jurídicas sobre a formação e aplicação do costume internacional. *Revista dos Tribunais*, ano 101, vol. 921, São Paulo, jul./2012, pp. 259-278.

MAZZUOLI, Valerio de Oliveira. Apontamentos sobre o direito dos tratados no Projeto de Código de Direito Internacional Público de Epitácio Pessoa. In: *Epitácio Pessoa e a codificação do direito internacional.* Marcílio Toscano Franca Filho, Jorge Luís Mialhe & Ulisses da Silveira Job (orgs.). Porto Alegre: Sergio Antonio Fabris, 2013, pp. 515-527.

MAZZUOLI, Valerio de Oliveira. Possibilidade de condenação do Brasil perante a Corte Interamericana de Direitos Humanos por desrespeito à regra do duplo grau de jurisdição. *Revista dos Tribunais*, ano 102, vol. 933, São Paulo, jul./2013, pp. 455-468.

MAZZUOLI, Valerio de Oliveira. Integração das convenções e recomendações internacionais da OIT no Brasil e sua aplicação sob a perspectiva do princípio *pro homine*. *Revista de Direito do Trabalho*, ano 39, vol. 152, São Paulo, jul./ago./2013, pp. 11-34.

MAZZUOLI, Valerio de Oliveira. Impossibilidade do Ministro da Justiça rever o ato da naturalização no Brasil: não recepção do art. 112, §§ 2º e 3º, da Lei 6.815/1980 (Estatuto do Estrangeiro) pela Constituição Federal de 1988. *Revista dos Tribunais*, ano 102, vol. 938, São Paulo, dez./2013, pp. 394-396.

MAZZUOLI, Valerio de Oliveira. *Direito dos tratados*, 2ª ed. rev., atual. e ampl. Rio de Janeiro: Forense, 2014.

MAZZUOLI, Valerio de Oliveira. *Por um tribunal de justiça para a Unasul: a necessidade de uma corte de justiça para a América do Sul sob os paradigmas do Tribunal de Justiça da União Europeia e da Corte Centro-Americana de Justiça*. Brasília: Senado Federal/ Secretaria de Editoração e Publicações, 2014.

MAZZUOLI, Valerio de Oliveira. Podem os tratados de direitos humanos não "equivalentes" às emendas constitucionais servir de paradigma ao controle concentrado de convencionalidade? *Direito Público*, vol. 12, nº 64, Porto Alegre, jul./ago./2015, pp. 222-229.

MAZZUOLI, Valerio de Oliveira. Indeferimento da extradição pela ausência do requisito da dupla punibilidade. *Revista dos Tribunais*, ano 104, vol. 959, São Paulo, set./2015, pp. 273-275.

MAZZUOLI, Valerio de Oliveira. O requisito da dupla tipicidade na extradição. *Revista dos Tribunais*, ano 105, vol. 965, São Paulo, mar./2016, pp. 308-310.

MAZZUOLI, Valerio de Oliveira. O estado da arte do direito internacional público no Brasil no alvorecer do século XXI. *Revista dos Tribunais*, ano 105, vol. 968, São Paulo, jun./2016, pp. 291-321.

MAZZUOLI, Valerio de Oliveira. Trattati internazionali in materia di ambiente nell'ordinamento giuridico brasiliano. *Rivista Giuridica dell'Ambiente*, nº 1, Napoli, 2017, pp. 141-158.

MAZZUOLI, Valerio de Oliveira. *Curso de direito internacional privado*, 2ª ed. ref., atual. e ampl. Rio de Janeiro: Forense, 2017.

MAZZUOLI, Valerio de Oliveira. *Estudos avançados de direito internacional*. Belo Horizonte: Arraes, 2017.

MAZZUOLI, Valerio de Oliveira. Responsabilidade internacional dos Estados por epidemias e pandemias transnacionais: o caso da Covid-19 provinda da República Popular da China. *Revista de Direito Civil Contemporâneo*, nº 7, vol. 23, São Paulo, abr./jun./2020, pp. 289-324.

MAZZUOLI, Valerio de Oliveira. Lei aplicável aos contratos de trabalho de tripulantes de navios de cruzeiros marítimos. *Revista LTr*, ano 86, nº 2, São Paulo, fev./2022, pp. 148-163.

MAZZUOLI, Valerio de Oliveira. Transferência da execução da pena a brasileiros natos: o "Caso Robinho" e as relações de cooperação judiciária penal entre Brasil e Itália. *Revista Magister de Direito Penal e Processual Penal*, ano XVIII, nº 108, Porto Alegre, jun./jul./2022, pp. 68-78.

MAZZUOLI, Valerio de Oliveira. *Da nacionalidade brasileira: aquisição, perda e reaquisição*. Belo Horizonte: D'Plácido, 2024.

MAZZUOLI, Valerio de Oliveira; SORIANO, Aldir Guedes (coords.). *Direito à liberdade religiosa: desafios e perspectivas para o século XXI*. Belo Horizonte: Fórum, 2009.

MAZZUOLI, Valerio de Oliveira; AYALA, Patryck de Araújo. Cooperação internacional para a preservação do meio ambiente: o direito brasileiro e a Convenção de Aarhus. *Revista de Direito Ambiental*, ano 16, vol. 62, São Paulo, abr./jun./2011, pp. 223-263.

MAZZUOLI, Valerio de Oliveira; TEIXEIRA, Gustavo de Faria Moreira. O direito internacional do meio ambiente e o *greening* da Convenção Americana sobre Direitos Humanos. *Revista de Direito Ambiental*, ano 17, vol. 67, São Paulo, jul./set./2012, pp. 209-259.

MAZZUOLI, Valerio de Oliveira; FIORENZA, Fábio Henrique Rodrigues de Moraes. O desaparecimento de Microestados insulares pela elevação do nível do mar e as consequências para o direito internacional contemporâneo. *Revista dos Tribunais*, ano 102, vol. 934, São Paulo, ago./2013, pp. 23-45.

MAZZUOLI, Valerio de Oliveira; MASSA, Diego Luis Alonso. Analysis of the decision rendered by the U.S. Supreme Court in Re BG Group plc v. Republic of Argentina: do all roads lead to Rome? *Journal of International Arbitration*, vol. 32, nº 2 (2015), pp. 215–236.

MAZZUOLI, Valerio de Oliveira; RIBEIRO, Dilton. The Japanese legal system and the *pro homine* principle in human rights treaties. *Anuario Mexicano de Derecho Internacional*, vol. XV, México, D.F.: UNAM, 2015, pp. 238-282.

MAZZUOLI, Valerio de Oliveira; RIBEIRO, Dilton. Indigenous rights before the Inter-American Court of Human Rights: a call for a pro individual interpretation. *Revista Instituto Interamericano de Derechos Humanos*, vol. 61, San José, Costa Rica, enero/junio/2015, pp. 133-171.

MAZZUOLI, Valerio de Oliveira; RIBEIRO, Dilton. The pro homine principle as an enshrined feature of international human rights law. *The Indonesian Journal of International & Comparative Law*, vol. III, issue 1 (January 2016), pp. 77-99.

MAZZUOLI, Valerio de Oliveira; GOMES, Eduardo Biacchi (orgs.). *Direito da integração regional: diálogo entre jurisdições na América Latina*. São Paulo: Saraiva, 2015.

MAZZUOLI, Valerio de Oliveira; FRANCO FILHO, Georgenor de Sousa. Incorporação e aplicação das convenções internacionais da OIT no Brasil. *Revista do Tribunal Superior do Trabalho*, vol. 81, nº 4, Brasília, out./dez. 2015, pp. 214-225.

MAZZUOLI, Valerio de Oliveira; BICHARA, Jahyr-Philippe. *O judiciário brasileiro e o direito internacional: análise crítica da jurisprudência nacional*. Belo Horizonte: Arraes, 2017.

MAZZUOLI, Valerio de Oliveira; FARIA, Marcelle Rodrigues da Costa; OLIVEIRA, Kledson Dionysio de. *Controle de convencionalidade pelo Ministério Público*. Rio de Janeiro: Forense, 2021.

MAZZUOLI, Valerio de Oliveira; PIEDADE, Antonio Sergio Cordeiro. Punir como *standard* de direitos humanos: centralidade de proteção das vítimas no direito internacional dos direitos humanos e no processo penal brasileiro. *Revista dos Tribunais*, ano 112, vol. 1055, São Paulo, set./2023, pp. 135-160.

MBAYE, Kéba. *Les droits de l'homme en Afrique*. Paris: A. Pedone, 1992.

REFERÊNCIAS BIBLIOGRÁFICAS | **1143**

MBUIY, Benjamin Mulamba. *Introduction à l'étude des sources modernes du droit international*. Bruxelles: Bruylant, 1999.

McNAIR, Arnold Duncan. La terminaison et la dissolution des traités. *Recueil des Cours*, vol. 22 (1928-II), pp. 459-538.

McNAIR, Arnold Duncan. L'application et l'interprétation des traités d'après la jurisprudence britannique. *Recueil des Cours*, vol. 43 (1933-I), pp. 247-307.

McNAIR, Arnold Duncan. Les effets de la guerre sur les traités. *Recueil des Cours*, vol. 59 (1937-I), pp. 523-585.

McNAIR, Arnold Duncan. *The law of treaties*. Oxford: Clarendon Press, 1961.

McNEILL, John H. International agreements: recent U.S.-UK practice concerning the Memorandum of Understanding. *American Journal of International Law*, vol. 88, n° 4 (October 1994), pp. 821-826.

McWHINNEY, Edward. Self-determination of peoples and plural-ethnic States: secession and State succession and the alternative, federal option. *Recueil des Cours*, vol. 294 (2002), pp. 177-263.

MEDEIROS, Rui. Uma leitura constitucionalmente comprometida da concordata. In: *Estudos de homenagem ao Prof. Doutor Jorge Miranda*, vol. III (*Direito constitucional e justiça constitucional*). Marcelo Rebelo de Sousa, Fausto de Quadros, Paulo Otero & Eduardo Vera-Cruz Pinto (coords.). Coimbra: Coimbra Editora, 2012, pp. 635-663.

MEIJKNECHT, Anna. The contribution of the Inter-American human rights system to sustainable development. In: *Regional environmental law: transregional comparative lessons in pursuit of sustainable development*. Werner Scholtz & Jonathan Verschuuren (eds.). Cheltenham: Elgar, 2015, pp. 177-219.

MEIRA MATTOS, Adherbal. *O novo direito do mar*. Rio de Janeiro: Renovar, 1996.

MEIRA MATTOS, Adherbal. *Direito internacional público*, 2ª ed. atual. e ampl. Rio de Janeiro: Renovar, 2002.

MEIRA MATTOS, Adherbal. *Direito das organizações internacionais e direito de integração*. Rio de Janeiro: Renovar, 2008.

MELESCANU, Teodor. *La responsabilité pour dommages nucléaires*. Genève: Scanu, 1973.

MELLO, Celso D. de Albuquerque. *Mar territorial*. Rio de Janeiro: Freitas Bastos, 1965.

MELLO, Celso D. de Albuquerque. *Plataforma continental: principais aspectos*. Rio de Janeiro: Freitas Bastos, 1965.

MELLO, Celso D. de Albuquerque. *Ratificação de tratados: estudo de direito internacional e constitucional*. Rio de Janeiro: Freitas Bastos, 1966.

MELLO, Celso D. de Albuquerque. Os tratados na Constituição. In: *Tendências atuais do direito público: estudos em homenagem ao Professor Afonso Arinos de Melo Franco*. Rio de Janeiro: Forense, 1976, pp. 121-166.

MELLO, Celso D. de Albuquerque. *Direito penal e direito internacional*. Rio de Janeiro: Freitas Bastos, 1978.

MELLO, Celso D. de Albuquerque. Constituição e relações internacionais. In: *A nova Constituição e o direito internacional*, Jacob Dolinger (org.). Rio de Janeiro: Freitas Bastos, 1987, pp. 19-38.

MELLO, Celso D. de Albuquerque. *Direito internacional americano: estudo sobre a contribuição de um direito regional para a integração econômica*. Rio de Janeiro: Renovar, 1995.

MELLO, Celso D. de Albuquerque. *Responsabilidade internacional do Estado*. Rio de Janeiro: Renovar, 1996.

MELLO, Celso D. de Albuquerque. *Direito constitucional internacional: uma introdução*, 2ª ed., rev. Rio de Janeiro: Renovar, 2000.

MELLO, Celso D. de Albuquerque. O direito internacional público no direito brasileiro. In: *Dimensão internacional do direito: estudos em homenagem a G. E. do Nascimento e Silva*. Paulo Borba Casella (coord.). São Paulo: LTr, 2000, pp. 297-310.

MELLO, Celso D. de Albuquerque. *Alto-mar*. Rio de Janeiro: Renovar, 2001.

MELLO, Celso D. de Albuquerque. O § 2º do art. 5º da Constituição Federal. In: *Teoria dos direitos fundamentais*, 2ª ed. rev. e atual. Ricardo Lobo Torres (org.). Rio de Janeiro: Renovar, 2001, pp. 1-33.

MELLO, Celso D. de Albuquerque. *Curso de direito internacional público*, vol. I, 15ª ed. rev. e aum. Rio de Janeiro: Renovar, 2004.

MELLO, Celso D. de Albuquerque. *Curso de direito internacional público*, vol. II, 15ª ed. rev. e aum. Rio de Janeiro: Renovar, 2004.

MELO FRANCO, Afonso Arinos. *Estudos de direito constitucional*. Rio de Janeiro: Forense, 1957.

MELO FRANCO, Afonso Arinos. *Curso de direito constitucional brasileiro*, vol. II. Rio de Janeiro: Forense, 1960.

MENDELSON, Maurice H. The formation of customary international law. *Recueil des Cours*, vol. 272 (1998), pp. 155-410.

MENDES, Gilmar Ferreira. *Direitos fundamentais e controle de constitucionalidade*, 3ª ed. São Paulo: Saraiva, 2004.

MENDES, Gilmar Ferreira. *Jurisdição constitucional: o controle abstrato de normas no Brasil e na Alemanha*, 5ª ed. São Paulo: Saraiva, 2005.

MENDES, Gilmar Ferreira. Direito de nacionalidade e regime jurídico do estrangeiro. *Revista Direito Público*, vol. 1, nº 14, Brasília, out./nov./dez./2006, pp. 5-19.

MENDES, Gilmar Ferreira. O direito de nacionalidade e o exercício de direitos reconhecidos aos brasileiros natos. *Revista Jurídica Consulex*, ano XI, nº 240, Brasília, jan./2007, pp. 18-19.

MENDES, Gilmar Ferreira. A supralegalidade dos tratados internacionais de direitos humanos e a prisão civil do depositário infiel no Brasil. *Systemas: revista de ciências jurídicas e econômicas*, vol. 2, nº 1 (2010), pp. 64-100.

MENDES, Gilmar Ferreira; BRANCO, Paulo Gustavo Gonet. *Curso de direito constitucional*, 8ª ed. rev. e atual. São Paulo: Saraiva, 2013.

MERCIER, André. L'extradition. *Recueil des Cours*, vol. 33 (1930-III), pp. 167-240.

MERON, Theodor. Article 46 of the Vienna Convention on the Law of Treaties (*ultra vires treaties*): some recent cases. *British Yearbook of International Law*, vol. 49 (1978), pp. 175-199.

MERON, Theodor. Defining aggression for the International Criminal Court. *Suffolk Transnational Law Review*, vol. 25, nº 1, 2001, pp. 1-15.

MERTUS, Julie A. *The United Nations and human rights: a guide for a new era*. New York: Routledge, 2005.

MESTRE, Achille. Les traités et le droit interne. *Recueil des Cours*, vol. 38 (1931-IV), pp. 233-306.

MEYER, Alex. *Compendio de derecho aeronáutico*. Buenos Aires: Atalaya, 1947.

MIGLIAZZA, Alessandro. L'évolution de la réglementation de la guerre à la lumière de la sauvgarde des droits de l'homme. *Recueil des Cours*, vol. 137 (1972-III), pp. 141-241.

MIGUEL, João Silva; ALBUQUERQUE, Paulo Pinto de (orgs.). *O Tribunal Penal Internacional e a transformação do direito internacional: conferência internacional da FDUCP/PGR* [volume especial da revista *Direito e Justiça*]. Lisboa: Universidade Católica Portuguesa, 2006.

MIRANDA, Jorge. A concordata e a ordem constitucional portuguesa. *Direito e Justiça*, vol. V, Lisboa, 1991, pp. 155-171.

MIRANDA, Jorge. A incorporação ao direito interno de instrumentos jurídicos de direito internacional humanitário e direito internacional dos direitos humanos. *Revista CEJ*, nº 11, Brasília, maio/ago./2000, pp. 23-26.

MIRANDA, Jorge. *Teoria do Estado e da Constituição*, 2ª ed. rev. e atual. Rio de Janeiro: Forense, 2009.

MIRANDA, Jorge. Nos 60 anos da Declaração Universal dos Direitos do Homem: uma perspectiva constitucional portuguesa. *Polis – Revista de Estudos Jurídico-Políticos*, nº 17, Lisboa, 2009, pp. 13-25.

MIRANDA, Jorge. A dignidade da pessoa humana e a unidade valorativa do sistema de direitos fundamentais. In: *Estudos em homenagem ao Professor Doutor Martim de Albuquerque*. Coimbra: Coimbra Editora, 2010, pp. 933-949.

MIRANDA, Jorge. Estado, liberdade religiosa e laicidade. *Revista da Faculdade de Direito da Universidade de Lisboa*, vol. LII, nºˢ 1/2, Coimbra: Coimbra Editora, 2011, pp. 45-64.

MIRANDA, Jorge. *Curso de direito internacional público*, 5ª ed. rev. e atual. Cascais: Princípia, 2012.

MIRKINE-GUETZÉVITCH, Boris. Droit international et droit constitutionnel. *Recueil des Cours*, vol. 38 (1931-IV), pp. 307-465.

MIRKINE-GUETZÉVITCH, Boris. Quelques problèmes de la mise en œuvre de la Déclaration Universelle des Droits de l'Homme. *Recueil des Cours*, vol. 83 (1953-II), pp. 255-376.

MIROLO, René R.; SANSINENA, Patricia J. *Los convenios de la OIT en el derecho del trabajo interno*. Córdoba: Advocatus, 2010.

MOCO, Marcolino José Carlos. *Direitos humanos e seus mecanismos de proteção: as particularidades do sistema africano*. Coimbra: Almedina, 2010.

MOLINA, André Araújo. Imunidade jurisdicional trabalhista das pessoas jurídicas de direito público externo: um diálogo com Georgenor de Sousa Franco Filho. *Revista IOB Trabalhista e Previdenciária*, ano XXII, nº 253, São Paulo, jul./2010, pp. 17-30.

1146 | CURSO DE DIREITO INTERNACIONAL PÚBLICO – *Valerio de Oliveira Mazzuoli*

MONACO, Riccardo. Les conventions entre belligérants. *Recueil des Cours*, vol. 75 (1949-II), pp. 273-362.

MONACO, Riccardo. Les principes régissant la structure et le fonctionnement des organisations internationales. *Recueil des Cours*, vol. 156 (1977-III), pp. 79-226.

MONROY CABRA, Marco Gerardo. *Derecho de los tratados*, 2ª ed. Bogotá: Leyer, 1995.

MONROY CABRA, Marco Gerardo. *Derecho internacional público*, 5ª ed., atual. Bogotá: Temis, 2002.

MONTOYA, Ariel. *Sentencia de la Corte Centroamericana de Justicia: conflicto entre poderes del Estado de Nicaragua*. Managua: Esquipulas Zona Editorial, 2005.

MORAND-DEVILLER, Jacqueline. Os territórios do direito: reflexões sobre a generalidade e a impessoalidade da regra de direito. In: *O novo direito administrativo, ambiental e urbanístico: estudos em homenagem à Jacqueline Morand-Deviller*. Claudia Lima Marques, Odete Medauar & Solange Teles da Silva (coords.). São Paulo: RT, 2010, pp. 62-69.

MOREAU-DEFARGES, Philippe. *La Constitution européenne en question*. Paris: Éditions d'Organisation, 2004.

MORILLON, Anne. Naturalisation et modes d'acquisition de la nationalité française: du Code civil de 1804 à la loi du 22 juillet 1993. In: *Les Cahiers du Centre d'Étude et de Recherche sur les Relations Inter-Ethniques el les Minorités*, Université de Haute Bretagne (Rennes 2), nº 3, octobre 1998, pp. 47-68.

MOSER, Claudinei. *Isenção heterônoma por via de tratado internacional*. Rio de Janeiro: Corifeu, 2006.

MOSSOP, Joanna. *The continental shelf beyond 200 nautical miles: rights and responsibilities*. Oxford: Oxford University Press, 2016.

MOURA RAMOS, Rui Manuel. A Carta dos Direitos Fundamentais da União Europeia e a protecção dos direitos fundamentais. In: *Direitos humanos, globalização econômica e integração regional: desafios do direito constitucional internacional*. Flávia Piovesan (coord.). São Paulo: Max Limonad, 2002, pp. 191-214.

MOUTON, M. W. The international regime of the polar regions. *Recueil des Cours*, vol. 107 (1962-III), pp. 169-286.

MÜLLER, Jörg Paul; COTTIER, Thomas. *Encyclopedia of Public International Law*, vol. II. Rudolf Bernhardt (ed.). Amsterdam: North-Holland, 1992.

MURPHY, Sean D. *Principles of international law*. St. Paul, MN: Thomson/West, 2006.

MUTUA, Makau W. The African Human Rights Court: a two-legged stool? *Human Rights Quarterly*, vol. 21 (1999), pp. 342-363.

NASCIMENTO, Amauri Mascaro. *Curso de direito do trabalho*, 19ª ed. rev. e atual. São Paulo: Saraiva, 2004.

NASCIMENTO E SILVA, G. E. do. *Convenção de Viena sobre Relações Diplomáticas*. Rio de Janeiro: MRE, 1967.

NASCIMENTO E SILVA, G. E. do. *A missão diplomática*. Rio de Janeiro: Editora Americana, 1971.

NASCIMENTO E SILVA, G. E. do. *Conferência de Viena sobre o direito dos tratados*. Brasília: MRE, 1971.

REFERÊNCIAS BIBLIOGRÁFICAS | **1147**

NASCIMENTO E SILVA, G. E. do. Le facteur temps et les traités. *Recueil des Cours*, vol. 154 (1977-I), pp. 215-298.

NASCIMENTO E SILVA, G. E. do. The 1986 Vienna Convention and the treaty-making power of international organizations. *German Yearbook of International Law*, vol. 29, Berlin, 1987, pp. 68-85.

NASCIMENTO E SILVA, G. E. do. *Convenção de Viena sobre Relações Diplomáticas: a codificação do direito internacional*, 3ª ed. Rio de Janeiro: Forense Universitária, 1989.

NASCIMENTO E SILVA, G. E. do. O direito ambiental internacional. *Revista Forense*, ano 88, vol. 317, Rio de Janeiro, jan./fev./mar./1992, pp. 127-133.

NASCIMENTO E SILVA, G. E. do. *Direito ambiental internacional: meio ambiente, desenvolvimento sustentável e os desafios da nova ordem mundial.* Rio de Janeiro: Thex, 1995.

NASCIMENTO E SILVA, G. E. do; CASELLA, Paulo Borba; BITTENCOURT NETO, Olavo de Oliveira. *Direito internacional diplomático: Convenção de Viena sobre Relações Diplomáticas na teoria e na prática*, 4ª ed. rev., atual. e ampl. São Paulo: Saraiva, 2012.

NASSER, Salem Hikmat. *Fontes e normas do direito internacional: um estudo sobre a* soft law. São Paulo: Atlas, 2005.

NASSER, Salem Hikmat. *Jus cogens*: ainda esse desconhecido. *Revista Direito GV*, vol. 1, nº 2, São Paulo, jun./dez./2005, pp. 161-178.

NAVARRO, Mariano Aguilar. *Derecho internacional público*, t. I. Madrid: E.I.S.A., 1952.

NEVES, Marcelo. Do diálogo entre as cortes supremas e a Corte Interamericana de Direitos Humanos ao transconstitucionalismo na América Latina. *Revista de Informação Legislativa*, ano 51, nº 201, Brasília: Senado Federal, jan./mar./2014, pp. 193-214.

NGOM, Benoiiît Saaliu. *Les droits de l'homme et l'Afrique*. Paris: Silex, 1984.

NIBOYET, J. P. Principios de derecho internacional privado. Trad. Andrés Rodríguez Ramón. Madrid: Editorial Reus, 1928.

NIETO NAVIA, Rafael. *Introducción al sistema interamericano de protección a los derechos humanos*. Bogotá: Temis, 1993.

NINO, Carlos Santiago. *Ética y derechos humanos: un ensayo de fundamentación*, 2ª ed. ampl. y rev. Buenos Aires: Editorial Astrea, 1989.

NIPPOLD, O. Le développement historique du droit international depuis le congrès de Vienne. *Recueil des Cours*, vol. 2 (1924-I), pp. 1-121.

NISOT, Joseph. A propos du projet de la Commission du Droit International des Nations Unies relatif au droit des traités. *Revue Générale de Droit International Public*, nº 2, t. 38, Paris, avril./juin, 1967, p. 312 e ss.

NUNES, Paulo Henrique Faria. *Lei de Migração: novo marco jurídico relativo ao fluxo transnacional de pessoas.* Goiânia: Edição do Autor, 2017.

NUSSBAUM, Arthur. *A concise history of the law of nations*, 2ª ed. rev. New York: Macmillan, 1954.

NYMAN-METCALF, Katrin; PAPAGEORGIOU, Ioannis F. *Regional integration and Courts of Justice*. Antwerpen: Intersentia, 2005.

O'CONNELL, Daniel Patrick. *The law of State succession*. Cambridge: Cambridge University Press, 1965.

1148 | CURSO DE DIREITO INTERNACIONAL PÚBLICO – *Valerio de Oliveira Mazzuoli*

OCTAVIO, Rodrigo. *Direito do estrangeiro no Brasil*. Rio de Janeiro: Livraria Francisco Alves, 1909.

OCTAVIO, Rodrigo. *Direito internacional privado: parte geral*. Rio de Janeiro: Freitas Bastos, 1942.

ODA, Shigeru. International law of the resources of the sea. *Recueil des Cours*, vol. 127 (1969-II), pp. 355-484.

O'KEEFE, Thomas Andrew. *Latin american and caribean: trade agreements (keys to a prosperous Community of Americas)*. Leiden: Martinus Nijhoff, 2009.

OKERE, B. Obinna. The protection of human rights in Africa and the African Charter on Human and Peoples' Rights: a comparative analysis with the European and American systems. *Human Rights Quarterly* 6(2), 1984, pp. 141-159.

OLIVEIRA, Andreia Sofia Pinto. *O direito de asilo na Constituição portuguesa: âmbito de protecção de um direito fundamental*. Coimbra: Coimbra Editora, 2009.

OLIVEIRA, Odete Maria de. *Relações internacionais: estudos de introdução*, 1ª ed., 3ª tir. Curitiba: Juruá, 2003.

OLIVER, Covey T. Historical development of international law: contemporary problems of treaty law. *Recueil des Cours*, vol. 88 (1955-II), pp. 417-508.

OLIVER, Covey T. The enforcement of treaties by a Federal State. *Recueil des Cours*, vol. 141 (1974-I), pp. 331-412.

O'NEILL, Kate. *The environment and international relations*. Cambridge: Cambridge University Press, 2010.

OPPENHEIM, Lassa. *International law: a treatise*, vol. I (Peace). London: Longman, Green & Co., 1905.

ORREGO VICUÑA, Francisco. La zone économique exclusive: régime et nature juridique dans le droit international. *Recueil des Cours*, vol. 199 (1986-IV), pp. 9-170.

ORREGO VICUÑA, Francisco. *La zona económica exclusiva: regimen y naturaleza jurídica en el derecho internacional*. Santiago: Editorial Jurídica de Chile, 1991.

ORTIZ AHLF, Loretta. *Derecho internacional público*, 2ª ed. México, D.F.: Oxford University Press, 1993.

OTERO, Paulo. *A autoridade internacional dos fundos marinhos: análise estrutural e natureza jurídica*. Lisboa: Associação Acadêmica da Faculdade de Direito, 1988.

OUGUERGOUZ, Fatsah. *La Charte Africaine des Droits de l'Homme et des Peuples: une approche juridique des droits de l'homme entre tradition et modernité*. Paris: PUF, 1993.

OUGUERGOUZ, Fatsah. L'absence de clause de dérogation dans certains traités relatifs aux droits de l'homme: les résponses du droit international général. *Revue Générale de Droit International Public*, vol. 98 (1994), pp. 289-336.

OVERY, Richard. The Nuremberg trials: international law in the making. In: *From Nuremberg to the Hague: the future of international criminal justice*. Philippe Sands (ed.). Cambridge: Cambridge University Press, 2003.

OYARZÁBAL, Mario J. A. La doble nacionalidad en el derecho internacional y en la legislación argentina. *Revista de Derecho Internacional y del Mercosur*, año 7, nº 1, Buenos Aires: La Ley, fev./2003, pp. 7-25.

REFERÊNCIAS BIBLIOGRÁFICAS | **1149**

PAISANT, Marcel. Les droits de la France au Niger (avec trois cartes). *Revue Générale du Droit International Public*, vol. 5 (1898), pp. 5-37.

PALACIOS, Augusto Guevara. *Los dictámenes consultivos de la Corte Interamericana de Derechos Humanos: interpretación constitucional y convencional*. Barcelona: Bosch, 2012.

PALCHETTI, Paolo. Article 18 of the 1969 Vienna Convention: a vague and ineffective obligation or a useful means for strengthening legal cooperation? In: *The law of treaties beyond the Vienna Convention*. Enzo Cannizzaro (ed.). Oxford: Oxford University Press, 2011, pp. 25-36.

PALM, Paulo Roberto. *A abertura do rio amazonas à navegação internacional e o parlamento brasileiro*. Brasília: Fundação Alexandre de Gusmão, 2009.

PARRY, Clive. *Nationality and citizenship laws of the Commonwealth and of the Republic of Ireland*. London: Stevens & Sons, 1957.

PASQUALI, Leonardo. *Multilinguismo negli atti normativi internazionali e necessità di soluzioni interpretative differenziate*. Torino: G. Giappichelli, 2016.

PASQUALI, Leonardo (ed.). *Solidarity in international law: challenges, opportunities and the role of regional organizations*. New York: Routledge, 2022.

PASTOR RIDRUEJO, José Antonio. *Curso de derecho internacional público y organizaciones internacionales*, 6ª ed. Madrid: Tecnos, 1996.

PAULUS, Andreas L. *Jus cogens* in a time of hegemony and fragmentation: an attempt at a re-appraisal. *Nordic Journal of International Law*, vol. 74 (2005), pp. 297-334.

PAUWELYN, Joost. *Conflict of norms in public international law: how WTO law relates to other rules of international law*. Cambridge: Cambridge University Press, 2003.

PEDERNEIRAS, Raul. *Direito internacional compendiado*, 13ª ed. rev. e aum. por Oscar Tenório. Rio de Janeiro: Freitas Bastos, 1965.

PEDREIRA, Pinho. A concessão relativista das imunidades de jurisdição e execução do Estado estrangeiro. *Revista de Informação Legislativa*, ano 35, nº 140, Brasília: Senado Federal, out./dez./1998, pp. 227-236.

PELLET, Alain. La formation du droit international dans le cadre des Nations Unies. *European Journal of International Law*, vol. 6 (1995), pp. 401-425.

PELLET, Alain. Can a State commit a crime? Definitely yes! *European Journal of International Law*, vol. 10 (1999), pp. 425-434.

PELLET, Sarah. A ambiguidade da noção de terrorismo. *Terrorismo e direito: os impactos do terrorismo na comunidade internacional e no Brasil*. Leonardo Nemer Caldeira Brant (coord.). Rio de Janeiro: Forense, 2003, pp. 9-20.

PEÑA, Félix. La integración del espacio sudamericano ¿La Unasur y el Mercosur pueden complementarse? *Revista Nueva Sociedad*, nº 219, Caracas, enero-febrero/2009, pp. 46-58.

PEREIRA, André Gonçalves. *La succession d'États en matière de traité*. Paris: A. Pedone, 1969.

PEREIRA, André Gonçalves; QUADROS, Fausto de. *Manual de direito internacional público*, 3ª ed., rev. e aum. (8ª reimpressão). Coimbra: Almedina, 2009.

PEREIRA, Gustavo Oliveira de Lima. *A pátria dos sem pátria: direitos humanos & alteridade*. Porto Alegre: Ed. UniRitter, 2011.

PEREIRA, José Luciano de Castilho. O impacto das normas da OIT na legislação brasileira. *Revista do Tribunal Superior do Trabalho*, vol. 70, nº 1, Brasília, jan./jul./2004, pp. 15-19.

PEREIRA, Lafayette Rodrigues. *Princípios de direito internacional*, t 1. Rio de Janeiro: Jacintho Ribeiro dos Santos, 1903.

PEREIRA, Lafayette Rodrigues. Inadmissibilidade de recurso a um tribunal arbitral, nas questões resolvidas em última instância pelos tribunais de um Estado, em matéria da respectiva competência. In: *Pareceres dos consultores jurídicos do Itamaraty*, vol. I (1903-1912). Antônio Paulo Cachapuz de Medeiros (org.). Brasília: Senado Federal, Conselho Editorial, 2000, pp. 54-55.

PEREIRA, Luciana Diniz Durães. *O direito internacional dos refugiados: análise crítica do conceito de "refugiado ambiental"*. Belo Horizonte: Del Rey, 2010.

PEREIRA, Luis Cezar Ramos. *Costume internacional: gênese do direito internacional*. Rio de Janeiro: Renovar, 2002.

PEREIRA DE ARAÚJO, João Hermes. *A processualística dos atos internacionais*. Rio de Janeiro: Ministério das Relações Exteriores/Seção de Publicações, 1958.

PEREZ LUÑO, Antonio E. *Los derechos fundamentales*, 3ª ed. Madrid: Tecnos, 1988.

PEROTTI, Alejandro Daniel. *Habilitación constitucional para la integración comunitaria: estudio sobre los Estados del Mercorur*, t. I e II. Montevideo: Fundación Konrad Adenauer, 2004.

PERRONE-MOISÉS, Cláudia. Leis de anistia face ao direito internacional: "desaparecimentos" e "direito à verdade". In: *Direitos humanos, globalização econômica e integração regional: desafios do direito constitucional internacional*. Flávia Piovesan (coord.). São Paulo: Max Limonad, 2002, pp. 285-305.

PERRONE-MOISÉS, Cláudia. *Direito internacional penal: imunidades e anistias*. Barueri: Manole, 2012.

PESSOA, Epitácio. *Projeto de Código de Direito Internacional Público*. Rio de Janeiro: Imprensa Nacional, 1911.

PFETSCH, Frank R. *A União Europeia: história, instituições, processos* (com a colaboração de Timm Beichelt). Trad. Estevão C. de Rezende Martins. Brasília: Editora UnB, 2001.

PFLUGER, Franz. *Die einseitigen Rechtsgeschäfte im Völkerrecht*. Zurich: [s.n.], 1936.

PIÉROLA Y BALTA, Nicolás de. Las convenciones de Viena sobre el derecho de los tratados: algunas consideraciones. *Revista Peruana de Derecho Internacional*, vol. 43, nº 103, Lima, enero/junio/1994.

PILOTTI, Massimo. Les unions d'États. *Recueil des Cours*, vol. 24 (1928-IV), pp. 441-546.

PINTO, Mónica. L'emploi de la force dans la jurisprudence des tribunaux internationaux. *Receuil des Cours*, vol. 331 (2007), pp. 9-161.

PINTO, Roger. La réforme du Congrés. *Revue du Droit Public et de la Science Politique*, t. 66. Paris: LGDJ, 1950.

PINTO, Roger. Les règles du droit international concernant la guerre civile. *Recueil des Cours*, vol. 114 (1965-I), pp. 451-553.

REFERÊNCIAS BIBLIOGRÁFICAS | 1151

PIOMBO, Horacio Daniel. *Teoría general de la publicidad y tratados internacionales: análisis normativo, fáctico y dikelógico*. Buenos Aires: Depalma, 1977.

PIOVESAN, Flávia. Desafios e perspectivas dos direitos humanos: a inter-relação dos valores liberdade e igualdade. In: *Direito internacional dos direitos humanos: estudos em homenagem à Professora Flávia Piovesan*. Maria de Fátima Ribeiro & Valerio de Oliveira Mazzuoli (coords.). Curitiba: Juruá, 2004, pp. 155-170.

PIOVESAN, Flávia. *Direitos humanos e o direito constitucional internacional*, 7ª ed. rev., ampl. e atual. São Paulo: Saraiva, 2006.

PIOVESAN, Flávia. *Direitos humanos e justiça internacional: um estudo comparativo dos sistemas regionais europeu, interamericano e africano*. São Paulo: Saraiva, 2006.

PIOVESAN, Flávia (coord.). *Direitos humanos, globalização econômica e integração regional: desafios do direito constitucional internacional*. São Paulo: Max Limonad, 2002.

PIRES, Adilson Rodrigues. *Práticas abusivas no comércio internacional*. Rio de Janeiro: Forense, 2001.

PIRES, Maria José Morais. *As reservas à Convenção Europeia dos Direitos do Homem*. Coimbra: Almedina, 1997.

PIRES, Maria José Morais. Carta Africana dos Direitos Humanos e dos Povos. *Documentação e Direito Comparado*, nos 79/80. Lisboa: Procuradoria Geral da República, 1999, pp. 335-350.

PLÁ RODRÍGUEZ, Américo. *Los convenios internacionales del trabajo*. Montevideo: Facultad de Derecho y Ciencias Sociales de la Universidad de la República, 1965.

POLITIS, Nicolas. *Les nouvelles tendances du droit international*. Paris: Hachette, 1927.

PONTES DE MIRANDA, Francisco Cavalcanti. *Tratado de direito internacional privado*. Rio de Janeiro: José Olympio, 1935 (2 vols.).

PONTES DE MIRANDA, Francisco Cavalcanti. *Nacionalidade de origem e naturalização no direito brasileiro*, 2ª tir. aum. Rio de Janeiro: A. Coelho Branco Filho, 1936.

PONTES DE MIRANDA, Francisco Cavalcanti. *Comentários à Constituição de 1946*, vol. I, 2ª ed. rev. e aum. São Paulo: Max Limonad, 1953.

PONTES DE MIRANDA, Francisco Cavalcanti. *Comentários à Constituição de 1946*, vol. II, 2ª ed. São Paulo: Max Limonad, 1946.

PONTES DE MIRANDA, Francisco Cavalcanti. *Comentários à Constituição de 1946*, vol. V, 2ª ed., rev. e aum. São Paulo: Max Limonad, 1953.

PONTES DE MIRANDA, Francisco Cavalcanti. *Comentários à Constituição de 1967 com a Emenda nº 1 de 1969*, t. III, 2ª ed. São Paulo: RT, 1970.

PONTES DE MIRANDA, Francisco Cavalcanti. *Comentários à Constituição de 1967 com a Emenda nº 1 de 1969*, t. IV, 2ª ed. rev., 2ª tir. São Paulo: RT, 1974.

PONTES DE MIRANDA, Francisco Cavalcanti. *Comentários à Constituição de 1967 com a Emenda nº 1 de 1969*, t. III, 3ª ed. Rio de Janeiro: Forense, 1987.

PORTUGAL, Heloisa Helena de Almeida. *Atividade empresarial e liberdade de estabelecimento no Mercosul*. Curitiba: Juruá, 2001.

POTOBSKY, Geraldo W. von; BARTOLOMEI DE LA CRUZ, Héctor G. *La Organización Internacional del Trabajo*. Buenos Aires: Astrea, 1990.

POTTER, Pitman B. Développement de l'organisation internationale (1815-1914). *Recueil des Cours*, vol. 64 (1938-II), pp. 71-155.

POTTER, Pitman B. Treaties and international legislation. *American Journal of International Law*, vol. 61, nº 4 (October 1967), pp. 1005-1007.

PRATAP, Dharma. *The advisory jurisdiction of the International Court*. Oxford: Oxford University Press, 1972.

PRIETO, Vicente. *Diritto dei rapporti tra Chiesa e società civile*. Roma: Edizioni Università della Santa Croce, 2008.

PRIEUR, Michel. *Droit de l'environnement*. Paris: Dalloz, 1984.

PROBST, Raymond R. "Good offices" in international relations in the light of Swiss practice and experience. *Recueil des Cours*, vol. 201 (1987), pp. 221-383.

PUENTE EGIDO, J. L'extradition en droit international: problèmes choisis. *Recueil des Cours*, vol. 231 (1991-VI), pp. 9-260.

PUÑAL, Antonio Martínez. *La solución de controversias en el Mercado Común del Sur (Mercosur): estudio de sus mecanismos*. Santiago de Compostela: Tórculo, 2000.

PUÑAL, Antonio Martínez. *Actos unilaterales, promesa, silencio y nomogénesis en el derecho internacional*. Santiago de Compostela: Andavira, 2011.

QUADRI, Rolando. Le fondement du caractère obligatoire du droit international public. *Recueil des Cours*, vol. 80 (1952-I), pp. 579-633.

QUADRI, Rolando. Cours général de droit international public. *Recueil des Cours*, vol. 113 (1964-III), pp. 237-483.

QUESADA ALCALÁ, Carmen. *La Corte Penal Internacional y la soberanía estatal*. Valencia: Tirant lo Blanch, 2005.

RAGAZZI, Maurizio. *The concept of international obligations erga omnes*. Oxford: Clarendon Press, 2000.

RAMELLA, Pablo A. *Nacionalidad y ciudadanía*. Buenos Aires: Depalma, 1978.

RAMELLA, Pablo A. *Crimes contra a humanidade*. Trad. Fernando Pinto. Rio de Janeiro: Forense, 1987.

RAMINA, Larissa. *Direito internacional dos investimentos: solução de controvérsias entre Estados e empresas transnacionais*. Curitiba: Juruá, 2009.

RAMINA, Larissa; CUNHA FILHO, Valter Fernandes da. *Segurança internacional: desenvolvimento teórico, desafios concretos e paradoxos*. Curitiba: Juruá, 2013.

RAMÍREZ, Manuel Becerra. *Derecho internacional público*. México, D.F.: UNAM, 1991.

RAMÍREZ, Sergio García. The relationship between Inter-American jurisdiction and States (national systems): some pertinent questions. *Notre Dame Journal of International & Comparative Law*, vol. 5, issue 1 (2015), pp. 115-151.

RAMOS, André de Carvalho. *Direitos humanos em juízo: comentários aos casos contenciosos e consultivos da Corte Interamericana de Direitos Humanos*. São Paulo: Max Limonad, 2001.

RAMOS, André de Carvalho. *Processo internacional de direitos humanos: análise dos sistemas de apuração de violações dos direitos humanos e a implementação das decisões no Brasil*. Rio de Janeiro: Renovar, 2002.

REFERÊNCIAS BIBLIOGRÁFICAS | **1153**

RAMOS, André de Carvalho. *Responsabilidade internacional por violação de direitos humanos: seus elementos, a reparação devida e sanções possíveis*. Rio de Janeiro: Renovar, 2004.

RAMOS, André de Carvalho. *Teoria geral dos direitos humanos na ordem internacional*. Rio de Janeiro: Renovar, 2005.

RAMOS, André de Carvalho. O princípio do *non-refoulement* no direito dos refugiados: do ingresso à extradição. *Revista dos Tribunais*, ano 99, vol. 892, São Paulo, fev./2010, pp. 347-376.

RAMOS, André de Carvalho. Crimes da ditadura militar: a ADPF 153 e a Corte Interamericana de Direitos Humanos. In: *Crimes da ditadura militar: uma análise à luz da jurisprudência atual da Corte Interamericana de Direitos Humanos*. Luiz Flávio Gomes & Valerio de Oliveira Mazzuoli (orgs.). São Paulo: RT, 2011, pp. 174-225.

RANGEL, Vicente Marotta. Integração das convenções de Genebra no direito brasileiro. *Revista do Instituto de Pesquisas e Estudos Jurídico-Econômico-Sociais*, ano II, nº 3, Bauru: ITE, jan./mar./1967, pp. 195-266.

RANGEL, Vicente Marotta. *Natureza jurídica e delimitação do mar territorial*, 2ª ed. rev. São Paulo: RT, 1970.

RANGEL, Vicente Marotta. Le plateau continental dans la Convention de 1982 sur le droit de la mer. *Recueil des Cours*, vol. 194 (1985-V), pp. 269-428.

RAYNAUD, Barthélemy. *Droit international ouvrier*. Paris: Arthur Rousseau, 1906.

REALE, Égidio. Le problème des passeportes. *Recueil des Cours*, vol. 50 (1934-IV), pp. 85-188.

REALE, Égidio. Le droit d'asile. *Recueil des Cours*, vol. 63 (1938-I), pp. 469-601.

REALE, Miguel. A estrutura jurídica da Itaipu. *Revista da Faculdade de Direito da Universidade de São Paulo*, São Paulo, 1974.

REALE, Miguel. *Fontes e modelos do direito: para um novo paradigma hermenêutico*. São Paulo: Saraiva, 1994.

REDSLOB, Robert. Le principe des nationalités. *Recueil des Cours*, vol. 37 (1931-III), pp. 1-82.

REINISCH, August. International organizations before national courts. Cambridge: Cambridge University Press, 2000.

REIS, Alessandra Nogueira. *Responsabilidade internacional do Estado por dano ambiental*. Rio de Janeiro: Elsevier, 2010.

REITER, Dan. Exploding the powder keg myth: preemptive wars almost never happen. *International Security*, vol. 20, nº 2 (Fall 1995), pp. 5-34.

REMIRO BROTONS, Antonio. *Derecho internacional público*, vol. 2 (*Derecho de los tratados*). Madrid: Tecnos, 1987.

REMIRO BROTONS, Antonio; RIQUELME CORTADO, Rosa; ORIHUELA CALATAYUD, Esperanza; DÍEZ-HOCHLEITNER, Javier; PÉREZ-PRAT DURBAN, Luis. *Derecho internacional*. Valencia: Tirant lo Blanch, 2007.

RESCIA, Víctor Manuel Rodríguez. La ejecución de sentencias de la Corte. In: *El futuro del sistema interamericano de protección de los derechos humanos*. Juan E. Méndez & Francisco Cox (coords.). San José: IIDH, 1998, pp. 449-490.

REUTER, Paul. Principes de droit international public. *Recueil des Cours*, vol. 103 (1961-II), pp. 425-656.

REUTER, Paul. *Institutions internationales*, 8ᵉ éd. Paris: PUF, 1975.

REUTER, Paul. *Direito internacional público. Trad. Maria Helena Capêto Guimarães. Lisboa: Presença, 1981.*

REUTER, Paul. *Introducción al derecho de los tratados*, 1ª ed. (em espanhol) revisada por Peter Haggenmacher. Trad. Eduardo L. Suárez. México, D.F.: Fondo de Cultura Económica, 1999.

REZEK, José Francisco. As relações internacionais na Constituição da primeira República. *Arquivos do Ministério da Justiça*, nº 126, jun./1973, pp. 107-112.

REZEK, José Francisco. Perspectiva do regime jurídico da extradição. In: *Estudos de direito público em Homenagem a Aliomar Baleeiro*. Brasília: Editora UnB, 1976, pp. 233-264.

REZEK, José Francisco. A nacionalidade à luz da obra de Pontes de Miranda. *Revista Forense*, ano 74, vol. 263, fasc. 901-903, Rio de Janeiro, jul./ago./set./1978, pp. 7-15.

REZEK, José Francisco. Reciprocity as a basis of extradition. *British Yearbook of International Law*, vol. 52 (1981), pp. 171-204.

REZEK, José Francisco. *Direito dos tratados*. Rio de Janeiro: Forense, 1984.

REZEK, José Francisco. Le droit international de la nationalité. *Recueil des Cours*, vol. 198 (1986-III), pp. 333-400.

REZEK, José Francisco. Sur le fondement du droit des gens. In: *Theory of international law at the threshold of the 21st century: essays in honour of Krzysztof Skubiszewski*. Jerzy Makarczyk (ed.). The Hague: Kluwer Law International, 1996, pp. 269-274.

REZEK, José Francisco. *Direito internacional público: curso elementar*, 9ª ed., rev. São Paulo: Saraiva, 2002.

REZEK, José Francisco. A imunidade das organizações internacionais no século XXI. In: *A imunidade de jurisdição e o judiciário brasileiro*. Márcio Garcia & Antenor Pereira Madruga Filho (coords.). Brasília: CEDI, 2002, pp. 13-24.

REZEK, José Francisco. Parlamento e tratados: o modelo constitucional do Brasil. *Revista de Informação Legislativa*, ano 41, nº 162, Brasília: Senado Federal, abr./jun./2004, pp. 121-148.

REZEK, José Francisco. Efeitos do tratado internacional sobre terceiros: o artigo 35 da Convenção de Viena. In: *O direito internacional contemporâneo: estudos em homenagem ao Professor Jacob Dolinger*. Carmen Tibúrcio & Luís Roberto Barroso (orgs.). Rio de Janeiro: Renovar, 2006, pp. 491-504.

REZEK, José Francisco. A justiça do Brasil ante a imunidade de jurisdição das Nações Unidas. In: *Direitos humanos e jurisdição internacional* (Coleção Direito Internacional Multifacetado, vol. IV). Larissa Ramina & Tatyana Scheila Friedrich (coords.). Curitiba: Juruá, 2014, pp. 65-76.

RIBEIRO, Jomara de Carvalho. *A responsabilidade do Estado perante a Corte Internacional de Justiça*. Porto Alegre: Sergio Antonio Fabris, 2012.

RIBEIRO, Maria de Fátima. *Comentários ao Código Tributário Nacional: Lei nº 5.172, de 25.10.1966*. Carlos Valder do Nascimento (coord.). Rio de Janeiro: Forense, 1997.

REFERÊNCIAS BIBLIOGRÁFICAS | **1155**

RIBEIRO, Maria de Fátima. Considerações sobre a prevalência dos tratados internacionais sobre a legislação tributária brasileira: o caso Mercosul. *Scientia Iuris: revista do curso de mestrado em direito negocial da UEL*, vol. 1, n° 1, Londrina, jul./dez./1997, pp. 99-116.

RICO, Sandra Morelli. Reconocimiento y efectividad de la carta de derechos contenida en la Constitución colombiana de 1991. In: *Derechos Humanos y Constitución en Iberoamérica (Libro-Homenaje a Germán J. Bidart Campos)*. José F. Palomino Manchego & José Carlos Remotti Garbonell (coords.). Lima: Instituto Iberoamericano de Derecho Constitucional, 2002.

RIDEAU, Joël. Le rôle de l'Union Européenne en matière de protection des droits de l'homme. *Recueil des Cours*, vol. 265 (1997), pp. 9-480.

RIOS, Aurélio Virgílio Veiga; DERANI, Cristiane. Princípios gerais do direito internacional ambiental. In: *O direito e o desenvolvimento sustentável: curso de direito ambiental*. Aurélio Virgílio Veiga Rios & Carlos Teodoro Hugueney Irigaray (orgs.). Brasília: IEB, 2005, pp. 87-122.

RIPHAGEN, W. National and international regulation of international movement and the legal position of the private individual. *Recueil des Cours*, vol. 131 (1970-III), pp. 489-620.

RISHMAWI, Mervat. The revised Arab Charter on Human Rights: a step forward? *Human Rights Law Review*, vol. 5, n° 2 (2005), pp. 361-376.

RIVERA SANTIVAÑEZ, José Antonio. *Tribunal Constitucional y protección de los derechos humanos*. Sucre: Tribunal Constitucional, 2004.

RIVERA SANTIVAÑEZ, José Antonio. *El proceso constituyente en Bolivia: reflexiones sobre la reforma de la Constitución*. Cochabamba: Kipus, 2005.

ROCHA, Sergio André. *Treaty override no ordenamento jurídico brasileiro: o caso das convenções para evitar a dupla tributação da renda*. São Paulo: Quartier Latin, 2007.

ROCHA, Valdir de Oliveira. Tratados internacionais e vigência das isenções por eles concedidas, em face da Constituição de 1988. *Repertório IOB de Jurisprudência*, São Paulo, n° 5/91, Cad. 1, mar./1991, pp. 83-84.

RODAS, João Grandino. Os acordos em forma simplificada. *Revista da Faculdade de Direito da Universidade de São Paulo*, vol. LXVIII, fasc. I, São Paulo, 1973, pp. 319-340.

RODAS, João Grandino. *Jus cogens* em direito internacional. *Revista da Faculdade de Direito da Universidade de São Paulo*, vol. LXIX, fasc. II, São Paulo, 1974, pp. 125-136.

RODAS, João Grandino. *A publicidade dos tratados internacionais*. São Paulo: RT, 1980.

RODAS, João Grandino. A constituinte e os tratados internacionais. *Revista dos Tribunais*, vol. 624, São Paulo, out./1987, pp. 43-51.

RODAS, João Grandino. *Tratados internacionais*. São Paulo: RT, 1991.

RODAS, João Grandino. Entrega de nacionais ao Tribunal Penal Internacional. *Revista CEJ*, n° 11, Brasília, maio/ago./2000, pp. 32-35.

RODRIGUES, Carlos Calero. O trabalho de codificação do direito internacional nas Nações Unidas. *Boletim da Sociedade Brasileira de Direito Internacional*, n°s 101/103, Brasília, jan./jun./1996, pp. 23-31.

1156 | CURSO DE DIREITO INTERNACIONAL PÚBLICO – *Valerio de Oliveira Mazzuoli*

RODRIGUES, José Honório; SEITENFUS, Ricardo. *Uma história diplomática do Brasil (1531-1945)*. Rio de Janeiro: Civilização Brasileira, 1995.

RODRIGUES, Luís Barbosa. *A interpretação dos tratados internacionais*, 2ª ed. rev. Lisboa: Associação Acadêmica da Faculdade de Direito, 2002.

RODRIGUES, Manoel Coelho. *A extradição no direito brasileiro e na legislação comparada*. Rio de Janeiro: Imprensa Nacional, 1930.

ROGOFF, Martin A. The international legal obligations of signatories to an ungratified treaty. *Maine Law Review*, vol. 32, nº 12 (1980), pp. 263-299.

ROJAS, Manuel Hinojo. *A propósito de la jurisdicción consultiva de la Corte Internacional de Justicia*. Córdoba: Universidad de Córdoba, 1997.

ROLIN, Albéric. Quelques questions relatives à l'extradition. *Recueil des Cours*, vol. 1 (1923-I), pp. 181-227.

ROLIN, Henri. Les principes de droit international public. *Recueil des Cours*, vol. 77 (1950-II), pp. 305-479.

ROMANI, Carlos Fernandez de Casadevante. *La protección del medio ambiente en derecho internacional, derecho comunitario europeo y derecho español*. Vitoria-Gasteiz: Servicio Central de Publicaciones del Gobierno Vasco, 1991.

RONZITTI, Natalino. La disciplina dello *jus cogens* nella Convenzione di Vienna sul Diritto dei Trattati. In: *Comunicazioni e Studi*, vol. 15. Milano: Giuffrè, 1978, pp. 243-299.

ROSATTI, Horacio. *El origen del Estado*. Buenos Aires: Rubinzal-Culzoni, 2002.

ROSEMBUJ, Tulio. *Elementos de derecho tributario*. Barcelona: Editorial Blume, 1982.

ROSENNE, Shabtai. *The World Court: what is and how it works*, 5th ed. rev. Dordrecht: Martinus Nijhoff, 1995.

ROSENNE, Shabtai. *The law and practice of the International Court* (1920-1996). Dordrecht: Martinus Nijhoff, 1997 (4 vols.).

ROSSI, Ettore. *Il Sovrano Militare Ordine di Malta*. Roma: Libreria Romana, [199-].

ROSSIT, Liliana Allodi. *Educação e cooperação internacional na proteção do meio ambiente*. São Paulo: IOB Thomson, 2006.

ROUSSEAU, Charles. *Principes généraux du droit international public*, t. I (Introduction, Sources). Paris: A. Pedone, 1944.

ROUSSEAU, Charles. *Droit international public approfondi*. Paris: Dalloz, 1958.

ROUSSEAU, Charles. *Droit international public*, 10ª ed. Paris: Dalloz, 1984.

ROXIN, Claus. *Derecho penal: parte general*, t. 1 (*Fundamentos. La estructura de la teoria del delito*). Madrid: Civitas, 1999.

RUBIN, Alfred P. The international legal effects of unilateral declarations. *American Journal of International Law*, vol. 71 (1977), pp. 1-30.

RUDA, J. M. Reservations to treaties. *Recueil des Cours*, vol. 146 (1975-III), pp. 95-218.

RUIZ-ELDREDGE, Alberto. *El nuevo derecho del mar*. Lima: Atlântida, 1973.

RUSSOMANO, Gilda Maciel Corrêa Meyer. *Aspectos da extradição no direito internacional público*. Rio de Janeiro: José Konfino Editor, 1960.

RUSSOMANO, Gilda Maciel Corrêa Meyer. *Os conflitos espaciais de leis no plano das relações trabalhistas*. Rio de Janeiro: José Konfino Editor, 1964.

REFERÊNCIAS BIBLIOGRÁFICAS | **1157**

RUSSOMANO, Gilda Maciel Corrêa Meyer. *Direito internacional privado do trabalho: conflitos espaciais de leis trabalhistas*, 2ª ed. rev. e atual. Rio de Janeiro: Forense, 1979.

RUSSOMANO, Gilda Maciel Corrêa Meyer. *A extradição no direito internacional e no direito brasileiro*, 3ª ed. rev. e atual. São Paulo: RT, 1981.

RUSSOMANO, Gilda Maciel Corrêa Meyer. *Direito internacional público*, 1º vol. Rio de Janeiro: Forense, 1989.

RUSSOMANO, Mozart Victor. Considerações gerais sobre o impacto das normas internacionais trabalhistas na legislação interna. *Genesis – Revista de Direito do Trabalho*, vol. 17, Curitiba, maio/1994, pp. 457-463.

RUZIÉ, David. *Droit international public*. 7ᵉ éd. Paris: Dalloz, 1987.

SABBAG, Eduardo. *Manual de direito tributário*. São Paulo: Saraiva, 2009.

SACCO, Ugo Colombo. *Giovanni Paolo II e la nuova proiezione internazionale della Santa Sede, 1978-1996: una guida introduttiva*. Milano: Giuffrè, 1997.

SAGÜÉS, Néstor Pedro. *Teoría de la Constitución*. Buenos Aires: Astrea, 2004.

SALDAÑA, Quintiliano. La justice pénale internationale. *Recueil des Cours*, vol. 10 (1925-V), pp. 223-429.

SALMON, Jean. Les antinomies en droit international public. In: *Les antinomies en droit*. Chaim Perelman (ed.). Bruxelles: Bruylant, 1965, pp. 285-314.

SALMON, Jean (coord.). *Dictionnaire de droit international public*. Bruxelles: Bruylant, 2001.

SANAHUJA, José Antonio. Multilateralismo y regionalismo en clave sudamericana: el caso de Unasur. In: *Pensamiento Propio: los desafíos del multilateralismo en América Latina* (edición especial), nº 33, año 16, Universidad de Guadalajara/Universidad Iberoamericana, enero-junio/2011, pp. 115-158.

SANDS, Philippe (ed.). *Greening international law*. London: Earthscan, 1993.

SANTA PINTER, José Julio. *Teoría y práctica de la diplomacia*. Buenos Aires: Depalma, 1958.

SANTOS, Thomaz Francisco Silveira de Araujo. *As reparações às vítimas no Tribunal Penal Internacional*. Porto Alegre: Sergio Antonio Fabris, 2011.

SARLET, Ingo Wolfgang. *A eficácia dos direitos fundamentais*, 6ª ed. rev., atual. e ampl. Porto Alegre: Livraria do Advogado, 2006.

SARLET, Ingo Wolfgang; MARINONI, Luiz Guilherme; MITIDIERO, Daniel. *Curso de direito constitucional*. São Paulo: RT, 2012.

SASSÒLI, Marco. L'arrêt Yerodia: quelques remarques sur une affaire au point de collision entre les deux couches du droit international. *Revue Générale de Droit International Public*, vol. 106, nº 4 (2002), pp. 791-817.

SATOW, Ernest. *A guide to diplomatic practice*, 4ᵗʰ ed. Sir Nevile Bland (ed.). London: Longmans, 1957.

SAUREL, L. *Le proces de Nuremberg*. Paris: Rouff, 1965.

SCELLE, Georges. *Précis élémentaire de législation industrielle*. Paris: Sirey, 1927.

SCELLE, Georges. *Précis de droit des gens*, t. I. Paris: Sirey, 1932.

SCELLE, Georges. *Précis de droit des gens*, t. II. Paris: Sirey, 1934.

1158 CURSO DE DIREITO INTERNACIONAL PÚBLICO – *Valerio de Oliveira Mazzuoli*

SCELLE, Georges. Règles générales du droit de la paix. *Recueil des Cours*, vol. 46 (1933-IV), pp. 327-703.

SCELLE, Georges. Le phénomène juridique du dédoublement fonctionnel. In: *Rechtsfragen der internationalen Organisation: Festschrift für H. Wehberg*. Frankfurt am Main: Vittorio Klostermann, 1956, pp. 324-342.

SCHABAS, William A. *An introduction to the International Criminal Court*. Cambridge: Cambridge University Press, 2001.

SCHACHTER, Oscar. The development of international law through the legal opinion of the United Nations Secretariat. *British Yearbook of International Law*, vol. 25 (1948), pp. 91-132.

SCHÄFER, Jairo. *Classificação dos direitos fundamentais: do sistema geracional ao sistema unitário – Uma proposta de compreensão*. Porto Alegre: Livraria do Advogado, 2005.

SCHERMERS, Henry G. *International Institutional Law*, 2nd ed. Netherlands: Sijthoff & Noordhoff, 1980.

SCHINDLER, Dietrich. The different types of armed conflicts according to the Geneva conventions and protocols. *Recueil des Cours*, vol. 163 (1979-II), pp. 117-164.

SCHNAPPER, Dominique. *La France de l'intégration: sociologie de la nation en 1990*. Paris: Gallimard, 1991.

SCHWEBEL, S. M. Agression, intervention and self-defence in modern international law. Schwebel. *Recueil des Cours*, vol. 136 (1972-II), pp. 411-497.

SCOTTI, Luciana B. La Unión de Naciones Suramericanas: una joven expresión de integración regional en América del Sur. In: *Derecho de la integración: evolución jurídico-institucional* (Parte II, América-África). Sandra Negro (dir.). Buenos Aires: B de F, 2012, pp. 105-134.

SCOTTI, Luciana B.; VIEIRA, Luciane Klein. El sistema de solución de controversias en los procesos de integración regional en América Central y el Caribe: diálogo de jurisdicciones. In: *Direito da integração regional: diálogo entre jurisdições na América Latina*. Valerio de Oliveira Mazzuoli & Eduardo Biacchi Gomes (orgs.). São Paulo: Saraiva, 2015, pp. 75-96.

SEIDL-HOENVELDERN, Ignaz. Hierarchy of treaties. In: *Essays on the law of treaties: a collection of essays in honour of Bert Vierdag*. Jan Klabbers & René Lefeber (eds.). Dordrecht: Martinus Nijhoff, 1998, pp. 16-18.

SEITENFUS, Ricardo. *Manual das organizações internacionais*, 4ª ed., rev., atual. e ampl. Porto Alegre: Livraria do Advogado, 2005.

SEPÚLVEDA, César. *Derecho internacional*, 26ª ed. México, D.F.: Porrúa, 2009.

SERMET, Laurent. The absence of a derogation clause from the African Charter on Human and Peoples' Rights: a critical discussion. *African Human Rights Law Journal*, vol. 7, nº 1, Cape Town, 2007, pp. 142-161.

SETTE CÂMARA, José. *The ratification of international treaties*. Toronto: The Ontario Publishing Company Limited, 1949.

SHAW, Malcolm N. *Direito internacional*. Trad. Marcelo Brandão Cipolla (*et al.*). São Paulo: Martins Fontes, 2010.

SHEARER, Ivan Anthony. *Extradition in international law*. Manchester: London University Press, 1971.

REFERÊNCIAS BIBLIOGRÁFICAS | 1159

SHEININ, David. *The Organization of American States.* New Brunswick: Transaction Publischers, 1996.

SHELTON, Dinah. *International crimes, peace and human rights: the role of the International Criminal Court.* Ardsley, NY: Transnational Publishers, 2000.

SHELTON, Dinah. Normative hierarchy in international law. *American Journal of International Law,* vol. 100, nº 2 (April 2006), pp. 291-323.

SHELTON, Dinah. *Regional protection of human rights.* Oxford: Oxford University Press, 2008.

SHELTON, Dinah. Environmental rights and Brazil's obligations in the Inter-American human rights system. *The George Washington International Law Review,* vol. 40 (2009), pp. 733-777.

SHI, Jiuyong. Maritime delimitation in the jurisprudence of the International Court of Justiçe. *Chinese Journal of International Law,* vol. 9, nº 2 (2010), pp. 271-291.

SIBERT, Marcel. Quelques aspects de l'organisation et de la technique des conférences internationales. *Recueil des Cours,* vol. 48 (1934-II), pp. 387-457.

SIBERT, Marcel. *Traité de droit international public: le droit de la paix,* vol. I. Paris: Dalloz, 1951.

SICAULT, Jean-Didier. Du caractère obligatoire des engagements unilatéraux en droit international public. *Revue Générale de Droit International Public,* vol. 83, Paris, 1979, pp. 633-688.

SIEGHART, Paul. *The international law of human rights.* Oxford: Oxford University Press, 1983.

SILVA, José Afonso da. *Direito ambiental constitucional,* 3ª ed. São Paulo: Malheiros, 2000.

SILVA, José Afonso da. *Poder constituinte e poder popular: estudos sobre a Constituição.* São Paulo: Malheiros, 2000.

SILVA, José Afonso da. *Curso de direito constitucional positivo,* 26ª ed. rev. e atual. São Paulo: Malheiros, 2006.

SILVA, José Afonso da. *Processo constitucional de formação das leis,* 2ª ed. São Paulo: Malheiros, 2006.

SILVA, José Afonso da. *Comentário contextual à Constituição,* 2ª ed. São Paulo: Malheiros, 2006.

SILVA, Roberto Luiz; MAZZUOLI, Valerio de Oliveira (coords.). *O Brasil e os Acordos Econômicos Internacionais: perspectivas jurídicas e econômicas à luz dos acordos com o FMI.* São Paulo: RT, 2003.

SILVA, Solange Teles da. *O direito ambiental internacional.* Belo Horizonte: Del Rey, 2010.

SIMMA, Bruno. From bilateralism to community interest in international law. *Recueil des Cours,* vol. 250 (1994-VI), pp. 217-384.

SINCLAIR, Ian. The European Convention on State Immunity. *International and Comparative Law Quarterly,* vol. 22 (1973), pp. 254-283.

SINCLAIR, Ian. The law of sovereign immunity: recent developments. *Recueil des Cours,* vol. 167 (1980-II), pp. 113-284.

SINCLAIR, Ian. *The Vienna Convention on the Law of Treaties,* 2ª ed. Manchester: Manchester University Press, 1984.

1160 CURSO DE DIREITO INTERNACIONAL PÚBLICO – *Valerio de Oliveira Mazzuoli*

SINHÁ, Surya Prakash. *Asylum and international law.* The Hague: Martinus Nijhoff, 1971.

SIOTTO PINTOR, Manfredi. Les sujets du droit international autres que les États. *Recueil des Cours,* vol. 41 (1932-III), pp. 245-361.

SMITH, Bradley F. *O Tribunal de Nuremberg.* Rio de Janeiro: Francisco Alves, 1979.

SMITH, Herbert Arthur. Le développement moderne des lois de la guerre maritime. *Recueil des Cours,* vol. 63 (1938-I), pp. 603-692.

SOARES, Guido Fernando Silva. "Agreements" – "Executive Agreements" – "Gentlemen's Agreements". In: *Enciclopédia Saraiva do Direito,* vol. 5. R. Limongi França (coord.). São Paulo: Saraiva, 1977, pp. 247-248.

SOARES, Guido Fernando Silva. Os acordos administrativos e sua validade no Brasil. *Revista Forense,* vol. 272, Rio de Janeiro, 1980, pp. 57-76.

SOARES, Guido Fernando Silva. *Das imunidades de jurisdição e de execução.* Rio de Janeiro: Forense, 1984.

SOARES, Guido Fernando Silva. The treaty-making process under the 1988 Federal Constitution of Brazil. *Chicago-Kent Law Review,* vol. 67, nº 2 (1991), pp. 495-513.

SOARES, Guido Fernando Silva. As imunidades de jurisdição na justiça trabalhista brasileira. *Boletim da Sociedade Brasileira de Direito Internacional,* ano XLV, vols. 77/78, Brasília, jan./mar./1992, pp. 101-123.

SOARES, Guido Fernando Silva. As ONGs e o direito internacional do meio ambiente. *Revista de Direito Ambiental,* vol. 17, São Paulo: RT, jan./mar./2000, pp. 21-64.

SOARES, Guido Fernando Silva. *Órgãos dos Estados nas relações internacionais: formas da diplomacia e as imunidades.* Rio de Janeiro: Forense, 2001.

SOARES, Guido Fernando Silva. *Curso de direito internacional público,* vol. 1. São Paulo: Atlas, 2002.

SOARES, Guido Fernando Silva. *A proteção internacional do meio ambiente.* Barueri: Manole, 2003.

SOARES, Guido Fernando Silva. *Direito internacional do meio ambiente: emergência, obrigações e responsabilidades,* 2ª ed. São Paulo: Atlas, 2003.

SOARES, Guido Fernando Silva. Legitimidade de uma guerra preventiva em pleno 2003? *Política Externa,* vol. 12, nº 1, São Paulo, jun./jul./ago./2003, pp. 5-30.

SOARES, Guido Fernando Silva. Os direitos humanos e a proteção dos estrangeiros. *Revista de Informação Legislativa,* ano 41, nº 162. Brasília: Senado Federal, abr./jun./2004, pp. 169-204.

SOARES, Guido Fernando Silva. Dez anos após Rio-92: o cenário internacional, ao tempo da cúpula mundial sobre desenvolvimento sustentável (Joanesburgo, 2002). *Revista Amazônia Legal de Estudos Sócio-Jurídico-Ambientais,* ano 1, nº 1, Cuiabá: EdUFMT, jan./jun./2007, pp. 123-168.

SOBARAZO, Alejandro. *Régimen jurídico del alta mar,* 2ª ed. México, D.F.: Porrúa, 1985.

SOBRAL, José Manuel. Memória e identidade nacional. *Nação e Estado: entre o local e o global.* Manuel Carlos Silva (ed.). Porto: Afrontamento, 2006, pp. 27-49.

SOHN, Louis B. Settlement of disputes relating to the interpretation and application of treaties. *Recueil des Cours,* vol. 150 (1976-II), pp. 195-294.

REFERÊNCIAS BIBLIOGRÁFICAS | **1161**

SØRENSEN, Max. *Les sources du droit international: étude sur la jurisprudence de la Cour Permanente de Justice International*. Copenhague: Munksgaard, 1946.

SØRENSEN, Max (ed.). *Manual de derecho internacional público*, 1ª ed. em espanhol, 7ª reimpr. Trad. Dotación Carnegie para la Paz Internacional. México, D.F.: Fondo de Cultura Económica, 2000.

SOTTILE, Antoine. Le terrorisme international. *Recueil des Cours*, vol. 65 (1938-III), pp. 87-184.

SOUSA, Filipe Venade de. O controle de convencionalidade da Convenção das Nações Unidas sobre os Direitos das Pessoas com Deficiência: uma visão portuguesa. *Revista dos Tribunais*, ano 102, vol. 938, São Paulo, dez./2013, pp. 183-210.

SOUSA, Gelson Amaro de. *Processo e jurisprudência no estudo do direito*. Rio de Janeiro: Forense, 1989.

SPERDUTI, Giuseppe. L'individu et le droit international. *Recueil des Cours*, vol. 90 (1956-II), pp. 727-849.

SPERDUTI, Giuseppe. Le principe de souveraineté et le problème des rapports entre le droit international et le droit interne. *Recueil des Cours*, vol. 153 (1976-V), pp. 319-411.

SPIROPOULOS, J. L'individu et le droit international. *Recueil des Cours*, vol. 30 (1929-V), pp. 191-270.

STADTMÜLLER, Georg. *Historia del derecho internacional público*. Madrid: Aguilar, 1961.

STAVROPOULOS, Constantin. The practice of voluntary abstentions by permanent members of the Security Council under art. 27 paragraph 3 of the Charter of the United Nations. *American Journal of International Law*, vol. 61 (1967), pp. 737-752.

STEINER, Henry J.; ALSTON, Philip. *International human rights in context: law, politics, morals*, 2nd ed. Oxford: Oxford University Press, 2000.

STEINER, Sylvia Helena F. O Tribunal Penal Internacional, a pena de prisão perpétua e a Constituição brasileira. In: *O que é o Tribunal Penal Internacional*. Brasília: Câmara dos Deputados/Coordenação de Publicações, 2000, pp. 34-41.

STEINER, Sylvia Helena F.; BRANT, Leonardo Nemer Caldeira (coords.). O Tribunal Penal Internacional: comentários ao Estatuto de Roma. Belo Horizonte: Del Rey, 2016.

STERN, Brigitte. La coutume au cœur du droit international: quelques réflexions. *Le droit international: unité et diversité* (Mélanges offerts a Paul Reuter). Paris: A. Pedone, 1981, pp. 479-499.

STERN, Brigitte. La succession d'États. *Recueil des Cours*, vol. 262 (1996), pp. 9-437.

STONE, Julius. *Aggression and world order: a critique of United Nations theories of aggression*. Berkeley: University of California Press, 1958.

STRENGER, Irineu. *Direito processual internacional*. São Paulo: LTr, 2003.

STRUPP, Karl. Le droit du juge international de statuer selon l'équité. *Recueil des Cours*, vol. 33 (1930-III), pp. 351-481.

SUCHARITKUL, Sompong. Immunities of foreign States before national authorities. *Recueil des Cours*, vol. 149 (1976-I), pp. 87-216.

SUDRE, Frédéric. *Droit international et européen des droits de l'homme*. Paris: PUF, 1989.

SÜSSEKIND, Arnaldo. *Direito internacional do trabalho*, 2ª ed. ampl. e atual. São Paulo: LTr, 1986.

SÜSSEKIND, Arnaldo. *Direito internacional do trabalho*, 3ª ed. atual. São Paulo: LTr, 2000.

SÜSSEKIND, Arnaldo; MARANHÃO, Délio; VIANNA, Segadas; TEIXEIRA, Lima. *Instituições de direito do trabalho*, vol. 2, 20ª ed., atualizada por Arnaldo Süssekind e Lima Teixeira. São Paulo: LTr, 2002.

SUY, Erik. *Les actes juridiques unilatéraux en droit international public*. Paris: LGDJ, 1962.

SWINARSKI, Christophe. *Introdução ao direito internacional humanitário*. Brasília: Escopo, 1988.

SWINARSKI, Christophe. *Competências e funções do Comitê Internacional da Cruz Vermelha (CICV) como órgão da ação internacional humanitária*. Brasília: CICV, 1996.

SYMONIDES, Janusz; VOLODIN, Vladimir (eds.). *A guide to human rights: institutions, standards, procedures*. Paris: UNESCO, 2003.

TAMMES, A. J. P. Decisions of international organs as a source of international law. *Recueil des Cours*, vol. 94 (1958-II), pp. 261-364.

TAMS, Christian J. *Enforcing obligations* erga omnes *in international law*. Cambridge: Cambridge University Press, 2005.

TAUBE, Michel de. L'inviolabilité des traités. *Recueil des Cours*, vol. 32 (1930-II), pp. 291-389.

TAVARES, André Ramos. *Reforma do judiciário no Brasil pós-88: (des)estruturando a justiça*. São Paulo: Saraiva, 2005.

TAVARES, Francisco de Assis Maciel. *Ratificação de tratados internacionais*. Rio de Janeiro: Lúmen Juris, 2003.

TAVARES, Ricardo Neiva. *As organizações não-governamentais nas Nações Unidas*. Brasília: Instituto Rio Brasco/Fundação Alexandre de Gusmão, 1999 (Coleção *Curso de Altos Estudos do Instituto Rio Branco*).

TEIXEIRA, Gustavo de Faria Moreira. *O greening no sistema interamericano de direitos humanos*. Curitiba: Juruá, 2011.

TELLES JUNIOR, Goffredo. *Iniciação na ciência do direito*. São Paulo: Saraiva, 2001.

TENEKIDES, Georges. *L'individu dans l'ordre juridique international*. Paris: A. Pedone, 1933.

TENÓRIO, Oscar. *Direito internacional privado*, vol. I, 9ª ed. rev. Rio de Janeiro: Freitas Bastos, 1968.

THIERRY, Hubert. L'évolution du droit international: cours général de droit international public. *Recueil des Cours*, vol. 222 (1990-III), pp. 9-186.

THIRLWAY, H. W. A. *International customary law and codification: an examination of the continuing role of custom in the present period of codification of international law*. Leiden: Sijthoff, 1972.

THORSTENSEN, Vera. *Organização Mundial do Comércio: as regras do comércio internacional e a nova rodada de negociações multilaterais*, 2ª ed., rev. e ampl. São Paulo: Aduaneiras, 2001.

TIBURCIO, Carmen. *The human rights of aliens under international and comparative law*. Dordrecht: Martinus Nijhoff, 2001.

REFERÊNCIAS BIBLIOGRÁFICAS | 1163

TIBURCIO, Carmen. A competência da justiça federal em matéria de direito internacional: notas sobre o art. 109, III, da Constituição Federal. *Revista de Direito do Estado*, ano 6, nº 21, Rio de Janeiro: Renovar, jan./dez./2011, pp. 669-680.

TIBURCIO, Carmen. La condition de l'étranger dans la Constitution Brésilienne de 1988. *Panorama of Brazilian Law*, Year 3, nºs 3/4 (2015), pp. 9-37.

TIBURCIO, Carmen. Extensão e limites da jurisdição brasileira: competência internacional e imunidade de jurisdição. Salvador: JusPodivm, 2016.

TIBURCIO, Carmen; BARROSO, Luís Roberto. Algumas questões sobre a extradição no direito brasileiro. *Revista Forense*, ano 97, vol. 354, Rio de Janeiro, mar./abr./2001, pp. 83-102.

TIMTCHENKO, Leonid. The russian arctic sectoral concept: past and present. *Russian Arctic Sectoral Policy*, vol. 50, nº 1, March 1997, pp. 29-35.

TOMUSCHAT, Christian. Obligations arising for States without or against their will. *Recueil des Cours*, vol. 241 (1993-IV), pp. 195-374.

TÖNNIES, Ferdinand. *Gemeinschaft und Gesellschaft: Abhandlung des Communismus und des Socialismus als empirischer Culturformen*. Leipzig: Verlag Fues, 1887.

TORRES, Eneas Bazzo. A imunidade de jurisdição do Estado estrangeiro e o problema da execução. *Revista do Tribunal Superior do Trabalho*, vol. 78, nº 1, Brasília, jan./mar./2012, pp. 78-108.

TREVES, Tullio. Codification du droit international et pratique des États dans le droit de la mer. *Recueil des Cours*, vol. 223 (1990-IV), pp. 9-302.

TREVES, Tullio. The law of the sea system: open challenges. *VI Anuário Brasileiro de Direito Internacional*, vol. 2, nº 11, Belo Horizonte, jul./2011, pp. 205-226.

TRIEPEL, Carl Heinrich. Les rapports entre le droit interne et le droit international. *Recueil des Cours*, vol. 1 (1923-I), pp. 77-121.

TRISCHITTA, Marcello Maria Marrocco. *Cavalieri di Malta: una leggenda verso il futuro*. Roma: Associazione dei Cavalieri Italiani del Sovrano Militare Ordine di Malta, 2010.

TRUYOL Y SERRA, Antonio. *Historia del derecho internacional público*. Madrid: Tecnos, 1998.

TUNG, William L. *International organization under the United Nations system*. New York: Thomas Y. Crowell Company, 1969.

TUNKIN, Grigory I. *Droit international public: problèmes théoriques*. Paris: A. Pedone, 1965.

TUNKIN, Grigory I. The legal nature of the United Nations. *Recueil des Cours*, vol. 119 (1966-III), pp. 1-68.

TUNKIN, Grigory I. International law in the international system. *Recueil des Cours*, vol. 147 (1975-IV), pp. 1-218.

TURACK, Daniel C. *The passport in international law*. Lexington: Lexington Books, 1972.

TURGUT, Nükhet Yılmaz. The European Court of Human Rights and the right to the environment. *Ankara Law Review*, vol. 4, nº 1 (Summer 2007), pp. 1-24.

ULHÔA CANTO, Gilberto de. Legislação tributária, sua vigência, sua eficácia, sua aplicação, interpretação e integração. *Revista Forense*, ano 75, vol. 267, Rio de Janeiro, jul./ago./set./1979, pp. 25-30.

1164 | CURSO DE DIREITO INTERNACIONAL PÚBLICO – *Valerio de Oliveira Mazzuoli*

UMOZURIKE, U. Oji. *The African Charter on Human and Peoples' Rights*. The Hague: Martinus Nijhoff, 1997.

UNITED NATIONS. *The International Court of Justice*, 4th ed. The Hague: ICJ, 1996.

UPRIMNY, Rodrigo. A força vinculante das decisões dos órgãos internacionais de direitos humanos na Colômbia: um exame da evolução da jurisprudência constitucional. In: *Implementação das decisões do sistema interamericano de direitos humanos: jurisprudência, instrumentos normativos e experiências nacionais*. Viviana Krsticevic & Liliana Tojo (coords.). Trad. Rita Lamy Freund. Rio de Janeiro: CEJIL, 2009, pp. 117-131.

URETA, Agustín García. *Derecho europeo de la biodiversidad: aves silvestres, hábitats y especies de flora y fauna*. Madrid: Iustel, 2010.

URIARTE, Oscar Ermida. Aplicação judicial das normas constitucionais e internacionais sobre direitos humanos trabalhistas. *Revista do Tribunal Superior do Trabalho*, vol. 77, nº 2, Brasília, abr./jun./2011, pp. 133-145.

URIBE VARGAS, Diego. La troisième génération des droits de l'homme: conférence. *Recueil des Cours*, vol. 184 (1984-I), pp. 355-376.

VABRE, Albert. *Le droit international du travail*. Paris: Marcel Giard, 1923.

VALADÃO, Marcos Aurélio Pereira. *Limitações constitucionais ao poder de tributar e tratados internacionais*. Belo Horizonte: Del Rey, 2000.

VALLADÃO, Haroldo. Aprovação de ajustes internacionais pelo Congresso Nacional. *Boletim da Sociedade Brasileira de Direito Internacional*, Rio de Janeiro, jan./dez./1950, pp. 95-108.

VALLADÃO, Haroldo. *Direito internacional privado*, 4ª ed. Rio de Janeiro: Freitas Bastos, 1974.

VALLADÃO, Haroldo. *Direito internacional privado*, vols. I, II e III. Rio de Janeiro: Freitas Bastos, 1978.

VALLARTA MARRÓN, José Luis. La incorporación del crimen de agresión en el Estatuto de la Corte Penal Internacional. *Anuario Mexicano de Derecho Internacional*, vol. XI, México, D.F.: UNAM, 2011, pp. 435-461.

VALLEE, Charles. *Le plateau continental dans le droit positif actuel*. Paris: A. Pedone, 1971.

VALLEJO, Manuel Diez de Velasco. *Instituciones de derecho internacional público*, 12ª ed. Madrid: Tecnos, 1999.

VALTICOS, Nicolas. *Derecho internacional del trabajo*. Trad. José Mª Treviño. Madrid: Tecnos, 1977.

VALTICOS, Nicolas. Le droit international du travail face aux problèmes de la société internationale de 1980. *Revue Belge de Droit International*, nº 1, Bruxelles, 1980, pp. 5-19.

VALTICOS, Nicolas. *Droit international du travail*. Paris: Dalloz, 1983.

VALTICOS, Nicolas. Pluralité des ordres juridiques internationaux et unité du droit international. In: *Theory of international law at the threshold of the 21st century: essays in honour of Krzysztof Skubiszewski*. Jerzy Makarczyk (ed.). The Hague: Kluwer Law International, 1996, pp. 301-322.

REFERÊNCIAS BIBLIOGRÁFICAS | **1165**

VAN BOVEN, Theo. General course on human rights. *Collected Courses of the Academy of European Law*, vol. IV, book 2, Netherlands: Kluwer Law International, 1995.

VASAK, Karel. Les droits de l'homme et l'Afrique: vers les institutions africaines pour la protection internationale des droits de l'homme? *Revue Belge de Droit Internaciotional*, n° 2 (1967), pp. 459-478.

VASAK, Karel. Le droit international des droits de l'homme. *Recueil des Cours*, vol. 140 (1974-IV), pp. 333-416.

VASAK, Karel; ALSTON, Philip (eds.). *The international dimensions of human rights*. Westport: Greenwood Press, 1982, 2 vols.

VASCONCELOS, Raphael Carvalho de. O sistema de solução de controvérsias do Mercosul, as negociações diretas e a política. In: *Direito da integração regional: diálogo entre jurisdições na América Latina*. Valerio de Oliveira Mazzuoli & Eduardo Biacchi Gomes (orgs.). São Paulo: Saraiva, 2015, pp. 177-199.

VASSALLI, Giuliano. *La giustizia internazionale penale*. Milano: Giuffrè, 1995.

VELLOSO, Ana Flávia. O caso Battisti. *VI Anuário Brasileiro de Direito Internacional*, vol. 1, n° 10, Belo Horizonte, jan./2011, pp. 42-51.

VELLOSO, Carlos Mário da Silva. Os tratados na jurisprudência do Supremo Tribunal Federal. *Revista de Informação Legislativa*, ano 41, n° 162. Brasília: Senado Federal, abr./jun./2004, pp. 35-45.

VENTURA, Deisy; PEROTTI, Alejandro Daniel. *El proceso legislativo del Mercosur*. Montevideo: Fundación Konrad Adenauer, 2004.

VENTURINI, Giancarlo. *Il protettorato internazionale*. Milano: Giuffrè, 1939.

VENTURINI, Giancarlo. La portée et les effets juridiques des attitudes et des actes unilatéraux des états. *Recueil des Cours*, vol. 112 (1964-II), pp. 363-467.

VERDROSS, Alfred von. Le fondement du droit international. *Recueil des Cours*, vol. 16 (1927-I), pp. 247-323.

VERDROSS, Alfred von. Les règles internationales concernant le traitement des étrangers. *Recueil des Cours*, vol. 37 (1931-III), pp. 323-412.

VERDROSS, Alfred von. Les principes généraux du droit dans la jurisprudence internationale. *Recueil des Cours*, vol. 52 (1935-II), pp. 191-251.

VERDROSS, Alfred von. *Derecho internacional público*. Trad. Antonio Truyol y Serra. Madrid: Aguilar, 1969.

VERDROSS, Alfred von; SIMMA, Bruno. *Universelles Völkerrecht: Theorie und Praxis*, 3ª ed. Berlin: Duncker & Humblot, 1984.

VERDUZCO, Alonso Gómez-Robledo. *Extradición en el derecho internacional: aspectos y tendencias relevantes*, 2ª ed. México, D.F.: UNAM, 2000.

VERWILGHEN, Michel. Conflits de nationalités: plurinationalité et apatridie. *Recueil des Cours*, vol. 277 (1999), pp. 9-484.

VICHNIAC, Marc. Le statut international des apatrides. *Recueil des Cours*, vol. 43 (1933-I), pp. 115-246.

VIEGAS, Vera Lúcia. *Ius cogens* e o tema da nulidade dos tratados. *Revista de Informação Legislativa*, ano 36, n° 144, Brasília: Senado Federal, out./dez./1999, pp. 181-196.

VIEIRA, Luciane Klein. *Interpretación y aplicación uniforme del derecho de la integración: Unión Europea, Comunidad Andina y Mercosur*. Buenos Aires: B de F, 2011.

VIEIRA, Manuel Adolfo. L'evolution récente de l'extradition dans le continent américain. *Recueil des Cours*, vol. 185 (1984-II), pp. 151-380.

VIEIRA, Oscar Vilhena. Imunidades de jurisdição e foro por prerrogativa de função. *Revista CEJ*, nº 11, Brasília, maio/ago./2000, pp. 59-64.

VIEIRA, Oscar Vilhena. Que reforma? *Estudos Avançados*, vol. 18, nº 51, São Paulo: USP, maio/ago./2004, pp. 204-205.

VIEIRA DE ANDRADE, José Carlos. *Os direitos fundamentais na Constituição portuguesa de 1976*. Coimbra: Almedina, 1987.

VILANOVA, Lourival. *Causalidade e relação no direito*, 4ª ed. rev., atual. e ampl. São Paulo: RT, 2000.

VILLEY, Michel. *O direito e os direitos humanos*. Trad. Maria Ermantina de Almeida Prado Galvão. São Paulo: Martins Fontes, 2007.

VILLIGER, Mark Eugen. *Customary international law and treaties: a study of their interactions and interrelations with special consideration of the 1969 Vienna Convention on the Law of Treaties*. Dordrecht: Martinus Nijhoff, 1985.

VILLIGER, Mark Eugen. *Commentary on the 1969 Vienna Convention on the Law of Treaties*. Leiden: Martinus Nijhoff, 2009.

VIRALLY, Michel. La valeur juridique des recommandations des organisations internationales. *Annuaire Français de Droit International*, vol. 2, Paris, 1956, pp. 66-96.

VISSCHER, Charles de. La codification du droit international. *Recueil des Cours*, vol. 6 (1925-I), pp. 325-455.

VISSCHER, Charles de. Contribution à l'étude des sources du droit international. *Revue de Droit International et Législation Comparée*, t. XIV, 1933, pp. 395-420.

VISSCHER, Charles de. *Théories et réalités en droit international public*. Paris: A. Pedone, 1953.

WAART, P. J. I. M. de. *The element of negotiation in the pacific settlement of disputes between states: an analysis of provisions made and/or applied since 1918 in the field of the pacific settlement of international disputes*. The Hague, Martinus Nijhoff, 1973.

WALLACE, Rebecca M.M. *International law*, 4th ed. London: Sweet & Maxwell, 2002.

WALZ, Gustav Adolf. Les rapports du droit international et du droit interne. *Recueil des Cours*, vol. 61 (1937-III), pp. 375-456.

WEIL, Prosper. Le droit international économique: mythe ou réalité? In: *Aspects du droit international économique: elaboration, contrôle, sanction* (Colloque d'Orléans de la S.F.D.I.). Paris: A. Pedone, 1972, pp. 3-34.

WEIS, Carlos. *Direitos humanos contemporâneos*, 2ª ed. São Paulo: Malheiros, 2010.

WEISS, André. *Manuel de droit international privé*, 8ª ed. Paris: Sirey, 1920.

WEISS, André. Compétence ou incompétence des tribunaux à l'égard des États étrangers. *Recueil des Cours*, vol. 1 (1923-I), pp. 521-551.

WEISS, Paul. *Nationality and statelessness in international law*, 2nd ed. rev. Alphen aan den Rijn: Sijthoff & Noordhoff, 1979.

REFERÊNCIAS BIBLIOGRÁFICAS | **1167**

WEISSBRODT, David; DE LA VEGA, Connie. *International human rights law: an introduction.* Philadelphia: University of Pennsylvania Press, 2007.

WHEATON, Henry. *Elements of international law,* 6th english edition, revised throughout, considerably enlarged and re-written by A. Berriedale Keith, D.C.L., D.Litt. London: Stevens and Sons, 1929 (2 vols.).

WHITTON, John B. La règle 'Pacta sunt servanda'. *Recueil des Cours,* vol. 49 (1934-III), pp. 147-276.

WILCOX, Francis O. *The ratification of international conventions: a study of the relationship of the ratification process to the development of international legislation.* London: George Allen & Unwin Ltd., 1935.

WILDHABER, Luzius; BREITENMOSER, Stephan. The relationship between customary international law and municipal law in western European countries. *Zeitschrift für ausländisches öffentliches Recht und Völkerrecht,* vol. 48 (1988), pp. 163-207.

WILHELM, René-Jean. Problèmes relatifs à la protection de la personne humaine par le droit international dans les conflits armés ne présentant pas un caractère international. *Recueil des Cours,* vol. 137 (1972-III), pp. 311-417.

WINIARSKI, Bohdan. Principes généraux du droit fluvial international. *Recueil des Cours,* vol. 45 (1933-III), pp. 75-217.

WIRTH, Steffen. Immunity for core crimes? The ICJ's judgement in the Congo *v.* Belgium case. *European Journal of International Law,* vol. 13, no 4 (2002), pp. 877-893.

WISEBERG, Laurie S. The African Commission on Human and Peoples' Rights. *A Journal of Opinion,* vol. 22, no 2 (Summer, 1994), pp. 34-41.

WOETZEL, Robert K. *The Nuremberg trials in international law.* New York: Praeger, 1962.

WOLFF, Martin. Derecho internacional privado. Trad. José Rovira Y Ermengol. Barcelona: Labor, 1936.

WRIGHT, Quincy. The prevention of aggression. *American Journal of International Law,* vol. 50 (July 1956), pp. 514-532.

XAVIER, Alberto. *Direito tributário internacional do Brasil,* 6ª ed. reform. e atual. Rio de Janeiro: Forense, 2005.

XAVIER, Alberto; XAVIER, Helena de Araújo Lopes. Tratados: superioridade hierárquica em relação à lei face à Constituição Federal de 1988. *Revista de Direito Tributário,* no 66, São Paulo, jan./1996, pp. 30-48.

YASSEEN, Mustafa Kamil. L'interprétation des traités d'après la convention de Vienne sur le droit des traités. *Recueil des Cours,* vol. 151 (1976-III), pp. 1-114.

YEPES, J. M. Les accords régionaux et le droit international. *Recueil des Cours,* vol. 71 (1947-II), pp. 227-344.

ZAFFARONI, Eugenio Raúl; PIERANGELI, José Henrique. *Manual de direito penal brasileiro: parte geral.* São Paulo: RT, 1997.

ZAGEL, Gudrun Monika. WTO & human rights: examining linkages and suggesting convergence. *IDLO Voices of Development Jurists Paper Series,* vol. 2, no 2 (2005), pp. 1-37.

ZANOTTI, Isidoro. *La extradición.* La Habana: Academia Interamericana de Derecho Comparado e Internacional, 1960.

ZARKA, Jean-Claude. *Institutions internationales*, 5e éd. Paris: Ellipses, 2011.

ZARTMAN, I. William. *Collapsed States: the disintegration and restoration of legitimate authority*. London: Lynne Rienner Publishers, 1995.

ZEMANEK, Karl. New trends in the enforcement of *erga omnes* obligations. *Max Planck Yearbook of United Nations Law*, vol. 4 (2000), pp.1-52.

ZICCARDI, Piero. *Enciclopedia del diritto*, vol. XII [*verb*. Diritto internazionale pubblico]. Milano: Giuffrè, 1964, pp. 988-1035.

ZILIOLI, Chiara. *Il risarcimento del danno derivante da incidenti industriali transnazionali*. Milano: Giufrè, 1995.

ZOLLER, Elizabeth. *La bonne foi en droit international public*. Paris: A. Pedone, 1977.

ZOLO, Danilo. *La justicia de los vencedores: de Nuremberg a Bagdad*. Trad. Elena Bossi. Madrid: Trotta, 2007.

ZWANENBURG, Marten. The Statute for an International Criminal Court and the United States: peacekeepers under fire? *European Journal of International Law*, vol. 10, n° 1 (1999), pp. 124-143.

Obras do Autor

Livros publicados

Controle jurisdicional da convencionalidade das leis. 6. ed. rev., atual. e ampl. Rio de Janeiro: Forense, 2025.

Curso de direito internacional privado. 6. ed. rev., atual. e ampl. Rio de Janeiro: Forense, 2023.

Curso de direito internacional público. 16. ed. rev., atual. e ampl. Rio de Janeiro: Forense, 2025.

Curso de direitos humanos. 11. ed. rev. e atual. São Paulo: Método, 2025.

Direito dos tratados. 2. ed. rev., atual. e ampl. Rio de Janeiro: Forense, 2014.

Direito internacional do trabalho e controle de convencionalidade. Brasília: Venturoli, 2025.

Direito internacional público: parte geral. 8. ed. rev., atual. e ampl. São Paulo: Ed. RT, 2014.

Direito internacional: tratados e direitos humanos fundamentais na ordem jurídica brasileira. Rio de Janeiro: América Jurídica, 2001.

Direitos humanos. 2. ed. rev. e atual. São Paulo: Método, 2024 (Coleção Exame Nacional da Magistratura – ENAM).

Direitos humanos, Constituição e os tratados internacionais: estudo analítico da situação e aplicação do tratado na ordem jurídica brasileira. São Paulo: Juarez de Oliveira, 2002.

Direitos humanos e cidadania à luz do novo direito internacional. Campinas: Minelli, 2002.

Direitos humanos na jurisprudência internacional: sentenças, opiniões consultivas, decisões e relatórios internacionais (com a colaboração de Monique Jeane Barbosa da Silva e Jennifer de Lara Gnoatto). São Paulo: Método, 2019.

Ensinar direito internacional: uma vida docente dedicada ao direito internacional público, ao direito internacional privado e aos direitos humanos. Belo Horizonte: Casa do Direito, 2025.

Estudos avançados de direito internacional. Belo Horizonte: Arraes, 2017.

Natureza jurídica e eficácia dos acordos stand-by com o FMI. São Paulo: Ed. RT, 2005.

Os sistemas regionais de proteção dos direitos humanos: uma análise comparativa dos sistemas interamericano, europeu e africano. São Paulo: Ed. RT, 2011 (Coleção "Direito e Ciências Afins", vol. 9).

Por um tribunal de justiça para a Unasul: a necessidade de uma corte de justiça para a América do Sul sob os paradigmas do Tribunal de Justiça da União Europeia e da Corte Centro-Americana de Justiça. Brasília: Senado Federal/Secretaria de Editoração e Publicações, 2014.

Prisão civil por dívida e o Pacto de San José da Costa Rica: especial enfoque para os contratos de alienação fiduciária em garantia. Rio de Janeiro: Forense, 2002.

Tratados internacionais de direitos humanos e direito interno. São Paulo: Saraiva, 2010.

Tratados internacionais: com comentários à Convenção de Viena de 1969. 2. ed. rev., ampl. e atual. São Paulo: Juarez de Oliveira, 2004.

Tribunal Penal Internacional e o direito brasileiro. 3. ed. rev. e atual. São Paulo: Ed. RT, 2012 (Coleção "Direito e Ciências Afins", vol. 3).

Coautoria

Acumulação de cargos públicos: uma questão de aplicação da Constituição. 2. ed. rev., atual. e ampl. Com Waldir Alves. Belo Horizonte: Arraes, 2017.

Comentários à Convenção Americana sobre Direitos Humanos. Com Flávia Piovesan e Melina Girardi Fachin. Rio de Janeiro: Forense, 2019.

Comentários à reforma criminal de 2009 e à Convenção de Viena sobre o Direito dos Tratados. Com Luiz Flávio Gomes e Rogério Sanches Cunha. São Paulo: Ed. RT, 2009.

Contratos comerciais internacionais em situações de crise: estudo comparado de direito europeu e latino-americano sobre negócios estrangeiros em crises transnacionais. Com Gabriella Boger Prado. Belo Horizonte: D'Plácido, 2021.

Controle de convencionalidade pelo Ministério Público. 2. ed. rev., atual. e ampl. Com Marcelle Rodrigues da Costa e Faria e Kledson Dionysio de Oliveira. Rio de Janeiro: Forense, 2022.

Direito supraconstitucional: do absolutismo ao Estado Constitucional e Humanista de Direito. 2. ed. rev., atual. e ampl. Com Luiz Flávio Gomes. São Paulo: Ed. RT, 2013 (Coleção "Direito e Ciências Afins", vol. 5).

O judiciário brasileiro e o direito internacional: análise crítica da jurisprudência nacional. Com Jahyr-Philippe Bichara. Belo Horizonte: Arraes, 2017.

O juiz e o direito: o método dialógico e a magistratura na pós-modernidade. Com Luiz Flávio Gomes. Salvador: JusPodivm, 2016.

Princípio constitucional da ampla defesa da vítima. Com Kledson Dionysio de Oliveira. São Paulo: Thomson Reuters Brasil, 2025.

Teoria tridimensional das integrações supranacionais: uma análise comparativa dos sistemas e modelos de integração da Europa e América Latina. Com Michele Carducci. Rio de Janeiro: Forense, 2014.

Coautoria e coordenação

Direitos humanos contemporâneos: perspectivas da proteção internacional e impactos no direito brasileiro. Rio de Janeiro: Lumen Juris, 2023.

Direitos humanos das minorias e grupos vulneráveis. Belo Horizonte: Arraes, 2018.

Direito internacional nos tribunais superiores. Belo Horizonte: Arraes, 2021.

Novos paradigmas da proteção internacional dos direitos humanos: diálogos transversais, proteção multinível e controle de convencionalidade no direito brasileiro. Belo Horizonte: Arraes, 2018.

O novo direito internacional do meio ambiente. Curitiba: Juruá, 2011.

Coautoria e cocoordenação

Controle de convencionalidade no direito do trabalho brasileiro. Com Platon Neto. Brasília: Venturoli, 2024.

Controle de convencionalidade: um panorama latino-americano *(Brasil, Argentina, Chile, México, Peru, Uruguai).* Com Luiz Guilherme Marinoni. Brasília: Gazeta Jurídica, 2013.

Crimes da ditadura militar: uma análise à luz da jurisprudência atual da Corte Interamericana de Direitos Humanos. Com Luiz Flávio Gomes. São Paulo: Ed. RT, 2011.

Direito à liberdade religiosa: desafios e perspectivas para o século XXI. Com Aldir Guedes Soriano. Belo Horizonte: Fórum, 2009.

Direito da integração regional: diálogo entre jurisdições na América Latina. Com Eduardo Biacchi Gomes. São Paulo: Saraiva, 2015.

Direito internacional do trabalho: o estado da arte sobre a aplicação das convenções internacionais da OIT no Brasil. Com Georgenor de Sousa Franco Filho. São Paulo: LTr, 2016.

Direito internacional dos direitos humanos: estudos em homenagem à Professora Flávia Piovesan. Com Maria de Fátima Ribeiro. Curitiba: Juruá, 2004.

Direito internacional dos direitos humanos e impactos na ordem interna: controle de convencionalidade, tridimensionalidade protetiva e garantia do princípio pro homine. Com Ana Flávia Marcelino de Barros. Belo Horizonte: Arraes, 2021.

Doutrinas essenciais de direito internacional, 5 vols. Com Luiz Olavo Baptista. São Paulo: Ed. RT, 2012.

Hard cases controle de convencionalidade e o posicionamento do Supremo Tribunal Federal. Com Eduardo Biacchi Gomes. Curitiba: Instituto Memória, 2020.

Novas perspectivas do direito ambiental brasileiro: visões interdisciplinares. Com Carlos Teodoro José Hugueney Irigaray. Cuiabá: Cathedral, 2009.

Novas vertentes do direito do comércio internacional. Com Jete Jane Fiorati. Barueri: Manole, 2003.

Novos estudos de direito internacional contemporâneo, 2 vols. Com Helena Aranda Barrozo e Márcia Teshima. Londrina: EDUEL, 2008.

O Brasil e os acordos econômicos internacionais: perspectivas jurídicas e econômicas à luz dos acordos com o FMI. Com Roberto Luiz Silva. São Paulo: Ed. RT, 2003.

Práticas do sistema interamericano de direitos humanos: reflexões sobre a eficácia das garantias convencionais e impactos no ordenamento interno. Com Murilo Franco de Miranda. Belo Horizonte: Arraes, 2019.

Organização

Vade Mecum Internacional. 19. ed. rev., atual. e ampl. São Paulo: Método, 2025.

Obras em língua estrangeira

Em inglês

The law of treaties: a comprehensive study of the 1969 Vienna Convention and beyond. Rio de Janeiro: Forense, 2016.

Em francês

Le régime des contrats commerciaux internationaux au regard des situations de crises sanitaires transnationales: étude comparative de droit européen et droit latino-americain. Com Gabriella Boger Prado. Curitiba: Instituto Memória, 2020.

Em espanhol

Derecho de los tratados. Naucalpan de Juárez: Derecho Global, 2024.

Derecho internacional público contemporáneo. Barcelona: Bosch, 2019.

Manual contemporáneo de derechos humanos. San Salvador: Cuscatleca, 2021.

Obras não jurídicas

Arte, cultura e civilização: ensaios para o nosso tempo. Organização com Gilberto Morbach. Belo Horizonte: Letramento, 2021.

Chopin: elementos de pianística e impressões sobre a vida e obra. Belo Horizonte: Letramento, 2020.

Da pedra bruta à pedra cúbica: ensaios de evolução do aprendiz ao companheiro. Cuiabá: Umanos, 2022.

Simbolismo astrológico e duodenário zodiacal no R∴E∴A∴A∴. Belo Horizonte: D'Plácido, 2023.